本书为中央高校基本科研业务费专项资金项目
（项目编号：201953006）

涉海文献研究丛书

中国涉海图书目录提要

古文献卷

解登峰　齐晓晨◎主编
温江妮　朱泳瑛　胡远珍◎副主编

中国社会科学出版社

图书在版编目（CIP）数据

中国涉海图书目录提要．古文献卷／解登峰，齐晓晨主编．—北京：中国社会科学出版社，2020.8

（涉海文献研究丛书）

ISBN 978－7－5203－6237－5

Ⅰ.①中… Ⅱ.①解…②齐… Ⅲ.①海洋—图书目录—中国—古代 Ⅳ.①Z88：P7

中国版本图书馆CIP数据核字（2020）第059556号

出 版 人 赵剑英
策划编辑 王 斌
责任编辑 黄 山
责任校对 张文池
责任印制 李寡寡

出 版 中国社会科学出版社
社 址 北京鼓楼西大街甲158号
邮 编 100720
网 址 http://www.csspw.cn
发 行 部 010－84083685
门 市 部 010－84029450
经 销 新华书店及其他书店

印刷装订 北京君升印刷有限公司
版 次 2020年8月第1版
印 次 2020年8月第1次印刷

开 本 710×1000 1/16
印 张 80.5
字 数 1258千字
定 价 498.00元

前　言

一

我国是世界文明古国之一，在五千年的历史中，中华民族用劳动和智慧创造了光辉灿烂、博大精深的文化，中华民族又是世界上最善于书写的民族，文献记载历数千年而未中断。流传至今的古文献以其数量之丰富、内容之深厚著称于世。

我国是海洋大国，有着漫长的海岸线、众多的岛屿、丰富的海洋资源。先人建设盐场、营建海塘、开辟良港、探索航线、经营贸易、保卫海疆，创造了海洋事业的辉煌成就。他们立言立说，为后人留下了丰富的涉海文献。这些涉海古文献是中华民族历代相承、不断积累起来的宝贵智慧结晶，记录了我国古代各族人民围绕海洋的生产、生活状况，是我国基于海洋创造的物质文明、精神文明成果绵延数千年的历史见证。

历代流传下来的涉海古文献数量庞大、内容丰富，是记录我国古代海洋事业发展的重要载体，具有极高的史学、文化和学术价值。从时间上来看，文献记载的时间跨度达数千年；从内容上来说，涵盖了盐业、渔业、船业、水利、交通、贸易、灾异、海疆、海防等诸多领域。这些文献是我们发掘海洋遗产、总结历史经验教训、研究海洋历史与文化、进行爱国主义教育不可或缺的宝贵财富。

涉海古文献的积累传承源远流长，在漫长、曲折的历史时期里虽有不少仁人志士为搜集、整理和传承涉海古文献做了不懈努力，甚至献出了毕生精力乃至生命，但仍有不少涉海古文献由于年代久远、战火、天灾、人祸而遭遇厄运：有的亡佚，有的存佚不详，有的残缺不全，有的流落海外，有的传世稀少。独具中国传统特色的书写方式、载体形态和收藏传统，使得很多重要的涉海古文献尚不为人所知，更难以发挥其价值。因此，我们亟须对涉海古文献进行全面的发掘整理。要开展发掘整理工作，首先要摸清文献的存佚现状，编制一部涉海古文献目录成为首要工作。

中华人民共和国成立以来，党和政府对古文献整理、保护与研究极为重视，不仅广事搜求，更加意珍藏保护。较为系统地整理中国古代海洋文献，是从1975年开展“整理研究中国古代天文资料”的工作开始的。在这项工作中，将“中国古代潮汐资料与整理研究工作”列为一个专项。之后，又有部分学者在渔业史、航海史、盐政史、海港史、地质史、交通史、古代地理学史、古代海洋学史等领域开展了研究。他们在各自领域不同程度地做了一些涉海古文献研究整理工作。从目录学或文献学角度而言，上述研究仅是为特定研究收集整理参考资料，并非对涉海古文献的专门研究，因此对文献的揭示有一定局限，难以反映涉海古文献的总体情况，更无法展示涉海古文献的全貌。

我国自古就有编纂史志目录、公私藏书目录的传统，对后人了解和利用文献起了很大作用。随着社会的转型和图书馆事业的发展，古文献逐渐由私人收藏转为公共收藏，大多数古文献已经成为国家及地方各级公共图书馆、高校及科研机构图书馆馆藏。近几年，在国家的重视和支持下，古文献整理研究工作得以迅速发展，图书馆纷纷清点馆藏，将尘封多年的古文献进行整理编目，现存的古文献多已得到不同程度的整理和揭示，许多过去不为人知的古文献也出现在各类目录中。这种形势为我们开展全面的涉海古文献资源调查、考证、揭示创造了基础条件。我们决定抓住这一契机，充分利用现有研究成果和网络资源，广泛调查，深入研究，编写一部能够相对全面、准确反映涉海古文献的专科目录，既可作为海洋研究工具书性质的基础文献，也可为社会各界读者了解海洋历史与文化提供参考。

对涉海古文献进行全面调查与整理并以目录形式呈现，在图书馆界和学术界尚属首次，从这个意义上讲，本书具有开创性、原创性与总结性。

二

我自2009年10月开始收集涉海古文献信息；2013年11月正式组建团队开展书目数据整理、考证工作；2015年7月开始编纂本书。历时十年的大量文献资源调查、整理、考证为此书奠定了坚实基础，使其具备以下几个特点：

一、完成了迄今最广泛的涉海古文献资源调查与著录，涉海古文献的揭示数量首次提高到近5000种（不含西学与舆图）。我们首先对现有的古文献整理成果，如《中国古籍总目》《中国古籍善本总目》《中国丛书综录》进行了全面调查。其次，对公共开放性资源，如全国古籍普查平台检索系统、中国古籍全录、中华古籍善本国际联合书目、台湾地区中文古籍数据库等进行广泛搜集。再次，对馆藏古文献丰富的图书馆文献目录进行检索查询，查缺补漏。以上举措保证了本书能够较为集中、系统、全面地反映出我国涉海古文献基本面貌。

二、从海洋学角度重新认识古文献，揭示其涉海内容、海洋学价值，是业界首个较为全面的涉海古文献的检索工具，填补了涉海古文献研究的一项空白。对涉海古文献进行严谨的考证，编写能够揭示其涉海内容的提要。通过对古文献、主要责任者的研究，查缺补漏，进一步完善了涉海文献信息，全面揭示了涉海古文献的品种、数量、版本、存佚情况、涉海内容。

三、通过涉海古文献主要责任者的生平研究，简要记叙责任者的海洋事业或与海洋研究的关系，为不同研究领域学者提供涉海古文献线索，在传统目录编纂体例上有所创新。对文献的主要责任者进行研究，考证、记叙其生平、主要事迹，尤其是与海洋相关的事迹，学者能够以此更为全面地了解古文献的涉海内容。这些信息有助于来自不同学科的学者以不同的视角研究分析涉海古文献，并由此进行延伸、拓展研究。

四、吸收借鉴了古文献研究、海洋研究的最新成果，设计了一套较为科学、合理的分类体系。在继承传统四部分类法的基础上对古文献分类、标引等著录体例有所突破，体现了古文献的发展源流、传统继承，也较为科学、合理地进行了信息组织，便于读者检索使用。在著录文献信息、编纂内容提要和责任者生平时，既保持了工具书编纂语言的运用，也兼顾了通俗易读性，力求语言简明规范、诠释浅显易懂。

三

我负责本书策划与组织、制定收录范围、著录项目，并负责史部、子部等五十余万字的编纂审校工作；齐晓晨负责文献收集整理及分类、体例设计，并负责经部、集部等三十余万字的编纂审校工作；温江妮、朱泳瑛、胡远珍负责、编制索引并负责丛书部等三十余万字的编纂工作。

十年间，我们虽力争全面、系统地揭示涉海古文献，但要达到这一理想目标还有待今后的继续努力。一方面是我们的研究队伍囿于学识与见闻，在收书立目、体例编排、材料取舍等方面，仍会有挂一漏万之处；另一方面，因是首次对涉海古文献进行全面的整理，涉及领域广、卷帙浩繁，加之年代久远，文献记载互相矛盾之处常见，承讹袭谬之处实属难免。我们敬请专家学者惠予指正。

涉海古文献研究及本书出版得到了武汉大学信息管理学院博士生导师肖希明教授、南开大学商学院博士生导师徐建华教授、北京大学图书馆古籍部原副部主任姚伯岳教授大力帮助；中国社会科学出版社黄山编辑提出了宝贵的修改建议并进行了严谨细致的审校；中国海洋大学图书馆领导给予大力支持，特别是王明泉馆长设立的图书情报研究基金项目为本研究提供了研究经费。在此，谨向他们表示衷心的感谢。

最后，特别感谢家人对我工作和研究的理解和支持，正是她们的宽容与付出，才使本书得以付梓。

解登峰

二〇一九年九月于青岛

编纂说明

收录范围

（1）人类基于认识、研究、开发、利用、保护海洋的实践活动，通过在科学、技术、文化、艺术等领域进行脑力劳动创造出与海洋直接相关的智力成果，记录这些涉海智力成果的载体即为涉海文献。

（2）本书重点收录产生于1912年以前的涉海古文献。因我国传统学术并未随清朝灭亡而中止，传统的学术记叙方式仍有延续，所以还收录了民国时期采用传统著述方式并具有传统装帧形式的图书。

（3）西学与舆图文献是涉海古文献的重要组成部分，目前已经通过文献调查整理出2000余种。为了更好地揭示这些文献，我们计划将其另行整理出版，本书暂不收录。

著录项目

本书著录项目包括：书目编号、题名卷数、责任者、责任者简介、内容提要、主要版本。

（1）书目编号：按顺序统一分配给每条文献书目数据的唯一编号。

（2）题名卷数：包括主要书名、其他书名、附录及其卷数等，卷数依正文所标卷次、卷目据实著录。

（3）责任者：对图书的知识内容负有责任的个人或团体责任者（包括撰者、编者等）及其责任方式。

（4）责任者简介：对文献负有相关责任的责任者生平、著述等的介绍。

（5）内容提要：文献的主要内容，尤其是与海洋相关内容的介绍。

（6）主要版本：文献流传于世的主要版本或者存佚情况。

凡　例

书目编号　题名卷数　责任者

2303

沿海形势论一卷 /（清）朱逢甲撰

责任者简介

朱逢甲，字莲生，华亭（今上海市松江区）人。生员。累试不第，清道光末年在黔游幕，受张锳之聘参与纂修《兴义府志》。咸丰中曾奉命到普安统率团练参与镇压白旗起义，以有功未受奖赏决意回乡，因道路阻绝居留贵阳，后入贵州学政鲍源深幕。著有《间书》。

内容简介

是书以论述未来海战为主，指出沿海七省万里海疆之烟台、上海、宁波、厦门、汕头、台湾、香港、澳门、琼州等海防要地的战略意义。其中北海以成山、烟台、登州和旅顺为门户。南海以金门拱卫福州，澎湖、鹿耳为台湾屏障。尤重天时、地利、人和在战争中的作用，于海上交通、屯兵、出击、退守路线均有论述。

主要版本

小方壶斋舆地丛钞本

分类与编排

（1）本书参照《中国古籍总目》，按四部分类法进行分类编排，根据各类所收录图书的情况按需设置多级目次，共分5部36类。

（2）同书异名者，以一条书目为主，在其下著录内容提要，其余书目均见此条。

（3）同一责任者若有多部著作，则在本书中首次出现的书目之下著录该责任者的简介，并于之后出现的书目中做互见。

（4）同类之下各书目再依据责任者时代、责任者姓名、题名进行编次；地方志按我国现行行政区划及成书先后排序。

索引及字体

（1）本书附有按汉语拼音音序排列的题名索引和责任者索引。

（2）本书使用的简体字、异体字除姓名外以通行的汉字形体为标准。

（3）书中纪年法采用年号纪年与公元纪年结合的方式，公元纪年使用阿拉伯数字。

目　录

经部 …………………………………………………………………… (1)
　　总类 …………………………………………………………………… (1)
　　诗类 …………………………………………………………………… (1)
　　小学类 ………………………………………………………………… (2)
　　书类 …………………………………………………………………… (3)

史部 …………………………………………………………………… (4)
　　纪传类 ………………………………………………………………… (4)
　　编年类 ………………………………………………………………… (22)
　　纪事本末类 …………………………………………………………… (31)
　　杂史类 ………………………………………………………………… (34)
　　史评类 ………………………………………………………………… (108)
　　传记类 ………………………………………………………………… (115)
　　政书类 ………………………………………………………………… (125)
　　诏令奏议类 …………………………………………………………… (218)
　　地理类 ………………………………………………………………… (246)
　　方志类 ………………………………………………………………… (533)
　　金石考古类 …………………………………………………………… (927)
　　目录类 ………………………………………………………………… (929)

子部 …………………………………………………………………… (931)
　　总类 …………………………………………………………………… (931)
　　儒家类 ………………………………………………………………… (933)
　　兵家类 ………………………………………………………………… (933)
　　农家类 ………………………………………………………………… (943)
　　医家类 ………………………………………………………………… (955)

天文历算类 …………………………………………（961）
艺术类 …………………………………………（963）
杂著类 …………………………………………（964）
类书类 …………………………………………（978）
小说家类 …………………………………………（988）
诸教类 …………………………………………（1000）

集部 …………………………………………（1005）
别集类 …………………………………………（1005）
总集类 …………………………………………（1037）
戏剧类 …………………………………………（1046）
小说类 …………………………………………（1048）

丛书部 …………………………………………（1055）
杂纂类 …………………………………………（1055）
辑佚类 …………………………………………（1099）
郡邑类 …………………………………………（1101）
氏族类 …………………………………………（1105）
独撰类 …………………………………………（1106）

题名索引 …………………………………………（1118）

责任者索引 …………………………………………（1202）

主要参考文献 …………………………………………（1262）

后记 …………………………………………（1276）

经部

总类

传说之属

0001

古经解汇函二百八十三卷／（清）钟谦钧等辑

钟谦钧（1805—1874），字秉之，号云卿，巴陵（今湖南省岳阳市）人。清同治间官两广盐运使。

丛书。是书收《周易》注书四种、《易纬》八种、《诗》两种、《春秋》五种。

清同治十二年粤东书局刻本，清光绪十四年上海蜚英馆石印本，清光绪十五年湘南书局刻本。

0002

绛跗阁经说三种五卷／（清）诸锦撰

诸锦（1686—1769），字襄七，别字草庐，秀水（今属浙江省嘉兴市）人。清雍正间进士。

是书含《毛诗说》《夏小正诂》《飨礼补止》。

清乾隆诸氏绛跗阁刻本，清乾隆二十一年春晖堂刻本。

0003

诸草庐经说三种五卷／（清）诸锦撰

诸锦，见第0002条。

见“绛跗阁经说”。“绛跗阁经说三种五卷”

清乾隆诸氏绛跗阁刻本，清乾隆二十一年春晖堂刻本。

诗类

0004

草木鸟兽虫鱼疏二卷／（三国吴）陆玑撰

陆玑，生卒年不详，字元恪，云阳（今江苏省丹阳市）人。仕吴，为太子中庶子、乌程令。

汉代，人们对《诗经》中许多动植物名称已不知所云。有鉴于此，陆玑对其中动植物名称进行考释成此书。是书列有动植物的别名、分布地点、形态特征和经济用途等。

宝颜堂秘笈本，盐邑志林本。

0005

毛诗草木鸟兽鱼虫疏二卷／（三国吴）陆玑撰

陆玑，见第0004条。

见“草木鸟兽虫鱼疏二卷”。

续百川学海本，唐宋丛书本，说郛本，四库全书本，增订汉魏丛书本。

0006

毛诗鱼名今考一卷附嘉鱼考/李遵义撰

李遵义（1864—1919），字子宜，号芷沂，丹徒（今属江苏省镇江市）人。清光绪十四年（1888）举人。著有《樵隐诗》《文存》《垦余读书录》《垦余闲话》《孔子艺事考》《种薯经证》《银币考》《岘南道唱演》等。

民国十二年刻樵隐集本。

小学类

文字之属

0007

刻太古遗踪海篇集韵大全三十一卷/（明）邹德溥撰，（明）夏从仁补遗

邹德溥，生卒年不详，字汝光，号四山，安福（今江西省安福县）人。明万历十一年（1583）进士，官至司经局洗马。著有《易会》《春秋匡解》《学庸宗释》《雪山草》《邹太史全集》等。

夏从仁，生平事迹不详。

明潭城书林陈孙安刻本。

0008

埤苍二卷/（三国魏）张揖撰，（清）任大椿辑，（清）王念孙校

张揖，生卒年不详，一作张楫，字稚让，清河（今河北省清河、山东省临清一带）人，一说河间（今河北省献县）人。三国魏太和中为博士。著有《广雅》《古今字诂》《埤苍》《难字》《错误字》《杂字》等。

任大椿（1738—1789），字幼植，一字子田，兴化（今江苏省兴化市）人。清乾隆三十四年（1769）进士，历官礼部仪制司主事、员外郎、郎中、陕西道监察御史。著有《吴越备史注》《小学钩沉》《字林考逸》《弁服释例》《深衣释例》《释缯》《列子释文考异》《子田诗集》等。

王念孙（1744—1832），字怀祖，号石臞，高邮（今江苏省高邮市）人。清乾隆四十年（1775）进士，选翰林院庶吉士，转工部主事，升郎中，擢陕西道御史，后任山东运河道、永宁河道。著有《周秦诸子韵谱》《西汉韵谱》《淮南子韵谱》《易林韵谱》等。

训诂书，是书为解释字义而作，间有切语。

小学钩沈本，小学类编本，任氏三种本，芋园丛书本。

训诂之属

0009

尔雅李氏注三卷／（汉）李巡撰，（清）马国翰辑

李巡（？—189），汝阳（今河南省商水县）人。东汉末年宦官。

马国翰（1794—1857），字词溪，号竹吾，历城（今属山东省济南市）人。清道光十二年（1832）进士。历官洛川、泾阳知县，陇州知州。

《尔雅》收集了比较丰富的古代汉语词汇，是辞书之祖。是书因《尔雅》批注过于简略不易理解，对其进行注释、考证而成。

玉函山房辑佚书本。

0010

尔雅图三卷／（晋）郭璞注

郭璞（276—324），字景纯，闻喜（今山西省闻喜县）人。晋元帝时任著作佐郎，迁尚书郎，又为大将军王敦记室参军。卒，追赐弘农太守。著名的训诂学家，曾为《尔雅》《山海经》等作注。

民国四年同文图书馆石印本。

书类

0011

程尚书禹贡山川地理图二卷论二卷／（宋）程大昌撰

程大昌（1123—1195），字泰之，休宁（今安徽省休宁县）人。南宋绍兴二十一年（1151）进士，初任太平州教授，历官秘书省正字、著作郎、秘书少监、中书舍人、刑部侍郎、吏部尚书、龙图阁直学士、泉州知州和明州知州。著有《诗论》《毛诗辨证》《易原》《尚书谱》《考古编》《禹贡论》和《禹贡山川地理图》等。

原书散佚，今本系后人从《永乐大典》中辑出，以《禹贡山川地理图》名传世。是书论证《禹贡》山川，取前人旧说，详加辨正，另作新图而成。

四库全书本。

0012

禹贡论图

见“程尚书禹贡山川地理图二卷论二卷”。

史部

纪传类

丛编之属

0013

十七史一千五百七十四卷／（明）毛晋编

毛晋（1599—1659），原名凤苞，字子晋，号潜斋，常熟（今江苏省常熟市）人。家藏图书八万四千余册，多宋元刻本，又建汲古阁、目耕楼以储书。曾校刻《十三经》《十七史》等经、史、别集、道藏、丛书。其所抄录罕见秘籍，后人称为“毛钞”，流布天下。著有《隐湖题跋》《毛诗名物考》《毛诗陆疏广要》等。

十七种正史总称，北宋时始出现此名，含《史记》《汉书》《后汉书》《三国志》《晋书》《宋书》《南齐书》《梁书》《陈书》《魏书》《北齐书》《周书》《隋书》《南史》《北史》《新唐书》《新五代史》。

明崇祯元年至十七年毛氏汲古阁刻本。

0014

二十五史／二十五史刊行委员会辑

民国二十四年上海开明书店景印本。

0015

二十五史补编／二十五史刊行委员会辑

民国二十五年至二十六年上海开明书店铅印本。

0016

百衲本二十四史／张元济辑

张元济（1867—1959），字筱斋，号菊生，海盐（今浙江省海盐县）人。清光绪十八年（1892）进士。曾任总理各国事务衙门章京。二十四年（1898）任南洋公学（交通大学）管理译书院事务兼总校，后任公学总理。二十七年（1901）主持商务印书馆编译工作，后任该馆编译所长、经理、监理、董事长。1949年被特邀参加中国人民政治协商会议，被选为全国委员会委员，后被选为第一届全国人民代表大会代表。著有《校史随笔》《涵芬楼烬余书录》等。

是书由商务印书馆广搜博采各史善本，采用当时最先进的摄影制版技术，历十余年而成。其选用的各种珍罕版本因年代久远而残缺不全，编校者通过许多版本相互参校、补缀，如僧人之百衲衣，故而得名。

民国上海商务印书馆景印本。

0017

二十四史

记载中国古代自黄帝至明代史实的史书合集，是封建王朝的正史。由于各种史书成书年代和朝代不同，“二十四史”的称谓是逐渐形成的。清代修成《明史》，成为“二十二史”。乾隆年间，把《旧唐书》《旧五代史》列入而成钦定《二十四史》。

清同治光绪五省官书局据汲古阁本等合刻光绪五年湖北书局汇印本。

0018

二十四史附考证

清乾隆武英殿刻本，清光绪同文书局影印武英殿本，清光绪上海图书集成印书局铅印本，清光绪竹简斋影印武英殿本，清光绪史学斋石印本。

0019

二十一史二千五百六十七卷

明刻明清递修本，明万历二十三年至三十四年北京国子监刻本。

0020

重刊二十四史

清同治八年岭南葄古堂刻本。

通代之属

0021

史记一百三十卷 / (汉) 司马迁撰，(汉) 褚少孙、(唐) 司马贞补

司马迁（前145—前90），字子长，夏阳（今陕西省韩城南）人，一说龙门（今山西省河津市）人。西汉历官太史令、中书令。因创作了我国第一部纪传体通史《史记》而被后世尊称为史迁、太史公。

褚少孙，生卒年不详，西汉颍川（今河南省禹州市）人。汉元帝、成帝时为博士，师大儒王式，号褚先生。曾增补司马迁《史记》。著有《褚先生集》。

司马贞（679—732），字子正，河内（今河南省沁阳市）人。唐玄宗开元年间官至朝散大夫，弘文馆学士，主管编纂、撰述和起草诏令等。著有《史记索隐》。

纪传体通史。是书原名《太史公书》，成书于汉征和二年（前91），分十二本纪、十表、八书、三十世家、七十列传。记事起于传说中的黄帝，迄于汉武帝，尤详于战国、秦、汉。

明吴勉学刻本，明崇祯元年新安黄之寀刻本。

0022

太史公书

见“史记一百三十卷”。

断代之属

0023

魏书一百十四卷附考证 /（北齐）魏收撰

魏收（507—572），字伯起，小字佛助，巨鹿下曲阳（今河北省晋州市）人。仕北魏、东魏、北齐三朝，历官太学博士、散骑侍郎、中书舍人、中书侍郎、秘书监兼著作郎、定州大中正、中书令兼著作郎，封为富平县子。太宁元年（561）封为开府，后兼任右仆射。卒，赠司空、尚书左仆射，谥文贞。

纪传体史书。是书记北魏兴亡史。

四库全书本，二十四史本，四部备要本。

0024

汉书一百卷 /（汉）班固撰，（唐）颜师古注

班固（32—92），字孟坚，安陵（今陕西省咸阳市）人。汉建武三十年（54），其父班彪卒。班彪撰《史记后传》未完，班固继承父志开始撰写《汉书》。后窦宪因擅权被杀，班固受株连死于狱中。编著有《汉书》《白虎通义》。

颜师古（581—645），字籀，祖籍琅琊临沂（今属山东省临沂市），京兆万年（今陕西省西安市）人。居家贫困，以教授为生，后历官中书舍人、中书侍郎、秘书少监、秘书监、弘文馆学士。著有《匡谬正俗》《颜师古集》。

北宋刻递修本，北宋刻宋元递修本，宋刻元明递修本，明刻嘉靖十六年广东崇正书院重修，清初影宋抄本。

0025

前汉书一百卷 /（汉）班固撰

班固，见第 0024 条。

纪传体断代史书。是书分为十二纪、八表、十志、七十传，记叙了汉高祖元年（前 206）至王莽地皇四年（23）间的史实，所创《五行》《地理》《艺文》及《百官公卿表》为后世史书所沿袭。

明德藩最乐轩刻本，明吴勉学刻本。

0026

前汉书一百卷附考证 /（汉）班固撰，（唐）颜师古注

班固，见第 0024 条。

颜师古，见第 0024 条。

见“汉书一百卷”。

四库全书本，二十四史本，二十五史本，清光绪三十一年上海久敬斋石印本。

0027

三国志六十五卷／（晋）陈寿撰，（南朝宋）裴松之注

陈寿（233—297），字承祚，安汉（今四川省南充市北）人。原在蜀汉任观阁令史。魏灭蜀后任佐著作郎、平阳侯相、著作郎、治书侍御史等。著有《三国志》《蜀相诸葛亮集》《古国志》《益都耆旧传》等。

裴松之（372—451），字世期，原籍河东闻喜（今山西省闻喜县），后移居江南。晋太元十四年（389）拜殿中将军，后历官吴兴故鄣令、尚书祠部郎、世子洗马、国子博士、中书侍郎、永嘉太守、南琅玡太守、中散大夫、领国子博士，最后进位太中大夫。著有《晋纪》《裴氏家传》《裴松之集》。

纪传体断代史。是书记述了三国时的史事和人物的活动，政治、经济、军事及文化领域的杰出人物都有记载，或立为专传，或附记。

宋刻递修公文纸印本，元刻明嘉靖万历南京国子监递修本，明万历二十四年南京国子监刻本清顺治康熙递修本，清光绪七年文雅斋刻本，百衲本二十四史本。

0028

吴录一卷／（晋）张勃撰，王仁俊辑

张勃，生卒年不详，吴郡（今江苏省苏州市）人。三国吴鸿胪寺卿张俨之子。

王仁俊（1866—1914），字捍郑，一字感莼，号籀许，吴县（今属江苏省苏州市）人。清光绪十八年（1892）进士，授庶吉士。曾任吏部主事、宜昌知府。曾赴日本考察学务，回国曾先后主持武昌、苏州存古学堂。三十三年（1907）任学部图书局副局长兼京师大学堂教习。辑有《玉函山房辑佚书续编》《玉函山房辑佚书补编》《经籍佚文》《十三经汉注四十种辑佚书》《小学钩沉补》等。著有《辽史艺文志补证》《西夏艺文志》《汉书艺文志校补》等。

纪传体史书。是书记三国时孙吴史事，原书久佚。元陶宗仪《说郛》、清王仁俊《玉函山房辑佚书补编》中各有辑本。

玉函山房辑佚书补编本。

0029

吴录一卷／（晋）张勃撰，叶昌炽辑

张勃，见第0028条。

叶昌炽（1847—1917），字鞠裳，长洲（今属江苏省苏州市）人。清光绪进士，选庶吉士，授编修，充会典馆帮总纂、国史馆提调，迁国子监司业、翰林院侍讲。二十八年（1902）督甘肃学政，后任礼学馆顾问、存古学堂史学总教习。著有《藏书纪事诗》《语石》《邠州大佛寺题刻考》等。

纪传体史书。是书记三国时孙吴史事，原书久佚。

毄淡庐丛稿本。

0030

名山藏一百九卷 /（明）何乔远辑

何乔远（1558—1631），字樨孝，号匪莪，晋江（今福建省晋江市）人。明万历十四年（1586）进士，历官户部主事、礼部仪制郎中、光禄少卿、广东左通政、户部右侍郎。著有《名山藏》《潭阳文献》等。

纪传体史书。是书分为典谟记、坤则记、开圣记、继体记、分藩记、勋封记、天国记、天启记、舆地记、典礼记、河漕记、漕运记、钱法记、兵制记、盐法记、货殖记、方技记、方外记等三十七记。记起自明太祖迄至穆宗（1368—1572）十三朝史事。

明崇祯十三年刻本。

0031

元史二百十卷附考证 /（明）宋濂、王祎等撰

宋濂（1310—1381），初名寿，字景濂，号潜溪，别号龙门子、玄真遁叟、仙华生、元贞子、元贞道士、仙华道士、幅子男子、无念居士、白牛生、南山樵者、南宫散史、禁林散史，祖籍潜溪（今浙江省义乌市），浦江（今浙江省浦江县）人。明初诗文三大家之一，浙东四先生之一，被明太祖朱元璋誉为“开国文臣之首”，学者称其为太史公、宋龙门。明武宗时追谥文宪，又称“宋文宪”。历官奉议大夫、国子司业、安远知县、礼部主事、太子赞善大夫、翰林侍讲学士、中顺大夫、翰林学士承旨。著有《潜溪内外集》《銮坡集》《翰苑集》《篇海类编》《洪武正韵》等。

王祎（1322—1374），字子充，号华川，义乌（今浙江省义乌市）人。元至正十八年（1358）被朱元璋任为中书省掾史，后历官儒学提举司校理、迁侍礼郎，漳州府通判、翰林待制、同知制诰兼国史院编修官。后受命说元梁王降被杀，追赠翰林学士，谥文节，正统

中改谥忠文。著有《王忠文公集》（一名《王忠文公文集》）。

纪传体断代史。是书据元代各朝实录、诸家行状、墓表及《元经世大典》等编成，分本纪四十七卷、志五十八卷、表八卷、列传九十七卷。

四库全书本，二十四史本，四部备要本。

0032

三国志钞三十六卷／（明）吴孝章辑

吴孝章，生卒年不详，字平子，嘉兴（今浙江省嘉兴市）人。

明天启刻本。

0033

宋书一百卷／（南朝梁）沈约撰

沈约（441—513），字休文，武康（今浙江省德清县）人。仕宋、齐、梁三朝，宋时官记室参军、尚书度支郎。齐时官著作郎、尚书左丞、骠骑司马将军，为文惠太子萧长懋太子家令。后助梁武帝萧衍建立梁朝，封建昌县侯，官至尚书左仆射，后迁尚书令，领太子少傅。著有《晋书》《宋书》《齐纪》《高祖纪》等。

纪传体南朝宋史。是书据何承天、苏宝生、徐爰等人所编国史补修而成，包括本纪十卷、志三十卷、列传六十卷，记南朝宋一代自永初元年（420）起到升明三年（479）间的历史。

宋刻宋元递修本，宋刻宋元明递修本，百衲本二十四史本。

0034

南齐书五十九卷附考证／（南朝梁）萧子显撰

萧子显（487—537），字景阳，南兰陵（今江苏省常州市西北）人。齐高帝萧道成之孙，豫章文献王萧嶷第八子，历官太子中舍人、国子祭酒、侍中、吏部尚书、吴兴太守。著有《后汉书》《晋史草》《齐书》《普通北伐记》《贵俭传》《南齐书》等。

纪传体史书。是书原名《齐书》，宋代始称《南齐书》，包括本纪八卷、志十一卷、列传四十卷，记萧道成建齐至萧宝融被废七帝二十三年间（479—502）历史。纪传中包含着不少南北交往及周边诸族之资料，有东夷高丽、加罗国、倭国、南夷林邑国、扶南国等与齐之交往史料。

四库全书本，二十四史本，四部备要本。

0035

后汉书九十卷志三十卷／（南朝宋）范晔撰，（唐）李贤注（志），（晋）司马彪撰，（南朝梁）刘昭注

范晔（398—445），字蔚宗，顺阳（今河南省淅川县）人。东晋元熙二年（420）任彭城王刘义康门下冠军将军、秘书丞。元嘉九年（432），因得罪刘义康被贬为宣城太守，于任内著《后汉书》。十七年（440）投靠始兴王刘浚，历官后军长史、南下邳太守、左卫将军、太子詹事。著有《和香方》《杂香膏方》《百官阶次》《齐职仪》。

李贤（655—684），字明允，唐高宗李治与武则天亲生次子，生前曾封潞王、雍王，被立为太子，并多次奉命监国。后为武则天废为庶人，死于巴州（今重庆），神龙二年（706）迁葬乾陵，睿宗时追赠章怀太子。李贤为太子时，曾召集当时学者太子左庶子张大安、洗马刘讷言、洛州司户格希元、学士许叔牙、成玄一等共注《后汉书》。

司马彪（240？—306），字绍统，温县（今河南省温县西）人。曾官骑都尉、秘书郎、秘书丞。著有《庄子注》《九州春秋》等。

刘昭，约510年前后在世，字宣卿，高唐（今山东省禹城市）人。梁天监中历官征北行参军、尚书仓部郎、无锡令，并先后任豫章王、临川王记室。官至通直郎，出为剡县令。著有《幼童传》。

纪传体断代史书。是书所记起自汉建武元年（25），止于建安二十五年（220），包含本纪十卷、列传八十卷。因范晔在编写的过程中被杀，他所做的志未能收入《后汉书》。今本《后汉书》加入了司马彪所撰的《续汉书》的八志。

明吴勉学刻本，北宋递修本，明嘉靖七年至九年南京国子监刻明万历天启崇祯弘光清顺治康熙递修本。

0036

罪惟录九十卷／（清）查继佐撰

查继佐（1601—1676），字三秀、友三、伊璜、敬修，号与斋、东山钓史，晚号钓叟，国变后改姓名为左尹，人称东山先生或朴园先生，海宁（今浙江省海宁市）人。明崇祯六年（1633）举人。明亡，先在杭州避乱，后投鲁王抵抗清军，任兵部职方主事。著有《东山外记》《五经说》《知是录》《兵榷》《南语》《豫游记》《敬修堂诗集》等。

纪传体史书。是书初名《明

书》，后因受明史案的牵连两次入狱，死里逃生，以“获罪惟录书”而改成今名。书中记事始于明洪武，迄于南明弘光、隆武、永历、鲁王、韩王各代，与清代官修《明史》相比多南明诸帝纪。志的部分也比较详细，设有《土田志》《贡赋志》《屯田志》等。传的部分是以事立传，列有台湾专目。

稿本，四部丛刊三编本。

0037

明书一百七十一卷 /（清）傅维鳞撰

傅维鳞（1608—1666），原名维祯，字掌雷，号歉斋，灵寿（今河北省灵寿县）人。明崇祯举人，清顺治三年（1646）进士，改庶吉士，历官翰林院编修、东昌兵备道、左副都御史、户部右侍郎、工部尚书。著有《明书》《四思堂文集》《歉斋说书》等。

纪传体断代史。是书初撰始于清顺治初，时敕撰明史，傅维鳞负责辑录《明实录》，有机会得以博览明档，另搜求明兴以来行藏印钞诸本以及家乘、文集、碑志，考订异同，康熙初年编成此书。记事起自元天历元年（1328），迄明崇祯十七年（1644），包含土田、赋役、河漕、边防、舆卫、营建、职官、食货等志。

清康熙三十四年本诚堂刻本，畿辅丛书本，丛书集成初编本。

0038

明朝纪事本末八十卷 /（清）谷应泰撰

谷应泰（1620—1690），字赓虞，别号霖苍，丰润（今属河北省唐山市丰润区）人。清顺治进士，历官户部主事、员外郎、浙江提学佥事。著有《筑益堂集》《筑益堂诗集》《博物要览》等。

又作《明鉴纪事本末》《明史纪事本末》。是书叙述明代历史事件，纪事始于元至正十二年（1352）朱元璋起兵，迄于明崇祯十七年（1644）朱由检自杀，详于政治，略于经济和典章制度，所记成祖设三卫、进军漠北及沿海倭寇、议复河套诸事较详。

日本天保十四年二本松藩刊本，清顺治筑益堂刊本，民国七年铅印本，清同治十三年江西书局刊本。

0039

明鉴纪事本末八十卷 /（清）谷应泰撰

谷应泰，见第0038条。

见“明朝纪事本末八十卷”。

清刻本。

0040

明史纪事本末八十卷／（清）谷应泰撰

谷应泰，见第0038条。

见“明朝纪事本末八十卷”。

清同治十三年江西书局刻本，民国十四年校经山房成记书局石印本。

0041

大清国史兵志十五卷／（清）国史馆编

国史馆，清朝常设的修书馆，以纂修国史而得名。清康熙二十九年（1690）开馆，乾隆十四年（1749）停馆。乾隆三十年（1765）再开馆，遂成常设之修书馆，设总裁、清文总校、提调、总纂、纂修、协修、校对等官。

纪传体史书，包括军政、军令、大阅、军器、兵制、兵防、战纪等卷。

清内府写本。

0042

大清国史大臣列传／（清）国史馆纂

国史馆，见第0041条。

清代规定凡文职官员，京官侍郎、副都御史、大理寺卿以上，地方官巡抚以上，武职提督、总兵、副都统、参赞大臣、办事大臣，皆入大臣列传。是书含施琅传。

清内府写本。

0043

贰臣传二十卷逆臣传八卷／（清）国史馆编

国史馆，见第0041条。

《逆臣传》记载皆清朝之叛将，如吴三桂、耿精忠、孙延龄、郑芝龙等事迹。

清木活字印本，抄本。

0044

国史大臣列传次编／（清）国史馆纂

国史馆，见第0041条。

见“大清国史大臣列传”。

清内府写本。

0045

国史大臣列传续编／（清）国史馆纂

国史馆，见第0041条。

见“大清国史大臣列传”。

清内府写本。

0046

国史大臣列传又续编一百五十八卷 / （清）国史馆纂

国史馆，见第 0041 条。

见“大清国史大臣列传”。

清内府写本。

0047

清史大臣列传 / （清）国史馆纂

国史馆，见第 0041 条。

见“大清国史大臣列传”。

清内府写本。

0048

钦定国史大臣列传 / （清）国史馆纂

国史馆，见第 0041 条。

见“国史大臣列传”。

清内府写本。

0049

钦定国史贰臣表传二十卷逆臣传四卷 / （清）国史馆编

国史馆，见第 0041 条。

见“大清国史大臣列传”。

清嘉庆二十二年马泰荣抄本。

0050

钦定国史逆臣传三卷 / （清）国史馆撰

国史馆，见第 0041 条。

见“贰臣传二十卷逆臣传八卷”。

清抄本。

0051

元史译文证补三十卷附元经世大典地图一卷 / （清）洪钧撰

洪钧（1839—1893），字陶士，号文卿，吴县（今属江苏省苏州市）人，祖籍歙县（今安徽省歙县）。因家道中落，生活贫困，父亲要他弃儒经商。洪钧不愿意从商，请求父亲让他继续读书，从此更加勤奋好学。十八岁考中生员，补县学生，同治三年（1864）中举人；七年（1868）状元及第，授翰林院修撰；九年（1870）出任湖北学政。后参与编修咸丰朝实录，赐花翎四品衔。嗣后曾任顺天府乡试同考官，历典陕西、山东乡试。后迁翰林侍讲、侍读，提督江西学政。历官右春坊、侍读学士、侍讲学士。光绪九年（1883）迁詹事、内阁学士兼礼部侍郎。十三年（1887）起充任出使俄国、德国、奥地利、荷兰四国外交大臣，成为中国古代状元中唯一的外交官。十六年（1890）回国后，晋升兵部左侍郎兼总理各国事务衙门行走。十八年（1892），发生帕米尔中俄争界案，洪钧遭到官员们的联名弹劾。

洪钧任驻俄、德、奥、荷四国公使，出使时见俄国人贝勒津所译波斯人拉施特《史集》、伊朗人志费尼《世界征服者史》和亚美尼亚人多桑《蒙古史》等书，命使馆馆员金楷利等人节译有关章节，然后据以著成是书。

稿本。

0052

金史详校三卷／（清）施国祁撰

施国祁（1750—1824），字非熊，号北研，归安（今浙江省湖州市）人。廪生。著有《元遗山集笺注》《年谱》《金源杂兴诗》《礼耕馆诗文集》等。

见“金史详校十卷”。

历代地理志汇编本。

0053

金史详校十卷／（清）施国祁撰

施国祁，见第0052条。

施国祁读《金史》凡十余遍，以明代南监本为底本，校以北监本、元刻本及清刻本，为《金史》辨体裁、考事实、订文句录以成此书。

清光绪六年会稽章氏刊本。

0054

金史详校十卷附史论五答一卷／（清）施国祁撰

施国祁，见第0052条。

见“金史详校十卷”。

历代地理志汇编本。

0055

海东逸史十八卷／（清）翁洲老民撰

翁洲老民，生平事迹不详。

纪传体史书。是书记南明鲁王政权事迹，包含鲁监国纪、家人传、诸臣列传、忠义传、遗民传。书中称郑成功曾先后奉监国驻金门、澎湖，为他书所不载。

清光绪七年邵武徐氏刻本；清光绪九年杨氏饮雪轩抄本；民国二十一年慈溪传氏望云草堂刻本。

0056

十国春秋一百十四卷附拾遗一卷备考一卷拾遗备考补一卷／（清）吴任臣撰，（拾遗、备考、拾遗备考补）（清）周昂辑

吴任臣（？—1689），本名吴志伊，以字行，改字志伊，一字尔器，号讬园，祖籍福建莆田，随父至仁和（今浙江省杭州市）。清康熙十八年（1679）举博学鸿词科，授检讨。曾担任《明史》纂修官。著有《周礼大义》《字汇补》《春秋正朔考辨》《礼通》《讬园诗文集》《山海经广注》。

周昂（1732—1801），字千若，号少霞，昭文（今江苏省常熟市）人。清乾隆三十五年（1770）拔贡，授宁国训导，三十五年（1770）举于乡，尝经理虞山书院。著有《中州全韵》《此宜阁诗钞》等。

纪传体史书。吴任臣以宋欧阳修《新五代史》等记载五代时十国的历史材料简单且叙述多偏见，乃广搜杂史、地方志、文集、杂记等，依后魏崔鸿《十六国春秋》的体例重新编成。

清乾隆五十八年昭文周氏此宜阁刻本；清乾隆五十八年昭文周氏此宜阁刻清嘉庆四年补刻本；清乾隆五十八年昭文周氏此宜阁刻；清光绪二十八年海虞陈氏印本。

0057

小腆纪传六十五卷／（清）徐鼒撰

徐鼒（1810—1862），字彝舟，号亦才，六合（今属江苏省南京市）人。清道光二十五年（1845）进士，改庶吉士，散馆，授检讨，充实录馆协修，后乞归。咸丰八年（1858），因镇压太平天国运动有功授福宁府知府，后调延平府。著有《未灰斋文集》《外集》《诗钞》等。

纪传体南明史书。是书包括纪七卷、列传五十八卷，收载李自成攻占北京至清王朝收复台湾，即明崇祯十七年（1644）至清康熙二十二年（1683）间有关南明五百二十余人史料。

清末传氏长恩阁抄本，清六合徐氏未灰斋抄本。

0058

明史三百三十二卷目录四卷／（清）张廷玉等撰

张廷玉（1672—1755），字衡臣，号砚斋（一作研斋），桐城（今安徽省桐城市）人。清康熙三十九年（1700）进士，改庶吉士，授检讨，入直南书房。历官刑部左侍郎、礼部尚书、户部尚书、吏部尚书、保和殿大学士（内阁首辅）、首席军机大臣等职。先后任《亲征平定朔北方略》纂修官，《省方盛典》《清圣祖实录》副总裁官，《明史》《四朝国史》《大清会典》《世宗实录》总裁官。卒，谥文和，配享太庙，是整个清朝唯一一位配享太庙的汉臣。

纪传体史书。是书记事起自明洪武元年（1368），下至崇祯十七年（1644），多取材于《明实录》、档案、文集、奏议、志书、邸报、私史等。书中的《土司传》《外国传》《西域传》等史料十分珍贵。

摛藻堂四库全书荟要本，四库全书本，二十四史本，四部备要本。

0059

建炎以来系年要录二百卷 /（宋）李心传撰

李心传，生平事迹不详。

编年体史书。是书记事起自宋建炎元年（1127），迄绍兴三十二年（1162），记高宗一朝史事，以国史为主，参考稗官野史、家乘志状、案牍奏报等。理宗宝祐初年（1253）刻于扬州，元代已少流传，今本自《永乐大典》中辑出。

清光绪五至八年刻本，抄本。

0060

九国志十二卷 /（宋）路振撰

路振（956—1014），字子发，祁阳（今湖南省祁阳县）人。宋淳化间擢为榜眼。咸平三年（1000），宋辽两军战于瀛洲，时路振知滨州，坚守城池，滨州得以保全。大中祥符（1008—1016）初，奉命知制诰，后与夏竦同修真宗起居注。著有《祭战马文》《伐棘篇》《乘轺录》《九国志》等。

纪传体史书。路振采择五代时期吴、南唐、吴越、前蜀、后蜀、北汉、南汉、闽、楚九国君臣事迹，作世家、列传，书未成而卒，有遗稿。

清抄本，清道光三十年刻本，清曾氏面城楼抄本。

0061

九国志十二卷 /（宋）路振撰，（宋）张唐英补

路振，见第0060条。

张唐英（1029—1071），字次功，自号黄松子，新津（今四川省新津县）人。宋庆历三年（1043）进士，历官渝州决曹掾、归州狱掾、谷城县令、著作佐郎、秘书丞、太常博士、殿中侍御史。著有《蜀梼杌》《唐史诛奸发潜论》《仁宗政要》《嘉祐名臣传》《九国志补》《总要监今论》《渝南集》等。

纪传体五代十国史。记五代时吴、南唐、吴越、前蜀、后蜀、荆南、南汉、闽、楚等九国君臣行事，作世家、列传，凡四十九卷。

今本十二卷。

宛委别藏本，清嘉庆十二年敷文阁木活字印本，海山仙馆丛书本，粤雅堂丛书本，笔记小说大观本。

0062

唐书二百二十五卷释音二十五卷附考证／（宋）欧阳修、宋祁等撰，（宋）董冲释音

欧阳修（1007—1072），字永叔，号醉翁，晚又号六一居士，庐陵（今江西省吉安市）人。宋天圣八年（1030）进士。历官西京留守推官、馆阁校勘、夷陵令、乾德令、武成军判官。庆历三年（1043）知谏院，擢同修起居注，知制诰，后为河北都转运按察使，知滁、扬、颍等州。以太子少师的身份致仕。卒，谥文忠。著有《欧阳文忠公集》，主修《新唐书》《新五代史》。

宋祁（998—1061），字子京，安陆（今湖北省安陆市）人。宋天圣二年（1024）进士。历官翰林学士、史馆修撰、工部尚书、翰林学士承旨。卒，谥景文。著有《宋景文集》《笔记》《益部方物略记》。

董冲，生平事迹不详。

纪传体断代史书。是书本纪十卷、志五十卷、表十五卷、列传一百五十卷，记载的起讫年代同《旧唐书》。书中首创《兵制》《仪卫志》《选举志》。

四库全书本，二十四史本，四部备要本。

0063

晋书一百三十卷／（唐）房玄龄等撰

房玄龄（579—648），名乔，字玄龄，以字行于世，齐州临淄（今山东省淄博市）人。十八岁举进士，授羽骑尉。投奔秦王李世民，先后担任秦王府记室等，封临淄侯，又以本职兼陕东道大行台考功郎中，加文学馆学士。太宗即位，任中书令，进爵邢国公。贞观三年（629），摄太子詹事，兼礼部尚书。四年（630），进尚书左仆射，改封魏国公，监修国史。十一年（637），封梁国公。十三年（639），加太子少师。十六年（642），进封司空，仍总理朝政。卒，谥文昭。

纪传体史书。是书成于唐贞观二十年（646），包括本纪十卷、志二十卷、列传七十卷、载记三十卷，记载了从西晋泰始元年（265）到晋元熙二年（420）间的历史。

宋刻本，宋嘉泰四年至开禧元年秋浦郡斋刻本，百衲本二十四史本。

0064

隋书八十五卷附考证／（唐）魏徵、长孙无忌等撰

魏徵（580—643），字玄成，巨鹿郡（今河北省巨鹿县）人。隋末参加瓦岗起义军，为元帅府文学参军。随李密降唐，为太子建成所信重，任掌管图籍的洗马官。玄武门之变后被李世民任为太子詹事府主簿。世民即位，擢为谏议大夫，封巨鹿县男，后迁尚书左丞。贞观三年（629）任秘书监，奉命监修梁、陈、齐、周、隋史。七年（633）任侍中，以修史功，进位光禄大夫，封郑国公。卒，谥文贞，入凌烟阁。

长孙无忌（594—659），字辅机，洛阳（今河南省洛阳市）人。隋义宁元年（617），李渊起兵太原，任渭北行军典签。累进比部郎中，封上党县公。参与发动玄武门之变助李世民夺取帝位，以功第一，封齐国公，后徙赵国公。历官太子左庶子、左武侯大将军、吏部尚书、尚书仆射、司空。唐高宗即位，册封三公首席之太尉、同中书门下三品，论阶谓当朝首相。永徽二年（651）撰成《律疏》。因反对高宗立武昭仪为皇后，为许敬宗诬构削爵流黔州，自缢死。

纪传体史书，记载隋代历史。是书包含本纪五卷、列传五十卷、志三十卷。

四库全书本，二十四史本，四部备要本。

0065

梁书五十六卷附考证／（唐）姚思廉撰

姚思廉（557—637），字简之，雍州万年（今陕西省西安市）人。其父姚察在陈为吏部尚书，后任隋秘书丞，曾撰修梁、陈二史，未成而卒，临终前嘱姚思廉承其未竟事业。思廉少年从父深研汉史，家学渊源，隋代累官至代王杨侑侍读。唐贞观间任著作郎、弘文馆学士、散骑常侍，随侍皇帝左右，参与谋议军国大事，后奉诏与魏徵等修撰梁、陈诸史。

是书记事起自梁天监元年（502）梁朝建立，止于陈永定元年（557）梁朝灭亡，共计五十六年历史，包括本纪六卷、列传五十卷。

四库全书本，二十四史本，四部备要本。

0066

旧唐书二百卷附考证／（五代）刘昫等撰

刘昫（888—947），字耀远，

涿州（今属河北省保定市）人。后唐历官膳部员外郎、尚书右仆射、太子太傅等职，封谯国公。开运三年（946）契丹南进，遂降契丹，任守太保。

后梁、后唐时很注意唐代史料的搜集和保存，后晋时开始编写《唐书》，开运二年（945）修成。是书包含本纪二十卷、志三十卷、列传一百五十卷。《新唐书》出现后，为了区别，就把五代时修成的《唐书》称为《旧唐书》。

四库全书本，二十四史本，四部备要本。

0067

唐书二百卷 /（五代）刘昫等撰

刘昫，见第 0066 条。

见“旧唐书二百卷附考证”。

宋绍兴间两浙东路茶盐司刻本，明嘉靖十八年闻人诠刻本，明嗣雅堂抄本，百衲本二十四史本。

0068

金史一百三十五卷附考证 /（元）脱脱等撰

脱脱（1314—1356），亦作托克托、脱脱帖木儿，蔑里乞氏，字大用，蒙古族蔑儿乞人。历官同知宣政院事、中政使、同知枢密院事、御史大夫、中书右丞相。至正三年（1343）主编《辽史》《宋史》《金史》，任都总裁官。十五年（1355）被革职流放云南，后被中书平章政事哈麻假传元惠宗诏令自尽。二十二年（1362）昭雪复官。

纪传体金朝史书，取材于《金实录》、刘祁《归潜志》、元好问《壬辰杂编》等。

四库全书本，二十四史本，四部备要本。

0069

辽史一百十六卷附考证 /（元）脱脱等撰

脱脱，见第 0068 条。

纪传体辽代史。是书成于元至正四年（1344），包括本纪、志、表、列传、国语解五部分。其中志三十二卷，分营卫、兵卫、地理、历象、百官、礼、乐、仪卫、食货等。

四库全书本，二十四史本，四部备要本。

0070

宋史四百九十六卷附考证 /（元）脱脱等奉敕撰

脱脱，见第 0068 条。

纪传体宋代史。是书成于元至正五年（1345），主要依据宋朝国史、实录、日历、时政记等删削增补而成，详于北宋，略于南宋。

四库全书本，二十四史本，四部备要本。

0071

九国志校一卷／缪荃孙撰

缪荃孙（1844—1919），字炎之，一字筱珊（小山），号艺风，晚号艺风老人，江阴（今江苏省江阴市）人。清光绪二年（1876）进士，曾任翰林院编修、清史馆总纂。历主南菁、泺源、龙城、钟山等书院讲席，创办过江南图书馆和京师图书馆，是中国近代图书馆事业的奠基人，被誉为中国近代图书馆之父。著有《艺风堂文集》《艺风堂藏书记》《艺风堂友朋书札》《清学部图书馆善本目录》《清学部图书馆方志目》《艺风堂金石文字目》《南北朝名臣年表》《近代文学大纲》等。

《九国志》为纪传体史书，记述五代时的十国史事。《九国志校》，一作《九国志校记》《九国志校读》，为缪荃孙据金山钱氏守山阁本，用龙氏活字本校勘而成，并以《新五代史》《资治通鉴》《续资治通鉴长编》附校。

艺风堂读书志本。

0072

清史列传稿八卷／缪荃孙撰

缪荃孙，见第0071条。

是书分八门，包含宗室王公传、大臣传、忠义传、儒林传、文苑传、循吏传、武臣传、逆臣传。传文采正史列传体例，叙传主生平、仕宦经历、主要事迹、言论、奏议及有关上谕。

稿本。

0073

汉书补注七卷／王荣商撰

王荣商（1852—1921），字友莱，镇海（今属浙江省宁波市）人。清光绪十二年（1886）进士，授编修，升侍读。民国任镇海县志局总纂。著有《容膝轩诗文集》等。

清光绪十七年刻本。

0074

汉书补注一百卷／王先谦撰

王先谦（1842—1917），字益吾，晚号葵园，室名虚受堂，长沙（今湖南省长沙市）人。清同治四年（1865）进士，官至国子监祭酒、江苏学政。后主讲思贤讲舍、城南书院、岳麓书院，为岳麓书院最后一任山长。编有《十朝东华录》《汉书补注》《后汉书集解》《荀子集解》《庄子集解》《诗三家义集疏》《续古文辞类纂》。著有《虚受堂文集》。

《汉书》校注本。王先谦广泛搜集整理历代学者研究《汉书》的成果，采取注释的形式编成此书，对于地理方面的问题引用郦道元《水经注》证班书，讲解颇为明晰。

清光绪二十六年虚受堂刻本。

0075

清史稿五百三十六卷／赵尔巽撰

赵尔巽（1844—1927），字次珊，号无补，隶汉军正蓝旗，铁岭（今辽宁省铁岭市）人。清同治十三年（1874）进士，授翰林院庶士、编修。历官湖南、湖北、贵州等地知府，安徽、山西按察使，新疆、山西布政使，湖南巡抚，署理户部尚书，盛京将军，湖广、四川总督等。宣统三年（1911）接东三省总督兼管东三省将军事。民国成立后与袁世凯达成协议，任奉天都督。1912 年 10 月辞职，隐居于青岛。1914 年被袁世凯聘为清史馆总裁，主编《清史稿》，兼参政院参政。1917 年张勋复辟时出任弼德院顾问大臣，其后又曾任段祺瑞执政府的临时参政院议长。

纪传体清代史。是书仿《明史》体例，设纪、志、表、传，记载后金天命元年（1616）至清宣统三年（1911）间历史。书中新增《交通志》《邦交志》，其中《地理志》反映清代的疆域概貌及其沿革，《兵志》新增清末水师及海军建置的内容，《交通志》分记铁路、轮船、电报、邮政四项内容，《邦交志》介绍清代与世界各国的外交关系。

民国十六年清史馆铅印本。

0076

宋天文志十五卷步天歌一卷

《步天歌》，一作《丹元子步天歌》，是我国古代的天文学著作，为唐代王希明撰写。《步天歌》按照三国时期吴国的太史令陈卓所定的星座，将周天分为三垣二十八宿共三十一个天区，把各天区的星官和星数编成七字一句的歌诀，分别指出各星官的名称、位置等。念着歌诀，按照一定的方向，一颗一颗地数过去，可以帮助人们认识天上的恒星。《步天歌》在我国古代是学习天文学的必读书，在天文知识的宣传普及上，起过积极的作用。

清抄本。

编年类

丛编之属

0077

资治通鉴大全四百二十八卷 /（明）陈仁锡辑

陈仁锡（1581—1636），字明卿，南直隶长洲（今属江苏省苏州市）人。明天启二年（1622）进士，授翰林编修。以不肯撰魏忠贤铁券文被削职。崇祯元年（1628）复故官，累迁南京国子祭酒。卒，谥文庄。著有《皇明世法录》《四书语录》《周礼句解》《六经图考》《漕政考》《经济八编类纂》《无梦园集》等。编有《古文奇赏》《苏文奇赏》《奇赏斋广文苑英华》等。

明崇祯刻金阊大欢堂印本。

通代之属

0078

续资治通鉴二百二十卷 /（清）毕沅撰

毕沅（1730—1797），字纕蘅，一作湘蘅，号秋帆，自号灵岩山人，镇洋（今江苏省太仓市）人。清乾隆二十五年（1760）进士，状元及第，授翰林院编修。历官陕西按察使、陕西布政使、陕西巡抚、河南巡抚、湖广总督。嘉庆元年（1796）赏轻车都尉世袭。卒，赠太子太保，赐祭葬。死后二年，被以“教匪初起失察贻误，滥用军需帑项”的罪名夺世职，抄全家。著有《续资治通鉴》《传经表》《经典辨正》《山海经晋书地理志校注》《灵岩山人诗文集》等。

司马光的《资治通鉴》记事至五代十国，毕沅在《资治通鉴后编》的基础上增减写成《续资治通鉴》，记载自宋太祖建隆元年（960）至元顺帝至正三十年（1370）间的历史。

清乾隆镇洋毕氏刻嘉庆六年桐乡冯氏德裕堂续刻本，清光绪十六年上海积山书局石印本，清光绪二十六年上海图书集成印书局铅印本，清光绪三十一年江苏书局刻本，四部丛刊本。

0079

汲冢书 /（清）陈逢衡撰

陈逢衡（1778—1855），字履长，一字穆堂，江都（今属江苏省扬州市）人。清道光元年（1821）举孝廉方正，力辞不就。著有《读骚楼诗》《竹书纪年集证》《逸周书补注》《山海经汇说》《续博物志疏证》《隋书经籍志疏证》等。

见“竹书纪年集证五十卷首一卷”。

0080

纪年／（清）陈逢衡撰

陈逢衡，见第0079条。

见“竹书纪年集证五十卷首一卷”。

0081

竹书／（清）陈逢衡撰

陈逢衡，见第0079条。

见“竹书纪年集证五十卷首一卷”。

0082

竹书纪年集证五十卷首一卷／（清）陈逢衡撰

陈逢衡，见第0079条。

战国时魏国史书。晋太康二年（281），该书出土于汲县（今河南省卫辉市）古墓，原无题名，称为《纪年》《竹书》《竹书纪年》《汲冢书》等。陈逢衡旁搜博采，细为诠释，以群书订《竹书纪年》之讹，继以《竹书纪年》证群书之误。

江都陈氏丛书本。

0083

资治通鉴地理今释十六卷／（清）吴熙载撰

吴熙载（1799—1870），原名廷扬，字让之，亦作攘之，号让翁、晚学居士、方竹丈人等，仪征（今江苏省仪征市）人。著有《师慎轩印谱》《吴让之印谱》等。

清光绪八年江苏书局刻本，清光绪二十三年广东经史阁刻本，清光绪二十六年古絜斋刻本，清末石印本。

0084

纲鉴会编九十八卷首一卷历代统系表略三卷历代官制考略二卷历代郡国考略三卷／（清）叶沄辑

叶沄，生卒年不详，字蓄久，一字松川，昆山（今江苏省昆山市）人。清康熙年间监生，熟悉边塞风土人物及古今典章。著有《纲鉴会编》《历代统系表略》《历代官制考略》《历代郡国考略》。

清康熙刻本，清康熙三十八年彭城刘德芳刻本。

0085

资治通鉴二百九十四卷目录三十卷／（宋）司马光撰

司马光（1019—1086），字君

实，世称涑水先生，陕州夏县（今山西省夏县）人。宋宝元二年（1039）进士，授奉礼郎职，任馆阁校勘。后历官起居舍人同知谏院、翰林学士、参知政事、西京御史台、门下侍郎、尚书左仆射兼门下侍郎。卒，追封温国公，谥文正。著有《稽古录》《司马文正公集》等。

编年体通史。是书分十六纪，仿《左传》体例与笔法，记载周威烈王二十三年至后周世宗显德六年（前403—959）间历史。取材除“十七史”正史外，尚及野史、传状、文集、谱录等。内容以政治、军事为主，有关经济、文化记载较简略，旨在供统治者从历代治乱兴亡中取得借鉴，故名《资治通鉴》。

宋绍兴二至三年两浙东路茶盐司公使库刻本，元至元二十六至二十八年魏天祐刻本。

断代之属

0086

大明实录一千四百九十二卷／（明）董伦等撰

董伦（1323—1402），字安常，恩县董家堂村（今属山东省武城县）人。明洪武十五年（1382）被召至南京任右赞善大夫。建文时官至礼部侍郎兼翰林学士，曾规劝建文帝敦睦亲藩，不听。成祖即位，令其致仕。

编年体明代史料。“实录”之名，最早见于《隋书·经籍志》著录周兴嗣《梁皇帝实录》。从唐设史馆开始，新君即位都要敕令史臣依据前一皇帝的起居注、时政记、日录等重新纂修编年体的实录，以后遂成定制。明沿旧制，凡新君即位，即命史官纂修先君实录，以勋臣充监修官，阁臣充总裁官。实录撰成后誊录正副两本，正本嘉靖以前藏内府，嘉靖十三年（1534）建皇史宬，贮于其中，外人不可得见，副本藏内阁，掌于翰林院典籍，并将底稿焚毁，以示禁密。然修实录时，必取前朝实录副本为参校，因此阁臣、史官得以私抄，万历中稍稍传写流布于外，缙绅之家往往传抄，如顾炎武、万斯同等皆见过明代实录。《明实录》编纂体例采取编年附传的方法，以年月日编比史事，在大臣卒下附其小传。其所载内容繁富，举凡政治、军事、经济设施、帝王婚丧、生子命名、祭祀、营造、灾祥等，以及诏令奏议、百司案牍、大臣生平事迹，都予记录、选载。

清抄本。

0087

明实录摘钞不分卷／（明）董伦等撰

董伦，见第0086条。

见“大明实录一千四百九十二卷”。

明抄本。

0088

两朝从信录三十五卷／（明）沈国元撰

沈国元，生卒年不详，字仲飞，后改名为常，字存仲，秀水（今属浙江省嘉兴市）人。明末诸生。著有《皇明从信录》《两朝从信录》《甲申大事记》等。

编年体史书。是书续《皇明从信录》而记泰昌、天启两朝史事，以年月为纲，多取材于邸钞，杂采以稗官小乘、野史途歌，述而不作，故曰“从信”，于重大事件皆叙其始末，可补泰、天两朝实录之阙。

明崇祯刻本，大来堂重印本。

0089

齐春秋一卷／（南朝梁）吴均撰

吴均（469—520），字叔庠，吴兴故鄣（今浙江省安吉县西北）人。梁初，柳恽为吴兴太守，召为主簿，累迁奉朝请，因私撰《齐春秋》被罢免。著有《后汉书注》《钱塘先贤传》《通史》《续文释》等。

编年体史书，记南齐一代史事，历高帝、武帝、萧昭业、明帝、和帝五帝共二十四年。

说郛本。

0090

大清穆宗毅皇帝实录三百七十四卷首四卷／（清）宝鋆、沈桂芬等纂修

宝鋆（1807—1891），字佩蘅，满洲镶白旗人。清道光十八年（1838）进士，授礼部主事，擢中允，三迁侍读学士。后历官内阁学士、礼部侍郎兼副都统、总管内务府大臣、护军统领、汉军都统、左翼前锋营统领、户部尚书、翰林院掌院学士、协办大学士、体仁阁大学士、武英殿大学士。

沈桂芬（1818—1880），字经笙，又字小山，宛平（今属北京市）人。清道光二十七年（1847）进士，选庶吉士，授编修。后历官内阁学士兼礼部侍郎、山西巡抚、军机大臣兼总理各国事务衙门大臣、兵部尚书，加太子少保。卒，赠太子太傅，谥文定，入祀贤

良祠。

是书为清同治一朝编年体史料，记述同治朝十三年（1861—1874）间史事。

清内府抄本。

0091

大清圣祖仁皇帝实录三百卷／（清）官修

是书为清康熙一朝编年体史料，记清顺治十八年（1661）正月至康熙六十一年（1722）十一月间史事。

红绫本。

0092

十一朝东华录分类辑要二十四卷／（清）何良栋辑

何良栋，生卒年不详，号鸿宝斋主人。

是书内容简略，可作阅读《东华录》索引。

清光绪二十九年鸿宝书局石印本。

0093

明季南略十八卷／（清）计六奇撰

计六奇（1622—1687），字用宾，号天节子，别署九峰居士，无锡（今江苏省无锡市）人。诸生。生平好留心遗存、访问故老，尤注重搜罗晚明遗文逸事。著有《明季北略》《明季南略》。

编年体史书。是书记明崇祯十七年（1644）弘光帝即位至清康熙四年（1665）间南明弘光、鲁监国、隆武、绍武、永历诸朝及中国南部时事概略。内载南明军政大事、抗清战事与人物、农民起义兼及琐闻逸事。对史可法、张煌言、何腾蛟、郑成功、李定国等人及相关事迹叙述尤详。

清初抄本。

0094

大清文宗显皇帝实录三百五十六卷首四卷／（清）贾桢、周祖培等纂修

贾桢（1798—1874），原名忠桢，字筠堂、伯贞，号艺林，黄县（今山东省龙口市）人。清道光五年（1825）举人，翌年进士，授翰林院编修，旋擢升为侍讲，后入直上书房。历官侍讲学士、詹士府少詹事、内阁学士、工部右侍郎、户左右侍郎、都察院左都御史、礼部尚书、吏部尚郎、经筵讲官、上书房总师傅兼顺天府尹、翰林院掌院士、体仁阁大学士、武英殿大学士。卒，谥文端，追赠太保。入祀

贤良祠。

周祖培（1793—1867），谱名之翔，字淑滋，号芝台，河南牛食畈（今安徽省牛食畈）人。清嘉庆二十三年（1818）举人，翌年连捷进士，选庶吉士。二十五年（1820）授翰林院编修。仕嘉庆、道光、咸丰、同治四朝，历官侍读学士，詹事府詹事，内阁学士，礼、工、刑部侍郎，刑、兵、吏等部尚书。卒，谥文勤。

是书为咸丰一朝编年体史料，记清咸丰朝十一年（1850—1861）间史事。

清同治间内府抄本。

0095

爝火录三十二卷附记一卷论略一卷历代纪元续表一卷/（清）李天根撰

李天根，生卒年不详，初名大本，字大本，字云墟，江阴（今江苏省江阴市）人。著有《爝火录》《紫金环》《颠倒鸳鸯》《白头花烛》《云墟小稿》。

编年体史书。因南明为明之残余，如同爝火，因以名书。该书成于乾隆十三年（1748），记南明弘光、隆武、绍武、永历、鲁监国五王史事。记事起于清顺治元年（1644）崇祯之死，终于康熙元年（1662）鲁王死于金门。附记郑成功父子事迹，下限止于清统一台湾（1683）。

吴兴刘氏嘉业堂刻本。

0096

大清圣祖仁皇帝实录三百卷首三卷/（清）马齐、朱轼等纂修

马齐（1652—1739），姓富察氏，满洲镶黄旗人。清康熙八年（1669）以荫生授工部员外郎，后历官佐领、户部员外郎、工部郎中、芜湖关税监督、内阁侍读学士、山西布政使、山西巡抚、左都御史、兵部尚书兼理藩院尚书、户部尚书、武英殿大学士、保和殿大学士、军机大臣、加太子太保衔。卒，谥文穆。

朱轼（1665—1736），字若瞻，又字伯苏，号可亭，高安（今江西省高安市）人。清康熙三十三年（1694）进士，历官潜江知县、陕西学政、奉天府尹、浙江巡抚、左都御史、刑部主事、文华殿大学士兼兼吏兵二部尚书，为乾隆帝师。卒，谥文端。

是书以编年体记述自清顺治十八年（1661）正月至康熙六十一年（1722）十一月止，康熙一朝史事。

清乾隆内府刻本。

0097

[咸丰朝]东华续录一百卷／（清）潘颐福编

潘颐福（1844—1886），原名恭寿，字芝堂，号梅孙，罗田（今湖北省罗田县）人。清同治十三年（1874）进士，授翰林院编修，历官刑科给事中、府尹、户部左侍郎。卒，赠户部尚书。

是书记清咸丰一朝史料。

稿本。

0098

续资治通鉴长编拾补六十卷／（清）秦缃业辑注

秦缃业（1813—1883），字应华，号澹如，无锡（今江苏省无锡市）人。清道光二十六年（1846）副贡生，援例授浙江同知，累官至候补道，加盐运使衔，后两署盐运使，一署金衢严道。著有《平浙纪略》《浙江忠义录》《虹桥老屋遗集》《西泠销寒酬唱》等。

是书记事始于宋治平四年（1067），止于靖康二年（1127）。李焘《续资治通鉴长编》久已散佚不全，清乾隆修《四库全书》时从《永乐大典》中辑成五百二十卷，但缺治平四年（1067）四月至熙宁三年（1070）三月、元祐八年（1093）七月至绍圣四年（1097）三月、元符三年（1100）二月至十二月和徽宗、钦宗两朝。南宋杨仲良《续资治通鉴长编纪事本末》曾取李书原文，而改编年体为纪事本末体。秦缃业取杨书加以拾补，其中或已为杨氏删节者，则考证他书有关资料排比分注。

清光绪九年浙江书局刻本。

0099

大清实录不分卷／（清）实录馆修

实录馆，明清各代例开之修书馆。自唐朝始，皇帝死后，新皇帝例敕史臣为其纂修实录。清朝沿袭此制，新君嗣位，均开馆纂修前朝实录，修成闭馆。因隶属内阁，故有内阁实录馆之称。凡修实录，内阁大学士、协办大学士充监修总裁官，总裁官；学士、翰林院掌院学士兼充副总裁官；纂修、提调各职，内阁侍读学士例得兼充，翰林院亦保送侍读学士以下官充纂修等职。副总裁以上由皇帝特简，纂修、提调各职则由监修总裁等拟定具题。实录修成，抄写四部，每部包括汉满蒙三种文本，分别藏于北京皇史宬、乾清宫、内阁实录库和沈阳崇谟阁。

全称《大清历朝实录》，是清朝历代皇帝统治时期的大事记，用编年体体例记载清朝政治、经济、文化、军事、技术、外交等。

稿本。

0100

国榷不分卷／（清）谈迁撰

谈迁（1594—1657），字仲木，号射父，明亡后改名迁，字孺木，海宁（今浙江省海宁市）人。明诸生，终身未仕。天启元年（1621）着手撰写《国榷》，至天启六年（1626）写完初稿。清顺治二年（1645）续修崇祯、弘光两朝事迹。两年后全稿被盗，后发愤重写。著有《枣林杂俎》《枣林集》《北游录》《西游录》《北游录》《史论》等。

编年体明史。是书记载元天历元年（1328）至南明弘光元年（1645）间的历史，包含明代朝章典制、世系、地理、封爵、职官、科举等。

清初抄本，清胡蕉窗抄本。

0101

十一朝东华约录二百三十二卷／（清）王祖显节撰

王祖显，生平事迹不详。

清光绪二十八年石印本。

0102

大清宣宗成皇帝实录四百七十六卷首四卷／（清）文庆、花纱纳等纂修

文庆（？—1856），费莫氏，字孔修，满洲镶红旗人。清道光二年（1822）进士，选庶吉士，授编修。历官通政使、左副都御史、内阁学士、礼部侍郎兼副都统、吏部侍郎、户部侍郎、吏部尚书兼步军统领、内务府大臣、军机大臣、内阁学士、户部尚书、翰林院掌院学士、协办大学士、文渊阁大学士、武英殿大学士、上书房总师傅。卒，谥文端，入祀贤良祠。

花纱纳，一作花沙纳（1806—1859），乌米氏，字毓仲，号松岑，蒙古正黄旗人。清道光十二年（1832）进士，历官刑部左都御史、福建巡抚、工部尚书、翰林院从大学士、吏部尚书。

是书以编年体记述清道光朝三十年（1821—1850）间史事。

清咸丰间内府抄本。

0103

中兴小纪四十卷／（宋）熊克撰

熊克（1132—1204），字子

复，建阳崇泰里（今属福建省建阳市莒口镇）人。南宋绍兴二十一年（1151）进士，历官主簿、府学教授、秘书郎、起居郎兼直学士等职。著有《九朝通略》《中兴小纪》《镇江志》《西晋新语》《诸子菁华》等。

编年体史书，原名《中兴小历》。原书久佚，清四库馆臣从《永乐大典》中辑出，避高宗弘历讳改现名。是书编次南渡以后事迹，广征博引，辑录资料甚多，记事起自宋建炎元年（1127）五月，迄绍兴三十二年（1162）六月。

四库全书本，清萧山汪氏环碧山房抄本，广雅书局丛书本，丛书集成初编本。

0104

中兴小历／（宋）熊克撰

熊克，见第0103条。

见“中兴小纪四十卷”。

0105

大清德宗景皇帝实录五百九十七卷／世续、陆润庠等纂修

世续（1853—1921），索勒豁金氏，字伯轩，满洲正黄旗人。清光绪元年（1875）以举人授议叙主事，后历官内务府郎中、武备院卿、总管内务府大臣兼工部侍郎、理藩院尚书、吏部尚书兼都统衔、体仁阁大学士兼军机大臣、宪政编查馆参预政务大臣。

陆润庠（1841—1915），字凤石，元和（今属江苏省苏州市）人。清同治十三年（1874）状元，历官国子监祭酒、山东学政、工部尚书、吏部尚书、东阁大学士、体仁阁大学士、弼德院院长。卒，赠太子太傅，谥文端。

清光绪朝编年体史料。

清内府抄本。

0106

十朝东华录五百二十五卷／王先谦，（清）潘颐福撰

王先谦，见第0074条。

潘颐福，见第0097条。

编年体史料长编。清乾隆三十年（1765），清廷重开国史馆，摘抄天命、天聪、崇德、顺治、康熙、雍正清前五帝六朝史事。因国史馆在东华门外，故称《东华录》。光绪时，王先谦续抄乾隆、嘉庆、道光三朝史料。后潘颐福辑《咸丰朝东华录》，王先谦加以增补，合称《十朝东华录》。

清光绪十三年刻本，清光绪二十年上海积石书局石印本。

0107

十一朝东华录五百八十六卷 / 王先谦撰

王先谦，见第0074条。

清蒋良骐曾撰《东华录》，王先谦除续撰乾隆以后至道光各朝事迹外，“因病蒋氏简略”，还“加详”了自天命迄雍正的事迹。潘颐福续撰咸丰朝事，至此成《十朝东华录》，或曰《东华续录》。后傅云龙又编《同治朝东华录》，合称《十一朝东华录》。全书起明万历十一年（后金天命元年，1583），迄清同治十三年（1874），资料较为丰富，叙事详尽。

清光绪二十五年仿泰西法石印本。

0108

[光绪朝] 东华续录二百二十卷 / 朱寿朋编

朱寿朋（1868—?），字锡百，号曼龛，上海（今上海市）人。清光绪二十八年（1902）举人，翌年进士，授翰林院编修。辛亥革命后，历任国务院秘书、驻巴西公使馆三等秘书、外交部政务司佥事。

朱寿朋仿王先谦编《东华录》和《东华录续编》体例，辑成《光绪朝东华续录》，记述清光绪朝的内政、外交、军事、经济等史事。

清宣统元年上海集成图书公司铅印本。

0109

大清历朝实录

见“大清实录不分卷”。

0110

明太祖实录类钞不分卷

参见《大明实录》，其中《太祖实录》共二五七卷。

清宝米斋钞本。

纪事本末类

断代之属

0111

永陵传信录六卷 /（清）戴笠撰

戴笠（1614—1682），字耘野，初名鼎立，字则之，吴江（今属江苏省苏州市）人。明末诸生，以教授自资，勤于著述。著有《永陵传信录》《行在阳秋》《香骨集》《遂初集》《怀陵流寇始终录》《三朝耆旧传》等。

是书采纪事本末体，记述兴献大礼、更定郊祀、钦明大狱、二张之狱、曾夏之狱、经略倭寇等史事。

四库全书本。

0112

鸿猷录／（明）高岱撰

高岱（1507—1564），字伯宗，别号鹿坡居士，京山（今湖北省京山县）人。明嘉靖二十九年（1550）进士。后任刑部郎中，政务清闲，遂悉力编辑此书。著有《樵论》《楚汉余谈》《西曹诗集》《居郧稿》。

见“皇明鸿猷录十六卷”。

0113

皇明鸿猷录十六卷／（明）高岱撰

高岱，见第0112条。

纪事本末体史书，作《鸿猷录》。是书所采多为刑部所藏书疏案牍、学士长老撰述和稗官野史，记事自朱元璋入郭子兴部起，至嘉靖三十一年（1552）宣布仇鸾罪恶、剖棺戮尸止，以记述军事为主。

明万历元年刻本，明万历八年刻本，明嘉靖四十四年刻本。

0114

平台纪事本末不分卷／（清）□□撰

是书记事起自清乾隆五十一年（1786）台湾林爽文发动起义，止于乾隆五十三年（1788）清军撤离台湾，记述林爽文起义从酝酿、发展到失败的全过程。

清紫霞阁抄本。

0115

平定台湾纪略六十五卷首五卷／（清）高宗弘历敕编

高宗弘历（1711—1799），即乾隆皇帝。爱新觉罗氏，雍正第四子，自称“十全老人”。他开博学鸿词科，访求书籍，完成《明史》《续文献通考》《皇朝文献通考》等书籍的编纂，并下令编成《四库全书》。嘉庆元年（1796）初禅位给自己的十五子，自称太上皇帝。

台湾林爽文起义被清廷镇压后，乾隆帝命方略馆将有关镇压起义的皇帝谕旨、大臣奏章、军情文牍等按时间顺序编辑成书。是书翔实记述了林爽文反清起义的发生、发展和失败的全过程，起义与天地会的关系，清廷为镇压起义而采取的方针、政策、军事部署及善后措施等。

清乾隆内府刻本，四库全书本，清乾隆五十三年武英殿刻本，清抄本。

0116

圣武记十四卷／（清）魏源撰

魏源（1794—1857），原名远

达，字默深，又字墨生、汉士，号良图，金潭（今湖南省隆回县司门前镇）人。清道光二十五年（1845）进士。以知州分发江苏，历官东台、兴比县知事，高邮州知州。著有《海国图志》《古微堂集》《元史新编》《老子本义》《圣武记》等。

专题性史书。是书前十卷采用纪事本末体将爱新觉罗氏崛起至道光年间对内对外的主要战事，归纳为开创、藩镇、外藩、土司苗瑶回民、海寇民变兵变、教匪六个专题，叙述其始末，评论得失。后四卷为武事余记，分为兵制兵饷、掌故考证、事功杂述、议武四个专题，论述清朝的兵制兵饷、水守、军政、军储等问题。

清道光二十二年古微堂刻本，申报馆丛书本，清光绪七年粤垣榷署刻本，清光绪二十八年上海书局石印本，四部备要本。

0117

中西纪事二十四卷／（清）夏燮撰

夏燮（1800—1875），字谦甫，一作嗛父，又字季里，别号谢山居士、江上蹇叟，当涂（今安徽省当涂县）人。清道光元年（1821）举人，曾官安徽青阳、直隶临城训导，湖南安仁、江西永宁知县。著有《明通鉴》《五服释例》《述均》等。

是书依据当时公文档册、奏稿函札、条约章程、邸钞文报及新闻纸等，采用纪事本末体整理了从鸦片战争前到第二次鸦片战争结束时的中外关系史实，出版不久即被清廷禁毁，清同治十年（1871）重版后广为流传。

清咸丰十年刻本，清同治四年刻本，清同治十年刻本，申报馆丛书本，清光绪二十三年石印本。

0118

皇朝武功纪盛四卷／（清）赵翼撰

赵翼（1727—1814），字耘崧，又作云松，号瓯北，又号裘萼，晚号三半老人，阳湖（今属江苏省常州市）人。清乾隆二十六年（1761）进士，任翰林院编修。三十一年（1766）出知广西镇安府。后乞归潜心著述。著有《瓯北集》《瓯北诗话》《廿二史札记》《陔余丛考》等。

纪事本末体史书，成书于清乾隆五十七年（1792）。是书记述康熙、乾隆二帝征讨诸藩，包含平定两金川、台湾、廓尔喀述略，详载战役时间、所经山川道里，诸将帅功过等。

清光绪四年湛贻堂重刻本。

0119

清史纪事本末八十卷／黄鸿寿撰

黄鸿寿，生卒年不详，善化（今湖南省长沙市岳麓区）人。

是书采纪事本末体例，记载清朝三百年间之史事。书中对清代的内政外交，如与英、法、俄、日之和约等事实均“纂辑从详，毫无讳饰”。

民国四年上海文明书局石印本，民国十年上海文明书局石印本，民国十四年上海文明书局石印本，民国十八年上海文明书局石印本。

杂史类

丛编之属

0120

名臣宁攘要编□卷／（明）项德桢编

项德桢（1555—1605），字廷坚，号玄池，一号元池，嘉兴（今浙江省嘉兴市）人。明万历十四年（1586）进士，历官山西右参议副使、密云参议、河南副使等职。著有《名臣宁攘要编》《襄毅公年谱》《皇明弼直录》《续名臣记》《大政志》《易州新志》等。

是书辑有《东夷记》《西番事迹》《西夷事迹》《南太纪略》《抚夷纪略》《夷俗记》等。

明刻本。

0121

典故纪闻十八卷／（明）余继登撰

余继登（1544—1600），字世用，号云衢，交河（今河北省泊头市）人。明万历五年（1577）进士，改庶吉士，授翰林院检讨，参加纂修《大明会典》。历官少詹事兼侍读学士、詹事、礼部右侍郎、礼部左侍郎。卒，赠太子少保；谥文恪。

初名《皇明典故纪闻》。是书记明初至隆庆的政治、经济、典章制度等。

明万历刻本，清光绪五年定州王氏谦德堂刻本。

0122

皇明典故纪闻／（明）余继登撰

余继登，见第0121条。

见“典故纪闻”。

明万历二十九年唐氏世德堂刻本。

0123

明季野史三十四种三十六卷／（清）□□编

是书汇辑丁大任《入长沙记》、许德士《殉忠录》等三十四种，其中顾伟南《丙申日记》等书较难得。

清抄本。

0124

荆驼逸史五十八种附一种／（清）陈湖逸士辑

陈湖逸士，生平事迹不详。

明清之际野史汇编。是书包括《三朝野纪》《两粤梦游记》《行国录》《行朝录》《全吴纪略》《袁督师计斩毛文龙始末》《平台纪略》等五十八种图书。编者称陈湖逸士，盖当日书禁例严，自隐匿其名。

清道光古槐山房木活字印本，清宣统三年中国图书馆石印本。

0125

皇明修文备史一百五十六卷／（清）顾炎武编

顾炎武（1613—1682），初名绛，后更名继绅，又改名炎武，字宁人，号亭林，世称亭林先生，昆山（今江苏省昆山市）人。清兵入关后参加抗清武装斗争，失败后化名蒋山佣，游历山东、河北、北京、陕西等地，考察山川形势，暗结抗清人士，企图恢复明室。著有《天下郡国利病书》《日知录》《音学五书》《韵补正》《亭林诗文集》等。

是书为顾炎武为修撰《明史》而准备的材料，辑书七十五种。

清抄本。

0126

明季稗史汇编十六种二十七卷／（清）留云居士辑

留云居士，生平事迹不详。

丛书，汇辑明季杂史。是书收清顾炎武《圣安皇帝本纪》、明瞿共美《粤游见闻》和《东明闻见录》、清黄宗羲《赐姓始末》、明华复蠡《两广纪略》，其中《圣安皇帝本纪》记福王弘光朝史事，《赐姓始末》记郑成功收复台湾事。

清都城琉璃厂刻本，清光绪十三年上海图书集成印书局铅印本，清光绪二十二年上海图书集成印书局铅印本，民国元年上海商务印书馆铅印本。

0127

明季辽事丛刊四种 / 罗振玉辑

罗振玉（1866—1940），字叔蕴，一字叔言，号雪堂，晚号贞松老人，生于江苏淮安。秀才出身，屡试不第。历任江苏师范学堂监督、学部二等咨议官、补参事官，兼京师大学堂农科监督。1924年奉清废帝溥仪召，入直南书房，后任伪满洲国监察院院长等职。在甲骨文研究中占有重要地位，为“甲骨四堂”之一，是甲骨学的奠基者。著有《殷墟书契》《三代吉金文存》等。

是书收《陶中丞遗集》《毕少保传》《海运摘抄》《东江遗事》。

民国二十五年满日文化协会石印本。

事实之属

0128

征倭杂志 / （朝鲜）申钦撰

申钦（1566—1628），字敬叔，号玄轩、象村、玄翁、放翁，朝鲜平山人。宣祖十九年（1586）文科及第。历官学谕、监察、兵曹佐郎、礼曹判书、左议政、右议政、领议政。著有《象村集》《野言求正录》《春城录》《晴窗软谈》《征倭杂志》《山中独言》《耳目所及》《公余杂载》《胜国遗事》《先天管窥》。

广史著录。

0129

世本十卷 / （汉）应劭、宋衷、（魏）宋均注，（清）秦嘉谟辑补

应劭（153—196），字仲瑗，南顿县（今河南省项城市南顿镇）人。应奉子，累世显官。灵帝时举为孝廉，召为车骑将军何苗的掾吏。中平三年（186）举高第，再次升迁；六年（189）拜泰山太守。建安二年（197），诏拜劭为袁绍军谋校尉。著有《汉书官礼仪故事》《律略》《春秋断狱》《状人纪》《中汉辑序》等。

宋衷，一作忠，生卒年不详，字仲子，章陵（今湖北省枣阳市南）人。刘表据荆州，辟为五业从事。著有《周易注》《太玄经注》等。

宋均，汉末人，生卒年不详，郑玄弟子。为魏博士，官至河内太守。

秦嘉谟，生卒年不详，字味芸，江都（今属江苏省扬州市）人。廪膳生。高宗南巡，召试二等，以训导用。

原本为十五篇，记述从黄帝到春秋时期的帝王、诸侯、卿大夫的姓、名、世系及都邑、谥法等。原

本称《世》，或《经世》。战国末，合各国之《世》为一书，计帝系、王侯谱、卿大夫谱、记、世家、传、氏姓、居、作、谥法等十五篇。

清嘉庆二十三年琳琅仙馆刻本，世本八种本。

0130

越记／（汉）袁康撰

袁康，生卒年不详，字君高，会稽（今属浙江省绍兴市）人。生平事迹无考。

见“越绝书十五卷”。

0131

越绝记／（汉）袁康撰

袁康，见第0130条。

见“越绝书十五卷”。

0132

越绝十五卷／（汉）袁康撰

袁康，见第0130条。

见“越绝书十五卷”。

0133

越绝书十五卷／（汉）袁康撰

袁康，见第0130条。

古代吴越地方史，又称《越绝》《越绝记》《越记》《越录》等。是书杂记春秋、战国时期吴越两国的史实，上溯夏禹，下及秦汉直至建武二十八年（52），旁及诸侯列国，涉及吴越地区的政治、经济、军事、天文、地理、历法、语言等。

明嘉靖二十四年孔天胤刻本，明嘉靖二十六年陈垲刻本，明嘉靖三十三年张佳胤双柏堂刻本，四库全书本，景印元明善本丛书本。

0134

越绝书十五卷附札记一卷／（汉）袁康撰，（清）钱培名札记

袁康，见第0130条。

钱培名，生卒年不详，字宾之，号梦花，金山（今属上海市）人。

见“越绝书十五卷”。

小万卷楼丛书本，龙溪精舍丛书本，丛书集成初编本。

0135

越录／（汉）袁康撰

袁康，见第0130条。

见“越绝书十五卷”。

0136

吴越春秋十卷／（汉）赵晔撰，（宋）徐天祜音注

赵晔，生卒年不详，字长君，山阴（今属浙江省绍兴市）人。著有《韩诗谱》《诗细历神渊》《涉道微》《吴越春秋》等。

徐天祜，生卒年不详，字受之，山阴（今属浙江省绍兴市）人。宋景定三年（1262）进士，曾为大州教授，入元不仕。

地方史。是书成书于东汉初年，主要记载春秋末期吴越两国史事。前五卷记吴国事，称内传；后五卷记越国事，称外传。

元大德十年绍兴路儒学刻明修本，明万历十四年冯念祖卧龙山房刻本，明万历十四年冯念祖卧龙山房刻二十九年杨尔增重修本，明刻本，四部备要本。

0137

东倭志／（明）□□撰

明代记述倭寇灾祸的专著。

佚书。

0138

关白据倭始末一卷／（明）□□撰

千顷堂目存目。

0139

嘉靖倭乱备抄不分卷／（明）□□撰

是书记明嘉靖间倭寇侵扰边海史料。

清抄本。

0140

嘉靖倭乱备钞二卷／（明）□□撰

是书由两淮盐政征集呈送四库馆，不著撰者名氏。记倭寇入侵事，记事自明嘉靖二十三年（1544）日本入贡始，到嘉靖四十五年（1566）闰十月结束。“凡倭之构乱，以及平戢始末，皆载之。大旨谓倭乱始于谢氏之通海，成于严嵩之任用非人，所言比正史为详。”

四库全书存目著录。

0141

克斋李公平倭事略一卷／（明）□□撰

是书记述李遂于明嘉靖三十八年（1559）平定倭寇之事迹。李遂（1504—1566），字邦良，号克斋，又号罗山，丰城（今江

西省丰城市）人。嘉靖五年（1526）进士，授行人。历官刑部郎中、礼部郎中、衢州知府、苏松兵备副使、广东按察使、山东右布政使、南京兵部侍郎。嘉靖年间击败倭寇于丁堰、海安、通州、印庄、庙湾、刘庄，斩获倭寇三千八百余人。卒，赠太子太保；谥襄敏。

海宁陈氏慎初堂抄本。

0142

倭事征信录／（明）□□撰

松江府志著录。

0143

采常吉倭变事略四卷／（明）采九德撰

采九德，生卒年不详，字常吉，盐官（今江苏省盐城市）人。贡为教授。

编年体史书。是书按时序记载明嘉靖三十二年（1553）至嘉靖三十八年（1559）间东南沿海倭寇入犯及其被平定始末。全书分正文和附录，正文记徐海之灭，附录记至王直被杀。

胜朝遗事本，中国内乱外祸历史丛书本。

0144

采常吉倭变事略一卷／（明）采九德撰

采九德，见第0143条。

见“倭变事略四卷”。

盐邑志林本，丛书集成初编本，景印元明善本丛书本。

0145

倭变事略一卷／（明）采九德撰

采九德，见第0143条。

见“采常吉倭变事略四卷”。

中国内乱外祸历史丛书本。

0146

靖海纪略四卷／（明）曹履泰撰

曹履泰（？—1648），字大来，号方城，海宁（今浙江省海宁市）人。明天启五年（1625）进士，擢吏科给事，被诬入闽，授太常少卿，再至兵部右侍郎。著有《浪吟集》。

曹履泰出宰同安，适逢郑芝龙出没海岛，福建同安及沿海各地不时遭到“海寇”之骚扰，就任后采取措施平息海患。是书汇辑曹履泰在靖海过程中所撰疏文、书札及告示，详述“海寇”入犯福建沿海及其被平息始末。

别下斋丛书本，民国二十四年国学文库铅印本，丛书集成本。

0147

倭寇纪略／（明）陈凤章撰

陈凤章，生平事迹不详。

台州府志著录。

0148

倭难纪略／（明）陈良琛撰

陈良琛，生平事迹不详。

福清县志著录。

0149

金山倭变小志一卷／（明）玉垒山人（陈于陛）撰

陈于陛（1545—1596），字元忠，号玉垒，南充（今四川省南充市）人。明隆庆进士，授编修。万历二十一年（1593）升礼部尚书，建议修国史，命为副总裁。二十三年（1595）兼东阁大学士入参机要，升太子太保。卒，赠少保，谥文宪。

金山卫，明洪武十九年（1386）置，因与海中金山相对，故名。为江浙沿海要冲，嘉靖时屡受倭寇侵扰，清乾隆十五年（1750）裁。是书记嘉靖年间倭寇扰乱金山史事。

中国内乱外祸历史丛书本。

0150

崔鸣吾纪事一卷／（明）崔嘉祥撰

崔嘉祥，生卒年不详，号鸣吾，海盐（今浙江省海盐县）人。

又作《鸣吾杂著》《鸣吾纪事》。是书记嘉靖、隆庆、万历间浙江海盐一带民事、风俗，对倭乱及当地抗倭斗争的记载尤为详细。

盐邑志林本，丛书集成本，景印元明善本丛书本。

0151

鸣吾纪事／（明）崔嘉祥撰

崔嘉祥，见第0150条。

见“崔鸣吾纪事一卷”。

0152

鸣吾杂著／（明）崔嘉祥撰

崔嘉祥，见第0150条。

见“崔鸣吾纪事一卷”。

0153

议处安南事宜一卷／（明）邓士龙辑

邓士龙，生卒年不详，南昌

（今江西省南昌市）人。明万历二十三年（1595）进士，由庶吉士授编修，历官国子监祭酒。编有《国朝典故》。

明嘉靖十八年（1539），嘉靖皇帝命仇鸾、毛伯温征伐安南。是书即收录有关此事的毛伯温的疏文、兵部的揭帖及诏书。

皇明修文备史本，明蓝格抄本。

0154

嘉靖甲寅倭变纪略一卷／（明）董斯张撰

董斯张（1587—1628），原名嗣章，字然明，号遐周，又号借庵，湖州（今浙江省湖州市）人。明末监生。著有《静啸斋词》《吴兴备志》《广博物志》《吴兴艺术补》等。

明嘉靖三十三年（1554），倭寇自太仓溃围，掠民舟出海，复扰苏北乃至山东。同年四月，倭寇又自浙江海盐骚扰，侵入嘉兴、海宁、崇明、苏州，是书记其史事。

清沈氏十经斋抄本。

0155

边略五种五卷／（明）高拱撰

高拱（1513—1578），字肃卿，号中玄，新郑（今河南省新郑市）人。明嘉靖二十年（1541）进士，选庶吉士。历官翰林编修、翰林侍读、翰林侍讲学士、太常寺卿、礼部尚书兼文渊阁大学士、少保兼太子太保、文渊阁大学士、内阁首辅。卒，谥文襄。著有《高文襄公集》。

明隆庆三年（1569），高拱以大学士兼掌吏部，筹划边事，制订方略。万历二十一年（1593）将筹边经过、所上疏奏、与疆吏往来信札汇辑成书。其《挞虏纪事》记荐张学颜任辽东巡抚，击退女真攻扰，安定辽东事。《绥广纪事》记慎择边疆官吏，在广东御倭事。

玉简斋丛书本。

0156

备倭事略一卷／（明）归有光撰

归有光（1506—1571），字熙甫、开甫，号震川、项脊生，苏州昆山（今江苏省昆山市）人。明嘉靖四十四年（1565）进士，授长兴知县，改顺德通判。晚年任南京太仆寺丞，预修《世宗实录》。著有《三吴水利录》《马政志》《孝经叙录》《易图论》《震川文集》《震川尺牍》《文章指南》等。

是书记述明嘉靖三十三年（1554）昆山抗倭斗争经过，并提出备倭主张。

说郛续本，清顺治三年两浙督学周南李际期宛委山堂刊本。

0157

倭情考略一卷／（明）郭光复撰

郭光复（？—1616），武昌（今属湖北省武汉市）人。明万历十七年（1589）进士授护部主事，历官山西布政使、右副都御史、辽东巡抚，官至扬州府知府。

明嘉靖年间扬州倭患尤为严重，郭光复认为欲筹备倭之策，必先熟悉其情，遂将其所闻所见写成此书。是书首为总论，次论事略、倭患、倭术、倭语、倭好、倭船、倭刀等。

明万历二十五年自刻本，清抄本，乙亥丛编本，抄本。

0158

五忠堂平倭实录四卷／（明）胡煜撰

胡煜，生卒年不详，绩溪（今安徽省绩溪县）人，胡宗宪之孙。

是书记胡宗宪平倭事迹，包含《擒获王直本末》。

抄本。

0159

闽游月记二卷／（明）华廷献撰

华廷献，生卒年不详，字修伯，号淡甲，无锡（今江苏省无锡市）人。明天启七年（1627）举人，崇祯十三年（1640）赐进士。曾任修武知县。清顺治三年（1646）改官沙县。著有《闽游月记》《闽事纪略》。

是书记华廷献宦游福建期间所闻所见，首卷记过仙霞岭抵延平府遇见诸事、守沙县事。又记隆武朝政事，包含唐王、鲁王不和，自相纷争至成鹬蚌之局；郑芝龙专擅，弃帝出走；浙东兵败，清兵从容入闽。尾记华廷献逃回故里，全家仅数口而归。

荆驼逸史本。

0160

倭患考原一卷恤援朝鲜倭患考一卷／（明）黄俣卿撰

黄俣卿，自题闽人。明万历年间（1573—1620）在世。

明嘉靖、隆庆年间，福建沿海屡遭倭寇侵扰。黄俣卿为探求致祸之由及谋求御倭策略，撰此书。上卷记述倭寇的兴起及其骚扰经过，溯自洪武初遣使通倭，迄于万历初广东林凤攻打吕宋（今菲律宾）。下卷记述宋应昌、杨镐奉命率师东征援助朝鲜之事。卷末附倭俗考。

清抄本。

0161

浙省倭寇始末略／（明）郎瑛撰

郎瑛（1487—1566?），字仁宝，号藻泉，仁和（今属浙江省杭州市）人。因身患疾病，而淡于功名。著有《萃忠录》《青史衮钺》等。

是书汇辑明嘉靖年间浙江倭寇侵扰史事。

七修类稿本。

0162

嘉禾倭寇记略／（明）李日华撰

李日华（1565—1635），字君实，号竹懒，又号九疑，嘉兴（今浙江省嘉兴市）人。明万历二十年（1592）进士，授九江推官，官至太仆寺少卿。著有《恬致堂集》。

是书记述倭寇侵略浙江嘉兴史事。

恬致堂集本。

0163

平倭事略／（明）李遂撰

李遂（1504—1566），字邦良，号克斋，又号罗山，丰城（今江西省丰城市）人。明嘉靖五年（1526）进士，授官行人司行人。历官刑部郎中、礼部郎中、湖州同知、衢州知府、苏松兵备副使、广东按察使、山东右布政使。以平倭之功迁南京兵部侍郎。卒，赠太子太保，谥襄敏。著有《督抚经略本兵疏稿》《公移》等。

明嘉靖三十六年（1557），倭寇侵扰江北，明廷为打击倭寇特设巡抚，乃复起用李遂巡抚凤阳四府。李遂率诸将次第荡平倭寇，此编记当时事迹。

筹海图编本。

0164

方氏事迹一卷／（明）刘文进撰

刘文进，生平事迹不详。

是书记韩林儿、方国珍二家事迹。

四库全书总目存目。

0165

海寇后编二卷附克斋李公平倭事略一卷／（明）茅坤撰，（克斋李公平倭事略）□□撰

茅坤（1512—1601），字顺甫，号鹿门，归安（今浙江省湖州市）人。明嘉靖十七年（1538）进士。曾任知县、主事，官至大名兵备副使。著有《茅鹿门集》。

《海寇后编》记胡宗宪抗倭、缉拿海盗首领王直的事迹。

抄本。

0166

海寇后编一卷／（明）茅坤撰

茅坤，见第0165条。

见“海寇后编二卷附克斋李公平倭事略一卷”。

金声玉振集本。

0167

海寇议后编一卷／（明）茅坤撰

茅坤，见第0165条。

见“海寇后编二卷”。

金声玉振集本。

0168

纪剿除徐海本末一卷／（明）茅坤撰

茅坤，见第0165条。

见“海寇后编二卷”。

中国内乱外祸历史丛书本，民国二十五年上海神州国光社铅印本。

0169

纪剿一卷／（明）茅坤撰

茅坤，见第0165条。

见“海寇后编二卷”。

名臣宁攘要本，项氏丛刻本。

0170

徐海本末一卷／（明）茅坤撰

茅坤，见第0165条。

茅坤，官至大名兵备副使，罢官后入浙江总督胡宗宪幕。是书记明嘉靖中徐海引倭兵入寇及被胡宗宪诱杀事件始末，因属作者亲见，故所记特详。

借月山房汇钞本，泽古斋重钞本，中国内乱外祸历史丛书本。

0171

万历三大征考三卷东夷考略一卷东事答问一卷都督刘将军传一卷／（明）茅瑞征撰

茅瑞征，生卒年不详，字伯符，号苕上愚公、苕上渔父，归安（今浙江省湖州市）人。明万历二十九年（1601）进士。历官知县、兵部职方司主事、郎中、福建参政、湖广布政使，官至南京光禄寺卿。著有《万历三大征考》《禹贡汇疏》等。

《都督刘将军传》为刘綎之传记。刘綎（1558—1619），字省吾，南昌人，明朝杰出的抗倭将领、军事家。万历年间武状元，有“晚明第一猛将”之称。万历二十年（1592）和二十五年（1597）先后入朝抗倭。四十六年（1618）在抗击后金军时于“萨尔浒之战”中殉国。

明天启间浣花居自刻本。

0172

征东实纪一卷／（明）钱世桢撰

钱世桢（1561—1642），字士孙，一字世孙，别号三持，嘉定（今属上海市嘉定区）人。明万历十七年（1589）武进士，二十年（1592）授御倭防海都司佥事、管经略标下游击将军事，前锋出山海关先大军渡鸭绿江进逼倭巢，攻克平壤、开城、王京、闻庆，凯旋后题补浙江坐营游击。二十二年（1594）防倭海上，叙征东功升蓟镇参将，历官江南金山参将、江西总兵。著有《征东实纪》《射评》。

一作《征东纪略》。明万历二十年（1592）八月，钱世桢被荐为东征游击，率本部轻骑一千人为先锋，渡鸭绿江入朝作战。是书以日记体详细记载了钱世桢作战经历，详载战争时序、双方兵力、议和情节、派系斗争、给养供应情况等。

观自得斋丛书本。

0173

万历武功录十四卷／（明）瞿九思撰

瞿九思（1543—1614），字睿夫，号慕川，黄梅（今湖北省黄梅县）人。明万历元年（1573）举人，累官至广平知府。著有《春秋以俟录》《乐经以俟录》《孔庙礼乐考》《乐章》。

纪传体史书。瞿九思穷搜博集六科纪事、实录、邸报有关边事与少数民族资料，历三年撰成此书。是书记万历年间镇压各地起义、少数民族与明廷关系。

明万历刻本。

0174

台州平倭纪略／（明）沈明臣撰

沈明臣（1518—1596），字嘉则，号天放翁，人称句章先生，鄞县（今属浙江省宁波市）人。明嘉靖中诸生，屡试不第。逢胡宗宪率师平倭，入胡宗宪幕，为其掌书记。著有《通州志》《越草》《无对诗选》《丰对楼诗选》《荆溪唱和诗》《吴越游稿》《通州水利议》等。

是书专记台州倭寇事。

台州外书刊本。

0175

渤泥入贡记一卷／（明）宋濂撰

宋濂，见第0031条。

是书为宋濂据传闻所记。渤泥，《宋史》作勃泥，其地在今南洋婆罗洲，唐代晚期即与中国友好往来。明洪武三年（1370），福建行省都事沈秩与监察御史张敬之等奉诏出使渤泥国，次年四月抵达，敦睦谊，申教化，同年八月返回南京。是书详载此次出使的经过、行程及在渤泥的活动，还记述了渤泥物产、气候、居民生活及习俗。

说郛续本，明初遗事本，明代纪事本。

0176

平海纪事／（明）万卿撰

万卿，生平事迹不详。

传是楼目存目。

0177

毛大将军海上情形／（明）王汝淳撰

王汝淳，一作汪汝淳，据考为徽州人。生平事迹不详。

是书作于明天启三年（1623），时毛文龙雄踞皮岛，北制女真、东控朝鲜。天启元年（1621），后金大军攻陷辽阳，毛文龙率军由海路进攻，并占据鸭绿江边的镇江堡，升任副总兵，后晋升为总兵。明廷派毛文龙驻守皮岛，皮岛位于辽东、山东登州、莱州等地的夹角处，战略地位极为重要，号称孔道，又称江东。毛文龙登岛之后，在岛上筹备防务，召集流民，恢复生产，不到数年，皮岛便成为一座重要的军事城镇，被称为江东雄镇。天启三年（1623），毛文龙率领部将张盘攻下金州，因功被提升为左都督。之后，毛文龙命令张盘驻守，自己撤回皮岛，与金州互为掎角之势，防御后金南下。

日本内阁文库藏旧抄本。

0178

皇明驭倭录九卷附略二卷寄语略一卷／（明）王士骐撰并辑

王士骐（1557—?），字冏伯，太仓（今江苏省太仓市）人。明万历十七年（1589）进士。历官兵部主事、礼部员外郎、吏部郎中。天启初赠太仆寺少卿。著有《晋史》《四侯传》《醉花庵诗选》《武侯全书》。

一作《驭倭录》，王士骐任兵部主事时采录明代有关倭寇侵扰事迹编撰而成。是书辑录明洪武二年（1369）至隆庆六年（1572）间有关倭寇的诏旨、奏议以及中外战守方略，按年编排，颇具本末。

明万历刻本。

0179

驭倭录／（明）王士骐撰并辑

王士骐，见第0178条。

见“皇明驭倭录九卷附略二卷寄语略一卷”。

0180

倭志一卷／（明）王世贞撰

王世贞（1526—1590），字元美，号凤洲，又号弇州山人，太仓（今江苏省太仓市）人。明嘉靖八年（1529）进士，历官南京刑部主事、山东副使、太仆卿、右副都御史、南京刑部尚书。著有《弇州山人四部稿》《续稿》《世说新语补》《凤洲笔记》《弇州稿选》《全唐诗说》《弇山堂别集》《弇州山水题跋》等。

是书记叙倭寇对沿海诸省长达数百年的侵扰以及明朝军民抗倭战争，对倭患的形成与抗倭不利情况进行了分析。

明抄本，玄览堂丛书本。

0181

全闽纪略／（明）王应山纂

王应山（1531—1631），字懋宣，号静轩，侯官（今属福建省福州市）人。博览群书，无意功名，足迹遍及八闽。著有《闽大记》《闽都记》《全闽纪略》《经术源流》《风雅丛谈》《千斛记》等。

存佚不详。

0182

金城纪略／（明）魏浚撰

魏浚（1553—1625），字禹卿，号苍水，松溪（今福建省松溪县）人。明万历三十二年（1604）进士，初任户部观政，后升河南清吏司主事。历官山西省郎中、广西省提学佥事、江西按察副使南昌兵备兼管饶九道、山东布政使参议、湖广按察使、江西省左布政、都察院右佥都御史。著有《易义古象通》《世略》《武略》《西事珥》《峤南琐记》《东粤事文摘》《纬谈》《太乙括元》《方言据》等。

是书记桂平人陈文明任福建松溪县丞时抗倭史事。

粤西文载著录。

0183

方国珍本末略一卷／（明）吴国伦撰

吴国伦（1524—1593），字明卿，号川楼，一号南岳山人，兴国（今湖北省阳新县）人。明嘉靖二十九年（1550）进士，历官兵科给事中、南康推官、建宁同知、河南左参政。著有《甔甀洞稿》。

方国珍（1319—1374），名珍，字国珍，黄岩（今属浙江省台州市）人。世以贩盐浮海为业，元至正八年（1348），被冤家告以反元遭官府追捕。方国珍杀死仇家，与其兄弟逃亡海上，聚集数千人抢劫过往船只，阻塞海路。元廷征讨兵败，遂授其为定海尉。后屡降屡叛以求高官，历官海道漕运万户、浙江省参政、江泊行省左丞相，封衢国公。二十七年（1367）降于朱元璋。

四库全书总目存目。

0184

飞龙纪略八卷／（明）吴朴撰

吴朴（1500？—1570），初名雹，字子华，又字华甫，补邑诸生后更名朴，诏安（今福建省诏安县）人。明嘉靖间随林希元从征安南，委为参军。因主张开放海运，对朝廷的海禁政策有异议，被诬陷入狱，在狱中愤而著书积极主张开放海禁。著有《九边图要》《东南海外诸夷》《复大宁河套诸计划》《皇明大事记》《授补三国志》《医齿闯难》等。

是书详记“南海傍海诸国，塞外辽东、兴和、大宁、东胜极徼国邑”，“陆海道路、远近顺逆，悉加考证”，对外邦各国土产情况也有详叙，提倡解除海禁、畅开外贸。

明嘉靖二十三年刻本。

0185

龙飞纪略十四卷 / （明）吴朴撰

吴朴，见第 0184 条。

原作《征伐礼乐书》，后改今名，以追记二帝，故称龙飞。是书仿《通鉴纲目》体例记明太祖及建文帝事迹，并提倡解除海禁，对海外交通贸易和中外关系有所论述。

明嘉靖三十一年金陵王氏刻本。

0186

征伐礼乐书 / （明）吴朴撰

吴朴，见第 0184 条。

见“龙飞纪略”。

明嘉靖三十三年吴天禄刻本。

0187

平海录 / （明）夏泉撰

夏泉，生卒年不详，字时清，南城（今江西省南城县）人。明成化二十二年（1486）举人，官至苏州府通判，平海寇有功。著有《平海录》。

是书记抗倭史事。

江西通志著录。

0188

朝鲜征倭记略一卷 / （明）萧应宫撰

萧应宫（1539—1611），字仲和，号观复，常熟（今江苏省常熟市）人。明万历二年（1574）进士，由郎中出知东昌府。二十年（1592）迁辽海道监军，监军朝鲜。

明万历二十五年（1597），明朝抗倭援朝战争中，萧应宫任钦差整敕辽阳等处海防兵备山东按察使，是书系萧应宫的奏疏。

千顷堂目存目。

0189

虔台倭纂二卷图一卷 / （明）谢杰撰，（明）柳邦奇、傅良桥等辑

谢杰（1545？—1605?），字汉甫，号绛梅，长乐（今福建省长乐市）人。明万历二年（1574）进士。除行人，曾册封琉球，历官太常寺少卿、顺天府尹、右副都御史、南京刑部右侍郎、北京刑部左侍郎、户部尚书。卒，赠太子少保。

柳邦奇，生卒年不详，巴陵（今湖南省岳阳市）人。武进士出身，曾效力于谢杰麾下。后调任蓟镇南兵游击，升任都指挥佥事。

傅良桥，生卒年不详，字汝济，号越所，金溪（今江西省金

溪县）人。明万历八年（1580）武进士。历官守备、游击、神机营执事、昭勇将军、参将等职。二十七年（1599）奉命赴朝鲜，力战逼退倭寇。回国后镇守广东东山。

是书述记倭寇骚扰南赣始末，包含倭原、倭好、倭利、倭变、倭巧、倭防、倭迹、倭议诸篇，详细地记述了明代倭寇对我国东南沿海地区的骚扰以及遭到军民抗击的史实。

明万历二十三年自刻本，玄览堂丛书本。

0190

倭功始末／（明）熊尚文撰

熊尚文（？—1625），字益中，别号思城，丰城（今江西省丰城市）人。明万历二十三年（1595）进士，历官福建提学、湖广督学、浙江参议官，官至工部右侍郎。著有《兰曹读史日记》《重订赋役成规》《语录》《经济录》《兰台读史日记》《闽学移抄》《督抚楚台奏议》等。

千顷堂目存目。

0191

嘉靖东南平倭通录一卷／（明）徐学聚撰

徐学聚（1545—1616），字敬舆，号石楼，兰溪（今浙江省兰溪市）人。明万历十一年（1583）进士，授浮梁知县，历官山东提学副使、河南按察使、右佥都御史、福建左布政使、八闽巡抚。在抵抗“红毛”侵略战中有过很大的功绩，为保卫祖国的海疆做出了贡献。著有《历朝珰鉴》《国朝典汇》。

是书系徐学聚辑录《国朝典汇》中之日本一篇，记北起直隶、山东，南至江浙闽广沿海诸省受倭寇侵扰情况，记事起嘉靖三十一年（1552）至四十三年（1564）。

明抄本，江苏省立国学图书馆抄本，中国内乱外祸历史丛书本。

0192

嘉靖东南平倭通录一卷附国朝典汇一卷／（明）徐学聚撰

徐学聚，见第0191条。

见“东南平倭通录一卷”。

民国二十一年江苏省立国学图书馆影印本。

0193

日本犯华考一卷／（明）殷都撰

殷都（1531—1601），字无

美，一字开美，号斗墟，亦作斗虚，嘉定（今上海市嘉定区）人。明万历十一年（1583）进士，历官彝陵知州，兵部职方司员外郎、郎中，南刑部主事。著有《尔雅斋集》《十笏斋稿》等。

是书记倭寇犯华的轨迹，倭寇对中国东部沿海的骚扰，中日之间海路交通线与风向、季节之间的关系，从五岛或萨摩州出发到达中国东部沿海诸省的主要海路交通线等内容。

中国内乱外祸历史丛书本。

0194

莆变纪事／（明）余飏撰

余飏（1610？—1670），字赓之，号老铁、季芦、芦中人，莆田（今福建省莆田市）人。明崇祯十年（1637）进士，授宣城知县，后补吏部郎、授文选主事。明亡（1644）后返归莆田。南明福王即位授官礼部文选司，稽勋司员外郎，改广东副使。鲁王入闽监国，擢右副都御史，组织义兵抗清。著有《史论》《识小集》《芦蜡》《莆变纪事》《芦中集》等。

是书采用纪事本末体，记清顺治中到康熙初莆田所遭天灾人祸。包含清廷与郑氏抗清武装间的斗争，所记沿海截界事颇详。

抄本。

0195

平海纪略／（明）俞大猷撰

俞大猷（1503—1579），字志辅，号虚江，晋江（今福建省晋江市）人。明嘉靖十年（1531），袭世职泉州卫百户。升任千户守御金门。二十一年（1542），被任命为汀漳守备。因剿除海寇康老有功，升任都指挥佥事、佥书广东都司。二十八年（1549）任备倭都指挥，修造大批战船，适时入海击倭，屡败倭寇。三十二年（1553）大败倭寇于普陀山。三十四年（1555）任南直副总兵，取得王江泾、陆泾坝大捷。三十五年（1556）任浙江总兵，负责抗倭，连战皆捷，升任都督佥事、都督同知。四十一年（1562）任福建总兵，与戚继光等人配合取得平海卫之战的胜利。四十三年（1564）改任广东总兵，迅速歼灭潮、惠地区倭寇。至此，基本解除东南沿海倭患。卒，追赠左都督。谥武襄。著有《剑经》。

是书记抗倭史事。

清雍正湖广通志著录。

0196

吴淞甲乙倭变志／（明）张鼐撰

张鼐（？—1629），字世调，

一字侗初，华亭（今上海市松江区）人。明万历三十二年（1604）进士，改庶吉士，授检讨，迁司业，历官南京礼部、吏部右侍郎。著有《吴淞甲乙倭变志》《宝日堂初集》等。

是书详记明嘉靖三十三年（1554）、三十四年（1555）松江倭患。上卷分总叙，记兵、记捷、歼渠、周防四目，下卷为忠义传记等。

中国内乱外祸历史丛书本。

0197

吴淞甲乙倭变志二卷／（明）张鼐撰

张鼐，见第0196条。

见“吴淞甲乙倭变志”。

上海掌故丛书第一集本，中国内乱外祸历史丛书本。

0198

吴淞倭变志／（明）张鼐撰

张鼐，见第0196条。

见“吴淞甲乙倭变志”。

0199

平夷录／（明）赵辅撰

赵辅（？—1485），字良佐，凤阳（今安徽省凤阳县）人。袭职为济宁卫指挥使。历官都指挥佥事、左参将。天顺初，入右府任事。成化元年（1465）以中府都督同知拜征夷将军，征讨湖广、广东瑶乱。三年（1467）总兵征辽东，与都御史李秉从抚顺深入，连战有功，晋侯。卒，赠容国公，谥恭肃。

是书详记明成化三年（1467）赵辅奉命出师建州（今辽宁省新宾县西）征讨女真始末。

清抄本。

0200

嘉靖平倭祇役纪略六卷／（明）赵文华撰

赵文华（？—1557），字元质，号默林，一作梅村，慈溪（今浙江省慈溪市）人。明嘉靖八年（1529）进士，授刑部主事。初在国学时认严嵩为义父，被委派为通政使，后加官工部右侍郎。三十四年（1555）奉旨南下祭海神兼处理防御倭寇事，将抗倭将领张经、李天宠诬陷致死。返朝升工部尚书，加太子太保，继以右副都御史总督江南、浙东军事。

明嘉靖三十四年（1555），倭寇在东南沿海活动猖獗，赵文华献平倭策，遂奉命南下御倭，讳败为胜，攘居战功，进为工部尚书。次年，以右副都御史总督江南、浙江诸军事，依靠胡宗宪得以平徐海、俘陈东。是书汇辑其这两年间关于抗倭的疏奏表文及咨、谕、书札等，卷首录有嘉靖皇帝的四道敕谕。

明嘉靖刻本。

0201

靖海纪略二卷 / （明）郑茂撰

郑茂，生卒年不详，字士元，号壶阳，莆田（今福建省莆田市）人。明嘉靖三十二年（1553）进士，除海盐知县，因抗御倭寇有功，擢兵科给事中。历官吏科都给事中、河南按察使。著有《咫园诗集》。

千顷堂目存目。

0202

前令郑壶阳靖海纪略一卷 / （明）郑茂撰

郑茂，见第 0201 条。

是书记明代抗倭史料。

盐邑志林本，胜朝遗事本，丛书集成本，景印元明善本丛书本，中国内乱外祸历史丛书本。

0203

今言四卷 / （明）郑晓撰

郑晓（1499—1566），字室甫，小字阿文，号淡泉，海盐（今浙江省海盐县）人。明嘉靖二年（1523）进士，授职方主事。后历官吏部考功郎中、和州同知、太仆丞、南京太常卿、兵部右侍郎兼副都御史总督漕运。时大江南北皆为倭寇所扰，漕船几为阻塞。郑晓请发库银数十万，造战船，前后督兵斩倭九百余级，进吏部左侍郎，迁南京吏部尚书，改右都御史协理戎政，后拜刑部尚书。卒，赠太子少保，谥端简。著有《吾学编》《征吾录》《古言》《今言》《郑端简公奏议》《史论》《策学》《禹贡图说》《四书讲意》等。

郑晓对明代掌故以及兵、工等情况甚为熟悉。书中所言涉及明代洪武至嘉靖一百八十余年事，包含国政朝章、兵戎邦计、治河漕运，边事倭情等内容。

明嘉靖四十五年项笃寿刻本，明万历四十二年彭宗孟刻本，郑端简公全集本，纪录汇编本，景印元明善本丛书本。

0204

倭乱遗事一卷 / （明）钟薇撰

钟薇（1528—1611），字汝思，号面溪，华亭（今上海市松江区）人。封文林郎。著有《面溪集》《云间纪事》《野史》等。

见“倭奴遗事一卷”。

江南通志著录。

0205

倭奴遗事一卷 /（明）钟薇撰

钟薇，见第0204条。

明嘉靖年间倭寇侵扰松江之际，钟薇身列行伍间，是书所记即其所见抗倭史事。

玄览堂丛书本，抄本。

0206

平倭录 /（明）朱平涵撰

朱平涵（1558—1632），即朱国桢，一作国祯，字文宁，吴兴（今浙江省湖州市）人。明万历十六年（1588）举人，翌年进士。历官礼部尚书、文渊阁大学士、户部尚书、武英殿大学士、加少师兼太子太师、吏部尚书兼建极殿大学士。卒，赠太傅，谥文肃。

是书记明代抗倭史料。

筹海图编本。

0207

安南供役纪事一卷 /（明）朱之瑜撰

朱之瑜（1600—1682），字鲁屿，号舜水，余姚（今浙江省余姚市）人。明亡后曾在舟山坚持抗清斗争。失败后流亡日本、安南。郑成功以书召，赴之。郑兵败，再渡日本。初居长崎，继迁江户，置馆教学，为日本培养人才甚众，后客死日本。著作由其门人辑为《舜水遗书》，在日本刊行。

是书记述其抗清活动和在安南的遭遇，反映了当时安南的政治、文化、语言状况。

日本刻本，民国二年铅印本。

0208

两朝平攘录五卷 /（明）诸葛元声撰

诸葛元声，生卒年不详，号味水，会稽（今属浙江省绍兴市）人。诸生。著有《滇史》《两朝平攘录》。

民族史书。是书记叙明隆庆、万历两朝有关国内民族和对外关系五件大事，包括明万历二十年（1592）倭寇侵朝，被中朝合兵击退之事。

明万历三十四年刻本。

0209

三朝平攘录六卷 /（明）诸葛元声撰

诸葛元声，见第0208条。

是书主要叙述明嘉靖时平倭寇、隆庆时封俺答、万历时平都蛮和宁夏、抗倭、定朝鲜六件大事。每事为一卷，其中卷一海寇，记载了嘉靖年间击败海盗倭寇的经过。卷末附有《巡海防图说》《龛山凯歌》四首。

明万历四十三年刻本，抄本。

0210

江海歼渠记一卷／（明）祝允明撰

祝允明（1460—1527），字希哲，自号枝山，又号枝指生、枝山老樵等，长洲（今属江苏省苏州市）人。明弘治举人，历官广东兴宁知县、应天通判。著有《怀星堂集》《祝氏文集》《前闻记》《读书笔记》《九朝野记》《江海歼渠记》《苏材小纂》等。

历代小史本，今献汇言本，广四十家小说本，丛书集成初编本，景印元明善本丛书本。

0211

三十国春秋一卷／（南朝梁）萧方等撰，（清）汤球辑

萧方等（528—549），字实相，南兰陵（今属江苏省常州市）人。南朝梁元帝萧绎长子，因母徐妃失宠，为父所恶。在绝望之中带兵出征以自寻死路，溺水而死。萧绎时为湘东王，追赠侍中、中军将军、扬州刺史等官位，并谥为忠壮世子。萧绎即帝位后，又改谥其为武烈世子，后追赠太子。

汤球（1804—1881），字伯玕，又字笏卿，黟县（今安徽省黟县）人。博通群经，对天文、历法、数学等有很深造诣，但无意科举，不愿为官，毕生致力于史籍研究。

原书三十卷，久佚，记自三国魏齐王嘉平元年（249）至东晋元熙二年（420）事迹，以晋为主，附列刘渊以下二十九国。是书为清汤球辑本。

广雅书局丛书本，丛书集成初编本。

0212

渤海阅师图册／（清）□□绘

是图共十开，描绘了清光绪二十年（1894）北洋水师于渤海湾举行的大规模阅操行动。这次大阅历时近二十天，调集了南北洋二十一艘军舰，是我国近代海军史上规模最大的一次阅兵行动。

故宫藏彩绘本。

0213

广东军务记八卷／（清）□□撰

日记。是书成于清道光二十四年（1844），根据清朝地方政府各种文件辑录，记载清道光二十一年（1841）鸦片战争史事，并记录了

英国侵略军侵入广州所犯下的罪行和广州三元里人民的反抗斗争。

清道光刻本，民国三十年合众图书馆抄本。

0214

广州军务记／（清）□□撰

一作《广东军务记》，见“广东军务记八卷”。

0215

海甸野史二十二种／（清）□□辑

是书汇集范康生《指南录》、汪光复《续明季遗闻》、丁大任《癸巳小春人长沙记》《永历纪事》等明末杂史凡二十九种。

清抄本。

0216

刘大将军平倭实纪一卷／（清）□□撰

是书记刘永福台湾战绩。

清袖珍本。

0217

刘大将军平倭战记初集二卷／（清）□□撰

是书记刘永福于清光绪二十一年（1895）在台湾抗击日本侵略军事迹。内收《台倭战记》《平倭战记》《台湾考》《刘永福上总理衙门王大臣方略》《全台绅民致倭将书》《刘大将军致日本兵头约期开仗战书》等文，并绘有台湾地图等。

清光绪二十一年刻本，清末寰宇义民石印本。

0218

刘大将军平倭战记二集不分卷／（清）□□撰

清末石印本。

0219

隆武纪略一卷／（清）□□撰

是书记载了南明隆武政权从建立到灭亡的全过程。

清抄本。

0220

闽海纪略一卷后纪略一卷／（清）□□撰

是书采用编年体例记台湾郑氏事，前半部分称“闽海纪略”，记事自明弘光元年（1645）唐王即位于福州始，至永历十九年（1665）施琅率舟攻台湾、遭风而还止；后半部分称“后纪略”，记事自永历二十八年（1674）吴三桂、耿精忠反清始，至郑氏决计降，宁靖王合家殉国止。是书所载郑氏将亡前八公子温、九公子柔家中叛离迹象，尤为他书所未见。

抄本。

0221

台倭战记初集二卷／（清）□□辑

见“刘大将军平倭战记初集二卷”。

清光绪刻本。

0222

襄理军务纪略四卷／（清）□□撰

见“张公襄理军务纪略六卷”。

雪堂丛刻本。

0223

沿海倭乱本末／（清）□□撰

中国边疆图籍录著录。

0224

夷事沓不分卷／（清）□□撰

清抄本。

0225

英夷入粤纪略一卷／（清）□□撰

是书据考为清梁松年撰。梁松年（1784—1857），原名国政，字端朝，号梦轩，番禺（今属广东省广州市）人。其父为广州十三行洋商之一。是书记清道光十九年（1839）清廷命两广总督林则徐为钦差大臣至广州禁烟，英军攻沙角大角炮台，后林则徐被清廷革职并代以琦善，尽撤炮台守备以致英船直攻省城等史事。

稿本。

0226

舟山纪略一卷／（清）□□撰

是书记明末舟山兵事始末，起于己丑（1649）张名振夺黄斌卿之军，奉鲁王至舟山，至甲辰（1664）张煌言与郑成功北上之役失败之后为清兵所执，壮烈牺牲止。

明季史料丛书本。

0227

十三日备尝记一卷附事略附记一卷／（清）曹晟撰

曹晟，生卒年不详，字寰照，号静山，上海（今上海市）人。

见《夷患备尝记一卷事略附

记一卷》。

0228

夷患备尝记一卷事略附记一卷／（清）曹晟撰

曹晟，见第0227条。

一作《十三日备尝记》。清道光二十二年（1842），英舰犯吴淞，总督牛鉴领兵增援遭英舰炮击而仓皇先遁，致使吴淞、宝山同日沦陷。曹晟不忍背弃先庐，备尝城陷之苦，将城陷前后十三日耳闻目击之事撰成此书。

上海掌故丛书第一集本。

0229

蒙鞑备录校注一卷西使记一卷／曹元忠撰

曹元忠（1865—1923），字夔一，一作揆一，号君直，晚号凌波居士，吴县（今属江苏省苏州市）人。清光绪二十年（1894）举人。捐内阁中书，历官内阁侍读、资政议员等。著有《笺经室遗集》。

稿本。

0230

蒙鞑备录校注不分卷／曹元忠撰

曹元忠，见第0229条。

《蒙鞑备录》原误传为孟珙撰，王国维考订实为赵珙之作。赵珙在嘉定十四年（1221）随使赴蒙古国，在燕京见到蒙军统帅木华黎。他记下自己的见闻，著成此书。全书分立国、鞑主始起、国号年号、太子诸王、诸将功臣、任相、军政、马政、粮食、征伐、官制、风俗、军装器械、奉使、祭祀、妇女、燕聚舞乐等目，是第一部详细记载蒙古国历史的汉文史料。曹元忠光绪二十三年（1897）始，将振绮堂藏宋孟珙《蒙鞑备录》抄本，与《古今说海》本、《宋人百家小说》本相校勘，并援引《黑鞑事略》《圣武亲征录》《加比尼史事摘录》等书，以及史志、笔记有关著录，为之注释，撰为是书。内容除排比史事异同，诠释名物、习俗外，尤运用对音法，考订人名地名异译，颇有助于读史，并可补史阙。

清光绪二十七年刻笺经室丛书本。

0231

刘大将军大事记三卷／（清）长乐庐主人辑

长乐庐主人，生平事迹不详。

见“刘渊亭大帅大事记”。

清光绪二十一年务实斋石印本。

0232

刘渊亭大帅大事记／（清）长乐庐主人辑

长乐庐主人，生平事迹不详。

一作《刘大将军大事记》。是书据刘永福所出告示、檄文、上书、论说、信札等编纂而成，记述刘永福自清同治初年投军至光绪二十一年（1895）间力挫法军、击退日军等重大史实，并收有法军约期开仗檄、谕黑旗檄、致日本兵头约期开仗战书等。

清光绪石印本。

0233

国朝莆变小乘／（清）陈鸿撰

陈鸿（1617—1698），字邦贤，号云子，莆田县（今福建省莆田市）人。邑庠生。

编年体史料，记自明崇祯十七年（1644）至清康熙二十二年（1683）间莆田抗清事，涉及福、兴、泉、漳，兼及郑成功复台、耿精忠叛清、耿精忠郑经交恶等史事。

清刻本。

0234

道光英舰破镇江记一卷／陈庆年撰

陈庆年（1862—1929），字善余，丹徒（今属江苏省镇江市）人。清光绪十四年（1888）优贡生。曾入张之洞幕，任江楚译书局总纂、两湖书院分教、武昌文高学堂讲师、湖南高等学堂监督兼提调湖南全省学务，曾与缪荃孙等创建江南图书馆。著有《中国历史教科书》《列国政要》《卫经答问》《道光英舰破镇江记》《顺治镇江防御海寇记》《知记录》《西石城风俗志》《补三国志儒林传》《通鉴纪事本末要略》《五代史略》《辽史讲义》《明史详节》《汉律佚文疏证》等。

是书采辑《草间日记》《出围城记》《京口偾城录》《圣武记》及日人著《英人强卖鸦片论》等数据编成，记述鸦片战争时英军侵犯镇江始末。

抄本。

0235

海滨外史四卷／（清）陈维安撰

陈维安，生卒年不详，字怡山，福州（今福建省福州市）人。

著有《海滨外史》。

是书记闽中故事。

民国十二年上海商务印书馆影印本。

0236

福宁纪事二卷福宁从政纪略一卷泉州从政纪略一卷 /程荣春撰

程荣春，生卒年不详，字桐轩，婺源（今江西省婺源县）人。以参军随清军入台湾，因功擢知县、福宁府知府，又署泉州府知府。著有《简练集》《战车练炮图说辑要》《从政纪略》《福宁纪事》《众母堂汇编》。

是书记程荣春摄福宁、泉州两府事时两府史料。

清同治五年刻本。

0237

甲申战事记 /池仲祐撰

池仲祐（1861—?），字滋铿，侯官（今属福建省福州市）人。清光绪十五年（1889）举人。曾为北洋海军书记，赴英国考察海军并与北洋水师将领多有深交，对甲午战争期间的海战尤其是黄海海战历史过程颇有了解。入民国，任北洋政府海军部科长。撰有《甲午战事记》和《海军实纪》等有关船政、海军专书数种。

清刻本。

0238

道光二十年广东英叛考不分卷 /（清）丁绍仪辑

丁绍仪（1839—1908），字原汾，号香舲，无锡（今江苏省无锡市）人。国学生。曾任东湖知县，改福建经历，署汀州府同知。著有《国朝词谱续编》《东瀛说略》《听秋声馆词话》等。

清道光十八年（1838），林则徐奉命到广东查禁鸦片，翌年林则徐在虎门海滩将收缴的全部鸦片当众销毁，同年多次击退了英国侵略军的武装挑衅。二十年（1840）六月，英国政府派遣陆军及军舰到达广东海面挑起鸦片战争。

清听秋声馆抄本。

0239

张公襄理军务纪略六卷 /（清）丁运枢等编

丁运枢，生卒年不详，字少衡，天津（今天津市）人。清道光十一年（1831）举人。晚年选福建宁化县令。

是书原欲为天津大盐商张锦文

歌功颂德，内容分防剿粤匪和襄理海疆两部分。其中卷三至卷六为襄办海疆，述英法联军两次侵占天津时，张锦文办团防事为详，以论述防御战为主，尤重海上防御。

清宣统元年石印本。

0240

偾城始末录一卷 / （清）法芝瑞撰

法芝瑞，生卒年不详，字又白，号隐园居士，丹徒（今属江苏省镇江市）人。著有《日星月行中星合图》《甲子纪年表》《历代史论》。

一作《京口偾城录》，系鸦片战争史料。清道光二十二年（1842）英军攻陷镇江，时法氏在城中，此编即整理当时日记而成，于英军杀掠奸淫及官兵腐败多所披露。

清光绪三十四年丹徒陶氏刻本。

0241

京口偾城录一卷 / （清）法芝瑞撰

法芝瑞，见第0240条。

见“偾城始末录一卷”。

京口掌故丛编本。

0242

两粤新书一卷 / （清）方以智撰

方以智（1611—1671），字密之，号曼公、浮山愚者无可、药地、极丸老人等，桐城（今安徽省桐城市）人。明崇祯十三年（1640）进士，授翰林院检讨，明亡曾任永历朝少詹事。后削发为僧，改名大智，字无可，愚者大师，人称药地和尚。著有《通雅》《物理小识》《浮山文集前编》《药地炮庄》《东西均》《易余》《性故》《一贯问答》等。

是书为明末广东地方史料，旧题方以智撰，似伪，包括《西粤新书》《南粤新书》。

海甸野史本，甲申野史汇钞十一种本，明季史料丛书本，抄本。

0243

鸦片战争史料一卷 / （清）高明远辑

高明远（1810—1881），字镜洲，一说字纯凯，号镜洲，闽县（今属福建省福州市）人。清道光十五年（1835）进士。后授江西大庾知县，并任郎中。著有《全史备考》。

清高氏环翠楼抄本。

0244

平定台湾得胜图 /（清）高宗弘历敕绘

高宗弘历，见第 0115 条。

见“平定台湾战图”。

清乾隆五十四年内府铜板印本。

0245

平定台湾战图 /（清）高宗弘历敕绘

高宗弘历，见第 0115 条。

是图绘清代福康安和海兰等于乾隆五十三年（1788）率军剿灭天地会林爽文起事的战况，共十二幅。于乾隆五十三年由多名著名宫廷画家分别绘图，由清宫造办处刻铜版刷印。

清乾隆五十四年内府铜板印本，清乾隆内府彩绘本。

0246

明倭寇始末一卷 /（清）谷应泰撰

谷应泰，见第 0038 条。

是书为《明史纪事本末》中的一卷。

清道光十一年六安晁氏木活字排印本，学海类编本，丛书集成初编本。

0247

莆中倭祸记 /关陈谟撰

关陈谟（1872—1932），字勋甫，号佛心，莆田（今福建省莆田市）人。清光绪二十八年（1902）举人，翌年进士，签分刑部主事。

存佚不详。

0248

倭寇志 /关陈谟撰

关陈谟，见第 0247 条。

稿本。

0249

平夷录 /（清）关康已撰

关康已，生平事迹不详。

清抄本。

0250

刘大将军大事记不分卷 /（清）管斯骏撰

管斯骏（1840? —?），名秋初，字士毅，别署平江藜床旧主、藜床卧读生，吴县（今属江苏省苏州市）人。诸生。辑有《巾帼英雄传》《刘大将军事实》《刘大将军百战百胜图说》，著有《可寿斋尺牍》。

是记以《黑旗刘大将军事实》

为蓝本增益而成。

清光绪二十一年石印本。

0251

刘大将军平倭百战百胜图说／（清）藜床旧主（管斯骏）著

管斯骏，见第0250条。

一作《刘大帅百战百胜图说》。管斯骏于清光绪二十一年（1895）搜集当时刘永福镇守台湾、抗击日军侵略的事迹编成。是书收刘氏史实及军务奏稿、檄文、告示等十五篇，另有图说三十二篇，记述刘永福在台中、台南抗击日本侵略军的战绩。

清光绪二十一年石印本。

0252

刘大帅百战百胜图说／（清）藜床旧主（管斯骏）著

管斯骏，见第0250条。

见"刘大将军平倭百战百胜图说"。

0253

台海事略四卷／（清）洪其绅修，（清）陈锦堂编

洪其绅（1755—？），字敬书，又字书舟，号定山，玉屏（今贵州省玉屏侗族自治县）人。清乾隆四十三年（1778）进士，钦点翰林，散馆授检讨，改主事，升礼部郎中。嘉庆九年（1804）任台州知府。著有《易通》。

陈锦堂，生平事迹不详。

清嘉庆二十一年刻本。

0254

台湾战纪二卷／洪弃父撰

洪弃父（？—1929），名攀桂，学名一枝，又字月樵，后改名繻，鹿港（今属台湾省彰化县）人。生员。清光绪二十一年（1895）曾与丘逢甲同倡抗日保台，失败后潜归鹿港，杜门不出，潜心著作。著有《寄鹤斋诗集》《寄鹤斋诗文集》《寄鹤斋骈文集》《八州游记》《八州游草》《中东战纪》《中西战纪》及《瀛海偕亡记》等。

一题《瀛海偕亡记》。是书记台湾军民于《马关条约》签订后反抗日军侵占始末，批评清廷割地辱国腐败无能，赞扬吴汤兴、徐骧、刘永福等将领的抗战。

清光绪三十二年铅印本。

0255

瀛海偕亡记／洪弃父撰

洪弃父，见第0254条。

见“台湾战纪”。

0256

海寇记一卷／（清）洪若皋撰

洪若皋（1624—1695），字虞邻，一字叔叙，号南沙，临海（今浙江省临海市）人。清顺治十二年（1655）进士，曾任户部主事，官至分巡福宁道。著有《南沙文集》《乐府源流》。

是书对台湾郑氏始末、迁界后沿海人民流离失所的情况记录翔实。

昭代丛书新编本，昭代丛书本。

0257

闽难记／（清）洪若皋撰

洪若皋，见第0256条。

是书记福建耿精忠事，于三藩之变始末略具。

昭代丛书本。

0258

明季浙江兵本末一卷／（清）胡嗣运撰

胡嗣运（1835—1915），字鹏南，号云门，绩溪（今安徽省绩溪县）人。清同治末任安徽省通志绩溪采访员，辨证汪华、胡宗宪传记讹误。光绪八年（1882）副贡，候选直隶州判。著有《鹏南初稿》《鹏南文钞》《鹏南诗钞》《读经途径指述》《书经问答》《诗经问答》等。

中国内乱外祸历史丛书本。

0259

转徙余生记一卷附奉使英伦记一卷／（清）许奉恩述，（清）方浚颐记，（奉使英伦记）（清）黎庶昌撰

许奉恩（1816—1878），字叔平，号兰苕馆主人，桐城（今安徽省桐城市）人。著有《兰苕馆外史》《里乘》等。

方浚颐（1815—1888），字饮苕，号子箴，又号梦园，定远（今安徽省定远县）人。清道光二十四年（1844）进士。历官两淮盐运使，浙江、江西、河南、山东各道御史，两广盐运使兼署广东布政使，四川按察史等职。后淡出政界创办淮南书局，办梅花、安定两书院。著有《二知轩诗文集》《忍斋诗文集》《古香凹词》《朝天录》《蜀程日记》《东瀛唱答诗》等。

黎庶昌（1837—1897），字莼斋，遵义（今贵州省遵义市）人。清光绪二年（1876）随郭嵩焘出使欧洲，先后任英、法、德、西班牙四国使馆参赞。七年（1881）奉调任驻日大臣，其间同其随员杨

守敬一起廉价搜得大量古书，选其中尤精者在日本就地摹刻，成《古逸丛书》。归国任川东兵备道。著有《拙尊园丛稿》《丁亥入都纪程》《西洋杂志》《曾文正公年谱》《黎氏家谱》《奉使英伦记》《使东奏议》《使东文牍》《拙尊园画存录》，编有《续古文辞类纂》《古逸丛书》《日东文宴集》等。

振绮堂丛书本，清光绪二十年泉唐汪氏刻本。

0260

闽幕纪略二卷／（清）许旭撰

许旭（1620—1689），字九日，太仓（今江苏省太仓市）人。明诸生，尝客范承谟幕。著有《秋水集》《闽中纪略》。

见“闽中纪略一卷”。

花近楼丛书本，清海昌管廷芬抄本，清抄本。

0261

闽中纪略一卷／（清）许旭撰

许旭，见第0260条。

一作《闽幕纪略》。清康熙十二年（1673），许旭随福建总督范承谟由浙至闽，书中记三藩事变之前闽中情况，并颇多涉及台湾郑氏，亦记有范承谟对于台湾的招抚史事。

昭代丛书本，赐砚堂丛书本。

0262

触藩始末三卷／（清）琴阁主人撰

华廷杰（1822—1872），字樵云，别署琴阁主人，崇仁（今江西省崇仁县）人。清道光二十四年（1844）举人，翌年进士。历官东莞知县、南海知县、南雄直隶州知州、广州通判、潮州知府、惠潮道台。

是书记述英法联军在第二次鸦片战争中侵占广州的经过，依据日记整理而成，附录两广总督叶名琛札各国领事等文件七件。第二次鸦片战争期间，华廷杰时任广东南海知县，目睹了英法侵略者侵占广州的经过，并参与当时的对外交涉。

清光绪十一年崇仁华氏刊本。

0263

道光抚夷纪略一卷／（清）黄恩彤撰

黄恩彤（1801—1883），原名丕范，字绮江，号石琴，别号南雪，宁阳（今山东省宁阳县）人。清道光六年（1826）进士，历官刑部主事、江南盐法道道员、江苏按察使、江宁布政使、广东巡抚。鸦片战争时力主妥协，参与议订

《南京条约》。后随伊里布、耆英赴广东与英国签订《五口通商章程》。著有《知止堂文集》《秋声词》《监评别录》《蚕桑录要》等。

是书反映了黄恩彤对英国的认识、了解、主和观点及活动。

稿本。

0264

抚夷记略不分卷／（清）黄恩彤撰

黄恩彤，见第0263条。

是书主要记叙鸦片战争前后的中外交涉情况。其中《禁鸦片烟》《绝市用兵》记林则徐禁烟及中英战争事；《金陵议抚》记中英《南京条约》谈判事；《粤东复市》记中英《五口通商章程》谈判事；《收复定海》记战后收回定海及英人入广州城交涉事；《抚米利坚》《抚佛兰西》两篇分记中美《望厦条约》、中法《黄埔条约》谈判事。

清抄本，清宣统元年石印本。

0265

抚夷纪略一卷／（清）黄冕撰

黄冕（1795—1870），字服周，号南坡，长沙（今湖南省长沙市）人。曾任两淮盐大使、知县、知府。清道光二十一年（1841），两江总督裕谦调其入浙筹办海防，参与镇海抗击英军。被弹劾戍边，后被赦受委派办理海运。

清抄本。

0266

赐姓始末一卷／（清）黄宗羲撰

黄宗羲（1610—1695），字太冲，号梨洲，又号南雷，余姚（今浙江省余姚市）人。明末复社骨干。清兵南下时起兵抗清，入四明山结寨自固，又依鲁王于海上继续抗清。著有《明儒学案》《宋元学案》《明夷待访录》《律吕新义》《易学象数论》《黄梨洲文集》《黄梨洲诗集》《行朝录》等。

是书为纪事本末体史料，记郑成功生平事迹。郑成功原名森，为郑芝龙之子，南明时从事抗清运动，隆武朝赐姓朱，封忠孝伯，故世以国姓或赐姓相称。《赐姓始末》记郑芝龙降清，而郑成功始在福建沿海继续从事抗清活动。永历元年（1647）树旗海上，被封为漳国公，纵横闽海。

明季野史三十四种本，明季野史汇编本，明季稗史汇编本，黄梨洲遗著本，梨洲遗著汇刊本。

0267

海外恸哭记一卷 /（清）黄宗羲撰

黄宗羲，见第0266条。

明末野史。明亡后，南明鲁王政权为清军所逼，于永历三年（1649）移驻舟山群岛，时黄宗羲为鲁王监国旧臣，亦至舟山，故曰海外。是书详记舟山地理面貌与舟山反清历史，将明末残局做了详细描写，另有对时局的深刻分析及对明代政治的沉痛反省。

古学汇刊本，遯盦丛编本，梨洲遗著汇刊本。

0268

行朝录十一卷末一卷 /（清）黄宗羲撰，（末）（清）陆世仪撰

黄宗羲，见第0266条。

陆世仪（1611—1672），字道威，号刚斋，晚号桴亭，别署眉史氏，太仓（今江苏省太仓市）人。明亡，隐居讲学，历主东林、毗陵、太仓诸书院，被誉为江南大儒。著有《思辨录》《论学酬答》《性善图说》等。

是书或称《行国录》，记载南明隆武、永历、鲁监国三朝史事。包含《隆武纪年》《赣州失事》《鲁纪年》《舟山兴废》《日本乞师》《四明山寨》《永历纪年》《赐姓始末》《郑成功传》等。

清抄本，明季野史四种本，清同治八年戴氏长留阁抄本，绍兴先正遗书本。

0269

日本乞师纪一卷 /（清）黄宗羲撰

黄宗羲，见第0266条。

是书记载黄孝卿（舟山的实权人物黄斌卿之弟）偕同鲁王的侍御冯京第出使日本长崎请求援兵而未成功事。

梨洲遗著汇刊本。

0270

舟山兴废一卷 /（清）黄宗羲撰

黄宗羲，见第0266条。

舟山，即舟山岛，位于浙江省东北部。明亡后，鲁王在此建立政权，但不久即失败。是书记这段历史，详载明末清初明遗臣抗清斗争及清初徙界史实。

梨洲遗著汇刊本。

0271

明季南略十六卷 /（清）计六奇撰

计六奇，见第0093条。

见“明季南略十八卷”

清抄本，清刻本，清都城琉璃厂半松居士木活字印本，清光绪十三年上海图书集成印书局铅印本，抄本。

0272

赐国姓郑成功全传十卷 /（清）江日升撰

江日升，生卒年不详，原姓林，字敬夫，号东旭，同安（今属福建省厦门市）人，另有惠安、珠浦说。其父江美鳌曾是郑成功下属，跟随郑氏征战多年，清康熙十六年（1677）归附清朝。得父口传，熟知台湾郑氏事。二十三年（1684），浮海过台湾亲吊遗墟。

见“台湾外记三十卷”。

0273

台湾纪事本末 /（清）江日升撰

江日升，见第0272条。

见“台湾外记三十卷”。

0274

台湾外记三十卷 /（清）江日升撰

江日升，见第0272条。

又作《台湾外纪》《台湾外志》《台湾野记》《台湾纪事本末》《赐国姓郑成功全传》。是书记郑氏四代自明天启元年（1621）至清康熙二十二年（1683）间经营台湾事迹，其中对郑芝龙日本举事、称雄闽海，郑成功北征南京、抗清复明、驱逐荷兰殖民者、收复台湾，郑克塽率众降清等史实描述尤详。作者为避文字之祸，采用演义体裁。

申报馆丛书本，笔记小说大观本。

0275

台湾外记十卷 /（清）江日升撰

江日升，见第0272条。

见“台湾外记三十卷”。

清刻本。

0276

台湾外志五十卷一百回 /（清）江日升撰

江日升，见第0272条。

见“台湾外记三十卷”。

清初芗楂书室抄本，清嘉庆间抄本。

0277

台湾外志新编三十卷／（清）江日升撰

江日升，见第0272条。

见“台湾外记三十卷”。

清康熙三年复印本。

0278

台湾野记／（清）江日升撰

江日升，见第0272条。

见“台湾外记三十卷”。

0279

平定浙东纪略一卷／（清）江自远撰，（清）江易百续撰

江自远，生平事迹不详。

江易百，生平事迹不详。

是书记清康亲王杰书、固山贝子宁海将军傅喇哈率清军征讨耿精忠、曾养性叛军的情况。

清康熙刻本。

0280

平闽功绩见闻录一卷／（清）金泳撰

金泳，生平事迹不详。

是书记宁海将军固山贝子自浙进兵平闽之事。

清康熙刻本。

0281

皇明末造录／（清）金钟撰

金钟（1622—?），字声庵，晚号长干逸人，别署旧京孤臣，江宁（今江苏省南京市）人。南明永历朝官河南道御史。

清康熙三十四年（1695），金钟访问曾随永历帝入缅甸之人，兼询互质而后写成此书，论明季三朝成败兴亡。是书记南明桂王永历政权事迹，其中上卷为东南纪略，自弘光以迄永历；下卷为永历入缅纪略。

抄本。

0282

鉴撮四卷附奉使纪胜一卷读史论略一卷／（清）旷敏本撰，（奉使纪胜）（清）陈阶平撰，（读史论略）（清）杜诏撰

旷敏本（1699—1782），字鲁之，号岣嵝，衡山（今湖南省衡山县）人。清乾隆元年（1736）进士，选翰林院庶吉士，以病归。十九年（1754）为岳麓书院山长。

著有《周易启蒙》《禹贡发蒙》《岣嵝鉴撮》《韵语》《岣嵝文草》等。

陈阶平（1766—1844），名安魁，号雨峰，泗州（今安徽省泗县）人。历官把总、千总、守备、游击、参将、副将、总兵、提督。清道光十九年（1839）调任福建水师提督。鸦片战争爆发后率将士抗击入侵英舰，旋遭弹劾免职回乡。英军攻占厦门、定海后再度被起用。

杜诏（1666—1736），字紫纶，号云川，别号浣花词客、蓉湖词隐，又称半楼先生，无锡（今江苏省无锡市）人。清康熙五十一年（1712）进士，改庶吉士，荐举博学鸿词，以养亲归隐林下。著有《云川阁集》《浣花词》《凤髓词》《蓉湖渔笛谱》。

《鉴撮》为通史，简要叙述盘古至明的历史。宋以前取材于宋黄继善《史学提要》，并加以充实；宋以后则为自己续纂。

陈阶平道光四年至十三年（1824—1833）任官湖南，《奉使纪胜》记载其道光九年（1829）奉命往祭南岳、炎帝陵庙、虞舜陵庙，途经各府州县观赏山川景物实况。

《读史论略》又称《全注读史论略》，全书断限上起战国，下迄明末，叙述历代治乱兴衰。

清道光十九年陈阶平四宜堂刻本。

0283

平台纪略一卷／（清）蓝鼎元撰

蓝鼎元（1680—1733），字玉霖，号鹿洲，漳浦（今福建省漳浦县）人。清康熙六十年（1721）随蓝廷珍出师入台，平台后又在台湾住了一年多。在台时全面考察了台湾社会，提出了很多治理台湾的策略，因而被誉为“筹台之宗匠”。历官广东普宁、潮阳知县及广州知府等职。著有《平台纪略》《东征集》等。

清康熙六十年（1721），台湾爆发了朱一贵领导的反清起义，不久控制了全台局势。清廷急调水师提督施世骠、南澳总兵官蓝廷珍率师进剿，蓝鼎元随师入台，耳闻目睹清军在镇压起义过程中的所作所为，以亲身经历写成该书。是书纪事自康熙六十年（1721）四月朱一贵“作乱”起，至雍正元年（1723）四月“孽党尽绝”止，记述了朱一贵起义发生、发展至失败的全过程，同时也记载了清廷的剿抚方针、军事部署等情况。

清雍正元年刻本。

0284

平台湾生番论一卷／（清）蓝鼎元撰

蓝鼎元，见第 0283 条。

是书记述台湾山川险要及防务，以及应对台湾土著之策。

小方壶斋舆地丛钞本。

0285

英吉利夷船入寇记二卷／（清）李凤翎撰

李凤翎，生卒年不详，字少珊，清末岭南人。

清抄本。

0286

英吉利夷舶入寇记二卷／（清）李凤翎撰

李凤翎，见第 0285 条。

见“英吉利夷船入寇记二卷”。

清抄本，抄本。

0287

鸦片事略二卷／（清）李圭撰

李圭（1842—1903），字小池，江宁（今江苏省南京市）人。清同治四年（1865）被宁波海关税务司霍博逊聘为文案。光绪年间作为中国工商界代表，赴费城参加纪念美国建国一百周年而举办的世界博览会，归国后写成《环游地球新录》，另著有《鸦片事略》《金陵兵事汇略》等。

李圭就闻见所及，博采旁书并录诸邮报，荟萃而成此书。是书记述鸦片毒害中国的经过及清廷对于鸦片政策的转变，上卷起自英国贩运鸦片来华，迄于清道光二十二年（1842）鸦片战争中国失败，对西方鸦片走私叙述特详。下卷起自道光二十三年（1843）清廷谕令禁开馆、兴贩、吸食，迄于光绪二十年（1894），对清廷的鸦片政策详加记述。

稿本，清光绪二十一年海宁州署刻本，民国二十年北平图书馆铅印本，中国内乱外祸历史丛书本，抄本。

0288

雅片事略二卷／（清）李圭撰

李圭，见第 0287 条。

即《鸦片事略二卷》，见“鸦片事略二卷”。

民国铅印本。

0289

寒支集初集十卷二集四卷／（清）李世熊撰

李世熊（1602—1686），字元

仲，号愧庵，又号寒支道人，宁化（今福建省宁化县）人。明天启元年（1621）进士。入清后屡征不出。著有《钱神志》《史感》《物感》《狗马史记》《宁化县志》《本行录》《经正录》《寒支初集》《寒支二集》《国变录》等。

是书主要记述明代福王南京即位以后诸大臣事迹。

檀河精舍本，清同治十三年刻本。

0290

安南使事纪要四卷／（清）李仙根撰

李仙根（1621—1690），原名之钦，字子静，号南津，遂宁（今四川省遂宁市）人。清顺治间进士，授编修。康熙年间出使安南。

清康熙初，安南攻高平，高平莫元清走云南边界。李仙根以秘书院侍读加一品服使安南，是书详述其奉使本末。

清康熙八年刻本，清抄本。

0291

浙中发匪纪略一卷／（清）李应珏撰

李应珏，生卒年不详，字玉山，化州（今广东省化州市）人。附贡出身，曾任知县。著有《浙志便览》《皖志便览》等。

是书记清咸丰八年（1858）至同治三年（1864），清军在浙江与太平军作战情况，对重要战役逐日记其始末，并论及清军用兵得失与设局抽厘筹饷等事。

清抄本，抄本。

0292

浙中英法战事纪略二卷／（清）李应珏撰

李应珏，见第0291条。

是书据《英夷入寇记》《防海纪略》《浙东筹防录》等有关资料编纂而成，分《英事纪略》和《法事纪略》；前者为第一次鸦片战争事，后者为中法战争事。

抄本。

0293

夷氛纪闻五卷／（清）梁廷楠撰

梁廷楠（1796—1861），一作廷枏、廷柟，字章冉，号藤花亭主人，一作滕花主人，顺德（今属广东省佛山市）人。清道光副贡生，曾任澄海县（今广东省汕头市澄海区）教谕，学海堂学长，越华、粤秀书院监院及两广总督林则徐幕僚，以献策抵御外侮获升内阁中书，加侍读衔。著有《夷氛闻记》《海国四说》《粤海关志》《东坡事类》《论语古解》等。

是书约成于清道光三十年（1850），主要记述了英国对华输入鸦片和鸦片战争的历次战役，迄于道光二十九年（1849）广州人民反对英人入城的斗争。

抄本。

0294

夷氛闻记四卷 /（清）梁廷楠撰

梁廷楠，见第 0293 条。

见“夷氛纪闻五卷”。

民国二十八年铅印崦庐丛书本。

0295

夷氛闻记五卷 /（清）梁廷楠撰

梁廷楠，见第 0293 条。

史料笔记。梁廷楠在鸦片战争中曾组织士绅参加广州军民抵抗英军入城的斗争，书中对英国等列强窥视中国、鸦片贸易、禁烟运动、鸦片战争中侵略与反侵略的活动和过程等记载颇为详尽。

清刻本，清光绪初抄本，民国二十六年上海商务印书馆铅印本。

0296

庚辛日记一卷 /（清）陆献撰

陆献，生卒年不详，字彦若，号伊眉，一作伊湄，丹徒（今属江苏省镇江市）人。清道光元年（1821）举人，历官蓬莱、莱阳、繁县、曹县知县。鸦片战争中调浙江军营，随同官兵收复上海。二十二年（1842）镇江失守，调防芜湖。著有《山左蚕桑考》《蚕桑辑要》《蚕桑兴利法》《横闸改制议》《傅朴斋诗草》《庚辛日记》等。

是书记载清道光二十年至二十三年（1840—1843）英兵犯浙江定海及吴淞事。

逊敏堂丛书本。

0297

罗景山台湾海防并开山日记不分卷 /（清）罗大春撰

罗大春（1833—1890），字景山，原名大经，施秉（今贵州省施秉县）人。因镇压太平天国运动功被授予冲勇巴图鲁称号。他十七岁当兵，二十七岁任参将，二十八岁任总兵，四十一岁担任福建陆路提督、福建船政轮船统领、代理福建水师提督，四十六岁任湖南提督。光绪十六年（1890），卒于福建建宁总兵任上。

是书记述罗大春于清同治十三年（1874）日军侵入台湾后奉命入台部署防务，制止日本侵略的经过。另记载开山筑路以巩固海防以及镇压台湾人民的经过。书中多录上谕、奏折，对于日本侵台及中日交涉记载尤详。

清抄本，清石印本。

0298

台湾倭兵纪事／（清）罗大春撰

罗大春，见第0297条。

抄本。

0299

取悉毕尔始末记一卷／（清）缪祐孙撰

缪祐孙（1852—1895），字右岑，一字柚琴，江阴（今江苏省江阴市）人。清光绪十二年（1886）进士，任户部主事，翌年被选作海外游历使赴俄国。为醇亲王所赏识，遂任总理衙门章京，在俄罗斯股任职。著有《通俄道里表》《俄罗斯源流考》《俄罗斯疆域编》《俄罗斯水道记》《俄罗斯山形志》《俄罗斯户口略》《取悉毕尔始末记》《取中亚细亚始末记》《俄游日记》等。

原书为俄国人所撰，悉毕尔即西伯利亚。

小方壶斋舆地丛钞本。

0300

从戎越南记一卷／（清）欧阳文静撰

欧阳文静，生平事迹不详。

清抄本。

0301

靖海志四卷／（清）彭孙贻撰，（清）李延昰续补

彭孙贻（1615—1673），字仲谋，号羿仁，海盐（今浙江省海盐县）人。明选贡生。痛父殉国难而终身不仕。著有《茗斋诗文集》《流寇志》《茗斋诗余》《茗斋杂记》《彭氏旧闻录》《客舍偶闻》《方士外纪》《国恩家乘录》《明朝纪事本末补编》《虔台逸史》《甲申以后亡臣表》《靖海志》等。

李延昰，生平事迹不详。

是书用编年体记载郑氏四世之事，记事起自明天启七年（1627），止于清康熙二十二年（1683）。

清抄本。

0302

英吉利广东入城始末一卷／（清）七弦河上钓叟撰

七弦河上钓叟，生平事迹不详。

是书以清毕廷杰《触藩始末》一书为底本，参以作者访问所得及若干文献资料，按年月日记述第二次鸦片战争爆发经过与英法联军攻陷广州的过程，另附记英法侵略军占据广州期间及撤退时的一些史料。

仰视千七百二十九鹤斋丛书本，丛书集成初编本。

0303

见闻随笔二十六卷／（清）齐学裘撰

齐学裘（1803—?），字子贞，一字子冶，号玉溪，晚号老颠，婺源（今江西省婺源县）人。著有《蕉窗诗钞》等。

是书有《渡海寻夫》《海岛逸志人物考略》等内容。

清同治十年刻本。

0304

见闻续笔二十四卷／（清）齐学裘撰

齐学裘，见第0303条。

是书收有其父彦槐撰写的《海运南漕议》，记有清代乾、嘉之后，崇明、上海沿海一带的富商曾制造沙船，把南方的货物运到山东、直隶，再把关东的大豆、小麦运到上海的史事。

清光绪二年刻本。

0305

海上见闻录定本二卷／（清）阮旻锡撰

阮旻锡（1627—1707?），字畴生，号梦庵，别号梦莽，厦门（今福建省厦门市）人。早年丧父，曾泛海求盈余以养母。永历九年（1655），成为郑成功的幕僚。清康熙二年（1663），清军攻占厦门，弃家隐避。著有《海上见闻录》《轮山诗稿》《夕阳寮诗文稿》《梦庵长短句》等。

是书记起自明崇祯十七年（1644）福王在南京即位，止于清康熙二十二年（1683）郑克塽归清间郑氏四代领兵抗清、经营台湾的史事。

清抄本。

0306

海上见闻录二卷／（清）梦莽（阮旻锡）辑

阮旻锡，见第0305条。

见“海上见闻录定本二卷”。

痛史本。

0307

东南纪事十二卷／（清）邵廷采撰

邵廷采（1648—1711），字允斯，又字念鲁，余姚（今浙江省余姚市）人。曾主讲姚江书院。著有《东南纪事》《西南纪事》《思夏堂文集》等。

是书记述南明鲁王、唐王及其诸臣事迹，于鲁王抗清藩之事记述特详，记有张煌言、郑芝龙、郑成功诸人事迹。

邵武徐氏丛书本，中国内乱外祸历史丛书本。

0308

台湾郑氏始末六卷／（清）沈云撰，（清）沈垚注

沈云，生卒年不详，字舒白，号闲亭，德清（今浙江省德清县）人。清道光二十四年（1844）进士。官广西兴安县知县。著有《台湾郑氏始末》。

沈垚（1798—1804），字子敦，乌程（今浙江省湖州市）人。清道光十四年（1834）优贡生。著有《落颿楼文集》《简札摭存》《西域小记》《地道记》《元史西北地蠡测》《新疆私议》《漳北滱南诸水考》等。

是书据清江日升《台湾纪事本末》，并参考他书删订而成。叙述郑芝龙自明天启初年（1621）起兵，至其子郑成功攻克台湾，以及曾孙郑克塽降清期间的史实。书成后，沈垚根据《读史方舆纪要》《水道提纲》《清一统志》等作注，对其中的讹误进行了考辩。

凌氏传经堂丛书本，吴兴丛书本，清道光刻本。

0309

东村记事一卷／（清）宋征舆撰

宋征舆（1618—1667），字直方，一字辕文，华亭（今上海市松江区）人。清顺治四年（1647）进士，官至都察院左都副御史。著有《林屋诗稿》《林屋文稿》等。

是书记有陈子龙参与吴胜兆兵变始末。

三异词录本，明季史料丛书本。

0310

南沙枕秘四种／（清）素心室主人编

素心室主人，生平事迹不详。

清素心书屋抄本。

0311

剿逆说一卷／（清）唐□撰

唐□，生平事迹不详。

是书记清道光二十二年（1842）英兵犯吴淞事。

逊敏堂丛书本。

0312

航海遗闻一卷／（清）汪光复撰

汪光复，为任光复之误。任光复，生卒年不详，字廷贵，号颖眉，会稽（今属浙江省绍兴市）人。明鲁王时官太常寺卿，后降清。

见“航澥遗闻一卷”。

清道光古槐山房木活字本，荆驼逸史五十种本。

0313

航澥遗闻一卷／（清）汪光复撰

汪光复，见第0312条。

又作《航海遗闻》《航澥遗文》，书名“澥”即“海”字，系避鲁王以海之讳。是书记鲁王监国事，起自清顺治三年（1646）鲁王监国于台州止于任光复降清。任光复曾为鲁王监军职方郎中，身历诸事，故于鲁王诸臣情形及舟山、崇明、京口抗清战役记载详尽，对郑成功、张煌言、张明振及鲁王监国诸臣死于难者情形亦记载较详。

清道光活字印本，清宣统三年中国图书馆石印本。

0314

征信录二卷／（清）汪季铭撰

汪季铭，生平事迹不详。

是书为汪季铭据亲身经历及见闻所撰，书中《广东英夷入城纪略》《半线遭难纪略》《漳州徐观察殉难纪略》，分别记第二次鸦片战争时英军侵入广州事、汪氏叔侄兄弟被俘入太平军营而后逃出经过及同治三年（1864）九月太平军进攻漳州等事。

清光绪十二年刻本。

0315

明延平忠节王始末四卷首一卷／（清）汪镛钟撰

汪镛钟，生平事迹不详。

清光绪初年，清廷追谥明郑成功为延平忠节王并在台湾府城建立专祠以示表彰。汪镛钟任职台湾并主其事，后经广泛搜集资料，以《小腆纪年》为本，兼采《台湾外记》《东瀛识略》等书所载史实编成该书，专记郑成功事迹。

抄本。

0316

中日战辑图考六卷／（清）王炳耀辑

王炳耀（1843—1902），字沾辉，号煜初，东莞（今广东省东莞市）人。清光绪八年（1882）成为牧师。著有《孝道折衷》《播道说》《教士上书》《中日战辑》等。

是书辑录有关清光绪二十年（1894）中日甲午战争之上谕、奏议、函牍、书札等而成。记有朝鲜内乱、中日战端、遣使议和、两国全权大臣问答记及中外人士关于战事之议论。附有《水战形图》《地球全图》《台湾全图》等。

0317

海虞被兵记一卷／（清）王孙蔺撰

王孙蔺，生卒年不详，字方秉，常熟（今江苏省常熟市）人。曾随父奕昌至广西参议任。

是书记南明弘光乙酉（1645）清兵陷常熟事，题俨老人撰。

虞阳说苑本，国难丛书第一辑本。

0318

台事纪闻一卷／（清）王韬撰

王韬（1828—1897），原名利宾，后改名瀚，字懒今，一作嫡今，赴香港后改名王韬，字仲弢，号紫诠，别署天南遁叟、搜园老民等，吴县（今属江苏省苏州市）人。清道光二十五年（1845）诸生。著有《弢园文录外编》《蘅华馆诗录》等。

一作《辛未壬申间日本扰乱台湾事实》，为叶恭绰亲笔抄本，叶氏题扉云据李木斋所藏王韬原稿本记录，此稿乃王韬赠予李者。是书记清同治年间日本侵扰台湾的史实。

清抄本。

0319

辛未壬申间日本扰乱台湾事实／（清）王韬撰

王韬，见第0318条。

见“台事纪闻一卷”。

0320

防海纪略二卷／（清）芍唐居士（王之春）撰

王之春（1842—?），字爵棠，又作芍棠，号椒生，清泉

(今湖南省衡南县)人。曾随曾国藩、李鸿章等征战,因功授通判,擢兵备道。后历官浙江、广东按察使,湖北布政使,山西、安徽、广西巡抚。曾出使日本、俄国。著有《防海纪略》《谈瀛录》《使俄草》《国朝柔远记》《椒生随笔》等。

是书曾分别以《英舶入寇记》《洋务权舆》等书名刊行或传抄流传,为记叙鸦片战争之重要史料。

清光绪六年上洋文艺斋刻本,清光绪二十一年同文馆铅印本。

0321

洋务权舆二卷/(清)王之春撰

王之春,见第0320条。

见"防海纪略二卷"。

0322

英舶入寇记/(清)王之春撰

王之春,见第0320条。

见"防海纪略二卷"。

0323

道光洋艘征抚记二卷/(清)魏源撰

魏源,见第0116条。

一作《夷艘入寇记》《夷舶入寇记》《英夷入寇记》《夷艘寇海记》。是书记述第一次鸦片战争的经过,主张购买和自制洋船洋炮,师敌长技以制敌。是中国近代史上影响较为深远的一部史学名著。

清抄本。

0324

国初东南靖海记/(清)魏源撰

魏源,见第0116条。

是书记清廷与闽海郑氏纷争事。

圣武记本。

0325

嘉庆东南靖海记/(清)魏源撰

魏源,见第0116条。

是书记清廷平定蔡牵事变。

圣武记本。

0326

夷舶入寇记/(清)魏源撰

魏源,见第0116条。

见"道光洋艘征抚记二卷"。

0327

夷艘寇海记 / （清）魏源撰

魏源，见第0116条。

见“道光洋艘征抚记二卷”。

0328

夷艘入寇记 / （清）魏源撰

魏源，见第0116条。

见“道光洋艘征抚记二卷”。

清杨氏吉祥止止室抄本。

0329

英夷入寇记 / （清）魏源撰

魏源，见第0116条。

见“道光洋艘征抚记二卷”。

0330

征抚安南记一卷 /（清）魏源撰

魏源，见第0116条。

是书记清乾隆末年清军与安南（今越南）西山朝之间的战争史料，记有关越南的史地及攻守险要。

小方壶斋舆地丛钞本。

0331

征抚朝鲜记一卷 /（清）魏源撰

魏源，见第0116条。

是书记十七世纪初清廷两次“征抚”朝鲜，即朝鲜史上的丁卯胡乱与丙寅胡乱的史实。

小方壶斋舆地丛钞本。

0332

平海纪略一卷 / （清）温承志撰

温承志（？—1815），字莘圃，太谷（今山西省太谷县）人。清乾隆五十年（1785）以增贡生授工部司务，历官主事、员外郎郎中。嘉庆十年（1805）擢广东高州府知府，旋改任潮州府知府。十三年（1808）升任惠、潮、嘉道道员。适逢海盗麦有金等大肆抢劫海上和陆地商民财物。两广总督百龄奉命督剿海盗，奏调温承志任督粮道台并代理盐运使，协助筹划剿盗事宜。温承志审时度势，建议百龄改变运输路线并严禁沿海船只靠岸。温承志对海盗晓以利害，劝其投降，在十几天内解散海盗两万余人，缴获炮船四百余艘。随即又请命亲率水军入海，将逃到涠洲岛沙碛间海盗头目麦有金及残匪全部歼灭。二十年（1815）升按察使，赏戴花翎。

是书记述温承志从两广总督百龄平“海寇”事，对百龄躬历行间、风涛戎马、执馘献俘事多有记载。

清嘉庆十五年刻本，昭代丛书本。

0333

倭韩近事不分卷／（清）翁同龢辑

翁同龢（1830—1904），字声甫，号叔平，常熟（今江苏省常熟市）人。清咸丰六年（1856）状元。历官刑部、工部、户部尚书，军机大臣兼总理各国事务衙门大臣。先后担任同治、光绪两帝帝师。戊戌政变后被革职，永不叙用。宣统元年（1909）追谥文恭。著有《翁文恭公日记》《瓶庐诗文稿》。

清稿本。

0334

倭韩新事不分卷／（清）翁同龢辑

翁同龢，见第0333条。

见“倭韩近事不分卷”。

清稿本。

0335

让台记二卷／（清）吴德功撰

吴德功（1850—1924），字汝能，号立轩，彰化（今台湾省彰化县）人。贡生出身。清光绪间参加编写《台湾通志稿》。著有《戴案纪略》《施案纪略》《让台记》《瑞桃斋诗稿》《瑞桃斋文稿》等。

记述“台湾民主国”与乙未战争始末专书。是书记叙清光绪二十一年（1895）台湾割让日本之事，始于光绪二十一年四月十四日清廷与日本国签订《马关条约》割台，终于九月二十七日日本近卫师团长北白川宫亲王死于台湾。

清末瑞桃斋复写抄本。

0336

海昌倭寇始末一卷／（清）吴骞撰，（清）周春增补

吴骞（1733—1813），字槎客，号揆礼，又号葵里、愚谷、兔林、兔林山人、夜明竹轩主人等，祖籍休宁（今安徽省休宁县），侨居浙江海宁小桐溪。贡生。著有《愚谷文存》《拜经楼诗集》《词话》《拜经楼藏书记》《阳羡名陶录》《论印绝句》等。

周春（1729—1815），字芚兮，号松霭，晚号黍谷居士，又号内乐村叟，盐官（今属浙江省海宁市）人。清乾隆十九年（1754）进士，曾授广西岑溪知县。著有《十三经音略》《古文尚书》《尔雅补注》《辽诗话》《海昌胜览》《海昌拾遗》《海潮说》《松霭吟稿》《松霭诗话》等。此外，于乾隆五十九年（1794）写出我国第一部红学专著《阅〈红楼梦〉随笔》。

是书记明嘉靖二十七年（1548）至三十五年（1556）间倭寇进犯事。

张宗祥抄本。

0337

海宁倭寇始末一卷／（清）吴骞撰

吴骞，见第0336条。

稿本，清抄本。

0338

绥寇纪略十二卷补遗三卷／（清）吴伟业撰

吴伟业（1609—1672），字骏公，号梅村，别署鹿樵生、灌隐主人、大云道人，太仓（今江苏省太仓市）人。明崇祯元年（1628）秀才，三年（1630）举人，四年（1631）进士，初授翰林院编修，继典湖广乡试。历官东宫讲读官、南京国子监司业、左中允、左谕德、左庶子、詹事府少詹事。顺治十年（1653）受命进京，历官内秘书院侍讲、国子监祭酒。著有《吴梅村家藏稿》《绥寇纪略》等。

是书记明崇祯年间农民起义及南明史事。

学津讨原本。

0339

海纪辑要二卷／（清）夏琳撰

夏琳，生卒年不详，字元斌，南安（今福建省南安市）人。

一作《闽海纪要》。是书按年月编载，记郑成功兴复始末。记事起于隆武元年（1645）唐王建国福州，止于永历三十七年（1683）郑克塽降清，对郑氏三世之事，巨细毕载。

抄本。

0340

闽海辑要／（清）夏琳撰

夏琳，见第0339条。

见“海纪辑要二卷”。

0341

闽海纪录不分卷／（清）夏琳撰

夏琳，见第0339条。

见“海纪辑要二卷”。

清抄本。

0342

闽海纪略二卷／（清）夏琳撰

夏琳，见第0339条。

见“海纪辑要二卷”。

清抄本。

0343

闽海纪要二卷／（清）夏琳撰

夏琳，见第0339条。

见“海纪辑要二卷”。

清抄本。

0344

中西纪事二十四卷首一卷／（清）夏燮撰，（泰西稗闻）（清）谢山居士辑

夏燮，见第0117条。
谢山居士，生平事迹不详。

是书据流传的奏稿函札条约章程等资料，整理自鸦片战争前后至咸丰末年中外关系史事。是中国较早记载两次鸦片战争历史的著作。

清同治七年刻本，清光绪七年慧香簃木活字印本，清光绪十年江上草堂木活字印本，清光绪十一年京都琉璃厂木活字印本，清末铅印本。

0345

中西纪事六卷后记三卷盘声录二卷泰西稗闻六卷／（清）夏燮撰

夏燮，见第0117条。

见“中西纪事二十四卷首一卷”。

清青林山房抄本。

0346

北洋兵事纪略／（清）笑苍撰

笑苍，生平事迹不详。

抄本。

0347

浙东纪略一卷／（清）徐芳烈撰

徐芳烈，生卒年不详，萧山（今属浙江省杭州市）人。选贡。曾在南明鲁王政权中任中书舍人。

是书记载南明鲁王政权史事。徐芳烈曾任鲁王中书舍人，循日记体记亲身经历。

痛史本，中国内乱外祸历史丛书本。

0348

小腆纪传六十五卷补遗六卷／（清）徐鼒撰，（清）徐承礼补遗

徐鼒，见第0057条。

徐承礼（1846—1905），字乳羔，一作孺羔，六合（今属江苏省南京市）人。由荫生官日本神户理事，回国后曾任台州府知府。

编年体南明史书。是书记事起

自明崇祯十七年（1644），迄永历三十七年（1683）。徐鼒、徐承礼父子参考南明史书并搜集各省府县志等有关资料编成此书，记载了明末福、唐、桂、鲁四王和台湾郑氏的史事。

清光绪十三至十四年六合徐氏金陵刻本。

0349

小腆纪年附考二十卷／（清）徐鼒撰

徐鼒，见第0057条。

见“小腆纪传六十五卷补遗六卷”。

清咸丰十一年刻本，敝帚斋遗书本，清光绪四年刻本，清方氏碧琳琅馆抄本。

0350

出围城记一卷／（清）杨棨撰

杨棨（1787—1862），字美门，号蝶庵，自号苏庵道人，丹徒（今属江苏省镇江市）人。著有《蝶庵诗钞》《赋钞》等。

清道光二十二年（1842）夏，英军围攻镇江，杨棨被围在城中，后据闻见撰此书。

清道光二十六年朱昌颐抄本，逊敏堂丛书本，京口掌故丛编初集本，晨风阁丛书本，民国三年扬州刻本。

0351

东瀛纪事不分卷／（清）杨廷理辑

杨廷理（1747—1813），字清和，号双梧、半缘，又号更生，马平县（今广西壮族自治区柳州市）人。清乾隆四十二年（1777）拔贡。历官福建归化、宁化、侯官知县，台湾府同知、台湾知府、台湾道兼提督学政，加按察使衔。嘉庆十一年（1806）重任台湾知府，赴任前向嘉庆面奏“噶玛兰当开”。十七年（1812）任噶玛兰通判。著有《知还书屋诗钞》《东瀛纪事》《议开噶玛兰节略》等。

是书主要记述清乾隆五十三年（1788）镇压台湾林爽文起义始末，由吴文溥代笔。吴文溥（1741—？），字博如，号澹川，嘉兴（今浙江省嘉兴市）人。贡生。乾隆五十三年（1788）从厦门渡海到台湾，在廷理幕中襄助书启事务。著有《南野堂集》。

史料丛刊初编本。

0352

东瀛纪事一卷／（清）杨廷理辑

杨廷理，见第0351条。

见“东瀛纪事不分卷”。

清乾隆五十五年刻本，清抄本。

0353

海上实录／（清）杨英撰

杨英，生卒年不详，漳州，一说泉州（今福建省泉州市）人。清顺治六年（1649）投军郑成功麾下，任天兴州知州，复任户官，为郑氏征取粮饷，主持军需，随延平王郑成功十四年，凡大小征战，无役不从。

见“延平王户官杨英从征实录不分卷”。

0354

先王实录／（清）杨英撰

杨英，见第0353条。

见“延平王户官杨英从征实录不分卷”。

0355

延平王户官杨英从征实录不分卷／（清）杨英撰

杨英，见第0353条。

编年体史书。又作《先王实录》《海上实录》《从征实录》。是书记载郑成功自清顺治六年（1649）至康熙元年（1662）间征战南北、经营台湾的史实，所记多为杨英身经目睹或采自六官案牍，翔实可信，其中财政与军政之事尤详。郑氏子孙后世秘藏此书。1921年在郑氏故里南安石井乡发现抄本，1931年影印行世。

抄本，民国二十年国立中央研究院历史语言研究所据抄本影印本。

0356

钦定剿平粤匪方略四百二十卷首一卷／（清）奕訢等修，（清）朱学勤等纂

奕訢（1833—1898），爱新觉罗氏，号乐道堂主人，清道光帝第六子，咸丰帝同父异母兄弟。清咸丰三年（1853）署领侍卫内大臣办理巡防，授军机大臣。四年（1854）授都统、宗令。九年（1859）授内大臣，十一年（1861）主持总理各国事务衙门。奕訢与两宫太后联合发动辛酉政变，被授予议政王之衔，任领班军机大臣与领班总理衙门大臣。

朱学勤（1823—1875），字修伯，号结一庐主人，仁和（今属浙江省杭州市）人。清咸丰三年（1853）进士，选为翰林院庶吉士，改户部主事，入直军机章京，历官鸿胪寺少卿、大理寺卿、宗人府丞。

清廷于大兵事后，每修方略以

宣扬“庙谟”，显示“武功”。是书系由清廷逐日积存的谕折档案之中选其有关镇压太平天国者，按上谕的发布日期和折片的奏到日期逐日编排，末附《设立长江水师章程》六卷。

清同治间方略馆稿本，清同治十一年内府抄本，清同治间内府活字印本。

0357

醇亲王巡阅北洋海防日记／（清）奕譞撰

奕譞（1840—1890），字朴庵，号退潜居士，九思堂主人，道光帝第七子，光绪帝生父。清咸丰元年（1851）封醇郡王，得慈禧信任，迭授都统、御前大臣、领侍卫内大臣，管神机营。同治十一年（1872）晋醇亲王。光绪十年（1884），清廷设立海军衙门，奕譞受命总理海军事务衙门，节制沿海水师。著有《课窗存稿》《九思堂诗稿》《九思堂诗稿续稿》《航海吟草》《退潜别墅存稿》《兰阳随笔》《竹窗笔记》等。

一作《巡阅海防日记》。清光绪十一年（1885），清廷成立总理海军事务衙门（简称海军衙门），醇亲王出任海军衙门总理大臣。翌年五月奉旨巡阅北洋海防，此次校阅，是北洋水师组建以来规模最大的一次海上实兵演习，也是我国近代史上一次最高规格的海军阅兵活动。

抄本。

0358

巡阅海防日记／（清）奕譞撰

奕譞，见第0357条。

见“醇亲王巡阅北洋海防日记”。

0359

伪郑逸事一卷／（清）郁永河撰

郁永河，生卒年不详，字沧浪，仁和（今属浙江省杭州市）人。清康熙三十六年（1697），为采集硫黄矿，郁永河从福建去台湾进行深入的考察，以日记形式写成《采硫日记》。

一作《郑氏逸事》。是书记明末清初郑成功抗清史料。

清刻本，申报馆丛书本。

0360

伪郑逸事一卷番境补遗一卷海上纪略一卷／（清）郁永河撰

郁永河，见第0359条。

见“伪郑逸事一卷”。

抄本。

0361

伪郑逸事一卷附郑芝龙始末一卷／（清）郁永河撰

郁永河，见第0359条。

见“伪郑逸事一卷”。

清抄本。

0362

金山剿匪图记一卷／（清）张良朔辑

张良朔，生平事迹不详。

清光绪三十二年刻本。

0363

浮海记一卷／（清）张遴白撰

张遴白，一作张麟白，生卒年不详，名在宥，字虎侯，号黑甜道人或黑甜老人，或为托名，上海（今上海市）人。明末在鲁王政权中任中书舍人，曾从安昌王使日本。

是书记南明浙、闽海上黄斌卿、周鹤芝、郑芝龙兄弟子侄诸人及永历三年（1649）与阮美同往日本请援等事，间有异闻。

明季野史四种本。

0364

难游录一卷／（清）张遴白撰

张遴白，见第0363条。

书中载有《郑芝龙传》，据考是郑芝龙前期最早的传记。卷末附有《张遴白奉使日本记略》。

清抄本，民国二十三年影印本。

0365

抚夷日记一卷／（清）张喜撰

张喜，又作张禧，生卒年不详，字小沧，又名士淳，天津（今天津市）人。清道光十七年（1837）充云贵总督伊里布家丁。十九年（1839）伊里布调任两江总督，翌年英军陷定海，伊里布受命为钦差大臣赴浙江督师时，张喜数次被差遣至定海交涉以英方俘虏交换定海事宜。二十二年（1842）数次被伊里布等人差遣与英军交涉议和。著有《探夷说帖》《抚夷日记》等。

《南京条约》签订后，张喜将赴定海、南京联络情形撰成该书。是书专记南京议和事，逐日记载议和及签订《南京条约》之经过。

国学文库据抄本重印本。

0366

使琉球纪一卷／（清）张学礼撰

张学礼，生卒年不详，字立庵，奉天辽阳人，自称“三韩人”，镶蓝旗人。官至广西道监察御史。清康熙元年（1662），时任兵科副理事的张学礼与行人司行人王垓奉使册封琉球国王尚质。

清康熙元年（1662），张学礼与王垓奉使册封琉球国王尚质，此为清廷首次向琉球派遣使臣，是书记载此事。是书前记琉球请求册封、清廷遣使始末及沿途山川道路险阻；后为《中山纪略》，记琉球风土。

说铃本，清抄本，龙威秘书本，小方壶斋舆地丛钞本，丛书集成初编本。

0367

使琉球记一卷／（清）张学礼撰

张学礼，见第 0366 条。

见“使琉球纪一卷”。

清光绪三年上海著易堂铅印本。

0368

明末流寇表一卷／（清）赵吉士撰

赵吉士（1628—1706），字天羽，又字渐岸，号恒夫，休宁（今安徽省休宁县）人，寄籍杭州。清顺治八年（1651）举人。历官山西交城知县、户部主事、户科给事中、国子监学正。著有《续表忠记》《寄园寄所寄》《杨忠公列传》《录音韵正伪》《牧爱堂编》《万青阁全集》等。

中国内乱外祸历史丛书本。

0369

平定台湾述略一卷／（清）赵翼撰

赵翼，见第 0118 条。

是书记乾隆五十一年（1786）台湾林爽文起义始末。

小方壶斋舆地丛钞本。

0370

海昌余纪一卷／（清）周春撰

周春，见第 0336 条。

抄本。

0371

固山贝子恢复温郡并台处事实一卷／（清）周声炣撰

周声炣，生卒年不详，字慕峰，永嘉（今浙江省永嘉县）人。曾在平定浙南抗清武装时随从福喇塔。

是书记康熙十三年至十五年（1674—1676）固山贝子福喇塔为宁海将军平定浙南抗清武装事。

清抄本。

0372

草间日记一卷／（清）朱士云撰

朱士云，生卒年不详，字月樵，丹徒（今属江苏省镇江市）人。诸生。

鸦片战争期间，镇江被英军攻陷，朱士云时居城中。是书为当时的日记，记英军进犯镇江始末，间及南京、江阴等地英军残暴、百姓痛苦情状。

京口掌故丛编本。

0373

庚申夷氛纪略一卷／（清）赘漫野叟撰

赘漫野叟，生平事迹不详。

史料笔记。清咸丰十年（1860），作者居京城，根据目睹及传闻记述了英法联军入侵史事，因站在主和派一边，诋毁林则徐等，吹捧伊里布、穆彰阿之流。

稿本。

0374

圣宋掇遗／（宋）□□撰

文言轶事小说。原本已佚，《续谈助》《诗话总龟》等书中保存部分佚文。

粤雅堂丛书本，十万卷楼丛书本，丛书集成初编本。

0375

吴越备史四卷附校勘记一卷／（宋）范垧、林禹撰，张元济校勘

范垧，生卒年不详，曾为吴越掌书记。

林禹，生平事迹不详。

张元济，见第0016条。

编年体史书。北宋钱俨撰，托名范垧、林禹。钱俨（937—1003），原名信，字诚允，号贵溪叟，钱塘（今浙江省杭州市）人。吴越王俶异母弟。自幼出家，俶袭国封，命为镇东军安抚副使。后周显德四年（957）奏署衢州刺史。宋开宝三年（970）出知湖州，充宣德军安抚使。太平兴国二年（977）授新、妫、儒等州观察使。入宋，为随州观察使，换金州观察使，出判和州。卒，赠昭化军节度使。著《皇猷录》《光圣录》《备

史遗事》《忠懿王勋业志》《贵溪叟自叙传》等。是书载五代十国时吴越钱氏政权三世五王事迹，记事起于唐乾符二年（875），终宋开宝元年（968）。卷首原有年号世系图、诸王子弟官爵封谥表、十三州图、十三州考。

四部丛刊续编本。

0376

路史四十七卷／（宋）罗泌撰，（宋）罗苹注

罗泌（1131—1189），字长源，号归愚子，庐陵（今江西省吉安市）人。著有《易说》《六宗论》《三汇详证》《九江详证》等。

罗苹（1153—1237），字华叔，号复斋，庐陵（今江西省吉安市）人。罗泌之子，承父命作《〈路史〉注》。

宋代笔记杂撰。罗泌鉴于《世纪》《史考》《系谱》《通鉴外纪》等史书言远古者极少，乃采各种典籍以至纬书，经三十八年撰写成此书。“路史”即“大史”之意，记事自远古迄于两汉，包含《前纪》《后纪》《国名纪》《地理发挥》《余论》。

宋刻本，明嘉靖洪楩刻本，明万历三十九年乔可传刻本，清乾隆元年进修书院刻本，清嘉庆六年西山堂刻本。

0377

文昌杂录六卷补遗一卷／（宋）庞元英撰

庞元英，生卒年不详，字懋贤，成武（今山东省成武县）人。宋至和二年（1055）赐进士出身，为光禄寺丞。历官群牧判官、都官郎中、朝请大夫、主客郎中、中散大夫、鸿胪少卿。

笔记。庞元英在任主客郎中四年间，将其供职尚书省的所见所闻及朝章典故等笔录成书，因尚书省旧有“文昌天府”之称，故以名书。是书主要记述朝中典章故实，间及琐闻逸事。

清乾隆二十一年德州卢氏雅雨堂刻本，清嘉庆十年刻本。

0378

挥麈录一卷／（宋）杨万里（王明清）撰

王明清（1127—?），字仲言，汝阴（今安徽省阜阳市）人。初以父荫入仕，宋淳熙十二年（1185）主管台州崇道观。绍熙三年（1192）任宁国军节度判官。五年（1194）通判泰州。著有《玉照新志》《摭青杂说》《投辖录》等。

伪题宋杨万里撰，实从王明清

《挥尘录》摘录重新编辑而成。书中凡遇王明清自称其名之处，皆改为杨万里。此书当为书贩伪作，借用杨万里之名。

历代小史本。

0379

辽志一卷／（宋）叶隆礼撰

叶隆礼，生卒年不详，字士则，号渔林（一作渔村），嘉兴（今浙江省嘉兴市）人。南宋淳祐七年（1247）进士，历官建康府西厅通判、国子监簿、两浙转运判官、军器少监兼知临安府、军器监、直宝文阁知绍兴府。

旧题南宋叶隆礼撰，疑为元中叶人托名伪作。是书摘取《契丹国志》卷首《初兴本末》《族姓原始》《国土风俗》《兵马制度》《建官制度》《渔猎时候》《岁时杂记》等篇而成。

古今说海本，历代小史本，古今逸史本，丛书集成初编本，景印元明善本丛书本。

0380

旅顺落难记十回／（英国）阿伦著，兰言译

阿伦，即詹姆斯·艾伦（James Allan），生卒年不详，英国海员。曾随船向中国走私军火，该船以中国天津为目标港，途遇台风又遭到日本军舰的检查和炮击。到了天津以后，该船被中国政府征用，运兵到鸭绿江，返途中遇上黄海海战，被日本海军舰艇捕获。日本船舰靠近旅顺港时，阿伦跳海逃生，被中国军队捉拿审讯，后获释。

兰言，生平事迹不详。

是书原名《在龙旗下》（*Under the Dragon Flag*），20 世纪 30 年代译名《中日战争目击记》。是书记述甲午战争和旅顺沦陷的经过，详叙了清军怯懦溃败和倭寇残杀中国平民的暴行。

清光绪三十年新新小说本。

0381

岛夷纪略不分卷／（元）汪大渊撰

汪大渊（1311—?），字焕章，南昌（今江西省南昌市）人。元至顺元年（1330），年仅二十岁的汪大渊首次从泉州搭乘商船出海远航，历经海南岛、占城、马六甲、爪哇、苏门答腊、缅甸、印度、波斯、阿拉伯、埃及，横渡地中海到摩洛哥，再回到埃及，出红海到索马里、莫桑比克，横渡印度洋回到斯里兰卡、苏门答腊、爪哇，后经澳洲到加里曼丹、菲律宾返回泉州，前后历时五年。至元三年

(1337) 再次从泉州出航，历经南洋群岛、阿拉伯海、波斯湾、红海、地中海、非洲的莫桑比克海峡及澳大利亚各地，至元五年(1339) 返回泉州。

即汪大渊《岛夷志略》。

清抄本。

0382

延平始末一卷

清鱼元传抄本。

0383

满朝野史正编二十种续编二十种三编二十种四编二十种五编二十种 / □□辑

清代史料专集。是书记述清代三百年间的政治、经济、内政、外交、军事等方面的史料。

民国成都昌福公司铅印本。

0384

欧战拾遗一卷 / 陈干撰

陈干（1881—1927），字明侯，昌邑（今山东省昌邑市）人。1905 年东渡日本加入同盟会。回国后先后创办辽阳八旗学堂、青岛震旦公学、山东保矿会、长春山东同乡会等革命团体。民国成立先后晋升少将旅长、陆军中将，在对外交涉尤其收回青岛、办理接收威海事宜颇足称道。著有《倥偬集》《陈氏家乘》《鲁案》《威案》等。

1914 年 7 月，欧战爆发，日本借口日英盟及保持东亚和平，于 8 月对德宣战，胶东人民在这场日德战争中遭受了浩劫。陈干奉北京政府命去胶东各县调查人民死伤及财产损失的情形，后汇集成此书。

佚书。

0385

顺治镇江防御海寇记一卷 / 陈庆年撰

陈庆年，见第 0234 条。

是书据圣训、奏议、碑铭、地方志及有关南明的史料编纂而成，记清军与张名振、郑成功等作战事，记事起自清顺治二年(1645)，迄于康熙三年（1664）。于郑成功“窥江之役”及清廷收复台湾后禁海之策等记载颇详。

抄本。

0386

潮汕东南沿海飓灾纪略一卷 / 陈沅撰

陈沅（1881—1958），字梅湖，号光烈，饶平县大巷（今属广东省汕头市）人。清末秀才。曾任大总统大元帅两府咨议官、国务院存记、分陕道尹、岭东招抚使兼莞梅官产招宁盐政、饶平及大埔等县知事、驻泰国中华学校监督等职。纂有《饶平县志补订》《南澳县志》《广东通志列传》。

是书记载民国十一年（1922）八月飓风灾情及赈灾详情。

民国十一年铅印本。

0387

清代割地谈一卷／程善之撰

程善之（1880—1942），名庆余，歙县（今安徽省歙县）人。辛亥革命时执笔《中华民报》。1913年随孙中山参与戎幕，任秘书。1926年创刊《新江苏报》并任主笔。1932年被聘为国难会议会员。著有《骈枝余话》等。

满朝野史本。

0388

清代官书记明台湾郑氏亡事四卷／（台湾）国立中央研究院历史语言研究所编

（台湾）中央研究院历史语言研究所，1928年在广州成立。1929年迁至北平北海静心斋，傅斯年任所长，下分史学、语言学、考古及人类学三组，分别由陈寅恪、赵元任、李济任组主任。1934年迁至南京鸡鸣寺路。研究领域主要包括汉语历史和现状以及少数民族语言调查。1949年南京解放前夕随（台湾）中央研究院迁至台湾。

原名《平定海寇方略》，系稿本，民国初年在整理内阁大库档案时被发现。是书记事起自清康熙十八年（1679）命康亲王杰书等会议征剿海寇机宜，至康熙二十三年（1684）授郑克塽公衔止。并追记郑芝龙、郑成功事迹。

民国十九年国立中央研究院历史语言研究所铅印本。

0389

英夷节次丙寇纪略一卷／胡济生辑

胡济生（1865—1927），字道源，绍兴（今浙江省绍兴市）人。曾任岑春煊首席师爷，后历官两广总督府总文案兼两广盐法道、广州都知事。

清光绪十五年抄本。

0390

渤海国记三卷附校录一卷／黄维翰撰，金毓黻校录

黄维翰（1867—1930），字申甫，号稼溪，崇仁（今江西省崇

仁县）人。清光绪二十二年（1895）进士，历官兵部职方司主事、呼兰知府、龙江知府。著有《呼兰府志》《黑水先民传》《渤海国记》《稼溪文存》《稼溪诗草》等。

金毓黻（1887—1962），原名金毓玺，字静庵，号千华山民，辽阳（今辽宁省辽阳市）人。历任黑龙江省教育厅科长、吉林永衡官银号总文书、吉长道尹公署总务科长兼长春开埠局副局长、吉林省财政厅总务科长、辽宁省政府秘书长、辽宁省政府委员兼教育厅长。抗日战争胜利后历任中央大学文学院院长、国民党政府监察院监察委员、国史馆纂修、沈阳故宫博物馆筹备委员会主任。新中国成立后，任北京大学教授、中国科学院历史研究所研究员。编著有《东北通史》（上编）、《辽海丛书》《渤海国志长编》《宋辽金史》《明清内阁大库史料》《五千年来中朝友好关系》《中国地震资料年表》《静晤室日记》等。

是书上篇内分国统、种族、礼俗；中篇内分地理、职官、人物、物产；下篇有朝贡中国、交聘日本、比邻新罗、移国契丹、遗民、杂识、年表等。是书除汉文献外，另采日本、朝鲜一些古籍中的渤海记事。

辽海丛书本。

0391

渤海国志长编二十卷补遗一卷附录一卷目次一卷通检一卷勘误一卷图一卷 / 金毓黻撰

金毓黻，见第0390条。

民族志书。分世纪、后纪、年表、世系表、大事表、属部表、宗室列传、诸臣列传、士庶列传、部属列传、遗属列传、地理考、职官考、族俗考、食货考等卷，受唐敕封与向唐朝贡、对外贸易、文武职官制度、山川、城池、交通、疆域、人物、事件、物产资源等史料一应具详。

民国二十三年辽阳金氏千华山馆铅印本。

0392

巡海纪事 / 李准撰

李准（1871—1936），原名继武，派名新业，亦名木，字直绳，又字志莱，号恒斋、默斋，别号任庵，邻水（今四川省邻水县）人。清光绪二十四年（1898）任广东钱局提调，翌年兼任广东海防善后提调和厘金局总办。二十七年（1901）任广东巡防营统领兼巡各江水师，统领军队和巡海兵舰。因剿灭西江、高丽及沿海巨股海盗功，清廷特赏头品顶戴、颁赐果勇巴图鲁名号。三十一年（1905）任广东水师提督，六月兼任闽粤、南奥镇总兵。任职期间，英国侵略者多次窜入南海非法测量，掠夺海洋资源。宣统元年（1909）率官兵乘“伏波”“琛航”二舰前往西沙查勘，探明岛屿十五座，并逐一命名，勒石于珊瑚石上，宣告西沙群岛为中国领土。著有《广东水师国防要塞图说》，并奏请朝廷开发西沙。

清光绪三十一年（1905）任广东水师提督，率舰巡视东沙群岛和西沙群岛并对每个岛屿都进行了测绘和拍照，巡阅南海过程中写成该书。

佚书。

0393

海滨大事记五卷／林绳武辑

林绳武，生卒年不详，闽县（今属福建省福州市）人，其故居管头镇。

是书包含福州倭患始末记、闽海海寇始末记、监国鲁王入闽始末记、郑成功攻福州始末记、法人侵闽始末记，各篇另附有参考史料。

民国二十四年管江林氏留耕斋铅印本。

0394

割台记一卷／罗惇曧撰

罗惇曧（1885—1924），字掞东，号瘿公，又号瘿庵，顺德（今属广东省佛山市）人。清光绪二十九年（1903）副贡生，后屡试不第，以优贡生任邮传部郎中。清亡，任袁世凯总统府秘书、参议、顾问等职。著有《太平天国战记》《中俄伊犁交涉始末》《中日兵事本末》《拳变余闻》等史著和《孔雀东南飞》《文姬归汉》等剧本。

是书记《马关条约》订立后清廷割让台湾给日本之始末，对中日甲午战争前后台湾军民在刘永福领导下抗击日本侵略军的事迹亦有记载。

满朝野史本。

0395

拳变余闻一卷附庚子国变纪闻一卷／罗惇曧撰

罗惇曧，见第0394条。

是篇录有义和团揭帖、义和拳源流、义和团首要人物如张德成、曹福田和黄莲圣母的事迹以及红灯照活动。《庚子国变纪闻》记述自义和团兴起至慈禧与光绪帝由西安启程回京间史料。

满朝野史本，抄本，中国内乱外祸历史丛书本。

0396

中法兵事本末一卷／罗惇曧撰

罗惇曧，见第0394条。

是书记述中法战争始末，对马尾之役及其失败叙议尤为详尽，对中法战争中李鸿章等人的误国行为直书不讳。

满朝野史本。

0397

中日兵事本末一卷／罗惇曧撰

罗惇曧，见第0394条。

是书记叙清同治元年（1862）后中日关系及日本侵略朝鲜，发动中日甲午战争，强迫清廷签订不平等的《马关条约》并割占台湾、澎湖列岛的过程。

满朝野史本。

0398

倭祸／罗润滋撰

罗润滋，生卒年不详，金堂（今四川省金堂县）人。曾任剑阁初级中学教师、《联团日报》编辑。

是书记古代中日关系。

民国二十八年诚达印书馆铅印本。

0399

元代征倭记一卷／石荣暲辑

石荣暲（1880—1962），字苳年，阳新（今湖北省阳新县）人。历任山西调查局法制股股员、山西高等审判厅民庭庭长、山西中路观察使署内务科科长、冀宁道署内务科科长、山西法政专门学校刑法教员、山西兴县知事、吉长铁路局文书课课长兼铁路附属学校校长、吉敦铁路局总务科科长代行局务、交通部参事、财政部参事、华北水利委员会秘书。1951年被聘任为中央文史研究馆馆员。著有《库页岛志略》《元代征倭记》《尼泊尔志略》《布鲁克巴志略》《雪山探险记》《古今藏书家考》等。

是书记元世祖攻打日本始末，附唐军大败倭兵事，意在呼吁全国人民齐心协力抵抗日本侵略。

蓉城仙馆丛书本。

0400

渤海国志四卷／唐晏撰

唐晏（1857—1920），原名震钧，字元素、在亭，一作载亭，号涉江道人、漯川居士、悯庵，姓瓜尔佳氏，满洲镶黄旗人。清光绪八年（1882）举人。历任甘泉知县、陕西道员、江都知县。宣统二年（1910）执教于京师大学堂，旋入江宁将军铁良幕府，并任江宁八旗学堂总办。著有《天咫偶闻》《渤海国志》《庚子西行纪事》《西汉三国学案》《八旗诗媛小传》《国朝书人辑略》等。

是书主要记述靺鞨族建渤海国的历史。靺鞨族在先秦时称为肃慎或息慎。汉代称挹娄。南北朝时称为勿吉。隋唐时称为靺鞨，分为黑水靺鞨和粟末靺鞨，其中粟末靺鞨，原附高句丽、姓大氏，唐朝武则天时封其首领舍利乞乞仲象为震国公，其子祚荣建国，自号震国王，唐玄宗先天（712—713）中，遣使拜大祚荣为渤海郡王，以所统辖地为忽汗州，领忽汗都督，此后始去靺鞨号，专称渤海。该书上溯肃慎，下至金源满洲，分为原始、纪年、后纪年、志、表、列传，记述颇详，而地理志尤为精核。

求恕斋丛书本。

0401

尊攘略一卷／题惭隐鼊夫氏撰

惭隐鼊夫氏，据考为钱肃图。肃图（1617—1692），字肇一，号退山，鄞县（今属浙江省宁波市）人。钱肃乐之弟。诸生。明末从兄抗清，从清顺治二年（1645）宁波起义起，到八年（1651）舟山失守为止，转战浙江、福建沿海各地，参加抗清斗争。曾在鲁监国朝任御史，钱肃乐死后协助防守福安。福安城破，逃至舟山，后舟山又破，被执不屈，将临刑，因与监刑者熟识被释放。著有《东村集》。

编年体史书。是书记述明弘光元年（1645）至永历十年（1656）间南明抗清斗争事迹，其记载鲁监国及郑成功事尤详。

稿本，清抄本。

0402

东方兵事纪略五卷／姚锡光撰

姚锡光（1857—1921?），字石泉，号石荃，丹徒（今属江苏省镇江市）人。清光绪十四年（1888）举人；先后任内阁中书，安徽石埭、怀宁等县知县，莱州、直隶州知州，常与北洋将领考察天津、大沽等地海防；后为山东巡抚李秉衡幕僚。二十一年（1895）入两江总督张之洞幕，后历官天津练兵处军政使副使、陆军部左丞、右侍郎、弼德院顾问大臣，校阅五六两镇兵队大臣、管辖兵队大臣、验看月官大臣、蒙藏局副总裁、北口宣抚使等。著有《长江炮台筹议》《东瀛学校举概》《筹蒙刍议》《东方兵事纪略》等。

姚锡光据公文、军电、僚友私函、见闻及中外人士记载，记叙中日甲午战争。是书包含衅始篇、援朝篇、奉东篇、金旅篇、辽东篇、山东篇、海军篇、议款篇、台湾篇。另有图表一卷未刊行。

清光绪二十三年刻本，通学斋丛书本。

0403

盾墨拾遗十四卷／易顺鼎撰

易顺鼎（1858—1920），字实甫，又字实父、中硕、仲硕、硕甫，号眉枷，晚号哭庵，龙阳（今湖南省汉寿县）人。清光绪元年（1875）举人。纳粟以同知候补河南，寻补道员。中日甲午战争后两度上疏反对割让台湾，旋回台湾，助刘永福抗日。失败后返祖国大陆，任两湖书院教席。后历官广西右江道、太平思顺道、临安开广道、广东钦廉道、广肇罗阳道、高雷道。著有《丁戊之间行卷》《摩围阁诗》《宣南集》《岭南集》《甬东集》《四魂集》《鬻园诗事》《琴台梦语》《楚颂亭词》等。

是书为易顺鼎愤而集甲午、乙未两年间所拟奏疏、函电，所撰记事、诗文成此编，所叙多其间耳闻目睹之事。

清光绪二十二年刻本。

0404

醇亲王巡阅北洋海防日记一卷／周馥撰

周馥（1837—1921），字玉山，建德（今安徽省东至县）人。曾任李鸿章文牍，历官永定河道、津海关道、天津兵备道。中法战争爆发后奉命赴渤海口编练民船团练，协助李鸿章办理洋务达三十多年，参与筹建北洋海军，开办海军学校，设立天津电报局、开平煤矿等。后历官直隶按察使、四川布政使、直隶布政使、直隶总督兼北洋通商大臣、山东巡抚、两江总督、闽浙总督、两广总督。张勋复辟，被委任为协办大学士。卒，谥悫慎。著有《易理汇参臆言》《负喧闲语》《玉山诗集》《周悫慎公全集》。

清政府于光绪十一年（1885）设立海军衙门，醇亲王奕譞出任总理海军事务大臣。翌年四月，醇亲王奕譞率文武随员到天津会同李鸿章，由大沽出海，先后到旅顺、威海、烟台检阅了陆防各军及北洋海军的会操、演习，期间还视察了天津机器局及武备学堂、水师学堂。周馥竭尽所能周密地安排了迎送仪式、膳食品种、住宿条件、巡行路线、阅操程序等诸项事宜，醇亲王对周馥主持的接待工作甚为满意，保奏其以按察使留直隶补用。事后周馥撰是书详记此过程。

周氏师古堂所编书本，抄本。

0405

渤海记

见“渤海国记三卷附校录一卷”。

0406

从征实录不分卷

见“延平王户官杨英从征实录不分卷”。

0407

岛寇纪略二卷

清抄本。

0408

庚子海军纪闻不分卷

清抄本。

0409

光绪征抚洋艘记

稿本。

0410

海滨私记

《爝火录》引用。

存佚不详。

0411

海甸遗闻

《爝火录》引用。

存佚不详。

0412

行国录

见“行朝录十一卷末一卷”。

0413

黑旗军全台战事实记六卷

是书记述刘永福带领所部黑旗军及台湾军在台湾抗击日本侵略之史实。

清光绪二十一年石印本。

0414

侯福将军征服台湾剿匪纪事

清乾隆五十一年（1786），林爽文、庄大田在台湾起义，清廷乃命福康安、海兰察领兵往剿。此书系乾隆皇帝关于部署镇压此次起义之部分上谕的汇钞。

清抄本。

0415

平定海寇方略

见“清代官书记明台湾郑氏

亡事四卷”。

0416

叙嘉靖倭入处东南事

征信存录著录。

0417

续岛夷纪略不分卷

清抄本。

0418

叶名琛广州之变一卷

是书系薛福成根据数十种资料和亲身见闻详加考订而撰成的《书汉阳叶相广州之变》，记述广州事变的来龙去脉。

满朝野史本。

0419

夷艘入寇记二卷附海角遗编六十回

一题《夷艘入寇记》，参见“道光洋艘征抚记二卷”。

清抄本。

0420

英夷入寇记二卷

是书仅以抄本传世，异名很多，有《夷艘入寇记》《夷舶入寇记》《夷艘寇海记》《英船入寇记》等。该书为《道光洋艘征抚记》的最早传抄本。

清抄本，清光绪四年马其昶抱润轩抄本。

0421

征东纪略

见“征东实纪一卷”。

0422

舟山始末一卷

是书记监国鲁王起义舟山，先后四年，与二三孤臣寄迹鳌背鲸波之上，力图匡复之事迹。

清鱼元传抄本，明季野乘本。

琐记之属

0423

弇山堂别集一百卷 / （明）王世贞撰

王世贞，见第0180条。

弇山堂为王世贞堂号，故以名书。是书记述明代典故，分皇明盛世述、皇明异典述、皇明奇事述、史乘考误、表（分六十七目，自诸王功臣至内阁、六部、都察院及百官等）、考（分十六目，包括兵制、市马、中官等）。永乐时期因修太祖实录而湮灭的太祖、建文两朝秘事，赖此书得以保存。

明万历十八年翁良瑜雨金堂刻本，明万历十八年金陵刻本，四库全书本，清光绪广雅书局刻本。

0424

弇州史料前集三十卷后集七十卷／（明）王世贞撰，（明）董复表辑

王世贞，见第0180条。

董复表，生卒年不详，字章甫，松江（今属上海市）人。明万历间在世。

历史著作。是书前集包括表、序、志、考、世家、传记等，后集有传记、志状碑表、序记像赞、碑版、杂记、札记、题跋、章疏、议策、笔记、史稿序、杂序等。内容涉及洪武至万历间君臣事迹、朝政大事、社会经济、典章礼俗、朝野掌故、民族关系和史籍考订等方面。

明万历四十二年刻本。

0425

洗海近事二卷／（明）俞大猷撰

俞大猷，见第0195条。

明嘉靖间倭乱，时任广西总兵官、征蛮将军、署都督同知的俞大猷入粤围剿曾一本海盗团伙。平定嘉靖倭乱期间俞大猷与各方人士通信，撰写书信、揭帖、手本和专论近一百八十篇，战后将这些文字辑成此书，是我国最早的海战史著作，是研究明代海盗史、倭患史、海战史、造舰史的珍贵原始资料。

0426

黑旗刘大将军事实一卷／（清）管斯骏撰

管斯骏，见第0250条。

是书辑刘永福抗法事实、檄文、告示、书牍等九篇。

清光绪十年可寿斋刻本。

0427

盾墨留芬八卷／（清）胡传钊编

胡传钊，生卒年不详，字丽樵，善化（今湖南省长沙市岳麓区）人。曾官江西知府。

清光绪九年（1883），胡传钊随彭玉麟调赴广东司笔札，后被张之洞派为营务处提调，亲历中法战和始末。是书辑有关上谕、总署及大臣将领奏疏、函电，中法照会、和约等，为研究中法战争史料。

清光绪二十四年刻本。

0428

中倭战守始末记四卷／（清）思恢复生（黄庆澄）辑

黄庆澄（1863—1904），原名炳达，字钦教，一字源初，一作虞初、愚初，号寿昌老人，别号思恢复生，平阳县慕贤（今属浙江省苍南县）人。清光绪二十年（1894）举人，被荐赴日本考察。在日本游历了东京、西京、奈良、长崎、神户、大阪、横滨等大城市，参观各地设施，考察民情风俗，并接触各界学者名流。著有《东游日记》。

中日甲午战争史料汇编。是书记述中日甲午战争之始末，对平壤战役、黄海战役、威海卫战役有详细描述，并载有光绪帝诏令、台湾巡抚上疏、中日两国政府照会、李鸿章赴日、《马关条约》签订等重要史实。

清光绪二十一年石印本。

0429

靖海纪事二卷／（清）施琅撰

施琅（1621—1696），字尊侯，号琢公，晋江（今福建省晋江市）人。早年是郑芝龙的部将，清顺治三年（1646）随郑芝龙降清，不久又成为郑成功的得力助手，后再次降清。降清后历官同安副将、同安总兵、福建水师提督。康熙二十二年（1683）指挥清军水师先行在澎湖海战对台湾水师获得大胜，郑克塽率臣民降清。施琅上疏吁请清廷在台湾屯兵镇守、设府管理，力主保留台湾、守卫台湾，因功授靖海将军，封靖海侯。卒，赐谥襄庄，赠太子少傅衔。

文集。是书系施琅出征台湾和善后处理诸事的奏疏、告示、祭文及官方嘉奖文等汇编。

清康熙四十八年刻本，清嘉庆二年衣德堂刻本，清光绪元年施葆重修康熙刻本。

0430

靖海纪不分卷／（清）施世纶辑

施世纶（1659—1722），字文贤，号浔江，晋江（今福建省晋江市）人。靖海侯施琅次子，初以荫授泰州知州，历官扬州、江宁、苏州知府，顺天府尹，户部侍郎，仓场总督，漕运总督。著有《南堂集》。

是书收录施琅进军台湾、澎湖及其善后措施的奏疏，始自清康熙六年（1667），止于三十七年（1698）。卷内皆有疏题，另有序、赋、跋、传、碑文等，是研究康熙帝收复台湾的重要著作。

清康熙活字印本。

0431

二申野录八卷／(清)孙之騄撰

孙之騄，生卒年不详，字子骏，一作子晋，号晴川，仁和（今属浙江省杭州市）人。清康熙间贡生。雍正间官庆元教谕。著有《考定竹书纪年》《二申野录》《晴川蟹录》《后蟹录》《枝语》《南漳子》《松源集》等。

是书采录明代灾异之事，间及朝政得失。记事始于明洪武元年（1368）戊申，终于崇祯十七年（1644）甲申，故以“二申”为名。

晴川八识本，清道光二十一年吟香馆刻本，清道光二十一年吟香馆刻同治六年印本，清道光二十一年吟香馆刻光绪二十七年印本。

0432

盾墨四卷／（清）汤彝撰

汤彝，生卒年不详，字幼尊，善化（今湖南省长沙市岳麓区）人。究心河渠、刑法、盐漕等政务，后入两江总督陶澍幕，曾为陶澍筹改票盐法。著有《柚村文集》《柚村诗集》。

汤彝于清道光年间为两广总督卢坤幕僚，参与收捕海盗、防守两广边疆和抵御英国兵船诸役，将其闻见笔录成是书。其中《粤海捕盗记》《暎咭唎兵船记》分别与《海寇考》《市舶考》《西洋通市诸国》《西洋至中国海道》《澳门西蕃》《绝英夷互市论》诸篇合编，先叙时事本末，后考镜源流，间以评论。

清道光十六年刻本。

0433

柚村文六卷／（清）汤彝撰

汤彝，见第0432条。

是集内有《暎咭唎兵船记》《市舶考》《海寇考》《绝暎咭唎互市论》等。

清道光二十七年长沙盘涧园刻本。

0434

中日战辑六卷附水陆全图／（清）王炳耀辑

王炳耀，见第0316条。

见“中日战辑图考六卷”。

清光绪二十一年铅印本，清光绪二十二年上海书局石印本。

0435

道光时夷务杂抄不分卷／（清）翁心存辑

翁心存（1791—1862），字二

铭，号邃庵，常熟（今江苏省常熟市）人。清道光二年（1822）进士，选庶吉士，授编修。历任广东、江西等地学政，屡入值上书房，授亲贵读书，历官工部尚书、吏部左侍郎、户部右侍郎、吏部尚书、国史馆总裁、户部尚书、体仁阁大学士。同治元年（1862）以大学士管理工部，任实录馆总裁并授读同治帝。著有《知止斋集》。

稿本。

0436

东江遗事二卷／（清）吴骞辑

吴骞，见第0336条。

是书旨在为毛文龙辨冤而辑，取材颇富，包括《明史》《枣林杂俎》《崇祯朝纪略》《东华录》，还有明末档案及毛奇龄撰毛大将军墓志铭。毛文龙为明廷守卫辽东的将领，被杀之后，其部将耿仲明、尚可喜等相继降清。

明季辽事丛刊本。

0437

胜朝遗事初编三十二种二编十八种／（清）吴弥光辑

吴弥光（1789—1871），字章垣，号朴园，南海（今属广东省佛山市）人。清道光十四年（1834）举人。著有《芬陀罗馆诗文钞》《醒俗篇》《芬陀罗庵词》。

是书所录之史实起自洪武年间，终至崇祯时期，对明朝的重要史事、典章制度等均有较为详细的记载。

清道光二十二年南海吴弥光芬陀罗馆刻本，清道光二十二年南海吴弥光芬陀罗馆刻光绪九年宋泽元修补本。

0438

养吉斋丛录二十六卷余录十卷／（清）吴振棫撰

吴振棫（1790—1870），字仲云，号宜甫、再翁，钱塘（今浙江省杭州市）人。清嘉庆十九年（1814）进士。历官翰林院编修，实录馆纂修，大理、登州、济南及凤阳知府，贵州按察使，四川布政使，云南及陕西巡抚，四川及贵州总督。撰有《花宜馆诗钞》《花宜馆诗录词录文略》《国朝杭郡诗续辑》《无腔村笛》《黔语》《养吉斋丛录》等。

是书以记载清同治以前的典章制度为主，兼及宫廷琐事和政务措施，包括职官、科举、武备、祭祀、庆典、衣冠、宫室、苑囿、狩猎、河务、漕运、海运、仓场、文字狱等。

清光绪刻本。

0439

平闽纪十三卷／（清）杨捷撰

杨捷（1616—1690），字元凯，又字月三，义州（今辽宁省义县）人。明末被洪承畴擢为偏裨。清顺治元年（1644）降清授山右抚标中军游击，旋擢副将。历官九江总兵、右都督、福建随征右路总兵、左都督、江南提督、庐凤提督、少保兼太子太保、昭武将军。卒，赠少傅兼太子太傅，谥敏壮。其在福建领兵期间曾多次与郑成功、刘国轩交战并获胜。

清康熙十七年（1678），漳、泉犹在郑氏之手，康亲王杰书战不胜。诏以杨捷为福建全省水陆提督总兵官，会同杰书进军，用时两年解泉州围，取海澄，收金、厦两岛。是书汇集康熙十七年（1678）至十九年（1680）间杨捷平闽前后奏疏、咨会及诸文稿而成。

清康熙二十二年世泽堂自刻本，清道光十年刻本。

0440

平夷录／（清）怡云轩主人辑

怡云轩主人，生平事迹不详。

是书收集有关鸦片战争的史料，包含《广东军务记》等。

清稿本。

0441

台湾割据志／（日本）川口长孺撰

川口长孺（1772—1835），字婴卿，号绿野，世称川口助九郎。曾任职于水户藩的彰考馆，后来曾担任彰考馆总裁。

是书采用编年体记述郑氏三世经营台湾之史料，首述台湾风土及先住民之习俗，次述明季漳、泉人士之通商台湾，再为明天启元年（1621）至清雍正元年（1723）有关台湾之史事。

抄本。

0442

桯史十五卷／（宋）岳珂撰

岳珂（1183—1243?），字肃之，号亦斋，晚号倦翁，祖籍汤阴（今河南省汤阴县）。岳飞之孙。宋宁宗时以奉议郎权发遣嘉兴军府兼管内劝农事，自此寓居嘉兴。后历官江南东路转运判官、户部侍郎、淮东总领兼制置使。著有《金佗粹编》《玉楮集》《棠湖诗稿》《续东几诗余》《小戴记集解》等。

笔记。是书记叙两宋人物、政事、旧闻等，其中南宋部分系作者亲身见闻，尤为可信，另记有我国宋代海上交通、贸易和伊斯兰教史史料。

学津讨原本，四库全书本，津逮秘书本。

0443

大业拾遗录一卷／（唐）杜宝撰

杜宝，生卒年不详，隋朝学士，入唐官著作郎。唐太宗时参与修撰《隋书》，因见其中记述隋炀帝事迹有遗漏，遂著《大业杂记》加以弥补。

笔记小说集。杜宝曾参与修《隋书》，得以利用修书余下的数据撰成此书，又称《大业拾遗》《大业杂志》。是书记事始于隋仁寿四年（604）炀帝嗣位，终于开明三年（619）王世充降唐。

说郛本。

0444

大业拾遗一卷／（唐）杜宝撰

杜宝，见第0443条。

见“大业拾遗录一卷”。

指海本。

0445

大业杂记一卷／（唐）杜宝撰

杜宝，见第0443条。

见“大业拾遗录一卷”。

历代小史本。

0446

大业杂志一卷／（唐）杜宝撰

杜宝，见第0443条。

见“大业拾遗录一卷”。

丛书集成本。

0447

唐国史补三卷／（唐）李肇撰

李肇，生卒年不详，字里居，约唐元和中前后在世。早年为监察御史，元和十三年（818）升为翰林学士，历官右补阙、司勋员外郎、澧州刺史、中书舍人、将作少监。著有《唐国史补》《翰林志》。

是书记唐开元至长庆间轶闻、事迹，涉及制度、掌故、人物及社会经济、文化生活等各方面。另有东南郡邑航运、外国商船往来的记载，为海上运输、贸易史料。

明崇祯十一年毛氏汲古阁刻本，清嘉庆十年虞山张氏照旷阁刻本，津逮秘书本，民国十一年上海博古斋影印津逮秘书本。

0448

庚子海外纪事四卷／吕海寰撰

吕海寰（1842—1927），字镜

宇、镜如，号敬舆、惺斋，掖县（今山东省莱州市）人。清同治六年（1867）举人，后捐官员外郎，签分兵部。后历官兵部车驾司总办兼则例馆提调、总理各国事务衙门总办章京兼圣典馆协修官、清档房提调、记名海关道赏加二品衔、总理各国事务衙门同文馆提调、万寿庆典襄管随员、总理各国事务衙门司务厅领班兼管理银库事务、兵部武选司员外郎、江苏省常镇通海道员、驻德国兼荷兰国公使。曾将出使德国期间的所见所感著成《庚子海外纪事》，又辑录历代使臣事迹为《奉使金鉴》。累官至工部尚书，被任命为钦差办理商约大臣。武昌起义爆发后任大清红十字会会长，民国初被公举为中国红十字会会长。

是书辑录清光绪二十六年五月（1900 年 6 月）至二十七年七月（1901 年 8 月）有关外交文电、公牍及西方报纸评论，记中德外事往来及其他国内使臣的函电，附有欧洲新闻界对庚子事件所做的评论文章。

清光绪二十七年毛祖模编辑底稿本，清光绪二十七年铅印本。

0449

绘图扫荡倭寇纪要初集不分卷

是书编者不著姓氏，其中第一部分以排日记事的体例，节录1894 年 3 月 21 日至 8 月 21 日间发表于报纸上的新闻，凡与中日战争有关的国内国外消息一概收录。另有《朝鲜考略》、政论、插图八幅，均与中日战争有关。

清末石印本。

0450

郑氏史料续辑十卷

是书编者不著姓氏，据《明清史料》将清顺治年间应对郑成功之一切官方档案辑录编次而成，其大部分内容属于军事措施，其余属于招抚、禁止下海与查办通敌谋叛等，包含战况报告、文武官员之任免与奖惩、军事筹备、军队补充与调遣、军器战船修造、经费筹备、攻剿机宜的奏章等。

台湾文献丛刊本。

断代之属

0451

华夷变态五卷 /（日本）林恕、凤冈编

林恕（1618—1680），初名三郎春胜，又名恕，字子和、之道，号鹅峰、春斋樱峰、向阳轩等，日本京都人。曾任幕府儒官，后袭父职任治部卿，赐弘文院学士称号。

著有《论语谚解》《大学谚解》《中庸谚解》《本朝通鉴》《本朝百人壹首》《鹅峰文集》等。

凤冈，即林信笃（1644—1732），初名又四郎信笃，又名春常，字直民，号凤冈，日本人，林恕之子。德川幕府的弘文学士。

是书系日本德川幕府根据赴日的中国和南洋各国的商人、船员收集的关于清朝的情报所编。日本人以明朝为华夏，清朝为夷虏，该书主要记明清易代及其后八十年间，即日本正保元年（清顺治元年，1644年）至享保九年（雍正二年，1724年）间史事，故名《华夷变态》。书中收录中国的敕谕、咨文、檄文、时务论策多篇，许多史料为中国史籍所罕见或不见，具有极高的史料价值。

清光绪三十二年日本东京秀光社铅印本。

史评类

考订之属

0452

寰宇分合志八卷增辑一卷／（明）徐枢撰（增辑），（清）郑元庆述，（清）杨超治编

徐枢，生卒年不详，明扬州人。曾官教谕。

郑元庆，生平事迹不详。

杨超治，生平事迹不详。

是书所载系古今疆宇广狭分合及帝王传绪事迹得失大略，自五帝迄元代止。

清光绪二十八年湘潭杨氏刻本。

0453

寰宇分合志七卷附录一卷／（明）徐枢撰

徐枢，见第0452条。

明刻本。

0454

逸周书管笺十卷疏证一卷提要一卷集说一卷摭订三卷／（清）丁宗洛撰

丁宗洛（1771—1841），字正叔，号瑶泉，海康（今广东省雷州市）人。清嘉庆十三年（1808）举人；二十四年（1819）选授山东济宁州同知，历署昌邑、乐陵、曲阜等县事。著有《逸周书管笺》《大戴礼管笺》《陈清端公年谱》《增订雷州府志》《不负斋文集》《一桂轩诗钞》《梦陆居诗稿》《梦陆居诗话》《梦陆居拙词》《顾甑集》《驿春集》等。

清道光十年迂园刻本。

0455

竹书纪年校正十四卷通考一卷／（清）郝懿行撰

郝懿行（1757—1825），字恂九，一字寻韭，号兰皋，栖霞（今山东省栖霞市）人。清嘉庆四年（1799）进士。著有《尔雅义疏》《春秋说略》《山海经笺疏》《易说》《郑氏礼记笺》等。

是书包含五帝纪、夏纪、商纪、周纪。凡唐以前书所引，皆据以补入，详加校勘考订。卷首自序及《纪年通考》对历代各书所载《纪年》篇卷同异、分卷原由及为后人羼乱者辨证甚详。

郝氏遗书本。

0456

两广纪略一卷／（清）华复蠡撰

华复蠡，生卒年不详，无锡（今江苏省无锡市）人。明末曾官广东临高县知县，罢官后流寓两粤。

见“粤中偶记一卷”。

明季野史三十四种本，抄本，都城琉璃厂铅印本。

0457

粤中偶记一卷／（清）华复蠡撰

华复蠡，见第0456条。

一作《两广纪略》。《粤中偶记》记其居粤时事，书中首述顺治元年（1644）其抵临高任遇黎民变乱破城，遂遭罢官，旋抵肇庆。顺治四年（1647）清兵至，遇唐桂之乱，无意为官逃至南京，并述及永历朝臣丁楚魁、洪天擢、李绮诸人事始末。

清道光活字印荆驼逸史本，明季稗史本。

0458

五代地理考一卷／（清）练恕撰

练恕（1821—1838），字辛福，号伯颖，连平（今广东省连平县）人。国学生。生于世代书香门第，七岁习经学。九岁左右读《五经》毕，并开始攻读《史记》《汉书》等。十一岁开始编著《后汉公卿表》《后汉书注刊误》《明谥法考》。十五岁染病时又作《五代地理考》，翌年抱病完成《西秦百官表》《北周公卿表》。十八岁病逝，其父将其著作整理成集，题为《多识录》。

地理考证著作。是书记从顺天府至归化城，凡二百零三府（州或盟地），叙其建置及历史沿革，从春秋战国秦汉迄于五代。

多识录本，二十五史补编本。

0459

琉球朝贡考一卷／（清）王韬撰

王韬，见第0318条。

是书首记琉球归附，次述琉球始祖、世系、入贡、宗藩以及日本灭亡琉球之史事。

小方壶斋舆地丛钞本。

0460

琉球向归日本辨一卷／（清）王韬撰

王韬，见第0318条。

是书以翔实史料证明了琉球从隋朝起就是中国的属国，对日本吞并琉球进行了揭露，并驳斥了日本宣扬的“琉球向归日本说”。

小方壶斋舆地丛钞本。

0461

日本通中国考一卷／（清）王韬撰

王韬，见第0318条。

19世纪70年代，日本侵占台湾吞并琉球，清朝统治者拱手割让，王韬愤而援笔，在《循环日报》上发表一系列文章，旁征博引，以大量的史实证明琉球从隋朝起就是中国的属国，驳斥了日本宣扬的“琉球向归日本说”，《日本通中国考》即为其一。

小方壶斋舆地丛钞本。

0462

阅史津逮不分卷／（清）朱约淳撰

朱约淳（1621—1689），字博成，号南浦，余姚（今浙江省余姚市）人。清顺治十八年（1661）进士，曾任甘肃秦安县知县。著有《行牍房稿》《南浦诗草》。

是书以“阅史不谙地理，无由识其形势，乃考订往牒，正其舛讹，各绘以图”，包含《禹贡》《职方》《历代疆域图》《历代割据图》《省会图》《九边图》《镇番图》《镇蛮图》《漕河》《海运图》《黄河图》《域外图》《天文图》。

明末刻本。

0463

中东古今和战端委考一卷／蔡尔康撰

蔡尔康（1851—1921），字紫绂，别署铸铁庵主、楼馨仙史、涨海滨野史、海上蔡子，嘉定（今上海市松江区）人。清同治七年（1868）秀才，因多次应试未中举，遂入《申报》馆工作，主编《民报》。光绪九年（1883）进《字林沪报》任主笔，二十七年（1901）脱离《万国公报》，仍担任广学会记室。著有《纪闻类编》《中东战纪本末》。

是书考证中国与日本历史上的交涉、战争原委。

中国内乱外祸历史丛书本。

0464

汉书匈奴传地理考证二卷西南夷两粤朝鲜传地理考证一卷西域传地理考证一卷／丁谦撰

丁谦（1843—1919），字益甫，仁和（今属浙江省杭州市）人。清同治间举人，光绪七年（1881）任汤溪县教谕，旋改任象山县教谕。中法战争期间，因倡办团练加强海防有功受赏五品衔。编有《蓬莱轩地理学丛书》。

浙江图书馆丛书本。

0465

后汉书东夷列传地理考证一卷南蛮西南夷列传地理考证一卷西羌传地理考证一卷西域传地理考证一卷南匈奴传地理考证一卷乌桓鲜卑传地理考证一卷／丁谦撰

丁谦，见第0464条。

地理考证著作。是书成于清光绪二十八年（1902），考证夫余、挹娄、高句丽、东沃沮、涉北、三韩、倭七国的简史、区域、四邻、沿革兴衰、民俗差异等。

浙江图书馆丛书本。

0466

金史外国传地理考证一卷／丁谦撰

丁谦，见第0464条。

《金史·外国传》仅载夏与高丽二国。丁谦据《元史》《元秘史》等书为之补辑，增为蒙古、塔塔儿、客列、汪古、白鞑靼、宏吉剌、泰亦赤、篾儿乞、乃蛮、畏兀儿、黠戛斯、卫剌特、哈喇鲁、西辽、货勒自弥（或作花剌子模）等，一一考其居地，著其始末。

浙江图书馆丛书本。

0467

晋书四夷传地理考证一卷／丁谦撰

丁谦，见第0464条。

地理考证著作。是书成于清光绪二十八年（1902），主考晋时夫余、三韩、肃慎、倭人、裨离、吐谷浑、焉耆、龟兹、大宛、康居、大秦、林邑、扶南、匈奴十四国或部族地理位置、朝贡归服、分合始末与风俗习惯等。

浙江图书馆丛书本。

0468

梁书夷貊传地理考证一卷 / 丁谦撰

丁谦，见第 0464 条。

是书考证《梁书》中有关边远少数民族聚居之处的地理情况。

浙江图书馆丛书本。

0469

辽史各外国传地理考证一卷 / 丁谦撰

丁谦，见第 0464 条。

是书考证《辽史》中有关边远少数民族聚居之处的地理情况。

浙江图书馆丛书本。

0470

明史外国传地理考证一卷西域传地理考证一卷 / 丁谦撰

丁谦，见第 0464 条。

是书突破《明史》仅载欧非二洲的地域局限，兼考当时的美洲的国度，并对西域地理多有补证。

浙江图书馆丛书本。

0471

南齐书夷貊传地理考证一卷 / 丁谦撰

丁谦，见第 0464 条。

是书考证《南齐书》中有关边远少数民族聚居之处的地理情况。

浙江图书馆丛书本。

0472

宋史外国传地理考证一卷 / 丁谦撰

丁谦，见第 0464 条。

《宋史·外国传》记述了宋时周边二十九国与宋的交往关系，包括其地域疆界、风土人情、气候物产、国家渊源、政治、经济、文化、贸易等，对西夏、高丽、日本国及吐蕃唃厮啰部族与宋的和战关系、王位承袭记载得颇为详细，其中渤泥国、注辇国、丹眉流国情况属首次记载。

浙江图书馆丛书本。

0473

宋书夷貊传地理考证一卷／丁谦撰

丁谦，见第0464条。

是书考证《宋书》中有关边远少数民族聚居之处的地理情况。

浙江图书馆丛书本。

0474

隋书四夷传地理考证一卷／丁谦撰

丁谦，见第0464条。

《隋书·四夷传》根据地理方位，把隋王朝周边各族、各国分成四个方面：东夷、南蛮、西域、北狄。

浙江图书馆丛书本。

0475

唐杜环经行记地理考证一卷／丁谦撰

丁谦，见第0464条。

是书考证唐杜环《经行记》提及的域外国家与地区地理情况。

浙江图书馆丛书本。

0476

魏书外国传补地理考证一卷西域传地理考证一卷外国传补地理考证一卷／丁谦撰

丁谦，见第0464条。

是书考证《魏书》等书中提及的域外国家与地区地理情况。

浙江图书馆丛书本。

0477

新唐书突厥传地理考证一卷吐蕃传地理考证一卷回纥等国传地理考证一卷沙陀传地理考证一卷北狄列传地理考证一卷东夷列传地理考证一卷南蛮列传地理考证一卷新旧唐书西域传地理考证一卷／丁谦撰

丁谦，见第0464条。

地理考证著作。是书对《新唐书》所载唐代边疆及域外地理情况详加考证，按突厥、吐蕃、回纥、沙陀、北狄、东夷、南蛮、西域八部，各为一卷，皆先录传文，后为考证，以今地可知者，证以各传地名，颇为精审。

浙江图书馆丛书本。

0478

新五代史四夷附录地理考证一卷／丁谦撰

丁谦，见第0464条。

地理考证著作。是书记述了五代时周边四邻十七国与地区同中原五个朝代的交往关系，包括其民族渊源、地域疆界、风俗物产、政治、军事、经济、文化交流等。

浙江图书馆丛书本。

0479

元秘史地理考证十五卷／丁谦撰

丁谦，见第0464条。

稿本。

0480

元秘史地理考证十五卷元秘史作者人名考一卷元太祖成吉思汗编年大事记一卷元初漠北大势论一卷元史特薛禅曷思麦里速不台郭宝玉等传地理考一卷郭侃传辨一卷／丁谦撰

丁谦，见第0464条。

浙江图书馆丛书本。

0481

元圣武亲征录地理考证一卷／丁谦撰

丁谦，见第0464条。

浙江图书馆丛书本。

0482

元史外夷传地理考证一卷／丁谦撰

丁谦，见第0464条。

地理考证著作。是书成于清光绪二十八年（1902），考证高丽、耽罗、日本、安南、缅国、占城、暹国、爪哇、琉球、三屿、马八儿、俱兰十二国地理位置、沿革兴废、民族习惯、贸易往来等。

浙江图书馆丛书本。

咏史之属

0483

咄咄吟二卷附录一卷／（清）贝青乔撰

贝青乔（1810—1863），字子木，号无咎，又号木居士，吴县（今属江苏省苏州市）人。诸生。曾在江苏巡抚林则徐署中任事。清道光二十一年（1841）入奕经军幕，亲临战阵。在浙东抗英前线目睹了英军的横暴、清廷官吏的昏聩和将士们英勇抗敌的事迹，写了许多反映现实的诗篇。

诗别集。是书为反映鸦片战争组诗，系贝青乔在扬威将军奕经军中陆续写成。起自清道光二十一年（1841）奕经被任命为扬威将军到杭州督管抗击英国入侵，止于奕经被“拿问进京”。每首诗之后有一则短文记述所咏之事。

清光绪元年㦤无閟斋刻本，清抄本，嘉业堂丛书本。

传记类

总传之属

0484

名臣志钞二十四卷 / （明）吴孝章辑

吴孝章，见第0032条。

是书记明代人事迹。所录始于洪武，迄于隆庆，凡一百五十三人。

明天启刻本。

0485

昭代名臣钞二十四卷 / （明）吴孝章辑

吴孝章，见第0032条。

见“名臣志钞二十四卷”。

0486

昭代名臣志钞二十四卷 / （明）吴孝章辑

吴孝章，见第0032条。

见“名臣志钞二十四卷”。

0487

石井本宗族谱 / （明）郑芝龙撰

郑芝龙（1604—1661），字飞皇，小字一官，郑成功之父，南安（今福建省南安市）人。年十八移居澳门与葡萄牙人贸易，略晓葡语。来往于日本、中国台湾、中国澳门间，以经商致富并有大量船舶及部众横行海上。崇祯元年（1628）任游击，继续从事海上贸易。时福建大旱，召集饥民数万前往开发台湾。历官总兵、都督同知。后率领水师船队多次击败荷兰侵略者的舰队。隆武元年（1645）在福建拥立唐王，是为南明隆武政权，翌年降清，旋被挟北上，受封为同安侯。永历十五年（1661）康熙即位，郑芝龙以通海罪被杀。

谱中有郑芝龙和郑芝鸾的两篇序言、《井江祖传春冬二祀仪注》《石井名贤序》《本宗族谱序》《族谱名行序》《世系图谱序》《石井谒祖序》《序赠》《井江郑氏历代人物》《南安县四十三都石井乡郑氏世谱始祖五世宗支易见图》《同安县感化里石澳保石狮乡郑氏图谱》等。

抄本，1961福建厦门市博物馆筹备处铅印本。

0488

百将图传二卷／（清）丁日昌辑

丁日昌（1823—1882），字禹生，又作雨生，号持静，丰顺（今广东省丰顺县）人。初任江西万安、庐陵知县。清咸丰十一年（1861）入曾国藩幕，次年被派往广东督办厘务和火器。历官苏淞太兵备道、两淮盐运使、江苏布政使、江苏巡抚、福州船政大臣、福建巡抚。

是书编列从西周姜尚到明末秦良玉等历史上赫赫有名的一百位名将的生平事迹。

清同治九年江苏书局刻本。

0489

浔海施氏大宗族谱七十九卷首一卷宗支图二卷补一卷／（清）施德馨纂修，（清）施世纶等续纂修

施德馨（1648—1711），字应帷，一字闻于，晋江（今福建省晋江市）人。施琅之族叔。清康熙十九年（1680）举人。授建安教授，旋迁福州教授。四十八年（1709）移台湾府儒学教授。

施世纶，见第0430条。

浔海，又称浔江、南浔，即今福建省晋江市龙湖镇衙口、南浔两村地区。明朝，施、粘二姓同居当地。浔海施氏家族以海盐业兴起，明朝起又有大量族人加入海军，其中部分人成为重要的海军将领，如施琅、施世骠等。

清康熙递修本。

0490

洪林沈氏宗谱／沈嘉钧重辑

沈嘉钧，生平事迹不详。

谱中收有沈有容的自传《仗剑录》和记叙沈的生平事迹、家世源流的材料数十篇，为研究沈有容及闽台历史的重要史料。

清同治二年木刻本。

0491

四明朱氏支谱二十六卷／朱骧辑

朱骧（1899—1966），字君襄，又字薇卿，号襄斋，咸祥

（今属浙江省宁波市）人。著有《西港漫稿》。

分内外编，共二十六卷，内容包括星野、灾异、交通、村域、风俗、防兵、山川、赋税、盐业、渔业、乡塾、物产等。有盐场村域图，述泥盐、灰盐之制法。记捕鱼规模、出海时间、地点、各种捕鱼方法以及渔民暴动事件，可补郡县志之不足。

清光绪二年慎德堂刻本。

别传之属

0492

汪直传一卷／（明）□□撰

汪直（1501—1559），误传王直，又名五峰，号五峰船主，歙县（今安徽省歙县）人。少落魄，及壮多智略，明嘉靖十九年（1540）乘海禁政策松缓之际赴广东进行海外贸易，后成为当时东亚大型武装海商集团的首领。明朝海禁政策使得海上贸易中断，汪直召集帮众及日本浪人组成走私团队以宁波双屿为大本营进行武装走私，号称"五峰船主"，明廷多次派兵围剿不胜。二十一年（1542），汪直定居日本平户（今属日本长崎），自称徽王。三十二年（1553），总兵俞大猷率军偷袭汪直。汪直等勾结倭寇，后败走日本。总督胡宗宪主张对汪直招安，汪直却被时任浙江巡按使的王本固所杀。是书即记载这一事件始末。

借月山房汇钞本，泽古斋重钞本。

0493

陆右丞蹈海录一卷附录一卷／（明）丁元吉辑

丁元吉，生卒年不详，字无咎，丹徒（今属江苏省镇江市）人。著有《陆右丞蹈海录》等。

是书成于明成化年间，主要记载陆秀夫的事迹。

横山草堂丛书本，国粹丛书本。

0494

戚少保年谱耆编十二卷卷首一卷／（明）戚祚国编

戚祚国，生卒年不详，戚继光长子，袭登州卫指挥佥事，升济南府掌印都司。

是书介绍了我国历史上伟大的军事家、民族英雄戚继光，以其一生活动为线索，记述了其事迹、言论、诗文、奏疏及时人评价等。

清道光二十七年刻本，清光绪四年刻本。

0495

保台实绩录一卷／（清）□□撰

是书记清台州兵巡道杨应魁事迹。杨应魁，生卒年不详，字斗垣，射洪（今四川省射洪县）人。清康熙时以兵部郎出巡台州。耿精忠反乱，他与贝子富喇塔共同防守，条划守御，颇著惠绩，该书记其此段事迹。另孙殿起《贩书偶记续编》著录有清康熙十四年（1675）刊本，书名《巡宪杨公保台实绩录》，一卷，章安绅士公辑。

清内府本，清康熙十四年刻本。

0496

刘壮肃公传志一卷／（清）□□辑

刘壮肃公，即刘铭传，见第0507条。

清末京华印书局铅印本。

0497

闽颂汇编呈一卷／（清）□□辑

见“闽颂汇编四十卷”。

清康熙刻本。

0498

闽颂汇编述略一卷／（清）□□辑

见“闽颂汇编四十卷”。

清康熙刻本。

0499

闽颂汇编四十卷／（清）□□辑

福建士绅为歌颂闽海靖定、颂扬总督姚启圣所编撰的文献汇编。是书记载清康熙间闽台战事及统一台湾事，收录了福建总督姚启圣的《忧畏轩奏疏》和《忧畏轩文告》，这是有关清廷与郑氏集团战和关系的最原始记载。姚启圣于康熙十四年（1675）率清兵入闽，旋任福建布政使，升福建总督，在任期间正是清军与郑氏集团在闽台一带对峙抗争最为激烈的时期，清廷许多对郑氏集团的政策都由姚启圣参与制定与执行。

清康熙刻本。

0500

宁海将军固山贝子富喇塔功绩录五卷／（清）□□撰

清康熙十三年（1674），耿精

忠据福建反，康熙帝命惠献贝子富喇塔为宁海将军，同大将军康亲王杰书统兵讨之。次年八月，官军破耿军于台州，耿军遁还温州。是书记述富喇塔进兵台州之史事与功绩。

清康熙刻本。

0501

宁海将军固山贝子功绩录一卷 / （清）□□撰

见“宁海将军固山贝子富喇塔功绩录五卷”。

四库全书本，借月山房汇钞本，指海本，泽古斋重钞本。

0502

巡宪杨公保台实绩录一卷 / （清）□□撰

见“保台实绩录一卷”。

0503

皇清诰授光禄大夫建威将军赏戴花翎正一品封典总督衔会办南洋大臣兼理各国事务大臣节制南洋沿海水师钦差船政大臣帮办北洋大臣日本国换约大臣秘鲁国换约大臣查办乌石山事件大臣福建巡抚提督台湾学政兵部侍郎都察院右副都御史江苏巡抚兼理江苏织造江苏布政使司布政使两淮盐运使司盐运使江苏苏松太兵备道兼管海关江西尽先补用知府补用直隶州知州万安县知县庐陵县知县广东琼州府学训导廪贡生显考禹生府君行状 / （清）丁惠衡等撰

丁惠衡（1847—1884），字俊卿，原籍丰顺（今广东省丰顺县），居揭阳榕城。丁日昌长子，捐班江西补用知府。

是书为丁日昌（1823—1882）行状。行状，也称状、行述、事略，系叙述死者世系、生平、生卒年月、籍贯、事迹的文章，常由死者门生故吏或亲友撰述，留作撰写墓志或史官立传的依据。

清末抄本。

0504

郑成功传一卷 / （清）黄宗羲撰

黄宗羲，见第0266条。

是书记郑成功生平事迹。

梨洲遗著汇刊本。

0505

沈文肃公（葆桢）事略一卷 /（清）李元度撰

李元度（1821—1887），字次青，一字笏庭，自号天岳山人，晚年更号超然老人，平江（今湖南省平江市）人。清道光二十三年（1843）举人。咸丰中入曾国藩幕府，官至贵州布政使。著有《天岳山馆文钞》《天岳山馆诗集》《国朝先正事略》《国朝彤史》《名贤遗事录》《四书广义》《南岳志》等。

是书为沈葆桢生平传略。

清光绪刻本。

0506

敕封天后志二卷 /（清）林清标辑

林清标，生卒年不详，字弼侯，号韦亭，莆田（今福建省莆田市）人。清乾隆六年（1741）举人，次年会试副榜，曾任惠安县儒学教谕。

又称《湄洲志》，全书分序言、插图、志传、褒封、祭文、庙考六部分。清乾隆三十五年（1770），林清标之子林霈东渡台湾任凤山教谕，想在台湾弘扬妈祖的神迹，但苦于没有史料，遂请林清标编此书。林清标通过实地考察、广泛搜集天后的生平事迹，又根据康熙年间出版的《天妃显圣录》和史料编撰此书，系妈祖文化发展前期的集大成者。

清道光二十三年刻本，清同治四年淮安林崇仁堂刻本。

0507

刘铭传行状一卷 /（清）刘盛芸等撰

刘盛芸（1865—1906），字翰香，合肥（今安徽省合肥市）人。刘铭传次子，举人，官至记名道。写有《刘铭传行状》。

刘铭传（1836—1896），字省三，自号大潜山人，人称刘六麻子，合肥（今安徽省合肥市）人。清同治元年（1862）充任铭字营营官，因平川沙太平军升游击并获赏戴花翎，担任江苏狼山镇守使。同治三年（1864）因攻太平军有功补授直隶提督。年仅二十八岁的刘铭传登上清代军队的最高军阶。光绪九年（1883）中法战争爆发，已解甲隐居多年的刘铭传被任为督办台湾事务大臣，筹备抗法，不久又授福建巡抚加兵部尚书衔。翌年于淡水等地率军击败法国舰队的进犯。十一年（1885）任首任台湾省巡抚。中日甲午战争爆发后，《马关条约》签订的消息传来，口吐鲜血病逝于六安，赠太子太保，谥壮肃。

清光绪刻本。

0508

梁宫保壮猷纪不分卷／（清）吴伟业撰

吴伟业，见第0338条。

梁化凤（1621—1671），字翀天，又字岐山，号沣源，长安县（今陕西省西安市）人。清顺治三年（1646）以武进士入仕，初任山西大同阳和、高山卫守备、都司等军职，后因战功补江南芜永营参将，迁浙江宁波副将。收复崇明岛平洋沙屿，授苏松镇总兵，因崇明岛平洋沙屿守卫不便，督兵沿海筑坝十余里，使之与岸相接，并引水灌地，使海岸卤地成为良田。顺治十六年（1659），郑成功率军攻崇明岛、镇江，梁化凤率兵破郑军。清廷以功授梁化凤世职，擢苏松提督，加太子太保、左都督，后迁任江南提督。卒，追赠少保，谥敏壮。

清康熙刻本。

0509

一西自记年谱一卷附述一卷／（清）张师诚撰

张师诚（1762—1830），字心友，号兰渚，晚号一西居士，归安（今浙江省湖州市）人。清乾隆五十五年（1790）进士，改庶吉士，授编修。历官山西蒲州知府、雁平道、河南按察使、江苏按察使、山西布政使、江西巡抚、福建巡抚、江苏巡抚、广东巡抚、安徽巡抚。

清嘉庆年间，蔡牵作乱于闽台沿海，波及台湾各地，张师诚任福建巡抚、署理闽浙总督等职，指挥清军剿杀。是书记事起自清乾隆二十七年（1762），止于道光九年（1829），对这段历史记载甚详，并附有许多公文谕令等。

清同治八年刻本。

0510

白麓藏书郑成功传不分卷／（清）郑亦邹撰

郑亦邹（？—1709），字居仲，号白麓，海澄（今属福建省龙海市）人。清康熙三十二年（1693）举人，四十五年（1706）进士，授内阁中书。著有《明季遂志录》《明季辨误》《江闽事略》《明余行国录》《明遗民录》《白麓藏书目》等。

是书内容与梨洲遗著汇刊本《郑成功传》完全相同。

清抄本。

0511

白麓藏书郑成功传二卷／（清）郑亦邹撰

郑亦邹，见第0510条。

见“白麓藏书郑成功传不分卷”。

清抄本，日本安永三年刻本。

0512

郑成功传二卷郑成功逸事一卷／（清）郑亦邹撰，（郑成功逸事）（清）郁永河撰

郑亦邹，见第0510条。
郁永河，见第0359条。

《郑成功逸事》又作《伪郑逸事》《郑氏逸事》，书中记有郑成功发展海外贸易以充兵饷事等史料。

清宣统元年雷恺、雷恪抄本。

0513

法务赠大僧正唐鉴真过海大师东征传／（日本）释元开撰

释元开（722—785），即日本奈良时代显官、汉诗人、汉文学家淡海三船。其自幼出家，法名开元。天平胜保三年（751）奉敕还俗入官途，受赐淡海真人的姓名。鉴真抵达奈良后，元开曾受其化导。生平事迹不详。

见《唐大和上东征传一卷》。

0514

鉴真和尚传／（日本）释元开撰

释元开，见第0513条。

见“唐大和上东征传一卷”。

0515

鉴真和尚东征传／（日本）释元开撰

释元开，见第0513条。

见“唐大和上东征传一卷”。

0516

唐大和上东征传一卷／（日本）释元开撰

释元开，见第0513条。

亦作《唐鉴真过海大师东征传》《鉴真和尚东征传》《鉴真和尚传》《法务赠大僧正唐鉴真过海大师东征传》。是书成书于唐大历十四年（779），较详细地记述了鉴真等六次东渡航海的艰苦历程，以及在日传法过程。

1979杭州古旧书店据日本昭和七年北川智泉重刻本。

0517

唐鉴真过海大师东征传／（日本）释元开撰

释元开，见第0513条。

见“唐大和上东征传一卷”。

0518

台湾开创郑成功／（日本）丸山正彦撰，张铸六译

丸山正彦，生平事迹不详。
张铸六，生平事迹不详。

一作《郑成功传》。据自序成书于清光绪二十二年（1896）。是书于二十九年（1903）由张铸六在日本东京翻译出版。

日本明治三十六年日本东京四素寄庐刻本。

0519

郑成功传／（日本）丸山正彦撰

丸山正彦，见第0518条。

见“台湾开创郑成功”。

0520

丁禹廷（汝昌）军门传一卷／陈诗撰

陈诗（1864—1943），字子言，号鹤柴，庐江（今安徽省庐江县）人。清光绪四年（1878）随父归里闭门自学，不求仕进。著有《藿隐诗草》《据梧集》《鹤柴诗存》《凤台山馆诗抄》等。

是书记丁汝昌生平事迹。丁汝昌（1836—1895），原名先达，字禹廷，亦作雨亭，号次章，庐江（今安徽省庐江县）人。早年随淮军将领刘铭传镇压捻军，后擢参将、提督。光绪元年（1875）奉李鸿章命赴英购置军舰，回国后总理北洋水师。十四年（1888）北洋舰队编成，授海军提督。二十年（1894）中日甲午战起，率北洋舰队护送运兵船至平壤，归途遭日舰截击，当即应战，负重伤后仍继续督战并重创日旗舰“松岛号”等。后奉李鸿章避战保舰令退守威海卫港（今山东省威海市）。次年威海卫沦陷，率部据刘公岛御敌并击伤敌舰艇多艘。最后在弹尽粮绝且援军来援的希望破灭之后，拒绝了日本的劝降，服鸦片自尽。此后，清廷内的清流、顽固党人交相攻击，光绪下旨“籍没家产”，不许下葬。直至宣统二年（1910），经载洵及萨镇冰等人力争，清廷为丁汝昌平反昭雪。

民国铅印本。

0521

刘铭传列传一卷／程先甲撰

程先甲（1874—1932），字鼎丞，又字一夔，江宁（今江苏省南京市）人。清举人，历任江苏教育总会两江学务、江宁学会及江南高等学堂国学教授、江苏省署参议兼旗民生计处总办。著有《选雅》《选学管窥》《文选古字补疏》《文选校勘记》《选学源流记》《群雅箚记》《广续方言》《千一斋诗文集》。

是书记刘铭传生平事迹。

清光绪三山斋抄本。

0522

章鼎臣先生行述一卷／章维钧等辑

章维钧，生卒年不详，字琴轩，合肥（今安徽省合肥市）人。章高元之子。

是书记章高元生平事迹。章高元（1843—1913），字鼎臣，合肥（今安徽省合肥市）人。早年加入淮军，参加镇压太平军和捻军，累官至副将，擢总兵，后随刘铭传戍守台湾。清光绪十年（1884）抗击入侵台湾法军，收复基隆，升简署澎湖镇总兵。十三年（1887），改授山东登州镇总兵，为青岛建置第一任总兵。二十年（1894）甲午战争爆发，奉檄率嵩武军增援辽东，在盖州河南岸迎击日军。光绪二十三年（1897）十一月，德国军舰驶抵胶州湾，发出通牒要他撤离青岛。他请求一战，直隶总督王文韶和山东巡抚李秉衡不允，后被迫撤离青岛，气愤之下称疾去职。

民国元年石印本。

0523

湄洲志

见“敕封天后志二卷”。

0524

唐故杨府君神道之碑

唐元和元年（806）刻，1984年4月于唐德宗李适崇陵陪葬墓出土。杨府君，即杨良瑶（735—806），云阳（今陕西省泾阳县）人。唐至德年间（756—758）为内廷宦官，历官判官、文林郎、行内侍省掖庭监、朝议郎、宫闱局丞、宫闱令、内侍省给事、朝散大夫。贞元元年（785），吐蕃政权崛起，遂受命出使黑衣大食。四月，携带国书从南中国海出发，经马六甲海峡，沿印度洋北岸西行，抵波斯湾后陆行至黑衣大食首都缚达（今伊拉克首都巴格达），完成了使命。贞元四年（788）回国，升任中大夫，封弘农县开国男。他出使黑衣大食，比明郑和下西洋早六百余年，成为中国派往中东的第一位外交使节。

泾阳县博物馆藏。

0525

章鼎臣（高元）军门节略一卷

是书记章高元生平事迹。

清宣统间铅印本。

政书类

通制之属

0526

皇明经世实用编二十八卷／（明）冯应京编

冯应京（1555—1606），字可大，号慕岗、慕冈，泗州（今江苏省盱眙县）人。明万历二十年（1592）进士，任户部主事，督理蓟镇军备。不久，改任兵部，进员外郎。二十八年（1600）任湖广佥事，因触怒神宗被逮解入京。在狱中著书，朝夕不息。天启初年，赠太常少卿，谥恭节。

是书分乾、元、亨、利、贞五集，多以祖训为律令，附历朝沿革。提倡道统，引据掌故，叙述源流并附有边镇图、海防图、漕黄治绩图、农书图谱等多幅。

明万历三十一年刻本。

0527

重修大明会典二百二十八卷／（明）申时行、赵用贤等纂修

申时行（1535—1614），字汝默，号瑶泉，晚号休休居士，长洲（今江苏省苏州市）人。明嘉靖四十一年（1562）状元，授修撰，官左庶子，掌翰林院事。历官礼部右侍郎、吏部左侍郎、东阁大学士、礼部尚书兼文渊阁大学士、少傅兼太子太傅、武英殿大学士、吏部尚书、建极殿大学士。万历十一年（1583）出任首辅，卒，赠太子太师，谥文定。著有《召对录》《纶扉奏草》《申定公赐闲堂遗墨》等。

赵用贤（1535—1596），字汝师，号定宇，常熟（今江苏省常熟市）人。明隆庆五年（1571）进士。万历初官检讨，五年（1577）因弹劾张居正，被夺官归里。居正没，复故官，进右赞善。后历官经筵讲官、右庶子、南京祭酒、南京礼部右侍郎。天启初，赠太子少保、礼部尚书，

谥文毅。

明代典章制度汇纂。明弘治十年（1497）始令儒臣分馆编辑，十五年（1502）书成，正德年间重校刊行，是为正德本《大明会典》。嘉靖八年（1529）续纂，但没有颁行。万历四年（1576）重修，至十五年（1587）颁行，题为李东阳等奉敕撰，申时行等奉敕重修，称为重修《大明会典》。是书汇集了明初至万历年间的主要法律、法规、条例、诰令、诏旨，以六部官制及都察院、六科、寺、府、监、司为序。

明内府抄本，明万历十五年内府刻本，明陕西官刻公牍纸印本，明天启元年张京元等刻本，明南昌刻本。

0528

大明会典一百八十卷／（明）徐溥等纂修

徐溥（1428—1499），字时用，号谦斋，宜兴（今江苏省宜兴市）人。明景泰五年（1454）进士，授翰林编修。历官礼部右侍郎、吏部尚书、华盖殿大学士、礼部尚书。弘治五年（1492）为首辅，卒，赐太师，谥文靖。著有《谦斋文录》。

明正德六年司礼监刻本，明翻刻正德司礼监本，四库全书本。

0529

经国雄略四十八卷／（明）郑大郁辑

郑大郁，生卒年不详，字孟周，自称观舍主人，温陵（今福建省泉州市）人。与郑芝龙、郑成功父子当为一个家族，温陵郑氏支持南明，志图恢复，此书当与其政治志向有关。

是书为南明所刻，被认为是郑成功幕府所制规划恢复之书，分天经考、畿甸考、省藩考、河防考、海防考、江防考、赋徭考、赋税考、屯政考、边塞考、四夷考、奇门考、武备考等。书中的《四夷考》卷之《琉球南界合图》对钓鱼岛（屿）有清晰的记载。

明弘光王介爵刻本，明末三槐堂刻本。

0530

广治平略正集三十六卷续集八卷／（清）蔡方炳撰

蔡方炳（1626—1709），字九霞，号息关，别号息关学者，昆山（今江苏省昆山市）人。明季诸生。清康熙十八年（1679）举博学鸿词，以病辞。著有《耻存斋集》《增订广舆记》《铨政论》《历代茶榷志》《马政志》《广治平略》等。

治平，治国平天下的缩语；略，方略、筹谋。是书据朱熹之《治平略》，取《文献通考》《大学衍义补》《经济类编》等书加以增广重订，展示治国方略以供给治国平天下者之参考，故名。

清小琅嬛馆刻本，清同治九年渔古山房刻本，清光绪十三年大同书局石印本，清康熙三年金阊沈宁宇刊本。

0531

皇朝通志一百二十六卷／（清）高宗弘历敕撰

高宗弘历，见第0115条。

纪传体史书。记事始于清太祖建国止于乾隆五十年（1785），包含氏族、天文、地理、都邑、职官、选举、刑法、食货、艺文、灾祥、昆虫草木等内容。

四库全书本。

0532

清朝通典一百卷／（清）高宗弘历敕撰

高宗弘历，见第0115条。

一作《皇朝通典》。是书汇辑自后金天命元年（1616）至乾隆五十年（1785）间有关社会典章制度的资料，分食货典、职官典、礼典、兵典、刑典、州郡典、边防典等。

清光绪二十七年上海图书集成印书局铅印本。

0533

清朝通志一百二十六卷／（清）高宗弘历敕撰

高宗弘历，见第0115条。

一作《皇朝通志》。是书分为氏族略、天文略、地理略、都邑略、礼略、谥法略、职官略、选举略、刑法略、食货略、艺文略、灾祥略、昆虫草木略等。

清光绪八年浙江书局刻本，清光绪二十七年上海图书集成印书局铅印本。

0534

大清会典图一百三十二卷／（清）官修

以图说形式记载清代官署职掌制度的专书，包括礼、乐、冠服、舆卫、武备、天文、舆地等内容。

清光绪十二年至二十五年刻本。

0535

钦定续通典一百五十卷／（清）嵇璜、曹仁虎纂修

嵇璜（1711—1794），字尚佐，一字黼庭，晚号拙修，长洲

(今属江苏省苏州市)人。清雍正七年(1729)钦赐举人,翌年进士,改翰林院庶吉士,散馆授编修。十二年(1734)擢右中允,乾隆元年(1736)入直南书房。后历官左佥都御史、大理寺卿、户部侍郎、江南副总河、工部尚书、礼部尚书、河东河道总督、兵部尚书、吏部尚书、协办大学士加太子太保、上书房总师傅上行走,文渊阁大学士。任江南副总河时主张疏浚淮扬运河之水入海。卒,赠太子太师,谥文恭。著有《治河年谱》《锡庆堂诗集》。

曹仁虎(1731—1787),字来应,一作来殷,又字习庵,嘉定(今属上海市)人。清乾隆二十二年(1757),乾隆帝南巡,召试列一等,赐举人,授内阁中书。二十六年(1761)举进士,改庶吉士,授编修、日讲起居注官。历官右春坊右中允、翰林院侍讲侍读、右春坊右庶子、侍讲学士。著有《曹学士遗集》《转注古义考》《七十二候考》《永典堂集》《习庵诗稿》《刻烛集》《炙砚集》《辕韶集》《鸣春集》等。

是书分食货典、选举典、职官典、礼典、乐典、兵典、刑典、州郡典、边防典九典,记事起自唐肃宗至德元年(756),止于明崇祯十七年(1644)。

清乾隆四十八年武英殿刻本,清内府抄本,清光绪元年学海堂刻本,四库全书本,九通本。

0536

皇朝文献通考三百卷/(清)嵇璜、曹仁虎等纂修

嵇璜,见第0535条。

曹仁虎,见第0535条。

亦称《清文献通考》,是书分田赋、钱币、户口、职役、征榷、市籴、土贡、国用、职官、兵考、刑考、经籍、帝系、物异、舆地、四裔等门,涉及乾隆五十年(1785)前清代政治、经济、民族、文化、法律等诸方面。

清乾隆武英殿刻本,四库全书本,九通本,十通本。

0537

钦定大清会典图二百七十卷/(清)昆冈等修

昆冈(1836—1907),字筱峰,一字子如,号小峰,满洲镶白旗人。清朝宗室,和硕豫通亲王多铎七世孙。清同治元年(1862)进士,历官国子监司业、詹事、内阁学士、礼部右侍郎、兵部左侍郎、福建学政、左都御史、理藩院尚书、工部尚书等职,官至文渊阁大学士。卒,谥文达。

清光绪二十五年石印本。

0538

清福建台湾宪典事例／（清）吏部编

清刻本。

0539

皇朝续文献通考三百二十卷／刘锦藻撰

刘锦藻（1862—1934），原名安江，字澄如，号橙墅，晚号坚匏盦，乌程（今浙江省湖州市）人。清光绪二十年（1894）进士，援例得户部主事，以郎中候选，签分工部都水司行走，旋以纳捐得赏四五品京堂。以编著《皇朝续文献通考》为己任，初稿经呈清廷，赏内阁侍读学士衔。

刘锦藻据晚清政制、政治活动的实际，在原通考二十六门基础上增加外交、邮传、实业、宪政四门。子目也有更定，如国用考增银行、海运；兵考增长江水师、海陆军、船政。

清光绪三十一年乌程刘锦藻坚匏盦铅印本，清宣统二年铅印本。

0540

明会要八十卷／（清）龙文彬撰

龙文彬（1821—1893），字筠圃，永新（今江西省永新县）人。清同治四年（1865）进士，授吏部主事。光绪六年（1880）乞假归，先后主讲于南昌友教、经训书院及吉安鹭洲、章山、秀水、莲洲、联珠等书院。著有《明会要》《永怀堂文钞》《诗钞》《明纪事乐府》等。

明代典章制度汇编。是书体例仿照《西汉会要》，分帝系、礼、乐、舆服、学校、职官、选举、民政、食货、方域、外藩等十五门。

清光绪十三年永怀堂刻本，清光绪广雅书局刻本。

0541

宋会要辑稿三百六十六卷／（清）徐松辑，刘承干等重辑

徐松，生平事迹不详。

刘承干（1882—1963），字贞一，号翰怡，上虞（今属浙江省绍兴市）人。清光绪三十一年（1905）贡生。宣统年间因捐银赈灾获四品卿衔，补内务府卿。从1910年起开始搜集书籍，至1921年已有六十余万卷古籍，于1920年在南浔造嘉业堂藏书楼。著有《续皇朝文献通考》《坚匏庵诗文钞》，编有《嘉业堂丛书》《求恕斋丛书》。

是书分帝系、仪制、瑞异、运历、崇儒、职官、选举、食货、刑法、兵、方域、蕃夷、道释等十七

类，每一类中又分若干子目，以事目为经、年月为纬的方法编排，内容包括诏令、奏议、条令规章等。

抄本。

0542

大清会典一百六十二卷／（清）伊桑阿等纂修

伊桑阿（1637—1703），姓伊尔根觉罗，满洲正黄旗人。年十八中清顺治十二年（1655）进士，授礼部主事，累擢内阁学士。康熙十四年（1675）迁礼部侍郎，擢工部尚书，调户部。康熙帝三次亲征噶尔丹，伊桑阿均扈从参划，备受倚重。卒，谥文端。

见“大清会典二百五十卷”。

清康熙内府刻本。

0543

清会典／（清）伊桑阿等纂修

伊桑阿，见第0542条。

见“大清会典二百五十卷”。

0544

钦定大清会典／（清）伊桑阿等纂修

伊桑阿，见第0542条。

见“大清会典二百五十卷”。

0545

大清会典二百五十卷／（清）尹泰等纂修

尹泰（1651？—1738），字子登，姓章佳氏，满洲镶黄旗人。初任翰林院笔帖式，迁起居注主事。康熙十九年（1680）迁内阁侍读。历官翰林院侍讲、日讲起居注官、侍读、国子监祭酒、锦州佐领、内阁学士、工部右侍郎、工部左侍郎、都察院左都御史、盛京礼部侍郎兼奉天府府尹、协理盛京将军、东阁大学士兼管兵部、兵部尚书、玉牒馆副总裁。卒，赐祭葬。赠太子太傅，谥文恪。

又作《钦定大清会典》《清会典》。编纂体例上仿照《明会典》，记载政府各部门的职掌、百官奉行的政令，以及职官、礼仪等典章制度。其会典图分礼、乐、冠服、舆服、武备、天文、舆地七门，系将礼部的仪式、祭器、卤薄、冠服，户部的舆图，钦天监的天体图，以及舆卫、武备等绘编成图并附以说明。

清雍正十年内府刻本。

0546

钦定大清会典一百卷／（清）张廷玉等纂修

张廷玉，见第0058条。

亦称《清会典》。是书以宗人府、内阁、军机处、六部、理藩院、都察院、各寺监、八旗都统、内务院和总理各国事务衙门的顺序，对清代的行政、军事、司法等各机构作全面、详尽的介绍。

清乾隆二十九年武英殿刻本，摛藻堂四库全书荟要本，四库全书本，清光绪十九年上海图书集成印书局铅印本。

0547

宋会要不分卷／（清）朱铭盘撰

朱铭盘（1852—1893），字日新，后改俶僩，号曼君，泰兴（今江苏省泰兴市）人。清同治十三年（1874）受聘为两淮盐运使方浚颐之记室。光绪二年（1876）补廪，翌年至浦口入吴长庆军幕，后随庆军历驻朝鲜及奉天金州。著有《四裔朝献长编》《两晋会要》《宋会要》《齐会要》《梁会要》与《陈会要》。

宋历代官修《会要》总称。宋代曾专设会要所，属秘书省。尝以宰相兼提举，编修官员由国史日历所官员兼任，规模宏大。自仁宗开始，编有《庆历国朝会要》《元丰增修五朝会要》《政和重修会要》《乾道续修四朝会要》《乾道中兴会要》《淳熙会要》《嘉泰孝宗会要》《庆元光宗会要》《嘉泰宁宗会要》《嘉定国朝会要》等。

稿本。

0548

唐会要一百卷／（宋）王溥撰

王溥（922—982），字齐物，并州祁（今山西省祁县）人。后汉乾祐进士，秘书郎，从郭威讨伐李守贞，回师后迁太常丞。后周时历官中书侍郎、同平章事、礼部尚书、右仆射。北宋初任宰相，进位司空，后封祈国公。编有《五代会要》《唐会要》，两部书于建隆二年（961）进呈宋太祖赵匡胤，诏藏史馆。

是书记述唐代各项制度的沿革变迁。会要为史书体裁之一，属典志体断代史范畴。唐苏冕始创，撰会要四十卷，记唐高祖至德宗九朝事。唐大中时，崔铉等奉诏续修四十卷。宋初王溥重加整理并补收唐末史事，编纂成《新编唐会要》，后合称为《唐会要》。是书分帝系、礼、乐、学校、宗教、选举、职官、民政、封建、历数、灾异、刑法、食货、舆服、外国十五类。

明抄本，清康熙间抄本，四库全书本，清光绪十年江苏书局刻本，丛书集成初编本。

0549

通志二百卷／（宋）郑樵撰

郑樵（1103—1161），字渔仲，莆田（今福建省莆田市）人。一生不应科举，早年隐居夹漈山著述讲学，人称夹漈先生，后因人荐授右迪功郎、礼兵部架阁。晚年编著纪传体通史《通志》，书成进呈朝廷，授枢密院编修官。

是书分本纪、列传、世家、略、年谱、载记等部分，包含氏族、六书、七音、天文、地理、都邑、礼、谥、器服、乐、职官、选举、刑法、食货、艺文、校雠、图谱、金石、灾祥、昆虫草木等。

元大德间三山郡庠刻本，元大德间三山郡庠刻明递修明弘治公文纸印本，三通本，摛藻堂四库全书荟要本，四库全书本。

0550

通典二百卷／（唐）杜佑撰

杜佑（735—812），字君卿，京兆万年（今陕西省西安市）人。早年以门荫入仕，补任济南参军、剡县县丞。历官润州司法参军、主客员外郎、抚州刺史、容管经略使、江淮水陆转运使、户部侍郎、饶州刺史、岭南节度使、淮南节度使、司空、同平章事、司徒、度支盐铁使，封岐国公。元和七年（812）以光禄大夫、太保之职致仕。卒，追赠太傅，谥安简。著有《通典》《理道要诀》《管氏指略》《宾佐记》。

我国第一部专述典章制度的专著。是书分食货、选举、职官、礼、乐、兵刑、州郡、边防八门，记载历代经济、政治、军事等典章制度的沿革流变，上起传说中的唐虞，下迄唐玄宗天宝年间。

宋刻本，宋刻宋元递修本，元大德十一年抚州路刻本，明嘉靖十八年王德溢、吴鹏刻本，四库全书本。

0551

大元圣政国朝典章六十卷新集至治条例不分卷／（元）□□撰

元典章文献，简称《元典章》。《元典章》分为诏令、圣政、朝纲、台纲、吏部、户部、礼部、兵部、刑部、工部十类，汇集元中统元年（1260）到延祐七年（1320）间的有关资料。《新集》分国典、朝典，以及吏、户、礼、兵、刑、工六部八类，包含元代政治、经济等各个方面的法律规定。

元延祐七年至至治二年建阳书坊刻本，清影元抄本，清彭氏知圣道斋抄本，清曾氏面城楼抄本，清光绪三十三年法律馆抄本。

0552

文献通考三百四十八卷／（元）马端临撰

马端临（1254—1323），字贵与，一字贵舆，号竹洲，乐平（今江西省乐平市）人。其父马廷鸾曾为南宋右丞相。南宋咸淳八年（1272），年十九岁以父恩补承事郎，翌年中解元。南宋灭亡后，担任乐平慈湖书院山长，后任浙江台州教授。著有《大学集修》《多识录》《义根守墨》等。

元大德十一年（1307）成书。是书记载上古至宋宁宗时的典章制度沿革，分田赋、钱币、户口、职役、征榷、市籴、土贡、国用、选举、学校、职官、郊社、宗庙、王礼、乐、兵、刑、经籍、帝系、封建、象纬、物异、舆地、四裔二十四门。

元泰定元年西湖书院刻本。

0553

康熙政要二十四卷／章梫撰

章梫（1861—1949），字一山，海宁（今浙江省海宁市）人。清光绪三十年（1904）进士，授编修，后迁学部左丞。辛亥革命后以遗老自居，曾参与宗社党复辟活动。著有《康熙政要》《一山文存》。

是书记述清康熙朝政事，分君道、政体、任贤、遵法祖制、优礼大臣、求谏、纳谏、君臣监戒、择官、宽仁、公平、诚信、杜奸邪、刑法、赦令、贡赋、慎终等四十二门。

清宣统二年铅印本。

0554

皇朝通典

见“清朝通典一百卷”。

0555

皇朝通志

见“清朝通志一百二十六卷”。

仪制之属

0556

水府诸神祀典记一卷／周馥撰

周馥，见第0404条。

见“河防杂著四种四卷”。

周悫慎公全集本，民国十一年治水述要本。

职官之属

0557

大明一统文武诸司衙门官制十六卷／（明）□□撰

明嘉靖二十年两淮按察御史焦琏

刊本。

0558

福建市舶提举司志／（明）高岐辑

高岐，生卒年不详，成都（今四川省成都市）人。先由举人任太仆寺寺丞，明嘉靖三十三年（1554）任福建市舶提举司。

福建口岸志。高岐任福建市舶提举司时以“今司有专官而无专志”，故搜集资料，多方求证，于明嘉靖三十四年（1555）写成此书。是书全面介绍了福建市舶提举司的发展和大明与琉球的贸易情况，包含建置、沿革、官职、吏役、庆贺、署舍、公养、属役、官氏、宾贡、贡物、考异、艺文等内容。

民国二十八年铅印本。

0559

[嘉靖] 福建运司志三卷／（明）林大有撰

林大有（1515—?），字端时，号东庐，潮阳（今属广东省汕头市）人。明嘉靖十七年（1538）进士，授户部主事。先后奉诏督河南、山东、江西漕运，后改福建盐运司同知。

是书包含官属、公署、里至、户口、古今奏疏、宪台盐政、该司陈略、盐法通志、盐禁律例、水口政记、官职题名、名宦行迹、艺苑文辞等。

明嘉靖刻本。

0560

大明一统文武诸司衙门官制五卷／（明）陶承庆校正，（明）叶时用增补

陶承庆，生卒年不详，时任江西新喻县县丞。

叶时用，生卒年不详，庐陵（今江西省吉安市）人。

是书收有罗洪先《广舆图》之《两京十三省》图，又增《九边总图》《四夷总图》等。

明万历十四年宝善堂刻本。

0561

东瓯纪略一卷东瓯留别和章三卷／（清）戴槃撰

戴槃（1813—1881），字涧溪，一说字涧邻，号铭新，丹徒（今属江苏省镇江市）人。清道光二十三年（1843）举人，咸丰初选桐乡知县，未赴任先署台州府同知，以供应军需无误保升知府。同治初代理严州，调温州，注重减河

治海，擢道员，加布政使衔。著《浙西减漕纪略》《宦游记略》《听鹂山馆文赋诗钞》。

《东瓯纪略》系戴槃在东瓯（今浙江省温州市）为官时的施政实录，包括义仓、义学、重修育婴堂等篇。

两浙宦游纪略本。

0562

两浙宦游纪略九卷／（清）戴槃撰

戴槃，见第0561条。

是书包括《杭嘉湖三府减漕纪略一卷奏稿一卷》《严陵纪略一卷裁严郡九姓渔课录一卷》《东瓯纪略一卷东瓯留别和章三卷》《桐溪纪略一卷》。

清同治七年刻本。

0563

严陵纪略一卷裁严郡九姓渔课录一卷／（清）戴槃撰

戴槃，见第0561条。

是书系戴槃在严陵为官时制作的文书案牍，包括垦荒、水利等二十篇。其中《裁严郡九姓渔课录》收录了将建德九姓渔户改贱为良、彻底平反的官方文件和史料。

两浙宦游纪略本。

0564

闽政领要三卷／（清）德福撰

德福，生卒年不详，镶红旗满洲人。清乾隆二十一年至二十八年（1756—1763）任福建布政使。

是书叙福建（包括台湾府）规制、防务、钱粮、民俗等情况。民俗所记以海上生产、海外贸易为先。台湾时值开发高潮，土地、开垦、移民、偷渡等事在此书中均有记述。

清乾隆三十二年刻本，清抄本。

0565

筹琼纪略一卷／（清）张彦珩撰

张彦珩（1605—1690），字九如，洛阳（今河南省洛阳市）人。清顺治三年（1646）进士，官兴化府知府。

清顺治刻本。

0566

按闽政略不分卷／（清）朱克简撰

朱克简（1616—1693），字敬可，号澹子，别号石崖，宝应（今江苏省宝应县）人。清顺治四年（1647）进士，授内阁中书，翌年考授御史。

清顺治十二年（1655），朱克简开始治理福建军、政、民事，筹海防，是书记其在福建施政史料。

清初刻本。

0567

道光闽政汇编不分卷

清末抄本。

邦计之属

0568

海运纪事八卷／（明）□□撰

见“海运摘钞八卷”。

明活字刻本。

0569

海运摘钞八卷／（明）□□撰

是书收录明万历四十六年（1619）至四十八年（1621）陶朗先有关辽饷的海运奏文。罗振玉得明活字本《海运纪事》八卷，虽中佚数篇，却汇集了大量海运辽饷的资料，其中不乏雇募本区商船海运的记录，而饷辽案牍至详，改名为《海运摘钞》，收入《明季辽事丛刊》。

明季辽事丛刊本。

0570

［万历］山东盐法志四卷／（明）查志隆、谭耀、詹仰庇纂修

查志隆，生卒年不详，字鸣治，号绍庭，海宁（今浙江省海宁市）人。明嘉靖三十八年（1559）进士。历官宁国府推官、南京兵部郎、天津兵备、山东左参政督粮道，出守皖城。著有《宋文钞》《山东盐法志》《东盐制规》《天津皖城二存稿》《南京车驾志》《安庆兵变》《大参集》。

谭耀，生卒年不详，字伯章，一作章伯，一字惺堂，东莞（今广东省东莞市）人。明万历五年（1577）进士，十三年（1585）巡盐山东，官至监察御史。

詹仰庇（1539—1610），字汝钦，号咫亭，安溪（今福建省安溪县）人。明嘉靖四十四年（1565）进士，由南海知县征授御史。后历官广东参议、左副都御史、刑部右侍郎、山东按察司副使。著有《咫亭文集》。

明万历刻本。

0571

海运编二卷／（明）崔旦撰

崔旦，生卒年不详，字伯东，自号奚谷东佚老园胶莱渔夫，平度

州（今山东省平度市）人。监生。

是书成于明嘉靖三十三年（1554）。时因运道艰阻，议者欲开胶莱河以复海运。崔旦居海滨，熟知海道情况，地方大吏咨开浚策于崔旦，因作《海运编》。

金声玉振集本，借月山房汇钞本，丛书集成初编本。

0572

长芦盐法志七卷 /（明）方启参撰

方启参，生卒年不详，字叔前，号少岳，巴陵（今湖南省岳阳市）人。明嘉靖七年（1528）举人，历官赣州府同知、河东都转运使、临洮府知府、长芦盐运使，官至山东右参政。著有《楚南澳渔溪集》《少岳遗稿》。

是书现残存卷一至卷三，珍藏于天一阁，是唯一存世的明修《长芦盐法志》。长芦盐场是我国四大盐场之一，也是我国海盐产量最大的盐场，位于渤海岸，因岸边多生芦苇，称为“长芦”。北周大象二年（580）设长芦县。北宋熙宁四年（1071）改长芦镇。明洪武二年（1369）设河间长芦都转运盐使司，统辖河北全境的海盐生产。清代将这一机构转移至天津，但是袭用旧名。

明隆庆三年刻本。

0573

长芦盐法志十三卷 /（明）何继高、冯学易、闵远庆撰

何继高，生卒年不详，字汝登，号泰宁，山阴（今属浙江省绍兴市）人。明万历十一年（1583）进士，官至江西布政使参政。二十二年（1594）任长芦运使，以德政受众盐商爱戴，盐商曾建专祠以祀之。

冯学易，生卒年不详，字韦卿，号乾所，临海（今浙江省临海市）人。明隆庆元年（1567）举人。官至长芦盐运司运同。

闵远庆，生卒年不详，字基厚，乌程（今浙江省湖州市）人。明万历十四年（1586）进士。官至四川按察使佥事。

编纂该书时，何继高任长芦运使，闵远庆任运判，他们以现行盐法事例，参稽典故共同编此书。是书收录于《四库全书总目存目》中，清初仍然存世，现已亡佚。

浙江汪启淑家藏本。

0574

[万历] 福建运司志十六卷 /（明）江大鲲等主修，（明）谢肇淛等纂修

江大鲲，生卒年不详，楚雄（今云南省楚雄彝族自治州）人。时任福建都转盐运使，曾任贵州石阡知府。著有《福建运司志》。

谢肇淛（1567—1624），字在杭，号武林、小草斋主人，晚号山水劳人，长乐（今福建省长乐市）人。明万历二十年（1592）进士，历官湖州、东昌推官，南京刑部主事、兵部郎中，工部屯田司员外郎。天启元年（1621）任广西按察使，官至广西右布政使。著有《五杂俎》《太姥山志》等。

是书专记福建省盐的制作与运输、组织和管理等史料，并有大量地图。

玄览堂丛书本。

0575

长芦鹾志七卷／（明）冷宗元修

冷宗元，生卒年不详，字体仁，四川荣昌（今属重庆市）人。明弘治十七年（1504）举人。曾任修武县令，纂《修武县志》。嘉靖十一年（1532）官长芦运同，纂《长芦鹾志》。

长芦盐场的第一部盐法志，已佚。《明史艺文志》《千顷堂书目》存目，朱睦㮮《万卷堂书目》作《长芦运司志》。

佚书。

0576

长芦运司志七卷／（明）冷宗元修

冷宗元，见第0575条。

见“长芦鹾志七卷”。

0577

东莞盐场志／（明）黎弼撰

黎弼，生卒年不详，布衣，明嘉靖隆庆间东莞（今广东省东莞市）人。

佚书。

0578

盐政全书／（明）李槵撰

李槵（1570—1641），字长孺，鄞县（今属浙江省宁波市）人。明万历二十九年（1601）进士，历官右佥都御史、广东盐法佥事、陕西提学使、山东参政、贵州巡抚、兵部右侍郎。著有《粤东盐政考》《全黔纪略》。

清乾隆《潮州府志》卷二十三征引是书。

存佚不详。

0579

粤东盐政考二卷／（明）李槵撰

李槵，见第0578条。

是书系李櫄官广东按察使佥事统理盐法时所作。上卷载盐律、盐官、盐署、盐产、盐课、盐饷、盐厂、盐牙、盐包、盐斤，下卷载盐秤、盐单、盐票、盐旗、盐船、盐限、盐籍、盐会、盐界、盐运。

四库存目。

0580

海运新考三卷／（明）梁梦龙等撰

梁梦龙（1527—1602），字乾吉，号鸣泉，真定（今河北省正定县）人。明嘉靖三十二年（1553）进士。历官兵科给事中，刑科都给事中，顺天府丞，河南副使。隆庆四年（1570）任山东巡抚，黄河决宿迁致使漕运受阻，试行海运成功，上疏以海运为备运。万历初官兵部右侍郎，五年（1577）以右都御史总督蓟、辽、保定，移戚继光驻山海关，进为兵部尚书，加太子少保。崇祯末，追谥贞敏。著有《海运新考》《史要编》。

是书汇辑隆庆试行海运前后的奏疏、疏议、奏记、考说，包括海道总图、咨访海道、试行海运、海道蠡测、海道快捷方式、海道口岸、海道里数、海道日程、海道湾泊、海道通禁、申严海防等。

明万历六年真定知府钱普刻本，明万历七年刻本，玄览堂丛书本。

0581

两浙鹾志／（明）刘仕贤撰

刘仕贤，生卒年不详，字以俊，一作以道，号仰峰，南昌（今江西省南昌市）人。明嘉靖十一年（1532）进士，任监察御史，十六年（1537）巡盐两浙。

明刻本。

0582

海道漕运记一卷／（明）刘体仁撰

刘体仁，生卒年不详，字元卿，昆明（今云南省昆明市）人。明嘉靖十九年（1540）举人，官保宁通判。

明刻本，明嘉靖吴郡袁氏嘉趣堂刻本，1959年北京中国书店影印本。

0583

古今鹾略九卷鹾略补九卷／（明）汪砢玉撰

汪砢玉（1587—?），一作珂玉，字玉水，号乐卿，自号乐闲外史，徽州人，寄籍秀水（今属浙江省嘉兴市）。明崇祯时官山东盐运使判官，任内详集资料，引经据典，撰《古今鹾略》。著有《珊瑚网》。

《古今鹾略》分生息、供用、职掌、会计、政令、利弊、法律、征异、杂考九门。《鹾略补》亦按九门分类拾遗。记述上古至明代末期盐法因革损益之端，重点讨论明代盐法利弊得失。

明崇祯安徽省歙县汪砢玉刊本。

0584

古今鹾略九卷补九卷／（明）汪砢玉撰

汪砢玉，见第0583条。

见“古今鹾略九卷鹾略补九卷”。

明崇祯五年刻本，清抄本。

0585

［嘉靖］山东盐法志／（明）王贵撰

王贵，生卒年不详，字道先，靖江（今江苏省靖江市）人。明嘉靖二十五年（1546）举人，三十三年（1554）官山东盐运同知。

佚书。

0586

重修两浙鹾志二十四卷／（明）王圻纂修

王圻（1530—1615），字元翰，号洪洲，云间（今上海市松江区）人。明嘉靖四十四年（1565）进士。历官清江知县、万安知县、御史、福建佥事、邛州判官、陕西提学使、中顺大夫资治尹、大宗宪。著有《洪洲类稿》《三才图会》《两浙盐志》《续文献通考》《谥法通考》《稗史类编》《云间海防志》等。

是志包括图说、诏令、盐政、职官表、列传、奏议、艺文等内容。

明崇祯刻本。

0587

海运详考二卷／（明）王宗沐撰

王宗沐（1524—1592），字新甫，号敬所，临海（今浙江省临海市）人。明嘉靖二十三年（1544），年二十中进士，后授刑部主事。三十三年（1554）任广东参议，分守惠州、潮州。隆庆元年（1567）起为山东左布政使。万历三年（1575）任刑部左侍郎，奉诏巡视山西、宣大诸镇边防军务。

是编为明隆庆六年（1572）王宗沐官山东布政使时议开海运而作，所载皆其议事呈文。是年七月，复锓《海运志》，于《详考》之外增入《海运图》《海运路程》

《奏疏事宜》。

明隆庆六年庐州知府张大忠刻本。

0588

海运志／（明）王宗沐撰

王宗沐，见第0587条。

是书为王宗沐接梁梦龙任山东布政使后，为朝议开海运而写，与梁梦龙的《海运新考》为同一时期的海运专著，主要记载王宗沐的议事呈文。

天一阁藏本，四库全书本。

0589

漕船志八卷／（明）席书辑，（明）朱家相增修

席书（1461—1527），字文同，号元山，遂宁（今四川省遂宁市）人。明弘治三年（1490）进士。历官郯城知县、工部都水司主事、清江船厂主事、户部员外郎、河南佥事、贵州提学副使、福建左布政使、南京兵部侍郎、礼部尚书兼武英殿大学士。卒，谥文襄。

朱家相，生卒年不详，字伯邻，号南川子，归德（今属河南省商丘市）人。明嘉靖十七年（1538）进士。二十二年（1543）任清江船厂主事，主持厂务。

记载明代官船厂的专著。是书内容以造船为主并涉及漕运，由席书初编，朱家相等先后补修而成。卷一建置，记叙从汉至元历史造船、漕运情况；卷二奉使，先叙明代水运官制，次列永乐十四年（1416）至嘉靖二十三年（1544）清江船厂历官的郎中、主事人名，其中多数附有简历。卷三船纪，包含船数、船式、船号、船等和船限五方面内容。其余各卷内容包括料额、公署、官属、人役、法例、兴革、艺文等。

明嘉靖二十三年刻本，民国影印本。

0590

八闽鹾政志十六卷／（明）谢肇淛撰

谢肇淛，见第0574条。

盐业志书。是书介绍盐滩、晒盐方法和流通路线，其中建置志记沿革，秩司志介绍职员、公署，官政志罗列历代主理福建盐务的官员。

明刻本。

0591

两浙订正鹾规四卷／（明）杨鹤撰

杨鹤（？—1635），字修龄，武陵（今属湖南省常德市）人。明万历三十二年（1604）进士，

出知洛南、长安，后曾督两淮盐法、巡按贵州。崇祯初官左佥都御史、左副都御史、陕西三边总督。著《武康四先生集》《罪吟》等。

明万历刻本，明天启三年重修本。

0592

漕运通志十卷／（明）杨宏撰，（明）谢纯考证

杨宏（1463—1541），字希仁，号容堂，海州大河卫（今属江苏省淮安市）人。以荫袭指挥使，明弘治十二年（1499）以军功累迁总兵官，镇松潘。嘉靖初节镇淮扬，督漕运。嘉靖中以指挥使署都督同知，总运江北。

谢纯，生平事迹不详。

杨宏在旧《漕运志》基础上采摭群书，聘请学者谢纯考证古今沿革而成此书，包含漕渠、漕职、漕卒、漕船、漕仓、漕数、漕例略、漕议略、漕文略等。

明嘉靖七年杨宏刻本。

0593

嘉靖两淮盐法志十二卷／（明）杨选、陈暹修，（明）史起蛰、张榘撰

杨选，生卒年不详，字以公，章丘（今属山东省济南市）人。明嘉靖二十三年（1544）进士。初授行人，后升御史，历官易州备兵副使、大同巡抚转总督蓟辽、兵部右侍郎、巡盐御史。

陈暹（1503—1566），字德辉，号暗窗，闽县（今属福建省福州市）人。明嘉靖十四年（1535）进士。历官大理寺评事、安庆知府、两淮盐运使、广西布政使右参政、江西按察使、广西布政使等。著有《掩瓴诗集》《暗窗集》等。

史起蛰，生卒年不详，江都（今属江苏省扬州市）人。明嘉靖三十二年（1553）进士。历官福建松溪知县、礼部主事等。

张榘，生卒年不详，字范中，一字同壄，仪征（今江苏省仪征市）人。明嘉靖十三年（1534）举人。

是志包含图说、秩官、署宇、地里、土产、法制、户役、贡课、人物、词祀、宦迹、杂志等内容。

明嘉靖三十年刻本。

0594

浙鹾纪事一卷附录一卷／（明）叶永盛撰

叶永盛（？—1601），字子木，号玉城，泾县（今安徽省泾县）人。明万历十七年（1589）进士。初任浙江兰溪知县，后为御史巡视浙江、直隶盐政。著有《叶玉城全集》《玉城奏疏》《浙鹾

纪事》等。

一作《浙盐纪事》。叶永盛于明万历二十八年（1600）视察两浙盐务，对不法奸商多有惩处，是书记其当时所做所闻。

武林掌故丛编本，泾川丛书本。

0595

浙盐纪事／（明）叶永盛撰

叶永盛，见第0594条。

见“浙鹾纪事一卷附录一卷”。

0596

漕书一卷／（明）张凤鸣撰

张凤鸣，生卒年不详，字羽王，号漓山人、阳海山人、阳海居士等，临桂（今属广西壮族自治区桂林市）人。明嘉靖三十一年（1552）举人。曾官桂林府通判、应天府通判。

是书专论漕运利弊，力主海运之利，分漕政、漕司、漕军、漕河、漕海、漕船、漕仓、漕刑八篇。

抄本。

0597

海运图说一卷／（明）郑若曾撰

郑若曾（1503—1570），字伯鲁，号开阳，昆山（今江苏省昆山市）人。自倭患猖獗于中国，郑若曾便潜心研究沿海兵要地理并绘制沿海图，后被总督胡宗宪延入幕中编辑《筹海图编》等书，以助抗倭战事。其十分重视地理和气象条件在战争中的作用，提出或赞成御海洋、固海洋、严城守的海防战略，力主御寇远洋、击贼近洋，在敌未登岸时歼灭之。著有《筹海图编》《江南经略》《海防图论》等。

是编前列二图，后系以说，末附海运故道。

郑开阳杂著本。

0598

福建鹾政全书二卷／（明）周昌晋撰

周昌晋（1585—1662），字晋然，一字衷玄，鄞县（今属浙江省宁波市）人。明万历四十一年（1613）进士，历官东莞知县、江西道掌道事监察御史，天启七年（1627）任巡按福建监察御史并兼理盐法。

是书记事截至明天启七年（1627），包含盐敕、盐律、盐官、盐署、盐产、盐课、盐饷、盐会、盐运、盐引、盐丁、盐限、盐界、盐仓、盐船、盐牙、盐桶、盐斤、盐秤、盐票、盐捕、盐籍、盐禁、盐疏、盐议、盐碑等门。

明天启七年活字本。

0599

盐政志十卷／(明)朱廷立等撰

朱廷立（1492—1566），字子礼，号两崖，通山（今湖北省通山县）人。明嘉靖二年（1523）进士，历官河南道御史、两淮盐政、四川督抚、礼部右侍郎。著有《盐政志》《马政志》《家礼节要》《两崖集》等。

朱廷立以河南道监察御史清理两淮盐政时，博考古今盐制，撰成此书。是书分出产、建立、制度、制诏、疏议、盐官、禁令七门。

明嘉靖八年刻本，清抄本。

0600

福建兴盐志略／（清）□□编

见“福建票盐志略二卷”。

清同治五年福建盐局刻本。

0601

福建盐法志二十二卷首一卷／（清）□□编

是书分通考、奏议、疆域、职官、场灶、引目、配运、课程、律令、关禁、成式、优恤及杂录十三门，所记奏牍、文案、现行事例截至道光十年（1830）七月。

清道光十年刻本。

0602

海参崴埠通商论一卷／（清）□□撰

小方壶斋舆地丛钞本。

0603

两淮盐场及四省行盐图／（清）□□撰

本图无图题，图题系采图上方图说所暂订。图说叙述两淮盐船行运路线及淮南二十场、淮北三场采盐分销情况。绘图范围东起长江、黄河出海口的东海岸，西达河南陕州灵宝县（现河南省灵宝市）、阌乡县，南起江西万安县、乐安县，北至河南武阳县、微山湖北岸一带。

清乾隆彩绘本。

0604

清广东沿海沙坦章程／（清）□□撰

清抄本。

0605

光绪两淮盐法志一百六十卷／（清）曾国荃督修，（清）王定安纂

曾国荃（1824—1890），字

沅浦，号叔纯，又名子植，湘乡（今湖南省双峰县）人。清咸丰二年（1852）优贡生。六年（1856）以攻打太平军赏伟勇巴图鲁名号和一品顶戴。同治三年（1864）以破城功加太子少保，封一等伯爵。后历官陕西巡抚、山西巡抚、两广总督、礼部尚书、两江总督兼通商事务大臣。光绪十五年（1889）加太子太保衔，卒，谥忠襄。

王定安（1834—1898），字鼎丞，一作鼎臣、鼎承，东湖（今属湖北省宜昌市）人。清同治元年（1862）举人。入曾国藩幕，被派到吉字营协助曾国荃办文书。历官安徽风颖和六泗道员、山西冀宁道员、山西按察使、山西布政使。著有《空舲文钞》《曾子家语》《曾文正公事略》《求阙斋弟子记》《湘军记》《曾忠襄公年谱》《敌酋名号录》等。

清光绪三十一年木刻本。

0606

山东盐法志二十二卷附编十卷／（清）崇福修，（清）宋湘等纂

崇福，生平事迹不详。

宋湘（1756—1826），字焕襄，号芷湾，梅县（今属广东省梅州市）人。清嘉庆四年（1799）进士，授翰林院编修。后主讲惠州丰湖、广州粤秀书院。历任文渊阁校理、国史馆总纂、四川及贵州乡试主考官、云南曲靖知府、广南知府、永昌知府、湖北督粮道。著有《史传事略》《红杏山房诗钞》。

是书依《长芦盐法志》体例纂修，分谕旨、天章、盛典、优恤、律令、场灶、转运、赋课、职官、奏疏、人物、艺文、营建及图识等门。附编则分为优恤、律令、场灶、转运、赋课、职官、奏疏、人物、艺文及营建等门。

清嘉庆十四年刻本。

0607

淮盐纪略／（清）杜文澜撰

杜文澜（1815—1881），字小舫，秀水（今属浙江省嘉兴市）人。诸生，入资为县丞。清道光三十年（1850）随湖广总督裕泰镇压李元发起义，以军功赏戴蓝翎。历官海州分司运判、东台知县、江安粮道、苏松太道、江宁布政使、江苏按察使、江苏布政使。著有《曼陀罗阁琐记》《平定粤寇纪略》《江南北大营纪事本末》《采香词》《方舆纪要形势论略》等。

清光绪二十九年铅印本。

0608

鹾政备览 /（清）方濬师纂

方濬师（1829—1888），字子严，号梦簪，定远（今安徽省定远县）人。清咸丰五年（1855）举人，历官广东肇阳罗道、直隶永定河道、直隶按察使等。著有《总理各国事务衙门同官录》《传鹑觚集补遗》《退一步斋文集》《退一步斋诗集》《蕉轩随录》《随园先生年谱》。

是书首为《两广鹾政营销引地全图》《省河六门以次缉私各厂地图》，图后附说，次汇编历案缉私章程、续议盐务、潮侨章程、核覆梧局委员禀拟章程。

清光绪二年两广盐运使署刻本。

0609

福建盐法志三十卷 /（清）冯登府修撰

冯登府（1783—1841），字柳东（一说号柳东），号云伯，又号勺园、杨柳官、小长芦旧史，嘉兴（今浙江省嘉兴市）人。清嘉庆二十五年（1820）进士，改庶吉士，散馆授江西将乐县知县，后官宁波府教授。修有《盐法志》《福建通志》，著有《小谪仙馆摭言》《酌史岩摭谈》《梵雅》《金屑录》《石余录》《石经考异》《石经阁文集》等。

存佚不详。

0610

雍正敕修两淮盐法志四十卷 /（清）噶尔泰修

噶尔泰，生卒年不详，满洲人。清雍正初官两淮巡盐御史，五年（1727）起署理安徽布政使，官至户部右侍郎。

清雍正刻本。

0611

海运备采十四卷 /（清）高培源撰

高培源，生卒年不详，字师厚，号蒙泉，青浦（今上海市青浦区）人。县学增广生，曾与修《松江府志》。尝谓会通一河时有淤塞，海运不可废。著《海运备采》，檄呈乙览虽未见用，而道光五年、十四年两遇河塞，议由海运，不外其所著条论。

是书包含凡例、图、论议、海运水程、海运船式、海运本末、疏议、护防、祀典、占候、杂录等内容。

清嘉庆十五年写本，清嘉庆十五年二酉书屋刻本。

0612

大清国史食货志二百六十卷／（清）国史馆编

国史馆，见第 0041 条。

清内府写本。

0613

补宋书食货志一卷／（清）郝懿行撰

郝懿行，见第 0455 条。

郝懿行以《宋书》缺《食货志》不合史载，遂从原书《本纪》《列传》中将有关食货方面的史文辑录成此书以补其缺。

清嘉庆二十一年刻本，清光绪元年南海伍氏刻本，清光绪十七年广雅书局刻本，清光绪二十五年上海文澜书局石印本。

0614

江苏海运全案十二卷／（清）贺长龄等辑

贺长龄（1785—1848），字耦耕，号西涯，晚号耐庵，善化（今湖南省长沙市岳麓区）人。清嘉庆十三年（1808）进士，选庶吉士，授编修。历官南昌知府、山东布政使、贵州巡抚、云贵总督。在江苏苏州布政使任内，协助巡抚陶澍组织并实施漕粮海运，编纂《江苏海运全案》。

清道光六年刻本。

0615

江苏省海运全案十二卷附道光丙戌海运记一卷／（清）贺长龄等撰

贺长龄，见第 0614 条。

清道光六年刻本。

0616

本部奏开海防事例章程一卷／（清）户部编

清光绪十年（1884）中法海战发生，海防需饷浩繁，清廷允许捐钱买官以解决财政困难，称“海防事例”。十三年（1887）为堵黄河郑州段决口而改《海防事例》为《郑工事例》，规定各省嗣后两年内暂停向外国购买船舰。

清光绪木活字印本。

0617

海防新例铨补章程一卷／（清）户部编

清光绪十五年（1889），清廷因需款筹办海防而允许捐钱买官，称“海防事例”，有别于此前光绪十年（1884）中法海战发生时的

"海防事例"。

清光绪十五年刻本。

0618

海防新例章程一卷／（清）户部编

清光绪刻本。

0619

户部海防例铨补章程一卷／（清）户部编

是编为清光绪十年（1884）中法海战时所设的捐纳事例章程。

清光绪十一年刻本。

0620

新增海防例铨补章程一卷／（清）户部编

清光绪十年刻本。

0621

新增海防例铨新补章程／（清）户部编

清光绪刻本。

0622

郑工海防新例铨补章程／（清）户部编

是编为清光绪十三年（1887）郑州黄河工程和十五年（1889）海军之捐纳事例章程。

清光绪刻本。

0623

清户部新海防捐执照／（清）户部制

中国边疆图籍录著录。

0624

海运说一卷／（清）华乾龙撰

华乾龙，生卒年不详，字天御，太仓（今江苏省太仓市）人。明崇祯十二年（1639）举人。明亡后遁居荒野，门人私谥安止先生。著有《安止诗草》《戒香文集》。

是书文中强调海上漕运利溥，指出"海运虽有漂溺之患，而省牵卒之劳……所得益多"。

清道光十三年太仓东陵氏刻本，娄东杂著五十二种本。

0625

长芦盐法志二十卷首一卷附编援证十卷／（清）黄掌纶等纂修

黄掌纶，生卒年不详，字展之，号吟川，龙溪（今属福建省漳州市）人。曾官国子监典簿。

清嘉庆刻本。

0626

浙江海运漕粮全案重编初编八卷续编四卷新编八卷 /（清）黄宗汉、马新贻编

黄宗汉（1803—1864），字季云，号寿臣，晋江（今福建省晋江市）人。清道光十四年（1834）举人，翌年连捷进士，选庶吉士，散馆后授兵部主事，充任军机章京。历官员外郎、郎中、御史、给事中、广东督粮道、雷琼道台、山东按察使、浙江按察使、甘肃布政使、浙江巡抚。值太平天国起义军兴，试行漕粮海运，因功擢为四川总督。第二次鸦片战争爆发，力主抗击侵略者，被封为钦差大臣，补授两广总督兼通商大臣，主持军政。著《筹防纪略》《筹海纪略》等。

马新贻（1821—1870），字毂山，号燕门，又号铁舫，菏泽（今山东省菏泽市）人。清道光二十七年（1847）进士，历官安徽建平知县、合肥知县、安徽按察使、安徽布政使、浙江巡抚、两江总督兼通商大臣。同治九年（1870）被张汶祥刺杀，追赠太子太保，谥端愍。著有《马端愍公奏议》。

清咸丰、同治年间，太平军占领镇江、扬州等运河沿线重镇，清廷浙江漕运于咸丰三年（1853）起被迫改为海运，此编即汇辑当时有关海运之奏折、章程等而成。初编八卷、续编四卷，为黄宗汉纂辑，新编八卷为马新贻纂辑，合刊成此重编。分商船事宜、经费事宜、沪局事宜、放洋巡护事宜、津局事宜、运竣事宜、娄局事宜、采办事宜、减漕事宜、省局事宜并图说等类。

清同治六年刻本。

0627

浙江海运全案初编十卷续编四卷 /（清）黄宗汉修，（清）椿寿纂

黄宗汉，见第0626条。

椿寿（？—1852），字永年，佟佳氏，满洲正白旗人。清道光二十年（1840）进士。历官工部主事、员外郎，湖北按察使，湖南、浙江布政使，代理浙江巡抚。因不肯行贿巡抚黄宗汉，被威逼而死。

清咸丰三年刻本。

0628

盐政全书 /（清）惠润撰

惠润，生卒年不详，字沛苍，江阴（今江苏省张家港市）人。清康熙二十四年（1685）进士，

历官山东费县县令、户部浙江司主事兼任代理陕西司主事、山东司员外郎、刑部湖广司郎中。

存佚不详。

0629

乾隆两淮盐法志四十卷／（清）吉庆监修，（清）王世球纂

吉庆，生卒年不详，满洲正白旗人。由官学生补内阁中书，历官近侍郎、御史。清乾隆五十年（1785）嗣世职，擢升镶白旗蒙古副都统。历官兵部侍郎、户部侍郎、山东巡抚、浙江巡抚（在任时于岛岙中编制保甲，禁止运米出海接济海盗，捕获了海盗陈言等）、两广总督、协办大学士。

王世球（？—1757），字熙闻，号贺山，甘泉（今属江苏省扬州市）人。优贡生。清乾隆间征荐博学鸿词。著有《啄拖集》。

是志分转运、课入、场灶、职官、律令、优恤、杂志等八纲十五目。

清乾隆十三年刻本。

0630

嘉庆两淮盐法志五十六卷首四卷／（清）佶山等纂修

佶山，生卒年不详，曾任粤海关监督，后调任两淮盐政。清嘉庆十一年（1806）由两淮盐政武备院卿升任热河总管，后补授正白旗护军统领。

清同治九年刻本。

0631

［雍正］两广盐法志／（清）孔毓珣辑

孔毓珣（？—1730），字东美，曲阜（今山东省曲阜市）人。孔子六十六世孙，赐恩贡生。历官四川布政使、两广总督加兵部尚书衔、江南河道总督。在广东整理盐政、军备，为雍正帝所信任。卒，谥温僖。

存佚不详。

0632

淮鹾备要十卷图一卷／（清）李澄辑

李澄，生卒年不详，字练江，号梦花，江都（今属江苏省扬州市）人。贡生。

是书分盐之始、始之弊、盐之行、行之地、盐之害、害之法、盐之利、利之人、盐之说、说之效等卷。

清道光三年刻本，清光绪三十年扬州益智书社铅印本。

0633

通商条约章程成案汇编三十卷各关理船事宜一卷／（清）李鸿章编

李鸿章（1823—1901），本名章铜，字渐甫、子黻，号少荃、少泉，晚年自号仪叟，别号省心，世人多尊称李中堂，亦称李合肥，合肥（今安徽省合肥市）人。清道光二十七年（1847）进士，后改翰林院庶吉士，散馆授编修，充武英殿编修。咸丰八年（1858）入曾国藩幕，奉命编练淮军。同治元年（1862）率军赴上海，在英、法、美支持下与太平军作战。后历官江苏巡抚、两江总督、湖广总督、直隶总督兼北洋通商事务大臣。建立北洋海军，代表清廷与外国侵略者签订一系列丧权辱国条约，《中英烟台条约》《中法新约》《马关条约》等。卒，谥文忠。

清光绪铅印本。

0634

重修山东盐法志三十二卷／（清）李如枚撰

李如枚，生卒年不详，字怡莽，汉军镶黄旗人。清嘉庆九年（1804）以内务府郎中恩加四品佐领衔任淮安关监督，不久调升长芦盐政。著有《怡莽诗草》。

是志首载李如枚进《重修山东盐法志》的折奏，分谕旨、天章、优恤、律令、灶、转运、赋课、职官、奏疏、人物、艺文、营建、图识等目。

清同治刻本。

0635

［乾隆］两广盐法志二十四卷附外志六卷／（清）李侍尧、苏昌、梁国治纂修

李侍尧（？—1788），字钦斋，一字翊唐，汉军镶黄旗人，原隶正蓝旗。高祖李永芳以明抚顺所游击降清，封一等伯世袭。父李元亮袭爵，官户部尚书。清乾隆元年（1736）授李侍尧六品荫生，后历官印务章京、副参领、正蓝旗汉军印务参领、正蓝旗汉军副都统、公中佐领、热河副都统、工部右侍郎兼管镶白旗汉军副都统、户部右侍郎、广州将军、湖广总督、两广总督、武英殿大学士、军机大臣，加太子太保。因出征台湾有功入列紫光阁平台湾二十功臣。卒，谥恭毅。

苏昌（？—1768），姓伊尔根觉罗，满洲正蓝旗人。清康熙末由监生考取内阁中书。历官奉天府尹、工部尚书、两广总督、湖广总

督、闽浙总督。卒，谥恪勤。

梁国治（1723—1786），字阶平，号瑶峰，又号丰山，会稽（今属浙江省绍兴市）人。清乾隆十三年（1748）状元，先授编修，后充日讲起居官、国子监司业。历官粮驿道、都察院左副都御史、吏部侍郎、山西冀宁道、湖南布政使、湖北巡抚兼署湖广总督及荆州将军、湖南巡抚、户部尚书、东阁大学士兼军机大臣。卒，赠太子太保，谥文定。著有《敬思堂文集》。

清乾隆二十八年木刻本。

0636

敕修两浙盐法志十六卷首一卷／（清）李卫纂修

李卫（1686—1738），字又玠，铜山（今江苏省徐州市）人。清康熙五十六年（1717）捐资员外郎，受雍正帝赏识，历官户部郎中、云南盐驿道、布政使、浙江巡抚、浙江总督、兵部尚书、署理刑部尚书、直隶总督等职，历康熙、雍正、乾隆三朝。卒，赐祭葬，谥敏达。

是志分疆域、图说、沿革、课额、引目、场灶、户口、律例、掣挚、成式、奏议、条约、蠲恤、职官、商籍、艺文十六门。

清雍正刻本。

0637

粤海关志三十卷／（清）梁廷枏纂修

梁廷枏，见第0293条。

我国第一部地方海关志。是志纂录历代史书、方志、航海闻见及清官方档案等有关资料，分皇朝训典、前代事实、口岸、设官、税则、奏课、经费、禁令、兵卫、贡舶、市舶、行商、夷商、杂识十四门，叙述道光十八年（1838）前广东海关沿革、港口、通商、税收及行政制度，另对二十多个来华贸易国的历史地理做了考察，并述及广东海疆形势和兵营设施，要求加强海防。

清道光刻本，清广东省城业文堂刻本，清刻本。

0638

续纂两浙盐法备考一卷／（清）廖寿丰等纂

廖寿丰（1836—1901），字榖似，一字闇斋，晚号止斋，嘉定（今上海市松江区）人。以举人入赀为内阁中书。清同治十年（1871）进士，选庶吉士，授编修。任浙江粮道时奏请浙漕海运，后历官贵州、浙江按察使，福建、河南布政使，浙江巡抚。在河南任上曾导黄入海。

奏牍文案汇编。记事起自清同治十三年（1874），止于光绪二十五年（1899）。分票运、纲运、复引、币引、复地五门，逐年分类辑录两浙盐法之章奏、批文、条例。

清抄本。

0639

［光绪］两广盐法志五十五卷／（清）刘坤一等修，（清）何兆瀛纂

刘坤一（1830—1902），字岘庄，新宁（今湖南省新宁县）人。廪生出身。清咸丰五年（1855）组织团练与太平军作战，凭战功历官广东按察使、广西布政使、江西巡抚、两广总督、两江总督兼南洋通商大臣并帮办海军事务。中日甲午战争期间作为钦差大臣，驻山海关节制关内外各路清军抗击日军。初反对割让台湾和辽东半岛以及付出巨额赔款，当形势发生逆转时，又要求强制刘永福离开台湾内渡。卒，追封一等男爵，赠太傅，谥忠诚。著有《刘坤一遗集》。

何兆瀛（1809—1890），字通甫，号青耜，江宁（今江苏省南京市）人。清道光二十六年（1846）举人，历官杭嘉湖道、广东盐运使。著有《心庵诗存》《泥雪录》等。

是书分制诏、律令、历代盐法考、六省行盐表、引饷、价羡、转运、无引盐斤、缉私、场灶、经费、生息、捐输、职官、杂记等十六门。

清光绪十年木刻本。

0640

两浙重订鹾规四卷／（清）吕犹龙编

吕犹龙，生卒年不详，字雨村，三韩（今属吉林省）人。贡生。清康熙四十八年（1709），官两浙盐运使。

吕犹龙将明刘仕贤《两浙鹾志》与贡靖国《两浙鹾规类略》合编而成此书。

清刻本。

0641

新修长芦盐法志十六卷／（清）莽鹄立修，（清）鲁之裕纂

莽鹄立（1672—1736），伊尔根觉罗氏，字树本，号卓然，原隶蒙古正蓝旗，改入满洲镶黄旗。历官理藩院笔帖式、员外郎、右翼监督、浒墅关监督、理藩院侍郎、御史、长芦盐政、大理寺卿、兵部侍郎、甘肃巡

抚、正蓝旗满洲都统兼管理藩院侍郎、正蓝旗蒙古都统、镶白旗满洲都统、工部尚书。卒，谥勤敏。

鲁之裕（1663？—1744），字亮侪，又字伟堂，太湖（今安徽省太湖县）人。清康熙五十九年（1720）举人，雍正五年（1727）进士，授内阁中书，出为河南确山知县，历官至清河道，以直隶布政使参政致仕。著有《长芦盐志》《下荆南志》《式馨堂诗文集》等。

清雍正四年刻本。

0642

［雍正］山东盐法志十四卷／（清）莽鹄立、常岩立等纂修

莽鹄立，见第0641条。

常岩立，生卒年不详，清康熙年副贡。官招远县（现招远市）训导。

清代所修第一部关于山东的盐法志书，分诏敕、沿革、疆域、职官、商政、法制、奏疏、艺文等卷。

清雍正刻本。

0643

漕运全书九十二卷／（清）潘世恩等纂

潘世恩（1769—1854），初名世辅，小字日麟，字槐堂，一作槐庭，号芝轩，晚号思补老人，室名有真意斋、思补堂、清颂，谥元恭，吴县（今属江苏省苏州市）人。清乾隆五十八年（1793）状元，授翰林院修撰。历官工部、户部、吏部、礼部尚书，体仁阁大学士、军机大臣行走、东阁大学士、武英殿大学士、太傅。历事四朝，备受恩宠。著有《读史镜古编》《思补斋诗集》《思补斋笔记》《使滇日记》《消暑随笔》《思补老人手订年谱》等。

清道光二十四年刻本。

0644

闽省盐场全图／（清）菩萨保绘

菩萨保，生卒年不详，清蒙古正白旗人，名寅，字或号为惺园，姓氏不可考，乾隆三年（1738）起主持福建省盐政。

全图由福建省沿海和台湾府两部分拼合而成，以山水形象画法描绘台湾府、凤山、诸罗、彰化县及沿海盐场濑南场、濑北场、洲南场、洲北场，并以文字注记各盐场与郡城距离、位置。福建省则将福建沿海岸盐场、坵盘、盐仓、露堆及运盐船泊地一一描绘并注记文字信息，包括各盐官驻地至总场衙门及盐场各团的道路里程。全图亦对闽、台沿海形势、山川地貌、城池

城墙、汛塘、塔桥等略为描述。

清乾隆十一年彩绘本。

0645

海运纪事诗钞／（清）钱炘和编

钱炘和，生卒年不详，昆明（今云南省昆明市）人。清道光十五年（1835）进士。历官郓县知县、邛州知州、江苏接察使、天津知府、直隶布政使。曾参与经办海运。咸丰八年（1858），英法俄美三十余艘战舰集结进攻大沽口炮台，直隶布政使钱炘和等督战大员率先逸逃，后以疏防罪被革职查办。著有《海运纪事诗钞》《捕蝗图说》《捕蝗要说》。

钱炘和亲自办理过五次漕粮海运，是书即其搜集整理的漕粮海运诗歌。

清咸丰四年刻本。

0646

［道光］两广盐法志三十五卷首一卷／（清）阮元等修，（清）伍长华等纂

阮元（1764—1849），字伯元，号芸台、雷塘庵主，晚号怡性老人，仪征（今江苏省仪征市）人。清乾隆五十四年（1789）进士，选庶吉士，官翰林院。历官礼部、兵部、户部、工部侍郎，山东、浙江学政，浙江、江西、河南巡抚及漕运总督，湖广总督、两广总督、云贵总督、粤海关监督、体仁阁大学士等职。嘉庆朝任浙江巡抚，是平定沿海海盗的重要官员。

伍长华（1778—1840），字实生，号云卿，一作雪卿，上元（今江苏省南京市）人。清嘉庆十八年（1813）举人，翌年连捷进士，授编修。外任补广西右江道，历官广东长芦盐运使、甘肃按察使、云南布政使、湖北巡抚。著有《云南铜法志》。

是书分为制诏、律令、历代盐法考、六省行盐表、引饷、价羡、场灶、经费、生息、捐输、职官、杂记、铁志等十五门，详细记载了广东广西两省盐业的产、运、销情况。

清道光十六年刻本。

0647

［道光］两广盐法志五十五卷／（清）阮元、卢坤总纂，（清）伍长华纂修

阮元，见第0646条。

卢坤（1772—1835），字静之，号厚生，涿州（今属河北省保定市）人。清嘉庆四年（1799）进士，改翰林院庶吉士，散馆授兵部主事。历官兵部员外郎、兵部郎中、湖南粮储道、广东惠湖嘉道、山东兖沂曹济道、湖北按察使、甘

肃布政使、广西巡抚、陕西巡抚、太子太保、湖广总督、两广总督兼署广东巡抚。卒，谥敏肃。

伍长华，见第0646条。

清道光十六年刻本。

0648

光绪通商综覆续表一卷/沈商耆、杨月如撰

沈商耆（1877—1929），名沈彭年，字商耆，青浦（今属上海市）人。曾任北洋政府教育部佥事、社会教育司司长、江苏省教育厅厅长。著有《乐理概论》《声律论》。

杨月如（1873—1916）字保恒，江苏川沙（今上海浦东新区）人。就学于上海龙门书院。1896年入县学。1902年夏派赴日本学习，年底回国，从事师范教育。1905年为沪上教育研究会干事。民国初被聘为江苏省立第一师范学校校长，力主学生自治。1915年奉北洋政府教育部命赴北京会商编审教科书，在北京遇车祸而亡。著有《单级教授法》《实用主义小学教育法》《欧美公德谈》等。

清光绪二十八年石印本。

0649

温处盐务纪要续编一卷/（清）沈寿铭辑

沈寿铭，生卒年不详，闽县（今属福建省福州市）人。著有《碧萝山馆遗稿》。

清光绪十九年瓯江官舍刻本。

0650

海运刍言一卷/（清）施彦士撰

施彦士（1775—1835），字朴斋，崇明（今属上海市）人。清道光元年（1821）举人。历官内邱、正定、万全知县。著有《春秋朔闰表发覆》《春秋日食考》《孟子外书集证》《海运图记》《求己堂集》《读孟质疑》等。

施彦士自有沙船并熟悉海运情形，在清道光六年（1826）的漕粮海运中曾带头领运。是书论海运始末利害甚悉，属儒生之有真实经济者。

求己堂八种本。

0651

海运图记/（清）施彦士撰

施彦士，见第0650条。

存佚不详。

0652

盐政全书/（清）史在甲撰

史在甲，生卒年不详，字甡忠，号慎庵，鄞县（今属浙江省宁

波市）人。清康熙五十二年（1713）进士，选为庶常，授编修。历官汾州知府、淮阳道、广东都转盐运使、山西按察使、通政司右通政、左副都御史、礼部右侍郎。

存佚不详。

0653

盐法隅说一卷／(清)孙玉庭撰

孙玉庭（1752—1834），字寄圃，济宁（今山东省济宁市）人。清乾隆中期进士。历官湖南、湖北布政使，广东、广西巡抚，湖广、两江总督，体仁阁大学士。嘉庆末曾整顿江南盐务、漕政。

清同治十一年刻本。

0654

江苏海运全案六卷续编八卷新编六卷／(清)谭钧培等辑

谭钧培（1828—1894），字宾寅，一字序初，贵州镇远人。清同治元年（1862）进士，授编修。历官江西监察道御史、江苏布政使、湖北巡抚、江苏巡抚、云南巡抚。

清光绪十一年刻本。

0655

筹饷卮言一卷／(清)唐梦赉撰

唐梦赉（1627—1696），字济武，一字豹嵒，淄川（今属山东省淄博市）人。清顺治六年（1649）进士，改翰林院庶吉士，后官翰林院检讨。著有《志壑堂集》《志壑堂后集》《借鸽楼小集》。

昭代丛书本。

0656

海运全图一卷／（清）陶澍撰

陶澍（1779—1839），字子霖，又字云汀，号髯樵、桃花渔者，安化（今湖南省安化县）人。清嘉庆七年（1802）进士。历官监察御史、按察使、安徽巡抚。道光五年（1825）调任江苏巡抚至上海主持漕粮海运，雇沙船一千五百余艘，运漕粮至天津，为清代大规模海运漕粮之始。十年（1830）升两江总督兼管两淮盐政。卒，赠太子太保，谥文毅。著有《印心石屋诗钞》《蜀輶日记》等。

清刻本。

0657

海运图说一卷／（清）陶澍撰

陶澍，见第0656条。

陶澍热衷于开辟海运，亲自勘察入海口，每遇熟悉海洋之人则详加询问，证以记载，得其径道并亲督试航。是书绘有海运所经过的地点、沿岸岛屿、里程、风向、水位、水的深浅及沿途两岸对出之洋面、州县、汛地等，对海运、漕运、河工、赈务和盐政等议论甚多。

清道光六年刻本。

0658

江苏海运全案十二卷 /（清）陶澍辑

陶澍，见第0656条。

清道光五年（1825）陶澍任江苏巡抚主持漕粮海运。是书汇集这一过程中一应公牍文册，包含谕旨章奏、详禀文移、米册、船册、图说。

清道光刻本。

0659

山东盐法续增备考六卷 /（清）王定柱纂

王定柱（？—1830），字靖擎，号椒园，真定（今河北省正定县）人。清乾隆五十五年（1790）进士。历官云南师宗知县、他郎通判权兼盐井提举、镇沅知州、思茅同知、永昌太守、开化太守、成都府知府、山东盐运使、两淮盐运使、浙江按察使。著有《鸿泥日录》《大学臆测》《中庸臆测》《从政余谈》《周易琐笺》《老子道德经注解》《金刚心经注解》《辟妄扶统录》《六壬注释》等。

是书继清嘉庆十三年（1808）续修《盐法志》，辑录当年至道光八年（1828）有关山东盐务档案而成，分盛典及捐输、优恤、帑本利、调济及展缓课款、盐法条例、附录及部例六卷。

清同治三年刻本。

0660

盐法议略一卷 /（清）王守基撰

王守基（1812？—1873），字少芳，密县（今河南省新密市）人。清咸丰二年（1852）进士，授户部主事，历官陕西司员外郎、云南司郎中，谙熟盐法及全国各产盐区的产销情况。

一作《盐法总论》。是书包含长芦盐务议略、山东盐务议略、河东盐务议略、两淮盐务议略、浙江盐务议略、福建盐务议略、广东盐务议略、四川盐务议略、云南盐务议略，均自清初叙起，迄于同治末年。

清同治十二年刻本。

0661

盐法总论不分卷／（清）王守基撰

王守基，见第0660条。

见“盐法议略一卷”。

0662

粤海关通辖口岸考一卷／（清）王文达撰

王文达，生平事迹不详。

清光绪六年刻本。

0663

重订江苏海运全案新编六卷／（清）王毓藻辑

王毓藻（1837—1900），字采其，号鲁芗，黄岗（今湖北省黄岗市）人。清同治二年（1863）进士，历官礼部主事、州员外郎、州郎中、知府、苏松粮储道、广东按察使、山东布政使、四川布政使、粤运使、贵州巡抚。著有《宦海纪游》《抗希堂古文》等。

清光绪刻本。

0664

重订江苏省海运全案原编六卷续编八卷新编六卷／（清）王毓藻辑

王毓藻，见第0663条。

清光绪刻本。

0665

福建票盐志略二卷／（清）吴大廷撰

吴大廷（1824—1877），字桐云，一作彤云，沅陵（今湖南省沅陵县）人。清咸丰五年（1855）举人，后入左宗棠幕，补福建盐法道，调台湾兵备道。著有《小酉腴山馆诗文集》《福建盐票志略》《台湾进退志》《读易随笔》等。

是书按年依次排列章奏批牍，对清同治四年（1865）福建改行票盐之规章制度记述特详。

清同治五年福建盐局刻本，清同治十三年上海重刻本。

0666

福建盐法志／（清）吴大廷编纂

吴大廷，见第0665条。

清刻本。

0667

粤东市舶论一卷／（清）萧令裕撰

萧令裕（1789—?），原名光裕，字枚生，亦作楳生、梅生，清河（今属江苏省淮安市）人。清嘉庆间贡生，一生主要在淮安榷关、广州海关、两广总督府担任文案及幕僚，究心于河渠、盐法、转漕、御夷等大政。著有《英吉利记》《粤东市舶论》等。

萧令裕在广东督府阮元幕下兼办海关事务，对边事外情稍有了解。清道光初年，鉴于英国人占领新加坡并招闽、粤人前往开垦，以为“事深可虑”。道光六年（1826）致书友人谓“十年之后，患必及于江浙，恐前明倭祸，复见于今日”。利用职务之便考诸档册，采访粤商，著《英吉利记》《粤东市舶论》，介绍中英交往的历史和有关英国的情况，论说清廷在中外交涉中的利弊得失，主张扩大中外贸易，反对闭关罢市。

小方壶斋舆地丛钞本。

0668

康熙两淮盐法志二十八卷／（清）谢开宠撰

谢开宠（1638—?），字晋侯，号海翁，寿州（今安徽省寿县）人。清顺治十六年（1659）进士。康熙中任两淮盐运副使，受命协修《两淮盐法志》。

是志分星野、疆域、秩官、律例、奏议、风俗、选举、古迹、土产、人物、艺文等十六门。

清木刻本。

0669

钦定重修两浙盐法志三十卷首二卷／（清）延丰等纂修

延丰，生卒年不详，内务府正白旗人。清嘉庆四年（1799）由内务府郎中任两浙盐政，九年（1804）任粤海关监督。

延丰任两浙盐政时纂修该书，卷首载诏旨，卷一为疆域：行盐、产盐地方和程途关隘；卷二为图说：行盐地方总图并附文澜阁诸图。其余各卷分别为场灶、帑盐、奏议、律例、条约、沿革、职官、商籍等。

清嘉庆七年刻本。

0670

两浙盐法续纂备考十二卷／（清）杨昌浚修，（清）季纶全等纂

杨昌浚（1826—1897），字石泉，号镜涵，别号壶天老人，娄底（今湖南省娄底市）人。历官甘肃布政使、护理陕甘总督、漕运总督、闽浙总督兼福建巡抚、陕甘总督兼甘肃巡抚、兵部尚书、太子太保。光绪十年（1884）法国舰队袭击福建水师和福州船政局，清廷任命杨昌浚为闽浙总督。领兵督防台湾，率军巡视沿海营垒并下令撤

除各海口水道的标识，在沿海各港口遍布水雷。

季纶全，生卒年不详，字佑申，江阴（今江苏省江阴市）人。

是书包含票运、纲运、复引、复地、收私、灶地、条案等。

清同治十三年刻本。

0671

漕运全书九十六卷 /（清）载龄等纂

载龄（？—1883），字鹤峰，爱新觉罗氏，隶满洲镶蓝旗。清道光二十一年（1841）进士，改庶吉士，授检讨，袭辅国公爵。历官内阁学士、泰宁镇总兵兼总管内务府大臣、兵部尚书、体仁阁大学士、陕西巡抚。卒，赠太子太保，谥文恪。

清道光二十四年（1844）曾敕修《漕运全书》，该书是继之而成的，包括漕粮频征、总运事例、通漕运艘、计屯起运、漕运河道、随漕解款、奏销专成、挽运设防、通漕禁令、盘坝接运、海运事宜、规复河运、灌塘渡运等内容。

清光绪刻本。

0672

钦定户部漕运全书八十八卷 /（清）载龄等纂

载龄，见第 0671 条。

户部漕运全书的编纂及流传比较繁杂，目前见到最早的是清乾隆七年的托律纂修本，所收录的户部漕运章程自雍正十二年（1734）起至乾隆七年止。内容包括漕粮额征、征收事例、兑运事例、白粮事例、通漕运艘、选补官丁、官丁廪粮、贴费杂款、计屯起运、漕运河道、随曹解款、京通粮储、截拨事例、拨船事例、采买搭运、秦销考成、挽运失防、通漕禁令十八门。此后嘉庆、道光、同治、光绪历朝均曾补纂。其中较晚的一次补纂为光绪二年（1876），并增入了一些有关海运事宜。

清嘉庆二十四年户部刻本。

0673

海运刍言一卷 /（清）张鉴撰

张鉴（1768—1850），字春治，号秋水，归安（今浙江省湖州市）人。清嘉庆九年（1804）副贡生，官武义县教谕。受浙江巡抚阮元之聘讲学杭州孤山诂经精舍并任其幕僚。著有《十三经丛说》《西夏纪事本末》《两浙赈灾记》《海运刍言》《东南半壁纪事》等。

张鉴协助浙江巡抚阮元剿海寇，力主改漕粮河运为海运，著《海运刍言》论证之，“凡料浅占风之法，定盘望星之规，放洋泊舟之处，考之甚悉”。

存佚不详。

0674

温处盐务纪要一卷／（清）赵舒翘辑

赵舒翘（1848—1901），字展如，长安（今属陕西省西安市）人。清同治十三年（1874）进士，授刑部主事。历官员外郎、凤阳知府、浙江布政使、江苏巡抚、刑部左侍郎、刑部尚书、总理各国事务衙门大臣并任军机大臣。附和慈禧利用义和团之策，八国联军与清政府议和时指其为开衅祸首之一，迫令自尽。遗稿由王步瀛编成《慎斋文集》《慎斋别集》。

温处道，清康熙九年（1670）置，治温州府（今浙江省温州市）。领温州、处州二府。是书汇集温处盐厘改官办过程中的往来文牍及章程等。

清光绪十九年瓯江官舍刻本。

0675

奥羽海运记一卷／（日本）新井君美撰

新井君美（1657—1725），字在中，初名玙一，字济美，号白石，又号锦屏山人，江户（今日本东京）人。日本江户中期儒者、政治家。天和二年（1682）仕于堀田正俊。宝永六年（1709）参与德川幕府政事。晚年因政治失势而退隐。著有《南岛志》《西洋纪闻》《古史通》《藩翰谱》《白石诗草》等。

是书记宽文十年（1670）河村瑞贤办理海运之事。

日本嘉永元年安中造士馆刻本，甘雨亭丛书本。

0676

熬波图说二卷／（元）陈椿撰

陈椿（1293—1335），天台（今浙江省天台县）人。曾任华亭县下砂盐场盐司的官吏，熟悉浙西盐事。

一作《熬波图咏》。是书为记录宋元时代海盐生产技术的专著，共收图五十二幅，图各有说。绘著于元至元年间，至顺元年（1330）开始刻版。历来均称陈椿为《熬波图》的作者，然而陈椿在《熬波图》的序言中明确指出该书原作者是另一位“名守义，号鹤山”的人。据陈椿讲，守义出身于南宋建炎以来浙西华亭下砂的一个盐官世家。至元丙子（1276），当元军占领浙西时，守义“辅圣朝开海道”。守义“深知煮海渊源，风土异同，法度始终，命工绘为长卷，名曰《熬波图》”。守义死后，陈椿曾专程拜访其子（讳天禧，号敬斋）并应邀将盐场原有的《熬波图》连环画幅配上文字诗歌，整编成帙，元统二年（1334）作序刊行。

四库全书本，清抄本，清朱续曾抄本。

0677

熬波图咏一卷／（元）陈椿撰

陈椿，见第0676条。

见“熬波图说二卷”。

民国四年上虞罗氏铅印本。

0678

海道漕运记一卷／（元）刘仁本撰

刘仁本（？—1368），字德元，号羽庭，天台（今浙江省天台县）人。元末进士，授江浙行省左右司郎中。至正十四年（1354），方国珍统辖台、温，应聘为幕僚。二十一年（1361），元廷命方国珍运漕粮，授仁本为枢密院副使，连续三年出没风涛，海运张士诚江淮之粟计三十万余石。著有《海道漕运记》《羽庭诗集》《羽庭文集》。

见“江淛行省兴复海道漕运记一卷”。

金声玉振集本。

0679

江淛行省兴复海道漕运记一卷／（元）刘仁本撰

刘仁本，见第0678条。

是书记元末海运漕粮之事。写于至正二十年（1360），附于《海道经》书末。

明嘉靖吴郡袁氏嘉趣堂刻本，金声玉振集五十种本。

0680

元海运志一卷／（元）危素撰

危素（1303—1372），字太朴，一字云林，金溪（今江西省金溪县）人。元至正元年（1341）授经筵检讨，迁翰林编修。累官至礼部尚书、翰林学士承旨，出为岭北行省左丞。明军入北京，他保存《元实录》降明，洪武二年（1369）授翰林侍讲学士兼弘文馆学士。著有《说学斋稿》《云林集》《吴草庐年谱》《元海运志》《危学士集》等。

历史著作。是书记录了元朝的海运情况，记有海运航线、天文、季风和海流。

学海类编本，丛书集成初编本。

0681

大元海运记二卷／（元）赵世延、揭傒斯等纂修，（清）胡敬辑

赵世延（1259—1336），字子敬，其祖按竺迩为蒙古汉军征行大元帅，镇蜀，因家成都，改姓赵。世延初被忽必烈召见入枢密院御史台肄习官政。历官云南诸路提刑按察司判官、江南湖北道肃政廉访司事、四川肃政廉访使、集贤大学士。卒，追封鲁国公，谥文忠。

揭傒斯（1274—1344），字曼硕，号贞文，龙兴路富州（今江西省丰城市）人。历官授翰林院编修、国子助教、授经郎、艺文监丞、翰林待制、集贤学士、翰林直学士、侍讲学士、同知经筵事。卒，谥文安。

胡敬（1769—1845），字以庄，号书农，仁和（今属浙江省杭州市）人。清嘉庆十年（1805）进士，改翰林院庶吉士，散馆授编修。先后奉诏纂修《全唐文》《明鉴》《治河方略》《秘殿珠林》及《石渠宝笈三编》等书，后辞官主讲崇文书院二十余年。著有《崇雅堂诗文集》。

记载我国元代海运的著作。元天历二年（1329），诏令翰林国史院与奎章阁学士采辑本朝典故，依《会要》体裁著《经世大典》，该书为《元经世大典·海运门》。清代该书已佚，仅散见在《永乐大典》中，清末胡敬将该门从《永乐大典》中辑出，改为现名。是书包含排年海运水脚价钞、漕运水程、记标指浅、测候潮汛应验、艘数装泊等内容，叙述了海运中的一些技术问题，人工航标的设置与形态，航海过程中的潮汐、风向、气象以及舟师行船经验等。

清咸丰元年劳氏丹铅精舍抄本，清咸丰罗氏恬养斋抄本，清沈树镛抄本，雪堂丛刻本，清光绪抄本。

0682

闽盐正告书二卷／陈浏撰

陈浏（1863—1929），字亮伯，一字孝威，号寂园、寂者、粲园、垂叟，又号定山、定翁，晚年署六江六山老人。清光绪十一年（1885）拔贡，官至福建盐法道。民国后曾任交通部秘书。著有《问字楼诗》《孤圆山庄诗剩》《二山唱和集》《雄树堂诗集》等。

清宣统二年铅印本。

0683

江海常关税则一卷／江海关监督税务司会订

1918年，江海关监督与税务

司拟订《江海常关税则》，经呈报北洋政府财政部和税务处核准颁布施行。该税则将应税货品分为香料香烛蜡类、木及木器类、竹及竹器类、乐器类、五金及五金器类、瓷器窑器料器玻璃器类、燃料类等二十类。

民国七年铅印本。

0684

光绪通商综覆表一卷／钱学嘉撰

钱学嘉，即钱恂，见第0685条。

清光绪二十三年慎记书庄西政丛书石印本。

0685

交涉通商表／钱恂辑

钱恂（1853—1927），原名学嘉，字念劬，号积踬步生、受兹堂主人、金盖稚樵等，归安（今浙江省湖州市）人。清光绪十年（1884）入宁绍道台薛福成幕。十六年（1890）随薛氏出使英、法、意、比等国家。二十四年（1898）任湖北留日学生监督。三十一年（1905）为赴东西洋考察宪政大臣参赞官。三十三年（1907）出使荷兰大臣，翌年改意大利。宣统元年（1909）回国，1914年为参政院参政、北京大学名誉纂辑员。曾任自强学堂（武汉大学前身）首任提调。著有《二二五五疏》《财政四纲》等。

清光绪二十三年上海飞鸿阁书林石印本，续西学大成本。

0686

东三省盐法新志四十卷首一卷／王树楠等纂

王树楠（1851—1936），字晋卿，晚号陶庐老人，新城（今河北省保定高碑店市）人。清光绪二年（1876）举人；十二年（1886）进士。年轻时随读莲池书院，深得曾国藩、李鸿章赏识。历官四川青神县、彭山县、资阳县、富顺县、铜梁县、甘肃省中卫县等县知县，新疆布政使。民国期间任《清史稿》四总纂之一。1921年与罗振玉等主持敦煌经籍辑存会；1925年任东方文化事业委员会委员并任副所长之职。1930年主讲奉天萃升书院。著有《陶庐丛刻》《离骚注》《天元草》《周易释贞》《尚书商谊》《广雅补疏》《希腊春秋》《陶庐文集》《彼得兴俄记》《文莫室诗集》等。

1927年，翟文选设局编纂盐法志，为与宣统三年（1911）熊希龄《东三省盐法志》相区别，称《东三省盐法新志》，分述古、场产、行政、法令、运销、征榷、缉私、交涉、精盐、渔盐、附产、器用十二篇。

民国稿本。

0687

海运学 / 徐钟英讲述

徐钟英，生卒年不详，字育华，留学日本学习商科，曾在镇海商会、中国银行任职。

民国通才商业专门学校铅印本。

0688

光绪通商列表一卷 / 杨楷撰

杨楷（1855？—1931），字端书，号仁山，后改道霖，无锡（今江苏省无锡市）人。清同治十一年（1872）应童子试以第一名入泮。光绪十年（1884）入宁绍台道薛福成幕，撰《光绪通商列表》一卷。十四年（1888）入烟台盛宣怀幕，不久，编写海关贸易册书。十七年（1891）与钱恂、胡惟德等人上书李鸿章，建议在沪立商务公所。次年中进士。应张之洞聘，主讲武昌自强书院兼督署洋务文案。二十一年（1895）参加北京强学会。

是书系对清光绪年间海关年报的统计进行的再统计和分析研究。

清光绪十二年刻本。

0689

通商表四卷 / 杨楷等辑

杨楷，见第0688条。

清咸丰至光绪年间的中国通商统计，是我国五口通商后对外贸易最初的记录。

清光绪二十一年海昌官廨刻本。

0690

淮北三场池圩各图 / 毓昌辑

毓昌，生平事迹不详。

是图绘有太平、中正、临兴三场图五十余幅，另有晒盐器具各图。

民国石印本。

0691

东三省盐法志十四卷 / 载泽等修，陈为镒等纂

载泽（1868—1929），爱新觉罗氏，本名蕉，字荫坪，奕柡第七子，后改嗣奕洵，满洲正黄旗人。清光绪三年（1877）袭封为辅国公，二十年（1894）晋封为镇国公。历官满洲正蓝旗副督统、任度支部尚书、筹办海军事务大臣、度支部大臣兼盐政大臣等职。

陈为镒（1863—1924），字璞臣，郴州（今湖南省郴州市）人。清光绪二十三年（1897）优贡。历官绥远校生理学教习、郴县厘金局局长、讨贼总司令部秘书，积极

投身于维新运动。

是书分历史、滩场、旗庄、征榷、督销、转运、职官、禁令、缉私、报销、交涉、叙志十二门。

清宣统三年铅印本。

0692

发起开辟三门湾报告书 / 邹辉清辑

邹辉清，生卒年不详，原籍厦门（今福建省厦门市），印度尼西亚华侨。

1918 年，华侨邹辉清回国，经总统准许在浙江沿海调查了八个月，认为三门湾为天然良港。翌年，邹辉清与徐春荣等向浙江督省两长提出发起开辟三门湾报告书，报告分开辟三门湾计划与三门湾农垦进行步骤两部分。

民国铅印本。

0693

潮盐事例不分卷

清抄本。

0694

筹饷事例三卷现存常例一卷海防事例一卷海防事例铨补章程一卷

清光绪刻本。

0695

督理粤海关税务事宜

抄本。

0696

各省粮船运道图不分卷

稿本。

0697

海防事例不分卷增修筹饷事例条款不分卷筹饷事例不分卷增修现行常例不分卷

清光绪刻本。

0698

海防事例附简明条款

清光绪六年刻本。

0699

海防事例一卷防海例铨补章程一卷

清光绪木活字印本。

0700

海运续案六卷

是书内容有谕旨、章奏、本部咨文及接收咨呈、差次札咨、船册等。

清咸丰二年户部抄本。

0701

户部筹饷海防新章捐例不分卷

清刻本。

0702

户部海防新例铨补章程

清末刻本。

0703

户部海运新案十卷

为使海运有法可依，清道光六年（1826）制定《海运章程》，就海运的各项事宜做了详尽的规定。二十七（1847）年以此为基础制定《户部海运新案》，使之更加完整，主要包括谕旨奏章、本部咨文及接收咨呈、头二批船册、差次接受详禀咨呈等内容。

清道光二十八年户部抄本。

0704

江海口岸贸易表一卷

见“中外交涉类要表四卷”。

江南商务报本。

0705

内外海运章程不分卷

抄本。

0706

新海防筹饷事例

清荣禄堂刻本。

0707

新海防事例二卷

一作《海防事例》。

清刻本，清光绪三十年荣禄堂刊本，清光绪木活字本。

0708

新海防事例七卷附铨补新章一卷

清光绪荣禄堂刻本。

0709

修改鼓浪屿公共地界工部局章程文稿

1926年，鼓浪屿华民工会召开董事会，提出修改《鼓浪屿公共地界章程》、改组工部局董事会、增加华董、收回会审公堂等主张。在厦门各界人民的支持下领事团被迫接受修改意见。

抄本。

0710

驻扎海参崴委员条陈运销华货须知一卷

清光绪二十八年刻本。

邦交之属

0711

朝鲜国备报倭奴情形疏一卷／（朝鲜）李珲撰

李珲（1575—1641），又称光海君，朝鲜李氏王朝第十五代君主。

皇明修文备史本。

0712

朝鲜国海关章程一卷／（朝鲜）统理交涉通商事务衙门编

抄本。

0713

福建沿海航务档案／（清）□□编

是书辑录流落民间的清嘉庆年间官方档案，包含禀文、咨文、奏折、结式、船照、料照等档案数据，反映了清嘉庆年间福建沿海的造船规矩、船只运行的规章制度、中国出使琉球船只的活动、闽台贸易与移民的关系、漂风难民、班兵遇险等内容。

清抄本。

0714

美英法日四国间关于各该国太平洋内各岛领地及属地条约／（清）□□辑

民国十一年铅印本。

0715

总理衙门档案不分卷（光绪二至四年、六至十二年）／（清）□□辑

总理衙门，官署名，全称总理各国事务衙门。第二次鸦片战争后，清政府为办理洋务及外交事务而特设的中央机构，咸丰十一年（1861）成立，由奕訢充任首席大臣。负责外交、通商、海关、练兵、同文馆等事务，后来又发展到经营举办路矿、设立工厂、兴办学校、派遣留学生等事务。光绪二十七年（1901）改组为外务部。

清光绪抄本。

0716

同治朝筹办夷务始末一百卷／（清）宝鋆等纂修

宝鋆，见第0090条。

见“筹办夷务始末二百六十卷”。

清光绪内府抄本，民国十九年故宫博物院影印本。

0717

出使须知一卷／（清）蔡钧撰

蔡钧，生卒年不详，字和甫，仁和（今属浙江省杭州市）人。清光绪二十三年（1897）署理上海道，曾督办吴淞开端口工程总局。二十七年（1901）任驻日公使。三十一年（1905）在上海办《南方报》。

蔡钧曾随清廷驻美公使兼驻日斯巴尼亚、秘鲁公使出使上述三国，并以参赞身份实际主持西班牙公使馆馆务两年有余。是书包括近代国际外交知识及其礼仪，还包括近代外交人员所应掌握知识与素质、驻外使馆业务范围及管理要求乃至国际旅行及西方生活常识等。

清光绪十一年弢园王氏木活字印本，小方壶斋舆地丛钞本。

0718

海隅从事录一卷／（清）丁寿祺撰

丁寿祺（1823—1876），字仲仙，山阳（今属江苏省淮安市）人。清咸丰九年（1859）进士。历官内阁中书、刑部郎中。

小方壶斋舆地丛钞本。

0719

记中国自明代以来与西洋交涉大略不分卷／（清）傅云龙撰

傅云龙（？—1901），字懋元，号醒夫，德清（今浙江省德清县）人。历任兵部武选司、车驾司主事、郎中。光绪十三年（1887）录为外交特使，出使日本、美国、秘鲁、智利、巴西、古巴等十一国。足迹所至，搜集各国地理、风貌、物产等资料编写图志。归国后呈献书稿得光绪帝褒奖，出任机器局会办兼海军衙门帮办，旋升机器局总办。著有《经翼》《史证》《说文解字正名》等。

是书为傅云龙于清光绪十三年（1887）赴各国出洋游历官考试中获得第一名的答卷，简述自古以来中西文化交流及鸦片战争后中西交涉订约的历史。

抄本。

0720

筹办夷务始末二百六十卷／（清）官修

清道光、咸丰、同治三朝对外

关系档案数据汇编，故又作《三朝筹办夷务始末》，包含《道光朝筹办夷务始末》《咸丰朝筹办夷务始末》《同治朝筹办夷务》。

民国影印本。

0721

咸丰朝筹办夷务始末八十卷／（清）贾桢等纂修

贾桢，见第0094条。

是书记事起自清道光三十年（1850），止于咸丰十一年（1861），收有关对外交涉的上谕廷寄、臣僚奏章及中外照会等，按日详载第二次鸦片战争期间的重要史事。

清同治间内府抄本，民国十九年故宫博物院影印本。

0722

筹洋三策一卷／（清）金安清撰

金安清（1816—1898），字眉生、梅生，号傥斋，嘉善（今浙江省嘉善县）人。曾入林则徐、曾国藩幕，历官湖北督粮道、两淮盐运使、湖北按察使。熟古今掌故及盐、漕、河、洋诸务。著有《六幸翁文稿》《偶园诗稿》。

清末傅氏长恩阁抄本。

0723

粤道贡国说六卷／（清）梁廷枏编

梁廷枏，见第0293条。

是书收清初至道光年间经海道至广东贸易和向清廷“入贡”的暹罗、荷兰、英、意、葡等国与清朝来往国书、藩属入贡条例及有关谕旨和地方官奏章，分国按年编次。

清道光刻本，海国四说本。

0724

大清国大日本国条规章程一卷／（清）马长康编校

马长康，生平事迹不详。

各国通商条约税则章程本。

0725

中外约章纂新十卷／（清）时中书局辑

时中书局，清光绪年间由顾子安在上海设立。

清光绪三十二年上海时中书局印本。

0726

中越东西定议全界约文一卷／（清）孙传凤录

孙传凤（1850—?），字得之，

一字得芝，号汶民，吴县（今属江苏省苏州市）人。清光绪十五年（1889）举人。著有《汶民遗文》《汶民丛稿》。

渐学庐丛书第一集本。

0727

福星轮船被澳顺轮船撞沉全案二卷／（清）唐廷枢辑

唐廷枢（1832—1892），号景星，香山县唐家村（今属广东省珠海市）人。清咸丰元年（1851）起在香港英国殖民政府当了七年翻译，后又在上海海关担任了三年高级翻译。同治十一年（1872），清廷成立招商局以抵制外商轮船对中国航运的垄断，唐廷枢及徐润为董事。在唐廷枢等的操办下，光绪六年（1880），招商局已与英商太古、怡和并驾齐驱。李鸿章以唐廷枢素习商业，命其总理全局。唐廷枢主持创办了中国第一家保险公司、中国第一家机械煤矿、中国第一家水泥厂、中国第一条铁路、中国第一台自产火车。

清光绪元年二月二十八日（1875 年 4 月 3 日），招商局福星轮由沪赴津，至烟台撩木洋海面被南下的英商怡和洋行的澳顺轮从斜右撞沉，江苏天津海运委员几乎尽数遇难，此案为招商局成立后第一起船舶重大碰撞事故。招商局向上海道台提起诉讼，同年 5 月 22 日，英国驻沪领事臬司衙门审理此案，虽招商局总办唐廷枢据理力争，但英方极尽狡辩推卸。此案几经周折最后仍由英国按察司断以“两船皆错，两船被失致损合算均分其失”。

清光绪元年招商总局刻本。

0728

清季外交史料二百十八卷索引十二卷／（清）王彦威辑，王亮编

王彦威（1842—1904），原名禹堂，字渠城，更字弢甫，黄岩县（今属浙江省台州市）人。清同治九年（1870）举人，历官工部衡司主事、营缮司员外郎、军机章京、江南道监察御史、太常少卿。著有《外交始末记》《道咸同光四朝筹办洋务大略》《枢垣笔记》《清朝掌故》《清朝大典》《秋灯课诗屋图记》《黎庵丛稿》等。

王亮，生平事迹不详。

清光绪年间，王彦威曾任军机章京，以私人之力将未刻的道光、咸丰、同治三朝《筹办夷务始末》录刻收藏，又钞辑光绪元年至三十年（1875—1904）有关中外交涉的函电、照会、条约等文件，编为《筹办洋务始末记》，未付梓即卒，以后其子又补编 1904 年至 1908 年

的资料，名为《光绪朝外交史料》。凡中法战争、中日战争、辛丑条约等事均有详载。其子又续编1909年至1912年间资料，写成《清宣统朝外交史料》，有《西巡大事记》《清季外交史料》《清季外交年谱》和若干幅地图，全书合称《清季外交史料》，系研究清末对外关系的重要史料。

民国二十四年铅印本。

0729

各国通商始末记二十卷 /（清）王之春编

王之春，见第0320条。

是书据上谕、官书、奏疏、西人图志及诸家私著等有关材料编成，全面地记述了光绪以前清代的中外关系。其卷二十为寰瀛一览，列有《沿海形势略》《环海全图》《沿海舆图》《三岛（台湾、澎湖、琼州）分图》等，图后附说，概要介绍地理形势、风俗人情及物力盈缺等。

清光绪二十一年宝善书局石印本。

0730

国朝柔远记不分卷 /（清）王之春辑

王之春，见第0320条。

一作《国朝通商始末记》《各国通商始末记》《通商始末记》等。是书辑录上谕、奏疏及有关中外关系历史资料，按年编纂而成，起自清顺治元年（1644），迄于同治十三年（1874）。光绪二十一年（1895）改名《通商始末记》。

清光绪十一年粤东仰忠书屋刻本。

0731

国朝柔远记二十卷 /（清）王之春辑

王之春，见第0320条。

见“国朝柔远记不分卷”。

清光绪十七年广雅书局刻本，清光绪二十一年宝善书局石印本，清光绪二十七年上海申昌社石印本，清光绪二十八年上海书局石印本，清光绪二十七年上海日新社石印本。

0732

国朝通商始末记二十卷 /（清）王之春编

王之春，见第0320条。

见“国朝柔远记不分卷”。

0733

通商始末记二十卷 /（清）王之春编

王之春，见第0320条。

见“国朝柔远记不分卷”。

清光绪二十八年上海书局石印本。

0734

中外通商始末记二十卷／（清）王之春纂

王之春，见第0320条。

见“国朝柔远记不分卷”。

清光绪二十一年宝善书局石印本，清光绪二十三年上海鸿文书局石印本，清光绪二十七年上海日新社石印本，清光绪二十七年上海申昌社石印本。

0735

康熙乾隆俄罗斯盟聘记一卷／（清）魏源撰

魏源，见第0116条。

是书辑录康熙、乾隆以来中俄交涉事迹并对中俄关系史事进行了系统的整理。

北徼汇编本，小方壶斋舆地丛钞本。

0736

道光朝筹办夷务始末八十卷／（清）文庆等纂修

文庆，见第0102条。

清廷官修的对外关系档案数据汇编。记事自清道光十六年（1836）议禁鸦片始，至二十九年（1849）止。收录此间涉外事项的上谕、廷寄、奏折、照会等档案约二千七百余件。

清咸丰间内府抄本，民国十九年故宫博物院影印本。

0737

记英咭唎求澳始末一卷／（清）萧枚生撰

萧枚生，即萧令裕，见第0667条。

凌氏传经堂丛书本。

0738

记暎咭唎求粤始末一卷／（清）萧枚生撰

萧枚生，见第0667条。

刊本。

0739

自强学斋治平十议／（清）自强学斋主人辑

自强学斋主人，生平事迹不详。

是书选录“戊戌变法”前各家论新政变法的著作，包括马建忠《适可斋记言记行》、薛福成《筹洋刍议》、陈虬《经世博议》和《救时要议》、宋育仁《时务论》、王守基《盐法议略》等。

清光绪十九至二十三年文瑞楼石印本。

0740

奉天朝鲜贸易章程／（清）总理各国事务衙门纂

总理各国事务衙门，清咸丰十年（1860）设，恭亲王奕訢为长官，下设总办、帮办，分掌核关税、典文移、治台站驿递、机密等。光绪二十七年（1901）改称外务部。

是书为有关《奉天朝鲜贸易章程》之奏书各稿钞本，包含《奉天与朝鲜边民交易章程》，另有清光绪九年（1883）四篇奏文。

清光绪十四年抄本。

0741

各国通商条约三十五种／（清）总理各国事务衙门编

总理各国事务衙门，见第0740条。

清光绪石印本。

0742

各国通商条约税则章程二十种／（清）总理各国事务衙门编

总理各国事务衙门，见第0740条。

清同治间郭庆藩等校刻本。

0743

各国通商条约税则章程十四种／（清）总理各国事务衙门编

总理各国事务衙门，见第0740条。

清光绪刻本。

0744

清代约章汇辑／（清）总理各国事务衙门辑

总理各国事务衙门，见第0740条。

是书包含《大清大日本国条规章程》《丹国通商条约税则章程》《美国条款》《英国条款》《荷兰国条约》等。

清光绪二年总理湖南善后总局刻本。

0745

日本通商行船条约不分卷／（清）总理各国事务衙门编

总理各国事务衙门，见第0740条。

清光绪二十八年浙江官书局刻本。

0746

朝鲜国外交档案／（清）统理交涉通商事务衙门辑

清光绪九年抄本。

0747

现今中俄大势论不分卷／（日本）渡边千春撰，（清）梁武公译

渡边千春，生平事迹不详。

梁武公，生平事迹不详。

清光绪二十九年铅印本。

0748

俄国经营东方策／（日本）蕨山生撰

蕨山生，日本人，生平事迹不详。

是书记叙近代以来俄国在远东，包括在中国的侵略扩张以及日益尖锐的日俄矛盾。

清光绪三十年上海通社丛书乙编本。

0749

善邻国宝记三卷／（日本）周凤撰

周凤（1391—1473），号瑞溪，别名卧云山人、刻楮子、竹乡子等，俗姓大伴，和泉堺（今日本大阪府堺市）人。十四岁入京都相国寺出家，永享十三年（1441）成为相国寺住持。应足利义教邀请三度出掌僧录职，管理全国僧尼，曾长期参与幕府对明朝及朝鲜的外交活动。著有《卧云日件录》《卧云稿》《瑞溪疏》《善邻国宝记》等。

是书上卷是从古代到明洪武年间使者及著名僧侣往来的大事年表。中、下卷收录了日本足利幕府和中国、朝鲜之间的往来文书及其附件，起自中国明代建文三年（1401），止于成化十九年（1483），均为中国史书所不载。

日本明历三年精度书肆出云寺松柏堂刊本。

0750

华英通商事略一卷／（英国）伟烈亚力口译，王韬述

伟烈亚力（1815—1887），英国传教士。清道光二十七年（1847）来华在上海主持墨海书馆的出版事务，使墨海书馆成为传播西方近代科学的重要处所。

王韬，见第0318条。

一作《英华通商事略》。是书记中英通商始末，记事起自明崇祯

间英船抵虎门，迄清道光间东印度公司专利取消。

西学辑存六种本。

0751

英华通商事略一卷／（英国）伟烈亚力口译，王韬述

伟烈亚力，见第0750条。

王韬，见第0318条。

见“华英通商事略一卷”。

清光绪十六年淞北寄庐铅印本。

0752

元高丽纪事一卷／（元）□□撰

据考为文廷式自《永乐大典》之“经世大典·政典·高丽”一目抄出，内容为元代与朝鲜之关系。

广仓学窘丛书本。

0753

广州湾租界约七款一卷／□□辑

清光绪二十四年（1898）四月，法国强迫清廷允将广州湾租给法国，法舰占领雷州附近炮台。二十五年（1899）十一月十六日，广西提督苏元春与法国水师提督高礼睿在广州湾正式签订此约。该约规定中国允将广州湾沿岸陆地、岛屿及海面租与法国；法国可在租界内建筑炮台、驻扎军队等。

清光绪铅印本。

0754

中日议订东三省条约／□□辑

1905年12月22日，日本强迫清政府签署《中日会议东三省事宜条约》正约及附约。清政府承认日本继承沙俄从中国攫取的长春以南的全部权利；增开凤凰城、辽阳等十六处为商埠；在营口、安东、奉天划定日本租界。至此中国东北南部沦为日本势力范围。

清光绪三十一年铅印本。

0755

尺牍类函呈文书达衷集二卷／许地山校录

许地山（1894—1941），本名赞堃，又名叔丑，字地山，笔名落华生，龙溪（今属福建省漳州市）人，出生于台湾省台南市。中日甲午战争后举家内渡。1917年考入北平燕京大学，专攻文学与神学。1926年毕业留校任教，后转入英国牛津大学曼斯菲尔学院研究宗教学、印度哲学、梵文等。1935年任香港大学文学院主任教授，遂举家迁往香港。在港期间曾兼任香港

中英文化协会主席。著有《花》《落花生》等。

是书为英国东印度公司在广州商馆所存旧函件及公文底稿，内容涉及清乾隆、嘉庆年间英国商船及公司与中国官方、私人往来，反映了鸦片战争前中英通商情况。

稿本。

0756

通商约章纂要七卷首一卷附一卷／劳乃宣编

劳乃宣（1843—1921），字季瑄，号玉初，桐乡（今浙江省桐乡市）人。清同治十年（1871）进士。初任临榆、南皮等知县。光绪二十五年（1899）在吴桥等地镇压义和团。1911年任学部副大臣兼京师大学堂总监督。张勋复辟时任法部大臣，后隐居上海、青岛。著有《遗安录》《古筹算考释》《约章纂要》《义和拳教门源流考》等。

清光绪十八年上海排印本。

0757

俄租辽东暂行省治律／李家鏊译

李家鏊（1863—1926），字兰舟，上海（今上海市）人。清光绪二十二年（1896）在天津俄文馆任职，旋任浦监商务交涉员。后历任东三省交涉员、哈尔滨铁路交涉局总办、吉林省西北路观察使、滨江道尹、署理驻海参崴总领事、西伯利亚高等外交委员、北京政府外交部参事、东省特别区高等审判厅厅长、苏联公使、芬兰公使。

原书为阿穆尔官报所载，为俄历1899年8月辽东暂行省治律，包括兵、刑、钱、谷、邮电、路矿类。

清光绪二十九年商务印书馆铅印本。

0758

东三省交涉辑要十二卷图说一卷／刘瑞霖订，孙凤翔、赵崇荫辑

刘瑞霖，生平事迹不详。
孙凤翔，生平事迹不详。
赵崇荫，生平事迹不详。

中外关系史。是书分订约、关税、租借、开埠、渔业、航道、禁令等十二类。每类内各以事件发生时间先后次序编列，自马关条约起始，至日韩合并终止，包含世界各国发生的与东三省有关系的事件，有关东三省外事交涉之条约、章程、公牍等。

清宣统二年铅印本。

0759

各国立约始末记三十卷首二卷／陆元鼎编

陆元鼎（1841—1910），字春江，一字少徐，仁和（今属浙江省杭州市）人。清同治十三年（1874）进士。历官江苏山阳、江宁知县，署理上海知县，署泰州知州，江苏按察使，江苏布政使，漕运总督，署湖南巡抚，江苏巡抚。

是书记清廷自清康熙二十五年（1686）至光绪三十年（1904）间与各国立约始末，所载条约之前所述立约缘起，多依据当时谕旨文牍、私人著述、外人记载等有关数据。

清光绪三十二年上海商务印书馆铅印本。

0760

中英续议通商行船条约／吕海寰拟定

吕海寰，见第0448条。

该条约共16条，主要内容涉及增开通商口岸，英国人可加入中国股份公司开采中国矿产，英国船只可在中国内河自由航行，等。

清光绪十八年铅印本。

0761

中美新订商约一卷中日新订商约一卷附奏定约束出洋学生并鼓励章程一卷／吕海寰等撰，（奏定约束出洋学生并鼓励章程）（清）张之洞撰

吕海寰，见第0448条。

张之洞（1837—1909），字孝达，号香涛、香岩，又号壹公、无竞居士，晚年自号抱冰，直隶南皮（今河北省南皮县）人。清同治二年（1863）探花，庶吉士。历官翰林院编修、教习、侍读、侍讲学士及内阁学士、山西巡抚、两广总督、湖广总督等职。光绪三十三年（1907）擢体仁阁大学士、军机大臣，兼管学部。翌年兼充督办粤汉铁路大臣。宣统元年（1909）充实录馆总裁。卒，谥文襄。著有《广雅堂散体文》《广雅堂骈体文》《广雅堂诗集》《广雅碎金》《论金石札》等。

清光绪二十九年（1903）秋，湖广总督张之洞奉命与日本驻华公使内田康哉会商签订颁布《约束出洋学生并鼓励章程》，又称《约束鼓励出洋游学生章程》，并由清廷外务部刊印成册，旨在监视和阻止中国留日学生进行革命活动。该章程包括《约束游学章程》《奖励

游学毕业生章程》《自行酌办立案章程》。

清光绪中外日报馆铅印本。

0762

中外交涉类要表四卷 / 钱恂编

钱恂，见第0685条。

是书包含《各国换定约章表》《江海口岸贸易表》《陆路口岸贸易表》《使臣出洋分驻表》，每表皆冠叙论一篇。

清光绪二十年刻本。

0763

新定各国通商条约十六卷附录一卷 / 吴梅溪辑

吴梅溪，生平事迹不详。

清光绪上海书局石印本。

0764

酬赏失事洋船章程

英国与清廷就华民收拾失事英船货物事订立的约章。清同治八年（1869）由英福州领事拟议，总理衙门接受。主要规定如有英船失事，附近华民可前往代英商收拾货物，开列清单报明附近英国领事，由英方酌情付给收拾者一定份额的报酬。

清同治八年签订

0765

春帆楼条约

见“中日马关条约一卷”。

0766

订租威海卫专条

见“中英订租威海卫专条”。

0767

光绪十年四月中法天津立约原条文附往来照会一卷

中法战争爆发后，法军侵占了红河三角洲，清廷命李鸿章与法国代表福禄诺谈判，双方于清光绪十年四月十七日（1884年5月11日）在天津签订本约。主要内容有：清政府不干涉法国和越南之间已定和将定之条约；中国自越南即行撤军；中越边境听凭法国、越南货物运销，按于“法国商务极为有益之原则”议定商约税则。

清光绪铅印本。

0768

光绪十年中法失和往来照会第二册一卷

清光绪九年（1883），法国侵略者侵略越南、强迫越南签订《明化条约》，并向中国军队发动进攻。李鸿章力主妥协，在天津与法使签订《中法会议简明条款》。后法国舰队向台湾进攻并在福建马尾港突然袭击中国福建水师，清政府被迫对法宣战。十一年（1885），冯子材在广西大败法军，法国茹费理内阁因战败倒台，但清廷却授意李鸿章与法国签订《中法新约》。此为照会文件汇编。

清光绪铅印本。

0769

光绪十一年中法新约十条一卷

又称《越南条款》或《李巴条约》。清光绪十一年四月二十七日（1885年6月9日），清钦差全权大臣李鸿章同法国驻华公使巴特纳在天津签订，同年11月28日在北京互换批准书后生效。该约主要规定：凡有法国与越南自立之条约、章程，或已定者，或续立者，现时并日后均听办理；本约一经签订，法军立即奉命退出基隆，签字后一个月内，法兵必当从台湾、澎湖全行退尽。

清光绪铅印本。

0770

韩国条约一卷

清廷与朝鲜签订的有关两国关系和海关通商事宜的条约，后附《朝鲜国海关税则》。清光绪二十五年（1899），清太仆寺卿徐寿朋与韩国外务部大臣朴齐纯在汉城（今韩国首尔市）签订。

清光绪二十五年刻本。

0771

和好贸易条约

见“西洋国议定通商章程条款一卷”。

0772

勘分旅大租界专条一卷

清光绪二十五年一月十七日（1899年2月26日），中国与俄国在旅顺签订。主要内容有：辽东半岛租界两岸附近水面陆地北界纬线以南各岛，均归俄国享用。租界东岸附近水面所有各岛在北界纬线以南者，均归俄国享用，以划入俄国租界内的海洋岛作为尽东之界。所有辽东半岛以南庙岛群岛不归租界之内，而中国允认不能将该全岛或一二岛让与别国及别国人，或永远或暂行享用，并不能在此群岛开设通商口岸，亦不能在此各岛准与他国人造铁路、开矿及工商利益各事。

清光绪铅印本。

0773

李巴条约

见“光绪十一年中法新约十

条一卷”。

0774

满洲善后协约

见“中日会议东三省事宜条约一卷”。

0775

美国运送对象布国运送对象京师不准通商德国兵商船进出口美国兵商船进出口各国兵商船进出口聘请洋员

清咸丰十年至光绪二十七年抄本。

0776

三朝筹办夷务始末二百六十卷

见“筹办夷务始末二百六十卷”。

0777

厦门鼓浪屿公地章程

中国与英、美、日、法、德等国于清光绪二十七年（1901）在厦门签订。该章程主要内容为中国将鼓浪屿全岛所有环水以内陆地作为公共地界，对界内事宜的约定。

中外约章纂新本。

0778

通商各国条约类编十八卷首一卷末一卷附录一卷

清光绪三年畿辅通志局刻本。

0779

五次问答节略

见“中日议和纪略不分卷”。

0780

西洋国议定通商章程条款一卷

又称《和好贸易条约》。清同治元年七月十八日（1862 年 8 月 13 日），清廷在天津与葡萄牙签订。此条约系在《北京条约》签订后，许多后起的和较小的资本主义国家纷纷来华索取利益的情况下，葡萄牙政府强迫清廷签订的不平等条约。

清刻本。

0781

续议通商行船条约

见“中英续议通商行船条约”。

0782

乙未中日交涉文件不分卷

是书记中日甲午战争后清廷与

日本交涉及签约资料。

清光绪刻本。

0783

英国条款一卷续增条约一卷通商税则条款一卷通商章程善后条款一卷钦差条款一卷烟台条款一卷

《通商章程善后条款》，清廷于清咸丰八年（1858）十月，在上海与英、法、美三国分别签订了《通商章程善后条约：海关税则》，作为《天津条约》的补充。《烟台条款》，清光绪二年七月二十六日（1876年9月13日），清钦差便宜行事大臣、直隶总督李鸿章和英国驻华公使威妥玛，在烟台签订。

各国通商条约税则章程本。

0784

英国租借威海卫专条不分卷

清光绪二十四年（1898），清廷被迫与英国签订，英国取得了威海卫湾包括刘公岛及威海卫沿海十英里（约16千米）宽的租借权，租期25年。

清光绪铅印本。

0785

越南条约

见“光绪十一年中法新约十条一卷”。

0786

增补中日议和纪略一卷

清光绪刻本。

0787

展拓香港界址专条不分卷

中国、英国于清光绪二十四年四月二十一日（1898年6月9日）在北京签订。条约主要内容有：中、英两国政府议定展拓香港界址。展扩英界作为新租之地，其详细界线，再行划定，以99年为限期。议定所有现在九龙城内驻扎的中国官员仍可在城内各司其事，但不得妨碍保卫香港之武备。其余新租之地，专归英国管辖。又议定，仍留附近九龙城原旧码头一区，以便中国兵、商务船，渡艇任便往来停泊。

清光绪铅印本。

0788

中俄交涉考一卷

小方壶斋舆地丛钞本。

0789

中法交涉一卷

清光绪二十一年上海书局石印本。

0790

中国朝鲜商民水陆贸易章程一卷

清光绪八年（1882），清廷与朝鲜签订，依此约，两国废除海禁，开展海上贸易。两国开通烟台至仁川之定期航轮。清廷在汉城（今韩国首尔市）派驻总办朝鲜商务委员，并在仁川（今韩国仁川市）、釜山（今韩国釜山市）、元山（今朝鲜元山市）、汉城建立商务署。

各国通商条约税则章程本。

0791

中日会议东三省事宜条约一卷

日俄战争以日胜俄败而告终，沙俄通过《朴茨茅斯条约》，将在中国东三省南部地区的侵略特权转让给日本。清光绪三十一年十一月（1905年12月），日本强迫清廷签订《满洲善后协约》，规定清廷承认俄国将旅大租借地、长春至旅顺的铁路，以及与租借地、铁路有关的一切权利全部转让给日本。

清光绪上海制造局图书处铅印本。

0792

中日会议东三省事宜正约

清末抄本。

0793

中日交通汇务事宜一卷

清末抄本。

0794

中日马关条约一卷

日本通过甲午战争迫使清廷订立的不平等条约，原名《马关新约》，又称《春帆楼条约》，日文本称《媾和条约》。条约规定清廷承认朝鲜“独立自主”，实即承认日本对朝鲜的控制权；台湾全岛及所有附属各岛屿、澎湖列岛和辽东半岛割予日本。次年又援本约有关条款订立《中日通商行船条约》，日本攫得领事裁判权和片面最惠国待遇。

清光绪铅印本。

0795

中日马关新约一卷

见“中日马关条约一卷”。

清光绪刻本，清光绪间铅印本。

0796

中日议和纪略不分卷

一作《五次问答节略》。是书为李鸿章授意整理的马关会谈纪要，详载李鸿章赴日与伊藤博文谈判签订《马关条约》的谈判过程。

清光绪石印本。

0797

中英订租威海卫专条

一作《订租威海卫专条》。英国强迫清廷于光绪二十四年(1898)订立的关于租借威海卫(今山东省威海市)的条约，主要规定威海卫及附近海面，包括刘公岛、威海卫湾中的群岛、威海卫湾沿岸十英里（约17千米）的陆地租给英国，专归其管辖；在东经121°41′以东沿海地方，英国可择地建筑炮台、驻兵筑路等。

中外旧约章汇编本。

军政之属

0798

海军部试办宣统四年国家岁出预算比较表／（美国）海军部编

民国元年抄本。

0799

明御倭行军条例／（明）□□撰

天一阁藏明嘉靖刊本。

0800

明御倭行军条例一卷／（明）□□撰

天一阁藏明嘉靖刊本。

0801

御倭军事条款一卷／（明）□□撰

是书为御倭行军的条例，详细记述了御倭军队的编制、各字号军哨位的定制、军符、军门号令、行军号令及对违纪者的处罚方法等。

明嘉靖刻蓝印本，御倭史料汇编本。

0802

备倭记二卷／（明）卜大同撰

卜大同（1509—1555），字吉夫，号监泉，秀水（今属浙江省嘉兴市）人。明嘉靖十七年(1538)进士，由刑部主事，历官湖广按察司佥事、布政使参议、福建巡海副使。任福建巡海副使时，逢倭寇骚扰东南，边备多所兴革，使倭寇三年不敢犯。著有《征苗图记》《备倭图记》《监泉集》等。

卜大同官福建巡海副使，适逢倭寇猖獗，此书即其在福建任上时为讲求备倭之术而作，包含制置、方画、将领、士卒、烽堠、险要、战舸、边储、奏牍、策议等。

学海类编本，丛书集成初编本。

0803

备倭录二卷／（明）卜大同撰

卜大同，见第0802条。

学海类编本。

0804

备倭图记一卷／（明）卜大同撰

卜大同，见第0802条。

学海类编本。

0805

九边辑略一卷／（明）陈长祚辑

陈长祚（1545—?），字以介、以玠，号培所，长乐（今福建省长乐市）人。明隆庆五年（1571）进士，历官兵部武库司郎中、布政使、工部尚书。

清抄本。

0806

南枢志一百七十卷／（明）范景文撰

范景文（1587—1644），字梦章，一字质公，号思仁，吴桥（今河北省吴桥县）人。明万历四十一年（1613）进士，授东昌推官。历官吏部稽勋主事、文选员外郎、文选郎中、太常少卿、右佥都御史、兵部添注左侍郎、南京都御史、兵部尚书、工部尚书。崇祯十七年（1644）兼东阁大学士入参机务。起义军攻入北京，景文自杀，谥文贞。清朝建，谥文忠。著有《大臣谱》《昭代武功录》《师律》等。

是志为南京兵部志，诸事记载颇详。

明末刻本。

0807

全边略记十二卷／（明）方孔照撰

方孔照（1591—1655），一作方孔炤，字潜夫，号仁植，桐城（今安徽省桐城市）人。明万历四十四年（1616）进士，历官嘉定知州、兵部主事、兵部职方员外郎。崇祯十一年（1638）以右佥都御史巡抚湖广，与农民起义军作战。明亡隐居白鹿。著有《周易时论合编》。

是书记明代边疆和内地的地理形势及一些民族的状况，包含蓟门略、大同略、宣府略、陕西延绥略、两广略、九海略、辽东略、师中表、神势图（明全图与诸边分图）等。

明崇祯刻本，清抄本。

0808

全浙兵制考三卷附日本风土记五卷／（明）侯继高撰

侯继高（1533—1602），字龙泉，又号云闲，祖籍盱眙，后因官迁金山卫（今属上海市）。明嘉靖二十七年（1548）袭祖职金山卫指挥同知，后历官吴淞把总、惠州参将、漳潮副总兵、狼山副总兵，浙江、广东总兵官。在任职期间巩固边防、防倭抗倭。著有《游补陀洛迦山记》《补陀山志》《全浙兵制考》《日本风土记》等。

是书系明朝万历年间浙江总兵侯继高在任内所作兵书，是首部针对浙江地区兵制进行详细论述的著作，包含两浙海图、兵制、倭乱、卫所，附录近报倭警、造修福船等。书后附录《日本风土记》。

明万历刻本。

0809

九边图论一卷／（明）许论撰

许论（1487—1559），字廷议，号默斋，灵宝（今河南省灵宝市）人。其父系吏部尚书，少时常随父巡历边境各地，深知各关隘要道的地理形势，著《九边图论》上献朝廷，受到嘉靖皇帝的赞赏，升任南京大理寺丞。嘉靖三十三年（1554）督办宣府、大同和山西各边地的军务，因功升右都御史和兵部尚书，并荫封其子为世袭千户，后加授许论太子太保。嘉靖三十八年（1559）督边蓟州、辽东、保定的军务。卒，谥恭襄。著有《许恭襄公边镇论》。

军事地理书。许论据当时地理形势和防务特点，稽考历史文献和档案资料，著《边论》九篇并绘一图作辅。其论总述九边兵防沿革、布局，可略知边事始末；其图示明九边地形、山川险夷、道里曲直、攻守要冲，可略见九边防务。

明嘉靖十七年谢少南宋宜刻本，兵垣四编本，长恩书室丛书本，半亩园丛书本，后知不足斋丛书本。

0810

明代御倭军制一卷／（明）李遂撰

李遂，见第0163条。

民国二十五年石印本。

0811

明御倭军制一卷／（明）李遂撰

李遂，见第0163条。

一作《御倭军事条款》。是书约成书于明嘉靖年间，记李遂任提督兼巡抚时御倭的军队组织、军纪军令，包含束伍、军门节制、行军号令、符牌号令等内容。

明嘉靖三十六年刻本，邈园丛书本。

0812

经略复国要编十四卷图一卷附一卷／（明）宋应昌撰

宋应昌（1536—1606），字时祥，号桐岗，仁和（今属浙江省杭州市）人。明嘉靖四十四年（1565）进士，历官山西知州副使、福建左布政使、右副御史。巡抚山东时上《海防事宜》，预测倭寇攻朝鲜，万历二十年（1592）语验，拜兵部右侍郎。经略援朝抗倭，与李如松率军复开城及黄海、江源诸道。后因朝廷主和撤军，称病辞职。二十七年（1599）再次东征，因平壤功，加右都御史。著有《经略复国要编》。

是书汇集宋应昌经略备倭军务期间及事后之奏疏、函札等，内有沿海四镇及朝鲜图说，另记有万历时抗倭史实及明廷内部和战之争。

明万历刻本。

0813

九边图说不分卷／（明）孙应元、霍冀撰，（明）兵部辑

孙应元，生卒年不详，字华山，湖广承天卫（今湖北省钟祥市）人。明嘉靖四十一年（1562）进士，官兵部主事，熟知九边——辽东、蓟州、宣府、大同、山西、延绥、宁夏、固原、甘肃之形势险易、驻军及防务设事。

霍冀（1516—1575），字尧封，号思斋，孝义（今山西省孝义市）人。明嘉靖二十三年（1544）进士，历官永平府推官、监察御史、右佥都御史、户部侍郎、南京兵部侍郎、南京工部右侍郎、都察院左右佥都御史、大理寺左右寺丞、兵部尚书。

是书九边指辽东镇、蓟镇、宣府镇、大同镇、山西镇、榆林镇、宁夏镇、固原镇、甘肃镇。作者根据九边镇的政治、军事形势，参以历史资料、档案等，分别叙述了各大镇的形势、军备，以及九边的地利险夷、攻守要冲等情况。各镇都附有总图、图说、分图、分图说。

明隆庆三年刻本，玄览堂丛书本，民国三十年景印明隆庆三年刻本。

0814

御倭条款一卷 / （明）王邦直辑

王邦直（1513—1600），字子鱼，号东滨，即墨（今山东省即墨市）人。明嘉靖年间任盐山县丞，因上疏论时政遭嫉，罢官归故里。精心研究声律，历时二十年，撰成《律吕正声》，对我国声律学的发展历史进行了考证和阐述。

明万历四十五年自刻本。

0815

皇明九边考十卷 / （明）魏焕撰

魏焕，生卒年不详，字原德，又字东洲，长沙（今湖南省长沙市）人。明嘉靖八年（1529）进士，历官嘉兴府推官、兵部主事、兵部员外郎、四川佥事。

明初于辽东、宣府、大同、甘肃、蓟州、固原等地设立军事重镇，称为“九边”，以防御边疆。卷一为《镇戍经略番夷诸通考》，详论其沿革利害战守防御诸事。以下分九边为九卷，按疆域、保障、责任、军马、钱粮、边夷、经略等分类考证，并附详图。

明嘉靖四十五年魏时用刻本，国立北平图书馆善本丛书第一集本。

0816

苍梧总督军门志三十四卷 / （明）应槚辑，（明）刘尧诲重修

应槚（1493—1553），字子材，号警庵，遂昌（今浙江省遂昌县）人。明嘉靖五年（1526）进士，历官刑部主事、常州知府、山东布政使、兵部右侍郎。总督两广军务，病逝于广西苍梧军中，赠兵部尚书衔。著有《大明律释义》《警庵书疏》《谳狱稿》《苍梧军门志》《慎独录》等。

刘尧诲（1522—1585），字君纳，号凝斋，临武（今湖南省临武县）人。明嘉靖三十二年（1553）进士，曾官佥都御史巡抚福建，以御倭寇、平海贼之功，进都察院副都御史，任江西巡抚，总制两广，晋南京都御史、户部尚书。卒，赠太子少保。著有《虚籁集》《岭南议》《留垣吟稿》《凝斋文集》《临武志》等。

军事志书。明嘉靖三十一年（1552）两广总督应槚初修，次年成书二十四卷，名《苍梧军门志》。万历七年（1579）刘尧诲任两广总督，在原书基础上重加增补，再成其书，三十四卷，因两广之地有苍梧之称，故名《苍梧总督军门志》。是书专记明代两广总

督辖区内有关军事事宜，书中有很多关于当时广东海防情况的数据，记载沿海各处海防参将、水寨指挥、把总的设立时间、因由沿革、防守地域、统领船只兵员等。

明万历九年广东布政使刻本。

0817

镇海议稿不分卷／（明）俞大猷撰

俞大猷，见第0195条。

据考是书即《镇闽议稿》。

明嘉靖四十四年刻本，盋山精舍印本，民国二十三年南京国学图书馆景印明嘉靖刻本。

0818

镇海议稿续集七卷／（明）俞大猷撰

俞大猷，见第0195条。

据考是书即《正气堂续集》。

明嘉靖四十四年刻本，盋山精舍印本，民国二十三年南京国学图书馆景印明嘉靖刻本。

0819

镇海议稿余集七卷／（明）俞大猷撰

俞大猷，见第0195条。

据考是书即《正气堂余集》。

明嘉靖四十四年刻本，盋山精舍印本，民国二十三年南京国学图书馆景印明嘉靖刻本。

0820

镇闽议稿一卷／（明）俞大猷撰

俞大猷，见第0195条。

清道光二十一年刻本，三余书屋丛书本。

0821

倭情屯田议一卷／（明）赵士祯撰

赵士祯（1552—1611），亦名梦祯，字祥吉，号后湖，乐清（今浙江省乐清市）人。明万历六年（1578）以善书法征授鸿胪寺主簿，后晋中书舍人。精研火器，曾拜访土耳其火器专家朵思麻，造成掣电铳、迅雷铳等四种火铳呈送朝廷，受到嘉奖。后来又将连发五弹的迅雷铳改造成连发十八弹的战酣连发，并创制鹰扬炮。著有《神器谱》《续神器谱》《神器谱或问》《备边屯田车铳议》等。

是书包含《倭情屯田议》《中国朝鲜日本形势图略》。前篇述倭情大略及沿海诸省屯田积赋备倭之策。后篇前有小引一篇述三国形势大略，所附图中并有文字说明。

中国内乱外祸历史丛书本。

0822

江南经略八卷／（明）郑若曾撰

郑若曾，见第0597条。

军事地理著作。是书系郑若曾《筹海图编》后，为使“江海巨防相为表里”而续作的江防专著，分八卷，附图一百八十五幅。书中有兵器总论、火器论、处置焰硝论、制火球法附录、海船论、福船论、沙船论、黄鱼船议等。

明隆庆二年刻本，明万历四十二年刻本，清康熙三十一年刻本。

0823

御倭武略三卷／（明）周大章撰

周大章（1509—1570），字章之，号禹川，吴江（今属江苏省苏州市）人。明嘉靖三十一年（1552）举人。嘉靖年间组织乡勇御倭，因功授兵备道不就，乃官其子崇仁为苏州卫千户并得世袭。著有《周禹川集》。

周禹川集本。

0824

北洋海军章程十四卷／（清）□□撰

我国第一部海军章程，清光绪十四年（1888）颁布实施。清光绪十三年（1887），清廷从英、德两国购置的“致远”“靖远”“经远”“来远”等四艘战舰回国前，北洋水师一直没有被列入清朝军队的正规部队，其建设也一直处于无章可循的状态。十四年五月，李鸿章亲自组织周馥、丁汝昌等人筹议订立海军章程事，主要以英国海军章程为范本制定，部分内容参考了德国海军章程和中国陆军旧制。章程共十四款，包括船制、官制、升擢、事故、考校、俸饷、恤赏、工需杂费、仪制、钤制军规、简阅、武备、水师后路各局等。

清光绪抄本。

0825

俄罗斯国近年度支水师陆运不分卷／（清）□□撰

稿本。

0826

海疆军报辑览六卷／（清）□□辑

稿本。

0827

旅顺失守后军务大概情形不分卷／（清）□□撰

清光绪二十年（1894），日军攻占朝鲜平壤、控制黄海制海权后，向旅顺发起进攻，清军溃散，日军占领旅顺并血洗全城。

清末抄本。

0828

台湾兵备手抄／（清）□□撰

据考该书是清同治十一年至十二年（1872—1873）间，林宜华在台湾镇总兵官任内所用的手册。书中列有上至副将、参将、都司、游击，下至外委、额外共一百六七十人名单。另载有台湾府、厅、县、各兵营、各口岸和六属盐贩户都得对总兵交纳规费并有具体数字。

抄本。

0829

台湾水师记不分卷／（清）□□撰

抄本。

0830

长江水师全案三卷／（清）曾国藩撰

曾国藩（1811—1872），初名子城，字居武，号涤生，湘乡（今湖南省双峰县）人。清道光十八年（1838）进士，历官翰林院庶吉士、侍读、侍讲学士、文渊阁值阁事、内阁学士、礼部侍郎、兵部侍郎、工部侍郎、刑部侍郎、吏部侍郎。1853年组建湘军，参与镇压太平军，被封为一等勇毅侯，后历官两江总督、直隶总督。卒，赠太傅，谥文正。后人辑有《曾文正公全集》。

是书为有关长江水师的寄谕、奏稿和部议汇编。

清同治刻本。

0831

水师辑要不分卷／（清）陈良弼撰

陈良弼，生卒年不详，海澄（今属福建省龙海市）人。清康熙六十年（1721）由广东香山副将升任南澳总兵。雍正元年（1723）五月调任广东碣石镇总兵官。后乞老卒于南澳。

清嘉业堂抄本。

0832

海防集览四卷／（清）褚华撰

褚华（1758—1804），字秋萼，号文洲，上海（今上海市）人。诸生。留心海隅逸事，撰有《木棉谱》《水蜜桃谱》《沪城备考》。

是书为褚华所作海防著述汇编。

清抄本。

0833

海防要览二卷／（清）丁日昌、李鸿章撰，（清）左锡九辑

丁日昌，见第0488条。
李鸿章，见第0633条。
左锡九，生平事迹不详。

海防专著。是书为丁日昌、李鸿章于清光绪初年关于海军、海防建设的奏章汇编。上卷为丁日昌奏章，下卷为李鸿章奏章。每卷各分练兵、简器、用人、筹饷、造船和持久六项。“练兵”着重论述海军建设的重要性。“筹饷”论述如何开财源、节财流，筹办海防、水师费用问题。“造船”指出应仿效西法造船。李鸿章在下卷“覆奏海防条议练兵”，建议筹划海防水师应购买与造船并举。

清光绪十年左锡九敦怀书屋刻本。

0834

八旗通志初集二百五十卷目录二卷／（清）鄂尔泰、涂天相等纂修

鄂尔泰（1677—1745），字毅庵，西林觉罗氏，满洲镶蓝旗人。清康熙三十六年（1697）举人。二十一岁袭佐领世职，充任侍卫。雍正三年（1725）迁广西巡抚，次年调任云贵总督兼辖广西。十三年（1735）与张廷玉等同受雍正帝遗命辅政，担任总理事务大臣，历官军机大臣、领侍卫内大臣、议政大臣、经筵讲官，管翰林院掌院事，加衔太傅，国史馆、三礼馆、玉牒馆总裁，赐号襄勤伯。卒，谥文端，配享太庙。著有《西林遗稿》。

涂天相（1668—1740），字燮庵，号存斋，一号迂叟，孝感（今湖北省孝感市）人。清康熙四十一年（1702）举人，翌年进士。历官左都御史，刑部、兵部、工部尚书。参编《康熙字典》，著有《静用堂偶编》《谨庸斋翁记》《守待录》《存斋闲话》等。

清雍正、嘉庆年间官修。初集为清雍正帝敕纂，记清太祖、太宗、世祖、圣祖、世宗五朝史事，下限断自雍正五年（1727）。续集为清乾隆帝敕令依原稿本改正重修而成，增加了乾隆朝史事。续集又称《钦定八旗通志》，或通称嘉庆版《八旗通志》，为记述清代八旗历史和制度的专书，包含旗分、土田、营建、兵制、职官、学校、典礼、艺文等八志，封爵、世职、八旗大臣、宗人府、

内阁大臣、部院大臣、直省大臣、选举八表，以及宗室王公、名臣、勋臣、忠烈、循吏、儒林、孝义、烈女等列传。

清乾隆四年武英殿刻本，清乾隆抄本。

0835

八旗通志二集／（清）高宗弘历敕撰

高宗弘历，见第 0115 条。

即“钦定八旗通志三百四十二卷首十二卷目录二卷”。

0836

钦定八旗通志三百四十二卷首十二卷目录二卷／（清）高宗弘历敕撰

高宗弘历，见第 0115 条。

四库全书本，清嘉庆间武英殿刻本，清内府抄本。

0837

广海永康炮台工程不分卷／（清）顾炳章等辑

顾炳章，生卒年不详，字旦华号鉴堂，海盐（今浙江省海盐县）人。监生。清道光间补广东粮捕通判。历任广州海防同知，佛山、虎门同知等。顾氏为督办广东省城工委员和防务监修委员，是修葺省城垣和勘建海防的主要官员之一。

炮台原名永宁炮台，因避道光帝讳，改名永康炮台，位于广州北越秀山翻龙岗顶。炮台建于清初，内设大小炮二十多门，是广州城防的重要据点。鸦片战争爆发，被侵略者占领，在此设立司令部，后多次遭受破坏，终致荡然无存。新中国成立后，发现炮台基址并在台基下发掘出大炮一门，现存广州博物馆。

稿本。

0838

勘建虎门炮台并解运广西炮公牍不分卷／（清）顾炳章等辑

顾炳章，见第 0837 条。

此书辑清道光二十年至三十年（1840—1850）勘建广州永康等多处炮台时的官署公文档案稿。

稿本。

0839

勘建九龙城炮台全案文牍不分卷／（清）顾炳章等辑

顾炳章，见第 0837 条。

是书辑顾炳章督办九龙城炮台工程的全案公牍，包含清道光二十六年至二十九年（1846—1849）的呈文、信札七十三篇，附件六篇。

稿本。

0840

勘建三水县琴沙炮台文牍不分卷／（清）顾炳章等辑

顾炳章，见第0837条。

是书汇集顾炳章督办、勘建三水县（今广东省佛山市三水区）琴沙炮台工程时的全案公牍，现存录清道光二十七至二十九年（1847—1849）购置火炮、储备火药、营造兵房、布置兵力等呈稿和信札。

稿本。

0841

外海内河诸炮台图说不分卷／（清）顾炳章等辑

顾炳章，见第0837条。

是书绘制了从珠江口至广州等地，即从外海经内河至广州、佛山、三水、肇庆等地沿途两岸诸炮台位置图及其详细图说。

稿本。

0842

修建东莞炮台文牍不分卷／（清）顾炳章等辑

顾炳章，见第0837条。

稿本。

0843

钦定江苏省外海战船则例／（清）官修

清代官修的战船定例样本。

清刻本。

0844

筹海初集四卷附传一卷／（清）关天培辑

关天培（1871—1841），字仲因，号滋圃，山阳（今属江苏省淮安市）人。清嘉庆八年（1803）中武秀才，授把总。历官把总、千总、守备、游击、参将等职。清道光六年（1826），清廷初办漕粮海运，关天培押粮船千余艘平安至天津，旋升副将。后历官江南苏松镇总兵、江南提督、广东水师提督。鸦片战争中在虎门以身殉职，谥忠节。

是书辑录关天培于清道光十四年九月至十六年九月（1834年10月—1836年10月）间在广东水师提督任上关于筹议海防、整饬营伍、训练部队等内容的奏稿、章程稿、图说等，附有广州虎门各炮台图十一幅、师船水操及水军泅水阵式图十五幅，详细记载了鸦片战争前夕广东海防情况。

清道光十六年刻本，清光绪申报馆铅印本。

0845

海军水师第一次统计表二卷／（清）海军部主计处编

清宣统间抄本。

0846

平台遗策／（清）李芳园撰

李芳园（1741—1795），字开与，沙溪（今广东省潮安县沙溪镇）人。清乾隆三十一年（1766）中武科会试会元，历官江南都司、苏州城守参将、浙江台州副将、台湾水师协副将、金门镇总兵、南澳镇总兵。

清乾隆五十一年（1786）秋，台湾天地会首领林爽文发兵袭扰福建沿海各地。李芳园以苏州城守参将随军出征台湾林爽文起义，奉命镇守金厦。五十四年（1789）升任台湾水师协副将，成为台湾海防军事最高武将，旋升金门镇总兵兼署提督厦门水师军务。六十年（1795）升任南澳镇总兵，时常亲自巡视海滨，于当年十月左右巡船中暴病殉职。著有《平台遗策》一书，已佚。

佚书。

0847

靖海论不分卷／（清）李廷钰撰

李廷钰（1791—1861），字润堂，号鹤樵，同安（今属福建省厦门市）人。闽浙水师提督李长庚之族侄，从小为李长庚所抚养。李长庚阵亡后，其妻吴夫人奏立李廷钰为嗣子，承袭封爵。清嘉庆十八年（1813）补二等侍卫，后授南昌城守副将。历官九江、南赣、潮州等镇总兵。道光二十二年（1842）任浙江提督。咸丰三年（1853）会办泉属团练，旋进兵厦门剿黄潮，督办厦门军务，授福建水师提督。

是书分五篇论海疆用兵之道，分别为将得人、兵用命、船坚实（述同安梭船之制造技艺）、军食足（论军粮于水军战事之重要所在）、器械备（分析各种火器大炮之不同用场）。

清抄本。

0848

策倭要略一卷／（清）李岳蘅撰

李岳蘅，生卒年不详，字茹

真，湘乡（今湖南省双峰县）人。曾供职于江南制造局翻译馆。

清光绪二十年长沙刻本。

0849

外海纪要不分卷／（清）李增阶撰

李增阶（1774—1835），字益伯，号谦堂，马巷厅（今属福建省厦门市）人。忠毅公李长庚从子。清嘉庆三年（1798）随李长庚征剿蔡牵海上武装。长庚死，誓报仇，从水师丘良功与蔡牵决战于黑水洋，终灭之。后官广东水陆提督、南洋总巡大臣，赏戴双眼花翎。

又作《外海水程战法纪录》《李谦堂军门外海水程战法纪要》。是书乃李增阶记录水师战法及内外洋面水程，以训水师将士之用。另有一说是书为李增阶整理李长庚之遗著。

清道光八年刻本。

0850

平海心筹二卷／（清）林福祥撰

林福祥（1814—1864），字亮子，号季薇，又作季眉，原籍香山（今广东省中山市），生于澳门。出身世家巨族，屡试不第。鸦片战争爆发后向广州知府余保纯陈述战守方略，未被采纳。转投粤督幕，受命在广州招水勇组成平海营并任管带，镇守广州城西观海口抗击英军，复上书粤督力请收复香港。后历官赣州定南厅同知、南昌知府、抚州知府、饶州知府、吉安赣宁兵备道、浙江布政使等。著有《平海心筹》等。

是书分上、下两卷，附图十四幅，为林福祥参加抗击英军的记录与总结。上卷记有火器、制药和广东水道图及潮涨、潮退时辰。下卷是防夷十八论、三元里打仗日记、收复香港上书、训兵辞及书信的汇录。另记载了十多种宜于水战的火器和各种火药配方二十余种，并在炮台修筑方面提出很有见地的建议。

清咸丰四年刻本，清末刻本。

0851

朝俄交界考一卷／（清）马建忠撰

马建忠（1844—1900），字眉叔，生于丹徒（今属江苏省镇江市）。清光绪二年（1876）被派赴法国留学，精通英、法、拉丁文、希腊文，获博士学位。毕业后任中国驻英、法公使郭嵩焘的随员。回国后在李鸿章幕中办理洋务。撰有《适可斋纪行》。

小方壶斋舆地丛钞本。

0852

海疆政略／（清）宁时文撰

宁时文，生卒年不详，字汉章，稷山（今山西省稷山县）。清康熙五十一年（1712）进士。授广东吴川知县，调澄海知县。著有《海疆政略》《藏雪斋诗集》。

存佚不详。

0853

剔除长江水师弊病通饬示谕一百条／（清）彭玉麟撰

彭玉麟（1816—1890），字雪琴，号退省庵主人，衡阳（今属湖南省衡阳市）人。清咸丰三年（1853）随曾国藩创办湘军水师，与太平军作战，历授浙江金华知府、安徽巡抚、水师提督、兵部右侍郎、太子少保、两江总督、兵部尚书。卒，谥刚直。著有《彭刚直公诗集》《彭刚直公奏稿》。

是书为彭玉麟为严明长江水师军纪、提高作战能力而提出的具体要求，涉及巡江、炮船湾泊、操习、兵丁、饷银等。

清光绪二十六年刻本。

0854

皇朝边防纪要四卷／（清）陶骏保辑

陶骏保（1878—1911），字璞青，丹徒（今属江苏省镇江市）人。清末毕业于南京陆师学堂，曾去日本留学和考察军事，后任福建武备学堂教习。历任新军标统、宪兵司令、镇江军政府参谋长、江浙联军司令部参谋部部长。南京光复后，被沪军都督陈其美以“汉奸”罪名杀害。民国成立后，冤案得平反昭雪，被追赠为陆军中将。

清抄本。

0855

中俄交界记一卷／王锡祺撰

王锡祺（1855—1913），字寿萱，一作寿谖，号瘦髯，清河（今江苏省淮安市）人。清同治十一年（1872）秀才，捐刑部候补郎中。自僻书室小方壶斋，研究中外舆地之学，并亲赴日本考察明治维新后的政治情况。著有《方舆诸山考》《中俄交界记》《西藏建行省议》等。

边疆地理著作。是书系数据选编，记载清康熙二十八年（1689）至光绪七年（1881）中俄边界问题的出现及其经过、历次定界谈判，包括国界山川走向、双方征税规定等。

小方壶斋舆地丛钞本。

0856

中俄交界续记一卷／王锡祺撰

王锡祺，见第0855条。

小方壶斋舆地丛钞本，游记汇刊本。

0857

皇华纪程一卷／（清）吴大澄撰

吴大澄（1835—1902），字清卿，吴县（今属江苏省苏州市）人。清同治七年（1868）进士，授编修。历太仆寺卿、左副都御史至河东河道总督，广东、湖南巡抚。在第二次鸦片战争之后据理力争，迫使沙俄重立土字碑并对中国的出海权进行妥协：图们江口的出海权虽不能共享，但中国船只可以借道出海，俄国不得阻止。中法战争时会办北洋军务。出使朝鲜，定朝内乱以抗日本。中日甲午战争起，自请率湘军抗战，战败被革职。著有《古籀补》《古玉图考》《权衡度量考》《恒轩古金录》。

见“吉林勘界记一卷”。

殷礼在斯堂丛书本。

0858

吉林勘界记一卷／（清）吴大澄撰

吴大澄，见第0857条。

一作《皇华纪程》。清光绪十二年（1886），吴大澄奉命会勘珲春东部边界，其将经历、见闻、感受及中俄双方的主张、协议等真实情况，逐日记录，后经整理，成为是书。

小方壶斋舆地丛钞本。

0859

中俄界务沿革记略一卷／（清）张弢辑

张弢，生平事迹不详。

是书记叙《北京条约》签订后中俄边界的状况。

清末铅印本。

0860

浙江海塘巡警局章程一卷／（清）浙江海塘巡警局编

浙江海塘巡警局，清光绪三十四年（1908）设，直隶浙江全省警务处，受海宁州监督，负责随时查看海塘坍塌损坏情形，并及时报告海塘工程总局，防止侵损海塘及沿海官地并其植物，巡查塘面存积材料等事项。

本章程规定：浙江海塘巡警局直隶浙江全省警务处，受海宁州监督，负责查看海塘坍损情形、及时报告海塘工程总局；权限止于巡查，一切承办工程事宜均不得参与；巡查塘工之外，兼任地方之治安等。

清末铅印本，清末石印本。

0861

筹海蠡言一卷附黜邪编一卷／（清）钟体志撰

钟体志（1840—?），字泽生，射洪（今四川省射洪县）人。清同治六年（1867）举人。曾任江西浒湾县丞六载，继任德化、新喻、奉新诸县知县。著有《藻雪堂诗钞》《藻雪堂文钞》《柴桑佣录》《筹海蠡言》《锦江别话》《藻雪堂联语》等。

是书辑钟体志于清光绪十年（1884）中法战争时，上会办南洋大臣陈宝琛的时务条陈四通，附上彭祖贤禀一通。钟氏力主御侮，所拟攻防战守事宜颇具体，以海防急务为杜奸细、储材技、筹军饷、备沙垒、防诡道、维人心六项。

清光绪十一年刻本。

0862

巡防备览十卷／(清)朱凤標撰

朱凤標，生卒年不详，字伯辛，东武（今山东省诸城市）人。著有《兵法要览》。

是书为清咸丰年间太平天国运动时朱凤標所辑，以为防守之用。内容有塞堡守御条规、乡堡团练章程、三省边防策略摘要、防海议略等，并附朱凤標在广元所订之诸防匪团练章程。

清咸丰三年朱凤標刻本，清咸丰四年广元县署刻本。

0863

拟定海军章程／（清）总理海军事务衙门编

总理海军事务衙门，简称海军衙门。清末管理海军的中央机构，光绪十一年（1885）设立于北京。以醇亲王奕譞为总理海军事务大臣，奕劻、李鸿章为会办，曾纪泽、善庆为帮办，实际权力由李鸿章操纵。十四年（1888）奏定官制，设提督、总兵、副将等官职。二十一年（1895）中日甲午战争中北洋海军覆没后裁撤。

一题《海军章程》。

清铅印本。

0864

中俄界记二卷首一卷／（清）邹代钧撰

邹代钧（1854—1908），字甄

伯，又字沅帆，新化（今湖南省新化县）人。清光绪十二年（1886）随刘瑞芬使英、俄两国。后充京师大学堂教员，官至学部参议。刻有《中外舆地全图》。

邹代钧曾经跟随曾纪泽勘探中俄边界，后依据中外图籍，融合新旧约章、定界年次、定约缘起、度里方位等图，分东、西界，东界五段为上编，西界九段为下编。附有《中俄界说摘要一览表》《八方偏度图解》。书中用事实揭露了沙俄是何年何月用何种手段侵占了我国多少土地，翔实记载了中俄边界的变迁历史。

清宣统三年湖北武昌亚新地学社铅印本。

0865

清国海军近况一斑 /（日本）海军参谋部著

是书详细介绍中国海军船舰、马力、旗帜等。

日本明治二十二年排印本。

0866

东南防守利便三卷 /（宋）陈克、吴若撰，（宋）吕祉辑

陈克（1081—?），字子高，自号赤城居士，临海（今浙江省临海市）人，侨居金陵（今南京市）。亲历两宋之交的战乱，曾于绍兴七年（1137）任吕祉幕府参谋，随淮西军马抗金。

吴若，生卒年不详，字秀海，相州（今河南省安阳市）人。曾任建康通判。

吕祉（1092—1137），字安老，建州建阳（今属福建省南平市）人。宋建炎二年（1128）为右正言，以论事忤执政，通判明州。绍兴元年（1131）进直秘阁。三年（1133）升直龙图阁，知建康府，作《东南防守私便》，五年（1135）除兵部侍郎兼户部侍郎、给事中。六年（1136）迁刑部侍郎、都督府参议军事，改吏部。七年（1137）迁兵部尚书，升督府参议军事。

原是关于南宋防守复国方略的奏议，明崇祯八年（1635）根据手抄本刻印。著者根据宋金南北对峙的形势、江南军事地理状况、历代战争成败的经验，提出了“以建康（今南京）为根本，淮甸为藩篱，连接沿江措置，庶几可以立国”的主张。

明崇祯八年浣花居刻本，清康熙四十六年抄本，芝园秘录初刻本，艺海珠尘本，学海类编本。

0867

英水师总兵琅维理条陈整理中国海军节略一卷／（英国）琅维理撰

琅维理，一作琅威理，生卒年不详，英国人。原为英国海军军官，先后两次应聘来中国，对北洋海军建设、北洋海防建设做出了多方面贡献。其凭借丰富的航海阅历、事事以身作则，在军中竖立较高威望。后因“升旗”纠纷辞职，北洋海军训练受到严重影响，军纪日渐松懈。

清光绪间铅印本。

0868

东北边防辑要二卷／曹廷杰撰

曹廷杰（1850—1916），字彝卿，号楚训，祖籍宜都县（今湖北省宜都市），迁居高殿寺（今属湖北省枝江市）。清同治十三年（1874）由廪贡生考取誊录，供职国史馆。后任山西崞县知县，调办洋务。光绪九年（1883）以知府调吉林办边务文案。为阻止沙俄南侵，曾进行实地勘察，沿黑龙江抵库页岛，经珲春边外，往返一万六千余里。在特林（今黑龙江口附近）考察了明代设置的奴儿干都司古城遗迹和永宁荣庙两座石碑。以亲身见闻，并引证群书，阐明黑龙江北岸、乌苏里江东岸地历代均为中国领土。在吉林三十年，历任边务文案会办、呼兰木税总局总理、五常厅同知、吉林知府、官运局会办、劝业道道员等职。著有《东三省舆地图说》《东北边防辑要》《西伯利亚东偏纪要》《伯利探路记》等。

军事地理著作。曹廷杰于清光绪九年（1883）到吉林省珲春防营办理边务文案，留心东三省边防问题，对正史、志书、舆图、清代东北地方文献分类整理并结合亲身考察见闻，于光绪十一年（1885）撰成此书。是书分盛京险要、库页岛沿革形胜考、吉林根本说、分界碑文考、外兴安岭山脉河道中俄分属考、黑龙江险要等十九个专题。

小方壶斋舆地丛钞本。

0869

东北边防辑要一卷／曹廷杰撰

曹廷杰，见第0868条。

清光绪抄本，皇朝藩属舆地丛书本，辽海丛书本。

0870

海军当豫定根据地策一卷／丁堃生撰

丁堃生，即丁逢甲（1864—1929?），字堃生，别名壮者，吴江（今属江苏省苏州市）人。著有《扫迷帚》《延月楼笔记》等。

中外游记汇编本。

0871

水师说略四条 / 杜俞撰

杜俞（1854—1916），字元穆，号云秋，自号黄陵外史，湘乡（今湖南省双峰县）人。洋务运动之倡导与力行者，历官江苏候补道、宣化镇总兵、湖南布政使。1916 年授陆军中将，曾任民国参议院议员。因反对袁世凯称帝，被袁暗杀。著有《海岳轩丛刻》《通商志》《出塞吟》《采菽堂诗抄》等。

海岳轩丛刻本，清光绪二十六年申江排印本。

0872

吴船日记一卷 / 杜俞撰

杜俞，见第 0871 条。

清光绪二十二年（1896），杜俞受湖南巡抚委派视察驻扎苏浙之湘军，日记记载四月初五至二十五日乘船经苏浙沿途所见风情，兼述史事。

海岳轩丛刻本。

0873

海军部海道测量局民国二十二年报告书 / 海军部海道测量局编

海军部海道测量局，官署名。北洋政府设置，依照 1925 年 5 月 30 日公布的《修正海道测量局章程》规定，海道测量局设于上海，直属海军总长。主官有局长、副局长各一人，局内设总务、测量、制图、海事四股，每股设股长一人，技师若干人。

民国二十二年铅印本。

0874

海军部海道测量局民国二十四年报告书 / 海军部海道测量局编

海军部海道测量局，见第 0873 条。

民国二十四年铅印本。

0875

中俄界线简明说一卷 / 钱恂撰

钱恂，见第 0685 条。

为《中俄界约校注》第七卷附录。

小方壶斋舆地丛钞本。

0876

中俄界约斠注七卷首一卷 / 钱恂撰

钱恂，见第 0685 条。

是书辑录中俄交界各约，广采

官私记载，考界线之沿革、订约文之异同，所涉界约东起图们江，西至喀什噶尔。

清光绪二十年刻本。

0877

广州湾图说一卷／吴桐林撰

吴桐林（1859—?），字蛰卿，自号耽道人，屏山（今四川省屏山县）人。袭荫云骑尉。清光绪二十一年（1895）赴台南入刘永福幕参预军事，翌年在上海与林耀章等创办全国运送公司来往南洋各地。后出洋考察商务及劝华侨兴学，1903年参与建立商部，创办《商务报》及爪哇公司。辛亥革命后在四川省红十字会、上海民生实进会、畿辅编书局、农商部等处任职。

小方壶斋舆地丛钞本。

0878

东北边防论一卷／姚文栋撰

姚文栋（1852—1929），字东木，号志梁、子梁，晚号畅垒道人，上海（今上海市）人。捐纳通判，清光绪七年（1881）随驻日公使黎庶昌赴日本。十四年（1888）随使赴俄、德、奥。中日甲午战争时赴台湾襄理军务。《马关条约》签订后在北洋襄办外交。著有《东北边防论》《东槎杂著》《云南勘界筹边记》《七庆堂全书》等。

是书为分析东北军事地理的专著。

小方壶斋舆地丛钞本。

0879

江防海防策一卷／姚文枏撰

姚文枏（1857—1934），字子让，嘉定（今上海市松江区）人。清光绪八年（1882）举优贡，以知县用，后又中举。历任上海城厢内外总工程局议事经董、议事会会长，市政厅议事会会长、总董，江苏省咨议员、财政审查长，国会总议员等职。著有《上海续志》《上虞志》等。

军事地理著作。是书提出江防以长江为主，利用洞庭、鄱阳二湖练水师，与崇明遥相呼应；海防则以天津、上海、广州三大驻防点，相互应援；于第二松花江驻水师，维系南北，锁钥东西，加强东北江防。对清末江海军事部署、运兵路线均有述及。

小方壶斋舆地丛钞本。

0880

长江炮台刍议一卷／姚锡光撰

姚锡光，见第0402条。

是书由两个禀折和一件附录组成，其中《查长江炮台禀折》《再查长江炮台禀折》均是写给张之洞的汇报。附录为《长江下游炮台编目》。

清光绪二十二年丹徒姚氏活字印本，清光绪二十五年京师排印本。

0881

筹海军刍议二卷 / 姚锡光撰

姚锡光，见第0402条。

清光绪三十三年（1907），清廷决定重建甲午海战中受重创的海军。姚氏将自己对此事的看法编辑成书，建议筹建外海巡洋舰队和内河长江巡江舰队、购买外国军舰、效法西式海军制度等。

清光绪三十四年京师铅印本。

0882

东三省边防议一卷

小方壶斋舆地丛钞本。

0883

水师撮要一卷

是书记有清末水师建制、粮饷，虎门诸炮台之设置方位，以及有关鸦片战争、罗大人、关天培等材料。末附《序坐图说》。

清抄本。

0884

钦定福建省外海战船则例二十三卷首一卷

是书记述清乾隆年间福建外海战船情况，包含各地战船种类、大小、编号、分布及制造方法与规格等。当时台湾是福建省的一个府，其外海战船占福建省的三分之一。

清刻本。

考工之属

0885

造修福船略说一卷 / （明）侯继高撰

侯继高，见第0808条。

是志为《两浙兵制》之卷三。

清初蓝格抄本。

0886

龙江船厂志八卷 / （明）李昭祥撰

李昭祥（1512—1572），字元韬，号南湄华亭（今上海市）人。明嘉靖二十六年（1547）进士。初授兰溪令，任南京工部主事，驻龙江船厂专理船政，后转工部郎中。

龙江船厂为明初所建，位于南京西北隅龙江关。郑和下西洋所用部分大型宝船于此建造和起航。是书记载该厂历史、规模、造船等情况。其卷二舟楫志，记述船厂所造之船的名数和型制并附线型图。

明嘉靖三十二年刻本，玄览堂丛书续集本。

0887

船政／（明）南京兵部车驾司编

明代造船史专著，为官方船政的文书档案，皆为明代船务管理的第一手数据，是考察明代船厂组织、管理规程以及修造船之制度化运行的珍贵数据。

明嘉靖二十五年刻本。

0888

船政新书四卷／（明）倪涷撰

倪涷（1549—1614），字霖仲，号雨田，上虞（今属浙江省绍兴市）人。明万历二年（1574）进士。历官安福县令、同安令、南京兵部车驾清吏司员外郎、船政主事、琼州知府。曾在海南滨海地区开发千亩田地以利民生，在明中叶的船政改革中也大有作为。著有《船政新书》。

造船史专著。该书是对该司于明嘉靖二十五年（1546）编修之《船政》的继承和补充。

明万历十六年刻本。

0889

南船志四卷／（明）沈启撰

沈启（1491—1568），字子由，号江村，吴江（今属江苏省苏州市）人。明正德十四年（1519）举人，嘉靖十七年（1538）进士，授职南京工部营缮司主事。参加京考获优等，留为北京刑部主事，旋即升员外郎中，又擢升郎中，外放浙江绍兴府知府。著有《吴江水利考》《南船纪》《南厂志》《牧越议略》《家居稿》《南北稿》《西台净稿》《越吟稿》《楚吟稿》《鸡窠岭稿》《杜律七言注》及《晴窗便览》等。

见“南船纪四卷”。

0890

南船纪四卷／（明）沈峆撰

沈峆，见第0889条。

造船技术专著。是书成于明嘉靖二十年（1541），后由其八世孙沈守义重刻，记载了明代造船技术、造船机构以及造船法规等。第一卷记载楼船等二十五种船型图，每幅图后附有该船型的铁木构件、帆樯尺寸、船用器具、造船所需材料、造船所需银两等。第二卷介绍各型船只在各地的配置数目及其变化。

清乾隆六年沈守义刻本。

0891

船政不分卷／（明）宋景汇编，（明）南京兵部车驾司编刻

宋景（？—1547），字以贤，奉新（今属江西省）人。明弘治十八年（1505）进士。知睢州。正德五年（1510）任河南道御史。嘉靖中，历任南京吏、工、兵部尚书，右都御史。

是书为官方船政的文书档案，收集了嘉靖年间南京兵部修造船只管理的档案文卷，是考察明代船厂组织、管理规程以及修造船只制度化运行的第一手数据。

明嘉靖刻本。

0892

中国帆船法式一卷／沈能毅撰

沈能毅（1894—?），又名沈学仁，笔名沧泥，号思明，桐乡（今浙江省桐乡市）人。上海南洋公学毕业。民国后曾任《新中国报》记者，《新申报》《国语日报》《时报》营业部部长。1930年后任财政部北平印刷局局长兼东北边防军司令官公署秘书。

是书为中国古代帆船制造规范的总结性著作，以中国古代的大量造船、航海文献为据，分别对历代海运、海舶形制、海舶制造法式、航行经验及新型“四不像”船做了介绍。

民国三十二年铅印本。

0893

福州船政局造船表一卷

萃报本。

公牍档册之属

0894

全吴筹患预防录四卷／（明）陈仁锡撰

陈仁锡，见第0077条。

清道光二十年继志堂刻本，清抄本。

0895

靖海图／（明）胡有光作，（明）林怀东、朱子程绘

胡有光，生卒年不详，初从戚继光平倭寇，由谭纶简命世袭临安

卫指挥。凯旋后授金盘总兵，既而又北御鞑靼。

林怀东，生平事迹不详。

朱子程，生平事迹不详。

是书咏明嘉靖三十一年（1552）、三十七年（1558）、四十年（1561）三次御倭功绩。胡有光离任左迁，朋友饯别，由林、朱绘图以彰前功。

明万历年间彩绘本。

0896

海运函稿不分卷／（清）丁汝昌撰

丁汝昌（1836—1895），字禹廷、雨亭，庐江（今安徽省庐江县）人。早年随淮军将领刘铭传镇压捻军，后擢参将、提督。光绪元年（1875）奉李鸿章命赴英购置军舰，回国后综理北洋水师。十四年（1888）北洋舰队编成，授海军提督。二十年（1894）中日甲午战起，率北洋舰队护送运兵船至平壤，归途遭日舰截击，当即应战，负重伤后仍继续督战并重创日旗舰"松岛号"等。后奉李鸿章避战保舰令退守威海卫港（今山东省威海市）。次年威海卫沦陷，率部据刘公岛御敌并击伤敌舰艇多艘。因拒绝投降，服毒自尽。

稿本。

0897

北洋公牍类纂二十五卷／（清）甘厚慈辑

甘厚慈（1871—?），原名韩，一名迈群、眠羊、绵羊、暝羊，原籍福建，生于江苏，居天津。在天津河北望海楼后创办绛雪斋书局，自称绛雪斋主人，专事编书出版发行工作。其所编诸书皆属政书类时论文，极具史料价值。

记录20世纪初清廷"新政"在北洋贯彻执行状况的史料汇编，真实反映了袁世凯主政北洋期间实施"新政"的方方面面。北洋原本是个地域名词，管辖范围大致包括直隶、山东和东北地区，北洋大臣则是北洋通商大臣的简称。清同治九年（1870）清廷因"天津教案"的爆发，决定撤销三口通商大臣，调署理两江总督李鸿章为直隶总督和首任北洋通商大臣。光绪二十七年（1901），李鸿章病逝。同一天，山东巡抚袁世凯被任命为署理直隶总督兼北洋大臣，翌年六月改为实授。北洋大臣不但负责统率庞大的新式陆海军，而且是皇帝的钦差，有权代表清廷接见各国使节签订各种条约。许多洋务设施也都开创于北洋，就连朝廷的要政也是

“每由军机处问诸北洋”才做最后的定夺，以致造就了直隶总督衙门“第二政府”和“影子内阁”的特殊地位。

清宣统二年绛雪斋书局铅印本。

0898

北洋公牍类纂续编二十四卷／（清）甘厚慈辑

甘厚慈，见第0897条。

清光绪三十三年京城益森公司铅印本。

0899

东征集六卷／（清）蓝鼎元撰

蓝鼎元，见第0283条。

是书汇辑其兄蓝廷珍入台平定朱一贵之乱时所做的公牍书檄，另提出很多治理台湾的策略，书中第六卷记台湾山川险要极为精确。

清雍正十年刻本。

0900

曾国藩李鸿章函稿不分卷／（清）李鸿章撰

李鸿章，见第0633条。

是书为薛福成代拟。

稿本。

0901

甲午战争电报录三卷／（清）李鸿章撰

李鸿章，见第0633条。

是书包括复总署、复叶军门等，由李鸿章之公牍汇集而成。

中国内乱外祸历史丛书本。

0902

李鸿章函牍不分卷／（清）李鸿章撰

李鸿章，见第0633条。

是书为薛福成代拟。

稿本。

0903

李文忠公电稿四十卷／（清）李鸿章撰

李鸿章，见第0633条。

清光绪三十一年金陵刻全集本。

0904

李文忠公海军函稿四卷／（清）李鸿章撰，（清）吴汝纶辑

李鸿章，见第0633条。

吴汝纶（1840—1903），字挚

甫，桐城（今安徽省枞阳县会宫乡）人。清同治三年（1864）举人，翌年进士，授内阁中书。久客曾国藩、李鸿章幕掌奏议。历官直隶州知府、深州知州、冀州知州、寿州知州、北京大学堂总教习。光绪二十八年（1902）东渡日本考察教育制度。著有《诗文集》《东游丛录》《深州风土记》《易说》《诗说》等。

清光绪二十八年莲池书社铅印本。

0905

李文忠公函稿不分卷／（清）李鸿章撰

李鸿章，见第0633条。

稿本。

0906

李文忠公外部函稿二十八卷／（清）李鸿章撰，（清）吴汝纶辑

李鸿章，见第0633条。

吴汝纶，见第0904条。

清光绪二十八年莲池书社铅印本。

0907

马关议和中日谈话录一卷／（清）李鸿章撰

李鸿章，见第0633条。

是书为李鸿章之公牍汇集而成，共五篇。

中国内乱外祸历史丛书本。

0908

信及录一卷／（清）林则徐撰

林则徐（1785—1850），字元抚，又字少穆、石麟，晚号俟村老人、俟村退叟、七十二峰退叟、瓶泉居士、栎社散人等，侯官（今属福建省福州市）人。清嘉庆九年（1804）举人。十一年（1806）任厦门海防同知书记，专责处理商贩洋船来往、米粮兵饷的文书记录。十六年（1811）进士，选为庶吉士，授翰林编修。历官江南道监察御史、江苏按察使、陕西按察使、代理布政使、江宁布政使、湖北布政使、河南布政使、东河河道总督、江苏巡抚、湖广总督、陕甘总督、陕西巡抚、云贵总督，因安定边境得力加太子太保。著有《云左山房文钞》《云左山房诗钞》《使滇吟草》《林文忠公政书》《荷戈纪程》等。

是书为林则徐以钦差大臣查办海口事件、主持禁绝鸦片时所发布的文告及与外人往来函札，记林氏与英往复交涉事颇详，记事起自清道光十八年（1838）十一月，迄二十年（1840）三月。

中国内乱外祸历史丛书本。

0909

巡台退思录二卷／（清）刘璈撰

刘璈（1829—1887），字凤翔，号兰洲，岳阳（今湖南省岳阳市）人。以附生从军，随左宗棠治师西域，以功荐道员。清同治十三年（1874）被派往台湾任职。光绪七年（1881）升任分巡台湾兵备道。因清军派系斗争，与经理台北防务大臣刘铭传（淮系）产生矛盾，遭到忌恨被革职发配，病死在流放地黑龙江。

刘璈任职台湾期间辑公牍成此书。是书除首篇《开山抚番条陈》作于清同治十三年（1874）外，其他均为刘璈在分巡台湾兵备道任内的禀、函、札、批等文稿，对于清代台湾庶政、洋务、海防等资料保存甚丰。

清光绪活字本。

0910

总制浙闽疏章四卷／（清）刘兆麒撰

刘兆麒（1629—1708），字瑞图，宁河（今天津市宁河区）人，隶镶白旗汉军。由秘书院编修历官都察院、宗人府启心郎。顺治十八年（1661）擢都察院左副都御史、湖广巡抚。康熙七年（1668）迁四川总督。寻调督闽、浙，加兵部尚书。

清康熙十一年自刻本。

0911

总制浙闽文檄六卷／（清）刘兆麒撰

刘兆麒，见第0910条。

是书为刘兆麒担任闽浙总督期间公文的汇编，记述其治理浙江、福建的经历。

清康熙刻本。

0912

潮牍偶存二卷／（清）冒澄撰

冒澄，生卒年不详，字哲斋，如皋（今江苏省如皋市）人。清同治年间任潮阳知县，光绪年间升廉州知州。

冒澄于清光绪五年（1879）将其公牍文书汇编成书，收录其署理潮阳、澄海、普宁县事，再署潮桥运同事时发布之书牒文告。

清光绪五年刻本。

0913

金鸡谈荟十四卷首一卷／（清）欧阳利见撰

欧阳利见（1825—1895），字

庚堂，号健飞，祁阳（今湖南省祁阳县）人。清咸丰四年（1854）入湘军水师与太平军作战，累升至参将。因功历官游击、副将、总兵、提督。光绪十年（1884）中法战事起，驻镇海金鸡山，积极设防备战。十一年（1885）多次击败法军，击伤法海军统帅孤拔座舰。著有《金鸡谈荟》。

清光绪十年、十一年，欧阳利见官浙江提督，中法战争中负责浙江海防，驻镇海金鸡山御敌。是书收录当时廷寄谕旨，并选择其与左宗棠、彭玉麟、李鸿章等人往来军书、电文、函件中有关军事者，稍加删节，逐日排次成编。卷首皆有关光绪九年筹办海防情况，末附《镇海防夷图记》等文三篇。为记载中法战争时浙江筹防战守始末的原始资料之一。

清光绪十五年四明节署铅印本。

0914

福建浯洲场大使钱利用任内公牍汇钞／（清）钱利用撰

钱利用，生卒年不详，上虞（今属浙江省绍兴市）人。清咸丰八年（1858）三月至同治二年（1863）九月间任浯洲盐场大使。

浯洲盐场大使，清代于福建金门县设立的文职职位，清雍正元年（1723）设置，宣统三年（1911）取消，由中华民国金门县县丞取代。是书系钱利用任职期间各种公牍文件汇钞，其中除了浯洲场大使与同安县（今厦门市同安区）衙门、盐法道衙门等各级上级衙门的往来公牍之外，还有浯洲场产盐、销盐、存盐的种种会计清册，浯洲场的盐区分布、变更与盐商的具体名册，大使任内的俸禄薪水支配及捐输、赈济等事务缘由等。

抄本。

0915

沈文肃公牍十六卷／（清）沈葆桢撰

沈葆桢（1820—1879），原名沈振宗，字幼丹，又字翰宇，侯官（今属福建省福州市）人。清道光二十七年（1847）进士，选庶吉士，授编修，升监察御史。历官九江知府、杭州知府、广信知府、广饶九南道、吉赣南道、江西巡抚。同治六年（1867）任福建船政大臣，主办福州船政局。十三年（1874）为钦差大臣赴台湾办理海防，兼理各国事务大臣筹划海防事宜。光绪元年（1875）撤军内渡，升任两江总督兼南洋通商大臣，督办南洋海防，扩充南洋水师，并参与经营轮船招商局，派船政学堂学生赴英法留学。著有《沈父肃公政书》。

清抄本。

0916

出使公牍十卷／（清）薛福成撰

薛福成（1838—1894），字叔耘，号庸盦，无锡（今江苏省无锡市）人。早年以副贡生入曾国藩幕，后以功授直隶州知州。光绪初年上书提出治国的六策和海防十事。光绪十年（1884）任宁绍台道。法国入侵越南时统摄防务，布防海口，法国两次来犯都未能得逞。十四年（1888）任湖南按察使，翌年任出使英、法、意、比四国大臣。著有《庸盦文编》《庸盦笔记》《海外文编》《出使英法义比四国日记》等。

是书按年月分类汇辑薛福成出使英、法、意、比时所作咨文、书函、札文、批答、照会、电报等。

清光绪二十四年刻本。

0917

李鸿章折稿不分卷／（清）薛福成辑

薛福成，见第0916条。

稿本。

0918

浙东筹防录四卷／（清）薛福成辑

薛福成，见第0916条。

是书收薛福成于清光绪十年（1884）奉命任浙江宁绍道台后，率领将士在镇海口防御并击退法舰进攻时所作文牍、书檄、电报等。

庸盦全集本。

0919

办理海塘册档二卷／（清）严烺编

严烺（？—1840），字小农，仁和（今属浙江省杭州市）人。清嘉庆中捐赀为通判，效力南河。历官河南河北道、河东河道总督、江南河道总督，后曾勘察浙江海塘，请改修柴埽。

是书为道光十四年（1834）作者奉旨勘办浙江海塘时所作。

清道光刻本。

0920

邮传部第一次邮政统计表一卷路政统计表二卷电政统计表二卷总务船政统计表一卷／（清）邮传部辑

邮传部，官署名。清政府于光

绪三十二年（1906）设置邮传部。统一管理全国轮船、铁路、电线、邮政事务。三十三年（1907）奏定官制，设二厅五司：承政厅、参议厅、船政、路政、电政、邮政、庶务五司。后来又陆续设置了图书通译局、铁路总局、川粤汉筹备处、统计处。辛亥革命后不设邮传部。

邮传部未设前，船政、招商局属北洋大臣，内地商船属工部，邮政属总税务司，路政、电政另派大臣管理，至此全国轮船、铁路、电线、邮政事务，凡京师内外官商轮船，铁路各公司、厂、局，电局、邮局并关涉本部各学堂，统归邮传部职掌。

清光绪三十三年邮传部铅印本。

0921

輶轩抗议二卷／余乾耀撰

余乾耀（1834—1914），荻海（今属广东省台山市）人。清同治二年（1863）举人，任内阁中书舍人。以领事参赞职衔出使日本、印度、暹罗、菲律宾、澳大利亚等国十五年。光绪二十六年（1900）出版了我国第一本外交专著——《交涉丛编》。

余乾耀曾于清光绪初年任驻日长崎领事多年，此书即其在日本时所撰。其中，上李鸿章书十六篇，内容多关国际事务及本人建议。上总署书主设海军衙门、保边固圉，颇为时重。

清光绪三十年刻本。

0922

清闽浙爵督部堂营务处公牍不分卷／（清）虞绍南撰

虞绍南（1828—1879），字恺仲，湘阴县低华岭（今湖南省汨罗市川山坪镇）人。中年入湘阴县衙当文书，清同治年间从左宗棠转战浙、闽、甘等地，保荐知府。左宗棠任福建、浙江总督时聘为督府司爷。左宗棠节制陕甘时总督府向朝廷的奏折呈文几乎全部出自他的手笔。

清抄本。

0923

名臣筹海文钞二卷／（清）张煜南辑

张煜南（1851—1911），号榕轩，梅县（今属广东省梅州市）人。荷属东印度（今印度尼西亚）华侨企业家。至南洋苏门答腊，初随巨商张振勋从事橡胶、椰子种植业和矿业。后通过承包烟、赌、酒、当等获巨利。先后创办广福、裕昌远洋轮船公司，在新加坡成立八打威银行。清光绪二十五年

（1899）回国兴筑铁路。二十九年（1903）创办中国第一个商办铁路公司修筑潮汕铁路。著有《海国公余辑录》。

是书辑录李鸿章、曾国藩、张之洞、左宗棠、郭嵩焘、薛福成、陈次亮等二十多位清代著名洋务派和改良派重臣涉及政治、外交、军事、经济、法律、教育、交通、通商、宗教等方面的疏、论、议、序、说、赋、跋等六十篇，包含曾国藩《拟选聪颖子弟出洋习艺疏》、傅云龙《海防说》、郑观应《公法论》等。

清光绪二十七年粤东省富文斋刻本。

0924

闽疆小草四卷／（清）张兆凤撰

张兆凤，生卒年不详，号梧坡，分水（今属浙江省桐庐县）人。清康熙二十四年（1685）拔贡。曾任闽县知县，移知闽清擢延平知府，加道衔调高州知府。

清抄本。

0925

鸦片战争中东路进剿出海以后支给第壹队水勇口粮并海船舵水工食粮家口等项银米清册不分卷／（清）浙江军需报销局务司道编

清道光二十四年原本。

0926

总理各国事务衙门购买外洋船炮清档不分卷／（清）总理各国事务衙门编

总理各国事务衙门，见第0740条。

清同治三年抄本。

0927

鱼珠狮山鱼山蠏山台炮册／□□辑

鱼珠炮台位于广州黄埔鱼珠（今黄埔区港务监督站内），包括鱼珠、狮腰、狮山等炮台，分别建于清光绪十年至十一年（1884—1885）。

清光绪刻本。

0928

澳门公牍录不分卷／蔡国桢编

蔡国桢，生卒年不详，曾任澳门同知。

见“澳门公牍录存一卷”。

清光绪十五年铅印本。

0929

澳门公牍录存一卷 / 蔡国桢编

蔡国桢，见第 0928 条。

有关清光绪十二年（1886）以来中葡和好通商条约谈判和此后中葡勘界期间清廷官吏奏折的文献汇编。是书所收有关澳门交涉的文件共三十四篇，除谈判文献外，还有大量的中葡两国的来往文件。

振绮堂丛书本。

0930

启东设治汇牍四卷附录一卷 / 陈弘辑

陈弘，生卒年不详，字病尧，启东（今江苏省启东市）人。

启东，位于江苏省东南部，长江、东黄海交汇处。清代为长江口的沙洲，名外沙，又名北沙，20 世纪初与北岸连并。原属崇明县，1920 年设外沙行政公所。1928 年置启东县，以滨江临海，沙洲接涨无已，取“启我东疆”之义命名。1949 年属苏北行署区南通专区，同时海门县的海东、海复及南通县的吕四等区来属。1952 年属江苏省南通专区。1954 年海门县的王鲍区划入。1970 年属南通地区。1983 年划归南通市。1989 年撤县建市，由南通市代管。

民国二十年铅印本。

0931

胶澳租界始末电存 / 柳培荣辑

柳培荣，生卒年不详，字淑之，篷山（今属山东省烟台市）人。清末贡生，曾任章高元文书。

一作《章高元与当道往来电》。清光绪二十三年十月二十日（1897 年 11 月 14 日），德帝国主义借口“巨野教案”，派兵在胶州湾强行登陆。清军守将章高元试图抵抗却遭到清廷训斥，胶澳一带遂被德帝国主义据为己有。是书收录了起自光绪二十三年十月十九日（1897 年 11 月 13 日）至十一月二十六日（12 月 19 日）间章高元与李秉衡、王文韶、李鸿章等相互间的往来电文。

清铅印本。

0932

省港澳救灾总公所戊午征信录 / 省港澳救灾公所编

省港澳救灾公所，清光绪三十二年（1906）由香港东华三院联络九大善堂、澳门镜湖医院共同成立，负责办理水灾救济事宜。

《戊午征信录》应为 1917 年

赈济天津涝灾时的纪录。

民国八年铅印本。

0933

光绪三十二年通商各关警船镫浮椿总册／通商海关造册处译

清光绪三十二年石印本。

0934

光绪十年通商各关警船镫浮椿总册／通商海关造册处译

清光绪十年铅印本。

0935

通商各关警船镫浮椿总册／通商海关造册处译

清光绪二十二年铅印本。

0936

宣统二年通商各关警船镫浮椿总册／通商海关造册处译

清宣统二年铅印本。

0937

广东海防兼善后总局档不分卷

清乾隆抄本。

0938

广东水师轮巡各船总册

抄本。

0939

邱良功履历册

邱良功（1769—1788），字玉韫，号琢斋，同安（今属福建省厦门市）人。清乾隆五十二年（1787）入伍，任金门镇标右营右哨补伍，累功升任闽安协副将。嘉庆十一年（1806）随李长庚追击蔡牵至台湾。十三年（1808）被擢为浙江定海镇总兵。十四年（1809）被擢为浙江提督，与王得禄合击蔡牵于渔山外洋，后至黑水洋，因功被封三等男爵。

清写本。

0940

条议船政拨差事宜书册不分卷

明万历刻本。

0941

郑氏关系文书

是书包含《郑泰洪旭黄廷咨靖南王耿继茂总督李率泰文》《钦命管理福建安辑投诚事务户部郎中

责岱等题本》《南安县生员黄元龙密奏》。

昭和七年水尾御雄抄本。

诏令奏议类

奏议之属

0942

海防疏一卷 / （明）□□撰

天一阁藏明嘉靖三十四年督察疏稿。

0943

海运纪事不分卷 / （明）□□撰

是书收明万历四十六年（1618）十二月至四十八年（1620）七月陶朗先有关辽饷的海运上奏文八十九件。后改名为《海运摘钞》收入《明季辽事丛刊》。参见“海运摘钞八卷”。

明刻蓝印本，明刻本。

0944

浙江海防兵粮疏一卷 / （明）□□撰

是书虽名为奏疏，但实际上是明嘉靖年间兵部关于海防问题的一个完整档案文书。

明嘉靖刻本。

0945

谏封倭疏 / （明）曹学程撰

曹学程（1563—1608），字希明，号心洛，全州（今广西壮族自治区全州县）人。明万历十一年（1583）进士。历知石首、海宁。二十年（1592）升广东道御史，抗疏言日本封贡事大坏，帝大怒，下狱论斩，贬湖广宁远卫。卒，天启初，赠太仆少卿。著有《忠谏录》。

见“倭情已变封事宜停疏一卷”。

0946

倭情已变封事宜停疏一卷 / （明）曹学程撰

曹学程，见第 0945 条。

即《谏封倭疏》，破题就是“倭情已变，封事宜停，恳乞殛贼臣、止册使，以存国体，以安宗社”，中心内容为反对对日本册封，主张抗倭援朝。

国朝防倭十一疏辑议本。

0947

御倭条议一卷 / （明）海上丈人撰

海上丈人，生平事迹不详。

征信丛录本。

0948

备倭议／（明）皇甫汸撰

皇甫汸（1498—1583），字子循，号百泉，长洲（今江苏省苏州市）人。明嘉靖八年（1529）进士，授工部主事。因监运陵石迟缓贬为黄州推官。迁南京稽勋郎中，再贬开州同知，移处州同知，擢云南佥事。著有《解颐新语》《百泉子绪论》等。

筹海图编本。

0949

督抚经略疏八卷／（明）李遂撰

李遂，见第0163条。

天一阁存目。

0950

海防议／（明）刘焘撰

刘焘（1512—1598），字丕冒，又字仁甫，号带川，天津左卫（今天津市）军生。明嘉靖十六年（1537）举人，翌年进士。初任济南府推官、兵部职方主事，陕西佥事、监军，屡立战功。三十二年（1553），海盗汪直、徐海等勾倭寇入浙江，焘补杭嘉湖副使，转战于浙闽沿海，射杀倭酋迷里只麻、叶明，擒汪直，降徐海。倭平，加抚察使。三十九年（1560），倭寇居福建，焘擢为巡抚，破贼三十六巢，晋右副都御史。四十年（1561）以平广兵判，晋左副都御史。任山西巡抚、总督，蓟辽保定军务，屡屡出兵奏捷，升兵部右侍郎、兵部左侍郎。四十三年（1564）任两广福建总督，平两广“巨寇”曾一本、林道乾，复杀入寇惠州之倭酋乌七麻。官至都察院左都御使兼兵部左侍郎。卒，赠太子少保，谥竭忠，赐祭葬。

筹海图编本。

0951

抚浙疏草十卷抚浙行草六卷疏草二卷／（明）刘一焜撰

刘一焜，字元丙，号石闾，南昌（今江西省南昌市）人。明万历二十年（1592）进士。历官考功郎中、右佥都御史、浙江巡抚。卒，赠厂部右侍郎。

明万历末年刻本。

0952

抚浙奏疏八卷／（明）刘元霖撰

刘元霖（1556—1614），字元泽，号用斋，任丘（今河北省任丘市）人。明万历八年（1580）进士。历官安阳县令、吏部主事、郎中、太常少卿。其后巡抚浙东、西，加右副都御史，升工部右侍郎。

明刘元霖认为浙江严重的灾害是海汛，而兵饷及课赋、织造之役更甚。到任后抓吏治、淘汰冗兵，减轻百姓负担，又在沿海一带加强军务以防东倭侵扰。他提出“倭变修兵务六事”，并绘制沿海城垣木寨官兵闭守图提交兵部参考。

明万历刻本。

0953

浙洋哨守策／（明）卢镗撰

卢镗（1505—1577），字子鸣，丽水（今浙江省丽水市）人。明嘉靖间由世荫任福建都指挥佥事。二十七年（1548）大败倭寇于双屿港，三十三年（1554）分守浙东沿海诸郡。三十四年（1555）与俞大猷、汤克宽合兵大破倭寇于嘉兴王江泾，追敌于海上，在大陈山（岛）擒通倭头目林碧川等，升任浙江协守副总兵。继而协助总督胡宗宪，俘歼寇首陈东、徐海，诱诛通倭首领王直。三十六年（1557）升任都督同知。四十年（1561），倭寇复犯浙东，卢镗破倭于宁波、温州。四十一年（1562），因胡宗宪案遭牵连被免职回归乡里。

千顷堂目存目。

0954

战守二议／（明）罗拱辰撰

罗拱辰，生卒年不详，马平（今广西壮族自治区柳州市）人。明嘉靖年间举人，任吴川县（今广东省吴川市）教谕，升浙江松阳县知县。嘉靖三十二年（1553），海盗王直勾结倭寇大举入犯，时任松阳知县的罗拱辰率兵民抵御。三十五年（1556），倭寇大举进攻上海，罗拱辰奉命驰援，后任海防同知，擢盐运同知。

是书包含固城防、御倭寇的具体方法及设计，涉及严城守、公赏罚、精教练、治兵器等内容。

筹海图编本。

0955

特伸盈廷公议以攘倭疏一卷／（明）吕鸣珂撰

吕鸣珂（1528—1598），字声甫，号苍南，括苍（今浙江省丽水市莲都区）人。明嘉靖三十八年（1559）进士，历官平阳府、庐州府知府，陕西按察司副使、右布政使，江西左布政使，山东副使，福建参政，山西按察使、右布政使，南京太仆寺少卿、光禄寺卿、太常寺卿，官至工部侍郎。

卒，赠尚书。著有《太常记》。

国朝防倭十一疏辑议本。

0956

亟赐议处欺误之臣以弭祸乱疏一卷 /（明）戚继光撰

戚继光（1528—1588），字元敬，号南塘，晚号孟诸，蓬莱（今山东省蓬莱市）人。明嘉靖二十三年（1544）继承祖上的职位，任登州卫指挥佥事。二十五年（1546）负责管理登州卫所的屯田事务。三十二年（1553）受张居正的推荐，进署都指挥佥事一职，管理登州、文登、即墨三营二十五个卫所，防御山东沿海的倭寇。三十四年（1555）调往浙江都司佥事，并担任参将一职，防守宁波、绍兴、台州三郡。积极坚持抗倭寇斗争，转战浙江等地沿海一带平息倭寇对广东、福建和浙江等地沿海侵略。后总理蓟州、昌平、辽东、保定北方四镇。卒，谥武毅。

国朝防倭十一疏辑议本。

0957

戚少保奏疏一卷 /（明）戚继光撰

戚继光，见第 0956 条。

清末琴鹤堂抄本。

0958

平倭奏章 /（明）沈应魁撰

沈应魁，生卒年不详，字子文，一作文仲，号冲玄，一作钓玄，常熟（今江苏省常熟市）人。明嘉靖二十九年（1550）进士。出仕南仪曹，授南京礼部侍郎，上疏言制倭六策。著有《皇明名臣言行录新编》《江南日录》《礼部集》。

筹海图编本。

0959

谭襄敏奏议十卷 /（明）谭纶撰

谭纶（1520—1577），字子理，宜黄（今江西省宜黄县）人。明嘉靖二十三年（1544）进士，曾任南京礼部主事，后迁台州知府，练兵御倭，率戚继光、俞大猷等平定境内倭寇。隆庆初任兵部左侍郎兼右佥都御史，总督蓟、辽、保定军务，以功晋兵部尚书兼右都御史。神宗即位，为兵部尚书。万历初加太子少保。卒，赠太子太保，谥襄敏。著有《谭襄敏奏议》《军政条例类考》《谭襄敏遗集》《书经详节》《点将图》等。

是书为谭纶自明嘉靖四十二年（1563）至隆庆四年（1570）间历官所上疏草，含闽稿、蜀稿、蓟辽稿等。

四库全书本。

0960

海寇前后议一卷 /（明）万表撰

万表（1498—1556），字民望，晚号鹿园居士，人称鹿园先生，凤阳（今安徽省凤阳县）人，一说鄞县（今属浙江省宁波市）人。十七岁袭父职为宁波指挥佥事。明正德十四年（1519）应武举乡试，名列榜首。翌年登武科进士，授浙江把总。历迁都指挥佥事兼督漕运、浙江掌印都指挥、漕运参将、南京锦衣卫佥事、广东副总兵，后因病去职。嘉靖三十二年（1553），倭寇自海盐进犯赭山，他尽散家财募月空等少林僧兵二百人击退之。倭寇袭太仓，他率兵救援，在嘉兴白河滩全歼倭寇。著有《玩鹿亭集》《万氏家钞》《济世良方》《灼艾集》《淮上稿》。

《议前》记述东南沿海豪户大商等人勾结倭寇危害地方的史事。《议后》记载明代海寇王直的出生、王直势力的兴起和发展、胡宗宪铲除王直的过程。

千顷堂目存目。

0961

海寇议前编一卷 /（明）万表撰

万表，见第 0960 条。

见“海寇议一卷”。

金声玉振集本。

0962

海寇议一卷 /（明）万表撰

万表，见第 0960 条。

倭寇出没于江浙间，万表推原祸本，以为与当地汉奸勾结有关，因作此议上之当政者，以期引起当局重视加强防备。书中所叙当时“逋逃啸聚”始末甚详。其后，果如万表所预，倭乱大起。《四库提要》称其有“先见也”。

金声玉振集本，借月山房汇钞本，泽古斋重钞本。

0963

海防奏议四卷 /（明）万世德撰

万世德（？—1602），字伯修，偏头关（今山西省偏关县）人，守御千户所官籍。明隆庆五年（1571）进士，授南阳、元城、宣抵等县知县。历西宁兵备佥事、山东布政使、右佥都御史。万历二十六年（1598），倭寇侵犯朝鲜，以海防巡抚都察院御史之职经略朝鲜，命董一元等统精兵直逼釜山，斩获倭寇无数，焚毁倭船七百余只，大败倭兵而还。二十九年（1601）以左副都御史总督蓟辽、保定等处。不久，命为兵部侍郎兼右佥都，次年加右都御史。著有《海防奏议》。

明万历二十五年（1597），倭寇侵朝鲜，明廷议设海防巡抚，以万世德为都察院佥都御史，管理天津、登莱、旅顺等处海务。翌年，改万世德经理朝鲜，而以汪应蛟为代。是编所载自二十五年九月至二十六年六月间条上一切海防事宜，凡为疏四十八篇。

四库全书存目。

0964

防海抚畿奏疏十二卷附计部疏四卷／（明）汪应蛟撰

汪应蛟（1550？—1627），字潜夫，号登原，婺源县（今江西省婺源县）人。明万历二年（1574）进士，历官南京兵部主事、南京礼部郎中、兴泉道兵备副使、山西按察使。万历二十五年（1597），日本入侵朝鲜，其以右佥都御史代镇抚职往登莱设防。后巡抚保定，历任工部、兵部侍郎及南北二京户部尚书。著有《古今彝语》《中诠》《学诗略》《抚畿奏疏》《津门疏》《计部疏》《病吟草》《九询密语》《乡约记》等。

是书为汪应蛟于明万历年间巡抚海防和巡抚京畿地区的奏稿，是研究明万历年间政治、军事、经济、社会、救荒、自然灾害、地震和京津、京畿地区历史的难得史料。其《倭氛未灭防御宜周疏》向朝廷提出十几条有关海防和国家安全的建议。

明万历刻本。

0965

抚畿奏疏十卷计部奏疏四卷／（明）汪应蛟撰

汪应蛟，见第0964条。

见“防海抚畿奏疏十二卷附计部疏四卷”。

明万历刻本。

0966

海防奏疏二卷抚畿奏疏十卷／（明）汪应蛟撰

汪应蛟，见第0964条。

明万历三十二年郑三俊刻本。

0967

海防奏疏二卷抚畿奏疏十卷计部奏疏四卷／（明）汪应蛟撰

汪应蛟，见第0964条。

见“防海抚畿奏疏十二卷附计部疏四卷”。

明刻本。

0968

汪清简公奏疏十四卷／（明）汪应蛟撰

汪应蛟，见第0964条。

是书中有《海滨屯田试有成效疏》等。

明天启刻本。

0969

海防议草／（明）王崇古撰

王崇古（1515—1588），字学甫，号鉴川，蒲州（今山西省永济市）人。明嘉靖二十年（1541）进士，任安庆、汝宁知府。历任刑部主事、陕西按察使、河南布政使。三十四年（1555）为常镇兵备副使，击倭寇于夏港。四十三年（1564）升任右佥都御史，巡抚宁夏。隆庆初年总督陕西、延、宁、甘肃军务。四年（1570）改总督山西、宣、大军务。万历元年（1573）入京督理军营。三年（1575）任刑部尚书。五年（1577）任兵部尚书。卒，赠太保，谥襄毅。

是书为王崇古御倭时所作。

明嘉靖四十一年胡宗宪原刻筹海图编本，明天启四年胡维极重刻本，清康熙三十二年郑起泓刻本，清乾隆三十年敕撰四库全书本，筹海图编本。

0970

目击东倭衅隙专修备御疏一卷／（明）王德完撰

王德完（1554—1621），字子醇，别名希泉，广安（今四川省广安市）人。明万历十四年（1586）进士，历官兵科给事中，户、工科都给事中。光宗立，历太常少卿、左佥都御史。天启中累官户部左侍郎。

是书为明万历二十二年（1594）春，王德完批判朝廷封贡政策的上疏。

国朝防倭十一疏辑议本。

0971

抚浙疏草四卷／（明）王洽撰

王洽（？—1630），字和仲，临邑（今山东省临邑县）人。明万历三十二年（1604）进士，历官东光、任丘、山长垣知县。天启初迁太常寺少卿，三年（1623）以右佥都御史衔巡抚浙江。崇祯元年（1628）任工部右侍郎，未久，提兵部尚书，上疏陈军政十事。二年（1629）十月，清兵由大安口侵入，由此被弹劾下狱。著有《瑞露馆文集》《吾鼎斋尺牍》等。

明启祯刻本。

0972

国朝防倭十一疏辑议／（明）吴文梓等撰

吴文梓（1536—1620），字子乔，号南台，青阳（今安徽省青阳县）人。明万历五年（1577）进士，授太常寺博士。历任兵科、刑科、户科给事中，兵科都给事中，后因言事忤旨，谪从善典史。天启二年（1622）赠太常寺少卿。著有《谏坦草》。

清抄本。

0973

倭奴假诈已彰乞严加责成疏一卷／（明）吴文梓撰

吴文梓，见第0972条。

国朝防倭十一疏辑议本。

0974

东征奏议／（明）邢玠撰

邢玠（1540—1612），字式如，号昆田，益都（今山东省青州市）人。明隆庆五年（1571）进士。历官密云县令、御史，甘肃布政使、右佥都御史，南京兵部右侍郎。万历二十五年（1597），日本侵略朝鲜，以兵部尚书总督蓟辽，调蓟、辽、宣、陕兵及福建、吴淞水师，在稷山、蔚山大败日军。二十七年（1599）告捷还京，以功晋太子太保，条陈东征善后事宜十事。

是书系邢玠统兵抗倭援朝期间，给朝廷所上奏章的汇集，记叙了其作为兵部尚书于明万历七年（1579）至九年（1581）大败倭寇、援朝抗倭的史实。

0975

东征奏议□卷／（明）邢玠撰

邢玠，见第0974条。

见“东征奏议”。

0976

经略御倭奏议□卷／（明）邢玠撰

邢玠，见第0974条。

见“东征奏议”。

明刻本。

0977

查勘东征疏一卷／（明）杨应文撰

杨应文，生卒年不详，无锡（今江苏省无锡市）人。明万历十七年（1589）进士，曾任刑部给事中。

是疏写于明万历二十七年（1599），内容为勘东征援朝抗倭功次。

国朝防倭十一疏辑议本。

0978

东事大系安危罢兵未可轻议疏一卷／（明）姚文蔚撰

姚文蔚，生卒年不详，字元素，号养谷，钱塘（今浙江省杭州市）人。明万历二十年（1592）进士，选庶吉士，授给事中，官至南京太仆寺少卿。

国朝防倭十一疏辑议本。

0979

叶文庄公奏疏四十卷／（明）叶盛撰

叶盛（1420—1474），字与中，号仲盛，别号蜕庵，又号泾东道人、淀东老渔，昆山（今江苏省昆山市）人。明正统十年（1445）进士，授兵科给事中。历官都给事中、右参政、佥都御史、礼部右侍郎、吏部左侍郎。卒，谥文庄。著有《菉竹堂集》等。

公文集。是书包括《西垣奏草》《边奏存稿》《两广奏草》以及《上谷奏草》。明天顺二年（1458），海贼严启盛寇香山、东莞等处，时任巡抚右佥都御史的叶盛讨平之，其《两广奏草》记此事始末。

明崇祯四年刻本。

0980

平倭疏／（明）俞大猷撰

俞大猷，见第0195条。

明嘉靖四十一年胡宗宪原刻筹海图编本，明嘉靖四十四年刻正气堂文集本，清康熙三十二年郑起泓刻本，清乾隆三十年敕撰四库全书本，正气堂集本。

0981

平倭四疏三卷／（明）章焕撰

章焕，生卒年不详，一作章涣、张焕，字懋实，或作茂实，一字扬华，号罗浮山人，长洲（今属江苏省苏州市）人。明嘉靖十七年（1538）进士，官至督理南京仓储右副都御史。以赴任不及时被劾谪戍广东。后由刑部主事改吏部并擢南京太仆寺卿，适逢倭寇犯两浙，上《平倭四疏》，颇为时论所重。著有《华阳漫稿》。

章焕任南京太仆寺卿时正值倭犯两浙诸郡，于是上《平倭疏》。及转光禄寺卿，又上《安攘八事》，不久擢右佥都御史巡抚两广，又陈《明职守》《授成算》二疏。前后四疏皆为倭事而发，汇成

《平倭四疏》。

浙江郑大节家藏本，明嘉靖三十八年聚乐堂刻本。

0982

朝鲜撤战守大关军机疏一卷／（明）张辅之撰

张辅之（1547—1629），字尔赞，号容宇，太仓（今江苏省太仓市）人。明万历十四年（1586）进士，授兵部给事中，前后上疏四十余，从请帝视朝到抗倭平乱，官至工部尚书。

国朝防倭十一疏辑议本。

0983

圣武昭布乞行勘叙疏一卷／（明）张辅之撰

张辅之，见第0982条。

国朝防倭十一疏辑议本，清抄本。

0984

筹倭末议／（明）张寰撰

张寰（1486—1561），字允清，号石川，昆山（今江苏省昆山市）人。明正德十六年（1521）进士，授济宁知州，迁濮州，补开州，升刑部员外郎，官至通政司右参议。著有《耆龄考终录》等。

筹海图编本。

0985

伯仲谏台疏草二卷／（明）郑钦、郑鋭撰

郑钦，生平事迹不详。

郑鋭，生平事迹不详。

是书卷上为《条陈六事疏》，卷下《棍徒结党虐害良善凌辱大臣疏》。

泾川丛书本，丛书集成本，清嘉庆五年跋赵绍祖校刊本。

0986

东封事坏庸臣误国疏一卷／（明）周孔教撰

周孔教（？—1613），字明行，一字宗尼，号怀鲁，临川县（今属江西省抚州市）人。明万历八年（1580）进士，历官福清知县、临海知县、应天巡抚、河道总督、右副都御史。著有《周中丞奏议》《救荒事宜》《劝施迂谈》《怀鲁生集》。

国朝防倭十一疏辑议本。

0987

东封误国亟赐议处疏／（明）周孔教撰

周孔教，见第0986条。

见“东封事坏庸臣误国疏一卷”。

周中丞奏疏本。

0988

邪谍误国恳乞圣明昭察疏一卷／（明）周孔教撰

周孔教，见第0986条。

国朝防倭十一疏辑议本。

0989

周中丞疏稿十六卷／（明）周孔教撰

周孔教，见第0986条。

是书包含《中州疏稿》《西台疏稿》《江南疏稿》。

明万历刻本。

0990

船政奏议续编一卷／（清）□□编

清宣统二年铅印本。

0991

剿平蔡牵奏稿／（清）□□编

是书以清代东南海上起义军首领蔡牵为对象，收录当时江浙、福建、台湾等地平定起义的官员汇报战事、战斗情形及水兵招募等情形的奏折。

清抄本。

0992

乾隆间福康安奉命往剿台湾林爽文庄大田之乱上谕汇钞残本，／（清）□□辑

庄大田（？—1788），原籍平和（今福建省平和县）人，后迁居台湾凤山（今高雄县）竹仔港庄，农民出身，凤山天地会首领。林爽文起义后，他与族弟大韮、大麦等领导农民数千人起义响应，自称南路辅国大元帅、定南将军（一说开南将军）。曾攻占凤山并与林爽文合围台湾府城（今台南）。清乾隆五十二年（1787）率万余人以南潭为中心，先后攻占盐水港、笨港，切断诸罗粮道。翌年，凤山失守，他在千牛庄与清军激战中被俘牺牲。

抄本。

0993

请将台湾议款宣示奏稿／（清）□□撰

清光绪抄本。

0994

台湾道任内剿办逆匪蔡牵督抚等奏稿／（清）□□编

时任分巡台湾兵备道的是庆保，是书或为庆保及其属员所辑抄。赛将军即福州将军赛冲阿，蔡

牵作乱时被清廷任命为钦差大臣。是书所辑为清嘉庆十一年（1806）间赛冲阿及其他官员平定海寇蔡牵的奏稿。现藏日本东洋文库。

清抄本。

0995

台湾道任内剿办洋匪蔡牵赛将军奏稿／（清）□□编

清抄本。

0996

统筹海防力图补救疏一卷／（清）□□撰

抄本。

0997

㖞夷入浙事务奏稿一卷／（清）□□撰

稿本。

0998

奏闻闽浙舟师在粤洋追剿蔡朱二逆情形折／（清）阿林保奏

阿林保（？—1809），字雨窗，正白旗人，舒穆禄氏。清乾隆三十一年（1766）中吏部笔帖式。历官知县、知府、山东按察使、长芦盐运使、湖南巡抚、闽浙总督、两江总督。卒，谥敬敏。著有《适园诗录》等。

是书记载清嘉庆十二年末至十三年（1807—1808）间，闽、浙、广三省水师追剿海盗的情况。浙江提督李长庚被狙击身亡后，嘉庆帝为壮烈伯李长庚之死悲愤不已，谕令各省水师追缉海盗蔡牵为李长庚报仇。闽浙总督阿林保积极调派水师，继续追捕蔡牵。嘉庆十二年（1807）十二月，水师提督张见升从海门探知蔡牵在广东惠州府甲子洋活动，会同金门镇总兵许松年前往追捕，先后与广东海盗和越南艇匪作战。进入广东海域后，王得禄又与广东提督钱梦虎配合原有张见升所部追击朱渍。

清嘉庆十三年撰

0999

广东琼州汉黎舆情营伍练兵稿钞四卷／（清）鲍灿撰

鲍灿，生卒年不详，香山（今广东省中山市）人。曾任琼州特授陆路都府游击管带。

是书实分《汉黎舆情》《营伍练兵》两部，一作《峒黎小识》，为作者治理黎酐及兵营杂事之禀帖告示原稿，文件均在光绪十年至二十年（1884—1894）之内冯子材督办全琼事务时期。

清光绪二十一年刻本。

1000

程督院奏酌筹台湾善后事宜各条款奏稿一卷 /（清）程祖洛撰

程祖洛（1776—1848），字问源，号梓庭，歙县（今安徽省歙县）人。清嘉庆四年（1799）进士，授刑部主事。历官郎中、平凉知府、内阁学士、江西按察使、湖南布政使、山东布政使、陕西巡抚、工部侍郎、湖南巡抚、江苏巡抚。道光十二年（1832）擢闽浙总督，查办浙江盐务，征讨台湾张丙起事，疏陈福建吏治，筹措沿海防务。卒，谥简敏。

清光绪抄本。

1001

邓制军禁烟防海奏议二卷 /（清）邓廷桢撰，邓邦述辑录

邓廷桢（1775—1846），字维周，又字嶰筠，晚号妙吉祥室老人、刚木老人，江宁（今江苏省南京市）人。清嘉庆六年（1801）进士，选庶吉士，授编修，屡分校乡、会试，历官宁波、延安、榆林、西安知府，湖北按察使，江西布政使，陕西按察使、安徽巡抚、两广总督、陕西巡抚。积极配合林则徐整顿海防，查禁鸦片走私。1840年调闽浙总督，率军击退侵犯厦门英舰。著有《双砚斋诗钞》《青嶰堂文集》《说文解字双声迭韵谱》。

邓邦述（1868—1939），字孝先，号正闇，江宁（今江苏省南京市）人，寓居苏州。清光绪二十四年（1898）进士，授编修，官吉林民政使。民国初任东北盐运使。筑群碧楼藏书近四万卷。著有《群碧楼诗钞》《沤梦词》《书衣题识》。

是书系由《筹办夷务始末》辑录，收录在邓邦述筹刻的《邓氏家集》中。

清道光宣统间抄本，民国二十四年邓氏刻本。

1002

丁中丞六条复议一卷 /（清）丁□□撰

是书为丁日昌奏议。

清青山白云庐抄本。

1003

海防条议不分卷 /（清）丁日昌撰

丁日昌，见第0488条。

清光绪元年（1875），丁日昌官福建巡抚，同时兼管船政，时台

湾为府级建制，隶属福建。丁日昌在任期间两次巡视台湾并提出一系列经营方案，对台湾在海防上的重要性有深刻认识，早在江苏巡抚任上时就草拟了《海洋水师章程六条》，提出外海水师添购兵轮船，沿海择要修筑炮台以及将近海分为北洋、东洋、南洋三个水师防区，以台湾为南洋水师基地。清廷将此六条连同总理衙门提出的“练兵、简器、造船、筹饷、用人、持久”，发交南北洋大臣、滨海沿江各督抚讨论。丁日昌积极参与这次讨论，写成一万多字的奏折，详细陈述自己对海防建设的看法和建议，并将这份奏折寄天津李鸿章，请其转奏，是为《海防条议》。

清末抄本。

1004

海防原奏并各省覆奏 /（清）丁日昌等撰

丁日昌，见第 0488 条。

清光绪抄本。

1005

山东福建海防条议不分卷 /（清）龚易图撰

龚易图（1830—1888），字少文，号蔼人，又作蔼仁，一号含晶，又号含真，闽县（今属福建省福州市）人。清咸丰九年（1859）进士，改庶吉士，授云南知县。以围剿捻军功加知府衔，授东平知府，加道员盐运使衔。调补济南知府，加布政使衔，擢登青莱兵备道，迁江苏、广东按察使，官至广东、湖南布政使。

稿本。

1006

黄少司寇奏疏三十卷 /（清）黄爵滋进

黄爵滋（1793—1853），字德成，号一峰，又号树斋，宜黄（今江西省宜黄县）人。清道光三年（1823）进士，入翰林院，选庶吉士，散馆授编修，旋充国史馆协修、武英殿纂修、总纂官。历官福建、陕西、江西、山东等道监察御史，兵、工、户部掌印给事中，鸿胪寺卿，大理寺少卿，通政使，礼部、刑部右侍郎，刑部左侍郎兼左副都御史，大理寺少卿，通政使司通政使，礼、刑部右侍郎。鸦片战争开始，调刑部右侍郎，两次赴福建视察海防，主张加紧奋战，抗御英人入侵。为敦促清廷抗英，进《海防图》。著有《黄少司寇奏疏》《仙屏书屋诗录》《仙屏书屋文录》《戊申楚游草》等。

黄爵滋曾两次至福建视察海防，奏呈海防图及闽浙总督邓廷桢在厦门的抗英战况，极言加强战备、组织团练抵抗英国侵略。

抄本。

1007

道光查办盐务河工海塘奏稿不分卷／（清）敬征等撰

敬征（1785—1851），爱新觉罗氏，清宗室，隶满洲镶白旗。肃亲王永锡之子，封辅国公。历官内务府大臣，左都御史，兵、工、户诸部尚书，协办大学士。道光中，先后察治长芦盐务，奏定帑课归补章程及淮盐票引兼行。往勘南河、东河、浙江海塘等河湖工程，筹划于家湾、扬河、中河厅诸漫口堵复事宜。后坐事革职，再起为正白旗满洲副都统。卒，谥文悫。

清抄本。

1008

清咸丰年奏疏钞／（清）李鹤年等撰

李鹤年（？—1890），字子和，号雪琴，奉天义州（今辽宁省义县）人。清道光二十五年（1845）进士。咸丰六年（1856）转掌云南道监察御史。同治十年（1871）授闽浙总督兼署福州将军。光绪元年（1875）调河东河道总督。

清咸丰间抄本。

1009

李肃毅伯奏议二十卷／（清）李鸿章撰，（清）章洪钧、吴汝纶辑

李鸿章，见第0633条。

章洪钧（1840—1887），字琴生，一作字梦所，号琴生，绩溪（今安徽省绩溪县）人。清同治十三年（1874）进士，改翰林院庶吉士，授编修。光绪七年（1881），直隶总督李鸿章奏调赴天津筹办海防并中外交涉事宜。十二年（1886）补宣化知府。诰授中宪大夫，晋封通议大夫。

吴汝纶，见第0904条。

是书辑李鸿章自清同治元年至光绪二十五年间（1862—1899）所上奏折，包含清查苏松漕粮积弊片、烟台议结滇案折、遵议鸦片厘税事宜折、查复马建忠参案折、海军惩办章程片等多篇。

清光绪二十五年上海鸿文书局石印本，清光绪莲池书院铅印本。

1010

李文忠公奏稿八十卷／（清）李鸿章撰，（清）吴汝纶编录

李鸿章，见第0633条。

吴汝纶，见第0904条。

清光绪三十一年金陵刻三十四年印李文忠公全集本。

1011

海防奏议一通／（清）李元度撰

李元度，见第0505条。

清抄本。

1012

敬陈海防疏／（清）李元度撰

李元度，见第0505条。

是疏写于清光绪十一年（1885），要求设立海军四镇，强调台湾在整个中国沿海防御上的重要性，还指出台湾所面临的威胁。

清皇朝经世文三编本。

1013

林文忠公禁烟奏稿四卷林文忠公事略一卷／（清）林则徐撰，（林文忠公事略）（清）李公度撰

林则徐，见第0908条。

李公度，生平事迹不详。

民国铅印本。

1014

林文忠公政书三集三十七卷搜遗一卷／（清）林则徐撰，（清）林汝舟、沈葆桢辑

林则徐，见第0908条。

林汝舟（1814—1861），字镜枫，号楫之，侯官（今属福建省福州市）人。林则徐之长子。清道光十八年（1838）进士，选庶吉士，散馆授翰林院编修，未任他职。林则徐逝世后，林汝舟升为侍讲。

沈葆桢，见第0915条。

是书有甲、乙、丙三集，分东河、江苏，湖广、使粤、两广，陕甘、云贵七类，收有东河奏稿、江苏奏稿、湖南奏稿、使粤奏稿、两广奏稿等。

林文忠公遗集本，清光绪二年铅印本，清光绪五年长洲黄氏刻本，清光绪二十四年天津文德堂石印本。

1015

林文忠公奏疏文底不分卷／（清）林则徐撰

林则徐，见第0908条。

稿本。

1016

林文忠公奏议不分卷／（清）林则徐撰

林则徐，见第0908条。

清式古训斋抄本。

1017

林文忠公奏议六卷／（清）林则徐撰

林则徐，见第0908条。

三公奏议本。

1018

使粤奏稿二卷两广奏稿二卷／（清）林则徐撰

林则徐，见第0908条。

是书记述林则徐在广东主持禁烟斗争的情况，包括缴烟、销烟以及同英国领事义律在要求外商出具永不夹带鸦片问题上进行的艰苦较量，另记有林则徐大力整顿海防，屡败英军武力挑衅的事迹。

清林氏云左山房抄本。

1019

刘壮肃公奏议十卷首一卷／（清）刘铭传撰

刘铭传（1836—1896），字省三，自号大潜山人，人称刘六麻子，合肥（今安徽省合肥市）人。清同治元年（1862）充任铭字营营官，因平川沙太平军升游击并获赏戴花翎，担任江苏狼山镇守使。同治三年（1864）因攻太平军有功补授直隶提督。年仅二十八岁的刘铭传登上清代军队的最高军阶。光绪九年（1883）中法战争爆发，已解甲隐居多年的刘铭传被任为督办台湾事务大臣，筹备抗法，不久又授福建巡抚加兵部尚书衔。翌年于淡水等地率军击败法国舰队的进犯。十一年（1885）任首任台湾省巡抚。中日甲午战争后，《马关条约》签订的消息传来，他口吐鲜血病逝于六安，赠太子太保，谥壮肃。

是书始自清同治九年（1870）刘铭传赴陕督师攻回民军，及至光绪十一年（1885）台湾建省并为首任巡抚开发建设台湾的奏稿。包括出处、谟议、保台、抚番、设防、建省、清赋、理财、奖贤、惩暴，均为刘铭传在任时办理军务、行政的公文集。卷首刊有刘铭传的清史本传、家传、墓志铭、神道碑、咨吏部履历、守台事状。

清光绪三十二年铅印本。

1020

浙闽总制刘兆麒疏章四卷文檄六卷／（清）刘兆麒撰

刘兆麒，见第0910条。

清抄本。

1021

马端敏公奏议八卷 / （清）马新贻撰

马新贻，见第 0626 条。

马新贻官两江总督，兼管两淮盐政，随即着手对两淮盐法进行调整。清同治四年（1865）赴任浙江巡抚即上疏陈情“水利宜急兴修”，指出浙江海塘关系紧要。随后，带领督办塘工之前臬司段光清、杭嘉湖道苏式敬等沿塘履勘，绘制海塘缺口图上陈朝廷。此后，马新贻每月巡视塘工。同治六年（1867），马新贻陪同新上任的闽浙总督吴棠巡阅海塘，逐段勘验工程，沿海宁州尖山绕行至海盐，察看海塘一百四十余里。

清光绪二十年闽浙督署刻本。

1022

鸦片战事奏档不分卷 / （清）牛鉴等撰

牛鉴（1785—1858），字镜堂，号雪樵，武威（今甘肃省武威市）人。清嘉庆十九年（1814）进士，历官粮储道、按察使、府尹、布政使、江苏巡抚、河南巡抚。道光二十一年（1841）授两江总督。鸦片战事起，力主和议，同耆英、伊里布代表清政府同英国签订《南京条约》。

清抄本。

1023

彭刚直公奏稿 / （清）彭玉麟撰

彭玉麟，见第 0853 条。

是书中有其任职湘军水师时镇压太平天国起义以及参与海防建设和中法战争期间驻防广东的史料。

清光绪十七年德清俞樾刻本，清光绪上海铅印本。

1024

两广夷务奏稿一卷 / （清）耆英撰

耆英（1790—1858），爱新觉罗氏，字介春，满洲正蓝旗人，清宗室。以荫生授宗人府主事，迁理事官、内务府大臣。后历工部、户部。清道光九年（1829）擢礼部尚书兼都统。十八年（1838）授盛京将军。二十二年（1842）调广州将军，旋因奕经在浙江战败，调署杭州将军。与伊里布同授全权代表签订《南京条约》，旋授两江总督。翌年再授钦差大臣，在虎门与英国签订《中英五口通商章程》。二十四年（1844）任两广总督，与美国签订《望厦条约》，与法国签订《黄埔条约》。二十八年（1848）拜文渊阁大学士。三十年（1850）咸丰帝即位后革职。咸丰八年（1858）奉命随大学士桂良等赴天津与英法联军交涉，旋因擅自回京获罪赐死。

是书汇辑中法《黄埔条约》订立前后耆英与清廷的往来折谕，包括耆英的奏折十二件、片九件、上谕七件、朱批二十二件。

清抄本。

1025

耆英奏稿不分卷／（清）耆英撰

耆英，见第1024条。

清抄本。

1026

浙江奏办夷务事宜一卷／（清）耆英、伊里布、牛鉴撰

耆英，见第1024条。

伊里布（1772—1843），爱新觉罗氏，字莘农，满洲镶黄旗人。早年历官通判、知府、知州、按察使、布政使以及陕西、山东、云南巡抚。清道光十三年（1833）调任云贵总督、协办大学士。十九年（1839）调任两江总督。二十年（1840）第一次鸦片战争期间，被任命为钦差大臣，负责浙江沿海的军事行动。其后被弹劾撤职。二十二年（1842），清廷重新启用伊里布，命其协助耆英抵抗英军，最终签署《南京条约》。签约后，被任命为广州将军、钦差大臣，负责在广州办理战后事宜。伊里布到任后，发现广州民心不服，英国又多有逼迫，忧悴而死，赠太子太保，谥文敏。

牛鉴，见第1022条。

清抄本。

1027

抚浙疏草七卷署督疏草一卷抚浙檄草二卷抚浙移牍一卷／（清）秦世祯撰

秦世祯（？—1655），汉军正蓝旗人，初籍广宁。清顺治二年（1645）以贡生除直隶文安知县。翌年行取授御史。四年（1647）巡按浙江。八年（1651）巡按江南。十年（1653）还京迁大理寺丞。翌年擢浙江巡抚，疏请增造战舰，精选水师。别疏言沿海渔舟往往通寇，请按保甲法以二十五舟为一队，无事听采捕，有事助守御。十二年（1655）与佟岱互劾，调操江巡抚。因郑成功攻克舟山，世祯不能辞咎，与佟岱并夺官。著有《抚浙疏草》《署督疏草》《抚浙移牍》。

清顺治刻本。

1028

沈葆桢奏稿不分卷／（清）沈葆桢撰

沈葆桢，见第0915条。

清抄本。

1029

沈文肃船工奏稿一卷／（清）沈葆桢撰

沈葆桢，见第0915条。

清抄本。

1030

沈文肃公政书七卷首一卷／（清）沈葆桢撰

沈葆桢，见第0915条。

是书皆属奏稿，起自清同治元年（1862），止于光绪五年（1879）。其卷四为总理船政时所上、卷五为经理台湾时所上；后二卷为两江总督任内所上，包含两江防务及吏治民生等史料。

清光绪六年铅印本。

1031

沈文肃公奏稿一卷／（清）沈葆桢撰

沈葆桢，见第0915条。

稿本，清光绪刻本，清光绪六年吴门节署铅印本，清光绪十八年乌石山祠刻本。

1032

奏稿一卷（同治元年至二年）／（清）沈葆桢撰

沈葆桢，见第0915条。

清抄本。

1033

平海奏疏总录不分卷／（清）施琅撰，（清）施世騋辑

施琅，见第0429条。

施世騋，生平事迹不详。

清抄本。

1034

三抚捷功奏疏二卷／（清）佟国器撰

佟国器（1622？—1684），字思远，号汇白，奉天襄平（今辽宁省辽阳市）人，隶汉军旗籍。清顺治二年（1645）授浙江嘉湖兵备道，后晋按察使。偕副将张国兴擒捉叛将马士英、朱大定等。以功迁福建巡抚。十二年（1655）调南赣巡抚，后调浙江巡抚，出击郑成功于定关。

是书所辑奏疏大多为作战请功报捷之塘报，涉及清初重大历史事件，

尤其涉及清廷如何处理与台海郑成功集团的关系，是研究这一时期政治、军事和实现祖国统一的珍贵史料。

清初刻本。

1035

平海疏议一卷附平海咨文一卷／（清）万正色撰

万正色（1637—1691），字惟高，一字中庵，晋江（今福建省晋江市）人。家贫从军，因降海盗功升为山西平鲁卫参将，后官湖南岳州水师总兵。康熙十八年（1679）上《闽人习海上事状》，提出海陆军布防及配合作战的建议，获康熙帝赞赏，特旨加封太子少保衔，调任福建水师总兵，后升任水师提督。翌年，收复福建沿海诸岛，予世职，拜喇布勒哈番。著有《平岳疏议》《平海疏议》《师中纪绩》等。

万正色提督福建水师，同总督姚启圣平海坛及金、厦两岛，是书作于是时。

清史稿艺文志存目。

1036

平岳疏议一卷平海疏议一卷附平海咨文一卷师中小札一卷／（清）万正色撰

万正色，见第1035条。

《平岳疏议》记任岳州水师时征讨吴三桂之事。《平海疏议》及咨文记提督福建水师平海坛及金、厦两岛之事。《师中小札》即当时在师中所作。

清史稿艺文志存目。

1037

抚粤条奏一卷／（清）王来任撰

王来任（？—1668），字宏宇，隶汉军正黄旗。清天聪间入值文馆。崇德元年（1636）官至工部启心郎。顺治朝，历官通政司参议、西城监察御史、巡视陕西茶马钦差、大理寺少卿、顺天府尹。康熙元年（1662）加右副都御史，巡抚郧阳。四年（1665）擢广东巡抚。时粤中屡经寇盗，军民不安，抵任后疏陈夫役、民船、采买、私税、诬盗、擅杀为粤民“六大害”，力请革禁。卒，遗疏复陈裁兵、展边、开海三事。

清康熙三十九年刻本。

1038

皇朝道咸同光奏议六十四卷／（清）王延熙、王树敏辑

王延熙，生平事迹不详。

王树敏，生平事迹不详。

是书仿《经世文编》例，辑

清道光、咸丰、同治、光绪四朝名臣有关时政之奏议而成，其中曾国藩、李鸿章、左宗棠、张之洞、丁宝桢、薛福成等人的奏疏较多。分治法、变法、时务、洋务、吏政、户政、礼政、兵政、刑政、工政十类。

清光绪二十八年上海久敬斋石印本。

1039

剿海盗奏稿不分卷／（清）王懿德撰

王懿德（1798—1861），字绍甫，号春严、雨坡，祥符（今属河南省开封市）人。清道光三年（1823）进士。历官襄阳知府、山东盐运使、山东按察使、陕西布政使、福建巡抚、闽浙总督。卒，谥靖毅。著有《公余琐言》等。

抄本。

1040

台湾进退志／（清）吴大廷辑撰

吴大廷，见第0665条。

清同治五年（1866）十月，吴大廷由左宗棠选派，任台湾道员，加按察使衔兼学政。莅台后，肃匪患、整武备、修师船，不及半年，台湾地方绥靖。因遭上司多方掣肘，以病重为由屡上辞呈，七年（1868）八月离职。同年，吴氏将当年左宗棠的荐折，自己的多份辞呈，以及时任闽浙总督英桂、福建巡抚卞宝第准其卸任的奏折汇编为《台湾进退志》一书，以示剖白。

清同治七年刻本。

1041

谢泰交奏议（舟山防守议）一卷／（清）谢泰交撰

谢泰交（1611—1658），字时际，号天童，定海（今属浙江省舟山市）人。清顺治十一年（1654）贡入太学，以防海靖寇机宜对策第一，以知县用，十四年（1657）中举人。著有《诗文稿》。

是书为清顺治十三年（1656）十一月，舟山平议徙其民于内地，督抚檄下郡县问诸生父老“舟山应守与否”。谢泰交因作《舟山防守议》，极言舟山之不可弃，以进，然徙民废地之令终下。

清抄本。

1042

出使奏疏二卷／（清）薛福成撰

薛福成，见第0916条。

是编系选辑薛福成于清光绪十五年（1889）奉命出使英、法、意、比，至光绪二十年（1894）交卸回国间所上奏疏而成。

清光绪二十年刻本。

1043

奏稿不分卷／（清）薛福成撰

薛福成，见第0916条。

薛叔耘遗书本。

1044

［杨芳练兵奏疏］／（清）杨芳撰

杨芳（1770—1846），字诚斋，松桃（今贵州省松桃苗族自治县）人。早年因应试落第，投军当文书，受到杨遇春赏识，被荐为把总，从军镇压苗民起义，升任守备。嘉庆间镇压川、楚白莲教起义，常为侦骑，收集情报，充当军中向导。后升至总兵、提督等官。嘉庆十八年（1813）从那彦成在河南镇压林清、李文成起义，杀害义军二万余人。道光六年（1826）参与平定张格尔叛乱。次年俘张格尔，加太子太保，晋二等侯。道光二十一年（1841）鸦片战争中，他以参赞大臣率军随奕山赴广东，畏敌主和，被夺职留任。旋回任湖南提督。道光二十三年（1843）退职回里。

是书含练射、练枪、练骑及布阵等法，和在直隶练兵过程。

清道光刻本。

1045

议开台湾后山噶玛兰即蛤仔难节略／（清）杨廷理撰

杨廷理，见第0351条。

是书为清嘉庆十八年（1813）时任台湾知府的杨廷理所做，记录杨廷理开发、治理台湾噶玛兰地区的目的、措施和成就。

清道光十七年拥书楼刻本。

1046

忧畏轩奏疏／（清）姚启圣撰

姚启圣（1624—1683），字熙之，又字忧庵，会稽（今属浙江省绍兴市）人。明代诸生。清顺治初任通州知州，十六年（1659）附族入籍，隶镶红旗汉军。康熙二年（1663）授广东香山知县，以“擅开海禁、私通澳夷”罪被革职并判处死刑。后遇大赦，在广东经商为生。十三年（1674），耿精忠于闽叛清，启圣与子仪募健卒数百，赴康亲王杰书幕下效力。十四年（1675）康亲王疏陈启圣劳绩，超擢浙江温处道佥事。精忠降，擢福建布政使。郑成功子锦踞漳州、泉州、兴化，清军进讨，启圣与子仪屡立战功。期间赡兵、购马、制械，先后用银五万余两，皆出已资，得旨嘉奖，晋升福建总督。上平海十疏，尽言用兵之策。进兵收复平和、漳平、长泰县，因功授正一品。后遣将渡海，拔金门、厦门，招降朱天贵、杨彪等，进兵部尚书、太子太保。二十一年（1682），叙克海澄、金门、厦门功，予骑都尉世袭，加一云骑尉。翌年至厦门督理粮饷，支持施琅渡海攻取台湾，旋病卒，闽省百城惊悼，士民群聚而哭，清廷未予赐恤和封谥。著有《忧畏轩遗集》。

见“总督福建少保兵部尚书姚公奏疏六卷”。

1047

总督福建少保兵部尚书姚公奏疏六卷／（清）姚启圣撰

姚启圣，见第1046条。

一作《忧畏轩奏疏》。姚启圣曾任福建布政使，又晋总督，后在福建与郑经的军队作战，其间除部署指挥军队外，还亲驻厦门督运粮饷，功晋兵部尚书。是书为其奏疏，包含大量清朝经营福建、收复台湾的史料。

清康熙刻本。

1048

东溟奏稿四卷／（清）姚莹撰

姚莹（1785—1853），字石甫，号明叔，晚号展和，因以十幸名斋，又自号幸翁，桐城（今安徽省桐城市）人。清嘉庆十二年（1807）举人，翌年进士。历官平和知县、龙溪知县、台湾知县兼摄噶玛兰通判、武进知县、台湾兵备道、湖北盐法道、广西按察使。著有《石甫文钞》《东溟文集》《东溟外集》《东溟奏稿》《东槎纪略》《康輶纪行》等。

是书为姚莹任台湾兵备道间收集的有关台湾防务的奏议，内容包含平定台湾的民变暴动、英对台湾侵略活动以及台湾人民的反抗、有关清道光二十一年（1841）秋英两次侵占鸡龙海口、侵犯大安港以及与台湾总兵达洪阿共同抵抗英军入侵的过程。

中复堂全集本。

1049

广东夷务通商事宜不分卷／（清）伊里布撰

伊里布，见第1026条。

是书辑录伊里布等任职边务的官吏关于抚英给款与各国通商的奏折，记录了清道光、咸丰时的一些外交事宜。

清抄本。

1050

广东奏办夷通商事宜一卷／（清）伊里布、耆英等撰

伊里布，见第1026条。
耆英，见第1024条。

清抄本。

1051

钦差大臣伊里布耆英在浙江奏办夷务事宜一卷／（清）伊里布、耆英撰

伊里布，见第1026条。
耆英，见第1024条。

清抄本。

1052

钦差大臣伊耆在广东奏办夷务通商事宜一卷／（清）伊里布、耆英撰

伊里布，见第1026条。
耆英，见第1024条。

清抄本。

1053

办理广东军务折档十卷／（清）奕山等撰

奕山（1790—1878），爱新觉罗氏，字静轩，满洲镶蓝旗人，清宗室。历官塔尔巴哈台领队大臣、伊犁参赞大臣、伊犁将军、御前大臣、靖逆将军。后督师赴广州抗英败退，向英军求和，签订《广州和约》。事后却上奏讳败为胜，后被革职监禁，寻又重新起用。咸丰八年（1858）5月在黑龙江将军任内，屈服于沙俄军事压力，与穆拉维约夫签订《中俄瑷珲条约》，次年被革职留任。

清抄本。

1054

靖逆将军奕会办广东军务折档不分卷／（清）奕山撰

奕山，见第1053条。

清道光二十一年（1841），弈山被授为靖逆将军，奉谕赴粤协同剿办入侵英军。以投降告终并签订《广州和约》，这是中国近代史上第一个屈辱性的合约。是书为相关档案。

清抄本。

1055

海防奏议一卷／（清）奕訢等撰

奕訢，见第0356条。

19世纪后期，清廷围绕陆疆、海疆何者优先问题产生争论，即海防、塞防之争。身为海防派的奕訢于清同治十三年（1874）正式提出“海防”的建议。由他主持的总理各国事务衙门向皇帝呈递《海防奏议》，提出“练兵、简器、造船、筹饷、用人、持久”等六条具体措施。

清一枝巢抄本。

1056

张靖达公奏议八卷／（清）张树声撰

张树声（1824—1884），字振宜，合肥（今安徽省合肥市）人。廪生。清咸丰三年（1853），同其弟树珊、树屏倡办乡团，镇压太平军和捻军。同治元年（1862）率部随李鸿章镇压上海、浙江各地的太平军，成为淮军的主要将领，因功历官道员、按察使、布政使、巡抚。十一年（1872）署两江总督兼理通商事务大臣，次年任江苏巡抚。光绪五年（1879）授两广总督；八年（1882）署理直隶总督兼北洋大臣。朝鲜发生“壬午政变”，日本企图借机出兵吞并朝鲜，张树声迅派北洋水师记名提督丁汝昌率兵舰三艘赶往朝鲜，继而又派广东水师提督吴长庆督师直捣王京，俘政变大院君李昰应解往保定。朝鲜平叛后一日，日军始到达海口，阴谋未能得逞，以功赏太子少保衔。李鸿章回任，时中法关系紧张，张树声购置火药枪炮，回任布防，重建虎门炮台、布水雷。张之洞接任两广总督后，张树声驻黄埔行营，督率所部各营。卒，谥靖达。著有《张靖达公奏议》《张靖达公杂著》《庐阳三贤集》。

是书收录有关晚清海防奏折多件，另有部分关于洋务派造船厂和水师学堂的史料。

清光绪二十五年刻本。

1057

抚浙疏草五卷檄草二卷移牍一卷／（清）朱昌祚撰

朱昌祚（1627—1667），字云门，汉军镶白旗人。清顺治初官宗人府启心郎，后以工部侍郎巡抚浙江。康熙间擢直隶、山东、河南三省总督。鳌拜擅权，以互易庄地打击正白旗，遂受命调查审理，被鳌拜矫诏绞死。

是书辑录朱昌祚在清顺治末康熙初巡抚浙江时的上书文档。

清康熙三年序刊本。

1058

按闽奏议三卷／（清）朱克简撰

朱克简，见第0566条。

清朱士彦抄本。

1059

巡按福建海防条议奏稿／（清）朱克简撰

朱克简，见第0566条。

是书系朱克简于清顺治年间担任福建巡抚时的奏疏，时值清军与郑成功集团在福建激战，奏稿多反映了当时战况。

稿本。

1060

筹议台湾事宜奏折一卷／（清）总理各国事务衙门撰

总理各国事务衙门，见第0740条。

清光绪三年（1877），总理各国事务衙门议奏沈葆桢、李鸿章先后上奏的《筹议台湾事宜》折的相关文件。

清光绪铅印本。

1061

船政奏议汇编五十四卷／（清）左宗棠等撰，（清）□□编

左宗棠（1812—1885），字季高，一字朴存，号上农人，湘阴（今湖南省湘阴县）人。清道光十二年（1832）举人，咸丰六年（1856）升任兵部郎中，同治元年（1862）由曾国藩举荐由太常卿升任浙江巡抚，与太平军作战，克金华、绍兴等地，升任闽浙总督。五年（1866）在福州马尾办船厂，即后来的福建船政局，并创办求是堂艺局，培养海军人才。同年改任陕甘总督。十二年（1873）授协办大学士，次年授东阁大学士。光绪七年（1881）任军机大臣，旋改任两江总督。十年（1884）入京任军机大臣，九月以钦差大臣督办闽海军务。次年，病故于福州，谥文襄。著有《楚军营制》，其奏稿、文牍等辑为《左文襄公全集》。

是书由督办福建船政诸大臣左宗棠、沈葆桢、文煜、丁日昌、张梦元、何如璋、张佩纶、裴荫森、卞宝、谭钟麟、许应骙等有关船政奏疏辑录而成，包含大量福州船政局、海军以及中法战争的史料。记事起清同治五年（1866），迄光绪二十八年（1902）。

清光绪十四年刻本。

1062

图门江口宜划归中国议一卷／曹廷杰撰

曹廷杰，见第0868条。

小方壶斋舆地丛钞本。

1063

象山宜筑军港议一卷／丁谦撰

丁谦，见第0464条。

中外游记汇编本。

1064

请开惠州军港议一卷／欧云高撰

欧云高，即欧榘甲（1869—1912），字云樵，归善（今属广东省惠州市）人。康有为弟子。历任《时务报》《知新报》笔政。光绪二十三年（1897）任湖南时务学堂分教习。戊戌政变后在日本助梁启超编《清议报》。二十八年（1902）赴美加入洪门致公堂，在旧金山参与创办《大同日报》，以“太平洋客”笔名撰《新广东》，鼓吹广东独立。后因攻击孙中山，被侨胞逐出报馆。三十一年（1905）前后，赴新加坡任保皇党机关报《南洋总汇报》主笔。

中外游记汇编本。

1065

劾李鸿章奏议一卷／易顺鼎撰

易顺鼎，见第0403条。

清刻本。

1066

上前督宪周筹办琼崖地方八事条陈稿一卷／章献猷撰

章献猷（1869—?），字味三，号士荃，瑞安（今浙江省瑞安市）人。清光绪十五年（1889）举人，十八年（1892）进士。曾任清感恩县知县、广东嘉应州知州、民国第一届国会议员。

清光绪三十三年（1907）感恩知县章献猷在调查之后对上级提出《筹办琼崖地方八事条陈》，提出设商轮、开铁路、广种植、务垦荒、开森林、兴海业、采矿产、开黎人八项应兴办的事宜。

清宣统元年广东铅印本。

1067

议奏海军事宜／志鋭撰

志鋭（1852—1912），字伯愚，又字公颖，别号廓轩、迂安、穷塞主，满洲正红旗人。清光绪帝瑾妃、珍妃之兄。光绪六年

（1880）进士，选庶吉士，授编修，累迁詹事。十八年（1892）擢礼部右侍郎。中日甲午战争中上疏主战并自请募勇设防，被派赴热河练兵，旋即因瑾妃、珍妃贬为贵人，被降为乌里雅苏台参赞大臣。后历官索伦领队大臣、宁夏副都统、杭州将军、伊犁将军，加尚书衔。武昌起义爆发，新疆起义军推其为都督，严词拒绝，被起义军杀害。著有《廓轩竹枝词》。

清光绪十五年铅印本。

1068

船政奏疏一卷

清抄本。

1069

光绪甲午奏稿不分卷

清抄本。

1070

台湾事件奏章一卷

台湾事件，指清同治十三年（1874）日本侵略台湾事件。

清光绪石印本。

1071

通商约章成案类纂三十五卷

天津官书局刻本，广东善后局重刻本，上海排印本。

1072

英夷入浙奏报汇钞一卷

清抄本。

地理类

丛编之属

1073

阅史约书六卷／（明）王光鲁撰

王光鲁，生卒年不详，名汉恭，号款思居士，广陵（今江苏省扬州市）人。诸生。师事周亮工，于戏曲颇有造诣。曾托名卢柟，著《想当然》传奇，另著有《碧澌堂诗草》。

地理丛书。是书为王光鲁读史考订析辨而作，含《历代地图》（附《历代窃据图》）、《历代地理直音》《历代事变图谱》（附《古今官制沿革图》）、卷端题《图谱官制》《古语训略》《元史备志录》。地图有古今地名对照，朱印时名，别古今沿革之异，凡地名未能入图者，以韵编详载于《直音》，以备查考。

明崇祯十六年刻本，清顺治十三年刻本。

1074

陆澄地理书钞一卷 / （南朝齐）陆澄辑，（清）王谟辑

陆澄（425—494），字彦深，一作彦渊，吴郡（今江苏省苏州市）人。宋泰始初为尚书殿中郎、左丞，转给事中，不久官至秘书丞。永明元年（483）累迁度支尚书，领国子博士，后转散骑常侍，领国子祭酒卒，谥靖。

王谟（1731—1817），字仁圃，一字汝麋，号汝上，晚称汝上老人，金溪（今江西省金溪县）人。清乾隆三十三年（1768）举人，四十三年（1778）进士，授知县，不久辞官，请改学职，选授建昌府学教授。著有《汉魏遗书抄》《汉魏丛书》《汉唐地理书钞》《豫章十代文献略》等。

汉唐地理书钞本，汉唐地理书钞存本，重订汉唐地理书钞本。

1075

皇朝藩属舆地丛书 / （清）□□编

本丛书汇辑清代边境地区地理等方面著作，收有《越史略》《吉林外纪》《黑龙江外纪》《寒北纪行》《宁古塔纪略》《澳大利亚洲志》（译本）、《长春真人西游记》《汉西域图考》《西域水道记》《东北边防辑要》《东三省舆地图说》《滇缅划界图说》《平定罗刹方略》《元朝征缅录》《元朝秘史注》《职外方纪》《元秘史山川地名考》等书。

清光绪二十九年金匮浦氏静寄东轩石印本。

1076

古海国遗书钞 / 陈运溶撰

陈运溶（1858—1918），字子安，号芸畦，又号灵麓山人，善化（今湖南省长沙市岳麓区）人。十八岁即成太学生，授修职郎、江苏补用县丞。著有《读易杂记》《湘城访古录》等。

地理丛书。是帙为《精舍丛书》子丛书之一，收有三国吴万震《南州异物志》、朱应《扶南异物志》、康泰《吴外国传》、佚名氏《交州以南外国传》《外国图》《外国事》《西域诸国志》、晋释道安《西域志》、吴康泰《扶南土俗传》、竺芝《扶南记》、佚名氏《扶南传》、唐杜环《经行记》等，另附陈氏自撰《古海国沿革考》《沿革表》。

麓山精舍丛书本。

1077

麓山精舍丛书 / 陈运溶辑

陈运溶，见第1076条。

地理丛书。是编多为陈运溶辑录三国至宋间久佚地理文献，间杂个人著述，于光绪二十四年（1898）、光绪二十六年（1900）、宣统三年（1911）相继成帙。第一集为辑佚类，或为荆湘先贤传，或为荆湘地记、图经、岁时记等，收《太平寰宇记拾遗》等书。第二集为释地类，多为吴、晋、唐间久佚之周边异族地志、物志、图、传之类地理文献，收《古海国遗书钞》《古海国沿革考》《大清一统舆图海道集释》《亚欧两洲沿岸海道纪要》等书。

清光绪宣统间湘西陈氏刻本。

1078

北徼汇编六卷 / （清）何秋涛辑

何秋涛（1824—1862），字愿船，光泽（今福建省光泽县）人。清道光二十四年（1844）进士，授刑部主事。曾主讲保定莲池书院，任代院长。喜治经史、小学，精于考据文学，边疆舆地尤所擅长。撰成《北徼汇编》，咸丰帝赐名《朔方备乘》。另著有《王会篇笺释》《校正元圣武亲征录》《一镫精舍甲部稿》《篆隶源流》等书，并参与编撰《大清律例根源》等。

地理丛书。因俄罗斯地居北徼，与清朝边卡相连，未有专书以资考镜，何秋涛辑录截取清代出使或贸易俄国者、筹划北疆者、专事舆地研究者有关俄罗斯的记述，研究考证、汇辑而成此帙。是书着重介绍俄罗斯的历史、地理和其他方面的情况。

清同治四年京都龙威阁刻本。

1079

边舆纪略汇钞十三种 / （清）何秋涛编

何秋涛，见第1078条。

清抄本。

1080

朔方备乘 / （清）何秋涛撰

何秋涛，见第1078条。

原作《北徼汇编》，成书于清咸丰八年（1858），咸丰帝阅后赐名《朔方备乘》。

见“北徼汇编六卷”。

清光绪畿辅通志局刻本，清光绪石印本。

1081

李氏五种合刊二十八卷／（清）李兆洛撰

李兆洛（1767—1841），字绅琦，更字申耆，号养一，人称养一先生，阳湖（今属江苏省常州市）人。清嘉庆十年（1805）进士，选翰林院庶吉士，散馆授官凤台知县。后主讲江阴书院二十年。通历算、音韵，擅长史地。著有《历代地理志韵编今释》《历代地理沿革图》《养一斋集》《皇朝一统舆地全图》等。

地理丛书。一作《地理志韵编》，于清同治九年（1870）辑刊。是编含李氏《历代地理志韵编今释》《皇朝舆地韵编》《皇朝一统舆图》《纪元编》，六严编《历代地理沿革图》。韵编舆图相配，古今相贯，互为补充，连为一体。韵编辑历代地名依韵为序而成，舆图绘古今政区疆界。

清同治十年金陵书局刻本，清光绪四年顺德马贞榆刻本，清光绪十四年扫叶山房刻本，清光绪二十四年扫叶山房石印本。

1082

历代地理志韵编／（清）李兆洛撰

李兆洛，见第1081条。

见“李氏五种合刊二十八卷”。

1083

历代地理志韵编今释二十卷皇朝舆地韵编二卷增补一卷／（清）李兆洛撰，（清）饶鼎达增补

李兆洛，见第1081条。

饶鼎达，生卒年不详，长沙（今湖南省长沙市）人。

地名工具书，成书于清道光十七年（1837）。是书根据《汉书》等十四部正史地理志编制，以各史地理志中地名为纲，依韵分编，注明历代所属州郡名称及清地所在、建置沿革、变迁等情况。

清光绪十八年刻本。

1084

汉唐地理书钞存六十八种／（清）王谟辑

王谟，见第1074条。

地理丛书。是书收《河图括地象》《张衡灵宪》《张子房赤霆经》《郭璞山海经图赞》《裴秀禹贡九州岛制地图论》《张华博物地名记》《王隐晋地道记》《任昉地理书钞》《贾耽郡国县道记》《贞元十道录》《盛弘之荆州记》《宋孝王关东风俗传》等。

抄本。

1085

汉唐地理书钞七十九种／（清）王谟辑

王谟，见第1074条。

清嘉庆刻本。

1086

重订汉唐地理书钞／（清）王谟辑

王谟，见第1074条。

抄本，清嘉庆间金溪王氏刻本。

1087

小方壶斋丛钞／王锡祺辑

王锡祺，见第0855条。

地理著作汇编。王锡祺为图救国曾去日本留学，归国后于清光绪三年（1877）开始编辑《小方壶斋舆地丛钞》，选集从清入关至光绪年间国内外作者写的地理总论、各省形势、旅行纪程、山水游记、各国风土物产以及各大洲各国的地理情况。是书在编排上先全球后分区，先本国后外国，先内地后边疆，先近邻后远邻，包含日本、朝鲜、东南亚诸国和英、俄等国外见闻。

清光绪六年南清河王氏铅印本。

1088

小方壶斋舆地丛钞十二帙补编十二帙再补编十二帙／王锡祺辑

王锡祺，见第0855条。

清光绪十七至二十三年上海著易堂铅印本。

1089

小方壶斋舆地丛钞五百三十七种再补编二十六种／王锡祺辑

王锡祺，见第0855条。

稿本。

1090

中外游记汇编一百三十种／王锡祺编

王锡祺，见第0855条。

稿本。

1091

海外番夷录／（清）王蕴香辑

王蕴香，生平事迹不详。

是书所辑者多为前人有关西南洋史地之作，收有《海录》《海岛逸志》等。

清道光二十四年京都漱六轩刻本。

1092

域外丛书九种九卷 / （清）王蕴香辑

王蕴香，生平事迹不详。

即《海外番夷录》。

清道光二十二年静观斋刻本。

1093

邻苏老人地理丛书九种九十七卷 / 杨守敬撰

杨守敬（1839—1915），字惺吾，号邻苏，宜都（今湖北省宜都市）人。清同治元年（1862）举人，四年（1865）考取景山官学教习。曾在清驻日使馆任职。后任湖北黄冈教谕，并主讲于湖北两湖书院及勤成书院。1914 年被袁世凯聘为顾问，任参政院参政。著有《历史舆地图》《寰宇贞石图》等。

地理丛书。杨守敬的地理著作，多存于此丛书，包含《历代舆地沿革险要图》《汉书地理志补校》《三国郡县表补正》《隋书地理志考证》《禹贡本义》《水经注图》《水经注疏要删》《水经注疏要删补遗并续补》《晦明轩稿》《历代舆地图》等。

清光绪二十五年至宣统元年自刻本。

1094

东槎杂著 / 姚文栋撰

姚文栋，见第 0878 条。

一作《读海外奇书室杂著》。姚文栋精舆地之学，到日本后奉委考求日本地理，译编成《日本地理兵要》《日本国志》《日本艺文志》《日本会计录》《日本火山温泉考》《日本海陆驿程考》《日本矿产考》《日本东京记》《日本近史》《中东年表》《日本氏族考》《日本古今官制考》《日本通商始末》《日本经解汇函》《日本文源》《日本文录》《海外文传》《日本沿海大船路、小船路详细路线图》《琉球地理志》《订正朝鲜地理志》《安南小志》《俄国斯属地西卑利亚新造铁路图并说》等。光绪十一年（1885）归省回国，编辑汇为《东槎杂著三十种》。

清光绪刻本，小方壶斋舆地丛钞本。

1095

读海外奇书室杂著一卷 / 姚文栋撰

姚文栋，见第 0878 条。

见“东槎杂著”。

清光绪十一年上海姚氏铅印本，清光绪十八年刻本，清光绪十九年刻本。

总志之属

1096

中国地舆志略六卷图一卷／（法国）夏之时撰，孙文桢译

夏之时（Louis Richard，1868—?），字建周，法国会试哲学博士、法国耶稣会士、中国地质学会会员、华盛顿国立地理学会会员。1902年来华，曾任日赛海军预备学校教员，1934年左右曾在震旦大学任图书馆主任、法学院教员。著有《中国坤舆详志》。

孙文桢，生平事迹不详。

该书上编十八直省总论共五卷，其中中国北境论黄河上中下游各省，中国中境论扬子淮河流域各省，中国南境论西江及滨海各流域，滨海疆域总论中国海疆（分论直隶、山东、江苏、浙江、福建、广东各滨城），中国政治理财论中国政体行政、种植牲畜渔业、商务、交通道路。下编一卷论满洲、蒙古、新疆、西藏。后有中国地图、中国高低形显图、中国北境地质图、黄河源图、黄河蜀道图等分省附图共五十幅。

清光绪三十二年上海土山湾印书馆铅印本。

1097

中国坤舆详志／（法国）夏之时撰，甘沛树译

夏之时，见第1096条。

甘沛树（1859—1940），爱尔兰人，耶稣会神甫。清光绪十一年（1885）来华布道，驻上海。

是书据自然地理分区，记录清末十八省及藩属地人口、地理、物产及贸易、道路、气候等详尽史料、地图，并附有清代地名中英文对照表。

清光绪三十四年上海土山湾印书馆铅印本。

1098

汉书地理志二卷附考证／（汉）班固撰，（唐）颜师古注

班固，见第0024条。

颜师古，见第0024条。

历代地理志汇编本。

1099

应劭地理风俗记一卷／（汉）应劭撰，（清）王谟辑

应劭，见第0129条。

王谟，见第1074条。

风俗志。是书仅存七十六条，由王谟分别从《后汉书》《太平寰

字记》等典籍中辑出。

汉唐地理书钞本，汉唐地理书钞存本，重订汉唐地理书钞本。

1100

山海经新校正／（晋）郭璞注

郭璞，见第0010条。

清光绪十四年扫叶山房刻本。

1101

张勃吴地理志一卷／（晋）张勃撰，（清）王谟辑

张勃，见第0028条。

王谟，见第1074条。

地方志，又作《吴地理志》《吴录地理志》。原书久佚，清王谟从《艺文类聚》《初学记》《太平御览》《续博物志》等十七种典籍中辑出，备载三国吴境主要山脉、河流、湖泊、郡县、城坞及各地特产。

汉唐地理书钞本，汉唐地理书钞存本，重订汉唐地理书钞本。

1102

寰宇通志一百十九卷／（明）陈循等纂修

陈循（1385—1464），字德遵，号芳洲，泰和（今江西省泰和市）人。明永乐十三年（1415）状元，授翰林修撰。正统七年（1442）升翰林院学士，九年（1444）入直文渊阁，预议机务。次年，进户部右侍郎，仍兼翰林院学士。十四年（1449）升户部尚书。正统十四年八月至天顺元年正月（1449年8月—1457年1月）任首辅。景泰二年（1451）进少保兼文渊阁大学士，三年（1452）晋太子太傅，并任《寰宇通志》总裁。七年（1456）书成，以文渊阁大学士兼华盖殿大学士。遗著有《芳州集》《东行百咏集句》。

明全国性总志。是志正文以京师、南京及山东、湖广、浙江、福建、广东、广西、云南等十三布政使司一级政区和“外夷”分区，每区再以其所辖府、州二级政区及都司、宣抚司、长官司、宣慰使司、招讨使司、千户所和“外夷”诸国立卷。卷下分门别类逐个记叙。所设门类，以京师顺天府、南京应天府最多，其他府、州次之，司、所、“外夷”诸国最少。

明景泰刻本，玄览堂丛书续集本。

1103

方舆胜略十八卷外夷六卷又一卷／（明）程百二等撰，（又）（明）唐时升等辑

程百二（1573—1629），名开敏，字幼舆，自号瓦全道人，休宁（今安徽省休宁县）人。明代后期以

布衣著称的学者，也是书商、坊刻家。他所刻图书版本精美、刻艺超绝，为世人所重。又因与著名学者焦竑、胡应麟以及意大利传教士利玛窦友谊深厚，多延请名家作序、审稿。尤其是作为其代表作的《程氏丛刻》，不仅在当时被称名版，时今也仍然为国家级善本书。万历二十六年（1598），程百二编纂辑刻《方舆胜略》，所附《外夷》首开汉籍引入西洋地图的先河。

唐时升（1551—1636），字叔达，号灌园叟，明南直隶苏州府嘉定（今属上海市）人。学者。有《三易集》。

地理志书。是书系据其他著作拼删编辑而成，收有《山海舆地全图》《东西两半球图》等。正编十八卷主要选自陆应阳的《广舆记》，外夷六卷则多摘自罗日褧的《咸宾录》，外夷卷首收录利玛窦的世界地图《山海舆地全图》。外夷传分别记载明朝周边少数民族如朝鲜、安南、天竺、暹罗、锡兰、吕宋等外国风土民情、山川物产等。

明万历三十八年程百二刻本。

1104

方舆胜略十八卷总目一卷外夷六卷又一卷／（明）程百二撰

程百二，见第1103条。

明万历三十八年刻本。

1105

山海经水经合刻二种／（明）黄省曾编

黄省曾（1490—1540），字勉之，号五岳山人，吴县（今属江苏省苏州市）人。明代农学家、经学家、藏书家、刻书家。嘉靖举人。曾从学于王守仁，又学诗于李梦阳。著有《五岳山人集》《拟诗外传》《骚苑》《两洋朝贡典录》《会稽问道录》等。

明嘉靖十三年黄省曾刻本。

1106

大明一统志九十卷／（明）李贤等纂修

李贤（1408—1466），字原德，邓州（今河南省邓州市）人。明宣德八年（1433）进士。历官吏部验封主事、文选郎中、兵部右侍郎、户部右侍郎、吏部右侍郎、吏部尚书兼翰林学士。宪宗即位，升为少保吏部尚书兼华盖殿大学士。卒，赠太师，谥文达。著有《天顺日录》《苹野纂闻》《古穰集》等。

官修全国地理总志。是志体例因袭《大元大一统志》，按明天顺时期京师、南京及各布政使司所统之府分卷，每府照《大元大一统志》

分目，其中一百六十府、二百三十四州、一千一百十六县，边陲之地的都司卫所及宣慰、招讨、宣抚、安抚等司都详加说明。最后两卷记载朝鲜、日本、安南等国史料。

明天顺五年内府刻本，明弘治十八年慎独书斋刻本，明嘉靖三十八年书林杨氏归仁斋刻本，明万历十六年杨氏归仁斋刻本，四库全书本。

1107

天下一统志九十卷 /（明）李贤等撰

李贤，见第 1106 条。

沿袭《大元大一统志》体例。以两京十三布政使司以及所属一百四十九府为纲，以城池、坛庙、山陵、苑囿以及建置沿革、形胜、风俗、山川、土产、公署、关津、寺观、祠庙、陵墓、古迹、名宦、流寓、人物、仙释等为目，书末记述外夷各国，书中有《大明一统之图》一幅、“两京十三省图”十五幅、《四夷图》一幅。

明万历万寿堂刻本。

1108

元史地理志六卷 /（明）宋濂、王祎等撰

宋濂，见第 0031 条。

王祎，见第 0031 条。

正史地理志。依据元代各朝实录和《经世大典》等史料整理编纂成书。记自金太和六年（1206）元太祖北起朔漠，直到南宋祥兴二年（1279）尽得宋代版图。其疆域北逾阴山，西极流沙，东尽辽左，南越海表。卷一总叙和中书省，辖山东、山西、河北之地，统全国行政，谓之腹里。卷五江浙、江西二行省。此为至元二十七年（1290）以前的划分，后加征东行省，成十一行省，受制于中书省。凡省、路、府、州，皆叙建置沿革。又记在少数民族和边疆地区分别设置宣抚使司，有称宣慰使司、安抚使司、诏讨使司，又或称宣慰使司都元帅府等。末附《河源》《西北地》《安南郡县》《边氓服役》。

历代地理志汇编本。

1109

广志绎六卷 /（明）王士性撰

王士性（1547—1598），字恒叔，号太初，又号天台山元白道人，临海（今浙江省临海市）人。明万历五年（1577）中进士。历官确山知县、礼科给事中、广西参议、河南提学、山东参政、右佥都御史、南京鸿胪寺正卿等职。被誉

为中国人文地理学的开山鼻祖，对方言学、地名学都有重要贡献。著有《五岳游草》《广游记》《广志绎》。

明代区域地理志。原书六卷，其中卷一方舆崖略，记述明代疆域、山川、赋税、物产、关隘、风俗、九边等内容；其余各卷分记北京、山东、浙江、湖广、广东、广西等省；卷六四夷辑已佚。是书不仅记各地的山川名胜、关塞险要、物产风俗，而且对当时的漕运、赋役、农民起义等都有记述。书中还记有浙江沿海的石首鱼渔业、湖广的鱼类养殖等渔业内容。

清康熙十五年刻本，台州丛书本。

1110

合刻山海经水经二种／（明）吴管编

吴管（1553—1599），字仲虚，号中云，原籍漳浦（今福建省漳浦县）。明隆庆五年（1571）进士，知婺源，后定居歙县。

明万历十三年吴管刻本。

1111

广皇舆考二十卷／（明）张天复编，（明）张元忭增补

张天复（1513—1573），字复亨，号内山，又号初阳，晚更号镜波钓叟，山阴（今属浙江省绍兴市）人。明嘉靖二十六年（1547）进士。历官云南按察副使，官至太仆寺卿。纂有《广舆图考》《湖广省志》等。

张元忭（1538—1588），字子荩，号阳和，山阴（今属浙江省绍兴市）人。明隆庆五年（1571）状元，授翰林院修撰。后进左谕德，直经筵。卒，谥文恭。著有《绍兴府志》《会稽县志》《云门志略》《山游漫稿》《槎间漫笔》《馆阁漫录》《翰林诸书选粹》《志学录》《读尚书考》《皇明大政记》《不二斋文选》等。

是书首引杜氏古九州岛之文，次序郡国图志，其中卷一古九州岛、总叙，卷二至八分记北直隶、山东、浙江、湖广、福建、广东、广西等省，卷九九边，附黄河、漕运、海运图，卷十四夷。

明天启六年孙汝懋刻本，明万历二十九年刻本。

1112

皇舆考十二卷／（明）张天复撰

张天复，见第1111条。

是书取闽本《志略》稍加润饰，意在规《明一统志》之失。其自序云“文襄桂公《舆地图志》、宫谕念庵罗公《广舆图》、

司马许公《九边论》，词约而事该。故往往引三家之说冠于篇端”。文襄桂公即桂萼，念庵罗公即罗洪先，司马许公即许论也。

明嘉靖三十六年刻本，明万历十六年张象贤遐寿堂刻本，明书林叶均宇刻本，玄览堂丛书本。

1113

皇舆考十卷／（明）张天复撰

张天复，见第1111条。

明嘉靖三十六年应明德刻本，明嘉靖三十六年应明德刻万历范可奇重修本，明万历朱琏刻本。

1114

皇朝地舆图考／（清）□□撰

清光绪二十八年纬文书局石印本。

1115

晋书地理志新补正五卷／（清）毕沅撰

毕沅，见第0078条。

地理文献考证。毕沅感于《晋书》修撰粗率，唐初诸贤不究地理之学，而在公余采郦道元、沈约、司马贞、张守节、李善等人著述二十余种，更以魏王李泰、杜佑、李吉甫、乐史、宋敏求等唐宋诸志，凡涉晋朝史事舆地者随事校正、补其缺失，于清乾隆四十六年（1781）成此。

经训堂丛书本，式训堂丛书本，清光绪十八年思贤讲舍刻本，校经山房丛书本，二十五史补编本。

1116

广舆古今钞二卷／（清）程晴川纂

程晴川，生卒年不详，歙县（今安徽省歙县）人。

清乾隆十二年古歙临河有诚堂刻本，清乾隆三十二年程氏有诚堂刻本。

1117

晋书地理志证今一卷／（清）程廷祚撰

程廷祚（1691—1767），初名程默，字启生，号绵庄，晚年自号青溪居士，江宁（今江苏省南京市）人。清代著名学者、理学家、戏曲作家。

春秋识小录初刻书本，金陵丛书本，清末翁长森抄本。

1118

皇朝舆地图说四卷／（清）崔启晦撰

崔启晦，生卒年不详，长沙（今湖南省长沙市）人。

清光绪二十九年长沙益雅书局木刻本。

1119

新校晋书地理志不分卷／(清)方恺撰

方恺（1839—1891），又名楷、引康，字子可，阳湖（今属江苏省常州市）人。曾国藩幕僚方骏谟子，官至国子监典簿。擅长“西洋形数测量之学”，以天算地舆专家闻名于世。光绪五年（1879）两广总督张树声聘他去广州为数学教授。张之洞继任两广总督时请方楷编纂《光绪粤海图说》。所著《水经注图》及《代数通艺录》最为著名，其次有《新校晋书地理志》《晋书地理志考证》《武功县志勘证》《朝邑县志勘证》《四裔古国疆域考》等，另著有《代数通艺录》《弧三角显解》《笔算初阶》等。

地理文献考证。是书考证《晋书·地理志》，指出并修正了其中许多谬误舛错。

稿本。

1120

中国方域考一卷／龚柴撰

龚柴（？—1914），号古愚、虚白主人，因法文名为Simon Kiong，故有龚西满之称，其又为上海董家渡天主堂司铎，人称“龚司铎”，宁波（今浙江省宁波市）人。在地理学方面有很深的造诣，曾担任《益闻录》主笔，并在该刊上发表多篇有关自然地理、人文地理和区域地理的专文。著有《河南考略》《陕西考略》《甘肃考略》《广东考略》《满洲考略》《台湾小纪》《苗民考》等。

地理考证著作。是书总述上古至清代疆域和政区划分，记清代较详。依省次分述各省土地面积人口，同时记录全国置总督八员、巡抚十五员、布政使十九处、按察使十八员、府及直隶州二百五十、县一千三百四十余、司道八十八。

小方壶斋舆地丛钞本。

1121

中国海岛考略一卷／龚柴撰

龚柴，见第1120条。

地理考证著作。是书为清代中国东南沿海所属岛屿纪略，记其沿革、面积、物产、民俗，记叙范围北起长江口的崇明岛，东至琉球群岛，包含浙江属领的舟山群岛，福建所属的台湾、澎湖列岛，以及广东所属的香港、澳门、海南岛等。

小方壶斋舆地丛钞本。

1122

中国形势考略一卷／龚柴撰

龚柴，见第1120条。

地理考证著作。是书统论清代山河表里，载列兴安、长白、五岭、五岳之险胜，溯长江、黄河水流经域及源渊，略指五湖之居次，长城、运河之修凿，对我国地形及其与民生的关系论述精当。

小方壶斋舆地丛钞本。

1123

七国地理考七卷／（清）顾观光撰

顾观光（1799—1862），字宾王，号尚之，别号武陵山人，金山（今属上海市）人。清嘉庆间多次名落孙山，遂绝意仕进，而以行医为业。精于医道，对天文、历法、数学、史地尤有研究。先后撰写了《古韵》《国策编年考》《七国地理考》，校勘了《华阳国志》《吴越春秋》《列女传》《文子》等，编辑了《古书逸文》，辑录了《神农本草》《七律拾遗》《桓子新论》等，诠释了《伤寒论》《金匮要略论注》《伤寒经解》《几何原本后》等。

地理考证著作。战国时有秦、齐、楚、韩、赵、魏、燕七个主要大国，割据纷争，战乱频仍，攻城略地归属无常，各国疆域变化频繁。顾观光以七国为纲，据有关资料，考确其地理区域、概述势力范围、地理区域概貌。

清光绪五年刻本，武陵山人遗书本。

1124

天下郡国利病书一百二十卷／（清）顾炎武撰

顾炎武，见第0125条。

明清之际，顾炎武感四国之多虞，遂参考二十一史、郡县志书、名人文集及奏章文册，历时二十多年乃成此书。是书详细记录各地疆域、形胜、水利、兵防、物产及赋税等资料。

清钱氏萃古斋抄本，清树宪草堂抄本，清道光十四年雅鉴斋刻本，清光绪二十六年广雅书局刻本，清光绪二十九年上海益吾斋石印本。

1125

肇域志□□卷／（清）顾炎武撰

顾炎武，见第0125条。

地理总志。顾炎武自明崇祯十二年（1639）开始广泛搜求史籍、实录、方志、文集、小说、邸抄中有关国计民生及舆地沿革的资料，并参以其游历时的实地考察所得，准备编定《肇域志》。其后因数据繁富，于是将其分别编为《肇域志》和《天下郡国利病书》两种。其中《肇域志》为明代地理总志，内容包括地理沿革、形势、城郭、山川、道路、驿递、街市、坊宅、兵防、风俗、寺观、水利、陵墓、郊庙等。

清抄本，陈作霖抄本。

1126

读史方舆纪要历代州域形势九卷 / （清）顾祖禹撰

顾祖禹（1631—1692），字瑞五，号景范，自号宛溪子，人称宛溪先生，无锡（今江苏省无锡市）人。精于史学，尤工地理。受父嘱考历代著述，谢绝荐用。

明永历十三年（清顺治十六年，1659），顾祖禹以复明意愿，前后历经三十余年撰成此书。是书按明末行政区划叙述历史地理沿革，详记史实。分四大部分：一为历代州域形势，按历史顺序记唐虞三代、春秋战国，以迄元明各朝方国、州、郡、府、县等政治区划和历史沿革。二为南北直隶十三省，分省载叙各省、州、县、山、川、关、卫的位置和源委，逐县记载境内主要山川、关隘、桥、驿及城镇等，附记历史上废县及要地关隘。三为川渎，采录历代地理书中对于山川、江河的记载。四为天文、分野，列历代史志有关各地星宿分野之说。附录《舆图要览》四卷，自京师至各省，以及边疆漕运、海运、朝鲜、安南、沙漠和海夷等，均以图和表详载之。

清嘉庆十年友兰堂刻本。

1127

读史方舆纪要历代州域形势九卷附统论历朝形势一卷 / （清）顾祖禹撰，（统论历朝形势）（清）朱棠撰

顾祖禹，见第1126条。

朱棠，生平事迹不详。

清嘉庆十年友兰堂刻道光增刻本。

1128

读史方舆纪要历代州域形势说三卷 / （清）顾祖禹撰

顾祖禹，见第1126条。

清康熙三十三年钱点抄本。

1129

读史方舆纪要一百三十卷 / （清）顾祖禹撰

顾祖禹，见第1126条。

稿本，清初抄本，清双桂轩抄本，清光绪二十七年上海图书集成印书局铅印本，清光绪二十九年上海益吾斋石印本。

1130

读史方舆纪要一百三十卷方舆全图总说五卷 / （清）顾祖禹撰

顾祖禹，见第 1126 条。

清光绪二十五年上海图书集成印书局铅印及石印本，清光绪二十七年上海图书集成印书局铅印及石印本。

1131

读史方舆纪要一百三十卷舆图要览四卷 / （清）顾祖禹撰

顾祖禹，见第 1126 条。

清乾隆敷文阁刻本，清嘉庆十七年成都龙氏敷文阁刻本，清道光龙万育敷文阁刻光绪五年桐华书屋重修本，清光绪二十五年新化三味书室刻本，清光绪二十六年广雅书局刻本。

1132

方舆纪要简览三十四卷 / （清）顾祖禹撰，（清）潘铎辑

顾祖禹，见第 1126 条。

潘铎（1793—1863），字木吾，号振之，江宁（今江苏省南京市）人。清道光十二年（1832）进士，选庶吉士，散馆改兵部主事，充军机章京，迁御史。历官荆州知府、江西督粮道、广东盐运使、四川按察使、山西布政使、云贵总督。同治二年（1863）被害于五华书院，赠太子少保，谥忠毅。著有《上蔡语录阐义》《方舆纪要简览》《评辑战功考》等。

是篇为读顾祖禹《读史方舆纪要》心得之作，顾书二百八十余万字。此记仅一万五千字，甚为简略，故名。引述地理古籍，论说天下各州，从诸侯郡国到分省建置，山川险易，古今用兵战守攻取，割据王霸，兴亡成败，沿革故实，从地理形势谈用兵利弊，兵家足资备用。

清咸丰八年红杏书屋刻本，清光绪二十三年经元书室刻本，清光绪二十八年经元书室刻本。

1133

方舆纪要五卷 / （清）顾祖禹撰

顾祖禹，见第 1126 条。

清康熙五年顾氏职思堂自刻本，清抄本。

1134

方舆纪要五卷续编一卷／（清）顾祖禹撰，（清）华长发参订

顾祖禹，见第1126条。

华长发（1629—1713），字商原，号沧江，无锡（今江苏省无锡市）人。清康熙间诸生，诗人。

抄本。

1135

大清一统志四百二十四卷目录二卷／（清）和珅等纂修

和珅（1750—1799），姓钮祜禄氏，原名善保，字致斋，自号嘉乐堂、十笏园、绿野亭主人，满洲正红旗人。初为銮仪卫校尉，受乾隆帝赏识，被提为御前侍卫，历官内阁首席大学士、领班军机大臣、吏部尚书、户部尚书、刑部尚书、理藩院尚书，还兼任内务府总管、翰林院掌院学士、《四库全书》总纂官、领侍卫内大臣、步军统领等十数个重要职务，封一等忠襄公，官拜文华殿大学士。和珅利用职务之便结党营私，聚敛钱财，乾隆帝死后十五天，嘉庆帝赐其自尽。

四库全书本，清乾隆五十五年内府刻本，清乾隆内府抄本。

1136

补三国疆域志二卷／（清）洪亮吉撰

洪亮吉（1746—1809），初名莲，又名礼吉，字稚存，又字君直，号北江，阳湖（今属江苏省常州市）人。多年屡试不中，先后充安徽学政朱筠、陕西巡抚毕沅等幕府。清乾隆五十五年（1790）进士，授翰林院编修，充国史馆编纂官。五十七年（1792）担任顺天府乡试同考官，后督贵州学政。嘉庆元年（1795）回京入直上书房。四年（1799）参与编修《高宗实录》。同年，触怒嘉庆被定死罪，后改为流放伊犁。著有《春秋左传训诂》《洪北江全集》等。

是书上卷载魏疆域，下卷载蜀汉与吴疆域。洪亮吉以陈寿《三国志》无志，遂取其纪传所载，参以《后汉书》《晋书》诸志，互证旁通，正其讹失，撰为是书，以补其缺。

北江全集本，广雅书局丛书本，历代地理志汇编本，丛书集成初编本，二十五史补编本。

1137

东晋疆域志四卷／（清）洪亮吉撰

洪亮吉，见第1136条。

全书分五类，各类首列东晋所设各州，州内列诸属郡，郡内列诸属县。每郡县之下注明历代沿革、设制原委、年代、统摄区域等，并有山川、邑里、乡堡、聚落、台殿、宫阁、园林、冢墓等。

北江全集本，广雅书局丛书本，历代地理志汇编本，丛书集成初编本，二十五史补编本。

1138

方舆考证一百卷 /（清）许鸿盘撰

许鸿盘（1747—1826?），字渐逵，号云峤，又号雪帆、六观楼主人，济宁（今山东省济宁市）人。清乾隆四十六年（1781）进士，历官安徽同知、泗州知州。著有《六观楼文》《诗存》《颍尾集》《雪帆杂著》《六观楼北曲六种》，地理著作有《方舆考证》《泗州考古录》《尚书札记》《河源述》《金川考略》。

地理著作。是书为许鸿盘辨正顾氏《方舆纪要》而作，重点论述沿革、形势、山川、古迹、险要、兵机、河防、海防、屯政、水利等。

民国济宁潘氏华鉴阁刻本。

1139

方舆考证总部六卷 /（清）许鸿盘撰

许鸿盘，见第1138条。

清嘉庆二十三年刻本。

1140

天下形势考一卷 /（清）华湛恩撰

华湛恩（1788—1853），字孟超，一字紫屏，别署沭云叟，无锡（今江苏省无锡市）人。清嘉庆间贡生，曾官安徽太和县学教谕。著有《纲目志疑》《华氏诗钞》《黔游集》《后汉三公年表》《五代春秋志疑》《锡金志外》等。

地理杂志。是书结合山川险要、都会、物产、民俗与历史上诸霸争雄，纵论王天下与优越地理条件的关系。

小方壶斋舆地丛钞本。

1141

水经山海经合刻二种 /（清）黄晟编

黄晟（1684?—1753?），字东曙，号晓峰，别号退庵，歙县（今安徽省歙县）人，迁居扬州。以经营盐业富于资，中年后开始转向藏书和刻书，曾以千金购书一卷。其藏书和刻印处有“趣园”“易园”，曾得到乾隆帝赐名。

清乾隆十八年黄晟槐荫草堂刻本。

1142

坤舆备览一卷／（清）骆钫绘

骆钫，生平事迹不详。

清光绪元年蜀渝骆氏洪崖山馆刻本。

1143

大清一统志不分卷／（清）蒋廷锡、王安国等纂修

蒋廷锡（1668—1732），字酉君、杨孙，号南沙、西谷，又号青桐居士，常熟（今江苏省常熟市）人。清康熙四十二年（1703）进士。雍正年间曾任礼部侍郎、户部尚书、文华殿大学士、太子太傅等职，是清朝重要的宫廷画家之一。卒，谥文肃。著有《尚书地理今释》等。

王安国（1694—1757），字书臣，号春圃、复斋，高邮（今江苏省高邮市）人。清康熙五十六年（1717）举人，雍正二年（1724）进士，授翰林院编修。历官国子监司业、翰林院侍讲、广东肇高学政、翰林院侍读学士、翰林院侍讲学士、都察院佥都御史、左副都御史、刑部右侍郎与左侍郎，官至工部尚书。卒，谥文肃。著有《王文肃公遗文》。

清代全国性总志。清乾隆帝敕修，成书于乾隆八年（1743）。全志设图、表、疆域、分野、建置沿革、形势、风俗、城池、学校、户口、田赋、职官、山川、古迹、关隘、津梁、堤堰、陵墓、祠庙、寺观、名宦、人物、流寓、列女、仙释、土产。第二次乾隆皇帝敕命续修《大清一统志》，和珅等撰，成书于乾隆四十九年（1784）。《续志》续载乾隆八年至乾隆四十九年的内容。第三次嘉庆皇帝敕命再修《大清一统志》，李佐贤等撰，成书于道光二十二年（1842）。

清乾隆内府抄本。

1144

大清一统志三百五十六卷／（清）蒋廷锡、王安国等纂修

蒋廷锡，见第1143条。

王安国，见第1143条。

清乾隆九年内府刻本，清道光二十九年薛子瑜木活字印本。

1145

辽史地理志考五卷／（清）李慎儒撰

李慎儒（1836—1905），字子

钧、君右，号鸿轩，丹徒（今属江苏省镇江市）人。清同治三年（1864）举人，授刑部郎中。十一年（1872）随父入都，供职刑部，光绪八年（1882）告归。精舆地之学。著有《禹贡易知编》《辽史地理志考》《瀛环新志》《边疆简览》《蝇瓒录》《鸿轩随笔》《观书偶钞》《鸿轩诗文钞》等。

李慎儒鉴于《辽史·地理志》编纂不精，其中地形讹误，时有所见，因就本人研究所得，并参考清人研究成果，对辽五京、州县地望、山川坐落等加以考核而成此书。

清光绪二十八年丹徒李氏刻本，二十五史补编本。

1146

皇朝舆地略一卷皇朝舆地韵编一卷附皇朝内府舆地图缩摹本一卷／（清）六承如辑，（皇朝舆地韵编）（清）李兆洛撰，（皇朝内府舆地图缩摹本）（清）六严绘

六承如，生卒年不详，字赓九，江阴（今江苏省江阴市）人。恩贡生。清道光初年跟随著名学者李兆洛读书。

李兆洛，见第 1081 条。

六严，生卒年不详，字德知，江阴（今江苏省江阴市）人。诸生。

清道光辨志书塾刻本，清咸丰十年长沙刻本，清咸丰十一年陕西藩署刻本，清同治四年四知堂刻本，清光绪十年湖北省官书处刻本。

1147

汉地理志详释四卷／（清）吕调阳撰

吕调阳（1832—1892），字晴笙，号竹庐，彭县（今四川省彭州市）人。清同治三年（1864）举人。著有《易一贯》《诗序议》《群经释地》《五藏山经传》《舆地今古图考》《古史释地》《重订越南图说》《穆天子传校正》《汉书地理志详释》《海录》等。

地理文献考证。《汉书·地理志》原著和后世多家注本，皆有讹误之处和未尽之义。吕调阳依原志郡县序次，逐一详释，或注读音，或辨通假异体，或补注增附，或以清地名释古地名，间有考订。

观象卢丛书本，二十五史补编本。

1148

大清一统志五百六十卷／（清）穆彰阿等纂修

穆彰阿（1782—1856），字鹤舫，姓郭佳，属镶蓝旗。清嘉庆十年（1805）进士，选庶吉士，散

馆授检讨，擢少詹事。历官礼部侍郎、刑部侍郎、光禄寺卿、兵部侍郎、户部侍郎、内务大臣、左都御史、理藩院尚书、漕运总督、工部尚书、授军机大臣、兵部尚书、户部尚书、协办大学士、上书房总师傅、武英殿大学士、文华殿大学士。咸丰元年（1851）被革职。

稿本，四部丛刊续编本。

1149

最新万国舆地韵编十二卷后一卷／（清）齐忠甲辑

齐忠甲（1864—1920），字迪生，号慎之，伊通（今吉林省伊通满族自治县）人。清光绪二十年（1894）进士，后改庶吉士，次年任翰林院编修。后历任浙江乡试副考官、贵州道监察御史、中华民国临时参议院议员。

清光绪二十九年京都刻本。

1150

新斠注地理志十六卷／（清）钱坫撰

钱坫（1744—1806）字献之，号十兰，嘉定（今属上海市）人。著名经史学家钱大昕族子。乾隆间以副贡游历关中，为毕沅幕僚。常与洪亮吉、孙星衍、方子云等人讨论训诂、舆地之学。后官至乾州知州，兼署武功县。钱氏善书画，尤工小篆。著有《诗音表》《车制考》《论语后录》《史记补注》《新斠注地理志》等书。乾隆年间相继编纂《朝邑县志》《韩城县志》。

清嘉庆二年岑阳官舍刻本，清光绪思进斋刻本。

1151

皇舆统志十四卷／（清）钱沾撰

钱沾，生平事迹不详。

稿本。

1152

皇朝舆地通考二十三卷／（清）通文书局主人辑

通文书局主人，生平事迹不详。

全书分每省为一卷，内容多录自《大清一统志》及各省通志，“自直隶而下，迄于西域新疆，城池、形势、建置、沿革，朗若列眉，并附铁路、电线、航道、商埠，专为学堂地理课本之参考书”。

清光绪二十九年通文书局石印本。

1153

中外地舆图说集成一百三十卷／（清）同康庐主人编

同康庐主人，生平事迹不详。

地理著作。是书包含皇朝一统舆地图、各海岛国图、海国沿革图、东南洋各国沿革图、西南洋五印度沿革图、小西洋利未亚洲沿革图、大西洋欧罗巴各国沿革图，以及我国汉、魏、唐、元疆域沿革图等，另有我国沿海全图十九页。

清光绪二十年上海积山书局石印本。

1154

明史地理志稿不分卷／（清）万斯同撰

万斯同（1638—1702），字季野，学者称石园先生，鄞县（今属浙江省宁波市）人。黄宗羲弟子，精史学，明史造诣尤深。审定《明史稿》五百卷，是《明史》的实际定稿人。还曾与万斯选、赵时赟同纂《宁波府志》。

清抄本。

1155

汉志释地略一卷／（清）汪士铎撰

汪士铎（1802—1889），初名鏊，字晋侯，一字振庵，号梅村，晚号悔翁，江宁（今江苏省南京市）人。清道光二十年（1840）举人，荐授国子监助教。咸丰九年（1859）任曾国藩幕僚，参与制定进攻太平军的军事计划。同治三年（1864）归金陵后，筑书屋为“砖丘”，藏图籍三万余卷。太平军攻占金陵，他载书负笈而逃，竟为书所累而被俘。后专治地理学，旁搜古今地志，疏栉考证。著有《诗文笔记》《汉志志疑》《水经注图》《水经注释文》《南北史补志》《悔翁诗抄》《悔翁笔记》等。

地理文献考证。是编注《汉书·地理志》中的地名，以今释古，或注今县，或注今某地，或指今某地方位，简单明了。另指出汉志有二百四十一侯国，而注家仅注一百九十二，尚缺四十九未注。

二十五史补编本。

1156

汉书地理志校本二卷／（清）汪远孙撰

汪远孙（1789—1835），字久也，号小米，又号诚子，别号借闲漫士，钱塘（今浙江省杭州市）人。清嘉庆二十一年（1816）举人，官内阁中书。家藏书甚富，称振绮堂。著有《借闲生诗》《借闲生词》《三家诗考证》《世本集证》《汉书地理考校勘记》等。

《汉书地理志》，上缀《禹贡》《周官》《春秋》，下及战国秦汉，止于平帝元始二年（2）。后世言地理者悉祖之。但传写错失，方俗语言音讹，问题颇多。汪远孙校正其字句，且引征数据为之注释。

振绮堂遗书本，清同治十年永康胡氏退补斋刻本，历代地理志汇编本，二十五史补编本。

1157

古今舆图二卷附天下水陆路程一卷 /（清）王龙图撰

王龙图，生卒年不详，辉县（今河南省辉县市）人。监生，历官江宁府通判、滨州知州。

稿本。

1158

汉书地理志校注二卷 /（清）王绍兰撰

王绍兰（1760—1835），字畹馨，号南陔，晚号思惟居士，萧山（今属浙江省杭州市）人。清乾隆五十八年（1793）进士。历官福建南屏、闽县知县，泉州知府，擢福建布政使、巡抚。嘉庆二十二年（1817）因藩司李赓芸冤死事被牵连罢职，归里后专志著述，以许慎、郑康成为宗，题其斋曰许郑学庐。著有《周人经说》《说文段注订补》《王氏经说》《汉书地理志校注》《管子地员篇补注》《仪礼图》《礼堂集义》《许郑学庐存稿》等。

是书根据以前诸家对《水经》的注释与《汉书·王莽传》的记载，校正《汉书·地理志》的地名、郡县名及其职官的称谓。

清陈氏遗经楼抄本，二十五史补编本。

1159

汉书地理志校注二卷识语一卷 /（清）王绍兰撰

王绍兰，见第1158条。

清光绪二十二年陈氏遗经楼刻本。

1160

汉书地理志校注二卷杂说十二卷 /（清）王绍兰撰

王绍兰，见第1158条。

稿本。

1161

南汉地理志一卷 /（清）吴兰修撰

吴兰修（1789—1839），原名诗捷，字荔村，号石华，又号古轮，嘉应（今属广东省梅州市）人。清嘉庆十三年（1808）举人，官信宜训导。家有藏书数万卷，其室名守经堂。著有《南汉纪》《宋史地理志补正》《端溪砚史》等。

是书据《五代史》《宋史》《太平寰宇记》《舆地广记》等书有关五代南汉国疆域的记载编成，详列南汉所属六十二州、二百一十四县，略考建置沿革和诸书异同。

岭南遗书本，丛书集成初编本。

1162

吴疆域说一卷 / （清）吴寿萱辑

吴寿萱，生卒年不详，字子均、紫珺，吴县（今属江苏省苏州市）人。清诸生。生平喜舆地学、算学。著有《学古堂日记》。

清抄本。

1163

汉书地理志补注一百三卷 / （清）吴卓信撰

吴卓信（1755—1823），字项儒，号立峰，晚号寒知老人，常熟（今江苏省常熟市）人。长于经学古文，晚年周游四方南北，致力于山川边塞、地理人文的考证研究。著有《汉诗余论》《礼仪札记》《汉三辅考》《汉书地理志补正》《三国补志》等。

地理文献考证。是书成于清嘉庆道光年间，取班固《汉书·地理志》原文，每句之下引证诸书，尤多取顾祖禹《读史方舆纪要》、全祖望《汉书地理志稽疑》、钱坫《新斠注地理志》。

清道光十七年刻本，清道光二十八年泾县包氏刻本，清抄本，二十五史补编本。

1164

水经山海经合刻二种 / （清）项絪编

项絪，生卒年不详，秀水（今属浙江省嘉兴市）人。书坊名玉渊堂，刻书室名群玉书堂，清初尚存。

清康熙五十四年项氏群玉书堂刻本。

1165

补三国疆域志补注十五卷 / （清）谢钟英撰

谢钟英（1854—1901），武进（今属江苏省常州市）人。出身世医家庭。清光绪十四年（1888）举人，旋被江苏布政使黄彭年邀至苏州参政论学。次年，张之洞任湖广总督，延其为幕僚。十七年（1891）应台湾巡抚邵友濂之聘赴台湾帮助整理台南盐务。戊戌政变后，回乡授徒讲学。著有《三国疆域志补注》等。

二十五史补编本。

1166

三国疆域志补注十九卷／（清）谢钟英撰

谢钟英，见第1165条。

谢钟英因洪亮吉《补三国疆域志》有缺误而作此书，是书卷一卷至卷八为魏疆域，卷九、卷十为蜀疆域，卷十一至卷十五为吴疆域，卷十六为大事年表，卷十七为魏疆域表，卷十八为蜀吴疆域表，卷十九为志疑后序。

清光绪十五年刻本，清光绪二十四年刻本。

1167

地理志稿本不分卷／（清）姚元之撰

姚元之（1773—1852），字伯昂，号荐青，又号竹叶亭生、五不翁，桐城（今安徽省桐城市）人。清书法篆刻家。嘉庆十年（1805）进士，官至左都御史。著有《竹叶亭杂记》《使沛草》《荐青集》《小红鹅馆集》。

是书纂修于清光绪年间，其数据源主要"稽之实录，并参考一统志，各行省及府厅州县志"。

稿本。

1168

明史地理志六卷／（清）张廷玉等撰

张廷玉，见第0058条。

正史地理志。是书详于当代地理变革，系统地记载终明一代疆域四至和行政区划，分两直隶府、十三布政使司（亦称省）。凡两府十三司的建置沿革、户口数及领属府州县数均俱详载，间亦略记著名山川、古迹和物产。并载明代特有的都司、卫、所之制，边疆重镇如大宁、万全、辽东等地都指挥使司。

历代地理志汇编本。

1169

历代定域撮要十八卷首二卷／（清）张印西撰

张印西，生平事迹不详。

清同治间抄本。

1170

皇清地理图韵编三卷／（清）赵齐婴编

赵齐婴（1826—1865），字子韶，番禺（今属广东省广州市）人。家贫，授徒自给。尤好考究地理，以远夷乱中国，愈加发愤考究海外，雷翥海（即今阿拉伯海）外至西海诸国，莫不详悉。

清咸丰九年抄本，清光绪十六年番禺俞氏刻本。

1171

汉书地理志考证一卷／（清）朱为弼撰

朱为弼（1771—1840），字右甫，号椒堂，又号颐斋，平湖（今浙江省平湖市）人。嘉庆十年（1805）进士。授河南道监察御史、礼科给事中、顺天府府尹、通政司副使、太常寺卿、宗人府府丞、都察院左副都御史、兵部右侍郎、总督仓场侍郎、漕运总督。道光初疏陈江苏海口壅塞，请浚太湖下游浏河、吴淞江。著有《椒声馆诗文集》《续纂积古斋彝器款识》《吉金文释》《鉏经堂集》《古印证》等。

朱茮堂家藏稿本。

1172

支那疆域沿革略说不分卷／（日本）重野安绎撰，舆地学会译

重野安绎（1827—1910），字子德，号成斋，通称厚之丞，萨摩藩士。初修程朱学，后攻读医学，又研究考证学。废藩后曾设私塾，历任天皇府宫内侍读、元老院议官、贵族院议员、修史馆一等编修，主编《大日本编年史》《支那疆域沿革图》。

舆地学会，地学会组织。清光绪二十二年（1896）由邹代钧发起，在湖北武昌（今武汉）成立，从事地图的翻译和编绘。编绘地图采用西方的地图投影法，多用圆锥投影，并标明比例尺。共译绘中外地图七百多幅。

是书记中国自夏朝至清朝历代疆域的沿革。

日本明治二十九年印本，日本明治三十七年东京富山房刻本，清末舆地学会刻本。

1173

支那疆域沿革图／（日本）重野安绎编

重野安绎，见第1172条。

是图包含自夏至清代历代图十六幅，其中晋代图后另有附图三幅。各代图均以清代版图为基础，详载塞外诸国沿革。

日本明治二十九年印本。

1174

祥符州县图经／（宋）李宗谔撰

李宗谔（965—1013），字昌武，饶阳（今河北省饶阳县）人。

宋端拱二年（989）进士，授校书郎。翌年献文自荐，迁秘书郎、同修起居注。真宗即位，拜起居舍人，预重修《太祖实录》。迁知制诰，判集贤院。景德二年（1005）为翰林学士。大中祥符初，从真宗封泰山，改工部郎中。二年（1009）为建昭应宫使。三年（1010）知审官院。真宗祭祀汾阴，命为经度制置副使，同权河中府事，拜右谏议大夫。著有《翰林杂记》《大中祥符封禅汾阴记》《诸路图经》《家传》《谈录》等。

宋景德四年（1007），宋真宗诏命重修诸路图经。大中祥符三年（1010），李宗谔根据各路州军府所上图经修成《祥符州县图经》。祥符四年（1011）、六年（1013）又进行了两次续修。是书对各州郡建置沿革、疆域、道里、土地、山川、风俗、形胜、物产、古迹、艺文、人物等有翔实的记载，是北宋图经的集大成之作。

佚书。

1175

唐书地理志七卷附考证／（宋）欧阳修、宋祁等撰

欧阳修，见第0062条。

宋祁，见第0062条。

古代地理兼及水利的专著。是书按唐代行政区划，记述州（府）、郡、县地理，另将防洪、航运、灌溉、排水、城市给水等项史事分别记述于所在县，辑录了有关河渠水利的大量文献资料，记事上起唐武德元年（618），下迄宋咸通十四年（873）。

历代地理志汇编本。

1176

舆地广记三十八卷／（宋）欧阳忞撰

欧阳忞，生平不详。据书中自序为庐陵（今江西省吉安市）人。北宋晁公武《郡斋读书志》认为此姓名是作者伪托，实无欧阳忞其人。南宋陈振孙《直斋书录解题》认为作者是宋代著名文学家、史学家欧阳修的族孙。现以从后者说为多。

地理总志，宋代四大地理总志之一。是书着重叙述全国的政区沿革，从上古到宋代并以宋代为主。卷一从《禹贡》的九州岛记述到秦代四十郡；卷二从汉代十三郡记述到晋十九道；卷三从唐的十五道记述到五代的州，并对以上各朝代的古地名都加注了宋代郡县名称；卷四详记宋代疆域，依北宋元丰时的行政区划，分列四京、二十三路及各郡县名称；卷五叙述北宋四

京，即东京开封府、西京河南府、南京应天府、北京大名府的历代沿革；卷六至卷三十八以宋代最高一级地方行政部门路为单位，依次叙述各路所辖府、州、军、县的历史沿革。

宋刻递修本，宋九江郡斋刻嘉泰四年淳祐十年递修本，清抄本，四库全书本，武英殿聚珍版书本。

1177

舆地广记三十八卷校勘记二卷／（宋）欧阳忞撰，（清）孙星华校勘

欧阳忞，见第1176条。

孙星华，生卒年不详，即孙咏裳，本名星华，字子宜，号憙荪，会稽（今属浙江省绍兴市）人。清光绪二年（1876）举人，官至福建盐政使。

武英殿聚珍版书本，清光绪二十一年刻本。

1178

舆地广记三十八卷校勘札记二卷／（宋）欧阳忞撰，（清）黄丕烈校勘

欧阳忞，见第1176条。

黄丕烈（1763—1825），字绍武，号荛圃，又号复翁、佞宋居士，长州（今属江苏省苏州市）人。清乾隆五十三年（1788）举人，曾官主事。喜藏书，得宋刻图书百余种，题其书室为百宋一廛。著有《荛言》《邘须集》等。

士礼居黄氏丛书本，清光绪六年金陵书局刻本，丛书集成初编本。

1179

［元丰］九域志十卷／（宋）王存编，（宋）曾肇、李德刍撰

王存（1023—1101），字正仲，丹阳（今江苏省丹阳市）人。宋庆历六年（1045）进士。历官嘉兴主簿、上虞县令、密州推官、国子监直讲、秘书省著作佐郎、馆阁校勘、集贤校理、史馆检讨、知太常礼院、同修国史。元丰二年（1079）进右正言、知制诰、同修国史兼判太常寺、秘阁秘书省。五年（1082）迁龙图阁直学士、知开封府，改兵部尚书，迁户部尚书。八年（1085）复为兵部尚书。元祐二年（1087）任尚书右丞，翌年迁左丞。

曾肇（1047—1107），字子开，号曲阜先生，南丰（今江西省南丰县）人。宋治平四年（1067）进士，初为黄岩县主簿、郑州教授，后历官崇文阁校书、馆阁校勘兼国子监直讲、太常寺同知、国史馆编修、吏部郎中、

起居舍人、中书舍人。后辞给事中职，知颍州、邓州、齐州、陈州、应天府、徐州、江宁府、瀛州、滁州、泰州、海州、陈州、太原、应天府、扬州、定州、和州、岳州、汀州。一生历英、神、哲、徽四朝，共四十余年，践十四州，任吏、户、刑、礼四部侍郎，两为中书舍人。卒后三十余年被追封为曲阜县开国侯，赠少师，绍兴初谥文昭。

李德刍（995？—1065），邯郸（今河北省邯郸市）人。历官光禄寺丞、编修会要所检阅文字，长于地理之学。著有《元丰郡县志》。

北宋地理总志。一作《熙宁九域志》《元祐九域志》。宋大中祥符六年（1013），王曾、李宗谔参照唐《十道图》修成《祥符九域图》，作为考定官吏俸给、赋役和刑法的依据。熙宁八年（1075），因原书所载政区已发生变迁，古迹一项亦多有不实，朝廷命重修。元丰三年（1080）修成，因原书虽名为图，而实际只限于文字记载，遂改名为志。后又经修订，于元祐元年（1086）刊行。是书主要记载神宗元丰八年（1085）年底的疆域政区，始于四京，次列二十三路，终于省废州军及化外、羁縻州，分路记载府州军监及其距京里程、四至八到、领县数及名称、户口、土贡；县下又载距府州道里、下辖乡数、镇、堡、寨名与山泽名。

清初影宋抄本，清乾隆五十年卢文弨抄本，四库全书本，清乾隆德聚堂刻本，清光绪八年金陵书局刻本。

1180

［熙宁］九域志十卷／（宋）王存等纂修

王存，见第1179条。

即《元丰九域志》。此书以熙宁间的府路区划为本，且始修于熙宁年间，故有此别称。

1181

［元丰］九域志十卷／（宋）王存等纂修，（清）冯集梧校订

王存，见第1179条。

冯集梧（1757—1807），字轩圃，号鹭亭，一作鹭庭，桐乡（今浙江省桐乡市）人。清乾隆四十六年（1781）进士，授编修，典试云南。家多藏书，精校勘，室名贮云居。尝刻《元丰九域志》《杜樊川诗注》《后汉书补注》，著有《贮云居稿》。

清乾隆四十九年冯集梧刻本。

1182

[元丰] 新订九域志十卷首一卷 / (宋) 王存等纂修

王存，见第 1179 条。

清抄本。

1183

[元祐] 九域志十卷 / (宋) 王存等纂修

王存，见第 1179 条。

即《元丰九域志》。因其正式刊行于元祐元年（1086）之后，故《容斋续笔》称之为《元祐九域志》。

1184

舆地纪胜二百卷 / (宋) 王象之撰

王象之（1163—1230），字仪父，一作肖父，婺州金华（今属浙江省磐安县）人。宋庆元二年（1196）进士。历官长宁军文学、江西分宁知县、江苏江宁知县。自幼随父遍历江、淮、荆、闽。博学多闻，尤精史地之学。

南宋地志。王象之在仕宦之余，广泛收集地理书及诸郡县地志、图经撰成此书。是书以南宋统治区为限，自南宋都城所在地临安府至剑门军，共计府、军、监一百六十六处。每一府州，一般分为府州沿革、县沿革、风俗名胜、景物、古迹、官吏、人物、仙释、碑记、诗、四六等十二门。

清影宋抄本。

1185

舆地纪胜二百卷补阙十卷校勘记五十二卷 / (宋) 王象之撰，(补阙) (清) 岑建功辑，(清) 刘文淇、刘毓崧校勘

王象之，见第 1184 条。

岑建功（？—1848），字绍周，甘泉（今江苏省扬州市）人。监生。家丰于财而好学嗜古，每得异书必重刻之。

刘文淇（1789—1854），字孟瞻，仪征（今江苏省仪征市）人。清嘉庆二十四年（1819）优贡生。精研古籍，贯串群经。著有《扬州水道记》《楚汉诸侯疆域志》《左传旧疏考证》《读书随笔》《青溪旧屋集》等。

刘毓崧（1818—1867），字伯山，一字崖松，仪征（今江苏省仪征市）人。刘文淇之子。随父客游四方，助之校书。清道光二十年（1840）以廪膳生举优行贡。曾国藩、曾国荃延入幕府。同治二

年（1863）任事金陵书局，编校《王船山遗书》。著有《通义堂文集》《通义堂诗集》《通义堂笔记》《经传通义》《诸子通义》《王船山年谱》《彭城献征录》《旧德录》等。

清道光二十九年甘泉岑氏惧盈斋刻本。

1186

舆地纪胜二百卷首一卷／（宋）王象之撰

王象之，见第1184条。

清咸丰五年南海伍崇曜粤雅堂刻本，清咸丰五年南海伍崇曜粤雅堂刻十年重修本。

1187

通鉴地理通释十四卷／（宋）王应麟撰

王应麟（1223—1296），字伯厚，号厚斋，鄞县（今属浙江省宁波市）人。南宋淳祐元年（1241），十九岁中进士。历官西安主簿、浙西提举常平茶盐主管帐司、扬州教授、枢密院架阁文字、国子录、武学博士、太常寺主簿、太常博士、秘书郎、著作佐郎、著作郎兼翰林权直、军器少监、秘书少监兼侍讲、起居舍人兼权中书舍人、秘书监、起居郎、吏部侍郎、中书舍人兼直学士院、礼部侍郎兼中书舍人、礼部尚书兼给事中。后东归，自号深宁老人。著述多达六百八十九卷，今存三十余种，有《困学纪闻》《玉海》《诗地理考》《小学绀珠》《词学指南》等。

历史地理著作。是书成书于宋亡之次年，以司马光《资治通鉴》的内容，结合其他史书，论述和诠解了历代沿革与地理形势。前五卷为历代州域总述、历代都邑考与（唐）十道山川考。后九卷主要为历代纷争时期（战国、三国、南北朝、五代）的地理形势与名臣议论、军事重镇与山川地形对战争的作用考证等。

玉海附刻本，津逮秘书本，四库全书本，学津讨原本，清光绪浙江书局刻本。

1188

太平寰宇记二百卷目录二卷／（宋）乐史撰

乐史（923—1007），字子正，号月池，宜黄（今江西省宜黄县）人。宋建隆三年（962），南唐后主李煜即位，首次开科取士列名榜首，后被齐王、抚州大都督景达辟为掌笺奏，不久任秘书郎。因战乱归里，创办五峰精舍书院。北宋统一后任平原县主簿，后又以在职官员身份参加科举考试，登太平兴国五年（980）进士，擢为著作佐郎，知陵州。因献《金明池赋》召为三馆（史馆、怡文馆、集贤院）编修。历官著作郎、直史馆、太常博士、知舒州、水部员外郎、知黄州，出掌西京磨勘司，累官至职方员外郎、商州知州。著有《江南登科记》《唐孝弟录》《杨太真外传》《绿珠传》等。

地理总志，取材以太平兴国八年（983）为限，故名。是书博采史书、地志、文集、碑刻、杂著，第一百七十二卷后为四夷，分东夷、南蛮、西戎、北狄，有一百二十多个民族、部落，各有总序，各族分述其历史、语言、制度、土俗、物产。

清初抄本，清赵氏小山堂抄本，清汪氏开万楼抄本，清袁氏贞节堂抄本，清光绪八年金陵书局刻本。

1189

新编方舆胜览七十卷／（宋）祝穆辑

祝穆（？—1255），少名丙，字伯和，又字和甫，晚年自号樟隐老人，祖籍婺源（今属江西省），徙居崇安（今福建省武夷山市）。祝洙父。与弟癸同从朱熹受业，后被程元凤、蔡杭荐为迪功郎，为兴化军涵江书院山长。著有《古今事文类聚》《方舆胜览》等。

南宋地理总志，成书于理宗时，初刻于理宗嘉熙三年（1239），又称《新编四六必用方舆胜览》，原书已佚。今传本为祝穆子祝洙增补重订，于咸淳二年（1266）或次年刻印。此书以行在所临安府为首，所记十七路皆为南渡后的疆域。体裁接近于稍早成书的王象之的《舆地纪胜》，广泛搜罗与风俗、形势、景物、人物有关的诗赋和记叙文字，分系于各门各条之下。

宋咸淳三年吴坚、刘震孙刻本，元刻本，元刻明修本，四库全书本，清震无咎斋抄本。

1190

新编四六必用方舆胜览／（宋）祝穆辑

祝穆，见第1189条。

见“新编方舆胜览七十卷”。

1191

晋书地理志二卷附考证／（唐）房玄龄等撰

房玄龄，见第0063条。

正史地理志。是书遵《汉书·地理志》体例，上卷总叙并分叙十三州，下卷分叙六州，总十九州岛，分置一百七十二郡国，设一千二百三十二县。括西晋州郡县政区划分，其间各帝王朝代虽有分合置废，每州前叙均作说明，简记其沿革演变、古迹名胜、物产等。

历代地理志汇编本。

1192

元和郡县图志四十卷 /（唐）李吉甫纂修

李吉甫（758—814），字弘宪，赵州赞皇（今河北省赞皇县）人，一说赵县人。二十岁以荫补左司御率府仓曹参军。贞元初为太常博士。后迁屯田员外郎、驾部员外。历官明州长史、忠州刺史、郴州刺史、饶州刺史。元和元年（806）宪宗即位，任考功郎中，知制诰，不久为翰林学士、中书舍人。二年（807）升任中书侍郎、同中书门下平章事。因功封赞皇县侯，徙赵国公。元和三年（808）九月辞宰相职，以检校兵部尚书兼中书侍郎、同中书门下平章事，为淮南节度使。六年（811）复为宰相，授金紫光禄大夫、集贤殿大学士、监修国史、上柱国。著有《六代略》《十道图》《元和国计簿》《百司举要》《古今地名》《删水经》等。

我国现存最早的古代总地志。因流传日久，不仅图佚，专文亦多残阙。自宋以后，图已失传，因省称为《元和郡县志》。是志因每篇之首均冠以图，故称图志。全书依据唐代元和年间的郡县，以当时十道四十七节镇分篇，计有河东、河北、山南、江南、岭南、淮南、河南等卷。道下以府或州为叙述单位，先列府、州之名，下记开元及元和时的户数，次叙沿革形势、府或州境、四至八到、贡赋、管县数目和名称，后乃分叙各县之事，亦略叙其沿革，并记县境内主要的山川、城邑和历代发生的重大事迹等。

明抄本，清初抄本，清赵氏小山堂抄本，清乾隆三十四年钱氏通经楼抄本，清桂香书屋刻本。

1193

元和郡县图志四十卷阙卷逸文一卷附考证三十四卷 /（唐）李吉甫纂修，（阙卷逸文）（清）孙星衍辑，（清）张驹贤考证

李吉甫，见第1192条。

孙星衍（1753—1818），字伯渊，一字季逑，号渊如，阳湖（今属江苏省常州市）人。清乾隆五十二年（1787）进士，授翰林院编修，充三通馆校理。历官山东兖沂曹济道、山东督粮道、山东登青莱道、山东布政使。著有《平

津馆读碑记》《寰宇访碑录》《续古文苑》。

张驹贤（1850—1899），赵州（今河北省赵县）人。清同治十三年（1874）进士。出仕前曾在冀州、定武、栾城、深泽等州县书院讲学。光绪二十年（1894）选为山西河津知县，后为安徽太平知县。著有《元和郡县图志考证》《春秋繁露注校正》《居业堂文纂校》《赵忠毅公年谱》等。

畿辅丛书本，丛书集成初编本。

1194

元和郡县志四十卷／（唐）李吉甫纂修

李吉甫，见第1192条。

见“元和郡县图志四十卷”。

四库全书本，武英殿聚珍版书本。

1195

括地志八卷补遗一卷／（唐）李泰等撰，（清）孙星衍辑，（清）陈其荣重订

李泰（618—652），字惠褒，唐太宗第四子。唐贞观八年（634）任雍州牧、左武侯大将军，后封魏王。才思敏捷，好接纳学士，颇得太宗喜爱，因结交朝廷官吏以谋求取代太子被贬为顺阳王，谪居均州。二十一年（647）进封濮王。太宗曾令其在王府设文学馆，泰遂召集萧德言、顾胤等一批学者编撰《括地志》。

孙星衍，见第1193条。

陈其荣，生卒年不详，字荄庵，号桂庼，秀水（今属浙江省嘉兴市）人。清同治六年（1867）举人。

地理总志。是书据“贞观十三年大簿”编辑。唐高祖时代，行政区划基本上因袭隋旧。贞观十三年（639），为适应各种形势的需要，唐朝对全国政区进行了全面调整。上述“大簿”就是关于这次区划调整的比较翔实可靠的原始记录。《括地志》以此为纲，全面叙述了政区的建置沿革，兼记山岳形胜、河流沟渠、风俗物产、往古遗迹，及人物故实等。

槐庐丛书本。

1196

隋书地理志三卷附考证／（唐）颜师古等撰

颜师古，见第0024条。

正史地理志。唐显庆元年（656），《隋书》十志成，共三十卷，《地理志》仅是其中三卷，记事自隋文帝开皇元年（581）至恭帝义宁二年（618）。

历代地理志汇编本。

1197

旧唐书地理志四卷附考证／（五代）刘昫等撰

刘昫，见第0066条。

正史地理志。是书起自唐高祖李渊称帝（618），改郡为州，太守与刺史并称，周边设镇，置总管府，后改为都督府。至天宝十一年（752），唐代疆域东至安东府，西至安西府，南至日南郡，北至单于府。次仍依贞观大簿所定十道为纲，分列各道所属州府、州府领县，简记沿革建置、户口数。

历代地理志汇编本。

1198

大元一统志一千三百卷辑本四卷附考证一卷附录一卷／（元）孛兰肹等撰，金毓黻、安文溥辑并考证

孛兰肹，又作卜兰禧、不兰奚、卜兰奚，生卒年不详，蒙古族人。元世宗时官集贤大学士、资善大夫、同知宣徽院事。

金毓黻，见第0390条。

安文溥（1897—1975），锡伯族，辽宁省沈阳市人。1924年毕业于北京大学中文系。历任东北大学教授、奉天通志馆编修、伪满建国大学教授。新中国成立后先后任东北文物管理处、东北图书馆研究员，兼任辽宁省文史馆副馆长、辽宁省政协委员。著有《唯适哲学》《为胜志》等。

辽海丛书本。

1199

金史地理志三卷／（元）脱脱等撰

脱脱，见第0068条。

正史地理志。金代疆域东至海，西逾积石（今青海贵德西），北至蒲与里（今黑龙江克东）以北三千里的火鲁火疃谋克地（今俄罗斯外兴安岭南侧阿尔巴金诺城），南抵淮水以西至大散关（陕西宝鸡西南）与南宋为界。

历代地理志汇编本。

1200

辽史地理志五卷／（元）脱脱等撰

脱脱，见第0068条。

正史地理志。是志记载起自契丹神册元年（916）耶律阿保机称帝，迄辽保大五年（1125）灭于金二百一十年间建置沿革、州领县数、县有户数。详记京州城池建筑、名山大川、重要战场、古迹形

胜。辽代疆域东至东海，西至金山（阿尔泰山），北抵胪朐河（今蒙古人民共和国克鲁伦河），南至白沟（大抵今天津至霸州市、白沟镇一线）。

历代地理志汇编本。

1201

宋史地理志六卷附考证／（元）脱脱等撰

脱脱，见第0068条。

正史地理志。是书载从宋太祖赵匡胤建隆元年（960）建国，至元世祖至元十六年（1279）南宋灭亡，三百二十年间宋代地理沿革，所记府州建置沿革，重要城镇易场、户口数、领县数，简要清晰。

历代地理志汇编本。

1202

大元一统志一千卷／（元）札马剌丁、虞应龙纂，（元）孛兰肹、岳铉等重编

札马剌丁，又译作扎马剌丁或扎马鲁丁，生卒年不详，西域人。元代著名天文历法学家，以制造天文仪器及编纂历法和地理志闻名于世。元世祖时官集贤大学士、中奏大夫，行秘书省事。

虞应龙，生卒年不详，字柏心，仁寿（今四川省仁寿县）人。宋末累官知雷州。元世祖时官奉直大夫、秘书少监。

孛兰肹，见第1198条。

岳铉（1249—1312），字周臣，汤阴（今河南省汤阴县）人。元成宗时官昭文库大学士、中奉大夫、秘书监。卒，追封申国公，谥文懿。

元朝官修地理总志。元至元二十二年（1285），世祖忽必烈命虞应龙等人编纂此志。至元三十一年（1294）书成。此后又陆续得到《云南图志》《甘肃图志》《辽阳图志》，因而又重新编修，由孛兰肹、岳铉等人编纂，于大德七年（1303）完成，前后历时十七年。是志按各路、州、县，分别记述各地区有关的史地，内分建置沿革、坊郭乡镇、里至、山川、土产、风俗形势、古迹、官迹、人物、仙释等门类。

清抄本。

1203

元经世大典图地理考证三卷附元史地理志西北地一卷／丁谦撰

丁谦，见第0464条。

元代虞集、赵世安撰《经世大典》中之图绘，原书已佚。清道光间，魏源从《永乐大典》中

录其图，载入《海国图志》，丁谦据此图参照徐松、魏源、洪钧诸人之说，以及元史西北地附录地名排次先后。

浙江图书馆丛书本。

1204

历代地理志汇编十四编一百五十卷／罗汝楠辑

罗汝楠（1871—1946），一作罗汝南，字憩棠，南海（今属广东省佛山市）人。廪贡生。清光绪十九年（1893）选学海堂专课肄业生，后奉派游学日本。二十九年（1903）任教忠师范学堂地理教员，又曾任香港大学教员。编著有《中国近世舆地图说》《宋书州郡志》《汉书地理志》《后汉书郡国志》《历代地理志汇编》。

地理丛书。是书含《汉书》《后汉书》《晋书》《宋书》《南齐书》《魏书》《隋书》《旧唐书》《唐书》《旧五代史》《五代史》《宋史》《辽史》《金史》《元史》《明史》十六种正史之地理志（或郡国志、州郡志、地形志、郡县志、职方志）及《补三国疆域志》《补梁疆域志》，依历史时期或朝代分成十四编。

清光绪二十四年广东集古书屋刻本。

1205

中国近世舆地图说二十三卷首一卷／罗汝楠撰，方新校绘

罗汝楠，见第1204条。

方新，生平事迹不详。

罗汝楠以历年讲授各班学生积存地理课本，细加编定而成，名曰《中国近世舆地图说》。按切中国近势，参以外国图书，书中山川险要、边境界线、各省府州，皆随地附图以资考证。

清宣统元年广东教忠学堂石印本。

1206

皇朝舆地图书六卷／马晋羲辑述，（清）上海蒙学报馆编校

马晋羲，生卒年不详，字惕安，长沙（今湖南省长沙市）人。曾在江南陆师学堂主讲国文，兼授史地。后任湖南第一女子师范学校校长。

清光绪吴县汪氏石印本。

1207

皇朝舆地图说六卷／马晋羲辑述

马晋羲，见第1206条。

清光绪间吴县汪氏石印本。

1208

皇朝直省舆图说六卷／马晋羲编

马晋羲，见第1206条。

因培养陆军军官需地理知识，而前人地理之作简者过简，详者于学堂功课不宜，著者乃编此书。该书依《禹贡》之例，先说地，后界记，再志四岳五渎、山川脉络，后分各省州郡，自直隶始，由北而南，由东而西。

清光绪二十八年上海蒙学馆石印本。

1209

宋史地理志考异一卷／聂崇岐撰

聂崇岐（1903—1962），蓟县（今属天津市）人。历史学家。曾任燕京大学历史系教授、中国科学院近代史研究所研究员等职。著有《艺文志二十种综合引得》《宋史丛考》《捻军》《中法战争》《中日战争》《洋务运动》等。

二十五史补编本。

1210

补元和郡县志四十七镇图说一卷／庞鸿书撰

庞鸿书（1848—1915），字仲劬、邻盦、渠庵，号郦亭，常熟（今江苏省常熟市）人。清光绪六年（1880）进士，后改庶吉士，授编修。初任大顺广道，继署天津道，升湖南按察使，三十一年（1905）任布政使，擢巡抚。三十三年（1907）改任贵州巡抚。在贵州办理“新政”，编练新军。著有《归田吟稿》。

清光绪三十一年学务处铅印本。

1211

中国通览不分卷／商务印书馆译辑

商务印书馆，清光绪二十三年（1897）夏瑞芳、鲍咸恩、鲍咸昌、高凤池等创办于上海。初以印刷外商商业文件为主。二十九年（1903）置编译所，由张元济任所长。初期以出版教科书为主，陆续扩展到古籍、科学、文艺、工具书等方面，并刊行《外交报》《东方杂志》等期刊。1932年“一·二八”淞沪抗战时，该馆总务处、编译所、印刷总厂及附设的东方图书馆等毁于日军炮火，后部分恢复。1954年总馆迁至北京。

是书包含我国地理、官制、政体、时事、风俗、民情等诸多领域的史料。

清光绪二十九年上海商务印书馆铅印本。

1212

汉书地理志补校二卷／杨守敬撰

杨守敬，见第1093条。

地理文献考证。汪远孙《汉书地理志校本》成就虽大，但全祖望《汉书地理志稽疑》、钱坫《新斠注地理志》中的重要考证都未能征引。其后又有陈澧《汉书地理志水道图说》、汪士铎《汉志释地略》等重要成果也需补入。杨守敬意在补《汉书地理志校本》，于其已征引资料不复录，对山川与《禹贡》《水经》不合者进行考证，侯国至新莽时始除者则予增补。

清光绪二十五年刻本，二十五史补编本。

1213

隋书地理志考证九卷补遗一卷／杨守敬撰

杨守敬，见第1093条。

地理文献考证。《隋书·地理志》为唐初颜师古等撰，实为梁、陈、齐、周、隋五代地志。当时各朝短暂，州郡沿革分合极为纷乱，而志又出于众人之手，舛误漏略较多，杨守敬长于史地之学，因撰此书加以考辨。书成于清光绪二十一年（1895），二十四年（1898）又加补遗附卷之末。

清光绪二十七年宜都杨氏刻本，二十五史补编本。

1214

大清朝一统舆地图表十八卷

见“皇朝一统舆地图表十八卷”。

清刻本。

1215

皇朝一统舆地图表十八卷

一作《大清朝一统舆地图表》。

清道光二十九年刻本。

1216

皇舆志略十六卷

是书不著撰者姓氏。全书凡十六卷，卷一至十五分别为北直隶、南直隶、山东、浙江、湖南、福建、广东、广西壮族自治区等。卷十六外夷，次序与陆应阳《广舆记》同。

明刻本。

1217

辽史地理志今释一卷

抄本。

杂志之属

1218

渤海疆域考二卷／（朝鲜）徐相雨撰

徐相雨，生卒年不详，字秋堂，朝鲜人。清光绪十三年（1887）充贡使来华。

渤海国（698—926），位于今中国东北地区东部、朝鲜半岛北部以及今俄罗斯滨海边疆区，被史学家称为“海东盛国”。高句丽被唐朝和新罗的联军灭亡之后，698年，原高句丽大将粟末靺鞨酋长大祚荣在高句丽故地之北（牡丹江流域）建立起震国，713年，更国名为渤海，762年，君主开始被唐朝册封为渤海国王。其人民主要是靺鞨人。926年渤海国被契丹灭亡后，其北部绝大部分领土被契丹吞并，以其地为东丹国；一小部分南部领土则被高丽吞并。统治地区在盛时包括吉林省大部、辽宁和黑龙江省部分地区、俄罗斯沿海州的南半部以及朝鲜半岛北部。

求恕斋丛书本。

1219

交趾异物志／（汉）杨孚撰

杨孚，生卒年不详，字孝元，番禺（今属广东省广州市）人。汉章帝建初年间，举贤良对策上第，拜议郎。后官至临海太守。

见“异物志一卷”。

1220

交州异物志／（汉）杨孚撰

杨孚，见第1219条。

见“异物志一卷”。

1221

南裔异物志／（汉）杨孚撰

杨孚，见第1219条。

见“异物志一卷”。

1222

南越异物志／（汉）杨孚撰

杨孚，见第1219条。

见“异物志一卷”。

1223

异物志一卷／（汉）杨孚撰

杨孚，见第1219条。

物产志，又作《交州异物志》《交趾异物志》《南越异物志》《南裔异物志》等。是书所记多为我国长江，特别是五岭以南汉代地理、风俗、物产和民族等情况，包含动物、植物、矿物、陆产、水产、山产等。

民国十六年上海商务印书馆铅印本。

1224

三齐略记一卷／（晋）伏琛撰

伏琛，生平事迹不详。

通志。又作《三齐略》《三齐记》。三齐，古称右即墨、中临淄、左平陆，谓之三齐，其地今属山东省。

说郛本，五朝小说本，五朝小说大观本。

1225

朱崖传／（晋）盖泓纂

盖泓，生卒年不详，东晋派往南燕的使者，后为南燕所聘，根据自己对海南岛的考察撰成《朱崖传》。

见“珠崖传一卷”。

1226

朱崖故事／（晋）盖泓纂

盖泓，见第1225条。

见“珠崖传一卷”。

1227

珠崖传一卷／（晋）盖泓纂

盖泓，见第1225条。

又作《朱崖传》《朱崖故事》。朱崖，汉代置朱崖郡，即今海南省三亚市辖区。是书系关于珠崖、儋耳的物产风俗记述。

佚书。

1228

广州记一卷／（晋）顾微撰

顾微，生卒年不详，字子欢，吴郡（今江苏省苏州市）人。曾官巴东太守。著有《广州记》《吴县记》等。

是书为记述广州一带奇闻逸事的笔记体著作。

说郛本，五朝小说本，五朝小说大观本。

1229

会稽记一卷／（晋）贺循撰，鲁迅辑

贺循（260—319），字彦先，会稽山阴（今属浙江省绍兴市）人。初为阳羡令、武康令、太子舍人、侍御史。西晋亡，与顾荣等拥戴晋元帝，任太常兼太子太傅。病危，上表还印绶，改授左光禄大夫、开府仪同三司。卒，赠司空。

鲁迅（1881—1936），原名周树人，字豫才，浙江绍兴人。现代伟大的文学家、思想家和革命家。在古籍整理领域曾做出杰出贡献，搜集、整理了大量古籍文献，批判地继承了古代文化遗产，于校勘、辑佚等方面多有创获。编著有《中国小说史略》《汉文学史纲要》，整理有《嵇康集》，辑录有《会稽郡故书杂集》《古小说钩沉》《唐宋传奇集》《小说旧闻钞》等。

地理杂志。原书久佚，今本为鲁迅等人于《太平御览》《舆地纪胜》诸书中辑出，载少康封子号“越”、会稽山禹穴、石篑及始宁置县时间，间附逸闻掌故。

会稽郡故书杂集本，汉唐地理书钞存本。

1230

交州记二卷／（晋）刘欣期撰，（清）曾钊辑

刘欣期，东晋末人，生平事迹不详。

曾钊（1821—1854），字敏修，号冕士、勉士，南海（今属广东省佛山市）人。清道光五年（1825）拔贡生，官合浦县教谕，调钦州学正。著有《周易虞氏义笺》《周官注疏小笺》《诗毛郑异同辨》《诗说》《读书杂志》《春秋国都爵姓考补》等。

是书记古交州（今广东省、广西壮族自治区、越南北部等地）风土人情。

岭南遗书本，丛书集成初编本。

1231

交州记一卷／（晋）刘欣期撰

刘欣期，见第1230条。

说郛本。

1232

裴渊广州记一卷／（晋）裴渊撰，（清）王谟辑

裴渊，生平事迹不详。

王谟，见第1074条。

原书已佚。清代王谟收入《汉唐地理书钞》辑本中。主要内容包括岭南民族历史、古迹、山川形势、逸事传闻、物产、蛮夷等项，包含楚越关系、越人后裔、瓯骆社会、汉与南越关系以及少数民族分布、经济、文化、生活习俗等材料。

汉唐地理书钞本。

1233

齐地记二卷／（晋）晏谟撰

晏谟，生卒年不详，青州（今山东省青州市）人。南燕时举秀才。慕容德过临淄问谟齐之山川丘陵、贤哲旧事，晏谟画地为图历历以对，德深为嘉许，用为尚书郎。著有《齐地记》。

是书记载今山东省地域在十六

国时期的历史、地理情况。

1234

齐记／（晋）晏谟撰

晏谟，见第1233条。

见“齐地记二卷”。

说郛本。

1235

成山地理图说／（明）□□撰

述古堂目存目。

1236

大嵩地理图说／（明）□□撰

大嵩卫，在今山东省海阳市境内。明洪武三十一年（1398），魏国公徐耀祖和都督朱复奉命设立大嵩卫和威海卫，大嵩卫设置有指挥使、指挥同知、指挥佥事共十七员，指挥镇抚武略将军一员，千户十员，百户二十员。明代末年以后倭患次第平定，卫所变为驻兵场所。清顺治元年（1644）裁大嵩卫指挥使、指挥同知、指挥佥事、镇抚，改设守备一员；裁千户、百户，改为千总、百总。到康熙中叶已基本无战事。雍正十三年（1735）裁大嵩卫而改设海阳县，结束了大嵩卫三百余年的抗倭历史。

述古堂目存目。

1237

福山地理图说／（明）□□撰

述古堂目存目。

1238

黄县地理图说／（明）□□撰

述古堂目存目。

1239

靖海地理图说／（明）□□撰

述古堂目存目。

1240

莱阳地理图说／（明）□□撰

述古堂目存目。

1241

宁海地理图说／（明）□□撰

述古堂目存目。

1242

蓬莱地理图说／（明）□□撰

述古堂目存目。

1243

栖霞地理图说／（明）□□撰

述古堂目存目。

1244

四海指南／（明）□□撰

明代航海航路指南专书。

佚书。

1245

威海地理图说／（明）□□撰

述古堂目存目。

1246

文登地理图说／（明）□□撰

述古堂目存目。

1247

云间杂志三卷／（明）□□撰

是书内容多述时闻逸事，陈说历史，彪炳人物，述奇志异。

奇晋斋丛书本，褚氏所刻书本。

1248

招远地理图说／（明）□□撰

述古堂目存目。

1249

东南夷图说／（明）蔡汝贤撰

蔡汝贤，生卒年不详，字用卿，又字思齐，号龙阳，华亭（今上海市松江区）人。明隆庆二年（1568）进士。历官大名府推官、吏科给事中、御史、南京兵部侍郎。著有《东南夷图说》《岭海异闻》等。

是书分图像和图说两部分，包含吕宋、佛郎机（葡萄牙）、满剌加（马六甲）等内容。

1250

东夷图说／（明）蔡汝贤撰

蔡汝贤，见第1249条。

见“东南夷图说”。

1251

东夷图总说一卷／（明）蔡汝贤撰

蔡汝贤，见第1249条。

见“东南夷图说”。

明万历刻本。

1252

东夷图总说一卷岭海异闻一卷岭海续闻一卷／（明）蔡汝贤撰

蔡汝贤，见第1249条。

明万历刻本。

1253

岭海异闻一卷续闻一卷／（明）蔡汝贤撰

蔡汝贤，见第1249条。

明刻本。

1254

东番记／（明）陈第撰

陈第（1541—1617），字季立，号一斋，晚号温麻山农，连江（今福建省连江县）人。诸生。起家兵营，明万历初出守古北口，官蓟镇游击将军，在蓟镇十年，致仕归。

陈第解甲归田，回到马祖岛居住。明万历三十年（1602），将军沈有容为了平定倭寇，特邀他前往闽南。不料于搭船期间，遇到台风，漂到了台湾，后来辗转回到福建。事后，他根据居住台湾将近一年的经历撰《东番记》。是书记述台湾西部沿岸的原住民生活习俗与地理风光，是最早记叙台湾平埔族生活的著作。

闽海赠言本。

1255

泉南杂志二卷／（明）陈懋仁撰

陈懋仁，生卒年不详，字无功，号藕居士，室名石径草堂，嘉兴（今浙江省嘉兴市）人。曾官泉府经历。著有《年号韵编》《庶物异名疏》等书。

地理杂志。是书约成于明万历年间，记事止万历三十五年（1607）。卷一主记古迹、物产、风俗，包含万安桥、淳化阁帖石刻、宋太祖戒石铭碑、高宗御书籍田碑、青源山茶、西施舌、灵山等五十三则。卷二重人文，载宋曾公亮、薛天华、苏随、欧阳詹等八十余人物事迹。

宝颜堂秘笈本，宝颜堂汇秘笈本，学海类编本，丛书集成初编本，清谢氏赌棋山庄抄本。

1256

泉南杂志一卷／（明）陈懋仁撰

陈懋仁，见第1255条。

广百川学海本，说郛续本。

1257

舆地图考六卷／（明）程道生撰

程道生，生卒年不详，字可生，海宁（今浙江省海宁市）县人。

是书卷一首为舆地总序，次为大明一统图及古九州岛考，然后为北直、南直、浙江、江西、福建图叙考。卷二为湖广、河南、山东、山西、陕西图叙考。卷三为四川、广东、广西、云南、贵州图叙考。卷四为九边叙、总图、论及各边考。卷五为海防叙、图。卷六为江防考、图。

明天启刻本。

1258

海槎余录一卷／（明）顾岕撰

顾岕，生卒年不详，本名玠，字汇堂，吴县（今属江苏省苏州市）人。监生官至南安府知府。明嘉靖间曾任职儋州。

海南岛地理著作。是书于其地“山川要害、土俗民风，下及鸟兽虫鱼，奇怪之物，耳目所及，无不记载”。原稿已佚，今存内容条目有番车鱼、海鳅、新场海、气候、相思子、槟榔、海螺、田、石蟹、玳瑁、贸易、飘来船、千里石塘万里长堤鬼哭滩等。所记内容涵盖海南文物、物产、郡县、山海、田土、险要及黎人状况等。

广百川学海本，顾氏明朝四十家小说本，宝颜堂秘笈本，纪录汇编本，景印元明善本丛书本。

1259

琼管山海图说二卷／（明）顾可久撰

顾可久（1485—1563），字与新，号阳洞，无锡（今江苏省无锡市）人。明诗人、书法家。正德九年（1514）进士，授行人。嘉靖初任户部员外郎，议大礼忤旨，两遭廷杖，出守泉州，以广东兵备副使致仕。著有《阳洞诗集》《洞阳公命子书》《王右丞诗集注》等。

是书成书于明嘉靖十六年（1537），分上下两卷，共十五篇，其中一府三州十县各一篇，外加清澜所一篇，配有十五幅图。嘉靖十三至十五年（1534—1536），琼山沙湾峒黎佛二等再次爆发黎乱，作者时任整饬琼州兵备广东按察使副使，是书从“山”“海”两个方面着手以期实现内乱外患的根本解决。

清光绪十六年刻本。

1260

云台山志二卷／（明）顾乾撰

顾乾，生卒年不详，自号苍梧野史，海州（今江苏省连云港市）人。明万历十四年（1586）岁贡，任繁昌县训导，后为山东乐陵王府教授，不久便回家乡云台山读书。著有《云台山志》《云台山三十六景诗》《东海志》。

云台山位于今江苏省连云港市连云区宿城街道，是江苏沿海著名的旅游名胜地，古称郁州山，唐宋时称苍梧山，原系海中的岛屿，后演化成陆地。

佚书。

1261

岭海名胜记二十卷／（明）郭棐编

郭棐（1529—1605），字笃周，号梦菊，南海（今属广东省佛山市）人。明嘉靖四十一年（1562）进士。官吏部、礼部主事，以直言为时相所不容，出知夔州，兴建书院，迁湖广屯田副使。万历五年（1577）改四川提学，后任云南右布政使。二十三年（1595）被谗毁致仕。

是书是一部记述岭南尤其是今广州一带名胜古迹及与该地名胜有关文类的汇编巨著。主体分为名胜古迹与文类两大项。文类又分纪传、诗赋、奏疏、寺院碑记等。其内容按所记地点分类：记广州附近名胜十一处，分别是粤会记、粤秀山记、五仙观记、白云山记、蒲涧记、浮丘记、海珠记、石门记、灵洲山记、南海庙记、西樵山记；记北江名胜三处，分别是飞来寺记、曹溪记、梅岭记；记西江名胜两处，崖山记与崧台石室记；记东江名胜两处，罗浮山记与鹤峰记；记韩江名胜、海南名胜各一处，分别是韩岩记和五指峰记。又所记尤多书院、庙宇之金石碑刻，今多已不传，尤为珍贵。

明万历二十四年刻本。

1262

增补岭海名胜志十六卷／（明）郭棐编，（清）陈兰芝增辑

郭棐，见第1261条。

陈兰芝，生平事迹不详。

是书在明万历刻本基础上增加了奥门记、花田记、江门记、韩山祠记、丹霞记、七星岩记、羚羊峡记、鼎湖山记、九成台记等。

清乾隆五十五年刻本。

1263

潮中杂纪十二卷／（明）郭子章撰

郭子章（1542—1618），字相奎，号青螺，泰和（今江西省泰和县）人。明隆庆五年（1571）进士，官山西按察使、贵州巡抚、兵部尚书加太子少保。万历年间编纂江西总志《豫章书》，今佚。于贵州巡抚任上纂修《黔记》，是贵州省最早之通志，被推为“黔中善本”。著有《阿育王山志》《瓜仪志》《郡县释名》《圣门人物志》

《粤草》《蜀草》《晋草》《黔草》等。

是书卷一为《象纬解》《沿革考》《郡县释名》，中间各卷载录朝廷敕文、郡守重要奏疏、潮州及附属各县历史掌故、艺文目录等，末卷为《物产志》。该书重点叙述潮州的历史掌故、郡县沿革、学校教育状况、文献保存以及社会风俗等。

明万历十三年刻本。

1264

从客胡靖撰杜天使册封琉球真记奇观／（明）胡靖撰

胡靖（1573—1620），字献卿，名澄雪，自称澄雪道人，后为僧，南平（今福建省南平市）人。明崇祯六年（1633），作为从客随杜三策、杨抡赴琉球册封。期间，胡靖饱阅海天山川及琉球诸岛风景。回国后，绘图纪胜，撰文抒情而成《琉球记》。

见“琉球记一卷中山诗集一卷”。

1265

琉球记一卷中山诗集一卷／（明）胡靖撰

胡靖，见第1264条。

一作《从客胡靖撰杜天使册封琉球真记奇观》。胡靖亲手绘制了当时的海疆图，证实了钓鱼岛是中国领土的不争事实。中国对琉球王的册封最早始于明洪武五年（1372），每次册封使臣回国后都要将出使经过写成专门报告呈送皇帝。明崇祯六年（1633），崇祯帝按惯例派使团册封琉球王尚丰，胡靖以从客身份跟随户科左给事中杜三策（正使）和杨抡（副使）参加此次册封活动。

明万历刻本。

1266

海语三卷／（明）黄衷撰，（明）黄学准增注

黄衷（1474—1553），字子和，别号病叟，南海（今属广东省佛山市）人。明弘治九年（1496）进士，授南京户部主事，出为湖州知府，历官福建转运使、广西参政、云南布政使、兵部右侍郎。晚年致仕家居，在广州创办了矩州书院。著有《矩洲文集》等。

黄学准，生卒年不详，字本平，一作三平，号皞子南海（今属广东省佛山市）人。明正德十四年（1519）举人，嘉靖间授崖州学正，迁潜江知县，因忤中官与治兵使者，改淮安教授，旋擢国子监助教，出任浔州通判，后任桂平

知县。著有《朱崖稿》《湖南稿》《淮南稿》《留都稿》《西浔稿》《家园稿》及《咏史诗》。

明嘉靖十五年（1536），因沿海屡受倭寇骚扰，朝廷实行“海禁”政策，撤销宁波、泉州的市舶司，全国对外口岸仅存广州一口通商，是与外洋接触最为频繁的地方。黄衷晚年居家时有机会与来往外洋的舟师、舱卒、番客来往。他留心海外风物，不仅与海外来客时常邀谈，还详加记录并整理为《海语》一书。是书卷一记述暹罗（今泰国）和满剌加（马六甲）两国风情，涉及刑政、婚姻、农工、商贾。卷二记东南亚物产，介绍了苏木、胡椒、象牙、犀角、樟脑、燕窝、海鹤、伽南香等物产。卷三记述旅途之险山恶水和物怪。

宝颜堂秘笈本，四库全书本，学津讨原本，岭南丛书本，纷欣阁丛书本。

1267

云间杂记／（明）李绍文撰

李绍文，生卒年不详，一名豫亨，字节之、元荐，华亭（今上海市松江区）人。著有《明世说新语》《云间人物志》《艺林累百》等。

见“云间杂志二卷”。

1268

云间杂识二卷／(明)李绍文撰

李绍文，见第1267条。

见“云间杂志二卷”。

明万历刻本，清抄本。

1269

云间杂志二卷／(明)李绍文撰

李绍文，见第1267条。

笔记小说集，又作《云间杂记》《云间杂识》。是书专记松江历史、人物，内容涉及名贤硕德、科第、孝友、风俗、灾祥、滑稽，尤重于海防、赋役、水利三者。

清抄本，民国二十四年铅印本。

1270

莆阳纪胜／（明）林登名撰

林登名，生卒年不详，号季子，莆田（今福建省莆田市）人。明代经学家林兆珂之子，隐士。

见“莆舆纪胜九卷”。

1271

莆舆纪胜九卷／（明）林登名撰

林登名，见第1270条。

又作《莆阳纪胜》《兴化纪胜》。是书所记，兼兴化全郡，曰莆舆者，以莆阳为兴化郡旧名也。

明万历刻本。

1272

兴化纪胜／（明）林登名撰

林登名，见第1270条。

见“莆舆纪胜九卷”。

1273

吴郡考二卷／（明）刘凤撰

刘凤（1517—1600），字子威，直隶长洲（今属江苏省苏州市）人。明嘉靖二十三年（1544）进士，仕至河南按察佥事，家多藏书，勤学博记。著有《吴郡考》《长洲县志》等。

刘子威集本，明刻本，民国吴县潘氏宝山楼抄本，民国三十一年合众图书馆抄本。

1274

东征杂记一卷／（明）刘黄裳撰

刘黄裳（1529—1595），字玄子，光州（今河南省潢川县）人。明万历十四年（1586）进士，授刑部主事，迁兵部员外郎。倭犯朝鲜，以知兵见推，赞画宋应昌军务，录功进郎中。著有《藏征馆集》《东征杂记》《元符图》（一作《元图符藏》）、《海上编》。

是记乃黄裳赴朝鲜与倭寇作战时所作。

佚书。

1275

东夷考略三卷图一卷东事答问一卷／（明）茅瑞征撰

茅瑞征，见第0171条。

民族地理著作。是书为茅瑞征归隐之作，记事止明天启元年（1621）。分女真通考、海西女真考、建州女真考三部分，附辽东、开铁（开原、铁岭）、开原控带外夷等地图七幅。书后有《东事问答》和《苕上愚公传》二文。简述汉代以来特别是明万历年间东北女真族发展简史，对努尔哈赤统一建州、海西女真诸部和与明将李成梁、熊廷弼构兵于辽东的史实尤详。

玄览堂丛书本。

1276

台湾舆图考／（明）沈光文撰

沈光文（1612—1688），字文开，号斯庵，晚年自称宁波野老，鄞县（今属浙江省宁波市）人。明末以明经贡入太学。鲁王监国，授太常博士、工部郎中等职。后赴鼓浪屿依郑成功，又至广东肇庆朝见桂王，晋太仆少卿。清顺治八年（1651）携家泛舟赴海口，因遭飓风漂泊至台湾东北。郑成功卒，子郑经立，因以诗讽喻郑氏，曾被迫害而隐居台湾罗汉门山，在加溜湾（今台南善化镇）为土著教授汉文并行医。著有《台湾赋》《台湾舆图考》《文开文集》《文开诗集》《草木杂记》《流寓考》《沈斯庵杂记诗集》。

沈光文认为郑成功早期辖地根本不可能承担反清复明的中兴大业，而台湾是不二之选，遂实地考察台湾的山势地形、海湾港口、道路交通、城镇设施等，以供将来基地驻屯之用。后来，他依据这些第一手资料写成此书。

佚书。

1277

闽部疏一卷／（明）王世懋撰

王世懋（1536—1588），字敬美，号損斋道人，别号麟州，时称少美，太仓（今江苏省太仓市）人。明后七子领袖，王世贞之弟。明嘉靖三十八年（1610）进士，时值其父王抒被斩，世懋服丧期满，始任南京礼部仪制司主事，后擢礼部员外郎，母丧归。后历官祠祭司、尚宝县丞、江西参议、陕西提学副使、福建提学副使，官至南京太常寺少卿。著有《奉常集》《关洛纪游稿》《却金传》《望崖录》《远壬文》《二酉委谭》《艺圃撷余》《窥天外乘》《学圃杂疏》《闽部疏》《三郡图说》《名山游记》等。

地理杂志。是书为王世懋于明万历十二年（1584）任福建提学副使时，历时七月游闽省八郡所作。书中包含福州形势、省府北诸景、闽中名产、海错、闽俗、兴化古莆中景物、泉州城、漳州人物、气候、海味、分水关奇景等。

广百川学海本，宝颜堂秘笈本，纪录汇编本，借月山房汇钞本，丛书集成初编本。

1278

刻印水路簿／（明）吴朴撰

吴朴，见第0184条。

见“渡海方程”。

1279

地图综要三卷／（明）吴学俨、朱绍本等撰

吴学俨，生卒年不详，字敬胜，天都（今属安徽省黄山市）人。

朱绍本，生卒年不详，字友百，海阳（今属广东省潮州

市）人。

地理图说。是书约成于明末清初。分总、内、外三卷。总卷总论明代行政区划、疆域沿革、山川险塞和边疆形势。内卷分述内地各省郡邑建置、山川关隘、名胜古迹、土产风俗、名宦人物。外卷论述明代边塞要地，边陲民族和邻国概况等。全书各卷插绘分里图、分界图和边要图、形胜图等地图。外卷含江防、黄河、漕河、海运、九边、四夷策图说。

清顺治二年刻本。

1280

岭海舆图一卷／（明）姚虞撰

姚虞（1507—?），字泽山，一字宗舜，号师舜，莆田（今福建省莆田市）人。明嘉靖十一年（1532）进士。曾官淮安知府，后擢为监察御史。

区域地图。是书为姚虞官监察御史巡按广东时所作，以图为纲，附序、纪。首岭海舆地全图（省图），次南雄、惠州、潮州、肇庆、高州、廉州、雷州、琼州等十府图，每图皆有序与纪，记述全省与八州政区建置沿革、山川要隘险塞及所领州县户口、田粮课税、官兵马匹等额数。南夷图包含安南、占城、满剌加、三佛齐、浡泥、锡兰、苏门答腊等十国，并详载其通贡时间和贡物种类。后附通市者大坭、急兰丹二国，来中国贸易时间及交易物品。

四库全书本，岭南丛书本，守山阁丛书本，丛书集成初编本。

1281

辽筹二卷辽夷略一卷陈谣杂咏一卷／（明）张鼐撰

张鼐，见第0196条。

清乾隆间列为禁书。明万历四十八年（1620），张鼐奉命东行，在归途中撰写了此书，主要记载辽东少数民族部落、住牧及市赏等。首叙朵颜、泰宁、福余三卫，次叙海西、南关、北关诸夷以及建州女真各部族情况、道里远近等。

玄览堂丛书本。

1282

辽夷略一卷／（明）张鼐撰

张鼐，见第0196条。

明万历四十八年（1620），张鼐奉使辽东，在归途中撰写了此书。是书主要记载辽东少数民族部落、住牧及市赏等，首叙朵颜、泰宁、福余三卫，次叙海西、南关、北关诸夷以及建州女真各部族情况、道里远近。书中对东北边防、三卫辖地以及三卫与明关系的记述尤详。

清初史料四种本。

1283

莱史五卷／（明）赵士喆辑

赵士喆（1593—1655），字伯浚，号东山、明斋，世称文潜先生，掖城（今山东省莱州市）人。出身莱州城望族，明崇祯五年（1632）孔有德叛军围攻莱州城时曾起草《讨贼檄文》，受到称赞。十七年（1644）明亡后，莱州府知府挂印归乡，不久，李自成向莱州派来官吏，被赵士喆率人杀死。后避兵燹于登州府之松椒山，蓄发不去，以示忠于明朝。与弟子董樵及两个儿子赵涛、赵瀚耦耕于海上，隐居海岛。卒后，乡人私谥文潜先生。著有《黄纲录》《建文年谱》《逸史三传》《莱史》《辽宫词》等。

东莱赵氏楹书丛刊本。

1284

郑开阳杂著十一卷／（明）郑若曾撰

郑若曾，见第0597条。

地理杂志。郑若曾自编文集，原书旧分《筹海图编》《江南经略》《四隩图论》等编，本各自为书。清康熙中，其五世孙起泓及子定远删汰重编为一帙，即为该书。是书包含《万里海防图论》《江防图考》《日本图纂》《朝鲜图说》《安南图说》《琉球图说》《海防一览图》《海运全图》《黄河图议》《苏松浮粮议》，为郑若曾襄赞胡宗宪平倭时所著。其江防、海防等资料皆为其目击，日本诸考亦皆咨访考究得其实际。

清康熙郑起泓、郑定远刻本，清抄本，民国二十一年陶风楼景印清康熙本。

1285

会稽记一卷／（南朝宋）孔灵符撰

孔灵符（？—465），会稽山阴（今属浙江省绍兴市）人。宋孝武帝时，历官侍中、辅国将军、会稽太守、南郡太守、郢州刺史、丹阳尹、吏部尚书。

地理杂志。原书久佚，今存内容系鲁迅等人于《艺文类聚》《初学记》《太平御览》诸书中辑出。载人物、山川、出产、古迹、陵墓及逸闻掌故等，记叙范围大致包括诸暨、剡县、余姚、鄞县、句章、始宁六县。

说郛本，会稽郡故书杂集本，汉唐地理书钞存本。

1286

刘道真钱塘记一卷／（南朝宋）刘道真撰，（清）王谟辑

刘道真，应为刘真道（？—443），彭城（今江苏省徐州市）人。宋元嘉十三年（436）为钱塘令，有美政，上嘉之，以真道为步兵校尉。翌年出为梁、南秦二州刺史。后率军讨平仇池，任雍州刺史。

王谟，见第1074条。

原书已佚，是浙江省最早的一部县志。

汉唐地理书钞本，汉唐地理书钞存本。

1287

钱塘记一卷／（南朝宋）刘道真撰，（清）王仁俊辑

刘道真，见第1286条。

王仁俊，见第0028条。

一作《钱塘县记》。

玉函山房辑佚书补编本。

1288

南越志一卷／（南朝宋）沈怀远撰

沈怀远，生卒年不详，吴兴武康（今浙江省德清县西）人。初为始兴王璇征北长流参军，因坐事徙广州，后官武康令。

地方志，为广东早期地方志书之佳作。是书为沈怀远徙广州时所作，原书八卷久佚。今有《说郛》《汉唐地理书抄》及严可均等辑本。南越，今广东地域。书中所载内容上起三代，下至东晋，包括异物、沿革、古迹、琐闻等。

说郛本，五朝小说本，五朝小说大观本，玉函山房辑佚书补编本，经籍佚文本。

1289

孙诜临海记一卷／（南朝齐）孙诜撰，（清）王谟辑

孙诜，生卒年不详，字休群，太原中都（今山西省太原市）人。官至御史中丞。

王谟，见第1074条。

地理杂志。原本久佚，今存残帙为清人所辑，记汉元鼎五年（前112）立都尉府，晋永和三年（347）立临海县，又记湖山、樊续屿、东女溪、白鹤山、湖、池、天台山、铜溪、夷洲（今台湾）等山岭湖溪二十余处，于其名称、沿革、古迹、轶闻掌故诸事亦有载述。

汉唐地理书钞本，汉唐地理书钞存本。

1290

北洋沿海岛屿志／（清）□□撰

地理杂志。记清末山东威海、烟台等地沿海岛屿史地的重要资料，对研究近代以来北中国海域海洋社会经济变迁具有十分重要的价值。

清末稿本。

1291

淡新凤三县简明总括图册／（清）□□辑

合辑清代淡水、新竹、凤山三县《简明总括图册》而成。清光绪十一年（1885），台湾巡抚刘铭传鉴于台湾民间隐田很多，奏准"量丈田亩、清查赋税"以增加收入，并以此建立土地制度。自光绪十二年至十八年（1886—1892），各县厅编制了土地清丈《简明总括图册》。

清光绪十二年至十八年清查编制 民国六年台湾总督府图书馆抄本。

1292

吉林舆地说略一卷／（清）□□编

据推断，是书应为吉林将军向朝廷呈报吉林省情的书奏总结，记述了吉林省城、宁古塔城、珲春城、伯都讷城、三姓城、阿勒楚喀城、拉林城、双城堡城及长春厅的治所、疆界、驿站、台卡及山川等内容。

清抄本。

1293

嘉义县舆图注说／（清）□□撰

嘉义县位于中国台湾南部嘉南平原的中央，原名诸罗。清雍正元年（1723）分为二县，虎尾溪以北为彰化县，以南为嘉义县。是书约撰于清同治年间，内容包括疆界、注说、道里、塘汛、番社、番屯、各处溪渡、驿站、街市、村庄等。

抄本。

1294

南沙纪事录一卷／（清）□□撰

清抄本。

1295

台州杂录一卷／（清）□□纂

清光绪稿本。

1296

台湾府舆图纂要／（清）□□撰

地理图说，一作《台湾府总

图纂要》。是书首为图说，阐绘图原则和具体画法。分疆域、山水、城池、衙署、营制、屯番、道里等八目，各目先府、后厅县，依次记叙。其中山、水、港、岛、城、社均列举地名、方位及距治所里程。

清抄本。

1297

台湾府总图纂要／（清）□□绘

一作《台湾府舆图纂要》。是图依次为台湾府，台湾、凤山、嘉义、彰化四县，淡水，噶玛兰、澎湖三厅，共八种舆图纂要，各种均含图、表、册、说，后三项为文字说明。其中表、册大体按疆域、坊里、山川、桥渡，城池、衙署、防汛、道里等目分别列叙。说则概括记述地方形势与险要。

稿本，抄本。

1298

营口杂志一卷／（清）□□撰

小方壶斋舆地丛钞本。

1299

浙江海岛表一卷／（清）□□编

清末石印本。

1300

浙江台州府地舆图说／（清）□□绘

台州府是浙江中部临海的重镇，东临大海，海路交通比陆路更为方便。是图上南下北，左东右西，防御形势一目了然。台州外围岛屿甚多，北至三门山，南至玉环山，形成岛链，天然环境利于盗匪盘踞，嘉庆年间海盗在此极为活跃。为了防止来自海上的入侵，在台州沿海设有烽台，同时还有沿袭明代卫所制度而来的卫城和所城。

清彩绘本。

1301

中华与各国分界疆域考一卷／（清）□□撰

清末抄本。

1302

海南杂著一卷／（清）蔡廷兰撰

蔡廷兰（1801—1859），字香祖，号秋园，台湾澎湖（今台湾省澎湖县）人。清道光十四年（1834）主讲台湾引心书院，又主讲崇文、文心二书院。二十四年（1844）进士，补江西峡江知县。

咸丰六年（1856）署丰城知县，倡办团练与太平军作战，保同知。曾助通判蒋镛辑刊《澎湖续编》。后人辑有《惕园古近体诗》《越南纪程》《炎荒纪略》等。

是书系蔡廷兰于清道光十五年（1835）秋至次年初夏，漂泊越南，陆行归国，于途中所著。全书共三篇，一篇为沧溟纪险，记叙作者洋中遇险，舟沉复起，九死一生的经过；二篇为炎荒纪程，记载登陆入越后受到优待，由广义，经顺化、河内，再经谅山，入南关，达广西的历程，备述沿途山川道里、城郭铺市、风土景物等；三篇为越南纪略，述越南历史沿革，阮朝开国之君嘉隆得国经过和阮朝的嘉隆（1802—1820）和明命（1820—1840）两朝的官制、考试、刑法等典章制度和民风习俗。

清道光十七年郁园刻本。

1303

沿江沿海水陆形要／（清）陈昌昙撰

陈昌昙（1847—?），字粒唐，一字仲瞿，号裔堂，湖南龙阳（今湖南省汉寿县）人。清光绪十五年（1889）进士。曾在四川任道员。著有《沿江沿海水陆形要》等。

清刻本。

1304

南越游记三卷／（清）陈徽言撰

陈徽言（？—1857），字炯斋，别号石宝子，剑川（今云南省剑川县）人。诸生，为国子监典籍，又以军功保举通判。父兄在外地做官，他自幼随其任所。清咸丰七年（1857）御太平军于江西东乡，力战阵殁。事闻，诏以道员例赐恤，入祀昭忠祠。著有《武昌纪事》《南越游记》。

笔记。清道光末年，陈徽言的长兄逝世，他入粤奔丧，后因滞留无事，于是把在广东的所见所闻撰成此书。是书主要简述广东山川、风土、物产、古迹、异闻等。

云南丛书本。

1305

香港杂记一卷／（清）陈镳勋撰

陈镳勋，生卒年不详，字晓云，南海（今属广东省佛山市）人。

晚清中文著述中第一部也是唯一一部记录香港史事的专著，全面展现19世纪香港与南九龙地区社会概貌。书中分地理形势、开港来历、国家政治、税饷度支、中西船务、中西商务、中西医所、民籍练兵、街道楼房、水道暗渠、华英书塾、港则琐言十二节。

清光绪二十年刻本，清香港中华印务总局铅印本。

1306

虎门炮台图说不分卷／（清）陈坤撰

陈坤（1821—?），字子厚，祖籍钱塘（今浙江省杭州市）。自幼便随祖父来到潮州，窘于举业，后来纳粟入官。清道光二十四年（1844）任大埔县典史，翌年转任海阳县典史。咸丰六年（1856）在海阳任县丞。九年（1859）署理大埔知县。同治元年（1862）升任潮阳知县，居潮州三十余年。著有《岭南杂事诗钞》。

军事著作，为清同治十二年（1873）陈坤收集到的道光时顾炳章承修虎门炮台的图文。是书以图画为主，辅以文字，介绍鸦片战争前后之虎门炮台的情况。内容包括从狮子洋至伶仃洋间的虎门地区和附近圩镇位置的总体图，大角、沙角、下横档岛、上横档岛、大虎山、巩固南、巩固北、蒲洲、水军寮、威远、镇远、靖远等炮台图，每图均有详细注说。

油印本。

1307

岭海异闻录／（清）陈坤辑

陈坤，见第1306条。

地理丛书。“岭海”包含今广东省、海南省、广西壮族自治区、福建省部分地区。是书所辑皆清人当时有关广东、广西域内地理、风情著述。收有张汝霖《澳门纪略》、姚柬之《连山绥瑶厅志》、张庆长《黎岐纪闻》等，另收陈坤自撰《治黎辑要》《虔镇图》。

清光绪刻本。

1308

治潮刍言一卷／（清）陈坤撰

陈坤，见第1306条。

陈坤自幼便随祖父来到潮州，清道光二十四年（1844）任大埔县典史，翌年转任海阳县典史，咸丰六年（1856）在海阳任县丞，咸丰九年（1859）署理大埔知县，同治元年（1862）升任潮阳知县。同治七年（1868），陈坤将其三十余载在潮学幕入吏、佐政为官的心得汇成《治潮刍言》，授诸后来之治潮者。

如不及斋丛书本。

1309

昆仑记一卷 /（清）陈伦炯撰

陈伦炯（1687—1751），字次安，号资斋，同安（今属福建省厦门市）人。承父荫被召为皇宫侍卫。清康熙六十年（1721），毛遂自荐镇压台湾朱一贵起义，因功授台湾南路参将。雍正元年（1723）升安平副将，次年调为台湾水师副将，任期内他积极修筑海岸，以保护安平城。四年（1726）升为台湾镇总兵。年轻时为水手，出海游历日本、波斯湾不下数十次，以所见所闻，著《海国闻见录》，记海外交通、水道航程、山川厄塞、风俗人情等，并指出旅顺、舟山、乍浦、虎门、金门、厦门等为重要良港，希望清廷予以重视。

一作《昆屯记》。是书介绍了南海中昆仑岛及其周围海域的情况。

清光绪三年上海著易堂铅印本，小方壶斋舆地丛钞本。

1310

昆屯记 /（清）陈伦炯撰

陈伦炯，见第 1309 条。

见“昆仑记”。

1311

南澳气记一卷 /（清）陈伦炯撰

陈伦炯，见第 1309 条。

广东地方志。是志约成于清雍正年间，主记中国南澳气（南海东沙群岛）的位置、形势及人文故实等。

小方壶斋舆地丛钞本。

1312

澄海县舆地图说 /（清）陈善圻编

陈善圻（1833—1889），郴州（今湖南省郴州市）人。曾任南海知县、嘉应知州等。清同治八年（1869）任南海知县时在西樵山创建三湖书院。魏源之婿，曾重刊魏源的《海国图志》并作序，编有《澄海县舆地图说》。

清抄本。

1313

吴郡地理志要一卷 /（清）崇辨蒙塾编辑

是书原为长洲（今属江苏省苏州市）陆甬庵所编，全书一卷十七章，介绍了苏州府及所属各县的地理形胜、物产等。

清光绪二十八年刻本。

1314

沪城备考六卷／（清）褚华撰

褚华，见第 0832 条。

又作《上海志备考》，原作《泽国纪闻》。褚华以清乾隆四十九年（1784）《上海县志》仓草多讹，依例参订，增核实、策要、杂记各一卷。是书于人物、古迹、水利、田赋、荒政诸门均有补正，尤以上海镇市舶司水道图、未筑城前古迹图以及其他宋元明上海地形数据，为学者所重。

清抄本，申报馆丛书本，上海掌故丛书第一集本。

1315

沪城备考三卷泽国纪闻五卷／（清）褚华撰

褚华，见第 0832 条。

清抄本。

1316

闽杂记十二卷／（清）褚华撰

褚华，见第 0832 条。

据考证该书作者实为施鸿保，误著录为褚华，见（清）施鸿保撰《闽杂记》。

申报馆丛书本。

1317

营口杂记一卷／（清）褚仁安撰

褚仁安，生卒年不详，海宁（今浙江省海宁市）人。

游记。是书记辽宁营口地理、风俗、民情等多方面情况，故以“杂”名。首记位置及因与各国通商而“变沙漠为繁盛”之历史变迁。其次分条记营口气候特点、居民生活、物产及四方交通等。

申报馆丛书本，小方壶斋舆地丛钞本。

1318

波罗外纪八卷／（清）崔弼辑

崔弼（1747—1835），字积匡、鼎来升束，番禺（今属广东省广州市）人。清嘉庆六年（1801）举人。一生酷爱研究植物，誉满岭南。著有《珍帚篇》《波罗外纪》《游宁草》《两粤水经注》等。

是书目录分神灵、庙境、法物、遗荫、年表、碑牒、文赋、诗歌八门，每门一卷。其中年表纪事迄于清嘉庆五年（1800）。其《波罗全图》是最早记录虎门珠江口至黄埔鱼珠的古珠江地图，图中绘出了虎门、古波罗庙、鱼珠古码头的全貌。

清嘉庆九年刻本，清嘉庆九年刻光绪八年博陵崔氏修补印本。

1319

地志便览二卷／(清)崔暕撰绘

崔暕（1833—1903），字晦贞，一字启晦，号真史，宁乡（今湖南省宁乡县）人。清同治元年（1862）举人，历官永宁、黄平、怀仁知县。遭谗去职，后入左宗棠幕，保运同衔。晚年居常德。

地理图说。是书按京师、盛京、直隶、山东、江苏、浙江、福建、广东、广西等二十省城，分叙其疆域、文武职官、兵额、赋税、关权。且按府、州详载其形势、土产及下属各县。

清咸丰十年崔氏守真道斋刻本，清咸丰十一年刻本。

1320

蠡测汇钞一卷／(清)邓传安撰

邓传安（1775—1846），字鹿耕，号盱原，又作菽原，浮梁（今江西省浮梁县）人。清嘉庆十年（1805）进士。历官罗源、武平、闽县知县。道光二年（1822）入台，先后担任鹿仔港海防同知、北路理番同知、台湾知府、分巡台湾兵备道等职。

地理杂志。邓传安官台湾十余年，览其山川形势、民俗土风，得文三十三篇，于清道光十年（1830）汇编付梓。其中，《台湾番社纪略》《番俗近古说》等篇记其少数民族分布及习俗。《明鲁王渡台辨》《海外寓贤考》诸篇记明鲁王渡台及历年由大陆至台寓贤简况，另对农民起义、民事案件、土地纠纷、民族关系及山水风光、海峡风浪等亦有载述。

清道光十年刻本，豫章丛书本，丛书集成初编本。

1321

岭南丛述六十卷／(清)邓淳辑

邓淳（1776—1850），字粹如，号朴庵，东莞（今广东省东莞市）人。清嘉庆二十年（1815）奉两广总督阮元之命，写成《东莞县草志》。道光元年（1821）举孝廉方正。十三年（1833），粤督卢坤聘其主持龙溪书院。林则徐督粤后，邓曾条陈禁烟平英诸策。编有《岭南丛述》《宝安诗正》《主一斋随笔》《家范辑要》《粤东名儒言行录》《朴庵存稿》《家谱》等。

百科全书式地方性记述文献。邓淳曾担任《广东通志》分校，得以摘录资料分类编成该书。是书包含天文、岁时、舆地、水道、武备、人事、百花、草木、飞禽、走兽、鳞介、昆虫、语蛮、靖氛等内容。

清道光十年刻本，清道光十五年赖氏刻本。

1322

苏省舆地图说不分卷／（清）丁日昌修，（清）褚成绩等纂

丁日昌，见第0488条。

褚成绩，生平事迹不详。

是书有图四十二幅、图说四十二篇、疆域表一、北极道里表一、府州干路册五、海塘江岸黄浦太湖册五。图成于太平天国平定之后，山川水道之变迁、营汛名物之兴废，亦能以“新”“旧”标注。

清同治七年刻本，清同治刻本。

1323

治台必告录八卷／（清）丁日健辑

丁日健，生卒年不详，原名葆垣，字述安，怀宁（今安徽省怀宁县）人，寄籍顺天。清道光十五年（1835）举人，被派往福建任官。咸丰四年（1854）任台湾府淡水同知，后调任嘉义县，加知府衔，不久因军功赏加道衔。同治二年（1863）任台湾兵备道，加按察使衔，会办军务，曾参与镇压台湾黄位、戴潮春起义。

丁日健将福建巡抚徐宗干所辑《治台必告录》、自著《平台药言》等篇，及在台所上折奏编成《治台必告录》。是书收蓝鼎元、魏源、谢金銮、邓传安、周凯、姚莹、达洪阿、刘韵珂、熊一本、仝卜年、史密、徐宗干及自己有关台湾的文、疏、纪、论等，作为对以后治理台湾的借鉴。包含蓝鼎元《鹿洲文集》、魏源《圣武纪略》、谢金銮《蛤仔难纪略》、邓传安《蠡测汇钞》、周凯《内自讼斋文集》、姚莹《东溟文集》《东槎纪略》、达洪阿等《防夷奏疏》、刘韵珂《奏开番地疏》、熊一本《条复筹办番社议》、仝卜年《上刘玉坡制军论台湾时事书》、史密《筹办番社议》、徐宗干《斯未信斋存稿》《斯未信斋文集》等。

清同治六年知足知止园刻本。

1324

东瀛识略八卷／（清）丁绍仪撰

丁绍仪，见第0238条。

杂记。丁绍仪于清道光二十七年（1847）秋渡台，曾在台湾道仝卜年幕下襄理度支，稽核文册。其间，广猎台湾典籍，遂将“台

事之堪资谈助者，入目经耳，辄笔识之”，并附所见，成此书。内容包括建制、疆域、粮课、税饷、学校、习尚、营制、屯隘、海防、物产、番社、番俗、奇异、兵燹、遗闻、外纪等。

清同治十二年福州吴玉田刻本。

1325

城北天后宫志一卷／（清）丁午撰

丁午（？—1880），字奚生、颐生，钱塘（今浙江省杭州市）人。杭州八千卷楼藏书楼主人丁丙之从弟，曾参与丁丙补抄文澜阁《四库全书》。

一作《天后宫志》。天后，传为水神，北宋雍熙四年（987）升化，常往来于海上，多显灵迹。自南宋、元、明至清，朝廷迭有封赐。明初命修祠宇，至清代军营漕运之所、江海河汉之滨，悉有天后（妃）宫以崇奉之，今闽、粤、港、澳、台亦有称妈祖庙者。杭州孩儿巷天妃宫，于元代初建，至清同治间已五百余年，迭遭兴废，后经重修，丁申为撰《重修天后宫碑记》。天后宫原本无志，丁午收集有关志乘，辑成该书，因宫在杭城之北，亦称《城北天后宫志》。

清光绪七年钱塘丁氏刻本。

1326

台海见闻录二卷／（清）董天工撰

董天工（1703—1771），字村六，号典斋，崇安县曹墩（今属福建省武夷山市星村镇曹墩村）人。清雍正元年（1723）拔贡，历官台湾彰化教谕，福建宁德、河北新化县司铎，山东观城、河北香河县令，安徽池州知府。编有《台湾见闻录》《武夷山志》。

见“台海见闻录四卷”。

清抄本。

1327

台海见闻录四卷／（清）董天工撰

董天工，见第1326条。

是书卷一为山川、建置、官制、营制、武备、船政、田赋、户丁、盐课、水陆饷、官庄；卷二为汉俗、番俗、台卉、果、木、草、禽、兽、麟等。原书共四卷，三、四卷已佚。时人评此书“较之台湾郡志暨图考、笔谈诸书，尤为详核”，被研究台湾文学史的学者视为台湾风土笔记中的佳作。

清乾隆十六年琢玉轩刻本。

1328

厦门港纪事不分卷／（清）窦振彪撰

窦振彪（1785—1850），字升堂，遂溪硇洲（今属湛江市郊）人。早年从戎，清嘉庆十九年（1814）因功升为广东水师千总、水师提标中军守备。后历官海口协中军都司、广海寨游击、水师提标中军参将、海口协副将、琼州总兵、金门镇总兵等。任金门总兵期间因镇压台湾嘉义县张丙等人的起义有功赏戴花翎。又率军奋力清剿福建沿海的盗匪、武装走私贩子，“日夜在洋巡哨，先后获洋盗以千计”。道光二十年（1840）率部在金门水域抗击入侵英军，次年春接任广东水师提督，旋改任福建水师提督，加振威将军衔，驻防厦门。卒，武襄，赠太子太保。

海防地理专著。是书“言沿山海诸山之状及沙浅风暴，南起琼州，北尽金门，无不备载”。

清三千客斋抄本。

1329

海壖图志论说／（清）范葆真撰

范葆真，生卒年不详，字实庵，滋阳（今属山东省济宁市）人。清光绪年间副贡，曾入杨春舫军幕。

存佚不详。

1330

吴疆域图说三卷／（清）范本礼撰

范本礼（1854—1894），字荔泉，自号涤新，上海（今上海市）人。十五岁时入龙门书院，精研性理，并习经史、舆地、掌故、算术。清光绪四年（1878）任正蒙书院教授，十四年（1888）以优贡考取教职，寻入江南制造总局翻译馆工作。邵友濂任台湾巡抚时，聘吴襄理幕事。著有《吴疆域图说》《汉令长考》《陆战新法》《师曾室文集》等。

南菁书院丛书本。

1331

粤中见闻三十五卷附纪一卷／（清）范端昂辑

范端昂，生卒年不详，字吕男，三水（今属广东省佛山市）人。出身仕宦之家，曾候选州同，仕途不畅，一生主要精力花在研经、讲学和著作上。

是书为作者晚年之作，记述广东农业、手工业、生活习俗等，分天部、地部、人部、物部四大部类，每部又细分条目。内容包含日、月、气候、时序、南海神庙、鳄溪、丘文庄、蛋人、大洲龙船、素馨花、荔枝、五色雀、白蜡虫等，另记录大量民间谚谣歌曲、故事传说。

清乾隆四十二年一泓轩刻本，清嘉庆六年同安木活字印本。

1332

福建考略一卷／龚柴撰

龚柴，见第1120条。

地理考证著作。是书成于清同治末至光绪初，主要考证福建历史沿革、山水、古迹、人物和物产等。

小方壶斋舆地丛钞本。

1333

广东考略一卷／龚柴撰

龚柴，见第1120条。

地理考证著作。是书主考广东历史、山水、古迹、人物和物产等，记事止清光绪二年（1876）。其中物产有银、铜、铁、锡、鱼盐、蜃蛤、玳瑁、石斛、丁香、沉香、蚺蛇、九孔螺等。

小方壶斋舆地丛钞本。

1334

江苏考略一卷／龚柴撰

龚柴，见第1120条。

地理考证著作。是书首记江苏形势。次考地理沿革，江宁、苏州二府及山水故实，人文古迹，物产等。

小方壶斋舆地丛钞本。

1335

山东考略一卷／龚柴撰

龚柴，见第1120条。

地理考证著作。是书主考山东历史、山水、古迹、人物和物产等。

小方壶斋舆地丛钞本。

1336

浙江考略一卷／龚柴撰

龚柴，见第1120条。

地理考证著作。是书主考浙江历史、山水、古迹、人物和物产等。

小方壶斋舆地丛钞本。

1337

潮灾纪略一卷／（清）古虞野史氏撰

古虞野史氏，生平事迹不详。

是书记清康熙三十五年（1696）六月初一、雍正二年甲辰（1724）七月十七、十八两日常熟潮灾发生时的气象征候及灾情，是珍贵的气象水文史料。

海虞杂志二十五种本，虞阳说苑本。

1338

山东考古录二卷／（清）顾炎武撰

顾炎武，见第0125条。

地理著作。是书涉及山东政区、历史地理等，范围很广，并在着意勘察前人地理著作之误基础上，力辟新说。

清道光晁氏活字印本。

1339

莆田史谈／（清）关陈谟撰

关陈谟，见第0247条。

存佚不详。

1340

闽产录异六卷／（清）郭柏苍撰

郭柏苍（1815—1890），又名弥苞，字蒹秋、青郎，侯官（今属福建省福州市）人。清道光二十年（1840）举人。曾任县学训导，捐资为内阁中书，长期里居，承揽盐税。家资富有，热心公益，修建学校、祠堂、义山、义祠、普济堂。咸丰七年（1857），因办福州团练得力，授主事，赏员外郎衔。同治五年（1866）主持修建福州南城，疏浚城濠，浚通三元沟、七星沟。光绪三年（1877）疏浚怀安、洪塘、濂浦诸河。对福建山川、风土、物产、人文、史迹等都有研究，曾深入沿海各地收集海产资源资料，考证编著《海错百一录》，著《闽产录异》记福建土特产、动植物和矿产等。另编著有《乌石山志》《竹间十日话》《三元沟始末》《新港开塞论》《福州浚湖事略》《闽会水利故》《鄂跗草堂诗集》《柳湄小榭诗集》《全闽明诗传》等。

是书全面记述福建省（1885年之前，台湾为福建的一个府）地方自然资源及特产的笔记。是书分谷货、蔬果药、木竹藤、花草、毛羽、鳞虫六卷，记述今福建、台湾两省一千五百种地方物产的地域分布、性状特征、实用价值等状况，对部分物产的来源、产销、掌故等内容做了介绍，还引用了古籍、民谚和方言对某些物产加以佐证。

郭氏丛刻本。

1341

台阳杂咏一卷／（清）何澄撰

何澄（？—1888），字心伯，号竞山，山阴（今属浙江省绍兴市）

人。清廪贡生，拜福建候补同知。集有《古今金石诗录》《续画人姓氏录》《字辨》《师友小纪》《篆汇》《思古斋随笔》《思古斋诗文集》。

清光绪元年（1875），福建巡抚王凯泰视事台湾，何竞山随行办理文案；次年福建巡抚丁日昌兼理台湾学政，又留他继续任职。是书为何澄在台任职期间与人唱和之作。

台湾杂咏合刻本。

1342

库叶附近诸岛考一卷／（清）何秋涛撰

何秋涛，见第1078条。

是书依次考证库页岛方域水道、各山、沿革、地形物产和贡献，以及混同江口海中各岛、库叶以西海中各小岛、宁古塔所属海中各岛。

小方壶斋舆地丛钞本。

1343

乾隆府厅州县图志五十卷／（清）洪亮吉撰

洪亮吉，见第1136条。

地理图说。是书正文依次为京师、顺天府、兴京、盛京、奉天府、直隶、江宁、江苏、山东、浙江、福建、广东、广西等诸布政使，牧厂、新疆、外藩、朝贡诸国等篇。每篇均有全图、众水归合表，地图分冠各布政使之首。分府（厅）、县（州）二级记述，府载人丁数、地理沿革、府境、八到、土贡、领县。县载距府治里程、辖境城镇、疆域变迁、自然形胜、境内山脉河流。朝贡诸国按东南西北分载，各国均记通贡、国境、四至。

北江全集本，清嘉庆刻本，洪北江全集本，清光绪二十三年新化三味书室刻本。

1344

瓯乘拾遗二卷／（清）洪守一撰

洪守一（1769—1860），字灌亭，又字贯之，号钝人，又号后河居士，祖籍歙县（今安徽省歙县），明崇祯间其祖先商贾到瑞安，遂为瑞安人。清乾隆五十三年（1787）入泮，淡于仕进，潜心著述。兴办公益时挥金如土，却自奉俭朴，所居五间平屋甚为简陋，安之若素。因捐输巨万，兴修温瑞塘河，议叙奏加六品衔义士。

地理杂志。清嘉庆十三年（1808）分修邑志，洪守一披览历史资料，把有关温州掌故记录下来，积五十年而成此书，补志乘不备。是书分山川、水利、物产、职官、人物、古迹、冢墓、寺观、仙释、经籍、艺文、祥异、杂记、续增等门，所补内容止于道光朝。

清道光三十年刻本。

1345

临海记一卷／（清）洪颐煊辑

洪颐煊（1765—1833），字旌贤，号筠轩，晚号倦舫老人，临海（今浙江省临海市）人。清嘉庆六年（1801）拔贡，官广东新兴知县。阮元督粤时，曾延致其入幕府。是清代台州最大的收藏家，计有各种典籍三万余卷，历代碑版二千余通，钟鼎彝器、法书名画皆数以千计。著有《礼经宫室答问》《孔子三朝记》《读书丛录》《平津馆读碑记》《孝经郑注补证》《尚书洪范五行纪论》《经典集林》《诸史考异》《汉志水道疏证》《郑康成年谱》《台州札记》《校正竹书纪年》等。

问经堂丛书本，台州丛书本，经典集林本。

1346

台州札记十二卷／（清）洪颐煊撰

洪颐煊，见第1345条。

地理杂志。洪颐煊为使后世修志者有所取材，择宋、元以前足补郡志之缺者，编为此书。是书考城池、山、桥、物产、人物、旧籍、湖、阁、堂、制度、灾祥、书院等三百余条。其中夷州条载吴大将卫温率兵达台湾及台湾距大陆里数、风俗、地理环境等。临海造船所条记三国时即于临海造船，可补正史、地志载述之不足。

传经堂丛书本，抄本。

1347

东陲道里形势一卷／（清）胡传撰

胡传，即胡铁花（1841—1895），又名传，字守三，号钝夫，绩溪（今安徽省宣城市绩溪县）人。入龙门书院读书，五次应试皆不中。清光绪七年（1881）至宁古塔（今黑龙江省宁安市），跋山涉水察看边疆、隘口，考证修正东北舆地图之谬误，撰写东北地形、山脉河流、道路和关隘等文章。吴大澂上疏荐为知县，继擢抚民府同知。应两广总督张之洞之命，勘察琼州，遍历海南各州。十四年（1888）黄河决口，应河督吴大澂之召襄赞治河，累拜知州、知府，分发江苏候补。十八年（1892）赴台湾任营务总巡，后任台东直隶州知州兼统镇海后军。二十年（1894）中日战争爆发，拒受清廷文武官员撤退内渡诏令，遣妻儿归乡，应总兵刘永福私约，留守抗日。后病逝于厦门。

小方壶斋舆地丛钞本。

1348

吴郡通典五卷／（清）许克勤撰

许克勤（1854—1901），字澡身，号勉甫，海宁（今浙江省海宁市）人。清廪贡生。著有《周易日记》《经义杂识》《论语古注集笺补正》《十三经古注》《方舆韵考》《方言校》。

是书以潘敦先撰《吴郡通典》为范本加以补充而成，尤详于明代诸事。卷首为《吴郡古今沿革表》，列出秦、汉、三国吴、晋、宋、齐、梁、陈、隋、唐、五代、宋、元、明、国朝（清）各个时期的建置沿革情况。其次为《历代吴郡沿革全图》，自《秦会稽郡图》始，至《明苏州府图》止，共十一图。以下叙上古至明代吴郡大事并记各朝户口田亩等数字，卷末有光绪十六年庚寅许克勤跋，述其著作经过情况甚详。

清光绪十六年稿本。

1349

台湾生熟番纪事一卷／（清）黄逢昶撰

黄逢昶，生卒年不详，字晓墀，湘阴（今湖南省湘阴县）人。曾游历北京、江苏、浙江、福建各地。清光绪初赴台北府任职，先后在台任职十余年，遍访台湾南北各地，对台湾山川、地貌、资源、物产、人情、风情刻意访求。

是书记高山番（生番）和平埔番（熟番）的社会组织、生产方式、生活习惯以及清廷在当地的政府机构对高山番和平埔番的统治情况等。

清光绪十一年刻本，抄本。

1350

台湾杂记一卷／（清）黄逢昶辑

黄逢昶，见第1349条。

黄逢昶对台湾山川地貌、资源物产、人情风俗刻意访求，以竹枝词的形式予以记录。清光绪十一年（1885）将其所作竹枝词百余首及治台策论两篇、台湾记事略一篇合辑为此书。其中两篇策论分别为《福建巡抚岑毓英抚番禀》和《驱寇论》，《台湾记事略》是黄逢昶根据亲身考察而作的关于台湾山川、道路、民情、历史的综合记述，实为是一部小型方志。

清光绪十一年福州吴玉田刻本，清光绪抄本。

1351

续莆阳比事□卷／（清）黄海撰

黄海，生卒年不详，字南若，号鲸涛，莆田（今福建省莆田市）人。清雍正十三年（1735）拔贡生，官西隆知州。著有《续莆阳比事》《鲸涛文集》。

是书仿李俊甫《莆阳比事》体记明代事。

稿本。

1352

台海使槎录八卷／（清）黄叔璥撰

黄叔璥（1666—1742），字玉圃，号笃斋，顺天大兴（今属北京市）人。清康熙四十八年（1709）进士。由户部主事迁吏部员外郎，擢御史。六十一年（1722）成为首任台湾巡察御史。乾隆初起河南开归道，调驿盐道。著有《近思录集注》《南台旧闻》《广字义》等。

一作《台湾使槎录》，台湾史地风俗杂记。黄叔璥在台湾期间搜采旧籍记载，参以亲身见闻撰成此书。是书卷一至卷四为赤嵌笔谈，杂记台湾地形、气候、潮汐、水程、城堡、风土、灾异及郑成功抗清、朱一贵起义等事。卷五至卷七为番俗六考。卷八为番俗杂记，多记台湾民情风俗、物产，尤详记土著少数民族习俗。

清雍正二年北平黄氏刻本，清乾隆刻本，清光绪五年谦德堂刻本，畿辅丛书本，四库全书本。

1353

台湾使槎录一卷／（清）黄叔璥撰

黄叔璥，见第1352条。

见“台海使槎录八卷”。

舟车所至本，小方壶斋舆地丛钞本。

1354

皇朝沿海图说一卷／（清）黄维煊绘

黄维煊（1828—1873），字子穆，号洁如，鄞县（今属浙江省宁波市）人。其父早亡后，放弃举业，投身海上贸易，“驾舟穷绝域之奇，历琉球、日本”。后因参与镇压太平军而入仕。清咸同间累官同知、知府，加道衔补台防同知。关心时事，精习西法及其语言文字，曾著《洋务管见》，又将沿海险要烂熟胸中，著有《皇朝沿海图说》。另著有《丞台浅言》《怡善堂誊稿》《怡善堂书目》等。

清光绪七年上海点石斋石印本。

1355

闽杂记二卷／（清）黄锡蕃撰

黄锡蕃（1761—1851），字晋康，号椒升，海盐（今浙江省海盐县）人。篆刻家。著有《续古印式》《闽中书画录》《闽杂记》《闽中录异》《刻碑姓名录》等。

黄椒升遗书本。

1356

台湾杂记一卷／（清）季麒光撰

季麒光（1634—1702），榜姓郑，一作姓赵，字圣昭，一作蓉川，无锡（今江苏省无锡市）人。清康熙十五年（1676）进士。二十三年（1684）台湾设府，辖诸罗、台湾、凤山三县，由福建闽清县令简调赴台，任诸罗县首任县令。著有《台湾杂记》《蓉洲诗文稿》《海外集》《番俗纪略》《凤台说》等。

小方壶斋舆地丛钞本。

1357

江苏全省五里方舆图并图说不分卷／（清）江宁舆图局测绘

全书图九册，图说二册。图说首有同治七年（1868）闰四月初三日曾国藩、丁日昌二人联名具奏《遵旨绘造江苏全省舆图一律告成恭进折》。图说前有丁日昌序及舆图凡例十则，而府州县各有概说，与图相辅而行。

清同治刻本。

1358

江苏全省舆地图说不分卷／（清）江宁舆图局编绘

见“苏省舆地图说不分卷”。

清同治刻本。

1359

盐城物产表／（清）蒋黼撰

蒋黼（1866—1911），又名斧，字伯斧，吴县（今属江苏省苏州市）人。近代篆刻家。清光绪二十二年（1896）与罗振玉同创农学社于上海，编刊《农学报》。清末任教于北京大学。

是书先介绍盐城的地理，后将盐城物产分为谷类、蔬类、果类、草木类、动物类、水产类、制造类七类，并分别列举其品种。

清光绪江南总农会石印本。

1360

海曲方域小志一卷／（清）金榜撰

金榜（1735—1801），字蕊中，一字辅之，号檠斋，歙县（今安徽省歙县）人。清乾隆二十九年（1764）高宗南巡时召试举人，授内阁中书、军机处行走。三十七年（1772）状元，授翰林院修撰，曾任山西省乡试、京都会试副主考官。外祖卒，服丧不出，专事读书著述。著有《礼笺》《周易考占》《海曲拾遗》。

是书内容包含山（山、岗、峰、岩、崖、石）、水（河、潭、沟、湾、洲、港）、街市、园第（园、楼、轩、亭、阁、堂、院、书屋）等。南通濒临大海，历史上海岸线变化很大，篇中对此曾有所反映，如概述的“变沧为桑”，北溟山“今没于海”的记述等。

清光绪三年上海著易堂铅印本。

1361

赤溪杂志二卷／（清）金武祥纂

金武祥（1841—1924），原名金则仁，字溎生，号粟香、菽乡、陶庐，别署一斤山人，江阴（今江苏省江阴市）人。清光绪五年（1879）捐班于广东候补，署赤溪直隶厅同知。著有《冰泉唱和集》《霞城唱和集》《陶庐杂忆》《粟香室随笔》《粟香室文稿》《赤溪杂志》等。

是志记录有赤溪与澳门间的航路及贸易情况，并详细记录了沙田围垦、渔业和海岛情况。

清光绪十七年刻本。

1362

台湾番社考一卷／（清）邝其照撰

邝其照（1836—1901），字蓉阶，一字容阶，号全福，新宁（今广东省台山市）人。曾就读于香港中央书院（今皇仁书院）。之后在香港开了数年药店并赴澳大利亚经营草药的运输生意。五年后进入清廷的民政部门担任官职，曾经授命官派两次环游全球旅行。回国后参与清廷官费留美幼童的派遣活动，任职于幼童出洋肄业局教授英语。光绪二年（1876）参加费城世界博览会并获美国总统格兰特接见。曾创办《广报》《中西日报》，著有《中外年表》《英语汇腋》《英文成语》《地球说略》《应酬宝笈》《华英字典集成》《五大州舆地户口物产表》等。

民族地理著作。是书主要记述台湾少数民族居住环境、风土人情。记土番二种，一曰平埔生番，居濒海种稻、茶，以捕鱼为业，亦有纺织耕耨者。一曰岩穴生番，以兽皮树叶为衣，野居草食，不事农桑。详记彰化、崇爻等地番社十七处，述其至各社水陆里程、人口情况，及其婚丧习俗、衣食住行等。

小方壶斋舆地丛钞本。

1363

东征杂记一卷／（清）蓝鼎元撰

蓝鼎元，见第0283条。

小方壶斋舆地丛钞本。

1364

琼州记一卷／（清）蓝鼎元撰

蓝鼎元，见第0283条。

是书记述海南岛的山川海防、民情风俗等。

小方壶斋舆地丛钞本。

1365

南越笔记十六卷／（清）李调元撰

李调元（1734—1803），字羹堂，号雨村、童山、墨庄、鹤洲、赞庵、澄斋、蠢翁、卧雪山人等，罗江（今四川省罗江县）人。清乾隆二十八年（1763）进士。历官广东学政、直隶通永兵备道。四十七年（1782）因与永平知府互讦落职。后归家赡母，不复出。

风土地理类笔记。李调元于清乾隆三十九年（1774）任广东乡试主考官，四十二年（1777）又出任广东学政，得以遍游广东各地，以实地所见，写成这部地理笔记著作。是书卷一记粤东气候等三十四条。卷四记神与庙，有罗浮君、南海神、冼夫人庙等二十八条。卷六记物产，有雌雄钟、西洋铜镜、太平粤海关、十三行、琼州席等三十七条。卷七记民族，有马人、黑人、徭人、黎人、诸蕃等八条。卷十记鱼类，有海市、怪鱼、乌贼等二十一条。卷十一记鱼虫，有蚝、河豚、牡蛎、蚌、穿山甲、银鱼等二十条。

函海本，丛书集成初编本。

1366

南越笔记一卷／（清）李调元撰

李调元，见第1365条。

小方壶斋舆地丛钞本。

1367

粤东笔记十六卷 / （清）李调元撰

李调元，见第1365条。

是书卷一记广东风土人情、节令集会，卷二至卷四记广东名山大川和神衹，卷五至卷六记广东物产，卷七记少数民族，卷八至卷十二记鸟兽虫鱼，卷十三记植物水果，卷十四至十五记花草，卷十六记糖、茶、杂物。

清乾隆四十二年萃精堂刻本，民国四年上海会文堂石印本。

1368

灰画集二十卷 / （清）李培编

李培（1672—?），字益溪，直隶蠡吾（今河北省博野县）人。布衣出身，毕生致力于军事地理研究，对《读史方舆纪要》等军事地理著作进行了深入的钻研。康熙间，就职于忻州祝振南署中，朝夕与张文升促膝讲地理，雍正四年（1726）归乡教书，开始整理平生研究成果，于六年（1728）纂成《灰画集》。

地理杂志。是书分边腹总论，北直隶、南直隶、盛京、山东等十六京省，秦边纪略十八纲。边腹总论总述上起虞之十二州，下迄当时区划等历代疆域沿革、民族关系、朝政兴衰与战争、名山大川及关隘等。诸京省分述各京省之地理区划沿革、山川形胜、民族风俗、历史人物古迹、交通物产、水利建筑、城池兴废等。

清抄本。

1369

澳门形势论一卷 / （清）李受彤撰

李受彤，字燕伯，又作彦伯，临桂（今属广西壮族自治区桂林市）人。举人，清光绪十二年（1886）知钦州事。十四年（1888）钦州改直隶州，李受彤升补直隶州知州。曾任中越边界定界委员。著有《良贵录》《澳门形势论》等。

小方壶斋舆地丛钞本。

1370

雷州记一卷 / （清）李廷棨撰

李廷棨（1789—1849），字戟门，又字星垣，号莩村，章丘（今属山东省济南市）人。清道光八年（1828）举人，翌年进士。历官直隶新城、玉田、宛平知县和深州知州。二十一年（1841）授广州知府，翌年改任雷州知府，升湖北荆宜施道。后调任直隶霸昌道，擢顺天府尹，以道员用。二十七年（1847）授直隶通永道。著有《纫香草堂诗余》《国朝山左诗汇钞》。

是书为作者于清道光二十二年（1842）八月至九月补雷州（今广东海康）府知府时所著。全书以游记随笔形式写成，记述雷州历史山川、语言风俗、物产胜迹。

稿本。

1371

海疆要录／（清）李廷钰撰

李廷钰，见第0847条。

见《海疆要略必究》。

1372

海疆要略必究／（清）李廷钰撰

李廷钰，见第0847条。

是书记录东南沿海的海疆概况。全书分三部分，第一部分“抛船行船各埯礁辨水辨”，记录自琼州海口至杭州湾外沿途各可供寄碇抛船的港湾岛澳形势，包括礁石沙汕之方位、行船抛船之水深、进港出港之路线等。第二部分“各埯礁辨”，记录自厦门澳头至宁波镇海沿途各主要港湾水道的形势与航线。第三部分则收录了若干条我国沿海海域的航线“针路”，详细记载这些航线的开船地、航向、航程、水深、到达地等信息。该书于清咸丰六年（1856）由李廷钰自校刊刻并撰序，然原刻本已佚。《同安县志·艺文》著录为《七省海疆纪程》，《厦门市志·艺文志》著录为《海疆要录》。

清咸丰六年李氏刻本。

1373

七省海疆纪程／（清）李廷钰撰

李廷钰，见第0847条。

见“海疆要略必究”。

1374

圜海图考四卷／（清）李锡书撰

李锡书（1756—1830），字洪九，号见庵，静乐（今山西省静乐县）人。清乾隆四十四年（1779）举人，五十五年（1790）进士。选授汶川令，历署蒲江、大邑、蓬州，三充蜀闱同考官，以同知升用，假居成都。著有《四书臆说》《周史集成》《锦官杂录》

《河洛周官图说》《释地》《释星》《圜海图考》等。

是书分关东、南海、北口、西域、西藏、西洋六部分，有关东图、南海图、北口图（四幅）、西域图、西藏图、西洋图、各地图、海内全图、各国图（二幅），共十三幅。

清嘉庆二十一年蘽石山房刻本，见庵锦官录八种本。

1375

广东全省海图总说不分卷／（清）廖廷相撰

廖廷相（1842—1897），字子亮，又字泽群，南海（今属广东省佛山市）人。清光绪二年（1876）进士，改翰林院庶吉士，授编修，充国史馆协修。假归后不复出，历任水陆师学堂总办、惠济义仓总理、南海保良局总理、金山书院山长、羊城书院山长、应元书院山长、广雅书院山长，又任学海堂和菊坡精舍学长十余年。广东英俊之士，多出其门下。粤督张之洞开广雅书局刊群籍，廷相总司校集。著有《三礼表》《粤东水道分合表》《顺天人物志》《经说》《韵学》《诸史札记》《金石考略》等。

清抄本。

1376

广东舆地图说十四卷首一卷附舆地全图不分卷／（清）廖廷相、杨士让撰

廖廷相，见第1375条。

杨士让，生平事迹不详。

是书中有广东水师营的海上巡防路线。

清宣统元年广东参谋处铅印本。

1377

清初海疆图说不分卷/（清）俞正燮撰

俞正燮（1775—1840），字理初，黟县（今安徽省黟县）人。清道光举人。熟悉水文，关心水利，曾与治河名臣黎世序编辑《续行水金鉴》。著有《癸巳类稿》《癸巳存稿》《四养斋诗稿》《高家堰记》，纂有嘉庆《黟县志》《两湖通志》。批校有《六臣注文选》《礼记集说》《读史方舆纪要》等。

是书为清初叶七省海疆与台湾、澎湖诸岛屿的图说，并冠有三篇总论。原书为抄本，成书于雍正初年，分订上、上、下三册，现藏（台湾）中央研究院历史语言研究

所。编次失序，首为台湾图说，次为澎湖海图说，余为浙江海图说、江南海图说、京师二东海图说、七省海疆总论、天下地舆总论、天下海疆总论、粤东海图说，及福建海图说等篇。

清抄本。

1378

澎湖纪略一卷 /（清）林谦光撰

林谦光，生卒年不详，字道牧，号芝楣，别署谏亭，长乐（今福建省长乐市）人。清康熙十一年（1672）副贡生。十九年（1680）授福建政和县教谕，后出任延平府学教授。二十二年（1683），清廷收复台湾并在台湾设府。调任台湾府学教授，为清朝在台湾设府后第一个府学教授。后历官桐乡县、分宜县知县。

小方壶斋舆地丛钞本。

1379

台湾纪略一卷 /（清）林谦光撰

林谦光，见第1377条。

即《台湾府纪略》。

说铃本，龙威秘书本，小方壶斋舆地丛钞本，丛书集成初编本。

1380

台湾纪略一卷附台湾杂记一卷 /（清）林谦光撰，（台湾杂记）（清）季麒光撰

林谦光，见第1377条。

季麒光，见第1356条。

《台湾杂记》记有金山、火山、水沙连、淖泥岛、暗洋、黑水沟等内容。

边舆纪略汇钞本。

1381

启东录六卷 /（清）林寿图撰

林寿图（1809—1885），初名英奇，字恭三，又字颖叔，别署黄鹄山人，闽县（今属福建省福州市）人。清道光二十三年（1843）举人，二十五年（1845）进士，官工部主事。咸丰二年（1852）考取军机章京，任帮办总章京，历充实录馆收掌、纂修、协修兼提调、虞衡司主事、员外郎、工部两窑厂监督、分校礼闱。后历官山东道监察御史、礼部给事中兼署兵部给事中、浙江道监察御史、顺天府尹、山西布政使。后被免职，主讲钟山书院。光绪七年（1881）返榕，主讲鳌峰、致用书院。十年（1884）任团练大臣，赏给四品顶

戴。著有《春秋浅说》《论语证故》《两晋六朝文类纂》等。

民族史书。是书卷一为肃慎、夫余、挹娄、三韩、勿吉、百济。卷二为新罗、靺鞨、渤海、完颜、建州。卷三为建置。卷四为考证。卷五为校勘。卷六为记述。阐述从肃慎至完颜十个部族活动区域、社会发展状况、同历代中央王朝关系、建州女真历史因革及清王朝兴起、各历史时期建置及疆域沿革，另考订主要山川、城池、疆里及易于混淆的问题。

清光绪欧斋刻本。

1382

闽安记略／（清）林树梅撰

林树梅（1808—1851），字实夫、号啸云，又号瘦云、铁篴生，金门（今台湾地区金门县）人。随父林廷福（台湾水师副总兵）到过台湾、澎湖，为敦睦汉族、高山族人民关系，兴修凤山水利做出重要贡献。回厦门省亲时逢鸦片战争爆发，应闽浙总督邓廷桢招以咨询海防要务，曾上书《全闽备海六策》。颜伯焘继任闽浙总督后仍聘其参赞军务。道光二十一年（1841），谕令撤兵省费，厦门撤防海乡勇，林树梅以为“夷性反复，请量留，备非常”，未被采纳。

是书乃林树梅于清道光八年（1828）侍其父协镇闽安镇，搜寻旧简、采摭遗闻编辑而成，述闽安海防之事。包含有星野、民风、土田、物产、艺文、事迹等，特详于营制、海防。

佚书。

1383

海口特志／（清）林以寀撰

林以寀，生平事迹不详。

一作《龙江特志》。是志记海口一镇之疆域形胜、山水风俗，寺庙书院和选举耆贤等。

抄本。

1384

龙江特志／（清）林以寀撰

林以寀，生平事迹不详。

见“海口特志”。

1385

华事夷言一卷／（清）林则徐撰

林则徐，见第0908条。

是书为编译鸦片战争前夕外国人对中国的时事评论而成，大多与广东禁烟有关。

小方壶斋舆地丛钞本。

1386

乍浦竹枝词一卷／（清）林中麒撰

林中麒，生卒年不详，字文瑞，号汉阁，乍川（今属浙江省平湖市）人。邑庠生。著有《梅花吟屋稿》《楚游草》。

民国二十二年高氏华云阁铅印本。

1387

台海采风图考二卷／（清）六十七撰

六十七，生卒年不详，字居鲁，满族镶红旗人。历官户部给事中、吏科给事中、台湾御史。清乾隆九年（1744）以给事中差任巡视台湾监察御史。著有《游外诗草》《台阳杂咏》《台海采风图考》《番社采风图考》等。

是书为记述台湾风光、物产、民俗和古迹的专书。清乾隆八年（1743）冬，清廷命六十七巡视台湾，“抚绥民番，辑宁海疆”。六十七深为台湾山川之胜、风物之美所打动，于公务余暇撰成此书。

清乾隆刻本。

1388

乍浦纪事诗一卷／（清）卢奕春撰

卢奕春，生卒年不详，字揖桥，自署乳溪人，乍川（今属浙江省平湖市）人。清道光四年（1824）补弟子员。

清道光二十四年刻本，清宣统二年铅印本。

1389

东瓯拾遗二卷／（清）陆进撰

陆进，生卒年不详，字荩思，余杭（今属浙江省杭州市）人。清初诗人，贡生，选温州府学训导。著有《巢青阁集》《巢青阁词》。

清抄本。

1390

东瓯掌录／（清）陆进撰

陆进，见第1389条。

是书记载温郡明末清初逸闻一百五十余事。

管廷芬手校本。

1391

地略十卷图二卷／（清）马冠群撰

马冠群，生卒年不详，即马良伯，字冠群，以字行，武进（今属江苏省常州市）人。承先世医业颇有名，又喜舆地之学。著有《两汉舆地考》《郡国今地释补》《西北边防考》《东南海防考》等。

地理考证著作。一作《中外舆地汇钞》。马冠群于清同治十二年至十三年（1873—1874）间广搜《地理通释》《万国舆图》等二百余部文献，分省、区记述成书。是书有图三十九幅，采用西法绘制，国内以河流为经纬，外国地图加绘山脉。正文分顺天、直隶、奉天、山东、江南、浙江、福建、台湾、广东、朝鲜、琉球、越南、大东洋、东南洋、南洋、南洋东、西南洋、小西洋、大西洋、北洋、外大洋等四十二篇，每地作一卷，每地均述地理位置、距治所里程、古代地名、形势、历史典故、山川走向。外国地理记其所在洲界、四邻、经纬度、行政区划、山川、城镇、道路等。

小方壶斋舆地丛钞本。

1392

奉天地略一卷／(清)马冠群撰

马冠群，见第 1391 条。

见“地略十卷图二卷”。

小方壶斋舆地丛钞本。

1393

福建地略一卷／(清)马冠群撰

马冠群，见第 1391 条。

见“地略十卷图二卷”。

小方壶斋舆地丛钞本。

1394

广东地略一卷／(清)马冠群撰

马冠群，见第 1391 条。

见“地略十卷图二卷”。

小方壶斋舆地丛钞本。

1395

吉林地略一卷／（清）马冠群撰

马冠群，见第 1391 条。

见“地略十卷图二卷”。

小方壶斋舆地丛钞本。

1396

江苏地略一卷／（清）马冠群撰

马冠群，见第 1391 条。

见“地略十卷图二卷”。

小方壶斋舆地丛钞本。

1397

山东地略一卷／（清）马冠群撰

马冠群，见第 1391 条。

见“地略十卷图二卷”。

小方壶斋舆地丛钞本。

1398

浙江地略一卷／(清)马冠群撰

马冠群，见第1391条。

见“地略十卷图二卷”。

小方壶斋舆地丛钞本。

1399

中外舆地汇钞十三卷图二卷／(清) 马冠群撰

马冠群，见第1391条。

见“地略十卷图二卷”。

清光绪二十年苏州文瑞楼石印本。

1400

勘旅顺记一卷／(清)马建忠撰

马建忠，见第0851条。

是书为马建忠于清光绪七年(1881) 四月赴旅顺勘察地形炮台、考察矿区的记录。

清光绪十七年上海著易堂铅印本，小方壶斋舆地丛钞本。

1401

广东图说九十二卷首一卷附总图二十二卷／(清) 毛鸿宾等修，(清) 桂文灿等纂

毛鸿宾 (1811—1867)，字寅庵，又字翊云、寄云，号寅庵、又号菊隐，历城 (今属山东省济南市) 人。清道光十八年 (1838) 进士，选翰林院庶吉士，授翰林院编修。与大臣曾国藩是同榜进士，又是同庚，相知甚深。后任监察御史、给事中。太平军起，受命回到山东历城办理团练。咸丰五年 (1855) 后历官湖北荆宜施道、湖北安襄郧荆道、安徽按察使、江苏布政使、湖南巡抚、两广总督。著有《毛尚书奏议》《淡虑斋诗文集》。

桂文灿 (1823—1886)，字子白，又字昊庭，南海 (今属广东省佛山市) 人。清朝道光二十九年 (1849) 举人，光绪九年 (1883) 任湖北郧县知县。十年 (1884) 以宣讲守御方略有功升宣讲圣谕章程。尝与曾国藩、郭嵩焘等交游。著有《潜心堂文集》《四书集注笺》《周礼通释》《经学博采录》《子思子集解》《潜心堂文集》《毛诗释地》《广东图说》等。

广东地图。是图为奉旨而绘，全图含广州、韶州、惠州等九府图，直隶厅三、直隶州四及所属县州，共九十四图。以北京经线为本初子午线，以文武官绘造图册为底本，又以广东通志及各府州县志所载地图详加考核，并采访商民所绘水程海岛图参订，其中府厅州县图以初刻广东通志图为底本。另对香港、澳门及沿海诸岛也加以详载。

清同治刻本。

1402

广东舆图二十三卷图说九十二卷／（清）毛鸿宾撰

毛鸿宾，见第1401条。

清同治五年刻本。

1403

七省沿海图说／（清）牧堂氏编

牧堂氏，生平事迹不详。

清稿本。

1404

直隶海口图说／（清）讷尔经额撰

讷尔经额（？—1857），费莫氏，字近堂，满洲正白旗人。清嘉庆间翻译进士。历官主事、郎中、道员、布政使等职。道光九年（1829）任山东巡抚，后历官湖广总督、湖南巡抚、驻藏办事大臣。二十年（1840）任直隶总督，次年移驻天津，筹办防务。咸丰三年（1853）授钦差大臣，节制黄河南北各军堵截太平军，以贻误军机定斩监候，后命守慕陵。

清咸丰间抄本。

1405

东游纪程三卷图一卷／（清）聂士成撰

聂士成（1836—1900），字功亭，合肥北乡（今安徽省长丰县岗集镇）人。清同治元年（1862）以武童投效淮军，参与镇压捻军、太平军。在中法战争、中日甲午战争中，战功卓著。光绪二十一年（1895）任直隶提督，统领武毅军。二十五年（1899），武毅军改制为武卫前军，仍统该军驻直隶芦台。庚子之变的天津保卫战中，中炮阵亡，赠太子少保，谥忠节。

清光绪十九年（1893）后，聂士成奉旨前往东三省各地巡历，亲率武备学堂学生考察边境地区。二十一年（1895），根据实地调查报告，将所过山川要隘形胜，采用西法绘图说，著成此书。其中卷一和卷二为日历，卷三为图说，卷四为东三省韩俄交界道里表。其中日历部分对每日行程及见闻，各地的历史沿革、风土人物、贸易物产等均有记载，对地理形势、驻军防守、驿站道路等记叙尤详。

清光绪二十一年石印本，清光绪二十五年刻本。

1406

海表奇观八卷／（清）牛天宿撰

牛天宿，生卒年不详，字觐薇、戴薇，号次月、青延，章丘（今属山东省济南市）人。清康熙间官琼州知府。著有《百僚金鉴》《海表奇观》。

是书分溯源、疆境、形势、分野、气候、潮汐、节序、风俗、黎俗、占历、灾祥、名山、水泉、名宦、人物、列传、祠庙、古迹、坟墓、物产、奇人、奇事、题咏二十三门。

四库全书存目著录。

1407

琉球入学见闻录四卷／（清）潘相辑

潘相（1713—1790），字润章，号经峰，安乡（今湖南省安乡县）人。清乾隆六年（1741）充武英殿分校琉球国官学教习，二十八年（1763）进士。出知山东福山县，调曲阜，摄黄县、泗水，升濮州知府，补昆阳州。著有《周易尊翼》《尚书可解》《毛诗古音参义》《春秋尊孟》《春秋比事》《春秋辑要》《礼记厘编》《周礼撮要》《曲阜志》《濮志》《澧志》《事友录》《吾学录》《琉球入学见闻录》等。

潘相在中进士前，于清乾隆二十三年（1758）考充武英殿校书。二十五年（1760），琉球派留学生郑孝德入学，潘相改任国子监教习，此书即著于此时。是书卷首有《琉球国全图》，图内将琉球大小岛屿尽数绘出，另记述有琉球历史、地理、制度、风土、文教等。

潘相所著书本，清同治间抄本。

1408

闽琐记一卷／（清）彭光斗撰

彭光斗（1713—1798），字文枢，一字贲园，号退庵，溧阳（今江苏省溧阳市）人。清乾隆二十四年（1759）举人，官福建建安知县，后改永定。著有《云溪草堂文钞》《彭贲园诗钞》。

是书为福州风物杂著。

端斋丛书本。

1409

岭海见闻四卷／（清）钱以垲撰

钱以垲（1664—1732），字阆行，号蔗山，嘉善（今浙江省嘉善县）人。清康熙二十七年（1688）进士，初授广东茂名知县，以才能卓著调知东莞县，升山西隰州知州。四十八年（1709）任刑部员外郎。五十一年（1712）分校礼部取士，被称“得士”，不久主管刑科。历官太仆寺卿、京兆尹，后被荐任通政使，转任詹事府少詹事。屡次奉命至吉林之宁古塔、白都纳等地相度形势，设立州县，绘图入告。雍正五年（1727）总裁武闱，升礼部侍郎，旋提为尚书。卒，谥恭恪。著有《岭海见闻》《罗浮外史》《研云堂诗》。

钱以垲先后任广东茂名、东莞知县，游宦广东前后八载，广泛接触和了解广东风物，以其杂录见闻撰成此书，记有广东沿海风物、民俗。

清康熙刻本。

1410

定海厅洋面岛屿表一卷附定海全境舆图一卷／（清）钱增勋撰

钱增勋，生卒年不详，阳湖（今属江苏省常州市）人。时任定海直隶厅事。

此志纂于清道光二十七年（1847），自西而东、自北而南，述舟山洋面岛屿。

清光绪三十三年铅印本。

1411

吉林舆地图说一卷／（清）秦世铨辑

秦世铨，生卒年不详，字曙村，清光绪十七年（1891）为知县用候选县丞。

清光绪二十二年（1896），《吉林通志》竣修，即修是书，至二十四年（1898）成书，专供识读《通志》之参考。每篇均依沿革、经度、疆域、山川解说。

清光绪二十四年石印本。

1412

广东新语二十八卷／（清）屈大均撰

屈大均（1630—1696），初名绍隆，字翁山，又字介子、冷君，号菜圃，番禺（今属广东省广州市）人。曾参加抗清活动，失败后遁入空门，法名今种，字一灵，又字骚余。行游南北交结遗民。中年弃禅归儒，更今名。工诗，述作甚富，乾隆时曾遭禁毁，流传至今的有《翁山诗略》《翁山文外》《四书补注》《广东新语》《四朝成仁录》等。

风土地理类笔记。是书依类书的体例编纂，包含序、天语、地语、山语、水语、食语、货语、舟语、禽语、兽语、鳞语、介语、虫语、木语、香语、草语、怪语等卷，叙广东地理、山川、矿藏、诸神、风俗、农作物、经济物产、洋舶、乌兽、水族、昆虫、香料、奇人逸事等，可以考见当时广东之农业、手工业，对外贸易和西方早期殖民主义者窥伺我国沿海的情况。

清康熙三十九年刻本，清康熙文求堂刻本，清康熙木天阁刻本，清翻刻水天阁本，清文汇堂刻本。

1413

山东郡县图考／(清)任道镕编

任道镕（1822—1906），字砺甫，别字筱沅，号寄鸥，宜兴（今江苏省宜兴市）人。清道光二十九年（1849）以拔贡入官，历官湖北当阳、江夏知县，直隶保定知府，河南、江西按察使，江西、浙江布政使，山东、浙江巡抚，官至山东河道总督。

是书为任道镕据叶圭绶编制《续山东考古录》内“图考”重新刻印刊行的图册，有图十五幅，前为《山东总图》一幅，在总图后附有《山东州县北极高度表》一张，后有济南、东昌、泰安、武定、登州、莱州、青州、兖州、沂州、曹州十府和临清、济宁二州图共十二幅。另附有《水经注今山东境内水道图》和《新增海疆险厄黄河穿运夺济图》。

清光绪八年刻本。

1414

浙江省通志图说一卷／（清）沈德潜撰

沈德潜（1673—1769），字确士，号归愚，长洲（今江苏省苏州市）人。清乾隆元年（1736）举博学鸿词，三年（1738）举人，次年成进士，时已六十七岁。此后以诗受知于乾隆帝，几年之间从翰林院编修累官至礼部侍郎，赠礼部尚书及太子太傅衔致仕，卒后又加赠太子太师，赐祭葬，谥文悫。著有《沈归愚诗文全集》。又选有《古诗源》《唐诗别裁》《明诗别裁》《清诗别裁》等。

据是书《图说叙》，沈德潜“因掇全省诸郡，暨江海湖山巨镇关隘名胜之地，绘图陈设，凡有关治术著于篇”，然作者仅撰写文字部分，未见有图。

清乾隆刻本，沈归愚诗文全集本。

1415

浙江省志图说／（清）沈德潜纂，（清）周准评点

沈德潜，见第1414条。

周准（？—1756），字钦莱，长洲（今江苏省苏州市）人。诸生。不肯结交权贵，时人皆嘲其迂阔，遂取号迂材。在浙西灵隐寺遇沈德潜，遂成莫逆之交，曾协助沈选编《清诗别裁》。著有《迂材诗钞》《迂材文钞》《虚室吟稿》《瓢中集》《黄海集》《玉楮集》等。

作者曾参与编修乾隆《浙江通志》，是书当为《浙江通志》所作。

清刻本。

1416

闽杂记十二卷／（清）施鸿保撰

施鸿保（？—1871），字可斋，钱塘（今浙江省杭州市）人。清道光四年（1824）邑庠，十四次应试乡举，皆不中，遂入幕府，长期寓居福州陈寿祺家。著有《春秋左传疏五案》《炳烛纪闻》《闽杂记》。

施鸿保久居福建从幕，足迹遍及闽江上下游。此编即其从幕闽中时作，记事起自清道光二十五年（1845）来闽，迄咸丰中，凡闽之山川、人物、风俗、气候、逸事，或志乘不载及载而不详者皆一一俱载，其纪山川、物产、人物、风俗，多足补图经之缺略。

小方壶斋舆地丛钞本。

1417

东瓯大事记六卷／（清）孙锵鸣撰

孙锵鸣（1817—1900），字韶甫，号蕖田，后改号止庵，瑞安（今浙江省瑞安市）人。清道光二十一年（1841）进士，入翰林院，授编修，后任广西督学，曾以严劾穆彰阿名噪一时。咸丰年间曾任侍讲、侍读学士，罢官后历掌苏州正谊、南京钟山、南京惜阴、上海龙门、上海求志诸书院。著有《止庵读书记》《东瓯大事记》《海日楼诗文集》等。

孙锵鸣从二十二史及其他书籍中摘录有关温州历史资料而成此书，另保存了久已亡佚的《文馆词林》的部分数据。

民国八年抄本。

1418

楚庭稗珠录六卷／（清）檀萃撰

檀萃（1725—1801），字岂田，号默斋，望江（今安徽省望江县）人。清乾隆二十六年（1761）进士，历官清溪、禄劝知县，后掌会垣育才书院。著有

《楚庭稗珠录》《农部琐录》《滇海虞衡志》《滇南文集》《滇南诗话》《大戴礼注疏》《穆天子传注》《番禺县志》等。

笔记。是书记檀萃在黔、粤的见闻，卷一至卷五记述黔、粤的山川、名胜、古迹、掌故、逸事、传说、志士、名贤、物产、文化、宗教、风俗、外地名人入粤活动、明代与清初粤中诗坛盛况等。卷六为说蛮，记少数民族种类及其习俗。

九曜山房丛书本。

1419

台阳见闻录二卷／（清）唐赞衮撰

唐赞衮（1852—?），派名济楠，字辛蒲，号韡之，善化（今湖南省长沙市岳麓区）人。长沙府学附生，民籍，清同治十二年（1873）举人。光绪十七年（1891）奉调渡台，权台澎道兼按司篆，旋补台南府知府。二十一年（1895），因坐视日军进攻澎湖被革职。著有《台阳见闻录》《鄂不斋集》等。

是书详于洋务、通商、田赋、防务。卷上记建置附疆域、通商、洋务、田赋、盐政、筹饷、刑政、政事、水利等。卷下记文教、防务、山水、胜景、人物、庙宇附城池、器用、衣服、风俗、时令、食物、天文、谷米、竹木、蔬菜、花卉、果品、草部、鳞介、兽类、禽鸟、虫类、番部等。

鄂不斋丛书本。

1420

故乡风物记／（清）涂之尧撰

涂之尧，生卒年不详，字子是，号紫峙，福清（今福建省福清市）人。清顺治十一年（1654）举人。十七年（1660）授山西省石泉县县令。在任期间，为保护平民、惩办恶霸，遭到官僚攻击，愤而挂冠辞职，隐居陕西秦中为梨园戏班写剧本。他七十一岁返乡（万安城）祭祖时，撰写《故乡风物记》。

是书又称《故乡风物志》，主要记叙万安城之兴建始末及千户所之军事配置等情况，兼叙福清之人文历史、名胜古迹以及滨海人民的生产活动、生活习俗、水陆物产等。

1421

故乡风物志／（清）涂之尧撰

涂之尧，见第1420条。

见“故乡风物记”。

存佚不详。

1422

广州游览小志一卷／（清）王士禛撰

王士禛（1634—1711），因避清世宗胤禛讳，改作士祯，字子贞，一字贻上，号阮亭，自号渔洋山人，新城（今山东省桓台县）人。清顺治七年（1650）应童子试，连得县、府、道第一，次年乡试第六，十五年（1658）进士，翌年任扬州推官。历官户部郎中、翰林院侍讲、礼部主事、国子监祭酒、左都御史、刑部尚书。著有《带经堂集》《阮亭诗钞》《衍波词》《渔洋诗话》《池北偶谈》《香祖笔记》《居易录》等。

地理杂志。清康熙二十三年（1684）王士祯奉命祭南海，于二十四年二月初十日至广州，四月初一日北归。其间游览广州名胜并撰此书，载广州光建寺、六榕寺、五羊观、海幢寺、海珠寺、越秀山、蒲涧寺、长寿庵、南园三忠祠等，各具位置、建置沿革、遗闻佚事、历史遗迹、自然风光等。

清康熙三十六年刻本，清道光十一年六安晁氏活字本，清道光吴江沈氏世楷堂刻本，清光绪三年上海著易堂铅印本，清光绪十七上海著易堂铅印本。

1423

台湾近事末议一卷／王锡祺撰

王锡祺，见第0855条。

小方壶斋舆地丛钞本。

1424

奉天全省地舆图说图表一卷／王志修撰

王志修，生于清同治初，卒于民国，字竹吾，号脩庐，又号少庐，诸城（今山东省诸城市）人。清光绪五年（1879）举人。后官奉天府军粮署同知，光绪二十一年（1895）升金州厅海防同知，调任岫岩知州。著有《修庐诗草》《奉天全省舆地图说图表》等。

清光绪十五年（1889），奉天为会典馆重修会典和国史馆修地理志的需要，测绘全省地图并做说明。作者于二十年（1894）依据图稿及说明稿本编纂此书。据清会典馆颁发之图式所编《奉天省舆地图》缩绘本，集图表图说于一书。

清光绪二十年自刻本。

1425

中国海口图说／（清）卫杰编

卫杰，生卒年不详，字鹏秋，

剑州（今四川省剑阁县）人。清同治末年以廪生贡入京城，朝考仍签分教职，未赴任，滞留京中。后被果勇侯杨遇春推荐调直隶治河工程，初任巡检，历官县丞、州判，提任同知，此后常往来直隶、清河、通永、永定诸河道间，从事治河水利工程。时京都维新，调直隶蚕桑局，后转练饷局。庚子变起，调营务处、军机处协办防卫。帝国主义八国联军攻入北京，随慈禧、光绪帝出走西安。还京后，叙功升为永定河道按察使。著有《水利图说》《海口图说》《蚕桑萃编》。

是书包含中国海口形势总论、关东海口形势论、直津海口形势论、山东海口形势论、江苏海口形势论、浙江海口形势论、广东海口形势论、闽峤（福建）海口形势论、台澎海口形势论、台海（台湾及附近岛屿）土番形势论、海口炮台说等。中、下两册为海口地图，描绘上册提到的从北到南的重要海口，凡五十三幅图。

清彩绘本。

1426

海口图说三卷／（清）卫杰制

卫杰，见第1425条。

中法战争爆发后，醇亲王奕谖询问卫杰海防对策，应对以“和必须战，战必须和；能战而后可和，将和必须力战”。清光绪十年（1884）九月，卫杰奉命随神机营大臣善庆赴辽海，布置海防。次年仲春，善庆任帮办海军大臣，为了掌握中国海岸、海岛、海口的详细地理信息，海军衙门令卫杰前往福建、台湾沿海侦探法国兵舰，并调查南洋、北洋海口险要形势。数月之后，卫杰返京复命，以《海口图说》陈之。《海口图说》分为上、中、下三册，上册与中册为《中国海口论》，下册为《海口炮台说》，附有图说，各图详细标注海口沙滩、潮汐、水道和险要情况。卫杰关于海口的论述顺序是自北而南，由关东谈起，依次为直隶、山东、江南、浙江、福建和广东，最后是台湾各海口。就各省海口来说，先是总论，然后再分别一一讨论之。除了讨论各个海口的山川形势之外，还涉及当地的社会环境，并探讨其利弊得失。

清光绪十三年刻本。

1427

玉屿志／（清）翁灏轩撰

翁灏轩，生卒年不详，江阴（今江苏省江阴市）人。明末清初在世，诸生，曾倡建龙泊书院等。一生以课徒为生。一说是志非此人著。

一作《玉屿旧志》。玉屿，江阴岛之别称，位于福建省兴化湾北部。

抄本。

1428

唐贾耽记边州入四夷道里考实五卷／吴承志撰

吴承志（1844—1917），字祁甫，杭州（今浙江省杭州市）人。清光绪二年（1876）举人，十年（1884）任平阳教谕。著有《汉书地理志水道图说补正》《横阳札记》等。

吴承志生平精研舆地之学，卒后其友吴庆廷整理其遗稿，于其残中得此稿百余纸蝇头细书，为之排比，厘为五卷成此书。是书含《营州入安东道》一卷、《登州入高丽渤海道》一卷、《安南通天竺道》三卷。

求恕斋丛书本。

1429

岭南杂记二卷／（清）吴震方撰

吴震方，生卒年不详，字清坛、青坛，号又超，一作右张，石门（今属浙江省桐乡市）人。清康熙八年（1669）举人，十八年（1679）进士，授编修，改陕西道监察御史，罢归。四十二年（1703），康熙帝南巡，吴震方以所辑《朱子论定文钞》进呈，得复职，并得御书白居易诗。吴氏以御赐白居易诗“晚树”为其楼名。著有《晚树楼诗稿》《读书正音》《岭南杂记》等。

两广地方志及民族志。是书记吴震方客游广东时的见闻，包含山川、城郭、寺庙、习俗、时政、物产等。

说铃本。

1430

岭南杂记一卷／（清）吴震方撰

吴震方，见第1429条。

龙威秘书本，小方壶斋舆地丛钞本，丛书集成初编本。

1431

台湾纪事二卷／（清）吴子光撰

吴子光（1819—1883），字芸阁，别署云壑，晚年自号铁梅老人或铁梅道人，嘉应（今广东省梅州市）人。清道光间随父渡台谋生，移居台湾淡水。清同治四年（1865）举人。著有《一肚皮集》

《三长赘笔》《经余杂录》《小草拾遗》等。

是书由《一肚皮集》中记述台湾事物的文章汇辑而成，主要记述台湾的诸山形势、物产、怪异、民俗、杂记等。另有四个附录：附录一是关于台湾人或侨居台湾人的传记；附录二是吴子光评论台湾的政事言论及书札；附录三是淡水厅志拟稿；附录四是吴子光祖若父之家传并其本人别传与《一肚皮集》序。

台湾文献丛刊本。

1432

台湾地舆图说一卷／（清）夏献纶撰

夏献纶（1837—1879），字黼臣，号筱涛，新建（今属江西省南昌市）人。清咸丰六年（1856），由国学生分兵部武库司主事兼职方司，寻丁忧离职。十一年（1861），大学士左宗棠任浙江巡抚督师与太平军作战，献纶随调从戎，以战功奏保知府，留任浙江加道台衔，赏戴花翎。后又以收复湖州府县叙功升道员，署福建汀漳龙道，不久又署盐法道。后加按察使衔、布政使衔，署台湾道兼任学政。光绪元年（1875）补授台湾道。

地理图说。是书按台湾、凤山、嘉义、彰化、淡水、新竹、宜兰、恒春八县，澎湖厅，埔里六社，后山诸图立说。记各治所四至八到、地形地貌、土质物产、城镇村屯、庄社建制、历史沿革、偶记户籍人口、水陆交通、少数民族的风俗习惯等。

小方壶斋舆地丛钞本。

1433

台湾舆图不分卷说略一卷／（清）夏献纶等纂

夏献纶，见第1432条。

清光绪福建台湾道刻本。

1434

［道光］云台新志十八卷首一卷末一卷／（清）谢元淮修，（清）许乔林纂

谢元淮（1784—1867），字钧绪，号默卿，松滋（今湖北省松滋市）人。清嘉庆二十一年（1816）任太湖东山巡检，协办海运，后奉派到两淮主持盐务，于道光三年（1823）首创票盐制。六年（1826）升任无锡知县，旋奉调海洲分公司总办盐务，每年为国库增加税银数百万两。十六年（1836）补任淮南监掣同知。咸丰二年（1852），因实施票盐制遭官吏反对而被革职，次年冬被任命为

广西桂平、梧、郁盐法道。鸦片战争期间奉命防守上海，口碑甚佳。著有《养默山房诗稿》《诗余》《散套》《填词浅说》《碎金词韵》《词谱》《防海赘言》《云台新志》等。

许乔林（1775—1852），字贞仲，号石华，原籍安徽，生于乐山（今四川省乐山市）。清乾隆四十一年（1776）随母定居板浦。嘉庆十二年（1807）举人，曾任郁洲书院山长、山东平阴县知县、板浦敦善书院山长。著有《球阳琐语》《榆山房诗略》《榆山房笔谈》，参与纂修《嘉庆海州直隶州志》《云台新志》。

是书卷首图。卷一恭纪恩荣；卷二建置，包含山海形胜、山名异同、郡县沿革、裁复原委；卷三纪事；卷四山水，包含云台山、云台后顶及湖南诸山、湖北诸山、海中诸山、海、湖河浦泉、潭闸沟汪、堰坝、桥梁。其后各卷分别为城村、胜迹、寺观、物华、票盐、灵植、金石、艺文、丛谭、杂缀、考证。

抄本，清道光十六年郁州书院刻本。

1435

台湾随笔一卷／（清）徐怀祖撰

徐怀祖，生卒年不详，一名怀瀚，字燕公，华亭（今上海市松江区）人。诸生，喜游历，足履燕、齐、秦、晋、魏、赵、吴、越、楚、粤、滇、黔。清康熙三十四年（1695）春至闽漳，遂由厦门至台湾。著有《宋史猎俎》《台湾随笔》。

清四库馆臣认为该书为徐怀祖之《海赋》，去其赋而存其自注，改名《台湾随笔》。

学海类编本，昭代丛书本，小方壶斋舆地丛钞本，丛书集成初编本。

1436

四明谈助四十六卷首一卷／（清）徐兆昺撰

徐兆昺（1749—?），字绮城，鄞县（今宁波市）人。清嘉庆间贡生，官诸暨训导，生平致力乡邦地理，尝仿高似孙《剡录》著《四明谈助》。

是书为宁波乡土文献，内容包含山川险夷、州县沿革、名胜古迹、神话传说、衙署宅第、寺庙宫观等。

清道光八年木活字印本。

1437

渡海后记／（清）徐宗干撰

徐宗干（？—1866），字伯

桢，号树人，通州（今江苏省南通市）人。清嘉庆二十五年（1820）进士，次年任山东曲阜知县，后升汀漳龙道。道光二十八年（1848）分巡台湾道。在台湾任职期间整肃军纪、保境安民，为御外侮，提出清内奸、加强联防的主张。曾奏请总督接受水沙连六社番（在今台湾南投县境）的内附请求，得准。咸丰三年（1853）派兵镇压凤山林恭起义，次年升福建按察使，后又襄办豫皖军务。同治元年（1862）升福建巡抚，逢戴潮春在台湾起事，遂派部将镇压。同治三年（1864）同闽浙总督左宗棠击败李世贤、汪海洋率领的太平军。著有《斯未信斋文集》，并辑《治台必告录》。

清光绪十七年上海著易堂铅印本，小方壶斋舆地丛钞本。

1438

浮海前记／（清）徐宗干撰

徐宗干，见第1437条。

清光绪十七年上海著易堂铅印本，小方壶斋舆地丛钞本。

1439

谈闽录一卷／（清）杨浚辑

杨浚（1830—1890），字雪沧，一字健公，晚号冠悔道人，本晋江人，后改籍侯官（今属福建省福州市）。清咸丰二年（1852）举人。官内阁中书、翰林院侍读，历主丹霞、紫阳、浯江书院。光绪十年（1884）主持厦门紫阳书院教务，后东渡金门执掌浯江书院。十二年（1886）游历台湾并与台湾士人过从甚密。居台期间，杨浚所至皆有题咏，返回大陆后撰成《岛居录》行世。著有《冠悔堂文钞、诗钞、词钞》《岛居四录》《淡水厅志》《湄州屿志略》等。

冠悔堂杂录本。

1440

临汀汇考四卷／（清）杨澜撰

杨澜，生卒年不详，字蓉江，号二樵，长汀（今福建省长汀县）人。清乾隆五十四年（1789）举人，曾任四川昭化邑令，后辞官归里专心著述。著有《负薪初稿》，编有《汀南诩存集》《长汀县志》。

杨澜晚年将其弟杨浚编著的《郡志补正》重加考订增删写成，是一部有关前福建汀州府及所属八县的地方志。全书包含建置、方域、山川、人物、女贞、政绩、流寓、风俗、典制、兵寇、物产、逸事等。

清刻本。

1441

［光绪］吉林舆地略二卷／（清）杨同桂、秦世铨等纂

杨同桂（？—1886），字伯馨，通州（今属北京市）人。历任帮办、奉天支应局总理、发审营务总办兼署翼长、总理吉林边务粮饷处发审局帮办、长春知府。撰有《沈故》《盛京疆域考》《吉林舆地图说》等。

秦世铨，见第1411条。

地理杂志。是书分吉林省统部、宁古塔城、三姓城、珲春城、吉林府、伊通州、敦化县、长春府、农安县、伯都纳厅、宾州厅、五常厅、双城厅等。

清光绪二十四年石印本。

1442

广陵事略七卷／（清）姚文田辑

姚文田（1758—1827），字秋农，号梅漪，归安（今浙江省湖州市）人。清乾隆四十九年（1784）以举人应召试，获得第一名，授职内阁中书，充任军机章京。嘉庆四年（1799）考取状元，授翰林院修撰，入直南书房。历官兵部侍郎、户部侍郎、礼部侍郎，江苏学政、礼部尚书。卒，谥文僖。

是书卷前有自序，其中卷一为建置沿革，卷二为周至隋，卷三为唐、五代，卷四至五为宋，卷六为元、明，卷七为祥异附录。

清嘉庆十七年归安姚氏开封节院刻本，民国振新书社影印清嘉庆十七年刻本。

1443

东槎纪略五卷／（清）姚莹撰

姚莹，见第1048条。

中复堂全集本，申报馆丛书本。

1444

东槎纪略一卷／（清）姚莹撰

姚莹，见第1048条。

台湾地方志，约成书于清道光九年（1829）。是书记事止道光六年（1826），分复建凤山县城、埔里社纪略、噶玛兰原始、台北道里记等二十四篇，侧重于军事设施和镇压台湾人民起义过程。其中埔里社纪略多据府志和《番俗六考》，并订正其误。西势社番和东势社番详载各社少数民族人口、土地、租税具体数额。台北道里记详载居民分布、各地出产、交通贸易、军事设施和文化生活。

昭代丛书本。

1445

东西势社番记一卷／（清）姚莹撰

姚莹，见第1048条。

是书取自《东溟文集》“西势二十社”“东势十六社”。

小方壶斋舆地丛钞本。

1446

噶玛兰纪略一卷／（清）姚莹撰

姚莹，见第1048条。

姚莹于清道光元年（1821）任噶玛兰通判，是书详细记录了杨廷理开发台湾噶玛兰厅的经过。

小方壶斋舆地丛钞本。

1447

续山东考古录三十二卷首一卷／（清）叶圭绶撰

叶圭绶，生卒年不详，字子佩，号也云，晚年自号龟寿，沧州（今河北省沧州市）人。清道光十五年（1835）举人。著有《一统志辩误》《万国大地全图》《埏绂图考》《乾象易知录》《习察编》等。

地理著作。是书卷首有图考及总沿革。叶圭绶曾于清道光十九年至二十八年（1839—1848）间，在山东各地进行过实地调查，并遍阅各府、州、县方志，所考甚为翔实。此书详细考证了山东各行政区域的历史沿革、山水变迁，对《水经注》《大清一统志》等著作中的谬误做了辨正。

清光绪八年刻本。

1448

赤溪志略／（清）喻增伟纂

喻增伟（1819—1895），字洪钧，号叔芸，萍乡清溪（今属江西省上栗县）人。清同治三年（1864）举人，任内阁汉票中书舍人，充本衙门撰文、国史馆校对、方略馆校录。八年（1869）以同知用，十二年（1873）分发广东候补。光绪元年（1875）充广东乡试同考官，六年（1880）补授赤溪直隶厅同知，十二年（1886）署阳江直隶厅同知。十四年（1888）回赤溪，先后三任赤溪厅同知，在赤溪前后几十年。著有《镜芙轩集》《赤溪志略》等。

佚书。

1449

海昌观潮集一卷／（清）袁学澜撰

袁学澜（1804—1879），原名景澜，字文绮，元和（今属江苏省苏州市）人。诸生，诗人。屡赴乡试皆不第，家道殷富，太平军兴，曾寓居上海，后卒于苏州。著有《适园丛稿》。

适园丛稿本。

1450

台阳笔记一卷／（清）翟灏撰

翟灏（？—1788），字大川，又字笠山，淄川（今属山东省淄博市）人。清乾隆十九年（1754）进士，官金华衢州府学教授。五十八年（1793）奉檄调台，宦台十三年，历官台湾典史兼摄罗汉门巡检、府经历，数任彰化、南投县丞，曾一度署新庄。

是书含全台论、粤庄义民记、嘉义县火山记、生番归化记、浊水记、倭硫黄花记、漳泉义民论、番钱说、玉山记、蛤仔烂记、鸦片烟论、弭盗论、珊瑚树记等。另附闽海闻见录十四则，亦多关台湾风物。

清嘉庆间抄本。

1451

粤东见闻录二卷／（清）张渠撰

张渠（1686—1740），字浚川，号认庵，武强（今河北省武强县）人。清康熙五十年（1711）副榜。历官太常寺博士、刑部江南司郎中、广东惠州府知府、广东按察使司按察使、广东布政使司布政使、江苏布政使司布政使、湖南巡抚、江苏巡抚并暂署两江总督、湖北巡抚兼理两湖总督印务、乡试主考官、都察院右副都御史。

笔记。是书记广东气候山川、民俗、物产、植物、动物、矿产等，包含海潮、海门、澳门、盐田、围基、蜃楼海市、海鱼、鲨鱼、海参、墨鱼、水母等条目。

清乾隆三年刻本。

1452

澳门形势篇一卷／（清）张汝霖撰

张汝霖（1709—1769），字芸墅，宣城（今安徽省宣城市）人。清乾隆元年（1736），由拔贡保举分发广东，历官河源、香山、阳春等地知县。十一年（1746）权澳门同知事，十三年（1748）实授澳门同知。著有《澳门记略》《辛辛草》《吴越吟》《耳鸣集》等。

是书为张汝霖撰《澳门纪略》中《形势篇》的简编。

小方壶斋舆地丛钞本。

1453

奉天形势／（清）张尚贤撰

张尚贤，生卒年不详，铁岭

(今辽宁省铁岭市）人。清顺治三年（1646）任冠县知县，后升登州府知府。

地理杂志，一作《奉天形势论》，成书于清康熙朝。张尚贤因思虑满朝贵族大举入关后，东北大片土地荒芜，人烟疏落，难御外患，遂撰是书，以诫当朝。介绍奉天（今辽宁大部）四境，披露当时人烟稀少的历史现状，对研究清入关后的东北历史、地理、经济有参考价值。

1454

奉天形势论一卷／（清）张尚贤撰

张尚贤，见第1453条。

见“奉天形势”。

小方壶斋舆地丛钞本。

1455

津门杂记三卷／（清）张焘撰

张焘，生卒年不详，字赤山，号燕市闲人，别号赤山畸士，祖籍钱塘（今浙江省杭州市），出生在北京，幼年随父寓居天津。寓居天津三十年间记录耳闻目睹、亲身经历的事件，又在稗官野史中悉心搜集了很多有关天津古迹、奇事的记载和诗篇，积久成帙，编成《津门杂记》。此外，还把《伊索寓言》中的七十篇故事翻译、编成了《海国妙喻》，是我国比较早的《伊索寓言》译本。

城镇志。是志首冠三序，天津城厢等十余则。正文分考略、形胜、交界、城池、海口、艺术、外国租界等，大致按建置、河沽、衙门、书院、营防、市集、街坊、寺庙、风俗、宗教、出产、城建、工商、外交、使馆、税收、交通等门记叙。

清光绪十年刻本。

1456

粤游小志七卷／（清）张心泰撰

张心泰，生卒年不详，字幼丹，室名梦梅仙馆，江都（今属江苏省扬州市）人。清光绪十三年（1887）谒选，翌年任平阳通判，十六年（1890）调丰镇同知，后知归化，后遭革职。著有《粤游小志》《宦海浮沉录》等。

笔记。是书记两粤，即今广东省、广西壮族自治区的气候、山水、名胜古迹、物产、语言、民族与习俗等，全书分山川、古迹、风俗、物产、金石、交游、杂志七卷。

清光绪十年铅印本，清光绪二十六年梦梅仙馆刻本，小方壶斋舆地丛钞本。

1457

刘总戎南巡纪略不分卷／（清）张用修撰

张用修，生卒年不详，侯官（今属福建省福州市）人。清光绪年间历官澄迈县同知、乐会县同知、临高县同知等。

清抄本。

1458

山东省沿革表四卷首一卷／（清）张昭潜撰

张昭潜（1829—1907），字次陶，又字次潜，潍县（今山东省潍坊市）人。清廪贡，因仕途不顺，专事著述和教育。同治末年纂有《山东通志》。光绪初年纂成《山东省沿革表》。此二志虽是私撰，但数据可靠，图表亦工。还著有《通鉴纲目地理续考》《读诗日记》《北海耆旧传》《无为斋诗文集》等。

清光绪二十七年刻本。

1459

澳门图说一卷／（清）张甄陶撰

张甄陶（1713—1780），字希周，一字惕庵，号锡菲，福清（今福建省福清市）人。清乾隆十年（1745）进士，选庶吉士，授编修。历知广东鹤山、香山、新会、高要、昆明等县。罢官后，主讲云南五华、贵州贵山书院，晚年归里主讲鳌峰书院。

是书分三部分，第一部分介绍澳门的缘起，香山至澳门的行程及清朝管理澳门的机构。第二部分介绍澳门城内的情况，包括澳门城的规模及城内之建筑形式、澳门葡人社会生活及民俗资料。第三部分介绍澳门今不如昔的现状，从人口、经济和军事力量等三个方面做出对比。

小方壶斋舆地丛钞本。

1460

澳门形势论一卷／（清）张甄陶撰

张甄陶，见第1459条。

是文成于《澳门图说》之后，主要阐述张氏自己对防御和治理澳夷的办法。首先提出天主教的问题，对天主教传教士并未全盘否定；第二部分谈对澳门的治策，提出治理澳门及外夷三个建议。

小方壶斋舆地丛钞本。

1461

论澳门形势状／（清）张甄陶撰

张甄陶，见第1459条。

见“制驭澳夷论一卷”。

1462

制驭澳夷论一卷／（清）张甄陶撰

张甄陶，见第1459条。

一作《论澳门形势状》。是书应为补充《澳门形势论》中的后一部分，即关于如何治理澳门，主要阐述张甄陶自己对防御和治理澳夷的办法、建议。

小方壶斋舆地丛钞本。

1463

光绪粤海图说／（清）张之洞奏呈，（清）方恺纂

张之洞，见第0761条。
方恺，见第1119条。

清光绪十二年（1886），张之洞为筹备海防，绘具粤东海道图，特设海图馆，请方楷司总纂。方楷认为绘制海图刚好给学生们一个实习的机会，从馆中调拨十八名学生“分司绘测”，又请四名学生“传课后进”。同治十三年著成此书。其海图分形势、兵防、测量、潮信四大纲图，初稿于海岸形势以洋图为蓝本。

清绘本。

1464

广东海图说一卷／（清）张之洞撰

张之洞，见第0761条。

张之洞奉旨于清光绪十二年至十三年（1886—1887）间运用西方测绘技术测绘完成《广东海图》。此图首先由张之洞设海图馆，派人分赴各海口迭次履勘（候潮汐、测沙礁、辨岛屿），详确测绘，再区分广州省防、潮防、廉防、琼防为四路，约举极冲、次冲、又次冲三等，就各路所绘草图、所录条记覆加汇合，绘为总图、分图，详为之说，复经张之洞本人乘轮巡海，亲历四路，详加核证，裁定义例，终成“总图五，广东全省海口总图一、四路海口总图（各）一；分图九，中路广州省防分图六，东路潮防、西路廉防、南路琼防分图各一、图说一本”。

清光绪十五年广雅书局刻本。

1465

续云台山志一卷／（清）赵一琴撰

赵一琴，生卒年不详，海州（今江苏省连云港市）人。岁贡

生。曾任无锡县（今江苏省无锡市）训导。

佚书。

1466

闽小纪二卷／（清）周亮工撰

周亮工（1612—1672），字元亮，一字减斋，号栎园，祥符（今属河南省开封市）人，移家金陵（今江苏省南京市）。明崇祯十三年（1640）进士，官浙江道监察御史。入清，官至户部右侍郎，曾遭劾入狱。著有《赖古堂集》《印人传》《读画录》等。

笔记小说集。是书为周亮工在闽为官时所作，记述琐事杂闻，兼及人物诗话，包含闽中人文、风土、物产、工艺、逸事等。

说铃本，龙威秘书本，古今说部丛书本，说库本，丛书集成初编本。

1467

闽小纪四卷／（清）周亮工撰

周亮工，见第1466条。

清康熙六年周氏赖古堂刻本，清乾隆四库全书馆抄本。

1468

闽小纪一卷／（清）周亮工撰

周亮工，见第1466条。

清康熙

1469

海东札记四卷／（清）朱景英撰

朱景英，生卒年不详，字幼芝，又字梅冶，晚号研北翁，武陵（今属湖南省常德市）人。清乾隆十五年（1750）解元。十九年（1754）知福建宁德县（今湖南省宁德市）。三十四年（1769）任台湾海防同知，司海口商船出入，兼管四县。三十九年（1774）迁台湾府北路理番同知，又兼鹿耳朗海防同知，后署汀州邵武府。著有《畬经堂诗文集》。

地理杂志，清乾隆三十七年（1772）成书，记事止于乾隆三十三年（1768）。是书包含方隅、岩壑、洋澳、政纪、气习、土物、社属等。其中，方隅考台湾名称由来、历史沿革、地理位置、土地面积、四至八到；岩壑专载台湾山水、一年四季自然景观、地理形势、火山喷泉；洋澳则记自厦门出海，有澎湖、鹿耳门、海啸、风雨以及航海须知；气习记飓风、台风、风向、风信、气候；土物分记台湾动物、植物，物产尤多；政纪、社属则专载行政区划、社会组织，偏重人文地理。

清乾隆三十八年刻本。

1470

吉林形势一卷／(清)朱一新撰

朱一新（1846—1894），字蓉生，号鼎甫，义乌（今浙江省义乌市）人。清同治九年（1870）举人，官内阁中书。光绪二年（1876）进士，累官陕西道监察御史。因上疏言海军用人不当，并多次弹劾太监李莲英，触怒慈禧，降为候补主事，旋乞归。后应两广总督张之洞函聘，任广东肇庆端溪书院主讲及广州广雅书院掌教。著有《无邪堂答问》《汉书管见》等。

地理杂志。是书对《瑷珲条约》签订后的中俄边防形势进行分析，主记珲春、吉林、黑龙江等城与俄国屯兵城堡之间水陆交通距离等，提出“俄之有海参崴犹英之有新加坡”，必将“渐起风波”的论断。

小方壶斋舆地丛钞本。

1471

福建沿海图说不分卷附海岛表／(清)朱正元撰

朱正元，生卒年不详，山阴（今属浙江省绍兴市）人。上海制造局广方言馆肄业算学生，官至候选州同并曾任游南洋绘图委员。

是书分析了福建三十一个地区的海防形势。

清光绪二十五年铅印本，清光绪二十八年铅印本。

1472

江苏沿海图说一卷海岛表一卷／(清)朱正元撰

朱正元，见第1471条。

地理图说。是书记江苏沿海吴淞、上海、金山、崇明、川沙、金山卫、海门、吕四、掘港、新洋口、新阳湖口、老黄河口、灌河口、高公岛等及浒浦、福山、通州、江阴、斗山关、镇江、金陵等二十八个口岸。分冲要为极冲、次冲、又次冲三级及其所辖、里距、水道、潮汐、沙礁、城镇、形势、船只、炮台、勇营、绿营、杂记等项。末附长江口近海岛表，载大洋山、小洋山、马鞍山、后门山等五十三岛，并列其偏度、直距、长阔、居民、船只、锚地、土产、异名、译名等。

清光绪二十五年铅印本，清光绪二十八年铅印本。

1473

江浙闽三省沿海图说三卷／(清)朱正元撰

朱正元，见第1471条。

是书辑《江苏沿海图说》《浙江沿海图说》《福建海图说》。

清光绪二十五年铅印本。

1474

浙江沿海图说一卷附海岛表一卷／（清）朱正元撰

朱正元，见第1471条。

朱正元读张之洞《广东海图说》之后，深受启发，模仿其编写体例，先后撰成《江苏沿海图说》《浙江沿海图说》《福建海图说》，分区详述各地的水道、潮汐、沙礁、岛屿、城镇、形势及异名等，其中水道包括水域深浅及通行情况等。是书首先按照极冲、次冲、又次冲三等区别海口重要地位和防守难易程度，然后记其行政、军事管辖机构、海港宽狭深浅情况、潮汐涨落规律、沙县岛屿位置，再述海口形势险要、海港停泊各种船只情况，最后记其炮台设施、军队部署情况。

清光绪二十五年铅印本，清光绪二十八年铅印本。

1475

地图说一卷／（清）庄廷旉撰

庄廷旉（1728—1800），一作庄廷敷，字安调，号恰甫，阳湖（今属江苏省常州市）人。著有《皇朝统属职贡万国经纬地球图说》《海洋外国图编》。

地理学著作，肯定了利玛窦、南怀仁等“分舆地为五大洲”的说法。

小方壶斋舆地丛钞本。

1476

乍浦竹枝词不分卷／（清）邹璟、王文海撰

邹璟，生卒年不详，字元培，号芷珊，晚号南园老人，乍浦（今属浙江省平湖市）人。清道光间诸生。著有《南园杂识》。

王文海，生平事迹不详。

清道光刻本。

1477

澎湖列岛志略一卷／（日本）□□撰

小方壶斋舆地丛钞本。

1478

山海关记一卷／（日本）□□撰

小方壶斋舆地丛钞本。

1479

东亚各港口岸志／（日本）参谋本部编，（清）广智书局译

广智书局，清光绪二十四年（1898）由冯镜如、何澄一创办，

设于上海棋盘街（今河南中路），并在北京琉璃厂设分局。主要出版各类文史著作、小说、教学用书等，还发行梁启超在日本所办的《新民丛报》、康有为主办的《不忍》月刊。1925年盘给世界书局与广益书局。

是书记中国各通商港口、俄领沿海州、朝鲜、法属之西贡、安南之海防、英属之新加坡、暹罗之盘谷、小吕宋群岛，于各港位置、沿革、行政、兵备、风俗、气候、物产、贸易、街市、碇泊，均分节言之。

清光绪二十八年广智书局铅印本。

1480

海南岛略述／（日本）东亚地理调查会编，张硕人译述

东亚地理调查会，为日本政府支配的“学术调查”团体。

张硕人，生平事迹不详。

民国铅印本。

1481

利玛窦坤舆万国全图考／（日本）和田清撰，唐碧译

和田清（1890—1963），日本著名的东洋史学家，东京文献学派第二代领袖之一，文学博士，东京大学名誉教授。专长满蒙史、中国政治史及明史的研究，被日本学界誉为日本现代研究中国满蒙史、清史第一人。著有《内蒙古诸部落的起源》《支那通史》《中国史概说》《魏志·倭人传》《后汉书·倭传》《宋书·倭国传》《〈隋书·倭国传〉译注》《东洋史》等。

唐碧，生平事迹不详。

民国石印本。

1482

秦皇岛记一卷／（日本）郑永昌撰

郑永昌（1855—1931），日本外交官，驻华外交官郑永宁之长子，于清同治十一年（1872）随父来华。历任日本驻华使馆书记官，驻纽约领事馆书记生，驻华使馆随员、参赞。中日甲午战争时从军，日本占领旅顺后曾任当地民政官，后任驻华公使馆参赞、驻天津领事，参与扩展天津日本租界的活动。光绪二十八年（1902）任直隶总督袁世凯顾问，后任直隶、奉天盐务稽核所协理。

小方壶斋舆地丛钞本。

1483

临海水土记一卷／（三国吴）沈莹撰

沈莹（？—280），三国吴官吏、地理学家，在吴官至丹扬太守。吴

末帝天纪四年（280），晋大将杜预率军伐吴，沈莹领青巾兵五千人随丞相张悌渡江迎战，被俘杀。

沈莹曾于吴景帝永安七年至末帝天纪四年（264—280）间撰《临海水土记》一书，记述早期夷州（今台湾地区）的地理及居民族属情况，是我国记载台湾风土民情的最早著作之一。原书已佚，部分内容散见于《后汉书·东夷列传》《太平御览》《太平寰宇记》《通鉴注》等书中。

说郛本。

1484

临海水土异物志／（三国吴）沈莹撰

沈莹，见第1483条。

物产志。又作《临海异物志》《临海土物志》《临海水土志》。是书原本久佚，今存清杨晨等辑本，记古代临海地区物产，包括陆生、海生等动植物，诸如蜈蚣、沙狗、比目鱼、印鱼、石鸡、石首、招潮、余甘子、杨梅等一百二十余种，记鱼尤为详细。

1485

临海水土志／（三国吴）沈莹撰

沈莹，见第1483条。

见“临海水土异物志”。

1486

临海土物志／（三国吴）沈莹撰

沈莹，见第1483条。

见“临海水土异物志”。

1487

临海异物志一卷／（三国吴）沈莹撰

沈莹，见第1483条。

见“临海水土异物志”。

说郛本。

1488

临海异物志一卷／（三国吴）沈莹撰，（清）王仁俊辑

沈莹，见第1483条。
王仁俊，见第0028条。

见“临海水土异物志”。

玉函山房辑佚书补编本，经籍佚文本。

1489

临海异物志一卷／（三国吴）沈莹撰，杨晨辑

沈莹，见第1483条。

杨晨（1845—1922），字蓉初，一字定旉，号定叟，黄岩（今属浙江省台州市）人。清同治四年（1865）举人，光绪三年（1877）进士。二十四年（1898）创办越东公司，集资购永宁轮，开创台州航运事业。杨氏热心于地方丛书的编纂，宣统三年（1911）编刻《台州丛书后集》，1915年刊印《台州丛书已集》。1913年编《路桥志略》，记载清代路桥资本主义萌芽情况、鸦片战争后洋货倾销、反教会斗争及辛亥革命在当地的经过，为台州府县志所不载。著有《三国会要》《三国志札记》《定兴县志》。

台州丛书本，崇雅堂丛书本。

1490

会稽土地记一卷／（三国吴）朱育撰，鲁迅辑

朱育，生卒年不详，字嗣卿，山阴（今属浙江省绍兴市）人。孙亮时仕郡下书佐，后迁东观令，受封遥领清河郡太守，加封侍中。

鲁迅，见第1229条。

地理杂志。原书久佚。今残存一卷为鲁迅等人于《世说新语》中辑出，载山阴、长山两县名之由来，于研究地名学有参考价值。

会稽郡故书杂集本，汉唐地理书钞存本。

1491

闽海丛书四卷／（宋）□□撰

述古堂目存目。

1492

桂海虞衡志一卷／（宋）范成大撰

范成大（1126—1193），字致能，自号石湖居士，吴郡（今江苏省苏州市）人。宋绍兴间进士，历官处州知府，知静江府兼广南西道经略安抚使、四川制置使、参知政事等职。著有《石湖居士诗集》《石湖词》《桂海虞衡志》《吴船录》《揽辔录》《骖鸾录》《吴郡志》等。

宋代的地理著作。是书系范成大于淳熙二年（1175）由广南入蜀途中所作，记上任就职途中见到的山川风物，分志岩洞、志金石、志香、志酒、志器、志禽、志兽、志虫鱼、志花、志果、志草木、杂志、志蛮等门。书中记述宋代广右地区的自然环境、山川名胜、动物植物、矿物资源、土特名产、中外贸易等甚详。

明末刻本，清顺治三年宛委山堂刻本，清康熙七年新安江氏刻本，清乾隆七年文盛堂刻本，清嘉庆九年新安汪氏刻本。

1493

莆阳比事七卷 / （宋）李俊甫撰

李俊甫，生卒年不详，字幼杰，莆田（今福建省莆田市）人。宋嘉定十年（1217）进士。

人文地理著作。莆阳，即今福建省莆田市。是书取唐以来莆田的大事、人物等，分门别类编排，记载翔实。

明万历三十三年周莀卿刻本，清抄本，宛委别藏本，选印宛委别藏本。

1494

白屿记 / （宋）翁朝宗撰

翁朝宗，生卒年不详，字国老，江阴（今江苏省江阴市）人。

白屿，江阴岛之别称，位于福建省兴化湾北部。

存佚不详。

1495

岭外代答十卷 / （宋）周去非撰

周去非（1134—1189），字直甫，一作直夫，永嘉（今浙江省永嘉县）人。南宋隆兴元年（1163）进士，淳熙年间曾担任桂林通判。

记载北宋时岭南风物及中西海上交通的著作。宋淳熙年间，周去非移官桂林，卸任返里后，因常有好奇者登门询问岭外（今两广地区）风俗，倦于应酬，故于淳熙五年（1178）写成书以“代答”之。是书分地理、边帅、外国、风土、法制、财计、器用、服用、食用、香、药器、宝货、金石、花木、禽兽、虫鱼、古迹、蛮俗、志异等门，详载岭南地区的风物人情、当时中国与海外诸国的交通、贸易等情况。另记南海以及印度洋周围四十余国的名称，其中比较准确地记述了二十余国的位置、国情与航行路线。记述的地域起自广西邻境安南，南至阇婆、三佛齐（今印度尼西亚的爪哇、苏门答腊），东北至高丽、百济（今朝鲜半岛），西北到大食海（今阿拉伯海），以及西越印度洋、红海，至地中海沿岸而抵木兰皮国（今摩洛哥）。

四库全书本，知不足斋丛书本，笔记小说大观本，丛书集成初编本。

1496

海峤志 / （唐）窦叔蒙撰

窦叔蒙，生卒年不详，主要活动于唐宝应至大历年间（762—

779)，唐浙东人，处士。

一作《海涛志》，是我国现存最早的一部潮汐专著。是书成于唐大历年间（766—779），主要论述潮汐的成因、潮汐涨落循环次数的计算、对高低潮时的推算方法、潮汐的周期性和分点潮。书中对潮汐周期的计算（12 小时 25 分 12 秒强）已与现代通用值（12 小时 25 分）相差甚少。更为重要的是书中创立了以天文历算为基础的理论潮汐表《潮时推算图表》，是我国现存最早的理论验潮表，比欧洲最早的“伦敦桥涨潮表”早 400 余年。

海潮辑说本。

1497

海涛志 / （唐）窦叔蒙撰

窦叔蒙，见第 1496 条。

见《海峤志》。

1498

北户录二卷 / （唐）段公路撰

段公路，生卒年不详，邹平（今山东省邹平县）人，徙居河南（今河南省洛阳市），一说为东牟（今属山东省蓬莱市）人。唐懿宗时人，穆宗相段文昌之孙。咸通间因事至岭南。咸通十年（869）至高凉，十二年（871）自茂名归南海。其间曾到雷州、富州等地。乾符初又至夏口。后官万年县尉。

唐代岭南风土录。是书为段公路在广州时所作。记载岭南风土颇为赅备，尤详于地方物产，其征引亦极博洽，具有较高的史料价值。是书所征引的一些书，如《南越志》《南裔异物会要》《灵枝图记》《本草》《唐韵》《陶朱公养鱼经》《名苑》等本皆散佚，借此书得略见一二。此书所征引的张华《博物志》，多今本所无，亦借此书以考证真伪。

明万历三十一年胡文焕刻本。

1499

北户录三卷 / （唐）段公路撰，（唐）崔龟图注

段公路，见第 1498 条。
崔龟，生平事迹不详。

见“北户录二卷”。

明抄本，明文始堂抄本，清江乡归氏抄本，四库全书本。

1500

北户录三卷附校勘记一卷 / （唐）段公路撰，（唐）崔龟图注，（清）陆心源校勘

段公路，见第 1498 条。

崔龟，生平事迹不详。

陆心源（1834—1894），字刚甫，一作刚父，号子稼，又号存斋、潜园、潜庵，晚号潜园老人，穰梨馆主，归安（今浙江省湖州市）人。性好聚书，精校勘及金石之学，与常熟瞿氏铁琴铜剑楼、聊城杨氏海源阁、钱塘丁氏八千卷楼称四大藏书家。清咸丰九年（1859）举人，光绪间官至福建盐运使。

见“北户录二卷”。

十万卷楼丛书本，湖北先正遗书本，丛书集成初编本。

1501

北户录一卷 /（唐）段公路撰

段公路，见第1498条。

见“北户录二卷”。

古今说海本，续百川学海本，说郛本，学海类编本，古今说部丛书本。

1502

岭表录异记一卷 /（唐）刘恂撰

刘恂，生卒年不详，唐朝河北雄县（今属河北省雄安新区）人，昭宗时曾任广州司马。秩满因中原动乱，遂留居岭南。著有《岭表录异》。

地理杂记。是书记述岭南异物、异事，对岭南人的食物，尤其是各种鱼虾、海蟹、蚌蛤的形状、滋味和烹制方法记载尤详，另记有岭南人喜食的各类水果、禽虫。

说郛本，五朝小说本，五朝小说大观本，唐代丛书本，说库本。

1503

岭表录异三卷 /（唐）刘恂撰

刘恂，见第1502条。

见“岭表录异记一卷”。

四库全书本，武英殿聚珍版书本，反约篇本，榕园丛书本，丛书集成初编本。

1504

渤海国记三卷 /（唐）张建章撰

张建章（806—866），字会主，中山北平（今属河北省顺平县）人。历官安次尉，假瀛洲司马，幽州节度巡官、掌书记、观察判官、节度判官，及幽州卢龙节度使，押奚契丹两番副使。大和八年（834）以瀛洲司马身份回访渤海国，因其博通经史、文采出众而备受礼遇，渤海国王大彝震下重礼使其逗留一年有余。返回幽州后，以其见闻撰成《渤海记》。

一作《渤海记》，已佚。成书

于大和九年（835）后，这是我国古代关于渤海国的第一部著作。《新唐书·艺文志》《宋史·艺文志》记有此书。元末书尚存。书中所记，皆为作者大和七年至九年出使渤海之见闻，涉及渤海国风俗、宫殿、品官等。

佚书。

1505

番禺记／（宋）郑熊撰

郑熊，生卒年不详，北宋初官南海主簿。

一作《番禺杂记》，是书主要记述番禺的山水地理、文物古迹、传闻逸事等。

1506

番禺杂记一卷／（宋）郑熊撰

郑熊，见第1505条。

见“番禺记”。

说郛本。

1507

新译中国江海险要图志二十二卷首一卷补编五卷图五卷／（英国）海军海图官局编，（清）陈寿彭译

陈寿彭（1855—?），字逸儒，一作绎如，侯官（今属福建省福州市）人。马尾船政学堂第三届毕业生。清光绪十一年（1885）被派留英三年，在格林威治皇家海军学院学习两年，并在英公司遇尼外耳及金士哥利书士院学习一年，专攻海军法和处理海上抢劫法。后中举人。曾游学日本并出使欧洲，通晓英文、法文、日文。回国后成为两江总督周馥的幕僚，入宁波办储才学堂，官至邮传部主事，后任职海军部。译著有《中国江海险要图志》《太平洋诸岛古迹考》。

原书为清同治七年（1868）英国海军部编纂的《中国海指南》（*China Sea Directory*），又译作《中国海方向书》《中国海针路志》《中国海航行指南》等。英国从道光二十五年（1845）到光绪二十年（1894）陆续在中国沿海进行测量，积累大量第一手数据并编辑成此书用以侵略中国之需。书中详载中国沿海沿江的港湾、岛屿及其地理、气候、风向、潮汐等资料。

清光绪二十六年经世文社石印本，清光绪二十七年经世文社石印本，清光绪三十三年广雅书局石印本。

1508

辽东志略一卷／（元）戚辅之撰

戚辅之，字友仁，生平事迹不详。

民族地理著作。戚辅之以历代统属提其要，以史书所载备为注，记载了东北地方的乐浪、玄菟、靺鞨、勿吉、高句丽、新罗、扶余、东胡、乌桓等二十八个民族、属国、部落及其大体位置。

说郛本。

1509

东三省舆地图说一卷 / 曹廷杰撰

曹廷杰，见第 0868 条。

地理图说。是书分历史民族分布地域考、古代行政区划考、古地名考、军事地理论说、交通地理论说、少数民族及其贡赏论说、古碑考证与拓释等七个部分。书中的水陆险要、威海、烟台诸条，是作者关于加强东三省军事防御的建议。

小方壶斋舆地丛钞本，清光绪二十三年石印本，问影楼舆地丛书第一集本。

1510

东三省舆地图说一卷附录一卷 / 曹廷杰撰

曹廷杰，见第 0868 条。

皇朝藩属舆地丛书本，清光绪著易堂铅印本，辽海丛书本，民国抄本。

1511

东海十六沙纪实 / 东海主人编

东海主人，生平事迹不详。

民国元年广东广州香山公会铅印本。

1512

宁海六记二卷 / 干人俊纂修

干人俊（1901—1982），字庭芝，号梅园，宁海（今浙江省宁海县）人。长期在杭州、天台、黄岩、三门、宁海等地任中学教师或校长，课余仍勤奋钻研学问，曾兼任宁海县修志馆编纂、浙江省通志馆采访等职。退职归家后倾心于修志工作，计修有民国临安、东阳、江山、遂昌、云和、常山、开化、安吉、吴兴、德清、武康、长兴、丽水、宁海等县新志稿和《宁海漫记》《宁海续志》《宁海三记》，以及四记、五记、六记等。

民国二十三年活字本。

1513

宁海漫记四卷 / 干人俊纂修

干人俊，见第 1512 条。

民国二十二年天台于氏木活字本。

1514

宁海三记三卷 / 干人俊纂修

干人俊，见第 1512 条。

民国稿本暨油印本。

1515

宁海四记二卷／干人俊纂修

干人俊，见第1512条。

民国稿本暨油印本。

1516

方志涉台一卷／管世骏辑

管世骏（1860—1919），字德舆、德夫，黄岩（今属浙江省台州市）人。清光绪进士，官严州府教授。著有《茶簃存草》。

是书辑录各地方志中有关台郡的记载而成，未刊，手稿本曾在1936年浙江文献展览会上陈列。

稿本。

1517

历代史台州约钞二卷／管世骏辑

管世骏，见第1516条。

稿本。

1518

一统志台州约抄二卷／管世骏辑

管世骏，见第1516条。

稿本。

1519

北戴河海滨风景区志略／管元耀辑，林伯铸补

管元耀（1876—1940），字慎之，号振志，室名静得楼，海宁（今浙江省海宁市）人。管庭芬族曾孙。受家学影响，博览群书，好搜辑传记志乘，又钟情湖光山色之游，每到一处，凡属名胜古迹均要探幽究底并一一记之。如此日积月累，案头资料充盈，遂有修志之愿，三易其稿编成《海昌胜迹志》。

林伯铸，生卒年不详，日伪冀东政府主席殷汝耕的侄女婿，时任日伪北戴河风景区管理局局长。

民国二十七年北戴河管理局刻本。

1520

台湾与琉球／胡焕庸撰

胡焕庸（1901—1998），宜兴（今江苏省宜兴市）人。1923年毕业于南京高等师范学校史地部，1926年在法国巴黎大学和法兰西学院学习人文地理与自然地理，师从近代地理学开山大师之一的J.白吕纳，被他确认为主要传人之一。历任中央大学教务长、地学系和地理系系主任等职。1943年当选为中国地理学会理事长。1946年受聘为马里兰大学地理系研究教

授，1947年回中央大学。1953年到华东师范大学从事教学和科研。1984年任人口地理学博士生导师，次年任人文地理学博士后导师。晚年担任中国人口学会顾问、华东师范大学人口地理学研究所名誉所长等职。著有《两淮水利》《淮河水道志》《两淮水利盐垦实录》《世界气候的地带性和非地带性》《气候学》和《欧洲自然地理》等。

是书记述了台湾的地形、河川、气候、居民、农产、林产、水产、矿产、交通、贸易并附地图，强调了琉球的重要性。

民国重庆京华印书馆铅印本。

1521

莆田海疆志 / 李光荣纂修

李光荣（1850—1920?），字云髯，号梅友，莆田（今福建省莆田市）人。编有《兴安风雅》《莆田海疆志》等。

稿本。

1522

新辑山东地理问答 / 刘树德撰

刘树德，生卒年不详，字滋堂，福山（今属山东省烟台市）人。清光绪二十四年（1898）毕业于登州文会馆，历任烟台实益学馆、威海基督教会学堂等校英文教习，山东基督教自立会创办者之一，烟台自立会长老，后任牧师。

清光绪三十三年上海美华书馆刻本。

1523

库页岛志略四卷 / 石荣暲撰

石荣暲，见第0399条。

是志主要记述库页岛沿革、疆域、民族、气象、农业、畜牧、水产、森林、矿业、实业、交通、财政、习俗等内容，有插图二十一幅。库页岛原属明奴儿干都司管辖，清代属宁古塔将军，现为俄罗斯控制。

蓉城仙馆丛书本。

1524

奉天地理一卷 / 汤允中撰

汤允中，生平事迹不详。

清宣统二年奉天太古山房铅印本。

1525

浙江岛屿调查表不分卷 / 王萼撰

王萼（1882—1944），原名仁在，字绍宗，号载卿，又号醉卿，临海（今浙江省临海市）人。毕业于陆军部陆军学堂，历任督练公所科员、吴淞副司令兼参谋长、浙军第二十三团团长、浙江水上警察厅长兼海防总司令、镇海区要塞司令、江宁区要塞司令、南京卫戍司令部海防处处长等职。著有《萝东诗文集》《南华词集》等。

民国四年外海水上警察厅石印本。

1526

羊角沟偲见录不分卷／王树楠编

王树楠，生卒年不详，字荆门，寿光（今山东省寿光市）人。山东高等警察学校毕业。民国初曾任寿光县（今山东省寿光市）劝学所所长。1917年奉山东省警察厅之命来羊角沟任警察所所长达十二年之久，对羊角沟的情况甚是熟悉。

羊角沟，原名塘渡营，又名唐头营。码头原在现址东北称北宅的地方，清同治七年（1864）始有商贾乘帆船来羊角沟附近各村贩购粮食。光绪十三年（1887）商船增多，贸易繁荣，清廷派人设关收税。是年，政府拨巨款以工代赈疏通自黄台桥至羊角沟河门航道，于光绪十七年（1891）通航，同年在南岸划街建屋。翌年，商店、渔户等陆续南迁，并据一水沟名改称羊角沟，北宅遂废，码头也随即南迁，逐渐形成水旱码头。光绪二十一年（1895），原设在沾化县一带的永埠盐场被黄河洪水冲没，清廷令其迁来羊角沟开辟滩地，一时盐池骤增到一千余副，羊角沟港从此形成原盐主要出口港口。是书包含商务、税务、盐务、渔业、河海、防务、交通、教育、户口、方产、古迹、怪异等内容。

民国二十五年铅印本。

1527

吉林地理纪要二卷／魏声龢辑

魏声龢，生卒年不详，一作魏声和，字劭卿，武进（今属江苏省常州市）人。旅居吉林二十余年，曾在吉长报社担任撰述。著有《吉林地志》《鸡林旧闻录》。

民国七年铅印本。

1528

增订吉林地理纪要二卷／魏声龢辑

魏声龢，见第1527条。

是在《吉林地志》《鸡林旧闻录》及《吉林地理纪要》的基础上增订而成。是书上卷包含全省总图、山脉、水道、国界、交通等；下卷为当时吉林省所属永吉县、长春县、德惠县、农安县等四十二县。

民国二十年石印本。

1529

会稽地志一卷 / 夏侯曾先撰，鲁迅辑

夏侯曾先，生平事迹不详。

鲁迅，见第 1229 条。

地理杂志。据鲁迅考证，夏侯曾先为陈、隋间人。原书久佚，今存二千余字为鲁迅等人于《舆地纪胜》《嘉泰会稽志》诸书中辑出。载射的山、天台山、乌带山、新妇岩、钱湖、穴湖、曹娥江等，叙其方位、山高、相连及得名原因，又记古迹及逸闻掌故诸事。

会稽郡故书杂集本，汉唐地理书钞存本。

1530

临海要览一卷 / 项元勋撰

项元勋（1887—1959），即项士元，初名元勋，又名家禄，别字慈园，笔名石槎，临海（今浙江省临海市）人。清光绪三十二年（1906）入杭州府中学堂读书。1917 年创办《时事日刊》。1919 年任浙江省立第六中学国文教员。五四运动爆发后任台州救国会会长，编辑会刊《救国旬刊》，后接办《之江日报》兼任主笔。1935 年主编《临海县志稿》（未刊行）。新中国成立后曾向国家捐献藏书两万余卷。著有《台州经籍志》《临海要览》《中国簿录考》《浙江方言考》《两浙艺文志》等。

民国五年铅印本。

1531

今日的台湾 / 徐子为、潘公昭撰

徐子为（1906—1958），名炳恒，别号恒庐，震泽镇（今属江苏省苏州市）人。1933 年协助创办吴江县私立震属育英高中并任该校董事。1935 年创建苏嘉湖汽车公司，任董事，开筑平（望）南（浔）公路。抗日战争胜利后致力于震泽育英中学复校和苏嘉湖汽车公司复业，任该公司董事长，出任吴江县副议长。1948 年当选为国民政府行宪国民代表大会江苏代表。

潘公昭（1911—1981），即潘朗，字裕璋，笔名潘公昭、潘光祖、宁静、杨义旗，桐乡（今浙江省桐乡市）人。十八岁考入浙江省兵工讲习所，结业后进省保安队服役。后被《申报》馆录用，任校对、编辑，又改任香港《珠江日报》《港报》编辑和主笔。广州解放后参与筹建《南方日报》，任编委和总编室主任。著有《越南民族运动史》《今日的台湾》

《东南亚各国内幕》等，译有《现代美国》《美国的政党》《印度游记》等。

是书分十八篇介绍台湾的地理、城市、住民、历史、政治、抗日救国运动、经济、建设、社会、文化等。

民国三十五年上海中国图书仪器公司铅印本。

1532

香港九龙便览不分卷／逸庐主人编

逸庐主人，生平事迹不详。

民国二十九年中华书局铅印本。

1533

七省沿海图说附考四卷／张登岚撰

张登岚（1844—1912），字晓山，邹县（今山东省邹城市）人。清同治六年（1867）诸生。所学遍及经史、天文、地理、军事、阴阳、医学等。居沛县期时逢捻军正盛，与唐守忠的团练多次交锋，多有胜绩。著有《周易集腋》《俗礼考源》《备虞集》《天文算学汇编》《各有攻守形势录》《痘疹诗赋辨误》等。

见“沿海七省图说附考四卷”。

清稿本。

1534

沿海七省图说附考四卷／张登岚撰

张登岚，见第1533条。

是书包括海域图及说明、测高度和测距离的技术，以及航海技术知识。

清稿本。

1535

广东省海康县地理调查表／张祖栻编

张祖栻，生平事迹不详。

海康县，古旧县名。隋开皇九年（589）置，治今广东省雷州市，为合州治。大业初属合浦郡。唐、宋为雷州治。元为雷州路治。明、清为雷州府治。1911年裁府留县。1959年撤销，以南渡河为界，北部并入雷北县，南部并入雷南县。1960年雷北县改名雷州县，雷南县改名徐闻县。1961年撤销雷州县，复置海康县。1994年改设雷州市。

民国抄本。

1536

江苏省鉴／赵如珩纂

赵如珩，生卒年不详，宝山（今属上海市）人。日本留学生，亲日派，曾任汪伪政府教育部社会教育司司长。

江苏省志。是书分总说、党务、政治、财政（包括附录）、建设、实业、教育、社会、艺文与人物等九章，有插图五十八幅。

民国二十四年上海新中国建设学会出版科铅印本。

1537

南海诸岛地理志略／郑资约编

郑资约（1901—1981），字励俭，衡水（今河北省衡水市）人。早年毕业于北平师范大学，后赴日本东京教育大学地理研究所深造，归国后返回北平师范大学执教，后赴东北大学就职。抗战胜利后在西安西北大学执教。其间，国民政府聘其为内政部接收南沙群岛专门委员，负责参与南海岛屿国界的划定及整理南海水域的岛、礁石群及沙滩名称的工作。新中国成立后，先后在台湾师范大学、文华学院、美国威斯康星大学、新加坡南洋大学任教。著有《四川新地志》《南海诸岛地理志略》《琉球地理志略》《中国地理》《地理学概论》《季风区亚洲地理》《想起了南中国海》等。

南海诸岛是抗战胜利后我国最后接收的故土。抗战时先后被日本强占，1946年12月，内政部会同广东省政府及海军当局分乘军舰四艘前往接收。内政部方域司具体负责国界线的确定，并聘用西北大学地理系教授郑资约为内政部专门委员，负责参与南海岛屿国界的划定及整理南海水域的岛礁、石群及沙滩名称的工作。郑资约将其所见闻并参考有关书刊，撰成《南海诸岛地理志略》一书。全书分绪言、地质、地形、气象、气候、岛屿、滩险志要、经济产物、地位价值、史之回顾，附内政部公布南海诸岛新旧名称对照表，并插有地图及照片数幅。

民国三十六年铅印本。

1538

中俄交界释地一卷／朱珩撰

朱珩（1857—1927），号楚白，花县（今广东省广州市花都区）人。清光绪二十一年（1895）进士，钦点刑部主事，历任知县、法郎统计纂修官，民国后任高等审判推事、民事庭长、河北省安平县知事。熟习经学及辽、金、元三史，并曾任国子助教及总理衙门舆图馆。著有《中俄交界图说》《释地》《元朝秘史外注》《三史国语解析韵》。

民国抄本。

1539

澳门界务纪要一卷

是书详述中葡关于澳门界务问

题外交交涉的历史与现状。

民国石印本。

1540

潮灾纪略一卷

南沙枕秘本。

1541

打狗港概况

打狗港，即今台湾地区高雄港。打狗港自明郑时期以来主要作为渔港。清咸丰八年（1858）清廷与英国、法国签订《天津条约》，打狗成为台湾地区四个开放的通商口岸之一，由渔港转为商港。同治三年（1864），清廷颁布暂行章程后，打狗港正式开港，同时设立打狗海关，开始有外商聚集，为当时港区最繁荣的地区之一。

日本大正六年至七年铅印本。

1542

大东沙岛调查记略一卷

中外游记汇编本。

1543

定海图说

写本。

1544

各处海岛礁屿便览

是书专门叙述沿海岛屿概况。

抄本。

1545

广东西沙群岛志一卷

中外游记汇编本。

1546

海岛礁屿沿海水途

是书应为《各处海岛礁屿便览》与《谨录沿海水途行舟便览》合称，详细记载从福建泉州港到浙闽交界处沿海各地的“逃台稔澳”即避风港，计有泉州港、兴化港、福州港内、福宁港内等四十三处。

抄本。

1547

海门风土记一卷

小方壶斋舆地丛钞本。

1548

胶湾详述一卷

小方壶斋舆地丛钞本。

1549

谨录沿海水途行舟便览

是书专门讲述中国沿海航线概况。

抄本。

1550

经营长兴岛记一卷

长兴岛，亦名长生岛，即今辽宁瓦房店市西渤海中长兴岛。

中外游记汇编本。

1551

九龙开埠记一卷

小方壶斋舆地丛钞本。

1552

九龙志略一卷

小方壶斋舆地丛钞本。

1553

连山湾新形势一卷

连山湾，在今辽宁葫芦岛市东葫芦岛西南，为辽东湾西海岸重要港湾。

中外游记汇编本。

1554

钱塘县记

见“刘道真钱塘记一卷”。

1555

三齐记

见“三齐略记”。

1556

三齐略

见“三齐略记”。

1557

山东沿海各岛形势考一卷

中外游记汇编本。

1558

上海志备考

见“沪城备考六卷”。

1559

台阳杂咏合刻

总集，是书收录王凯泰《台湾杂咏》和《续咏》、马子翊《台阳杂兴》、何竟山《台阳杂咏》等诗作九十余首。

清光绪八年刻本。

1560

天后宫志

见“城北天后宫志”。

1561

玉屿旧志

见“玉屿志”。

1562

泽国记闻

见“沪城备考六卷”。

1563

舟山考一卷

小方壶斋舆地丛钞本。

专志之属

1564

重修台郡各建筑图说／（清）蒋元枢撰

蒋元枢（1738—1781），字仲升，别字香岩，常熟（今江苏省常熟市）人。祖父蒋廷锡，父蒋溥，均为大学士。清乾隆二十四年（1759）举人，循例以知县分发福建惠安、仙游，旋授崇安知县，后调建阳、晋江，升同知，驻防厦门。四十年（1775）春任台湾知府，翌年护任分巡台湾道兼任学政，重建木城，滨海处增创堞楼炮台，置澎湖西屿灯台，航旅便之。

是图为进呈朝廷而制。图说目分重建台湾郡城、重修台湾府署并建迎晖阁景贤舫、恭修万寿宫、重修海会寺、新建鲫鱼潭、移建台湾佐属公馆、鼎建盐课大馆、重建洲南盐场、建设台邑望楼、建设凤邑望楼、建设诸邑望楼、建设彰化县望楼、建设淡水厅望楼、重修风神庙并建官厅马头石坊、鼎建台郡军工厂、重修台郡崇文书院魁星阁、重建台郡桥梁、重修塭岸桥、重修台湾府城隍庙、重修台郡先农坛、重修台郡天后宫、修筑安平石岸、新建鹿耳门公馆、重建洲南场禹帝庙、重修湖北场上帝庙、重修龙王庙、建设南坛义冢并殡舍、移建中营衙署、捐建南路两营公署、捐建各营兵屋、捐建澎湖西屿浮图等。

清乾隆四十三年台湾知府蒋元枢进呈纸样彩绘

1565

南海古迹记一卷／（元）吴莱撰

吴莱（1297—1340），本名来

风，字立夫，号深袅山道人，门人私谥为渊颖先生，浦江（今浙江省浦江县）人。七岁能属文，以《春秋》贡于乡，试礼部，不第，退居山中专心著述。后被荐为饶州路长芗书院山长，未行而卒。著有《渊颖集》《古职方录》等。

名胜志。是书记述番禺山五羊石、南海广利王庙、中宿峡钓鲤台、越王台、黄巢矶等二十余条，后附南海历史沿革、形胜、特产、海外贸易等。所载古迹属传说较多，如羊化石、浮丘山葛洪珊瑚井、海神献珊瑚、马鞍山、金牛潭等。

明弘治十四年至崇祯十七年刻本，清顺治三年宛委山堂刻本。

1566

南海山水人物古迹记一卷／（元）吴莱撰

吴莱，见第 1565 条。

一作《南海古迹记》。

清康熙秀野草堂刻本。

1567

海昌胜迹志八卷补缀一卷／管元耀辑

管元耀，见第 1519 条。

是书介绍海宁地区名胜古迹，辑录了诸多文人墨客的诗词题咏。

民国二十一年海宁管氏刻本。

山川之属

1568

补陀山志／（明）侯继高辑

侯继高，见第 0808 条。

佚书。

1569

普陀山志六卷／（明）周应宾撰

周应宾（1554—1625），字嘉甫，号寅所，鄞县（今属浙江省宁波市）人。明万历十一年（1583）进士，官至南京礼部尚书。卒，谥文穆。三十五年（1607）敕建普陀禅寺竣工，撰《普陀寺碑记》。应督造张随之聘编《普陀山志》。

普陀山，位于舟山群岛东部海域，是东海舟山群岛中的一个小岛。自唐代开创观音道场以来，至今已逾千年之久，其间，虽代有兴废，历尽沧桑，已发展成名扬中外的“海天佛国”。为记叙佛国开发之史迹，历代僧人和有识之士曾多次编志著书，记山，记事，记人，记文。是志附图采用国画写意和写实结合的手法，内容包括图考、山水、殿宇、物产、艺文等。

明万历三十五年张随刻本。

1570

重修南海普陀山志二十卷首一卷／（清）许琰编辑

许琰（？—1735），字保生，号瑶洲，同安（今属福建省厦门市）人。清雍正五年（1727）进士。历官顺天乡试考官、翰林院庶吉士。乾隆四年（1739）应法雨寺住持法绎之请主修《重修南海普陀山志》。著有《玉森粹稿》《鳌峰近咏》《余鳞集》《水派集》《方知集》《瑶州文集》《宁我堂诗钞》《诗余词调》等。

清乾隆四年刻本。

1571

南海普陀山志二十卷首一卷／（清）秦耀曾编

秦耀曾（1785—?），字远亭，号雪舫，别号香光，江宁（今江苏省南京市）人。清嘉庆十三年（1808）举人。道光年间任定海县署幕宾，后官兵部主事。

清道光十二年刻本，民国四年刻本。

1572

南海普陀山志十五卷首一卷／（清）裘琏辑

裘琏（1644—1729），字殷玉、蔗村，别署废莪子，世称横山先生，慈溪（今浙江省慈溪市）人。祖父与父亲均为明末抗清将领，其父战死沙场后裘氏一门生活甚为贫苦。裘琏屡试不第，以卖文、坐馆为业，晚年因受康熙赏识，于康熙五十四年（1715）中进士，钦赐翰林院庶吉士，第二年称老乞归。回乡后继续坐馆著书。雍正六年（1728）被捕，于第二年死于狱中。著有《南海普陀山志》《钱塘县志》《横山史论》《横山初集》《横山文钞》《易皆轩二集》《横山文集》《横山诗集》等。

清康熙四十四年刻本。

1573

普陀洛迦山志十二卷首一卷／王亨彦撰

王亨彦（1859—1930），字雅三，号寄翁，定海（今属浙江省舟山市）人。清光绪三十年（1904）岁贡生，曾任定海县学教谕。

民国十七年铅印本。

1574

指南广义 /（琉球）程顺则撰

程顺则（1663—1735），和名为名护亲方宠文，童名思武太，号念庵，著书时也常以雪堂自号，是琉球国第二尚氏王朝时期著名的儒学学者。他从中国带回儒学书籍并在琉球普及，效仿中国官制制定琉球官制。为儒学在琉球和日本江户幕府的推动做出了巨大贡献，被冲绳学学者伊波普猷列为琉球五伟人之一，称名护圣人。为官期间制定《琉球国中山王府官制》，确立琉球国九品十八阶的位阶制度。刊行从中国渡海传来的《六谕衍义》，还著有《庙学纪略》《雪堂燕游草》《雪堂纪荣诗》《雪堂杂组》《琉球国创建关帝庙记》等。

是书为往来于那霸至福州间的贡船提供航海指南而作。除航海路线外，还包含多种其他与航海相关内容，如关于航海之神天妃的《天妃灵应记》，关于暴风、风向的《风信考》，记录了船运装载、出船吉日的《行船通用吉日》，关于航海饮食饮酒的《饮食杂忌》《戒波饮酒》等。之后该书成为派遣进贡船和接贡船时的必备书，是了解琉球海事思想的珍贵史料。

清康熙四十七年福州琉球馆刻本。

1575

海道经书 /（明）□□撰

是书为航海所用的“罗经针簿”，记录航海往返各处的罗经方向、路程远近、打水深浅、海流潮汐、礁石隐现、风云气候、星象等。

佚书。

1576

海道经一卷附录一卷 /（明）□□撰

记述元明两代北洋海运的重要著作。据考为富有航海经验的民间船工所述，后由文人记录整理而成。据《筹海图编》夹注，该书最早为明人张一厚所辑，为明嘉靖中袁褧收《海道经》入编《金声玉振集》时所录，内含元延祐七年（1320）海道都漕运万户府所立《海运以远就近则例之图》、至正十三年（1353）周伯琦所书《供祀记》、至正二十年（1360）刘仁本所书《江浙行省兴复海道漕运记》、刘仁本《送中书兵部尚书伯元臣回京叙》四篇记载元代海运的碑、文。内容包含元代北洋海运概况、海中遇气象变化等异常情况的应急措施、南北海道、明代海运和漕运概况、航海气象观察。其中南北海道详细记录了以江苏刘家港为中心，向北到直沽、向南至闽浙的来往海道以及航程。附有海道指南图六幅，按航行顺序沿岸线自右向左一字排开，表列了各处港口、岛屿及锚泊场所，并用东西南北等字样标明方位。

金声玉振集本，借月山房汇钞本，指海本，泽古斋重钞本，丛书集成初编本。

1577

海航秘书／（明）□□撰

是书为航海所用的罗经针簿。

佚书。

1578

航海全书／（明）□□撰

是书为航海所用的罗经针簿。

佚书。

1579

顺风相送／（明）□□撰

见“渡海方程”。

两种海道针经本。

1580

针谱／（明）□□撰

针谱，亦称针经、针路簿等，是应用指南针导航的手册。一般认为系由原始航海手册更路簿经舟师整理补充后形成，除针位更路外，还有关于气象方面的内容。

佚书。

1581

莱海述一卷／（明）李世昌撰

李世昌，生平事迹不详。

清刻本。

1582

渡海方程／（明）吴朴撰

吴朴，见第0184条。

中国最早的刻印水路簿。吴朴对国内、外海陆路距离远近进行考证，结合郑和七下西洋的航海记录、民间水路簿等数据进行综合整理，编纂成书，并于明嘉靖十六年（1537）首次刻印出版。是书包含地罗经下针神文、行船更数法、取水法、定潮水消长时候、灵山往爪哇山形水势法图、福建往交趾针路、南澳往澎湖、日本港山形水势等。主记太平洋、印度洋航海常识，包括海洋气象、飞鸟、游鱼、岛屿、暗礁、港湾及各地居民、出产、交通、贸易、风俗、传说等。是书在传抄中又有《海道针经（甲）》《郑和航海图》《刻印水路簿》《顺风相送》等书名。

两种海道针经本。

1583

海道针经／（明）吴朴撰

吴朴，见第0184条。

见“渡海方程”。

1584

郑和航海图／（明）吴朴撰

吴朴，见第0184条。

见“渡海方程”。

1585

浙江潮候图说／（明）宣昭撰

宣昭，字伯聚，仁和（今属浙江省杭州市）人。曾任杭州郡守。

是书介绍了钱塘江潮涨落时间、潮的大小，并介绍了中国古代一些主要潮论。

四库全书本。

1586

东南洋针路一卷／（明）张燮撰，（清）吕调阳校

张燮（1574—1640），字绍和，又字理阳，号汰沃，又号石户主人、海滨逸史、蜚遁老人，龙溪（今属福建省漳州市）人。明万历二十二年（1594）举人。著有《东西洋考》《漳州府志》《梁简文帝御制集》等。

吕调阳，见第1147条。

中外交通著作。首载南洋针路，自镇海卫（厦门）起，经七洲洋至交趾，以及从七洲洋至广南港，从交趾洋取望瀛海口入清华港，从交趾洋取小长沙海口入顺化港，从交趾洋取外罗山至占城罗湾头等。以及从赤坎山至暹逻，从昆仑山取吉兰丹至大泥（属暹逻），从昆仑山取彭亨、入马六甲等十余航线。东南洋针路自太武山起，取澎湖屿、虎头山、沙马头、笔架山等至吕宋；以及从吕宋经沙塘至苗里务；从吕宋取猪末山入磨茎央港；从吕宋过文望楼，至高药港；从汉泽山取交溢至美洛居等八条航线。

小方壶斋舆地丛钞本。

1587

从上海到厦门针路／（清）□□撰

古代航海以指南针定方位，以一夜定为十更，确定方位和里程，所指示路线即为针路。通过日积月累形成记录针路专书，这些专书称为针经、针谱或针簿。小开本的秘本一般是放在船舱后部的针房里，为水手备用参考，不流通于市。凡

是针路一般都必写明某地开船、航向、航程、船到某地。是书是上海至厦门的针谱。

清道光抄本。

1588

更路簿／（清）□□抄

又称《南海更路经》。海南民间以文字或口头相传的南海航行路线图，详细记录西南中沙群岛的岛礁名称、准确位置和航行针位（航向）、更数（距离）和岛礁特征，是千百年来海南渔民在南海航行的经验总结和集体智慧结晶。《南海更路经》有两类，一类是以手抄本形式传下来的，俗称《南海更路簿》；一类是口头传承下来的，俗称“更路传”。现存的《更路簿》约成书于清康熙末年，最早可以追溯至明代。清代《更路簿》记载了中国海南岛渔民所惯用的南沙群岛各个岛、礁、沙条。

清康熙末年抄本。

1589

南海更路簿／（清）□□抄

见“更路簿”。

1590

南海更路经／（清）□□抄

见“更路簿”。

1591

指南正法／（清）□□撰

古代航海导航手册。其编纂者一般自己就是“舟师”（航海家），搜集各条航线的更路或针路簿，并据自己的实践经验补充修订而成。成书之后，各个传本的主人（舟师们）进而又可以据自己的新的实践经验再加以修订，由于上述原因，这类书既保留着各代舟师的航海痕迹，又有后人的创新。是书分定罗经中针祝文、观电法、观星法、定三方、定四方、逐月水消水涨时候、大明唐山并东西二洋山屿水势、六合出行定图、福州往琉球针、敲东更数、厦门往长崎、宁波往东京针路等八十六篇（包括部分回针即往回航行针路记述）。主记太平洋、印度洋航海常识，着重明代自南京起航，出吴淞口，沿江、浙、闽、粤沿海，至交趾、七洲、南洋与西洋诸国之更数、针路、山形水势、澳屿浅深、礁石沙泥、时日早晚、风泛东南西北、流水缓急顺逆等，对各地动植物、城镇港口也略有所载。

抄本，两种海道针经本。

1592

潮候图说一卷／（清）陈敬礼撰

陈敬礼（1754—1802），字舆

伯，号印浦，海宁（今浙江省海宁市）人。清嘉庆元年（1796）恩贡。著有《知服轩钱谱》《潮候图说》《问奇备录》《知服轩吟草》。

一作《候潮图说》，书前有吴骞序。

存佚不详。

1593

候潮图说／（清）陈敬礼撰

陈敬礼，见第1592条。

见“潮候图说一卷”。

存佚不详。

1594

大清一统舆图海道集释七卷／陈运溶撰

陈运溶，见第1076条。

关隘交通志，清光绪三十四年（1908）成书。陈运溶因病胡文忠所刻《内府舆图》于沿海建置沿革无载，乃收集《大清一统志》《读史方舆纪要》《水道提纲》《海道图说》等古籍释之，并对内地山川水道、通商港口予以记载。是书首分盛京、直隶、山东、江苏、浙江、福建、广东七省，次第集释水道山川、港口岛屿等，探源究委，并以双行小字加注标明地理位置，距某地里程等。

麓山精舍丛书本。

1595

航海图说一卷／（清）胡凤丹撰

胡凤丹（1828—1889），初字枫江，后字月樵，别号桃溪渔隐，永康（今浙江省永康市）人。以附贡生入赀为兵部员外郎，旋出官湖北候补道，领官书局，致仕还乡。藏书十万卷，设退补斋书局于杭州。辑《金华丛书》，撰《金华文萃书目提要》《退补斋文存》等。

是书记述上海至天津的航路情况。以上海为起点，经崇明往北沿岸港口、航道，一一载其水深、沙滩、暗礁、相距里程，凡通州、泰州、日照、文登、石岛、成山、庙岛，达天津一线通航事宜，均作简明解说。

小方壶斋舆地丛钞本。

1596

渡海舆图便览一卷／（清）胡宗文撰

胡宗文（1683？—？），字季谟，金溪（今江西省金溪县）人。清雍正元年（1723）举人，五年（1727）进士，历官福建长乐、连江知县，泉州、厦门海防，福建粮储道兼分巡福州、福宁两府地方，不久又代理藩台。后因事降松江府同知，归家。曾收集海疆资料，撰《渡台舆图便览》《海国杂纪》。

清抄本。

1597

西南洋各番针路方向图／（清）觉罗满保进呈

觉罗满保（1673—1725），字九如，又字凫山，满洲正黄旗人。清康熙三十三年（1694）进士，选庶吉士，授检讨，累迁国子监祭酒，擢内阁学士。康熙五十年（1711）任福建巡抚，五十四年（1715）升闽浙总督，奉命巡海，奏请自乍浦至南澳沿海建台、寨一百二十七所及一千多炮位。六十年（1721）指挥南澳镇总兵蓝廷珍、水师提督施世骠率水路军，由澎湖赴台，镇压台湾朱一贵起义，以功加兵部尚书。

清康熙彩绘本。

1598

西南夷各番针路方向图／（清）觉罗满保进呈

觉罗满保，见第1597条。

见“西南洋各番针路方向图”。

清绘本。

1599

黑水洋考一卷／（清）梁群英撰

梁群英（1733？—1798），字瀛滨，一字泰初，号晏坡，鹿邑（今河南省鹿邑县）人。清乾隆二十四年（1759）举人。三十七年（1772）分发到广西柳州府任通判，代理雒容县知县。历官江苏松江府知府、常州府知府、江宁督粮道道员、江宁布政使。任江宁布政使时，适逢黑水洋盗案案发。会勘黑水洋属何省洋面时，梁群英并不定期出洋，固执支吾，旋自行南回，被革职并发往军台效力赎罪。

梁群英任江宁布政使时逢黑水洋盗案案发。黑水洋地域在山东日照和江苏赣榆间，因双方对此案互相推诿，引起皇帝重视，令两省督抚会同勘察。山东巡抚令登莱青道道员曹芝田会勘，江苏总督发文令梁群英前去共同勘察。海盗所在的大泽实际上在山东日照界，山东巡抚隐瞒了事实真相。梁群英据勘察中收集到的典籍，参考疆域沿革，编成《黑水洋考》。

小方壶斋舆地丛钞本。

1600

流水指掌图／（清）倪邦良绘

倪邦良，生卒年不详，字耜南，

号深田，同安（今属福建省厦门市）人，祖籍晋江（今福建省晋江市）。清乾隆十七年（1752）举人，被选拔为琼州定安县令。

潮汐推算著作。倪邦良任琼州府安定县知县期间，翻阅当地水手们使用的流水簿，发现其中所载的琼州海峡潮候表比原有海口《天后庙碑》所载潮候表更为准确，决定采用流水簿中的潮候表，以“便于渡海者”，又因“舟师流水簿，繁不胜记，因撮其要列”绘成此图。

清乾隆二十八年绘

1601

海道编一卷／（清）齐召南撰

齐召南（1703—1768），字次风，一字少宗，号琼台，学者称为息园先生，天台（今浙江省天台县）人。清雍正十一年（1733）被荐为副榜贡生。乾隆二年（1737）授散馆检讨，后历官翰林院侍读、侍读学士、内阁学士、上书房行走、礼部侍郎。十四年（1749）因堕马受伤，回乡养病，未几卒于家。著有《水道提纲》《历代帝王年表》。

是书所载航路北起鸭绿江口，南至北部湾，凡沿岸形势、港口、海道航程、沿海岛屿、海流等均有记载。

小方壶斋舆地丛钞本。

1602

水道提纲二十八卷／（清）齐召南撰

齐召南，见第1601条。

记述清乾隆中叶水道源流脉络的专书。齐召南应诏修《一统志》时谓“天文地理之书愈久愈详，惟水道未有专书”，“郦道元《水经注》征引虽博雅，而疏漏踳驳亦不免”，重撰此书，“记载今日实有之脉络，山川都邑并用今名”。其中卷一海，叙东北自鸭绿江经盛京、京畿、山东、江南、浙江、福建、广东诸水域海面。其余各卷分别为盛京诸水、京畿诸水直沽所汇、运河、黄河、入河巨川、淮、江、入江巨川、浙江浙东入海诸水、闽江西南至广东潮州府水、粤江、入黑龙江巨川、海至黑龙江口以南诸水、朝鲜国诸水等。

清乾隆抄本，清乾隆四十一年刻本，清光绪四年刻本，民国文瑞楼铅印本，四库全书本。

1603

朝鲜海道图说一卷／（清）王德钧撰

王德钧（1823—1884），一作

王德均，字小云、筱云，怀远（今安徽省怀远县）人。精算法和测绘，曾在天津机器制造局、江南制造局任职。

是书当由英国人金约翰编辑、傅兰雅口译的《海道图说》中辑出朝鲜部分内容而成，见《海道图说》。

小方壶斋舆地丛钞本。

1604

澎台海道图说一卷／（清）王德钧撰

王德钧，见第1603条。

是书当由英国人金约翰编辑、傅兰雅口译的《海道图说》中辑出澎湖及台湾地区部分内容而成，见《海道图说》。

小方壶斋舆地丛钞本。

1605

日本海道图说一卷／（清）王德钧撰

王德钧，见第1603条。

是书当由英国人金约翰编辑、傅兰雅口译的《海道图说》中辑出日本部分内容而成，见《海道图说》。

小方壶斋舆地丛钞本。

1606

中国海道图说一卷／（清）王德钧撰

王德钧，见第1603条。

是书当由英国人金约翰编辑、傅兰雅口译的《海道图说》中辑出中国部分内容而成，见《海道图说》。

小方壶斋舆地丛钞本。

1607

海潮辑说／（清）俞思谦撰

俞思谦，生卒年不详，字秉渊、栾涵，号潜山、冲谷，自署姑射山人，海宁（今浙江省海宁市）人。国子生。浙江海宁是观看钱塘潮最佳之地，俞思谦自小悉心观察，对海潮产生了浓厚兴趣，且博览群书，收集各种有关潮汐的资料，编成了中国第一部古代潮汐学史资料长篇《海潮辑说》。

是书分上、下两卷。上卷主要记述潮汐成因的各种见解，包含论潮汐由于海水之应月、论潮汐由于地气之升降、论潮汐由于天河之涌激、论潮汐由于日激水而成、论潮汐由于龙鰌之变化出入、论潮汐由于伍胥文种之所为六章。下卷则具体论述河口潮汐、国外潮汐，以及应潮泉和应潮（动）物，包含入古九河碣石之潮、入济之潮、入淮之潮、入江之潮、入松江之潮、入浙江之潮、入浙东诸江之潮、入闽江之潮、入粤江之潮、钦廉琼海之潮、安南扶南之潮、东西两海诸国之潮、应潮之泉、应潮之物等章。

清乾隆四十六年刻本。

1608

海潮说三卷／（清）周春撰

周春，见第0336条。

研究海宁潮汐、潮候之专著。是书指出钱塘江潮不同于他处的原因是“他处之潮，海自海而江自江，故其势杂”。而钱塘江潮，“海自东来，经东南大洋，入尖山口而一束，其势远且猛；江自西南，前扬波后重水，龛赭海门而亦一束，其势隘且急，两潮会于城南，激荡冲突”。这种江潮和海潮共同作用形成暴涨潮的理论，已得到现代暴涨潮理论的证实。

清嘉庆南汇吴氏听彝堂刻本，民国十一年上海博古阁影印本。

1609

海道记一卷／（宋）冯忠嘉撰

冯忠嘉（1111—?），字献道，小名闰汉，小字蔡师，汝州（今河南汝州市）人。宋绍兴十八年（1148）进士。累官为广西转运使，移知荆门军，后除淮西转运使。著有《海道记》《淮西记》。

宋史艺文志著录。

1610

海潮论一卷／（宋）燕肃撰

燕肃（961—1040），字穆之，一字仲穆，一署上谷，原籍益都（今青州），后定居曹州（今菏泽）。北宋机械制造家、画家。进士出身，官至礼部侍郎。曾制造指南车、记里鼓车和欹器献给朝廷。又绘《海潮图》，著《海潮论》。

是书为燕肃知明州时所作，讲述潮汐形成原理。

佚书。

1611

潮说一卷／（宋）张君房撰

张君房，生卒年不详，字尹才，又作尹方、允方，安陆（今湖北省安陆市）人。海洋潮汐学家。宋景德间进士，曾官尚书度支员外郎，充集贤校理。大中祥符（1008—1016）中自御史台谪官宁海。真宗崇尚道教，以秘阁道书付杭州。除为著作佐郎，专修道藏。至天禧三年（1019）编成《大宋天宫宝藏》。后又撮其精要辑成

《云笈七签》，涉及精教宗旨、仙真位籍、斋戒、服食、方术、传记万余言。道藏精华，多荟于此，促进了道教的发展。于自然科学亦有钻研，发现磁石吸引力作用，比英国人吉尔柏发现此现象早六百多年。

张君房十分推崇唐代窦叔蒙的《海涛志》，以为其“详覆于潮，最得其旨”。他特别强调潮汐与月亮之间的一为本、一为体的关系，即强调潮汐现象的起因在于月亮的主张。另对于朔日和望日的大潮现象予以专门的讨论。

佚书。

1612

潮赜一卷／（宋）朱中有撰

朱中有，生卒年不详，同安（今属福建省厦门市）人。南宋潮汐理论学家。

是书坚持元气自然潮汐论，对天地结构论潮说等学说进行了批判。

宋嘉定十七年刻本（已佚）抄本。

1613

海潮论一卷／（五代）丘光庭撰

丘光庭，生卒年不详，五代十国时学者，吴兴（今属浙江省湖州市）人，吴越时（893—978）曾任国子博士。

是书以渔翁与隐者的问答形式阐述有关天地、日月、海陆、潮汐的诸多问题。《海潮论》认为潮汐成因在于地而不在于天，因大地浮于海洋，随地中之气而上下沉浮，潮汐乃是海洋与大地形成的相对运动。

全唐文本。

1614

海道图说十五卷长江图说一卷／［英国］金约翰辑，［英国］傅兰雅口译，（清）王德均笔述

金约翰，生平事迹不详。

傅兰雅（1839—1928），英国人，伦敦海伯雷师范学院毕业。清咸丰十一年（1861）受英国圣公会派遣来华，任香港圣保罗书院院长。同治二年（1863）被聘为京师同文馆英文教习。四年（1865）转任上海英华学堂校长。七年（1868）起受聘为上海江南制造局编译，任职长达二十八年。主持翻译西方自然科学和技术书籍一百四十三种，居在华传教士译书之首，并发行《西国近事汇编》。光绪元年（1875）主编《格致汇编》。十

一年（1885）创设格致书室。二十二年（1896）任加利福尼亚大学东方语言文学教授，再为江南制造局翻译科技书籍十四种。编有《中国教育名录》等。

王德均，见第1603条王德钧。

是书卷一总论风势水性；卷二志广州附近航路并及珠江、西江；卷三志香港、厦门间航路；卷四志厦门闽江间航路；卷五志闽江象山间航路；卷六志象山扬子江口间航路；卷七志黄河渤海航路；卷八志吕宋琉球间航路；卷九志琉球东南、东北诸岛及日本东南诸岛间航路；卷十志日本及千岛并堪察加东南岸间航路；卷十一志日本海、鞑靼海峡、黑龙江、库页岛、宗谷海峡、鄂霍次克海间诸航路。

清光绪二十年上海书局石印本，清光绪江南机器制总局刻本。

1615

新译海道图说十五卷首一卷附长江图说一卷／［英国］金约翰辑，［英国］傅兰雅口译，（清）王德均笔述

金约翰，生平事迹不详。

傅兰雅，见第1614条。

王德均，见第1603条王德钧。

清光绪二十二年上海书局石印本。

1616

两种海道针经

明清时期航海通书。由《顺风相送》和《指南正法》合编而成，二书原为旧钞本，藏于英国牛津大学鲍德林图书馆。《顺风相送》约成书于16世纪，《指南正法》约成书于18世纪初期（一说17世纪中叶）。作者均无考，可能是火长们航海经验之总结。《顺风相送》有二十七则，《指南正法》有八十七则，记载各处山形水势和往返针路，主要有三个部分：第一部分是关于气象方面的观察方法，如太阳太阴出入时刻，逐月恶风、海潮消长、雷电、星辰，以及定罗经下针、定船行更数和其他一些禁忌等。第二部分是各州府山形水势的记载，每一路途的简要说明。第三部分是各处往回针路、日清，以及往返各地的罗盘方向、路程远近、礁石隐显、打水深浅、能否停泊等。

抄本。

1617

艋舺街至浊水海道图说

抄本。

1618

中国海方向书

见“新译中国江海险要图志

二十二卷首一卷补编五卷图五卷”。

1619

中国海航行指南

见“新译中国江海险要图志二十二卷首一卷补编五卷图五卷”。

1620

中国海针路志

见“新译中国江海险要图志二十二卷首一卷补编五卷图五卷”。

1621

中国海指南

见“新译中国江海险要图志二十二卷首一卷补编五卷图五卷”。

游记之属

1622

苏莱曼东游记 / ［阿拉伯］苏莱曼撰

苏莱曼，约9世纪的阿拉伯商人、旅行家，曾到中国、印度等地经商。

一译《中国印度见闻录》，中世纪阿拉伯人所著最早关于中国和印度的旅游记。是书卷一约成于唐大中五年（851），作者不详，多倾向于商人苏莱曼，其一至二十三节介绍从巴士拉至中国航行途中的时间、港口、沿途税收，尤其是沿途的淡水补充、强风和龙卷风等气象、浅滩和礁岩、吃人种族所住岛屿。二十四至七十三节介绍两国的物产、商品价值、货币、管理商业的法规条例、经济和行政机构等情况。卷二约成于后梁贞明二年（916），作者为阿布·赛义德·哈桑，记载了从波斯湾起航至印度和中国的海上交通，沿途经过的国家和地区的风俗、物产、商业经济等。

民国译本。

1623

中国印度见闻录 / ［阿拉伯］苏莱曼撰

苏莱曼，见第1622条。

见“苏莱曼东游记”。

1624

漂海录三卷 / ［朝鲜］崔溥撰

崔溥（1454—1504），字渊渊，号锦南，朝鲜全罗道罗州人。二十四岁中进士，二十九岁中文科乙科第一，曾任校书馆博士、军资监主簿、司宪府监察等职。三十三岁重试中文乙科第一。翌年任弘文馆副校理、龙骧卫司果、副司直，官及五品后复任弘文馆校理，升任副应教兼艺文应教等职。著有《锦南文集》。

一作《锦南先生漂海录》。明弘治元年（1488），崔溥因父亲去世奔丧回家，不幸遭风暴袭击，而在海上漂流十四天，终于在“台州府临海县界”（今浙江省三门县）登陆。后来，崔溥自台州至杭州，由杭州沿京杭大运河行水路至北京，再由北京走陆路至鸭绿江，返回朝鲜。回国后写成该书，以日记体的形式记录了明朝弘治初年政治、军事、经济、文化、交通以及市井风情等方面的情况，是研究中国明朝海防、政制、司法、运河、城市、地志、民俗的珍贵文献。

锦南文集本。

1625

澳洲纪游一卷／（清）□□撰

域外地理著作。作者于清光绪十三年（1887）出香港，乘船经新加坡、印度尼西亚，最后到达澳大利亚悉尼。是书记沿途自然风光、港口、风土人情和悉尼城市建设等。

小方壶斋舆地丛钞本。

1626

槟榔屿游记一卷／（清）□□撰

小方壶斋舆地丛钞本。

1627

渡海舆记／（清）□□撰

见“采硫日记三卷”。

清雍正十年刻本，拜经楼旧抄本。

1628

渡海舆记一卷附袖海编一卷／（清）□□撰

清乾隆间抄本，清雍正十年刻本。

1629

台游笔记一卷／（清）□□撰

游记。是书首记风俗，于婚丧嫁娶、衣食住行甚详。次记清代建设台湾之状况，又记物产。另记有清廷官员治理台湾及台湾人民抗击法国军队等史事。

小方壶斋舆地丛钞本。

1630

游婆罗洲记一卷／（清）□□撰

婆罗洲，即加里曼丹岛，为世界第三大岛。中国史籍称婆利国、勃泥、浡泥、丹戎武罗、丹重布罗等。其北部为马来西亚的沙捞越和沙巴两州，两州之间为文莱；南部为印度尼西亚的东、南、中、西加里曼丹四省。

小方壶斋舆地丛钞本。

1631

舟行纪略一卷／（清）□□撰

清光绪八年（1882）四月，作者从日本横滨乘船到美国旧金山，留下了记录十六天航程的《舟行纪略》。

小方壶斋舆地丛钞本。

1632

乘槎笔记二卷／（清）斌椿撰

斌椿（1804—?），字友松，内务府正白旗汉军，襄平（今辽宁省辽阳市）人。历官郎中、襄陵知县。清咸丰七年（1857）加捐副护军参领衔。同治三年（1864）任海关总税务司英人赫德的文案。五年（1866）受清廷派遣率领同文馆学生赴欧洲游历，历经英国、荷兰、普鲁士、瑞典、芬兰、俄罗斯、比利时、法国等十一个国家，获英国、瑞典等国女王的接见，为第一批出使欧洲的中国人。著《乘槎笔记》《海国胜游草》《天外归帆草》，记载此行见闻。

是书记斌椿赴欧洲游历的沿途见闻、航程、个人感受等。

清同治八年京都琉璃厂二酉堂刻本，清同治十年刻本，清题雨苍氏抄本，铁香室丛刻本，清光绪十一年扫叶山房刻本。

1633

乘槎笔记一卷／（清）斌椿撰

斌椿，见第1632条。

清同治八年刻本，清吴氏二百兰亭斋抄本，长恩阁校订三代遗著本，小方壶斋舆地丛钞本，清抄本。

1634

乘槎笔记一卷海国胜游草一卷天外归帆草一卷／（清）斌椿撰

斌椿，见第1632条。

清同治八年刻本，清光绪八年北京琉璃厂琳琅阁刻本。

1635

西洋各国乘槎笔记二卷／（清）斌椿撰

斌椿，见第1632条。

中外交通著作。同治五年（1866）历访英国、瑞典和德、比、法、俄六国，斌椿写成此书，详细记录所经各国山川险塞、建国疆域、鸟兽虫鱼草木、器用、风俗等内容。

清同治八年刻本，清同治十三年刻本。

1636

出洋琐记一卷／（清）蔡钧撰

蔡钧，见第 0717 条。

域外地理著作。清光绪七年（1881），蔡钧奉调随使美国、日本及秘鲁三国，取道中国香港、日本抵美国，历程二十七日。居华盛顿一段时期，又随使至纽约，由纽约至西班牙，任驻西参赞近二年。后取道巴黎、地中海、苏伊士运河、红海，经亚丁、印度洋、锡兰、新加坡、西贡回国。是书记录期间阅历，包括行程里数、各国城市风光、文化、风俗等内容。

清光绪十一年弢园王氏刻本，铁香室丛刻本，小方壶斋舆地丛钞本。

1637

曾侯日记一卷／（清）曾纪泽撰

曾纪泽（1839—1890），字劼刚，湘乡（今湖南省双峰县）人。曾国藩长子，清同治九年（1870）由二品荫生补户部员外郎，光绪三年（1877）袭侯爵，旋充驻英、法大臣，补太常寺少卿兼充驻俄大使，改签《中俄伊犁条约》，收回伊犁特克斯河地区，晋兵部右侍郎。归国后帮办海军事务，助李鸿章建立北洋海军，改兵部左侍郎，在总理各国事务衙门行走。卒，谥惠敏。撰有《佩府韵求古篇》《说文重文本部考》《群经臆说》等。

申报馆丛书本，小方壶斋舆地丛钞本，游记汇刊本。

1638

曾惠敏公使西日记二卷／（清）曾纪泽撰

曾纪泽，见第 1637 条。

曾惠敏公遗集本。

1639

出使英法日记一卷／（清）曾纪泽撰

曾纪泽，见第 1637 条。

清光绪四年（1878），曾纪泽出任驻英法大臣，后又兼驻俄大臣。日记记事始于光绪四年七月，迄于光绪十二年十一月。多记载日常生活、例行事务，详细地记载了关于与沙俄谈判、签订《中俄伊犁条约》的经过。

清光绪三年上海著易堂铅印本，清光绪十七年上海著易堂铅印本，清光绪二十三年新学书局刻本。

1640

使西日记一卷／（清）曾纪泽撰

曾纪泽，见第1637条。

游记。曾纪泽曾任驻英法大臣兼驻俄公使。是书为其出使英、法、俄国日记，记事起自清光绪三年（1877）秋，止光绪十二年（1886）十一月。其路经西贡、新加坡、锡兰、亚丁、红海、苏伊士运河、波利寨、米新卡那海峡、意大利那波利岛、法国马赛和巴黎、伦敦等地，又曾至俄国。此书记沿途见闻及外交事务，涉及各国地理山川、政治、经济、军事、风俗习惯等。如新加坡市肆、华人贸易，亚丁地形、炮台、独峰驼等，埃及水利，波利寨市容，麦西那名火山，那波利岛人口、教堂、水族院，马赛地理形势、城市建筑、花园、河流，英国造船、军舰、习俗、博物院等。

小方壶斋舆地丛钞本。

1641

使美纪略一卷／（清）陈兰彬撰

陈兰彬（1816—1895?），字荔秋，吴川（今属广东省湛江市）人。清咸丰三年（1853）进士，八年（1858）主管广东洋务，旋丁母忧回籍，掌教高文书院，并筹办团练，对抗太平军，后入曾国藩幕。同治十一年（1872）以留学监督身份率领第一批留学生赴美。光绪四年（1878）以太常寺卿身份出使美国、西班牙、秘鲁，为首任中国驻美公使。后奉调回国，历官兵部、礼部侍郎及会试阅卷大臣等职。著有《泛槎诗草》《使美纪略》《使美白咏调》《重次千文》《毛诗札记》《治河刍言》等。

是书为陈兰彬于清光绪三年正月二十八日奉使美国、西班牙、秘鲁三国至九月初六日（1877年3月1日至10月1日）初抵美京华盛顿的记录，为珍贵的中美外交史研究史料。

小方壶斋舆地丛钞本。

1642

秘游随录一卷／（清）陈汝桢撰

陈汝桢，生卒年不详，字作屏，番禺（今属广东省广州市）人。清光绪十六年（1890）任香港东华医院主席，与人倡建沙芠敦仁善堂。游历美、日、秘鲁各国考察商务。著有《秘游随录》。

此书为陈汝桢游历秘鲁国时

所作。

清光绪三十二年刻本。

1643

奉使朝鲜日记／（清）崇礼撰

崇礼（？—1907），字受之，内务府汉军正白旗人。历官内务府大臣、总理各国事务大臣、刑部尚书兼步军统领，文渊阁大学士。光绪中先后出任山海关副都统、热河都统。卒，谥文恪。

清光绪十六年（1890）四月十七日，朝鲜国王李熙母妃赵氏逝世，崇礼以右侍郎奉使往朝鲜致祭。崇礼一行自天津出发，至朝鲜仁川登陆。礼成，循原道返京。是书为崇礼记奉使行程。

清光绪二十年上海著易堂小方壶斋舆地丛钞补编本，清光绪间木活字本。

1644

出使美日秘国日记十六卷／（清）崔国因撰

崔国因（1831—1909），字惠人，号笃生、宣叟，太平（今属安徽省黄山市）人。清同治十年（1871）进士，后授翰林院编修。光绪十五年（1889）升翰林院侍讲，赏二品顶戴，受命接替张荫桓为出使美国、西班牙、秘鲁大臣。

清光绪二十年铅印本。

1645

出使美日秘国日记一卷／（清）崔国因撰

崔国因，见第1644条。

是书为崔国因于清光绪十五年（1889）至十九年（1893）任驻美国、日斯巴尼亚（西班牙）、秘鲁公使时所写日记。主要记述外交和商务活动事项，兼有当时世界各国新闻情报，旁及政治制度、农田水利、金融币制、工商铁路、兵工军备乃至民风习俗等。

小方壶斋舆地丛钞本。

1646

出使九国日记十二卷／（清）戴鸿慈撰

戴鸿慈（1853—1910），字光孺，号少怀，南海（今属广东省佛山市）人。十五岁为廪生，二十岁为同治十二年（1873）拔贡、连捷解元。光绪二年（1876）进士，授翰林编修。二十年（1894）翰林大考，名列一等。历官刑部侍郎、户部侍郎、法部尚书、经筵讲官、参预政务大臣、礼部尚书、协办大学士、军机大臣、太子少保等职。三十一年（1905），清廷特简亲贵大臣到欧美考察政治，即著名的“五大臣出洋”，其时任户部右侍郎，为五大臣之一，出使美、英、法、德和丹麦、瑞士、荷兰、比利时、意大利等国。归国后奏请立宪，改刑部为法部，为首任尚书。宣统元年（1909）以尚书衔在军机处行走、升协办大学士。卒，赏太子少保，谥文诚。

是书记事自清光绪三十一年八月（1905年9月）起，至三十二年六月（1906年7月）止。主要记载考察日、英、法、比、美、德、奥、俄、意等国的政治情况，也比较注意考察其财政经济、文化教育、文艺宣传、名城古迹、风土人情等方面情况。

清光绪三十二年铅印本。

1647

闽粤巡视纪略六卷／（清）杜臻撰

杜臻（1624—1703），榜名徐臻，字肇余，一字遇徐，号慕徐，秀水（今属浙江省嘉兴市）人。清顺治十五年（1658）进士，改庶吉士，散馆授编修，累迁内阁学士，擢吏部侍郎。康熙二十二年（1683）抚视闽粤，后官刑部尚书，再调礼部。二十九年（1690）休致，获赐“烟霞耆旧”额。著有《经纬堂文集》《烟霞集》《粤闽巡视纪略》《海防述略》。

游记。清康熙二十二年（1683），杜臻奉诏与内阁学士石柱赴广东、福建沿海一带巡视，办理划定疆理、开辟田地、弛禁鱼盐、酌定通商口岸、防务等事。十一月自北京启程，经河北、山东、江苏、安徽、江西至广东，再由广东至福建，次年五月事毕。是书记其始末，首为沿海总图，卷一至卷三为粤略，卷四至卷五为闽略，卷六附纪澎湖台湾诸岛。对广东、福建疆域、地理形势、州县建置沿革、山川、名胜古迹、海防、兵制等记述甚详。因未至台湾，故仅据咨访所得录为一卷，置于书末。

清南海孔氏岳雪楼抄本，民国复印本。

1648

闽粤巡视纪略五卷／（清）杜臻撰

杜臻，见第1647条。

清康熙三十八年经纬堂刻本，四库全书本。

1649

粤闽巡视纪略六卷／（清）杜臻撰

杜臻，见第1647条。

四库全书本，抄本。

1650

粤闽巡视纪略粤纪三卷闽纪二卷附纪澎湖台湾一卷／（清）杜臻撰

杜臻，见第1647条。

清康熙三十八年经纬堂刻本，清康熙刻本。

1651

身见录／（清）樊守义撰

樊守义（1682—1753），又作守利、守和、诗义，字利如，绛州（今山西省新绛县）人。

樊守义少年即成“虔事天主”的教徒。清康熙四十六年（1707）遣西洋教士出使罗马时，随艾若瑟（Jos-Ant Provana，1662—1720）同往。从澳门出发，经马六甲，过好望角，抵葡萄牙。四十八年（1709）赴罗马“见教王，承优待”，访意大利中部、西北部诸多城邦。五十八年（1719）启程归国，次年六月抵广州。归国后追忆旅途所见撰成《身见录》，记述欧城邦情形，不仅是第一篇中文欧洲游记，也是第一篇中国人的美洲游记。原稿今藏罗马国立图书馆，阎宗临于1937年曾将其拍成照片带回中国。

稿本。

1652

郭侍郎使西纪程不分卷／（清）郭嵩焘撰

郭嵩焘（1818—1891），字伯琛，号筠仙，亦号玉池老人，湘阴（今湖南省湘阴县）人。清道光二十七年（1847）进士，咸丰三年（1853）随曾国藩办团练与太平军作战。七年（1857）授编修，翌年入直上书房。同治元年（1862）授苏松粮储道，迁两淮盐运使，次年升广东巡抚。光绪二年（1876）被派赴英国处理“马嘉理案”，并为首任驻英公使。四年（1878）兼任驻法国公使，是我国第一位驻外外交官。著有《养知书屋遗集》《使四纪程》《中庸质疑》《大学质疑》《礼记质疑》等。

见《使西纪程二卷》。

清光绪二十三年成都志古堂刻本。

1653

使西纪程二卷／（清）郭嵩焘撰

郭嵩焘，见第1652条。

域外地理著作。郭嵩焘取道香港、新加坡、麻剌甲（马六甲）海峡、锡兰（斯里兰卡）、亚丁、红海、苏尔士（苏伊士）运河、入地中海，再出奇巴腊答（直布罗陀）海峡进入大西洋北行至伦敦。是书记郭嵩焘出使英国行程见闻，记事起清光绪二年（1876）十月十七日，止于十二月八日，对途经越南、泰国、马来西亚、印度尼西亚、伊朗、埃及、土耳其、希腊、意大利、利比亚、突尼斯、摩洛哥、葡萄牙、西班牙、法国、英国等二十余个国家和地区的地理形势、山川河流、经济贸易、军事设防、宗教信仰、风俗民情、城市建设、气候等均有记载。

清光绪二十三年沔阳李氏铁香室刻本。

1654

使西纪程一卷 /（清）郭嵩焘撰

郭嵩焘，见第 1652 条。

见“使西纪程二卷”。

小方壶斋舆地丛钞本。

1655

使东述略一卷杂咏一卷 /（清）何如璋撰

何如璋（1838—1891），字子峨，大埔（今广东省大埔县）人。清同治七年（1868）进士。光绪三年（1877）晋升为翰林院侍讲，加二品顶戴，充出使日本大臣，成为中国首任驻日公使。八年（1882）任满归国，任翰林院侍读学士，诰授通奉大夫日讲起居注官。翌年任詹事府少詹事、福建船政大臣。十年（1884），法国军舰入侵马尾后，协同福建海疆会办大臣张佩伦组织水师积极备战，并多次驰电清廷力主抗法。嗣以马江战败，遭诬革职，充军张家口。十四年（1888）主讲潮州韩山书院。著有《管子析疑》《使东述略》《使东杂咏》等。

是书自叙于清光绪三年（1877）与副使从官十余人东渡日本后的见闻，系近代中国关于日本的第一篇正式报告，附《使东杂咏》六十七首。内记清代中日建交互派公使经过，涉及日本的时政、民俗、礼仪、地理等，对沿途所经神户、大阪、京都等城市风俗及东京大学东洋文化研究所的记载甚详。重点记述了日本明治维新起因、经过，并提出中日“化畛域，联辅车”，共御沙俄侵略的主张。

铁香室丛刻本，小方壶斋舆地丛钞本。

1656

使东杂记一卷 /（清）何如璋撰

何如璋，见第 1655 条。

是书为自《使东杂咏》摘录

各篇的自注。

铁香室丛刻本，小方壶斋舆地丛钞本。

1657

游历见闻录／（清）洪勋撰

洪勋（1856—?），余姚（今浙江省余姚市）人。清光绪六年（1880）进士，任户部学习主事。十三年（1887）经总理衙门考试，选拔为官派到欧洲游历官员，携翻译离开上海，乘德国商船游历意大利、奥地利、德国、瑞典、挪威、丹麦、比利时、法国、西班牙、葡萄牙等国。以所见闻分别撰游历意大利、瑞典、挪威、西班牙、葡萄牙等闻见录。

总域外地理。是书为洪勋游历各国之综录，备载欧洲各国京城、国体、军队、人才、农业、财政、商业、宗教、封爵、婚嫁、风俗礼制、城市管理、善举、文化、武备、艺术、医疗、技艺（机械）、教育、天文、气象、报馆、戏院、宫室、市场、园林别墅、城市绿化、都会郡邑、道路等。

小方壶斋舆地丛钞本。

1658

游历葡萄牙闻见录一卷／（清）洪勋撰

洪勋，见第1657条。

域外地理著作。清光绪十四年（1888），洪勋在葡萄牙游历，以所闻见撰此书。是书首记葡萄牙地理位置、面积、行政单位，次记历史、政府、议会、陆军、水师、户口、兵制、财政、贸易、耕地、商船、铁路、邮政、学校、宗教、首都、属地、工厂、房屋、建筑等。

清光绪二十八年云间丽泽学会石印本。

1659

游历瑞典那威闻见录／（清）洪勋撰

洪勋，见第1657条。

域外地理著作。清光绪十四年（1888），洪勋在挪威游历，以所闻见撰此书。是书首记挪威地理位置、面积、行政单位，次记历史、政府、陆军、水师、户口、兵制、财政、贸易、商船、学校、工厂、建筑等。

小方壶斋舆地丛钞本。

1660

游历闻见拾遗／（清）洪勋撰

洪勋，见第1657条。

小方壶斋舆地丛钞本。

1661

游历闻见总略／（清）洪勋撰

洪勋，见第1657条。

小方壶斋舆地丛钞本。

1662

游历西班牙闻见录一卷／（清）洪勋撰

洪勋，见第1657条。

域外地理著作。清光绪十四年（1888），洪勋游历西班牙，以所见闻撰此书。是书首考西班牙古国名。次记位置、面积、历史、政府、议院，外、刑、兵、海、户各部，军营、水师、户口、兵制、财政、贸易、矿产、铁路、宗教、京城、属地、斗牛、治疾等。

清光绪二十八年云间丽泽学会石印本，小方壶斋舆地丛钞本。

1663

游历意大利闻见录／（清）洪勋撰

洪勋，见第1657条。

域外地理著作。清光绪十四年（1888），洪勋游历意大利，以所见闻撰此书，记其位置、面积、历史、政府、水师、户口、兵制、财政、贸易、属地等。

小方壶斋舆地丛钞本。

1664

游历刍言一卷／（清）黄懋材撰

黄懋材（1843—1890），又作茂材，字不刁，号豪伯，别号柏庭，上高（今江西省上高县）人。年十六中秀才后放弃科举，热衷于经世之学。清光绪元年（1875）得学政李文田赏识，入同文馆。四年（1878），英国企图蚕食西藏，懋材受命前往西藏察看，详尽了解缅甸被英国蚕食的前因后果，用半年时间考察印度。后赴孟加拉国、新加坡、越南等国收集大量资料。后任平彝、弥勒知县。著有《游历刍言》《西徼水道》《西辅日记》《印度杂记》《海国见闻录》《西域四部图》《机器略释》等。

中外交通著作。清光绪四年（1878），黄懋材奉命游历印度，翌年由海道经新加坡、西贡回国，著有《印度杂记》。是书即以此次游历写成，首记五印度地势、历史，记有英建孟加拉国、曼打拉萨（马德拉斯）、孟买三码头、驻军、卡里格达（加尔各达），西北二印度民风以及中国新疆通印度三道。二记腾越，中国通缅门户，八关九隘。三记西北出嘉峪关南北二路和中亚各地历史交通、物产。四记南洋诸岛被葡、西、荷、英霸占。五记俄罗斯幅员、历史扩张及侵据我国领土。六为和林（今蒙古人民共和国哈拉和林）考。末记其悉心临摹孟加拉国博物馆藏中亚细亚一图，并译为中文，参校中国图志删繁补缺情况。

新阳赵氏汇刊本，小方壶斋舆地丛钞本，游记汇刊本。

1665

东游日记／（清）黄庆澄撰

黄庆澄，见第0428条。

是书为黄庆澄于清光绪十九年（1893）东游日本期间所作。包含日本时政、风俗、名胜、礼仪、地理及中日文化比较等内容。

清光绪二十年刻本，小方壶斋舆地丛钞本。

1666

台游日记四卷／（清）蒋师辙撰

蒋师辙（1847—1904），字绍由，一字遁庵，号颍香，上元（今属江苏省南京市）人。清同治十二年（1873）拔贡，光绪十七年（1891）中顺天副榜。翌年，应台湾巡抚邵友濂之聘赴台襄助校课，嗣任台湾通志局首任总纂。二十四年（1898）授安徽知州，旋改寿州，移凤阳，调桐城。二十九年（1903）授无为州知州。著有《江苏水利全案》《江苏水利图说》《江苏海塘新志》《临朐县志》《鹿邑县志》《燃犀录》《台游日记》《青溪诗存》等。

是书记蒋师辙首次赴台的所见、所闻和所感，对台湾童试和台湾军备有详细的记述。

台湾文献丛刊本。

1667

卜来敦记／（清）黎庶昌著

黎庶昌，见第0259条。

卜来敦，今译布莱顿，英格兰南部海滨城市。

小方壶斋舆地丛钞本。

1668

奉使伦敦记一卷／（清）黎庶昌撰

黎庶昌，见第0259条。

是书记作者于清光绪二年（1876）随郭嵩焘出使欧洲，担任驻英参赞时的沿途见闻。

小方壶斋舆地丛钞本，振绮堂丛书本。

1669

使德日记一卷 / （清）李凤苞撰

李凤苞（1834—1887），字海客，号丹崖，崇明（今属上海市）人。县学增生，以例贡历官主事、员外郎、郎中，至候选道。历办江南制造总局、吴淞炮台工程局，绘地球全图。同治十三年（1874）同金楷理合译《克虏卜炮图说》《克虏卜炮药弹造法》。光绪元年（1875），由丁日昌调充福州船政局总考工。次年，经李鸿章推荐任船政留学生监督，率留学生赴英、法两国学习航海技术。四年（1878）署理驻德公使兼顾留学生和采购船舰军火事宜。次年任驻德公使，旋兼任驻奥地利、意大利、荷兰三国公使。十年（1884）暂兼驻法公使。中法战争爆发回国，任北洋营务处总办兼管水师学堂。不久，因在德国购舰受贿遂被革职。著有《四裔编年表》《西国政闻汇编》《文藻斋诗文集》等。

日记体游记。李凤苞于清光绪四年（1878）由李鸿章推荐任清驻德公使，专办采购船舰军火事宜。是书以其见闻而著，记事起自光绪四年十月（1878 年 11 月），迄于十二月（1879 年 1 月），所记虽多外交活动，也记载德国各地城镇、工业、交通、文化、风俗、古迹、士旦丁造船厂以及德意志联邦四王国等。

小方壶斋舆地丛钞本，灵鹣阁丛书本，游记汇刊本，丛书集成初编本。

1670

东行日记一卷 / （清）李圭撰

李圭，见第 0287 条。

是书为李圭赴美考察时的日记。该书所选前两则是途经日本时所记，后两则记于自日本至美国的海轮上。

小方壶斋舆地丛钞本。

1671

环游地球新录四卷 / （清）李圭撰

李圭，见第 0287 条。

清光绪二年（1876），赫德委派李圭前往美国费城参加美国建国一百周年博览会。回国后，李圭将其在美期间的考察、见闻写成此书。李圭自上海东行，经日本越大东洋，抵美国旧金山，又陆行万余里至费城，往游华盛顿、哈佛、纽约等地。会事完毕，又自费涉大西洋抵伦敦、巴黎，遂由地中海，经苏伊士河，过红海，历锡兰、新加坡、西贡、香港而还。所到之处皆有记载，包含美会纪略、游览随笔、东行日记，另附地球图、会馆图。

清光绪三年刻本，清光绪四年铅印本，清光绪十年刻本，清光绪二十一年宝善书局石印本，清善成堂刻本。

1672

东隅琐记一卷／李浚之撰

李浚之（1868—1953），号响泉，宁津（今山东省宁津县）人，祖籍山东即墨。出身书香世家，是张之洞的亲外甥，为清末实业救国的倡导者。

清光绪三十一年（1905），李浚之受张之洞的派遣，从天津出发，在塘沽乘日本邮轮东渡扶桑，考察日本工业、商务、教育、律政及社会风俗等洋务。回国后，又经天津至上海、青岛、济南等地考察国内实业情况。后以东瀛之行的所见所闻及考察成果写成此书，又将在上海、济南、青岛等地的游历见闻笔记成文，附于卷尾。

清光绪宁津李氏铅印本。

1673

海国纪闻／（清）李兆洛编

李兆洛，见第1081条。

李兆洛对谢清高口述、吴兰修笔录的《海录》整比次第，略加条定而编成此书。见“海录不分卷”。

佚书。

1674

东行初录一卷续录一卷三录一卷／（清）马建忠撰

马建忠，见第0851条。

是书以日记体形式记录了马建忠自清光绪七年（1881）以来办理外交的经历。《东行初录》记述光绪八年（1882）朝鲜与美国立约通商，其政府不谙外交，愿请中国大员莅盟，于是李鸿章命马建忠率威远、扬威、镇海三舰至烟台，会同美国公使薛孚尔驶赴朝鲜议约，随后英、法相继与朝鲜立约通商。《东行续录》记录了朝鲜与德意志立约通商。《东行三录》主要记录有关朝鲜李昰应的问题。

中国内乱外祸历史丛书本。

1675

南行记一卷／（清）马建忠撰

马建忠，见第0851条。

清光绪七年（1881），马建忠、吴广霈受清廷派遣交涉鸦片事务，在印度停留二十五天。回国后，马建忠著《南行记》，吴广霈著《南行日记》，记叙他们在印度的见闻。

小方壶斋舆地丛钞本。

1676

适可斋记言四卷记行六卷／（清）马建忠撰

马建忠，见第0851条。

是书汇集了马建忠回国前后倡议学西方、行新政的主要论说和参与外交活动的记录。分记言和记行两部分。记言由留法及回国后有关洋务、维新之函禀、论说组成，包含《富民说》《法国海军职要叙》《上李伯相言出洋工课书》《上李伯相复议何学士奏设水师书》《复李伯相札议中外官交涉仪式洋货入内地免厘禀》《上李伯相论朝鲜商约界务禀》《上李伯相论漠河开矿事宜禀》等。记行包含《旅顺记》《南行记》《东行初录》《东行续录》《东行三录》，以日记体形式记录了马建忠自清光绪七年（1881）以来办理外交的经历。《旅顺记》《南行记》分叙考察旅顺防务、出使印度查办鸦片所经过的香港、新加坡、槟榔屿的情形。《东行初录》记述光绪八年（1882）朝鲜与美国立约通商，李鸿章命马建忠率威远、扬威、镇海三舰至烟台，会同美国公使驶赴朝鲜议约。《东行续录》记录了朝鲜与德意志立约通商。《东行三录》主要记录有关朝鲜李昰应问题。

清光绪刻本，清光绪二十二年上海著易堂石印本，清光绪二十三年文瑞楼石印本。

1677

俄游汇编八卷／（清）缪祐孙撰

缪祐孙，见第0299条。

清光绪二十一年上海江左书林石印本，清光绪二十四年上海书局石印本。

1678

俄游汇编十二卷／（清）缪祐孙撰

缪祐孙，见第0299条。

清光绪十三年（1887），缪祐孙被选作海外游历使，派赴俄国，由海轮至圣彼得堡，后周游俄国各地，由陆路经恰克图归国，前后两年，往返十余万里，著此书详记所见所遇。是书第一卷分俄罗斯源流考、译俄人自记取悉毕尔始末、译俄人自记取中亚细亚始末三部分。第二至四卷为疆域表和地图。第五卷是俄罗斯铁路表和图。第六卷是通俄道里表。第七卷是山形志和水道记。第八卷是舟师实、陆军制、户口略。第九到十二卷是游历期间的日记。

稿本，清光绪十五年上海秀文书局石印本。

1679

俄游汇纪十二卷／（清）缪祐孙撰

缪祐孙，见第 0299 条。

一作《游俄汇记》，见《俄游汇编》。

1680

游美洲日记一卷附出洋见闻琐述一卷／（清）祁兆熙撰

祁兆熙（？—1891），号瀚生，上海（今上海市）人。初为增生，由例仕同知，后保花翎补用知府，署广东惠州府碣石通判。博学多才，长于洋务。清同治十三年（1874）奉命带领唐绍仪等幼童三十名赴美国留学。归国后任官广东十七年，历办督署洋务，辑中外通商约章，同香港英国当局妥定中国电局事宜，又办团练协助镇压群众斗争等。著有《游美洲日记》，辑有《通商约章》《洋务成案》等。

清同治十三年（1874），祁兆熙护送第三批幼童赴美留学并著此书。是书记事始自清同治十三年八月初九（1874 年 9 月 19 日），迄于同年十二月一日（1875 年 1 月 8 日），主要记叙护送第三批幼童离沪赴美留学期间的经历、见闻及所感。

抄本。

1681

欧游随笔一卷／（清）钱德培撰

钱德培（1843—1904），字琴斋，号闰生，祖籍山阴，生于大兴（今属北京市）。因镇压太平天国功步入仕途，曾在江苏任县令、候补道员。因才学出众，李鸿章、张之洞等人均有意罗致帐前，曾受光绪帝亲自召见。积极参与洋务运动，襄办北洋武备学堂，并创办江南陆师学堂及江西武备学堂等。先后担任北洋武备学堂监督、南洋陆师学堂（江南陆师学堂）第一任总办、新湘五旗统领等职。官至江苏道员。光绪三年（1877）年底随德公使赴德，九年（1883）回国，撰有《欧游随笔》。

游记。钱德培于清光绪三年（1877）随使德国，十月自上海乘法轮经香港、西贡、新加坡、亚丁、苏伊士运河、意大利、巴黎等抵德国柏林，于光绪九年（1883）回上海。是书记其往返途中见闻，对各国政治、经济、军事、文化、地理等均有记述，如新加坡、锡兰土特产，亚丁鸵鸟，苏伊士运河地理形势等。另对地球自转与潮汐，中外风俗异同提出了自己的看法。

小方壶斋舆地丛钞本。

1682

记事珠／（清）沈复撰，（清）钱泳抄录

沈复（1763—?），字三白，号梅逸，长洲（今属江苏省苏州市）人。曾长期在安徽绩溪，江苏吴江、青浦和扬州，湖北荆州，山东莱阳等地做幕僚，足迹几遍天下。嘉庆十三年（1808）曾随翰林院编修齐鲲出使琉球，参加册封琉球国王尚灏的盛典。著有自传性质的散文集《浮生六记》，作于琉球那霸的天使馆。

钱泳（1759—1844），初名鹤，字台仙，后更名泳，字立群，号梅溪、梅花溪居士，金匮（今江苏省无锡市）人，晚年迁居常熟。清乾隆五十三年（1788）入毕沅幕，官候选府经历。著有《兰林集》《梅花溪诗抄》《登楼杂记》《述德编》《履园丛话》《履园金石目》《守望新书》《说文识小录》等。

钱泳录清嘉庆十三年（1808）有关人员出使琉球的文字而成。经考证为沈复《浮生六记》卷五《中山记历》（原名为《海国记》《册封琉球国记略》）的佚文。文中清楚记录了沈复等人于嘉庆十三年五月十三日辰刻见到钓鱼岛，随后祭天后（妈祖），顺利过了黑水沟（中琉海沟），于十四日进入琉球国界。此记载是中国拥有钓鱼岛主权的铁证。

清钱泳抄本。

1683

南游纪程不分卷／（清）孙蟠撰

孙蟠（1727—1804），名士拗，字十洲，号石舟，又号小巫山樵，寿州（今安徽省寿县）人。清乾隆贡生，曾任广西南宁府知府、浙江按察使。著有《群经析疑》《读书十八则》《十洲诗文钞》《南游记程》《浪游凄响》《旅窗晴课》《乐老堂百廿寿印谱》《孙氏宗祠乡贤传》等。

是书记录孙蟠游历南方十数省，行程一万三千余里的所见所闻。

清嘉庆二十年乐老堂刻本。

1684

中外述游一卷／（清）田嵩岳撰

田嵩岳，生卒年不详，本名均，别号晚霞生，成都（今四川省成都市）人。

游记。是书记田嵩岳平生游历。清同治末光绪初，田嵩岳游历往返于川湘江浙之间。中法战争期间曾从大军南下，纵览城郭民情、山川厄塞，后东游日本长崎等地。光绪十五年（1889）取道香港至泰国，记其疆域、出产以及华侨。后抵新加坡，记其自然地理、华侨活动。

小方壶斋舆地丛钞本。

1685

扶桑游记一卷 /（清）王韬撰

王韬，见第 0318 条。

日记体游记。是书为王韬游日本日记，故名《扶桑游记》。记事始于清光绪五年闰三月初七日（1879 年 4 月 28 日），讫于同年七月十五日（9 月 1 日），其内容涉及日本明治维新以来的社会变化、中日两国人民的友好往来、日本的山川风光和民风习俗以及朱舜水在日本的巨大影响等，另有作者游日期间所作诗文。

小方壶斋舆地丛钞本。

1686

东洋琐记一卷 /（清）王之春撰

王之春，见第 0320 条。

域外地理著作。王之春曾于清光绪五年（1879）泛海东游日本二月，是书记此游见闻。首记日本分野、经纬度位置、面积；次载疆域、长崎岛、神户、大阪、箱根，并记户口、兵额、六镇（东京、大阪、仙台、名古屋、广岛、熊本）、官制、土产、学校、形胜等。

清光绪三年上海著易堂刻本，清光绪十七年上海著易堂刻本，小方壶斋舆地丛钞本。

1687

东游日记一卷 /（清）王之春撰

王之春，见第 0320 条。

是书系王之春于清光绪五年（1879）赴日本经上海途中所作，对未园园林之盛，虹口停放机器船的构造以及往来上海与日本之间的东洋船的设备等记述甚详。

小方壶斋舆地丛钞本，清光绪二十九年铅印本。

1688

使俄草八卷附条陈折稿一卷舆地图一卷图说一卷 /（清）王之春撰

王之春，见第 0320 条。

一作《使俄日记》，为王之春出使俄国，游历英、德、法之日记。是书记事起自清光绪二十年（1894）十月十六日奉命出使，迄次年闰五月十七日抵上海止。于出使前的准备，与俄交涉经过以及各国政治沿革、西学源流、山川险易、风俗民情、军械更新、社交活动等随得随录，记载颇详。书后附王之春条陈折稿、舆图、图说等。

清光绪二十一年上海文艺斋石印本。

1689

海客日谭六卷首一卷／（清）王芝撰

王芝，生卒年不详，字子石，今四川华阳人。曾就读于尊经书院。清光绪中曾出游南北，又游历南洋、新加坡诸岛。

一作《渔瀛胪志》，系王芝于清同治七年（1868）自滇取道缅甸赴欧洲，按日记程，时有吟咏所成。是书卷一至卷三记缅事，记滇边至缅甸之山川、道里、风俗、人情甚详。卷三之一部分与卷四均记欧洲诸国。卷五记地中海、红海、印度海、南海和七洲洋沿岸诸国。卷六载自香港回京沿途经历。

清光绪二年石城王氏刻本，清光绪十一年湖南湘远书局刻本。

1690

渔瀛胪志／（清）王芝撰

王芝，见第1689条。

见“海客日谭六卷首一卷”。

1691

闽游偶记／（清）吴振臣纂

吴振臣（1664—?），字南荣，小字苏还，吴江（今属江苏省苏州市）人。兆骞子，生于宁古塔，返乡时已十八岁，终生不仕。后写《宁古塔纪略》以记其事。著有《闽游偶记》等。

是书为吴振臣和知府冯协于清康熙四十七年（1708）一起渡台的见闻录。

小方壶斋舆地丛钞本，台湾舆地汇钞本。

1692

东游记一卷／（清）吴钟史撰

吴钟史，生卒年不详，归安（今浙江省湖州市）人。清光绪八年（1882）应上海招商总局徐雨之、郑陶斋等邀同赴朝鲜考察商务。

是书记吴钟史于清光绪八年（1882）游历朝鲜的行程和见闻。

小方壶斋舆地丛钞本。

1693

广谢清高海语不分卷／（清）谢清高口述，（清）杨炳南条记

谢清高（1765—1821），嘉应州（今广东省梅州市）人。出生贫苦农家，少年时随商船出海，十八岁船翻落水，被葡萄牙人救起。从此在外国商船上当水手，清乾隆四十七年至六十年（1782—1795）遍游各国，习其语言，记其岛屿、城寨及其风俗、物产等。三十一岁时双目失明被船主解雇，后流落在澳门靠做翻译勉强度日。今传世之《海录》一书，即由清高以其所阅历及传闻海外诸国之事口述而成。

杨炳南，生卒年不详，字秋衡，号舜琴嘉应州（今广东省梅州市）人。清道光十九年（1839）举人。与谢清高同邑，嘉庆二十五年（1820）春游澳门时遇谢清高，记其所言而成此书。

抄本。

1694

海录不分卷／（清）谢清高口述，（清）杨炳南辑

谢清高，见第1693条。

杨炳南，见第1693条。

原书不分卷，但记述颇有条理，明显可分为三部分。冯承钧据现存版本注释时分为上、中、下三卷。上卷记述西南海诸国，包括暹罗（泰国）、越南、本底（柬埔寨）、麻六呷（马六甲）等三十五个国家和地区的地理位置、物产、居住、交通、服饰、礼仪、民族、风俗等。中卷记述南海各国，包括万丹（爪哇西部）、小吕宋（菲律宾）等三十三个国家和地区的地理情况。下卷记西北海各国，包括欧洲、美洲和非洲等二十七个国家和地区的地理情况，如大西洋国（葡萄牙）、大吕宋国（西班牙）、暎咭利国（英国）和咩哩干国（美国）等。由于我国历代古籍中对上述三洲的情况均缺乏记载，而谢清高口述的又是亲身目睹耳闻，故价值最高。《海录》还在我国古籍中首次记录了北极圈附近地区的情况。

清道光二十二年刻本。

1695

海录三卷／（清）谢清高口述，（清）杨炳南笔述

谢清高，见第1693条。

杨炳南，见第1693条。

清道光刻本，清抄本。

1696

欧游杂录二卷／（清）徐建寅撰

徐建寅（1845—1901），一名寅，字仲虎，号雪村，无锡（今江苏省无锡市）人。清同治四年（1865）入江南制造局参与制造测海船，并与其父及英人傅兰雅等翻译西方科技书籍。十三年（1874）调天津机器局，次年调济南总办山东机器局。光绪十二年（1886）调金陵办机器局，参与炼钢和制造后膛枪。十五年（1889）维新变法时任农工商督办。二十二年（1896）任福建船政局马尾造船厂提调。不久，被湖广总督张之洞调湖北任湖北省营务总办，保安火药局、汉阳钢药厂督办。二十七年（1901），在钢药厂与员工试制无烟药时失事殉职。著译有《造船全书》《兵学新书》《化学分原》《水雷录要》《欧游杂录》等。

是书为徐建寅任驻德使馆参赞时于清光绪五年（1879）奉李鸿章之命参观考察德、英、法等国工厂后所撰。是书详细记录各国工厂的规模、设备、生产技术、工艺过程，介绍了六十多种金属加工工艺及设备，还记录了他向英德等国商议订购铁甲舰的过程和西欧诸国工厂管理情况。

清光绪刻本，清光绪二十二年石印本。

1697

欧游杂录一卷／（清）徐建寅撰

徐建寅，见第1696条。

小方壶斋舆地丛钞本。

1698

出使四国日记六卷／（清）薛福成撰

薛福成，见第0916条。

薛福成关心洋务、主张变法，任湖南按察使时被改派为出使英、法、意、比大臣。驻节欧洲期间详细地考察欧洲的政治、军事、教育、法律、财经等制度，将所闻所思详尽写成此书。

清光绪刻本。

1699

出使四国日记续刻十卷／（清）薛福成撰

薛福成，见第0916条。

是书由薛福成三子薛慈明（莹中）校理，记述薛福成出使欧洲第二年以后四十个月的所见所闻所感，记事起自清光绪十七年（1891）三月，止于二十年（1894）五月。

清光绪二十三年刻本。

1700

澳门记一卷／（清）薛韫撰

薛韫，生平事迹不详。

游记。是书系时任广南韶连道的薛韫于清乾隆十年（1745）巡视澳门时所作。

小方壶斋舆地丛钞本。

1701

虎门记一卷／（清）薛韫撰

薛韫，生平事迹不详。

游记。是书系时任广南韶连道的薛韫于清乾隆十年（1745）巡视虎门时所作。

小方壶斋舆地丛钞本。

1702

海录一卷／（清）杨炳南撰

杨炳南，见第1693条。

域外丛书本，海山仙馆丛书本，小方壶斋舆地丛钞本，丛书集成初编本。

1703

海录一卷／（清）杨炳南撰，（清）郑光祖评

杨炳南，见第1693条。

郑光祖（1776—1866），号梅轩，自号青玉山房居士，昭文（今江苏省常熟市）人。郑德懋之弟。清道光十四年（1834）主持开浚白茆塘。喜好地理考察，曾亲赴西藏、塞北等地，记录所见所闻。著有《河工琐记》《一斑录》《一斑录附编》《一斑录杂述》。所刻《舟车所至》丛书，颇具特色，大多记载边疆、海域的情况。

海外游记。是书记叙了几十个不同国家和地区的情况。其中对亚洲南洋诸岛及印度记叙得最为详尽，记录了华侨在开发东南亚时做出的贡献以及南洋各国和中国长期交往的历史，也记录了当时英、荷等欧洲殖民帝国在亚洲争霸和从事殖民侵略的历史。在印度一节中还记录了英国殖民者在印度广种鸦片并运往中国进行鸦片贸易的历史事实。

舟车所至本。

1704

海南游草二卷／（清）杨米人撰

杨米人（1753—1808），即杨瑛昶，一作映昶，字印蘧，号米人，别署净香居主人，桐城（今安徽省桐城市）人。少有文名，年甫冠，以诗赋受知于安徽督学朱筠。屡应乡试不售，遂由考职吏目，拣发直隶，历簿丞、知县，擢同知，迁天津运同，权大名、河间知府。著有《衍波亭诗词全集》《红豆词

钞》《都门竹枝词》《双珠记》《中隐轩诗钞》《不易居诗集》等。

清嘉庆十二年铅印本。

1705

归航陈迹一卷／（清）余思诒撰

余思诒（1835—1907），原名斯沛，字雨亭，又字翼斋，号易斋，晚号草庐一翁，武进（今属江苏省常州市）人。经李鸿章推荐任驻外使节，长期在国外任职。历任驻英国使馆随员、美国使馆参赞、日斯巴尼亚和古巴总领事、美国旧金山总领事等职。清光绪十三年（1887）奉命与邓世昌等将在英国订购的致远、靖远二舰及在德国订购的经远、来远二舰护送回国。光绪十六年（1890）归国后，历任洋务局、工艺局、农工局、商务局、农林学堂等会办，矿政调查局总稽查等职。著有《航海琐记》《罗经卷》《楼船日记》《风性说》《驻英日记》《海战要略》《古巴政治风俗考》《英国地理学》《归航陈迹》《一贯录庐笔记》。

佚书。

1706

航海琐记二卷／（清）余思诒撰

余思诒，见第 1705 条。

一作《楼船日记》。清光绪十一年（1885），余思诒以工部主事员外郎衔随刘瑞芬出使英国。十三年（1887）奉命与邓世昌等将在英、德所造致远、靖远、经远、来远四艘新舰护送回国，并在回程时妥善照料后勤事宜。一路上，余思诒详细记录了舰队回国一路的行程、沿途停泊港口的风土人情、北洋海军沿途的操练情况等。

清光绪三十二年铅印本。

1707

航海琐记四卷／（清）余思诒撰

余思诒，见第 1705 条。

见“航海琐记二卷”。

稿本。

1708

楼船日记二卷／（清）余思诒撰

余思诒，见第 1705 条。

见“航海琐记二卷”。

清光绪三十年上海商务印书馆铅印本。

1709

楼船日记二卷罗经差一卷／（清）余思诒撰

余思诒，见第 1705 条。

见“航海琐记二卷”。

清光绪三十二年山东官印书局三版铅印本。

1710

驻英日记／（清）余思诒撰

余思诒，见第 1705 条。

佚书。

1711

裨海纪游略／（清）郁永河撰

郁永河，见第 0359 条。

见“采硫日记三卷”。

1712

裨海纪游一卷／（清）郁永河撰

郁永河，见第 0359 条。

见“采硫日记三卷”。

1713

裨海纪游略／（清）郁永河撰

郁永河，见第 0359 条。

见“采硫日记三卷”。

1714

渡海舆记／（清）郁永河撰

郁永河，见第 0359 条。

见“采硫日记三卷”。

1715

采硫日记三卷／（清）郁永河撰

郁永河，见第 0359 条。

一作《裨海纪游》，删节本名为《渡海舆记》《裨海纪游略》。是书为郁永河于清康熙三十六年（1697）奉命前往台湾采硫时的旅行日记。郁永河于正月二十四日（1697 年 2 月 15 日）从福州出发，十月十二日（11 月 25 日）返回福州，归后著《采硫日记》《海上纪略》《番境补遗》和《伪郑逸事》。《采硫日记》分为上中下三卷，《裨海纪游》则通作一卷，记述台湾自然地理、经济地理和地质（火山、地震、矿产）情况，也记述台湾海峡的水文和气象情况。

清雍正十年刻本，清道光十五年重刻本。

1716

采硫日记三卷／（清）郁永河撰

郁永河，见第 0359 条。

见“采硫日记三卷”。

粤雅堂丛书本，丛书集成初编本。

1717

采硫日记一卷／（清）郁永河撰

郁永河，见第0359条。

见“采硫日记三卷”。

舟车所至本。

1718

奉使俄罗斯行程录一卷／（清）张鹏翮纂

张鹏翮（1649—1725），字运青，遂宁（今四川省遂宁市）人。清康熙九年（1670）进士，身仕康熙、雍正二朝。历官刑部主事、苏州知府、兖州知府、河东盐运使、通政司参议、兵部督捕副理事官、大理寺少卿、浙江巡抚、兵部右侍郎提督江南学政、左都御史、刑部尚书、江南江西总督、河道总督、户部尚书等职，官至文华殿大学士兼吏部尚书，时人称其为遂宁相国。曾随索额图勘定中俄东段边界。卒，谥文端。著有《冰雪堂稿》《如意堂稿》《信阳子卓录》《治镜录》《奉使俄罗斯行程纪略》《兖州府志》《遂宁县志》《治河全书》《关夫子志》《三国蜀诸葛忠武侯亮年表》《诸葛忠武志》等。

见“奉使俄罗斯日记”。

中国内乱外祸历史丛书本。

1719

奉使俄罗斯日记一卷／（清）张鹏翮撰

张鹏翮，见第1718条。

清康熙二十七年（1688），清廷派以索额图为首的使团前往色楞格与俄国使团商谈边界争端，增派张鹏翮掌汉文文牍，是书为当时所作。

中国内乱外祸历史丛书本。

1720

巡台录二卷／（清）张嗣昌撰

张嗣昌，生卒年不详，浮山县（今山西省浮山县）人。贡生出身。清雍正六年（1728）任厦门海防同知，八年（1730）擢兴化府知府，次年改调漳州府知府。张嗣昌因谨慎和平且对台湾地方风土、民情素所知悉而得到福建总督郝玉麟的赏识。十年（1732）任分巡台湾道。十三年（1735）任满调补四川盐驿道。乾隆四年（1739）升福建按察使，六年（1741）任福建布政使。

清雍正十年（1732）至十三年（1735），张嗣昌任分巡台湾道，任满报竣之时将其三年所行，摭其大概辑成此书。全书分上、下二卷，主要内容为张嗣昌在三年台湾道任上地方施政方面所作所为的直接记录，同时保存了不少雍正年间珍贵的台湾历史资料。

清雍正刻本。

1721

三洲日记八卷／(清)张荫桓撰

张荫桓（1837—1900），字樵野，又字皓峦，南海（今属广东省佛山市）人。纳赀为知县，由丁宝桢荐至道员。清光绪二年（1876）起，历官登莱青道，山东盐运使，安徽徽宁池太广道、按察使，及在总理衙门学习行走等职。因其谙外交，于十一年（1885）奉命为出使美国、西班牙、秘鲁三国大臣。四年后回国，历官大理寺卿、太仆寺卿、在总理衙门行走、左副都御史、户部侍郎等职。二十三年（1897）奉命出使英、美、法、德、俄等国。次年命主持京师矿务铁路总局事务。因赞同变法维新，被革职，戍新疆。义和团运动时，在戍所被杀。著有《三洲日记》《铁画楼诗文集》等。

因张荫桓出使中经历了北美洲、欧洲和南美洲，故定名《三洲日记》。记事起于清光绪十二年（1886），止于十五年（1889），涉及华工开发美国西部做出的贡献和后来受迫害的情况，中国派学生赴诸国学习和诸国派人来华商办有关事情、异国的奇珍物产、风土人情等。

清光绪二十二年粤东新馆刻本，清光绪二十二年京都刻本，清光绪三十二年上海石印本。

1722

海国公余辑录六卷杂著三卷／（清）张煜南撰

张煜南，见第0923条。

张煜南在公务之暇，对槟榔屿的历史沿革、风俗民情、地理环境和经济情况进行调查研究，参考国内著述编成此书。是书卷一为槟榔屿记事本末，卷二为辨正瀛环志略，卷三为名臣筹海文钞，卷四为槎使游历诗歌，卷五为海国逸事，卷六为海国咏事诗。

清光绪刻本。

1723

初使泰西纪要四卷／（清）志刚撰

志刚（1818—?），字克庵，镶蓝旗人。举人。清同治三年（1864），掣得石阡府知府缺，以礼部员外郎候选知府身份在总理衙门任事。曾任总理各国事务衙门章京、花翎记名海关道。同治六年至九年（1867—1870）参加蒲安臣使团出使欧美各国，与孙家谷会同蒲安臣办理中外交涉事务。蒲安臣死后，志刚接任使事。

清光绪十六年刻本。

1724

初使泰西记二卷／（清）志刚撰

志刚，见第1723条。

清同治六年（1867）十二月至九年（1870）十月，志刚参加蒲安臣使团出使欧美各国，与孙家谷会同蒲安臣办理中外交涉事务。蒲安臣死后，志刚接任使事。这是清廷向西方国家派出的第一个外交使团，历经美、英、法、德、俄、意大利、西班牙、比利时、荷兰、丹麦、瑞典等国。此书详记使团与各国的交涉事宜及其国政民情、工艺制造等内容。

清同治十一年刻本，清光绪三年刻本。

1725

西征纪程四卷／（清）邹代钧撰

邹代钧，见第0864条。

纪行著作。清光绪十一年（1885），邹代钧随刘瑞芬出使英国，十二年（1886）二月乘法轮由上海出发，经香港、西贡、新加坡、锡兰、亚丁、苏伊士运河、地中海、马赛、巴黎，抵伦敦。海陆行程三万余里，历时四十一天，遂逐日记行程见闻。是书以考证见长，如东海沿岸、福建、广东各港口、岛屿均引史书详考其沿革，系以史事。另有越南、缅甸、印度、锡兰、埃及、意大利、法国等历史上与中国的关系事件，也按中国纪年先后录出，涉及各国政治、经济、文化、地理、交通、风俗等内容颇多。

清光绪三年上海著易堂铅印本，游记汇刊本，小方壶斋舆地丛钞本。

1726

入唐求法巡礼行记四卷附解说／［日本］释圆仁撰

圆仁（794—864），日本僧人，入唐求法八大家之一，日本佛教天台宗山门派创始人。俗姓壬生，下野国（今日本栃木县）人。唐开成三年（838）随遣唐使到中国，大中元年（847）自登州（今山东省蓬莱市）乘船归国。圆寂后，朝廷赐号慈觉大师，为日本大师称号之始。著有《金刚顶经疏》等。

是书主要记载圆仁入唐求法的经过与见闻与《大唐西域记》《马可·波罗游记》并称为“东方三

大旅游行记”。卷一叙述了入唐的航海经历及入唐之初滞留扬州，再由此北上的情况。卷二、卷三叙述了在中原游历求法的情况及所见所闻。卷四叙述了唐武宗会昌反佛后，历经艰辛返回日本的情况。圆仁入唐时随遣唐使团船队而来，走的是从日本横渡东海至长江口的航线，即中日海上交通的南道。回国时搭乘朝鲜商船从登州到朝鲜，通过对马海峡回国，即中日海上交通的北道。两次航行经过，圆仁都留下了逐日的系统记录。

京都东寺观智院藏写本，日本大正十五年东京东洋文库影印本。

1727

大食国经行记一卷／（唐）杜环撰

杜环，生卒年不详，京兆万年（今陕西省西安市）人。唐德宗朝宰相杜佑族侄。唐天宝十年（751）随大将高仙芝西征，为大食（阿拉伯）所败被俘。在中亚、西亚及地中海等大食占据的地区停留十多年，走遍了黑衣大食全境并跟随阿拉伯使团经过埃及、苏丹而到衣索比亚，成为第一个到过北非并留有著作的中国人。宝应元年（762）随商船东归回国。

中外交通著作，一作《大食国经行记》。是书记述杜环从耶路撒冷起程，途经埃及、努比亚到衣索比亚的阿克苏姆王国的见闻，涉及宗教、医学、地理环境、山川河流、土产风物、生活风俗、节日娱乐等诸方面。

1728

经行记／（唐）杜环撰，王国维校

杜环，见第1727条。

王国维（1877—1927），初名国桢，字静安，亦字伯隅，初号礼堂，晚号观堂，又号永观，谥忠悫，海宁（今浙江省海宁市）人。早年师从罗振玉，后留学日本。历任武昌农校译授、南洋公学虹口分学赞襄校务、《农学报》及《教育世界》编辑、《艺术丛编》及《学术丛编》主编、北京大学研究所通信导师、清华国学研究所导师等。著有《宋元戏曲史》《观堂集林》《人间词话》等。

见“大食国经行记一卷”。

海宁王忠悫公遗书本，海宁王静安先生遗书本。

1729

经行记一卷／（唐）杜环撰

杜环，见第1727条。

见“大食国经行记一卷”。

麓山精舍丛书本。

1730

白蜡游记 / □□撰

小方壶斋舆地丛钞本。

1731

闽南游记初编 / 陈宗鉴撰

陈宗鉴，生卒年不详，1935年后曾在厦门地方法院任职。

民国七年东雅印务有限公司铅印本，民国八年铅印本。

1732

游记体中国地理一卷 / 冯巽占撰

冯巽占，生卒年不详，名咏声，字令之，号一莲，钱塘（今浙江省杭州市）人。清光绪三十年（1904）进士，曾任京师大学堂史学教员。

清宣统二年北京财政学堂铅印本。

1733

南洋旅行记四卷 / 侯鸿鉴撰

侯鸿鉴（1872—1961），字葆三，号梦狮、铁梅、病骥、沧一，无锡（今江苏省无锡市）人。五岁入塾，十四岁读完四书五经。十六岁在家设帐授课。十七岁自号病骥老人，结诗文社于西溪。清光绪二十三年（1897）考入上海南洋公学师范院。二十五年（1899）补廪生。曾任上海《时务晚报》主笔，后创办务本学堂。二十九年（1903）留学日本弘文学院师范科，参加中国留学生的革命活动。三十一年（1905）回国在竢实学堂任校长。后历任江苏、江西、河南、福建省视学。新中国成立，历任竞志女中校务委员会主任、名誉校长，无锡县人大代表和政协特邀委员。编著有《病骥文存》《病骥诗存》《访碑记》《古今图书馆考略》《铁琴铜剑楼观书记》《无锡县图书先哲藏书考》《锡山先哲丛刊》《福建藏书版片一斑》《中国图书馆学之研究与现象》等，并有《沧一堂诗文钞》《骥鹤唱和集》《藏经阁诗钞》等诗集。

侯鸿鉴于1918年南游菲律宾、新加坡、马来西亚、印度尼西亚，撰该书记述在南洋各地的游历见闻。是书收《菲律宾记》《海峡殖民地及马来半岛记》《荷属各埠记》等。

民国九年铅印本。

1734

癸卯东游日记二卷 / 胡玉缙撰

胡玉缙（1859—1940），字绥之，元和（今属江苏省苏州市）

人。清光绪十七年（1891）举人，后任福建兴化教谕。二十九年（1903）应经济特科试并取高等，改任湖北知县，旋入总督张之洞幕。三十年（1904）东渡日本考察政学。三十二年（1906）调学部主事，升员外郎。辛亥革命后历任历史博物馆馆长、北京大学教授、高等师范学校教授。著有《梁大义述补阙》《说文旧音补注》《甲辰东游日记》《许庼学林》《四库全书总目提要补正》《四库未收书目提要补正》《四库未收书目提要续编》《许庼经籍题跋》等。

文明书局铅印本。

1735

甲辰东游日记二卷 / 胡玉缙撰

胡玉缙，见第1734条。

文明书局铅印本。

1736

十八国游记 / 金绍城撰

金绍城（1878—1926），一名金城，字拱北、巩伯、瑴伯，号北楼，又号藕湖渔隐，吴兴（今属浙江省湖州市）人。毕业于英国铿司大学法律专业，曾游历美、法诸国。清光绪三十年（1904）出任上海中西会审公堂会审官，次年改任大理院推事。1911年作为中国代表参加美洲万国监狱改良会议并赴欧美考察监狱。归国后任民国政府内务部佥事、众议院议员、国务院秘书、蒙藏院参事等职。著有《画学谪义》《北楼论画》《隅湖诗钞》《北楼印存》《藕湖诗草》等。

清宣统二年（1910），清廷为了表示决心“改良司法”，派出大理院推事金绍城等人为代表到美国参加万国监狱改良会议。金绍城往返途中游历各国，写出《十八国游记》，记载参观各国监狱及司法审判的情形。

民国石印本。

1737

欧洲十一国游记不分卷 / 康有为撰

康有为（1858—1927），原名祖诒，字广厦，号长素，又号明夷、更甡、西樵山人、游存叟、天游化人，南海（今属广东省佛山市）人，人称康南海。清光绪二十一年（1895）参加会试，联合举人上万言书。二十三年（1897），德国占领胶州湾，康有为再次上书请求变法。光绪帝召见康有为并任命他为总理衙门章京，筹备变法事宜。维新运动失败后逃往日本，组织保皇会，鼓吹开明专制，反对革命。辛亥革命后作为保皇党领袖，反对共和制，谋划溥仪复位。1917 年和张勋发动复辟，不久宣告失败。晚年始终宣称忠于清廷，溥仪被冯玉祥逐出紫禁城后，他曾亲往天津到溥仪居住的静园觐见探望。著有《康子篇》《新学伪经考》《孔子改制考》《大同书》《广艺舟双楫》等。

游记。是书包括自序、海程道经记、意大利游记、法兰西游记，另附有法国形势、法国创兴沿革、法国大革命记等。

清光绪三十四年上海广智书局铅印本。

1738

东陲纪行不分卷 / 刘文凤撰

刘文凤，生卒年不详，怀宁（今安徽省怀宁县）人。民国初年简任中大夫。

清光绪二十一年（1895）冬，嘉兴周少逸奉北洋大臣王文韶委派督理黑龙江等处矿务，邀请刘文凤同行。刘文凤适因病返皖，于次年病愈，乘日本轮赴海参崴，其间撰此书。是书记事起自光绪二十二年（1896）四月，止二十七年（1901）五月抵安庆。书中所载，由沪登舟，泊烟台、朝鲜仁川、日本长崎、朝鲜釜山等地，而解缆于海参崴，详叙黑龙江边境地理、矿物、木植、风俗等。

清光绪刻本。

1739

英轺日记 / 刘锡鸿著

刘锡鸿，生卒年不详，原名锡仁，字云生，番禺（今属广东省广州市）人。清同治十三年（1874）在刑部员外郎任内竭力反对仿照西洋练兵、制器、造船、发展工商业。光绪二年（1876）任驻英国副使，牵制并攻讦正使郭嵩焘，次年改任驻德公使。四年（1878）应召回国，曾任光禄大夫。以弹劾李鸿章获罪被革职。著有《刘光禄遗稿》等。

小方壶斋舆地丛钞本。

1740

辽东湾一周游览记 / 陆宗舆撰

陆宗舆（1876—1941），字润生，海宁（今浙江省海宁市）人。日本早稻田大学毕业，北洋军阀政府亲日派官僚。清末以参赞身份随载泽出国考察宪政，曾任东三省盐运使、交通银行总顾问兼副总裁、宪政编查馆课员、财政部参事等职。1912 年后历任北洋军阀政府印铸局长、财政次长、大总统财政顾问、驻日公使、交通银行股东会长、中华汇业银行总理、币制局总裁。曾先后参与签订“二十一条”、西原借款合同谈判，出卖国家主权。五四运动爆发，与曹、章同被斥为卖国贼，北洋军阀政府被迫将其免职。

政法学报本。

1741

日本考察学务游记一卷附访书记一卷／缪荃孙、徐乃昌撰

缪荃孙，见第0071条。

徐乃昌，生平事迹不详。

清光绪二十九年刻本。

1742

日游汇编四种／缪荃孙辑

缪荃孙，见第0071条。

清光绪二十九年（1903），缪荃孙以江南高等学堂总教习的身份赴日本考察教育时所著，记其游历见闻。

清光绪二十九年高等学堂刻本。

1743

纪游白浪山迦陵岛事／南园辑

南园，生平事迹不详。

是书记叙一吕宋归客向作者描述的游新加坡白浪山迦陵岛的经历、见闻。

民国抄本。

1744

天外归槎录一卷／潘飞声撰

潘飞声（1858—1934），字兰史，号剑士，番禺（今属广东省广州市）人。清光绪二十五年（1899）受聘为德国柏林大学汉文学教授，执教国外多年。回国后任香港《华报》《实报》主笔。后参加柳亚子创办的南社，积极推行现代白话诗文，被誉为“南社四剑”之一。著有《说剑堂诗集》《说剑堂词集》《两窗杂录》等。

是书为潘飞声于清光绪十六年（1890）七月十日至八月二十三日从柏林抵香港的日记。

小方壶斋舆地丛钞本，说剑堂著书本，古今文艺丛书本。

1745

西海纪行卷一卷／潘飞声撰

潘飞声，见第1744条。

清光绪十三年（1887），潘飞声应德国聘请执教于柏林大学专讲汉文学，一路出南洋，经印度、红海、地中海、罗马、瑞士抵达德国，是书记此间的经历。

小方壶斋舆地丛钞本，说剑堂著书

本，古今文艺丛书本。

1746

东陲纪闻 / 秦岱源撰

秦岱源（1884—1945），字申吉，一字申絜，号声洁，后更名潜，别号五湖钓徒，无锡（今江苏省无锡市）人。清末肄业南洋公学，毕业于日本大阪高等工业学校，回国后考取工部举人。历任京师高等实业学堂机器科主任教习、京师大学工科教授、吉长铁路机务科长兼工厂长。著有《宽城随笔》《东陲纪闻》，校印《曝画纪余》。

1919年，秦岱源在哈尔滨任协约共管俄路暨中东铁路技术部委员，搜集沿线情形并各种纪略所载、三省要闻汇编而成。

民国八年锡成公司铅印本。

1747

环游全球归国谈一卷 / 王赓撰

王赓（1895—1942），字绶卿，无锡（今江苏省无锡市）人。毕业于清华大学，后赴美国留学，先后毕业于密歇根、哥伦比亚、西点陆军大学。1918年回国在北京政府陆军部任职。1919年任巴黎和会中国代表团成员，后历任北京政府交通部护路军副司令、哈尔滨警察厅厅长、五省联军总司令孙传芳顾问、督办浙江军务善后事宜公署高级参谋、国军编遣委员会编组部设计处副处长、淮北盐务缉私局局长。抗日战争期间任国民政府军政部兵工研究委员、兵工署昆明办事处处长。

中外游记汇编本。

1748

归国日记一卷 / 王咏霓撰

王咏霓（1838—1916），又名蜕，字子裳，号六潭、旌夫、鹤叟等，黄岩（今属浙江省台州市）人。清光绪六年（1880）进士，官太平知府、安徽省大学堂总教习。十年（1884）随使欧洲，十三年（1887）归国。著有《道西斋日记》《函雅堂集》《黄岩文史资料》等。

游记。王咏霓自德国柏林启行，途经荷兰，英国伦敦，美国纽约、费城、华盛顿、旧金山，日本横滨、东京、神户、大阪，抵上海，是书对所经各国政治、经济、历史、地理山川、防务、交通、物产、风俗、税务、气候、文化、文学艺术等均有记叙。

小方壶斋舆地丛钞本。

1749

访英日记 / 王云五撰

王云五（1888—1979），名鸿

桢，字日祥，号岫庐，笔名出岫、之瑞、龙倦飞、龙一江等，祖籍香山（今广东省中山市），出生于上海。早年为上海一五金店学徒，业余在夜校学英文并广泛涉猎多种学科。清光绪三十二年（1906）起，先后在上海同文馆、中国公学等校教授英文。宣统元年（1909）兼上海留美预备学堂教务长。1912年先任南京临时大总统府秘书，后在北洋政府教育部任事。1913年任中国公学大学部教授，讲授英文、英国文学等课程。1917年起，在上海从事编译工作并创办公民书局。1921年任商务编译所副所长，旋任所长，1930年任商务印书馆总经理。组织出版《万有文库》《中国文化史丛书》《大学丛书》等大型丛书。

王云五于1943年1月出发访英，1944年3月返国，归途中兼访土耳其、伊朗、伊拉克三国，此书为这期间的日记。

民国三十三年重庆商务印书馆铅印本。

1750

南行日记一卷／吴广霈撰

吴广霈（1854—1918），字瀚涛，初号杏时，又号剑华道人、琴溪道士，晚年号梅阳山人，泾县（今安徽省泾县）人。初由监生捐县丞，官至江苏候补道，后任驻日公使馆参赞。曾出访西欧、日本，后协修《清史稿》。著有《疏防海军略》《时事策论》《劫后咏》《剑华堂救时要策万言书》《石鼓文考证》等。

吴广霈随马眉叔赴印度办理洋务，是书记述有关印度如何被英帝国主义输入鸦片的情况，英法两国在印度等有关殖民政策问题，论列《印度地志考证》和魏源《五印度总述》二书的异同，印度南洋等地政治、文化、宗教、风俗以及华侨概况。

小方壶斋舆地丛钞本，古今说部丛书本，古今游记汇钞本。

1751

星轺日记类编七十六卷／席裕琨辑

席裕琨（1869—1930），一作裕昆，字友于，亦作友渔，东山（今属江苏省苏州市）人。先后任上海道台袁树勋的账房、营口大清银行经理等职。1911年后回沪经营钱庄。1925年设立宝大裕钱庄。著有《星轺日记类编》。

又作《星轺日记》《清代二十名人游历日记》。

清光绪二十八年云间丽泽学会石印本。

1752

英轺日记十二卷 / 载振撰

载振（1876—1948），字育周，晚年号乐有余堂主人，满洲镶蓝旗人。清庆亲王奕劻的长子。十四岁赏头品顶戴，十八岁选在乾清宫行走，十九岁封为二等镇国将军，二十四岁加贝子衔。光绪二十八年（1902）任清廷致贺英君加冕的专使，前往英国、比利时、法国、美国，日本等五国访问。得慈禧宠信，历官镶蓝旗汉军都统、御前大臣、管理火器营、正红旗总族长等职。二十九年（1903），清廷设立商部，任第一任尚书。三十二年（1906），商部改农工商部，仍继任尚书。宣统年间先后任赴日本、英国的专使。1911 年任清内阁弼德院顾问大臣。1918 年袭庆亲王爵位。

清光绪二十八年（1902）四月至九月，载振任清廷致贺英君加冕的专使，由北京启程赴上海，经香港转道南洋群岛赴英、法、比、美、日等国访问。是书主要记载访问各国有关外交礼节和参观活动，以及各国的政治、学术、律令、典章，商务、学校、议院、工艺等。

清光绪内府抄本，清光绪二十九年上海文明编译书局铅印本。

1753

航海述奇四卷 / 张德彝撰

张德彝（1847—1918），本名德明，字在初，汉军镶黄旗人。清同治元年（1862）入北京同文馆。五年（1866）随斌椿、赫德游历法、英、比、俄等十国。七年（1868）以通事随志刚、孙家谷参加蒲安臣使团出访美、英、法、普、俄等国。光绪二年（1876）随郭嵩焘到伦敦使馆任翻译，直至六年（1880）回国。曾奉调随崇厚赴俄、随洪钧出使德国，任使馆秘书；还曾充任出使英、意、比大使罗丰禄的参赞。二十七年（1901）随那桐到东京使馆任参赞，同年出任英、意、比大使，次年专任使英大臣，后曾任西班牙和瑞士专使。著有《航海述奇》等。

中外交通著作。是书记清同治五年（1866）初次随赫德、斌椿等游历欧洲见闻，采用日记体，随行记录。包含《地球说》《西行日记》《法国日记》《英国日记》《荷酣丹瑞俄日记》《布比法日记》和《归程日记》。对一路所经西贡、安南（越南）、中国城、新加坡、锡兰、埃及尼罗河、金字塔、亚历山大港、意大利、马赛、里昂城、丹国京城、俄国彼得堡、布鲁斯（德国）京城柏林等均有记述。

清同治九年稿本，申报馆丛书本。

1754

[航海] 八述奇二十卷 / 张德彝撰

张德彝，见第 1753 条。

稿本，清宣统元年石印本。

1755

[航海] 六述奇十二卷 / 张德彝撰

张德彝，见第 1753 条。

清光绪三十年稿本。

1756

[航海] 三述奇八卷 / 张德彝撰

张德彝，见第 1753 条。

一作《随使法国记》。是书为张德彝随崇厚出使法国的日记，记事起同治九年（1870）十月，讫次年正月，包含《南海经行记》《普法战事记》《马赛波尔多纪事》《凡尔赛纪事》《㵾后巴黎记》《西海小游记》《使事记》《归途记》八篇。对普法战争、巴黎公社等记载颇详，途程之天文度数、山川里数等亦有记述。

清同治十二年稿本。

1757

[航海] 述奇一卷 / 张德彝撰

张德彝，见第 1753 条。

小方壶斋舆地丛钞本。

1758

[航海] 四述奇十六卷 / 张德彝撰

张德彝，见第 1753 条。

清光绪七年稿本，清光绪九年同文馆铅印本，清光绪上海著易堂铅印本。

1759

[航海] 五述奇十二卷 / 张德彝撰

张德彝，见第 1753 条。

清光绪二十七年稿本。

1760

[航海] 再述奇六卷 / 张德彝撰

张德彝，见第 1753 条。

稿本。

1761

使还日记一卷 / 张德彝撰

张德彝，见第 1753 条。

小方壶斋舆地丛钞本。

1762

使英杂记／张德彝撰

张德彝，见第1753条。

小方壶斋舆地丛钞本。

1763

随使法国记／张德彝撰

张德彝，见第1753条。

见“［航海］三述奇八卷”。

1764

随使日记一卷／张德彝撰

张德彝，见第1753条。

游记。清光绪二年（1876），郭嵩焘、刘锡鸿为正副使出使英国，张德彝以翻译官随行，途经香港、新加坡、锡兰、亚丁、红海、苏伊士运河、地中海、莫洛塔抵伦敦。是书记一路见闻及外交活动，记事起光绪二年（1876）九月三十日，止于四年（1878）十一月十四日。对新加坡华商、红海地形、直布罗托海峡军事设防、军器局、水族院、民俗等均有较详记载。

小方壶斋舆地丛钞本。

1765

癸卯东游日记一卷／张謇撰

张謇（1853—1926），字季直，一字处默，号啬庵，通州（今江苏省南通市）人。清光绪十一年（1885）举人，掌教于江苏赣榆选青书院和崇明瀛洲书院。清光绪二十年（1894）状元，二十一年（1895）开始从事实业活动，先后创办大生纱厂、通海疆牧公司、大达轮船公司、复新面粉公司、资生铁冶公司、淮海实业银行等，在沿江兴建了港口天生港，并兴建了发电厂。创办了通州师范学校、女子师范学校、通海五属公立中学、农业学校、商业学校、女工传习所等。先后担任中央教育会长、江苏议会临时议会长、江苏两淮盐总理。民国元年南京政府成立，任实业总长，后任北洋政府农商总长兼全国水利总长等。著有《张季子九录》《张謇日记》《啬翁自定义年谱》等。

张謇自清光绪二十九年（1903）四月二十五日起，迄六月初六日游历日本，往返七十天，于工、农、商、学、兵、政诸界逐一考察，随得随录而成此日记。

清光绪二十九年通州瀚墨林书局铅印本。

1766

游记七种／张相文撰

张相文（1866—1933），字蔚

西，号沌谷，桃源（今江苏省泗阳县）人。刻苦钻研中国地理并积极学习外国地理新知识，曾在上海南洋公学、天津北洋女子高等学校、北京大学等许多学校讲授过地理学课程，编著出版了我国第一批地理教科书。

是书包括《齐鲁旅行记》《塞北纪行》《大梁访碑记》等七篇游记。

民国十八年北平中国地学会铅印本。

1767

游欧旅行日记／张志良撰

张志良，生平事迹不详。

民国十八年铅印本。

1768

锦南先生漂海录

见“漂海录三卷”。

1769

玛尔塔岛游记一卷

玛尔塔岛，即马耳他岛，位于地中海中部，在北非洲和西西里岛之间，隔马耳他海峡与意大利的西西里岛相望，为马耳他共和国属的最大岛屿。

中外游记汇编本。

1770

使俄日记八卷

见“使俄草八卷附条陈折稿一卷舆地图一卷图说一卷”。

外纪之属

1771

西方要纪／［比利时］南怀仁著

南怀仁（1623—1688），字敦伯，又字勋卿，比利时人。明崇祯十四年（1641）入耶稣会，清顺治十五年（1658）来华，十七年（1660）被调往北京，帮助年事已高的钦天监监正汤若望神父从事历算工作。是康熙皇帝的科学启蒙老师，精通天文历法、擅长铸炮，是当时国家天文台（钦天监）业务上的最高负责人，官至工部侍郎，正二品。卒，谥勤敏。著有《康熙永年历法》《坤舆图说》《西方要记》。

清康熙七年（1668），因康熙要了解西洋风土国俗，利类思、安文思、南怀仁节录艾儒略所著《西方答问》而成此书。

小方壶斋舆地丛钞本。

1772

朝鲜志二卷／［朝鲜］□□撰，（清）吴省兰辑

吴省兰（1738—1810），原名省懋，字泉之，又字稷堂，室名听彝堂，南汇（今属上海市）人。清乾隆二十七年（1762）举人，三十九年（1774）充四库全书馆分校官，四十三年（1778）钦赐进士。历官湖北、顺天、浙江提学使，内阁学士、礼部侍郎等。著有《听彝堂奏御存稿》《楚峒志略》等，辑刊《艺海珠尘》。

清刻本。

1773

朝鲜小记一卷／［朝鲜］李韶九撰

李韶九，生平事迹不详。

小方壶斋舆地丛钞本。

1774

朝鲜地理小志一卷／［朝鲜］青华山人撰，（清）江景桂译纂

青华山人（1690—1752），名李重焕，字辉祖，号清潭、青华山人，朝鲜实学者、地理学者。朝鲜肃宗四十三年（1717）任金泉道察访，历任兵曹正郎。著有《择里志》。

江景桂，生平事迹不详。

清光绪十一年铅印本。

1775

东晋沙门释法显自记游天竺事／（晋）释法显撰

释法显（约337—422，一说334—420），俗姓龚，平阳武阳（今属山西省临汾市）人，东晋名僧、佛经翻译家。三岁出家，二十岁受大戒。在精研佛学过程中，发现当时的佛经、戒律误阙之处甚多，遂下决心赴天竺（今印度）求经。东晋隆安三年（399），年已六十多岁高龄的法显，与慧景、道整等僧人一起自长安出发，取道西域，渡流沙、越葱岭，历尽艰难险阻，走遍北、西、中、东天竺，遍瞻佛陀遗迹，取得《摩诃僧祇律》《方等》《泥洹经》等经律，并在天竺留住三年，潜心学习梵书梵语。后到狮子国（今斯里兰卡）搜求经律，再搭乘商船经海道回国。途中，还到过印度尼西亚的爪哇岛。东晋义熙八年（412），在青州长郡牢山（今山东省青岛市崂山）登陆。法显此行前后凡十四年，行程达四万余里，是我国第一位到达印度巡礼佛迹、求取经律而归的僧人。义熙九年（413），

到建康（今江苏省南京市），与佛驮跋陀罗等翻译经律论六部，百万余言，填补了以往译经事业中缺少戒律的空白，为翻译佛教经典、校正勘误经律中误阙做出了巨大的贡献。法显回国后，还将自己亲历三十余国的见闻，写成《历游天竺记传》，也作《佛国记》或《法显传》。

见“东晋沙门释法显自记游天竺事”。

1776

法明游天竺记 /（晋）释法显撰

释法显，见第 1775 条。

见“东晋沙门释法显自记游天竺事”。

1777

法显传 /（晋）释法显撰

释法显，见第 1775 条。

见“东晋沙门释法显自记游天竺事”。

1778

法显行传 /（晋）释法显撰

释法显，见第 1775 条。

见“东晋沙门释法显自记游天竺事”。

1779

佛国记一卷 /（晋）释法显撰

释法显，见第 1775 条。

见“东晋沙门释法显自记游天竺事”。

秘册汇函本，津逮秘书本，唐宋丛书本，说郛本，四库全书本。

1780

历游天竺记传 /（晋）释法显撰

释法显，见第 1775 条。

见“东晋沙门释法显自记游天竺事”。

1781

三十国记二卷 /（晋）释法显撰

释法显，见第 1775 条。

见“东晋沙门释法显自记游天竺事”。

稗乘本。

1782

天竺国记 /（晋）释法显撰

释法显，见第 1775 条。

见“东晋沙门释法显自记游天竺事”。

1783

中山世谱／［琉球］蔡铎纂修

蔡铎（1645—1725），童名思德，号声亭，和名志多伯天将，为闽人迁居琉球后第十世。曾任进贡使、总理唐荣司（久米村最高官职），最后官至紫金大夫及法司官。1677年奉尚贞王之命对《历代宝案》进行修正。1697年对《中山世鉴》的汉文译本进行补订，并修撰《中山世谱》。生前多诗文，今已大部分残缺。另有《中山诗文集》一部，收录有他的作品。

琉球国官修史书。清康熙三十六年（1697），由摄政尚弘才，法司向世俊、马廷器、毛典相，总理司谱官尚弘德、向和礼、传崇道，校正官蔡铎等，对《琉球国中山世鉴》进行汉译、改订而成此书。

民国抄本。

1784

球阳／［琉球］蔡温撰

蔡温（1682—1762），童名真蒲户，号鲁齐，和名具志头亲方文若，琉球国第二尚氏王朝时期著名的政治家和儒者。二十七岁时留学中国，归国后曾担任太子尚敬的老师，尚敬即王位后，被委以重职，被冲绳学学者伊波普猷列为琉球五伟人之一。

是书为琉球王国中山王府的第一部编年史。书中内容有年代可考者，起自舜马顺熙王即位年（宋嘉熙二年，1238）止于琉球王尚泰二十九年（清光绪二年，1876），主要记载了久米岛、宫古、八重山包括那国岛的相关资料。

琉球刻本，民国抄本。

1785

中山世谱十四卷附七卷／［琉球］蔡温纂修

蔡温，见第1784条。

是书为第二部琉球王国官修史书，成书于清雍正三年（1725），书中附有《琉球三十六岛图》。

琉球刻本，民国抄本。

1786

唐荣旧记全集／［琉球］陈其湘、郑弘良、郑士绚编

陈其湘（1673—1722），历任琉球掌管外交和封贡事务的长史司长史、中议大夫、正议大夫，多次奉使中国。

郑弘良，生平事迹不详。

郑士绚，生卒年不详，琉球

人。曾任正议大夫，清雍正四年（1726）曾任进贡使出使中国。

是书为康熙五十二年（1713）陈其湘在长史任上，与紫金大夫郑弘良、长史郑士绚合编。

琉球刻本。

1787

中山世鉴六卷／［琉球］向象贤修

向象贤（1617—1675），字文英，号通外，和名羽地按司朝秀、羽地王子朝秀，琉球第二尚氏的王族。原姓吴，名乘重家，后因琉球王府将王族分支改姓为向，名乘改为朝字辈，其名改为“朝秀”。初为按司，后升王子，1666年至1673年任琉球国摄政。其为亲萨派人物，是“日琉同祖论”的提出者。

琉球国第一部正史，1650年由琉球国相向象贤监修，以日文假名写成。该书全文转载了陈侃《使琉球录》所记钓鱼岛内容。

琉球刻本。

1788

球阳会纪／［琉球］郑秉哲、蔡宏谟、毛如苞等编修

郑秉哲（1695—1760），号浚桥，和名伊佐川亲方佑实，琉球国官僚、历史学家。是福建长乐移民郑肇祚的后裔。清康熙五十九年（1720）赴福州留学三年，翌年作为官生入北京国子监学习。归国后历任讲解师、长史司、渡庆次地头、伊佐川地头、都通事、进贡副使正议大夫、册封谢恩副使紫金大夫。此外，他还出使过日本。乾隆二十年（1755）任总理唐荣司，成为久米村首领。二十三年（1758）升三司官座敷。

蔡宏谟，生平事迹不详。

毛如苞，生平事迹不详。

琉球国官修编年史，一作《球阳纪事》。球阳是对琉球的美称。清乾隆八年（1743），唐通事郑秉哲等奉尚敬王之命编纂，于清乾隆十年（1745）初步完成；后由从中国留学而归的史官继续编写，直至1876年才被迫停止。是书内容包罗万象，涉及琉球王家系谱、国事、政治、经济、宗教、社会、文化、天文星象以及自然灾异等方方面面。

清乾隆八年琉球刻本。

1789

球阳纪事／［琉球］郑秉哲、蔡宏谟、毛如苞等编修

郑秉哲，见第1788条。

蔡宏谟，生平事迹不详。

毛如苞，生平事迹不详。

见“球阳会纪”。

1790

皇明海外诸夷志一卷 /（明）□□撰

艺海汇函本。

1791

皇明外夷朝贡考二卷 /（明）□□撰

是书汇集了明代朝贡方面的系统数据，所述时间截至明嘉靖三十年（1551）。上卷为职官和制度沿革，下卷分述外国、四夷具体朝贡活动动态。是书还记录有西北地区一些少数民族的人口数量状况，并录有东北地区向明朝朝贡的各女真军卫名称。

抄本。

1792

外夷朝贡考二卷 /（明）□□撰

见“皇明外夷朝贡考二卷”。

明抄本。

1793

使琉球录一卷 /（明）陈侃、高澄撰

陈侃（1489—1538），字应和，号思齐，鄞县（今属浙江省宁波市）人。明嘉靖五年（1526）进士，授行人，进刑科给事中。十三年（1534）为正使出使琉球。同年十月回到福建，升光禄少卿，终南京太仆寺卿。

高澄（？—1552），字肃卿，别号东玉，顺天固安（今河北省固安县）人。明嘉靖八年（1529）进士，授行人。十三年（1534）充册封副使出使琉球，回国后升尚宝司丞，历官光禄寺少卿，太仆寺少卿、光禄寺卿。三十年（1551）晋升都察院右副都御史，巡抚河南。

域外地理著作。陈侃出使琉球，于道途险易、山川怪奇、风俗、人物、昆虫草木、安居、食味、衣服、用器等详细记录。是书首为皇帝敕谕琉球国故中山王尚真世子尚清继膺王爵诏，及赐国王、王后物品、祭品等。次为使事纪略，记明嘉靖五年（1526）琉球王尚真薨，十一年（1532）世子尚清表请袭封，皇帝遂遣陈侃等二使往封，制造赐物、船只等。包含嘉靖十三年（1534）五月五日始发，过钓鱼屿、黄毛屿、赤屿等抵其国那霸港，琉球王举行隆重迎诏仪式，以及遇飓风十月回归定海所等情况。

清徐氏烟屿楼抄本。

1794

使琉球录一卷／（明）陈侃撰，（明）邓士龙编

陈侃，见第1793条。

邓士龙，见第0153条。

国朝典故六十二种本，国朝典故六十种本，说郛续本，五朝小说本，五朝小说大观本。

1795

使琉球录一卷附夷语夷字一卷／（明）陈侃撰

陈侃，见第1793条。

纪录汇编本，丛书集成初编本，国立北平图书馆善本丛书第一集本，景印元明善本丛书本。

1796

使琉球录一卷琉球译二卷／（明）陈侃、高澄撰

陈侃，见第1793条。

高澄，见第1793条。

清抄本。

1797

安南图志一卷／（明）邓钟撰

邓钟，生卒年不详，字道鸣，一字元宇，晋江（今福建省晋江市）人。抗倭将领邓城之子，俞大猷门生。明万历五年（1577）武进士，先为广东参军，镇琼州，后历官前军都督、四川贵州都督，官至护国大将军。

明万历三十五年（1607），“安南莫朝残余势力窜入中国”（莫登庸死于1542年）。时邓钟任琼崖副总兵，辑俞大猷《平交图说》、叶向高《安南考》及安南地图等，刊印成此书，另收有《安南图说》等地图两幅，图与文字均甚详明。

国立北平图书馆善本丛书第一集本。

1798

星槎胜览二卷／（明）费信撰，（明）邓士龙编

费信（1388—?），字公晓，一作公晚，昆山（今江苏省昆山市）人。年十四代亡兄从军，戍江苏太仓。明永乐七年（1409）被选为郑和船队的随行纪事。永乐、宣德年间曾四次随郑和船队出访西洋。正统元年（1436）据出访东南亚、南亚、西亚、东非四十多个国家和地区的亲见亲闻撰成《星槎胜览》。

邓士龙，见第0153条。

国朝典故六十二种本，国朝典故六

十种本。

1799

星槎胜览前集一卷后集一卷／（明）费信撰

费信，见第 1798 条。

中外交通的史籍。凡二集，前集记亲历诸国情况，后集系采辑所成，逐国分叙，咏以诗篇。是书记载包括四十五个国家和地区，其中有二十七个国家和地区是《瀛涯胜览》和《西洋番国志》所没有记载的。前集所记二十二个国家和地区的内容，堪称郑和下西洋的旅游记，记有占城国、宾童龙国（今越南南部）、昆山（今越南南部）、昆仑山（今越南昆仑岛）、交栏山（今印度尼西亚加里曼丹亚格兰岛）、暹罗国、爪哇、旧港、满剌加国、九洲山（今马来西亚霹雳河河口）、苏门答剌（腊）国、花面国（今苏门答腊西北布腊斯岛）、翠兰屿（今尼科巴群岛大尼科巴岛）、锡兰山国等国家和地区的人物、风土和物产。

六经堪丛书本。

1800

星槎胜览四卷／（明）费信撰

费信，见第 1798 条。

古今说海本，借月山房汇钞本，泽古斋重钞本，学海类编本，逊敏堂丛书本。

1801

星槎胜览一卷／（明）费信撰

费信，见第 1798 条。

历代小史本，纪录汇编本，格致丛书本，景印元明善本丛书本。

1802

西洋番国志一卷／（明）巩珍撰

巩珍，生卒年不详，号养素生，应天（今江苏省南京市）人。行伍出身。明宣德五年（1430）至八年（1443），郑和最后一次下西洋时任幕府书记。

海外闻见录。明宣德五年（1430）至八年（1443），作为幕府书记随郑和最后一次下西洋。是书记述历经二十余国地理情况、人民生活及贸易交往，包含占城国、爪哇国、暹罗国、归港国、娅噜国、满剌加国、苏门答剌国、那姑儿国、黎代国、喃勃里国、溜山国、榜葛剌国、锡兰国、小葛兰国、阿枝国、古里国、祖法儿国、忽鲁谟斯国、阿丹国、天方国。

清彭氏知圣道斋抄本。

1803

重编使琉球录二卷 / （明）郭汝霖、（明）李际春撰

郭汝霖（1510—1580），字时望，号一厓，石马（今属江西省永丰县）人。明嘉靖三十二年（1553）进士，历官吏科给事中，刑科给事中、少卿、府丞、太常卿。三十八年（1559）适逢琉球国国王请封，被任为正使。著有《石泉山房集》《使琉球录》。

李际春（1536—1583），字应元，杞县（今河南省杞县）人。明嘉靖三十四年（1555）举人，翌年进士，被任命为行人司行人。曾出使琉球，回国升为尚宝寺丞，累迁至通政使司通政使。著有《琉球录》。

明嘉靖刻本。

1804

日本风土记四卷 / （明）侯继高撰

侯继高，见第0808条。

明代民间私撰有关日本国情的代表著作之一。是书对日本地理环境、政治、经济、语言、文学、风俗、人情、爱好等都做了系统、详细的介绍，是研究和了解明朝人认知日本的重要史料。

明万历刻本，清光绪十七年上海著易堂 清光绪二十三年南清河王氏铸版。

1805

西洋朝贡典录三卷 / （明）黄省曾撰

黄省曾，见第1105条。

是书记录郑和所至二十三国的道里、山川、风俗、物产、器用、语言、衣服等。校正了《瀛涯胜览》《星槎胜览》两书中一些文字错讹，补充了两书中所无的各地土特产品和贡品，并记载有针路数据。

借月山房汇钞本，指海本，泽古斋重钞本，粤雅堂丛书本，笔记小说大观本。

1806

日本风土记五卷 / （明）李言恭、郝杰撰

李言恭（1541—1599），字惟寅，号秀岩，又号青莲居士，盱眙（今江苏省盱眙县）人。明万历三年（1575）袭封临淮侯，环卫侍直，守备南京。十四年（1586）调京城，加太保，总督京畿。著有《贝叶斋集》《楚游稿》《游燕集》《青莲阁集》。

郝杰（1530—1600），字彦

辅，号少泉，蔚州（今河北省蔚县）人。明嘉靖三十五年（1556）进士，授行人，擢御史。隆庆元年（1567）任畿辅巡抚，后被劾降官。万历十七年（1589）擢右佥都御史，巡抚辽东，进后副都御史。日寇入侵朝鲜，郝杰迁兵部右侍郎，协理京营戎政，进右都御史。后因反对和议，徙南京，历官户部、工部、兵部尚书。

是书与明万历本《日本考》内容相同。

清乾隆抄本。

1807

日本考五卷／（明）李言恭、郝杰撰

李言恭，见第1806条。
郝杰，见第1806条。

李言恭、郝杰两人将一些传闻及旧史中有关日本的记载加以分类编撰而成此书。卷一前有日本国图一幅。卷一分倭国事略、驿、户、课、寄语岛名、倭船、寇术、倭刀等目。卷二分沿革、疆域、畿州郡岛、属国、山川、土产、朝贡、贡物、祭祀、贸易、三教、九流等目。卷三分字书、歌谣等目。卷四分语音、天文、时令、寒温、月分、日数、五行、宫室、城市、吏从、工艺、衣服、算法、器用、武具、医用、菜蔬、鸟兽类等目。卷五分文辞、诗赋、山歌、琴法、棋格等目。

明万历刻本，国立北平图书馆善本丛书第一集本。

1808

咸宾录八卷／（明）罗日褧撰

罗日褧，生卒年不详，字尚之，豫章（今江西省南昌市）人。明万历十三年（1585）举人。

是书分《北虏志》《东夷志》《西夷志》《南夷志》四志，记载当时我国边境和东、西洋各国史地数据。《东夷志》记叙朝鲜、女直、日本、琉球的历史，涉及汉建武倭奴朝贡受封、琉球遣使进贡、明代的海防与边务。《南夷志》记载今东南亚以至印度尼西亚以南各国，诸如安南、占城、真腊、爪哇、暹罗、满剌加、锡兰、吕宋、苏禄等三十余国的地理环境、人文风俗。

明万历十九年刘一焜刻本。

1809

咸宾录八卷附校勘记二卷／（明）罗日褧撰，魏元旷校勘，胡思敬续校

罗日褧，见第1808条。
魏元旷（1856—1935），原名

焕章，号潜园，又号斯逸、逸叟，南昌（今江西省南昌市）人。清光绪二十二年（1896）进士。历官刑部主事、民政部署高等审判庭推事。著有《潜园全集》。

胡思敬（1870—1922），字漱唐，一字笑缘，晚号退庐居士，新昌（今江西省宜丰县）人。清光绪十九年（1893）举人，翌年进士，次年补殿试，选翰林院庶吉士。历任吏部考功司主事、辽沈道监察御史、广东道监察御史。张勋复辟，授左副都御史，赴任途中闻事败复归。著有《退庐疏稿》《驴背集》《丙午厘定官制刍论》《戊戌履霜录》《王船山〈读通鉴论〉辨正》《盐乘》《国闻备乘》《大盗窃国记》等。

豫章丛书本。

1810

三宝征夷集一卷／（明）马欢撰

马欢，生卒年不详，字宗道，别字汝钦，号会稽山樵，会稽（今属浙江省绍兴市）人。信奉伊斯兰教，精通汉语和阿拉伯语，作为通事参加郑和使团的第四次（1413—1415）、第六次（1421—1422）、第七次（1431—1433）下西洋，担任翻译。自称亲历书中所述二十国，包括占城、爪哇国的几个港口、马六甲、苏门答腊岛诸国、孟加拉国、锡兰、印度西南部地区（马拉巴尔海岸）、霍尔木兹海峡和南部阿拉伯半岛。

是书为《瀛涯胜览》的别本。

明抄本。

1811

瀛涯胜览二卷／（明）马欢撰

马欢，见第1810条。

艺海汇函本，胜朝遗事本。

1812

瀛涯胜览一卷／（明）马欢撰，（明）邓士龙编

马欢，见第1810条。

邓士龙，见第0153条。

明代地理著作，记述15世纪亚、非地理和中西交通史料。马欢将亲身经历的国家和地区的风土人情、地理情况写成此书。是书记载了占城国、暹罗国、爪哇国、满剌加国、锡兰国等二十个国家和地区的地理情况。书中采用分国叙述的方式，而自前一国到后一国，一般都说明航行的走向和日程。郑和等使节对于各地君长所施的赏罚，以及商品交易的情况，在书中有比较具体的叙述。另外，还涉及各地民族、宗教、风俗、物产、服装、住

房等内容。

明末祁氏淡生堂抄本，宝颜堂秘笈本，纪录汇编本，丛书集成初编本，景印元明善本丛书本。

1813

皇明象胥录八卷／（明）茅瑞征撰

茅瑞征，见第 0171 条。

茅瑞征曾官兵部职方司，根据历代史牒及耳闻目见之近事撰此书，以补郑晓《皇明四夷考》。是书记事迄于万历，记叙明代边疆四裔诸国及各部落、部族、国家，含朝鲜、日本、大小琉球、爪哇、苏门答腊等的历史沿革、山川地理、风俗民情。

明崇祯茅氏芝园刻本，国立北平图书馆善本丛书第一集本。

1814

四夷广记不分卷／（明）慎懋赏撰

慎懋赏，生卒年不详，号台子，吴兴（今浙江湖州市）人。

是书成于 16 世纪末或 17 世纪初，记载周边邻国及国内各民族与明朝政府交往，包含疆里、山川、国统、制度、风俗、物产、贡物、译语以及至榜葛剌路线等内容。

玄览堂丛书续集本。

1815

东南海外诸夷／（明）吴朴撰

吴朴，见第 0184 条。

存佚不详。

1816

首海外经／（明）吴朴撰

吴朴，见第 0184 条。

存佚不详。

1817

使琉球录二卷／（明）夏子阳、王士祯撰

夏子阳（1552—1610），字君甫，号鹤田，玉山（今江西省玉山县）人。明万历十七年（1589）进士，授绍兴推官，升为兵部给事中。三十一年（1603）被任命为出使琉球国正使册封新继王位的中山王，赴琉球前赶制海船，筹备东渡。三十四年（1606）五月起程，六月到达。驻使馆数月，拒绝丰盛招待与送礼。九月日本遣使来琉球，亦称贺新王、来贸易。子阳布置严防，以明朝天使身份接见倭首，彰显大国风度，使倭寇不敢妄动。十一月回朝复命，明神宗以子阳不辱使命而赐一品服，授通奉大

夫、太常寺卿。

王士祯，生卒年不详，号旭阳，泗水（今山东省泗水县）人。明万历三十年（1602）以行人受命与夏子阳使琉球，册封其世子。

抄本。

1818

南游漫稿／（明）萧崇业撰

萧崇业（？—1588），字允修，号乾养，临安卫（今云南省建水县）人，祖籍江苏秣陵。明嘉靖四十年（1561）举人，隆庆五年（1571）进士，选翰林院庶吉士。历官兵科给事中、工科右给事中、兵科都给事中、光禄寺少卿、太常少卿、南太仆卿等职。后官至南都察院右佥都御史、南京提督操江，负责长江上下防务。万历七年（1579）以户科给事中偕行人司行人谢杰奉使琉球国，册封其世子尚永为中山王。著有《南游漫稿》等。

萧崇业居琉球四个多月，期间详细考察当地的地理环境、物产和风土民情等，写成此书。

新纂云南通志存目。

1819

使琉球录二卷／（明）萧崇业、谢杰撰

萧崇业，见第1818条。

谢杰，见第0189条。

明万历刻本。

1820

日本国考略一卷／（明）薛俊撰，（明）邓士龙编

薛俊，生卒年不详，字梓山，一字文祥，定海（今属浙江省舟山市）人。庠生。历官训导、宗正。

邓士龙，见第0153条。

域外地理著作。明嘉靖初，薛俊目睹倭寇猖獗，为御边计，乃历稽载籍，博访故老，考究日本历史、地理、山川、物产、风俗、人文经济以及与中国的关系。是书分沿革、疆域、州郡、属国、山川、土产、世纪、户口、制度、风俗、朝贡、贡物、寇边、文词、寄语十五略，并附兵计略。

明钞五种本，国朝典故六十种本，国朝典故六十二种本，得月簃丛书本，丛书集成初编本。

1821

日本国考略一卷补遗一卷／（明）薛俊撰，（明）王文光增补

薛俊，见第1820条。

王文光，生卒年不详，字有

孚，上元（今江苏省南京市）人。曾任叙州知府、定海令。

明嘉靖九年王文光刻本。

1822

日本考略一卷／（明）薛俊撰

薛俊，见第1820条。

清道光十一年长白荣氏得月簃刻本。

1823

殊域周咨录二十四卷／（明）严从简撰

严从简，生卒年不详，字仲可，号绍峰，嘉兴（今浙江省嘉兴市）人。明嘉靖三十八年（1559）进士，授行人，选工科给事中，迁刑科右给谏。隆庆元年（1567）坐谪婺源县丞，历扬州同知。著有《殊域周知录》。

地理杂志。严从简为备官员巡边或出使查阅，于明万历二年（1574）撰成此书。是书分东夷、南蛮、西戎、北狄四门，包含朝鲜、日本、琉球、安南、占城、真腊、暹罗、满刺加、爪哇、三佛齐、渤泥、琐里古里、苏门答剌、锡兰、苏禄、佛郎机，以及吐蕃、哈密、于阗、鞑靼、兀良哈、女真等三十八个域外国家、地区和国内民族、卫所。分述其地理位置、历史沿革、疆域分界、山川形胜、交通道里、运输工具、动物、植物、矿物、商业贸易、与中国历代王朝的关系等，记海上交通尤详。

明万历刻本，民国十九年北平故宫博物院图书馆铅印本。

1824

裔乘八卷／（明）杨一葵撰

杨一葵，生卒年不详，字翘卿，又字艺乡，号绍江，别号致吾，漳浦（今福建省漳浦县）人。明万历十九年（1591）由国子监中顺天榜举人，翌年连捷进士。历官江西南昌府推官、户部四川司主事、四川主考、户部督饷郎中、冀北道参议、浙江按察副使兼布政使右参议、浙江省参政、湖广副使、贵州按察使、云南左布政使。著有《芙蓉馆集》《豫章集》《画脂编》《裔乘》《云中边略》《海塘事宜》《臆语》《登太乙山》等。

是书系杨一葵据史籍的有关资料整理编纂而成，详细介绍了中国周边国家和少数民族的历史及其与明王朝的关系，其中记述东亚、东南亚、南亚、西亚的七十八个国家（地区），保存了明代前期中外关系、海防、民族关系和边疆的许多珍贵史料，同时也记载万历年间中外关系的一些重要史实。

明万历刻本，玄览堂丛书本。

1825

四夷考八卷／（明）叶向高撰

叶向高（1559—1627），字进卿，号台山，晚年自号福庐山人，福清（今福建省福清市）人。明万历十一年（1583）进士，选为庶吉士。历官翰林院编修，南京礼部、吏部侍郎，礼部尚兼东阁大学士，内阁首辅大臣。天启四年（1624），魏忠贤党诬攻东林党，他持有异议，被诬指为东林“党魁”，遂辞官归里。卒，谥文忠。叶向高两度出任内阁首辅大臣，在任期间大败倭寇、驱赶荷兰入侵者，粉碎了他们霸占台湾的图谋。著有《四夷草》《苍霞草》《说类》等。

是书包含《朝鲜考》《日本考》《安南考》《女真考》《朵颜三卫考》《哈密考》（附赤斤蒙古等卫）、《西番考》《土鲁番考》《北虏考》《盐政考》《屯政考》《京营兵制考》等。

宝颜堂秘笈本，宝颜堂续秘笈本。

1826

日本考略一卷／（明）殷都辑

殷都，见第0193条。

兵垣四编本，明天启元年乌程闵振声刻本，长恩书室丛书本。

1827

诸夷考三卷／（明）游朴撰

游朴（1526—1599），字太初，号少涧，福宁州（今福建省霞浦县）人。明万历二年（1574）进士，大理寺评事、刑部山西司郎中、广东按察司副使、湖广布政使右参政，后辞官归隐。官广东时葡萄牙人在澳门与国人贸易，此事本属海道管辖，但掌管海道的官员却视之为生财之道，企图从对外贸易中取利。游朴巡海至澳门，认为双方贸易应有法规，遂与葡萄牙人签订法规，人皆称奇。著有《游太初乐府》《诸夷考》《福宁州志》等。

明万历刻本。

1828

瀛涯胜览集一卷／（明）张升撰

张升（1442—1517），字启昭，号柏崖，南城（今江西省南城县）人。明成化五年（1469）中状元，初授翰林院修撰。历官东宫讲读官、左赞善、右谕德、左庶子。后被诬陷，贬任南京工部员外郎，历官礼部左、右侍郎，迁礼部尚书。著有《张文僖公文集》。

是书为张升改编马欢《瀛涯胜览》而成。

明万历四十五年江西巡按陈于庭刻本。

1829

东西洋考十二卷 /（明）张燮撰

张燮，见第1586条。

是书为明代中后期中西海上交通著作，系张燮初受聘于海澄县令陶镕时，为满足海外贸易之需而撰写。书中计有西洋列国考、东洋列国考、外纪考、饷税考、舟师考、艺文考、逸事考等，详载漳州地区海外贸易的各方面资料，16世纪东南亚各国的历史，西方殖民者掠夺和奴役东南亚人民的历史，海外各地的土特产和贸易注意事项，进入中国港口商船、货物的种类、数量、规格，税收制度以及税额标准，有关航海技术知识和地理知识等。

明万历四十六年王起宗刻本，四库全书本，惜阴轩丛书本，丛书集成初编本。

1830

安南图说一卷 /（明）郑若曾撰

郑若曾，见第0597条。

是书体例与《朝鲜图说》同，但增疆域、伪制二门，伪制记黎、莫二姓事，末附宋郑竦《纪略》。时距安南王国大臣莫登庸篡夺王位事未远，郑若曾筹划边防并及安南，然相距既遥，记述简略。

郑开阳杂著本。

1831

朝鲜图说一卷 /（明）郑若曾撰

郑若曾，见第0597条。

是书先图后考，次详其世纪、都邑、山川、风俗、土产、道里、贡式等，因朝鲜亦被倭患，故因日本而及之。

郑开阳杂著本。

1832

琉球图说一卷 /（明）郑若曾撰

郑若曾，见第0597条。

是书包含琉球国图、琉球国考、世纪、山川、风俗、福建使往琉球针路、回针、贡式、进贡方物等内容。

郑开阳杂著本。

1833

日本图纂一卷 /（明）郑若曾撰

郑若曾，见第0597条。

是书为郑若曾在胡宗宪幕府所作。郑若曾以坊行《日本考略》一书舛讹难据，因从奉化人购得南岙倭商秘图，持以询诸使臣、降倭、通事、火长之属，汇订成编。前为图三幅，附以论说。后载州郡、土贡、道路、形势、语言、什器、寇术等。仪制、诗表别为附录。

明抄本，郑开阳杂著本。

1834

桴海图经三卷／（明）郑舜功撰

郑舜功，生卒年不详，新安（今安徽省黄山市）人。曾两次赴日，第一次是在明嘉靖八年（1529），随日本僧侣昌虎首座至京都，辨别汉和药物。三十五年（1556）奉浙江总督杨宜之命，再往日本招抚倭寇。从广东经大小琉球至九州岛的丰后，并在此派出从事官沈孟纲、胡福宁等，去幕府交涉制止倭患问题。时逢日本战乱，将军早已丧失控制全国的能力，无力制止倭寇。回国后，郑舜功将所见所闻辑为《日本一鉴》。

是书用文字和海图详细记述了从珠江口经广东、福建沿海，再由梅花东北行，穿过台湾北部海域，经钓鱼屿、琉球群岛直至日本大阪湾的航路。所附海图的日本近海部分非常细致。

抄本。

1835

绝岛新编四卷／（明）郑舜功撰

郑舜功，见第1834条。

是书为郑舜功《日本一鉴》中的一种，介绍日本地理方位与其行政区域、宫室、山川、物产等；书中附有《日本行基图》《丰后岛夷意图》《初梓考略图》《续梓考略图》《广舆图附图》《日本图纂图》《夷都城关图》《夷王宫室图》《久保宫室图》《山城坊市图》和《平户岛屿图》等图十一幅。

抄本。

1836

穷河话海九卷／（明）郑舜功撰

郑舜功，见第1834条。

是书为《日本一鉴》的主体部分，内容涉及明嘉靖以前日本的政治、经济、文化、历史、语言、地理、气候乃至民俗宗教等。

抄本。

1837

日本一鉴三种 /（明）郑舜功撰

郑舜功，见第 1834 条。

郑舜功曾奉派使日，对日本实地调查并搜罗资料，回国后撰成该书。是书由《桴海图经》《绝岛新编》和《穷河话海》三部分构成。《桴海图经》用文字和海图详细记述了从珠江口经广东、福建沿海，再由梅花东北行，穿过台湾北部海域，经钓鱼岛、琉球群岛直至日本大阪湾的航路。《绝岛新编》由地图和文字两部分构成，专门介绍日本地理知识。《穷河话海》记述日本的历史沿革、职员、人物、祭丧、尊崇、称呼、风土等。

民国二十八年影印本，抄本。

1838

四夷考二卷 /（明）郑晓撰

郑晓，见第 0203 条。

是书记明代的四夷，包含朝鲜、日本、大小琉球、安南、真腊、暹罗、占城、苏门答腊、西洋爪哇、彭亨、百花、三佛齐、渤泥等国家与地区的情况。

郑端简公全集本。

1839

制御四夷典故不分卷 /（明）郑晓撰

郑晓，见第 0203 条。

明抄本。

1840

欧罗巴各国总叙 /（葡萄牙）玛吉士著

玛吉士（J. Marquez，1810—1867），又译作马吉士、马基士，为久居澳门的马葵士家族的一员。清嘉庆十五年（1810）生于澳门，少时就读澳门圣若瑟修院。粤语和官话都十分娴熟，中文造诣颇高，毕业后在澳门政府当翻译官。道光二十七年（1847）赴北京任法国驻华公使馆翻译。晚年回到澳门潜心研究汉语。著有《外国地理备考》。

小方壶斋舆地丛钞本。

1841

朝鲜传略一卷日本传略一卷琉球传略一卷 /（清）□□撰

抄本。

1842

朝鲜疆域纪略一卷／（清）□□撰

小方壶斋舆地丛钞本。

1843

俄属海口记一卷／（清）□□撰

小方壶斋舆地丛钞本。

1844

高丽水道考一卷／（清）□□撰

小方壶斋舆地丛钞本。

1845

葛剌巴传一卷／（清）□□撰

域外地理著作，约成书于清道光间。葛剌巴，即今印度尼西亚的爪哇岛。是书首考其名称、物产、地震、火山、民风、宗教等，次及历史、贸易和汉人流寓等情况。

小方壶斋舆地丛钞本。

1846

海外群岛记一卷／（清）□□撰

是书所记为太平洋中嘉罗连群岛，其地原属于西班牙，主要介绍了其中的雅森神岛。

小方壶斋舆地丛钞本。

1847

巨文岛形势一卷／（清）□□撰

巨文岛，位于今韩国全罗南道丽水市西南的群岛，由古岛、东岛、西岛三岛组成。在历史上因十九世纪末英国强占该岛的“巨文岛事件”而闻名于世。

小方壶斋舆地丛钞本。

1848

秘鲁形势录一卷／（清）□□撰

域外地理著作。是书简述秘鲁地理位置、土地物产、水道交通、生活方式等。其中水道为三，分入太平洋、大西洋和铁梯喀卡湖。

小方壶斋舆地丛钞本。

1849

墨洲杂记一卷／（清）□□撰

域外地理著作。墨洲，即今美洲。是书记事止于清同治四年（1865），简述美洲的发现，以及花旗国（美国）、古巴、巴西的地理位置、自然环境、民俗物产、土地人口等。

小方壶斋舆地丛钞本。

1850

南洋述遇一卷／（清）□□撰

是书记述清光绪年间途经摩鹿加群岛一带所见到的华裔、华侨情况。

小方壶斋舆地丛钞本。

1851

牛西兰岛纪略一卷／（清）□□撰

域外地理著作。牛西兰，即纽西兰（今新西兰）。是书主记纽西兰南北二岛及澳哥兰得城（今威灵顿）自然风光、商贾贸易、城市建设等。

小方壶斋舆地丛钞本。

1852

柔佛略述一卷／（清）□□撰

柔佛，即今马来西亚的柔佛地区，位于马来西亚半岛的最南端，是亚洲大陆最南端的陆地，东面是南中国海，西面是马六甲海峡，南面隔着柔佛海峡与新加坡毗邻。

小方壶斋舆地丛钞本。

1853

三宝垄一卷／（清）□□撰

三宝垄，临爪哇海，华侨称垄川，为印度尼西亚爪哇岛中爪哇省商港和首府，是印度尼西亚仅次于泗水、雅加达的第三大港。相传中国明代航海家郑和下南洋时曾在此登陆，城市由此得名。

域外丛书本。

1854

他士文尼亚岛考略一卷／（清）□□撰

域外地理著作。他士文尼亚岛，即今澳大利亚的塔斯马尼亚岛。因明崇祯十三年（1640）英国探险家他士文航海发现该岛，遂名。是书简记该岛开发、自然地理环境、气温、动植物、铁路交通等。

小方壶斋舆地丛钞本。

1855

新金山记一卷／（清）□□撰

域外地理著作。清咸丰元年（1851），墨尔本发现了金矿，大量的人从世界各地前来淘金，包括大量的华工。墨尔本的人口迅速增长，并成为一个富有的大城市，使美国旧金山黯然失色，故又被华人称为新金山。是书载有墨尔本的经纬度、地理、物产和风俗等内容。

小方壶斋舆地丛钞本。

1856

褒海编一卷／（清）□□撰

见“袖海编”。

拜经楼抄本，清乾隆抄本。

1857

宣和奉使高丽图经校一卷／（清）□□撰

涉闻梓旧本，丛书集成初编本。

1858

亚哥书马岛记一卷／（清）□□撰

亚哥书马岛，在台湾东北、琉球之南，距台湾水程三千余里。自南至北，络绎千余里，凡十余岛。

小方壶斋舆地丛钞本。

1859

游记汇刊正编八种附编八种／（清）□□辑

地理丛书。是集包含佚名氏《金轺筹笔》、邹代钧《西征纪程》、李凤苞《使德日记》、曾纪泽《出使英法日记》、黄懋材《西辅日记》《游历刍言》《印度札记》、曹廷杰《伯利探路记》、郭嵩焘《使西纪程》、王锡祺《中俄交界续记》，另有英俄人著作三种。

清光绪二十三年湖南新学书局刻本。

1860

南洋述异／（清）□□撰，（清）邹凌沅辑

邹凌沅（1867—?），字卞诚，一作叔澄，别字公之琪，号述庐，室名通学斋，高安（今江西省高安市）人。清光绪二十年（1894）举人。曾参与康有为等公车上书，列名保国会。著有《通学斋丛书》。

民国铅印本，通学斋丛书本。

1861

琉球实录一卷／（清）□琦撰

稿本。

1862

咸海纪略／（清）蔡锡龄著

蔡锡龄（1843—?），字宠九，历城（今山东省济南市）人。清光绪初入上海江南机器制造总局翻译馆。著有《咸海纪略》《永定河源考》等。

小方壶斋舆地丛钞本。

1863

东槎闻见录四卷／（清）陈家麟撰

陈家麟，生卒年不详，六合

（今属江苏省南京市）人。曾在李鸿章幕府做过幕僚，光绪时为中国驻日公使徐承祖之随员。

域外地理著作。陈家麟驻日期间广征日本报刊、公文、史籍等，并参以见闻辑成此书，介绍日本地理风俗、历史沿革、物产经济及政治军事现状。是书体例仿中国地方志，但突出近代政治、经济和沿海灯台、浮标诸门。首叙日本之四邻、历史，次及经纬、历算、气候、时刻、疆域、形势、山川、沿海、海里、田地等凡五十余项，比较全面记述日本历史、自然、人文、社会、政治、军事、文化，风俗等。

清光绪十三年铅印本。

1864

东槎闻见录一卷／（清）陈家麟撰

陈家麟，见第1863条。

小方壶斋舆地丛钞本。

1865

大西洋记一卷／（清）陈伦炯撰

陈伦炯，见第1309条。

小方壶斋舆地丛钞本。

1866

东南洋记一卷／（清）陈伦炯撰

陈伦炯，见第1309条。

是书记台湾、菲律宾群岛、西里西伯岛、摩鹿加群岛、婆罗洲，以及18世纪中国与西方国家航海技术发展的情况。其中，对郑成功收复台湾的记载很为详细并明确指出“台湾系我先王所有”。

小方壶斋舆地丛钞本。

1867

东洋记一卷／（清）陈伦炯撰

陈伦炯，见第1309条。

是书记述日本、朝鲜、琉球等地的海道、自然条件、政治、民族、风土民情和物产等情况，其中对日本的记述更为翔实、全面。

小方壶斋舆地丛钞本。

1868

海国闻见录二卷／（清）陈伦炯撰

陈伦炯，见第1309条。

陈伦炯的父亲陈昂，于清康熙二十一年（1682）从靖海侯平定台湾，后因搜捕余党，出入东西洋五年，叙功授职，官至广东副都统。伦炯少从其父，熟闻海道形势。及袭父荫，复由侍卫历官澎湖副将、台湾镇总兵官，移广东高雷廉，江南崇明、狼山诸镇，又为浙江宁波水师提督。所历皆滨海地，故以平生闻见著此书。上卷包含《天下沿海形势录》《东洋记》《东南洋记》《南洋记》《小西洋记》《大西洋记》《昆屯记》《南澳气记》。下卷图六幅，包含《四海总图》《沿海全图》《台湾图》《台湾后山图》《澎湖图》《琼州图》。凡山川之扼塞，道里之远近，沙礁岛屿之夷险，风云气候之测验以及外蕃民风、物产，一一备载。

清乾隆八年刻本，四库全书本，清乾隆五十八年刻本，清道光三年易理斋刻本，清同治七年粤东三元堂刻本。

1869

海国闻见录一卷 / （清）陈伦炯撰

陈伦炯，见第 1309 条。

昭代丛书新编本，昭代丛书本，清抄本，明辨斋丛书本，清光绪十三年湘湖书局刻本。

1870

海国闻见录一卷附图一卷 / （清）陈伦炯撰

陈伦炯，见第 1309 条。

艺海珠尘本。

1871

南洋记一卷 / （清）陈伦炯撰

陈伦炯，见第 1309 条。

域外地理著作。是书约成于清雍正年间，多记南洋安南、占城、柬埔寨、柔佛（马来西亚）、暹罗（泰国）、嘛喇甲等地物产和风土民情。另记有厦门至上述各地水程更数与所经地。

小方壶斋舆地丛钞本。

1872

小西洋记一卷 / （清）陈伦炯撰

陈伦炯，见第 1309 条。

是书主要记南亚、西亚和中亚诸国地理风情、政治及风俗、贸易、物产等。

小方壶斋舆地丛钞本。

1873

日本近事记一卷 / （清）陈其元撰

陈其元（1812—1882），字子庄，晚年自号庸闲，海宁（今浙江省海宁市）人。诸生。入资为金华训导，旋擢富阳教谕，又任直隶州知州，后发往江苏补用，受江苏巡抚丁日昌的青睐，先后代理南汇、青浦、上海县（今闵行区）县令。著有《庸闲斋笔记》。

该书写于清同治十三年（1874），记中日交往的历史以及日本侵略台湾的经过，为目前所见到的对明治维新最早的评论。

小方壶斋舆地丛钞本。

1874

海国舆地释名十卷首一卷／（清）陈士芑撰

陈士芑（1878—?），又名士廉，字翼牟，一字翼谋，号震生，湘乡（今湖南省双峰县）人。清光绪三十年（1904）进士，官邮传部主事。著有《黄学庐杂记》《海国舆地释名》。

是书记述五洲海洋、山脉及各国地理概况。先总述，后分述，引用中外史地著作二百四十余种，将旧译舆地名称进行了修订。

清光绪二十八年陈氏连道清芬堂刻本。

1875

环海志□卷／（清）陈元钟撰

陈元钟，生卒年不详，字孝受，一字朵采，连江（今福建省连江县）人。清顺治间诸生。家富藏书，且著作颇多。及死，其妻王氏因无子，痛无可传，而尽所有焚之于其灵前。

是志博集海外诸国岛屿、山川、人物、风俗、物产而成。

佚书。

1876

古海国沿革考一卷沿革表一卷／陈运溶撰

陈运溶，见第1076条。

地理考证著作。是书内容系从《晋书》《后汉书》《海国图志》《新唐书》《元史》《明史》等古籍中辑出，后附《古海国沿革表》。正文记扶南国、顿逊国、天竺国、大月氏国、大秦国、大宛国、疏勒国、罽宾国、毗骞国、安息国、碎叶国、石国、康国、苫国、大食国、波斯国、拂菻国、摩邻国、狮子国十九个古海国沿革、地理位置、别名及今名等。

麓山精舍丛书本。

1877

交州以南外国传一卷／陈运溶辑

陈运溶，见第1076条。

中外交通著作。原书久佚，陈运溶自《太平御览》辑西屠国、金陈国、波辽国、屈都干国、波延州、究原国、奴后国等，此七国均位交州以南，约位于今中南半岛南部，分别记其位置、民族、人口、物产等。

麓山精舍丛书本。

1878

亚欧两洲沿岸海道纪要二卷末一卷／陈运溶撰

陈运溶，见第 1076 条。

中外交通著作。是书仿《水经注》例，以海为经，以河支流为注，穷原竟委，自东而西详记亚欧海岸情况。正文分越南、暹罗，缅甸、东印度、南印度、波斯、阿剌伯、埃及、土耳其、希腊、意大利、法兰西南境、西班牙南境、葡萄牙、英吉利、比利时、荷兰、德意志西境、丹麦、俄罗斯、朝鲜、日本等二十余国家和地区，以记程形式详记各国山川脉络、水道航线、风土人情等。

麓山精舍丛书本。

1879

噶喇吧纪略一卷拾遗一卷／（清）程逊我撰

程逊我，即程日炌（1712—1747），字逊我，漳浦（今福建省漳浦县）人。少年家贫，为偿还父亲生前遗下的债务，于清雍正八年（1730）十八岁时出洋，先住三宝垄，后移居吧城（今雅加达）。初为人佣工，后以教书为业。于乾隆元年（1736）回乡清还父债，用功读书，于九年（1744）应福建乡试中举人。翌年，上京会试，未中。病逝于乾隆十二年（1747），年仅三十五岁。临终将所著《噶喇吧纪略》及补写的《噶喇吧纪略拾遗》底稿交给归休在家的雍正朝翰林检讨李实黄，李为之作序并将书稿付梓。

是书内容丰富，包含荷兰殖民地范围内重要地名、吧城概况、荷兰殖民制度、华侨概况、荷兰统治者对华侨的压迫剥削、中国物产输往吧城的种类、从吧城输入中国洋货的种类等。

逊敏堂丛书本。

1880

日本风土记一卷／（清）戴名世撰

戴名世（1653—1713），字田有，一字褐夫，号南山，自号忧庵，乡人亦称潜虚先生，桐城（今安徽省桐城市）人。未及弱冠即善为古文辞，二十岁起开始授徒以养亲，二十八岁以秀才入县学，不久后以拔贡生入京师，补为正蓝旗教习。曾广游燕赵、齐鲁、江苏、浙江、福建等地，访问故老，考证野史，搜求明代逸事。清康熙四十四年（1705），以五十二岁高龄中举。四十八年（1709）中榜眼，授翰林院编修，在京供职并参与明史馆的编纂工作。因行世已久的《南山集》中录有南明桂王时史事并多用南明年号，以“大逆”罪下狱被杀，此案株连数百人，此即著名的“清初三大文字狱”之一的《南山集》案。著有《南山集偶钞》《孑遗录》。

是书记述了传闻中的一些日本国的风土人情和史事。

小方壶斋舆地丛钞本。

1881

新刻万国朝宗六卷首一卷／（清）戴作铭辑

戴作铭，生平事迹不详。

清同治二年刻本，清光绪元年玉泉山房刻本。

1882

日本疆域险要／（清）丁取忠撰

丁取忠（1810—1877），字果臣，号云梧，长沙（今湖南省长沙市）人。生员。专研数学，不求仕进。著有《粟布演草》《数学拾遗》。

中西新学大全本。

1883

日本疆域险要一卷／（清）傅云龙撰

傅云龙，见第0719条。

是书首记日本列岛与中国相直形势，次及各道、诸大岛面积、形势，诸道疆域险要，海道险要等。

小方壶斋舆地丛钞本。

1884

日本沿革一卷／（清）傅云龙撰

傅云龙，见第0719条。

域外地理著作。是书以访询和采摘有关中日关系史籍撰成。首为小序，考该国名称、初制、地理等。次据中国《汉书》《后汉书》《魏志》《梁书》《唐书》《明史》等史册考其沿革。再及神武八洲、东海道十五国与其府置郡所辖郡藩，明治四年（1871）改府县及其废、置、并、析情况。

小方壶斋舆地丛钞本。

1885

游历古巴图经二卷／（清）傅云龙撰

傅云龙，见第0719条。

是书记述清光绪十四年（1888）

十一月在古巴游历、考察见闻。

清光绪十五年铅印本。

1886

游历美利加合众国图经三十二卷／（清）傅云龙撰

傅云龙，见第0719条。

是书记述清光绪十四年（1888）在美国游历、考察见闻。

清光绪十五年铅印石印本。

1887

游历日本图经余记三卷／（清）傅云龙撰

傅云龙，见第0719条。

傅云龙撰游历各国图经，主要用图和表的形式介绍各国政治、经济、文化、军事、外交等方面的基本情况，并把游历日程和见闻感想等写成余记。是书分为前编上、前编下、后编。前编记首至日本游历情形，后编记游美后返回日本继续活动情形。

清实学斋刻本。

1888

游历图经余记十五卷／（清）傅云龙撰

傅云龙，见第0719条。

傅云龙游历日本、美国、秘鲁、巴西诸国近两年间，除撰写游历各国图经外，还撰写了余记十五卷，主要记述游历日程和见闻感想等。

清光绪十五年铅印实学丛书本。

1889

游历巴西图经十卷／（清）傅云龙撰

傅云龙，见第0719条。

域外地理著作。清光绪十五年（1889），傅云龙抵巴西，诹事译文，历地摹图，撰成此书。是书分天文、地理、国系、风俗、食货、考工、兵制、政事、文学、叙例十类，另有地理图、邑表、进口出口货值表、大事年表、中国巴西度量衡比较表等，详记巴西政治、军事、经济、文化、地理、风俗等。

清光绪二十七年铅印本。

1890

游历秘鲁图经四卷／（清）傅云龙撰

傅云龙，见第0719条。

域外地理著作。是书分天文、地理、国家、风俗、食货、考工、兵制、外交、政事、文学、叙例十一类，另有地理图、分疆表、大事编年表、铁道表等。

清光绪二十七年铅印本，清光绪二十八年石印本。

1891

游历日本图经三十卷／（清）傅云龙撰

傅云龙，见第0719条。

清光绪十三年（1887），时任兵部郎中的傅云龙奉派去日本考察，据日本地图、报表、史籍等数据，参以见闻辑成此书。是书分天文、地理、河渠、国纪、风俗、食货等十五类，另附图表多种。所叙皆详今略古，记明治维新后事尤详。

清光绪十五年德清傅氏铅印石印本。

1892

游历英属地加纳大图经八卷／（清）傅云龙撰

傅云龙，见第0719条。

清光绪二十八年石印本。

1893

皇朝文献通考四裔考／（清）高宗弘历敕撰

高宗弘历，见第0115条。

北徽汇编本。

1894

阿剌伯考略一卷／龚柴撰

龚柴，见第1120条。

小方壶斋舆地丛钞本。

1895

俾路芝考略一卷／龚柴撰

龚柴，见第1120条。

域外地理著作，我国最早较全面记载该地的著作。俾路芝，现为巴基斯坦最大的省，北接阿富汗，西邻伊朗，南临阿拉伯海。是书约成于清光绪年间，对俾路芝的名称、位置、部落、会城、历史、人民数、风俗及各地物产有较全面记载。

小方壶斋舆地丛钞本。

1896

波斯考略一卷／龚柴著

龚柴，见第1120条。

域外地理著作。是书约成于清光绪间，主考波斯历史沿革、风俗、四邻、东西南北里距、与中国关系、国内政区十一省、王都、各省区自然、经济、物产等。

小方壶斋舆地丛钞本。

1897

日本考略一卷 / 龚柴撰

龚柴，见第 1120 条。

是书约成于光绪间，记事止光绪五年（1879）。首考日本历史、地理形势、中日关系。次及政区、都城、政治制度、人口、民族、风俗、宗教、商埠、山川、物产等。

小方壶斋舆地丛钞本。

1898

五洲方域考一卷 / 龚柴撰

龚柴，见第 1120 条。

地理考证著作。是书主考当时亚细亚、欧罗巴、亚非利亚旧三洲和亚墨利加（美洲）、澳削尼亚（澳洲）二新洲的土地、人口及各大洲的境域、主要国家和地区。对苏夷士运河（苏伊士）开凿情况记录尤详。

小方壶斋舆地丛钞本。

1899

暹罗考略一卷 / 龚柴撰

龚柴，见第 1120 条。

域外地理著作。是书考证暹逻（今泰国）位置、东西南北里距、历史、中暹关系、人口、行政区划、都城、王城、官制、地势山川、物产、风俗等。

小方壶斋舆地丛钞本。

1900

亚洲俄属考略一卷 / 龚柴撰

龚柴，见第 1120 条。

书中记有黑龙江以北、乌苏里江以东、恰克图城以北贝加尔湖地区原为中国领地，于咸丰朝以后皆为俄人占领的情况。

小方壶斋舆地丛钞本。

1901

印度考略一卷 / 龚柴著

龚柴，见第 1120 条。

域外地理著作。是书约成于清咸丰间，记事止咸丰六年（1856），记载印度地理位置、名称演变、东西南北距离、古代中印关系、各部历史，尤以英、葡侵占印度三大镇记之颇详，兼记其风俗、山川、物产以及人口、宗教诸项。

小方壶斋舆地丛钞本。

1902

巴西国地理兵要一卷巴西政治考一卷 /（清）顾厚焜撰，（清）郑之骙译

顾厚焜（1843—?），字以崇，

一字固庐，号少逸，又号敦龕，元和（今属江苏省苏州市）人。清光绪九年（1883）进士，官候补知县，刑部学习主事。曾奉派赴日、美及南美诸国考察。著有《日本新政考》《美国地理兵要》《巴西政治考》等。

郑之骙，生平事迹不详。

域外地理著作。是书为我国第一部介绍巴西地理的专书，记事止于清光绪十三年（1887），对该国的位置、山川河流、自然气候、矿产资源、铁路交通、兵防守备、亚马孙河、野生动物和水运交通等有较详记载。

清光绪十五年铅印本。

1903

对马岛考一卷／（清）顾厚焜撰

顾厚焜，见第1902条。

对马岛，中国唐朝史籍译称都斯麻，即今朝鲜半岛与日本九州岛之间的上下两个岛屿及附近小岛，现属今日本长崎县。其名称在日本史籍中写作津岛，因读音误传，中国史籍译成对马，后日本也采用此名。海上交通地位重要，12世纪至清同治七年（1868）为宗氏家族封地。元至元十一年（1274）和十八年（1281）遭蒙古入侵。清咸丰十一年（1861）俄国人企图租借该群岛未遂，光绪三十一年（1905）附近发生日、俄对马海峡之战。

小方壶斋舆地丛钞本。

1904

美国地理兵要四卷／（清）顾厚焜撰

顾厚焜，见第1902条。

域外地理著作，现存第一部较详细介绍美国的专书。是书记事止于清光绪七年（1881），首以地理环境、历史大事介绍美国概貌，并详载美国总人口数，全国产铁总吨数，枪炮、纺织等工厂数，全国陆、海军军官及士兵数、军舰数。又以三十四邦、九属为行政单位分别介绍地理环境、山川湖海、水陆交通、人口物产等。

清光绪十五年石印本，小方壶斋舆地丛钞本。

1905

美利坚合众国地理兵要四卷／（清）顾厚焜撰

顾厚焜，见第1902条。

清光绪十五年上海仁记石印本。

1906

美利坚合众国地理兵要一卷／（清）顾厚焜撰

顾厚焜，见第1902条。

渐学庐丛书第一集本。

1907

英夷说一卷／（清）何大庚撰

何大庚，生卒年不详，山阴（今属浙江省绍兴市）人。秀才。林则徐来广州查禁鸦片时，其先后为广州知府余保纯和驻澳门道员易中孚的随员和幕僚。要求举行团练共同抗击英国侵略者，遭到两广总督祁贡等的“示禁查拿”，被“杖一百，徒三年，递解回原籍”。

小方壶斋舆地丛钞本。

1908

俄罗斯形势考二卷／（清）何秋涛撰

何秋涛，见第1078条。

书中详述清初以来中俄边界形势，赞扬康熙、乾隆等朝经营北疆、设官置守、加强边防的业绩，用事实证明中国对北疆领土的主权，告诫世人“勿忘西北塞防乃国家根本”，警惕沙俄的进一步侵略，效法前人永固国防。

稿本。

1909

俄罗斯形势考一卷／（清）何秋涛撰

何秋涛，见第1078条。

小方壶斋舆地丛钞本。

1910

俄罗斯诸路疆域考一卷／（清）何秋涛撰

何秋涛，见第1078条。

小方壶斋舆地丛钞本。

1911

海国杂记一卷／（清）胡学峰撰

胡学峰，生平事迹不详。

清丁氏八千卷楼抄本。

1912

海国杂记一卷／（清）胡宗文撰

胡宗文，见第1596条。

存佚不详。

1913

中山见闻辨异二卷／（清）黄景福撰

黄景福，生卒年不详，钱塘

(今浙江省杭州市)人。国子监副贡生，清嘉庆年间曾任琉球官生教习。

是书记琉球星野、地形、距中国里程、爵秩、朝服、文字、语音、兵备、刑法、公私田、货币、圣庙、国学、乡学、选举、图籍、气候、民俗、姓氏、游戏、神像、装束、祭祀、婚嫁、农作物、食物等。

清嘉庆刻本。

1914

中山见闻辨异一卷／（清）黄景福撰

黄景福，见第1913条。

小方壶斋舆地丛钞本。

1915

吕宋纪略一卷／（清）黄可垂撰

黄可垂（1720—1772），字章夫，号毅轩，壶屿（今属福建省漳州市）人。福建漳州商人，十五岁“佐其伯祖远客汶来，历往暹罗、苏禄、吕宋，继复客台湾者数载，居厦岛者又数载，凡海外诸胜地，靡不毕览”。

域外地理著作。清乾隆年间，黄可垂经商吕宋（今属菲律宾群岛），以所见闻撰此书。是书首记吕宋岛为干丝腊（西班牙）属国，继载其四邻、土番户口、物产、宗教、干丝腊夹板船，以及乾隆间红毛英圭黎（英吉利）遣船等情况。

域外丛书本，小方壶斋舆地丛钞本。

1916

日本杂事一卷／（清）黄遵宪撰

黄遵宪（1848—1905），字公度，别号人境庐主人，嘉应州（今属广东省梅州市）人。清光绪二年（1876）举人。三年（1877）出任日本公使馆参赞，任驻外使馆官员达十余年之久。著有《日本国志》。

地理杂志。是书记日本地理、历史、制度、典章、文物、历法、都城、北海道、桦太洲、富士山、地震、经济、军事、法律、博物馆、学校教育、日语文字、艺文、风俗、贸易、歌舞、宗教、书画、围棋、工匠、雕刻、农业，以及与中国及西方的政治、经济、文化关系等。

小方壶斋舆地丛钞本。

1917

暹罗别记一卷／（清）季麒光撰

季麒光，见第1356条。

小方壶斋舆地丛钞本。

1918

东倭考一卷 / （清）金安清撰

金安清，见第 0722 条。

是书考证中日关系的历史，对于明治维新给予了较高的评价，坚决反对“征日论”。

小方壶斋舆地丛钞本，中国内乱外祸历史丛书本。

1919

南洋事宜论一卷 / （清）蓝鼎元撰

蓝鼎元，见第 0283 条。

地理杂志。是书约成于道光二十一年（1841），以论为主，首论对南洋开海禁，以海外有余补内地不足为急务；继论南洋无害，闽广人稠地狭耕地不足，望海谋生者十居五六，而内地无足轻重之物，载至彼境皆同珍贝等。以为滨海对外洋开放，于国于民有利，对研究我国同南洋关系颇有价值。

小方壶斋舆地丛钞本。

1920

游历图记不分卷 / 李丹麟撰

李丹麟（1846—1915），字仁蕺，号星阁，博罗汝湖（今属广东省惠州市）人。清光绪十年（1884）以县丞候补于福州，受闽浙总督何璟委派办理澎湖南路粮台事务兼总查。八月中法马尾海战爆发，何璟被劾去职后，李丹麟回到惠州。十七年（1891）随公使杨儒（杨霁弟）赴秘鲁，得保知县。先后游欧洲，历安南、暹国及南洋群岛、日本，再至美洲，历时三年。所到之处，游览和描绘当地风土人情、政教物产和山川、名胜古迹。回国后编印《游历图记》。后奉调署永定知县，移署宁德知县。李丹麟工于绘画，画作参加比利时国际画展获双龙拱珠金质奖牌一枚。著有《六雅堂诗集》等。

中外交通著作。李丹麟随使美、日，由上海经日本、美国，再由加拿大至欧洲，经印度、越南环球一周，历时十余年，归国后以其闻见于清光绪三十一年（1905）整理成此书。是书冠有七序（含序诗），有日本长崎海口、富士山、檀香山岛、华盛顿、安南海防海口等二十幅地图。另有美洲堙阵人（印第安人）、日本人、安南（越南）人、非洲黑人、印度大耳孔人，法国和荷兰等地士民、山民、村妇、兵官、国王衣着服饰、文身跣足等九十三幅人物图并附图说。

清光绪三十一年广州石经堂石印本。

1921

使琉球记六卷 /（清）李鼎元撰

李鼎元（1751—1814），字味堂，一字和叔，号墨庄，绵州（今四川省绵阳市）人。清乾隆四十三年（1778）进士，改翰林院庶吉士，散馆，授检讨，改授内阁中书，不久升宗人府主事。嘉庆四年（1799）任册封琉球副使，钦赐正一品麟蟒服出使琉球，回国后升兵部主事。著有《使琉球记》《师竹斋集》。

清嘉庆五年（1800），李鼎元时任内阁中书舍人，又任册封琉球王国副使，奉命随赵文楷出使琉球。是书以日记体裁详记出使始末，对钓鱼岛、赤尾屿等岛屿进行了记述。

清嘉庆间师竹斋刻本，清同治五年刻本，申报馆丛书本。

1922

使琉球记一卷 /（清）李鼎元撰

李鼎元，见第1921条。

小方壶斋舆地丛钞本。

1923

俾路芝沿革考一卷 /（清）李光廷撰

李光廷（1812—1880），字著道，号恢垣，番禺（今属广东省广州市）人。清咸丰二年（1852）进士，任吏部封验司主事。曾主讲禺山书院。同治二年（1863）补学海堂学长，嗣执掌端溪书院以终。编成《守约篇丛书》。另著有《汉西域图考》《广元遗山年谱》《北程考实》《宛湄书屋文钞》等。

俾路芝，即今巴基斯坦南部及伊朗东南部的俾路支斯坦。

小方壶斋舆地丛钞本。

1924

亚剌伯沿革考一卷 /（清）李光廷撰

李光廷，见第1923条。

小方壶斋舆地丛钞本。

1925

海国纪闻一卷 /（清）李明农撰

李明农（1796—?），字诒卿，北平（今北京市）人，原籍广西苍梧。诸生。

是书详记东南亚各国奇观异闻。

清道光二十四年刻本。

1926

安南杂记一卷／（清）李仙根撰

李仙根，见第0290条。

域外地理著作。是书记安南沿革、四邻，所属道、州、府县，于当地风土民情、物产记述最详，对研究越南史地、民俗有参考价值。

清道光十三年刻本，学海类编本，丛书集成初编本。

1927

槟榔屿志略十卷／力钧撰

力钧（1855—1925），字轩举，号医阮，晚号医隐，永福（今福建省永泰县）人。清末名医，曾替慈禧把脉治疾，药到病除，后又被召为光绪皇帝诊病，名声大振。光绪十七年（1891），新加坡的华侨巨商吴士奇重金礼聘力钧远渡南洋，到新加坡为父亲治病，力钧很快就将吴士奇父亲的病根除了，从此名声又远播海外。

力钧在新加坡为吴士奇之父治病后眼界大开，并开始周游亚欧各国，对马来西亚、槟榔屿、苏门答腊等东南亚各地的华侨社会做了深入的考察，并写了《槟榔屿志略》。槟榔屿于清乾隆五十一年（1786）被英国占据，是英国在马来半岛地区的第一个殖民地。早在18世纪中叶就有广东和福建的华侨来到槟榔屿开发经营，后来华侨在槟榔屿所建立的大伯公庙，就是纪念最早来到槟榔屿的张、丘、马三位闽粤老华侨的重要历史古迹。是书把这些宝贵的史实记录下来，具有很高的历史价值。

清光绪木活字印本。

1928

合省国说三卷／（清）梁廷枏撰

梁廷枏，见第0293条。

中国人最早编写的美国通史。是书成于清道光二十四年（1844），记述美洲新大陆发现至道光二十四年中美签署《望厦条约》间的美国历史、地理、气候、文化、宗教、物产、商业等。

海国四说本，小方壶斋舆地丛钞本。

1929

兰仑偶说四卷／（清）梁廷枏撰

梁廷枏，见第0293条。

是书系荟萃报章翻译和时人记载而成，成于清道光二十五年

(1845)，记叙纪元初至道光十八年（1838）不列颠岛政治沿革及英国政治、外交、税赋、贸易、银行、保险业、文教、刑讼、医学和工业技术等，对其殖民美洲、侵占印度和南洋群岛、发动鸦片战争等侵略行为亦有记述。

海国四说本。

1930

八纮译史四卷译史纪余四卷／（清）陆次云撰

陆次云（1636？—1690后），字云士，号北墅，钱塘（今浙江省杭州市）人。清康熙初前后在世。著有《八纮译史》《译史纪余》《峒溪纤志》《壖杂记》《北墅绪言》《澄江集》《玉山词》等。

八纮意为世界。陆次云从一外国传教士处获得一书，译成汉语后以中国史志考证核对，于清康熙二十二年（1683）成书。是书专录荒外诸国，古事皆采摭史传，近事多据《瀛涯胜览》《职方外纪》诸书，按东南西北四方划分，简单介绍各国情况，部分国家尚有译语、山川、物产等项。《译史纪余》卷一为东海西海及异物；卷二为高丽、日本、占城、安南、琉球之诗；卷三为外国钱文；卷四为西番、百译、缅甸、暹罗四国之书。

清康熙二十二年宛羽斋刻陆云氏杂著本，丛书集成初编本。

1931

译史纪余四卷／（清）陆次云撰

陆次云，见第1930条。

陆次云在编写《八纮译史》时，将平日搜录之有关外国材料另外整理编成此书，记述外国物产、诗篇、钱币、文字等。

陆云士杂著本，龙威秘书本，丛书集成初编本。

1932

译史四卷／（清）陆次云撰

陆次云，见第1930条。

见“八纮译史四卷译史纪余四卷”。

陆云士杂著本，龙威秘书本，说库本，丛书集成初编本。

1933

俄罗斯疆域编一卷／（清）缪祐孙撰

缪祐孙，见第0299条。

是书约成于清光绪中，专记俄罗斯疆域历史等。分总论简考疆域历史、位置、面积，及所属部、省、城名，次分欧洲、波罗的海、黑海、里海、白海、悉毕尔、中亚细亚等七部，备载各部的疆域历史、军事、位置、山川及所属等情况。尤以四大海军基地船舰、水师和陆地驻军、炮台等记之最详，兼及工业、农产、交通分布。

小方壶斋舆地丛钞本。

1934

俄罗斯水道记一卷／（清）缪祐孙撰

缪祐孙，见第0299条。

小方壶斋舆地丛钞本。

1935

皇明诸夷考一卷／（清）彭孙贻辑

彭孙贻，见第0301条。

清抄本。

1936

续琉球国志略五卷首一卷／（清）齐鲲、费锡章辑

齐鲲（1775—1820），字鹏霄，又字北瀛，侯官（今属福建省福州市）人。清嘉庆六年（1801）进士，授翰林院编修。十三年（1808）任册封琉球正使，回国后充日讲起居注官记录御史，调为河南知府，十九年（1814）调赴睢州河工，工竣，以道员调用。著有《东瀛百咏》等。

费锡章（1752—1817），字焕槎，号西墉，又号来庵，归安（今浙江省湖州市）人。清乾隆四十九年（1784），乾隆帝南巡召试，中举人，授内阁中书，任军机章京。历官起居注主事，户部贵州主事，陕西司员外，江西道监察御史，河南、四川、京畿道御史，吏科给事中，工部掌印给事中。嘉庆十三年（1808）奉诏册封琉球中山王尚灏，赐一品服，使舟渡洋。使还，再升鸿胪寺少卿、光禄寺少卿、通政使副使。后历官光禄卿、太常寺卿、顺天府府尹。卒，赠兵部侍郎官衔。著有《治平要略》《赐砚斋诗存》《一品集》《使黔集》。

清嘉庆十三年（1808），时任翰林院编修的齐鲲任册封琉球王国正使，时任工部给事中的费锡章任册封琉球王国副使，奉命出使琉球。归国后共同编著此书，记出使琉球册封事。

清嘉庆间武英殿木活字印本。

1937

琉球实录一卷／（清）钱莲溪撰

钱莲溪，生卒年不详，名文

漪，松江（今属上海市）人。

据考该书作者为钱莲溪，是书写于清同治三年（1864）日本与英国议取琉球之后。

小方壶斋舆地丛钞本，稿本。

1938

南洋通志不分卷／（清）任寿华撰

任寿华，生卒年不详，长沙（今湖南省长沙市）人。

清资本家成报馆石印本，清光绪三十一年上海格致书室石印本。

1939

薄海番域录十二卷／（清）邵大纬撰

邵大纬，生卒年不详，名星岩，字大纬，一作太纬、大伟，武定（今山东省惠民县）人。清嘉庆间举人，曾任湖南华容县知县。著有《史事简钞》《古今名胜纪里》《古今氏族纪里》《一枝集》《国朝祭祀典礼》等。

是书采集载籍诸国事，分古蕃、蛮部、新疆、重译、绝域、补遗等类，书中述及吕宋、婆罗、吉里地闷、丁机宜等。

清京都书业堂刻本，清道光九年武定邵氏刻本，抄本。

1940

薄海番域录一卷／（清）邵大纬撰

邵大纬，见第1939条。

小方壶斋舆地丛钞本。

1941

越南地舆图说六卷首一卷／（清）盛庆绂撰

盛庆绂（1831—1896），榜名一朝，字锡吾，以字行，永新（今江西省永新县）人。清同治元年（1862）进士，授芷江知县，改巴陵、临湘，两为湖南乡试同考试官，候补知府。

域外地理著作。盛庆绂曾于清光绪初年与越南使者往还两个多月，当时越南已沦为法国的殖民地，他深有所感，于是结合自己对越南风土形势的认识，参以众说，辑成是书。是书详述越南的郡邑河川，记承天、广治、广平、广南、广义、河内、兴安、北宁、兴化、宣光、平和、平顺、边和、安江、河仙等二十四个所属州县、疆域、历史、山川、物产、贸易等。

清光绪九年求忠堂刻本，观象庐丛书本。

1942

越南地舆图说一卷图一卷／（清）盛庆绂撰

盛庆绂，见第1941条。

小方壶斋舆地丛钞本。

1943

东南海岛图经十卷／（清）世增译，张美翊述

世增（？—1911），字益之，祖大寿之后裔，隶汉军正白旗。由生员入同文馆，通法文，曾出使英、俄诸国。历官浙江宁绍台道、山东兖沂曹道、云南按察使，调交涉使，曾翻译《西藏全图》《西伯利亚铁路图》。清宣统二年（1910）升云南布政使。翌年，为革命党人所杀，赠巡抚，谥忠愍。

张美翊（1856—1924），字让三，鄞县（今属浙江省宁波市）人。早年随薛福成出洋考察英、法、意、比四国达五年之久。后担任四品衔直隶知县。清光绪二十九年（1903）担任南洋公学提调兼总理。辛亥革命后任宁波教育会会长，参与刻印《四明丛书》。晚年曾任宁波旅沪同乡会会长。

域外地理著作。是书系参考外国人所著有关东南海岛诸书，于清光绪二十六年（1900）整理而成。目录按地名排列，均有相应的英文名称。分苏门答腊岛、爪哇、婆罗洲、菲律宾群岛、西里百岛等六卷。各分卷均冠地图一幅，每卷下按地理区划，分述各部疆域、山川、沿革、风俗、古迹、物产、人口、经济、气候、交通、商业等方面。另记有光绪二十三年（1897）《菲美条约》各项内容。

清光绪二十七年上海石印本。

1944

海外纪事六卷／（清）释大汕撰

释大汕（1633—1705），字石濂，亦作石湖、石莲、石连，号厂翁，亦号石头陀，俗姓徐，江西九江（一说南昌）人。幼居吴中，十九岁剃度，受法于觉浪道盛，为广州长寿寺住持，与“岭南三大家”多有交游唱和，后与屈大均交恶。清康熙三十四年（1695），大越国王阮福凋聘往说法，大汕记其国之风土以及大洋往来所见闻著《海外纪事》。

域外地理著作。清康熙三十四年（1695）春，广州长寿寺僧人大汕应越南南北纷争时期广南政权的统治者阮福凋的邀请，前往越南南方弘扬佛法，在顺化、会安居留一年有余。大汕以此经历，撰成

《海外纪事》。是书不仅记其讲法始末，而且涉及越南政治、山川形胜、水陆交通、风土人情、土地关系、草木虫鱼、气候、寺庙等。

清康熙三十八年宝镜堂刻本，笔记小说大观本。

1945

海国图志征实／（清）孙灏辑

孙灏，生卒年不详，仁和（今属浙江省杭州市）人。举人。

是书成于清光绪二十四年（1898），原为匡正魏源之《海国图志》而作，初名《海国图志纠谬》，按魏书目录卷别，辑入道光二十一年（1841）至光绪二十三年（1897）资料。

石印本。

1946

古巴杂记一卷／（清）谭乾初撰

谭乾初，生卒年不详，字子刚，顺德（今属广东省佛山市）人。清光绪四年（1878）随陈兰彬出使美、西（西班牙）、秘（鲁）三国，任英文翻译，翌年任驻古巴总领事。

域外地理著作。是书以清廷驻古巴领事馆档案文件等内容为基础，参考当地报纸，于光绪间撰成，记事止于光绪九年（1883）。记述古巴地理位置、人口、物产、风俗、宗教等情况。对旅居古巴华侨、被骗至古巴的华工人数，及其生活状况及遭遇等记载颇详。

小方壶斋舆地丛钞本。

1947

长崎纪闻一卷／（清）童华撰

童华（1675—1739），字心朴，号赤城，山阴（今属浙江省绍兴市）人。诸生，捐纳知县。清雍正中，查办直隶赈灾事务，经理京南局水利，佐助经略鄂尔泰兴甘肃屯田。历官直隶真定、江苏苏州、陕西肃州诸知府。乾隆元年（1736）起用为福州知府，调漳州，被弹劾罢官。

童氏杂著本。

1948

册封琉球疏钞一卷／（清）汪楫撰

汪楫（1626—1680），字次舟，一字舟次，号悔斋，江都（今属江苏省扬州市）人，原籍安徽休宁。清康熙十八年（1679）举博学鸿词，授检讨，与修明史，旋充册封琉球正使。曾任河南府知府，官至福建布政使。

清康熙二十二年（1683），为册封中山王尚贞袭职，清廷派翰林院检讨汪楫为正使，内阁中书舍人林麟为副使赴琉球，同年六月十六日出发，十一月二十四日回国，共经一百四十六天。汪楫回国后写成《使琉球杂录》供皇帝御览，后附《册封疏钞》，为此次册纣相关文献的汇编。

悔斋集本，清康熙二十五年刻本。

1949

使琉球杂录五卷 /（清）汪楫撰

汪楫，见第 1948 条。

清康熙二十一年（1682）四月，琉球王驾崩，世子尚贞嗣位，向清帝上表请求册封。因汪楫德才兼具，意气伟然，康熙帝钦定其为册封琉球正使，赐一品麒麟服，拥仪仗，出使琉球谕祭故王、封新王。汪楫回国后将琉球见闻一一记录，撰成此书。是书分使事、疆域、俗尚、物产、神异五卷。其中使事记载出使琉球的缘由，疆域记载琉球的山川与地理，俗尚记载琉球的风俗和艺术，物产记载琉球的风物与特产，神异记载在海上祭神的情况。

悔斋集本，清康熙二十五年刻本，清抄本。

1950

日本碎语 /（清）汪鹏撰

汪鹏，生卒年不详，字翼仓、翼昌，号竹里山人，仁和（今属浙江省杭州市）人。以善画客游日本垂二十年。喜购古本书籍，归呈四库馆或付阮元、鲍廷博传刻行世。

见“袖海编一卷”。

1951

袖海编一卷 /（清）汪鹏撰

汪鹏，见第 1950 条。

笔记。一作《日本碎语》。清乾隆二十九年（1764），汪鹏游历日本，寓居长崎。是书从商人的视角描述长崎，记所见所闻。

昭代丛书本，小方壶斋舆地丛钞本。

1952

红毛番嘆咭唎考略一卷 /（清）汪文泰辑

汪文泰（1796—1844），字南士，号碧山学士，黟县（今安徽省黟县）人。府学廪生。鸦片战争期间，他愤于道路传言不实，国人不识外情，于是搜罗诸书，辑为《红毛番嘆吉利考略》。

鸦片战争期间，汪文泰愤于道

路传言不实，国人不识外情，据《海国纪闻》《海国闻见录》《明史》《幸存录》《地球图说》等有关资料，编辑此书，所记大多近于事实。是书记叙英国之地理位置、船舶枪炮及风俗习惯等，追述中英贸易情况，认为鸦片烟来华贻害中国特深，主张禁绝。

域外丛书本，海录本。

1953

海岛逸志六卷／(清)王大海撰

王大海，生卒年不详，字碧卿，号柳谷，龙溪（今属福建省漳州市）人。清乾隆四十八年（1783）参加科举不第后，应邀到印度尼西亚向该地的富户华人子弟施教。此后十年先后客居雅加达、三宝垄、北胶浪等地，足迹遍及爪哇岛北岸诸港，后将见闻写成《海岛逸志》。

域外地理著作。王大海于清乾隆四十八年（1783）赴南洋，以所闻见著此书，记事止乾隆五十六年（1791）。是书首记葛喇巴（今印度尼西亚爪哇岛）距泉州里数、形势、市井街衢、气候、土地、物产，所辅三宝垄、望加锡、安汶、万丹、马六甲等数十岛，闽广人移居、荷兰窃据和当地风土民情等。次记三宝垄、万丹等地连生木、陈豹卿、许芳良、黄井公等人物。对无来由、武乞氏、西兰、知汶等地土著民风、物产亦有记述。全书以记南洋葛喇巴为主，兼及各地风土、民情、物产。

清嘉庆十一年漳园刻本，清咸丰十年刻本。

1954

海岛逸志一卷／（清）王大海撰，（清）郑光祖评

王大海，见第1953条。

郑光祖，见第1703条。

舟车所至本。

1955

海岛逸志一卷／（清）王大海撰

王大海，见第1953条。

域外丛书本，海录本，小方壶斋舆地丛钞本。

1956

爪亚风土拾遗一卷／（清）王大海撰

王大海，见第1953条。

是书为王大海所撰《海岛逸志》卷一西洋纪略和其五爪亚风土拾遗，从人文角度记载爪哇诸岛

的情况。

域外丛书本。

1957

乘桴漫记一卷／（清）王韬撰

王韬，见第 0318 条。

弢园老民自著书本。

1958

日本疆域考一卷／（清）王韬补译并辑

王韬，见第 0318 条。

抄本。

1959

亚细亚疆域说一卷／（清）王韬撰

王韬，见第 0318 条。

稿本。

1960

庚哥国略说一卷／（清）王锡祺撰

王锡祺，见第 0855 条。

域外地理著作。是书主记非洲中部的庚哥（约相当于今天的扎伊尔、刚果），简述其自然地理环境、生活习惯与动植物产等。

小方壶斋舆地丛钞本。

1961

苏禄考一卷／（清）王锡祺辑

王锡祺，见第 0855 条。

苏禄，古国名，故地即今菲律宾苏禄群岛，以产珠闻名于世。

小方壶斋舆地丛钞本。

1962

海外番夷节录／(清)王蕴香辑

王蕴香，生平事迹不详。

是书节录《海录》《海岛逸志摘略》《高厚蒙求摘略》《番社采风图考摘略》《红毛番噗咭唎考略》《三宝垄记》《爪亚风土拾遗》《昆仑记》《吕宋纪略》而成。

清刻本。

1963

日本环海险要图志二十卷／（清）王肇鋐撰

王肇鋐，生卒年不详，字振夫，元和（今属江苏省苏州市）人。清光绪年间曾留学日本。著有《中俄交界地名表》《界牌卡伦考》《北徼水道考》《北徼地名异同表》《北徼星度考》等，其中《铜刻小记》，在国内首先介绍铜版画及技术。译有《日本普通体操学》。

此为上呈清廷之书。清光绪十一年（1885），王肇鋐访日，费时两年广搜博采日本沿海实测图籍，将之辑译成此书。是书采用日本政府水路局测绘的日本各岛屿经纬度，对日本环海全岸形势、风信、潮流、经纬度表、岛屿之大小位置、航路等都有详尽记载，内有一百五十一幅地图。

清抄本。

1964

谈瀛录四卷 / （清）王之春撰

王之春，见第 0320 条。

清光绪五年（1879），王之春奉命出使日本考察政治、风俗、文化等，其将此行日记、随笔汇辑成此书。是书于日本文化教育、风土人情、山川形势、田赋杂税、帝王世纪、维新政记、天文、地理、历法、户口、氏族、宗教信仰等均有详细记述，并附有《朝鲜界连日本图》《日本舆图》《中国界连日本图》及诗三十余首。

清光绪六年上洋文艺斋刻本。

1965

瀛海卮言一卷 / （清）王之春撰

王之春，见第 0320 条。

是书包含慎约议、联与国、广学校、精艺术、固边圉、修船政、兴矿利、强兵力、练民团、禁贩奴、编教民、论鸦片等内容。

小方壶斋舆地丛钞本。

1966

俄罗斯附记一卷 / （清）魏源撰

魏源，见第 0116 条。

小方壶斋舆地丛钞本。

1967

海国图志六十卷 / （清）魏源撰

魏源，见第 0116 条。

清道光二十七年古微堂刻本，清道光二十九年古微堂刻本。

1968

海国图志五十卷 / （清）魏源撰

魏源，见第 0116 条。

介绍世界地理、历史、军事知识的综合性图书。是书记述世界各国的历史、地理、政治、经济、军事和科学技术，乃至宗教、文化等情况，另配有世界地图、各大洲地图和各国地图等几十幅，另绘制有轮船与大炮的图纸。魏源因见外侮主要来自海上，便专门论述了筹海问题，提出要巩固海防，防止入侵。

清道光二十四年古微堂木活字印本，清光绪二年魏光寿刻本。

1969

海国图志五十卷附图一卷 /（清）魏源撰

魏源，见第 0116 条。

清刘氏嘉荫簃抄本。

1970

海国图志一百卷 /（清）魏源撰

魏源，见第 0116 条。

清咸丰二年古微堂刻本，清同治六至七年刻本，清光绪十三年巴蜀善成堂刻本，清光绪二十一年上海积山书局石印本。

1971

海国图志一百卷首一卷 /（清）魏源撰

魏源，见第 0116 条。

清光绪二年平度泾固道署刻本，清光绪六年邵阳急当务斋刻本。

1972

海国图志一百卷续集二十五卷首一卷 /（清）魏源撰，（续集）［英国］麦高尔撰，［美国］林乐知、（清）瞿昂来译

魏源，见第 0116 条。

麦高尔，生平事迹不详。

林乐知（1836—1907），美国基督教传教士，出生于佐治亚州伯克县。创办并主编《中国教会新报》，即后来的《万国公报》。与他人筹建学校与教科书委员会，后易名为中华基督教教育协会。与丁韪良创办上海圣教书会，在苏州创办东吴大学。赞同并宣扬中国的维新变法。编著有《中东战纪本末》《东方时局略论》《中西关系略论》《列国岁纪政要》《治安新策》《文学兴国策》《中国在国际间之地位》等。译述有《欧罗巴史》《万国史》《格致启蒙化学》《格致启蒙天文》《列国陆国制》等。

瞿昂来，生卒年不详，字鹤汀，宝山（今属上海市）人。同文馆学生。曾在江南制造局翻译馆译书，并任驻英使馆翻译。

清光绪二十一年上海书局石印本，清光绪二十四年文贤阁石印本，清光绪二十八年文贤阁石印本。

1973

英吉利小记一卷／（清）魏源撰

魏源，见第0116条。

小方壶斋舆地丛钞本。

1974

越南疆域考一卷／（清）魏源撰

魏源，见第0116条。

域外地理著作。是书约成于清道光年间，首记我国由广西至越南三道、云南至越南二道、广东至越南海道，次记越南行政区疆域、东西南北里距、历史、官制、兵丁、物产、与中国关系等。

小方壶斋舆地丛钞本。

1975

日本国志三十卷／（清）翁广平撰

翁广平（1760—1842），字海村，一字海琛，号莺脰渔翁，吴县（今属江苏省苏州市）人。府学生，清道光元年（1821）举孝廉方正。著有《续松陵文献》《听莺居文钞》等。

一作《吾妻镜补》。见“吾妻镜补三十卷”。

抄本。

1976

吾妻镜补二十八卷／（清）翁广平撰

翁广平，见第1975条。

见“吾妻镜补三十卷”。

清抄本。

1977

吾妻镜补三十卷／（清）翁广平撰

翁广平，见第1975条。

清嘉庆十九年（1814），翁广平得“海外奇书”《吾妻镜》，后参考日本国史数十种补述成《吾妻镜补》。是书对日本国之世代谱系、山川、都邑、典章、风俗、物产、方言等记叙颇详。

长兴王氏仁寿堂抄本，清抄本。

1978

南洋各岛国论一卷／（清）吴曾英撰

吴曾英（1828—1875），字全者，号东轩，太仓（今江苏省太仓市）人。

小方壶斋舆地丛钞本。

1979

俄罗斯疆界风俗志／（清）吴大澄编

吴大澄，见第0857条。

清光绪十年五湖草庐刻本。

1980

缅甸图说一卷／（清）吴其祯撰

吴其祯，安徽人。生平事迹不详。

域外地理著作。是书成于清光绪十二年（1886），为吴其祯奉檄查阅云南腾越关隘、布置边防而作。首述缅甸疆域、沿革，并考我国历代边境通缅路线。书以腾（越）、永（昌）、龙顺及普洱思茅各山川隘口图志，并证以通行大道实际里数，以及大金沙江（伊洛瓦底江）、大盈江（今太江）、龙川江（瑞丽）、潞江（怒江）、澜沧江等发源、流经和注入江海等情况。

小方壶斋舆地丛钞本。

1981

朝鲜风土略述／（清）吴钟史撰

吴钟史，见第1692条。

吴钟史以其见闻撰此书，概述朝鲜历史、地理、物产、风俗、宗教、文字等。

清光绪十七年上海著易堂铅印小方壶斋舆地丛钞本。

1982

高丽形势一卷／（清）吴钟史撰

吴钟史，见第1692条。

小方壶斋舆地丛钞本。

1983

英吉利记一卷／（清）萧令裕撰

萧令裕，见第0667条。

小方壶斋舆地丛钞本。

1984

檀香山群岛志一卷墨西哥述略一卷／（清）谢希傅撰

谢希傅，生卒年不详，字芷汸，娄县（今属上海市）人。清光绪间随杨儒、伍廷芳出使西班牙、美国。光绪二十二年（1896）任驻秘鲁使馆参赞。二十四年（1898）官直隶候补知县。著有《归槎丛刻四种》。

清光绪二十四年铅印本，民国通学斋刻本。

1985

中山传信录六卷附富建道中诗一卷舶中集一卷游泰山诗一卷／（清）徐葆光撰

徐葆光（？—1741），字亮直，长洲（今江苏省苏州市）人。康熙帝南巡，曾献赋。清康熙五十一年（1712）会试落第，特赐殿试，中进士，授编修。五十七年（1718）充册封副使出使琉球。五十九年（1720）自琉球还。乾隆三年（1738）解京职南还。

清康熙六十年二友斋刻本。

1986

中山传信录一卷／（清）徐葆光撰

徐葆光，见第1985条。

舟车所至本，小方壶斋舆地丛钞本。

1987

俄罗斯疆界碑记一卷／（清）徐元文撰

徐元文（1634—1691），字公肃，号立斋，昆山（今江苏省昆山市）人。清顺治十六年（1659）状元，授翰林院修撰。历任修《明史》总裁、国子监祭酒、经筵讲官、左都御史、文华殿大学士兼翰林院掌院学士。徐元文与其兄徐乾学、徐秉义都是进士出身，称“昆山三徐”。康熙二十九年（1690）以结党营私，被劾解职，惊悸呕血而死。著有《含经堂集》《得树园诗集》。

小方壶斋舆地丛钞本。

1988

朝鲜八道纪要一卷／（清）薛培榕撰

薛培榕，生卒年不详，平湖（今浙江省平湖市）人。江苏补用知县，后创设广东枪弹厂、银元局，湖北织布局。清末曾访朝鲜。

域外地理著作。是书成于清光绪年间，首记王都汉城形势、城垣、川渠、桥洞、水口等。依次备载京畿、咸镜、江原、庆尚、全罗、忠清、黄海、平安等八道所属各州、城等距京里数，别名、名山、大川、物产等。末载京外八道，包含西路、南北路，进贡水陆路、航海路，至日本水陆路程等。

小方壶斋舆地丛钞本。

1989

朝鲜舆地说一卷／（清）薛培榕撰

薛培榕，见第1988条。

域外地理著作，约成书于清光绪末。是书首记朝鲜形势，次述咸镜、江原、庆尚、全罗、忠清、京畿、黄海、平安等八道历史沿革、山川地理等。

小方壶斋舆地丛钞本。

1990

朝鲜志／（清）薛培榕撰

薛培榕，见第1988条。

见“东藩纪要十二卷补录一卷”。

1991

东藩纪要十二卷补录一卷／（清）薛培榕撰

薛培榕，见第1988条。

一作《朝鲜志》。清光绪八年（1882）薛培榕从吴长庆军入朝鲜。为了解情况，究询政事、风土，稽考地形、兵制，征搜史乘、典籍，辑录成此编，是应时务所需的志书体朝鲜简史。于对照中国纪年记朝鲜史地外，重在当代制度、道里交通、官吏设置、军备兵员、户口租税、物产运输等。其卷十二记当时中朝关系，附载《中国朝鲜商民水陆贸易章程》。

申报馆丛书本。

1992

南洋蠡测一卷／（清）颜斯综撰

颜斯综，生卒年不详，南海（今属广东省佛山市）人。著有《海防余论》。

小方壶斋舆地丛钞本。

1993

安南志一卷附安南国形势考略一卷广西苗傜各族风土记一卷／（清）杨仲兴撰

杨仲兴（1694—1775），字直庭，一字直廷，号订庵，别号四余，嘉应州（今广东省梅州市）人。清雍正八年（1730）进士，授福建清流知县，以墨吏议去，后复起任江西兴安知县，累迁官至湖北按察使，复夺职，改官刑部郎中，以疾乞归。著有《四余文集》《四余偶录》《性学录》《读史提要》《观察纪略》等。

清抄本。

1994

虾夷纪略一卷／（清）姚菉撰

姚菉，生卒年不详，番禺（今属广东省广州市）人。

小方壶斋舆地丛钞本。

1995

英吉利地图说一卷／（清）姚莹撰

姚莹，见第1048条。

清道光二十二年（1842）总兵达洪阿和兵备道姚莹所奏，内容主要是审问英国俘虏记录，证之地图，汇为图说，包含中英之间航海情况、英军来华船只和统帅姓名等。

小方壶斋舆地丛钞本。

1996

蠡测录一卷／（清）叶羌镛撰

叶羌镛，生卒年不详，太仓（今江苏省太仓市）人。

见“吕宋记略一卷”。

清道光六年敦厚堂刻本，小方壶斋舆地丛钞本。

1997

吕宋记略一卷／（清）叶羌镛撰

叶羌镛，见第1996条。

一作《蠡测录》。

清道光六年敦厚堂刻本，清光绪十七年上海著易堂铅印本。

1998

苏禄记略一卷／（清）叶羌镛撰

叶羌镛，见第1996条。

苏禄，又作苏录、苏鲁、苏罗、苏洛，古国名，故地即今菲律宾苏禄群岛。始见于《岛夷志略》。

小方壶斋舆地丛钞本。

1999

英吉利国夷情纪略一卷／（清）叶钟进撰

叶钟进，生卒年不详，字蓉塘，歙县（今安徽省歙县）人。尝客居广东，对于英国事宜颇为了解。

是书著于清道光十四年（1834），上卷简略叙述英国的宗教信仰、风俗习惯以及工业农业、财政赋税情况，下卷详细记载英国人在广州的贸易情况。

小方壶斋舆地丛钞本。

2000

海上纪略一卷／（清）郁永河撰

郁永河，见第0359条。

是书含宇内形势篇，论述了欧洲、东南亚、日本等国家和地区的政治和地理情况，以及中国在世界上的地理位置、与亚洲各国的航线。

舟车所至本，申报馆丛书本，小方壶斋舆地丛钞本。

2001

出洋须知一卷 /（清）袁祖志撰

袁祖志（1827—?），字翔甫，号枚孙，别署仓山旧主、杨柳楼台主等，钱塘（今浙江省杭州市）人。袁枚之孙，少时颇负文名。擅长诗文，长期在上海办报，出任过县令、同知等职。清光绪九年（1883）随招商局总办唐廷枢游历法、德等西欧各国。著有《随园琐记》《谈瀛录》《出洋须知》等。

是书为外出旅行的日常生活细节，包括地理气候、起居饮食、医药卫生、购物通货的须知事项等。见袁祖志“谈瀛录四卷”。

谈瀛录本，小方壶斋舆地丛钞本。

2002

涉洋管见一卷 /（清）袁祖志撰

袁祖志，见第2001条。

域外地理著作。清光绪初年，袁祖志曾访欧美，此书记其所见，记事止光绪九年（1883）。是书首论欧美可取与不可取，足法与不足法者，以及气候、江河形势、人事等。继之专论中西风俗四十七种，以及西方火轮船、吕宋烟、宗教、鸦片烟流入中国、苏彝士（苏伊士）河、意大利火山、古罗马、瑞士、伦敦胜景天土（泰晤士）河、葡萄牙等。末叙由欧渡大西洋途经阿非利加洲所见。见袁祖志“谈瀛录四卷”。

随园三十八种本，谈瀛录本，小方壶斋舆地丛钞本。

2003

谈瀛录四卷 /（清）袁祖志撰

袁祖志，见第2001条。

是书为清光绪九年（1883）袁祖志随招商局总办唐廷枢游历欧美后志所闻见而成。卷一《瀛海采问》，记所历之地，凡海埠五，都城七，每地区为政令、民俗、疆土、武备、物产、制作六事，分别述之。卷二《涉洋管见》，六事之外，论说记述之类入此卷，凡说四篇，论二篇，记十二篇。卷三《西俗杂志》专载泰西风俗。卷四《出洋须知》，详志游历外国者应知诸事凡十六条。

清光绪十年上海同文书局石印本，清光绪十年刻本。

2004

西俗杂志 /（清）袁祖志撰

袁祖志，见第2001条。

见袁祖志“谈瀛录四卷”。

清光绪袁祖志自刻本。

2005

瀛海采问纪实一卷／（清）袁祖志撰

袁祖志，见第2001条。

域外地理著作。是书主要记述西贡、新加坡、锡兰、亚丁、拿波利、罗马、巴黎、伦敦、柏林、哈克、马得力（马德里）等诸地和都会的里距及其历史、经济、自然、物产、民俗、工业、交通、市政设施等。末载南美巴西首都居民、位置、形势和典制等。

见袁祖志“谈瀛录四卷”。

谈瀛录本，小方壶斋舆地丛钞本。

2006

中山纪略一卷／（清）张学礼撰

张学礼，见第0366条。

是书记琉球地理、风俗，并附有《琉球三十六岛图》。

小方壶斋舆地丛钞本。

2007

槟榔屿记事末一卷／（清）张煜南辑

张煜南，见第0923条。

是书记槟榔屿天时、地舆、疆里、水程、形势、生聚、仕宦、商贾、物产、食货、税饷、名胜及添设领事、过客游踪、星使停轮、流寓诗歌等。

清光绪二十七年粤东省富文斋刻本。

2008

海国轶事一卷／（清）张煜南辑

张煜南，见第0923条。

是书记述世界各国的风土人情、奇风异俗、逸闻趣事，以广见闻。如《山海志奇》《巴黎赛珍大会》《泰西婚嫁之礼》等。

清光绪二十七年粤东省富文斋刻本。

2009

蠡测卮言一卷／（清）张自牧撰

张自牧（1832—1886），字笠臣，一作力臣，号谦之，湘阴（今湖南省湘阴县）人。以生员筹贵州饷有功，授候选道，加布政使衔。为官时备极奢侈，后以事去官。郭嵩焘出使外国，尝疏请他充参赞官，为人所劾罢。著有《瀛海论略》等。

地理杂志。是书记事止清光绪三年（1877）。首记中西关系。次以河图括地象大九州岛，附世界地图亚洲、阿非利加洲、欧洲、亚墨利加洲等。继载西方天文算学、光学、电学，君主制、民主制、官职，货币、商贾、机器，宗教、旗帜、各国兵数、刑罚。末载康熙二十八年（1689）至光绪元年（1875）间，清廷与俄、英、美等十余国订约情况。

小方壶斋舆地丛钞本。

2010

瀛海论笺正九卷／（清）张自牧撰，凌鹤书笺

张自牧，见第2009条。

凌鹤书（1854—1918?），字孟征，番禺（今属广东省广州市）人。清光绪十五年（1889）举人。毕生从事教育，久任八桂中学校长，曾参与番禺、英德县志的编纂工作。著有《瀛海论笺正》《国文学讲义》《历史讲义》等。

清光绪二十七年铅印本。

2011

瀛海论一卷／（清）张自牧撰

张自牧，见第2009条。

地理杂志。是书记事止清光绪二年（1876），综论亚细亚、欧罗巴、阿非利加以及南北亚墨利加、澳大利亚和纽西兰诸州当时各国位置、都城、历史、归属及与中国关系。另记各种民族、语言、文字、宗教、近代工业、贸易、殖民地争夺等。

清光绪二年刻本，清光绪三年西腹仙馆铅印本，小方壶斋舆地丛钞本。

2012

南洋志略／（清）爪亚伤心者撰

爪亚伤心者，生平事迹不详。

清光绪三十二年彪蒙印室所刻本。

2013

槎上存稿一卷／（清）赵文楷撰

赵文楷（1760—1808），字介山，号逸书，太湖（今安徽省太湖县）人。清乾隆五十二年（1787）举人，嘉庆元年（1796）状元及第。该科为庆祝嘉庆帝登基特开恩科兼正科，授翰林院修撰，掌修国史。三年（1798）充任顺天乡试同考官。四年（1799）任会试同考官，同年六月奉诏充册封琉球国王正使。累官至山西雁平道兵备道员，代理山西按察使。

诗集。描述了赵文楷出使琉球以及加封妈祖、奉旨福州致祭的经过。

清嘉庆二十年刻本，石柏山房诗存本，清道光二十年杨景仪抄本。

2014

续琉球国志略二卷首一卷／（清）赵新辑

赵新（1802—1876），字又铭，闽县（今属福建省福州市）人。清咸丰二年（1852）进士，授庶吉士，散馆充国史馆协修、纂修、文渊阁校理教习、庶吉士、记名御史。九年（1859）赏加侍读衔，充江西乡试副考官。同治二年（1863）充广西乡试副考官，五年（1866）充册封琉球国王正使，回朝封左赞善。翌年十月补授陕西督粮道。著有《还砚斋全集》。

域外地理杂志。清同治五年（1866），赵新充册封琉球国王正使，赴琉球册封琉球国王尚泰，是中国历史上最后一次册封活动，归国后续周煌《琉球国志略》而成是书。卷首补录御书、诏敕、祭文等十七通。卷一表奏十通，即周志艺文类部分内容。并记有琉球山川、道路、学校、物产、风俗等内容。

还砚斋全集本。

2015

阿根廷政要一卷／（清）郑昌棪撰

郑昌棪，生卒年不详，海盐（今浙江省海盐县）人。清光绪六年（1880）前进江南制造局翻译馆，多与林乐知、舒高第合作，翻译医学、军事、冶金等门类图书多种。

域外地理著作。是书记事起自清咸丰三年（1853），止于同治二年（1863），记有阿根廷议会组成、议员岁俸数额、进出口关税额、十四属土地面积、本国人口和外籍入阿人口数、海运交通等。

小方壶斋舆地丛钞本。

2016

海带政要一卷／（清）郑昌棪撰

郑昌棪，见第2015条。

域外地理著作。是书记事起自清同治六年（1867），止于同治十一年（1872）。简介海带（海地）面积、国会选举、1870年全国四部钱粮总收入数、进出口贸易数等。

小方壶斋舆地丛钞本。

2017

喀纳塔政要一卷／（清）郑昌棪撰

郑昌棪，见第2015条。

域外地理著作。是书记事起自清嘉庆五年（1800），止于同治十二年（1873），对喀纳塔（加拿大）政府组成、议员产生及政府十三部职责等均有记载，另记喀纳塔宗教、钱粮总收入、军队驻防、进出口贸易、人口等。

小方壶斋舆地丛钞本。

2018

科仑比亚政要一卷／（清）郑昌棪撰

郑昌棪，见第2015条。

科仑比亚，即不列颠哥伦比亚，中国清代（近代）史籍译称白里底时科伦比亚、布利地科仑比亚。在今加拿大西南部。18世纪，西班牙人寻找西北航线时首先到此，后毛皮商船不断前来。经西、英殖民者几十年争夺后由英国占领。清道光二十九年（1849）和咸丰八年（1858）温哥华岛和不列颠哥伦比亚先后成为英国殖民地，同治五年（1866）两者合并，十年（1871）成为加拿大的一个省。

小方壶斋舆地丛钞本。

2019

摩洛哥政要一卷／（清）郑昌棪撰

郑昌棪，见第2015条。

域外地理著作。是书记事起自清道光十一年（1831），止于同治十二年（1873），对摩洛哥国王王权、权限、议会政治制度、王军驻防、土地面积、人口、物产等均有记载。

小方壶斋舆地丛钞本。

2020

奈搭勒政要一卷／（清）郑昌棪撰

郑昌棪，见第2015条。

域外地理著作。奈搭勒，地处南非好望角东部。是书记事起自清咸丰二年（1852），止于同治十二年（1873），主记奈搭勒政府组织、面积、人口、进出口总额及物产等。

小方壶斋舆地丛钞本。

2021

山度明哥政要一卷／（清）郑昌棪撰

郑昌棪，见第2015条。

域外地理著作。山度明哥，即今多米尼加共和国。是书记事起自清道光二十四年（1844）多米尼加独立，止于同治十二年（1873），对该国当时政治、经济物产、海运交通均有记载。

小方壶斋舆地丛钞本。

2022

乌拉乖政要一卷／（清）郑昌棪撰

郑昌棪，见第 2015 条。

域外地理著作。乌拉乖即乌拉圭。是书简记其历史、政权议会、清同治十二年（1873）全国钱粮总收入、国债、军队、海关等。

小方壶斋舆地丛钞本。

2023

智利政要一卷／(清)郑昌棪撰

郑昌棪，见第 2015 条。

域外地理著作。是书记事起自清嘉庆十五年（1810）智利独立，止于同治十一年（1872），简记国会议院组成、经济、人口、军事、交通等。

小方壶斋舆地丛钞本。

2024

中亚美利加五国政要一卷／（清）郑昌棪撰

郑昌棪，见第 2015 条。

域外地理著作。是书以记述美洲中部，即加勒比海西岸五个小国的土地面积、人口物产为主，记事止于同治十二年（1873）。记当时五国国民经济总产值、进出口总额等，并第一次登载考斯搭里噶（哥斯达黎加）贯通加勒比海和太平洋的铁路。

小方壶斋舆地丛钞本。

2025

琉球国志略十六卷首一卷／（清）周煌撰

周煌（1714—1785），字景桓，号绪楚，四川涪州（今属重庆）人。清乾隆二年（1737）进士，改庶吉士，散馆授编修。二十年（1755）奉命偕侍讲全魁册封琉球国王尚穆。后历官右中允、侍讲、左庶子、上书房行走、兵部侍郎、工部尚书、兵部尚书、上书房总师傅、左都御史。五十年（1785）以兵部尚书加太子少傅致仕。寻卒，进太子太傅，赐祭葬，谥文恭。著有《琉球国志》《海山存稿》。

域外地理杂志。是书首卷载御书、诏敕、谕祭文。绘有星野、琉球全图、国都、先王庙、册封中山王、针路等十二图。正文分星野、国统、封贡、舆地、风尚、山川、府署、祠庙、胜迹、爵秩、赋役、典礼、兵刑、人物、物产、艺文、志余等十七门，含建置、疆域、城池、炮台、气候、习尚、仪节、服饰、风信、针路等三十一小目。

清乾隆二十四年漱润堂刻本，清乾隆抄本，武英殿聚珍版书本，清道光十年刻本，丛书集成初编本。

2026

通商诸国记一卷 / （清）朱克敬撰

朱克敬（1792—1887），名亦轩，字香苏，晚年号暝庵，一作螟庵、餐霞翁，皋兰（今甘肃省皋兰县）人。捐资为湖南龙山县典史，后客居长沙。一生喜交游，与郭嵩焘交游三十余年，颇受郭氏维新思想影响。光绪十八年（1892）湖南守旧势力将同具变革思想之郭嵩焘、曾纪泽、朱克敬、张自牧称为“四鬼”。著有《通商诸国记》《柔远新书》《边事汇钞》《螟庵杂识》《二识》《儒林琐记》《暝庵诗录》《暝庵学诗》等。

域外地理著作。朱克敬有感于知彼之强，愤我之弱，就前贤记载及近日闻见录而成书。是书记事止同治十三年（1874），记俄罗斯、法郎西、英吉利、德意志、奥地利、米利坚、日本、意大利、瑞典、日西巴尼亚（西班牙）、丹国、荷兰、比利时等十三国位置、疆域、历史、政治、军事、风俗、户口以及与中国通商贸易等。

小方壶斋舆地丛钞本。

2027

小琉球漫志十卷 / （清）朱仕玠撰

朱仕玠（1712—1773），字璧丰、壁峰、碧峰，号筠园，建宁（今福建省建宁县）人。清乾隆十八年（1753）拔贡。历官德化、凤山、尤溪、台湾教谕。后被任命为河南内黄知县，未到任就去世。著有《筠园》《溪音》《音别》《小琉球志》。

地方志。朱仕玠于清乾隆二十八年（1763）六月任台湾凤山县县学教谕，任期一年多。小琉球为凤山县西南海中一岛屿，是志述其山川、风土、地域之殊异与鸟兽鱼虫草木之不同。或为作者赴任途中之所见，或为作者在台逾年之见闻，或为郡邑志乘之所载，包含泛海纪程、海东纪胜、瀛涯渔唱、海东剩语、海东月令、淡水社寄语等内容。

清乾隆三十一年刻本。

2028

海洋外国图编 / （清）庄廷旉撰

庄廷旉，见第 1475 条。

存佚不详。

2029

吾妻镜五十二卷／［日本］□□编

一作《东鉴》，日本镰仓时代一部历史记录。编写者不详，约成书于文永三年（1266）后。是书以编年体的形式记述了治承四年（1180）源赖政举兵至文永三年（1266）将军宗尊王归京为止的约八十七年间的镰仓幕府事迹，收录有关幕府的公务记录、幕府诸吏的手记和公卿的日记等资料。参见《吾妻镜补》。

东京日本宽永三年影刻本。

2030

北冰洋洲及阿拉斯加沿海闻见录一卷／［日本］阿部敬介著，唐人杰译

阿部敬介，生平事迹不详。

唐人杰，生卒年不详，字海平，太仓（今江苏省太仓市）人。清光绪三十四年（1908）从日本留学归国，任职于翰林院。

是书记阿拉斯加之民族、地理、物产、风俗较详。

政学报馆本。

2031

日本北西岸水路略记／［日本］肝付兼行撰

肝付兼行，生平事迹不详。

清抄本。

2032

琉球事略一卷／［日本］桂山义树撰

桂山义树（1679—1749），字君华，通称三郎左卫门，后改三郎兵卫，号彩岩，又号霍汀、天水渔者，日本江户（今东京）人。元禄七年（1694）仕幕府儒官，进秘书监。著有《学问大旨》《寓意录》《琉球事略》《东韩事略》等。

是书为桂山义树摘录清人徐葆光的《中山传信录》而成。

日本嘉永六年安中造士馆刻本。

2033

北海道拓殖概观六章／日本北海道厅编，（清）杨成能、谢荫昌译

杨成能，生平事迹不详。

谢荫昌，生平事迹不详。

清末铅印本。

2034

倭汉合运指掌图五卷／［日本］释圆智撰，［日本］吉田光由辑

释圆智，生平事迹不详。
吉田光由，生平事迹不详。

是书包含大日本国帝王略纪、大日本中兴武将纪略、大日本帝王年代目录等。

日本贞享年间神宫寺刻本。

2035

岛夷志略校注一卷／［日本］藤田丰八撰

藤田丰八（1869—1929），日本德岛县人。清光绪二十四年（1898）与罗振玉在上海创办东文学社，二十六年（1900）与王季烈合译日本的《物理学》一书，是中国第一本系统介绍物理学的专书。三十年（1904）受两广总督岑春煊聘请任教育顾问。三十一年（1905）应江苏巡抚端方聘请赴苏州创设寻常师范学堂，获清廷授予三等双龙宝星。三十四年（1908）任北京大学农学院教习。此间整理出版敦煌石窟发掘的《慧超往五天竺国传节略本残简笺》和《岛夷志略校注》两书，确立了在日本东洋史学界的地位。1918年创刊《岭南新报》。1919年回国，翌年获文学博士学位。后历任早稻田大学任文学部教授、东京大学文学讲师、东京帝国大学教授、台北帝国大学教授、文政学部长。著有《东西交涉史研究》，研究南亚各地从海路上与中国交往的历史，论述中国与中亚、西亚的交往史以及文化交流史。

藤田丰八以龙氏《知服斋丛书》刊本为底本，参考其他藏本，对《岛夷志略》进行了全面的校订，同时做出注释，题名为《岛夷志略校注》。

民国四年上虞罗氏铅印本。

2036

西伯利亚大地志／［日本］下村修介、加藤稚雄原著，王履康等合译

下村修介，生平事迹不详。
加藤稚雄原，生平事迹不详。
王履康，生平事迹不详。

是书以天然、国体、历史分为三部，每部之前又为总论，附图一幅。书中载有俄属太平洋沿岸航业通则，并引有日本间宫伦宗《桦太海峡记》。

江宁启新书局本。

2037

南岛志二卷 /［日本］新井君美撰

新井君美，见第 0675 条。

新井君美通过与琉球使节的会谈交流，掌握了琉球的诸多信息，根据这些信息于享保四年（1719）写成是书。是书为日本最早研究琉球的著作，记有琉球地理、世系、官职、宫室、冠服、礼刑、文艺、风俗、食货、物产，书中提到琉球所辖三十六岛，其中并无钓鱼岛。

日本弘化间安中板仓氏刻本。

2038

南岛志一卷 /［日本］新井君美撰

新井君美，见第 0675 条。

日本甘雨亭丛书本，日本嘉永六年安中造士馆刻本。

2039

外国图一卷 /（三国吴）□□撰，陈运溶辑

陈运溶，见第 1076 条。

作者不详，一说是和《括地图》一样成书于汉代，此书久佚，图不可复见，唯古传注类书中引用其逸文。是书以朔方（北）、九疑（南）、琅琊（东）、玉门（西）等地为坐标点，记录了传说中一些所谓“外国”的人物、风俗、物产等。

麓山精舍丛书本。

2040

吴时外国传一卷 /（三国吴）康泰撰，陈运溶辑

康泰，三国时吴人。黄武五年（226），以中郎奉交州（治今广东广州）刺史吕岱命，与从事朱应出使扶南（在今柬埔寨和越南南部）等国，经历和所得传闻，“则有百数十国”，并曾在扶南宫廷会见天竺（今印度）使臣，具问天竺土俗。回国后著《外国传》（或作《吴时外国传》）、《扶南传》等，为中外交通和海洋学重要文献。后失传。现仅从个别文献中可见零篇碎简。

陈运溶，见第 1076 条。

是书记述康泰和朱应出使南海时经历和传闻的各国情况，原书已佚，现散见各书。异称有《康泰扶南记》《扶南传》《吴时外国志》《扶南记》《吴时外国志》《扶南土俗》等。

麓山精舍丛书本。

2041

南州异物志一卷／（三国吴）万震撰，陈运溶辑

万震，三国时人，仕吴，曾官丹阳太守。

陈运溶，见第 1076 条。

物产志。书中记俚、乌浒、僚民等少数民族，扶南国（位今柬埔寨）、斯调国（一般以为在今斯里兰卡，一说为今印度尼西亚爪哇东南一岛）、林阳国（今泰国西部或缅甸中部）、顿逊国（今泰国洛坤一带或缅甸丹那沙林，一说泛指马来半岛北部）、无论国、句雅国、歌营国（今印度南端或马来半岛南部）、天竺国（古印度）、大月氏国、大秦国（古代罗马帝国）等十五个古国。考其名称、地理位置、风俗习惯、宗教信仰等，另载丹珠、珊瑚、贝、琉璃、金刚、斑布等十二种物产。

麓山精舍丛书本。

2042

扶南异物志一卷／（三国吴）朱应撰，陈运溶辑

朱应，三国时期吴国出使南海的官员。黄武五年（226），大秦商人秦论从海道经交趾来到建业，谒见孙权，谈及大秦风土民俗。约在秦论来吴当年，交州刺史吕岱派宣化从事朱应和中郎将康泰出使南海诸国，进行外交活动。他们远至林邑、扶南诸国，经历和传闻的国家有一百数十个，是中国古代有历史记载的最早航海到东南亚、南亚的旅行家。朱应归国后，撰有《扶南异物志》，记述他出使扶南等国见闻。

陈运溶，见第 1076 条。

麓山精舍丛书本。

2043

鸡林志一卷／（宋）□□撰

说郛本。

2044

海外怪洋记一卷／（宋）洪刍撰

洪刍，生卒年不详，字驹父，豫章（今江西省南昌市）人。黄庭坚的外甥。宋绍圣元年（1094）进士，崇宁三年（1104）入元祐党籍。靖康（1126—1127）中为谏议大夫。金兵入汴，失节，贬废，流沙门岛（今山东省蓬莱市海中孤岛）卒。著有《老圃集》《豫章职方乘》《香谱》，编有《楚汉选书》。

是书实为洪迈撰，即《夷坚志补》卷二十一《海外怪洋》。

民国十五年上海扫叶山房石印本。

2045

高丽纪事 / （宋）宋球撰

宋球（？—1098），酸枣（今河南省延津县）人。守约子，以荫入仕。曾出使高丽，密访山川形势、风俗好尚，绘图献上，为神宗称赞，进通事舍人。使契丹不辱朝命。累迁西上合门使、枢密副都承旨。

宋元丰七年（1084），宋球出使高丽，考察高丽的山川形势和风俗好尚之后撰此书。

佚书。

2046

高丽事记 / （宋）宋球撰

宋球，见第 2045 条。

见“高丽纪事”。

2047

高丽图记 / （宋）宋球撰

宋球，见第 2045 条。

见“高丽纪事”。

2048

鸡林类事一卷 / （宋）孙穆撰

孙穆，生卒年不详，宋崇宁二年（1103）出使高丽，任奉使高丽国信书状官。

北宋崇宁二年（1103），孙穆以书状官（记录官）的身份赴开城，后将收集的高丽风土、朝制、语言等整理而成此书。

说郛本，五朝小说本，五朝小说大观本。

2049

鸡林遗事三卷 / （宋）孙穆撰

孙穆，见第 2048 条。

佚书。

2050

鸡林志三十卷 / （宋）王云编

王云（？—1126），字子飞，泽州（今山西省晋城市）人。举进士，从使高丽。历任秘书省校书郎、知简州、陕西转运副使等职。卒，谥忠介。著有《鸡林志》《文房纂要》等。

是书分八门，记述元丰通使高丽以来事迹，及其会见之礼、聘问之辞。高丽别称鸡林，故名。

存佚不详。

2051

鸡林记二十卷 / （宋）吴栻撰

吴栻，生卒年不详，字顾道，

瓯宁（今福建省建瓯市）人。宋熙宁六年（1073）进士。元符二年（1099）为金部员外郎。崇宁中为开封府推官。出使高丽，还，知开封府。迁工部侍郎，徙户部。四年（1105）坐事出知单州。大观间历知苏、陈、河中诸州府。政和初知成都府。召为兵部侍郎，除龙图阁直学士，再知成都府，移知郓州、中山府。

鸡林，原为新罗国，唐时改为鸡林州，即今朝鲜。是书为吴栻出使高丽后所作。

佚书。

2052

使高丽录一卷／（宋）徐兢撰

徐兢（1091—1153），字名叔，号自信居士，和州（今安徽省和县）人。宋政和四年（1114）以荫入官，补将仕郎，授通州司刑曹事尚书郎。宣和六年（1124）以国信使提辖人船礼物官出使高丽国，归后撰《宣和奉使高丽图经》上献朝廷。徽宗召对，赐出身，累官至朝散大夫。

是书系摘取《高丽图经》卷三四至卷三九“海道”部分逐日编排而成，收录于元末陶宗仪《说郛》卷五六，故后人疑此书乃陶宗仪所辑成。所记内容为徐兢奉使往高丽祭奠吊慰高丽国王时的行程日录。

广百川学海本，说郛本。

2053

宣和奉使高丽图经四十卷／（宋）徐兢撰

徐兢，见第2052条。

地理见闻录。是书成书于宋宣和六年（1124），分建国、世次、城邑、门阙、宫殿、冠服、人物、仪物、仗卫、兵器、旗帜、车马、官府、祠宇、道教释氏、民庶、妇人、皂隶、杂俗、节杖、受诏、燕礼、馆舍、供张、器皿、舟楫、海道、同文等门，记载当时朝鲜的历史、山川、都市、风俗、典章制度、接待使者的礼仪。详细记载了徐兢出使高丽所使用的巨舟以及自定海至高丽礼成港（今朝鲜开城附近）的海道，包括沿途水道情况、大小岛屿、海礁及沿海风物等。

明姚士粦、郑宏刻本，明抄本，清翰林院抄本，清彭氏知圣道斋抄本，天禄琳琅丛书第一集本。

2054

宣和奉使高丽图经四十卷附录一卷／（宋）徐兢撰

徐兢，见第2052条。

四库全书本，知不足斋丛书本，清

抄本，丛书集成初编本。

2055

宣和高丽图经三卷 /（宋）徐兢撰，（明）吴岫厘正

徐兢，见第2052条。

吴岫，生卒年不详，字方山，号东明山人、濠南居士，吴县（今属江苏省苏州市）人。明嘉靖间诸生。居南濠，聚书逾万卷，室名尘外轩。编有《姑山吴氏书目》。

清抄本，清光绪抄本。

2056

诸蕃记 /（宋）赵汝适撰

赵汝适（1170—1231），字伯可，宋太宗八世孙，幼年随父寓于宁波。宋庆元二年（1196）进士。嘉定十年（1217）任临安府通判，十七年（1224）赴泉州任福建路市舶提举。宝庆元年（1225）兼权泉州市舶使。

见“诸蕃志二卷”。

2057

诸蕃志二卷 /（宋）赵汝适撰

赵汝适，见第2056条。

风土地理类著作，又作《诸蕃记》。是书初刊于宋宝庆元年（1225），原书久佚，现存为后人辑录而成。南宋嘉定至宝庆年间，赵汝适曾任福建市舶提举，在任期间曾阅诸国地图，感其有图无志，便询问外国商人了解其国名、风土、道里、物产情况，遂成此书。上卷志国，所记海国范围广泛，东起日本，西到今北非摩洛哥，介绍了各个国家的地理位置，自中国通往各国的航海路线，各国与中国距离的远近，各国之间的往来交通，以及这些国家的国土面积、山川地貌、民风习俗、百姓服色饮食习惯、统治形式、惩罚制度和所出物产、生产水平、贸易形式等。下卷志物，记载了乳香、没药、金颜香、安息香、栀子花、蔷薇水、沉香、黄熟香、生香、檀香、肉豆蔻、波罗蜜、槟榔、椰子、胡椒、芦荟、珊瑚树、琉璃、猫儿睛、珠子、砗磲、象牙、犀角、龙涎等几十种物产。

清孔氏红榈书屋抄本，四库全书本，函海本，学津讨原本，丛书集成初编本。

2058

吕宋备考 /（泰西）□□著

小方壶斋舆地丛钞本。

2059

般岛纪略 /（泰西）鸭砵述

鸭砵，生平事迹不详。

小方壶斋舆地丛钞本。

2060

海南诸蕃行记一卷 / （唐）达奚通撰

达奚通，生卒年不详，又名达奚弘通。唐上元年间（674—675），曾任唐州刺史的达奚通奉命出使阿拉伯，他自赤土（今马来亚半岛南）西航至虔那（今阿拉伯半岛南），途经三十六国。此次出航未见史料记载，但他归国后撰有《海南诸蕃行记》。

一作《西南海诸蕃行记》。

佚书。

2061

西南海诸蕃行记一卷 / （唐）达奚通撰

达奚通，见第2060条。

见“海南诸蕃行记一卷”。

2062

古今郡国县道四夷述 / （唐）贾耽撰，（清）王谟辑

贾耽（730—805），字敦诗，沧州（今河北省沧州市）人。在唐肃宗、代宗、德宗三朝历官汾州刺史、鸿胪卿、梁州刺史、山南西道节度使及山南东道节度使。德宗时升任宰相。

王谟，见第1074条。

见“贾耽郡国县道记一卷”。

2063

皇华四达记十卷 / (唐)贾耽撰

贾耽，见第2062条。

原书已佚。从《新唐书·地理志》的引文中，得知此书记有唐朝“入四夷之路与关戍走集最要者”有七，包括营州（治今辽宁朝阳市）入安东道、登州（治今山东蓬莱市）海行入高丽（今朝鲜）渤海道、安南通天竺道、广州通海夷道，诸线路所经山川聚落，封略远近皆概举其目。

佚书。

2064

贾耽郡国县道记一卷 / （唐）贾耽撰，（清）王谟辑

贾耽，见第2062条。

王谟，见第1074条。

中外交通著作，一作《古今郡国县道四夷述》《四夷郡国县道记》《郡国县道记》等。贾耽于唐贞元十七年（801）与《海内华夷图》一起撰成呈上，是《海内华夷图》的说明，论述中国境内各政区及周边地区的历史沿革、地理、风俗等。

汉唐地理书钞本，汉唐地理书钞存

本，重订汉唐地理书钞本。

2065

郡国县道记／（唐）贾耽撰，（清）王谟辑

贾耽，见第 2062 条。
王谟，见第 1074 条。

见“贾耽郡国县道记一卷”。

2066

郡国县道记一卷／（唐）贾耽撰，（清）王仁俊辑

贾耽，见第 2062 条。
王仁俊，见第 0028 条。

见“贾耽郡国县道记一卷”。

玉函山房辑佚书补编本。

2067

四夷郡国县道记／（唐）贾耽撰，（清）王仁俊辑

贾耽，见第 2062 条。
王仁俊，见第 0028 条。

见“贾耽郡国县道记一卷”。

2068

海外使程广记三卷／（五代）章僚

章僚，生卒年不详，南唐烈祖保大六年（948）充如京使，出使高丽，归国后作《海外使程广记》。

书名又作《使高丽记》《张僚记》《高丽国海外使程记》《海外行程记》，是书载有南唐时保大初徐弼出使高丽之事，还记录了通往高丽的海路，及其国山川、物产、气候、郡县、海道、风俗等。是我国较早关于朝鲜半岛的地理著作，其记述与当地风俗相符。

佚书。

2069

外国史略／［英国］马礼逊著

马礼逊（1782—1834），英国诺森伯兰人。1798 年入长老会。1805 年由伦敦布道会选派来中国传教。清嘉庆十二年（1807）到达广州，后移居澳门，从事基督教《圣经》汉译工作，后任英国东印度公司广州商馆翻译。二十一年（1816）以译员身份随英国专使阿美士德到北京。二十四年（1819）译成全部新旧约，道光三年（1823）在马六甲出版，是《圣经》最早的汉译本。并于 1815—1823 年编辑出版《华英字典》三巨册。1824 年被选为英国皇家学会会员，后在广州病死。

是书据《海国图志》辑录，据考证为马礼逊父子三人所撰。

小方壶斋舆地丛钞本。

2070

岛夷志略一卷／（元）汪大渊撰

汪大渊，见第0381条。

海外游记。元至正元年（1341）以后，汪大渊曾两次随商船浮海游历数十国，并曾亲临台湾。至正四年（1344）前后，根据旅行中见闻完成此书。是书记海外诸国山川、道里、国情、民俗、物产、贸易等，东起澎湖和文老古（今印度尼西亚马鲁古群岛），西至阿拉伯和东非海岸，其中对南洋群岛和印度洋沿岸国家、地区、港口记载尤多，是研究元代海外贸易、中外关系及西非史的珍贵资料。

清彭氏知圣道斋抄本，四库全书本，知服斋丛书本。

2071

节录元周达观真腊风土记一卷／（元）周达观撰

周达观（1266？—1346），字达可，号草庭逸民，永嘉（今浙江省永嘉县）人。元元贞元年（1295）由温州港出发，奉命随元使赴真腊（今柬埔寨）访问，翌年到达该国，居住一年许，至大德元年（1297）回国。

历代小史本。

2072

真腊风土记一卷／（元）周达观撰

周达观，见第2071条。

域外地理著作。元元贞元年（1295），成宗皇帝为加强同真腊（今柬埔寨）的联系，决定派一个使团到真腊去，周达观为使团成员之一。翌年二月使团从温州乘海船出发，沿福建、广东沿海，经过海南岛，于三月到达占城（今越南中部），七月航船到达真腊。周达观在真腊住了一年多，回国后根据自己的亲身经历和见闻写成此书。是书记录了13世纪中南半岛柬埔寨的历史、地理、城市、工业、农业、气候、水文、土壤、植物以及当地人民的衣、食、住、行、医药、卫生、风俗、习惯、文化、信仰等。

百川学海本，古今逸史本，说郛本，四库全书本，景印元明善本丛书本。

2073

异域志二卷／（元）周致中撰

周致中，生卒年不详，江陵（今属湖北省荆州市）人。曾任知院。六次出使海外，熟悉多国风俗人物。

中外交通著作。是书共记扶桑、长生、朝鲜、日本、獎人、缅人、木兰皮、鞑靼、黑契丹、土麻、波利、七番、婆罗、乌衣、回鹘、东印度、爪哇、占城、勿斯里、三佛齐等二百一十个国家与地区，主记其方位、风俗、物产和人文掌故。除部分中国古代少数民族外，所记范围东起日本、朝鲜，西抵西亚、非洲，南至东南亚、南亚诸国。

夷门广牍本，说库本，丛书集成初编本，景印元明善本丛书本。

2074

皇越地舆志二卷／[越南]潘辉注撰

潘辉注（1782—1840），字霖卿，号梅峰，越南阮朝学者。青年时在家乡教学、著书。清道光元年（1821）召为翰林院编修，呈献其历时十年所著《历朝宪章类志》。八年（1828）升承天府丞，后任广南协镇。曾两次出使清朝。十四年（1834）任工部司务。另著有《皇越地舆志》《历代典要通论》《海程志略》等。

又称《明命地舆志》，越南古代汉文地理志。阮世祖明命十四年（1833）刻印刊行，维新元年（1907）重印。卷一记顺化、广南、富安、平定、平顺、嘉定、永清、福安、定祥、边和、河仙、河内、南定、山西，河阳；卷二记安广、兴化、宣光、太原，高平、谅山、清化、义安。每镇或省有历史沿革、行政区域、物产、工业、名胜、古迹、寺庙等目。

越南阮世祖明命十四年刻本。

2075

明命地舆志／[越南]潘辉注撰

潘辉注，见第2074条。

见“皇越地舆志二卷”。

2076

越南舆地略一卷附道里记一卷／[越南]潘辉注撰

潘辉注，见第2074条。

此即《皇越地舆志》之删节本。见“皇越地舆志二卷”。

清光绪十年抄本。

2077

贸易通志／□□撰

是书摘录《海国图志》中郭实腊撰《贸易通志》而成。

小方壶斋舆地丛钞本。

2078

东西洋考每月统记传／[德国] 郭士立撰

郭士立（Karl Friedrich August Gützlaff，1803—1851），又译为郭实腊、郭施拉、居茨拉夫等。基督教传教士。德国人。道光十一年（1831）受英国东印度公司派遣来中国从事间谍活动，以传教为掩护，专门收集中国沿海军事、政治、经济情报。鸦片战争期间，任英国侵略军在舟山的“行政长官”，并参与签订《南京条约》。有英、德、日、中文著述七十多种，主要有《中国史纲》《中国：国家与风景》《开放的中国》《三次航行中国沿海记》《道光皇帝传》《古今万国纲鉴》《万国地理全集》《治国之用大略》以及大量的宗教著作。

英文名 Eastern Western Monthly Magazine，是第一种在中国境内出版的中文近代报刊。1833 年 8 月在广州创刊。月刊。中国书本式，木刻印刷。该刊采取中西历史对照的方法，介绍西方历史和宗教。并公布广州进出口市价，介绍近代商业、天文、地理知识和西方政治、经济文化的新情况、新成就，如轮船、火车、热气球、潜水衣的应用，百科全书的编纂，报纸的广泛发行等。

清道光刻本。

2079

义火可握国记／□□撰

义火可握国，今译柔佛，又称胡戎国。中国清朝史籍译称哲和尔。故地在今马来西亚马来半岛南端。明正德六年（1511），满加剌国首都马六甲为葡萄牙人攻陷，苏丹玛末德长期领导马来人抗击葡萄牙入侵者，先建都宾坦岛。嘉靖五年（1526），宾坦岛为葡萄牙人占领，九年（1530）建新都城旧柔佛。万历十五年（1587），旧柔佛又被葡萄牙人攻占，遂迁都至巴都沙哇。17 世纪后，荷兰、英国相继入侵。1914 年沦于英国统治之下。

小方壶斋舆地丛钞本。

2080

伯利探路记一卷／曹廷杰撰

曹廷杰，见第 0868 条。

小方壶斋舆地丛钞本，游记汇刊本。

2081

西伯利东偏纪要一卷／曹廷杰撰

曹廷杰，见第 0868 条。

边疆地理著作，又作《伯利探路记》。清光绪十一年（1885），曹廷杰奉命密访东西伯利亚原属清朝的领土，包括自海兰泡至黑龙江入海处、乌苏里江流域、绥芬河下游的广袤地区。正文所记一是军事地理，以俄军分布、武器、弹药、粮食储存、兵工厂、医院为主。二是经济地理，包括气候、水土、森林、农作物、工矿产品、水陆交通、电讯、城镇港湾、商业贸易等。三是民族地理，详载赫哲、尼夫赫、乌第改、鄂伦春、汉、朝鲜、俄罗斯等民族居住地域、人体特征、经济、文化、风俗、人口户籍数目等。

辽海丛书本。

2082

佛地考证三种附一种四卷／丁谦撰

丁谦，见第0464条。

地理丛书。是书包含《（晋释法显）佛国记地理考证》《（魏宋云释惠生）西域求经记地理考证》《（释辩机）大唐西域记地理考证》《印度疆域风俗制度考略》。

横山草堂丛书本，浙江图书馆丛书本。

2083

晋释法显佛国记地理考证一卷／丁谦撰

丁谦，见第0464条。

原作《历游天竺记传》，又作《法显传》。东晋义熙八年（412），高僧法显自古狮子国（今斯里兰卡）乘中国商船东驶回国。不久遇暴风致使船破落水，幸遇一岛，补好漏处又前行。在危难中漂泊了一百多天，到达耶婆提国（今印度尼西亚的苏门答腊岛，一说爪哇岛）。法显在此地住了五个月，后转乘另一条商船向广州进发。不料行程中又遇大风，船失方向，随风漂流并在青州长广郡（今山东省青岛市）的崂山登陆。长广郡太守李嶷听到消息亲自赶到海边迎接。在这次往返太平洋的航行中，法显始终在船上且历经磨难，其将全部经过记载在此书中。丁谦对《佛国记》进行详细考证，认为此书是我国现存史料中有关陆海交通最早、最详细的记录。

横山草堂丛书本，浙江图书馆丛书本。

2084

瀛涯胜览校注／冯承钧撰

冯承钧（1887—1946），字子衡。湖北汉口人。著名中西交通史专家和翻译家。幼年出国，先后留学比利时和法国。1911年毕业于巴黎大学法科。回国后曾在北京大学任教。识英文、法文、比利时文、梵文、蒙古文等。1929年因病不能教学，专门致力中外关系史与西域、南海史地的考证与研究。一生著译宏富，主要著作有《中国南洋交通史》《中国西部考古史》《诸蕃志校注》《瀛涯胜览校注》《星槎胜览校注》《海录校注》等；译述有《西突厥史料》《多桑蒙古史》《马可·波罗行记》等。

民国二十四年排印本。

2085

邦交志［俄罗斯］三卷／骆成昌编

骆成昌，生卒年不详，又名成昌，字之蕃，满洲镶黄旗人。清光绪举人。山东布政使崇保子，少凭门阀，交游甚广。清亡，避世隐乐，越数年耗尽家财。后寄身旅馆，以剩食度日。清史馆开，赵尔巽聘其为清史馆协修，成邦交志、氏族志。

清稿本。

2086

新嘉坡风土记一卷／李钟珏撰

李钟珏（1854—1927），原名安曾，字平书，后名钟珏，晚号且顽，宝山（今属上海市）人。优贡出身。清光绪九年（1883）在上海为《字林沪报》时论撰稿人。二十五年（1899）署广东遂溪知县，因支持民众反对法国侵占广州湾被革职。二十九年（1903）任江南制造局提调，后任上海自治公所董事、中国通商银行总董事、招商局和江苏铁路局董事，又主持上海城厢内外总工程局，筹建闸北水电公司，并统辖上海商团，曾参与张謇等发起的立宪请愿活动。辛亥革命后与陈其美联络，领导商团参与上海起义。上海光复后任上海都督府民政长兼江南制造局总理。南北议和时策动拥护袁世凯、解散上海都督府。1913年“二次革命”中反对孙中山起兵反袁。此后以绅商代表身份影响上海政局，支持北洋军阀统治。著有《且顽老人七十岁自叙》。

海外旅行记。李钟珏与中国驻新加坡首任正式领事左秉隆（子兴）有通谱之谊。秉隆任职将届六年时，钟珏于清光绪十三年（1887）往访，居新加坡数月，以耳闻目见，杂记风土人情，撰为此书，为当时华人记述新加坡及其附近地区史地与社会情况最详尽之作。

灵鹣阁丛书本，丛书集成初编本。

2087

瀛海鳞鸿记二卷／林介弼撰

林介弼（1854—1935），字幼

丞，号遁石山人，怀远（今安徽省怀远县）人。十五岁中秀才。清光绪十年（1884）中江南解元，后授内阁中书，协办侍读，署翰林院起居注。十六年（1890）奉命为出使日本公使李伯行之监督（高级随员），协助处理对日外交事务。任满回国后，历署江西宁都、直州和广信府知府。民国初年，徐世昌任大总统时，被委为顾问。著有《解元文集》《溉园诗集》《瀛海鳞鸿记》等。

民国十一年铅印本。

2088

日本北海道拓殖记不分卷／农林部撰

民国农林部油印本。

2089

岛夷志略广证二卷／沈曾植撰

沈曾植（1850—1922），字子培，号巽斋，别号乙盦，晚号寐叟，晚称巽斋老人、东轩居士，又自号逊斋居士、臞禅、寐翁、姚埭老民、乙龛、余斋、薵轩、持卿、乙莽、李乡农、城西睡庵老人、乙僧、乙穸、睡翁、东轩支离叟等，嘉兴（今浙江省嘉兴市）人。博古通今，学贯中西，以"硕学通儒"蜚振中外，誉称"中国大儒"。清光绪六年（1880）进士，供职刑部，精研古今律法，著有《汉律辑存》《晋书刑法志补》等书。后出任总理各国事务衙门章京，主管俄国事务。著有《元秘史笺注》《皇元圣武亲征录校注》《岛夷志略广证》《蒙古源流笺证》等。

《岛夷志略》为元汪大渊撰，是考察古代南洋风土人情和海上交通重要著作。清末正值南洋多事，沈曾植就元汪大渊书，参证新旧各图，用以考见南洋各岛自唐、宋迄清的航路，并考出西人所建商埠，撰成是书。

古学汇刊本。

2090

使西书略／（清）孙家穀著

孙家穀（1790—1828，一说1791—1832），一作孙家谷，原名家栻，字曙舟，一作汝舟，号树伯，又号幼莲，鄞县（今宁波市）人。清道光二年（1822）进士，官湖北襄阳知县。著有《襄陵词草》《种玉词》。

清同治七年（1868），时任礼部郎中的孙家穀为钦差出使大臣，访问美国、英国、法国、瑞典、丹麦、荷兰、普鲁士、俄国、比利时、意大利、西班牙等国，九年（1870）返回，是书为孙家穀所记出使记录。

小方壶斋舆地丛钞本。

2091

列史外夷传征一卷／唐咏裳撰

唐咏裳（？—1936），字健伯，杭州（今浙江省杭州市）人。近代戏曲作家。曾为清贡生。清光绪年间任浙江大学堂监学官。著有《咸酸桥屋词》《周礼地官冬官征》《列史外夷传征》等。

特健药斋外编本。

2092

随轺笔记四卷／吴宗濂撰

吴宗濂（1856—1933），字挹清，号景周，嘉定（今属上海市）人。监生。清光绪二年（1876）入上海广方言馆，次年入北京同文馆学法语和俄语。毕业后任京汉铁路局法文翻译、候选中书科中书，擢同知府候补道，旋调入外务部。九年（1883）随李鸿章赴沙俄订立边界条约。1885年起历任驻英和驻俄使馆翻译、驻法使馆秘书、驻西班牙使馆代办、英法比意德五国留学生监督、驻奥地利代办、外务部左参议、驻意大利钦差大臣。1912年改称外交代表。1914年回国任北京大总统府外交咨议。后历任外交部特派吉林交涉员、安福国会参议员、浦口商埠督办、上海法租界市政会议委员、国民政府条约委员会委员、法租界公董局董事。著有《随轺笔记》，译著《德国陆军考》《法语锦囊》《案谱》《出洋通商举隅》等。

吴宗濂随龚照瑗出使英、法、意、比四国，虽然“派司译务”，也为龚照瑗起草文件、记录见闻等，由此撰此书。是书分记程、记事、记闻、记游等。

清光绪二十八年著易堂铅印本。

2093

敕撰奉使录三种八卷／（清）汪楫撰

汪楫，见第1948条。是书含《使琉球杂录》《册封琉球疏抄》《中山沿革志》三种著作。

清康熙二十五年刻本。

2094

琉球地理小志一卷／姚文栋编译

姚文栋，见第0878条。

一作《琉球小志》，译自明治八年（1875）日本修史馆所编纂的地理书中有关琉球的部分。

清光绪二十八年云间丽泽学会石

印本。

2095

琉球地理小志一卷补遗一卷说略一卷／［日本］中根淑撰，姚文栋编译

中根淑（1839—1913），日本江户（今东京）人，本姓曾根，号香亭、迷花生等。幕末明治时代汉学者，随笔家，幕府旧臣，后又参与明治政府事务。著有《日本文典》《香亭雅谈》及汉诗集《行脚非诗集》等。

姚文栋，见第 0878 条。

是书为日本中根淑等撰，全名为琉球小志并补遗附说略，由琉球地理小志、琉球立国始末、琉球形势大略、冲绳岛总论、琉球新志自序、冲绳志后序以及琉球小志补遗几部分组成。琉球群岛位于日本西南部，从东北向西南，包括大隅、吐噶喇、奄美、冲绳和先岛五组群岛，多低矮山地。琉球原是一个向中国朝贡的独立国家，琉球历代国王通过与中国“朝贡”与“册封”的关系，与中国建立起紧密的外交与贸易关系，也从频繁的贸易往来过程中受到中国文化，特别是福州风俗习惯的强烈影响。

清光绪九年刻本。

2096

琉球说略一卷／姚文栋译

姚文栋，见第 0878 条。

此系译自日本文部省刊行之小学教科书。是书首序，概述琉球位置、四至、岛数。次记北部诸岛，含大岛、加计留麻、喜界、德岛、永良部岛、舆论岛等周回及物产；又记中部二十余岛，以那霸港首里王城记载较详。末记南部官古、右垣诸岛。共四千余字。记事简括，条理清晰，对研究琉球诸岛的历史、地理、经济等有参考价值。

小方壶斋舆地丛钞本。

2097

琉球小志并补遗附说略／姚文栋编译

姚文栋，见第 0878 条。

见“琉球地理小志一卷”。

2098

日本兵要地理十卷／姚文栋编译

姚文栋，见第 0878 条。

见“日本地理兵要十卷”。

2099

日本地理兵要十卷／姚文栋编译

姚文栋，见第0878条。

又作《日本兵要地理》。姚文栋曾任清驻日大使黎庶昌随员，驻日期间走访调查并博采日文书籍、资料成此书。是书以日本行政区划“道”为单位介绍日本地理情况，于山川、港湾、岛屿、关卡要隘等军事地理考察尤详。是晚清中国学者所撰较详细的日本历史地理专著，也是中国近代最早出版的一部日本人文地理志。

清光绪十年同文馆铅印本，清光绪十年总理衙门聚珍本。

2100

英吉利国夷情记略／叶钟进著

叶钟进，见第1999条。

是书对英国的地理位置、国土大小、宗教、礼俗、学校、海外殖民以及政治现状等都有详细记述。

小方壶斋舆地丛钞本。

2101

琉球岛记一卷／周传谋译

周传谋，生卒年不详，字伯贻，嘉定（今属上海市）人。清光绪十九年（1893）入广方言馆学习法文，后在陇海铁路会计处、中法实业银行（驻巴黎）工作。

小方壶斋舆地丛钞本。

2102

巴拿马运河谈一卷

中外游记汇编本。

2103

朝鲜日本图说不分卷

明刻本。

2104

国朝六属国小记一卷

中外游记汇编本。

2105

海国便览二卷续钞一卷

抄本。

2106

海国地理志

是志为《诸蕃志》书末所附。

抄本。

2107

海夷记略不分卷

清抄本。

2108

历代宝案

是书详细记述琉球王国与四周邻国的交往档案，记事起自明永乐二十二年（1424）止于清同治六年（1867），内容涉及四百四十余年间琉球与中国、朝鲜以及东南亚八个国家地区（更确切地说是港口市镇）的交往联系。这八个国家地区是暹罗、马六甲、巨港、爪哇、苏门答腊、巽他卡拉帕（今雅加达）、北大年和安南。详细描述这些国家发生的重大事件及其发展，特别是琉球商人在该地区的活动。

琉球抄本，影印本。

2109

墨领峡考一卷

墨领峡，一作墨岭峡，即白令海峡。

小方壶斋舆地丛钞本。

2110

外藩疆理考一卷

小方壶斋舆地丛钞本。

2111

越南舆地略一卷

清袁氏渐西村舍抄本。

水利之属

2112

海塘录八卷／（明）仇俊卿撰

仇俊卿，生卒年不详，字舜征，晚号谦谦翁，海盐（今浙江省海盐县）人。明嘉靖十六年（1537）举人，知惠安县，改淮安府教授，升国子博士。

明万历十五年（1587），重修海盐海塘，录其图式、案牍为此书，包括塘图、申文、勘议、奏疏、督行事宜、续议事宜、酌处供应、优恤事宜、奖赏事宜、报工缘由、叙功缘由、善后事宜、全修捍海塘碑记并铭等。

明刻本。

2113

全修海塘录十卷／（明）仇俊卿撰

仇俊卿，见第2112条。

明刻清修补印本。

2114

海塘记一卷／（明）黄光升撰

黄光升（1507—1586），字明举，号葵峰，晋江（今福建省晋江市）人。明嘉靖七年（1528）举人，翌年成进士。初授浙江长兴令。历官刑部给事中、浙江佥事、广东副使、四川参政、广东按察使、四川布政使、副都御史、兵部侍郎、南京户部尚书、北京刑部尚书、南京刑部尚书。卒，赠太子少保，谥恭肃。著有《四书纪闻》《读易私记》《读书愚管》《读诗蠡测》《春秋本义》《历代纪要》等。嘉靖二十一年（1542）以浙江水利佥事主持修筑海盐海塘，首创五纵五横鱼鳞塘。

佚书。

2115

续修海塘录二卷 /（明）乔拱璧修

乔拱璧，生卒年不详，字谷侯，号讱庵，又号剑浦，川沙（今属上海市浦东新区）人。明万历三十五年（1607）进士，历官海盐知县、南京兵部郎中、湖广参议、四川布政使参议。著有《盐官案牍》。

是书成于乔拱璧为海盐县令任上，卷一记辛亥（1611）修塘，卷二记壬子（1612）续修，为当时修塘的原始档案，包括官方文书和工程数据资料。

明刻本。

2116

松江漴缺捍海石塘录不分卷附刻一卷续载一卷 /（明）吴嘉胤撰，（续载）（清）冯敦忠辑

吴嘉胤，即吴嘉允，见第2117条。

冯敦忠，生平事迹不详。

漴缺，一作漴阙，位于金山区与奉贤区濒海交界处，南至杭州湾，西与金山区漕泾乡接壤。崇祯年间，漴缺一带修筑了松江府史上首座石塘，负责修筑的举人吴嘉胤为此专门撰有《石塘问答》。雍正年间娄县生员冯敦忠希望参照此次筑塘请修海塘，为此重新刊刻吴嘉胤一书，编为《松江漴缺捍海石塘录》，上呈地方政府。

清雍正二年刻本。

2117

漴阙捍海石塘纪事一卷 /（明）吴嘉允撰

吴嘉允（1569—1645），本名吴嘉胤，清代避雍正帝讳，写作吴嘉允，字君美，又字绳如，华亭（今上海市松江区）人。明天启四年（1624）举人，时知府方岳贡议筑捍海石塘，以嘉允主其事。福王时荐授户部主事。南都陷，谒方正学祠，自经殉难，门下学生私谥

忠介。清乾隆四十一年（1776），清廷赐谥节愍。

漴阙位于金山区与奉贤区濒海交界处，南至杭州湾一千米，西与金山区漕泾乡接壤，一作漴缺。历史上属华亭县管辖。明代为渔舟入海采捕和盐引集散点。鱼汛时，“渔船鳞次”，“渔人缘堤上下如蚁附”。清康熙二十四年（1685）曾在此设江海关。两年后，因公廨窄陋，船舶集中于黄浦江上海县城（今闵行区）一带，江海关遂移往上海县城宝带门内。海塘是抗御海潮涌浪侵袭、防止海岸坍塌、保护城镇和农田安全的堤防工程，主要分布在中国江浙沿海各省，其中浙西海塘由于潮势汹涌，工程规模最大，为历代修筑重点。崇祯七年（1634）、十三年（1640）创建华亭漴阙石塘五百余丈，用银约五万两。清代江南海塘修治最勤，康熙四十七年（1708）以漴阙石塘坏，在里面另筑土塘。雍正二年（1724）飓风海溢，以后于华亭、宝山等县境创建条石海塘，并修旧土塘为外护，又增修土塘数百里，定管理制度。

清道光十五年抄本。

2118

漴阙捍海石塘录／（明）吴嘉允、吴钦章辑

吴嘉允，见第2117条。

吴钦章，生卒年不详，字含文，华亭（今上海市松江区）人。明崇祯十二年（1639）举人。方岳贡守松江时，创建漴阙石塘，专任钦章董其事，一说其父吴嘉允主其事。入清不仕，卒，私谥贞定先生。

清康熙三十四年十菊斋重刊本。

2119

漴阙石塘录／（明）吴嘉允、吴钦章辑

吴嘉允，见第2117条。

吴钦章，见第2118条。

明崇祯刻本。

2120

松江漴阙石塘录／（明）吴嘉允、吴钦章辑

吴嘉允，见第2117条。

吴钦章，见第2118条。

清雍正二年刻本。

2121

全吴水略七卷／（明）吴韶撰

吴韶，生卒年不详，自号泰皋山人，华亭（今上海市松江区）人。

是书首载松、苏七府总图，次作捍海塘纪，又次列太湖三江及诸

水原委，并详采疏导、修筑历代职官之事。

天一阁藏本。

2122

重订捍海石塘录／（明）吴钦章撰

吴钦章，见第2118条。

见“潨阙石塘录”。

清康熙五十八年刻本。

2123

海塘事宜／（明）杨一葵撰

杨一葵，见第1824条。

存佚不详。

2124

浙江水利一卷／（明）姚文灏撰

姚文灏（1455—1504），字秀夫，号鄱东野人，晚更号学斋。明江西贵溪（今江西省贵溪市）人。成化进士，授都水主事。弘治七年（1494）参与苏松、浙西治水事，主张浚松江及捍海塘，以解东南水患。官至湖广提学佥事，以作育人才为己任。著有《学斋稿》《心学录》《经说》《杂说》及《水道图集》《浙西水利书》等。

景印文渊阁四库全书本。

2125

两浙水利详考一卷／（清）□□撰

小方壶斋舆地丛钞本，皇朝经世文编本。

2126

浙江海塘工程总局章程一卷／（清）□□撰

清光绪三十四年（1908）改革塘制，设浙江海塘工程总局于海宁，负责乌龙庙至谈仙岭间的海塘修建、防护各工程事务，直隶于浙江巡抚，以杭嘉湖道为督办。

清末石印本。

2127

浙江海塘事宜册一卷／（清）□□绘

是书首为海塘说，次为彩色海塘图，末为清嘉庆中修筑海宁一带石塘丈尺、银数。据考为清嘉庆十年（1805）议筑石塘时之官方文册。

清彩绘本。

2128

华亭海塘纪略一卷／（清）曹家驹撰

曹家驹，生卒年不详，字千

里，华亭（今上海市松江区）人。诸生。与明末抗清志士夏完淳相善，曾与宋际等倡导修筑漴阙石塘。著有《海塘纪略》等。

是书成书于清康熙十五年（1676），详细探讨了这段时期海塘修筑及朝代更替对塘工制度的影响。

清康熙刻本。

2129

莆田水利志八卷／（清）陈池养撰

陈池养（1788—1859），字子龙、春溟，晚号莆阳逸叟，莆田（今福建省莆田市）人。清嘉庆十四年（1809）进士。以知县分发直隶统补，历署武邑等县知县和冀、景、深等知州。三十二岁时为父奔丧而归故里，从此不再出仕。家居近四十年，致力于莆田水利事业，保护平原万顷良田不再受波涛之害。著有《莆田县水利志》《慎余书屋文集》《慎余书屋诗集》等。

清咸丰元年（1851），陈池养参与编修省志时，广搜有关莆田水利史料，详加考证，纂成此书。是书分图说、水道、陂塘、堤防、祠祀、章奏、公牍、传记八门，详细记叙了莆田水利历代变革情况。

清光绪二年刻本。

2130

莆田水利志十卷／（清）陈池养撰

陈池养，见第2129条。

清抄本。

2131

重筑孙家堰案一卷／（清）陈鷟辑

陈鷟，生平事迹不详。

清乾隆三十五年刻本。

2132

敕修两浙海塘通志二十卷首一卷／（清）方观承、永贵修，（清）查祥、杭世骏纂

方观承（1698—1768），字遐谷，号问亭，又号宜田，桐城（今安徽省桐城市）人。清雍正十一年（1733）随福彭征准噶尔，还受内阁中书。乾隆初历官道员、按察使、布政使。十三年（1748）擢浙江巡抚，勘察海塘淤地，招民垦田纳粮。次年擢直隶总督兼理河道，曾修治永定河。著有《述本堂集》等。

永贵（1715—1783），拜都

氏，字心斋，一字以仁，号目耕，满洲正白旗人。初由官学生考授笔帖式。清雍正十三年（1735），授户部主事，后历官户部员外郎、郎中、湖南辰沅永靖道、云南布政使、浙江布政使、浙江巡抚、刑部右侍郎、都察院左都御史、礼部尚书、兵部尚书、吏部尚书、镶红旗汉军都统、充经筵讲官、协办大学士、镶蓝旗汉军都统。卒，谥文勤。

查祥（1677—1757），字南星，号谷斋，又号云在，嘉兴（今浙江省嘉兴市）人。清康熙五十七年（1718）进士，授编修。雍正元年（1723）充实录官纂修。后充律例馆纂修官，提调兼纂修官。辑有《两浙盐法志》《两淮盐法志》《海宁州志补》《海防志》，著有《云在楼诗钞》《谷斋文钞》。

杭世骏（1696—1773），字大宗，号堇浦，别号智光居士、秦亭老民、春水老人、阿骏，仁和（今属浙江省杭州市）人。清雍正二年（1724）举人，乾隆元年（1736）参加博学鸿词科考试，授翰林院编修，官至御史。晚年在广东粤秀和江苏扬州两书院任主讲。著有《岭南集》《史记考证》《三国志补注》《道古堂》《两浙经籍志》《历代艺文志》等。

是书凡两浙有塘州县，小则修，大则建，无不备载。其于浙省滨海六府，各有分图，而以全省总图列于前，详述全省各类海塘，含历代海塘之沿革、形势之迁变、工程之险夷、经费所出、物料所及、职守所存、祀典所秩等。

清乾隆刻本，清抄本。

2133

海塘说一卷／（清）高晋撰

高晋（1706—1778），高佳氏，满洲镶黄旗人。初授山东泗水知县，历官安徽布政使兼管江宁织造、安徽巡抚、江南河道总督、内大臣、两江总督统理南河事务、湖广总督兼摄荆州将军事、两江总督兼署江苏巡抚。乾隆三十五年（1770）兼署漕运总督。三十六年（1771）晋文华殿大学士兼礼部尚书，仍留两江任。四十三年（1778）赴浙江相度海塘。卒，谥文端。

是书对浙江海塘地势做了说明，并依据不同情况提出了相应的对策。

小方壶斋舆地丛钞本。

2134

吴中开江书三种五卷／（清）顾士琏等辑

顾士琏（1608—1691），字殷熏，号樊村，太仓（今江苏省太仓市）人。诸生。著有《新刘河志》《娄江志》。

地理丛书。是书收《娄江志》《新刘河正集》《治水要法》等。娄江，旧名刘河，亦作浏河，出太湖，穿苏州娄门而东，一路迤逦百余里，由刘家港（今太仓浏诃）入海。太仓上溯至太湖胥口为娄江，自太仓以下又称浏河，浏河口即明三保太监郑和七下西洋的首发地——刘家港。

清康熙刻本。

2135

海塘新志六卷／（清）琅玕撰

琅玕（？—1804），爱新觉罗氏，隶正蓝旗。捐纳笔帖式，累迁刑部郎中，超擢内阁学士。历官江苏按察使、刑部侍郎、浙江巡抚。清乾隆五十二年（1787），大兵剿台湾林爽文，琅玕储谷二十万石于乍浦、宁波、温州，由海道输运，高宗嘉之。坐审拟海盗失当，吏议当革职，诏宽免。后以浙漕积弊遣解职，予头等侍卫赴哈密办事。五十六年（1791）坐监修浙江海塘工程损坏，琅玕在任未亲勘，诏责赔修，应银二十余万。又官叶尔羌办事大臣、喀什噶尔参赞大臣，坐家人贩玉而解任回京。寻予郎中衔，为热河避暑山庄总管。嘉庆二年（1797）以三等侍卫充古城领队大臣，召授刑部侍郎，后授贵州巡抚、云贵总督。卒，谥恪勤。

是志乃续方观承等《海塘通志》之例而成。内容包括天章，皆为上谕及御制诗文；形势，将当时潮水冲刷筑塘捍卫之地绘制成图，共十一幅，依次为海塘全图、三迭图、尖山一带海塘图、念里亭一带海塘图、海宁州南一带海塘图、马牧港海塘图、老盐仓海塘图、华家卫一带海塘图、翁家埠一带海塘图、章家庵一带海塘图、朱笔圈记处海塘图；修筑，列叙建筑之事，使知前之不固之弊，今之奠定之由；工料，谨遵部定采取，然物料不同，价格亦异，皆核实开载。

清乾隆刻本，清乾隆刻道光修补本，清乾隆五十六年抄本。

2136

海塘新志六卷续志四卷／（清）琅玕撰

琅玕，见第2135条。

清乾隆刻道光续刻本。

2137

续海塘新志四卷／（清）琅玕撰

琅玕，见第2135条。

清道光十九年刻本。

2138

浙江海塘新志六卷 / （清）琅玕撰

琅玕，见第2135条。

见“海塘新志六卷”。

清道光刻本。

2139

海宁念汛大口门二限三限石塘图说一卷 / 李辅耀撰，（清）袁镇嵩绘图

李辅耀（1848—1916），字补孝，号幼梅，晚号和定居士，湘阴（今湖南省湘阴县）人。清光绪二年（1876）副贡，官浙江道，累官至中书。著有《玩止水斋遗稿》《读礼丛钞》《李桓事略》等。

袁镇嵩，生卒年不详，字晋堂，号霓孙，宝山（今属上海市）人。清同治初由浙江草坪司巡检改署淳安典史兼办威坪厘捐。八年（1869）檄调驻办海宁念汛石塘，光绪六年（1880）秋工竣，以劳绩檄办台郡海门厘捐。丁艰后，历署临安、嘉兴、东阳典史，长浦司巡检。著有《山水画法入门》等。

是书记载海宁石塘有关工作法制度、工料器具、塘工技术等。

清光绪七年刻本。

2140

江苏海塘新志八卷首一卷 / （清）李庆云、蒋师辙等撰

李庆云，生卒年不详，字景卿，监利（今湖北省监利县）人。历官吴江县候补知县、震泽县知县、候补直隶州知州、江苏水利督办。

蒋师辙，见第1666条。

海塘工程专著。是书辑录清同治七年至光绪十四年（1868—1888）间的海塘资料，首有海塘图二十一幅，后依次分为表、奏疏、形势、修筑、材工、财用、善后等门。载有修筑海塘的奏章、塘工沿革、工程结构、修筑技术、施工方法、经费来源等。

清光绪十六年刻本。

2141

续纂江苏水利全案正编四十卷首一卷附编十二卷 / （清）李庆云辑

李庆云，见第2140条。

是书举清同治以来太湖地区二十余年之旧牍详加厘订，列表绘图，再综合进行论说。

清光绪十五年木活字印本。

2142

浙江通志水利海防十四卷 / (清) 李卫、沈翼机等纂修

李卫，见第0636条。

沈翼机，生卒年不详，字西园，号澹初，海宁（今浙江省海宁市）人。清康熙四十五年（1706）进士。曾典试四川，督学贵州，官至翰林院侍读学士。著有《澹初诗稿》。

编者以自汉以来地志日多，然专言水者却甚少，又《浙江通志》水利海防两门疏于载备，考虑到“水利海防”尤为浙省重大之务、国家政理所系而特地编写，使阅者于浙江之源流分合，展卷一目了然。

清光绪五年墨润堂刻本。

2143

上虞塘工纪要二卷 / (清) 连蘅撰

连蘅，生卒年不详，连仲愚之子。

是书记清光绪七年至二十五年（1881—1899）抢护修筑百沥海塘上虞前江、后海两塘经过，是《上虞塘工纪略》的续篇。

清光绪三十三年刻本。

2144

上虞塘工纪略二卷续一卷三续一卷 / (清) 连仲愚撰

连仲愚（1805—1874），字乐川，上虞（今属浙江省绍兴市）人。考中秀才后，两应乡试未中。家产甚丰，喜读书、藏书，平生收藏图书约六万卷，后由其子建枕湖楼收藏。曾任上海县（今闵行区）训导。上虞北乡常遭水害，他为筑堤救灾经营堤塘近三十年，为人称道。撰写《塘工纪略》及续编，保存了大量有关上虞北乡江堤海塘的宝贵数据。清同治四年（1865），年届花甲仍倾心水利，邀人成立管塘会，带头捐田二百余亩，创建众擎会，在孙家渡建捍海楼二十三间，作管塘堆物之用。光绪十三年（1887），清廷礼部行文褒奖。

塘工专志。一作《塘工纪略》。清咸丰、同治年间，连仲愚治理江海塘十余载，于同治元年（1862）撰《塘工纪略》，记述上虞前江塘及侯海塘塘工历史，总结了十余载修筑江海塘经验和创造的加固堤塘的先进方法。同治五年（1866）撰《续塘工纪略》，续述前江塘塘工事实，还附有杂说，记

述塘工管理方面的经验。十年（1871）又撰《三续塘工纪略》，记修塘工程并善后事宜。

稿本，清光绪四年连氏敬睦堂刻本，清光绪十三年上虞连氏枕湖楼刻本。

2145

塘工纪略 /（清）连仲愚撰

连仲愚，见第 2144 条。

见“上虞塘工纪略二卷续一卷三续一卷”。

2146

续塘工纪略一卷 /（清）连仲愚撰

连仲愚，见第 2144 条。

见“上虞塘工纪略二卷续一卷三续一卷”。

稿本。

2147

河口图说 /（清）麟庆编绘

麟庆（1791—1846），字见亭，镶黄旗人，金代皇室完颜氏的后裔。清嘉庆十四年（1809）进士，授内阁中书，升兵部主事。历官徽州知府、河南按察使、贵州布政使、湖北巡抚、江南河道总督兼兵部侍郎、督察院右副都御史、两江总督管两淮盐政。著有《黄运河口图说》《河工器具图说》《鸿雪因缘图记》等。

是书含地图十幅，记叙明嘉靖至清道光年间黄河口历次变迁情况。

清道光二十年刻本。

2148

海塘新案不分卷 /（清）马新贻，（清）杨昌浚等撰

马新贻，见第 0626 条。
杨昌浚，见第 0670 条。

清抄本。

2149

捍海塘志不分卷 /（清）钱泰阶辑

钱泰阶，生卒年不详，嘉善（今浙江省嘉善县）人。钱文瀚之侄，吴越王钱镠第三十一世孙，曾参与《表忠观志》的编纂。

记述杭州捍海塘的专志。是书有钱镠裔孙辑录史志、家乘等有关史料而成。文前有钱镠像及赞、射潮图，然后依次为表忠观碑铭、钱塘江图说、钱镠诗、钱惟演所撰筑捍海塘遗事、志载、铁幢志、广志（自宋至清有关诗文）。

清嘉庆二年刻本。

2150

捍海石塘志／（清）钱文瀚辑

钱文瀚，生卒年不详，字莩园，吴越王三十世孙。

见“捍海塘志”。

2151

捍海塘志／（清）钱文瀚辑

钱文瀚，见第2150条。

据本志跋，是志实系钱泰阶奉其叔钱文瀚之命与弟钱孔怀、同学俞子瑢等多人共同编撰而成。此书为述其祖钱武肃王（钱镠）捍卫海塘事，分宸章、部文、武肃王像、射潮图、钱塘江图说、诗、文、志载、铁幢志、广志、水利等十余目，所辑资料颇丰。

武林掌故丛编本，清抄本。

2152

捍海塘志一卷／(清)钱文瀚撰

钱文瀚，见第2150条。

武林掌故丛编本，清抄本。

2153

吴越国武肃王捍海石塘志一卷／(清)钱文瀚辑

钱文瀚，见第2150条。

见“捍海塘志”。

清嘉庆二年刻本。

2154

新修海塘通志三十卷／（清）阮元修，（清）陈寿祺纂

阮元，见第0646条。

陈寿祺（1771—1834），字恭甫，号左海，闽侯（今福建省闽侯县）人。清嘉庆四年（1799）进士，翰林庶吉士，散馆授编修，国史馆总纂。历官广东、河南乡试副考官，乡试同考官，记名御史等。著有《五经疑义疏证》《左海全集》等。

清嘉庆六至七年（1801—1802），阮元抚浙时嘱门生陈寿祺纂成，是志，续《两浙海塘通志》后五十余年间事，补前志所未备。九年（1804）书成未及刊行，经杨鍱加以删纂，别辑为《海塘揽要》。原稿未见传世。

稿本。

2155

海塘纪略四卷／（清）宋楚望撰

宋楚望，生卒年不详，字荆川，号恒斋，当阳（今湖北省当阳市）人。清雍正七年（1729）

解元，十一年（1733）进士。授句容知县，调任丹徒。曾官江南直隶太仓州知州，筑海塘六十余里，奉旨特升江南常州府知府。

一作《太镇海塘纪略》。清乾隆十七年（1752），宋楚望移牧太仓，见其地东北滨大海，望洋而惊，担心风潮海啸，百姓遭殃。而雍正之灾，户口田庐漂荡淹没不可胜计，则为前车之鉴，于是决心筑塘以卫民。工自二月起，至夏五月，而五十里之长堤修成。宋楚望整理奏稿、论札、公檄、禀帖、告示、文移，汇成兹编。首冠图二幅，一为苏松太三府州属沿海土石塘总图，一为太仓州并属镇洋县新筑沿海土塘图。图后皆辑录当时修筑塘工之谕旨章奏、公文书札等。

清乾隆十九年娄东书院刻本。

2156

太镇海塘纪略／（清）宋楚望撰

宋楚望，见第2155条。

见“海塘纪略四卷”。

2157

华亭海塘全案十卷／（清）陶澍纂

陶澍，见第0656条。

清道光十七年刻本。

2158

江苏水利全书图说三种／（清）陶澍纂

陶澍，见第0656条。

是书包含江苏水道图、太湖全图、吴淞江图、刘河图、泖湖图、白茆图、徐六泾图、七浦图、孟渎河图、德胜河图、滦港河图、练湖图附张官渡插图、徒阳二县境运河全图、苏州府城河图、江宁府城河图。

清道光刻本。

2159

海盐县新办塘工成案三卷／（清）汪仲洋辑

汪仲洋（1777—?），字少海，号海门，成都（今四川省成都市）人。清嘉庆六年（1801）举人，分发浙江知县，初权桐庐、山阴，采石修理海盐县海塘。旋任海盐知县，沿海塘工次第完竣，海盐士民为立生祠堤上。因钱塘狱中犯妇缢死，以失察被劾，改官教谕。会复修海塘，河帅思其功，奏请改职县丞，襄办塘工。历数年复摄余姚事。时鸦片战争起，英军乘虚攻浙，有窜入余姚界者，仲洋设伏尽擒之。著有《心和堂诗稿》。

是书为辑录经办清道光元年至四年（1821—1824）北岸海盐敕海庙至落水寨一带海塘八十余丈的公牍，并殿以图而成的项目，记录塘身损坏、奉命承修到办料、筑法、竣工等重要内容。

清道光四年刻本。

2160

海盐县新办塘工成案一卷／（清）汪仲洋纂

汪仲洋，见第2159条。

是书辑录兴办塘工之公牍，末殿以图说，论筑法甚详。

清道光四年刻本。

2161

浙江水利备考／（清）王凤生撰

王凤生，生平事迹不详。

清光绪四年浙江书局朱墨两色套印本。

2162

镇海县海塘图略一卷／（清）王梦弼辑

王梦弼（1688—1755），字代言，又字惕庵，商丘（今属河南省商丘市）人。清乾隆十一年（1746）任镇海知县，主持重修县城后海塘，垒石排桩加固塘堤，计八百余丈，历四年竣工。十二年（1747）主持修乾隆《镇海县志》。

清乾隆彩绘本。

2163

松江捍海石塘录／（清）王原撰

王原，生平事迹不详。

清雍正元年刻本。

2164

畿辅河道水利丛书九种／（清）吴邦庆编

吴邦庆（1766—1848），字霁峰，顺天霸州（今河北省霸州市）人。清嘉庆元年（1796）进士，官编修，迁御史，巡视山东河道、漕运，多所建议。后升鸿胪寺少卿，督浚北运河，迁湖南巡抚。二十五年（1820）官安徽巡抚，赈黄河决口灾民。以治狱错误贬谪。道光中复起，官漕运总督。十二年（1832）任河东河道总督，治理山东段运河及修防河南、山东黄河。十五年（1835）以用人不当革职，以编修衔告归。著有《渠田说》。

水利丛书。是书收有关畿辅地区水利的图书，包括《直隶河渠志》《陈学士文钞》《潞水客谈》

《怡贤亲王疏钞》《水利营田图说》《畿辅水利辑览》《泽农要录》《畿辅水道管见》附《畿辅水利私议》等。

清道光四年自刻本。

2165

胶莱河运道图说不分卷／（清）言启方撰

言启方（？—1840），字保卿，号芝泉，阳湖（今属江苏省常州市）人。清道光元年（1821）举人，曾任知县，后改下邳学政。著有《有竹居存稿》《有竹居诗抄》。

抄本。

2166

海塘成案一卷／（清）严烺撰

严烺，见第0919条。

清道光刻本。

2167

海塘擥要／（清）杨鑅撰

杨鑅，生卒年不详，号振斋，四川合州（今属重庆市）人。清乾隆四十八年（1783）举人。由浙江东防同知擢广西柳州知府。任杭州府东防海塘同知三年，修防之暇，日事纂辑成此书。

见“浙江海塘擥要十二卷”。

2168

海塘擥要十二卷首一卷／（清）杨鑅辑

杨鑅，见第2167条。

清嘉庆十六年刻本。

2169

海塘揽要／（清）杨鑅撰

杨鑅，见第2167条。

见“浙江海塘擥要十二卷”。

2170

海塘揽要十二卷首一卷／（清）杨鑅撰

杨鑅，见第2167条。

是书首冠图说，次潮迹、沙水、建筑、工程、职官、兵志等，记述海塘修筑的时段上起汉、唐，下至清嘉庆十三年（1808）。记述范围为北岸海塘，内容除修筑外，尚有清代有关宸翰、图说、潮赜、沙水、工程、职官、兵制以及神祠、艺文等。

清嘉庆十六年刻本。

2171

浙江海塘擥要十二卷／（清）杨鑅辑

杨鑅，见第2167条。

又作《海塘擥要》《海塘揽要》。

清嘉庆十四年刻本。

2172

海塘录二十六卷首二卷／（清）翟均廉撰

翟均廉（1736？—1805），字春沚，仁和（今属浙江省杭州市）人。清乾隆三十年（1765）举人，官内阁中书舍人。著有《易传辨异》《周易章句证异》。

水利志。清代康熙、雍正、乾隆三朝屡诏谕沿海地方官修筑海塘，翟均廉因此而撰此书。卷首录诏谕圣制，其后分图说、疆域、建筑、名胜、古迹、祠祀、奏议、艺文、杂志九门，记录乾隆二十九年（1764）以前历代海塘修筑经过以及海宁、杭州境内海塘地理情况。《图说》包括《海塘图》《江塘图》《引河图》《土修培图》《柴塘图》《清鱼鳞大石塘图》《大石培底桩式》《十八层砌式》《条式担水图》《草盘头图》《切沙图》《尖山石坝图》《木堰图》《竹络式》《明五纵五横鱼鳞图》十五幅，并附有文字说明用料、规格和施工要领。《疆域》记述海塘地理沿革和乾隆年间海塘探勘情形。《建筑》记载历代修筑海塘的历史。《名胜》《古迹》记述沿岸山、河、湖、塘、浦、石、桥、亭风景和古今有关诗文。《祠祀》记载沿岸海神庙及有关祭文、诗词。《艺文》收录南北朝至明清之赋、状、书、文、表、仪、考、记、诗、词数百篇。《杂志》记载潮汐成因，记载潮时、潮候。

四库全书本，清古泉草堂抄本。

2173

海宁塘末议一卷／（清）张斯桂撰

张斯桂（1817—1888），字景颜，号鲁生，慈溪（今浙江省慈溪市）人。由附贡生在护运案内出力奏奖，又在捐输案内请奖，经户部核准，加同知升衔。同治三年（1864）入曾国藩幕。十一年（1872）入福建船政大臣沈葆桢幕，先委阅海图局，继则仿造水雷、电信。光绪元年（1875）五月，因在福建船政出力，经沈葆桢奏请送部引见并恩予录用，奉旨饬赴总理各国事务衙门听候考察。桢升任两江总督后，以军功保举，得钦加四品衔以知府用任出使日本副使。同治十三年（1874），日本入侵台湾，清廷派遣钦差大臣沈葆桢赴台全权处理此事，张斯桂跟随沈葆桢巡防台湾并发挥了重要作用。光绪二年（1876）任首届驻日副使，出使日本期间，就“琉球问题”同日本政府据理以争。八年（1882）回国，被任命为直隶省广平府知府。著有《使东诗录》《使东采风集》。

清同治六年木活字印本。

2174

海堤录一卷／（元）叶晋辑

叶晋，生卒年不详，四明（今浙江省宁波市）人。

叶晋之父叶恒，字敬常，元天历间为余姚判官期间“筑堤捍海，民赖其利。诏封仁功侯，立庙祀之”。叶晋辑名贤述作以褒扬，是记载两浙海堤最早之作。

佚书。

2175

上虞县五乡水利纪实一卷／金鼎撰

金鼎，生平事迹不详。

清光绪三十四年柯庄谦守斋刻本。

2176

浙江海塘工议事会章程一卷／浙江海塘工议事会编

清光绪末年改革塘制，设立浙江海塘工程总局负责北岸钱塘江海塘工程施工，隶属于浙江巡抚；设海塘巡警局专司巡查，直隶于浙江警务局；又选当地耆绅组成塘工议事会，从事调查、指陈、审议等塘工事务。

清末石印本。

2177

治水述要十卷／周馥撰

周馥，见第0404条。

该书仿《行水金鉴》例，采集历代治河成案，择其认为可行者则节录入书。对时势各异、地势各宜者，则加按语说明，并考订其中错讹。内容上自禹贡，下迄光绪二十四年（1898）。其中黄河案牍占十之七八，前三卷记禹贡至明代事，四至九卷记清代治河事，末卷为河防杂著四种。

周悫慎公全集本。

2178

海塘通工大修案（同治七年至十一年）不分卷

清抄本。

2179

江浙海塘土石工程情形图

清绘本。

2180

仁和县海宁州海塘沙水并添筑盘头情形图

清绘本。

2181

仁和县海宁州海塘沙水工程图

清绘本。

2182

仁和县海宁州海塘沙水情形图

清乾隆四十五年绘本。

2183

浙江海塘工地全图一卷

清彩绘本。

2184

浙江海塘全图

是图为清同治十三年（1874）刻。

清拓本。

2185

浙江水利一卷

清抄本。

防务之属

2186

防海图说／（明）□□撰

述古堂目存目。

2187

海防录一卷／（明）□□撰

明嘉靖刻本。

2188

海防图论一卷／（明）□□撰

四库全书存目著录。

2189

海防图论一卷／（明）□□撰

四库全书存目著录。是书之图起自浙右迄于辽东，沿海险要皆备。论六篇，则言守御方略。

天一阁藏本。

2190

海防要览／（明）□□撰

脉望馆目存目。

2191

海疆备考一卷／（明）□□撰

振绮堂目存目。

2192

两浙海防考二卷／（明）□□修

千顷堂目存目。

2193

温处传警飞报／（明）□□撰

脉望馆目存目。

2194

沿海经略总要／（明）□□撰

天一阁存目。

2195

温处海防图略二卷／（明）蔡逢时撰

蔡逢时，生卒年不详，字应期，宣城（今安徽省宣城市）人。明万历八年（1580）进士，由海盐知县擢礼部郎，迁温处兵备副使，图划海防，累官四川布政使。

温处为两浙海疆门户。是书详细记载浙东水陆冲要、风潮汛期、入寇海道、驻防兵制、兵饷船械以及城防战守选练之法。

明万历刻本。

2196

御海条议／（明）曹云儒撰

曹云儒，生平事迹不详。

绛云楼目存目。

2197

防海事宜／（明）陈第撰

陈第，见第1254条。

明万历二十一年（1593）春，倭寇欲来犯，陈第作《防海事宜》，此书未收入《一斋集》。同年冬初，邓道鸣赠所著《筹海图编》，陈第回信并回赠《防海事宜》一书。

存佚不详。

2198

两浙海防类考续编十卷／（明）范涞撰

范涞（1538—1614），字原易，号晞阳，休宁（今安徽省休宁县）人。明万历二年（1574）进士，授江西南城知县。后历官南京刑部主事、户部员外郎、南昌知府、浙江按察司副使、福建左布政使。著有《休宁理学先贤传》《晞阳文集》《范子咙言》等。

自明嘉靖中倭寇屡犯两浙，故守土者以海防为首务。巡抚胡宗宪作《筹海图编》后，续之有《海防考》《海防类考》诸书。而沿革不常，每有缺略。万历二十九年（1601），范涞任海道副使，对诸书复加增广，故名“续编”。是书分四图、四十一目，于兵卫、巡防、饷额各事宜颇为详备。

明万历三十年刻本。

2199

会题平倭事例／（明）公卿科道会议制

筹海图编本。

2200

备倭纪略一卷／（明）归有光撰

归有光，见第0156条。

见“备倭事略”。

续说郛本。

2201

平倭管见／（明）胡国材撰

胡国材，生平事迹不详。

筹海图编本。

2202

海防图论补辑一卷／（明）胡宗宪撰

胡宗宪（1512—1565），字汝贞，号默林，绩溪（今安徽省绩溪县）人。明嘉靖十七年（1538）进士，初授益都、余姚知县。继擢御史，巡按宣府、大同。三十三年（1554）出任浙江巡按御史，时倭寇大肆攻掠沿海州县，擢为右佥都御史，后为兵部右侍郎代杨宜任总督。三十九年（1560）以平海盗汪直功，加太子太保。因得明嘉靖帝宠信，晋兵部尚书。主持东南御倭战争期间，荐戚继光任参将并允其招募新军，使戚家军成为浙江御倭的主力。又以剿抚兼行及反间计，先后诱捕通倭海盗首领汪直、徐海、陈东等。因阿附严嵩，严氏败后，下狱死。编有《筹海图编》。

参见郑若曾“万里海防图论二卷”。

半亩园丛书本，兵法汇编本，清同治中新建吴氏皖城刊本。

2203

枕戈杂言一卷／（明）皇甫冲撰

皇甫冲（1490—1558），字子浚，长洲（今江苏省苏州市）人。明嘉靖七年（1528）举人。著有《子浚全集》《三峡山水记》《枕戈杂言》等。

是书记明朝嘉靖年间倭寇之事。天一阁藏有明嘉靖刻本残存一册。

明嘉靖刻本。

2204

蠡测海警／（明）黄元恭撰

黄元恭，生卒年不详，字资礼，号省斋，鄞县（今属浙江省宁波市）人。明嘉靖二十六年（1547）进士，授工部营缮司主事，后谪判漳州，稍迁南兵部郎，出为河南佥事。以事忤巡抚，遂罢官归。

脉望馆目存目。

2205

筹海纪略一卷／（明）贾允元撰

贾允元（1579—?），字善长，号方莬，无锡（今江苏省无锡市）人。明万历三十八年（1610）进士。曾多次督战围剿海盗。

传是楼目存目。

2206

海策六篇／（明）李鼎撰

李鼎，生卒年不详，字长卿，新建（今属江西省南昌市）人。明万历十六年（1588）举人。著有《李长卿集》《经诂》《安边策》《海策》等。

是书系策平丰臣秀吉之事。

千顷堂目存目。

2207

两浙战船则例／（明）李釜撰

李釜，生卒年不详，字宝山。曾任备倭都指挥。

千顷堂目存目。

2208

温处海防图略二卷／（明）李汝华撰

李汝华，生卒年不详，《温州经籍志》作李如华。

千顷堂目存目。

2209

备倭考／（明）李贤撰

李贤，生卒年不详，宁波（今浙江省宁波市）人。生平事迹不详。

千顷堂目存目。

2210

定海备倭纪略／（明）梁文撰

梁文，生卒年不详，曾任游击将军。

千顷堂目存目。

2211

海防考一卷／（明）刘畿撰

刘畿（1509—1569），字朝宗，一字子京，号羽泉，一作雨泉。明长洲（今江苏苏州）人。刘铉曾孙。嘉靖二十九年（1550）进士。授浙江瑞安知县，称名宦。历任吏科给事中、通政司右参议兼工科给事中、太仆寺卿、顺天府尹。四十三年（1564）以右副都御史巡抚浙江，抗倭寇、平开化乱有功。四十五年（1566）升兵部右侍郎兼都察院右佥都御史，总督浙直江西军务。治《易经》，通兵略。著有《诸史将略》《矿防考》《海防考》《督抚疏》等。

千顷堂目存目。

2212

两浙海防类考四卷／（明）刘见嵩撰

刘见嵩，生卒年不详，明万历元年（1573）以御史赴甬视事，整饬海防，曾督将在舟山群岛等处抗倭。

明万历三年（1575），督抚谢廷杰命巡海宪副刘见嵩编刊此书。是书分三十四条目，包括舆图、阨塞、建置、兵额等。

明万历三年澄清堂刻本。

2213

浙西海防稿／（明）刘焘撰

刘焘，见第0950条。

天津通志著录。

2214

海盗事宜／（明）毛希东撰

毛希东，生平事迹不详。

筹海图编本。

2215

海防事宜／（明）茅坤撰

茅坤，见第0165条。

筹海图编本。

2216

靖海编八卷／（明）钱人楷撰

钱人楷，生卒年不详，字世为，余姚（今浙江省余姚市）人。恩贡生，曾参与纂修《浙省三朝实录》。

存佚不详。

2217

海防略／（明）钱薇撰

钱薇（1502—1554），字懋垣，号海石，海盐（今浙江省海盐县）人。明嘉靖十一年（1532）进士，由行人擢礼科给事中。隆庆初赠太常寺少卿。嘉靖间，倭寇侵扰东南，钱薇关心边防、海防，认为海运可能招致倭寇、海盗等问题。

清雍正浙江通志著录。

2218

平倭录／（明）任公撰

任公，见任环。

千顷堂目存目。

2219

海防漫钞／（明）沈友撰

沈友，生平事迹不详。

筹海图编著录。

2220

舟师占验／（明）沈有容撰

沈有容（1557—1627），字士弘，号宁海，宣城（今安徽省宣城市）人。祖父沈宠，官至监察御史、广西参议。父亲沈懋敬，官任山西蒲州同知。叔父沈懋学，宣州籍第一名状元。沈有容一家文官，唯他“自幼喜走马击剑，好兵略”。明万历七年（1579）赴应天参加武试，中武举，补河北昌平州千总。后历官福建海坛把总、福建泉州都司、福建福州参将、福建水标参军、浙江温处参将、福建定海参将、山东副总兵、山东总兵、中军都督府都督同知，曾三次赴台澎抗击外侮。

千顷堂目存目。

2221

海议一卷／（明）唐枢撰

唐枢（1497—1574），字惟镇，一字惟中，号子一，一作一庵，归安（今浙江省湖州市）人。明嘉靖五年（1526）进士，授刑部主事。一生留心经世略，对九边及蜀、黔、滇险阻厄塞，无不亲历。纂修《孝丰县志》《嘉靖归安县志》《嘉靖乌程县志》《万历桐乡县志》，晚年又与张应雷同纂《万历湖州府志》。唐枢还参与郑若曾所编《筹海图编》，并著有《礼元剩语》《真谈》《景行馆论》《一庵语录》等。

是书论防倭之议及沿海地理设防策略极有卓见。

木钟台全集本，筹海图编本，清咸丰六年唐氏书院刻本。

2222

御倭杂著／（明）唐枢撰

唐枢，见第2221条。

皇明经世文编本。

2223

海防图论补一卷／（明）万世德撰

万世德，见第0963条。

兵垣四编本。

2224

云间海防志／（明）王圻撰

王圻，见第0586条。

存佚不详。

2225

海防纂要十三卷图一卷／（明）王在晋撰

王在晋（1564—1643），字明初，号岵云，直隶州太仓（今江苏省太仓市）人。明万历二十年（1592）进士，授中书舍人。历官江西布政使、右副都御史、总督河道、兵部左侍郎。天启二年（1622）官兵部尚书兼右副都御史，担任辽东、蓟镇、天津、登莱经略，同年八月改任南京兵部尚书。五年（1625）官南京吏部尚书，不久改任兵部尚书。崇祯元年（1628）召回朝廷担任刑部尚书，旋改为兵部尚书。因事获罪，被削除官籍而回乡。

又题《皇明海防纂要》《宝明海防纂要》，清代被列为禁书。是书卷一为广东、福建、浙江事宜；卷二为南直隶、山东、北直隶、辽东事宜；后面各卷分别为皇图一统说及本朝备倭通贡考、朝鲜复国日本封贡议、御倭方略、御倭标本说、望海祸之捷、军行、功次通例、逐月吉日定局等。

明万历四十一年自刻本。

2226

防海要略／（明）王之城撰

王之城，生卒年不详，字尔守，号会峰，新城（今山东省桓台县）人。明万历二十四年（1596），由温州府同知移任通州知州，二十七年（1599）改任沂州知州，后转任淮安府同知。通州处于倭寇犯境的重地，适有海警，之城为画海防事甚具，著《海防要略》。是书主张“不以寇殃民，不以奉寇困民”，当道见而叹服曰“丞大强人意”。

存佚不详。

2227

两浙海防类考四卷／（明）谢廷杰撰

谢廷杰，生卒年不详，字宗圣，号舜卿，新建（今属江西省南昌市）人。明嘉靖三十八年

（1559）进士，任监察御史，巡抚浙江。刻印过谢一夔《谢文庄公集》《太师诚意伯刘文成公集》《王文成公全书》。

是书即刘见嵩《两浙海防类考》。

千顷堂目存目。

2228

两浙海防图略二卷／（明）谢廷杰撰

谢廷杰，见第2227条。

存佚不详。

2229

东海筹略／（明）徐一鸣撰

徐一鸣，生卒年不详，曾任舟山参将。

千顷堂目存目。

2230

海防说一卷／（明）张懋熺撰

张懋熺，生卒年不详，字伯光，号石帆，胶州（今山东省胶州市）人。明崇祯七年（1634）进士，授刑部主事，后典试广东。事毕，改授广东道监察御史，巡按真定。后迁任山西道监察御史，巡按湖南。著有《三驾草》。

山东通志著录。

2231

平倭策一卷／（明）张鸣鹤撰

张鸣鹤，生卒年不详，海门（今江苏省海门市）人。举人，历官容城知县、钱塘教谕。著有《盐政书》《平倭策》。

江南通志著录。

2232

晏海编二卷／（明）张延登撰

张延登，生卒年不详，字济美，号华东，一作字华东，邹平（今山东省邹平县）人。明万历二十年（1592）进士，历内黄、上蔡县令，后擢拔为兵科给事中，累官太仆寺卿。以都御史巡抚浙江，镇压以周三老为首的反明海上武装，累战皆捷。崇祯五年（1632）任南京都察院右都御史，累官至工部尚书。卒，赠太子太保，谥忠定。著有《京营巡视事宜》。

千顷堂目存目。

2233

备倭全书／（明）张泳撰

张泳，生平事迹不详。

清光绪太仓州志著录。

2234

浙西海防稿 / （明）张遇撰

张遇（1500—1552），一作张愚，字若斋，天津左卫（今天津市）军籍。明嘉靖十年（1531）举人，翌年连捷成进士，授户部主事，出为山西按察司佥事，分巡口北道，擢都察院佥都御史，巡抚延绥。因功晋右副都御史，巡抚延绥如故。愚修筑城堡墩台四千六百所，贼不敢内犯，天子钦赐蟒玉。年五十三以劳瘵卒官，赐祭、荫。著有《蕴古书屋诗文集》。

浙江通志著录。

2235

海防图议一卷淮阴记实纪一卷河防图议一卷 / （明）张兆元撰

张兆元，字子宿，乌程（今浙江省湖州市）人。谒选授宛平丞，移淮安郡丞。

《海防图议》为张兆元在永平府宝坻县（今天津市宝坻区）为防倭入寇，增敌台、建烽墩、练乡兵、安大炮时所作，与淮阴实纪同刻于淮安。《淮阴实纪》专辑张兆元在任淮安郡丞期间所上条议、公牍，有《分黄导淮议》《两河指掌》《济运始末》《条陈河工善后议》《条陈备倭五事》等。

明万历刻本。

2236

备倭约法一卷 / （明）赵□撰

玄览堂丛书续集本。

2237

筹海图编十三卷 / （明）郑若曾撰

郑若曾，见第0597条。

明代筹划海防的专著。郑若曾随总督胡宗宪抗倭，绘辑沿海形势图十二幅，于嘉靖四十一年（1562）增辑成《筹海图编》。是书含地图、舰船、武器等图百余幅。对沿海地理形势、中日历来交往、倭寇情况，明代的海防设置、军队部署、海防方略、海战器具、治军原则、粮饷筹措、对外政策以及平倭之功绩、死难之士妇等均有叙述。是书详细描述了自广西至辽东的沿海形胜，日本的地理形势、行政区划、政治状况，对倭寇入侵中国的途径、乘坐的舰船、使用的兵器和作战战术，并绘有《日本国图》和《日本岛夷入寇之图》。是书详辑海防之策，提出了军民配合，海陆策应，攻守结合的御海洋、固海岸、严城守的沿海防御战略，总结了明初至嘉靖年间的沿海防卫经验，是中国第一部海防专著。

明嘉靖四十一年胡宗宪刻本，明隆庆六年刻本，明天启四年胡维极刻本，清康熙三十二年郑起泓刻本，四库全书本。

2238

筹海重编十卷／（明）郑若曾撰，（明）邓钟重辑

郑若曾，见第 0597 条。
邓钟，见第 1797 条。

明万历二十年（1592）倭寇侵入朝鲜，海上传警，总督萧彦命邓钟将郑若曾所著《筹海图编》删其烦冗，重辑成书。是书冠以各处海国，次记奉使朝贡之事，又按沿海各省记其兵防制度、经略。

明万历刻本，清抄本。

2239

海防图论一卷补辑一卷／（明）郑若曾撰

郑若曾，见第 0597 条。

见“万里海防图论二卷”。

半亩园丛书本。

2240

海防图说／（明）郑若曾撰

郑若曾，见第 0597 条。

见“万里海防图论二卷”。

2241

四隩图论／（明）郑若曾撰

郑若曾，见第 0597 条。

郑开阳杂著本。

2242

万里海防／（明）郑若曾撰

郑若曾，见第 0597 条。

见“万里海防图论二卷”。

2243

万里海防二卷／（明）郑若曾撰

郑若曾，见第 0597 条。

郑开阳杂著本。

2244

万里海防图论二卷／（明）郑若曾撰

郑若曾，见第 0597 条。

一作《万里海防图说》。军事地理书。旧题胡宗宪撰，实由明郑若曾原著，胡宗宪汇编。是书包含海防图、广东要害论、琼管论、广福通番当禁论、福洋要害论、福洋五寨会哨论、福宁州论、广福浙兵

船当会哨论、浙江四参六总分哨论、舟山论、浙直福兵船当会哨论、苏州水陆守御论、江北设险方略论、江淮要害论、山东预备论、辽东军饷论、日本考略等篇。初刊于明嘉靖年间，名《万里海防》，明万历年间更名《海防图说》重刻，此后更名《海防图论》重刊。

兵垣四编本，郑开阳杂著本，清康熙重刻本，长恩书室丛书本，后知不足斋丛书本。

2245

万里海防图说／(明)郑若曾撰

郑若曾，见第0597条。

见“万里海防图论二卷”。

郑开阳杂著本。

2246

新刻朱批武备全书海防总论一卷／（明）周弘祖撰

周弘祖（1529？—1595），字元孝，麻城（今湖北省麻城市）人。明嘉靖三十八年（1559）进士，授职吉安推官，后改任御史、福建提学副使等。酷爱书籍、碑刻，平素悉心搜求，后经整理编次，撰为《古今书刻》。

《海防总论》不仅是清初海防部署的重要理论依据，而且是清代前期海防地理研究的重要基础。

明天启元年归安茅氏刻套印本。

2247

防守江海要略二卷／（清）□□辑

清光绪十一年蛟川张氏花雨楼刻本。

2248

海防策要四卷／（清）□□辑

见“中外时务海防策要四卷首一卷”。

清光绪十四年上海蜚英书局石印本，清光绪二十一年上海蜚英书局石印本。

2249

海防略一卷／（清）□□撰

清刻本。

2250

江海两防南北岸险要／（清）□□绘

清彩绘本。

2251

中国海口险要／（清）□□撰

清抄本。

2252

海防篇一卷／（清）蔡方炳撰

蔡方炳，见第0530条。

军事地理著作。是书以广东、八闽、两浙、江南、江北为序，历述各水域诸航线，沿线岛屿、港口，各驻点距离及海防形势，自古海战历史及未来战争预测。对战争与地理环境关系多有论述，后附海防史论，追述晋汉之际收鱼盐之利、元明以后加强海防和历代海战等事。书中列有自中越交界处文昌起记至鸭绿江口上千岛屿港口名称。

小方壶斋舆地丛钞本。

2253

广东海防汇览四十二卷广东海防汇／（清）陈鸿墀、梁廷枏等纂

陈鸿墀（1758—?），原名治鸿，字万宁，号范川、东圃，又号抱箫山道人，嘉善（今浙江省嘉善县）人。清嘉庆十年（1805）进士，授翰林院编修。历官国史馆纂修、实录馆提调、武英殿协修、内阁中书。曾掌教粤东越华书院。嘉庆间辑《全唐文纪事》《全唐文年表》，著有《赐砚斋诗文集》《抱箫山道人遗稿》等。

梁廷枏，见第0293条。

鸦片战争前广东海防典籍的选编。是书分海图、地舆、道里、职司、营制、财用、方略、事记八类。方略为全书重点，有二十七卷，包含船舶、器械、操练、巡哨、缉捕、军政、炮台、保甲、驭夷等内容。

清道光刻本。

2254

陈资斋天下沿海形势录一卷图一卷／（清）陈伦炯撰

陈伦炯，见第1309条。

军事地理著作。简称《天下沿海形势图录》或《天下沿海形势录》。是书记叙同海防有关的沿海地理形势、海岸、港湾优劣、季节变化、航道险夷、海岛分布以及少数民族等，于沿海分别以成山、庙湾、崇明，定海、福州、厦门、金门、鸡笼、虎门等地为坐标，论述潮汐、季风、航道和历代兵事。

水陆攻守战略秘书七种本，清刻本，清抄本，清咸丰间排印本。

2255

天下沿海形势录一卷／（清）陈伦炯撰

陈伦炯，见第1309条。

见“陈资斋天下沿海形势录一卷图一卷”。

抄本。

2256

天下沿海形势图录一卷／（清）陈伦炯撰

陈伦炯，见第1309条。

见“陈资斋天下沿海形势录一卷图一卷”。

清刻本。

2257

沿海形势录一卷／（清）陈伦炯撰

陈伦炯，见第1309条。

见“陈资斋天下沿海形势录一卷图一卷”。

小方壶斋舆地丛钞本。

2258

来复堂海防私筹一卷／（清）丁大椿撰

丁大椿，生卒年不详，字椿岩，号小仙，又号莲东，诸城（今山东省诸城市）人。恩贡生，候选教谕，历国子监典簿，佐理两江总督军务。同治三年（1864），应诏撰《经国十说》恭呈御览。丁大椿学识广博，治学遍及四部，著作三十余部，共四百三十五卷。著有《周易测》《四书择言》《来复堂论语讲义》《来复堂孟子讲义》《来复堂大学古本释疑》《来复堂小学补》《来复堂海防私筹》《来复堂家规》《来复堂家礼》《来复堂私说》《来复堂杂著》《来复堂全书》《来复堂讲义》《来复堂内篇》《来复堂外篇》等。

来复堂全集本。

2259

海防述略一卷／（清）杜臻撰

杜臻，见第1647条。

概述清代海疆地理、防御战略的著作。是书按地域分为广东、福建、浙江、江南、江北、登莱、沿海全境等七部分，扼要地介绍各地沿岸地形地貌、近海岛屿、海防历史，以及兵力布防情况，并据此提出具体的海防策略。

学海类编本。

2260

北洋海防津要表一卷／（清）傅云龙撰

傅云龙，见第0719条。

小方壶斋舆地丛钞本。

2261

海防刍论八篇山东福建海防条议不分卷／（清）龚易图撰

龚易图，见第1005条。

国图缩微文献。

2262

海防刍论一卷／（清）龚易图撰

龚易图，见第1005条。

该书为清同治十三年（1874）上北洋大臣李鸿章书，分定谋、审敌、形势、军实、器械、饷需、合并、持久八篇。末附光绪二年（1876）上《丁宝桢论东省海防书》、光绪三年（1877）上《闽督何璟论闽省海防书》。

稿本。

2263

海防事宜一卷／（清）桂文灿撰

桂文灿，见第1401条。

南海桂子白先生遗稿本，桂皓庭丛稿本。

2264

海防要览二卷／（清）桂文灿撰

桂文灿，见第1401条。

是书在继承了明人海防思想的基础上审视利弊、顺应时势，并提出了新的海防观念。

存佚不详。

2265

海防集要一卷／（清）韩奕撰

韩奕，生平事迹不详。

海防政策与规划。

学海类编本。

2266

东三省海防札记／（清）胡传撰

胡传，见第1347条。

军事地理著作，约成书于清光绪十年（1884）。胡传于清光绪七年（1881）投奔吴大澄，周游东三省并走访沙俄东海滨省，黑龙江下游，勘察山川道路、形势险要、农工生产、经济资源、军事设施、中俄界碑。是书共收东征日记、奉天、吉林、屯田议、西山纪游、辽海榷盐私议、原兵、与张幼樵副宪书、对张幼樵问东陲地势夷情、中俄分界牌等十篇。详记北京至宁古塔沿途形势、道里、山川走向、地理地名沿革。

清抄本，民国抄本。

2267

防海蠡测 / (清) 许温其撰

许温其，生卒年不详，字玉如，厦门（今福建省厦门市）人。清乾隆五十七年（1792）副贡生。曾在福建、广东一带地方官府内做过几任幕僚。著有《箬渔近草》《如雨居稿》《琴香书屋稿》《防海蠡测》。

清抄本。

2268

沿海形势论一卷 / (清) 华世芳撰

华世芳（1854—1905），字若溪，号蒦斋，金匮（今江苏省无锡市）人。清光绪十一年（1885）拔优贡，官至直隶州州判。通晓中西数算之学，二十年（1894）任湖北武昌自强学堂数学教习，后主讲常州龙城书院和江阴南箐书院，任上海南洋公学总教习、商部高等实业学堂教员。著有《答数界限》《连分数学》《恒河沙馆算草》《近代畴人著述记》等。

是书把中国海域区划北海、东海、南海三道防线并列论述，北海防区自辽宁旅顺至山东登州海面，有长山等众多岛屿环拱；东海一线以吴淞口、钱塘江口为重点，崇明、舟山诸岛拱卫；南海以广州为中心，虎门、香山为阵地。

小方壶斋舆地丛钞本。

2269

防海形势考一卷 / (清) 华湛恩撰

华湛恩，见第1140条。

小方壶斋舆地丛钞本。

2270

筹海纪略 / (清) 黄宗汉撰

黄宗汉，见第0626条。

存佚不详。

2271

海防总论一卷 / (清) 姜宸英撰

姜宸英（1628—1699），字西溟，号湛园，又号苇间，慈溪（今浙江省慈溪市）人。明末诸生。清康熙十九年（1680）以布衣荐入明史馆任纂修官，在京因得罪大学士明珠受冷遇。三十六年（1697）始中探花，授翰林院编修，时年已七十。三十八年（1699）任顺天乡试副主考官，因科场案牵连，饮药自尽于狱中。

军事地理著作。此篇系进呈海防策，论自明洪武至清康熙中国海防沿革。记叙明初自乍浦至浦门二千里海防线设九卫，筑五十九城，驻防军兵十余万。清初推行海禁至康熙二十三年（1684）在台湾设府，弛禁通海。加强沿海防务，重在研究沿海港口、海上天气预测、季风规律，择要塞，驻重兵，相互声援。另列举历代战守事迹同地理形势的关系。

学海类编本，小方壶斋舆地丛钞本。

2272

海防志略 /（清）柯培元撰

柯培元（？—1852），字复子，一字复生，号易堂，胶州（今山东省胶州市）人。清嘉庆二十三年（1818）举人，授实录馆誊录、官协修。道光年间授福建瓯宁县知县，署龙岩州知州，后又任台湾噶玛兰通判。道光二十一年（1841），英军入侵厦门，柯培元奋起抗击，被围九日，后作《九日陷夷记》。著有《石耳山人诗集》《石耳山房文抄》《说剑堂兵书》《噶玛兰志略》《海防志略》《黄华山馆日记》《说文辨误》《两汉书摘误》《兰亭研室金石记》《金刚楞法华各经注》《春草堂琴谱》等。

山东通志著录。

2273

潮州海防记一卷 /（清）蓝鼎元撰

蓝鼎元，见第 0283 条。

是书记述潮州山川险要、沿海防务等事宜。

小方壶斋舆地丛钞本。

2274

闽口炮台刍议 /（清）李德华撰

李德华，生平事迹不详。

清光绪三十年铅印本。

2275

海防新编 /（清）李光建编

李光建（1812—1880），一作李光廷，字著道、恢恒，号榕园、恢垣，番禺（今属广东省广州市）人。清咸丰元年（1851）举人，翌年连捷进士，授吏部主事，迁员外郎。曾主讲禺山书院。同治二年（1863）补学海堂学长，嗣执掌端溪书院以终。著有《榕园丛书》《普法战纪辑要》《汉西域图考》等。

海防著作。李光建认为外人来自海上，能防海则外力可以不至，由此研究海疆失事之由及海防问题。

存佚不详。

2276

筹议海防文稿一卷／（清）沈炳垣撰

沈炳垣（1820—1857），一名潮，字紫卿，号晓沧，海盐（今浙江省海盐县）人。清道光二十五年（1845）进士，曾任江苏海防同知。

稿本。

2277

江南北沿海州县要隘记略一卷／（清）沈炳垣撰

沈炳垣，见第2276条。

稿本。

2278

防海要略／（清）施永图辑

施永图，生卒年不详，字山公，一字明台，秀水（今属浙江省嘉兴市）人。官至凤泗道。辑有《武备三大秘书》。精医术，著有《山公医旨》《本草医旨食物类》《医方本草》等。

清刻本。

2279

武备地利二卷／（清）施永图撰

施永图，见第2278条。

清抄本。

2280

武备地利四卷／（清）施永图撰

施永图，见第2278条。

是书为《武备三大秘书》之一，卷一主要记述京省辖区、山川、形胜、关梁、风俗、户口数量、物产钱粮、卫所设置、兵马数额等，并附一统京省总图、天下一统全图等地图十八幅。卷二主要辑录沿海各省的地形图及防海事宜，并提出防海十策。卷三主要辑录江、海、湖图及漕运、防御事宜，并提出江防十策。卷四主要记述边防形势以及与边防有关的外国数据等内容。

清康熙刻本，清雍正刻本，清卧云居刻本，清刻本。

2281

防海赘言／（清）谢元淮撰

谢元淮，见第1434条。

湖北通志著录。

2282

福州驻防志十六卷／（清）新柱等纂

新柱，生卒年不详，姓富察，

满洲镶黄旗人，世居牡丹江。清康熙四十六年（1707）承袭其祖富察·罗多礼骑都尉世职。乾隆六年（1741）任都统，历官福州将军、湖广总督、两广总督、西安将军、盛京将军。

福州是清代防务海疆的八旗驻扎地之一，位于长乐洋屿琴江村的水师旗营是当年典型的满城。是志分圣谟、宸翰、兵制、营政、职官、公署、官学、俸饷、恩赏、马政、奏疏等。

清乾隆刻本。

2283

洋防说略二卷／（清）徐家干撰

徐家干，生卒年不详，字稚荪，义宁（今江西省修水县）人。举人。历官湖北候补道、荆州知府。

军事地理与海防理论专著。徐家干取沿海、沿江形势，详记道里，考校中西各图附载岛屿沙线，并次古今兵防利钝，参以己说，于清光绪九年（1883）撰成此书。是书上卷含奉天海道、直隶海道、山东海道、江苏海道、浙江海道、福建海道、广东海道、长江道里诸篇，皆记述沿海各省之山川、水道、岛屿等地理形势。下卷含防海说、防江说、地营图说、润土炮头说、开地遂伏炮说、陆战宜先避敌枪说诸篇，主要阐述沿海设防诸事。

清光绪十三年义宁徐家干刻本，清抄本。

2284

防海事宜／（清）徐金镜编

徐金镜（1796—1843），字以人，号芸岘，武康（今属浙江省德清县）人。徐熊飞子。清道光二年（1822）举人，屡试春闱不售，北游京师，南历楚汉，仍无所获。继父业主讲乍浦书院。鸦片战争中，书院被毁，客寓平湖，旋以咯血卒。著有《山满楼词钞》《山满楼集》。

是书约写于清道光二十年（1840），自序云“金镜取焦里堂先生所撰《神风荡寇》二记及壮烈伯李忠毅公行状，附以林敬亭、吴碧崖两提军《舟师绳墨》《水师要略》各种，合为一编，以便循览”。

存佚不详。

2285

海防事宜／（清）徐金镜撰

徐金镜，见第2284条。

见徐金镜“防海事宜”。

存佚不详。

2286

防海备览十卷／（清）薛传源撰

薛传源，生卒年不详，字河明，江阴（今江苏省江阴市）人。清嘉庆十六年（1811）刻所著《防海备览》十卷。另著有《挥暑耳谈》《易诂商》。

清乾隆五十八年刻本，清嘉庆十六年望山堂刻本。

2287

海防紧要十卷／（清）薛传源撰

薛传源，见第2286条。

清抄本。

2288

中外时务海防策要四卷首一卷／（清）薛培榕辑

薛培榕，见第1988条。

一作《海防策要》，后改题《中外时务海防策要》。是书卷首列有《明胡宗宪平倭海防图论》，内容包括世界五大洲及中国东南沿海七省图说、世界有关国家的地理民俗、海军情形，后列各督抚大臣有关海防的奏疏议论。

清光绪二十年上海书局石印本。

2289

海防余论一卷／（清）颜斯综撰

颜斯综，见第1992条。

是书约成于清嘉庆道光年间，揭露英国人早期对华阴谋，同时提出应付海防危机之对策。

小方壶斋舆地丛钞本。

2290

洋防辑要二十四卷／（清）严如熤撰

严如熤（？—1826），一作严如煜，字炳文，号乐园，别号苏亭，溆浦（今湖南省溆浦县）人。清嘉庆年间贵州苗民举事，曾佐姜晟幕。后试孝廉方正科第一，授知县，累官陕西按察使。著有《详防备览》《苗防备览》《屯防书》《三省边防备览》《汉中府志》《严乐园诗集》。

军事地理与海防理论专著。通过选辑《读史方舆纪要》《天下郡国利病书》《纪效新书》《金汤借箸》等书中有关海舆地理、海防作战等资料编撰而成。是书卷一绘列各省沿海海岸及岛屿图，卷二、卷三叙述清朝海防制度，卷四至卷八为沿海疆域地理考，卷九至卷十五记载江南、浙江、福建、广东沿海自明以来的海防事略、兵力布置、炮台建设、海防政策等，卷十六以后则介绍海战中的战术、战略、武器、海洋气候及与海防有关的海运、盐务等。

清道光十八年安康张鹏飞来鹿堂刻本，清道光二十三年绍义堂刊本。

2291

筹海策略四卷／（清）余含棻撰，（清）朱云峰评

余含棻（1792—1846），字芬亭，一作芳亭，号梦塘、杏林子。清嘉庆道光年间婺源（今江西省婺源县）人。医家。初为郡庠生，官至通判等职，中年客居粤东，适逢海疆多变故，乃指陈形势，前后上策万余言。著有《筹海策略》《培荆阁诗文集》《梦塘三书》，还著有《医林枕秘》《麻痘合参》《保赤存真》等。

朱云峰，生平事迹不详。

清道光二十二年沱川泽存书屋刻本。

2292

防海辑要十八卷首一卷／（清）俞昌会撰

俞昌会，生卒年不详，绍兴（今浙江省绍兴市）人，落籍宛平（今北京市），自幼生长在广东，对于外国事物颇有见闻。第一次鸦片战争爆发时任湖南湘潭知县。清咸丰元年（1851），以知府衔任桂阳直隶州，参与镇压雷再浩起义。八年（1858）以提督衔知州在江西参与镇压太平军，因功赏戴花翎。历官桃源、善化、鄢县、清泉、湘潭知县，永州、桂阳州知州。

一作《海防辑要》。是书在严如熤的《洋防辑要》基础上加以增删而成，为分类编辑之海防文件，涉及防守技术与军事思想。

清道光二十二年白甓山房刻本，清光绪十一年星沙明远书局刻本。

2293

海防辑要／（清）俞昌会辑

俞昌会，见第2292条。

见“防海辑要十八卷首一卷”。

清光绪十一年刻本。

2294

海防经略纂要二卷／（清）章鑰撰

章鑰，生卒年不详，字鸣山，会稽（今属浙江省绍兴市）人。曾参与修纂《［乾隆］宝山县志》。

该书主要收录了前人海防典籍中散佚篇目，包括御倭方略、海防

图录、沿海方志，水战训练、沿海通界等军事资料，风涛占验、风汛潮候等海洋科技资料。

小方壶斋舆地丛钞本，清乾隆十八年章氏锄经堂刻本。

2295

东牟纪事二卷／(清)张香海撰

张香海，生卒年不详，字牟子，蓬莱（今山东省蓬莱市）人。清道光十五年（1835）举人。历任河南、四川、贵州等地知县。著有《牟子全集》《白沟草》《蓼六吟》《宦蜀征程》《驿灯小稿》《密崖文钞》《楚游小草》《燕游小草》《蓬背吟》等。

东牟，唐天宝元年（742）改登州置，治所在蓬莱。乾元元年（758）复改登州，为对高丽、新罗、百济和日本海上交通的重要港口。道光二十年（1840），鸦片战争爆发，清廷在登州修筑沙城，制造炮位诸要务，张香海皆参与了策划。此书即详载其事，并详录海内诸岛远近形势。

牟子全集本。

2296

防海事宜不分卷／（清）赵鸣珂撰

赵鸣珂，生卒年不详，字定涵，江阴（今江苏省江阴市）人。能诗善文，悉心研究边防、海道、河淮水利诸政，又研究常平社仓，赈济之法。授州同知衔。著有《筹海运掌图》《晏海管见》《社仓末议》《江防要览》等。

一题《福建防海事宜》。是书记有浙江温州附近之海岛险要，航行里程等有关情况。

清抄本。

2297

福建防海事宜／（清）赵鸣珂撰

赵鸣珂，见第2296条。

见“防海事宜不分卷”。

2298

广东海防事宜一卷／（清）赵鸣珂撰

赵鸣珂，见第2296条。

丁氏八千卷楼抄本。

2299

江南海防事宜一卷／（清）赵鸣珂撰

赵鸣珂，见第2296条。

丁氏八千卷楼抄本，清光绪刻本。

2300

晏海管见八卷／（清）赵鸣珂撰

赵鸣珂，见第2296条。

清抄本。

2301

宴海管见不分卷／（清）赵鸣珂撰

赵鸣珂，见第2296条。

见“晏海管见八卷”。

清抄本。

2302

海防新论八卷／（清）知新馆主编

清光绪二十三年刻本，清光绪二十四年上海广学会刻本。

2303

沿海形势论一卷／（清）朱逢甲撰

朱逢甲，生卒年不详，字莲生，华亭（今上海市松江区）人。生员。累试不第，清道光末年在黔游幕，受张锳之聘参与纂修《兴义府志》。咸丰中曾奉命到普安统率团练参与镇压白旗起义，以有功未受奖赏决意回乡，因道路阻绝居留贵阳，后入贵州学政鲍源深幕。著有《间书》。

是书以论述未来海战为主，指出沿海七省万里海疆之烟台、上海、宁波、厦门、汕头、台湾、香港、澳门、琼州等海防要地的战略意义。其中北海以成山、烟台、登州和旅顺为门户。南海以金门拱卫福州，澎湖、鹿耳为台湾屏障。尤重天时、地利、人和在战争中的作用，于海上交通、屯兵、出击、退守路线均有论述。

小方壶斋舆地丛钞本。

2304

同邑海防论／（清）庄光前撰

庄光前，清代中叶人，生平事迹不详。

是书论述同安形势居要冲，以同安为主体，同、金、厦海防一体，并提出“得地”与“得人”的海防主张。

清道光十二年修厦门志本。

2305

海防谈略／（清）左举汉撰

左举汉，字连云，莱阳（今山东省莱阳市）人。清同光间诸生。著有《随意吟草》《八阵图说》等。

存佚不详。

2306

海防臆测二卷／［日本］古贺侗庵撰，［日本］日高诚实校

古贺侗庵（1788—1847），日本江户末期的汉学者，中国散文的研究者。

日高诚实，生平事迹不详。

是书为古贺侗庵于清道光十八年（1838）用汉文所撰，为其代表作，书中分析世界局势，主张日本建立海军并向海外发展。

清光绪二十三年善化毕氏刻本。

2307

威海卫形势论一卷／［英国］□□撰

小方壶斋舆地丛钞本。

2308

海防策要一卷／［英国］伯德撰，（清）毕德格译

伯德，生平事迹不详。

毕德格，生平事迹不详。

清光绪五年铅印本，清光绪五年温子昭原印本。

2309

中国海岸险要图说／□□撰

抄本。

2310

中国海军地理形势论／丁开嶂撰

丁开嶂（1870—1945），原名作霖，字小川，丰润（今属河北省唐山市）人。京师大学堂首届毕业。清光绪三十年（1904）日俄战争爆发，潜赴关外联络志士，创抗俄铁血会，袭击俄军。次年组织华北救命军，旋改革命铁血会。三十二年（1906）加入同盟会。武昌起义后被湖北军政府任命为铁血会军长，旋任中华民国军政府北部民军临时大元帅。1912年清帝退位后任同盟会本部评议员，1932年任国民党政府议员。著有《收复东北大计划》。

是论分为九章五十八款，近三万言，附图四十八幅，“专以普及海军将士地理知识为宗旨”，主要参考了《大清一统志》《中国海方向书》《海方策要》等六十余种兵书、战史、地理图书。

民国元年铁血会铅印本，民国石印本。

2311

海防录要二卷／蒋德钧纂

蒋德钧（1852—1937），字少穆，湘乡（今湖南省双峰县）人。荫生，后报捐道员，入京任事。清光绪八年（1882）任四川龙安知府。十八年（1892）回湖南参办团练。戊戌维新运动期间参与筹办湖南时务学堂、兴办内河轮船等新政。旋任《湘报》督办。二十八年（1902）参加创办阜湘矿务总公司，任绅董。次年，阜湘、沅丰两公司合并为湖南全省矿务总公司，负责制定章程并任南路总理。曾为争回水口山矿权和粤汉铁路路权奔走。辛亥革命前夕与道员吴耀金赴各县清乡、镇压革命群众。辛亥革命后避居北京。

清光绪湘乡蒋氏龙安郡署刻本。

2312

广东水师国防要塞图说／李准撰

李准，见第0392条。

李准勘查西沙群岛时，广泛采集物产并带回广州举办展览，后以亲身经历和见解著成该书，介绍西沙群岛的地理位置、物产以及清廷开发西沙群岛等。

清宣统二年印本。

2313

海防计划案草案／刘冠雄撰

刘冠雄（1861—1927），闽侯（今福建省闽侯县）人，字子英，又字资颖。福建船政学堂毕业。历任清海军靖远舰帮统、北洋政府海军总长，海军总司令等职。

民国石印本。

2314

江防日记一卷／王崇文撰

王崇文（1871—?），字子翰，闽县（今属福建省福州市）人。早年进天津水师学堂第五届驾驶班，清光绪二十一年（1895）毕业后入北洋水师。1912年起，先后任海军部视察、军需司司长、驻英国留学生监督。1918年，因东三省松花江、黑龙江航运权为俄人占据，王崇文奉命调查，设立江防讨论会，勘察松、黑两江情况，筹办江防事宜，回京议抽调军舰组织吉黑江防舰队。晋升为海军少将，任吉黑江防筹办处处长。1920年任吉黑江防司令。

俄国十月革命爆发以后，北洋政府为了防范中俄边境发生混乱，于1919年7月设立吉黑江防筹办处，任命王崇文为处长，直属北洋政府海军总司令部。1920年4月，吉黑江防筹办处将商船“江宁”“同昌”“江津”分别改装为浅水炮舰“江平”“江安”“江通”，并向中东铁路局借调巡船六号，改名为“利济”，在哈尔滨成立吉黑江防司令公署，王崇文任吉黑江防司令，沈鸿烈任上校参谋。

民国八年哈尔滨滨江墨林堂石印本。

2315

新编沿海险要图说十六卷长江险要图说五卷／余宏淦撰

余宏淦，生卒年不详，字润书，号夔钦、揆卿，一作字夔钦，昆山（今江苏省昆山市）人。清光绪二十三年（1897）举人，分发山东直隶州州同。著有《蒙古氏族表》《水道考》《湘淮军战功考》《时敏室经说》等。

地理图说。是书分黄海北岸、辽东海湾、直隶海湾、登莱海湾、胶日海湾、江苏沿海、嘉台沿海、福闽海湾、闽泉海湾、泉诏海湾、潮惠沿海、广肇沿海、高雷廉钦沿海、琼州沿海、台湾沿海等十五纪，包含盛京、直隶、山东、江苏、浙江、福建、广东七省和台湾、海南二岛。绘图范围起自鸭绿江口，至广东钦州与越南接壤而止。凡与军事有关沿海山岭、口岸、沙洲、岛屿等，均列表于后，附论说。表一分山岭、水口、城垣、岛屿四栏。表二分电线、炮台、屯戍、铁路、关隘、商埠六栏。

清光绪二十九年鸿文书局石印本。

2316

新编沿海要塞图说／余宏淦撰

余宏淦，见第2315条。

见“新编沿海险要图说十六卷长江险要图说五卷”。

清光绪二十八年鸿文书局石印本。

2317

防海危言一卷／郑观应撰

郑观应（1842—1922?），本名官应，字正翔，号陶斋，别号杞优行、慕雍山人等，香山（今广东省中山市）人。应科举未中遂弃举业。清咸丰八年（1858）赴沪经商，次年任英商宝顺洋行买办。同治七年（1868）宝顺洋行停业，入和生祥茶栈任译员。投资由外商经营的公正长江轮船公司并经营荣泰驳船公司。十二年（1873）起，任太古洋行轮船公司总理，并在汕头、上海等地开设了一些商号、钱庄。其间曾三次捐资，官至候补道。光绪四年至五年（1878—1879）受命经办直隶、山西、河南赈捐，以才能出众，受李鸿章赏识，被委为上海机器织布局会办，参与该局的集股筹建工作，后升为该局总办。著有《救时揭要》《易言》《盛世危言》《南游日记》《盛世危言后编》《西行日记》等。

小方壶斋舆地丛钞本。

2318

河防杂著四种四卷／周馥撰

周馥，见第0404条。

卷一为黄河源流考，内容录自《皇朝通志》，并补叙咸丰五年（1855）改道以后情况；卷二为祀典，辑录有清一代受封号之神为一篇，并注以受祀地点，录有小传；卷三为黄鹤公断文武兵夫记略，依据《行水金鉴》；卷四为清朝河臣记，录自俞理初《河臣编年纪略》，有所补充。

周悫慎公全集本。

2319

宝明海防纂要

见“海防纂要十三卷图一卷”。

2320

筹海二编不分卷

清铅印本。

2321

大鹏各港湾情形一卷

大鹏湾位于大鹏半岛与香港九龙半岛之间。大鹏湾东、北、西三面环山，湾口朝东南，海湾周围山地丘陵由花岗岩构成，海岸曲折，沿岸港湾主要有南澳湾、土洋湾、沙头角湾、大埔海、大滩海峡等。西部近岸地形复杂，岛屿错落，水道纵横，陀罗水道深入九龙半岛腹地，湾内水深较大，底质北部为泥，南部为泥质砂，沿岸无大河流注入，无淤积。海底深槽平坦，两侧岸坡陡直，因此大鹏湾是中国南方最佳的天然港湾。湾内水产资源丰富，主要有黑鲷、石斑、鲍鱼、对虾、龙虾、糙鲹、棕环鲹、栉江珧、合浦珠母贝等。较大渔港有南澳港、盐田港和吉澳港。

中外游记汇编本。

2322

海防经略纂要

镇海县志著录。

2323

海防议略六卷

绛云楼目存目。

2324

海疆防缉事宜不分卷

清嘉庆十七年抄本。

2325

海寇议

筹海图编本。

2326

海山图说

述古堂目存目。

2327

虎门形势一卷

小方壶斋舆地丛钞本。

2328

皇明海防纂要

见“海防纂要十三卷图一卷”。

2329

七省海疆图说不分卷

清抄本。

2330

泉州府图说

是书为目前最早最完整的泉州府海防图，包含泉州府县、巡检司、卫所的二十九张图和二十六份图说，完成于明万历三十年（1602）。图中显示泉州府与晋江、南安、惠安、同安、安溪、永春、德化七县，永宁卫、崇武所、中左千户所、福全所、高浦、金门五所，祥芝巡检司、石井巡检司、围头巡检司等七个巡检司，还有兵墩、烟墩、兵船抛泊地等。泉州府的粮馆、清军馆、府学、广平仓、晋安驿、镇抚所、中所南所、永宁卫等详细的军事防卫部署，府县衙门机构、军事设施、海防部署、海防形势，海岸地形一目了然。

明绘本。

2331

三沙湾情势记一卷

小方壶斋舆地丛钞本。

2332

沙门湾论一卷

中外游记汇编本。

2333

沙门湾形势说略一卷

是书从军事和海防角度对沙门湾进行描述，还对清政府有海无防的现状进行了批评。

小方壶斋舆地丛钞本。

2334

汕头现势调查记一卷

中外游记汇编本。

2335

上海海口形势考一卷

小方壶斋舆地丛钞本。

2336

威海卫形势一卷

小方壶斋舆地丛钞本。

2337

沿海设防图说不分卷

清初抄本。

2338

粤省海防图说二卷

清光绪九年抄本。

2339

粤省右路海湾情形势一卷

中外游记汇编本。

2340

中外时务海防新策十六卷

清光绪二十三年石印本。

方志类

北京市

2341

[永乐] 顺天府志二十卷 / (明) □□纂修

顺天府，明永乐元年（1403）改北平府置，建为北京。十九年（1421）定都于此，改称京师，治所在大兴、宛平二县（今属北京市），辖境相当今河北长城以南，遵化、丰南以西，拒马河、大清河、海河以北及文安、大城县地。清中叶后东部略减缩。1914年废。

清抄永乐大典辑本，清光绪十二年江阴缪氏艺风堂抄永乐大典本。

2342

[万历] 顺天府志六卷 / (明) 谢杰、沈应文修，(明) 谭希思、张元芳纂

谢杰，见第0189条。

沈应文（1543—1627），字征甫，号雷门，余姚（今浙江省余姚市）人。明隆庆二年（1568）进士，历官池州推官、顺天府尹，南京大理卿、南京工部尚书、刑部侍郎，万历三十五年（1607）升刑部尚书，告归，起复为吏部尚书，掌京察事。卒，谥庄敏。

谭希思，生卒年不详，字子诚，号岳南，茶陵州（今湖南省茶陵县）人。明万历二年（1574）进士。历官万安、永丰知县。入为南京御史，因上疏论劾宦官、外戚，谪外任。后迁主事，升郎中，历官尚宝司丞、大理寺丞、顺天府丞。擢佥都御史，巡抚四川。

张元芳，生卒年不详，闽县（今属福建省福州市）人。监生。明万历二十一年（1593）任顺天府大兴县（今北京市大兴区）县丞。

明万历二十一年刻本，清抄本。

2343

［康熙］顺天府志八卷／（清）张吉午纂修

张吉午，生卒年不详，字长白，广宁（今辽宁省北镇市）人，隶汉军镶蓝旗。清顺治六年（1649）以贡士授顺天府玉田县知县。历官陕西茶马御史、浙江道御史、长芦巡盐御史、通政使司左通政等。

清康熙二十四年抄本。

2344

［光绪］顺天府志一百三十卷／（清）张之洞、缪荃孙纂

张之洞，见第0761条。

缪荃孙，见第0071条。

清光绪十二年刻本，清光绪十五年重校本，清光绪二十八年补刻本。

天津市

2345

［正德］天津三卫志／（明）胡文璧、吕盛编

胡文璧（1460—1523），字汝重，号石亭，耒阳（今湖南省耒阳市）人。明弘治十二年（1499）进士，授户部主事。历官员外郎中、浙江监察御史、太常少卿。出守凤阳，调守保定，调升天津兵备道副使。因触怒明武宗朱厚照，被捕下锦衣狱。出狱后贬谪延安府检校。嘉靖元年（1522）复起用为四川按察使。著有《文会录》《耒阳遗记》《耒阳十景诗》。

吕盛（1465—1538），字文郁，号定庵，安徽建平县（今属江苏省南京市）人。明成化二十三年（1487）岁贡生，弘治十二年（1499）进士。历官浙江义乌知县、南京户部主事、湖州知府、山东东昌知府、山东按察副使、整饬天津兵备，后改任云南屯田副使，人称“副使公”。著有《吕定庵唱和集》。

天津卫，明永乐二年（1404）筑城置戍，三年（1405）置天津

卫及天津左卫，四年（1406）又置天津右卫，皆治今天津市狮子林桥西端旧三汊口附近。自从南京迁都北京后，此地为京师东南转漕戍守要地。清顺治九年（1652）裁天津左卫、右卫，并入天津卫。雍正三年（1725）改置为天津州。

佚书。

2346

[万历]天津三卫志／（明）彭国光等修

彭国光（？—1604），字用卿，德化（今江西省九江市）人。明万历八年（1580）进士。初任晋江知县，行取选户部，历工科、吏科，十七年（1589）以左给事中升天津兵备道副使，任内修整海防，经理防倭之务，升浙江参政。

佚书。

2347

[康熙]天津卫志四卷首一卷／（清）薛柱斗修，（清）高必大纂

薛柱斗，生卒年不详，延长（今陕西省延长县）人。拔贡，曾官山东按察司副使。清康熙九年（1670）任整饬天津道加六级副使。

高必大，生卒年不详，湖广襄阳籍，广宁（今广东省广宁县）人。贡生。时任天津海防清军兵粮同知，清康熙九年（1670）升凤阳知府。

清康熙十四年刻本，清康熙十四年刻十七年补刻本，抄本，民国二十三年铅印本。

2348

[乾隆]天津府志四十卷／（清）李梅宾、程凤文修，（清）吴廷华、汪沆纂

李梅宾（？—1742），临桂（今属广西壮族自治区桂林市）人。清康熙六十年（1721）进士，授翰林院庶吉士，为天津首任知府。

程凤文，生卒年不详，字翼书，号舒庵，歙县（今安徽省歙县）人。清乾隆元年（1736）接替李梅宾任天津知府。

吴廷华（1682—1755），初名兰芳，字中林，号东壁，仁和（今属浙江省杭州市）人。清康熙五十三年（1714）举人，雍正三年（1725）以中书出任福建海防同知，寻以原衔任兴化府通判，曾奉檄至台湾。乾隆初年入内阁三礼馆任纂修官。著有《三礼疑义》《东壁书庄集》。

汪沆（1704—1784），字师李，一字西颢，号槐堂，又号艮

园，仁和（今属浙江省杭州市）人。清乾隆十二年（1747）试博学鸿词。曾客居天津查氏水西庄。著有《津门纪事诗》《盘西纪游集》《槐堂诗稿》《槐堂文稿》等。

天津府，清雍正三年（1725）改天津卫为直隶州，九年升为府。治天津县（今市），辖境相当今天津市与所辖静海，河北青县、沧州、南皮以东诸县市，及山东庆云县。1913 年废。地当海河水系要津，为海陆交通总会、南粮北运入京的咽喉和长芦盐的运销中心。此志为天津府志始作，与乾隆《天津县志》同时修纂。正文依序为：天章（兼记天恩）、地舆、星土、形胜疆域、风俗物产、山川、城池公署、乡都户口、学校、坛壝（附寺观）、古迹（附冢墓）、田赋、盐法、驿递（附津梁）、兵制、河渠、祥异、封爵、名宦、职官、选举、人物、列女、艺文、杂记，共二十五个门目。

清乾隆四年刻本。

2349

［光绪］重修天津府志五十四卷／沈家本、荣铨修，（清）徐宗亮、蔡启盛纂

沈家本（1840—1913），字子淳，别号寄簃，吴兴（今浙江省湖州市）人。清光绪九年（1883）进士。历官天津、保定知府，刑部右侍郎、修律大臣、大理院正卿、法部右侍郎、资政院副总裁等职。著有《诸史琐言》，主持制定了《大清民律》《大清商律草案》《刑事诉讼律草案》《民事诉讼律草案》等法典。

荣铨，生卒年不详，满洲镶红旗人。举人，曾任天津知府。

徐宗亮（1834—1904），字晦甫，号椒岑、归庐，晚号苄岑，桐城（今安徽省桐城市）人。荫生。终身不仕，历游胡林翼、李续宜、李鸿章幕府数十年。著有《黑龙江述略》《徐勇烈公行状》《善思斋文钞·诗钞》等。

蔡启盛（1845 前后—1908 或稍前），字臞客，诸暨（今浙江省诸暨市）人。清光绪十一年（1885）优贡生，朝考用知县。分发直隶，寻改湖南。三十二年（1906）任华容县知县。著有《皇清经解检目》《经窥》《经窥续》《春在堂全书校勘记》等。

是志在乾隆志基础上重修，为天津现存内容最丰富的志书。其中舆地门的公廨记载了北洋机器局、浙江海运局、大沽船坞、水师学堂、官书局及各省会馆等情况，海运、漕运二目专门记述天津通上海、南京的海运及与北京的河运，为较详的水运交通史料。是志取材

除各种旧籍外，还取自各种档案册、采访册、测绘册等文书数据，内容比较充实可靠。

清光绪二十五年刻本。

2350

［乾隆］天津县志二十四卷／（清）朱奎扬、张志奇修，（清）吴廷华等纂

朱奎扬，生卒年不详，字南湖，山阴（今属浙江省绍兴市）人。监生。历官光禄寺卿、天津知县。清乾隆二十二年（1757）任上海苏松太道道员。

张志奇，生卒年不详，字鸿儒，一作鸿如，号雨亭，利津（今山东省利津县）人。清雍正八年（1730）进士。初授直隶内邱知县。乾隆元年（1736）、五年（1740）两任天津知县，十八年（1753）任宣化府知府。

吴廷华，见第 2348 条。

天津县，清雍正九年（1731）置，为天津府治。治所即今天津市。咸丰十年（1860）以后，渐为华北最大商港。咸丰时曾置三口通商大臣于此，同治后又为直隶总督兼北洋钦差大臣驻所。1913 年为津海道治。此为天津第一部县志。正文二十四卷，依次为纪恩（兼记圣制及临幸盛典）、星土（附祥异）、地舆、形胜疆域（附乡都）、山川、古迹、城池公署（附坊表驿递津梁）、学校（附坛庙寺观）、盐法、海防（附海道海运）、河渠（附漕运营田）、田赋（附户口屯田官籍）、风俗物产、职官、名宦、选举、人物、列女、艺文、杂记，计二十个门目。

清乾隆四年刻本。

2351

［同治］续天津县志二十卷首一卷／（清）崇厚修，（清）吴惠元、蒋玉虹、俞樾纂

崇厚（1826—1893），字地山，号子谦，又号鹤槎，满洲镶黄旗人。清道光举人。曾官长芦盐运使。咸丰十年（1860）任三口通商大臣，在天津与英法重修租界条约。次年署直隶总督。同治六年（1867）创设天津机器制造局。天津教案后出使法国“谢罪”。光绪四年（1878）中俄伊犁交涉事起，被派赴俄谈判，次年擅自签订丧权辱国的《里瓦吉亚条约》（又名《中俄条约十八条》），回国后被革职查办，定斩监候。十年（1884）捐银赎罪被释，以原官降二级使用。

吴惠元，生卒年不详，字仲孚，号霖宇，本浙江人，后入籍

天津。清道光二十四年（1844）进士。历官监察御史、给事中，外转甘肃宁夏道，调云南盐法道。后离职回乡，曾主讲津门辅仁书院。

蒋玉虹，生卒年不详，字雄甫，天津（今天津市）人。廪贡生，留心乡邦文献掌故二十余年，积稿数十帙，有志续修邑志，未果而卒。

俞樾（1821—1907），字荫甫，自号曲园居士，德清（今浙江省德清县）人。清道光三十年（1850）进士，曾任翰林院编修。受咸丰帝赏识，放任河南学政，被劾罢官。移居苏州潜心学术达四十余载，曾先后主讲苏州紫阳书院、杭州诂经精舍、德清清溪书院、菱湖龙湖书院、上海求志书院等。著有《春在堂全书》等。

是志是以蒋玉虹私辑的县志遗稿为基础编纂而成。全书上承乾隆《天津县志》，记叙上限为乾隆四年（1739）。首卷为临幸、天章、恩典，以下依次为星土祥异、形胜疆域、城池公署（附坊表津梁建置）、学校（附祠庙）、盐法、海防兵制（附海运、海道、海口通商）、河梁（附堤堰、水利、营田）、风俗义举、职官、名宦、选举、人物、列女、艺文、杂记，计十六个门目。

清嘉庆末修同治九年续修刻本。

2352

天津县地理教科书／（清）集思堂居士撰

集思堂居士，生平事迹不详。

清光绪三十一年天津集思堂石印本，清光绪三十四年石印本。

2353

天津市概要十三编首一卷／天津市市志编纂处编

天津市，1913 年为直隶省海津道天津县。1928 年设天津特别市，1930 年改天津市。

民国二十三年铅印本。

2354

天津政俗沿革记十六卷／王守恂编

王守恂（1865—1936），字仁安，晚署拙老人，天津（今天津市）人。清光绪二十四年（1898）进士，授刑部山西司主事。三十一年（1905）任巡警部警法司员外郎，宣统二年（1910）任河南巡警道。辛亥革命后，历任内务部顾问、会稽道尹、直隶烟酒事务局会办。

是志记事至清宣统三年（1911）止，包含舆地、河渠、水利、邮驿、户籍、田赋、货殖、盐业、工艺、文化、礼俗、善举、讼谳、防御（记常备军、混成协、巡防营、水师、海军、军械制造局等）、兵事、外事等内容。记有天津地方政治、经济、军事、文化方面大量的资料。

民国二十七年刻本。

2355

［民国］天津县新志二十七卷首一卷／高凌雯、王守恂纂修

高凌雯（1861—1945），字彤皆，天津（今天津市）人。清光绪十九年（1893）举人。历官国子监候补博士、学部普通司主事。著有《志余随笔》《天津士族科名谱》《天津文汇》《天津诗人小集》《刚训斋诗集》。晚岁广访遗迹掌故，成《天津县新志》。

王守恂，见第2354条。

是志与王守恂所纂《天津政俗沿革记》实则应共为一部，对前志多有补充与订正，并收清同治九年（1870）以后的天津诸多文献，资料详赡。全志首卷为巡幸，正文依次为职官、吏政、科举、荐绅、人物、列女、艺文、碑刻、旧迹（附教会）、物产、丛余，共十二个门目。

民国二十年金钺刻本。

2356

［乾隆］宁河县志十六卷／（清）关廷牧修，（清）徐以观纂

关廷牧，生平事迹不详。

徐以观，生卒年不详，字舍亭，仁和（今属浙江省杭州市）人。举人，原任仪征县知县。

宁河，位于天津市东北部，濒临渤海。清雍正九年（1731）析宝坻置县。1914年属直隶省津海道。1928年属河北省。1938年迁治芦台镇。1949年划归天津专区。1959年与汉沽区合并，称天津市汉沽区。1961年复置宁河县，属唐山专区。1962年复属天津专区。1973年划归天津市。

清乾隆四十四年刻本。

2357

［光绪］宁河县志十六卷／（清）丁符九修，（清）谈松林纂

丁符九，生卒年不详，德化（今江西省九江市）人。恩贡。由峡江学教谕任选授文安县知县，调补宁河任知县。

谈松林，生卒年不详，号小峰，宁河（今属天津市）人。清

同治十三年（1874）进士，曾主讲渠梁书院。

清光绪六年刻本。

2358

［光绪］宁河县乡土志不分卷／周登皞编

周登皞（？—1940），字熙民，号补庐，侯官（今属福建省福州市）人。清光绪十四年（1888）举人，后经大挑，历官宁河、武清、霸县（今河北省霸州市）、大城、东安等县知县。因考绩优异，升任赵州直隶州知州、都察院广西道御史。辛亥革命后，举家避居宁河县。中华民国成立后，迁往北京，曾任袁世凯政府肃政史、绥远道尹、代理绥远都统。著有《宁河县乡土志》《补庐词》等。

抄本。

2359

［天启］静海县志／（明）王士用纂修

王士用，生卒年不详，阳城（今山西省阳城县）人。举人。明天启七年（1627）任静海知县。

静海县，明洪武初改靖海县置，属清州。治所即今天津市静海县。洪武八年（1375）改属北平府，十五年（1382）改属河间府。清属天津府。民国初属直隶津海道。1928年直属河北省。

佚书。

2360

［康熙］静海县志四卷／（清）阎甲胤修，（清）马方伸纂

阎甲胤，生卒年不详，渭南（今陕西省渭南市）人。贡生，时任静海县知县。

马方伸，生卒年不详，密云（今属北京市）人。时任静海县儒学训导。

清康熙十二年刻本。

2361

［同治］静海县志八卷／（清）郑士蕙纂修

郑士蕙，生卒年不详，字柏崖，华州（今属陕西省渭南市）人。清道光二十七年（1847）进士。时任静海县知县。著有《饮冰书屋文稿》。

清同治十二年刻本。

2362

［民国］静海县志十二集／白凤文修

白凤文，生卒年不详，时任静

海县县长。

民国二十三年铅印本。

河北省

2363

［康熙］畿辅通志四十六卷／（清）于成龙修，（清）郭棻纂

于成龙（1617—1684），字北溟，号于山，永宁（今属山西省吕梁市）人。清顺治十八年（1661）由副榜贡生授罗城知县。康熙十七年（1678）官福建按察使。十九年（1680）晋直隶巡抚，旋迁两江总督，卒于任。执法决狱不徇情面，被康熙帝称为“今时清官第一”。著有《于清端政书》等。

郭棻（1623—1691），字芝仙，号快庵，清苑（今河北省清苑县）人。清顺治九年（1652）进士，由庶吉士授检讨，升赞善。因直言得罪权贵迁山西按察司知事，后还朝，累官至内阁学士。著有《学源堂集》《诗经肤衍讲义》《诗集》等。其于康熙年间先后纂修《保定府志》《清苑县志》《畿辅通志》。

畿辅，清代直隶省别称。是志又作《直隶省通志》，分二十二门，分为图、星野附祥异、建置沿革、疆域形胜、山川、城池、学校、兵制、公署祠祀附寺观、古迹附陵墓、户口、田赋、风俗附物产、帝后、封建、职官、选举、名宦、流寓、人物、艺文、杂志。

清康熙十年修二十二年刻本。

2364

［康熙］直隶省通志／（清）于成龙修，（清）郭棻纂

于成龙，见第2363条。

郭棻，见第2363条。

见“［康熙］畿辅通志四十六卷”。

2365

［雍正］畿辅通志一百二十卷／（清）唐执玉、李卫修，（清）陈仪、田易纂

唐执玉（？—1733），字益功，江南武进（今属江苏省常州市）人。清康熙四十二年（1703）进士。历官浙江德清知县、工部主事、户科给事中、鸿胪寺卿、奉天府丞、大理寺少卿、礼部侍郎、左都御史，雍正七年（1729）署直隶总督。

李卫，见第0636条。

陈仪（1670—1744），字子翙，号一吾，又称兰雪先生，直隶文安（今河北省文安县）人。清康熙五

十四年（1715）进士，授翰林院侍读。雍正三年（1725）协助怡亲王允祥办理畿辅水利。翌年以翰林院侍读带管天津事务。五年（1727）负责天津水利营田局工作兼管文安、大城等地堤工。八年（1730）调任丰润诸路营田观察使。乾隆元年（1736）罢职。著有《治河蠡测》《四河两淀私议》等。

田易，生卒年不详，大兴（今属北京市）人。清康熙四十五年（1706）进士，官同知。

是志分三十门，包括诏谕、宸章、京师、星野、建制沿革、形胜疆域、山川、城池、公署、学校、户口、田赋、仓廒、盐政、兵制、关津、驿站、河渠、水利营、陵墓、祠祀、寺观、古迹、风俗、物产、封爵、职官、选举、名宦、人物、艺文。

清雍正十三年刻本。

2366

［同治］畿辅通志三百卷首一卷／（清）李鸿章等修，（清）黄彭年等纂

李鸿章，见第0633条。

黄彭年（1824—1890），字子寿，号陶楼，晚号更生，贵筑（今贵州省贵阳市）人。清道光二十五年（1845）进士，改翰林院庶吉士，授编修。咸丰初，随父回籍办团练。后入四川总督骆秉章、陕西巡抚刘蓉幕，镇压石达开军。同治初，主讲关中书院。同治九年（1870），被李鸿章聘为《畿辅通志》的总纂，兼主莲池书院。光绪八年（1882），擢湖北安襄郧荆道，迁按察使。后调任陕西署布政使。十一年（1885），迁江苏布政使。十六年（1890），调湖北布政使，总督张之洞十分器重他。尝掌教关中书院、保定莲池书院。著有《三省边防考略》《历代关隘津梁考存》《金沙江考略》《铜运考略》《陶楼文钞》等。

是志采用纪、表、略、录、传等体分十八门。卷一至十五为帝制纪，包含诏谕、宸章、京师、陵寝、行宫等目。卷十六至四十五为表，包含府厅州县沿革、封建、职官、选举等目。卷四十六至一百八十二为略，包含舆地、河渠、海防、经政、前事、艺文、金石、古迹等目。其余各卷分别为宦绩录、列传、杂传、识余、叙传。

清同治十年修光绪十年刻本，清宣统二年石印本，民国二十三年上海商务印书馆影印本。

2367

［民国］直隶省通志稿不分卷／贾恩绂纂修

贾恩绂（1865—1948），字佩

卿，盐山（今河北省盐山县）人。清光绪十九年（1893）举人，二十三年（1897）主讲丰润、厦阳书院。义和团运动后，应邀赴定州创办定武中学，后转入保定崇实学堂讲学。先后撰修《直隶省通志》《定县志》《南宫县志》《清苑新志》《枣强县志》《盐山新志》、民国《沧县志》《献县志》等方志。另著有《定武学纪》《思易草庐日记》《诗钞》《共和钩沉》《自著年谱》《史记评点》《上古西洋史》《公法学》《心灵学》《君主传贤宪法草案》《升平遁铎》等。

稿本，抄本。

2368

[民国] 河北通志稿四十七卷附目录一册 / 河北省通志馆修，王树楠、张国淦纂

王树楠，见第 0686 条。

张国淦（1876—1959），字乾若，又字仲嘉，号石公，蒲圻（今湖北省赤壁市）人。清光绪二十八年（1902）举人，任内阁中书。入黑龙江程德全幕，历任北洋政府国务院秘书长、教育总长等职。新中国成立后任中科院近代史所特约研究员、全国政协委员。著有《历代经石考》《中国古方志考》《辛亥革命史料》《中国书装源流》。

河北省，1928 年改直隶省置，治所在北平市（今北京市）。1930 年移治天津市（今天津市）。1935 年又移治清苑县（今属河北保定市）。是志包括分县沿革表、水道、关隘、古迹、艺文、方言、人物、列传、旧志源流等内容。

稿本，民国二十四年河北省通志馆铅印本。

唐山市

2369

[隆庆] 丰润县志十三卷 / (明) 王纳言修，(明) 石邦政、谷九鼎纂

王纳言（1500？—1571？），字维允，一说罗允，信阳（今河南省信阳市）人。明嘉靖八年（1529）进士，授户科给事中。历官湖广布政使照磨、嘉兴府通判、山东佥事、陕西佥事、丰润知县。

石邦政，生平事迹不详。

谷九鼎，生平事迹不详。

丰润县，明洪武初改丰闰县置，属蓟州。治所即今河北省唐山市丰润区。清属遵化直隶州。民国初属直隶津海道。1928 年直属河北省。海盐产地。

明隆庆四年刻本。

2370

[康熙] 丰润县志八卷/(清)罗景泐修,(清)曹鼎望纂

罗景泐,生卒年不详,字亦潭,泰和(今江西省泰和市)人。清康熙间以军功授弥勒知州,改河南延津知县,丁艰,服阕补顺天丰润知县。

曹鼎望(1618—1693),字冠五,号淡斋,丰润县(今属河北省唐山市)人。清顺治十六年(1659)进士,授翰林院庶吉士。清世祖时,召对内廷,恩遇优渥。康熙五年(1666)典试三楚,所拔多孤寒士。翌年出守新安,政余日讲学于紫阳书院,又捐资刊印《朱子纲目新安文献志》诸书。

清康熙三十一年刻本。

2371

[乾隆] 丰润县志八卷/(清)吴慎纂修

吴慎,生卒年不详,字简夫,别字爱山,夹江(今四川省夹江县)人。进士。清乾隆十八年(1753)任丰润知县。

清乾隆二十年刻本。

2372

[光绪] 丰润县志十二卷/(清)郝增祜等纂修,(清)周晋堃续纂修

郝增祜(约1852—?),名甫,字受山,奉天锦县(今辽宁省凌海市)人。副贡。时任丰润知县。

周晋堃,生卒年不详,字铁珊,上海(今上海市)人。清代进士。

是志分门详细,设目从简,共三十门十四目,附备考六。记事止于光绪十一年(1885)。是志建置沿革门详载丰润临山面海,地域辽阔,物产丰富,清晰展现该地的历史风貌。杂记门多处记载煤矿生产及铁路、轮船运输等情况。文艺门有碑记、序赋、杂文、列传、诗词等,介绍本地文化之兴盛,风情之变迁。政事一门,记述议论本县历史政绩、名人志士。

清光绪十七年刻本。

2373

[光绪] 丰润县志四卷/(清)牛昶煦、郝增祜等纂辑

牛昶煦(1844—1899),字仲周,号霭如。幼读私塾,后从戎,以军功擢升知县,分发直隶。历任曲周、南宫、新河、丰润等县知县,后升补冀州直隶州,由知府晋

保道员。

郝增祜，见第2372条。

民国十年铅印本。

2374

［康熙］遵化州志十二卷／（清）郑侨生修，（清）叶向升等纂

郑侨生，生卒年不详，字惠庵，江南邳州（今江苏省邳州市）人。清康熙六年（1667）进士。官遵化县（今河北省遵化市）知县。康熙十六年（1677）升遵化县为州，将丰润县划归其属。郑侨生即升知州。历官湖广提学佥事。曾修《遵化州志》。

叶向升，生平事迹不详。

遵化州，清康熙十五年（1676）以陵寝重地，升遵化县置。治今河北省遵化市。乾隆八年（1743）又升为直隶州，辖境相当今河北省玉田、丰润、遵化、唐山及丰南等市县地。1913年改为遵化县。

清康熙抄本。

2375

［乾隆］直隶遵化州志十二卷／（清）刘埥修，（清）边中宝纂

刘埥（1694—1768），字原圃，号畅亭，新郑（今河南省新郑市）人。清康熙五十九年（1720）入国子监读书。雍正五年（1727）以举孝友端方而入仕。历官福建莆田、德化、南平、南靖、崇安及台湾漳化知县，直隶景州、遵化知州和顺宁知府。著有《闽行日志》《片刻余闲集》《会勘封禁山纪事》和《直隶遵化州志》等。

边中宝（1697—?），字识珍，一字适畛，号竹岩，任丘（今河北省任丘市）人。清乾隆三年（1738）举人。一生四任学官，雍正五年（1727）任县儒学训导，十三年（1735）调顺天府学训导。乾隆四年（1739）遭弹劾归乡。十一年（1746）补涿州学训导，十八年（1753）改遵化州学学正。著有《竹岩诗草》。

清乾隆二十一年刻本。

2376

［乾隆］直隶遵化州志二十卷／（清）傅修等纂修

傅修（1739—1812），号竹漪，海阳（今属广东省潮州市）人。清乾隆二十七年（1762）以举人身份参加大挑，分发山西省，补授山阴县知县。后升直隶遵化州知州。次年升大名府知府，不久移保定府知府，又迁山西冀宁道道员，署理按察使兼代布政使。后为

人所陷降为知州，以知州职衔行扬州知府事。

清乾隆五十九年刻本。

2377

[正德] 滦志 / (明) 许康衢辑

许康衢，生卒年不详，滦州(今河北省滦县)人。

滦州，辽天赞二年 (923) 契丹析平州地置，治义丰县 (今河北滦县)。因境有滦河，故名。属南京道，辖境相当今河北省滦县、滦南、乐亭等地。清不辖县，1913年改为滦县。

佚书。

2378

[嘉靖] 滦州志五卷 / (明) 陈士元纂修

陈士元 (1516—1597)，字必叙，一字心叔，号养吾，小名孟卿，一号江汉潜夫，又称环中愚叟，应城 (今湖北省应城市) 人。明嘉靖二十三年 (1544) 进士。二十四年 (1545) 任滦州知州，二十八年 (1549) 辞官归里。编有《缶鸣集》《金陵集》《滦州志》。

明嘉靖二十七年刻本，清康熙十八年刻本。

2379

[万历] 滦志六卷 / (明) 周宇纂修

周宇，生卒年不详，成都 (今四川省成都市) 人。进士。明万历四十二年 (1614) 任滦州知州。

明万历四十六年刻本，清康熙十八年重印本。

2380

[康熙] 滦志八卷 / (清) 孙宗元修，(清) 刘元奎等纂

孙宗元，生卒年不详，字柳下，淄川 (今属山东省淄博市) 人。清顺治二年 (1645) 乡试亚元，十二年 (1655) 进士，授临晋知县，升开封府南河同知，调滦州知州，升思恩府同知。

刘元奎，生卒年不详，枣强 (今河北省枣强县) 人。举人。曾任儒学署学正。

清康熙抄本。

2381

[嘉庆] 滦州志八卷首一卷末一卷 / (清) 吴士鸿修，(清) 孙学恒纂

吴士鸿，生卒年不详，字庚

亭，长洲（今江苏省苏州市）县人。监生。清嘉庆十二年（1807）任滦州知州。

孙学恒，生卒年不详，字月槎，仁和（今属浙江省杭州市）人。举人。时任滦州海阳书院掌教。

清嘉庆十五年刻本。

2382

［光绪］滦州志十八卷首一卷／（清）杨文鼎修，（清）王大本、吴宝善纂

杨文鼎（1852—1911），字俊卿，武进（今属江苏省常州市）人。二十岁前受业于山阳黄天河。清光绪二年（1876）举副贡，五年（1879）中举人，次年南归。直隶总督李鸿章留其在督府为幕僚，后以劳绩出任静海、正定、滦州等州县官。荣禄、袁世凯任直隶总督时，皆为文案，后授福建盐法道。闽浙总督许应骙重其才，委以兼管武备学堂、洋务局和营务处等要务，旋升任福建按察使兼各局总办九职，后因许应骙被革职受牵连而降为后补道员。宣统元年（1909），铁路风潮起，与川督王人文上本保奏筑路利弊，为上所忌，调任陕西巡抚，未到任。民国后，隐居于家乡，以遗老自命。

王大本，生卒年不详，滦州（今河北省滦县）人。岁贡生，候选训导。

吴宝善，生卒年不详，字芷轩，号铁梅，武进（今属江苏省常州市）人。清光绪元年（1875）举人，长期以教读为业，后任固安县教谕。

清光绪二十二年稿本，清光绪二十四年刻本。

2383

［民国］滦县志十八卷／袁棻修，张凤翔、刘祖培等纂

袁棻，生卒年不详，字寄棻，北平（今北京市）人。举人，时任县志局总裁。

张凤翔（1873—1960），字采丞，号濡溪，滦县（今河北省滦县）人。廪生，受聘任县志主编。

刘祖培，生卒年不详，滦县（今河北省滦县）人。

民国铅印本。

2384

［万历］乐亭志十二卷／（明）潘敦复纂修，（明）刘松续修

潘敦复，生卒年不详，字彦恒，夏津（今山东省夏津县）人。明万历十一年（1583）进士。历官河南洛阳、固始、乐亭知县，升大同知府。

刘松，生卒年不详，字耐寒，卫辉（今河南省卫辉市）人。举人。曾任乐亭知县。

乐亭县，金大定末置，属滦州。治所即今河北乐亭县。元初曾为漠州治，寻又属滦州。清属永平府。民国初属直隶津海道。1928年直属河北省。

明万历二十一年刻本。

2385

［乾隆］乐亭县志十四卷首一卷末一卷／（清）陈金骏纂修

陈金骏，生卒年不详，字学坡，晋江（今福建省晋江市）人。清乾隆十四年（1749）任乐亭县知县。

清乾隆二十年刻本。

2386

［光绪］乐亭县志十五卷首一卷末一卷／（清）蔡志修等修，（清）史梦兰纂

蔡志修（？—1870），号少川，松阳（今浙江省松阳县）人。清同治四年（1865）任乐亭知县。

史梦兰（1813—1898），字香崖，直隶乐亭（今属河北省唐山市）人。清道光二十年（1840）举人。隐居故里，潜心研究乡邦掌故。光绪十六年（1890）加四品卿衔。二十四年（1898）加国子监祭酒衔。著述甚多，慈禧太后称他为“京东第一人”。除为光绪《乐亭县志》《永平府志》总纂编外，还著有《全史宫词》《永平诗存》《止园诗话》《迭雅》《异号类编》《图书便览》《舆地韵编》《史肪》《氏族考异》《古今风谣拾遗》等。

清光绪三年刻本。

2387

［民国］乐亭县志稿／韩作舟纂修

韩作舟（1886—1960），号湘亭，乐亭（今河北省乐亭县）人。清末副贡。曾入永平府中学堂读书，与李大钊同窗。1914年创办乐亭县严坨西区高小并任校长，后转任南区徐各庄高小校长、河北广平县县长。

稿本。

秦皇岛市

2388

［弘治］永平府志十卷／（明）吴杰修，（明）张廷纲、吴祺纂

吴杰（1440—?），字廷臣，

直隶江都（今属江苏省扬州市）人。明成化五年（1469）进士。官永平府知府。

张廷纲（1438—?），字朝振，直隶永平卫（今属河北省秦皇岛市）人。明成化八年（1472）进士，官行人司行人。

吴祺（约1475—?），字德贵，丰城（今江西省丰城市）人。明弘治十五年（1502）进士。官滦州学正。

永平府，明洪武二年（1369）改永平路为平滦府，四年（1371）改为永平府，直隶京师，治卢龙县（今河北卢龙县），辖境相当今河北青龙县以南，唐山市、迁西县以东地区。1913年废。背山阻海，有海盐之饶。清设归化、济民、石碑等盐场。

明弘治十四年刻本。

2389

［万历］永平府志十卷／（明）徐准修，（明）涂国柱纂

徐准（1541—1614），字子式，号守吾，新城（今山东省桓台县）人。明万历十一年（1583）进士。历官中书舍人、永平知州、山西按察使，累官至云南布政使。

涂国柱，生卒年不详，字印玄，豫章（今江西省南昌市）人。

明万历二十七年刻本。

2390

［康熙］永平府志二十四卷首一卷／（清）路遴修，（清）宋琬纂，（清）常文魁续纂修

路遴，生卒年不详，字子将，号屺望，宜兴（今江苏省宜兴市）人。清顺治九年（1652）进士，官直隶永平府知府。

宋琬（1614—1673），字玉叔，号荔裳，莱阳（今山东省莱阳市）人。清顺治四年（1647）进士。授户部河南司主事，累迁户部郎中，出为陇右道佥事，升永平副使，后擢浙江按察使。七年（1650）、康熙元年（1662），先后两次被诬系狱，事白得释，流寓吴越。十一年（1672）重起为四川按察使，适遇吴三桂之变，以入觐卒于京师。著有《安雅堂集》《安雅堂未刻稿》《二乡亭词》等。

常文魁，生卒年不详，字月生，号独占，奉天广宁（今辽宁省北镇市）人。清顺治五年（1648）贡生。历官吴桥知县、忻州知州、平越府知府、永平府知府。

清康熙二年修十八年续修刻本。

2391

[康熙] 续补永平志二十三卷 / (清)唐敬一纂修

唐敬一，生卒年不详，字耕留，成都（今四川省成都市）人。举人。时任永平知府。

是志修于清康熙十二年(1673)。

清康熙抄本。

2392

[康熙] 永平府志二十四卷首一卷 / (清) 宋琬纂修，(清) 张朝琮增修，(清) 徐香、胡仁济增纂

宋琬，见第2390条。

张朝琮，生卒年不详，字式玉，萧山（今属浙江省杭州市）人。家本平民，按照惯例捐纳财物，进入国子监学习。清康熙三十年（1691）完成学业，任文安知县，满任三河知县。三十三年(1694) 升任蓟州知州，后任永平府知府。著有《宰文略》。

徐香，生卒年不详，宛平(今属北京市）人。贡生。时任永平府学训导。

胡仁济（1677—1763)，字沛施，号省斋，山阴（今属浙江省绍兴市）人，大兴籍。贡生。清雍正十二年（1734）从扬州调来宝山任知县。任上正当宝山因为雍正十年的一次大潮灾导致沿海沿江土塘大半坍塌，为抵御海潮灾患，在任八年中连年主持修筑海塘。

清康熙五十年刻本。

2393

[乾隆] 永平府志二十四卷首一卷末一卷 / (清) 李奉翰、顾学潮修，(清) 王金英纂

李奉翰（？—1799)，字香林，奉天正蓝旗汉军人。监生。入赀授县丞，补沂水。升永平府知府，擢江南松太道。累迁河库道、江南河道总督、河东河道总督等职，赐骑都尉世职，加太子太保，授两江总督。

顾学潮，生卒年不详，字小韩，元和（今属江苏省苏州市）人。副贡。清乾隆三十八年(1773) 任永平知府，官至浙江布政使，署巡抚学政。

王金英，生卒年不详，字菊庄，江宁（今江苏省南京市）人。清乾隆二十七年（1762）举人。曾任敬胜书院山长，候选知县。

清乾隆三十九年刻本。

2394

［光绪］永平府志七十二卷首一卷末一卷／（清）游智开修，（清）史梦兰纂

游智开（1816—1900，一说1817—1895），字子代，号天愚，又号藏园，新化（今湖南省新化县）人。清咸丰元年（1851）举人。拣选知县，后知和州，升补滦州。历官永平知府，永定河道，四川按察使、布政使、总督，广东布政使、巡抚，广西布政使。

史梦兰，见第2386条。

清光绪五年敬胜书院刻本。

2395

［嘉靖］山海关志八卷／（明）詹荣纂修

詹荣（1500—1551），字仁甫，别号角山，山海卫（今河北省秦皇岛市）人。明嘉靖四年（1525）举人，翌年进士，任户部主事，后升员外郎。历官郎中、光禄寺少卿、太常寺少卿、右佥都御史、甘肃巡抚、大同巡抚、右副都御史、兵部右侍郎、左侍郎。卒，赠工部尚书。

山海关，又称榆关、渝关，在河北省秦皇岛市东北，因处山（燕山东端角山）海（渤海）之间，故名。扼关内外出入咽喉，自古为兵家必争之地。明洪武十四年（1381）置关。是志冠有山海关抵黄花镇总图、山海关图等二十八幅，分地理、关隘、建置、官师、田赋、人物、祠祀、选举八门，含沿革、疆域、山川、土产、形胜、风俗、城池、公廨、古迹、户口等三十二目。

明嘉靖十四年刻本，明万历刻本。

2396

［万历］增修山海关志／（明）张时显修

张时显，生卒年不详，南城（今江西省南城县）人。明万历十四年（1586）进士。曾任山海关兵部分司主事。

佚书。

2397

［万历］补山海关志／（明）邵可立修

邵可立（1556—1626），字三立，商州（今属陕西省商洛市）人。明万历二十六年（1598）进士。曾任兵部主事，镇守山海关时建文昌书院，后任山西布政使。晚年居商州。

佚书。

2398

［崇祯］山石志／（明）范志完修

范志完（？—1643），字叔恺，号成六，虞城（今河南省虞城北）人。明朝崇祯四年（1631）进士，历任宣府、宁国推官，真定知府，关内道副使。十四年（1641）升右佥都御史、山西巡抚。后任兵部右侍郎兼右佥都御史，总督蓟州、永平、山海、通州、天津诸镇军务。适逢清兵由墙子岭入长城，攻占蓟州、犯山东、破兖州、掠海州，蹂躏苏北各县，计攻破八十八城，俘去人口三十余万，志完奉命率兵堵截清兵南进，畏怯不敢抵抗，遂下狱被斩。

明崇祯二年（1629）修，即山海关志。

佚书。

2399

［康熙］山海关志十卷／（清）陈天植等修，（明）佘一元纂

陈天植，生卒年不详，永嘉（今浙江省永嘉县）人。贡生。清康熙八年（1669）任山海关管关通判，曾任延安府知府。

佘一元，生卒年不详，字占一，号潜沧，山海卫（今河北省秦皇岛市）人。明末举人。明崇祯十七年（1644），吴三桂在山海关联合清军击败李自成农民军，他以当地士绅身份参与誓师、筹饷、请兵及战守全过程，事后录功授莒州知州，因守孝未赴任。清顺治四年（1647）进士，授刑部江南司主事，后改任礼部主客司，升祠祭司员外郎、仪制司郎中。著有《潜沧集》。

清康熙九年刻本，抄本。

2400

北戴河海滨志略不分卷／林伯铸撰

林伯铸，见第1519条。

民国二十七年北戴河海滨风景区管理局铅印本。

2401

［康熙］抚宁县志十二卷／（清）刘馨修，（清）王运恒纂

刘馨，生卒年不详，字敬庵，湖广沔阳州（今湖北省仙桃市）人。清康熙十四年（1675）任抚宁知县。

王运恒，生卒年不详，抚宁（今属河北省秦皇岛市）人。岁贡。

抚宁县，南临渤海。唐武德二年（619）析置抚宁县，治今址。七年（624）废入卢龙县，属平州。辽圣宗置海阳县，属润州。金属瑞州，大定二十九年（1189）以新安镇复置抚宁县，属平州。元废海阳县，抚宁县属永平路。明属永平府。清因之。今为秦皇岛市抚宁区。

清康熙十八年刻本。

2402

［康熙］抚宁县志十二卷／（清）赵端修，（清）徐廷璟纂

赵端，生卒年不详，字又吕，号立山，钱塘（今浙江省杭州市）人。清康熙二年（1662）贡生。历官介休、抚宁、高邑县知县，二十八年（1689）升太原府同知。

徐廷璟，生卒年不详，抚宁（今属河北省秦皇岛市）人。贡生。

清康熙二十一年刻本。

2403

［光绪］抚宁县志十六卷首一卷／（清）张上龢修，（清）史梦兰纂

张上龢，生卒年不详，字沚莼，钱塘（今浙江省杭州市）人。附荫生。清同治十三年（1874）知县事。

史梦兰，见第2386条。

清光绪三年刻本。

2404

［民国］抚宁县志料六卷首一卷／□□编

民国二十一年抄本。

2405

［康熙］临榆县志十四卷首一卷／（清）佘一元纂修

佘一元，见第2399条。

临榆县，清乾隆二年（1737）改山海卫置，属永平府。治所在今河北秦皇岛市东北山海关。民国初属直隶津海道。1928年直属河北省。1949年移治今抚宁县东北海阳镇。1954年撤销，并入抚宁县。

清康熙九年刻本。

2406

［乾隆］临榆县志十四卷首一卷／（清）钟和梅纂修

钟和梅，生卒年不详，字若羹，号韵圃，海宁（今浙江省海宁市）人。清乾隆十年（1745）进士，选翰林院庶吉士，官至直隶临榆县知县。

清乾隆二十一年刻本。

2407

［光绪］临榆县志二十四卷首一卷／（清）赵允祜修，（清）高锡畴等纂

赵允祜，生卒年不详，字子受，常熟（今江苏省常熟市）人。时任临榆县知县。

高锡畴，生卒年不详，字敷民，献县（今河北省献县）人。清同治二年（1863）进士。

清光绪四年刻本。

2408

［民国］临榆县志二十四卷首一卷／仵墉、高凌霨修，程敏侯等纂

仵墉（1870—1947），字崇如，蒲城（今陕西省蒲城县）人。清光绪二十年（1894）举人，二十九年（1903）进士。清末及民国年间历官直隶乐亭、祁州、安州、沧州、滦州、临榆、长垣、昌黎、饶阳、赵县、霸县等县知县、知州、知事、县长。

高凌霨（1870—1939?），字泽畲，晚号苍桧，天津（今天津市）人。清光绪举人。历官湖北武备学堂监督、提学使、布政使等职。中华民国时期曾任国务总理，并一度以内务总长兼代国务总理摄行大总统职。抗战期间投靠日本，出任伪天津市长、伪河北省长等职。1938年因附敌卖国遇刺，次年死于北平。

程敏侯，生卒年不详，字慎堂，临榆（今河北省秦皇岛市）人。清光绪年间增贡生。

民国十八年铅印本。

2409

［康熙］昌黎县志八卷／（清）王日翼修，（清）高培纂

王日翼，生卒年不详，字健斋，阳城（今山西省阳城县）人。举人。清康熙九年（1670）任昌黎知县，后升顺德府同知。

高培，生卒年不详，昌黎（今河北省昌黎县）人。廪生。

昌黎县，位于河北省东缘，东临渤海。辽设广宁县，金大定二十九年（1189），改为昌黎县。元、明、清均沿袭，为永平府属县。今属河北省秦皇岛市。

清康熙十四年刻本。

2410

［同治］昌黎县志十卷／（清）何崧泰等修，（清）马恂、何尔泰纂

何崧泰，生卒年不详，一作何

嵩泰，字骏生，凤阳（今安徽省凤阳县）人。进士，清同治二年（1863）任昌黎知县。

马恂（1793—1865），字瑟臣，号半士，迁安（今河北省迁安市）人。清道光八年（1828）进士。曾掌锦州凌川书院，官柏乡县教谕。著有《此中语集》。

何尔泰，生卒年不详，字春舫，凤阳（今安徽省凤阳县）人。何崧泰之兄。

清同治五年刻本。

2411

［光绪］昌黎县乡土志不分卷／（清）董光照编

董光照，生卒年不详，昌黎（今河北省昌黎县）人。清光绪二十年（1894）举人，曾执教于碣阳书院。

抄本。

2412

［民国］昌黎县志十二卷首一卷末一卷／金良骥、汪鸿孙修，张念祖、张锡恩纂，安庆云续修，田秀琇续纂，陶宗奇再续修，张鹏翱再续纂

金良骥，生卒年不详，杭县（今浙江省杭州市）人。曾任昌黎知县。

汪鸿孙，生卒年不详，字云宾，盱眙（今江苏省盱眙县）人。监生。

张念祖，生卒年不详，字灼辉，昌黎（今河北省昌黎县）人。

张锡恩，生卒年不详，昌黎（今河北省昌黎县）人。清光绪二十六年（1900）举人。曾官内阁中书、农工部主事。著有《读史漫录》《澹图吟草》《抗希斋诗文稿》。

安庆云，生平事迹不详。

田秀琇，生平事迹不详。

陶宗奇，生卒年不详，开原（今辽宁省开原市）人。清末学堂奖励举人，曾任新民府地方审判厅厅长。1931 年任昌黎知事。

张鹏翱，生卒年不详，清末恩贡，候选直隶州州判，民国初曾为清国史馆誊录学绩俊士。

民国六年修十七年续修二十二年再续修铅印本。

沧州市

2413

［万历］沧州志八卷／（明）李梦熊修，（明）顾震宇纂

李梦熊，生卒年不详，长治

（今属山西省长治市）人。举人。明万历二十九年（1601）任沧州知州。

顾震宇，生卒年不详，昆山（今江苏省昆山市）人。举人。明万历三十年（1602）任沧州学正。

沧州，地处河北省东南，东临渤海，北靠天津，与山东半岛及辽东半岛隔海相望。北魏熙平二年（517）析瀛、冀二州置，治饶安县（今河北盐山县西南）。以沧海为名。唐移治清池县（今河北沧县东南）。辖境相当今天津市海河以南，静海县和河北省青县、泊头市以东，河北省东光县及山东省宁津、乐陵、无棣等市县以北地区。宋以后辖境有变动。元延祐初移治长芦镇（今河北沧州市）。明初以州治清池县省入。清雍正后不辖县，1913年降为县。自古为主要产盐区，著名的长芦盐即产于此。

明万历三十八年刻本。

2414

［康熙］沧州新志十五卷／（清）祖泽潜修，（清）王耀祖纂

祖泽潜，生卒年不详，字亮渊，汉军镶黄旗人。清顺治十二年（1655）进士，康熙九年（1670）任沧州知州。

王耀祖，生卒年不详，滑县（今河南省滑县）人。举人。时任沧州学正。

清康熙十三年刻本。

2415

［康熙］沧州新志十五卷／（清）祖泽潜修，（清）王耀祖纂，（清）闵三元续修，（清）萧载续纂

祖泽潜，见第2414条。

王耀祖，见第2414条。

闵三元，生卒年不详，辽东广宁卫（今属辽宁省北宁市）人。贡士。曾任保昌知县、沧州知州。

萧载，生卒年不详，一作肖载，顺天涿州（今属河北省保定市）人。拔贡。时任沧州儒学训导。

清康熙十三年刻十九年增刻本。

2416

［乾隆］沧州志十六卷／（清）徐时作修，（清）胡淦等纂

徐时作（1697—1777），字邺侯，号筠亭，建宁（今福建省建宁镇）人。清雍正五年（1727）进士。乾隆七年（1742），由邢台知县升任沧州知州。

胡淦，生卒年不详，武进（今属江苏省常州市）人。举人。

清乾隆八年刻本。

2417

［咸丰］重修沧州志稿十四卷／（清）沈如潮等修，（清）董友筠、叶圭绶等纂

沈如潮（？—1853），字月海，桐乡县（今浙江省桐乡市）人。清嘉庆十五年（1810）举人，道光二十九年（1849）知沧州。

董友筠，生卒年不详，字师竹，号柯亭，直隶沧州（今河北省沧州市）人。清嘉庆十九年（1814）进士。拣发湖南，署兴宁，补龙阳，调湘潭，署黔阳，升永顺同知，援例授浙江金衢严道。

叶圭绶，见第1447条。

稿本。

2418

［嘉靖］盐山县志／（明）时尚儒修纂

时尚儒，生卒年不详，临清（今山东省临清市）人。明正德五年（1510）举人。时任盐山县知县。

盐山县，隋开皇十八年（598）改高城县置，属棣州。治所在今河北黄骅市西南三十里旧城乡。大业初属渤海郡。唐属沧州。明洪武九年（1376）移治香鱼馆（今盐山县），位于河北省沧州市东南部，东临渤海。清属天津府。

佚书。

2419

［隆庆］盐山县志／（明）李萼修纂

李萼，生卒年不详，临潼（今属陕西省西安市）人。举人。明隆庆二年（1568）任盐山县知县。

佚书。

2420

［康熙］盐山县志十二卷／（清）朱鸾鸯修，（清）钱国寿纂

朱鸾鸯，生卒年不详，字翔千，泰兴（今江苏省泰兴市）人。清代贡生。曾任盐山县知事。

钱国寿，生卒年不详，字子彭，大兴（今属北京市）人。举人。清康熙七年（1668）任盐山县教谕。

清康熙十年刻本，清康熙十年刻十

二年黄贞麟增刻本。

2421

[同治] 盐山县志十六卷首一卷末一卷 / (清) 王福谦、江毓秀修, (清) 潘震乙纂

王福谦,生卒年不详,字纶阶,云梦(今湖北省云梦县)人。清同治三年(1864)任盐山县知县。

江毓秀,生卒年不详,字左泉,辽东承德(今辽宁省沈阳市)人。清咸丰十年(1860)进士,同治四年(1865)任盐山县知县。

潘震乙,生卒年不详,字心潭,南皮(今河北省南皮县)人。举人。曾修《南皮县志稿》。

清同治七年京都文采斋刻本。

2422

[民国] 盐山新志三十卷 / 孙毓琇修, 贾恩绂纂

孙毓琇,生卒年不详,今浙江省绍兴市人。清国子监出身,曾任临榆县令,1913年任盐山县知事。

贾恩绂,见第2367条。

民国五年刻本。

辽宁省

2423

[正统] 辽东志 / (明) 毕恭、王祥纂修

毕恭(?—1452),字以谦,前屯卫(今辽宁省绥中县西南前卫)籍人。历官辽东都指挥佥事、辽东都指挥使。

王祥(1402—1457),字伯祯,固始(今河南省固始县)人。历官辽东都司都指挥佥事、都指挥同知、都指挥使等职,前后二十余年,功绩显赫。

辽东地区志书,成书于明正统十三年(1443)。是志包含建置沿革、分野疆域、城池道里、山川形胜、坊郭屯堡、烽堠土产、贡赋户口、学校军卫、廨宇铺舍、坛场寺观、桥道驿程、宦迹人物,以及杂志诗文等。

佚书。

2424

[嘉靖] 辽东志九卷 / (明) 任洛等修, (明) 薛廷宠等纂

任洛,生卒年不详,字仲伊,号西溪,钧州(今河南省禹州市)

人。明正德六年（1511）进士，初任桐乡知县，历官左佥都御史，巡抚辽东。刻印过《桐乡县志》《辽东志》。

薛廷宠（1507？—?），字汝承，号萃轩，福清（今福建省福清市）人。明嘉靖十一年（1532）进士，曾任工科左给事中。

是志为明嘉靖十六年（1537），任洛任辽东佥都御史，以正统《辽东志》为蓝本编辑而成。包含地理志、建置志、兵食志、典礼志、官师志、人物志、艺文志、杂志、外志。

明嘉靖十六年刻本，辽海丛书本，抄本。

2425

[嘉靖] 全辽志六卷 /（明）李辅等修，（明）陈绛等纂

李辅，生卒年不详，字近台，进贤（今江西省进贤县）人。明嘉靖三十八年（1559）进士。四十四年（1565）任辽东巡按御史，累官至尚书。

陈绛，生平事迹不详。

李辅于嘉靖四十三年（1564）辅巡抚辽东时，以《辽东志》为基础，删冗补缺，续以新事，并对原目多所更定，四十五年（1566）成书。志分图考（附全辽总图、辽阳镇境图等二十幅）、沿革、山川、赋役、边防、兵政、马政、职官、选举、人物、风俗、方物、祥异、故迹、艺文等十九门。下附星野、关梁、海道、岁运、苑马、流寓、方伎等十六目。该志广泛记载了东北地区的地理、历史、风俗等，为东北及辽宁地区现存最早方志之一。

明嘉靖四十五年刻本，清抄本，抄本，辽海丛书本。

2426

[康熙] 柳边纪略五卷 /（清）杨宾纂

杨宾（1650—1720），字可师，号耕夫，别号大瓢，又号小铁，山阴（今属浙江省绍兴市）人。其父杨越因“通海案”被遣戍宁古塔，故杨宾终生不仕。清康熙二十八年（1689）出塞省亲，次年二月自宁古塔归，将实际考察结果与文献资料相印证，撰成《柳边纪略》。著有《金石源流》《晞发堂稿》。

又作《全辽备考》。柳边，即清代柳条边，系清初为防止内地人入山采参而设置的、由开原至今吉林市北的一道柳条篱笆。是书记述柳边内外形势、山川、官

制、驿站、物产、风俗等。书中记有宁古塔所统三十六个民族部落名称及所处区域，宁古塔东北、鞑靼海岸八个部族入贡情况以及与宁古塔的政治、经济联系等。对鞑靼海产海豹皮、黑龙江大发哈（大马哈）鱼等东北特产，各族人婚姻、待客、宗教活动等习俗都有较详记载。

清抄本，仰视千七百二十九鹤斋丛书本，辽海丛书本，丛书集成初编本。

2427

全辽备考二卷／（清）林佶（杨宾）撰

林佶（1660—1720?），字吉人，侯官（今福建省福州市）人。清康熙五十一年（1712）特赐进士。著有《朴学斋集》。

是书与《柳边纪略》为同书异名，实为杨宾著作《柳边纪略》之抄录本，区别仅在于各段落或内容前冠有适当标目。见“［康熙］柳边纪略五卷”。

民国大连辽海书社铅印本，传抄本。

2428

［咸丰］辽海志略一百六十卷／（清）隋汝龄纂修

隋汝龄，生卒年不详，字九芗，金州（今属辽宁省大连市）人。贡生。历官赣榆知县、江宁府督粮同知。

地方合志。是志分图例、天文、地舆、城池、山川、古迹、建置、沿革、风俗、编年纪事、帝纪、选举、仕宦、名宦、人物、艺文等二十四门，包含盛京地舆、古今地舆、长白山、千山、旅顺等图二十幅，以玄菟、乐浪、辽东、辽西四郡为主，旁及海滨诸国，记旅顺等沿海口岸尤详。

清咸丰二年修抄本。

2429

［民国］东三省纪略十卷／徐曦纂

徐曦，生卒年不详，字炎东，合肥（今安徽省合肥市）人。曾供役于东三省督练处，任军事编辑。

是书分疆域纪略、山川纪略、海疆纪略、边塞纪略、铁路纪略等十卷。介绍了东三省的地理位置、幅员、区划、海岸、港湾与岛屿、额尔古纳河、黑龙江右岸，图们江、乌苏里江左岸等地区的沿革、垦务、资源、民族等内容。全书以说地为主，兼述历史，包含日俄蚕食东北、清朝三百年外交失败、失地勘界、关东州租借本末等。

民国四年铅印本。

2430

［民国］满洲三省地志不分卷／白眉初纂

白眉初（1876—1940），名月恒，河北卢龙县城（今河北省卢龙县）人。近代著名地理学家，河北师范大学前身——直隶女子师范学校教员。著有《中华民国省区全志》《最新物质建设精解》《中国国耻图》《中华民国建设全图》《中华民国改造图》等。

民国十三年铅印本。

2431

［康熙］盛京通志三十二卷／（清）伊把汉、董秉忠等修，（清）孙成等纂，（清）廖腾煃校补

伊把汉（？—1686），亦作伊巴罕，格济勒氏，隶正白旗。初授三等侍卫，任刑部郎中兼佐领。调正白旗蒙古都统。清康熙二十二年（1683）擢前锋统领，授奉天将军。以功累进世职一等拖沙喇哈番。

董秉忠，生卒年不详，号子丹，辽阳（今辽宁省辽阳市）人。举人，时任奉天府尹。

孙成，生卒年不详，大兴（今属北京市）人。举人。清康熙十九年（1680）任锦州府知府。

廖腾煃（1641—1717），字占五，号莲山，将乐（今福建省将乐县）人。清康熙八年（1669）举人。历官知县、府尹、太常寺少卿、光禄寺正卿、左右通政使司、通政使司、都察院右副都御史、户部侍郎等职。著有《浴云楼稿》《海阳纪略》《三大案》《寿世鸿篇》《慎修堂诗集》等。

清代东北地区建省前皆属盛京统部。其辖地东到日本海、鄂霍茨克海、库页岛，西迄山海关、内蒙古以东，南至渤海、黄海及朝鲜，北到外兴安岭（今俄罗斯斯塔诺夫山）及额尔古纳河，统有奉天府尹及盛京（奉天）、吉林、黑龙江三将军所属地区。清光绪三十三年（1807）始改设东三省总督和奉天、吉林、黑龙江三省。

清康熙二十三年刻本，清康熙五十年刻本。

2432

［雍正］盛京通志三十三卷首一卷／（清）吕耀曾、王河修，（清）魏枢等纂

吕耀曾（1679—1743），字宗华，号朴岩，新安（今河南省新安县）人。清康熙四十五年

（1706）进士，时任奉天府尹。

王河，生卒年不详，山阴（今属浙江省绍兴市）人。荫生，时任府丞。

魏枢，生卒年不详，字又弼，一字慎斋，奉天承德（今辽宁省沈阳市）人。清雍正八年（1730）进士。曾任永平府教授。著有《东易问》《春秋管见》。

清雍正十二年抄本。

2433

［乾隆］盛京通志四十八卷首一卷／（清）宋筠等修，（清）魏枢等纂

宋筠（1681—1760），字兰挥，号晋斋，商丘（今河南省商丘市）人。清康熙四十八年（1709）进士，授翰林院检讨，累官奉天府尹。

魏枢，见第2432条。

是志与［雍正］《盛京通志》为一书。

清乾隆元年刻本，清乾隆元年刻咸丰二年雷以诚校补印本。

2434

［乾隆］盛京通志三十二卷图一卷／（清）汪由敦等纂

汪由敦（1692—1758），初名汪良金，字师茗，号谨堂，又号松泉居士，休宁（今安徽省休宁县）人。清雍正二年（1724）举人，同年中进士，入翰林院。历官编修、日讲起居注官、右中允、侍读、侍讲等官。乾隆帝继位，入直南书房辅佐太子，授内阁学士，后累迁户部右侍郎、工部尚书、刑部尚书兼署左都御史，官至太子太傅、军机大臣、吏部尚书。著有《松泉诗文集》等。

清乾隆十三年刻本。

2435

盛京志略不分卷／（清）□□纂

是志约成书于乾隆十八年（1753）。

清抄本。

2436

［乾隆］盛京通志一百三十卷首一卷／（清）阿桂、董诰修，（清）刘谨之、程维岳纂

阿桂（1717—1797），章佳氏，字广廷，号云崖，一作云岩，满洲正蓝旗人，后以新疆战功入正白旗。大学士阿克敦之子，清乾隆三年（1738）举人。历官伊犁将军、兵部尚书、吏部尚书、武英殿大学士兼军机大臣。多次统兵参与平定

准噶尔部、天山南路的战争，用兵大小金川、镇压西北回民起义。主编《满洲源流考》《军需则例》。

董诰（1740—1818），字雅伦，一字西京，号蔗林，富阳（今属浙江省杭州市）人。尚书董邦达之子。清乾隆二十八年（1763）进士。历官军机大臣、户部尚书、文华殿大学士兼刑部尚书，累加至太保衔，封骑都尉世职、充上书房总师傅，任《四库全书》馆副总裁。卒，谥文恭。历仕乾隆、嘉庆两朝，在军机处四十余年，深得重用。上建议皆当面陈奏，不用奏牍。父子历三朝大臣，家中未增置一亩田地、一椽房屋。先后参加编撰《三通》《皇朝礼器图》《全书荟要》《满洲源流考》《高宗实录》。

刘谨之（1739—1787），字朴夫，号退谷，武进（今属江苏省常州市）人。清乾隆二十四年（1759）举人。历官内阁中书、协办内阁侍读、军机处候补中书、入直军机章京、内阁侍读、军机处中书、户部额外主事上行走、户部云南司主事、户部陕西司主事、户部陕西司员外郎、山西道监察御史、户部陕西司郎中、吏科给事中、礼科掌印给事中、方略馆提调、文渊阁校理。卒于任，诰授中宪大夫，加赠鸿胪寺卿衔。

程维岳（1749—?），字申伯，号爱庐，金山（今属上海市）人。清乾隆四十五年（1780）进士，由内阁中书历官山东道御史、军机处行走，颇为大学士阿桂所知，充万寿馆提调兼方略馆总纂。著有《淞笠斋诗墨》等。

清乾隆四十四年木活字印本，清乾隆四十九年武英殿刻本，四库全书本，民国六年铅印本。

2437

［光绪］奉天通志稿／吴廷燮等纂

吴廷燮（1865—1947），原名承荣，字向之，又字次夔，号景牧，江宁（今江苏省南京市）人。清光绪二十一年（1895）举人，历任太原知府、中华民国民政部右参议、内阁法制院参议、大总统秘书、国务院统计局长、清史馆纂修、萃升书院主讲。1928年任奉天通志馆总纂兼纂修处处长。除参加《奉天通志》纂修外，还纂修《奉天备志》《奉天郡邑志》《东三省沿革表》。著有《国史义例》《明春秋草》《万历百官表》《同治纪年录》《山右石刻丛编》《蒙古备志》《藏事辑要》《景牧童文集》等。

清光绪三十三年（1907）裁盛京将军，改设奉天省，治奉天府（今沈阳市）。辖境相当今辽宁省（旧柳边以西除外）及内蒙古自治区呼伦贝尔市、通辽市各一部、吉林省西部和东南部一带地方。1929年改名辽宁省。

清光绪三十四年稿本，抄本。

2438

［民国］奉天通志二百六十卷首一卷／翟文选等修，王树楠等纂

翟文选（1877—1950），字羲人，一作熙人，今吉林省伊通满族自治县人。清末举人。曾任黑龙江将军府全省文案提调、安达厅抚民通判、呼兰厅抚民同知。1912年后，历任北京行政会议黑龙江省代表、黑龙江省警察厅厅长、中华民国北京政府参议院议员、东三省盐运使、奉天省省长、东三省保安委员会委员。1928年，东北易帜后，曾任辽宁省政府委员兼省主席、东北政务委员会委员。1930年中原大战，翌年秋避兵入关。1937年任万国道德会总会理事。

王树楠，见第0686条。

是志分为大事、沿革、疆域、山川、建置、礼俗、氏族、田亩、物产、实业、职官、民治、财政、教育、选举、交通、军备、人物、艺文、金石二十类，其中大事、沿革皆追溯至秦汉以上，其余各类亦古今兼考，不使疏漏。

民国二十三年铅印本。

大连市

2439

［宣统］南金乡土志不分卷／乔德秀编

乔德秀（1849—1916），字兰芝，号希真子，营城子（今属辽宁省大连市）人。清光绪十二年（1886）获金州童试榜首，未入仕途，继承师业遗志。著有《东北要塞鉴古录》《南金乡土志》《营城子会土地沿革概略》《书忍堂治家规则》《鸿指三生录》《女箴》《三芝启蒙》等。

南金，即金县，位于辽东半岛南部，濒临黄、渤二海，清道光改金州厅，辖境为新金、金县、大连、旅顺。是志分形胜志、历史志、政治志、风俗志、文学志、武事志、孝义节烈合志、耆旧志、名宦志、城池志、职官志、祠祀志、户口志、田赋志、山河海岛志附海岸、古迹志、物产志、祥异志、乡土租借政治志十九目。

清宣统三年修民国二十年石印本。

2440

［光绪］庄河乡土志／张士达纂

张士达，生平事迹不详。

存佚不详。

2441

[宣统] 庄河厅志不分卷 / (清) □□纂

庄河厅，南濒黄海辖石城、王家、海洋诸岛。辖境在元时属辽阳路。明属凤凰城界内。清初属盖平县，乾隆三十七年（1772）置岫岩通判，属之。光绪三十二年（1906）自岫岩划出，置庄河厅，并设庄河厅抚民同知。1913年改厅为县，归奉天省东边道。是志记事至清宣统三年（1911），分疆域、沿革、区分、气候、山脉、河流、道路、岛屿、政事、榷税、鹾课、户籍、教育、警察、风俗、宗教、物产等目。

清宣统间修抄本。

2442

[民国] 庄河县志十二卷首一卷 / 廖彭、李绍阳修，宋抡元等纂

廖彭（1865—1926），字錢如，独山（今贵州省独山县）人。廪贡。清光绪十四年（1888）赴贵山书院肄业。十六年（1890）在独山州城充当禀保。后北上到黑龙江，保官至花翎三品衔、奉天候补知府，实授锦西、奉天通判，后在奉天通化、盖平、新民、辽阳、怀德、铁岭、营口、缜安各地为官，升黑龙江绥化知府、奉天新民府知府。1912年任奉天省警察厅厅长，后历任总督府顾问、北路观察使、新民县知事、庄河县知事、铁岭县知事、东边道道尹。

李绍阳，生卒年不详，字薪渊，宜兴（今江苏省宜兴市）人。岁贡。1920年任庄河县知事。

宋抡元，生卒年不详，字孝卿，庄河（今辽宁省庄河市）人。贡生。

庄河，位于辽东半岛东南部，南濒黄海，与长海县隔海相望。1913年改庄河厅置庄河县，属奉天东边道。治所即今辽宁庄河市。因大庄河而得名。1929年属辽宁省。1992年9月撤县建庄河市，由大连市代管。

民国十年铅印本，抄本。

2443

[民国] 庄河县志十八卷首一卷末一卷 / 王佐才等修，杨维嶓、李其实纂

王佐才，生平事迹不详。

杨维嶓，生平事迹不详。

李其实，生平事迹不详。

民国二十三年铅印本。

2444

[光绪]复县乡土志不分卷/(清)□□编

复县，海盐产地，位于辽东半岛中西部，西濒渤海。明置复州卫，清改复州，1913年称复县。1985年撤销，改设瓦房店市。

清宣统间修抄本。

2445

[民国]复县志略不分卷/程廷恒修，张素纂

程廷恒（1878—1930），字守初，别号退思老人，昆山（今江苏省昆山市）人。清宣统年间任抚顺知县。民国初年为宽甸县知事。1917年任复县知事。1921年任督办呼伦贝尔善后事宜兼呼伦贝尔交涉员，为呼伦贝尔地区最高行政长官。

张素，生平事迹不详。

民国九年石印本。

丹东市

2446

[民国]凤凰厅乡土志不分卷/□□编

凤凰，位于辽东半岛东部，黄海北岸。清光绪二年（1876）升凤凰城巡司置凤凰厅，属奉天省。治所即今辽宁凤城市。辖境相当今辽宁凤城市及宽甸满族自治县地。1913年改为凤凰县，次年改为凤城县。1985年撤销凤城县，设立凤城满族自治县。1994年撤销凤城满族自治县，设立凤城市。

抄本。

2447

[民国]安东县志八卷首一卷/关定保等修，于云峰等纂

关定保（1881—1935），字义安，辽阳镶蓝旗满族，瓜尔佳氏，辽阳（今辽宁省辽阳市）人。拔贡。1922年，由辽中调任安东县知事。“皇姑屯事件”发生前曾任东北政务厅厅长。

于云峰（约1870—?），字子仞，莱阳（今山东省莱阳市）人。附生。曾任辑安县立师范学校教员。

清光绪二年（1876）析岫岩厅地置安东县，属岫岩厅，后属凤凰厅。治所在沙河镇（今辽宁省丹东市）。1903年中美、中日通商航海条约开为商埠。民国初为奉天东边道治。1929年直属辽宁省。1946年析置安东市，县治迁大东沟（今东港市）。1965 年改名东沟县。1993 年改设东港市。甲午、甲辰两役，日军由此渡江侵入中国。

民国二十年铅印本。

锦州市

2448

［康熙］锦州府志十卷／（清）刘源溥、孙成修，（清）范勋纂

刘源溥，生卒年不详，直隶清苑（今河北省清苑县）籍，高阳举人。清康熙十四年（1675）任知府。

孙成，见第 2431 条。

范勋，生卒年不详，定兴（今河北省定兴县）人。恩贡出身。修志名家，专研古文辞三十年，先后纂成《锦县志》《宁远州志》《广宁县志》《锦州府志》。

锦州，位于辽宁省的西南部，南临渤海。清康熙四年（1665）改广宁府置锦州府，属奉天府尹。治所在锦县（今辽宁凌海市）。光绪时辖境相当今辽宁锦州、凌海、北宁、黑山、绥中、兴城、台安、葫芦岛、义县等市县地。1913 年废。

清康熙二十一年修抄本，辽海丛书底稿本，辽海丛书本。

2449

［光绪］锦州府乡土志不分卷／（清）朱孝威纂

朱孝威，生卒年不详，字闰生，归安（今浙江省湖州市）人。监生。清光绪三十三年（1907）任锦县知县。

清光绪三十四年纂抄本。

2450

［康熙］锦县志八卷／（清）王奕曾修，（清）范勋等纂

王奕曾，生卒年不详，辽阳（今辽宁省辽阳市）人。贡监。清康熙十七年（1678）任知县，二十一年（1682）升滦州知府。

范勋，见第 2448 条。

锦县，位于辽宁省西南部、渤海辽东湾畔。清康熙三年（1664）（一说康熙元年）置锦县，治今辽宁省锦州市。为锦州府治。宣统三年（1911）废。1913 年复置，治今锦州市区。1949 年迁治大凌河镇。1993 年撤销改设凌海市。

清康熙二十一年修抄本。

2451

[光绪] 锦县乡土志一卷 / (清) 田征葵纂

田征葵，生卒年不详，昌平(今属北京市)人。曾任锦县知县。

是志分历史、政绩录、耆旧录、人类、户口、实业、地理、古迹、祠庙、坊表、桥梁、市镇、学堂、山、水、道路、物产、商务十八目。记事多以现状为主。户口、实业、商务尤详，记述锦县销往威海、天津、沈阳、吉林等地农副产品数量。

清光绪三十三年纂宣统二年抄本，一九六二年辽宁省图书馆油印本。

2452

[民国] 锦县志略二十四卷首一卷 / 王文藻修，陆善格、朱显廷纂

王文藻，生卒年不详，字容侪，宛平(今属北京市)人。1916年任知县。

陆善格(1848—1919)，字宝臣，锦县(今辽宁省凌海市)人。清光绪六年(1880)进士。曾任安徽候补道。

朱显廷(1849—1934)，锦县(今辽宁省凌海市)人。清光绪二年(1876)进士，曾任都察院给事中。

民国九年铅印本。

2453

[伪康德] 锦县县政概况 / (伪)县公署编

是书包含县沿革、地积、风俗、县公署及附属机关组织、行政区划、主要都市、区村制度、户口、财政、金融、警察治安、司法、教育、卫生、交通、农业、林业、畜产业、商工业、矿业、水产业、度量衡、社会事业、其他在县各机关等。

伪康德二年铅印本。

2454

[伪康德] 锦县要览 / (伪)县公署编

是书包含沿革、地志、人口面积、行政组织、市政、财政、治安、教育、卫生、产业、交通、社会事业、古迹、古物、各所、结论等。附录街树区域一览、锦县舆图。

伪康德四年铅印本。

2455

[伪康德] 锦县志拾遗十二卷 / 王鹤龄纂

王鹤龄(1873—?)，字子笙，

义县（今辽宁省义县）人。清优附生。著有《义县志》《辽东进士考略》《义州孔庙志》等。

民国二十九年稿本，民国三十一年油印本。

营口市

2456

［康熙］盖平县志二卷／（清）骆云纂修

骆云，生卒年不详，海盐（今浙江省海盐县）人。清康熙六年（1667）进士，十八年（1679）任盖平知县。

盖平县，位于辽东半岛西北部，渤海辽东湾东岸。清康熙三年（1664）置，属奉天府。治所即今辽宁盖州市。民国属奉天辽沈道，1929年直属辽宁省。1965年改名盖县。1992年改设盖州市。

清康熙二十一年修抄本，辽海丛书本。

2457

［光绪］盖平县乡土志二卷／（清）沈庆扬纂

沈庆扬（1875—1910），字羹唐，号菊邨，盖平县（今辽宁省盖州市）人，清宣统元年（1909）优贡生，曾任盖州劝学所总董。

抄本，伪康德九年抄本。

2458

［光绪］盖平县乡土志／（清）张国珍纂

张国珍，生卒年不详，冀州（今属河北省衡水市）人。举人。时任盖平儒学训导。

清光绪三十四年纂抄本。

2459

［宣统］盖平县志／（清）王渠曾纂修

王渠曾，生平事迹不详。

清宣统元年修抄本。

2460

［民国］盖平县乡土志二卷／章运熺修，崔正峰、郭春藻纂

章运熺，生卒年不详，一作章运熹，字衡卿，绍兴（今浙江省绍兴市）人。1919年任盖平县知事。

崔正峰，生卒年不详，字溪珊，盖平（今辽宁省盖州市）人。清附贡。

郭春藻，生卒年不详，字荫轩，盖平（今辽宁省盖州市）人。

曾任劝学所劝学员。

民国九年石印本。

2461

[民国] 盖平县志十六卷首一卷末一卷 / 石秀峰、辛广瑞修，王郁云纂

石秀峰，生卒年不详，字逢瀛，开原（今辽宁省开原市）人。庠生。1925年任盖平县长。

辛广瑞，生卒年不详，字祥民，五常（今黑龙江省五常市）人。毕业于北京国立法政专门学校。1929年任盖平县长。

王郁云（1861—?），字兆林，号友陶耕者、师愚道人，盖平（今辽宁省盖州市）人。清光绪十七年（1891）举人，曾任县图书馆馆长。著有《友陶耕者轩诗集》《友陶耕者轩文集》。

民国十九年铅印本。

2462

[民国] 盖平县政概况 / （伪）县公署编

是书共十一章，分县沿革、地志、风俗、行政、财政、警察治安、产业、交通、教育宗教、社会事业、结论。

油印本。

2463

[民国] 营口县志二十三篇 / 杨晋源修，王庆云纂

杨晋源（1886—?），字君青，辽宁沈阳（今辽宁省沈阳市）人。国立北平大学文科毕业，曾任教育部参事、奉天省教育厅第四科长。伪满时任营口县长。1938年任沈阳县长。

王庆云，生卒年不详，营口（今辽宁省营口市）人。清末举人。时任县志编辑主任。

营口，地处辽东半岛中枢，渤海东岸，大辽河入海口处。1913年改营口厅置营口县，属奉天辽沈道。治所即今辽宁营口市。1929年属辽宁省。1938年改设营口市。1949年复置营口县，移治大石桥镇（今大石桥市）。1992年改设大石桥市。

伪满大同二年石印本，民国二十四年油印本。

盘锦市

2464

[光绪] 盘山厅乡土志不分卷 / （清）柴朴编

柴朴（1853—1905），字子

棫，一字棫亭，号春台，臬兰（今甘肃省臬兰县）人。清光绪二十年（1894）进士。曾任抚民通判。

盘山厅，清光绪三十二年（1906）置，属锦州府，辖境相当今盘山县一带。1913年改为盘山县。

清光绪三十三年修抄本，一九六二年辽宁省图书馆油印本。

2465

［宣统］盘山厅志不分卷／（清）杨绍宗纂修

杨绍宗，生卒年不详，字润荃，天津（今天津市）人。清光绪十一年（1885）举人，补义州知州。曾两任岫岩县知事。宣统元年（1909）调承德县任。曾任盘山厅通判。

清宣统二年修抄本。

2466

［民国］盘山县志略不分卷／马俊显修，孙名耀等纂

马俊显（1855—1923），字绩卿，正白旗人。历任承德、新民、海城、黑山、岫岩、康平、辽阳、辽中、四平等地的县令、同知、通判、知州、知府等。清宣统三年（1910）任通判，1913年改称县知事。

孙名耀（1859—1941），字星桥，盘山（今辽宁省盘山县）人。岁贡，历任候补直隶州州判、县劝学所总董、县议会议长。

盘山县，辽东半岛与辽西走廊的汇合处，南濒渤海，海盐产地。1913年改盘山厅置，属奉天辽沈道。治所在双台子（今辽宁盘山县）。1929年直属辽宁省。

民国四年修抄本。

2467

［伪康德］盘山县志不分卷／李瑞凝修，李蓉镜纂

李瑞凝，生卒年不详，字兴然，辽中（今属辽宁省沈阳市）人，伪满洲国时任盘山县长。

李蓉镜（1868—1946），字虚堂，大洼（今属辽宁省盘锦市）人。毕业于奉天法政专门学校法律别科。曾任奉天警道总务科委民政司民治科科员，盘山县劝学员长，辽阳地方检察厅官。历充任邱、正定、文安、南乐、安平、静海等县承审员、高等检察厅书记官，后又曾任广宁县知事。1928年任奉天禁烟善后局总务科长。1931年，日本军队占领沈阳后，回到盘山县组织临时地方治安维持会。1932年任伪盘山县治安执行委员会委员长，旋因与总

务科长崛泽（日本人）发生争议而辞去委员长之职。1934年，任盘山县县志馆馆长，督修、纂修《盘山县志》。

是志立有地理、人物、政治、人事物产、艺文六志，前附县图。

伪康德元年铅印本。

葫芦岛市

2468

[光绪] 锦西厅乡土志 /（清）□□撰

锦西，位于辽东湾西北，南濒渤海。锦西厅，清光绪三十二年（1906）以江家屯厅改名，治今辽宁省葫芦岛市西北钢屯镇。属锦州府。

存佚不详。

2469

[宣统] 锦西厅乡土志一卷 /（清）于凌霄、王桂岩纂

于凌霄，生卒年不详，字文波，锦西（今辽宁省葫芦岛市）人。

王桂岩，生卒年不详，字香山，西王家屯（今属辽宁省葫芦岛市连山区）人。

又作《锦西县乡土志》。首志创修于清光绪三十四年（1908），是志为宣统二年（1910）重修本。是志冠有序、全局图。志分历史（附职官）、政绩录、兵事录、耆旧录、人类、户口、氏族、宗教、实业、地理、山、水、道路、物产十四目。记事始于设治，迄宣统二年（1910）。

清宣统三年修抄本。

2470

[宣统] 锦西县乡土志 /（清）于凌霄、王桂岩纂

于凌霄，见第2469条。

王桂岩，见第2469条。

见“[宣统] 锦西厅乡土志一卷”。

2471

[民国] 锦西县志六卷 / 张鉴唐、刘焕文修，郭逵等纂

张鉴唐，生卒年不详，字挹山、葆山、葆珊，绥中（今辽宁省绥中县）人。毕业于吉林政法学校，曾任锦西知县。

刘焕文，生卒年不详，字绮章，北镇（今属辽宁省锦州市）人。曾任锦西知县。

郭逵，生卒年不详，字抱一，锦西（今辽宁省葫芦岛市）人。

1913 年改锦西厅置锦西县，属奉天辽沈道。1929 年直属辽宁省。1931 年迁连山堡（今辽宁省葫芦岛市）。1985 年改设锦西市。1994 年改名葫芦岛市。

民国十八年铅印本。

2472

[康熙] 宁远州志八卷／（清）冯昌奕等修，（清）范勋纂

冯昌奕（？—1681），蒲州（今山西省永济市）人。清顺治十五年（1658）进士，康熙十七年（1678）任知州。

范勋，见第 2448 条。

宁远州，现名兴城市，由葫芦岛市代管，位于辽东湾西岸，东南濒临渤海。清康熙二年（1663）改宁远卫置宁远州，属奉天府（后改属锦州府）。治所在今辽宁兴城市。1913 年改为宁远县，次年又更名为兴城县。

清康熙二十一年修抄本。

2473

[光绪] 宁远州志不分卷／（清）□□纂修

清光绪三十四年修抄本。

2474

[光绪] 宁远州乡土志不分卷／（清）□□撰

清光绪三十四年抄本。

2475

[民国] 兴城县志十五卷首一卷音义一卷／恩麟、王恩士修，杨荫芳等纂

恩麟（1882—?），字锡三，法库（今辽宁省法库县）人。1912 年奉天法政专门学校毕业。历任开鲁、兴城、沈阳县知事，沈阳、洮南税捐局长。伪满时期历任奉天市政公署财政处长、秘书长，热河省公署理事官、实业厅长、民政厅长等职。1937 年任伪满制糖株式会社取缔役（经理）。1945 年抗日战争胜利后，参与组织辽宁省维持会等活动。

王恩士（1899—?），字一笠，号冠衫，铁岭（今辽宁省铁岭市）人。1919 年毕业于日本明治大学法科，获灵学（精神学）博士学位。回国后历任陆军部法官、奉天戒严司令部执法处长、兴城县知事、京都市政顾问、东北宪兵司令部执法课长兼咨议。

杨荫芳，生卒年不详，兴城（今辽宁省兴城市）人。监生。

辽移兴州之民筑城置兴城县，治今辽宁省兴城市，属中京道。金属兴中府。元废。1914 年复改宁远县置。1986 年撤销，改设兴城市。

民国十六年铅印本。

2476

［伪康德］兴城县政概况／（伪）兴城县公署

是书系按伪满所订“标准目录”而撰，属年度报告性质，共二十四章，多统计图表，载 1934 年兴城县政治、经济、文化诸方面概况。

伪康德二年铅印本。

2477

［伪康德］兴城县政概况二卷／（伪）兴城县公署

是书共二十五章，为伪康德二年本的增订本，中日文对照载 1936—1937 年兴城县政治、经济、文化诸方面概况。

伪康德四年铅印本。

2478

［光绪］绥中县乡土志不分卷／（清）□□撰

绥中县，位于辽宁省西南部，濒临辽东湾面向渤海。清光绪二十八年（1902）置，属锦州府。治所在中后所城（今辽宁绥中县）。民国初属奉天辽沈道。1929 年直属辽宁省。

清光绪抄本，抄本。

2479

［宣统］绥中县志／徐埏芝修

徐埏芝，生卒年不详，字甫垓，汉军旗人。清光绪间举人，三十四年（1908）任绥中县知事。

存佚不详。

2480

［民国］绥中县志十八卷首一卷／文镒修，范炳勋等纂

文镒，生卒年不详，字纯如，京兆人，荫生。1926 年任绥中县知事。

范炳勋，生卒年不详，字杏桥，绥中（今辽宁省绥中县）人。清宣统间拔贡。

民国十八年铅印本。

2481

［民国］绥中县志续编二卷／温继峤修，席文汇纂

温继峤，生平事迹不详。

席文汇，生卒年不详，字子

彬，绥中（今辽宁省绥中县）人，清附贡。

民国二十二年铅印本。

吉林省

2482

[道光] 吉林外纪十卷 / (清) 萨英额纂

萨英额，生卒年不详，汉姓张，字吉夫，满洲正黄旗人。清道光初任吉林堂主事，寻任西陵工部郎中。

吉林，吉林将军辖区。清康熙十五年（1676），宁古塔将军移驻吉林乌拉城（今吉林市），乾隆二十二年（1757）改称吉林将军。光绪三十三年（1907），裁吉林将军，以其辖区改建吉林省。清前期，吉林省辖境一直延伸至海岸线，比邻日本海，包括今吉林省东部、黑龙江省东部、俄罗斯滨海边疆区和哈巴罗夫斯克边疆区南部，在清朝省区面积中占列第六、七位。咸丰十年（1860），清廷与俄国签订《中俄北京条约》，割让了乌苏里江以东（包括库页岛）约四十万平方公里的领土，吉林由此仅剩下内陆。是书分二十七门。卷一御制诗歌；卷二疆域形胜、山川、城池；卷三满洲蒙古汉军、建置沿革、驿站、船舰桥梁；卷四职官、兵额；卷五俸饷仓储、事宜；卷六学校、学额、儒林文苑、祠祀；卷七田赋、物产、公署、人物；卷八时令、风俗、贞节、杂记；卷九古迹；卷十双城堡、伯都讷屯田。

清抄本，渐西村舍汇刊本，小方壶斋舆地丛钞本，广雅书局丛书本，丛书集成初编本。

2483

[光绪] 吉林志略不分卷 / (清) 袁昶辑

袁昶（1846—1900），原名振蟾，字爽秋，一字重黎，晚号芳郭钝叟、钝椎、渐西村人，桐庐（今浙江省桐庐县）人。清光绪间进士，由户部主事转总理衙门章京，办外交事务多年。戊戌变法时，以太常寺卿在总理衙门行走。二十六年（1900）义和团运动兴起，力主镇压。八国联军进犯大沽，朝议和战，反对围攻使馆被杀。著有《渐西村人诗初集》《安般簃集》《袁忠节公遗诗》《安般簃集诗续》《于湖小集》《于湖文录》《袁太常戊戌条陈》《袁太常奏稿》等。

又作《吉林省志略》。是书分上下两卷，无目次。上卷载录清光绪四年至八年（1878—1882）间，吉林将军铭安关于变通吉林地方官制，增设改设府、厅、州、县的奏折。下卷以省垣为中心，记述八方山川里到、官丁差役、驿务情况，以及向朝廷恭进之各类贡品等。

清光绪八年稿本。

2484

吉林省志略

见“［光绪］吉林志略”。

2485

［光绪］吉林通志一百二十二卷图一卷／（清）长顺、讷钦修，（清）李桂林、顾云纂

长顺（1839—1904），又作常顺，字鹤汀，亦作和亭，正白旗人。末代皇后婉容之曾祖父。清咸丰十一年（1861）任京旗副都统，从胜保征捻军，翌年迁二等侍卫。后历官科布多参赞大臣、察哈尔帮办大臣、乌鲁木齐都统、吉林将军。历仕咸丰、同治、光绪三朝，卒，赠太子少保、一等轻车都尉，谥忠靖。曾倡修《吉林通志》。

讷钦（？—1900），字子安，瓜尔佳氏，满洲正白旗人。幼丧父，及长入行伍。清同治年间以缉捕勤能，受领骁骑校防御佐领等缺补用，戴蓝翎。光绪初历官正红旗满洲协领、副都统、盛字营统领、山东青州副都统、盛京仁字军统领，二十六年（1900）奉命带队守山海关，补任盛京副都统。

李桂林（1837—1910），字子丹，直隶临榆（今属河北省）人。清光绪二年（1876）进士，散馆授编修。光绪十一年（1885）任贵州主考官，官至山西大同知府。

顾云，生卒年不详，廪贡生出身，总办提调。

是志包含圣训志、天章志、大事志、沿革志、舆地志（包括天度、疆域、山、水道表、水道、城池、廨署、坛庙附祠祀、风俗）、食货志（包括户口、田赋、屯垦、蠲缓、物产、土贡）、经制志（包括礼仪、禄饷、仓储、钱法、矿厂、商务、征权）、学校志（包括祀典、学宫、学署、学额、选举、书院）、武备志（包括兵制、驻防、练军、靖边军、吉林营练军、分界、船舰、驿站）、职官志（包括国朝、国朝表、裁缺表、宦绩）、人物志（包括唐辽、金、元明、国朝世职表，忠义、耆旧、寓贤、列女）、金石志、志余。

清光绪二十六年刻本，清光绪二十六年刻民国十九年印本。

2486

［光绪］吉林通志一百十六卷首一卷／（清）长顺等修，（清）李桂林、顾云纂

长顺，见第 2485 条。
李桂林，见第 2485 条。
顾云，见第 2485 条。

清光绪抄本，抄本。

2487

［民国］吉林地志不分卷／魏声龢纂

魏声龢，见第 1527 条。

全书叙述以由省垣而西北，而东北，而南，疆域接连，依为编纂之次序。对地点、位置、山川、方向进行前后互证。吉林地名有音义可释者，附以释音义，无音义可释者，则列以土名。

民国二年铅印本。

2488

［伪康德］吉林省乡土志不分卷／［伪］吉林省民政厅编

是志记述 1939 年时，吉林省所辖吉林市和永吉、蛟河、敦化等十八县的地名由来、神话传说、乡贤逸闻遗事、民谣俚语、文献及名著、特殊风俗习惯及民族变迁原因等。

民国二十八年铅印本。

2489

［伪康德］吉林新志二编／刘爽编

刘爽（1894—1984），字迪康，德惠（今吉林省德惠市）人。专攻历史地理科于北平师范大学。历任吉林省立、私立各中学师范教职员及五中、女师、三师等校校长，吉林大学训育部主任兼历史地理科讲师等。著有《吉林新志》《满洲海疆详志》。

全书分上、下编。上编为自然部分，包含疆域、地形、地质、气候、物产。下编为人文部分，包含名称及沿革、区划、人民、教育、实业、交通、财政、货币、金融、行政、军事、外交、都埠及市镇、古迹。

民国二十三年铅印本。

白山市

2490

［民国］珲春县志二十三卷首一卷／朱约之、崔龙藩修

朱约之（1885—?），字幼航，

滦县（今河北省滦县）人。毕业于京师高等巡警学堂，曾任警差、科长、吉林扶余土地清丈局帮办、哈尔滨临时员警署总稽查官、吉林桦甸县知事。

崔龙藩，生卒年不详，字果兰，义州（今辽宁省义县）人。历官伊通、扶余、双阳法官，珲春知县。

珲春，位于吉林省最东端，图们江下游，东、南界俄罗斯东海滨省，西接朝鲜，北邻东宁厅。珲春县，1913 年由珲春厅改置。1988 年撤销，改设珲春市。

民国十六年修二十年复写本。

2491

［伪康德］珲春县乡土志二十二卷／林珪修，徐宗伟纂

林珪（1884—?），字伯桓，闽侯（今福建省闽侯县）人。候补直隶知州，历官蠡县、宝坻、大城、阳原、长岭、珠河等县知事，1933 年任伪珲春县县长。

徐宗伟（1897—?），字孝先，珲春（今吉林省珲春市）人。吉林省立甲种农业学校、吉林省立自治研究所、日语传习所毕业，历官珲春、汪清两县督学、珲春县视学、珲春县义务教育委员会主席、珲春县民众教育委员会主席、伪珲春县教育局局长、伪珲春县公署内务局行政股长等。

民国二十四年油印本。

牡丹江市

2492

［康熙］宁古塔纪略一卷／（清）吴振臣纂

吴振臣，见第 1691 条。

宁古塔为古地名，约今黑龙江省牡丹江市一带，范围大概在图们江以北，乌苏里江以东，地靠日本海，旧属吉林管辖。吴振臣生于宁古塔，是书记述其父吴汉槎自顺治十六年（1659）因科场案放逐于宁古塔，至康熙二十年（1681）遇赦归里之全过程。其中，载事多为吴振臣所见所闻和亲身经历，包含山川、疆里、气候、草木鸟兽、被服、饮食、制作、渔猎、民族语言、交通驿站、民族关系、土著流人生活、礼俗、兵制、官庄等内容。

清康熙六十年刻本，昭代丛书本，小方壶斋舆地丛钞本，渐西村舍汇刊本，丛书集成初编本。

2493

［光绪］宁古塔地方乡土志不分卷／（清）富尔丹纂

富尔丹，生卒年不详，字森

堂，满洲正红旗人。清光绪五年（1879）任吉林副都统，二十二年（1896）降为协领。

黑龙江乡土志，是为宁古塔第一部以调查材料为主的志书。是志为修《吉林通志》提供数据而奉檄编撰。正文分沿革、城池、驿站、仕宦、官署、田赋、坛庙、疆域、桥梁、渡口、古迹、山川、物产、户口十四目，为考证清代东北版图变化和吉林、黑龙江沿革的重要材料。

清光绪十七年抄本。

上海市

2494

松江府图志／（元）□□撰

是志亦名《松江旧图经》，修于元至元间。

佚书。

2495

［大德］松江郡志八卷／（元）王光祖修，（元）刘蒙纂，（元）张之翰续修，（元）卫谦增纂

王光祖，生卒年不详，南湖（今浙江省嘉兴市）人。元至元中知松江府。

刘蒙，生卒年不详，四明（今浙江省宁波市）人。元大德间任教授。

张之翰（？—1296），字周卿，别号西岩老人，邯郸（今河北省邯郸市）人。元中统初任洺磁路知事。至元中历官行台御史，按察福建行省，又任户部郎。至元末累升为翰林侍讲学士，授松江知府。著有《西岩集》。

卫谦，生卒年不详，字有山，一字山甫，号山斋，华亭（今上海市松江区）人。宋进士。元初授温州路治中，不就。著有《读易管窥》。

一作《松江志》。

佚书。

2496

松江志

见“［大德］松江郡志八卷”。

2497

［至正］续松江志八卷／（元）钱全衮纂修

钱全衮（1290—1372），字庆余，自号东吴散人，祖钱福，宋承务郎，由钱塘移居华亭（今上海市松江区）。元至正年间，松江达鲁花赤密里沙推举其任从事职。后张士诚据吴，受召不肯称臣，遂隐

居山林。著有《海上方》。

佚书。

2498

［正统］松江府新志三卷／（明）魏骥修，（明）孙鼎增修

魏骥（1374—1471），字仲房，号南斋，萧山（今属浙江省杭州市）人。明永乐三年（1405）举人。曾参与《永乐大典》纂修，书成荐任太常博士。宣德中任吏部考功员外郎、南京太常寺少卿。正统中历官吏、礼部左侍郎、吏部尚书。

孙鼎（1392—1457），字宜铉，庐陵（今江西省吉安市）人。明永乐间举人，官松江教授。正统八年（1443）被荐为御史，督南畿学政，人称贞孝先生。著有《新编诗义集说》。

佚书。

2499

［正德］松江府志三十二卷／（明）陈威、喻时修，（明）顾清纂

陈威，生卒年不详，字民望，临川（今属江西省抚州市）人。明弘治三年（1490）进士。时任松江府知府。

喻时，生卒年不详，字子乾，内江（今四川省内江市）人。明弘治九年（1496）进士。历官监察御史、兵部侍郎，正德六年（1511）任松江知府。

顾清（1460—1528），字士廉，号东江，华亭（今上海市松江区）人。明弘治五年（1492）南京乡试第一，翌年成进士，历官至南京礼部尚书。著有《东江集》。

明正德七年刻本。

2500

松江府属旧志二种／陈乃乾等辑

陈乃乾（1896—1971），名乾，字乃乾，以字行，曾用笔名有东君、新陈、雨恕、殷韵初，世居海宁硖石（今属浙江省海宁市）。辛亥革命后移居上海。历任上海进步书店、中华书局、大东书局、开明书店、北京古籍出版社编辑，中国书店经理，上海通志馆、上海文献委员会、上海市文化局社会文化事业管理处编纂，持志书院、国民大学教授等职。撰有《共读楼藏年谱目录》《慎初堂所藏书目》《测海楼善本书目》《室名别号索引》等。

是书辑明［正德］《金山卫志》、［嘉靖］《上海县志》而成。

民国二十一年上海传真社影印明刻本。

2501

[崇祯] 松江府志五十八卷首一卷 / (明) 方岳贡修, (明) 陈继儒等纂

方岳贡（？—1644），字四长，号禹修，湖广谷城（今湖北省谷城县）人。明天启二年（1622）进士，授户部主事，进郎中，后任点仓库督、永平粮储。崇祯元年（1628）任松江知府，后改任山东副使兼右参议，总理江南粮储，擢左副都御史。十六年（1643）兼任东阁大学士。明代阁臣中带都御史衔者，自岳贡开始。次年任户、兵二部尚书兼文渊阁大学士，总督漕运、屯兵、练兵等。李自成占领北京，自缢被救，后绝食而死。著有《国纬集》《经世文篇》《是政篇》等。

陈继儒（1558—1639），字仲醇，号眉公、眉道人、麋公、麋道人、白石山樵、白石樵、空青子、雪堂、醇儒，华亭（今上海市松江区）人。诸生。年二十九即隐居昆山，后筑室东畲山杜门著述。著有《眉公十集》《古文品外录》《古论大观》《畲山诗话》等。

明崇祯三年刻本。

2502

[崇祯] 松江府志九十四卷 / (明) 方岳贡修, (明) 陈继儒等纂

方岳贡，见第2501条。

陈继儒，见第2501条。

明崇祯四年增刻本。

2503

[康熙] 松江府志五十四卷图经一卷 / (清) 郭廷弼修, (清) 周建鼎、包尔赓纂

郭廷弼，字会吾，奉天镶白旗人。贡生，时任松江府知府。

周建鼎（1599—1655），字西生，号淹稚，颍州汝阴（今安徽省阜阳市）人。清顺治三年（1646）举人，十二年（1655）进士。历官嘉定县教谕、松江府儒学教授、玉田县知县。著有《练川集》等。

包尔赓（1599—1671），一作包尔庚，字长明，又字宜壑，华亭（今属上海市）人。明崇祯九年（1636）举人，翌年进士。选广东罗定知州，以政绩行取兵部给事中。传清初出家，法号法智，字破门。著有《直木居诗集》《包长明稿》。

清康熙二年刻本。

2504

［康熙］补辑松江府志不分卷／（清）鲁超修，（清）林子卿纂

鲁超，生卒年不详，字文远，一字文元，号谦庵，会稽（今属浙江省绍兴市）人，大兴籍。清顺治十七年（1660）监生。召见，赐翰林院庶吉士，后改中书，出为苏州府同知。康熙十五年（1676）擢知松江府，迁淮扬道副使，官至广东布政使。著有《群雅集》《谦庵词》。

林子卿，生卒年不详，字安国，华亭（今上海市松江区）人。监生。入蔡毓荣幕，为其撰《通鉴纪事本末笺注》《素园稿》。

清康熙二十年修清闻人倓抄本，抄本。

2505

［嘉庆］松江府志八十四卷首二卷图一卷／（清）宋如林修，（清）孙星衍、莫晋纂

宋如林（约1770—1845），字仁圃，汉军镶红旗人。清嘉庆十八年（1813）任松江知府。

孙星衍，见第1193条。

莫晋（1721？—1796），字锡三，一字裴舟，号宝斋，会稽（今属浙江省绍兴市）人。清乾隆六十年（1795）恩科探花，授翰林院编修。而后大考翰詹，成绩上等，擢升翰林院侍讲。历官福建乡试主考官、山西学道、侍读、詹事府右春坊右庶子、翰林院侍讲学士、武会试副考官、侍读学士、日讲起居注官、通政使司副使、太仆寺卿、太常寺卿、江苏学政、通政司使、副都御史、左副都御史、候补内阁学士。著有《来雨轩存稿》。

清嘉庆二十三年松江府学明伦堂刻本。

2506

［光绪］松江府续志四十卷首一卷图一卷／（清）博润修，（清）姚光发等纂

博润，生卒年不详，正黄旗人。生员，时任松江府知府。

姚光发，生卒年不详，字衡堂，号蘅塘，娄县（今属上海市）人。由拔贡任高邮州训导。清道光二十一年（1841）进士，选庶吉士，散馆改户部主事。

元至元十四年（1277）置华亭府，次年改为松江府。治华亭县，辖境相当今上海市松江区以南地区。属江浙行省。明属南京。清属江苏省。1912年废。

清光绪十年刻本。

2507

［光绪］松江府志摘要一卷／（清）闵山苌辑

闵山苌，生卒年不详，华亭（今上海市松江区）人。

申报馆丛书本。

2508

［道光］川沙抚民厅志十二卷首一卷／（清）何士祁修，（清）姚椿、周墉纂

何士祁，生卒年不详，字仲京，号竹芗，山阴（今属浙江省绍兴市）人。清道光元年（1821）举人，翌年进士。道光年间曾三次任川沙厅事。

姚椿（1777—1853），字子寿，一字春木，号鲁亭、樗寮子（生），娄县（今属上海市）人。四川布政使姚令仪之子。著有《通艺阁诗录》《晚学斋文录》等。

周墉，生平事迹不详。

川沙，位于今浦东新区高桥港一带。明初川沙镇叫八团镇，为下沙盐场三分场场部。明代万历年间称为“滨海巨镇”，明嘉靖三十六年（1557）在上海县（今上海市闵行区）八团筑城，名川沙堡，为海防要地，八团镇改名为川沙堡城。清初设守备千总镇守，雍正四年（1726）建南汇县，嘉庆十七年（1812）置川沙抚民厅，设抚民同知，隶松江府，简称川沙厅。宣统三年（1911）辛亥革命后改厅为县，置川沙县公署。1992年川沙县撤销，川沙镇划入浦东新区。

清道光十六年刻本。

2509

［光绪］川沙厅志十四卷首一卷末一卷／（清）陈方瀛修，（清）俞樾等纂

陈方瀛，生卒年不详，字仙海，海盐（今浙江省海盐县）人。早年曾随万青黎、许道身办理盐务、军需、河运等事。叙劳奖通判，分发江苏，历办苏省清粮善后局差，调办洋务局。张之洞抚吴，辟为幕僚。清同治十年（1871）补川沙厅抚民同知，在任十年多有善政。著有《思寒斋文钞》《华山半席诗稿》等。

俞樾，见第2351条。

清光绪五年刻本。

2510

［民国］川沙乡土志不分卷／陆培亮编

陆培亮（1888—1969），字叔

昂，江苏川沙（今上海市浦东新区）人。陆炳麟之子。清光绪三十三年（1907）在上海龙门师范学堂本科毕业，师范科贡生加训导衔。曾任县视学、督学、教育局长。著有《川沙教育状况》《民国六年上海教育三区概况》《川沙县公立小学校沿革纪要》《公立小学校史》《徐家桥乡村改进会情况》等。

民国七年铅印本。

2511

［民国］川沙县志二十四卷首一卷／方鸿铠、陆炳麟修，黄炎培纂

方鸿铠，生卒年不详，吴县（今属江苏省苏州市）人。清末曾长期任川沙厅署钱谷师爷。辛亥革命后任川沙厅民政长（后改名县知事）。

陆炳麟（1857—1938），字衡汀，江苏川沙（今上海市浦东新区）人。清同治十三年（1874）入府学。光绪二十六年（1900）岁贡生。曾任川沙学务公会南九区议长、议员。1921年任川沙县公署第三科主任。

黄炎培（1877—1965），号楚南，旋改韧之，后改任之，笔名抱一，江苏川沙（今上海市浦东新区）人。清光绪三十一年（1905）加入中国同盟会。1911年参加武昌起义。1917年赴英国考察，同年联络教育界、实业界知名人士在上海发起中华职业教育社，次年创建中华职业学校。1941年，与张澜等人发起组织中国民主政治同盟。中华人民共和国成立后历任中央人民政府委员、政务院副总理兼轻工业部部长、全国人大常委会副委员长、全国政协副主席。

民国二十六年上海国光书局铅印本。

2512

［雍正］鹤沙志十卷／（清）朱之屏、黄仲若纂修

朱之屏，生卒年不详，字晓岳，号君藩，南汇（今属上海市）人。清康熙间岁贡。

黄仲若，生平事迹不详。

是志主要记载上海县十九保区域的地方历史。

佚书。

2513

［雍正］南汇新分县志稿十二卷／（清）蒋思永撰

蒋思永，生卒年不详，字子培，闸港（今属上海市）人。诸生。习知掌故，曾著分邑志十二卷。

南汇县位于上海市东南部，濒临东海，是上海市郊成陆较晚的地区。清雍正四年（1726）由上海县析置，治南汇城（今上海南汇区惠南镇）。属松江府，后隶江苏省。1958年划归上海市，2001年撤县设区，2009年5月撤销南汇区，并入浦东新区。

佚书。

2514

［雍正］分建南汇县志十六卷首一卷／（清）钦琏修，（清）顾成天等纂

钦琏，生卒年不详，字宝先，号幼畹，长兴（今浙江省长兴县）人。清雍正元年（1723）进士。四年（1726）任南汇首任知县，十一年（1733）再任南汇知县。有《虚白斋文集》。

顾成天（1663—1744），字良哉，号小崖，南汇（今属上海市）人。清康熙二十年（1681）举人。雍正年间客居蔡嵩家，所作《挽圣祖诗六章》得雍正帝赞赏，特旨召见，钦赐进士，授翰林院编修，留在御书房为皇太子教师。乾隆元年（1736）升为侍讲，进所著《东浦草堂诗文集》，乾隆帝赐序并题《镜容诗》一律。著有《燕京赋》《三重赋》《楚辞九歌解》《离骚解》《读骚列论》《金管集》《花语山房文集》等。

南汇县自清雍正四年（1726）从上海县析出建县后，首任知县钦琏历经六年以《鹤沙志》及《南汇新分县志稿》为蓝本，修编成《分建南汇县志》。

清雍正十二年刻本，清雍正十三年刻本。

2515

［乾隆］南汇县新志十五卷首一卷／（清）胡志熊修，（清）吴省钦、吴省兰等纂

胡志熊，生卒年不详，字公望，孝感（今湖北省孝感市）人。清乾隆三十五年（1770）举人。曾两任南汇知县，后擢升广州府同知，留署柘林通判。著有《名言辑要》。

吴省钦（1729—1803），字充之、冲之，号白华，南汇（今属上海市）人。清乾隆二十二年（1757）钦赐举人，二十八年（1763）进士。由编修累迁侍读学士、光禄寺卿、都察院左都御史、礼部右侍郎等，官至工部侍郎，后因白莲教事被夺职。著有《白华前后诗文集》《官韵考异》等。

吴省兰，见第1772条。

清乾隆五十八年刻本。

2516

[同治] 南汇县新志稿不分卷 / (清)□□纂

清同治间修抄本，民国十六年铅印本。

2517

[光绪] 南汇县志二十二卷首一卷末一卷 / (清) 金福曾、顾思贤修，(清) 张文虎等纂

金福曾（1827—1892），字苕人，秀水（今属浙江省嘉兴市）人。廪贡生。以军功升任知县，先后署理娄县、南汇、吴江等县知县。清光绪元年（1875）后在河南、直隶等地办赈务，候选道。七年（1881）任直隶筹赈局总办，赠内阁学士。

顾思贤，生卒年不详，新兴（今广东省新兴县）人。举人，曾任南汇知县。

张文虎（1808—1885），字孟彪，一字啸山，号天目山樵，周浦（今属上海市）人。由诸生保举训导。因家贫，靠友人资助入学，成年后便离家到金山钱家坐馆，历三十年。清同治十年（1871）充任曾国藩的幕僚，时值曾国荃在安庆校刊《王船山遗书》，命他参与督理此事。次年，洋务派首领李鸿章总制两江，聘请张文虎参与管理江南官书局。光绪九年（1883）受江苏学政黄体芳之请，出任南菁书院首任院长，并撰写了《南菁书院记》。曾纂修华亭、奉贤及南汇县志。

清光绪五年刻本。

2518

[光绪] 南汇县志札记二卷 / (清) 秦荣光撰

秦荣光（1841—1904），原名载瞻，字月汀，后字炳如，号止甫，上海（今上海市）人。十七岁补县学生员，五十四岁补岁贡生，就职训导，以教读为生。以子秦锡田、秦锡圭仕，诰封奉政大夫。著有《补晋书艺文志》《同治上海县札记》《光绪南汇县志札记》《上海竹枝词》《陈行竹枝词》《梓乡文献录》《淮海支谱》等。

清光绪刻本。

2519

[民国] 南汇二区旧五团乡志不分卷 / 储学洙纂

储学洙，生平事迹不详。

民国二十五年铅印本。

2520

[民国] 周浦小志一卷 / 姚永年纂

姚永年（1909—1992），名养怡，字永年，南汇（今属上海市浦东新区）人。南社社员。著有《周浦南荫堂姚氏丛刊》《周浦姚氏家乘杂咏》。辑有《周浦掌故丛钞》《周浦文献》《周浦诗存》《周浦小志》《永定寺小志》等。

是志据邑志、谱牒、碑记，并采访故老撰成，为周浦唯一旧志。记周浦镇之历史沿革、商业经济、文物、风俗、人物，载有历次倭祸与抗倭、小刀会起义、太平军战事、地方商业之盛、近代教育之兴起、地方大姓之宅第兴衰等内容。

抄本。

2521

[光绪] 江东志十二卷 / (清) □□纂

江东，今浦东新区高桥，因在黄浦江之东而得名，又称小江东。卷首有江海塘堤墩汛寺宇全图、宝山分县公署图、江东宝山城区图、八都字宇全图、江东方隅全图。卷一地理志，卷二营建志，卷三职官志、选举志，卷四卷五人物志、补遗，卷六节烈附孝，卷七艺文志，卷八传、记，卷九议、序、诗，卷十铭，卷十一杂类志，卷十二杂识、古迹。记事止于清光绪年间。

抄本。

2522

[弘治] 上海志八卷 / (明) 郭经修，(明) 唐锦纂

郭经，生卒年不详，字载道，直隶卢龙（今河北省秦皇岛市卢龙县）人。明弘治九年（1496）进士，曾官上海县令、开封知府。

唐锦，生卒年不详，字士纲，直隶上海（今上海市）人。明弘治进士，曾官江西提学副使。

是书为现存最早的上海志。冠有上海县地图、儒学图等五幅。正文分疆域、山川、田赋、祠祀、建设、古迹、官守、人品八志，含沿革、山、水、户口、土产、津梁、惠政等三十八目。其中山川志记水较详，水类目载有东海、松江、沪渎、青龙、黄埔等数十处海、河、港、澳。田赋志所载元、明二代夏税、秋粮、户、丁、田亩等资料和各种土产品名、用途，属于重要经济史料。

明弘治十七年刻本，民国二十六年上海市通志馆影印明弘治十七年刻本，民国二十九年昆明中华书局影印明弘治

十七年刻本。

2523

［弘治］上海县志八卷／（明）唐锦编纂

唐锦，见第2522条。

民国二十九年影印本。

2524

［嘉靖］上海县志八卷／（明）郑洛书修，（明）高企纂

郑洛书（1496—1534），字启范，号思斋，莆田（今福建省莆田市）人。明正德十二年（1517）进士，任上海知县，历给事中。著有《思斋文集》。

高企，生卒年不详，字进之，别号西楼，上海（今上海市）人。诸生。

明嘉靖三年刻本，民国二十一年上海传真社影印明嘉靖三年刻本，抄本。

2525

［万历］上海县志十卷／（明）颜洪范修，（明）张之象等纂

颜洪范，生卒年不详，字仲起，上虞（今属浙江省绍兴市）人。明万历十一年（1583）进士，时任上海知县。历官监察御史，户科给事中、刑部郎中。

张之象（1496—1577，一作1507—1587），字玄超，又字月鹿，别号碧山外史、王屋山人，龙华里（今属上海市）人。太学生。曾任浙江提刑按察使经历等职。

明万历十六年刻本，孙氏瓜瑞堂抄本。

2526

［康熙］上海县志十二卷／（清）史彩修，（清）叶映榴等纂

史彩，生卒年不详，字简庵，会稽（今属浙江省绍兴市）人。监生。清康熙二十年（1681）授上海知县。二十一年（1682），海寇突然侵犯上海，守备司起龙督兵出击，史率众抵御，使海寇退却。

叶映榴（1642—1688），字炳霞，号苍岩，上海（今上海市）人。清顺治十八年（1661）进士，授庶吉士。历官礼部郎中、陕西提学、湖北粮道。康熙二十七年（1688）署布政使。适夏逢龙作乱，自刎。闻于朝，特授工部左侍郎，谥忠节。其子整理其遗著成《忠节遗稿》。

清康熙二十二年刻本。

2527

［乾隆］上海县志十二卷首一卷／（清）李文耀修，（清）谈起行、叶承纂

李文耀，生卒年不详，字金章，号蓉裳，清流（今福建省清流县）人。清乾隆六年（1741）拔贡。曾任镶蓝旗教谕，时任上海知县。

谈起行，生卒年不详，字秋帆，德清（今浙江省德清县）人。举人。曾任山西赵县知县，时任上海敬业书院山长。

叶承，生卒年不详，字子敬，号松亭棠子，南汇（今属上海市）人。清雍正五年（1727）进士，以常山知县改池州教授。著有《松亭集》。

清乾隆十五年刻本。

2528

［乾隆］上海县志十二卷首一卷／（清）范廷杰修，（清）皇甫枢纂

范廷杰，生卒年不详，字斗南，号宝岩，建水（今云南省建水县）人。清乾隆十五年（1750）举人，四十七年（1782）任上海知县。

皇甫枢，生卒年不详，号竹泉，桐乡（今浙江省桐乡市）人。清乾隆十年（1745）进士。曾官湖北竹山知县。致仕后主松陵书院讲席。

清乾隆四十九年刻本，清抄本。

2529

［嘉庆］上海县志二十卷首一卷／（清）王大同修，（清）李林松纂

王大同，生卒年不详，字是之，号炎峰，乐陵（今山东省乐陵市）人。清嘉庆十年（1805）进士，时任上海知县。

李林松（1769—1828），字仲熙，号心庵，上海（今上海市）人。清嘉庆元年（1796）进士。任户部主事时，和坤秉政，绝不往谒，旋迁员外郎督漕，先后典试广东、广西。母殁不复出。

清嘉庆十九年刻本。

2530

［同治］上海县志三十二卷首一卷末一卷附补遗叙录／（清）应宝时等修，（清）俞樾、方宗诚纂

应宝时（1821—1890），字可帆，又字敏斋，号适园，斋名射雕

山馆，芝英（今属浙江省永康市）人。清咸丰初考取国子监学正。在南京任职时正逢西方列强相继侵略中国，遂离开南京到上海潜心学习外语。对外主张使用武力抵御外国侵略，认为制造战船利炮，训练军队可战而胜之。同治三年（1864）以候补松江知府代理上海道台，四年（1865）官苏松太道。后任上海道，任职时创建龙门书院。九年（1870）升江苏按察使者兼署布政事。卒，赐赠内阁学士衔。著有《射雕山馆词》《直省释奠礼乐记》。

俞樾，见第2351条。

方宗诚（1818—1888），字存之，号柏堂，别号毛溪居士、西眉山人，桐城（今安徽省桐城市）人。曾为曾国藩幕僚，官枣强知县。著有《柏堂全集》《志学录》等。

清俞樾手稿本，清同治十年吴门臬署刻本，清同治十年吴门臬署刻十一年王承基等校正印本，清同治十年吴门臬署刻十一年王承基等校正光绪八年补版印本。

2531

[同治] 上海县志札记六卷 / (清) 秦荣光撰

秦荣光，见第2518条。

清光绪二十八年铅印本。

2532

[光绪] 上海乡土志一卷 / 李维清撰

李维清，生卒年不详，后改名李昧青，字右之，上海（今上海市）人。

清光绪三十一年（1905），学部责成各州县编辑乡土志，编者因辑成此书，供小学讲授之用。是书分一百六十课，其中第一至五十课为地理方面，第五十一至六十三课为人物方面，第六十四至七十九课为历史方面，第八十至一百六十课为社会各方面情况。

清光绪三十三年上海著易堂铅印本。

2533

[民国] 上海乡土历史志不分卷 / 李维清撰

李维清，见第2532条。

是志包含明清之海贼、鸦片之战、五口通商、租界、太平军、红巾军、四明公所、庚子东南和平、俄舰进口、辛亥光复、对德宣战、地方自治等内容。

清光绪三十三年上海著易堂铅印本，民国十六年上海著易堂铅印本。

2534

［民国］上海县续志三十卷首一卷末一卷／吴馨、洪锡范修，姚文柟等纂

吴馨（1873—1919），字畹九，号怀疚，上海（今上海市）人。早年就学南洋公学师范院。创设务本女塾、上海幼稚舍。清光绪三十一年（1905）当选上海城厢内外总工程局议董，历任总工程局西区办事处区长、上海城内地方公益研究会议员、县视学员兼劝学所总董、上海城自治公所议事会副议长。上海光复后任县民政长，后任公董局华董、上海教育会会长、童子军联合会会长、上海劝学所所长等。

洪锡范（1878—1922），字伯言，太仓（今江苏省太仓市）人。清末入天津北洋大学攻读，因值政局动荡而归里，在家乡办学校，后被选为江苏省议员。辛亥革命时被推举为太仓临时民政署民政长，后改任知县事。1914年调任上海知县事，又调任镇海。后辞职寓居上海经营实业，联合旅沪同乡创办沪太长途汽车公司和太仓银行。

姚文柟，见第0879条。

上海，位于长江入海口，东临东海，南濒杭州湾。元至元二十九年（1292）析华亭县东北五乡地置上海县，属松江府。治所在上海镇（今上海市黄浦区旧城内）。1914年为江苏沪海道治。1927年直属江苏省。1933年迁治北桥。1945年县治先迁三林塘，后迁于闵行；1948年复迁回北桥。1954年再迁闵行；1958年划归上海市。1960年迁莘庄镇。1992年撤销，改设闵行区。

稿本，民国七年上海文庙南园志局刻本。

2535

上海乡土地理志／李维清撰

李维清，见第2532条。

是志包含沿革、位置、形势、海、黄浦、吴淞口、市乡、南市、闸北、闵行、蒲淞、徐家汇、户口、方言、风俗、物产、商业、交通等内容。

民国十六年上海著易堂铅印本，抄本。

2536

［民国］上海小志十卷／胡祥翰纂

胡祥翰，生卒年不详，字寄凡，绩溪（今安徽省绩溪县）人。曾在教会任译务，纂修过西湖、金陵两地志，另撰有《上海小志》。

民国十九年上海传经堂书店铅印本。

2537

[民国] 上海市通志稿二十五编/上海市通志馆纂修

是志记事截至1933年。

稿本。

2538

[民国] 上海县志二十卷/吴馨、江家嵋修，姚文枏等纂

吴馨，见第2534条。

江家嵋，生平事迹不详。

姚文枏，见第0879条。

民国二十五年铅印本。

2539

[乾隆] 宝山县志十卷首一卷/(清)赵酉修，(清)章鑰纂

赵酉，字文山，秦州（今属甘肃省天水市）人。贡生。清乾隆十年（1745）任宝山知县，官至苏州知府。

章鑰，见第2294条。

宝山县，今属上海市宝山区，位于上海市北部，分陆地和岛屿两部分。明永乐十年（1412）在今川沙县高桥之北建土山，为航海标志，习称“宝山”，时为嘉定县境。清雍正三年（1725）新设宝山县，治吴淞守御千户所（今宝山旧城），隶太仓州，后隶江苏省。1958年划归上海市。1988年撤销，与吴淞区合并，改设宝山区。

清乾隆十一年刻本。

2540

[光绪] 宝山县志十四卷首一卷/(清)梁蒲贵、吴康寿修，(清)朱延射、潘履祥纂

梁蒲贵，生卒年不详，字次谷，高要县（今属广东省肇庆市）人。举人。清光绪二年（1876）任知县。

吴康寿，生卒年不详，石门（今属浙江省桐乡市）人。清光绪四年（1878）接任梁蒲贵任知县。

朱延射，生卒年不详，字谱渔，又字鹄侯，号圃余，宝山（今属上海市）人。举人。

潘履祥，生卒年不详，字春生，晚号耐叟，宝山（今属上海市）人。举人，曾官知县。

稿本，清光绪八年学海书院刻本。

2541

［光绪］重修宝山县志稿不分卷／（清）陈如升纂

陈如升（1835—？），字同叔，宝山（今属上海市）人。精于目录学，为"沧江七子"之一。清光绪初纂修邑志，任校勘。以邑志错漏过多，旋独立重纂。著有《尺云楼诗钞》。

稿本。

2542

［民国］宝山县续志十七卷首一卷末一卷／张允高等修，钱淦、袁希涛纂

张允高，生卒年不详，字藻翔，丰润（今属河北省唐山市）人。清附贡生。

钱淦（1875—1922），字印霞，宝山（今属上海市）人。清光绪三十年（1904）进士，改庶吉士，送进士馆习法政，继由学部奏派赴日本法政大学学习。回国后任江苏咨议局议员。辛亥革命后历任县民政长、县知事、江苏省公署内务司统计处主任、财政部新税处筹备员，后谢职归故里。1917年任省议会议员。担任《宝山县续志》总纂。

袁希涛（1866—1930），号观澜，又名鹤龄，宝山（今属上海市）人。早年肄业于上海龙门书院，清光绪二十三年（1897）举人，被聘为江南制造局广方言馆教授。二十九年（1903）在宝山创办县学堂、蒙学堂，次年倡办师范学校，后赴日本考察教育。三十一年（1905）成立龙门师范学堂，自任校长。后又筹创复旦公学、太仓中学，兼任江苏学务处议绅、上海总工程局议董。宣统元年（1909）赴津任学署总务科科长兼图书科科长，与张相文创设中国地理学会。

民国十年铅印本。

2543

［民国］宝山县再续志十七卷首一卷末一卷／吴葭修，王钟琦纂

吴葭，生卒年不详，字稼农，宜兴（今江苏省宜兴市）人。曾任江苏民政厅秘书、宝山县长等职。

王钟琦，生平事迹不详。

民国二十年铅印本。

2544

［民国］宝山县新志备稿十三卷首一卷／赵恩巨修，王钟琦纂

赵恩巨（1902—1965），太湖

（今安徽省太湖县）人。清华留美学校毕业，赴美密歇根大学攻市政学，曾任上海宝山县县长，任教于光华大学、复旦大学、云南大学等。

王钟琦，生平事迹不详。

民国二十年铅印本。

2545

［光绪］罗店镇志八卷首一卷／（清）王树棻修，（清）潘履祥纂

王树棻，生卒年不详，字筠庄，鹿邑（今河南省鹿邑县）人。举人，累官宝山、长洲知县。

潘履祥，见第2540条。

一作《罗溪镇志》。是志卷首有罗店厂图、罗店镇图。正文分疆里、营建、武备、选举、人物、艺文、杂类七志。含建置、方言、水利、古迹、物产、祥异等四十八目。另载有自明以来倭寇入侵、海盗作乱等史料。

清光绪十五年铅印本。

2546

［光绪］罗溪镇志／（清）□□撰

见“马店镇志八卷”。

2547

［光绪］月浦志十卷／（清）张人镜纂

张人镜，生卒年不详，字心箴，号蓉台，宝山（今上海市宝山区）人。清同治间诸生。

一题《月浦志稿》。月浦，今上海市宝山区西北月浦镇，地处上海北翼，东临长江入海口。始建于宋，兴于明，清属宝山县。宣统二年（1910）设月浦乡，1938年改镇。

清光绪十四年纂稿本，上海史料丛编本。

2548

［民国］月浦里志十五卷首一卷附录一卷／陈应康纂

陈应康，生卒年不详，字颂平，号仲平，月浦（今属上海市）人。清光绪十三年（1887）附生；二十八年（1902）补廪。

民国二十三年铅印本。

2549

［民国］月浦镇志十五卷／俞如琮辑

俞如琮，生卒年不详，字蕴斋，号侣璋，月浦（今属上海市

宝山区）人。年十八补博士弟子员，旋以岁试第一人，援例贡。1912年任宝山县警察局月浦乡分区名誉区员。晚年修《月浦志》。

抄本。

2550

[正德] 金山卫志六卷附校记一卷／（明）张奎修，（明）夏有文等纂，沈淮校

张奎，生卒年不详，字景文，昆山（今江苏省昆山市）人。明正统间荐举孝廉，任茌平知县。正德十年（1515），以浙江都司都指挥佥事、金门卫总兵莅守金山卫。

夏有文，生平事迹不详。

沈淮，生卒年不详，字东之，明华亭县（今属上海市）白苎里人。

金山，位于上海市西南，南临杭州湾。古称海盐，别称柘湖、康城、前京、苎城、鹦鹉洲、云间等。明洪武二十年（1387）置金山卫。是志为金山地区第一部志书，分十门六十七目。上志卷一边域，含建置、沿革、要害、里至、分野、地图、卫所、营堡、城池、烽堠、巡司、官吏、仓库、场营、街巷、坊井。卷二栋宇、公署、楼橹、铺舍、第宅。卷三将校，含总帅、裨将、参幕、列校、军实、户口、调拨、操阅、戒备、饷给、屯田、漕运、赋役、抚恤、缮治、缴报。下志卷一险固，含山类、水类（附桥梁）、古迹、镇市、场司、乡保，学校，含法制、宫墙、师儒、乡举、进士、岁贡、应例；卷二祠祀，含庙貌、祀秩、冢墓（附），人物，含宦迹、军功、荐举、孝行、贞烈、文艺、才技、风俗（附）；卷三土产，含陆品、水族、药物、食物、器用。记明中叶以前金山武备情况及抗倭等事迹甚详。

明正德十二年刻本，清乾隆嘉庆间抄本，清嘉庆七年洛郸士抄本，民国二十一年上海传真社影印明正德十二年刻本。

2551

[乾隆] 金山县志二十卷首一卷／（清）常琬修，（清）焦以敬等纂

常琬（1692—1754），字娄山，一字英怀，号慎斋，长沙（今湖南省长沙市）人。清雍正八年（1730）进士，初任淯川知县，后改金山知县，历充任河南、江南乡试同考官。

焦以敬，生卒年不详，字惺侍，一字煜持，号侍江居士，金山（今属上海市）人。举人，赐进

士，官至山西洪洞县知县。

清雍正二年（1724）以金山卫改置金山县。治今上海市金山区金卫镇，属松江府。乾隆二十四年（1759）移治洙泾镇。

清乾隆十八年刻本，民国十八年影印清乾隆十八年刻本，抄本。

2552

［咸丰］金山县志稿不分卷／（清）钱熙泰纂

钱熙泰（1812—1860），字子和，号鲈香，金山（今属上海市）人。廪贡生，曾任江苏靖江训导。后本县姚汭修《金山县志》未成而卒，得其遗稿，遂重加参订，但未印而病逝。著有《西泠校书记余记》《文澜阁校抄书目录》《武林续游记》《莲笼寻梦记》《锄月吟稿》《古松楼剩稿》等。

清咸丰五年初稿本，清咸丰八年稿本。

2553

［光绪］重修金山县志三十卷首一卷／（清）龚宝琦、崔廷镛修，（清）黄厚本等纂

龚宝琦，生卒年不详，时任金山知县。

崔廷镛，生卒年不详，淮宁（今河南省睢阳县）人。监生。曾任金山知县。

黄厚本，生卒年不详，字雪蕉，金山（今属上海市）人。举人。

清光绪四年刻本。

2554

［绍熙］云间志三卷／（宋）杨潜修，（宋）朱端常等纂

杨潜，生卒年不详，南宋时以奉议郎知华亭县。

朱端常（？—1225），华亭（今上海市松江区）人，原籍湖州。宋淳熙八年（1181）进士。曾任谏议大夫。

云间，指宋代华亭县，约当今上海之松江、闵行、青浦等县区。是志上卷载封域、道里、城社、镇戍、坊巷、乡里、学校、版籍、姓氏、物产、廨舍、场务、仓库、税赋、桥梁、亭馆、人物、古迹；中卷载仙梵、寺观、祠庙、山水、堰闸、冢墓、知县题名等；下卷载赋、诗、墓志、记、序、说、铭、箴、祭文等。

宋绍熙四年纂明抄本，清抄本，宛委别藏本，民国鹿严精舍抄本。

2555

［绍熙］云间志三卷续一卷／（宋）杨潜修，（宋）朱端常等纂，（清）顾广圻续纂

杨潜，见第2554条。

朱端常，见第2554条。

顾广圻（1770—1839，一作1766—1835），字千里，号涧苹、涧宾，自号思适居士，思适斋为藏书处，元和（今属江苏省苏州市）人。诸生。通经史小学，尤精校雠。著有《思适斋文集》《遁翁苦口》等。

清嘉庆十九年华亭沈氏金陵刻本，观自得斋丛书本。

2556

云间续志／（明）□□纂

存佚不详。

2557

［成化］云间通志十八卷／（明）钱冈纂修

钱冈，生卒年不详，字景高，华亭（今上海市松江区）人。博学好古，以著书称。

佚书。

2558

［天启］云间志略二十四卷志余一卷／（明）何三畏撰

何三畏（约1550—?），字士仰，华亭（今上海市松江区）人。举人。官至绍兴推官。

是书乃踵顾清《正德松江府志》而作，专辑松江一府人物传记，又因为私家著述，故名《云间志略》。卷一至卷六为名宦，载松江府及其属县职官传记，共八十一人；卷七至二十四卷为人物，辑本郡各类名人传记，共一百七十三名。

明天启四年刻本。

2559

［雍正］云间志略不分卷／（清）闵世倩辑录

闵世倩，生卒年不详，字山农，华亭（今上海市松江区）人。诸生。

是志为前修各志辑编，辑于清雍正三年（1725）之前。首列所辑府志书目，继分四十三门，内容以山、水、掌故、胜迹为重点，间加按语、考证。

清抄本，抄本。

2560

[道光] 云间志略一卷／(清) 渔矶散人 (雷琳) 撰

雷琳，生卒年不详，字晓峰，号渔矶散人，华亭（今上海市松江区）人。

是书分郡邑沿革略、云间三十二峰考、海江浦泖、诸镇市、古迹辑略、吕克孝松江田家月令诗、九峰人物记略等七门，以记载松江府古迹为主，凡郡县之因革，山川之脉络，下至一乡一聚诸有涉古迹者，靡不略具，古人诗文亦择其尤雅者著于篇。

清道光二十五年刻本。

2561

[乾隆] 奉贤县志十卷首一卷／(清) 李治灏、吴高埈修，(清) 王应奎、宋禹扬纂

李治灏，生卒年不详，历城（今属山东省济南市）人。清雍正二年（1724）武举人。

吴高埈，生平事迹不详。

王应奎，生卒年不详，字东溆，常熟（今江苏省常熟市）人。

宋禹扬，生平事迹不详。

奉贤，位于长江三角洲东南端，南临杭州湾。清雍正二年（1724）析华亭县置，属松江府。治所即今上海市奉贤县东奉城镇。1913 年移治今奉贤县（南桥镇）。民国初属江苏沪海道。1927 年直属江苏省。1958 年划归上海市。2001 年撤销奉贤县，设立奉贤区，仍属上海市。

清乾隆二十三年刻本。

2562

[光绪] 重修奉贤县志二十卷首一卷末一卷／(清) 韩佩金修，(清) 张文虎等纂

韩佩金（1816—1888），字亚琴，萧山（今属浙江省杭州市）人。家境殷富，清咸丰初年捐江苏候补知县，后以四品衔补用同知直隶州。同治元年（1862）出任奉贤知县。

张文虎，见第 2517 条。

清光绪四年刻本。

2563

[宣统] 奉贤县乡土地理不分卷／裴晃编

裴晃（1872—1939），字纯熙，别号化天小隐，奉城高桥（今属上海市）人。清光绪十六年（1890）秀才。专心教育事业，受

委主肇文学堂教务十六年，后设徐氏家塾。1920年，为提高儿童爱乡观念，收集资料编印乡土教材《奉贤乡土历史》和《乡土地理》。

清宣统元年肇文学校铅印本。

2564

[宣统] 奉贤乡土历史不分卷／裴晃编

裴晃，见第2563条。

抄本。

2565

[民国] 奉贤县志稿二十卷／奉贤县文献委员会纂

稿本。

2566

[民国] 增修奉贤县志□卷／奉贤县文献委员会纂

稿本。

2567

[民国] 奉贤县乡土志三编／朱醒华修，胡家骥纂

朱醒华，生平事迹不详。

胡家骥，生平事迹不详。

民国十四年铅印本，抄本。

2568

[至元] 崇明州志／（元）□□撰

崇明，隶属上海市，位于长江入海口，由崇明、长兴、横沙三岛组成，五代吴置崇明镇，元至元十四年（1277）升为崇明州，明洪武二年（1369）降为崇明县。

佚书。

2569

[至正] 续修崇明州志／（元）程世昌修，（元）朱祯、秦约纂

程世昌，生卒年不详，字小山。元奉直大夫、劝农使，至正八年（1348）任崇明州知州。

朱祯，生卒年不详，字廷瑞，崇明（今属上海市）人。曾任扬子县学教授。

秦约，生卒年不详，字文仲，崇明（今属上海市）人。元至正间任崇明州教授，明洪武初任溧扬教授。

佚书。

2570

[正统] 崇明县志十卷／（明）张潮、陈梗修，（明）季篪、施文礼纂

张潮，生卒年不详，字叔孚，

东阳（今浙江省东阳市）人。明正统元年（1436）任崇明知县。

陈梗，生卒年不详，字用直，号槐云，临海（今浙江省临海市）人。先任福建浦城令，调淮阴之山阳。正统元年（1436）任崇明主簿。

季篪，生卒年不详，字仲怡，常熟（今江苏省常熟市）人。明永乐间以明经荐授昆山训导，迁山东曹县儒学教谕。著有《友梅集》等。

施文礼，生卒年不详，字克宾，崇明（今属上海市）人。

佚书。

2571

[正德] 崇明县重修志十卷 / (明) 陈文修，(明) 黄章等纂

陈文，生卒年不详，字简之，麻城（今湖北省麻城市）人。明弘治十一年（1498）举人。正德十五年（1520）任崇明知县，累迁户部员外郎，官至襄府左长史。著有《自怡集》。

黄章，生卒年不详，字宪之，一作时宪，崇明（今属上海市）人。明正德十一年（1516）贡生，后官桂东知县。

明正德元年刻本。

2572

[嘉靖] 崇明县志十二卷 / (明) 范性修，(明) 樊钥纂

范性，生卒年不详，字成之，号存斋，会稽（今属浙江省绍兴市）人。明嘉靖三十八年（1559）举人，时任崇明知县。

樊钥，生卒年不详，字时启，崇明（今属上海市）人。岁贡生。

佚书。

2573

[万历] 新修崇明县志十卷 / (明) 张世臣修，(明) 陈宇俊纂

张世臣，生卒年不详，字忠鼎，新野（今河南省新野县）人。举人。时任崇明知县。

陈宇俊，生卒年不详，字星聚，崇明（今属上海市）人。明天启七年（1627）岁贡。

明万历三十二年刻本。

2574

[康熙] 重修崇明县志十四卷 / (清) 朱衣点修，(清) 黄国彝纂

朱衣点，生卒年不详，字遇修，号崇龛，遂宁（今四川省遂

宁市）人。清顺治十一年（1654）举人。时任崇明知县。著有《萍水集》。

黄国彝，生平事迹不详。

清康熙二十三年刻本。

2575

［雍正］崇明县志二十卷首一卷／（清）张文英修，（清）沈龙翔纂

张文英，生卒年不详，字蔚千，正黄旗人。清康熙五十二年（1713）举人。雍正元年（1723）由兴化县调崇明知县，后升松江知府。

沈龙翔，生卒年不详，原名默，字兴之，号让斋，晚号遁叟老人，泰州（今江苏省泰州市）人。幼时受学宪赵阆仙知遇，补为博士弟子员。中康熙五十二年（1713）举人，候选儒学教谕。归而著书于清芬堂中。著有《清芬堂集》《桴客卮言》。

清雍正五年刻本，抄本。

2576

［乾隆］崇明县志二十卷首一卷／（清）赵廷健修，（清）韩彦曾等纂

赵廷健，生卒年不详，字乾若，号永斋，富平（今陕西省富平县）人。清乾隆十年（1745）进士。曾在江东如皋等地任职，二十四年（1759）调任崇明知县，曾筑海堤百里抵御风潮。

韩彦曾，生卒年不详，字沥芳，号溧舫，江南长洲（今江苏省苏州市）人。清雍正八年（1730）进士。曾任讲起居注官、詹事府司经局洗马兼翰林院修撰。曾主紫阳书院并任《崇明县志》总裁。

清乾隆二十五年刻本。

2577

［光绪］崇明县志十八卷／（清）林达泉、谭泰来修，（清）李联琇、黄清宪等纂

林达泉（1830—1878），字海岩，大埔（今广东省大埔县）人。清咸丰十一年（1861）举人。其熟悉今古舆图及外洋各国形势，曾入江苏巡抚丁日昌幕府。后返乡督办团练，防剿太平军及捻军有功，又奉命办理江苏机器局及通商交涉海运诸事宜，历署上海崇明县、江苏江阴县知县，补海州直隶州知州。同治十二年（1873）任台湾府淡水抚民同知。光绪三年（1877）调署台北府知府，经过实地探勘，初步决定于艋舺与大稻埕之间构筑台北城。因父丧丁忧，哀毁劳瘁而卒。

谭泰来，生卒年不详，字少

柳，南丰（今江西省南丰县）人。因军功授县佐，任江苏海州州判，继历泰兴、崇明、丹徒、江阴等县知县，后升任知府，历官常州、镇江、苏州等府知府。

李联琇（1820—1878），字季莹，一作秀莹，号小湖，临川（今属江西省抚州市）人。清道光二十五年（1845）进士。咸丰二年（1852）大考第一，擢侍读学士，充会试同考官，署国子监祭酒，期满调福建学政。三年（1853）擢大理寺正卿。五年（1855）调江苏学政。致仕后主讲钟山、惜阴二书院。著有《好云楼初集》《师山诗存》《采风劄记》《治忘日录》等。

黄清宪（1829—1906），字德卿，崇明（今属上海市）人。岁贡生。著有《半弓居文集》。

清光绪七年刻本，抄本。

2578

[民国] 崇明县志十八卷 / 王清穆修，曹炳麟纂

王清穆（1860—1941），字希林，号丹揆、农隐老人，崇明（今属上海市）人。清光绪九年（1883）举人，十一年（1885）进士。先后任职户部、译署、外务部。二十九年（1903）任商部左丞。三十一年（1905）受清廷商部委派主持接收南洋公学。同年秋任商部高等实业学堂代理监督，参与筹建复旦大学。三十二年（1906）后历任湖北按察使、南洋宣慰使、浙江财政清理官、江苏财政司司长、太湖水利局督办等职。

曹炳麟（1872—1938），字吟秋，号钝吟，晚号钝翁，六不居士、城内人，崇明（今上海市崇明区）人。清光绪二十八年（1902）举人，三十一年（1905）赴任安徽领知县候补职。辛亥革命后归故里，曾辅助办理县政。著有《钝庐文集》《崇明县志》。

民国十三年稿本，民国十九年刻本，民国十九年刻一九六四年印本。

2579

[民国] 崇明乡土志略不分卷 / 昝元恺编

昝元恺，崇明（今属上海市）人。

民国十三年石印本。

山东省

2580

[至元] 齐乘六卷附释音一卷 / (元)于钦纂，(明)于潜释音

于钦（1284—1333），字思

容，益都（今山东省青州市）人。随父居平江，有才名。由淮西宪司书吏入为国子助教，升山东宪司照磨，累官中书左司员外郎，历御史台都事、兵部侍郎，出为益都般阳田赋总管。

于潜，生卒年不详，字彦昭，鄢陵（今河南省鄢陵县）人。于钦子，明洪武间任监察御史，历知隆德、昌乐二县，官至应天府尹。至正十一年（1351）刻印过其父于钦《齐乘》六卷及自补《释音》一卷。

山东地方志。于钦曾周览齐地山川，考诸经史，遍访乡老而纂是书初稿，后经其子于潜在至元五年（1339）最后定稿，并撰释音一卷。是志分沿革、分野、山川、郡邑、古迹、风土、人物七目。所叙益都、般阳、济南三路和宁海、德二州，皆属元时山东东西道及宣慰司，辖境相当于今山东省中、东部。

元至元五年修明嘉靖四十三年刻本，清康熙间抄本，四库全书本，清抄本，抄本。

2581

齐乘六卷附释音一卷考证六卷／（元）于钦纂，（明）于潜释音，（清）周嘉猷考证

于钦，见第2580条。

于潜，见第2580条。

周嘉猷，生卒年不详，字辰告，号两塍，钱塘（今浙江省杭州市）人。清乾隆二十二年（1757）进士，官益都知县，累官德州知府。著有《两塍集》等。

清乾隆四十六年刻本。

2582

［嘉靖］山东通志四十卷／（明）陆釴等纂修

陆釴（1494—?），字举之，号少石子，鄞县（今属浙江省宁波市）人。明正德十四年（1519）乡试第二名，翌年殿试又第二，授翰林编修。历官湖广按察佥事、江西参议、山东提学副使。著有《少石集》《山东通志》《贤识录》《病逸漫记》等。

是志分图考、建置沿革、星野、疆域、山川、形势、风俗、物产、田赋、户口、封建、职官、兵防、城池、漕河、桥梁、公署、学校、科目、祠祀、陵墓、寺观、宫室、古迹、帝王、圣贤、名宦、人物、流寓、仙释、孝义、列女、艺文、遗文、灾祥、杂志等篇，内记明代山东全省地理形势、物产风俗、人口升降、土田贡赋、漕运海道、兵防建置、官署机构等，与国计民生有关内容尤详。

明嘉靖十二年刻本，明嘉靖十二年刻万历四十五年补刻本。

2583

［康熙］山东肇域记六卷／（清）顾炎武撰

顾炎武，见第0125条。

顾炎武受聘主纂《山东通志》时，利用志局“郡邑之书颇备”的有利条件，参考诸家著说，在实地考察经历的基础上，对原有志稿山川、古迹等有关门类进行删改增补，撰成此书。全书六卷，每府为一卷，府下列州，州下列县，附郭县冠于其他县之首。门类横派，分郡邑、藩封、官守、山川、古迹等。

清抄本。

2584

［康熙］山东通志六十四卷／（清）赵祥星修，（清）钱江等纂

赵祥星（？—1693），字兴农，一作卉农，号松石，义州（今辽宁省义县）人，隶汉军正白旗。清顺治五年（1648），由贡生授山西赵城知县。十四年（1657）补福建道监察御史。十七年（1660）擢山东道御史。康熙元年（1662）巡视两淮盐政，翌年回京迁顺天府府丞。十二年（1673）擢山东巡抚，旋授兵部右侍郎。授兵部尚书，晋正一品衔。十七年（1678）署山东提督。

钱江，嘉兴（今浙江省嘉兴市）人。清顺治间进士。康熙十三年（1674）曾任山东学政。

是志分图考、建置沿革、星野、疆域、山川、风俗、物产、封建、户口田赋、卫所、城池、学校、兵防、河防漕河、盐法、驿传、古迹、宫室、祀祠、陵墓、公署、桥梁、职官、选举、帝王、圣贤、雅乐、名宦、人物、孝义、隐逸、仙释、流寓、方技、列女、艺文、灾祥、杂志等目。是志虽接续明嘉靖《山东通志》，但“河防漕河”目内附有建置、海运、胶莱新河。

清康熙十七年刻本。

2585

［雍正］山东通志三十六卷首一卷／（清）岳浚等修，（清）杜诏等纂

岳浚（1704—1753），字厚川，号星源，成都（今四川省成都市）人。岳钟琪子。以二品荫生授西安府同知，擢口北道，再擢山东布政使。清雍正六年（1728）

调山西布政使，署山东巡抚。乾隆元年（1736）调江西巡抚。后因两江总督杨超曾劾岳浚与属吏朋比纳贿夺官。六年（1741）授光禄寺卿，出为福建按察使。再迁广东巡抚，调云南巡抚。十八年（1753）授鸿胪寺少卿，转通政使参议。

杜诏，见第0282条。

是志卷首有序、凡例、图考。正编含典谟、星野、建置、城池、疆域、山川、形胜、古迹、巡狩、阙里、田赋、盐法、学校、选举、兵防、驿递、河防、漕运、海疆、秩祀、桥梁、风俗、物产、职官、公署、宦绩、人物、列女、仙释、陵墓、经籍、艺文、杂记等目。

清雍正七年修乾隆元年刻本，四库全书本，清雍正七年修乾隆元年刻道光十七年补刻本。

2586

山东海疆图记五卷首一卷／（清）胡德琳、王尚珏辑

胡德琳，生卒年不详，字碧腴，一字书巢，一说号书巢，祖籍安徽休宁，迁居临桂（今属广西壮族自治区桂林市）。清乾隆十七年（1752）进士，授四川什邡知县，补山东济阳、历城知县，擢济宁、东昌、莱州、登州知州，济南知府署山东粮储等职，后被罢官，执教于曹州书院，培养后进无数。喜以诗文会友，爱好藏书，有碧腴斋藏书处，家所蓄书籍堆满房间，自嘲为“书巢”。著有《碧腴斋诗》《东阁闲吟》《书巢尺牍》《西山杂咏》《燕贻堂诗文集》等。

王尚珏，生平事迹不详。

全书分为天时、地利、人事三部，共含山岛志、道里志、潮汐志、漕运志等十八志，保存了明清时期有关山东海疆的重要史料。

清抄本。

2587

山东海疆图记九卷／（清）□□撰

清抄本。

2588

［同治］山东通志不分卷／（清）张昭潜纂

张昭潜，见第1458条。

稿本。

2589

［宣统］山东通志二百卷首九卷附录一卷补遗一卷／（清）张曜等修，（清）孙葆田等纂

张曜（1832—1891），字亮臣，号朗斋，祖籍上虞（今属浙江省绍兴市），寄籍顺天大兴（今属北京市）。由监生捐县丞。清咸丰三年（1853）投奔时任河南固始县令的姑父蒯贺荪，建成嵩武军，因功升河南布政使，旋被劾目不识丁，改任总兵。同治七年（1868）率部至直隶、山东，镇压西捻军。光绪二年（1876）以提督衔随左宗棠征新疆。后任广西、山东巡抚。十四年（1888）受命襄办海军。十七年（1891）治理黄河。卒于任。

孙葆田（1839—1911），字佩南，荣成（今山东省荣成市）人。清同治十三年（1874）进士，授刑部主事。光绪十一年（1885）调任合肥知县，后主讲开封大梁书院、济南尚志学院。著有《校经室文集》《汉儒传经考》《孟子编略》《两传经考》等。

是志卷首九卷为列圣训典、至圣世纪。正编分舆图、通纪、疆域、职官、田赋、学校、典礼、兵防、河防、艺文、人物、杂志十二门类。舆图，以开方法详绘全省及各府州县地图，其疆域、山川、道路、市镇、村庄、驿站等，皆详细标明。通纪，以年为经，详载历代水旱丰欠及军政大事，是全书大纲。疆域，正其方位，计其广袤，详其四至八到，考其历代沿革、山川形势及风俗物产。职官，编其人名里籍为表，详其官制为考，记其政绩立传，远稽两汉，近记当朝。田赋，凡田赋、户口、税则、仓储、荒政、盐法、关榷，详其轻重多寡，岁入、动支、起运、存留之数，一并书于册，另附各地所用度量衡。兵防，记历代兵制、兵事，而于清代兵防尤详。河防，按年代编载河流变迁表，重在考其历史变迁与疏浚整治。艺文，辑本省历代艺林著述，立为四部，另附金石目录，汇成地方文献目录。人物，搜集正史野记、碑碣家乘及文集志书中历代人物，分门别类，立有传记，详明出处。杂志，凡属逸闻琐事不入以上各门者，皆以杂志统之。

清宣统三年修民国四年山东通志铅印局铅印本，民国二十三年影印本。

2590

［民国］山东各县乡土调查录四卷／林修竹编

林修竹（1884—1948），字茂泉，掖县（今山东省莱州市）人。十七岁考中秀才第一名。清光绪二十八年（1902）被清廷选派赴日本高等工业学校学习。历任山东高等学校教务长、山东省立公署教育科主事等职，改任山东河务局长兼运河工程局总办。1927年任潘复内阁教育次长。1928年春北伐成功，避居大连，后移住天津。著有《澄怀阁诗集》《茂泉实业文集》《历代治黄史》。

是书分济南道、济宁道、东临道、胶东道四卷，分县记述人口、田亩、赋税、民情、教育、农工业、交通、宗教等情况，材料截至1919年4月底。

民国九年铅印本。

2591

［民国］山东乡土教本／祁锡琦编

祁锡琦（1880—1939），字蕴璞，益都（今山东省青州市）人。考取济南优级师范，毕业后在济南第一师范教史地。被英国皇家地理协会授予名誉会员称号。著有《中华大地理志》《中国文化史纲要》《国际概况讲义》《国防地理》《新编初级中学地理教本》《山东乡土教材》《中国的灌溉文化》《山东地理概要》《抗战的新局面》等。

是志书卷首有凡例十条，为适用于小学校的乡土课本，录有山东全省列图二十四幅，志目共列六十课。

民国十年铅印本。

2592

［民国］山东不分卷／黄泽苍编

黄泽苍（1903—?），字惠民，龙溪（今属福建省漳州市）人。中学毕业。曾任缅甸华侨公学校长、厦门鼓浪屿的中学史地教员、泉州《双江日报》编辑及龙溪县政府科长等职。著有《中国天灾问题》《印度概观》《越南》《缅甸》《荷属马来西亚》《马来亚》等。

分省地志。卷首有彩印地图一幅。是志包含自然区域、地质、山脉、河流、湖泊、海岸、气候、人口、风俗、胜迹、青岛收回始末、青岛、威海卫等。

民国二十四年铅印本。

青岛市

2593

［万历］胶州志／（明）余邦辅修，（明）赵慎修纂

余邦辅，生卒年不详，号松野，龙游（今浙江省龙游县）人。举人。明万历十七年（1589）任胶州知州。

赵慎修，生卒年不详，字敬思，一字清廓，胶州（今山东省胶州市）人。明嘉靖四十四年（1565）进士，

授南直隶盐城知县，内擢兵部主事，迁职方司郎中。出任南直隶扬州知府，曾筑扬州大堤三百余里。后任北直隶大名知府，不久迁任河南驿传道按察司副使。以亲老告归。著有《清廓诗集》。

胶州，今胶州市，属青岛，位于山东半岛西南部，胶州湾西北岸。元至元十二年（1275）置，属益都路，治所在胶西县（今山东胶州市），辖胶西、即墨、高密三县。明洪武初，以州治胶西县省入。九年（1376）属莱州府。清光绪三十年（1904）升为直隶州，属山东省。1913年改为胶县。

佚书。

2594

[崇祯] 州志辨 /（明）纪腾蛟修

纪腾蛟，生卒年不详，字兆虬，胶州（今山东省胶州市）人。明崇祯十六年（1643）进士，授兵部武选司主事，迁户部河南司员外郎。弘光时巡视两浙漕务，擢浙江宁绍台兵备道按察司佥事。明亡，弃官隐于扬州平山堂为僧。

是书为明万历《胶州志》辨正，包含地理、建置、祠祀、田赋、官师、人物、选举、艺文等内容。

佚书。

2595

[康熙] 胶州志八卷 /（清）孙蕴韬修，（清）高国櫄纂

孙蕴韬，生卒年不详，汉军正红旗人。官生。清康熙九年（1670）任胶州知州。

高国櫄，生卒年不详，胶州（今山东省胶州市）人。生员。

胶州，元至元十二年（1275）置，属益都路。治所在胶西县（今山东胶州市），辖胶西、即墨、高密三县。明洪武二年（1369）撤胶西县，改名胶州。洪武九年（1376）属山东布政使司莱州府。清雍正十二年（1734）裁灵山卫，并入胶州。清光绪二十四年（1898），德国强行租借胶州湾及沿岸，塔埠头到积米崖一带45个村（屯）划入胶澳租界。光绪三十年（1904）胶州升为直隶州，直属山东布政使司。1913年撤。

清康熙十二年刻本。

2596

[雍正] 州志别本 /（清）张谦宜纂

张谦宜（1650—1733），名张庄，字谦宜，一字稚松，岘斋，号

山农、山民，晚年自称山南老人，胶州（今山东省胶州市）市人。清康熙四十五年（1706）进士。曾任康熙四皇子胤禛的老师，因痴迷于学问，故闭门潜心著书，康熙赐其“山东学究”匾额。著有《岘斋诗选》《岘斋诗集》《尚书说略》等。

是书纂于清雍正七年（1729），是对康熙十二年（1673）《胶州志》的辨正。含图考、沿革、疆域、形势、星野、封建、介国、建置、古迹、地亩、山川、田赋、物产、户口、盐法、祀典、新建节烈祠附、学宫、礼器、乐舞、设官、名宦、诗附、军政、海防、武职、漕渠并图、科目、贡监、封赠、乡贤、风俗、人物、士行、妇德、隐逸、掾史、坟墓、大事、灾异、方技、文墨、寺观等内容。

清光绪十一年王少岑抄本。

2597

［乾隆］胶州志八卷首一卷／（清）宋文锦修，（清）刘恬纂

宋文锦，生卒年不详，襄平（今辽宁省辽阳市）人。进士出身，清乾隆十七年（1752）时任胶州知州。

刘恬，生卒年不详，字澹夫，建水（今云南省建水县）人。清乾隆十六年（1751）进士。

清乾隆十七年刻本。

2598

［道光］重修胶州志四十卷／（清）张同声修，（清）李图等纂

张同声（1793—1855），字振之，号石渠，桐城（今安徽省桐城市）人。监生。援例从九品，军功保举，以知县用，分发山东。历官肥城县、齐河县知县，后升莱州府胶州知州，加同运衔。在任十余年，爱民为义，建胶西书院，重修学宫、祠庙、城垣，百废俱举，邑人称之，以劳疾卒于官。

李图，生卒年不详，原名李同，后改名李图，字少白，一作少伯，掖县（今山东省莱州市）人。清嘉庆十八年（1813）拔贡，道光十七年（1837）任博兴县教谕。主讲胶州胶西、济南泺源书院。先后编纂《博兴县志》《胶州志》《陵县志》《平度州志》《济南府志》《青州府志》等。

清光绪二十五年刻本。

2599

［光绪］胶州直隶州乡土志六卷／（清）□□纂

是志包含历史、道路、建置、

海岸、山水、古迹、户口、民族、仓廒、学堂、巡警、防海、浚河、耆旧、文学、忠烈、孝友、笃行、艺术、兵事、物产、实业等。附有《胶州全境山脉水源图》。

清末抄本。

2600

[民国] 增修胶志五十五卷首一卷 / 叶钟英等修，匡超纂

叶钟英，生平事迹不详。

匡超（1862—1944），字北海，胶州（今山东省胶州市）人。清光绪三十二年（1906）考取二等典史，任直隶沙河县典史，继而代理正定府经历。1915年后任湖北省高等法院书记官等职。1921年，辞官返乡，被聘为《续修胶志》副总纂兼总校。1930年2月，胶县继续编纂《增修胶志》，再度受聘任总纂兼总校。

是志包含舆图十种六十五幅、大事记、沿革、道里、山川、形胜、古迹、建置、物产、风俗方言、历代职官、赋役、盐法、学校、历代选举、典礼、兵制、兵事、历代金石、历代人物、艺术、侨寓外徙、列女、民社志、祥异、杂述、讹疑等。

民国二十年铅印本。

2601

[万历] 即墨志十卷 / (明) 许铤修，(明) 杜为栋纂

许铤，生卒年不详，号静峰，武清（今属天津市）人。明万历六年（1578）任即墨知县。到任伊始，针对即墨的实际情况，从“海防、御患、弭盗、垦荒、通商”等五个方面陈述了自己的施政见解并逐步付诸实施。在沿海建筑堤岸防止水患，同时主张开放通商海口，发展贸易。任即墨知县五年，因政绩斐然升任兵部主事。

杜为栋，生卒年不详，祥符（今属河南省开封市）人。举人。明万历六年（1578）任即墨县教谕，后升任陕西洛南知县。

明万历八年刻本。

2602

[康熙] 纂修即墨县志二卷 / (清) □□纂

清康熙十一年剜改明版增刻本。

2603

[乾隆] 即墨县志十二卷首一卷 / (清) 尤淑孝修，(清) 李元正纂

尤淑孝（约1698—?），字孟

仁，号过亭，大兴（今属北京市）人。贡生，举孝廉方正。清乾隆十九年（1754）任即墨知县，任十余年。

李元正，生卒年不详，字含贞，号雪崖，高密（今山东省高密市）人。清雍正十一年（1733）进士，官河南汝阳知县，不久辞官。乾隆二十九年（1764）应尤淑孝聘修即墨志，为总纂。

清乾隆二十九年刻本。

2604

［同治］即墨县志十二卷首一卷／（清）林溥修，（清）周翕𬭎纂

林溥（1810—?），字少紫，甘泉（今江苏省扬州市）人。清咸丰二年（1852）进士。历官山东即墨、东平等知县。

周翕𬭎，生卒年不详，即墨（今属山东省青岛市）人。

清同治十二年刻本。

2605

［光绪］即墨县乡土志二卷／（清）周铭祺撰

周铭祺，生卒年不详，即墨（今属山东省青岛市）人。

即墨，位于山东半岛西南部，东临黄海，与日本、韩国隔海相望。秦置即墨县，治今山东省平度市东南。属胶东郡。北齐废。隋开皇十六年（596）复置，移治今即墨市即墨镇。隋至金属莱州，元属益都路，明、清属莱州府。1989年撤县改市。2017年撤销即墨市，设立青岛市即墨区。是志正编分历史沿革、人类、地理三类，约四万字。历史载德国侵占胶澳，人类记清末人口及构成与主要商品进出口贸易等。

清光绪三十四年抄本。

2606

［民国］即墨县志／杨西桂、解熙业主修

杨西桂，生卒年不详，曾任莱阳、即墨县长。

解熙业（1862—1930），字春廷，一字春霆，晚号髯伯，即墨（今属山东省青岛市）人。清光绪二十年（1894）举人，后任县立师范讲习所教习、公立通俗图书馆馆长等职。

佚书。

2607

［乾隆］灵山卫志八卷／（清）苏潜修修

苏潜修，生卒年不详，字纯一，自号用六居士，灵山卫（今属山东

省青岛市）人。清乾隆四十三年（1778）以岁贡任日照县训导。

灵山卫，古名安陵。在青岛胶南市东部海滨，北倚小珠山，南濒黄海。是战国时期齐国的海上交通门户，明清时期，为我国北方海域的海防要隘。建于明洪武五年（1372），废于清雍正十二年（1734），历时约300年。是书为军事地理著作，主要记述明洪武五年设立灵山卫至清乾隆十六年（1751）间灵山卫军事辖区的自然地理、政治经济和军事文化等，全书设图考、舆地、建置、兵防、学校、祀典、职官、选举、人物、烈女、记事、艺文共十二志及志末。

清乾隆三十九年抄本。

2608

[民国] 胶澳志十二卷末一卷 / 赵琪修，袁荣叟纂

赵琪（1882—1957），字瑞泉，掖县（今山东省莱州市）人。毕业于青岛德华学堂，后留学德国。归国后，历任青岛警察厅翻译、松沪警察厅督察员兼高等外交顾问、龙口商埠局长等职。1925年7月，胶澳商埠督办公署改称胶澳商埠局，任胶澳商埠局总办。1938年1月，日本第二次侵占青岛，历任日伪青岛维持会会长、日伪青岛市长、日伪青岛特别市长、日伪华北政务委员会委员。抗战胜利后被捕，1957年死于北京。

袁荣叟（1882—1976），字道冲，桐庐（今浙江省桐庐县）人。民国初年，曾任众议院议员、教育部参事、山东省教育厅厅长等职。1928年应胶澳商埠总办赵琪之邀，主纂《胶澳志》。还著有《胶澳金石志》等专著，辑有《袁忠节公遗札》。

胶澳，即胶州湾，本属胶州即墨之一部分。自中外通商以来，德国人租之于先，日本人占之于后，乃与其地开为商埠。是志分十二门，卷一沿革志，记历代设治沿革、德人租借始末、日本占据始末、中国收回始末；卷二方舆志，包含境界、面积、山川、岛屿、地质、气候、里程；卷三民社志，包含户口、方言、风俗、宗教、生活、职业、工资、物价、结社、养恤、犯罪、游览、移殖；卷四政治志，包含设官、法制、警察、卫生、自治、司法；卷五食货志，包含农业、林业、渔业、盐业、矿业、商业、工业；卷六交通志，包含道路、邮电、胶济铁路、航运；卷七教育志；卷八建置志，包含港湾、沟渠、桥梁、水道公产、市廛；卷九财赋志，包含税制、度

支。其余各卷分别为人物志、艺文、大事记。末附详图。

民国十七年铅印本。

东营市

2609

[成化] 乐安县志／（明）沈清修

沈清，生卒年不详，字廉夫，号一斋，归安（今浙江省湖州市）人。父为朝廷问斩，全家谪戍抚宁。幼发愤学业，明成化十三年（1477）以戍籍中举人，翌年连捷进士。任安乐知县，迁南京刑部主事。弘治七年（1494）任江西按察司佥事。

乐安县，今属东营市，位于山东省中部偏北，东北部濒临渤海莱州湾。金改千乘县置乐安县，治今山东省广饶县，属益都府。元属益都路。明、清属青州府。1914 年改名广饶县。

佚书。

2610

[嘉靖] 乐安县志／（明）王本固修

王本固（1514—1583），字子民，直隶邢台（今河北省邢台市）人，明嘉靖二十三年（1544）进士，历任乐安县令、监察御史、大理寺少卿、南京右佥都御史、左副都御史，后又任刑部左侍郎。隆庆初，改任吏部左侍郎，官至吏部尚书。

佚书。

2611

[万历] 乐安县志二十卷／（明）孟楠修，（明）蒋奇镈纂

孟楠，生卒年不详，字伯茂，直隶浚县（今河南省浚县）人。明万历二十六年（1598）进士。时任知县，官至山西布政使。

蒋奇镈，生卒年不详，字乘埜，乐安（今山东省广饶县）人。明万历七年（1579）经魁。

明万历三十一年修康熙刻本。

2612

[康熙] 重刻乐安县续志二卷／（清）欧阳焯修，（清）李含章、李焕章纂

欧阳焯（1634—?），字宾霞，一字楚潜，湖广沔阳（今湖北省仙桃市）人，一说江西安福人。清顺治十五年（1658）进士。时任乐安县知县。

李含章，生卒年不详，字绘

先，号浮玉，乐安（今山东省广饶县）人。明崇祯十二年（1639）副贡。曾任谏议大夫。著有《卢龙杂咏》《遁山堂遗诗》。

李焕章（1615—1688），字象先，号织斋，乐安（今山东省广饶县）人。明末诸生。入清不仕，漫游四方，隐居青州法庆寺。著有《龙湾集》《无学堂集》《老树村集》《织斋集抄》等。

清康熙六年刻本，抄本。

2613

［雍正］乐安县志二十卷／（清）李方膺纂修

李方膺（1695—1754），字虬仲，号晴江，又号柳园、借园、白衣、仙李、桑芋子等，通州（今江苏省南通市）人。清代著名书画家，名列“扬州八怪”之一。清雍正七年（1730）随其父福建按察使李玉鋐进京时受到皇帝的召见，颇得雍正帝赏识，破格由布衣授七品县令，历官乐安县令、莒州知州、寿光知县、兰山知县，安徽潜山知县、合肥知县、代理滁州知州等职。后遭诬告罢官，寓扬州借园，自号借园主人，与李鱓、金农、郑燮等往来。著有《书画记略》《仓山文房集》《桐阴画论》等。

清雍正十一年刻本。

2614

［光绪］乐安县志／（清）宋兰芳修

宋兰芳，生卒年不详，字木舟，一字伯舟，乐安（今山东省广饶县）人。清咸丰二年（1852）优贡。

佚书。

2615

［光绪］乐安县乡土志稿／景可辅、曲龙章、王永贞修

景可辅，生卒年不详，字佐臣，字子云，乐安（今山东省广饶县）人。清光绪间拔贡。著有《乡土志稿》。

曲龙章，生卒年不详，字子云，乐安（今山东省广饶县）人。清光绪十七年（1891）举人。历官观城、长山训导。

王永贞，生卒年不详，字子乾，乐安（今山东省广饶县）人。清末廪生，被选为省咨议局议员，县自治筹备处处长。

佚书。

2616

［民国］乐安县志十三卷首一卷／李传煦、陈同善修，王永贞纂

李传煦，生卒年不详，字和

青，肥城（今山东省肥城市）人。民国初年任乐安县县长。

陈同善，生卒年不详，字金甫，祥符（今属河南省开封市）人。曾任乐安县知事。

王永贞，见第2615条。

民国七年石印本。

2617

［民国］续修乐安县志二十八卷首一卷／王文彬等修，王寅山纂

王文彬，生卒年不详，字质均，河北徐水（今属河北省保定市）人，时任乐安县县长。

王寅山，生卒年不详，字耕唐，乐安（今山东省广饶县）人。清光绪二十六年（1900）举人。历官参事、知县。

民国铅印本。

2618

［民国］续修广饶县志二十八卷首一卷／潘莱峰等修，王寅山纂

潘莱峰，生平事迹不详。

王寅山，见第2617条。

广饶县，1914年改乐安县置，属胶东道。治所即今山东广饶县。1925年改属淄青道。1928年直属山东省。

民国二十四年铅印本。

2619

［隆庆］利津县志／（明）贾光大修

贾光大，生卒年不详，字实甫，别号煦谷，杞县（今河南省杞县）人。明嘉靖三十四年（1555）举人，由贡生考取进士。隆庆五年（1571）任利津县知县。

利津，今属东营市，位于山东省东北部，东北濒临渤海。金明昌三年（1192）升永利镇置利津县，属滨州。治所即今山东利津县。元属济南路。明属济南府滨州。清属武定府。民国初属山东济南道。1925年改属武定道。1928年直属山东省。

佚书。

2620

［万历］利津县志／（明）冯执中修

冯执中，生卒年不详，字云甫，六都镇（今属广东省云浮市）人。明万历二十二年（1594）举人，二十五年（1597）出任利津县知县。

佚书。

2621

[康熙] 利津县新志十卷 / (清) 韩文焜纂修

韩文焜，生卒年不详，字青艺，唐县（今河南省唐河县）人。清康熙十一年（1672）由监生官利津知县。

清康熙十二年刻本，清乾隆二十三年刻本。

2622

[乾隆] 利津县新志续编十卷 / (清) 刘文确修，(清) 刘永祚、李俨纂

刘文确，生卒年不详，字坚泰，号果堂，辰溪（今湖南省辰溪县）人。清乾隆十四年（1749）由拔贡任利津县知县。著有《松堂诗集》。

刘永祚，生卒年不详，字裕昆，利津（今山东省利津县）人。清乾隆二十三年（1758）岁贡。

李俨，生平事迹不详。

清乾隆二十三年刻本。

2623

[乾隆] 利津县志补六卷 / (清) 灵泰修，(清) 程士范纂

灵泰，生卒年不详，时任武定府知府。

程士范，生卒年不详，字作模，渭南（今陕西省渭南市）人。时任利津县知县。

清乾隆三十五年刻本。

2624

[光绪] 利津县志十卷文征五卷 / (清) 盛赞熙修，(清) 余朝棻等纂

盛赞熙，生卒年不详，字积荪，武进（今属江苏省常州市）人。时任利津县知县。

余朝棻，生平事迹不详。

清光绪九年刻本，民国二十四年铅印本。

2625

[光绪] 利津县乡土志一卷 / (清) 盖重熙修，(清) 许凤年纂

盖重熙，生卒年不详，字暭臣，利津（今山东省利津县）人。清光绪三十三年（1907）考取岁贡生，候选县丞。时任利津县知县。

许凤年，生卒年不详，利津（今山东省利津县）人。

抄本。

2626

［民国］利津县续志九卷附文征续编五卷／王廷彦修，盖尔佶纂

王廷彦，生卒年不详，字俊民，临颍（今河南省临颍县）人。开封河南省立第一师范毕业。曾任本县师范讲习教员、第一高等小学校长。1923 年参加西北军韩复榘部。1930 年韩复榘任山东省主席后，历官利津、郓城等县县长。

盖尔佶，生卒年不详，字吉人，又号情佛，利津（今山东省利津县）人。山东省立单级师范讲习所毕业，历任山东河务局秘书、岱北清乡司令部秘书长。

民国二十四年铅印本。

烟台市

2627

［嘉靖］登州府志／（明）吴昶纂修

吴昶，生卒年不详，蓬莱（今山东省蓬莱市）人。明嘉靖二十三年（1544）进士。授河南推官，擢御史，巡屯山西。后以母老挂冠终养，前后十三征不起，朝野重之。著有《石洞主人稿》。

明洪武九年（1376）升登州置登州府，属山东省，治所在蓬莱县（今山东蓬莱市），辖今山东龙口、招远、莱西、海阳等市县以东地。1913 年废。

佚书。

2628

［泰昌］登州府志十八卷／（明）徐应元纂修

徐应元，生卒年不详，沧州（今河北省沧州市）人。明万历二十六年（1598）进士，四十八年（1620）任登州府知府。

明泰昌元年刻本。

2629

［顺治］登州府志二十二卷／（清）施闰章修，（清）杨奇烈等纂

施闰章（1618—1683），字尚白，一字屺云，号愚山，又号蠖斋，晚号矩斋，宣城（今安徽省宣城市）人。清顺治六年（1649）进士，授刑部主事，后擢山东提学佥事。十八年（1661），调江西布政使参议，分守湖西道。康熙六年（1667）归里。十八年（1679）举博学鸿词科，授翰林院编修，纂修《明史》。著有《施愚山先生全集》。

杨奇烈，生卒年不详，益州卫（今属辽宁省辽阳市）人。弱冠知

沂州，历任山东济宁道副使、山东布政使司参政、按察司副使、分守青登莱道。

清顺治十七年刻本。

2630

［顺治］续修登州府志二十二卷／（清）施闰章修，（清）任璇续修

施闰章，见第2629条。

任璇（1687—1698），字政七，号具茨，别号在庵，新乡（今河南省新乡市）人。清康熙十八年（1679）进士，初授翰林院庶吉士，散馆改户部广东司主事。历官户部江南司员外郎、刑部广西司郎中、中宪大夫登州府知府。三十三年（1694）修《登州府志》并撰序。著有《研斋集》《东园卧吟》《东园吟》《丹崖草》《东园遗稿》《似舫词》等。

清顺治十七年刻康熙三十二年任璇增刻本。

2631

［乾隆］续登州府志十二卷／（清）永泰纂修

永泰，生卒年不详，字石安，三韩（今属山东省济宁市）人，满洲正白旗人。清乾隆六年（1741）任登州府知府。

清乾隆七年刻本。

2632

［光绪］增修登州府志六十九卷首一卷／（清）方汝翼、贾瑚修，（清）周悦让、慕容干纂

方汝翼，生卒年不详，字右民，直隶清苑（今河北省清苑县）人。举人出身。历官道员、甘肃按察使、江西布政使、护江西巡抚。

贾瑚，生卒年不详，字小乔，一字般六，号小樵，解州夏县（今山西省夏县）人。清咸丰九年（1859）进士。历官翰林院编修、湖北学政、江南道监察御史、云南道监察御史、陕西道监察御史。光绪三年（1877）任登州知府。七年（1881）主持编修《增修登州府志》并为之序。

周悦让（1809—?），字孟白或孟伯，一字梦伯，又号梦白，莱阳（今山东省莱阳市）人。清道光二十六年（1846）进士，选翰林院庶吉士，改户部主事，擢礼部员外郎。著有《倦游庵椠记》。

慕容干，生卒年不详，蓬莱（今山东省蓬莱市）人。历官翰林院编修、知府。

清光绪七年刻本。

2633

［万历］福山县志八卷／（明）宋大奎修，（明）郭如泰纂

宋大奎，生卒年不详，延长县（今陕西省延长县）人。贡生。历官获嘉知县、武定州知州，明万历四十三年（1615）任福山县知县。

郭如泰，生卒年不详，福山（今属山东省烟台市）人。儒学生员。

福山，位于山东半岛东北部，北临黄海。金天会二年（1124）伪齐刘豫析蓬莱县置福山县，治今山东省烟台市西南福山区，属登州。明、清属登州府。1958 年并入莱阳县。1961 年复置。1983 年又并入烟台市，改设福山区。

明万历四十六年刻本，抄本。

2634

［康熙］福山县志十二卷／（清）罗博修，（清）鹿兆甲等纂

罗博（1625—1680），字子约，东里（今属河南省郑州市）人。清顺治十六年（1659）进士，康熙年间历官山西浮山令、山东福山县知县，后升迁中书舍人。

鹿兆甲，生卒年不详，字鼎擢，福山（今属山东省烟台市）人。清顺治八年（1651）恩贡。官长沙府同知。

清康熙十二年刻本。

2635

［乾隆］福山县志十二卷／（清）何乐善修，（清）萧劼、王积熙纂

何乐善，生卒年不详，字同人，济源（今河南省济源市）人。清乾隆二年（1737）与仲兄复善同举于乡。历官山东福山、诸城县令，晋胶州知州。

萧劼，生卒年不详，福山（今属山东省烟台市）人。清康熙五十年（1711）举人，五十四年（1715）进士。

王积熙（1711—1771），字萝谷，号啸岩，一说字德华、澡航，号海源，福山（今属山东省烟台市）人。清乾隆三十六年（1771）进士。著有《萝谷诗钞》。

清乾隆二十八年刻本。

2636

［民国］福山县志稿十卷附黉门录一卷民国志一卷／王陵基修，于宗潼纂

王陵基（1885—1967），字芳舟，乐山（今四川省乐山市）人。成都武备学堂步科毕业后东渡日本

加入同盟会。回国后，历任山东福山县、峄县县长。回川后，历任刘湘川军军事教官参谋长、团长、旅长、师长、东川道尹、川东观察使、重庆镇守使、重庆卫戍总司令、长江上游“剿匪”总指挥、四川省代理保安司令兼保安处处长。抗日战争爆发后，率部出川抗战，曾任第三十集团军总司令，第九、第六战区副司令长官兼湘鄂边防总司令。1945年5月被选为国民党第六届中央执行委员。抗战胜利后任国民党第七绥靖区司令官。1947年任江西省政府主席兼省保安司令及军管区司令，次年改任四川省政府主席。1949年底被人民解放军俘获。1964年12月被特赦释放。

于宗潼（1860—1934），字梓生，号西园，福山（今属山东省烟台市）人。清光绪十四年（1888）举人，翌年进士。三十三年（1907）任四川夔州知府，后任成都府知府、四川全省劝业道。精于舆地之学，总纂《福山县志》，协纂《山东通志》。弃官归乡后，在福山原宾阳书院旧址倡创福山中学。

民国二十年铅印本。

2637

题衔纪政录／（明）马骥撰

马骥，生卒年不详，代州（今山西省代县）人。举人，明弘治二年（1489）任宁海州同知。

佚书。

2638

［弘治］宁海州志稿／（明）潘鉴修

潘鉴，生卒年不详，华亭（今上海市松江区）县人。举人。时任宁海州学正。

宁海州，地处山东半岛东端，明、清为海防要地，今属烟台市。金大定二十二年（1182）升宁海军置宁海州，治牟平县（今山东烟台市牟平区），属山东东路。辖境约当今山东省大姑河以东地区。清不辖县。1913年降为县，次年改名牟平县。

佚书。

2639

［嘉靖］宁海州志二卷／（明）李光先修，（明）焦希程纂

李光先，生卒年不详，字惟孝，号冶山，代州（今山西省代县）人。时任宁海州知州，历官彰德、永年、顺德三郡。

焦希程（1494？—1562？），字师正，泌阳（今河南省泌阳县）人。明正德十四年（1519）举人，历官宁海州同知、南京户部郎中、贵州按察副使。

明嘉靖二十六年刻本，抄本。

2640

［康熙］宁海州志十卷／（清）杨引祚等纂修

杨引祚，生卒年不详，原吴姓，字湄崧，沔阳（今湖北省仙桃市）人。清顺治十五年（1658）进士，授宁海州知州。历官山东青州海防道、浙江督学、山西典试。纂有《宁海州志》《沔阳州志》。

清康熙十一年刻本，抄本。

2641

［道光］宁海州证证录四十四卷／（清）宫卜万纂

宫卜万（1777—1847），字寿卿，号香海，牟平（今属山东省烟台市）人。庠生。善于搜集整理地方文献，遂致力于古文研究。著有《宁海州志》《牟平遗香集》《西园诗稿》《四香馆文集》《登州补遗考证》《莱阳志拾遗》《修志杂记》《牟平志书证证录》（又称《宁海州证证录》）等。

是书有天、地、人三部。其中天部包括天文志、食货志、风俗志；地部包括疆域志、建置志；人部包括封建志、职官志、人物志、艺文志。

存佚不详。

2642

［同治］宁海州志二十六卷／（清）舒孔安修，（清）王厚阶纂

舒孔安，生卒年不详，字盘叔，靖安（今江西省靖安县）人。清咸丰元年（1851）举人，同治二年（1863）任宁海州知州。

王厚阶，生卒年不详，字梦泉，东昌（今山东省聊城市）人。清道光二十三年（1843）举人。选登州府宁海州学正，擢安徽凤阳知府。

清同治三年刻本。

2643

［民国］牟平县志十卷首一卷／宋宪章修，于清泮纂

宋宪章，生卒年不详，字斌甫，菏泽（今山东省菏泽市）人。1936年任寿光县县长，历官牟平县县长。

于清泮（1874—1957），字芹泉，一字琴泉，宁海州（今山东省乳山市）人。清光绪二十七年（1901）举人。宣统元年（1909）举孝廉方正，授知县不就。民国后历任山东省议会议员、省公署顾问、秘书，省众议员、省政府参议。还曾任登州初级师范学堂堂长，山东公立农业、矿业两专科学校及济南、烟台、青州等各省立中学教员。著

有《禹贡指今》等书，并主纂牟平、齐东、沾化三县县志。

牟平，位于胶东半岛东部，北濒黄海。西汉置，治今山东省烟台市福山区古现镇。明洪武初废入宁海州。1913 年复改宁海州为县。1914 年更名牟平县。1958 年并入莱阳县，1960 年复置。1994 年并入烟台市，改设烟台市牟平区。

稿本，民国二十五年石印本。

2644

[正德] 黄县志 /（明）□□撰

黄县，在今山东龙口市东，位于山东省胶东半岛西北部，西、北濒渤海，隔海与天津、大连相望。本莱国，秦置黄县。唐神龙三年（707）改为蓬莱县，先天元年（712）又分蓬莱县置，治今龙口市黄县镇。西汉属东莱郡，东汉及三国魏为东莱郡治，西晋至南朝宋属东莱国或东莱郡，北魏、东魏属东牟郡，北齐、北周属长广郡，隋属莱州，唐至元属登州，明清属登州府。1986 年迁治龙口，改设龙口市。

佚书。

2645

[嘉靖] 黄县志十卷 /（明）贾璋修

贾璋，生卒年不详，山西人。时任黄县知县。

佚书。

2646

[崇祯] 黄县志 /（明）任中麟修

任中麟，生卒年不详，陕西人。时任黄县知县。

佚书。

2647

[康熙] 黄县志八卷 /（清）李蕃修

李蕃（1622—1694），字锡征，号懒庵，室号雪鸿堂，通江（今四川省通江县）人。清顺治十四年（1657）举人，曾任黄县知县。著有《雪鸿堂集》。

清康熙十二年刻本。

2648

[乾隆] 黄县志十二卷 /（清）袁中立修，（清）毛赞纂

袁中立，生卒年不详，睢州（今河南省睢县）人。曾以监生荐光化县知县，时任黄县知县。

毛赞（1683—1767），字师陆，号匀亭，莱州（今山东省莱州市）人。廪生。编有《掖县志》《识小录》。

清乾隆二十一年刻本。

2649

[同治] 黄县志十四卷首一卷末一卷／（清）尹继美修，（清）王棠等纂

尹继美（1816—1886），字茂才，号湜轩，又号蠡测子，永新（今江西省永新县）人。清咸丰九年（1859）举人。同治三年（1864）授巨野县知县，后调任黄县，不久升为直隶州同知。著有《诗管见》《诗地理》《鼎吉堂文钞》等。

王棠，生平事迹不详。

清同治十年刻本。

2650

[同治] 黄县志稿五卷首一卷／（清）尹继美修

尹继美，见第2649条。

清同治十二年白鹭书院刻本。

2651

[民国] 黄县志十六卷／李钟豫修，张殿邦纂

李钟豫，生卒年不详，阳谷（今山东省阳谷县）人。时任县长。

张殿邦（1876—1945），字彦忱、彦臣，黄县（今山东省龙口市）人。清末秀才，毕业于济南优级师范学堂。清光绪三十二年（1906）加入同盟会。三十四年（1908）任黄县劝学所学董，创办洼里小学、育德女学堂。辛亥革命后，成为山东同盟会的骨干，为光复登黄的主要参加者之一。1912年任黄县劝学所所长，创办县立师范讲习所。1924年任山东赵县县长。1928年任黄县县长。

民国三十四年稿本，民国三十四年铅印本。

2652

[民国] 龙口志八卷／张殿邦纂

张殿邦，见第2651条。

抄本。

2653

[万历] 莱阳县志六卷／（明）程时建修，（明）咸怀良纂

程时建，生卒年不详，韩城（今陕西省韩城市）人。举人，明万历八年（1580）知莱阳县。

咸怀良，生卒年不详，字廷遂，祖居莱阳，清代迁居莱西（今山东省莱西市）。明隆庆二年（1568）进士。历官南直隶霍卯县

知县、陕西省平凉府同知、南直隶凤阳府知府、山西大同兵备道、陕西按察司佥事等职，不久因病回籍休养。万历十年（1582）参加纂修《莱阳县志》。病愈后，于赴京都任职途中病故。

莱阳，位于胶东半岛中部，东南隅濒黄海丁字湾。五代唐同光元年（923）改昌阳县置莱阳县，属莱州，治所即今山东莱阳市。明属登州府。民国初属山东胶东道。1925 年属东海道。1928 年直属山东省。1987 年改设莱阳市。

佚书。

2654

莱阳县志／（清）张允龄修

张允龄，生卒年不详，字九如，莱阳（今山东省莱阳市）人。清顺治十八年（1661）贡生。初任昌邑教谕，后任福建长乐知县。著有《濠上园别集》，辑有《卢乡集》。

佚书。

2655

［康熙］莱阳县志十卷／（清）万邦维修，（清）卫元爵、张重润纂

万邦维（1631—?），字松溪，麻城（今湖北省麻城市）人。清顺治八年（1651）举人，十二年（1655）进士。康熙八年（1669）任知县并主持修县志。

卫元爵，生卒年不详，长兴（今浙江省长兴县）人。岁贡。清康熙十五年（1676）继任莱阳知县，组织人员对县志加以修改、补充，于十七年（1678）纂成。

张重润，生卒年不详，字苍伯，号沧溟，莱阳（今山东省莱阳市）人。清贡生。曾官河南陈留知县。著有《栖泌园稿》。

清康熙十七年刻本。

2656

［乾隆］莱阳县志／（清）邹知新纂

邹知新，生卒年不详，字师可，麻城（今湖北省麻城市）人。明崇祯十五年（1642）举人。清顺治八年（1651）官襄阳宜城县教谕，后升山东莱阳县知县。

清乾隆七年刻本。

2657

［道光］莱阳县志拾遗／（清）宫卜万纂

宫卜万，见第 2641 条。

佚书。

2658

［同治］续莱阳县志稿四卷／（清）赵荣山修

赵荣山，生卒年不详，字钟嵘，莱阳（今山东省莱阳市）人。岁贡。

佚书。

2659

［民国］莱阳县志三卷首一卷末一卷／梁秉锟修，王丕煦纂

梁秉锟，生卒年不详，时任莱阳县县长。

王丕煦（1871—1943），字葵若，号楸园，莱阳（今山东省莱阳市）人。清光绪二十九年（1903）进士，授内阁中书，改浙江桐乡知县，以丁忧致仕。三十二年（1906）选送日本留学法政。宣统三年（1911）回国。辛亥革命后任烟台军政府民政长。1912年赴济南任山东布政使，次年改山东省财政厅长，代表山东赴京出席约法会议。1917年任黑龙江省财政厅长，辞官供职金融界。1927年起任山东省政府参议。

民国二十四年铅印本。

2660

［康熙］蓬莱县志八卷／（清）高岗修，（清）蔡永华纂

高岗，生卒年不详，字仑侯，直隶滦州（今河北省滦县）人。曾任蓬莱县知县。

蔡永华，生卒年不详，蓬莱（今山东省蓬莱市）人。贡生，曾任大同知府。

蓬莱，位于胶东半岛最北端，北临黄海、渤海。唐神龙三年（707）分黄县置蓬莱县，为登州治，治所即今山东蓬莱市。明、清为登州府治。民国初属山东胶东道。1925年改属东海道。1928年直属山东省。1991年撤销，改设蓬莱市。

清康熙十二年刻本。

2661

［道光］重修蓬莱县志十四卷／（清）王文焘修，（清）张本纂

王文焘，生卒年不详，字锡五，保德州（今山西省保德县）人。副贡生。时任蓬莱知县。

张本，生卒年不详，字叔培，蓬莱（今山东省蓬莱市）人。举人。

清道光十九年刻本。

2662

［光绪］蓬莱县续志十四卷／（清）郑锡鸿、江瑞采修，（清）王尔植等纂

郑锡鸿，生卒年不详，大兴（今属北京市）人。举人。曾任蓬莱县知县。

江瑞采，生卒年不详，字黼父，歙县（今安徽省歙县）人。曾任蓬莱县知县。

王尔植，生卒年不详，字竹坡，蓬莱（今山东省蓬莱市）人。副贡生，由教习改户部山西司行走。

清光绪八年刻本。

2663

［民国］蓬莱县志合编□卷／蓬莱县修志馆编

稿本。

2664

［民国］蓬莱地理说略／刘远哉编

刘远哉，即刘本钊（1892—1968），字康甫，号远哉，蓬莱（今山东省蓬莱市）人。考入朝阳大学学习法律，大学毕业后去朝鲜大学留学。1923 年回国在北洋政府外交部做主事，后担任清华大学会计科科长，国立青岛大学会计主任、秘书长等职务。抗战胜利后，受国立山东大学校长赵太侔的邀请担任秘书主任。1949 年赴台湾清华大学工作。

是书共四章二十一节。第一章为总纲，分名称和沿革、位置和疆界、地势和形势、面积和区域、县治和人口、古迹和名胜六节；第二章为自然地理，分地质和气候、山、河、岛、海岸、井泉六节；第三章为人文地理，分住民、物产、实业和交通、教育和宗教、行政机关、人物六节；第四章为地方志，分县城、区社、集市三节。

蓬莱县档案馆存本。

2665

［民国］蓬莱地理说略／袁式和编

袁式和，生平事迹不详。

是书共四章三十五节。第一章为总论，设名称、沿革、位置、疆域、面积、户口、农田地丁、行政区划八节；第二章为自然概况，分地质、山脉、河流、海岸、岛屿、气候、雨量、潮汐、温泉九节；第三章为人文概况，分城寨、古迹名胜、风景、庙宇教堂、碑石牌坊、交通、水利、物产、民生、盐法、民生、教育、宗教、医药卫生、公

用事业、救济慈善事业、金融状况（略）、自卫力量（略）十八节；第四章为结论。

蓬莱县档案馆存本。

2666

［乾隆］海阳县志八卷／（清）包桂纂修

包桂，生卒年不详，钱塘（今浙江省杭州市）人。清乾隆年间任海阳知县。

海阳，位于山东半岛东南部，南濒黄海。清雍正十三年（1735）析莱阳县、宁海州置海阳县，治大嵩城（今山东海阳市凤城镇）。1941 年曾在县境东部与牟平县南部设置牟海行署（县级），1945 年撤销。仍分属各原县。1950 年县迁治东村（今市址）。1996 年撤销，改设海阳市。

清乾隆七年刻本。

2667

［光绪］海阳县续志十卷首一卷／（清）王敬勋修，（清）李尔梅等纂

王敬勋，生卒年不详，宛（今属河北省保定市）人。清光绪六年（1880）任海阳县知县。

李尔梅，生卒年不详，六品南河补用闸官。

清光绪六年刻本。

2668

［嘉靖］莱州府志八卷／（明）毛纪修

毛纪（1463—1545），字维之，掖县（今山东省莱州市）人。明成化二十三年（1487）中解元，翌年中进士，选为庶吉士。弘治初年授为检讨，继为修撰、经筵讲官、东宫侍读。武宗即位后，改为左谕德，继升侍讲学士。正德五年（1510）为学士，后历官户部右侍郎、吏部左侍郎、礼部尚书、户部尚书兼东阁大学士、太子太保。十六年（1521）与杨廷和等将兴献王长子迎入宫中立为皇帝，因迎驾有功，被加封为伯爵，力辞不就。嘉靖初争大礼，遭世宗谴责，遂力请辞官。卒，赠太保，谥文简。著有《鳌峰类稿》《海庙集》《密勿稿》《辞荣录》《归田杂识》等。

莱州府，明洪武九年（1376）升莱州置，属山东省。治所在掖县（今山东莱州市），辖境相当今山东潍坊、莱州、平度、即墨、青岛、胶州、胶南、昌邑、高密等市地。1913 年废。

佚书。

2669

［万历］莱乘／（明）毕拱辰修

毕拱辰（？—1644），字星伯，掖县（今山东省莱州市）人。明万历四十三年（1615）举人，翌年连捷进士。历官江苏盐城知县、陕西朝邑知县、浙江按察司知事、户部河南司、礼部祠祭司主事、浙江按察司知事、吉安府推官、南户部广西主事、福建司郎中、河南按察司佥事、山西按察司佥事、分巡冀宁道。明崇祯十七年（1644），李自成率军兵临太原，毕拱辰率军抵抗，兵败被杀。著有《莱乘》《珠船斋集》《凫溪存稿》《旅味瓻余》《系曜近草》《义侠纪事》《蝉雪哤言》及《诗草》。

存佚不详。

2670

［万历］莱州府志八卷／（明）龙文明修，（明）赵耀、董基纂

龙文明，生卒年不详，字君见，永新（今江西省永新县）人。明万历十七年（1589）进士，授漳州府推官，后历官刑部主事、山东副使、莱州知府、山东按察使、海防兵备道按察副使，勋封中宪大夫。

赵耀（1539—1609），字文明，号见田，莱州（今山东省莱州市）人。明隆庆五年（1571）进士。万历元年（1573）任江西道监察御史，翌年调任河南卫辉府推官。后历官兵部主事、兵部员外郎、河南按察司佥事、浙江按察司副使、河南按察司副使、山西布政使左参政、山西按察司按察使、都察院巡抚辽东右佥都御史。二十一年（1593），乞求返乡侍奉双亲，获准。三十六年（1608）起授都察院巡抚保定有佥都御史，兼理海防军务。

董基（1550—1620），字巢雄，莱州（今山东省莱州市）人。明万历八年（1580）进士，授刑部主事。历官南京礼部主事、礼部员外郎、光禄寺少卿、大理寺丞等职。任内因直言惹恼明神宗，被处廷杖之刑，罢官归里。

明万历三十二年刻本，清抄本，民国二十八年铅印本。

2671

［康熙］莱州府志十二卷／（清）陈谦修，（清）孔尚任、刘以贵纂

陈谦，生卒年不详，字廷益，号任斋，海宁（今浙江省海宁市）

人。曾受教于大儒黄宗羲之门，以岁贡仕于宁海县儒学，谒选得户部员外郎，转刑部郎中。因长兄陈论官刑部右侍郎，遂回避补户部郎中，出为山东莱州府知府，引疾归。著有《西湖水利考》《就庄集》等。

孔尚任（1648—1718），字聘之，又字季重，号东塘，别署岸堂、云亭山人，曲阜（今山东省曲阜市）人。孔子六十四代孙。清康熙十九年（1680）捐纳国子监生。二十三年（1684）康熙至曲阜祭孔，充御前讲书官，特擢国子监博士。后任户部主事，升户部广东司员外郎。三十九年（1700）以事罢官。五十一年（1712），到莱州为知府陈谦做幕僚，在莱州编修了将近一年的府志，后病逝于家。著有《石门山集》《湖海集》《宫词百首》《岸堂稿》《长留集》《岸堂文集》等；撰《桃花扇》传奇，与顾彩合作撰《小忽雷》传奇；还编纂《平阳府志》《阙里新志》《莱州府志》《节序同风录》等。

刘以贵，生卒年不详，字沧岚，潍县（今山东省潍坊市）人。清康熙二十七年（1688）进士，授广西苍梧县知县。著有《古本周易》《析疑》《藜乘集》《初学正鹄》《正命录》《莱州名贤志》等。

清康熙五十一年刻本。

2672

［乾隆］莱州府志十六卷首一卷／（清）严有禧纂修

严有禧（1694—1766），初名绳德，字厚载，号韦川，常熟（今江苏省常熟市）人。清雍正元年（1723）进士。授河南涉县令，迁滨州、莱州守，山东分守登莱青整饬海防道副使，仕至湖南、河南按察使。著有《漱华随笔》《莱州府志》。

清乾隆五年刻本。

2673

［乾隆］勺亭识小录八卷外集一卷／（清）毛赘修，王桂堂重编

毛赘，见第2648条。

王桂堂，生卒年不详，字馥林，掖县（今山东省莱州市）人。

是志卷一含沿革、都邑、城郭、山、水、泉、村镇、古迹、祠宇、墓、宅第、物产；卷二含人物、忠、孝、义；卷三含文苑、列女、杂行、流寓、方技、仙释；卷四含宦绩、风俗；卷五含创建、兴作、科第、政事、祥异；卷六为识文，含五言、奏疏、序、说、书、引、题词、说文、碑、记、考、传、后序、书后、跋、行状、墓表、墓志铭、祭文、赋；卷七为识诗，含五十三位莱州

籍诗人作品；卷八含遗、余、误、恶；卷九为外集。

民国十三年王氏曝经草堂稿本。

2674

［光绪］莱州府志二卷首一卷／（清）李恩祥修，董锦章纂

李恩祥，生卒年不详，字吉珊，怀庆府河内（今河南省沁阳市）人。清光绪二年（1876）举人。官济宁知州，署莱州知府。撰有《自怡山房诗草》《宜庐诗草》。

董锦章（1844—1920），字蔚堂，号襄村，莱州（今山东省莱州市）人。清光绪十四年（1888）举人。著有《莱州府乡土志》《掖县乡土志》等。

清末抄本。

2675

莱州府乡土志二卷首一卷／（清）熙臣修，（清）董锦章纂

熙臣，生卒年不详，长白（今吉林省长白朝鲜族自治县）人。时任莱州府知府。

董锦章，见第2674条。

明洪武九年（1376）升莱州置莱州府，属山东省，治所在掖县（今山东莱州市）。辖境相当今山东潍坊、莱州、平度、即墨、青岛、胶州、胶南、昌邑、高密等市地。1913年废。

清光绪抄本。

2676

［乾隆］掖县志八卷首一卷／（清）张思勉修，（清）于始瞻纂

张思勉，生卒年不详，字诚之，号韦轩，内务府镶黄旗汉军，燕山（今属北京市）人。清雍正四年（1726）举人，乾隆十五年（1750）由朝城令调任掖县知县。

于始瞻（1690—1778），字君惠，号左村，昌邑（今山东省昌邑市）人。清康熙五十九年（1720）举人，钦赐国子监学录，曾任莱州北海书院山长。著有《左村穴见》《奚背咫闻》等。

掖县，位于山东省东北部，西临渤海莱州湾。西汉置掖县，为东莱郡治。治所即今山东莱州市。东汉改为掖侯国。后复为县。西晋为东莱国治。北魏皇兴四年（470）为光州治。隋复为东莱郡治。唐为莱州治。明、清为莱州府治。民国初属山东胶东道。1925年改属莱胶道。1928年直属山东省。1988年改设莱州市。

清乾隆二十三年刻本，清乾隆二十

三年刻二十六年增刻本，清嘉庆十二年刻本，掖县全志本。

2677

[嘉庆] 续掖县志四卷 / (清) 张彤修，(清) 张诩纂

张彤，生卒年不详，字鄂楼，一作萼楼，乌程（今浙江省湖州市）人。清乾隆五十一年（1786）举人，翌年考充教习。曾任山东登莱青海兵备道，官至山东按察使。

张诩，生卒年不详，字渌卿，掖县（今山东省莱州市）人。曾为阮元幕宾。

清嘉庆十二年刻本，掖县全志本。

2678

[道光] 掖乘十六卷 / (清) 侯登岸纂

侯登岸（1787? —1860），字穆止，号华楼山人，掖县（今山东省莱州市）人。曾官冠县教谕。著有《掖乘》《掖海杂志》《海岱人物志》等。

是书为仿《齐乘》之例编纂而成，包含沿革、山川、人物、古迹、金石、祠宇、园亭、土产等内容。明代至清代东海神庙的情况，以是书收录数据最多。

清道光七年稿本，清抄本，掖海丛书本。

2679

[道光] 再续掖县志二卷 / (清) 杨祖宪修，(清) 侯登岸纂

杨祖宪（? —1843），原名炳，字星若，一字述庵，应山（今湖北省广水市）人。由廪膳生举孝廉方正，廷试以知县用。初任博平县，调掖县知县，后擢升同知，未任而卒。

侯登岸，见第2678条。

清道光二十三年刻本，掖县全志本。

2680

掖县全志四种十八卷 / (清) 魏起鹏编，(清) 赵纮序校补

魏起鹏（1853—?），字绍程，南昌（今江西省南昌市）人。清光绪十六年（1890）进士，授掖县知县。

赵纮，生平事迹不详。

清光绪十九年刻本。

2681

[光绪] 三续掖县志四卷首一卷 / (清) 魏起鹏修，(清) 王续藩纂

魏起鹏，见第2680条。

王续藩（1853—1905），字念斋，号筱园，掖县（今山东省莱州市）人。清同治八年（1869）岁贡。主讲北海书院。

掖县全志本。

2682

[光绪] 掖县乡土志二卷／（清）吕昱修，（清）董锦章纂

吕昱，生平事迹不详。

董锦章，见第2674条。

清光绪三十四年稿本。

2683

[民国] 四续掖县志六卷首一卷／刘国斌修，刘锦堂纂

刘国斌，生平事迹不详。

刘锦堂，生平事迹不详。

民国二十四年铅印本。

2684

[顺治] 招远县志十二卷／（清）张作砺修，（清）张凤羽纂

张作砺，生卒年不详，字石斋，玉田（今河北省玉田县）人。清顺治八年（1651）拔贡。曾官嘉兴府同知、招远知县。

张凤羽，生卒年不详，字仲威，招远（今山东省招远市）人。清顺治八年（1651）举人，十六年（1659）进士。曾官户部观政。

招远，位于山东省东北部，西北临渤海莱州湾。金天会二年（1124）刘豫置招远县，属莱州，治所即今山东招远市。明、清属登州府。民国初属山东胶东道。1925年改属东海道。1928年直属山东省。1991年改设招远市。全书十二卷，分为：卷一星野、灾祥、沿革、疆域、形胜附八景；卷二山川附桥梁、城池附军器、公署；卷三学宫、学田附坊表、祀典、乡都附坊市、古迹附陵墓、寺观；卷四风俗；卷五物产；卷六赋役、封建；卷七职官；卷八科贡；卷九人物、列女、仙释；卷十至十二艺文。

清顺治十七年刻本，清道光二十六年刻本。

2685

[道光] 招远县续志四卷／（清）陈国器、边象曾修，（清）李荫、路藻纂

陈国器，生卒年不详，字玉吾，号琢庵，资阳（今四川省资阳市）人。清嘉庆二十一年（1816）举人，道光六年（1826）大挑一等，历署山东高苑、武城、沾化知县，后调泰安、诸诚。

边象曾，生卒年不详，直隶任邱（今河北省任丘市）人。举人。清道光间曾任招远知县。

李荫，生卒年不详，招远（今山东省招远市）人。清嘉庆年间附贡生。

路藻，生卒年不详，招远（今山东省招远市）人。清道光十一年（1831）举人。官东阿县训导。

清道光二十六年刻本。

2686

［民国］招远县志十二卷／杜化梓修，温方玉纂

杜化梓，生平事迹不详。

温方玉，生平事迹不详。

佚书。

潍坊市

2687

［嘉靖］青州府志十八卷／（明）杜思修，（明）冯惟讷等纂

杜思（1525—?），字子睿，号武川，鄞县（今属浙江省宁波市）人。明嘉靖三十五年（1556）进士，授工部主事。三十八年（1559）升员外，翌年升郎中。四十一年（1562）升山东青州府知府。隆庆元年（1567）升湖广副使，旋以事镌秩，补广西南宁知府，后迁福建参议。

冯惟讷（1513—1572），字汝言，号少洲，临朐（今山东省临朐县）人。明嘉靖十七年（1538）进士。初授宜兴县令，后历官魏县令、蒲州知州、扬州府同知、松江督赋、南京户部员外郎、兵部车驾郎中、陕西按察司佥事、浙江督学副使、山西参政、山西按察使、陕西右布政使等职。累官至江西左布政使。著有《楚辞旁注》《诗选约注》《文献通考纂要》《杜律删注》《唐音翼》等。

青州，古九州岛之一。明太祖洪武元年（1368）改益都路置青州府，属山东等处行中书省（后改山东布政使司）。治所在益都县（今山东青州市）。辖境相当今山东博兴、沂源、蒙阴以东，昌乐、安丘、诸城以西，南、北滨海之地。清属山东省，辖境缩小。1913年废。

明嘉靖四十四年刻本。

2688

［万历］青州府志二十卷／（明）王家宾修，（明）钟羽正等纂

王家宾，生卒年不详，字国

重，范阳（今河北省涿州市）人。赐进士出身，中宪大夫，时任青州知府。

钟羽正（1554—1637），字淑濂，一字叔濂，号龙渊，益都（今山东省青州市）人。明万历八年（1580）进士，曾为河南省滑县县令。后历官礼科给事中、工科给事中、工科左给事中、户部侍郎、工部尚书。

明万历四十三年刻本。

2689

[康熙] 青州府志二十卷 /（清）崔俊修，（清）李焕章等纂

崔俊，生卒年不详，字杰庵，辽阳（今辽宁省辽阳市）人。时任青州府知府。

李焕章，见第2612条。

清康熙十五年刻本。

2690

[康熙] 青州府志二十卷 /（清）张连登修，（清）张贞、安致远纂

张连登，生卒年不详，字瀛洲，号省斋，咸阳（今陕西省咸阳市）人。捐官得职，任青州府知府，后历官直隶正定府知府、通永道员。因政绩显著，清康熙四十九年（1710）授湖广按察使，五十七年（1718）升任湖广巡抚。雍正元年（1723）奉诏回京。著有《瀛洲集》《靖叛纪略》《救灾定变志》等。

张贞（1636—1712），字起元，号杞园，安丘（今山东省安丘市）人。清康熙十一年（1672）拔贡，选入太学。多次授官，皆不赴任，而隐居安丘县杞城，与蒲松龄为挚友。著有《渠事山人半部稿》《渠丘耳梦录》《浮家泛宅图诗》《杞纪》《青州府志》《青州乡贤传》《安丘乡贤传》《家乘族谱》等。

安致远（1628—1701），字静子，号绒庵，别号拙石老人，寿光（今山东省寿光市）人。清顺治十一年（1654）拔贡。康熙三十七年（1698）与其次子安箕主纂《寿光县志》，四十八年（1709）与张贞合纂《青州府志》。

清康熙四十八年刻本。

2691

[康熙] 青州府志二十二卷 /（清）陶锦修，（清）王昌学、王柽纂

陶锦，生卒年不详，字奕俟，抚顺（今属辽宁省抚顺市）人。时任青州府知府。

王昌学，生卒年不详，时任掖

县知县。

王柽，生卒年不详，诸城（今山东省诸城市）人。清康熙间举人。

清康熙六十年刻本。

2692

［嘉庆］青郡志要补遗稿三卷／（清）□□纂

抄本。

2693

［咸丰］青州府志六十四卷／（清）毛永柏修，（清）李图、刘耀椿纂

毛永柏，生卒年不详，金州厅（今属辽宁省大连市）人，祖籍江苏。历官主簿、县丞、县令，时任青州府知府。

李图，见第2598条。

刘耀椿（1784—1858），字庄年，安丘（今山东省安丘市）人。清嘉庆二十五年（1820）进士，选为庶吉士。历知县、知州、知府。道光十八年（1838）任福建兴泉永道兼金厦兵备道。鸦片战争期间，英军对厦门进行三次入侵，刘耀椿始终站在抗英第一线英勇抵抗侵略。官至四川按察使。

清咸丰九年刻本。

2694

［万历］潍县志十卷／（明）刘廷锡纂修

刘廷锡，生卒年不详，字君荣，号塔山，潍县（今山东省潍坊市）人。明嘉靖元年（1522）举人，历官户部郎中。

潍县，位于山东半岛东部，北濒渤海莱州湾。明洪武九年（1376）改潍州置潍县，属莱州府，治所即今山东潍坊市。二十二年（1389）改属平度州，隶莱州府。清属莱州府。民国初属山东胶东道。1925年属莱胶道。1928年直属山东省。1983年撤销，并入潍坊市。是志为潍县最早的方志。

明万历二年刻本，清抄本。

2695

［康熙］潍县志九卷／（清）王珍修，（清）陈调元纂

王珍，生卒年不详，字鲁庵，临潼（今属陕西省西安市）人。清顺治八年（1651）举人。清康熙十年（1671）任潍县知县。

陈调元（1595—1684），字巽甫，一字鸥盟，号北溟，潍县（今山东省潍坊市）人。明崇祯十六年（1643）进士。翌年明亡，清顺治二年（1645）任直隶

宁津知县，以护城有功升为刑科给事中，并先后任礼科右给事中、兵科左给事中、刑科都给事中、行人司副司正等官职，后致仕归。

清康熙十一年刻十六年增刻本。

2696

［乾隆］潍县志六卷首一卷末一卷／（清）张耀璧修，（清）王诵芬纂

张耀璧，生卒年不详，字东煌，号荆岩，清兰溪（今浙江省兰溪市）人。拔贡。曾任高苑、潍县知县。

王诵芬，生卒年不详，字兰舟，历城（今属山东省济南市）人。清乾隆二十四年（1759）举人。

清乾隆二十五年刻本。

2697

［光绪］潍县乡土志不分卷／（清）宋朝桢修，（清）陈传弼纂

宋朝桢，生卒年不详，南宫（今河北省南宫市）人。廪贡。清光绪三十一年（1905）署理潍县。

陈传弼，生卒年不详，字宇良，潍县（今山东省潍坊市）人。清光绪八年（1882）解元。

是书包含历史、政绩录、兴利除害、听讼、兵事录、耆旧录、事业、学问、名宦祠、乡贤祠、节烈祠、人类、户口、氏族、宗教、实业、地理、古迹、祠庙、坊表、桥梁、市镇、学堂、山、水、道路、物产、商务等。

清光绪三十三年石印本。

2698

［民国］潍县志稿四十二卷图一卷／常之英修，刘祖干纂

常之英，生平事迹不详。

刘祖干，生卒年不详，字逊聪，曾任伪莱潍道督学。

民国三十年铅印本。

2699

［永乐］诸城县志／（明）□□撰

诸城，位于山东省中东部。隋开皇十八年（598）改东武县置诸城县，为密州治，治所即今山东诸城市。大业初为高密郡治。唐复为密州治。明洪武初废密州，县属青州府。民国初属山东胶东道。1925年改属莱胶道。1928年直属山东省。1987年改设诸城市，直属山东省，由潍坊市代管。

佚书。

2700

［嘉靖］诸城县志稿／（明）祝天保修，（明）王应斗纂

祝天保，生卒年不详，字惟忠，唐山（今河北省唐山市）人。明嘉靖二十六年（1547）进士。初任诸城县知县，后升任户部主事，历郎中，出任潞安知府。因绩升按察副使，后又升为布政使参政，分守太原。

王应斗，时任县教谕。

佚书。

2701

［万历］诸城县志十二卷／（明）王之臣修，（明）陈烨纂

王之臣，生卒年不详，字任吾，潼关卫（今陕西省潼关县）人。明万历二十三年（1595）进士。授沾化县知县，后任诸城县知县，仕至经略。

陈烨，生卒年不详，字光宇，诸城（今山东省诸城市）人。明嘉靖四十一年（1562）进士，授工部虞衡司主事、升员外郎。历官同州知州、真定府知府、南京刑部郎中、延安府知府、陕西定边道兵备副使。

明万历三十一年刻本。

2702

［康熙］诸城县志十二卷／（清）卞颖修，（清）王劝纂

卞颖，生卒年不详，字慧生，广陵（今江苏省扬州市）人。清顺治五年（1648）举人。康熙十一年（1672）任山东诸诚知县。

王劝（1608—1692），字旌淑，号淮南，亦号仲子，原号衮华，诸城水西（今山东省高密市）人。明崇祯九年（1636）举人，清顺治四年（1647）进士。授宜兴知县。

清康熙十二年刻本。

2703

［乾隆］诸城县志四十六卷／（清）宫懋让修，（清）李文藻等纂

宫懋让，生卒年不详，字者英，号杜洲，泰州（今江苏省泰州市）人。清雍正四年（1726）顺天副榜。由八旗教习授诸城知县，官至德州知府。著有《大事约》《啸月斋诗草》等。

李文藻（1730—1778），字素伯，号茝畹、南涧，益都（今山

东省青州市）人。清乾隆二十五年（1760）进士。历官恩平、新安、潮阳等知县，广西桂林府同知。著有《岭南诗集》《南涧文集》《泰山金石考》等。

清乾隆二十九年刻本。

2704

［道光］诸城县续志二十三卷／（清）刘光斗修，（清）朱学海纂

刘光斗，生卒年不详，字错山，奉天海城（今辽宁省海城市）人。清道光二年（1822）进士。初任山东诸城县知县，后任江苏句容、丹徒等县知县。

朱学海，生卒年不详，富平（今陕西省富平县）人。清嘉庆二十三年（1818）举人。历任韩城县教谕、丰县知县。

清道光十四年刻本。

2705

［光绪］增修诸城县志二十二卷／（清）刘嘉树修，（清）苑棻池等纂

刘嘉树，生卒年不详，阳湖（今属江苏省常州市）人。时任诸城县知县。

苑棻池，生卒年不详，字秋舫，诸城（今山东省诸城市）人。清咸丰五年（1855）举人，同治七年（1868）进士，选翰林院庶吉士，散馆授编修，改吏部主事、浙江温州道，后署浙江按察使。光绪十五年（1889）任浙江分巡温处道、瓯海关监督，诰封二品衔，授通奉大夫。著有《晚香书屋课存》。

清光绪十八年刻本。

2706

［光绪］诸城县乡土志二卷／（清）陈观圻修，（清）王熙昭纂

陈观圻（1841—1917），字鸿吉，号起霞，晚号息盦，宝山（今属上海市）人。曾县试第一，为拔贡生，考授正红旗官学教习。期满后，历官山东新泰、阳谷、范县、诸城等县知县。后任东昌府同知，因治河有功，保加知府衔。著有《息盦剩稿》《息盦续稿》《息盦尺牍》等。

王熙昭，生卒年不详，诸城（今山东省诸城市）人。清光绪八年（1882）举人。

清光绪三十三年铜印本。

2707

［民国］诸城县乡土志二卷／王炜辰编

王炜辰（1856—1929），字纪

龙，诸城许盂（今属山东省五莲县）人。清光绪二十年（1894）举人，拣选知县。一生从事教育，当过塾师，办过小学，曾任相州三等学堂学监。民国以后，历任诸城劝学所所长、诸城学务委员会主任、县立中学首任校长。

民国九年石印本。

2708

［康熙］寿光县志三十二卷／（清）刘有成修，（清）安致远纂

刘有成，生卒年不详，字圣绩，汉军正黄旗人，世居奉天。清康熙间任寿光知县，以政绩卓异擢同知。

安致远，见第2690条。

寿光，位于山东省中北部，渤海莱州湾西南岸。寿光县，西汉置，治今山东寿光市东北，属北海郡。南朝宋废。隋开皇六年（586）复置，唐属青州。金元属益都府、路，明清属青州府。1993年改为市。

清康熙三十七年刻本。

2709

［雍正］寿光县志／（清）李方膺纂修

李方膺，见第2613条。

佚书。

2710

［乾隆］续寿光县志三十卷／（清）王椿纂修

王椿，生卒年不详，字大椿，一字灵株，号梅坡，辉县（今河南省辉县）人。进士出身。清乾隆十六年（1751）任寿光县知县。

佚书。

2711

［嘉庆］寿光县志二十卷／（清）刘翰周修，（清）金以城纂

刘翰周，生平事迹不详。

金以城，生平事迹不详。

清嘉庆五年刻本。

2712

［光绪］寿光县乡土志不分卷／（清）□□纂

清光绪三十年纂抄本。

2713

［民国］寿光县志二十三卷／崔亦文等纂

崔亦文（1856—1940），字翰卿，又名麟阁，寿光（今山东省

寿光市）人。乡试曾中副榜，二十二岁始任塾师。

民国十七年稿本。

2714

寿光县图志 / 王怀义编

王怀义，生卒年不详，寿光（今山东省寿光市）人。曾参修寿光县志，参考武进高氏所绘寿光地图，绘图十八幅，表四幅，使该县志图文并茂。

是志包含《县治首都省会经纬关系图》《县治上应虚宿图》《民国二十三年县治日月食表》《民国二十三年县治朔望两弦表》《县治历年气象统计表》《县治节气旦昏中星表》《县治境图》《县治十区分图》《城关街巷境内电路线与道路河流羊角沟图》《城关街道图》《电话路线图》《境内县道镇道图》《县境河道图》《羊角构口岸街道图》等。

稿本。

2715

［民国］寿光县志十六卷首一卷 / 宋宪章修，邹允中、崔亦文纂

宋宪章，见第2643条。

邹允中（1882—1945），字心一，武昌（今属湖北省武汉市）人。清末举人，历官牟平、临朐、安丘、诸诚等县知县，1923年任寿光县县长。

崔亦文，见第2713条。

民国二十四年稿本，民国二十五年铅印本。

2716

［万历］昌邑县志八卷 /（明）贾世康纂修

贾世康，生卒年不详，北直定兴（今河北省定兴县）人。举人。明万历六年（1578）任昌邑县令。

昌邑，位于渤海莱州湾南岸。北宋建隆三年（962）置昌邑县，属潍州，治所即今山东昌邑市。明属平度州，隶莱州府。清属莱州府。民国初属山东胶东道。1925年改属莱胶道。1928年直属山东省。1994年改设昌邑市。

佚书。

2717

［顺治］昌邑县志八卷 /（清）党丕禄修，（清）李肇林纂，（清）许全临续修

党丕禄，生卒年不详，字秀钟，合阳（今陕西省合阳县）人。举人。清顺治十四年（1657）任

昌邑县令。

李肇林，生卒年不详，昌邑（今山东省昌邑市）人。清顺治十四年（1657）岁贡。曾任夏津县训导。

许全临，生卒年不详，字静庵，海盐（今浙江省海盐县）人。清顺治十八年（1661）进士。清康熙八年（1669）任昌邑县令。

清顺治十八年刻康熙十一年增刻本。

2718

［乾隆］昌邑县志八卷／（清）周来邰纂修

周来邰，生卒年不详，字肇祀，祁县（今山西省祁县）人。拔贡。清乾隆四年（1739）任昌邑县令。

清乾隆七年刻本。

2719

［光绪］昌邑县续志八卷／（清）陈嘉楷修，（清）韩天衢纂

陈嘉楷（1864—1931），字治民，号掖岷，蠡县（今河北省蠡县）人。曾任山东抚署文案、昌邑知县、冠县知县等职。

韩天衢（1861—1930），字康侯，号柳潭，昌邑（今山东省昌邑市）人。清光绪二十三年（1897）拔贡。曾任昌邑县商会会长、济阳教谕。

清光绪三十三年刻本。

威海市

2720

［嘉靖］文登县志稿／（明）丛盘修

丛盘（1485—1551），字益安，文登（今属山东省威海市）人。南京工部尚书、太子少保丛兰之子。选贡生，官至府通判，两承父荫，皆让其弟。

文登，位于山东半岛东部，与韩国隔海相望。北齐天统四年（568）置文登县，属长广郡，治所即今山东文登市。隋属东莱郡。唐属莱州，后属登州。金属宁海州。明洪武初属莱州，九年（1376）改属登州府。民国初属山东胶东道。1925 年属莱胶道。1928 年直属山东省。1988 年改设文登市。

佚书。

2721

［万历］文登县志／（明）李需光修

李需光，生卒年不详，字体孚，顺德（今属广东省佛山市）

人。明隆庆元年（1567）举人，后任山东文登县令、御史。

佚书。

2722

[天启] 文登县志 / (明) 解启衷续

解启衷，生卒年不详，稷山（今山西省稷山县）人。选贡。明天启三年（1623）任文登知县，创文山书院。

佚书。

2723

[康熙] 文登县志 / (清) 邵沆修

邵沆，生卒年不详，鄞县（今属浙江省宁波市）人。举人。清康熙九年（1670）任县知事。

佚书。

2724

[雍正] 文登县志十卷 / (清) 王一夔修，(清) 赛珠、毕霸纂

王一夔，生卒年不详，字虞音，顺天大兴（今属北京市）人。附贡生。清康熙五十五年（1716）知文登县。历官泰安知州、济南知府、泰安知府、山东督粮道、青州知府、湖南粮储道。

赛珠，生卒年不详，字合浦，号柳轩，文登（今属山东省威海市）人。清康熙五十二年（1713）举人。著有《昆阳草溪谷漫笔》《海上吟学步存稿》《柳轩丛话》《柳轩史话》《笺注西涯乐府》等。

毕霸，生卒年不详，字子彤，一字伊蔚，又字十二峰，号澹庵，文登（今属山东省威海市）人。清雍正二年（1724）拔贡，中副榜，执文登学牛耳近三十年，有“东海宗匠”之称，世称“十二峰先生”。著有《蠡测诗集》《蠡句诗删》《十世草堂今古文》《载酒题襟》等。

清雍正三年刻本。

2725

[嘉庆] 文登县志 / (清) 李鸿祖修

李鸿祖，生卒年不详，字诵亭，文登（今属山东省威海市）人。清乾隆五十七年（1792）举人，嘉庆十年（1805）进士。曾官灵寿县知县。著有《自娱诗稿》。

佚书。

2726

[道光] 文登县志十卷 / (清) 蔡培、欧文修，(清) 林汝谟纂

蔡培（1779—1826），字岵

瞻，号蓉塘，金匮（今江苏省无锡市）人。清道光二年（1822）任文登知县。

欧文，生卒年不详，宜兴（今江苏省宜兴市）人。清道光二年（1822）进士，十四年（1834）任文登县知县。

林汝谟，生卒年不详，字慎人，文登（今属山东省威海市）人。进士出身，曾官安徽铜陵知县。

欧文任文登县知县时，自道光十七年（1837）十月起，组织文登人吕湛恩等完善道光六年（1826）由知县蔡培主修未竣的志稿，编修县志，历时两年，将《文登县志》完成并印刷刊行，县人称为《欧志》，亦称《道光志》。

清道光十九年刻本。

2727

［光绪］文登县志十四卷首一卷／李祖年修，于霖逢纂

李祖年（1869—1928），榜名组绅，字梧臣，号纪堂，武进（今属江苏省常州市）人。清光绪二十年（1894）进士，初任文登、利津知县，官至太原知府。民国初年曾任山西省财政厅长。袁世凯称帝时，辞官还乡。著有《翰墨丛谈》，辑有《圣泽楼丛书》。

于霖逢（1837—1918），字泽春，文登（今属山东省威海市）人。曾教馆于利津县、济南市、潍县、垦利县等地。清光绪十四年（1888）中解元，授阳谷县教谕，不久辞职回乡，设教于文山书院。十六年（1890）开始编纂《文登县志》。著有《文山草堂诗文集》。

清光绪二十三年修民国十一年铅印本，民国二十二年铅印本。

2728

［乾隆］荣成县志十卷／（清）李瀚修

李瀚（1711—1775），字文澜，汉军镶黄旗人。清雍正十年（1732）举人，充任景山官学教习。乾隆十三年（1748）授荣城知县。历官胶州知州、武定知府、兖州漕道、江西布政使。四十年（1775）授云南巡抚，未任而卒。

荣成，地处山东半岛最东端，三面环海。清雍正十三年（1735）改成山卫置荣成县，属登州府，治所即今山东荣成市东北成山卫镇。民国初属山东胶东道。1925年属莱胶道。1928年直属山东省。1948年移今治崖头。1988年改设荣成市。

佚书。

2729

[道光]荣成县志十卷/(清)李天骘修,(清)岳赓廷纂

李天骘,生卒年不详,临汾(今山西省临汾市)人。举人,时任荣成县知县。

岳赓廷(1764—1842),字载臣,号石村,荣成(今山东省荣成市)人。廪贡。著有《燕来堂诗稿》。

清道光二十年刻本。

2730

[光绪]荣成纪略一卷/(清)刘应忠撰

刘应忠,生卒年不详,黄冈(今湖北省黄冈市)人。

是书包括序言、疆域、典礼、建置、物产、案件、归隐次韵、吏治浅说等。

清光绪三十三年刻本。

2731

[光绪]荣成乡土地理五章/(清)刘应忠纂

刘应忠,见第2730条。

清光绪间铅印本。

2732

[民国]荣成县志残稿六卷/鞠思敏等纂

鞠思敏(1872—1944),名承颖,字思敏,荣成(今山东省荣成市)人。二十岁中秀才,翌年为廪生。清光绪三十年(1904)考入山东师范学堂优级科。三十二年(1906)加入同盟会,曾在山左公学任教。宣统元年(1909)毕业,任山东省视学。三年(1911)进京复试,被授予举人衔。武昌起义后,积极推动山东独立运动,参加荣成起义。1913年与王祝晨等在济南创办私立正谊中学。历官山东高等师范学堂、省立一师、省立第一乡师校长和省教育司长。

稿本。

2733

威海卫志/(明)王悦撰

王悦(1456—1510),字恭轩,威海卫(今山东省威海市)人。明成化十一年(1475)游京师太学,旋返乡里,首纂《威海卫志》。感于威海山奇海胜,仿《京都赋》作《威海赋》。

威海,位于山东半岛东端,北、东、南三面濒临黄海,北与辽东半岛相对,东与朝鲜半岛隔海相望。辖境在明以前为文登、牟平县

地。明洪武三十一年（1398）设威海卫，隶属山东都司。清雍正十三年（1735）裁卫复归文登县。光绪二十四年（1898）被英国强行租占。1930年威海卫收回后设立威海卫行政区，直属中央政府。1945年设威海市（专区级）。1983年改为省辖县级市。1987年升为地级市。

山东通志著录。

2734

［康熙］威海卫志不分卷／（清）毕懋第纂

毕懋第，生卒年不详，字衡南，威海卫（今山东省威海市）人。清康熙十九年（1680）举贡生，任威海卫学候选训导、威海卫社学教授。

是志为毕懋第于清康熙十一年（1672）编撰，康熙十三年（1674）定稿，因当时财力所限，未能付印。

清抄本。

2735

［乾隆］威海卫志十卷首一卷／（清）郭文大修，（清）王兆鹏增订

郭文大（1693—1757），字尧瞻，威海卫（今山东省威海市）人。清雍正十三年（1735）以拔贡任湖北黄陂县丞。著有《东海笔谈》等。

王兆鹏，生卒年不详，字程九，威海卫（今山东省威海市）人。优贡生。

威海，位于山东半岛东端，北、东、南三面濒临黄海。明洪武三十一年（1398）置威海卫，属山东都司。治所在今山东威海市。清雍正十二年（1734）省入文登，移温泉镇巡司驻此。光绪八年（1882）筑炮台，修船坞，为北洋海军重镇。光绪二十四年（1898）被英国强行租占。1930年收回。1945年设威海市。

清康熙十一年修乾隆七年续修民国十八年铅印本，抄本。

2736

［洪武］靖海卫志／（明）□□撰

靖海，古名普庵郡，明魏国公徐达平定东牟，草创卫治，明洪武三十一年（1398）始筑石城。是志分形胜、屯田、户口、名宦、官职、科目、名贤、逸行、贞节等，增补有屯名、艺文、外志、山川，记事至清康熙六十年（1721）。

存佚不详。

2737

[康熙] 靖海卫志十卷／(清) □□撰

抄本。

2738

[康熙] 靖海卫志十卷增补一卷／(清) □□纂

清末抄本。

日照市

2739

[万历] 日照县志／(明) 杜一岸修

杜一岸，生卒年不详，字子登，号道所，澄城（今陕西省澄城县）人。时任日照县知县。

日照，位于黄海之滨、山东半岛东南侧翼，东隔黄海与日本、韩国相望。日照县，金置，属莒州，治所即今山东日照市。清属沂州府。民国初属山东胶东道。1925 年改属琅琊道。1928 年直属山东省。1985 年改设日照市。

明万历十八年刻本。

2740

[康熙] 日照县志十二卷／(清) 杨士雄修，(清) 丁时纂

杨士雄，生卒年不详，义乌（今浙江省义乌市）人。时任知县。

丁时（1634—1698），字及庵，另字忆慈，号钝斋，涛雒（今属山东省日照市）人。清康熙六年（1667）进士，授内阁中书。十一年（1672）返里居家，与知县杨士雄主修《日照县志》。著有《半奎楼集》。

清康熙十二年刻本。

2741

[康熙] 日照县志十二卷／(清) 杨士雄原本，(清) 成永健续纂

杨士雄，见第 2740 条。

成永健，生卒年不详，字乾夫，一作乾人，号毅斋，盐城（今江苏省盐城市）人。清康熙三十三年（1694）进士。授赞皇知县，改南安，调日照，后升胶州牧。著有《毅斋诗稿》。

清康熙十二年刻五十四年增刻本。

2742

［光绪］日照县志十二卷首一卷／（清）陈懋修，（清）张庭诗、李堉纂

陈懋，生卒年不详，直隶清宛（今属河北省保定市）人。举人，时任日照县知县。

张庭诗，生卒年不详，字二南，一字伯训，又字亦庐，黄县（今山东省龙口市）人。清光绪十五年（1889）进士。授沂州府日照县教谕，升昭化县知县，充四川乡试同考官。著有《校乡党图考补证札记》《汉十四博士字法考》《炳烛录》等，辑有《黄县诗征》。

李堉，生卒年不详，字石农，高密（今山东省高密市）人。清咸丰元年（1851）举人。官日照县训导。

清光绪十二年刻本。

滨州市

2743

［嘉靖］武定州志二卷／（明）刘佃修，（明）刘继先等纂

刘佃，生卒年不详，字仲有，号吾南，安福（今江西省安福县）人。明嘉靖二十三年（1544）进士，曾官武定知州。

刘继先，生卒年不详，字敬虚，武定（今山东省惠民县）人。明嘉靖十年（1531）举人，乡贡进士。

明宣德元年（1426）改乐安州置武定州，属济南府，治所即今山东惠民县，辖境相当今山东阳信、无棣、乐陵、商河等县市地。清雍正二年（1724）升为直隶州，属山东省，十二年（1734）升为府。

明嘉靖二十七年刻本。

2744

［万历］武定州志十五卷／（明）桑东阳修，（明）邢侗纂

桑东阳，生卒年不详，祥符（今属河南省开封市）人。举人。明万历十六年（1588）任武定州知州。

邢侗（1551—1612），字子愿，号知吾，自号啖面生、方山道民，晚号来禽济源山主、世尊称来禽夫子，临邑（今属山东省德州市）人。明万历二年（1574）进士。历南宫知县、擢御史、巡河东、按三吴、湖广参议，官至陕西太仆寺少卿，同年辞官归乡，应聘

纂州志。

明万历十六年刻本。

2745

[崇祯]武定州志三十五卷/(明)王永积修,(明)刘嘉祯纂

王永积(1600—1660),字稚实,又字崇岩,号蠡湖野史,无锡(今江苏省无锡市)人。明崇祯七年(1634)进士。曾知山东武定州,官兵部职方司郎中。

刘嘉祯,生卒年不详,字永符,武定州(今山东省惠民县)人。明天启元年(1621)举人。曾任尉氏知县。

明崇祯十二年刻本。

2746

[乾隆]武定府志三十八卷首一卷/(清)赫达色修,(清)庄肇奎、沈中行纂

赫达色,生卒年不详,字素庵,满洲镶蓝旗人。清雍正七年(1729)补放骁骑参领,镶黄头甲喇。乾隆十四年(1749)知武定府。

庄肇奎(约1727—1798),字星堂,号胥园,秀水(今属浙江省嘉兴市)人。清乾隆十八年(1753)举人。官至广东布政使。著有《胥园诗抄》《塞外纪实》《黔滇杂记》等。

沈中行,生卒年不详,会稽(今属浙江省绍兴市)人。生员。

武定府领滨州、惠民、阳信、海丰、乐陵、利津、沾化、蒲台、青城、商河,计九县一州,一直到1913撤销。是志乾隆二十三年(1758)始修,共三十八卷,分星土、沿革、疆域、风俗、山川、城池、学校、坛壝、古迹、驿递、田赋、兵制、祥异、封建、职官、宦迹、选举、人物、艺文、杂记等。是志体例完备,开武定府修志之先河。

清乾隆二十四年刻本。

2747

[咸丰]武定府志三十八卷首一卷/(清)李熙龄修,(清)邹恒纂

李熙龄(1791—1868),字来泰,号芸渠,南城(今江西省南城县)人。清道光九年(1829)进士,改翰林院庶吉士,散馆授职编修,充国史馆纂修。历官江南澄江府知府、普洱知府、滨州知府、东昌府知府。编有《榆林府志》,续纂《广南府志》,续纂《普洱府志》《武定府志》等。

邹恒,生平事迹不详。

清咸丰九年刻本。

2748

［万历］滨州志四卷／（明）艾梅修，（明）毛似徐纂

艾梅，生卒年不详，临川（今属江西省抚州市）人。明万历十一年（1583）任知州。

毛似徐，生卒年不详，字柏台，一字仲子，掖县（今山东省莱州市）人。以明经任滨州学正，后升河曲县令。

五代周显德三年（956）置滨州，治所在渤海县（今山东滨州市北滨城镇）。北宋辖境相当今山东滨州、沾化、博兴、利津等市县地。明属济南府。清雍正十二年（1734）后不辖县，属武定府。1913 年改为滨县。1982 年设滨州市。

明万历十一年刻本。

2749

［康熙］滨州志八卷首一卷／（清）杨容盛修，（清）杜曮等纂

杨容盛，生卒年不详，吴县（今属江苏省苏州市）人。监生出身，时任滨州知州。

杜曮，生平事迹不详。

清康熙四十年刻本。

2750

［咸丰］滨州志十二卷首一卷／（清）李熙龄纂修

李熙龄，见第 2747 条。

清咸丰十年刻本。

2751

［宣统］滨州乡土志一卷／吴建勋纂

吴建勋，生卒年不详，曾任滨州代理知州。

清宣统元年纂抄本。

2752

［正德］海丰县志

海丰，地处山东省最北部，渤海西南岸。明洪武六年（1373）置海丰县，治今山东省无棣县，属武安州。清属武定府。1914 年改名无棣县。

佚书。

2753

［康熙］海丰县志十二卷首一卷／（清）胡公著修，（清）张克家纂

胡公著，生卒年不详，字又

申，宛平（今属北京市）人，举人，清康熙七年（1668）任海丰知县。

张克家（1609—1690），字子齐，号西泽，晚号西泽老人，海丰（今山东省无棣县）人。清康熙十四年（1675）贡生，明代同知张思桂之子。生而聪颖，中年弃举业专力于诗文，尤工骈俪。乡谥文敬。著有《新德轩文集》。

清康熙十年刻本。

2754

［宣统］海丰县乡土志不分卷／（清）张守宣编

张守宣，生平事迹不详。

清宣统二年修抄本。

2755

［民国］无棣县志二十四卷首一卷末一卷／侯荫昌修，张方墀纂

侯荫昌，生平事迹不详。

张方墀，生平事迹不详。

明永乐初避成祖讳，将东无棣县改置海丰县。1914 年复名无棣县，属山东济南道。1925 年改属武定道。1928 年直属山东省。

民国十四年铅印本。

2756

［乾隆］阳信县志八卷首一卷／（清）王允深修，（清）沈佐清等纂

王允深，生平事迹不详。

沈佐清，生平事迹不详。

阳信县，明属济南府，清属武定府，今属山东省滨州市。

清乾隆二十四年刻本。

2757

［同治］信邑志稿八卷／（清）峻皆氏纂

峻皆氏，生卒年不详，阳信（今山东省阳信县）人。

清同治三年修抄本。

2758

［光绪］阳信县乡土志二卷／（清）陈汝玉纂

陈汝玉，生卒年不详，字叔成，一字韫卿，阳信（今山东省阳信县）人。

是志分上下两卷。上卷为历史、政绩录、耆旧录、兵事录；下卷为地理、山、水、路等项。记事至清光绪二十七年（1901）。

清光绪抄本。

2759

[万历] 沾化县志 / (明) 贾三近纂修

贾三近（1534—1592），字德修，号石葵，别号石屋山人，又称太史氏、兰陵散客、宁鸠子、贞忠居士等，峄县（今属山东省枣庄市）人。明隆庆二年（1568）进士，授吏科给事中。历官兵部右侍郎、太常寺少卿、大理寺左少卿、光禄寺卿、都察院右佥都御史、大理寺卿。著有《滑耀编》《西辅封事》《佐掖漫录》《东掖漫稿》等。还有一种观点认为《金瓶梅》的作者兰陵笑笑生就是贾三近。

沾化，位于山东省北部，渤海湾南岸。沾化县，金明昌六年（1195）改招安县置。金、元、明属滨州，清属武定府。1957 年移治富国镇。2014 年撤县，设立滨州市沾化区。

稿本，已佚

2760

[万历] 新修沾化县志七卷 / (明) 段展修，(明) 丁懋逊纂

段展（？—1621），泾阳（今陕西省泾阳县）人。举人。明万历间任沾化知县，后任自在州知州，驻沈阳。天启元年（1621），清兵陷城，自刭死，赠按察佥事。

丁懋逊（1544—1624），字允节，号初阳，沾化（今属山东省滨州市）人。历官余姚知县、吏科给事中、太仆少卿，累迁工部左侍郎。

明万历四十七年刻本。

2761

[光绪] 沾化县志十六卷首一卷 / (清) 联印修，(清) 张会一、耿翔仪纂

联印，生卒年不详，汉军镶白旗人。清咸丰间副贡，光绪十四年（1888）任沾化知县。

张会一，生卒年不详，字贯庐，惠民（今山东省惠民县）人。清咸丰间举人。曾任陕西保安、鄠县知县，诰授奉政大夫。

耿翔仪，生卒年不详，字雯帆，号鸿翱，沾化（今属山东省滨州市）人。清同治五年（1866）恩贡生，光绪八年（1882）举人。著有《十三经汇钞》《杂俎总核》《搜身志异》等。

是志成书于清光绪十五年（1889），分星野、沿革、疆域、山川、井洼、丁赋、风俗、物产、祥异、艺文、丛谈等五十一目。冠图七幅，其中舆图、山图、渤海图较佳。山川目侧重于水，尤重渤海港湾、市镇的鱼盐生产，凡入渤海诸水记载较详。

清光绪十七年刻本。

2762

［民国］沾化县志八卷首一卷／梁建章修，于清泮纂

梁建章（1905—1939），字汉廷，禹城（今山东省禹城市）人。北京大学经济学系毕业，是鲁迅先生的高徒，思想进步。1934年任沾化县县长。1939年9月遭国民党别动队谋害。

于清泮，见第2643条。

民国二十四年铅印本。

临沂市

2763

［万历］沂州志十卷／（明）徐汝冀纂修

徐汝冀，生平事迹不详。

沂州，地处山东省东南部，东临黄海。北周宣政元年（578）改北徐州置。

明万历三十六年刻天启增刻本。

2764

［康熙］沂州志八卷／（清）邵士修，（清）王埙、尚天成纂

邵士，生平事迹不详。

王埙，生平事迹不详。

尚天成，生平事迹不详。

沂州府，清雍正十二年（1734）改沂州置，治兰山县（今山东临沂市），辖境约当今山东省东南部的临沂地区及五莲县的部分地区。1913年废。

清康熙十三年刻本。

2765

［乾隆］沂州府志三十六卷首一卷／（清）李希贤修，（清）潘遇莘、丁恺曾纂

李希贤，生卒年不详，字复庵，长寿（今四川重庆市东北）人。拔贡。时任沂州府知府。

潘遇莘，生卒年不详，字小山，宝应（今江苏省宝应县）人。举人。

丁恺曾（1697—1761），字萼亭，又字鹤亭，号统九骚人，日照（今山东省日照市）人。清雍正元年（1723）拔贡。著有《说书偶笔》《韵法本俗》《圆盖管窥》《治河要语》《西海征》《海曲一隅史》《读书在目》《烟波钓叟歌直解》《望奎楼诗文集》等。

清乾隆二十二年稿本，清乾隆二十五年刻本。

江苏省

2766

［嘉靖］南畿志六十四卷／

（明）闻人诠修，（明）陈沂纂

闻人诠，一作闻人铨，生卒年不详，字邦正，号北江，余姚（今浙江省余姚市）人。明嘉靖五年（1526）进士，授宝应知县，迁御史，巡视山海关，修城堡四万余丈。官至提督南畿学政、湖广按察司副使。著有《东关图》《南畿志》《芷兰集》等。

陈沂（1469—1538），字宗鲁，后改鲁南，号石亭，又号小坡，鄞县（今属浙江省宁波市）人，寓居金陵（今江苏省南京市）。明正德十三年（1518）进士，由庶吉士任编修、侍讲，官江西参议、山东参政，改山西行太仆寺卿。著有《遂初斋集》《拘虚馆集》《石亭文集》等。

明自永乐北迁之后，改北平为北京，以应天为南京。南北二京皆直辖郡邑而不设布政使司，以十三府四州为畿甸，故称南畿，约包括今江苏、安徽两省和上海市。是志首汇总志一卷，分都城图、南都纪、凤阳纪、南畿地理图、志命官、志户口田赋、志水利、志戎备八目。郡县志共六十三卷，分各府图、各府沿革、区域、城社、建牧、学校、祠墓、古迹、宦绩、人物、列女、方外、艺文十三目。

明嘉靖刻本。

2767

［康熙］江南通志七十六卷／（清）于成龙等修，（清）张九征、陈焯纂

于成龙，见第2363条。

张九征（1617—1684），字公选，号湘晓，丹徒（今属江苏省镇江市）人。清顺治四年（1647）进士，授行人司行人。历官考选吏部文选司主事、验封司员外、考功司郎中，河南按察司佥事。康熙十七年（1678）诏举博学鸿词科，官至内阁学士兼礼部侍郎。

陈焯，生卒年不详，字默公，号越楼，桐城（今安徽省桐城市）人。清顺治九年（1652）进士，授兵部主事，以耳聋不仕。著有《涤岑诗集》，纂有《安庆府志》《江南通志》等。

是志分图考、建置沿革、星野、祥异、疆域、山川、风俗、城池、兵制、河防、江海防、水利、封建、户口、田赋、漕运、关税、盐政、驿传、蠲恤、物产、职官、公署、学校、选举、祠祀、陵墓、古迹、帝王、名宦、人物、孝义、列女、隐逸、流寓、仙释、方伎、艺文等三十八类。

清康熙二十三年江南通志局刻本。

2768

［乾隆］江南通志二百卷首四卷序目一卷／（清）尹继善、赵国麟修，（清）黄之隽、章士凤纂

尹继善（1695—1771），章佳氏，字元长，号望山，满洲镶黄旗人。清雍正元年（1723）进士。历官云南、川陕、两江总督，文华殿大学士兼翰林院掌院学士，协理河务，参赞军务。一生一督云贵，两任总河，三督川陕，四督两江。著有《尹文端公诗集》，曾参修《江南通志》。

赵国麟（？—1751），字仁圃，泰安（今山东省泰安市）人。清康熙四十八年（1709）进士。雍正二年（1724）擢永平知府，三迁福建布政使，调河南。擢福建巡抚，调安徽。乾隆三年（1738）擢刑部尚书，调礼部，兼领国子监。翌年授文渊阁大学士，兼礼部尚书。七年（1742）擢尚书。国麟因多次要求引退被夺官，在咸安宫效力。翌年获准还里。十五年（1750）诣京师祝上寿，赐礼部尚书衔。翌年，卒。

黄之隽（1668—1748），字石牧，号唐堂，休宁（今安徽省休宁县）人，迁居华亭（今上海市松江区）。清康熙六十年（1721）进士，改翰林院庶吉士。雍正元年（1723）授编修，充日讲起居注官，奉命提督福建学政，乾隆元年（1736）荐举博学鸿词，不就，罢归。官至右春坊右中允。著有《唐堂集》《香屑集》。

章士凤，生平事迹不详。

是志首四卷，序目一卷，包含舆地、河渠、食货、学校、武备、职官、选举、人物、艺文、杂类十志。

清乾隆元年刻本，四库全书本。

2769

［宣统］江苏通志□卷／缪荃孙、丁国钧纂修

缪荃孙，见第0071条。

丁国钧（1860—1919），字秉衡，常熟（今江苏省常熟市）人。廪贡生。曾官仪征县训导。著有《荷香馆琐言》《晋书校证》《先儒言行录》等。

清初于明南畿地置江南省，康熙时又析江南为江苏、安徽二省，江苏之名自此始。

稿本。

2770

［民国］江苏省通志稿三百五十二卷／缪荃孙、冯煦纂修

缪荃孙，见第0071条。

冯煦（1842—1927），字梦华，号蒿盦，晚年自称蒿叟、蒿隐公，金坛（今属江苏省常州市）人。清光绪十二年（1886）进士，官翰林，授编修，有“江南第一才子”之誉。历官安徽凤阳知府、山西按察使、安徽布政使、安徽巡抚、查赈大臣等职。民国成立后被任命为督办江南赈务，受聘主纂《江南通志》。著有《蒙香室词集》《蒿盦类稿》《续稿》《剩稿》《奏稿》等。另辑有《宋六十一家词选》。

是志分诏谕、天章、地理、河渠、经政、学校、武备、故事、官师、人物、艺文、序等十二志。辛亥革命事起，通志局撤销，编纂工作中断，后仅缪荃孙撰《江苏金石志》及陈作霖撰《江苏兵事纪略》刊行于世。1918 年，江苏通志局恢复，冯煦任总纂，继续纂修。1923 年，因齐燮元构兵，经费无着，机构裁撤，通志终未成稿。

稿本，民国十六年影印稿本，民国三十四年铅印本。

2771

［民国］江苏省地志／李长傅编

李长傅，生平事迹不详。

民国二十五年上海中华书局铅印本。

2772

［民国］江苏六十一县志二卷／殷惟龢纂

殷惟龢，生卒年不详，字彦常，阳湖（今属江苏省常州市）人。民国时入上海商务印书馆，任《辞源》编辑，后任道南中学国文教员。

是书分为上下两卷，上卷于江苏省总说之外，介绍镇江、南通、宜兴、上海、淮阴等二十四县；下卷介绍宿迁、金坛、沭阳、太仓、海门等三十七县。每县设沿革、疆域、人口、山川、城市、村镇、交通、教育、物产、工业、名迹十一项。书末有附录，列交通、电信方面表格六张。

民国二十五年上海商务印书馆铅印本。

2773

［民国］江苏省乡土志二十章／王培棠纂

王培棠，生平事迹不详。

民国二十七年长沙商务印书馆铅印本。

2774

[民国] 江苏备志稿六十三卷首一卷 / 吴廷燮纂

吴廷燮，见第 2437 条。

是书卷首序目一卷，正文有方域记、大事记、职官表、选举表、民政记、度支记、文教记、武备记、邮传记、邦交记等。

民国三十一年稿本。

苏州市

2775

吴地记一卷 / (唐) 陆广微撰

陆广微，唐末吴（今江苏省苏州市）人。生平事迹不详。

唐代仅存地方志之一，约于乾符三年（876）成书。是志记唐苏州（旧称吴郡）地区吴县、长洲、嘉兴，昆山、常熟、华亭、海盐七县地理沿革和城邑坊巷、人口赋税、人物掌故、山川、风俗、名胜古迹，以及自周敬王六年（前514）至唐乾符三年长达一千三百余年史事。末附后集，续唐以后事，有商税、茶盐、都酒诸务及县下都、乡等项。

盐邑志林本，续百川学海本，说郛本，学海类编本，景印元明善本丛书本。

2776

吴地记一卷 / (唐) 陆广微撰，(清) 王谟辑

陆广微，见第 2775 条。
王谟，见第 1074 条。

汉唐地理书抄本。

2777

吴地记一卷后集一卷 / (唐) 陆广微撰，(后集) (宋) □□辑

陆广微，见第 2775 条。

古今逸史本，四库全书本，学津讨原本，清同治十二年江苏书局刻本，景印元明善本丛书本。

2778

[元丰] 吴郡图经续记三卷 / (宋) 朱长文纂修

朱长文（1041—1100），字伯原，号乐圃、潜溪隐夫，吴郡（今江苏省苏州市）人。宋嘉祐四年（1059）进士，历任许州司户参军、苏州州学教授、大学博士、秘书省正字、枢密院编修文字等。著有《乐圃集》。

我国现存最早的地方志书之

一。吴郡大中祥符间曾修有《图经》，是故称“续记”，宋神宗元丰七年（1084）成书。是书分封域、城邑、户口、坊市、物产、风俗、门名、学校、州宅、南园、仓务、海道、牧守、人物、寺院、山、水、治水、杂录等二十八门，记事止元丰三年（1080）。

宋元丰七年修绍兴四年苏州刻本，明嘉靖二十七年刻本，清乾隆二十四年朱鑰明教堂刻本，四库全书本，丛书集成初编本。

2779

[绍定] 吴郡志五十卷 /（宋）范成大纂，（宋）汪泰亨等增订

范成大，见第 1492 条。

汪泰亨，生卒年不详，德清（今浙江省德清县）人。宋绍定元年（1228）以从事郎充平江府学教授，后曾任郡丞。

又作《吴门志》。是书为范成大晚年所作，汇辑《吴地记》《吴郡图经续记》等旧籍，补充新事，分沿革、分野、户口、税租、土贡、风俗、城郭、学校、坊市、牧守、题名、官吏、祠庙、园亭、虎丘、水利、人物、进士题名、土物、异闻、考证、杂志等。

宋绍熙三年修绍定二年续修刻本，宋绍定二年刻元修本，明末毛氏汲古阁刻本，四库全书本，墨海金壶本。

2780

[绍定] 吴郡志五十卷校勘记一卷 /（宋）范成大纂，（宋）汪泰亨等增订，（清）钱熙祚校勘

范成大，见第 1492 条。

汪泰亨，见第 2779 条。

钱熙祚（？—1844），字雪枝，一字锡之，金山（今属上海市）人。藏书家。清道光间叙选通判。好古今秘籍，筑守山阁以贮藏书。曾赴文澜阁钞书、校书，辑成《守山阁丛书》。又辑刊有《式古居汇钞》《指海珠丛》《别录》《素问》《灵枢》等。

守山阁丛书本，丛书集成初编本。

2781

[绍定] 吴郡志五十卷校勘记一卷 /（宋）范成大纂，（宋）汪泰亨等增订，张钧衡校勘

范成大，见第 1492 条。

汪泰亨，见第 2779 条。

张钧衡（1871—1927），字石铭，号适园主人，南浔镇（今属浙江省湖州市）人。清光绪二十年（1894）举人。捐主事分兵部车驾司

候补，在上海经办盐务、典当业，并经营房地产，投资商业银行。以其雄厚资财大举收购图书。先后收有朱氏结一庐、张氏小嫏嬛福地、吴氏拜经楼、顾氏芝海楼、韩氏读有用书斋、杨氏观海堂等藏书家的旧藏，藏书十余万卷。著有《适园善本藏书志》。曾刻《适园丛书》《适园丛书二集》《择是居丛书》。

择是居丛书初集本。

2782

续吴郡志二卷／（明）李诩纂

李诩（1505—1593）字厚德，号戒庵，江阴（今江苏省江阴市）人。明诗文家。诸生。著有《世德堂吟稿》《名山大川记》《心学摘要》等，皆亡佚，唯笔记《戒庵老人漫笔》存世。

是志为补范成大［绍定］吴郡志之作，志卷上自《鹤瓢山房记》至《管山岳庙》计四十七篇，卷下神仙传六十七篇、高士传二十八篇、附录五十六篇。所辑有诗有文。

清抄本，适园丛书本。

2783

［弘治］太仓州志十卷／（明）李端修，（明）桑悦纂

李端（约1441—?），字表正，湖广枣阳（今湖北省枣阳市）人。明弘治十年（1497）以御史出任太仓知州，为太仓首任知州，后升任广南府知府。

桑悦（1447—1503），字民怿，号思玄居士，常熟（今江苏省常熟市）人。明成化元年（1465）举人，官柳州府通判。著有《桑子庸言》《思玄集》等。

明弘治十年（1497）立太仓州，属苏州府，辖区为现太仓市嘉定区。清雍正二年（1724）升格为太仓直隶州并增设县份，下辖镇洋县、嘉定县、宝山县、崇明县四县。1913年废。

汇刻太仓旧志五种本，抄本。

2784

［嘉靖］太仓州志十卷／（明）周士佐修，（明）张寅纂

周士佐，生卒年不详，字仰峰，余姚（今浙江省余姚市）人。明嘉靖二十三年（1544）进士，二十七年（1548）任太仓知州。

张寅（约1493—?），字仲明，号晓川，太仓（今江苏省太仓市）人。明正德十六年（1521）进士，历官高安知县、宜春令、南京河道御史、高唐州判官、南京文选司郎中、右春坊右司直兼翰林院国史检讨。著有《晓川奏疏》《晓川文略》《瑞莲集》。

明嘉靖二十七年刻本，明崇祯二年

刘彦心刻本，清抄本。

2785

［崇祯］太仓州志十五卷／（明）钱肃乐修，（明）张采纂

钱肃乐（1606—1648），字虞孙，号止亭，鄞县（今属浙江省宁波市）人。明崇祯十年（1637）进士，授太仓知州，迁刑部员外郎。鲁王监国，任右佥都御史，进东阁大学士。

张采（1596—1648），字受先，号南郭，太仓（今江苏省太仓市）人。明崇祯元年（1628）进士，官临川知县。福王时任礼部员外郎。

明崇祯十五年刻本，明崇祯十五年刻清康熙十七年补刻本，抄本。

2786

［嘉庆］直隶太仓州志六十五卷／（清）康基田、王昶等纂修

康基田（1728—1813），字仲耕，号茂园，兴县（今山西省兴县）人。清乾隆二十二年（1757）进士，授江苏新阳知县，调昭文，迁广东潮州通判。历官河南河北道、江南淮徐道、江苏按察使、江宁布政使、江南河道总督、署理安徽巡抚、江苏按察使、江苏布政使、河东河道总督、太仆寺少卿。

王昶（1724—1806），字德甫，一字琴德，一号兰泉，晚号述庵，青浦（今属上海市）人。清乾隆十九年（1754）进士。二十二年（1757）高宗南巡召试第一，授内阁中书，入值军机处，累迁刑部郎中。因查办两淮盐案罢职，赴云南军营效力。官至刑部右侍郎。晚年主娄东敷文书院、诂经精舍讲席。著有《金石萃编》《春融堂集》《天下书院志》等。

清嘉庆七年刻本。

2787

［光绪］太仓直隶州志四十卷／（清）吴承潞续，（清）叶裕仁纂

吴承潞（1833—1898），字广庵，号慎思，又署慎思主人，苏城听枫园主人吴云之子，归安（今浙江省湖州市）人。清同治四年（1865）进士，历官太仓知州、苏松太道、江苏按察使、福建布政使。著有《延陵故札》。

叶裕仁（1809—1879），字复三、涵溪，号归盦，镇洋（今江苏省太仓市）人。清咸丰元年（1851）荐举孝廉方正，官直隶州州判。七年（1857）恩贡生。主娄东、尊道、安道书院讲席。著有《诗考笺释》《三家诗考笺证》《丧

礼易从》《归盦文稿》《归盦诗稿》《叶涵溪文稿》等。

是志据《嘉庆志》为底本重纂，于光绪四年（1878）汇编成书。太仓地处滨海、太湖下游，塘浦棋布、河流纵横，苏州、杭州、嘉定等处洪水于此宣泄，故水利为全州之要政。其水利一门收录了历代有关太仓水利的主张和办法。

清光绪初稿本，清光绪抄本，抄本。

2788

［光绪］太仓州志稿十八卷附镇洋县志稿五卷 / 王祖畬纂修

王祖畬（1842—1918），一作王祖畲，字岁三，号紫翔，镇洋（今江苏省太仓市）人。清光绪九年（1883）进士，授河南汤阴知县。逾年调署中牟，未赴，丁父忧归。历主邑中三书院及宿迁、崇明、宝山各书院讲席，晚总纂州志。著有《礼记经注校证》《读左质疑》《论语读本》《读孟随笔》等。

清光绪三十一年稿本。

2789

［民国］太仓州志二十八卷首一卷末一卷 / 王祖畬纂修

王祖畬，见第 2788 条。

民国八年刻本。

2790

［乾隆］镇洋县志十四卷首一卷末一卷 /（清）金鸿修，（清）王暮纂

金鸿，生卒年不详，字上侯，山阴（今属浙江省绍兴市）人。时任镇洋县知县。

王暮（1669—1754），字孝征、梅冶，太仓（今江苏省太仓市）人。清康熙四十五年（1706）进士，选翰林院庶吉士，授编修，典河南乡试，出为提督陕西学政。历官詹事府少詹事、广东布政使、直隶布政使、广东巡抚。乾隆七年（1742）落职，后赴军台效力，旋召还归里。

清雍正二年（1724），因太仓直隶州人口、赋税繁多，分出其北部设镇洋县，仍属于太仓直隶州管辖。1912 年撤销镇洋县，并入太仓县。

清乾隆十年刻本，清抄本。

2791

［民国］镇洋县志十一卷末一卷附录一卷 / 王祖畬纂

王祖畬，见第 2788 条。

民国七年刻本。

2792

[光绪] 茜泾记略不分卷 / (清) 倪大临纂, (清) 陶炳曾补辑

倪大临(1713—1781),字端夔,号自山,茜泾(今属江苏省太仓市)人。清乾隆四十二年(1777)举人。著有《带经余事草》《自山文稿》等。

陶炳曾,生卒年不详,字子麟,太仓(今江苏省太仓市)人。清贡生,精医理。

茜泾,古镇名,即今江苏省太仓市东北茜泾。元置昆山巡检司于此,明初改为唐茜泾港口巡检司。清乾隆十一年(1746)移太仓州同知驻此,并设刘河营游击守备防守。是志为记述茜泾一地历史地理、风土人情的地方文献。所记内容分风俗、古迹、寺观等二十六门。

清乾隆三十七年纂光绪增补抄本。

南通市

2793

[太平兴国] 通州旧图经 / (宋) 阮绋纂

阮绋,生平事迹不详。

通州,五代周显德五年(958)改静海军置,治所在静海县(今江苏南通市)。北宋天圣元年(1023)改为崇州,明道二年(1033)复改通州。元至元十五年(1278)改为通州路,二十一年(1284)复为通州,属扬州路。明洪武初省静海县入州,属扬州府。清雍正二年(1724)升为直隶州。辖境相当今江苏长江以北泰兴、如皋以东地区。因直隶顺天府有通州,俗称此为南通州。1912年废。

佚书。

2794

[崇宁] 通州图经 / (宋) 杨阜纂

杨阜,生卒年不详,时任通州知州。

佚书。

2795

[开禧] 淮南通州志十卷 / (宋) 孙昭先纂

孙昭先,生卒年不详,字延父,龙溪(今属福建省漳州市)人。宋淳熙二年(1175)进士,绍熙三年(1192)从兴化簿来任泉州安溪县令。嘉泰初除司农寺簿,迁寺丞,出知衢州,开禧三年(1207)知通州,嘉定中擢吏部郎中,官终太府少卿。

佚书。

2796

［永乐］通州志一卷／（明）严敦大修

严敦大，生卒年不详，临汾（今山西省临汾市）人。明永乐中任通州知州。

佚书。

2797

［景泰］通州志一卷／（明）孙徽修

孙徽，生卒年不详，莱阳（今山东省莱阳市）人。明正统十二年（1447）任通州知州。

佚书。

2798

［弘治］通州志二卷／（明）施纪修

施纪，生卒年不详，任通州儒学训导。

佚书。

2799

［嘉靖］通州志六卷／（明）钟汪修，（明）林颖等纂

钟汪，生卒年不详，南海（今属广东省佛山市）人。明嘉靖二年（1523）进士，奉训大夫。七年（1528）任通州知州。

林颖，生卒年不详，莆田（今福建省莆田市）人。举人。

明嘉靖九年刻本，抄本。

2800

［嘉靖］通州志四卷／（明）丁鈇纂

丁鈇，生卒年不详，字君武，南通州（今江苏省南通市）人。岁贡。著有《春秋疏义》《过庭录》等。

是志为明嘉靖三十三年（1554）修。

佚书。

2801

［嘉靖］通州志八卷／（明）钱峰、江一山纂

钱峰（约1490—?），南通州（今江苏省南通市）人。诸生。著有《夏云诗稿》。

江一山，生卒年不详，字子云，南通州（今江苏省南通市）人。岁贡。著有《双莲阁集》。

佚书。

2802

［万历］通州志十五卷／（明）林云程修，（明）沈明臣等纂

林云程，生卒年不详，字登卿，号震西，晋江（今福建省晋江市）人。明嘉靖四十四年（1565）进士。知通州，调宿州，两迁南北曹郎，出为九江知府。著有《丛兰馆史编抄》《兰窗杂记》等。

沈明臣，见第0174条。

明万历六年刻本，抄本。

2803

［弘光］州乘资四卷／（清）邵潜纂修

邵潜（1581—1655），字潜夫，号五岳外臣，通州（今江苏省南通市）人。晚年不愿苟且于清，一生以布衣潦倒民间。著有《循吏传》《友谊录》《引年录》《志幻录》《眉如草》《邵山人诗集》等。

通州志自明嘉靖九年（1530）至万历六年（1578）曾先后七修，此志为第八修，传世极少。是志卷一包含杂识、秩官、选举、名宦、流寓、名臣、列传、灾祥、山川、河渠、风俗、官制、学校、武备、城隍、社仓、朝贺、祀典、乡饮、津梁、则壤、户口、馈运、岁课、岁办、贡赋、徭役、丁粮、仙释、祠宇、寺观、冢墓、遗事等；卷二包含艺文、碑记、诗、著述等；卷三为宦迹；卷四包含人物、附续等。

明弘光元年刻本，清抄本。

2804

［康熙］通州志二十四卷／（清）王宜亨修，（清）范国禄纂

王宜亨，生卒年不详，字伯贞，华阴县（今属陕西省渭南市）人。清顺治十六年（1659）进士，康熙九年（1670）任南通州知州。

范国禄（1624—1696），字汝受，号十山，南通州（今江苏省南通市）人。诸生。著有《浪游草》《十山楼集》《古学一斑》等。

佚书。

2805

［康熙］通州志十五卷／（清）王宜亨修，（清）王效通、王兆升纂

王宜亨，见第2804条。

王效通，生卒年不详，字龙门，号塞庵，通州（今江苏省南通市）人。

王兆升，生平事迹不详。

清康熙十三年刻本。

2806

［乾隆］州乘一览八卷／（清）汪棨纂

汪棨，生卒年不详，字峙云，一字巢，原籍安徽，康熙间迁居通州。诸生。著有《咏兰轩集》等。

是志记载南通地区掌故、沿革、名胜、风物甚详，分原始、山川、城邑、祠墓、园亭、事迹、各景、物产等门目，记事至清乾隆四十三年（1778）。

稿本，抄本，民国二十九年南通文献征集会铅印本。

2807

［乾隆］直隶通州志二十二卷／（清）王继祖修，（清）夏之蓉等纂

王继祖，生卒年不详，汉军正红旗人。举人。清乾隆十五年（1750）知通州。

夏之蓉（1698—1785），字芙裳，号醴谷，晚号半舫，高邮（今江苏省高邮市）人。清雍正四年（1726）举人，官盐城教谕。乾隆元年（1736）举博学鸿词，授翰林院检讨，后任福建乡试正考官、湖南学政等。曾主讲钟山、丽正等书院。著有《半舫斋诗抄》《兴艺录》，编有《汲古编》《读史提要录》等。

清乾隆二十年刻本。

2808

［乾隆］海曲拾遗六卷／（清）金榜纂，（清）冯锦参订

金榜，见第1360条。

冯锦，生平事迹不详。

“海曲”，指南通州，因江水至通州距海口渐近，舟行者见江流之广也。是书虽名“拾遗”，实与方志无异。其设方域、秩官、人物、列女、杂传、物产六类，下分四十一目，以纲统目，缜密扼要。

清乾隆刻本，抄本。

2809

［嘉庆］海曲拾遗续补六卷／（清）金榜纂，（清）徐缙续补

金榜，见第1360条。

徐缙，生卒年不详，字鸾坡，生平未详，曾与杨廷撰合纂［道光］《崇川咫闻录》。

此续补系金榜写成六卷后再补的未定稿。分类设目同于金榜［乾隆］《海曲拾遗》先补后续，补续的内容附于各卷卷末。

清嘉庆二十三年徐氏芸晖阁补刻本，抄本。

2810

［道光］江南直隶通州志十七卷／（清）顾鸿修，（清）李琪、杨廷撰纂

顾鸿，生平事迹不详。

李琪，生平事迹不详。

杨廷撰（1785—1854），字述臣，一字异之，南通州（今江苏省南通市）人。贡生。著有《顾襄敏年谱》《五山耆旧》《孝经阐义》《法言补笺》等。

稿本，清道光刻本。

2811

［道光］崇川咫闻录十二卷／（清）徐缙、杨廷撰纂

徐缙，见第2809条。

杨廷撰，见第2810条。

崇川，即今江苏南通。宋代为崇州，又名崇川，至清雍正二年（1724），始改直隶州，泰兴、如皋、海门乡隶属之。全书分十二卷，为卷一疆域录、形势录、建置录，卷二山川录，卷三卷四文征录，卷五至卷七献征录，卷八方技录、仙释录、名宦录、寓贤录、胜迹录，卷九杂稽录，卷十列女表，卷十一物产录，卷十二志余录。

清道光十年徐氏芸晖阁刻本。

2812

［咸丰］直隶通州志续编不分卷／（清）冯云鹓纂

冯云鹓，生卒年不详，字集轩，号葆芝，南通州（今江苏省南通市）人。清嘉庆十六年（1811）进士，历官山东东阿、滋阳、曲阜知县及胶州知州。嗜金石文，与弟云鹏合著《金石索》。参与纂修《济南府志》，另撰有《济南金石志》《济宁金石志》及《续金石图》。

稿本。

2813

［光绪］通州直隶州志十六卷首一卷末一卷／（清）梁悦馨、莫祥芝修，（清）季念诒、沈锽纂

梁悦馨，生卒年不详，字小曙，合肥（今安徽省合肥市）人。举人。清同治四年（1865）出任通州知州，翌年镇压余东盐场灶民起义。十二年（1873）浚通各场盐河，沟通石港、西亭、金沙、余西、余中、余东、吕四七场。

莫祥芝（1827—1889），字善征，号九茎，晚号拙髯，独山（今贵州省独山县）人。清咸丰四年（1854）补湖南县丞，后加入曾国藩的湘军。十年（1860）代

理怀宁知县，历官六合、高邮、上元、通州等处知县知州，又两任江宁知县，补上海知县，加三品官衔任太仓直隶州知州。

季念诒（1813—?），字艺伯，号均梅，晚号颐叟，江阴（今江苏省江阴市）人。清道光二十九年（1849）举人，翌年连捷进士，授编修。丁父忧，在乡办团练，镇压太平军。后主讲紫琅、求志、礼延诸书院。

沈锽（1816—1878），字骏声，号笠湖，通州（今江苏省南通市）人。清道光二十七年（1847）进士，历官户部候选主事、钦拣东河补山东兖州府运河同知、特用知府、盐运使衔即补道，诰授中议大夫。屡主紫琅、马洲、丽正诸书院。著有《蜗寄庐诗草》《文集》《骈体文》《律赋》《选定诸生课艺》。

通州境域，初为长江口海域中几块相邻的沙洲，南北朝中期出水。通州直隶州，清代设置的行政区。属江苏省，清雍正二年（1724）将通州升直隶州，割扬州府之如皋、泰兴来属。1912年废。今为南通市通州区。

稿本，清光绪元年刻本。

2814

[光绪] 通州志补正

民国稿本。

2815

[光绪] 江苏通州志稿十卷补录一卷 / 金鉽纂

金鉽，生平事迹不详。

稿本。

2816

[民国] 南通县乡土志一卷 / □□纂

南通，位于长江三角洲北翼，东抵黄海，南望长江。别称静海、崇州、崇川、紫琅，古称通州。1912年改通州置南通县，属江苏苏常道，治所即今江苏南通市。1927年直属江苏省。1949年由南通县城关区及近郊设南通市，南通县迁治金沙镇。1993年改设通州市。

民国初纂抄本。

2817

[民国] 南通县图志二十四卷 / 范铠纂，张謇续纂

范铠（1861—1915），字秋门，一字胄门，号酋君，南通州（今江苏省南通市）人。清光绪二十三年（1897）拔贡。以知县分山东，曾任濮州。民国元年（1912）乞退，遂归。著有《范季

子集》。

张謇，见第1765条。

稿本，范彦份抄本，民国十四年孟森校订铅印本。

2818

[民国] 通海垦牧乡志一卷／范铠、张謇纂

范铠，见第2817条。

张謇，见第1765条。

本志系自《南通县图志》中的抽印本，正文不分类目。

民国十年铅印本。

2819

[嘉靖] 海门县志集六卷／(明) 吴宗元修，(明) 崔桐纂

吴宗元，生卒年不详，号石湖，金溪（今江西省金溪县）人。明正德十一年（1516）举人，嘉靖间任海门知县。

崔桐，生卒年不详，字来凤，海门（今江苏省海门市）人。明正德十二年（1517）探花及第，授翰林院编修，官至礼部右侍郎。著有《东洲集》等。

海门，位于江苏省东南部，东濒黄海，南倚长江，与上海隔江相望，素有“江海门户”之称。海门县，五代周显德五年（958）置，治东洲镇（今江苏启东市东北）。属通州。后县治屡迁。清康熙十一年（1672）废入通州。乾隆三十三年（1768）置海门直隶厅，治茅家镇（今海门镇）。1912年复县。1994年撤销，改设海门市。

明嘉靖刻本，明嘉靖刻万历增刻本，抄本。

2820

[顺治] 海门县志八卷／(清) 庄泰弘修，(清) 李兆星纂

庄泰弘，生卒年不详，字君华，辽阳（今辽宁省辽阳市）人。清顺治五年（1648）贡士，曾任江南海门县知县。

李兆星，生平事迹不详。

清顺治十三年刻本。

2821

[嘉庆] 海门厅志四卷／(清) 章廷枫修，(清) 董日甲纂

章廷枫，生卒年不详，会稽（今属浙江省绍兴市）人。清乾隆四十九年（1784）进士。清嘉庆十年（1805）知海门厅，官至颖

州府知府进士。

董日甲，生卒年不详，崇明（今属上海市）人。贡生。

海门厅辖境原本沙洲。清乾隆初设沙务同知，乾隆三十三年（1768）割通州之安庆、南安十九沙，崇明县之半洋、富民十一沙及新涨之天南沙置海门厅，移苏州府海防同知来治。治今江苏海门市，直隶江苏省。1912 年废厅改为海门县。

清嘉庆十二年修清抄本，抄本。

2822

［道光］海门县志三卷首一卷／（清）丁鹿寿纂

丁鹿寿，生卒年不详，字萍野，海门（今江苏省海门市）人。

清道光十一年刻本，抄本。

2823

［道光］静海乡志三卷附大事记／（清）丁鹿寿纂

丁鹿寿，见第 2822 条。

静海乡，原为通州海门县，俗称“东布洲”，清康熙十一年（1672）因县域土地被海水侵蚀，省入通州，名海门乡。道光十二年（1832）因其以南区域新设江苏省海门厅，为做区别，改海门乡为静海乡。本志前编取清庄泰弘修《海门县志》八卷。

清道光十四年刻本。

2824

［光绪］海门厅图志二十卷首一卷／（清）俞麟年等修，（清）孙寿祺、王汝骐纂

俞麟年，生卒年不详，曾任海门厅同知。

孙寿祺（1812—1875），字锡祉，号子福、侣梅，太仓（今江苏省太仓市）人。清道光二十三年（1843）举人，翌年连捷成进士。授刑部主事，假归，佐福州将军文煜军，叙功授柳州知府。著有《柳州集》。

王汝骐（1822—1898），字駣谋，号菘畦，太仓（今江苏省太仓市）人。清道光二十六年（1846）举人。往来大江南北，历主海门师山书院及娄东、安道两书院讲席垂四十年。著有《藤花馆诗存》。

此志首以地图。为表六：沿革、官师、科举、仕官封赠、旌礼、列女上下；为志七：地、物、赋役、建置、学、祠祀、艺文；为列传三：名宦、耆旧、寓贤。终之以叙传。海门地履海沙，争端易起，非图莫能止争，故此邦之志，

实以图为量重。此志首载各图五十余幅，皆以新法测绘，开方计里，制作精细准确。

清光绪二十六年刻本。

2825

［民国］续海门厅图志不分卷／刘伟纂

刘伟，生卒年不详，海门厅（今江苏省海门市）人。曾以优贡简分河南州判。

是志包含地图、官师表、科举表、仕宦封赠表、旌礼表、列女表、赋役志、建置志、学志、艺文志、名宦列传、耆旧列传、寓贤列传等内容。

稿本。

2826

［民国］海门县图志十五卷／刘伟纂

刘伟，见第2825条。

稿本。

2827

［嘉庆］东台县志四十卷／（清）周右修，（清）单壮图、许世谟等纂

周右，生卒年不详，字保之，钱塘（今浙江省杭州市）人。监生，清嘉庆二十年（1815）任东台知县。著有《寄庵诗钞》。

单壮图，生卒年不详，萧山（今属浙江省杭州市）人。监生。清嘉庆二十年至二十四年（1815—1819）任泰州分司运判，后调任淮北海州分司运判。

许世谟，生卒年不详，字植亭，歙县（今安徽省歙县）人。岁贡生。曾任东台县训导。

东台，位于长江三角洲北翼，东拥黄海。清乾隆三十三年（1768）析泰州东北境置东台县，属扬州府，治所即今江苏东台市，以东台场为名。民国初属江苏淮扬道。1927年直属江苏省。1987年改设东台市。

清嘉庆二十二年刻本，清嘉庆二十二年刻道光十年增刻本，抄本。

2828

［咸丰］东台县志不分卷／（清）□□纂

抄本。

2829

［光绪］东台县志稿四卷／王璋纂

王璋（1838—约1913），字梦椽，东台（今江苏省东台市）人。

少游戎幕，因思以功业乃谢去，肆力为古文词之学。

一名《东台采访见闻录》，清同治十一年到光绪三年（1872—1877）写成，记录东台县的政治经济、官场选举、自然现象、风俗人情、社会风气、儒释道教、山水古迹、各类著作等情况。其中采访、记录、流传了清末东台煮盐时代的社会状况，作为断代史料填补了东台嘉庆到光绪之间76年的空白。

清光绪十九年纂清抄本，抄本，清光绪三十二年刻本。

2830

淮南中十场志十卷／（清）汪兆璋、杨大经纂修

汪兆璋，生卒年不详，字芾斯，原籍歙县（今安徽省歙县）。贡生。因经营盐业，家资富植。清康熙六年（1667），由例贡授泰州分司运判，升广东盐课提举。

杨大经，据考应为王大经，生卒年不详，字伦表，号石袍，别号庐阜逸史，东台（今江苏省东台市）人。二十岁起即在安丰设塾课教，后鬻文卖字。清康熙十二年（1673），汪兆璋聘其重修《淮南中十场志》。著有《独善堂文集》。

明洪武元年（1368）设泰州盐运分司，驻东台场，管辖栟茶、角斜、富安、安丰、梁垛、东台、何垛、丁溪、小海、草堰等十场，史称“淮南中十场”。是志下列图经、建置、风俗、食货、灾眚、疆域、古迹、秩官、选举、公署、赋役、学校、武备、人物、艺文等各门。记建置，详于各场的创设，盖场地本为僻壤，难考其所由来；记武备，详于营寨、灶勇、烟灯等，因场地滨海，辄罹倭患；记物产，首载盐。

清康熙十二年刻本。

2831

［道光］吕四场志不分卷／（清）□□纂

吕四场，即今江苏南通启东市北吕四港镇，北临黄海，西与海门市接壤。唐朝初年原名白水荡，后周显德二年（955）始设吕四场。宋至明时皆设盐场。明嘉靖三十六年（1557），为抵御倭寇侵犯骚扰开始筑城，名为鹤城。清乾隆三十七年（1772）设吕东巡检司治此。

抄本。

2832

［同治］两淮通州金沙场志／（清）邱标纂

邱标，生卒年不详，字赤霞，号起岚，南通州（今江苏省南通

市）人。清嘉庆元年（1796）恩贡。

金沙，亦名古沙，在今江苏省南通境内。宋置。清乾隆三十三年（1768）裁西亭场并入。咸丰八年（1858）产盐五百二十九吨。1912年因产量少而裁废。是志修于清同治年间，本为九场志而设，后采访金沙事迹，汇为金沙一场专志，分地图、古迹（含场界、建置、灶课）、仕宦（含题名、选举）、人物（含文苑、宦迹、孝行、义行、流寓、隐逸）、节孝、杂志（含灾祲、土产、杂技）、艺文（含诗、赋、记、序）共七部分。

清同治间修抄本。

2833

［民国］东台县栟茶市乡土志／张正藩、缪文功纂

张正藩（1900—1983），别号南屏，栟茶镇（今属江苏省如东县）人。先后留学日本东京高等师范教育研究所、缅甸大学文哲研究所。回国后曾任湖北宜昌、江苏淮阴两县教育局局长，南京女子法政学院、震旦学院、北平中国大学、厦门大学教授。1946 年去台湾，任台湾师范大学、台湾大学教授。1982 年回乡定居，任南通市政协委员。

缪文功（1871—1944），字敏之，栟茶镇（今属江苏省如东县）人。清末秀才。曾留学于日本宏文师范学校。先后在通州、如皋等地任教。清光绪三十一年（1905）与蔡少岚等人创办启秀两等小学。

栟茶，位于如东县西北角，北濒黄海，别名南沙、茗海，由于古代海水冲击，两晋至南北朝时期逐渐聚沙成陆，唐初为煎盐场亭，始有移民居住。自宋、元、明、清栟茶设场。到了元朝初年，改隶扬州路管辖，属扬州府泰州宁海二十九郡，同时又属江苏布政使扬州府泰州县。乾隆元年（1736）隶属两淮通州分司，乾隆三年（1738）改属扬州府东台县，直至 1940 年 10 月隶属泰东县。1913 年设栟茶市公所，1929 年 8 月，栟茶建镇。今属江苏省南通市如东县。

抄本。

2834

栟茶史料初集／蔡观明辑

蔡观明（1895—1970），原名达官，后改为蔡达，字处晦，号尔文，东台栟茶镇（今属江苏省如东县）人。江苏国文专修科毕业。民国年间在上海圣约翰大学、光华大学任教。1929 年任栟茶市行政局长。中华人民共和国成立后历任南通市文

物管理委员会副主任、江苏省文史馆馆员、南通市政协委员。

是书前有图像二十五帧，内容包含述概、政治上之沿革、栟事变迁纪略、行政区域之改划变迁纪略、行政组织变迁及其主持人、交通、实业、礼俗、物产、社会经济、慈善公益仓储、近二十年间的栟茶、徐述夔诗狱、匪患始末、街道、邮政三十年之经过、教育纪要、图书馆之创办及其概况、人物略、艺文略、诗存、方言一斑、中十场志摘要、嘉庆两淮盐法志摘要、乡里趣谈、户口统计表、祠庙表、海产渔捞状况调查表、海潮表、编后琐谈等。

民国铅印本。

连云港市

2835

海州记

东魏武定七年（549）改青、冀二州置海州。隋大业初改为东海郡，唐武德四年（621）复改海州，天宝元年（742）改为东海郡，乾元元年（758）复为海州。辖境相当今江苏连云港市及赣榆、东海、沭阳、灌云等县地。南宋景定二年（1261）改置西海州，寻复改海州。元至元十五年（1278）升为海州路，后改海宁府，不久改为海宁州。明洪武初复改海州，省朐山县入州。清雍正二年（1724）升为直隶州。1912 年改为东海县。是书据考修于南北朝至北宋初，当为连云港地区最早的志书。

佚书。

2836

海州图经／（宋）□□撰

是书据考成书不晚于北宋至和年间（1054—1056）。

佚书。

2837

海州图志／（宋）□□撰

是书据考成书最迟不晚于宋绍圣二年（1095）。

佚书。

2838

海州志／（元）□□撰

是书据考成书于元代。

佚书。

2839

［嘉靖］海州志／（明）廖世昭修

廖世昭，生卒年不详，字师

贤，怀安（今福建省闽侯县）人。明正德十二年（1517）进士，嘉靖元年（1522）知海州，官国子监博士。

佚书。

2840

［隆庆］海州志十卷／（明）张峰纂修，（明）郑复亨续修

张峰（约1510—1581），字维直，号养斋，惠安（今福建省惠安县）人。明嘉靖二十九年（1550）进士，曾任兵部员外郎中，四川按察司佥事等职。四十三年（1564）谪任海州同知，权知州事，后迁绍兴府通判。

郑复亨，生卒年不详，仁和（今属浙江省杭州市）人。由举人知海州，曾任松江、淮安府同知。

是志于明代嘉靖元年（1522）知州廖世昭初修，后权知州事张峰在廖志的基础上加修一至八卷。

明隆庆六年刻本。

2841

［天启］海州志／（明）刘梦松修，（明）倪效先等纂

刘梦松，生卒年不详，字寿江，沁州（今山西省沁源县）人。由举人历知海州。

倪效先，生卒年不详，时任海州学正。

佚书。

2842

［顺治］海州志十卷／（清）刘兆龙修，（清）赵昌祚等纂

刘兆龙，生卒年不详，字六御，安福（今江西省安福县）人。贡生，清顺治十六年（1659）迁知海州。

赵昌祚，生卒年不详，字太六，号两无，海州（今江苏省连云港市）人。明崇祯二年（1629）岁贡生。曾任怀远训导、蒲台教谕。

清顺治十七年刻本。

2843

［顺治］海州志十卷附云台山志一卷／（清）□□撰

清康熙九年刻本。

2844

［康熙］续修海州志／（清）陈宣撰

陈宣，生卒年不详，海州（今江苏省连云港市）人。岁贡生。

佚书。

2845

［嘉庆］朐乘／（清）凌廷堪撰

凌廷堪（1752—1808），字次仲，又字仲子，歙县（今安徽省歙县）人。早年至商店学徒，自学而渐有文名。清乾隆四十六年（1781）出游扬州，受盐运使伊龄阿之聘，编辑古今杂剧传奇。四十八年（1783）入京参加《四库全书》修纂。五十四年（1789）中举，翌年连捷进士，授宁国府学教授。六书、历算、疆域沿革、职官异同均有研究。著有《礼经释例》《燕乐考原》《校礼堂文集》《校礼堂诗集》《梅边吹笛谱》《充梁新书》《元遗山年谱》等。

是书为海州志书。

佚书。

2846

［嘉庆］古朐考略十二卷末一卷／（清）乔绍傅纂

乔绍傅，生卒年不详，字霖岩，海州东里（今江苏省灌云县东辛乡）人。廪贡生。清嘉庆初受老师凌廷堪所著《朐乘》的启发，撰成《古朐考略》，另著有《二十一史摭遗长编》。

地理考证著作。卷一为历代州郡沿革表，卷二至十二分别为分野考、食货考、户赋考、职官考、名宦考、文献考、武赋考、艺文考、金石考、选举考、恩纶考、大事考、忠义考、孝行考、独行考、侨寓考、后妃考、列女考、方伎考、灾祥考、轶事考。嘉庆时知州唐仲冕修志时，多采其说。

抄本。

2847

［嘉庆］海州直隶州志三十二卷首一卷／（清）唐仲冕修，（清）汪梅鼎等纂

唐仲冕（1753—1827），字六枳，号陶山，善化（今湖南省长沙市岳麓区）人。清乾隆五十八年（1793）进士，历官宜兴、吴江、吴县知县，海州、通州知州，署松江、苏州知府，升福宁知府。以道员留两江勘河滩地，浚修吴淞江。道光元年（1821）授福建按察使，调陕西护理巡抚。著有《岱览》《陶山文录》《陶山诗录》等。

汪梅鼎（1754—1815），字浣云，一作映琴，号畹云，别号澥云，又号蓼塘，休宁（今安徽省休宁县）人。清乾隆五十八年（1793）进士，由吏部郎中考选浙江道御史。著有《潜云诗钞》等。

清嘉庆十六年刻本。

2848

[道光] 海州文献录十六卷 / (清) 许乔林纂

许乔林，见第 1434 条。

是书辑于《嘉庆海州直隶州志》印行后三十八年，旨在“补其偶遗，续所未及”，设方域录、群山录、水利录、胜迹录、票盐录、仓储录、学校录、祀典录、寺观录、宦绩录、人物录、烈女录、艺文录、金石录、杂缀录、考证录等。

清道光二十五年刻本，抄本。

2849

[万历] 赣榆县志□卷 / (明) 樊兆程、李一凤修，(明) 唐时熙等纂

樊兆程，生卒年不详，字一鹏，进贤（今江西省进贤县）人。举人。明万历十四年（1586）任赣榆知县。

李一凤，生卒年不详，当涂（今安徽省当涂县）人。曾任训导、教谕。

唐时熙，生卒年不详，赣榆（今属江苏省连云港市）人。县学附生。

赣榆，东滨黄海的海州湾。金大定七年（1167）改怀仁县置赣榆县，治今江苏赣榆县西北旧赣榆，属海州。元属海宁州。明清属海州。1949 年后移今治。2014 年撤县设区，为连云港市赣榆区。

明万历刻本。

2850

[崇祯] 续赣榆县志 / (清) 董杏纂修

董杏（1573—1656），赣榆（今属江苏省连云港市）人。曾任镇平县教谕，归乡闲居后，“感邑事久缺，宜续纪以备遗迹”，遂于明崇祯十三年（1640）撰《续赣榆县志》。

佚书。

2851

[康熙] 重修赣榆县志四卷 / (清) 俞廷瑞修，(清) 倪长犀纂

俞廷瑞，生卒年不详，字雪崖，奉化（今属浙江省宁波市）人。清顺治十八年（1661）进士。时任赣榆县令。

倪长犀（1631—1688），字六通，号郁洲，赣榆（今属江苏省连云港市）人。清康熙二年（1663）举人，九年（1670）进士，曾任谷城知县。

清康熙十二年刻本，抄本，传抄清康熙十二年刻五十一年续刻本。

2852

[嘉庆] 增修赣榆县志四卷首一卷 /（清）王诚修，（清）周萃元纂

王诚，生卒年不详，汉军镶黄旗人。清乾隆五十八年（1793）任赣榆县知县。

周萃元，生卒年不详，赣榆（今属江苏省连云港市）人。清乾隆四十年（1775）进士。曾任广东徐闻县知县、山东曹州府通判。

清嘉庆元年刻本。

2853

[光绪] 赣榆县志十八卷 /（清）特秀、王豫熙修，（清）王文炳、张謇纂

特秀，生卒年不详，满洲镶红旗人。进士，清光绪七年（1881）任知县，后调任山阳知县。

王豫熙（1841—1921），号欣甫，海盐（今浙江省海盐县）人。附贡。清光绪十三年（1887）任赣榆知县。

王文炳，生卒年不详，南通州（今江苏省南通市）人。拔贡。清同治十三年（1874）署任赣榆教谕。

张謇，见第 1765 条。

清光绪十四年刻本，民国十三年铅印本。

2854

[民国] 赣榆县续志四卷附编二卷 / 王佐良修，王思衍纂

王佐良（1872—1935），字纬宸，原山东省兰山县朱樊村（今江苏省东海县南辰乡西朱范村）人。1912 年起先后担任赣榆县民政长、县长。

王思衍（1866—1938），字仲蕃，号源亭，又号老瘋、用虚、亦罴子，临沂县兰陵（今山东省兰陵县）人。清光绪二十四年（1898）进士，官至刑部主事。光绪二十六年（1900），因不满慈禧太后丧权辱国政策，归隐田园。1938 年，日军飞机轰炸兰陵，兵屯枣庄，王思衍耻做亡国奴，愤而自缢。

民国八年修十三年铅印本。

2855

东海志二卷 /（明）顾乾撰

顾乾，见第 1260 条。

佚书。

2856

东海志四卷 /（清）李晋元撰

李晋元，生卒年不详，海州（今江苏省连云港市）人。清拔

贡。曾任武缘知县。

据道光《云台新志》:“此书多载艺文,榛楛不剪,然能网罗遗轶,搜采金石。”

佚书。

淮安市

2857

[正德] 淮安府志十六卷图一卷/(明)薛鎏修,(明)陈艮山纂

薛鎏,生卒年不详,字全卿,魏县(今河北省魏县)人。明弘治九年(1496)进士。历知旌德、建平诸县。正德八年(1513)任淮安知府。

陈艮山,生卒年不详,字景善,莆田(今福建省莆田市)人。明弘治十四年(1501)进士。后任山阳教谕、高淳知县。

淮安府,辖境相当今江苏盐城、淮安、洪泽等县市以北,睢宁、邳州以东,赣榆以南,东至海。明朝初年,设淮安府直隶南京,明成祖朱棣迁都北京后,改属南直隶。清初沿袭明朝制度,仍置淮安府属江南省,后江南省东西分省为江苏、安徽两省后属江苏省,辖境较明朝略有缩小。1913年废府。

明正德十三年刻本。

2858

[万历] 淮安府志二十卷/(明)郭大纶修,(明)陈文烛纂

郭大纶,生平事迹不详。

陈文烛(1525—?),字玉叔,号五岳山人,沔阳(今湖北省仙桃市)人。明嘉靖四十四年(1565)进士,授大理寺评事,历官淮安知府、四川提学副使、山东左参政,忧归。万历十一年(1583)复除起任为四川左参政,十二月升为福建按察使,官至南京大理寺卿。著有《二酉园诗文集》。

明万历元年刻本。

2859

[天启] 淮安府志二十四卷/(明)宋祖舜修,(明)方尚祖纂

宋祖舜,生卒年不详,字淑哲,号鹿游,东平(今山东省东平县)人。明万历四十四年(1616)进士。除户部主事,历参政,分守西宁凉州道,累迁至郧阳巡抚,天启三年(1623)任淮安知府,升陕西兵备副使。著有《守城要览》。

方尚祖,生卒年不详,字宗道,莆田(今福建省莆田市)人。举人。明天启二年(1622)任东

河船政同知，崇祯元年（1628）升任应天府治中。

明天启六年刻崇祯增刻本，明天启六年刻崇祯增刻顺治六年修补本。

2860

［崇祯］淮安府实录备草二十二卷／（明）牟廷选修，（明）吴怀忠纂

牟廷选，生卒年不详，锦州（今辽宁省锦州市）人。贡生。清顺治五年（1648）任淮安府事。

吴怀忠，生卒年不详，临安（今浙江省临安市）人。贡生，清顺治间任淮安府训导。

是志明崇祯十七年（1644）修，成书于顺治六年（1649）。记事自天启四年（1624）起，至崇祯十七年止。分为诏赦、敕谕、铨除、官制、城池、科贡、赋役、河道、学政、税课、忠孝、节义、祥异、灾伤、马政、户口田粮、漕运、盐法、建言、战守、兵政、人才、隐逸。

明崇祯十七年修清抄本，抄本。

2861

［康熙］淮安府志十三卷首一卷／（清）高成美修，（清）胡从中等纂

高成美，生卒年不详，满洲正蓝旗包衣人。清康熙二十一年（1682）任淮安知府，升任淮扬道按察司副使。

胡从中，生卒年不详，字师虞，号天放，一号栋居，山阳（今属江苏省淮安市）人。明崇祯十五年（1642）举人。著有《藉湖堂诗集》等。

清康熙二十四年刻本。

2862

［乾隆］淮安府志三十二卷／（清）卫哲治等修，（清）叶长扬、顾栋高等纂

卫哲治（1701—1756），字我愚，号鉴泉，济源（今河南省济源市）人。清雍正七年（1729）以拔贡生廷试优等，发江南委用。初署赣榆知县，调盐城，曾循海筑土墩九十余，潮大，渔者得就墩逃溺，号“救命墩”。乾隆二年（1737）补长洲，兼摄吴县。后历官山东登莱青道、海州知州、淮安知府、安徽巡抚、兵部侍郎、工部尚书。

叶长扬，生卒年不详，字尔翔，一字尔祥，号定湖，吴县（今属江苏省苏州市）人。清雍正八年（1730）进士，授翰林院编修。官太史。曾经修过甘泉、崇明、泰州诸志。

顾栋高（1679—1759），字震沧，又字复初，号左畬，无锡（今江苏省无锡市）人。清康熙六

十年（1721）进士，授内阁中书。乾隆时被荐为经明行修之士，授国子监司业衔，拜起令内侍扶掖，后加祭酒衔。著有《大儒粹语》《万卷楼初稿》。

清乾隆十三年刻本，清咸丰二年刻本。

2863

［光绪］淮安府志四十卷首一卷附艺文志十卷／（清）孙云锦修，（清）吴昆田、高延第纂

孙云锦（1821—1892），字海岑，桐城（今安徽省桐城市）人。以诸生入曾国荃幕府，从军得官。曾三任江宁知府。历官淮安知府、开封知府、江苏补用道。著有《流离杂记》《筮仕后编》《宦游偶录》等。

吴昆田（1808—1882），原名大田，字云圃，号稼轩，清河（今属江苏省淮安市）人。清道光十四年（1834）举人，官内阁中书委署侍读。著有《山阳风俗物产志》《清河县志》《安东县志》《漱六山房全集》。

高延第（1823—1886），字子山，号槐西居士，山阳（今属江苏省淮安市）人。监生。著有《北游纪程》《老子证义》《涌萃山房文集》等。

清光绪十年刻本。

盐城市

2864

［万历］盐城县志十卷／（明）杨瑞云修，（明）夏应星纂

杨瑞云，生卒年不详，一作端云，字肖韩，南海（今属广东省佛山市）人。明万历七年（1579）来任盐城知县。

夏应星（1546—?），字念臮，东夏庄（今属江苏省建湖县）人。明万历二年（1574）进士。曾官长沙知府。

盐城，地处江苏省中部沿海，东临黄海。东晋义熙中改盐渎县置盐城县，属山阳郡。治所即今江苏盐城市。北齐为射阳郡治。陈为盐城郡治。隋属江都郡。隋末改置射州。唐武德七年（624）复置盐城县，属楚州。元属淮安路，明初属淮安府，民国初属江苏淮扬道，1927年直属江苏省。

明万历十一年刻本，抄本，明万历十一年刻清顺治十四年增刻本。

2865

盐城野志／（明）王汝右纂

王汝右，盐城（今江苏省盐

城市）人。生平事迹不详。

是志修于万历四十三年（1615）。

佚书。

2866

［顺治］盐城县志十卷／（明）杨瑞云原修，（清）贾国泰续修

杨瑞云，见第2864条。

贾国泰，生卒年不详，字弼恒，时任盐城县知县。

佚书。

2867

［康熙］盐城县志／（清）陈继美修，（清）王之桢等纂

陈继美，生卒年不详，时任盐城县知县。

王之桢，生卒年不详，字筠长，盐城（今江苏省盐城市）人。

佚书。

2868

［乾隆］盐城县志十六卷／（清）程国栋原本，（清）黄垣续修，（清）沈俨续纂

程国栋，生卒年不详，字玉亭，休宁（今安徽省休宁县）人。清康熙五十二年（1713）举人。历官嘉定、盐城、沛、范、滕等县知县，乾隆初任盐城知县。

黄垣，生卒年不详，字对藩，号洁峰，清江（今江西省樟树市）人。清乾隆元年（1736）进士，九年（1744）任盐城知县，后升淮安府监。著有《黄明府稿》。

沈俨，生卒年不详，字敬存，号诵芬，盐城（今江苏省盐城市）人。清康熙四十一年（1702）举人，授江西永丰知县。著有《诵芬公诗文》《诵芬公古文》《诵芬公公牍》等。

清乾隆十二年刻本。

2869

［光绪］盐城县志十七卷首一卷／（清）刘崇照修，（清）陈玉树、龙继栋纂

刘崇照，生卒年不详，名颐翘，字楚芗，镇海（今属浙江省宁波市）人。清光绪十六年（1890）进士，翰林院庶吉士。十九年（1893）任盐城县知县。

陈玉树（1853—1906），后更名玉澍，字惕庵，盐城上冈（今属江苏省建湖县）人。清光绪十四年（1888）举人。著有《卜子午谱》《后乐堂文钞》等。

龙继栋，生平事迹不详。

清光绪二十一年刻本。

2870

［民国］续修盐城县志稿十四卷首一卷／林懿均、李直夫修，胡应庚、陈钟凡纂

林懿均（1881—1951），字力山、立山，丹阳（今江苏省丹阳市）人。十四岁入泮成为秀才。时值八国联军入侵，于清光绪二十八年（1902）投笔从戎，考入南京江南陆师学堂。1928年任盐城县长。

李直夫，生平事迹不详。

胡应庚（1885—1957），一作映庚，字启东，盐城（今江苏省盐城市）人。胡乔木之父，清末秀才。1912年加入国民党，次年被选为国会议员。1949年10月应邀参加中华人民共和国开国大典。著有《鲁穗集》。

陈钟凡，即陈中凡（1888—1982），原名钟凡，字斠玄，号觉元，盐城（今江苏省盐城市）人。文学史家。清宣统三年（1911）毕业于两江师范学堂，1914年后考入北京大学哲学系。曾任东南大学、南京大学教授，江苏省文史馆馆长、全国政协委员，民盟中央委员等职。著有《清晖山馆散文集》《古书读校法》《诸子通谊》《中国文学批评史》《经学通论》等。

民国二十二年铅印本，民国二十五年铅印本。

2871

［民国］盐城续志校补三卷／胡应庚纂

胡应庚，见第2870条。

1951年铅印本。

2872

［民国］盐城县乡土地理二卷／印水心纂

印水心，生平事迹不详。

民国铅印本。

2873

［乾隆］小海场新志十卷／（清）林正青纂

林正青，生卒年不详，字洙云，号苍岩，侯官（今属福建省福州市）人。贡生。荐授刑部山西司学习行走。清乾隆元年（1736）任小海场场司。著有《瓣香堂集》等。

小海场，原址在今江苏省盐城大丰区的草堰镇老镇区，其东际大海，西界兴化，通盐城，接长淮。是志首列盐场入海图一幅，包含地理、秩官、公署、庙祀、户役、国课、人物、风俗、土产、灾异等

内容。

清乾隆四年刻本。

2874

[乾隆] 阜宁县志八卷 / (清) 冯观民纂修

冯观民，生卒年不详，代州(今山西省代县)人。由附生加捐县丞，历官福建建安县县丞，委署将乐县知县，正荐推升陕西兴平县。乾隆十一年(1746)任阜宁县知县。

阜宁，古称黄浦，宋称庙湾。清雍正九年(1731)置，属淮安府。治所在庙湾镇(今江苏阜宁县)。民国初属江苏淮扬道。1927年直属江苏省。中华人民共和国成立后，隶属盐城专区。1983年隶属盐城市。

清乾隆十一年修二十九年增修清抄本。

2875

[光绪] 阜宁县志二十四卷首一卷 / (清) 沈国翰、阮本焱等修，(清) 陈肇礽、殷自芳纂

沈国翰，生卒年不详，字筠生，泗州(今安徽省泗县)人。监生。清同治八年(1869)任阜宁县知县，十二年(1873)复任。

阮本焱(1848—1906)，字晋朋，余姚(今浙江省余姚市)人。清光绪十年(1884)任阜宁县知县，为两江总督左宗棠所赏识。

陈肇礽，生卒年不详，字子云，阜宁(今江苏省阜宁县)人。清光绪二年(1876)府学贡生，翰林院待诏衔。

殷自芳(1824—1900)，字沚南，一字芷兰，号霜圃，别号松竹堂氏，晚号淮南老人，山阳(今属江苏省淮安市)人。候选训导，精于水利。

清光绪十二年刻本。

2876

[民国] 阜宁县新志二十卷首一卷末一卷 / 焦忠祖修，庞友兰纂

焦忠祖(?—1930)，字德一，上海(今上海市)人。1928年任阜宁县县长。

庞友兰(1874—1947)，字馨吾，原名庆先，笔名古愚、老丐，阜宁东坎镇(今属江苏省滨海县)人。清光绪二十九年(1903)举人。宣统间考用内阁中书，改七品京官，签分民政部。辛亥革命后历任阜宁县筹备国会选举事务所所

长、东坎市商会会长兼清乡市董，江北苇右营垦务局局长，阜宁县县志总纂等职。

民国二十三年铅印本。

扬州市

2877

[万历] 扬州府志二十七卷首一卷 / (明) 杨洵修，(明) 徐銮等纂

杨洵（1559—1627），原名溥，字晖吉，号昆源，济宁州（今山东省济宁市）人。明万历二十年（1592）进士。历官南京刑部主事、扬州府知府、泰州兵备道。改调江苏，以兴沿海商贸，又起为布政使参政。著有《述言》《适堂稿》《适园草》。

徐銮，生平事迹不详。

元末扬州路先后改为淮海府、维扬府，至正二十六年（1366）改为扬州府，治江都县（今江苏扬州）。明初属京师，永乐后属南京。辖境相当今江苏宝应县以南，长江以北，仪征、金湖等市、县以东地。清初属江南，康熙六年（1667）后属江苏省。雍正二年（1724）所辖通州升为直隶州，南部辖境内缩至今泰州市、海安县一线。1912 年废。

明万历二十九年修三十三年刻本。

2878

[康熙] 扬州府志二十七卷首一卷 / (清) 雷应元纂修

雷应元，生卒年不详，字天卿，奉天（今辽宁省沈阳市）人。荫生，清顺治十七年（1660）任扬州知府。

清康熙三年刻本。

2879

[康熙] 扬州府志四十卷 / (清) 金镇纂修

金镇，生卒年不详，字又镳、长真，又作长征，宛平（今属北京市）人，原籍山阴（今属浙江省绍兴市）。明崇祯十五年（1642）举人。清顺治初任曹县知县，康熙十三年（1674）任扬州知府，后升江宁驿传盐法道副使兼署盐运司，升江南按察使。著有《清美堂诗集》。

清康熙十四年刻本。

2880

[康熙] 扬州府志四十卷 / (清) 金镇原本，(清) 崔华、张万寿续修，(清) 王方岐续纂

金镇，见第2879条。

崔华（1632—1693），字莲生、连生、蕴玉、不雕，号西岳，直隶平山（今河北省平山县）人。清顺治十六年（1659）进士。初知开化县，康熙十九年（1680）超擢扬州府。两江总督缺，以郡守列会推。二十三年（1684）论举廉能备擢用，延荐者七人，推为天下清官第一。同年授两淮转运使，后转分守陕西凉庄道。

张万寿，生卒年不详，字鹤秋，浮山（今山西省浮山县）人。清顺治五年（1648）贡生，由直隶大名府通判分守顺圣川，升四川汉州知州，转云南云南府同知，寻升江南扬州府知府。

王方岐，生卒年不详，字武征，号蒙斋、蒙谷，江都（今属江苏省扬州市）人。明慈溪诸生，入清不仕。

清康熙二十四年刻本。

2881

[雍正] 扬州府志四十卷 /（清）尹会一修，（清）程梦星等纂

尹会一（1691—1748），字元孚，号健余，直隶博野（今河北省博野县）人。进士。清雍正十年（1732）任扬州知府，旋升两淮盐运使，官至吏部侍郎。

程梦星（1679—1755），字伍乔，后字午桥，号沂江，又号茗柯、杏溪、香溪，歙县（今安徽省歙县）人，迁居江苏江都。清康熙五十一年（1712）进士。著有《今有堂集》《李义山诗集笺注》《两淮盐法志》《茗柯词》《词调备考》。

清雍正十一年刻本。

2882

[嘉庆] 扬州府图经八卷 /（清）阮元修，（清）江藩、焦循纂

阮元，见第0646条。

江藩（1761—1830），字子屏，号郑堂，自号竹西词人，晚号节甫老人，甘泉（今江苏省扬州市）人。监生。清乾隆五十一年（1786），曾为乾隆帝诗集作注并携京进献。阮元督漕淮安时，聘为丽正书院山长。著有《周易述补》《汉学师承记》《尔雅小笺》等。

焦循（1763—1820），字理堂，一作里堂，晚号里堂老人，清甘泉（今属江苏省扬州市）人。嘉庆六年（1801）中举，后应会试不第，闭门读书著述，一生著作近四百卷，有“通儒”之称。焦循曾佐纂嘉庆《扬州府志》，参与辑纂《扬州图经》，私编《扬州足征录》二十七卷，《邗记》六卷。

又编纂《北湖小记》六卷。焦循对修志理论多有见地，其说收入《雕菰楼集》中。

即《扬州图经》，为扬州大事记式史书。全书广泛抄撮历代书籍中有关扬州事迹，按朝代沿革之序，分阶段裁接而成。其采用书籍除二十四部正史外，尚有杂史、别史、野史、实录、文集、笔记、方志等六十余种，以抄撮正史为主，起于鲁哀公九年（前486），迄至清康熙二十年（1681）。

清嘉庆六年修抄本稿本，清嘉庆十一年刻本。

2883

扬州图经

见“［嘉庆］扬州府图经八卷”。

2884

［嘉庆］重修扬州府志七十二卷首一卷／（清）阿克当阿修，（清）姚文田、江藩等纂

阿克当阿（1755—1822），字厚庵，满洲正白旗人。官内务府护军统领，兼管三山事务。清嘉庆十三年（1808）任两淮盐政。

姚文田，见第1442条。

江藩，见第2882条。

清嘉庆十五年刻本。

2885

［同治］续纂扬州府志二十四卷／（清）方浚颐修，（清）晏端书、钱振伦等纂

方浚颐，见第0259条。

晏端书（1800—1882），字彤甫，号云巢，仪征（今江苏省仪征市）人。清道光十八年（1838）进士，由编修外简湖州知府，升浙江按察使。咸丰间充督办江北团练大臣。同治间署两广总督兼署广东巡抚。曾主讲梅花书院凡十八年。著有《粤游纪程》《使滇纪程》等。

钱振伦（1816—1879），原名福元，字楞仙，归安（今浙江省湖州市）人。清道光十八年进士。二十四年（1844）充四川乡试正考官，升国子监司业。三十年（1850）回籍，长期主讲扬州梅花书院、淮阴崇实书院。著有《示朴斋骈体文》《示朴斋随笔》《鲍参军集注》《樊南文集补编笺注》等。

此志志延用嘉庆体例，旧志为二十八门，略去巡幸、建置沿革、分野、疆域、山川、都里、津梁、风俗、物产等九门，其余多将嘉庆志卷目归并，共分十九门，记述嘉庆十五年（1810）至同治十三年

（1874）间史事。

清同治十三年刻本。

泰州市

2886

［咸丰］古海陵县志六卷首一卷／（清）王叶衢纂

王叶衢（1785—?），名华封，字尧民，号叶衢，海安（今江苏省海安县）人。矢志于海安故里的自然、历史资料的收集、研究，历时十多年，于清道光二十九年（1849）编成《海安考古录》。

古海陵，今为江苏省泰州市，曾是江口地带，又曾是海湾地带，还曾经是一个沙岛。汉武帝元狩六年（前117）置海陵县。南唐以前，泰州为海陵县治所在。宋为泰州军治，元为泰州路治，后改为泰州治，明洪武初省入泰州。

清咸丰五年纂一九六二年油印本。

2887

［咸丰］海安考古录四卷／（清）王叶衢纂

王叶衢，见第2886条。

是书主要记述古泰州州境东部地区的概况，分别记载建置、职官、河道、寺观等十六个方面的内容。书内还配有海安古城区及古泰州东部地域河流概貌图。

清咸丰五年纂民国二年抄本，海陵丛刻本。

浙江省

2888

［嘉靖］浙江通志七十二卷／（明）胡宗宪修，（明）薛应旗等纂

胡宗宪，见第2202条。

薛应旗（1500—1575），字仲常，号方山，武进（今属江苏省常州市）人。明嘉靖十四年（1535）进士，曾任慈溪知县，官南京考工郎中。因对严嵩不满，被贬为建昌通判、浙江提学副使。著有《宋元资治通鉴》《考亭渊源录》《甲子会记》《四书人物考》《宪章录》《高士传》《薛子庸语》《薛言山纪述》《方山文录》《浙江通志》等。

是志卷前列全浙地理图，括十一府一州七十五县。正文以志为纲，分地理、建置、贡赋、祠祀、官师、人物、选举、艺文、经武、都会、杂志十一志。地理志至祠祀志按地叙事；官师志至都会志按朝代记载；经武志载海防事独详，记明代设台州、温州等十六卫，湖

州、金华等三十余所，统辖于都指挥使，主备防倭，又记与日本等国贸易等。

明嘉靖四十年刻本。

2889

［康熙］浙江通志五十卷首一卷／（清）王国安等修，（清）黄宗羲等纂

王国安（？—1709），字盘石，号康侯，汉军正白旗人。年十五补博士弟子员，后入国子监为官学生，旋授刑部笔帖式。历官中书舍人、内阁典籍兼光禄寺少卿、刑部员外郎、内阁侍读学士、内阁学士兼礼部侍郎、浙江巡抚、刑部右侍郎、刑部左侍郎兼奉天府尹等职。

黄宗羲，见第0266条。

是志分星野、疆域、建置、山川、城池、学校、田赋、户口等三十七目。

清康熙二十三年刻本。

2890

［雍正］浙江通志二百八十卷首三卷／（清）李卫、嵇曾筠等修，（清）沈翼机、傅王露等纂

李卫，见第0636条。

嵇曾筠（1670—1739），字友松，号礼斋，长洲（今江苏省苏州市）人。清康熙四十五年（1706）进士，入翰林院，选庶吉士，授编修，迁侍讲。雍正元年（1723）入直南书房、尚书房，擢升都察院左佥都御史，并署河南巡抚，升兵部侍郎，后任东河副总河。因治河有功，六年（1728）擢任兵部尚书，仍管河务。七年（1729）授东河河道总督。翌年署南河河道总督。十年（1732）因功加太子太保衔。十一年（1733）授文华殿大学士，兼吏部尚书，仍总督江南河务。乾隆帝即位后，命其总理浙江海塘工程，兼浙江巡抚，筑海宁尖山坝，建鱼鳞石塘七千四百余丈。后改总督兼管盐务。三年（1738）九月，应召赴京，为内阁学士。同年十二月卒于家，赠少保，赐祭葬，谥文敏。著有《防河奏议》《师善堂诗集》等。

沈翼机，见第2142条。

傅王露（？—1775），一作傅玉露，字晴溪，一字良木，号玉笥，又号阆林，会稽（今属浙江省绍兴市）人。清康熙五十四年（1715）进士，授翰林院编修。雍正七年（1729）出任江西省学政，提督学院。历官詹事府左中允左庶子，充武英殿纂修，不久告假回乡。乾隆初被推荐举博学鸿词科，破格加升詹事府中允。著有《玉笥山房集》《晴溪诗钞》等。

是志分图说、疆域、建置、山川、形胜、城池、古迹、水利、户口、兵制、海防、风俗、物产、人物、陵墓、艺文等五十四目。其中，图说目绘浙江全省图、杭州府图等四十三幅并图说；海塘目有海潮总论，列四季潮候表；兵制目记沿海炮台、战舰配备及要塞驻军；海防目叙沿海防务，尤以记清初详赅。

清雍正十三年修乾隆元年刻本，清乾隆元年刻嘉庆十七年校补刻本，四库全书本，清光绪二十五年浙江书局刻本，民国二十五年上海商务印书馆影印本。

2891

乾隆浙江通志考异残稿四卷／王国维纂

王国维，见第1728条。

是书根据《太平寰宇记》、淳祐《临安志》、咸淳《临安志》等书订正雍正《浙江通志》，其中对书中的建置、山川、城池三门的伪误订正较多。

海宁王静安先生遗书本。

2892

敕修浙江通志图说一卷／（清）李卫、（清）傅王露等纂修

李卫，见第0636条。

傅王露，见第2890条。

清乾隆元年精刻本。

2893

［光绪］浙江省志辑要不分卷／（清）□□撰

是志仅有稿本一册，记事至清光绪间。

稿本。

2894

［光绪］续修浙江通志海塘长编不分卷／唐咏裳辑

唐咏裳，见第2091条。

稿本。

2895

浙志便览七卷／（清）李应珏撰

李应珏，见第0291条。

清光绪十七年刻本。

2896

浙志便览十卷／（清）李应珏撰

李应珏，见第0291条。

是志前四卷为各府县山川、形势、风俗、赋税、战争、人物之简

述，称某府序；卷五记鸦片战争时期有关浙江历史；卷六记太平天国时期浙江历史；卷七为光绪间中法战争时期浙江历史，至光绪二十二年（1896），又新增浙江兵事三卷。

清光绪二十二年刻本。

2897

［民国］浙江省通志稿／浙江省通志馆修

民国抄本。

2898

续修浙江通志采访稿一卷／□□编

民国五年铅印本。

2899

浙江通志厘金门稿三卷／顾家相纂

顾家相（1853—1917），字辅卿、季敦，号因园、勵堂，会稽（今属浙江省绍兴市）人。清光绪二年（1876）进士，历官河南彰德、归德知府。著有《勵堂文集》《诗集》《联语》《日记类钞》《五余读书廛随笔》《堂乐府》。

是书为记载浙江清代厘金制度的第一手资料。

民国八年铅印本。

2900

［民国］浙江续通志不分卷三百四十六册／浙江修志局修，沈曾植等纂

沈曾植，见第2089条。

1914年春，浙江省设通志局，沈曾植为总纂，以清乾隆元年（1736）至宣统三年（1911）为时限，续修通志。体例基本依承雍正《浙江通志》，另增编年体大事记，纪事本末体大事纂、遗民传及地方自治等新内容，后编纂中断，遗志稿二百余册。

民国十三年稿本。

2901

［民国］重修浙江通志初稿／浙江省通志馆修，余绍宋、孙延钊等纂

余绍宋（1883—1949），字越园，早年曾用樾园、粤采、觉庵、觉道人、映碧主人等别名，后更号寒柯，龙游（今浙江省龙游县）人，生于浙江衢州。早年留学日本，清廷以法律科举人授外务部主事。其从政，两任司法部次长、代理总长；从教，任北京国立法政专门学校校长、司法储材馆学长兼教务长、北京艺术专门学校教授等；从事方志，任龙游县志总编纂及浙江省通志馆馆长。抗日战争期间被推任浙江省临时参议会副议长、代议长。著有《书画要录》《书画书录解题》《中国画学源流之概观》《寒柯堂诗集》《宋诗集联》等。

孙延钊（1893—1983），字孟晋，号勋盦，瑞安（今浙江省瑞安市）人。毕业于北京国立法政专门学校。历任北洋政府监署科长、温州籀园图书馆馆长、浙江省图书馆馆长、浙江通志馆编纂、浙江省文史研究馆馆员。祖父孙衣言、父孙诒让均为藏书大家，为玉海楼第三代传人。著有《永嘉藏书家》等。

1942 年，浙江省设省志史料征集委员会，余绍宋为主任。次年改名浙江通志馆，余绍宋任馆长，延请当时学者孙延钊等为总纂，从事征集与编撰通志。1949 年，通志馆停，成志稿一百二十五册，分叙例、大事记、疆域、地理、民族、物产、建置、名胜古迹、著述、艺术、党会、议会、行政、财务、盐务、国税、省公债、计政、粮政、军事、水利、交通、实业、宗教、考选、人物表传、儒学表、文征等类。

稿本，民国三十七年铅印本。

2902

[民国] 浙江新志三卷 / 姜卿云纂

姜卿云（1904—1985），字心白，圣山乡（今属浙江省兰溪市）人。浙江省医药专科学校毕业，后入上海法学院攻读法律。曾任国民党浙江省党部执委，抗日战争时期任浙江省第五区行政督察专员兼保安司令，第三战区战地党政分会委员。抗战胜利后，任立法委员。1949 年去台湾，后经香港回北京，任北京制药厂高级工程师、中国国民党革命委员会中央顾问、北京市政协委员。

是志分二编，上编浙江史地，有沿革、位置、疆域、水陆形势、地质气候、党政、社会、经济、建设、文化教育等章，另有浙江省全图和交通图、物产及风景图等；下编叙述了全省七十四市、县的概况。

民国二十五年杭州正中书局铅印本。

杭州市

2903

[乾道] 临安志十五卷 / （宋）周淙纂

周淙（？—1175），字彦广，长兴（今浙江省长兴县）人。初任通判建康府。绍兴三十年（1160）金国背盟南犯时，知楚州，改知濠州。后任两浙转运副使、知临安府，累官知宁国府。著有乾道《临安志》等。

是志现存第一至三卷。卷一行在所，分设宫阙、皇子府、宗庙、郊社、三省、台阁、学校、经筵、宫观、庙宇、苑囿、院、所、三衙、寺监、司、内诸司、仓场、库、局、府第、馆驿、军营二十三目；卷二府志，分设历史沿革、星度分野、风俗、州境、城社、户口、廨舍、学校、科举、军营、坊市、界分、桥梁、物产、土贡、税赋、仓场库务、馆驿十八目；卷三牧守，载杭州历官牧守姓名、籍贯、官职、任期及政绩。

四库全书本，清乾隆竹书堂刻本，清光绪二十年孙氏寿松堂刻本，粤雅堂丛书本，武林掌故丛编本。

2904

［乾道］临安志十五卷附札记一卷／（宋）周淙纂，（清）钱保塘札记

周淙，见第2903条。

钱保塘（1832—1897），字铁江，号兰伯，嘉兴（今浙江省嘉兴市）人。清咸丰九年（1859）举人。同治末年以知县分发四川，初参大府幕，后历宰定远、大足、什邡等。

式训堂丛书本，校经山房丛书本，清芬堂丛书本，丛书集成初编本。

2905

［淳祐］临安志五十二卷存六卷／（宋）陈仁玉纂

陈仁玉（1212—?），字德公，一字德翁、德韬、德翰，号碧栖，仙居（今浙江省仙居县）人。宋淳祐十一年（1251），以白衣受诏为筵讲官。开庆元年（1259）赐同进士出身。九月任军器监丞兼国史院编修官，十一月任浙东提刑兼知衢州。后历任浙东安抚使、兵部侍郎等职。德祐元年（1275），谢太后下诏降元。陈仁玉时已告老归寓台州，与权知台州事王钰相议拒招，并招募义民筑城死守台州。景炎元年（1276）二月城破，王钰战死，陈仁玉退隐黄岩石圹山中，临终戒孙永不仕元。

是志现存第五至十卷，无总目可稽。卷五至七城府门，分设城社、官宇、学校、楼观、园馆、厢隅、军营、坊巷、界分、桥梁、仓场库务、馆驿；卷八至十山川门，分设城内诸山、城南诸山、城西诸山、亭馆、古迹、城东诸山、城内外诸岭、诸洞、诸石、诸坞、峪衕关、江、湖、河、渠、水闸。

宋刻本，宛委别藏本，清抄本，抄本，武林掌故丛编本。

2906

[淳祐] 临安志辑逸八卷 / (清) 胡敬辑

胡敬，见第0681条。

南宋建炎三年（1129）升杭州置临安府，治所在钱塘、仁和二县（今浙江杭州市）。绍兴八年（1138）正式定都于此。辖境约相当今浙江杭州、海宁、余杭、富阳四市。元至元十五年（1278）改置杭州路。临安志原志久佚。胡敬于清道光间从《永乐大典》中辑出十余万字，厘为十六卷。光绪间丁丙得此书抄本，已不全，由罗榘臣详加校订，加以补配，分八卷付梓。

武林掌故丛编本。

2907

[咸淳] 临安志一百卷 / (宋) 潜说友纂

潜说友（1216—1288），字君高，号赤壁子，缙云（今浙江省缙云县）人。南宋淳祐元年（1241）进士，历任两浙转运司判官、两浙转运副使、司农卿、临安知府。咸淳七年（1271）代户部尚书，兼知临安军府事。德祐元年（1275），元兵逼近平江，弃城逃遁，被贬知南安军事，不久至福州投降元军。景炎二年（1277）被元朝任为福州宣慰使，后因筹措军粮不力，被元将李雄剖腹而死。

是志分为行在所录和府志两大组成部分。前十六卷为行在所录，第十六卷后府志，分记图、疆域、山川、诏令、御制、秩官、寺官、文事、武备、风土、贡赋、人物、祠祀、寺观、园亭、古迹、冢墓、恤民、祥异、纪遗。

宋咸淳间刻本，清康熙田文抄本，四库全书本，清乾隆卢文弨抄本，清道光十年钱塘汪氏振绮堂刻本。

2908

[景泰] 杭州府志 / (明) □□撰

元至正二十六年（1366）朱元璋改杭州路为府，为浙江等处行中书省治。明洪武九年（1376）为浙江承宣布政使司治。治所、辖境同杭州路。清为浙江省治。1912年废。

佚书。

2909

[成化] 杭州府志六十三卷首一卷 / (明) 陈让等修，(明) 夏时正等纂

陈让（1434—?），字德光，号

云轩，大河卫（今属江苏省淮安市）人。明天顺八年（1464）进士，授宝坻令，累官至杭州知府，时海势渐内徙，逼海宁城，群策莫能治。乃请去城一里支河筑内堤，延袤十里，以宽制猛，不与海争利，海果至堤而止。后被枉去职。

夏时正（1411—1499），字尚一，一字季爵，晚年号留余道人，仁和（今属浙江省杭州市）人。明正统十年（1445）进士，授刑部主事。景泰初升任刑部郎中。成化五年（1469）任南京大理寺卿。后隐居西南山镇。著有《留余稿》《太常志》《三礼仪略》《举要》《杭州府志》《禹贡详节》《深衣考》《瀛屿稿》《梅花咏》《春秋辨义》等。

明成化十一年刻本，影抄明成化十一年刻本。

2910

［万历］杭州府志一百卷／（明）刘伯缙修，（明）陈善等纂

刘伯缙，生卒年不详，字荐卿，历城（今属山东省济南市）县人。明隆庆二年（1568）进士。曾任杭州知府。

陈善（1514—1589），字思敬，号敬亭，钱塘（今浙江省杭州市）人。明嘉靖二十年（1541）进士，出知歙县，历官山西按察副使、广东按察使、云南左布政使。

明万历七年刻本，清抄本。

2911

［康熙］杭州府志四十卷图一卷／（清）马如龙修，（清）杨鼐等纂

马如龙（？—1701），字见五，绥德州（今陕西省绥德县）人。清康熙十一年（1672）举人，历任直隶滦州知州、户部员外郎、刑部郎中、杭州知府。二十八年（1689）超擢按察使。海贼杨士玉窜迹岛屿，勾土贼胡茂等剽掠商船，如龙设策擒之，尽歼其首从。二十九年（1690）迁布政使。三十一年（1692）授江西巡抚。三十八年（1699）入觐，赐御书“老成清望”榜。

杨鼐，生卒年不详，仁和（今属浙江省杭州市）人，生平事迹不详。

清康熙二十五年刻本，清康熙二十五年刻三十三年李铎增刻本。

2912

［乾隆］杭州府志一百十卷首六卷／（清）郑沄修，（清）邵晋涵等纂

郑沄（？—1795），字晴波，号枫人，仪征（今江苏省仪征市）

人。清乾隆三十年（1765）召试，授内阁中书。四十八年（1783）官浙江督粮道。

邵晋涵（1743—1796），字与桐，号二云，又号江南，余姚（今浙江省余姚市）人。清乾隆三十六年（1771）进士，官至翰林院编修，侍讲学士。开馆修《四库全书》时主史部。著有《孟子述义》《尔雅正义》等。

清乾隆四十四年修四十九年刻本。

2913

［光绪］杭州府志稿二百二十卷／（清）丁丙修，（清）王棻纂

丁丙（1832—1899），字嘉鱼，别字松生，晚号松存，钱塘（今浙江省杭州市）人。诸生。清同治年间得左宗棠举荐，以知县发往江苏，后叙功加同知衔，其以淡于荣利辞，未赴职，始终以地方公益事业为己任。著有《读礼私记》《礼经集解》《松梦寮诗初集》《北隅赘录》《续东河棹歌》《三塘渔唱》《松梦寮诗稿》等。

王棻（1828—1899），字子庄，号耘轩，黄岩（今属浙江省台州市）人。清同治六年（1867）举人。曾任黄岩九峰、临海正学，处州莲城、温州中山等书院山长。主讲九峰精舍及青献、文达、正学、宗文、莲城、江西经训等书院。一生未入仕途，除教书讲学外，其主要精力均倾注于著述和方志事业。著有《经说偶存》《六书古训》《史记补正》《汉书补正》《重订历代帝王年表》《明年表》《大统平议》《大礼平议》《明大礼驳议》《中外和战议》《台献疑年录》《柔桥文钞》等。

清光绪二十四年稿本。

2914

［民国］新纂杭州府志稿一百七十八卷首八卷／屈映光修，陆懋勋纂

屈映光（1881—1973），字文六，法名法贤，临海（今浙江省临海市）人。早年与秋瑾、徐锡麟等人参加革命，并参加光复会。1909年到上海创办《风雨报》。辛亥革命时任浙军驻上海兵站司令。1912年任浙江都督府民政司司长，次年任民政长。1914年任浙江巡按使。1915年上书劝袁世凯称帝，被封为一等伯爵。1916年曾代理浙江都督，后因附袁劣迹被迫去职。1919年任山东省长。1925年任临时参政院参政。1926年任北洋政府内务总长。1929年皈依佛门。后任国民政府赈济委员会副委员长、国大代表、总统府国策顾问。著有《金刚经诠释》等。

陆懋勋（1869—?），字勉侪，号潜庐，仁和（今属浙江省杭州市）人。清光绪二十四年（1898）进士，授翰林院编修。二十六年（1900）任求是书院总理。二十九年（1903）任浙江高等学堂监督，候补知府，浙江巡按使署秘书、署理，江苏审判厅厅长。著有《蠡测类存》《历代户口考略》《钱币考》等。

民国五年稿本。

宁波市

2915

[乾道] 四明图经十二卷 / (宋) 张津等纂

张津，生卒年不详，字子向，明州（今浙江省宁波市）人。历官绍兴知府、建宁知府、浙东安抚使、吏部侍郎、敷文阁直学士。宋乾道三年（1167），以右朝散大夫直秘阁，知明州兼主管沿海置制司公事。

四明，浙江省旧宁波府（治所在鄞县，今浙江宁波市）的别称，以境内有四明山得名。宋大观元年（1107），李茂诚曾修四明志，未几厄于火。张津访得旧录，重加订正，于乾道五年（1169）成此志。卷一总叙明州，卷二鄞县，卷三奉化，卷四定海，卷五慈溪，卷六象山，卷七昌国，卷八至十一诗文，卷十二太守、进士题名记。

宋乾道五年修清抄本，清乾隆三十年抄本，抄本，宋元四明六志本。

2916

[宝庆] 四明志二十一卷 / (宋) 胡榘修，(宋) 方万里、罗濬纂

胡榘（1163—1244），字仲芳，一作仲方，庐陵（今江西省吉安市）人。宋宝庆二年（1226）以兵部尚书除焕章阁学士、通议大夫、知庆元府兼沿海制置使。绍定二年（1229）以龙图阁学士正奉大夫致仕。

方万里，生卒年不详，字子万，一字鹏飞，号蕙岩，严州（今浙江省建德市东北）人。曾任府学教授，时任校官。

罗濬，生卒年不详，字明甫，庐陵（今江西省吉安市）人。曾任从政郎，赣州录事参军。

宋宝庆三年修绍定二年刻本，明抄本，四库全书本，清抄本，宋元四明六志本。

2917

[开庆] 四明续志十二卷 / (宋) 吴潜修，(宋) 梅应发、刘锡纂

吴潜（1196—1262），字毅

夫，号履斋，宣州宁国（今安徽宁国市）人。宋嘉定十年（1217）进士。累迁太府少卿、淮西总领。淳祐十一年（1251）拜右丞相兼枢密使，后为贾似道所陷，贬死于循州。明人辑有《履斋遗集》。

梅应发（1224—1301），字定夫，号艮翁，广德（今安徽省广德县）人。从吴潜学，补太学。宋宝祐元年（1253）进士。开庆元年（1259）任庆元府教授。景定五年（1264）知福州。咸淳六年（1270）为宗学博士，官至直宝章阁、太府卿。入元不仕。著有《宝章阁余稿》等。

刘锡，生卒年不详，字自昭，永嘉（今浙江省永嘉县）人。宋淳祐七年（1247）进士。宝祐间以奉议郎辟充沿海制置大使主管机宜文字。开庆元年（1259）添差通判镇江府。景定元年（1260）为国子监簿。

宋开庆元年刻本，四库全书本，清抄本，抄本，宋元四明六志本。

2918

延祐四明志二十卷／（元）马泽修，（元）袁桷纂

马泽，生卒年不详，字润之，任丘（今河北省任丘市）人。元延祐年间以太中大夫为庆元路总管。

袁桷（1266—1327），字伯长，自号清客居士，鄞县（今属浙江省宁波市）人。曾任丽泽书院山长，以荐改翰林国史院检阅，后累迁至集贤直学士，翰林直学士，知制诰参修宋、辽、金史。著有《清客居士集》等。

元延祐七年修清抄本，四库全书本，清抄本，抄本，宋元四明六志本。

2919

［至正］四明续志十二卷／（元）王元恭修，（元）王厚孙、徐亮纂

王元恭，生卒年不详，字居敬，自号宁轩，真定（今河北省正定县）人。授正议大夫，转庆元路总管。

王厚孙（1300—1376），字叔载，一字燕贻，自号遂初老人，鄞县（今属浙江省宁波市）人。初官训导，授教谕。

徐亮，生卒年不详，字彦明，鄞县（今属浙江省宁波市）人。曾任县学训导。

元至正二年修明抄本，抄本，宋元四明六志本。

2920

［乾隆］四明志补／（清）包旭章纂

包旭章，生卒年不详，字晓文，

号閤斋，鄞县（今属浙江省宁波市）人。清雍正举人，乾隆十七年（1752）进士，官南江知县。

是书首自序："批阅群籍，偶涉桑梓故实，其有闻见，所及堪传信来许者，亦亟登之。"此志较详备。

抄本。

2921

宋元四明六志 /（清）徐时栋辑

徐时栋（1814—1873），字定宇，一字同叔，世称柳泉先生，鄞县（今属浙江省宁波市）人。清道光二十六年（1846）举人，授内阁中书。著有《四明六志校勘记》《四明旧志涛文钞》等。

是书包含宋乾道《四明图经》宝庆《四明志》开庆《四明续志》和元《大德昌国州图志》延祐《四明志》及至正《四明续志》。

清咸丰四年甬上徐氏烟屿楼刻本。

2922

宋元四明六志校勘记九卷 /（清）徐时栋纂，（清）陈子湘补纂

徐时栋，见第 2921 条。

陈子湘，生平事迹不详。

清咸丰四年（1854），徐时栋将宋、元间所修且见存的关于四明（今浙江宁波市一带及象山、舟山群岛等地）的地方志，即乾道《四明图经》宝庆《四明志》开庆《四明续志》《大德昌国州图志》延祐《四明志》至正《四明续志》等六种合刊而成此书。附有宋人魏岘《四明它山水利备览》和自著的《校勘记》，《校勘记》包括佚文、杂录、作者考、余考。

宋元四明六志本。

2923

［成化］宁波府简要志五卷 /（明）黄润玉纂，（明）黄溥续纂

黄润玉（1389—1477），字孟清，鄞县（今属浙江省宁波市）人。以曾讲学南山书院，人称南山先生。明永乐十八年（1420）应顺天乡试中举，授建昌府学训导，后改官南昌。宣德年间升交址道监察御史。历官广西按察司佥事、湖广佥事。晚年在家乡建南山书院讲学。著有《四明文献》《经书补注》等。

黄溥，生卒年不详，字存吾，鄞县（今属浙江省宁波市）人。黄润玉之孙。明弘治十二年（1499）贡生。曾任芜湖县府学训导，后弃职乡居。著有《闲中今古录》《简籍遗闻》《南崖一得稿》。

明洪武十四年（1381）改明州府置宁波府，属浙江行省，治所在鄞县（今浙江宁波市），辖境相当今浙江宁波、鄞县、慈溪、奉化、象山等市县及舟山群岛。清道光二十一年（1841）后辖境不含舟山群岛。二十二年（1842）通过中英《南京条约》开为商埠。1912 年废。

清抄本，四库全书本。

2924

［成化］宁波郡志十卷／（明）张瓒修，（明）杨寔纂

张瓒（？—1481），字宗器，孝感（今湖北省孝感市）人。明正统进士。历任太原、宁波知府。有善政。成化中，历任四川巡抚、户部左侍郎。曾兼督松茂、安绵、建昌军务。审度形势，次第进军，讨平番寇，功名垂西蜀。

杨寔，生平事迹不详。

明成化四年刻本，清抄本，抄本，张氏约园抄本。

2925

［嘉靖］宁波府志四十二卷／（明）周希哲、曾镒修，（明）张时彻等纂

周希哲（1517—1576），字叔愚，号迪斋，威远（今四川省威远县）人。明嘉靖二十九年（1550）进士，曾任宁波知府、通州知州。三十九年（1560）刻印过张时彻《宁波府志》。

曾镒，生平事迹不详。

张时彻（1504—1577），字维静，又字九一，号东沙，又号芝园，鄞县（今属浙江省宁波市）人。明嘉靖二年（1523）进士。历官南曹郎、江西学政、临清兵备副使、福建右参政、云南按察使、山东右布政使、四川巡抚、兵部右侍郎、江西巡抚、南京刑部侍郎、南京兵部侍郎。三十三年（1554）倭寇犯东南，出任南京兵部尚书。次年七月，倭寇自太平攻南京，闭城三日防御，遭弹劾，复受严世蕃排挤，遂辞职归故里。居家著述，著有《张司马集》《芝园定集》《东沙史论》《四明风雅》《明文范》等。

明嘉靖三十九年刻本，张氏约园抄本。

2926

［康熙］宁波府志三十三卷／（清）李廷机修，（清）左臣黄、姚宗京纂

李廷机，生卒年不详，奉天（今辽宁省沈阳市）人。官学生，时任宁波府知府。

左臣黄，生卒年不详，字纪云，一字江樵，鄞县（今属浙江省宁波市）人。清康熙十三年（1674）举人。

姚宗京，生卒年不详，字积之，慈溪（今浙江省慈溪市）人。生员，曾参编康熙《宁波府志》。

清康熙二十二年修抄本。

2927

［雍正］宁波府志三十六卷首一卷／（清）曹秉仁等修，（清）万经等纂

曹秉仁，生卒年不详，富平（今陕西省富平县）人。监生。清康熙三十年（1691）在陕西捐纳岁贡，加捐教谕。三十六年（1697）改补县丞。后历任江夏县县丞、定海县知县、嘉兴府同知、顺德府知府、宁波府知府。

万经（1659—1741），字授一，号九沙，鄞县（今属浙江省宁波市）人。清康熙四十二年（1703）进士。五十年（1711）充山西乡试副考官，五十三年（1714）提督贵州学政。参修《康熙字典》，修《宁波府志》，著有《分隶偶存》。

清雍正十一年刻本，清雍正十一年刻乾隆六年补刻本，清道光二十六年刻本。

2928

鄞川志五卷／（宋）朱翌纂

朱翌（1097—1167），字新仲，号潜山道人、省事老人等，龙舒（今安徽省舒城县）人，寓居鄞川（今属浙江省宁波市）。宋政和八年（1118）进士，绍兴中为中书舍人，后被秦桧谪居韶州。孝宗初官至敷文阁待制左朝议大夫。著有《潜山文集》。

佚书。

2929

鄞县记／（宋）李璜纂

李璜，生平事迹不详。

鄞县，五代梁开平二年（908）吴越改鄮县置，为明州治。治所即今浙江宁波市。南宋绍熙五年（1194）为庆元府治。元为庆元路治。明初为明州府治。洪武十四年（1381）后为宁波府治。民国初为浙江会稽道治。1927年直属浙江省。

佚书。

2930

古鄞志／（元）赵与荦纂

赵与荦（1264—1297），字君理，奉化（今属浙江省宁波市）人。宋宗室。著有《氏族姓源》《汗策》《谥谱》《圣贤群辅录》等。

佚书。

2931

［永乐］鄞县志／（明）□□撰

佚书。

2932

敬止录四十卷／（清）高宇泰撰

高宇泰，生卒年不详，初字元发，改字虞尊，别字隐学，晚年自署宫山，又署蘖庵，鄞县（今属浙江省宁波市）人。清隐士。明末鲁王授兵部郎。清兵过江，为清吏所捕。释后隐居以终。著有《雪交亭集》《肘柳集》《敬止录》。

私纂鄞县方志。是志包括沿革考、疆域考、城池考、山川考、谷土考、灾异考、岁时考、常年仓考、学校考、寺观考、坛庙考、方言考、荟蕞考、海防考、武卫考、历志考等内容。

清道光十九年抄本。

2933

［康熙］鄞县志二十卷／（清）朱士杰纂修

朱士杰，生卒年不详，字亶庵，镶白旗人，沈阳（今辽宁省沈阳市）人。荫生。时任鄞县知县。

存佚不详。

2934

［康熙］鄞县志二十四卷首一卷／（清）汪源泽修，（清）闻性道纂

汪源泽，生平事迹不详。

闻性道，生卒年不详，鄞县（今属浙江省宁波市）人。贡生。

清康熙二十六年刻本，清康熙间抄本。

2935

［乾隆］鄞志稿二十卷／（清）蒋学镛纂

蒋学镛，生卒年不详，字声始，号樗庵，鄞城（今属浙江省宁波市）人。清乾隆三十六年（1771）举人。著有《樗庵诗文稿》。

稿本，四明丛书本。

2936

［乾隆］鄞县志三十卷首一卷／（清）钱维乔修，（清）钱大昕等纂

钱维乔（1739—1806），小字阿逾，字树参，又字季木，号曙川、竹初、半园，别署林楼居士，武进（今属江苏省常州市）人。清乾隆二十七年（1762）举人。曾任浙江遂昌、鄞县知县。著有《竹初诗文钞》《乐府》等。

钱大昕（1728—1804），字晓征，一字及之，号辛楣，又号竹汀居士，晚年自称潜研老人，嘉定（今属上海市）人。清乾隆十六年（1751）逢乾隆帝南巡，因献赋获赐举人，官内阁中书，复擢升翰林院侍讲学士。三十四年（1769）入直上书房，授皇十二子书。历官山东、湖南、浙江、河南等省乡试的主考官，后为詹事府少詹事、提督广东学政。四十年（1775）以后主讲于钟山、娄东、紫阳等书院。著有《十驾斋养新录》《三统术衍》《四史朔闰考》等。

清乾隆五十三年刻本，清道光二十六年刻本。

2937

［咸丰］鄞县志三十二卷首一卷／（清）张铣修，（清）周道遵纂

张铣，生平事迹不详。

周道遵，生平事迹不详。

清咸丰六年刻本。

2938

［同治］鄞县志七十五卷首一卷图一卷／（清）戴枚修，（清）张恕、徐时栋等纂

戴枚，生卒年不详，丹徒（今属江苏省镇江市）人。时任鄞县知县。著有《明州系年录》。

张恕（1790—1874），字贯一，号铁峰，鄞县（今属浙江省宁波市）人。

徐时栋，见第2921条。

清同治十三年稿本，清光绪三年刻本，抄本。

2939

［民国］鄞县通志五十一编／张传保修，陈训正、马瀛纂

张传保（1877—1952），名传保，字继望、申之，鄞县（今属浙江省宁波市）人。清光绪二十八年（1902）恩科举人，但倾向反清，主张改革。武昌起义时任鄞县教育会会长，同年，宁波光复，成立宁波军政分府，任财政部长。1923年，因不满曹锟贿选总统，弃国会众议员职务，愤然南下。1927年，国民军抵浙，曾一度出任浙海关监督。

陈训正（1872—1943），字屺怀，号无邪，笔名玄婴、天婴，晚号晚山人，慈溪（今浙江省慈溪市）人。清末举人。清光绪二十七年（1901）专程赴日本访求科学图书仪器，并得蚕桑良种。三十年（1904）创设私立育德农工小学堂，自任校长。翌年任宁波府教育会副会长，创建宁波府师范学

堂、宁波私立效实中学、宁波中等工业学校。早年任宁波同盟会副会长，是宁波响应辛亥革命运动的主要领导人之一。后历任浙江省政府委员，两任杭州市长，南京国民政府参事。抗日战争期间任浙江省临时参议会副议长、议长。著有《天婴室丛稿》《倪言》《晚山人集》《论语时训》《鄞县通志》等。

马瀛（1883—1961），初字伯年，后字涯民，笔名古彦、谛僧等，定海（今属浙江省舟山市）人。清光绪二十七年（1901）进宁波储才学堂，翌年回定海习英文。二十九年（1903）考入上海中西书院，后转任明新中学教员。一生博学，人称“百科全书”。著有《国学概论》《唐诗三百首声调谱》《诗的格式》《中国语文发展之规律》《中国古算——大衍求一术之研究》《微积分学》等。

鄞县，地处浙江省东部沿海。五代梁开平二年（908）吴越改鄮县置鄞县，为明州治。治所即今浙江宁波市。南宋绍熙五年（1194）为庆元府治。元为庆元路治。明初为明州府治，洪武十四年（1381）后为宁波府治。民国初为浙江会稽道治。1927年直属浙江省。1949年于城区建宁波市，县迁东南姜山镇，后撤销。1962年复设，驻宁波市。2002年撤县设区，成为宁波市鄞州区。

民国二十二年修一九五一年铅印本。

2940

定海县志／（明）□□纂

定海县，北宋太平兴国初改望海县置，治静海镇（今浙江宁波市镇海区城关镇）。属明州。南宋属庆元府，元属庆元路。明洪武二十年（1387）昌国县并入。属宁波府。清康熙二十六年（1687）于昌国故地别置定海县，为避同名，将旧定海县改名镇海县。

佚书。

2941

［正德］定海县志／（明）郑全庆修，（明）薛俊纂

郑全庆，生卒年不详，字崇善，闽（今福建省）人。明正德末任定海知县。

薛俊，见第1820条。

佚书。

2942

［嘉靖］定海县志十三卷／（明）何愈修，（明）张时彻等纂

何愈，生卒年不详，富川（今广西壮族自治区富川瑶族自治县）人。举人。明嘉靖四十年

(1561)任定海知县，在任期间修海堤、造碶闸，重立平倭碑概述胡宗宪、卢镗等在金塘岛沥港诱擒贼首辛五郎、俘斩倭寇数百的事迹，并将沥港改名“平倭港”。

张时彻，见第2925条。

明嘉靖四十二年刻本。

2943

[康熙]镇海县志／(清)黄宫柱、唐鸿举修，(清)薛士学、陈梦莲纂

黄宫柱，生卒年不详，字擎庵，南平(今福建省南平市)人。清康熙二十九年(1690)由进士为邑令，后升吏部主事。

唐鸿举，生卒年不详，字鸿扶，歙县(今安徽省歙县)人。清康熙二十七年(1688)进士，授浙江镇海知县，后补户部主事，擢兵科给事中。

薛士学，生卒年不详，初名士玹，字五玉，镇海(今属浙江省宁波市)人。诸生。

陈梦莲，生卒年不详，字仙佩，号省庵，镇海(今属浙江省宁波市)人。数赴乡试不中。清康熙三十四年(1695)受聘修《镇海县志》。著有《芝鹿园草》《留耕堂集》。

镇海，位于浙江省东部，东濒东海，北濒杭州湾。清康熙二十六年(1687)改定海县置镇海县，属宁波府。治所即今浙江宁波市东北镇海区。民国初属浙江会稽道。1927年直属浙江省。1985年撤销，并入宁波市。今为宁波北仑区。

佚书。

2944

[乾隆]镇海县志八卷首一卷／(清)王梦弼、邵向荣纂修

王梦弼，见第2162条。

邵向荣，生平事迹不详。

清乾隆十七年刻本，清乾隆十七年刻四十五年周樽增补印本。

2945

[嘉庆]蛟川备志二十一卷／(清)陈景沛纂

陈景沛，生卒年不详，字雨亭，号巾山，蛟川(今属浙江省宁波市)人。诸生。

蛟川，镇海县别名。

清嘉庆十年稿本。

2946

蛟川备志举要／(清)陈景沛纂

陈景沛，见第2945条。

佚书。

2947

蛟川续志／（清）谢允昌编纂

谢允昌，生卒年不详，镇海（今属浙江省宁波市）人。

佚书。

2948

［嘉庆］镇海县志备修不分卷／（清）陈景沛纂

陈景沛，见第2945条。

稿本。

2949

［光绪］镇海县志四十卷／（清）于万川修，（清）俞樾等纂

于万川，生卒年不详，鄞县（今属浙江省宁波市）人，一说为直隶丰润人。清同治间岁贡，时任镇海知县。

俞樾，见第2351条。

稿本，清光绪五年鲲池书院刻本。

2950

［光绪］重订镇海县志稿四十卷／（清）张锡钟修

张锡钟，生卒年不详，字铭恩，一字禹尚，号宝彝，又号半石，镇海（今属浙江省宁波市）人。贡生。

清光绪五年（1879），光绪《镇海县志》修成，张锡钟阅后发现所述与已所闻见多有出入，即出藏书互相校勘，逐条考辨。又亲赴浃江南北，踏勘访问山川、道途、桥梁、水利。自光绪八年（1882）起订阅十载，完成《重订镇海县志稿》四十卷，订讹补遗四卷，仅成稿惜未刊。

佚书。

2951

［民国］镇海县志四十五卷首一卷／洪锡范、盛鸿焘修，王荣商、杨敏曾纂

洪锡范，见第2534条。

盛鸿焘，生平事迹不详。

王荣商，见第0073条。

杨敏曾，生平事迹不详。

民国十二年修二十年上海蔚文印刷局铅印本。

2952

［民国］镇海县新志备稿二卷／董祖羲纂

董祖羲，生平事迹不详。

民国二十年上海蔚文印刷局铅印本。

2953

招宝山志二卷／（清）陈景沛撰

陈景沛，见第2945条。

招宝山，位于浙江宁波镇海口，为海防要地。是志有镇海招宝山全图、威远城祠宇图。正文分形胜、海防、祠宇、古迹、金石、杂识六门，含招宝山、海、营房、西炮台、演武场、望海楼、隆庆御碑等五十余目。

清道光二十六年木活字本。

2954

[皇庆] 奉化州志／（元）木八剌纂修

木八剌，生卒年不详，自号澄清子，阿剌浑氏，冀宁（今属山西）人。元皇庆二年（1313）以奉议大夫官奉化州达鲁花赤，有惠政。

奉化，位于浙江省东部沿海，东濒象山港。唐开元二十六年（738）析鄮县置奉化县，治今浙江省奉化市大桥镇。元升为州。明洪武二十年（1387）复降为县，1988年撤销，改设奉化市。2016年，撤销奉化市，设立宁波市奉化区。

佚书。

2955

[延祐] 奉化州志／（元）马称德纂修

马称德，生卒年不详，字致远，广平（今河北省广平县）人。元延祐六年（1319）始任奉化知州。

佚书。

2956

[至元] 奉化县志十卷／（元）丁济修，（元）舒津、陈著、任士林纂

丁济，生卒年不详，高邮（今江苏省高邮市）人。时任知县。

舒津，生平事迹不详。

陈著（1214—1297），字子微，号本堂，又号松溪遗耄。庆元府鄞县（今浙江宁波）人。宋末元初学者。宋宝祐进士。为光州教授，景定元年（1260）任鹭洲书院山长。历官著作郎、太学博士，后知台州。因不肯依附贾似道，屡遭贬抑。宋亡，隐居四明山，曾受聘修《奉化县志》。

任士林，生平事迹不详。

佚书。

2957

［永乐］奉化县志／（明）□□纂修

佚书。

2958

［嘉靖］奉化县图志十二卷／（明）倪复纂

倪复，字汝新，鄞县（今属浙江省宁波市）人。

明嘉靖十四年刻本。

2959

［顺治］重修奉化县志十六卷首一卷／（清）王奂、孙成名修，（清）项斯勤纂

王奂，生卒年不详，字赓阿，号千峰，江南南陵（今属安徽省南陵县）人。清顺治五年（1648）拔贡，九年（1652）任奉化县令。

孙成名，继任知县。

项斯勤，生卒年不详，字正叔，奉化（今属浙江省宁波市）人。清顺治九年（1652）岁贡，官谷城知县。

清顺治十八年刻本。

2960

［康熙］奉化县志十四卷首一卷／（清）张起贵修，（清）孙懋赏、刘鸿声纂

张起贵，生卒年不详，辽东人。时任奉化知县。

孙懋赏，生平事迹不详。

刘鸿声，生平事迹不详。

清康熙二十五年刻本。

2961

［乾隆］奉化县志十四卷首一卷／（清）曹膏等修，（清）陈琦等纂

曹膏，生卒年不详，字恩雨，号腴，汶上梁宝寺（今属山东省嘉祥县）人。清乾隆二十二年（1757）进士。历官文林郎、奉化县知县。著有《四书文稿》《诗韵诗》等。

陈琦，生平事迹不详。

清乾隆三十八年刻本，清光绪木活字印本。

2962

［光绪］奉化县志四十卷首一卷／（清）李前泮修，张美翊等纂

李前泮，生卒年不详，湘乡

（今湖南省双峰县）人。清光绪间曾任浙江东阳、奉化知县。

张美翊，见第 1943 条。

清光绪三十四年刻本。

2963

［民国］奉化县补义志十卷／蒋尧裳纂

蒋尧裳，生卒年不详，奉化（今属浙江省宁波市）人。生平事迹不详。

民国元年奉化赵氏剡曲草堂木活字印本。

2964

［民国］奉化县志／庄崧甫修，俞延芳、方汝舟纂

庄崧甫（1860—1940），原名莪存，又名景仲，字崧甫，号求我山人，奉化（今属浙江省宁波市）人。清光绪二十九年（1903）任奉化县立龙津中学堂舍监，他思想进步，激励学生反清爱国。1904 年 1—4 月，蒋介石肄业龙津中学堂，与庄崧甫有短暂的师生之谊。

俞延芳，生平事迹不详。

方汝舟，生平事迹不详。

佚书。

2965

［民国］奉化新志十一篇／奉化县政府纂修

民国二十八年铅印本。

2966

忠义乡志二十卷首一卷／（清）吴文江等纂修

吴文江（1857—1897），号可舟，奉化（今属浙江省宁波市）人。清末增贡生，博学工诗文。清光绪十九年（1893）自纂《忠义乡志》。

忠义乡始置于宋景德三年（1006），一直沿袭到清末，民国时改为忠义区。所辖区域为奉化象山港沿海一带，即今莼湖、裘村和松岙三镇的绝大部分地区。

清光绪二十七年刻本，民国二十六年复印本。

2967

［正统］余姚县志／（明）□□修

余姚，地处长江三角洲南翼，西北于钱塘江、杭州湾中心线与海盐县交界。西汉置余姚县，治今浙江省余姚市余姚镇，属会稽郡。隋开皇九年（589）废入句章县。唐武德四年（621）复置，属越州。

南宋属绍兴府。元元贞元年（1295）升为余姚州。明洪武二年（1369）复降为县。1985年撤销，改设余姚市。今为宁波余姚区。

佚书。

2968

［嘉靖］余姚县志十七卷附外纪一卷／（明）顾存仁修，（明）岑原道等纂

顾存仁（1502—1575），字伯刚，一字子奇，号怀东，长洲（今江苏省苏州市）人。明嘉靖十一年（1532）进士，历官余姚知县、礼科给事中、南京通政参议、太仆卿。著有《东白草堂集》《太仆寺志》。

岑原道，生卒年不详，余姚（今浙江省余姚市）人。

明嘉靖十四年修二十一年刻本，清抄本。

2969

［万历］新修余姚县志二十四卷／（明）史树德修，（明）杨文焕等纂

史树德，生卒年不详，字省愚，南直隶金坛（今江苏省常州市金坛区）人。明万历二十五年（1597）举人，二十九年（1601）进士。历官浙江秀水知县、南京吏部郎中、陕西提学副使、广东参政、云南按察使。

杨文焕，生平事迹不详。

明万历二十九年刻本。

2970

［康熙］余姚县志／（清）李成化修

李成化，生卒年不详，清辽东人。

是志修于清康熙二十二年（1683）。

佚书。

2971

［康熙］新修余姚县志二十五卷／（清）康如琏纂修

康如琏，生卒年不详，字岫庵，山西安邑（今山西省运城市）人。清康熙九年（1670）进士。十八年（1679）起历任陕西鄠县知县、直隶晋州知州、户部主事、礼部郎中、广东提学道按察司佥事、余姚知县等。曾修《鄠县志》。

清康熙三十一年刻本。

2972

［康熙］余姚县志二十五卷／（清）康如琏纂修

康如琏，见第2971条。

清康熙三十二年刻本。

2973

［乾隆］余姚县志四十卷／（清）唐若瀛修

唐若瀛，生卒年不详，三原（今陕西省三原县）人。历任临江知府、南雄知府。

见“［乾隆］余姚志四十卷”。

清乾隆四十六年刻本。

2974

［乾隆］余姚志四十卷／（清）唐若瀛修，（清）邵晋涵纂

唐若瀛，见第2973条。

邵晋涵，见第2912条。

清乾隆四十六年刻本。

2975

［光绪］余姚县志四十卷／（清）□□纂

稿本。

2976

［光绪］余姚县志四十卷／（清）钱献之修

钱献之，生平事迹不详。

稿本。

2977

［光绪］余姚县志二十七卷首一卷末一卷／（清）周炳麟修，（清）邵友濂、孙德祖纂

周炳麟，生卒年不详，字懋祺，南海（今属广东省佛山市）人。清光绪二年（1876）举人。曾两任余姚知县。

邵友濂（？—1901），原名维埏，字小村，余姚（今浙江省余姚市）人。早年由监生捐资员外郎，后任职工部。清同治四年（1865）补行乡试举人。十三年（1874）以御史记名，旋补总理各国事务衙门章京。光绪四年（1878）以头等参赞名义，随崇厚出使俄国，次年署理驻俄钦差大臣。回国后仍任职总署，并襄办通商事务。八年（1882）补授为江苏苏松太道。十年（1884）中法战争时奉命襄办台湾防务。曾随全权大臣、两江总督曾国荃与法国谈判和约。历官河南按察使、台湾布政使、湖南巡抚、福建台湾巡抚。二十年（1894）中日甲午战争爆发后布置台湾防务，翌年受命全权大臣，同张荫桓赴日谈判。

孙德祖（1840—1908），字彦清，别号宛委山民，会稽（今属浙江省绍兴市）人。清同治六年（1867）举人。光绪六年（1880）大挑二等，授长兴县学教谕，二十七年（1901）升山西右玉县知县，以才力不及辞，翌年改选淳安县教谕。著有《寄龛文存》《寄龛诗质》等。

清光绪二十五年刻本，民国二十四年铅印本。

2978

[光绪] 余姚乡土地理历史合编 / （清）谢葆濂编

谢葆濂，生平事迹不详。

清光绪三十二年石印本。

2979

[民国] 余姚六仓志四十四卷首一卷末一卷 / 杨积芳纂

杨积芳（1853—1932），原名芳，字长孺，一字馥生，又作馥笙、馥荪、福荪、福孙，号寄篁，一作纪皇，晚号东渔，别署长泠渔长，余姚（今浙江省余姚市）人。清光绪十一年（1885）副贡，三年后中举，授国子监学正衔。后赴台湾协助邑人台湾巡抚邵友濂修建铁路、创办船厂、开设书院、兴办志书局。著有《东渔印存》等。

六仓位于余姚濒海北部，跨七乡，东临慈溪，西邻上虞，系埋上仓、埋下仓、柏上仓、柏下仓、梁上仓、梁下仓之总称，其地大部今划属慈溪市。是志为六仓有史以来第一部志书，保存了较丰富的地方史料。

民国九年铅印本。

2980

[嘉靖] 临山卫志四卷 / （明）朱冠、耿宗道纂

朱冠，生卒年不详，字敬齐，曾任山东千户二十年。倭寇猖獗时，奉檄南征倭寇，战功累累。明嘉靖四十四年（1565）升任宁绍参将，开府在临山卫，是临山卫继戚继光之后的第四任参将。

耿宗道，生卒年不详，时任临观把总。

临山，唐、宋元时史称庙山，位于浙江省余姚市西北部，杭州湾南岸。明洪武二十年（1387），明廷为抵御倭寇侵扰在此筑城建卫，定名为临山卫。其管辖区域东至观海卫，西至沥海所，连绵一百二十里，卫城内驻军近万人，外辖三山所和沥海所，形成犄角之势，成为扼守宁（波）绍（兴）二府北部海口的军事屏障。

明嘉靖四十三年纂民国三年木活字印本。

2981

慈溪县志／（宋）□□纂

慈溪，地处东海之滨，杭州湾南岸。唐开元二十六年（738）分鄮县置慈溪县，属明州。治所在今浙江宁波市西北慈城镇。南宋属庆元府。元属庆元路。明属宁波府，民国初属浙江会稽道。1927 年直属浙江省。1954 年迁治浒山镇。1988 年改设慈溪市。

佚书。

2982

［正统］慈溪县志／（明）□□纂

佚书。

2983

［正德］慈溪县志二十卷／（明）周旋、陆绅纂

周旋（1450—1519），字克敬，慈溪（今浙江省慈溪市）人。明成化二十三年（1487）进士，选南京户科给事中，后转北京兵科给事中。著有《西溪小稿》《杜诗质疑》。

陆绅，生卒年不详，字荐绅，慈溪（今浙江省慈溪市）人。明弘治二年（1489）举人。

一作《慈溪志草》。

佚书。

2984

［正德］慈溪志草

见“［正德］慈溪县志二十卷”。

2985

［天启］慈溪县志十六卷／（明）李逢申修，（明）姚宗文等纂

李逢申（1578—1644），原名见素，字延之，号若鹤，上海县（今上海市）人。明万历四十七年（1619）进士，知慈溪县。后历官上林苑监丞、工部主事、刑部主事、工部郎。李自成陷京师，被执不屈，身受五毒，自经死。

姚宗文，生卒年不详，慈溪（今浙江省慈溪市）人。明万历三十五年（1607）进士，由庶吉士授户科给事中。任太常寺少卿时以诬讦熊廷弼，除名回乡，后因党附魏忠贤擢升都御史，崇祯初罢黜。著有《益城集》。

明天启四年刻本，抄本。

2986

［康熙］慈溪县志／（清）吴殿弼修，（清）姚宗京等纂

吴殿弼，生卒年不详，辽阳（今辽宁省辽阳市）人。生员。

姚宗京，见第 2926 条。

佚书。

2987

［雍正］慈溪县志十六卷／（清）张淑鄘修，林梦麟纂

张淑鄘，生卒年不详，字诚斋，真定（今河北省正定县）人。时任慈溪知县。

林梦麟，生卒年不详，字振孟，慈溪（今浙江省慈溪市）人。

佚书。

2988

［雍正］慈溪县志十六卷／（清）杨正笋修，（清）冯鸿模等纂

杨正笋，生卒年不详，字篆卿，开化（今云南省开化镇）人。举人出身，官至滁州知州。

冯鸿模，生卒年不详，慈溪（今浙江省慈溪市）人。清雍正十二年（1734）进士，曾任河北乐亭知县。

清雍正九年刻本，清乾隆三年许炳增刻本。

2989

［同治］慈溪县志稿／（清）董沛、徐时栋纂

董沛（1828—1895），字孟如，号觉轩，鄞县（今属浙江省宁波市）人。清同治六年（1867）举人，主讲宁波崇实、辨志书院。光绪三年（1877）进士，历署江西建昌、上饶等县知县。著有《两浙令长考》《唐书方镇志考证》《竹书纪年拾遗》《甬上宋元诗略》《甬上明诗略》《甬上诗话》《六一山房诗集》等。

徐时栋，见第2921条。

稿本。

2990

［同治］慈溪县志稿不分卷／（清）□□纂

稿本。

2991

［嘉靖］观海卫志四卷／（明）周粟纂

周粟，生卒年不详，临桂（今属广西壮族自治区桂林市）人。进士，曾任临观戎政把总。

观海卫，位于浙江省东海之滨，东接北仑港，北倚杭州湾。明洪武二十年（1387）汤和置，治今浙江省慈溪市东观城镇。清顺治十二年（1655）裁。

明嘉靖四十一年纂清抄本，四明张氏约园抄本。

2992

[光绪] 慈溪县志五十六卷附编一卷／（清）杨泰亨、冯可镛纂

杨泰亨（1824—1894），字问衢，号理庵，慈溪（今浙江省慈溪市）人。清同治四年（1865）进士，官翰林院检讨。著有《饮雪轩诗文集》等。

冯可镛（1828—1887，一作1831—1890），字佐君，号舸月，慈溪（今浙江省慈溪市）人。清咸丰元年（1851）举人。著有《匏系斋诗稿》《浮碧山房骈文》等。

清光绪十四年稿本，清光绪二十五年刻本，清光绪二十五年刻民国三年印本。

2993

[道光] 浒山志八卷／（清）高杲、沈煜纂

高杲，生平事迹不详。

沈煜，生平事迹不详。

清道光十一年木活字印本。

2994

[正统] 象山县志／（明）□□撰

佚书。

2995

[嘉靖] 象山县志十五卷／（明）毛德京修，（明）杨民彝、周茂伯纂

毛德京，生平事迹不详。

杨民彝，生平事迹不详。

周茂伯，生平事迹不详。

明嘉靖三十五年刻隆庆五年增刻本，抄本。

2996

[万历] 象山县志十六卷／（明）吴学周修，（明）陆应阳等纂

吴学周，生平事迹不详。

陆应阳（1542—1624?），字伯生，号古塘居士、片玉山人、应阳生、平原村长，斋名白雪斋、九英斋，江苏青浦（今属上海市）人。善诗文，精书法，著有《笏溪草堂集》《游燕集》《樵史》《广舆记》等。

明万历三十六年刻本。

2997

[康熙] 象山县志四卷／（清）马鲲修，（清）周光春纂

马鲲，生卒年不详，仪封（今河南省兰考县）人。进士。时

任知县，适耿精忠、曾养性乱，副将罗万里叛降，马鲲被缚。

周光春，生卒年不详，象山（今浙江省象山县）人。

是志纂修于康熙十一年（1672）。

佚书。

2998

［康熙］象山县志十六卷／（清）李郁纂修

李郁，生卒年不详，云中（今山西省大同市）人。时任象山知县。

是志纂修于康熙二十一年（1682）。

清康熙刻本。

2999

［康熙］象山县志十六卷／（清）胡祚远修，（清）姚廷杰纂

胡祚远，生卒年不详，奉天（今辽宁省沈阳市）人。贡生。清康熙二十八年（1689）任知县，后升辽州知州。

姚廷杰，生卒年不详，字升闻，钱塘（今浙江省杭州市）人。贡生，曾任象山教谕，后迁绍兴府学教授。

清康熙三十七年刻本，抄本。

3000

［雍正］象山县志四十二卷／（清）马受曾修，（清）林文懋纂

马受曾，生平事迹不详。

林文懋，生平事迹不详。

清雍正七年刻本。

3001

［乾隆］象山县志十二卷／（清）史鸣皋修，（清）姜炳章、冒春荣纂

史鸣皋，生卒年不详，字荀鹤，号历亭、笠亭，如皋（今江苏省如皋市）人。清乾隆十六年（1751）进士。历官昌化知县、象山知县、黄州府同知、梧州府同知、柳州府知府。

姜炳章（1736—1813），字石贞，一字席珍，号白岩，象山（今浙江省象山县）人。清乾隆十九年（1754）进士。曾为四川石泉、江油知县。著有《周易通旨》《周礼提纲》《石泉县志》《尊乡集》《白岩山人诗文集》等。

冒春荣（1761—1820），字寒山，一字甚原，自称花源渔长，又曰柴湾樵客，如皋（今江苏省如皋市）人。终身布衣，为浙西、

江左各郡县聘掌书院、修志乘。撰有《象山县志》《通州志》《凤阳府志》及《两淮盐法志》等。

清乾隆二十四年刻本。

3002

［道光］象山县志二十二卷首一卷／（清）童立成、吴锡畴修，（清）冯登府等纂

童立成，生卒年不详，字楚翘，崇明（今属上海市）人。举人。清道光八年（1828）任象山知县。

吴锡畴，生卒年不详，同安（今属福建省厦门市）人。举人。曾两任象山县知县。

冯登府，见第0609条。

清道光十四年刻本，民国四年张鹏霄木活字印本。

3003

［同治］象山县志稿二十四卷末一卷／（清）黄丙堃修，（清）马嗣成等纂

黄丙堃，生卒年不详，一作黄丙坤，秀山（今属浙江省舟山市）人。监生。清同治四年（1865）任象山知县。

马嗣成，生平事迹不详。

是稿续道光旧志而作，未尝订正。

清同治七年修抄本。

3004

［民国］象山县志三十二卷卷首一卷／罗士筠修，陈汉章纂

罗士筠，生卒年不详，高安（今江西省高安市）人。时任象山县知事。

陈汉章（1864—1938），字云从，号倬云、伯弢，象山（今浙江省象山县）人。清光绪十四年（1888）举人。三十三年（1907）任象山劝学所总董。宣统元年（1909）受京师大学堂之聘赴京任教。1913年任北京大学文科教授兼哲学、国文二门研究所教员。后任中央大学文学系教授兼主任。著有《周书后案》《中国古代铁兵考》《中国古代宪法考》等。

民国十六年铅印本。

3005

［民国］象山县志三十二卷首一卷／罗士筠修，陈汉章纂

罗士筠，见第3004条。

陈汉章，见第3004条。

民国十四年稿本，民国十六年宁波

天胜印刷公司铅印本。

3006

［道光］南田志稿不分卷／（清）冯登府纂

冯登府，见第0609条。

此稿为南田未建县前所纂，叙事至道光止。分山川、建置、兵寇、地理、形势、艺文、杂志七门。

稿本。

3007

［光绪］南田县志不分卷／（清）□□纂

抄本。

3008

［光绪］南田记略一卷／（清）杨殿才纂

杨殿才，生卒年不详，曾任石浦同知。

南田岛，位于三门湾口，唐代即已获得较好的开发。明洪武二十年（1387）厉行海禁，南田被列为“封禁之地”，至万历年间（1573—1620）仍不准百姓进岛垦种。清初，浙江沿海以张煌言为首的抵抗运动激烈，坚持抗清达十九年之久，南田诸岛是其活动据点之一。故当沿海其他岛屿于康熙年间陆续解禁时，唯南田岛永为禁域，当地人民屡求开垦，未得许可。直到光绪元年（1875）十月获准开禁。宣统元年（1909）岛上置南田抚民厅。1912年改置南田县。1940年隶属三门县，为南田区。新中国成立后，该岛析归象山县管辖。

清光绪元年纂抄本。

3009

南田岙开垦图说／（清）杨殿才编

杨殿才，见第3008条。

是书为清廷调查南田岛有关档案。内容一为全境形势图；二为考订南路四十九岙、北路五十九岙，共一百零八岙之详细名目；三为嘉庆间勘复南田岛岙田地亩数节略及支图十八幅；四为道光二年（1822）按察使朱桂桢勘议开垦节略；五为同治四年（1865）十一月前署象山知县朱日升查勘南田条陈及善后章程，附有朱日升勘大南田山塘亩数；六为道光三年（1823）吏部等遵议南田善后章程及宁波府徐等清折；七为南田记略；八为南田图说，附禀稿；九为雍正四年（1726）浙江巡抚李卫等奏案；十为同治三年（1864）十二月及光绪元年（1875）六月史太守、杨同知筹议开办南田章程及同年浙江巡抚杨昌浚会同闽浙总督李鹤年请将南田开禁，听民耕作奏案。

抄本。

3010

[民国] 南田志略一卷 / 陈汉章纂

陈汉章，见第 3004 条。

稿本，缀学堂丛稿本。

3011

[民国] 南田县志三十五卷首一卷 / 吕耀钤、厉家祯修，吕芝延、施仁纬纂

吕耀钤，生卒年不详，字伯庸，武进（今属江苏省常州市）人。1915—1920 年任南田县长。

厉家祯，生卒年不详，杭县（今浙江省杭州市）人。1930 年任南田县长。

吕芝延，生平事迹不详。

施仁纬，生平事迹不详。

民国十九年铅印本。

3012

[祥符] 宁海县志 /（宋）□□撰

佚书。

3013

[正统] 宁海县志 /（明）□□撰

佚书。

3014

[正德] 宁海县志 /（明）戴显修，（明）张辅纂

戴显，生卒年不详，字克进，浮梁（今江西省浮梁县）人。举人。明正德二年（1507）任宁海知县。

张辅（？—1507），字邦佐，健跳（今属浙江省三门县）人。先世以治兵有功，得统旗丁五十六，世守健跳，因籍宁海。明成化二十二年（1486）举人，二十四年（1488）进士，授蕲水县教谕。

佚书。

3015

[万历] 宁海县志十卷 /（明）曹学程纂修

曹学程，见第 0945 条。

佚书。

3016

[崇祯] 宁海县志十二卷 /（明）宋奎光纂修

宋奎光（1567—1653），字元

实，号培岩、怡云野老，常熟（今江苏省常熟市）人。明万历四十年（1612）举人。历官龙川、宁海知县。崇祯四年（1631）任宁海知县，次年主修《宁海县志》。著有《贻白堂绪笺》《苏州志》《常熟书画史汇传》。

明崇祯五年刻本。

3017

［康熙］宁海县志十二卷首一卷／（清）崔秉镜修，（清）华大琰纂

崔秉镜，生卒年不详，字去尘，一字公受，号冰庵，宁德（今福建省宁德市）人。清顺治十四年（1657）举人。康熙十一年（1672）任宁海县令。

华大琰，生卒年不详，字岳符，宁海（今浙江省宁海县）人。曾任四川酉阳宣慰司经历。

清康熙十七年刻本。

3018

［咸丰］宁海志稿十四卷／（清）钱翼衢纂修

钱翼衢，生卒年不详，宁海（今浙江省宁海县）人。编有《四浦诗录》。

稿本。

3019

［同治］宁海志稿十四卷／（清）周祖升修，（清）邬凯之等纂

周祖升，生卒年不详，吴县（今属江苏省苏州市）人。时任宁海县令。

邬凯之，生卒年不详，字雉山，宁海（今浙江省宁海县）人。

佚书。

3020

［光绪］宁海县志二十四卷首一卷／（清）王瑞成、程云骥修，（清）张浚等纂

王瑞成，生卒年不详，字海珊，江宁（今江苏省南京市）人。时任宁海知县。

程云骥，生卒年不详，字子良，溧阳（今江苏省溧阳市）人。监生。清光绪元年（1875）任永嘉盐场课大使，历官宁海、温岭、永嘉等县知县。

张浚，生平事迹不详。

宁海，位于浙江省东部沿海，象山港和三门湾之间。东晋永和三年（347）置宁海县，治所在今浙江宁海县东。隋开皇九年（589）废。唐武德四年（621）复置，七年（624）又废，永昌元年（689）又置，移治今浙江宁海县。

清光绪十九年修二十八年刻本。

3021

［民国］宁海县续志稿十八卷首一卷／干人俊纂修

干人俊，见第1512条。

稿本。

3022

［民国］宁海县志／童鸣岗修，屠伊新纂

童鸣岗，生卒年不详，时任宁海县长。

屠伊新，生卒年不详，宁海（今浙江省宁海县）人。曾任县参议会议长。

佚书。

温州市

3023

温州图经／（唐）□□撰

温州，位于浙江省东南部，东濒东海。古为瓯地，也称东瓯。明洪武初改温州路置温州府，属浙江布政使司，治所在永嘉县（今浙江温州市）。辖境当今浙江温州市，永嘉、乐清二县和飞云江流域及其以南地区。清属浙江省。光绪二年（1876）据《烟台条约》为英国开为商埠。1912年废。

佚书。

3024

祥符温州图经／（宋）李宗谔编

李宗谔，见第1174条。

佚书。

3025

［嘉定］永宁编十五卷／（宋）留元刚修，（宋）陈谦纂

留元刚（1179—?），字茂潜，号齐云山人、云麓子，永春（今福建省永春县）人。宋开禧元年（1205）举博学鸿词科，特赐同进士出身。嘉定二年（1209）为秘阁校理，迁起居舍人兼权直学士院。后守赣州、温州。著有《云麓集》。

陈谦（1144—1216），字益之，号水云，又号易庵，永嘉（今浙江省永嘉县）人。宋乾道八年（1172）进士，授福州户曹。以史浩荐主管刑工部架阁文字，迁国子录、敕令所删修官、枢密院编修官。淳熙十六年（1189）通判江州，因仰慕白居易，又自号后司马。绍熙二年（1191）知常州，提举湖北常平。五年（1194）迁提点湖北刑狱。庆元二年（1196）除户部郎中。嘉泰二年（1202）提点成都府路刑狱，移京西转运判

官。开禧二年（1206）迁司农少卿、湖广总领，除宣抚司参谋官。金兵深入，除宣抚司副使，寻罢，复知江州。嘉定元年（1208）复罢。八年（1215）提举江州太平兴国宫。著有《易庵集》。

佚书。

3026

[至大] 温州路志二十卷／(元) 章哲、夏开先纂修

章哲（1249？—1320），一作章嚞、章嘉，字德元，号春谷，平阳金舟乡（今属浙江省苍南县）人。元大德元年（1297）七月十四日，瑞安、平阳两州遭遇特大飓风暴雨，海潮上涨两丈，庐舍盐灶漂荡，两州溺死男女达六千八百余人。章哲身受风暴折磨，感触万端，写了一篇《风潮赋》。廉访司佥事奇其才，荐为永嘉教谕。后至大都，献《汉图会同赋》，被荐为翰林院国史院编修官。编有《瑞安州志》《温州路志》等。

夏开先，生卒年不详，字景初，永嘉（今浙江省永嘉县）人。

佚书。

3027

[延祐] 东瓯志／(元) 章哲纂修

章哲，见第3026条。

佚书。

3028

温州图志／(明) 徐宗起、张升辑

徐宗起（1327—1402），名兴祖，以字行，平阳（今浙江省平阳县）人。以学行著称，时人称横阳先生。明洪武五年（1372）举人，翌年荐授温州府学教授。

张升，生卒年不详，明永嘉（今浙江省永嘉县）人。时任永嘉县学训导，后擢府学教授。

佚书。

3029

[弘治] 温州府志二十二卷／(明) 邓淮修，(明) 王瓒、蔡芳纂

邓淮，字表臣，一字守温，吉水（今江西省吉水县）人。明成化十七年（1481）进士，曾任温州知府。

王瓒（1462—1524），字思献，号瓯滨，一号环庵，永嘉（今浙江省永嘉县）人，明弘治九年（1496）进士，官至礼部尚书。著有《正教编》《瓯滨集》等。

蔡芳，生卒年不详，字茂之，号资静，平阳（今浙江省平阳县）人。明弘治十一年（1498）举人。

累试春闱不第，以国子监荐授光禄寺署正，累迁福建盐运副使。著有《春秋训义》等。

明弘治十六年刻本，抄本。

3030

［嘉靖］温州府志八卷／（明）张孚敬纂修

张孚敬（1475—1539），字秉用，后赐名孚敬，字茂恭，号罗峰，永嘉（今浙江省温州市三都）人。明正德十五年（1520）举人，翌年连捷进士。历官南京刑部主事、翰林学士。嘉靖五年（1526）进礼部尚书兼文渊阁大学士，官至内阁首辅。卒，谥文忠，特赐太师。著有《礼记章句》《大礼要略》《罗山奏疏》《罗山文集》《正先师孔子祀典集议》《金縢辨疑》《杜律训解》《敕谕录》《谕对录》《钦明大狱录》《霏雪编》《嘉靖温州府志》等。

明嘉靖十六年刻本，影印本。

3031

［万历］温州府志十八卷首一卷／（明）汤日昭等修，（明）王光蕴纂

汤日昭，生卒年不详，字子德，丹阳（今江苏省丹阳市）人。明万历八年（1580）进士，授正六品部主事，历官浙江台州知州、永州知府、四川布政使。万历二十年（1592）任温州知府，后升浙江右布政使，分巡浙东道。

王光蕴（1540—1606），字季宣，号玉洞，永嘉场（今属浙江省温州市龙湾区）人。明嘉靖四十年（1561）举人。万历十九年（1591）由吏部授职，历官宁都令、宁国郡丞、衡府长史，三十年（1602）进阶朝列大夫。纂有《永嘉县志》《温州府志》《江心志》《太玉洞斋近章》等。

明万历三十三年刻本。

3032

［康熙］温州府志三十二卷首一卷／（清）王国泰等修，（清）金大起等纂

王国泰，生平事迹不详。

金大起，生平事迹不详。

清康熙十四年修抄本。

3033

［康熙］温州府志三十二卷／（清）汪爌修，（清）魏裔壼等纂

汪爌，生卒年不详，时任温州府知府。

魏裔壼，生平事迹不详。

清康熙二十四年刻本。

3034

［乾隆］温州府志三十卷首一卷／（清）李琬修，（清）齐召南、汪沆纂

李琬（1713—1789），字晖东，号莲塘，寿光（今山东省寿光市）人。以捐贡进入仕途，历官河东盐运使司运同、浙江温州知府、温处兵备道、浙江按察使司副使、浙江乡试监试官等职，诰授中宪大夫。乾隆四十七年（1782），寿光风雨大作，海潮倒灌，淹死人畜无数。致仕归里的李琬带头出资，安葬亡者，并立碑纪念。

齐召南，见第1601条。

汪沆，见第2348条。

清乾隆二十七年刻本，清乾隆二十七年刻同治四年修版印本，清乾隆二十七年刻同治四年修版民国四年补刻本。

3035

［道光］瓯乘补二十卷／（清）黄汉纂

黄汉（？—1853），字秋明，号鹤楼，别号小若山人，永嘉（今浙江省温州市）人。少习举子业，屡试不取。家贫不能自存，被迫游幕四方。著有《瓮云草堂诗稿》《瓯乘补》等。

是书所记皆郡县志所未收之温州旧闻逸事。

清道光二十二年纂敬乡楼抄本。

3036

瑞安州志／（元）章哲修

章哲，见第3026条。

瑞安，地处浙江省东南沿海，东临东海。唐天复三年（903）改安固县置瑞安县，治今浙江省瑞安市城关镇，属温州。元元贞初升为瑞安州，明洪武二年（1369）复降为县，属温州府。1987年撤销，改设瑞安市。

佚书。

3037

［永乐］瑞安县志／（明）□□撰

佚书。

3038

［嘉靖］瑞安县志十卷图一卷／（明）刘畿修，（明）朱绰等纂

刘畿，见第2211条。

朱绰，生卒年不详，瑞安（今浙江省瑞安市）人。明嘉靖三十六年（1557）岁贡，官吴县训导。

明嘉靖三十四年刻本，抄本。

3039

［万历］瑞安县志备遗二卷／（明）周悠修，（明）秦激纂

周悠，生卒年不详，字以征，安福（今江西省安福县）人。进士。明隆庆六年（1572）任瑞安县令。

秦激，生卒年不详，号慎斋，瑞安（今浙江省瑞安市）人。明万历四年（1576）以岁贡官汤溪训导、西安秦王府教授。

佚书。

3040

［康熙］瑞安县志十卷／（清）范永盛修，（清）章起鸿等纂

范永盛，生卒年不详，山西人。时任瑞安知县。

章起鸿，生卒年不详，瑞安（今浙江省瑞安市）人。清康熙二十一年（1682）岁贡。

清康熙二十六年修三十年刻本。

3041

［乾隆］瑞安县志十卷／（清）陈永清修，（清）章昱、吴庆云纂

陈永清，生卒年不详，四川忠州（今重庆市忠县）人。清康熙五十九年（1720）举人。时任瑞安知县。

章昱（1671—1750），字程伯，号客萍，于潜（今属浙江省临安市）人。岁贡。时任瑞安训导。

吴庆云，生平事迹不详。

清乾隆十四年刻本。

3042

［嘉庆］瑞安县志十卷首一卷／（清）张德标修，（清）王殿金、黄征乂纂

张德标，生卒年不详，字玉衡，号望亭，渭南（今陕西省渭南市）人。荫生。清乾隆五十七年（1792）和嘉庆十二年（1807）两任瑞安知县。

王殿金，生卒年不详，字赞君，号陆沙，临海（今浙江省临海市）人。清乾隆五十一年（1786）举人，时任瑞安教谕。著有《陆沙诗文集》。

黄征乂，生卒年不详，字仲治，号平戢，晚号鹤石山人，余姚（今浙江省余姚市）人。黄宗羲五世孙，清乾隆五十四年（1789）举人，嘉庆二十四年（1819）进士，曾任瑞安训导、从化知县。著有《鹤石山房诗稿》。

清嘉庆十三年刻本，民国六年石印本。

3043

［宣统］瑞安乡土史谭七卷／洪炳文纂

洪炳文（1848—1918），字博卿，号楝园，别署祈黄楼主、花信楼主等，瑞安（今浙江省瑞安市）人。清光绪十七年（1891）贡生。以教馆、游幕为业。曾幕游江西余干、浔阳诸地，任瑞安县中学地理、历史教席，又执教于温州第十中学。民国初曾任纂修《瑞安县志》总采访。著有《花信楼文稿》《楝园乐府》《花信楼词存》《散曲》《骈文》《诗稿》及《楹联》《时务策论》等。

稿本。

3044

［民国］瑞安县志稿不分卷／瑞安县修志委员会纂

民国二十六年油印本，民国二十七年铅印本。

3045

［民国］瑞安县志二十八卷附诗征七卷文征五卷／瑞安县修志委员会纂

民国三十五年铅印本。

3046

乐清县图经／（宋）□□撰

乐清，位于浙江省东南部沿海，东临乐清湾。五代梁开平二年（908）吴越改乐成县置乐清县，属温州。治所即今浙江乐清市。南宋咸淳元年（1265）属瑞安府。元属温州路。明、清属温州府。民国初属浙江瓯海道。1927年直属浙江省。1993年改设乐清市，由温州市代管。是书纂修人不可考，《温州经籍志》著录。

佚书。

3047

［淳熙］乐清县志十卷／（宋）袁采纂修

袁采（？—1195），字君载，信安（今浙江省衢县）人。宋隆兴元年（1163）进士。历官乐清、政和、婺源诸县县令，官至监登闻鼓院。著有《政和杂志》《县令小录》《袁氏世范》等。

宋淳熙六年（1179）修，刊本久佚。《温州经籍志》著录。

佚书。

3048

［大德］乐清县志／（元）冯福京纂修

冯福京，生卒年不详，自号学

泉居士，潼川（今四川省三台县）人。元元贞元年（1295）以登仕郎为昌国州判官。大德七年（1303）为乐清判官。

元大德八年（1304）修，刊本久佚。《温州经籍志》著录。

佚书。

3049

［永乐］温州府乐清县志八卷／（明）□□纂

明永乐刻本。

3050

［隆庆］乐清县志七卷／（明）胡用宾修，（明）侯一元纂

胡用宾，生卒年不详，号湛台，婺源（今江西省婺源县）人。明穆宗时进士及第。历官乐清知县、南京御史、通政司参议、南京太仆寺少卿，官终太仆寺卿。著有《山间漫语》等。

侯一元（1512—1586），字舜举，号二谷，乐清（今浙江省乐清市）人。明嘉靖十七年（1538）进士，授南京刑部主事。二十年（1541）升郎中，外调广东布政使右参议，分守海北道。后擢河南按察副使，续升广西按察使、河南右布政使、江西左布政使。隆庆元年（1567）辞官，在家乡创办环壁书院。遗著有《二谷山人集》《二谷山人近稿》《二谷读书记》《翼志七书》。

明隆庆六年刻本，民国七年乐清张侯佐石印本，抄本。

3051

［康熙］乐清县志八卷／（清）徐化民修，（清）林允楫、鲍易纂

徐化民，生卒年不详，号雨苍，一作苍雨，江都（今属江苏省扬州市）人。举人。清康熙二十一年（1682）任乐清知县。

林允楫，生卒年不详，乐清（今浙江省乐清市）人。清康熙间年贡。

鲍易，生卒年不详，乐清（今浙江省乐清市）人。拔贡。

清康熙二十四年刻本，抄本。

3052

［道光］乐清县志十六卷首一卷／（清）刘荣玠修，（清）鲍作雨、张振夔纂

刘荣玠（1773—1836），字介佩，又字锡亭，号南屏，阳春（今广东省阳春市）人。清嘉庆十六年（1811）进士。历官孝丰知县、乐清知县、乍浦同知、温台同

知、玉环同知、嘉兴府知府、严州府知府、处州府知府。著有《以约堂文稿》。

鲍作雨，生卒年不详，字瑞昌，号云楼，瑞安（今浙江省瑞安市）人。清嘉庆十七年（1812）贡生，道光元年（1821）举人。著有《周易择言》《六吉斋诗钞》等。

张振夔（1798—1866），字庆安，号磬庵，永嘉（今浙江省永嘉县）人。清嘉庆二十三年（1818）举人，道光六年（1826）大挑一等，改教职，任常山训导。十三年（1833）任镇海教谕。二十五年（1845）回温州，晚年任教于永嘉东山书院、乐清梅溪书院。著有《介轩诗钞》《介轩文钞》《介轩外集》等。

清道光十四年刻本。

3053

［光绪］乐清县志十六卷首一卷／（清）李登云等修，（清）陈珅等纂

李登云，生卒年不详，字孝笙，衡山（今湖南省衡山县）人。清光绪十五年（1889）进士，任刑部主事，二十七年（1901）署理乐清知县。著有《万山草堂诗集》。

陈珅，生卒年不详，字朝珍，号垕石，乐清（今浙江省乐清市）人。清咸丰六年（1856）岁贡，候选训导。

清光绪二十七年东瓯郭博古斋刻本，民国元年高谊校印本，民国二十年铅印本。

3054

［民国］乐清县乡土志稿二卷／高谊纂

高谊（1863—1957），字储庾，又字性朴，晚号蕙园老人，乐清（今浙江省乐清市）人。早年留学日本，清宣统三年（1911）举孝廉方正，曾任两广方言学堂教授。归里后从事教育事业。新中国成立后被聘为浙江省文史馆员。著有《蕙园文抄》等。

抄本。

3055

蒲岐所志二卷／倪启辰纂

倪启辰，生卒年不详，字子昌，乐清（今浙江省乐清市）人。

蒲岐，东南濒临乐清湾，与玉环隔海相望，境内有深水良港。蒲岐是一个由屯兵形成具有海边渔盐特色的历史古镇，南宋时始筑城以防海寇，后几经修筑。明初，信国公汤和相视要害，始加筑城池，置守御千户所，隶属盘石卫。清顺治

十八年（1661）迁海，城圮。康熙九年（1670）展界，修砌如故。咸丰十一年（1861），邑绅鸠金复修。

清末纂民国二十五年抄本。

3056

永嘉郡记一卷／（南朝宋）郑缉之撰，（清）孙诒让辑

郑缉之，生卒年不详，开封（今河南开封）人。仕宋，官至员外郎。著有《东阳记》《永嘉记》等。

孙诒让（1848—1908），幼名效洙，又名德涵、征君，字仲容，一作仲颂，号籀庼，晚号越东逸民，瑞安（今浙江省瑞安市）人。清同治举人，曾任刑部主事。后弃官归里，随父孙依言居江宁布政使任所著书立说。晚年主温州师范学堂暨浙江教育会长。著有《周礼正义》《尚书骈枝》《大戴礼记斠补》《墨子间诂》《古籀拾遗》《古籀余论》《契文举例》《名原》等。

永嘉郡，东晋太宁元年（323）分临海郡置，属扬州，治所在永宁县（今浙江温州市），辖境相当今浙江温州市，永嘉、乐清二县，飞云江流域及其以南地区。南朝宋属东扬州。南齐属扬州。梁、陈复属东扬州。隋开皇九年（589）废。唐天宝元年（742）改温州复置，乾元元年（758）废。是书又作《永嘉记》《永嘉志》《永嘉地记》。原书已佚，今有多种辑本，所记永嘉郡山川、乡亭最为详悉，旁及物产、佚闻、传说。

清光绪四年刻本，民国元年玉海楼石印本。

3057

永嘉地记

见“永嘉郡记一卷”。

3058

永嘉记

见“永嘉郡记一卷”。

3059

永嘉志

见“永嘉郡记一卷”。

3060

永嘉图经

是书撰者不详，唐陆羽已引用，此书约作于隋或唐初。《太平御览经史图书纲目》存目。

佚书。

3061

[淳熙] 永嘉志七卷 / (宋)周澄修，(宋)徐嘉言纂

周澄，生卒年不详，右朝请大夫，时任知州。

徐嘉言，生卒年不详，宋宣和三年（1121）进士。乾道九年（1173）为温州教授。淳熙九年（1182）为建康府教授。曾知海盐县。

永嘉，位于浙江省东南部。隋开皇九年（589）以永宁县改名永嘉县，治今浙江温州市，属处州（旋改为括州）。大业初属永嘉郡。唐武德五年（622）为东嘉州治，上元二年（675）为温州治。此后至清，历为永嘉郡、温州、瑞安府、温州府治。

佚书。

3062

[绍熙] 永嘉谱二十四卷 / (宋)孙楙修，(宋)曹叔远纂

孙楙，一作孙懋，生卒年不详，字德操，江东宛陵（今安徽省宣城市）人。宋绍熙三年（1192）任知州。

曹叔远（1159—1234），字器远，瑞安（今浙江省瑞安市）人。宋绍熙元年（1190）进士，官太常少卿、国子学录、礼部侍郎等。著有《周官讲义》《永嘉谱》《蘧径集》《诸经要解》等。

佚书。

3063

[延祐] 永嘉县志 / (元)章哲纂修

章哲，见第3026条。

佚书。

3064

[弘治] 永嘉县志 / (明)汪循修

汪循，生卒年不详，字进之，号仁峰，休宁（今安徽省休宁县）人。明弘治九年（1496）进士。历官永嘉知县、顺天通判。尝与王守仁讲学。著有《仁峰文集》。

佚书。

3065

[嘉靖] 永嘉县志九卷图一卷 / (明)王叔杲纂修

王叔杲（1516—1588），一作王叔果，字育德，号西华，永嘉英桥里（今属浙江省温州市）人。明嘉靖二十九年（1550）进士。历官兵部职方司员外郎、湖广布政使，迁广东按察副使，未赴任，引

疾归。著有《半山藏稿》。

日本尊经阁文库藏原刻本。

3066

[万历] 永嘉县志十七卷 / (明) 王光蕴纂修

王光蕴，见第 3031 条。

明万历刻本。

3067

[康熙] 永嘉县志十四卷 / (清) 王国泰、郑廷俊修，(清) 林占春、周天锡纂

王国泰，生平事迹不详。

郑廷俊，生卒年不详，字公弼，三韩正黄旗人。时任永嘉知县。

林占春，生卒年不详，字梅生，号雪庵，永嘉 (今浙江省永嘉县) 人。南明弘光元年 (1645) 选贡。博学通渊，隐居教授，尤工诗。著有《舆志合璧》《雪庵诗集》。

周天锡，生平事迹不详。

清康熙二十一年刻本。

3068

[康熙] 永嘉县志十四卷图一卷 / (清) 郑廷俊等修，(清) 林占春纂

郑廷俊，见第 3067 条。

林占春，见第 3067 条。

清康熙二十一年刻本。

3069

[乾隆] 永嘉县志二十六卷 / (清) 崔锡修，(清) 齐召南、汪沆纂

崔锡，生卒年不详，字晋三，汉军正黄旗人。拔贡。时任永嘉县知县。

齐召南，见第 1601 条。

汪沆，见第 2348 条。

清乾隆三十年施廷灿刻本。

3070

[咸丰] 永嘉县志摘钞 / (清) 汤成烈纂修，(清) 王景澄摘钞

汤成烈，生平事迹不详。

王景澄，生平事迹不详。

清抄本。

3071

[光绪] 永嘉县志三十八卷首一卷 / (清) 张宝琳修，(清) 王棻、孙诒让纂

张宝琳，生卒年不详，字静芗，江埠乡 (今属江西省余干县)

人。监生。清同治八年（1869）补任浙江太顺知县，蓝翎顶戴同知衔。时任永嘉知县。

王棻，见第2913条。

孙诒让，见第3056条。

清光绪八年温州维新书局刻本，清光绪八年温州维新书局刻民国二十四年刘景晨补版印本。

3072

［民国］永嘉县乡土志／高仰山纂

高仰山，生平事迹不详。

民国二十年油印本。

3073

［大德］平阳州志／（元）章哲修

章哲，见第3026条。

平阳，位于浙江省东南沿海，东临东海。五代梁乾化四年（914）吴越改横阳县置平阳县，属温州，治所即今浙江平阳县。南宋咸淳元年（1265）属瑞安府。元属温州路，元贞元年（1295）改为平阳州。明洪武二年（1369）复为平阳县，属温州府。民国初属浙江瓯海道。1927年直属浙江省。

佚书。

3074

［正统］平阳县志／（明）章惠修，（明）方燧纂

章惠，生卒年不详，字泽民，全椒（今安徽省全椒县）人。监生。时任平阳知县。

方燧，生卒年不详，字本阳，号玉苍山人，平阳（今浙江省平阳县）人。清顺治初贡生。著有《方斋文稿》《学庸集说》等。

佚书。

3075

［弘治］平阳县志十卷／（明）王约修，（明）孔彦雍、包瑜纂

王约（？—1511），字资博，临川（今属江西省抚州市）人。明成化二十三年（1487）进士，授平阳知县，擢御史，累官云南按察副使。

孔彦雍，生卒年不详，平阳（今浙江省平阳县）人。明成化四年（1468）举人，曾任唐山知县。

包瑜，生卒年不详，字希贤，号稽古斋，青田（今浙江省青田县）人。明景泰元年（1450）举人。著有《韵府续编》等。

佚书。

3076

［嘉靖］续平阳县志／（明）陈彦生修

陈彦生，生卒年不详，字良弼，号雨岩，平阳（今浙江省平阳县）人。明嘉靖岁贡。分教福建漳州府学，升楚府教授，不久退休从事著述。著有《雨岩文稿》《观光录》《测海录》《居闽集》《归田集》等。

佚书。

3077

［隆庆］平阳县志八卷／（明）朱东光修，（明）侯一元等纂

朱东光，生卒年不详，字元曦，号存敬，浦城（今福建省浦城县）人。明隆庆二年（1568）进士。初任给事等官，升广西、广东按察副使，广东布政使左参政、惠潮海防分巡道。著有《学政二训》，辑《中都四子集》等。

侯一元，见第3050条。

明隆庆五年刻万历四十二年万民华修补本，明隆庆五年刻万历四十二年万民华修补崇祯再补本。

3078

［顺治］平阳县志八卷／（清）马腾霄修，（清）陈文谟等纂

马腾霄，生卒年不详，字汉冲，齐东（今山东省邹平县）人。贡生。清顺治三年（1646）任平阳县知县。

陈文谟，生卒年不详，平阳（今浙江省平阳县）人。贡生。

清顺治八年刻本，抄本。

3079

［康熙］平阳县志十卷／（清）石金和修，（清）施鋐纂

石金和，生卒年不详，字宪吕，安溪（今福建省安溪县）人。清顺治十一年（1654）举人。时任浙江平阳知县。

施鋐，生卒年不详，平湖（今浙江省平湖市）人。时任平阳县训导。

清康熙十二年刻本。

3080

［康熙］平阳县志十二卷／（清）金以埈修，（清）吕弘诰等纂

金以埈，生卒年不详，字嵩庵，辽东人。时任平阳知县。

吕弘诰，生卒年不详，字克俊，平阳（今浙江省平阳县）人。清康熙三十三年（1694）岁贡。

清康熙三十三年刻本。

3081

［乾隆］平阳县志二十卷首一卷／（清）徐恕修，（清）张南英、孙谦辑

徐恕（？—1779），字心如，白鹤蒋浦（今上海市青浦区）人。清乾隆十六年（1751）进士。历官宁海知县、平阳知县、太常寺博士、宗人府主事、玉牒馆纂修、吏部稽勋司员外郎、湖州知府、杭州知府、浙江粮道及盐道、浙江按察使、浙江布政使、山东布政使等职。

张南英（1702—1773），字北学，号渠西，别号中亭，平阳（今浙江省平阳县）人。清雍正十一年（1733）进士。历官瓮安、平越、清平县知县。著有《中亭集》。

孙谦，生卒年不详，平阳（今浙江省平阳县）人。

清乾隆二十五年刻本，清抄本，清乾隆二十五年刻民国七年修补本。

3082

［光绪］平阳县志稿四卷／（清）汤肇熙修，吴承志纂

汤肇熙（约1831—？），字绍卿，万载（今江西省万载县）人。清同治二年（1863）进士，光绪八年（1882）任平阳知县。著有《出山草谱》。

吴承志，见第1428条。

存佚不详。

3083

［民国］平阳县志九十八卷首一卷／王理孚修，刘绍宽纂

王理孚（1876—1950），字志澄，又名锐，字剑丞，开发南麂岛时自称“海上虬髯”，平阳（今浙江省平阳县）人。曾任平阳县劝学所所长、浙江省咨议局议员。民国初任省都督府秘书、宁波鄞县知事。后决意回乡办实业，立志开发南麂岛。著有《海髯诗》。

刘绍宽（1867—1942），字次饶，号厚庄，平阳刘店（今属浙江省苍南县）人。清光绪二十二年（1896）补廪生，翌年拔贡，后创办平阳龙湖书院。三十年（1904）东渡日本考察教育，写成《东瀛观学记》，先后创办了十五所小学。著有《厚庄诗文正续钞》《厚庄日记》《籀园问话》《归方金石凡例》等。

民国十五年刻本。

3084

［嘉庆］金乡镇志不分卷／（清）□□纂，夏绍倈校录

夏绍倈（1874—?），又名克庵，字伯载，平阳金乡（今属浙江省苍南县）人。廪生，民国初任《平阳县志》分纂，无闻社、戊社成员。

金乡镇，现属于浙江省温州市苍南县。古为军事要地，明洪武二十年（1387）置金乡卫并筑城，清康熙九年（1670）废卫置镇。镇袭卫名。

清抄本。

绍兴市

3085

［嘉泰］会稽志二十卷／（宋）沈作宾修，（宋）施宿等纂

沈作宾，生卒年不详，字宾王，吴兴归安（今浙江省湖州市）人。以父任永平监。中刑法科，历江西提刑司检法官、通判绍兴府等，知台州，弛盐禁，尽除前政之弊。后历淮南转运判官、两浙转运副使、权工部尚书等。

施宿（1164—1213），字武子，湖州长兴（今浙江省长兴县）人。曾任余姚知县、会稽通判、吉州知州等职。宋嘉泰间任职淮东仓曹。

会稽，即宋代绍兴府，治今浙江省绍兴市。是志为现存最早的绍兴府志，南宋嘉泰元年（1201）成书。卷首有陆游所作序。全书不立总目，用细目标题，共有一百一十七目。以类相从，叙述简赅。

宋嘉泰元年修明正德五年刻本，四库全书本，清嘉庆十三年刻本，民国十五年影印清嘉庆十三年刻本。

3086

［宝庆］会稽续志八卷／（宋）张淏纂修

张淏，生卒年不详，字清源，号云谷，原籍开封（今属河南），侨居武义（今属浙江省金华市），又尝寓居会稽（今属浙江省绍兴市）。宋庆元二年（1196）预乡荐，寻用荫补官。嘉定三年（1210）监安庆府枞阳仓。历监潭州永丰仓，累官主管尚书吏部架阁文字。绍定二年（1229）致仕。

是书前有自序。卷一为越、会稽、风俗、城郭、学校、贡院、教场、军营、仓库、场务、馆驿、坊巷、园圃、府廨、街衢；卷二为提刑司、提举司、安抚题名、提刑题名、提举题名；卷三为安抚司签厅、通判厅、签厅、乡、镇、市、

和买，陵寝、宫观、寺院祠庙；卷四为山、水、桥梁、堤塘、花果、蔬、草木、茶、竹、药石、纸、禽兽、虫鱼；卷五为人物；卷六为进士、仙释、诗文；卷七为杂记、拾遗；卷八为越问。

宋宝庆元年修明正德五年刻本，四库全书本，清嘉庆十三年刻本，民国十五年影印清嘉庆十三年刻本。

3087

[万历] 绍兴府志五十卷／(明) 萧良干修，(明) 张元忭、孙鑛纂

萧良干（1534—1602），字以宁，号拙离，泾县（今安徽省泾县）人。明隆庆五年（1571）进士。历官户部主事、绍兴知府、贵州按察副使、河南右参议、陕西左布政使等职。著有《拙斋学则》《拙斋笔记》等。

张元忭，见第1111条。

孙鑛（1543—1613），字文融，号月峰、湖上散人，余姚（今浙江省余姚市）人。明万历二年（1574）进士。历官文选郎中、兵部侍郎、加右都御史，代顾养谦经略朝鲜，还迁南京兵部尚书，加封太子少保，参赞机务。著有《古文四体》《广古文短篇》《唐诗品》等。

绍兴府，继汉、三国、晋、南北朝时期的会稽郡，隋唐、五代、北宋的越州之后，从南宋绍兴元年（1131）至1912年今绍兴地区的一个行政单元体系，袭越州，辖一府八县。元朝改为绍兴路。明、清仍绍兴府。明属浙江布政使，清属浙江省。

明万历十五年刻本。

3088

[康熙] 绍兴府志五十八卷／(清) 张三异修，(清) 王嗣皋纂

张三异（1609—1691），字鲁如，号禹木，汉阳（今属湖北省武汉市）人。清顺治六年（1649）进士。历官陕西延长县令、河南南阳府丞、福建邵武府丞、浙江绍兴府知府。著有《雪史》《痴龙文集》《痴龙吟》《子丑新稿》《诗家全体》《来青园文集》《文词合刻》《四书疏义》等。

王嗣皋，生卒年不详，慈溪（今浙江省慈溪市）人。清顺治六年（1649）进士。

清康熙十二年刻本，清康熙十二年刻三十年印本。

3089

[康熙] 绍兴府志五十八卷／(清) 王之宾修，(清) 董钦德纂

王之宾，生卒年不详，沈阳

（今辽宁省沈阳市）人。荫生。清康熙十九年（1680）任绍兴知府。

董钦德（1632—1715），字哲文，又字天心，号心庐，会稽（今属浙江省绍兴市）人。邑庠生。著有《心庐集》。

清康熙二十二年刻本。

3090

［康熙］绍兴府志五十八卷／（清）李铎修，（清）王凤采纂

李铎，生卒年不详，字天民，铁岭（今辽宁省铁岭市）人。荫生。清康熙二十八年（1689）以兵部郎出任绍兴知府，后知杭州。

王凤采，生平事迹不详。

清康熙三十年刻本。

3091

［康熙］绍兴府志六十卷／（清）俞卿修，（清）周徐彩纂

俞卿，生卒年不详，字次公，号恕庵，陆凉（今云南省陆良县）人。清康熙二十年（1681）举人，初任太原交城令，擢同州知州，官至绍兴府知府。著有《易象合参》《增订来瞿塘易解》《待删诗集》《绿竹堂文稿》。

周徐彩（1677—1728），字粹存，会稽（今属浙江省绍兴市）人。清康熙五十九年（1720）举人。著有《名山藏诗稿》。

清康熙五十八年刻本。

3092

［乾隆］绍兴府志八十卷首一卷／（清）李亨特修，（清）平恕等纂

李亨特（？—1815），汉军正蓝旗人。监生。历官云南迤西道，直隶永定河道，两任河东河道总督。

平恕（？—1804），字宽夫，山阴（今属浙江省绍兴市）人。清乾隆三十七年（1772）进士。历官会试同考官、翰林院侍讲、乡试正考官、武会试副总裁、侍读学士、詹事府詹事、内阁学士、礼部侍郎、国子监祭酒、江苏学政、户部右侍郎转左侍郎、兵部右侍郎。著有《留春书屋诗集》。

清乾隆五十七年刻本。

3093

［乾隆］绍兴府志校记不分卷／（清）李慈铭撰

李慈铭（1829—1894），初名模，字式侯，更名后字炁伯，号莼客，晚号越缦，别署霞川花隐士，会稽（今属浙江省绍兴市）人。

清光绪六年（1880）进士。历官户部江南司郎中、山西道监察御史，转掌山西道。著有《越缦堂日记》《越缦堂读书记》等。

李慈铭认为乾隆《绍兴府志》虽为佳志，但山川、人物、祠祀等卷体例错杂、记载疏冗，故手校此志。是书对地理、选举、人物、古迹、陵墓志诸篇，逐一考订、补缺、正误、辨讹、删滥。

铅印本，民国十八年铅印本，抄本。

3094

绍兴县志四种合刊／绍兴县修志委员会辑

民国二十五年绍兴县修志委员会铅印本。

3095

［至正］上虞志／（元）张叔温修，（元）张德润纂

张叔温，生卒年不详，云中（今山西省大同市）人。元至正八年（1348）任上虞县尹。

张德润，生卒年不详，上虞（今属浙江省绍兴市）人。曾任陕西甘州卫指挥使。

上虞，地处浙江省杭州湾南岸。秦置上虞县，治今浙江省上虞市百官镇，属会稽郡。后历有废置。1992年撤销，改设上虞市。2013年撤销县级上虞市，设立绍兴市上虞区。

佚书。

3096

［至正］重修上虞志／（元）林希元修，（元）陈子翚纂

林希元，生卒年不详，号长林子，天台（今浙江省天台县）人。进士。元至正十二年（1352）任上虞县尹。

陈子翚，生卒年不详，奉化（今属浙江省宁波市）人。元至正十四年（1354）任教谕。

佚书。

3097

［永乐］上虞县志十二卷／（明）袁铧纂，（明）袁铉汇成

袁铧，生卒年不详，上虞（今属浙江省绍兴市）人。

袁铉，生平事迹不详。

佚书。

3098

［正统］上虞县志十二卷／（明）郭南纂修

郭南，生卒年不详，上虞

（今属浙江省绍兴市）人。曾任常熟知县。

佚书。

3099

［万历］上虞县志十二卷／（明）朱维藩修，（明）葛桷等纂

朱维藩，生卒年不详，字介卿，号贞石，淮安（今江苏省淮安市）人。世袭千户，让职其弟。明万历五年（1577）进士。历官浙江鄞县知县、上虞知县、南京礼科给事中、江西按察司副使。

葛桷，生卒年不详，字安甫，上虞（今属浙江省绍兴市）人。明嘉靖二十三年（1544）进士。曾任常熟县知县。

佚书。

3100

［万历］新修上虞县志二十卷首一卷／（明）徐待聘修，（明）马明瑞等纂

徐待聘（1555—1626），字廷珍，常熟（今江苏省常熟市）人。明万历二十九年（1601）进士。历官乐清、上虞、分宜知县，累迁湖广按察使，仕终陕西按察使。著有《雁山志胜》《上虞县志》。

马明瑞，生卒年不详，字道祯，一作道正，当湖（今浙江省平湖市）人。明万历十九年（1591）举人。官至工部员外郎。

明万历三十四年刻本。

3101

［康熙］上虞县志二十卷首一卷／（清）郑侨修，（清）唐征麟等纂

郑侨，生卒年不详，号博物，祁州（今河北省安国市）人。清顺治十八年（1661）进士。康熙初知上虞县。

唐征麟，生卒年不详，上虞（今属浙江省绍兴市）人。

清康熙十年刻本。

3102

［嘉庆］上虞县志十四卷首一卷／（清）崔鸣玉修，（清）李方湛、朱文绍纂

崔鸣玉，生卒年不详，时任上虞知县。

李方湛（1764—1816），字光甫，号白楼，仁和（今属浙江省杭州市）人。清嘉庆间诸生。著有《小石梁山馆稿》。

朱文绍，生平事迹不详。

清嘉庆十六年刻本。

3103

［道光］上虞县志刊补二十四卷／（清）沈奎纂，（清）王振纲续纂

沈奎，生卒年不详，上虞（今属浙江省绍兴市）人。

王振纲（1808—1878），字则方，号冶香，上虞（今属浙江省绍兴市）人。清道光十一年（1831）举人。

清道光二十八年刻本。

3104

［光绪］上虞县志四十八卷首一卷末一卷／（清）唐煦春修，（清）朱士黻纂

唐煦春，生卒年不详，号师竹，德化（今江西省九江市）人。清咸丰五年（1855）优贡。时任上虞知县。

朱士黻，生卒年不详，字孔阳，上虞（今属浙江省绍兴市）人。清光绪十二年（1886）进士。后任湖南知县。

清光绪十七年刻本。

3105

［光绪］上虞县志校续五十卷首一卷末一卷／储家藻修，徐致靖纂

储家藻（1838—1917），字仲章，宜兴（今江苏省宜兴市）人。清同治初入浙江巡抚左文襄幕，后历官浙江松阳代理县令、瑞安知县、义乌县代县令、上虞知县、平阳知县等。

徐致靖（1844—1917），字子静，宜兴（今江苏省宜兴市）人。清光绪二年（1876）进士。历官会试同考官、河南乡试正考官、左右春坊左中允、左右庶子、日讲起居注官、翰林院侍讲学士、侍读学士、会试副考官、咸安宫总裁、起居注总办。二十四年（1898），任礼部右侍郎。著有《仅叟诗文》《奏议》等。

清光绪二十五年刻本。

3106

［民国］上虞县志／王同纂修

王同，生平事迹不详。

稿本。

3107

［民国］沥海所志稿／杨肇春辑

杨肇春，生平事迹不详。

沥海，北濒杭州湾，旧时为曹娥江入海口，故名沥海。沥海所，是设在沥海的“守御千户所”，为明清两朝抗击倭寇的前哨指挥所，在抵御抗击倭寇中发

挥很大作用。

民国十七年铅印本。

3108

三江志略／（清）陈和纂

陈和，生卒年不详，号息斋，三江（今属浙江省绍兴市）人。

佚书。

3109

［光绪］三江所志一卷／（清）陈宗洛纂，（清）傅月樵补纂，（清）何留学增订

陈宗洛，生平事迹不详。
傅月樵，生平事迹不详。
何留学，生平事迹不详。

三江所，明洪武二十年（1387）置，治今浙江省绍兴县东北三江，属临山卫。洪武间，汤和筑城，城外有三江闸，为曹娥、钱清、浙江三水会合入海处，为防倭重地。清时隶山阴县，顺治十七年（1660）裁。咸丰以前宗洛辑此志，意为政府经营海防提供依据。是志分理学、山川、险要、塘闸、风俗、物产、官署、祠祀、名宦、世勋、补遗十一门，又分庠生、文科、武科、武甲、乡贤、忠烈、孝友、义行、儒林、寓贤、贞节、孝养诸目。塘闸门详载三江闸之位置、建造、功用诸事，为重要水文数据。险要、世勋、补遗诸门详论其特殊地理位置及明代抗倭史事。

清光绪元年纂民国二十七年铅印本，清末抄本。

嘉兴市

3110

［至元］嘉禾志三十二卷／（元）单庆修，（元）徐硕纂

单庆，生卒年不详，字克斋，济宁（今山东省济宁市）人。元至元二十一年（1284）任嘉兴路经历。

徐硕，生卒年不详，嘉禾（今浙江省嘉兴市）人。郡博士，元至元时为嘉兴路教授。

嘉禾，今浙江省嘉兴市古称。是志卷一沿革、星野、道里、风俗；卷二城社、坊巷；卷三乡里、镇市；卷四山阜、江海、湖泖；卷五浦溆、溪潭、陂塘、河港、泾沟、堰闸；卷六户口、物产、赋税、征催；卷七学校、科举、廨舍、院务、仓库、徼巡、官驿；卷八邮置、桥梁；卷九楼阁、堂馆、亭宇；卷十至卷十一寺院上下；卷十二宫廨、祠庙；卷十三为冢墓、人物；卷十四仙梵、古迹；卷十五为宋朝登科题名；卷十六至二十六碑碣；卷二十七至三十二题咏。

元至元二十五年修清朝抄本，四库全书本，清道光十九年刻本，清咸丰七年刻本，嘉禾旧志合刻本。

3111

[弘治] 嘉兴府志三十二卷 / (明) 柳琰修，(明) 曾春纂，(明) 林光校正

柳琰（1437—?），字邦用，仪真（今江苏省仪征市）人。明成化二年（1466）进士，授户部主事，考绩进承德郎。遭构陷左迁通判南阳，后历吉安同知、嘉兴府知县等。著有《东津集》。

曾春，生卒年不详，嘉兴（今浙江省嘉兴市）人。

林光（1439—1519），字缉熙，号南川，晚年更号南翁，东莞（今广东省东莞市）人。明成化二十年（1484）进士，授浙江平湖县教谕。弘治五年（1492）复同考顺天试，寻升兖州府学教授，后又先后任浙江严州府学教授、国子监博士、襄王府左长史、中顺大夫等。著有《南川冰蘖全集》。

南宋庆元元年（1195）升秀州置，治嘉兴县（今浙江嘉兴市），辖区约今浙江省杭州湾以北（海宁市除外）、桐乡以东地区及上海市苏州河以南地。元改为路。明初复为府，辖区缩小至今浙江省境内。1912 年废。

明弘治五年刻本，清抄本，抄本。

3112

[正德] 嘉兴府志补三卷 / (明) 于凤喈修，(明) 邹衡纂

于凤喈（1462—1514），字世和，莱阳（今山东省莱阳市）人。明成化十七年（1481）进士，历任行人、刑部员外郎、郎中、浙江嘉兴知府、云南参政、太仆寺少卿、南京大理寺卿等，累授嘉议大夫。

邹衡，生卒年不详，嘉善（今浙江省嘉善县）人。

明正德七年刻本，清抄本，抄本。

3113

[嘉靖] 嘉兴府图记二十卷 / (明) 赵瀛修，(明) 赵文华纂

赵瀛（1492—?），字文海，号左山，关中三原（今陕西省三原县）人。明嘉靖八年（1529）进士。历官户部员外郎、嘉兴知

府、佥都御史。

赵文华，见第 0200 条。

是志分四门：一方画，为图二十二，附序论；二邦制，分建置、公署、城隍、坛遗、祠庙、学校六目；三物土，分山川、海塘、水利、田赋、户赋五目；四人文，分官师、乡贤、选举、列女四目；后附丛记。其中，海塘目记海水侵蚀海岸，潮汐灾害及桑田变法等，又载历代修筑堤坝，防止海水侵田，议论详切；丛记目记倭寇侵扰沿海，兼及地震、洪水、台风等自然灾害。

明嘉靖二十八年刻本，抄本。

3114

［万历］嘉兴府志遗稿 /（明）龚勉等修，（明）严从简、黄洪宪纂

龚勉（1536—1607），字子勤，号毅所，无锡（今江苏省无锡市）人。明隆庆二年（1568）进士。历官浙江嘉兴、吴桥知县，南京刑部主事，嘉兴知府，官至浙江布政使。

严从简，见第 1823 条。

黄洪宪（1541—1600），字懋中，号葵阳，嘉兴（今浙江省嘉兴市）人。明隆庆五年（1571）进士，官至少詹事兼侍读学士。曾奉使朝鲜。

佚书。

3115

［万历］嘉兴府志三十二卷 /（明）刘应钶修，（明）沈尧中纂

刘应钶，生卒年不详，字平叔，号衡螺，安福（今江西省安福县），一作荷湖坑（今属湖北省潜江市）人。明万历十七年（1589）进士。历官刑部主事、刑部员外郎、太平府知府、嘉兴知府。

沈尧中（1547—?），字执甫，号瀛壶，嘉兴（今浙江省嘉兴市）人。明万历八年（1580）进士，授南陵令，历吴郡丞。著有《沈司寇集》《沈氏学弢》《筹边七略》等。

明万历二十八年刻本。

3116

［顺治］嘉兴郡记 /（清）李国栋纂修

李国栋，生卒年不详，字隆吉，锦州（今辽宁省锦州市）人。清顺治六年（1649）任嘉兴知府，十一年（1654）擢巡海道。

佚书。

3117

［康熙］嘉兴府志十八卷首一卷末一卷／（清）袁国梓等纂修

袁国梓，生卒年不详，字若遗，号丹叔，华亭（今上海市松江区）人。明崇祯十五年（1642）举人，清顺治六年（1649）进士，授刑部主事，转员外郎中，历知衢州府、平阳府、嘉兴府。

清康熙二十一年刻本。

3118

［康熙］嘉兴府志十六卷／（清）吴永芳修，（清）钱以垲等纂

吴永芳，生卒年不详，字椒堂，号逸津山人，正蓝旗人。清康熙五十四年至雍正元年（1715—1723）任嘉兴知府。

钱以垲，见第1409条。

清康熙六十年刻本。

3119

［嘉庆］嘉兴府志八十卷首三卷／（清）尹汤安修，（清）冯应榴、沈启震纂

尹汤安，生平事迹不详。

冯应榴（1741—1801），字星实，一字诒曾，桐乡（今浙江省桐乡市）人。清乾隆二十六年（1761）进士。历官军机处行走、鸿胪寺卿等。著有《学悟稿》《苏文忠诗合注》。

沈启震，生卒年不详，字位东，号青斋，桐乡（今浙江省桐乡市）人。清乾隆二十五年（1760）举人，授内阁中书，入军机，擢刑部福建司员外郎，出为山东运河道。著有《慎一斋诗集》。

清嘉庆六年刻本。

3120

［道光］嘉兴府志六十卷首三卷／（清）于尚龄纂修

于尚龄，生卒年不详，字磻溪。清道光二年（1822）进士，官至河南陈州府知府。

清道光二十年刻本。

3121

［光绪］嘉兴府志八十八卷首二卷／（清）许瑶光修，（清）吴仰贤等纂

许瑶光（1817—1882），字雪门，晚号复叟，善化（今湖南省长沙市岳麓区）人。清道光二十九年（1849）拔贡。历官浙江桐庐、诸暨知县、嘉兴知府。著有

《悠游集》《蒿目集》《上元初集》等。

吴仰贤（1821—1887），字牧驺，嘉兴（今浙江省嘉兴市）人。清咸丰二年（1852）进士，授浪穹知县，历官罗次、昆明知县、武定知府、迤东兵备道。著有《小匏庵诗存》。

嘉兴府，南宋庆元元年（1195）升秀州置，治嘉兴县（今浙江嘉兴市）。辖区约今浙江省杭州湾以北（海宁市除外）、桐乡以东地区及上海市苏州河以南地。元改为路。明初复为府，辖区缩小至今浙江省境内。1912年废。

清光绪四年鸳湖书院刻本。

3122

［景德］海盐图经／（宋）□□撰

海盐，位于浙江省北部，东濒杭州湾。秦置海盐县，治所在今上海市松江县南柘山。西汉时移治于今浙江平湖县东古当湖。东汉顺帝后又移治于今平湖县东南乍浦镇。东晋咸康七年（341）移治今浙江海盐县。隋废。唐景云二年（711）复置，先天元年（712）又废，开元五年（717）再置。元元贞元年（1295）升为州。明洪武二年（1369）复为县。

佚书。

3123

［绍熙］武原志／（宋）李直养撰

李直养，生卒年不详，字无害，维扬（今江苏省扬州市）人。初为海盐丞。宋绍熙元年（1190）任海盐知县。

武原，海盐县别称。

佚书。

3124

［永乐］海盐县志／（明）□□撰

是志亦称《永乐志》。

佚书。

3125

［弘治］海盐县志四卷／（明）谭秀修，（明）陈暹等纂

谭秀，生卒年不详，字牟秀，龙泉（今浙江省龙泉市）人。举人。明成化二十三年（1487）任海盐知县。

陈暹，生卒年不详，字序进，莆田（今福建省莆田市）人。举人。明成化十八年（1482）任海盐教谕。

佚书。

3126

［嘉靖］海盐县志五卷／（明）夏浚修，（明）徐泰纂

夏浚（？—1561），字惟明，号月川，玉山（今江西省玉山县）人。明嘉靖八年（1529）进士，历任浙江海盐县令、祠部郎，福建提学副使、广西参政。任海盐县令时修筑城墙，抵御住了倭寇入侵。著有《月川类草》《怀玉山志》《皇明大记》等。

徐泰，生卒年不详，字子元，号丰崖，海盐（今浙江省海盐县）人。历任桐城学谕、蓬州学正、光泽知县。

明嘉靖十一年清抄本。

3127

［万历］海盐县近志十六卷／（明）张瑀修，（明）仇俊卿纂

张瑀，生卒年不详，曲江人，曾署理海盐县事。

仇俊卿，见第2112条。

佚书。

3128

［天启］海盐县图经十六卷／（明）樊维城修，（明）胡震亨、（清）姚士粦纂

樊维城（？—1643），字亢宗，号紫盖，黄冈（今湖北省黄冈市）人。明万历四十七年（1619）进士。历官海盐知县、礼部主事、户部主事、泉州知府、福建按察副使。崇祯八年（1635）罢职归里。辑有《盐邑志林》。

胡震亨（1569—1645），字君鬯，更字孝辕，自号赤城山人，又号遯叟，海盐（今浙江省海盐县）人。明万历二十五年（1597）举人。曾任固城教谕，后任合肥知县。崇祯末年荐补定州知州，擢兵部职方员外郎。辑录唐代诗成《唐音统签》，《全唐诗》即以此为蓝本。著有《海盐县图经》《读书杂记》《通考纂》《李诗通》《杜诗通》《靖康高抬贵手录》等。

姚士粦（1559—1645），字叔祥，原籍海盐（今浙江省海盐县）。庠生。同郡沈思孝出抚陕西，召其入幕。入清后年九十余，穷饿以死。著有《蒙吉堂诗集》《见只编》《后梁春秋》《北魏春秋》《海盐图经》等。

是书修于明天启二年（1622）。卷一至卷四方域篇，含有图、表、建置考、治城、坊镇乡图、职署、名胜谱、风土记；卷五、六食货篇，含有户口、田土、税粮、役法、课程、监课；卷七戍海篇；卷八堤海篇；卷九、十官师篇，含有令长、丞尉、学职、监镇、监税、市舶、巡检、盐司、仓

职、武秩；卷十一至十五人物篇；卷十六杂识篇。以为海防关乎邑之利害，故志之特详。戍海篇列海宁卫海洋及海岸设备图等四幅，绘制精审，标注详全，并记汉奸与倭寇勾结犯边、官民抗倭及各要塞驻兵、建置、武器配备等，为研究明代沿海防务重要史料；堤海篇记历代修筑海堤、规模、耗费资产、经费来源等。

明天启四年刻本，明天启四年刻清乾隆十二年补刻本。

3129

［康熙］海盐县志十卷／（清）彭孙贻、童申祉纂

彭孙贻，见第0301条。

童申祉，生卒年不详，字百旃，号松门，海盐（今浙江省海盐县）人。进士，授临安教谕。

稿本，抄本。

3130

［康熙］海盐县志补遗／（清）张素仁修，（清）彭孙贻、童申祉纂

张素仁，生卒年不详，字静公，辽东人。荫生。清康熙九年（1670）任海盐知县。

彭孙贻，见第0301条。

童申祉，见第3129条。

清康熙十二年抄本。

3131

［乾隆］海盐县续图经七卷／（清）王如珪修，（清）陈世倕、钱元昌纂

王如珪，生卒年不详，字桐叔，宛平（今属北京市）人。岁贡生。先任仙居知县。清乾隆八年（1743）调海盐知县。

陈世倕（1677—?），字公佐，号存斋、鹿岩，海盐（今浙江省海盐县）人。清康熙四十八年（1709）进士。历官户部主事、户部郎中、吏科给事中、兵科掌印给事中、河南管河道、分巡南汝光道、河南按察使、河南布政使、河南学政、顺天府府尹、左副都御史等。著有《存斋疏稿》《存斋吟稿》《海盐县艺文续编》。

钱元昌（1676—?），字朝采，号埜堂，又号一翁，海盐（今浙江省海盐县）人。清康熙四十一年（1702）副榜，历任广东长宁县知县、兵部职方司主事及都水司主事、广西柳州府知府。后官至贵州粮道。

是书卷一方域篇，有图、表、建置考、治城、坊镇乡图、职署、名胜谱、风土记；卷二食货篇，有户口、田土、税粮、役法、课程、盐课、蠲恤、赋役全书、漕运、屯

田、屯运；卷三戍海篇；卷四堤海篇；卷五官师篇，去仓职、武秩，增署知县；卷六人物篇；卷七杂识篇。

清乾隆十三年刻本。

3132

［光绪］海盐县志二十二卷首一卷末一卷／（清）王彬修，（清）徐用仪纂

王彬，生卒年不详，闽县（今属福建省福州市）人。解元。清同治十三年（1874）任海盐知县。

徐用仪（1826—1900），字吉甫，号筱云，海盐（今浙江省海盐县）人。清咸丰九年（1859）举人，历任工部右侍郎、总理各国事务衙门大臣、军机大臣、兵部尚书等职，因反慈禧太后对外宣战，被杀于北京。曾纂《海盐县志》，另著有《竹隐庐诗存》等。

清光绪二年稿本，清光绪三年蔚文书院刻本。

3133

［绍定］澉水志八卷／（宋）罗叔韶修，（宋）常棠纂

罗叔韶，生卒年不详，字仪甫，四明（今浙江省宁波市）人。南宋绍定三至六年（1230—1233）任修职郎，绍定三年（1230）监嘉兴府海盐县澉浦镇税兼烟火公事。

常棠，生卒年不详，字召仲，号竹窗，宋海盐（今浙江省海盐县）人。隐居不仕，绍定间寓居澉浦，受聘纂成《澉水志》。

澉水，水名转地名称澉浦，位于浙江省海盐县南端，东、南濒临杭州湾，古由此通海。唐置镇。宋置市舶务和水军。元置市舶司于此，对外贸易。故址在今海盐县西南杭州湾北岸，已湮没无存。是志又题《海盐澉水志》，城镇志，分十五门，其中地理门，含沿革、风俗、形势、户口、税赋、镇名、镇境、四至八到、水陆路；后十四门依次为山、水、廨舍、坊巷、坊场、军寨、亭堂、桥梁、学校、寺庙、古迹、物产、碑记、诗咏。

宋绍定三年修明嘉靖三十六年刻本，盐邑志林本，四库全书本，嘉禾旧志合刻本，澉水志汇编本。

3134

海盐澉水志八卷

见“［绍定］澉水志八卷”。

3135

［绍定］澉水志二卷／（宋）罗叔韶修，（宋）常棠纂

罗叔韶，见第3133条。
常棠，见第3133条。

清咸丰七年海昌陈氏双清草堂刻本，丛书集成初编本，景印元明善本丛书本。

3136

[嘉靖] 续澉水志九卷／（明）董谷纂修

董谷，生卒年不详，字石甫，一作硕甫，自号碧里山樵，又号汉阳归叟，海盐（今属浙江省海盐县）人。明正德十一年（1516）举人，曾知安义、汉阳。著有《碧里杂存》《澉浦续志》。

董谷居澉水镇，于明嘉靖三十六年（1557）得宋人常棠《澉水志》，乃采元、明事迹，续成此志。是志分地理、职官、公署、贡赋、兵卫、祠宇、人品、杂记、艺文九类。

明嘉靖三十六年刻本，清抄本，抄本，澉水志汇编本。

3137

海盐澉水志八卷续澉水志九卷／（宋）常棠纂修，（明）董谷续修

常棠，见第 3133 条。
董谷，见第 3136 条。

见“[嘉靖] 续澉水志九卷”。

明嘉靖三十六年刻本。

3138

[康熙] 再续澉水志八卷／（清）吴为龙纂修

吴为龙（1636—1698），字云思，又名汝纳，澉浦（今属浙江省海盐县）人。清康熙中以布衣荐鸿博，力辞不赴。

存佚不详。

3139

[嘉庆] 澉水新志十二卷／（清）方溶纂修

方溶（1764—约 1853），字蓉浦，澉浦（今属浙江省海盐县）人。清嘉庆二十五年（1820）岁贡生。著有《禹贡分笺》。

清道光刻本，抄本。

3140

[道光] 澉水新志十二卷首一卷／（清）方溶纂修，（清）万亚兰补遗

方溶，见第 3139 条。
万亚兰，生平事迹不详。

是志分为地理、职官、堤海、水利等十一门。

清道光三十年刻本，抄本，澉水志汇编本。

3141

澉水志汇编 / 程煦元辑

程煦元，生卒年不详，字韵唐，澉浦（今属浙江省海盐县）人。岁贡。

《澉水志》始修于南宋，明清两代均有续修。1935 年，程煦元辑汇传于今者印成此编，包括南宋绍定三年（1230）罗叔韶修、常棠纂《澉水志》八卷，明嘉靖三十六年（1557）董谷修纂《续澉水志》九卷，清嘉庆道光间方溶纂修、万亚兰补遗《澉水新志》十二卷，程煦元自撰《澉志补录》。

民国二十四年铅印本。

3142

［民国］澉志补录不分卷 / 程煦元纂

程煦元，见第 3141 条。

民国二十四年铅印本，影印本，澉水志汇编本。

3143

［嘉靖］海宁卫志 /（明）王文禄纂

王文禄（1503—1586），字世廉，号沂阳、海沂子，时称文定先生，海盐（今浙江省海盐县）人。明嘉靖十年（1531）举人，其祖父曾为海宁指挥使。编有《百陵学山》，著有《艺草》《邑文献志》《卫志》。

海宁卫，在海盐县治西，明洪武十七年（1384）建，辖左、右、中、前四所及澉（浦）、乍（浦）二所。

千顷堂目存目。

3144

海宁卫乘十卷 /（明）采士英编

采士英，生卒年不详，字茂含，一作茂合，海宁（今浙江省海宁市）人。采九德子，诸生。博览经史，晚结茅海上之蓝田墅。著有《海宁卫乘》。

千顷堂目存目。

3145

海昌胜览二十卷 /（清）周春撰

周春，见第 0336 条。

东汉建安五年（200）分由拳、海盐县置海昌屯田都尉，属吴郡，治所在今浙江海宁市盐官镇南二十里（已沦于杭州湾海中）。三国吴黄武四年（225）改置盐官县。是志约成书于清乾隆四十五年（1780），分宸翰、祠庙、山水、堰闸、沿革、疆界、城池、市镇、赋役、户口、海塘、海防、学校、兵防、坊表桥梁、灵异、兵寇、轶事、古迹、冢墓、寺观、释道、物产、风俗、选举、职官、艺文、碑刻、儒林、文苑、人物、名僧、方技、列女等目。其中海防目仅记清初海疆防务及驻兵情况。

稿本，清道光十至十一年葛继常抄本，清抄本，清小清仪阁抄本。

3146

［弘治］平湖县志稿／（明）林光纂

林光，见第3111条。

平湖，位于浙江省东北边沿，南濒杭州湾。明宣德五年（1430）分海盐县置，属嘉兴府，治所即今浙江平湖市。民国初属浙江钱塘道。1927年直属浙江省。1991年改设平湖市，由嘉兴市代管。

佚书。

3147

［嘉靖］平湖县志稿九卷／（明）法皑纂

法皑，生卒年不详，字双屿，丹徒（今属江苏省镇江市）人。曾任平湖教谕。

佚书。

3148

［万历］平湖县志稿／（明）黄焰修

黄焰，生卒年不详，字明寰，商城（今河南省商城县）人。时任平湖知县。

佚书。

3149

［万历］平湖县续志稿／（明）林梦琦修

林梦琦，生卒年不详，字儆瑕，晋江（今福建省晋江市）人。时任平湖知县。

佚书。

3150

［天启］平湖县志十九卷图一卷／（明）程楷修，（明）杨儁卿纂

程楷（？—1642），字公式，号畸人，合肥（今安徽省合肥市）人。时任平湖知县。

杨儁卿，生卒年不详，一作俊卿，字拙修，乌程（今浙江省湖

州市）人。

明天启七年刻本。

3151

［崇祯］平湖县志稿／（清）吴春枝修

吴春枝，生卒年不详，字元萼，号梅谷，宜兴（今江苏省宜兴市）人。时任平湖知县。

佚书。

3152

［康熙］平湖县志十卷图一卷／（清）朱维熊修，（清）陆葇纂

朱维熊，生卒年不详，字兆公，直隶保安州（今河北省涿鹿县）人。清康熙十一年（1672）举人。曾官江西广信府知府，时任平湖知县。

陆葇（1630—1699），初名世枋，字次友，号义山，一号宜山，又号雅坪，平湖（今浙江省平湖市）人。清康熙六年（1667）进士，掌管内秘书院典籍。十八年（1679）再试博学鸿词，授翰林院编修，分纂《明史》，后官至内阁学士兼礼部右侍郎。著有《雅坪文稿》《雅坪诗稿》《雅坪词谱》等。

清康熙二十八年刻本，平湖陆氏求是斋抄本。

3153

［雍正］平湖县志稿／（清）白环修

白环，生卒年不详，时任平湖知县。

佚书。

3154

［乾隆］平湖县志十卷／（清）高国楹修，（清）倪藻垣等纂

高国楹，生卒年不详，字襄臣，镶红旗人。时任平湖知县。

倪藻垣，生卒年不详，平湖（今浙江省平湖市）人。清雍正十三年（1735）举人。

清乾隆十年刻本。

3155

［乾隆］平湖县志二十卷首一卷／（清）张力行修，（清）徐志鼎纂

张力行，生卒年不详，字顾堂，号柏庐，湘潭（今湖南省湘潭市）人。历官海盐知县、平湖知县、东海防同知，擢山西宁武府

知府，调汾州府。因亏欠库款，与其子同罹重典。著有《雪鸿集》《张氏垂范堂集》。

徐志鼎（1745—1799），字调元，号春田，平湖（今浙江省平湖市）人。清乾隆四十年（1775）进士。官南溪知县。还乡后，主持桐乡分水书院。著有《红亭日记》《吉云草堂集》《争光集》。

清乾隆四十五年刻本，平湖陆氏求是斋抄本。

3156

［乾隆］平湖县志十卷首一卷末一卷／（清）王恒修，（清）张諴等纂

王恒（1736—?），字咸斋，又字钟岳，号久也，新蒲（今属贵州省遵义市）人。二十岁补廪膳生，清乾隆三十年（1765）选拔贡生学使，四十六年（1781）以大挑一等发分浙江补庆元令。四十八年（1783）调平湖平海盗，上谕补授为嘉兴知府。

张諴（1749—1814），一作张诚，字希和，号熙河，晚号婴上散人，平湖（今浙江省平湖市）人。清乾隆四十二年（1777）举人，候选知县。著有《婴山小园集》《梅花诗话》等。

清乾隆五十五年刻本。

3157

［嘉庆］平湖县续志十卷附旧志补遗四卷／（清）路鐔修，（清）张跃鳞纂

路鐔，生卒年不详，字墨庄，汉阳（今属湖北省武汉市）人。监生。由诸暨调平湖县。

张跃鳞（1755—1844），字振之，号拗庵，平湖（今浙江省平湖市）人。著有《拗庵诗稿钞》。

清嘉庆十一年刻本，平湖陆氏求是斋抄本。

3158

［光绪］平湖县志二十五卷首一卷末一卷／（清）彭润章等修，（清）叶廉锷等纂

彭润章，生卒年不详，字泽之，一字茀山，黄平州（今贵州省黄平县）人。时任平湖知县。

叶廉锷（1813—1885），庠名联萼，榜名廉锷，字品棠，号清士，又号勤诹。道光二十四年（1844）举人。乱后归里，掌当湖书院，兼领海盐蔚文书院、乍浦九峰书院。著有《箧存稿草》。

清光绪十一年稿本，清光绪十二年刻本。

3159

［民国］平湖县乡土志二篇／王积澍纂

王积澍，生卒年不详，平湖（今浙江省平湖市）人。贡生。

民国七年铅印本。

3160

［民国］平湖县续志十二卷／季新益、柯培鼎纂

季新益，生卒年不详，曾任平湖县知事。

柯培鼎（1851—1924），字有铭，平湖（今浙江省平湖市）人。清光绪二年（1876）举人。官余姚教谕，改福建盐大使。著有《珠楼唱和集》《榕游草》。

民国十五年抄本，平湖葛氏传朴堂抄本。

3161

［乾隆］乍浦志六卷首一卷末一卷／（清）宋景关纂

宋景关（1724—?），字今郿，号话桑，又号醒轩，室名桑阿吟屋，平湖（今浙江省平湖市）人。清乾隆间岁贡生。博览典籍，勤于撰述。曾担任《平湖县志》分纂，并著有《平湖县志纠谬》《乍川文献》《桑阿吟屋稿》等。

乍浦，即今浙江平湖市东南乍浦，地处杭州湾北岸，依山傍海，自古就有“江浙门户”“海口重镇”之称。元时已是海上港口。明洪武十四年（1381）置巡检司，十九年（1386）改建千户所，筑城。清代兴盛，国内闽、粤、瓯、越及日本、琉球、安南商人云集，为杭州湾海上交通名镇。

清乾隆二十二年刻本，清乾隆二十二年刻五十七年增刻本，清乾隆二十二年刻五十七年增刻道光十九年校补印本。

3162

［道光］乍浦备志三十六卷首一卷／（清）邹璟纂

邹璟，见第1476条。

是志分建置、山川、关梁、古迹、积贮、土产、祥异、海塘、兵制、宦绩、选举、祠祀、人物传记、文苑、寓贤、方技等门。

清道光八年刻本，清道光八年刻二十三年补刻本。

3163

［道光］乍浦续志六卷／（清）许河纂修

许河，生卒年不详，清嘉庆三年（1798）副贡，曾任乍浦观海

书院山长。

清道光二十三年刻本。

台州市

3164

［康熙］台州府志十八卷首一卷／（清）鲍复泰修，（清）冯苏、洪若皋纂

鲍复泰，生平事迹不详。

冯苏，生平事迹不详。

洪若皋，见第0256条。

台州府，明洪武初改台州路置，属浙江行省，治所在临海县（今浙江临海市），辖境相当今浙江临海、台州二市及天台、仙居、宁海、三门、温岭五县地。清属浙江省。1912年废。今为台州市。

清康熙二十二年刻本。

3165

［康熙］台州府志十八卷首一卷／（清）张联元修，（清）方景濂等纂

张联元，生卒年不详，字觉庵，钟祥（今湖北省钟祥市）人。清康熙三十一年（1692）进士。曾任吏部验封司郎中。五十一年至五十九年（1712—1720）任台州知府。

方景濂，生卒年不详，时任台州府儒学训导。

清康熙六十一年刻本，清康熙六十一年刻嘉庆十三年补版印本。

3166

［嘉庆］台州外书二十卷／（清）戚学标纂

戚学标（1742—1824），字翰芳，号鹤泉，太平（今属安徽省黄山市）人。清乾隆三十年（1765）拔贡。四十二年（1777）掌教县城鹤鸣书院，翌年应曲阜孔继涵邀聘至孔府任教。四十六年（1781）进士。五十九年（1794）任河南涉县知县。嘉庆十八年（1813）出任宁波府学教授，后历任杭州紫阳、崇文诸书院讲席。著有《汉学谐声》《毛诗证读》《诗声辨定阴阳谱》《四书偶谈》《字易》《鹤泉文钞》等。

是书分四册，第一册舆地记，为人物补传；第二册艺文志，为武备略、兵患纪；第三册客官录，先正事略、科名杂志、古迹；第四册物类志，遗闻、杂录、存疑、辨误。

戚鹤泉所著书本。

3167

［咸丰］台州外书订三卷／管世骏撰

管世骏，见第1516条。

是书撰于咸丰初年。主要是订正戚学标《台州外书》的失误，故名。卷上舆地；卷中艺文、武备、兵患、客宦、轶事、科名；卷下古迹、物类、遗闻、存疑、辨误。

稿本。

3168

[光绪] 台州府志一百卷 / (清) 赵亮熙、郭式昌修，王舟瑶等纂

赵亮熙（1835—1904），字寅臣，宜宾（今四川省宜宾市）人。清咸丰十年（1860）进士，授山东曹州府武城县知县。旋调工部主事，在虞衡司行走，晋都水司员外郎、营膳司郎中、会典馆纂修。光绪十八年（1892）出守括州，寻调台州。二十二年（1896）复回括任。

郭式昌（1830—1905），字谷斋，侯官（今属福建省福州市）人。清咸丰九年（1859）举人，同治七年（1868）代理温州知府，后改台州知府。光绪二十三年（1897）升道台，二十六年（1900）任金衢严道道台。三十年（1904）代理按察使。

王舟瑶（1858—1925），字玫伯，一字星垣，号默庵，黄岩（今属浙江省台州市）人。清光绪十五年（1889）举浙江乡试。曾主九峰精舍，后受聘纂修《台州府志》，兼主讲清献书院、东湖书院，不久又主文达书院。曾任上海南洋公学教员、两广师范学堂监督等职。著有《中国学术史》《郘注禹贡引地理志释》《周官孟子异义疏证》《谷梁逸礼考证》《群经大义述》等。

清光绪二十三年稿本，民国十五年王佩瑶校定台州旅杭同乡会铅印本。

3169

[民国] 台州府志一百四十卷首一卷 / 喻长霖修，柯华威等纂

喻长霖（1857—1940），字志韶，黄岩（今浙江省台州市黄岩区）人。清光绪二十一年（1895）榜眼，授翰林院编修、国史馆协修、武英殿和功臣馆纂修。后任清宗室觉罗八旗第三学堂提调、八旗高等师范学堂国文教习、译学馆伦理教习、两浙师范学堂监督。宣统元年（1909）任实录馆纂修，翌年任京师女子师范学校总理。资政院成立，选为硕学通儒议员，任资政院宪政会咨询。辛亥革命后，归里不出。著有《清儒学案》《古今中外交涉考》《清大事记》《九通会纂》《经义骈枝》《两浙文征》等。

柯华威，生平事迹不详。

民国二十五年铅印本。

3170

[万历] 黄岩县志七卷 / (明)袁应祺修，(明)牟汝忠等纂

袁应祺（1538—1593），字文谷，号肖海，兴化（今江苏省兴化市）人。明万历二年（1574）进士，授黄岩知县，擢户部主事。著有《浮玉山人集》。

牟汝忠，生卒年不详，黄岩（今属浙江省台州市）人。诸生。

黄岩，位于浙江黄金海岸线中部。武周天授元年（690）由永宁县改置黄岩县，治黄岩（今浙江台州市黄岩区），属台州。元元贞元年（1295）升为黄岩州。明洪武三年（1370）复改黄岩县，属台州府。1989 年撤销县，改置黄岩市。1994 年，黄岩撤市设区。

明万历七年刻本。

3171

[康熙] 黄岩县志八卷 / (清)张思齐修，(清)潘文韬纂

张思齐，生卒年不详，时任知县。

潘文韬，生平事迹不详。

清康熙二十一年刻本。

3172

[康熙] 黄岩县志八卷 / (清)刘宽修，(清)平遇、潘最纂

刘宽，生卒年不详，时任知县。

平遇，生平事迹不详。

潘最，生卒年不详，字屇石，黄岩（今属浙江省台州市）人。岁贡。

清康熙三十八年刻本。

3173

[乾隆] 黄岩县志十二卷 / (清)王憕修，(清)李汪度、阮培元纂

王憕，生卒年不详，字平甫，汉川（今湖北省汉川市）人，一说四川汉州人。清乾隆十七年（1752）举人。时任黄岩知县。

李汪度（1743？—1819），字受之，号宝幢，仁和（今属浙江省杭州市）人。清乾隆二十二年（1757）进士。历官日讲起居注官、翰林院侍读学士、湖南学政。曾任《四库全书》总阅官。

阮培元（？—1799），字廷材，号笃庵，黄岩（今属浙江省台州市）人。清乾隆间举人。历官湖州、嘉兴训导。著有《天文

纪要》《河洛图考》《嘉兴名宦祠》等。

清乾隆三十五年刻本，清乾隆三十五年刻道光十八年印本。

3174

［光绪］黄岩县志四十卷首一卷附黄岩集三十二卷／（清）陈宝善、孙憙修，（清）王棻纂，（清）陈钟英、郑锡滜续修，王咏霓续纂

陈宝善（1821—1889），字子余，歙县（今安徽省歙县）人。历官黄岩、钱塘、归安、山阴、会稽、永嘉、西安、临海等县知县，继任浙江候补知府、浙江海运沪局总办、黑龙江文案、翼长厘税总办、东三省练兵支应总办、奉天候补道、发审筹饷诸局总办。光绪元年（1875）宝善被委派督办新疆行营粮台，总查新疆善后抚恤事宜，署理甘肃镇迪粮务兵备道。后又任钦差大臣，督办新疆军务、营务。新疆归复后，补授新设甘肃、新疆行省喀什噶尔兵备道和甘肃遇缺题奏道。

孙憙，生卒年不详，字欢伯，吴县（今属江苏省苏州市）人。监生。清同治七年（1868）从宁海县调任黄岩县令。

王棻，见第2913条。

陈钟英（1824—1880），字怀庭，一作槐庭，衡山（今湖南省衡山县）人。清道光二十九年（1849）举人。历官富阳、安吉、乌程、嘉善、黄岩和兰溪等县知县。著有《知非斋文集》。

郑锡滜，生平事迹不详。

王咏霓，见第1748条。

清同治七年修光绪元年续修三年刻本。

3175

［光绪］黄岩县志四十卷首一卷附校议二卷／（清）陈宝善、孙憙修，（清）王棻纂，（清）陈钟英、郑锡滜续修，（清）王咏霓续纂（黄岩志校议），（清）王棻撰

陈宝善，见第3174条。

孙憙，见第3174条。

王棻，见第2913条。

陈钟英，见第3174条。

郑锡滜，见第3174条。

王咏霓，见第1748条。

清光绪三年刻六年校补刻本。

3176

［光绪］邑乘管窥二卷／管世骏纂

管世骏，见第1516条。

是志订正了光绪《黄岩县志》《黄岩集》之误。

清光绪十六年稿本。

3177

临海图经／（宋）□□撰

临海，位于浙江沿海中部，东临东海。三国吴太平二年（257）分章安县置临海县，治今浙江省临海市城关镇大固山，属临海郡。隋开皇十年（590）移治临海镇（今城关镇），属处州。十二年（592）属括州，大业三年（607）属永嘉郡。唐至清历为台州、临海郡、台州路、台州府治。1986年改设临海市。

佚书。

3178

［永乐］临海县志／（明）□□撰

佚书。

3179

［弘治］临海县志稿／（明）任棱、周玉纂修

任棱，生卒年不详，字孟廉，号絅庵，临海（今浙江省临海市）人。明天顺二年（1458）以经明行修，荐授松江府学训导，升沾化教谕。秩满，改黟县，后授南雍学录。著有《郑祠集》《家礼辨正》《絅庵归田录》。

周玉，生卒年不详，字朝振，号东湖，临海（今浙江省临海市）人。明弘治六年（1493）进士。历官编修、国子司业、祭酒。因逆权宦刘谨，致仕居家三十年，屡荐不起。

佚书。

3180

［嘉靖］临海志二十六卷／（明）刘大直修，（明）余宽、金贲亨纂

刘大直，生卒年不详，字养浩，号岷川，四川宁州卫（今甘肃省宁县）人。明嘉靖十四年（1535）进士，翌年任浙江临海知县，后迁刑部给事中，擢太仆寺少卿，官至都察院右佥都御史。

余宽（？—1526后），字约中，临海（今浙江省临海市）人。明正德六年（1511）授刑部主事，因赴“若顺门伏哭谏议”入狱，后放归还乡，为县令刘大直聘为副使。曾重修《临海志》。

金贲亨（1483—1564），字汝白，临海（今浙江省临海市）人。明正德九年（1514）进士，初任扬州教授。后历官南京刑部主事、员外郎、郎中，江西按察司佥事兼

理学务。选拔优秀生员数十人，聚集白鹿洞书院，亲赴讲学。其后又任贵州、福建学政等。人称一所先生，著有《学易记》《学书记》《学庸议记》《道南录》《台学源流》《一所文集》《象山白沙要语》《临海县志》等。

明嘉靖十八年刻本。

3181

［康熙］临海县志十五卷首一卷／（清）洪若皋纂

洪若皋，见第0256条。

清康熙二十二年刻本，民国铅印本。

3182

［乾隆］临海县志稿／（清）许巽行修，（清）秦锡淳纂

许巽行（1726—1798），原名国英，字子顺，一字六葵，号密斋，晚年号敬恕翁，华亭（今上海市松江区）人，一作娄县（今属上海市）人。清乾隆二十七年（1762）举人，历任浙江临海县知县、广西兴安令、安徽南陵县及黟县知县等。著有《文选笔记》《古音表》《韵通》《古韵》《考正说文》《天涯仙遇录》《医学》《壬学》《荃蹄》《六壬课学》《天光阁焚余著》《敬恕翁诗稿》等。

秦锡淳（1760—1786），字即瞿，号沐云，人称赤城先生，临海（今浙江省临海市）人。清乾隆二十一年（1756）举人，曾任平山、瑞金知县。著有《白云楼诗集》《江南集》等。

佚书。

3183

［乾隆］临海县补志料不分卷／（清）宋世荦纂

宋世荦（1765—1821），字卣勋，号确山，室名确山楼、红杏轩，临海（今浙江省临海市）人。清乾隆五十三年（1788）举人，补咸宁宫教习，曾任福建大田、陕西扶风县知县。辑有《台州丛书》，著有《周礼故书疏证》《仪礼古今文疏证》《确山楼骈体文》《红杏轩诗钞》等。

清抄本。

3184

［嘉庆］临海续志稿十卷／（清）洪蒙煊、郭协寅纂修

洪蒙煊（1766—1824），字达泉，临海（今浙江省临海市）人。清乾隆贡生，由官学教习补从化、

广宁、五河知县。

郭协寅（1767—?），字沧洲，号石斋，临海（今浙江省临海市）人。清嘉庆间诸生，代藏书家。著有《台州述闻》《台州金石录》《台州诗录》《台州书画录》等。

佚书。

3185

［咸丰］临海县志稿不分卷／（清）程霖等纂修

程霖，生平事迹不详。

清咸丰十年稿本。

3186

［同治］临海县志稿十二卷／（清）黄敬熙修，（清）何炳麟等纂

黄敬熙（1818—?），字有声，号曙岩，又号行而，萍乡（今江西省萍乡市）人。袁州府学优廪生，清道光二十九年（1849）江西选拔贡生一名，以贡生调临海。同治八年（1869）到镇海任县令。

何炳麟，生卒年不详，临海（今浙江省临海市）人。一生布衣，以坐馆为生，曾为尊儒书院主讲、《临海县志》局总纂。

稿本。

3187

［光绪］临海县志三十二卷／吴鸿宾修，（清）叶书等纂

吴鸿宾（1851—1925?），字云笙，号墨髯、莆仙逸民，莆田（今福建省莆田市）人。清光绪十一年（1885）由优生考选拔贡，朝考一等第一名，以知县分发浙江。历官海盐、天台、临海、钱塘知县，以知府用升为浙江候补道员。

叶书，生平事迹不详。

稿本。

3188

［民国］临海县志稿六十卷／陈懋森撰

陈懋森，生卒年不详，字铭生，临海（今浙江省临海市）人。清光绪间秀才，以教馆为业。

稿本。

3189

［民国］临海县志稿四十二卷首一卷／孙熙鼎、张寅修，何奏簧纂

孙熙鼎，生卒年不详，休宁（今安徽省休宁县）人。曾任临海

县知事。

张寅（1882—1950），字翰庭，太平（今浙江省温岭市）人。少时求学于冠山书院，后升入温岭城内的鹤鸣书院。清末朝廷丧权辱国，投笔从戎，于光绪三十一年（1905）赴日本东京警监学校留学。受到孙中山、黄兴的进步思想影响，在日本参加了同盟会。三十三年（1907）回国任职杭州警界，继续秘密从事反清活动。1911年辛亥革命爆发，杭州城响应武昌和西安等大起义，张寅利用巡官身份，率部打开清波城门，使大批革命军得以顺利入城。历任乐清、东阳、定海、益都、平度、茌平等县知事。

何奏簧，生平事迹不详。

民国二十四年铅印本。

3190

［弘治］太平县志草／（明）黄缙纂修

黄缙，生卒年不详，字绍荣，莆田（今福建省莆田市）人。举人出身，时任太平县教谕。

太平县，地处浙江省东南沿海，三面临海，东濒东海。明成化五年（1469）分黄岩县南界置太平县，属台州府，治所即今浙江温岭市。1914年改名温岭县。1994年撤县设温岭市。

佚书。

3191

［嘉靖］太平县志八卷／（明）曾才汉修，（明）叶良佩纂

曾才汉，生卒年不详，字明溪，泰和（今江西省泰和县）人。进士出身，曾任茶陵州知州、太平县知县。

叶良佩（1491—1570），字敬之，号海峰，太平（今浙江省温岭市）人。明嘉靖二年（1523）进士。累官至刑部郎中。著有《周易义丛》《海峰堂集》等。

明嘉靖十九年刻本，明嘉靖十九年刻祇园寺承满修补本，抄本。

3192

［康熙］太平县志八卷／（清）曹文埏修，（清）林槐等纂

曹文埏，生平事迹不详。

林槐，生平事迹不详。

清康熙二十二年刻本。

3193

［嘉庆］太平县志十八卷／（清）庆霖修，（清）戚学标等纂

庆霖，生卒年不详，号旭亭，

汉军正蓝旗人。清嘉庆十二年（1807）任太平知县。

戚学标，见第3166条。

清嘉庆十六年刻本，清光绪二十二年刻本。

3194

［光绪］太平续志十八卷首一卷／（清）陈汝霖修，（清）王棻等纂

陈汝霖，生卒年不详，号梓钟，宜都（今湖北省宜都市）人。监生。清光绪十九年（1893）任太平知县。

王棻，见第2913条。

清光绪二十二年刻本。

3195

［雍正］玉环志略五卷／（清）张坦熊撰

张坦熊（1679？—？），字详男，一作男祥，号郎湖，汉阳（今属湖北省武汉市）人。清康熙五十年（1711）举人。初任浙江桐庐县令，调仁和县令。雍正四年（1726），浙江巡抚李卫奏请展复玉环山，张坦熊于次年三月任太平（温岭）知县兼理玉环恳务，六年（1728）升任玉环厅第一任同知，诸凡创置，以功擢守台州。后转任天津道，升任云南按察使。乾隆十六年（1751）去职还乡。著有《玉环厅志》《湖北通志》。

玉环，今玉环市，位于浙江省东南沿海，东濒东海。是志卷一至十四依次为舆地、建置、版籍、风俗、水利、祠祀、学校、军政、职官、人物、选举、列女、艺文及杂记等，每卷一志。军政志除兵额、险要等常见内容外，尚有潮候、风信、战舰等项目，地方及军事色彩浓厚。

清古藤书屋抄本。

3196

［雍正］特开玉环志四卷／（清）张坦熊纂修

张坦熊，见第3195条。

清雍正十年刻本。

3197

［光绪］玉环厅志十四卷首一卷／（清）杜冠英、胥寿荣修，（清）吕鸿焘纂

杜冠英（1840—1890），字芸生，号征三，太平永丰乡（今属安徽省黄山市）人。清咸丰初年弃文从武，随浙江候补道苏式敬从戎浙江，因督办军饷与天津海运有功，保授知府衔。光绪三年（1877）任浙江玉环同知，在职期

间，开垦南田、海岛田二三万余亩，建镇海、温台炮台十二座，缉拿海盗，振兴文教，创设玉海书院。十一年（1885），法国人孤拔率远东舰队进犯镇海，杜冠英亲自指挥并击沉法舰“纽回利答拉克”舰二艘。清廷御赐杜冠英“奋勇可嘉”匾额，功加三品衔，升道员补用。

胥寿荣，生卒年不详，字云松，金溪（今江西省金溪县）人。由军功得保，官浙江乌镇同知，调任玉环同知。

吕鸿焘，生卒年不详，新昌（今浙江省新昌县）人。举人。

清光绪六年刻本。

3198

［光绪］玉环厅志十四卷首一卷续增二卷／（清）杜冠英、胥寿荣修，（清）吕鸿焘纂，（续增）（清）胡钟骏纂

杜冠英，见第3197条。

胥寿荣，见第3197条。

吕鸿焘，见第3197条。

胡钟骏，生卒年不详，保靖（今湖南省保靖县）人。时任玉环同知。

清光绪六年刻十四年增刻本。

舟山市

3199

［绍熙］昌国志／（宋）王阮修

王阮（1140—1208），一名元隆，字南卿，号义丰，九江（今江西省九江市）人。宋隆兴元年（1163）登进士，后任都昌县主簿。淳熙八年（1181），从朱熹去九江，讲学于白鹿洞。十五年（1188），以承仪郎出任昌国县令。

北宋熙宁六年（1073）析鄞县置昌国县，治今浙江省舟山市定海区，属明州。辖境相当今浙江舟山群岛大部分地区。南宋属庆元府。元至元十五年（1278）改为州。十七年（1280）复置县隶州。二十七年（1290）废县存州。明洪武二年（1369）仍降为县。二十年废。

佚书。

3200

［宝庆］昌国县志二卷／（宋）胡榘、罗浚纂修

胡榘，见第2916条。

罗浚，见第2916条。

清抄本。

3201

[大德] 昌国州志七卷 / (元) 冯福京修，(元) 郭荐纂

冯福京，见第 3048 条。

郭荐，生卒年不详，昌国州（今属浙江省舟山市）人。乡贡进士，曾官鄞县教谕。

清徐氏烟屿楼刻本。

3202

[大德] 昌国州图志七卷首一卷末一卷 / (元) 郭荐、冯福京纂修

郭荐，见第 3201 条。

冯福京，见第 3048 条。

元昌国州（今浙江省舟山市）地区方志，刊行于大德二年（1298）。据原目所载，本志尚有环山、环海及普陀山三图，图志之名实由于此。是志卷一卷二叙州，卷三叙赋，卷四叙山、水、物产，卷五叙官，卷六叙人，卷七叙祠。是志颇重物产，叙五谷十一种、禽类二十六种、兽类六种、花类四十一种，叙果实二十一种、蔬菜二十八种、木类二十六种，还有竹、药、畜等几十种。海族目中载鱼及其他海产品达五十六种之多，反映了舟山渔业资源之丰富。

四库全书本，清抄本，日本国会图书馆支部静嘉堂文库影印本，宋元四明六志本。

3203

[正统] 昌国志 / (明) □□修

佚书。

3204

[正德] 昌国县志五卷 / (明) 陶恭修

陶恭（1451？—1541），字肃之，定海（今属浙江省舟山市）人。明正德元年（1506）始，他用时十年潜心编修《昌国县志》，成为舟山历史上最早由私人修成的一部志书。

佚书。

3205

[隆庆] 续修昌国县志五卷 / (明) 陶积修

陶积（约 1517—1582），号梅岑，定海（今属浙江省舟山市）人。陶恭之孙。明嘉靖十二年（1533）岁贡。曾任广西全州别驾。隆庆三年（1569）辞官还乡，继承祖父遗愿，续修《昌国县

志》。

佚书。

3206

[康熙] 昌国县遗志稿 / (清) 闻性道修

闻性道，见第 2934 条。

佚书。

3207

[道光] 昌国典咏十卷 / (清) 朱绪曾撰

朱绪曾 (1796—1866)，字述之，号燮亭，又号北山，上元 (今江苏省南京市) 人。清道光二年 (1822) 举人，官秀水、孝丰知县，台州同知、候补知府。二十一年 (1841) 英军第二次进犯定海，朱绪曾调赴浙江省巡抚部院衙门、抚标军营，参预谋划定海军事，协理粮台，授司文案。二十六年三月九日 (1846 年 4 月 4 日)，中英签订《退还舟山条约》，随两广总督耆英、浙江巡抚梁常宝往来宁波、定海，办理交涉、接收定海事宜。著有《开有益斋读书志》《北山集》《金陵诗汇》《笔谱》《金陵旧闻》《论语义证》。

朱绪曾对昌国之地理、历史早有所识，及至昌国，因就接收事宜、勘验防地、体察民情之故，遂对昌国有了更多了解，并在兵燹之余编著此书。是书对舟山之自然地理、人物古迹、风土民情、海山特产、历史文化等均有记述。

金陵丛书本。

3208

[天启] 舟山志四卷 / (明) 何汝宾纂修

何汝宾，生卒年不详，又名仲升，字寅之，吴郡 (今江苏省苏州市) 人。苏州卫世袭指挥，明天启二年 (1622) 调昌国参将，曾负责围剿东南海寇，督造楼舡、甲胄、武器。因征战有功，升广东都司都督佥事。

明代定海唯一官修志书。是志分四卷二十二门，重“示险要，列兵防”。

明天启六年刻本。

3209

[康熙] 定海县志□卷 / (清) 王元士修，(清) 郝良桐等纂

王元士，生卒年不详，字九山，麻城 (今湖北省麻城市) 人。清顺治十六年 (1659) 进士。康

熙六年（1667）任定海知县。

郝良桐，生卒年不详，中卫（今宁夏回族自治区中卫市）人。清顺治间拔贡，授江西宁都县丞。以捍城功升授浙江定海县知县。

定海县，清康熙二十六年（1687）于舟山岛地置，治今浙江省舟山市。属宁波府。道光二十三年（1843）升为定海直隶厅。1912年复改县。1958年撤销，与普陀、岱山、嵊泗三县合置舟山县。1962年复置定海县。1987年与普陀县合并改设舟山市，原定海县区域改置定海区。

抄本。

3210

［康熙］续定海县志不分卷／（清）王元士修，（清）虞光祚纂修

王元士，见第3209条。

虞光祚，生卒年不详，字尔锡，镇海（今属浙江省宁波市）人。诸生，明末授通判，未仕。

清康熙七年修抄本。

3211

［康熙］定海县志八卷／（清）缪燧修，（清）陈管等纂

缪燧（1650—1716），字雯曜，号蓉浦，江阴（今江苏省江阴市）人。贡生，捐纳知县，清康熙十七年（1678）授山东沂水知县。三十四年（1695），从沂水调定海，任定海知县达二十二年之久，修筑海塘，措置沿海治安。后曾暂任浙江慈溪、鄞县及宁波府事，升任杭州府同知。

陈管（1522—1610?），字谐卿，号东川，宁德（今福建省宁德市）人。岁贡，历官太和县训导、砀山县教谕、代理萧县县令，后任广东会同县令。

前任知县周圣化曾创修《定海县志》，未几，周调离，县志中辍，缪燧决定续修县志，历十九年修成《定海县志》。

清康熙五十四年刻本。

3212

［乾隆］定海续志／（清）庄纶渭纂修

庄纶渭（1713—1774），字对樵，号苇塘，武进（今属江苏省常州市）人。清乾隆七年（1742）进士，充咸安宫教习。期满官浙江武康、定海知县，擢甘肃宁州知州。以事降级，官浙江上虞知县，复调定海。未几致仕归。著有《问羲轩诗钞》《剩草》等。

佚书。

3213

［光绪］定海厅志三十卷首一卷／（清）史致驯修，陈重威、（清）黄以周纂

史致驯，生卒年不详，字佳若，阳湖（今属江苏省常州市）人。诰授通议大夫，三品衔候选道知定海直隶厅事，曾署嘉善县知县，参修《嘉兴府志》。

陈重威（1854—1937），字容民，号澹斋，武进（今属江苏省常州市）人。清光绪二年（1876）举人。历官上海道、长芦盐运司笔札、吴县教谕、山西盂县知县、太原理事通判、高平县知县、武川厅抚民同知。辛亥保知府，署汾州府。

黄以周（1828—1899），字元同，号儆季，又号哉生，定海（今属浙江省舟山市）人。清同治九年（1870）举人。初任浙江分水县训导。光绪十四年（1888）赐内阁中书衔，十六年（1890）升教授，主讲南菁书院。著有《礼书通故》《子思子辑解》《军礼司马法》《经训比义》《儆季杂著》等。

清光绪十一年黄树藩刻本，清光绪十一年黄树藩刻二十八年补刻本，清光绪十一年黄树藩刻二十八年补刻民国三年印本。

3214

定海厅志校补／王亨彦撰

王亨彦，见第1573条。

存佚不详。

3215

［民国］定海县志不分卷／陈训正、马瀛纂修

陈训正，见第2939条。

马瀛，见第2939条。

民国十三年旅沪同乡会铅印本。

3216

［民国］岱山镇志二十卷首一卷／汤浚纂

汤浚（1864—1936），原名铭箴，字尔规，别号遁庵居士，岱山（今属浙江省舟山市）人。清宣统元年（1909）开省科取士，以拔贡第一名而列为榜首，试用江西直隶州州判。1912年挂冠回乡。编有《定海县志》《定海厅志续补》《定海厅志校补》《定海县新志》《翁州诗徵》《岱山镇志》等。

岱山岛位于舟山本岛以北，地处杭州湾口外。是志名为镇志，实为岱山岛志，介绍了岱山岛内地理情况、岱山历史以及社会发展变迁中的重大事件。

民国十六年定海汤氏一棵轩木活字印本。

福建省

3217

闽中记／（东晋）陶夔撰

陶夔（约353—?），丹阳（今安徽省当涂县）人。约生活于东晋咸康至元熙年间（335—420），是三国吴交州刺史陶璜后代。东晋太元十九年（394）任晋安郡太守。

是书记述晋安郡所辖原丰、新罗、宛平、同安、侯官、罗江、晋安、温麻的舆地沿革、人文旧事等，是福建省历史上第一部全省性地方志。

佚书。

3218

闽中记十卷／（唐）林谞撰

林谞（785?—859?），闽县（今属福建省福州市）人，约生活在唐贞元、大中之世。博学能文，隐居不仕，善搜集异闻。

佚书。

3219

淳熙三山志四十二卷／（宋）梁克家纂修

梁克家（1128—1187），字叔子，晋江（今福建省晋江市）人。南宋绍兴三十年（1160）廷试第一，授平江签判。历官秘书省正字、校书郎、著作佐郎、吏部员外郎、中书舍人、给事中、右丞相兼枢密使、右丞相、资政殿大学士。卒，谥文靖。纂有《淳熙三山志》。

简称《三山志》，是福建现存最早最完整的郡志。是志分地理、公廨、版籍、财赋、兵防、职官、人物、寺观、土俗九门，下设叙州、叙县、子城、罗城、夹城、外城、驿铺、江潮、海道等九十六目，记福州自晋太康置郡，止宋淳熙八年（1181）近九百年事。

宋淳熙九年修明崇祯十一年刻本，清乾隆张德荣抄本，四库全书本，清抱山堂抄本，清传砚斋抄本。

3220

三山志

见“淳熙三山志四十二卷”。

3221

［弘治］八闽通志八十七卷／（明）陈道修，（明）黄仲昭纂

陈道（?—1496），字安理，顺德（今属广东省佛山市）人。明成化十六年（1480）以御用监太监镇守福建。

黄仲昭（1435—1508），名潜，以字行，号未轩，莆田（今福建省莆田市）人。明成化二年（1466）进士。官至江西提学佥事。著有《未轩集》，并先后修纂《兴化府志》《延平府志》《群武府志》等。

福建省最早的一部省志。八闽，福建省别称。是志分十八门，分别为地理、食货、秩官、学校、选举、坛壝、祠庙、恤政、人物、宫室、寺观、丘墓、古迹、祥异、词翰、拾遗等。记载了当时福建省自然的和社会的大量史料。

明弘治四年刻本，抄本。

3222

［万历］闽大记五十五卷 /（明）王应山纂

王应山，见第 0181 条。

是书纪事止于明万历三十七年（1609），分总序、韵语、义例、图经为第一卷，次为闽纪、建置、吏治、选举、山川、风俗、食货、书籍、世家、寓贤、列传、杂传、仙释、伎艺、贡夷、列传前鉴等，每类一卷或多至数卷。但目录所列杂传以下的五卷及图经所附四种地图已佚。

清抄本，抄本。

3223

［万历］闽书一百五十四卷 /（明）何乔远纂

何乔远，见第 0030 条。

明万历四十年（1612），何乔远尽取福建八郡一州五十七县之志乘，参用历代史籍及诸家著述纂成此书。是书分分野、方域、建置、风俗、版籍、前帝、君长、文莅、武军、英耆、方技、宦寺、方外、岛夷、灵祀、萑苇、南产、蓄德、我私等二十二门。

明万历四十四年纂四十八年补纂崇祯二年刻本。

3224

［康熙］福建通志六十四卷 /（清）金鋐修，（清）郑开极、陈轼纂

金鋐，生卒年不详，宛平（今属北京市）人。清顺治九年（1652）进士，选翰林院庶吉士，康熙初年巡抚福建。

郑开极（1638—1717），字肇修，号几亭，侯官（今属福建省福州市）人。清顺治十八年（1661）进士。康熙帝继位，选为伴读。八年（1669）典试云南。事毕，以左春坊左谕德督学浙江。

陈轼（1617—1694），字静

机，号静庵，侯官（今属福建省福州市）人。明末清初戏曲作家。明崇祯十三年（1640）进士，授海南县令。后擢御史。南明永历时官苍梧道。入清不仕。著有《道山堂诗集》。

此志乃承袭《闽书》而作，仿照《通志》和《一统志》体例，以事为纲，隶以八府一州，较《闽书》有较多增补。当时台湾新归闽管辖，该志特设外岛一门，记载翔实。

清康熙二十三年刻本，抄本。

3225

［乾隆］福建通志七十八卷首五卷／（清）郝玉麟等修，（清）谢道承等纂

郝玉麟（？—1745），字敬亭，汉军镶白旗人。清康熙三十四年（1695）由骁骑校授门千总，累迁云南援剿协副将、鹤丽镇总兵。雍正元年（1723）擢云南提督。官至闽浙、两广总督、吏部尚书。乾隆六年（1741）以受贿革职。

谢道承（1691—1741），字又绍，又字左梅，别署种芋山人，闽县（今属福建省福州市）人。清康熙六十年（1721）进士。雍正元年（1723）受职编修，三年（1725）辞官回乡。六年（1728）任《福建通志》主纂。乾隆三年（1738）授太子中允，晋侍读，旋升国子监祭酒，移居国子监，后升内阁学士兼礼部侍郎，奉旨仍兼领国子监祭酒。

全书分为三十三门，即星野、建置、山川、疆域、城池、风俗、物产、田赋、户役、典礼、祠礼、兵制、封爵、学校、方外、技术、古迹、外岛等。本志对清乾隆前福建包括台湾在内的历史、政治、经济、文化、生产、交通等无所不载。

清乾隆二年刻本，四库全书本。

3226

［乾隆］福建续志九十二卷首四卷／（清）杨廷璋、定长等修，（清）沈廷芳、吴嗣富纂

杨廷璋（1689—1772），字奉峨，号玉亭，汉军镶黄旗人。世袭佐领。清康熙五十八年（1719）授銮仪卫八品笔帖式。雍正间历官工部虞都司主事、屯田司员外郎、虞衡司郎中，广西桂林府知府。乾隆间历官左江道、广西按察使、湖南布政使、浙江巡抚、护理闽浙总督、闽浙总督、太子太保、体仁阁大学士兼兵部尚书、正红旗汉军都统、工部尚书、两广总督、刑部尚

书。乾隆三十三年（1768）赐紫禁城骑马，授直隶总督，加太子少保。三十六年（1771）授刑部尚书，同年卒。三十七年（1772）赠太子太保，赐祭葬，谥勤悫。著有《余集》。

定长（？—1768），姓伊尔根觉罗，闽浙总督喀尔吉善之子。初授内阁中书，历官巡抚、任安徽、广西、山西、贵州、福建诸处，至湖广总督。清乾隆十八年（1753）请停贵州与邻省会哨，以安各少数民族。后以副都统衔赴西路军营督理屯田。

沈廷芳（1702—1772），字畹叔，一字荻林，号椒，仁和（今属浙江省杭州市）人。清乾隆元年（1736）举博学鸿词，选为翰林院庶吉士，授编修，出任山东道监察御史。曾任河南按察使、广州粤秀书院山长。八年（1743）改巡江南道，巡视山东漕运，兼理河务。后转任登莱青道，官至山东按察使。著有《隐拙斋诗集》《隐拙斋文集》《舆蒙杂著》《古文指绶》《鉴古录》《下学渊源》《十三经注疏正字》《续经义考》等。

吴嗣富，生平事迹不详。

是志为清乾隆《福建通志》的续编。记述内容始自乾隆元年（1736），修纂并刊行于乾隆三十三年（1768）。其中，兵制内增海防，选举内加词科，此外则改户役门为户口门。

清乾隆三十三年刻本。

3227

［道光］重纂福建通志二百七十八卷首七卷／（清）孙尔准等修，（清）陈寿祺纂，（清）陈祖洛等续修，（清）魏敬中续纂

孙尔准（1770—1832?），字平叔，一字莱甫，号戒庵，金匮（今江苏省无锡市）人。清嘉庆十年（1805）进士，官至浙闽总督。著有《泰云堂诗集》等。

陈寿祺，见第2154条。

陈祖洛，生平事迹不详。

魏敬中（1778—1860），名建中，字治原，号和斋，宁德（今福建省宁德市）人。清嘉庆六年（1801）举人，主讲松溪县湛卢书院及政和县星溪书院。二十四年（1819）进士，改庶吉士，授编修，充国史馆总纂。归主浦城南浦书院。道光十四年（1834）应聘为《福建通志》总纂。十六年（1836）兼主福州凤池书院。著有《屋漏讼过录》《观我生日记》《炳烛轩诗文集》等。

全书原稿为四百卷，仅成书二百七十八卷首七卷，分为星野、省府州县表沿革、疆域、山川、城

池、公署、坛庙、津梁、邮驿、水利、古迹、户口、田赋、仓储、蠲振、钱法、盐法、风俗、物产、典礼、学校、经籍、兵制、关隘、海防、封爵、职官、宦绩、选举、人物、列女、方外、寺观、杂录。卷首有图、凡例等。此志内容丰富，以图见长，“用开方法为福建全省总图一，为十府、二州山险、水道、关隘、疆域各图一，为海防图三，为台湾海口大小港道总图一，于险要阨塞及岛屿洋澳特详列之”。

清道光九年修十五年续修同治十年正谊书院刻本。

3228

［同治］福建通志山川古迹订讹一卷／（清）□□纂

清同治九年抄本。

3229

［民国］福建新通志三百二十三卷／福建通志局纂修

民国十一年福州通志局刻本。

3230

［民国］福建通志五十一总卷六百十一分卷／李厚基等修，沈瑜庆、陈衍等纂

李厚基（1869—1942），字培之，丰县（今江苏省丰县）人。北洋武备学堂毕业。初为直隶总督署卫队管带，后历官北洋军第二镇管带、标统，第四镇第七协协统。辛亥革命时，参加进攻武汉。民国建立，改称第四师第七旅旅长。1913年进兵上海镇压“二次革命”，任吴淞要塞司令，同年带兵入闽，历官福建镇守使、护军使。1916年投靠皖系，任福建督军兼省长，参加督军团活动。1918年段祺瑞发动对南方的战争，任闽浙援粤军总司令，被击败。第一次直奉战争后，投靠直系。1923年被皖系徐树铮与孙中山的北伐军联合驱走。1924年11月任山西援军副司令，旋改任南下宣抚，任全威将军。后寓居天津。

沈瑜庆（1858—1917），字志雨，号爱苍，别号涛园，侯官（今属福建省福州市）人。清光绪十一年（1885）举人，分发刑部，寻改江南候补道，委办江南水师学堂，转宜昌盐务局。二十一年（1895）主持南京筹防局营务处。庚子事变后历充淮北盐道、淮扬海兵备道、顺天府知府、山西按察使、广东按察使、江西布政使、贵州布政使、贵州巡抚。辛亥革命后寓居上海。

陈衍（1856—1937），字叔伊，自号石遗老人，侯官（今属福建省福州市）人。清光绪八年（1882）举人。后以游幕为生，先

应首任台湾巡抚刘铭传之聘为幕僚，居台北。继应湖南学使张亨嘉之聘为幕，居长沙。后就两江总督张之洞之聘为幕近十年之久，为张最倚重之幕宾之一。三十三年（1907），张之洞征召陈衍入京，任学部主事，遂兼任礼学馆修编、京师大学堂教授。自此以后，相继任南北各大学、高专教授，垂四十年。民国初年，应福建省政府之聘，任福建省通志局总纂。著有《石遗室文集》《石遗室诗集》《石遗室诗话》等。

1916 年最初议修，1937 年成书。是志改前志门类，以用人、行政、兵事、民事、巨狱归通纪，分立户口、科举、职官、疆域等年志，并增设版籍、船政、外交等。

稿本，民国二十七年刻本。

福州市

3231

［正德］福州府志四十卷／（明）叶溥修，（明）张孟敬纂

叶溥，生卒年不详，字时用，号槎溪，龙泉（今浙江省龙泉市）人。明弘治十八年（1505）进士，曾任广济县令，建昌知府。嘉靖中由郎中出守大名，正德年间任福州知府。

张孟敬，生卒年不详，字勤礼，怀安（今福建省福州市）人。曾任安吉学正。明正德间聘为府志总裁，以多闻著称。

元至正二十七年（1367）朱元璋改福州路置福州府，治闽县、侯官县（今福州市），属福建省，辖境相当今福建尤溪口以东的闽江流域和屏南、连江、罗源等县地。南明隆武元年（1645）唐王即帝位于此，改为天兴府。清顺治三年（1646）复旧。1913 年废。

明正德十五年刻本，抄本。

3232

［万历］福州府志三十六卷／（明）潘颐龙纂修

潘颐龙，生卒年不详，字耀卿，钱塘（今浙江省杭州市）人。明万历初知福州府。

明万历七年刻本。

3233

［万历］福州府志三十六卷／（明）林燫等纂修

林燫（1528—1584），字贞恒，一字对山，号宗伯，闽县（今属福建省福州市）。明嘉靖二十六年（1547）进士。历官景恭

王侍讲读、国子祭酒。隆庆时历官礼、吏部右侍郎。曾代理礼部事，建议备边七事。万历中历任工、礼部尚书。著有《林学士集》《福州府志》等。

明万历二十四年刻本。

3234

［万历］福州府志七十六卷／（清）喻政修，（明）林烃、林材纂

喻政（1558—1654），字章澜，一字漳澜，一作字从父，号章澜，铜仁府籍，南昌（今江西省南昌市）人。明万历二十三年（1595）进士，曾任福州知府。著有《茶集》。

林烃（1540—1616），字贞耀，闽县（今属福建省福州市）人。明嘉靖四十一年（1562）进士，授户部主事。后历官南京兵部郎中、建昌府知府、广西副使、浙江郡守、广东布政使参政、南京太仆少卿、太仆正卿、北京刑部侍郎、南京工部尚书。著有《覆瓿集》《福州府志》。

林材，生卒年不详，字谨任，号楚石，闽县（今属福建省福州市）人，明万历十一年（1583）进士。历官工科给事中、吏科都给事中、太仆少卿、南京通政使。卒，崇祯初赠右都御史。

明万历四十一年刻本，抄本。

3235

［万历］闽都记三十三卷／（明）王应山纂

王应山，见第0181条。

原名《湖山纪胜》，纂于明万历四十年（1612），写作中王应山病故，由子毓德续成。是书仿《西湖游览志》例，首载汉冶城、晋子城、唐罗城和梁夹城四图。下分福郡建置总叙、城池总叙，及闽县、侯官、长乐、福清、永福、闽清、古田、连江、罗源和福宁州等及其胜迹等。

明万历四十年纂明刻本，清道光十一年求放心斋刻本，清抄本。

3236

湖山纪胜

见“［万历］闽都记三十三卷”。

3237

［乾隆］福州府志七十六卷首一卷／（清）徐景熹修，（清）鲁曾煜、施廷枢等纂

徐景熹，生卒年不详，字骖

两，号璞斋，一作朴斋，钱塘（今浙江省杭州市）人。赐进士出身，翰林院编修。历官福州府知府、福建盐法道。

鲁曾煜，生卒年不详，字启人，号秋塍，会稽（今属浙江省绍兴市）人。清康熙六十年（1721）进士，乞养亲，归家教授生徒。著有《秋塍文钞》《三州诗钞》。

施廷枢（1714—1758），字北亭，号慎甫，室名十驾斋，钱塘（今浙江省杭州市）人。监生。

清乾隆十九年刻本。

3238

［元祐］长乐图经／（宋）袁正规修，（宋）林通纂

袁正规，生卒年不详，字道辅，陵阳（今属安徽省）人。宋元祐三年（1088）授长乐知县。

林通，生卒年不详，长乐（今福建省长乐市）人。乡荐进士。

长乐，位于福建省中部沿海，东临台湾海峡，别称吴航。唐武德六年（623）改新宁县置，属泉州，治所即今福建长乐市南古槐镇。上元元年（760）移今治。元和三年（808）废，五年（810）复置，属福州。五代梁乾化元年（911）王闽改曰安昌县，后唐同光初复名长乐县。闽永隆三年（后晋天福六年，941）又改为安昌县，后复名长乐县。宋属福州。元属福州路。明、清属福州府。1913年属福建东路道。1914年属闽海道。1928年直属福建省。1994年改设长乐市。2017年撤市设区。明宣德六年（1431），郑和第七次下西洋时立《天妃灵应之记》碑于此。

文渊阁书目存目，存佚不详。

3239

［弘治］长乐县志八卷／（明）王涣修，（明）刘则和、潘援纂

王涣，生卒年不详，字时霖，初号毅斋，晚号丹台逸史，象山（今浙江省象山县）人。明弘治九年（1496）进士。授福州府长乐知县，筑斗门、福田、章阪、童溪诸塘，升监察御史。晚年回乡力耕课读，又与乡老议筑海塘，曾于西乡筑塘。著有《西堂奏疏》《两晋南北奇谭》《墨池手录》《鸣琴稿》等。

刘则和（1442—1523），字至乐，号西窗，华墩（今属福建省长乐市）人。明成化十四年（1478）进士，授刑部主事。弘治初调化州同知，转江西抚州通判。

潘援，生卒年不详，字匡善，

号东崖，景宁（今浙江省景宁畲族自治县）人。明弘治十三年（1500）举人。历官长乐教谕、泉州教授、国子监丞、翰林院检讨、中书舍人。著有《东崖集》《诗林辨体》。

明弘治十六年刻本，抄本。

3240

［崇祯］长乐县志十一卷／（明）夏允彝纂修

夏允彝（1596—1645），字彝仲，号瑗公，松江府华亭（今上海市松江区）人。明崇祯十年（1637）进士。任长乐知县。十七年（1644），李自成攻陷北京。夏允彝赴扬州谒兵部尚书史可法，与谋兴复。兵败，投松塘而死。著有《夏文忠公集》《私制策》《禹贡合注》《几社六子诗》等。国变后所著《幸存录》，乃其绝笔。

明崇祯十四年刻本。

3241

［康熙］长乐县志八卷／（清）孙蕙修，（清）孙元体纂

孙蕙，生卒年不详，时任长乐知县。

孙元体，生平事迹不详。

清康熙二十六年刻本。

3242

［乾隆］长乐县志十卷首一卷／（清）贺世骏修，（清）沈成国、陈九鼎等纂

贺世骏，生卒年不详，字拔伦，号相皋，安福（今江西省安福县）人。清雍正七年（1729）举人。乾隆二十七年（1762）任长乐知县。

沈成国，生平事迹不详。

陈九鼎，生卒年不详，字敬彝，一字新斋，长乐（今福建省长乐市）人。清乾隆元年（1736）举人，曾代理广东新会、江门县丞。历任海口县丞、茌平县丞、邱县知县。

清乾隆二十八年刻本，抄本。

3243

［同治］长乐县志二十卷首一卷／（清）彭光藻、王家驹修，（清）杨希闵、黄见三等纂

彭光藻，生卒年不详，字敬轩，武陵（今属湖南省常德市）人。贡生。先任福州海防同知，清同治七年（1868）代理长乐知县事。

王家驹，生平事迹不详。

杨希闵（1808—1882），字铁佣，号卧云，新城（今江西省黎川县）人。清道光十七年（1837）拔贡，候选内阁中书。

黄见三（1807—1870），字景知，一字心垣，长乐（今福建省长乐市）人。清咸丰三年（1853）进士。历官河南杞县、汜水、内黄、林县、太康、郑州知县，升睢州知州。同治八年（1869）回家守孝期间参与编纂《长乐县志》。著有《学宫景仰篇》等。

清同治八年刻本。

3244

[民国] 长乐县志三十卷首一卷 / 孟昭涵修，李驹等纂

孟昭涵，生卒年不详，字兆沅，酃县（今湖南省炎陵县）人。清末廪贡。1916 年任长乐县知县。

李驹，生卒年不详，长乐（今福建省长乐市）人。

民国六年福建印刷所铅印本。

3245

[康熙] 长乐文石志不分卷 / （清）高文撰

高文，生卒年不详，长乐（今福建省长乐市）人。清康熙间在世。

文石，位于闽江口南岸突出处，濒临大海，曾是海防要塞，建有文石寨，又是明清时朝廷使者出使琉球等国祭海出洋的港口。现有明永乐七年（1409）太监郑和重修的天妃庙以及登文道、龙山寺、文昌祠、古塔、大王宫和石碑等古迹。

抄本。

3246

[民国] 长乐六里志十二卷 / 李永选纂

李永选（1901—1972），字法贤，号俊卿、闲云、寿石，晚年号半文，岱边（今属福建省长乐市）人。毕业于乌山师范学校，曾从事教育工作，新中国成立后被选为县政协第一届常委、第二届委员。著有《长乐前后被难记》《藏楼诗文稿》《郑和碑考》《藏楼印简》《长乐倭祸》《番薯考》《岱峰志》《刻印日课》《印人轶事》等。

[民国]《长乐县志》修于 1917 年，而原属闽侯县的高详、光俗、至德、钦仁、绍惠、江左等六里地域至 1934 年九月才划入长乐县，因而对六里的史实没有收录。是志为补充所缺之六里史料而纂，体例按［民国］《长乐县志》，记事截至民国 1946 年。

稿本。

3247

［道光］梅花志五卷／（清）陆元机修，（清）池春雷纂

陆元机，生卒年不详，疑为陈元机。清道光八年（1828）任县教谕。

池春雷，生卒年不详，梅花城（今属福建省长乐市）人。增生。

梅花镇，地处今福州长乐区东北角，闽江口南岸突出部，东濒台湾海峡，与白犬列岛海域相邻，与马祖列岛互望，是闽江口海防要津。

抄本。

3248

［道光］梅花方隅志／（清）陈元机撰

陈元机，生卒年不详，浦城（今福建省浦城县）人。举人。清道光八年（1828）任县教谕。

油印本。

3249

［民国］琴江志四卷续志三卷／黄曾成纂

黄曾成，生卒年不详，字小定，号铁岭逸民，长乐人。民初任小学教员、校长。著有《琴江志》四卷续志三卷及《孤愤集》一卷。

琴江，本是清雍正七年（1729）建立的福州三江口水师旗营，为当时全国沿海四大水师旗营之一，位于长乐市的洋屿。今为琴江满族村，属福建省长乐市。是志初名《琴川琐谈》。

民国十一年铅印本。

3250

［淳熙］玉融志／（宋）林亦之纂

林亦之（1136—1185），字学可，号月渔，福清（今福建省福清市）人。著有《论语考工记》《毛诗解》《庄子解》《纲山集》。

佚书。

3251

玉融志／（宋）黄锷纂

黄锷，生卒年不详，字忠甫，福清（今福建省福清市）人。

佚书。

3252

［淳熙］福清图经／（宋）范处义修，（宋）林亦之纂

范处义（1132—1203），字子由、逸斋，兰溪（今浙江省兰溪市）人。南宋绍兴二十四年（1154）进士。历官大理簿国子丞

太府少卿。著有《诗学》《解颐新语》《诗补传》等。

林亦之，见第3250条。

福清，简称融，位于福建省东部沿海。五代唐长兴四年（933）改福唐县置福清县，治今福建省福清市，属长乐府。元元贞元年（1295）升为福清州，属福建路。明洪武二年（1369）复降为县，明、清属福州府。1990年撤销，改设福清市。是志修于宋淳熙二年（1175）。

佚书。

3253

［洪武］玉融志／（明）马英修，（明）陈璜补订

马英，生卒年不详，字德华，福清（今福建省福清市）人。明洪武四年（1371）举人，授泉州同知。

陈璜，生卒年不详，字孔声，福清（今福建省福清市）人。明天顺三年（1459）举人，司教程乡（今属广东省梅州市）。

佚书。

3254

［天顺］福清县志续略十八卷／（明）释如一纂修

释如一，生卒年不详，又名即非和尚，法名如一，福清（今福建省福清市）人。俗姓林，原名雷锋。曾随我国佛教界高僧、福清县黄檗山万福寺住持隐元禅师东渡日本弘扬佛法。

明嘉靖二十六年刻本。

3255

［康熙］福清县志十二卷／（明）叶向高原本，（清）李传甲修，（清）郭文祥纂

叶向高，见第1825条。

李传甲，生卒年不详，字世鼎，陇州（今陕西省陇县）人。清顺治八年（1651）拔贡，康熙十年（1671）知福清县事。

郭文祥，生卒年不详，字孟履，号莲峰，福清（今福建省福清市）人。明崇祯十三年（1640）进士。官至胶州知州，手辑《福唐同雅》《玉融人物志》等书。

清康熙十一年刻本，抄本。

3256

［乾隆］福清县志二十卷图一卷／（清）饶安鼎修，（清）林昂、李修卿纂

饶安鼎（1691—?），字定九，

号牧庄，南丰（今江西省南丰县）人。清雍正二年（1724）进士，乾隆六至十二年（1741—1747）任福清知县。

林昂，生卒年不详，字嘉超，号若亭，海口梧屿（今属福建省福清市）人。清康熙四十七年（1708）乡试解元，五十一年（1712）进士，授翰林院编修，入秘书省。

李修卿，生卒年不详，字大建，号长山，福清（今福建省福清市）人。清雍正十一年（1733）进士，选庶吉士，入翰林院，后授高安知县。

清乾隆十二年刻本，清乾隆十二年刻同治六年潘文凤补版印本，清光绪二十四年刘玉璋刻本。

3257

［康熙］海口特志不分卷／（清）林以寀纂

林以寀，生平事迹不详。

海口，地处龙江入海口，东南临福清湾，福清五大古镇之一，始建于北宋。是志据林以寀自序称名《龙江特志》，后通称《海口特志》。本志纪海口一镇之疆域形胜、山水风俗，寺庙书院及选举耆贤等等。

清康熙十三年纂抄本。

3258

［民国］海口续志不分卷／林宜恒纂

林宜恒，生卒年不详，海口象渚楼（今属福建省福清市）人。一度在林氏支祠设塾课徒。1915年呈请改办其塾为龙江初小，后又添设了高等小学。

又作《续海口志》《续修海口志》。

民国十四年纂抄本，影印本。

3259

续海口志／林宜恒纂

林宜恒，见第3258条。

见“［民国］海口续志不分卷”。

3260

续修海口志／林宜恒纂

林宜恒，见第3258条。

见“［民国］海口续志不分卷”。

3261

［嘉定］连川志十卷／（宋）陶武修

陶武，生卒年不详，字克之，南昌（今江西省南昌市）人。宋庆元二年（1196）进士，嘉定六年（1213）任知县。

佚书。

3262

［咸淳］连江志／（宋）宋日隆修，（宋）黄岸纂

宋日隆（1235—?），字伯文，又字道大，眉山（今四川省眉山市）人。寓剑津，宋宝祐四年（1256）进士，初任赣州知录，能决疑狱。宋咸淳五年（1269），迁知连江。

黄岸，生卒年不详，时任连江学正。

连江，地处福建省东南沿海、闽江口北岸，东濒台湾海峡，东与台湾、马祖列岛一衣带水。唐武德六年（623）改温麻县置连江县，属泉州。治所即今福建连江县。五代闽属长乐府。宋属福州。元属福州路。明、清属福州府。1913 年属福建东路道。1914 年属闽海道。1928 年直属福建省。

佚书。

3263

［延祐］连江县志／（元）李荣修，（元）唐士冠、陈长泰纂

李荣，生卒年不详，汶上（今山东省汶上县）人。时任连江县知县。

唐士冠，生平事迹不详。

陈长泰，生平事迹不详。

佚书。

3264

连江县志／（明）□□撰

是志修于明永乐至正统年间。

佚书。

3265

［嘉靖］连江县志／（明）唐桐修

唐桐，生卒年不详，时任连江县知县。

佚书。

3266

连江县志十六卷／（明）吴孔锜撰

吴孔锜，生平事迹不详。

是志为明末时修。

佚书。

3267

［顺治］连江县志／（清）赵国琳修

赵国琳，生卒年不详，时任连

江县知县。

佚书。

3268

［康熙］连江邑志十六卷／（清）郑霄修

郑霄，生卒年不详，字孟凌，连江（今福建省连江县）人。清康熙三十五年（1696）举人。授定陶令，因父丧归乡。雍正初以吏部起用，补刑部主事。任职未六十日，乞归。居乡经常为桑梓兴利，建学校、修桥梁。

佚书。

3269

［康熙］连江县志二十四卷／（清）陈登撰

陈登，生卒年不详，字骏公，号慕筑，连江（今福建省连江县）人。清康熙三十四年（1695）岁贡。

佚书。

3270

［康熙］连江邑志二十九卷／（清）陈润撰

陈润，生卒年不详，字肃雨，连江（今福建省连江县）人。少负隽才，贡于乡，勤于著述。撰有《诗解辨疑》《河洛辨疑》《四书解》《矜秋亭诗文》等。

佚书。

3271

［乾隆］连江县续志二卷／（清）陈晖烈撰

陈晖烈，生卒年不详，连江（今福建省连江县）人。诸生。

佚书。

3272

［乾隆］连江县志十三卷首一卷／（清）戚弢言修，（清）孙发曾纂

戚弢言（1699—1742），字魏亭，号渭艇，又号研斋，德清（今浙江省德清县）人。清康熙五十八年（1719）补县学生，翌年举于乡，是岁其父麟祥以事谪戍宁古塔，戚弢言随侍戍所。雍正八年（1730）与仲兄振鹭同登进士，后知连江县事。

孙发曾，生卒年不详，字广叶，号弁石，一号药源，连江（今福建省连江县）人，历官将乐、归化、建安诸县教谕。

清乾隆五年刻本，清乾隆四十六年刻本，抄本。

3273

［嘉庆］连江县志十卷首一卷／（清）李蓁修，（清）章朝栻等纂

李蓁，生卒年不详，云梦（今湖北省云梦县）人。时任连江知县。

章朝栻（1757—1811），字观敬，一字端应，号仿轩，连江（今福建省连江县）人。清乾隆四十四年（1779）进士，后任省会试主考官、太子太师、经筵讲官等职。后告假还乡，聘修《连江县志》，主讲崇安书院，聘修《崇安县志》，后任山东济南府粮捕通判、济南府正知。著有《枕山斋集》《越吟集》《匏系集》《武夷集》。

清嘉庆十年刻本抄本。

3274

［民国］连江县志三十四卷首一卷附纪一卷／曹刚等修，邱景雍等纂

曹刚，生卒年不详，定番（今贵州省惠水县）人。时任连江县知事。

邱景雍，生卒年不详，连江（今福建省连江县）人。廪生。

民国十六年修二十二年铅印本。

3275

罗川志／（宋）□□撰

罗源，别号罗川，位于福建省东北部沿海，东濒东海。宋乾兴元年（1022）改永昌县置，属福州，治所即今福建罗源县。元属福州路。明、清属福州府。1913 年属福建东路道。1914 年属闽海道。1928 年直属福建省。1983 年划属福州市。

佚书。

3276

［正统］罗源县志／（明）□□撰

佚书。

3277

［成化］罗源县志四卷／（明）麦谨修，（明）萧夔纂

麦谨，生卒年不详，一作瑾，顺德（今属广东省佛山市）人。举人。时任罗源县知县。

萧夔，生卒年不详，字舜臣，泰和（今江西省泰和县）人。时任教谕。

佚书。

3278

[正德] 罗源县志十卷 / (明)徐珪修，(明)郑渭、方思道纂

徐珪，生卒年不详，字良璧，号翠岩，开化（今浙江省开化县）人。明弘治六年（1493）贡士，署唐县教事。十一年（1498）任福建省考官。后任福建罗源县尹，督军剿平海盗。屡受荐举，不久升知钦州，减渔税，渔业复兴，百姓集资建造还鱼亭。

郑渭，生卒年不详，字唯杰，号东井，罗源（今福建省罗源县）人。

方思道，生平事迹不详。

佚书。

3279

[嘉靖] 罗川志四卷 / (明)高相纂修

高相，生卒年不详，江都（今属江苏省扬州市）人。举人。明嘉靖二十四年（1545）任知县。

明嘉靖二十四年刻本，抄本。

3280

[万历] 罗源县志八卷 / (明)陈良谏纂修

陈良谏，生卒年不详，字从讽，号光庭，番禺（今属广东省广州市）人。举人。明万历三十八年（1610）任罗源知县，后调宁波。

明万历刻本，抄本。

3281

[崇祯] 罗源县志三十四卷 / (明)章简修，(清)徐陵预纂

章简，生卒年不详，字次弓，号坤能，华亭（今上海市松江区）人。时任罗源知县。

徐陵（1614—1662），字存永，一字无量，号延寿，闽县（今属福建省福州市）人。著有《尺木堂集》。

佚书。

3282

[康熙] 续罗源县志十二卷 / (清)陈大经私撰

陈大经，生卒年不详，字尊彝，罗源（今福建省罗源县）人。

佚书。

3283

[康熙] 罗源县志十卷 / (清)王楠修，(清)林乔蕃、王世臣纂

王楠，生卒年不详，字颐中，

麻城（今湖北省麻城市）人。举人，清康熙五十七年（1718）任罗源知县，任中曾呈报免除沿海渔课税的赔负。

林乔蕃，生卒年不详，字仲椒，罗源（今福建省罗源县）人。岁贡生，清雍正元年（1723）诏举孝廉方正，蕃力辞不获，遂终身不履公廷。

王世臣，生平事迹不详。

清康熙六十一年刻本，抄本。

3284

［乾隆］罗源县志稿／（清）刘逢甲修，（清）张君宾纂

刘逢甲，生卒年不详，时任罗源知县。

张君宾，生卒年不详，字用于，晋江（今福建省晋江市）人。清乾隆三十九年（1774）举人。

佚书。

3285

［乾隆］罗源县志稿／（清）魏瑛撰

魏瑛，生平事迹不详。

佚书。

3286

［道光］新修罗源县志三十卷首一卷／（清）卢凤芩修，（清）林春溥纂

卢凤芩，生卒年不详，字师竹，无为（今安徽省无为县）人。清道光九年（1829）任罗源知县。

林春溥（1776—1863），字立源，号鉴塘，又号纳溪，闽县（今属福建省福州市）人。清嘉庆七年（1802）进士，任翰林院，改庶吉士，散馆钦取翻译第一名，授编修。十一年（1806）任功臣馆纂修兼校勘实录。十三年（1808）回福州奔母丧，主玉屏书院讲席八年。著有《孔孟年表》《论世约编》《宜略识字》等。二十三年（1818）任顺天乡试同考官。二十四年（1819）充国史馆纂修，参加编写《大清一统志》，又奉派教习庶吉士，翌年为会试同考官。道光元年（1821）奉旨充文渊阁校理。后赴浦城任南浦书院山长，兼主江西鹅湖书院讲席。十四年（1834）任福州鳌峰书院讲席，又著《四书拾遗》《春秋比事》等。

清道光十一年刻本，抄本。

3287

［光绪］平潭厅乡土志略一卷／（清）宋廷模纂

宋廷模（1872—1903），字子

山，一字补山，晋宁州（今属云南省昆明市）人。清光绪十九年（1893）举人，历官内阁中书，福建平潭同知。著有《子山诗草》。

平潭，俗称海坛，位于福建省东部，与台湾隔台湾海峡相望。清嘉庆四年（1799）于福清旧县丞平潭地置平潭县，属福州府，治平潭（今福建平潭县），辖海坛岛。1913年废厅，改为平潭县。2009年，平潭县与福州（平潭）综合实验区实行政区合一。2012年2月，福州（平潭）综合实验区更名为福建省平潭综合实验区，是福建省直管的地级行政管理区。

清光绪三十二年铅印本。

3288

［民国］平潭县志三十四卷／黄履思等纂修

黄履思，生卒年不详，号晓浦，南城（今江西省南城县）县人。附贡生。时任平潭县知事。

民国十二年叶于飞铅印本。

厦门市

3289

［乾隆］鹭江志五卷／（清）薛起凤、黄名香等纂

薛起凤，生卒年不详，字飞三，号震湖，海澄（今福建省龙海市）人，后迁居厦门（今福建省厦门市）。清乾隆三十年（1765）举人。著有《捂山草》。

黄名香，生卒年不详，字兰友，嘉禾里（今属福建省厦门市）人。著有《消闲草》。

厦门地方志。鹭江为厦门之别称。是志共分为四卷，另有序、跋和附录。卷一含总图、山水形势记、鹭志小引、总论、鹭城、庙宇、关津、山川、街市、河池、租税、保甲、寺观；卷二含职官、防圉、衙署、仓库、科甲、明经、武隽、戎功、书院、坊表、坟墓、释衲、古迹；卷三含风俗、流寓、品行、节烈、土产；卷四含艺文、杂记。附录有八景图诗、艺文补遗。

清乾隆三十四年刻本，清抄本。

3290

［道光］厦门志十六卷／（清）周凯修，（清）凌翰等纂

周凯（1778—1837），字仲礼，号芸皋，富阳（今属浙江省杭州市）人。清嘉庆十六年（1811）进士，散馆授编修，供职翰林院。历官湖北襄阳知府、江西督粮道、湖北汉黄德道。道光十年（1830）任福建兴泉永道，驻厦门。主持编纂《厦门志》《金门志》。十三年（1833）任台湾道。

著有《内自讼斋文钞》《内自讼斋诗钞》等。

凌翰，生卒年不详，字青翰，号溪阳，安溪（今福建省安溪县）人，世居厦门（今福建省厦门市）。清嘉庆二十三年（1818）举人。历官闽清县儒学教谕、漳州府学正，曾任厦门玉屏书院山长，代理鳌峰书院山长。

厦门第一部志书。是志首载厦门、御碑亭、朝天宫等八图，及御制碑文、匾额；次为分域、兵制、海防、船政、台运、关赋、番市、艺文、职官、选举、列传、风俗、旧事等十四门，含街市、津澳、城寨、岛屿、港澳、潮信、风信、台澎海道等一百零二目。以海防、船政、台运、番市等为重。海防备载宋嘉祐三年（1058）至清嘉庆六年（1801）历代海防、水师建置，及厦门、文、武、大担等汛口，五营防守汛地五十余处，及炮台、岛屿、港澳等。台运主记康熙二十四年（1685）至道光十年（1830）对开口岸、运米客数。番市分东、东南、南与西南四洋，记载朝鲜、日本、琉球、吕宋、文莱、越南、占城、大呢、荷兰、英吉利等三十国和地区有关历史、通货地点、货物种类、相距里程等。

清道光十二年修十九年玉屏书院刻本，清道光十二年修十九年玉屏书院刻民国二十年印本。

3291

［民国］厦门市志三十五卷首一卷／厦门市修志局纂修

民国三十七年稿本，抄本。

3292

厦门述略／陈秉璋撰

陈秉璋（1860—1934），字河洲，马巷山亭（今属福建省莆田市）人。贡生。清光绪二十年（1894）定居厦门。

是书概述鹭岛之地理、历史、风物等，包括山川、地脉、名胜、里居、人物等内容。

民国十三年信文印书馆铅印本。

3293

［正统］同安县志／（明）□□撰

同安，位于福建省东南，隔海与金门岛相望。西晋太康三年（282）置同安县，属晋安郡。治所即今福建同安县。西晋末废。唐贞元十九年（803）析南安县南界置大同场。五代闽永隆元年（后晋天福四年，939）复置同安县，属泉州。元属泉州路。明、清属泉州府。1913 年属福建南路道。

1914 年属厦门道。1928 年直属福建省。1997 年撤县设区。

佚书。

3294

［成化］大同志／（明）张逊修，（明）陈舒总纂

张逊，生卒年不详，字时敏，号钝轩，无锡（今江苏省无锡市）人。举人。明成化九年（1473）任同安知县，任满升福宁知州，捕平滨海之盗。官至福州知府。

陈舒，生卒年不详，龙溪（今属福建省漳州市）人。贡生。

佚书。

3295

［正德］同安县志／（明）李彰修，（明）刘节纂

李彰，生卒年不详，新会（今属广东省江门市）人。举人。时任知县。

刘节，生卒年不详，泰和（今江西省泰和市）人。时任儒学教谕。

佚书。

3296

［隆庆］同安县志十卷／（明）鄷一相纂修

鄷一相，生卒年不详，号宣亭，丰城（今江西省丰城市）人。进士出身。明嘉靖中任同安知县。

佚书。

3297

［万历］同安县志十卷／（明）李春开修

李春开，生卒年不详，字晦美，号青岱，广昌（今江西省广昌县）人。明万历二十五年（1597）举人。时任知县。

佚书。

3298

［康熙］同安县志十二卷首一卷／（清）朱奇珍修，（清）叶心朝、张金友纂

朱奇珍，生卒年不详，字平斋，号慕亭，长沙（今湖南省长沙市）人。清康熙三十五年（1696）举人。时任同安县令。

叶心朝，生平事迹不详。

张金友，生平事迹不详。

清康熙五十二年刻本，抄本。

3299

［乾隆］同安县志三十卷首一卷／（清）吴镛修，（清）陶元藻纂

吴镛，生卒年不详，钱塘

（今浙江省杭州市）人。清乾隆九年（1744）进士。历官浦城、同安知县。

陶元藻（1716—1801），字龙溪，号篁村，又号凫亭，会稽（今浙江省绍兴市）人。清乾隆间贡生。历游燕、赵、齐、鲁、扬、粤、瓯、闽之境。著有《全浙诗话》《凫亭诗话》《越谚遗编考》《泊鸥庄文集》《越画见闻》等。

清乾隆三十三年刻本，民国八年铅印本。

3300

［嘉庆］同安县志三十卷首一卷／（清）吴堂修，（清）刘光鼎等纂

吴堂（1754—1812），字公珍，一字伯升，号肯哉，武进（今属江苏省常州市）人。清乾隆五十一年（1786）举人。历官福建长泰、同安、龙溪知县。

刘光鼎，生卒年不详，同安（今属福建省厦门市）人。举人。

清嘉靖三年刻本，清光绪十二年朱承烈刻本，民国八年铅印本。

3301

［民国］同安县志四十二卷首一卷／林学增修，吴锡璜纂

林学增，生卒年不详，南诏（今福建省诏安县）人。曾任龙溪、安海、同安县长。

吴锡璜（1872—1950），字瑞甫，号黼堂，同安（今属福建省厦门市）人。清光绪举人，后弃官就医，创办厦门国医学校。日寇占领期间，拒为日寇服务，移居新加坡。著有《中西温热串解》《中西脉学讲义》《删补中风论》《评注陈无择三因方》《校正圣济总录》等。

民国十八年铅印本。

3302

［乾隆］马巷厅志十八卷首一卷／（清）万友正纂修

万友正，生卒年不详，字端友，号虚舫，阿迷州（今云南省开远市）人。清乾隆十七年（1752）举人。历官武宁、青神、古田知县、马巷通判。著有《汗漫集》。

马巷于清乾隆三十九年（1774）置厅。是志为马巷首志，卷首为厅总图、金门山、厅署、厅治四图；次分星野、气候、建置沿革、都里形胜、山川、水利、赋役、船政、学校、海防、军制、官署、庙宇、风俗、物产、职官、选举、人物、艺文、杂记等共二十门。其山川、海防、物产等项记录较详，载金山、东大帽等山、屿、

溪、泉、湖四十余。海防备载有关金门、烈屿等及镇城历史、置守、风信、潮汐及各城寨情况。物产鱼类、谷类记载颇多，涉及谷属二十余种、鱼类五十余种。

清乾隆四十一年修光绪九年丁慧深刻本，清光绪九年丁慧深刻十九年黄家鼎校补刻本。

3303

［乾隆］马巷厅志附录／（清）黄家鼎辑

黄家鼎，生卒年不详，字骏孙，室名补不足斋，鄞县（今属浙江省宁波市）人。曾官台湾凤山知县，官至福建布政使理问。著有《西征日记》《归程纪略》《西征诗略》《西征文存》，合刊为《补不足斋杂著》。

清光绪间重刻红印本。

漳州市

3304

［正德］漳州府志三十四卷／（明）陈洪谟修，（明）周瑛纂

陈洪谟（1476—1527），字宗禹，自号高吾子，武陵（今属湖南省常德市）人。明弘治五年（1492）进士，历任漳州知府、云南按察使，嘉靖初巡抚江西，迁兵部侍郎。著有《治世余闻》《静芳亭摘稿》《高武诗稿》。

周瑛（1430—1518），字梁石，初号蒙中子、自贲山人，后称翠渠先生，莆田（今福建省莆田市）人。明成化五年（1469）进士，知广德州，迁南京礼部郎中，出知抚州，弘治初为四川参政，进右布政使。著有《广德志》《祠山杂辨》《政本》《政均》《书纂》《翠渠类稿》《蜀志》等。并曾与黄仲昭合纂弘治《莆兴化府志》，主纂正德《漳州府志》《莆阳拗史》等。

漳州府，地处福建省南部。明洪武元年（1368）改漳州路为府，属福建省。治所在龙溪县（今福建漳州市）。辖境相当今福建九龙江流域及其西南地区。清辖境缩小，只相当今福建九龙江中、下游流域及其西南地区。1913年废。

明正德八年漳州知府陈洪谟刻本。

3305

［万历］漳州府志三十三卷／（明）罗青霄纂修

罗青霄（1522—?），字子虚，号南泉，忠州（今重庆忠县）人，嘉靖四十一年（1562）进士。曾官河南归德府推官。其知福建漳州

府，政绩卓著。辑有《广嗣全书》，著有《仪注辑录》《阴阳辨疑》。

明万历元年刻本。

3306

［万历］漳州府志三十八卷／（明）袁业泗修，（明）刘庭蕙等纂

袁业泗（1563—1644），字时道，号景源，宜春（今江西省宜春市）人。明万历二十六年（1598）进士，三十二年（1604）任福建龙溪县知县，四十年（1612）升任漳州府知府。

刘庭蕙（1547—1617），字蕙徵，号云嵩，漳浦（今福建省漳浦县）人。明万历四年（1576）举人，八年（1580）进士。历官新昌县令、户部山东司郎中、云南按察司佥事兼提督学政、广西布政使司左参议，晋阶朝议大夫。

明万历四十一年刻本，清抄本。

3307

［康熙］漳州府志三十四卷／（清）魏荔彤修，（清）蔡世远、陈元麟等纂

魏荔彤（1670—?），字赓虞，号念庭，又字淡庵，号怀舫，直隶柏乡（今河北省柏乡县）人。十二岁补诸生。以资入为内阁中书舍人。历官凤阳府同知、漳州府知府、江苏常镇道、江苏按察使等职。著有《怀舫集》。

蔡世远（1681—1734），字闻之，号梁村，漳浦（今福建省漳浦县）人。清康熙四十八年（1709）进士。雍正元年（1723）以精通经术、学行兼优任皇子侍读，授翰林编修，入值上书房。后升翰林侍讲，又升詹事府少詹事、内阁学士兼礼部右侍郎。六年（1728）转礼部左侍郎，任经筵讲官。乾隆帝在其病逝后，赠其礼部尚书，称之为闻之先生。著有《二希堂文集》等。

陈元麟，生卒年不详，字石民，海澄（今福建省龙海市）人。清康熙三十八年（1699）举人。历官益都知县、刑部主事。著有《清漳风俗考》。

清康熙五十四年刻本，抄本。

3308

［乾隆］漳州府志四十六卷首一卷／（清）李维钰修，（清）官献瑶纂

李维钰（1735?—1779），字式如，原籍浙江，后迁遵化。历官刑部江西司主事、福建漳州知府。

官献瑶（1703—1782），字瑜卿，号石溪，安溪（今福建省安

溪县）人。少孤，以拔贡生授国子监学正。清乾隆四年（1739）进士，改庶吉士，充《三礼》馆纂修官。散馆，授编修。历官提督陕甘学政、司经局洗马，后乞养归。著有《石溪文集》《读易偶记》《尚书偶记》《读诗偶记》等。

清乾隆四十一年刻嘉庆十一年特通阿补刻本。

3309

［光绪］漳州府志五十卷首一卷／（清）沈定均修，（清）吴联熏等纂

沈定均，生卒年不详，岳阳（今湖南省岳阳市）人。曾于清同治十三年至光绪三年（1874—1877）接替许善器任漳州府知府一职。

吴联熏，生卒年不详，龙溪（今属福建省漳州市）人。清同治元年（1862）举人。官内阁中书。

清光绪三年芝山书院刻本。

3310

［崇祯］海澄县志二十卷／（明）梁兆阳修，（明）蔡国祯等纂

梁兆阳，生卒年不详，字若球，顺德（今属广东省佛山市）人。明崇祯元年（1628）进士，授翰林院检讨，升任詹事府詹事、左春坊右中允。四年（1631）知海澄县，曾率兵夜渡金门浯屿，袭破荷兰殖民者，焚其小舟三艘，俘获五艘。明亡后归降李自成，后被南明政府定罪“逆案”，斩于市。

蔡国祯，生卒年不详，海澄（今福建省龙海市）人。曾任浙江副使。

海澄，位于福建省东南部，东南濒临东海和南海。明嘉靖四十四年（1565）以龙溪县之靖海馆及漳浦部分县地置海澄县，属漳州府。治所即今福建龙海市东南海澄镇。1913年属福建西路道。1914年属汀漳道。1928年直属福建省。1960年与龙溪县合并，为龙海县。1993年撤县建市。明后期曾是我国重要的对外贸易港口之一，成弘之际（1465—1505）有“小苏杭”之称。

明崇祯六年刻本。

3311

［康熙］海澄县志二十卷／（清）胡鼎修，（清）陈寅亮等纂

胡鼎，生卒年不详，合肥（今安徽省合肥市）人。拔贡。清康熙二十五年（1686）知海澄县。

陈寅亮，生卒年不详，海澄

（今福建省龙海市）人。监生。

清康熙三十二年刻本，抄本。

3312

［乾隆］海澄县志二十四卷首一卷／（清）陈锳、王作霖修，（清）叶廷推、邓来祚纂

陈锳，生卒年不详，宁州人。陈、王先后任海澄知县。

王作霖，生卒年不详，字济九，安阳（今河南省安阳市）人。清乾隆四年（1739）进士，历官福建连城、霞浦、海澄知县。

叶廷推，生卒年不详，海澄（今福建省龙海市）人。清乾隆十九年（1754）进士。

邓来祚，生卒年不详，字永兹，号松门，南丰（今江西省南丰县）人。清乾隆十九年（1754）进士。先后受时任海澄知县陈锳、王作霖的聘请，主修《海澄县志》，同时还兼任儒山书院山长。

清乾隆二十七年刻本，清乾隆二十七年刻民国十五年印本。

3313

［嘉靖］龙溪县志八卷／（明）刘天授修，（明）林魁、李恺纂

刘天授，生卒年不详，字可全，号又洲，万安（今江西省万安县）人。明嘉靖十一年（1532）进士。曾任龙溪县县令，官至广西布政使。

林魁（1476—1540），字廷元，号白石山人，龙溪（今属福建省漳州市）人。明弘治十五年（1502）进士，由户部主事出守镇江府。后历官山西提督学宪、云南兵备道、广东右参政、中奉大夫。著有《白石野稿》。

李恺（？—1593），字克谐，号抑斋，惠安（今福建省惠安县）人。明嘉靖十一年（1532）进士。历官广东番禺县令、礼部稽勋司主事、兵部司驾司郎中、湖广按察副使。著有《介山诗文集》《处苗近事》等。

龙溪，位于福建省东南部，东南濒临东海和南海。南朝梁置，属南安郡。治所即今福建龙海市西北古县。隋属建安郡，唐初属泉州，圣历二年（699）属武荣州。开元二十九年（741）改属漳州。乾元二年（759）迁治今漳州市，为漳州治。元为漳州路治。明、清为漳州府治。1913年属福建西路道。1914年属汀漳道。1928年直属福建省。1993年5月，龙海县撤县建市，由漳州市代管。

明嘉靖十四年刻本。

3314

[万历] 龙溪县志六卷/(明)□□撰

旧抄万历漳州府志本。

3315

[崇祯] 龙溪县志九卷首一卷/(明)邓一鼒纂修

邓一鼒,生平事迹不详。

明崇祯九年刻本,中国书店影印本。

3316

[康熙] 龙溪县志十二卷/(清)江国栋修,(清)陈元麟等纂

江国栋,生卒年不详,时任龙溪县知县。

陈元麟,见第3307条。

清康熙五十六年刻本,抄本。

3317

[乾隆] 龙溪县志二十四卷首一卷/(清)吴宜燮修,(清)黄惠、李畴纂

吴宜燮,生卒年不详,字樾键,阳湖(今属江苏省常州市)人。清乾隆间进士,官龙溪县知县。

黄惠,生卒年不详,字成迪,号心庵,永福(今福建省永泰县)人。清乾隆十九年(1754)进士。

李畴,生平事迹不详。

清乾隆二十七年刻本。

3318

[光绪] 龙溪县志二十四卷增补二卷/(清)吴宜燮修,(清)黄惠、李畴纂,(清)吴联熏等增补

吴宜燮,见第3317条。

黄惠,见第3317条。

李畴,见第3317条。

吴联熏,见第3309条。

清光绪五年刻本,抄本。

3319

[民国] 龙溪新志初稿第一辑/陈鉴纂

陈鉴,生平事迹不详。

民国三十四年胜利出版社龙溪支社铅印本。

3320

[民国] 龙溪县乡土教科书

民国三十五年铅刻本。

3321

[乾隆] 石码镇志 / (清) 林龙津纂

林龙津，生卒年不详，字云泽，海澄（今福建省龙海市）人。清康熙间秀才。

石码，唐以前尚是内海海滨。明宣德年间改称锦江。明弘治以后，“都人以当地海潮上下湍激，屡有崩溃，乃沿江垒石筑十二坝以障之”，故名“石码”，由此沿袭至今。1960 年，原龙溪县与海澄县合并为龙海县，县党政机关在石码镇。1993 年龙海撤县改市，石码镇仍为市党政机关所在地。

清乾隆十八年刻本。

3322

[民国] 石码镇志十六卷 / 林凤声重编

林凤声，生平事迹不详。

抄本。

3323

[乾隆] 镇海卫志二卷 / (清) 陆潜鸿纂

陆潜鸿，生平事迹不详。

镇海卫，明洪武二十年（1387）置，属福建都司，治所即今福建漳州龙海市东南镇海，辖六鳌、铜山、玄钟三守御千户所。清顺治十四年（1657）废。是志成于清乾隆十七年（1752），分方域、建置、学校、祀典、秩官、兵防、选举、名宦、人物、艺文十志。

清乾隆十七年修清抄本。

3324

[嘉庆] 云霄厅志二十卷附录一卷 / (清) 薛凝度修，(清) 吴文林纂

薛凝度（1761—1830），原名秉礼，字履中，号岵亭，无锡（今江苏省无锡市）人。清嘉庆六年（1801）进士。历署兴化府、汀州府、厦防厅、汀军厅、摄兴粮厅事。十九年（1814）、二十一年（1816）、道光六年（1826）三次出任云霄同知。

吴文林，生卒年不详，漳浦（今福建省漳浦县）人。贡生。

云霄，位于福建省南部沿海。1913 年改云霄厅置云霄县，属福建西路道。1914 年属汀漳道。治所即今福建云霄县。1928 年直属福建省。

清嘉庆二十一年刻本，一砚斋抄本，抄本，民国二十四年雷寿彭铅印本。

3325

[民国] 云霄县志二十二卷首一卷末一卷 / 徐炳文修，郑丰稔纂

徐炳文，生卒年不详，湘阴（今湖南省湘阴县）人。时任县长兼修志馆馆长。

郑丰稔（1873—1953），原名德辉，字笔山，龙岩（今福建省龙岩市）人。清光绪二十九年（1903）入福州全闽师范学堂，秘密加入同盟会。三十四年（1908）拔贡，被清廷委为直隶州州判兼分管广东事务。辛亥革命后被选为福建省临时议会议员、国民党福建省支部总干事。1913 年为省议会议员、副议长。袁世凯复辟称帝时，响应孙中山号召，为议会执笔写了《讨袁氏檄》。1918 年被委任为福建高等审判厅厅长。1924 年北上出席段祺瑞执政召开的善后会议，被任为参政院参政。1925 年离京回省，代行省议会议长职务。1932 年流寓厦门，先后在大同中学、厦门大学执教。

民国三十六年铅印本。

3326

[正统] 漳浦县志 / (明) □□撰

漳浦县，唐垂拱二年（686）置。为漳州治。治今福建云霄县。开元四年（716）移李澳川，即今漳浦县治。乾元二年（759）后为漳州属县。元属漳州路。明清属漳州府。是志修于明正统六年（1441）前，《文渊阁书目》著录。

佚书。

3327

[嘉靖] 漳浦县志十二卷 / (明) 周仲修，(明) 林梅纂

周仲（1469—1533），字南仲，号东泉，吉水（今江西省吉水县）人。明正德八年（1513）举人，授漳浦知县，后擢升山东兖州通判。

林梅（1491—1547），字魁春，一字以和，号朴山，一作璞山，漳浦（今福建省漳浦县）人。明嘉靖八年（1529）进士，授户部主事。历官山东泰安州知州、广西庆远府同知、江西南安府同知、南京户部员外郎、南京礼部郎中。著有《愚谷稿》。

佚书。

3328

[万历] 漳浦县志十六卷 / (明) 朱廷益修，(明) 朱天球、王应显等纂

朱廷益（1546—1600），字汝

虞，号虞峰，嘉禾（今浙江省嘉兴市）人。明万历五年（1577）进士。授漳浦令，调嘉定。历官吏部郎中、江西佥事、南京通政司参议。

朱天球（1528—1610），字君玉，号肖若，后号淡庵，漳浦（今福建省漳浦县）人。明嘉靖二十八年（1549）举人，翌年参加会试、殿试，连捷进士。历官南京工部虞衡司主事、南京署员外郎主事、南京礼部精膳司署郎中主事、湖广按察使司佥事、广东屯盐佥事、广西佥事、浙江布政使司参议、山东按察使司副使、南京太仆寺少卿、广东副使、南京太常寺少卿、南京太仆寺卿、南京大理寺卿、刑部右侍郎、南京工部右侍郎、工部左侍郎、南京都察院右都御史、南京工部尚书。著有《湛园存稿》。

王应显（1511—1603），字惟谟，号心泉，漳浦（今福建省漳浦县）人。明嘉靖二十九年（1550）进士。历官户部员外郎及郎中，云南副使、湖广参政、浙江布政使、太常寺卿。

佚书。

3329

［万历］漳浦县志／（明）王猷修，（明）陈所立纂

王猷，生卒年不详，字尔嘉，号在吾，慈溪（今浙江省慈溪市）人。明万历二十六年（1598）进士，授漳浦知县，后升南京工部主事。

陈所立，生卒年不详，初名长浚，字以哲，一字敬贻，号如有生，又号黄庭山人，长乐（今福建省长乐市）人。明万历四年（1576）举人，历淮安同知，擢永平府，终贵州兵备副使。

佚书。

3330

［康熙］漳浦县志十九卷续志一卷／（清）陈汝咸修，（清）林绍祖、林登虎等纂，（清）陈梦林续纂

陈汝咸（1658—1716），字莘学，号悔庐，又号心斋，人称月湖先生，鄞县（今属浙江省宁波市）人。清康熙三十年（1691）会试第一，授福建漳浦知县。后内迁刑部主事，擢御史、通政使参议、鸿胪寺少卿、大理寺少卿。著有《兼山堂遗稿》《漳浦政略》等。

林绍祖（1645？—1728），字衣德，号丹麓，漳浦（今福建省漳浦县）人。清康熙三十九年（1700）进士。历官湖南醴陵县知县、宝庆府新宁知县、吏部考功司主事、吏部员外郎。

林登虎，生卒年不详，号剩

庵，漳浦（今福建省漳浦县）人。清康熙八年（1669）举人。曾官临汾知县。

陈梦林（1664—1739），字少林，漳浦（今福建省漳浦县）人。由诸生从军，曾修漳州、漳浦二志。

清康熙三十九年刻四十七年增刻本。

3331

[光绪] 漳浦县志十九卷续志一卷再续志二卷 /（清）陈汝咸修，（清）林登虎等纂，（清）陈梦林续纂，（清）施锡卫再续纂

陈汝咸，见第3330条。

林登虎，见第3330条。

陈梦林，见第3330条。

施锡卫，生卒年不详，字稚莲，号东海巢民，嘉定（今上海市松江区）人，一作安徽人。清同治四年（1865）进士。初授平和知县，光绪六年（1880）钦加同知衔，任台湾新竹知县。九年（1883）调任漳浦。

兹篇记述，大体因循旧志。唯风土一门，为旧志所无，其所记亦详。

清康熙三十九年刻四十七年增刻光绪十一年再增刻本，民国十七年石印本，民国二十五年朱熙铅印本。

3332

[崇祯] 诏安县志 /（明）胡学鸿纂修

胡学鸿，生卒年不详，丰城（今江西省丰城市）人。举人。时任诏安县知县。

佚书。

3333

[康熙] 诏安县志十二卷志余一卷 /（清）秦炯修，（清）戴冠纂

秦炯，生卒年不详，字尚之，慈溪（今浙江省慈溪市）人。清康熙二十一年（1682）进士。时任诏安县知县。

戴冠，生卒年不详，字子弹，诏安（今福建省诏安县）人。贡生。官大田县学训导。著有《拾得草》。

诏安，位于福建省南部，南濒东海与南海交汇处。明嘉靖九年（1530）分漳浦县二、三、四、五都置诏安县，属漳州府，治所即今福建诏安县。1913年属福建西路道。1914年属汀漳道。1928年直属福建省。

清康熙三十年刻本，清同治十三年

刻本，清抄本。

3334

[嘉庆] 诏安县志十六卷／(清) 叶观海纂修

叶观海 (1758—1825)，字汾浦，诏安（今福建省诏安县）人。清乾隆五十四年（1789）拔贡生，嘉庆七年（1802）主讲于本县丹诏书院，课余纂此私志。著有《春酒堂诗集》。

稿本。

3335

[民国] 诏安县志上篇十六卷首一卷／陈荫祖修，吴名世纂

陈荫祖（1906—?），宜宾（今四川省宜宾市）人。出身行伍，曾任国民革命军排、连、营长及团副等职，后调福建连江任县长，旋又改任诏安县长。

吴名世（1890—1973），字佑滋，诏安（今福建省诏安县）人。出身书香门第，早年毕业于福州政华学堂。民国期间，曾任诏安县书报社社长、县立图书馆馆长等职，1949 年客居香港，1954 年移居台湾。

稿本，民国三十一年诏安青年印务公司铅印本。

3336

[民国] 诏安县志／陈荫祖修，吴名世纂

陈荫祖，见第 3335 条。

吴名世，见第 3335 条。

民国三十一年铅印本。

3337

[嘉靖] 长泰县志六卷／(明) 张杰夫修，(明) 朱彩、徐颖等纂

张杰夫，生卒年不详，字朝伯，新会（今属广东省江门市）人。明嘉靖二十九年（1550）进士。三十一年（1552）任长泰知县。

朱彩，生卒年不详，贵溪（今江西省贵溪市）人。时任儒学教谕。

徐颖，生卒年不详，时任训导。

长泰，地处闽东南沿海丘陵平原南部。五代南唐保大十三年（955）升武胜场为县，并改名长泰，属泉州，治所即今福建长泰县。北宋太平兴国五年（980）改属漳州。元属漳州路。明、清属漳州府。1913 年属福建西路道。1914 年属汀漳道。1928 年直属福

建省。是志成书于明嘉靖三十四年(1555)。

明抄本。

3338

[嘉靖]长泰县志二卷/(明)萧廷宣纂修

萧廷宣，生卒年不详，字孟刺，号三华，庐陵(今江西省吉安市)人。明嘉靖二十二年(1543)举人，三十五年(1556)任长泰知县。

是志在张杰夫稿本基础上充实续修而成。世称“嘉靖戊午志”。

明嘉靖三十七年刻本。

3339

[万历]长泰县志/(明)方应时纂修

方应时，生卒年不详，字以中，号养吾、止庵，学者称止庵先生，遂安(今已没入浙江省千岛湖)人。明隆庆间举人，历官长泰知县、肇庆司马、南京缮部郎。晚居瀛山讲学。著有《读书漫兴稿》《孚格公移》《复古维风录》《联邦保约》等。

是志成书于明万历十年(1582)。

佚书。

3340

[万历]长泰县志/(明)管橘纂修

管橘，生卒年不详，字彦怀，号五陵，南陵(今属安徽省南陵县)人。明万历二十三年(1595)进士。二十七年(1599)授长泰县令，后升大理寺评事。

是志成书于明万历三十二年(1604)。

佚书。

3341

[康熙]长泰县志十卷/(清)王珏修，(清)叶先登、吴一蜚纂

王珏，生卒年不详，辽东人。由例监授兵司马，清康熙二十二年(1683)任知县。

叶先登(1601—1691)，字岸伯，恭顺里(今属福建省长泰县)人。明崇祯十二年(1639)举人，清顺治九年(1652)进士。历官西凉参议、潞安副使、青州别驾。康熙十七年(1678)，郑经部攻克长泰县城，叶先登被俘，幽禁鹭岛，后被释回泰。二十六年(1687)参修《长泰县志》。著有《纪游诗集》《敝帚集》《木天草》《岛上诗》等。

吴一蜚（1639—1698），字汉章，旌孝里（今属福建省长泰县）人。清康熙二十一年（1682）进士，初授翰林院编修，乞归养母。

清康熙刻本，抄本。

3342

［乾隆］长泰县志十二卷首一卷／（清）张懋建等修，（清）赖瀚颙、王苍等纂

张懋建（1702—?），字介石，号石痴，镇海（今属浙江省宁波市）人。清雍正七年（1729）由拔贡补官学教习，不久举博学鸿词，中顺天举人。官福建长泰知县。著有《易学》《蛟川耆旧诗》等。

赖瀚颙，生平事迹不详。

王苍，生卒年不详，字伊人，恭顺里（今属福建省长泰县）人。清康熙五十三年（1714）举人，翌年进士。曾任广西来宾知县。

清乾隆十六年刻本，民国二十一年谢梅年校订铅印本。

3343

［民国］长泰县新志二十二卷首一卷／郑丰稔纂

郑丰稔，见第3325条。

民国三十六年铅印本。

3344

［乾隆］铜山志十卷／（清）陈振藻纂

陈振藻，生平事迹不详。

铜山原属漳浦地，明初设卫所，为防倭水寨，旧名东山，位于今漳州东山岛东北部铜陵镇。是志清乾隆十六年辛未（1751）始撰，道光十年（1830）佚名增补，纪事下限迄清道光十年（1830）。内容分别为方域、建置、武备、学校、祠祀、选举、人物、艺文、灾祥、杂志。其中颇有郑成功事实可考。

清乾隆二十五年纂清抄本，抄本。

泉州市

3345

泉州旧图经／（宋）□□撰

泉州，唐置，治所即今福建泉州市。开元八年（720）置晋江县为州治，辖境相当今福建晋江和木兰溪两流域、澎湖地区及厦门、同安、金门等市县地。天宝元年（742）改为清源郡，乾元元年（758）复为泉州。五代后西北部包有德化县。北宋太平兴国后东北部木兰溪流域割出，置兴化军，西

南部长泰县划属漳州。元至元十五年（1278）升为泉州路。

佚书。

3346

泉州图经／（宋）□□撰

佚书。

3347

［嘉泰］清源志七卷／（宋）刘颖修，（宋）戴溪纂

刘颖（1136—1213），字公实，衢州西安（今浙江省衢州市）人。宋绍兴二十七年（1157）进士。历官溧阳主簿、铅山知县、常熟知县、太常寺主簿、兵部郎官、淮东转运副使、户部郎中、淮东总领、司农少卿、淮西总领、江东运副、宗正少卿、起居郎兼实录院检讨官、户部侍郎、集英殿修撰、宁国府知府、绍兴府知府、平江府知府。庆元五年（1199）以中奉大夫、集英殿修撰知泉州，后升华文阁待制，除刑部侍郎，进龙图阁待制，知婺州。以宝谟阁直学士致仕。卒，赠光禄大夫。

戴溪（1141—1215），字肖望，一字少望，号岷隐，永嘉（今浙江省永嘉县）人。宋庆元中判泉州，除庆元府通判，未行，改宗正簿，累官兵部郎官。嘉定八年（1215）以宣奉大夫、龙图阁学士致仕。

佚书。

3348

［淳祐］清源志十二卷／（宋）韩识修，（宋）徐明叔等纂

韩识，生卒年不详，宋淳祐九年（1249）任郡守。治泉有声，转朝散郎。

徐明叔，生卒年不详，字仲晦，号择斋，晋江（今福建省晋江市）人。宋绍定五年（1232）进士，辟江淮制幕。秩满，办广漕，召为太学录，通判漳州，知英德府。宋宝祐二年（1254）知德庆府。又召为国子监丞，出知潮州，迁江西提刑。后召除户部侍郎，改兵部。会元兵南下，忧愤而卒。著有《徐择斋文集》。

佚书。

3349

［至正］清源续志二十卷／（元）偰玉立修，（元）吴鉴纂

偰玉立，生卒年不详，字世玉，号止堂，西域回鹘人。元延祐五年（1318）进士，任翰林院待制兼国史院编修官。至正时为泉州路达鲁花赤，后迁湖广廉访佥事、海南道肃政廉访使。著有《世玉集》。

吴鉴，生卒年不详，字明之，三山（今属福建省福州市）人，寓居泉州。

一作《泉州路清源志二十卷》。

佚书。

3350

泉州路清源志

见“［至正］清源续志二十卷”。

3351

［嘉靖］泉州府志二十六卷／（明）高越修，（明）史于光、张岳纂

高越，生卒年不详，号抑斋，凤阳（今安徽省凤阳县）人。时任泉州府知府。

史于光，生卒年不详，字中裕，号笋江，泉州（今福建省泉州市）人。明正德十二年（1517）进士，历官至吏部给事中。

张岳（1491—1552），字雄乔，号净峰，惠安（今福建省惠安县）人。明正德十一年（1516）进士。历官广西提学佥事、江西提学、广东提举。后升浙江提学副使、参政，擢右佥都御史，抚治郧阳，转江西巡抚。嘉靖二十三年（1544）迁右副都御史兼两广巡抚，总督两广军务。以功加兵部右侍郎，后召为兵部左侍郎，升右都御史，掌院事。著有《圣学正传》《载道集》《小山类稿选》《名儒文类》《恭敬大训》《泉州府志》《惠安县志》《古文类选》等。

明洪武元年（1368）改泉州路为府，属福建省。治所在晋江县（今福建泉州市），辖境相当今福建晋江流域、澎湖列岛及厦门、同安、金门、德化等市县地。清辖境缩小，永春、德化二县割出，置永春直隶州，澎湖列岛划属台湾府。1913年废。

佚书。

3352

泉州府志／（明）李熙撰

李熙，生卒年不详，字穆之，号序斋，晋江（今福建省晋江市）人。明隆庆二年（1568）进士。

佚书。

3353

［隆庆］泉州府志二十二卷／（明）万庆修，（明）黄光升等纂

万庆（？—1569），字子余，和州（今安徽省和县）人。明嘉靖三十八年（1559）进士。历行人司副，擢刑部员外郎。后出任泉州知府，与戚继光联合抗击倭寇，

海滨获安。

黄光升，见第2114条。

佚书。

3354

［万历］泉州府志二十四卷／（明）阳思谦修，（明）黄凤翔等纂

阳思谦（1577—?），一作杨思谦，字生白，新化（今湖南省新化县）人。十九岁登明万历二十三年（1595）进士，授四川铜梁知县。因功调户部主事，历本部员外郎，出为泉州知府，转知绍兴府，迁山东巡按副使。

黄凤翔（1538—1614），字鸣周，号仪庭，晚号止庵，晋江（今福建省晋江市）人。明隆庆二年（1568）榜眼，授翰林院编修，进修撰，历中允、谕德，进祭酒，擢礼部侍郎。万历十二年（1584）升为南北国子监祭酒，官拜南京礼部尚书。以母亲老迈体弱辞官，卒，谥文简。著有《田亭草》等。

明万历四十年刻本。

3355

［乾隆］泉州府志七十六卷首一卷／（清）怀荫布修，（清）黄任、郭赓武纂

怀荫布，生卒年不详，字涵村，满洲正黄旗人。清乾隆元年（1736）进士，二十一年（1756）知泉州。

黄任（1683—1768），字于莘，号莘田，自号十砚老人、十砚翁，永福（今福建省永泰县）人。清康熙四十一年（1702）举人，官广东四会县知县。罢官归。著有《秋江集》《香草笺》。

郭赓武，生卒年不详，字伯扬，号虞阶，晋江（今福建省晋江市）人。清乾隆二年（1737）进士，曾官贵州安顺府知府。

清乾隆二十八年刻本，清同治九年章倬标刻本，清同治九年章倬标刻光绪八年补刻本，清同治九年章倬标刻光绪八年补刻民国十六年续补刻本。

3356

［宣统］泉州乡土地理志一卷／题白云居士纂

白云居士，生平事迹不详。

清宣统二年刻本，抄本。

3357

［乾隆］晋江县志十六卷首一卷／（清）方鼎修，（清）朱升元纂

方鼎，生卒年不详，字文惠，号牧村，海丰（今属广东省海丰县）人。清乾隆十七年（1752）

举人。历官福建省南安、光泽、古田、晋江、漳浦、诏安诸县知县，台湾澎湖海防分府同知。

朱升元，生卒年不详，字允阶，号时亭，晋江（今福建省晋江市）人。清雍正十年（1732）举人。乾隆二年（1737），由明通榜教谕福清。移台湾，权台湾府学教授。擢四川万县知县，调河南沈丘知县。曾主温陵书院。

晋江，位于福建省东南沿海，三面临海。唐开元八年（720）析南安县置晋江县，治今福建省泉州市，属泉州。自唐至清为泉州、泉州路、泉州府治。1951 年迁治青阳镇。1992 年撤销，改设晋江市。

清乾隆三十年刻本，清乾隆三十年刻同治十一年彭鏊补刻本，民国三十四年晋江县文献委员会铅印本。

3358

［道光］晋江县志七十七卷首一卷／（清）胡之鋘修，（清）周学曾等纂

胡之鋘，生卒年不详，云南太和县（今云南省大理市）人。清嘉庆十三年（1808）进士。道光十年（1830）任福建晋江知县，期间主修《晋江县志》。十二年（1832）接替施模担任台湾府嘉义县知县，掌管今嘉义、云林一带政事。

周学曾，生卒年不详，字孙诒，号春池，别号添庵，晋江（今福建省晋江市）人。清嘉庆二十四年（1819）举人。未授官，曾任梅石书院掌教。

清道光九年稿本，抄本。

3359

［民国］晋江乡土志一卷／侯鸿鉴纂

侯鸿鉴（1872—1961），字葆三，号梦狮、铁梅、病骥、沧一，无锡（今江苏省无锡市）人。著有《病骥文存》《沧一堂诗文钞》《骥鹤唱和集》《藏经阁诗钞》等。

民国十一年铅印本。

3360

［民国］晋江新志四卷／庄为玑纂

庄为玑（1909—1992），原姓黄，易姓庄，初名基，后改名为玑，字文山，泉州（今福建省泉州市）人。1933 年获厦门大学文学院史学系文学士学位并留校任教。一生从事方志学、考古学、中外海上交通史研究，发现并参与发掘泉州湾宋代海船等一批重要文物。著有《古刺桐港》《海上集》。

民国三十年铅印本。

3361

［康熙］安海志不分卷／（清）□□纂

安海古称湾海、安平、石井、鸿江、泉安，属滨海区丘陵地带。安海镇位于福建省泉州市晋江市东南部，与金门岛隔海相望。唐安金藏后裔安连济迁此，始称安海。南宋建制名石井镇。绍兴间筑土城，明嘉靖间改建石城，名安平镇。明末为郑芝龙据点，清复名安海。宋、元时曾为泉州海外交通商贸港口之一。

抄本。

3362

［道光］重修安平志不分卷／（清）柯琮璜纂修

柯琮璜（？—1855），乳名瓒光，字尔圭，号竹山，安海镇（今属福建省晋江市）人。清道光元年（1821）以台湾生员名额参加乡试而中举人。历官大挑教授、南安教谕、泉州教谕。咸丰元年（1851）以军功连升五级，升衔候补知府，五年（1855）诰授奉政大夫。

安平即安海之别称。

清道光十五年修抄本。

3363

南安县志／（宋）许开修

许开，生卒年不详，字仲启，丹徒（今江苏省镇江市丹徒区）人。宋乾道八年（1172）进士，历任南安军教授、湖州签判、江东提刑、中奉大夫、提举武夷冲祐观。著有《志隐类稿》。

南安，位于福建省东南沿海，东南与金门岛隔海相望。隋开皇九年（589）改晋安县置南安县，治今福建省南安市丰州镇，属泉州。唐武德、圣历时于县置丰州、武荣州。元属泉州路。明、清属泉州府。1937年迁治溪美镇。1993年撤销，改设南安市。

佚书。

3364

［正统］南安县志／（明）□□撰

佚书。

3365

［弘治］南安县志十五卷／（明）黄济修，（明）傅凯纂

黄济，生卒年不详，字翊时，临川（今属江西省抚州市）人。

明成化二十三年（1487）进士，曾任知县。

傅凯，生卒年不详，字时举，号敬斋，南安（今福建省南安市）人。明成化十四年（1478）进士，授户部主事，后曾任外交官出使异域。

佚书。

3366

[崇祯] 南安县志十一卷／(明) 李九华修，(明) 王振熙纂

李九华，生卒年不详，字瑞生，号滑疑，新昌（今属江西省宜丰县）人。明崇祯元年（1628）进士，三年（1630）知南安县。

王振熙（1573—1632），字君含，号晦生，南安（今福建省南安市）人。明万历三十八年（1610）会魁，官至山东按察使。

佚书。

3367

[康熙] 南安县志二十卷／(清) 刘佑修，(清) 叶献论等纂

刘佑（1634—?），字伯启，鄢陵（今河南省鄢陵县）人。清顺治十六年（1659）进士。康熙七年（1668）出任南安县知县。

叶献论（1601—?），字日卿，号怀蓼，安溪（今福建省南安市）人。清顺治九年（1652）进士，官至满城县令。著有《玉川诗集》。

清康熙十一年刻本，抄本。

3368

[民国] 南安县志五十卷首一卷／戴希朱总纂

戴希朱（1850—1918），原名凤仪，号敬斋，南安（今福建省南安市）人。清光绪八年（1882）举人，二十年（1894）选入内阁，二十四年（1898）入直中书，兼派颐和园领事，诰受奉政大夫。著有《四书阐义》《松村诗草》《松村语类》《松村文集》《郭山庙志》《诗山书院志》《理学源流考》《朱子配议》。

民国泉州泉山书社铅印本，抄本。

3369

[民国] 南安县志二十八卷／李天锡修，汪煌辉纂

李天锡，生卒年不详，曾任南安县县长。

汪煌辉（1880—1956），字蔚霞，号照陆，惠安（今福建省惠安县）人，寓泉州。清光绪二十八年（1902）举人，曾受聘为厦

门大学文学院副教授，晋江、惠安修志主笔。著《泉惠名胜诗集》《古莲花庵诗集》等。

稿本。

3370

［嘉靖］惠安县志十三卷／（明）莫尚简修，（明）张岳纂

莫尚简，生卒年不详，字敬中，封川（今广东省封开县）人。曾任惠安知县，致仕还乡，因其婿被诬盗印而受株连，枉死狱中。

张岳，见第3351条。

惠安，位于福建省东南沿海，东北部介于泉州湾和湄洲湾之间，东临台湾海峡。北宋太平兴国六年（981）析晋江县北乡地置惠安县，属泉州。治所在今福建惠安县东北龙窟岭下。后徙螺山之阳，即今治。元属泉州路。明、清属泉州府。1913年属福建南路道。1914年属厦门道。1928年直属福建省。今属泉州市。

明嘉靖刻本，清抄本。

3371

［万历］惠安县续志四卷图一卷／（明）黄士绅等纂修

黄士绅，生卒年不详，惠安（今福建省惠安县）人。补弟子员。明弘治十四年（1501）举人。

明万历四十年刻本。

3372

［康熙］惠安县志续补不分卷／（清）彭翼辰纂修

彭翼辰，生平事迹不详。

清抄本。

3373

［嘉庆］惠安县志三十六卷首一卷／（清）吴裕仁纂修

吴裕仁，生卒年不详，顺天大兴（今属北京市）人。举人。历官广宁县训导、上杭县知县、惠安县知县、台湾府海防同知。

清嘉庆八年刻本，民国二十五年林鸿辉铅印本。

3374

［道光］惠安县续志十二卷／（清）娄云纂修

娄云，生卒年不详，字秋槎，山阴（今属浙江省绍兴市）人。清道光十三年（1833）任惠安知县，后任台湾府淡水抚民同知。

清道光十二年刻本，民国二十五年林鸿辉铅印本。

3375

[民国] 惠安县乡土记不分卷 / 赵可村纂

赵可村，生平事迹不详。

稿本。

3376

[民国] 惠安县乡土志不分卷 / 杜唐纂

杜唐（1870—1944），本名尧，字印陶，学者称为式祁先生，惠安（今福建省惠安县）人。著有《惠安乡土志》《惠安古迹新咏》等。

民国十六年惠安公学石印本，民国二十三年铅印本。

3377

[嘉靖] 莅官总要十四卷 / (明) 朱彤纂

朱彤，生卒年不详，字嘉豫，号宾海，武进（今属江苏省常州市）人。明嘉靖初为守御崇武千户所千户。

是书为崇武所首部地方志书。

佚书。

3378

[嘉靖] 崇武所城志三卷 / (明) 朱彤纂，(明) 陈敬法增补

朱彤，见第3377条。

陈敬法，生卒年不详，崇武（今属福建省惠安县）人。生员。

崇武所坐落于福建省泉州市惠安县东南海滨，濒临台湾海峡，是明洪武二十年（1387）所建，古名小兜，宋太平兴国六年（981）惠安置县时，设崇武乡守节里，续置小兜巡检寨。元朝初期改为小兜巡检司。明洪武三年（1370）倭寇对泉州地区的安全造成威胁。明洪武二十年（1387），江夏侯周德兴经略海防时设所抵御倭寇，隶属福建司永宁卫。明永乐十五年（1417）城增高四尺，加筑东西门月城。嘉靖年间（1522—1566）置四门楼。明万历三年（1575）建四座敌台。清顺治十八年（1661），因战乱迁界。康熙十九年（1680）复界修治。道光二十一年（1841）重加整修。此后长期废弃。

明嘉靖二十一年修崇祯七年增修清抄本，抄本。

3379

沧海纪遗十卷 / (明) 洪受撰

洪受，生卒年不详，字凤明，

同安县凤山（今属福建省厦门市）人。明嘉靖四十四年（1565）以贡历国子监助教，改夔州通判。著有《四书易经从正录》《沧海纪遗》。

沧海是金门的古称之一，是书成于隆庆二年（1568）详细记载明朝时代浯洲（今福建省金门县）的形貌、风土、人物、物产、灾变等，是金门最早方志。全书分为十纪：一为山川，二为建置，三为人材，四为风俗，五为宾祀，六为本业，七为物产，八为灾变，九为词翰，十为杂纪，而图列于后。厥后，又有贡生黄锵纪明末科目以补之。

清黄锵抄本。

3380

［同治］续修金门志十六卷／（清）周凯修，（清）林焜熿等纂，（清）刘松亭等续修，林豪续纂

周凯，见第3290条。

林焜熿，生卒年不详，字逊辉，又字巽甫，金门（今属台湾地区）人。贡生。

刘松亭（1831—1887），湘阴（今湖南省湘阴县）人。武童。清咸丰五年（1855）投军，保千总。八年（1858）保守备，赏戴花翎。十年（1860）保都司，晋游击，加参将衔。同治元年（1862）保参将，晋副将衔。三年（1864）赏加总兵衔，五年（1866）赴闽差委。六年（1867）补授金门协副将。光绪元年（1875）调补浙江处州镇总兵。

林豪（1831—1918），字嘉卓，一字卓人，号次逋、次甫，金门（今属台湾地区）人。清咸丰九年（1859）举人，会试屡落第。同治元年（1862）秋赴台湾，居艋舺（今属台北市），根据见闻写成《东瀛纪事》。六年（1867）受聘修淡水厅志。光绪初主讲文石书院，辑《澎湖厅志》。后返金门，续修《金门志》。二十八年（1902）补授连城县学教谕，以年老未就。另著有《诵清堂文集》《诵清堂诗集》《诵清堂别集》《海东随笔》《清风集》《瀛海客谈》《星洲见闻录》等。

是志清道光十六年（1836）成书，记事止于同治十二年（1873），后为刘松亭、林豪等续编时补其内容。是志卷首有金门全图、浯江书院图等四幅。正文分域略、赋税、规制、兵防、职官、名宦、选举、人物、列女、艺文、风俗、旧事十二门，含沿革、形势、经费、渔课、船政、城寨、丛谈等七十六目。因金门地处海防要冲，故兵防一志最详，列明代兵制、道

光以前兵制、同治后新改营制，沿海略、岛屿、沙汕诸目。记述军事编制、军事设置和武器，分防泛地及哨期、艇船、商船、地势、岛屿礁汕等。纪兵目自宋绍定始，重点记叙郑芝龙叛服、郑成功抗清与收复台湾、资本主义列强入侵诸事。

清道光十六年同治十二年续修光绪八年浯江书院刻本，抄本。

3381

[民国] 金门县志二十四卷首一卷 / 左树夔修，刘敬纂

左树夔（1875—?），又作左树燮，号景渠，应山（今湖北省广水市）人。日本早稻田大学政治经济科毕业。清宣统三年（1911）授法政科举人。时任福建金门县知事。

刘敬，字农生，闽侯（今福建省闽侯县）人。

民国十年修抄本。

莆田市

3382

[祥符] 兴化军图经 / （宋）李宗谔撰

李宗谔，见第1174条。

兴化军是福建的军级古代行政区名，辖境相当于今天的福建省莆田市。北宋太平兴国四年（979）改太平军置兴化军，治兴化县（今福建仙游县东北古邑）。八年（983）移治莆田县（今莆田市），辖境相当今福建莆田、仙游等市县地。元至元十四年（1277）升为兴化路。明洪武元年（1368）改为兴化府。1913年废。是志为官修地理总志《祥符州县图经》之部分。

佚书。

3383

[弘治] 大明兴化府志五十四卷 / （明）陈效修，（明）黄仲昭、周瑛纂

陈效，生卒年不详，字志学，南陵（今属安徽省南陵县）人。明成化十七年（1481）进士。由户部主事转员外郎中，出知兴化府，升盐运使。以忤刘瑾归。著有《东江集》。

黄仲昭，见第3221条。

周瑛，见第3304条。

明洪武元年（1368）改兴化路置兴化府，属福建省。治所在莆田县（今福建莆田市）。辖境相当今福建莆田、仙游等市县地。1913年废。

明弘治十六年刻本，清同治十年林庆贻刻本。

3384

［万历］兴化府志二十六卷 /（明）吕一静修，（明）康大和等纂

吕一静，生卒年不详，贵池（今安徽省贵池市）人。明嘉靖四十一年（1562）进士。

康大和（1507—1577），字原中，号励峰，莆田（今福建省莆田市）人。明嘉靖十四年（1535）进士，选翰林庶吉士，授编修。著有《砺峰集》。

明万历三年刻本，抄本。

3385

［万历］兴化府志五十九卷 /（明）马梦吉、徐穆修，（明）林尧俞纂

马梦吉，生卒年不详，字一甫，又字长惺，南海（今属广东省佛山市）人。明万历十年（1582）举人，任河南荥阳县教谕。擢成均，历刑部郎中，出守福建兴化县。秉性鲠直，忤当道罢归。著有《秦汉钞》等。

徐穆（1565—1624），字钦之，号钟汝，铜仁（今贵州省铜仁市）人。明万历二十二年（1594）举人，二十九年（1601）进士。授吏部主客司主事，历官福建兴化府知府、河南参政、云南参政、云南按察使副使。

林尧俞（1558—1626），字咨伯，号兼宇，莆田（今福建省莆田市）人。明万历十七年（1589）进士。历官南京国子祭酒、礼部尚书。著有《溪堂文集》《溪堂诗集》《玉恩堂存稿》等。

明万历四十一年刻本，抄本。

3386

［正统］福建兴化县志八卷 /（明）周华纂修

周华，生卒年不详，字子实，号沧溪，兴化县赤石（今属福建省莆田市）人。明正统年间儒士，曾讲学于兴化县的萍湖。著有《四书集说》《家礼》等。

兴化县，北宋太平兴国四年（979）析莆田县置，治今福建省仙游县东北古邑。为兴化军治。八年后为兴化军属县。元皇庆元年（1312）移治今莆田市北新县。元属兴化路。明属兴化府，正统十三年（1448）废。是志又称《游洋志》。

清道光二十四年抄本。

3387

［正统］游洋志

见“［正统］福建兴化县志八卷”。

3388

［康熙］兴化府莆田县志三十六卷首一卷 /（清）金皋谢修，（清）林麟焻纂

金皋谢，生卒年不详，字应台，嘉善（今浙江省嘉善县）人。清康熙二十七年（1688）进士，三十五年（1696）任莆田知县。

林麟焻，生卒年不详，字石来，又字玉岩，莆田（今福建省莆田市）人。清康熙九年（1670）进士，授内阁中书，迁检讨，曾出使琉球，累官贵州提学佥事。著有《玉岩诗集》《竹香词》等。

莆田，位于福建省东部沿海，东濒台湾海峡与台湾隔海相望。南朝陈废帝置莆田县，治今福建省莆田市东南。旋废。隋开皇九年（589）复置，次年省。唐武德五年（622）析南安县又置，移治今莆田市。属武荣州，后属泉州。宋为兴化军治。元为兴化路治。明、清为兴化府治。2002 年撤销莆田县，分别划入城厢、涵江二区和新设的荔城、秀屿二区。

清康熙四十四年刻本。

3389

［乾隆］兴化府莆田县志三十六卷首一卷 /（清）汪大经、王恒修，（清）廖必琦、林黉纂

汪大经，生卒年不详，吴县（今属江苏省苏州市）人。清乾隆十九年（1754）进士。曾任莆田县知县。

王恒（1716—?），字立斋，号方湖，郯城（今山东省郯城县）人。清乾隆十二年（1747）举人，翌年连捷进士，选翰林院庶吉士。散馆以知县候选。二十一年（1756）签分福建兴化府莆田县知县，二十二年（1757）到任，敕授文林郎。二十七年（1762）以奉养父母告归回籍。

廖必琦，生卒年不详，字师韩、司翰，号槐荆，莆田（今福建省莆田市）人。清雍正二年（1724）进士，初授主事，以陪奏改翰林院庶吉士，授检讨，入直武英殿，迁浙江道监察御史。著有《荔庄诗钞》《莆田县志》。

林黉，生卒年不详，字育士，号愧庭，莆田（今福建省莆田市）人。清康熙五十年（1711）举人，雍正八年（1730）进士。历官广东镇平县知县、感恩县知县、肇庆府粮捕通判兼理惠州碣石军民府同知。著有《愧庭集》。

宋绍熙三年（1192），郡守赵彦励创修郡志。明弘治十六年（1503）、嘉靖四十年（1561）、万历二年（1574）、万历四十一年（1613），先后四修，然皆为郡志，莆田事仅附著焉。清康熙四十四年

(1705)县令金皋谢首修独立之邑志。五十余年后汪大经延廖必琦重新纂修成此志。体例大体仿照明万历四十一年《兴化府志》，唯学校、祥异另立一门。莆田滨海隩区，川涂沟浍，密若鳞比，兹篇于海堤坝塘所叙尤详，突出莆田特色。

清乾隆二十三年刻本，清乾隆二十三年刻光绪五年潘文凤补刻本，清乾隆二十三年刻光绪五年潘文凤补刻民国十五年吴辅再补刻本。

3390

[同治] 莆田县志不分卷 / (清) 林扬祖纂

林扬祖（1799—1883），字贻孙，号岵瞻，莆田（今福建省莆田市）人。清道光九年（1829）进士。历官陕西按察使、甘肃布政使。咸丰九年（1859）入觐，特旨署理陕甘总督。同治元年（1862）奉旨致仕。

稿本，抄本。

3391

[民国] 莆田县志四十卷 / 石有纪修，张琴纂

石有纪（1904—1950），字宝珍，一字仲伦，号肇修，浦江（今浙江省浦江县）人。时任莆田县县长。

张琴（1876—1952），莆田（今福建省莆田市）人。清光绪三十年（1904）进士，系莆田县最后一位进士，授翰林院编修。

民国三十四年稿本，抄本。

3392

[宝祐] 仙溪志四卷 / (宋) 赵与泌修，(宋) 黄岩孙纂

赵与泌，生卒年不详，武阳（今属山西省临汾市）人。奉仪郎，宋宝祐二年（1254）知仙游县。

黄岩孙（1218—?），字景傅，号苍磐，泉州（今福建省泉州市）人。迪功郎。宋宝祐二年（1254）任仙游县尉。

是志为仙游县志。仙溪乃仙游县境内水名，遂为仙游之别称。仙游，地处福建省东南沿海，濒临湄洲湾，与台湾岛隔海相望。唐天宝元年（742），改清源县为仙游县，即今福建仙游县。属泉州。宋属兴化军。元属兴化路。明清属兴化府。今属莆田市。

宋宝祐五年修清抄本，抄本。

3393

[正统] 仙游县志 / (明) □□撰

佚书。

3394

［成化］仙游县志／（明）郑纪撰

郑纪（1439—1508），字廷纲，号东园，仙游（今福建省仙游县）人。明天顺四年（1460）进士。历官浙江提学、国子祭酒、户部尚书等职。著有《归田录》《东园文集》。

佚书。

3395

［弘治］仙溪志十六卷／（明）陈迁纂修

陈迁（1434—1517），字汉崇，号倦飞，仙游（今福建省仙游县）人。明景泰四年（1453）举人，天顺八年（1464）进士，授南京户部主事，升员外郎中，擢江西布政司右参议。成化十八年（1482），因丁父忧而告假守制，遂不复仕。

是志分八纲五十六目，为现存最早之莆田市市域内地志刻本。

明弘治四年刻本，影抄明弘治四年刻本，抄本。

3396

［正德］仙游县志／（明）范珪修，（明）彭甫纂

范珪，生卒年不详，时任仙游知县。

彭甫，生卒年不详，字元岳，一字原岳，莆田（今福建省莆田市）人。历官南京户部主事及员外郎、广西提学佥事、湖广提学佥事。著有《忍庵集》。

佚书。

3397

［嘉靖］仙游县志／（明）彭大治纂

彭大治（1476—1530），字宜定，号定轩，莆田（今福建省莆田市）人。明正德九年（1514）进士，授南京户部主事，升户部郎中，改知扬州，转知叙州，迁长芦运使。著有《定轩集》。

是志修于明嘉靖五年（1526）。

佚书。

3398

［嘉靖］仙游县志八卷／（明）沈槃纂

沈槃，生卒年不详，字大新，号少坡，秀水（今属浙江省嘉兴市）人。明嘉靖十四年（1535）进士。授兴化府推官，摄莆田邑篆，官至江西按察使，备兵饶州。

是志约修于明嘉靖十六年

(1537)。

佚书。

3399

[嘉靖] 仙游县志八卷 / (明) 黄宸修, (明) 林有年纂

黄宸，生卒年不详，字拱宸，和平（今广东省河源市和平县）人。明正德中贡生，授洛容知县，迁仙游。

林有年（1464—1552），字以永，号寒谷，莆田（今福建省莆田市）人。明弘治间举人，历官萧山教谕、衢州知府、贵州提刑按察司副使、监察御史。

明嘉靖十七年刻本，天一阁抄本。

3400

[嘉靖] 仙游图经 / (明) □□撰

佚书。

3401

仙游县志十五卷 / (明) 孙景传纂

孙景传，生平事迹不详。

是志修于明隆庆、万历年间。

佚书。

3402

[康熙] 仙游县志四十卷 / (清) 卢学偶修, (清) 郭彦俊纂

卢学偶，生平事迹不详。

郭彦俊，生卒年不详，字一林，仙游（今福建省仙游县）人。恩贡生。

清康熙八年（1669）知县卢学偶开镌是志，十年（1671）续梓，十九年（1680）知县崔岷刊竣。

清康熙十九年刻本，抄本。

3403

[康熙] 仙游县志四十卷 / (清) 崔岷修, (清) 郭彦俊纂

崔岷，生卒年不详，清康熙十七年（1678）任仙游知县。

郭彦俊，见第3402条。

清刻本。

3404

[乾隆] 仙游县志三十六卷 / (清) 陈兴祚修, (清) 庄大椿等纂

陈兴祚，生卒年不详，字绪三，号芥舟，嘉善（今浙江省嘉善县）人。清乾隆四年（1739）

进士，时任仙游县知县。

庄大椿（1689—1751），字书年，号澹闲，一号髯客，一号出险道人，武进（今属江苏省常州市）人。清雍正七年（1729）副榜。历官四川双流、新繁、射洪知县。著有《烬存岱华梗》《泛息荫仙荔》等。

清乾隆十四年刻本。

3405

［乾隆］仙游县志五十三卷首一卷／（清）胡启植修，（清）叶和侃纂

胡启植，生卒年不详，字于廷，号立亭，黟县（今安徽省黟县）人。贡生，清乾隆三十年（1765）由岁贡任仙游知县。

叶和侃，生卒年不详，字谔亭，西昌（今四川省西昌市）人。

是志乾隆三十五年（1770）成书。凡六十余万字。首卷有九鲤湖图、菜溪岩图、天马山图五幅，附图说。正文分天文、地舆、邑肇、建置、赋役、学校、典礼、武备、职官、选举、人物、艺文、摭遗十三门，含星野、水利、关寨、丛谈等七十目。每目冠以小序，略叙大意。舆地志载金石、将军、大飞等百余山之方位、景物及历代名人题诗，附凤、白云、九龙等五十余岩，仙门、灵源、化龙等十余洞，文笔、天马、天梯等二十余峰，梯云岭、仙化石、罗汉墩、湖东堤等数十处，仙溪、金沙、九鲤湖、七星池等数十水。水利目载大洋陂、曲斗堰等六百余处，详记灌田亩数。

清乾隆三十六年刻本，清同治十二年铅印本。

3406

［道光］仙游图经稿／（清）王捷南撰

王捷南（1779—1853），字怀佩，仙游（今福建省仙游县）人。清嘉庆九年（1804）举人，授国子监学正。著有《东越献征录》《闽中沿革表》《仙溪文存》《金石书院志评选》《春秋左传》《四书笔记》《战国事略》《宋名宦传稿》《仙游图经》。

佚书。

3407

［民国］仙游乡土志一卷／题东来老人纂

东来老人，生平事迹不详。

稿本。

3408

［民国］南日岛志不分卷／萨福榛纂

萨福榛，生平事迹不详。

南日岛，古名南匿山，位于福建省莆田市东南部，是南日群岛的主岛，福建省第三大岛，莆田市第一大岛，与湄洲岛并称姐妹岛。1916 年设县佐，继设岛务局直辖本省。1933 年设区。1940 年划回莆田县。1955 年成立南日区。1957 年称乡。1958 年建立南日人民公社。1993 年改为南日镇。2002 年划归秀屿区。

民国二十六年铅印本，抄本。

龙岩市

3409

[弘治] 汀州府志十八卷附录一卷 /（明）吴文度修，（明）杜观光纂

吴文度（1441—1510），字宪之，号交石，晋江（今福建省晋江市）人。明成化八年（1472）进士授龙泉知县，征为南京御史，迁汀州知府。弘治中，历仕江西、山西、河南。正德三年（1508）进南京右都御史，改南京户部尚书。著有《交石类稿》。

杜观光，生卒年不详，澄海（今属广东省汕头市）人。明成化十九年（1483）举人。授福建长汀教谕，继调江西船山教谕。以学问宏博，被推荐参与修宪宗、孝宗两朝实录。

唐开元二十四年（736）析福州、抚州置汀州，治长汀县（今属福建）。辖境相当今福建省武夷山脉以东，三明、永安、漳平、龙岩、永定等市县以西地区。大历后辖境东北部缩小。宋属福建路。元属福建行省，至元十五年（1278）升为汀州路。明洪武元年（1368）改汀州路为府，属福建布政使司。辖境相当今福建武夷山脉以东，明溪、清流、连城、上杭、永安等县市以西地区。1913 年废。

明弘治十年刻本。

3410

[崇祯] 汀州府志二十四卷 /（明）唐世涵修，（明）马上荣纂

唐世涵，生平事迹不详。

马上荣，生平事迹不详。

明崇祯十年刻本。

宁德市

3411

[嘉靖] 福宁州志十二卷 /（明）谢廷举修，（明）陈应宾、闵文振纂

谢廷举，生卒年不详，郴州（今湖南省郴州市）人。举人。时任福宁知州。

陈应宾，生卒年不详，永嘉（今浙江省永嘉县）人。贡生。时任州学正。

闵文振，生卒年不详，字道充，号兰庄，浮梁（今江西省浮梁县）人。明嘉靖十二年（1533）以贡生任宁德训导。修《宁德县志》《宁德学志》。

元至元二十三年（1286）升长溪县置福宁州，治霞浦县（今福建霞浦县），属福州路，辖境相当今福建省霞浦、福安、宁德、福鼎等县市。明洪武二年（1369）降为县，属福州府；成化九年（1473）升为直隶州，属福建省。清雍正十二年（1734）改为福宁府。

明嘉靖十七年刻本。

3412

［万历］福宁州志十卷／（明）史起钦修，（明）林子燮等纂

史起钦，生卒年不详，字德明，号敬所，鄞县（今属浙江省宁波市）人。明万历十七年（1589）进士，十九年（1591）任福宁知州。

林子燮，生卒年不详，字养理，福宁州（今福建省宁德市）人。选贡。曾任古田教谕、吉府教授。

明万历二十一年刻本。

3413

［万历］福宁州志十六卷图一卷／（明）殷之辂修，（明）朱梅等纂

殷之辂，生卒年不详，宣城（今安徽省宣城市）人。明万历四十一年（1613）间进士。时任福宁知州。官至礼部尚书兼文渊阁大学士。著有《全舆山房稿》。

朱梅，生平事迹不详。

明万历四十四年刻本，抄本。

3414

［万历］福宁州志十六卷／（明）张大光等纂修

张大光，生卒年不详，字叔弢，霞浦（今福建省霞浦县）人。明万历十三年（1585）举人，授广东长乐县，寻判饶州，迁知晋安州。

明万历末刻本。

3415

［乾隆］福宁府志四十四卷首一卷／（清）朱珪修，（清）李拔纂

朱珪（1730—1806），字石

君，号南崖，晚号盘陀老人，大兴（今属北京市）人。清乾隆十二年（1747），年十七岁殿试为进士，选庶吉士，散馆授编修，侍读学士。历官湖北、山西等地按察使，为官方正。四十一年（1776）在上书房行走，教嘉庆帝读书。四十五年（1780）督福建学政。四十九年（1784）授内阁学士。五十一年（1786）任礼部侍郎。五十九年（1794）后，历官两广总督，吏、兵、户部尚书，协办大学士，太子太保，太子太傅等职务。嘉庆元年（1796）授两广总督。遭和珅忌，左迁安徽巡抚，四年（1799）因功复原职。卒，谥文正。

李拔（1729—?），字清翘，号峨峰，犍为（今四川省犍为县）人。清乾隆十六年（1751）进士。二十四年（1759）由楚北郡丞升福宁知府，翌年调任福州知府。

福建地方志。是志首载府境、府城、府治等九图。次分天文、地理、建置、食货、学校、秩官、选举、人物、杂志、艺文、祥异、外记十二门。又分星野、沿革、疆域、山川、城池、户口、田赋、物产、学宫、典礼、风俗、坛庙、寺观、古迹等六十八目。疆域较旧志增海防一目，并详考而立新说。是志最重海防、水利、物产等项，凡古今海道故实、兵备防御，及城堡塘汛、仓储、铺舍形势、关隘、水利出产无不备载。记塘堰、闸、坝、陂、圩百余，农作谷、蔬、瓜、花、果、木、竹、藤、药、毛、羽等十七类，五百二十余种。

清乾隆二十七年刻本，清光绪六年张其曜刻本。

3416

［嘉靖］宁德县志四卷／（明）闵文振纂修

闵文振，见第3411条。

宁德，位于福建省东北沿海，东临东海，与台湾隔海相望。五代唐长兴四年（933）王闽升宁德场置宁德县，治今福建省宁德市区。宋属福州，元属福宁州，明先后属福州府、福宁州，清属福宁府。1988年撤销，改设宁德市。

明嘉靖十七年刻本，抄本。

3417

［万历］宁德县志八卷／（明）舒应元修，（明）陈管纂

舒应元，生卒年不详，字及吾，南昌（今江西省南昌市）人。举人。时任宁德县知县。

陈管，见第3211条。

明万历十九年刻本，抄本。

3418

[乾隆] 宁德县志十卷首一卷图一卷／（清）卢建其修，（清）张君宾、胡家祺纂

卢建其，生卒年不详，字建三，号莲浦，仁和（今属浙江省杭州市）人。清乾隆二十七年（1762）举人，初任山西临县、太谷知县，时任宁德县令。

张君宾，见第3284条。

胡家祺，一作胡家琪，生卒年不详，字珣亚，石门（今属浙江省桐乡市）人。廪生。

清乾隆十六年刻本，抄本。

3419

[淳祐] 福安志／（宋）□□撰

福安，位于福建省东北部，南接三沙湾。南宋淳祐五年（1245）析长溪县置福安县，治今福建省福安市，属福州。元属福宁州。明先属福州府，后属福宁州。清雍正年间属福宁府。1989年撤销，改设福安市。

佚书。

3420

[正统] 福安县志／（明）□□撰

佚书。

3421

[嘉靖] 福安县志／（明）□□撰

佚书。

3422

[万历] 福安县志九卷／（明）陆以载修，（明）陈世理纂

陆以载，生卒年不详，字处厚，乌程（今浙江省湖州市）人。举人。时任知县。

陈世理，生卒年不详，字朝爕，号少回，福安（今福建省福安市）人。曾任吴川教谕。为诸生时，上《防倭议》，参与修纂《福安县志》。

明万历二十五年刻本。

3423

[万历] 福安县志／（明）□□撰

佚书。

3424

[万历] 福安县续志 / (明) 毛万汇修, (明) 刘元佑纂

毛万汇，生卒年不详，字心如，广昌（今江西省广昌县）人。举人。明万历三十八年（1610）任福安知县。

刘元佑，生平事迹不详。

佚书。

3425

[康熙] 福安县志九卷首一卷 / (明) 巫三祝修, (明) 陈晓梧纂, (清) 宋嗣炎增修, (清) 李襄猷增纂

巫三祝（1594—1641），字猷一，号疑始，谥文壮，龙川（今广东省龙川县）人。明崇祯元年（1628）进士，历官吏部观政、西蜀富顺和福建福安知县、户部山西清吏司题掌郎中事和员外郎等职。十四年（1641）回乡省亲，适逢清兵进逼龙川，三祝首倡立寨霍山，率众抗清。隆武二年（1646）冬，赵王监国于长乐，起用三祝，加封右侍郎，召到军前共商抗清复明大计。但大势已去，明朝旋亡。晚年持节不仕，筑采云书院于霍山。著有《蘧园集》《霍山志》。

陈晓梧，生卒年不详，字昕卿，福安（今福建省福安市）人。选贡监生。

宋嗣炎，生卒年不详，奉天辽阳（今辽宁省辽阳市）人。监生。曾任福安县知县。

李襄猷，生卒年不详，福安（今福建省福安市）人。拔贡。曾任教谕。

明崇祯十一年刻清康熙十六年增刻本，抄本。

3426

[乾隆] 福安县志三十卷 / (清) 程志洛修, (清) 张伯谟纂

程志洛，生卒年不详，号书巢，上元（今江苏省南京市）人。贡生。时任福安县知县。

张伯谟，生卒年不详，字思训，号宏轩，侯官（今属福建省福州市）人。清乾隆十八年（1753）举人，官广西天保知县，曾参与《鼓山志》的参订。

佚书。

3427

[乾隆] 福安县续志 / (清) 陈良翼等修, (清) 李光云纂

陈良翼（？—1789?），字孔十，蕲春（今湖北省蕲春县）人。清乾隆二十八年（1763）进士，

授福安知县，后调福清。荐调台湾诸罗。五十一年（1786）升调云南嵩明州知州，尚未成行，适逢林爽文发动台湾农民起义，攻陷诸罗，俘良翼。县民痛哭，称良翼为“好官”，起义军遂将良翼释放。著有《三生琐谈》《诸罗守城记》。

李光云，生卒年不详，字涵瞻，号剑溪，闽县（今属福建省福州市）人。清乾隆三十六年（1771）进士，官太常寺卿。

佚书。

3428

［乾隆］福安县志二十六卷首一卷／（清）侯谨度修，（清）陈从潮等纂

侯谨度，生平事迹不详。

陈从潮（1739—1818），字瀛士，号韩川，福安（今福建省福安市）人。清乾隆四十五年（1780）乡试第一（解元）。无意功名，转而教书育人，于四十九年（1784）主讲紫阳书院。

清乾隆四十八年刻本，影抄本，抄本。

3429

［道光］续修福安县志十二卷首一卷／（清）刘之蔼修，（清）杨世材纂

刘之蔼，生卒年不详，字伯吉，号梧冈，镇原（今甘肃省镇原县）人。清嘉庆二十五年（1820）进士。

杨世材，生卒年不详，字振抡，福安（今福建省福安市）人。副贡生。

清道光十二年刻本，抄本。

3430

［光绪］福安县志三十八卷首一卷／（清）张景祁修，（清）黄锦灿等纂

张景祁（1827—1898?），原名左钺，字孝威，更字蘩甫，号韵梅，别号新蘅主人，钱塘（今浙江省杭州市）人。清同治十三年（1874）进士，改庶吉士，后外放官福建福安、连江、仙游、蒲城等县知县，晚游台湾，宦游淡水、基隆等地。历经中法、中日战争。

黄锦灿，生卒年不详，字朴夫，南安（今福建省南安市）人。清同治十年（1871）贡生。

清光绪十年刻本。

3431

［光绪］福安乡土志二卷／周祖颐纂

周祖颐（1882—1922），字少

濂，福安（今福建省福安市）人。拔贡。1910 年曾任北京地方检察厅厅长、山东全省陆军执法官。

清光绪三十一年京师京华书局铅印本，抄本。

3432

［嘉庆］福鼎县志八卷／（清）谭抡修，（清）王锡龄、高昊纂

谭抡，生卒年不详，字鉴溪，龙南（今江西省龙南县）人。清嘉庆十年（1805）任福鼎知县。

王锡龄，生卒年不详，原名锡聆，字乔松，一字虚谷，号空同，福鼎（今福建省福鼎市）人。清乾隆二十年（1755）举人。不乐仕进，终老家居。著有《春秋三家经文同异考》《周易十家集解》《蚤闲斋日录》《水源木本录》《先夏录》等。

高昊，生卒年不详，福鼎（今福建省福鼎市）人。岁贡生。

福鼎，位于福建省东北部，东南濒东海。清乾隆四年（1739）置福鼎县，属福宁府。治所在桐山南麓（今福建福鼎市）。1913 年属福建东路道，1914 年属闽海道，1928 年直属福建省。1995 年撤销，改设福鼎市。

清嘉庆十一年刻本，抄本。

3433

［光绪］福鼎县乡土志四卷／（清）黄鼎翰纂

黄鼎翰，生卒年不详，善化（今湖南省长沙市岳麓区）人。副贡，曾任福鼎知县。

清光绪三十二年铅印本。

3434

［民国］福鼎县志三十三卷首一卷／□□纂

民国铅印本。

3435

［民国］霞浦县志四十卷首一卷／刘以臧修，徐友梧等纂

刘以臧，生卒年不详，时任霞浦县知事。

徐友梧，生卒年不详，闽侯（今福建省闽侯县）人。清末举人。曾任江西信丰县知事。

霞浦，今属宁德市，地处福建省东北部，东与台湾岛隔海相望。清雍正十二年（1734）置霞浦县，为福宁府治，治所即今福建霞浦县。1913 年属福建东路道。1914 年属闽海道。1928 年直属福建省。

民国十八年铅印本。

台湾省

3436

［康熙］台湾府志十卷／（清）蒋毓英纂修

蒋毓英，生卒年不详，字集公，诸暨（今浙江省诸暨市），一作奉天锦州人。由官生任泉州知府，清康熙二十三年（1684）首任台湾知府，二十八年（1689）升江南按察使。

台湾，位于中国大陆东南沿海的大陆架上，东临太平洋，东北邻琉球群岛，南界巴士海峡与菲律宾群岛相对，西隔台湾海峡与福建省相望。清康熙二十二年（1683）平郑克塽，次年设台湾府，属福建布政使司，领台湾、诸罗、凤山三县，治所在台湾县（今台南市），管辖台湾本岛及周围岛屿。光绪元年（1875）后辖境缩小，十三年改名台南府。

清康熙刻本。

3437

［康熙］台湾府纪略一卷／（清）林谦光纂

林谦光，见第1377条。

台湾第一部地方志，一作《台湾纪略》。是书记事止于清康熙二十九年（1690），包含形胜、沿革、建置、山川、礁屿、都郭、户役、赋税、学校、选举、兵防、天时、地理、风俗、物产等内容，另附澎湖版图。

清康熙二十九年刻本，抄本。

3438

台湾纪略

见“［康熙］台湾府纪略一卷”。

3439

［康熙］台湾府志十卷首一卷／（清）高拱乾纂修

高拱乾，生卒年不详，字九临，长安（今属陕西省西安市）人，寄籍榆林（今陕西省榆林市）。荫生。清康熙三十一年（1692）擢为泉州府知府，后升补分巡台厦兵备道兼理学政。三十四年（1695）升任浙江按察使。

清康熙三十五年刻本，抄本。

3440

［康熙］重修台湾府志十卷／（清）周元文修，（清）陈瑸等纂

周元文，生卒年不详，字洛书，一作络书，辽左金州汉军正黄旗人。监生。清康熙四十六年

(1707)，由延平知府调补台湾知府，后升湖南辰沅清道。

陈瑸（1656—1718），字文焕，号眉川，海康（今广东省雷州市）人。清康熙三十三年（1694）进士，任福建古田知县。四十一年（1702）转任台湾县知县。翌年调任北京任刑部主事。四十九年（1710）赴台湾任台厦道，掌管全台政经军事。任满升至湖南巡抚，后任福建巡抚兼闽浙总督。著有《陈清端公文集》《陈清端诗集》等。

清康熙五十一年刻本。

3441

［雍正］台湾志略三卷 /（清）尹士俍纂修

尹士俍（1690—?），字子元，号东泉，济宁（今山东省济宁市）人。附监。清雍正七年（1729）任台湾海防同知。十一年（1733）任淡水海防同知，同年升任台湾知府。十三年（1735）升台湾分巡道。乾隆四年（1739）任满，补湖南省郧襄道。

清乾隆刻本。

3442

［乾隆］重修台湾府志二十卷首一卷 /（清）刘良璧纂修

刘良璧（1684—1764），字省斋，清泉（今湖南省衡南县）人。清雍正二年（1724）进士。历官福建连江、诸乐、龙溪知县，升台湾道。后丁忧回籍守制，服阕，补兴泉永道。著有《霞东纪略》《台湾风土记》《清泉山记》等。

清乾隆七年刻本。

3443

［乾隆］重修台湾府志二十五卷首一卷 /（清）六十七、范咸纂修

六十七，见第1387条。

范咸（1694—?），字贞吉，又字浣甫，号九池，仁和（今属浙江省杭州市）人。清雍正元年（1723）进士。乾隆十年（1745）赴台任巡台御史。著有《婆娑洋集》，与六十七共纂《重修台湾府志》。

清乾隆十二年刻本，抄本。

3444

［乾隆］续修台湾府志二十六卷首一卷 /（清）余文仪修，（清）黄佾纂

余文仪（1687—1782），字叔子，号宝岗，诸暨（今浙江省诸暨市）人。清乾隆二年（1737）进士，授刑部主事。历官福宁、漳州、台湾知府，福建按察使，福建

巡抚，刑部尚书。著有《嘉树堂集》。

黄佾，生卒年不详，侯官（今属福建省福州市）人。举人。清乾隆年间掌教海东书院。

清乾隆三十九年刻本，清乾隆三十九年刻同治十一年补刻本，清乾隆三十九年刻同治十一年补刻光绪十四年李鸿铭续补刻本，抄本。

3445

[嘉庆] 台湾志略二卷 / （清）李元春删辑

李元春（1769—1854），字仲仁，又字又育，号时斋，学者称桐阁先生，朝邑（今属陕西省大荔县）人。清嘉庆三年（1798）举人，拣选知县，改大理寺评事。咸丰二年（1852）加州同衔，曾任《四库全书》馆缮书处分校官。后辞官回乡，主讲潼川、华原、关西各书院数十年，多所成就。著有《时斋文集》《时斋诗集》《桐阁文抄》等。

是志凡二卷，卷一为地志、风俗、物产、胜迹、原事，卷二为军事、兵燹、戎略、丛谈。多取材于郡舆旧志及前人著作，如《海东札记》《岛上附传》《稗海纪游》《伪郑逸事》及《台海使槎录》等。

青照堂丛书本。

3446

[道光] 台湾采访册不分卷 / （清）黄本洲、曾敦仁等纂

黄本洲，生卒年不详，台湾人。清嘉庆十八年（1813）优贡，后举孝廉方正，钦点教职。

曾敦仁，生卒年不详，台湾人。清道光九年（1829）岁贡。

是书以余文仪《续修台湾府志》为基础，大量搜集补充了自乾隆二十九年（1764）至道光十年（1830）六十余年来有关志乘的资料。成书于清道光九至十年（1829—1830）间，陈国英等十七人到台湾县、嘉义县、彰化县、噶玛兰、凤山县、诸罗县等地，对全台各地的历史、气候、地理、物产、教育、行政、人物，特别是军事方面情况进行了采访，将采访的内容汇集成此册。

台湾文献丛刊本，台湾方志汇编本。

3447

台湾图说二卷 / 王广文撰

王广文，即王元穉（1843—1921，一作1842—1926），字师徐，号子孺，又号少樵、无暇逸斋主人，钱塘（今浙江省杭州市）人，籍贯福建闽县（今属福建省福州市）。举人出身。历任凤山县

学教谕、台湾府儒学训导、台湾府学教授等，曾在夏献纶、刘璈幕中为幕友。著有《致用书院文集》《算学四种》《酬应杂存》等。

清光绪六年刻本。

3448

［光绪］台湾小志一卷／龚柴纂

龚柴，见第1120条。

著名私著台湾府志，内封题名“基隆淡水台疆小志”。书中记载台湾地势、物产、沿革、番俗、政治等。

清光绪十年管可寿斋刻本，小方壶斋舆地丛钞本。

3449

基隆淡水台疆小志一卷／虚白主人（龚柴）撰

龚柴，见第1120条。

见“［光绪］台湾小志一卷”。

清光绪十年上海管可寿斋刻本。

3450

［光绪］台湾通志不分卷／（清）唐景崧修，（清）蒋师辙、薛绍元纂

唐景崧（1841—1903），字维卿，灌阳（今广西壮族自治区灌阳县）人。清同治四年（1865）进士，授吏部主事。光绪八年（1882）法越事起，自请出关赴越南，劝刘永福内附，以功赏四品卿衔。十年（1884）中法战争爆发，张之洞令其募勇入关，编立四营，号景字军，入越参加抗法战争。中法战争结束后率军回国，以功赏花翎，赐号迦春巴图鲁，晋二品秩，除福建台湾道。十七年（1891）迁布政使。二十年（1894）署理台湾巡抚。

蒋师辙，见第1666条。

薛绍元，生卒年不详，字嘉生，武进（今属江苏省常州市）人。举人。

清代唯一台湾通志。清光绪十三年（1887）台湾建省，设局修志，至二十一年（1895）成稿十之六七，适日军侵台而中辍，有原稿本、抄校本传世。是志分疆域、物产、饷税、职官、选举、列传、杂识七门，含沿革、风潮、杂饷、政绩、风俗、递铺等三十目。附营制、遵旨筹商折等资料三十六篇。其中物产门分五谷、蔬菜、草木、鸟兽、虫鱼、杂产六类，占全志正文篇幅三分之一。各类均有附考，说明常产、特产、舶来品种，于生态环境的考证多有裨益。所收人物传记、官员履

历数以千计，清代台湾各类人物几乎备载无遗。

清光绪二十一年稿本，清光绪刻本。

3451

[民国] 台湾郡县建置志六章／周荫棠编

周荫棠（1906—1947），字汉南，桐城（今安徽省桐城市）人。1929年考入南京金陵大学。毕业后，留校任教，曾兼蒋介石家庭教师。抗日战争时入川，历任中华平民教育促进会文史研究员、湖北省教育学院教授、国文专修科主任、湖南大学教授等。著作颇多，其中《台湾郡县建置制》获当时全国著作一等奖。

是书分总叙、台湾府、台南府、台北府、台东州、清代台湾的地方政制六章，另附《台湾方志一览表》。尤详于郡县建置的沿革、地方政制的变迁以及如何划疆，如何分治。

民国三十年湖南大学油印本，民国三十四年铅印本。

3452

[民国] 台湾要览／胡元璋纂

胡元璋，生平事迹不详。

民国三十四年铅印本。

3453

[民国] 台湾新志十一章／郑伯彬纂

郑伯彬，生平事迹不详。

民国三十六年中华书局铅印本。

3454

台湾通史三十六卷首一卷末一卷／连横撰

连横（1878—1936），幼名允斌，谱名重送，表字天纵、字雅堂，号武公、剑花，别署慕陶、慕真，台湾台南人，祖籍福建龙溪。历史学家。著有《台湾通史》《大陆诗草》《大陆游记》《台湾诗乘》《台湾语典》《雅言》《剑花室诗集》《雅堂文集》《台湾稗乘》《台湾诗荟》等。

是书体例仿效司马迁《史记》，分纪、志、传、表四类，表附于志类。记事起自隋大业元年（605），终于清光绪二十一年（1895）日本帝国主义侵占台湾。对近一千三百年的台湾政治、经济、文化、军事、地理、物产、风俗、人物均分类编述，对大陆人民开拓台湾及台湾人民抗击荷、英、法、日等帝国主义的侵略战争叙述尤详。

民国三十六年上海商务印书馆铅印本。

3455

[民国] 台湾概览不分卷／柯台山编

柯台山（1914—?），今台湾省嘉义县人。曾任台湾省行政长官公署参议、台北市政府主任秘书、台北市民政局局长、台北市民政局局长等。

民国三十六年铅印本。

3456

[民国] 台北厅志／台北厅编

台北厅，台湾日本殖民统治时期的一个行政区划，初设于清光绪二十七年（1901）11月“废县置厅”之际，1920年9月，台北厅废厅并与宜兰厅及桃园厅的三角涌合并为台北州。

民国八年铅印本。

3457

[道光] 淡水厅志二卷／（清）李嗣邺修，（清）郑用锡纂

李嗣邺（?—1839），字衡峰，初名天培，贵筑（今贵州省贵阳市）人。清嘉庆十五年（1810）进士。历官实录馆复校官、内阁中书、国史馆方略馆分校官兼办稽察房事务、文渊阁检阅、平潭同知、兴化知府、福建乡试内监试官、建宁知府、福宁知府、台湾淡水同知。

郑用锡（1788—1858），原名蕃，字在中，号祉亭，原籍漳浦，嘉庆十一年（1806）迁居竹堑（今台湾省新竹市）。清道光三年（1823）进士，官礼部铸印局员外郎兼仪制司事务。十七年（1837）春乞养归里，曾担任明志书院山长。二十二年（1842），英舰来犯，郑氏招募乡勇抵御。著有《周礼解疑》《周易折中衍义》《北郭园诗钞稿本》《北郭园全集》。

淡水厅隶属于台湾府，初设于清雍正元年（1723），清廷将原诸罗县辖区虎尾溪以北设彰化县，同时设置台湾府淡水捕盗同知负责稽查北路，兼督捕务。雍正九年（1731），始正式分割大甲溪以北至鸡笼划为辖区，专归淡水同知管理，改官职为台湾府淡水抚民同知。

清道光间抄本。

3458

[同治] 淡水厅志十六卷／（清）陈培桂等纂修

陈培桂，生卒年不详，字香根，高要（今广东省高要市）人。

清道光二十六年（1846）举人。咸丰三年（1853）考取咸安官学教习，后选授福建永福县知县，累迁龙溪、侯官等县。同治四年（1865）署沙县，六年（1867）改授澎湖通判，以荐留署南平。八年（1869）署淡水厅同知，时淡水开港通商，外国人经常抗法、漏税、作奸，培桂能据约不屈。翌年因隐匿命盗案未报而被解任。

清同治十年刻本。

3459

［康熙］台湾县志十卷／（清）王礼修，（清）陈文达纂

王礼（？—1721），字立山，号虞山，直隶宛平（今属北京市）人。监生出身。清康熙五十八年（1719）任台湾府海防捕盗同知兼任台湾县知县，来年知县一职由吴观域接任。六十年十二月十八日（1721年2月3日），因朱一贵民变应对不力并弃职脱逃，遭闽浙总督觉罗满保审明正法。

陈文达，生卒年不详，字在兹，台湾县（今台湾地区台南市一带）人。清康熙四十六年（1707）台湾府贡生，先后担任《台湾府志》和《增修台湾府志》的分订工作，曾主纂《台湾县志》。

台湾县，清康熙二十三年（1684）置，治今台湾省台南市。为台湾府治。光绪十三年（1887）改名安平县。为台南府治。

清康熙五十九年刻本。

3460

［乾隆］重修台湾县志十五卷／（清）鲁鼎梅修，（清）王必昌等纂

鲁鼎梅（1708—1771），字调元，号燮堂，新城（今江西省黎川县）人。清乾隆七年（1742）进士，任德化知县、台湾知县，升护理海防同知事。

王必昌（1704—1788），乳名揆，字乔岳，号后山，德化（今福建省德化县）人。清雍正十年（1732）举人，十二年（1734）掌理县义学。乾隆十年（1745）进士，铨选吏部观政，后敕授文林郎。翌年主纂《德化县志》。十八年（1753）出任湖北郧县知县，兼理竹溪、剧县政事。著有《甲园内外篇》。

清乾隆十七年刻本，抄本。

3461

［嘉庆］续修台湾县志八卷首一卷／（清）薛志亮修，（清）谢金銮、郑兼才纂

薛志亮（？—1813），字寅赞，号云庐，一号耘庐，江阴

（今江苏省江阴市）人。清乾隆五十八年（1793）进士。嘉庆十一年（1806）知台湾县，旋擢北路理番同知兼海防，调任淡水同知。

谢金銮（1757—1820），字巨廷，又字退谷，晚年改名灏，侯官（今属福建省福州市）人。清乾隆五十三年（1788）举人。嘉庆六年（1801）后，历官邵武、南靖、安溪、南平等县教谕，著《教谕语》倡学。十年（1805）调任台湾嘉义县教谕，编著《蛤仔难纪略》，由梁上国上报朝廷，被清廷接受。十七年（1812）八月，蛤仔难正式设立噶玛兰厅。

郑兼才（1758—1822），字文化，号六亭，德化（今福建省德化县）人。清嘉庆三年（1798）解元。历官安溪、律宁、台湾县教谕。著有《六亭文集》。

清嘉庆十二年刻本，抄本，清嘉庆十二年刻道光元年郑兼才补刻本。

3462

［光绪］安平县杂记不分卷／（清）□□纂

一作《节令》。安平县始设于清光绪十三年（1887）台湾建省之时，由原台湾县改称，为台南府附郭之邑。是书既称“杂记”，自无系统，书上目录，亦系今加。篇目计分节令、风俗、台湾海防厅沿革、租税以至保甲、团练等二十五题，内间有原缺题而拟补者。

民国六年抄本。

3463

节令

见“［光绪］安平县杂记不分卷”。

3464

［光绪］台南县志四卷／（清）蔡国琳撰

蔡国琳（1843—1909），字玉屏，号春岩、遗种叟，祖籍福建晋江，移居台南（今台湾省台南市）。清光绪八年（1882）举人，十六年（1890）授国史馆校尉，归籍返台先后担任澎湖文石书院、台南蓬壶书院山长，并补用育婴堂及恤嫠局主事。乙未之役（台湾人民反抗日本统治的大小战役之总称）携眷内渡，旋归台南延平郡王祠设帐授徒。二十二年（1896）受日本殖民政府台南县知事矶贝静藏之聘，编纂《台南县志》。三十二年（1906）与连横、赵云石等人筹组南社，并首任社长。著有《丛桂斋诗钞》。

安平县于1895年被日本占领后改为台南县，治所即今台湾省台南市。1901年废县改设台南厅，1920

年废厅改设台南州。1945 年抗日战争胜利后复改台南县，属台湾省。治所即今台南县（新营市）。

清光绪二十三年刻本。

3465

［光绪］新竹县采访册十一卷／（清）陈朝龙纂

陈朝龙（1859—1903），字子潜，号卧庐，新竹（今台湾省新竹市）人。清光绪七年（1881）进县学，补廪生。邵友濂为巡抚，拟纂修通志，设采访总局于台北。新竹知县叶意深委其与郑鹏云任采访之责。十九年（1893）竹城义塾并入明志书院，被聘为长班（原称山长）。次年完成新竹县采访册，呈于纂修总局以供修志之用。嗣因甲午之役台湾割让，志稿未及成书。朝龙则携稿避难入闽，初居惠安，后迁榕城。二十四年（1898）曾一度与宗人陈永泰回台。后为安溪县令刘威幕客，旋以事去。遗有《十癖斋诗文集》。

新竹县旧无专志，清光绪年间奉檄设局，聘人采访，由朝龙等编辑。是志依台湾省通志局颁发程序，冠总目、总括，正文分沿革、城池、山川、庄社、街市、水利、碑碣、风俗等三十二目。一部分系陈氏实地勘查采访记录，另一部分摘抄府志、厅志和档册中有关新竹县资料。

台湾文献丛刊本，台湾方志汇编本。

3466

［光绪］新竹县志初稿六卷／郑鹏云、（清）陈朝龙等纂修

郑鹏云（1862—1915），字毓臣，号北园后人，竹堑（今台湾省新竹市）人。诸生。曾入读台湾海东书院。辑有《新竹县志》《师友风义录》等。

陈朝龙，见第 3465 条。

清光绪十八年（1892）始修是志，十九年（1893）成书。后因书稿散失，二十三年（1897）郑氏重新厘订，因《新竹县采访册》分立类目。分有封疆、建置、赋役、学校、典礼、职官、选举、列传、古迹、兵燹、文征、风俗十二门。翌年又因建制变更而中断，留下四卷十二篇，以八景居首，列传、古迹、兵燹、文征实属残稿。

稿本，台湾文献丛刊本，台湾方志汇编本。

3467

［光绪］茅港尾纪略七篇／黄清渊撰

黄清渊（1881—1953），号柑

园主人，又号悍园居士，下营乡（今属台湾省台南县）人。日本统治台湾五十一年中矢志忠贞，不食倭禄，不交倭友，不言倭语，不服倭衣，但以保存中华文化、鼓吹精忠大义为己任。

在荷兰统治时濒临倒风内海，明郑时开始有规模地开发，有右武卫扎营在此地，而因为靠海的军营，故得名海墘营。明末清初时倒风内海分叉入内陆形成港口，郑氏地图记为梅港尾，后改称茅港尾，属天兴县。清设置茅港尾堡。同治元年（1862），台南地区发生大地震，茅港尾几乎全毁。因八掌溪、急水溪相继改道，挟带大量土石泥沙冲入倒风内海，滨海沿岸逐渐成为陆地，导致港口淤塞。日本殖民统治时期，于光绪二十二年（1896）设茅港尾西街，属茅港尾西堡。1920年，茅港尾区改称下营庄，划归台南州曾文郡管辖。光复后改设台南县下营乡。2010年改称下营区，村改为里。

台湾舆地丛钞本。

3468

［康熙］诸罗县志十二卷首一卷／（清）周钟瑄修，（清）陈梦林等纂

周钟瑄（1671—1763），字宣子，贵筑（今贵州省贵阳市）人。清康熙三十五年（1696）举人，五十一年（1712）官福建邵武知县，两年后转迁台湾诸罗知县。五十六年（1717）调任山东高唐知州。六十年（1721）台湾动乱再起，翌年以员外郎管台湾知县事。雍正六年（1728）改荆州知府。著有《读史摘要》《遏云斋诗集》《松亭诗集》《劝惩录》等。

陈梦林，见第3330条。

是志系台湾省第一部县志。卷首有山川、县治、番俗等二十三图。正文分封域、规制、职官、祀典、学校、赋役、兵防、风俗、人物、物产、艺文、杂记十二志，含建置、疆界、山川、海道、潮汐、风信、城池、街市、学宫、户口、土田、陆饷、水饷、番俗、气候、灾祥、古迹、外纪等四十七目。

清康熙五十六年刻本，清雍正二年刻本，抄本。

3469

［光绪］嘉义管内采访册不分卷／（清）□□纂

一作“嘉义管内打猫各堡采访册”。是书仿《云林县采访册》程序纂辑，记事补至清光绪二十四年（1898），分打猫西堡、北堡、南堡、东下堡下三分、东顶堡五个区域，设目因堡而异。各堡位置、四界、规模分冠于首。其中，灾祥

目记同治元年（1862）至光绪二十四年有关地震、风暴、旱灾等具体情况；山川目记打猫山、番仔溪等山河发脉、走向、源流、分合。

清光绪二十四年修民国六年抄本。

3470

［光绪］嘉义管内打猫各堡采访册／（清）□□纂

见“［光绪］嘉义管内采访册不分卷”。

3471

［光绪］苗栗县志十六卷／（清）沈茂荫纂修

沈茂荫，生卒年不详，字槐堂，萧山（今属浙江省杭州市）人。清光绪间监生。时任苗栗县知县。

苗栗，原名猫里，位于台湾省西北部，西面濒临台湾海峡。清光绪十五年（1889）设县，二十一年（1895）被日本侵占，县废。1950年复设苗栗县。光绪十九年（1893）沈茂荫遣人采访并摘抄《淡水厅志》部分内容，翌年成书。分图考、沿革、建置、赋役、物产、古迹、风俗、祥异、学校、典礼、武备、职官、选举、列传、艺文十五类，有县署、捕厅署、大甲巡检署诸图和苗栗八景图，是清代台湾最后一部地方志。

清光绪十七年修抄本。

3472

［光绪］苑里志二卷／（清）蔡振丰纂

蔡振丰（1862—1911），字启运，后又有见先、应时、运时之字，竹堑（今台湾省新竹市）人。曾任浙江的巡查官。清光绪二十一年（1895）日军侵台，曾入丘逢甲幕参赞军机。抗日护台失败后，“埋名林下，佯狂于诗酒之间”，将酬唱之作汇刊为《台海击钵吟集》。曾主编《苑里志》，著有《启运诗草》《养余斋诗抄》等。

清光绪二十三年（1897），即日本侵台以后第三年，蔡启运应苑里办务署长日本人浅井氏所邀纂修。苑里，台湾苗栗县的一个镇，位于苗栗县西南，西滨台湾海峡。清代曾设苑里堡。1945年光复以后，苑里街改为苑里镇。

清光绪二十三年纂抄本。

3473

［道光］彰化县志十二卷首一卷／（清）李廷璧修，（清）周玺总纂

李廷璧，生卒年不详，字献

之，晋宁（今属云南省昆明市）人。清嘉庆五年（1800）举人。历官四川崇庆、江油知县，屡著劳绩，得旨赏戴蓝翎。迁福建台湾彰化县、淡水鹿港同知。告归，主讲象山书院。

周玺，生卒年不详，字琢堂，临桂（今属广西壮族自治区桂林市）人。清嘉庆四年（1799）进士。道光六年（1826）任彰化县知县，不久被参罢职。应聘主讲于崇文、白沙两书院。

彰化，位于台湾岛中部，西临台湾海峡。清雍正元年（1723）置彰化县，属台湾府。治所即今台湾省彰化县。光绪二十一年（1895）被日本侵占，后改设彰化市。1950年复设彰化县。

清道光十四年刻本，抄本。

3474

［光绪］云林县采访册不分卷／（清）倪赞元纂

倪赞元，生卒年不详，曾任云林县训导。

地理杂志。云林，位于台湾岛中部，西临台湾海峡，是台湾岛上汉人最早开垦的地方，因县治在云林坪上，遂名为云林县。日本殖民统治时期，云林自清光绪二十三年（1897）六月后不再作为行政区名，直到1950年才重新设置云林县。因当时全县分十五堡，是书一堡一门，每门分积方、沿革、山川、廨署、仓廒、街市、营汛、水利、祠庙、学塾、风俗、物产、人物、兵事、灾祥、艺文等目。

台湾文献丛刊本，台湾方志汇编本。

3475

［光绪］恒春县志二十二卷首一卷末一卷／（清）陈文纬修，（清）屠继善纂

陈文纬，生卒年不详，皋兰（今甘肃省皋兰县）人。监生。清光绪十八年（1892）任恒春知县。

屠继善，生卒年不详，字芝君，自号啸云居士，会稽（今属浙江省绍兴市）人。贡生。

恒春县，清光绪元年（1875）置，治今台湾省屏东县东南恒春镇，属台湾府，十三年属台南府。1945年并入屏东县。是志以档册和采访笔录为主要数据源。全书分疆域、建置、职官、营汛、招抚、田赋、户口、杂志等二十二类，卷首有城署图。

清光绪二十一年稿本。

3476

[嘉庆] 蛤仔难纪略 / (清) 谢金銮纂

谢金銮，见第 3461 条。

蛤仔难，即今台湾省宜兰县，位于台湾省东北部，东临太平洋。地名噶玛兰系番语，闽音不正，讹为蛤仔难。清乾隆三十二年（1767），福建漳州人林汉生来此垦殖，嘉庆年间又有漳、泉及广东移民于此，十六年（1811）置噶玛兰厅。光绪元年（1875）改为宜兰县。

清嘉庆十四年纂道光十四年刻本，抄本。

3477

[道光] 噶玛兰志略十四卷首一卷 / (清) 柯培元纂修

柯培元，见第 2272 条。

是志成于清道光十七年（1837），其中卷首天文志，卷一建置、疆域，卷二山川，卷三城市、街市、关隘、津梁，卷四海防、水利，卷五户口、田赋、屯田，卷六盐法、鬮政，卷七祀典、祠庙、寺观、学校、书院，卷八公署、职官，卷九兵制、铺递，卷十宦绩、人物、武功，卷十一祥异、物产、风俗，卷十二番市志，卷十三艺文志，卷十四杂识志。

清道光十七年稿本，清抄本，抄本。

3478

[道光] 噶玛兰厅志续补二卷 / (清)陈淑均纂

陈淑均，生卒年不详，字友松，晋江（今福建省晋江市）人。清嘉庆二十一年（1816）举人，即选知县。道光十年（1830）应聘入噶玛兰任仰山书院山长。适通志、台志先后开局，遂于翌年受命纂辑《噶玛兰厅志》。十四年（1834）内渡还乡。十八年（1838）应鹿港文开书院之聘，再莅台湾。

清道光十八年辑抄本。

3479

[道光] 台湾府噶玛兰厅志八卷首一卷 / (清) 萨廉修，(清) 陈淑均纂

萨廉（1844—?），字立甫，号检斋，又号简斋，一号少鹤，满洲人。穆彰阿之子。清光绪五年（1879）进士，时任噶玛兰通判候补同知，官至礼部侍郎。

陈淑均，见第 3478 条。

清道光十二年至二十年修咸丰二年续修刻本。

3480

［咸丰］台湾府噶玛兰厅志八卷／（清）萨廉修，（清）陈淑均纂，（清）董正官续修，（清）李祺生续纂

萨廉，见第3479条。

陈淑均，见第3478条。

董正官（？—1853），字钧伯，亦字训之，别号史城，太和（今云南省大理市）人。清道光十三年（1833）进士。曾任福建安溪、长泰、霞浦、云霄诸县知县，后赴台湾任噶玛兰知县。咸丰三年（1853），台中土匪作乱，前往查办时途中被伏击牺牲。著有《续漱石斋遗稿》《蓝溪唱和集》《续漱石斋诗文稿》等。

李祺生，生卒年不详，字寿泉，噶玛兰（今台湾省宜兰县）人。清道光间生员。

清咸丰二年刻本，抄本。

3481

［光绪］台东州采访册不分卷附台东志一卷／（清）胡传纂，（台东志）（清）陈英纂

胡传，见第1347条。

陈英，生卒年不详，长沙（今湖南省长沙市）人。曾任台东抚垦局委员，嗣继孙北窝为秀姑峦抚垦局局长。后调补州同，掌理花莲港厅事。

一作“台东州采访修志册”。胡传奉檄修《台湾通志》，于清光绪二十年（1894）纂辑此册。是书分建置沿革、疆域、山川、职官、庄社、垦务、水利、田赋、风俗、土产、灾祥、艺文等二十目，附岛屿、番语等五条。疆域目详载陆上交通道路、沿途村社、相距里程、可垦荒地、地势与土质。山川目载秀姑峦、鳌鱼山等十五座山，埤南溪、大港等十八条水。风俗目详载高山族风俗习惯和汉化进程，附番语，内容多高山族的天文、地理、社会、生产、经济知识。土产目收粮、豆、蔬、果、禽、兽各数十种。灾祥记有光绪间三次地震、两场台风，间有按语。另有海南岛少数民族、岛上交通、军事设防等记载。

《台东志》，成书于清光绪二十年（1894），原附于《台湾通志稿》后，为该书的第十九、二十卷。

台湾文献丛刊本，台湾方志汇编本。

3482

台东州采访修志册

见“［光绪］台东州采访册不

分卷附台东志”。

3483

[乾隆] 澎湖志略不分卷 / (清) 周于仁、胡格纂

周于仁（1681—1741），字纯哉，号仙山，又号虎溪，安岳（今四川省安岳县）人。清康熙四十七年（1708）举人。初任福建永春知县，雍正十一年（1733）自将乐县调澎湖通判。

胡格，生卒年不详，字寿平，号昂夫，江夏（今属湖北省武汉市）人。清康熙五十六年（1717）举人。历知泰宁、诏安、同安、晋江县。乾隆三年（1738）任澎湖通判。

澎湖，位于台湾本岛与福建省之间，台湾海峡中央偏东。澎湖自宋代正式列入中国版图，隶属福建省泉州府。元代设置巡检司。明代曾两度沦入荷兰人之手。南明永历十五年（1661），郑成功收复台湾，在澎湖设置了安抚司。清代先后设置了巡检司、通判。日本殖民统治时期设澎湖岛厅，光绪二十三年（1897）改称澎湖厅。台湾光复后，在原辖区设立澎湖县，隶属于台湾省。是志分舆图、海道、沿革、疆域、城垣、里程、宫庙、户口、钱粮、仓储、科名、物产、舟辑、泊岸、渔舟、风俗、文员、武员、烟墩炮台、诗、赋等二十篇目。

清乾隆五年刻本，抄本。

3484

[乾隆] 澎湖纪略十二卷 / (清) 胡建伟纂

胡建伟（1718—1796），又名式懋，字勉亭，三水（今属广东省佛山市）人。清乾隆三年（1738）举人，翌年连捷进士。历官河北无极、正定及福建福鼎、闽县知县，福州知府兼澎湖通判、漳州南胜同知、台湾北路理番同知。著有《江湄集》。

是志分天文、地理、官师、文事、人物、武备、风俗、土产、贡税、户口、仓储、艺文十二纪，冠有三篇序文和一幅澎湖全图。于天时、地利、气候一一图注，便于航海者参考。

清乾隆三十六年刻本。

3485

[道光] 澎湖续编二卷 / (清) 蒋镛纂修

蒋镛，生卒年不详，字怿弇，一字声永，黄梅（今湖北省黄梅县）人。清嘉庆七年（1802）进

士。道光元年（1821）由福建连江县知县升授知州，同年借补澎湖通判。九年（1829）委署台防同知，十一年（1831）回任，前后治澎十余年。辑有《澎湖续编》。

蒋镛任澎湖通判期间，制订采访大纲，遍告乡绅并邀请当地生员分途采访，将《澎湖纪略》以后新数据按其原类目逐一增续。是书始撰于清道光九年（1829），初为《纪略续编》，十二年（1832）刊刻时改《澎湖续编》。

清道光十二年刻本，抄本。

3486

纪略续编

见“［道光］澎湖续编二卷”。

3487

［光绪］澎湖厅志稿十五卷首一卷／（清）蔡麟祥修，（清）林豪纂

蔡麟祥，生卒年不详，字瑞堂，澄海（今属广东省汕头市）人。清同治间援例以通判指省福建。光绪四年（1878）代理澎湖通判。

林豪，见第3380条。

清光绪四年（1878），澎湖通判蔡麟祥请林豪主持修志。林豪遂和助手在《澎湖纪略》和《澎湖续编》的基础上增加道光九年（1829）以后至光绪十八年（1892）的史实，编辑成《澎湖厅志稿》。

清光绪八年稿本，抄本。

3488

［光绪］甲午新修台湾澎湖志十四卷首一卷／（清）蔡麟祥、陈步梯修，（清）林豪纂

蔡麟祥，见第3487条。

陈步梯，生卒年不详，字子岳，大埔（今广东省大埔县）人。清光绪十九年（1893）任台南府粮捕海防通判，总管澎湖之军事政经。二十一年（1895）三月二十日，来自日本广岛混成支队的五千余名日本军队登陆澎湖，陈步梯在战事不利时逃离，造成军心涣散，使原本做好作战准备的澎湖两天即全部失守。同年六月被闽浙总督边宝泉逮捕审明为斩监候，后以“未有兵柄”遭减刑下刑部议。

林豪，见第3380条。

是志分封域、星野、形势、山川、道里（岛屿附）、风潮（占驶附）、建革、兵制、汛防、海防、岁时、风尚、虫鱼、杂产等目。附

澎湖全图和澎湖城全图。

清光绪二十年稿本，清光绪二十年刻本。

3489

澎湖群岛志稿二十卷首一卷 / 龙骧纂修

龙骧，生平事迹不详。

是志一作“澎湖县志稿”。

稿本。

3490

澎湖县志稿 / 龙骧纂修

龙骧，生平事迹不详。

稿本。

广东省

3491

交广春秋 / （晋）王范撰

王范，生卒年不详，三国吴末年为广州刺史徐旗属官，晋平吴后为广州大中正。

一作《交广二州记》《交广二州春秋》。时司马彪号博学，尝著《九州岛春秋》，盛行于时，王范见其岭南部分简略，乃搜百粤典故撰成此书。

佚书。

3492

交广二州春秋 / （晋）王范撰

王范，见第3491条。

见“交广春秋”。

3493

交广二州记 / （晋）王范撰

王范，见第3491条。

见“交广春秋”。

3494

交广记 / （晋）黄恭撰

黄恭，生卒年不详，字义仲，一作義仲，南海（今属广东省佛山市）人。少时为刺史邓岱器重，召为记室参军，文献称他“草檄声罪，山越慑服”，后补广州大中正职。

地方志。鉴于王范所作《交广春秋》有遗漏，黄恭乃撰《交广记》，后扩为《十三州记》，另作《十四州记》。

佚书。

3495

交广记 / （晋）王隐撰

王隐，生卒年不详，字处叔，晋陈郡（今河南省淮阳县）人。大兴初召为著作郎，令撰晋史。著有《晋地道记》《交广记》等。

是书记古交州和广州人文地理情况。

佚书。

3496

[嘉靖]广东通志初稿四十卷首一卷／（明）戴璟修，（明）张岳等纂

戴璟，生卒年不详，字孟光，号石屏，奉化（今属浙江省宁波市）人。明嘉靖五年（1526）进士，十四年（1535）官至佥都御史，巡抚广东。

张岳，见第3351条。

是志包含分野、山川、政纪、行次、疆域、形胜（附城池）、封图、古迹，沿革、坊都、秩官、公署（附吏员）、循吏、名宦（附忠义）、人物、宦迹、将略、儒林、文苑、卓行、忠义、流寓、烈女、学校、道学、风俗、科贡、礼采、恤典、补祠、户口、田赋、课科、差役、均平、粮饷、仓敖、驿传、盐法、屯田、珠池、铁器、弓兵、民壮（附打手）、土产、水利、军制（附军需）、军优给（附比试）、达舍、外夷、海寇、瑶僮、生黎、仙释（附寺观祥异）、铺舍、桥梁（附津渡）、官室、陵墓、杂著。卷首有凡例、总图和序。其中外事纪安南、占城、暹罗、真腊、爪哇、满剌加、三佛齐、浡门、苏门答腊、古麻剌、彭亨、西洋、榜葛剌、天方、古里等国明时海上交通往来。

明嘉靖十四年刻本。

3497

[嘉靖]广东通志七十卷／（明）黄佐纂修

黄佐（1490—1566），字才伯，号泰泉，香山（今广东省中山市）人。明正德十六年（1521）进士。历官江西按察佥事、少詹事兼翰林学士。著有《泰泉集》。

是志分图经、事纪、职官表、选举表、舆地志、民物志、政事志、礼乐志、艺文志、列传、外志等。首设图经二卷，记述广东和属下各府以及罗浮山、南海的天文、地理、气候等。

明嘉靖四十年刻本。

3498

[万历]广东通志七十二卷／（明）郭棐等纂

郭棐，见第1261条。

全书分藩省志十三卷、郡县志四十九卷，艺文志三卷和外志七卷四个部分。其体例分藩省志，以记

全省之事，设郡县志，以叙各府、州、县之事。

明万历二十九年刻本。

3499

［万历］粤大记三十二卷／（明）郭棐纂

郭棐，见第1261条。

明代广东方志。是志分事纪类、科第类、宦绩类、献征类、政事类五大类，以史为主，辅以地理，共载广东人物五百余人，不见于正史的也有收录，后代广东各类志书所收人物大都引自该书。末附广东沿海图和地名、营寨、港口等情况，海防价值较高。

明万历刻本，抄本。

3500

［康熙］广东通志三十卷／（清）金光祖等纂修

金光祖（？—1690），汉军正白旗人。清顺治十六年（1659）任吏部郎中兼佐领，十八年（1661）任广西左布政使。康熙三年（1664）累迁广西巡抚。九年（1670）擢两广总督，至康熙二十年（1681）为副都御史余国柱所劾，被革职归旗。

是志体例仿《大清一统志》，分郡县叙述。

清康熙三十六年刻本。

3501

［雍正］广东通志六十四卷／（清）郝玉麟修，（清）鲁曾煜等纂

郝玉麟，见第3225条。

鲁曾煜，见第3237条。

是志分星野、舆图、疆域、沿革、编年、礼乐、海防、学校、公署、坊都、贡赋、兵防、屯田、盐法、职官、人物、风俗、物产、外藩、艺文等三十五门。图有省总、府疆域、城郭、海防、梅岭、澳门、虎门等二十三图。记事止雍正八年（1730），以康熙志为底本，新增四门。旧志海防不绘图，亦不列卷，今各补入。新增《外藩志》考及海外诸国入贡道路，另有暹罗、荷兰、安南、苏禄、占城、锡兰等三十三国朝贡、诏赐、通使，贸易等情况。

清雍正九年刻本，四库全书本。

3502

［道光］广东通志三百三十四卷首一卷／（清）阮元修，（清）陈昌齐等纂

阮元，见第0646条。

陈昌齐（1743—1820），字宾臣，号观楼，又署瞰荔居士，海康（今广东省雷州市）人。清乾隆三十六年（1771）进士。历官广西道和河南道监察御史、兵部和刑部给事中、浙江温州兵备道等。嘉庆九年（1804）出为浙江温处道，时海寇蔡牵肆扰，昌齐修战舰，简军伍，募人出海绘浙、闽海洋全图，纤悉备具。后告老还乡，先后主讲雷阳、粤秀书院。

是志分训典一，郡县沿革、职官、选举、封建四表，舆地、山川、关隘、海防、建置、经政、前事、艺文、金石、古迹十略，宦绩、谪臣二录，人物、列女、耆寿、方技、宦者、流寓、释老、岭蛮、杂录九传。重图籍，每府的一县、一州为一图，沿海洋汛又为县图。共载广东舆地总图，广州、韶州、惠州、潮州、肇庆、高州、廉州、雷州、琼州、九府图等九十七图。舆地略分疆域、分野、气候、户口、风俗、物产，山川、关隘以郡县为纲分述，较《广西通志》增海防一门。经政略包括铨选、禄饷、田赋、恤政、盐法、土贡及诸夷入贡事例、鼓铸、船政、市舶等二十目。

清道光二年刻本，清同治三年刻本，民国二十三年上海商务印书馆影印本。

3503

［民国］续修广东通志十九册／朱广澜修，梁鼎芬纂

朱广澜，生平事迹不详。

梁鼎芬（1859—1920），字星海，一字心海，又字伯烈，号节庵，别号不回山民、孤庵、病翁、浪游词客、葵霜、藏山、藏叟等，室名有耻堂、葵霜阁、栖凤楼、抗愤堂等，番禺（今属广东省广州市）人。清光绪六年（1880）进士。历官知府、按察使、布政使。后应张之洞聘，主讲广东广雅书院和江苏钟山书院，为《昌言报》主笔。后任溥仪的毓庆宫行走。

广东通志局稿本。是志分训典、山川略、兵制、前事略、人物志、艺文、杂录七门。叙事由清道光元年（1821）至宣统二年（1910）。志稿之一大特点是补充记述了道光《广东通志》中未记载之清代广东发生的重大事件和著名人物。

民国五年稿本。

3504

［民国］广东通志稿一百二十册／邹鲁修，温廷敬等纂

邹鲁（1885—1954），原名澄

生，字海滨，号澄庐主人，大埔（今广东省大埔县）人。早年先后参加同盟会、南社。曾任中山大学校长、国民政府委员、国民党中央执行委员。去台湾后任国民党评议委员、监察委员等职。著有《中国国民党党史》《回顾录》《教育与和平》《邹鲁文集》《邹鲁文存》。

温廷敬（1868—1953），字丹铭，号止庵，大埔（今广东省大埔县）人。曾任惠潮嘉师范学校校长，广东通志馆主任兼总纂等。

未成稿，多为采访册。分二十四目：训典、山川、地形、地质、城市、村制、医院、寺观、灾变、警政、物产、税收、盐法、公债、兵制、外交、公路、航政、邮政、大事记、金石、铜鼓、列传、杂录。记事自清道光元年（1821）至民国二十三年（1934）。

民国二十四年稿本。

3505

高肇罗三属并广海寨图说

高肇罗道，广东旧设六道之一。广海寨即今广东台山市南广海镇。明设广海卫。清有主簿驻此。

清同治间彩绘本。

广州市

3506

［大德］南海志二十卷／（元）陈大震修，（元）吕桂孙纂

陈大震（1228—1307），字希声，自号蘧觉先生，增城新塘人，一说番禺县沙村人（今均属广东省广州市）。南宋宝祐元年（1253）进士，初任博罗县主簿，后升为循州长乐县（今长乐市）县令，转任蕲州广济县县令，改奉议郎任静江府参议，代理雷州知州，以朝奉大夫知广西全州。宋亡后，归隐不仕。

吕桂孙，生卒年不详，时任广州路教授。

航海地理著作，一作《大德南海志》，是书凡二十卷，现多散佚。其卷七物产篇列舶货、诸番图，记载和广州通商的国家和地区名共一百四十余处，涵盖元代海舶通商所至的广大亚非区域，对东南各国记述尤详，对印度地名的介绍也相当完备，还涉及波斯湾、阿拉伯半岛的重要港口，对非洲各国，北起勾斯离（今埃及）、芦眉（今肯尼亚、坦桑尼亚）、麻加里（今基尔瓦）都有提及。

元大德八年刻本，抄本。

3507

大德南海志

见“南海志二十卷”。

3508

[成化] 广州志三十二卷 /（明）吴中修，（明）王文凤纂

吴中，生卒年不详，字时中，乐平（今江西省乐平市）人。进士。初授清流县知县，天顺五年（1461）任东莞知县，后升任惠州知府。在任期间，为对付海盗，在沿海推行保甲制度，渔民尽编排甲，令相觉察，海盗绝迹。

王文凤，生平事迹不详。

广州，三国吴黄武五年（226）分交州置。旋废。永安七年（264）复置，治番禺县（今广东省广州市）。辖境相当今广东、广西除广东廉江县（今廉江市）以西，广西桂江中上游，容县、北流市以南，宜州市以西北之外的大部分地区。南朝以后辖境渐小。隋大业初改南海郡。唐武德时复为广州，治南海县（今属广东省广州市）。五代南汉升为兴元府，并建都于此。宋复为广州，治南海、番禺二县（今属广东省广州市）。元升为路，明改府。唐、宋至清历为岭南道、广南东路、广东省治。

明成化九年刻本。

3509

[嘉靖] 广州府志七十卷 /（明）黄佐纂修

黄佐，见第3497条。

明嘉靖六年刻本，抄本。

3510

[康熙] 新修广州府志五十四卷 /（清）汪永瑞修，（清）余云祚纂

汪永瑞，生卒年不详，字孝傅，号晓园，吴县（今属江苏省苏州市）人。清顺治四年（1647）进士，康熙九年（1670）官广州知府。

余云祚，生卒年不详，顺德（今属广东省佛山市）人。历官知县、中书等。

是志于清康熙十二年（1673）修成未刊，后残缺。今见有事记、星野、气候、风俗、岁时、疆域、山川、古迹、物产、陵墓、建置志、学校、祀典志、兵防志、赋役志、水利、官师表、人物志、列女传、酷吏传、艺文志等门类。

清康熙抄本。

3511

［乾隆］新修广州府志六十卷首一卷／（清）金烈修，（清）张嗣衍、沈廷芳纂

金烈，生卒年不详，字慎齐，桐乡（今浙江省桐乡市）人。监生。清乾隆十七年（1752）任惠潮嘉兵备道，后充广东粮驿道兼分巡广州府。

张嗣衍，生卒年不详，浮山（今山西省浮山县）人。监生。清乾隆十八年（1753）任广州知府。

沈廷芳，见第3226条。

是书记事止于清乾隆二十二年（1757），分星野、疆域、舆图、建置、沿革、城池、山川、海防、关津、古迹、风俗、贡赋、仓储、兵制、盐政、学校、祠坛、公署、职官、名宦、选举、人物、列女、物产、艺文、杂录等二十四门，凡四十七目。

清乾隆二十四年刻本。

3512

［嘉庆］羊城古钞八卷首一卷／（清）仇池石纂

仇池石（？—1800），名巨川，字池石，一字竹屿，顺德（今属广东省佛山市）人。终身布衣，笃于学。著有《羊城古钞》。

是书分舆图、星野、城池、山川、祠坛、学校、坊表、寺观、邮政、茔墓、沿革、事纪、名宦、人物、仙释、古迹、灵异、杂事、杂物等十九门类，记载上起秦末汉初、下迄清中期羊城（今广东省广州市）的史料。

清嘉庆十一年刻本。

3513

［光绪］广州府志一百六十三卷／（清）戴肇辰等修，（清）史澄、李光廷纂

戴肇辰（1810—1890），字友梅，丹徒（今属江苏省镇江市）人。清咸丰初选云南弥勒知县，未赴任转安徽军营，因功授知府。十年（1860）任山东登州知府，后迁广东廉州府及广州府知府。著有《求治管见》。

史澄（1814—1890），原名淳，字穆堂，生于番禺，徙会稽（今属浙江省绍兴市）。清道光十九年（1839）举人，翌年进士，任翰林院庶吉士，散馆授编修。二十四年（1844）任会试磨勘官，次年任国史馆协修。二十六年（1846）任顺天乡试同考官。历任福建乡试副考官、国史馆纂修、实录馆协修及纂修、国子监司业、慕陵陪祀大臣、詹事府中允兼日讲起居注等。后回粤。咸丰五年（1855）掌教丰湖书院，旋主端溪、粤秀书院，历二十六年。

其间主修《番禺县志》，总纂《广州府志》。著有《安和堂世范》《趋庭琐语》《鉴古迩言》《继园随笔》等。

李光廷，见第1923条。

是志记事至清同治十三年(1874)。分训典、沿革表、舆图、舆地略、职官表、选举表、封建表、建置略、经政略、前事略、古迹略、艺文略、金石略、宦绩略、寓贤略、列传、杂录等十七门。前事略所记鸦片战争以来英法帝国主义在广州的侵略行径、广州人民的反侵略斗争以及广州地区天地会起义活动等史料。

清光绪五年刻本。

3514

番禺纪异五卷／（宋）冯拯撰

冯拯（？—1023），字道济，五代后周孟州河阳（今河南省孟州市）人。宋太平兴国二年(977)进士。初任大理评事、峡州通判，权知泽州，徙坊州，迁太常丞，转任石州知州，后擢右正言、户部度支判官。太宗淳化年间(990—994)，被贬出岭外，知端州。咸平元年（998）任虞部员外郎，判三司度支。大中祥符七年(1014)任御史中丞。乾兴元年(1022)进封魏国公，迁司空，兼侍中。仁宗拜冯拯为武胜军节度使、检校太尉兼侍中，判河南府。

番禺，东临狮子洋，南滨珠江口。秦始皇三十三年（前214）置番禺县，治今广东省广州市。秦、汉至南朝为南海郡治。隋并入南海县。武周长安三年（703）复置，为广州都督府及岭南道治。五代为南汉兴王府治。宋为广州南海郡，并广南东路治。元为广州路治。明、清与南海县（今佛山市南海区）同治一城，并为广州府和广东布政使治。1912年裁府留县。1933年迁新造，1945年迁治市桥镇（番禺区治）。1959年撤销，1960年复置。1992年撤销，改设番禺市。2000年，撤销番禺市，设立广州市番禺区。冯拯淳化中谪知端州，见岭表鸟兽、草木、民俗、物情举异中原，遂著《番禺纪异》，录之为三十门、凡三百事。

佚书。

3515

番禺记一卷／（宋）王德琏撰

王德琏，生平事迹不详。

佚书。

3516

番禺建立城池一卷／（宋）□□撰

佚书。

3517

番禺新志／（宋）□□撰

佚书。

3518

番禺客语一卷／（元）黄溍撰

黄溍（1277—1357），字晋卿，世称金华先生，婺州义乌（今浙江省义乌市）人。元延祐三年（1316）进士，授台州宁海丞，改诸暨州判官。至顺初为应奉翰林文字，转国子博士，出为浙江儒学提举。六十七岁致仕，不久起翰林直学士，知制诰同修国史，擢兼经筵官，升侍讲学士同知经筵事。至正十年（1350）南归。著有《文集》《日损斋稿》《义乌县志》等。

佚书。

3519

［万历］番禺县志／（明）郑升修，（明）王学曾等纂

郑升，生卒年不详，字公擢，号龙屿，长乐（今福建省长乐市）人。明万历三十二年（1604）进士，任南京两淮转运使，三十七年（1609）任番禺县令。

王学曾，生卒年不详，字唯吾，南海（今属广东省佛山市）人。明万历五年（1577）进士，官至光禄丞，后忤权贵，削籍不用。著有《入楚吟草》《西游草》《五羊约法》等。

佚书。

3520

［康熙］番禺县志十二卷／（清）王之麟修，（清）潘梅元纂

王之麟，生卒年不详，时任番禺知县。

潘梅元，生卒年不详，字晓先，一字浣先，番禺（今属广东省广州市）人。清康熙五年（1666）武举人，曾任广州教授。

佚书。

3521

［康熙］番禺县志／（清）李文浩修

李文浩，生卒年不详，镶红旗人。监生，清康熙二十年（1681）知番禺县。

佚书。

3522

［康熙］番禺县志二十卷／（清）孔兴琏修，（清）彭演、薛起蛟、陈阿平纂

孔兴琏，生卒年不详，字彝

仲，曲阜（今山东省曲阜市）人。清康熙二十五年（1686）任番禺知县，五十七年（1718）任盐法道。

彭演，生卒年不详，字出泉，号艾庵，番禺（今属广东省广州市）人。由从化文学起家，历官苍梧道、进西道，后贬至漳州。

薛起蛟（1620—1718），字牟山，号炎洲，顺德（今属广东省佛山市）人。贡生。

陈阿平（1651—1721），字献孟，号云士，别号钵山居士，晚号愚溪，东莞（今广东省东莞市）人。诸生，年六十余，方由廪膳生充岁贡。著有《钵山堂诗集》。

清康熙二十五年刻本。

3523

［乾隆］番禺县志二十卷／（清）任果、常德修，（清）檀萃、凌鱼纂

任果，生平事迹不详。

常德，生平事迹不详。

檀萃，见第1418条。

凌鱼，生卒年不详，字西波，号沧洲，番禺（今属广东省广州市）人。清乾隆十三年（1748）进士，分发湖南，历官桂阳、昭陵、醴陵诸县令。

清乾隆三十九年刻本。

3524

［同治］番禺县志五十四卷首一卷附录一卷／（清）李福泰修，（清）史澄、何若瑶纂

李福泰（1806—1871），字星衢，一作浚颐，济宁州（今山东省济宁市）人。清道光二十四年（1844）进士。历任广东饶平、潮阳、番禺知县，设团练局镇压会党起义。咸丰六年（1856），英舰犯广州，率军民堵击敌船。同治三年（1864）擢广东按察使，后历任广东、福建、广西巡抚。

史澄，见第3513条。

何若瑶（1797—1856），字群玉，号石卿，又号丹溪，番禺（今属广东省广州市）人。清道光二十一年（1841）进士，授翰林院编修，升右赞善。后辞官归里，主讲禺山书院。著有《公羊注疏质疑》《两汉考证》《海陀华馆文集》等。

清同治十年刻本。

3525

［宣统］番禺县续志四十四卷首一卷／梁鼎芬修，丁仁长等纂

梁鼎芬，见第3503条。

丁仁长（1861—1926），字伯厚，号潜客，原籍怀宁（今安徽

省怀宁县），生于广东番禺（今属广东省广州市）。清光绪九年（1883）进士，历官翰林院编修、国史馆协修、地方乡试官、侍讲、侍读等。因父病告假还乡，讲学终身。二十三年（1897）主掌广州越华书院，讲授经史实学。二十八年（1902）与吴道镕、汪兆铨等创办教忠学堂，任首任监督，同时兼任两广大学堂监督。二十九年（1903）又聘为存古学堂的监督。辛亥革命后，迁居香港。

稿本，清宣统三年刻本，清宣统三年刻民国二十年印本。

3526

［民国］续番禺县志一卷／凌鹤书纂

凌鹤书，见第2010条。

民国七年稿本，抄本。

3527

［民国］番禺河南小志九卷／黄任恒纂

黄任恒（1876—1953），字秩南，号述窠，南海（今属广东省佛山市）人。早年就读于广州越华书院，性嗜藏书，不事科举，以读书著述终生。著有《粤峤名流》《云泉仙馆小志》《信古阁粤书目》《补辽史艺文志》等。

是书包括总说、乡村、山川、建置、第宅、前事、物产、金石、人物等。涵盖有关岭南的人文学科和自然学科，包括历史政治、经济发展、社会文化、自然资源和人物传记等方面的内容。

抄本。

3528

［民国］番禺县古坝乡志／韩锋纂

韩锋（1888—1976），原名源焕，字少拱，番禺（今属广东省广州市）人。

民国二十六年铅印本。

深圳市

3529

［万历］新安县志／（明）邱体乾修

邱体乾，生卒年不详，字时亨，临川（今属江西省抚州市）人。举人。时任新安知县。

新安，地处珠江口东岸，濒临南海。明万历元年（1573）改东莞守御千户所置新安县，属广州府。治所即今广东深圳市西南头镇。清康熙六年（1667）废入东莞县，八年（1669）复置。道光二十年（1840）鸦片战争后，香港从新安县割去。1914年改新安县为宝安县。1979年改宝安县为深圳市。

佚书。

3530

[崇祯] 新安县志 / (明) 李铉修

李铉，生卒年不详，字淡方，号伯韡，漳平（今福建省漳平市）人。明崇祯七年（1634）进士，初授广东新安令，调繁改海丰。历兵曹转粤海巡宪，以次应擢，挂冠归。明隆武二年（1646）特授岭东副使。

佚书。

3531

[崇祯] 新安县志 / (明) 周希曜修

周希曜，生卒年不详，字道升，旌德（今安徽省旌德县）人。举人，明崇祯十三年（1640）任新安知县。

佚书。

3532

[康熙] 新安县志 / (清) 李可成修

李可成，生卒年不详，号集又，辽东铁岭（今辽宁省铁岭市）人。历官保昌、新安知县。

佚书。

3533

[康熙] 新安县志十三卷 / (清) 靳文谟修，(清) 邓文蔚纂

靳文谟，生卒年不详，号淇园，大名府开州（今河南省濮阳县）人。清康熙十二年（1673）进士，二十六年（1687）任新安知县，后迁河南道，巡视福建盐政。

邓文蔚，生卒年不详，字豹生，号泉庵，锦田（今属香港特别行政区）人。清康熙二十四年（1685）进士。初曾任浙江龙游县知县。著有《燕台新艺》。

清康熙二十七年刻本。

3534

[嘉庆] 新安县志二十四卷首一卷 / (清) 舒懋官修，(清) 王崇熙纂

舒懋官，生卒年不详，字长德，号蓂房，靖安（今江西省靖安县）人。清乾隆五十八年（1793）进士，历官广东英德、丰顺、新安、香山等县知县。

王崇熙，生平事迹不详。

清嘉庆二十四年刻本，民国十九年铅印本。

3535

[嘉庆] 新安县志二十四卷 /（清）舒懋官重修

舒懋官，见第 3534 条。

民国十九年排印本。

汕头市

3536

[万历] 澄海县志二十六卷 /（明）王嘉忠修，（明）王天性纂

王嘉忠，生卒年不详，号全吾，东阳（今浙江省东阳市）人。明万历四年（1576）举人。署吴兴教谕，历官平元、澄海知县，兴化知府，广西副使。

王天性（1525—1609），字则里，号槐轩，别号半憨，澄海（今属广东省汕头市）人。明嘉靖三十一年（1552）举人。历官盱眙教谕、上高知县、南昌府通判。著有《半憨集》。

澄海县辖境在远古时代处于大海之中，是一个海湾，后来才逐渐冲积浮聚成陆。明嘉靖四十二年（1563）置，属潮州府，治所即今广东澄海市。清康熙五年（1666）废，八年（1669）复置。民国初属广东潮循道。1920 年直属广东省。1994 年改设澄海市。2003 年 4 月澄海撤市，成为汕头市辖区。

佚书。

3537

[康熙] 澄海县志二十二卷首一卷 /（清）王岱、王楚书纂修

王岱（1610—1683?），字山长，号了庵，又号弋山人、九青、石史、痴庵、且园等，湘潭（今湖南省湘潭县）人。明崇祯十二年（1639）举人。清康熙五年（1666）官随州学正，十八年（1679）荐举博学鸿词科，二十二年（1683）迁澄海知县。著有《了庵诗集》《了庵文集》《且园近诗》等。

王楚书，生平事迹不详。

清康熙二十五年刻本。

3538

[雍正] 澄海县志二十四卷首一卷 /（清）宁时文纂修

宁时文，见第 0852 条。

清雍正九年刻本。

3539

[乾隆] 澄海县志二十九卷首一卷 / (清) 金廷烈纂修

金廷烈，生卒年不详，字竹书，一字庸斋，吴江（今属江苏省苏州市）人。监生。授泉州经历。未任，丁外艰。随经略张公广泗征剿，得军功。丁内艰，服阕，补韶州经历，署广宁县篆。历摄永安、连平、东莞篆。擢知澄海县，升南澳同知。辑有《居官必览》《澄海县志》。

清乾隆三十年刻本，抄本。

3540

[嘉庆] 澄海县志二十六卷首一卷 / (清) 李书吉等纂修

李书吉（1744—?），字敬铭，号小云，一号半匏，常熟（今江苏省常熟市）人。清乾隆四十五年（1780）举人。历官云南宜良，广东龙川、澄海知县，升钦州知州。著有《寒翠轩诗文集》。

清嘉庆二十年刻本。

3541

澄海县乡土韵言 / 陈彤撰

陈彤，生平事迹不详。

民国三年铅印本。

3542

[永乐] 潮阳县志 / (明) 陈时可纂修

陈时可，生卒年不详，连江（今福建省连江县）人。监生。明永乐十七年（1419）任潮阳知县。

潮阳，广东省汕头市辖区，位于广东省东南部，濒临南海，因地处海之北而称潮阳。东晋义熙九年（413）置潮阳县，属义安郡，治所在今广东潮阳市西北。唐属潮州，永徽初废，先天初复置，元和时移治今潮阳市。南宋绍兴二年（1132）又废，八年（1138）复置。元属潮州路。明属潮州府。民国初属广东潮循道。1920 年直属广东省。1993 年改设潮阳市。2003 年撤销，分别设立汕头市潮阳区、潮南区。

佚书。

3543

[景泰] 重修潮阳县志 / (明) 何晟纂修

何晟，生卒年不详，仁和（今属浙江省杭州市）人。监生。明景泰五年（1454）任知县。

佚书。

3544

[弘治]潮阳县志/(明)王銮修,(明)张注、刘寅纂

王銮,生卒年不详,全州(今广西壮族自治区全州县)人。举人。明弘治二年(1489)任潮阳知县。

张注,生平事迹不详。

刘寅,生平事迹不详。

明成化十二年(1476)知县吴谷根据天顺六年(1462)县志遗稿,聘邑人梧州教授钟仕杰编纂县志,成稿但未刊行。成化二十四年(1488),知县王銮将钟仕杰所编县志稿,请县训导张注、邑人刘寅等纂修,于弘治二年(1489)修成。

佚书。

3545

[隆庆]潮阳县志十五卷/(明)黄一龙修,(明)林大春纂

黄一龙(1524—?),字紫东,一字云卿,晋江(今福建省晋江市)人。嘉靖三十七年(1558)进士。隆庆三年(1569)授广东潮州府潮阳县知县,五年(1571)主持编纂《潮阳县志》。万历元年奉调入京任大理寺评事。

林大春(1523—1588),又名邦阳,字井丹,号石洲,潮阳(今属广东省汕头市)人。明嘉靖二十九年(1550)进士,官拜行人,曾出使秦中、泉南。除户部主事,出使辽东,解送军饷。随后任员外郎、湖广江防道佥事。四十二年(1563)回家奔母丧,适逢倭寇进犯潮阳县城,协同县令郭梦得守城退敌。服满出任河南睢陈道佥事,隆庆四年(1570)受政敌高拱弹劾罢职归家,两年后,高拱罢相,起任苍梧道佥事。待高拱复相,又被罢官。

明隆庆六年刻本,抄本。

3546

[顺治]续修潮阳县志/(清)吴仕训纂修

吴仕训,生卒年不详,字光卿,号六负,潮阳(今属广东省汕头市)人。明万历二十五年(1597)举人,授福安教谕,转福州同知。曾修潮阳、福安二县志。

佚书。

3547

[康熙]潮阳县志二十卷首一卷/(清)臧宪祖纂修

臧宪祖,生卒年不详,字子敬,海宁(今浙江省海宁市)人,

一说为广宁（今广东省广宁县）人。清康熙二十一年（1682）由监生选授潮阳知县，在任十三年，为官清廉公正，任满升宿州牧，士民在县署西街立专祠以祀。

清康熙二十六年刻本。

3548

［嘉庆］潮阳县志二十卷首一卷／（清）唐文藻纂修

唐文藻，生卒年不详，字润南，新建（今属江西省南昌市）人。清嘉庆十年（1805）任潮阳知县，十九年（1814）回任，重修县志。

清嘉庆二十四年刻本，存佚不详。

3549

［光绪］潮阳县志二十二卷首一卷／（清）周恒重修，（清）张其翻纂

周恒重，生卒年不详，字固轩，黄陂（今湖北省武汉市黄陂区）人。清光绪八年（1882）任潮阳知县。时法人构衅，朝廷筹办海防，亲至海门、达濠，测水道浅深并绘图上奏。

张其翻（1809—1892），字彦高、号京卿，程乡县（今属广东省梅州市）人。清道光十四年（1834）举人，历官陕西永寿、韩城、富平、紫阳县知县。陕甘乡试同考试官，军功赏戴花翎钦加知府衔，授中宪大夫，曾任省城学海堂学长，掌教潮州韩山、城南书院，本州岛崇实、培风各书院。著有《春秋三统朔闰表》《后汉四分朔闰表》《两汉提要劄记》《三国志讨论》《南楼读书杂记》《星学入门》等。

清光绪十年刻本，民国三十一年铅印本。

3550

［万历］南澳志十卷／（明）黄岗纂修

黄岗，生卒年不详，曾任南澳镇副总兵。

南澳，位于广东省东部海域，是广东省唯一的海岛县。明万历年间设南澳副总兵，建城于深澳，分属福建省、广东省，1912 年设南澳县，1914 年全境划归广东省，今属汕头市管辖。

佚书。

3551

［天启］南澳小记十二卷／（明）安国贤撰

安国贤，生卒年不详，字荩卿，闽县（今属福建省福州市）人，祖籍顺天三河（今河北省蓟

县)。明代“闽中七子”之一，万历三十六年（1608）袭任福州左卫指挥使。崇祯间改任定海参将署参将，驻防连江定海。著有《觳音集》《白云集》《南澳小记》《南日寨小记》，辑有《守城事宜》。

佚书。

3552

［乾隆］南澳志十二卷／（清）齐翀纂修

齐翀，生卒年不详，字雨峰，安徽婺源（今江西省婺源县）人。清乾隆二十八年（1763）进士。历官广东电白、始兴、高要知县，南澳厅同知。著有《杜诗本义》《思补斋目录》《三晋见闻录》《雨峰诗钞》。

清乾隆四十八年刻本。

3553

［民国］南澳县志二十五卷／陈梅湖等撰

陈梅湖（1881—1958），又名沅，号光烈，饶平（今广东省饶平县）人。清末秀才，参加反清革命，曾任孙中山秘书、大元帅府咨议官等职。民国间在广东通志馆任职六年，日本侵略时期任岭东观察使，1941年罢官。著有《韩公治潮事迹》《清代翰林更名考》《述德录》《饶平鸿埕黄氏传芳录》等。

香港大学冯平山图书馆藏本。

3554

［民国］南澳县志稿／章潜龙修，杨世泽纂

章潜龙，生卒年不详，南澳（今广东省南澳县）人。时任南澳县长。

杨世泽，生平事迹不详。

民国三十六年稿本。

湛江市

3555

［万历］吴川县志十卷／（明）周应鳌修

周应鳌，生卒年不详，泰和（今江西省泰和县）人。明万历十四年（1586）进士，初任丹阳，调繁吴县，升吏部稽勋司主事。二十五年（1597）补任吴川县知县。

吴川，位于广东省西南部，南濒南海。隋置吴川县，治今广东省吴川市西南吴阳，属高凉郡。唐属罗州，宋属化州，明、清属高州府。县治屡迁，1925年迁治黄坡，1942年迁塘塅，1945年复迁黄坡。1952年与梅茂县合并，改设吴梅县。1953年复名吴川县，治梅菉

镇。1959年与化县合并，改设化州县。1961年恢复吴川县。1994年撤销，改设吴川市。

佚书。

3556

[康熙] 吴川县志四卷／（清）黄若香修，（清）吴士望纂

黄若香，生卒年不详，阆中（今四川省阆中市）人。举人。清康熙七年（1668）任吴川知县。

吴士望，生平事迹不详。

清康熙十八年刻本，清康熙八年修十一年增订刻本。

3557

[康熙] 吴川县志四卷／（清）李球随纂修

李球随，生卒年不详，直隶永年（今属河北省邯郸市）人。荫生。清康熙二十五年（1686）任吴川县知县，三十一年（1692）任虞城县知县。

清康熙二十六年刻本，抄本。

3558

[雍正] 吴川县志十卷／（清）盛熙祚、章国禄纂修

盛熙祚，生卒年不详，嘉兴（今浙江省嘉兴市）人。贡生，荐举试用。清雍正八年（1730）任知县。

章国禄，生卒年不详，字令思，一作会思，瑞昌（今江西省瑞昌市）人。清雍正二年（1724）进士。历官广东吴川、广宁知县。后返里，主教白鹿洞书院。

清雍正十年刻本。

3559

[乾隆] 吴川县志十卷／（清）沈峻纂修

沈峻（1744？—1818），字丹崖，号存圃，天津（今天津市）人。清乾隆三十九年（1774）副榜贡生，由教习仕广东吴川知县。以获咎大吏被劾遣戍，旋赐还归里。著有《欣遇斋诗集》《存圃文钞》《问石山房墨刻》。

清乾隆五十五年刻本。

3560

[道光] 吴川县志十卷／（清）李高魁、叶载文修，（清）林泰雯纂

李高魁，生卒年不详，嵩明（今云南省嵩明县）人。举人，时任吴川知县。

叶载文，生平事迹不详。

林泰雯（？—1825），字庆章，号雨屏，吴川（今广东省吴

川市）人，贡生。

清道光五年刻本。

3561

［光绪］吴川县志十卷首一卷／（清）毛昌善修，（清）陈兰彬纂

毛昌善，生卒年不详，字符长，号墨畇，甘泉（今江苏省扬州市）人。清同治三年（1864）优贡，廷试列一等，以知县分发广东，历官长宁、吴川、平远知县。著有《浣霞斋诗钞》。

陈兰彬，见第1641条。

清光绪十八年刻本。

3562

［光绪］梅菉赋志／（清）黄炉纂修

黄炉，生卒年不详，字士薰，号丹山，梅菉（今属广东省吴川市）人。

梅菉，原为圩名，地处鉴江下游东岸台地平原区，梅、陆二姓始创。明知府梅氏更名梅禄，亦称梅绿、梅录、梅麓。1926年广东省置为独立市，1932年更为市管理局，隶省民政厅。1947年为梅茂县治。1951年置梅菉镇，1953年为吴川县治。1994年为吴川市治。是书为清光绪二十二年（1896）邑人黄炉用赋体所著，以物华天宝人杰地灵为韵，并夹注的体裁，叙述梅菉的沿革、人物、山川、风俗、建置、职官、兵事，以及古今灾祥。

清光绪二十二年稿本。

3563

［光绪］梅菉志稿八卷／梁兆磬纂修

梁兆磬（1864—1926），又名兆铿，字孝乐，号希声。番禺（今属广东省广州市）人。

全书含地理、建置、职官、选举、仕宦、封赠、恤荫、耆寿、纪事、金石、列传、杂录，比较全面、系统、真实地记载梅菉的历史和社会现状。

清光绪二十八年稿本。

3564

雷州旧图经／（宋）□□撰

唐贞观八年（634）改东合州为雷州，治海康县（今广东雷州市），辖境相当今雷州半岛大部分地区。天宝、至德间曾改名海康郡。宋属广南西路。元至元十五年（1278）置安抚司，十七年（1280）升为路。明洪武元年（1368）改雷州路置雷州府，辖境相当今广东湛江市及雷州、遂溪、徐闻三市、县地，属广

东省。1912年废。

佚书。

3565

雷州图经／（宋）□□撰

佚书。

3566

雷阳志／（元）□□撰

佚书。

3567

［正德］雷州府初志十卷／（明）赵文奎纂修

赵文奎，生卒年不详，字天章，江陵（今属湖北省荆州市）人。明成化二十三年（1487）进士。初知繁昌县。征拜御史，巡视凤阳，清戎两浙出。补雷州知府，擢云南参政，转辽东苑马寺卿、贵州左布政使，入为应天府尹。

佚书。

3568

［正德］雷州府志六十五卷／（明）王秉良纂修

王秉良（1473—1532），字伯存，西充（今四川省西充县）人。进士。明正德间以刑部郎中知雷州。

佚书。

3569

［嘉靖］雷州府志／（明）叶尚文修，冯彬辑佚

叶尚文，生卒年不详，字本道，贵溪归桂乡（今属江西省万年县）人。明弘治十七年（1504）举人。历官均州知州、郴州知州、宁国府同知、旌德县知县、雷州知府。

冯彬，生卒年不详，字用先，号桐冈，雷州卫（今广东省雷州市）人。明嘉靖八年（1529）进士。曾知平阳县、擢御史，后任松江守。

佚书。

3570

［万历］雷州府志二十二卷／（明）欧阳保等纂修

欧阳保，生卒年不详，号存赤，新建（今属江西省南昌市）人。举人。明万历三十九年（1611）任雷州府推官，翌年曾代摄海康。

明万历四十二年刻本。

3571

［康熙］雷州府志十卷／（清）吴盛藻修，（清）洪泮洙纂

吴盛藻（1628—?），字采臣，

号观庄，一作观壮，和州（今安徽省和县）人。拔贡，清康熙八年（1669）任雷州知府，官至广东按察司副使。著有《天门诗集》《天门文集》等。

洪泮洙（1611—1704），字献统，号垂万，遂溪（今广东省遂溪县）人。明崇祯十五年（1642）举人，清顺治十五年（1658）进士。康熙三年（1664）出任安徽休宁县知县，八年（1669）辞官归里，致力于教育事业。二十三年（1684），洪泮洙目睹维护雷州东西洋万亩田地的海堤经常遭受海水淹没，与陈瑸倡议募捐，筑东洋海堤护环海田庐。著有《湖光岩山水记》《游西湖记》《堤岸记》《雷州沿革论》《城池论》《题湖光岩》《伏波井》《遂溪八景诗》等。

清康熙十一年刻本，清康熙十一年刻乾隆补刻本。

3572

［嘉庆］雷州府志二十卷首一卷／（清）雷学海修，（清）陈昌齐等纂

雷学海，生卒年不详，字澹支，一作淡夫，通州（今属北京市）人。清乾隆六十年（1795）进士。初授工部郎中，官至广东雷州知府。著有《靖远堂诗文集》《书经批注》《幼学辑要》等。

陈昌齐，见第3502条。

清嘉庆十六年刻本。

3573

［康熙］海康县志三卷／（清）郑俊修，（清）宋绍启纂

郑俊，生卒年不详，长平（今属山西省高平市）人。清康熙三年（1664）进士。少以孝友闻，以亲老不仕。后家贫甚，父促以禄养，乃授海康令，后擢吏部主事，寻迁稽勋文选司员外郎，晋考功郎中，力恳终养而归。

宋绍启，生卒年不详，海康（今广东省雷州市）人。清顺治间县学岁贡生，曾任保昌县学训导。

海康，位于广东省雷州半岛中部，东濒雷州湾，南隔琼州海峡与海南岛相望，西濒北部湾。隋开皇九年（589）置海康县，治今广东省雷州市，为合州治，大业初属合浦郡。唐、宋为雷州治。元为雷州路治。明、清为雷州府治。1911年裁府留县。1959年撤销，以南渡河为界，北部并入雷北县，南部并入雷南县。1960年雷北县改名雷州县，雷南县改名徐闻县。1961年撤销雷州县，复置海康县。1994年改设雷州市。

清康熙二十六年刻本，民国十八年铅印本。

3574

［嘉庆］海康县志八卷／（清）刘邦柄修，（清）陈昌齐纂

刘邦柄，生卒年不详，字握亭，号寅谷，四川涪州（今属重庆市）人。清嘉庆十三年（1808）进士。授广东海康县（今雷州市）知县，后调东海县，地瘠民贫，濒海而居者，田庐向多漂没，邦柄到任后相地筑堤以障之，自是无潮汐之患。历署化州、石城、吴川等邑。著有《海上吟诗集》。

陈昌齐，见第3502条。

清嘉庆十七年刻本。

3575

［民国］海康县续志四十六卷首一卷／梁成久纂修，陈景棻续修

梁成久（1859—1933），字柽涛，一字逸樵，号灌园畸人，海康（今广东省雷州市）人。清光绪十一年（1885）拔贡生，曾任广雅书院斋长，后铨选直隶州州判。辛亥革命后当选民国众议院议员。1920年退职后担任《海康县续志》总纂。

陈景棻（1887—1941），字楚翘，号守梅，海康（今广东省雷州市）人。年十九为廪贡生，光绪末年毕业于雷州中学堂，后入广东法政学堂。一度担任防城县（今防城区）的专审员。1933年，教学之余兼任雷州民国日报社编辑，主持该报副刊宣扬抗日大义。

民国二十七年铅印本。

3576

［康熙］遂溪县志十二卷／（清）宋国用修，（清）洪泮洙纂

宋国用，生卒年不详，满洲正白旗人。监生，清康熙二十二年（1683）任遂溪知县。

洪泮洙，见第3571条。

遂溪，位于雷州半岛北部，南面与海南岛、西面与广西北海市隔海相望。唐天宝元年（742）改铁杷县置遂溪县，属海康郡。治所在今广东湛江市西南湖光镇西旧县村。乾元元年（758）属雷州。北宋开宝五年（972）废入海康县。南宋绍兴十九年（1149）复置，仍属雷州，移治今遂溪县。元属雷州路。明属雷州府。民国初属广东高雷道。1920年直属广东省。

清康熙二十六年刻本。

3577

［道光］遂溪县志十二卷／（清）喻炳荣修，（清）朱德华等纂

喻炳荣，生卒年不详，新城（今江西省黎川县）人。清道光年间任遂溪知县。

朱德华，生卒年不详，字秋丞，号朴斋，博白（今广西壮族自治区博白县）人。清嘉庆二十四年（1819）进士，翰林院庶吉士。曾任知县、候选直隶州知州。

清道光二十九年刻本，清道光二十九年刻光绪二十一年补刻本。

3578

［民国］遂溪县乡土志一卷／□□纂

抄本。

3579

［万历］徐闻县志／（明）张师益修

张师益，生卒年不详，宜山（今广西壮族自治区宜州市）人。明嘉靖三十四年（1555）举人，隆庆五年（1571）任教谕。时任徐闻县知县。

徐闻县，西汉置，治今广东徐闻县西南，属合浦郡。三国吴为朱崖郡治。南朝齐改为齐康县，为齐康郡治。隋平陈改为隋康县，属越州，大业时属合浦郡。唐贞观二年（628）复名徐闻县，属雷州。北宋开宝五年（972）废入海康县。南宋乾道七年（1171）复置，属雷州。元至元二十八年（1291）移治今县治。属雷州路。明、清属雷州府。

佚书。

3580

［康熙］徐闻县志不分卷／（清）阎如玿修，（清）吴平纂

阎如玿，生平事迹不详。

吴平，生平事迹不详。

清康熙二十六年抄本。

3581

［康熙］徐闻县志四卷／（清）孙挹纂修

孙挹，生卒年不详，盂县（今山西省盂县）人。举人。清康熙年间任徐闻知县。

清康熙三十七年刻本，抄本。

3582

［道光］徐闻县志／（清）孙东旸纂修

孙东旸，生卒年不详，举人，

时任徐闻知县。

佚书。

3583

［宣统］徐闻县志十五卷首一卷／（清）王辅之修，（清）骆克良等纂

王辅之，生卒年不详，字任卿，一作任乡，曹州府（今山东省曹县）人。孝廉出身，时任徐闻知县。

骆克良（？—1918），原名克坚，字贞臣，号玉田，徐闻（今广东省徐闻县）人。琼州府学教授，贡生。

清宣统三年刻本，民国二十五年铅印本。

肇庆市

3584

端州图经／（宋）□□撰

端州，隋开皇九年（589）置，治高要县（今广东肇庆市）。大业三年（607）改为信安郡。唐武德四年（621）复名端州，天宝元年（742）又改为高要郡，乾元元年（758）复为端州。辖境相当今广东省肇庆、高要、高明等市县地。宋时包有今四会、广宁等市县地。重和元年（1118）升为肇庆府。是书宋代修，一说为《祥符州县图经》一部分。

佚书。

3585

肇庆府图经／（宋）□□撰

肇庆府，南临南海。北宋重和元年（1118）升端州置肇庆府，治所在高要县（今广东肇庆市），辖境相当今广东肇庆、高要、四会三市及广宁县地。元改为肇庆路。明初复为肇庆府。辖境扩大至今广东西江、绥江、新兴江、漠阳江流域和开平市地。1911年废。

佚书。

3586

［正统］肇庆府志／（明）王蓥修，（明）伍宁等纂

王蓥，生卒年不详，鄞县（今属浙江省宁波市）人。明宣德六年（1431），由刑科给事中出守肇庆。

伍宁（1386—1467），泰宁（今福建省泰宁县）人。明永乐十二年（1414）举人，翌年入京会试中乙榜，出任浙江省淳安县教谕，后擢升为湖广辰州府、肇庆府、台州府儒学教授。因连中三元的宰相商辂为其门生，人称三元之师。

佚书。

3587

[成化]肇庆府志／(明)黄瑜修，(明)傅珍等纂

黄瑜，生卒年不详，字仲美，临桂(今属广西壮族自治区桂林市)人。明正统九年(1444)举人，授衮州府同知，迁知广州府，后以布政使参议掌肇庆府事。

傅珍，生卒年不详，时任府学训导。

佚书。

3588

[嘉靖]肇庆府志／(明)卢磷等修，(明)陈九成纂

卢磷，生卒年不详，字秀夫，余姚(今浙江省余姚市)人。明嘉靖十四年(1535)进士。时任肇庆知府。

陈九成，生卒年不详，字子韶，高要(今广东省高要市)人。明嘉靖十九年(1540)举人。历官山西道监察御史、甘肃巡按使。

佚书。

3589

[万历]肇庆府志二十二卷／(明)郑一麟修，(明)叶春及纂

郑一麟，生卒年不详，山阴(今属浙江省绍兴市)人。明万历五年(1577)进士，先在兵部任职，后官至按察使。历官山西按察司使、提督三关、井陉道兵备、山西布政使右参政兼佥事。时任肇庆府知府。

叶春及(1531—?)，字仕甫，号絅斋，归善(今广东省惠州市)人。明嘉靖三十一年(1552)举人。隆庆初由乡举授福建闽清县教谕，但未赴任。曾讲学石洞书院，因世称石洞先生。后任惠安县令，万历十九年(1591)授官江西兴国知州，未赴。后提升郧阳府同知、户部江西司郎中。纂有《顺德县志》《肇庆府志》《永安县志》。

明万历十六年刻本。

3590

[崇祯]肇庆府志二十五卷／(明)陆鏊修，(明)区怀瑞纂

陆鏊(1586—1641)，字味道，号廉石，平湖(今浙江省平湖市)人。明天启五年(1625)进士，授刑部江西司主事。历官都水历员外郎及郎中、广东肇庆知府、福建参政，官至广东右布政。著有《卢龙游草》《沐草》《宝纶堂集》等。

区怀瑞，生卒年不详，字启图，高明(今属广东省佛山市)人。明天启七年(1627)举人。历官湖北当阳县知县、河北平山县知县。著有《趋庭稿》《游燕吴草》《游滁草》等。

明崇祯八年刻本。

3591

[康熙] 肇庆府志三十二卷 / (清) 史树骏修, (清) 区简臣纂

史树骏，生卒年不详，字光庭，号庸庵，武进（今属江苏省常州市）人。清顺治四年（1647）进士，康熙八年（1669）任知府。

区简臣（1631—?），字卜征，高明（今属广东省佛山市）人。清顺治十八年（1661）进士。曾任湖广江华知县。

清康熙十二年刻本。

3592

[康熙] 肇庆府志三十二卷 / (清) 宋志益增辑，(清) 郑际泰纂

宋志益，生卒年不详，字亮虞，号端斋，长洲（今江苏省苏州市）人。曾任肇庆知府。

郑际泰（1642—1726），字德道，号珠江，顺德（今属广东省佛山市）人。清康熙十四年（1675）举人，翌年连捷进士，授翰林院检讨、吏科给事中。

清康熙五十八年增刻本。

3593

[乾隆] 肇庆府志二十八卷 / (清) 吴绳年修, (清) 何梦瑶纂

吴绳年，生卒年不详，字凇岩，钱塘（今浙江省杭州市）人。监生。时任肇庆知府。

何梦瑶（1693—1764），字赞调，一字报之，号西池，南海（今属广东省佛山市）人。清雍正八年（1730）进士，授广西岑溪知县，后调任奉天辽阳知府。乾隆二十九年（1764）告病引退。

清乾隆二十五年刻本。

3594

[道光] 肇庆府志二十二卷首一卷 / (清) 屠英等修, (清) 江藩等纂

屠英，生卒年不详，字木斋，和州（今安徽省和县）人。清嘉庆六年（1801）进士，二十年（1815）由国子监助教出任梧州府同知，道光二年（1822）官肇庆知府。

江藩，见第 2882 条。

清道光十三年刻本，清光绪二年重刻本。

江门市

3595

［民国］潮连乡志七卷首一卷／卢子骏纂

卢子骏，生平事迹不详。

民国三十五年香港林瑞英印务局铅印本。

3596

［弘治］新会县志十八卷／（明）李世卿修

李世卿，生卒年不详，名承箕，号大崖，嘉鱼（今湖北省嘉鱼县）人。读书大屋山，自号大匡居士。明成化间举人。

佚书。

3597

［嘉靖］新会县志／（明）张文风等修

张文风，生卒年不详，字公仪，号立斋，常熟（今江苏省常熟市）人。明嘉靖八年（1529）进士，时任新会知县。

佚书。

3598

［万历］新会县志七卷／（明）王命璇等修，（明）黄淳纂

王命璇（1575—?），字虞石，号君衡，漳州府龙岩县（今福建省龙岩市）人。明万历三十二年（1604）进士，任广州府新会（今属广东省江门市）知县。万历四十五年（1617），任广东巡按御史。次年，王命璇与两广总督许弘纲共同上疏，要求裁撤广州府（今广东省广州市）海防同知，设立香山（今广东省中山市）参将。天启五年（1625），王命璇迁大理寺卿，后官至刑部右侍郎。著《静观山房诗稿》四卷及《赋》一卷。

黄淳，生卒年不详，字叔化，号鸣谷、鸣山老人，别署六柳先生，新会（今属广东省江门市）人。明万历八年（1580）进士，知宁海县。后辞病归里，在鸣山读书著述。著有《鸣山堂集》，一作《鸣山集》。

新会，位于广东省中南部，南濒南海。隋开皇九年（589）改盆允县置新会县，治今广东省江门市新会区北杜阮镇，属冈州，大业初属南海郡。唐武德四年（621）为冈州治，贞观十三年（639）移今治，开元以后属广州。元属广州路，明、清属广州府。1931 年迁

治江门，1949年仍治会城镇。1992年撤销，改设新会市。2002年撤销新会市，设立江门市新会区。

明万历三十七年刻本，明万历三十七年刻清顺治修补本，清顺治十六年重修本。

3599

[康熙] 新会县志十八卷首一卷／（清）贾雒英修，（清）薛起蛟等纂

贾雒英，生卒年不详，河间（今属河北省沧州市）人。举人，时任新会知县。

薛起蛟，见第3522条。

清康熙二十九年刻本，抄本。

3600

[乾隆] 新会县志十三卷首一卷／（清）王植纂修

王植（1681—1766），字怀三，一作槐三，号憨思，直隶深泽（今河北省深泽县）人。清康熙六十年（1721）进士。雍正四年（1726）任广东和平县知县，后升任罗定州兼德庆州知州，后历任新会、郯城等县知县。纂有《和平县志》《罗定直隶州志》《新会县志》《郯城县志》《鸡泽县志》。

清乾隆六年刻本。

3601

[道光] 新会县志十四卷首一卷／（清）林星章修，（清）黄培芳、曾钊纂

林星章（1797—1841），字景芸，又字锦云，号古畲，又号坦甫，闽县（今属福建省福州市）人。清道光六年（1826）进士。历官广东石城知县、新会知县、龙门知县、茂名知县、化州知州、广东乡试同考官等，诰授奉政大夫。

黄培芳（1778—1859），字子实，号香石，自号粤岳山人，香山（今广东省中山市）人。清嘉庆八年（1803）副贡生，肄业太学。此后，考取武英殿校录官，屡应进士试不第南归，先后授乳源县、陵水县教谕，肇庆府训导，大埔县教谕。

曾钊，见第1230条。

清道光二十一年刻本。

3602

[同治] 新会县志十卷／（清）彭君谷修，（清）钟应元、李星辉纂

彭君谷（1823—?），字贻孙，号颐荪，别号洮湖渔隐，溧阳（今江苏省溧阳市）人。清咸丰九年（1859）恩科举人，同治二年（1863）进士。官广东新会县知

县。著有《洮湖渔隐词钞》。

钟应元，生卒年不详，新会（今属广东省江门市）人。清咸丰元年（1851）恩科举人，官刑部七品京官，加员外郎衔。

李星辉，生卒年不详，字坡樵，新会（今属广东省江门市）人。清道光二十九年（1849）举人，光绪十三年（1887）任揭阳县教谕、丰顺县训导。同治间参与编纂《新会县志》，光绪间参与修《揭阳县志》。

清同治九年刻本。

3603

［同治］新会县续志十卷首一卷／（清）彭君谷修，（清）钟应元、李星辉纂

彭君谷，见第3602条。
钟应元，见第3602条。
李星辉，见第3602条。

清同治九年刻本，民国铅印本。

3604

［光绪］新会乡土志辑稿十五篇／（清）蔡垚爔修，（清）谭镳纂

蔡垚爔，生卒年不详，时任新会县知县。

谭镳（1863—1925），字康斋，号仲鸾，新会（今属广东省江门市）人。清光绪十五年（1889）举人，二十一年（1895）参与公车上书，二十四年（1898）上京会试，又参与康、梁组织的保国会和维新变法活动，变法失败，南下归乡。

清光绪三十四年粤东编译公司铅印本。

3605

厓山志五卷／（明）黄淳等纂修

黄淳，见第3598条。

是书为记述南宋王朝覆亡历史的志书。

明万历三十九年五羊王学曾刻本，民国四年抄本。

3606

续厓山志二卷／（清）赵允闲纂修

赵允闲，生卒年不详，新会（今属广东省江门市）人，清道光年间生员。

民国元年铅印本。

3607

［嘉靖］新宁县志十卷／（明）王臣修，（明）陈元珂纂

王臣，生平事迹不详。

陈元珂，生卒年不详，字仲声，又字双山，闽县（今福建省闽清县）人。明嘉靖十四年（1535）进士。历官户部郎中、德庆州州判、南雄府同知、金华知府转副使、湖广参政。时任新宁知县。著有《双山集》。

新宁，位于珠江三角洲西南部，毗邻港澳，南临南海。明弘治十一年（1498）析新会县置新宁县，属广州府，治所即今广东台山市。1914年改名台山县。1992年4月撤销台山县，设立台山市。

明嘉靖二十四年刻本，抄本。

3608

[康熙] 新宁县志十卷／（清）宁林修

宁林，生卒年不详，合阳（今陕西省合阳县）人。进士，时任新宁知县。

清康熙十一年刻本。

3609

[康熙] 新宁县志十卷／（清）张殿珠修，（清）曾灏纂

张殿珠，生卒年不详，荣河（今属山西万荣县）人。举人，时任新宁知县。

曾灏，生平事迹不详。

清康熙二十五年刻本。

3610

[乾隆] 新宁县志四卷／（清）王暠修，（清）陈份纂

王暠（？—1740），昆明（今云南省昆明市）人。进士。清雍正九年（1731）由和平县调任新宁知县。

陈份，生卒年不详，字古村，顺德（今属广东省佛山市）人。清乾隆元年（1736）举人。

清乾隆三年刻嘉庆九年补刻本。

3611

[道光] 新宁县志十卷／（清）张深修，（清）曾钊、温训纂

张深，生卒年不详，丹徒（今属江苏省镇江市）人。曾两任新宁知县。

曾钊，见第1230条。

温训，生平事迹不详。

清道光十九年刻本。

3612

[光绪] 新宁县志二十六卷首一卷／（清）何福海修，（清）黄荣熙纂

何福海，生卒年不详，字找

孽，楚南（今属湖南省郴州市）人。贡生。曾官新宁知县。

黄荣熙，生卒年不详，字鼎珊，新宁（今广东省台山市）人。

清道光十九年刻本。

3613

[宣统] 新宁乡土地理二卷／雷泽普编

雷泽普（1878—?），新宁（今广东省台山市）人。清光绪间曾受学于多位著名塾师，后又兼应广州越华、粤秀、羊城三大书院月课。科举废后，再入读新式的广东高等学堂，后回乡主持学务，组织团练。1919年获选为省议会议员。编有《新宁乡土历史》《新宁乡土地理》。

清宣统元年刻本。

3614

[民国] 赤溪县志八卷首一卷／王大鲁修，赖际熙等纂

王大鲁，生卒年不详，衡阳（今属湖南省衡阳市）人。时任县知事。

赖际熙（1865—1937），字焕文，号荔垞，增城（今属广东省广州市）人。清光绪二十九年（1903）进士，授翰林院编修、国史馆纂修及总纂。1913年，任香港大学中文总教习兼教授。1923年，设立学海书楼。曾参与纂修《广东通志》《增城县志》，又编有《清史大臣传》《赤溪县志》等。

赤溪，位于台山市东南端，东西南三面濒临南海，属半岛。1912年改赤溪厅置赤溪县，后属广东粤海道。治所即今广东台山市东南赤溪镇。1920年直属广东省。1953年撤销，并入台山县。

民国十五年刻本。

3615

[崇祯] 恩平县志十一卷／（明）宋应升修，（明）梁维栋等纂

宋应升，生卒年不详，字元孔，宋应星之兄，奉新北乡（今属江西省奉新县）人。明万历四十三年（1615）举人。曾任湘阴、恩平知县，迁高州府同知、广州知府。曾主修《恩平县志》，著有《方玉堂集》。

梁维栋，生平事迹不详。

恩平，位于广东省西南部，属珠江三角洲区域，南面濒临南海。唐至德二年（757）改齐安县置恩平县，治今广东省恩平市恩城镇，先属恩平郡，后属恩州。宋、元属

南恩州，明属肇庆府。1959年与开平县合并，改设开恩县。1961年恢复恩平县。1994年再撤，改设恩平市。

清抄本。

3616

［康熙］恩平县志十一卷／（明）宋应升原本，（清）佟世男续修，（清）郑轼等续纂

宋应升，见第3615条。

佟世男，生卒年不详，一名世南，字梅岭，辽阳（今辽宁省辽阳市）人，隶满洲镶黄旗。清康熙中曾官知县。

郑轼，生平事迹不详。

清康熙二十七年刻本，抄本。

3617

［康熙］恩平县续志不分卷／（清）□□纂

清抄本。

3618

［乾隆］恩平县志十卷首一卷／（清）曾萼纂修

曾萼（1721—1797），字丽元，号清溪，平和（今福建省平和县）人。清乾隆十六年（1751）进士。历官恩平等五县知县、罗定等四州知府，后任直隶连州的知州。被乾隆敕封为廉政公、奉政大夫。著有《咏归集》《易卦阐义集》。

清乾隆三十一年刻本。

3619

［道光］恩平县志十八卷首一卷末一卷／（清）杨学颜、石台修，（清）杨秀拔纂

杨学颜，生卒年不详，字心斋，曲沃（今山西省曲沃县）人。清嘉庆二十二年（1817）进士。历官广东恩平知县、琼州府抚黎同知兼理感恩县事。

石台，生卒年不详，直隶滦州（今河北省滦县）人。清嘉庆举人，官知县。

杨秀拔，生卒年不详，嘉应镇平（今属广东省梅州市）人。清嘉庆举人，官训导。

清道光五年富文斋刻本。

3620

［民国］恩平县志补遗六卷附录一卷／聂崇一纂

聂崇一，生卒年不详，恩平（今广东省恩平市）人。

民国十八年铅印本。

3621

［民国］恩平县志二十五卷首一卷／余丕承修，桂坫纂

余丕承，生平事迹不详。

桂坫（1865—1958），字南屏，南海（今属广东省佛山市）人。清光绪二十年（1894）进士，官至浙江候补道，署严州府知府，晚年定居香港。

民国二十三年铅印本。

茂名市

3622

［康熙］茂名县志四卷／（清）钱以垲纂修

钱以垲，见第1409条。

茂名，位于广东省西南部，南临南海。茂名县，隋置，治今广东高州市，属高凉郡。唐为潘州治。五代梁开平元年（907）改为越裳县。南汉乾亨七年（923）复为茂名县。宋属高州。元为高州路治。明清为高州府治。1959年析置茂名市，改茂名县为高州县。1993年改设高州市。

清康熙三十八年刻本，抄本。

3623

［康熙］茂名县志四卷／（清）周振声修，（清）周承权纂

周振声，生卒年不详，崇仁（今江西省崇仁县）人。举人。时任知县。

周承权，生平事迹不详。

清康熙抄本，抄本。

3624

［雍正］茂名县续志六卷／（清）虞金铭纂修

虞金铭，生卒年不详，字行若，号岛思，太仓（今江苏省太仓市）人。清雍正二年（1724）进士。时任茂名知县。

清雍正八年刻本。

3625

［嘉庆］茂名县志二十一卷首一卷／（清）秦沅、王勋臣修，（清）吴徽叙纂

秦沅，生卒年不详，金匮（今江苏省无锡市）人。监生。清嘉庆二十三年（1818）任茂名知县。

王勋臣，生卒年不详，汜水（今属河南省荥阳市）人。清嘉庆六年（1801）举人，曾任茂名

知县。

吴徽叙，生卒年不详，字香樵，茂名（今广东省茂名市）人。清嘉庆五年（1800）拔贡，翌年举人。历主高文、近圣、电白、信宜各书院。著有《缄石集》。

清嘉庆二十四年刻本。

3626

［光绪］茂名县志八卷首一卷／（清）郑业崇修，（清）许汝韶纂

郑业崇，生卒年不详，号宗山，长沙（今湖南省长沙市）人。时任茂名知县。

许汝韶（1834—1894），茂名（今广东省茂名市）人。清同治六年（1867）举人。曾任四川知县，高州府高文书院主讲、山长，督修高州郡城。

清光绪十四年刻本。

3627

［嘉靖］电白县志七卷／（明）谭尧道修，（明）聂旦纂

谭尧道，生卒年不详，号双坡，兴业（今属广西壮族自治区兴业县）人。监生。历官大田、电白县令。

聂旦，生平事迹不详。

电白，位于广东西南沿海。电白县，南朝梁置，治今广东高州市东北，为高州治。元属高州路。明属高州府。成化四年（1468）移治今电白县东电城。1951 年移今治。1983 年电白县划归茂名市。2014 年撤销电白县建制，设立电白区。

佚书。

3628

［万历］电白县志／（明）王许之修

王许之，生卒年不详，号槐亭，高安（今江西省高安市）人。明隆庆五年（1571）进士，授龙门知县，时海寇势甚炽，电白尤当其冲，王许之任电白县令后，尽息海盗。后历官南京、福建道御史、浙江按察司佥事。著有《留台疏草》《槐亭文集》。时任电白县令。

明万历二年刻本，佚书。

3629

［万历］电白县志七卷／（明）周元暐纂修

周元暐，生卒年不详，直隶昆山（今江苏省昆山市）人。进士。时任电白县令。

明万历三十八年刻本，佚书。

3630

［顺治］电白县志八卷／（清）相斗南纂修

相斗南，生卒年不详，字蓬伯，号寥天，安邑（今山西省运城市）人。举人，清顺治三年（1646）会试副榜，十三年（1656）任电白县令。

清顺治十六年刻本，佚书。

3631

［康熙］电白县志八卷／（清）郭指南纂修

郭指南，生卒年不详，字周车，安塞（今陕西省延安市安塞区）人。清顺治十五年（1658）进士。曾官电白知县，升礼部主事。著有《云岗集》《江南游草》《西归吟》《云阁余草》等。

清康熙十二年刻本，清康熙十二年刻二十五年强兆统增刻本。

3632

［康熙］电白县志八卷／（清）强兆统纂修

强兆统，生卒年不详，字仔肩，宝鸡（今陕西省宝鸡市）人。清康熙九年（1670）进士。时任电白县令，后升吏部主事。

清康熙二十五年增刻

3633

［道光］重修电白县志二十卷末一卷／（清）章鸿、叶廷芳、王时任修，（清）邵咏、崔翼周纂

章鸿，生卒年不详，会稽（今属浙江省绍兴市）人。进士。时任电白县令。

叶廷芳，生卒年不详，侯官（今属福建省福州市）人。举人。继章鸿任县令。

王时任，生卒年不详，宜宾（今四川省宜宾市）人。进士。继叶廷芳任县令。

邵咏（1765—1828），字子言，号芝房，电白（今属广东省茂名市）人。清乾隆五十七年（1792）优贡。道光四年（1824）选任韶州训导，翌年参与纂修《电白县志》。著有《种芝山房文集》《芝房诗抄》《鱼山先生年谱》《草印谱》等。

崔翼周，生卒年不详，字会清，号崧楼，电白（今属广东省茂名市）人。清嘉庆二十三年（1818）榜眼，二十五年（1820）以第一名成绩考授景山官学汉教习，任道光帝的老师。曾任安徽来安特用知县。著有《周易观玩》《崧楼随笔》等。

清道光六年刻本。

3634

［光绪］重修电白县志三十卷首一卷 /（清）孙铸修，（清）邵祥龄纂

孙铸，生卒年不详，归安（今浙江省湖州市）人。时任电白县令。

邵祥龄，生卒年不详，电白（今属广东省茂名市）人。拔贡。曾任户部云南司主事。

清光绪十八年刻本。

3635

［光绪］电白县乡土志四卷 / □□纂

清抄本。

3636

［民国］电白县新志稿十章 / 邵桐孙等纂

邵桐孙，生卒年不详，电白（今属广东省茂名市）人。1944 年任广东国民大学教授，1947 年后任电白一中校长、电白县文化馆长。

民国三十五年油印本。

3637

高州旧图经 /（宋）□□撰

高州，南朝梁置，治高凉县（今广东省阳江市西）。辖境相当今广东省鉴江及漠阳江流域地区。隋初改为高凉郡。唐武德六年（623）复置，贞观时移治良德县（今广东省高州市东北），大历中又移电白（今高州市东北），辖境缩小，相当今茂名、高州、电白等县地。元升为路。明洪武元年（1368）改高州路置高州府，属广东布政使，治所在茂名县（今广东省高州市）。辖境相当今广东高州、茂名、吴川、电白、化州、廉江、信宜等市县地。清属广东省。1912 年废。

佚书。

3638

高州图经 /（宋）刘棠序

刘棠，生卒年不详，字君美，龙溪（今属福建省漳州市）人。宋元祐六年（1091）进士，授枢密院编修，编成哲宗御书。后任利州路提举学事，旋提举两浙常平。

佚书。

3639

高凉旧图志七卷 /（宋）刘棠修

刘棠，见第 3638 条。

佚书。

3640

［宣德］高州府志十七卷／（明）富敬修

富敬，生卒年不详，时任高州知府。

佚书。

3641

［万历］高州府志二卷／（明）曹志遇等纂修

曹志遇（1561—1627），字二箕，又字知我，兴国（今湖北省阳新县）人。明万历二十六年（1598）进士。四十四年（1616）以尚书郎出任高州知府，在任期间有《同王别驾戴司李天妃宫观竞渡》七律一首。旋擢肇罗兵备道，官至罗定道。纂有《高州府志》《万蕉亭稿》。

明万历刻本。

3642

［康熙］高州府志十卷／（清）蒋应泰纂修，黄云史重辑

蒋应泰，生卒年不详，顺天府（今北京市）人。贡监。清康熙六年（1667）任高州知府。

黄云史，生卒年不详，武进（今属江苏省常州市）人。清顺治十二年（1655）进士，仕至高州知府。

清康熙十一年刻本。

3643

［雍正］高州府志／（清）黄文炜、张兆凤修

黄文炜，生卒年不详，字飞赤，歙县（今安徽省歙县）人。拔贡。清雍正五年（1727）由韶州府调任高州，后升两广盐法道，擢臬司。

张兆凤，见第0924条。

佚书。

3644

［乾隆］高州府志十六卷／（清）王概、于殿琰等修，（清）李东绍、梁联德、黄如栻纂

王概，生卒年不详，字戒木，一作成木，诸城（今山东省诸城市）人。清雍正十一年（1733）进士。乾隆六年至九年（1741—1744）任湖北布政使分守安襄郧下荆南道兼水利按察使佥事，官至两广盐运使。

于殿琰，生卒年不详，正红旗汉军人。举人。时任高州府知府。

李东绍（1699—1760），信宜（今广东省信宜市）人。拔贡。清乾隆二十一年（1756）主编《信宜县志》，后任合浦县教谕，兼任

《高州府志》的编纂工作。著有《雪溪子全集》。

梁联德（1703—1779），字惇一，号恒峰，茂名（今广东省茂名市）人。清雍正元年（1723）举人，五年（1727）进士。授任江西兴国、宜黄知县，后辞官归里。著有《恒峰书稿》。

黄如栻，生卒年不详，号敬溪，茂名（今广东省茂名市）人。清乾隆十三年（1748）进士。曾任国子监监丞。

清乾隆二十四年刻本，清抄本。

3645

［道光］高州府志十六卷／（清）黄安涛修

黄安涛（1777—1848），字凝舆，号霁青，嘉善（今浙江省嘉善县）人。清嘉庆十四年（1809）进士。历官翰林院庶吉士、潮州府知府。晚岁主讲鸳湖、安澜书院。著有《诗娱室诗集》《息耕草堂诗》《真有益文编》《慰托集》《绿笺词钞》等。

清道光七年刻本。

3646

［光绪］高州府志五十六卷／（清）杨霁修

杨霁（1837—?），字子和，一字子晴，汉军正红旗，浙江上杭驻防旗人。清同治四年（1865）进士。光绪十四年（1888）出知高州。

清光绪十五年刻本。

惠州市

3647

［天顺］惠州府志／（明）苏润纂修

苏润，生卒年不详，时任惠州府同知。

明洪武元年（1368）改惠州路置惠州府，治归善县（今广东省惠州市），辖境西起今广东九连山、罗浮山和潼湖，东包有兴宁、五华及揭西县西部地。属广东省。清雍正十一年（1733）割兴宁、五华二县地置嘉应州，辖境缩小。1912年废。

佚书。

3648

［嘉靖］惠大记六卷／（明）郑维新撰

郑维新，生卒年不详，字敬甫，归善（今广东省惠州市）人。弱冠举于乡，授东平州学正。历官浙江道监察御史、湖广佥事、广西参议。

是书成于明嘉靖七年（1528），分考、略二体，包含迹考、献略、治略、贲略四类。其中，迹考记载惠州府及所辖各县建置沿革、山川舆地情况；治略记载府、县乡贤、名宦职官传记；贲略所载为诗、文、碑记。

明嘉靖七年刻本。

3649

［嘉靖］惠州府志十二卷／（明）李玘修，（明）刘梧纂

李玘，生卒年不详，时任惠州府知府。

刘梧，生平事迹不详。

明嘉靖二十一年刻本。

3650

［嘉靖］惠州府志十六卷／（明）姚良弼修，（明）杨宗甫纂

姚良弼，生卒年不详，字梦贤，钱塘（今浙江省杭州市）人。明嘉靖十四年（1535）进士。历官岳州、惠州知府。

杨宗甫，生平事迹不详。

明嘉靖三十五年蓝印本。

3651

［嘉靖］惠志略不分卷／（明）杨载鸣纂

杨载鸣（1514—1565），字虚卿，泰和（今江西省泰和县）人。明嘉靖十七年（1538）进士。官至通政使。著有《大拙堂集》。

是志纂于明嘉靖三十五年（1556），包括郡事纪、地理志、建置志、赋役志、学校志、祀典志、兵防志、词翰等内容。

明嘉靖三十九年刻本，抄本，油印本。

3652

［万历］惠州府志二十一卷／（明）林国相、程有首修，（明）杨起元纂，（明）龙国禄增修

林国相（1522—1575），字廷赞，号燮轩，闽县（今属福建省福州市）人。明嘉靖三十一年（1552）进士，初授户部主事，后任广东惠州知府。因政绩显著提升河东盐运使，又升山西布政使左参政。

程有首，生平事迹不详。

杨起元（1547—1599），字贞复，号复所，归善（今广东省惠州市）人。明万历五年（1577）

进士，累迁至吏部左侍郎。著有《维摩经评注》《证学编》《诸经品节》《杨贞复集》。

龙国禄，生平事迹不详。

明万历二十三年刻四十五年增刻本。

3653

［崇祯］惠州府志二十一卷／（清）梁招孟修，（明）郑伯升纂

梁招孟（1573—1650），字良山，号漳源，阳新（今湖北省阳新县）人。明崇祯元年（1628）进士，钦点翰林院中书，迁江西道、就畿道监察御史。后历官南京户部郎中、河南卫辉府知府、广东惠州府知府、广东潮惠应嘉兵备道、淮海分巡道、江西驿盐法道、山西按察使司按察使、两浙都围盐运使，诰封资政大夫。著有《息阿山房文集》。

郑伯升，生平事迹不详。

清抄本。

3654

［康熙］惠州府志二十卷首一卷／（清）吕应奎等修，（清）黄挺华等纂

吕应奎，生卒年不详，盖平（今辽宁省盖州市）人。清康熙间曾任惠州府知府。

黄挺华，生卒年不详，南海（今属广东省佛山市）人。明崇祯十五年（1642）举人，清康熙间任直隶故城知县，授文林郎。著有《汉书钞》《大学衍义钞》《待月楼稿》。

清康熙二十七年刻本。

3655

［光绪］惠州府志四十五卷首一卷／（清）刘溎年、张联桂修，（清）邓抡斌、陈新铨纂

刘溎年（1821—1891），字树君，大城（今河北省大城县）人。清咸丰四年（1854）从参赞大臣僧格林沁军，以功选授完县教谕。咸丰十年（1860）进士。同治八年（1869）授广东惠州知府，又署潮州、广州知府。光绪五年（1879）改道员。著有《三十二兰亭室诗存》。

张联桂（1838—1897），字丹叔，一字弢叔，江都（今属江苏省扬州市）人。捐赀得太常博士，清同治初年以京察一等授广西庆远府同知。后历官惠州、潮州知府，惠潮嘉道等职。中法战争爆发后，筹备海防。光绪十二年（1886）调任湖北荆宜施道。开河建闸，兴修水利。十三年（1887）任广西

按察使，十五年（1889）迁广西布政使，十八年（1892）升广西巡抚。著有《向心斋学治杂录》《延秋吟馆诗集》等。

邓抡斌，生平事迹不详。

陈新铨，生平事迹不详。

清光绪七年刻本，清光绪七年刻民国六年补版印本。

3656

［民国］惠阳县志／张有仁纂修

张有仁，生平事迹不详。

惠阳，位于广东省东南，南临大亚湾与香港隔海相望。1912 年改归善县置惠阳县，治今广东省惠州市。1953 年、1958 年、1964 年三次析县城设惠州市。1985 年迁治淡水镇。1994 年撤销，改设惠阳市。

民国三十七年铅印本。

3657

［康熙］归善县志二十一卷／（清）连国柱修，（清）龚章纂

连国柱，生卒年不详，字石卿，号恕庵，广宁（今辽宁省北镇市）人。举人。清康熙五年（1666）任归善县县令，后擢户部主事。

龚章（1637—?），字愓恃，号含五，归善（今广东省惠州市）人。二十四岁中解元，清康熙十二年（1673）进士，任翰林院检讨。著有《晦斋集》《纲鉴捷录》。

归善，位于广东省东南部，南临南海大亚湾。隋开皇九年（589）置归善县，治今广东省惠州市东，为循州治，大业初为龙川郡治。唐为循州治。五代南汉移治今市，为祯州治。宋为惠州治。元为惠州路治。明、清为惠州府治。1912 年裁府留县，改名惠阳县。1994 年撤销惠阳县，设置惠阳市。2003 年撤销县级惠阳市，设惠州市惠阳区。

清康熙十四年刻本。

3658

［雍正］归善县志二十一卷／（清）孙能宽等修，（清）叶适等纂

孙能宽，生卒年不详，字子居，号痴庵，陕西咸宁（今陕西省西安市）人。拔贡教习。清康熙六十年（1721）任归善县知县。

叶适（1656—?），字顾吾，自号西村郡士，归善（今广东省惠州市）人。清康熙四十一年（1702）举人，授潮州海阳教谕。著有《韩江小草》《西村诗集》等。

清雍正二年刻本。

3659

［乾隆］归善县志十八卷首一卷／（清）章寿彭修，（清）陆飞纂

章寿彭，生卒年不详，字峻峰，山阴（今属浙江省绍兴市）人。清乾隆四十四年（1779）任归善知县，以政绩荐升宁州知府。

陆飞，生卒年不详，序中为陆筱，仁和（今属浙江省杭州市）人。清乾隆三十四年（1769）解元。曾修《江山县志》。

清乾隆四十八年刻本。

汕尾市

3660

［乾隆］陆丰县志十二卷／（清）王之正等修，（清）沈展才等纂

王之正，生卒年不详，顺天府通州（今属北京市）人。清雍正元年（1723）举人。历官广东省茂名、阳江、香山知县。乾隆九年（1744）任陆丰知县，后调任顺德知县。

沈展才，生卒年不详，字其昂，陆丰（今广东省陆丰市）人。清雍正十三年（1735）举人，曾任嘉应州教授。

陆丰，位于广东省汕尾市东南部碣石湾畔，南濒南海。清雍正九年（1731）置陆丰县，治今广东省陆丰市东海镇，属惠州府。1995年撤销，改设陆丰市。

清乾隆十年刻本，民国二十年铅印本。

3661

［民国］陆丰县乡土志不分卷／黄墨园纂

黄墨园，生平事迹不详。

民国十二年铅印本。

3662

［民国］陆丰县志一卷／马斯臧纂修

马斯臧，生卒年不详，陆丰（今广东省陆丰市）人。曾留学法国，1920年任陆丰县龙山中学校长，1930年至1931年任陆丰县教育局长。

民国二十三年印本。

3663

［嘉靖］海丰县志二卷／（明）罗洪先修，（明）李日巽纂

罗洪先（1504—1583），字达夫，号念庵，吉水（今江西省吉水县）人。明嘉靖八年（1529）中状元，授翰林院修撰，迁左春房

赞善。罢归，著书以终。著有《念庵集》《冬游记》等。

李日巽，生平事迹不详。

海丰，地处广东省东南部沿海，南临南海。东晋置海丰县，即今广东省海丰县。历属东官郡、龙川郡、循州、祯州、惠州、惠州路及惠州府。宋有灵溪、杨安、劳谢三锡场，古龙、石桥二盐场。

明嘉靖三十八年刻本，抄本。

3664

[乾隆] 海丰县志十卷末一卷 / (清)于卜熊修，(清)史本纂

于卜熊，生卒年不详，金坛（今属江苏省常州市）人。举人，清乾隆十一年（1746）任知县。

史本，生平事迹不详。

清乾隆十五年刻本，清乾隆十五年刻同治十二年补刻本，民国二十年铅印本。

3665

[同治] 海丰县志续编二卷 / (清) 蔡逢恩修，(清) 林光斐等纂

蔡逢恩，生卒年不详，新建（今属江西省南昌市）人。举人。清同治十年（1871）任知县。

林光斐，生卒年不详，字念葵，杨安都（今属广东省海丰县）人。清咸丰初年附贡生，任光禄寺司膳少卿。四年至六年（1854—1856）协助海丰县令督勇防剿三点会之乱，因功加员外郎。

清同治十二年刻本，民国二十年铅印本。

阳江市

3666

恩州旧经 / (宋) □□撰

恩州，唐贞观二十三年（649）置。治齐安县（至德中改为恩平县，今广东省恩平市东北）。大顺二年（891）移治阳江县（今广东省阳江市）。辖境相当今广东阳江、恩平二市地。宋属广南东路。庆历八年（1048）因河北路有恩州，改名南恩州。

佚书。

3667

恩平志 / (宋) □□撰

佚书。

3668

恩平郡谱一卷 / (宋) 杨备撰

杨备（976—?），字修之，建

平（今安徽省郎溪县）人，一说建州（今福建省北部）人。宋仁宗初年曾任知县、虞部员外郎等职。著有《历代纪元赋》《宋颂》《恩平郡谱》等。

佚书。

3669

南恩州图经／（宋）□□撰

佚书。

3670

［永乐］阳江县志／（清）林皋撰

林皋，生卒年不详，字应沚，号筠若，一号顽庵，新会（今属广东省江门市）人。由诸生中南明隆武元年（1645）举人。明亡后，弃时艺，博涉六经。尝闭户十年编成《通鉴纲目大成》。

阳江，位于广东省西南沿海，南临南海。隋大业十三年（617）分高凉县置阳江县，治今广东省阳江市江城。属高州高凉郡。唐贞观后属恩州。宋为恩州、南恩州治。明洪武初属肇庆府。清同治五年（1866）升为阳江直隶厅，光绪三十二年（1906）又升阳江直隶州。1912 年废州复县。1959 年与阳春县合并，改设两阳县。1961 年恢复阳江县。1988 年撤销，改设阳江市。

佚书。

3671

［正德］阳江县志／（明）刘竑编

刘竑，生卒年不详，字伯度，阳江（今广东省阳江市）人。明弘治十七年（1504）举人，翌年连捷进士。曾任江苏如皋知县，后升兵部主事，再转为光禄寺丞。时严嵩主政，以竑极有威望，企图拉拢为党羽，竑托病告退回家，侍奉父母。后屡被举荐，均不就官职。

佚书。

3672

［嘉靖］阳江县志七卷／（明）吴焕章修

吴焕章，生卒年不详，字钦华，莆田（今福建省莆田市）人。明举人。时任阳江知县。

佚书。

3673

［万历］阳江县志／（明）蔡懋昭修

蔡懋昭（1512—1602），字允德，号溟阳，云间（今上海市松江区）人。明嘉靖十九年（1540）举人。曾署嘉善教谕，擢知新河县，迁守赵州。曾任阳江海防同知，海盗许恩筑城阳江沙岛，东连惠州，与林道乾遥相犄角。懋昭用间，示恩信降之。著有《临淄志》《新河志》等。

佚书。

3674

［万历］阳江县志／（明）邓士亮修，（明）邓全慎辑

邓士亮，生卒年不详，字寅侯，蒲圻（今湖北省赤壁市）人。明万历三十二年（1604）进士。历官彝陵州学正、四川绵州学正、广东肇庆府推官、宗人府经历、南京户部广东司员外、户部浙江司郎中、四川马湖府知府。任广州府推官间“有红夷（荷兰）船、澳夷（葡萄牙）船肆掠海防，公多方守御。适贼船遭飓风沉没阳江海口，公寻觅善水者捞探……获取大炮三十六门”。

邓全慎，生卒年不详，全州（今广西壮族自治区全州县）人。时任阳江县教谕。

佚书。

3675

［天启］阳江县志／（明）□□撰

佚书。

3676

［康熙］阳江县志四卷／（清）孙廷铎修

孙廷铎，生平事迹不详。

佚书。

3677

［康熙］阳江县志四卷／（清）周玉衡修，（清）陈本纂

周玉衡，生平事迹不详。

陈本，生平事迹不详。

清康熙二十年刻本。

3678

［康熙］阳江县志四卷／（清）范士瑾纂修

范士瑾（1637—1673?），字闻西，青城县（今山东省高青县）人。清康熙十二年（1673）同进士出身，二十四年（1685）任阳江知县。

清康熙二十七年刻本。

3679

［乾隆］阳江县志八卷／（清）庄大中纂修

庄大中，生平事迹不详。

清乾隆十一年溟螺书屋刻本。

3680

［道光］阳江县志八卷／（清）李沄等修，（清）区启科等纂，（清）李应均增补，（清）胡琫续纂

李沄，生平事迹不详。

区启科，生平事迹不详。

李应均，生平事迹不详。

胡琫，生卒年不详，湖口（今江西省九江湖口县）人，清嘉庆二十二年（1817）任龙川知县。

清道光二年刻本。

3681

［光绪］阳江县乡土志不分卷／阳江修志局纂

清抄本。

3682

［民国］阳江县志三十九卷首一卷／张以诚修，梁观喜纂

张以诚，生卒年不详，昆明（今云南省昆明市）人。1915 年任阳江县知事。

梁观喜（1871—1951），阳江（今广东省阳江市）人。清光绪十二年（1886），年十五中秀才。三十三年（1907）优贡并考取直隶候补知县，以家贫亲老不赴任。翌年任阳江初级师范学堂监督。宣统元年（1909）任中学堂监督，后任劝学所所长。民国间历任阳江县立中学国文教员、广州勷勤大学讲师、广东国民大学教授。著有《左传礼征》《诗郛臆》《易学管窥》《旧雨庐随笔》。

民国十四年刻本。

东莞市

3683

宝安志／（元）郭应木修，陈庚辑

郭应木，生卒年不详，字居仁，资州（今四川省资中县）人。曾任连州判官，元至大四年（1311）代理县令。

陈庚，生平事迹不详。

是志为东莞最早的地方志，修于隋文帝开皇九年（589）。

佚书。

3684

宝安续志／（明）庄恭、陈义辑

庄恭，生卒年不详，字克敬，

号蒙斋，东莞（今广东省东莞市）人。明洪武五年（1372）举人，历官广西柳州儒学训导、恭城县儒学教谕。

陈义，生卒年不详，东莞（今广东省东莞市）人。

佚书。

3685

东莞县志／（明）周式修，陈琏辑

周式，生卒年不详，吉水（今江西省吉水县）人。由文学才行科膺荐。明正统三年（1438）任县丞。

陈琏（1369—1454），字廷器，号琴轩，东莞（今广东省东莞市）人。明洪武二十三年（1390）举人，为桂林教授，累官南京礼部侍郎致仕。著有《琴轩集》《归田稿》等。

东莞，位于珠江口东岸。辖境在夏时属南交地。唐至德二年（757）改宝安县置东莞县，治今广东省深圳市西南头镇，属广州。北宋开宝五年（972）废，翌年复，移治今东莞市，仍属广州。元属广州路，明、清属广州府。1985年撤销，改设东莞市。

佚书。

3686

[天顺] 重刻卢中丞东莞旧志十二卷／（明）吴中修，（明）卢祥辑

吴中，见第3508条。

卢祥（1402—1468），字仲和，号行素，东莞（今广东省东莞市）人。明正统七年（1442）进士，任南京礼科给事中。天顺二年（1458）升任南京太仆寺少卿。八年（1464）任顺天府丞，旋升都察院右佥都御史，巡抚延绥边境。

明天顺八年刻清印本。

3687

东莞县志十五卷／（明）刘存业辑

刘存业（1460—1506），字可久，号简庵，东莞（今广东省东莞市）人。明成化十九年（1483）举人，弘治三年（1490）进士，榜眼，授翰林院编修，充任经筵官。

佚书。

3688

东莞县志／（明）乔诰修，（明）谢邦信辑

乔诰，生卒年不详，字世钦，

号莲峰，上海（今上海市）人。举人。明嘉靖三十八年（1559）任知县。

谢邦信，生卒年不详，字瑜卿，一作谕卿，东莞（今广东省东莞市）人。明嘉靖五年（1526）进士。历官江西上高县令、南京大理寺评事、柳州通判、江西赣州府通判、福建建宁府同知。著有《明诗类选》《石涌集》《谢氏箧中集》等。

佚书。

3689

增修东莞县志／（明）孙学古修，（明）陈士俊辑

孙学古（？—1549），字汝邃，萧山（今属浙江省杭州市）人。明嘉靖二十三年（1544）进士，授东莞知县。

陈士俊，生卒年不详，东莞（今广东省东莞市）人。明嘉靖、隆庆间在世，布衣。

佚书。

3690

［崇祯］东莞县志八卷／（明）汪运光修，（明）张二果辑

汪运光，生卒年不详，字启新，号心毅，南直隶歙县（今安徽省歙县）人。明崇祯四年（1631）进士，七年（1634）任知县。

张二果（？—1639），字稚复，号葪父，东莞（今广东省东莞市）人。明天启七年（1627）举人。崇祯时剃度为僧。著有《是谁集》《白业卮言》《白业法言》等。

明崇祯十二年修清抄本。

3691

［康熙］东莞县志十四卷／（清）郭文炳修，（清）李作楫、张朝绅纂

郭文炳，生卒年不详，直隶蠡县（今河北省蠡县）人。清康熙十五年（1676）进士。二十六年（1687）任知县。

李作楫（1632—1697），字济巨，号白川，东莞（今广东省东莞市）人。清顺治十一年（1654）举人，十八年（1661）进士。历官溧水知县、汾州府同知、鹤庆知府、大理知府，解任归家，杜门著述。著有《藏公堂集》《中山治略》。

张朝绅，生卒年不详，字伟行，号元沙，东莞（今广东省东莞市）人。清康熙三年（1664）进士。曾任山东高密县令。

清康熙二十八年刻本。

3692

[雍正]东莞县志十四卷/(清)周天成修,(清)邓廷喆等纂

周天成,生卒年不详,字织甸,上元(今江苏省南京市)人。清康熙四十一年(1702)举人。雍正四年(1726)任东莞县令。

邓廷喆(?—1731),字宣人,号蓼伊,东莞(今广东省东莞市)人。清康熙二十三年(1684)由副贡中举。四十九年(1710)考授中书官,后在顺天府任乡试考官。五十八年(1719)赐一品官服,以正使出使安南。著有《蓼园诗草》《皇华诗略》等。

清雍正十年刻本。

3693

[嘉庆]东莞县志四十六卷/(清)彭人杰、范文安修,(清)黄时沛等纂

彭人杰,生卒年不详,字英堂,庐陵(今江西省吉安市)人。清乾隆五十九年(1794)任东莞知县,嘉庆二年(1797)八月移知南海县。

范文安,生卒年不详,字国钦,南笼(今贵州省安龙县)人。曾任东莞知县。

黄时沛,生卒年不详,号石农,定南厅(今江西省定南县)人。清乾隆六十年(1795)进士,官至吏部主事。东莞(今广东省东莞市)人。清乾隆二十四年(1759)进士,任吏部文选司主事。

清嘉庆三年刻本。

3694

[嘉庆]东莞县续志二卷/(清)彭人杰、范文安修,(清)黄时沛等纂

彭人杰,见第3693条。

范文安,见第3693条。

黄时沛,见第3693条。

清嘉庆三年刻本。

3695

东莞县草志五十卷/(清)邓淳辑

邓淳,见第1321条。

佚书。

3696

东莞县志稿/(清)何仁山辑

何仁山(1812—1876),字颐贞,号梅士,又号寄山,东莞(今广东省东莞市)人。清道光二十九年(1849)乡试第一。咸丰

七年（1857）英法联军陷广州，组织民团抵抗，以保卫功荐保直隶知州，以亲老绝意仕途。著有《淡坐山堂丛稿》《草草草堂诗草》《锄月山房文钞》等。

佚书。

3697

东莞县志稿／（清）邓蓉镜辑

邓蓉镜（1832—1900），字上选，号莲裳，东莞（今广东省东莞市）人。清同治三年（1864）领乡荐，十年（1871）进士，后出任江西督粮道，曾三署江西按察使职。丁内艰不复出，主广雅书院四年。著有《续国朝先正事略》《诵芬堂文存》《知止堂随笔》等。

佚书。

3698

［民国］东莞县续志一百二卷首一卷／陈伯陶等纂修

陈伯陶（1854—1930），字象华，号子砺，晚年更名永焘，东莞（今广东省东莞市）人。清光绪十八年（1892）探花，授翰林院编修，后历官国史馆总纂，起居注协修，文渊阁校理，武英殿纂修，云南、贵州、山东乡试正副考官，署江宁提学使，广东教育总会会长。曾创建方言学堂、暨南学堂。辛亥革命后，居香港九龙。纂有《宋东莞遗民录》《元广东遗民录》《明东莞五忠传》《胜朝粤东遗民录》《增补罗浮志》《东莞县县图》《重纂东莞县志》《罗浮指南》。

民国十六年铅印本。

中山市

3699

［永乐］香山县志／（明）容悌与修

容悌与，生卒年不详，字行白，号云岚，香山（今广东省中山市）人。明永乐年间任香山教谕。著有《云岚集》。

香山，位于广东省中南部，地处珠江出海口。南宋绍兴二十二年（1152）升东莞县香山镇置香山县，属广州，治所即今广东中山市。元属广州路。明属广州府。民国初属广东粤海道，1925年改名中山县。1988年升为地级市中山市。

佚书。

3700

［成化］香山县志／（明）黄经修

黄经，生卒年不详，字子常，

香山（今广东省中山市）人。明弘治八年（1495）举人。选授沾益州同知，旋改升泗州学正。辞官回里，撰《香山县志》。

佚书。

3701

［嘉靖］香山县志八卷／（明）邓迁修，（明）黄佐纂

邓迁（1504—1575），字世乔，一作汝高，闽县（今属福建省福州市）人。明嘉靖七年（1528）举人。时任香山知县，后升嘉兴府通判，署嘉善。

黄佐，见第3497条。

明嘉靖二十七年刻本。

3702

［康熙］香山县志十卷／（清）申良翰修，（清）欧阳羽文纂

申良翰，生卒年不详，泾阳（今陕西省泾阳县）人。清康熙十年（1671）举人。时任香山知县。

欧阳羽文，生卒年不详，南雄州（今广东省南雄市）人。贡生。时任香山教谕。

清康熙十二年刻本，油印本。

3703

［乾隆］香山县志八卷首一卷／（清）暴煜修，（清）李卓揆纂

暴煜，生卒年不详，字耀生、古纯，号晓村，屯留（今山西省屯留县）人。清乾隆六年（1741）举人。历官广东保昌、连山知县。十三年（1748）调任香山县知县，后升署广州府海防同知。

李卓揆，生卒年不详，字澄百，一字镜江，香山（今广东省中山市）人。清康熙五十年（1711）举人。选授山西坦曲知县，迁曲沃知县。著有《深柳堂诗集》。

清乾隆十五年刻本。

3704

［道光］重修香山县志十卷／（清）祝淮修，（清）黄培芳等纂

祝淮，生卒年不详，时任香山知县。

黄培芳，见第3601条。

清道光七年刻本。

3705

［道光］香山县志八卷首一卷附录一卷／（清）祝淮修，（清）黄培芳纂

祝淮，见第 3704 条。
黄培芳，见第 3601 条。

清道光八年刻本。

3706

［光绪］香山县志二十二卷／（清）田明曜修，（清）陈澧纂

田明曜，生卒年不详，字星五，江夏（今属湖北省武汉市）人。时任香山知县。

陈澧（1810—1882），字蓝甫，号东塾，广州（今广东省广州市）人。清道光十二年（1832）举人。曾任河源县学训导，后为学海堂山长、菊坡精舍山长等。著有《东塾读书记》《汉儒通義》《声律通考》等。

清光绪五年刻本。

3707

［民国］香山县志续编十六卷／厉式金修，汪文炳等纂

厉式金，生卒年不详，时任香山知事。

汪文炳，生卒年不详，字冠时，号伴樵，香山县铁城（今属中山市石岐）南门人。清光绪二十六年（1900）进士。历官吏部主事、富阳知县、钱塘知县。

民国九年刻本。

3708

［民国］香山县志续编十六卷首一卷／（清）厉式金修，（清）汪文炳、张丕基纂

厉式金，见第 3707 条。
汪文炳，见第 3707 条。
张丕基，生平事迹不详。

民国十二年刻本。

3709

［民国］香山县乡土志十五卷／□□纂

抄本。

潮州市

3710

三阳志七卷／（宋）□□撰

是书约撰于宋咸淳二年（1266）或三年。三阳指宋代潮州下辖之海阳（今广东省潮州市潮安区）、揭阳（今广东省揭阳市）、潮阳（今广东省汕头市潮阳区、潮南区）三县。书今不存，但《永乐大典》卷五三四三至卷五三四五保存有部分内容。

佚书。

3711

三阳志七卷／（元）□□撰

佚书。

3712

［洪武］三阳图志／（明）鲍与侃纂修

鲍与侃，生卒年不详，明洪武八年（1375）任海阳知县。

佚书。

3713

［淳熙］潮州图经／（宋）王中行修

王中行，生卒年不详，揭阳（今广东省揭阳市）人。宋隆兴元年（1163）进士。历官潮州教授、东莞知县。著有《广州记》《潮州图经》《增江志》等。

明洪武二年（1369）改潮州路置潮州府，属广东布政使，治所在海阳县（今广东省潮州市），辖境相当今广东惠来、揭西、丰顺、梅州、平远以东地区。明、清时期有盐场。1912年废。

佚书。

3714

［开禧］潮州图经／（宋）赵师岊修

赵师岊，生卒年不详，字会叔，居宁海（今属浙江省宁波市）。宋淳熙二年（1175）进士。历官朝奉大夫、成都路转运判官、都大提举四川茶马。

佚书。

3715

［端平］潮州图经／（宋）黄梦锡修

黄梦锡，生卒年不详，字君泽，号春亭，潮州（今广东省潮州市）人。宋端拱元年（988），任舒州团练推官。

佚书。

3716

［开庆］潮州图经／（宋）□□修

佚书。

3717

［永乐］潮州府志／（明）雷春纂修

雷春，生卒年不详，泰州（今江苏省泰州市）人。明永乐七年（1409）任潮州知府。

佚书。

3718

［正统］潮州府志／（明）王源纂修

王源（1376—1455），原名王原楚，字启泽，号韦庵，龙岩（今福建省龙岩市）人。明永乐二年（1404）进士。历官河北深泽知县、左春坊司左直郎、上海松江同知、广东潮州知府等职。

佚书。

3719

［景泰］潮州府志／（明）沈声纂修

沈声，生平事迹不详。

佚书。

3720

［天顺］潮州府志／（明）□□修

佚书。

3721

［弘治］潮州府志／（明）车份纂修

车份，生卒年不详，字允宜，会稽（今属浙江省绍兴市）人。进士。明弘治九年（1496）任潮州同知，兼揭阳知县。

佚书。

3722

［嘉靖］潮州府志八卷／（明）郭春震纂修

郭春震，生卒年不详，字以亨、菊坛，万安（今江西省万安县）人。明嘉靖八年（1529）进士。初授刑部四川司主事，历官刑部主事、浙江佥事、广东参议、潮州知府、云南金腾兵备副使。二十四年（1545）任潮州知府，二十六年（1547）修《潮州府志》。

明嘉靖二十六年刻本。

3723

［顺治］潮州府志十二卷／（清）吴颖纂修

吴颖（1600—1678），字见末，号长眉，别号茧雪，溧阳（今江苏省溧阳市）人。明崇祯二年（1629）入复社。清顺治九年（1652）进士，仕至湖州知府。十五年（1658）以刑部郎中出守潮州。著有《莼羹堂诗集》《西畴文集》等。

清顺治十八年刻本，清顺治十八年刻康熙五年补刻本，抄本。

3724

［康熙］潮州府志十六卷首一卷／（清）林杭学修，（清）杨钟岳纂

林杭学，生卒年不详，字宇武，号果庵，江宁（今属江苏省南京市）人。由生员保举，清康熙十六年（1677）随征入潮，授潮州知府，在任十余年，修《潮州府府志》。

杨钟岳，生卒年不详，字大山，澄海（今属广东省汕头市）人，后移海阳。清顺治十八年（1661）进士。官翰林院庶吉士、福建提学、布政参议。著有《搴华堂诗文集》。

清康熙二十五年刻本。

3725

［乾隆］潮州府志四十二卷首一卷／（清）周硕勋纂修

周硕勋，生卒年不详，字敦复，一作元复，号果斋，宁乡（今湖南省宁乡县）人。举人。清乾隆十六年（1751）知广东廉州，二十一年（1756）调任潮州知府。

清乾隆二十七年刻本，清乾隆二十七年刻四十年康基田增刻本，清光绪十九年重刻乾隆四十年本。

3726

［民国］潮州府志略不分卷／潘载和纂修

潘载和（1914—1935），学名连熙，自号虬发、涤荡生，揭阳（今广东省揭阳市）人。著有《潮州府志略》《夜心集》《潮音字汇》等。

民国二十二年铅印本。

3727

［民国］潮州志不分卷／饶宗颐纂修

饶宗颐（1917—2018），字固庵、伯濂、伯子，号选堂，祖籍梅县（今属广东省梅州市）。1952年曾于新亚书院任教。1952年至1968年任教于香港大学，1968至1973年获新加坡大学聘为中文系首任讲座教授兼系主任，期间曾任美国耶鲁大学研究院客座教授及台湾“中央研究院”历史语言研究所研究教授。1973年出任香港中文大学中国语言及文学系讲座教授兼系主任，至1978年退休，其后在法国，日本，中国大陆、台湾及澳门周游讲学。著有《殷代贞卜人物通考》《敦煌琵琶谱》《清词年表》《潮州志汇编》等。

民国三十八年铅印本。

3728

[康熙] 海阳县志 / (清) 金一凤纂修

金一凤(1653—1724),字子翔,号默庵,别号紫庭,世居山阴(今属浙江省绍兴市),其父于明崇祯末年北上幽燕,后侨籍顺天。历官山西介休、广东海阳知县,四川眉州知州,奉天治中,山东兖州知府。

东晋义熙九年(413,一说晋初)置海阳县,治今广东省潮州市东北,为义安郡治。隋移治今市。唐、宋为潮州治。元为潮州路治。明、清为潮州府治。1914 年因与山东省海阳县重名,改名潮安县。2013 年撤销潮安县,设立潮州市潮安区。

抄本。

3729

[康熙] 海阳县志 / (清) 张士琏修, (清) 叶适、陈珏等纂

张士琏,生卒年不详,安邑(今山西省运城市)人。清雍正三年(1725)以进士任海阳县知县。后升惠潮嘉道,出巡丰顺县。修有《海阳县志》。

叶适,见第 3658 条。

陈珏,生卒年不详,字比之,号双山,海阳(今属广东省潮州市)人。太学生。著有《砚痕堂诗文集》。

清康熙十二年刻本。

3730

[光绪] 海阳县志 / (清) 卢蔚猷修, 吴道镕纂

卢蔚猷,生卒年不详,字藻帆,永定坎市(今属福建省龙岩市)人。邑廪生。清同治十二年(1873)拔贡,授职知县,初署龙门,旋调饶平、吴川、海阳、仁化、防城等县,后升任钦州知州。

吴道镕(1853—1936),字玉成,号用晦、澹庵,番禺(今属广东省广州市)人。清光绪六年(1880)进士。除编集文献,纂修县志外,以从教讲学终其一生。历任潮州韩山书院、金山书院,惠州丰湖书院,三水肄江书院,广州应元书院等书院山长,广雅高等学堂监督,学部咨议官,广东学务公所议长。著有《海阳县志》《续番禺县志》。

清光绪二十六年刻本。

3731

海阳县乡土志 / 翁辉东、黄人熊纂修

翁辉东(1885—1965),字子

关，又字梓关，别号止观居士，海阳（今属广东省潮州市）人。早年加入同盟会。清宣统二年（1910）赴广州高等农林讲习所深造，次年参加光复潮汕。后返邑，历任潮州农林试验场场长，惠潮梅师范学校学监、代理校长，大埔县县长等。1929年任上海国医学院生物学教授。抗战胜利后回潮，参加编写《潮州志》。1947年任潮州文献馆主任。新中国成立后任广东省文史馆研究员。著有《海阳县乡土志》《东涯集》《潮州方言》《潮州风俗志》《潮州文物图志》等。

黄人熊，生平事迹不详。

清光绪三十四年抄本。

3732

[嘉靖] 饶平县志 / (明) 罗胤凯修

罗胤凯，生卒年不详，字志成，一作惠成，号中谷，益阳（今湖南省益阳市）人。明嘉靖元年（1522）举人，十七年（1538）出任饶平知县。

饶平，地处广东省东部沿海，南濒南海。明成化十四年（1478）析海阳县置饶平县，属潮州府，治所在下饶（今广东饶平县西北三饶镇）。民国初属广东潮循道，1920年直属广东省。1952年移今饶平县治黄冈镇，1991年后隶属潮州市。

佚书。

3733

[崇祯] 增修饶平县志 / (明) 邱金声修

邱金声，生卒年不详，晋江（今福建省晋江市）人。举人。时任饶平县知县。

佚书。

3734

[康熙] 饶平县志四卷 / (清) 刘抃等纂修

刘抃，生卒年不详，颍川（今属河南省禹州市）人。举人。清康熙二十二年（1683）任饶平县知县，连任十六年，修《饶平县志》。

清康熙二十五年抄本，清康熙二十六年刻本。

3735

[康熙] 饶平县志二十四卷 / (清) 刘抃等纂修

刘抃，见第3734条。

清康熙刻本。

3736

[光绪] 饶平县志二十五卷 / (清) 刘抃原本，(清) 惠登甲增修，(清) 黄德容、翁荃增纂

刘抃，见第3734条。

惠登甲（1837—1903），字胪三，号莲塘，安化县（今甘肃省庆城县）人。清光绪二年（1876）进士。历官广东饶平、海阳、番禺、花县知县，直隶南雄知州、潮阳通判、阳江同知等官职。

黄德容，生平事迹不详。

翁荃增，生平事迹不详。

清康熙二十六年刻光绪九年增刻本。

揭阳市

3737

[嘉靖] 揭阳县志五卷 / (明) 王凤修，(明) 郑大仑纂

王凤，生卒年不详，吉水（今江西省吉水县）人。时任揭阳县令。

郑大仑，生卒年不详，字竣甫，号仙桥，揭阳（今广东省揭阳市）人。明嘉靖元年（1522）举人，曾任德清教谕。以馆课为事，门下治子有状元、翰林、知州等高徒，贤声四起，文声著岭南。

揭阳，位于广东省东部，南濒南海。揭阳县，秦置，治今广东省揭阳市西北，属南海郡。晋废。北宋宣和三年（1121）复置，属潮州。南宋绍兴二年（1132）废入海阳，八年又复，十年迁治榕城（今广东省揭阳市），仍属潮州。元属潮州路，明、清属潮州府。1991年撤销，改设揭阳市。

存佚不详。

3738

[崇祯] 揭阳县志不分卷 / (明) 冯元飙修，(清) 郭之奇纂

冯元飙（1599—1645），字尔弢，号邺仙，慈溪（今浙江省慈溪市）人。明天启元年（1621）举人，翌年连捷进士。六年（1626）任揭阳县令，历官户部给事中、礼部右给事中、太常少卿、南京太仆卿、通政使、兵部右侍郎、兵部尚书。

郭之奇（1607—1662），字仲常，号菽子，一号正夫，又号玉溪，自署三士道人，揭阳（今广东省揭阳市）人。明崇祯元年（1628）进士，出为福建参议，历官郎中、詹事府詹事。仕至南明礼、兵二部尚书，文渊阁学士。甲申国变（李自成攻克北京）后，随南明永历帝转战各地。清康熙元年（1662）被清军执至广西省城

桂林，不屈被杀。著有《稽古编》《宛在堂集》。

清抄本。

3739

[康熙]揭阳县志/(清)余元起、罗国珍纂

余元起，生卒年不详，字明伟，揭阳（今广东省揭阳市）人。清顺治十一年（1654）举人。

罗国珍（？—1677），字岂藏，揭阳（今广东省揭阳市）人。清康熙五年（1666）举人，曾任武进、昆明知县。

存佚不详。

3740

[雍正]揭阳县志八卷/(清)陈树芝纂修

陈树芝，生卒年不详，字琼田，湘潭（今湖南省湘潭市）人。廪生，武英殿纂修官，特授文林郎，擢高州通判，历平越知府。

清雍正九年刻本。

3741

[乾隆]揭阳县志八卷首一卷/(清)刘业勤修，(清)凌鱼纂

刘业勤，生卒年不详，桂平（今广西壮族自治区桂平市）人。拔贡生，曾两任揭阳令。

凌鱼，见第3523条。

清乾隆四十四年刻本，民国二十六年铅印本。

3742

[光绪]揭阳县续志四卷首一卷/(清)王崧修，(清)李星辉纂

王崧（1752—1837），字伯高，号乐山，浪穹（今云南省洱源县）人。清嘉庆四年（1799）进士，授山西省武乡县令。历官武乡、饶平、揭阳知县，曾主讲晋阳书院。著有《说纬》《乐山集》。

李星辉，见第3602条。

清光绪十六年刻本，民国二十六年铅印本。

3743

[嘉靖]惠来县志/(明)林春秀修

林春秀，生卒年不详，字麓平，又字彦甫，号实甫，闽县（今属福建省福州市）人。举人。曾两任惠来县令，后升吉安府同知。

惠来，古称葵阳，位于广东省东南沿海，南濒南海。明嘉靖三年（1524）置惠来县，属潮州府，治所即今广东惠来县。民国初属广东

潮循道，1920年直属广东省。1991年惠来县从汕头市析出，划分给揭阳市管辖至今。

佚书。

3744

［万历］惠来县志／（明）游之光、詹一惠等修纂

游之光，生卒年不详，字东壁，婺源（今江西省婺源县）人。举人。明万历三十二年（1604）任惠来令，创建文昌阁，后升平度州知州。

詹一惠（1548—？），字养吉，号正迪，惠来（今广东省惠来县）人。明万历七年（1579）选为贡生，十年（1582）举人。历官江西上犹县知县、广西北流县知县。著有《三礼约言》。

佚书。

3745

［康熙］惠来县志十八卷／（清）张秉政修，（清）张经纂

张秉政，生卒年不详，字持公，陕西人。生员。时任惠来县令。

张经（1628—1693），字虚舟，龙溪（今属福建省漳州市）人。清康熙九年（1670）进士，授吏部观政，回籍候选。二十七年（1688），年六十一岁，赴部掣选，至皖城感疾南归。从此，足迹不履公庭，讲学于还读斋，教授生徒。

清康熙二十六年刻本。

3746

［康熙］续修惠来县志／（清）查曾荣等修纂

查曾荣，生卒年不详，本姓严，字春谷，仁和（今属浙江省杭州市）县人。举人。时任惠来县令。

存佚不详。

3747

［雍正］惠来县志十八卷／（清）张玿美纂修

张玿美，生卒年不详，一作昭美，字昆岩，陕西武威（今甘肃省武威市）人。清雍正元年（1723）应孝廉方正科的荐举，五年（1727）授广东惠来县知县，后升廉州府知府，又升雷琼道。著有《濯砚堂诗钞》。

清雍正十年刻本，清雍正十年刻同治五年补刻本，民国十九年铅印清雍正本。

3748

［光绪］惠来县乡土志一卷／（清）吴兰纂

吴兰，生平事迹不详。

清抄本。

广西壮族自治区

3749

［嘉庆］广西通志二百七十九卷首一卷／（清）谢启昆修，（清）胡虔纂

谢启昆（1737—1802），字蕴山，一作字良壁，号苏潭，一作号蕴山，南康（今属江西省赣州市）人。清乾隆二十六年（1761）进士，历官翰林院编修、扬州知府、按察使、布政使、巡抚等。著有《广西通志》。

胡虔（1753—1804），初名宏慰，字雒君，号枫原，桐城（今安徽省桐城市）人。游幕学者，先后在翁方纲、毕沅、秦瀛、谢启昆等人的幕府进行学术活动。清嘉庆元年（1796）因孝廉被赐予六品顶戴。曾入广西巡抚谢启昆幕，助其著《西魏书》《小学考》。

明洪武九年（1376）以元广西两江道置（始称广西布政使司，清为广西省）。省会桂林府（今桂林市）。是志分训典一，郡县沿革、职官、选举、封建等四表，舆地、山川、关隘、建置、经政、前事、艺文、金石、胜迹等九略，宦迹、谪宦等二录及列传等。

清嘉庆六年刻本，清嘉庆六年刻同治四年补刻本，清嘉庆六年刻同治四年补刻光绪十七年桂垣书局再补刻本。

3750

［道光］粤西志辑要十三卷／（清）苏宗经辑

苏宗经（1793—1864），字是程，号文庵，玉林（今广西壮族自治区玉林市）人。清道光元年（1821）举人。历任新宁州（今广西壮族自治区扶绥县）训导、平乐县教谕、梧州府教授、国子监丞。著有《读史管见》《坊表录》《名臣百咏》《慎动斋文集》《明史约编》《鉴史精华》《酾江诗草》《广西通志辑要》。

清苏玉林抄本。

3751

［光绪］广西通志辑要十七卷首一卷广西昭忠录八卷／（清）苏宗经原辑，（清）羊复礼、夏敏颐增辑

苏宗经，见第3750条。

羊复礼，生平事迹不详。

夏敏颐，生平事迹不详。

是书为谢启昆《广西通志》（二百八十卷）的简明本，分省总、桂林府、柳州府、庆远府、思恩府、泗城府、平乐府、梧州府、浔州府、太平府、镇安府、郁林直隶州十二

纲，附增辑百色直隶厅、归顺直隶厅。纲下含图、分野、沿革、疆域、职官、田赋、学校、宦迹、艺文，府所辖州厅县。州县载沿革、疆域、山川、水利、职官、学校、宦迹、人物、胜迹、金石、关隘、祠庙。

《广西昭忠录》书成于同治九年（1870），为太平天国战争中广西省内清朝官吏、兵勇、团丁、地方绅民之被杀和自尽者的姓名录。

清道光二十五年辑光绪十五年桂林唐九如堂刻本。

3752

［民国］广西通志稿六编／蒙起鹏等纂修

蒙起鹏（1884—1960），字云程，原籍宾阳（今广西壮族自治区宾阳县），祖上迁居邕宁县，遂为南宁市人。清代附生。广西优级师范学堂选科毕业，1912 年任南宁府中学教员，首创南宁报纸《西江报》。

民国三十八年广西通志馆油印本。

北海市

3753

廉州图经／（宋）□□撰

唐贞观八年（634）改岭南道越州为廉州。明洪武元年（1368）改元廉州路为廉州府，洪武七年（1374）降廉州府为州，洪武九年（1376）将廉州划归雷州府管辖，洪武十四年（1381）再次升为廉州府。1912 年废廉州府。是书编纂者名氏不详，卷帙失考。

佚书。

3754

［成化］廉州府志／（明）邢正修，（明）包显祖、周弘纂

邢正（1415？—1480），字直夫，宜山（今广西壮族自治区宜州市）人。明天顺元年（1457）进士，成化五年（1469）以户部郎中为廉州知府，在任六年，调知云南广信府，寻升云南参政。

包显祖，生卒年不详，合浦（今广西壮族自治区合浦县）人。明宣德十年（1435）举人，曾任怀集县教谕，成化间致仕家居。

周弘，生卒年不详，莆田（今福建省莆田市）人。明成化间任灵山县教谕。

佚书。

3755

［嘉靖］廉州府志／（明）何御修，（明）陈瀚参订，（明）胡济世、邓以和纂

何御，生卒年不详，字子宪，又字范之，福清（今福建省福清市）人。明嘉靖十七年（1538）进士，翌年除廉州教授，迁国子博士，历都察院都事。二十九年（1550）出为廉州知府，迁两淮都转运使。

陈瀚，生卒年不详，字玄海，号龙岳、龙矾，秀水（今属浙江省嘉兴市）人。明嘉靖十三年（1534）举人。历官廉州府同知、吉安府同知，官至廉州府知府。著有《求志斋言草》。

胡济世，生卒年不详，泰和（今江西省泰和县）人。举人。明嘉靖三十三年（1554）任合浦知县。

邓以和，生卒年不详，新喻（今江西省新余市）人。明嘉靖三十三年（1554）任钦州知州。

佚书。

3756

［隆庆］廉州府志稿／（明）钟振纂修

钟振，生卒年不详，字玉甫，号澜石，合浦（今广西壮族自治区合浦县）人。明嘉靖四十一年（1562）进士，尝知滁州，补广德，再任嘉定州，擢守云南府知府。

佚书。

3757

［崇祯］廉州府志十四卷／（明）张国经修，（明）郑抱素纂

张国经，生卒年不详，字一洲，号印梁，漳浦（今福建省漳浦县）人。明万历三十七年（1609）举人，天启二年（1622）进士，任四川左参政，加光禄寺卿。崇祯八年（1635）任钦差整饬雷廉兵备、广东布政参议兼按察司佥事。

郑抱素，生卒年不详，黄州（今湖北省黄冈市）人。官生。明崇祯八年（1635）任廉州府知府。

明崇祯十年刻本。

3758

［康熙］廉州府志十四卷／（清）徐化民纂修，（清）田钟雨校正，（清）林有声校辑

徐化民，生卒年不详，辽东人。贡生。清康熙六年（1667）任廉州府知府。

田钟雨，生卒年不详，号益斋，公安（今湖北省公安县）人。清顺治九年（1652）拔贡，康熙十年（1671）任廉州府同知。

林有声，生卒年不详，吴县

（今属江苏省苏州市）人。清康熙三年（1664）任廉州府经历。

清康熙十二年刻本。

3759

［康熙］廉州府志十四卷／（清）徐成栋纂修，（清）孙炱校正

徐成栋，生卒年不详，字翊苍，号石虹，金州（今属辽宁省大连市）人。由笔帖式历官判丞，清康熙五十九年（1720）擢廉郡太守。

孙炱，生卒年不详，嘉兴（今浙江省嘉兴市）人。岁贡。清康熙六十年（1721）任廉州府同知，雍正元年（1723）调肇庆府同知。

清康熙六十一年刻本。

3760

［乾隆］廉州府志二十卷首一卷／（清）周硕勋修，（清）王家宪纂

周硕勋，见第3725条。

王家宪（1716—1771），字式立，号仪亭，灵山（今广西壮族自治区灵山县）人。清乾隆十六年（1751）进士。任河南延津县知县，后升任卫辉府知府，因其母不同意他再远出而没有到任。后在西灵书院从教十余年。

清乾隆二十一年梅苍书屋刻本。

3761

［道光］廉州府志二十六卷首一卷／（清）张堉春总纂，（清）陈治昌纂修，（清）汪运协修

张堉春，生卒年不详，号友堂，萍乡（今江西省萍乡市）人。清道光七年（1827），任廉州府知府。

陈治昌，生卒年不详，原名守模，字敦臣，临桂（今属广西壮族自治区桂林市）人。清道光元年（1821）举人。

汪运协，生平事迹不详。

清道光十三年刻本，抄本。

3762

［康熙］合浦县志十四卷／（清）张辅修，（清）林如薨纂

张辅，生卒年不详，四川人。举人，清康熙二十二年（1683）任廉州府同知摄理合浦县事。

林如薨，生卒年不详，合浦（今广西壮族自治区合浦县）人。岁贡。

合浦，位于广西壮族自治区南端，南临北部湾。西汉置合浦县，治今广西浦北县西南旧州，历为合浦郡、廉州、廉州路、廉州府治。北宋开宝五年（972）移治今合浦县，太平兴国八年（983）废入石康

县，咸平元年（998）复置，移治今合浦县廉州镇。元为廉州路治。明洪武七年（1374）废，十四年（1381）复置，为廉州府治。民国初属广东钦廉道。1928年直属广东省。1952年划归广西省。

清康熙抄本，抄本。

3763

[康熙] 合浦县志二十四卷 / (清) 韩三异修，(清) 钮廷彩纂

韩三异，生卒年不详，直隶高阳（今河北省高阳县）人。拔贡。清康熙五十九年（1720）任合浦知县。

钮廷彩，生卒年不详，一作纽廷彩，满洲镶白旗人。监生。清康熙六十年（1721）继任合浦知县。

清康熙六十一年刻本，抄本。

3764

[民国] 合浦县志六卷附拾遗一卷 / 廖国器修，刘润纲、许瑞棠纂

廖国器（1892—1962），字云程，合浦（今广西壮族自治区合浦县）人。清宣统三年（1911）到北京大学就读。后分别在北京、海口、武汉、广东钦县、广东韶关坪石、广东普宁县等地任职，1930年回合浦县任县长。

刘润纲（1859—1936），字维三，廉州镇（今属广西壮族自治区合浦县）人。二十六岁考取拔贡，获大挑二等，被清廷委任为知县，弃官不做，入广州广雅书院继续深造。光绪间中举人。曾在广东普宁、龙门任训导，在从化任教谕等职，后返乡任教。光绪三十年（1904）被派往两广师范学堂学习，翌年担任廉州府中学堂监督。宣统元年（1909）辞职到钦县师范学堂担任监督兼钦县劝学所所长，后担任私立海门中学董事长、福旺中学校长等职。著有《嚼梅花斋文集》《嚼梅花斋诗集》《嚼梅花斋日记》等。

许瑞棠（1871—1956），字甘谱，号任庵，合浦（今广西壮族自治区合浦县）人。岁贡。著有《合浦乡土历史》《合浦乡土地理》《任庵诗稿》等。

民国二十一年修三十一年铅印本，抄本。

防城港市

3765

[光绪] 防城县小志四篇 / (清) 李受彤纂修

李受彤，见第1369条。

清光绪十四年（1888）改防城巡司置防城县，属钦州，治所即今广西防城港市。民国初属广东钦

廉道，1928 年直属广东省。1952 年划归广西省，1959 年裁入东兴各族自治县，1978 年东兴各族自治县移治防城，改名防城各族自治县，1993 年改设防城港市。

抄本。

3766

［民国］防城县志（初稿）十八章／黄知元等纂修

黄知元（1878—1954），原名黄星伍，字知元，防城（今属广西壮族自治区防城港市）人。清光绪三十二年（1906）任防城县官立两等小学校长。三十四年（1908）重开科举，防城县只有他一人中拔贡。1927 年发起编修防城县志，任总纂。1928 年防城县设修志馆，任馆长兼总纂。1929 年，防城县设森林局，兼任局长。1931 年间任合浦县县长，离任后回防城中学教书。1945 年再编修防城县志，任总纂。新中国成立后，受聘为广西省文史馆馆员。

民国三十四年稿本。

钦州市

3767

钦州图经／（宋）□□纂

钦州，位于广西壮族自治区南部，南临钦州湾。隋开皇十八年（598）改安州置钦州，治钦江县（今广西壮族自治区钦州市东北）。唐辖境相当今广西壮族自治区钦州、灵山等地。北宋移治灵山县（今灵山县西），南宋又移治安远县（今钦州市）。元改为路。明复为州，废安远县入州，属廉州府。清初不辖县，光绪年间升为直隶州，辖有今钦州、东兴地。1912 年改为县。1983 年撤县设市。1994 年设立地级钦州市。

佚书。

3768

［庆历］钦州志／（宋）陶弼始修

陶弼，生卒年不详，字桑翁，永州（今湖南省永州市）人。曾知宾州、容州，庆历间徙知钦州。

佚书。

3769

［庆元］宁越郡志三卷／（宋）林会纂修

林会，生卒年不详，福州（今福建省福州市）人。宋宁宗开禧年任府州监军。

宁越郡，隋大业三年（607）

改钦州置，治所在钦江县（今广西壮族自治区钦州市东北三十里）。辖境相当今广西钦州、防城港二市、灵山县及越南芒街一带。唐武德四年（621）复为钦州。

佚书。

3770

新宁越志

是志修于南宋宝庆三年（1227）以前。

佚书。

3771

［嘉靖］钦州志九卷／（明）林希元纂修

林希元（1482？—1567），字懋贞，一作茂贞，号次崖，同安（今属福建省厦门市）人，一说晋江（今福建省晋江市）人。明正德十三年（1518）进士，授大理评事。世宗时，以议狱事被论，弃官归。大臣交荐之，起为寺正。辽东兵变，希元极言姑息之弊，谪知钦州。时安南不来朝贡，廷议征讨，擢希元兵备海道，希元主张必征之策，与督臣异议，罢归。著有《易经存疑》《四书存疑》等。

明嘉靖十八年刻本，抄本。

3772

［天启］钦州志八卷／（明）李五美纂修

李五美，生卒年不详，字惠先，号尊庵，黄冈（今湖北省黄冈市）人。举人。明天启五年（1577）由辉县教谕擢守钦州，后升惠州海防同知，转户部员外郎。

佚书。

3773

［康熙］钦州志／（清）喻三畏修，（清）黄樾纂

喻三畏，生卒年不详，字念慈，号同人，铁岭（今辽宁省铁岭市）人，祖籍江西吉水。拔贡。清顺治十七年（1660）任钦州知州。

黄樾，生卒年不详，东莞（今广东省东莞市）人。举人。清顺治十六年（1659）任钦州学正，后升韶州府教授，再升国子监博士。

佚书。

3774

［康熙］钦州志／（清）董尔性修，（清）黎方潞纂

董尔性，生卒年不详，字圣功，洛阳（今河南省洛阳市）人。

贡生。清康熙七年（1668）任钦州知州。

黎方潞，生卒年不详，字台引，番禺（今属广东省广州市）人。举人。清康熙十年（1671）任钦州学正。

佚书。

3775

［康熙］钦州志十四卷／（清）马世禄修，（清）谢蓬升纂

马世禄，生卒年不详，辽阳（今辽宁省辽阳市）人，镶黄旗人。荫生。时任钦州知州。

谢蓬升，生卒年不详，番禺（今属广东省广州市）人。举人。时任钦州学正。

清康熙抄本。

3776

［雍正］钦州志十四卷／（清）董绍美修，（清）吴邦瑗纂

董绍美，生卒年不详，字文若，号西轩，辽阳（今辽宁省辽阳市）人。镶白旗人。监生。时任钦州知州。

吴邦瑗，生卒年不详，一作吴邦璦，字蘧若，钦州（今广西壮族自治区钦州市）人。贡生，终身以设教为生。

清雍正元年刻本。

3777

［道光］钦州志十二卷首一卷／（清）朱椿年等修，（清）杜以宽、叶轮纂

朱椿年，生卒年不详，原名庭桂，临桂（今属广西壮族自治区桂林市）人。监生。清道光二年（1822）初任钦州知州，十一年（1831）复任。

杜以宽，生卒年不详，琼山（今属海南省海口市）人。举人。时任钦州学正。

叶轮，生卒年不详，谱名逢盛，号曦初，嘉应直隶州（今属广东省梅州市）人。清嘉庆二十一年（1816）举人。时任钦州训导。

清道光十四年刻本，民国铅印本，抄本。

3778

北海杂录／梁鸿勋编

梁鸿勋，生卒年不详，三水（今属广东省佛山市）人。

是书包含北海图、原始、天时、地势、村民、人数、风俗、商务、农业、渔业、土产、矿产、职官、官廨、洋官、洋商、洋楼、学

堂、教堂、医院、局所、碉堡、茶亭、坟场、海港、轮船、前后大事录等内容。

清末铅印本。

3779

［民国］钦县县志十六卷首一卷／陈公佩、曾传仁、孔繁枝修，陈德周等纂

陈公佩，生卒年不详，苍梧（今属广西壮族自治区苍梧县）人。曾任钦县县长。

曾传仁，生卒年不详，钦县（今属广西壮族自治区钦州市）人。曾任钦县县长。

孔繁枝，生卒年不详，高要（今广东省高要市）人。曾任钦县县长。

陈德周，生卒年不详，钦县（今属广西壮族自治区钦州市）人。

民国三十六年石印本。

海南省

3780

琼州图经／（宋）□□撰

琼州，唐贞观五年（631）析崖州置。十三年废。寻复。治琼山县（今海南省海口市琼山区南新民乡白石村，北宋开宝中移今琼山区治），辖境相当今海南省海口、琼海市及定安、屯昌、临高县。乾封后为当地黎族所据。贞元五年（789）复。北宋时辖境扩大，包有今文昌市地。属广南西路。

佚书。

3781

琼管图经十六卷／（宋）赵汝厦撰

赵汝厦，生平事迹不详。

佚书。

3782

琼管志／（宋）□□纂

佚书。

3783

琼台志／（宋）□□纂

佚书。

3784

琼海方舆志／（明）蔡微撰

蔡微，生卒年不详，字希兹，一作希元，号止庵，家初居万宁（今海南省万宁市），后迁琼山（今海南省海口市琼山区）。元末明初名贤，宋代学士蔡襄的后代，曾任乐会学官，后掌管郡学。

佚书。

3785

［正德］琼台志四十四卷／（明）唐胄编

唐胄（1471—1539），字平侯，号西洲，琼山（今属海南省海口市）人。明弘治十一年（1498）经魁，十五年（1502）会魁。历官户部山西司、河南司主事，员外郎，云南提学、右参政、右布政使，户部右侍郎、左侍郎等职。

海南地方志。记事上起海南设郡，即汉元封元年（前110），下迄正德五年（1510）。是志首卷为琼州府、府城、府治及辖县共十六图，依次为郡邑沿革表、沿革考、郡名、山川、分野、疆域、形胜、气候、水利、风俗、土产、户口、田赋、乡都、墟市、桥梁、公署、仓场、驿递、兵防、平乱、海道、黎情、职官、名宦、人物等四十目。由于有关明代以前之海南图籍为数甚少，且简陋残缺，故本志是研究明以前海南岛历史地理变迁等情况必不可少的重要数据。

明正德十六年刻本，抄本。

3786

琼台外纪十二卷／（明）王佐撰

王佐（1428—1512），字汝学，号桐乡，临高（今海南省临高县）人。明正统十二年（1447）举人。成化二年（1466）出任广东高州同知。十年（1474）改任福建邵武府同知。十六年（1480）调任福建乡试考官。弘治二年（1489）改任江西临江府同知。著有《鸡肋集》《经籍目略》《琼台外纪》等。

是书记录海南的历史沿革、风土人情、地理山川等，为人们了解海南当时的基本情况提供了翔实数据。

佚书。

3787

珠崖录／（明）王佐撰

王佐，见第3786条。

是书作于明正德二年（1507）。

佚书。

3788

琼志稿／（明）郑廷鹄撰

郑廷鹄，生平事迹不详。

佚书。

3789

［万历］琼州府志十二卷／（明）欧阳璨等修，（明）陈于宸等纂

欧阳璨，生卒年不详，新建

（今属江西省南昌市）人。时任琼州府知府。

陈于宸，生平事迹不详。

琼州府，明朝始置。元代为乾宁军民安抚司，元统二年（1334）十月改为乾宁安抚司，属海北海南道宣慰司。明洪武元年（1368）十月改为琼州府，二年（1369）降为州，三年（1370）又升为府。清初袭明制，称琼州府，属广东省。1911 年废。

明万历四十五年刻本。

3790

［康熙］琼郡志十卷／（清）牛天宿修，（清）朱子虚纂

牛天宿，见第 1406 条。

朱子虚，生卒年不详，南海（今属广东省佛山市）人。举人。曾任训导，后升学正、教授。

是志记述了明末清初海南地方史志，含人物志、海黎志、艺文志、杂志等。

清康熙十五年刻本。

3791

［康熙］琼州府志十卷／（清）焦映汉修，（清）贾棠纂

焦映汉，生卒年不详，武功（今陕西省武功县）人。进士出身。曾任广东分巡雷琼兵备道。

贾棠，生卒年不详，河间（今属河北省沧州市）人。贡生。清康熙三十七年（1698）知琼州府。

清康熙四十五年刻本。

3792

［乾隆］琼州府志十卷／（清）萧应植修，（清）陈景埙纂

萧应植，生卒年不详，字智方，号立齐，怀宁（今安徽省怀宁县）人。拔贡。时任琼州府知府。

陈景埙，生卒年不详，江宁（今江苏省南京市）人。附贡。时任雷州府知府。

清乾隆三十九年刻本。

3793

［道光］琼州府志四十四卷首一卷／（清）明谊修，（清）张岳崧纂

明谊（1792—1868），字古渔，姓托克托莫特，正黄旗人。清嘉庆二十四年（1819）进士，被授为兵部主事。后历官则例馆提调、马馆监督、张家口税务监督、广东琼州知府、甘肃安肃道、山西

按察使和甘肃按察使、镇迪道、哈密办事大臣、库伦办事大臣、塔尔巴哈台参赞大臣和乌里雅苏台将军等职。

张岳崧（1773—1841），字子骏，又字翰山、澥山，号觉庵、指山，也号指生，广东定安（今海南省定安县）人。清嘉庆十四年（1809）探花，历官翰林院编修、国史馆协修、会试同考官、文颖馆纂修、教习庶吉士、四川乡试正考官、陕甘学政、文渊阁校理、翰林院侍讲、江苏常镇通海兵备道、两浙盐运使、大理寺少卿、詹事府詹事、湖北布政使、湖北护理巡抚等职。曾积极支持协助林则徐严禁鸦片，写有关于严禁鸦片的奏稿及文章多篇。著有《筠心堂文集》《筠心堂诗集》《运河北行记》等。

清道光二十一年刻本，清道光二十一年刻光绪十六年补刻本，民国十二年海口海南书局铅印本。

3794

［民国］海南岛志二十二章附录四章／陈铭枢修，曾蹇纂

陈铭枢（1881—1965），字真如，广东合浦（今广西壮族自治区合浦县）人。保定军校毕业，同盟会员。曾任国民党广东省政府主席等职。中华人民共和国成立后任中南行政委员会副主席、全国人大常委、全国政协常委、民革中央常委等职。著有《海南岛志》。

曾蹇，生平事迹不详。

是志分工业、农业、林业、盐业、水产、交通、财政、贸易等章，以各县市实地调查报告为主。主要对海南岛的土地、气候、人口、行政、社会组织、教育、宗教、名胜古迹、产业等方面做了详细的调查。书首有小序、前言、各县（市）地图，书末有附录和跋。记事上起辛亥革命，下迄1928年。

民国二十二年上海神州国光社铅印本。

3795

［民国］琼崖志略五章／许崇灏纂修

许崇灏（1881—1957），字公武，别号大隐庐主，番禺（今属广东省广州市）人。毕业于南京陆师学堂。后任过国民政府委员。1949年后历任上海市文史馆馆员、市参事室参事、市政协委员。著有《战术应用作业之参考》《大隐庐诗草》《大隐庐曲》《中国政制概要》《伊斯兰教志略》《新疆志略》《新疆简史》等。

是志收陈献荣、张凡、江应梁等人所著琼崖之历史地理、经济状况、历代治黎与开化海南黎苗之研究等文，介绍了海南岛的史地、经济、风俗、人口、气候、开垦等情况。

民国三十六年上海正中书院铅印本。

3796

［民国］海南岛新志十一章／陈植纂

陈植（1899—1989），字养材，崇明（今上海市崇明区）人。1922 年毕业于日本东京帝国大学农学部林学科，专攻造林及造园学。新中国成立前历任金陵大学、中央大学、云南大学、中山大学教授，河南大学农学院院长。抗战胜利后，被任命为海南岛接收大员。他通过接收进行实地调查研究，编著了《海南岛资源之开发》《海南岛新志》两书。新中国成立后，历任南昌大学、华中农学院、南京林学院、南京林业大学教授。

是志包含绪言、沿革、自然环境、本岛与国际之关系、行政、社会组织、文化、资源、产业、交通、结论等内容。

民国三十八年上海商务印书馆铅印本。

海口市

3797

琼海方与志／（明）蔡微纂

蔡微，见第 3784 条。

佚书。

3798

［康熙］琼山县志十二卷／（清）潘廷侯修，（清）吴南杰纂

潘廷侯，生卒年不详，正黄旗人。举人。时任琼州府同知兼琼山知县。

吴南杰，生卒年不详，琼山（今属海南省海口市）人。

琼山，位于海南省北部，北临琼州海峡。隋大业时置琼山县，治今海南省海口市琼山区东南旧州，属珠崖郡。唐贞观五年（631）于县置琼州，乾封后废，贞元五年（789）复置。北宋开宝五年（972）移治今区府城镇。元为乾宁安抚司治。明、清为琼州府治。原属广东省，1988 年划归海南省。1994 年撤销，改设琼山市。2002 年改置琼山区。

清康熙抄本。

3799

［康熙］琼山县志十卷／（清）王贽纂修

王贽（1650？—1730），字献甫，直隶新安（今河北省安新县）人。清康熙十七年（1678）举人，时任琼山县知县。

清康熙四十七年刻本。

3800

［乾隆］琼山县志十卷／（清）杨宗秉纂修

杨宗秉，生卒年不详，字远惑，绛州（今山西省新绛县）人。时任琼山县知县。

清乾隆十二年刻本。

3801

［咸丰］琼山县志三十卷首一卷／（清）李文烜修，（清）郑文彩、蔡藩纂

李文烜，生卒年不详，号午桥，德化（今江西省九江市）人。清道光十四年（1834）举人，特授琼山县知县。

郑文彩，生卒年不详，号朴斋，琼山（今属海南省海口市）人。清道光元年（1821）举人。曾任海康县教谕，后主讲雁峰书院。

蔡藩，生卒年不详，原名泽，字兼山，号屏山，琼山（今属海南省海口市）人。清道光八年（1828）举人，选饶平县学训导，曾任雁峰院长。

清咸丰七年刻本。

3802

［光绪］琼山县乡土志三卷／（清）张廷标纂

张廷标，生卒年不详，字子芳，号梅坪，琼山（今属海南省海口市）人。廪贡，以教读为业。著有《浇俗山房诗文集》等。

抄本。

3803

［民国］琼山县志二十八卷首一卷／徐淦等修，李熙、王国宪纂

徐淦，生卒年不详，时任琼山县知事。

李熙，生卒年不详，字泳午，侯官（今属福建省福州市）人。清光绪二十四年（1898）进士，曾任琼山县知县。民国时曾任政和县知事。

王国宪（1853—1938），原名国栋，字用五，又字圣轩，号尧云，晚年号更生老人，原籍琼山

县昌兴图青草村（今属海南省琼山县谭文镇），后移居琼山县府城。清光绪二十年（1894）考中广东第一名优贡。曾任广东省乐昌县教谕、广东省议会议员、琼山中学校长、私立琼海中学校董和国文老师。编有《海忠介公年谱》《丘文庄公年谱》，修纂《琼州府志》《琼山县志》《儋县志》《王氏合族大谱》《王氏经籍志》《读书日记》《琼台书院志》《琼崖耆宿集》等。

民国六年刻本。

三亚市

3804

吉阳军图经／（宋）□□纂

北宋熙宁六年（1073）以崖州置朱崖军，政和七年（1117）改名吉阳军，治宁远县（今海南省三亚市西北厓城），辖境相当今海南三亚市、乐东县地，属广南西路，绍兴中曾一度省入琼州。元属湖广行省海北海南道宣慰司。明洪武元年（1368）改为崖州。

佚书。

3805

崖州志略四卷／（明）钟芳撰

钟芳，生平事迹不详。

崖州，位于海南岛南部，南临南海。北宋开宝五年（972）改振州置崖州，治宁远县（今海南省三亚市西北崖城镇），属广南西路。辖境有今海南省三亚市及保亭、乐东两县部分地。熙宁六年（1073）降为朱崖军，政和七年（1117）改为吉阳军。明洪武元年（1368）又升为崖州。清光绪三十一年（1905）升为直隶州。1912年废为县。1984年5月崖县改为三亚市。1987年三亚市升格为地级市。1988年，海南省成立，三亚市属之。2014年撤销三亚市崖城镇，成立崖州区。

佚书。

3806

［康熙］崖州志二卷／（清）张擢士、李如柏修

张擢士，生卒年不详，字异资、异姿，号复斋，金沙场（今属江苏省南通市）人。清顺治五年（1648）岁贡，十六年（1659）出任湖北孝感县令。康熙十二年（1673）晋升为广东崖州太守。

李如柏，生卒年不详，镶白旗人。监生。清康熙二十七年（1688）任崖州知州。

抄本。

3807

［乾隆］崖州志十卷／（清）宋锦增辑，（清）黄德厚纂

宋锦（1706—?），字在中，号东郊，武陟（今河南省武陟县）人。清雍正十一年（1733）进士。授四川犍为知县，徙合川，再补广东德庆州，调崖州，擢琼州府同知，署广州海防军民府、澳门军民府，诰授奉政大夫。著有《西川集》《岭南集》。

黄德厚，生卒年不详，吴川（今广东省吴川市）人。廪贡。初任新兴县教谕，后调任崖州学正。

清乾隆二十年刻本，抄本。

3808

［光绪］崖州志二十二卷／钟元棣修，张嶲等纂

钟元棣，生卒年不详，字景榆，海宁（今浙江省海宁市）人。附贡生。清光绪二十五年（1899）任崖州知州。

张嶲（1854—1917），原名镜清，字蓉舫，号芙初，崖州黄流（今属海南省乐东黎族自治县）人。清光绪二十三年（1897）举人，翌年再次赴京考进士，因八国联军入侵，京城失守，考场移河南，误期归家，掌教崖州鳌山书院三年。辛亥革命后，以遗老自居，杜门不出。

民国三年石印本。

3809

［民国］崖州志二十二卷／钟元棣修，张嶲、邢定纶纂

钟元棣，见第3808条。

张嶲，见第3808条。

邢定纶，生平事迹不详。

民国三年铅印本。

3810

［民国］崖州直隶州乡土志二卷／汤宝棻纂

汤宝棻，生卒年不详，1919年任崖县知事，翌年因贪赃枉法，残害人命，激起民变，因而毙命。

又作《崖县乡土志》。是志上卷为历史，分沿革、政绩、兵事、耆旧、名宦祠、乡贤祠、忠孝祠、人类、户口、氏族、宗教、实业十二目。下卷为地理，分区城、古迹、祠庙、桥梁、市镇、学堂、山、水、海岸、道路、物产、制造、商务十三目。

稿本，抄本。

3811

崖县乡土志

见“［民国］崖州直隶州乡土志二卷”。

三沙市

3812

[民国] 西沙群岛小志不分卷 / □□纂

西沙群岛，古称九乳螺州、七洲洋、七洲岛等。中国南海诸岛中四大群岛之一，属海南省。在海南岛东南 330 千米的海域中。有宣德、永乐两岛群和其他岛、礁。主要岛屿有永兴岛、赵述岛、珊瑚岛、甘泉岛、中连岛、东岛等。以永兴岛为最大。

抄本。

3813

[民国] 团沙群岛小志不分卷 / □□纂

团沙群岛，即郑和岛礁，古称堤闸滩，南沙群岛的岛群之一，包括太平、鸿庥等岛及许多礁滩，以太平岛为最大。

抄本。

儋州市

3814

南宁军志 / （宋）□□纂

南宋端平二年（1235）改昌化军置南宁军，治所在宜伦县（今海南省儋州市），辖境相当今海南省海南岛西部地。明洪武元年（1368）改为儋州。

佚书。

3815

[万历] 儋州志三卷 / （明）曾邦泰修，（明）董绫等纂

曾邦泰，生卒年不详，广昌（今江西省广昌县）人。明万历二十二年（1594）举人，曾任乌镇同知。四十一年（1613）调任儋州知州。在职廉明有守，筑堤防海，善政为多。四十六年（1618），聘州人董绫等编修《儋州志》，分天、地、人三卷。原志藏于日本尊经阁文库。

董绫，生卒年不详，字瑞卿，号锦堂，儋州（今海南省儋州市）人。明万历二十一年（1593）以选贡任兴化府通判，后改调太平府，以开关受赏升陆凉知州。

儋州，位于海南岛的西北部，濒临北部湾，古称儋耳。唐武德五年（622）以儋耳郡改置儋州，治所在义伦县（今海南省儋县西北旧儋县）。天宝元年（742）又改为昌化郡，乾元元年（758）复为儋州。北宋熙宁六年（1073）改为昌化军。明洪武二年（1369）

又改南宁军为儋州。1912 年改为儋县。1993 年撤销儋县，设立儋州市（县级市）。2015 年撤销县级儋州市，设立地级儋州市。

明万历四十六年刻本。

3816

[崇祯] 儋州志三卷 /（明）曾开纂修

曾开（1615—?），字公实，号泰阶，儋州（今海南省儋州市）人。明崇祯六年（1633）举人，工于诗，曾编修《儋州志》，惜早已失传。遗诗二百首，后人辑有《曾泰阶先生诗集》。

佚书。

3817

[康熙] 儋州志 /（清）沈一诚修

沈一诚，生卒年不详，奉天府（今辽宁省沈阳市）人。举人，清康熙二十八年（1689）任儋州知州。

佚书。

3818

[康熙] 儋州志三卷 /（清）韩祐纂修

韩祐，生卒年不详，顺天大兴（今属北京市）人。清康熙三十九年（1700）任儋州知州。

清康熙四十三年刻本。

3819

[民国] 儋县志初集不分卷 / 王云清纂

王云清（1859—1918），原名奉三，号月樵，儋县（今海南省儋州市）人。清光绪十五年（1889）进士，被派往湖北任知县，不久辞官归乡，在丽泽书院、东坡书院掌教。二十六年（1900）趁教读书之余编成《儋州志》。

民国十七年石印本。

3820

[民国] 儋县志十八卷首一卷 / 彭元藻等修，王国宪等纂

彭元藻，生卒年不详，陆丰（今广东省陆丰市）人。时任儋县县长。

王国宪，见第 3803 条。

民国二十五年铅印本。

海南省直辖

3821

[康熙] 文昌县志十卷 /（清）马日炳纂修

马日炳，生卒年不详，镶红

旗，奉天人。监生。清康熙四十八年（1709）任文昌县知县。

文昌，古称紫贝，位于海南岛东北部，东、南、北三面临海。唐贞观元年（627）改平昌县置文昌县，属崖州，治所在今海南省文昌市西北。北宋改属琼州。元属乾宁军民安抚司，至顺二年（1331）移治北山都（今海南省文昌市）。明属琼州府。民国初属广东琼崖道。1920年直属广东省。1988年划归海南省。1995年撤销文昌县，设立文昌市。

清康熙五十七年刻本，抄本。

3822

［咸丰］文昌县志十六卷首一卷／（清）张霈、陈起礼修，（清）林燕典纂

张霈，生卒年不详，字浴汀，遵化州（今河北省遵化市）人。清道光五年（1825）拔贡生，咸丰五年（1855）知文昌县。

陈起礼，生平事迹不详。

林燕典，原名英级，字赐阶，号跻堂，室名志亲堂，文昌（今海南省文昌市）人。清道光二十四年（1844）进士。历官江西崇义、永丰县知县，加知州衔，官至江西房考。

清咸丰八年刻本。

3823

［民国］文昌县志十八卷／李钟岳修，林带英纂

李钟岳，生卒年不详，桐城（今安徽省桐城市）人。时任文昌县知事。

林带英，生卒年不详，字访樵，文昌（今海南省文昌市）人。附生。历任廉州府教授、广宁县训导。

民国九年刻本。

3824

［万历］会同县志／（明）□□撰

会同县，元至元三十年（1293）置，治今海南省琼海市北，属乾宁军民安抚司。皇庆元年（1312）移治今琼海市东北旧城，属乾宁军民安抚司。明、清属琼州府。1914年因与湖南省会同县重名，改名琼东县。1958年12月，琼东、乐会、万宁三县合并为琼海县。1992年琼海县撤县改市。

佚书。

3825

［康熙］会同县志／（清）曹之秀修

曹之秀，生卒年不详，奉天盖

平（今辽宁省盖州市）人。清康熙七年（1668）由恩荫任会同知县，后升同知。

存佚不详。

3826

［康熙］会同县志／（清）胥锡祚修

胥锡祚，生卒年不详，潍县（今山东省潍坊市）人。附监。时任会同县知县。

存佚不详。

3827

［乾隆］会同县志十卷／（清）于煌纂修

于煌，生卒年不详，归安（今浙江省湖州市）人。举人。时任会同县知县。

清乾隆三十九年刻本。

3828

［嘉庆］会同县志十卷／（清）陈述芹纂修

陈述芹，时任会同县知县。

清嘉庆二十五年刻本，清嘉庆二十五年刻光绪二十七年宋恒芳补刻本，民国十四年王大鹏铅印清嘉庆本。

3829

［光绪］会同县志／（清）宋恒坊修

宋恒坊，生卒年不详，中州人。诰援奉政大夫，补用同知直隶州。

存佚不详。

3830

［嘉靖］乐会县志八卷／（明）鲁彭纂修

鲁彭，生卒年不详，字寿卿，号梦野，湖广景陵（今湖北省天门市）人。明正德十一年（1516）举人。时任乐会县知县。著有《雁门小桥稿》。

乐会，地处海南岛东南，东濒大海。唐显庆五年（660）置，属琼州，乾封后废，贞元五年（789）复置。明属琼州府。民国初属广东琼崖道，1920年直属广东省。1959年撤销，与琼东县合并为琼海县。1988年直属海南省。

佚书。

3831

［崇祯］续修乐会县志／（明）王怀仁纂修

王怀仁，生卒年不详，新宁（今四川省开江县）人。选贡。时任乐会县知县。

佚书。

3832

[康熙] 乐会县志十一卷 / (清) 林子兰修，(清) 陈宗琛纂

林子兰，生卒年不详，福州（今福建省福州市）人。清顺治八年（1651）举人。历官广东开平、乐会知县。

陈宗琛，生卒年不详，东隅（今属海南省琼海市）人。岁贡。

清康熙八年刻本。

3833

[康熙] 续修乐会县志四卷 / (清) 程秉慥纂修

程秉慥，生卒年不详，江南休宁（今安徽省休宁县）人。拔贡。时任乐会县知县。

清康熙二十六年修清抄本，抄本，民国十六年油印本。

3834

[宣统] 乐会县志八卷 / 唐咨夔修，林大华等纂

唐咨夔，生卒年不详，原名锡彤，灵川（今广西壮族自治区灵川县）人。清光绪十一年（1885）举人。历官广东省藩康厅乐会、广宁、河源、合浦知县。

林大华，生卒年不详，乐会（今海南省琼海市）人。清光绪元年（1875）恩科举人。

清宣统三年石印本。

3835

万安军图经 / (宋) □□纂

北宋熙宁七年（1074）改万安州置万安军，治万宁县，辖境相当今海南万宁、陵水、琼海等市、县地，属广南西路。大观后割今琼海市地属琼州。元属湖广行省海北海南道宣慰司。明洪武初改置万州。

佚书。

3836

古宁野纪 / (明) 郑敦复修

郑敦复，生卒年不详，万州（今海南省万宁市）人。明朝岁贡，曾任福州通判。

是书为万州地记。

佚书。

3837

[万历] 万州志 / (明) 茅一桂纂

茅一桂，生卒年不详，字国

芳，号中莪，归安（今浙江省湖州市）人。明万历十六年（1588）举人。曾任万州知州，后升同知。

万州辖境位于海南岛东南部沿海，东濒南海。明洪武元年（1368）改万安军置万州，治万安县（今万宁市）。属琼州府。正统四年（1439）万安县废入州。辖境约当今海南省万宁市和陵水县地。光绪三十一年（1905）复称万宁县。1912 年改称万县。1914 年复名万宁县。1996 年撤县设万宁市。

佚书。

3838

［康熙］万州志四卷／（清）李琰纂修

李琰，生卒年不详，字楚璘，号错庵，高阳（今河北省高阳县）人。清顺治八年（1651）举人。历石城知县，康熙十七年（1678）任万州知州。

清康熙十八年刻本。

3839

［道光］万州志八卷／（清）胡端书修，（清）杨士锦、吴鸣清纂

胡端书，生卒年不详，字敬哉，直隶宛平（今属北京市）籍，山阴（今属浙江省绍兴市）人。清道光七年（1827）任万州知州。

杨士锦，生卒年不详，万州（今海南省万宁市）人。清嘉庆元年（1796）（一说嘉庆六年，1801）拔贡。

吴鸣清，生平事迹不详。

胡端书任万州知州后，在嘉庆二年（1797）汪长龄未出版的增修州志的基础上，参考府志、阮元《广东通志》补充订正而成。是志遵照《广东通志》之体例及次序，改分类中之志为表、为略、为录。

清道光八年刻本，民国三十七年铅印本。

3840

［道光］万州志十卷／（清）胡端书修，（清）杨士锦等纂

胡端书，见第 3839 条。
杨士锦，见第 3839 条。

是志凡十卷，有图。首例序文、凡例、目录、修志者姓氏，包含训典、沿革、职官、选举、舆地、山川、海防、建置、经政、前事、艺文、古迹、列传等内容。

清道光八年刻本，油印本。

3841

［康熙］感恩县志／（清）崔国祥纂修

崔国祥，生卒年不详，辽东人。拔贡。初任南静知县，清康熙十年（1671）任感恩知县。

感恩，位于海南省西南部，西临北部湾，与越南隔海相望。隋大业六年（610）置，治今海南省东方市南感城，属珠崖郡。唐属儋州。北宋熙宁六年（1073）省入宜伦县。元丰四年（1081）复置，属昌化军，南宋属南宁军。明初属儋州，正统五年（1440）改属崖州。清属琼州府。1950 年与昌江县合并，改置昌感县。1958 年并入东方县，隶属海南黎族苗族自治州。1997 年 3 月东方黎族自治县撤销，设东方市。

清康熙十一年刻本。

3842

［康熙］续修感恩县志十卷／（清）姜焯、李茂等纂修

姜焯（1659—1744），字曦陆，昌邑（今山东省昌邑市）人。岁贡，历官陵县教谕、感恩县知县、徐州知州。

李茂，生卒年不详，南海（今属广东省佛山市）人。清康熙二十三年（1684）举人，时任感恩县教谕。

清康熙四十四年刻本。

3843

［民国］感恩县志二十卷首一卷／周文海修，卢宗棠等纂

周文海，生卒年不详，儋县（今海南省儋州市）人。曾任高明县县长、感恩县县长，抗日战争时期任儋县伪维持总会副会长。

卢宗棠，生卒年不详，感恩县（今海南省东方市）人。拔贡。

民国二十年海南书局铅印本。

3844

［民国］广东省感恩县地理调查表／黄炳碹编

黄炳碹，生平事迹不详。

抄本。

3845

［嘉靖］澄迈县志／（明）徐应龙、林堪纂修

徐应龙，生平事迹不详。

林堪，生卒年不详，字尚乾，闽县（今属福建省福州市）人。明嘉靖二十二年（1543）举人。授澄迈教谕。

澄迈，位于海南岛的西北部，与广东雷州半岛隔海相望。澄迈县，隋置，属珠崖郡，治所在今澄迈县东北老城镇。唐属崖州。北宋开宝五年（972）改属琼州。元属乾宁军民安抚司。明初属琼州府。清光绪十八年（1892）迁今治金江镇。民国初属广东琼崖道。1920 年直属广东省。1988 年划归海南省。

佚书。

3846

［万历］续修澄迈县志／（明）曾拱壁、姚履素纂修

曾拱壁，生卒年不详，字魁甫，莆田（今福建省莆田市）人。府学。明万历十三年（1585）举人。三十八年（1610）任澄迈知县。

姚履素，生卒年不详，仁和（今属浙江省杭州市）人。明万历二十九年（1601）进士。三十六年（1608）任广东按察司副使，四十一年（1613）任镇琼兵巡提学道。

佚书。

3847

［康熙］澄迈县志四卷／（清）丁斗柄修，（清）曾典学纂

丁斗柄，生卒年不详，甘肃宁夏卫（今属宁夏回族自治区银川市）人。清康熙九年（1670）进士。曾任澄迈知县。十一年（1672）重修《澄迈县志》，十七年（1678），无故被解除职务回乡。

曾典学，生卒年不详，澄迈（今海南省澄迈县）人。岁贡，曾任新安训导。

清康熙十一年刻本。

3848

［康熙］重修澄迈县志十卷／（清）高魁标纂修

高魁标，生卒年不详，号仙裴，直隶沧洲（今河北省沧州市）人。岁贡。历官井陉教谕、澄迈知县、邳州知州。

清康熙四十九年刻本。

3849

［嘉庆］续修澄迈县志十卷／（清）谢济韶修，（清）李光先纂

谢济韶，生卒年不详，字东平，耒阳（今湖南省耒阳市）人。清嘉庆三年（1798）举人。历官广东临高、兴宁、澄迈、澄海等县知县。

李光先，生卒年不详，倘驿都（今属海南省澄迈县）人。廪贡。国子监报满，铨选训导。

清嘉庆二十五年刻本。

3850

［光绪］澄迈县志十二卷首一卷／龙朝翊修

龙朝翊（1871—1922），学名龙焕纶，号赞侯，临桂（今属广西壮族自治区桂林市）。清光绪十七年（1891）举人，二十四年（1898）进士，入翰林院为庶吉士。在北京参加会试时，参与了第二次公车上书运动。历官饶平、澄迈县知县。民国初先后任广西省议员、桂林统税局局长、广东省烟酒公卖局局长等职。

清光绪三十四年刻本。

3851

临高县志／（元）冼雷纂修

冼雷，生卒年不详，临高（今海南省临高县）人。元大德年间授本县县学教谕，曾任昌化军学正。

临高，位于海南岛西北部，西北濒临北部湾，北临琼州海峡，古名富罗、临机。唐开元元年（713）改临机县置临高县，属崖州。治所在今海南省临高县东北。贞元七年（791）改属琼州。北宋移治今临高县西南。南宋绍兴初移治今临高县。元属乾宁军民安抚司。明初属琼州府。民国初属广东琼崖道。1920 年直属广东省。1988 年划归海南省。

佚书。

3852

临高县志／（明）曾唯纂修

曾唯，生卒年不详，字原鲁，号约庵，临高（今海南省临高县）人。明嘉靖间以岁贡授广州府训导，后调徐闻县教谕。著有《思亲》《匪稿》等。

佚书。

3853

［康熙］临高县志二卷／（清）史流芳纂修

史流芳，生卒年不详，华州（今属陕西省渭南市）人。清康熙三十年（1691）任临高知县。

抄本。

3854

［康熙］临高县志十二卷／（清）樊庶纂修

樊庶，生卒年不详，字潜庵，江都（今属江苏省扬州市）人。清康熙四十三年（1704）任临高知县。

清康熙四十六年刻本，抄本。

3855

[光绪] 临高县志二十四卷／(清) 聂缉庆、张延修，(清) 桂文炽、汪瑔纂

聂缉庆，生卒年不详，衡山(今湖南省衡山县)人。因有军功选用从九品，报捐知县加同知衔。清光绪间曾任揭阳、临高知县。

张延，生卒年不详，天津(今天津市)人。清光绪十四年(1888)任临高知县。

桂文炽(1831—?)，字子蕃，又字海霞，室名鹿鸣山馆，南海(今属广东省佛山市)人。增贡生，清道光二十八年(1848)补博士弟子员。卢坤督粤时，为学海堂专课生。晚年任学海堂学长。著有《鹿鸣山馆诗稿》《鹿鸣山馆骈体文》。

汪瑔(1828—1891)，字玉泉，一字芙生，号縠庵，晚号越人，原籍山阴(今属浙江省绍兴市)，寄籍番禺(今属广东省广州市)。汪精卫之叔父，先后为刘坤一、曾国荃幕僚，参与筹划海防、洋务。著有《随山馆全集》《松烟小录》《旅谭》等。

清光绪十八年刻本。

3856

[康熙] 昌化县志五卷／(清) 方岱、璩之璨纂修

方岱，生卒年不详，宛平(今属北京市)人。时任昌化知县。

璩之璨，字含光，孟县(今河南省孟州市)人。举人。时任昌化知县。

昌化，隋大业六年(610)置，属珠崖郡。治所在今海南昌江黎族自治县西昌城镇东南旧县。唐属儋州。北宋熙宁六年(1073)废，元丰三年(1080)复置，属昌化军。南宋属南宁军。明属儋州，正统六年(1441)徙治昌化千户所(今海南省昌江黎族自治县昌城镇)。清属琼州府，后属崖州。1914年改名昌江县。

清康熙三十年刻本，抄本。

3857

[光绪] 昌化县志十一卷首一卷／(清) 李有益纂修

李有益，生卒年不详，蕲州(今湖北省蕲春县)人。孝廉方正。时任昌化知县。

清光绪二十三年刻本。

3858

[元丰] 陵水县志／(宋) 刘奕纂

刘奕，生平事迹不详。

陵水，位于海南岛的东南部，

东濒南海。隋大业六年（610）置陵水县，治今海南省陵水县东，属临振郡。唐为万安州治。北宋熙宁七年（1074）省为镇。元丰三年（1080）复置，属万安军。元徙治今县东北岭门。明正统间徙治南山千户所，即今县治。属万州。清属琼州府。1959 年并入崖县。1961 年复置。1987 年底改设陵水黎族自治县。

佚书。

3859

［康熙］陵水县志不分卷／（清）高首标纂修，（清）潘廷侯订补

高首标，生卒年不详，汾州（今山西省汾阳市）人。清顺治十六年（1659）进士，授直隶江西广昌知县。丁母忧，复补陵水知县，以廉能行取吏部文选司主事。

潘廷侯，见第 3798 条。

清康熙二十七年刻本，抄本。

3860

［乾隆］陵水县志／（清）卫晞骏纂修

卫晞骏，生平事迹不详。

清乾隆二十八年刻本。

3861

［乾隆］陵水县志十卷／（清）瞿云魁纂修

瞿云魁，生卒年不详，顺天府（今北京市）籍，后迁阳湖（今属江苏省常州市）。清乾隆五十六年（1791）调任陵水知县。

清乾隆五十七年刻本，抄本。

澳门特别行政区

3862

［乾隆］澳门纪略二卷首一卷末一卷／（清）印光任、张汝霖纂

印光任（1691—1758），字黻昌，号炳岩，江南宝山（今属上海市）人。历官石城、广宁、高要、东莞等地知县，尤长于经办中外交涉事件。清乾隆十一年（1746）调任南澳同知，后升任广西庆远及太平两府知府。

张汝霖，见第 1452 条。

地方志。澳门旧属广东香山，乾隆九年（1744）始置同知，光任、汝霖相继任职。是书乃光任于乾隆十年（1745）初作，未竟。汝霖于十六年（1751）踵其成。上卷凡三篇，首形势，附潮汐风

候；次官守，附政令；次为图十一，即海防属总图、前山寨图、青州山图、县丞衙署图、正面澳门图、侧面澳门图和虎门诸图。下卷澳蕃篇，附诸蕃，为图十，即男蕃、女蕃、二巴寺僧、洋船等。是书重海防、政务，详载澳门山海形势、历史、外贸、物产，以及有关占城、暹逻、爪哇、琉球、法兰西、荷兰、日本、古里、澳大利亚等十余国位置及其与中国通贡、互市、宗教传播等。是中国人第一部系统记述澳门的著作，也是世界上最早介绍澳门历史与现状的专书。

清乾隆十六年刻本，清嘉庆五年刻本，清嘉庆五年刻光绪六年印本，岭海异闻录本，笔记小说大观本。

3863

澳门纪略二卷／（清）印光任撰，（清）张汝霖纂

印光任，见第3862条。

张汝霖，见第1452条。

清乾隆西阪草堂刻本。

3864

［乾隆］澳门记略一卷／（清）印光任、张汝霖纂

印光任，见第3862条。

张汝霖，见第1452条。

昭代丛书本。

3865

澳门形势篇一卷／（清）张汝霖撰

张汝霖，见第1452条。

是书为张汝霖撰《澳门纪略》中形势篇的简编，内容与《澳门纪略》中形势篇内容大体相同。见“澳门纪略二卷首一卷末一卷”。

小方壶斋舆地丛钞本。

金石考古类

石之属

3866

海庙集四卷／（明）毛纪撰，（明）任万里编

毛纪，见第2668条。

任万里，生卒年不详，字图南，号梅轩，掖县（今山东省莱州市）人。明嘉靖十四年（1535）进士，官至礼科给事中。

明代嘉靖年间，掖县训导高浚亲赴东海神庙，“凡劖刻在石而可句者，悉登录之”。再由礼科给事中任万里进行编纂，最后由大学士毛纪定稿，编成《海庙集》。《海庙集》收录了明嘉靖以前碑刻一百四十余通，包括宋代、元代、明代的重修碑记和累年的祭文，以及文人骚客的留题诗文，成为今天研究东海神庙最为可靠的资料。

清康熙六十年毛霦抄本。

3867

汉东海庙碑残字不分卷／（清）吴云辑

吴云，生平事迹不详。

此刻为东汉灵帝熹平元年（172）时任东海相满君所刻，刻文交代了东海庙始建年代为东汉桓帝永寿元年（155），倡建者为时任东海相的南阳桓君。

清同治九年归安吴氏两罍轩刻本。

3868

重修东海神庙碑记／（清）翟云升书

翟云升（1776—1858），字舜堂，号文泉，掖城（今山东省莱州市）人。清嘉庆五年（1800）举人，选为黄县教谕。道光二年（1822）进士，授粤西知县。

旧拓本。东海神庙建于山东。清道光二十四年（1844）重修，碑文由当时“八分字走遍天下”的掖县进士翟云升书写。现该庙已废，碑已无存。

清道光二十四年刻石。

3869

东海庙残碑一卷／杨守敬辑

杨守敬，见第1093条。

汉残石，即东海庙碑残字。东汉永寿元年（155）东海相桓君曾在东海郡朐（今海州孔望山）筑庙，即东海庙。熹平元年（172）东海相满君为其作颂立碑，是为东海庙碑，是碑在宋时已亡佚。

望堂金石文字本。

3870

天妃灵应之记碑

即郑和碑。明宣德六年（1431）立，碑原在福建省长乐县南山天妃宫内，是现存的记述郑和航海史料的珍贵文物。碑额阴刻海水波浪明月纹饰，及篆书“天妃灵应之记”六字，碑文为楷书，计一千一百七十六字。记载了明朝三保太监郑和船队，每次出洋起航前到南山天妃宫祈求庇佑的情况及其船队七下西洋的日期、船只、人员编制、修舶设备等。“天妃”，海神名。传说宋莆田林愿第六女死后屡显应于海上，元至元封天妃神号，清康熙时加封为天后。古代通海之地多立庙祷祀之，以乞平安。

明宣德六年立。

目录类

专录之属

3871

古今方舆书目／（清）顾栋高编

顾栋高，见第 2862 条。

是书载古今考释方舆颇详细，收集方志资料也较全面。

3872

方舆书目／（清）顾祖禹编

顾祖禹，见第 1126 条。

一作“方舆书目”，中国最早的独立书本式方志目录，分若干部，博采广征，上自禹贡，下至明季，记载无遗。为撰写《读史方舆纪要》搜集的有关地理方面的书籍数据编成目录，基本收齐了历代传下来的主要地理著作，对历代正史地理志和名家舆地著述一一做出总括性评述，指明其特点、成就和不足。

3873

古本方舆书目／（清）顾祖禹编

顾祖禹，见第 1126 条。

见“方舆书目”。

清遗一经斋藏抄本，一九三四年南京钟山书局方志月刊本。

3874

古今方舆书目不分卷／（清）顾祖禹编

顾祖禹，见第 1126 条。

见“方舆书目”。

民国二十五年常熟瞿氏铁琴铜剑楼抄本。

3875

两浙地志录／（清）周广业撰

周广业（1730—1798），字勤圃，号耕厓，伊桥（今属浙江省海宁市）人。清乾隆四十八年（1783）举人。精通经典，善于论史。清廷编纂《四库全书》时，参与其事的名流学者，争相聘其担任校勘。后受荐主讲安徽广德书院，并修成了一部评价颇高的《广德州志》，后归家著述以终。著有《孟子四考》《蓬庐文钞》《读易纂言》《石经纪略》《经史避名汇考》，并辑录《宁志余闻》等。

是书为两浙地方志专门目录，开创了方志目录学的先河。

清抄本，清种松书塾抄本。

3876

中外舆地全图目录序列 / (清)邹代钧编

邹代钧，见第0864条。

清光绪二十九年大学堂官书局铅印本。

3877

山志提要一卷 / 陈文中辑

陈文中，生平事迹不详。

稿本。

3878

故宫方志目续编不分卷 / 故宫博物院编

故宫博物院，著名的明清宫廷史迹及古代文化艺术博物馆，我国最大的博物馆。建院于1925年。掌理故宫及所属大高殿、清太庙、景山、皇史宬、实录大库等处建筑物，及古物、图书、档案的保管开放传布事宜。国民党撤至台湾时，运走该院部分藏物，在台中创设另一故宫博物院，故今有两所故宫博物院存世。

民国三十七年北平故宫博物院铅印本。

3879

故宫方志目一卷附录一卷索引一卷 / 故宫博物院编，何澄一、江瀚等编写

故宫博物院，见第3878条。

何澄一（？—1957），名天柱，字澄一，香山（今广东省中山市）人。康有为弟子。曾任上海广智书局经理，编印有关新政书籍。后曾任故宫博物院图书馆主任。

江瀚（1857—1935），字叔海，号石翁，室名慎所立斋，长汀（今福建省长汀县）人。清宣统中官河南布政使。清末历任重庆东川书院山长、致用书院主讲、江苏高等学堂监督兼总教习、学部总务司行走、京师大学堂师范馆监督兼教务提调、学部参事官、京师大学分科经学教授兼女子师范学堂总理、河南布政使。民国后历任京师图书馆馆长、山西大学毛诗教授、故宫博物院维持会会长、京师大学校文科学长，旋代校长职。著有《慎立斋稿》《北游》《东游》《片玉碎金》等。

此为故宫博物院图书馆所存府州县志目录，著录明正德至清末民初的方志一千四百余种、一千七百五十八部。当时清内阁所藏方志多移管于北平图书馆，但清史馆购收

者则移藏于是处，故目中所见颇丰。目中按省别著录，县名有所更置则注记“今名某县”以备。卷末附有书名笔画索引。

民国二十年北平故宫博物院铅印本。

3880

方志考稿甲集六编／瞿宣颖撰

瞿宣颖（1894—1973，一作1892—1968），别名益锴，字兑之，简署兑，号铢庵，晚号蜕厂、蜕园，善化（今湖南省长沙市）人。晚清军机大臣瞿鸿禨之子，毕业于上海复旦大学。早年任北洋政府国务院秘书、国史编纂处处长、印铸局局长、湖北省政府秘书长等职。后在南开大学、燕京大学、清华大学、辅仁大学任教。新中国成立后任上海市政协委员。著有《汉代风俗制度史前编》《汉魏六朝赋选》《北平建置谈荟》《北平史表长编》《同光间燕都掌故辑略》《中国社会史料丛钞》《方志考稿甲集》《长沙瞿氏丛刊》《补书堂计录》等。

地方志提要目录书。是书主要取材于任凤苞天春园所藏方志，分为六编，著录了江苏、河南、河北、山东、山西、辽宁、吉林、黑龙江八省方志六百余种，大多为清代方志，包括乡土志与文献志等。

民国十九年北平天春书社铅印本。

子部

总类

丛编之属

3881

周秦十一子（周秦十一子评选）／（明）秦骏生等编

秦骏生，生平事迹不详。

明新安程国瑞、黄明桂刻本，明崇祯十一年刻本。

3882

百子全书／（清）崇文书局编

崇文书局，亦称湖北官书局，清末官书局名。同治末年设。刻书达二百余种，主要为子书和丛书。

见“子书百家”。

3883

崇文书局汇刻百子／（清）崇文书局编

崇文书局，见第3882条。

见“子书百家”。

3884

汇刻百子／（清）崇文书局编

崇文书局，见第3882条。

见“子书百家”。

3885

子书百家／（清）崇文书局编

崇文书局，见第3882条。

丛书。又作《崇文书局汇刻百子》《汇刻百子》《百子全书》。是书汇集先秦至明代子书一百〇一种，其中儒家二十三种、兵家十种、法家六种、农家一种、术数家二种、杂家二十八种、小说家十六种、道家十五种，收有《山海经注》《山海经图赞》《山海经补注》《神异经》《海内十洲记》《洞冥记》《拾遗记》《搜神记》《博物志》《续博物志》《述异记》等。

清光绪元年湖北崇文书局刻本，民国八年上海扫叶山房石印本。

3886

续二十五子汇函／（清）上海鸿文书局编

上海鸿文书局，1882年凌佩卿等创办。出版经史子集、旧小说，并最早印刷（石印）五彩图画。1945年停业。

清光绪二十四年上海鸿文书局石印本。

3887

子书二十八种汇函／（清）文瑞楼编

文瑞楼，书店名，清光绪六年（1880）设于上海南市城内，后迁至棋盘街（今广东路南）。店主华苹斋。主要经售经史子集、医书、通俗小说等。1937年歇业。

清光绪二十二至三十四年铅印本。

3888

子书二十三种／（清）浙江书局编

浙江书局，清同治六年（1867）由浙江巡抚马新贻在杭州创办。书局总办由俞樾担任，校勘由薛时雨、孙依言、王诒寿、杨文莹、董慎行等担任。多以当时著名藏书家丁丙的八千卷楼所藏善本进行校刊，并用缩小版式刊刻《御纂七经》《御批通鉴辑览》，先后刻书共一百四十余种。1913年并入浙江图书馆，更名为木印部印行所。

清光绪二十三年上海图书集成局铅印本。

3889

纂图互注四子（纂图互注四子书）

即《论语》《大学》《中庸》

《孟子》。

元刻本，明初刻本，明初建安坊刻本。

儒家类

儒学之属

3890

管窥外编一卷／（元）史伯璇撰

史伯璇（1299—1354），字文玑，号牖岩，平阳（今浙江省平阳县）人。元代儒学家，终身隐居不仕。著有《四书管窥》《青华集》《管窥外篇》等。

此书成于元至正二十七年（1367），为继《四书管窥》而作。皆记友人问答，以阐发其余义，大抵皆辨证之文，不主于诠释文句，实为作者的语录。书中关于天文、历学、地理、田制的议论颇多，对日、月、星、风、雨、陨石等有所阐发。

明成化九年吕洪刻本，明刻本。

3891

管窥外篇二卷／（元）史伯璇撰

史伯璇，见第3890条。

清康熙二十四年吕弘诰刻本，四库全书本，敬乡楼丛书本。

兵家类

3892

武备全书八种十二卷／（明）□□辑

茅元仪刻。是书辑存有一批明代杂散兵书，包括《京省地舆户口钱粮丝帛绢布苎》《海防总论》《三场韬略全书》《战略》《武略神机火药》《火器图说》《皇明将略》《诸葛武侯占风识地火攻正略》。

明天启元年茅氏刻本。

3893

兵录十四卷／（明）何汝宾辑

何汝宾，见第3208条。

综合性兵书。是书包含论将总说、选士总说、编伍总说、教练总说、射法总说、鸟铳总说、阵法总说、旌旗总说、器械总说、军行总说、安营总说、守御总说、攻战总说、水攻总说（平时整饬、遇警临敌、舟慎行泊、水攻用火、师行渡水、水攻城寨、战船说、兵船束伍、制蓬索药）、火攻总说、地利总说、天时总说等。另附图四百八十四幅。

明崇祯元年粤正气堂刻本，清抄本。

3894

武备志二百四十卷／（明）茅元仪辑

茅元仪（1594—1640），字止生，号石民，归安（今浙江省湖州市）人。曾任辽东兵部右侍郎杨镐幕僚，后为兵部尚书孙承宗重用。明崇祯二年（1629）因战功升任副总兵，带领水军戍守觉华岛（菊花岛），后获罪遣戍漳浦。

全书分五部分：《兵诀评》十八卷，辑古代九家兵书要诀；《战略考》三十三卷，辑春秋至元代各重大战役用兵战略；《阵练制》四十一卷，辑列代阵图、练兵及训习兵器等法；《军资乘》五十五卷，辑立营、行军、军械、河漕、后勤配备等事；《占度载》九十三卷，辑阴阳占卜及方舆、边防、航海诸事。此书并载录明代中国及日本、西洋等国先进武器，其中辑录各种书籍达两千余部，并附自宝船厂开船从龙仕关出水直抵外国诸蕃图，即俗称郑和航海图，保存军事、科技、外交史料甚丰。

明天启元年茅氏刻本，清道光活字本，日本宽文年间刻本。

3895

武备制胜志三十一卷／（明）茅元仪辑

茅元仪，见第3894条。

军事著作，内容有营、战、攻、守、水、火等。其中介绍了火炮最佳设计、战船等内容。

清道光二十三年刻本。

3896

武学备考十四卷／（明）郑大郁编

郑大郁，见第0529条。

是书分天经考三卷、奇门考三卷、武备考八卷。

明末岳岳堂刻本。

3897

武备辑要六卷／（清）曾国藩撰

曾国藩，见第0830条。

清同治八年粤东刻本，清同治刻本，清光绪二十七年贵州善后局刻本。

3898

武备辑要不分卷／（清）金鉴辑

金鉴，生平事迹不详。

清道光二十二年刻本。

3899

武备图绘一卷／（清）沈汝瀚撰

沈汝瀚，生卒年不详，字海

如，慈溪（今浙江省慈溪市）人，占籍江西。清道光十二年（1832）以知县需次福建，署长泰县。后参与平定台湾张丙起事，十三年（1833）以功赏蓝翎，升永春州知州，历官泉州府知府、台湾护理巡道，官至都御史。编有《清隐山房丛书续编》。

清隐山房丛书续编本。

3900

戊笈谈兵十卷首一卷／（清）汪绂录

汪绂（1692—1759），初名炬，字灿人，小字重生，号双池，婺源（今江西省婺源县）人。出身书香门第，于枫岭，浦城间讲学授徒。著有《策略》等。

有关兵书精要图籍的汇辑和评论。是书大部取材于经史传记和兵学著作，亦有部分自撰。全书按天时、地利、人和三分。一至三卷讲兵学之天文占卜类，有周天、太极、八卦诸图，及七曜、云雨、风角、遁甲诸术；四至六卷讲兵要地志，有方舆图志、疆域形势、郡县财赋、水陆路程等；七至九卷讲兵法内容，其汇辑评论历代兵家著述，考辨源流，论其要旨，评其用兵之道，并深研古代阵法及变化。

清光绪二十年刻本。

兵法之属

3901

补释戚少保南北兵法要略三卷／（明）郭应响撰

郭应响，生卒年不详，字希声，福清（今福建省福清市）人。明万历三十四年（1606）举人。天启五年（1625）任祁州刺史。崇祯二年（1629）升刑部员外郎，旋转户部，督理甘、固粮储，兼三边防务，驻守兰州。后提升驻守鄜、延道。五年（1632），平叛以身殉职，谥忠烈。著有《四书讲解》《五经注释》《铳车末议》等。

清抄本，抄本。

3902

补释戚少保南北兵法要略三卷兵法丛谈一卷／（明）郭应响撰，（兵法丛谈）单侃辑

郭应响，见第3901条。

单侃，生平事迹不详。

清抄本。

3903

戚少保南北兵法要略五卷补辑兵法要略一卷／（明）郭应响撰

郭应响，见第3901条。

郭应响之父郭遇卿曾组织义兵奋勇抵抗倭寇，受到戚继光赞扬，戚继光多次与之探讨抗倭计策。郭应响的叔父郭造卿曾游学于吴越，戚继光抗倭时，每有大事都找他切磋。明隆庆元年（1567），戚继光北调镇守蓟门，郭遇卿、郭造卿两兄弟应邀同行。郭应响少时就跟随父亲、叔父从军打仗，目睹戚继光统军作战时运筹帷幄、料敌如神的场景。他后半生致力于戚家兵法的研究，于崇祯二年（1629）写成该书。

明抄本，抄本。

3904

武备制胜／（明）茅坤撰

茅坤，见第0165条。

中国边疆图籍录著录。

3905

兵垣四编四卷附二卷／（明）闵声、闵映张辑

闵声（1597—1680），原名振声，字毅夫，一字襄子，号雪蓑，乌程（今属浙江省湖州市）人。书法、篆刻家。明崇祯十五年（1642）副贡。著有《泌庵集》《云衰诗稿》等。

闵映张，生卒年不详，闵声之子。

此书盖资“登坛请缨者”参考备用。《四编》子目如次：《阴符经》（明唐顺之评释、汤显祖解）、《素书》（宋张商英参）、《孙子》（明王世贞评释）、《吴子》（明王士骐评释），另附《九边图论》（明许论撰、臧懋循阅）、《海防图论》（明胡宗宪撰、殷都阅）以及《辽东军饷论》《日本考略》两文。

明天启元年苕上闵氏刻套印本，清抄本。

3906

纪效新书十八卷首一卷／（明）戚继光撰

戚继光，见第0956条。

兵书，戚继光于明嘉靖三十九年（1560）写成。是书分总序和正文两部分，总序陈述结合东南沿海情况及针对敌情进行练兵的重大意义和势在必行的道理。正文内容包括选兵和编伍、技术战术训练、军事纪律和比较武艺、行军作战及旗帜信号、守城和墩堠报警、兵船

束伍、水寨习操、战艇器用和水上战斗等。

明万历二十三年徐梦麟刻本，清乾隆五十二年刻本，四库全书本，敏果斋七种本，戚大将军练兵纪效合刻本。

3907

莅戎要略一卷／（明）戚继光撰

戚继光，见第0956条。

军事条令。是书分行军条教、对垒号令、对垒条教、守城军法、舟师号令、发船号令、行泊号令、夜行号令、水战号令九部分。

学海类编本，逊敏堂丛书本。

3908

孟公武略类编五卷南塘戚侯武略□□卷／（明）戚继光撰

戚继光，见第0956条。

明天启二年抄本。

3909

武经将略一卷／（明）戚继光撰

戚继光，见第0956条。

实为《重订批点类辑练兵诸书》卷五《将略》的单行本。大体分为两部分，前边是摘自《练兵实纪杂集·储练通论》和《纪效新书》有关练将的一些内容，共十六段；后边是摘自《练兵实纪》卷九《练将》二十二条另加一条。

见“重订批点类辑练兵诸书十八卷附传略一卷”。

明崇祯九年刻本，清抄本，骊珠武经大全本。

3910

重订批点类辑练兵诸书十八卷附传略一卷／（明）戚继光撰，（明）董承诏辑，（明）陈士缜批点，（传略）（明）董承诏等辑

戚继光，见第0956条。

董承诏，生卒年不详，字圣臣，号纶宰，武进（今属江苏省常州市）人。明万历三十五年（1607）进士，历官兵部主事、员外郎、郎中，浙江左布政使。

陈士缜，生卒年不详，字慎卿，晋陵（今江苏省常州市）人。

是书辑录戚继光《纪效新书》《练兵实纪》《储练通论》《哨守条约》四部兵书谈兵之言，分奏疏、条议、将略、兵纪、赏罚、阵、营、战、操、哨守、长兵、短兵、声类、什器、仪节等类。

明天启二年董承诏刻本。

3911

武备三大秘书六卷／（明）施永图辑

施永图，见第2278条。

兵法丛书。是书由《武备天文志》《武备火攻》《武备地利》三书组成。其中《武备地利》，卷一主要记述京省辖区、山川、形胜、关梁、风俗、户口数量、物产钱粮、卫所设置、兵马数额等，并附一统京省总图、天下一统全图等地图十八幅；卷二主要辑录沿海各省的地形图及防海事宜，并提出防海十策；卷三主要辑录江、海、湖图及漕运、防御事宜，并提出江防十策。

清康熙刻本。

3912

登坛必究四十卷／（明）王鸣鹤辑

王鸣鹤，生卒年不详，字羽卿，山阳（今属江苏省淮安市）人。武进士，授骠骑将军。初任海州西海所掌印千户，迁指挥，守备郧襄。明万历十四年（1586）迁甘肃参将，又以军功升副总兵。嘉靖晚期，倭寇猖獗，屡犯沿海、沿江。万历二十五年（1597）驻通州狼山备倭。二十七年（1599）前往贵州参加讨番，晋都督佥事、广西总兵、广东总兵。后于平海南黎族部落叛乱归途中染瘴疾卒。著有《平黎纪事》《东粤私忧》《帷间问答》《登坛必究》《火攻答》《路菂集》《西征集》《百粤草》《绶带吟》等。

类书性古代军事著作。此书编纂之时，正值明廷武备废弛倭寇逞凶，针对御敌抗倭的斗争需要，着重收录近世名臣关于抗击倭寇、加强边备的建议与措施。是书分七十二类并附图五百六十余幅，辑录有关天文地理、用兵谋略、选将任将、军事训练与教育、军纪军法、赏罚制度、周边敌情、海陆边防、城池攻守、江防水战、阵法布列、舰船器械、人马医护、河海运输，以及近世文臣武将有关军事问题的奏疏等内容。

明万历二十七年刻本，清刻本，清木活字本。

3913

帷幄全书十四种／（清）□□辑

军事丛书。是书收有《刘伯温先生重纂诸葛忠武侯兵法心要》《施山公心略》《刘伯温先生百战奇略》《金汤十二筹》《六甲奇书》

《戚总戎兵法》《风角占》《医方备要》《塞外行军指掌》《弩法备览》《弓法拾遗》《刘青田剑法全集》《舆图备览全集》《陈资斋天下沿海形势录》等。

清抄本。

3914

武备志略五卷／（清）傅禹撰

傅禹，生卒年不详，字服水，义乌（今浙江省义乌市）人。

兵书。是书分兵诀评、旌旗总说、水战船图、制兵、药方、屯田、占度、选择、祭旗、纛仪、医方、马诀、方舆、朝宗等。

清康熙刻本，清刻本。

3915

武备辑要续编十卷／（清）许乃钊辑

许乃钊（1799—1878），字信臣，号贞恒，又号讯岑、讯臣，晚号邃翁，室名敏果斋、读书养性斋，钱塘（今浙江省杭州市）人。清道光十五年（1835）进士，授编修，历官河南、广东学政。咸丰三年（1853）任江苏巡抚兼江南大营帮办。七年（1857）以三品顶戴帮办江南军务。次年补光禄寺卿。十年（1860），太平军破江南大营，攻克常州、苏州，再度被革职回籍。著有《武备辑要》《续武备辑要》《荒政辑要》《安澜纪要》《回澜纪要》等。

是书收《乡守辑要》《城守辑要》《荒政辑要》《安澜纪要》《回澜纪要》《批点纪效新书》《批点练兵实纪》。

清道光十二年广州刻本，清道光二十九年刻本。

3916

乡守辑要合钞／（清）许乃钊辑

许乃钊，见第3915条。

此书辑唐至清历代官吏施行保甲、团练以为乡守而取得成效的方法。内分通论、首事、选练、友助、号令、藩篱、器具、食用、水乡、杂述十类。

见“武备辑要续编”。

清咸丰三年（1853年）武英殿刻本。

3917

武备辑要六卷／（清）许学范辑

许学范，生卒年不详，字希六，号小范，又号芋园，钱塘（今浙江省杭州市）人。清乾隆三十七年（1772）进士。历官刑部员外郎、云南云龙州知州、贵州黔西知州、顺天府治中等。以母忧不复出。著有《武备辑要》。

兵书。是书凡六卷，前四卷为城守方略、城守申令、城守设防、城守清野，专论守城之指导原则，多采自《金汤借箸十二筹》。后两卷为制胜要策、行军要策，多采自戚继光《纪效新书》与吕坤《救命书》。

敏果斋七种本，抄本。

3918

听黄鹂馆外篇二卷 / （清）魏邦翰撰

魏邦翰，生卒年不详，字秋屏，嵊县（今浙江省嵊州市）人。清同治六年（1867）举人，会试挑取功臣馆誊录，期满后题补福建古田县知县。光绪九年（1883），中法战争爆发，时福建筹办海防，著兵书《听黄鹂馆外篇》以阐述攻守之道。张之洞任两广总督时看到兵书，上奏朝廷调魏邦翰赶赴广东协助参谋军事。十一年（1885）率领军队至镇南关大败法军，法国内阁因此倒台。十五年（1889）任广东化州知州，曾参与编纂《化州志》，后又两度出任广东高要县知县。

兵书。是书包含识情形、敦睦谊、募士勇、防海口、练勇丁、储材料、设重镇、举公会、筹运道、安华团十篇。

清光绪十年刻本。

3919

医时六言六卷 / （清）翁傅照撰

翁傅照（1865—1898），字少畦，号心释子，善化（今湖南省长沙市岳麓区）人。著有《释园诗钞》《书生初见》《医时六言》等。

军事理论著作。甲午战争后，翁傅照有感于外敌入侵，遂发愤著书以医当时社会弊病，从《武侯兵法心要》《金汤十二筹》《百战奇略》《戚继光兵法》《行军指掌》《舆图备览》《沿海形势》等兵书辑“兵家古法二百三十则，自为言一万四千”成此书。是书分为将、兵、备、战、奇、守六大类，每类一卷，结合时局进行评论，提出“守海不如守陆”“守城不如守险”的主张。

清光绪二十年刻本，清抄本。

3920

兵法汇编十一种 / （清）吴坤修辑

吴坤修（1816—1861），字子厚，号竹庄，新建（今属江西省南昌市）人。清咸丰间为湘军水师司军械，旋领新募彪字营，转战赣、皖，同治间官至安徽布政使、署巡抚。曾刊《半亩园丛书》，著有《三耻斋诗集》。

是书内容包含六韬、逸文、魏武帝注孙子、吴子、司马法、神机制敌太白阴经、历代兵制、守城录、何博士备论、阵纪、九边图论、海防图论等。

清嘉庆五年刻本，半亩园丛书本。

3921

武备絜要汇纂十二卷／（清）应自程辑

应自程，生平事迹不详。

是书辑《孙子》等历代兵学著作和名人论兵要语，间有夹注。

清抄本。

3922

海战要略／（清）余思诒撰

余思诒，见第 1705 条。

佚书。

3923

自强兵法通考十一种／（清）张树声编

张树声，见第 1056 条。

是书一题张之洞辑。

清光绪十一年敦怀书屋刻本。

3924

自强兵法通考十一种／（清）张之洞编

张之洞，见第 0761 条。

是书收清朱克敬撰《柔远新书》、李鸿章等撰《海防要览》、林则徐撰《俄罗斯纪要》、姚石甫撰《俄罗斯方域》《英俄构兵记》、王韬撰《操胜要览》、张荩臣撰《华洋战书》等书。

清光绪十一年陇西译学公会刻本。

3925

庙湾营呈送藤牌阵图水操阵图不分卷／□□辑

清彩绘本。

3926

富强述要／陈澹然撰

陈澹然（1860—1930），字静潭，亦字剑潭，号晦堂，桐城（今安徽省桐城市）人。清光绪十九年（1893）举人，宣统元年（1909）举硕学通儒。入民国曾任安徽通志局总裁。著有《晦堂文稿》《晦堂诗稿》等。

见“权制八卷”。

3927

权制八卷 / 陈澹然撰

陈澹然，见第3926条。

兵书。初为《富强述要》，后易名为《权制》。陈澹然有感于甲申（1884）、乙酉（1885）越、缅之亡和甲午（1894）朝鲜之变，为富国强兵、抵御外侮而作。是书分总述、军地述、军势述、军情述、军材述、军饷述、军政述、军谋述、军本述等篇，内容包括各省军事地理、战略地位、部防态势、周边藩属、将帅选拔、士卒选练、军饷屯运、武器装备的购买和制造、海陆防御、御寇谋略，以及敌国的历史、政治、地理、兵额、风俗、优势与短处、敌国之间的利益冲突、西方先进的科学技术等。

清光绪二十六年刻本，清光绪二十八年刻本。

操练之属

3928

明兵书四种 /（清）□□辑

书名代拟。是书收戚继光《纪效新书》《练兵实纪》《练兵实纪杂集》、何良臣《陈纪》。

清抄本。

3929

舟师绳墨一卷 /（清）林君升撰

林君升（1688—1755），字圣跻，号敬亭，厦门（今福建省厦门市）人。壮年投军，得授偏裨。清康熙六十年（1721）奉命押饷到台湾，并勘查台湾地形，擢为黄岩镇游击。雍正四年（1726）晋升定海总兵。乾隆二年（1737）调镇汀州，四年至六年（1739—1741）先后担任碣石、金门总兵。七年（1742）升任广东提督。后服母丧期满，暂补台湾总兵，半年后恢复广东提督职务。一度调补福建水师提督。十七年（1752）升任江南提督，总辖江苏、浙江、福建、广东四省军务，使东南沿海防务井然，地方晏然。著有《自遣偶草》《舟师绳墨》《救荒备览》等。

水军教科书。是书分为教习弁言、捕盗事宜、舵工事宜、缭手事宜、斗手事宜、碇手事宜、众兵事宜七节，分别叙说捕盗、舵工、缭手、斗手、碇手和一般水兵等在舟师中的地位、作用、技能要求、行动规范和相互关系。书中所载技能要求、行动规范、航海知识、航海技术，都是历代闽南航海家和水师官兵实践的结晶，更是作者数十年海洋生涯、水师经历的经验之谈。

清乾隆三十七年陈奎刻本。

3930

兵迹十二卷校勘记一卷／（清）魏禧撰，（校勘记）刘家立撰

魏禧（1624—1681），字冰叔，一字叔子，号裕斋，宁都（今江西省宁都县）人。明末诸生。明亡后隐居翠微峰，所居之地名勺庭，学者称勺庭先生。清康熙十八年（1679），诏举博学鸿词，以疾辞。著有《兵谋》《兵法》《兵迹》等。

刘家立，生平事迹不详。

是书分历代、列国、将体、将物、将兽、将能、将效、华境、华人、土夷、岛夷、近国、远邦、边塞等编，编下又设子目。书中广集上古至明代宇内及外国各地风俗、地理、兵制、军队、兵器以及战争的史料。作者间有议论，其间多有精论。作战中的一些具体问题，也多用史实参证。

民国四年刻本。

3931

水战阵式不分卷／□□辑

清彩印本。

3932

水阵图不分卷／□□辑

清彩绘本。

农家类

丛编之属

3933

齐民要术十卷杂说一卷／（北魏）贾思勰撰

贾思勰，生卒年不详，益都（今山东省寿光市）人。出生在世代务农的书香门第，其祖上很喜欢读书，尤其重视农业生产技术知识的学习和研究，对其一生有很大影响。曾任高阳郡（今山东临淄）太守。

农业百科全书。“齐民”即平民，“要术”指用以谋生的主要方法。是书主要介绍各种农业生产活动技术和方法。是书前五卷，论述各种粮食作物、蔬菜、果树、桑柘等作物的耕作栽培方法；第六卷，论述家禽、鱼类、牲畜的养殖方法；第七卷到第九卷，论述加工农副产品、酿酒、制醋、造盐的具体方法；第十卷，介绍中国南部的区域性植物。

明嘉靖三年马纪刻本，秘册汇函

本，四库全书本，子书百家本，观象庐丛书本。

3934

农政全书六十卷／（明）徐光启撰

徐光启（1562—1633），字子先，号玄扈，天主教圣名保禄，上海（今上海市）人。明万历三十一年（1603）入天主教，翌年进士。历官詹事府左春坊左赞善、少詹事兼河南道御史、礼部右侍郎兼侍读学士、礼部左侍郎、少詹事兼河南道御史等。崇祯五年（1632）任礼部尚书兼东阁大学士，翌年加太子太保、兼文渊阁大学士。著有《几何原本》《测量法义》《农书草稿》《农政全书》《兵机要诀》等。

农业百科全书。徐光启为了总结元明以来农业、手工业的创造和经验，并把自己几十年来积累和整理有关农业的笔记和试验情况留传给后人，从六十三岁开始编写《农政全书》。是书有插图六百余幅，征引有关农学文献二百二十五种，分农本、田制、农事、水利、农器、树艺、桑蚕、蚕桑广类、种植、牧养、制造、荒政十二个部分，内容涉及农学的各个方面，其中开垦、水利、荒政为全书重点。

明崇祯十二年陈子龙平露堂刻本，明末张国维等刻本，四库全书本，清道光十七年贵州刻本，清宣统元年上海求学斋局石印本。

3935

田园经济／（明）张师说辑

张师说，生平事迹不详。

是书辑录《农桑辑要》《田家五行》《田家五行拾遗》《纪历撮要》《探春历纪》《种树书》《农圃四书》。

明刻本，明末存古斋刻本。

3936

齐民要术校二卷／（清）陆心源撰

陆心源，见第1500条。

潜园总集本。

农艺之属

3937

农家谚一卷／（汉）崔寔撰

崔寔（103—170），字子真，一名台，字元始，安平（在今河北安平县）人。出身于名门高第，世家家庭。桓帝时曾两次被朝廷召拜为议郎，任五原太守等，后官至尚书。著有《政论》《四民月令》《农家谚》等。

是书收录各种农家谚语二十六条，大部分都是古时谚语。少数谚语，如“梅雨”诸条不似汉代人所言。有关该书的记载是在元代以后，故有说《农家谚》是伪托崔寔之作，真正的作者可能是元代人。

居家必备本，说郛本。

3938

田家五行三卷拾遗一卷东方朔探春历纪一卷田家五行纪历撮要一卷 /（明）娄元礼辑

娄元礼，生卒年不详，字鹤天，号田舍子，雪川（今浙江省湖州市）人。

见“田家五行一卷”。

明刻递修本。

3939

田家五行一卷 /（明）娄元礼撰

娄元礼，见第 3938 条。

我国较有系统性的天气谚语专著，并附有拾遗一卷，曾名《田家杂占》《田家五行志》《吴下田家志》。是书上卷分为十二个月，按日记述占候；中卷为物候，分天文、地理、草木、鸟兽、麟鱼等类进行介绍；下卷为三旬、六甲气候等类。全书搜集并引用气象方面的农谚五百零一条，从天象、物象的征兆来预测天气演变，反映和揭示天气、气候变化的规律。

居家必备本，说郛本，申报馆丛书本。

3940

田家五行志 /（明）娄元礼辑

娄元礼，见第 3938 条。

见“田家五行一卷”。

3941

田家杂占 /（明）娄元礼辑

娄元礼，见第 3938 条。

见“田家五行一卷”。

3942

吴下田家志 /（明）娄元礼辑

娄元礼，见第 3938 条。

见“田家五行一卷”。

3943

渔具咏一卷 /（唐）陆龟蒙撰

陆龟蒙（？—881），字鲁望，别号天随子、江湖散人、甫里先生，长洲（今江苏省苏州市）人。举进士不第。曾任苏州、湖州的从事，后隐居松江甫里。著有《甫里先生文集》等。

是书介绍当时出现并使用的与捕鱼相关的各种工具，含有十余种渔具、渔法的诗作和题解。

清顺治三年宛委山堂刻本。

3944

吴下田家志一卷／（元）陆泳撰

陆泳，生卒年不详，字伯翔，华亭（今上海市松江区）人。尽心农事，尝采方言、习俗，撰《田家五行拾遗》。

是书内容同《田家五行》下卷。

见“田家五行一卷”。

清顺治四年两浙督学李际期刻本，旧抄本，民国十六年上海商务印书馆排印本。

水产之属

3945

相贝经一卷／（汉）朱仲撰，（清）王仁俊辑

朱仲，生平事迹不详。

王仁俊，见第0028条。

我国公元前2世纪初研究贝类的专著，原书已佚。今本记载贝类动物十二种，多为药用，如紫贝“愈疾”、朱贝“明目”、绶贝“消气”。

玉函山房辑佚书续编本。

3946

渔书存二至十三卷／（明）□□撰

鱼类专著，现存二至十三卷。是书卷二至卷十列记水产，每卷为一类，均有卷目，分别为神品、巨品、珍品、杂品、介品、桑品、畜品、蔬品、海兽，内容杂引古代文献，近似谱录；卷十一为渔具，分网类、链类、杂具、渔舟、渔筏等子目；卷十二题附记载，征引典籍经文；卷十三题附记异，摘录各种杂记小说中的记载。

明刻本。

3947

海错图赞一卷／(明)陈元登撰

陈元登（1619—1693），字龙淮，自号渔村，连江（今福建省连江县）人。明代书画家。著有《渔村诗文集》《谵编》《说言》《广山集》《茶谱》《笼鹦集》《海错图赞》。

清初双泉居刻本。

3948

丹鱼谱／（明）陈子经撰

陈子经，生卒年不详，字引

川，杭州（今浙江省杭州市）人。

佚书。

3949

海族谱／（明）姜准撰

姜准（1573—1619），字平仲，号艮峰，永嘉（今浙江省温州市）人。生于明嘉靖年间，卒于万历末年。平生博览群籍，闭门著述，尤悉东瓯掌故。著有《东嘉人物志》《东嘉书目考》《东嘉科第年表》《东嘉诸科年表》《东嘉教职世表》《岐海琐谈》等。

佚书。

3950

钓经一卷／（明）陆禹思撰

陆禹思，生卒年不详，陆笪（今属江苏省溧阳市）人。明崇祯十三年（1640）特赐户部主事，差管九门盐法，督饷天津，升广西清吏郎中，请辞归田隐居。

是书为陆禹思八十八岁时所作。

佚书。

3951

海味索隐一卷／（明）屠本畯撰

屠本畯（1542—1622），字绍豳、田叔，号汉陂、桃花渔父，晚自号憨先生、豳叟，鄞县（今属浙江省宁波市）人。初以父荫任刑部检校、太常寺典簿、礼部郎中等职，后出任两淮运司同知、升湖广辰州知府，进阶中宪大夫致仕。因生于海边，又曾任职沿海，熟悉海产，对动植物颇有研究。著有《海味索隐》《闽中海错疏》《山林经济籍》《闽中荔枝谱》《野菜笺》《离骚草木疏补》《緖史月表》等。

是书记载闽浙沿海所产海味，包括蚶子颂、子蟹解、淡菜铭、土铁歌、蛏赞、蝗鱼鲞铭等，内容还涉及诸海味的性味、别名、产地和食法等。

明崇祯刻本，清顺治三年宛委山堂刻本，民国十五年上海扫叶山房石印本。

3952

闽中海错疏三卷／（明）屠本畯撰

屠本畯，见第3951条。

是书详志闽海水族，其鳞部记鲤、黄尾、古姑（金鲤）、鳢、鲫、乌鱼、鲂、鲨、鲔、鲭、鲈、鲥、黄炙、草、鲢、石鳟等一百余种。介部记龟、鳖、蟹、海鲟、千人擘、蠘、蚶、蛤蜊、蜯、湖月、石华、石帆、石磷、石决明、海胆等近九十种。末有《闽中海错疏》附录，记非本地产者二种：广东绿菜（海参）、广南燕窝。

清嘉庆间南汇吴氏听彝堂刻本，清嘉庆十年虞山张氏照旷阁刻本。

3953

闽中海错疏一卷／（明）屠本畯撰

屠本畯，见第3951条。

唐宋丛书本，四库全书本，艺海珠尘本，学津讨原本。

3954

闽中海错疏补一卷／（明）徐𤊹编，费道用、杨德周等补

徐𤊹（1563—1639），字惟起，别号三山老叟、天竺山人等，闽县（今属福建省福州市）人。

费道用，生平事迹不详。

杨德周，生平事迹不详。

是书对屠本畯的《闽中海错疏》的各节做了补充和完善，不仅补充了海产的特征，还增加了食味和烹法。

学津讨原本，艺海珠尘本，明辨斋丛书本。

3955

杨升庵先生异鱼图赞四卷／（明）杨慎撰

杨慎（1488—1559），字用修，号升庵，新都（今四川省成都市新都区）人，祖籍江西庐陵。明正德六年（1511）殿试第一，授翰林院修撰，后任经筵讲官。嘉靖三年（1524）谪戍云南永昌卫，死于戍地。著有《滇程记》《丹铅总录》《古音猎要》《全蜀艺文志》《春秋地名考》《升庵集》等。

鱼类专著。撰于明嘉靖二十三年（1544）。是书以赞体的形式记载了各种海产动物，卷一至卷三记载鱼类，卷四附《海错》一卷。汇辑了许多古籍中有关海洋生物的资料，除同名异物外，约一百一十四种，多数为海产经济鱼类以及少数淡水鱼类，此外还记有哺乳类海洋动物以及海产无脊椎动物。

纷欣阁丛书本。

3956

异鱼图赞四卷／（明）杨慎撰

杨慎，见第3955条。

见“杨升庵先生异鱼图赞四卷”。

艺海珠尘本。

3957

蛎哺考／（明）郑鸿图撰

郑鸿图，生卒年不详，号玉沙，霞浦（今福建省霞浦县）人。明嘉靖十年（1531）举人。

见“蛎蒱考”。

3958

蛎蒱考／（明）郑鸿图撰

郑鸿图，见第3957条。

全文约四百字，记述福宁（今福建霞浦、宁德等地）沿海的牡蛎养殖。系统叙述了当时福建霞浦插竹养蛎的历史过程，全面介绍了牡蛎的习性和养殖技术，并揭示了水文、气候、食料等有关牡蛎生长规律的客观条件。

霞浦县志本。

3959

业蛎考／（明）郑鸿图撰

郑鸿图，见第3957条。

见“蛎蒱考”。

3960

官井洋讨鱼秘诀／（清）□□抄

中国古代地区性的渔业专著。1952年发现于福建宁德县，书扉页注清乾隆八年（1743）抄录，作者不详。是书为记述福建官井洋海区捕捞大黄鱼经验的文献。正文第一部分讲述官井洋十八个暗瞧的位置、外形、体积和周围环境等自然地理状况；第二部分讲述在官井洋寻找鱼群的方法，分别叙述在早汐、中潮时分的鱼群动向；最后一部分讲述渔民捕鱼时应注意的事项。

清乾隆八年抄本。

3961

江南鱼鲜品／（清）陈鉴撰

陈鉴，生卒年不详，清初广东人。曾流落于南京、苏州、松江一带四十多年，以诗文与江南诸名士交游，故其对江苏物产、生活习性极为熟悉。著有《虎丘茶经注补》。

全文六百余字，记述鲥鱼、刀鲚、鲤、鳊鱼、鲟鱼、鳢鱼、鲴、鲫鱼、面条鱼、黄鱼等二十一种产于江南地区的水产鱼类的性味、形体，兼及一些饮食方法，是研究江南沿海居民饮食生活的重要史料。

檀几丛书本，清光绪三十一年铅印本。

3962

续蟹谱一卷／（清）褚人获撰

褚人获（1625—1682），字稼轩，一字学稼，号石农，长洲

(今属江苏省苏州市)人。不曾中试和出仕，在吴中很有文名，诗词之外，尤熟明代稗史，来往者多是江南著名文人，如毛宗岗、洪升、张潮等。著有长篇小说《隋唐演义》，另有《坚觚集》《读史随笔》《退佳琐录》《续蟹谱》等。

是书为弥补傅肱《蟹谱》之不足而作。全文过三千字。其内容主要是抄录旧籍中关于蟹文化的文字，共四十余条，有一定的参考价值。

说部新书本。

3963

南海水族谱／(清)顾棡撰

顾棡，生卒年不详，字嵩乔，号鉴沙，鄞县(今属浙江省宁波市)人。诸生。藏书家，著有《台海纪略》《伴梅草堂诗存》《古杭女史类编》《华山志略》《古香亭书画录》《三才异名录》等，多散佚不传。

佚书。

3964

海错百一录五卷／(清)郭柏苍撰

郭柏苍，见第1340条。

海生类本草专著。据海鱼、海介、海壳石、海虫、海菜、海鸟、海兽、海草等类别编次，记载福建沿海所产鱼类、甲壳动物、鸟类、海兽、海藻和海边植物约四百种。所记除生物名称外，还有形态、分布、生态、养殖、捕捞、加工、运销、食用和药用等。内容大都来自郭柏苍数十年的观察以及取自有生产经验的渔民。书中还记载了福建沿海的渔具以及捕捞小黄鱼、海鳗、蟹的渔法。

清光绪十二年刻本，民国刻本。

3965

海错一卷／(清)郝懿行著

郝懿行，见第0455条。

见“记海错一卷”。

3966

记海错一卷／(清)郝懿行著

郝懿行，见第0455条。

一作《海错》。是书撰于清嘉庆十二年(1807)，定稿于嘉庆十九年(1814)。该书记述山东半岛沿海海洋生物八十种，其中水母、贝类、虾、蟹等无脊椎动物二十八种，鱼类四十四种，哺乳动物一种，藻类八种。

清光绪五年东路庭署铅印本，清光绪二十六年石印本。

3967

异鱼图赞补三卷闰集一卷 / （清）胡世安撰

胡世安（1593—1663），字处静，号菊潭，又号秀岩，井研（今四川省井研县）人。明天启四年（1624）举人，崇祯元年（1628）进士，官至詹事府少詹事兼翰林院侍读学士。李自成陷京师，胡世安被俘并受拷掠。清顺治元年（1644）降清，仍任詹事府少詹事，旋裁詹事府，改翰林院侍读学士，掌院事。二年（1645）迁内国史院学士，充纂修《明史》副总裁。后历官礼部左侍郎、礼部尚书、经筵讲官、武英殿大学士兼兵部尚书。十六年（1659）三月以奉职有年加太子太保，六月晋少傅兼太子太傅。十八年（1661）正月改内秘书院大学士。著有《大易则通》《易史》《秀岩集》《操缦录》等。

是书前有明万历四十六年（1618）年胡世安自序一篇，为其未中进士之前所作。因为杨慎《异鱼图赞》还有很多缺漏，胡世安广采遗说编成此书。卷上、卷中，共补鱼类一百五十四种，有赞五十七首。卷下，补海错类三十八种，有赞二十八首。

清光绪七年刻本。

3968

异鱼图赞笺四卷 / （清）胡世安撰

胡世安，见第3967条。

杨慎的《异鱼图赞》中有一些自注，但注解的内容仅限于标明所据的书名。是书为胡世安博采众书为杨慎《异鱼图赞》所做笺注，征引颇为繁富。

四库全书本。

3969

然犀志二卷 / （清）李调元撰

李调元，见第1365条。

训诂书。是书专释沿海鱼名，记广东水产近百种，记其形状，考其出处。

清乾隆绵州李氏万卷楼刻本，清道光五年绵州李氏万卷楼重补刻本，清光绪八年广汉钟氏刻本。

3970

海渔编 / （清）林嗣环撰

林嗣环（1607—1662），字铁崖，号起八，晋江（今福建省晋江市）人。明崇祯十五年（1642）举人，清顺治六年（1649）进士，授太中大夫，持简随征，便宜行事。后调任广东琼州府先宪兼提督学政，官至广东提刑按察司副使，分巡雷琼道兼理学政，山西左参政道。著有《铁崖文集》《海渔编》《岭南纪略》《荔枝话》《口技》等。

书名一作“海渔篇”。

存佚不详。

3971

海错图／（清）聂璜绘

聂璜，生卒年不详，字存庵，号闽客，钱塘（今浙江省杭州市）人。工画。清康熙三十七年（1698）作海错图四册收入《石渠宝笈》。

康熙三十七年（1698），聂璜将其游历东南海滨所见鱼、虾、贝、蟹等现实和传说中的水族绘图成册，即《海错图》。是书是一部记录海洋生物、海产品的绘卷，册中图文并茂，并根据生物体量比例，在画页中错落排布。根据《石渠宝笈续编》的记载，《海错图》共有四册，前三册藏于故宫博物院，第四册藏于台北故宫博物院。此图是雍正四年由副总管太监苏培盛交入清宫造办处，经过皇家重新装裱，最后见录于《石渠宝笈续编》。

清绘本。

3972

晴川蟹录四卷后录四卷／（清）孙之騄辑

孙之騄，见第0431条。

蟹类专著。《晴川蟹录》分谱录、事录、文录、诗录四门。《后录》分事典、赋咏、食宪、拾遗四门。是书详细地记述了我国古文献对蟹的记载，涉及蟹的起源、产地、流变、分类、食法以及关于蟹的诗文、故事。

晴川八识本，清康熙刻本。

3973

晴川蟹录四卷后录四卷续录一卷／（清）孙之騄辑

孙之騄，见第0431条。

清康熙五十五年刻本。

3974

钓鱼谱／（清）吴瓖撰

吴瓖，生平事迹不详。

佚书。

3975

桂海虫鱼志一卷／（宋）范成大撰

范成大，见第1492条。

辑自《桂海虞衡志》志虫鱼篇。见“桂海虞衡志一卷”。

唐宋丛书本，古今说部丛书本。

3976

蟹谱二卷／（宋）傅肱撰

傅肱，生卒年不详，字自翼、子翼，自署曰怪山，宋会稽（今属浙江省绍兴市）人。著有《蟹谱》。

全书分为上下两篇，主要记述有关蟹的典故、捕捞和加工。上篇辑自前人著作，下篇是作者自己的记述。卷上，为上篇，前有总论，主要介绍蟹的形态、颜色、种类、产地、可食与否。上篇分为“离象”以下四十多段加以记述，其文多采用前代典籍和名人说法。其中所引“唐韵”十七条，对后人研究、考证，提供了可靠资料。卷下，为下篇，分为“孝报”以下二十多段加以记述，没有引经据典，皆为作者自记，内容怪异有趣。

百川学海本，山居杂志本，说郛本。

3977

蟹略四卷／（宋）高似孙撰

高似孙（1158—1231），字续古，号疏寮，鄞县（今属浙江省宁波市）人。宋淳熙十一年（1184）进士。历任校书郎，出知徽州，迁守处州。嘉定七年（1214）著《剡录》，为嵊县第一部县志。另著有《子略》《纬略》《疏寮小集》等。

动物谱录。作者因北宋傅肱《蟹谱》所述太略，故别加裒集，而成此书。全书分十二门：蟹原、蟹象、蟹乡、蟹具、蟹品、蟹占、蟹贡、蟹馔、蟹牒、蟹雅、蟹志、蟹赋。论述了蟹的生态形象、分布地域、品种等第、捕捉工具、烹调食用等，并叙及因蟹而引发的论述赋咏和风雅有致的生活情趣，以及土贡、占卜等民俗事象。

四库全书本，说郛本。

3978

水族加恩簿一卷／（五代）毛胜撰

毛胜，生卒年不详，字公敌，自号天馋居士，晋陵（今江苏省常州市）人。五代吴越忠懿王时任功德判官。

生物学著作。是书取水族数十种，据其特点，假沧海龙君之命分别拟以官名，并各戏撰加恩制令一篇。写其形质色味，品叙精奇，文章典赡。共记江瑶、章举、车螯、蚶菜、虾魁、蠘、蝤蛑、蟹、彭越、蛤秾、文、鲈、鲥、鲚、鼋、鳖、鲎、石首、石决明、乌贼、龟、水母、真珠、玳瑁、牡蛎、梵响、螺、珂、螺蛳、蛙、鯸鮧、鳜、鲤、鲫、白鱼、鳊、鲟鳇、葱管、东崇、崇连、鳆等四十四种水生生物。

说郛本，五朝小说本。

3979

论日本售出中国海味／□□撰

清末抄本。

3980

南洋海错吟一卷／林起峰撰辑

林起峰（1853—1924），原名林恒，字少远，侯官（今属福建省福州市）人。举人，清光绪二十四年（1898）晋京会试得大挑一等，以知县用。光绪末年任保定知县。撰有《醉竹轩丛稿》。

清末醉竹轩丛稿本。

3981

中国海洋研究所青岛水族馆民国二十一年报告书不分卷／青岛水族馆编

青岛水族馆，位于今青岛鲁迅公园内。1920 年蔡元培、李煜瀛等在青岛发起组织中国海洋研究所，经筹备委员会议决，先行开办水族馆。1932 年建成。馆舍系一幢具有民族风格的四层楼房建筑。馆藏各种鱼类标本千余件，包括咸水鱼类、甲壳类、软体类、棘皮类、腔肠类等。附设有鲛鱼标本室、天然养鱼池、普通养鱼池、展览池、滤水池、研究室及储藏室等。出版物有《工作报告》等。

民国铅印本。

3982

中国渔业历史／沈同芳撰

沈同芳（1872—1917），原名志贤，字幼卿，号越石，一号蠡隐，武进（今属江苏省常州市）人。清光绪二十年（1894）进士，任河南唐县知县，后引疾回乡。病愈后游宦四川、山东两省。

是书为沈同芳在江浙渔业公司任职期间，为倡导新式渔业而撰，记叙了清末渔业状况，对我国渔业发展历史做了概括性的叙述，脉络分明，详载清代渔业发展史料。

清光绪三十二年上海小说林活版部铅印本，清宣统三年广州书局铅印本，清宣统三年中国图书公司铅印本。

医家类

丛编之属

3983

陈修园医书十八种／（清）陈念祖等撰

陈念祖（1753—1823），字修园，又字良有，号慎修，长乐（今福建省长乐市）人。著名医学家。清乾隆五十七年（1792）举人，曾任直隶威县知县。嘉庆二十四年（1819）辞官归乡，以医为业。著有《伤寒论浅注》《长沙方歌括》《神农本草经读》《医学三字经》《医学实在易》《医学从众录》《女科要旨》《南雅堂医案》等。

医学丛书，又作《南雅堂医书全集》《公余十六种》。包括《灵素节要浅注》《金匮要略浅注》《金匮方歌括》《伤寒论浅注》《长沙方歌括》《医学实在易》《神农本草经读》《医学三字经》《时方妙用》《时方歌括》《十药神书注解》等。另有《陈修园医书二十一种》及四十八种、六十种、七十种、七十二种等多种刊本。

清同治元年务本书局刻本，清光绪十四年扫叶山房刻本。

3984

公余十六种／（清）陈念祖等撰

陈念祖，见第3983条。

见“陈修园医书十八种”。

3985

公余医录六种／（清）陈念祖撰

陈念祖，见第3983条。

丛书。共二十卷。念祖有《长沙方歌括》已著录。是书包括《神农本草经读》四卷，《医学三字经》四卷，《时方妙用》二卷，《时方歌括》二卷，《女科要旨》四卷和《景岳新方砭》四卷。

清咸丰十年经纶堂刻本，清同治九年绥定达县明善堂刻本，清光绪十三年京都务本堂刻本，清光绪二十六年新化三味书屋刻本。

3986

公余医录五种／（清）陈念祖撰

陈念祖，见第3983条。

此丛书选刊陈氏亲撰五种医籍。包括《神农本草经读》四卷；《医学三字经》四卷，《时方妙用》

四卷，《时方歌括》二卷，《女科要旨》四卷。

清光绪十五年江左书林刻本。

3987

南雅堂医书全集五十六种／（清）陈念祖撰并辑

陈念祖，见第3983条。

见“陈修园医书十八种”。

民国石印本。

3988

汪氏医学六种／（清）汪宏撰并注

汪宏，生卒年不详，字广庵，歙县（今安徽省歙县）人。清代名医，倡望诊为四诊之首说。著有《望诊遵经》《神农本草经注解》《伤寒论集解》《金匮要略集解》等。

丛书。是书收《注解神农本草经》《本经歌括》《入门要诀》《望诊遵经》《本草附经歌括》等。

清刻本。

3989

徐灵胎十二种全集／（清）徐大椿撰并注

徐大椿（1693—1771），义名大业，字灵胎，晚号洄溪老人，吴江（今属江苏省苏州市）人。自幼业儒，及长博学多才，天文、地理、音律、技击等无不通晓。后因家人接踵生病，于是悉心研究医学，弃儒从医五十余年，每能手到病除。乾隆帝曾两度诏其赴京。著有《医学源流论》《难经经释》等。

丛书。是集收有《难经经释》《神农本草经百种录》《伤寒类方》《医学源流论》《医贯砭》《兰台轨范》《慎疾刍言》《洄溪医案》《洄溪道情》等。

清同治三年丰松斋刻本，清善成堂刻本，清经元堂刻本，清文奎堂刻本。

3990

徐灵胎医学全书／（清）徐大椿撰

徐大椿，见第3989条。

丛书。是书系徐大椿在清乾隆二十九年（1764）自刊《徐氏医书六种》基础上增辑而成，收有《难经经释》《医学源流论》《神农本草经百种录》《医贯砭》《伤寒类方》等。

清咸丰五年刻本，清光绪十九年石印本，清光绪二十一至三十三年上海章福记书局石印本，清光绪三十三年上海六艺书局石印本。

3991

徐氏医书八种／（清）徐大椿撰

徐大椿，见第3989条。

清咸丰七年海昌蒋氏衍芬草堂刻小嫏嬛阁印本，清咸丰十年刻本，清同治十二年刻本，清光绪四年扫叶山房刻本。

3992

徐氏医书六种／（清）徐大椿撰

徐大椿，见第3989条。

清雍正五年至乾隆二十二年半松斋刻本，清乾隆松风斋刻本，清同治三年刻本，清同治十二年湖北崇文书局刻本。

本草之属

3993

食物本草会纂十二卷／（清）沈李龙辑

沈李龙，生卒年不详，字云将，槜李（今浙江省嘉兴市西南）人。因感《本草纲目》所载食疗品种过繁，坊刻食疗类书又过简，遂撰《食物本草会纂》。

是书成于清康熙三十年（1691），名为《重镌食物本草会纂》。沈李龙将药物分为水、火、谷、果、鳞、介、禽、兽等九部，载药六百二十一种，记载其性味、主治及附方等项。另附《日用家钞》及《脉诀秘传》两卷，前者载有救荒方、食物宜忌、有毒及解毒、食物调摄、病机赋、药性赋等内容；后者论述脉法。

清康熙三十年刻本，清乾隆四十八年金阊书业堂刻本，清嘉庆八年金陵致和堂刻本，清道光元年萧山裕文堂刻本。

3994

本草从新十八卷／（清）吴仪洛辑

吴仪洛（1704？—1766），字遵程，澉浦（今属浙江省海盐县）人。清医药家、藏书家。著有《本草从新》《成方切用》《伤寒分经》《一源必彻》《四证须详》《杂证条律》《女科宜今》等。

药学著作。对《本草备要》予以重订，内容保留、增改各半，故以“从新”名。是书包含草、木、果、菜、穀、金石、水、火土、禽、虫鱼鳞介、人部，载常用药物七百二十种。

清乾隆二十二年刻本，清光绪六年扫叶山房刻本，清光绪二十二年上海图书集成印书局铅印本，清道光二十六年瓶花书屋刻本。

3995

本草纲目拾遗十卷首一卷 / （清）赵学敏辑

赵学敏（？—1805），字恕轩，号依吉，钱塘（今浙江省杭州市）人。撰有《医林集腋》《养素园传便方》《祝由录验》《囊露集》《本草话》《串雅》《花药小名录》《升降秘要》《摄生闲览》《药性元解》《奇药备考》《本草纲目拾遗》等。

药学著作。是书旨在补《本草纲目》之遗阙，参考有关文献二百八十余种，结合实地采访观察所成，其中收《本草纲目》所未载或载而有阙误药物九百二十一种，包括外国传入的药物如金鸡纳、胖大海、各种药露刀创水（碘酒）、鼻冲水（氨水）以及民间药物。为明代《本草纲目》之后一百多年药物学发展的新成就。

清光绪十一年合肥张氏味古斋刻本，清同治十年吉心堂刻本，民国上海商务印书馆石印本，民国上海锦章书局石印本。

3996

南海药谱二卷 / （宋）□□撰

本草著作。是书杂记南方药（中国南部及东南亚地区所产药物）之产地与疗效。原书佚，《证类本草》可见掌禹锡摘引之佚文六条，内容包含动、植、矿物药。各药简介性味、主治、产地、性状等。

佚书。

3997

本草衍义二十卷 / （宋）寇宗奭撰

寇宗奭，生卒年不详，曾任澧洲县吏。宋政和年间（1111—1117）任医官，授通直郎。寇氏在浙江、江西等地做官时留心医药，历十余年积累了大量辨药经验，于政和六年（1116）撰成《本草衍义》，以订正《嘉祐本草》《本草图经》的错误。

药学著作。是书旨在推衍《嘉祐本草》《本草图经》二书未尽之义，采用类似笔记的体裁，涉及药物的产地、形态、采收、鉴别、炮制、制剂、性味、功效、主治、禁忌等。

宋淳熙十二年江西转运司刻庆元元年重修本，元影刻宋宣和元年本，元大德六年宗文书院刻本，十万卷楼丛书本。

3998

经史证类备急本草 / （宋）唐慎微撰

唐慎微（1056？—1093），原

名谨微，字审元，蜀州晋原（今四川省崇州市）人，一称成都华原人。出生世医之家，精通医方，善理本草。

见“重修政和证类本草三十卷”。

3999

经史证类大观本草／（宋）唐慎微撰

唐慎微，见第 3998 条。

见“重修政和证类本草三十卷”。

4000

政和新修经史证类备用本草／（宋）唐慎微撰

唐慎微，见第 3998 条。

见“重修政和证类本草三十卷”。

4001

重修政和证类本草三十卷／（宋）唐慎微撰

唐慎微，见第 3998 条。

药学著作，亦即《经史证类备急本草》《经史证类大观本草》《政和新修经史证类备用本草》，成书于宋元丰六年（1083），系宋代唐慎微将宋初《补注神农本草》和《图经本草》两书汇集、增删、整理而成。书中共载有药物一千五百五十八种，单验方三千余则，其中新增药物四百七十六种，有方论千余首。所载药物均有附图，并详细论述和考证了药物的主治、功用、采集、炮制等方法。

金太和晦明轩刻本，民国十六至十七年上海涵芬楼影印本。

4002

嘉祐补注神农本草二十卷目录一卷并图经二十卷目录一卷／（宋）掌禹锡等补注

掌禹锡（990—1066），字唐卿，许州郾城（今河南郾城县）人。北宋天禧三年（1019）进士，为道州司理参军。天圣六年（1028）改大理寺丞，历官通判并州、侍御史、提点河东刑狱、直集贤院兼崇文院检讨、同管勾国子监等职。预修《皇祐方域图志》《地理新书》，校正《类篇》《神农本草》。英宗即位，自秘书监迁太子宾客，寻以尚书工部侍郎致仕。著有《郡国手鉴》《周易杂解》。

本草著作，简称《嘉祐本草》。是书以《开宝本草》为蓝本，增药九十九种，其中八十二种辑自前人本草，十七种为未见书载的新用者，共载药一千零八十二种。此书保存了《药对》《药性论》《食疗本草》《日华子本草》《南海药谱》许多古本草内容。

佚书。

4003

海药本草五卷／（唐）李珣撰

李珣（855？—930？），字德润，先世本波斯人，家居梓州（今四川省三台县）。唐昭宗乾宁中前后在世。少小苦心，屡称宾贡，又通医理兼卖香药。有诗名，事前蜀主王衍，为王衍昭仪李舜弦之兄。蜀亡不仕。著有《琼瑶集》。

本草著作，共五卷，一说二卷，我国第一部海药专著。是书从五十余种文献中引述有关海药（海外及南方药）资料，记述药物形态、真伪优劣、性味主治、附方服法、制药方法、禁忌畏恶等。涉及四十余处产地名称，以岭南及海外地名居多。

佚书。

4004

神农本草经／王闿运辑

王闿运（1833—1916），字壬秋，又字壬父，号湘绮，世称湘绮先生，湘潭（今湖南省湘潭市）人。清咸丰二年（1852）举人。曾任肃顺家庭教师，后入曾国藩幕府。光绪六年（1880）主持成都尊经书院。后主讲于长沙思贤讲舍、衡州船山书院、南昌高等学堂。授翰林院检讨，加侍读衔。辛亥革命后任清史馆馆长。著有《湘绮楼诗集》等。

见“神农本经三卷附本说一卷”。

4005

神农本经三卷附本说一卷／王闿运辑

王闿运，见第4004条。

本草著作。又作《神农本草经》。是书系在明代翻刻宋嘉祐年《神农本草经》刊本的基础之上，根据王闿运辑考而成，共载药三百六十五种。

清光绪十一年成都尊经书院刻本。

4006

嘉祐本草

见“嘉祐补注神农本草二十卷目录一卷并图经二十卷目录一卷”。

4007

重镌食物本草会纂

见“食物本草会纂十二卷”。

天文历算类

天文之属

4008

海中二十八宿臣分二十八卷／（汉）□□撰

天文导航著作。《汉书·艺文志》的“天文类”中存目，共一百三十六卷，如《海中二十八宿国分》《海中二十八宿臣分》，当即是天文导航的定位部分。中国古代天文学把天区划分为二十八个星空区，称为二十八宿，并按列宿划分它们所对应的地面区域。以二十八宿来划分它们所对应的海上区域，据以判定船舶所在的地域和指导航行的方向。

佚书。

4009

海中二十八宿国分二十八卷／（汉）□□撰

佚书。

4010

海中日月慧虹杂占十八卷／（汉）□□撰

佚书。

4011

海中五星经杂事二十二卷／（汉）□□撰

佚书。

4012

海中五星顺逆二十八卷／（汉）□□撰

佚书。

4013

海中星占验十二卷／（汉）□□撰

佚书。

4014

天文占验一卷／（明）周履靖校

周履靖（1549—1640），字逸之，初号梅墟，改号螺冠子，晚号梅颠，嘉兴（今浙江省嘉兴市）人。明隆庆、万历年间隐居不仕。著有《广易千文》《梅颠稿选》《大篆正宗》《天形道貌》《引经证医》《群物奇制》等。

是书收集了有关天、云，风、日、虹、雾、雷、海潮、正月至十二月的占候，从占天到占风各编为五言诗，占日到占潮各为八言诗，正月以下为七言诗。

夷门广牍本。

4015

圜天图说三卷续篇二卷／（清）李明彻撰

李明彻（1751—1832），字大纲，一字飞云，号青来，番禺（今属广东省广州市）人。少年入道观为道士，对观察天象、地理测绘及三角几何颇有研究。

是书内容涉及天文学、气象学、地球物理学、海洋学、地理学、物理学、宗教学、数学。包含地图二十一幅，包括地球正背两面全图、大清一统全图及盛京、直隶、江南、江西、浙江、福建、湖北、湖南、河南、山东、山西、陕西、甘肃、四川、广东、广西、云南、贵州十八省地图。

清嘉庆二十四年刻本。

4016

天经或问二卷首一卷／（清）游艺撰

游艺（1614—1684），字子六，号岱峰，崇化里（今属福建省南平市）人。曾受业于隐居闽中的明末兵部尚书熊明遇。精于西学，对天象学造诣尤深。著有《天经或问》。

清潭水余明刻本。

4017

天经或问后集不分卷／（清）游艺撰

游艺，见第4016条。

是书共述七十二个问题，较全面地解释自然变化的一些道理，其中对风、雨、云、雷、电、露、霜、雾、虹等现象论述清晰。是介绍西方气象科学知识的早期著作之一。

清书林熊氏大集堂刻本，清刻本。

4018

天经或问前集四卷／（清）游艺撰

游艺，见第4016条。

四库全书本，民国庐江刘氏远碧楼蓝格抄本。

4019

陆海临镜二卷／萧开泰撰

萧开泰（约1857—1918），初名汝阶，一作汝偕，字履安，洪雅（今四川省洪雅县）人。留心时务，尤专研数学。瞿鸿基督学四川，拔取为贡生，入京师同文馆学习，后又留学日本。回国后在同文馆任教，担任日语及格致等课。著有《勾股解》《比例说》《历算纲目》《算学济用筹略》《地营图说》等，收入《自强斋数学》。

萧开泰自刻本。

4020

风报日期考

是书专门研究海洋风暴的预测问题，近似一本日历，列出一年中每一天是否有风暴，还介绍了观察风云、日月星辰和生物等其他几种预测风暴的方法。

天一阁藏本，抄本。

算书之属

4021

海岛算经一卷／（三国魏）刘徽撰

刘徽（225？—295?），淄乡（今山东淄博一带）人。魏晋间数学家，终身布衣。魏景元四年（263）注解《九章算术》，首先计算出圆周率近似值为3.14，提出用割圆术探求圆周率的方法和关于极限的概念。《九章算术注》中“重差”一卷，唐初发单行本，名《海岛算经》。

我国最早讲测量术的专门著作，中国古代测量术的代表作，原名《重差》，附于《九章算术》之后。唐李淳风在编辑《算经十书》时将其独立出来作为《算经十书》之一，因其首题是关于测量海岛高远的问题，故有此名。传本《海岛算经》共有九题，体例与《九章算术》相同，每题均由问、答、术三部分组成。

北宋秘书省刻本，南宋鲍澣之刻本，武英殿聚珍版本，微波榭本。

艺术类

书画之属

4022

泛槎图不分卷续泛槎图不分卷／（清）张宝绘

张宝（1763—?），字仙槎，一字梅痴，上元（今江苏省南京市）人。喜作画，好游览。先后十余年，游历了河北、山西、陕西、河南、山东、湖北、湖南、广东、广西、江西、安徽、浙江、福建以及江苏故乡的许多名山大川。著有《泛槎图》。

张宝能诗善画，每遇胜境各绘为图，并题诗其上，积之日久，蔚为大观。自清嘉庆二十四年（1819）至道光十二年（1832），先后刊行了《泛槎图》十三幅、《续泛槎图》二十三幅、《续泛槎图三集》二十七幅、《舣槎图四集》十八幅、《漓江泛棹图五集》十二幅、《续泛槎图六集》七幅，合之共一百幅图。此外，又刻了《虞阳海旭》《紫琅香市》《双山毓秀万水朝宗》三图以作结。

清嘉庆二十四年尚古斋刻本。

4023

泛槎图六卷续一卷三集一卷四集一卷五集一卷六集一卷／（清）张宝绘

张宝，见第4022条。

清嘉庆道光刻本，清道光六年刻本，清光绪六年上海点石斋影印嘉庆刻本。

杂著类

杂考之属

4024

山海经笺疏十八卷图赞一卷订讹一卷叙录一卷／（晋）郭璞注，（清）郝懿行笺疏

郭璞，见第0010条。
郝懿行，见第0455条。

文献考证著作。记事以山海地理为纲，注文广引秦后历代文献。对先秦山川、动植物、部族、古国以及人物均以文献数据类证，略述已见。山水均考其方位、走向、源流、水位、气候、植被、名胜、古迹、出产、矿泉、洞穴、伏流、潜流。动植物详考其本名、别名、形状、特点、功用。

清嘉庆十四年阮氏琅嬛仙馆刻本，清光绪七年刻本，清光绪十二年上海还读楼刻本，清光绪二十一年上海书局石印本，清宣统元年江左书林刻本。

4025

庶物异名疏三十卷／（明）陈懋仁撰

陈懋仁，见第1255条。

是书汇辑古今物名之异者，并为之作笺疏。

明崇祯十年刻本。

4026

天工开物三卷／（明）宋应星撰

宋应星（1587—1661?），字长庚，奉新（今江西省奉新县）人。明万历四十三年（1615）举人，崇祯七年（1634）任江西分宜教谕，十一年（1638）为福建汀州推官，翌年为安徽亳州知州。明亡后归隐

乡间。著有《天工开物》等。

农业和手工业生产的综合性著作。是书所叙内容涉及中国古代农业和手工业三十个生产部门的技术和经验，几乎包括了社会全部生产领域。其中《作咸》介绍制盐技术，《舟车》叙述各种船舶和车辆的结构和使用方法，《佳兵》叙述各种武器的制造技术，《珠玉》叙述各种珠宝的开采。

明崇祯十年自刻本，明书林杨素卿刻本，喜咏轩丛书本。

4027

五杂俎十六卷／（明）谢肇淛撰

谢肇淛，见第 0574 条。

笔记。是书分天、地、人、物、事五部，按类辑录，每部各卷亦大致以类相从，多载明代史事，间有考辨，于天文地理、山川风物、政治历史、社会现象、掌故风俗、逸事琐闻，及草木虫鱼、服饰器物等，均有涉及。

香艳丛书本。

4028

三冈识略十卷续识略一卷／（清）董含撰

董含（1626—?），字阆石，一字榕城，号莼乡赘客，华亭（今上海市松江区）人。清顺治十八年（1661）进士，同年因奏销案牵连被斥革，自此终身不仕。著有《古乐府》《闵离草》《安蔬堂集》等。

笔记，一作《莼乡赘笔》。是书为董含晚年积平生笔记而成，记事起于清顺治元年（1644），止于康熙三十六年（1697），所记内容涉及政局时事、赋税钱粮、水旱灾害、社会习俗、文人结社、诗文著述等方面。

清康熙刻本，申报馆丛书本，清抄本。

4029

莼乡赘笔／（清）董含撰

董含，见第 4028 条。

见“三冈识略十卷续识略一卷”。

4030

日知录三十二卷日知录之余四卷／（清）顾炎武撰

顾炎武，见第 0125 条。

读书札记。是书包含经义、政事、世风、礼制、科举、艺文、名义、古事真妄、史法、注书、杂事、兵及外国事、天象、术数、地理等内容。

清乾隆六十年刻本，清刻本。

4031

虫鱼考类二卷／（清）柯辂撰

柯辂（1745—1830?），字瞻莪，号淳庵，室名南皋草堂，晋江（今福建省晋江市）人。清乾隆四十二年（1777）举人，历官汀州、漳州、台湾、邵武训导。著有《淳庵文集》。

佚书。

4032

西洋杂志八卷／（清）黎庶昌撰

黎庶昌，见第0259条。

清光绪三至七年（1877—1881），黎庶昌随郭嵩焘出使欧洲，历英、法、德、日斯巴尼亚（西班牙）四国。是书记欧洲地理、风俗及政治、经济情况较详。书中另摭录郭嵩焘、刘锡鸿、李凤苞、陈兰彬、曾纪泽等人的日记、书信和随笔等。

稿本，清光绪十一年莫绳孙家抄本，清光绪二十六年遵义黎氏刻本，清抄本。

4033

山海经地理今释六卷／吴承志撰

吴承志，见第1428条。

地理文献考证。是书考释《山海经》中之山川地理，用今地对照古地，所涉范围起自域内，远及海外。

稿本，求恕斋丛书本。

4034

山海经广注十八卷图五卷／（清）吴任臣撰

吴任臣，见第0056条。

地理文献考证。是书因郭璞《山海经注》而补之，故曰“广注”。以山、海、大荒三经列三大门。图分灵祇、异域、兽族、羽禽、鳞介五类一百四十六幅。

清康熙六年刻本，四库全书本，清光绪十年刻本，清刻本。

4035

困学纪闻五笺集证二十卷／（清）阎若璩笺、（清）何焯笺、（清）全祖望笺、（清）方朴大笺、（清）程瑶田笺，（清）钱大昕笺，万希槐集证

阎若璩（1636—1704），字百诗，号潜邱，祖籍太原，侨居山阳（今属江苏省淮安市）。训诂学家。秀才。长于考据，精通地理，曾参与撰修《一统志》。著有《四书释

地》《潜邱札记》《孟子生卒年月考》等。

何焯（1661—1722），字屺瞻，号义门，一号茶仙、润千，又号香案小吏，长洲（今江苏省苏州市）人。藏书家，校勘学家。清康熙四十三年（1704）赐举人，后又赐进士，任武英殿编修。著有《诗古文集》《语古斋识小录》《道古录》《义门读书记》《义门先生文集》《义门题跋》等。

全祖望（1705—1755），字绍衣，号谢山，鄞县（今属浙江省宁波市）人。清乾隆元年（1736）进士，入翰林院庶吉士，因不附权贵，于次年辞官。归里专心致力于学术，曾主讲绍兴蕺山书院、广东端溪书院。著有《鲒埼亭集》《汉书地理志稽疑》《古今通史年表》《经书问答》《句余土音》等。

方朴大，生平事迹不详。

程瑶田（1725—1814），一名易、易田、易畴，号伯易、让堂、葺荷、葺翁、辨谷老民、让室老人，歙县（今安徽省歙县）籍，长期旅居江苏太仓、扬州等地。清乾隆三十五年（1770）举人，历官江苏太仓学正、嘉定教谕等。在数学、天文、地理、生物、农业种植、水利、兵器、农器、文字、音韵等领域皆有深入研究。著有《通艺录》《释虫小记》《释草小记》等。

钱大昕，见第2936条。

万希槐，生卒年不详，字蔚亭，黄冈（今湖北省黄冈市）人。廪膳生，曾官湖北南漳训导。著有《十三经证异》《困学纪闻集证》。

清嘉庆元年黄冈万氏刻本，清嘉庆六年经正堂刻本，清嘉庆八年聚秀堂刻本，清嘉庆十二年刻本。

4036

越台杂记四卷／（清）颜嵩年撰

颜嵩年（1815—1865），原名寿增，字庆川，号海屋，斋名晋砖室，南海（今属广东省佛山市）人。清道光十七年（1837）考取宗人府供事，参与修撰《玉牒全书》。二十二年（1842）以撤防保举军营有功，加赏六品职衔随带加一级，例授承德郎。撰有《晋砖室诗钞》《越台杂记》《延斋诗话》等。

越台，即越王台，遗址在今广州市越秀山上。《越台杂记》即广州杂记，主要记述清代广州的传闻逸事，包含笔记一百七十二则。

清抄本。

4037

困学纪闻二十卷／（宋）王应麟撰，（清）阎若璩笺，（清）何焯评

王应麟，见第1187条。

阎若璩，见第4035条。

何焯，见第4035条。

清嘉庆六年刻本，清嘉庆间吴兴潘大有刻本，清汪垕桐华书塾刻本。

4038

校订困学纪闻三笺二十卷／（宋）王应麟撰，（清）阎若璩笺，（清）屠继序校补

王应麟，见第1187条。

阎若璩，见第4035条。

屠继序，生卒年不详，字淇篁，号皃园，鄞县（今属浙江省宁波市）人。十七岁即补诸生，刻意治进士业，但屡试不中，家贫不能多得书，便设书肆于市中。

清乾隆刻本，清嘉庆九年刻本，清嘉庆十二年刻本，赵氏丛书本。

杂说之属

4039

康熙几暇格物编上篇三卷下篇三卷／（清）盛昱辑

盛昱（1850—1899），字伯希，号韵莳，别署意园，满洲镶白旗人，居北京。清光绪三年（1877）进士，授编修，历文渊阁校理，官至国子监祭酒。著有《八骑经》《雪屐寻碑录》等。

清末盛昱从《康熙御制文》中录出。该编收录康熙皇帝于日理万机之暇，留心格物，即各种科学现象，悉心探讨时记录的心得体会与看法，含星宿海、蒙气、方音、窝集、白粟米、哈密引雪山水灌田、石盐、地绝处、南方物性、石鱼、潮汐、水多伏流、温泉、黄河九曲、九河故道、葛仙米、倒吊果、地震、江源、恒河、地中有火等九十二条。内容广涉地球物理、气候、江河源流、动植物、关塞名胜。论地震成因及其规律、风随地殊、人依土生、方音划分等，均有卓识。

清光绪间石印本，四库全书本，通学斋丛书本。

4040

康熙几暇格物编二卷／（清）圣祖玄烨撰

圣祖玄烨（1654—1722），名爱新觉罗·玄烨，顺治帝第三子。在位六十一年智除鳌拜、削平三藩、抗击沙俄、统一台湾、平定噶尔丹、整顿吏治、招揽人才、废除圈地、改革赋役、发展生产。死后葬于景陵。谥号合天弘运文武睿哲恭俭宽裕孝敬诚信中和功德大成仁皇帝，庙号圣祖，史称康熙皇帝。

清光绪间石印本。

4041

康熙几暇格物编三卷／（清）圣祖玄烨撰

圣祖玄烨，见第4040条。

清末石印本。

杂纂之属

4042

雨航杂录二卷／(明)冯时可撰

冯时可（1546？—1619），字敏卿，号元成，又号玄岳山人、定庵居士，华亭（今上海市松江区）人。明隆庆五年（1571）进士，授刑部主事。历官广东按察司佥事、云南布政使参议、湖广布政使参政、贵州布政使参政。著有《众妙仙方》《上池杂说》《雨航杂录》等。

是书上卷多论学、论文，下卷多记物产，而间涉杂事，涉及各地的物产风貌。

宝颜堂秘籍本，四库全书本，丛书集成初编本。

4043

七修类稿五十一卷续稿七卷／（明）郎瑛撰

郎瑛，见第0161条。

史料笔记，记述明初到嘉靖时政治、文化等的重要数据。是书分天地类、国事类、义理类、辨证类、诗文类、事物类、奇谑类。每类之下，又有一些小的条目，有些条目按时代顺序记事。

清乾隆四十年耕烟草堂刻本。

4044

菽园杂记一卷／（明）陆容撰

陆容（1436—1497），字文量，号式斋，太仓（今江苏省太仓市）人。明成化二年（1466）进士。历官南京主事、兵部职方郎中、浙江右参政等职。著有《菽园杂记》《式斋集》。

笔记。是书为陆容札录之文，于明代朝野故实叙述颇详，旁及谈谐琐记、风俗、物产，乃至鬼怪传说。

皇明修文备史本。

4045

沈文开杂记／（明）沈光文撰

沈光文，见第1276条。

诗文集。

存佚不详。

4046

南村辍耕录三十卷／（明）陶宗仪撰

陶宗仪（1321？—1412?），字

九成，号南村，黄岩（今属浙江省台州市）人。元末进士。工诗文，精通古学。家贫自给，平生不为官。洪武初累征不就，晚年居松江，务农为生。著有《南村辍耕录》《国风尊经》《南村诗集》《沧浪濯歌》《说郛》《书史会要》《四书备遗》《草莽私乘》《古刻丛钞》。

笔记，一作《辍耕录》。陶宗仪曾隐居松江，劳作之暇，顺手笔记杂事积累十年，编成此书。是书包含天文历算、地理气象、典章文物、掌故琐闻、宗教迷信、民间风俗，以及小说戏剧、诗词书画等内容。

明成化十年刻本，明万历玉兰草堂刻本，民国十二年武进陶氏影印本。

4047

辍耕录／（明）陶宗仪撰

陶宗仪，见第4046条。

见“南村辍耕录三十卷”。

4048

蠡海集一卷／（明）王逵撰

王逵，生卒年不详，字志道，明钱塘（今浙江省杭州市）人。以卖药行乞为生，后以占卜为计，为人解难质疑。

博物学著作。是书分八门，涉及天文、地理、象数、历法、人身、医学、动物、植物、农业、气象、神鬼等事物与问题，侧重于哲学理论方面的解释。此书对于研究元明时期的哲学思想、科学思想与自然科学史的状况与发展，具有比较重要的价值。

明万历会稽商氏半埜堂刻本，日本正保二年日本仁左卫门刻本。

4049

蠡海录一卷／（明）王逵撰

王逵，见第4048条。

见“蠡海集一卷”。

续百川学海本，说郛本。

4050

槜李记一卷／（明）王樵撰

王樵（1521—1599），字明逸，一作明远，号方麓，金坛（今属江苏省常州市）人。明嘉靖二十六年（1547）进士。历官行人司行人、刑部员外郎、山东按察司佥事、南京刑部右侍郎等，官至南京都察院右都御史。卒，谥恭简。著有《方麓集》《读律私笺》《周易私录》《尚书日记》《书帷别记》《春秋辑传》等。

是书包含大量沿海卫所、海潮及海塘营造史料。

盐邑志林本。

4051

露书十四卷／（明）姚旅撰

姚旅（1572？—1622），字园客，初名鼎梅，莆田（今福建省莆田市）人。屡试不第，游学四方，晚年潜心著述。

笔记。是书包含《核篇》，驳《易》《书》《诗》三经和孔、曾、思、孟四书诸子的讹误；《韵篇》，论诗赋文体的缺陷；《华篇》，评点美文华章；《杂篇》，集杂论随想；《迹篇》，记载古迹名胜；《风篇》，记述莆、仙的习俗民情；《错篇》，写土特名产；《人篇》，记人物；《政篇》，论政事；《籁篇》，记精辟警言；《谐篇》，记风趣笑料；《规篇》，记讽刺喻理；《技篇》，记技艺巧法；《异篇》，记神异灵怪。

明崇祯刻本。

4052

水东日记四十卷／（明）叶盛撰

叶盛，见第0979条。

叶盛熟悉历朝典故、军务政事，故书中记述边地军事、粮储、墩台、地理、道路、防务等颇详，并及典章制度沿革利弊。是书还收录有宋、元及明人诗文、奏议、碑志等，除记边防墩台等事之外，还收录了一幅描绘有蒙元远航线索的重要海图——《广舆疆里图》。

明嘉靖刻本，清康熙刻本。

4053

草木子四卷八篇／（明）叶子奇撰

叶子奇（1327？—1390？），字世杰，号静斋，龙泉（今浙江省龙泉市）人。明洪武年间任巴陵县主薄。洪武十一年（1378），因事被牵连入狱，在狱中做成笔记《草木子》。

成书于明洪武十一年（1378）。是书原稿二十二篇，刊行时，改并为《管窥》《观物》《原道》《钩玄》《克谨》《杂制》《谈薮》《杂俎》八篇。内容涉及面极广，上自天文、下至地理，风雨雾云等气象，草木虫鱼等生物，潮汐地震等现象和灾异，凡所见所闻皆有记录。典章制度方面，载有元朝官制、地方行政制度、殡葬之制、刑法、钞法、科举、海运、驿站等。

明正德十一年刻本，明嘉靖刻本，明万历刻本，清乾隆刻本，清光绪元年处州府署刻本。

4054

物理小识十二卷首一卷／（清）方以智撰

方以智，见第0242条。

亦名《名物小识》。是书卷首为总论，然后是正文，分天、地、历、风雷雨阳、占候、人身、医药、饮食、衣服、金石、器用、草木、鸟兽、鬼神方术和异事十五类，涉及天文、历算、物理、矿物、生物和医药等方面。

清康熙三年于藻刻本，四库全书本，清光绪十年宁静堂刻本，清光绪二十四年宁静堂刻本。

4055

越缦堂日记／（清）李慈铭撰

李慈铭，见第3093条。

是书为作者每日读书札记汇编。记事起咸丰四年（1854）至光绪十五年（1889）。凡李氏二十六岁至六十一岁行事本末、治学功力及其诗文书札，悉载此书。上自朝章、国故、奏报邸钞，下涉声色征逐、人物评弹。然其对经、史、地理、小学、文学的一些考论推求，自多创获，足备一家之说。

民国国粹学报社铅印本。

4056

海国四说／（清）梁廷枏撰

梁廷枏，见第0293条。

是书采辑外国及中外关系有关史料撰成，有《耶稣教难入中国说》《合省国说》《兰仑偶说》《粤道贡国说》四种，介绍西方国家的地理位置、宗教信仰、生活习惯、政治制度、学校教育、工业农业、物产贸易等情况。

清道光二十六年刻本。

4057

片刻余闲集二卷／（清）刘埥撰

刘埥，见第2375条。

是书撰于刘埥公务暇余。书中杂考、杂记，还谈及自己家族和乡里人物事迹，又记姚启圣、施琅、郑克塽和收复台湾的史事，收录有关吴三桂、陈圆圆的逸闻。

清乾隆十九年写刻本，清乾隆五十九年重刻本。

4058

瀛舟笔谈十二卷首一卷／（清）阮亨撰

阮亨（1783—1859），字仲

嘉，号梅叔，仪征（今江苏省仪征市）人。阮元从弟。清嘉庆二十三年（1818）副贡。著有《珠湖草堂诗钞》等。

是书系阮亨为纪述其伯兄文达公（阮元）事业、学术、文章、行谊、家世、交游者而编。卷一至卷三记文达平海贼蔡牵事，卷一总叙始末，卷二卷三用日记体，颇多有益之史料，卷四卷五记文达治浙其他政绩，卷六记文达先德及其夫人事，卷七记文达重要著作及其与当时诸经师之交谊，卷八卷九卷十记文达与师友唱和之诗及当时文界杂事，卷十一录文达所著四库未收书目提要，卷十二记积古斋中金石。

清嘉庆二十五年刻本，清刻本。

4059

枣林杂俎六卷附录一卷／（清）谈迁撰

谈迁，见第 0100 条。

是书为谈迁避兵祸，隐居枣林期间，辑时人杂谈而成。书中以智、仁、圣、义、中、和六字名卷，分十六类，内容包括朝廷逸典、科举试规、文人轶事、诗文典范、宫闱淑媛、名臣小传、释道异闻、民间工艺、名胜古迹、宫室营建、珍贵器用、花卉树木、节日风俗、幽冥妖异等。

张氏适园丛书初集本。

4060

池北偶谈二十六卷／（清）王士禛撰

王士禛，见第 1422 条。

笔记，一作《石帆亭纪谈》。是书成于清康熙三十年（1691），分为谈故、谈献、谈艺、谈异，其中谈故主要记叙清典章、科甲制度，谈献记明中叶至清初名臣、畸人、列女轶事，谈艺评论诗、画，谈异记述神怪传闻。

清康熙二十八年闽中刻本，清康熙三十年三槐堂刻本，清康熙三十九年临汀郡署刻本，清康熙四十年王廷抡刻本，王渔洋遗书本。

4061

香祖笔记十二卷／（清）王士禛撰

王士禛，见第 1422 条。

是书记于清康熙四十二年至四十三年（1703—1704），偏于议论和考证，包括探讨史实得失、阐发名物源流、载录民间传说、评介前人诗文、记述读书心得、直录时事等。

王渔洋遗书本，清康熙刻本，四库全书本，申报馆丛书本。

4062

石帆亭纪谈／（清）王士禛撰

王士禛，见第1422条。

见“池北偶谈二十六卷”。

4063

池北偶谈三卷／（清）王士禛撰

王士禛，见第1422条。

说铃本。

4064

高厚蒙求四集／（清）徐朝俊撰

徐朝俊，生卒年不详，字冠千，号恕堂，华亭（今上海市松江区）人。诸生，精研科学。成年后久在华亭书院任教，研究钟表、天文、地理、仪器等。著有《天学入门》《海域大观》《定时仪器》《高弧合表》《自鸣钟表图法》等。

是书包括《天学入门》《海域大观》《中星表》《天地图仪》《自鸣钟表图说》等九种，其中《海域大观》，简要介绍全球各大洲及各大洋概况，可谓是简明世界地理。

清嘉庆十二年刻本，清嘉庆十四年云间徐氏刻本，清光绪十三年同文馆刻本。

4065

斐亭随笔四卷附录一卷／（清）徐宗干辑

徐宗干，见第1437条。

是书为在台期间所作，记录台湾山水草木、民风民俗、历史人文之特出者。

清咸丰二年斯未信斋刻本。

4066

斯未信斋杂录六卷／（清）徐宗干撰

徐宗干，见第1437条。

是书内容庞杂，前五卷皆为著者记述清道光至咸丰年间在台湾的时事。

斯未信斋集本，清同治刻本。

4067

斯未信斋杂录一卷／（清）徐宗干撰

徐宗干，见第1437条。

清咸丰九年刻本。

4068

岛居三录十卷／（清）杨浚撰

杨浚，见第1439条。

清光绪十四年瑞芝室刻本。

4069

岛居四录／（清）杨浚撰

杨浚，见第1439条。

福建通志存目。

4070

岛居随录十卷／（清）杨浚撰

杨浚，见第1439条。

清光绪十三年养云书屋刻本。

4071

岛居续录十卷／（清）杨浚撰

杨浚，见第1439条。

清光绪十三年养云书屋刻本。

4072

湄洲屿志略四卷首一卷附天上圣母真经一卷籤谱一卷／（清）杨浚辑

杨浚，见第1439条。

湄洲岛，位于莆田湄洲湾湾口的北部，东与台湾省隔海相望，是航海保护女神——妈祖的故乡。是书为杂有宗教色彩和地方志乘性质的历史文献，成书于清光绪十四年（1888）。杨浚据蛟川周氏所刊《圣迹图志》内收《天后志》为蓝本，“纯其体例，删去重复，择要存之”，完成初稿本。在杨氏这本原辑的《湄洲屿志略》脱稿后，又得僧照乘所辑《天后显圣录》二卷，于是复在原稿基础上由其大儿、五儿、六儿三人检校重增，遂成现本。是书共分四卷：卷一为山川、宫庙、传略、世系图、侍从和封号；卷二为祀典；卷三为志乘和奏疏；卷四为感应和丛谈。最末为附刻，分《天上圣母真经》和《天上圣母签谱》二栏目。另有湄洲屿略图十幅。

清光绪十四年温陵杨浚冠悔堂刻本。

4073

夜航船二十卷／（清）张岱撰

张岱（1597—1680），一名维城，初字宗子，又字石公，号陶庵，山阴（今属浙江省绍兴市）人。明亡后披发入山，安贫著书。著有《陶庵梦忆》《西湖梦寻》《琅嬛文集》等。

杂学专著。是书杂采经史子集，上至天文，下至地理，旁涉三教九流、诸子百家、人伦政事、礼乐科举、职官考古、草木花卉、禽兽麟豸、鬼神怪异、日用宝玩、方术技艺，共计二十个大类（部），一百三十个子目，四千余条目。

清抄本。

4074

挥麈前录四卷后录十一卷第三录三卷余话二卷／（宋）王明清撰

王明清，见第0378条。

是书前录、后录、三录均记朝廷故事，以补册府之遗，其中高宗朝事所记尤详。余话兼及诗文碑铭之类。

宋龙山书堂刻本，清初毛氏汲古阁影宋抄本，津逮秘书本，四库全书本。

4075

清波杂志十二卷／（宋）周辉撰

周辉（1126—1198），字昭礼，钱塘（今浙江省杭州市）人。周邦彦之子。南宋绍兴年间曾应试博学鸿词科，后到金国。晚年隐居钱塘清波门，以藏书为事，提出藏书是为致用而藏。著有《清波别志》《北辕录》等。

笔记杂著。是书内容除偶涉唐、五代外，所记皆两宋事，包含朝廷典制、君臣言行、南宋初宋金之争、士大夫轶事、典籍校勘、山水名胜、地方习俗及物产等。

宋刻本，清初抄本。

4076

清波杂志十二卷别志三卷／（宋）周辉撰

周辉，见第4075条。

四库全书本，知不足斋丛书本，清金氏文瑞楼抄本，清抄本。

4077

浩然斋视听抄一卷／（宋）周密撰

周密（1232—1298），字公谨，号草窗、苹洲、四水潜夫、弁阳老人等，济南（今山东省济南市）人，后居吴兴（今属浙江省湖州市）。南宋景定间为临安府幕属，后监和剂局、丰储仓，为义乌令。宋亡不仕，以辑录故国文献自任。著有《草窗词》《武林旧事》《癸辛杂识》《齐东野语》《云烟过眼录》等，编有《绝妙好词》。

宋代文言琐谈、轶事小说。此书或记俗谚，或辨方言，间有前朝当代人事。

说郛本，古今说部丛书本。

4078

萍洲可谈三卷附校勘记一卷／（宋）朱彧撰，（校勘记）（清）钱熙祚辑并撰

朱彧，生卒年不详，字无惑，乌程（今浙江省湖州市）人。一生随父游宦各地，晚年定居于湖北黄冈，置买黄冈丁民田宅，称萍洲，自号萍洲老圃。

钱熙祚，见第2780条。

是书多为朱彧父朱服之见闻。卷一记述北宋典章制度、大臣遗事、文士雅行、科举等；卷二记载广州地区海外贸易、奇物异俗；卷三介绍印画和官僚奇闻逸事。记载了广州市舶司建置、设地、税收与蕃坊，广州通商的南海诸国文化、物产、贸易情况，以及当时的航海工具、航海技术、船员建置等。原书久佚，清人从明《永乐大典》中辑纂成书。

守山阁丛书本。

4079

封氏见闻记／（唐）封演撰

封演，生卒年不详，曾于唐玄宗天宝末年中进士科，唐代宗大历初年在昭义军节度使薛嵩手下任邢州刺史，后曾在魏博节度使田承嗣、田悦手下任司刑侍郎。

见“封氏闻见记十卷”。

4080

封氏闻见记十卷／（唐）封演撰

封演，见第4079条。

一作《封氏见闻记》。是书前六卷多记典章制度和风俗习惯，卷七、卷八多记古迹、奇物，末二卷专记唐代士大夫逸事，分门记儒、道、经籍、人物、地理、杂事，且辨俗说讹谬。

学津讨原本，学海类编本。

4081

杜阳杂编一卷／（唐）苏鹗撰

苏鹗，生卒年不详，字德祥，武功（今陕西省武功县西北）人。唐光启间进士。

唐代笔记小说集。书中杂记代宗迄懿宗十朝事，有很多关于海外珍奇宝物的叙述。

历代小史本。

4082

郑和碑

见“天妃灵应之记碑”。

杂编之属

4083

斠补隅录十四卷 / （清）蒋光煦编

蒋光煦（1813—1860），字日甫、爱荀，号雅山、生沐、放庵居士，硖石（今属浙江省海宁市）人。著有《东湖杂记》等，另以其书室别下斋为名辑刊《别下斋丛书》。

校勘学专著。是书收蒋光煦所辑校勘、辑佚之作，为作者所辑丛书《涉闻梓旧》中的一部分。包括自著《吴越春秋校》《钱塘遗事校》《酉阳杂俎校》《唐摭言校》，许光清《尔雅南昌本校勘记订补》《管子校》，许光治《续宋中兴编年资治通鉴校》，顾广圻校《荀子》，周广业、李遇孙等《意林逸文》，不署名者有《宣和奉使高丽图经校》《芦浦笔记校》《后山集校》。

清光绪九年蒋廷黻刻本，清光绪九年吴门刻本。

4084

困学纪闻二十卷 / （宋）王应麟撰

王应麟，见第 1187 条。

杂学类著作。是书含杂识一卷，诗文评三卷，考史六卷，天道、地理、诸子二卷，说经八卷。

元泰定二年庆元路儒学刻本，明万历三十一年吴献台刻本，四库全书本，清嘉庆五年刻本。

4085

困学纪闻二十卷 / （宋）王应麟撰，（清）阎若璩笺

王应麟，见第 1187 条。

阎若璩，见第 4035 条。

清乾隆三年马氏丛书楼刻本。

类书类

4086

八编类纂二百八十五卷图二卷经图六卷 / （明）陈仁锡撰

陈仁锡，见第 0077 条。

是书由明代八种经世图书中的有关材料重新编排而成，收有历史地图、边镇地图、水系图以及外域地图等。

明天启六年刻本。

4087

经世八编类纂二百八十五卷附图 / （明）陈仁锡撰

陈仁锡，见第 0077 条。

清光绪七年三畏堂刻本，明刻本。

4088

永乐大典二万二千八百七十七卷／（明）解缙等辑

解缙（1369—1415），字大绅，一字缙绅，号春雨、喜易，吉水（今江西省吉水县）人。少时聪颖，传为神童。明洪武二十年（1387）解元，翌年与兄解纶、妹夫黄金华同登进士第，授庶吉士，同年官至翰林学士。后因触怒朱元璋而罢官。建文四年（1402）回京师复职，任翰林待诏，旋任内阁首辅，为明朝第一位内阁首辅。永乐元年（1403）升任翰林侍读。朱棣建文渊阁，解缙与黄淮、杨士奇等进文渊阁参预机务，明朝内阁制度由此开始。不久迁为翰林侍读学士，奉命总裁《太祖实录》《列女传》，后又主编《永乐大典》。永乐二年（1404）升为翰林学士兼右春坊大学士，为内阁首辅。因秉性耿直为朱棣所不容。永乐五年（1407）以“泄禁中语”谪迁广西，八年（1410）以“无人臣礼”罪下诏狱，拷掠备至、受尽折磨。十三年（1415）被锦衣卫帅纪纲活埋雪中而死。籍其家，妻子宗族徙辽东。正统元年（1436），英宗下诏归还解缙家产。成化元年（1465），宪宗下诏恢复解缙官职，并赠朝议大夫，谥文毅。著有《解学士集》《天潢玉牒》等。

是书始编于明永乐元年（1403），六年（1408）成书，初名《文献大成》，后更广收各类图书七八千种，共计二万二千九百三十七卷、目录六十卷，分装成一万一千九十五册，全书约三亿七千万字，定名《永乐大典》。全书按《洪武正韵》韵目分列单字，按单字依次辑入与此字相关的各项文史记载，多整篇、整部书录入，保存了大量文学、史学、方志、典章制度、医学、科技、艺术等方面的材料。

明内府写本，清抄本，民国十七至二十一年江苏国学图书馆抄本，民国二十年古今小品书籍印行会铅印本，民国吴兴刘氏嘉业堂石印本。

4089

山堂肆考二百二十八卷补遗十二卷／（明）彭大翼撰

彭大翼（1552—1643），字云举，又字一鹤，号林居，吕四（今江苏省启东市吕四港镇）人。明嘉靖年间由岁选士授任广西梧州通判，历官云南沾益州知州、开化府知府，进阶朝列大夫。著有《山堂肆考》《一鹤斋稿》《明时席珍》等。

是书分为宫、商、角、徵、羽

五集，共四十五门。宫集包括天文、时令、地理、君道、帝属、臣职等门；商集包括臣职、仕进、科第、学校、政事、亲属等门；角集包括亲属、人品、形貌、诞育、民业等门；徵集包括释教、道教、神祇、仙教、鬼怪、典礼、音乐、技艺、宫室、器用、珍宝、币帛、衣服、饮食等门；羽集包括饮食百谷、蔬菜、花品、草卉、果品、树木、羽虫、毛虫、鳞虫、甲虫、昆虫等门。

明万历二十三年金陵书林周显刻本，明万历二十三年刻四十七年张幼学重修本，明万历二十五年刻本，明万历四十七年刻本，明万历竹�轩刻本。

4090

三才图会一百六卷／（明）王圻、王思义编

王圻，见第0586条。

王思义，生卒年不详，字允明，华亭（今属上海市松江区）人。王圻之子，曾为太学生，因体弱多病，归养不仕。著有《宋史纂要》《香雪林集》《故事选要》等。

一作《三才图说》。是书分天文、地理、人物、时令、宫室、器用、身体、衣服、人事、仪制、珍宝、文史、鸟兽、草木十四门。每一事物，写其图像，加以说明。书中辑录地图二百余幅，包括世界地图、中国总图、区域地图、两京城池图、边疆图、外域图、历史沿革图、山川图等，其中有的地图改编自外国传教士带来的海外地图。

明万历槐荫草堂刻本，清光绪刻本。

4091

三才图说／（明）王圻、王思义编

王圻，见第0586条。

王思义，见第4090条。

见“三才图会一百六卷”。

4092

词林海错类选四卷／（明）夏树芳辑，（清）福申类选，（清）陈渭扬校

夏树芳（1551—1635），字茂卿，一说字方卿，又字习池，江阴（今江苏省江阴市）人。明万历间举人。辑有《法喜志》《女镜》《玉麒麟》《琴苑》《酒颠》《茶童》，另辑有《词林海错》《香林牍》《栖真志》《类聚古今名贤咏物诗》，编有《奇姓通》，著有《消暍集》《水莲集》。

福申，生卒年不详，字保之，号禹门。满洲正黄旗人。清嘉庆十

六年（1811）进士，散馆授检讨。历任大理寺卿、江西学政、内阁学士。著述甚多，有《续同书》《续同书余集》《方舆类聚》《方舆类异》《清异编珠》《诗序传说编珠》《路史编珠》《山海经分类编珠》《干支类联》《补古锦囊》等。

陈渭扬，生平事迹不详。

清道光十年同安陈荣春刻本。

4093

词林海错十六卷／（明）夏树芳辑

夏树芳，见第4092条。

是书名典出自《禹贡》“海物惟错”一语，含有词林珍味之意。书内采不常引用的新奇典故，以二字为目，不分总类，间注出处。

明万历四十六年刻本，明万历刻本，清乾隆五十一年刻本，清乾隆广东刻本。

4094

古今图书编一百二十九卷／（明）章潢辑

章潢（1527—1608），字本清，南昌（今江西省南昌市）人。曾主白鹿洞书院讲席，与意大利人利玛窦结交，并请利氏登白鹿洞书院讲堂，宣讲西学。万历三十三年（1605）以荐授顺天府学训导。著有《周易象义》《诗经原体》《书经原始》《礼记札言》和《图书编》等。

初名《论世编》，又称《图书编》，是书分经义类、象纬历算类、地理类、人道类，辑录古籍中有图有说的材料而成，先分类，然后用文字加以说明。书中地理、人道二类多反映明代政治、社会状况。

明万历四十一年涂镜源等刻本，明万历四十一年涂镜源等刻天启三年岳元声印本，明万历四十一年万尚烈刻本，明万历四十一年万尚烈刻忠武堂印本，四库全书本。

4095

论世编／（明）章潢辑

章潢，见第4094条。

见“古今图书编一百二十九卷”。

4096

图书编／（明）章潢辑

章潢，见第4094条。

见“古今图书编一百二十九卷”。

4097

古今图书汇编／（清）陈梦雷编

陈梦雷（1650—1741），字则震，号省斋，号天一道人，晚年又号松鹤老人，闽县（今属福建省福州市）人。清康熙九年（1670）进士。“三藩之乱”中以叛逆论，谪戍奉天尚阳堡。在奉天十七年先后编撰《周易浅述》《盛京通志》《承德县志》《海城县志》《盖平县志》等。三十七年（1698）还京，任词臣、侍读。四十年（1701）受命主编《古今图书集成》。雍正初又被流放，卒于东北戍所。

大型类书。清雍正帝命蒋廷锡等人重辑，改称《古今图书集成》，雍正三年（1725）编成。是书分六汇编，其中历象编分乾象、岁功、历法、庶征四典；方舆编分坤舆、职方、山川、边裔四典；明伦编分皇极、宫闱、官常、家范、交谊、氏族、人事、闺媛八典；博物编分艺术、神异、禽虫、草木四典；理学编分经籍、学行、文学、字学四典；经济编分选举、诠衡、食货、礼仪、乐律、戎政、祥刑、考工八典。每典再分若干部，每部设有汇考、总论、图、表、列传、艺文、选句、纪事、杂录、外编等项目。

4098

古今图书集成一万卷目录四十卷／（清）陈梦雷编，（清）蒋廷锡等辑

陈梦雷，见第4097条。

蒋廷锡，见第1143条。

见“古今图书汇编”。

清雍正四年内府铜活字本。

4099

格致镜原一百卷／（清）陈元龙辑

陈元龙（1652—1736），字广陵，号乾斋、广野居士，又号高斋、兰峪，海宁（今浙江省海宁市）人。清康熙二十四年（1685）进士，授翰林院编修，入直南书房。历官至翰林院掌院学士、广西巡抚、文渊阁大学士兼礼部尚书加太子太傅。著有《爱日堂文集》。

博物文献。一说此书实为范缵所编。范缵，字武公，号笏溪，晚号鸡窠老人。长堪舆之学，博学强识，于书无所不窥，曾在陈元龙家住馆授徒，故代陈编书而隐其名。是书分三十大类：乾象、坤舆、身体、冠服、宫室、饮食、布帛、舟车、朝制、珍宝、文具、武备、礼器、乐器、耕织器物、日用器物、居处器物、香奁器物、燕赏器物、博戏器物、谷、蔬、木、草、花、果、鸟、兽、水族、昆虫等。

清康熙五十六年刻雍正十三年印本，清雍正十二年刻本，四库全书本，清光绪十四年大同书局石印本，清光绪上海积山书局石印本。

4100

兵镜类编四十卷首一卷／（清）李葆辑

李葆（1823—1886），字商舟，号奎楼，祁阳（今湖南省祁阳县）人。少善古文，军中草檄，倚马千言立就，深为左宗棠、曾国荃、刘锦棠等所赏识。其年过三十中秀才，入左宗棠幕襄办军务。四十六岁中举人。清同治十三年（1874），以年五十一岁成进士，钦点翰林，援例以道员分发广东候补，乘暇著书。曾国荃督粤，委以善后局。卒于任。

军事类书，清光绪九年（1883）成书。李葆曾从军于秦陇，游历于东南沿海间，因感愤于时事，特辑此书。是书于正史中辑录春秋至明代军事史料，以类相从，包括将本、卓识、智术、选兵、练兵、料敌、战守等六十八类，共一千四百七十一条。每类史料以朝代为序，每条皆有评语，唯第四十卷《臆说十种》及《补遗》为编者手撰。针对西方殖民国家侵略我国沿海，船坚、炮利的特点，书中提出如何设防、守城、练兵及攻战等主张和措施。

清光绪十年宝庆务本书局刻本。

4101

渊鉴类函四百五十卷目录四卷／（清）张英、（清）王士禛等辑

张英（1637—1708），字敦复，又字梦敦，号乐圃，又号倦圃翁，桐城（今安徽省桐城市）人。清代重臣张廷玉之父。清康熙二年（1663）举人，六年（1667）进士，改翰林院庶吉士，散馆，授翰林院编修。历官侍读学士、翰林院学士兼礼部侍郎衔、内阁学士兼礼部侍郎职、兵部右侍郎、礼部右侍郎、礼部左侍郎、工部尚书兼管詹事府、礼部尚书、文华殿大学士兼礼部尚书。曾充《国史》《一统志》《渊鉴类函》《政治典训》《平定朔漠方略》总裁官。著有《恒产琐言》《聪训斋语》《易经衷论》等。

王士禛，见第1422条。

渊鉴，清宫中皇帝的书斋名。明俞安期编有《唐类函》，康熙以其所收诗文故事仅限唐初，命张英总领其事，取宋《太平御览》等十七种类书及其他典籍，依《唐类函》体例，增其所无，详其所略。分天、岁时、地、帝王等四十五部，每部又分若干类，每类首为释名，总论，次列典故、对偶、摘

句、诗文等。

清康熙四十九年内府刻本，清康熙清吟堂刻本，四库全书本，清同治九年三元堂补刻本，清光绪十三年上海同文书局石印本。

4102

事林广记前集十三卷后集十三卷续集八卷别集八卷／（宋）陈元靓撰

陈元靓，生卒年不详，自署广寒仙裔，崇安（今福建省武夷山市）人。宋宁宗、理宗期间（1195—1264）在世，因科场失意，遂隐居著书。著有《博闻录》《岁时广记》《事林广记》等。

一作《新编纂图增新群书类要事林广记》。是书内容广泛、插图详明，包含天文、地理、政刑、社会、文学、游艺等，是一部民间日用百科全书。

元至顺间建安椿庄书院刻本，元至元六年建阳郑氏积诚堂刻本，日本元禄十二年翻刻元泰定二年刻本。

4103

新编纂图增新群书类要事林广记／（宋）陈元靓撰

陈元靓，见第4102条。

见“事林广记前集十三卷后集十三卷续集八卷别集八卷”。

4104

太平御览一千卷／（宋）李昉等辑

李昉（925—996），字明远，饶阳（今河北省饶阳县）人。后晋时以荫补斋郎。后汉乾祐元年（948）进士，历仕后汉、后周两朝。入宋，累官右仆射，中书侍郎平章事。曾参加编撰《旧五代史》，主编《太平御览》《太平广记》《文苑英华》。

是编初名《太平总类》，因专供宋太宗阅读，故改今名。体例与《艺文类聚》相仿，征引浩博，所引古书达一千六百九十种（多已失传，今存者十之二三）。引书比较完整，可作校勘、辑佚之用。

明隆庆间闽人饶氏等铜活字印本，明钮氏世学楼抄本，明水东书屋黑格抄本，清嘉庆刻本，清光绪二十年上海积山书局石印本。

4105

太平总类／（宋）李昉等辑

李昉，见第4104条。

见“太平御览一千卷”。

4106

清异录二卷／（宋）陶谷编撰

陶谷（903—970），字秀实，本姓唐，后晋时避石敬瑭讳改，宋邠州新平（今陕西省彬州市）人。历仕后晋、后汉、后周、北宋四朝，官至户部尚书。

是书采摭唐及五代新颖之语、奇异之名，汇为一编。分天文、地理、君道、官志、人事、女行、君子、释族、仙宗、草、竹木、花、果、蔬、药、禽、兽、虫、鱼、肢体、作用、居室、衣服、妆饰、陈设、器具、文用、武器、酒浆、茗荈、馔馐、熏燎、丧葬、鬼、仙、妖三十七门，共六百四十八则。每则皆立标题，并述事实缘起于其下。书中辞藻故实，多为后人引用。其中收有毛胜撰《水族加恩簿》。

明隆庆刻本，唐宋丛书本，说郛本，惜阴轩丛书本。

4107

册府元龟一千卷／（宋）王钦若、杨亿等修撰

王钦若（962—1025），字定国，新喻（今江西省新余市）人。宋淳化三年（992）进士。历官秘书省校书郎、太常丞、左谏议大夫、参知政事、刑部侍郎、门下侍郎、同平章事、玉清昭应宫使、昭文馆大学士等，监修国史。著有《卤簿记》《彤管懿范》《天书仪制》《圣祖事迹》等。

杨亿（974—1020），字大年，浦城（今福建省浦城县）人。宋淳化三年（992）赐进士及第，官翰林学士兼史馆修撰。

大型类书，宋大中祥符六年（1013）成书。书辑录上古至五代的君臣事迹，打破时代界限，按人按事，分门别类编排，分为帝王、闰位、列国君、宗室、外戚、将帅、国史、掌礼、学校、刑法、环卫、奉使、幕府等三十一部，以政治史实为主，兼及经济、军事、社会、文化等。

宋蜀刻小字本，宋刻本，明抄本，清康熙十一年王绣堂刻本，清康熙十一年王绣堂刻乾隆十九年重修本。

4108

新刊监本册府元龟一千卷／（宋）王钦若等撰

王钦若，见第4107条。

宋刻本，明等身书舍蓝格抄本，明抄本，清抄本。

4109

玉海二百卷附刻词学指南四卷诗考一卷诗地理考六卷汉艺文志考证十卷通鉴地理

通释十四卷汉志考四卷践阼篇集解一卷周易郑康成注一卷姓氏急救篇二卷急救篇补注四卷周书王会补注一卷小学绀珠十卷六经天文篇二卷通鉴答问五卷／（宋）王应麟撰

王应麟，见第1187条。

宋代专为准备招考博学鸿词科的人而编的一部应试用的类书，多录典章制度的文献和吉祥的善事。是书分天文、律历、地理、帝系、圣制、艺文、诏令、礼仪、车服、器用、效祀、音乐、学校等二十一门。门下又分若干子目，共二百四十余目，每目之下，以事物或书名标目，目下纪事一般以年为经，始于上古，终于宋代。书末附《词学指南》《诗考》《诗地理考》等十三种著作。

元至元六年庆元路儒学刻本，元至元六年庆元路儒学刻元至正明正德本，元至元六年庆元路儒学刻元明清递修本，清康熙二十六年李振裕重修本，清嘉庆十一年江宁藩署刻本。

4110

海录碎事二十二卷／（宋）叶廷珪辑

叶廷珪，生卒年不详，字嗣中，号翠岩，瓯宁（今福建省建瓯市）人。宋政和五年（1115）进士，除武邑县丞。历知德兴、福清县。绍兴中，召为太常寺丞，迁兵部郎中。后以左朝议大夫出知泉州、漳州。著有《海录》《名香谱》。

是书搜辑群书中的新鲜词语作为标目，分门别类引据旧籍，以便读者寻检故实之用。所辑书籍的时代上起先秦两汉，下迄北宋。如“市舶门”曾引用《市舶录》一书中的材料就有五条。唐宋时期市舶司是管理海外交通贸易的官方机构。《市舶录》即为记载宋代市舶事务的官书，早已失传。以此可考见宋代航行于南中国海和阿拉伯海之间的各种船舶的名称、吨位和排水，有补充海外交通贸易史的具体情况。

明万历二十六年刘凤刻本，明卓显卿刻本，明海隅书屋刻本，四库全书本，清抄本。

4111

艺文类聚一百卷／（唐）欧阳询辑

欧阳询（557—641），字信本，临湘（今湖南省长沙市）人。隋大业元年（605）任太常博士。唐武德二年（619），宇文化及自称天子，欧阳询作为朝臣亦被他掳持。武德三年（620），窦建德攻破聊城，欧阳询被夏国留用，授予太常卿一职。武德五年（622），李世民大破窦建德于虎牢，欧阳询又一次死里逃生，因为他在隋朝时与高祖李渊交情甚厚，所以被授予侍中一职。后累迁银青光禄大夫、给事中、太子率更令、弘文馆学士，封渤海县男，故也称为“欧阳率更”。

是书分为天、岁时、地、州、郡、山、水、符命、帝王以至祥瑞、灾异等四十六部，每部又分细目，共七百二十七类。每类史实居于前，诗文列于后。史实部分摘取经、史、子等类书籍的有关资料，诗文则摘引有关诗、赋、颂、赞、论、箴、碑等资料。是现存最早最完整的类书。

宋刻本，明正德十年华坚兰雪堂铜活字印本，明嘉靖二十八年平阳府刻本，四库全书本，清光绪五年华阳宏达堂刻本。

4112

初学记三十卷／（唐）徐坚等辑

徐坚（659—729），字元固，湖州长城（今浙江省长兴县）人。进士及第，累迁太子文学。唐圣历中，预修《三教珠英》，书成擢司封员外郎。中宗时任给事中，迁礼部侍郎、修文馆学士。睿宗即位，拜太子左庶子兼崇文馆学士，后封东海郡公，迁黄门侍郎。开元中官至秘书监、集贤院学士。

徐坚等奉唐玄宗敕撰，成书于唐开元十六年（728），诏赐名《初学记》。是书分天、岁时、地、州郡、帝王、中宫、储宫、帝戚、职官、礼、乐、人、政理、文武、道释、居处、器物、宝器、果木、兽、鸟、鳞介、虫等二十三部，各部又分子目，共有三百十三目。

明嘉靖十年安国桂坡馆刻本，明杨鑨九洲书屋刻本，明万历十五年徐守铭宁寿堂刻本，四库全书本，清光绪十四年蕴石斋刻本。

4113

北堂书钞一百六十卷／（唐）虞世南辑

虞世南（558—638），字伯施，越州余姚（今浙江省余姚市）人。书法家。仕隋，任秘书郎。入唐，历官员外散骑侍郎、弘文馆学士、秘书监等职。

初作《书钞》。明代书贾作伪，改作《古唐类苑》《大唐类要》。是书撰于虞世南仕隋秘书省之时，抄撮经史百家之事以备用。北堂为秘书省后堂，故用以名书。

全书分帝王、后妃、政术、刑法、封爵、设官、礼仪、艺文、乐、武功、衣冠、仪饰、服饰、舟、车、酒食、天、岁时、地等目。

明正德十三年竹东书社抄本，明东吴徐氏抄本，清道光间抄本，清光绪十四至十五年姚覲元集福坏俭斋木活字印本，清邵鸿彦抄本。

4114

大唐类要 /（唐）虞世南辑

虞世南，见第4113条。

见“北堂书钞一百六十卷”。

4115

古唐类宛 /（唐）虞世南辑

虞世南，见第4113条。

见“北堂书钞一百六十卷”。

4116

书钞 /（唐）虞世南辑

虞世南，见第4113条。

见“北堂书钞一百六十卷”。

4117

三才纪要四卷 / □□辑

见“三才纪要三种”。

清光绪刻本，清光绪宣统间上海机器制造总局铅印本。

4118

三才纪要三种 / 蒋德钧撰

蒋德钧，见第2311条。

是书包括步天歌、扩地略、读史论略三部著作。

清末江南机器制造总局刻本。

4119

群书集事渊海四十七卷

是书分门别类辑录古代历史人物事迹，据传为明初时人编。全书分为君、后妃、臣、外戚、人物、文学、性行、纪异、夷狄、风土等十门，下分五百七十二子目，共数千条。

明弘治十八年贾性刻本，明弘治十八年贾性刻四友堂重修本，明正德八年慎独斋刻本。

4120

文献大成

见“永乐大典二万二千八百七十七卷”。

小说家类

丛编之属

4121

顾氏明朝四十家小说 /（明）顾元庆辑

顾元庆（1487—1565），字大

有，号大石山人，人称顾夷白，长洲（今江苏省苏州市）人。藏书万卷，择其善本刻之，署曰“阳山顾氏文房”。刻有《文房小说》《明朝四十家小说》。

是书又作《顾氏明四十家小说》《顾氏四十家小说》，因刻于吴地，故又作《梓吴》。共收顾璘《国宝新编》等宋元至明弘治间文言笔记杂著四十一种，所收除少数宋元人作品，如卢襄《西征记》、石茂良《避戎夜话》、徐显《稗史》等以外，多数为明人之作，包括顾元庆自撰著作《云林逸事》《茶谱》《夷白斋诗话》《阳山新录》《檐曝偶谈》《十友谱》《瘗鹤铭考》。

明正德嘉靖阳山顾氏家塾刻本，清宣统三年上海国学扶轮社铅印本，民国三年上海古今图书局石印本，民国四年上海国学扶轮社石印本。

4122

顾氏明四十家小说／（明）顾元庆辑

顾元庆，见第4121条。

见“顾氏明朝四十家小说”。

4123

顾氏四十家小说／（明）顾元庆辑

顾元庆，见第4121条。

见“顾氏明朝四十家小说”。

4124

顾氏文房小说／（明）顾元庆辑

顾元庆，见第4121条。

是书收汉至五代作品四十余部，多数为志怪传奇和笔记杂著，包括汉东方朔《海内十洲记》、郭宪《汉武帝别国洞冥记》，梁吴均《续齐谐记》，唐谷神子《博异志》、李德裕《柳氏旧闻》、薛用弱《集异记》、李翱《卓异记》，宋林洪《山清杂事》、张耒《明道杂志》、吴枋《宜斋野乘》、洪皓《松漠纪闻》、王仁裕《开元天宝遗事》等。还有一些著名的单篇传奇，如《赵飞燕外传》《白猿记》、牛僧孺《周秦行纪》、曹邺《梅妃传》、杜光庭《虬髯客传》、郭湜《高力士外传》等。

明正德嘉靖顾元庆刻本，民国十四年上海商务印书馆影印明刻本，影印本。

4125

梓吴／（明）顾元庆辑

顾元庆，见第4121条。

见“顾氏明朝四十家小说”。

4126

无一是斋丛钞三十七种／（清）□□辑

小说丛书。是编收录宋以前历代笔记、故事一类作品，起班固《武帝内传》，止元陶宗仪《辍耕录》。

清宣统元年梦梅仙馆刻本。

4127

闽中录异二卷／（清）黄锡蕃撰

黄锡蕃，见第1355条。

书中就前人书中所载有关闽中的异闻琐事，采摭成帙。所采皆注出处于下。

稿本。

4128

海国妙喻／（清）赤山畸士（张焘）撰

张焘，见第1455条。

见“海国奇谈四卷”。

清光绪十四年天津时报馆铅印本。

4129

海国奇谈四卷／（清）张赤山（张焘）辑

张焘，见第1455条。

是书又作《海国妙喻》，汇辑张焘在报章中搜罗的七十则伊索寓言。

清光绪二十一年上海文宜书局石印本，清光绪二十七年石印本。

4130

夷坚志一百八十卷志补二十五卷再补一卷附校勘记一卷／（宋）洪迈撰，（校勘记）张元济撰

洪迈（1123—1202），字景卢，一作景庐，号容斋，别号野处，鄱阳（今江西省鄱阳县）人。宋绍兴十五年（1145）进士，授两浙转运司干办公事。曾使金，几被拘留。因受秦桧排挤，出为福州教授。淳熙十三年（1186）拜翰林学士。绍熙元年（1190）为焕章阁学士，知绍兴府，翌年上章告老，进龙图阁学士。嘉泰二年（1202）以端明殿学士致仕。著有《野处类稿》《史记法语》《经子法语》《南朝史精语》《夷坚志》《容斋随笔》等。

民国九年上海涵芬楼铅印本，民国十六年铅印本。

杂事之属

4131

西京杂记六卷／题（晋）葛洪撰

葛洪（284—364），字稚川，号抱朴子，句容（今江苏省句容市）人。东晋著名炼丹家和医药学家。因功赐爵关内侯，官至咨议将军。著有《抱朴子内篇》《抱朴子外篇》《神仙传》《肘后备急方》等。

是书为一部杂载西汉逸事传闻的笔记小说集，内容广泛，记有帝后公卿的奢靡好尚、宫室苑囿、珍玩异物、舆服典章、文人逸事、高文奇技和风俗民情等。

明汲古阁刻本。

4132

陈眉公珍珠船四卷／（明）陈继儒撰，（明）沈德先校

陈继儒，见第2501条。

沈德先，生卒年不详，字天生，秀水（今属浙江省嘉兴市）人。明万历三十七年（1609）举人，官上海教谕、国子学录转桂蕃审理，升刑部河南司主事。辑有《尚白斋秘籍》《眉公秘籍》等。

是书辑录汉魏以来的小说、史书、杂录，所收小说并非完整的篇目，而是节选一个故事情节，或一段有趣的轶闻，像一颗颗散落的珍珠，将其裒集在一起，聚集一船，书由此得名，可分为传奇、志怪、志人三类。

明万历三十四年沈德先刻本。

4133

董汉阳碧里杂存二卷／（明）董谷撰

董谷，见第3136条。

是书大多为记事、记人、记物的短札，也有一些为杂论，内容多不足信。然而从小说的角度看，保存了不少传闻资料、民间故事。

盐邑志林本，丛书集成初编本。

4134

岐海琐谭集十六卷／（明）姜准辑

姜准，见第3949条。

是书专记宋元明时期温州地区掌故。全书五百余条，涉及温州地区的建置胜迹、典章制度、名人逸事、风土物产、诗文书法、对联民谣、幽默讽刺、灾害变异、神仙鬼怪等诸多方面，其中不少为该书所仅见。该书还记录了嘉靖时期温州人民遭受倭寇侵扰和温州军民的抗

倭斗争、明代农民起义的情况、当时人们对自然科学知识的认识等等。

民国铅印本。

4135

冶城客论一卷／（明）陆采撰

陆采（1497—1537），原名灼，字子玄，号天池，别署清痴叟，长洲（今江苏省苏州市）人。在南京国子监就学二十年，却屡试不第。著有《明珠记》《南西厢》等。

是编为陆采肄业南雍（南京国子监）时记所闻见而成。冶城，亦称冶亭，南京地名，相传为古代冶铸处，在今南京市内朝天宫一带，大概为陆采采集故事的所在地。

清抄本，清宣统二年刻本，抄本，民国刻本。

4136

冶城客论一卷续一卷／（明）陆采撰

陆采，见第4135条。

民国刻本。

4137

西墅杂记一卷／（明）杨穆撰

杨穆，生平事迹不详。

是书内容志人、志怪兼有。其志怪多记怪异现象，如记有冻死潮等。

清顺治三年宛委山堂刻本。

4138

泾林续记一卷／(明)周玄暐纂

周玄暐，生卒年不详，一作元暐，字叔懋，一字绒吾，昆山（今江苏省昆山市）人。明万历四十四年(1616)进士，官云南道御史。

是书多记明代朝野轶闻，对昆山的明代社会诸相记叙较多。

清光绪十年刻本。

4139

世说／（南朝宋）刘义庆撰

刘义庆（403—444），字季伯，原籍南朝宋彭城（今江苏省徐州市），世居京口（今江苏省镇江市）。南朝宋武帝刘裕之侄，袭封临川王，历任秘书监、尚书左仆射、中书令、荆州刺史、南兖州刺史等。著有《世说新语》《幽明录》。

见“世说新语六卷”。

4140

世说新书／（南朝宋）刘义庆撰

刘义庆，见第4139条。

见“世说新语六卷”。

4141

世说新语六卷／（南朝宋）刘义庆撰

刘义庆，见第4139条。

南北朝志人小说集，又称《世说》《世说新书》。原书八卷，后梁武帝时刘峻为它作注，引书四百余种，补充了大量史料，分为十卷。现今通行本为六卷三十六篇，分德行、言语、文学、识鉴、品藻、规箴等三十六个门类，采辑汉末至东晋名士们的言谈逸事、生活习俗、人生态度和当时的社会风尚。

历代小史本。

4142

吹影编四卷／（清）垣赤道人（程修孟）撰

程修孟，生卒年不详，字诚堂，一作謇堂，号坦赤道人，一作垣赤道人，江苏南翔（今属上海市嘉定区）人。清诸生，屡试不第，郁郁不得志。

笔记小说，曾被书贾更名为《两般秋雨庵续随笔》。成书于乾隆末年。每卷分四门，共十六门。记述见闻、风土人情、因果报应，旨在劝惩，皆寓道于记事之中。

清嘉庆二年酉山堂刻本。

4143

般上旧闻六卷／（清）葛周玉撰

葛周玉，生卒年不详，字溪璜，号般水渔人，德平县（今属山东省德州市）人。清乾隆三十五年（1770）副贡，曾官山西凤台知县。

是书记德平（今属山东省德州市）乡里人物、风俗，载其先世事迹颇详，兼多考证，亦杂及鬼狐神怪之事。

稿本，清嘉庆刻本。

4144

远游略／（清）黄表撰

黄表，生卒年不详，字君开，吴县（今属江苏省苏州市）人。

是书先叙自家遭遇，次记明末战乱，殿以俚言五律，凡足迹所至之闽、粤、苏、杭、中都、北京诸地社会风俗、宗教信仰、商业贸易、方言俚语均有涉及。书中对明末农民起义、吴三桂征缅、郑芝龙降清北上之史事记述颇详，于清初历史典故也多有收集。

清抄本，清康熙千顷堂刻本。

4145

瓮牖余谈八卷／（清）王韬撰

王韬，见第0318条。

是书为作者居香港时搜罗新奇可传之事而成。写于清光绪间，凡一百一十二则。内容颇丰。于亚欧诸国风俗、技艺、富强之原因、忠臣义士、节妇烈女之传闻逸事等均有记述，其中尤重时事记载，存有中国近代史的重要数据。

笔记小说大观本，清代笔记丛刊本，申报馆丛书本。

4146

遯斋闲览二十八则／（宋）范正敏撰

范正敏，生卒年不详，号遯翁，延平（今福建省南平市）人。北宋末年曾任福州长溪县令。

原书久佚，一作陈正敏撰。此书仿《世说新语》体例，分为：名贤、野逸、诗谈、证误、杂评、人事、谐噱、泛志、风土、动植十类。

说郛本。

异闻之属

4147

海内十洲记一卷续志十卷／（汉）东方朔撰，（续志）（宋）李石撰

东方朔（前154—前93），字曼倩，西汉平原厌次（今山东省惠民县）人。曾任常侍郎、太中大夫等。

李石（1116—1181），原名知几，后改名石，以名为字，号方舟子，资州（今四川省资中市）人。宋绍兴二十年（1150）进士，为成都司户参军。历官太学录、太学博士、成都学官、通判、尚书都官员外郎、成都路转运判官。著有《方舟集》《方舟经说》《世系手记》《司牧安骥集》《司牧安骥方》等。

明吴管刻本。

4148

十洲记一卷／（汉）东方朔撰

东方朔，见第4147条。

志怪小说集。又作《海内十洲记》《十洲三岛记》《海内十洲三岛记》《十洲仙记》。旧题汉代东方朔撰，学者多不信此书出于东方朔之手。书中内容是从汉武帝会见西王母的传说引出，大略说汉武帝闻西王母说八方巨海中有十洲（祖洲、瀛洲、玄洲、炎洲、长洲、元洲、流洲、生洲、凤麟洲、聚窟洲），遂问于东方朔，东方朔依次以每洲为一条，详述各洲所在及所产异物。

十洲之后又附有沧海岛、方丈洲、扶桑、蓬丘、昆仑五条。

明正统万历间刻道藏本。

4149

别国洞冥记四卷枕中书一卷佛国记一卷 /（汉）郭宪撰，（枕中书）（晋）葛洪撰，（佛国记）（南朝宋）释法显撰

郭宪，生卒年不详，字子横，东汉汝南宋（今属河南省商丘市）人。新莽朝屡征不仕。东汉初，光武帝拜其为博士，后迁为光禄勋。

葛洪，见第 4131 条。

释法显，见第 1775 条。

《别国洞冥记》，亦作《汉武帝别国洞冥记》，以记武帝求仙为中心，杂记各种逸闻旧事与神山仙境、仙丹灵药、奇花异木、珍禽怪兽等同武帝有关传说。

《枕中书》，古代神仙术书，一作《元始上真众仙记》。内容记太昊氏到两汉帝王的神仙道术事，另外描绘了神仙所居的玉京山、海上三神山及各地的名山大川，神仙洞府的美景。

《佛国记》，亦作《天竺国记》《历游天竺记传》《东晋沙门释法显自记游天竺事》《法显行传》《法明游天竺记》《法显传》《三十国记》，中国古代最早的一部关于南亚的旅行记。

清练江汪述古山庄刻本。

4150

续夷坚志前集一卷后集一卷 / 题（金）元好问撰

元好问（1190—1257），字裕之，号遗山，太原秀容（今山西省忻州市）人。金兴定五年（1221）进士，历官镇平、南阳、内乡县令，尚书省掾，左司都事等。金亡不仕。著有《遗山文集》《遗山乐府》《续夷坚志》等。

清乾隆五十九年吴继宽抄本，清抄本。

4151

新刻出像增补搜神记六卷 /（晋）干宝撰

干宝（？—336），字令升，东晋新蔡（今河南省新蔡县）人。历官著作郎、司徒右长史、始安太守、散骑常侍等职。曾领修国史，著有《晋纪》。

是书简略记录了各种神仙、方术、灵异等事迹。被称作中国志怪小说的鼻祖。

明万历金陵书林唐富春刻本，明万历金陵书林唐富春刻大盛堂印本，明万历金

陵大盛堂刻本，清金陵大盛堂刻本。

4152

郭氏玄中记一卷／（晋）郭□撰，（清）黄奭辑

黄奭（1809—1853），原名锡麟，亦名锡元，字右原，一字又园，室号有汉学堂、知足斋、清颂堂、宝云堂、鉴藻堂等，甘泉（今江苏省扬州市）人。生于一个富甲两淮的大盐商家庭，家宅为扬州的个园。清道光中以顺天府尹吴杰荐钦赐举人，曾以资入为刑部郎中，官至刑部江西司行走、钦差委办兵部江北善后。著有《尔雅古义》《端绮集》《存悔斋集杜诗注》。

一作《元中记》。原书久佚。是书所记皆四方异闻奇事，包括远古神话故事、远国异民传说、山川动植、异域物产以及精怪。

黄氏逸书考本。

4153

玄中记一卷／（晋）郭璞撰

郭璞，见第0010条。

古小说钩沈本。

4154

元中记／（晋）郭璞撰

郭璞，见第0010条。

见“玄中记一卷”。

4155

广志二卷／（晋）郭义恭撰，（清）马国翰辑

郭义恭，生平事迹不详。

马国翰，见第0009条。

是书内容广泛博杂，多记四方动植物产、山川泉石、异域风俗，涉及农业物产、野生杂物、香草虆材、奇宝玉石、粮食、瓜果、纤维、伍料、缉肥、林木、禽畜、水产等方面。

玉函山房辑佚书续编本。

4156

拾遗记不分卷／（晋）王嘉撰

王嘉（？—390），字子年，陇西安阳（今甘肃省渭源县）人。方士，小说家。初隐居东阳谷，后隐于终南山，弟子追随受业者数百人。苻坚屡征不就，后为姚苌所杀。

杂史体志怪小说，又作《王子年拾遗记》《拾遗录》。所记上自伏羲下迄后赵，历述各代逸事及域外异国的风俗物产；卷末独记昆仑、蓬莱、方丈等名山奇境及其中的奇异景物和神仙。

清初清谨轩抄本。

4157

拾遗记十卷／（晋）王嘉撰

王嘉，见第4156条。

明刻本，清康熙刻本，四库全书本，清光绪元年刻本，民国元年鄂官书处刻本。

4158

述异记二卷／（南朝梁）任昉撰

任昉（460—508），字彦升，小字阿堆，乐安博昌（今山东省博兴县）人。举秀才，拜大学博士。一生仕宋、齐、梁三代。历官尚书殿中侍郎、中书侍郎、吏部郎中、御史中丞、秘书监等。著有《述异记》《杂传》《地理书钞》《地记》《文集》《文章缘起》等。

是书根据古籍杂书撰写而成，内容庞杂，包含神话传说、山川地理、古迹遗址、民间传说、历史掌故、奇禽珍卉等。

明万历二十一年叶芳刻本，明万历程荣刻本，广汉魏丛书本。

4159

异苑十卷／（南朝宋）刘敬叔撰

刘敬叔（390？—470？），彭城（今江苏省徐州市）人。晋末任南平王郎中令。入宋任给事黄门郎。

志怪小说集。是书所记多为神灵鬼怪故事，间有晋宋士人逸事。

明刻本，明万历胡震亨沈士龙刻本，四库全书本，清抄本，民国六年成都存古书局刻本。

4160

异苑佚文一卷／（南朝宋）刘敬叔撰

刘敬叔，见第4159条。

经籍佚文本（稿本）。

4161

新订增补夷坚志五十卷／（宋）洪迈撰，（明）钟惺评

洪迈，见第4130条。

钟惺（1574—1625），字伯敬，一作景伯，号退谷，竟陵（今湖北省天门市）人。明万历三十八年（1610）进士。历官工部主事、南京礼部郎中、福建提学佥事。著有《隐秀轩集》《周文归》《宋文归》《诸经图》《毛诗解》《名媛诗归》及《钟评左传》等。

明李玄晖、邓嗣德刻本，清宣统三

年上海藜光社石印本。

4162

新刻夷坚志十卷／（宋）洪迈撰

洪迈，见第4130条。

明万历刻本，明书林唐晟刻本。

4163

新校辑补夷坚志二百六卷／（宋）洪迈撰

洪迈，见第4130条。

笔记小说集。南宋洪迈取《列子·汤问》篇“夷坚闻而志之”意以名书。原书四百二十卷，已残阙，现存不足原书之半数。是书所辑多为神怪故事与异闻杂录，亦记载市民生活和遗闻逸事，间亦有现实故事和涉及某些掌故、方言、民俗、医药等方面的资料。

民国十六年上海商务印书馆铅印本。

4164

夷坚志二十卷续夷坚志二卷／（宋）洪迈撰，（续）（金）元好问撰

洪迈，见第4130条。

元好问，见第4150条。

清乾隆四十三年刻泾县洪氏修补本。

4165

夷坚志甲志十卷乙志十卷丙志十卷丁志十卷戊志十卷／（宋）洪迈撰

洪迈，见第4130条。

明祝允明抄本。

4166

徂异记一卷／（宋）聂田撰

聂田，生卒年不详，北宋应天府宁陵（今河南省宁陵县）人。宋真宗天禧中举进士不第。

见“祖异志一卷”。

说郛本。

4167

徂异志一卷／（宋）聂田撰

聂田，见第4166条。

见“祖异志一卷”。

说郛本。

4168

祖异志一卷／（宋）聂田撰

聂田，见第4166条。

宋代文言志怪小说。原书十

卷，今原本已佚，明抄本《说郛》卷六存佚文一则，记北宋初查道奉使高丽途中遇人鱼事。宛委山堂本《说郛》卷一一八存六则，均为细琐的怪异之事。

说郛本。

4169

江淮异人录一卷十洲记一卷／（宋）吴淑撰，（十洲记）（汉）东方朔撰

吴淑（947—1002），字正仪，丹阳（今江苏省丹阳市）人。初仕南唐内史，入宋官起居舍人。先后参纂《太平御览》《太平广记》《文苑英华》《太宗实录》等书，又撰《事类赋》三十卷。

东方朔，见第4147条。

江淮异人录，传奇小说集。此书所谓异人，大多是指术士、侠客、道流之辈，其中写唐人的二则，写南唐人的有二十三则，书中人物引为诡异怪诞，仗义行侠，神出鬼没。原书久佚，今本系从明《永乐大典》中辑出。

民国石印本。

4170

稽神录六卷／（宋）徐铉撰

徐铉（917—992），字鼎臣。广陵（今江苏省扬州市）人。宋代文字训诂学家。初仕吴，又仕南唐，官至吏部尚书。入宋，为太子率更令。精小学，与葛湍等重校《说文解字》。又参与编纂《文苑英华》。著有《徐文公集》《质疑论》等。所著《稽神录》，多出于其客蒯亮。

志怪小说集。是书收唐末五代神怪之事一百五十则，内容非神即怪，少有灾异。

四库全书本。

4171

稽神录六卷拾遗一卷／（宋）徐铉撰

徐铉，见第4170条。

明嘉靖二十二年姚启家抄本，明末抄本。

4172

稽神录六卷拾遗一卷补遗一卷／（宋）徐铉撰

徐铉，见第4170条。

民国八年铅印本。

4173

稽神录一卷／（唐）雍陶（徐铉）撰

徐铉，见第4170条。

合刻三志本。

4174

广异记二十卷／（唐）戴孚撰

戴孚，生卒年不详，谯郡（今安徽省亳县）人。唐至德二年（757）与顾况同登进士第，任校书郎，终饶州录事参军。

志怪小说集。是书所记唐代异闻怪谈内容甚广，仙道、神鬼、精怪动物异闻等无所不收。

清黑格抄本。

4175

洽闻记一卷／（唐）郑常撰

郑常（？—787），唐大历中贬居汉阳。贞元初任淮西节度判官、检校殿中侍御史。贞元三年（787）淮西留后吴少诚欲拒朝命，常与大将杨冀谋逐之，事泄，为少诚所杀。著有《郑常诗》，已佚。《全唐诗》存其诗三首。

志怪小说集。是书承六朝地理博物体一脉，采撷山川动植、风土物产之异闻，又收怪异奇闻。

说郛本。

4176

汉武帝别国洞冥记四卷

见“别国洞冥记四卷”。

4177

拾遗录

见“拾遗记不分卷”。

4178

王子年拾遗记十卷

见“拾遗记不分卷”。

4179

语怪汇书□种□□卷

明末刻本。

4180

元始上真众仙记

见“枕中书”。

诸教类

4181

太平洋传道录／（美国）狄乐播译

狄乐播（1853—1921），原名马蒂尔·罗伯特·姆，美国人。北美长老会牧师，是北美长老会著名传教士狄考文之弟。清光绪七年（1881）来华，在潍县乐道院传教近四十年，1921年在潍县（今山东省潍坊市）去世。其于九年（1883）创办了中国近代第一所教会大学登州文会馆。著有《太平洋传道录》。

清宣统二年上海广学会铅印本。

4182

太上老君说天妃救苦灵验经一卷／（明）□□撰

是书为以道教救世论观点，通过道教始祖太上老君命天妃降世，赐以封号，辅助帝王，传经符咒，解救于民，从而再塑妈祖形象的经文。

明永乐十四年刻本，明正统道藏本。

4183

天妃灵应集／（明）□□撰

文渊阁书目存目，存佚不详。

4184

天妃显圣录不分卷／（明）□□撰

是书为我国第一部妈祖志书。草创于明万历末，著者不详。天启间林尧俞为残抄本作序，并交给湄洲祖庙主持照乘保存。清初照乘复请林兰友、林嵋等作序。康熙二十年（1681）左右，丘人龙重新编辑付梓。全书关于天妃显圣故事的子目共四十六个。

清刻本，抄本。

4185

天后显圣录不分卷／（明）□□撰，（清）释普日、释通峻重修

释普日，生卒年不详，照乘之徒，清初湄洲祖庙主持。

释通峻，生卒年不详，照乘徒孙，清初湄洲祖庙主持。

见“天妃显圣录”。

清刻本。

4186

评点百二十子二十六卷补遗十三卷／（明）归有光编

归有光，见第0156条。

是书收《老子》《庄子》《列子》《墨子》《管子》《吴子》《荀子》《韩非子》《公孙龙》《淮南子》《风俗通》等书。

民国上海会文堂石印本。

4187

重刻诸子汇函／（明）侯应琛编

侯应琛（1584？—1642?），字献之，号晋阳，杞县（今河南省开封市杞县）人。明万历四十一年（1613）进士，官至直隶正

定府知府。罢归。著有《礼记简注》《文庙礼乐考》《万玉山房集》《秣昭馆文集》《梁园记》。

明末刻本。

4188

天后由来纪略 / （清）□□撰

日本享保十五年刻本。

4189

天上圣母正传 / （清）□□撰

易陶天点校本。

4190

天后救苦灵验妙经三卷 / （清）方行慎纂

方行慎，生平事迹不详。

清康熙六十年刻本，存佚不详。

4191

天上圣母事迹图志 / （清）许叶珍辑

许叶珍，生卒年不详，宛平（今属北京市）人。

是书凡四十八图，每幅图都绘有天后的故事传说并附有文字说明，以绘画的形式再现了妈祖的生平事迹和各地对妈祖的信仰。

清光绪十八年印本。

4192

湄洲慈济真经 / （清）赖玄海辑

赖玄海，生卒年不详，台湾人。

全称“湄洲天上圣母慈济真经”，据考是台湾地区编辑的第一本关于妈祖的经书。是书分祝香咒、天上圣母宝诰、湄洲天上圣母慈济真经三部分。真经为其主体，分为前后两部分，前部分是叙妈祖身世和圣迹，主要是据《敕封天后志》缩写；后部分则宣传天道轮回、福善祸淫的教义和诵经的好处。

清光绪十八年刻本。

4193

宏仁普济天后圣母经忏七卷 / （清）李存默等撰

李存默，生平事迹不详。

清道光十八年苏州九如堂刻本。

4194

天后昭应录三卷 / （清）李仕学辑

李仕学（1662—1721），字享敏，号逊斋，揭阳（今广东省揭阳市）人。清康熙间贡生。曾任新会、顺德教谕，顺德司训。著有《初学艺引》。

是书包含序文、图像、诏书、本朝祀典、历代祀典、历代诰文、天后本传、天后圣迹等内容。

清乾隆三十二年吴登培重刻本。

4195

天后圣母圣迹图志／（清）孙清标编

孙清标，应为林清标。

清同治刻本。

4196

天后圣母圣迹图志二卷／（清）林清标辑

林清标，见第0506条。

妈祖志书。一作《敕封天后志》，是对明末清初的《天妃显圣录》加以改编、整理而成，文图并茂，是我国古代搜集整理妈祖传说的代表性作品。

清咸丰九年据翰宝楼版重镌本，清咸丰十年刻本，民国十九年石印本。

4197

天后圣母圣迹图志全集二卷／（清）上洋寿恩堂辑

清道光十二年上洋寿恩堂重镌本，清同治九年刻本。

4198

天后显圣录二卷／（清）林有胜辑

林有胜，生卒年不详，莆田（今福建省莆田市）人。生平事迹不详。

清雍正三年三山会馆重刻本。

4199

天后圣母圣迹图志四卷／（清）潘锦澜、邱风诰重刊

潘锦澜，生平事迹不详。
邱风诰，生平事迹不详。

清同治四年据寿恩堂传本重镌。

4200

天后显圣录二卷／（清）邱人龙编

邱人龙，生卒年不详，一作丘人龙，自署朝阳，或祖籍山东。

是书收海神妈祖显圣护渔民、助漕运故事。

抄本。

4201

四神志略／（清）杨浚辑

杨浚，见第1439条。

是书由《凤山寺志略》《白礁志略》《清水岩志略》《湄洲屿志略》组成，搜集整理了福建民间信仰中的广泽尊王（俗称郭圣王）、保生大帝、清水祖师、天上圣母四位地方神祇的有关传记、庙宇、碑记、经卷、签谱等。

清光绪十三至十五年福州群玉斋刻本。

4202

灵著录 / （宋）□□撰

是书收海神妈祖显灵故事。

4203

圣妃灵著录 / （宋）□□撰

见“灵著录”。

佚书。

4204

明著录 / （元）□□撰

是书记载妈祖显灵的传说。

佚书。

4205

天上圣母签谱 / □□撰

清光绪刻本。

4206

天上圣母真经 / □□撰

清光绪刻本。

4207

湄洲天上圣母慈济真经

见“湄洲慈济真经”。

集部

别集类

唐五代之属

4208

文标集三卷外录一卷 /（唐）卢肇撰，（外录）（明）李原冈辑

卢肇（818—882），字子发，袁州宜春文标乡（现属江西省分宜县）人。唐会昌三年（843）状元及第，历官著作郎、仓部员外郎、集贤院直学士。唐懿宗咸通年间出为歙州刺史，又历官宣、池、吉三州刺史。著有《文标集》《届堂高抬贵手》《卢子史录》《逸史》《愈风集》《大统赋注》。

李原冈，生平事迹不详。

是集收诗二十六首，文十六篇，附外录一卷。其中收有《海潮赋》。

清嘉庆元年刻本，清抄本。

4209

骆临海集十卷 /（唐）骆宾王撰，（清）赵忠补辑

骆宾王（627? —684?），字观光，婺州义乌（今浙江省义乌市）人。唐初著名诗人，“初唐四杰”之一。曾任侍御史、临海县丞。武则天光宅元年（684），随徐敬业起兵讨伐武则天，事败不知所踪。著有《骆临海集》。

赵忠，生平事迹不详。

清康熙四十六年黄之琦觉非斋刻本，清康熙四十六年黄之琦觉非斋刻乾隆补刻本。

4210

骆临海集十卷首一卷末一卷 /（唐）骆宾王撰，（清）陈熙晋笺注

骆宾王，见第4209条。

陈熙晋（1791—1851），原名津，字析木，号西桥，义乌（今浙江省义乌市）人。清嘉庆二十四年（1819）优贡。道光五年（1825）起历任贵州省龙里县知县、普定县知县、仁怀同知、湖北省宜昌知府。著有《春秋规过考信》《春秋述义拾遗》《古文孝经述义疏证》《帝王世纪》《贵州风土记》《骆临海集笺注》《仁怀厅志》等。

清咸丰三年松林宗祠刻本。

宋代之属

4211

霁山先生集五卷首一卷拾遗一卷 /（宋）林景熙撰，（元）章祖程注

林景熙（1242—1310），字德

阳，一作德旸，号霁山，平阳（今浙江省平阳县）人。宋咸淳七年（1271）进士。授泉州教官，历礼部架阁，转从政郎。宋亡不仕。著有《白石稿》《白石樵唱》。

章祖程，生卒年不详，字和父，号宜竹，平阳（今浙江省平阳县）人。

是集共收记十四篇、赋一篇、传一篇、说一篇、祭文一篇、序十三篇、墓志六篇、铭一篇。

知不足斋丛书本（清乾隆道光刻、同治印、民国影印）清述旧斋抄本（清孙诒让校）。

4212

斜川集六卷／（宋）苏过撰，（清）周永年辑

苏过（1072—1123），字叔党，号斜川居士，眉州眉山（今四川省眉山市）人。宋绍圣元年（1094）随父苏轼谪惠州、儋州。轼卒后，依叔父辙居颍昌。历监太原府税、知郾城县，晚年权通判中山府。著有《斜川集》。

周永年（1730—1792），字书昌，又字书愚，号林汲山人，原籍余姚（今浙江省余姚市），寓居历城（今属山东省济南市）。清乾隆二十六年（1761）进士，授编修。会四库开馆，召入为校勘官，专任从《永乐大典》中摘抉采遗。编有《水西书屋藏书目录》《借书园书目》。

宛委别藏本，三苏全集本，清抄本。

4213

斜川集六卷附录二卷订误一卷／（宋）苏过撰，（清）周永年辑，（订误）（清）吴长元撰

苏过，见第4212条。

周永年，见第4212条。

吴长元，生卒年不详，字太初，仁和（今属浙江省杭州市）人。著有《宸垣识略》《燕兰小谱》等。

是集久无传本，清乾隆四十七年（1782），吴长元得旧抄残本，又据《宋文鉴》《东坡全集》《播芳大全》诸书，考订讹误，增补阙遗，厘作六卷。卷一五言古诗九十九首；卷二七言古诗三十九首，六言古诗一首；卷三为五言律诗二十一首，七言律诗六十八首，七言绝句二十一首，杂诗十四首；卷四至六为诸体文；卷四有赋二篇，表、启二十四篇；卷五有书、叙、序、碑、行状墓志铭十三篇；卷六有论、记、铭、祭文、祝文、书后、题跋四十篇。

清乾隆五十三年赵怀玉亦有生斋刻本，知不足斋丛书本，清吴长元抄本。

4214

斜川集六卷附录二卷订误一卷补遗二卷续钞一卷附录一卷／（宋）苏过撰，（清）周永年辑，（订误）（清）吴长元撰，（补遗、续钞、附录）（清）法式善辑

苏过，见第4212条。

周永年，见第4212条。

吴长元，见第4213条。

法式善（1753—1813），汉姓孟，原名运昌，字开文，号时帆，一号梧门，又号陶庐，蒙古乌尔济氏，后隶内务府正黄旗。清乾隆四十五年（1780）进士，改翰林院庶吉士，散馆授检讨，后晋国子监司业，旋升侍讲学士，左迁工部郎中，累官祭酒。嘉庆四年（1799）因案免官。起编修，后两为侍讲学士，以“修书不谨”贬秩为庶子。参编《四库全书》，任提调官，并在馆内纂《皇朝文颖》、复纂《全唐文》等。编有《清秘述闻》《陶庐杂录》《槐厅载笔》《存素堂诗集》《李文正公年谱》《洪文襄公年谱》等。

清乾隆五十三年赵怀玉亦有生斋刻本，嘉庆十六年唐仲冕增刻本。

4215

王临川集一百卷／（宋）王安石撰

王安石（1021—1086），字介甫，小字獾郎，号半山，抚州临川（今属江西省抚州市）人。北宋政治家、思想家、文学家，“北宋诗文革新运动”代表作家。“唐宋八大家”之一，“嘉祐四友”之一。宋庆历二年（1042）进士，历鄞县知县、常州知州等。神宗熙宁二年（1069）擢参知政事，次年同中书门下平章事，推行变法。熙宁七年（1074）罢相，知江宁府。翌年再相，次年再罢。晚年退居金陵，封舒国公，改荆国公，世称王荆公。卒，谥文。后人编有《临川集》《临川集拾遗》。

是集包括王安石所撰古诗、律诗、挽词、集句与歌曲、四言诗、古赋、乐章、书疏、奏状、札子、内制、外制、表、论议、杂著、书、启、记、序、祭文、神道碑、行状及墓表、墓志。

明万历四十年石城王荆苓刻本，清光绪九年听香馆刻本。

4216

梅溪集五十四卷附宋龙图阁学士王公墓志铭一卷／（宋）王十朋撰，（墓志铭）（宋）汪应辰撰

王十朋（1112—1171），字龟龄，号梅溪，乐清（今浙江省乐清市）人。宋绍兴二十七年（1157）中进士第一。官侍御史，出知饶、夔、湖、泉诸州，累官至太子詹事，授龙图阁学士。著有《梅溪集》。

汪应辰（1118—1176），初名洋，字圣锡，玉山（今江西省玉山县）人。五岁知读书属对；十岁能诗；未冠，首贡乡举；试礼部居高选。绍兴五年（1135）进士第一，授镇东军签判，召为秘书省正字。上疏忤秦桧意，出通判建州、静江府、广州等。秦桧死后，召为吏部郎官，迁右司。因母老，出知婺州。母去世服毕后，除秘书少监，迁权吏部尚书。孝宗即位后知福州，旋升敷文阁待制，举朱熹自代，出为四川制置使，知成都府，再除吏部尚书，寻兼翰林学士并侍读。又因事不合，以端明殿学士知平江府。卒，谥文定。著有《石林燕语辨》《文定集》。

是集包含廷试策及奏议、诗文前集、诗文后集、附录，由其子闻诗、闻礼编定。其奏议和诗歌，力主奋发图强，恢复中原，充满爱国热情。

明正统五年刘谦等刻本，明正统五年刘谦等刻天顺六年重修本。

4217

武溪集二十卷补佚一卷／（宋）余靖撰，（补佚）黄佛颐辑

余靖（1000—1064），字安道，曲江（今属广东省韶关市）人。宋天圣二年（1024）进士，历官右正言、知制诰，出知古州、经略广西南路安抚使，以平侬智高有功，迁工部侍郎。英宗时拜工部尚书。卒，谥襄。

广东丛书本。

4218

武溪集二十卷首一卷／（宋）余靖撰

余靖，见第4217条。

是集乃其子屯田员外郎仲荀所编，内容有律诗、序、论、记、制诰、判词、表、启、杂文、墓志等。

清康熙三十六年刻本，清康熙韶州府刻本，四库全书荟要本，四库全书本。

4219

武溪集二十一卷／（宋）余靖撰

余靖，见第4217条。

明成化九年苏韡等刻本，明嘉靖四十五年刘稳刻本，明余超龙刻本。

4220

西山先生真文忠公文集五十五卷目录二卷／（宋）真德秀撰

真德秀（1178—1235），字景元，后改希元，号西山，世称西山先生，浦城（今福建省浦城县）人。宋庆元五年（1199）进士。官起居舍人兼太常少卿，历知泉州、隆兴、潭州，历官中书舍人、礼部侍郎、户部尚书、翰林学士，官至参知政事。著有《大学衍义》等。

是集包含诗赋、对越甲乙稿、经筵讲义、翰林词草、记序书启等。

明万历二十五年刻本，明万历二十六年钱塘金学曾刻本，明崇祯十一年至清康熙四年递修本，清同治四年拱极堂刻本。

4221

铁函心史／（宋）郑思肖撰

郑思肖（1241—1318），原名不详，宋亡后，改名思肖，以示思念赵宋、不忘故国，字忆翁，号所南，连江（今福建省连江县）人。宋末太学生。宋亡，隐居苏州。著有《所南先生文集》《所南翁一百二十图诗集》《锦钱余笑》等。

见“心史二卷”。

4222

心史二卷／（宋）郑思肖撰

郑思肖，见第4221条。

诗文别集。是书包括《咸淳集》《大义集》《中兴集》三编，收诗作共二百五十首和《久久书》《大义叙略》等杂文及后叙、自跋等共三十七篇。书中对南宋灭亡过程中文天祥、张世杰等人抗元斗争及杂事和蒙古军对社会的破坏也有所记载，记事多与史传不合，文词亦不通顺，有说是后人伪托。

明崇祯刻本，明隆武元年刻本，明辨斋丛书本，清光绪二十年种竹书屋刻本。

4223

周益国文忠公集（周益公文集、文忠集）二百卷（省斋文稿四十卷平园续稿四十卷省斋别稿十卷词科旧稿三卷掖垣类稿七卷玉堂类稿二十卷政府应制稿一卷历官表奏十二卷奏议十二卷奉诏录七卷承明集十卷杂著述二十三卷书稿十五卷）附录五卷周益国文

忠公年谱一卷／（宋）周必大撰，（周益国文忠公年谱）（宋）周纶编

周必大（1126—1204），字子充，又字弘道，一作洪道，自号平园老叟，吉州庐陵（今江西省吉安市）人。宋绍兴二十一年（1151）进士，二十七年（1157）举博学鸿词科。历官徽州司户、建康府教授、秘书省正字、监察御史、起居郎兼权中书舍人、给事中、福建提刑、秘书省少监兼权直学士院、兵部侍郎、礼部侍郎、同修国史实录、提举江州太平兴国宫、右文殿修撰、敷文阁待制兼侍讲、太子詹事兼侍讲、吏部侍郎、翰林学士，礼部尚书兼翰林学士、吏部尚书兼翰林学士承旨、枢密使。后为右丞相，封济国公；左丞相，封许国公。庆元元年（1195）以观文殿大学士、益国公致仕。嘉泰四年（1204）卒，追赠太师。开禧三年（1207）赐谥文忠。著有《省斋文稿》《平园集》等。

周纶（1156—1215），字彦敷，号梦斋，吉州庐陵（今江西省吉安市）人。周必大之子，以父恩补承务郎，监筠州新昌县酒税。以文忠参政避嫌，监南岳庙，主管佑神观。通判赣州，诸司列荐，除大理司直，连丁家艰，知筠州，诏除太府寺丞，工部郎中，主管建宁府武夷山冲佑观，爵管城县开国男。

是集收《省斋文稿》《平园续稿》《省斋别稿》《词科旧稿》《掖垣类稿》《玉堂类稿》《政府应制稿》《历官表奏》《奏议》《奉诏录》《承明集》《杂著述》等。后又续刊《辛巳亲征录》《壬午龙飞录》《癸未归庐陵日记》《闲居录》《泛舟游山录》《庚寅奏事录》《壬辰南归录》《思陵录》《玉堂杂记》《二老堂诗话》《二老堂杂志》《唐昌玉蕊辨证》《近体乐府（附遗诗）》及《书稿》。

明纯白斋抄本，清道光二十八年欧阳棨瀛塘别墅刻本，清光绪二十五年周日新堂刻本。

4224

周益国文忠公集二百卷／（宋）周必大撰

周必大，见第4223条。

宋开禧二年刻本，明抄本。

金元之属

4225

陈刚中诗集三卷附录一卷／（元）陈孚撰

陈孚（1240—1303），字刚中，号笏斋，临海（今浙江省临海市）人。元至元中，以布衣上

《大一统赋》，署上蔡书院山长。考满谒选京师，调翰林国史院编修官，摄礼部郎中。至元三十年（1293）出使至安南。归国后除翰林待制兼国史院编修官。除建德路总管府治中，再迁衢州治中。秩满授奉直大夫、台州路总管府治中。大德七年（1303）诏遣奉使宣抚循行诸道。卒，追封海陵郡公，谥文惠。著有《观光稿》《交州稿》《玉堂稿》《陈刚中诗集》等。

是集包括《观光稿》《交州稿》《玉堂稿》及附录各一卷。《观光稿》系元至元中陈孚被署为上蔡山长，任满后谒游京师时所作；《交州稿》仿范成大出使金国诸作，纪道路所经山川古迹，其辞别亲友历浙江、江苏、安徽、山东、河北，共七十八题近百首；《玉堂稿》系官翰林时所作。

明洪武十一年刻本，明天顺四年沈琮刻本，四库全书本，托跋廛丛刻本。

4226

交州稿一卷 / （元）陈孚撰

陈孚，见第 4225 条。

元至元二十九年（1292），陈孚以翰林国史院编修兼礼部郎中，随吏部尚书梁曾出使安南，后将途中所作诗歌百余首编成此书。

元诗选本（清康熙刻、嘉庆光绪增修）。

4227

夷白斋稿三十五卷拾遗一卷外集一卷校勘记一卷 / （元）陈基撰，胡文楷校勘

陈基（1314—1370），字敬初，临海（今浙江省临海市）人。仕元为经筵检讨，因为人草谏章获罪而引避归里，值南州用兵，起为枢密府都事，转江浙行省郎中，以本职参张士信军事，迁学士院学士。明初，召入预修元史，赐金而还。著有《夷白斋稿》。

胡文楷（1900—1988），字世范，昆山（今江苏省昆山市）人。早年曾在银行就职，又曾任中华书局编辑所校对。性好文学，留心版本校雠之学，曾参加《四部丛刊》校勘工作，点校《丛书集成》，校对《永乐大典》。著有《历代妇女著作考》《闺籍经眼录》《历代名媛文苑》《历代名媛传略》《闺秀艺文志》等。

四部丛刊三编本。

4228

夷白斋稿三十五卷外集一卷 / （元）陈基撰

陈基，见第 4227 条。

明抄本，四库全书本，清小辋川抄本，清环碧山房抄本。

4229

夷白斋稿十八卷外不分卷／（元）陈基撰，（元）戴良编

陈基，见第4227条。

戴良（1317—1383），字叔能，自号九灵山人，浦江建溪（今浙江省诸暨市马剑镇）人。曾任淮南江北等处行中书省儒学提举。后至吴中依张士诚。又复泛海至登莱拟归元军。元亡，隐居四明山。明洪武十五年（1382），因忤逆太祖意入狱。次年，卒于狱中。著有《春秋经传考》《和陶诗》《九灵山房集》等。

清金氏文瑞楼抄本。

4230

夷白斋稿一卷外稿一卷／（元）陈基撰，（清）顾嗣立选

陈基，见第4227条。

顾嗣立（1669—1722），字侠君，长洲（今江苏省苏州市）人。清康熙五十一年（1712）进士，授知县。喜藏书，有藏书楼秀野草堂。著有《秀野集》《闾丘集》《诗林韶濩》等。

元诗选本（清康熙刻、嘉庆光绪增修）。

4231

桐江集八卷／（元）方回撰，（清）阮元辑

方回（1227—1307），字万里，一字渊甫，号虚谷，别号紫阳山人，歙县（今安徽省歙县）人。宋景定三年（1262）进士，历随州教授、江东提举司干办公事、国子正、太学博士通判平江府、秘书郎加直秘阁、知严州等职。入元任建德路总管，后去官。著有《壁流集》《读易释疑》《易中正考》《皇极经世考》《名僧诗话》等。

阮元，见第0646条。

宛委别藏本。

4232

桐江集四卷续集四十八卷／（元）方回撰

方回，见第4231条。

清末周氏鸽峰草堂抄本（清周大辅校）。

4233

桐江集一卷／（元）方回撰

方回，见第4231条。

桐江，指建德（今属浙江

省），方回任建德路总管七年，解官留居又五年，其诗初编集于此时，故冠以桐江名。

元诗选本（清康熙刻、嘉庆光绪增修）。

4234

羽庭集 /（元）刘仁本撰

刘仁本，见第 0678 条。

是集最早成于元至正末，为仁本自编，原为十卷，已佚。清修《四库全书》时从《永乐大典》中辑出并重新编次。

清道光二十八年乾坤正气集本，台州丛书已集本，旧抄本。

4235

梧溪集七卷补遗一卷 /（元）王逢撰

王逢（1319—1388），字原吉，号席帽山人，江阴（今江苏省江阴市）人。元末遗民，避乱于无锡的梁鸿山，不久迁到上海的青龙江，名其寓所为梧溪精舍，自号梧溪子。后又徙居上海的乌泾，筑草堂为最闲园，自称最闲园丁。

是集为王逢“遭丧乱之所作”，集中载宋、元之际忠孝节义之事颇多。

知不足斋丛书本，清同治十三年思补楼木活字印本。

4236

渊颖集十二卷 /（元）吴莱撰

吴莱，见第 1565 条。

是集为吴莱门人宋濂所编，卷一为赋，卷二至四为诗，卷五至十二为文。

金华丛书本（同治光绪刻、民国补刻）。

4237

贞一斋诗文稿二卷 /（元）朱思本撰，（清）阮元辑

朱思本（1273—1333），字本初，号贞一，临川（今属江西省抚州市）人。龙虎山道士。著有《舆地图》。

阮元，见第 0646 条。

原书或题为《贞一稿》《贞一斋诗文稿》。卷一为《贞一斋文》，收杂文，包括《舆地图序》；卷二为《贞一斋诗》，收各体诗、词。两卷诗文编次均无类别之分。

宛委别藏本，抄本，影印本。

4238

贞一稿

见“贞一斋文一卷诗稿一卷”。

明代之属

4239

陈太史无梦园初集三十四卷遗集八卷家乘一卷小品二卷／（明）陈仁锡撰

陈仁锡，见第 0077 条。

诗文别集。初集以“岂有文章惊海内，漫劳车马驻江干”十四字分集。

明崇祯六年张一鸣刻本。

4240

双柏草堂集（舟山稿、使闽稿、北上稿、复用稿、太仓稿、平倭稿各一卷）附名公寄赠庄居集一卷／（明）程良锡撰

程良锡，生卒年不详，新安（今河南省新安县）人。本为商人，后应武试，弃贾从戎，被任命为宣州卫指挥佥事。倭寇猖獗之时多次转战抗倭，战功卓著。

明隆庆三至六年程宗颢、程宗颐等刻本。

4241

丁清惠公遗集八卷／（明）丁宾撰

丁宾（1543—1633），字礼原，号改亭，嘉善（今浙江省嘉善县）人。明隆庆进士。任句容知县，累迁南京右佥都御史兼督操江，率将校乘舟巡视，增兵戍要害。累官至南京工部尚书。著有《丁清惠公遗集》。

明崇祯十一年刻本。

4242

震川文集／（明）归有光撰

归有光，见第 0156 条。

是书又称《震川文集》。其中有论御倭书、御倭议、上总制书、昆山县倭寇始末书等记载嘉靖三十三年（1554）昆山人民英勇抗倭经历、为抗击倭寇、保境安民献计献策的文章。

民国中华书局本。

4243

震川先生集三十卷别集十卷／（明）归有光撰

归有光，见第 0156 条。

见“震川先生集三十卷别集十卷”。

清康熙十四年刻本，清嘉庆元年玉钥堂刻本，四部丛刊本，四部备要本。

4244

汲古堂集二十八卷／（明）何白撰

何白（1562—1642），字无咎，别号丹丘生，又号鹤溪老渔，祖籍乐清，迁居温州。一生布衣，前半生出外游幕，后归隐渚浦东村。著有《山雨阁诗》《榆中草》《汲古堂集》等。

是集为作者自定自选。正文含诗、杂著，共收诗一千五百余首，文百篇。

明万历刻本，明万历刻清康熙重修本，清乾隆二十九年刻本，清道光十六年东瓯梅屿守直堂刻本，清道光董登瀛刻本。

4245

汲古堂集二十八卷续集一卷／（明）何白撰

何白，见第4244条。

明万历刻本。

4246

镜山全集七十二卷首六卷附录五卷／（明）何乔远撰

何乔远，见第0030条。

何乔远卒后，其子纂辑其生平著作成此书，包括了其大量的诗、赋、释经、奏疏、议、揭、书札、序、碑铭等内容。

日本内阁文库藏明崇祯十四年刻本。

4247

忠敬堂汇录八卷新编一卷／（明）胡宗宪撰，（明）胡煜辑，（清）胡嗣运重订，（清）胡渭仁校刊

胡宗宪，见第2202条。

胡煜，见第0158条。

胡嗣运，见第0258条。

胡渭仁，生平事迹不详。

忠敬堂为胡煜室名，是书为胡宗宪著作汇编。

清光绪十三年绩溪胡氏重刻本。

4248

敬和堂集十三卷／（明）许孚远撰

许孚远（1535—1604），字孟中，号敬庵，德清（今浙江省德清县）人。明嘉靖四十一年（1562）进士，授南京工部主事，后调吏部任主事，因与尚书不合而辞官。隆庆初因首辅高拱之荐任考功主事，出为广东佥事。逢倭寇犯广东，许孚远水陆夹攻，擒获倭党七十余人，受到嘉赏。万历年间，

张居正任首辅，谪许孚远为两淮盐运司判官，历兵部郎中，出知建昌府，后擢为陕西提学副使，迁应天府丞，由广东佥事再迁右通政。万历二十年（1592）擢右佥都御史，巡抚福建，在福建着民工垦海涂地八万三千亩，筑城建营房，聚兵防守，并请求将屯田法推行于南日、彭湖、浙中、陈钱、金塘、玉环、南麂诸岛。三年后擢南京大理卿，迁兵部右侍郎，改左侍郎，调北部。卒，赠南京工部尚书，谥恭简。著有《论语述》《敬和堂集》。

是集为万历二十二年（1594）许孚远为福建巡抚时所刊。全书计有序一卷、记一卷、杂著一卷、书一卷、疏二卷、公移二卷。其文多为牍之属，亦有来往应酬的文字。

明万历二十二年序刻本。

4249

霍文敏公全集十卷补遗一卷石头录八卷 / （明）霍韬撰

霍韬（1487—1540），字渭先，初号兀厓，后改渭厓，南海（今属广东省佛山市）人。明正德进士。世宗即位任职方主事。十六年（1521）以议大礼得宠，官至詹事府詹事。卒，谥文敏。著作有《渭厓文集》《西汉笔评》《霍文敏集》等。

清同治元年石头书院刻本。

4250

烬余文集二卷 / （明）李鲁撰

李鲁（1591—1646），字得之，号弘庵，上杭（今福建省上杭县）人。明天启四年（1624）举人，但不愿出外为官。隆武元年（1645），南京被清兵攻占。唐王在福州即帝位，李鲁聚集有志兴明人士在福员山结贞社，规划勤王复国之事。历官工部主事、兵部主事。二年（1646）在坚守上杭城的抗清斗争中遇难。

此书由李鲁的门人和子孙收集其遗留的诗文汇辑而成。

清光绪七年酌雅堂刻本。

4251

重编烬余集六卷 / （明）李鲁撰

李鲁，见第4250条。

民国二十三年铅印本。

4252

重编烬余集六卷首一卷 / （明）李鲁撰，丘复辑

李鲁，见第4250条。

丘复（1874—1950），字果园，别号荷生，自号念庐居士、念庐老人，上杭（今福建省上杭县）

人。清光绪二十三年（1897）举人。三十二年（1906）设立师范传习所，同年创办立本学堂。辛亥革命后当选为福建省临时议会会员。1925年受聘为广东嘉应大学教授。著有《念庐诗稿》《念庐诗话》《念庐文存》等。

民国十四年丘复铅印本，民国二十三年铅印本。

4253

大泌山房集一百三十四卷目录二卷／（明）李维桢撰

李维桢（1547—1626），字本宁，京山（今湖北省京山县）人。明隆庆二年（1568）进士。万历时进修撰，出为陕西右参议，迁提学副使。天启四年（1624）召为礼部右侍郎，旋进尚书。

是集包含诗六卷，文一百二十八卷。

明万历三十九年京山李氏金陵刻本，明万历刻本，明刻本。

4254

林次崖集十八卷／（明）林希元撰

林希元，见第3771条。

见“林次崖先生文集十八卷”。

清乾隆诒燕堂刻本。

4255

林次崖先生集十八卷／（明）林希元撰

林希元，见第3771条。

见“林次崖先生文集十八卷”。

明万历四十年同安知县李春开刻本。

4256

林次崖先生文集十八卷／（明）林希元撰

林希元，见第3771条。

是集为林希元子林有梧所编。凡奏疏四卷；书二卷，附揭帖；序三卷；记、碑共一卷；论、说、议共一卷；杂著一卷；志、表一卷；传、行状一卷；祭文、哀词二卷；诗二卷，附词。

清乾隆诒燕堂刻本。

4257

刘尚宾文集五卷附录一卷刘尚宾文续集四卷／（明）刘夏撰

刘夏（1314—1370），字迪

简，号商卿，安福（今江西省安福县）人。元末客寓洪州，后避居瑞州。因劝说宜春守将归附吴王朱元璋，授尚宾馆副使。明洪武三年（1370）奉召至交趾，事竣回至南宁病故。著有《刘尚宾文集》。

全书实际分为《刘尚宾文集》与《刘尚宾文续集》两部分，文集中包含珍贵的元末农民战争史料。

明永乐刘拙刻成化刘衢增修本。

4258

留庵岛噫诗集一卷／（清）卢若腾撰

卢若腾（1598—1664），字闲之，别字海运，号牧洲，亦号留庵，又称自许先生，浯屿（今属福建省龙海市）人。明崇祯十三年（1640）进士，曾任兵部主事，后任浙江布政使司左参议，分司宁绍巡海兵备道。隆武时，授都察院右副都御史、浙东（温、处、宁、台）巡抚，加兵部尚书。清军南下，兵败负伤回闽，后依附郑成功，在金、厦生活了十几年。著有《留庵文集》《留庵诗集》《岛噫诗》等。

是集收诗一百〇四首，多为卢若腾晚年居金门所作。

清道光十二年刻本。

4259

青溪小草一卷补陀游记一卷／（明）陆宝撰

陆宝（1581—1661），字敬身，一字青霞，号中条，学者称中条先生，鄞城（今属浙江省宁波市）人。清兵入关，建辟尘居于鄞城月湖畔，以遗老自命，不问世事，以点校图书、赋诗度日。其藏书甚富，多异书秘本。藏书楼称南轩，和范氏天一阁、四香居合称鄞地藏书三大家。后为抗击清军，将全部家产捐输军饷，披发遁入山林，藏书四散。著有《霜镜辟尘》《悟香》等。

明万历竹洲山房刻本。

4260

鹿忠节公集二十一卷／（明）鹿善继撰

鹿善继（1575—1636），一作继善，字伯顺，定兴（今河北省定兴县）人。明万历四十一年（1613）进士，授户部主事。崇祯初为太常寺少卿，十五年（1642）率乡人守定兴城，抗御清兵，城破而死。著有《四书说约》《无欲诗钞》《鹿伯顺十五种》《认真草》等。

是集为鹿善继死后亲友所辑，收有《借发金花始末》《马房裁革本末》《折征籽粒本末》《扶孤始末》《篋余》《农曹草》《粤东盐法议》《福建盐法议》《读礼草》《待放草》《典饷草》《枢曹草》《榆关草》《再归草》《奉常草》。

清康熙间寻乐堂刻本。

4261

路文贞公集一卷／（明）路振飞撰

路振飞（1580—1649），字见白，号皓月，曲周（今河北省曲周县）人。明天启五年（1625）进士，授泾阳知县。崇祯六年（1633）巡按福建，击败入犯之海盗和红夷，以京卿录用。谪河南按察司检校，入为上林丞，屡迁至光禄少卿。十六年（1643）擢右都御史，总督漕运，巡按淮扬。福王立南京，官右副都御史。唐王立于福州，召拜左都御史，又拜太子太保、吏部尚书兼文渊阁大学士。清顺治三年（1646），清兵进仙霞关，唐王退走汀州，路振飞追赴不及。汀州破，走居海岛。第二年赴永历之召，卒于途。入清，谥文贞。著有《路文贞公集》《非诗草》。

清道光二十一年洞庭吴氏刻本。

4262

戚少保文集五卷／（明）戚继光撰，（明）陈子龙等编

戚继光，见第0956条。

陈子龙（1608—1647），初名介，字卧子、懋中、人中，号大樽、海士、轶符等，华亭（今上海市松江区）人。明崇祯十年（1637）进士，选绍兴推官，以定乱功擢兵科给事中，未行而北京陷落。不久清兵南下，他与太湖抗清义军联合，事泄被擒投水殉国。著有《诗问略》《白云草庐居》《湘真阁》等。

是书收录部分戚继光的奏疏条议。

明经世文编本。

4263

止止堂集四卷／（明）戚继光撰

戚继光，见第0956条。

是书汇集了戚继光在不同历史时期撰写的赠序、纪行、墓表、墓志铭以及贺表等。其中祭告的内容有的是祭祀在龙山、松海、蔡陂岭抗倭战斗阵亡将士，有的是祭告神明，如海神、城隍之神、江神、六纛之神、马神、景忠山川之神等。

明蓝格抄本。

4264

止止堂集五卷 /（明）戚继光撰

戚继光，见第 0956 条。

明万历刻本，清光绪十四年山东书局刻本。

4265

山海漫谈三卷 /（明）任环撰

任环（1519—1558），字应乾，号复庵，长治（今属山西省长治市）人。明嘉靖二十三年（1544）进士，历官广平、沙河、滑县知县。三十年（1551）迁苏州府同知，招募兵勇，抵御倭寇侵扰。三十二年（1553）大败倭寇于太仓、宝山等地。因抗御倭寇屡建功擢按察司佥事，后又在苏州击退倭寇的围攻，升山东右参政。三十四年（1555）与俞大猷在陆径坝等地连破敌寇，官至苏松兵备副使。

是书包含文二卷、诗词一卷并有附录二卷。

清乾隆二十二年庚玙刻本，清道光四年刻本。

4266

九钥集四十七卷 /（明）宋楙澄撰

宋楙澄，生平事迹不详。

明万历刻本。

4267

远游集十二卷 /（明）汪圣敩撰

汪圣敩，生平事迹不详。

明万历刻本。

4268

王百谷集二十一种四十二卷 /（明）王穉登撰

王穉登（1535—1612），字伯谷，一作百谷，号半偈长者、青羊君、广长庵主、广长闇主、松坛道人、松坛道士、长生馆主、解嘲客卿，生于江阴（今江苏省江阴市）。两游京师，辑《燕市集》《燕市后集》。著有《吴骚集》《吴郡丹青志》《南有堂诗集》《尊生斋集》《王百谷全集》。

是集收有《晋陵集》《金昌集》《燕市集》《青雀集》《客越志》《荆溪疏》《延令纂》《采真篇》《法因集》《吴郡丹青志》《雨航记》《清苕集》《谋野集》等。

明万历四十七年金陵叶氏刻本。

4269

苍霞草二十卷续草二十二卷余草十四卷 /（明）叶向高撰

叶向高，见第 1825 条。

明万历三十年（1602），叶向高

推荐好友沈有容出任福建水师参将，在其率军平倭取得东沙大捷后赋诗相赠，遂成《苍霞草》。到天启年间，此集已递刻成较为完备的别集。有《苍霞草》《苍霞草诗》《苍霞续草》《苍霞余草》《纶扉奏草》《续纶扉奏草》《后纶扉尺犊》。

明末刻本。

4270

叶台山全集百卷／（明）叶向高撰

叶向高，见第1825条。

叶向高著有《四夷草》《苍霞草》《说类》等书，结集为《叶台山全集》。

明万历至崇祯福清叶氏递刻本。

4271

北虏忌讳／（明）俞大猷撰

俞大猷，见第0195条。

见“正气堂集十六卷余集四卷续集七卷”。

清道光二十一年刻本。

4272

正气堂集十六卷近稿一卷镇闽议稿一卷洗海近事二卷余集四卷续集七卷／（明）俞大猷撰

俞大猷，见第0195条。

是集续集内载俞大猷的题本、奏疏、序文、杂文、诗文、祭文等。其中有《拙速解》《兵略问对》《京营战车近议》《为辽东虏情疏》等篇，《洗海近事》记录了其在东南沿海的军事行动。

清道光十六年龙溪孙云鸿刻本，清道光二十一年刻本。

4273

正气堂集十六卷余集四卷续集七卷／（明）俞大猷撰

俞大猷，见第0195条。

俞大猷著作集，一作《北虏忌讳》。

明嘉靖四十四年刻本，明隆庆三年刻本，清道光二十一年龙溪孙氏刻本。

4274

正气堂集十七卷近稿一卷余集五卷续集七卷洗海近事二卷／（明）俞大猷撰

俞大猷，见第0195条。

清道光二十一至二十四年孙氏味古书屋刻本。

4275

正气堂文集十六卷／（明）俞大猷撰

俞大猷，见第0195条。

是书内容含：信札、公牍、奏议、论说等，多涉及防倭、练兵、造船等问题。

明嘉靖四十四年刻本，盔山精舍印本，民国二十三年南京国学图书馆景印明嘉靖刻本。

4276

处实堂后集六卷／（明）张凤翼撰

张凤翼（1527—1613），字伯起，号灵虚，别署灵墟先生、冷然居士，长洲（今江苏省苏州市）人。明嘉靖四十三年（1564）举人。著有《处实堂集》《文选注》《史汉评林》《自著古文》《诗叶》《国朝诗管花集》《梦占类考》《吴中人物志》《文选纂注》《谈辂》等。

明刻本。

4277

处实堂集八卷续集十卷／（明）张凤翼撰

张凤翼，见第4276条。

是集卷首有王世贞、徐显卿序。卷一至卷四为诗，卷五至卷七为文，卷八为《谈辂》（笔记）。

明万历刻本。

4278

奇零草不分卷北征录一卷崇祯十五年壬午科乡试朱卷一卷附张忠烈公年谱一卷／（清）张煌言撰，（张忠烈公年谱）（清）全祖望编

张煌言（1620—1664），字玄著，号苍水，鄞县（今属浙江省宁波市）人。明崇祯十五年（1642）举人。弘光元年（1645）与钱肃乐等起兵抗清，奉鲁王监国，据守浙东。后与郑成功共同抗清。被俘后，就义于杭州，被称为怒海雄师、海上苏武。著有《冰槎集》《奇零草》等集，清末始有《张苍水集》行世。

全祖望，见第4035条。

清光绪十三年傅氏抄本。

4279

奇零草不分卷北征录一卷附张忠烈公年谱一卷／（清）张煌言撰，（张忠烈公年谱）（清）全祖望编

张煌言，见第4278条。

全祖望，见第4035条。

清道光十二年抄本，明嘉靖万历七年刻本。

4280

奇零草一卷北征录一卷北征录文一卷／（清）张煌言撰

张煌言，见第4278条。

清初顺治年间，张煌言曾四次率水师入长江，最后一次在顺治十六年（1659）联同郑成功攻下镇江，包围南京，直取芜湖。由于郑成功的轻敌骄兵，战事转胜为败，张煌言被截断水上退路，不得已突围从皖东南绕浙西山区逃归海上，潜居悬岙岛。其中《北征录》记录了此次北伐经过。

抄本。

4281

张苍水集二卷北征录一卷附张苍水年谱一卷／（清）张煌言撰，（张苍水年谱）（清）赵之谦编

张煌言，见第4278条。

赵之谦（1829—1884），初字益甫，号冷君，后改字撝叔，号悲庵、梅庵、无闷等，会稽（今属浙江省绍兴市），一作归安（今浙江省湖州市）人。清咸丰间举人，历官江西鄱阳、奉新知县。著有《悲盦居士诗剩》《梅盦集》《补寰宇访碑录》《勇卢闲诘》《张忠烈公（煌言）年谱》等。

是集在清代被列入禁书，因而仅有抄本传世。清光绪二十七年（1901），章太炎根据甬上张氏《奇零草》的抄本，改题曰《张苍水集》行世。

清末铅印本。

4282

张苍水全集十二卷补遗一卷附录四卷题咏二卷张忠烈公诗文题中人物考略一卷补一卷／（清）张煌言撰　黄节编

张煌言，见第4278条。

黄节（1873—1935），原名晦闻，字玉昆，笔名纯熙、佩文、蒹葭楼主等，后改名节，别署晦翁、黄史氏，顺德（今属广东省佛山市）人。早年参与创立国学保存会。辛亥革命后历任广东高等学堂监督、北京大学教授，广东省教育厅长、通志馆长。著有《蒹葭楼诗》等。

是集为清宣统元年（1909）黄节根据清傅氏长恩阁《张忠烈公集》抄本，经过仔细校勘编订而成。

国粹丛书本。

4283

张忠烈公集十二卷补遗一卷首一卷末一卷附录二卷／（清）张煌言撰

张煌言，见第4278条。

清傅氏长恩阁黑格抄本，清末民国初张氏约园黑格抄本。

4284

张忠烈公文集／（清）张煌言撰，（清）傅以礼辑

张煌言，见第4278条。

傅以礼（1827—1898），字戊臣，号小石，别署节庵学人，会稽（今属浙江省绍兴市）人。历县丞，拔道员，署福州府事，加盐运使衔。著有《有万熹斋石刻跋》《华延年室题跋》《长恩阁书目》。

清光绪十年傅以礼抄本。

4285

张忠烈诗文集四卷／（清）张煌言撰

张煌言，见第4278条。

诗文集。是书收录了张苍水在战斗生涯里写成的大量诗文，保存了丰富的历史史料。

清抄本。

4286

宝日堂初集三十二卷／（明）张鼐撰

张鼐，见第0196条。

清抄本。

4287

周禹川集五卷／（明）周大章撰

周大章，见第0823条。

是书含《文艺集》《御倭武略》。其中《文艺集》皆所做杂文，《御倭武略》三卷，前二卷载《防倭方略》，后一卷附录投赠诗文。嘉靖中，江南屡遭倭寇侵扰，周大章以书生佐守吏，调兵食，所至克捷，乡里实受其利。然周大章生平本不以文章名，其《御倭武略》中多载公移、札付之类，尤为丛杂。

直隶总督采进本。

4288

远游篇十二卷／（明）周婴撰

周婴（1583？—1651？），原名中规，更名婴，字方叔，莆田（今福建省莆田市）人。明崇祯十

三年（1640）以明经贡入京，后赐进士。授上犹知县，为官清廉，崇尚文雅。未几，辞官归家。除到过燕京、广东一些地方外，其活动范围主要在八闽之地。著有《远游篇》《卮林》等。

诗文集。明天启五年（1625），周婴从厦门游击将军车叔寿“料兵于海”，了解到不少关于台湾的情况，对沿海军民抗击荷兰、倭寇的斗争十分熟悉和赞同。是书收有《东番记》赋，叙述台湾地理、社会组织、生产活动，衣食住行、婚姻家庭、生养死葬等习俗以及音乐、舞蹈等。文末还有大陆汉族在台湾从事捕鱼、打柴、交易的记录。

明末刻本，清濯来亭抄本。

4289

甓余集十二卷／（明）朱纨撰

朱纨（1492—1549），字子纯，号秋崖，长洲（今属江苏省苏州市）人。明嘉靖二十五年（1546）累官右副都御史，巡抚南赣。翌年改任提督浙闽海防军务，巡抚浙江，严行海禁以御倭。二十七年（1548）遣都司卢镗破双屿倭寇，不久遭浙闽通倭势家攻讦，谪为巡视。二十八年（1549）于诏安击败葡萄牙海盗，斩杀与倭寇及葡萄牙海盗勾结的李光头等九十六人，又被劾为擅杀，解职按问，后含愤服毒自尽。著有《茂边纪事》等。

是集九卷以前，皆其在官时的章疏公移。十卷曰《海道纪言》，为其巡抚闽浙时所著诗文。十一卷即《茂边纪事》，其整饬威茂兵备时所著，有《平寇始末》等，并诗数十首。末卷曰《永感录》，则其先人行述志铭及诸人赠言也。

明刻本。

4290

甓余杂集十二卷／（明）朱纨撰，（明）朱纯甫编

朱纨，见第4289条。
朱纯甫，生平事迹不详。

是集完成于嘉靖二十八年（1549）。卷二至卷六收朱纨奏疏四十五篇，其中有佛郎机和双屿港的资料。

明朱质刻本。

清代之属

4291

海国胜游草一卷天外归帆草一卷／（清）斌椿撰

斌椿，见第1632条。

近代诗集。为斌椿于清同治五年（1866）出游欧洲的纪游之作。

其中《大沽炮台》示其由天津海轮启程，《黑海洋大风》歌颂制造精良的轮船，《越王国杂咏》描写越南人民的风俗文化，《泊舟锡兰岛》抒发作者与二十八个国家人士同处一舟的新鲜感受。

清末抄本。

4292

籀经堂集十四卷补遗二卷／（清）陈庆镛撰，（清）何秋涛编，（补遗）（清）龚显曾编

陈庆镛（1745—1858），字乾翔，号颂南，学者称颂南先生，晋江（今福建省晋江市）人。清道光十二年（1832）进士，授户部主事，迁员外郎，擢监察御史，屡次上疏建议朝廷在台湾加强武备，防止和抵抗英国等帝国主义者侵略。二十五年（1845）升为给事中，因事被降为光禄寺署正。翌年乞求离职归家。咸丰帝即位后，被授为御史。后太平军起事，蔓延到泉州、漳州等郡。咸丰三年（1853）受命回籍办理团练。七年（1857），太平军进攻泉州，陈庆镛激励士子、百姓严守城池，太平军围攻数日后撤退。评论战功，以道员的身份在吏部听候铨选授官。著有《籀经堂文集》《三家诗考》《说文释》《古籀考》等。

何秋涛，见第1078条。

龚显曾（1841—1885），字毓沂，号咏樵，曾号盥薇公子，祖籍晋江（今福建省晋江市），世居泉州城内。早年与内兄陈棨仁等拜陈庆镛为师，攻研经学，旁及金石考据学。清同治二年（1863）进士，授翰林编修。不久因病乞假归里，后曾主讲丹霞书院，以教书、藏书兼著述为乐事。光绪十年（1884），越法战争爆发，团练大臣林寿图奏请其为襄办，因积劳成疾卒于任上。著有《温陵遗书》《薇花吟馆诗存》《龚显曾丛抄》《亦园脞牍》《葴斋金石目》《葴斋诗话》《金史艺文志补录》等。

清同治十三年晋江龚氏诵芬堂活字本。

4293

籀经堂类稿二十四卷／（清）陈庆镛撰，（清）陈棨仁辑

陈庆镛，见第4292条。

陈棨仁（1837—1903），字戟门，又字铁香，人称铁香先生，祖籍晋江（今福建省晋江市石狮永宁），幼年迁居泉州。清同治十三年（1874）进士，初授翰林院庶吉士，后改刑部主事。光绪初为台湾防御之事上疏，朝论嘉评，授中宪大夫知府衔广东补用。后辞官回

乡致力于文教，先后主持泉州清源书院，晋江石井书院、鹏南书院，南安双溪书院，厦门玉屏书院、紫阳书院，漳州丹霞书院，尤溪霞文书院等山长三十余年，桃李遍闽南。金门、台湾士子慕其名，不畏瀚海风波投其门下。著有《闽中金石略》《闽诗纪事》《说文丛义》《海纪辑要》《藤花吟馆诗录》。

是集收有奏疏、经说、赋古今、序引、题词、赠序、跋、考、书、铭、说、策、钟鼎考释、传记、碑志、哀诔等。

清光绪九年刻本。

4294

婆娑洋集二卷／（清）范咸撰，（清）孙尔准辑

范咸，见第3443条。

孙尔准，见第3227条。

该书成于清乾隆年间，所咏皆系台事，可备一方文献。

清道光刻本。

4295

二知轩文存三十四卷／（清）方浚颐撰

方浚颐，见第0259条。

是书收文六百余篇，论说多评论古今之作，唯对新事物持保守态度。

清光绪四年刻本。

4296

婆娑洋杂咏／（清）黄继光撰

黄继光，生卒年不详，字耿莽，海阳（今广东潮安）人。清乾隆孝廉，官职不详。清乾隆五十三年（1788）曾赴台湾公务，对当地风情有所了解，遂撰《婆娑洋杂咏》。

婆娑洋，台湾的称谓之一。是书收绝句百首，记台湾景物。

清道光四年刻本。

4297

马巷集一卷／（清）黄家鼎撰

黄家鼎，见第3303条。

是书乃黄家鼎任职马巷厅时之著述，因称之为《马巷集》。收入记、序、碑、传等共二十二篇，并附诗六首。所载多涉及马巷、金门之事迹，如《马巷舫山书院碑记》《小刀会匪纪略》《苏廷玉传》等。

清光绪二十一年福州刻本。

4298

晋江黄尚书公全集二十三卷／（清）黄宗汉撰

黄宗汉，见第0626条。

此书为黄宗汉之子将黄宗汉所作诗、文、奏疏等汇编而成。

稿本。

4299

日本杂事诗二卷 / （清）黄遵宪撰

黄遵宪，见第1916条。

是集收近体诗一百五十余首，多记载日本风土人情、生活习惯、语言特点，广涉地理、商业、教育、法律等方面。

清光绪五年铅印本，清光绪十一年广东黄氏鸳江権舍刻本，清光绪十二年中华印务总局铅印本，清光绪二十四年长沙富文堂刻本，清光绪二十五年长沙刻本。

4300

日本杂事诗一卷 / （清）黄遵宪撰

黄遵宪，见第1916条。

清光绪二十四年长沙富文堂刻本。

4301

新编日本杂事诗一卷附黄遵宪年谱一卷 / （清）黄遵宪撰，（日本）武田熙编

黄遵宪，见第1916条。

武田熙，生平事迹不详。

民国三十三年北京祝惺元铅印本。

4302

蓉州诗文稿 / （清）季麒光撰

季麒光，见第1356条。

是稿收《蓉洲诗稿》《蓉洲文稿》，另附有《三国史论》和《东宁政事集》。

清康熙三十三年刻本。

4303

环游海国图诗一卷 / （清）李圭撰

李圭，见第0287条。

清光绪间铅印本。

4304

威凤堂集十五种附一种 / （清）陆圻撰

陆圻（1613—1667?），字丽京，一字景宣，号讲山，钱塘（今浙江省杭州市）人。明贡生，入清不仕。陆圻走海上参加义军。事败，以奉母归隐，卖药为生。清康熙初，庄廷鑨明史案发，受累系狱，得释免死。于康熙六年（1667）出家，不知所终。著有《威凤堂集》《西陵新语》《威凤堂偶录》等。

是集分为论部、记部、俪语部、祭文部、诗部五部分。

清抄本。

4305

柏枧山房文集十九卷／（清）梅曾亮撰

梅曾亮（1786—1856），原名曾荫，字伯言，又字葛君，上元（今江苏省南京市）人。清道光二年（1822）进士，以知县衔分派贵州，因父母年老未赴任，于次年告病缴照。后曾入安徽巡抚邓廷桢与江苏巡抚陶澍幕。道光十四年（1834）授户部郎中官，二十九年（1849）去官回乡。著有《柏枧山房集》。

正文分为论说、赠序、书后、墓志铭、书信、传记等类，类下按年编次，共收录文章二百八十三篇。

清咸丰五年涵通楼刻本。

4306

东瀛百咏一卷／（清）齐鲲撰

齐鲲，见第1936条。

是书为齐鲲使琉球所作诗章。另记有关册封使数据、关于琉球音乐歌舞数据、使事活动以及琉球的风土人情。包含出京都至福州的沿途见闻、从福州开船至那霸入港的航海过程、在琉球的活动及所见所闻等内容。

清嘉庆十三年刻本。

4307

金门稿六卷望庐集句一卷／（清）钱芳标撰

钱芳标（1635—1679），字葆馚，号宝汾，华亭（今上海市松江区）人。清康熙五年（1666）举人，授内阁中书。

清康熙刻本。

4308

投笔集二卷／（清）钱谦益撰

钱谦益（1582—1664），字受之，号牧斋，晚号蒙叟、东涧遗老，常熟（今江苏省常熟市）人。明万历三十八年（1610）进士，授翰林院编修。作为东林魁首，历官右春坊中允、詹事、礼部侍郎，南明弘光朝礼部尚书。清顺治二年（1645）剃发降清，任礼部右侍郎管秘书院事、充修《明史》副总裁。四年（1647）入狱，出狱后寄寓拙政园。六年（1649）返回常熟暗中与西南和东南海上反清复明势力联络。十一年（1654），郑成功、张名振北伐，钱谦益与柳如是又积极响应“尽囊以资之”。起事失败后秘密策划接应郑成功再度北伐，在长江口筑红豆庄刺探海上消息。著有《初学集》《有学集》《投笔集》等。

诗别集。共收一百余首诗，按年编次，诗作始于顺治十六年（1659），止于康熙二年（1663）。其诗多以《秋兴》《后秋兴》为题，诗中自言“百篇学杜拟商歌”，多因事命笔，或讴歌郑成功胜利进军长江，或借宋亡国事为喻，追念明朝，抒发抗清思想。

清抄本。

4309

投笔集笺注二卷 /（清）钱谦益撰，（清）钱曾注

钱谦益，见第 4308 条。

钱曾（1629—1701），字遵王，号也是翁，虞山（今江苏常熟）人。清藏书家、目录学家、版本学家。编有《述古堂藏书目》《也是园书目》《读书敏求记》。开启后人编善本书目之先例。

清宣统二年顺德邓氏风雨楼铅印本。

4310

夕阳寮存稿续集五卷 /（清）阮旻锡撰

阮旻锡，见第 0305 条。

是集收有诗五百余首，文八十篇。

写本。

4311

揅经室集五十八卷 /（清）阮元撰

阮元，见第 0646 条。

清道光三年阮氏文选楼刊道光咸丰续增本。

4312

沈文肃公遗稿一卷 /（清）沈葆桢撰

沈葆桢，见第 0915 条。

清光绪刻本。

4313

戎马风涛集六卷 /（清）沈汝瀚撰

沈汝瀚，见第 3899 条。

是集卷一至二《我师录》，辑宋明以来议论身心之言；卷三《固圉录》，议论古代守御之法；卷四《除氛录》，记其主持镇压台湾张丙等起义事；卷五《学治录初编》，皆道光十七年（1837）任台防厅同知时有关台湾治安奏禀；卷六《学治录二编》，皆属泉州府

篆及署长泰县篆所办各事录要。《禀查办鸦片烟土及各出海口情形》及《驱逐夷船》等文，皆记道光十二年（1832）前后外国鸦片毒品在粤闽私贩情形。文多记事，而所涉鸦片战争前夕沿海情形，多为史书所不载。

清道光十八年刻本，清道光二十年刻本。

4314

婆娑洋集一卷／（清）孙尔准撰

孙尔准，见第3227条。

孙尔准道光三年（1823）调福建巡抚，该书为其道光四年（1824）巡视台湾时所作。

清道光刻本。

4315

台阳集一卷／（清）唐赞衮撰

唐赞衮，见第1419条。

是书收宦台诗作二百一十余首及台湾关系文献集。

台湾文献丛刊本。

4316

陶中丞遗集二卷附录一卷／（清）陶朗先撰

陶朗先（1579—1625），字元晖，原籍秀水（今属浙江省嘉兴市），寓居吴江（今属江苏省苏州市）。明万历三十四年（1606）举人，翌年进士，授南京工部主事。三十九年（1611）执掌芜湖关税收，转屯田司郎中。四十一年（1613）调任登州府知府，正逢年成不好，奏请开海禁，运辽东粮食接济，招募开垦岛田七千亩，积谷三十万石。考绩列第一，升山东按察副使。四十六年（1618）负责海运粮食，两年间输辽一百八十万石。天启元年（1621）辽东被努尔哈赤全部占领，他又从海运道上追回二十万石饷粮。朝廷议定从通津、登莱、朝鲜三个方向进取辽东，协助经略使熊廷弼筹得兵员三万、良马万匹、艨舰二千艘，后被诬陷拨粮到淮南造船是为私利下狱遭刑，绝食数日而死。崇祯元年（1628）冤案得雪。

明季辽事丛刊本。

4317

海运诗编／（清）陶澍编

陶澍，见第0656条。

由陶澍主持，将有关官员吟咏道光六年漕粮海运所得诗篇进行编辑，汇成《海运诗编》，成为清代漕粮海运的第一部歌咏诗汇。

清道光善化陶氏刻本。

4318

东海行吟一卷／（清）汪化鹏撰，（清）王藻选

汪化鹏，生平事迹不详。

王藻，生平事迹不详。

清咸丰七年刻崇川各家诗钞汇存本。

4319

悔斋集八种／（清）汪楫撰

汪楫，见第1948条。

是书收《中山沿革志》，系册封琉球国王时所作，还有《使琉球杂录》《悔斋诗》《山闻诗》《山闻续集》《京华诗》《册封琉球疏钞》《观海集》。

清康熙雍正刻汇印本。

4320

一肚皮集十八卷附小草拾遗经余杂录选／（清）吴子光撰

吴子光，见第1431条。

清光绪元年吴氏双峰草堂刻本。

4321

奉使琉球诗三卷词一卷文一卷／（清）徐葆光撰

徐葆光，见第1985条。

是书目录及版心均作奉使琉球诗，扉页题海舶三集。三卷分别为舶前集、舶中集、舶后集。其中，舶前集记徐葆光自受命以后赴热河请训及赴福建途中见闻；舶中集记航海及琉球国事；舶后集记返国复命诸事。

清雍正十一年汪栋刻本。

4322

海舶集三卷／（清）徐葆光撰

徐葆光，见第1985条。

见“奉使琉球诗三卷词一卷文一卷”。

清雍正十一年汪栋刻本。

4323

薛叔耘遗著十六种／（清）薛福成撰

薛福成，见第0916条。

是书收《庸盦文稿》《庸盦文三编》《蓉湖古文稿》《函稿》《幕府文牍》《公事禀信稿簿附公牍》《奏稿》《出使信函稿》《出使信函草稿》《西征零草》《出使公牍》《出使四国奏疏》《驻法奏疏》《出使奏疏草稿》《析津消夏笔记》等。

稿本。

4324

庸庵海外文编四卷／（清）薛福成撰

薛福成，见第0916条。

是书辑录薛福成清光绪十五年（1889）至光绪二十年（1894）出使英、法、意、比四国期间所作奏议、论说、书牍、序跋、传状、碑志等而成。

清光绪二十二年醉六堂石印本。

4325

庸庵全集十种四十七卷／（清）薛福成撰

薛福成，见第0916条。

是集包括《庸庵文编》《续编》《外编》《筹洋刍议》《浙东筹海防录》《出使日记》《海外文编》《出使奏疏》《出使公牍》《日记续刻》等。

清光绪十至二十四年无锡薛氏刻本。

4326

庸庵文别集六卷／（清）薛福成撰

薛福成，见第0916条。

是书含奏疏、书牍、论说、书后、记序、家传六类，各类编年排列，为《庸庵全集》未收文稿之结集。

清光绪二十九年醉六堂石印本。

4327

庸庵文外编四卷／（清）薛福成撰

薛福成，见第0916条。

是书收有《酌议北洋海防水师章程》等。

清光绪二十三年醉六堂石印本。

4328

严乐园集五种／（清）严如煜撰

严如煜，见第2290条。

是集包括《乐园文钞》和《乐园诗稿》六卷（《汉南集》《感旧集》《诗史集》各一卷，《苏亭集》三卷）。

清道光刻本。

4329

乐园文钞八卷／（清）严如煜撰

严如煜，见第2290条。

此文集卷一为辨书后论。卷二为论，皆讨论古事之文。卷三为说记序。卷四为纪略传书事墓志行状哀辞书。卷五为苗疆总义。卷六为御试集。卷七漠南杂著，而畿辅水利诸文附后。卷八为寿序。

清道光二十四年严正基刻本。

4330

海门二十景诗册一卷／（清）杨镜涵撰，胡峻声绘

杨镜涵，生卒年不详，名蓉初，字镜涵，海门（今江苏省海门市）人。清同治七年（1868）署温州通判，八年（1869）补处州府同知兼署知府。著有《广农桑说》《劝农诗》。

胡峻声，生平事迹不详。

一作《海隅纪迹》，是书系杨蓉初于清咸丰十年（1860）奉派来海门办理军务时著。海门二十景分别是：狮山闲眺、徐堤虹偃、兰若晴钟、龙津渔火等，每题一诗，描摹景物，亦常借景抒发个人情志。

清咸丰刻本。

4331

海隅纪迹／（清）杨镜涵撰，胡峻声绘

杨镜涵，见第4330条。

胡峻声，见第4330条。

见“海门二十景诗册一卷”。

清同治刻本。

4332

东溟文集六卷文外集四卷文后集十四卷文外集二卷／（清）姚莹撰

姚莹，见第1048条。

集中埔里社纪略、噶玛兰原始、噶玛兰入籍、西势二十社、东势十六社诸目与台湾土著民族关系十分密切，分别以埔里社纪略、噶玛兰纪略、东西势社番记为篇名，被收入《小方壶斋舆地丛钞》。对当地番社之位置、社数、经济生产、生活习俗均有较详的记述。

中复堂全集本。

4333

中复堂全集九种附一种／（清）姚莹撰

姚莹，见第1048条。

诗文别集。是集包含《东溟文集》《外集》《文后集》《文外集》《后湘诗集》《二集》《续集》《东溟奏稿》《识小录》《东槎纪略》《寸阴丛录》《康輶纪行》《姚氏先德传》《中复堂遗稿》《续编》。附录姚浚昌《中复堂年谱》。

清道光刻本，清同治六年姚浚昌安福县署刻本。

4334

航海吟草不分卷／（清）奕譞撰

奕譞，见第0357条。

诗集。清光绪十年（1884），奕譞建议建海军，次年成立海军衙门，任总理节制沿海水师，还议定练海军自北洋始，由李鸿章负责。光绪十二年（1886）春，北洋海军已拥有大小战舰五艘，还有蚊船、雷艇等，并继续向英、德等国购买战舰，渐次成军。是年五月，醇亲王奉慈禧之命巡阅北洋海军，由善庆陪同，与李鸿章自大沽口出海。其先后到达旅顺、威海、烟台等处，观看海军操练，视察炮台、船坞及水师学堂等处，沿途吟诗纪游，计得诗五十首，汇编成此集。

清光绪十三年上海同文书局石印本，清光绪刻本。

4335

柳渔诗钞十二卷／（清）张湄撰

张湄（1695—?）字鹭州，号南漪，一号柳渔，钱塘（今浙江省杭州市）人。清雍正十一年（1733）进士，官至兵科给事中。

诗编年，始雍正七年（1729），止于乾隆十五年（1750）。凡一千三十六首。其中《海槎集》乃乾隆五年（1740）官台湾道时所作，录诗五十余首，皆记台湾名胜风俗。

清乾隆十五年圣雨斋刻本。

4336

使东诗录／（清）张斯桂撰

张斯桂，见第2173条。

诗集。是书为洋务运动时期的重要涉海游记，涉及赴日行程、习俗、教育、军事、商业等领域，包含《轮船起程出洋》《傍晚过花脑山出大洋》《过绿水洋》《过黑水洋》《船中卧浪戏咏》《泊长崎》《游长崎街市》等诗四十首。

清抄本，小方壶斋舆地丛钞本。

4337

海国咏事诗一卷／（清）张芝田撰

张芝田，生卒年不详，字仙根，梅县（今属广东省梅州市）人。贡生。与张煜南交谊甚深，曾受其委托参与编辑大型诗歌总集《梅水诗传》。著有《嘉应乡土志》

《梅州竹枝词》。

张芝田帮助张榕轩校录《海国公余辑录》书稿的过程中，写成此书。是书涉及世界各国的风土人情和政商历史，其中记叙南洋爪哇、苏门答腊的内容尤为详细丰富，除耳闻目睹外，张芝田诗作的重要信息来源来自张榕轩的陈述。

海国公余辑录本。

4338

续海国咏事诗二卷 / （清）张煜南撰

张煜南，见第 0923 条。

《海国咏事诗》续补的诗集。是书系张榕轩漫游欧美各国的诗作，他先后到过英、美、法、德、意、荷、比、希腊、瑞士、俄国、日本各国首都和名山大川胜迹，游踪所及，皆有诗纪行，大都是对各国自然风光、风俗习惯、社会百态的吟咏以及宴会唱酬之作。

海国公余辑录本。

4339

海槎集一卷 / （清）赵文楷撰

赵文楷，见第 2013 条。

清抄本。

4340

石柏山房诗存八卷首一卷 / （清）赵文楷撰

赵文楷，见第 2013 条。

清咸丰七年太湖赵氏于惠潮嘉道署刻本。

4341

东海更言不分卷附厦门泉州杂咏一卷 / （清）忠满撰

忠满，生卒年不详，字若虚，满洲旗人。曾官浙江余姚知县，光绪二十一年（1895）以安平知县署理台南知府兼护台湾道。

《东海更言》收作者游历台湾所做诗歌十六首，后附厦门泉州杂咏六首。

抄本，清光绪刻本。

4342

日本纪游诗二卷 / （清）庄介祎撰

庄介祎，生卒年不详，原名介祺，字吉云，大兴（今属北京市）人。纳粟为丹徒籍贡生。曾任灵璧县知县。曾随何如璋出使日本。著有《日本纪游诗》《使东杂咏》《梦蝶山房试帖》《濠梁宦游草》等。

清光绪二十一年（1895），庄介祎随何如璋出使日本，考察政治风俗。是书通过诗赋记述日本的风土人情等。

清光绪九年刻本。

4343

万物炊累室类稿十七卷／沈同芳撰

沈同芳，见第3982条。

是书收有沈同芳所撰《中国渔业历史》。

清宣统三年中国图书公司铅印本。

4344

盛宣怀书劄不分卷／盛宣怀撰

盛宣怀（1844—1916）清末江苏武进（今属江苏省常州市）人，字杏荪，号愚斋。曾任上海轮船招商局会办，中国电报局总办。创办北洋大学堂、华盛纺织总厂、中西学堂，中国通商银行，经办汉阳铁厂、大冶铁矿、芦汉铁路、萍乡煤矿。1902年后，任工部左侍郎、中国红十字会会长，邮传部尚书，邮传部大臣。有《愚斋存稿》《盛宣怀未刊信稿》等。

清光绪思补楼刻本。

民国之属

4345

海滨集四卷／王春林撰

王春林，生平事迹不详。

民国二十四年崇明报馆铅印本。

4346

青岛纪游诗不分卷／袁励准撰

袁励准（1875？—1935），字珏生，宛平（今属北京市）人。清光绪二十四年（1898）进士。历任翰林院编修、京师大学堂提调、工业学堂监督、甲辰会考同考官、南书房行走、翰林院侍讲、清史馆纂修。

民国恐高寒斋刻朱印本。

总集类

断代之属

4347

皇明经世文编／（明）陈子龙、宋征璧、徐孚远等编

陈子龙，见第4262条。

宋征璧（1602？—1672），原名存楠，字尚木，松江（今上海市松江区）人。明天启七年

（1627）举人，崇祯十六年（1643）进士，明亡降清。

徐孚远（1599—1665），字闇公，华亭（今属上海市）人。明崇祯十五年（1642）举人，清顺治二年（1645）在松江起义抗清。失败后入闽，唐王授以福州推官，升兵科给事中。唐王政权覆灭后，渡海入浙。后鲁王至舟山，往从之，任左佥都御史。顺治八年（1651），从鲁王亡入闽。十五年（1658），桂王遣使至，任左副都御使。入潮州，继续从事抗清复明活动。后病逝。著有《钓璜堂集》《交行摘稿》等。

见“明经世文编五百零四卷补遗四卷”。

4348

明经世文编五百零四卷补遗四卷／（明）陈子龙、宋征璧、徐孚远等编

陈子龙，见第4262条。
宋征璧，见第4347条。
徐孚远，见第4347条。

原作《皇明经世文编》，成书于明崇祯十一年（1638）。是书以著作者为纲，按年代先后编次，辑录明代一千多种文集中有关军事、形势、时政、边防、礼仪、赋役、刑法及农事、海运、水利、财政、科举等方面的奏疏、书信、著述。

明崇祯刻本。

4349

李江洲遗墨题跋一卷陆右丞蹈海录一卷／（明）丁元吉辑

丁元吉，见第0493条。

见“陆右丞蹈海录一卷附录一卷”。

清王乃昭抄本。

4350

海国宣威图题咏一卷／（明）刘一龙，（明）丘一龙撰

刘一龙，生卒年不详，沙园所（今浙江瑞安市沙园村）人。明代曾任千户。

丘一龙，生卒年不详，字羲瑞，号雨川，明世袭沙园所（今浙江瑞安市沙园村）百户。著有《雨川诗集》。

彩绘本。

4351

闽海赠言五卷末一卷／（明）沈有容辑

沈有容，见第2220条。

诗集。明万历三十年（1602），

沈有容奉命驱逐海盗，事成之后，友人以诗相赠，辑成是书。

日本东京大学藏本。

4352

皇明经济文录四十一卷／（明）万表辑

万表，见第0960条。

是书系在黄训《名臣经济录》及《九边十三省录》、自编《漕暇录》基础上辑录而成，按开国、保治、六部、十五行政区划、九边通考等编辑。

明嘉靖三十三年曲入绳游居敬刻本。

4353

最新经世文编一百三十卷／（清）宝善斋主人辑

宝善斋主人，生平事迹不详。

清光绪二十八年上海宝善斋石印本。

4354

皇朝经世文新编续集二十一卷／（清）甘韩辑

甘韩，生平事迹不详。

清光绪二十八年绛雪斋书局石印本。

4355

皇朝经世文编一百二十卷／（清）贺长龄等编

贺长龄，见第0614条。

是书按事分纲立目，共有八纲六十三目，系由清代学者、官僚、士人论政、奏疏、书、信、序、记汇编而成。全书有儒行、广论、文学、政本、治法、用人、大吏、守令、吏胥、幕友、理财、屯垦、八旗生计、农政、仓储、荒政、漕运、盐课、榷酤、祭祀、正俗、兵制、屯饷、马政、保甲、兵法、地利、塞防、山防、海防、蛮防、苗防、剿匪、水利通论、直隶水利、直隶河工、江苏水利、各省水利、海塘等六十余具体时政问题。

清道光六年刻本，清光绪十六年刻本，民国三十六年上海广百宋斋排印本。

4356

皇朝经世文续编一百二十卷／（清）饶玉成辑

饶玉成，生卒年不详，字新泉，富文堂主人，亦名双峰书屋主人，东乡（今江西省东乡县）人。清咸丰五年（1855）任长沙县尉。家富藏书，咸同间设肆于厂东门内路北。刻有《皇明经世文编》《余墨偶谈》《十三经注疏》《全唐诗》

《宝绘录》《昭明文选》等。

体例、卷次、门目均依贺长龄《皇朝经世文编》，共增选五百一十九篇，时间截至光绪初年。

清光绪八年江右双峰书屋刻本。

4357

皇朝经世文续编一百二十卷／（清）葛士浚撰

葛士浚（1848—1895），字季源，号子源，上海（今上海市）人。肄业于上海龙门书院，沉潜好学，留心世务。

葛士浚以贺长龄、魏源《皇朝经世文编》成于清道光六年（1826），已历六十年，时殊世易，遂于光绪十二年（1886）复辑道光、咸丰、同治、光绪历朝名人匡济时世之文成此编。分学术、治体、吏政、户政、礼政、兵政、刑政、工政、洋务九纲，七十余子目。较贺编新增洋务、算学、疆域诸纲。

清光绪十四年上海图书集成书局排印本。

4358

皇朝经世文三编八十卷／（清）陈忠倚辑

陈忠倚，生卒年不详，字鹤浦，号淞南香隐，江苏人。

继贺长龄《皇朝经世文编》、葛士浚《皇朝经世文续编》辑成，断至光绪二十三年（1897）。书中多中日甲午战争以后有关时务之论述，外国人议论亦采入。其学术、治体、吏政、户政、礼政、兵政、刑政、工政、洋务九纲与葛编同，其中变法、约章、聘使、邮政、操练、制造、工程、船政、矿务、外洋沿革、外洋国势等子目有所增改。

清光绪二十八年上海书局石印本。

4359

皇朝经世文四编五十二卷／（清）何良栋辑

何良栋，见第0092条。

何良栋继葛士浚《皇朝经世文续编》、陈忠倚《皇朝经世文三编》，搜辑新出救时济世之文成此编，西人论说亦采入。治体、学术、吏政、户政、礼政、兵政、刑政、工政、外部九纲仍二、三编旧例，唯改洋务为外部。较二、三编所增改之子目有：富强、国债、税则、钞法、银行、赛会、公司、公法、议院、善举、埠政、治道、史传、地志等，共六百七十篇。

清光绪二十八年石印本。

4360

皇朝经世文统编一百二十卷／（清）□□辑

一作《增辑经世文统编》。编者以《皇朝经世文编》《续编》《三编》《新编》卷帙浩繁，乃选择精要，重行改辑成此编。学术、治体、吏政、户政、礼政、兵政、刑政、工政、洋务九纲沿用《续编》之旧。增改子目有经学、史学、子学、译书、关税、厂局、分界、外记等，共一千八百三十三篇。

清光绪二十七年上海慎记石印本。

4361

增辑经世文统编／（清）□□辑

见“皇朝经世文统编一百二十卷”。

4362

皇朝经世文编五集三十二卷／（清）求是斋辑

清光绪二十八年上海宜今室石印本。

4363

皇朝经世文三编增附时事洋务／（清）三画堂主人辑

三画堂主人，生平事迹不详。

见“皇朝经世文新增时务续编”。

4364

皇朝经世文新增时务续编四十八卷／（清）三画堂主人辑

三画堂主人，生平事迹不详。

一作《皇朝经世文三编增附时事洋务》。是编分时务四十卷，洋务八卷，主要辑录同治、光绪年间洋务官僚（李端棻、盛宣怀等人）和维新人士（汪康年等）的言论。时务卷以名臣奏议为主，兼及通儒伟论、各报之要闻，其有关洋务、变法的言论大多主张推广学校、以培养中西学兼通的人才，以及以开矿、铁路、邮政、商业等为自强之要途；洋务卷以地球各国之掌故为主，专述各国国情，有《瀛海各国统考》《教派考》《和约考》《博览会考》《刑礼考》《风俗考》《军政考》《英国铁路考》诸文。

清光绪二十三年扫叶山房排印本。

4365

皇朝经世文统编一百零七卷／（清）邵之棠辑

邵之棠，生平事迹不详，字润甫。

清光绪二十七年（1901），清廷下令举行经济特科考试，邵之棠取《皇朝经世文编》《续编》《三编》诸文别择、补辑，依经济八科之分科重为分部，分文教、舆地、内政、外交、理财、经武、考工、格物、通论、杂著十门，共二千六百六十四篇。

清光绪二十七年上海宝善斋石印本。

4366

皇朝经世文续编一百二十卷／（清）盛康辑

盛康（1814—1902），字勖存，号旭人，别号待云庵主，晚号留园主人，常州（今江苏省常州市）人。盛宣怀之父。清道光二十四年（1844）进士，授工部主事。历官铜陵知县，庐州、宁国府知府，直隶州知州，湖北督粮道，盐运使，盐法武昌道兼布政使，按察使等职，一度负责山海关海防转运事务。同治六年（1867）丁忧，后再署浙江杭嘉湖兵备道、按察使。光绪十年（1884），中法战争爆发，法舰侵扰宁波，他率军击退了法军的入侵。

是书辑清道光、咸丰、同治、光绪间有关时势之文而成，以奏议为主，断至光绪二十三年（1897）。其学术、治体、吏政、户政、礼政、兵政、刑政、工政八纲，与贺长龄《皇朝经世文编》相同。另新增圣学、建置、厘捐、开矿、贡举、水师、团练、台防等子目。

清光绪二十三年武进盛氏思补楼刻本。

4367

皇朝经济文新编六十二卷／（清）宜今室主人辑

宜今室主人，第4374条。

是书分无会党、新立变法、蚕桑、铁路、电报、筹洋、西医等二十五门。

清光绪二十七年上海宜今室石印本。

4368

补皇朝经世文／（清）张鹏飞辑

张鹏飞（1783—1857），又名鹏翼，字扶九，安康（今陕西省安康市）人。清道光元年（1821）举人，以州判职赴四川候补。十七年（1837）以丧事回安康，历主临潼、褒城、安康等书院讲席。著有《来鹿堂文集》《续边防备览》《六志补遗》《关中水利议》等。

见《皇朝经世文编补一百二

十卷》。

4369

皇朝经世文编补一百二十卷／（清）张鹏飞辑

张鹏飞，见第4368条。

一作《补皇朝经世文》。张鹏飞推崇魏源编的《经世文编》，但认为其选文有“详东南，略西北”的缺点，于是增补重刻，增补计三百五十一篇，多为西北人士之文。

清道光二十九年来鹿堂刻本。

4370

草堂雅集十六卷／（元）顾瑛辑

顾瑛（1310—1369），一名阿瑛，又名德辉，字仲瑛，自号金粟道人，昆山（今江苏省昆山市）人。元诗人、画家。著有《草堂雅集》《玉山璞稿》《萃亭馆篇咏》等。

元诗总集，亦作《玉山草堂雅集》。是集共收录诗三千三百六十九首，作者八十人。集中所收诗篇作者多为与顾氏往来密切之挚友，有些就寄居于顾瑛之家。因此他所采摭均为第一手材料，并非从他书转录，最为可信。

清抄本。

4371

草堂雅集十六卷补遗一卷／（元）顾瑛辑

顾瑛，见第4370条。

清抄本。

4372

草堂雅集十三卷／（元）顾瑛辑

顾瑛，见第4370条。

明末抄本，清初抄本，清赵氏小山堂抄本，清朱墨蓝三色抄本。

4373

草堂雅集十三卷后四卷／（元）顾瑛辑

顾瑛，见第4370条。

清抄本。

4374

皇朝经世文续新编三十卷／储桂山辑

储桂山，生卒年不详，字馨远，号宜今室主人，泰州（今江苏省泰州市）人，侨居如皋。曾肄业于上海格致书院、求志书院，宁波辨志文会和江阴南菁书院，后又入南洋公学特班学习。编有《皇朝经世文续新编》。

一作《续经世文新编》，收文五百五十八篇，全编分为大局、时势、交涉、舆地、政治、防务、兵学、火器、兵制、海军、西政、西学、天文、格致、文学、工艺、制造、商务、理财、河工、农利、医学、铁路、矿物、刑律、育才、教务、钱币、吏治、变法三十门。其中收录了储桂山的十篇文章。

清光绪二十八年义记书局石印本。

4375

民国经世文编不分卷 / 经世文编译部辑

是书辑录辛亥革命时期及其后两年间政府要员、社会名流之政见书、演说词，及调查报告、宪法草案、法令、通告、训词、论说、函牍、记事、规划等，分政治、法律、内政、外交、财政、军政、教育、实业、交通、宗教、道德十一门二十六目。

民国二年石印本。

4376

皇朝经济文编一百二十八卷 / 求自强斋主人（梁启超）辑

梁启超（1873—1929），字卓如，一字任甫，号任公，又号饮冰室主人、饮冰子、哀时客、中国之新民、自由斋主人、求自强斋主人，新会（今属广东省江门市）人。清光绪举人。从康有为学，参加公车上书，主张变法。主编各种报刊，办京师大学堂、译书局、编译学堂等，介绍西方政治经济理论。曾任长沙时务学堂总教习，北洋政府司法总长、财政总长等。晚年在清华大学讲学。著有《中国近三百年学术史》《新民说》《饮冰室主人自说》《中国文化史》《饮冰室主人全集》《李鸿章传》《王安石传》《饮冰室合集》《中国历史研究法补编》《唐代集会总集与诗人群研究》等。

编者不满意于《皇朝经世文编》《续编》《三编》《新编》辑录之文，从中选辑、补辑文章编成此书。是书分学术、治体、吏政、户政、礼政、兵政、刑政、工政，改洋务为西政，增改译书、公司、赛会、银行、议院、海军、埠政等子目。

清光绪二十七年刻本。

4377

皇朝经世文新编二十一卷 / 麦仲华辑

麦仲华（1876—1956），字曼宣，号曼殊室主人、曼殊庵主人、璱斋、璱庵、玉瑟斋、璱斋主人、玉瑟斋主人，顺德（今属广东省佛山市）人。康有为受业弟子、女婿。

秀才出身。清光绪二十年（1894）拜康有为为师，入万木草堂读书。戊戌政变后流亡日本。二十五年（1899）与康同薇成婚，继而留学日本陆军士官学校，后游学英国。民国初任司法储才馆秘书，后任香港电报局局长、广州电政监督等职。著有《戊戌奏稿》《皇朝经世文新编》《戊戌政变记》等。

麦仲华为宣传变法，倡开新政，乃辑中外人士有关变法言论成此编。分通论、君德、官制、法律、学校、国用、农政、矿政、工艺、商政、币制、税则、邮运、兵政、交涉、外史、会党、民政、教宗、学术、杂纂二十一门。

清光绪上海大同译书局石印本。

4378

皇朝经世文新编三十二卷／麦仲华辑

麦仲华，见第4377条。

清光绪二十七年上海书局石印本。

4379

皇朝蓄艾文编八十卷／于宝轩辑

于宝轩（1875—?），字子昂，又作志昂，江都（今属江苏省扬州市）人。清末监生。曾赴日本留学，后任民政部主事、承政厅员外郎。1912年后历任参议院议员、内务部民治司长、交通部秘书、内务部次长。

是编依麦仲华《皇朝经世文新编》体例，辑清光绪年间内外大臣疏牍及中西学者著作，分通论、君德、官制、法律、学校、财政、农政、矿政、工艺、商政、币制、税则、邮运、军政、水利、地学、边陲、交涉、外史、宗教、学术、算数、杂纂等门。

清光绪二十九年上海官书局排印本。

4380

玉山草堂雅集

见“草堂雅集十六卷”。

郡邑之属

4381

吴都文粹续集五十六卷补遗二卷／（明）钱谷辑

钱谷（1509—1572），字叔宝，号罄室，长洲（今江苏省苏州市）人。明画家、藏书家。著有《三国类抄》《隐逸集》《南北史摭言》《长洲志》等。

地方诗文总集，因仿郑虎臣（一说书坊商人）所编《吴都文粹》，编为续集。是集包含都邑、书籍、城池、人物、学校、社学、义塾、风俗、令节、公廨、仓场、古迹、驿递、坛庙、书院、祠庙、园池、宅第、山水、食品、桥梁、市镇等。

稿本，清顾氏渡闻斋抄本，清抄本。

4382

余姚海堤集四卷／（明）叶翼辑

叶翼，鄞县（今属浙江省宁波市）人。生平事迹不详。

叶恒，字敬常，元天历间为余姚判官，筑堤捍海。至正末，诏封仁功侯。其子晋曾经辑当时名人序、记、诗、文为一集记述其父筑堤捍海之事，未及刊而毁于火。宣德中，叶晋之侄叶翼复裒缀散佚，以成此编。是书既对浙东沿海疆域、农田、盐业、水利设施有较详尽的叙述，又保存了当时名人的大量诗文。

清抄本。

戏剧类

杂剧之属

4383

奉天命三保下西洋杂剧一卷／（明）□□撰

本剧叙郑和下西洋事，略云：明朝皇帝因西洋各国不来进贡，命殿官召集大臣，保举一能干官员下西洋，宣谕各国进献宝物。众人一致推荐太监郑和。郑和领命后，与王景弘、陈瑄等在江口祭神，然后扬帆出发。苏禄国王闻讯后，纠合几个小国欲拦劫郑和船队，被郑和擒获，使之归顺。西洋国王同爪哇等国夷长常想到明廷进贡，苦于海阔未能成行，知郑和下西洋，便准备好奇珍异宝以待。

古今杂剧本，脉望馆抄校内府本，古本戏曲丛刊影印本。

4384

争玉版八仙过沧海杂剧一卷／（明）□□撰

剧情梗概为汉钟离等上八洞神仙应白云仙长之约，赴阆苑宴赏牡丹，归来过东海，各显神通，不意东海龙王二子夺去蓝采和的八扇玉板。八仙大闹龙宫，吕岩飞剑斩东海龙王长子摩揭，砍伤次子龙毒左臂，又约齐天大圣等五圣打败四海龙王并天地水府三官的神兵。最后佛祖劝解，八扇玉板中，两扇与龙王，六扇归蓝采和，两下罢兵。

古今杂剧本，脉望馆抄本。

4385

古今杂剧二百四十二种／（明）赵琦美辑

赵琦美（1563—1624），原

名开美，字仲朗，一字如白，号玄度，一作元度，自号清常道人，常熟（今江苏省常熟市）人。赵用贤之长子，以父荫补官太仆丞，南京都察院照磨、太常寺典簿、都察院都事、迁刑部郎中。曾刻印《新唐书纠谬》《周髀算经》《酉阳杂俎》《东坡志林》等。著有《洪武圣政记》《伪吴杂记》等。

元明杂剧总集。原书种数册数已不可考，流传中渐有散佚，今存二百四十二种。其中有明刻本《息机子杂剧选》一书中的十五种，明刻本《古名家杂剧》一书中的五十五种，其余均为明抄本杂剧，有一百七十二种。

明万历脉望馆钞校本。

4386

沙门岛张生煮海 /（元）李好古撰

李好古，生平事迹不详，今河北省保定市人，一说西平（今属河南省）人，又一说是东平（今属山东省）人。官南台御史。所做杂剧有《赵太祖镇凶宅》《巨灵神劈华山》《张生煮海》。

见“沙门岛张生煮海杂剧一卷”。

4387

沙门岛张生煮海杂剧一卷 /（元）李好古撰

李好古，见第4386条。

元代杂剧。一作《张生煮海》。剧情梗概为潮州儒生张羽寓居石佛寺，清夜抚琴，招来东海龙王三女琼莲，两人生爱慕之情，约定中秋之夜相会。至期，因龙王阻挠，琼莲无法赴约，张羽用仙姑所赠宝物银锅煮海水，大海翻腾，龙王将张羽召至龙宫与琼莲婚配。

明万历四十三年雕虫馆刻本，明万历元曲选一百种本，明崇祯刻本，民国七年上海商务印书馆影印本，民国上海中华书局铅印本。

4388

张生煮海一卷 /（元）李好古撰，（清）孟称舜评点

李好古，见第4386条。

孟称舜（1600？—1684），字子若、子适（一作子塞），号卧云子、花屿仙史，山阴（今浙江省绍兴市）人，一说乌程（今浙江省湖州市）人。明崇祯二年（1629）入复社。清顺治六年（1649）贡生，任松阳训导。著有《桃花人面》《桃源三访》《花前一笑》《英雄成败》《残唐再创》《死里逃生》和

《眼儿媚》等杂剧。

见“沙门岛张生煮海杂剧一卷”。

1958年上海商务印书馆影印本，抄本。

传奇之属

4389

玉狮堂传奇十种／（清）陈烺撰

陈烺（1822—1903），字叔明，号潜翁、云石山人、玉狮老人，阳湖（今属江苏省常州市）人。科举与仕途皆不得志，五十岁后曾在浙江做盐官。擅长绘画，工诗词曲。著有《禅真语录》《禅门问答》《读画辑略》等。剧作有《仙缘记》《蜀锦袍》《燕子楼》《海虬记》《梅喜缘》《同亭宴》《回流记》《海雪吟》《负薪记》《错姻缘》等。又有杂剧《悲风曲》。

传奇集名。陈烺所著传奇《仙缘记》《蜀锦袍》《燕子楼》《海虬记》，称为《玉狮堂传奇四种》。后补入《梅喜缘》，合前共五种称为《玉狮堂传奇》前集。光绪十七年（1891），陈的学生许光莹等集资刊行了他所著传奇《同亭宴》《回流记》《海雪吟》《负薪记》《错姻缘》五种，称为《玉狮堂传奇》后集。前集后集总称《玉狮堂传奇十种》。

清光绪十一年武林刻十七年徐光莹增刻本，清光绪间石印本。

小说类

长篇之属

4390

戚南塘剿平倭寇志传／（明）□□撰

章回小说，全名《京锲皇明通俗演义全像戚南塘剿平倭寇志传》。是书仅存残本三卷，为郑振铎旧藏。记叙明嘉靖三十二年（1553）海盗汪直勾结倭寇大举入侵浙江一带，戚继光率领军民英勇抗击并最终平定倭寇的历史。

古本小说集成本。

4391

三宝太监西洋记通俗演义二十卷一百回／（明）罗懋登撰

罗懋登，字登之，别号二南里人。约万历中前后在世。著有《三宝太监西洋记通俗演义》，戏曲传奇《香山记》，注释过《投笔记》，并给《西厢记》《拜月亭》《琵琶记》作过音释。

明万历精刻本，清步月楼覆刻映雪斋本，清咸丰间文德堂写刻本，清光绪七年上海申报馆活字本。

4392

图像三宝太监下西洋通俗演义十六卷一百回／（明）罗懋登撰

罗懋登，见第 4391 条。

清光绪二十七年上海文宜书局石印本，清光绪三十年石印本。

4393

新刻全像三宝太监西洋记通俗演义二十卷一百回／（明）罗懋登撰

罗懋登，见第 4391 条。

明三山道人刻本，明三山道人刻清初步月楼重修本。

4394

新刻三宝太监西洋记通俗演义二十卷一百回／（明）罗懋登撰

罗懋登，见第 4391 条。

申报馆丛书本。

4395

新刻绣像三宝开港西洋记二十卷一百二十回／（明）罗懋登撰

罗懋登，见第 4391 条。

章回小说。全称《三宝太监西洋记通俗演义》，别题《三宝开港西洋记》。是书依据明朝永乐年间太监郑和率领船队远涉重洋、游历各国的史实编著，主要写郑和率船队先后七次出使西洋，历时二十八年，通使三十个国家，出使途中历尽艰险，在张天师和金碧峰长老神力帮助之下荡妖涤怪，化险为夷的故事。

清咸丰九年厦门文德堂刻本。

4396

天妃娘妈传二卷三十二回／（明）吴还初编，（明）余德孚校

吴还初，生卒年不详，名迁，字还初，号南州散人，一说为明万历间江西南昌人，系明代闽北建阳书坊文人群中一员，后来客死福建。

余德孚，今江西鄱阳县人，生平事迹不详。

章回小说，据福建沿海一带民间流传的妈祖传说整理而成。又作《天妃出身济世传》《新刻天妃出身济世传》《新刊全像天妃济世出身传》《新刻宣封护国天妃娘娘出身济世正传》。

明万历元年熊龙峰刻本。

4397

天妃出身济世传

见“天妃娘妈传二卷三十二回”。

4398

新刊全像天妃济世出身传

见“天妃娘妈传二卷三十二回”。

4399

新刻天妃出身济世传

见“天妃娘妈传二卷三十二回”。

4400

新刻宣封护国天妃娘娘出身济世正传

见“天妃娘妈传二卷三十二回”。

4401

八仙传／（明）吴元泰撰

吴元泰，生卒年不详，兰江（今浙江省兰溪市）人。明嘉靖年间在世。著有通俗小说《全像东游记上洞八仙传》。

见“新刊八仙出处东游记二卷四十五回”。

4402

东游八仙全出身传／（明）吴元泰撰

吴元泰，见第4401条。

见“新刊八仙出处东游记二卷四十五回”。

4403

东游记上洞八仙传／（明）吴元泰撰

吴元泰，见第4401条。

见“新刊八仙出处东游记二卷四十五回”。

4404

新刊八仙出处东游记二卷四十五回／（明）吴元泰撰

吴元泰，见第4401条。

章回小说。又作《东游记上洞八仙传》《八仙传》《东游八仙全出身传》，简称《东游记》，成书于明万历年间。

明余文台刻本，清光绪二年刻绣像四游合传本，清书林致和堂刻本，清刻本。

4405

绣像八仙出处东游记二卷／（明）吴元泰撰

吴元泰，见第4401条。

见“新刊八仙出处东游记二卷四十五回”。

清末石印本，民国四年锦章图书局石印本。

4406

海游记六卷三十回／（清）□□著

章回小说。全书前七回为故事楔子，记海外归来的管城子流离失所，目睹人间“善人”逞凶作恶，祸害无辜，因世不容身，下海去无雷国。后二十三回叙无雷国“海下奇闻事”。在其所辖紫岩岛上，乐善好施的大户徐家迭遭官司，倾家荡产，公子被迫背井离乡。而人间“善人”在此改名换姓为神仙活佛，假行善信，无恶不作。

清嘉庆刻本，清刻本。

4407

刘大将军台战实记／（清）□□撰

见“台战实记六卷续集六卷”。

4408

台战实记六卷续集六卷／（清）□□撰

又作《台战演义》《刘大将军台战实记》。是书分初集和续集两部分，以刘永福为中心叙述清光绪二十一年（1895）清廷割让台湾和台湾人民反割台斗争的情况。

清光绪二十一年刻本。

4409

台战演义／（清）□□撰

见“台战实记六卷续集六卷”。

4410

仙侠平倭传二卷／（清）□□撰

清光绪二十四年天禄书局石印本。

4411

绣像杨文广平南传四卷

长篇传奇小说，一作《杨文

广平南全传》。是书叙北宋仁宗年间，南闽王蓝凤高在越都恃强称霸，欲图宋朝天下。其女抱月公主乃飞鹅洞金精娘娘之徒，金精娘娘遣其下山，助南闽王夺宋朝天下。朝廷派兵出征南闽，宋军大胜，南闽王被俘，安南国、暹罗国主皆来归降，文广班师回朝。

清光绪二十五年石印本，民国铅印本。

4412

新刻大宋杨文广平南全传四卷二十二回

见“绣像杨文广平南传四卷”。

4413

平闽全传八卷五十二回

见“绣像杨文广平南传四卷”。

清道光元年鹭江崇雅堂印本。

4414

新辑文广平南全传四卷二十二回

见“绣像杨文广平南传四卷”。

清末上海国文书局石印本，民国石印本。

4415

台湾巾帼英雄传初集十二回／（清）古盐官伴佳逸史撰

古盐官伴佳逸史，真实姓名、生平无考。

是书叙写清光绪二十年（1894）中日甲午海战时，日军大举进攻台湾，台湾军民同仇敌忾，拥立唐景崧为总统，刘永福为大将军，英勇抗敌。总兵孙秉忠战死，其夫人张秀容继夫志誓灭倭寇，乃集残兵，招收旧部，毁家助饷，举立义旗，大书“代夫报仇”，募女勇为亲兵，组成一支强悍无异于男兵的队伍，后与刘永福女儿所率黑旗军配合大败日本侵略军。

清光绪二十一年石印本。

4416

说倭传／（清）洪兴全撰

洪兴全，字子贰。生平不详。一说其为太平天国干王洪仁玕之子，考之无据；另有一说其为朝鲜人。

一作《中东大战演义》，描写清光绪二十年（1894）至二十二年（1896）中日战争始末的历史小说。是书叙述清廷在甲午战争中败北，与日本订立和约，割让台湾的史实，赞扬邓世昌、吴大澄、丁汝昌、刘永福等抗倭名将。

清光绪二十三年铅印本。

4417

绣像中东大战演义四卷三十三回／（清）洪兴全撰

洪兴全，见第4416条。

见“说倭传”。

清光绪二十六年石印本。

4418

中东大战演义二卷二十回／（清）洪兴全撰

洪兴全，见第4416条。

见“说倭传”。

民国石印本。

4419

中东和战本末纪略十回／（清）平情客撰

平情客，生平事迹不详。

章回小说，叙中日甲午战争事，连载于清光绪二十八年至二十九年（1902—1903）《杭州白话报》二年一期至三十一期。是书详叙光绪二十年（1894）朝鲜内乱，清廷派兵平定，日本也趁机派兵进驻朝鲜，中日两国交战，中国大败。在海战中，中国覆败于日本，签订和约赔款割地。目录载十回，然无第六回，实为九回。

清光绪宣统间杭州白话报刻本。

4420

黑海钟十八回／（清）田铸撰

田铸，生卒年不详，吴江（今属江苏省苏州市）人，别号松陵钓叟。

章回小说，述鸦片之毒。

清光绪三十二年上海乐群图书局石印本。

4421

海国春秋十二卷四十回／（清）汪寄撰

汪寄，生卒年不详，号蜉蝣子，徽州府（今安徽省祁门一带）人。

长篇小说。原作《希夷梦》，成书于清乾隆五十一年（1786）前。叙述韩速、闾丘仲卿二人在海国建功立业五十年，而两宋兴衰已三百年的故事。

清光绪二十五年上海苏报馆铅印本。

4422

希夷梦四十卷／（清）汪寄撰

汪寄，见第4421条。

见“海国春秋十二卷四十回”。

清嘉庆十四年刻本，清刻本，清光绪四年翠筠山房刻本，清光绪三十年上海书局石印本。

4423

绣像海国春秋演义四卷十一回／（清）汪寄撰

汪寄，见第4421条。

见“海国春秋十二卷四十回”。

清光绪二十八年漱石轩石印本。

4424

刘大将军台战实纪六卷续集六卷／（清）枕流斋主人撰，（清）孟吾居士修订

枕流斋主人，生平事迹不详。

孟吾居士，生平事迹不详。

是书记述刘永福带领所部黑旗军及台湾各族军民在台抗击日本侵略之史实。

清光绪二十一年刻本。

4425

台战实纪六卷续集六卷三集二卷四集二卷五集不分卷六集不分卷／（清）枕流斋主人撰，（清）孟吾居士修订

枕流斋主人，见第4424条。

孟吾居士，见第4424条。

见“刘大将军台战实纪六卷续集六卷”。

清光绪二十一年刻本。

4426

绘图林文忠公中西战纪三卷各国风土记一卷

章回体小说，叙清道光年间，林则徐为禁绝鸦片与入侵英军作战之历史故事。

《各国风土记》，包含《英国记》《德国记》《俄国记》《东佚（日本）记》等。

清光绪二十五年香港书局石印本。

4427

京锲皇明通俗演义全像戚南塘剿平倭寇志传

见“戚南塘剿平倭寇志传”。

丛书部

杂纂类

唐代之属

4428

唐代丛书一百五十七种／（清）王文诰、邵希曾辑

王文诰，生平事迹不详。
邵希曾，生平事迹不详。

小说丛书，由《唐人说荟》复刻改题。清乾隆时陈世熙复搜辑四库书及《太平广记》《说郛》等，加以增补。收唐人传奇、笔记小说，间及掌故、诗词等，涉及政事、职官、人物传记、科举考试、学校制度、文人士习、乐舞书画、山川风情、逸闻趣事、饮食、医药、器物、奇女、侠客、怪异等方面。嘉庆时，又有人托名王文诰和邵希曾，将其改名为《唐代丛书》刻版翻印。

清嘉庆十一年弁山楼刻本。

宋元之属

4429

五朝小说五百二十三种／（明）□□编

笔记、小说丛书。是书收志怪传奇、笔记杂著及单篇文言小说，分魏晋小说、唐人百家小说、宋人百家小说、皇明百家小说，又分设传奇、志怪、偏录、杂传等若干门。收有明及明以前各朝此类作品及结集，如旧题师旷《禽经》、东方朔《神异经》《十洲记》、班固《汉武内传》、郭宪《汉武洞冥记》、颜之推《冤魂志》、吴均《续齐谐记》、景焕《野人闲话》、尉迟偓《中朝小说》、俞琰《席上腐谈》、元怀《拊掌录》等。

明末刻说郛及说郛续重编印本，民国十五年扫叶山房石印本，魏晋小说一百十八种。

4430

说郛一百卷五百二十八种／（明）陶宗仪编

陶宗仪，见第4046条。

是书内容庞杂，包含说经、杂记、小说、传记、诗话、书画论、随笔、书目、地理志、曲谱、医经等内容。

蓝格旧抄本。

4431

说林一百三十八种／（明）陶宗仪编

陶宗仪，见第4046条。

清抄本。

4432

唐宋丛书九十二种 / （明）钟人杰、（清）张遂辰编

钟人杰，生卒年不详，字瑞先，明钱塘（今浙江省杭州市）人。著有《性理会通》，又辑刊《唐宋丛书》。

张遂辰（1589？—1668），字相期，号卿子，又号西农，祖籍江西，后迁居杭州。少时聪颖，工诗文，入国子监。明末隐居杭州改学医术，并成为一代名医。著有《张卿子伤寒论》《湖上白下集》。生平事迹不详。

是书体例仿《汉魏丛书》，分经翼、别史、子余、载籍四类。所辑除唐宋人著作外，又有唐前人著作二十种、元明人著作六种。多取材于说部，不少是删节本。

明末刻说郛及说郛续重编印本。

4433

类说六十卷 / （宋）曾慥编

曾慥（？—1155），字端伯，号至游子，晋江（今福建省晋江市）人。北宋靖康初任仓部员外郎。绍兴元年（1131）除江南西路转运判官、右文殿修撰，九年（1139）为户部总领应办湖北京西路宣抚使司大军钱粮，十一年（1141）以疾提举洪州玉龙观、知虔州，十八年（1148）改知荆南，二十年（1150）移知庐州，官至尚书郎、直宝文阁。晚年隐居银峰，潜心修道。编有《集神仙传》《类说》《乐府雅词》《宋百家诗选》《通鉴补遗》等。

笔记小说集。是书收录了先秦至北宋二百多部笔记，涵盖文学评论、小说、兵法、史书、儒道之学、地理、杂物等多个门类。

明抄本。

4434

百川学海一百种 / （宋）左圭编

左圭，生卒年不详，字禹锡，号古鄮山人，鄞县（今属浙江省宁波市）人。

明弘治十四年无锡华珵刻本，明弘治十四年无锡华珵刻清递修本，民国十年上海博古斋影印明弘治十四年无锡华珵刻本，清翻刻明弘治十四年无锡华珵刻本。

4435

陈太史重订百川学海一百一种 / （宋）左圭编，（明）陈继儒等校订

左圭，见第4434条。

陈继儒，见第2501条。

是书收录多为唐宋野史杂说、掌故琐记、朝廷故事、逸闻杂史，典章制度等，间有两晋南北朝著作，尤多宋人谱录、诗话和书法专著。

明刻本。

4436

续百川学海一百三十一种／（明）吴永编

吴永，生卒年不详，自称昌江（今江西省浮梁县）人，生活于明崇祯年间。

明末刻本。

4437

广百川学海一百十八种／（清）冯可宾编

冯可宾，生卒年不详，字祯卿，益都（今山东省青州市）人。冯起震之子，明天启二年（1622）进士，官湖州司理、给事中。入清后隐居不仕。

明末刻本。

4438

广百川学海一百三十种／（清）冯可宾编

冯可宾，见第4437条。

明末刻本。

明代之属

4439

说海汇编八十三种／（明）□□编

是书收汉、晋、唐、宋各家笔记杂志八十三种，收书与《古今逸史》多同，或为《古今逸史》之别本。

明万历刻稗海重编印本。

4440

说集六十种／（明）□□编

是书汇辑汉唐以来名贤小说，笔记，包含晋郭璞《穆天子传》、汉东方朔《海内十洲记》、明刘辰《国初事迹》、明吴宽《皇明平吴录》等书。

明抄本。

4441

合刻三志／（明）冰华居士辑

冰华居士，疑为潘之恒。潘之恒（1536—1621），字景升，一字庚生，歙县（今安徽省歙县）人。曾仕中书舍人。著有《鸾啸集》《名山注》《涉江诗选》等。

笔记小说丛书。是书为采录明以前志怪传奇类书和单篇作品分类编纂而成，三志指《虞初志》《夷坚志》《齐谐志》三书。其中《虞初志》《夷坚志》仅占部分篇目，《齐谐志》早佚，所收实为吴均《续齐谐志》。全书分志奇、志怪、志异、志妖、志幻、志鬼、志梦、志寓八类。

明刻本。

4442

宝颜堂秘笈二百二十八种／（明）陈继儒编

陈继儒，见第2501条。

明代文言小说丛书。是书汇收自汉至明的各类零星杂著，其中以唐、宋、明人的笔记为多。所收内容有读经、演史、博物、谈艺、记闻、杂说等，内不乏笔记小说。由于所收偏重于一些不大为人所知的杂著，且大多是仅一二卷的小部作品，因此保存了不少珍贵的小说。陈继儒自撰的笔记小说，绝大部分都收在书中，如《见闻录》《珍珠船》《偃曝余谈》《群碎录》《枕谭》《书蕉》《笔记》等。

明万历至泰昌间绣水沈氏刻本，民国十一年上海文明书局石印本。

4443

亦政堂镌陈眉公家藏广秘笈五十四种／（明）陈继儒编

陈继儒，见第2501条。

明万历沈氏亦政堂刻本。

4444

汉魏丛书三十八种二百五十一卷／（明）程荣辑

程荣，生卒年不详，字伯仁，一作仲仁，歙县（今安徽省歙县）人。为徽歙名门望族，以刻书著称。辑刻有《汉魏丛书》《山居清赏》《嵇中散集》《艺苑卮言》等。

是书是一部专收汉魏人著作的综合性丛书，据何允中称为百种，原本已佚。明万历二十年（1592），程荣从中选刻了三十八种付刊，仍名《汉魏丛书》。其中收有《京氏易传》《周易略例》《大戴礼记》《春秋繁露》《元经薛氏传》《逸周书》《穆天子传》《西京杂记》《别国洞冥记》《述异记》《王子年拾遗记》《通占大象历星经》等书。

明万历新安程氏刻本。

4445

广汉魏丛书八十种／（明）何允中辑

何允中，生卒年不详，仁和

（今属浙江省杭州市）人。明天启二年（1622）进士。

何允中将明万历中程荣选刻汉魏丛书三十八种补刻，增至八十种，题名《广汉魏丛书》。清乾隆中王谟重加编次，再增至九十六种，题名《增订汉魏丛书》。

明万历二十年刻本，清嘉庆刻本。

4446

广汉魏丛书九十六种／（明）何允中编

何允中，见第4445条。

明刻本。

4447

国朝典故六十种／（明）邓士龙编

邓士龙，见第0153条。

该丛书收有关明初至隆庆朝史籍六十余种，或据朱氵丙抄本辑成。这些史籍有实录、传记、文集、笔记等多种体裁，内容涉及明代政治、经济、军事、法律、历史、文化、民族关系、外交、农民起义诸方面。

明刻本。

4448

居家必备九十五种／（明）高濂编

高濂（1573—1620），字深甫，号瑞南道人，钱塘（今浙江省杭州市）人。明代文学家，生活于万历（1573—1620）年前后，曾任鸿胪寺官等。作有传奇《玉簪记》《节孝记》，另有诗文集《雅尚斋诗草》《芳芷楼词》和杂著《遵生八笺》等。

是书分家训、懿训、治生、奉养、趋避、饮馔、艺学七类。其中饮馔类内列馔造谱、法制谱、脯鲊、甜食、粉面、糜粥、熟水、煎茶等有关饮食内容，与《遵生八笺·饮馔服务笺》内容大同小异，是研究明代民家饮食生活的重要著作。

明末刻本。

4449

百家名书一百四种／（明）胡文焕编

胡文焕，生卒年不详，字德甫，一字德文，号全庵，一号抱琴居士，钱塘（今浙江省杭州市）人。一生从事搜罗古书刻印古书的工作，精于名物训诂。著有《会文堂琴谱》《古器具名》等。

明万历胡氏文会堂刻本。

4450

格致丛书□□种 / （明）胡文焕编

胡文焕，见第4449条。

是书为辑录历代名物考证方面专著的大型丛书，所收均为古今考证名物专著，包括名物、训诂、文学、艺术等书，其中以明人著述为多。

明万历胡氏文会堂刻本。

4451

历代小史一百六种 / （明）李栻辑

李栻，生卒年不详，字子敬，一字孟敬，号石龙，丰城（今江西省丰城市）人。明嘉靖四十四年（1565）进士，隆庆五年（1571）由肥县知县选河南道御史，万历元年（1573）为湖广巡按，后官至浙江按察司副使。著有《困学纂言》《历代小史》。

是书汇辑古今著述一百〇六种，收宋罗泌《路史》、晋王嘉《王子年拾遗记》、汉刘歆《西京杂记》、汉班固《汉武故事》、南朝宋刘义庆《世说新语》、宋孙光宪《北梦琐言》、宋陈彭年《江南别录》、宋张唐英《蜀梼杌》、宋周必大《玉堂杂记》、宋钱惟演《钱氏私志》、宋杨万里《挥麈录》、佚名撰《朝野佥言》、宋周密《齐东野语》、宋岳珂《桯史》、宋叶隆礼《辽志》、宋宇文懋昭《金志》、元郑元祐《遂昌山樵杂录》、明皇甫录《皇明纪略》、明陈洪谟《继世纪闻》等。

明万历刻本。

4452

古今说海一百三十五种 / （明）陆楫等编

陆楫（1515—1552），字思豫，号小山，松江（今上海市）人。陆深之子。以父荫由廪生入太学，未仕而逝，赠礼部侍郎。主持纂辑《古今说海》，著有《蒹葭堂稿》等。

是书共分四部七家：一说选部，载小录、偏记二家，收明金幼孜《北征录》《北征后录》、明杨慎《北征记》、明黄标《平夏录》等十五部书。二说渊部，载别传家，收唐薛莹《洛神传》、宋赵与时《林灵素传》、宋谢良《中山狼传》等六十四种书；三说略部，载杂记家，收宋江万里《宣政杂录》、元吴莱《三朝野史》、明刘绩《霏雪录》等三十二种书；四说纂部，载逸事、散录、杂纂三家，收汉班固《汉武故事》、唐韩偓《炀帝海山记》、宋赵葵《行营杂录》、元方回《虚谷闲抄》、唐段安节《乐府杂录》、明梅纯《损斋备忘录》等二十一种书。

明嘉靖二十三年陆楫俨山书院云山书院刻本，清道光元年苕溪邵氏西山堂刻本，清宣统元年上海集成图书公司铅印本，民国四年上海进步书局石印本。

4453

艺海汇函九十二种／（明）梅纯编

梅纯，生卒年不详，河南夏邑（今河南省夏邑县）人，一作南京卫人。明成化十七年（1481）进士。后任定远县知县，因为惹恼上司弃官归乡。后袭武阶，任中都副留守。

是书收有《瀛涯胜览》《茶谱》《沧浪诗说》《南濠居士诗话》等。

明抄本。

4454

稗海四十八种续集二十三种／（明）商浚编

商浚，生卒年不详，又名维浚，字初阳，一字景哲，学者称石溪先生，会稽（今属浙江省绍兴市）人。明万历前后在世。

又作《商氏稗海》《古今稗海》。笔记丛书。商浚的岳父家有钮氏世学楼藏书达百万卷，商浚时得纵览，因辑成丛书《稗海》，保留了大量笔记小说作品。是书首卷列总目，辑录自晋张华《博物志》、葛洪《西京杂记》至元人蒋子正《山房随笔》为止的稗官野史和笔记杂著。

明万历商氏半埜堂刻清康熙振鹭堂重编补刻本。

4455

稗海四十六种续稗海二十四种／（明）商浚编

商浚，见第4454条。

明万历商氏半埜堂刻本。

4456

古今稗海／（明）商浚编

商浚，见第4454条。

见“稗海四十八种续集二十三种”。

4457

商氏稗海／（明）商浚编

商浚，见第4454条。

见“稗海四十八种续集二十

三种”。

4458

纪录汇编一百二十二种／（明）沈节甫编

沈节甫（1533—1601），字以安，号镜宇，一作锦宇，乌程（今浙江省湖州市）人。明嘉靖三十八年（1559）进士，授礼部主事，迁祠祭司郎中。因得罪尚书高拱归里。万历初复官，历南京刑部侍郎，改工部、摄部事。著有《玩易楼藏书目》《忍书续编》《纪录汇编》等。

是书所收均为明朝开国至嘉靖以前的君臣杂记、诗评、志怪、时事之作。序以下分类编次，以同一史实集中在一起。卷一至卷九为明太祖至世宗之御制诗文。卷十至卷十五记君臣问对及恩遇诸事；卷十六至卷二十三专记英宗被瓦剌所俘与景帝监国之事；卷二十四至卷二十五则记世宗南巡往还之纪；卷二十六至卷三十四为太祖、成祖平定诸方之录；卷三十五至五十六为中叶以后绥定四夷之绩；卷五十七至卷六十六为巡视诸藩国者之见闻，如费信之《星槎胜览》、黄福之《奉使安南水程日记》等；卷六十七至卷九十六为明代诸帝政治之纪载；卷九十七至卷一百二十三为名臣贤士科第人物之传记；卷一百二十四以下或时贤之笔记，或朝野之遗闻，或游赏之日记，或摘抄，或漫录，或志怪录。

明万历四十五年阳羡陈于廷刻本。

4459

秘册汇函二十八种／（明）沈士龙、胡震亨编

沈士龙，生卒年不详，字汝纳，秀水（今属浙江省嘉兴市）人。明万历二十五年（1597）举人。

胡震亨，见第3128条。

是书所收多为当时世所罕见而又有学术价值的书，包括小说、笔记、历史、地理、游记、算学、农学等不同类型。

明万历刻本。

4460

丘陵学山七十六种／（明）王完编

王完，生卒年不详，字仲修，潼川（今四川省三台县）人。明正德六年（1511）进士，十年（1515）由广信府推官选贵州道御史，巡盐长芦。十六年（1521）

巡按应天致仕。

明隆庆二年刻本。

4461

百陵学山一百种／（明）王文禄编

王文禄，见第3143条。

此书原名“丘陵”，因避孔子讳而更名“百陵”，将明代有关学术思想、生产经验以及风俗习惯等方面的著述辑录百种，汇编而成。体裁仿宋左圭《百川学海》，原辑百种，实有九十八种。内容包罗四部，以子书为多，绝大部分系记载明代学术思想、农渔业生产、风俗习惯等方面的著作。

明隆庆二年至万历十二年刻本。

4462

古今逸史四十二种／（明）吴管编

吴管，见第1110条。

是书汇辑古今历史、舆地诸书，分逸志、逸记、列传等编。逸志又分合志、分志二种，前者罗列《方言》《释名》《白虎通》等书，后者收《山海经》《十洲记》《吴地记》等书。逸记分为纪与世家二种，纪收《三坟》《穆天子传》等书，世家收《晋乘》《楚梼杌》等书，列传收入《高士传》《列仙传》等书。

明吴管刻本，明万历刻本。

4463

增订古今逸史五十五种／（明）吴管编

吴管，见第1110条。

明刻本。

4464

金声玉振集五十种／（明）袁褧编

袁褧（1495—1573），字尚之，号谢湖，长洲（今江苏苏州）人。太学生。明代藏书家、刻书家，所居名嘉趣堂，以藏书刻书著名。刻有《六臣注文选》《世说新语》《金声玉振集》《夏小正戴氏注》等。著有《田舍集》等。

该丛书起自《帝王记年纂要》至《国宝新编》，共五十种五十八卷。其中有《皇明平吴录》《海寇议前编》《海寇议后编》《抚安东夷记》等。

明嘉靖吴郡袁氏嘉趣堂刻本，一九五九年北京中国书店影印明嘉靖吴郡袁氏嘉趣堂刻本。

4465

明世学山九十三种／（明）郑梓编，（明）王文禄增辑

郑梓，生卒年不详，字野洲，武进（今属江苏省常州市）人。明嘉靖间在世，曾受学于名儒唐顺之。

王文禄，见第3143条。

是书荟萃上自明洪武、下至清嘉庆近二百年间贤士大夫之论撰，大都为杂家、语录家之言。

明嘉靖三十三年郑梓刻隆庆万历王文禄增补本，民国二十七年上海涵芬楼影印明嘉靖三十三年郑梓刻隆庆万历王文禄增补本。

4466

明世学山五十种／（明）郑梓编

郑梓，见第4465条。

明嘉靖三十三年郑梓刻本。

4467

夷门广牍一百七种／（明）周履靖编

周履靖，见第4014条。

是书汇辑历代稗官、杂记和辑者自撰诗词、文稿，共一百零七种，分艺苑、博雅、尊生、书法、画薮、食品、娱志、杂占、禽兽、草木、招隐、闲适、觞咏十三类。

明万历二十五年金陵荆山书林刻本。

4468

国朝典故六十二种／（明）朱当㴐编

朱当㴐，生卒年不详，字望洋，明鲁府宗室，属于巨野王一支的镇国将军。史载其博览群籍，蓄书甚富，购得异本，手自抄录，不下万卷。

是书汇辑明初至嘉靖朝史籍而成。所选涉及明代政治、经济、军事、法律、文化、民族关系、外交、农民起义等各方面，体裁涉及实录、传记、笔记、文集等。

明嘉靖二十一年抄本。

4469

国朝典故六十种／（明）朱当㴐编

朱当㴐，见第4468条。

明抄本。

清代之属

4470

茂雪堂丛书十九种／（清）□□编

是书收有《濑园语录》《濑园谈史》《入蜀记》《主客图》《忠义集》等。

清抄本。

4471

群书抄览二十种／（清）□□编

清清谨轩抄本。

4472

碎佩丛铃十六种／（清）□□编

清抄本。

4473

惜寸阴斋丛钞八集一百二十五种／（清）□□编

清抄本。

4474

小品丛钞三十四种／（清）□□编

清抄本。

4475

养素轩丛录二十六种／（清）□□编

清抄本。

4476

振绮堂丛书初集十种二集十二种／（清）□□辑

是书初集收有《圣祖五幸江南恭录》《客舍偶闻》《克复谅山大略》《拳匪闻见录》《汉官答问》《澳门公牍录存》《蒙古西域诸国钱谱》《借闲随笔》等。二集收有《中兴致要》《列女传》《明史分稿残编》《己庚编》《西藏纪述》《万象一原》等。

清光绪二十年宣统二年泉唐汪氏刻本及铅印本。

4477

知不足斋丛书七百八十一卷／（清）鲍廷博编，（清）鲍志祖续编

鲍廷博（1728—1814），字以文，号渌饮，歙县（今安徽省歙县）人，后流寓桐乡（今浙江省桐乡市）。著名藏书家。清乾隆年间编《四库全书》，曾向清廷献书六百余种，多宋元旧版，为献书之

冠。原为诸生，嘉庆年间特赐举人。

鲍志祖，生卒年不详，名士恭，字志祖，又字青溪，歙县（今安徽省歙县）人。鲍廷博之子。

是书所收多系古抄旧刻，范围广泛，举凡经史考订、算书、金石、地理、书画、诗文集、书目，无不包罗，包含《补汉兵志》《虎口余生记》《宣和奉使高丽图经》《武林旧事》《钱塘先贤传赞》《岭外代答》《南窗纪谈》《清波杂志》《桂海虞衡志》《中吴纪闻》《广释名》《麈史》等二百余种。

清乾隆三十七年至道光三年长塘鲍氏刻汇印本，清光绪八年岭南芸林仙馆重印清鲍氏刻本，民国十年上海古籍流通处影印鲍氏刻本。

4478

后知不足斋丛书四十七种 / （清）鲍廷爵编

鲍廷爵，生卒年不详，字叔衡，原籍歙县（今安徽省歙县），移寓常熟（今江苏省常熟市）。博雅好古，喜藏书。曾任浙江候补知县。

是书以经说、小学、金石、目录之书为多，收有《史略》《积古斋钟鼎彝器款识》《崇文总目》《后汉书补表》《沈氏经学六种》《六艺论》《海防图论》《九边图论》《稽瑞》等书。

清同治光绪常熟鲍氏刻本。

4479

经训堂丛书二十二种 / （清）毕沅编

毕沅，见第0078条。

是书收周墨翟《墨子》、周晏婴《晏子春秋》、秦吕不韦《吕氏春秋》、汉佚名《三辅黄图》、晋郭璞《山海经》、晋王隐《王隐晋书地道记》、晋佚名《晋太康三年地记》、宋宋敏求《长安志》、清惠栋《易汉学》《褅说》《明堂大道录》《说文解字旧音》、清毕沅《关中金石记》《中州金石记》《夏小正考注》《老子道德经考异》《晋书地理志新补正》等书。

清乾隆嘉庆间镇洋毕氏刻汇印本，清光绪十三年上海大同书局石印本。

4480

学海类编四百三十种 / （清）曹溶编，（清）陶樾增订

曹溶（1613—1686），字洁躬，一字鉴躬，号秋岳，又号倦圃，秀水（今浙江省嘉兴市）人。明崇祯间进士，官御史。仕清历官

顺天学政、太仆寺少卿、左通政、左副都御史、户部右侍郎、广东布政使等。著有《崇祯五十宰相传》《刘豫事迹》《金石表》《倦圃莳植记》《粤游草》《静惕堂诗集》等。

陶樾，生卒年不详，字艾村，秀水（今浙江省嘉兴市）人。曹溶门生。

是书分经翼、史参、子类、集余四类，以类相从。经翼汇集经注，史参多取稗史，子部选取宋明人理学著作，集余选取文集之余杂著。集余之中又分行诣、事功、文词、纪述、考据、艺能、保摄、游览八项。

清道光十一年六安晁氏木活字印本，民国九年上海涵芬楼影印清道光十一年六安晁氏木活字印本。

4481

如不及斋丛书十三种 /（清）陈坤编

陈坤，见第1306条。

丛书共包括十部文献，首先是两部官箴书：元代张养浩撰《为政忠告》、清初梁文科撰《日省录》，其次是明末陈瑚所著《大学日程》，其余是陈坤本人诸著述：《鳄渚回澜记》《治潮刍言》《粤东剿匪纪略》《如不及斋诗钞》《如不及斋咏史诗评》《古井遗忠集》《岭南杂事诗钞》，另外还有其早逝的女儿陈钲所著（身后由其兄弟辑成）《寒碧轩诗存》。兼有官方文献与私人著述的色彩。

清同治光绪钱塘陈氏粤东刻本。

4482

唐人说荟一百六十五种 /（清）陈世熙编

陈世熙，生卒年不详，字莲塘，号莲塘居士，山阴（今属浙江省绍兴市）人。

见“唐代丛书十二集”。

清乾隆五十八年挹秀轩刻巾箱本，清道光二十三年序刻本，清同治三年刻本，清三元堂刻本，清宣统三年上海天宝书局石印本。

4483

唐代丛书十二集 /（清）陈世熙辑

陈世熙，见第4482条。

清同治八年右文堂刻本，清光绪二十二年上海赐书堂石印本。

4484

正觉楼丛刻二十九种 /（清）崇文书局编

崇文书局，见第3882条。

是书与《正觉楼丛书》收书略有差异，次序亦不同。

清光绪崇文书局刻本。

4485

董氏五种／（清）董恂撰辑

董恂（1807—1892），初名椿，科试后改名醇，避同治帝讳，改今名，字忱甫，号酝卿，甘泉（今江苏省扬州市）人。清道光二十年（1840）进士。历官户部右侍郎、兵部左侍郎、三口通商、会典馆总裁、户部右侍郎、都察院左都御史授兵部尚书、户部尚书、总理各国事务衙门大臣。著有《荻芬书屋诗文稿》。

是书包含《洋兵纪略》《盐务议略》《俄英事略》《户部事要》等书。

清末稿本。

4486

长恩阁校订三代遗著四种／（清）傅以礼编

傅以礼，见第4284条。

是书收有《保越录》《北征录》《张尚书集》《忠烈卢公事实俟传》《乘槎笔记》。

清末大兴傅氏长恩阁抄本。

4487

赐砚堂丛书新编四十种／（清）顾沅编

顾沅（1799—1851），字澧兰，号湘舟，又自号沧浪渔父，长洲（今江苏省苏州市）人。藏书家。清道光间任教谕。著有《游山小草》《古圣贤传略》《昆山志》《沧浪亭志》《焦山志》《然松书屋诗钞》等，另辑有《乾坤正气诗集》《吴郡文编》。

是书主要收辑经史舆地论文谈艺，除明人一种外，皆为清人著作，分为甲乙丙丁四集。其中甲集收清邵嗣尧《易图定本》、清陆陇其《古文尚书考》、清汪琬《诗问》等十种。乙集收清曹溶《古林金石表》、清厉鹗《玉台书史》、清刘体仁《七颂堂词绎》等十种。丙集收清万斯同《汉魏石经考》《唐宋石经考》、清吴陈琰《五经今文古文考》等十种。丁集收清徐文靖《天文考略》、清顾陈垿《钟律陈数》、清陈维崧《妇人集》等十种。

清道光十年长洲顾氏刻本。

4488

艺苑捃华四十八种／（清）顾之逵编

顾之逵（1752—1797），字抱冲，一字安道，元和（今属江苏省苏州市）人。廪贡生。清嘉庆时吴中大藏书家。著有《一瓻录》等。

一作《秘书四十八种》。是书汇辑汉唐以来的著述，以小说为主，包含汉孔鲋《小尔雅》、汉刘歆《西京杂记》、汉东方朔《海内十洲记》、晋陶潜《群辅录》、晋干宝《搜神记》、唐段成式《酉阳杂俎》、唐李朝威《柳毅传》、唐蒋防《霍小玉传》、宋吴淑《江淮异人录》、宋秦观《蚕书》、清吴震方辑《说铃》等。

清同治刻本。

4489

待清书屋杂钞四百九十三种／（清）管廷芬编

管廷芬（1797—1880），一名庭芬，原名怀许，字培兰，又字子佩，号芷湘，晚号笠翁、芝翁、甚翁，亦号渟溪老渔、渟溪钓鱼师、渟溪病叟，海宁（今浙江省海宁市）人。诸生。著有《芷湘吟稿》《芷湘笔乘》《丱兮笔记》《宋诗钞补》《履霜杂志》《漷阴志略》《兰絮话腴》《南屏逸志》《南屏禅寄集》《南唐杂剧》《海昌经籍著录考》《越游小录》《浙西被兵录》等。

清同治元至三年，管庭芬因避太平天国兵事，闲暇无事，遂从史部、子部杂著及诗文集中摘抄成此书。是书杂乱无编次，大抵以摘抄时间之先后，分为初、续、再续、补遗、附录、拾遗诸编，每编前有小序或题词，书中多言及浙中太平天国战事。

清同治间管氏稿本。

4490

一瓻笔存一百二十种／（清）管廷芬编

管廷芬，见第4489条。

是书以经、史、子、集四部为编，收录经部书十八种，多采自《经余必读》《书隐丛说》等；史部十八种，多采自明清单刻本；子部四十八种，多采自明清丛书及笔记杂著；集部二十八种，除采自刻本外，多录自墨迹本、传抄本。

稿本。

4491

国粹丛书四十九种／（清）国学保存会编

国学保存会，清末学术团体。清光绪三十年（1904），由邓实、黄节、刘师培、陈去病等发起在上海组成，奉章炳麟为大师。旋创刊《国粹学报》，以“发明国学，保存国粹”为号召，宣传排满复汉思想。武昌起义后停止活动。

是丛书共三集，所收多为宋明遗老著述、野史稗乘，以及清代乾隆年间被禁毁的著作。其中如清吕留良《吕用晦文集》、清戴名世《戴褐夫集》、明吴易《吴长兴伯集》等均为清代禁书；戴名世《孑遗录》、清钱士馨《甲申传信录》、清冯苏《劫灰录》、清黄宗羲《行朝录》等，记载了明代许多重要史实。

清光绪宣统间铅印本。

4492

琳琅秘室丛书三十种 /（清）胡珽编

胡珽（1822—1861），字心耘，仁和（今属浙江省杭州市）人，原籍安徽休宁。校勘学家。诸生，曾官太常博士。

是书成于清咸丰初年，先成四集，每集有总目、题解，均由胡珽自作札记、叙得书由来，所辑偏重于掌故、说部、释道诸书。

清咸丰三年仁和胡氏木活字印本，清光绪十三年会稽董氏云瑞楼木活字印本，清光绪十四年会稽董氏取斯家塾木活字印本。

4493

渐学庐丛书第一集十五种 /（清）胡祥鑅编

胡祥鑅，生平事迹不详。

是书收清代边疆历史地理著作，包含《宁古塔纪略》《西游记金山以东释》《中越东西定义全界约文》《咸丰以来功臣别传》《美利加英属地小志》《塞北纪行》《西北域记》《帕米尔图说》《帕米尔辑略》《澳大利亚洲志译本》《元书后妃公主列传》《珲牍偶存》《外交余势》《断肠记》《立方奇法》等。

清光绪元和胡氏石印本。

4494

敏果斋七种 /（清）许乃钊编

许乃钊，见第3915条。

是书收《武备辑要》《武备辑要续编》《纪效新书》《练兵实纪》《杂集》等。

清道光十二至二十九年钱塘许氏刻汇印本。

4495

士礼居丛书二十种 /（清）黄丕烈编

黄丕烈，见第1178条。

是书大都用宋元旧刻本，包含汉郑玄注《周礼》、宋欧阳忞撰《舆地广记》、晋张华撰《博物志》、宋佚名撰《新刊宣和遗事》等书。

清嘉庆道光黄氏士礼居刻本，清光绪十三年上海蜚英馆石印黄氏刻本。

4496

士礼居黄氏丛书十九种附四种／（清）黄丕烈编

黄丕烈，见第1178条。

民国十一年上海博古斋增辑影印清黄氏刻本。

4497

逊敏堂丛书九十二种／（清）黄秩模编

黄秩模（1808—1868），字子全，号立生，又号正伯、小树、耐轩、惕园等，宜黄（今江西省宜黄县）人。刑部侍郎黄爵滋之子。清道光中随父居京师，无意功名，喜藏书，广收天下郡县方志。辑有《逊敏堂丛书》。

是书仿《津逮秘书》和《墨海金壶》二书体例，汇刻古今小品著述而成。

清道光咸丰宜黄黄氏刻本及木活字印本。

4498

逊敏堂丛书一百二种／（清）黄秩模编

黄秩模，见第4497条。

清道光咸丰宜黄黄氏刻本及木活字印本。

4499

灵鹣阁丛书五十六种／（清）江标编

江标（1860—1899），字建霞，一作蒹葭，号师郧，一号苫誃、萱圃，元和（今属江苏省苏州市）人。清光绪十五年（1889）进士，授翰林院编修，又赴同文馆学习研究时务。二十年（1894）参加强学会。出任湖南学政、整顿校经书院，增设史地、算学等学科。二十三年（1897）刊《湘学报》，组织南学会，受到王先谦的攻击。变法失败后被革职，永不叙用。著有《宋元本行格表》，辑有《江刻书目三种》。

综合性丛书，分六集，所收多清人著作，包括金石十九种，诗文十种，经义、小学和书画、目录版本著作各六种，地志传记和杂说笔记各四种，另收有李凤苞《使德日记》、徐见寅《德国议院章程》、李钟珏《新嘉坡风土记》等著作八种。

清光绪元和江氏湖南使院刻本。

4500

别下斋丛书初集二十四种／（清）蒋光煦编

蒋光煦，见第4083条。

清道光十七年海昌蒋氏别下斋刻本。

4501

别下斋丛书初集十种／（清）蒋光煦编

蒋光煦，见第4083条。

清道光海昌蒋氏别下斋刻本。

4502

别下斋丛书二十七种／（清）蒋光煦编

蒋光煦，见第4083条。

丛书。收唐宋以来经史要籍及乡邦遗著，包含元龙仁夫《周易集传》、明曹履泰《靖海纪略》、明黄省曾《西洋朝贡典录》、清李超孙《诗氏族考》等二十七种。

清道光海昌蒋氏别下斋刻咸丰六年续刻本，民国十二年上海商务印书馆影印清海昌蒋氏刻本，民国武林竹简斋影印清海昌蒋氏刻本。

4503

仲轩群书杂著九十一种／（清）焦廷琥编

焦廷琥（1782—1821），字虎玉，甘泉（今江苏省扬州市）人。清经学家、数学家，于天文、算学有造诣。与父同编《孟子长编》，著有《益古演段开方补》《地圆说》《密梅花馆诗文钞》。

稿本。

4504

古逸丛书二十六种／（清）黎庶昌编

黎庶昌，见第0259条。

综合性丛书。清光绪七年（1881），黎庶昌出使日本，搜访中国罕传的古代逸书残本多种，影刻成书。是书于清光绪八至十年（1882—1884）间刻成，以其多古本逸编，遂命曰《古逸丛书》。该书共收书二十六种，编次不按分类，每种前附提要，略述其版本源流，书后附杨守敬所撰跋语，间亦有无跋者。

清光绪八至十年黎庶昌日本东京使署影刻本。

4505

函海一百六十种／（清）李调元编

李调元，见第1365条。

大型综合性丛书。是书收李调元撰《史说》《官话》《弄谱》《东海小志》《汇音》，另有梁元帝《古今同姓名录》、徐锴《说文解字韵谱》、陆友仁《吴中旧事》、杨慎《异鱼图赞》、胡世安《异鱼图赞补》、郭稽中《产育宝庆集》、张行成《翼玄》、李纲《靖康传信录》、王弥大《青溪弄兵录》、赵鼎《建炎笔录》、李心传《旧闻证误》、郑樵《夹漈遗稿》等。

清光绪七至八年广汉钟登甲乐道斋刻本。

4506

函海一百五十二种／（清）李调元编

李调元，见第1365条。

清乾隆锦州李氏万卷楼刻嘉庆十四年李鼎元重校印本，清乾隆锦州李氏万卷楼刻道光五年李朝夔补刻本。

4507

反约篇六十七种／（清）李光廷编

李光廷，见第1923条。

此书即《榕园丛书》之另一底本，收书与《榕园丛书》基本相同。

清同治间番禺李氏抄本。

4508

守约篇丛书六十三种／（清）李光廷编

李光廷，见第1923条。

综合性丛书。是书收《岭表录异》《吴郡图经续记》《长春真人西游记》《普法战纪辑要》等书。

清同治间广东李氏刻本。

4509

正觉楼丛书七十五卷／（清）李翰章辑

李翰章（1821—1899），一名瀚章，字筱荃，合肥（今安徽省合肥市）人。李鸿章兄。以拔贡官湖南知县。历官湖南巡抚、湖广总督、浙江巡抚、湖广总督、四川总督、漕运总督、两广总督。

是书收《西京杂记》《括地志》《指南后录》《风角书》《三国志辨疑》《后汉郡国令长考》《三国职官表》《全浙诗话刊误》《礼记天算释》《三国纪年表》《五代纪年表》等。

清道光九年刻本，清光绪崇文书局

刻本，清光绪武昌书局刻本。

4510

铁香室丛刻初集四种续集六种／（清）李世勖编

李世勖，生平事迹不详。

收有《筹洋刍议》等。

清光绪刻本。

4511

惜阴轩丛书三十四种续编一种／（清）李锡龄编

李锡龄（1794—1844），字孟起，又字孟熙，号星楼，三原（今陕西省三原县）人。清嘉庆二十一年（1816）举人。道光中官内阁中书。藏书楼名惜阴轩。著有《宜兰室文集》《紫榴吟房诗钞》《佩实书庐笔记》等。

辑录宋元明善本书的丛书，收有《东西洋考》《唐语林》《见物》等书。

清道光二十六年宏道书院刻咸丰八年续刻本，清光绪十四年长沙惜阴书局刻本，清光绪二十二年长沙刻本。

4512

青照堂丛书初编四种次编四十种三编四十一种／（清）李元春编

李元春，见第3445条。

是书收有《王氏诗地理考》《农桑书录要》《汪氏黄河考》《台湾志略》《御览西方要纪》等书。

清道光十五年朝邑刘际清等刻本。

4513

凌氏传经堂丛书三十二种／（清）凌镐、凌镛编

凌镐，生卒年不详，字龙人，吴江（今属江苏省苏州市）人。近代印章收藏家。清同治间辑自藏印成《凌氏藏印》。

凌镛，生平事迹不详。

所收多为明清人解经论史之作，为杂纂类丛书。

清嘉庆道光吴兴凌氏刻本。

4514

知服斋丛书三十种／（清）龙凤镳编

龙凤镳（1867—1909），字作扬，字伯鸾，一字柏鸾、伯銮，号澄盦，顺德（今属广东省佛山市）人。监生。官至员外郎。家有六篆楼，收藏书法名作和古籍甚多。

丛书。是书分五集，第一集多为汉人所著关于汉代官制、典章、礼仪等著作，第二集多为地理、历史著作，后三集多为集部著作。收

有《岛夷志略》《宁古塔纪略》《金华赤松山志》《逸周书》《十三州志》《元亲征录》《孑遗录》等书。

清光绪顺德龙氏刻本。

4515

雅雨堂丛书十三种／（清）卢见曾编

卢见曾（1690—1768），字抱孙，号淡园，又号雅雨山人，德州（今山东省德州市）人。清康熙六十年（1721）进士。雍正三年（1725）出为四川洪雅县知县。后历官安徽蒙城县知县、六安州知州、亳州知州、江南江宁府知府。乾隆间官至两淮盐运使。著有《雅雨堂诗集》《文集》《出塞集》《旗亭记》《玉尺楼》等。

丛书。是书汇辑宋元旧刊，收有汉郑玄《郑氏周易》、汉郑玄《郑司农集》《周易乾凿度》、汉伏胜《尚书大传》、北周卢辩《大戴礼记注》、汉高诱注《战国策》、唐颜师古《匡谬正俗》、唐李鼎祚《李氏易传》、唐封演《封氏闻见记》、南汉王定保《摭言》、宋孙光宪《北梦琐言》、宋庞元英《文昌杂录》、清惠栋《周易爻辰图》等。

清乾隆二十一年德州卢氏雅雨堂刻增修本。

4516

抱经堂丛书十六种／（清）卢文弨编

卢文弨（1717—1796），字绍弓，号矶渔，又号檠斋，晚号弓父，名其堂曰抱经，人称抱经先生，余姚（今浙江省余姚市）人。校勘学家。清乾隆十七年（1752）进士，历官侍读学士、湖南学政。晚年主讲于钟山、紫阳书院。著有《仪礼注疏详校》《经典释文考证》《群书拾遗》《抱经堂文集》等。

是书是作者将自己的著作及校勘、注释的汉唐两代学者的经子诸书汇刻而成。

清乾隆嘉庆间汇印本，民国十二年北京直隶书局影印清乾隆嘉庆刻本。

4517

十万卷楼丛书五十一种／（清）陆心源编

陆心源，见第1500条。

是书以藏书楼命名，收有《本草衍义》《东莱吕紫微杂说》《夷坚志》《许国公奏议》《岁时广记》《自号录》《汉宫仪》《友会谈丛》《靖康要录》《宝刻丛编》《宋徽宗圣济经》《续谈助》《续考古图》《云烟过眼录》《新编分门古今类事》等。

清光绪归安陆氏刻本。

4518

龙威秘书一百六十九种／（清）马俊良编

马俊良，生卒年不详，字嵰山，石门（今属浙江省桐乡市）人。清乾隆二十六年（1761）进士，官内阁中书，以育材自任，历主书院讲席。著有《易家要旨》《春秋传说荟要》《禹贡图说》《嵰山诗草》等。

综合性丛书。是书包括汉魏丛书采珍、四库论录、古今集隽、晋唐小说畅观、古今丛说拾遗、名臣四六奏章、吴氏说铃揽胜、西河经议存醇、荒外奇书、说文系传等，所收皆为汉晋、唐宋、明清小品书籍。内容涵盖经史子集四部，涉及社会风俗、科学技术，琐事异闻，茶酒志怪等。

清乾隆五十九年石门马氏大酉山房刻本，清末世德堂刻本。

4519

海山仙馆丛书五十六种／（清）潘仕成编

潘仕成（1803—1873），字德畬，又称德舆、德隅，祖籍福建，世居广州。早年继承家业经营盐务，后承办海防和战船军工生产，遂成巨富。清道光十二年（1832）副榜贡生，适逢京城灾荒，捐赈巨款救济饥民，得钦赐举人。后以劳绩显著，加布政使衔。二十七年（1847）授两广盐运使、浙江盐运使等职。鸦片战争时期，奉命督办沿海七省战船，并自动捐资加制战船。

丛书收录《顺宗实录》《九国志》《靖康传信录》《庚申外史》《高僧传》《海录》《新释地理备考全书》《火攻挈要》《几何原本》《测量法义》《测量异同》等。多为前人未汇选过，流传稀少，难以购求的古籍。

清道光二十五年至咸丰元年番禺潘氏刻光绪十一年增刻汇印本。

4520

式古居汇钞四十七种／（清）钱熙祚编

钱熙祚，见第2780条。

是书本为《借月山房丛书》，共四十六钟。

清道光二十六年金山钱氏重编汇印借月山房汇钞本。

4521

守山阁丛书一百十二种／（清）钱熙祚编

钱熙祚，见第2780条。

综合性丛书。钱熙祚好藏书，于县属秦山构祠建阁藏书其中，取名守山阁。是书以经史子集顺序排列，收《九国志》《吴郡志》《岭海舆图》《河防通议》《职方外纪》《七国考》《历代兵志》《练兵实纪》等书。

清道光二十四年金山钱氏重编增刻墨海金壶本，清光绪十五年上海鸿文书局影印清金山钱氏重编增刻墨海金壶本，民国十一年上海博古斋影印清金山钱氏重编增刻墨海金壶本。

4522

得月簃丛书初刻十种次刻十种／（清）荣誉编

荣誉，生卒年不详，字子誉，号梦鱼，别号小圃，别署东海松柏心道人，本姓姚，其先人在清太祖时被编入内府，遂入汉军正白旗籍。曾官河南鲁山县知县，家世有藏书，辑有《得月簃丛书》。

丛书。荣誉官于鲁山时刻于县斋，是书收录唐李肇《国史补》、宋葛洪《涉史随笔》、金元好问《续夷坚志》、宋朱长文《吴郡图经续记》、宋张淳《仪礼识误》、宋周密《志雅堂杂钞》、明刘昌《悬笥琐探》、明薛俊《日本考略》等。

清道光九至十一年长白荣氏刻本。

4523

宛委别藏／（清）阮元编

阮元，见第0646条。

丛书，一百六十种。阮元官浙江学政、巡抚间，搜访东南秘籍，进呈内府，藏于故宫养心殿，以补《四库全书》之阙，取名“宛委别藏”，所收之书多为世罕流传的珍本。

稿本，一九八一年台北商务印书馆影印台北故宫博物院藏稿本。

4524

文选楼丛书三十三种／（清）阮元撰，（清）阮亨编

阮元，见第0646条。
阮亨，见第4058条。

综合性丛书。是书收阮元自著十四种，其子福所著一种，同时学者所撰《地球图说》等十余种。

清嘉庆道光阮元刻道光二十二年阮亨汇印本。

4525

沈氏韵初书屋校录秘籍十二种／（清）沈树镛编

沈树镛（1832—1873），字均初，一作韵初，号郑斋，南汇

（今属上海市）人。收藏家。清咸丰九年（1859）举人，官内阁中书。辑有《均初手拓古印册》，著有《汉石经室金石跋尾》《养花馆书画目》《书画心赏日录》。

清抄本。

4526

问经堂丛书二十七种／（清）孙冯翼编

孙冯翼，生卒年不详，一名孙彤，字凤卿，号凤埔，奉天承德（今辽宁省沈阳市）人。以荫生简用通判候补郎中，嗜藏书、辑佚古书。著有《禹贡地理古注》《江宁金石待访录》《许慎淮南子注辑本》等。

综合性丛书。是书收《逸子书》《神农本草经》《商子》《郑氏遗书》《世本》《尸子》等书。

清嘉庆间承德孙氏刻本。

4527

岱南阁丛书二十种／（清）孙星衍编

孙星衍，见第1193条。

孙星衍因居岱宗之南，名其斋为岱南阁，又因是书为其在山东任职时所辑，故亦以岱南阁名之。是书包括辑补校勘、影宋元刻本和自著诗文三部分，其中辑补校勘有《古文尚书马郑注》《春秋释例》《仓颉篇》《燕丹子》《盐铁论》《孙子十家注》《元和郡县图志》《括地志》《辑古算经细草》《求一算述》等，影宋元刻本有《唐律疏议》《宋提刑洗冤集录》《古文苑》等，自著诗文有《问字堂集》《岱南阁集》《平津馆文集稿》《五松园文稿》《嘉谷堂集》《泺上停云集》等。

清乾隆五十年至嘉庆十四年兰陵孙氏刻本，民国十三年上海博古斋影印清孙氏刻本。

4528

秘书二十八种／（清）汪士汉编

汪士汉，生卒年不详，字隐侯，一作闇然，婺源（今江西省婺源县）人。晚居金陵，设居仁堂，康熙间刻《秘书廿一种》《四书传旨》《易理集》《古今记林》《集古山房文集》《浮溪遗集》《古今彝语》等。

清嘉庆十年鸣凤楼重编印古今逸史本，清道光二十六年刻本。

4529

秘书二十一种／（清）汪士汉编

汪士汉，见第4528条。

是书汇辑先秦、汉魏六朝、唐

宋名著二十一种，称为秘书者，为当时罕见之籍，收《汲冢周书》《吴赵春秋》《拾遗记》《山海经》《博物志》《桂海虞衡志》《续博物志》《博异记》《高士傅》《楚史梼杌》《竹书纪年》《古今注》《续齐谐记》等书。

清康熙七年新安汪氏重编印古今逸史本，清乾隆七年新安汪氏补刻文盛堂印本，清嘉庆九年姑苏聚文堂刻本。

4530

小方壶斋丛书三十六种／王锡祺编

王锡祺，见第0855条。

清光绪十二至二十一年南清河王氏铅印本。

4531

愚谷丛书／（清）吴骞辑

吴骞，见第0336条。

见“拜经楼丛书三十一种”。

清嘉庆海宁吴氏拜经楼刻本。

4532

拜经楼丛书三十一种／（清）吴骞原编，上海博古斋增编

吴骞，见第0336条。

是书初作《愚谷丛书》，首刻三种：一为齐谢宣城《诗集》五卷，二为唐罗隐《谗书》五卷，三为《拜经楼诗话》四卷。其他随得随刊，均成于乾嘉之际。光绪十一年会稽章寿康重刊七种。光绪二十年吴县朱记荣重辑十种，始定名《拜经楼丛书》。1922年上海博古斋并吴刻单行本，增至三十一种行世。刊刻最早者，为乾隆三十七年（1772），最晚者为道光二十七年（1847）。其中包括魏、晋、南齐、唐、宋、元、明、清人著作十六种，吴骞自著十五种。

民国十一年上海博古斋增辑影印清吴氏刻本。

4533

经策通纂二种／（清）吴颎炎、陈通声等纂

吴颎炎，生卒年不详，字亮公，诸暨（今浙江省诸暨市）人。

陈通声（1846—1920），字蓉曙，号骏公，诸暨（今浙江省诸暨市）人。清光绪十二年（1886）进士。历官松江知府、川东道。著有《明逸民诗》《畸庐稗说》等。

大型经学丛书，由《经学辑要》和《策学补纂》两部分组成。前者收录自唐至清代表性经学著述，包括《孙氏尚书今古文注疏》

《马氏毛诗传笺通释》《诗地理考》《陆氏毛诗草木虫鱼疏》《三家诗考》《郝氏尔雅义疏》《朱氏说文通训定声》等。

清光绪十三年点石斋石印袖珍本，清光绪十四年点石斋石印袖珍本，清光绪二十三年点石斋石印袖珍本。

4534

半亩园丛书三十种二百五十九卷／（清）吴坤修编

吴坤修，见第3920条。

是书所收古今著作以经世致用为其原则，其中元鲁明善《农桑衣食撮要》、清刘应棠《梭山农谱》、宋董煟《救荒活民书》，均为农学要籍。宋韩祗和《伤寒微旨论》、宋董汲《旅舍备要方》、宋王贶《全生指迷方》等，均为医书。又有研究古代兵法的《兵法汇编》，研究宗教的《新刊释氏十三经》，有关西陲边事的《秦边纪略》等。

清同治间新建吴氏皖城刻本。

4535

岭南丛书四种／（清）吴兰修编

吴兰修，见第1161条。

是书所收多为广东人士讲海事、舆地之著述，收有明姚虞《岭海舆图》、明黄衷《海语》、宋方信孺《南海百咏》、明黄佐《泰泉乡礼》等。

清道光刻本。

4536

艺海珠尘八集／（清）吴省兰编

吴省兰，见第1772条。

清嘉庆间南汇吴氏听彝堂刻。

4537

艺海珠尘一百六十六种／（清）吴省兰编，（清）徐时栋复位

吴省兰，见第1772条。
徐时栋，见第2921条。

是书分十集，每集略按经、史、子、集之序排列。收书上起汉，下至清，其中以清人著作居多，宋、明次之，包含《海国闻见录》《倭情屯田议》《东南防守利便》《海潮说》《闽中海错疏》《山海经补注》《海潮辑说》《山海经图赞》等。内容涉及经学、小学、舆地、掌故、笔记、小说、天文、历算、诗文等方面。

清乾隆刻本。

4538

艺海汇编二十九种／（清）吴翌凤编

吴翌凤（1742—1819），字伊仲，号枚庵，一作梅斧、眉庵、梅庵，一号梅村、凤鸣，晚自号漫叟，又署名小匏，吴县（今属江苏省苏州市）人。诸生。曾掌浏阳书院。著述宏富，撰有《与稽斋丛稿》《梅村诗集笺注》《雨窗怀旧录》《灯窗丛录》《逊志斋杂钞》《东斋脞语》，编有《宋金元诗选》《吾与汇编》《国朝文征》《印须集》《国朝诗》。

是编收有《霜猿集》《劫灰录》《谈往续录》《五藩梼乘》《郑氏纪略》《汴围湿襟录》《御题明臣史可法像卷》《青磷屑引》《沈存仲再生纪异录》《述古堂书目》等。

清稿本。

4539

说铃前集三十七种后集十六种／（清）吴震方编

吴震方，见第1429条。

是书收清初诸人所作之见闻录、日记、笔记、游记、杂录等作品，收王崇简《冬夜笺记》、王士祯《陇蜀余闻》、李仙根《安南杂记》、张鹏翮《奉使俄罗斯日记》、宋荦《筠廊偶笔》、高士奇《金鳌退食笔记》、方象瑛《封长白山记》、张学礼《使琉球记》、黄鹏扬《读史吟评》、陆次云《湖壖杂记》等。

清嘉庆五年明新堂重刻袖珍本，清同治七年大文堂刻本，清光绪五年两仪堂刻本，清刻本。

4540

说铃前集三十三种后集十九种续集七种／（清）吴震方编

吴震方，见第1429条。

清康熙刻本，清道光刻本。

4541

真意堂三种／（清）吴志忠编

吴志忠，生卒年不详，字有堂，又号妙道人，吴县（今属江苏省苏州市）人。诸生。长于目录校勘学，辑刻《璜川吴氏经学丛书》《璜川吴氏四书学》《真意堂三种》等。

是书收《洛阳伽蓝记》《兼明书》《河朔访古记》三种。

清嘉庆十六年璜川吴氏木活字印本。

4542

粤雅堂丛书一百八十四种／（清）伍崇曜编辑

伍崇曜（1810—1863），原名元薇，字紫垣，一字良辅，商名绍荣，南海（今属广东省佛山市）人。府学廪生，清咸丰间办理畿辅振捐赐举人，捐布政使衔。祖父国莹于清乾隆四十九年（1784）创设广州十三行之一的怡和行，曾跃居十三行之首。林则徐抵粤禁烟前夕，曾给英美鸦片商通风报信，禁烟初期破坏收缴鸦片，被林则徐逮捕入狱。琦善、奕山主持广东事务期间，是商议《穿鼻草约》、签订《广州和约》的重要中介人。咸丰八年（1858）协助英法联军扶持柏贵傀儡政府。曾被清廷授予钦赐举人、候补郎中、候选道，加布政使、荣禄大夫等职衔。喜搜藏古籍和刻书，辑刊有《粤雅堂丛书》《粤东十三家集》《楚庭耆旧诗》等，自著有《粤雅堂吟草》。

综合性丛书。南海富商伍崇曜出资，延请同县著名学者谭莹校勘编订。谭莹博考粤中文献，先于清咸丰三年（1853）刻成《岭南遗书》《粤十三家集》《楚庭耆旧遗诗》。此后，又广披秘本，博采海内罕见书籍，辑刻魏至清代著述，成此书。是书收有明徐贞明《潞水客谈》、明黄省曾《西洋朝贡典录》、宋路振《九国志》、清郁永河《采硫日记》、清全祖望《汉书地理志稽疑》等书。

清道光二十九年至光绪十一年南海伍氏刻汇印本。

4543

邵武徐氏丛书二十三种／（清）徐干编

徐干，生卒年不详，字小勿，一作小笏，邵武（今福建省邵武市）人。清同治七年（1868）由优贡朝考二等，供职太学院。光绪年分发浙江，任上虞、嵊县知县，曾任剡山书院院长。公事之余又喜聚书，工书法，好辑古今名著并校勘刊行之，将所得俸金，均用于购书。

丛书。是书收有《郑氏诗谱考正》《春秋世族谱》《东南纪事》《西南纪事》等。

清光绪徐氏自刻本。

4544

观自得斋丛书二十三种别集六种／（清）徐士恺编

徐士恺（1844—1903），安徽石埭（今分属安徽省黄山市、池州市）人。字士静，居室曰观自得斋。拜浙江候补道。嗜金石，善书、画，精鉴赏，通考证。编刊《观自得斋印集》十六册、《观自得斋丛书》二十九种、《观自得斋秦汉官私铜印谱》五十本、《汉铜印丛》四册，并为赵之谦辑《二金蝶堂印谱》。

清光绪十三至二十年石埭徐氏刻本。

4545

昭代丛书新编五十种续编五十种广编五十种埤编五十种别编五十种／（清）杨复吉编

杨复吉（1746—1820），字列侯，一作列欧，号慧楼，震泽（今属江苏省苏州市）人。少有神童之名，十一岁应童子试，清乾隆三十七年（1772）进士，以知县铨选。及长，居家不出，醉心于著述。著有《梦阑锁笔》《史余备考》《香月楼学古文》。

稿本。

4546

清怀丛书二十一种／（清）姚耀山辑

姚耀山，生平事迹不详。

收有《岭表录异记》等著作二十三种。

清抄本。

4547

文津阁四库全书三千五百三种／（清）永瑢、纪昀等纂修

永瑢，即爱新觉罗·永瑢（1743—1790），号九思主人，清乾隆帝六子。乾隆二十四年（1759）出继给慎靖郡王允禧，封贝勒，管理内务府、充四库全书玉牒馆总裁、监管钦天监事务。五十四年（1789）晋封质亲王。工诗擅画，有《岁朝图》《枫溪垂钓图轴》。

纪昀（1724—1805），字晓岚，一字春帆，晚号石云，道号观弈道人，献县（今河北省献县）人。历官左都御史，兵部、礼部尚书，协办大学士加太子太保管国子监事致仕，曾任《四库全书》总纂修官。著有《阅微草堂笔记》，后人搜集编有《纪文达公遗集》。

我国历史上最大一部官修丛书。是书经近十年之群力经营，至清乾隆四十六年（1781）始告完成。之后，又动员三千八百余人先后誊写七部，分藏于文渊阁（北京）、文溯阁（盛京）、文源阁（北京）、文津阁（承德）、文宗阁（镇江）、文汇阁（扬州）、文澜阁（杭州）。

清乾隆内府写本。

4548

文澜阁四库全书三千四百五十种／（清）永瑢、纪昀等纂修

永瑢，见第4547条。

纪昀，见第4547条。

清乾隆内府写本清末民初补抄本。

4549

文溯阁四库全书三千五百九十种／（清）永瑢、纪昀等纂修

永瑢，见第4547条。

纪昀，见第4547条。

清乾隆内府写本。

4550

文渊阁四库全书三千四百六十一种／（清）永瑢、纪昀等纂修

永瑢，见第4547条。

纪昀，见第4547条。

清乾隆内府写本，一九八三年台北商务印书馆影印清乾隆内府写本，一九八九年上海古籍出版社影印台北商务印书馆影印清乾隆内府写本。

4551

明辨斋丛书二十三种／（清）余肇钧编

余肇钧，生卒年不详，字芊皋，长沙（今湖南省长沙市）人。

是书辑唐宋以来名贤著述，收宋黄干《朱文公行状》、清毛奇龄《王文成传本》、姜晟《姜司寇目订年谱》、明陈第《屈宋古韵考》、明魏焕《明九边考》、清陈伦炯《海国见闻录》等。

清同治二至六年余肇钧明辨斋刻同治六年永丰书局汇印本。

4552

渐西村舍汇刊四十四种／（清）袁昶编

袁昶，见第2483条。

是刊所收以边疆地理、域外史乘著作最有价值，包含何秋涛校正《元圣武亲征录》、李文田注《元朝秘史》。此外也收有农家、医家、兵家、杂家类著作。

清光绪十六至二十四年桐庐袁氏刻本。

4553

袁爽秋秘籍七种／（清）袁昶编

袁昶，见第2483条。

是书收有《元秘史》《校正元圣武亲征录》《蛮书》《宁古塔志略》《香岩先生集》《蒙古钱币考》《黄庭人身穴道表》等。

清袁氏渐西村舍稿本。

4554

式训堂丛书四十一种／（清）章寿康编

章寿康（1850—1906），原名贞，字硕卿，会稽（今属浙江省绍兴市）人。清光绪初年为张之洞的谋臣，喜欢研究古籍和金石学。任嘉鱼县令时因耽于刻书而被罢官。晚年生活贫困，所藏书籍、金石字画及刻书版片均以贱价出售。

杂纂类丛书。收《古易音训》《乾道临安志》《汉书西域传补注》《晋书地理志新补正》《弟子职集解》《吕子校补》《竹汀先生日记钞》等书。

清光绪会稽章氏刻本。

4555

榕园丛书六十二种续刻三种／（清）张丙炎编，（清）张允顗重辑

张丙炎（1826—1905），字午桥，号榕园，一号药农，仪征（今江苏省仪征市）人。清咸丰九年（1859）进士，由翰林院编修出知广东廉州府。廉有地名涠洲岛，要塞也，英国人乞为船坞，丙炎不许，时人以为不损国体。移知肇庆，尝购书数千卷，置书院中，以惠多士。后捐升道员，加盐运使衔。光绪三十年（1904）重宴鹿鸣，给侍读学士衔。著有《冰瓯馆词》，辑有《榕园丛书》。

张允顗，生卒年不详，号静生，仪征（今江苏省仪征市）人。张丙炎子。清光绪十七年（1891）优贡，曾为江西后补知府。

是书分甲、乙、丙三集。收有《岭表录异》《吴郡图经续记》《长春真人西游记》《西使记》《普法战纪辑要》等书。

清同治间真州张氏广东刻民国二年重修印本。

4556

昭代丛书合刻十集五百六十种附一种／（清）张潮编，（清）杨复吉等续编

张潮（1650—1707?），字山来，号心斋，江都（今属江苏省扬州市）人，原籍歙县（今安徽省歙县）。清康熙初岁贡，屡试不第，入赀授翰林院孔目。著有《幽梦影》《花影词》《心斋诗钞》《心斋聊复集》等。

杨复吉，见第4545条。

是书所收几乎全为清人杂著，故以“昭代”为名。内容兼及四部，采辑甚广，掌故琐记尤多，包含杨宾《宁古塔纪略》、金德纯《旗军志》、图理琛《异域志》等。

清道光吴江沈氏世楷堂刻本。

4557

昭代丛书甲集五十种乙集五十种丙集五十种／（清）张潮编

张潮，见第4556条。

清康熙三十六至四十二年诒清堂刻本。

4558

借月山房汇钞十六集一百三十九种／（清）张海鹏编

张海鹏（1755—1816），字若云，号子瑜，常熟（今江苏省常熟市）人。藏书家、刻书家。清乾隆四十年（1775）补博士弟子员。刻有《学津讨源》《墨海金壶》等。

是书专收明清两朝撰述，包括经说、杂史、传记、诸子、艺术、小说、诗文评论等类，本末之学略备。其中第八集收明佚名《海道经》等八种，第十三集收明王鏊《震泽纪闻》等六种。

清嘉庆十一至十七年虞山张氏刻增修本，民国九年上海博古斋影印清张氏刻本。

4559

墨海金壶一百十五种／（清）张海鹏编

张海鹏，见第4558条。

杂纂类丛书。所收大部分本自文渊阁本《四库全书》。还有从宋刻本，旧钞本中录出的，占十分之二三。首取其原本久佚，辑自《永乐大典》者，次取旧有传本，版已久废者，所辑多为宋以后著作。

清嘉庆十三至十六年海虞张海鹏刻二十二年汇印本，民国十年上海博古斋影印清嘉庆十三至十六年海虞张海鹏刻本。

4560

学津讨原一百七十三种／（清）张海鹏编

张海鹏，见第4558条。

丛书，系就毛晋《津逮秘书》残版增入明人著作，重行编订而成。是编以经史百家、朝章典故、遗闻逸事为主，亦采录书画谱录之类，收有《诗地理考》《毛诗草木鸟兽虫鱼疏广要》《通鉴地理通释》《吴越备史》《吴地记》《吴郡图经续记》《闽中海错疏》《海语》《酉阳杂俎》等。

清嘉庆十年虞山张氏照旷阁刻本。

4561

泽古斋重钞十二集一百十四种／（清）陈璜辑

陈璜，生卒年不详，字寄磻，室名泽古斋，上海（今上海市）人。

清嘉庆年间，常熟张海鹏刊刻《借月山房汇钞》，其后刻板残毁散佚。陈璜购得其板，因其残帙，递为补刊，并将原书舛讹之处加以厘订，重编为《泽古斋重钞》。是书与《借月山房汇钞》原书大体相同，实同一书。其后板归金山钱氏，重加校补增刊，改为《指海》。

清道光四年上海陈氏重编补刻借月山房汇钞本。

4562

指海一百四十种／（清）钱熙祚编，（清）钱培让、钱培杰续编

钱熙祚，见第2780条。

钱培让，生卒年不详，钱熙祚之子，金山（今属上海市）人。

钱培杰，生卒年不详，钱熙祚之子，金山（今属上海市）人。

是书所收多为古人撰述中篇幅较短、易于散佚的著作及近人有关政治、风俗之作，包含《禹贡山川地理图》《炎徼纪闻》《两垣奏议》《大业杂记》《西洋朝贡典录》《尚书地理今释》《异域录》《博物志》《闽部疏》《宁海将军固山贝子功绩录》《坤舆图说》《海道经》《山海经图赞》《封氏闻见记》等。

清道光十六至二十二年金山钱氏重编增刻借月山房汇钞本，民国二十四年上海大东书局影印清金山钱氏重编增刻借月山房汇钞本。

4563

鹤斋丛书／（清）赵之谦编

赵之谦，见第4281条。

见“仰视千七百二十九鹤斋丛书四十种”。

4564

仰视千七百二十九鹤斋丛书四十种／（清）赵之谦编

赵之谦，见第4281条。

综合性丛书，简称《鹤斋丛书》。是书辑经说、杂史、金石、笔记均为篇幅短小罕见之书，除个别宋明人著作外，大都为清人著

述，包含《勇卢闻诘》《张忠烈公（煌言）年谱》《英吉利广东入城始末》《补五代史艺文志》《南江札记》《郑堂札记》《金源札记》《勇庐闲话》《鲊话》等。

清光绪会稽赵氏刻袖珍本，民国十八年绍兴墨润堂书苑影印清光绪会稽赵氏刻本。

4565

舟车所至三十四卷 /（清）郑光祖辑

郑光祖，见第 1703 条。

地理丛书。此书将本朝有关四域边疆、周边邻国的著述或录其全，或摘其要而编成。经郑光祖评点者有吴振臣《宁古塔纪略》、郑氏辑《西藏纪闻》、陈伦炯《海国闻见录》、杨炳南《海录》。另收郑光祖自撰一斑录、附编、杂述。其余各书多记边疆史地、风俗文化、海上交通等。

清道光二十三年琴川郑氏青玉山房刻本。

4566

纷欣阁丛书十三种 /（清）周心如编

周心如，生卒年不详，字幼海，号鉴壶居士，浦江（今浙江省浦江县）人。

是书收有汉桓宽《盐铁论》（附清张敦仁《盐铁论考证》）、晋张华《博物志》（附清周心如《博物志补》）、宋江休复《江邻几杂志》、明杨慎《杨升庵先生异鱼图赞》、明黄衷《海语》等书。

清嘉庆道光浦江周氏刻本。

4567

长恩书室丛书十九种 /（清）庄肇麟编

庄肇麟，生卒年不详，字木生，新昌（今浙江省新昌县）人，侨居江西南昌。室名长恩书室。托迹于书贾中，富藏书，精鉴别。辑有《长恩书室丛书》。

清咸丰四年新昌庄氏过客轩刻本。

4568

蓬莱轩地理学丛书 / 丁谦撰

丁谦，见第 0464 条。

一称《浙江图书馆丛书》。是书共二集，其中第一集三十五卷，内容为关于《汉书》至《明史》诸正史中《四裔传》所作的种种考证。第二集三十四卷，内有《穆天子传地理考证》《元秘史地理考证》《元圣武亲征录地理考证》等。

民国四年浙江图书馆刻本。

4569

浙江图书馆丛书 / 丁谦撰

丁谦，见第 0464 条。

见“蓬莱轩地理学丛书”。

4570

殷礼在斯堂丛书 / 罗振玉辑

罗振玉，见第 0127 条。

殷礼在斯堂，辑者堂名。是编收入《广雅疏证补证》等二十种著作，多为考据、笔记之属。

民国十七年铅印本。

4571

白话丛书第一集六种 / 裘廷梁编

裘廷梁（1856？—1943），无锡（今江苏省无锡市）人。清光绪间举人。曾和其侄女裘毓芳创办和主编《无锡白话报》，为白话文运动先驱。著有《可桴文存》。

清光绪二十七年石印本。

4572

玉可庵丛书十二种 / 徐琪编

徐琪（1849—1918），字玉可，号花农，室名九芝仙馆，杭州（今浙江省杭州市）人。清光绪六年（1880）进士，授编修，官至兵部侍郎、福建学政。1914 年任参议院参政，旋隐居不出。著有《玉可庵诗》《九芝山馆行卷》《云摩碑阴先翰诗》《鸾纶纪宠诗》《冬日百咏》《葡萄征事诗》《广小圃咏》《苏海余波》《南斋日记》《粤东葺胜记》《日边酬唱集》《名山福寿编》等。另辑有《香海庵丛书》。

本丛书收有《伊洛阁源录》《儒林宗派》《吴船录》《南方草木状》《蛮书》《北户录》《岭表录异》《岭外代答》《岭海舆图》《百越先贤志》《岭南风物纪》《海国闻见录》。

清抄本。

4573

观古堂汇刻书八种 / 叶德辉编

叶德辉（1864—1927），字焕彬，又字奂份，号直山、直心，又号郎园，今湖南省长沙市人。清光绪十八年（1892）进士，授吏部主事，次年辞官回湘，成为湖南守旧派的领袖人物。宣统二年（1910），湘省饥荒，以囤积谷米不肯平粜被革去功名。袁世凯复辟帝制，在湖南组织筹安会分会极力拥戴。1927 年因攻击农民运动，被柳直荀下令逮捕并处以极刑。著有《观古堂藏书目》《郎园读书志》《乾嘉诗坛点将录征目》《四库全书版本考》等。

是书收《三家诗补遗》《尔雅补注》《南雍经籍志》《万卷堂书目》《金陵百咏》《疑雨集》等书。

清光绪二十一至二十八年长沙叶氏刻本，民国八年重编印本。

4574

观古堂汇刻书二十二种 / 叶德辉编

叶德辉，见第 4573 条。

清光绪二十一至三十年长沙叶氏刻光绪三十三年汇印本。

4575

观古堂汇刻书二十一种 / 叶德辉编

叶德辉，见第 4573 条。

清光绪二十一至三十三年长沙叶氏刻本。

4576

痛史二十一种附九种 / 乐天居士辑

乐天居士，生平事迹不详。

此编为明清之际的野史汇编。第一集辑有《福王登极实录》《哭庙纪略》《丁酉北闱大狱纪略》《庄氏史案》《研堂见闻杂纪》《思文大纪》《弘光实录钞》《淮城纪事》《崇祯长编》《浙东纪略》等；第二集为《甲申朝事小记》；第三集有《虔台逸史》等。该书编成于辛亥革命之际，故对于明朝灭亡、清军入关之残暴、江南人民抗清斗争以及清初文字狱等方面情况记述得极为详备。

清宣统三年上海商务印书馆铅印本，民国六年上海商务印书馆铅印本。

4577

续古逸丛书四十七种 / 张元济等编

张元济，见第 0016 条。

综合性丛书。是书所收范围、体例均与黎庶昌辑印的《古逸丛书》相仿，荟萃了我国不同时期（主要是宋代）、不同地域的雕版古籍精品。

民国十一年至一九五七年上海商务印书馆影印本。

4578

槐庐丛书四十六种 / 朱记荣编

朱记荣（1855？—1925），亦名朱迹荣，字懋之，号槐庐，又号孙溪逸士、槐庐主人，室名行素草堂，吴县（今属江苏省苏州市）人。侨居上海，以刊刻、贩书为业。辑有《槐庐丛书》《行素草堂丛书》《国朝未刊遗书志略》《学古退斋印存》《行素堂集古印存》《亭林先生补遗十种》等。

此丛书所收著作大半取自《别下斋丛书》《珍艺宧丛书》《十种古逸书》《平津馆丛书》《岱南阁丛书》等丛书，共五编。对清代学者考据经史的著作，收集颇详备。

清光绪三至十五年吴县朱氏槐庐家塾刻本。

4579

校经山房丛书二十七种／朱记荣编

朱记荣，见第4578条。

丛书。是书为续《槐庐丛书》而编，收有《晋书地理志新补正》《乾道临安志》《汉书西域传补注》《春秋夏正》等书。

清光绪三十年孙溪朱氏槐庐家塾重编印式训堂丛书本。

4580

秘书四十八种

见“艺苑捃华四十八种”。

民国之属

4581

古书丛刊十六种／陈琰辑

陈琰，生卒年不详，又名陈立炎，杭州（今浙江省杭州市）人。民国时期上海古书流通处店主，古书流通处曾是江南规模最大的古书店。

民国十一年上海古书流通处影印本。

4582

古学汇刊六十一种／邓实等编

邓实（1877—1951），字秋枚，笔名野残、枚子、鸡鸣、鸡鸣风雨楼主等，顺德（今属广东省佛山市）人，生于上海。清末廪生。清光绪二十八年（1902）创办《政艺通报》，宣传民主科学思想。后与黄节、章太炎、马叙伦、刘师培等创立国学保存会、神州国光社，出版《风雨楼丛书》和《古学会刊》，主编《国粹学报》。

是刊所收著作分为经史、舆地、掌故、目录、金石、杂记六类，均为前人未刊，或虽已刊但另有较好的版本可刊的著作，分上下二编。

民国元年至三年上海国粹学报社铅

印本。

4583

天禄琳琅丛书第一集十五种／故宫博物院编

故宫博物院，见第3878条。

综合性丛书。天禄琳琅为清皇家藏书室。故宫此辑珍善古本，仅出版第一辑，后未再辑。是辑收有《宣和奉使高丽图经》《尔雅》《历代名医蒙求总目》《常建诗集》《佩韦斋文集》《章丘建算经》《辑古算经》《夏侯阳算经》《孙子算经》《五曹算经》等。

民国二十一年故宫博物院影印本。

4584

问影楼舆地丛书第一集／胡思敬编

胡思敬，见第1809条。

地理丛书。是集所辑多为清人有关边疆舆地之作，南有李荣陛《云缅山川志》、李宗昉《黔记》、檀萃《滇海虞衡志》、陆次云《峒溪志》、彭崧毓《缅述》，东北有曹廷杰《东北三省舆地图说》、严如煜《三省山内风土杂记》、聂士成《东三省韩俄交界道里表》。另有清人山水、游记、地志之类六种。

清光绪三十四年新昌胡氏京师铅印本。

4585

广仓学窘丛书甲类四十九种乙类十五种／姬佛陀编

姬佛陀（1885？—1964？），本姓潘，名林，字觉弥，佛号佛陀，睢宁（今江苏省睢宁县）人。早年为犹太富豪哈同听差，后提充为哈同洋行大班，被哈同之妇罗迦陵招进哈同花园后，又成为大总管、哈同洋行经理、仓圣明智大学校长。

一作《学术丛编》。是书收元代《秘书监志》《大元马政记》《元高丽纪事》《元代画塑记》《大元仓库记》《大元毡罽工物记》《大元官制杂记》；明王骥德《曲律》；清魏源《蒙雅》、王念孙《广雅疏证补正》、江有诰《江氏音学叙录》、朱右曾《古本竹书纪年辑校》、李遇孙《日知录续补正》等。

民国五至七年上海仓圣明智大学铅印及石印本。

4586

学术丛编／姬佛陀编

姬佛陀，见第4585条。

见“广仓学窘丛书甲类四十九种乙类十五种”。

民国吴兴刘氏嘉业堂刻本。

4587

笔记小说大观二百二十二种／进步书局辑

进步书局，即上海的文明书局，是其另一招牌。目的是在书业商会上多一个会员资格。以进步书局名义出版的书，由文明书局发行，由王均卿主其事。

是书收录自晋至清末笔记小说二百余种，是对历史上的笔记小说首次进行的系统整理和编辑，内容涉及诸子百家、文学艺术、历史地理、天文历算、博物技艺、医药卫生、典章制度、金石考据、社会风尚、人物传记以及宫廷琐记、神话传说等方面。

民国上海进步书局石印本。

4588

求恕斋丛书三十一种／刘承干编

刘承干，见第 0541 条。

是书收有孙德谦《水经注正误举例》、丁谦《汉书地理志水道图说补正》、吴承志《今水经注》、缪荃孙等《唐贾耽记边州入四夷道里考实》、吴承志《渤海图志》、唐晏《渤海疆域考》、吴庆坻《山海经地理分释》等书。

4589

邈园丛书二十六种／罗振常编

罗振常（1875—1944），字子经，又字子敬，号心井、邈园，室名蟫隐庐，上虞（今属浙江省绍兴市）人。罗振玉之弟。少艰苦励学，工诗文。后致力于教育事业，在辽东任教数年。后设蟫隐庐以藏书，居书肆三十年，遇有宋元精刻、名家抄校等均加以收藏，又精于校勘。著有《善本书所见录》《洹洛考古游记》等。

民国上海蟫隐庐誊写版印三十三年吴兴周延年汇编印本。

4590

六经堪丛书十三种／罗振玉编

罗振玉，见第 0127 条。

是书收有《浣花集》《西游录》《黑鞑事略》等。

民国东方学会铅印本。

4591

雪堂丛刻五十二种／罗振玉编

罗振玉，见第 0127 条。

是书收录内容广泛，涉及金石学、诗歌散文、人物年谱、目录学、军事、宗教、杂记、传记、地理等，收有《大元海运记》《熬波图》《岛夷志略校注》《三代地理小记》《秦汉郡考》等。

民国四年上虞罗氏铅印本。

4592

丛书集成初编四千一百七种／商务印书馆编

商务印书馆，见第1211条。

大型综合性丛书，名义上由王云五主编，实由张元济辑录。全书分为总类、哲学类、宗教类、社会科学类、语文学类、自然科学类、应用科学类、艺术类、文学类、史地类十大类。

民国二十四至二十六年上海商务印书馆铅印及影印本。

4593

景印元明善本丛书十种／商务印书馆编

商务印书馆，见第1211条。

综合性丛书。是书所收多为明初至中叶间的笔记杂录，包含《平夏录》《平吴录》《平胡录》《平定交南录》《抚安东夷记》《西征石城记》《兴复哈密记》《平夷录》《东征纪行录》等书。

民国二十六至二十九年上海商务印书馆影印本。

4594

上海掌故丛书第一集／上海通社辑

是书系辑元、明、清三朝有关上海内讧外患、风土岁时、文化物产及沪渎等地方历史文献而成。

民国二十五年上海通社铅印本。

4595

清代笔记丛刊四十一种／上海文明书局辑

上海文明书局，清光绪二十八年（1902）创办于上海。无锡俞复主持。1932年并入中华书局。刊行大量画册、笔记丛书。

是书收清人笔记《阅微草堂笔记》《郎潜纪闻》《虞初续志》《广阳杂记》《岛居随录》《冷庐杂识》《三借庐笔谈》《觚剩》《荟蕞编》《今世说》《坚瓠集》《履园丛话》《耳食录》《退庵随笔》《初月楼闻见录》《熙朝新语》《重论文斋笔录》《归田琐记》《东城杂记》《虞初新志》《池北偶谈》等。

民国上海文明书局石印本。

4596

端斋丛书七种／沈祖牟编

沈祖牟（1909—1947），字丹

来，号端斋，侯官（今属福建省福州市）人。葆桢玄孙。性喜藏书，精考证。著有《清代乡会试朱卷齿录汇存》《福建文献述概》《谢钞考》，辑有《端斋丛书》《闽中文献录》等。

民国抄本。

4597

蓉城仙馆丛书四种 / 石荣暲编

石荣暲，见第0399条。

民国二十三至二十五年阳新石氏铅印本。

4598

蓉城仙馆丛书五种 / 石荣暲编

石荣暲，见第0399条。

收有《草庐经略舆图总论》（军事地理著作，分别论述京师和各省的地理位置和战略地位，共十五篇）等。

民国二十三至二十八年阳新石氏铅印本。

4599

涵芬楼秘笈五十一种 / 孙毓修等编

孙毓修（1871—1923），字星如，号留庵，笔名东吴旧孙，金匮（今江苏省无锡市）人。早年在江阴南菁书院就读，后师从缪荃孙，精于版本学。清光绪三十四年（1908）应张元济之聘任商务印书馆编译所高级编辑，并专门为涵芬楼鉴别版本真伪，收购善本。宣统元年（1909）主编《少年杂志》《童话丛书》，系中国早期童话的创始人。另编有《少年丛书》《演义丛书》等，负责编印《涵芬楼秘籍》，后协助张元济编印《四库全书》初编、续编。著有《中国雕版源流考》等，辑有《书目考》《四部丛刊书录》等。

涵芬楼，商务印书馆编译所旧设图书数据室名，清宣统元年（1909）建于上海，以收藏古籍善本著称。是书收有《忠传》《华夷译语》《厓山集》《海滨外史》《明朝纪事本末补编》等书。

民国五至十五年上海商务印书馆影印及铅印本。

4600

说库一百七十种 / 王文濡编

王文濡（1867—1935），字均卿，别署学界闲民，又号竹毓、亭轩、天壤王郎、吴门老均、新旧废物，室名辛臼簃，吴兴（今浙江省湖州市）人。年十七补博士弟子，累试皆名列前茅。戊戌政变，伏阙上书，西太后怒，令抚台劾治，王闻讯匿迹。后曾主进步书局、国学扶轮社辑政，又任中华、文明两书局编辑。曾补《浮生六记》中的《中山纪历》《养生纪道》两篇。著有《唐诗易读》《学诗入门》《学诗初步》《蠼屈馆笔记》等。

笔记丛书。是书收《海内十洲记》《述异记》《岭表录异》《异域志》《桂海虞衡志》《五国故事》《酉阳杂俎》《神异经》等书。

民国四年上海文明书局石印本。

4601

学礼斋杂纂十一种 / 王欣夫编

王欣夫（1901—1966），名大隆，字欣夫，多以字行，原籍浙江秀水（今属浙江省嘉兴市），迁居江苏苏州。逝世前任复旦大学中文系教授。擅目录版本之学。继承其父王祖询二十八宿砚斋藏书，尤留意名家抄校本的收集。撰有《蛾术轩箧存善本书录》，辑有《荛圃藏书题识续录》《思适斋书跋》《居易堂集集外诗文》《孙渊如先生文补遗》等，又与赵诒琛辑刊《乙亥丛编》《丙子丛编》《丁丑丛编》《戊寅丛编》《己卯丛编》《辛巳丛编》等多种丛书，另编校有胡玉缙《四库目录补正》《许庼学林》等。

民国吴县王氏学礼斋抄稿本。

4602

国立北平图书馆善本丛书第一集十二种 / 谢国桢编

谢国桢，见第2093条。

本集是史地方面的明人著作，据明中晚期刻本和抄本影印。抗战事起，未续编印。

民国二十六年上海商务印书馆影印本。

4603

广雅书局丛书一百五十九种 / 徐绍棨编

徐绍棨（1879—1948），字信符，祖籍钱塘（今浙江省杭州市）。清光绪二十六年（1900）肄业于学海山堂、菊坡精舍，与朱执信、汪兆铭、陈融等人组织群智社，宣传进步思想。后任教于广东高等学堂，先后执教于中山大学、岭南大学、广东法科学院、广州大学，讲授目录学、版本学、文学史等。曾任广东省图书馆馆长、中山图书馆董事、中山大学图书馆委员等职。

是书主要辑录清代学者辨古籍之作，分经类、小学、杂著、史学、集部五大类，其中史部占三分之二，最有价值。

清光绪广雅书局刻民国九年番禺徐绍棨汇编重印本。

4604

缘督庐秘乘十五种 / 叶昌炽编

叶昌炽，见第 0029 条。

抄本。

4605

四部丛刊 / 张元济等编

张元济，见第 0016 条。

我国近现代最大的影印古典文献丛书。是书以涵芬楼及私家藏书中选择宋元旧刻、明清精刻、抄、校、手稿本等影印而成。全书按经、史、子、集四部分类编排，强调实用，尤重版本。其中初编三百二十三种，二千一百册；续编八十一种，五百册；三编七十三种，五百册。

民国二十三年上海商务印书馆影印本。

4606

乙亥丛编十六种 / 赵诒琛、王保譓、王大隆编

赵诒琛（？—1946），字学南，昆山（今江苏省昆山市）人。辛亥革命前随父赵元益在上海江南制造局译馆工作。其父一生好藏书，在译馆附近建七楹峭帆楼作藏书之用，收各种版本典籍近万册，后毁于兵燹。1902 年父殁，遂返回昆山立志恢复峭帆楼藏书。晚年在苏州，节衣缩食，又得书若干箧，并重又辑书刻书，扩建藏书楼，名其藏书之所为赵氏图书馆，是我国近代较早的私人图书馆。身后萧条，家人售其余书，每册价银一角，不久荡然无存。

王保譓（1890—1938），字慧言，又字君知，号溪山小农、慕古主人，室名慕古斋，太仓（今江苏省太仓市）人。清光绪三十一年（1905）诸生。累世藏书甚富，多收藏地方先贤文献。辑《太原贤媛事略续辑》，编校王原祁撰《王司农题画录》。

王大隆，生平事迹不详。

是书收有《郑易马氏学》《倭情考略》《姑苏名贤后纪》《寒山志传》《郑桐庵笔记》《吴乘窃笔》《春树闲钞》《音匏随笔》等书。

民国二十四年铅印本。

4607

龙溪精舍丛书六十种 / 郑国勋编

郑国勋（1870—1922），字尧臣，潮阳（今属广东省汕头市）人。幼年聪慧过人，后赴上海求学，通英文。清末曾在英租界哈同洋行当过翻译，并逐渐成为洋行买办。后又自营永康商行致富，主要

经营房地产、钱庄。1910 年至 1922 年，为沙陇上海客首富，其藏书甚丰，室名龙溪精舍。

丛书。是书汇集两汉至民国的重要著作，收经史子集珍本、善本凡五十九种，附刻郑国勋的老师唐晏所著《两汉三国学案》，每种书前均有郑国勋自序或转录《四库提要》以说明其梗概。

民国初潮阳郑氏刻本，民国初潮阳郑氏刻中国书店重印本。

4608

明季史料丛书 / 郑振铎辑

郑振铎（1898—1958），笔名西谛、郭源新等，原籍福建长乐（今福建省长乐市），生于浙江永嘉（今浙江省永嘉县）。著名文学史家、藏书家。曾任燕京大学、复旦大学等校教授，北京大学文学研究所所长，中国科学院考古研究所、文学研究所所长，文化部副部长等职。著有《文学大纲》《中国文学史》《中国通俗文学史》《中国文学研究》《郑振铎文集》等。

是书收《小腆纪叙》《爝火录》《宫廷睹记》《难游录》《荆溪卢司马九台公殉忠实录》《野获》《甲申核真略》《定思小记》《苏城纪变》《惕斋见闻录》《东村纪事》《监国纪年》《舟山纪略》《劫灰录》《两粤新书》《桂林田海记》《庚寅十一月初五日始安事略》《滇南外史》《交山平寇始末》《琐闻录》，多为流传稀少的重要史料。

民国二十三年圣泽园景印本。

4609

玄览堂丛书三十三种 / 郑振铎编

郑振铎，见第 4608 条。

综合性丛书，所收以史学为主，包括杂史、传记、奏议、律例、方志、地理图示等，亦兼收子集部书，收有《朝鲜杂志》《裔乘》《九边图说》《皇舆考》《海运新考》《漕船志》《福建运司志》《东夷考略》《辽筹》等。

民国三十年上海影印本。

4610

玄览堂丛书续集二十一种 / 郑振铎编

郑振铎，见第 4608 条。

民国三十六年国立中央图书馆影印本。

4611

玄览堂丛书三集十二种 / 郑振铎编

郑振铎，见第 4608 条。

民国三十七年国立中央图书馆影印本。

4612

四部备要三百一种／中华书局编

中华书局，1911 年陆费逵创办。原址在上海福州路。以出版中小学教科书为主，并刊印杂志、古籍、工具书与各种文艺科学著作。至 1949 年其出版图书六千种，其中重要古籍六百余种、工具书三十余种，以《四部备要》《古今图书集成》《中华大字典》《辞海》等较为著名。1954 年总公司迁至北京，与财政经济出版社合并，仍以中华书局名义出版古农书、文史著作。1957 年又与古籍出版社合并。1958 年起成为我国专门出版文史哲古籍及社会科学研究著作的专业出版社。

是书选取经史子集四部最重要之书汇编而成，收有清段长基编《历代疆域表》、清李兆洛辑《历代地理志韵编今释》、清黄宗羲撰《明夷待访录》等书。

民国二十五年上海中华书局铅印本，民国二十五年上海中华书局缩印本。

辑佚类

清代之属

4613

经典集林三十种／（清）洪颐煊辑

洪颐煊，见第 1345 条。

是编皆汉晋以前佚书，以经、子为主，亦有少数史书。

民国十五年陈氏慎初堂影印清嘉庆间刻问经堂丛书本。

4614

汉学堂丛书二百十三种／（清）黄奭辑

黄奭，见第 4152 条。

辑佚丛书，一作《黄氏逸书考》，分汉学堂经解、通纬、子史、通德堂经解四大部。

清道光甘泉黄氏刻光绪印本。

4615

黄氏逸书考／（清）黄奭辑

黄奭，见第 4152 条。

见“汉学堂丛书二百十三种”。

4616

玉函山房辑佚书六百二十二种附一种／（清）马国翰辑

马国翰，见第0009条。

是编为马国翰以其所搜唐代以前散佚古籍，分经、史、子三类编成。

清同治十年济南皇华馆书局补刻本，清光绪九年长沙嫏嬛馆刻本，清光绪十年章邱李氏重印马氏刻本，清光绪十年楚南湘远堂刻本，清光绪十八年思贤书局刻本。

4617

玉函山房辑佚书补编一百三十八种／（清）王仁俊辑

王仁俊，见第0028条。

是编成书于清光绪二十年（1894），于《玉函山房辑佚书》之外，辑补漏佚。每种题为一卷，实为片言碎语，所收绝大部分为史部佚书，包含《三十国春秋》《括地图》《地图》《舆地志》《括地志》《十三州志》《吴录》《兴国军图经》《十道记》《郡国县道记》《临海异物志》《广州记》《豫章记》《南越志》等。

稿本。

4618

玉函山房辑佚书续编二百七十三种／（清）王仁俊辑

王仁俊，见第0028条。

是编成书于清光绪二十年（1894），分经、史、子三编。编排分类依《玉函山房辑佚书》原例，包含汉严助《相贝经》、魏吴普等《神农本草》、晋葛洪《神仙传》、梁世祖萧绎《职贡图序》、南朝宋刘道其《钱塘记》等。

稿本。

4619

汉魏遗书钞八十一种／（清）王谟辑

王谟，见第1074条。

是书为辑录汉魏佚书的综合性丛书。

清嘉庆三年金溪王氏刻重编本。

4620

增订汉魏丛书九十六种／（清）王谟辑

王谟，见第1074条。

清光绪六年三余堂刻本，清宣统三年上海大通书局石印本，清宣统三年上海育文书局石印本，民国六年上海育文书局石印本。

4621

经籍佚文一百十六种／王仁俊辑

王仁俊，见第0028条。

稿本。

郡邑类

4622

盐邑志林四十一种附一种／（明）樊维城编

樊维城，见第3128条。

明天启间樊维城知浙江海盐任内，汇集该地历朝著作而成，所收多经解、纪事、杂说之作。包含《陆公纪易解》《陆元恪草木虫鱼疏》《干令升搜神记》《陆光微吴地记》《常竹窗海盐澉水志》《前令郑壶靖海纪略》《张方洲奉使录》《徐襄阳西园杂记》《董汉阳碧里杂存》《采常吉倭变事略》《崔鸣吾纪事》等书。

明天启三年樊维城刻本。

4623

定兴鹿氏丛刻四种／（清）□□编

其中有《粤东盐法》《福建盐法》等。

清刻汇印本。

4624

海虞杂志二十五种／（清）□□编

是书所收多为有关常熟一地遗闻逸事以及部分常熟人著述，与《虞阳说汇》所收子目大致相同。所不同者多收《柳南随笔》《金姬传》《蜀道纪闻》《程禹开家书》数种，多有节略。

清抄本。

4625

台海三种／（清）□□编

是书收有《使署闲情》《台海采风图考》《番社采风图考》。

清刻汇印本。

4626

武林掌故丛编一百九十种／（清）丁丙编

丁丙，见第2913条。

武林是杭州别名。是书收有宋元以来记述杭州历史建置沿革、山川地理形势、名胜古迹、历代掌故（包括动乱事变等）的著作以及文人墨客的诗文集，包含宋周淙《乾道临安志》、宋施谔《淳祐临安志》、宋范坰《吴越备史》、宋葛沣《圣宋钱塘赋》等。

清光绪三至二十六年钱塘丁氏嘉惠堂刻本，一九八五年江苏广陵古籍刻印社影印清光绪三至二十六年钱塘丁氏嘉惠堂刻本。

4627

虞阳说汇三十种／（清）菰村渔父编

菰村渔父，生平事迹不详。

是书辑录有关常熟一地的历史小说和掌故等三十种。

清抄本。

4628

棣香斋丛书／（清）邵廷烈辑

邵廷烈，生卒年不详，字子显，又字伯扬，号退闲外史，室名棣香斋，镇洋（今江苏省太仓市）人。清道光十九年（1839）在扬州任教职。著有《娄东杂词》《穿山小识》《穿山小识补遗》《思源录》《迓亭杂说》《娄东杂著》（一作《棣香斋丛书》）等。

见“娄东杂著五十二种”。

4629

娄东杂著五十二种／（清）邵廷烈辑

邵廷烈，见第4628条。

地方丛书，一作《棣香斋丛书》。娄东即江苏太仓之别称。是书正编分八集，续刊不分集。所收皆太仓自元至明清文人逸士之作，尤以清为多。

清道光十三年太仓东陵氏刻本。

4630

娄东杂著五十六种续刊十二种／（清）邵廷烈编

邵廷烈，见第4628条。

清道光十三至二十五年太仓东陵氏刻本，一九八〇年江苏广陵古籍刻印社影印清道光十三至二十五年太仓东陵氏刻本。

4631

乍川文献五种附二种／（清）宋景关编

宋景关，见第3161条。

乍川，亦称乍浦，在杭州湾北岸，为海口重镇，通商最早之口岸之一。是书所收均为该地名人名作，收有清宋景关《乍浦志》、清李天植《龙湫集》、清宋景濂《明史弹词》、清刘锡勇《待庐集》、清徐士芳《云屋残编》等。

清乾隆刻汇印本。

4632

畿辅丛书一百二十六种／（清）王灏编

王灏（1822—1888），字文泉，号坦圃，直隶定州（今河北定县）人。清咸丰二年（1852），与张之洞为同科举人，议叙同知。王灏家有资财，轻财好义，光绪初遭旱灾，王灏给米施粥，活数千人。平生喜欢收集图书，官京曹时，广收图书，建藏书室括斋。

是书所辑即王灏所藏图书。包含《广雅疏证》《封氏闻见记》《元和郡县图志》《典故纪闻》《明书》《明史纪事本末》《台海使槎录》等书。

清光绪五至十八年定州王氏谦德堂刻本。

4633

岭南遗书五十九种／（清）伍元薇编，（清）谭莹校勘

伍元薇，见第4542条。

谭莹（1800—1871），字兆仁，号玉生，南海（今属广东省佛山市）人。与伍崇曜为世交。清道光二十四年（1844）举人，官化州训导、迁琼州府学教授。十八年（1838）补为学海堂学长。先后助贾伍崇曜刊刻《岭南遗书》《粤东十三家集》《楚庭耆旧遗诗》等，复采海内书籍罕见者，汇刻《粤雅堂丛书》及宋王象之《舆地纪胜》等，凡校定二千四百余卷，为跋尾二百余篇。两修《南海县志》，著有《乐志堂诗集》《乐志堂文集》《乐志堂诗续集》《乐志堂文续集》等。

是书为汇集广东学者著述的综合性丛书，收有《海经》《罗浮志》《救荒备览》《广州人物传》《百越先贤传》《平定交南录》《粤台征雅录》《交州记》《始兴记》《五山志林》《袁督师事迹》《南汉纪》《南汉地理志》《南汉金石志》《端溪砚史》《双槐岁抄》《革除遗事》《海语》《昭代经济言》《蠡勺编》等书。

清道光十一年至同治二年南海伍氏粤雅堂文字欢娱室刻清光绪三十三年汇印本。

4634

横山草堂丛书二十二种附三种／陈庆年编

陈庆年，见第0234条。

是书为陈庆年搜集乡贤遗著汇刻而成，收《芸隐倦游稿》《横舟稿》《云山日记》《快雪斋集》《存悔斋诗》《陈右丞蹈海录》《横山保石牍存》《崇德窑捐牍存》

等书。

清宣统二年至民国八年丹徒陈氏刻本。

4635

虞阳说苑甲编二十种乙编十二种 / 丁祖荫编

丁祖荫（1871—1930），原名祖德，字芝孙、之孙，号初我、初园、一行，常熟（今江苏省常熟市）人。县学生员，少时就读江阴南菁书院。清光绪二十年（1894）后联合同志设立中西学堂，又独立创办丁氏小学。宣统中被选为江苏咨议局议员。辛亥革命后，乡人公推为县民政长，返常熟就职。1912 年调长吴县，保荐道尹，不久辞职。1926 年任常熟地方款产处主任。嗜藏书，藏书楼名缃素楼。著有《常熟艺文志》《丁氏书目稿本》《常熟旧志列传目稿》《常熟金石志》《一行集》《河东君轶事》等。

是书所收多为记明末清初常熟掌故以及乡人遗闻逸事之作，包含明佚名《虞山杂志》、清七峰樵道人《七峰遗编》、清张应遴《虞山胜地纪略》、清佚名《牧斋遗事》、清谭嘘云《常熟记变始末》及《守虞日记》、清刘本沛《虞书》及《后虞书》、清戴束《熙怡录》及《鹊南杂录》等。

民国六年铅印本。

4636

辽海丛书八十种附一种 / 金毓黻编

金毓黻，见第 0390 条。

是书搜集与东北有关书籍编成。收有《辽小史》《金小史》《渤海国记》《扈从东巡日录》《柳边纪略》《凤城琐录》《辽东志》《全辽志》《辽阳州志》《铁岭县志》《锦州府志》《塔子沟纪略》《岫岩志略》《沈阳纪程》《东北舆地释略》《黑龙江舆地图》《西伯利东偏纪要》《东北边防辑要》等书。

民国二十至二十三年辽海书社铅印本。

4637

惜砚楼丛刊八种 / 林庆云编

林庆云（1915—1946），字志甄，瑞安（今浙江省瑞安市）人。民国时期任东北小学校长、瑞安救济院长。编有《瓯风杂志》《惜砚楼丛刊》。

是书汇集温州瑞安乡邦著作，收有方成珪《敬业堂诗校记》、孙诒让《顾亭林诗校记》、黄体芳《漱兰诗葺》、黄绍箕《鲜庵遗文》、宋恕《莫非师也斋文录》、叶嘉棆《方国珍寇温始末》、端木百禄《太鹤山人年谱》、池志澄《全台游记》。

民国二十三年瑞安林氏铅印本。

4638

吴兴丛书六十六种 / 刘承干编

刘承干，见第 0541 条。

是书收吴兴人氏自宋元以迄清末著作，以经、史、子、集为序。

民国吴兴刘氏嘉业堂刻本，民国吴兴刘氏嘉业堂刻一九八六年文物出版社重印本。

氏族类

4639

黄氏一家杂著十五种 /（清）黄彭年等撰

黄彭年，见第 2366 条。

稿本。

4640

陆氏六种合刻 /（清）陆嵩龄撰并编

陆嵩龄，生卒年不详，字伽陵，吴县（今属江苏省苏州市）人。

是刻收有《御侮备览》《江海备览外编》等。

清道光十一至十四年拜五经楼刻本。

4641

安乡潘经峰父子遗书十五种 /（清）潘相、潘乘焯撰辑

潘相，见第 1407 条。

潘乘焯，生平事迹不详。

清乾隆二十九年至嘉庆七年刻咸丰元年长白廷桂印本。

4642

吴越钱氏丛书十八种 /（清）钱文瀚等撰

钱文瀚，见第 2150 条。

清嘉庆二十三年敬恕堂刻本。

4643

邓氏家集四种 / 邓邦述编

邓邦述，见第 1001 条。

是集收邓氏家族邓旭、邓廷桢、邓嘉缉、邓邦述著作四种。

民国二十一年邓邦述刻本，一九八六年江苏广陵古籍刻印社影印民国二十一年邓邦述刻本。

4644

东莱赵氏楹书丛刊十二种 / 赵琪编

赵琪，见第 2608 条。

是书收《世美堂诗钞》《世美堂文钞》《皇纲录》《建文年谱》《逸史三传》《莱史》《石室谈诗》《后汉书札记》《建谱志余》《历代论音》《先世酬唱集》《先世学行记》等书。

民国二十四年东莱赵氏永厚堂铅印本。

独撰类

明代之属

4645

鹿伯顺十五种认真草又一种／（明）鹿善继撰

鹿善继，见第4260条。

是书收有《粤东盐法议》及《福建盐法议》。

明崇祯刻本。

4646

海隅集四种／（明）毛思义撰，（明）毛烨编

毛思义（1466—1532），字继贤，号海隅，阳信（今山东省阳信县）人。明弘治十五年（1502）进士，历官户部主事、工部都水司郎中、永平知府、安宁知县、陕西按察司副使、四川参政、巡抚凤阳等处右副都御史、巡抚应天都察院右副都御史等。

毛烨，生平事迹不详。

《海隅集》为毛思义曾孙毛烨广搜集补续而成。是书包含《永平公案》《平夷事略》《小稿》《赠章》。前二者记毛思义居官时的主要事迹。《永平公案》述其知永平府事，《平夷事略》述录毛氏入安宁后，以其才略平息苗夷叛乱以及赴各地剿贼之事。

明末刻本。

4647

木钟台初集十种再集十种杂集十种附年谱／（明）唐枢撰

唐枢，见第2221条。

是书收有《礼元剩语》《真谈》《一庵语录》《游录》《周礼因论》《因领录》《三一测》《咨言》《病榻答言》《证道篇》《偶客谈》《海议》《政问录》《冀越通》《嘉禾问录》《青秋读意》等。

明嘉靖至万历杨子龙等刻汇印本，清咸丰六年唐氏书院刻本。

4648

王奉常杂著十四种／（明）王世懋撰

王世懋，见第1277条。

明万历刻汇印本。

4649

杨升庵杂著十四种四十三卷 /（明）杨慎撰

杨慎，见第 3955 条。

明刻本。

4650

总纂升庵合集七十种 /（明）杨慎撰，（清）郑宝琛纂集

杨慎，见第 3955 条。

郑宝琛，生卒年不详，新都县（今属四川省成都市）人，清光绪十二年（1886）进士。

清光绪八年刻本。

4651

郑端简公全集一百二十七卷 /（明）郑晓撰

郑晓，见第 0203 条。

是书收《郑端简公奏议》《郑端简公文集》《今言》《古言》《征吾录》《吾学编》《皇明逊国记》《同姓诸王表》《传》《异姓诸侯表》《直文渊阁诸臣表》《两京典诠表》《名臣记》《逊国臣记》《天文述》《地理述》《三礼述》《百官述》《四夷考》《北虏考》《衡门集》《郑端简公年谱》等。

明嘉靖至万历项笃寿万卷堂刻本。

清代之属

4652

安吴四种三十六卷 /（清）包世臣撰

包世臣（1775—1855），字慎伯，称安吴先生，晚号倦翁、小倦游阁外史，泾县（今安徽省泾县）人。著有《说储》《安吴四种》等。

安徽泾县古属安吴，因以名书。全书按内容分四类编录：其中言水利、漕运、盐政者，编为《中衢一勺》。

清道光二十六年初刻本，清光绪十四年刻本。

4653

来复堂全书八种 /（清）丁大椿撰

丁大椿，见第 2258 条。

是书收有“来复堂海防私筹”等。

清道光二十年刻本。

4654

颐志斋丛书二十二种／（清）丁晏撰

丁晏（1794—1876），字俭卿，一字柘堂，号石亭居士，山阳（今属江苏省淮安市）人。清道光举人。力主禁烟，曾参与镇压捻军起义。生平笃好郑玄之学，对《诗笺》《礼注》研讨精深，亦熟《通鉴》，校订书籍极多。著有《毛郑诗释》《三礼释注》《周易述传》等。汇刻为《颐志斋丛书》。

是书包括《颐志斋集》《尚书余论》《禹贡集释》《毛郑诗释》《郑氏诗谱考证》《诗考补注》《补遗》《三礼释注》《颐志斋四谱》《曹集铨评》《周易述传》《孝经述注》。

清咸丰同治间山阳丁氏六艺堂刻同治元年汇印本。

4655

桂氏遗书十五种六十五卷／（清）桂文灿撰

桂文灿，见第1401条。

是书包括《易大义补》《禹贡川泽考》《毛诗释地》《诗笺礼注异义考》《周礼今释》《箴膏肓评》《起废疾评》《发墨守评》《论语皇疏考证》《孝经集证》《孝经集解》《孟子赵注考证》《群经补证》等。

清刻本。

4656

郭氏丛刻十三种／（清）郭柏苍撰

郭柏苍，见第1340条。

是刻收有《闽产录异》《海错百一录》等著作。

清光绪刻本。

4657

郝氏遗书三十三种／（清）郝懿行撰

郝懿行，见第0455条。

清嘉庆至光绪刻汇印本。

4658

北江全集七种／（清）洪亮吉撰

洪亮吉，见第1136条。

见“洪北江全集二十一种”。

清乾隆嘉庆间刻汇印本。

4659

洪北江全集二十一种／（清）洪亮吉撰

洪亮吉，见第1136条。

是集有两部分，第一部分为《洪北江诗文集》，包括《卷施阁文》《卷施阁诗》《鲒轩诗》《更生斋文》《更生斋诗》《更生斋诗余》《拟两晋南北史乐府》。第二部分有《卷施阁文》《更生斋文》《更生斋诗》《经传表》《十六国疆域志》《卷施阁诗文》等书。

清光绪三至五年洪用懃授经堂刻本。

4660

天中许子政学合一集二十八种政学集续编十种附一种／（清）许三礼撰

许三礼（1625—1691），字典三，号酉山，安阳（今河南省安阳市）人。清顺治十四年（1657）举人，十八年（1661）进士。历官海宁县知县、御史、福建道监察御史、太常寺少卿、大理寺少卿、顺天府府尹、都察院左副都御史。曾主持纂修《海宁县志》。

清光绪二十三年许氏裔孙修补本。

4661

黄梨洲先生遗书二种／（清）黄宗羲撰，（清）黄承乙校

黄宗羲，见第0266条。

黄承乙，生平事迹不详。

清光绪五年黄氏五桂楼刻本，清抄本。

4662

黄梨洲先生遗书三种／（清）黄宗羲撰

黄宗羲，见第0266条。

清醉竹轩抄本。

4663

黄梨洲遗书七种附一种／（清）黄宗羲撰

黄宗羲，见第0266条。

是书较《梨洲遗著汇刊》收书为少。收有《南雷文定前集十一卷后集四卷三集三卷附录一卷》《南雷诗历》《南雷文案》《今水经》《赐姓始末》《明儒学案》《明夷待访录》《黄梨洲先生年谱》。

清光绪三十一年杭州群学社石印本。

4664

梨洲遗著汇刊二十七种续补三种附一种／（清）黄宗羲撰，薛凤昌编次

黄宗羲，见第0266条。

薛凤昌（1876—1944），原名蛰龙，字砚耕，号公侠，一号病

侠，吴江（今属江苏省苏州市）人。早年留学日本。1912 年与费伯埙等创办吴江县立中学，任校长。1917 年与柳亚子等人组织吴江文献保存会。抗战爆发前夕任上海光华大学中文系教授。1942 年回同里创办私立同文中学，任校长。因拒绝敌伪派驻日籍教员而被捕，惨遭酷刑，被杀害。

是刊收有《南雷文约》《南雷诗历》《行朝录》《明夷待访录》《孟子师说》《南雷文定集》《海外恸哭记》等，另有一些有关经学、地理、金石方面的著述。

清宣统三年上海时中书局铅印本。

4665

鹿洲全集八种 /（清）蓝鼎元撰

蓝鼎元，见第 0283 条。

是集包含初集、奏疏、平台纪略、修史试笔、公案、东征集、棉阳学准、女学。

清雍正十年刻光绪五年蓝谦修补刻本，清同治四年广东纬文堂刻本。

4666

李文忠公全集一百六十五卷首一卷 /（清）李鸿章撰，（清）吴汝纶编录

李鸿章，见第 0633 条。

吴汝纶，见第 0904 条。

是书辑李鸿章自清同治元年至光绪二十七年（1862—1901）历官各官时所作奏稿、明僚函稿、译署函稿、海军函稿、电稿等项。奏稿内有清查苏松漕粮积弊折、密陈剿捻事宜片、质讯津案办法片等篇。译署函稿内有论天津教案、论津案缓狱、津案四犯减缓、论滇案、议内定厘税、论闽省洋楼被毁案、论高桥船案等多篇。朋僚函稿内有复曾沅浦方伯，吴晓帆方伯，致左季高中丞、复王敬亭孝廉、得彭雪琴侍郎等多篇。海军函稿内有刘含芳查勘胶州湾条陈、议拟海军章程奏底、拟试行印花税等多篇。电稿内有寄使俄曾侯、寄粤督张振帅、寄湘抚潘琴帅、寄北洋防海各统领及寄译署之电稿等多篇。

清光绪三十四年刻本。

4667

见荐锦官录九种 /（清）李锡书撰

李锡书，见第 1374 条。

是书共收李锡书清嘉庆四年（1799）至道光八年（1828）所撰为诸生之讲义、读书心得、杂著等合而刊行者。计有《制义》《四书

臆说》《杂著》《河洛图说》《周官图说》《释地图考》《释星图考》《圜海图考》。

清道光蘂石山房刻本。

4668

见荠锦官录四种 /（清）李锡书撰

李锡书，见第 1374 条。

清嘉庆间停云馆刻本。

4669

林文忠公集二种 /（清）林则徐撰

林则徐，见第 0908 条。

是集含《林文忠公诗集》《林文忠公政书三集》二种。

清光绪十二年福州刻本。

4670

潘子全集七种附二种 /（清）潘相撰

潘相，见第 1407 条。

一作《潘氏丛书》。

清乾隆嘉庆间刻光绪十五年重刻汇印本。

4671

夕阳寮存稿 /（清）阮旻锡撰

阮旻锡，见第 0305 条。

共十二卷，原缺第一、二卷，共收录从康熙二年到三十二年的各体诗作五百六十五首。该书在清乾隆年间曾被列入禁毁书名录，是研究阮旻锡和南明政权及明朝遗民的重要史料。

抄本。

4672

归愚集十五种附归田集 /（清）沈德潜撰

沈德潜，见第 1414 条。

是集包含《年谱》《文钞》《文钞余集》《诗钞》《诗钞余集》《浙江通志图说》《矢音集》《归田集》《黄山游草》《台山游草》《南巡诗》《八十寿言》《九十寿言》《说诗晬语》等。

清乾隆刻汇印本。

4673

归愚文续钞十二卷浙江省通志图说一卷 /（清）沈德潜撰

沈德潜，见第 1414 条。

清乾隆三年刻本。

4674

沈归愚诗文全集十四种 /（清）沈德潜撰

沈德潜，见第1414条。

是集包括自定义《年谱》《归愚诗钞》《归愚诗钞余集》《竹啸轩诗钞》《矢音集》《黄山游草》《归愚文钞》《归愚文续》《说诗晬语》《浙江省通志图说》《南巡诗》等。

清乾隆教忠堂刻本。

4675

求己堂八种十六卷 /（清）施彦士撰

施彦士，见第0650条。

是集收有《读孟质疑》《孟子外书集证》《海运刍言》《推春秋日食法》《春秋朔闰表发覆》《求己堂诗集》《求己堂文集》《历代编年大事表》。

清嘉庆道光崇明施氏求己堂刻本。

4676

童氏杂著六种 /（清）童华撰

童华，见第1947条。

是书收有《长崎纪闻》《赤城诗抄》《骆驼经》《九家窑屯工记》《工上杂成》。

清乾隆刻本。

4677

锡席卿先生遗稿十六种 /（清）锡珍撰

锡珍（1847—1889），字席卿，额尔德特氏，隶蒙古镶黄旗。清同治六年（1867）举人，翌年连捷进士，改翰林院庶吉士。十年（1871）散馆授编修。历官侍读学士、山东乡试正考官、刑部尚书、吏部尚书、崇文门正监督、会典馆副总裁、经筵讲官、总理各国事务大臣等职。著有《台湾日记》《朝鲜日记》《喀尔喀日记》等。

是书收有《奉使朝鲜纪程附诗草》《使东诗草》《渡台纪程附诗草》《使东琐记》《台湾事宜》等，除游记之外，收诗歌近二百首。

稿本。

4678

归槎丛刻十一种 /（清）谢希傅撰

谢希傅，见第1984条。

清光绪二十四年东山草堂石印本。

4679

忧畏轩遗稿一卷附录一卷 /（清）姚启圣撰

姚启圣，见第1046条。

清刻本。

4680

随园三十八种 /（清）袁枚撰

袁枚（1716—1797），字子才，号简斋，晚号随园老人，钱塘（今浙江省杭州市）人。清乾隆四年（1739）进士，授翰林院庶吉士。七年（1742）外调做官，曾任沭阳、江宁、上元等地知县。四十岁即告归，在江宁小仓山下筑园名随园。著有《小仓山房集》《随园诗话》《新齐谐》《续新齐谐》等。

是编所收为袁枚全部著作，内容以文学为重，有诗话、诗选、诗稿、诗集及词等，又有文记、外记、尺牍、余言、随笔之类。

清光绪十八年勤裕堂铅印本，民国七年上海文明书局石印本。

4681

还砚斋全集五种 /（清）赵新撰

赵新，见第2014条。

是集由赵新之子辑其遗作而成，含《续琉球国志略》等。

清光绪十三年黄楼刻本。

4682

筠园全集十种 /（清）朱仕玠撰

朱仕玠，见第2027条。

全集收有《筠园稿》《筠园删稿》《溪音》《音别》《小琉球漫志》《水竹居赋抄》《和红蕉山房诗余次韵》《和陶》《濉溪四家诗抄》《荑稗集》十种四十二卷。

清乾隆刻本。

4683

十二树梅花书屋丛著五种 /（清）邹均撰

邹均，生卒年不详，字寿泉，南丰（今江西省南丰县）人。清嘉庆年间以国学应试，屡试不售。后世袭以布政经历分发湖北，权知兴国州。因治蝗有功，升山西应州。多次为民请命，奏免税赋。又权知霍州，调永宁，以劳瘁卒。著有《十二树梅花书屋全集》。

是书内有《方舆纂要》《读史论略》《读史乐府》《舆国略论》《诗钞》五种著作。

清道光刻本。

4684

左文襄公全集九种一百三十四卷／（清）左宗棠撰

左宗棠，见第 1061 条。

即《左宗棠全集》。左宗棠死后，其著述由门人杨书霖等编纂成此书。除卷首为左宗棠的国史馆本传、神道碑和墓志铭等外，其下则有奏稿、谢恩折、诗文集、批札、书牍。其中奏稿约占全书三分之二。集中含大量有关太平天国、捻军、西北回民起义及阿古柏问题、洋务运动的史料。

清光绪二十七年刻本。

4685

左文襄公全集七种附二种／（清）左宗棠撰

左宗棠，见第 1061 条。

清光绪刻本。

4686

左宗棠全集／（清）左宗棠撰

左宗棠，见第 1061 条。

见“左文襄公全集九种”。

4687

海岳轩丛刻十种／杜俞撰

杜俞，见第 0871 条。

是书收有《元穆日记》《元穆文钞》《黄陵诗钞》《吴船日记》《黄陵书牍》《采菽堂笔记》《采菽堂书牍》《寄螺行馆书牍》《蒙山学究语》。

清光绪二十六年申江铅印本。

4688

黄陵散人集八种／杜俞撰

杜俞，见第 0871 条。

是集收有《元穆日记》《元穆文钞》《黄陵诗钞》《普法兵事记》《江口行船章程》《水师说略》《节录彭刚直公长江百条》《苦口药》。

清光绪汇印本。

民国之属

4689

寂园丛书／陈浏撰

陈浏，见第 0682 条。

一作《寂园志》，是书为自撰及汇编丛书。其中有《闽盐正告书》《福建盐务公牍》。

清宣统二年铅印本。

4690

寂园志／陈浏撰

陈浏，见第 0682 条。

见“寂园丛书”。

4691

勴堂遗书八种／顾家相撰

顾家相，见第2899条。

民国八年至十九年会稽顾氏铅印本。

4692

樵隐集八种／李遵义撰

李遵义，见第0006条。

是集收有《毛诗草名今释》《鱼名今考》等。

民国十二年丹徒李氏小臧室刻本。

4693

刘申叔先生遗书七十种附二种／刘师培撰

刘师培（1884—1919），又名光汉，字申叔，号左盦，仪征（今江苏省仪征市）人。清光绪二十八年（1902）举人，翌年入京会试未中；归途中在上海结识章炳麟、蔡元培等爱国学社成员，后因赞成革命，改名刘光汉。光绪三十年（1904）任《警钟日报》主笔并加入光复会，《警钟日报》被封，避往浙江，后转往芜湖晚江中学、安徽公学教书。三十三年（1907）应章炳麟邀赴日任《民报》编辑并加入同盟会。后与革命党人关系逐渐恶化，为清政府两江总督端方派人收买。回国追随端方，历官两江督辕文案、直隶督辕文案及学部咨议官。1911年，端方被杀后，他逃往成都，到四川国学院教书。1913年到太原，充当山西都督阎锡山高等顾问。1914年经阎推荐，被袁世凯任为总统府咨议。1915年追随杨度参加发起筹安会，任理事，并撰写《君政复古论》等文章，为复辟帝制鼓噪，为筹安会六君子之一。1917年北大校长蔡元培聘其为北大教授。1919年初出版《国故月刊》，自任总编辑，以“昌明中国固有之学术”为名，对抗新文化运动。所著甚多，后人编有《刘申叔先生遗书》。

是书分六类，甲类论群经及小学，乙类论学术及文辞，丙类校释群书，丁类为诗文集，戊类为读书记，已类为伦理、经学、文学、历史、地理、文学史教本。

民国二十五年宁武南氏铅印本。

4694

永丰乡人杂著八种续编六种附一种／罗振玉撰

罗振玉，见第0127条。

续编收录作者有关敦煌子部书校记四篇，包括《道德经考异》

《南华真经残卷校记》《抱朴子校记》《刘子校记》，后附其子罗福苌编《古写经尾题录存》并罗福葆《补遗》。

民国十一年刻本。

4695

艺风堂读书志七种 / 缪荃孙辑撰

缪荃孙，见第 0071 条。

是书收《建炎以来朝野杂记逸文》《剡源集逸文》等七种。

民国江阴缪氏刻本。

4696

艺风堂汇刻十六种 / 缪荃孙辑撰

缪荃孙，见第 0071 条。

清光绪至民国刻本。

4697

说剑堂集九种外集五种 / 潘飞声撰

潘飞声，见第 1744 条。

诗文别集。是书收《老剑文稿》《西海纪行》《天外归槎录》《游萨克逊日记》《香海集》《游樵漫草》《悼亡百韵》《论粤东词绝句》《柏林竹枝词》《海上秋吟》《海山词》《花语词》《珠江低唱》《长相思词》等。

清光绪二十四年仙城药洲刻本。

4698

海宁王静安先生遗书四十三种 / 王国维撰

王国维，见第 1728 条。

是书收《观堂集林》《观堂古今文考释》《五代两宋蓝本考》《人间词话》《尔雅草木虫鱼鸟兽释例》《古本竹书纪年辑校》《圣武亲征录校注》等。

民国二十九年商务印书馆长沙石印本。

4699

海宁王忠悫公遗书四十四种 / 王国维撰

王国维，见第 1728 条。

参见“海宁王静安先生遗书四十三种”。

民国十六年海宁王氏铅印及石印本。

4700

陶卢丛刻第二集十种 / 王树楠撰

王树楠，见第 0686 条。

是书分经、史、算学和诗文四

类。其中经学包括《尚书商谊》《尔雅郭注佚存补订》《广雅补疏》《学记笺证》等七种。史学包括《欧洲列国战事本末》《欧洲族类源流略》《彼得兴俄记》《武汉战纪》和《希腊学案》等五种。

清光绪九年至民国十四年新城王氏刻本。

4701

崇雅堂丛书十四种 / 杨晨撰

杨晨，见第 1489 条。

是书由杨晨孙杨绍翰编于 1935 年春至 1936 年夏。收有杨晨辑《临海异物志》等。

民国二十五年杨绍翰铅印本。

4702

南园丛稿十二种附二种 / 张相文撰

张相文，见第 1766 条。

丛书。是书收《耶律楚材西游录今释》《湛然居士年谱》《成吉思汗陵寝辨证书》《游记》《韩边外志》《南园诗存》《南园文存》《沌谷笔谈》《帝贼谱》《中国地理沿革史》《佛学地理志》《万法精理》等书。

民国二十四年北平中国地学会铅印本。

题名索引

A

阿根廷政要一卷 2015
阿剌伯考略一卷 1894
安东县志八卷首一卷 2447
安海志不分卷 3361
安南供役纪事一卷 0207
安南使事纪要四卷 0290
安南图说一卷 1830
安南图志一卷 1797
安南杂记一卷 1926
安南志一卷附安南国形势考略一卷广西苗傜各族风土记一卷 1993
安平县杂记不分卷 3462
安吴四种三十六卷 4652
安乡潘经峰父子遗书十五种 4641
按闽政略不分卷 0566
按闽奏议三卷 1058
熬波图说二卷 0676
熬波图咏一卷 0677
奥羽海运记一卷 0675
澳门形势篇一卷 1452
澳门公牍录不分卷 0928
澳门公牍录存一卷 0929
澳门纪略二卷首一卷末一卷 3862
澳门纪略二卷 3863
澳门记略一卷 3864
澳门记一卷 1700
澳门界务纪要一卷 1539
澳门图说一卷 1459
澳门形势论一卷 1369
1460
澳门形势篇一卷 3865
澳洲纪游一卷 1625

B

八编类纂二百八十五卷图二卷经图六卷 4086
八纮译史四卷译史纪余四卷 1930
八闽鹾政志十六卷 0590
八闽通志八十七卷 3221
八旗通志初集二百五十卷目录二卷 0834
八旗通志二集 0835
八述奇二十卷 1754
八仙传 4401
巴拿马运河谈一卷 2102
巴西国地理兵要一卷巴西政治考一卷 1902

白话丛书第一集六种　4571
白蜡游记　1730
白麓藏书郑成功传不分卷　0510
白麓藏书郑成功传二卷　0511
白屿记　1494
百川学海一百种　4434
百家名书一百四种　4449
百将图传二卷　0488
百陵学山一百种　4461
百衲本二十四史　0016
百子全书　3882
柏枧山房文集十九卷　4305
拜经楼丛书三十一种　4532
稗海四十八种续集二十三种　4454
稗海四十六种续稗海二十四种　4455
般岛纪略　2059
般上旧闻六卷　4143
半亩园丛书三十种二百五十九卷　4534
办理广东军务折档十卷　1053
办理海塘册档二卷　0919
邦交志（俄罗斯）三卷　2085
保台实绩录一卷　0495
宝安续志　3684
宝安志　3683
宝明海防纂要　2319
宝日堂初集三十二卷　4286
宝山县新志备稿十三卷首一卷　2544
宝山县续志十七卷首一卷末一卷　2542
宝山县再续志十七卷首一卷末一卷　2543
宝山县志十卷首一卷　2539
宝山县志十四卷首一卷　2540
宝颜堂秘笈二百二十八种　4442
抱经堂丛书十六种　4516
北冰洋洲及阿拉斯加沿海闻见录一卷　2030
北戴河海滨风景区志略　1519
北戴河海滨志略不分卷　2400
北海道拓殖概观六章　2033
北海杂录　3778
北户录二卷　1498
北户录三卷　1499
北户录三卷附校勘记一卷　1500
北户录一卷　1501
北江全集七种　4658
北徼汇编六卷　1078
北虏忌讳　4271
北堂书钞一百六十卷　4113
北洋兵事纪略　0346
北洋公牍类纂二十五卷　0897
北洋公牍类纂续编二十四卷　0898
北洋海防津要表一卷　2260
北洋海军章程十四卷　0824
北洋沿海岛屿志　1290
备倭纪略一卷　2200
备倭记二卷　0802
备倭考　2209
备倭录二卷　0803
备倭全书　2233
备倭事略一卷　0156

备倭图记一卷　0804
备倭议　0948
备倭约法一卷　2236
本部奏开海防事例章程一卷　0616
本草从新十八卷　3994
本草纲目拾遗十卷首一卷　3995
本草衍义二十卷　3997
俾路芝考略一卷　1895
俾路芝沿革考一卷　1923
笔记小说大观二百二十二种　4587
裨海纪游略　1711
裨海纪游一卷　1712
裨海纪游略　1713
边略五种五卷　0155
边舆纪略汇钞十三种　1079
别国洞冥记四卷枕中书一卷
　佛国记一卷　4149
别下斋丛书初集二十四种　4500
别下斋丛书初集十种　4501
别下斋丛书二十七种　4502
滨州乡土志一卷　2751
滨州志八卷首一卷　2749
滨州志十二卷首一卷　2750
滨州志四卷　2748
槟榔屿记事末一卷　2007
槟榔屿游记一卷　1626
槟榔屿志略十卷　1927
兵法汇编十一种　3920
兵迹十二卷校勘记一卷　3930
兵镜类编四十卷首一卷　4100
兵录十四卷　3893
兵垣四编四卷附二卷　3905
栟茶史料初集　2834
波罗外纪八卷　1318
波斯考略一卷　1896
伯利探路记一卷　2080
伯仲谏台疏草二卷　0985
渤海国记三卷　1504
渤海国记三卷附校录一卷　0390
渤海国志长编二十卷补遗一卷
　附录一卷目次一卷通检一卷
　刊误一卷图一卷　0391
渤海国志四卷　0400
渤海记　0405
渤海疆域考二卷　1218
渤海阅师图册　0212
渤泥入贡记一卷　0175
薄海番域录十二卷　1939
薄海番域录一卷　1940
卜来敦记　1667
补皇朝经世文　4368
补辑松江府志不分卷　2504
补三国疆域志补注十五卷　1165
补三国疆域志二卷　1136
补山海关志　2397
补释戚少保南北兵法要略
　三卷　3901
补释戚少保南北兵法要略
　三卷兵法丛谈一卷　3902
补宋书食货志一卷　0613
补陀山志　1568
补元和郡县志四十七镇图说
　一卷　1210

C

采常吉倭变事略四卷 0143
采常吉倭变事略一卷 0144
采硫日记三卷 1715
采硫日记三卷 1716
采硫日记一卷 1717
苍梧总督军门志三十四卷 0816
苍霞草二十卷续草二十二卷余草十四卷 4269
沧海纪遗十卷 3379
沧州新志十五卷 2414
2415
沧州志八卷 2413
沧州志十六卷 2416
漕船志八卷 0589
漕书一卷 0596
漕运全书九十二卷 0643
漕运全书九十六卷 0671
漕运通志十卷 0592
草间日记一卷 0372
草木鸟兽虫鱼疏二卷 0004
草木子四卷八篇 4053
草堂雅集十六卷 4370
草堂雅集十六卷补遗一卷 4371
草堂雅集十三卷 4372
草堂雅集十三卷后四卷 4373
册封琉球疏钞一卷 1948
册府元龟一千卷 4107
策倭要略一卷 0848
查勘东征疏一卷 0977
槎上存稿一卷 2013
昌国典咏十卷 3207
昌国县遗志稿 3206
昌国县志二卷 3200
昌国县志五卷 3204
昌国志 3199
3203
昌国州图志七卷首一卷末一卷 3202
昌国州志七卷 3201
昌化县志十一卷首一卷 3857
昌化县志五卷 3856
昌黎县乡土志不分卷 2411
昌黎县志八卷 2409
昌黎县志十二卷首一卷末一卷 2412
昌黎县志十卷 2410
昌邑县续志八卷 2719
昌邑县志八卷 2716
2717
2718
长恩阁校订三代遗著四种 4486
长恩书室丛书十九种 4567
长江炮台刍议一卷 0880
长江水师全案三卷 0830
长芦鹾志七卷 0575
长芦盐法志二十卷首一卷附编援证十卷 0625
长芦盐法志七卷 0572
长芦盐法志十三卷 0573
长芦运司志七卷 0576
长崎纪闻一卷 1947
长泰县新志二十二卷首一卷 3343

长泰县志 3339
3340
长泰县志二卷 3338
长泰县志六卷 3337
长泰县志十二卷首一卷 3342
长泰县志十卷 3341
长乐六里志十二卷 3246
长乐图经 3238
长乐文石志不分卷 3245
长乐县志八卷 3239
3241
长乐县志二十卷首一卷 3243
长乐县志三十卷首一卷 3244
长乐县志十卷首一卷 3242
长乐县志十一卷 3240
朝俄交界考一卷 0851
朝鲜八道纪要一卷 1988
朝鲜撤战守大关军机疏一卷 0982
朝鲜传略一卷日本传略一卷
琉球传略一卷 1841
朝鲜地理小志一卷 1774
朝鲜风土略述 1981
朝鲜国备报倭奴情形疏一卷 0711
朝鲜国海关章程一卷 0712
朝鲜国外交档案 0746
朝鲜海道图说一卷 1603
朝鲜疆域纪略一卷 1842
朝鲜日本图说不分卷 2103
朝鲜图说一卷 1831
朝鲜小记一卷 1773
朝鲜舆地说一卷 1989
朝鲜征倭记略一卷 0188
朝鲜志 1990
朝鲜志二卷 1772
潮牍偶存二卷 0912
潮候图说一卷 1592
潮连乡志七卷首一卷 3595
潮汕东南沿海飓灾纪略一卷 0386
潮说一卷 1611
潮盐事例不分卷 0693
潮阳县志 3542
3544
潮阳县志二十二卷首一卷 3549
潮阳县志二十卷首一卷 3547
3548
潮阳县志十五卷 3545
潮灾纪略一卷 1337
1540
潮赜一卷 1612
潮中杂纪十二卷 1263
潮州府志 3717
3718
3719
3720
3721
潮州府志八卷 3722
潮州府志略不分卷 3726
潮州府志十二卷 3723
潮州府志十六卷首一卷 3724
潮州府志四十二卷首一卷 3725
潮州海防记一卷 2273
潮州图经 3713
3714
3715

3716
潮州志不分卷　3727
陈刚中诗集三卷附录一卷　4225
陈眉公珍珠船四卷　4132
陈太史无梦园初集三十四卷遗集八卷家乘一卷小品二卷　4239
陈太史重订百川学海一百一种　4435
陈修园医书十八种　3983
陈资斋天下沿海形势录一卷图一卷　2254
成山地理图说　1235
城北天后宫志一卷　1325
乘槎笔记二卷　1632
乘槎笔记一卷　1633
乘槎笔记一卷海国胜游草一卷天外归帆草一卷　1634
乘桴漫记一卷　1957
程督院奏酌筹台湾善后事宜各条款奏稿一卷　1000
程尚书禹贡山川地理图二卷论二卷　0011
澄海县乡土韵言　3541
澄海县舆地图说　1312
澄海县志二十二卷首一卷　3537
澄海县志二十九卷首一卷　3539
澄海县志二十六卷　3536
澄海县志二十六卷首一卷　3540
澄海县志二十四卷首一卷　3538
澄迈县志　3845
澄迈县志十二卷首一卷　3850
澄迈县志四卷　3847
池北偶谈二十六卷　4060
池北偶谈三卷　4063
尺牍类函呈文书达衷集二卷　0755
赤溪县志八卷首一卷　3614
赤溪杂志二卷　1361
赤溪志略　1448
敕封天后志二卷　0506
敕修两浙海塘通志二十卷首一卷　2132
敕修两浙盐法志十六卷首一卷　0636
敕修浙江通志图说一卷　2892
敕撰奉使录三种八卷　2093
崇川咫闻录十二卷　2811
崇明县志二十卷首一卷　2575
2576
崇明县志十八卷　2577
2578
崇明县志十二卷　2572
崇明县志十卷　2570
崇明县重修志十卷　2571
崇明乡土志略不分卷　2579
崇明州志　2568
崇文书局汇刻百子　3883
崇武所城志三卷　3378
崇雅堂丛书十四种　4701
滮阙捍海石塘纪事一卷　2117
滮阙捍海石塘录　2118
滮阙石塘录　2119
虫鱼考类二卷　4031
重编烬余集六卷　4251

重编烬余集六卷首一卷 4252
重编使琉球录二卷 1803
重订捍海石塘录 2122
重订汉唐地理书钞 1086
重订江苏海运全案新编六卷 0663
重订江苏省海运全案原编六卷续编八卷新编六卷 0664
重订批点类辑练兵诸书十八卷附传略一卷 3910
重订镇海县志稿四十卷 2950
重镌食物本草会纂 4007
重刊二十四史 0020
重刻卢中丞东莞旧志十二卷 3686
重刻乐安县续志二卷 2612
重刻诸子汇函 4187
重修安平志不分卷 3362
重修宝山县志稿不分卷 2541
重修沧州志稿十四卷 2417
重修潮阳县志 3543
重修澄迈县志十卷 3848
重修崇明县志十四卷 2574
重修大明会典二百二十八卷 0527
重修电白县志二十卷末一卷 3633
重修电白县志三十卷首一卷 3634
重修东海神庙碑记 3868
重修奉化县志十六卷首一卷 2959
重修奉贤县志二十卷首一卷末一卷 2562
重修赣榆县志四卷 2851
重修胶州志四十卷 2598
重修金山县志三十卷首一卷 2553
重修两浙鹾志二十四卷 0586
重修南海普陀山志二十卷首一卷 1570
重修蓬莱县志十四卷 2661
重修山东盐法志三十二卷 0634
重修上虞志 3096
重修台郡各建筑图说 1564
重修台湾府志二十卷首一卷 3442
重修台湾府志二十五卷首一卷 3443
重修台湾府志十卷 3440
重修台湾县志十五卷 3460
重修天津府志五十四卷 2349
重修香山县志十卷 3704
重修扬州府志七十二卷首一卷 2884
重修浙江通志初稿 2901
重修政和证类本草三十卷 4001
重筑孙家堰案一卷 2131
重纂福建通志二百七十八卷首七卷 3227
酬赏失事洋船章程 0764
筹办夷务始末二百六十卷 0720
筹海策略四卷 2291
筹海初集四卷附传一卷 0844
筹海二编不分卷 2320
筹海纪略 2270
筹海纪略一卷 2205
筹海军刍议二卷 0881
筹海蠡言一卷附黜邪编一卷 0861
筹海图编十三卷 2237
筹海重编十卷 2238
筹琼纪略一卷 0565

筹倭末议 0984
筹饷事例三卷现存常例一卷海防事例一卷海防事例铨补章程一卷 0694
筹饷卮言一卷 0655
筹洋三策一卷 0722
筹议海防文稿一卷 2276
筹议台湾事宜奏折一卷 1060
出使公牍十卷 0916
出使九国日记十二卷 1646
出使美日秘国日记十六卷 1644
出使美日秘国日记一卷 1645
出使四国日记六卷 1698
出使四国日记续刻十卷 1699
出使须知一卷 0717
出使英法日记一卷 1639
出使奏疏二卷 1042
出围城记一卷 0350
出洋琐记一卷 1636
出洋须知一卷 2001
初使泰西纪要四卷 1723
初使泰西记二卷 1724
初学记三十卷 4112
楚庭稗珠录六卷 1418
处实堂后集六卷 4276
处实堂集八卷续集十卷 4277
触藩始末三卷 0262
川沙抚民厅志十二卷首一卷 2508
川沙厅志十四卷首一卷末一卷 2509
川沙县志二十四卷首一卷 2511
川沙乡土志不分卷 2510
船政 0887
船政不分卷 0891
船政新书四卷 0888
船政奏疏一卷 1068
船政奏议汇编五十四卷 1061
船政奏议续编一卷 0990
吹影编四卷 4142
春帆楼条约 0765
淳熙三山志四十二卷 3219
醇亲王巡阅北洋海防日记 0357
醇亲王巡阅北洋海防日记一卷 0404
辍耕录 4047
词林海错类选四卷 4092
词林海错十六卷 4093
慈溪县志 2981
慈溪县志 2982
2986
慈溪县志二十卷 2983
慈溪县志稿 2989
慈溪县志稿不分卷 2990
慈溪县志十六卷 2985
2987
2988
慈溪县志五十六卷附编一卷 2992
慈溪志草 2984
赐国姓郑成功全传十卷 0272
赐姓始末一卷 0266
赐砚堂丛书新编四十种 4487
从客胡靖撰杜天使册封琉球真记奇观 1264
从戎越南记一卷 0300

从上海到厦门针路 1587
从征实录不分卷 0406
丛书集成初编四千一百七种 4592
徂异记一卷 4166
徂异志一卷 4167
崔鸣吾纪事一卷 0150
鹾政备览 0608

D

打狗港概况 1541
大德南海志 3507
大东沙岛调查记略一卷 1542
大泌山房集一百三十四卷目录二卷 4253
大明会典一百八十卷 0528
大明实录一千四百九十二卷 0086
大明兴化府志五十四卷 3383
大明一统文武诸司衙门官制十六卷 0557
大明一统文武诸司衙门官制五卷 0560
大明一统志九十卷 1106
大鹏各港湾情形一卷 2321
大清朝一统舆地图表十八卷 1214
大清德宗景皇帝实录五百九十七卷 0105
大清国大日本国条规章程一卷 0724
大清国史兵志十五卷 0041
大清国史大臣列传 0042
大清国史食货志二百六十卷 0612
大清会典二百五十卷 0545
大清会典图一百三十二卷 0534
大清会典一百六十二卷 0542
大清历朝实录 0109
大清穆宗毅皇帝实录三百七十四卷首四卷 0090
大清圣祖仁皇帝实录三百卷 0091
大清圣祖仁皇帝实录三百卷首三卷 0096
大清实录不分卷 0099
大清文宗显皇帝实录三百五十六卷首四卷 0094
大清宣宗成皇帝实录四百七十六卷首四卷 0102
大清一统舆图海道集释七卷 1594
大清一统志不分卷 1143
大清一统志三百五十六卷 1144
大清一统志四百二十四卷目录二卷 1135
大清一统志五百六十卷 1148
大食国经行记一卷 1727
大嵩地理图说 1236
大唐类要 4114
大同志 3294
大西洋记一卷 1865
大业拾遗录一卷 0443
大业拾遗一卷 0444
大业杂记一卷 0445
大业杂志一卷 0446
大元海运记二卷 0681
大元圣政国朝典章六十卷新集至治条例不分卷 0551
大元一统志一千卷 1202

大元一统志一千三百卷辑本
　四卷附考证一卷附录一卷 1198
岱南阁丛书二十种 4527
岱山镇志二十卷首一卷 3216
待清书屋杂钞四百九十三种 4489
丹鱼谱 3948
儋县志初集不分卷 3819
儋县志十八卷首一卷 3820
儋州志 3817
儋州志三卷 3815
3816
3818
淡水厅志二卷 3457
淡水厅志十六卷 3458
淡新凤三县简明总括图册 1291
岛居三录十卷 4068
岛居四录 4069
岛居随录十卷 4070
岛居续录十卷 4071
岛寇纪略二卷 0407
岛夷纪略不分卷 0381
岛夷志略广证二卷 2089
岛夷志略校注一卷 2035
岛夷志略一卷 2070
道光查办盐务河工海塘奏稿
　不分卷 1007
道光朝筹办夷务始末八十卷 0736
道光二十年广东英叛考
　不分卷 0238
道光抚夷纪略一卷 0263
道光闽政汇编不分卷 0567
道光时夷务杂抄不分卷 0435
道光洋艘征抚记二卷 0323
道光英舰破镇江记一卷 0234
得月簃丛书初刻十种次刻
　十种 4522
登坛必究四十卷 3912
登州府志 2627
登州府志二十二卷 2629
登州府志十八卷 2628
邓氏家集四种 4643
邓制军禁烟防海奏议二卷 1001
地理志稿本不分卷 1167
地略十卷图二卷 1391
地图说一卷 1475
地图综要三卷 1279
地志便览二卷 1319
棣香斋丛书 4628
典故纪闻十八卷 0121
电白县乡土志四卷 3635
电白县新志稿十章 3636
电白县志 3628
电白县志八卷 3630
3631
3632
电白县志七卷 3627
3629
钓经一卷 3950
钓鱼谱 3974
丁清惠公遗集八卷 4241
丁禹廷（汝昌）军门传一卷 0520
丁中丞六条复议一卷 1002
定海备倭纪略 2210
定海厅洋面岛屿表一卷附

定海全境舆图一卷 1410
定海厅志三十卷首一卷 3213
定海厅志校补 3214
定海图说 1543
定海县志 2940
2941
定海县志□卷 3209
定海县志八卷 3211
定海县志不分卷 3215
定海县志十三卷 2942
定海续志 3212
定兴鹿氏丛刻四种 4623
订租威海卫专条 0766
东北边防辑要二卷 0868
东北边防辑要一卷 0869
东北边防论一卷 0878
东槎纪略五卷 1443
东槎纪略一卷 1444
东槎闻见录四卷 1863
东槎闻见录一卷 1864
东槎杂著 1094
东陲道里形势一卷 1347
东陲纪行不分卷 1738
东陲纪闻 1746
东村记事一卷 0309
东番记 1254
东藩纪要十二卷补录一卷 1991
东方兵事纪略五卷 0402
东封事坏庸臣误国疏一卷 0986
东封误国亟赐议处疏 0987
东莞县草志五十卷 3695
东莞县续志二卷 3694
东莞县续志一百二卷首一卷 3698
东莞县志 3685
3688
东莞县志八卷 3690
东莞县志稿 3696
3697
东莞县志十四卷 3691
3692
东莞县志十五卷 3687
东莞县志四十六卷 3693
东莞盐场志 0577
东海筹略 2229
东海更言不分卷附厦门泉州杂咏一卷 4341
东海行吟一卷 4318
东海庙残碑一卷 3869
东海十六沙纪实 1511
东海志二卷 2855
东海志四卷 2856
东行初录一卷续录一卷三录一卷 1674
东行日记一卷 1670
东华续录二百二十卷 0108
东华续录一百卷 0097
东江遗事二卷 0436
东晋疆域志四卷 1137
东晋沙门释法显自记游天竺事 1775
东莱赵氏楹书丛刊十二种 4644
东溟文集六卷文外集四卷文后集十四卷文外集二卷 4332
东溟奏稿四卷 1048

东牟纪事二卷　2295
东南防守利便三卷　0866
东南海岛图经十卷　1943
东南海外诸夷　1815
东南纪事十二卷　0307
东南洋记一卷　1866
东南洋针路一卷　1586
东南夷图说　1249
东瓯大事记六卷　1417
东瓯纪略一卷东瓯留别和章三卷　0561
东瓯拾遗二卷　1389
东瓯掌录　1390
东瓯志　3027
东三省边防议一卷　0882
东三省海防札记　2266
东三省纪略十卷　2429
东三省交涉辑要十二卷图说一卷　0758
东三省盐法新志四十卷首一卷　0686
东三省盐法志十四卷　0691
东三省舆地图说一卷　1509
东三省舆地图说一卷附录一卷　1510
东事大系安危罢兵未可轻议疏一卷　0978
东台县栟茶市乡土志　2833
东台县志稿四卷　2829
东台县志不分卷　2828
东台县志四十卷　2827
东倭考一卷　1918
东倭志　0137
东西势社番记一卷　1445
东西洋考每月统记传　2078
东西洋考十二卷　1829
东亚各港口岸志　1479
东洋记一卷　1867
东洋琐记一卷　1686
东夷考略三卷图一卷东事答问一卷　1275
东夷图说　1250
东夷图总说一卷　1251
东夷图总说一卷岭海异闻一卷岭海续闻一卷　1252
东瀛百咏一卷　4306
东瀛纪事不分卷　0351
东瀛纪事一卷　0352
东瀛识略八卷　1324
东游记一卷　1692
东游日记　1665
东游日记一卷　1687
东游八仙全出身传　4402
东游纪程三卷图一卷　1405
东游记上洞八仙传　4403
东隅琐记一卷　1672
东征集六卷　0899
东征杂记一卷　1274
　1363
东征奏议　0974
东征奏议□卷　0975
董汉阳碧里杂存二卷　4133
董氏五种　4485
督抚经略疏八卷　0949

督理粤海关税务事宜　0695
读海外奇书室杂著一卷　1095
读史方舆纪要历代州域形势九卷　1126
读史方舆纪要历代州域形势九卷附统论历朝形势一卷　1127
读史方舆纪要历代州域形势说三卷　1128
读史方舆纪要一百三十卷　1129
读史方舆纪要一百三十卷方舆全图总说五卷　1130
读史方舆纪要一百三十卷舆图要览四卷　1131
杜阳杂编一卷　4081
渡海方程　1582
渡海后记　1437
渡海舆记　1627
1714
渡海舆记一卷附袖海编一卷　1628
渡海舆图便览一卷　1596
端斋丛书七种　4596
端州图经　3584
对马岛考一卷　1903
盾墨留芬八卷　0427
盾墨拾遗十四卷　0403
盾墨四卷　0432
遯斋闲览二十八则　4146
咄咄吟二卷附录一卷　0483

E

俄国经营东方策　0748
俄罗斯附记一卷　1966
俄罗斯国近年度支水师陆运不分卷　0825
俄罗斯疆界碑记一卷　1987
俄罗斯疆界风俗志　1979
俄罗斯疆域编一卷　1933
俄罗斯水道记一卷　1934
俄罗斯形势考二卷　1908
俄罗斯形势考一卷　1909
俄罗斯诸路疆域考一卷　1910
俄属海口记一卷　1843
俄游汇编八卷　1677
俄游汇编十二卷　1678
俄游汇纪十二卷　1679
俄租辽东暂行省治律　0757
恩平郡谱一卷　3668
恩平县续志不分卷　3617
恩平县志补遗六卷附录一卷　3620
恩平县志二十五卷首一卷　3621
恩平县志十八卷首一卷末一卷　3619
恩平县志十卷首一卷　3618
恩平县志十一卷　3615
3616
恩平志　3667
恩州旧经　3666
尔雅李氏注三卷　0009
尔雅图三卷　0010
二申野录八卷　0431
二十四史　0017
二十四史附考证　0018
二十五史　0014
二十五史补编　0015
二十一史二千五百六十七卷　0019

二知轩文存三十四卷 4295
贰臣传二十卷逆臣传八卷 0043

F

发起开辟三门湾报告书 0692
法明游天竺记 1776
法务赠大僧正唐鉴真过海大师东征传 0513
法显传 1777
法显行传 1778
番禺河南小志九卷 3527
番禺纪异五卷 3514
番禺记 1505
番禺记一卷 3515
番禺建立城池一卷 3516
番禺客语一卷 3518
番禺县古坝乡志 3528
番禺县续志四十四卷首一卷 3525
番禺县志 3519
3521
番禺县志二十卷 3522
3523
番禺县志十二卷 3520
番禺县志五十四卷首一卷附录一卷 3524
番禺新志 3517
番禺杂记一卷 1506
反约篇六十七种 4507
泛槎图不分卷续泛槎图不分卷 4022
泛槎图六卷续一卷三集一卷四集一卷五集一卷六集一卷 4023
方国珍本末略一卷 0183
方氏事迹一卷 0164
方舆纪要简览三十四卷 1132
方舆纪要五卷 1133
方舆纪要五卷续编一卷 1134
方舆考证一百卷 1138
方舆考证总部六卷 1139
方舆胜略十八卷外夷六卷又一卷 1103
方舆胜略十八卷总目一卷外夷六卷又一卷 1104
方舆书目 3872
方志考稿甲集六编 3880
方志涉台一卷 1516
防城县小志四篇 3765
防城县志（初稿）十八章 3766
防海备览十卷 2286
防海抚畿奏疏十二卷附计部疏四卷 0964
防海辑要十八卷首一卷 2292
防海纪略二卷 0320
防海蠡测 2267
防海事宜 2197
2284
防海事宜不分卷 2296
防海图说 2186
防海危言一卷 2317
防海形势考一卷 2269
防海要略 2226
2278
防海赘言 2281

防守江海要略二卷 2247
访英日记 1749
飞龙纪略八卷 0184
斐亭随笔四卷附录一卷 4065
分建南汇县志十六卷首一卷 2514
纷欣阁丛书十三种 4566
偾城始末录一卷 0240
封氏见闻记 4079
封氏闻见记十卷 4080
风报日期考 4020
丰润县志八卷 2370
2371
丰润县志十二卷 2372
丰润县志十三卷 2369
丰润县志四卷 2373
奉化县补义志十卷 2963
奉化县图志十二卷 2958
奉化县志 2957
2964
奉化县志十卷 2956
奉化县志十四卷首一卷 2960
2961
奉化县志四十卷首一卷 2962
奉化新志十一篇 2965
奉化州志 2954
2955
奉使朝鲜日记 1643
奉使俄罗斯行程录一卷 1718
奉使俄罗斯日记一卷 1719
奉使琉球诗三卷词一卷文一卷 4321
奉使伦敦记一卷 1668
奉天朝鲜贸易章程 0740
奉天地理一卷 1524
奉天地略一卷 1392
奉天命三保下西洋杂剧一卷 4383
奉天全省地舆图说图表一卷 1424
奉天通志二百六十卷首一卷 2438
奉天通志稿 2437
奉天形势 1453
奉天形势论一卷 1454
奉贤县乡土地理不分卷 2563
奉贤县乡土志三编 2567
奉贤县志稿二十卷 2565
奉贤县志十卷首一卷 2561
奉贤乡土历史不分卷 2564
凤凰厅乡土志不分卷 2446
佛地考证三种附一种四卷 2082
佛国记一卷 1779
扶南异物志一卷 2042
扶桑游记一卷 1685
浮海记一卷 0363
浮海前记 1438
桴海图经三卷 1834
福安县续志 3424
3427
福安县志 3420
3421
3423
福安县志二十六卷首一卷 3428
福安县志九卷 3422
福安县志九卷首一卷 3425
福安县志三十八卷首一卷 3430
福安县志三十卷 3426

福安乡土志二卷 3431
福安志 3419
福鼎县乡土志四卷 3433
福鼎县志八卷 3432
福鼎县志三十三卷首一卷 3434
福建鹾政全书二卷 0598
福建地略一卷 1393
福建防海事宜 2297
福建考略一卷 1332
福建票盐志略二卷 0665
福建市舶提举司志 0558
福建通志六十四卷 3224
福建通志七十八卷首五卷 3225
福建通志山川古迹订讹一卷 3228
福建通志五十一总卷六百
十一分卷 3230
福建浯洲场大使钱利用任内
公牍汇钞 0914
福建新通志三百二十三卷 3229
福建兴化县志八卷 3386
福建兴盐志略 0600
福建续志九十二卷首四卷 3226
福建沿海航务档案 0713
福建沿海图说不分卷附
海岛表 1471
福建盐法志 0666
福建盐法志二十二卷首一卷 0601
福建盐法志三十卷 0609
福建运司志三卷 0559
福建运司志十六卷 0574
福宁府志四十四卷首一卷 3415
福宁纪事二卷福宁从政纪略
一卷泉州从政纪略一卷 0236
福宁州志十二卷 3411
福宁州志十卷 3412
福宁州志十六卷 3414
福宁州志十六卷图一卷 3413
福清图经 3252
福清县志二十卷图一卷 3256
福清县志十二卷 3255
福清县志续略十八卷 3254
福山地理图说 1237
福山县志八卷 2633
福山县志稿十卷附黉门录
一卷民国志一卷 2636
福山县志十二卷 2634
2635
福星轮船被澳顺轮船撞沉
全案二卷 0727
福州船政局造船表一卷 0893
福州府志七十六卷 3234
福州府志七十六卷首一卷 3237
福州府志三十六卷 3232
3233
福州府志四十卷 3231
福州驻防志十六卷 2282
抚畿奏疏十卷计部奏疏四卷 0965
抚宁县志料六卷首一卷 2404
抚宁县志十二卷 2401
2402
抚宁县志十六卷首一卷 2403
抚夷纪略一卷 0265
抚夷记略不分卷 0264
抚夷日记一卷 0365

抚粤条奏一卷 1037
抚浙疏草七卷署督疏草一卷抚浙檄草二卷抚浙移牍一卷 1027
抚浙疏草十卷抚浙行草六卷疏草二卷 0951
抚浙疏草四卷 0971
抚浙疏草五卷檄草二卷移牍一卷 1057
抚浙奏疏八卷 0952
阜宁县新志二十卷首一卷末一卷 2876
阜宁县志八卷 2874
阜宁县志二十四卷首一卷 2875
复县乡土志不分卷 2444
复县志略不分卷 2445
富强述要 3926

G

噶喇吧纪略一卷拾遗一卷 1879
噶玛兰纪略一卷 1446
噶玛兰厅志续补二卷 3478
噶玛兰志略十四卷首一卷 3477
感恩县志 3841
感恩县志二十卷首一卷 3843
澉水新志十二卷 3139
澉水新志十二卷首一卷 3140
澉水志八卷 3133
澉水志汇编 3141
澉水志二卷 3135
澉志补录不分卷 3142
赣榆县续志四卷附编二卷 2854
赣榆县志□卷 2849
赣榆县志十八卷 2853
纲鉴会编九十八卷首一卷历代统系表略三卷历代官制考略二卷历代郡国考略三卷 0084
高厚蒙求四集 4064
高丽纪事 2045
高丽事记 2046
高丽水道考一卷 1844
高丽图记 2047
高丽形势一卷 1982
高凉旧图志七卷 3639
高肇罗三属并广海寨图说 3505
高州府志 3643
高州府志二卷 3641
高州府志十卷 3642
高州府志十六卷 3644
3645
高州府志十七卷 3640
高州府志五十六卷 3646
高州旧图经 3637
高州图经 3638
割台记一卷 0394
蛤仔难纪略 3476
格致丛书□□种 4450
格致镜原一百卷 4099
盖平县乡土志 2458
盖平县乡土志二卷 2457
2460
盖平县政概况 2462
盖平县志 2459

盖平县志二卷　2456
盖平县志十六卷首一卷末一卷　2461
葛剌巴传一卷　1845
各处海岛礁屿便览　1544
各国立约始末记三十卷首二卷　0759
各国通商始末记二十卷　0729
各国通商条约三十五种　0741
各国通商条约税则章程二十种　0742
各国通商条约税则章程十四种　0743
各省粮船运道图不分卷　0696
庚哥国略说一卷　1960
庚申夷氛纪略一卷　0373
庚辛日记一卷　0296
庚子海军纪闻不分卷　0408
庚子海外纪事四卷　0448
更路簿　1588
公余十六种　3984
公余医录六种　3985
公余医录五种　3986
古巴杂记一卷　1946
古本方舆书目　3873
古海国沿革考一卷沿革表一卷　1876
古海国遗书钞　1076
古海陵县志六卷首一卷　2886
古今稗海　4456
古今鹾略九卷鹾略补九卷　0583
古今鹾略九卷补九卷　0584
古今方舆书目　3871
古今方舆书目不分卷　3874
古今郡国县道四夷述　2062
古今说海一百三十五种　4452
古今图书编一百二十九卷　4094
古今图书汇编　4097
古今图书集成一万卷目录四十卷　4098
古今逸史四十二种　4462
古今舆图二卷附天下水陆路程一卷　1157
古今杂剧二百四十二种　4385
古经解汇函二百八十三卷　0001
古宁野纪　3836
古朐考略十二卷末一卷　2846
古书丛刊十六种　4581
古唐类宛　4115
古学汇刊六十一种　4582
古逸丛书二十六种　4504
古鄞志　2930
固山贝子恢复温郡并台处事实一卷　0371
故宫方志目续编不分卷　3878
故宫方志目一卷附录一卷索引一卷　3879
故乡风物记　1420
故乡风物志　1421
顾氏明朝四十家小说　4121
顾氏明四十家小说　4122
顾氏四十家小说　4123

顾氏文房小说 4124
官井洋讨鱼秘诀 3960
关白据倭始末一卷 0138
观古堂汇刻书八种 4573
观古堂汇刻书二十二种 4574
观古堂汇刻书二十一种 4575
观海卫志四卷 2991
观自得斋丛书二十三种别集六种 4544
管窥外编一卷 3890
管窥外篇二卷 3891
光绪甲午奏稿不分卷 1069
光绪两淮盐法志一百六十卷 0605
光绪三十二年通商各关警船镫浮椿总册 0933
光绪十年四月中法天津立约原条文附往来照会一卷 0767
光绪十年通商各关警船镫浮椿总册 0934
光绪十年中法失和往来照会第二册一卷 0768
光绪十一年中法新约十条一卷 0769
光绪通商列表一卷 0688
光绪通商综覆表一卷 0684
光绪通商综覆续表一卷 0648
光绪粤海图说 1463
光绪征抚洋艘记 0409
广百川学海一百三十种 4438
广百川学海一百十八种 4437
广仓学窘丛书甲类四十九种乙类十五种 4585
广东地略一卷 1394
广东海防汇览四十二卷广东海防汇 2253
广东海防兼善后总局档不分卷 0937
广东海防事宜一卷 2298
广东海图说一卷 1464
广东军务记八卷 0213
广东考略一卷 1333
广东琼州汉黎舆情营伍练兵稿钞四卷 0999
广东全省海图总说不分卷 1375
广东省感恩县地理调查表 3844
广东省海康县地理调查表 1535
广东水师国防要塞图说 2312
广东水师轮巡各船总册 0938
广东通志初稿四十卷首一卷 3496
广东通志稿一百二十册 3504
广东通志六十四卷 3501
广东通志七十二卷 3498
广东通志七十卷 3497
广东通志三百三十四卷首一卷 3502
广东通志三十卷 3500
广东图说九十二卷首一卷附总图二十二卷 1401
广东西沙群岛志一卷 1545
广东新语二十八卷 1412
广东夷务通商事宜不分卷 1049
广东舆地图说十四卷首一卷附舆地全图不分卷 1376
广东舆图二十三卷图说九十

二卷 1402
广东奏办夷通商事宜一卷 1050
广海永康炮台工程不分卷 0837
广汉魏丛书八十种 4445
广汉魏丛书九十六种 4446
广皇舆考二十卷 1111
广陵事略七卷 1442
广西通志二百七十九卷首一卷 3749
广西通志稿六编 3752
广西通志辑要十七卷首一卷广西昭忠录八卷 3751
广谢清高海语不分卷 1693
广雅书局丛书一百五十九种 4603
广异记二十卷 4174
广舆古今钞二卷 1116
广志二卷 4155
广志绎六卷 1109
广治平略正集三十六卷续集八卷 0530
广州府志七十卷 3509
广州府志一百六十三卷 3513
广州记一卷 1228
广州军务记 0214
广州湾图说一卷 0877
广州湾租界约七款一卷 0753
广州游览小志一卷 1422
广州志三十二卷 3508
归槎丛刻十一种 4678
归国日记一卷 1748
归航陈迹一卷 1705
归善县志二十一卷 3657
3658
归善县志十八卷首一卷 3659
归愚集十五种附归田集 4672
归愚文续钞十二卷浙江省通志图说一卷 4673
癸卯东游日记一卷 1765
癸卯东游日记二卷 1734
桂海虫鱼志一卷 3975
桂海虞衡志一卷 1492
桂氏遗书十五种六十五卷 4655
郭氏丛刻十三种 4656
郭氏玄中记一卷 4152
郭侍郎使西纪程不分卷 1652
国朝典故六十二种 4468
国朝典故六十种 4447
4469
国朝防倭十一疏辑议 0972
国朝六属国小记一卷 2104
国朝莆变小乘 0233
国朝柔远记不分卷 0730
国朝柔远记二十卷 0731
国朝通商始末记二十卷 0732
国初东南靖海记 0324
国粹丛书四十九种 4491
国立北平图书馆善本丛书第一集十二种 4602
国榷不分卷 0100
国史大臣列传次编 0044
国史大臣列传续编 0045
国史大臣列传又续编一百五十八卷 0046

H

海安考古录四卷 2887
海表奇观八卷 1406
海滨大事记五卷 0393
海滨集四卷 4345
海滨私记 0410
海滨外史四卷 0235
海舶集三卷 4322
海参崴埠通商论一卷 0602
海策六篇 2206
海槎集一卷 4339
海槎余录一卷 1258
海昌观潮集一卷 1449
海昌胜迹志八卷补缀一卷 1567
海昌胜览二十卷 3145
海昌倭寇始末一卷 0336
海昌余纪一卷 0370
海潮辑说 1607
海潮论一卷 1610
1613
海潮说三卷 1608
海澄县志二十卷 3310
3311
海澄县志二十四卷首一卷 3312
海错百一录五卷 3964
海错图 3971
海错图赞一卷 3947
海错一卷 3965
海带政要一卷 2016
海岛礁屿沿海水途 1546
海岛算经一卷 4021
海岛逸志六卷 1953
海岛逸志一卷 1954
海岛逸志一卷 1955
海道编一卷 1601
海道漕运记一卷 0582
0678
海道记一卷 1609
海道经书 1575
海道经一卷附录一卷 1576
海道图说十五卷长江图说一卷 1614
海道针经 1583
海盗事宜 2214
海堤录一卷 2174
海甸野史二十二种 0215
海甸遗闻 0411
海东逸史十八卷 0055
海东札记四卷 1469
海防策要四卷 2248
海防策要一卷 2308
海防刍论八篇山东福建海防条议不分卷 2261
海防刍论一卷 2262
海防集览四卷 0832
海防集要一卷 2265
海防辑要 2293
海防计划案草案 2313
海防紧要十卷 2287
海防经略纂要 2322
海防经略纂要二卷 2294
海防考一卷 2211
海防录要二卷 2311

海防录一卷 2187
海防略 2217
海防略一卷 2249
海防漫钞 2219
海防篇一卷 2252
海防事例不分卷增修筹饷事例条款不分卷筹饷事例不分卷增修现行常例不分卷 0697
海防事例附简明条款 0698
海防事例一卷防海例铨补章程一卷 0699
海防事宜 2215
2285
海防事宜一卷 2263
海防疏一卷 0942
海防述略一卷 2259
海防说一卷 2230
海防谈略 2305
海防条议不分卷 1003
海防图论补辑一卷 2202
海防图论补一卷 2223
海防图论一卷 2188
2189
海防图论一卷补辑一卷 2239
海防图说 2240
海防图议一卷淮阴记实一卷河防图议一卷 2235
海防新编 2275
海防新例铨补章程一卷 0617
海防新例章程一卷 0618
海防新论八卷 2302
海防要览 2190
海防要览二卷 0833
2264
海防臆测二卷 2306
海防议 0950
海防议草 0969
海防议略六卷 2323
海防余论一卷 2289
海防原奏并各省覆奏 1004
海防志略 2272
海防总论一卷 2271
海防奏疏二卷抚畿奏疏十卷 0966
海防奏疏二卷抚畿奏疏十卷计部奏疏四卷 0967
海防奏议四卷 0963
海防奏议一卷 1055
海防奏议一通 1011
海防纂要十三卷图一卷 2225
海丰县乡土志不分卷 2754
海丰县志 2752
海丰县志二卷 3663
海丰县志十二卷首一卷 2753
海丰县志十卷末一卷 3664
海丰县志续编二卷 3665
海国便览二卷续钞一卷 2105
海国春秋十二卷四十回 4421
海国地理志 2106
海国公余辑录六卷杂著三卷 1722
海国纪闻 1673
海国纪闻一卷 1925
海国妙喻 4128
海国奇谈四卷 4129
海国胜游草一卷天外归帆草

一卷　4291
海国四说　4056
海国图志六十卷　1967
海国图志五十卷　1968
海国图志五十卷附图一卷　1969
海国图志一百卷　1970
海国图志一百卷首一卷　1971
海国图志一百卷续集二十五卷首一卷　1972
海国图志征实　1945
海国闻见录二卷　1868
海国闻见录一卷　1869
海国闻见录一卷附图一卷　1870
海国宣威图题咏一卷　4350
海国轶事一卷　2008
海国咏事诗一卷　4337
海国舆地释名十卷首一卷　1874
海国杂记一卷　1911
1912
海航秘书　1577
海纪辑要二卷　0339
海监县新办塘工成案三卷　2159
海疆备考一卷　2191
海疆防缉事宜不分卷　2324
海疆军报辑览六卷　0826
海疆要录　1371
海疆要略必究　1372
海疆政略　0852
海军部海道测量局民国二十二年报告书　0873
海军部海道测量局民国二十四年报告书　0874
海军部试办宣统四年国家岁出预算比较表　0798
海军当豫定根据地策一卷　0870
海军水师第一次统计表二卷　0845
海康县续志四十六卷首一卷　3575
海康县志八卷　3574
海康县志三卷　3573
海客日谭六卷首一卷　1689
海口特志　1383
海口特志不分卷　3257
海口图说三卷　1426
海口续志不分卷　3258
海寇后编二卷附克斋李公平倭事略一卷　0165
海寇后编一卷　0166
海寇记一卷　0256
海寇前后议一卷　0960
海寇议　2325
海寇议后编一卷　0167
海寇议前编一卷　0961
海寇议一卷　0962
海录不分卷　1694
海录三卷　1695
海录碎事二十二卷　4110
海录一卷　1702
1703
海门二十景诗册一卷　4330
海门风土记一卷　1547
海门厅图志二十卷首一卷　2824
海门厅志四卷　2821
海门县图志十五卷　2826
海门县志八卷　2820

海门县志集六卷 2819
海门县志三卷首一卷 2822
海庙集四卷 3866
海南岛略述 1480
海南岛新志十一章 3796
海南岛志二十二章附录四章 3794
海南游草二卷 1704
海南杂著一卷 1302
海南诸蕃行记一卷 2060
海内十洲记一卷续志十卷 4147
海宁念汛大口门二限三限石塘图说一卷 2139
海宁塘末议一卷 2173
海宁王静安先生遗书四十三种 4698
海宁王忠悫公遗书四十四种 4699
海宁卫乘十卷 3144
海宁卫志 3143
海宁倭寇始末一卷 0337
海峤志 1496
海曲方域小志一卷 1360
海曲拾遗六卷 2808
海曲拾遗续补六卷 2809
海壖图志论说 1329
海山图说 2326
海山仙馆丛书五十六种 4519
海上纪略一卷 2000
海上见闻录定本二卷 0305
海上见闻录二卷 0306
海上实录 0353
海塘成案一卷 2166
海塘纪略四卷 2155
海塘记一卷 2114
海塘擥要 2167
海塘擥要十二卷首一卷 2168
海塘揽要 2169
海塘揽要十二卷首一卷 2170
海塘录八卷 2112
海塘录二十六卷首二卷 2172
海塘事宜 2123
海塘说一卷 2133
海塘通工大修案（同治七年至十一年）不分卷 2178
海塘新案不分卷 2148
海塘新志六卷 2135
海塘新志六卷续志四卷 2136
海涛志 1497
海外番夷节录 1962
海外番夷录 1091
海外怪洋记一卷 2044
海外纪事六卷 1944
海外群岛记一卷 1846
海外使程广记三卷 2068
海外恸哭记一卷 0267
海味索隐一卷 3951
海盐澉水志八卷 3134
海盐澉水志八卷续澉水志九卷 3137
海盐图经 3122
海盐县近志十六卷 3127
海盐县图经十六卷 3128
海盐县新办塘工成案一卷 2160
海盐县续图经七卷 3131
海盐县志 3124

海盐县志补遗 3130
海盐县志二十二卷首一卷末一卷 3132
海盐县志十卷 3129
海盐县志四卷 3125
海盐县志五卷 3126
海洋外国图编 2028
海阳县乡土志 3731
海阳县续志十卷首一卷 2667
海阳县志 3728
3729
3730
海阳县志八卷 2666
海药本草五卷 4003
海夷记略不分卷 2107
海议一卷 2221
海游记六卷三十回 4406
海隅从事录一卷 0718
海隅集四种 4646
海隅纪迹 4331
海虞被兵记一卷 0317
海虞杂志二十五种 4624
海渔编 3970
海语三卷 1266
海岳轩丛刻十种 4687
海运备采十四卷 0611
海运编二卷 0571
海运刍言一卷 0650
0673
海运函稿不分卷 0896
海运纪事八卷 0568
海运纪事不分卷 0943
海运纪事诗钞 0645
海运全图一卷 0656
海运诗编 4317
海运说一卷 0624
海运图记 0651
海运图说一卷 0597
0657
海运详考二卷 0587
海运新考三卷 0580
海运续案六卷 0700
海运学 0687
海运摘钞八卷 0569
海运志 0588
海战要略 3922
海中二十八宿臣分二十八卷 4008
海中二十八宿国分二十八卷 4009
海中日月慧虹杂占十八卷 4010
海中五星经杂事二十二卷 4011
海中五星顺逆二十八卷 4012
海中星占验十二卷 4013
海州记 2835
海州图经 2836
海州图志 2837
海州文献录十六卷 2848
海州直隶州志三十二卷首一卷 2847
海州志 2838
2839
2841
海州志十卷 2840
2842
海州志十卷附云台山志一卷 2843

海族谱　3949
函海一百六十种　4505
函海一百五十二种　4506
涵芬楼秘笈五十一种　4599
寒支集初集十卷二集四卷　0289
韩国条约一卷　0770
捍海石塘志　2150
捍海塘志　2151
捍海塘志不分卷　2149
捍海塘志一卷　2152
汉地理志详释四卷　1147
汉东海庙碑残字不分卷　3867
汉书补注一百卷　0074
汉书补注七卷　0073
汉书地理志补校二卷　1212
汉书地理志补注一百三卷　1163
汉书地理志二卷附考证　1098
汉书地理志考证一卷　1171
汉书地理志校本二卷　1156
汉书地理志校注二卷　1158
汉书地理志校注二卷识语一卷　1159
汉书地理志校注二卷杂说十二卷　1160
汉书匈奴传地理考证二卷西南夷两粤朝鲜传地理考证一卷西域传地理考证一卷　0464
汉书一百卷　0024
汉唐地理书钞存六十八种　1084
汉唐地理书钞七十九种　1085
汉魏丛书三十八种二百五十一卷　4444
汉魏遗书钞八十一种　4619
汉武帝别国洞冥记四卷　4176
汉学堂丛书二百十三种　4614
汉志释地略一卷　1155
杭州府志　2908
杭州府志稿二百二十卷　2913
杭州府志六十三卷首一卷　2909
杭州府志四十卷图一卷　2911
杭州府志一百卷　2910
杭州府志一百十卷首六卷　2912
航海全书　1578
航海述奇四卷　1753
航海述奇一卷　1757
航海琐记二卷　1706
航海琐记四卷　1707
航海图说一卷　1595
航海遗闻一卷　0312
航海吟草不分卷　4334
航澥遗闻一卷　0313
郝氏遗书三十三种　4657
浩然斋视听抄一卷　4077
合刻三志　4441
合刻山海经水经二种　1110
合浦县志二十四卷　3763
合浦县志六卷附拾遗一卷　3764
合浦县志十四卷　3762
合省国说三卷　1928
和好贸易条约　0771
劾李鸿章奏议一卷　1065
河北通志稿四十七卷附目录一册　2368
河防杂著四种四卷　2318

河口图说 2147
鹤沙志十卷 2512
鹤斋丛书 4563
黑海钟十八回 4420
黑旗军全台战事实记六卷 0413
黑旗刘大将军事实一卷 0426
黑水洋考一卷 1599
恒春县志二十二卷首一卷末一卷 3475
横山草堂丛书二十二种附三种 4634
宏仁普济天后圣母经忏七卷 4193
洪北江全集二十一种 4659
洪林沈氏宗谱 0490
红毛番嘆咭唎考略一卷 1952
鸿猷录 0112
侯福将军征服台湾剿匪纪事 0414
后汉书东夷列传地理考证一卷南蛮西南夷列传地理考证一卷西羌传地理考证一卷西域传地理考证一卷南匈奴传地理考证一卷乌桓鲜卑传地理考证一卷 0465
后汉书九十卷志三十卷 0035
后知不足斋丛书四十七种 4478
候潮图说 1593
湖山纪胜 3236
虎门记一卷 1701
虎门炮台图说不分卷 1306
虎门形势一卷 2327
浒山志八卷 2993
户部筹饷海防新章捐例不分卷 0701
户部海防例铨补章程一卷 0619
户部海防新例铨补章程 0702
户部海运新案十卷 0703
沪城备考六卷 1314
沪城备考三卷泽国纪闻五卷 1315
华事夷言一卷 1385
华亭海塘纪略一卷 2128
华亭海塘全案十卷 2157
华夷变态五卷 0451
华英通商事略一卷 0750
淮安府实录备草二十二卷 2860
淮安府志二十卷 2858
淮安府志二十四卷 2859
淮安府志三十二卷 2862
淮安府志十六卷图一卷 2857
淮安府志十三卷首一卷 2861
淮安府志四十卷首一卷附艺文志十卷 2863
淮北三场池圩各图 0690
淮鹾备要十卷图一卷 0632
淮南通州志十卷 2795
淮南中十场志十卷 2830
淮盐纪略 0607
槐庐丛书四十六种 4578
圜海图考四卷 1374
圜天图说三卷续篇二卷 4015
寰宇分合志八卷增辑一卷 0452
寰宇分合志七卷附录一卷 0453
寰宇通志一百十九卷 1102
环海志□卷 1875
环游地球新录四卷 1671

环游全球归国谈一卷　1747
环游海国图诗一卷　4303
还砚斋全集五种　4681
皇朝边防纪要四卷　0854
皇朝道咸同光奏议六十四卷　1038
皇朝地舆图考　1114
皇朝藩属舆地丛书　1075
皇朝经济文编一百二十八卷　4376
皇朝经济文新编六十二卷　4367
皇朝经世文编补一百二十卷　4369
皇朝经世文编五集三十二卷　4362
皇朝经世文编一百二十卷　4355
皇朝经世文三编八十卷　4358
皇朝经世文三编增附时事
　洋务　4363
皇朝经世文四编五十二卷　4359
皇朝经世文统编一百二十卷　4360
皇朝经世文统编一百零七卷　4365
皇朝经世文新编二十一卷　4377
皇朝经世文新编三十二卷　4378
皇朝经世文新编续集二十
　一卷　4354
皇朝经世文新增时务续编
　四十八卷　4364
皇朝经世文续编一百二十卷　4356
　4357
　4366
皇朝经世文续新编三十卷　4374
皇朝通典　0554
皇朝通志　0555
皇朝通志一百二十六卷　0531
皇朝文献通考三百卷　0536
皇朝文献通考四裔考　1893
皇朝武功纪盛四卷　0118
皇朝蓄艾文编八十卷　4379
皇朝续文献通考三百二十卷　0539
皇朝沿海图说一卷　1354
皇朝一统舆地图表十八卷　1215
皇朝舆地略一卷皇朝舆地韵编
　一卷附皇朝内府舆地图缩摹
　本一卷　1146
皇朝舆地通考二十三卷　1152
皇朝舆地图书六卷　1206
皇朝舆地图说六卷　1207
皇朝舆地图说四卷　1118
皇朝直省舆图说六卷　1208
皇华纪程一卷　0857
皇华四达记十卷　2063
皇明典故纪闻　0122
皇明海防纂要　2328
皇明海外诸夷志一卷　1790
皇明鸿猷录十六卷　0113
皇明经济文录四十一卷　4352
皇明经世实用编二十八卷　0526
皇明经世文编　4347
皇明九边考十卷　0815
皇明末造录　0281
皇明外夷朝贡考二卷　1791
皇明象胥录八卷　1813
皇明修文备史一百五十六卷　0125
皇明驭倭录九卷附略二卷寄
　语略一卷　0178
皇明诸夷考一卷　1935
皇清地理图韵编三卷　1170

皇清诰授光禄大夫建威将军赏戴花翎正一品封典总督衔会办南洋大臣兼理各国事务大臣节制南洋沿海水师钦差船政大臣帮办北洋大臣日本国换约大臣秘鲁国换约大臣查办乌石山事件大臣福建巡抚提督台湾学政兵部侍郎都察院右副都御史江苏巡抚兼理江苏织造江苏布政使司布政使两淮盐运使司盐运使江苏苏松太兵备道兼管海关江西尽先补用知府补用直隶州知州万安县知县庐陵县知县广东琼州府学训导廪贡生显考禹生府君行状　0503
皇舆考十二卷　1112
皇舆考十卷　1113
皇舆统志十四卷　1151
皇舆志略十六卷　1216
皇越地舆志二卷　2074
黄梨洲先生遗书二种　4661
黄梨洲先生遗书三种　4662
黄梨洲遗书七种附一种　4663
黄陵散人集八种　4688
黄少司寇奏疏三十卷　1006
黄氏一家杂著十五种　4639
黄氏逸书考　4615
黄县地理图说　1238
黄县志　2644
2646
黄县志八卷　2647
黄县志稿五卷首一卷　2650
黄县志十二卷　2648
黄县志十卷　2645
黄县志十六卷　2651
黄县志十四卷首一卷末一卷　2649
黄岩县志八卷　3171
3172
黄岩县志七卷　3170
黄岩县志十二卷　3173
黄岩县志四十卷首一卷附黄岩集三十二卷　3174
黄岩县志四十卷首一卷附校议二卷　3175
灰画集二十卷　1368
挥麈录一卷　0378
挥麈前录四卷后录十一卷第三录三卷余话二卷　4074
悔斋集八种　4319
惠安县乡土记不分卷　3375
惠安县乡土志不分卷　3376
惠安县续志十二卷　3374
惠安县续志四卷图一卷　3371
惠安县志三十六卷首一卷　3373
惠安县志十三卷　3370
惠安县志续补不分卷　3372
惠大记六卷　3648
惠来县乡土志一卷　3748
惠来县志　3743
3744
惠来县志十八卷　3745
3747
惠阳县志　3656

惠志略不分卷 3651
惠州府志 3647
惠州府志二十卷首一卷 3654
惠州府志二十一卷 3652
3653
惠州府志十二卷 3649
惠州府志十六卷 3650
惠州府志四十五卷首一卷 3655
会题平倭事例 2199
会同县志 3824
3825
3826
3829
会同县志十卷 3827
3828
汇刻百子 3884
绘图林文忠公中西战纪三卷
各国风土记一卷 4426
绘图扫荡倭寇纪要初集不
分卷 0449
珲春县乡土志二十二卷 2491
珲春县志二十三卷首一卷 2490
霍文敏公全集十卷补遗一卷
石头录八卷 4249

J

奇零草不分卷北征录一卷崇祯
十五年壬午科乡试朱卷一卷
附张忠烈公年谱一卷 4278
奇零草不分卷北征录一卷附
张忠烈公年谱一卷 4279
奇零草一卷北征录一卷北征
录文一卷 4280
基隆淡水台疆小志一卷 3449
稽神录六卷 4170
稽神录六卷拾遗一卷 4171
稽神录六卷拾遗一卷补遗
一卷 4172
稽神录一卷 4173
畿辅通志三百卷首一卷 2366
畿辅通志一百二十卷 2365
畿辅丛书一百二十六种 4632
畿辅河道水利丛书九种 2164
畿辅通志四十六卷 2363
鸡林记二十卷 2051
鸡林类事一卷 2048
鸡林遗事三卷 2049
鸡林志三十卷 2050
鸡林志一卷 2043
吉林地理记要二卷 1527
吉林地略一卷 1395
吉林地志不分卷 2487
吉林勘界记一卷 0858
吉林省乡土志不分卷 2488
吉林省志略 2484
吉林通志一百二十二卷图
一卷 2485
吉林通志一百十六卷首一卷 2486
吉林外纪十卷 2482
吉林新志二编 2489
吉林形势一卷 1470
吉林舆地略二卷 1441
吉林舆地说略一卷 1292
吉林舆地图说一卷 1411

吉林志略不分卷　2483
吉阳军图经　3804
汲古堂集二十八卷　4244
汲古堂集二十八卷续集一卷　4245
汲冢书　0079
即墨县乡土志二卷　2605
即墨县志　2606
即墨县志十二卷首一卷　2603
　2604
即墨志十卷　2601
亟赐议处欺误之臣以弭祸乱疏一卷　0956
纪剿除徐海本末一卷　0168
纪剿一卷　0169
纪录汇编一百二十二种　4458
纪略续编　3486
纪年　0080
纪效新书十八卷首一卷　3906
纪游白浪山迦陵岛事　1743
记海错一卷　3966
记事珠　1682
记暎咭唎求澳始末一卷　0737
记暎咭唎求粤始末一卷　0738
记中国自明代以来与西洋交涉大略不分卷　0719
寂园丛书　4689
寂园志　4690
霁山先生集五卷首一卷拾遗一卷　4211
嘉禾倭寇记略　0162
嘉禾志三十二卷　3110
嘉靖东南平倭通录一卷　0191
嘉靖东南平倭通录一卷附国朝典汇一卷　0192
嘉靖甲寅倭变纪略一卷　0154
嘉靖两淮盐法志十二卷　0593
嘉靖平倭祇役纪略六卷　0200
嘉靖倭乱备抄不分卷　0139
嘉靖倭乱备钞二卷　0140
嘉庆东南靖海记　0325
嘉庆两淮盐法志五十六卷首四卷　0630
嘉兴府图记二十卷　3113
嘉兴府志八十八卷首二卷　3121
嘉兴府志八十卷首三卷　3119
嘉兴府志补三卷　3112
嘉兴府志六十卷首三卷　3120
嘉兴府志三十二卷　3111
　3115
嘉兴府志十八卷首一卷末一卷　3117
嘉兴府志十六卷　3118
嘉兴府志遗稿　3114
嘉兴郡记　3116
嘉义管内采访册不分卷　3469
嘉义管内打猫各堡采访册　3470
嘉义县舆图注说　1293
嘉祐本草　4006
嘉祐补注神农本草二十卷目录一卷并图经二十卷目录一卷　4002
甲辰东游日记二卷　1735
甲申战事记　0237
甲午新修台湾澎湖志十四卷

首一卷 3488
甲午战争电报录三卷 0901
贾耽郡国县道记一卷 2064
骆临海集十卷 4209
骆临海集十卷首一卷末一卷 4210
见粪锦官录九种 4667
见粪锦官录四种 4668
见闻随笔二十六卷 0303
见闻续笔二十四卷 0304
建炎以来系年要录二百卷 0059
渐西村舍汇刊四十四种 4552
渐学庐丛书第一集十五种 4493
谏封倭疏 0945
鉴真和尚传 0514
鉴真和尚东征传 0515
鉴撮四卷附奉使纪胜一卷读史论略一卷 0282
江东志十二卷 2521
江防海防策一卷 0879
江防日记一卷 2314
江海常关税则一卷 0683
江海歼渠记一卷 0210
江海口岸贸易表一卷 0704
江海两防南北岸险要 2250
江淮异人录一卷十洲记一卷 4169
江南北沿海州县要隘记略一卷 2277
江南海防事宜一卷 2299
江南经略八卷 0822
江南通志二百卷首四卷序目一卷 2768
江南通志七十六卷 2767
江南鱼鲜品 3961
江南直隶通州志十七卷 2810
江苏备志稿六十三卷首一卷 2774
江苏地略一卷 1396
江苏海塘新志八卷首一卷 2140
江苏海运全案六卷续编八卷新编六卷 0654
江苏海运全案十二卷 0614
0658
江苏考略一卷 1334
江苏六十一县志二卷 2772
江苏全省五里方舆图并图说不分卷 1357
江苏全省舆地图说不分卷 1358
江苏省地志 2771
江苏省海运全案十二卷附道光丙戌海运记一卷 0615
江苏省鉴 1536
江苏省通志稿三百五十二卷 2770
江苏省乡土志二十章 2773
江苏水利全书图说三种 2158
江苏通志□卷 2769
江苏通州志稿十卷补录一卷 2815
江苏沿海图说一卷海岛表一卷 1472
江浙海塘土石工程情形图 2179
江浙闽三省沿海图说三卷 1473
江制行省兴复海道漕运记一卷 0679
绛跗阁经说三种五卷 0002
交广春秋 3491
交广二州春秋 3492

交广二州记 3493
交广记 3494
3495
交涉通商表 0685
交趾异物志 1219
交州稿一卷 4226
交州记二卷 1230
交州记一卷 1231
交州以南外国传一卷 1877
交州异物志 1220
蛟川备志二十一卷 2945
蛟川备志举要 2946
蛟川续志 2947
胶澳志十二卷末一卷 2608
胶澳租界始末电存 0931
胶莱河运道图说不分卷 2165
胶湾详述一卷 1548
胶州直隶州乡土志六卷 2599
胶州志 2593
胶州志八卷 2595
胶州志八卷首一卷 2597
剿海盗奏稿不分卷 1039
剿逆说一卷 0311
剿平蔡牵奏稿 0991
校订困学纪闻三笺二十卷 4038
校经山房丛书二十七种 4579
斠补隅录十四卷 4083
揭阳县续志四卷首一卷 3742
揭阳县志 3739
揭阳县志八卷 3740
揭阳县志八卷首一卷 3741
揭阳县志不分卷 3738
揭阳县志五卷 3737
节令 3463
节录元周达观真腊风土记一卷 2071
借月山房汇钞十六集一百三十九种 4558
今日的台湾 1531
今言四卷 0203
金城纪略 0182
金鸡谈荟十四卷首一卷 0913
金门稿六卷望庐集句一卷 4307
金门县志二十四卷首一卷 3381
金山剿匪图记一卷 0362
金山卫志六卷附校记一卷 2550
金山倭变小志一卷 0149
金山县志二十卷首一卷 2551
金山县志稿不分卷 2552
金声玉振集五十种 4464
金史地理志三卷 1199
金史外国传地理考证一卷 0466
金史详校三卷 0052
金史详校十卷 0053
金史详校十卷附史论五答一卷 0054
金史一百三十五卷附考证 0068
金乡镇志不分卷 3084
津门杂记三卷 1455
谨录沿海水途行舟便览 1549
锦南先生漂海录 1768
锦西厅乡土志 2468
锦西厅乡土志一卷 2469
锦西县乡土志 2470

锦西县志六卷 2471
锦县县政概况 2453
锦县乡土志一卷 2451
锦县要览 2454
锦县志八卷 2450
锦县志略二十四卷首一卷 2452
锦县志拾遗十二卷 2455
锦州府乡土志不分卷 2449
锦州府志十卷 2448
晋江黄尚书公全集二十三卷 4298
晋江县志七十七卷首一卷 3358
晋江县志十六卷首一卷 3357
晋江乡土志一卷 3359
晋江新志四卷 3360
晋释法显佛国记地理考证
　一卷 2083
晋书地理志二卷附考证 1191
晋书地理志新补正五卷 1115
晋书地理志证今一卷 1117
晋书四夷传地理考证一卷 0467
晋书一百三十卷 0063
烬余文集二卷 4250
京口偾城录一卷 0241
京锲皇明通俗演义全像戚南
　塘剿平倭寇志传 4427
荆驼逸史五十八种附一种 0124
泾林续记一卷 4138
经策通纂二种 4533
经典集林三十种 4613
经国雄略四十八卷 0529
经行记 1728
经行记一卷 1729
经籍佚文一百十六种 4621
经略复国要编十四卷图一
　卷附一卷 0812
经略御倭奏议□卷 0976
经史证类备急本草 3998
经史证类大观本草 3999
经世八编类纂二百八十五卷
　附图 4087
经训堂丛书二十二种 4479
经营长兴岛记一卷 1550
景印元明善本丛书十种 4593
敬陈海防疏 1012
敬和堂集十三卷 4248
敬止录四十卷 2932
靖海编八卷 2216
靖海地理图说 1239
靖海纪不分卷 0430
靖海纪略二卷 0201
靖海纪略四卷 0146
靖海纪事二卷 0429
靖海论不分卷 0847
靖海图 0895
靖海卫志 2736
靖海卫志十卷 2737
靖海卫志十卷增补一卷 2738
靖海志四卷 0301
靖逆将军奕会办广东军务
　折档不分卷 1054
静海县志 2359
静海县志八卷 2361
静海县志十二集 2362
静海县志四卷 2360

静海乡志三卷附大事记 2823
镜山全集七十二卷首六卷附录五卷 4246
九边辑略一卷 0805
九边图论一卷 0809
九边图说不分卷 0813
九国志十二卷 0060
0061
九国志校一卷 0071
九龙开埠记一卷 1551
九龙志略一卷 1552
九域志十卷 1179
1180
1181
1183
九钥集四十七卷 4266
旧唐书地理志四卷附考证 1197
旧唐书二百卷附考证 0066
居家必备九十五种 4448
巨文岛形势一卷 1847
绝岛新编四卷 1835
爝火录三十二卷附记一卷论略一卷历代纪元续表一卷 0095
郡国县道记 2065
郡国县道记一卷 2066

K

喀纳塔政要一卷 2017
勘分旅大租界专条一卷 0772
勘建虎门炮台并解运广西炮公牍不分卷 0838
勘建九龙城炮台全案文牍不分卷 0839
勘建三水县琴沙炮台文牍不分卷 0840
勘旅顺记一卷 1400
康熙几暇格物编二卷 4040
康熙几暇格物编三卷 4041
康熙几暇格物编上篇三卷下篇三卷 4039
康熙两淮盐法志二十八卷 0668
康熙乾隆俄罗斯盟聘记一卷 0735
康熙政要二十四卷 0553
科仑比亚政要一卷 2018
克斋李公平倭事略一卷 0141
刻太古遗踪海篇集韵大全三十一卷 0007
刻印水路簿 1278
库页岛志略四卷 1523
库叶附近诸岛考一卷 1342
会稽地志一卷 1529
会稽记一卷 1229
1285
会稽土地记一卷 1490
会稽续志八卷 3086
会稽志二十卷 3085
坤舆备览一卷 1142
昆仑记一卷 1309
昆屯记 1310
困学纪闻二十卷 4037
4084
4085
困学纪闻五笺集证二十卷 4035

括地志八卷补遗一卷 1195

L

来复堂海防私筹一卷 2258
来复堂全书八种 4653
莱乘 2669
莱海述一卷 1581
莱史五卷 1283
莱阳地理图说 1240
莱阳县志 2654
2656
莱阳县志六卷 2653
莱阳县志三卷首一卷末一卷 2659
莱阳县志十卷 2655
莱阳县志拾遗 2657
莱州府乡土志二卷首一卷 2675
莱州府志八卷 2668
2670
莱州府志二卷首一卷 2674
莱州府志十二卷 2671
莱州府志十六卷首一卷 2672
兰仑偶说四卷 1929
乐亭县志稿 2387
乐亭县志十四卷首一卷末一卷 2385
乐亭县志十五卷首一卷末一卷 2386
乐亭志十二卷 2384
乐安县乡土志稿 2615
乐安县志 2609
2610
2614
乐安县志二十卷 2611
2613
乐安县志十三卷首一卷 2616
乐会县志八卷 3830
3834
乐会县志十一卷 3832
乐园文钞八卷 4329
雷阳志 3566
雷州府初志十卷 3567
雷州府志 3569
雷州府志二十二卷 3570
雷州府志二十卷首一卷 3572
雷州府志六十五卷 3568
雷州府志十卷 3571
雷州记一卷 1370
雷州旧图经 3564
雷州图经 3565
类说六十卷 4433
梨洲遗著汇刊二十七种续补三种附一种 4664
蠡测海警 2204
蠡测汇钞一卷 1320
蠡测录一卷 1996
蠡测卮言一卷 2009
蠡海集一卷 4048
蠡海录一卷 4049
李巴条约 0773
李鸿章函牍不分卷 0902
李鸿章折稿不分卷 0917
李江洲遗墨题跋一卷陆右丞蹈海录一卷 4349
李氏五种合刊二十八卷 1081

李肃毅伯奏议二十卷 1009
李文忠公电稿四十卷 0903
李文忠公海军函稿四卷 0904
李文忠公函稿不分卷 0905
李文忠公全集一百六十五
　卷首一卷 4666
李文忠公外部函稿二十八卷 0906
李文忠公奏稿八十卷 1010
利津县乡土志一卷 2625
利津县新志十卷 2621
利津县新志续编十卷 2622
利津县续志九卷附文征续编
　五卷 2626
利津县志 2619
　2620
利津县志补六卷 2623
利津县志十卷文征五卷 2624
利玛窦坤舆万国全图考 1481
莅官总要十四卷 3377
莅戎要略一卷 3907
历代宝案 2108
历代地理志汇编十四编一百
　五十卷 1204
历代地理志韵编 1082
历代地理志韵编今释二十卷
　皇朝舆地韵编二卷增补一
　　卷 1083
历代定域撮要十八卷首二卷 1169
历代史台州约钞二卷 1517
历代小史一百六种 4451
历游天竺记传 1780
沥海所志稿 3107
蛎晡考 3957
蛎蛹考 3958
连川志十卷 3261
连江县续志二卷 3271
连江县志 3263
　3264
　3265
　3267
连江县志二十四卷 3269
连江县志三十四卷首一卷
　附纪一卷 3274
连江县志十卷首一卷 3273
连江县志十六卷 3266
连江县志十三卷首一卷 3272
连江邑志二十九卷 3270
连江邑志十六卷 3268
连江志 3262
连山湾新形势一卷 1553
廉州府志 3754
　3755
廉州府志二十卷首一卷 3760
廉州府志二十六卷首一卷 3761
廉州府志稿 3756
廉州府志十四卷 3757
　3758
　3759
廉州图经 3753
梁宫保壮猷纪不分卷 0508
梁书五十六卷附考证 0065
梁书夷貊传地理考证一卷 0468
两朝从信录三十五卷 0088
两朝平攘录五卷 0208

两广纪略一卷 0456
两广盐法志 0631
两广盐法志二十四卷附外志六卷 0635
两广盐法志三十五卷首一卷 0646
两广盐法志五十五卷 0639 0647
两广夷务奏稿一卷 1024
两淮通州金沙场志 2832
两淮盐场及四省行盐图 0603
两粤新书一卷 0242
两浙鹾志 0581
两浙地志录 3875
两浙订正鹾规四卷 0591
两浙海防考二卷 2192
两浙海防类考四卷 2212 2227
两浙海防类考续编十卷 2198
两浙海防图略二卷 2228
两浙宦游纪略九卷 0562
两浙水利详考一卷 2125
两浙盐法续纂备考十二卷 0670
两浙战船则例 2207
两浙重订鹾规四卷 0640
两种海道针经 1616
辽筹二卷辽夷略一卷陈谣杂咏一卷 1281
辽东湾一周游览记 1740
辽东志 2423
辽东志九卷 2424
辽东志略一卷 1508
辽海丛书八十种附一种 4636
辽海志略一百六十卷 2428
辽史地理志今释一卷 1217
辽史地理志考五卷 1145
辽史地理志五卷 1200
辽史各外国传地理考证一卷 0469
辽史一百十六卷附考证 0069
辽夷略一卷 1282
辽志一卷 0379
列史外夷传征一卷 2091
林次崖集十八卷 4254
林次崖先生集十八卷 4255
林次崖先生文集十八卷 4256
林文忠公集二种 4669
林文忠公禁烟奏稿四卷林文忠公事略一卷 1013
林文忠公政书三集三十七卷搜遗一卷 1014
林文忠公奏疏文底不分卷 1015
林文忠公奏议不分卷 1016
林文忠公奏议六卷 1017
琳琅秘室丛书三十种 4492
邻苏老人地理丛书九种九十七卷 1093
临安志辑逸八卷 2906
临安志十五卷 2903
临安志十五卷附札记一卷 2904
临安志五十二卷存六卷 2905
临安志一百卷 2907
临高县志 3851 3852
临高县志二卷 3853
临高县志二十四卷 3855

临高县志十二卷 3854
临海记一卷 1345
临海水土记一卷 1483
临海水土异物志 1484
临海水土志 1485
临海图经 3177
临海土物志 1486
临海县补志料不分卷 3183
临海县志 3178
临海县志稿 3179
3182
临海县志稿不分卷 3185
临海县志稿六十卷 3188
临海县志稿十二卷 3186
临海县志稿四十二卷首一卷 3189
临海县志三十二卷 3187
临海县志十五卷首一卷 3181
临海续志稿十卷 3184
临海要览一卷 1530
临海异物志一卷 1487
1488
1489
临海志二十六卷 3180
临山卫志四卷 2980
临汀汇考四卷 1440
临榆县志二十四卷首一卷 2407
2408
临榆县志十四卷首一卷 2405
2406
陵水县志 3858
3860
陵水县志不分卷 3859
陵水县志十卷 3861
凌氏传经堂丛书三十二种 4513
灵鹣阁丛书五十六种 4499
灵山卫志八卷 2607
灵著录 4202
岭表录异记一卷 1502
岭表录异三卷 1503
岭海见闻四卷 1409
岭海名胜记二十卷 1261
岭海异闻录 1307
岭海异闻一卷续闻一卷 1253
岭海舆图一卷 1280
岭南丛书四种 4535
岭南丛述六十卷 1321
岭南遗书五十九种 4633
岭南杂记二卷 1429
岭南杂记一卷 1430
岭外代答十卷 1495
留庵岛噫诗集一卷 4258
流水指掌图 1600
琉球朝贡考一卷 0459
琉球岛记一卷 2101
琉球地理小志一卷 2094
琉球地理小志一卷补遗一卷说略一卷 2095
琉球国志略十六卷首一卷 2025
琉球记一卷中山诗集一卷 1265
琉球入学见闻录四卷 1407
琉球实录一卷 1861
1937
琉球事略一卷 2032
琉球说略一卷 2096

琉球图说一卷 1832
琉球向归日本辨一卷 0460
琉球小志并补遗附说略 2097
刘大将军大事记不分卷 0250
刘大将军大事记三卷 0231
刘大将军平倭百战百胜图说 0251
刘大将军平倭实纪一卷 0216
刘大将军平倭战记初集二卷 0217
刘大将军平倭战记二集不分卷 0218
刘大将军台战实纪六卷续集六卷 4424
刘大将军台战实记 4407
刘大帅百战百胜图说 0252
刘道真钱塘记一卷 1286
刘铭传行状一卷 0507
刘铭传列传一卷 0521
刘尚宾文集五卷附录一卷刘尚宾文续集四卷 4257
刘申叔先生遗书七十种附二种 4693
刘渊亭大帅大事记 0232
刘壮肃公传志一卷 0496
刘壮肃公奏议十卷首一卷 1019
刘总戎南巡纪略不分卷 1457
柳边纪略五卷 2426
柳渔诗钞十二卷 4335
六经堪丛书十三种 4590
六述奇十二卷 1755
隆武纪略一卷 0219
龙飞纪略十四卷 0185
龙江船厂志八卷 0886
龙江特志 1384
龙口志八卷 2652
龙威秘书一百六十九种 4518
龙溪县乡土教科书 3320
龙溪县志八卷 3313
龙溪县志二十四卷首一卷 3317
龙溪县志二十四卷增补二卷 3318
龙溪县志九卷首一卷 3315
龙溪县志六卷 3314
龙溪县志十二卷 3316
龙溪新志初稿第一辑 3319
龙溪精舍丛书六十种 4607
娄东杂著五十二种 4629
娄东杂著五十六种续刊十二种 4630
楼船日记二卷 1708
楼船日记二卷罗经差一卷 1709
陆澄地理书钞一卷 1074
陆丰县乡土志不分卷 3661
陆丰县志十二卷 3660
陆丰县志一卷 3662
陆海临镜二卷 4019
陆氏六种合刻 4640
陆右丞蹈海录一卷附录一卷 0493
鹿伯顺十五种认真草又一种 4645
鹿忠节公集二十一卷 4260
鹿洲全集八种 4665
路史四十七卷 0376
路文贞公集一卷 4261
麓山精舍丛书 1077
露书十四卷 4051
鹭江志五卷 3289

滦县志十八卷 2383
滦志 2377
滦志八卷 2380
滦志六卷 2379
滦州志八卷首一卷末一卷 2381
滦州志十八卷首一卷 2382
滦州志五卷 2378
论澳门形势状 1461
论日本售出中国海味 3979
论世编 4095
罗川志 3275
罗川志四卷 3279
罗店镇志八卷首一卷 2545
罗景山台湾海防并开山日记不分卷 0297
罗溪镇志 2546
罗源县志 3276
罗源县志八卷 3280
罗源县志稿 3284
3285
罗源县志三十四卷 3281
罗源县志十卷 3278
3283
罗源县志四卷 3277
吕四场志不分卷 2831
吕宋备考 2058
吕宋纪略一卷 1915
吕宋记略一卷 1997
旅顺落难记十回 0380
旅顺失守后军务大概情形不分卷 0827
勱堂遗书八种 4691

M

马端敏公奏议八卷 1021
马关议和中日谈话录一卷 0907
马巷集一卷 4297
马巷厅志附录 3303
马巷厅志十八卷首一卷 3302
玛尔塔岛游记一卷 1769
满朝野史正编二十种续编二十种三编二十种四编二十种五编二十种 0383
满洲三省地志不分卷 2430
满洲善后协约 0774
毛大将军海上情形 0177
毛诗草木鸟兽鱼虫疏二卷 0005
毛诗鱼名今考一卷附嘉鱼考 0006
茅港尾纪略七篇 3467
茂名县续志六卷 3624
茂名县志八卷首一卷 3626
茂名县志二十一卷首一卷 3625
茂名县志四卷 3622
3623
茂雪堂丛书十九种 4470
贸易通志 2077
梅花方隅志 3248
梅花志五卷 3247
梅菉赋志 3562
梅菉志稿八卷 3563
梅溪集五十四卷附宋龙图阁学士王公墓志铭一卷 4216
湄洲慈济真经 4192
湄洲天上圣母慈济真经 4207

湄洲屿志略四卷首一卷附天上圣母真经一卷籤谱一卷 4072
湄洲志 0523
美国地理兵要四卷 1904
美国运送对象布国运送对象京师不准通商德国兵商船进出口美国兵商船进出口各国兵商船进出口聘请洋员 0775
美利坚合众国地理兵要四卷 1905
美利坚合众国地理兵要一卷 1906
美英法日四国间关于各该国太平洋内各岛领地及属地条约 0714
蒙鞑备录校注不分卷 0230
蒙鞑备录校注一卷西使记一卷 0229
艋舺街至浊水海道图说 1617
孟公武略类编五卷南塘戚侯武略□□卷 3908
秘册汇函二十八种 4459
秘书二十八种 4528
秘书二十一种 4529
秘鲁形势录一卷 1848
秘书四十八种 4580
秘游随录一卷 1642
缅甸图说一卷 1980
苗栗县志十六卷 3471
邈园丛书二十六种 4589
庙湾营呈送藤牌阵图水操阵图不分卷 3925
民国经世文编不分卷 4375
敏果斋七种 4494
闽安记略 1382
闽部疏一卷 1277
闽产录异六卷 1340
闽大记五十五卷 3222
闽都记三十三卷 3235
闽海丛书四卷 1491
闽海辑要 0340
闽海纪录不分卷 0341
闽海纪略二卷 0342
闽海纪略一卷后纪略一卷 0220
闽海纪要二卷 0343
闽海赠言五卷末一卷 4351
闽疆小草四卷 0924
闽口炮台刍议 2274
闽幕纪略二卷 0260
闽南游记初编 1731
闽难记 0257
闽省盐场全图 0644
闽书一百五十四卷 3223
闽颂汇编呈一卷 0497
闽颂汇编述略一卷 0498
闽颂汇编四十卷 0499
闽琐记一卷 1408
闽小纪二卷 1466
闽小纪四卷 1467
闽小纪一卷 1468
闽盐正告书二卷 0682
闽游月记二卷 0159
闽游偶记 1691
闽粤巡视纪略六卷 1647
闽粤巡视纪略五卷 1648
闽杂记二卷 1355

闽杂记十二卷 1316
1416
闽政领要三卷 0564
闽中海错疏补一卷 3954
闽中海错疏三卷 3952
闽中海错疏一卷 3953
闽中纪略一卷 0261
闽中记 3217
闽中记十卷 3218
闽中录异二卷 4127
名臣筹海文钞二卷 0923
名臣宁攘要编□卷 0120
名臣志钞二十四卷 0484
名山藏一百九卷 0030
明辨斋丛书二十三种 4551
明兵书四种 3928
明朝纪事本末八十卷 0038
明代御倭军制一卷 0810
明会要八十卷 0540
明季稗史汇编十六种二十七卷 0126
明季辽事丛刊四种 0127
明季南略十八卷 0093
明季南略十六卷 0271
明季史料丛书 4608
明季野史三十四种三十六卷 0123
明季浙江兵本末一卷 0258
明鉴纪事本末八十卷 0039
明经世文编五百零四卷补遗四卷 4348
明命地舆志 2075
明末流寇表一卷 0368
明实录摘钞不分卷 0087
明史地理志稿不分卷 1154
明史地理志六卷 1168
明史纪事本末八十卷 0040
明史三百三十二卷目录四卷 0058
明史外国传地理考证一卷西域传地理考证一卷 0470
明世学山九十三种 4465
明世学山五十种 4466
明书一百七十一卷 0037
明太祖实录类钞不分卷 0110
明倭寇始末一卷 0246
明延平忠节王始末四卷首一卷 0315
明御倭行军条例 0799
明御倭行军条例一卷 0800
明御倭军制一卷 0811
明著录 4204
鸣吾纪事 0151
鸣吾杂著 0152
摩洛哥政要一卷 2019
墨海金壶一百十五种 4559
墨领峡考一卷 2109
墨洲杂记一卷 1849
木钟台初集十种再集十种杂集十种附年谱 4647
目击东倭衅隙专修备御疏一卷 0970
牟平县志十卷首一卷 2643

N

奈搭勒政要一卷 2020

南安县志 3363
3364
南安县志二十八卷 3369
南安县志二十卷 3367
南安县志十五卷 3365
南安县志十一卷 3366
南安县志五十卷首一卷 3368
南澳气记一卷 1311
南澳县志二十五卷 3553
南澳县志稿 3554
南澳小记十二卷 3551
南澳志十二卷 3552
南澳志十卷 3550
南船纪四卷 0890
南船志四卷 0889
南村辍耕录三十卷 4046
南岛志二卷 2037
南岛志一卷 2038
南恩州图经 3669
南海更路簿 1589
南海更路经 1590
南海古迹记一卷 1565
南海普陀山志二十卷首一卷 1571
南海普陀山志十五卷首一卷 1572
南海山水人物古迹记一卷 1566
南海水族谱 3963
南海药谱二卷 3996
南海志二十卷 3506
南海诸岛地理志略 1537
南汉地理志一卷 1161
南行记一卷 1675
南行日记一卷 1750
南汇二区旧五团乡志不分卷 2519
南汇县新志稿不分卷 2516
南汇县新志十五卷首一卷 2515
南汇县志二十二卷首一卷末一卷 2517
南汇县志札记二卷 2518
南汇新分县志稿十二卷 2513
南畿志六十四卷 2766
南金乡土志不分卷 2439
南宁军志 3814
南齐书五十九卷附考证 0034
南齐书夷貊传地理考证一卷 0471
南日岛志不分卷 3408
南沙纪事录一卷 1294
南沙枕秘四种 0310
南枢志一百七十卷 0806
南田岙开垦图说 3009
南田记略一卷 3008
南田县志不分卷 3007
南田县志三十五卷首一卷 3011
南田志稿不分卷 3006
南田志略一卷 3010
南通县图志二十四卷 2817
南通县乡土志一卷 2816
南雅堂医书全集五十六种 3987
南洋各岛国论一卷 1978
南洋海错吟一卷 3980
南洋记一卷 1871
南洋蠡测一卷 1992
南洋旅行记四卷 1733
南洋事宜论一卷 1919
南洋述异 1860

南洋述遇一卷　1850
南洋通志不分卷　1938
南洋志略　2012
南裔异物志　1221
南游纪程不分卷　1683
南游漫稿　1818
南园丛稿十二种附二种　4702
南越笔记十六卷　1365
南越笔记一卷　1366
南越异物志　1222
南越游记三卷　1304
南越志一卷　1288
南州异物志一卷　2041
难游录一卷　0364
内外海运章程不分卷　0705
拟定海军章程　0863
宁波府简要志五卷　2923
宁波府志三十六卷首一卷　2927
宁波府志三十三卷　2926
宁波府志四十二卷　2925
宁波郡志十卷　2924
宁德县志八卷　3417
宁德县志十卷首一卷图一卷　3418
宁德县志四卷　3416
宁古塔地方乡土志不分卷　2493
宁古塔纪略一卷　2492
宁海地理图说　1241
宁海将军固山贝子富喇塔功绩录五卷　0500
宁海将军固山贝子功绩录一卷　0501
宁海六记二卷　1512
宁海漫记四卷　1513
宁海三记三卷　1514
宁海四记二卷　1515
宁海县续志稿十八卷首一卷　3021
宁海县志　3012
3013
3014
3022
宁海县志二十四卷首一卷　3020
宁海县志十二卷　3016
宁海县志十二卷首一卷　3017
宁海县志十卷　3015
宁海志稿十四卷　3018
3019
宁海州证证录四十四卷　2641
宁海州志二卷　2639
宁海州志二十六卷　2642
宁海州志稿　2638
宁海州志十卷　2640
宁河县乡土志不分卷　2358
宁河县志十六卷　2356
2357
宁远州乡土志不分卷　2474
宁远州志八卷　2472
宁远州志不分卷　2473
宁越郡志三卷　3769
牛西兰岛纪略一卷　1851
农家谚一卷　3937
农政全书六十卷　3934

O

瓯乘补二十卷　3035

瓯乘拾遗二卷 1344
欧罗巴各国总叙 1840
欧游随笔一卷 1681
欧游杂录一卷 1697
欧游杂录二卷 1696
欧战拾遗一卷 0384
欧洲十一国游记不分卷 1737

P

潘子全集七种附二种 4670
盘山厅乡土志不分卷 2464
盘山厅志不分卷 2465
盘山县志不分卷 2467
盘山县志略不分卷 2466
裴渊广州记一卷 1232
彭刚直公奏稿 1023
蓬莱地理说略 2664
2665
蓬莱地理图说 1242
蓬莱县续志十四卷 2662
蓬莱县志八卷 2660
蓬莱县志合编□卷 2663
蓬莱轩地理学丛书 4568
澎湖纪略十二卷 3484
澎湖纪略一卷 1378
澎湖列岛志略一卷 1477
澎湖群岛志稿二十卷首一卷 3489
澎湖厅志稿十五卷首一卷 3487
澎湖县志稿 3490
澎湖续编二卷 3485
澎湖志略不分卷 3483
澎台海道图说一卷 1604
埤苍二卷 0008
甓余集十二卷 4289
甓余杂集十二卷 4290
片刻余闲集二卷 4057
漂海录三卷 1624
平定海寇方略 0415
平定台湾得胜图 0244
平定台湾纪略六十五卷首五卷 0115
平定台湾述略一卷 0369
平定台湾战图 0245
平定浙东纪略一卷 0279
平海纪略 0195
平海纪略一卷 0332
平海纪事 0176
平海录 0187
平海疏议一卷附平海咨文一卷 1035
平海心筹二卷 0850
平海奏疏总录不分卷 1033
平岳疏议一卷平海疏议一卷附平海咨文一卷师中小札一卷 1036
平湖县乡土志二篇 3159
平湖县续志稿 3149
平湖县续志十二卷 3160
平湖县续志十卷附旧志补遗四卷 3157
平湖县志二十卷首一卷 3155
平湖县志二十五卷首一卷末一卷 3158
平湖县志稿 3146

3148
3151
3153
平湖县志稿九卷 3147
平湖县志十九卷图一卷 3150
平湖县志十卷 3154
平湖县志十卷首一卷末一卷 3156
平湖县志十卷图一卷 3152
平闽功绩见闻录一卷 0280
平闽纪十三卷 0439
平闽全传八卷五十二回 4413
平台纪略一卷 0283
平台纪事本末不分卷 0114
平台湾生番论一卷 0284
平台遗策 0846
平潭厅乡土志略一卷 3287
平潭县志三十四卷 3288
平倭策一卷 2231
平倭管见 2201
平倭录 0206
2218
平倭事略 0163
平倭疏 0980
平倭四疏三卷 0981
平倭奏章 0958
平阳县志 3074
平阳县志八卷 3077
3078
平阳县志二十卷首一卷 3081
平阳县志稿四卷 3082
平阳县志九十八卷首一卷 3083
平阳县志十二卷 3080
平阳县志十卷 3075
3079
平阳州志 3073
平夷录 0199
0249
0440
萍洲可谈三卷附校勘记一卷 4078
评点百二十子二十六卷补遗十三卷 4186
婆娑洋集二卷 4294
婆娑洋集一卷 4314
婆娑洋杂咏 4296
莆变纪事 0194
莆田海疆志 1521
莆田史谈 1339
莆田水利志八卷 2129
莆田水利志十卷 2130
莆田县志不分卷 3390
莆田县志四十卷 3391
莆阳比事七卷 1493
莆阳纪胜 1270
莆舆纪胜九卷 1271
莆中倭祸记 0247
蒲岐所志二卷 3055
普陀洛迦山志十二卷首一卷 1573
普陀山志六卷 1569

Q

七国地理考七卷 1123
七省海疆纪程 1373
七省海疆图说不分卷 2329
七省沿海图说 1403

七省沿海图说附考四卷　1533
七修类稿五十一卷续稿七卷　4043
戚南塘剿平倭寇志传　4390
戚少保南北兵法要略五卷补辑兵法要略一卷　3903
戚少保年谱耆编十二卷卷首一卷　0494
戚少保文集五卷　4262
戚少保奏疏一卷　0957
栖霞地理图说　1243
岐海琐谭集十六卷　4134
耆英奏稿不分卷　1025
齐乘六卷附释音一卷　2580
齐乘六卷附释音一卷考证六卷　2581
齐春秋一卷　0089
齐地记　1233
齐记　1234
齐民要术十卷杂说一卷　3933
齐民要术校二卷　3936
启东录六卷　1381
启东设治汇牍四卷附录一卷　0930
洽闻记一卷　4175
前汉书一百卷　0025
前汉书一百卷附考证　0026
前令郑壶阳靖海纪略一卷　0202
虔台倭纂二卷图一卷　0189
乾隆府厅州县图志五十卷　1343
乾隆间福康安奉命往剿台湾林爽文庄大田之乱上谕汇钞残本　0992
乾隆两淮盐法志四十卷　0629
乾隆浙江通志考异残稿四卷　2891
钱塘记一卷　1287
钱塘县记　1554
茜泾记略不分卷　2792
樵隐集八种　4692
钦差大臣伊里布耆英在浙江奏办夷务事宜一卷　1051
钦差大臣伊耆在广东奏办夷务通商事宜一卷　1052
钦定八旗通志三百四十二卷首十二卷目录二卷　0836
钦定大清会典　0544
钦定大清会典图二百七十卷　0537
钦定大清会典一百卷　0546
钦定福建省外海战船则例二十三卷首一卷　0884
钦定国史大臣列传　0048
钦定国史贰臣表传二十卷逆臣传四卷　0049
钦定国史逆臣传三卷　0050
钦定户部漕运全书八十八卷　0672
钦定江苏省外海战船则例　0843
钦定剿平粤匪方略四百二十卷首一卷　0356
钦定续通典一百五十卷　0535
钦定重修两浙盐法志三十卷首二卷　0669
钦县县志十六卷首一卷　3779
钦州图经　3767
钦州志　3768
3773
3774

钦州志八卷 3772
钦州志九卷 3771
钦州志十二卷首一卷 3777
钦州志十四卷 3775
3776
秦皇岛记一卷 1482
琴江志四卷续志三卷 3249
青岛纪游诗不分卷 4346
青郡志要补遗稿三卷 2692
青溪小草一卷补陀游记一卷 4259
青照堂丛书初编四种次编四十种三编四十一种 4512
青州府志二十二卷 2691
青州府志二十卷 2688
2689
2690
青州府志六十四卷 2693
青州府志十八卷 2687
清波杂志十二卷 4075
清波杂志十二卷别志三卷 4076
清朝通典一百卷 0532
清朝通志一百二十六卷 0533
清初海疆图说不分卷 1377
清代笔记丛刊四十一种 4595
清代割地谈一卷 0387
清代官书记明台湾郑氏亡事四卷 0388
清代约章汇辑 0744
清福建台湾宪典事例 0538
清广东沿海沙坦章程 0604
清国海军近况一斑 0865
清户部新海防捐执照 0623
清怀丛书二十一种 4546
清会典 0543
清季外交史料二百十八卷索引十二卷 0728
清闽浙爵督部堂营务处公牍不分卷 0922
清史大臣列传 0047
清史稿五百三十六卷 0075
清史纪事本末八十卷 0119
清史列传稿八卷 0072
清咸丰年奏疏钞 1008
清异录二卷 4106
清源续志二十卷 3349
清源志七卷 3347
清源志十二卷 3348
晴川蟹录四卷后录四卷 3972
晴川蟹录四卷后录四卷续录一卷 3973
请将台湾议款宣示奏稿 0993
请开惠州军港议一卷 1064
穷河话海九卷 1836
琼管山海图说二卷 1259
琼管图经十六卷 3781
琼管志 3782
琼海方舆志 3784
琼海方与志 3797
琼郡志十卷 3790
琼山县乡土志三卷 3802
琼山县志二十八卷首一卷 3803
琼山县志三十卷首一卷 3801
琼山县志十二卷 3798
琼山县志十卷 3799

3800
琼台外纪十二卷　3786
琼台志　3783
琼台志四十四卷　3785
琼崖志略五章　3795
琼志稿　3788
琼州府志十二卷　3789
琼州府志十卷　3791
3792
琼州府志四十四卷首一卷　3793
琼州记一卷　1364
琼州图经　3780
丘陵学山七十六种　4460
邱良功履历册　0939
求己堂八种十六卷　4675
求恕斋丛书三十一种　4588
球阳　1784
球阳会纪　1788
球阳纪事　1789
朐乘　2845
取悉毕尔始末记一卷　0299
全边略记十二卷　0807
全辽备考二卷　2427
全辽志六卷　2425
全闽纪略　0181
全吴筹患预防录四卷　0894
全吴水略七卷　2121
全修海塘录十卷　2113
全浙兵制考三卷附日本风土记五卷　0808
泉南杂志二卷　1255
泉南杂志一卷　1256
泉州府图说　2330
泉州府志　3352
泉州府志二十二卷　3353
泉州府志二十六卷　3351
泉州府志二十四卷　3354
泉州府志七十六卷首一卷　3355
泉州旧图经　3345
泉州路清源志　3350
泉州图经　3346
泉州乡土地理志一卷　3356
拳变余闻一卷附庚子国变纪闻一卷　0395
权制八卷　3927
群书抄览二十种　4471
群书集事渊海四十七卷　4119

R

然犀志二卷　3969
让台记二卷　0335
饶平县志　3732
饶平县志二十四卷　3735
饶平县志二十五卷　3736
饶平县志四卷　3734
仁和县海宁州海塘沙水并添筑盘头情形图　2180
仁和县海宁州海塘沙水工程图　2181
仁和县海宁州海塘沙水情形图　2182
日本北海道拓殖记不分卷　2088
日本北西岸水路略记　2031
日本兵要地理十卷　2098

日本地理兵要十卷　2099
日本犯华考一卷　0193
日本风土记四卷　1804
日本风土记五卷　1806
日本风土记一卷　1880
日本国考略一卷　1820
日本国考略一卷补遗一卷　1821
日本国志三十卷　1975
日本海道图说一卷　1605
日本环海险要图志二十卷　1963
日本纪游诗二卷　4342
日本疆域考一卷　1958
日本疆域险要　1882
日本疆域险要一卷　1883
日本近事记一卷　1873
日本考察学务游记一卷附访书记一卷　1741
日本考略一卷　1822
1826
1897
日本考五卷　1807
日本乞师纪一卷　0269
日本碎语　1950
日本通商行船条约不分卷　0745
日本通中国考一卷　0461
日本图纂一卷　1833
日本沿革一卷　1884
日本一鉴三种　1837
日本杂事诗二卷　4299
日本杂事诗一卷　4300
日本杂事一卷　1916
日游汇编四种　1742
日照县志　2739
日照县志十二卷　2740
2741
日照县志十二卷首一卷　2742
日知录三十二卷日知录之余四卷　4030
戎马风涛集六卷　4313
蓉城仙馆丛书四种　4597
蓉城仙馆丛书五种　4598
蓉州诗文稿　4302
榕园丛书六十二种续刻三种　4555
荣成纪略一卷　2730
荣成县志残稿六卷　2732
荣成县志十卷　2728
2729
荣成乡土地理五章　2731
柔佛略述一卷　1852
如不及斋丛书十三种　4481
入唐求法巡礼行记四卷附解说　1726
瑞安县志　3037
瑞安县志备遗二卷　3039
瑞安县志二十八卷附诗征七卷文征五卷　3045
瑞安县志稿不分卷　3044
瑞安县志十卷　3040
3041
瑞安县志十卷首一卷　3042
瑞安县志十卷图一卷　3038
瑞安乡土史谭七卷　3043
瑞安州志　3036

S

三宝垄一卷　1853
三宝太监西洋记通俗演义二十卷一百回　4391
三宝征夷集一卷　1810
三才纪要三种　4118
三才纪要四卷　4117
三才图会一百六卷　4090
三才图说　4091
三朝筹办夷务始末二百六十卷　0776
三朝平攘录六卷　0209
三抚捷功奏疏二卷　1034
三冈识略十卷续识略一卷　4028
三国疆域志补注十九卷　1166
三国志钞三十六卷　0032
三国志六十五卷　0027
三江所志　3109
三江志略　3108
三齐记　1555
三齐略　1556
三齐略记一卷　1224
三沙湾情势记一卷　2331
三山志　3220
三十国春秋一卷　0211
三十国记二卷　1781
三述奇八卷　1756
三续掖县志四卷首一卷　2681
三阳图志　3712
三阳志七卷　3710
3711
三洲日记八卷　1721
沙门岛张生煮海　4386
沙门岛张生煮海杂剧一卷　4387
沙门湾论一卷　2332
沙门湾形势说略一卷　2333
山东不分卷　2592
山东地略一卷　1397
山东福建海防条议不分卷　1005
山东各县乡土调查录四卷　2590
山东海疆图记九卷　2587
山东海疆图记五卷首一卷　2586
山东郡县图考　1413
山东考古录二卷　1338
山东考略一卷　1335
山东省沿革表四卷首一卷　1458
山东通志不分卷　2588
山东通志二百卷首九卷附录一卷补遗一卷　2589
山东通志六十四卷　2584
山东通志三十六卷首一卷　2585
山东通志四十卷　2582
山东乡土教本　2591
山东沿海各岛形势考一卷　1557
山东盐法续增备考六卷　0659
山东盐法志　0585
山东盐法志二十二卷附编十卷　0606
山东盐法志十四卷　0642
山东盐法志四卷　0570
山东肇域记六卷　2583
山度明哥政要一卷　2021
山海关记一卷　1478

山海关志八卷　2395
山海关志十卷　2399
山海经地理今释六卷　4033
山海经广注十八卷图五卷　4034
山海经笺疏十八卷图赞一卷订讹一卷叙录一卷　4024
山海经水经合刻二种　1105
山海经新校正　1100
山海漫谈三卷　4265
山石志　2398
山堂肆考二百二十八卷补遗十二卷　4089
山志提要一卷　3877
汕头现势调查记一卷　2334
善邻国宝记三卷　0749
商氏稗海　4457
上海海口形势考一卷　2335
上海市通志稿二十五编　2537
上海县续志三十卷首一卷末一卷　2534
上海县志八卷　2523
2524
上海县志二十卷　2538
上海县志二十卷首一卷　2529
上海县志三十二卷首一卷末一卷附补遗叙录　2530
上海县志十二卷　2526
上海县志十二卷首一卷　2527
2528
上海县志十卷　2525
上海县志札记六卷　2531
上海乡土地理志　2535
上海乡土历史志不分卷　2533
上海乡土志一卷　2532
上海小志十卷　2536
上海掌故丛书第一集　4594
上海志八卷　2522
上海志备考　1558
上前督宪周筹办琼崖地方八事条陈稿一卷　1066
上虞塘工纪略二卷续一卷三续一卷　2144
上虞塘工纪要二卷　2143
上虞县五乡水利纪实一卷　2175
上虞县志　3106
上虞县志二十卷首一卷　3101
上虞县志刊补二十四卷　3103
上虞县志十二卷　3097
3098
3099
上虞县志十四卷首一卷　3102
上虞县志四十八卷首一卷末一卷　3104
上虞县志校续五十卷首一卷末一卷　3105
上虞志　3095
勺亭识小录八卷外集一卷　2673
邵武徐氏丛书二十三种　4543
绍兴府志八十卷首一卷　3092
绍兴府志六十卷　3091
绍兴府志五十八卷　3088
3089
3090
绍兴府志五十卷　3087

绍兴府志校记不分卷 3093
绍兴县志四种合刊 3094
涉洋管见一卷 2002
身见录 1651
神农本草经 4004
神农本经三卷附本说一卷 4005
沈葆桢奏稿不分卷 1028
沈归愚诗文全集十四种 4674
沈氏韵初书屋校录秘籍十二种 4525
沈文开杂记 4045
沈文肃船工奏稿一卷 1029
沈文肃公（葆桢）事略一卷 0505
沈文肃公牍十六卷 0915
沈文肃公遗稿一卷 4312
沈文肃公政书七卷首一卷 1030
沈文肃公奏稿一卷 1031
省港澳救灾总公所戊午征信录 0932
盛京通志三十二卷 2431
盛京通志三十二卷图一卷 2434
盛京通志三十三卷首一卷 2432
盛京通志四十八卷首一卷 2433
盛京通志一百三十卷首一卷 2436
盛京志略不分卷 2435
盛宣怀书劄不分卷 4344
胜朝遗事初编三十二种二编十八种 0437
圣妃灵著录 4203
圣宋掇遗 0374
圣武记十四卷 0116
圣武昭布乞行勘叙疏一卷 0983
十八国游记 1736
十朝东华录五百二十五卷 0106
十二树梅花书屋丛著五种 4683
十国春秋一百十四卷附拾遗一卷备考一卷拾遗备考补一卷 0056
十七史一千五百七十四卷 0013
十三日备尝记一卷附事略附记一卷 0227
十万卷楼丛书五十一种 4517
十一朝东华录分类辑要二十四卷 0092
十一朝东华录五百八十六卷 0107
十一朝东华约录二百三十二卷 0101
十洲记一卷 4148
石柏山房诗存八卷首一卷 4340
石帆亭纪谈 4062
石井本宗族谱 0487
石码镇志 3321
石码镇志十六卷 3322
拾遗记不分卷 4156
拾遗记十卷 4157
拾遗录 4177
食物本草会纂十二卷 3993
史记一百三十卷 0021
使德日记一卷 1669
使东诗录 4336
使东述略一卷杂咏一卷 1655
使东杂记一卷 1656
使俄草八卷附条陈折稿一卷舆地图一卷图说一卷 1688

使俄日记八卷　1770
使高丽录一卷　2052
使还日记一卷　1761
使琉球纪一卷　0366
使琉球记六卷　1921
使琉球记一卷　0367
　1922
使琉球录二卷　1817
　1819
使琉球录一卷　1793
　1794
使琉球录一卷附夷语夷字一卷　1795
使琉球录一卷琉球译二卷　1796
使琉球杂录五卷　1949
使美纪略一卷　1641
使西纪程二卷　1653
使西纪程一卷　1654
使西日记一卷　1640
使西书略　2090
使英杂记　1762
使粤奏稿二卷两广奏稿二卷　1018
士礼居丛书二十种　4495
士礼居黄氏丛书十九种附四种　4496
世本十卷　0129
世说　4139
世说新书　4140
世说新语六卷　4141
式古居汇钞四十七种　4520
式训堂丛书四十一种　4554
事林广记前集十三卷后集十三卷续集八卷别集八卷　4102
适可斋记言四卷记行六卷　1676
守山阁丛书一百十二种　4521
守约篇丛书六十三种　4508
首海外经　1816
寿光县图志　2714
寿光县乡土志不分卷　2712
寿光县志　2709
寿光县志二十卷　2711
寿光县志二十三卷　2713
寿光县志三十二卷　2708
寿光县志十六卷首一卷　2715
殊域周咨录二十四卷　1823
书钞　4116
菽园杂记一卷　4044
述异记二卷　4158
庶物异名疏三十卷　4025
双柏草堂集（舟山稿、使闽稿、北上稿、复用稿、太仓稿、平倭稿各一卷）附名公寄赠庄居集一卷　4240
水道提纲二十八卷　1602
水东日记四十卷　4052
水府诸神祀典记一卷　0556
水经山海经合刻二种　1141
　1164
水师撮要一卷　0883
水师辑要不分卷　0831
水师说略四条　0871
水战阵式不分卷　3931
水阵图不分卷　3932
水族加恩簿一卷　3978

顺风相送 1579
顺天府志八卷 2343
顺天府志二十卷 2341
顺天府志六卷 2342
顺天府志一百三十卷 2344
顺治镇江防御海寇记一卷 0385
说郛一百卷五百二十八种 4430
说海汇编八十三种 4439
说集六十种 4440
说剑堂集九种外集五种 4697
说库一百七十种 4600
说林一百三十八种 4431
说铃前集三十七种后集十六种 4539
说铃前集三十三种后集十九种续集七种 4540
说倭传 4416
朔方备乘 1080
斯未信斋杂录六卷 4066
斯未信斋杂录一卷 4067
四部备要三百一种 4612
四部丛刊 4605
四海指南 1244
四明谈助四十六卷首一卷 1436
四明图经十二卷 2915
四明续志十二卷 2917
2919
四明志补 2920
四明志二十一卷 2916
四明朱氏支谱二十六卷 0491
四神志略 4201
四述奇十六卷 1758
四续掖县志六卷首一卷 2683
四夷广记不分卷 1814
四夷郡国县道记 2067
四夷考八卷 1825
四夷考二卷 1838
四隩图论 2241
松江潆缺捍海石塘录不分卷附刻一卷续载一卷 2116
松江潆阙石塘录 2120
松江府属旧志二种 2500
松江府图志 2494
松江府新志三卷 2498
松江府续志四十卷首一卷图一卷 2506
松江府志八十四卷首二卷图一卷 2505
松江府志九十四卷 2502
松江府志三十二卷 2499
松江府志五十八卷首一卷 2501
松江府志五十四卷图经一卷 2503
松江府志摘要一卷 2507
松江捍海石塘录 2163
松江郡志八卷 2495
松江志 2496
宋会要不分卷 0547
宋会要辑稿三百六十六卷 0541
宋史地理志考异一卷 1209
宋史地理志六卷附考证 1201
宋史四百九十六卷附考证 0070
宋史外国传地理考证一卷 0472
宋书一百卷 0033
宋书夷貊传地理考证一卷 0473

宋天文志十五卷步天歌一卷　0076
宋元四明六志　2921
四明六志校勘记九卷　2922
苏莱曼东游记　1622
苏禄记略一卷　1998
苏禄考一卷　1961
苏省舆地图说不分卷　1322
隋书八十五卷附考证　0064
隋书地理志考证九卷补遗一卷　1213
隋书地理志三卷附考证　1196
隋书四夷传地理考证一卷　0474
绥寇纪略十二卷补遗三卷　0338
绥中县乡土志不分卷　2478
绥中县志　2479
绥中县志十八卷首一卷　2480
绥中县志续编二卷　2481
随使法国记　1763
随使日记一卷　1764
随轺笔记四卷　2092
随园三十八种　4680
遂溪县乡土志一卷　3578
遂溪县志十二卷　3576
3577
碎佩丛铃十六种　4472
孙诜临海记一卷　1289

T

他士文尼亚岛考略一卷　1854
台州府志十八卷首一卷　3164
3165
台州府志一百卷　3168
台州府志一百四十卷首一卷　3169
台州平倭纪略　0174
台州外书订三卷　3167
台州外书二十卷　3166
台州杂录一卷　1295
台州札记十二卷　1346
台北厅志　3456
台东州采访册不分卷附台东志一卷　3481
台东州采访修志册　3482
台海采风图考二卷　1387
台海见闻录二卷　1326
台海见闻录四卷　1327
台海三种　4625
台海使槎录八卷　1352
台海事略四卷　0253
台南县志四卷　3464
台事纪闻一卷　0318
台湾兵备手抄　0828
台湾采访册不分卷　3446
台湾道任内剿办逆匪蔡牵督抚等奏稿　0994
台湾道任内剿办洋匪蔡牵赛将军奏稿　0995
台湾地舆图说一卷　1432
台湾番社考一卷　1362
台湾府噶玛兰厅志八卷　3480
台湾府噶玛兰厅志八卷首一卷　3479
台湾府纪略一卷　3437
台湾府舆图纂要　1296
台湾府志十卷　3436

台湾府志十卷首一卷 3439
台湾府总图纂要 1297
台湾概览不分卷 3455
台湾割据志 0441
台湾纪略 3438
台湾纪略一卷 1379
台湾纪略一卷附台湾杂记一卷 1380
台湾纪事本末 0273
台湾纪事二卷 1431
台湾巾帼英雄传初集十二回 4415
台湾近事末议一卷 1423
台湾进退志 1040
台湾郡县建置志六章 3451
台湾开创郑成功 0518
台湾生熟番纪事一卷 1349
台湾使槎录一卷 1353
台湾事件奏章一卷 1070
台湾水师记不分卷 0829
台湾随笔一卷 1435
台湾通史三十六卷首一卷末一卷 3454
台湾通志不分卷 3450
台湾图说 3447
台湾外记三十卷 0274
台湾外记十卷 0275
台湾外志五十卷一百回 0276
台湾外志新编三十卷 0277
台湾倭兵纪事 0298
台湾县志十卷 3459
台湾小志一卷 3448
台湾新志十一章 3453
台湾要览 3452
台湾野记 0278
台湾舆图不分卷说略一卷 1433
台湾舆图考 1276
台湾与琉球 1520
台湾杂记一卷 1350
1356
台湾战纪二卷 0254
台湾郑氏始末六卷 0308
台湾志略二卷 3445
台湾志略三卷 3441
台倭战记初集二卷 0221
台阳笔记一卷 1450
台阳集一卷 4315
台阳见闻录二卷 1419
台阳杂咏合刻 1559
台阳杂咏一卷 1341
台游笔记一卷 1629
台游日记四卷 1666
台战实纪六卷续集六卷三集二卷四集二卷五集不分卷六集不分卷 4425
台战实记六卷续集六卷 4408
台战演义 4409
太仓直隶州志四十卷 2787
太仓州志二十八卷首一卷末一卷 2789
太仓州志稿十八卷附镇洋县志稿五卷 2788
太仓州志十卷 2783
2784
太仓州志十五卷 2785

太平寰宇记二百卷目录二卷 1188
太平县志八卷 3191
3192
太平县志草 3190
太平县志十八卷 3193
太平续志十八卷首一卷 3194
太平洋传道录 4181
太平御览一千卷 4104
太平总类 4105
太上老君说天妃救苦灵验经一卷 4182
太史公书 0022
太镇海塘纪略 2156
谈闽录一卷 1439
谈瀛录四卷 1964
谈瀛录四卷 2003
檀香山群岛志一卷墨西哥述略一卷 1984
谭襄敏奏议十卷 0959
唐大和上东征传一卷 0516
唐代丛书十二集 4483
唐代丛书一百五十七种 4428
唐杜环经行记地理考证一卷 0475
唐故杨府君神道之碑 0524
唐国史补三卷 0447
唐会要一百卷 0548
唐贾耽记边州入四夷道里考实五卷 1428
唐鉴真过海大师东征传 0517
唐人说荟一百六十五种 4482
唐荣旧记全集 1786
唐书地理志七卷附考证 1175
唐书二百二十五卷释音二十五卷附考证 0062
唐书二百卷 0067
唐宋丛书九十二种 4432
塘工纪略 2145
陶卢丛刻第二集十种 4700
陶中丞遗集二卷附录一卷 4316
特开玉环志四卷 3196
特伸盈廷公议以攘倭疏一卷 0955
剔除长江水师弊病通饬示谕一百条 0853
题衔纪政录 2637
天妃出身济世传 4397
天妃灵应集 4183
天妃灵应之记碑 3870
天妃娘妈传二卷三十二回 4396
天妃显圣录不分卷 4184
天工开物三卷 4026
天后宫志 1560
天后救苦灵验妙经三卷 4190
天后圣母圣迹图志 4195
天后圣母圣迹图志四卷 4199
天后圣母圣迹图志二卷 4196
天后圣母圣迹图志全集二卷 4197
天后显圣录不分卷 4185
天后显圣录二卷 4198
4200
天后由来纪略 4188
天后昭应录三卷 4194
天津府志四十卷 2348
天津三卫志 2345
2346

天津市概要十三编首一卷 2353
天津卫志四卷首一卷 2347
天津县地理教科书 2352
天津县新志二十七卷首一卷 2355
天津县志二十四卷 2350
天津政俗沿革记十六卷 2354
天经或问二卷首一卷 4016
天经或问后集不分卷 4017
天经或问前集四卷 4018
天禄琳琅丛书第一集十五种 4583
天上圣母签谱 4205
天上圣母事迹图志 4191
天上圣母真经 4206
天上圣母正传 4189
天外归槎录一卷 1744
天文占验一卷 4014
天下郡国利病书一百二十卷 1124
天下形势考一卷 1140
天下沿海形势录一卷 2255
天下沿海形势图录一卷 2256
天下一统志九十卷 1107
天中许子政学合一集二十八种政学集续编十种附一种 4660
天竺国记 1782
田家五行三卷拾遗一卷东方朔探春历纪一卷田家五行纪历撮要一卷 3938
田家五行一卷 3939
田家五行志 3940
田家杂占 3941
田园经济 3935
条议船政拨差事宜书册不分卷 0940
铁函心史 4221
铁香室丛刻初集四种续集六种 4510
汀州府志二十四卷 3410
汀州府志十八卷附录一卷 3409
听黄鹂馆外篇二卷 3918
通典二百卷 0550
通海垦牧乡志一卷 2818
通鉴地理通释十四卷 1187
通商表四卷 0689
通商各关警船镫浮桩总册 0935
通商各国条约类编十八卷首一卷末一卷附录一卷 0778
通商始末记二十卷 0733
通商条约章程成案汇编三十卷各关理船事宜一卷 0633
通商约章成案类纂三十五卷 1071
通商约章纂要七卷首一卷附一卷 0756
通商诸国记一卷 2026
通志二百卷 0549
通州旧图经 2793
通州图经 2794
通州直隶州志十六卷首一卷末一卷 2813
通州志八卷 2801
通州志补正 2814
通州志二卷 2798
通州志二十四卷 2804
通州志六卷 2799
通州志十五卷 2802

2805
通州志四卷 2800
通州志一卷 2796
2797
同安县志 3293
3295
同安县志三十卷首一卷 3299
3300
同安县志十二卷首一卷 3298
同安县志十卷 3296
3297
同安县志四十二卷首一卷 3301
同邑海防论 2304
同治朝筹办夷务始末一百卷 0716
桐江集八卷 4231
桐江集四卷续集四十八卷 4232
桐江集一卷 4233
童氏杂著六种 4676
铜山志十卷 3344
统筹海防力图补救疏一卷 0996
痛史二十一种附九种 4576
投笔集二卷 4308
投笔集笺注二卷 4309
图门江口宜划归中国议一卷 1062
图书编 4096
图像三宝太监下西洋通俗演义十六卷一百回 4392
莼乡赘笔 4029
团沙群岛小志不分卷 3813

W

外藩疆理考一卷 2110
外国史略 2069
外国图一卷 2039
外海纪要不分卷 0849
外海内河诸炮台图说不分卷 0841
外夷朝贡考二卷 1792
宛委别藏 4523
万安军图经 3835
万里海防 2242
万里海防二卷 2243
万里海防图论二卷 2244
万里海防图说 2245
万历三大征考三卷东夷考略一卷东事答问一卷都督刘将军传一卷 0171
万历武功录十四卷 0173
万物炊累室类稿十七卷 4343
万州志 3837
万州志八卷 3839
万州志十卷 3840
万州志四卷 3838
汪清简公奏疏十四卷 0968
汪氏医学六种 3988
汪直传一卷 0492
王百谷集二十一种四十二卷 4268
王奉常杂著十四种 4648
王临川集一百卷 4215
王子年拾遗记十卷 4178
威凤堂集十五种附一种 4304
威海地理图说 1245
威海卫形势论一卷 2307
威海卫形势一卷 2336
威海卫志 2733

威海卫志不分卷 2734
威海卫志十卷首一卷 2735
帷幄全书十四种 3913
潍县乡土志不分卷 2697
潍县志稿四十二卷图一卷 2698
潍县志九卷 2695
潍县志六卷首一卷末一卷 2696
潍县志十卷 2694
伪郑逸事一卷 0359
伪郑逸事一卷番境补遗一卷
海上纪略一卷 0360
伪郑逸事一卷附郑芝龙始末
一卷 0361
魏书外国传补地理考证一卷
西域传地理考证一卷外国
传补地理考证一卷 0476
魏书一百十四卷附考证 0023
温处传警飞报 2193
温处海防图略二卷 2195
2208
温处盐务纪要续编一卷 0649
温处盐务纪要一卷 0674
温州府乐清县志八卷 3049
温州府志八卷 3030
温州府志二十二卷 3029
温州府志三十二卷 3033
温州府志三十二卷首一卷 3032
温州府志三十卷首一卷 3034
温州府志十八卷首一卷 3031
温州路志二十卷 3026
温州图经 3023
温州图志 3028
文标集三卷外录一卷 4208
文昌县志十八卷 3823
文昌县志十卷 3821
文昌县志十六卷首一卷 3822
文昌杂录六卷补遗一卷 0377
文登地理图说 1246
文登县志 2721
2722
2723
2725
文登县志稿 2720
文登县志十卷 2724
2726
文登县志十四卷首一卷 2727
文津阁四库全书三千五百
三种 4547
文澜阁四库全书三千四百
五十种 4548
文溯阁四库全书三千五百
九十种 4549
文献大成 4120
文献通考三百四十八卷 0552
文选楼丛书三十三种 4524
文渊阁四库全书三千四百
六十一种 4550
问经堂丛书二十七种 4526
问影楼舆地丛书第一集 4584
瓮牖余谈八卷 4145
倭变事略一卷 0145
倭功始末 0190
倭韩近事不分卷 0333
倭韩新事不分卷 0334

倭汉合运指掌图五卷 2034
倭患考原一卷恤援朝鲜倭患考一卷 0160
倭祸 0398
倭寇纪略 0147
倭寇志 0248
倭乱遗事一卷 0204
倭难纪略 0148
倭奴假诈已彰乞严加责成疏一卷 0973
倭奴遗事一卷 0205
倭情考略一卷 0157
倭情屯田议一卷 0821
倭情已变封事宜停疏一卷 0946
倭事征信录 0142
倭志一卷 0180
乌拉乖政要一卷 2022
吾妻镜补二十八卷 1976
吾妻镜补三十卷 1977
吾妻镜五十二卷 2029
吴川县志十卷 3555
3558
3559
3560
吴川县志十卷首一卷 3561
吴川县志四卷 3556
3557
吴船日记一卷 0872
吴地记一卷 2775
2776
吴地记一卷后集一卷 2777
吴都文粹续集五十六卷补遗二卷 4381
吴疆域说一卷 1162
吴疆域图说三卷 1330
吴郡地理志要一卷 1313
吴郡考二卷 1273
吴郡通典五卷 1348
吴郡图经续记三卷 2778
吴郡志五十卷 2779
吴郡志五十卷校勘记一卷 2780
2781
吴录一卷 0028
0029
吴时外国传一卷 2040
吴淞甲乙倭变志 0196
吴淞甲乙倭变志二卷 0197
吴淞倭变志 0198
吴下田家志 3942
吴下田家志一卷 3944
吴兴丛书六十六种 4638
吴越备史四卷附校勘记一卷 0375
吴越春秋十卷 0136
吴越国武肃王捍海石塘志一卷 2153
吴越钱氏丛书十八种 4642
吴中开江书三种五卷 2134
梧溪集七卷补遗一卷 4235
无棣县志二十四卷首一卷末一卷 2755
无一是斋丛钞三十七种 4126
五朝小说五百二十三种 4429
五次问答节略 0779
五代地理考一卷 0458

五述奇十二卷 1759
五杂俎十六卷 4027
五忠堂平倭实录四卷 0158
五洲方域考一卷 1898
武备地利二卷 2279
武备地利四卷 2280
武备辑要不分卷 3898
武备辑要六卷 3897
3917
武备辑要续编十卷 3915
武备絜要汇纂十二卷 3921
武备全书八种十二卷 3892
武备三大秘书六卷 3911
武备图绘一卷 3899
武备志二百四十卷 3894
武备志略五卷 3914
武备制胜 3904
武备制胜志三十一卷 3895
武定府志三十八卷首一卷 2746
2747
武定州志二卷 2743
武定州志三十五卷 2745
武定州志十五卷 2744
武经将略一卷 3909
武林掌故丛编一百九十种 4626
武溪集二十卷补佚一卷 4217
武溪集二十卷首一卷 4218
武溪集二十一卷 4219
武学备考十四卷 3896
武原志 3123
戊笈谈兵十卷首一卷 3900
物理小识十二卷首一卷 4054

X

夕阳寮存稿 4671
夕阳寮存稿续集五卷 4310
西伯利东偏纪要一卷 2081
西伯利亚大地志 2036
西方要纪 1771
西海纪行卷一卷 1745
西京杂记六卷 4131
西南海诸蕃行记一卷 2061
西南洋各番针路方向图 1597
西南夷各番针路方向图 1598
西沙群岛小志不分卷 3812
西山先生真文忠公文集
五十五卷目录二卷 4220
西墅杂记一卷 4137
西俗杂志 2004
西洋朝贡典录三卷 1805
西洋番国志一卷 1802
西洋各国乘槎笔记二卷 1635
西洋国议定通商章程条款
一卷 0780
西洋杂志八卷 4032
西征纪程四卷 1725
希夷梦四十卷 4422
惜寸阴斋丛钞八集一百二十
五种 4473
惜砚楼丛刊八种 4637
惜阴轩丛书三十四种续编
一种 4511
锡席卿先生遗稿十六种 4677
洗海近事二卷 0425

虾夷纪略一卷 1994
霞浦县志四十卷首一卷 3435
厦门鼓浪屿公地章程 0777
厦门港纪事不分卷 1328
厦门市志三十五卷首一卷 3291
厦门述略 3292
厦门志十六卷 3290
仙溪志十六卷 3395
仙溪志四卷 3392
仙侠平倭传二卷 4410
仙游图经 3400
仙游图经稿 3406
仙游县志 3393
3394
3396
3397
仙游县志八卷 3398
3399
仙游县志三十六卷 3404
仙游县志十五卷 3401
仙游县志四十卷 3402
仙游县志四十卷 3403
仙游县志五十三卷首一卷 3405
仙游乡土志一卷 3407
先王实录 0354
暹罗别记一卷 1917
暹罗考略一卷 1899
咸宾录八卷 1808
咸宾录八卷附校勘记二卷 1809
咸丰朝筹办夷务始末八十卷 0721
咸海纪略 1862
现今中俄大势论不分卷 0747
相贝经一卷 3945
香港九龙便览不分卷 1532
香港杂记一卷 1305
香山县乡土志十五卷 3709
香山县志 3699
3700
香山县志八卷 3701
香山县志八卷首一卷 3703
香山县志八卷首一卷附录一卷 3705
香山县志二十二卷 3706
香山县志十卷 3702
香山县志续编十六卷 3707
香山县志续编十六卷首一卷 3708
香祖笔记十二卷 4061
乡守辑要合钞 3916
襄理军务纪略四卷 0222
祥符温州图经 3024
祥符兴化军图经 3382
祥符州县图经 1174
象山县志 2994
象山县志二十二卷首一卷 3002
象山县志稿二十四卷末一卷 3003
象山县志三十二卷卷首一卷 3004
象山县志三十二卷首一卷 3005
象山县志十二卷 3001
象山县志十六卷 2996
2998
2999
象山县志十五卷 2995
象山县志四卷 2997
象山县志四十二卷 3000

象山宜筑军港议一卷 1063
小方壶斋丛钞 1087
小方壶斋丛书三十六种 4530
小方壶斋舆地丛钞十二帙补编十二帙再补编十二帙 1088
小方壶斋舆地丛钞五百三十七种再补编二十六种 1089
小海场新志十卷 2873
小琉球漫志十卷 2027
小品丛钞三十四种 4474
小腆纪传六十五卷 0057
小腆纪传六十五卷补遗六卷 0348
小腆纪年附考二十卷 0349
小西洋记一卷 1872
邪谍误国恳乞圣明昭察疏一卷 0988
斜川集六卷 4212
斜川集六卷附录二卷订误一卷 4213
斜川集六卷附录二卷订误一卷补遗二卷续钞一卷附录一卷 4214
谢泰交奏议（舟山防守议）一卷 1041
蟹略四卷 3977
蟹谱二卷 3976
心史二卷 4222
辛未壬申间日本扰乱台湾事实 0319
新安县志 3529
3530
3531
3532
新安县志二十四卷 3535
新安县志二十四卷首一卷 3534
新安县志十三卷 3533
新编方舆胜览七十卷 1189
新编日本杂事诗一卷附黄遵宪年谱一卷 4301
新编四六必用方舆胜览 1190
新编沿海险要图说十六卷长江险要图说五卷 2315
新编沿海要塞图说 2316
新编纂图增新群书类要事林广记 4103
新定各国通商条约十六卷附录一卷 0763
新订九域志十卷首一卷 1182
新订增补夷坚志五十卷 4161
新海防筹饷事例 0706
新海防事例二卷 0707
新海防事例七卷附铨补新章一卷 0708
新会县续志十卷首一卷 3603
新会县志 3597
新会县志七卷 3598
新会县志十八卷 3596
新会县志十八卷首一卷 3599
新会县志十卷 3602
新会县志十三卷首一卷 3600
新会县志十四卷首一卷 3601
新会乡土志辑稿十五篇 3604
新辑山东地理问答 1522
新辑文广平南全传四卷

二十二回 4414
新嘉坡风土记一卷 2086
新斠注地理志十六卷 1150
新金山记一卷 1855
新刊八仙出处东游记二卷
四十五回 4404
新刊监本册府元龟一千卷 4108
新刊全像天妃济世出身传 4398
新刻出像增补搜神记六卷 4151
新刻大宋杨文广平南全传四
卷二十二回 4412
新刻全像三宝太监西洋记
通俗演义二十卷一百回 4393
新刻三宝太监西洋记通俗
演义二十卷一百回 4394
新刻天妃出身济世传 4399
新刻万国朝宗六卷首一卷 1881
新刻绣像三宝开港西洋记
二十卷一百二十回 4395
新刻宣封护国天妃娘娘出身
济世正传 4400
新刻夷坚志十卷 4162
新刻朱批武备全书海防总论
一卷 2246
新宁县志二十六卷首一卷 3612
新宁县志十卷 3607
3608
3609
3611
新宁县志四卷 3610
新宁乡土地理二卷 3613
新宁越志 3770
新唐书突厥传地理考证一卷
吐蕃传地理考证一卷回纥
等国传地理考证一卷沙陀
传地理考证一卷北狄列传
地理考证一卷东夷列传地
理考证一卷南蛮列传地理
考证一卷新旧唐书西域传
地理考证一卷 0477
新五代史四夷附录地理考证
一卷 0478
新校辑补夷坚志二百六卷 4163
新校晋书地理志不分卷 1119
新修长芦盐法志十六卷 0641
新修崇明县志十卷 2573
新修广州府志六十卷首一卷 3511
新修广州府志五十四卷 3510
新修海塘通志三十卷 2154
新修罗源县志三十卷首一卷 3286
新修上虞县志二十卷首一卷 3100
新修余姚县志二十四卷 2969
新修余姚县志二十五卷 2971
新修沾化县志七卷 2760
新译海道图说十五卷首一卷
附长江图说一卷 1615
新译中国江海险要图志二十
二卷首一卷补编五卷图五
卷 1507
新增海防例铨补章程一卷 0620
新增海防例铨新补章程 0621
新竹县采访册十一卷 3465
新竹县志初稿六卷 3466
新纂杭州府志稿一百七十八

卷首八卷 2914
信及录一卷 0908
信邑志稿八卷 2757
星槎胜览二卷 1798
星槎胜览前集一卷后集一卷 1799
星槎胜览四卷 1800
星槎胜览一卷 1801
星轺日记类编七十六卷 1751
兴城县政概况 2476
兴城县政概况二卷 2477
兴城县志十五卷首一卷
音义一卷 2475
兴化府莆田县志三十六卷
首一卷 3388
3389
兴化府志二十六卷 3384
兴化府志五十九卷 3385
兴化纪胜 1272
行朝录十一卷末一卷 0268
行国录 0412
修改鼓浪屿公共地界工部局
章程文稿 0709
修建东莞炮台文牍不分卷 0842
袖海编一卷 1951
褎海编一卷 1856
绣像八仙出处东游记二卷 4405
绣像海国春秋演义四卷十一
回 4423
绣像杨文广平南传四卷 4411
绣像中东大战演义四卷三十三
回 4417
徐海本末一卷 0170
徐灵胎十二种全集 3989
徐灵胎医学全书 3990
徐氏医书八种 3991
徐氏医书六种 3992
徐闻县志 3579
3582
徐闻县志不分卷 3580
徐闻县志十五卷首一卷 3583
徐闻县志四卷 3581
叙嘉靖倭入处东南事 0416
续百川学海一百三十一种 4436
续补永平志二十三卷 2391
续岛夷纪略不分卷 0417
续登州府志十二卷 2631
续定海县志不分卷 3210
续二十五子汇函 3886
续番禺县志一卷 3526
续澉水志九卷 3136
续赣榆县志 2850
续古逸丛书四十七种 4577
续海国咏事诗二卷 4338
续海口志 3259
续海门厅图志不分卷 2825
续海塘新志四卷 2137
续莱阳县志稿四卷 2658
续琉球国志略二卷首一卷 2014
续琉球国志略五卷首一卷 1936
续罗源县志十二卷 3282
续平阳县志 3076
续莆阳比事□卷 1351
续山东考古录三十二卷首
一卷 1447

续寿光县志三十卷　2710
续松江志八卷　2497
续塘工纪略一卷　2146
续天津县志二十卷首一卷　2351
续吴郡志二卷　2782
续蟹谱一卷　3962
续修昌国县志五卷　3205
续修潮阳县志　3546
续修澄迈县志　3846
续修澄迈县志十卷　3849
续修崇明州志　2569
续修登州府志二十二卷　2630
续修福安县志十二卷首一卷　3429
续修感恩县志十卷　3842
续修广东通志十九册　3503
续修广饶县志二十八卷首一卷　2618
续修海口志　3260
续修海塘录二卷　2115
续修海州志　2844
续修惠来县志　3746
续修金门志十六卷　3380
续修台湾府志二十六卷首一卷　3444
续修台湾县志八卷首一卷　3461
续修盐城县志稿十四卷首一卷　2870
续修乐安县志二十八卷首一卷　2617
续修乐会县志　3831
续修乐会县志四卷　3833
续修浙江通志采访稿一卷　2898
续修浙江通志海塘长编不分卷　2894
续厓山志二卷　3606
续掖县志四卷　2677
续夷坚志前集一卷后集一卷　4150
续议通商行船条约　0781
续云台山志一卷　1465
续资治通鉴长编拾补六十卷　0098
续资治通鉴二百二十卷　0078
续纂江苏水利全案正编四十卷首一卷附编十二卷　2141
续纂两浙盐法备考一卷　0638
续纂扬州府志二十四卷　2885
宣和奉使高丽图经四十卷　2053
宣和奉使高丽图经四十卷附录一卷　2054
宣和奉使高丽图经校一卷　1857
宣和高丽图经三卷　2055
宣统二年通商各关警船镫浮桩总册　0936
玄览堂丛书三集十二种　4611
玄览堂丛书三十三种　4609
玄览堂丛书续集二十一种　4610
玄中记一卷　4153
薛叔耘遗著十六种　4323
学海类编四百三十种　4480
学津讨原一百七十三种　4560
学礼斋杂纂十一种　4601
学术丛编　4586
雪堂丛刻五十二种　4591
巡按福建海防条议奏稿　1059
巡防备览十卷　0862

巡海纪事 0392
巡台录二卷 1720
巡台退思录二卷 0909
巡宪杨公保台实绩录一卷 0502
巡阅海防日记 0358
浔海施氏大宗族谱七十九卷首一卷宗支图二卷补一卷 0489
逊敏堂丛书九十二种 4497
逊敏堂丛书一百二种 4498

Y

鸦片事略二卷 0287
鸦片战事奏档不分卷 1022
鸦片战争史料一卷 0243
鸦片战争中东路进剿出海以后支给第壹队水勇口粮并海船舵水工食粮家口等项银米清册不分卷 0925
厓山志五卷 3605
崖县乡土志 3811
崖州直隶州乡土志二卷 3810
崖州志二卷 3806
崖州志二十二卷 3808
3809
崖州志略四卷 3805
崖州志十卷 3807
雅片事略二卷 0288
雅雨堂丛书十三种 4515
亚哥书马岛记一卷 1858
亚剌伯沿革考一卷 1924
亚欧两洲沿岸海道纪要二卷末一卷 1878
亚细亚疆域说一卷 1959
亚洲俄属考略一卷 1900
延平始末一卷 0382
延平王户官杨英从征实录不分卷 0355
延祐四明志二十卷 2918
沿海经略总要 2194
沿海七省图说附考四卷 1534
沿海设防图说不分卷 2337
沿海倭乱本末 0223
沿海形势录一卷 2257
沿海形势论一卷 2268
2303
沿江沿海水陆形要 1303
揅经室集五十八卷 4311
严陵纪略一卷裁严郡九姓渔课录一卷 0563
严乐园集五种 4328
盐城物产表 1359
盐城县乡土地理二卷 2872
盐城县志 2867
盐城县志十卷 2864
2866
盐城县志十六卷 2868
盐城县志十七卷首一卷 2869
盐城续志校补三卷 2871
盐城野志 2865
盐法议略一卷 0660
盐法隅说一卷 0653
盐法总论不分卷 0661
盐山县志 2418
2419

盐山县志十二卷　2420
盐山县志十六卷首一卷末一卷　2421
盐山新志三十卷　2422
盐邑志林四十一种附一种　4622
盐政全书　0578
0628
0652
盐政志十卷　0599
弇山堂别集一百卷　0423
弇州史料前集三十卷后集七十卷　0424
晏海编二卷　2232
晏海管见八卷　2300
宴海管见不分卷　2301
羊城古钞八卷首一卷　3512
羊角沟愢见录不分卷　1526
洋防辑要二十四卷　2290
洋防说略二卷　2283
洋务权舆二卷　0321
阳江县乡土志不分卷　3681
阳江县志　3670
3671
3673
3674
3675
阳江县志八卷　3679
3680
阳江县志七卷　3672
阳江县志三十九卷首一卷　3682
阳江县志四卷　3676
3677
3678
阳信县乡土志二卷　2758
阳信县志八卷首一卷　2756
扬州府图经八卷　2882
扬州府志二十七卷首一卷　2877
2878
扬州府志四十卷　2879
2880
2881
扬州图经　2883
杨芳练兵奏疏　1044
杨升庵先生异鱼图赞四卷　3955
杨升庵杂著十四种四十三卷　4649
仰视千七百二十九鹤斋丛书四十种　4564
养吉斋丛录二十六卷余录十卷　0438
养素轩丛录二十六种　4475
掖乘十六卷　2678
掖县全志四种十八卷　2680
掖县乡土志二卷　2682
掖县志八卷首一卷　2676
冶城客论一卷　4135
冶城客论一卷续一卷　4136
夜航船二十卷　4073
叶名琛广州之变一卷　0418
叶台山全集百卷　4270
叶文庄公奏疏四十卷　0979
业蛎考　3959
一瓻笔存一百二十种　4490
一肚皮集十八卷附小草拾遗经余杂录选　4320

一统志台州约抄二卷 1518
一西自记年谱一卷附述一卷 0509
医时六言六卷 3919
夷白斋稿三十五卷拾遗一卷
外集一卷校勘记一卷 4227
夷白斋稿三十五卷外集一卷 4228
夷白斋稿十八卷外不分卷 4229
夷白斋稿一卷外稿一卷 4230
夷舶入寇记 0326
夷氛纪闻五卷 0293
夷氛闻记四卷 0294
夷氛闻记五卷 0295
夷患备尝记一卷事略附记
一卷 0228
夷坚志二十卷续夷坚志二卷 4164
夷坚志甲志十卷乙志十卷丙
志十卷丁志十卷戊志十卷 4165
夷坚志一百八十卷志补二十五
卷再补一卷附校勘记一卷 4130
夷门广牍一百七种 4467
夷事沓不分卷 0224
夷艘寇海记 0327
夷艘入寇记 0328
夷艘入寇记二卷附海角遗编
六十回 0419
沂州府志三十六卷首一卷 2765
沂州志八卷 2764
沂州志十卷 2763
颐志斋丛书二十二种 4654
乙亥丛编十六种 4606
乙未中日交涉文件不分卷 0782
亦政堂镌陈眉公家藏广秘笈
五十四种 4443
邑乘管窥二卷 3176
异物志一卷 1223
异鱼图赞补三卷闰集一卷 3967
异鱼图赞笺四卷 3968
异鱼图赞四卷 3956
异域志二卷 2073
异苑十卷 4159
异苑佚文一卷 4160
逸周书管笺十卷疏证一卷提要
一卷集说一卷摭订三卷 0454
裔乘八卷 1824
义火可握国记 2079
艺风堂读书志七种 4695
艺风堂汇刻十六种 4696
艺海汇编二十九种 4538
艺海汇函九十二种 4453
艺海珠尘八集 4536
艺海珠尘一百六十六种 4537
艺文类聚一百卷 4111
艺苑捃华四十八种 4488
译史纪余四卷 1931
译史四卷 1932
议处安南事宜一卷 0153
议开台湾后山噶玛兰即蛤
仔难节略 1045
议奏海军事宜 1067
殷礼在斯堂丛书 4570
鄞川志五卷 2928
鄞县记 2929
鄞县通志五十一编 2939
鄞县志 2931

鄞县志二十卷 2933
鄞县志二十四卷首一卷 2934
鄞县志七十五卷首一卷图一卷 2938
鄞县志三十二卷首一卷 2937
鄞县志三十卷首一卷 2936
鄞志稿二十卷 2935
印度考略一卷 1901
英舶入寇记 0322
英国条款一卷续增条约一卷通商税则条款一卷通商章程善后条款一卷钦差条款一卷烟台条款一卷 0783
英国租借威海卫专条不分卷 0784
英华通商事略一卷 0751
英吉利地图说一卷 1995
英吉利广东入城始末一卷 0302
英吉利国夷情纪略一卷 1999
英吉利国夷情记略 2100
英吉利记一卷 1983
英吉利小记一卷 1973
英吉利夷舶入寇记二卷 0286
英吉利夷船入寇记二卷 0285
英水师总兵琅维理条陈整理中国海军节略一卷 0867
英轺日记 1739
英轺日记十二卷 1752
英夷节次丙寇纪略一卷 0389
英夷入寇记 0329
英夷入寇记二卷 0420
英夷入粤纪略一卷 0225
英夷入浙奏报汇钞一卷 1072
英夷说一卷 1907
嘆夷入浙事务奏稿一卷 0997
程史十五卷 0442
营口县志二十三篇 2463
营口杂记一卷 1317
营口杂志一卷 1298
瀛海采问纪实一卷 2005
瀛海鳞鸿记二卷 2087
瀛海论笺正九卷 2010
瀛海论一卷 2011
瀛海偕亡记 0255
瀛海卮言一卷 1965
瀛涯胜览二卷 1811
瀛涯胜览集一卷 1828
瀛涯胜览校注 2084
瀛涯胜览一卷 1812
瀛舟笔谈十二卷首一卷 4058
应劭地理风俗记一卷 1099
庸庵海外文编四卷 4324
庸庵全集十种四十七卷 4325
庸庵文别集六卷 4326
庸庵文外编四卷 4327
雍正敕修两淮盐法志四十卷 0610
永丰乡人杂著八种续编六种附一种 4694
永嘉地记 3057
永嘉记 3058
永嘉郡记一卷 3056
永嘉谱二十四卷 3062
永嘉图经 3060
永嘉县乡土志 3072
永嘉县志 3063

3064
永嘉县志二十六卷 3069
永嘉县志九卷图一卷 3065
永嘉县志三十八卷首一卷 3071
永嘉县志十七卷 3066
永嘉县志十四卷 3067
永嘉县志十四卷图一卷 3068
永嘉县志摘钞 3070
永嘉志 3059
永嘉志七卷 3061
永陵传信录六卷 0111
永宁编十五卷 3025
永平府志二十四卷首一卷 2390
2392
永平府志二十四卷首一卷末一卷 2393
永平府志七十二卷首一卷末一卷 2394
永平府志十卷 2388
2389
永乐大典二万二千八百七十七卷 4088
忧畏轩遗稿一卷附录一卷 4679
忧畏轩奏疏 1046
邮传部第一次邮政统计表一卷路政统计表二卷电政统计表二卷总务船政统计表一卷 0920
游记汇刊正编八种附编八种 1859
游记七种 1766
游记体中国地理一卷 1732
游历刍言一卷 1664
游历古巴图经二卷 1885
游历见闻录 1657
游历美利加合众国图经三十二卷 1886
游历葡萄牙闻见录一卷 1658
游历日本图经余记三卷 1887
游历瑞典那威闻见录 1659
游历图记不分卷 1920
游历图经余记十五卷 1888
游历闻见拾遗 1660
游历闻见总略 1661
游历西班牙闻见录一卷 1662
游历意大利闻见录 1663
游欧旅行日记 1767
游婆罗洲记一卷 1630
游历巴西图经十卷 1889
游历秘鲁图经四卷 1890
游历日本图经三十卷 1891
游历英属地加纳大图经八卷 1892
游美洲日记一卷附出洋见闻琐述一卷 1680
游洋志 3387
辎轩抗议二卷 0921
柚村文六卷 0433
鱼珠狮山鱼山蟹山台炮册 0927
虞阳说汇三十种 4627
虞阳说苑甲编二十种乙编十二种 4635
愚谷丛书 4531
渔具咏一卷 3943
渔书存二至十三卷 3946
渔瀛胪志 1690
余姚海堤集四卷 4382

余姚六仓志四十四卷首一卷末一卷　2979
余姚县志　2967
　2970
余姚县志二十七卷首一卷末一卷　2977
余姚县志二十五卷　2972
余姚县志十七卷附外纪一卷　2968
余姚县志四十卷　2973
　2975
　2976
余姚乡土地理历史合编　2978
余姚志四十卷　2974
舆地广记三十八卷　1176
舆地广记三十八卷校勘记二卷　1177
舆地广记三十八卷校勘札记二卷　1178
舆地纪胜二百卷　1184
舆地纪胜二百卷补阙十卷校勘记五十二卷　1185
舆地纪胜二百卷首一卷　1186
舆地图考六卷　1257
羽庭集　4234
雨航杂录二卷　4042
禹贡论图　0012
语怪汇书□种□□卷　4179
玉海二百卷附刻词学指南四卷诗考一卷诗地理考六卷汉艺文志考证十卷通鉴地理通释十四卷汉志考四卷践阼篇集解一卷周易郑康成注一卷姓氏急救篇二卷急救篇补注四卷周书王会补注一卷小学绀珠十卷六经天文篇二卷通鉴答问五卷　4109
玉函山房辑佚书补编一百三十八种　4617
玉函山房辑佚书六百二十二种附一种　4616
玉函山房辑佚书续编二百七十三种　4618
玉环厅志十四卷首一卷　3197
玉环厅志十四卷首一卷续增二卷　3198
玉环志略五卷　3195
玉可庵丛书十二种　4572
玉融志　3250
　3251
　3253
玉山草堂雅集　4380
玉狮堂传奇十种　4389
玉屿旧志　1561
玉屿志　1427
域外丛书九种九卷　1092
驭倭录　0179
御海条议　2196
御倭军事条款一卷　0801
御倭条款一卷　0814
御倭条议一卷　0947
御倭武略三卷　0823
御倭杂著　2222
渊鉴类函四百五十卷目录

四卷　4101
渊颖集十二卷　4236
元代征倭记一卷　0399
元高丽纪事一卷　0752
元海运志一卷　0680
元和郡县图志四十卷　1192
元和郡县图志四十卷阙卷逸文一卷附考证三十四卷　1193
元和郡县志四十卷　1194
元经世大典图地理考证三卷附元史地理志西北地一卷　1203
元秘史地理考证十五卷　0479
元秘史地理考证十五卷元秘史作者人名考一卷元太祖成吉思汗编年大事记一卷元初漠北大势论一卷元史特薛禅曷思麦里速不台郭宝玉等传地理考一卷郭侃传辨一卷　0480
元圣武亲征录地理考证一卷　0481
元史地理志六卷　1108
元史二百十卷附考证　0031
元史外夷传地理考证一卷　0482
元史译文证补三十卷附元经世大典地图一卷　0051
元始上真众仙记　4180
元中记　4154
袁爽秋秘籍七种　4553
缘督庐秘乘十五种　4604
远游集十二卷　4267
远游略　4144
远游篇十二卷　4288
苑里志二卷　3472
月浦里志十五卷首一卷附录一卷　2548
月浦镇志十五卷　2549
月浦志十卷　2547
越记　0130
越绝记　0131
越绝十五卷　0132
越绝书十五卷　0133
越绝书十五卷附札记一卷　0134
越录　0135
越缦堂日记　4055
越南地舆图说六卷首一卷　1941
越南地舆图说一卷图一卷　1942
越南疆域考一卷　1974
越南条约　0785
越南舆地略一卷　2111
越南舆地略一卷附道里记一卷　2076
越台杂记四卷　4036
粤大记三十二卷　3499
粤道贡国说六卷　0723
粤东笔记十六卷　1367
粤东见闻录二卷　1451
粤东市舶论一卷　0667
粤东盐政考二卷　0579
粤海关通辖口岸考一卷　0662
粤海关志三十卷　0637
粤闽巡视纪略六卷　1649
粤闽巡视纪略粤纪三卷闽纪二卷附纪澎湖台湾一卷　1650
粤省海防图说二卷　2338

粤省右路海湾情形势一卷　2339
粤西志辑要十三卷　3750
粤雅堂丛书一百八十四种　4542
粤游小志七卷　1456
粤中见闻三十五卷附纪一卷　1331
粤中偶记一卷　0457
阅史津逮不分卷　0462
阅史约书六卷　1073
乐清县图经　3046
乐清县乡土志稿二卷　3054
乐清县志　3048
乐清县志八卷　3051
乐清县志七卷　3050
乐清县志十卷　3047
乐清县志十六卷首一卷　3052
3053
云间海防志　2224
云间通志十八卷　2557
云间续志　2556
云间杂记　1267
云间杂识二卷　1268
云间杂志二卷　1269
云间杂志三卷　1247
云间志略不分卷　2559
云间志略二十四卷志余一卷　2558
云间志略一卷　2560
云间志三卷　2554
云间志三卷续一卷　2555
云林县采访册不分卷　3474
云台山志二卷　1260
云台新志十八卷首一卷末一卷　1434
云霄厅志二十卷附录一卷　3324
云霄县志二十二卷首一卷末一卷　3325
筠园全集十种　4682

Z

再述奇六卷　1760
再续澉水志八卷　3138
再续掖县志二卷　2679
枣林杂俎六卷附录一卷　4059
造修福船略说一卷　0885
泽古斋重钞十二集一百十四种　4561
泽国记闻　1562
曾国藩李鸿章函稿不分卷　0900
曾侯日记一卷　1637
曾惠敏公使西日记二卷　1638
增补岭海名胜志十六卷　1262
增补中日议和纪略一卷　0786
增订古今逸史五十五种　4463
增订汉魏丛书九十六种　4620
增订吉林地理纪要二卷　1528
增辑经世文统编　4361
增修登州府志六十九卷首一卷　2632
增修东莞县志　3689
增修奉贤县志□卷　2566
增修赣榆县志四卷首一卷　2852
增修胶志五十五卷首一卷　2600
增修饶平县志　3733
增修山海关志　2396
增修诸城县志二十二卷　2705

乍川文献五种附二种　4631
乍浦备志三十六卷首一卷　3162
乍浦纪事诗一卷　1388
乍浦续志六卷　3163
乍浦志六卷首一卷末一卷　3161
乍浦竹枝词不分卷　1476
乍浦竹枝词一卷　1386
沾化县志　2759
沾化县志八卷首一卷　2762
沾化县志十六卷首一卷　2761
展拓香港界址专条不分卷　0787
战守二议　0954
章鼎臣（高元）军门节略一卷　0525
章鼎臣先生行述一卷　0522
张勃吴地理志一卷　1101
张苍水集二卷北征录一卷附张苍水年谱一卷　4281
张苍水全集十二卷补遗一卷附录四卷题咏二卷张忠烈公诗文题中人物考略一卷补一卷　4282
张公襄理军务纪略六卷　0239
张靖达公奏议八卷　1056
张生煮海一卷　4388
张忠烈公集十二卷补遗一卷首一卷末一卷附录二卷　4283
张忠烈公文集　4284
张忠烈诗文集四卷　4285
彰化县志十二卷首一卷　3473
漳浦县志　3326
3329
漳浦县志十二卷　3327
漳浦县志十九卷续志一卷　3330
漳浦县志十九卷续志一卷再续志二卷　3331
漳浦县志十六卷　3328
漳州府志三十八卷　3306
漳州府志三十三卷　3305
漳州府志三十四卷　3304
3307
漳州府志四十六卷首一卷　3308
漳州府志五十卷首一卷　3309
招宝山志二卷　2953
招远地理图说　1248
招远县续志四卷　2685
招远县志十二卷　2684
2686
昭代丛书合刻十集五百六十种附一种　4556
昭代丛书甲集五十种乙集五十种丙集五十种　4557
昭代丛书新编五十种续编五十种广编五十种埤编五十种别编五十种　4545
昭代名臣钞二十四卷　0485
昭代名臣志钞二十四卷　0486
爪亚风土拾遗一卷　1956
诏安县志　3332
3336
诏安县志上篇十六卷首一卷　3335
诏安县志十二卷志余一卷　3333
诏安县志十六卷　3334
肇庆府图经　3585

肇庆府志 3586
3587
3588
肇庆府志二十八卷 3593
肇庆府志二十二卷 3589
肇庆府志二十二卷首一卷 3594
肇庆府志二十五卷 3590
肇庆府志三十二卷 3591
3592
肇域志□□卷 1125
浙鹾纪事一卷附录一卷 0594
浙东筹防录四卷 0918
浙东纪略一卷 0347
浙江潮候图说 1585
浙江岛屿调查表不分卷 1525
浙江地略一卷 1398
浙江海岛表一卷 1299
浙江海防兵粮疏一卷 0944
浙江海塘工程总局章程一卷 2126
浙江海塘工地全图一卷 2183
浙江海塘工议事会章程一卷 2176
浙江海塘擥要十二卷 2171
浙江海塘全图 2184
浙江海塘事宜册一卷 2127
浙江海塘新志六卷 2138
浙江海塘巡警局章程一卷 0860
浙江海运漕粮全案重编初编八卷续编四卷新编八卷 0626
浙江海运全案初编十卷续编四卷 0627
浙江考略一卷 1336
浙江省通志稿 2897
浙江省通志图说一卷 1414
浙江省志辑要不分卷 2893
浙江省志图说 1415
浙江水利备考 2161
浙江水利一卷 2124
2185
浙江台州府地舆图说 1300
浙江通志二百八十卷首三卷 2890
浙江通志厘金门稿三卷 2899
浙江通志七十二卷 2888
浙江通志水利海防十四卷 2142
浙江通志五十卷首一卷 2889
浙江图书馆丛书 4569
浙江新志三卷 2902
浙江续通志不分卷三百四十六册 2900
浙江沿海图说一卷附海岛表一卷 1474
浙江奏办夷务事宜一卷 1026
浙闽总制刘兆麒疏章四卷文檄六卷 1020
浙省倭寇始末略 0161
浙西海防稿 2213
2234
浙盐纪事 0595
浙洋哨守策 0953
浙志便览七卷 2895
浙志便览十卷 2896
浙中发匪纪略一卷 0291
浙中英法战事纪略二卷 0292
贞一稿 4238
贞一斋诗文稿二卷 4237

真腊风土记一卷 2072
真意堂三种 4541
针谱 1580
枕戈杂言一卷 2203
振绮堂丛书初集十种二集十二种 4476
震川文集 4242
震川先生集三十卷别集十卷 4243
镇海卫志二卷 3323
镇海县海塘图略一卷 2162
镇海县新志备稿二卷 2952
镇海县志 2943
镇海县志八卷首一卷 2944
镇海县志备修不分卷 2948
镇海县志四十卷 2949
镇海县志四十五卷首一卷 2951
镇海议稿不分卷 0817
镇海议稿续集七卷 0818
镇海议稿余集七卷 0819
镇闽议稿一卷 0820
镇洋县志十四卷首一卷末一卷 2790
镇洋县志十一卷末一卷附录一卷 2791
征东纪略 0421
征东实纪一卷 0172
征伐礼乐书 0186
征抚安南记一卷 0330
征抚朝鲜记一卷 0331
征倭杂志 0128
征信录二卷 0314
争玉版八仙过沧海杂剧一卷 4384
正觉楼丛刻二十九种 4484
正觉楼丛书七十五卷 4509
正气堂集十六卷近稿一卷镇闽议稿一卷洗海近事二卷余集四卷续集七卷 4272
正气堂集十六卷余集四卷续集七卷 4273
正气堂集十七卷近稿一卷余集五卷续集七卷洗海近事二卷 4274
正气堂文集十六卷 4275
政和新修经史证类备用本草 4000
郑成功传 0519
郑成功传二卷郑成功逸事一卷 0512
郑成功传一卷 0504
郑端简公全集一百二十七卷 4651
郑工海防新例铨补章程 0622
郑和碑 4082
郑和航海图 1584
郑开阳杂著十一卷 1284
郑氏关系文书 0941
郑氏史料续辑十卷 0450
支那疆域沿革略说不分卷 1172
支那疆域沿革图 1173
知不足斋丛书七百八十一卷 4477
知服斋丛书三十种 4514
直隶海口图说 1404
直隶省通志 2364
直隶省通志稿不分卷 2367
直隶太仓州志六十五卷 2786
直隶通州志二十二卷 2807

直隶通州志续编不分卷　2812
直隶遵化州志二十卷　2376
直隶遵化州志十二卷　2375
止止堂集四卷　4263
止止堂集五卷　4264
指海一百四十种　4562
指南广义　1574
指南正法　1591
制驭澳夷论一卷　1462
制御四夷典故不分卷　1839
治潮刍言一卷　1308
治水述要十卷　2177
治台必告录八卷　1323
智利政要一卷　2023
中东大战演义二卷二十回　4418
中东古今和战端委考一卷　0463
中东和战本末纪略十回　4419
中俄交界记一卷　0855
中俄交界释地一卷　1538
中俄交界续记一卷　0856
中俄交涉考一卷　0788
中俄界记二卷首一卷　0864
中俄界务沿革记略一卷　0859
中俄界线简明说一卷　0875
中俄界约斠注七卷首一卷　0876
中法兵事本末一卷　0396
中法交涉一卷　0789
中复堂全集九种附一种　4333
中国朝鲜商民水陆贸易章程一卷　0790
中国地舆志略六卷图一卷　1096
中国帆船法式一卷　0892
中国方域考一卷　1120
中国海岸险要图说　2309
中国海岛考略一卷　1121
中国海道图说一卷　1606
中国海方向书　1618
中国海航行指南　1619
中国海军地理形势论　2310
中国海口图说　1425
中国海口险要　2251
中国海洋研究所青岛水族馆民国二十一年报告书不分卷　3981
中国海针路志　1620
中国海指南　1621
中国近世舆地图说二十三卷首一卷　1205
中国坤舆详志　1097
中国通览不分卷　1211
中国形势考略一卷　1122
中国印度见闻录　1623
中国渔业历史　3982
中华与各国分界疆域考一卷　1301
中美新订商约一卷中日新订商约一卷附奏定约束出洋学生并鼓励章程一卷　0761
中日兵事本末一卷　0397
中日会议东三省事宜条约一卷　0791
中日会议东三省事宜正约　0792
中日交通汇务事宜一卷　0793
中日马关条约一卷　0794
中日马关新约一卷　0795

中日议订东三省条约 0754
中日议和纪略不分卷 0796
中日战辑六卷附水陆全图 0434
中日战辑图考六卷 0316
中山传信录六卷附富建道中诗一卷舶中集一卷游泰山诗一卷 1985
中山传信录一卷 1986
中山纪略一卷 2006
中山见闻辨异二卷 1913
中山见闻辨异一卷 1914
中山世鉴六卷 1787
中山世谱 1783
中山世谱十四卷附七卷 1785
中外地舆图说集成一百三十卷 1153
中外交涉类要表四卷 0762
中外时务海防策要四卷首一卷 2288
中外时务海防新策十六卷 2340
中外述游一卷 1684
中外通商始末记二十卷 0734
中外游记汇编一百三十种 1090
中外舆地汇钞十三卷图二卷 1399
中外舆地全图目录序列 3876
中外约章纂新十卷 0725
中倭战守始末记四卷 0428
中西纪事二十四卷 0117
中西纪事二十四卷首一卷 0344
中西纪事六卷后记三卷盘声录二卷泰西稗闻六卷 0345
中兴小纪四十卷 0103
中兴小历 0104
中亚美利加五国政要一卷 2024
中英订租威海卫专条 0797
中英续议通商行船条约 0760
中越东西定议全界约文一卷 0726
忠敬堂汇录八卷新编一卷 4247
忠义乡志二十卷首一卷 2966
仲轩群书杂著九十一种 4503
舟车所至三十四卷 4565
舟行纪略一卷 1631
舟山纪略一卷 0226
舟山考一卷 1563
舟山始末一卷 0422
舟山兴废一卷 0270
舟山志四卷 3208
舟师绳墨一卷 3929
舟师占验 2220
州乘一览八卷 2806
州乘资四卷 2803
州志辩 2594
州志别本 2596
周浦小志一卷 2520
周秦十一子（周秦十一子评选） 3881
周益国文忠公集（周益公文集、文忠集）二百卷（省斋文藳四十卷平园续藳四十卷省斋别藳十卷词科旧藳三卷掖垣类藳七卷玉堂类藳二十卷政府应制藳一卷历官表奏十二卷奏议十二卷奉诏录七卷承明集十卷杂著述二十

三卷书藁十五卷）附录五

卷周益国文忠公年谱一卷 4223

周益国文忠公集二百卷 4224

周禹川集五卷 4287

周中丞疏稿十六卷 0989

籀经堂集十四卷补遗二卷 4292

籀经堂类稿二十四卷 4293

朱崖传 1225

朱崖故事 1226

珠崖传一卷 1227

珠崖录 3787

诸草庐经说三种五卷 0003

诸城县乡土志二卷 2706

2707

诸城县续志二十三卷 2704

诸城县志 2699

诸城县志稿 2700

诸城县志十二卷 2701

2702

诸城县志四十六卷 2703

诸蕃记 2056

诸蕃志二卷 2057

诸罗县志十二卷首一卷 3468

诸夷考三卷 1827

竹书 0081

竹书纪年集证五十卷首一卷 0082

竹书纪年校正十四卷通考

一卷 0455

驻英日记 1710

驻扎海参崴委员条陈运销华

货须知一卷 0710

转徙余生记一卷附奉使英伦

记一卷 0259

庄河厅志不分卷 2441

庄河县志十八卷首一卷末

一卷 2443

庄河县志十二卷首一卷 2442

庄河乡土志 2440

资治通鉴二百九十四卷目录

三十卷 0085

资治通鉴大全四百二十八卷 0077

资治通鉴地理今释十六卷 0083

子书百家 3885

子书二十八种汇函 3887

子书二十三种 3888

梓吴 4125

自强兵法通考十一种 3923

3924

自强学斋治平十议 0739

总督福建少保兵部尚书姚

公奏疏六卷 1047

总理各国事务衙门购买外

洋船炮清档不分卷 0926

总理衙门档案不分卷

（光绪二至四年、

六至十二年） 0715

总制浙闽疏章四卷 0910

总制浙闽文檄六卷 0911

总纂升庵合集七十种 4650

奏稿不分卷 1043

奏稿一卷（同治元年至二年）

1032

奏闻闽浙舟师在粤洋追剿蔡

朱二逆情形折 0998

祖异志一卷　4168
纂图互注四子（纂图互注四子书）　3889
纂修即墨县志二卷　2602
最新经世文编一百三十卷　4353
最新万国舆地韵编十二卷后一卷　1149
罪惟录九十卷　0036
檇李记一卷　4050
尊攘略一卷　0401
遵化州志十二卷　2374
左文襄公全集九种一百三十四卷　4684
左文襄公全集七种附二种　4685
左宗棠全集　4686

责任者索引

□琦 1861

A

阿部敬介 2030
阿桂 2436
阿克当阿 2884
阿林保 0998
阿伦 0380
艾梅 2748
安国贤 3551
安庆云 2412
安文溥 1198
安致远 2690
2708

B

白凤文 2362
白环 3153
白眉初 2430
白云居士 3356
班固 0024
0025
0026
1098
包尔赓 2503
包桂 2666
包世臣 4652
包显祖 3754
包旭章 2920
包瑜 3075
宝善斋主人 4353
宝鋆 0090
0716
暴煜 3703
鲍灿 0999
鲍复泰 3164
鲍廷博 4477
鲍廷爵 4478
鲍昜 3051
鲍与侃 3712
鲍志祖 4477
鲍作雨 3052
孛兰盻 1198
1202
贝青乔 0483
毕德格 2308
毕霌 2724
毕恭 2423
毕拱辰 2669
毕懋第 2734
毕沅 0078
1115
4479
边象曾 2685
边中宝 2375
卞颖 2702
斌椿 1632
1633
1634
1635
4291
冰华居士 4441
兵部 0813
伯德 2308
博润 2506
卜大同 0802
0803
0804

C

采九德 0143
0144
0145
采士英 3144
蔡铎 1783
蔡尔康 0463
蔡藩 3801
蔡方炳 0530

2252
蔡芳　3029
蔡逢恩　3665
蔡逢时　2195
蔡观明　2834
蔡国琳　3464
蔡国桢　0928
0929
蔡国祯　3310
蔡宏谟　1788
1789
蔡钧　0717
1636
蔡麟祥　3487
3488
蔡懋昭　3673
蔡培　2726
蔡启盛　2349
蔡汝贤　1249
1250
1251
1252
1253
蔡世远　3307
蔡廷兰　1302
蔡微　3784
3797
蔡温　1784
1785
蔡锡龄　1862
蔡垚爔　3604
蔡永华　2660
蔡振丰　3472
蔡志修　2386
参谋本部　1479
慚隐鞬夫氏　0401
曹秉仁　2927
曹炳麟　2578
曹鼎望　2370
曹刚　3274
曹膏　2961
曹家驹　2128
曹履泰　0146
曹仁虎　0535
0536
曹溶　4480
曹晟　0227
0228
曹叔远　3062
曹廷杰　0868
0869
1062
1509
1510
2080
2081
曹文埏　3192
曹学程　0945
0946
3015
曹元忠　0229
0230
曹云儒　2196
曹之秀　3825
曹志遇　3641
岑建功　1185
岑原道　2968
柴朴　2464
长顺　2485
2486
长乐庐主人　0231
0232
常德　3523
常棠　3133
3135
常琬　2551
常文魁　2390
常岩立　0642
常之英　2698
车份　3721
陈阿平　3522
陈宝善　3174
3175
陈本　3677
陈璸　3440
陈秉璋　3292
陈伯陶　3698
陈步梯　3488
陈昌齐　3502
3572
3574
陈昌昙　1303
陈长泰　3263
陈长祚　0805
陈焯　2767
陈朝龙　3465

3466
陈池养　2129
2130
陈传弼　2697
陈椿　0676
0677
陈从潮　3428
陈大经　3282
陈大震　3506
陈澹然　3926
3927
陈道　3221
陈德周　3779
陈登　3269
陈第　1254
2197
陈调元　2695
陈方瀛　2509
陈份　3610
陈逢衡　0079
0080
0081
0082
陈凤章　0147
陈孚　4225
4226
陈干　0384
陈艮山　2857
陈庚　3683
陈梗　2570
陈公佩　3779
陈观圻　2706
陈管　3211
3417
陈国器　2685
陈汉章　3004
3005
3010
陈瀚　3755
陈和　3108
陈弘　0930
陈洪谟　3304
陈鸿　0233
陈鸿墀　2253
陈湖逸士　0124
陈璜　3253
4561
陈晖烈　3271
陈徽言　1304
陈鑢勋　1305
陈基　4227
4228
4229
4230
陈继美　2867
陈继儒　2501
2502
4132
4435
4442
4443
陈家麟　1863
1864
陈嘉楷　2719
陈鉴　3319
3961
陈绛　2425
陈阶平　0282
陈金骏　2385
陈锦堂　0253
陈景棻　3575
陈景沛　2945
2946
2948
2953
陈景埙　3792
陈敬法　3378
陈敬礼　1592
1593
陈九成　3588
陈九鼎　3242
陈珏　3729
陈侃　1793
1794
1795
1796
陈克　0866
陈坤　1306
1307
1308
4481
陈兰彬　1641
3561
陈兰芝　1262
陈烺　4389
陈澧　3706

陈琏 3685
陈良弼 0831
陈良琛 0148
陈良谏 3280
陈良翼 3427
陈浏 0682
4689
4690
陈伦炯 1309
1310
1311
1865
1866
1867
1868
1869
1870
1871
1872
2254
2255
2256
2257
陈懋 2742
陈懋仁 1255
1256
4025
陈懋森 3188
陈梅湖 3553
陈梦雷 4097
4098
陈梦莲 2943
陈梦林 3330
3331
3468
陈铭枢 3794
陈乃乾 2500
陈鶒 2131
陈念祖 3983
3984
3985
3986
3987
陈培桂 3458
陈其荣 1195
陈其湘 1786
陈其元 1873
陈琦 2961
陈起礼 3822
陈棨仁 4293
陈迁 3395
陈谦 2671
3025
陈庆年 0234
0385
4634
陈庆镛 4292
4293
陈让 2909
陈仁锡 0077
0894
4086
4087
4239
陈仁玉 2905
陈如升 2541
陈汝霖 3194
陈汝咸 3330
3331
陈汝玉 2758
陈汝桢 1642
陈润 3270
陈善 2910
陈善圻 1312
陈珅 3053
陈诗 0520
陈时可 3542
陈士俊 3689
陈士芑 1874
陈士元 2378
陈士缜 3910
陈世倕 3131
陈世理 3422
陈世熙 4482
4483
陈轼 3224
陈寿 0027
陈寿彭 1507
陈寿祺 2154
3227
陈淑均 3478
3479
3480
陈舒 3294
陈述芹 3828
陈树芝 3740

陈所立　3329
陈天植　2399
陈通声　4533
陈同善　2616
陈彤　3541
陈威　2499
陈为镒　0691
陈维安　0235
陈渭扬　4092
陈文　2571
陈文达　3459
陈文谟　3078
陈文纬　3475
陈文中　3877
陈文烛　2858
陈熙晋　4210
陈暹　0593
　3125
陈晓梧　3425
陈效　3383
陈新铨　3655
陈兴祚　3404
陈宣　2844
陈循　1102
陈训正　2939
　3215
陈衍　3230
陈琰　4581
陈彦生　3076
陈烨　2701
陈沂　2766
陈仪　2365
陈义　3684
陈荫祖　3335
　3336
陈寅亮　3311
陈英　3481
陈锳　3312
陈应宾　3411
陈应康　2548
陈永清　3041
陈于陛　0149
陈于宸　3789
陈宇俊　2573
陈玉树　2869
陈元登　3947
陈元机　3248
陈元珂　3607
陈元靓　4102
　4103
陈元麟　3307
　3316
陈元龙　4099
陈元钟　1875
陈沅　0386
陈运溶　1076
　1077
　1594
　1876
　1877
　1878
　2039
　2040
　2041
　2042
陈肇礽　2875
陈振藻　3344
陈植　3796
陈治昌　3761
陈忠倚　4358
陈钟英　3174
　3175
陈钟凡　2870
陈重威　3213
陈著　2956
陈子翚　3096
陈子经　3948
陈子龙　4262
　4347
　4348
陈子湘　2922
陈宗琛　3832
陈宗鉴　1731
陈宗洛　3109
陈祖洛　3227
成永健　2741
程百二　1103
　1104
程秉慥　3833
程大昌　0011
程道生　1257
程凤文　2348
程国栋　2868
程楷　3150
程良锡　4240
程霖　3185

程梦星 2881
程敏侯 2408
程晴川 1116
程日炌 1879
程荣 4444
程荣春 0236
程善之 0387
程时建 2653
程士范 2623
程世昌 2569
程顺则 1574
程廷恒 2445
程廷祚 1117
程维岳 2436
程先甲 0521
程修孟 4142
程煦元 3141
3142
程逊我 1879
程瑶田 4035
程有首 3652
程云骥 3020
程志洛 3426
程祖洛 1000
池春雷 3247
池仲祐 0237
重野安绎 1172
1173
崇辨蒙塾 1313
崇福 0606
崇厚 2351
崇礼 1643
崇文书局 3882
3883
3884
3885
4484
褚成绩 1322
褚华 0832
1314
1315
1316
褚人获 3962
褚仁安 1317
褚少孙 0021
储桂山 4374
储家藻 3105
储学洙 2519
川口长孺 0441
椿寿 0627
丛盘 2720
崔弼 1318
崔秉镜 3017
崔旦 0571
崔龟 1499
1500
崔国祥 3841
崔国因 1644
1645
崔华 2880
崔嘉祥 0150
0151
0152
崔暕 1319
崔俊 2689
崔龙藩 2490
崔岷 3403
崔鸣玉 3102
崔溥 1624
崔启晦 1118
崔寔 3937
崔廷镛 2553
崔桐 2819
崔锡 3069
崔亦文 2713
2715
崔翼周 3633
崔正峰 2460

D

达奚通 2060
2061
戴孚 4174
戴冠 3333
戴鸿慈 1646
戴璟 3496
戴笠 0111
戴良 4229
戴枚 2938
戴名世 1880
戴盘 0561
0562
0563
戴希朱 3368
戴溪 3347
戴显 3014

戴肇辰	3513
戴作铭	1881
党丕禄	2717
德福	0564
邓邦述	1001
	4643
邓传安	1320
邓淳	1321
	3695
邓淮	3029
邓来祚	3312
邓抡斌	3655
邓迁	3701
邓全慎	3674
邓蓉镜	3697
邓实	4582
邓士亮	3674
邓士龙	0153
	1794
	1798
	1812
	1820
	4447
邓廷喆	3692
邓廷桢	1001
邓文蔚	3533
邓一鼒	3315
邓以和	3755
邓钟	1797
	2238
狄乐播	4181
丁□□	1002
丁宾	4241
丁丙	2913
	4626
丁大椿	2258
	4653
丁斗柄	3847
丁鈇	2800
丁符九	2357
丁国钧	2769
丁惠衡	0503
丁济	2956
丁开嶂	2310
丁恺曾	2765
丁堃生	0870
丁鹿寿	2822
	2823
丁懋逊	2760
丁谦	0464
	0465
	0466
	0467
	0468
	0469
	0470
	0471
	0472
	0473
	0474
	0475
	0476
	0477
	0478
	0479
	0480
	0481
	0482
	1063
	1203
	2082
	2083
	4568
	4569
丁取忠	1882
丁仁长	3525
丁日昌	0488
	0833
	1003
	1004
	1322
丁日健	1323
丁汝昌	0896
丁绍仪	0238
	1324
丁时	2740
丁寿祺	0718
丁午	1325
丁晏	4654
丁元吉	0493
	4349
丁运枢	0239
丁宗洛	0454
丁祖荫	4635
定长	3226
东方朔	4147

	4148
	4169
东海主人	1511
东来老人	3407
东亚地理调查会	1480
董秉忠	2431
董承诏	3910
	3910
董冲	0062
董尔性	3774
董复表	0424
董诰	2436
董谷	3136
	4133
董光照	2411
董含	4028
	4029
董基	2670
董锦章	2674
	2675
	2682
董绫	3815
董伦	0086
	0087
董沛	2989
董日甲	2821
董绍美	3776
董斯张	0154
董天工	1326
	1327
董杏	2850
董恂	4485
董钦德	3089
董友筠	2417
董正官	3480
董祖羲	2952
窦叔蒙	1496
	1497
窦振彪	1328
杜宝	0443
	0444
	0445
	0446
杜观光	3409
杜冠英	3197
	3198
杜化梓	2686
杜环	1727
	1728
	1729
杜思	2687
杜唐	3376
杜为栋	2601
杜文澜	0607
杜曮	2749
杜一岸	2739
杜以宽	3777
杜佑	0550
杜俞	0871
	0872
	4687
	4688
杜诏	0282
	2585
杜臻	1647
	1648
	1649
	1650
	2259
渡边千春	0747
段公路	1498
	1499
	1500
	1501
段展	2760

E

鄂尔泰	0834
恩麟	2475

F

法皑	3147
法式善	4214
法芝瑞	0240
	0241
樊守义	1651
樊庶	3854
樊维城	3128
	4622
樊钥	2572
樊兆程	2849
范葆真	1329
范本礼	1330
范炳勋	2480
范成大	1492
	2779

2780
2781
3975
范处义 3252
范端昂 1331
范珪 3396
范国禄 2804
范景文 0806
范垧 0375
范铠 2817
2818
范涞 2198
范士瑾 3678
范廷杰 2528
范文安 3693
3694
范咸 3443
4294
范性 2572
范勋 2448
2450
2472
范晔 0035
范永盛 3040
范正敏 4146
范志完 2398
方岱 3856
方鼎 3357
方观承 2132
方行慎 4190
方鸿铠 2511
方回 4231
4232
4233
方景濂 3165
方恺 1119
1463
方孔照 0807
方朴大 4035
方启参 0572
方溶 3139
3140
方汝翼 2632
方汝舟 2964
方尚祖 2859
方思道 3278
方燧 3074
方万里 2916
方新 1205
方浚师 0608
方浚颐 0259
2885
4295
方以智 0242
4054
方应时 3339
方岳贡 2501
2502
方宗诚 2530
房玄龄 0063
1191
费道用 3954
费锡章 1936
费信 1798
1799
1800
1801
封演 4079
4080
酆一相 3296
冯彬 3569
冯昌奕 2472
冯承钧 2084
冯登府 0609
3002
3006
冯敦忠 2116
冯福京 3048
3201
3202
冯观民 2874
冯鸿模 2988
冯集梧 1181
冯锦 2808
冯可宾 4437
4438
冯可镛 2992
冯时可 4042
冯苏 3164
冯惟讷 2687
冯煦 2770
冯学易 0573
冯巽占 1732
冯应京 0526
冯应榴 3119
冯元飙 3738

冯云鹓 2812
冯拯 3514
冯执中 2620
冯忠嘉 1609
奉化县政府 2965
奉贤县文献委员会
2565
2566
凤冈 0451
伏琛 1224
福建通志局 3229
福申 4092
傅肱 3976
傅凯 3365
傅兰雅 1614
1615
傅良桥 0189
傅王露 2890
2892
傅维鳞 0037
傅修 2376
傅以礼 4284
4486
傅禹 3914
傅月樵 3109
傅云龙 0719
1883
1884
1885
1886
1887
1888
1889
1890
1891
1892
2260
傅珍 3587
富尔丹 2493
富敬 3640

G

噶尔泰 0610
甘韩 4354
甘厚慈 0897
0898
甘沛树 1097
肝付兼行 2031
干宝 4151
干人俊 1512
1513
1514
1515
3021
高必大 2347
高成美 2861
高澄 1793
1796
高岱 0112
0113
高岗 2660
高杲 2993
高拱 0155
高拱乾 3439
高国楹 3154
高国檩 2595
高昊 3432
高晋 2133
高魁标 3848
高濂 4448
高凌霨 2408
高凌雯 2355
高明远 0243
高培 2409
高培源 0611
高岐 0558
高企 2524
高似孙 3977
高首标 3859
高文 3245
高锡畴 2407
高相 3279
高延第 2863
高仰山 3072
高谊 3054
高宇泰 2932
高越 3351
高宗弘历 0115
0244
0245
0531
0532
0533
0835
0836
1893

葛洪 4131
4149
葛桷 3099
葛士浚 4357
葛周玉 4143
盖尔佶 2626
盖泓 1225
1226
1227
盖重熙 2625
耿翔仪 2761
耿宗道 2980
公卿科道会议 2199
宫卜万 2641
2657
宫懋让 2703
龚宝琦 2553
龚柴 1120
1121
1122
1332
1333
1334
1335
1336
1894
1895
1896
1897
1898
1899
1900
1901
3448
3449
龚勉 3114
龚显曾 4292
龚易图 1005
2261
2262
龚章 3657
巩珍 1802
菰村渔父 4627
古贺侗庵 2306
古盐官伴佳逸史 4415
古虞野史氏 1337
谷九鼎 2369
谷应泰 0038
0039
0040
0246
故宫博物院 3878
3879
4583
顾炳章 0837
0838
0839
0840
0841
0842
顾成天 2514
顾存仁 2968
顾栋高 2862
3871
顾櫚 3963
顾观光 1123
顾广圻 2555
顾鸿 2810
顾厚焜 1902
1903
1904
1905
1906
顾家相 2899
4691
顾岕 1258
顾可久 1259
顾乾 1260
2855
顾清 2499
顾士琏 2134
顾思贤 2517
顾嗣立 4230
顾微 1228
顾学潮 2393
顾炎武 0125
1124
1125
1338
2583
4030
顾瑛 4370
4371
4372
4373
顾元庆 4121

4122
4123
4124
4125
顾沅 4487
顾云 2485
2486
顾震宇 2413
顾之逵 4488
顾祖禹 1126
1127
1128
1129
1130
1131
1132
1133
1134
3872
3873
3874
官献瑶 3308
关陈谟 0247
0248
1339
关定保 2447
关康己 0249
关天培 0844
关廷牧 2356
管橘 3340
管世骏 1516
1517
1518
3167
3176
管斯骏 0250
0251
0252
0426
管廷芬 4489
4490
管元耀 1519
1567
广智书局 1479
归有光 0156
2200
4186
4242
4243
桂坫 3621
桂山义树 2032
桂文灿 1401
2263
2264
4655
桂文炽 3855
郭□ 4152
郭柏苍 1340
3964
4656
郭春藻 2460
郭春震 3722
郭大纶 2858
郭棐 1261
1262
3498
3499
郭棻 2363
2364
郭赓武 3355
郭光复 0157
郭荐 3201
3202
郭经 2522
郭逵 2471
郭南 3098
郭璞 0010
1100
4024
4153
4154
郭如泰 2633
郭汝霖 1803
郭士立 2078
郭式昌 3168
郭嵩焘 1652
1653
1654
郭廷弼 2503
郭文炳 3691
郭文大 2735
郭文祥 3255
郭宪 4149
郭协寅 3184
郭彦俊 3402
3403

郭义恭 4155
郭应木 3683
郭应响 3901
3902
3903
郭之奇 3738
郭指南 3631
郭子章 1263
国立中央研究院
历史语言研究所
0388
国史馆 0041
0042
0043
0044
0045
0046
0047
0048
0049
0050
0612
国学保存会 4491

H

海军部 0798
海军部海道
测量局 0873
0874
海军部主计处 0845
海军参谋部 0865
海军海图官局 1507
海上丈人 0947
韩锋 3528
韩佩金 2562
韩三异 3763
韩识 3348
韩天衢 2719
韩文焜 2621
韩彦曾 2576
韩奕 2265
韩祐 3818
韩作舟 2387
杭世骏 2132
郝杰 1806
1807
郝良桐 3209
郝懿行 0455
0613
3965
3966
4024
4657
郝玉麟 3225
3501
郝增祜 2372
2373
何白 4244
4245
何炳麟 3186
何焯 4035
4037
何澄 1341
何澄一 3879
何大庚 1907
何尔泰 2410
何福海 3612
何继高 0573
何良栋 0092
4359
何留学 3109
何梦瑶 3593
何乔远 0030
3223
4246
何秋涛 1078
1079
1080
1342
1908
1909
1910
4292
何仁山 3696
何如璋 1655
1656
何汝宾 3208
3893
何若瑶 3524
何三畏 2558
何晟 3543
何士祁 2508
何崧泰 2410
何御 3755
何愈 2942
何乐善 2635

何允中　4445
4446
何兆瀛　0639
何奏簧　3189
和珅　1135
和田清　1481
河北省通志馆　2368
贺长龄　0614
0615
4355
贺世骏　3242
贺循　1229
赫达色　2746
洪炳文　3043
洪刍　2044
洪钧　0051
洪亮吉　1136
1137
1343
4658
4659
洪迈　4130
4161
4162
4163
4164
4165
洪蒙煊　3184
洪泮洙　3571
3576
洪其绅　0253
洪弃父　0254
0255
洪若皋　0256
0257
3164
3181
洪守一　1344
洪受　3379
洪锡范　2534
2951
洪兴全　4416
4417
4418
洪勋　1657
1658
1659
1660
1661
1662
1663
洪颐煊　1345
1346
4613
侯登岸　2678
2679
侯鸿鉴　1733
侯鸿鉴　3359
侯继高　0808
0885
1568
1804
侯谨度　3428
侯一元　3050
3077
侯荫昌　2755
侯应琛　4187
胡传　1347
2266
3481
胡传钊　0427
胡瑃　3680
胡从中　2861
胡德琳　2586
胡鼎　3311
胡端书　3839
3840
胡凤丹　1595
胡淦　2416
胡格　3483
胡公著　2753
胡国材　2201
胡焕庸　1520
胡济生　0389
胡济世　3755
胡家骥　2567
胡家祺　3418
胡建伟　3484
胡敬　0681
2906
胡靖　1264
1265
胡榘　2916
3200
胡峻声　4330
4331

胡启植 3405
胡虔 3749
胡仁济 2392
胡世安 3967
3968
胡思敬 1809
4584
胡嗣运 0258
4247
胡铁花 1347
2266
3481
胡珽 4492
胡渭仁 4247
胡文璧 2345
胡文焕 4449
4450
胡文楷 4227
胡祥翰 2536
胡祥鑅 4493
胡学峰 1911
胡学鸿 3332
胡应庚 2870
2871
胡用宾 3050
胡有光 0895
胡玉缙 1734
1735
胡煜 0158
4247
胡元璋 3452
胡震亨 3128
4459
胡之鋘 3358
胡志熊 2515
胡钟骏 3198
胡宗文 1596
1912
胡宗宪 2202
2888
4247
胡祚远 2999
户部 0616
0617
0618
0619
0620
0621
0622
0623
花纱纳 0102
华长发 1134
华大琰 3017
华复蠡 0456
0457
华乾龙 0624
华世芳 2268
华廷杰 0262
华廷献 0159
华湛恩 1140
2269
怀荫布 3355
皇甫冲 2203
皇甫汸 0948
皇甫枢 2528
黄安涛 3645
黄岸 3262
黄本洲 3446
黄表 4144
黄丙堃 3003
黄炳碹 3844
黄曾成 3249
黄宸 3399
黄承乙 4661
黄淳 3598
3605
黄德厚 3807
黄德容 3736
黄鼎翰 3433
黄锷 3251
黄恩彤 0263
0264
黄逢昶 1349
1350
黄凤翔 3354
黄岗 3550
黄宫柱 2943
黄恭 3494
黄光升 2114
3353
黄国彝 2574
黄海 1351
黄汉 3035
黄洪宪 3114
黄鸿寿 0119
黄厚本 2553

黄惠 3317
3318
黄济 3365
黄继光 4296
黄家鼎 3303
4297
黄见三 3243
黄节 4282
黄锦灿 3430
黄溍 3518
黄缙 3190
黄经 3700
黄景福 1913
1914
黄敬熙 3186
黄爵滋 1006
黄可垂 1915
黄炉 3562
黄履思 3288
黄懋材 1664
黄梦锡 3715
黄冕 0265
黄名香 3289
黄墨园 3661
黄培芳 3601
3704
3705
黄彭年 2366
4639
黄丕烈 1178
4495
4496
黄溥 2923
黄清宪 2577
黄清渊 3467
黄庆澄 0428
1665
黄人熊 3731
黄任 3355
黄任恒 3527
黄荣熙 3612
黄如栻 3644
黄润玉 2923
黄若香 3556
黄省曾 1105
1805
黄晟 1141
黄时沛 3693
3694
黄士绅 3371
黄奭 4152
4614
4615
黄叔璥 1352
1353
黄樾 3773
黄挺华 3654
黄维翰 0390
黄维煊 1354
黄文炜 3643
黄锡蕃 1355
4127
黄学准 1266
黄炎培 2511
黄岩孙 3392
黄焰 3148
黄一龙 3545
黄以周 3213
黄佾 3444
黄瑜 3587
黄俣卿 0160
黄元恭 2204
黄垣 2868
黄云史 3642
黄泽苍 2592
黄章 2571
黄掌纶 0625
黄之隽 2768
黄知元 3766
黄征乂 3042
黄秩模 4497
4498
黄衷 1266
黄仲若 2512
黄仲昭 3221
3383
黄宗汉 0626
0627
2270
4298
黄宗羲 0266
0267
0268
0269
0270
0504

2889
4661
4662
4663
4664
黄遵宪 1916
4299
4300
4301
黄佐 3497
3509
3701
惠登甲 3736
惠润 0628
霍冀 0813
霍韬 4249

J

姬佛陀 4585
4586
嵇曾筠 2890
嵇璜 0535
0536
吉林省民政厅 2488
吉庆 0629
吉田光由 2034
佶山 0630
集思堂居士 2352
季篪 2570
季纶全 0670
季念诒 2813
季麒光 1356
1380
1917
4302
季新益 3160
计六奇 0093
0271
纪腾蛟 2594
纪昀 4547
4548
4549
4550
加藤稚雄原 2036
贾耽 2062
2063
2064
2065
2066
2067
贾恩绂 2367
2422
贾光大 2619
贾国泰 2866
贾瑚 2632
贾雒英 3599
贾三近 2759
贾世康 2716
贾思勰 3933
贾棠 3791
贾允元 2205
贾璋 2645
贾桢 0094
0721
江标 4499
江大鲲 0574
江藩 2882
2884
3594
江国栋 3316
江海关监督税务司会 0683
江瀚 3879
江家嵋 2538
江景桂 1774
江宁舆图局 1357
1358
江日升 0272
0273
0274
0275
0276
0277
0278
江瑞采 2662
江一山 2801
江易百 0279
江毓秀 2421
江自远 0279
姜炳章 3001
姜焯 3842
姜宸英 2271
姜卿云 2902
姜准 3949
4134
蒋德钧 2311

	4118
蒋黼	1359
蒋光煦	4083
	4500
	4501
	4502
蒋奇镈	2611
蒋师辙	1666
	2140
	3450
蒋思永	2513
蒋廷锡	1143
	1144
	4098
蒋学镛	2935
蒋尧裳	2963
蒋应泰	3642
蒋镛	3485
蒋玉虹	2351
蒋毓英	3436
蒋元枢	1564
焦廷琥	4503
焦希程	2639
焦循	2882
焦以敬	2551
焦映汉	3791
焦忠祖	2876
揭傒斯	0681
金安清	0722
	1918
金榜	1360
	2808
	2809
金贲亨	3180
金大起	3032
金鼎	2175
金福曾	2517
金皋谢	3388
金光祖	3500
金鋐	3224
金鸿	2790
金鉴	3898
金良骥	2412
金烈	3511
金绍城	1736
金鉽	2815
金廷烈	3539
金武祥	1361
金一凤	3728
金以城	2711
金以埈	3080
金泳	0280
金毓黻	0390
	0391
	1198
	4636
金约翰	1614
	1615
金镇	2879
	2880
金钟	0281
进步书局	4587
靳文谟	3533
经世文编译部	4375
景可辅	2615
敬征	1007
鞠思敏	2732
蕨山生	0748
觉罗满保	1597
	1598
峻皆氏	2757

K

康大和	3384
康基田	2786
康如琏	2971
	2972
康泰	2040
康有为	1737
柯琮璜	3362
柯华威	3169
柯辂	4031
柯培鼎	3160
柯培元	2272
	3477
柯台山	3455
孔繁枝	3779
孔灵符	1285
孔尚任	2671
孔兴琏	3522
孔彦雍	3075
孔毓珣	0631
寇宗奭	3997
匡超	2600
邝其照	1362
旷敏本	0282

昆冈 0537

L

赖瀚颙 3342
赖际熙 3614
赖玄海 4192
蓝鼎元 0283
0284
0899
1363
1364
1919
2273
4665
兰言 0380
郎瑛 0161
4043
琅玕 2135
2136
2137
2138
琅维理 0867
劳乃宣 0756
乐天居士 4576
雷春 3717
雷琳 2560
雷学海 3572
雷应元 2878
雷泽普 3613
冷宗元 0575
0576
黎弼 0577
黎方潞 3774
黎庶昌 0259
1667
1668
4032
4504
李拔 3415
李莑 3273
李长傅 2771
李成化 2970
李澄 0632
李畴 3317
3318
李传甲 3255
李传煦 2616
李春开 3297
李慈铭 3093
4055
李存默 4193
李丹麟 1920
李德刍 1179
李德华 2274
李登云 3053
李调元 1365
1366
1367
3969
4505
4506
李鼎 2206
李鼎元 1921
1922
李东绍 3644
李端 2783
李铎 3090
李萼 2419
李恩祥 2674
李尔梅 2667
李蕃 2647
李方膺 2613
2709
李方湛 3102
李芳园 0846
李昉 4104
4105
李逢申 2985
李奉翰 2393
李凤苞 1669
李凤翎 0285
0286
李福泰 3524
李釜 2207
李辅 2425
李辅耀 2139
李高魁 3560
李公度 1013
李光建 2275
李光荣 1521
李光廷 1923
1924
3513
4507
4508
李光先 2639

3849
李光云 3427
李圭 0287
0288
1670
1671
4303
李桂林 2485
2486
李国栋 3116
李含章 2612
李翰章 4509
李瀚 2728
李好古 4386
4387
4388
李鹤年 1008
李亨特 3092
李鸿章 0633
0833
0900
0901
0902
0903
0904
0905
0906
0907
1009
1010
2366
4666
李鸿祖 2725
李厚基 3230
李焕章 2612
2689
李璜 2929
李珲 0711
李吉甫 1192
1193
1194
李际春 1803
李家鳌 0757
李晋元 2856
李九华 3366
李驹 3244
李俊甫 1493
李恺 3313
李可成 3532
李联琇 2577
李林松 2529
李鲁 4250
4251
4252
李茂 3842
李梅宾 2348
李梦熊 2413
李明彻 4015
李明农 1925
李培 1368
李其实 2443
李琪 2810
李祺生 3480
李玘 3649
李前泮 2962
李庆云 2140
2141
李球随 3557
李日华 0162
李日巽 3663
李蓉镜 2467
李荣 3263
李如柏 3806
李如枚 0634
李汝华 2208
李蕊 4100
李瑞凝 2467
李韶九 1773
李绍文 1267
1268
1269
李绍阳 2442
李慎儒 1145
李石 4147
李世昌 1581
李世卿 3596
李世熊 0289
李世勖 4510
李仕学 4194
李侍尧 0635
李栻 4451
李受彤 1369
3765
李书吉 3540
李嗣邺 3457
李遂 0163

	0810
	0811
	0949
李泰	1195
李天根	0095
李天锡	3369
李天鹭	2729
李廷璧	3473
李廷机	2926
李廷棨	1370
李廷钰	0847
	1371
	1372
	1373
李图	2598
	2693
李琬	3034
李汪度	3173
李维清	2532
	2533
	2535
李维钰	3308
李维桢	4253
李卫	0636
	2142
	2365
	2890
	2892
李文浩	3521
李文烜	3801
李文耀	2527
李文藻	2703
李五美	3772
李希贤	2765
李熙	3352
	3803
李熙龄	2747
	2750
李锡龄	4511
李锡书	1374
	4667
	4668
李仙根	0290
	1926
李贤	0035
	1106
	1107
	2209
李襄猷	3425
李心传	0059
李星辉	3602
	3603
	3742
李修卿	3256
李需光	2721
李诩	2782
李铉	3530
李巡	0009
李珣	4003
李浚之	1672
李延昰	0301
李言恭	1806
	1807
李琰	3838
李俨	2622
李一凤	2849
李荫	2685
李应珏	0291
	0292
	2895
	2896
李应均	3680
李永选	3246
李有益	3857
李郁	2998
李堉	2742
李元春	3445
	4512
李元度	0505
	1011
	1012
李元正	2603
李原冈	4208
李岳蘅	0848
李沄	3680
李橒	0578
	0579
李增阶	0849
李彰	3295
李昭祥	0886
李兆洛	1081
	1082
	1083
	1146
	1673
李兆星	2820

李肇 0447
李肇林 2717
李直夫 2870
李直养 3123
李治灏 2561
李钟珏 2086
李钟豫 2651
李钟岳 3823
李准 0392
2312
李卓揆 3703
李宗谔 1174
3024
3382
李祖年 2727
李遵义 0006
4692
李作楫 3691
力钧 1927
吏部 0538
厉家祯 3011
厉式金 3707
3708
连国柱 3657
连横 3454
连蘅 2143
连仲愚 2144
2145
2146
联印 2761
练恕 0458
梁秉锟 2659
梁成久 3575
梁鼎芬 3503
3525
梁观喜 3682
梁国治 0635
梁鸿勋 3778
梁建章 2762
梁克家 3219
梁联德 3644
梁梦龙 0580
梁蒲贵 2540
梁启超 4376
梁群英 1599
梁廷楠 0293
0294
0295
0637
0723
1928
1929
2253
4056
梁维栋 3615
梁文 2210
梁武公 0747
梁悦馨 2813
梁招孟 3653
梁兆鼙 3563
梁兆阳 3310
廖必琦 3389
廖国器 3764
廖彭 2442
廖世昭 2839
廖寿丰 0638
廖腾煃 2431
廖廷相 1375
1376
林昂 3256
林伯铸 1519
2400
林材 3234
林春溥 3286
林春秀 3743
林达泉 2577
林大春 3545
林大华 3834
林大有 0559
林带英 3823
林登虎 3330
3331
林登名 1270
1271
1272
林凤声 3322
林福祥 0850
林皋 3670
林光 3111
3146
林光斐 3665
林珪 2491
林国相 3652
林杭学 3724
林豪 3380
3487

3488
林簣 3389
林槐 3192
林怀东 0895
林会 3769
林佶 2427
林介弼 2087
林景熙 4211
林君升 3929
林堪 3845
林魁 3313
林焜熿 3380
林熑 3233
林麟焻 3388
林龙津 3321
林梅 3327
林梦麟 2987
林梦琦 3149
林溥 2604
林起峰 3980
林谦光 1378
1379
1380
3437
林乔蕃 3283
林清标 0506
4195
4196
林庆云 4637
林如堯 3762
林汝谟 2726
林汝舟 1014
林绍祖 3330
林绳武 0393
林寿图 1381
林恕 0451
林树梅 1382
林嗣环 3970
林泰雯 3560
林烃 3234
林通 3238
林文懋 3000
林希元 3096
3771
4254
4255
4256
林星章 3601
林修竹 2590
林谞 3218
林学增 3301
林燕典 3822
林扬祖 3390
林尧俞 3385
林宜恒 3258
3259
3260
林以寀 1383
1384
3257
林亦之 3250
3252
林懿均 2870
林颖 2799
林有年 3399
林有声 3758
林有胜 4198
林禹 0375
林乐知 1972
林云程 2802
林允楫 3051
林则徐 0908
1013
1014
1015
1016
1017
1018
1385
4669
林占春 3067
3068
林正青 2873
林中麒 1386
林子兰 3832
林子卿 2504
林子燮 3412
麟庆 2147
凌镐 4513
凌翰 3290
凌鹤书 2010
3526
凌廷堪 2845
凌镛 4513
凌鱼 3523
3741

灵泰 2623
留元刚 3025
留云居士 0126
刘璥 0909
刘邦柄 3574
刘本钊 2664
刘抃 3734
3735
3736
刘伯缙 2910
刘承干 0541
4588
4638
刘崇照 2869
刘存业 3687
刘大直 3180
刘道真 1286
1287
刘佃 2743
刘逢甲 3284
刘凤 1273
刘冠雄 2313
刘光鼎 3300
刘光斗 2704
刘湝年 3655
刘国斌 2683
刘翰周 2711
刘竑 3671
刘鸿声 2960
刘焕文 2471
刘黄裳 1274
刘徽 4021
刘巘 2211
3038
刘继先 2743
刘家立 3930
刘嘉树 2705
刘嘉祯 2745
刘见嵩 2212
刘节 3295
刘锦堂 2683
刘锦藻 0539
刘谨之 2436
刘敬 3381
刘敬叔 4159
4160
刘宽 3172
刘坤一 0639
刘良璧 3442
刘蒙 2495
刘梦松 2841
刘铭传 1019
刘靖 2375
4057
刘仁本 0678
0679
4234
刘荣玠 3052
刘瑞霖 0758
刘润纲 3764
刘绍宽 3083
刘盛芸 0507
刘师培 4693
刘仕贤 0581
刘树德 1522
刘爽 2489
刘松 2384
刘松亭 3380
刘棠 3638
3639
刘焘 0950
2213
刘体仁 0582
刘天授 3313
刘恬 2597
刘廷锡 2694
刘庭蕙 3306
刘伟 2825
2826
刘文凤 1738
刘文进 0164
刘文淇 1185
刘文确 2622
刘梧 3649
刘锡 2917
刘锡鸿 1739
刘夏 4257
刘欣期 1230
1231
刘馨 2401
刘昫 0066
0067
1197
刘恂 1502
1503
刘尧诲 0816

刘耀椿 2693
刘业勤 3741
刘一焜 0951
刘一龙 4350
刘以贵 2671
刘以臧 3435
刘奕 3858
刘义庆 4139
4140
4141
刘寅 3544
刘颖 3347
刘应钶 3115
刘应忠 2730
2731
刘永祚 2622
刘有成 2708
刘佑 3367
刘毓崧 1185
刘元奎 2380
刘元霖 0952
刘元佑 3424
刘源溥 2448
刘远哉 2664
刘则和 3239
刘昭 0035
刘兆龙 2842
刘兆麒 0910
0911
1020
刘之蔼 3429
刘祖干 2698
刘祖培 2383
柳邦奇 0189
柳培荣 0931
柳琰 3111
六承如 1146
六十七 1387
3443
六严 1146
龙朝翊 3850
龙凤镳 4514
龙国禄 3652
龙继栋 2869
龙文彬 0540
龙文明 2670
龙骧 3489
3490
娄元礼 3938
3939
3940
3941
3942
娄云 3374
卢凤芩 3286
卢见曾 4515
卢建其 3418
卢坤 0647
卢磷 3588
卢若腾 4258
卢镗 0953
卢蔚猷 3730
卢文弨 4516
卢祥 3686
卢学儁 3402
卢奕春 1388
卢肇 4208
卢子骏 3595
卢宗棠 3843
鲁曾煜 3237
3501
鲁超 2504
鲁鼎梅 3460
鲁彭 3830
鲁迅 1229
1490
1529
鲁之裕 0641
陆鳌 3590
陆宝 4259
陆炳麟 2511
陆采 4135
4136
陆澄 1074
陆次云 1930
1931
1932
陆飞 3659
陆广微 2775
2776
2777
陆龟蒙 3943
陆玑 0004
0005
陆楫 4452
陆进 1389

1390
陆懋勋 2914
陆培亮 2510
陆圻 4304
陆潜鸿 3323
陆容 4044
陆棻 3152
陆润庠 0105
陆善格 2452
陆绅 2983
陆世仪 0268
陆嵩龄 4640
陆献 0296
陆心源 1500
3936
4517
陆以载 3422
陆釴 2582
陆应阳 2996
陆泳 3944
陆禹思 3950
陆元鼎 0759
陆元机 3247
陆宗舆 1740
鹿善继 4260
4645
鹿兆甲 2634
路錞 3157
路璘 2390
路藻 2685
路振 0060
0061
路振飞 4261
吕调阳 1147
1586
吕桂孙 3506
吕海寰 0448
0760
0761
吕弘诰 3080
吕鸿焘 3197
3198
吕鸣珂 0955
吕盛 2345
吕耀曾 2432
吕耀钤 3011
吕一静 3384
吕应奎 3654
吕犹龙 0640
吕昱 2682
吕芝延 3011
吕祉 0866
罗博 2634
罗大春 0297
0298
罗惇曧 0394
0395
0396
0397
罗拱辰 0954
罗国珍 3739
罗洪先 3663
罗景泐 2370
罗懋登 4391
4392
4393
4394
4395
罗泌 0376
罗苹 0376
罗青霄 3305
罗日褧 1808
1809
罗汝楠 1204
1205
罗润滋 0398
罗士筠 3004
3005
罗叔韶 3133
3135
罗浚 2916
3200
罗胤凯 3732
罗振常 4589
罗振玉 0127
4570
4590
4591
4694
骆宾王 4209
4210
骆成昌 2085
骆钫 1142
骆克良 3583
骆云 2456

M

马长康 0724
马称德 2955
马端临 0552
马方伸 2360
马冠群 1391
1392
1393
1394
1395
1396
1397
1398
1399
马国翰 0009
4155
4616
马欢 1810
1811
1812
马骥 2637
马建忠 0851
1400
1674
1675
1676
马晋羲 1206
1207
1208
马俊良 4518
马俊显 2466
马鲲 2997
马礼逊 2069
马梦吉 3385
马明瑞 3100
马齐 0096
马日炳 3821
马如龙 2911
马上荣 3410
马世禄 3775
马受曾 3000
马斯臧 3662
马嗣成 3003
马腾霄 3078
马新贻 0626
1021
2148
马恂 2410
马英 3253
马瀛 2939
3215
马泽 2918
玛吉士 1840
麦高尔 1972
麦谨 3277
麦仲华 4377
4378
莽鹄立 0641
0642
毛昌善 3561
毛德京 2995
毛鸿宾 1401
1402
毛纪 2668
3866
毛晋 0013
毛如苞 1788
1789
毛胜 3978
毛似徐 2748
毛思义 4646
毛万汇 3424
毛希东 2214
毛烨 4646
毛永柏 2693
毛赞 2648
2673
茅坤 0165
0166
0167
0168
0169
0170
2215
3904
茅瑞征 0171
1275
1813
茅一桂 3837
茅元仪 3894
3895
冒澄 0912
冒春荣 3001
梅曾亮 4305
梅纯 4453

梅应发 2917
蒙起鹏 3752
孟称舜 4388
孟楠 2611
孟吾居士 4424
4425
孟昭涵 3244
缪荃孙 0071
0072
1741
1742
2344
2769
2770
4695
4696
缪燧 3211
缪文功 2833
缪祐孙 0299
1677
1678
1679
1933
1934
闵三元 2415
闵山苌 2507
闵声 3905
闵世倩 2559
闵文振 3411
3416
闵映张 3905
闵远庆 0573
明谊 3793
莫晋 2505
莫尚简 3370
莫祥芝 2813
牟汝忠 3170
牟廷选 2860
木八剌 2954
牧堂氏 1403
慕容干 2632
穆彰阿 1148

N

南怀仁 1771
南京兵部车驾司 0887
0891
南园 1743
讷尔经额 1404
讷钦 2485
倪邦良 1600
倪长犀 2851
倪大临 2792
倪涑 0888
倪复 2958
倪启辰 3055
倪效先 2841
倪赞元 3474
倪藻垣 3154
聂崇岐 1209
聂崇一 3620
聂旦 3627
聂璜 3971
聂缉庆 3855
聂士成 1405
聂田 4166
4167
4168
宁林 3608
宁时文 0852
3538
牛昶煦 2373
牛鉴 1022
1026
牛天宿 1406
3790
钮廷彩 3763
农林部 2088

O

区怀瑞 3590
区简臣 3591
区启科 3680
欧文 2726
欧阳保 3570
欧阳璨 3789
欧阳焯 2612
欧阳利见 0913
欧阳文静 0300
欧阳忞 1176
1177
1178
欧阳修 0062
1175
欧阳询 4111
欧阳羽文 3702

欧云高 1064

P

潘乘焯 4641
潘敦复 2384
潘铎 1132
潘飞声 1744
1745
4697
潘公昭 1531
潘辉注 2074
2075
2076
潘鉴 2638
潘锦澜 4199
潘莱峰 2618
潘履祥 2540
2545
潘梅元 3520
潘世恩 0643
潘仕成 4519
潘廷侯 3798
3859
潘文韬 3171
潘相 1407
4641
4670
潘颐福 0097
0106
潘颐龙 3232
潘遇莘 2765
潘援 3239
潘载和 3726
潘震乙 2421
潘最 3172
庞鸿书 1210
庞友兰 2876
庞元英 0377
裴晃 2563
2564
裴松之 0027
裴渊 1232
彭大翼 4089
彭大治 3397
彭甫 3396
彭光斗 1408
彭光藻 3243
彭国光 2346
彭君谷 3602
3603
彭人杰 3693
3694
彭润章 3158
彭孙贻 0301
1935
3129
3130
彭演 3522
彭翼辰 3372
彭玉麟 0853
1023
彭元藻 3820
蓬莱县修志馆 2663
平情客 4419
平恕 3092
平遇 3172
菩萨保 0644

Q

七弦河上钓叟 0302
戚辅之 1508
戚继光 0956
0957
3906
3907
3908
3909
3910
4262
4263
4264
戚弢言 3272
戚学标 3166
3193
戚祚国 0494
祁锡琦 2591
祁兆熙 1680
耆英 1024
1025
1026
1050
1051
1052
齐翀 3552
齐鲲 1936
4306

齐学裘　0303
　0304
齐召南　1601
　1602
　3034
　3069
齐忠甲　1149
潜说友　2907
钱保塘　2904
钱曾　4309
钱大昕　2936
　4035
钱德培　1681
钱坫　1150
钱芳标　4307
钱峰　2801
钱淦　2542
钱冈　2557
钱谷　4381
钱国寿　2420
钱江　2584
钱利用　0914
钱莲溪　1937
钱培杰　4562
钱培名　0134
钱培让　4562
钱谦益　4308
　4309
钱全衮　2497
钱人楷　2216
钱世桢　0172
钱肃乐　2785
钱肃图　0401
钱泰阶　2149
钱薇　2217
钱维乔　2936
钱文瀚　2150
　2151
　2152
　2153
　4642
钱熙泰　2552
钱熙祚　2780
　4078
　4520
　4521
　4562
钱献之　2976
钱炘和　0645
钱学嘉　0684
钱恂　0685
　0762
　0875
　0876
钱以垲　1409
　3118
　3622
钱翼衢　3018
钱泳　1682
钱元昌　3131
钱增勋　1410
钱沾　1151
钱振伦　2885
强兆统　3632
乔德秀　2439
乔诰　3688
乔拱璧　2115
乔绍傅　2846
钦琏　2514
秦岱源　1746
秦激　3039
秦嘉谟　0129
秦炯　3333
秦骏生　3881
秦荣光　2518
　2531
秦世铨　1411
　1441
秦世祯　1027
秦锡淳　3182
秦缃业　0098
秦耀曾　1571
秦沅　3625
秦约　2569
青岛水族馆　3981
青华山人　1774
庆霖　3193
丘复　4252
丘光庭　1613
丘一龙　4350
邱标　2832
邱凤诰　4199
邱金声　3733
邱景雍　3274
邱人龙　4200
邱体乾　3529

仇池石 3512
仇俊卿 2112
2113
3127
求是斋 4362
裘琏 1572
裘廷梁 4571
屈大均 1412
屈映光 2914
璩之璨 3856
瞿昂来 1972
瞿九思 0173
瞿宣颖 3880
瞿云魁 3861
曲龙章 2615
全祖望 4035
4278
4279

R

饶安鼎 3256
饶鼎达 1083
饶玉成 4356
饶宗颐 3727
任大椿 0008
任道镕 1413
任昉 4158
任公 2218
任光复 0312
0313
任果 3523
任环 4265
任棱 3179
任洛 2424
任士林 2956
任寿华 1938
任万里 3866
任璇 2630
任中麟 2646
日本北海道厅 2033
日高诚实 2306
容悌与 3699
荣铨 2349
荣誉 4522
阮本焱 2875
阮緥 2793
阮亨 4058
4524
阮旻锡 0305
0306
4310
4671
阮培元 3173
阮元 0646
0647
2154
2882
3502
4231
4237
4311
4523
4524
瑞安县修志
委员会 3044
3045

S

萨福榛 3408
萨廉 3479
3480
萨英额 2482
赛珠 2724
三画堂主人 4363
4364
桑东阳 2744
桑悦 2783
单侃 3902
单庆 3110
单壮图 2827
商务印书馆 1211
4592
4593
商浚 4454
4455
4456
4457
上海博古斋 4532
上海鸿文书局 3886
上海蒙学报馆 1206
上海市通志馆 2537
上海通社 4594
上海文明书局 4595
上洋寿恩堂 4197
尚天成 2764
邵大纬 1939

1940
邵沆 2723
邵晋涵 2912
2974
邵可立 2397
邵潜 2803
邵士 2764
邵廷采 0307
邵廷烈 4628
4629
4630
邵桐孙 3636
邵希曾 4428
邵祥龄 3634
邵向荣 2944
邵咏 3633
邵友濂 2977
邵之棠 4365
绍兴县修志
委员会 3094
佘一元 2399
2405
申良翰 3702
申时行 0527
申钦 0128
沈葆桢 0915
1014
1028
1029
1030
1031
1032

4312
沈炳垣 2276
2277
沈曾植 2089
2900
沈成国 3242
沈德潜 1414
1415
4672
4673
4674
沈德先 4132
沈定均 3309
沈复 1682
沈光文 1276
4045
沈桂芬 0090
沈国翰 2875
沈国元 0088
沈淮 2550
沈怀远 1288
沈镗 2813
沈家本 2349
沈嘉钧 0490
沈节甫 4458
沈峻 3559
沈奎 3103
沈李龙 3993
沈龙翔 2575
沈茂荫 3471
沈明臣 0174
2802

沈能毅 0892
沈鏊 3398
沈启震 3119
沈棨 0889
0890
沈清 2609
沈庆扬 2457
沈如潮 2417
沈汝瀚 3899
4313
沈商耆 0648
沈声 3719
沈士龙 4459
沈寿铭 0649
沈树镛 4525
沈廷芳 3226
3511
沈同芳 3982
4343
沈俨 2868
沈垚 0308
沈尧中 3115
沈一诚 3817
沈翼机 2142
2890
沈莹 1483
1484
1485
1486
1487
1488
1489

沈应魁 0958
沈应文 2342
沈友 2219
沈有容 2220
4351
沈瑜庆 3230
沈煜 2993
沈约 0033
沈云 0308
沈展才 3660
沈中行 2746
沈祖牟 4596
沈佐清 2756
沈作宾 3085
慎懋赏 1814
省港澳救灾公所 0932
盛鸿焘 2951
盛康 4366
盛庆绂 1941
1942
盛熙祚 3558
盛宣怀 4344
盛昱 4039
盛赞熙 2624
圣祖玄烨 4040
4041
施德馨 0489
施国祁 0052
0053
0054
施鋐 3079
施鸿保 1416
施纪 2798
施琅 0429
1033
施仁纬 3011
施闰章 2629
2630
施世騋 1033
施世纶 0430
0489
施廷枢 3237
施文礼 2570
施锡卫 3331
施宿 3085
施彦士 0650
0651
4675
施永图 2278
2279
2280
3911
石邦政 2369
石金和 3079
石荣暲 0399
1523
4597
4598
石台 3619
石秀峰 2461
石有纪 3391
时尚儒 2418
时中书局 0725
实录馆 0099
史本 3664
史伯璇 3890
3891
史彩 2526
史澄 3513
3524
史流芳 3853
史梦兰 2386
2394
2403
史鸣皋 3001
史起钦 3412
史起蛰 0593
史树德 2969
史树骏 3591
史于光 3351
史在甲 0652
史致驯 3213
世续 0105
世增 1943
释大汕 1944
释法显 1775
1776
1777
1778
1779
1780
1781
1782
4149
释普日 4185
释如一 3254

释通峻 4185
释元开 0513
0514
0515
0516
0517
释圆仁 1726
释圆智 2034
舒津 2956
舒孔安 2642
舒懋官 3534
3535
舒应元 3417
司马彪 0035
司马光 0085
司马迁 0021
司马贞 0021
宋朝桢 2697
宋楚望 2155
2156
宋大奎 2633
宋国用 3576
宋恒坊 3829
宋锦 3807
宋景 0891
宋景关 3161
4631
宋均 0129
宋筠 2433
宋奎光 3016
宋兰芳 2614
宋濂 0031
0175
1108
宋抡元 2442
宋楙澄 4266
宋祁 0062
1175
宋球 2045
2046
2047
宋日隆 3262
宋如林 2505
宋绍启 3573
宋世荦 3183
宋嗣炎 3425
宋廷模 3287
宋琬 2390
2392
宋文锦 2597
宋宪章 2643
2715
宋湘 0606
宋应昌 0812
宋应升 3615
3616
宋应星 4026
宋禹扬 2561
宋征璧 4347
4348
宋征舆 0309
宋志益 3592
宋衷 0129
宋祖舜 2859
苏昌 0635
苏鹗 4081
苏过 4212
4213
4214
苏莱曼 1622
1623
苏潜修 2607
苏润 3647
苏宗经 3750
3751
素心室主人 0310
隋汝龄 2428
孙廷铎 3676
孙葆田 2589
孙成 2431
2448
孙成名 2959
孙传凤 0726
孙德祖 2977
孙鼎 2498
孙东暘 3582
孙尔准 3227
4294
4314
孙发曾 3272
孙冯翼 4526
孙凤翔 0758
孙灏 1945
孙徽 2797
孙蕙 3241
孙家穀 2090

孙景传 3401
孙鑛 3087
孙楙 3062
孙懋赏 2960
孙名耀 2466
孙穆 2048
2049
孙能宽 3658
孙蟠 1683
孙谦 3081
孙锵鸣 1417
孙清标 4195
孙诜 1289
孙寿祺 2824
孙焘 3759
孙文桢 1096
孙熙鼎 3189
孙憙 3174
3175
孙星华 1177
孙星衍 1193
1195
2505
4527
孙学古 3689
孙学恒 2381
孙延钊 2901
孙诒让 3056
3071
孙挹 3581
孙应元 0813
孙玉庭 0653
孙毓修 4599
孙毓琇 2422
孙元体 3241
孙云锦 2863
孙蕴韬 2595
孙昭先 2795
孙之騄 0431
3972
3973
孙铸 3634
孙宗元 2380

T

台北厅 3456
谈起行 2527
谈迁 0100
4059
谈松林 2357
檀萃 1418
3523
谭镳 3604
谭钧培 0654
谭抡 3432
谭纶 0959
谭乾初 1946
谭泰来 2577
谭希思 2342
谭秀 3125
谭尧道 3627
谭耀 0570
谭莹 4633
汤宝棻 3810
汤成烈 3070
汤球 0211
汤日昭 3031
汤浚 3216
汤彝 0432
0433
汤允中 1524
汤肇熙 3082
唐□ 0311
唐碧 1481
唐鸿举 2943
唐锦 2522
2523
唐景崧 3450
唐敬一 2391
唐梦赉 0655
唐人杰 2030
唐若瀛 2973
2974
唐慎微 3998
3999
4000
4001
唐时升 1103
唐时熙 2849
唐士冠 3263
唐世涵 3410
唐枢 2221
2222
4647
唐廷枢 0727
唐桐 3265

唐文藻 3548
唐煦春 3104
唐晏 0400
唐咏裳 2091
2894
唐赞衮 1419
4315
唐执玉 2365
唐征麟 3101
唐仲冕 2847
唐胄 3785
唐咨夔 3834
陶弼 3768
陶炳曾 2792
陶承庆 0560
陶恭 3204
陶谷 4106
陶积 3205
陶锦 2691
陶骏保 0854
陶夔 3217
陶朗先 4316
陶澍 0656
0657
0658
2157
2158
4317
陶武 3261
陶元藻 3299
陶樾 4480
陶宗奇 2412
陶宗仪 4046
4047
4430
4431
特秀 2853
藤田丰八 2035
天津市市志处 2353
田明曜 3706
田嵩岳 1684
田秀琇 2412
田易 2365
田征葵 2451
田钟雨 3758
田铸 4420
通商海关造
册处 0933
0934
0935
0936
通文书局主人 1152
同康庐主人 1153
佟国器 1034
佟世男 3616
童华 1947
4676
童立成 3002
童鸣岗 3022
童申祉 3129
3130
统理交涉通商
事务衙门 0712
涂国柱 2389
涂天相 0834
涂之尧 1420
1421
屠本畯 3951
3952
3953
屠继善 3475
屠继序 4038
屠伊新 3022
屠英 3594
脱脱 0068
0069
0070
1199
1200
1201

W

丸山正彦 0518
0519
万邦维 2655
万表 0960
0961
0962
4352
万经 2927
万卿 0176
万庆 3353
万世德 0963
2223
万斯同 1154
万希槐 4035

万亚兰	3140
万友正	3302
万震	2041
万正色	1035
	1036
汪大经	3389
汪大渊	0381
	2070
汪绂	3900
汪光复	0312
	0313
汪沆	2348
	3034
	3069
汪宏	3988
汪鸿孙	2412
汪化鹏	4318
汪煌辉	3369
汪楫	1948
	1949
	2093
	4319
汪季铭	0314
汪寄	4421
	4422
	4423
汪爌	3033
汪砢玉	0583
	0584
汪梅鼎	2847
汪鹏	1950
	1951
汪璪	3855
汪圣敦	4267
汪士铎	1155
汪士汉	4528
	4529
汪泰亨	2779
	2780
	2781
汪文炳	3707
	3708
汪文泰	1952
汪循	3064
汪簗	2806
汪应辰	4216
汪应蛟	0964
	0965
	0966
	0967
	0968
汪镛钟	0315
汪永瑞	3510
汪由敦	2434
汪源泽	2934
汪远孙	1156
汪运光	3690
汪运协	3761
汪兆璋	2830
汪仲洋	2159
	2160
王安国	1143
	1144
王安石	4215
王邦直	0814
王保譿	4606
王本固	2610
王必昌	3460
王彬	3132
王秉良	3568
王炳耀	0316
	0434
王苍	3342
王昌学	2691
王昶	2786
王臣	3607
王柽	2691
王诚	2852
王憕	3173
王崇古	0969
王崇文	2314
王崇熙	3534
王楚书	3537
王春林	4345
王椿	2710
王存	1179
	1180
	1181
	1182
	1183
王大本	2382
王大海	1953
	1954
	1955
	1956
王大经	2830

王大隆 4606
王大鲁 3614
王大同 2529
王岱 3537
王德均 1614
1615
王德钧 1603
1604
1605
1606
王德琏 3515
王德完 0970
王殿金 3042
王定安 0605
王定柱 0659
王萼 1525
王恩士 2475
王尔植 2662
王范 3491
3492
3493
王方岐 2880
王棻 2913
3071
3174
3175
3175
3194
王逢 4235
王凤 3737
王凤采 3090
王凤生 2161
王福谦 2421
王辅之 3583
王概 3644
王鬲 3610
王赓 1747
王光鲁 1073
王光蕴 3031
3066
王光祖 2495
王广文 3447
王桂堂 2673
王桂岩 2469
2470
王贵 0585
王国安 2889
王国泰 3032
3067
王国维 1728
2891
4698
4699
王国宪 3803
3820
王灏 4632
王河 2432
王鹤龄 2455
王亨彦 1573
3214
王恒 3156
3389
王厚阶 2642
王厚孙 2919
王许之 3628
王怀仁 3831
王怀义 2714
王奂 2959
王涣 3239
王积澍 3159
王积熙 2635
王继祖 2807
王家宾 2688
王家驹 3243
王家宪 3760
王嘉 4156
4157
王嘉忠 3536
王捷南 3406
王金英 2393
王景澄 3070
王敬勋 2667
王珏 3341
王闿运 4004
4005
王逵 4048
4049
王来任 1037
王理孚 3083
王礼 3459
王亮 0728
王陵基 2636
王龙图 1157
王銮 3544
王履康 2036
王梦弼 2162

2944
王明清　0378
4074
王鸣鹤　3912
王命璇　3598
王谟　1074
1084
1085
1086
1099
1101
1232
1286
1289
2062
2064
2065
2776
4619
4620
王暮　2790
王纳言　2369
王楠　3283
王念孙　0008
王培棠　2773
王丕煦　2659
王溥　0548
王圻　0586
2224
4090
4091
王洽　0971
王樵　4050
王清穆　2578
王庆云　2463
王渠曾　2459
王劝　2702
王仁俊　0028
1287
1488
2066
2067
3945
4617
4618
4621
王日翼　2409
王荣商　0073
2951
王如珪　3131
王汝淳　0177
王汝骐　2824
王汝右　2865
王阮　3199
王瑞成　3020
王尚珏　2586
王绍兰　1158
1159
1160
王十朋　4216
王时任　3633
王士骐　0178
0179
王士性　1109
王士用　2359
王士祯　1817
王士禛　1422
4060
4061
4062
4063
4101
王世臣　3283
王世懋　1277
4648
王世球　0629
王世贞　0180
0423
0424
王守基　0660
0661
王守恂　2354
2355
王叔杲　3065
王树棻　2545
王树敏　1038
王树楠　0686
1526
2368
2438
4700
王思衍　2854
王思义　4090
4091
王嗣皋　3088
王崧　3742

王诵芬 2696
王孙蔺 0317
王棠 2649
王韬 0318
0319
0459
0460
0461
0750
0751
1685
1957
1958
1959
4145
王天性 3536
王廷彦 2626
王同 3106
王完 4460
王炜辰 2707
王文彬 2617
王文炳 2853
王文达 0662
王文凤 3508
王文诰 4428
王文光 1821
王文海 1476
王文禄 3143
4461
4465
王文濡 4600
王文焘 2661
王文藻 2452
王熙昭 2706
王锡龄 3432
王锡祺 0855
0856
1087
1088
1089
1090
1423
1960
1961
4530
王先谦 0074
0106
0107
王祥 2423
王象之 1184
1185
1186
王效通 2805
王欣夫 4601
王续藩 2681
王学曾 3519
王勋臣 3625
王埙 2764
王延熙 1038
王彦威 0728
王耀祖 2414
2415
王叶衢 2886
2887
王一夔 2724
王祎 0031
1108
王宜亨 2804
2805
王奕曾 2450
王懿德 1039
王寅山 2617
2618
王钦若 4107
4108
王隐 3495
王蓥 3586
王应斗 2700
王应奎 2561
王应麟 1187
4037
4038
4084
4085
4109
王应山 0181
3222
3235
王应显 3328
王永积 2745
王永贞 2615
2616
王咏霓 1748
3174
3175
王猷 3329

王郁云 2461
王毓藻 0663
0664
王豫熙 2853
王元恭 2919
王元士 3209
3210
王元穉 3447
王原 2163
王源 3718
王约 3075
王悦 2733
王云 2050
王云清 3819
王云五 1749
王允深 2756
王运恒 2401
王蕴香 1091
1092
1962
王在晋 2225
王瓒 3029
王藻 4318
王璋 2829
王兆鹏 2735
王兆升 2805
王肇鋐 1963
王珍 2695
王振纲 3103
王振熙 3366
王之宾 3089
王之臣 2701
王之城 2226
王之春 0320
0321
0322
0729
0730
0731
0732
0733
0734
1686
1687
1688
1964
1965
王之麟 3520
王之桢 2867
王之正 3660
王芝 1689
1690
王植 3600
王志修 1424
王穉登 4268
王赞 3799
王中行 3713
王钟琦 2543
2544
王舟瑶 3168
王宗沐 0587
0588
王祖显 0101
王祖畲 2788
2789
2791
王佐 3786
3787
王佐才 2443
王佐良 2854
王作霖 3312
危素 0680
伟烈亚力 0750
0751
卫杰 1425
1426
卫谦 2495
卫晞骏 3860
卫元爵 2655
卫哲治 2862
魏邦翰 3918
魏焕 0815
魏骥 2498
魏敬中 3227
魏荔彤 3307
魏起鹏 2680
2681
魏声龢 1527
1528
2487
魏收 0023
魏枢 2432
2433
魏禧 3930
魏浚 0182
魏裔悫 3033

魏瑛 3285
魏元旷 1809
魏源 0116
0323
0324
0325
0326
0327
0328
0329
0330
0331
0735
1966
1967
1968
1969
1970
1971
1972
1973
1974
魏徵 0064
温承志 0332
温方玉 2686
温继峤 2481
温廷敬 3504
温训 3611
文庆 0102
0736
文瑞楼 3887
文镒 2480
闻人诠 2766
闻性道 2934
3206
翁朝宗 1494
翁传照 3919
翁广平 1975
1976
1977
翁辉东 3731
翁荃增 3736
翁同龢 0333
0334
翁心存 0435
翁洲老民 0055
翁灝轩 1427
巫三祝 3425
邬凯之 3019
吴邦庆 2164
吴邦瑗 3776
吴宝善 2382
吴曾英 1978
吴长元 4213
4214
吴昶 2627
吴承潞 2787
吴承志 1428
3082
4033
吴春枝 3151
吴大澄 0857
0858
1979
吴大廷 0665
0666
1040
吴道镕 3730
吴德功 0335
吴殿弼 2986
吴高埈 2561
吴广霈 1750
吴管 1110
4462
4463
吴国伦 0183
吴还初 4396
吴鸿宾 3187
吴怀忠 2860
吴焕章 3672
吴徽叙 3625
吴惠元 2351
吴葭 2543
吴嘉胤 2116
吴嘉允 2117
2118
2119
2120
吴骞 0336
0337
0436
4531
4532
吴建勋 2751
吴鉴 3349
吴杰 2388

吴颎炎 4533
吴均 0089
吴康寿 2540
吴孔锜 3266
吴坤修 3920
4534
吴昆田 2863
吴莱 1565
1566
4236
吴兰 3748
吴兰修 1161
4535
吴联熏 3309
3318
吴梅溪 0763
吴弥光 0437
吴名世 3335
3336
吴鸣清 3839
吴南杰 3798
吴平 3580
吴朴 0184
0185
0186
1278
1582
1583
1584
1815
1816
吴其祯 1980
吴祺 2388
吴潜 2917
吴庆云 3041
吴任臣 0056
4034
吴汝纶 0904
0906
1009
1010
4666
吴若 0866
吴韶 2121
吴慎 2371
吴绳年 3593
吴省兰 1772
2515
4536
4537
吴省钦 2515
吴盛藻 3571
吴士鸿 2381
吴士望 3556
吴仕训 3546
吴栻 2051
吴寿萱 1162
吴淑 4169
吴嗣富 3226
吴堂 3300
吴廷华 2348
2350
吴廷燮 2437
2774
吴桐林 0877
吴为龙 3138
吴伟业 0338
0508
吴文度 3409
吴文江 2966
吴文林 3324
吴文梓 0972
0973
吴熙载 0083
吴锡畴 3002
吴锡璜 3301
吴瓖 3974
吴孝章 0032
0484
0485
0486
吴馨 2534
2538
吴岫 2055
吴学俨 1279
吴学周 2996
吴仰贤 3121
吴一蜚 3341
吴宜燮 3317
3318
吴仪洛 3994
吴翌凤 4538
吴钦章 2118
2119
2120
2122

吴颖 3723
吴镛 3299
吴永 4436
吴永芳 3118
吴裕仁 3373
吴元泰 4401
4402
4403
4404
4405
吴云 3867
吴振臣 1691
2492
吴振棫 0438
吴震方 1429
1430
4539
4540
吴志忠 4541
吴中 3508
3686
吴钟史 1692
1981
1982
吴卓信 1163
吴子光 1431
4320
吴宗濂 2092
吴宗元 2819
伍长华 0646
0647
伍崇曜 4542
伍宁 3586
伍元薇 4633
仵墉 2408
武田熙 4301

X

熙臣 2675
锡珍 4677
席书 0589
席文汇 2481
席裕琨 1751
下村修介 2036
夏从仁 0007
夏侯曾先 1529
夏浚 3126
夏开先 3026
夏琳 0339
0340
0341
0342
0343
夏敏颐 3751
夏泉 0187
夏绍俅 3084
夏时正 2909
夏树芳 4092
4093
夏献纶 1432
1433
夏燮 0117
0344
0345
夏应星 2864
夏有文 2550
夏允彝 3240
夏之蓉 2807
夏之时 1096
1097
夏子阳 1817
厦门市修志局 3291
咸怀良 2653
冼雷 3851
县公署 2453
2454
2462
相斗南 3630
向象贤 1787
项德桢 0120
项斯勤 2959
项絪 1164
项元勋 1530
萧崇业 1818
1819
萧方等 0211
萧劼 2635
萧开泰 4019
萧夔 3277
萧良干 3087
萧令裕 0667
0737
0738
1983
萧廷宣 3338

萧应宫　0188
萧应植　3792
萧载　2415
萧子显　0034
笑苍　0346
偰玉立　3349
谢邦信　3688
谢葆濂　2978
谢纯　0592
谢道承　3225
谢国桢　2093
4602
谢济韶　3849
谢杰　0189
1819
2342
谢金銮　3461
3476
谢开宠　0668
谢蓬升　3775
谢启昆　3749
谢清高　1693
1694
1695
谢山居士　0344
谢泰交　1041
谢廷杰　2227
2228
谢廷举　3411
谢希傅　1984
4678
谢荫昌　2033
谢元淮　1434
2281
谢允昌　2947
谢肇淛　0574
0590
4027
谢钟英　1165
1166
解缙　4088
解启衷　2722
解熙业　2606
辛广瑞　2461
新井君美　0675
2037
2038
新柱　2282
邢定纶　3809
邢侗　2744
邢玠　0974
0975
0976
邢正　3754
兴城县　2476
2477
熊克　0103
0104
熊尚文　0190
胥寿荣　3197
3198
胥锡祚　3826
徐葆光　1985
1986
4321
4322
徐炳文　3325
徐煳　3954
徐朝俊　4064
徐成栋　3759
徐承礼　0348
徐大椿　3989
3990
3991
3992
徐待聘　3100
徐芳烈　0347
徐孚远　4347
4348
徐淦　3803
徐干　4543
徐光启　3934
徐珪　3278
徐化民　3051
3758
徐怀祖　1435
徐家干　2283
徐嘉言　3061
徐坚　4112
徐建寅　1696
1697
徐金镜　2284
2285
徐缙　2809
2811
徐兢　2052

2053
2054
2055
徐景熹 3237
徐亮 2919
徐陵 3281
徐銮 2877
徐明叔 3348
徐穆 3385
徐乃昌 1741
徐溥 0528
徐琪 4572
徐汝冀 2763
徐埏芝 2479
徐绍棨 4603
徐时栋 2921
2922
2938
2989
4537
徐时作 2416
徐士恺 4544
徐枢 0452
0453
徐恕 3081
徐硕 3110
徐松 0541
徐泰 3126
徐天祜 0136
徐廷璟 2402
徐曦 2429
徐相雨 1218
徐香 2392
徐铉 4170
4171
4172
4173
徐学聚 0191
0192
徐一鸣 2229
徐以观 2356
徐颖 3337
徐应龙 3845
徐应元 2628
徐用仪 3132
徐友梧 3435
徐元文 1987
徐兆昺 1436
徐志鼎 3155
徐致靖 3105
徐钟英 0687
徐准 2389
徐鼒 0057
0348
0349
徐子为 1531
徐宗干 1437
1438
4065
4066
4067
徐宗亮 2349
徐宗起 3028
徐宗伟 2491
许崇灏 3795
许地山 0755
许铤 2601
许奉恩 0259
许凤年 2625
许孚远 4248
许河 3163
许鸿盘 1138
1139
许开 3363
许康衢 2377
许克勤 1348
许论 0809
许乃钊 3915
3916
4494
许乔林 1434
2848
许全临 2717
许汝韶 3626
许瑞棠 3764
许三礼 4660
许世谟 2827
许温其 2267
许旭 0260
0261
许学范 3917
许巽行 3182
许琰 1570
许瑶光 3121
许叶珍 4191
宣昭 1585

薛鎏　2857
薛传源　2286
　2287
薛凤昌　4664
薛福成　0916
　0917
　0918
　1042
　1043
　1698
　1699
　4323
　4324
　4325
　4326
　4327
薛俊　1820
　1821
　1822
　2941
薛凝度　3324
薛培榕　1988
　1989
　1990
　1991
　2288
薛起凤　3289
薛起蛟　3522
　3599
薛绍元　3450
薛士学　2943
薛廷宠　2424
薛应旗　2888
薛韫　1700
　1701
薛志亮　3461
薛柱斗　2347

Y

鸭砵　2059
延丰　0669
言启方　2165
阎甲胤　2360
阎如玠　3580
阎若璩　4035
　4037
　4038
　4085
颜洪范　2525
颜师古　0024
　0026
　1098
　1196
颜斯综　1992
　2289
颜嵩年　4036
严从简　1823
　3114
严敦大　2796
严烺　0919
　2166
严如煜　2290
　4328
　4329
严有禧　2672
晏端书　2885
晏谟　1233
　1234
燕肃　1610
羊复礼　3751
阳江修志局　3681
阳思谦　3354
杨备　3668
杨宾　2426
杨炳南　1693
　1694
　1695
　1702
　1703
杨昌浚　0670
　2148
杨超治　0452
杨晨　1489
　4701
杨成能　2033
杨大经　2830
杨德周　3954
杨殿才　3008
　3009
杨芳　1044
杨孚　1219
　1220
　1221
　1222
　1223
杨阜　2794

杨复吉 4545
4556
杨鹤 0591
杨鑅 2167
2168
2169
2170
2171
杨宏 0592
杨积芳 2979
杨霁 3646
杨捷 0439
杨晋源 2463
杨镜涵 4330
4331
杨浚 1439
4068
4069
4070
4071
4072
4201
杨儁卿 3150
杨楷 0688
0689
杨澜 1440
杨米人 1704
杨民彝 2995
杨敏曾 2951
杨穆 4137
杨鼐 2911
杨奇烈 2629
杨起元 3652
杨桀 0350
杨潜 2554
2555
杨容盛 2749
杨瑞云 2864
2866
杨绍宗 2465
杨慎 3955
3956
4649
4650
杨寔 2924
杨士锦 3839
3840
杨士让 1376
杨士雄 2740
2741
杨世材 3429
杨世泽 3554
杨守敬 1093
1212
1213
3869
杨泰亨 2992
杨廷理 0351
0352
1045
杨廷璋 3226
杨廷撰 2810
2811
杨同桂 1441
杨维嶓 2443
杨文鼎 2382
杨文焕 2969
杨希闵 3243
杨秀拔 3619
杨选 0593
杨学颜 3619
杨洵 2877
杨一葵 1824
2123
杨亿 4107
杨荫芳 2475
杨引祚 2640
杨英 0353
0354
0355
杨瑛昶 1704
杨应文 0977
杨酉桂 2606
杨月如 0648
杨载鸣 3651
杨肇春 3107
杨正笋 2988
杨钟岳 3724
杨仲兴 1993
杨宗秉 3800
杨宗甫 3650
杨祖宪 2679
姚椿 2508
姚棻 1994
姚光发 2506
姚良弼 3650

姚旅 4051
姚履素 3846
姚启圣 1046
1047
4679
姚士粦 3128
姚思廉 0065
姚廷杰 2999
姚文栋 0878
1094
1095
2094
2095
2096
2097
2098
2099
姚文灏 2124
姚文枏 0879
2534
2538
姚文田 1442
2884
姚文蔚 0978
姚锡光 0402
0880
0881
姚耀山 4546
姚莹 1048
1443
1444
1445
1446
1995
4332
4333
姚永年 2520
姚虞 1280
姚元之 1167
姚宗京 2926
2986
姚宗文 2985
叶昌炽 0029
4604
叶长扬 2862
叶承 2527
叶春及 3589
叶德辉 4573
4574
4575
叶观海 3334
叶圭绶 1447
2417
叶和侃 3405
叶晋 2174
叶廉锷 3158
叶良佩 3191
叶隆礼 0379
叶轮 3777
叶溥 3231
叶羌镛 1996
1997
1998
叶尚文 3569
叶盛 0979
4052
叶时用 0560
叶适 3658
3729
叶书 3187
叶廷芳 3633
叶廷珪 4110
叶廷推 3312
叶先登 3341
叶献论 3367
叶向高 1825
3255
4269
4270
叶向升 2374
叶心朝 3298
叶翼 4382
叶映榴 2526
叶永盛 0594
0595
叶裕仁 2787
叶沄 0084
叶载文 3560
叶钟进 1999
2100
叶钟英 2600
叶子奇 4053
伊把汉 2431
伊里布 1026
1049
1050

1051
1052
伊桑阿 0542
0543
0544
怡云轩主人 0440
宜今室主人 4367
易顺鼎 0403
1065
奕山 1053
1054
奕欣 0356
1055
奕譞 0357
0358
4334
逸庐主人 1532
殷都 0193
1826
殷惟龢 2772
殷之辂 3413
殷自芳 2875
尹会一 2881
尹继美 2649
2650
尹继善 2768
尹士俍 3441
尹泰 0545
尹汤安 3119
印光任 3862
3863
3864
印水心 2872
应宝时 2530
应槚 0816
应劭 0129
1099
应自程 3921
永贵 2132
永瑢 4547
4548
4549
4550
永泰 2631
尤淑孝 2603
邮传部 0920
游朴 1827
游艺 4016
4017
4018
游之光 3744
游智开 2394
于宝轩 4379
于卜熊 3664
于成龙 2363
2364
2767
于殿琰 3644
于凤喈 3112
于煌 3827
于霖逢 2727
于凌霄 2469
2470
于潜 2580
2581
于清泮 2643
2762
于尚龄 3120
于始瞻 2676
于万川 2949
于钦 2580
2581
于云峰 2447
于宗潼 2636
余邦辅 2593
余朝棻 2624
余德孚 4396
余含棻 2291
余宏淦 2315
2316
余继登 0121
0122
余靖 4217
4218
4219
余宽 3180
余丕承 3621
余乾耀 0921
余绍宋 2901
余思诒 1705
1706
1707
1708
1709
1710
3922

余文仪 3444
余飏 0194
余元起 3739
余云祚 3510
余肇钧 4551
俞昌会 2292
2293
俞大猷 0195
0425
0817
0818
0819
0820
0980
4271
4272
4273
4274
4275
俞麟年 2824
俞卿 3091
俞如琮 2549
俞思谦 1607
俞廷瑞 2851
俞延芳 2964
俞樾 2351
2509
2530
2949
俞正燮 1377
虞光祚 3210
虞金铭 3624
虞绍南 0922
虞世南 4113
4114
4115
4116
虞应龙 1202
舆地学会 1172
郁永河 0359
0360
0361
0512
1711
1712
1713
1714
1715
1716
1717
2000
喻炳荣 3577
喻长霖 3169
喻三畏 3773
喻时 2499
喻增伟 1448
喻政 3234
毓昌 0690
元好问 4150
4164
垣赤道人 4142
袁采 3047
袁昶 2483
4552
4553
袁棻 2383
袁国梓 3117
袁铧 3097
袁褧 4464
袁桷 2918
袁康 0130
0131
0132
0133
0134
0135
袁励准 4346
袁枚 4680
袁荣叟 2608
袁式和 2665
袁希涛 2542
袁铉 3097
袁学澜 1449
袁业泗 3306
袁应祺 3170
袁镇嵩 2139
袁正规 3238
袁中立 2648
袁祖志 2001
2002
2003
2004
2005
苑棻池 2705
岳赓廷 2729
岳珂 0442

岳铉 1202
岳浚 2585
乐史 1188

Z

载龄 0671
0672
载泽 0691
载振 1752
昝元恺 2579
臧宪祖 3547
曾邦泰 3815
曾才汉 3191
曾传仁 3779
曾春 3111
曾典学 3847
曾敦仁 3446
曾萼 3618
曾拱璧 3846
曾国藩 0830
3897
曾国荃 0605
曾灏 3609
曾纪泽 1637
1638
1639
1640
曾謇 3794
曾开 3816
曾唯 3852
曾镒 2925
曾慥 4433
曾钊 1230
3601
3611
曾肇 1179
查曾荣 3746
查继佐 0036
查祥 2132
查志隆 0570
札马剌丁 1202
翟灏 1450
翟均廉 2172
翟文选 2438
翟云升 3868
詹荣 2395
詹仰庇 0570
詹一惠 3744
章朝栻 3273
章国禄 3558
章洪钧 1009
章鸿 3633
章焕 0981
章潢 4094
4095
4096
章惠 3074
章简 3281
章僚 2068
章起鸿 3040
章潜龙 3554
章梫 0553
章士凤 2768
章寿康 4554
章寿彭 3659
章廷枫 2821
章维钧 0522
章献猷 1066
章钥 2294
2539
章昱 3041
章运熺 2460
章哲 3026
3027
3036
3063
3073
章祖程 4211
张宝 4022
4023
张宝琳 3071
张本 2661
张丙炎 4555
张秉政 3745
张伯谟 3426
张勃 0028
0029
1101
张采 2785
张朝琮 2392
张朝绅 3691
张潮 2570
4556
4557
张传保 2939
张大光 3414

张岱　4073
张德标　3042
张德润　3095
张德彝　1753
　1754
　1755
　1756
　1757
　1758
　1759
　1760
　1761
　1762
　1763
　1764
张登岚　1533
　1534
张殿邦　2651
　2652
张殿珠　3609
张二果　3690
张方墀　2755
张峰　2840
张凤鸣　0596
张凤翔　2383
张凤翼　4276
　4277
张凤羽　2684
张孚敬　3030
张辅　3014
　3762
张辅之　0982
　0983
张嶲　3808
张国淦　2368
张国经　3757
张国珍　2458
张海鹏　4558
　4559
　4560
张淏　3086
张寰　0984
张煌言　4278
　4279
　4280
　4281
　4282
　4283
　4284
　4285
张会一　2761
张吉午　2343
张謇　1765
　2817
　2818
　2853
张建章　1504
张鉴唐　2471
张鉴　0673
张杰夫　3337
张金友　3298
张津　2915
张经　3745
张景祁　3430
张九征　2767
张驹贤　1193
张榘　0593
张隽　3809
张君宾　3284
　3418
张君房　1611
张钧衡　2781
张克家　2753
张奎　2550
张力行　3155
张连登　2690
张联桂　3655
张联元　3165
张良朔　0362
张遴白　0363
　0364
张懋建　3342
张懋熺　2230
张湄　4335
张美翊　1943
　2962
张孟敬　3231
张鸣鹤　2231
张鼐　0196
　0197
　0198
　1281
　1282
　4286
张南英　3081
张念祖　2412

张霈 3822
张鹏翱 2412
张鹏飞 4368
4369
张鹏翮 1718
1719
张丕基 3708
张其翻 3549
张起贵 2960
张谦宜 2596
张琴 3391
张渠 1451
张人镜 2547
张汝霖 1452
3862
3863
3864
3865
张三异 3088
张上龢 2403
张尚贤 1453
1454
张玿美 3747
张深 3611
张升 3028
张昇 1828
张师诚 0509
张师说 3935
张师益 3579
张时彻 2925
2942
张时显 2396
张士达 2440
张士琏 3729
张世臣 2573
张守宣 2754
张叔温 3095
张淑鄘 2987
张恕 2938
张树声 1056
3923
张硕人 1480
张思勉 2676
张思齐 3171
张斯桂 2173
4336
张嗣昌 1720
张嗣衍 3511
张素 2445
张素仁 3130
张遂辰 4432
张坦熊 3195
3196
张唐英 0061
张弢 0859
张忝 1455
4128
4129
张天复 1111
1112
1113
张廷标 3802
张廷纲 2388
张廷玉 0058
0546
1168
张庭诗 2742
张同声 2598
张彤 2677
张万寿 2880
张文风 3597
张文虎 2517
2562
张文英 2575
张锡恩 2412
张锡钟 2950
张喜 0365
张铣 2937
张諴 3156
张相文 1766
4702
张香海 2295
张燮 1586
1829
张心泰 1456
张诩 2677
张学礼 0366
0367
2006
张逊 3294
张浚 3020
张延 3855
张延登 2232
张彦珩 0565
张曜 2589
张耀璧 2696

张揖 0008
张以诚 3682
张荫桓 1721
张寅 2784
3189
张印西 1169
张英 4101
张泳 2233
张用修 1457
张有仁 3656
张瑀 3127
张堉春 3761
张遇 2234
张煜南 0923
1722
2007
2008
4338
张元忭 1111
3087
张元芳 2342
张元济 0016
0375
4577
4605
张岳 3351
3370
3496
张岳崧 3793
张跃鳞 3157
张允高 2542
张允龄 2654
张允颢 4555
张瓒 2924
张昭潜 1458
2588
张兆凤 0924
3643
张兆元 2235
张贞 2690
张甄陶 1459
1460
1461
1462
张振夔 3052
张正藩 2833
张之洞 0761
1463
1464
2344
3924
张之翰 2495
张之象 2525
张芝田 4337
张志良 1767
张志奇 2350
张重润 2655
张注 3544
张铸六 0518
张擢士 3806
张自牧 2009
2010
2011
张祖栻 1535
张作砺 2684
长孙无忌 0064
掌禹锡 4002
爪亚伤心者 2012
赵□ 2236
赵昌祚 2842
赵崇荫 0758
赵端 2402
赵恩巨 2544
赵尔巽 0075
赵辅 0199
赵国琳 3267
赵国麟 2768
赵纮 2680
赵吉士 0368
赵可村 3375
赵亮熙 3168
赵鸣珂 2296
2297
2298
2299
2300
2301
赵琪 2608
4644
赵琦美 4385
赵齐婴 1170
赵荣山 2658
赵如珩 1536
赵汝厦 3781
赵汝适 2056
2057

赵慎修 2593
赵师 3714
赵士喆 1283
赵士祯 0821
赵世延 0681
赵舒翘 0674
赵廷健 2576
赵文华 0200
3113
赵文楷 2013
4339
4340
赵文奎 3567
赵祥星 2584
赵新 2014
4681
赵学敏 3995
赵耀 2670
赵晔 0136
赵一琴 1465
赵诒琛 4606
赵翼 0118
0369
赵瀛 3113
赵用贤 0527
赵西 2539
赵与泌 3392
赵与葺 2930
赵允祜 2407
赵允闲 3606
赵之谦 4281
4563
4564
赵忠 4209
浙江海塘工议
事会 2176
浙江海塘巡警局 0860
浙江军需报销
局务司道 0925
浙江省通志馆 2897
2901
浙江书局 3888
浙江修志局 2900
真德秀 4220
枕流斋主人 4424
4425
郑宝琛 4650
郑抱素 3757
郑秉哲 1788
1789
郑伯彬 3453
郑伯升 3653
郑昌棪 2015
2016
2017
2018
2019
2020
2021
2022
2023
2024
郑常 4175
郑大仑 3737
郑大郁 0529
3896
郑敦复 3836
郑丰稔 3325
3343
郑复亨 2840
郑观应 2317
郑光祖 1703
1954
4565
郑国勋 4607
郑弘良 1786
郑鸿图 3957
3958
3959
郑缉之 3056
郑纪 3394
郑际泰 3592
郑兼才 3461
郑俊 3573
郑开极 3224
郑洛书 2524
郑茂 0201
0202
郑鹏云 3466
郑侨 3101
郑侨生 2374
郑樵 0549
郑全庆 2941
郑锐 0985
郑若曾 0597
0822

	1284	郑锡鸿	2662	中华书局	4612
	1830	郑霄	3268	忠满	4341
	1831	郑晓	0203	钟芳	3805
	1832		1838	钟和梅	2406
	1833		1839	钟谦钧	0001
	2237		4651	钟人杰	4432
	2238	郑熊	1505	钟体志	0861
	2239		1506	钟汪	2799
	2240	郑业崇	3626	钟薇	0204
	2241	郑一麟	3589		0205
	2242	郑亦邹	0510	钟惺	4161
	2243		0511	钟应元	3602
	2244		0512		3603
	2245	郑钦	0985	钟羽正	2688
郑升	3519	郑永昌	1482	钟元棣	3808
郑士蕙	2361	郑用锡	3457		3809
郑士绚	1786	郑元庆	0452	钟振	3756
郑轼	3616	郑沄	2912	周昂	0056
郑舜功	1834	郑振铎	4608	周必大	4223
	1835		4609		4224
	1836		4610	周炳麟	2977
	1837		4611	周昌晋	0598
郑思肖	4221	郑之骙	1902	周承权	3623
	4222	郑芝龙	0487	周澄	3061
郑廷鹄	3788	郑资约	1537	周传谋	2101
郑廷俊	3067	郑梓	4465	周春	0336
	3068		4466		0370
郑维新	3648	知新馆	2302		1608
郑渭	3278	志刚	1723		3145
郑文彩	3801		1724	周淙	2903
郑锡滜	3174	志鋭	1067		2904
	3175	中根淑	2095	周萃元	2852

周达观 2071
2072
周大章 0823
4287
周道遵 2937
周登皞 2358
周凤 0749
周馥 0404
0556
2177
2318
周光春 2997
周广业 3875
周恒重 3549
周弘 3754
周弘祖 2246
周华 3386
周煌 2025
周辉 4075
4076
周嘉猷 2581
周建鼎 2503
周晋堃 2372
周凯 3290
3380
周孔教 0986
0987
0988
0989
周来部 2718
周亮工 1466
1467
1468
周纶 4223
周履靖 4014
4467
周茂伯 2995
周密 4077
周铭祺 2605
周去非 1495
周声炣 0371
周士佐 2784
周式 3685
周硕勋 3725
3760
周粟 2991
周天成 3692
周天锡 3067
周文海 3843
周希曜 3531
周希哲 2925
周翕鐄 2604
周玺 3473
周心如 4566
周徐彩 3091
周玄暐 4138
周旋 2983
周学曾 3358
周荫棠 3451
周瑛 3304
3383
周婴 4288
周应鳌 3555
周应宾 1569
周墉 2508
周永年 4212
4213
4214
周悠 3039
周右 2827
周于仁 3483
周宇 2379
周玉 3179
周玉衡 3677
周元暐 3629
周元文 3440
周悦让 2632
周振声 3623
周致中 2073
周钟瑄 3468
周仲 3327
周准 1415
周祖培 0094
周祖升 3019
周祖颐 3431
朱彩 3337
朱昌祚 1057
朱长文 2778
朱椿年 3777
朱纯甫 4290
朱绰 3038
朱当 4468
4469
朱德华 3577
朱东光 3077
朱端常 2554

2555
朱逢甲 2303
朱凤檙 0862
朱冠 2980
朱广澜 3503
朱珪 3415
朱珩 1538
朱记荣 4578
4579
朱家相 0589
朱景英 1469
朱克简 0566
1058
1059
朱克敬 2026
朱奎扬 2350
朱鸾鷟 2420
朱梅 3413
朱铭盘 0547
朱平涵 0206
朱奇珍 3298
朱彤 3377
3378
朱绍本 1279
朱升元 3357
朱士黻 3104
朱士杰 2933
朱士云 0372
朱仕玠 2027
4682
朱轼 0096
朱寿朋 0108
朱思本 4237
朱棠 1127
朱天球 3328
朱廷立 0599
朱廷益 3328
朱纨 4289
4290
朱为弼 1171
朱维藩 3099
朱维熊 3152
朱文绍 3102
朱显廷 2452
朱骧 0491
朱孝威 2449
朱醒华 2567
朱绪曾 3207
朱学海 2704
朱学勤 0356
朱延射 2540
朱一新 1470
朱衣点 2574
朱翌 2928
朱应 2042
朱育 1490
朱彧 4078
朱约淳 0462
朱约之 2490
朱云峰 2291
朱祯 2569
朱正元 1471
1472
1473
1474
朱之屏 2512
朱之瑜 0207
朱中有 1612
朱仲 3945
朱子程 0895
朱子虚 3790
诸葛元声 0208
0209
诸锦 0002
0003
祝淮 3704
3705
祝穆 1189
1190
祝天保 2700
祝允明 0210
庄大椿 3404
庄大中 3679
庄恭 3684
庄光前 2304
庄介祎 4342
庄纶渭 3212
庄崧甫 2964
庄泰弘 2820
庄廷旉 1475
2028
庄为玑 3360
庄肇奎 2746
庄肇麟 4567
赘漫野叟 0373
自强学斋主人 0739

总理各国事务
衙门　0740
0741
0742
0743
0744
0745
0926
1060
总理海军事务
衙门　0863
总理交涉通商
事务衙门　0746
邹代钧　0864
1725
3876
邹德溥　0007
邹恒　2747
邹衡　3112
邹辉清　0692
邹璟　1476
3162
邹均　4683
邹凌沅　1860
邹鲁　3504
邹允中　2715
邹知新　2656
祖泽潜　2414
2415
左臣黄　2926
左圭　4434
4435
左举汉　2305
左树夔　3381
左锡九　0833
左宗棠　1061
4684
4685
4686

主要参考文献

方宾观:《中国人名大辞典》,商务印书馆 1921 年版。
邓衍林:《中国边疆图籍录》,商务印书馆 1958 年版。
洪焕椿:《浙江地方志考录》,科学出版社 1958 年版。
张国淦:《中国古方志考》,中华书局 1962 年版。
张舜徽:《清人文集别录》,中华书局 1963 年版。
"国立"中央图书馆:《明人传记数据索引》,(台北)"国立"中央图书馆 1965 年版。
文献丛刊编辑部:《文献》(第八辑),书目文献出版社 1981 年版。
段木干:《中外地名大辞典》,(台中)人文出版社 1981 年版。
谭正璧:《中国文学家大辞典》,上海书店 1981 年版。
南京大学历史系中国历代名人辞典编写组:《中国历代名人辞典》,江西人民出版社 1982 年版。
庄炳章、郑焕章:《泉州历代名人传》(上册),晋江地区文化局文管会 1982 年版。
李澍田:《东北史志文献要略》,吉林师范学院 1983 年版。
武新立:《明清稀见史籍叙录》,金陵书画社 1983 年版。
张震东、杨金森:《中国海洋渔业简史》,海洋出版社 1983 年版。
浙江省台州地区地名委员会:《台州地名通览》,浙江省台州地区地名委员会 1983 年版。
中国第一历史档案馆:《清代档案史料丛编》(第九辑),中华书局 1983 年版。
中国历史大辞典·史学史卷编纂委员会:《中国历史大辞典·史学史卷》,上海辞书出版社 1983 年版。
洪焕春:《浙江方志考》,浙江人民出版社 1984 年版。
孔昭明:《台湾文献史料丛刊》(第一辑),(台北)台北大通书局 1984 年版。

世界历史词典编委会:《世界历史词典》,上海辞书出版社 1985 年版。
宫栾鼎:《烟台市地方志藏书目录》,烟台市地方史志办公室 1985 年版。
倪波:《江苏方志考》,吉林省地方志编纂委员会 1985 年版。
宋慈抱:《两浙著述考》,浙江人民出版社 1985 年版。
王桂云、鲁海:《山东地方史志纵横谈》,吉林省地方志编纂委员会 1985 年版。
魏东波:《天津地方志考略》,吉林省地方志编纂委员会 1985 年版。
陈加、郭君、孙仁奎:《辽宁地方志论略》,吉林省地方志编纂委员会 1986 年版。
大连市图书馆:《大连图书馆古籍善本书目》,大连市图书馆 1986 年版。
复旦大学历史地理研究所:《中国历史地名辞典》,江西教育出版社 1986 年版。
黄苇:《中国地方志词典》,黄山书社 1986 年版。
李昭恂、王汝梅:《文史书目手册》,吉林大学出版社 1986 年版。
明文书局:《中国史学史辞典》,(台北)明文书局 1986 年版。
秦皇岛市地名办公室:《河北省地名志秦皇岛市分册》,河北省地名委员会 1986 年版。
广东地名委员会:《南海诸岛地名资料汇编》,广东省地图出版社 1987 年版。
黄邦和、皮明庥:《中外历史人物词典》,湖南人民出版社 1987 年版。
吉林省图书馆学会:《闽志谈概》,吉林省地方志编纂委员会 1987 年版。
李华兴:《近代中国百年史辞典》,浙江人民出版社 1987 年版。
林焕文、徐景学:《世界名人辞典》,黑龙江朝鲜民族出版社 1987 年版。
上海师范大学图书馆:《上海方志资料考录》,上海书店 1987 年版。
吴枫:《简明中国古籍辞典》,吉林文史出版社 1987 年版。
广西壮族自治区通志馆:《广西方志提要》,广西人民出版社 1988 年版。
李默:《广东方志考略》,吉林省地方志编纂委员会 1988 年版。
马子华、温功义:《读古指南:五百要籍简介》,重庆出版社 1988 年版。
申畅、陈方平:《中国目录学家辞典》,河南人民出版社 1988 年版。
曹殿举:《吉林方志大全》,吉林文史出版社 1989 年版。
车吉心、梁自洁、任孚先:《齐鲁文化大辞典》,山东教育出版社 1989 年版。

胡道静：《简明古籍辞典》，齐鲁书社 1989 年版。
湖北省地方志编纂委员会：《湖北省志人物志稿》（第 4 卷），光明日报出版社 1989 年版。
李盛平：《中国近现代人名大辞典》，中国国际广播出版社 1989 年版。
李玉安、陈传艺：《中国藏书家辞典》，湖北教育出版社 1989 年版。
王桂云：《山东方志汇要》，宁夏人民出版社 1989 年版。
陈相因、秦邕江：《广西方志佚书考录》，广西人民出版社 1990 年版。
顾海：《东南亚古代史中文文献提要》，厦门大学出版社 1990 年版。
蒋维锬：《妈祖文献资料》，福建人民出版社 1990 年版。
林正秋：《中国地方志名家传》，黄山书社 1990 年版。
刘申宁：《中国兵书总目》，国防大学出版社 1990 年版。
任道斌、李世愉、商传：《简明中国古代文化史词典》，书目文献出版社 1990 年版。
苏英博：《海南名人辞典》，中山大学出版社 1990 年版。
孙文范：《世界历史地名辞典》，吉林文史出版社 1990 年版。
谭其骧：《中国历代地理学家评传》第二卷《两宋元明》，山东教育出版社 1990 年版。
佟建寅：《台湾历史辞典》，群众出版社 1990 年版。
许嘉璐：《传统语言学辞典》，河北教育出版社 1990 年版。
张政烺：《中国古代职官大辞典》，河南人民出版社 1990 年版。
中国古籍善本书目编辑委员会：《中国古籍善本书目》（丛部），上海古籍出版社 1990 年版。
祝鸿熹、洪湛侯：《文史工具书辞典》，浙江古籍出版社 1990 年版。
庄树藩：《中华古文献大辞典·医药卷》，吉林文史出版社 1990 年版。
王兆明、傅朗云：《中华古文献大辞典·地理卷》，吉林文史出版社 1991 年版。
王者悦：《中国古代军事大辞典》，国防大学出版社 1991 年版。
赵国璋、潘树广：《文献学辞典》，江西教育出版社 1991 年版。
东北人物大辞典编委组：《东北人物大辞典》，辽宁人民出版社 1992 年版。
宁波词典编委会：《宁波词典》，复旦大学出版社 1992 年版。
台港澳大辞典编委会：《台港澳大辞典》，中国广播电视出版社 1992

年版。
陈高春：《中国古代军事文化大辞典》，长征出版社1992年版。
黄永年：《古代文献研究集林》（第二集），陕西师范大学出版社1992年版。
来新夏：《河北方志提要》，天津大学出版社1992年版。
刘德有、马兴国：《中日文化交流事典》，辽宁教育出版社1992年版。
卢尔德平：《中华文明大辞典》，海洋出版社1992年版。
马学新、曹均伟：《上海文化源流辞典》，上海社会科学院出版社1992年版。
舒诚：《中外名书奇书趣书禁书博览》，燕山出版社1992年版。
汪家君：《近代历史海图研究》，测绘出版社1992年版。
王绍曾、沙嘉孙：《山东藏书家史略》，山东大学出版社1992年版。
伍杰：《中外旧约辞典》，青岛出版社1992年版。
许焕玉、周兴春：《中国历史人物大辞典》，黄河出版社1992年版。
赵忠文：《中国史史学大辞典》，延边大学出版社1992年版。
郑文翰：《军事大辞典》，上海辞书出版社1992年版。
中国历史大辞典·清史卷编纂委员会：《中国历史大辞典·清史卷》，上海辞书出版社1992年版。
港澳大百科全书编委会：《港澳大百科全书》，花城出版社1993年版。
丁乐超：《中外法学名人辞典》，青岛出版社1993年版。
山东省地方史志编纂委员会：《山东省志·测绘志》，山东省地图出版社1993年版。
王杏根、冯芝祥：《古籍书名辞典》，学林出版社1993年版。
吴井田：《世界谋略大典》，海天出版社1993年版。
徐复、季文通：《江苏旧方志提要》，江苏古籍出版社1993年版。
镇海县志编纂委员会：《镇海县志》，中国大百科全书出版社1994年版。
高占祥、朱自强、张德林：《中国文化大百科全书·历史卷》，长春出版社1994年版。
夏亨廉、肖克之：《中国农史辞典》，中国商业出版社1994年版。
严恺：《水利词典》，上海辞书出版社1994年版。
严佐之：《近三百年古籍目录举要》，华东师范大学出版社1994年版。
中国边疆史地研究中心：《海南及南海诸岛史地论著数据索引》，中州古籍出版社 1994 年版。
周世德：《雕虫集·造船兵器机械科技史》，地震出版社 1994 年版。
常州市地方志纂委员会：《常州市志》，中国社会科学出版社 1995 年版。
范秀传：《中国边疆史地古籍题解》，新疆人民出版社 1995 年版。
海军军事学术研究所、中国军事科学学会办公室：《甲午海战与中国海防：纪念甲午海战 100 周年学术研讨会论文集》，解放军出版社 1995 年版。
林天蔚：《方志学与地方史研究》，（台北）南天书局 1995 年版。
刘德城、周羡颖：《福建名人词典》，福建人民出版社 1995 年版。
陈陪辉：《厦门经济特区辞典》，人民出版社 1996 年版。
广州市地方志编纂委员会：《广州市志》，广州出版社 1996 年版。
季啸风：《中国书院辞典》，浙江教育出版社 1996 年版。
中国历史大辞典·历史地理卷编纂委员会：《中国历史大辞典·历史地理卷》，上海辞书出版社 1996 年版。
黄惠贤：《二十五史人名大辞典》，中州古籍出版社 1997 年版。
林煌天：《中国翻译词典》，湖北教育出版社 1997 年版。
刘纬毅：《汉唐方志辑佚》，北京图书馆出版社 1997 年版。
柳海松：《爱新觉罗家族全书：典迹备览》，吉林人民出版社 1997 年版。
梅森、刘辰：《中国专业志要览》，安徽科学技术出版社 1997 年版。
钱仲联、傅璇琮、王运熙等：《中国文学大辞典》，上海辞书出版社 1997 年版。
陈光贻：《中国方志学史》，福建人民出版社 1998 年版。
陈玉芳：《古籍线装丛书子目索引》，黑龙江人民出版社 1998 年版。
池秀云：《历代名人室名别号辞典》，山西古籍出版社 1998 年版。
莱阳市史志编纂委员会办公室：《莱阳古今杰出人物》，山东省新闻出版局 1998 年版。
老铁：《中华野史辞典》，大象出版社 1998 年版。
吕一燃：《中国北部边疆史研究》，黑龙江教育出版社 1998 年版。
潘猛：《温州历史文选》，作家出版社 1998 年版。
青岛市史志办公室：《青岛市志·文化志/风俗志》，新华出版社 1998 年版。
吴土存、沈固朝：《南海数据索引》，海南出版社 1998 年版。

中国海军百科全书编审委员会：《中国海军百科全书》，海潮出版社 1998 年版。
钟启河：《湘军与台湾》，海风出版社 1998 年版。
（清）永瑢、纪昀：《四库全书总目提要》，海南出版社 1999 年版。
黄开国、李刚、陈兵：《诸子百家大辞典》，四川人民出版社 1999 年版。
黄鸣奋、李菁：《厦门人物・历史篇》，鹭江出版社 1999 年版。
麻承照：《中国鱼文化》，中国文联出版社 1999 年版。
潘玉田、陈永刚：《中西文献交流史》，北京图书馆出版社 1999 年版。
烟台文化志编纂委员会：《烟台文化志》，人民出版社 1999 年版。
杨昶：《占候解读》，广西民族出版社 1999 年版。
杜信孚、赵敏元、毛俊仪：《同名异书汇录》，江苏古籍出版社 2000 年版。
管益农：《兵法谋略辞典》，陕西人民出版社 2000 年版。
胡守为、杨廷福：《中国历史大辞典・魏晋南北朝史卷》，上海辞书出版社 2000 年版。
江庆柏：《近代江苏藏书研究》，安徽文艺出版社 2000 年版。
李灵年、杨忠：《清人别集总目》，安徽教育出版社 2000 年版。
李兴盛：《黑龙江流寓人士传记资料辑录》，黑龙江人民出版社 2000 年版。
骆伟：《广东文献综录》，中山大学出版社 2000 年版。
吴士余、刘凌：《中国学术名著大词典・古代卷》，汉语大词典出版社 2000 年版。
中国历史大辞典・科技史卷编纂委员会：《中国历史大辞典・科技史卷》，上海辞书出版社 2000 年版。
钟叔河：《走向世界：近代中国知识分子考察西方的历史》，中华书局 2000 年版。
周家珍：《20 世纪中华人物名字号辞典》，法律出版社 2000 年版。
邹振环：《晚清西方地理学在中国：以 1815 年至 1911 年西方地理学译著的传播与影响为中心》，上海古籍出版社 2000 年版。
戚继光研究丛书编辑委员会、蓬莱旅游度假区管理委员会：《戚继光研究论集》，华文出版社 2001 年版。
陈在正：《台湾海疆史研究》，厦门大学出版社 2001 年版。

龚烈沸：《宁波古今方志录要》，宁波出版社2001年版。
顾炳权：《上海历代竹枝词》，上海书店出版社2001年版。
柯愈春：《清人诗文集总目提要》（中册），北京古籍出版社2001年版。
来新夏、郭凤岐：《天津大辞典》，天津社会科学院出版社2001年版。
林平、张纪亮：《明代方志考》，四川大学出版社2001年版。
刘凌、吴士余：《中国学术名著大词典・近现代卷》，汉语大词典出版社2001年版。
陶存焕、周潮生：《明清钱塘江海塘》，中国水利水电出版社2001年版。
吴成平：《上海名人辞典》，上海辞书出版社2001年版。
李胜伍：《万国大地全图》，中国大百科全书出版社2002年版。
青岛市史志办公室：《青岛市志・方志志》，五洲传播出版社2002年版。
尚恒元、孙安邦：《中国人名异称大辞典・综合卷》，山西人民出版社2002年版。
王俊良：《中国历代国家管理辞典》，吉林人民出版社2002年版。
许保林：《中国兵书通鉴》，解放军出版社2002年版。
戈炳根：《常熟国家历史文化名城词典》，上海辞书出版社2003年版。
贾贵荣、王冠：《宋元版书目题跋辑刊》，北京图书馆出版社2003年版。
美国哈佛大学哈佛燕京图书馆：《美国哈佛大学哈佛燕京图书馆藏中文善本汇刊》，商务印书馆2003年版。
吴希贤：《历代珍稀版本经眼图录》，中国书店2003年版。
厦门市图书馆：《厦门人物辞典》，鹭江出版社2003年版。
殷梦霞、王冠：《古籍佚书拾存》，北京图书馆出版社2003年版。
（清）永瑢等：《集部典籍概览》，山东画报出版社2004年版。
广东省地方史志编纂委员会：《广东省志・社会科学志》，广东人民出版社2004年版。
韩飞：《文化知识大博览：交通・邮政》，远方出版社2004年版。
李孝聪：《美国国会图书馆藏中文古地图叙录》，文物出版社2004年版。
李瑞良：《中国出版编年史》，福建人民出版社2004年版。
马蓉、陈抗、钟文等：《永乐大典方志辑佚》，中华书局2004年版。
毛庆耆：《岭南学术百家》，广东人民出版社2004年版。
石昌渝：《中国古代小说总目：文言卷》，山西教育出版社2004年版。
王鸿鹏、王凯贤、张荫堂：《中国历代探花》，解放军出版社2004年版。

曾枣庄：《中国文学家大辞典》，中华书局2004年版。
(明) 王叔杲：《王叔杲集》，上海社会科学院出版社2005年版。
(清) 翁方纲：《翁方纲纂四库提要稿》，上海科学技术文献出版社2005年版。
陈玉莹：《中国近现代人物名号大辞典》(全编增订本)，浙江古籍出版社2005年版。
程峰：《覃怀历史人物传略·隋唐宋元明清卷》，中国文史出版社2005年版。
黄秀文、吴平：《华东师范大学图书馆藏稀见方志丛刊》，北京图书馆出版社2005年版。
李伟：《中国近代翻译史》，齐鲁书社2005年版。
李玉安、黄正雨：《中国藏书家通典》，中国国际文化出版社2005年版。
钱其琛：《世界外交大辞典》，世界知识出版社2005年版。
上海市地方志办公室：《上海方志提要》，上海社会科学院出版社2005年版。
上海通志编纂委员会：《上海通志》，上海社会科学院出版社2005年版。
王欣欣：《山西历代进士题名录》，山西教育出版社2005年版。
翁连溪：《中国古籍善本总目》(子部)，线装书局2005年版。
赵炳武：《山东省地方志联合目录》，中国文联出版社2005年版。
朱鉴秋：《百年郑和研究数据索引：1904—2003》，上海书店出版社2005年版。
(清) 曾唯：《东瓯诗存》，上海社会科学院出版社2006年版。
中国新编地方志总目提要编纂委员会：《中国新编地方志总目提要》，方志出版社2006年版。
陈瑞赞：《东瓯逸事汇录》，上海社会科学院出版社2006年版。
陈贻庭：《台湾古诗选》，九州岛出版社2006年版。
成淑君：《明代山东农业开发研究》，齐鲁书社2006年版。
淡泊：《中华万姓谱》，中国档案出版社2006年版。
鞠德源：《钓鱼岛正名：钓鱼岛列屿的历史主权及国际法渊源》，昆仑出版社2006年版。
李浩、贾三强：《古代文献的考证与诠释：海峡两岸古典文献学国际学术会议论文集》，上海古籍出版社2006年版。

吕济民：《中国传世文物收藏鉴赏全书：古籍善本》，线装书局 2006 年版。
罗春荣：《妈祖文化研究》，天津古籍出版社 2006 年版。
牧野：《雷州历史文化大观》，花城出版社 2006 年版。
潘荣胜：《明清进士录》，中华书局 2006 年版。
山东省地方史志办公室：《山东省新编地方志总目提要》，山东省地图出版社 2006 年版。
唐涛、吴晓：《地理学家辞典》，远方出版社 2006 年版。
徐宗泽：《明清间耶稣会士译著提要》，上海书店出版社 2006 年版。
张树云：《清官集》，研究出版社 2006 年版。
张银河：《中国盐业人物》，中国文史出版社 2006 年版。
张志哲：《中华佛教人物大辞典》，黄山书社 2006 年版。
江西省人物志编纂委员会：《江西省人物志》，方志出版社 2007 年版。
曹之：《中国古籍版本学》，武汉大学出版社 2007 年版。
陈金林、徐恭时：《上海方志通考》，上海辞书出版社 2007 年版。
陈琳：《贵州省古籍联合目录》，贵州人民出版社 2007 年版。
福州市地方志编纂委员会：《福州人名志》，海潮摄影艺术出版社 2007 年版。
傅洁琳、李天程、周明昆：《中华进士全传·山东卷》，泰山出版社 2007 年版。
全国古籍整理出版规划领导小组办公室：《新中国古籍整理图书总目录》，岳麓书社 2007 年版。
上海图书馆：《中国丛书综录·总目》，上海古籍出版社 2007 年版。
王树春：《胶东文化研究：家族文化补遗》，中国社会科学出版社 2007 年版。
王树连：《中国古代军事测绘史》，解放军出版社 2007 年版。
赵传仁、鲍延毅、葛增福：《中国书名释义大辞典》，山东友谊出版社 2007 年版。
浙江省民政厅：《浙江区划地名溯源》，浙江大学出版社 2007 年版。
郑笑笑、潘猛补：《浙南谱牒文献汇编》（诗词篇），（香港）香港出版社 2007 年版。
邹振环：《西方传教士与晚清西史东渐：以 1815 年至 1900 年西方历史译

著的传播与影响为中心》，上海古籍出版社 2007 年版。
(清) 全祖望:《甬上族望表》，宁波出版社 2008 年版。
安徽历史名人词典编辑委员会:《安徽历史名人词典》，安徽教育出版社 2008 年版。
苍南杨氏通志编纂委员会:《苍南杨氏通志》，西泠印社出版社 2008 年版。
浙江省出版志编纂委员会办公室:《浙江历代版刻书目》，浙江人民出版社 2008 年版。
曹月堂:《中国文化世家·燕赵辽海卷》，湖北教育出版社 2008 年版。
陈笃彬、苏黎明:《泉州古代著述》，齐鲁书社 2008 年版。
陈建根:《中国文言小说精典》，山东大学出版社 2008 年版。
何卜吉:《海南地方文献书目提要》，三环出版社 2008 年版。
郎丽华:《中国贸易问题研究》，中国经济出版社 2008 年版。
李树棣、张利民、王中田:《黄河三角洲古代文化名人著述目录》，齐鲁书社 2008 年版。
廖克、喻沧:《中国近现代地图学史》，山东教育出版社 2008 年版。
刘小树:《世界各国军事著作》，燕山出版社 2008 年版。
盛博:《宋元古地图集成》，星球地图出版社 2008 年版。
孙文良、董守义:《清史稿辞典》，山东教育出版社 2008 年版。
万正中:《徽州人物志》，黄山书社 2008 年版。
吴钧:《南风歌：运城盐池咏诗抄》，山西春秋电子音像出版社 2008 年版。
卓新平:《基督教小辞典》，上海辞书出版社 2008 年版。
(清) 张瑛:《兴义府志》，贵州人民出版社 2009 年版。
陈永正:《岭南历代词选》，广东人民出版社 2009 年版。
寸丽香:《白族人物简志》，中国民族摄影艺术出版社 2009 年版。
瞿冕良:《中国古籍版刻辞典》，苏州大学出版社 2009 年版。
李进莉、潘荣胜:《清代山东进士》，齐鲁书社 2009 年版。
刘琳:《中国长乐海军世家》，海潮摄影艺术出版社 2009 年版。
南京图书馆:《中国古籍善本书目索引》，上海古籍出版社 2009 年版。
王晓波:《清代蜀人著述总目》，四川大学出版社 2009 年版。
赵启林:《中国盐文化史》，大象出版社 2009 年版。

浙江省地方志编纂委员会：《宋元浙江方志集成》，杭州出版社 2009 年版。
中国古籍总目编纂委员会：《中国古籍总目·史部》，中华书局 2009 年版。
中国古籍总目编纂委员会：《中国古籍总目》，中华书局 2009 年版。
顾宏义：《宋朝方志考》，上海古籍出版社 2010 年版。
刘琳：《福建戍台名将列传》，福建美术出版社 2010 年版。
宋良曦、林建宇、黄健等：《中国盐业史辞典》，上海辞书出版社 2010 年版。
夏德仪：《百吉撰台湾文献丛刊序跋选录》，厦门大学出版社 2010 年版。
寻霖、龚笃清：《湘人著述表》，岳麓书社 2010 年版。
郑宝谦：《福建省旧方志综录》，福建人民出版社 2010 年版。
郑天挺、谭其骧：《中国历史大辞典》，上海辞书出版社 2010 年版。
中国地方志指导小组办公室：《中国方志通鉴》，方志出版社 2010 年版。
（清）程余庆：《历代名家评注史记集说》，三秦出版社 2011 年版。
冯志杰：《中国近代翻译史·晚清卷》，九州出版社 2011 年版。
连横：《台湾通史》，生活·读书·新知三联书店 2011 年版。
梁二平：《中国古代海洋地图举要》，海洋出版社 2011 年版。
彭兴林：《中国古城名胜图志·山东卷》，山东美术出版社 2011 年版。
中国地理学会历史地理专业委员会历史地理编辑委员会：《历史地理》（第 25 辑），上海人民出版社 2011 年版。
朱玲玲：《地图史话》，社会科学文献出版社 2011 年版。
邹振环：《晚明汉文西学经典：编译、诠释、流传与影响》，复旦大学出版社 2011 年版。
（明）陈第、郭庭平：《一斋诗文集》，福建教育出版社 2012 年版。
（明）郭棐、王元林：《岭海名胜记校注》，三秦出版社 2012 年版。
（清）郭嵩焘：《郭嵩焘全集》，岳麓书社 2012 年版。
（清）卢建其、张君宾：《宁德县志》，厦门大学出版社 2012 年版。
谌小灵：《明清海防研究》（第 6 辑），广东人民出版社 2012 年版。
戴东阳：《晚清驻日使团与甲午战前的中日关系：1876—1894》，社会科学文献出版社 2012 年版。
房学嘉、周云水、冷剑波：《张弼士为商之道研究》，华南理工大学出版社 2012 年版。
顾奎相：《辽海历史名人传》，辽宁教育出版社 2012 年版。
顾希佳：《中国古代民间故事长编 · 宋元卷》，浙江大学出版社 2012 年版。
顾希佳：《中国古代民间故事长编 · 明代卷》，浙江大学出版社 2012 年版。
广州图书馆：《广东历代著者要录 · 广州府部》，广州出版社 2012 年版。
洪光荣：《中国历代文学书目举要 · 先秦汉魏晋南北朝编》，新世界出版社 2012 年版。
洪振宁：《温州文化史图说》，浙江摄影出版社 2012 年版。
湖南图书馆：《湖南古旧地方文献书目》，岳麓书社 2012 年版。
梁二平、郭湘玮：《中国古代海洋文献导读》，海洋出版社 2012 年版。
骆兆平：《天一阁藏明代地方志考录》，宁波出版社 2012 年版。
宋正海：《潮起潮落两千年：灿烂的中国传统潮汐文化》，海天出版社 2012 年版。
王宏斌：《晚清海防地理学发展史》，中国社会科学出版社 2012 年版。
王继平等：《晚清人才地理分布研究：1840—1912》，中国社会科学出版社 2012 年版。
王肇文：《古籍宋元刊工姓名索引》，上海古籍出版社 2012 年版。
姚伟钧、刘朴兵、鞠明库：《中国饮食典籍史》，上海古籍出版社 2012 年版。
张荣生：《中国历代盐文学作品选注》，凤凰出版社 2012 年版。
张晓编：《近代汉译西学书目提要：明末至 1919》，北京大学出版社 2012 年版。
祝鼎民：《中国古小说百篇注说》，金盾出版社 2012 年版。
[日] 村田忠禧：《日中领土争端的起源：从历史档案看钓鱼岛问题》，社会科学文献出版社 2013 年版。
[日] 佐滕三郎、徐静波、李建云：《近代日中交涉史研究》，上海人民出版社 2013 年版。
白寿彝：《中国通史》，上海人民出版社 2013 年版。
陈佳荣、朱鉴秋：《渡海方程辑注》，中西书局 2013 年版。
陈心蓉：《嘉兴刻书史》，黄山书社 2013 年版。

陈泽泓：《岭表志谭》，广东人民出版社 2013 年版。
邓孔昭：《郑成功与明郑在台湾》，厦门大学出版社 2013 年版。
刁美林、邵岩：《故宫博物院藏清代珍本方志解题》，故宫出版社 2013 年版。
范凤书：《中国著名藏书家与藏书楼》，大象出版社 2013 年版。
冯远：《岭南名家墨迹》，文物出版社 2013 年版。
湖湘文库编辑出版委员会：《湖湘文库书目提要》，岳麓书社 2013 年版。
江庆柏：《江苏地方文献书目》，广陵书社 2013 年版。
刘师培：《中国地理教科书》，广陵书社 2013 年版。
马子木：《清代大学士传稿：1636—1795》，山东教育出版社 2013 年版。
司马朝军：《续修四库全书杂家类提要》，商务印书馆 2013 年版。
王晓天、王国宇：《湖南古今人物辞典》，湖南人民出版社 2013 年版。
席会东：《中国古代地图文化史》，中国地图出版社 2013 年版。
徐侠：《清代松江府文学世家述考》，生活·读书·新知三联书店 2013 年版。
徐振韬：《中国古代天文学词典》，中国科学技术出版社 2013 年版。
寻霖、刘志盛：《湖南刻书史略》，岳麓书社 2013 年版。
闫彦、李大庆：《浙江海潮·海塘艺文》，浙江大学出版社 2013 年版。
张朔人：《明代海南文化研究》，社会科学文献出版社 2013 年版。
张学松：《流寓文化与雷州半岛流寓文人研究》，中国社会科学出版社 2013 年版。
曹子西：《北京历史人物传》，燕山出版社 2014 年版。
陈其弟：《品味修志》，广陵书社 2014 年版。
陈心蓉、丁辉：《嘉兴历代进士藏书与刻书》，黄山书社 2014 年版。
顾志兴：《钱塘江藏书与刻书文化》，杭州出版社 2014 年版。
韩结根：《钓鱼岛历史真相》，复旦大学出版社 2014 年版。
华林甫：《清代地理志书研究》，中国人民大学出版社 2014 年版。
姜维公、刘立强：《中俄界记：中俄外交沿革史》，黑龙江教育出版社 2014 年版。
李恩涵：《外交家曾纪泽：1839—1890》，东方出版社 2014 年版。
刘海峰：《百年清史纂修史》，安徽人民出版社 2014 年版。
刘廷乾：《江苏明代作家文集述考》，南京大学出版社 2014 年版。

妈祖文献整理与研究丛刊编纂委员会：《妈祖文献整理与研究丛刊》，鹭江出版社 2014 年版。
王文楚：《史地丛稿》，上海人民出版社 2014 年版。
张兰英：《船政文化概论》，鹭江出版社 2014 年版。
国家图书馆中国边疆文献研究中心：《文献为证：钓鱼岛图籍录》，国家图书馆出版社 2015 年版。
李金松：《洪亮吉年谱》，人民出版社 2015 年版。
曲彦斌：《葑菲菁华录：历代采风问俗典籍钩沉》，大象出版社 2015 年版。
上官涛、胡迎建：《近代江西文存》，社会科学文献出版社 2015 年版。
国家图书馆中国边疆文献研究中心：《南海诸岛图籍录》，国家图书馆出版社 2016 年版。
陈贞寿：《中国船政文化史》，中国大百科全书出版社 2016 年版。
符宁平、闫彦：《海塘历史文献集成》，中国水利水电出版社 2017 年版。
方坤、王颖、梁春晖：《中国沿海疆域历史图录》，黄山书社 2017 年版。
宫楚涵、俞冰：《海上丝绸之路文献汇编》，学苑出版社 2018 年版。
徐圣言：《清朝涉外战争史》，江苏大学出版社 2018 年版。
中国海疆旧方志编委会：《中国海疆旧方志增编》，蝠池书院 2018 年版。

后　　记

做了十几年编目员，习惯了埋头书卷默默无闻，各种图书经眼过手无数，却从未敢想过有朝一日自己的名字也会出现在一本书的封面之上。因此，解老师刚提出合作编写一部涉海古文献目录提要的想法时，我虽决定试试，却没有太多自信，那时只道此事不易，却未曾想过会是一场远远超出预期的劳心费力的持久战。

起初，我们全凭有限的一点专业知识摸着石头过河，在所有可获取的资源中爬梳剔抉，在不断增删改的过程中点滴积累、聚沙成塔。没有任何经验可循，走过许多弯路，经历了多次大幅调整，数年下来各种修订版本多不胜数，也数次因无心之失，致使几个月的心血付之东流，痛心之余只能重新来过。尤其有难度的是对文献具体信息的考证，有些古文献尤其是佚书因未被研究和引用造成无从查考，又有些文献信息虽可从多处来源查到，却又内容相忤，是非难辨，有时仅为一个字的抉择就要耗费半天的时间。考证的结果，有拨云见日的欣喜，有鲁鱼亥豕的纠结，也有徒劳无功的失落，个中甘苦一言难尽。此外，同书异名和同名异书的分辨与揭示、版本的区分、繁简体字的转换著录（书稿原为繁体字）、用四部法统一分类排序等工作，也都着实费了许多工夫。

本书编写过程中面临的最大困难是极度缺乏相对完整的时间，参编的同事都是馆内业务骨干，在单位能将繁重的工作完成并做好已是不易，下班后的时间大半还被琐碎的家务事占用。解老师、温老师和我在此期间更是先后经历了二宝降生的特殊阶段，对于我们而言，属于自己的不被干扰的时间是最为奢侈的，可利用的只有孩子们入睡后的半夜乃至后半夜，以及周末和假期中少得可怜的可自由支配时间，不仅如此，还时常要被运行缓慢的电脑、不稳定的网速以及难以抵御的疲劳所折磨。编写过程极为耗时，时间又奇缺，再加上编目员对细节锱铢计较的强迫症不允许我们敷衍了事草草交稿，因此，虽然本书数据的收集整理皆在《民国卷》之先，成书却足晚了《民国卷》四年！出版过程也是一波三折——因不是专职教师，申请项目资助异常艰难，后来通过多方努力方得以出版。在整个过程中，多亏有解老师以他敏锐的眼光和优秀的执行力，一路带领团队克服了重重困难，使得本书最终得以面世，数年的心血才最终有了一个实实在在的结果。一件起初前途未卜、无名无利的事，靠什么能坚持六年之久呢？我以为不仅仅是出于我们身为涉海高校图书馆员的使命感，最主要的还是大家都能不忘初心，一直秉着要把这项有意义的工作完成好的信念，才一路披荆斩棘，坚持到了最后。

通过编纂本书，我获益良多，尽管曾经惶惑、焦虑、倦怠，但更学会了坚韧、奋进和自信。书囊无底，查阅的文献越多越广，越认识到自身知识水平的匮乏，进而愈加努力在书中汲取知识充实自己；故纸堆中久远的快被人忘却的那些人、那些事，使我对历史、对人生有了更多的领悟。自己受过的图书馆学、古代文学教育，学过的文献学、目录学等课程，以及在全国古籍普查工作中所接受的古籍编目、登记及审校的培训，此次全部都派上了用场，也算是没有辜负了平生所学吧。

我们深知自身水平尚浅，本书虽前后历经几年打磨，由于掌握的资料所限，书中仍有一些未解决的问题暂无力深入探究，只能存疑。再加上数据几经增删、分合、筛选、调序，我等虽已尽力，但错讹必然在所难免。现在拿来示人，依然惶恐忐忑，期待方家指谬，也盼能与同侪交流提高。我们的工作仍在继续，成稿后，又陆续发现了一些未被收入的涉海古文献，希望日后有机会增补进去。倘若本书的出版能够让那些以往鲜有问津的宝贵文献重新发挥其应有的价值，或是能对我国涉海领域的研究有所助益，那将会是最使我们感到欣慰和自豪的事情。

最后，衷心感谢给我支持、为我分忧的亲爱的家人们！

齐晓晨

2019 年 7 月 1 日

The Cambridge Ancient History

Volume VI

The Fourth Century B.C.

6

剑桥古代史

第六卷

公元前4世纪

[英] D.M.刘易斯（D.M.Lewis） 等编

晏绍祥 等译

CAMBRIDGE

中国社会科学出版社

审图号：GS（2020）571 号
图字：01－2009－0804 号
图书在版编目（CIP）数据

剑桥古代史．第六卷，公元前 4 世纪／（英）D. M. 刘易斯等编；晏绍祥等译．—北京：中国社会科学出版社，2020. 3

书名原文：The Cambridge Ancient History，Volume Ⅵ：The Fourth Century B. C.
ISBN 978－7－5161－9692－2

Ⅰ．①剑…　Ⅱ．①D…②晏…　Ⅲ．①世界史—古代史　Ⅳ．①K12

中国版本图书馆 CIP 数据核字（2017）第 032629 号

出 版 人　赵剑英
责任编辑　刘志兵　刘　芳　耿晓明
责任校对　赵雪姣
责任印制　李寡寡

出　　版　中国社会科学出版社
社　　址　北京鼓楼西大街甲 158 号
邮　　编　100720
网　　址　http://www.csspw.cn
发 行 部　010－84083685
门 市 部　010－84029450
经　　销　新华书店及其他书店

印刷装订　北京市十月印刷有限公司
版　　次　2020 年 3 月第 1 版
印　　次　2020 年 3 月第 1 次印刷

开　　本　650×960　1/16
印　　张　83
字　　数　1342 千字
定　　价　246.00 元

This is a Simplified-Chinese translation edition of the following title published by Cambridge University Press:

The Cambridge Ancient History, Vol. 6: The Fourth Century B. C.

ISBN 0521233488

主　编　D. M. 刘易斯（D. M. Lewis），不列颠科学院院士，
牛津大学古代史教授
约翰·博德曼（John Boardman），不列颠科学院院士，牛津大学古典考古学与艺术林肯讲席教授
西蒙·霍恩布洛尔（Simon Hornblower），牛津大学奥里尔学院研究员和导师、古代史讲师
M. 奥斯特瓦尔德（M. Ostwald），斯瓦兹莫尔学院古典学小威廉·R. 凯南（William R. Kenan，Jr）荣休教授，宾夕法尼亚大学古典研究荣休教授

译　者　晏绍祥，首都师范大学历史学院教授
李永斌，首都师范大学历史学院副教授
崔丽娜，中央民族大学历史文化学院教授

总 译 序

《剑桥古代史》《剑桥中世纪史》与《剑桥近代史》是剑桥大学出版社出版的三部世界史名著，代表了西方史学研究的趋势和水平，在西方史学界乃至世界史学界享有极高的学术地位，国际史坛习称为“剑桥三史”。其中，《剑桥近代史》的第2版以《新编剑桥世界近代史》的中文译名，已由中国社会科学出版社出版，成为我国学人及广大世界史爱好者的重要读物。

《剑桥古代史》初版于20世纪前期，自70年代开始由英语世界及法国、德国等国的知名学者和专家进行长达30年的重写，由原来的12卷扩展至14卷19册。新版《剑桥古代史》将初版中公元3世纪的古代史下限推到公元7世纪左右，大量增加关于古代埃及、西亚文明与早期希腊历史，以及社会经济史、文化史的内容，在古代文明的起源、古代经济的一般特征、古典文明与东方文明的关系、古代世界的转变等一系列根本问题上，取得了重大突破。

《新编剑桥中世纪史》共计7卷8册，与旧版《剑桥中世纪史》相比，在编写体例和篇章编排上更为清晰明了，突破了传统政治史的旧框架，试图呈现“全面的历史”，将经济、社会、精神、文化等领域纳入论述范围，提供了对中世纪更为全面、翔实的记载。值得注意的是，新编系列摆脱了以往将欧洲视为世界全部的“欧洲中心论”，反对将欧洲各国历史机械拼凑或简单相加，力图从整体上考察中世纪欧洲各国的历史发展轨迹及相互间的影响，反映了一个世纪以来西方学术研究的繁荣与进步。

多卷本《剑桥古代史》（14卷19册）和《新编剑桥中世纪史》（7卷8册），由于篇幅巨大，内容涉及史前史、古埃及史、古代近东史、古希腊史、古罗马史、基督教文明史、伊斯兰教文明史等丰富的历史与多种文字，其中包括大量古代文字，如埃及象形文字、西亚楔形文字、古希腊文、拉丁文等，翻译难度极大，此前一直未能组织翻译出版，这不能不说是中国世界史学界的一大憾事。

改革开放以来，我国世界古代史和世界中世纪史学科取得长足进步，在高校与科研院所中形成了一批受过良好的专业和外语训练的研究队伍，翻译《剑桥古代史》与《新编剑桥中世纪史》的条件逐渐成熟。由于历史学是其他各门人文社会科学的基础，翻译出版两部巨著，不仅会改变中译本《新编剑桥世界近代史》“一只孤雁”的状态，把体现世界史学高水平的“剑桥三史”全部介绍到国内，而且对推动我国世界历史学科，特别是世界古代史和中世纪史学科的建设和人才队伍建设，着力提升中国世界史体系及世界通史研究水平具有重要的学术价值。迄今为止，《剑桥古代史》和《新编剑桥中世纪史》尚无英文之外的译本，中译本的完成和出版，将是这两套重要历史学著作的第一个译本，对于提高我国世界史研究在国际学术界的地位，以及提高我国的文化软实力都有重要意义。

为了将这两部史著翻译成中文出版，中国社会科学出版社于2008年购得了两部著作的中文版权。2010年初启动了由著名历史学家、时任中国社会科学院副院长武寅研究员主持的“《剑桥古代史》《新编剑桥中世纪史》翻译工程”。2010年下半年，该工程被批准列为中国社会科学院重大科研项目和国家社科基金重大招标项目。

在首席专家武寅研究员的领导下，翻译工程集中了全国科研机构和高等院校世界古代中世纪史一流学者组成翻译队伍；聘请国内世界古代、中世纪史老专家作为顾问；组成了由具有较高学术水平和组织经验的世界史专家、出版社领导及相关人员参加的翻译工程工作委员会（简称总编委会），负责翻译工程的日常工作，确保翻译、出版工作的顺利进行。

“翻译工程”不是简单的、一般意义的翻译，而是将这种翻译建立在深入研究的基础上，在某种意义上，这是难度更大、任务更为艰巨的研究性课题。两套史书共27卷册，涉及语种众多，国内和海外对人名、地名及专有名词的译法多有不一。课题组首先组织翻译了各卷册名词索引，又由专人将其汇编成两大本《世界古代史译名词典》和《世界中世纪史译名词典》，作为翻译工程的指南，将来可作为我国世界古代、中世纪史研究和翻译的工具书出版。两部史著不仅涉及的语种多，涉及的学科门类也多，增加了翻译的难度，课题组反复多次请教了不同语种不同专业的专家，解决难点疑点问题。在忠实翻译原著的同时，为便于读者理解，适当增加了译注，在一定程度上反映了国内外最新研究成果和中国学者的观点。

虽然时间紧、任务重，课题组成员发扬艰苦奋斗、精益求精、甘于奉献的精神，按时完成了任务。在此谨对课题组全体成员表示感谢，感谢首席专家武寅研究员，她自始至终率领大家攻坚克难，并从头到尾审阅了全部书稿；感谢于沛研究员做了大量组织工作并审阅了大部分书稿；感谢郭小凌教授和侯建新教授，在完成本卷册翻译任务的同时，还分别担任了古代史和中世纪子课题的负责人，做了大量组织和审稿工作；感谢所有译者，他们拿出宝贵时间，完成繁重的翻译工作。特别感谢刘家和、朱寰、王敦书、庞卓恒等国内著名老专家，作为顾问全力支持翻译工程。感谢中国社会科学院科研局和国家社科规划办提供的多方支持，有力保证了“翻译工程”顺利进行。感谢中国社会科学出版社赵剑英社长在人力财力上给予大力支持，感谢郭沂纹副总编做了大量具体的组织统筹工作，感谢前社长孟昭宇和原副总编辑曹宏举等关心和支持本课题的所有人，没有他们的支持，本课题也不可能顺利完成。

剑桥翻译工程课题组

2017 年 12 月 17 日

《剑桥古代史》译序

经过八年的集体努力，《剑桥古代史》中译本14卷19分册终于开始陆续出版发行了。抚弄这部鸿篇巨制，感慨作者的高瞻与博识，译者的真诚与执着，出版者的远见与魄力，当然还有国家重视文化建设的大背景助力，特别是国家社科基金与中国社会科学院社科基金的有力支持。

《剑桥古代史》是剑桥大学出版社自1902年以来出版的三部区域断代史之一，另两部是《剑桥中世纪史》与《剑桥近现代史》，我国学界习称之为剑桥三史。这三部巨著问世以来，在国际历史学领域一直是同类著作的翘楚，就其权威性、科学性、前沿性、综合性和学术影响而言，至今无出其右者。归纳这三套史书广受学界欢迎的原因，不能不提到最早面世的《剑桥近现代史》的编写与出版群体。没有他们最初的努力，就不会有今天三十多部洋洋大观的剑桥断代史、区域史、国别史、专史的集成，当然也不可能有读者手中的这套中译本。

1896年3月11日，剑桥大学法律史教授麦特兰德（F. W. Maitland，1850—1906）、古典学教授杰克逊（H. Jackson，1839—1921）向剑桥大学出版社董事会提议编写剑桥史书并得到董事们的认可。但起初的建议者和董事会成员都希望编写一部范围更为广泛的著作，如《世界史》或《通史》。剑桥大学近代史钦定讲座教授阿克敦勋爵（Lord Acton，1834—1902）受邀主持编写工作后，说服董事会把范围缩小至近现代史，因为那不仅是他熟悉的领域，而且是他认为史料最为充分、成书条件更为成熟的选题。

他邀请英语世界的学术带头人参与编写，为整个工作制订了必须严格遵循的基本原则，即19世纪史学客观主义或实证主义原则的著名表述："我们的方案要求所有的作者不能显露他所属的国家、宗教和党派"，"我们将力避发挥不必要的议论或拥护某一立场。撰稿者要懂得，我们不是处在西经 30 度而是在格林威治的子午线上，我们所编写的滑铁卢战役必须使得不论法人、英人、德人与荷兰人阅后都能感到满意"。

这种客观中立的治史原则虽然在历史写作实践中难以彻底贯彻（人毕竟是倾向于主观的动物），但仍然在很大程度上得到了所有撰稿人的认同与遵守，并深刻影响到后来展开的剑桥古代史和中世纪史的编纂，成就了剑桥史的盛名。这三部大书后来成为西方史学关于一定时空范围内的世界史的最新资料与最新诠释的权威之作，被世界各国历史学科及其他相关学科图书馆列为基本藏书，某种程度上具有了工具书的性质，也因此使剑桥史书与牛津辞书一道成为英国出版界与学界的骄傲。这一切与开创者阿克敦制订的基本原则存在着必然联系。

但阿克敦本人并未看到《剑桥近现代史》（1902—1912 年）的出版，他在该书第一卷问世之前便不幸辞世，继续主持剑桥史编写工作是同代的另一位客观主义的大史家伯里（J. B. Bury）。他先是主编了《剑桥近现代史》的姊妹篇《剑桥中世纪史》（1911—1936 年出版），又与库克（S. A. Cook）、阿德考克（F. E. Adcock）等教授合主编了 12 卷本的《剑桥古代史》（1924—1939 年，另有 5 卷图表）。

《剑桥古代史》的本意并不是要叙述整个古代世界的历史，而是西方文明的古代史。而叙述古代西方文明，就不能不提近东史，如伯里所说：西方文明的源头无法到凯尔特人和日耳曼人的蛮荒森林中去发现，只能到埃及和西南亚文明中寻求。所以《剑桥古代史》把埃及和西亚文明的历史纳入书中，这就确定了《剑桥古代史》的空间范围。

由于早期史学研究方向的局限，《剑桥古代史》第一版仍以传统的政治史、军事史为主题，经济史、社会史基本处于作者的视野之外（除了第 5 卷涉及少量经济史的内容），且因书成众手，全书内容与观点的统一存在一些瑕疵。进入 20 个世纪 50 年代，随着西方史学的显著发展，剑桥三史的内容已落后于学科的进步，剑桥大学出版社启动了《剑桥近现代史》第二版的编写，同时带动了古代史和中世纪史的改编。1961 年，新版《剑桥古代史》编写工作启动，1970 年先期完成的个别卷印行，全部 14 卷 19 分册至 2005 年全部出齐，可谓

40多年磨一剑，内里的含辛茹苦可知。

新版《剑桥古代史》在书名上是新剑桥三史中唯一没有冠以“新编”（New）字样的一部巨著，但这不等于它没有“新”。相反，其新意在书中无处不在，全面反映了古代史学科六十多年的进步和时代特点，其中包括大量新增的经济史、思想史、文学艺术史、社会史及妇女、奴隶、低下等级社会成员的内容，编年范围也自旧版的4世纪延伸到6世纪，即古代晚期。更值得一提的是新版编写方针的转变，它把适应一般读者需要的旧版改变为面对史学专业的读者，包括古代史的研究生和其他史学领域的专门人才，因此大大提升了整套书的学术性，即使缩小了读者面也在所不惜。这也是它为何附有详尽的注释，对存在争议的问题进行不厌其详的交代的原因。概言之，这是一部经得起较长时间检验的学术著作。

然而，学术分量的增强也加大了翻译的难度。尽管主持各分册翻译的学人皆是世界古代史领域的专家，不仅熟谙英文，许多人还熟悉或较为熟悉诸如象形文、楔形文、古希腊文、拉丁文等专业所需的死语言，既是自己负责的卷册的译者，也是该卷册的质检员；但吃透原文并能将它们转化为准确流畅的中文仍然是一件艰苦备尝的工作。此套书中有太多的复杂语境和历史文化背景，太多的艰涩人名和地名，太多的只有在实物和现场才易理解的分析与说明，这一切要求译者具有广泛深入的背景知识与语言能力。整个翻译过程都是译者不断学习、切磋、商议与不断纠错的过程。以中外译名对照表为例，仅仅推敲5万多个译名的正确音译便消耗了译者集体的大量时间和精力。为了一个词的正确译法，教授们往往吵得不可开交，争得面红耳赤。有时某个卷册的译者遇到一句一词的障碍，几天都难以通过，当时的痛苦与煎熬宛如分娩的难产。迄今整个翻译工程已经持续了四年，如这部皇皇巨著编写时遇到的情况一样，总体上仍看不到竣工的尽头。鉴于此，我们只能依循原版编写者的做法，完成一本并认为大体成熟了一本，便先出一本。

在翻译的过程中，我们已经多处发现原作者的笔误，并在译文中加以指出。但我们并不认为自己比原作者高明，因为人不是神，总有主观与客观的局限，如学力的局限，知识背景的局限，纯粹的“信达雅”只是翻译工作者的“一个高贵的梦”（a noble dream）。我们只能尽力而为，争取自身最大限度的译文通顺、似真度和雅致。由于难于做到绝对的真，我们在翻译过程中难免要加入主观的因素，因此这个译本的疏漏之处与原作者的疏失一样是不可避免的。我们诚挚地期待读者对译本提出改进意见。

参与此项工程的各卷册主持人名单如下：

第一卷第一分册：《导论与史前史》
汪连兴教授（苏州科技大学历史系）
第一卷第二分册：《中东地区早期历史》
刘健研究员（中国社会科学院世界历史研究所）
第二卷第一分册：《中东与爱琴地区约公元前1800—前1380年》
吴宇虹教授（东北师范大学古典文明研究所）
张强教授（东北师范大学古典文明研究所）
第二卷第二分册：《中东与爱琴地区约公元前1380—前1000年》
李政教授（北京大学外语学院）
第三卷第一分册：《巴尔干半岛史前史、中东与爱琴海世界公元前10—前8世纪》
王以欣教授（南开大学历史系）
第三卷第二分册：《亚述帝国与巴比伦帝国以及近东其他国家公元前8—前6世纪》
拱玉书教授（北京大学外语学院）
第三卷第三分册：《希腊世界的扩展公元前8—前6世纪》
黄洋教授（复旦大学历史系）
第四卷：《波斯、希腊与西地中海地区约公元前525—前479年》
张强教授（东北师范大学古典文明研究所）
第五卷：《公元前5世纪》
郭小凌教授（北京师范大学历史学院）
第六卷：《公元前4世纪》
晏绍祥教授（首都师范大学历史学院）
第七卷第一分册：《希腊化世界》
杨巨平教授（南开大学历史学院）
第七卷第二分册：《罗马的兴起至公元前220年》

胡玉娟研究员（中国社会科学院世界历史研究所）
王大庆教授（中国人民大学历史系）
第八卷：《罗马与地中海世界至公元前133年》
陈恒教授（上海师范大学历史系）
第九卷：《罗马共和国末期公元前146—前43年》
裔昭印教授（上海师范大学历史系）
第十卷：《奥古斯都帝国公元前43—公元69年》
宫秀华教授（东北师范大学历史系）
第十一卷：《帝国盛期70—192年》
金寿福教授（复旦大学历史学院）
第十二卷：《帝国危机193—337年》
徐晓旭教授（中国人民大学历史系）
叶民副教授（南开大学历史学院）
第十三卷：《晚期帝国337—425年》
陈仲丹教授（南京大学历史系）
第十四卷：《晚期古典世界：帝国及其继承者425—600年》
祝宏俊教授（南京大学历史系）
宋立宏教授（南京大学历史系）

在本书开始付梓之际，我对以上合作者表示衷心的感谢，对汪连兴教授在全书翻译规则的设定与译名统一方面所做的突出贡献表示高度的敬意。在这里还应感谢项目总负责人武寅研究员对翻译工作的指导和支持，感谢赵剑英、曹宏举、郭沂纹、魏长宝、王茵为代表的中国社会科学出版社的领导、有关编辑和工作人员以及所有关心、支持这套书翻译与出版的人。

在翻译工程刚刚启动时，北京师范大学历史学院在读研究生朱毅璋、刘衍钢、张轶、陈超、宋新泉、陈钗、白树军参与了译名的整理筛选工作，在此一并表示感谢，并祝福这些年轻的学人在工作岗位上一切顺利。

是为序。

郭小凌

2019年7月15日于北京京师园

译　者　序*

对20世纪中期以前的大多数学者而言，公元前4世纪的历史被希腊的衰落和马其顿的崛起左右。当时罗马仍在为中部意大利的霸权与周边地区作战，而波斯和埃及据称已经衰落，历史的中心变成了希腊世界。在希腊世界中，因为斯巴达、雅典和底比斯在争夺希腊霸权的斗争中先后败下阵来，让腓力二世和亚历山大统治下的马其顿击败了希腊，完成了希腊人向往的征服波斯的事业，所以《剑桥古代史》第6卷第1版把马其顿作为历史中心，将其命名为“公元前401—前301年的马其顿”。①

然而，这幅以希腊世界为中心，希腊城邦、波斯与埃及日益衰落、马其顿日渐崛起的图景，在第二次世界大战后逐渐遭遇挑战。首先，公元前350年之前，很难说马其顿是东部地中海历史舞台上最为重要的力量，波斯和希腊城邦仍然是该地区历史的主导者。公元前323年亚历山大去世后，纵横于东部地中海舞台上的，则是名义上属于马其顿、实际上是创建希腊化世界的亚历山大的将军们。虽然这些人都以马其顿和亚历山大的继承人自居，但他们的精神和作为，更多地与后来的希腊化世界而不是之前的马其顿相联系，舞台的中心也是

---

* 本文前几部分曾以“重构公元前四世纪的古典世界”为题发表于《历史研究》2015年第1期，承《历史研究》杂志和责任编辑舒建军编审同意，略作修改后作为本书的序言，特此致谢。

① J. B. Bury, S. A. Cook and F. E. Adcock, eds., *The Cambridge Ancient History*, vol. 6, Cambridge: Cambridge University Press, 1927. 这种倾向在后来的著述中仍然存在。如斯塔尔的《古代世界史》有关公元前4世纪的论述仅涉及希腊世界，并把公元前404—前336年间称为希腊历史上“一个困难的时代，既表现为混乱，也显示了活力”，但随后的论证，更多地强调了希腊城邦的混乱与衰落，活力被归于马其顿。中国学者似乎也接受了这种基本看法。如朱龙华先生认为，伯罗奔尼撒战争后，“希腊历史进入城邦危机阶段，希腊古典文明亦由全盛走向衰落”。公元前4世纪希腊唯一得到显著发展的，只有奴隶制。见 Chester G. Starr, *A History of the Ancient World*, 4th ed., New York and Oxford: Oxford University Press, 1991, p. 360；朱龙华先生的观点请见吴于廑、齐世荣总主编，刘家和、王敦书主编：《世界史》古代史编上卷，高等教育出版社1994年版，第270—271页。

西亚和埃及，马其顿不过是影响该时期的因素之一。像《剑桥古代史》第6卷第1版那样，将一个如此复杂的时代笼统称为马其顿时期，显然不太合理。其次，在西部地中海区，西西里和意大利的历史发展很少受到马其顿本质性的影响，那里的主角是迦太基、西西里的叙拉古以及南意大利的希腊人和罗马，甚至斯巴达和科林斯也一度成为重要角色，唯独不见马其顿。马其顿的主题，显然不可能恰当地涵盖西部地中海区的历史。最后，凯尔特人和希腊世界周边的其他地区，真的对古典世界的发展不够重要吗？公元前3世纪凯尔特人已经入侵希腊大陆，一度逼近希腊人宗教圣地德尔斐；罗马在公元前4世纪初被高卢人攻陷，此后罗马与高卢人的战争成为其对外战争的重要部分，被征服的高卢人领土，构成罗马帝国最重要的一个部分；② 意大利人的势力正在兴起，并且给那里的希腊人施加了强大压力，他们在政治上的实验与军事上的进步，对后来的罗马产生过重要影响。③ 如果继续忽视周边地区对古典世界的影响，似乎不够合理。

20世纪后半期以来学术界对公元前4世纪古典世界历史的新认识，在《剑桥古代史》第6卷第2版④的论述中得到了比较充分的反映。它吸收了最近50年来有关该时期最新的成果，预示了该领域某些新的方向。对于这些新动向，国内学术界虽有所了解，但似乎不够深入和全面，典型表现是仍把公元前4世纪作为希腊城邦危机时代对待。⑤ 因此，把这些新的看法（尽管可能并不新）介绍给国内学术界，或许仍有一定积极意义。本文将以《剑桥古代史》第6卷第2版的论述为中心，从三个方面探讨古史学界对该时期历史新的认识：

---

② 关于凯尔特人对希腊人和罗马人的影响，见莫米利亚诺《外族的智慧》，晏绍祥译，生活·读书·新知三联书店2013年版，第66—97页。

③ 意大利南部希腊人的历史以及罗马之前意大利人的历史，长期以来被英美学术界忽视，但罗马人的诸多制度和习惯，受该地区意大利人和希腊人的影响颇深。英美学者最近开始注意到这个问题，见Kathryn Lomas, *Rome and the Western Greeks 350 BC - AD 200*: *Conquest and Acculturation*, London: Routledge, 1993; Tim Cornell, *The Beginnings of Rome*: *Italy and Rome from the Bronze Age to the Punic Wars* (*c.* 1000 - 264 *B. C.*), London: Routledge, 1995, pp. 86 - 92, 230 - 232。

④ John Boardman, et al., eds., *The Cambridge Ancient History*, vol. 6, 2nd ed., Cambridge: Cambridge University Press, 1994. 下引该书一般只夹注页码。

⑤ 如吴于廑、齐世荣总主编，刘家和、王敦书主编的《世界史》古代史编上卷（第270页）认为，公元前4世纪希腊进入衰落时期。齐世荣总主编，杨共乐、彭小瑜主编的《世界史》古代卷（高等教育出版社2006年版，第161页）也认为，“进入公元前4世纪，希腊城邦都在不同程度上开始呈现出衰微的迹象”。孙道天的观点大致相同，见氏著《古希腊历史遗产》，上海辞书出版社2004年版，第122—123页。

重新认识公元前4世纪的希腊历史、重估波斯帝国专制与衰落论、解构腓力及亚历山大的“光辉”形象。

重新认识公元前4世纪的希腊史

1927年，由伯里等主编的《剑桥古代史》第6卷出版。该卷的副标题为“公元前401—前301年的马其顿”。在解释何以把马其顿作为公元前4世纪古典世界历史的主题时，主编们提出的理由是：波斯帝国已经衰落，虽然它仍能对希腊事务施加影响，却只是让希腊陷入分裂和软弱。“历史的讽刺在于，正是这种让希腊国家软弱和分裂的政策为马其顿的崛起铺平了道路。”希腊本土的三大强国斯巴达、雅典和底比斯，“谁也无力或者有意愿对希腊行使连续的霸权或推进统一，从而阻止马其顿的成功”。狄奥尼修斯时代的叙拉古霸权未能在他死后延续下来，即使“在其延续时期，它也被用来支持斯巴达的政策”，对希腊历史的发展无足轻重。因此，“我们看到希腊人自身无力实现统一，或者抛弃那已经不敷实际用途的政治理想”。于是，马其顿君主国的崛起，特别是腓力的天才，因为“希腊人政治能力的破产成为可能”。即使提摩莱昂能够在西西里暂时复兴城邦的理想，“但在这里，时代不过是在等待一个阿伽托克勒斯”，[⑥] 即公元前3世纪前期那个掌握西西里霸权的僭主。第1版对希腊人政治和军事失败的强调，意在说明君主国统一东西地中海区，为当时基本的历史趋势。马其顿的崛起，是历史必然性的一部分。

强调公元前4世纪希腊衰落的传统绝不仅仅从近代开始。修昔底德证明，伯里克利以后的雅典民主政治已经败坏，后来的雅典政治家都是恶棍和无赖，应当为雅典在伯罗奔尼撒战争中的失败负责；亚里士多德的《雅典政制》将公元前4世纪的雅典民主笼统地归为激进民主；演说家伊索克拉底和德摩斯梯尼不约而同地把公元前5世纪的民主政治理想化，而猛烈抨击公元前4世纪的雅典政治家；色诺芬的

---

⑥ J. B. Bury, S. A. Cook and F. E. Adcock, eds., *The Cambridge Ancient History*, vol. 6, preface, pp. v – vi.

《希腊史》把公元前 4 世纪前期的希腊世界描写成以混乱开始，以更加混乱告终的时代；[7] 稍晚的提奥庞普斯，则以腓力为中心撰写他的历史。古代留下的基本文献，长期制约着近现代西方学术界对公元前 4 世纪希腊历史的认识，即使是努力为雅典民主政治辩护的格罗特，在写到公元前 4 世纪希腊的历史时，似乎也颇为尴尬。在他的笔下，雅典人面对腓力的扩张不思进取，“似乎是已经衰老了，他们已经变成了平和安稳、安土重迁的文雅公民”，[8] 致使希腊人在喀罗尼亚战役中败于马其顿之手。那些批评所谓激进民主者，更乐意见到雅典在公元前 4 世纪的“衰落”。在其名作《伯里克利以来的阿提卡政治》中，贝洛赫为人们描绘的雅典，是内争不断、人民领袖摇唇鼓舌、国力不断衰败、道德不断下降的阴暗画面。只有胜利完成统一并且征服了波斯的马其顿，在德国和意大利完成民族国家统一的反衬下，闪现出光辉。[9]

可是，第二次世界大战后的研究，对于将马其顿作为公元前 4 世纪历史中心的观念提出了严重挑战。就希腊世界自身而论，公元前 4 世纪中期以前，执牛耳者分别是斯巴达和底比斯，而非马其顿；就城邦制度来说，雅典等城邦表现出足够的活力，而且学者们已经证明，即使喀罗尼亚战役后，希腊城邦制度仍保持活力。[10] 腓力和亚历山大的成就，与公元前 4 世纪希腊人在政治和军事上的创新之间，有明显的继承性。波斯帝国确实遇到了不少麻烦，但它强大的军事和财政实力，仍足以让它在一段时间里左右希腊大陆的局势，成为希腊世界争端的仲裁者和求援对象。基于这些考虑，《剑桥古代史》第 6 卷第 2 版对重点和主题做了根本性调整。从涵盖的时段上看，虽然该书名为公元前 4 世纪，实则仅涉及亚历山大去世前古典世界的历史，即从伯罗奔尼撒战争结束到公元前 322 年左右地中海地区的历史。它的起点

---

⑦ 关于修昔底德和公元前 4 世纪希腊人对雅典民主的看法，见晏绍祥《古典民主与共和传统》，上卷，北京大学出版社 2013 年版，第 96—139 页。

⑧ 转引自古奇《十九世纪历史学与历史学家》下册，耿淡如译，商务印书馆 1989 年版，第 513 页。

⑨ 《剑桥古代史》第 6 卷第 1 版之所以把马其顿作为公元前 4 世纪历史的中心，明显也受到了 19 世纪后期德国和意大利完成统一并走向强大和繁荣的影响，见 John Boardman, et al. , eds. , *The Cambridge Ancient History*, vol. 6, 2nd ed. , preface, p. xvii.

⑩ Erich S. Gruen, “The Polis in the Hellenistic World”, in Ralph M. Rosen and Joseph Farrell, eds. , *Nomodeiktes: Greek Studies in Honor of Martin Ostwald*, Ann Arbor: The University of Michigan Press, 1993, pp. 339 – 354.

是斯巴达在希腊的霸权，终点是马其顿在东部地中海区和西亚、埃及地区建立的帝国。马其顿的兴起似乎仍是该书历史的“终极目标”。但是，第2版用“公元前4世纪”这个毫无色彩的时间概念取代第1版的“公元前401—前301年的马其顿”，已经体现了它对该时期历史的重新定位。在公元前4世纪前期的希腊大陆上，斯巴达和底比斯先后主导历史，雅典仍占有重要地位，马其顿无足轻重，是各个强国争夺和控制的对象；在西亚和埃及，波斯是支配性力量；在西部地中海，主角是与马其顿几乎毫无关系的迦太基、西西里的希腊人、意大利人和凯尔特人。从整体规划看，历史的中心是地中海，希腊大陆不幸“沦为”地中海地区众多历史中心中的一个，马其顿则退隐到幕后，西西里则因为叙拉古的狄奥尼修斯的霸国，获得了一章的篇幅。只是从公元前350年以后，马其顿才逐渐走出分裂的阴影，开始在东部地中海区扮演主角。然而在西部地中海，西西里和意大利仍然相当重要。提摩莱昂复兴西西里的努力，取得了相当程度的成功。如此处理，更能彰显公元前4世纪的一般特征：希腊并非当时西方文明的唯一代表，众多传统的汇合，既是古典希腊文明繁荣的一个前提，也预示了希腊化与罗马时代地中海地区历史发展的一般趋向。

就希腊世界历史论，第2版不再把希腊大陆作为唯一中心。波斯对希腊历史的影响得到充分重视。用该书“序言”的话表达：“公元前413年已经重返希腊舞台的波斯，是整个时期故事中的一个基本角色。”（序言第18页）依靠灵活的外交手段和雄厚的财政实力，波斯在希腊大陆政治中纵横捭阖，迫使从斯巴达到底比斯的希腊霸主拜倒在其权势之下。该书更大的变化，是对希腊世界其他地区的重视。西西里的、意大利的、西北希腊的和黑海地区的希腊人得到更多关注。在第1版中被忽视的非希腊人，如迦太基人、凯尔特人、意大利人、西徐亚人和色雷斯人的历史，被补充进来。他们的历史“提醒我们注意，不是所有重要的事情都发生在东部地中海区”（序言第18页）。通过放大视野，公元前4世纪地中海地区历史的多中心特征，在第2版中得到了比较充分的表现。因此，第2版第8—9章有关东西地中海各个地区的概论（占全书篇幅近40%），虽看似与希腊世界无关，却成为最受学者们肯定的部分。有关该书的书评，无不把这个部分作为第2版最为重要的贡献。[11]

在希腊大陆上，至少就公元前4世纪中期之前的历史论，第2版没有把马其顿作为中心。它仅仅作为斯巴达、雅典和底比斯干涉的对象或盟友偶尔出现，舞台上的主角是希腊人国家。“在我们所涉时期的前40年中，马其顿仅仅是主流事件的边缘，叙事性章节的划分，意在反映城邦连续征战的年代……与后一时期的区别，那时腓力和亚历山大为主导力量。”（序言第17页）具体地说，公元前362年之前，斯巴达、雅典和底比斯先后成为希腊大陆上的支配性力量。斯巴达和底比斯尤其重要。前者在公元前371年之前主宰着希腊世界的政治和军事史，后者在留克特拉战役后一度成为希腊大陆的霸主。虽然该书继续给予雅典以重要地位，却力图改变单纯以资料多寡来规定历史框架的传统，希望从当时历史的实际中，给予斯巴达和底比斯应有的尊重。体现在具体的内容上，是斯巴达、波斯和底比斯在前7章中无所不在，雅典尽管重要，但主要体现在第6章有关雅典第二同盟的叙述中。

第6卷第2版有关公元前4世纪希腊历史具体问题的看法，更引人注目。如前所述，该书第1版主要把那时的希腊历史作为马其顿兴起的背景处理，关注希腊人的衰落和失败：城邦体制已经不能适应新时代的需要，希腊人却仍然抱着残破的传统不放，政治上无所进步，最主要的是，未能创立统一的希腊人国家，最后为马其顿征服。所以，希腊的衰落是基调。第2版不否认希腊人政治上的不足，但转换了观察的视角。公元前4世纪希腊历史的第一阶段所以值得关注，“不仅是它暴露了希腊城邦政治上和其他方面的弱点”，“然而它仍然充满思想和创新”（序言第17页），即使在政治领域也如此。在第11章中，罗兹对希腊政治发展的整体分析，试图揭示如下基本事实：作为城邦，公元前4世纪的雅典仍然稳定而且强大，内部政治运转正常。在新的形势下，雅典人做出了很多调适，如适当限制公民大会的

---

[11] 在笔者搜罗到的有关该书的5篇书评中，几乎无一例外地对这两章都给予高度评价，不仅因为它们出自各个领域的专家之手，更重要的是它们较全面地展示了公元前4世纪地中海地区历史的图景。见 *Gnomon*, 70. Bd., H. 2 (1998), pp. 130 - 135; *Historische Zeitschrift*, Bd. 264, H. 2 (Apr., 1997), pp. 433 - 435; *The Classical Review*, New Series, vol. 46, No. 1 (1996), pp. 91 - 93; *Mnemosyne*, fourth series, vol. 51, fasc. 4 (Aug. 1998), pp. 489 - 497; *The International History Review*, vol. 18, No. 2 (May, 1996), pp. 376 - 378.

权威，提高法庭的地位；为了国家运转的效率，民主成分有所削减，让财政官员等的地位有所上升。该时期的斯巴达因为政治和社会的原因，在执掌希腊霸权的年代里诚然遇到了许多问题，但衰落也未必是它历史的主线。公元前4世纪前30年中，斯巴达把它的政治和军事优势运用到极致。留克特拉战役之后，斯巴达则为恢复其强国地位，表现了非常顽强的一面。在雅典和斯巴达之外的地区，希腊人政治上的创造力表现得更加明显。在阿卡狄亚，以麦伽罗波利斯的建立为标志，希腊人进行了联邦制的试验；在中希腊，底比斯人通过彼奥提亚同盟，实现了地区性统一。公元前4世纪的希腊与公元前5世纪确实不同，但那并不意味着希腊衰落，更不表示希腊人丧失了自由，或者说城邦制度已经灭亡。罗兹如此比较公元前5世纪希腊的鼎盛时代与公元前4世纪的“衰落”：

> 然而，公元前5世纪与公元前4世纪的区别，并不在于公元前5世纪希腊政制运行良好，而在于公元前4世纪未能良好运行。更进一步说，公元前5世纪的雅典和斯巴达拥有远胜于其他城邦的实力，他们能够将希腊世界划分为两个势力集团，保持一种并不典型的稳定性。一旦雅典在伯罗奔尼撒战争中败北、斯巴达在留克特拉战役中战败，空白就产生了，没有任何一个希腊城邦能够填补这一空白。联盟和同盟并不新鲜；联邦国家也不新鲜；正是因为这种稳定性已经被打破，所以在公元前4世纪，我们听说的联合越来越短暂。在腓力身上，马其顿拥有了一个国王，他能够抓住这个天赐良机。（第590页）

公元前4世纪希腊世界战争的频繁，是公元前5世纪斯巴达和雅典势力被消灭、城邦取得更大独立性的表现。公元前4世纪雇佣兵的增加，也并不必然代表城邦公民的爱国热情下降。当国家需要的时候，例如喀罗尼亚战役之时，公民仍会为城邦奋不顾身。城邦内部的冲突，也不完全意味着城邦制度本身遭遇危机。甚至在喀罗尼亚战役后，希腊城邦也并未彻底死去。一方面，城市和某种程度的城邦式生活随着亚历山大的征服在亚洲等更广大地区得到扩展，尽管它们是否完全符合古典城邦的特征，值得讨论，另一方面，希腊本土的城邦，从来没有放弃自己的自由梦想。“城邦和同盟继续存在，并且只要环境允许就会尽可能宣布独立。希腊政治制度并没有失败，并且显示了非同寻常的生命力。”（第591页）

罗兹对希腊本土希腊人政治经历的分析，得到了有关周边地区希腊人历史发展论述的补充。它们显示，希腊人并不只是会固守城邦体制，缺乏政治上的创意。在西北希腊（第9章第4节），那里的希腊人选择用部落联盟的方式解决政治统一问题，组建了具有代表制色彩的摩罗西亚人国家；在西西里（第5章和第13章），虽然那里的希腊人一直有着政治上不可靠的名声，但从公元前5世纪末到前4世纪中期约半个世纪的时间里，还是接受了狄奥尼修斯长期的僭主统治，一度甚至统治了南部意大利，将触角伸入亚得里亚海。但当提摩莱昂驱逐了迦太基人和僭主们，在西西里重建温和寡头政体后，那里的希腊人城市再度取得了数十年的稳定和物质上的繁荣。在黑海地区的博斯普鲁斯（第9章第6节），同样是希腊人，却在斯帕托库斯家族介于君主制和僭主制之间的政体下，实现了政治上的转型，并且在外有西徐亚人压力，内有雅典、马其顿和希腊化时代君主国卷入的复杂环境中，将独立一直维持到公元前3世纪初年。基于此，也许我们应当抛弃今天民族主义的有色眼镜，不以希腊人是否能够走向他们从未尝试过的所谓统一来判断他们的成败，也不片面强调城邦体制对希腊人不能形成统一国家的制约。就希腊世界整体而论，城邦式的国家形态，不过是希腊人创造的众多政治组织之一，在城邦内部，其政体也多种多样。多样化的政治体制和政治创造，正是希腊世界固有的特征。只是在过去，学者们过多地把眼光盯在希腊本土的雅典和斯巴达，忽略了希腊人政治组织的丰富性和多样性。公元前4世纪希腊人在政治组织上的实验，充分显示了希腊人的聪明才智，是其多样且丰富的文化和艺术作品产生的前提。这里我们也许可以把芬利评价雅典民主政治的话略加变通，应用到对公元前4世纪希腊人的历史上：我们不能在肯定他们近100年来文化成就的同时，却否定创造了这些成就的制度。[12] 对不同地区希腊人政治体制丰富性的揭示，对公元前4世纪希腊正走向没落观念的解构，成为第6卷第2版最为重要的贡献

⑫ M. I. Finley, “Athenian Demagogues”, *Past and Present*, No. 21 (Apr. 1962), pp. 3 – 24.

之一。

对于公元前4世纪希腊人在思想文化领域的创造，《剑桥古代史》第1版曾不以为然，认为希腊人政治上死抱着他们已经过时的城邦观念不放，文学上失去了创造性。第2版则采取了不同的立场，认为与公元前5世纪比较，虽然此时的希腊在社会经济和宗教等领域少有创新可言，但艺术上出现了“希腊化时代巴洛克风格的因素，其功能也更加多样”。文学上，“在柏拉图那里，希腊语成为独特的表达思想的灵活媒介。”“伟大学校的形成，确保了政治上衰落的雅典成为未来的文化中心，它们的物质形态将延续900年，其精神形态，尤其是亚里士多德的遗产，则还要长得多。”（序言第18页）体现在正文中，则是第2版篇幅宏大的第12章，分别概述了公元前4世纪希腊学校的成长和知识的进步，尤其是柏拉图和亚里士多德各自创建的学园及其在文化上的成就，以及艺术的变革。医学中固然包含着更多传统因素，但理性主义已然抬头，并成为希波克拉底派的主导原则。即使希腊人在战场上被马其顿人击败，他们的军事技术仍有值得肯定之处：最初的变革，出现在希腊大陆的斯巴达和西西里的叙拉古，腓力不过是综合利用了希腊人的发明。斯巴达人对普拉提亚的围困，创造了新的攻城和防御技术；最初的攻城机械，出自狄奥尼修斯统治下的叙拉古；雇佣兵的出现和轻装兵的兴起，成为后世腓力军队的前身。如果没有希腊人在这些领域的发明和创造，则腓力和亚历山大的胜利，将无法得到合理的解释。在讨论公元前4世纪的哲学时，第2版也试图做出创新，不再把眼光盯在柏拉图和亚里士多德等的哲学思想上，而更多地转向对哲学学校起源的历史背景、学校内部的管理机制、不同思想流派论证自己主张的方式，希望证明这些思想和文化上的创造，源自希腊城邦制度的启发，是城邦制度在意识形态领域的表现。

以上的介绍表明，《剑桥古代史》第6卷第2版给我们描绘的希腊世界，是一个城邦制度仍充满活力，政治上新实验层出不穷，思想与文化创造力勃发的时代。这种多维立体的画面，与古史研究从一般走向具体、从政治和军事主导走向社会大众的日常生活不无关系。[13]

---

⑬ 参见晏绍祥《古典历史的基础：从国之大事到普通百姓的生活》，《历史研究》2012年第2期。

面对这样一个创新与多种问题并存的世界，我们很难用简单的“衰落”来概括。

波斯帝国的统治与“衰亡问题”

中国学术界对公元前4世纪波斯的主要印象，用最为简单的话概括，大概两个词就够：专制和衰落。关于波斯帝国的专制问题，国内的学者大多以大流士改革为界，认为其奠定了波斯帝国专制主义中央集权的体制。但如笔者曾经在他文中指出的那样，[14] 波斯大王的权力虽然足够专制，掌控着上至王公大臣、下到升斗小民的命运，但所谓的中央集权，因为总督权力的放大和地方共同体的自治，实际上被消解。史料似乎表明，波斯帝国的统治，以高度尊重地方自治为一般特征。中央政府对地方的要求，主要限于赋税和征调军队等。对此这里不再赘述，而着重讨论公元前4世纪波斯的“衰亡”问题。在多数国人的印象中，公元前5世纪初波斯在希波战争中遭遇失败后，统治阶级内部争权夺利，帝国逐步走向衰落，因此面对马其顿亚历山大的入侵，波斯上下离心，士兵毫无斗志，皇帝带头充当逃兵，成为亚历山大赫赫功业的陪衬。[15]

中国学者的论点，并非全无根据。苏联科学院编辑的《世界通史》第2卷就认为：“阿契美尼德王朝强国的崩溃，正如在它以前的亚述帝国的崩溃一样，是完全合乎发展规律的”，原因在于巴比伦尼亚等地与波斯有联系的奴隶主阶级不满于王朝的专横；而那些偏远地区的奴隶主和地主，“对波斯强国的维护就更缺乏兴趣了”，并举出埃及、小亚细亚等为例。更重要的是，“到了波斯统治的末期，阿契美尼德王朝已经没有保证顺利进行大规模征服的力量了”。所以，“到希腊—马其顿进军时，阿契美尼德王朝强国已经外强中干，无力

---

⑭　晏绍祥：《波斯帝国的专制与集权》，《古代文明》2014年第3期；《米利都与波斯》，《世界历史》2015年第3期。

⑮　《世界上古史纲》上册（人民出版社1979年版，第226页）认为，大流士远征西徐亚人失败和在希波战争中屡次败北后，波斯“早已显露帝国的危机”（第229页）。李铁匠也认为波斯的衰落与其在希波战争中的失败密切相关。见李铁匠《伊朗古代历史与文化》，江西人民出版社1993年版，第四章。

长期顽强抗战了。外来的征服之时揭露和完成了内部的崩溃”。[16] 西方学者的解释虽然不同，但基本观点并无明显差异。《剑桥古代史》第6卷第1版认为，公元前4世纪的波斯帝国已进入最后的垂死阶段，表现为国王或者残暴无道（阿塔薛西斯二世），或者懦弱无能（阿塔薛西斯三世和大流士三世）；宫廷内部斗争激烈，宦官一度成为舞台上的主角，女性不断介入政治（阿塔薛西斯二世的母亲）；国王的政策摇摆不定，总督不断叛乱；苛捐杂税日益加重，塞浦路斯、腓尼基、埃及等地不断爆发起义，并且一度赢得独立。波斯镇压起义的努力，或者久拖不决，或者勉强成功，却耗尽了自身的力量。因此面对马其顿亚历山大的生力军，波斯军队不堪一击，迅速溃败。[17] 奥姆斯特德的观点大体类似，其《波斯帝国史》第21章以下基本可以概括为波斯政策的失败史。[18] 甚至伊朗人扎林库伯近年刚出版的《波斯帝国史》也仍持此种立场。根据他的看法，波斯帝国的衰亡虽然不像有些著述说的从大流士开始那么早，但也早到公元前5世纪中前期的薛西斯时代，那不仅因为他远征希腊失败，还因为他残暴无能，遭遇一系列宫廷冲突和内部叛乱。公元前4世纪的波斯帝国史，基本是无能的君主、地方的叛乱、国王镇压叛乱和宫廷斗争的历史。[19]

《剑桥古代史》第6卷第2版对这些传统看法进行了解构。如该书序言指出的，“公元前413年已经重返希腊舞台的波斯，是整个时期故事中的一个基本角色”（第xviii页）。这一点并不新奇，因为古典文献给我们的印象就是如此。斯巴达所以能够击败雅典，是因为波斯慷慨的资助，让它能够不断重建水师，以及斯巴达统帅吕桑德与波斯王子小居鲁士良好的关系；对斯巴达霸权最初的挑战，源自公元前

[16] 苏联科学院主编：《世界通史》第2卷上册，生活·读书·新知三联书店1960年版，第278—279页。

[17] 《剑桥古代史》第6卷第1版认为，阿塔薛西斯二世残暴且无信义，虽然成功结束了总督大叛乱，但公元前358年他去世时，波斯帝国较之前更加软弱；继位的阿塔薛西斯三世“根本不是政治家”，当其公元前338年去世时，波斯更加衰弱，他的继承者不得不面对不满的腓尼基及马其顿的威胁。见该书第21—24、131—168页。

[18] 奥姆斯特德：《波斯帝国史》，李铁匠译，上海三联书店2010年版，第352页以下。第21章名为“苛捐杂税及其后果”，随后的各章涉及总督大叛乱、埃及的暴动与征服、短暂的复苏、行将衰亡的和有生命力的宗教、西方的新风等。

[19] 阿卜杜·侯赛因·扎林库伯：《波斯帝国史》，张鸿年译，复旦大学出版社2011年版，第137—169页。该章的某些小标题颇能说明作者的立场，兹列举一二：“阴谋诡计”“埃及和希腊”“叛乱蜂起”和“阿尔达希尔二世的末日”。

395 年科农统帅下的波斯舰队摧毁了斯巴达水师；科林斯战争的爆发，据说与波斯金钱的支持有直接关系；大王和约的签订，源自斯巴达赢得了波斯的支持；此后，希腊使节经常出现于波斯宫廷中，或祈求得到金钱，或寻求政治和军事支持；甚至在马其顿亚历山大东侵时，波斯大王仍能携带大笔金钱到希腊活动，并在雅典引发了一场不大不小的政治风波。不过，这个问题并非全无争议。刘易斯曾经指出，古典文献给我们留下的印象并不准确。在详尽考察了公元前 5 世纪到“大王和约”之间波斯金钱的作用后，刘易斯指出，波斯大王并不大愿意使用金钱。偶有资助，也三心二意。所以，波斯大王的金钱，尽管从阿里斯托芬到埃斯基涅斯都喋喋不休，但既不大可能影响希腊世界金银的比率，也不大可能对希腊政治家造成长久影响。[20]

《剑桥古代史》第 6 卷第 2 版可能不会赞同刘易斯的消极意见。在公元前 4 世纪前期的历史叙述中，波斯与斯巴达、底比斯、大王和约与西西里等希腊的重要地区与事件一样，获得了一章的篇幅。它强调阿塔薛西斯一世左右了伯罗奔尼撒战争的结局；公元前 4 世纪前期的阿塔薛西斯二世固然在处理与西部总督区的关系时遇到了某些麻烦，但成功从希腊人手中夺取小亚细亚，并保持了 50 年之久；公元前 4 世纪后期的阿塔薛西斯三世成功平定塞浦路斯的动荡，重夺对埃及的控制权。在详尽回顾了公元前 4 世纪希腊与波斯的关系后，作者们指出，虽然波斯所有的行动，例如公元前 4 世纪初年盲目敌视斯巴达，不一定都合理，但通过灵活的外交手腕，波斯人基本达到了自己的目的：从希腊人手中取得小亚细亚；成功平定了总督的反叛；征服了塞浦路斯和埃及，打败了腓尼基的反叛者，维持了帝国的疆域和统治（第 48—50、68—96 页）。即使被阿里安视为草包的亡国之君大流士三世，军事上也不完全一无是处。他在爱琴海上的反攻，给亚历山大造成了巨大压力；他以金钱资助斯巴达发动战争，一度让马其顿摄政安提帕特处境狼狈；即使在经历伊苏斯和高伽美拉两次惨败后，大流士也并未完全放弃，仍期望以米底和东方诸省为中心组织抵抗。这样看来，公元前 4 世纪的波斯与公元前 5 世纪甚至更早的时候比

[20] D. M. Lewis, *Selected Papers in Greek and Near Eastern History*, Cambridge: Cambridge University Press, 1997, pp. 374 - 379.

较，并无本质性的区别，它的确是东部地中海区强大的势力，一个“基本角色”。

波斯的强大，源自其雄厚的政治和军事实力。如果说第三章在于展示波斯实力的外在表现，第八章则从对波斯帝国不同行省的分析中，具体表现了波斯帝国的繁荣和力量。它讨论了波斯帝国统治下的不同地区，主要是西部总督区内部的历史。这是该卷篇幅最大的两章之一，包括波斯统治下的小亚细亚、美索不达米亚、犹大、埃及以及塞浦路斯和腓尼基等地。在这些行省中，无论是社会经济发展，还是思想文化创造，都不乏亮点。小亚细亚固然犹如马赛克，不少土著部落仍保持独立，波斯人直接控制的地区不是非常多，而且不断遭遇希腊人入侵，但在波斯统治期间，希腊的、小亚细亚的和波斯的多种文化间实现了和平共处和适应，开始了希腊化进程；该时期经济繁荣的程度，如果建筑的兴盛可以作为证据，较雅典统治下的公元前5世纪可能更高。在逐个讨论了小亚细亚不同地区公元前4世纪的发展后，霍恩布洛尔提醒我们说：“卡利亚、吕底亚、吕西亚等地区的当地人，此前一直类似被剥削阶级，在公元前4世纪总督的治下，实际享有较在雅典帝国或公元前3世纪—前2世纪塞琉古王朝时代更好的命运。”（第228页）就文化发展论，“我们应当小心这样的假设：希腊人意味着美丽，而波斯人表示粗鲁”（第232页）。如果霍恩布洛尔的论述成立，则我们对公元前5世纪雅典帝国统治的性质、亚历山大的所谓解放希腊人，也许应当寻求与目前非常不同的解释。

美索不达米亚确有部分地区衰落，但巴比伦文书表明，那时该地区的灌溉系统有所发展，人口和定居点都有所增长，尼普尔、乌鲁克等地继续繁荣，巴比伦仍是帝国最为重要的城市和中心，保持着作为波斯帝国税收、粮食主要来源地的地位。用该节作者斯托尔珀的话说：“在巴比伦尼亚地区，大多数古老城市仍是活跃的法律和商业活动中心，它们之间的交流不受阻碍，有些城市由相当发达的腹地环绕，腹地点缀着大量村庄和相对说来略少的小城镇，并且为庞大而规律的灌溉系统支撑。最南端的衰落因对沿底格里斯河以东土地日益增多的利用，得到补充。无论巴比伦尼亚作为整体是否繁荣，巴比伦尼亚社会的某些阶层肯定兴旺，那里足以支持数量庞大的居民。拥有田庄的地主数量日益增多，他们有权参与帝国政府，并为帝国政府缴纳

税收，提供人力。”（第 244—245 页）

犹太人返回犹大地区后，基本活动大体不受波斯中央政府干涉，顺利完成了圣殿的修建以及与北方撒玛利亚人的分离，犹太宗教与文学在那个时期最终形成，犹太人历史上最为重要的一些成就——编订经典、撰写历史、创作诗歌等，大体都在该时期完成。塞浦路斯和腓尼基与公元前 5 世纪甚至更早的时候比较，也仍然保持繁荣，并且开始了文化上的希腊化进程。所谓波斯有意打压希腊文化，扶植东方文化的说法，并无事实根据。埃瓦戈拉斯等的暴动与扩张，虽然并非波斯本意，但那是波斯的统治策略。一旦波斯下定决心，便迅速收回了对塞浦路斯等地的控制权。总体上看，“腓尼基人城市从波斯的统治中受益，因为得到波斯大王的恩宠，而且从帝国的和平以及良好的交通中获利，尽管它们在西部失去了迦太基和其他殖民地，其繁荣却有所增长”（第 324 页）。“公元前 4 世纪，塞浦路斯和腓尼基诸王国曾短期期望获得即使不是充分的，至少也是更大的政治独立。但与某些希腊人城市也许期待过的相反，从波斯到亚历山大的变换，仅仅是对自治的削弱。虽然各个古老王朝的结束，并不都像萨拉米斯的王朝那样富有戏剧性，但继业者的统治最终终结了两个地区传统的政治体系。塞浦路斯和腓尼基成了希腊化君主国中普通的行省。”（第 335 页）最后让塞浦路斯和腓尼基失去其自治地位以及它们文化上独特性的，不是波斯，而是希腊人。

在波斯西部行省中，埃及可能是一个例外。作为一个历史悠久的文明古国，埃及拥有强烈的文化与政治独立传统。波斯的宽容政策，并未让埃及完全安静下来。公元前 5 世纪它就曾在希腊人支持下多次暴动，一度赢得独立。公元前 4 世纪的很长时间里，它也脱离了波斯的统治，建立了第 28—30 王朝。虽然公元前 4 世纪末波斯再度恢复了对埃及的统治，但波斯并未消灭埃及的政治与文化。尤其是第 30 王朝，“埃及最后一个独立时期虽被奥库斯的入侵粗暴终止，但仍是一个复兴与民族再发现的时代。它意在复活过去的伟大传统，特别是通过复活古代的诺姆制来复制第 26 王朝。他们乐观地希望，也许是小规模地再造公元前 525 年埃及被波斯征服前的伟大。可是，这个政策所产生的并非了无生趣的古典主义，而是具有相当活力的文化，有时是令人吃惊的革新，它注定将成为托勒密时代文明的基础”（第

349—350 页）。

因此，《剑桥古代史》第 6 卷第 2 版第 8 章给读者们勾勒的波斯帝国，并非一个即将走向灭亡的衰败王朝，而是一个地方享有不同程度自治权、经济和文化都保持繁荣与进步的多样化的帝国。它诚然遭遇了一定麻烦，但凭借君主的能力和帝国强大的实力，仍足以应付一般的威胁和冲突。希腊古典作家对波斯的一般印象，以及希腊人不断求援于波斯，并不说明当时的希腊人不清醒，而是现代学者因为被波斯败于马其顿这个后来的事件遮蔽了眼光，先入为主地判定了波斯的衰落和灭亡。波斯大王确实利用了希腊雇佣兵，但那并非波斯人缺乏战斗精神的表现，而是因为雇佣兵确实拥有一定战斗力，是波斯人对专业精神的尊重（况且雇佣兵也不都由希腊人组成）。同时，波斯人在需要时，仍具有足够的勇气和决心战斗，至少在伊苏斯和高伽美拉战役中，让马其顿人付出了沉重代价。

必须承认，第 2 版的上述看法为我们创造了一个“新的”、仍充满活力的波斯帝国，而且大多有丰富的资料作为证据。有关小亚细亚部分的论述利用了大量铭文；美索不达米亚部分则利用了包括穆拉舒档案在内的私人文件以及大量考古调查材料；犹大、塞浦路斯和腓尼基的文献相对丰富，但也使用了不少最新的考古成果。所以，他们的论证，具有相当的合理性，对我们重新认识公元前 4 世纪的波斯帝国，具有非常积极的意义。

可是，为了证明波斯的活力，第 2 版的某些方面可能走得过头。作者们似乎有意无意地忽视了一个基本问题：否认公元前 4 世纪的波斯至少在某些方面存在衰落的征兆和因素，将无法解释庞大的波斯面对实力（就人力和物力资源而论）明显不如自己的马其顿时，居然迅速失败。的确，与亚述和新巴比伦时代的征服者动辄屠杀被征服者不同，波斯人注意尊重被征服地区的习惯，给予地方适当的自治权，而且有时会任命被征服者的首领担任顾问等职务，给予他们似乎相当高的地位，如犹太人尼希米和以斯拉可能都在波斯宫廷中享有一定地位，尼希米还是国王的持杯者，即国王的近臣；[21] 希腊人中，米利都

[21] 《以斯拉记》，7，11—26；《尼希米记》，2，1—9。见《圣经》，新标准修订版，新标点和合本，第 715—717、724 页。

僭主希斯提埃伊欧斯、雅典被驱逐的僭主希庇亚斯、斯巴达被废黜的国王戴玛拉托斯、曾经的雅典英雄地米斯托克利等，都曾经得到波斯国王不同程度的任用。据说希斯提埃伊欧斯经常与大流士一道用餐；戴玛拉托斯曾经陪同国王薛西斯远征希腊；[22] 地米斯托克利到达波斯宫廷后，国王竟然高兴地在睡梦中三次喊出“我得到了雅典人地米斯托克利”。后来波斯人招引希腊人投降时，也经常用地米斯托克利作为参照，宣称会让他们在宫廷中具有比地米斯托克利更大的影响。[23] 言下之意，这些外族的廷臣可能左右国王的意见。

然而这些人在波斯帝国政府中真的有那么重要吗？关于犹太人中的那两位，我们只看到他们在修建耶路撒冷圣殿和组织犹太人社会方面发挥过作用，而且是执行波斯国王的旨意。希腊人的情况似乎比较复杂。据希罗多德，御医戴摩凯戴斯因为治好了国王大流士的脚伤，得到与国王同桌而食的荣誉，并且可能拯救过某些即将被处死的埃及医生的性命。在帮助大流士做出攻打希腊的决定时，他可能间接发挥过作用。后来他借机返回了希腊，才未发挥更多作用。[24] 至于其他人，似乎主要都是在事关希腊的问题上，才会被国王召请和咨询。米利都僭主希斯提埃伊欧斯好像非常重要，但只是在小亚细亚希腊人暴动时，被国王派回了米利都；雅典僭主希庇亚斯流亡波斯后，我们只看到他在马拉松登陆时出现过，而且明显没有统帅权，仅仅是个向导；戴玛拉托斯曾经介入波斯宫廷的王位继承问题，但希罗多德随后就说，无论戴玛拉托斯是否曾提出建议，薛西斯都会成为国王，“因为阿托撒握有绝对权力”，[25] 等于否定了戴玛拉托斯的任何作用。甚至大名鼎鼎的地米斯托克利，虽然学会了波斯语，一度在波斯宫廷中颇为风光，但不久后就因为担心波斯显贵会对他不利离开了宫廷，到小亚细亚的封地上做领主去了。如普鲁塔克所说，“因为国王牵挂着国家内政，全未注意希腊事务”。于是地米斯托克利无所事事，只能到处旅游。即使如此，他仍不敢得罪当地的波斯人，甚至为脱困需要

---

[22] 希罗多德：《历史》下册，王以铸译，商务印书馆 2005 年版，第 354、503—506、548—549 页。

[23] 普鲁塔克：《希腊罗马名人传》上册，黄宏煦等译，商务印书馆 1999 年版，第 264—265 页。

[24] 希罗多德：《历史》上册，王以铸译，商务印书馆 2005 年版，第 252—255 页。

[25] 希罗多德：《历史》下册，第 395—396、446—447、464 页。

贿赂总督的后宫人士。[26] 也就是说，所有这些希腊人，不管他们似乎在波斯大王面前多么风光，他们的责任，不过是为大王提供有关希腊问题的建议。

可是，即使在希腊问题上，核心的决策也是波斯人而非希腊人做出。向大流士建议征服希腊的是王后阿托撒，而非戴摩凯戴斯；希罗多德提到，马拉松战役后，不少希腊人督促波斯人再度出兵，但薛西斯首先仍是进攻埃及，而且明确提到，他根本无意进攻希腊。那也意味着，不管是色萨利的阿琉阿戴家族，还是雅典的庇西特拉图家族的后代，对薛西斯是否决定入侵希腊，并不能产生任何影响。在平定埃及后，薛西斯终于就是否出征希腊问题举行了御前会议。据希罗多德，出席会议的，是“波斯的第一流人物”，没有任何希腊人。在会上发言的，分别是大流士的女婿马尔多尼奥斯和国王的叔父阿塔巴佐斯，其中前者主战，后者主张安守本土，国王支持了马尔多尼奥斯。但当天夜里国王所做的梦，似乎让他在这个问题上产生了犹疑，于是找来叔父商量。当阿塔巴佐斯也确信，神灵希望波斯入侵希腊时，薛西斯最终下决心采取行动。整个决策过程，都是波斯人起决定作用，看不到任何其他部族的人员。在占领雅典后讨论下一步行动的军事会议上，尽管有希腊人列席会议，马尔多尼奥斯似乎也征询了所有人的意见，但那次会议很难说是一次真正的讨论会，因为绝大部分发言人只是简单表示同意马上决战，只有阿尔特米西娅提出了在伯罗奔尼撒各地登陆的主张。但这次会议很可能是个形式。一则波斯人对自己信心充足，认为有足够的力量击败希腊水师，另一方面，当时可能已经是 9 月底，必须马上决战，否则庞大的军队无法在希腊越冬。因此，最后的决定仍是波斯人马尔多尼奥斯的主张：立刻决战，而非看来非常合理的阿尔特米西娅的建议。[27]

波斯入侵希腊军队统兵将领的名册，也许会让我们对波斯统治的策略有所认知。据希罗多德记载，几乎所有的高级将领都是波斯人，而且其中相当大一部分，还出自阿契美尼家族。波斯人的统帅是薛西

---

[26] 普鲁塔克：《希腊罗马名人传》上册，第 265—267 页。

[27] 希罗多德：《历史》上册，第 253—254 页；下册，第 464—477、586—587 页。关于战役时间，请见 John Boardman, et al., eds., *The Cambridge Ancient History*, vol. 4, 2nd ed., Cambridge: Cambridge University Press, 1988, p. 583。

斯的岳父欧塔涅斯；米底人的统帅是阿契美尼家族的提格拉涅斯；奇西亚人的统帅是欧塔涅斯的儿子阿纳培斯；亚述人的统帅是欧塔斯佩斯，从其父亲的名字看，此人显然也出自阿契美尼家族；印度人的统帅帕尔纳扎特列斯，也出自阿契美尼家族。其他将领，也大多由波斯人出任。甚至波斯人最不擅长的水师，也由大流士的儿子等人统帅。当然，我们可以相信，低级将领，因为波斯帝国不同的部族各自说自己的语言，可能由各地的附庸充任，如哈利卡那苏斯的僭主阿尔特米西娅等。[28] 布里昂指出，至少从大流士时代开始，波斯帝国已经变成波斯人的帝国，而且主要是阿契美尼家族的波斯人的帝国。由此产生的一个重要后果是，帝国从中央到地方的高级职位，以及帝国发展所带来的好处，基本被波斯人垄断，非波斯人只能担任地位不够重要的地方长官和基层官吏，而且无法影响帝国中央政府的政策。作为一个统治着从印度河到地中海地区的庞大帝国，却只允许波斯人，而且是得到国王赏识的少数波斯人，享受帝国的收益，让它的社会基础不可避免地狭窄，并且给亚历山大提供了可以利用的机会。[29] 事实上，《剑桥古代史》第6卷第2版的作者们也透露了一些波斯内部不稳定的原因。例如，在美索不达米亚，虽然社会经济保持繁荣，但发展的成果基本为波斯上层阶级瓜分，普通劳动者不同程度地陷入困境。在有关犹太人历史的讨论中，也谈到犹太人因为需要支付波斯国王税收，不得不负债乃至出卖儿女的问题；有关小亚细亚和美索不达米亚的部分，也论及波斯分封显贵享用食邑造成的当地居民负担的加重。遗憾的是，这些内容不同程度地被忽视了，至少没有得到应有的强调。相应地，对于亚历山大入侵过程中，塞浦路斯和大多数腓尼基城市的放弃抵抗、小亚细亚部分部落首领的合作、埃及的主动投降，乃至高加美拉战役后巴比伦等地的主动投降，也未能得到合理的解释。

此外，第2版在肯定波斯尊重被征服地区习俗与制度的同时，忽视了波斯帝国统治的压迫性质。在西亚历史上臭名昭著的迁移被征服地区人口的政策，虽然在波斯时代规模不如新亚述时代明显，但并未彻底被放弃。公元前494年米利都被灭亡后，其残余人口被迁移；公

[28] 希罗多德：《历史》下册，第493—503页。

[29] Pierre Briant, *From Cyrus to Alexander: A History of the Persian Empire*, translated by Peter T. Daniels, Winona Lake, Indiana: Eisenbrauns, 2002, pp. 347 – 356.

元前490年埃里特里亚人被带到苏萨，后被安置到苏萨附近的王室领地上。肯定波斯帝国尊重被征服地区习俗并长期保持帝国统治的稳定并无错误，但忽视了它带来的部分负面影响：帝国缺乏统一的认同。在波斯帝国中，波斯人仍是波斯人，希腊人还是希腊人，其他诸如埃及人、巴比伦人、潘菲拉哥尼亚人等，也都保持着自己的认同。帝国很大程度上靠波斯人的武力维持。一旦遭遇大规模外敌入侵，各自为战相对容易，但动员统一的抵抗颇为不易。一旦波斯中央政权遭遇失败，则地方纷纷自谋出路，与征服者合作。波斯面对马其顿的失败，与帝国的拼盘式体制，不能说全无关系。由于过多地从正面肯定公元前4世纪波斯帝国的活力，导致第6卷第2版第16章的作者博斯沃思无法解释波斯失败的原因，只好倭过于大流士三世个人。作为一国之君和统帅，大流士本人对失败当然难辞其咎，但将失败完全归于国君，不免低估了波斯社会和制度缺陷的影响，让本来很有见地的博斯沃思落入了英雄决定历史的窠臼。

尽管如此，第2版有关波斯帝国统治的讨论，至少提出了不少有价值的问题，促使我们对波斯帝国历史的复杂性以及很多传统看法，做出新的估价。其中的某些方面，在后来古代西亚和埃及历史的著述中，得到了进一步的阐释和开掘。[30]

“去魅”亚历山大

由于实现了征服波斯这一似乎不可能完成的梦想，军事强人马其顿的亚历山大大帝一直是西方世界非常推崇的人物。以阿里安为代表的正史传统把亚历山大描绘为不世出的政治和军事天才，亚历山大的各种罪行，被他以各种理由开释。[31] 以克莱塔库斯和库提乌斯·鲁弗斯等为代表的通俗传统，把亚历山大变成了超人和半神。[32] 古代的传

---

[30] 如Pierre Briant, *From Cyrus to Alexander*, pp. 350 – 352; Amélie Kuhrt, *The Ancient Near East*, vol. 2, London and New York: Routledge, 1997, paperback edition, pp. 647ff。前者留意到拼盘体制与波斯灭亡的关系，后者更多地注意到波斯加强帝国统一的努力。

[31] A. B. Bosworth, *A Historical Commentary on Arrian's History of Alexader*, vol. I, Oxford: Clarendon Press, 1980, pp. 14 – 15.

[32] 克莱塔库斯和鲁弗斯的著作都不完整，前者仅有残篇，后者前两卷缺失。塔恩认为，两人都对历史的基本原则缺乏认识，所感兴趣的不过是故事，而且是轰动性的故事。见W. W. Tarn, *Alexander the Great*, vol. II, Chicago: Ares Publishers Inc., 1981 (reprint of Oxford, 1948), pp. 43 – 46, 91 – 93。

统在近代欧洲殖民扩张的背景下，得到进一步衍伸和发展。19 世纪初德国历史学家德罗伊森把亚历山大作为上帝派来征服东方、传播希腊文化，以为基督教的传播开辟道路的救世主型人物。20 世纪初的维尔肯等人，则把亚历山大作为当时德国人需要的强势政治家的代表。20 世纪前半期，亚历山大不幸又成为纳粹鼓吹扩张、神化统治者的工具。迟至 20 世纪 80 年代，英国史学家哈蒙德仍然认为，无论是作为马其顿人的国王，还是作为军队统帅，以及作为政治家，亚历山大都取得了伟大的成功。他再度重申了亚历山大那神秘的使命感，把这位马其顿国王变成了一个近乎超人的伟人。㉝

然而，学者中也不乏仍保持清醒头脑者。19 世纪中期的史学家格罗特从其自由主义立场出发，肯定亚历山大军事上确有过人之处，但批评其政治上的无能和野蛮。20 世纪上半期的法国学者首先指出，亚历山大对波斯的征服是彻头彻尾的侵略，他本人也并不是传播希腊文化的传教士。美国学者贝狄安有关亚历山大的论文，把这位君主刻画成为一个头脑清醒、精于算计、一切以加强自己权力为目标的政客。法国学者布里昂从波斯方面来观察亚历山大的行动，指出亚历山大在远征波斯过程中实际犯了许多重大错误，最为显著者，是围攻哈利卡纳苏斯和推罗、过早解散水师，造成战场上的被动。至于亚历山大在东方的政策，也不再与他传播希腊文化的神秘使命感有关，而是巩固帝国统治的需要。这些观点虽然没有完全被西方古史学界接受，但对重新估价马其顿历史和亚历山大对波斯的战争，提供了全新的视角，由此引起了对亚历山大和马其顿历史一系列重要问题的重新研究，并且产生了重要影响。㉞《剑桥古代史》第 6 卷第 2 版有关马其顿和亚历山大历史的叙述，在很多方面体现了这些新潮流的影响。

第 2 版有关马其顿部分的作者队伍，就代表了英美古史学界重估

㉝ 德罗伊森认为亚历山大是一个武装的施洗者约翰，为基督教的传播开辟了道路。引自《剑桥古代史》第 6 卷第 2 版第 880 页。维尔肯赞许地提到了德罗伊森把亚历山大视为一个旧时代结束、新时代开始的看法，并从三个方面进行论证。见 Ulrich Wilcken, *Alexander the Great*, translated by G. C. Richards, New York and London: W. W. London and Company, 1967, pp. 265ff。哈蒙德的看法请见 N. G. L. Hammond, *Alexander the Great: King, Commander and Statesman*, 2nd edition, Bristol: The Bristol Press, 1989, pp. 246 – 270。

㉞ 有关亚历山大学术的概述，请见晏绍祥《古典历史研究史》（北京大学出版社 2013 年版）上卷第 236—237 页，下卷第 52—53、113、137、206—207、309 页。布里昂有关亚历山大和波斯的最新论述，见［法］皮埃尔·布里昂《亚历山大大帝》，陆亚东译，商务印书馆 1995 年版；Pierre Briant, *From Cyrus to Alexander*, pp. 817 – 876.

马其顿和亚历山大历史的潮流。腓力部分的作者是澳大利亚莫纳什大学高级讲师埃利斯，亚历山大部分的作者是澳大利亚西澳大学教授博斯沃思，对亚历山大做出“终审裁定”的，是后来担任英国伦敦大学古代史教授（当时是牛津大学古代史导师）的霍恩布洛尔。埃利斯此前有关腓力的著作试图证明，公元前4世纪中期马其顿的崛起，固然与腓力对马其顿国家充足的人力物力资源的重组有密切关系，但更多地受到马其顿人向外扩张的欲望以及社会组织构造的驱动。[35] 博斯沃思写有一系列关于亚历山大大帝的著作，是英美史学界重估亚历山大作用的代表性人物，可能也是当代成就最显著的亚历山大研究者。他一方面肯定波斯面对马其顿入侵时的反击措施，同时揭露亚历山大远征过程中犯下的政治与战略上的错误，并且将亚历山大的措施与传播希腊文化的使命感切割开来，着力强调亚历山大有关措施的临时性与实际目标而不是所谓传播希腊文化、希望人类大同的使命感。[36] 霍恩布洛尔虽然以研究修昔底德起家，重点在古典时代的希腊史，但他曾深入研究过波斯统治下小亚细亚的历史，写有关于卡利亚统治者毛索鲁斯的专著，对波斯的统治政策及其效率有深刻认识。在《毛索鲁斯》的序言中，霍恩布洛尔指出，他研究传主的动力之一是资料的大量增加，同时也希望揭示传统夸大亚历山大传播希腊文化作用的倾向。“通常希腊人东方的希腊化被认为始自亚历山大，本书的目的，是证明这一点并不正确。在亚历山大到来之前的50年里，安纳托利亚内陆的希腊化（沿海地区已经长期处于希腊人影响之下）已经取得显著进展。有关此点最为极端的例证，也是最为明确的证据，可以在卡利亚看到。”[37] 通过把亚洲地区的希腊化“提前”，霍恩布洛尔希望把亚历山大与亚洲的希腊化分割开来。第2版在选择作者时，有意无意地避开在马其顿史领域卓有造诣但观点相对老派的哈蒙德（尽管在序言的第 xviii 页，主编们承认他是该书的“精神导师”），多少体现了几位主编的学术倾向。事实上，哈蒙德是西方研

---

[35] J. R. Ellis, *Philip II and Macedonian Imperialism*, Princeton: Princeton University Press, 1986. 该书最初在英国出版，面世后得到学术界一致肯定，认为他扭转了人们有关马其顿的腓力的评价。详见该书封底。

[36] A. B. Bosworth, *Conquest and Empire: The Reign of Alexander the Great*, Cambridge: Cambridge University Press, 1988.

[37] Simon Hornblower, *Mausolus*, Oxford: Clarendon Press, 1982, p. vii.

究马其顿史的权威之一，除前述腓力和亚历山大的著作外，写有3卷的《马其顿史》以及《马其顿国家》等众多论著。他还是《剑桥古代史》第1—4卷的主编之一，就第6卷而言，他贡献了“西北希腊人”一章。尽管如此，第2版有关马其顿和亚历山大的叙述均出自新生代学者的手笔，也带有他们鲜明的个性特征。

为消除笼罩在亚历山大头上的光环，第6卷第2版首先抬出腓力“对抗”亚历山大。对于腓力在马其顿国家兴起中的作用，前人已有不少论述，更有人把腓力作为马其顿能够崛起的唯一原因。如我们刚提及的哈蒙德。在他的笔下，腓力继位之时的马其顿濒临崩溃，去世时留下的马其顿，却是欧洲历史上最为稳定和强大的国家。虽然哈蒙德自称所有结论都根据对文献的直接解释做出，但他的文献基本来自腓力的崇拜者；他对腓力作为人、国王和统帅的评价，则把腓力变成了政治天才。[38] 他有关腓力推崇希腊文化、传播文明使命的论述，仍不免让人想到19世纪德国的学术。这样的论述，如波尔扎指出的，在某种程度上仍然是根据腓力对希腊文明的态度来评判腓力，把腓力视为希腊文明的代言人，忽略了腓力作为马其顿君主的身份和马其顿自身传统的影响。[39] 第6卷第2版有关腓力的论述，比较多地注意了马其顿国家自身的特征以及腓力对马其顿国家和社会的改造和重组。对执笔腓力时代历史的埃利斯而言，马其顿国家在公元前4世纪中期的崛起，首先源自马其顿国家自身的特征。它拥有丰富的资源，包括自然和人力资源。但长期以来，高地马其顿人与低地马其顿人之间的冲突和分裂，造成了马其顿国家的软弱。而马其顿社会以男性为中心，男人皆为战士的传统，以及国王作为军队统帅并由军队“选举”产生的传统，都让战斗成为马其顿人生活的一部分。经过公元前5世纪以降数代国王的努力，到公元前4世纪中，马其顿国家无论在统一程度上，还是在文化和社会发展上，都取得了明显进展。腓力继位时虽然面临的形势非常严峻，马其顿有再度陷入分裂的危险，但大部分马其顿人真诚地希望能够延续和平。腓力在底比斯的经历和能力，以及他对希腊历史发展的了解，让他能够比较充分地利用马其顿的人力

㊳ N. G. L. Hammond, *Philip of Macedon*, London: Duckworth, 1994.

㊴ Eugene N. Borza, *In the Shadow of Olympus: The Emergence of Macedon*, Princeton: Princeton University Press, 1990, p. 7.

与马其顿人的意愿，迅速排除其他竞争者，击败边境上的挑衅者，建立一个相对稳固的国家。

但是，腓力对马其顿国家和社会重组的成功，并不完全源自他个人的天才，其中包含对希腊人已经存在的联盟组织加以利用的因素。腓力的军事改革，特别是对众多先进武器和技术的采用，在很多方面是吸收斯巴达、叙拉古以及波斯已有革新的结果；腓力计划的入侵波斯，也并非纯粹由腓力个人无限的扩张欲望决定，而是因为小亚细亚。“这里有一系列目标值得一位强大的英武君主和一支强大的军队去争取得到，这里是奖金之源，有声望、战利品和贡品来回报付出。一支强大公民兵的创建者，无论多么关注对当地安全与社会和谐的培育，都不能忽视一支无所事事的军队带来的危险，何况这支军队进行的战争能为其成员提供自尊、激励和利益。”（第 751 页）也就是说，尽管腓力在重建马其顿国家和发动对波斯入侵中发挥了重要作用，但他的动力来自马其顿人，那些一旦无所事事，就有可能给君主制造麻烦的人。为了给马其顿人过剩的精力寻找出路，腓力计划了一次又一次的出征，包括对波斯的入侵。他本人（包括他儿子亚历山大）在征战中身先士卒，不过是典型马其顿人特征的表现。入侵波斯的计划，则可以在公元前 4 世纪的思想家如伊索克拉底等那里找到源头。霍恩布洛尔正确地提醒我们，腓力并不是他能够利用的政治和军事手段的发明人，“在腓力的身后，还有一些时代较早但仍属于公元前 4 世纪的独裁者”（第 876 页）。他们包括叙拉古的老狄奥尼修斯，博斯普鲁斯王国的统治者以及卡利亚的毛索鲁斯。因此，腓力的做法，是希腊世界一般趋势的表现和进一步发展。这种从马其顿和希腊世界历史背景出发，同时肯定腓力个人作用的基本立场，显然较单纯将马其顿崛起视为腓力个人成就的看法，具有更多的合理性。

然而，要去魅亚历山大，仅仅强调腓力早期的成就显然不够，毕竟亚历山大的“成就”首先体现在征服波斯上。因此，第 2 版第 15 章的核心问题，是腓力统治后期的工作，以及它们与亚历山大东侵波斯之间的联系：通过一系列的战争，腓力彻底统一了马其顿国家，马其顿人从此得以享受安宁和繁荣；通过征服色雷斯，控制色萨利，击败希腊和组建科林斯同盟，腓力为亚历山大创造了可以进行远征的政治和军事条件，并通过温和处置福基斯与雅典等国家，让希腊人大体接受了马其顿的霸权。腓力选用的老臣如帕尔麦尼昂等，成为亚历山大继位初年最为倚重的政治和军事助手。通过建立城市和要塞控制被征服地区，腓力为亚历山大树立了榜样。当然，腓力创建的新型马其顿军队，是亚历山大进行远征最为重要的资本。埃利斯不断强调，腓力为亚历山大远征波斯提供了所有必要的准备。在该书的“跋”中，霍恩布洛尔进一步指出，亚历山大对自己的神化，也并不全是他个人的创造，而可以在更早时期的希腊历史，至少在腓力那里找到源头。至于亚历山大对波斯的入侵，霍恩布洛尔借用他人的话说，“亚历山大所以征服波斯，仅仅是因为腓力曾计划了那次征服”（第 876 页）。

霍恩布洛尔还从希腊世界和马其顿历史的发展，为亚历山大东侵波斯提供了短时段、中时段和长时段的解释。在长时段解释中，霍恩布洛尔把马其顿人入侵波斯与 400 年前马其顿人可能进入过亚洲的传统联接起来，颠倒了传统与现实需求之间的关系，尽管十分精巧，却难说有充分的说服力。中时段的解释，即希腊世界舆论对腓力和亚历山大的影响，只能说是亚历山大远征的部分原因。作为科林斯同盟的盟主，腓力和亚历山大都打着向波斯 150 年前入侵希腊的行动复仇的旗号，巧妙地利用了希腊人希图向外扩张的心理，发动对波斯的所谓“圣战”，让我们注意到从雅典进攻波斯，中经斯巴达国王阿盖西劳斯的亚洲远征，到腓力和亚历山大入侵波斯之间的联系，具有相当的见地。不过，这里仍有夸大传统作用的倾向。从本质上说，腓力和亚历山大对泛希腊主义口号的借用，都是“创造性地”利用历史，为马其顿人的扩张欲望寻找合理的借口，以推行自己的扩张政策。[40] 公元前 5 世纪至前 4 世纪雅典和斯巴达之所以未能成功，是因为对手实力强大，而借用者本身也犯了众多错误，最终导致自身霸权的崩溃。就短时段而言，公元前 4 世纪末的马其顿人之所以取得成功，是因为经过腓力重组后，马其顿国家的实力远超此前的任何希腊人国家，而马其顿人自身的历史，又让腓力能够突破希腊城邦传统，大量吸收被统治地区的精英集团参与征服和统治。当然，腓力正确的策略功不可

㊵ 徐晓旭认为，腓力的成功之处，在于“在城邦各别主义容许的限度内，最大程度地实现了伊索克拉底提出的泛希腊主义计划。正是由于腓利（即腓力——引者注）对希腊事务的参与，霸权和泛希腊主义均超越了城邦世界传统的政治视野”。见氏著《腓利二世：霸权与泛希腊主义》（华中师范大学出版社 2009 年版）“前言”第 2 页。

没：他首先巩固马其顿国家内部，继之以击败和安抚希腊人国家的有产阶级，接着在他们的支持下，以泛希腊主义为旗号，发动对波斯的入侵。也就是说，腓力和亚历山大入侵波斯固然有顺应希腊世界舆论的因素，但其根本性的原因，应当到马其顿自身去寻找。

对笔者而言，在霍恩布洛尔有关去魅亚历山大的三个解释中，只有最后一个解释，即他所谓的短时段解释，以及重新给予亚历山大的对手以适当的尊重，最具说服力。由于波斯国王大流士三世最终失国身死，在战场上表现不佳，在两次关键决战中当了逃兵，生命中最后的日子又在被亚历山大穷追不舍中度过，因此从古代到现代，人们普遍对波斯帝国这位末代君主评价不高，并据此夸大亚历山大作为胜利者的光辉。第6卷第2版有关亚历山大的两章出自博斯沃思之手。他有关亚历山大的基本看法我们在前文已经论及，在《剑桥古代史》的有关叙述中，博斯沃思一方面强调大流士在伊苏斯和高伽美拉两次决战中部署的合理性，另一方面指出亚历山大在东侵过程中遭遇的困难以及出现的错误。然而这样的处理不免让人疑惑：既然大流士三世不是那么草包，且波斯帝国整体实力占优（或如部分学者所说，公元前4世纪的波斯并未衰落），亚历山大又犯了如此多错误，那如何解释波斯最终的灭亡？当我们试图在破坏一个旧偶像的同时，是否又在创造一个新偶像：尽管大流士具有相当的政治和军事能力，亚历山大也确实有错误，但后者仍是一个超群绝伦的军事和政治天才，因为他打败的不是草包大流士，而是具有相当政治和军事能力且实力远超自己的波斯国王大流士。从逻辑上说，这有让亚历山大的形象更加光辉之嫌。正是在这个问题上，霍恩布洛尔给我们提供了一个更为合理的解释：

> 从战略细节上看，在亚历山大最初通过掷矛宣称亚洲是征服之地（Diod. XVII. 17）以后所发生的事情，除一个重要的例外，他都仅仅是受到对手波斯人调动的牵制。一直到高伽美拉战役前，亚历山大的战事就如一盘棋局，对方的王就是战略目标，后者有限但重大的行动，规定着马其顿军队突破和追击的路线。就我们所能了解的而言，其中一个重要的例外，就是伊苏斯战役后，亚历山大决定暂时向西回转，而不是继续向东。那是一场赌

> 博，基本上由经济上的考虑决定。他的目标（宗教方面的渴望除外）大概是吞并埃及的资源，这也是波斯国家和波斯人的经济利益所在。高伽美拉战役以及波斯国王被俘以后，如反对斯皮塔麦奈斯的游击战争等阶段，那完全是强加给亚历山大这位新的波斯大王的。到印度阶段，他似乎可以自由地做自己想做之事。但到这时，军队已经开始暴动，他最终被外部的反对力量所“驱使”。然而，在第一次荷马式掷矛后的10年里，不论亚历山大的领土野心和他的自我想象发展到何种程度，我们都不能忘记腓力的先例和计划已经提供了原初的动力。(第878页)

也就是说，尽管亚历山大取得了最终的胜利，但胜利的动力来自腓力，而亚历山大的行动，并不是那么完全自主。大流士垮台前，他的对手大流士三世大体“规定”着他的行动路线；大流士死后，中亚地区当地人的反抗斗争决定着他的方针；在印度，马其顿人的意愿决定着这位大王最后的动作。必须承认，霍恩布洛尔点出的这些方面，虽然过去并非完全没有受到注意，但明确地将它们作为制约亚历山大行为动机的，仍属第一次。如此背景下的亚历山大，不再是操纵历史或者掌控历史的英雄和半神，而是自身受到诸多因素制约的历史人物。也是在这个意义上，大流士的形象和亚历山大的成功，被置于了恰当的历史背景中。当然，如果第2版能够考虑到波斯动员人力的困难，以及波斯统治体系基本不干涉地方传统，波斯始终是一个多种文化、多个族群并立的社会，导致波斯帝国徒有专制之名，却无能力动员全部军队以抗击马其顿入侵的实际，也许会让相关论证更有说服力。[41]

博斯沃思对亚历山大的论述，还让我们注意到以前美化和崇拜亚历山大时被掩盖的某些方面。波斯人对国王的忠诚和战斗中的英勇，过去因为大流士在战场上的怯懦表现被忽视了。博斯沃思证明，亚历山大在格拉尼科斯河的战役并不那么轻松，至少在马其顿军队渡河之时，遭遇过不少麻烦。亚历山大对被俘的希腊雇佣兵的残酷处置，让

㊶　迈克尔·曼：《社会权力的来源》第1卷，刘北成、李少军译，上海人民出版社2007年版，第306—308页；Pierre Briant, *From Cyrus to Alexander*, pp. 867－871。

他丧失了瓦解敌人的机会。他对哈利卡纳苏斯的围攻，不但在波斯水陆两路的防御下遭遇失败，而且耽误了宝贵的时间。伊苏斯战役中，大流士所以变换战场，并不完全是军事上的无能，而是后勤供应压力使然。伊苏斯战役中，马其顿人的左右两翼曾遭受波斯人沉重压力，几乎溃败。高伽美拉战役中，巴克特利亚骑兵不仅战斗英勇，让马其顿人的左翼遭遇惨重伤亡，而且马其顿右翼的骑兵同样损失惨重。为补充损失的人力，亚历山大被迫紧急要求从马其顿获得新兵援助，由此引起了他与摄政安提帕特之间关系的紧张。在中亚和印度，亚历山大的残酷表现得无以复加，大多数地区靠大规模屠杀平定。与此同时，他的专制倾向导致了他与马其顿人关系的紧张，造成了至少 3 次针对他的阴谋以及相应的清洗。对于波斯人的任用，亚历山大也犯了诸多严重错误，其行省政策和返回巴比伦前颁布的所谓“流亡者敕令”，直接造成了帝国范围内的骚动以及他去世后的“拉米亚战争”，并且把腓力费尽心机培养起来的希腊人对马其顿霸权的好感消灭殆尽。归纳起来看，博斯沃思给我们刻画的亚历山大，更像一个野心勃勃而且颇有才具的年轻人，一旦大权在握，虽然完成了不少值得注意的功勋，却犯下了更多，有时是不可理喻且难以饶恕的错误。

人们崇拜亚历山大最为重要的原因之一，是认为他成为希腊文化的传播者，间接地，为人类精神的统一，事实上是后来基督教的传播，铺平了道路。《剑桥古代史》第 6 卷第 1 版的作者塔恩在论及亚历山大的政策时，特别点出了亚历山大业绩的两个方面：古典希腊文明在近代人发现伯里克利时代的雅典以前，对西方文明的发展贡献甚小。教诲罗马人的，是亚历山大开创的希腊化时代的文明。基督教的产生，是希腊文明与犹太文明综合作用的结果。然而如果没有亚历山大创立的人类大同理念，斯多葛派和基督教倡导的天下一家、人类皆兄弟的思想，将无从产生。因此，对于亚历山大推行的传播希腊文明、融合波斯与希腊人的政策，塔恩的敬仰可以说是无限的。[42]

在目睹了第二次世界大战后的非殖民化运动后，第 6 卷第 2 版的

---

[42] J. B. Bury, S. A. Cook and F. E. Adcock, *The Cambridge Ancient History*, vol. 6, pp. 436 – 437. 在后来的著作中，塔恩继续保持并更详尽地论证了他的看法，请见 W. W. Tarn, *Alexander the Great*, vol. 1, Chicago: Ares Publishers Inc., 1981 (reprint of Oxford, 1948), pp. 132 – 148; W. W. Tarn and G. T. Griffith, *Hellenistic Civilisation*, 3rd ed., London: Edward Arnold & Co., 1952, pp. 3 – 5。

立场有明显的转变。首先，作者们否认古代波斯和希腊推行过鼓励自身文化而打压希腊文化的政策，也否认所谓希腊文化与东方文化的冲突。在有关塞浦路斯和腓尼基的论述中，迈尔明确指出，在所谓希腊文化与东方文化冲突最为剧烈的塞浦路斯，两种文化都长期并存，相互适应。该岛确实存在冲突，但那是统治集团争夺势力范围的斗争，与文化的冲突无关。希腊人的萨拉米斯在对外扩张之时，首先把矛头对准希腊人邻邦而非腓尼基人；岛上的腓尼基人统治者参加了公元前5世纪初希腊人反对波斯的起义，有些希腊人却站在了波斯一边；公元前4世纪中期的希腊人，更帮助波斯镇压了由塞浦路斯的希腊人发起的反对波斯的暴动。其次，他们希望论证，东方接受希腊文化影响的时间，较亚历山大更早。塞浦路斯的希腊化，在公元前4世纪已经取得突出进展，到该世纪后期，希腊文化已经成为该岛文化的主流。霍恩布洛尔对小亚细亚的论述证明，早在公元前4世纪初，甚至更早的时候，小亚细亚内陆的希腊人共同体，包括克桑托斯、拉布隆达等地，都开始把自己与希腊人传说中的某些事件（主要是特洛伊战争）联系起来，为自己寻求所谓的希腊人祖先。不少碑铭采用希腊语为表达媒介，希腊人的艺术家在这些地区也异常活跃。最为典型的，当然是卡利亚统治者毛索鲁斯及其后继者修建的陵墓和建筑，给当时希腊最为著名的艺术家斯科帕斯等人提供了展现才能的机会。因此，早在亚历山大到来之前，小亚细亚、腓尼基等地早已熟知希腊文化，希腊化进程也已经开始。易言之，亚历山大帝国建立后东方地区的希腊化，不过是这些固有趋势的进一步发展。第三，否认亚历山大进军波斯途中所采取的行动有传播希腊文化的意图。过去的不少学者对此津津乐道，最典型的是宣称亚历山大建立城市、安置移民的行动，意在传播希腊文化。博斯沃思以他典型历史学家的做法，解构了这一传统观点。他逐一考察了有史记载的亚历山大所建城市的历程和动机，指出亚历山大最初建立的城市大多遵循腓力的传统，建立在原本已有的城市之上，系把当地居民驱逐后安置希腊和马其顿移民的结果，主要意图是军事和战略需要，城市的居民也并不都是希腊人。埃及的亚历山大里亚虽然没有这样的意图，但那是为了与他的父亲竞争。城市人口虽然主要是马其顿人和希腊人，但劳动者主要是当地人，而且处在被剥削的地位。亚历山大在中亚建立的城市，或者是为了遏制当地人的暴动，或者是为了防御边境上的游牧民，控制和遏制是主要目标，当地人则被强制转化为农民，受到城市中殖民者的盘剥。建立于阿富汗和印度地区的城市延续了这一传统，军事和政治控制左右了城市的选址和发展。希腊人和马其顿人被强制安置在城市中，当地人则被强行固定在土地上受到剥削，“这些城市自然对当地居民造成了困苦。同样也不受希腊居民欢迎，他们也处于对亚历山大的畏惧之中”（第868页）。亚历山大去世后两万名希腊和马其顿移民聚集起来返回希腊的结果，是马其顿军队对移民大规模的屠杀。一旦剥去古代和现代作家附着在城市传播希腊文化上的神话，我们会发现，亚历山大所建立的城市，其主观意图与文化传播无关，其客观效果，则是东方当地人民和希腊—马其顿人移民的双重苦难。[43]

结 论

基于上述，我们的结论也许并不让人惊奇。首先，《剑桥古代史》第6卷第2版从马其顿更名为公元前4世纪，主要是最近50年来西方古代希腊和东方历史学术研究发展的自然结果。就其基本目标而言，第2版通过放大视野，将西部地中海历史纳入考察范围，更全面地反映了西方文明在公元前4世纪取得的进展。希腊衰落论，波斯衰落论，亚历山大超人—英雄论，一个个被解构。它留给我们的，是有关公元前4世纪一个新的形象。在那里，希腊人城邦仍然保持着活力和创造力，进行着政治、科学和思想多样化的实践。东部地中海区，尤其是沿海地区的希腊化正在进行。马其顿国家的兴起与亚历山大帝国的建立，虽然左右了最后4章的叙述，但相较于该书第1版的马其顿中心，第2版更多地以地中海为中心，对西方文明该时期的发展，做了更加全面的展示。它一方面暗示了该时期西方文明较公元前5世纪更大规模的扩展（第5卷以雅典为中心，主要限于以爱琴海为中心的地区），另一方面开启了第7卷希腊化世界和罗马的兴起。

---

[43] 早在上世纪40年代，琼斯已经指出，希腊人和罗马人统治东方期间，西亚地区的城市化水平实际非常有限，很多城市人口的所谓增加，不过是简单地把周围乡村的居民划归某个城市的结果，居民的生活状态并无本质变化。见 A. H. M. Jones, *The Greek City from Alexander to Justinian*, Oxford: The Clarendon Press, 1940; A. H. M. Jones, *The Cities in the Eastern Roman Provinces*, 2nd ed., Oxford: The Clarendon Press, 1971。

其次，该书提倡从不同的角度观察公元前4世纪的历史。对公元前4世纪前期希腊历史的考察，大多系从该时期希腊城邦的立场出发，力图证明当时希腊城邦虽然遇到了各种问题，却并不是一片衰败景象，更不能说城邦注定走向没落。对马其顿历史的考察，则兼顾希腊城邦和腓力的立场，对腓力的成就给予充分肯定，对主要的反马其顿派雅典人如德摩斯梯尼等，并不否定，对腓力策略的失败，特别是讨好雅典遭遇多次挫败，有充分的叙述。有关亚历山大的两章，让这位国王不可避免地成为主角，但在具体分析中，努力考虑到波斯和东方的立场，特别是考虑到了亚历山大东侵的历史因由以及他在东侵过程中犯下的各种错误。对亚历山大建立城市的评价，是其中最为显著的例证。对所谓"流亡者敕令"的否定，则从马其顿加强统治和它给希腊城邦造成混乱的角度，做了比较充分的揭示。根据新观点建立的公元前4世纪历史的新图景，如果与第1版进行比较，则我们会发现，第1版中两个失败者的阴暗形象，具有了不少光明面；那里的英雄，则被打下凡尘，变成了虽然精明却有许多缺陷的统治者。然而多重视角的考虑，让该书的观点更加平实，相对客观，在评论者看来，也更接近历史的实际。

最后，该书提倡的从具体而微的研究探索古代文明具体特征的基本理念，对于向来强调宏观印象的中国世界古代史学界，也是一个适当的补充和警醒，提醒我们对过去许多大而化之的看法，有通过扎实和具体的研究加以细化和修正的必要。史学的创新，视野和理论的变革当然重要，但对原始文献深入的分析和探讨，是宏观立场转变的前提和基础。如果没有霍恩布洛尔、迈尔等对公元前4世纪小亚细亚和塞浦路斯希腊化进程的分析，如果缺少了斯托尔珀根据穆拿舒档案等原始文献对波斯时代美索不达米亚的细致考察，如果缺少了博斯沃思综合阿里安和所谓通俗传统史料对亚历山大战争行动的深入分析，如果没有对希腊人公元前4世纪在政治、技术和文化领域各项成就的详尽叙述，则该书希望达成的解构旧观念、树立新图景，将缺乏足够坚实的基础。如果说第2版比较充分地反映了西方学术界在相关问题上取得的最新进展，构建了一幅公元前4世纪古典世界历史的新图景，则这种创新，是把视角的转换和细致的微观研究有机结合的结果。必须提及的是，具体细致的研究，是70年代以来《剑桥古代史》新版

（前3卷为第3版，第4—12卷为第2版，第13—14卷为新撰，意在反映古典晚期研究的新动向）的一个基本特征。

关于译文的几点说明

本书的翻译，由晏绍祥、李永斌、崔丽娜共同承担。其中，崔丽娜承担第1—7章；晏绍祥承担第8—9章，序言、目录、跋和索引，并撰写了本书的译者序言；李永斌承担第10—17章。翻译过程中，三位译者曾就译文以及具体技术问题有过多次交流，并且都在规定的期限内顺利完成了初稿。译稿完成后，三位译者相互对译文进行校订，由晏绍祥统改后再返回另两位译者审核，最后再由晏绍祥根据其他两位译者的意见进行修改，才把定稿交给出版社。最后校改清样的工作，也是三人通读全书后共同完成，相关问题相互讨论确定，最后由晏绍祥对全书统校、改定。

在翻译过程中，译者曾就译文中出现的问题咨询、请教相关专家。犹太史部分承南京大学宋立宏博士帮忙解答相关术语；原书第396页注释56中的意大利语部分承温州大学陈勇博士帮助译出；东北师范大学张强教授在百忙中审读了译稿，提出了很多中肯的意见，相当部分被译者接受。译稿初步完成后，郭小凌教授审阅了部分章节，指出了译文存在的多处不准确和错误之处，吓得我又把全书译文通读一遍。中国社会科学院世界历史研究所徐建新研究员、清华大学张绪山教授、南开大学历史学院王以欣教授等都曾审读过部分章节，指出了第一章译文中存在的不恰当和不准确之处，并就译文提出了很好的总体修改意见。承课题负责人武寅研究员和中国社会科学出版社领导曹宏举、郭沂纹编审等组织，在《剑桥古代史》多次翻译工作会议上，与会的多位专家就翻译中的具体问题，包括人名地名翻译、若干制度和风俗习惯等历史术语的译名、译文中出现的诸多具体问题，进行过多次深入细致的讨论，让译者受益非常。如果没有这些会议上多次的讨论和相互交流，译文肯定达不到现在的水平。对于上述各位专家学者的帮助，三位译者深表谢忱。

在本书最后编辑阶段，中国社会科学出版社的几位编辑付出了大量心血。由于本书篇幅宏大，前后一千多页，几位编辑分头审核原文，改正了译文中存在的不少技术上的和文字上的问题，让我们在最后关头避免了不应当出现的错误。李永斌和崔丽娜两位校订非常认真，使我能够顺利完成最后的校改。本书能成为现在的样子，是项目课题组成员、译者和编辑共同努力的结果。

对于让人头疼的译名问题，通用者如希罗多德、修昔底德等，大体追随传统；不大常见的人名和地名，我们一般遵从徐晓旭教授和刘健研究员制定的译音表，多数译名与汪连兴教授领导制定的译名对照表核对过。虽然如此，译名前后不一致的情况恐怕还是难以避免。出现这种状况的原因，一是我们个人的能力有限，这部一千多页的大书，实在难以做到完全首尾兼顾。二是有些译名在原书中拼写就不一致。出于对原文的尊重，有时只能有两个译名，大多数则尽量保持一个统一译名。对于官职、制度和事件，我们也大体遵从世界古代史学界的惯例，如雅典的 archon 译成“执政官”，Council of 500 译成“五百人议事会”（而非元老院），斯巴达的 ephor 译成“监察官”（而非埃伏尔），the Peloponnesian War 译成“伯罗奔尼撒战争”（而非某些学者主张的“伯罗奔半岛战争”）。另有某些尚未出现于中文学界的生僻名词，我们只好根据上下文的内容以及相关工具书，自己“创造”了。《圣经》中出现的人名、地名，一般使用中国基督教协会的新标准修订版与新标点和合本（中英文对照本），译文一般也遵从该书。基督教的名词，一般以文庸、乐峰、王继武主编的《基督教词典》修订版（商务印书馆 2005 年版）为准。对于书中个别地方出现的史实上的争议，包括脚注的缺漏，我们在相应地方以译者注的方式予以标明。对于注释，一般叙述和解释性文字我们会翻译为中文，但有些脚注本身比较简单，如 Meiggs and Lewis 中的 and，多个作者后面跟着的 et al，以及 ibid 等，并不影响读者理解，我们就保留原文。

本书涉及的主题和内容非常广泛，从波斯到埃及，从希腊本土到黑海北岸的希腊人城邦，从意大利的土著到中欧的凯尔特人，几乎无所不包，是一幅公元前 4 世纪古典世界的全景图。各章作者又都是各自领域的专家，讨论的问题非常具体深入，涉及的知识，如医学、军事等部分，也非常专业。三位译者虽然相互审读，并在可能的情况下请教了专家，但其中的错误和问题，恐怕仍然在一定程度上存在。我们热诚地期待读者能够不吝批评，以便重印或再版时改正。

晏绍祥

2016 年 1 月 17 日

目　录

序言 ……………………………………………………………（1）

第一章　史料及其使用 ………………………… 西蒙·霍恩布洛尔（1）

第二章　胜利者斯巴达 ………………………… D. M. 刘易斯（29）

第一节　希腊的领导者 ………………………………………（29）

第二节　雅典 ………………………………………………（38）

第三节　公元前 403—前 395 年的斯巴达 …………………（47）

第三章　波斯 ………………………………… 西蒙·霍恩布洛尔（52）

第一节　导言 ………………………………………………（52）

第二节　公元前 479—前 330 年的阿契美尼王朝 …………（56）

第三节　波斯统治的性质与总督的权力 ……………………（58）

第四节　波斯政治史：公元前 400—前 336 年与希腊人的纠葛 ……………………………………………（76）

第四章　科林斯战争 ……………… 罗宾·西格（Robin Seager）（116）
利物浦大学古典学与古代史高级讲师

第一节　战争的原因和爆发 …………………………………（116）

第二节　陆上战争：公元前 395—前 394 年 ………………（120）

第三节　科农的归来 ………………………………………（123）

第四节　公元前 392—前 391 年的和谈 ……………………（127）

第五节　陆上战争：公元前 391—前 388 年 ………………（129）

第六节 公元前391—前386年的爱琴海地区 ……………… (133)
第七节 “大王和约” …………………………………………… (138)

第五章 公元前413—前368年的西西里 ……… D. M. 刘易斯(141)

第六章 “大王和约”与雅典第二同盟 …………… 罗宾·西格(182)
第一节 斯巴达的霸权 ………………………………………… (182)
第二节 雅典的复兴 …………………………………………… (190)
第三节 底比斯的崛起 ………………………………………… (204)

第七章 公元前4世纪60年代的底比斯 …… J. 罗伊(J. Roy)(216)
诺丁汉大学古典学资深讲师
第一节 中希腊 ………………………………………………… (217)
第二节 公元前370—前367年的伯罗奔尼撒事务 ………… (219)
第三节 公元前369—前367年的色萨利和马其顿 ………… (224)
第四节 公元前367—前366年的和谈 ……………………… (226)
第五节 公元前366—前365年的中希腊和伯罗奔尼撒 ……… (228)
第六节 公元前366—前364年的北希腊和爱琴海地区 ……… (231)
第七节 公元前365—前362年的伯罗奔尼撒事务 ………… (234)
第八节 该时期希腊城邦内部的政治冲突 ………………… (235)
第九节 曼提奈亚战役的后果 ……………………………… (238)

第八章 地区性概论之一:波斯领土及其邻邦 ………………… (240)
第一节 小亚细亚 ……………………… 西蒙·霍恩布洛尔(240)
第二节 公元前482—前330年的美索不达米亚
………… 马修·W. 斯托尔珀(Matthew W. Stolper)(269)
芝加哥大学近东语言和文明系与东方研究所亚述学教授
一 政治史线索 …………………………………………… (269)
二 文献、聚落与面貌 …………………………………… (277)
三 土地制度、征用和控制 ……………………………… (281)

四　阿契美尼王朝影响下的巴比伦尼亚社会与文化 …… (289)
第三节　犹大 ………… 哈伊姆·塔德莫尔(Hayim Tadmor)(296)
耶路撒冷希伯来大学亚述学教授
一　归返 ……………………………………………… (297)
二　圣殿的修建 ……………………………………… (299)
三　以斯拉及其使命 ………………………………… (307)
四　尼希米的成就 …………………………………… (312)
五　撒玛利亚人及与他们分离的背景 ……………… (322)
六　语言与文学 ……………………………………… (326)
第四节　塞浦路斯与腓尼基 ……… F. G. 迈尔(F. G. Maier)(332)
苏黎世大学古代史教授
一　塞浦路斯诸王国 ………………………………… (332)
二　波斯与希腊人之间的塞浦路斯(约公元前
495—前411年) ……………………………… (342)
三　萨拉米斯的埃瓦戈拉斯的统治 ………………… (348)
四　腓尼基的城市国家 ……………………………… (356)
五　塞浦路斯和腓尼基:从塞浦路斯战争到
公元前311年的和约 ………………………… (364)
第五节　公元前404—前332年的埃及
………………… 阿伦·B. 劳埃德(Alan B. Lloyd)(375)
斯旺西(Swansea)大学学院古典学和古代史教授
一　内政史 …………………………………………… (375)
二　对外关系 ………………………………………… (385)
三　文化 ……………………………………………… (389)
附录　年代学 ………………………………………… (395)

第九章　地区性概论之二:西部和北部 ………………… (402)
第一节　迦太基:自希麦拉战役到阿伽托克勒斯入侵
(公元前480—前308年)
……………………… G. CH. 皮卡尔(G. Ch. Picard)(402)
巴黎大学索邦校区荣誉教授

一 资料与方法 …………………………………………………… (402)
二 马戈家族的统治 …………………………………………… (407)
三 王权的解体 ………………………………………………… (414)
第二节 公元前4世纪的南意大利
………………… 尼古拉·珀赛尔(Nicholas Purcell)(423)
牛津大学圣约翰学院研究员和导师,古代史讲师
第三节 凯尔特人的欧洲 …… D. W. 哈丁(D. W. Harding)(447)
爱丁堡大学考古学阿伯克龙比(Abercromby)讲席教授
第四节 伊利里亚人和西北希腊人
……………… N. G. L. 哈蒙德(N. G. L. Hammond)(466)
布里斯托尔大学荣休希腊语教授
一 伊利里亚人(约公元前540—前360年) …………… (466)
二 西北希腊人(约公元前540—前360年) …………… (476)
三 伊利里亚人与西北希腊人(约公元前360—
前323年) ……………………………………………… (483)
第五节 色雷斯人与西徐亚人
……… 索菲娅·H. 阿奇巴尔德(Zofia H. Archibald)(492)
一 奥德里西亚王国的创建者:泰莱斯和西塔尔
凯斯 …………………………………………………… (492)
二 爱琴海北部的背景 ………………………………………… (500)
三 伯罗奔尼撒战争期间的雅典、安菲波利斯和
色雷斯 ………………………………………………… (502)
四 大、小阿马多库斯,赫布吕泽米斯与科提斯
一世 …………………………………………………… (507)
五 马其顿的腓力二世与奥德里西亚人的
色雷斯 ………………………………………………… (516)
六 西徐亚人、特里巴利人和盖塔人 ……………………… (523)
七 腓力二世、阿泰亚斯与特里巴利人 …………………… (525)
第六节 博斯普鲁斯王国 ………… 约翰·欣德(John Hind)(528)
利兹大学古代史讲师
一 导言:历史地理与史料 …………………………………… (528)
二 黑海地区的殖民及其被博斯普鲁斯殖民 ……………… (535)

三　公元前5世纪 ……………………………………………… (543)
四　早期斯帕托库斯家族统治者:希腊人执政
还是蛮族僭主 ……………………………………………… (551)
五　博斯普鲁斯衰落时期诸王 ………………………… (560)
六　对辛梅里安人的博斯普鲁斯的成功统一 ………… (564)
第七节　地中海区域的交通 ………… L. 卡森(L. Casson)(571)
纽约大学荣休古典学教授
一　陆上交通 ……………………………………………… (571)
二　在地中海上航行 ……………………………………… (572)
三　船只 …………………………………………………… (575)
四　东部海区 ……………………………………………… (579)
五　马耳他岛、西西里各海峡与墨西拿海峡 …………… (582)
六　西部海区 ……………………………………………… (583)
七　港口 …………………………………………………… (583)

第十章　社会与经济 ………… M. M. 奥斯丁(M. M. Austin)(587)
圣安德鲁斯大学古代史资深讲师
第一节　社会和政治冲突 ………………………………… (589)
第二节　人口和兵源 ……………………………………… (596)
第三节　希腊国家的财政 ………………………………… (603)
第四节　本国以外的财源 ………………………………… (615)
第五节　希腊国家的粮食供应 …………………………… (622)

第十一章　城邦政制与对城邦政制的超越
………………………… P. J. 罗兹(P. J. Rhodes)(630)
德拉姆(Durham)大学古代史教授
第一节　公元前4世纪的雅典:政府机构 ……………… (630)
第二节　公元前4世纪的雅典:对政治的解析 ………… (638)
第三节　城邦与对城邦的超越 …………………………… (646)
第四节　城邦的失败? …………………………………… (657)

第十二章 希腊的文化与科学 …………………………………… (660)
第一节 学校的成长和知识的进步
…………………… M. 奥斯特瓦尔德(M. Ostwald)、
约翰·P. 林奇(John P. Lynch)(660)
加州大学圣塔克鲁兹(Santa Cruz)分校古典学教授
一 先驱者 ……………………………………………………… (660)
二 最初的学校 …………………………………………………… (662)
三 柏拉图的学园 ………………………………………………… (672)
四 亚里士多德与逍遥学派 ……………………………………… (687)
五 结语 …………………………………………………………… (705)
第二节 医学 ……………… G. E. R. 劳埃德(G. E. R. Lloyd)(706)
剑桥大学古代哲学和科学教授
第三节 希腊艺术:从古典的到希腊化的
……………………………… J. J. 波利特(J. J. Pollitt)(720)
耶鲁大学古典考古学和艺术史教授
一 风格和肖像 …………………………………………………… (720)
二 艺术家和赞助人 ……………………………………………… (730)
三 吕西普斯 ……………………………………………………… (733)
第四节 古典时代希腊的农业
…………………… 阿丽森·伯福德(Alison Burford)(734)
一 导言 …………………………………………………………… (734)
二 农作物种植 …………………………………………………… (736)
三 农业的景观 …………………………………………………… (744)
四 土地所有者与劳动者 ………………………………………… (746)
五 希腊农业的特征 ……………………………………………… (748)
第五节 战争 ……………………………… Y. 加朗(Y. Garlan)(751)
雷恩(Rennes)第二大学古代史教授

第十三章 狄翁与提摩莱昂
……………… H. D. 韦斯特雷克(H. D. Westlake)(768)
前曼彻斯特大学已故希腊语休姆(Hulme)讲席教授
第一节 公元前367—前354年的西西里 …………………… (768)

一　资料 ……………………………………………………………… (768)
二　狄奥尼修斯、狄翁与柏拉图
(公元前367—前360年) …………………………………… (771)
三　狄翁远征及其后果(公元前360—前355年) ………… (774)
四　狄翁的倒台(公元前355—前354年) ………………… (778)
第二节　公元前354—前330年的西西里 …………………… (782)
一　资料 ……………………………………………………………… (782)
二　动荡的中间期(公元前354—前345年) ……………… (783)
三　叙拉古的解放 ……………………………………………… (786)
四　解放后叙拉古面临的危险 ……………………………… (788)
五　希腊人的西西里的解放 ………………………………… (790)
六　社会和政治重建 …………………………………………… (792)
七　经济的复苏 …………………………………………………… (794)
八　尾声 ……………………………………………………………… (796)

第十四章　马其顿与西北希腊 ……… J. R. 埃利斯(J. R. Ellis)(798)
莫纳什(Monash)大学希腊、罗马和埃及研究高级讲师
第一节　马其顿的背景 ………………………………………… (798)
第二节　马其顿社会 …………………………………………… (802)
第三节　腓力的早期统治(公元前360—前357年) ……… (806)
第四节　马其顿军队 …………………………………………… (810)
第五节　"同盟战争"及其后果
(公元前357—前355年) ………………………………… (812)
第六节　"神圣战争"初年 …………………………………… (815)
第七节　腓力与色萨利 ………………………………………… (818)
第八节　奥林图斯的陷落 ……………………………………… (824)
第九节　腓力的政策与"菲洛克拉特斯和约" …………… (828)

第十五章　马其顿霸权的创立 …………………… J. R. 埃利斯(838)
第一节　"菲洛克拉特斯和约"的后果 …………………… (838)
第二节　伊索克拉底与泛希腊主义 ………………………… (839)
第三节　马其顿和色萨利的重组 …………………………… (840)

第四节 讨好雅典 …………………………………………………… (844)
第五节 亚里士多德与赫尔米亚斯 ……………………………… (849)
第六节 优卑亚 ……………………………………………………… (850)
第七节 色雷斯、佩林图斯和拜占庭 …………………………… (851)
第八节 战争 ………………………………………………………… (856)
第九节 解决方案与共同和平 …………………………………… (861)
第十节 战前准备 …………………………………………………… (865)
第十一节 开始于亚洲,终结于马其顿 ………………………… (867)

第十六章 亚历山大大帝(Ⅰ):统治期间大事记
…………………… A. B. 博斯沃思(A. B. Bosworth)(872)
西澳大学古典学和古代史教授
第一节 登基(公元前336—前335年) …………………… (872)
第二节 对爱琴海沿岸的征服(公元前334—
前333年) …………………………………………………… (878)
第三节 从奇里乞亚到埃及(公元前333年及
前332年) …………………………………………………… (886)
第四节 从埃及到帕提亚伊(公元前331—前330年):
大流士的结局 …………………………………………… (891)
第五节 对伊朗东部和巴克特利亚的征服
(公元前330—前327年) ………………………………… (900)
第六节 印度的战事(公元前327—前325年) ………… (909)
第七节 最后的岁月(公元前325—前323年) ………… (918)

**第十七章 亚历山大大帝(Ⅱ):希腊及被征服
领土** ……………………………… A. B. 博斯沃思(931)
第一节 亚历山大时代的希腊大陆 ……………………… (931)
一 科林斯同盟的统治地位
(公元前336—前330年) ……………………………… (931)
二 《流亡者敕令》与拉米亚战争的起源 ……………… (941)
第二节 国王与帝国 ……………………………………………… (945)
一 对总督的任命 ………………………………………………… (945)

二　财政管理 …………………………………………………… (951)
三　创建城市 …………………………………………………… (953)
四　小亚细亚的希腊人 ………………………………………… (955)
五　国王与神灵 ………………………………………………… (958)

第十八章　跋 …………………………… 西蒙·霍恩布洛尔(964)

大事年表 ………………………………………………………… (971)

参考文献 ………………………………………………………… (995)
缩略语表 …………………………………………………………… (995)
A. 通论性著述 ………………………………………………… (1001)
B. 史料 ………………………………………………………… (1004)
Ⅰ. 文献史料 …………………………………………………… (1004)
Ⅱ. 碑铭 ………………………………………………………… (1009)
Ⅲ. 钱币学 ……………………………………………………… (1011)
C. 希腊人国家 ………………………………………………… (1012)
Ⅰ. 通史、政体史、和约等 ……………………………………… (1012)
Ⅱ. 雅典 ………………………………………………………… (1015)
Ⅲ. 斯巴达 ……………………………………………………… (1022)
Ⅳ. 彼奥提亚和底比斯 ………………………………………… (1024)
Ⅴ. 其他国家和地区 …………………………………………… (1026)
D. 马其顿 ……………………………………………………… (1027)
Ⅰ. 通论性著述 ………………………………………………… (1027)
Ⅱ. 腓力 ………………………………………………………… (1030)
Ⅲ. 亚历山大 …………………………………………………… (1032)
E. 北方 ………………………………………………………… (1037)
Ⅰ. 凯尔特人的欧洲 …………………………………………… (1037)
Ⅱ. 西北希腊人与伊利里亚 …………………………………… (1039)
Ⅲ. 色雷斯人和西徐亚人 ……………………………………… (1040)
Ⅳ. 博斯普鲁斯王国 …………………………………………… (1044)
F. 东方 ………………………………………………………… (1056)

Ⅰ. 波斯与波斯帝国 …………………………………………… (1056)
Ⅱ. 巴比伦尼亚 ………………………………………………… (1059)
Ⅲ. 叙利亚、腓尼基和塞浦路斯 ………………………………… (1066)
Ⅳ. 犹大 ………………………………………………………… (1071)
Ⅴ. 埃及 ………………………………………………………… (1074)
Ⅵ. 小亚细亚 …………………………………………………… (1080)
G. 西部 ……………………………………………………………… (1087)
Ⅰ. 迦太基 ……………………………………………………… (1087)
Ⅱ. 意大利和西西里 …………………………………………… (1090)
H. 希腊文化与科学 ……………………………………………… (1099)
Ⅰ. 哲学、修辞与宗教 ………………………………………… (1099)
Ⅱ. 医学 ………………………………………………………… (1103)
I. 社会经济史 ……………………………………………………… (1109)
J. 艺术和建筑 ……………………………………………………… (1115)
K. 战争 ……………………………………………………………… (1117)

索引 ……………………………………………………………………… (1120)

关于参考文献的说明

参考文献按照具体专题划分为若干部分，它们有时与具体章节相应，但将数章内容合并更为常见。脚注指向的就是这些部分（以大写字母相区别），在这些部分内部，每部著作或每篇文章都有一个编号，脚注会引用编号。为尽快表明所引著作的性质，每次引用时会包括作者名和出版日期，因此“Finley 1979（G 164）100”表示：“M. I. Finley, *Ancient Sicily*, revised edn, London, 1979, p. 100”，可以在参考文献 G 部分的第 164 项找到。

地图目录

地图 1　希腊和小亚细亚西部……………………………（2）
地图 2　阿提卡和伯罗奔尼撒 ……………………………（31）
地图 3　西西里……………………………………………（144）
地图 4　小亚细亚…………………………………………（241）
地图 5　小亚细亚西部……………………………………（243）
地图 6　美索不达米亚……………………………………（271）
地图 7　塞浦路斯…………………………………………（333）
地图 8　犹大和腓尼基……………………………………（355）
地图 9　埃及………………………………………………（377）
地图 10　布匿人的世界 …………………………………（404）
地图 11　意大利 …………………………………………（424）
地图 12　凯尔特人的世界 ………………………………（450）
地图 13　伊利里亚、伊庇鲁斯和马其顿 ………………（468）
地图 14　色雷斯：古典时代色雷斯人遗址及
部落分布 ………………………………………（494）
地图 15　黑海北岸地区 …………………………………（531）
地图 16　马其顿和哈尔季狄基 …………………………（799）
地图 17　色雷斯：政治结构 ……………………………（817）
地图 18　色萨利 …………………………………………（820）
地图 19　中希腊 …………………………………………（859）
地图 20　亚历山大的进军路线 …………………………（874）
地图 21　科拉斯米亚、马尔贾那、索格狄亚那和
巴克特利亚 ……………………………………（905）

地图 22 喀布尔河流域 ……………………………………… (911)
地图 23 旁遮普 ……………………………………………… (913)
地图 24 拉斯贝拉和马克兰——亚历山大可能的
进军路线 ……………………………………………… (920)

插图目录

图 1　库吉科斯的四德拉克马货币，法那巴祖斯发行 …………（71）
图 2　萨尔狄斯的金字塔形陵墓 ……………………………（251）
图 3　乌尼宫殿平面图 ………………………………………（336）
图 4　古典时代新帕福斯东北门平面图 ……………………（338）
图 5　埃及金银币 ……………………………………………（392）
图 6　出自摩提亚带有“瓶子”图案的石碑 ………………（415）
图 7　出自迦太基的塔尼特的标志 …………………………（415）
图 8　祭司怀抱婴儿的石柱 …………………………………（419）
图 9　迦太基的青铜剃刀 ……………………………………（420）
图 10　诺维乌斯·范尼乌斯（Novius Fannius）献纳的
青铜胸甲 ………………………………………………（425）
图 11　公元前 6 世纪晚期霍赫多夫墓葬复原图 …………（451）
图 12　面敷琥珀的骨雕斯芬克斯像 ………………………（456）
图 13　镀铁与青铜的头盔 …………………………………（461）
图 14　瓦达格舍姆的金项圈的装饰 ………………………（465）
图 15　特莱贝尼斯泰一号墓葬 ……………………………（470）
图 16　特莱贝尼斯泰一号墓葬的金面罩 …………………（471）
图 17　三斯塔特尔的廷泰诺伊人银币 ……………………（472）
图 18　达马斯提翁的德拉克马 ……………………………（475）
图 19　多多那的宙斯神庙 …………………………………（479）
图 20　多多那的青铜像 ……………………………………（482）
图 21　维察的青铜酒樽 ……………………………………（483）
图 22　马泰佩（麦泽克附近）的圆形墓 …………………（497）
图 23　出自杜万利（Duvanlij）的金饰品 …………………（497）

图 24 公元前 5—前 4 世纪曾进口金属器具的
色雷斯遗址示意图 …………………………………………… (498)
图 25 出自博罗沃 (Borovo) 的镀银雷顿瓶 ………………… (512)
图 26 辛梅里安海峡及其壕沟 ……………………………… (542)
图 27 潘提卡派翁 (阿波罗尼亚) 的银币 …………………… (547)
图 28 博斯普鲁斯的 4 种货币 ……………………………… (550)
图 29 塔曼半岛的墓碑 ……………………………………… (566)
图 30 出自凯尔托姆吕克的金质弓箭袋外包装 ……………… (569)
图 31 动物风格的金片 ……………………………………… (569)
图 32 航图 ………………………………………………… (575)
图 33 风向对北航帆船的影响 ……………………………… (575)
图 34 船板的拼合 ………………………………………… (578)
图 35 阿提卡帕奈斯山 (Mt Parnes) 脚下戴马长城
(Dema wall) 的出击点 ……………………………… (753)
图 36 铅版登记牌 ………………………………………… (756)
图 37 曼提奈亚的防御工事 ……………………………… (759)
图 38 狄亚戴斯设计的“龟背锥”复原图 ………………… (766)
图 39 亚历山大在巴比伦制造的 5 舍克勒钱币上的图案 …… (914)

(晏绍祥译 李永斌、崔丽娜校)

序 言 xvii

本卷的前身即第 1 版的书名是《公元前 401—前 301 年的马其顿》。它所表达的观点可以理解为：公元前 4 世纪压倒性的主题是希腊世界的统一和向近东扩张。腓力二世登上马其顿王位之前的年代，其主要意义在于证明了希腊城邦的混乱，腓力将它们从中解救出来。即使没有 19 世纪德国和意大利统一的调子——在那个年代的学术中，它们经常相伴而生，这种看法那时也能成立。

本卷覆盖的时段较短。如此做的实际理由，主要是对希腊化时代早期理解的巨大扩展，因此必须在第 7 卷第 1 分册中对公元前 4 世纪末做更广泛的论述。所以我们的正式叙述终止于亚历山大去世。

对时段的缩短改变了本卷的结构，而且给马其顿从本卷的书名中消失提供了解释。因为在我们所涉时期的前 40 年中，马其顿仅仅是主流事件的边缘，叙事性章节的划分，意在反映城邦连续争战的年代——如色诺芬《希腊史》所为，终止于公元前 362 年的曼提奈亚战役——与后一时期的区别，那时腓力和亚历山大是主导力量。

我们发现，这些时期的第一阶段本身就有趣，不仅是它暴露了希腊城邦政治上和其他方面的弱点，我们还希望如今能够更公正地对待它。在伯罗奔尼撒战争中取得胜利后，主动权归于斯巴达，甚至在留克特拉之战显示出底比斯至少在战争方面已经取得的进步后，斯巴达仍更像舞台上的主角。虽然雅典继续主导着我们的原始资料，而且从来不曾失去其重要地位，我们仍有意识地将叙事的中心转向斯巴达和底比斯，并稍减通常关于雅典的叙述。尽管该时期政治上的成就最终无让人印象深刻之处，然而它仍然充满思想和创新，第十一章将其中的一些线索汇集了起来。

公元前 413 年已经重返希腊舞台的波斯，是贯穿整个故事的一个 xviii

基本角色，最近有关该问题的讨论一直活跃，我们如今也理解得更充分。为补充第5卷第2版有意设计的狭小地理范围的局限，我们增加了一个新的非希腊地区的系列概论，既包括波斯帝国内部，也包括它的外部，以与第4卷第2版协调。有关西西里、迦太基和意大利的各章提醒我们注意，不是所有重要的事情都发生在东部地中海区，同一时期罗马的崛起已经在第7卷第2分册中得到论述。

关于希腊世界自身的生活状况，史料较之公元前5世纪要丰富得多，因此我们能够更多地描绘经济及其根本的农业基础，在这些问题上，少有能够确定属于公元前4世纪创新的东西，宗教的情况更缺少创新。第5卷第2版相关部分的作者已经承认对后世资料的依赖。本卷虽然没有专章论及传统宗教，但并不意味着我们有意否认宗教持续的重要地位。

公元前4世纪的艺术很大程度上仰赖已经过去的古典时代盛期，但出现了一些将很快演变为希腊化时代精细且怪异风格的因素，其功能也更加多样。诗歌好像确实暂时丧失了创新能力；除在几位大师那里外，修辞学或许正失去其某些创新精神。修辞学成为文学的主导形式，但对历史写作显然不利。虽然并非所有散文都被修辞学统治，但在柏拉图那里，希腊语成为独特的表达思想的灵活媒介。那些不那么优雅的作家成为专门文献的来源。它们反映了技术上重要的发展，其中并非最不重要的，是战争技术的进步。

即使没有利用专业的修辞手法，那些散文大师们在教学中仍是口头语言的大师。伟大学校的形成，确保了政治上衰落的雅典成为未来的文化中心，它们的物质形态将延续900年，其精神形态，尤其是亚里士多德的遗产，持续的时间则要长得多。

腓力继位后，有关政治和军事线索的描述要清楚得多。自1927年即本卷第1版面世以来，尽管有关腓力和亚历山大的一手资料仍然稀少，人们仍对两人进行了深入研究。我们所以能对马其顿自身的了解至少可以说较以前更好，本书第2版的精神导师哈蒙德（Hammond）对此的贡献，显然是最为重要的。有关马其顿入侵亚洲更加丰富和复杂的画面，意在补救本卷第1版对亚历山大虽热情洋溢但最终误导性的描写。在“跋”一章中，我们提出了某些想法，以将亚历山大置于公元前4世纪更加广泛的背景中。

本卷和第 5 卷第 2 版另附单独 1 卷的图版，那里对古典艺术和建筑的叙述较之文本卷的尝试更加充分，而且考虑到其他如古典时代生活、贸易、宗教、战争和戏剧方面的实物资料。 xix

在规划本卷过程中，J. K. 戴维斯（J. K. Davies）教授提供了无与伦比的帮助，他后来因为其他任务被迫放弃了编辑工作。作者们对我们进展缓慢的容忍，让我们感激。我们还要痛悼一位作者的去世，那就是 H. D. 韦斯特莱克（H. D. Westlake）教授。

随着本卷的出版，《剑桥古代史》第 2 版的希腊各卷工程告竣。它们的主编，过去的和现在的，尤其希望感谢剑桥大学出版社的编辑保莉娜·希尔（Pauline Hire）多年来准备该书时的耐心和一以贯之的效率，尤其是她从不动摇的义务感和热情。插图由玛丽安·考克斯（Marion Cox）准备；大卫·考克斯（David Cox）绘制了地图，索引由芭芭拉·赫德（Barbara Hird）编写。

D. M. 刘易斯
约翰·博德曼
西蒙·霍恩布洛尔
M. 奥斯特瓦尔德

（晏绍祥译　李永斌、崔丽娜校）

第　一　章 1

史料及其使用

西蒙·霍恩布洛尔

就公元前4世纪而言，没有可与修昔底德（Thucydides）比肩的向导。这意味着我们对政治和军事事件缺少明确的轮廓，这种缺乏对此类知识而言是个严重的障碍。但是，修昔底德的思想虽然有力，却也存在局限，或许我们应该说，他的局限正是其有力的代价；某些类型的历史——修昔底德对它们只是有选择地处理，特别是社会、经济和宗教的主题，在公元前4世纪实际上有可能得到比修昔底德的时代更好的研究。比如，当色诺芬（Xenophon）被看作一个政治事件的报道者时，他有明显的缺陷，但是对于现代研究宗教的史家来说，他又是一个重要的史料来源。一般来讲，公元前4世纪的文字史料［色诺芬、战术作家埃涅阿斯（Aeneas Tacticus）及其他人的著作］不像修昔底德的著作那么专注于雅典和斯巴达的两极对立。这可能反映了新的多中心的现实。但我们要注意，修昔底德的著作已经让我们窥到了阿哥斯（Argos）、马其顿（Macedon）、色萨利（Thessaly）和彼奥提亚（Boeotia）的政治，特别是在其第4卷和第5卷中。色诺芬有关伯罗奔尼撒战争史的叙述，较修昔底德提供了更多关于二流以及次要城邦的情况：请把色诺芬《希腊史》（Xen. *Hell.* Ⅶ. 1－3）对小城邦西库翁（Sicyon）和弗利乌斯（Phlius）所做的极为详细的描述与修昔底德的著作比较一下。但是，一个只把希罗多德（Herodotus）而不是修昔底德作为前辈和榜样的色诺芬，怎么看都会非常不同。

我们之所以能更有信心地写出一种关于公元前4世纪非传统的历史，即战争和政治事务以外的历史，另一个重要原因是碑铭更为丰

2

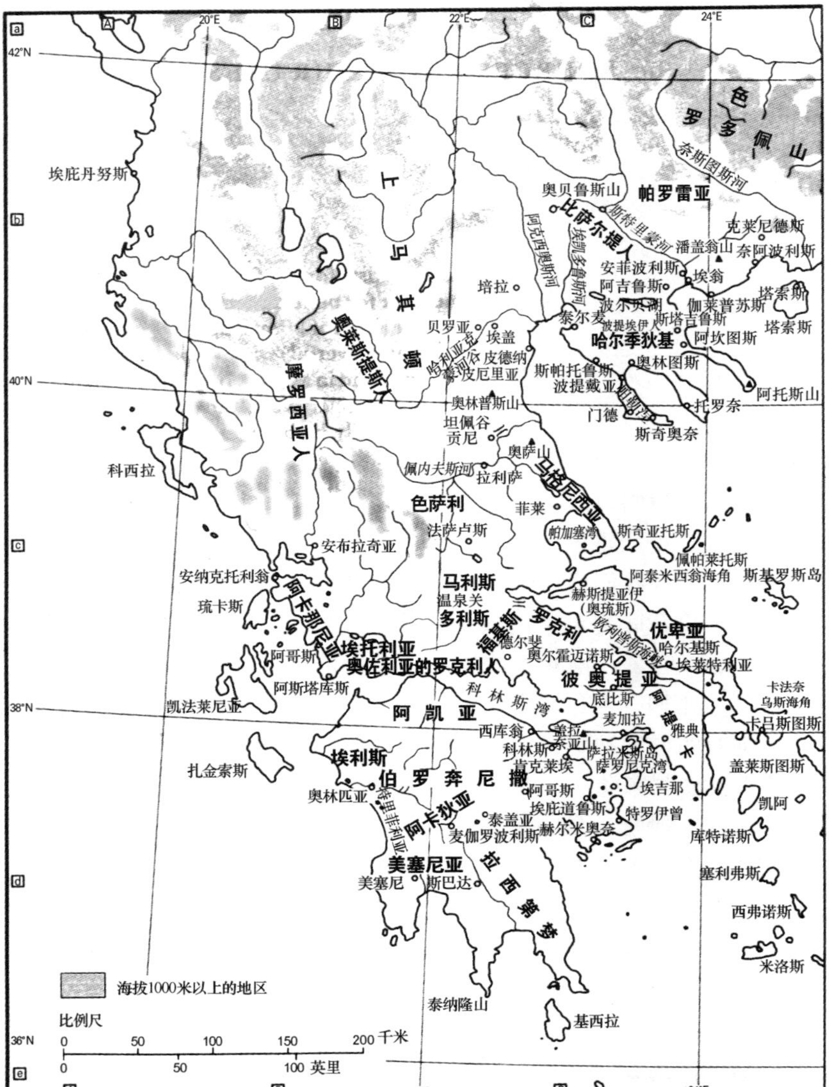

地图1　希腊和小亚细亚西部

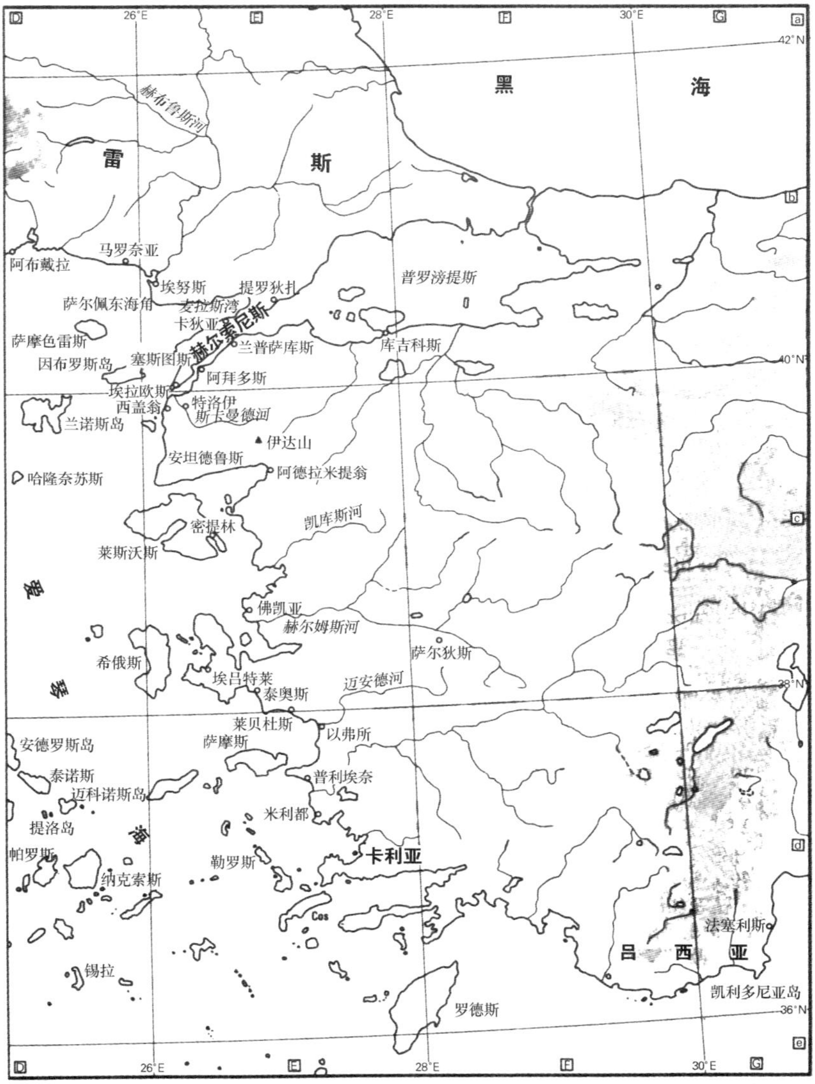
3
26°E
28°E
30°E
42°N
40°N
38°N
36°N
黑
海
赫布鲁斯河
雷
斯
马罗奈亚
阿布戴拉
埃努斯
提罗狄扎
普罗滂提斯
萨尔佩东海角
麦拉斯湾
卡狄亚
赫尔莱尼斯
萨摩色雷斯
兰普萨库斯
库吉科斯
塞斯图斯
因布罗斯岛
阿拜多斯
埃拉欧斯
西盖翁
特洛伊
斯卡曼德河
兰诺斯岛
伊达山
安坦德鲁斯
阿德拉米提翁
哈隆奈苏斯
凯库斯河
密提林
莱斯沃斯
爱
琴
海
佛凯亚
赫尔姆斯河
萨尔狄斯
希俄斯
埃吕特莱
泰奥斯
迈安德河
莱贝杜斯
以弗所
安德罗斯岛
萨摩斯
泰诺斯
普利埃奈
迈科诺斯岛
米利都
提洛岛
帕罗斯
卡利亚
勒罗斯
纳克索斯
Cos
法塞利斯
吕
西
亚
锡拉
凯利多尼亚岛
罗德斯
D
E
F
G
a
b
c
d
e

续1 富。在雅典以外的地方，情况尤其如此。

对于公元前403—前362年，只有一份保留下来的重要记载，即色诺芬《希腊史》的第2卷第3章至第7卷。在前一卷我们已经简要论及该书的前两卷（*CAH* Ⅴ^{2}8）。从第3卷开始，色诺芬的叙述离开了雅典的事务，转向小亚细亚。但是内部证据表明，内容上明确的转向开始得更早一些，即在第2卷第3章第10节已经开始。在使用计算机对作品风格进行测试成为常规做法之前，人们就已经发现了这一点，但它具有非常强的说服力，不大可能被推翻。①

4 从第2卷第3章第11节开始的这部分，我们可以称之为第二部分，它最突出的特点是狭隘地集中于伯罗奔尼撒事务。② 第3卷和第4卷确实包括了亚洲事务，但那是证明了规则的例外，因为只有当那里有斯巴达人活动时，色诺芬才对亚洲有兴趣。例如，我们在《希腊史》中几乎没有看到对公元前360年代总督大规模反叛的记录（Ⅶ.1.27可能是个例外）。这种斯巴达的视角有它的可取之处。例如，对斯巴达的军事和政治制度，色诺芬较修昔底德有更多的了解，后者曾抱怨斯巴达政体的隐秘性（Thuc. Ⅴ.68.2）。色诺芬与伯罗奔尼撒有友好的往来并且最终定居在伯罗奔尼撒的斯奇鲁斯（Scyros）的一份地产上（*An.* Ⅴ.3）。因此他能够记录基那冬（Cinadon）事件这样一个对斯巴达政府而言危险且尴尬的情节（*Hell.* Ⅲ.3；见下文第43页）。这是斯巴达的黑劳士或国有奴隶在大约公元前399年企图发动的一次大规模反叛。关于斯巴达的制度，色诺芬也知道很多专门的术语。第3卷第3章第8节中提到了“所谓的小公民大会”一词，但不见于其他的希腊语文献。③ 他知道被释放的黑劳士，即新公民（*neodamodeis*）（Ⅲ.1.4，请与Thuc. Ⅶ.19.3等已有的记载进行比较），知道居于全权斯巴达人和黑劳士之间的其他群体，比如特罗菲摩伊人（*trophimoi*），即与全权斯巴达人的孩子一起被抚养的男孩子、斯巴达人的私生子，他们是“熟悉斯巴达生活方式的好处的人”（Ⅴ.3.9）。最重要的是，色诺芬理解并同情“令人愉快的寡头制”（借用修昔底德著作第1卷第19章简洁的语言），对它的支持，

① Maclaren 1934（B 69）; Cartledge 1987（C 284）65.
② Cawkwell 1979（B 26）23.
③ Andrewes 1966（C 274）18 n. 7.

使斯巴达能够控制伯罗奔尼撒同盟［但在第5卷第2章第7节讨论曼提奈亚（Mantinea）时，有关“令人厌恶的煽动家”的评论背后，色诺芬所关注的并不仅是这一件事］。这一制度突出的拥护者是阿盖西劳斯（Agesilaus），④ 他是公元前400年至前362年——大致是色诺芬第二部分所涵盖的那个时期——斯巴达两位国王中的一个，是希腊世界的一个强势人物，也是色诺芬被雅典长期流放期间的保护人。色诺芬不仅在《希腊史》中给阿盖西劳斯很大的篇幅，而且在他死后，还为他写了一篇颂辞，这是保留下来的第一篇希腊语传记散文。另一短小的专题论文《斯巴达政制》（*Lac. Pol.*）事实上是一篇从制度方面赞美斯巴达生活方式的颂辞。⑤

经常有人认为色诺芬在《希腊史》中偏袒斯巴达，因此在很多方面反感取代她的底比斯（Thebes）。但“偏袒”是一个含糊的词。它可以有各种含义，从彻底的歪曲——在这个问题上，色诺芬不该受到严厉指责——到任何史家都会表现出来的难以（或应当）避免的同情心 5
以及时代的偏见。色诺芬对斯巴达有极大的兴趣，这是可以肯定的，但那不应该与支持斯巴达的党派偏见混同起来。⑥ 当斯巴达人有亵渎神灵的举动时，色诺芬无论如何都会谴责他们。比如，他解释斯巴达于公元前371年在留克特拉（Leuctra）失败的方法，是把它视为神对斯巴达在公元前383年不合理地占据底比斯卫城所做的惩罚，他在第6卷第4章第3节中说：“神已经引导了他们。”在第5卷第4章第1节中，色诺芬明确表达了对那次占领的道德判断：“希腊人和蛮族人的历史上有很多例子证明，神不会忽视不虔诚或亵渎的行为。”

色诺芬反底比斯的感情非常明显，比如他嘲讽底比斯对献给阿波罗的什一税的贪婪（Ⅲ.5.5），那是底比斯人在伯罗奔尼撒战争结束时在戴凯莱亚（Decelea）提出的要求。还有对底比斯“亲波斯”的批评，即公元前367年她屈服于波斯，特别提到了佩罗皮达斯

---

④ Cawkwell 1976（C 285）；Cartledge 1987（C 284）.

⑤ *Agesilaus*：Momigliano 1971（B 82）50—1及1975（B 84）。*Lac. Pol.*：Cartledge 1987（C 284）56；请与Chrimes 1948（B 30）比较。

⑥ 在目前最好的（优秀、充分且有思想性）对《希腊史》的近期研究中，这一点受到了重视，请见C. J. Tuplin, *The Failings of Empire*：*A Reading of Xenophon Hellenica 2. 3. 11 – 7. 5. 27*, *Historia Einzelschrift* 76（Stuttgart 1993），163及各处。Schwartz 1956（B 103）167发现，色诺芬对雅典有某些偏爱，但塔普林（Tuplin）证实，即使这也不都是真实的。相反，色诺芬不会长时间偏爱任何一个城邦（Tuplin, *Failings of Empire*, 47）。

(Pelopidas)（Ⅶ. 1. 33ff）。事实上，斯巴达此时亲波斯的热情不比底比斯人少。

但是色诺芬的省略不是一件简单的事情——斯巴达的亲波斯可作为此类例证。其中最为明显者，人们倾向于用他政治上的偏好解释。比如他没有记录底比斯在公元前 395 年哈利亚图斯（Haliartus）战役后侵入色萨利的程度。实情先在第 4 卷第 3 章第 3 节底比斯盟友的名单中无意间被揭示出来了，其中包括色萨利的克拉农（Crannon）和法萨卢斯（Pharsalus），接着在第 7 卷第 1 章第 28 节讨论公元前 367 年的事件时，他记录了一个建议，即应该在色萨利利用部分西西里军队“抵抗底比斯人”。但是关于底比斯在色萨利野心的完整记录，我们不得不完全依靠铭文或一种不同的文献传统（见下文第 10 页）。而且，在色诺芬的记载中，没有任何关于公元前 375 年泰古拉（Tegyra）战役的记载。这本身当然是一件小事，但底比斯在此的胜利，预示了 4 年后底比斯在留克特拉给予斯巴达的毁灭性打击。仍然是在彼奥提亚问题上，第 5 卷第 4 章第 46 节是对彼奥提亚同盟重建问题最模糊和最可能的暗示。但并非所有省略都可以直接得到解释。在第 6 卷第 3 章第 1 节中，他出乎意料地没有把奥尔霍迈诺斯（Orchomenus）列在公元前 4 世纪 70 年代被底比斯进攻的地点之内，因为这本有助于强化他“底比斯的强盗策略”的总的看法（Diod. XV. 37，参见 Xen. *Hell.* Ⅵ. 4. 10）。

色诺芬对雅典第二同盟的叙述也很少，他根本没有记载它的建立
6 (Tod no. 123 = Harding no. 35，lines 9 – 11，参见 Diod. XV. 29）。人们发现其中有偶尔的暗示：他提到（V. 4. 34），比雷埃夫斯（Piraeus）重新装了城门，这看起来像是新同盟建立后的一个实际结果，在第 6 卷第 5 章第 2 节中（参见 3. 19），他提到了“雅典人及其同盟者的命令”。

在色诺芬的作品中，另一个遭到严重忽视的地区是波斯。这一点事实上与修昔底德著作第 8 卷之前的情况类似。“色诺芬”时期的一个特点是波斯“送”到希腊的一系列“共同和约”（κοιναὶ εἰνῆναι）。[7] 公元前 386 年（V. 1. 31）的第一次“大王和约”以斯巴达放弃在亚

⑦ 关于修昔底德的记载，请见 Andrewes 1961（B 5）；关于共同和约，请见 Ryder 1965（C 67）及 Bauslaugh 1991（C 7）182 – 255。

洲的要求为代价，极大地加强了波斯在希腊大陆的地位。在有关最初和约的多次复订中，色诺芬一贯性地低估了波斯介入的程度。他的目的可能是弱化斯巴达的“亲波斯”色彩。一个明显的例子是关于公元前375年和约的记载（Ⅵ.2.1）：我们只是从菲罗科鲁斯（Philochorus）的记载中（*FGrH* 328F 151）才了解到这个和约是波斯送来的（也参见前文关于他对公元前4世纪60年代总督反叛的省略）。

色诺芬自己对波斯及波斯人的感情是复杂的，但也不是不合逻辑——对他那个时代的人来说，这很正常（见下文，第69页及以次）。他崇拜波斯人的很多品质以及具有这些品质的人物。但他的一些作品，特别是《阿盖西劳斯传》，政治上无疑具有“泛希腊主义”的特点。泛希腊主义意味着支持希腊人团结起来反抗波斯，如有必要的话，可以网罗有异心的总督。《希腊史》的立场是什么？有泛希腊主义，但不强烈。⑧ 温和的泛希腊主义在《希腊史》中很早就表现出来了。在第一部分，色诺芬以赞许的语气提到了斯巴达海军将领卡利克拉提达斯（Callicratidas）所持的立场，他正试图从波斯人居鲁士那里得到金钱，但被迫等待。卡利克拉提达斯说希腊人很可怜，因为他们为了得到钱不得不讨好蛮族人，并且说如果他安全回国，他将尽自己最大的努力使斯巴达人和雅典人达成和解（Ⅰ.6.7）。在接下来的第二部分，他对这种感情有一个明显的回应，那里含蓄地提到了泰琉提亚斯（Teleutias）对安塔尔奇达斯（Antalcidas）（两人都是著名的斯巴达人）为了拿到钱（Ⅴ.1.17）而讨好任何人——不管是希腊人还是蛮族人——的批评。但色诺芬笔下的演说⑨，同修昔底德的一样，并非他自己观点的简单陈述。例如，把亚松（Jason）的观点——在波斯，除了一个人以外，所有人都被教育成奴隶而不是为自己而活的人——归于《居鲁士的教育》的作者色诺芬，就会是很天真的做法。阿卡狄亚的安条克（Antiochus of Arcadia）曾说，“波斯 7
国王著名的摇钱树不会给一只蚂蚱提供藏身之处”，只说明色诺芬采用这一说法具有幽默感（Ⅵ.1.12；Ⅶ.1.38）。我们肯定不再接受一

⑧　关于色诺芬对波斯的崇拜，请见 Hiesch 1985（B 59）；Tatum 1989（B 14）。关于《希腊史》不够浓烈的泛希腊主义，请见 Tuplin，*Failings of Empire* 60，67，121（亚松）；参见第104—108页［对第6卷第3章中有关卡利亚斯（Callias）泛希腊主义色彩强烈的演说重要的重新解读］以及第112页［有关菲利乌斯的普罗克莱斯（Procles of Phlius）的记载］。

⑨　Gray 1989（B 49）.

个世纪前的简单看法：泛希腊主义是整个《希腊史》的核心。[10] 也就是说，公元前4世纪50年代，晚年的色诺芬正试图消除斯巴达和雅典之间的敌意，前者是收留他的国家，后者是他出生与成长的国家。

在本世纪的批判性评价中，《希腊史》的地位下降了：据说通过和修昔底德以及新近发现的奥克西林库斯史家（Oxyrhynchus Historian, *Hell. Oxy.*；关于此人，请见下文以及《剑桥古代史》第5卷第2版第8页及第482页）的著作比较，《希腊史》的作者是一个拙劣的历史学家。一种不那么让人满意的辩护策略，是对他确实打算写“历史”这种假设提出挑战，因为色诺芬明显是一个道德家。[11] 这个说法有一些合理之处：它解释了与前文提到的一般特征的一些反常之处。所以，正如我们在前面谈到留克特拉战役时所指出的，色诺芬对斯巴达的崇拜不是盲目的（也参见令人疑惑的《拉西第梦人政制》第14章）。但是，否认色诺芬“历史学家”的资格没有任何意义，他写作时这个专业的术语还没有发明出来。另一个更具主观色彩的回应是，强调色诺芬文学上的巨大长处，这一点在沉迷于他的“省略”等方面的实证研究中可能被忽略。“他不是一个学究式的精确的作家，而是一个对生动描述具有非凡天赋的印象主义者”，这是对《希腊史》作者色诺芬所做的一个恰当并且适中的评价。[12] 可以肯定，作为一个社会史学家，色诺芬有很多优点，最明显地体现在他对波斯统治下的小亚细亚生活的概略性描写中（见下文第213页），而且我们已经提到了他对基那冬事件的叙述。

关于色诺芬的其他作品，我们已经提到了《阿盖西劳斯传》与《拉西第梦人政制》，《长征记》则将在第三章分析。对《居鲁士的教育》存有争议。人们通常认为它为脱离事实的“纯粹的虚构”而不予理会，[13] 这比另一种（不恰当的）极端的看法要好一些，后者试图在其中发掘出波斯人或许已经失传的关于自身过去传统的史料。[14] 研究波斯帝国的历史学家们继续利用《居鲁士的教育》的材料，但并

---

⑩ Schwartz 1956（B 103：1887年初版），特别是第156、160页；但请见 Tuplin，*Failings of Empire*。

⑪ Grayson 1975（B 50）遭到了塔普林的批评，见 *Failings of Empire*, pp. 15–16。

⑫ Andrewes 1966（C 274）10–11.

⑬ Murray 1986（B 88）198.

⑭ Hirsch 1985（B 59）第4章。

没有表明他们对作品地位问题所持的立场。[15] 更有意思的方法是把它看成“论王政”这类论文的雏形。我们知道，这应是希腊化时代的特点。[16] 既然如此之少的“论王政”的文献真正流传下来，更有益的做法是将《居鲁士的教育》以及《论骑兵长官》（*Hipparchicus*，色诺 8
芬的另一篇论文）中描述或建议的做法，与已得到证实的公元前4世纪末真实的将军的实际策略、战略以及领导权的实施进行比较。在有关卡狄亚的欧迈尼斯（Eumenes of Cardia）这类人物的文献传统中，人们已经成功地运用了这种方法。[17] 欧迈尼斯恰好处于本卷讨论的范围之外，但他的职业生涯，肯定不是第一个证明色诺芬的作品在军事上具有重要价值的。

公元前4世纪的专题著述（如战术作家埃涅阿斯的论著[18]，见下文第679页）非常丰富。色诺芬的《雅典的收入》［又称《论进出口税》（*Vectigalia*）、《雅典的收入》（*Ways and Means*）或《论收入》（*Revenues*）］是一部经济学专著。在这个问题上，希腊人理论上几乎没有取得多少进步。通常的评价是：《雅典的收入》乃不可救药的失败的典型。对此人们可以反驳说，色诺芬又一次被误解了（参见前文关于他《希腊史》意图的讨论），他的目标是政治性的，即实现和平。[19] 但是《雅典的收入》特别有趣的地方，是它对劳里昂银矿的说法。关于这个银矿，第二次世界大战以来人们已经做了大量考古和铭文研究。色诺芬的建议可能是不现实的；但一名曾任20世纪70年代卡拉曼里斯（Karamanlis）政府工业和能源部部长的从业工程师写了一本非常珍贵和详尽的关于劳里昂银矿的作品。在这本书中，色诺芬被誉为“个人之间经济合作的先驱”，并且“强调了不同经济部门之间的相互依赖”。[20] 最后是色诺芬的《家政论》，那是关于地产管理的著作（见下文，第12章第4节第662页）。当学者们将注意力从城市移开、转向乡村时，原本以为这篇文章会得到他们的认可，但实际上

---

[15] Briant 1982（F 10）175 ff.

[16] *CAH* Ⅶ^2. 1，75－81.

[17] J. Hornblower 1981（B 60）196－211；参见 *CAH* Ⅶ^2. 1，45－6。

[18] Whitehead 1990（B 131），清楚地介绍了埃涅阿斯对于研究希腊城邦学者的重要价值，参见下文第530页。

[19] Gauthier 1976（B 42）及 Cawkwell 1979（B 27）。

[20] Conophagos 1980（I 26）114.

没有，“他完全没有谈到阿提卡全体农民的现实问题……这篇论文的应用价值几乎是零”。[21] 对于古代经济的研究者来说，《家政论》只有助于说明地产主的态度（虔诚、等级化并且业余），它被重新定义为一本伦理学作品，[22] 因此重新获得了某种学术地位。它的命运因此与我们讨论的色诺芬其他的作品相似。它关于妻子义务的部分（包括对化妆的谴责），倘若仅是关于雅典某个社会阶层男性的期望，那是有启发性的。[23]

现在我们可以转向色诺芬以外的文献资料。

其他幸存下来的关于公元前362年以前时期的叙述中，有西西里的狄奥多鲁斯（Diodorus Siculus）的《历史文库》（*Bibliotbeke*，一部
9 通史）的第14、15卷。狄奥多鲁斯于罗马时代（公元前1世纪末）写作，关于他总的写作方法请见《剑桥古代史》第5卷第2版第7页。在一个特定时间段，他主要利用一种史料。[24] 有一种陈旧的观点认为，他第17卷有关亚历山大的内容中穿插使用了两种史料，对于最近试图复活这种观点的尝试这里不想说什么。[25] 正如我们看到的，第16卷有问题。但至少对于该世纪的前40年（第14、15卷及第16卷的一部分），和有关公元前5世纪的第11—13卷一样，他的来源无疑还是埃弗鲁斯（Ephorus）的著作。[26] 狄奥多鲁斯认为埃弗鲁斯的道德倾向与他相投（参见Ⅺ.46），但他在重组埃弗鲁斯的材料时遇到了困难；一个众所周知的错误，即公元前375年与公元前371年和约之间的明显混淆，可能是由于狄奥多鲁斯误把一个导入性的说明放在了有关公元前375年的叙述中，而那个说明是埃弗鲁斯打算用于自己后来对公元前371年的叙述的。[27] 在考虑西西里时，前面所说“一种主要的史料”需要某种（但只是一定程度的）限定。这个限定是双重的：材料独立的西西里部分不仅与希腊主要的叙述并行，而且对

㉑ Osborne 1987（I 115）18. 波麦罗伊（S. Pomeroy）的注疏已经预告出版。

㉒ Finley 1973（I 36）18.

㉓ 例如Lefkowitz及Fant 1982（I 96）注释106。

㉔ Schwartz 1903（B 101） = 1957（B 104）35 – 97；J. Hornblower 1981（B 60）；Sacks 1990（B 98）.

㉕ Hammond 1983（B 57）及Hornblower 1984（B 61）。

㉖ 关于公元前5世纪，Diod. Ⅺ. 45与*FGrH* 70 Ephorus F 191之间的一致性，尽管有Africa 1962（B 2）的观点，但它们本身基本上可以肯定。关于公元前4世纪，请见Diod. ⅩⅤ. 5. 4及32. 1 ~ Ephorus FF 79，210，以及Diod. ⅩⅤ. 60. 5 = F 214的直接引用。

㉗ Andrewes 1985（B 7）.

于公元前 4 世纪的西西里，狄奥多鲁斯准备利用两位作家而不是一位作家的著作。在此他主要的资源也是埃弗鲁斯的著作。另一个是提麦奥斯（Timaeus）。他来自陶罗麦尼翁（Tauromenium），和狄奥多鲁斯一样是个西西里人，但约公元前 315—前 265 年，他在雅典生活和写作（*FGrH* 566）。他是一个非常重要的人物，是西部希腊主义第一位伟大的历史学家。在这里我们可以提一下，普鲁塔克在他的两位公元前 4 世纪西西里名人即狄翁（Dion）和提摩莱昂（Timoleon）的传记中，大量使用了提麦奥斯的作品。[28] 在狄奥多鲁斯的作品中，很难把埃弗鲁斯的材料和提麦奥斯的材料区分开。[29] 较为合理的看法[30]是：狄奥多鲁斯主要利用埃弗鲁斯的著作，并以提麦奥斯的叙述作为他的补充，所以在西西里部分，他的方法不同于叙述希腊本土的部分，但并非所有的部分都这样（见下文第 5 章第 121 页）。在埃弗鲁斯和提麦奥斯有关西西里部分的资料背后，可能是更为隐蔽的菲利斯图斯（Philistus）著作的影子（*FGrH* 556）。[31] 由于狄奥多鲁斯经常插入来自年代记的资料，这就要求对“一种主要的史料”的说法做另一个限定。这份资料提供了王朝和其他的年代。这些年代非常适合于诸如波斯和赫卡同尼王朝的统治者，但对于马其顿和斯巴达的年代而言，就有严重的问题；一个博斯普鲁斯（Bosporus）统治者在公元前 349 年被杀害，而一份铭文显示，此人公元前 346 年还活着（Diod. 10
XVI. 52；Tod no. 167 = Hardig no. 82）。关于这份材料的可靠性，先前的一些看法过于宽容了。[32]

先前的一卷中对埃弗鲁斯本人已做了简单的描述（*CAH* V^2 7）。重要的是要认识到，在埃弗鲁斯这位狄奥多鲁斯直接的资料来源背后，还有其他的、基本的史料。我们可以从中挑出两个，它们部分或全部叙述了公元前 404—前 362 年这段时期的历史。第一个是奥克西林库斯史家（见前文第 7 页）。对于当代研究公元前 4 世纪政治的史家而

---

[28] Westlake 1952（G 321），Talbert 1974（G 304）. 关于提麦奥斯，请见 Brown 1958（B 19），他写的时候还不知道 Jacoby 1955 年的注疏；另见 Fraser 1972（A 21）763 – 74；Momigliano 1977（B 85）37 – 66；Pearson 1987（B 92）。

[29] Meister 1967（B 74）.

[30] Jacoby Komm. ⅢC（文本）529。

[31] Zoepffel 1965（B 133）.

[32] Schwartz 1957（B 104）44 称它“很大程度上甚至是非常的可靠（im grossen und ganzen sehr zuverlässig）”；但参见 Hornblower 1990（C 366）74。参见下文第 480、495 页。

言，这位作者最大的贡献是他对彼奥提亚同盟政体的记述（见 Bartoletti, ch. XVI）。这一记述使修昔底德一些偶然的暗示变得易于理解了。[33] 但从史学史的角度看，关于奥克西林库斯史家最为重要的事情是，狄奥多鲁斯（埃弗鲁斯）似乎已经利用了他的作品。他显然代表了一种不同于色诺芬而且比他更可取的传统（例如，关于公元前395年阿盖西劳斯在亚洲的战役，色诺芬和狄奥多鲁斯的描述不一致。色诺芬认为这是一次正面交战，而狄奥多鲁斯则认为是一次伏击。伏击不那么光彩，所以狄奥多鲁斯可能是正确的。[34] 但是《奥克西林库斯希腊志》与狄奥多鲁斯的观点一致，甚至使用的词语都对应，例如，εἰς πλινθίον συντάξας ~ ~ ἐξ] ωθὲν τοῦ πλιν [θίου, Diod. XIV. 80. 1 及 *Hell. Oxy.* XI. 3. ）。这意味着我们可以利用狄奥多鲁斯的叙述，纠正色诺芬的某些细节和解释；但我们不能像对卡利斯泰奈斯（Callisthenes）那样（我们要讨论的下一位作家），说《奥克西林库斯希腊志》提供的那个时代的图景，与色诺芬《希腊史》的描绘极为不同。

埃弗鲁斯另一个可以证实的资料来源是亚里士多德的侄子、奥林图斯（Olynthus）的作家卡利斯泰奈斯（*FGrH* 124），他的重要性比我们从他残存下来的《希腊史》的少量残篇（19）中做出的估计要大。《奥克西林库斯希腊志》的记载结束于公元前386年，对于此后的事件，埃弗鲁斯似乎转向了卡利斯泰奈斯的作品。[35] 基督教权威作家尤西比乌斯（Eusebius）明确告诉我们，埃弗鲁斯利用了卡利斯泰奈斯的著述（*FGrH* 70 T 17）；普鲁塔克《佩罗皮达斯传》中的一些内容，例如对底比斯向色萨利渗透的描述，很可能[36]也来自卡利斯泰奈斯。通过狄奥多鲁斯和普鲁塔克的中介，我们可以隐约看到一种很不同于色诺芬的传统，它们尤其给予了底比斯适当的空间和重要性。比如，更早的作家所使用的卡利斯泰奈斯的两个残篇（FF 11, 18）或引用中都谈到了泰古拉战役——关于这次战役，请见前文，而色诺

---

[33] Bruce 1967（B 20）157－62.《奥克西林库斯希腊志》叙述的截止时间有时比人们认为的更不确定；见 Hornblower 1990（C 366）73 n. 6。

[34] Cawkwell 1979（B 26）附录。

[35] Jacoby 1919（D 200）及对 *FGrH* 124 的注疏；Schwartz 1900（B 100），重印于 Schwartz 1956（B 103）。

[36] Westlake 1939（B 127）.

芬完全忽略了它。对于卡利斯泰奈斯采用的一般方法——他不像色诺芬那么亲斯巴达——最重要的证据是 8 号残篇。这个残篇出自对亚里 11
士多德《伦理学》的注释，关注的是公元前 370/369 年的事件，记载了斯巴达人有意派人到雅典请求援助，以抵抗底比斯的入侵（见下文第 7 章第 191 页）。这很接近狄奥多鲁斯在第 15 卷第 63 章的记载。这种相似性证实了狄奥多鲁斯终归是利用了卡利斯泰奈斯的材料这个普遍的观点。但卡利斯泰奈斯和狄奥多鲁斯一致提供的版本却很不同于色诺芬在第 6 卷第 5 章第 33 节及其以下的叙述：在色诺芬那里，一些斯巴达人只是“碰巧出现”在雅典，他们顺便提出了自己的要求。我们无法得到这类事情的证据，但这几乎是一个“彻底的歪曲”（参见上文有关色诺芬偏袒的论述）。色诺芬似乎有意避免把斯巴达人描写成正在讨饭的人。从狄奥多鲁斯著作的第 15 卷判断，埃弗鲁斯用很大篇幅叙述了埃帕米农达（Epaminondas）的优秀品质（*arete*）；斯特拉波（Strabo）保留了对底比斯霸权失败的一个有趣分析（Ⅷ. 2. 1 – 2 = Ephorus F 119）：尽管有埃帕米农达个人的品质存在，但底比斯由于缺少教育和军事训练（*paideia* and *agoge*）——它们分别对应于雅典和斯巴达的优良品质——而遭到了失败。人们通常认为，这种推断反映了埃弗鲁斯的老师伊索克拉底（Isocrates）的观点（见 Isoc. V, the *Philippus*），但请注意卡利斯泰奈斯的叔父亚里士多德的类似观点。他认为，当（或许只是在这时）底比斯的领导者也是哲学家时，它是成功的（*Rhetoric* 1398）。无论如何，埃弗鲁斯可能也利用了其他彼奥提亚史家的作品（这个问题显然更有争议。请注意波里比阿第 6 卷第 43—44 章对公元前 4 世纪底比斯和雅典的有趣讨论）。最近甚至有人怀疑，斯特拉波的记载是否完全源于埃弗鲁斯，但还没有定论。[37] 关于底比斯霸权本身，特别是关于它的海军，狄奥多鲁斯提供了很多基本的材料，其中一些可能最终来源于卡利斯泰奈斯。

埃弗鲁斯的波斯材料的来源是个特殊问题。一些材料无疑基于个人的了解：他来自小亚细亚的库麦（Cyme）。但当时已经有成文的《波斯史》。对于那个世纪之初的万人远征（见下文第 3 章），埃弗鲁

㊲ Milns 1980（B 78）.

斯利用了色诺芬的《长征记》。这个决定意味着狄奥多鲁斯尽管有些偏离，终归保留了色诺芬的传统（见前文对他的《希腊史》避讳问题的讨论）。对于此后的波斯及其总督的材料，我们有其他的作品可以利用，其中一些将在后面第 47 页讨论。对于科洛丰的狄农（Dinon of Colophon）（*FGrH* 690）及其他《波斯史》作者[38]合理的重新评价，已经驳斥了公元前 4 世纪希腊人有关波斯的所有作品都是无价值的传闻这种肤浅的观点。[39] 当然我们应该承认，在尼多斯（Cnidus）的克泰西亚斯（Ctesias）的作品中，确实有很多这样的谣传（*FGrH* 688）。但是就目前了解的情况看，这些作家中的哪一个是狄奥多鲁
12 斯著作中关于总督反叛的重要内容的来源（XV. 90ff；见下文第 84 页），还是一个无法回答的问题。从前文认同的狄奥多鲁斯的观点来看，他直接的来源应该是埃弗鲁斯；也就是说，我们不能假设狄奥多鲁斯自己为了方便直接利用了某部《波斯史》。

公元前 4 世纪历史传统的最后一条线索可一直追溯到公元前 5 世纪：阿提卡的地方史家，他们的作品统称为《阿提卡史》（*Atthis*），在《剑桥古代史》第 5 卷第 2 版第 10—11 页中，已对他们做了介绍。对于我们正在考察的这个时期，菲罗科鲁斯很多相关的残篇（*FGrH* 328）不仅仅具有年代学上的重要性。事实上，当色诺芬和狄奥多鲁斯提供这么少可靠的材料时，说“仅仅”是冒犯的。特别是，现代人猜测在菲罗科鲁斯的作品中，当短语ἐπὶ τούτου位于一位执政官的名字之后时，表示那是一年中的第一个事件。[40] 这种富有创见的推论，在人们希望对某些关键问题达到更精确的理解时，仍然被巧妙地利用。[41] 在很多问题上，我们已经看到菲罗科鲁斯的证据可能是决定性的，例如关于波斯介入公元前 375 年的和约这一事件（见上文第 6 页）。关于安德罗提翁（Androtion）（*FGrH* 324），请见《剑桥古代史》第 5 卷第 2 版第 11 页及第 475 页。

普鲁塔克（约公元 50—120 年；见 *CAH* $V^2$9 – 10）《传记集》中有关公元前 4 世纪的传记，利用了以上提到的已经失传或仅存残篇的

---

[38] Stevenson，载 Sancisi-Weerenbug and Kuhrt 1987（F 51）27 – 35。

[39] Momigliano 1975（A 41）.

[40] Jacoby Komm. ⅢB 532.

[41] 例如 Cawkwell，见 Perlman 1973（D 111）147。

几位作家的作品。普鲁塔克对公元前 4 世纪雅典名人兴趣的丧失，准确地反映了已经变化的历史和史学现状，但这是很极端的情况：以亚西比德（Alcibiades）为一端，德摩斯梯尼（Demosthenes）、弗奇翁为另一端，两者之间的雅典人无传记，因而与公元前 5 世纪的 6 篇传记形成了对照。[这种失衡使公元前 1 世纪一位次要作家科奈利乌斯·奈波斯（Cornelius Nepos）以埃弗鲁斯著作为基础的有关雅典人的《传记》偶然具有了重要性，如若不然，它不会享有这种重要地位。除了普鲁塔克确实涉及的一些人物，奈波斯的作品中还包括了特拉叙布鲁斯（Thrasybulus）、科农（Conon）、伊菲克拉特斯（Iphicrates）、卡布利亚斯（Chabrias）以及提摩泰乌斯（Timotheus）的传记。《提摩泰乌斯传》第 11 章第 2 节证明了奈波斯偶然具有的价值，它表明公元前 375 年的和约明确承认了雅典的海上霸权。这进一步证明了狄奥多鲁斯著作第 15 卷第 38 章第 4 节的记述，请见下文第 176 页。]

相反，通过转向传统的雅典和斯巴达以外的权力中心，普鲁塔克采用了他所叙述的时代已经变化了的史学风格 [除死于公元前 395 年的吕桑德（Lysander）的传记外，《阿盖西劳斯传》是公元前 4 世纪斯巴达人唯一的传记，不过在属于希腊化时代人物的《阿吉斯传》（*Agis*）和《克莱奥麦奈斯传》（*Cleomenes*）中，可以看到古典斯巴达社会史学家的痕迹]。[42] 因此，我们有《阿塔薛西斯传》（*Artaxerxes*），在波斯的重要人物中，这是独一无二的。在这里普鲁塔克受惠于狄农（Dinon），奈波斯的《达塔麦斯传》（*Datames*）中特有的材料可能也出自狄农，这是普鲁塔克传记中没有对应内容的另一篇奈波斯的传记。[43] 关于达塔麦斯的反叛，见下文第 84 页及以次。关于普 13
鲁塔克重要的有关西西里人的传记——《狄翁传》（*Dion*）和《提摩莱昂传》，见前文简短的描述以及下文第 13 章。《佩罗皮达斯传》不是普鲁塔克唯一的底比斯人传记，但另一篇即《埃帕米农达传》散佚了。它可能以节录的形式保留下来了（Paus Ⅸ. 13ff），但这种看法没有得到认同。[44]

㊷ Africa 1961（B 1）.

㊸ Thiel 1923（B 115）；Sekunda 1988（F 59）.

㊹ Tuplin 1984（B 118）.

流传至今的普鲁塔克的作品中，包括《十大演说家传》(*Mor.* 832B－852C)。这肯定不是普鲁塔克本人的作品。对它的评价，应该考虑到最近怀疑类似的文学传记系伪造这种有益的倾向，当然要以该作家的作品为基础。[45] 在允许那种保留意见的情况下，这些传记是可用的：它们包含少量独立的材料。它们是对希腊化时代渴望以历史方法理解演说家的证明——注释家们［例如狄狄穆斯（Didymus），我们从《阿提卡史》中引用的很多内容都源于他］，可能还有狄奥多鲁斯的年代记的史料[46]，都有这种渴望。作为证据的一种类型，演说只在公元前5世纪末才变得重要起来。在这一章的框架中，无法讨论演说家的证据所描述的公元前4世纪历史的每一个方面。关于“十”位（数字分类是希腊化时代的特点，参见七大奇迹或七贤之说）演说家的正统说法如下：公元前5世纪的安提丰（Antiphon），安多奇戴斯（Andocides），吕西阿斯（Lysias），伊索克拉底，伊塞乌斯（Isaeus），埃斯奇奈斯（Aeschines），吕库古（Lycurgus），德摩斯梯尼，叙佩利德斯（Hyperides），狄纳库斯（Dinarchus）。

安多奇戴斯的第三篇演说《论和平》——有关公元前392年流产的和谈，见第106页及以次——对公元前4世纪90年代极其重要。原因更多的不在于它提出了色诺芬明显忽略的和谈中的波斯因素，而在于它揭示了（特别是第12—15节）雅典帝国野心公开或私下里复兴的开始。这篇演说也以它有关近期历史轻率的错误而闻名，[47] 在这方面，它在阿提卡演说家的作品中远不是独一无二的：我们可以追溯到修昔底德著作中的演说，它“创造”了一个在演说家的头脑之外从未存在的雅典。[48] 这种作品是糟糕的历史，却是优秀的思想。

此外，吕西阿斯的政治演说也使我们能够弥补色诺芬作品中的某些不足。要确定吕西阿斯自己的政治观点（如果有的话）是一件困难的事情。[49] 他是一位修辞学家（*logographos*），或为其他人写演说辞的作家。关于这个概念，请参考下文有关德摩斯梯尼的内容。但是在

---

[45] Lefkowitz 1981（B 68A）.

[46] Hornblower 1984（B 61）.

[47] Meiggs 1972（C 201）134；Thompson 1967（B 117）；Missiou 1992（B 79）.

[48] Loraux 1986（C 190）；Nouhaud 1982（B 89）.

[49] Dover 1968（B 35）. 托德（S. Todd）关于吕西阿斯的注疏已经立项，目前请见他的 *The Shape of Athenian Law*（Oxford，1993）。

吕西阿斯的作品中，对公元前5世纪末的寡头们有毁灭性的指控，不论这种事情有没有反映演说家个人的观念，它都证明色诺芬关于（*Hell.* Ⅱ.4.43）公元前403年后的大赦在事实上和精神上都受到了尊重的信念是错误的。[50] 在冗长且充实的第12篇演说《诉埃拉托斯泰奈斯》（*Against Eratosthenes*）中，这种倾向已经强烈地体现出来了。在“吕西阿斯演说集”中，这篇演说是唯一肯定由吕西阿斯所写并且是他独立完成的。在第65节以下，他插入了泰拉麦奈斯（Theramenes）的政治活动。被告人曾与泰拉麦奈斯有关联，但后者当时已经死了。这篇演说的意义——它得到了一篇纸草文献的证实，它仔细地模仿但没有引用吕西阿斯的相关章节[51]——在于它是法庭辩论中频繁、有力地利用近期发生的事情的早期（公元前403年）例证，而色诺芬让我们相信雅典人已经忘记了它们。在另一篇演说（第26篇第9节以下）中，至迟到公元前382年，吕西阿斯仍诉诸反寡头派的情绪。我们经常见到法庭辩论中提到民主派的解放，如在第28篇第12节（发表于公元前4世纪80年代初）：“我希望被告不要试图为这些罪名进行辩解，而是他来自菲莱（关于这一点的重要意义见下文第36页），他是一个民主派，他与你们共同度过了危机时代。”［参见公元前345年的Aeschin. Ⅰ.173：“你们（陪审员）处死了智者苏格拉底，因为有人证明他是推翻民主制的三十僭主之一克里提亚斯（Critias）的老师。”那里根本没有提到新神或腐蚀年轻人。关于苏格拉底的审判，见本书第39页及以次。］ 14

现在没人愿意接受吕西阿斯对政治的影射。但是他保留了公元前4世纪初雅典的事件、态度和经济环境的宝贵资料：第28篇《诉埃戈克莱斯》（*Against Ergocles*）（如同Andoc. Ⅲ）阐明了大约公元前390年雅典人执着的帝国渴望，但这里的主题是行动而不是思想——特拉叙布鲁斯在哈利卡纳苏斯（Halicarnassus）的劫掠。演说《论谷物商人》（第22篇）证实了科林斯战争中的经济困难，突出说明了甚至雅典粮食的大宗产品都依赖私人供应商及其脆弱性。[52] 由于在石

---

[50] 关于大赦，请见Loening 1987（C 188）。

[51] Merkelbach and Youtie 1968（B 76）; Henrichs 1968（B 58）; Andrewes 1970（B 6）; Sealey 1975（B 106）; *CAH* Ⅴ^2 495 n. 68.

[52] Seager 1966（C 249）, Todd 1993（见前文注49）316–22.

碑上发现了相关提案的部分内容（*SEG* XXVIII46 = Harding no. 8），演说《诉提奥佐提德斯》（*Against Theozotides*）的一片残篇于1971年得到学者们非常细致的考察，它很好地证明了雅典人想要慷慨地对待把他们从三十僭主那里解放出来的人们的政治意愿，以及这样做遇到的明显的经济困难。吕西阿斯反对的这项提案，目的可能是把救济金限制在“解放者”的遗孤之内。其他演说阐明了广泛的主题，包括妇女的社会地位（第1篇），公益捐献制度（第21篇。关于这项制度，见下文第548页及以次），公民权（第23篇），以及对借贷的态度。[53]

早在1904年，人们就开始贬低财产律师伊塞乌斯作为事实陈述者一般意义上的可靠性，那部著作至今仍是关于一位古代作家最优秀的（也是最有意思的）注疏。[54] 但在他现存的12篇演说中，伊塞乌斯不经意间给出了很多雅典社会、人文和经济方面的证据，我们没有理由否认它们。如果极其谨慎，我们也可以把它们作为有关他自己的专业领域——雅典的继承和收养法，特别是关于胞族这个困难问题——的史料（有关此问题，见 *CAH* III^2. 3. 366ff）。[55]

尽管伊索克拉底[56]被包括在十位演说家的“名单”中，事实上他是个不同的人物。的确，他早期的一些演说是法庭辩论的产物，它们确实或可能是以通常的方式发表的。但他最重要的作品是经过打磨的政治论述，那是17世纪而不是现在人们更熟悉的类型［弥尔顿（Milton）的《战神山议事会》（*Areopagitica*）让人想起了伊索克拉底一篇文章的标题，并非偶然——弥尔顿早年就提到了伊索克拉底，只是没有指名道姓。但是关于政府的检查权和道德干预，两者的结论恰恰相反］。在某些问题上，例如提摩泰乌斯的经历，伊索克拉底提供了一些无法从他处了解的事实［第15篇，《论财产交换》（*Anti-*

---

[53] 关于提奥佐提德斯，请见 Stroud 1971（B 176）。关于吕西阿斯的第1篇演说，请见 Todd 1993（见前文，第15页注释5）。关于吕西阿斯的第23篇演说（公元前4世纪初）以及公民权问题，请特别参看第6段，在那里，该月最后一天中普拉提亚人聚集在新鲜奶酪市场，很好地证实了 Thuc. V. 32 的记载。修昔底德暗示，至少从社会学角度看，普拉提亚人在雅典仍是一个独立的群体，尽管 Thuc. III. 55 证实他们被授予了（雅典）公民权，参见 Dem. LIX. 104。关于授予公民权，请见 Osborne 1981－3（B 165）II 11－16。III/IV 36－7 以及 Hornblower 1991（B 62）。关于对 Thuc. III. 55 的解释以及演说的一般论述，请见 Todd 1993（见前文，第15页注释5）。关于借贷，注意 Millett 1990（I 107）1－4 对吕西阿斯的利用。

[54] Wyse 1904（B132A），见 Todd，载 Cartledge et al. 1990（A 15）31。

[55] Wevers 1969（B 130）；关于伊塞乌斯对胞族的论述，请见 Andrewes 1961（C 90）。

[56] 最近的论述请见 Cawkwell in Luce 1982（B 29）提供的参考文献。

dosis)]；在第 14 篇［从历史角度看，《普拉提亚人》（*Plataicus*）是不可靠的，公元前 373 年发表］[57] 以及第 5 篇（见下文）中，他证实了底比斯人的要求在特定时期引起的不信任和厌恶。公元前 355 年的《论和平》（第 8 篇），就发表于雅典在同盟战争中失败后，是对帝国主义动态所做的有趣的、否定性的分析。[58] 同样重要的是，他提供的证据透露了公元前 4 世纪希腊受过教育的、有产阶级的普遍态度（泛希腊主义，对急进民主制热情不高）。[59] 我们解读公元前 380 年《泛希腊集会辞》（第 4 篇）的方式——不是作为一个时评的、有价值的宣传小册子——正应如此，因为它非常准确地"预言"了一年左右之后雅典第二同盟的建立，以及在当时公众眼中的一些领袖人物的率领下进行一场泛希腊战争的企图（对此最有趣的是公元前 346 年的第 5 篇《致腓力》，这是另一个神奇的"预言"）。如果那样的 16
话——通过有组织的殖民——希腊的"麻烦"就可以得到解决（见诸如Ⅴ. 120）。关于这些"麻烦"，伊索克拉底自己提供了一些最好的证据，而且已经得到了适当的利用。但我们必须承认，他所说的某些内容中，包含有产者对新公民以及"没有城邦的人"（例如雇佣军之类）怀有的敌意。[60] 但伊索克拉底最持久的重要性是他对教育理论的贡献——通过修辞实践对政治家进行职业训练，但这不在本章的讨论范围内。这是一种有意区别于柏拉图的方法，后者坚持我们称为哲学的首要地位（伊索克拉底也使用这个词[61]）。同在西西里时的柏拉图一样（第 695 页），伊索克拉底也试图教育公元前 4 世纪新兴国家的君主。他有关塞浦路斯的演说，与《居鲁士的教育》一样（前文），对有关君主职责的那种文献颇有价值，它们的重要性在于未来：特别请看第 2 篇和第 9 篇演说［《致尼科克莱斯》（*To Nicocles*）以及《埃瓦戈拉斯》（*Evagoras*）］。但我们在后面的一章中会看到，从历史的角度看，《埃瓦戈拉斯》主要是一种拙劣的模仿，请见本书第 8 章第 4 节第 316 页。

---

[57] Buckler 1980（C 330）.

[58] Davidson 1990（B 33）20 –36.

[59] Finley 1986（A 18A）50.

[60] Fuks 1984（C 23），特别是第 52—79 页；Mckechnie 1989（I 100）；关于新公民，请见 Davidson 1990（B 33）34 –5。

[61] Jaeger 1944（H 66）Ⅲ 49.

十位演说家中其余五人的现存作品大多属于腓力和亚历山大时期，现在我们来谈谈它们。但首先，我们要注意所谓的德摩斯梯尼的“私人”演说对社会和经济史家的重要意义［对其中一些，德摩斯梯尼的作者身份值得怀疑，另一些肯定不是他而是阿波罗多鲁斯（Apollodorus）写的；但在这个研究领域，只要这些演说真的是公元前4世纪的，那就无关紧要］。它们提到了（例如）村社事务（第57篇）；[62] 航运风险投资以及包括采矿在内的其他商业事务[63]——关于这些请见下文第10章；雅典妇女的角色（第59篇，由阿波罗多鲁斯所写）[64]；海军的组织（第47、49、50、51篇）；一般的捐献制度，包括节日的组织（第21篇）[65]。第50篇演说——《诉波利克勒斯》（*Against Polycles*）实际由阿波罗多鲁斯创作，它表明了区分政治演说和个人演说研究的困难。对于公元前4世纪60年代末爱琴海北部的事务，它是宝贵的信息来源。这反过来又为我们提供了理由，使我们可以贬低其作为雅典海军军备薄弱的证据的价值（有人已经提出这一点），[66] 因为当时是一个极其混乱的时代（见下文第7章第203页）。

德摩斯梯尼（和埃斯奇奈斯）是到目前为止尚未考察的最为重要的演说家。关于他的政治演说，在此无法尝试对各篇演说进行描述
17 和评价。后面第14、15章的叙述不可避免地大量引用了这些演说，那里讨论的事务和政策通常是德摩斯梯尼自己描述、支持或批判的那些：[67] 与吕西阿斯以及其他演说家十分不同的是，德摩斯梯尼自己就是政治史的一部分，对此他的作品就是证明（有关夸大这种作用的危险之处，请见下文）。不过这里可以阐述一些一般性的观点。

首先，前文有关吕西阿斯的部分已经暗示了一种困难：德摩斯梯尼早期的几篇政治演说是他作为修辞学家或演说作家为别人写的（例如，第22篇《诉安德罗提翁》）。这意味着真实性问题（即使是德摩斯梯尼亲自讲的那些，也不是完全没有问题）极为突出。

---

[62] Whitehead 1986（C 268）各处。

[63] Isager and Hansen 1975（C 176）. 关于采矿业，请特别参见 Dem. XXXVII。

[64] Fisher 1976（C 136）128–44. 关于阿波罗多鲁斯，目前请见 J. Trevett, *Apollodoros the Son of Pasion*（Oxford, 1992）。

[65] MacDowell 1990（B 68B）.

[66] Cawkwell 1984（C 114）.

[67] Schaefer 1885–7（C 71）、Pickard-Cambridge 1914（C 222）、Jaeger 1938（C 177）、Perlman 1973（D III）、Wankel 1976（B 122A）关于 Dem. XVIII的部分。

其次，类似第23篇演说［《诉阿里斯托克拉泰斯》（*Against Aristocrates*）］表明，谈论一篇德摩斯梯尼演说的“年代”以及“公开发表时间”是鲁莽和不合时宜的。这篇演说暗含赞同雅典在爱琴海北部有利益的观点，如果它真是在演说提到的事件所暗示的最近的时间或其后发表的，即便不能说站不住脚，至少让人惊奇。更可能的情况是，演说的不同部分乃不同时期的“思想”。[68] 鉴于古代的“公开发表”是如此偶然并且是作者无法控制的，有人建议我们最好一直避免使用这个词。[69]

德摩斯梯尼演说的有效性及其基本的真实性，特别是在他的文学杰作《金冠辞》（第18篇）中，都已经被否定了，因为“历史的判断不应依据他对自己以及他的反对者的评价”。[70] 另外，对于公元前346年以后德摩斯梯尼演说日益增长的有效性还需要一些解释。有人从德摩斯梯尼强烈的但主要是感情上对荣誉和传统的诉求方面寻找原因[71]——事实上，那是对“想象出来的”理想之城而不是历史之城的诉求。至于真实性，有人反对说——尽管并不完全令人信服，“一个对于当时以及近期发生的事情一再说谎的人民的顾问，其谎言经常遭到其他演说家的反驳，并且实际的事态发展不久就证明它们是谎言，这样的人不是一个赢得人民绝对和永久信任的人”。[72] 德摩斯梯尼最终证明了这一点。

最后，存在相关的比例和平衡的问题。就德摩斯梯尼和雅典而言，我们书写当时历史时面临着一个风险，它容易发现却不容易避免，与
把罗马共和晚期的历史和西塞罗的职业生涯等同的危险类似。我们关 18
于腓力（Philip）统治时期的证据是偏颇的，除非其他史料的状态奇迹般地改变，否则会一直如此，现在我们可以转到这些史料上。

即使希俄斯的泰奥彭普斯（Theopompus of Chios）的《腓力史》（见 *FGrH* 115）完整的纸草文本被发现，是否会产生这样的奇迹也仍值得怀疑。他的叙述过于摇摆不定且心存恶意，因而没能引起狄奥多

[68] Hornblower 1983（A 31）249 以及注释 16。

[69] Dover 1968（B 35）.

[70] Cawkwell 1978（D 73）19，Finley 1985（A 18）19 赞同地引用了他的观点，参见 Cawkwell 1979（B 28）216 对 Wankel 1976（B 122A）的评论。

[71] Montgomery 1983（B 87）.

[72] Griffith，载 Hammond and Griffith 1979（D 50）476。

鲁斯的兴趣，我们只是从残篇即引用以及提要式的摘录中了解它（这位作者的《希腊史》也是这样，它涵盖了公元前 411—前 394 年），而不是从保留下来的任何通史著作中了解到的［除非它是偶尔有用的优斯廷（Justin）对公元前 1 世纪作家特罗古斯（Trogus）的《腓力史》所作摘要的基础。[73] 优斯廷本人可能生活于公元 4 世纪，见下文第 5 章注释 2］。言语辛辣、机智的泰奥彭普斯（关于他也见 *CAH* Ⅴ²9）在古代以及现在都经常但可能是不公正地遭遇恶评。[74] 他的兴趣广泛，写到了地方总督、琐罗亚斯德教徒以及埃特鲁利亚人；但《腓力史》的标题反映了他坚定的、从史学史上来看是重要的明确决定，即将他的历史集中于国王个人。他如何处理这个人物是一个有争议的问题。泰奥彭普斯声称腓力是“欧洲从未有过的一种现象”，他的说法可以解释为（注释 74）一段描述的讽刺性引言，描述的主角被说成是由于其邪恶而不是其德行而出名。但波里比阿的行文（Ⅷ. 11 = Theopompus F 27）表明，泰奥彭普斯的叙述确实是令人沮丧的不一致，特别是他关于美德的讨论。[75]

如果狄奥多鲁斯没有引用泰奥彭普斯对腓力的叙述，那么他使用了谁的著述呢？在所有关于狄奥多鲁斯的研究中，这是最困难的问题之一。[76] 公元前 341/340 年即包围佩林图斯那一年之前的历史，狄奥多鲁斯可以使用埃弗鲁斯（T10 = Diod. ⅩⅥ. 76）的著作，而且狄奥多鲁斯肯定尽可能地利用了他的材料。但埃弗鲁斯没有提到一个重要的情节，即公元前 355—前 346 年的第三次神圣战争。这部分由他的儿子德摩斐鲁斯（Demophilus）完成（Ephorus T 9）。既然关于狄奥多鲁斯的叙述中有大量“双重传统”这种观点已经明确被证伪，[77] 对于第 16 卷第 23—40 章以及第 56—64 章的史料来源，我们只要看看德摩斐鲁斯就可以了。从最为严格和本质的意义上，德摩斐鲁斯的著作无疑被附加在埃弗鲁斯的抄本中。这使狄奥多鲁斯的工作变得容易。关于公元前 340—前 336 年的叙述，问题更严重。既然我们不愿猜测它属于希腊化时代初期的狄鲁斯（Diyllus）（*FGrH* 73），因为我

---

[73] Momigliano 1969（B 81）.

[74] Lane Fox 1986（B 65）; Connor 1967（B 31）; Shrimpton 1991（B 109）.

[75] 关于波里比阿上述引文，请见 Walbank 1957 - 1979（B 122）Ⅱ。

[76] Momigliano 1975（B83）707ff; Kebric 1977（B 63）.

[77] Hammond 1937（B 55），参见 1937 - 8（B 56）及 Ehrhardt 1961（C 20）。

们对他知之甚少，那就让我们像假设他是“未知”一样，坦率地说“未知”更合适。[78] 我们甚至可以假设，这些章节中表现出的对演说的兴趣与狄鲁斯无关，而是狄奥多鲁斯自己的创作，其中经常出现的史实错误，也属于狄奥多鲁斯。[79] 19

对泰奥彭普斯不够平衡的谨慎看法，已经被人们拿来解释普鲁塔克没有写《腓力传》的理由。[80] 把《腓力传》与《恺撒传》并列，随之以《亚历山大》与《奥古斯都》的对传，应当会有吸引力（父亲被暗杀，他的东征还只是一个计划，帝国要由儿子来建立）。但把恺撒和亚历山大并列来看吸引力太强。[81] 无论如何，在普鲁塔克的另一传记系列《皇帝列传》中，奥古斯都是一篇失传的传记的主角。而且据记载，在普鲁塔克的另一作品中，奥古斯都一本正经地说，亚历山大不应该花那么多时间攻城略地，而应用更多的时间来管理它们（*Mor.* 207C－D）。

有关亚历山大本人的统治，重要的幸存资料都有一个奇怪的特点，且对此没有一个合理的解释：它们都是在亚历山大自己的时代之后300—500年间完成的（但是亚历山大的同代人德摩斯梯尼和埃斯奇奈斯[82]有关雅典方方面面的记载仍然有用，吕库古、叙佩利德斯以及狄纳库斯的记载也一样）。[83]

上面提到的特殊的特点产生了特殊的问题：记录者和记录的事件之间如此长的间隔不仅对于解释，而且对于认识都是一种障碍，甚至在古代也是这样。对亚历山大的研究很大程度上是对文献资料的研究，现代的分歧集中在这些作家们填补时间间隔的工作到底有多大能力和可信度上。坦率地说，相关的铭文[84]很少，钱币和考古材料也没有太大帮助。[85]

主要的叙述是2世纪罗马化的希腊人、尼科墨狄亚的阿里安

---

[78] 关于狄鲁斯（*FGrh* 73），请见 Hammond 1983（B 57）以及 Hornblower 1984（B 61）；Beloch 1912－1927（A 5）27；Schwartz 1957（B 104）64－5。

[79] Hornblower 1984（B 61）.

[80] Lane Fox 1986（B 65）.

[81] Green 1978（D 181）.

[82] 关于埃斯奇奈斯，见前文第19页注释6中的著作，关于埃斯奇奈斯第1篇演说，补充 Dover 1978（I 31）以及 N. Fisher 即将出版的注疏（Oxford）。

[83] 关于吕库古，请见 Humphreys 1985（C 175）。

[84] Tod 1948（B 179），Heisserer 1980（B 143）.

[85] Bellinger 1963（B 187）.

(Arrian of Nicomedia) 所写的《亚历山大远征记》。[86] 阿里安生活于文学活动繁荣的名为“第二次智者运动”时期（说“文艺复兴”有点夸张）。由于最近对这个时期兴趣的复兴，作为一个罗马行省的总督和文学家，阿里安得以更恰当地被置于他的时代背景中。在那个时
20 代，受过教育的上层阶级都异常迷恋过去的文化和历史。[87] 阿里安自己的目标是文学声誉，请见《亚历山大远征记》第 1 卷第 12 章。他希望自己与亚历山大之间，犹如荷马之于阿基里斯，但色诺芬是他有意模仿的另一个对象。[88] 所有这些都反映了他那个时代的价值观和风格，所以阿里安值得赞扬的地方，是他不仅仅满足于风格上的矫饰，而是明显地求助于那些他认为可信的前代的权威（Arr. *Anab.*，序言）。但是阿里安通常或是没有理解，或是懒得正确或完整地记录他的史料提供的专业性或描述性材料。[89]

在那些权威作家中，首要的是托勒密（Ptolemy）——他是希腊化时代埃及国王悠长世系中的第一位——以及卡桑德莱亚的阿利斯托布鲁斯（Aristobulus of Cassandrea）（*FGrH* 138，139）；本世纪初，人们曾赋予托勒密的历史一种夸大的、修昔底德式的地位。但反对不可避免，近期已经有人批评他带有些微的偏见（对他的政敌）以及自我表扬——事实上批评是如此细微，以至于又出现了对这种批评的轻微反对。阿利斯托布鲁斯对亚历山大的描写无疑倾向于奉承。[90] 但在托勒密和阿利斯托布鲁斯的背后，是卡利斯泰奈斯受命完成的书写。他是我们已经谈到的一位作者。在古代，他因鼓励亚历山大自视过高而受到批判，但恰恰在这个问题上，他与这位国王发生了冲突并被处决，后面的章节将谈到这一事件（第 825 页及以次）。他的《亚历山大的功业》没有记述公元前 331 年以后的事，但很可能对公元前 330

[86] Stadter 1980（B 110），Bosworth 1980（B 14）.

[87] Bowie 1974（B 17），Vidal-Naquet 1984（B 120）.

[88] Bosworth1980（B14）intro. 36（谨慎看法）。

[89] Brunt 1976 –83（B 21）483 –90，509 –17.

[90] 关于托勒密的著作，现代学术研究的第一阶段请见 Strasburger 1982（A 57）83 –147（第 1 版，1934 年）；Kornemann 1935（B 64）。第二阶段（反击）请见 Wells1963（B 124），但注意弗雷泽（Fraser）的反对，Fraser 1967（D 175）；Seibert 1969（B 108）；Errington 1969（B 38）。第三阶段（回击）请见 Roisman 1984（B 97）。Brunt 1976 –83（B 21）Ⅱ 510 称：“为了更有效，斥责还要更有力度。”关于阿利斯托布鲁斯，请见 Brunt 1974（B 20A），它没有遭到皮德赫（Pedech）的反驳，Pedech 1984（B 93）。关于散佚史家的一般论述，请见 Schwartz 1957（B 104）；Jacoby 1956（B 62A）；Wirth 1985（D 249）；Pearson 1960（B 90）；Pedech 1984（B 93）。

年和公元前 329 年的事件给予了暗示。[91]

托勒密和阿利斯托布鲁斯通常被看作阿里安的“主要资料来源”，与“通俗传统”相对。后者是有关亚历山大其他主要文献传统的现代说法。阿里安知道它，有时也利用了它，用诸如“据说”等各种方式加以暗示。遗憾的是阿里安很随意，这种形式有时也用来介绍“主要资料来源”的部分内容。[92] 一般认为通俗传统要追溯到希腊化时代初期亚历山大里亚的克雷塔库斯（Cleitarchus），[93] 但奇怪的是阿里安并没有直接引用这个人的任何“通俗性”记载。有人曾过于自信地试图确定克雷塔库斯历史的特征，认为它是狄奥多鲁斯第 17 卷（见例如 *FGrH* 137F 11 – Diod. XVII. 72）以及库提乌斯·鲁弗斯（Curtius Rufus）的叙述主要的、可能是唯一的史料来源（见前文第 9 页）。[94] 它肯定比“主要资料来源”更激动人心、更离奇和富有想象 21
力（或者，以更为明显的方式让人感到不切实际）；但最近我们认识到狄奥多鲁斯至少将 12 卷的克雷塔库斯的原作压缩成了 1 卷，因此我们对那部原作的了解肯定是很不全面的。[95] 我们还要记住，所有的史料，不论主要的还是通俗的，肯定都已经使用了或至少完全知道卡利斯泰奈斯的全部描述，不论那部著作以哪个时间为止点。

在他的《印度志》（*Indike*）部分（见下文，第 838 页），阿里安利用了克里特人奈亚库斯（Nearchus）的作品（*FGrH* 133）。现代人有些不公平地说，他证明了“所有克里特人都是说谎者”这句希腊谚语。[96]

上述大部分“主要”史料以及类似密提林的卡莱斯（Chares of Mytilene）（*FGrH* 125）的一些其他史料，都被普鲁塔克用在了他长篇的、非常有价值的《亚历山大传》中。[97]

最后一篇幸存的史料是一部引人入胜并且非常具有可读性的著作——斯特拉波 17 卷的《地理学》（属奥古斯都时代晚期，即公元

---

[91] Parke 1985（D 218）63 论及卡利斯泰奈斯记载的截止时间问题。

[92] Brunt 1976 – 83（B 21）Ⅱ 553.

[93] Schwartz 1957（B 194）；Jacoby 1956（B 62A）；Pearson 1960（B 90）.

[94] Goukowsky 1978 – 81（B 45）以及 Fraser 1980 – 4（B 41）。请见 Atkinson 1980（B 8）对库提乌斯·鲁弗斯的论述。

[95] Brunt 1980（B 22）.

[96] Badian 1975（B 9）；Brunt 1976 – 83（B 21）Ⅱ；Bosworth 1988（B 16）.

[97] Hamilton 1969（B 54）.

后的头几年)。作为底比斯霸权的史料，我们已经(第 11 页)谈到了斯特拉波：在此他肯定引用了埃弗鲁斯的著作，因此可能最终利用了卡利斯泰奈斯的著作。关于公元前 4 世纪伯罗奔尼撒的问题，斯特拉波的著述也是可以利用的，例如他(Ⅷ. 384 – 385)描述了与公元前 373 年毁灭阿凯亚(Achaea)的赫利凯(Helice)大地震有关的事件。斯特拉波这部分内容的来源是公元前 4 世纪本都的赫拉克利德斯(Heraclides of Pontus)。[98] 这个复杂的事件也涉及安纳托利亚(Anatolia)：伊奥尼亚同盟被牵扯进来了。这等于提醒我们，在小亚细亚问题上，有时斯特拉波对我们有极其重要的价值，参见下文第 8 章第 1 节第 220 页有关卡帕多西亚(Cappadocia)的内容。但斯特拉波最明显的价值还是关于公元前 4 世纪与亚历山大有关的历史。关于他对亚历山大征服的东方领土的描述，斯特拉波更多地参考了具有人种学观念的亚历山大历史学家，特别是阿利斯托布鲁斯。斯特拉波也引用了希腊化时代早期作家麦加斯梯尼(Megasthenes)对印度的描述。在这部分，阿里安和斯特拉波可以对照，比如(一个很好的例子)对麦加斯梯尼描述的捕象和驯象内容的复述，两位晚后的作家各自都展示了自己的优点和不足。[99] 斯特拉波似乎比阿里安更有效地精简了史料，而且更少沉溺于单纯的文字的优美。另外，斯特拉波更多地节略了他的史料，这不仅会导致细节的丢失，而且会损害表述的清晰度。斯特拉波还利用了昔兰尼的埃拉托斯泰奈斯(Eratosthenes of Cyrene，公元前 3 世纪)失传的巨著，埃拉托斯泰奈斯对亚历山大东征开放的新世界表达了保守但原创性的思想[100]；那种思想体现在他著作的第 3 卷和最后一卷中。

22 但埃拉托斯泰奈斯忽略了意大利和西西里，那无疑是因为亚历山大去了相反的方向［仅仅是“袭击了后方”，因为他的远亲、同代人伊庇鲁斯的亚历山大(Alexander of Epirus)确实入侵了意大利，但计划的实施却是灾难性的］。亚里士多德的学生埃莱苏斯的泰奥弗拉斯图斯(Theophrastus of Eresus)对西方表现出了稍多但也仅是略微多些的兴趣。普林尼(Pliny)声称，泰奥弗拉斯图斯是第一个写到

[98] Baladie 1980 (B10) 145 – 63.
[99] Bosworth 1988 (B 15) 40 – 60.
[100] Fraser 1972 (A 21) 525 – 39.

罗马的人（*HN* Ⅲ. 57 = *FGrH* 840 F 24a）。[101] 对西方全面的叙述要等到提麦奥斯（前文第 9 页）；泰奥弗拉斯图斯所做的，可能只是利用不系统的关于西方的民族学知识，那是亚里士多德学派积累起来的。比较而言，泰奥弗拉斯图斯关于东方植物的材料非常重要。但像埃拉托斯泰奈斯一样，他只引用更早的作家，比如塔索斯的安德罗斯泰奈斯（Androsthenes of Thasos），亚历山大曾派此人围绕阿拉伯半岛航行，后来他写下了自己的经历（*FGrH* 711）。本世纪初期流行的更大胆的观点，是亚历山大身边有一群科学家，他们系统地将信息带回了希腊，因此最终带给了像泰奥弗拉斯图斯这样的研究者，但这是不可能的。斯特拉波的著作（Ⅱ. 1. 6 = *FGrH* 712 F 1）是主要的具体的证据，并且也是含糊的。但安德罗斯泰奈斯留给泰奥弗拉斯图斯和斯特拉波的史料让我们很感兴趣，因为它描写了（FF 2 –5）巴林［Bahrain，即提罗斯（Tylos）］和费拉卡［Failaka，即伊卡鲁斯（Icarus）］岛的特征，现在我们从铭文中知道它们是塞琉古（Seleucid）的地盘，可能是先前占领的：见下文第 843 页以次以及《希腊碑铭补编》第 35 卷第 1476 条及第 38 卷第 1547—1548 条铭文。

最后，某些类型的证据与整个这段时期相关。首先是喜剧。公元前 4 世纪到公元前 321 年是中喜剧时代，阿里斯托芬的最后一批戏剧属于这一类（有些是人为命名的）。它们是公元前 392 年的《妇女公民大会》（*Ecclesiazusae*）。对研究雅典民主政治的学者，这是一份有价值的史料，还有公元前 388 年的《财神》（*Plutus*）。[102] 在后一剧作中，还可以看到直接的政治暗示，所以与旧喜剧有一些连续性（见下文第 66 页的例子，与埃及的结盟），但情色的内容更少了。在它为社会史家所提供的内容方面，中喜剧与旧喜剧和新喜剧类似——比如在一个著名的场景中（*Plut.* 659ff），它让我们了解到在一座希腊圣所度过一个“睡疗”的夜晚是什么情形。其他的中喜剧作家［如欧布鲁斯（Eubulus）］仅有残篇保留下来。除此之外，公元前 4 世纪也是一个散文的时代。

---

[101] Fraser 1972（A 21）763 –5 以及在即将出版的霍恩布劳尔（Hornblower）编辑的《希腊史学史》（Oxford）中的文章。也注意在后面第 12 章第 4 节中对泰奥弗拉斯图斯有关希腊农业的内容的广泛使用。

[102] Dover 1972（B 36）.

亚里士多德的《政治学》对于了解公元前4世纪的希腊是至关重
23 要的一部著作，它甚至比对公元前5世纪更为重要（见下文第11章）。我们迫切需要一部优秀的、最新的注疏。[103] 关于亚里士多德的《雅典政制》，请见《剑桥古代史》第5卷第2版第10—11页的论述。

对于整个公元前4世纪（我们已经看到亚历山大的统治是个例外）来说，铭文是史家丰富的资料来源。[104] 它们不像希腊化时代那么多，但像小亚细亚这些地区，自公元前4世纪起，铭文开始占据重要地位。由于更多的地方有了“铭文习惯”，[105] 而阿提卡也从未放弃这种习惯，所以我们越来越可能借助铭文来阐述诸如希腊化以及社会和宗教生活这样的主题。[106] 铭文有助于纠正我们的文献史料中偏向雅典这样的主要中心的偏见；这种偏见恰恰是古代史家让现今的史家感到担忧的地方。[107] 考虑到诸如色诺芬这样的作品中留下的空白（请见前文），像所谓的雅典第二同盟宪章这样的铭文（Tod no. 123 = Harding no. 35），也能告诉我们文献资料忽略或未记载的重要的政治问题。相比这些简单的介绍，后面的章节将非常频繁地利用铭文证据进行必要的说明。钱币证据也是一样。[108] 纸草文献在这个时期几乎不重要：已知最早的例子发现于几年前。它出自亚历山大时代，是以马卡塔图斯（Macartatus）的儿子佩乌凯斯塔斯（Peucestas）的名义发出的一份通告（从 Arr. *Anab.* Ⅲ. 5. 5 得知），要求把一座圣域外的神庙配给普通士兵。请见特纳（Turner）1974年的著作（书目编号 F 542）。佩乌凯斯塔斯的纸草残片将我们从这一卷涉及的时代带到了希腊化世界，那时这类证据极为丰富。

（崔丽娜译　晏绍祥、李永斌校）

---

[103] Huxley 1979（H 62）. W. Newman 1887（H 88）的版本尽管年代早，但仍有用。

[104] Tod 1948（B 179）; Harding 1985（A 29）中的译文、书目以及注释。

[105] Macmullen 1982（B 70）.

[106] 关于社会生活，请见诸如 Fisher 1976（C 136）等；关于宗教，包括村社历法，请见 Rice and Stambaugh 1979（H 97）。

[107] Gehrke 1986（C 28）; Finley 1985（A 18）.

[108] Kraay 1976（B 200）.

第　二　章

24

胜利者斯巴达

D. M. 刘易斯

第一节　希腊的领导者

很长时间以来，希腊世界已经习惯于雅典和斯巴达作为两大势力来源的形势。雅典势力的瓦解把未来的决定权留给了斯巴达。理论上说，未来是明朗的。斯巴达人及其盟友为希腊的自由进行了伯罗奔尼撒战争，[①] 吕桑德乘船来到比雷埃夫斯、雅典长城拆除开始的这一天被看作那种自由的开始（Xen. *Hell.* Ⅱ. 2. 24）。但是，战争的过程不可避免地塑造了想法和渴望。如果雅典允许她的盟友自治，一切都会好起来——公元前431 年这个纯朴的愿望，此时却已经变得极为复杂。斯巴达已经向波斯做了承诺，这实际上限制了小亚细亚希腊人的自由。[②] 不仅如此，战争的进程已经在很多城邦的政治上产生了不易逆转的变革，在斯巴达本土，胜利的影响以及日益增长的力量将产生一种希望其持续存在的心态。[③]

对于一个领袖国家的角色，斯巴达远远不合格，对于统治一个帝国的角色来说，她更不合格。她的全部公民人口不过几千人，而且似

---

① Lewis 1977（A 33）65 – 7.

② Lewis 1977（A 33）122 – 5 论证，根据公元前408 年的《波伊奥提斯条约》，如果小亚细亚的希腊人给波斯交纳贡金的话，他们的自治将得到保证。Tuplin 1987（A 60） 支持传统观点，即通过这个条约，他们完全被交给了波斯大王。

③ 对于战争改变斯巴达的方式的讨论，请见 Cartledge 1987（C 284）34 – 54。

乎还在持续下降。[4] 到伯罗奔尼撒战争时，她已经在利用庇里阿西人和全权公民一起充当重装步兵。从公元前424年开始，我们看到她越来越多地利用被释放的黑劳士，这是一个在新公民（*neodamodeis*）中的新成员的名义下迅速制度化的群体。

这些公民的传统训练完全是军事性的，对他们的期望是服从和统一而不是思想和意识的独立。[5] 传统甚至禁止利用城邦以外达到服役
25 年龄的人（Thuc. Ⅳ. 132. 3）。在战争条件下，很多斯巴达人事实上已经看到了更广阔的世界，遇到了不合传统的情况。其中一些人无疑已经知道如何对待非斯巴达人；其他人则走着公元前5世纪70年代摄政王保萨尼阿斯（Pausanias）的老路。在那种模式下，一个不受自身制度限制的斯巴达人发现，他自己既无法遵循别人的习惯，也无力创立自己的新规范。修昔底德（Ⅰ. 77. 6，参见76. 1）借公元前432年一个在斯巴达的雅典使节之口预言，由于这个原因，斯巴达作为一个帝国可能会遭遇失败。

在战争期间，一些斯巴达人已经克服了这些不利方面。布拉西达斯（Brasidas）除了是一个好士兵，也赢得了盟友的信任，并且培养了其继承人可以利用（Thuc. Ⅳ. 81）的很多好感。吕桑德不仅赢得了希腊人的信任，而且获得了波斯人居鲁士的信任。他在这方面的成功已经使他成为胜利的设计者，尽管他那时还没有赢得过一次重要的、激烈的战斗。但是个人的成功给斯巴达的制度造成了新的压力，因为它几乎没给国王以外的成功人士留下什么空间。布拉西达斯在追求不同于国内政府的目标时（Thuc. Ⅳ. 108. 7），已经与它有了矛盾。在担任一年海军统帅后，吕桑德再度出任统帅需要一个合理的借口，以免违反政体的传统（Xen. *Hell.* Ⅱ. 1. 7）。吕桑德已成为自保萨尼阿斯以来希腊世界最为显赫的斯巴达人，因为后者至少是摄政王，所以吕桑德连续的任职将产生史无前例的问题。然而在雅典，连续被选为将军从来没有成为麻烦；在那里，经验可以积累并得到利用。

正常情况下，只有世袭的国王才在斯巴达享有连续任职的权力。

---

[4] 请对比 Cawkwell 1983（C 286）和 Cartledge 1987（C 284）37–43 的看法。

[5] Finley 1973（C 290）.

26

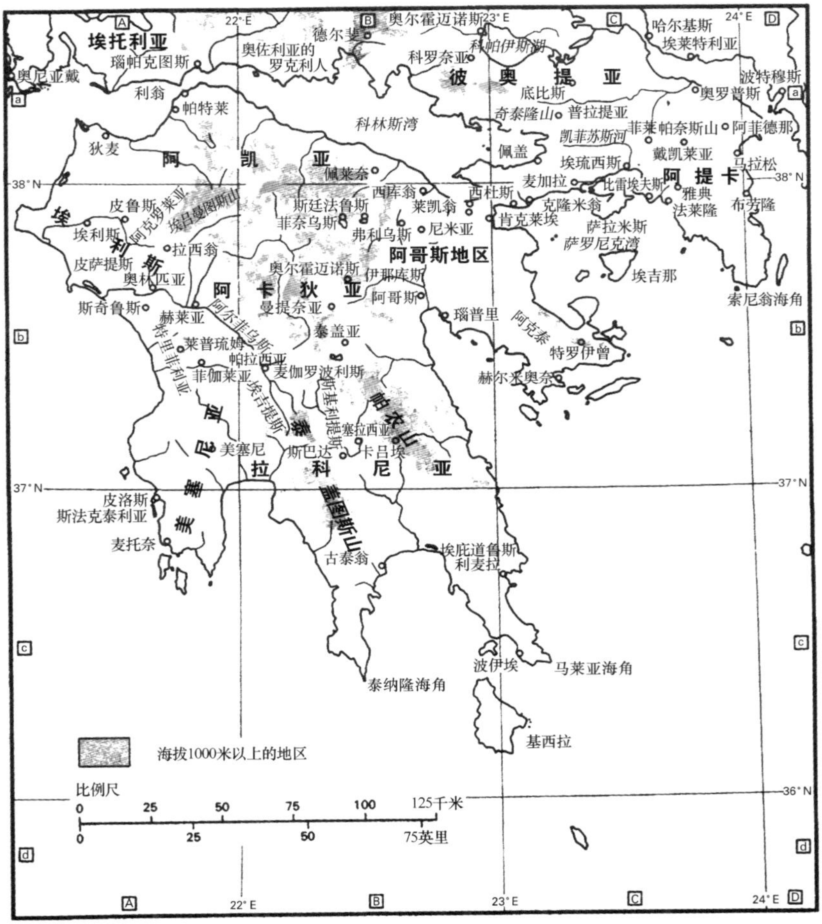

地图 2　阿提卡和伯罗奔尼撒

公元前 404 年，阿吉斯（Agis）已经做了 23 年国王。公众舆论已经对他产生不满，显例是公元前 418 年的事件（见 CAH Ⅴ² 438），但他克服了这些困难。自公元前 413 年占领戴凯莱亚以后，他比之前的任何斯巴达人都有更长时期的独立地位（Thuc. Ⅷ. 5. 3）。他已经学到了很多，没有犯过明显的错误，并且对瓦解雅典有重要贡献。但他至少接近 60 岁了（Xen. *Hell.* Ⅲ. 3. 1），不可能有更大的贡献。他的 续 25

同僚保萨尼阿斯（Pausanias）刚刚 40 岁出头。[⑥] 尽管在他父亲普利斯托亚那克斯（Plistoanax）长期被放逐期间，他在整个孩童和青年时期已经是国王了，但他只独立做了 4 年国王。公元前 405 年（Xen. *Hell.* Ⅱ. 2. 7），当他率领斯巴达和伯罗奔尼撒主力军队到雅典时，那可能是他第一次上战场。即使从放逐地归来后，普利斯托亚那
续 克斯也没有得到重用。我们猜测，由于斯巴达人可以选择依靠一个或
26 另一个王室家族（Xen. *Hell.* Ⅴ. 4. 32），他们宁愿选择阿吉斯。

如果不是真的在战场上，国王的重要性是荣誉和影响的问题，而不是他们的权力问题。[⑦] 一般情况下，决策中心是一个小群体。尽管其他人可能参与，但其制度的核心是长老会和每年选出的 5 名监察官。长老会是一个由 28 名年龄在 60 岁以上、终身任职的男性组成的
27 机构。实施领导以及发布行政命令在监察官，但长老会相当重要，主要因为它在政治审判中的角色。[⑧] 关于这些机构的构成，除了猜测有些家族比其他家族更可能被选入长老会以及监察官可能很穷这个说法（Arist. *Pol.* 1270b8 – 10）外，我们几乎没有材料。到公元前 404 年，战争已经在不同程度上影响了所有人的态度。没有人知道现实的经历在何种程度上对于任官和影响力是一个必要条件。核心机构能做的，就是给海外的指挥官派出顾问或承担更为临时性的监督任务。两种做法都常见到，有助于教育国内那些真正做决定的人。

在核心集团内部，我们有时也能见到分歧。这些分歧可能最终由公民大会解决，但除了限于选举，它只有权接受或反对提交给它的提案。[⑨] 较大的集团比核心集团更容易为更一般性的、更具理想化的想法所鼓动。[⑩] 已经有人尝试从党派的角度分析斯巴达政治。[⑪] 斯巴达肯定存在集团，最明显的是这一或那一国王的“友人”组成的集团。我们不能认为他们总是关系密切。有很多时候政策和活动只被归于

⑥ Beloch 1912 – 1927（A5）Ⅰ. 2，178.

⑦ 关于斯巴达政策的制度基础，总体性论述参考 Cartledge 1987（C 284）116 – 38。

⑧ Andrewes 1966（C 274）；de Ste Croix 1972（C 68）132 – 6；Lewis 1977（A 33）36.

⑨ Andrewes 1966（C 274）不赞成亚里士多德关于公民大会的观点，认为公民大会重要。de Ste Croix 1972（C 68）126 – 31 对此表示怀疑。Lewis 1977（A 33）36 – 9 采纳了折中观点（但依据 Thuc. Ⅵ. 88 – 93，不再认为公民大会有修订权）。

⑩ Lewis 1977（A 33）111 – 12.

⑪ 关于这个时期，请见 Hamilton 1970 及 1979（C293 – 4），David 1981（C 289）5 – 42。

“斯巴达人”，我们没有理由假设它们不是一致通过的。[12] 当有分歧时，可能既有强烈的个人考虑，也有强烈的政策考虑。

到公元前 404 年，斯巴达已经过多地卷入外界事务，“她的活动应局限于伯罗奔尼撒”这种感情已经很难存在，可能在理论家的头脑中除外。这些人怀念想象中的过去，那时斯巴达人没有被外来影响腐蚀，遵照吕库古的法律生活。[13] 和波斯结盟已经最终证明了它的价值，反波斯的泛希腊主义——迟至公元前 406 年，海军统帅卡利克拉提达斯（Xen. *Hell.* Ⅰ. 6. 7）仍表达着这种愿望——暂时归于沉寂，但它能够复兴，这可以从公元前 404 年斯巴达人（Xen. *Hell.* Ⅱ. 2. 20）提出的拒绝毁灭雅典的理由中看出来：他们不会奴役一个在最危险的时候为希腊做出巨大贡献的希腊城邦。但是眼下，和波斯的协议仍然有效。某种意义上，小亚细亚的希腊人已经被抛弃了，在任何其他地区，斯巴达都能保持或扩大她的影响。[14] 更有限的口号是自 28
治。[15] 从战争一开始，斯巴达就向所有希腊城邦许诺自治，并且时常重申这一点（如 Thuc. Ⅳ. 88. 1）。伯里克利曾说（Thuc. Ⅰ. 144. 2，参见 19），斯巴达许诺给她的伯罗奔尼撒同盟的那种自治是适合于她的自治，事实将证明，“自治”这个术语的含义有相当大的伸缩性。

尽管斯巴达公民数量有限，但斯巴达从其盟友及雇佣军中招募与她政策所需要的同样多重装步兵的能力，似乎没有受到直接的限制。赢得羊河战役的那支舰队还在，并且有新近组建的舰队。但是雇佣军和水手需要支付报酬。眼下还有储备，因为吕桑德把居鲁士资助他的剩余金钱交出来了（据 Xen. *Hell.* Ⅱ. 3. 8，是 470 塔兰特；据 Diod. ⅩⅢ. 106. 8，是 1500 塔兰特）。[16] 将来的收入则是另一回事。我们无法确定斯巴达财政[17]传统的随意性在战争条件下得到了何种改善；从雅典方面争取过来的盟国已经做了捐献，或有望有所贡献（例如，

---

⑫ Thompson 1973（C 319）.

⑬ 对于这种观念在斯巴达之外具有的吸引力，请见 Ollier 1933 - 45（C 304）；Tigerstedt 1965 - 74（C 320）；Rawson 1969（C 310）。

⑭ 见注释 2。

⑮ 尽管有 Ostwald 1982（C 55）的论证，但这种观念起源于伯罗奔尼撒并不是没有可能。

⑯ David 1979/80（C 288）.

⑰ 尽管刘易斯试图将梅格斯—刘易斯著作第 67 号铭文有些随意的年代下调到公元前 396 年（见那里的注释），并且得到了 Jeffery 1988（B 145）的支持，但一个新的断片［Matthaiou and Pikoulas 1989（B 154）］提供的年代属公元前 430—前 416 年，而这很可能是正确的。

Thuc. Ⅷ. 36. 1, 44. 4, 45. 5)，但我们没有定期纳贡的记录，而且最富有的一些城邦目前正给波斯交纳贡金。

斯巴达地位中潜在的弱点仍然存在。尽管公元前 421 年后，我们没有见到关于其对大量黑劳士以及臣属居民（见 *CAH* V^{2} 430）非常担忧的记载，而且公元前 410 年，美塞尼亚人在皮洛斯（Pylos）的基地的威胁也已经被解除（*CAH* V^{2} 486），但那种麻烦总是有可能反复发作。[18]

关于未来的一个方面已经得到了解决。大家已经同意雅典作为一个城邦将以某种形式幸存。她从前的属国会如何，却不是那么清楚。和波斯的协议意味着斯巴达不会继承雅典在亚洲大陆的地位。但是，在雅典失败时，大流士二世（Darius Ⅱ）已经死了或奄奄一息，[19] 斯巴达的朋友居鲁士未来的地位还不确定。作为可能的补偿，身为陆上强国的斯巴达可能考虑将她在希腊大陆的影响向北扩展。

对于和她一起作战的传统盟邦的想法，斯巴达几乎没有任何考
29 虑。他们的代表中，要求毁灭雅典的那种意见已经被否决了。斯巴达没有采取行动，以重建科林斯在西北希腊支离破碎的影响。在阿基达穆斯（Archidamus）战争前及战争期间，这是非常重要的一件事。有关北希腊的方案，就我们所能看到的而言，斯巴达根本没有考虑彼奥提亚人的想法。比较明显的是这样一种感情：解决某些宿怨的机会已经出现了。具体地说，对埃利斯（Elis）的不满仍然在加剧（见 *CAH* V^{2}437）。

不论其他人怎么想，当时是吕桑德统率着舰队，并且能够以行动影响政策。[20]萨摩斯（Samos）仍坚持反对斯巴达，甚至在雅典失败后还保持着对雅典的忠诚（参见 M-L no. 94），一直坚持到公元前 404 年夏季。最终，萨摩斯投降了（Xen. *Hell.* Ⅱ. 3. 6 – 7）。自由居民可以带着必需的衣物离开，别无其他（参见 Thuc. Ⅱ. 70. 3），[21] 吕桑德把城市及城里的一切交还给了“从前的公民”，也就是说交给了那些

---

[18] 关于斯巴达国家的内部结构，一般性论述请参考 Cartledge 1987（C 284）160 – 79。

[19] 见第 238 页。

[20] 关于吕桑德，请见 Lotze 1964（C 301）；Andrewes 1971（C 275）；Bommelaer 1981（C 279）；Cartledge 1987（C 284）多处可见。

[21] 在第二年的某个时候，他们在以弗所及诺提翁（Notium）（见 Tod no. 97 = Harding no. 5，第 8—9 行）。

被接连不断的政变驱逐的人。这些人将由一个十名官员构成的委员会——可能是我们常提到的十人团之一——以及斯巴达的军事长官托拉克斯（Thorax）来管理，后者已经在舰队上服役至少两年了［Diod. XIV. 3. 5；Poralla 1913（C 307）s. v.］。[22]

实际上，萨摩斯不仅是我们见到的唯一任命十人团执政的地方，[23] 还给我们提供了感激吕桑德最突出的例子。其他城邦可能树立了吕桑德的雕像［例如以弗所（Ephsus），见 Paus. VI. 3. 15］。在萨摩斯，他在前一时期的大屠杀之后召回的那些人不仅在奥林匹亚（Olympia）树立了他的雕像（见 Paus. VI. 3. 15），而且授予他一般只献给神的荣誉，还有祭坛和唱赞歌，并且把赫拉节重新命名为吕桑德节（Lysandreia）。[24] 在希腊世界，尽管布拉西达斯死后被转变成安菲波利斯（Amphipolis）的建城英雄（Thuc. V. 11. 1；*CAH* V^2 430），但之前从未发生过这样的事情。

吕桑德被从萨摩斯召到了雅典，因为那里发生了动乱。[25] 和平协议对于那里的政治未来没有指明任何方向。尽管《雅典政制》（34. 3）记载，它包含了雅典应该由“先祖政体”（πάτριος πολιτεία）统治的条 30
款，但可以肯定，它只包含了一项条款，这在伯罗奔尼撒的条约中是惯例，即雅典可以采用他们的传统政体（πολιτεύσθαι κατὰ τὰ πάτρια）。[26] 但是那足以在传统的民主派、公元前 411 年政变的幸存者（见 *CAH* $V^2$474－81）——他们支持更为有限的投票权——以及其他人中间引起争端，最后这个集团包括在和平条约下返回的被放逐者，并且支持极端寡头制。民主派注定会打败仗。据按照他们的观点所写的作品（Lysias XIII）记载，战争后期最杰出的民众领袖克莱奥丰（Cleophon）甚至在和平实现之前就被合法地除掉了。由于怀疑他们发动政变，一群忠诚的将军和海军船长已经被逮捕。

㉒ 关于萨摩斯的安排，请见 Shipley 1987（C 382）131－4，他怀疑是否全部公民人口都被驱逐。

㉓ Nep. *Lys.* 2 可能提供了将塔索斯添加到其中的证据。

㉔ Duris *FGrH* 76 F 26，71，一个雕像基座证实了上一个细节［Homann-Wedeking 1965（J 19）440］。请见 Habicht 1970（A 26）3－6；de Ste Croix 1981（C 70）74；Badian 1981（D 141）33－8（认为萨摩斯是在他死后才授予他那个荣誉的）；Cartledge 1987（C 284）82－6。

㉕ 关于公元前 404/3 年的雅典，Hignett 1952（C 174）仍是有益的参考，尽管该著作更多是打算考查狄奥多鲁斯的作品以及《雅典政制》而不是吕西阿斯作品中的偏见。也可参考 Rhodes 1981（B 94）415－81；Krentz 1982（C 182）；Ostwald 1986（C 214）460－96。

㉖ Fuks 1953（C 138）60－1，Rhodes 1981（B94）427；反对观点见 McCoy 1975（C191）。

吕桑德率领一百艘船进入比雷埃夫斯并且实施了强制解决，声称由于雅典人拖延拆除城墙，他们已经违反了条约。根据泰拉麦奈斯的建议，[27] 任命了一个三十人的团体为雅典政府起草新的法律（Xen. *Hell.* Ⅱ. 3. 11，Diod. ⅩⅣ. 4. 1）。[28] 法律无论如何要确保变更民主制。尽管我们不了解细节，但三十人也将享有行政权力，他们继续任命公元前 404/403 年的官员和议事会（Xen. *loc. cit.*，*Ath. Pol.* 35. 1）。在史料中，他们行使的行政权力比他们的主要职能有更多的记载。暂时解决了问题后，吕桑德最终凯旋。

因此，吕桑德在雅典和萨摩斯都强加了他认为可靠的政体。如果我们认为三十人乃较大国家中的十人团，是没有任何问题的。这些城邦过去都曾是雅典帝国的核心，有人可能怀疑他们是不是被认为需要特殊对待，但我们可以认为，这些做法适应了一个已经预先确定的个人计划，这在普鲁塔克的《吕桑德传》中有所描述。公元前 407 年吕桑德第一次任海军指挥官时，已经有了个人的追随者，这是后来十人团的缘起（4. 5）。这种政策的实施出现在羊河战役和雅典投降期
31 间（13. 5 –9），包括对民主制和其他政体的系统清算以及十人团的建立。在所有的城邦，不管它们从前是否怀有敌意，都有一个斯巴达的军事长官。这些新政体依靠的不是出身和财富，而是对他个人的忠诚，这助长了希腊个人的领导权。

对于吕桑德的经历和野心，后来肯定有一些歪曲，有人认为他的计划是为了个人的权力，超出了城邦的范围，这种说法是不可信的。雅典统治的结束意味着很多民主的或有民主色彩的政体的终结（参见 *CAH* Ⅴ^{2}383 –5）。我们不能指望推翻它们的那些人政见一致，那些赢得斯巴达指挥官信任的派系可能占据上风，获得了他们认为保持自身地位必要的保护。不是所有的史料都认为这项制度完全是吕桑德的意见，事实上狄奥多鲁斯（ⅩⅣ. 10. 1）认为，是全体斯巴达人战后建议吕桑德在每个城邦建立军事长官和寡头制。这段话之后狄奥多

[27] 显然，在这个问题上，Lys. Ⅻ. 74 –6 要比 Diod. ⅩⅣ. 3. 5 –7 更可信。还有一种折中的观点，认为泰拉麦奈斯曾讲过两次，一次反对、另一次支持寡头制，参见 Salmon 1969（C 247），McCoy 1975（C 191）142 –4；Krentz 1982（C 182）49 n. 21；Ostwald 1986（C 214）476 –7 支持这种观点；强调三十人任命的草创性是更合理的（见下一注释）。

[28] Krentz 1982（C 182）50 及 Ostwald 1986（C 214）477 n. 70 论证要草拟的法律是三十人统治所依据的法律，但传统的解释更可取，即认为他们是雅典人据以处理事务的法律。

鲁斯又说，他们现在给被征服的城邦规定了贡金，每年征收 1000 多塔兰特。[29] 尽管这段话的时间和证据有问题，[30] 但没有可靠的理由认为，废弃和取消的任何严厉措施是公元前 404 年某一个斯巴达人构想出来的。

可能已经有人认为斯巴达的影响扩展到了雅典帝国主义没有触及的地区。到公元前 395 年，我们能看到斯巴达对中希腊实际控制的程度，在科林斯战争的第一阶段，彼奥提亚人努力要摆脱这种控制（见下文第 101 页）。有人认为，[31] 自公元前 426 年特拉奇斯的赫拉克里亚（Heraclea Trachinia）建立后（*CAH* V^{2}390），斯巴达人的思路已经转向了北部。遗憾的是，对于向北部发展的扩张计划在公元前 404 年已经在实施这一点的猜测，主要的证据是在色萨利的拉利萨（Larissa）发表的一篇演说，其抄本将其归为公元 2 世纪的演说家阿提卡的赫罗戴斯（Herodes Atticus）。人们普遍认为，这篇演说真正创作于公元前 5 世纪末，支持这一观点的很多人都把时间确定在公元前
404 年夏季；[32] 结论是斯巴达那时正在建议与拉利萨结盟反对马其顿 32
国王阿凯劳斯（Archelaus）。这篇演说肯定是后来修辞学的产物，[33] 不管它对细节有多么深刻的认识，断言其中的事件曾经发生过是危险的。[34]

即使没有这种支持，也有证据证明斯巴达在北部的活动，但何时开始还不能确定。不论我们如何看待赫罗戴斯的演说，在战争结束时，色萨利还是相当的混乱。雅典的克利提亚斯（Critias）在其放逐

㉙ 关于“斯巴达第二帝国”的细节，还没有什么能真正取代 Parke 1930（C 305）深入的论述，Bockisch 1965（C 278）肯定是没有。关于斯巴达帝国主义的一般情况，参见 Andrewes 1978（C 276）；Cartledge 1987（C 284）86 – 98。

㉚ 请见 Andrewes 1971（C 275）209 – 10，他认为狄奥多鲁斯依据埃弗鲁斯有关逐渐发展的描述，已经提出了一个正式的论断。到公元前 403 年，一种正式的贡金机制已经存在，这来源于 *Ath. Pol.* 39. 2，那里写到双方在雅典达成最终协议，将根据他们的收入给同盟交纳贡金（*eis to symmachikon*）。关于贡金我们别无所知；“一千多塔兰特”好像高了。

㉛ 对于接下来的内容，Andrewes 1971（C 275）217 – 26 是基本的参考书。也可参考 Funke 1980（C 24）39 – 40。

㉜ 安德鲁斯（Andrewes）同意 Morrison 1942（C 373）以及 Wade-Gery 1945（C 388）的观点。而芬克（Funke）倾向于公元前 400/399 年这种更古老的观点［Meyer 1921（A 38）56 – 8，Beloch 1912 – 27（A 5）Ⅲ. 2，16 – 8］。

㉝ Albini 1968（B 3）；Russell 1983（H 102）111.

㉞ 芬克诉之于下述共识：不论作者为谁，这篇演说都包含了可靠的材料，但是对于计划中的斯巴达对马其顿的进攻却没有确凿的证明。Hammond and Griffith 1979（D 50）140 – 1 认为，阿凯劳斯有可能近期成功地袭击了拉利萨。

期间参与了色萨利的内战（Xen. *Hell.* Ⅱ.3.36）。菲莱（Pherae）僭主吕科弗隆（Lycophron）希望统治整个色萨利。公元前 404 年 9 月，他获得了对拉利萨及其他国家的胜利（同上，Ⅱ.3.4），而斯巴达在一段时间里和他保持着友好关系（同上，Ⅵ.4.24）。关于斯巴达干预色萨利最有力的证据，是她于公元前 395 年在法萨卢斯驻扎了军队（Diod. ⅩⅣ.82.5－6），这说明她站在了菲莱一边，反对拉利萨。自赫拉克里亚建立以来，它就与邻邦以及色萨利人都或多或少、断断续续地有冲突（Thuc. Ⅲ.93.2，Ⅴ.51，Ⅷ.3.1，Xen. *Hell.* Ⅰ.2.18）。这曾是阿吉斯感兴趣的事情。但我们知道，战后斯巴达第一次关注这里，是它公元前 400 年或公元前 399 年派了一个代表团处理那里的动乱以及惩罚它的邻邦（Diod. ⅩⅣ.38.4－5，Polyaen. Ⅱ.21，参见 Diod. ⅩⅣ.82.7）。一些邻邦的联军出现于中希腊。公元前 395 年，斯巴达派吕桑德将他们带到哈利亚图斯（Xen. *Hell.* Ⅲ.5.6；见下文第 99 页）。联军出现于这个地区表明，在周围地区有比实际证实的更多的活动，吕桑德的使命证明，他之前可能就卷入了那里的事务。彼奥提亚西部和北部的动向已经引起了底比斯的注意。公元前 419 年，赫拉克里亚已经引发了彼奥提亚和斯巴达之间的摩擦（Thuc. Ⅴ.52.1）。

第二节 雅典

像通常一样，对和平之后的事件最充分的叙述，到目前为止仍是关于雅典的，而且雅典成为斯巴达政策的试金石。这类叙述相当多，并且有时是矛盾的。最大的矛盾，是关于泰拉麦奈斯的角色，对此我们已经看到了一些迹象。史实中最重要的冲突是斯巴达驻军出现的时间。叙述中的差异出现很早，三十僭主中的幸存者在试图
33 强调他们与极端主义者的区别时就已经出现了。吕西阿斯第 12 篇演说清楚地描述了这个过程。被告坚持说他是泰拉麦奈斯派，不是克利提亚斯派。

这一次，狄奥多鲁斯的叙述（参见第 9—10 页）中很可能没有包含《奥克西林库斯希腊志》的材料；埃弗鲁斯似乎把取自色诺芬的叙述与一个水平很低的亲泰拉麦奈斯的史料合在了一起。亚里士多

德的《雅典政制》对此有一个很完整的叙述（34.3－40），那可能出自阿提卡史家安德罗提翁（见 *CAH* Ⅴ²11）。它开始于一段很可疑的亲泰拉麦奈斯的叙述，终点是对最终协议和大赦非常珍贵的、文件般详尽的叙述。除了这部分，色诺芬在所有纯事实的事件上一定是最可信的。尽管他的叙述写得晚得多（见第 1 页），但可以肯定，这是雅典骑兵中一个目击者的描述。他的幻想破灭的明显过程，本身就是一份文献。[35]

战败不可避免地导致对战争年代制度的重新估价。尽管忠实的民主派可能对羊河战役中存在背叛的想法感到满意（Lys. ⅩⅣ.38，参见 Xen. *Hell.* Ⅱ.1.32，Dem. ⅩⅨ.191），但公元前 410 年以来，保持沉默的民主制的反对者现在有机会了。这不仅仅是因为雅典未来的最终决定权现在掌握在斯巴达人手里。雅典已经被剥夺了她的帝国，她的内部结构也发生了很大变化。尽管对绝对数字还有激烈争论，但由于瘟疫和战争，雅典人口损失巨大，特别是最低的日佣等级。被迫从殖民城邦和军事殖民地返回的公民，只是稍稍补偿了人口的损失。[36]

我们的史料对雅典人政治主张的叙述并不一致，特别是关于泰拉麦奈斯的态度。[37] 我们已经排除了认为他反对建立三十僭主的版本。可以肯定这是他提议的，但是，他现在是准备利用严厉的寡头制重建国家（吕西阿斯第 12 篇演说的观点），还是看到了他在公元前 411—前 410 年短暂设计的重建重装步兵统治权的机会（见 *CAH* Ⅴ²479－481，484），可能还无法确定。色诺芬让他在临死前的演说中（*Hell.* Ⅱ.3.48）[38] 声明这一直是他的理想。[39]

甚至吕西阿斯第 12 篇演说都承认，在三十僭主的组成中存在某

---

[35] 抛开接受狄奥多鲁斯作品中包含色诺芬材料的意愿［参见 Krentz 1982（C 182）135－9］不论，这是一种相当正统的史料观。克兰茨（Krentz）将《雅典政制》的叙述归结为最终来自《奥克西林库斯希腊志》而不是阿提卡史家（139－47），继续秉持了这种看法，并赋予它超越色诺芬的重要性。这一看法不太可能。

[36] 最近的看法见 Strauss 1986（C 259）70－81；Hansen 1988（C 167）14－28。

[37] Fuks 1953（C 139）；Harding 1974（C 169）；Rhodes 1981（B 94）359－60.

[38] 关于这篇演说真实性的证据，见 Usher 1968（C 264）。

[39] 但是 *Ath. Pol.* 28.5 对他的一贯性做了不同的说明。

34 种程度的妥协，[40] 分歧是逐渐才出现的。史料突出了泰拉麦奈斯和返回的被放逐者克利提亚斯。[41] 然而泰拉麦奈斯的家庭只能追溯到他的父亲哈格农（Hagnon）——伯里克利时期的将军以及安菲波利斯的建立者。克利提亚斯的家族则更古老、影响更大。在同一代，该家族出了柏拉图。在智者运动中，克利提亚斯才华横溢、精通诗文，[42] 像泰拉麦奈斯一样，之前他和亚西比德关系密切。公元前404年他从放逐中返回，对于个人权力表现出了头脑清楚的本性。不要认为所有那些参与建立三十僭主的人都是拥有出身和财富的人。唯一可确定的最主要成分，是那些在民主制下陷入困境的人。[43]

关于雅典目前的法律和政体，有些方面可能得到了草创中的新政体的认同。从公元前410年（*CAH* Ⅴ^{2}484－485）以来执行的一些条款被废除了。[44] 在激进民主制形成过程中，埃菲阿尔特斯（Ephialtes，请见 *CAH* Ⅴ^{2}ch. 4）是个决定性人物；他的法律以及后来有关战神山议事会的法律都被取消了（*Ath. Pol.* 35. 2），但似乎没有采取进一步的措施恢复那个机构的权力。[45] 据说，梭伦（Solon）在使其法律复杂化时也犯了错误，由此赋予民众法庭太多的发言权，所以它们被简化了（同上，参见 9. 2，*Pol.* 1274a 4－11 可能与此有关）。[46] 在控告和处决所谓的人民领袖的行动中，对那些法庭运作的不满表现得更为明显；我们的史料中没有一个对他们表示同情。这些措施是雅典人对雅典问题做出的反应。尽管我们同意三十僭主对已经模糊的雅典的未

㊵ 他说（Ⅻ. 76）"已经上任的监察官"任命了十个人，显然是极端寡头派，泰拉麦奈斯任命了十人，另外十人是那些目前在任的。这不可能是正式的决定，但可以说是一种私下的交易。不同的派系纷争出现在 *Ath. Pol.* 34. 3 中，在这里它说到和约规定的"先祖政体"，民主派将其说成是民主制，寡头派说它是寡头制，但是由泰拉麦奈斯领导的最优秀的人认为是先祖政体；既然提到的其他四人中有两人逃亡，只有泰拉麦奈斯加入了三十僭主中，对于这个叙述可能采取的最适当的观点是，据称观点相似的五人并没有采取一致的行动。Loeper 1896（C 189）试图证明三十人代表了克里斯提尼（Cleisthenes）划分的三十个三一区（*CAH* Ⅳ^{2}312－5），参见 Whitehead 1980（C 266）；Krentz 1982（C 182）51－4。

㊶ 其他观点之可能存在，从 Arist. *Pol.* 1305b26 对几乎不知名的卡利克莱斯（Charicles）的强调可以看出［见 Ostwald 1986（C 214）461］。

㊷ D-K88；请见 Ostwald 1986（C 214）462－5。《西叙弗斯篇》（*Sisyphus*）（*TGF* 43 F 19）中关于宗教起源的著名描述肯定不是他的作品，而是欧里庇得斯的；请见 Dihle 1977（H 28）。

㊸ 这是吕西阿斯第25篇演说者的论点，他否认有天生的民主派和天生的寡头派；分析似乎证实了这一点，但当然不能排除政治信仰的存在。参见 Ostwald 1986（C 214）460－8。Krentz 1982（C 182）55－6 做了非常不同的概括。

㊹ Fingarette 1971（C 135）.

㊺ Hall 1990（C 148）认为三十僭主不希望恢复战神山议事会，他对取消法令的目的有不同的评价。

㊻ Lewis 1993（C 187）.

来可能有一致的看法，但事实上证据并不支持最近的观点，即他们正按着斯巴达的样子重塑阿提卡。[47] 35

我们只需讨论公元前404年夏末之前的事件，但这些事件缺乏准确甚至相对的年代。[48] 我们应该依据色诺芬的作品，把对斯巴达驻军的请求定在泰拉麦奈斯被处死之前，[49] 但是我们没有可靠的方法确定某些杰出人物[50]被放逐的时间，最重要的是无法确定要求波斯总督法那巴祖斯（Pharnabazus）处决亚西比德的时间。[51] 斯巴达派出了驻军，但需要资金支付他们的报酬。部分由于经济原因，对富有的外侨[52]甚至杰出的雅典人[53]的处决在这个时期开始了。

这种暴力行为显然使泰拉麦奈斯感到厌恶，当三十人的多数通过一项议案将公民团体限制到3000人时，政体上的分歧出现了。泰拉麦奈斯认为这个人数是任意设定的，应该更多。我们不知道还有多少理论上的分歧。如果泰拉麦奈斯认为在控制极端主义者方面他能够重复公元前411年的成功（见 *CAH* Ⅴ^{2}479 - 81），他就错了。克利提亚斯有足够的供他利用的武装支持说服议事会并强制处决泰拉麦奈斯。3000人之外的所有人现在都被迫离开了城邦。

议事会或事实上更大的公民团体对此信服到什么程度，我们不得而知。最终推翻政府的活动开始于阿提卡之外，并且由于恐惧、麻木或普遍的满足，阿提卡内部的支持出现得很晚。[54]

并不是所有的富人都以和克利提亚斯同样的方式看待雅典的未

---

[47] Krentz 1982（C 182）63 - 8. Whitehead 1982 - 83（C 321）；Ostwald 1986（C 214）485 - 7 都强调克利提亚斯对斯巴达理想的兴趣，极端派所得“监察官”之绰号以及三十僭主与斯巴达长老会在数量上的一致性，但忽略了完全非斯巴达式的议事会的重要角色。

[48] Hignett 1952（C174）384 - 9，Rhodes 1981（B 94）416 - 19 对史料的铺陈最为清晰；近期重构的尝试见 Krentz 1982（C 182）131 - 52。

[49] Krentz，同上，以及 Ostwald 1986（C 214）481 - 4 提出了相反的观点。《雅典政制》中它的错位是不是有意识地为泰拉麦奈斯开脱的尝试，并不清楚。

[50] 在 Xen. *Hell.* Ⅱ. 3. 42 所记泰拉麦奈斯临死前的演说中，提到了对特拉叙布鲁斯（Thrasybulus）、亚西比德以及安尼图斯（Anytus）的放逐，但请见第39页注释①。

[51] 不同的叙述见 Diod. ⅩⅣ. 11 以及 Plut. *Alt.* 38 - 9。见 Hatzfeld 1940（C 173）319 - 49；Robert 1980（F 711）257 - 307。

[52] 著名的例子是富有的盾牌商人波莱马库斯（Polemarchus），他的著名，源自其在柏拉图《理想国》第1卷中的突出地位。吕西阿斯即他设法逃得性命的兄弟描述了这个情节（Ⅻ. 6 - 24）。

[53] 据柏拉图 *Ep.* Ⅶ 325a，另一个目标是迫使其他人参与逮捕，并且与政体产生关联。苏格拉底受命逮捕莱翁（Leon）（同上），他不是一个外侨，而是之前民主制下的一位将军［Andrewes 及 Lewis 1957（C 2）179n. 10］。尼西亚斯（Nicias）的儿子尼凯拉图斯（Niceratus）是一个非常富有和重要的牺牲者。

[54] 所以 Krentz 1982（C 182）83 - 4 的看法是正确的。

来，这可以从两名富有的退任将军——斯泰利亚（Steiria）的特拉叙
36 布鲁斯[55]以及安尼图斯——在公元前404年冬季带领一支仅有70人的军队跨过彼奥提亚边界、占领菲莱山[56]这一事实清楚地看出来。他们在底比斯获得了一些平民的支持（*Hell. Oxy.* 17.1），事实上，关于民主制的复兴最值得注意的事实之一，是它在其他城邦获得广泛支持。而这些城邦的一些代表在不到一年以前还要求毁灭雅典。[57] 这是对现在统治希腊的斯巴达表示怀疑的有力证据。雅典的傀儡政权无法接受。为将不满扼杀在萌芽中，三十僭主带着3000人以及斯巴达驻军一起出动了，但收效不大。他们的情况逐渐恶化，在他们采取的大量恐怖措施中，有些属于这一时期，值得注意的是在埃琉西斯的一次大屠杀。[58] 流亡者的力量那时达到了大约1000人。最终，他们设法冲进了比雷埃夫斯。内战达到了高潮。

在凯菲苏斯河（Cephisus）上的一场战斗中，克利提亚斯被杀。在为处理死者而实施的休战中，埃琉西斯秘仪的传令官克莱奥克利图斯（Cleocritus）呼吁一致反对三十僭主不利于雅典的活动。城里出现了不满，直接的后果是三十僭主被废黜，他们被一个新的十人机构取代。[59] 由于民众已经反叛了斯巴达，这些人试图通过向斯巴达求救挽救局面。他们从斯巴达商借了100塔兰特，吕桑德受命亲自率同盟军队去扫除比雷埃夫斯集团，并且由他的弟弟、海军将领利比斯（Libys）统帅斯巴达舰队。吕桑德似乎还能控制斯巴达的政策。

但是，正是在这个问题上，斯巴达的纷争表面化了。[60] 国王保萨尼阿斯唯恐吕桑德通过实现这个目标不仅赢得荣誉，而且把雅典纳入自己的统治之下，他劝说三名监察官（即监察官的多数）让他带领

---

[55] 让人感到迷惑的是有另一个著名的特拉叙布鲁斯，来自科吕图斯（Collytus）。他曾经谴责亚西比德公元前407年对舰队的做法（*CAH* V²490）；他间或成功的职业生涯一直延续到公元前373年。

[56] 公元前4世纪那里有一个要塞，但没有证据证明此时的情况如此。见 Ober 1985（k 49）145－7。

[57] 关于证据，见 Hignett 1952（C 174）290－1；Funke 1980（C 24）47 n. 3。

[58] 色诺芬（*Hell.* Ⅱ.4.8－10）叙述了这次屠杀，尽管相当反感，但他显然参与了。

[59] 有关人们期待他们结束战争这种说法（*Ath. Pol.* 38.1，参见 Lys. Ⅻ.55）没有得到他们行动上的支持；比较 Fuks 1953（C 138）。后来有第二个十人团（*Ath. Pol.* 38.3）的说法，尽管有 Walbank 1982（B 180）93 n. 47 以及 Krentz 1982（C 182）97 支持，但它与所有当时的证据相悖；见 Rhodes 1981（B 94）459－60。

[60] 吕桑德任命的统治萨摩斯的托拉克斯因被指控拥有金钱（Diod. XIV.3.5，Plut. *Lys.* 19.7）而被处决，年代不易确定。

一支伯罗奔尼撒同盟的军队处理雅典的问题。并非所有的盟友都看清
了他的意图。彼奥提亚人和科林斯人首先公开表达不满，拒绝进军雅
典，理由是雅典人根本没有违反和约。他们显然希望雅典保留傀儡政 37
权。保萨尼阿斯以炫耀力量的姿态确实开始了针对比雷埃夫斯集团的
行动。无论如何，盟友会知道决定权在谁的手里。但事情很快就明朗
了，斯巴达对雅典的安排是灾难性的错误。尼西亚斯的家人曾去求助
保萨尼阿斯，其中一名成员后来声称（Lys. XVIII. 10 – 12），他们的悲
惨处境已经向保萨尼阿斯证明三十僭主实际上是什么货色。“因为对
于所有前来的伯罗奔尼撒人而言，事情已经很清楚，他们杀死的不是
最有危害的公民，而是那些由于他们的出身、财富和其他的美德最有
资格享受荣誉的人。”这是一个可信的声明。在斯巴达，没有雅典人
比尼西亚斯更受拥戴。斯巴达人的新世界，无力承受那样的宣传。

斗争双方都受到鼓动派人到斯巴达。监察官和公民大会派了 15 个人与保萨尼阿斯一起当场解决这件事。他们主持协商了一份和约，[61] 它将使比雷埃夫斯派感到满意，同时又尽可能平息与三十僭主合作的“城里人”的政治经济恐慌。除了三十僭主、十人委员会、十一名警监以及对流亡者恢复比雷埃夫斯前控制它的委员会以外，对所有人都将实行大赦，甚至上述那些人，如果他们准备对他们的行动做出解释，对他们也会大赦。[62] 所有其他官员，都要在他们集团的代表面前提出说明。[63] 甚至被三十僭主没收的财产，也将保留给它的新主人。那些不愿与新政体和解的人可以撤到埃琉西斯的一个独立城邦。公元前 404 年 9 月，流亡者陆续返回，在卫城向雅典娜奉献牺牲。

理论上，如果雅典履行了它对伯罗奔尼撒同盟的经济和军事义

[61] 关于这个和约，见 Cloche 1915（C 116）；Funke 1980（C 24）1 – 26；Loening 1987（C 188）。

[62] 至少三十僭主的一个成员埃拉托斯泰奈斯（Eratosthenes）留在雅典，他辩解说自己是一个泰拉麦奈斯派，并就谋杀波莱马库斯的控告出庭应诉（Lys. XII）；他是否赢得诉讼活下来、后来在一桩私通案中被杀（Lys. 1），尚无一致意见。十人之一的利农（Rhinon）立即被新政体选为将军。但是这个群体相当多的财产被没收，并且在公元前 402/1 年被拍卖［Walbank 1982（B 180） = *The Athenian Agora* XIX p. 2］，所得收益用来为雅典娜做新的游行用的银罐［Philochorus *FGrH* 328 F 181；*IG* II^2 1372 + 1402 + Woodward 1958（B183）］。

[63] 寡头统治时的雅典娜司库官正常转移到他们的民主派继承人手里［*IG* II^2 1370 + 1371 + 1384 +（?）1503；West and Woodward 1938（B 182）78 – 83］，他们的账目被公布出来（*IG* I^3 380），所以他们没有变更账目；见 Lewis 1993（B 151）。

务，她就可以处理自己的事务。这份和约没有强加特殊的政治决定。
比雷埃夫斯派并非由纯粹的民主派构成，当他们中的一人弗米西乌斯
（Phormisius）[64] 建议公民权应限于土地所有者时，这一点就已经很清
38 楚了。据我们所知，这会把5000人排除在公民之外（Lys. XXXIV 有
这样的“假设”）。尽管似乎有些斯巴达人支持那个建议，但它没有
被采纳。三十人的活动已经使雅典在未来80年里任何不实行充分民
主制的作为完全声誉扫地。但是，尽管人口下降，民主政治在其公民
权政策方面还是有限制的。伯里克利的公民权法令到战争末期似乎稍
微宽松了一些，现在又被重申，[65] 当特拉叙布鲁斯试图为他的一些支
持者争取公民权时，他的企图遭到了反对。[66] 持久的影响似乎是，与
公元前5世纪相比，公元前4世纪的雅典是一个中产阶级占多数、较
少分裂的社会。[67]

这种全面和谐的条件，在于返回一方相当果断地尝试与选择留在雅典城里的那些人和解。对此，甚至那些不太同情民主制的史料（例如Xen. *Hell.* Ⅱ. 4. 33, Pl. *Ep.* Ⅶ. 325b5）都给予积极的评价，特别是民主派承担了寡头派为对抗他们而欠下的债务（*Ath. Pol.* 40. 3, Isoc. Ⅶ. 67 - 9, Dem. XX. 11 - 12）。他们的记录当然不是完全无可指责。公元前401年，他们用背叛和劝说相结合的方式，把埃琉西斯的寡头国家消灭了（Xen. *Hell.* Ⅱ. 4. 43, *Ath. Pol.* 40. 4）。特别是在三十僭主政体下服役的骑兵，遭到了他们强烈的质疑和不满（Xen. *Hell.* Ⅲ. 1. 4, Lys. XXVI. 10），尽管双方曾发誓“忘记那些恶行”（μὴ μνησικακεῖν），但被归到吕西阿斯名下的整部演说集表明，一直到公元前382年，有关公元前404年反对派行为的争论还在被利用（Lys. XXVI）。但是，总体而言，他们的记录极为优良。

开始于公元前410年的法律改革过程被恢复了。[68] 结果出现了对

---

[64] 据*Ath. Pol.* 34. 3，他是支持先祖政体的那些人之一（见第39页注释3）。

[65] 见Funke 1980（C 24）19 - 20 n. 9。

[66] *Ath. Pol.* 40. 2. 特拉叙布鲁斯的企图与类似事情的最终安排（Tod no. 100及其新的残篇与Harding no. 3为同一文献）之间的关系仍有争议［Krentz 1980（C 181）；Osborne 1981 - 83（B 165）D 6；Whitehead 1984（C 267）］。

[67] 社会阶层有时还被认为与政治见解有关（*Hell. Oxy.* 6. 3, Ar. *Eccl.* 192 - 3），但是对于富人和穷人之间分裂真正剧烈的证明，我们必须等到公元前4世纪40年代末（Dem. X. 35 - 45）。关于富人和穷人之间的分裂，见Mosse 1962（C 208）147 - 66。

[68] Harrison 1955（C 171）; Dow 1953 - 1959, 1960, 1961（C 129 - 31）; Ostwald 1986（C 214）509 - 24; Robertson 1990（C 232）; Rhodes 1991（C 230）.

成文法和修订法律的固定程序的综合汇编，确定了法律的永久性与命令的暂时性之间明确的区别。其他的改革将在第9章讨论。最重要的可能是公民大会津贴的实行，以确保出席公民大会的法定人数，超出法定人数之外的出席者可能没有津贴。[69] 津贴引入的确切时间无法确定；到公元前392年，它经过两个阶段从一个奥波尔上升到了三个奥 39
波尔。

解放初年，尽管我们可以看到一些“城里人”担任了官职，但主要的解放者必然是最显赫的人物。在分析雅典政治时，现代学者不再认为讲“党派”是有帮助的。我们确实看到了个人集团，有时也怀疑他们在原则以及个性上是否有所区别，但在公元前396/395年冬的一个特殊问题上，有关的分析[70]倾向于过度强调集团。甚至在我们拥有资料的极少数问题上——不管是具体政策的问题还是关于个人的问题——集团并不总是牢固的。[71] 关于雅典政策的基石，即依附斯巴达同盟的必要性，之前似乎没有不满。公元前397年，一个雅典流亡者科农（Conon）被任命为波斯舰队指挥官（见下文第67页），这提供了另外一种可能性。雅典自始至终履行了作为一个伯罗奔尼撒同盟成员的义务。

我们恰好对两次重要的审判有了清楚的了解，它们说明了一些更普遍的问题。演说家安多奇戴斯自坦白他在公元前415年赫尔墨斯神像被毁事件中扮演的角色后就被放逐了（*CAH* Ⅴ^{2}449）。在放逐期间，他与雅典人的主要交往对象（Andoc. Ⅱ. 11 – 12）是舰队，时间是舰队在亚西比德和特拉叙布鲁斯领导下独立于城邦发挥作用期间（*CAH* Ⅴ^{2}485 – 486）。借大赦之机，他回到了雅典，担任了与他的出身和财富相适应的荣誉职位，但他的过去拖累了他。大约公元前400年，他被控不敬神。从他自己的辩护中，我们可以隐约地看出一些纯粹个人和政治的问题（Andoc. Ⅰ），但在我们拥有的控告演说中（Lys. Ⅵ），宗教不是唯一的政治武器，而是贯穿控告的精神。这位演说者至少相信，使雅典失败的罪恶，表明雅典需要特别小心地使自

---

[69] Rhodes 1981（B 94）490 – 2.

[70] 例如 Sealey 1956（C 253）；更详尽的是 Strauss 1986（C 259）89 – 120。关于全面善意的存在，请见 Funke 1980（C 24）1 – 26。

[71] 关键词ἔστεργον在 *Hell. Oxy.* 6. 3 中并不意味着“明智的和有财产的人”实际上对目前的形势感到满意［Funke 1980（C 24）13 n. 55 如此认为］，但他们容忍了它。

己和神保持一致。但是由于有权势的安尼图斯的保护，安多奇戴斯被无罪开释。

有一个有力的例子[72]证明吕西阿斯第6篇演说的演说者是麦莱图斯（Meletus）。他在下一年对苏格拉底的控告中站在了安尼图斯一边，控告苏格拉底不信仰城邦的神（D. L. Ⅱ. 40）。从后来文献的辩论中理出有关苏格拉底审判和死亡的各种头绪几乎是不可能完成的任
40 务。[73] 即使我们能确定围绕这个案子的真实控告所采用的指控和方法，我们也不知道是什么影响了陪审团中的个别成员。可以肯定的是，亚西比德和克利提亚斯与苏格拉底的交往某种程度上发挥了作用，但是“腐蚀年轻人”不可能是正式控告的组成部分。不论是在担心神的不满层面，还是因为苏格拉底与一种不健康的提问、质疑精神有关，而这种精神在某些人的操控下有助于败坏雅典这种感情，毋庸置疑整个审判就是公民极度不安的证据。苏格拉底被处死而非被放逐显然不是有意为之，但是他自己在法庭上及之后的行为，堵死了逃离的所有可能。

从经济上看，帝国和舰队的丧失改变了雅典。她还拥有一个中心地位的优势，一份文献（Andoc. Ⅰ. 133－134）无意中显示，公元前402—前401年，2%的进口税收益上涨了1/5。但也可以合理地断定，国家资金出现了令人绝望的短缺（Lys. XXX. 21）。个人的情况好不到哪里去。有关私人财产数量的极少数可证实的数据，表明公元前4世纪的数字比公元前5世纪低得多。农业资产从斯巴达占领戴凯莱亚后荒芜的这些年恢复起来非常缓慢，投资海外土地的所有资金（*CAH* V^2 295）都丧失了。另外，那些被吕桑德强制遣返回雅典的人可能发现，甚至在人口减少的时期都很难重新起步。公元前391年，我们很自然地看到有一种为了“赫尔索尼斯（Chersonese）、殖民地、海外财产和债务”继续战斗的情绪（Andoc. Ⅲ. 15）。在雅典失败13年后，考虑这样的事情可能几乎完全取决于外部环境。

[72] Dover 1968（B 35）78－80.

[73] 对这些问题有帮助的介绍见 Guthrie 1962－81（H 56）Ⅲ 380－5。Stone 1988（C 258）甚至对专业人士都有许多借鉴意义。

第三节　公元前403—前395年的斯巴达

雅典的形势已经脱离了吕桑德的控制，斯巴达隐约看到了容忍一种或可能是一种基础太窄的政体的后果。或许正是当时，即公元前403年秋季，监察官们可能经过协商后，做出决定，宣布吕桑德的十人团应该取消，城邦应当恢复他们的先祖政体（Xen. *Hell.* Ⅲ. 4. 2）。[74] 斯巴达对控制的放松可能还不仅如此。第二年，我们没有看到（Diod. ⅩⅣ. 12. 2）斯巴达人出现在拜占庭（Byzantium）这样关键的地点。公元前405年末（Xen. *Hell.* Ⅱ. 2. 2），留在那里的军事 41
长官肯定已经被撤走了。

斯巴达政策的这种变化在执行时不是没有阻力。保萨尼阿斯一回到斯巴达，就由于他在雅典的行为受到了审讯，并且那是斯巴达历史上唯一一次我们碰巧见到了投票过程（Paus. Ⅲ. 5. 2）的审讯。长老会议的28名成员平均分成了两派，另一位国王阿吉斯投票支持定罪，[75] 但5名监察官全都支持免罪。这是精英之间意见分歧的明证。我们不能假设类似吕桑德完全垮台或声誉骤降这样的事情，但可以肯定他的影响已经不如从前了。他可能认为，以承担到叙拉古的外交使命的身份离开那个环境是明智的（Plut. *Lys.* 2. 7，参见本书第135页）。[76]

即便这时斯巴达有减少卷入海外事务的想法，但事实很快就证明这与她希腊强国的身份不符合。在斯巴达军事长官撤离后，拜占庭不久就陷入到冲突（*stasis*）以及与邻邦色雷斯人的麻烦当中，拜占庭人要求得到一名斯巴达的将军。经验丰富的克莱亚尔库斯（Clearchus）被派去了，但他却抓住机会把自己变成了僭主。这太让人尴尬，以至于事实上斯巴达必须派一支军队去镇压他（Diod. ⅩⅣ. 12. 2－7，与 Xen. *Anab.* Ⅱ. 6. 2－6 的记载相差很大）。不久，斯巴达人发现了一种

---

[74] Andrewes 1971（C 275）206－16 论证的年代被广泛接受，参见 Funke 1980（C 24）31 n. 15。另一种不太令人满意的说法认为是公元前397年，由 Smith 1948（C 316）150－3 及 Hamilton 1979（C 294）128－9 提出。至于监察官的声明在何种意义上适用于公元前403年没有严格处于他们控制之下的小亚细亚，见 Lewis 1977（A 33）137－8。

[75] 对阿吉斯态度的推测见 Cartledge 1987（C 284）134－5，但他并未确定阿吉斯首先支持了保萨尼阿斯的使命。

[76] 见 Hamilton 1979（C 294）96－7，但这个使命几乎没有得到证实，并非每个人都相信这种说法；见本书第135页注66。

更可接受的利用他的能力的方式。

公元前402年,[77] 斯巴达人决定对她长期重视的更接近自己边境的计划做点什么。她和埃利斯的关系一直都很紧张（见 *CAH* V^2 437），公元前420年的奇耻大辱，让斯巴达人记忆犹新：那年斯巴达被排除于奥林匹亚赛会之外，富有的利卡斯（Lichas）遭到公开鞭打（Thuc. V. 50. 4）;[78] 此外尚有别的冒犯。更重要的是，埃利斯可能正积蓄力量在伯罗奔尼撒建立斯巴达反感的那种地方霸权（见 *CAH* V^2 104, 106）。“自治”在这里是很好的借口，斯巴达告诉埃利斯人，斯巴达当局认为，正确的做法是埃利斯人让其周边城市自治。埃利斯的拒绝引发了战争，并持续到公元前400年。最后埃利斯不得不同意放弃大片领土，但战争期间在那里得势的民主政体没有被推翻
42 （Xen. *Hell.* Ⅲ. 2. 21 – 31；Diod. XIV. 17. 4 – 12，34. 1）。战后，甚至之前的一个纠纷也得到了解决。雅典于公元前456年安置在瑙帕克图斯（Naupactus）的美塞尼亚人以及在凯法莱尼亚的另一群人都被赶出了这些国家（Diod. XIV. 34. 2 – 6）；美塞尼亚似乎又一次从地图上消失了——这一次好像是永远。

其他地区有更重大的事件。到伯罗奔尼撒战争末期，斯巴达与波斯的关系事实上已经变为吕桑德与国王的儿子居鲁士的关系。斯巴达曾希望居鲁士在公元前404年大流士死后正式继承王位，但他的长兄阿塔薛西斯（Artaxerxes）的继位使居鲁士的地位难以预料。他确实设法在新政权下保持了先前在西部的地位,[79] 但他与总督提萨菲奈斯（Tissaphernes）的关系不睦，特别是在希腊城邦问题上。[80] 到公元前402年，居鲁士决定反叛其兄，并且开始招募军队；克莱亚尔库斯离开拜占庭为必需的希腊重装步兵提供了一名合适的将领。在海军的支持下，至少战争的开始阶段较为顺利。居鲁士要求斯巴达人以他在斯巴达与雅典战争中对待他们的方式来对待他（Xen. *Hell.* Ⅲ. 1. 1）。

---

[77] 这次战争的年代还有争议，见 Funke 1980（C 24）32 n. 16 的概括。色诺芬认为它的开始与德库里达斯（Dercylidas）在亚洲的行动同步，那么时间就是公元前399—前397年，而这和对阿盖西劳斯统治年代的估计无法调和。一旦我们摆脱那种共时性，则它不见于有关公元前400年奥林匹亚赛会的所有记载一事，证明它应在公元前402—前400年，那恰好是狄奥多鲁斯给出的年代。有关这场战争的叙述存在着实质性的差别，有关讨论见 Cartledge 1987（C 284）248 – 53。

[78] 几乎没有理由像 Pouilloux and Salviat 1983（C308）384 猜测的那样，认为利卡斯此时还活着。

[79] Lewis 1977（A 33）120 – 1 不赞成 Andrewes 1971（C 275）208 – 9 的看法。

[80] Tuplin 1987（A 60）142 – 5 讨论了它们的地位。

监察官接受了这项任务，把舰队借给了他，甚至提供了军队。[81] 他在公元前401年的战斗中最终失败（见下文第49、52、64—65页），留下了两份重要的遗产。更持久的是万人雇佣军的成功撤退，使希腊人确信波斯的力量绝不像它表面上看起来那样强大。直接的遗产则是斯巴达拙劣地与阿塔薛西斯达成妥协。不论大流士对小亚细亚的最终安排如何（见前文第28页及注释2），它们现在实际上都无效了，在之后的13年里，阿塔薛西斯将以“斯巴达人是所有人当中最无耻的”（Dinon *FGrH* 690 F 19）为出发点行事。

新的形势在一段时间后才完全明晰。同时，就在与埃利斯的战争结束后，即公元前400年初夏，阿吉斯死了。这引起了继承权之争。尽管我们实际上不了解全部的背景，但争端肯定有政治意义。[82] 阿吉斯的儿子拉提奇达斯（Latychidas）还未成年，其父亲是谁存有疑问，甚至有人提出他真正的父亲是亚西比德。在世系上，下一个是他的叔父阿盖西劳斯，当时约45岁。据说他的记录优良，但他先天瘸腿。曾经有一份古老的神谕警告斯巴达小心瘸腿国王，但吕桑德坚持认为，这指的是一位不合法的国王，而不是一个天生瘸腿的人。阿盖西 43
劳斯当选国王。没人知道吕桑德的目的是什么，但他已经在关键事件上让自己的主张得到实现。时间将证明他的胜利是多么实在！

公元前400年夏季结束以前，大国地位的压力以一种极端的方式重新出现。提萨菲奈斯继承了居鲁士在西方的地位，正在征服希腊城邦。一个到斯巴达的使团要求全希腊的领导者也应该保证亚洲希腊人的自由。不管斯巴达人多么希望不计代价地与阿塔薛西斯达成妥协，她还是同意了使团的请求。战时同盟结束了，使团的请求似乎是合理的。提布隆（Thibron）及其继承人德库里达斯的活动将在下一章讨论，但这里要介绍一下总的情况。有人认为，斯巴达答应这个请求是出于帝国主义，一种扩张斯巴达帝国的愿望，可能是又一次处于优势地位的吕桑德或是渴望荣誉的阿盖西劳斯授意的。[83] 这显然是过于简单的一种看法。不仅十人团没有恢复，而且史料特别强调对盟友行为

---

[81] 在《长征记》中，斯巴达对远征的支持被色诺芬掩盖了，但有充分的证据证明这一点［Lewis 1977（A 33）138 n. 14］。

[82] 完整的分析见 Cartledge 1987（C 284）110 – 15。

[83] Judeich 1892（F 663）41 – 2；Cartledge 1987（C 284）191 – 2.

的性质。提布隆被召回，被控虐待了盟友。德库里达斯由于对盟友的恰当做法得到了表扬，很难对他在赫尔索尼斯的文明行为（Xen. *Hell.* Ⅲ. 2. 8 – 10）以及他赶走阿塔尔纽斯（Atarneus）地区的希俄斯人（同上，Ⅲ. 2. 11）给予负面评价。[84] 否认斯巴达的公民大会集体甚至个人有某种良知是很危险的，现在压制大多数人的感情也不会从波斯获得什么。

当斯巴达在小亚细亚开始行动时，[85] 其核心地区却发生了一次恐慌，它使我们想起了这个矛盾性社会的根源（Xen. *Hell.* Ⅲ. 3. 4 – 11）。这是唯一一次，还是只碰巧听说的一次，我们不得而知。一个叫基那冬的年轻人，尽管不是全权斯巴达人，却曾被委以各种任务。他被指控阴谋反叛国家。监察官成功镇压了这次阴谋，取得了口供，处决了头目。不论当时是否真有一次危险的谋反，我们都因为下面的故事记得它：据说基那冬带着一个同伙到广场并让他清点斯巴达人的人数。他数到了大约 40 个，然后被告知把他们看作敌人，而其他的 4000 人都是朋友。据报道，谋反者数量不大，但他们得到了黑劳士、新公民、叙波美奈人（*hypomeiones*）以及庇里阿西人的同情；这些群体不论什么时候谈到斯巴达人，他们都隐藏不住将斯巴达人痛快地生
44 吞活剥的想法。由于斯巴达人明确实施的有效而无情的控制，大量的属民人口在将他们的感情转化为行动方面表现迟缓。在这个时期，斯巴达人能够在亚洲利用新公民，[86] 或是因为他们认为这些人可靠，或是要把他们迁移到对斯巴达人来说更安全的地方。

公元前 397 年秋，传出了波斯重整军备的消息。可以肯定，这次是吕桑德劝说阿盖西劳斯提议率领 30 名斯巴达人、2000 名新公民和 6000 名同盟者去亚洲。据说他打的算盘是斯巴达人还有海上优势，而且万人远征已经表明了波斯陆军的虚弱，但是他也希望阿盖西劳斯帮助他重建他的十人团。阿盖西劳斯将这次任务看作一次神圣的远征，并且到奥利斯（Aulis）献祭，就像阿伽门农（Agamemnon）在去特洛伊之前所做的那样，但彼奥提亚长官进行了干预（见第 117

---

[84] 可以找到（参见 Diod. XIII. 65. 4）称这些人为“民主派”的例证，但那没有减轻他们对伊奥尼亚的稳定造成的损害。

[85] 阿盖西劳斯担任国王还不到一年。提布隆是在公元前 400 年夏季还是公元前 399 年春季去了亚洲，不容易确定。

[86] 提布隆手下有 1000 名（Xen. *Hell.* Ⅲ. 1. 4），阿盖西劳斯手下有 2000 名（Ⅲ. 4. 2）。

页）。阿盖西劳斯到达了亚洲，为希腊城邦要求自治。这是否只是个假象还不清楚，当所有的盟友都认为吕桑德拥有真正的权力时，阿盖西劳斯很快表现出对他的疏远。在这场战争的第一次战役中，即公元前395年，吕桑德回国，最终死在哈利亚图斯城外，而这次战争将在下一年送阿盖西劳斯回国（见下文，第4章）。在亚洲，阿盖西劳斯熟练地行使着领导权，这使他成为斯巴达历史上最有影响力的国王，尽管他是一个有明显缺陷、对延缓斯巴达的衰落几乎没有作为的人。

当时可能另有一种解决办法。吕桑德死后，据说遗书表明他很长时间以来一直在酝酿一次政体改革，那将使他获得王权。[87] 由于斯巴达社会的性质，它在确保斯巴达霸权的持久方面是否有更多的帮助值得怀疑。真正的君主制的未来在其他地方。

（崔丽娜译　晏绍祥、李永斌校）

---

[87] Diod. XIV. 13, Plut. *Lys.* 24 – 6, 30. 见 Hamilton 1979（C 294）92 – 6 及 Cartledge（C 284）94 – 6，他相信埃弗鲁斯的观点，即吕桑德在公元前404年或公元前403年确实设想了这样一个计划。他产生这种想法是有可能的，对此他实际上努力做了多少，我们无法知道。

45

第 三 章

波 斯

西蒙·霍恩布洛尔

第一节 导言

方法和证据的问题使得写作公元前 4 世纪的波斯历史，或者说对波斯做一个圆满的适合于一个世纪的总体历史的描述特别困难，波斯史研究传统上是由希腊的证据或被认为是希腊的证据所主导的。①

有两个主要的、相互联系的难题。第一个是“希腊中心论”的危险——也就是说不恰当地采用希腊人的观点。② 这个错误很容易认识到，却不容易避免。在所有的领域都避开它也不合适，比如军事上，波斯对希腊重装士兵的广泛利用，意味着对公元前 4 世纪波斯的研究总会有某种希腊的因素。对于希腊中心论一般的责难，传统主义者回击道：在现代的有关研究中，希腊证据的主导地位不是文化偏见的结果，而是对那种证据的质量和数量认可的结果。同理，修昔底德文本的存在，使我们在讨论伯罗奔尼撒战争时，能够比讨论公元前 8 世纪的利兰汀（Lelantine）战争或公元前 3 世纪的克瑞摩尼德战争（Chremonidean War）更为深入和详尽，因为后两者都没有像修昔底德的著作那样丰富的、可用的文献。这并不说明学术上对公元前 8 世

① 关于希腊语的史料，一般请参看 Sancisi-Weerdenburg and Kuhrt 1987（F 51）。

② 对这种危险的警告，请特别参看 F 51，以及 F 47、F 40，以及 F 52 各处，例如 F 40，xiv 以及 F 52 第 267 页；也见 Kuhrt 1988（F 130）60。但请注意 Sancisi-Weerdenburg 1987（F 51）118 中的断言：没有希腊史料的阿契美尼（Acheamenid）时期的历史将是“没有支柱的历史”。注意 Austin 1990（F 2）291 中让人惊讶的说法，即对波斯与希腊僭主关系这个主题的探讨太忽略波斯一方了。

纪或公元前3世纪有“偏见”。学者们倾向于依靠希腊的证据，因为在某些方面（比如，在考古记录方面），证据在波斯时期奇特地消失了。另一方面，我们可以争辩说，在包括艺术和肖像学的相关研究领域，对“希腊的”和“波斯的”证据加以区分本身就需要重新评估。波斯对西部诸行省文化非常微弱的影响，是政策上深思熟虑的结果：46 波斯人有意尝试降低他们自己的影响力。[3] 此外，我们可以看到（见下文），宣称波斯没有史学可能太过绝对：长期在波斯政府内供职的希腊人（可以设想他们受到了波斯态度的影响），可能对流传下来的文献传统的“希腊”风格有所贡献。

但是，相对于从雅典或罗马帝国幸存下来的史料而言，实事求是地说，关于整个波斯帝国的史料，应该强调它们的贫乏（希腊化时代的塞琉古王国是较好的类似例证）。尽管波斯波利斯（Persepolis）要塞文书受到追捧，而且是珍贵的史料，但它们还没有完全出版和利用，[4] 就目前的情况而言，它还无法和公元前5世纪雅典的贡金记录相比。无论如何，文书本身是关于公元前5世纪的，而不是公元前4世纪的。文书研究中希腊的或希腊—马其顿的因素，也不能彻底被排除：它们能够保存下来，只是因为亚历山大放火烧毁宫殿时，它们被烤干了（如果亚历山大的目标之一是抹掉有关波斯的记忆，那历史巧妙地欺骗了他）。

最重要的是，希罗多德之后（他一出生即是波斯帝国的属民，并在帝国境内旅行），没有完整保留下来的“内幕史料”能够揭示波斯人自己的态度。但我们应该考虑的是，波斯利用的具有官僚经验的希腊人，极有可能已经影响了文献的形式，甚至是希罗多德有关波斯史料的某些内容。希罗多德自己对波斯人的理解以及他对波斯人的好奇心还是有它的局限。[5] 在希腊人的文献史料中，色诺芬的《长征记》或许是最接近的内部史料（见下文第51页及以次）。波斯人看待帝国的方式，可以从波斯宫殿浮雕中描绘附属民的方式看出来。[6]

---

③ 关于其隐蔽性，见 Root in F 53, 7，参见 Hornblower 1990（F 36）90。关于波斯“降低影响力”，请见 Root in F 53, 3。

④ Hallock in Gershevitch 1985（F 25）ch. 11; Lewis in F 52, 1ff.

⑤ Momigliano 1975（A 41）; Lewis in F 51, 79; Murray in F 51, 108ff.

⑥ Walser 1966（F 67）; Seager and Tuplin 1980（C 74）149ff, Root 1979（F 46）; Calmeyer in F 51, 11ff.

在帝国的某些地区，特别是希腊人的小亚细亚以及次之的犹大，与善于表达的附属民族的遭遇已经留下了熟知内情的评论，不论是像色诺芬、以赛亚（Isaiah）和尼希米（Nehemiah）那样的景仰者，还是像公元前5世纪抱不信任态度的雅典人——他们的悲剧家似乎在公元前490—前479年的希波战争后创造了“蛮族人”的概念或重新发现了它，毕竟这个词在荷马的作品中已经出现。[7] 特别是在安纳托利亚西部，铭文的发现甚至依照希腊或罗马的标准来看（见第8章第1节），都使这里可称得上是一个文献丰富的地区。而且，我们对阿契美尼王朝统治下的埃及有相当的了解。但必须承认，[8] 依据埃及的经验进行概括是不可靠的（毕竟约公元前404年到公元前343年间，埃
47 及不在波斯的控制之下）。我们终究还有很多不太了解的地区，特别是对东部行省。有人提议[9]我们应该从中央权力与地方组织之间的互动而不是一方对于另一方的优势（集权倾向与地方自治）方面研究波斯帝国，但所有上述问题都意味着原则上接受这个有趣的建议比实际实施更容易。

第二个重要的问题，是由于波斯的“腐朽”，古代和现代人长期且一贯地倾向于轻视公元前4世纪的波斯。[10] 这个问题源于第一个问题。如果说公元前5世纪的“蛮族人”某种程度上是希腊文献的建构，那么公元前4世纪波斯人的腐朽和女人气也是如此：尼多斯的克泰西亚斯可能是第一个认为波斯有些“女人气”的作家，[11] 关于他的叙述见前文第11页。接受类似这样的认识并不是赞同现代人的下述观点：[12] 所有希腊历史对波斯的兴趣都是公元前400年以后的琐事。相反，波斯波利斯要塞文书已经表明，那里有复杂的分配制度和实物支付体系。显然，库麦的赫拉克利德斯（Heraclides of Cyme）很清楚这一点（*FGrH* 689 F2）。[13] 他说，在希腊，士兵们得到钱，但他们的波斯对手相反，是得到食品。奥克西林库斯历史学家（见本书第10

⑦　Hall 1989（B 53）；*Iliad* Ⅱ.867.

⑧　Brian in F 47, 15.

⑨　Briant in F 47, 3ff.

⑩　Sancisi-Weerdenburg in F 47, 33ff, 参见 xi ff; F 40, 117ff。

⑪　Sancisi-Weerdenburg in F 47, 43f.

⑫　Momigliano 1975（A 41），在F 51，xiii中又有重复；但参见Stevenson in F 51, 27 以及 Lewis in F 51, 79，也见Stevenson（B 111），即将出版。

⑬　Lewis 1977（A 33）ch. 1，参见前文第52页注释2。

页）对于波斯时断时续地给“总督”支付津贴的现实原因做了详细说明（*Hell.* Oxy. XIX）。我们现存的希腊语史料所传达的关于波斯事务的可靠信息，可以追溯到科罗丰的狄农的《波斯史》，他是著名的亚历山大史家克雷塔库斯的父亲。[14]

公元前 4 世纪的波斯腐朽到什么程度？我们可以坦然承认，传统控诉中的一些内容是误解。[15] 首先，不能对付像亚历山大这样不同寻常的入侵者，并非军事或组织上存在弱点的证据。

第二，公元前 4 世纪总督叛乱的程度和影响可能被我们的史料夸大了（见下文第 84 页），无论如何，边缘地区的某些灵活性可以看作波斯强大而不是虚弱的标志，更多内容见下文第 51 页［保罗·韦纳（Paul Veyne）批评史家们试图利用“中央权力软弱并且鞭长莫及，每个人都就近找一个保护人”这种轻率抽象的语言解释封建主义这类复杂现象的倾向。他质疑[16]“软弱并且鞭长莫及”这种说法，指出哪种权力不是这样呢?］。

第三，军队依靠希腊步兵可能只反映了对专业性的精明的重视 48
（就像公元前 4 世纪雅典的富人做的个人安排，由别人替代他履行亲自到海上的义务，这可能是更有建设性的一些事情的证据，而不是演说家所指责的缺少个人责任的证据）。[17]

还有第四个原因，尽管从公元前 5 世纪末到公元前 4 世纪 40 年代做出巨大努力，波斯却没能再次征服埃及。从经济上说，埃及对波斯至关重要（见下文第 63、344 页），让人惊奇的是，波斯恢复的努力没有先前那么成功。

有些失败确实可以合理地归因于某些部门的无效。但在公元前 4 世纪上半叶，波斯的“腐朽”类似于神话。我们可以想象，这源于古代以及现代过分对阿塔薛西斯二世这个人的性格感兴趣（关于这个人，见下文；普鲁塔克写了一篇他的传记，但总的来说他并未抱轻蔑态度，请特别参见 Plut. *Artax.* 24）。他所谓的个性，或其中不那么吸引人的部分，也经常被现代学者投射到整个波斯，依据显然是柏拉

⑭ 即将出版的 Stevenson（B 111）。

⑮ Hornblower 1990（F 36）93.

⑯ P. Veyne, *Writing History*（Manchester, 1984）111f.

⑰ Cawkwell 1984（C 114）.

图和色诺芬的一些线索。因此对阿塔薛西斯二世有这样的说法，即“他的无能和屈从于他的母亲以及妻子斯塔提拉（Statira）的意志，造成了帝国的逐渐衰落和瓦解”。[18] 塔西陀（Tacitus）更清楚这一点，整个公元1世纪，罗马帝国经历或承受着尼禄（Nero）本人个性缺陷所造成的后果。

这一章并不打算写成公元前4世纪波斯帝国的历史：这样的事情当然是理想的，但在我们目前的知识状况下不可能做到。构建波斯史经常利用的是我们碰巧拥有的希腊语证据，这是没有办法的事。我们首先将介绍波斯国王以及他们的年代，然后是对总督权力的勾勒，最后是叙事。

第二节 公元前479—前330年的阿契美尼王朝[19]

薛西斯一世（Xerxes Ⅰ）死于公元前465年。他的继承人阿塔薛西斯一世可能在公元前449年结束了与雅典的宿怨，最后签订了一个《卡利亚斯和约》（Peace of Callias），但是这个和约可能早在公元前5世纪60年代就被预见到了。[20] 那以后雅典和波斯在他们共同影
49 响的区域内和平相处，紧张时期只是个别的。[21] 阿塔薛西斯的统治结束于公元前424年末，在短暂的混乱之后，大流士二世继承了王位。[22]

同阿塔薛西斯一世的统治一样，大流士二世的统治不在本卷讨论的范围内，但对希腊史家而言，他是有名的波斯国王，无论他曾遭遇怎样的失败，例如丧失了埃及，他至少在公元前407—前404年以偏袒斯巴达的方式决定了伯罗奔尼撒战争的结局，由此产生了斯巴达的霸权，随之进入了公元前4世纪。大流士抛弃《卡利亚斯和约》的决定，原因可能是他对雅典支持反叛总督阿摩尔盖斯（Amorges）感

---

⑱ D. Wormell *OCD*^{2}1970，126 s. v. 关于阿塔薛西斯二世，请见 Plato *Laws* 694－8，Xen. *Cyr.* Ⅷ. 8［以及 Hirsch 1985（B 59）91－100 关于这段历史最后一章问题的论述］。

⑲ 关于年代，见下文，第234页以下；关于事实，见 Cook 1983（F 14）以及 Gershevitch 1985（F 25）。

⑳ Badian 1987（F 3），*From Plataea to Potidaea* 中说得更清楚（Baltimore，1993）。

㉑ 同上。

㉒ Lewis 1977（A 33）69ff，以及 Stolper 1983（F 60）and 1985（F 177）116－24。

到愤怒（*CAH* V^2 465）。公元前 411 年，作为其财政援助的回报，这位国王企图将斯巴达人排除在亚洲之外。但只是在 4 年后，这个尝试才具备了条件，见下文第 65 页关于《波伊奥提斯条约》的论述。

公元前 424 年的混乱后大约又过了 25 年，即大流士二世统治结束后，波斯再度爆发了王位之争。公元前 5 世纪末，小居鲁士试图取代新任国王阿塔薛西斯二世。在库那克萨（Cunaxa）战役中，居鲁士战败被杀。[23]

阿塔薛西斯二世统治时期（公元前 404—前 359 年），波斯对帝国西部的控制有些松动。有些可能是有意为之，见第 8 章第 1 节关于范围更小的、次一级总督区出现以及有或没有总督头衔的地方统治者兴起的叙述。但有些是不得已的，见下文第 84 页及以次有关总督反叛的内容。公元前 386 年的《大王和约》必须置于上述这些条件下考虑（第 79 页及以次）。这无疑是波斯外交的一次成功，可与公元前 411 年大流士的安排媲美，而且比后者更持久。它确保波斯无可争议地控制了小亚细亚半个世纪。这位阿塔薛西斯的统治以宗教改革为特色：据说他支持阿奈提斯（Anaitis）（*FGrH* 680 Berossus F11）和米特拉斯（Mithras）崇拜，以及传统的阿胡拉－马兹达（Ahura-Mazda）。文献证据确切地证实，他将一尊阿奈提斯［希腊人的阿尔特弥斯（Artemis）］雕像引进到了萨尔狄斯（Sardis）的神庙［Clement of Alexandria, *Protr.* Ⅴ. 65. 6,[24] 参见第 8 章第 1 节第 230 页，有关新的阿尔特弥斯/库贝莱（Cybele）浮雕的内容］。但“宗教革新”可能和古典时代的雅典一样，仅是一种学术的表达方式，其意不过是：现有证据证明那里以前不曾有对该神灵的崇拜。

第三位阿塔薛西斯［即奥库斯（Ochus）］于公元前 395 年即位，他重建了波斯在西部的权威。但依靠背叛手段实现的对“总督大反叛”的瓦解，意味着最坏的形势到公元前 360 年已经结束了。正如我们看到的，混乱的程度至少是被我们的史料夸大了。阿塔薛西斯三世直接下令解散了总督雇佣军（见 Dem. Ⅳ. 19 的注疏），而且在公元 50
前 4 世纪 40 年代末恢复了对埃及的控制。大约从公元前 404 年起，

[23] Westlake 1989（A 62）ch. 17.

[24] Bidez and Cumont 1938（F 8）4；Cook 1983（F 14）ch. 14；L. Robert 1969－90（B 172）Ⅵ 137－68；Briant 1982（F 10）458ff. 参见下文第 258 页（Stolper）。

那里就在反叛。[25] 这位有能力的统治者死于公元前338年，他的死促使了下述猜测：[26] 假如他还活着，那么马其顿在后来那10年里的机会会怎样？恐怕不会那么好。

国王阿尔塞斯（Arses）的统治从公元前338年持续到公元前336年，现在我们知道他采用了阿塔薛西斯四世（Artaxerxes Ⅳ）的称号（*SEG* ⅩⅩⅦ 942 = M9），[27] 他的继承人是大流士三世科多门努斯（Darius Ⅲ Codomannus），亚历山大怯懦的对手，尽管他本人早年有勇敢的美誉（Diod. ⅩⅦ. 6，攻击卡杜奇人，关于这个民族，见第64页）。但他在伊苏斯（Issus）和高伽美拉（Gaugamela）战役中逃跑，结束了阿契美尼王朝直系的统治。

第三节　波斯统治的性质与总督的权力[28]

波斯的方法尽管对研究古代世界帝国主义的学者有巨大的吸引力和价值，但在现代的比较研究作品中，受到关注的程度比预期的要低。[29] 波斯帝国主义的目标直到最近还被广泛忽视。很长时间以来，人们很少提出常见于雅典或罗马帝国主义研究中的复杂问题。波斯的目标本质上是进攻性的，还是波斯只是不情愿地被卷入希腊事务中？[30] 支持“亲波斯”的派系和个人的意图是什么？或者波斯只是在他们妨碍她的时候，摆出追求权力的姿态？[31] 波斯一贯支持寡头制吗？[32] 我们肯定有理由这样推测，[33] 但在这个问题上，重要的一点是（仅就公元前4世纪而言）：后来亚历山大在从波斯夺回的希腊领土

㉕　Bresciani in Gershevitch 1985（F 25）512，522.

㉖　A. Toynbee, *Some Problems of Greek History*（Oxford，1969）421ff.

㉗　关于其年代，见 Badian 1977（B 135）；应该纠正 Burn in Gershevitch 1985（F 25）380f 以及注释1的看法。关于“M”号铭文，见 Hornblower 1982（F 644）364ff。

㉘　一般性论述请见 Petit 1990（F 45）；Tuplin 1987（F 65）以及下文第251页及以次（Stolper）。

㉙　A. N. Sherwin-White 1980（A 56），他评论了 Garnsey and Whittaker 1978（A 22），并就该书缺少波斯一章做出了评论。

㉚　Walser in F51，155ff，参见 Hornblower 1990（F 36）92。Balcer 1984（F 5）第1章对阿契美尼王朝的帝国主义做了评论，但过于理论化和概括。

㉛　Austin 1990（F 2）.

㉜　Hornblower 1982（F 644）ch. 5，这部分讨论了这种说法中公元前4世纪的证据以及例外的情况。

㉝　关于公元前5世纪，见 M-L no. 40 = Fornara no. 71（关于伊奥尼亚的埃吕特莱），它一般都被用来证明：如果你反对民主的雅典，那么你就向波斯寻求支持。但请见 Lewis 1984（C 41）。他认为“民主的”埃吕特莱的形势并不明确，对雅典“支持民主制”，他的评论总体上是谨慎的。

上建立起了民主制（Tod no. 192 = Harding no. 107 是最明显的例子）。但是，如果事实证明雅典、斯巴达和亚历山大的政策（更不用说共和时期的罗马）都具有实用性并且在思想上具有灵活性，那么波斯 51
难道不是同样的情况吗？对其中一些问题，人们已经给出的某些答案将如所希望的那样出现在本章，但我们首先必须尝试考察波斯统治的具体事实。

我们可以通过比较色诺芬《长征记》中的两段作为开始，第一段是非常概括性的，而第二段极为具体。

第一段为第1卷第5章第9节。它称波斯帝国强在领土辽阔以及人口数量，弱点则在于长途联络以及其军队的分散性，也就是说，如果能够快速攻击就会占据优势。第二段为第4卷第5章第24节，它称亚美尼亚一个村庄的头领（komarch）同意与色诺芬的军队合作，他们在他的地盘上扎营，他还向他们展示一些埋藏酒的地方。关于第二段，有趣的事情是，尽管在这一章前面部分说到波斯总督距那里只有5000米远，尽管提到村子里的17匹小马[34]（参见第34节）正在路上，由头领献给波斯国王做贡品（所有这些都表明波斯人已经出现这一事实），但是色诺芬及其同伴奇利索弗斯（Cheirisophus）自愿与其协商的人，仍是这位头领。关于后续我们想了解更多：波斯报复这个村庄了吗？或者头领（色诺芬后来强迫他做向导，直到他逃跑）找到了挽回总督信任的方法？或者总督对那件事不以为然？不论发生什么，这第二段的语气绝对是真实的，而且，我们很容易就把它与处在帝国前哨的旅行家们的作品进行对比。从罗马到奥斯曼土耳其以及沙皇俄国，这些庞大的、由农民人口组成的帝国，都是依据柏克（Burke）“明智以及有益的忽略”的原则管理的。比如，我们可以比较公元2世纪罗马统治下的色萨利，即阿普雷乌斯（Apuleius）写作《金驴记》的这个世界。在这里，管理的景象是自助式的共同体，它们基本上自我管理，以免受劫掠等侵害。[35]“所有人都感受到了遥远的皇帝的存在。但是只有很特殊的环境才会使他的军队采取行动。”因此处于罗马故事中心的驴为总督征用，对罗马和波斯来说，对这种

---

[34] Briant 1982（F 10）416 以及注释 52；参见 Strabo XI. 14. 9。关于阿契美尼王朝统治的亚美尼亚的一般论述，参见 Cook 1983（F 14）197f。

[35] Millar 1981（A 40）；参见 Robert 1937（F 705）94ff；Sancisi-Weerdenburg，见 F 52，268。

运输方式的掌控，都是缩短“长距离联络”——色诺芬曾在前述第一段中对此进行评论——的一种方式，而修路是另外一种方式。[36] 我们应注意其第二段中的17匹小马［也要注意Diod. XVI. 42. 5的记载：公元前4世纪40年代，国王的总督在腓尼基的西顿（Sidon）为马匹
52 搜集饲料］。如《远征记》第3卷第4章第31节中对酒和粮食的需求一样，这些需索可能是正常时期中央政府剥削地方最明显的方式。其他时候，都是头领应付并且管理，他的子孙在亚历山大时期所做的事情，无疑是一样的（对于西方在公元前4世纪和与其相对的东方安纳托利亚所享受的类似的自由，参见第8章第1节，这部分提供了更为正式的铭文证据，讨论了希腊或希腊化的地方共同体对接纳公民以及某种意义上的税收这类事务的控制）。

但是，色诺芬更为概括性的第一段如何呢？不容否认，有利的那一半，是人口和领土资源所赋予的力量。但是，公元前490年的马拉松战役、公元前331年的高伽美拉战役以及在埃及的不断战败，都表明人数不是胜利的保证。[37] 但是色诺芬的另一个估计，即不利的那一半更值得怀疑。在来自西方、突入内地的急行远征面前，波斯帝国更加软弱，这种观念由于模糊而成为一个危险的神话，它主要是伊索克拉底宣传的（IV，*Panegyricus*，特别是145ff；V，*Philippus*），而且准确地说，它的出现恰应归因于公元前401年的事件以及居鲁士及其希腊雇佣军在库那克萨的几近成功。但是当亚历山大突入亚洲，波斯总督列阵格拉尼库斯（Granicus）河岸抵抗他时，阿里安准确地称其为一次“总督型的”战役（*Anab.* VII. 9. 7），军队系由忠诚的总督临时征集并统率，士兵主要是在当地招募的。我们还可以补充一点，在伊朗以西地区，对亚历山大最激烈的抵抗来自哈利卡纳苏斯，推罗（Tyre）和加沙（Gaza），它们有长期依附于波斯的传统，因此即使波斯被推翻，他们的统治者也得不到任何好处。在整个公元前4世纪，情况都是如此，因此不得不抵制那个时期的反叛。

公元前400年和公元前334年之间有什么区别？换句话说，为什么居鲁士几乎会成功？关键在于居鲁士自身的地位以及伯罗奔尼撒战

[36] Cawkwell 1973（B 25）62 n. 3；Cook 1983（F 14）107ff.

[37] Cawkwell 1968（F 13）.

争末期小亚细亚西部不同寻常的环境。当时，提萨菲奈斯和居鲁士相互争夺，双方同时要求控制沿海地区，结果提萨菲奈斯被赐予了“那些城邦”［即城邦的税收，正如泰米斯托克利（Themistocles）已经被授予的（见下文第213页）］。[38] 这导致总督之间的对抗，结果是政治上的混乱。在这种形势下，居鲁士可以在伊奥尼亚（还有伯罗奔尼撒和色萨利）广泛招募雇佣军[39]，且没有引起太多的注意。即便如此，起初他不得不自称正在计划一次对皮西狄亚人（the Pisidians）的惩罚性战斗；这是一个看似合理的谎言。关于皮西狄亚人，见下文第219页（Xen. *An.* 1.2 提到，当居鲁士还在萨尔狄斯时，提萨菲奈斯对真相产生了怀疑，但似乎并不是很强烈，所以他只是向国王汇报居鲁士的情况，并且这要花一些时间。这种拖延使居鲁士能够离开安纳托利亚）。正是居鲁士在公元前407—前401年作为“吕底亚（Lydia）、大弗里吉亚（Greater Phrygia）和卡帕多西亚（Cappadocia）总 53
督以及作为集结在卡斯托鲁斯平原（the Plain of Castollus）的人们的主人”（Xen. *An.* 1.9.7）这种不同寻常的身份，使他能够通过自己担任那些地区总督这种简单的方式，将波斯防御的第一线——即广大的西安纳托利亚总督区的忠诚糅合为一体。公元前334年，所有这些都不具备，甚至在阿盖西劳斯入侵小亚细亚时，也没有出现这种情况。阿盖西劳斯的目标可能更为有限，即给反叛的总督制造一个隔离带（见下文第69页）：他不可能获得伊奥尼亚和卡利亚（Caria），所以，与麻烦开始之前已经离开了安纳托利亚的居鲁士不同，阿盖西劳斯不可能——即使我们推测他想如此——留下一个不受保护的后方向东前进。他将被局限在内陆地区（为何亚历山大在阿盖西劳斯失败的这个区域获得了成功，这个更深入的问题将通过分析亚历山大夺取设防城市的能力做出回答：它主要是像西西里和色萨利这些地方的先进技术所产生的偶然结果）。[40]

格拉尼库斯河战役中总督的忠诚让人惊讶，并且至关重要。通过解释这个问题我们将揭示出波斯在这么长的一段时间里成功的秘诀。阿契美尼王朝的失败很大程度上应被归于大流士三世个人，而不应像

---

[38] Lewis 1977（A 33）122.

[39] Roy 1967（K 53）297, 300, 302, 307.

[40] Anderson 1970（K3）140 及 1974（B 4）28，参见 Meyer 1909（B 77）7。

色诺芬所说，将其归咎于整个波斯帝国的本性。军队以及将军和总督都没有任何致命的错误。波斯的重装步兵确实虚弱，但波斯骑兵作战勇敢，并且在伊苏斯和高伽美拉战役中抵抗了亚历山大。至于波斯的指挥官，只是因为文字史料迷恋亚历山大和他的光荣，从而掩盖了波斯公元前4世纪30年代末在爱琴海地区反攻的效率。[41]

色诺芬在他关于波斯帝国的理论性更强的作品——《经济论》（卷四）以及《居鲁士的教育》——的相关部分谈到，总督的优良作风由一系列制度性控制所保证。伊索克拉底也曾暗示这一点。它们包括一支常设王室军队（Isoc. Ⅳ. 145）；分掌权力所鼓励的刺探和告密（Xen. *Oec.* Ⅳ. Ⅱ）；由大王任命的、监督并防范有可能失职的总督的驻军[42]（Xen. *Cyr.* Ⅷ. 6. 1），具有警察职能的巡按使（同上，16），总督官邸中的王室书吏（Hdt. Ⅲ. 128. 3），等等。大王的眼睛（Hdt. Ⅰ. 114，Aesch. *Pers.* 980，Plut. *Artox.* 12），甚至大王的耳目（Xen. *Cyr.* Ⅷ. 2. 11）的观念对希腊人很有吸引力——但在这两者中，东方的证据目前仅以亚美尼亚“侦听者”（*guskaye*）的形式证明了耳目的存在。但甚至这一点也不确定[43]（参见第301页）。

确实，这幅希腊人描绘的图景，没有多少得到了波斯一方的证
54 实。希腊人要么因为还记得他们自己古风时代最后的僭主们，那些人由拿着棍棒的卫队护卫；要么是对叙拉古的狄奥尼修斯一世的方式抱以蔑视态度，使他们很自然地把一个人的统治与严密的、压制性的控制联系起来。因此，在色诺芬的《希腊史》（Ⅵ. Ⅰ. 12）中，他借一个色萨利的发言者——法萨卢斯的波吕达马斯（Polydamas of Pharsalus）——之口说，“在波斯，除了一个人之外，每个人都被教育成奴隶，而不是捍卫自己的权利”（他接着评论了极端的情况，即波斯大王的大军被居鲁士和阿盖西劳斯相对小的军队击败。把这个判断应用于居鲁士的情况，我们已经做了讨论，如果把它应用到阿盖西劳斯头上，则明显就是错误的，或是根本无法证实的，尽管对于那个问题，这是很流行的一种观点）。对希腊人而言，社会被划分成公民重装步

[41] Burn 1952（D 164）.

[42] Hornblower 1982（F 644）145ff.

[43] Eilers 1940（F 18）22f; Kraeling 1953（F 465）37; Cook 1983（F 14）143; 但注意 Hirsch 1985（B 59）以及 Sancisi-Weerdenburg in F 52, 269。关于 *guskaye*，见 Petit 1990（F45）171 注释 282 提出的怀疑。

兵和动产奴隶两极，他们倾向于用“次等的”或“奴性的”这类隐喻词语来看待波斯的属民——因为他们显然不属于第一类（参见 Diod. Ⅸ. 31. 3；Hdt. Ⅰ. 89. 1；Ⅱ. 1. 2.）。波斯王室的话语可能加强了这种观念，因为波斯国王将伽达泰斯（Gadates）称为他的 *doulos* 或奴隶，那是大流士一世的一封信，请见梅格斯和刘易斯编辑的《希腊历史铭文选》第 12 号铭文。这位大流士在贝希斯敦铭文中将戈布吕亚斯（Gobryas）称作他的 *bandaka*，即古波斯语的“仆人”。但在前一篇文献中，希腊语的“奴隶”一词可能表示的是闪米特语 *ebed* 的某种形式，它可以指从家庭男仆到政治属民或国王的官员等任何人。[44] 古波斯语术语“*bandaka*”同样含义不明［仆人或属民？参见 Kent 1953（F 39）］。实际上，东方关于附属身份的词语极为多变，希腊术语不足以证实波斯的态度。稍微重要点的是，公元前 4 世纪 80 年代塞浦路斯的埃瓦戈拉斯所抗拒的，正是波斯“奴隶”的地位，而他想要成为“附属于大王的国王”，狄奥多鲁斯第 15 卷第 8 章称，埃瓦戈拉斯可能知道阿拉米语中表达“奴隶”的术语在闪米特语中的细微差别。但最终波斯人对埃瓦戈拉斯的称呼并没有大惊小怪：他们承认了埃瓦戈拉斯作为“附属于大王的国王”所享有的权利（参见第 19 章第 2 节），这是奥隆特斯（Orontes）做出的让步，阿塔薛西斯并没有取消。但这一事件的全部意义，就是埃瓦戈拉斯希望被看成特殊的一类，也许是希望自己像腓尼基地区西顿的“国王”一样。

最好的办法是从经证实的总督的活动或不曾有行动的领域开始，而不是以术语或希腊人的误解开始。因此展现出的关系是一种封建式关系。作为总督们军事上服役的回报，国王允许总督有很多的行动自由。它最终依赖的不是正式的控制，而是对于效忠、保护、领土及其他类型赠予的制度的忠诚。对古典时代的希腊人而言，这是陌生事物。在先前的一卷（*CAH* Ⅲ^{2}. 3，380）中，前梭伦时代“六一汉” 55
的身份已经被正确地解释为“一定程度上是自愿的并且是契约式的”，如果是这样的话，那他们在公元前 7 世纪以及更早的先人可能会更好地理解那种关系。尽管在那里没有使用“封建”一词，但我

[44] F. Brown, S. R. Driver and C. A. Briggs, *Hebrew and English Lexicon of the Old Testament* (Oxford, 1907) 713 – 14.

们无须因为梭伦或波斯的解释而不敢使用“封建”或“农奴”这类术语。[45] 他们与中世纪欧洲的区别是显而易见的，但比起相似性，这种区别显得无关紧要。事实上，像希罗多德这样古典时代的希腊人本身就很有“互惠思想”，希罗多德的《历史》可以理解为对别人所做的善行或恶行的一系列的回报行为。[46] 但是希罗多德、色诺芬，甚至修昔底德（Ⅱ. 97）[47] 肯定不会对波斯赠予的重要性发表评论，除非甚至依照他们本人热情好客的标准，他们认为那是实实在在的例外。

正如前文已经简单说明的那样，波斯总督的真实行为并没有表现出对希腊史料列举的王室控制表示服从或被其禁止的很多迹象（在公元前 4 世纪 60 年代的动荡不安中，王室文书和国王的耳目在做什么?）。色诺芬（前文）说驻军只对国王负责，监督总督的忠诚。[48] 对此史料中有某种程度的证明：御道上有关隘（Hdt. Ⅴ. 52），奇里乞亚关（the Cilician Gates）有一支王室驻军（Xen. *An*. 1. 4. 4）；此外，驻扎在吕底亚萨尔狄斯王室要塞的奥隆塔斯（Orontas）（同上，1. 6）对阿塔薛西斯而不是反叛的居鲁士表示忠诚。但在吕西亚的克桑图斯（Lycian Xanthus）发现并于 1974 年发表的三语大碑铭中，总督皮克索达鲁斯（Pixodarus）自己任命了城市的驻军指挥官（*SEG* XXⅦ 942 = M9：337B. C. ）。可能是吕底亚的单独例证让色诺芬做出了不可靠的概括，而这个例证中确实包含了很多古典文献中出现的控制方法。[49]

更概括地说，就常规的战斗和监督而言，总督的军事能力实际上是不受约束的，尽管埃弗鲁斯夸张地说，“波斯指挥官不是全权代表，所有事情都要向国王汇报”（Diod. XV. 41. 5）。像奥隆塔斯、阿布罗科马斯（Abrocomas）以及提里巴祖斯（Tiribazus）这些公元前 4 世纪的总督，都在没有（据我们所见）告知国王的情况下发动过小规模的军事行动。[50] 法那巴祖斯袭击密细亚（Mysia）的土匪时（Xen. *Hell*. Ⅲ. 1. 13），不可能每一次都报请国王同意。总督所利用的军队可能是雇佣军，有些无疑是从驻军中抽调出来的［总督利用雇

[45] Rhodes 1981（B 94）94. 关于阿契美尼王朝的封建主义，请见 Petit 1990（F 45）243ff。
[46] Gould 1989（B 46）.
[47] Briant in F 51，6；Hornblower 1991（B 62），见其对 Thuc. Ⅱ. 97 的注疏。
[48] Tuplin 1987（F 66），and in F40，67ff.
[49] Tuplin 1987（F 66）234.
[50] Meyer 1901（A 37）72f；Hornblower 1982（F 644）146；Cook 1983（F 14）84 及整个第 16 章。

佣军的情况，早在约公元前 440 年的皮苏特奈斯（Pissouthnes）时代就得到了证实：Thuc. Ⅰ. 115］；[51] 实际上也有可能是他们从本地人或 56
波斯招募的。据色诺芬所说（*Cy.* Ⅵ. 2. 11），那些在其指挥官的指挥下，[52] 在卡斯托鲁斯平原（*An.* Ⅰ. 1. 2；9. 7，以及 *OGIS* 488）或在“提布拉腊”（Thymbrara）集合的那些人，就是如此。[53] 公元前 4 世纪 50 年代，我们恰好看到这样一支军队在行动，他们系从“波斯人提特劳斯泰斯（Tithraustes）的领地上”招募。1903 年发表的一份莎草纸文献对此加以证实，它记载的是雅典及其盟友之间发生的同盟战争事件（*FGrH* 105，P. Rainer，以及 Demo. Ⅳ. 19 的注疏）。像在萨拉米斯和高伽美拉这种大规模的正规战役中一样，总督通常指挥着来自他们自己领地上的军队。[54]

所有这些都可以用来处理希腊人的另外一个神话，即波斯常备军。这件事情证据很少：著名的“不死队”可能只是对一个意为封建“随从”的词的误译；大流士一世的“我统率的波斯和米底的军队”（贝希斯敦铭文）出现于帝国动荡的一个非典型时期[55]［更有力的证据是 12 万人的“王室军队”，他们受命攻击卡杜奇人（the Cardouchi），见色诺芬《远征记》第 3 卷第 5 章第 16 节，这个事件是否完全可信，请见下文第 64 页］。我们不必否认总督可以“从大王那里”请求军队，正如提萨菲奈斯在公元前 396 年所做的那样，并且也得到了大量军队，请见色诺芬《希腊史》第 3 卷第 4 章第 6 节和第 11 节。但是为何这类事情没有采用弗拉维—安东尼王朝（the Flavio-Antonine）的方式，即战略分析家称为“地区调度政策”的策略，让军队在不同的麻烦地区轮流调遣？[56] 和罗马一样，通信和运输困难是反对波斯存在“现代意义的单一中央预备队”的很好理由。[57] 海军的

---

[51] Roy 1967（K 53）322f；Seibt 1977（K 54）；Lavelle 1989（K 32）.

[52] 关于 *karanos*，见 Petit 1983（F 44）以及 1990（F 45）133ff。

[53] 提布拉腊可能位于阿达拉/萨塔拉（Adala/Satala）或其附近，和东南偏东 50 千米的卡斯托鲁斯不是同一个地方，反对意见请见 Cawkwell 1979（B 26）405。关于更可能的地点，见 Buresch 1898（F 593）184 以及 Robert 1962（F 706A）100ff。提布拉腊与提巴那（Thybarna）不是同一个地方，反对意见也请见考克威尔（Cawkwell）著作；布雷施（Buresch）已经拒绝了这种看法。也见 Meyer 1909（B 77）13 以及注释 1。

[54] Hornblower 1982（F 644）147.

[55] 关于不死队，见 Frye in Walser 1972（F 68）87。请与 Cook 1983（F 14）101 以及第 246 页注释 1；Petit 1990（F 45）及注释 152 比较。关于贝希斯敦铭文，请见 Andrewes 1961（B 5）17ff。

[56] Luttwak 1976（A 34）80ff.

[57] Ibid.，84.

行动肯定是以这里建议的类似方式组织的（参见 Diod. XIV. 98. 3；XVI. 42，两次都是打击塞浦路斯）。舰队是必要时有目的地建立的，而且是一项长期的事业：[58] 参见第 67 页有关公元前 397 年的内容。证据问题可能是偶然造成的，比证据更重要的是，波斯不需要常备军：它的制度灵活、不死板，并且是封建式的。库麦的赫拉克利德斯谈到了（*FGrH* 689 F2）国王的“宴友”，他认为这种身份与军事服役有关：如我们所见，这种观点得到了波斯波利斯要塞文书的证实，因为它们是一种“供应制度”的证据。但是，和后来的封建社会一样，
57 这种关系在王室以下的阶层被复制：所以小居鲁士有他的“伙友”（Xen. *An.* 1. 8. 25）。格拉尼库斯河战役中，总督斯皮特罗巴泰斯（Spithrobates）有自己的“亲人”，即他个人的“友伴骑兵”，也属此类（Diod. XVII. 20. 2）。[59] 其中一些——尽管几乎不是全部，可能是真正的亲戚，像法那巴祖斯的异母兄弟巴伽欧斯（Bagaeus），色诺芬《希腊史》第 3 卷第 4 章第 14 节提到，他指挥着一支骑兵小分队。在他的小居鲁士传略中（*An.* 1. 8），色诺芬最主要的是赞美了他激发出来的忠诚和热爱。可以肯定，叛徒奥隆塔斯紧握居鲁士腰带的举动确实是封建式的，差不多可与中世纪并提[60]［在阿拉伯史家塔巴利（Tabari）的作品中，突厥人行刑者紧握着阿拔斯朝将军阿弗辛（Afsin）的腰带］。

被文献资料视为削弱总督权力方式的另一技巧，是将行政和军事责任分开（Xen. *Oec.* IV. 11），或者以某种类似的方式将权力分散。史料恰好证实了一个总督首府——吕底亚的萨尔狄斯在阿契美尼王朝统治之初（Hdt. I. 153，但并不成功）及其统治结束之时的情况（Arr. *Anab.* I. 17. 7 记载了亚历山大的部署，他的做法恰恰和两个世纪前居鲁士大帝的做法一样）。事实上，正如我们所见到的，波斯对吕底亚的处理方式可能是色诺芬概括总结的基础。

权力的分割可以采用不那么正规的方式。修昔底德时代两个最有名的总督是法那巴祖斯和提萨菲奈斯，修昔底德（VIII. 109，参见 99）

---

[58] Cawkwell 1970（C 109）47f.

[59] Sekunda in F 40，185 采纳了这里提出的观点。

[60] M. Bloch，*La société féodale*（Paris，1949）224ff. “La formation des liens de dépendance” . 关于塔巴利，请见 Widengren 1969（F 71）27f。

明确指出两人存在竞争。而且，据色诺芬《希腊史》Ⅲ.4.26，我们可以断定法那巴祖斯和提萨菲奈斯之间有宿怨。[61] 狄奥多鲁斯（XV.8ff）证实，提里巴祖斯和奥隆特斯之间同样如此。尽管这些敌对大多没有达到势不两立的程度，但居鲁士与提萨菲奈斯之间的敌对却真是这样（Plut. *Artox.* 3.3）；而萨尔狄斯的"波斯人"（身份和地位不详）甚至在萨尔狄斯战役前[62]就对提萨菲奈斯的行为感到不满，就像后者谴责居鲁士那样谴责他（Xen. *Hell.* Ⅲ.4.25），因为居鲁士的母亲帕吕萨提斯（Parysatis）同样感到不满，提萨菲奈斯被枭首。[63] 邻近地区的敌对是一方面，但真正的联合总督区确实很少。我们不确定修昔底德著作第8卷第58章第1节的"法那凯斯（Pharnaces）的儿子"是不是合并区的总督。波斯人奥隆托巴特斯（Orontobates）以及赫卡同尼家族的皮克索达鲁斯（Pixodarus）共治卡利亚（Strabo XIV.2.17），但是任命奥隆托巴特斯的背景并非皮克索达鲁斯不忠，而是相反，他重新表示了忠诚。而先前的赫卡同尼家族在卡利亚的兄妹共治总督区［关于毛索鲁斯（Mausolus）和阿尔特弥西娅（Artemisia），请见 *I Labraunda* 40 = M7；关于伊德利欧斯（Idrieus）和阿达（Ada），请见 L. Robert, *Hellenica* Ⅶ.63ff = M5］是因乱伦产生的反常现象，它不是阿契美尼王朝削弱总督的主要制度，而是赫卡同尼家族加强本地家族权力的工具。它也可能是他们模仿同族通婚的阿契美尼统治者做法的结果。在高贵的伊朗人的行为中，这是一种合法的方式。[64] 但是我们应该指出，恰恰是这种事情，特别是史无前例的阿尔特弥西娅和阿达的女性总督区，使人们对赫卡同尼家族是不是真正的总督产生了怀疑，[65] 尽管他们在希腊铭文中肯定使用了总督的头衔（见第215页以及注释23）。 58

埃弗鲁斯关于总督在任何事情上都服从国王的概括得到了广泛的体现，可能应该包括外交和战争。在这个问题上，希腊人的理论概括

---

[61] Lewis 1977（A 33）143 n. 51.

[62] Anderson 1974（B 4）52；Lewis 1977（A 33）142 n. 47；Beloch 1912 – 27（A 5）Ⅲ^2 1.46 n. 1；Meyer 1909（B 77）20.

[63] Westlake 1989（A 62）ch. 17.

[64] 关于 Thuc. Ⅷ.58.1，请见 Andrewes in Gomme, Andrewes and Dover 1945 – 81（B 44）中该节 and Lewis 1977（A 33）52 n. 17。关于卡利亚，请见 Hornblower 1982（F 644）151, 167；358ff。

[65] Petit 1988（F 693）.

与得到证实的现实之间同样存在差异。南亚美尼亚的卡杜奇人据说与“平原的总督”签订了条约（Xen. *An.* Ⅲ. 5. 16）：这里所暗示的总督的独立性在多大程度上具有典型性？现代史家利用“边疆型帝国主义”来描述一个人因无法与遥远的国内政府去协商而当场做出的影响深远的决定。[66] 波斯帝国可能以这种方式在边缘地区扩张，主要是通过总督的主动性，大王并没有授权这样做，但也不否认。这种主动性不一定是不忠的证据。另外，德摩斯梯尼（XV. 11－12）以及色诺芬笔下的阿盖西劳斯［*Hell.* Ⅳ. 1. 36，对法那巴祖斯说“加强你自己的统治（*arche*），而不是国王的统治”］确实冷静地断定总督将寻求从国王的失败中获益。伊索克拉底在公元前 380 年和公元前 346 年同样乐观（Ⅳ. 162，Ⅴ. 103）地表达了那种希望，即卡利亚的赫卡同尼家族会为了希腊人的利益背叛波斯。事实上，伊索克拉底在公元前 346 年明显估计错误。因为不久后伊德利欧斯在波斯政府的支持下入侵了反叛的塞浦路斯（第 392 页及以次）。换句话说，希腊人文献的概括，特别是演说家或次要作家的概括，并没有告诉我们多少东西。我们也应该记住，总督可能自己援引埃弗鲁斯的原则，要么是作为一种欺骗，要么是为了赢得时间。[67]

一个值得注意的总督活动的例子，是毛索鲁斯在公元前 4 世纪 50 年代的同盟战争中对雅典的敌人——从第二海上同盟退出的岛国以及其他城邦——的帮助。既然波斯大王以自己介入的威胁导致了战争的结束（Diod. XⅥ. 22），而且这样的行动显然是第一次，那它暗示的是，毛索鲁斯最初的干预（同上，7）并未经王室批准。狄奥多
59 鲁斯（XV. 10. 2），也就是埃弗鲁斯暗示，阿塔薛西斯有权不同意（并且取消？）奥隆特斯与埃瓦戈拉斯的和解，尽管他实际上什么也没做。记录希腊城邦与波斯总督交涉的铭文被保留下来了，这些总督显然是作为独立的代理人。困难在于我们有理由怀疑某些总督在那时的忠诚。因此“致总督的复信”（Tod no. 145 = Harding no. 57，参见第 88 页及以次）以及雅典授予奥隆特斯公民权（*IG* Ⅱ^2 207a，见第 88 页）两事，时间都可能是在西部行省不稳定的时期。从铭文资料

[66] Richardson 1986（A 49）177，引证 Fieldhouse 1981（A 17）23。
[67] Lewis 1977（A 33）58.

看，证据最为充分的总督区是卡利亚，这里有两份外交文献，一份是以毛索鲁斯和阿尔特弥西娅名义发布的有关克里特的克诺索斯（Cnossus）代理人的命令，另一份是与潘菲利亚（Pamphylia）的法塞利斯（Phaselis）签订的条约（*Ilabraunda* 40；Bengtson，*SdA* 260 = M7 以及 M10），它们都没有表现出服从波斯的迹象。除了将它们的时间定在公元前 4 世纪 60 年代末的一个短期内这个有待证实的理由，没有其他任何证据表明那时毛索鲁斯公开反叛了波斯（到公元前 361/360 年，他又忠于波斯了：Tod no. 138，第 17 行）。无论如何，法塞利斯文献可能包括“王室誓言”，[68] 这个表述尽管没有排除总督在那一事务中的外交主动性，但肯定排除了反叛。有关克诺索斯的命令使用了“毛索鲁斯统治（*archei*）的土地”这个表述。“统治”这个动词是很大胆的，虽然希罗多德（Ⅶ. 19）、修昔底德（Ⅷ. 6. 1；99）以及色诺芬（*An.* 1. 1. 8）都使用了名词形态的“统治”（*arche*）（Xen. *Hell.* Ⅳ. 1. 36，上面引用的关于法那巴祖斯的表述是一个特别有启示性的运用）。关于赫卡同尼家族总督的问题（参见前文），是要知道他们到底是具有不同寻常的独立性，还是异乎寻常地得到了文献的证实。或许两者都有可能。

在军事和外交活动以外，总督权限最后一个主要领域是财政和税收。修昔底德说总督有义务给国王交纳贡金（Ⅷ. 5，关于提萨菲奈斯的记载），狄奥多鲁斯也暗示如此，他说（ⅩⅤ. 90）在总督反叛中，国王的税收减少了一半。总督当然有发行货币权，但本书第一版（*CAH* Ⅵ^1 21）认为发行金币的总督目标是王位，这种观点已经被否定了。[69] 因为在波斯的宗主权之下，那时没有反叛的很多地区和个人在公元前 4 世纪也铸金币。金币是“急需的货币”——这大多数是情况紧急的征兆，它不一定是一种背叛行为。

货币和其他贡品（比如前文所述亚美尼亚的马和小麦）都由总督征收［据 Hdt. Ⅲ. 97. 1，甚至不纳贡的佩西斯（Persis）实际上本身也交纳一种贡金，称为巴奇斯（*bazis*）。[70] 但我们无须走得太远，

---

[68] Hornblower 1982（F 644）153.

[69] Hornblower 1982（F 644）179.

[70] Dandamayev *VDI* 1973，3ff；Briant 1982（F 10）414 n. 43；510ff 分析了 Hdt. Ⅲ. 97。也参见 Koch 1981（F 39A）及 1990（F 39B）8 – 40。

60 无论如何，佩西斯似乎并不总是拥有自己的总督]。[71] 在西部行省，至少这种贡金的一部分被重新铸成希腊式货币，无疑是为了支付雇佣军的费用［一个例证是法那巴祖斯的铸币（图1），正面是他的肖像，反面是一艘战船，可能[72]是用来支付尼多斯战役中一些希腊水手的津贴，这方面的内容见下文第73页］。关于希罗多德第3卷第89章以下列举的贡金，我们必须承认，[73] 至少一部分由总督保留供自己开支，如雇佣军的费用，或就赫卡同尼家族而言，100条战船的维修费，见色诺芬《阿盖西劳斯传》第2章第26节以下。奥克西林库斯历史学家（XIX）说，提特劳斯泰斯利用之前提萨菲奈斯的财产（*ousia*）资助了科农220塔兰特；但同一章暗示总督一般不会长时间用自己的财产（*ousia*）资助战争，或根本不会把它用于战争。但可以肯定，总督不是把所有东西都交给宫廷［一种长期以来颇有影响的观点认为波斯人喜欢把贵金属储藏起来，这从经济上来讲是灾难性的，但这种观点已经受到了质疑，[74] 尽管有像《希腊历史残篇》之第128号残篇，即波吕克利图斯的第3号残篇（*FGrH* 128 Polyclitus F3）这样的希腊语的证据］。古代没有明确的、普遍的说法，认为总督扣除了一些收入以支付花费，只有前文已经讨论过的色诺芬《长征记》中的段落（Ⅲ. 4. 31）谈到，小麦粉、酒和大麦都是“任该地区总督的那个人征收”。[75] 但波斯波利斯要塞文书表明了一种复杂的、由中央组织的分配制度。

61 一般的结论是：总督的运行费用确实来源于当地。总督会留下自己所需，再将其余上交。但是我们真的不知道，中央和地方支出的平衡是如何实现的。这种无知不仅限于波斯：我们以为我们对古典雅典有很多了解，但是我们同样不知道像拉姆努斯（Rhamnous）这样的一个阿提卡村社，在没有国家“转移支付”的情况下，如何利用它的村社基金（史料证实它很少）为复仇女神（Nemesis）建起一座昂贵的神庙（M-L no. 53以及注疏）。“共同体控制的税收”这个短语

---

[71] Dandamayev and Lukonin 1989（F 16）106f；Petit 1990（F 45）似乎没有真正认识到，这里存在关于佩西斯总督的问题。

[72] Kraay and Hirmer 1966（B201）72ff及图版718。

[73] Petit 1990（F 45）160.

[74] Briant 1982（F 10）489，Stolper 1985（F 177）143－6；Petit 1990（F 45）162反对Olmstead 1948（F 43）的观点。但参见Cameron 1948（F 12）10ff以及Cook 1983（F 14）137，204。

[75] Altheim and Stiehl 1963（F 1）137ff，150ff.

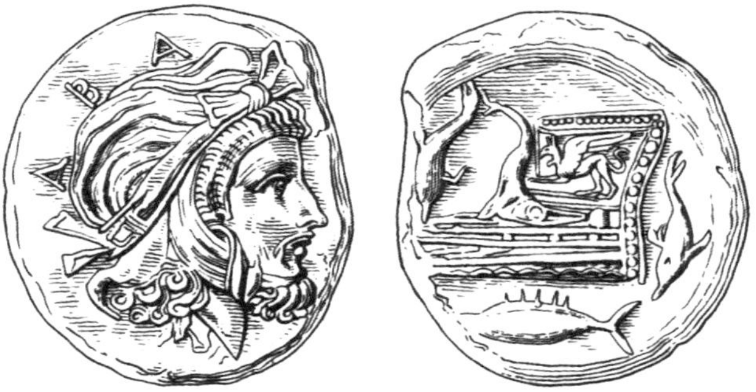

图 1　库吉科斯的四德拉克马货币，法那巴祖斯（公元前 413—前 372 年在任）发行［据 Kraay and Hirmer 1966（B 201）**图** 718］

意味着部分自治的、拥有豁免权的地方单位与一个在财政上握有主权的更高权力的共存，它大约同时首次出现于公元前 4 世纪波斯治下的小亚细亚（请见第 8 章第 2 节第 226 页）以及阿提卡村社管理中，请见《希腊铭文选》第 1094 条有关埃琉西斯的记载。这篇文献暗含与交给雅典城税收的对比。换句话说，由总督管理的安纳托利亚西部的共同体可能从雅典借鉴了财政观念和术语，它们是在地方共同体的最大需求与大王的需求之间划出界线所必需的。

但如我们所见，并非波斯征收的所有的税都是一种我们所谓的财政收入。波斯的慷慨赠予（*polydoria*）（Xen. *Cyr.* Ⅷ. 2. 7，参见Ⅶ. 1. 43）为赠予者带来荣誉（见前文第 55 页）。如果从被迫迁走为波斯人以及波斯的亲信（他们以这种方式得到国王的赏赐）腾地方的那些人的角度来看，它也可以被看作对征用和侵占制度的委婉说法（参见第 213 页关于公元前 5 世纪伊奥尼亚地位的讨论）。最后，这是一种互有义务的制度。当帝国或总督所占据的帝国的一角遭到威胁时，像提特劳斯泰斯这样的人就不得不从他那些土地（*chora*）上招募民兵。在阿契美尼王朝时代的巴比伦尼亚，关于“报酬”最常用的词汇是 *nadanattu*，它与希伯来语的词根“给”有关，提供了[76]赠

[76] Hornblower 1982（F 644）157，引用 Cardascia 1951（F83）and 1958（F 84），Dandamayev 1967（F 92），1969（F 93）and 1984（F 95）。

予和军事费用或服务之间的联系。另一个表示“报酬”的词 *ilku* 表明了“报酬”和军事义务之间的模糊性，这个词与一个意为“走”的闪米特词根有关联。

在巴比伦尼亚，税收由负责征收地方税的头目哈特鲁（*hatru*）交给国王［我们可以把他与亚美尼亚的村长（*komarch*）[77] 或当地征收者（*eklogeis*）的角色加以比较，见 Antiphon F 52 Blass，他们为雅典帝国征收贡金］；税收可能通过中间人——巴比伦尼亚的总督（存疑）——上交。我们很容易就能想象，在安纳托利亚的村庄和城市中实行的是一种类似的制度，并且把村庄作为主要的征收单位。因此，亚历山大对普利埃奈（Priene）的领土（*chora*）提出征税要求
62 （他豁免了该城市的贡赋），[78] 并且告诉那些村民说，他们是非希腊人，所以在他的眼里，不能像城内的希腊人那样得到照顾，需要继续给他交纳贡金（*phoros*）。如前文所说，这种贡金的一部分将用于应付地方的花费。我们可以将其与希腊化时代萨尔狄斯的一份土地买卖契约［Buckler and Robinson 1932（F 594）no. 1］加以比较。它显示，某些村庄要负责士兵分遣队的供应。这可能是阿契美尼时代遗留下来的做法［或出自马其顿（存疑）。参见 *SEG* XIII 403 关于希腊化时代马其顿的腓力五世实行的一种类似制度］。

亚里士多德派的《经济论》可能是一篇希腊化时代初期描述塞琉古王国形势的文章，但带有一些波斯似的特征。它区分了私人、城市、总督以及王室的税收（1345b7ff）。我们注意到总督和王室之间的区分是模糊的，部分由于他们有自己的花费，尽管总督有义务交税；部分由于波斯征收的那种“贡金”包含了一种非经济的或个人的义务：运输、征用的食品、在总督或波斯大臣的指挥下履行军事义务的责任。很难说这些义务是对国王还是对总督的。但总督、王室税收与城市税收之间的区别很明显并且重要。分别出自拉布隆达（Labrunda）和拉吉那（Lagina）的两份铭文[79]记录了当地共同体授予的免除“除王室税收以外的所有税务”的规定（拉吉那），

---

[77] Briant 1982（F 10）416 以及注释 52，见下文第 245 页及以次。

[78] Bosworth 1980（B 14）280f，一种不同的观点见 Hornblower 1982（F 644）163；也参见 S. M. Sherwin-White 1985（B 175）。

[79] Crampa 1972（F 619）42 以及 *SEG* XXVI 1229（关于拉吉那）= Hornblower 1982（F 644）M8 和 M12。更多内容见下文，第 226 页。

或授予科斯的狄翁（Dion of Cos）（拉布隆达文本）“免交王室或城市当局税收”（*epigraphai*）的权利，但王室的税（*tele*）一律要交纳（*tele* 等同于税，但显然区别于 *epigraphai*，但我们不知道区别在哪里）。给狄翁荣誉的是普拉塔塞斯人（the Plataseis）的共同体。到公元前 319/318 年，这些人把自己也称为城邦，请见《古代研究评论》（*REA*）第 92 卷（1990）第 61 页，下文第 261 页注释 3 提到的一个命令。1945 年首次出版的（*Hell.* Ⅶ. 63ff = M5）、出自阿契美尼时期卡利亚圣所西努利（Sinuri）的一份文献，提到了授予“除 *apomoira* 之外的免税权”。很长时间以来，*apomoira* 被看作托勒密王朝的王室税（*OGIS* 90，*SEG* Ⅻ 550），现在证实这是波斯阿契美尼王朝的王室税。

这些铭文的一个有趣特征是，它们揭示了塞琉古和托勒密王朝对波斯制度的借鉴。它对于小亚细亚的意义将在另一地方，即第 226 页讨论。但为了理解波斯总督的权力，需要强调另一个方面：这些文献都是总督独自批准的，没有表现出与国王协商的迹象。我们不应认为波斯国王比罗马皇帝[80]更尊贵，不关心公民权的授予或卡利亚的普拉 63
塔塞斯人授予科斯的狄翁免税这样的琐事。大流士二世毕竟曾写信给在埃及的埃莱凡提奈（Elephantine）的犹太人，极为细致地命令坚持“用未发酵的面包举行宴会”：“以下为国王传给阿萨麦斯（Arsames）的命令：让犹太驻军过一个逾越节，从尼桑（Nisan）月（犹太历的第一个月）的第 15 天太阳下山起直到第 21 天，不喝啤酒，不要吃任何发酵的东西”（Cowley，*AP* no. 21，有一些校勘性的修复）。像图拉真（Trajan）有关基督徒的信件（Pliny *Ep*. X. 97）这类皇帝诏书，可能打算[81]广泛适用于帝国内的所有犹太人。波斯国王像罗马皇帝一样（见第 72 页注释 2），可能倾向于回应而不是行动，通过诏书答复请求，等等，而不是采取主动。请与托德编辑的第 138 号铭文第 5 行比较，那里提到一个求见阿塔薛西斯二世的卡利亚代表。他显然越过了总督。大流士的埃莱凡提奈书信可能（见注释 81）是另一个这类请求的产物，和大流士一世给伽达泰斯的信一样（M-L no. 12：前文第

---

[80] Millar 1977（A 39）.

[81] Meyer 1912（F 489）96.

54 页)：显然，阿波罗的神圣园丁在抱怨，国王在第 5 行的末尾已经确定了结果（“我确定……”）。但如果是这样的话，显然正是这种被动性给他们的总督提供了这样的自由。总督是地方必须与之打交道的人，在总督区，我们有大量证据证明，他们主要是自己处理这些地方事务。亚历山大的解放以及恢复伊奥尼亚的自由（Arr. *Anab.* 1. 17 – 18）是空洞的承诺。

麻烦的是我们不知道伊奥尼亚和卡利亚的情况在何种程度上具有典型性。举两个极端的例子：尽管公元前 6 世纪的印度要纳贡，但似乎[82]到亚历山大时代，在印度河以东的地方，已经没人记得波斯的统治［但请注意：克泰西亚斯第 45 号残篇（Ctesias F 45）提到，印度通过赠予忠于波斯。像罗马人一样，波斯国王可能把这种纳贡的邻人看作帝国的成员和“有机组成部分”（*membra partesque imperii*），请见苏维托尼乌斯的《神圣的奥古斯都传》第 48 章］，库提乌斯（Ⅳ. 7. 1）正好相反，他谈到波斯在埃及统治的傲慢和贪婪［参见狄奥多鲁斯（XVI. 41. 2 有关西顿的记载）对波斯驻腓尼基总督使用的类似语言］。这个重要的总督区反叛的历史，以及波斯在这个地区进行经济剥削的证据支持了这一点。据说从这里劫掠来的财物用于支付苏萨和波斯波利斯的建筑。罗斯托夫采夫（Rostovtzeff）说，埃及是“除希腊以外，波斯唯一强大的对手”。[83] 那时印度由于控制如此松懈已经丧失（松散到等于放弃的程度）；埃及则由于过分严酷的控制而丧失。而且，巴克特利亚（Bactria）在公元前 5 世纪已经表现出不满（Diod. XI. 71 有关公元前 5 世纪 60 年代的记载），有趣的是，我们看
64 到 100 年后总督反叛的领导者奥隆特斯在更晚的一份铭文中被说成“巴克特利亚人”（*OGIS* 264）——这个短语语气很强，肯定排除了奥隆特斯的家庭是巴克特利亚的移民者这种观念。[84] 但是巴克特利亚人在高伽美拉战斗中表现勇敢，甚至在那之后，索格狄亚那（Sogdiana）和巴克特利亚都比其他地方给亚历山大的征服制造了更多的麻

---

[82] Brunt 1976 – 83（B 21）I 547，较 Vogelsang，F47，183ff 更可取。关于阿契美尼王朝治下的印度，参见 Cook 1983（F 14）61f，292；*CAH* iv^{2}ch. 3*d*。

[83] Rostovtzeff 1953（A 51）82；下文第 344 页。

[84] Cook 1983（F 14）193.

烦（我们无法确定到公元前 4 世纪 30 年代，索格狄亚那是否还属于阿契美尼王朝）。[85]

我们回到了开始的地方：正如开始于格拉尼库斯河战役中的总督，现在我们从巴克特利亚的主人开始：在保卫他们依靠繁茂的、灌溉的草场借以生存的制度时，他们将宿怨搁置一边。[86] 无论如何，两个世纪是很长的一段时间，当地的巴克特利亚贵族和居住在阿富汗的巴克特利亚之阿伊卡努姆（Ai Khanum）的波斯殖民者可能愉快地共处［关于这类移民，参见《希腊铭文补编》第 38 卷第 1327 号铭文，伊朗语名字奥克苏巴祖斯（Oxybazos）成为希腊化的证明］。友情、通婚和宗教融合肯定不限于西部总督区（关于这些总督区的地位，见第 229 页）。这种共处可能产生了一个“处于统治地位的民族阶级”，[87] 这是达到稳定的一个强大的因素。

但是一般来说，我们的无知使得有关萨尔狄斯以东地区的图景很模糊。因此我们断断续续地听到里海附近的卡杜奇人的严重反叛（例如，Diod. XV. 8 关于公元前 4 世纪 80 年代的记载），[88] 这是一个老问题，一个出奇的接近波斯故乡的问题。更让人惊奇的是，实际生活在苏萨和波斯波利斯之间的乌克西山地居民（the Uxian hill-men）从未屈服于波斯，但允许大王在付费的情况下通过（Arr. *Anab.* Ⅲ. 17. 1）。而且，关于南亚美尼亚的卡杜奇人，色诺芬说“12 万人的王室军队曾入侵他们的国家，由于他们经过的地区地理环境恶劣，他们当中没有一个人回来”。这个故事的细节不完全可信，原因不仅仅是它暗示波斯居然有这样一支数目惊人的常备军（见前文）。但是，不管事实上发生了什么，偶然提到这次惨败，对我们都是一个有益的提醒，即我们对波斯帝国的了解不仅贫乏，而且经常源于希腊一方。

---

[85] Altheim and Stiehl 1963（F 1）163。关于索格狄亚那和巴克特利亚，请见 Cook 1983（F 14）192ff。

[86] Gardin and Gentelle 1976（F 23）; Gardin and Lyonnet 1978 –9（F 24）; Gardin 1980（F 22）; 参见 *CAH* iv²183。

[87] Briant in F40 137ff. 但请见 Sancisi-Weerdenburg in F 52, 267f 的保留态度。

[88] Syme 1988（F 64）.

第四节 波斯政治史：公元前400—前336年与希腊人的纠葛

因为斯巴达人帮助了居鲁士，公元前401年小居鲁士在库那克萨
65 战役中的失败，重新提出了波斯对希腊人的政策问题。在《长征记》中，色诺芬淡化了这个问题，但在《希腊史》中（Ⅲ.1.1）更为坦率地说到了它。雅典的亚西比德（Thuc. Ⅷ.46）在十多年前就警告提萨菲奈斯，波斯应该提防在伯罗奔尼撒战争中支持的斯巴达：雅典人在帝国主义方面有经验，波斯将发现战后与雅典达成和解并不是很难。亚西比德想象的和解可能就是《卡利亚斯和约》那样的（*CAH* V^{2}121），它让雅典人对反叛者阿摩尔盖斯起义的支持陷入瓦解。修昔底德让亚西比德说出了“合作进行统治（*arche*）”的话，我们对这种说法有某种共鸣，因为阿里安（*Anab.* Ⅶ.11.9）拾起这个主题，用以描述亚历山大的融合政策，这次又是与波斯融合。然而，斯巴达（亚西比德接着说）以解放者姿态加入伯罗奔尼撒战争（参见 Thuc. Ⅱ.8）。因此，对她而言，一旦从雅典手里解放了希腊世界的其他地区，如果不把小亚细亚的希腊人从波斯统治下解放出来是不合逻辑的。亚西比德说到了这一点。事实上，到修昔底德叙述结束时，斯巴达实际上已经放弃了她对亚洲的要求。但是，有些学者强力论证说，[89] 这个问题在公元前407年再次出现了，并且谈到那一年的《波伊奥提斯条约》（Xen. *Hell.* 1.4.2ff）中，波斯承认了亚洲希腊人的自治（波伊奥提斯是协商这个条约的斯巴达外交官的名字）。换句话说，亚西比德的预言在公元前5世纪结束以前就要变为现实。完全的证实出现在库那克萨战役之后。

随着居鲁士战死，提萨菲奈斯现在稳稳地重新成为“他自己从前占有的以及居鲁士控制的那些地区的总督”（Xen. *Hell.* Ⅲ.1.3），他对伊奥尼亚城邦的敌意加强，因为它们曾支持居鲁士的反叛。这些城邦立即向斯巴达求援（同上），斯巴达警告提萨菲奈斯不要对那些

---

[89] Lewis 1977（A 33）124. 请与 Seager and Tuplin 1980（C 74）144 n.36 比较。并见 Cartledge 1979（C 282）266 and 1987（C 284）189f；以及 Westlake *JHS* 99（1979）195 对 Lewis 1977（A 33）的评论；Tuplin in F 51，133ff。

城邦采取任何敌对行动，并且在公元前 400 年派出提布隆强制坚持那一要求。雅典、底比斯和科林斯在希腊向斯巴达开战，对斯巴达安纳托利亚政策的恐惧在多大程度上是科林斯战争的原因，这个问题不在本章的讨论范围之内（见第 4 章第 97 页及以次）。但“解放者”提布隆在与斯巴达友好的亚洲城邦很不受欢迎，因为他允许他的军队劫掠它们。请见色诺芬《希腊史》第 3 卷第 1 章第 8 节。

斯巴达不得不以德库里达斯代替了他。不管希腊其他城邦如何看待这种行为，它肯定在波斯引起了强烈不满。阿塔薛西斯反应强烈，下令建造一支舰队（他显然没有受到对《波伊奥提斯条约》顾虑的不利影响，那毕竟是和他的前任定的条约，不会约束他，参见 Hdt. Ⅶ. 151. ）。对波斯国王而言，比《波伊奥提斯条约》已经过时的这 66
种观念和感情更强烈的，肯定是他对斯巴达人纯粹的、个人的仇恨，他们是那些“最无耻的人”（Dinon F 19 = Plut. *Artox*. 22. 1），曾经帮助过居鲁士（与此有关的是，之前居鲁士的很多雇佣军已经被提布隆重新招募）。

而且，波斯有战略和政治方面的恰当理由，警惕力量强大的斯巴达人出现在地中海东南部以及小亚细亚西部或西南部。

首先是战略方面：早在德库里达斯继提布隆之后发动公元前 399 年至公元前 397 年的远征之时，斯巴达显然就已经认识到了在爱琴海东南部建立海上霸权的重要性：它是陆上进攻必要的前提。公元前 397 年，斯巴达监察官建议德库里达斯与卡利亚外海的斯巴达海军将领（*nauarch*）法拉克斯（Pharax）合作，显示了这一点（Xen. *Hell*. Ⅲ. 2. 12）。此时，卡利亚不仅是提萨菲奈斯的私人财产（*oikos*）所在地（同上），因此成为一个易受侵犯的、理想的目标，而且还是波斯控制伊奥尼亚的关键，由于迈安德（the Maeander）河谷是连接南伊奥尼亚与安纳托利亚内陆的主要水路，对这个目的而言，它在战略上甚至比延伸到北部的御道还要重要。这也帮助解释了罗德斯岛在公元前 4 世纪 90 年代和公元前 4 世纪 80 年代在海战中的重要地位，因为卡利亚的赫卡同尼家族在那个世纪的晚后时期需要罗德斯及其舰队保卫他们自身的安全——并且占有了它们。德摩斯梯尼称罗德斯为“威慑卡利亚的要塞”（XV. 12）。相反，如果被他人控制（直译为“靴子在别人的脚上时”——译者注），不论谁控制了罗德斯，都无法承受那片水域对卡利亚的敌意。因此希腊化时代的罗德斯在其希腊化时代权力和繁荣的盛期，为了能够拥有边地（*peraia*）或对面的卡利亚大陆，不惜花钱修建精美的方石要塞。

其次是政治方面：我们的大部分史料也是从希腊的角度看待这个时期的战斗。但埃及自从公元前 404 年已经在起义，当斯巴达呼吁与法老结盟时，埃及慷慨地送来了物资援助：100 条三列桨战船的装备以及 500 斗（此处疑有误，查史料原文，应为 5 万斗——译者注）的粮食（Diod. XIV. 79），只是它们误入了歧途。正如前一卷所指出的（*CAH* Ⅲ^{2}3, 39），在提到这一段时，所说的“装备”可能包括用于索具的纸莎草，这是希腊人总在利用的一些物品。对波斯而言，斯巴达—埃及轴心确实是一个威胁。例如后来在战争中，当政治阵营发生变化时实际形成（Ar. *Plut.* 179）的雅典—埃及轴心也好不到哪儿去。所以，当狄奥多鲁斯恰当地暗示，波斯大王强加公元前 386 年的和约的目的之一，是腾出手来镇压反叛的塞浦路斯（XIV. 110）时，他可能已经加上了“并且镇压埃及”的目标。由于塞浦路斯的埃瓦
67 戈拉斯本人是埃及的另一同盟者（Diod. XV. 2. 3），而且像斯巴达人一样，早在十年前他就得到了埃及的粮食、日用品和船只等物品（请见 Diod. XV. 3. 3），这一点尤其正确。[90]

难怪早在公元前 397 年，波斯大王就通过赫勒斯滂的弗里吉亚总督法那巴祖斯下令进行全面的海军建设，任命雅典人科农（*CAH* V^{2} 495）为海军将领（*nauarch*）。有关情况见狄奥多鲁斯第 14 卷第 39 章第 2 节，但那里提供的年代是错误的（公元前 399 年）。可以肯定，公元前 397 年是确切的时间。有三个证据可以证明。第一，菲罗科鲁斯的一个残篇（*FGrH* 328F 144/145）提到了对科农的任命，将时间定在了雅典的公元前 397/396 年的执政官年。第二，伊索克拉底（IV. 142）说，尼多斯战役发生在波斯重整军备后 3 年，而这次战役由于一次日食被定在公元前 394 年 8 月。第三，公元前 396 年，叙拉古人赫罗达斯（Herodas）能够把当时波斯已经进行的大规模准备的消息告诉斯巴达人，请见色诺芬《希腊史》第 3 卷第 4 章第 1 节以下，并请见《剑桥古代史》第 3 卷第 2 版第 3 分册第 11 页。

---

[90] Spyridakis 1935（F 331）62.

赫罗达斯的消息使斯巴达人派了一支由新任国王阿盖西劳斯领导的远征军到亚洲。科林斯战争的爆发是仅一年之后的事情（公元前395 年）。依据色诺芬的解释，科林斯战争犹如后背上捅斯巴达的刀子，使阿盖西劳斯又返回国内。但是在我们解释雅典和其他希腊城邦为何准备在希腊大陆对付斯巴达时，还有一个事件需要解释。尼多斯战役毕竟发生于公元前 394 年，它制止了斯巴达对卡利亚的海上侵犯，但科林斯战争在一年之前，即公元前 395 年已经爆发。那时斯巴达的敌人如何会对公元前 395 年的胜利充满信心？正如在公元前 5 世纪末和公元前 4 世纪初通常的情况那样，答案在于从狄奥多鲁斯而不是色诺芬传统中了解到的一个事件。关键的事件是罗德斯在公元前396 年反叛了斯巴达［Diod. XIV. 79. 6，经《奥克西林库斯希腊志》第 15 章（*Hell. Oxy.* XV）证实：据说公元前 395 年是科农在罗德斯负责］。这是在世界的那个地区反斯巴达所取得的第一次真正实质性的胜利。但到目前为止，形势完全是另一回事。公元前 397 年，科农被法拉克斯包围在卡利亚的考努斯（Caunus）。公元前 397 年和公元前 396 年间形势的变化容易解释：造船要花时间，只有舰队建成（Diod. XIV. 79. 5），新完成的舰队才能解救科农。当时罗德斯人看出形势对哪一方有利，于是他们反叛了。雅典在羊河战役失败 8 年后，一名雅典的将军——尽管名义上是波斯海军将领——在道义和战略方面取得了对斯巴达的重要胜利，预示了公元前 394 年尼多斯更为实在的胜利。科农实际上是羊河战役的逃生者，那之后他求庇于塞浦路斯的埃瓦戈拉斯，因此加重了这个事件的讽刺意味。如果雅典人还没有 68
认识到罗德斯的忠心已经改变，科农开始看起来像一个赢家的话，不论帝国的前景多么有吸引力，公元前 395 年底比斯人向雅典求援都不可能成功（Xen. *Hell.* III. 5. 10）。公元前 396 年，可能在罗德斯革命后[91]，并且也是由于这次革命，法那巴祖斯派一个叫提摩克拉特斯（Timocrates）的罗德斯人带着波斯的金钱劝雅典人反抗斯巴达（如果提摩克拉特斯的使命是在公元前 397 年，则有关年代的另一个说法[92]，从其与罗德斯国内发生的事件的关系而言，就太早了，因此应

[91] Seager 1967（C 250）95 n. 2.

[92] Bruce 1967（B 20）.

该没有关系，虽然从罗德斯总的战略的角度而言，并不如此。但是如果像有时认为的那样，[93] 提摩克拉特斯在公元前 395 年第二次拜访了雅典，那么在那种情况下，他的波斯黄金的说服力肯定由于对近期事件的议论加强了。可以想象，提摩克拉特斯可能是个流亡者，但令人惊奇的是，他的出身几乎没有激起古代和现代评论的热情。[94] 关于这个公元前 394—前 393 年在雅典得到荣誉的罗德斯人，见《希腊铭文集成》第 2 卷第 2 版之 19 号铭文）。

就科林斯战争的动机而论，与对斯巴达的恐惧这一“最真实的原因”（参见 Thuc. Ⅰ. 23）比较，提摩克拉特斯和他的黄金成了一个有名的贿赂丑闻，对此奥克西林库斯史家著作的第 7 章加以贬低。但是那位历史学家不赞同色诺芬（Ⅲ. 5. 2）的看法，他正确地指出雅典人接受了金钱。“赢得尼多斯战役的舰队肯定得到了报酬，但不合规则的是用波斯的钱，而且是在波斯控制的港口建立起来的。”[95]

但是，现在谈论尼多斯战役的结果尚属展望。我们上次谈到阿盖西劳斯时，他正打算前往亚洲。他的登船地点是优卑亚（Euboea）对面的奥利斯（Aulis）。从实用的角度看，这不是合适的出发地，但选择它有象征意义：正是在这里，阿伽门农用他的女儿伊菲盖尼娅（Iphigenia）祭神后前往特洛伊［长期以来，斯巴达的宣传都强调她和阿伽门农以及奥莱斯泰斯（Orestes）的亲缘关系，见 Hdt. Ⅰ. 67. 8；Ⅶ. 159］。和阿伽门农一样，阿盖西劳斯（Xen. *Hell.* Ⅲ. 4. 4）为他入侵东方做了一次隆重但不那么极端的献祭，或者他试图这样，但被心存妒忌的彼奥提亚同盟官员制止了。阿盖西劳斯正在努力得到亚洲，即波斯帝国，在《阿盖西劳斯传》第 1 章第 8 节中，色诺芬点明了这样做的含义。在另一处（*Hell.* Ⅳ. 1. 41，公元前 394 年最后一次尝试），色诺芬的表达更为极端和明确：阿盖西劳斯正在“计划尽可能地深入腹地，想法是将所有他经过的国家都从大王那里分离出去”。但就在他到达以弗所（Ephsus）后，阿盖西劳斯试图在“亚洲希腊人自治”的基础上与提萨菲奈斯达成妥协。换句话说，他正在

---

[93] Bruce 1967（B 20）60；Hamilton 1979（C 294）207 n. 76.

[94] Beloch 1912 – 27（A 5）Ⅲ^{2}2. 216，Seager 1976（C 250）采纳了贝洛赫的观点，可能使他的观点不够明确。

[95] Lewis 1977（A 33）143.

建议回到《卡利亚斯和约》时的局面，只是这次仅有波斯和斯巴达作为代理人，而不是波斯和雅典（Xen. *Hell.* Ⅲ. 4. 5；《阿盖西劳斯 69
传》第 1 章第 10 节补充说，最初是 3 个月的休战期）。

奥利斯献祭的隆重和伪善与阿盖西劳斯外交现实之间的差别可能并且已经从多个角度得到解释，但并不完全相互排斥。我们可以选择其中的一种。要么谈判确实经常包含从一种不可能的立场做出让步，要么是阿盖西劳斯真的要求回归《波伊奥提斯条约》（关于该条约，参见前文），这将使斯巴达的政策——除奥利斯事件外——在更长的时期中保持一致并且易于理解（参见 Xen. *Hell.* Ⅲ. 2. 20 关于德库里达斯的讨论）。又或者阿盖西劳斯在奥利斯表现的泛希腊主义的感情，即反波斯的情绪，较色诺芬自己的要少（这可能是正确的，但色诺芬肯定没有捏造出献祭这一历史事实）。最后一种可能：我们可以说，[96] 阿盖西劳斯的目标与征服亚洲一直有所不同，他仅仅是要在“仍由国王控制的领土和沿海的希腊城邦领土之间”建立一个“由反叛总督和部落控制的缓冲区”［一般论述参见 *Hell.* Ⅳ. 1，关于帕夫拉戈尼亚（Paphlagonia）以及其他地区的论述］。那将解释阿盖西劳斯请求法那巴祖斯退出（参见第 72 页关于 *Hell.* Ⅳ. 1. 36 的分析）战争的做法，并且也可以解释阿盖西劳斯与卡利亚年轻的毛索鲁斯间的客友（*xenia*）关系，后者是不久将被提升为总督的赫卡同努斯（Hecatomnus）的儿子[97]（见 Xen. *Ages.* Ⅱ. 26 关于这种客友关系的描述，它说的是公元前 4 世纪 60 年代的事件；但那里谈到的客友关系“之前”已经存在，从时间上看可能更早，事实上是从公元前 4 世纪 90 年代中期就存在）。在镇压塞浦路斯的埃瓦戈拉斯时，赫卡同努斯给大王的帮助可用首鼠两端，甚至是背信弃义形容，因为他秘密地为埃瓦戈拉斯提供资金（Diod. XV. 2）。阿盖西劳斯到访亚洲时，可能播下了不满的种子。

尽管有色诺芬反对波斯的“泛希腊主义”宣传，但在上层希腊人和波斯人之间存在客友关系以及朋友之情的论调，贯穿了色诺芬全部的作品。这类朋友之情之所以值得强调，不仅因为它是社会和文化

---

[96] Seager 1977（C 315）［参见 Kelly 1978（C 299）］；Lewis 1977（A 13）154ff；Cartledge 1987（C 284）193。

[97] Herman 1987（C 34）对客友关系做了一般的论述，但未涉及这一案例。

融合的一个方面（第8章第1节），而且因为它确实影响了政策。但我们应当牢记的不仅是色诺芬《希腊史》第4卷第1章第34节提到的明显的局限（客友关系有时会在城邦利益需要时使双方自相残杀），而且也应记住这种关系真实的历史：在数代人的时间里，亚西比德家族世袭的斯巴达代理人（*proxenia*）的角色曾经历充任、放弃又重新开始的过程（Thuc. Ⅴ. 43，Ⅵ. 89）。但是，如果阿塔薛西斯个人对斯巴达的怨恨有助于解释他公元前4世纪90年代在政治层面上
70 对斯巴达的敌意的话，那么波斯总督阿里奥巴扎奈斯（Ariobarzanes）与斯巴达的安塔尔奇达斯之间“长期的客友关系”（Xen. *Hell.* Ⅴ. 1. 28），有助于解释为何波斯大王在公元前387/386年接受了和约，其条款与他在公元前392/391年拒绝的几乎一致（第74页）。希腊人和波斯人之间在政治上的 *homonia*，即和谐或融合，与其说是亚历山大的创造，不如说是社会或文化融合的结果。它与亚历山大是否曾希望出现这样的和谐共存这个问题是相关的（对这个问题，将在另一章即第840页给出答案）。如果我们想到，在最终成为亚历山大的巴克特利亚总督之前，阿塔巴祖斯（Artabazus）（在修昔底德第8卷中非常重要的人物法那巴祖斯的儿子）曾经在腓力二世的宫廷待过几年（Diod. ⅩⅥ. 52），则我们会很容易地推测，在前往亚洲之前，亚历山大就对和谐共存这类事情有所了解。最后一点，没有任何仇恨是永久的。正如我们所看到的，阿塔薛西斯对斯巴达的仇恨是这样，雅典对波斯的仇恨甚至也如此。在公元前4世纪40年代和30年代，德摩斯梯尼或其他人如何希望波斯攻打马其顿的问题不属于本章的范围（见第93页），但可以引用一则材料以资说明。到阿塔巴祖斯被任命为巴克特利亚总督时，雅典通过了一个命令（Tod no. 199 = Harding no. 119，关于公元前327年）。这个命令会让修昔底德感到惊讶（谈到公元前394年雅典的科农与波斯军队赢得尼多斯战役胜利的色诺芬和其他历史学家不会这么惊讶）。这个命令称法那巴祖斯为“雅典的恩人及其战争中的帮助者”。正像波里比阿（Polybius）著作中的一个演说者所说（Ⅴ. 104），当你已经丧失了自由时，甚至自主地进行战争的自由看起来都像一种奢侈品。那时有人比波斯人更可恶。

不论阿盖西劳斯准备做交易的原因是什么，都不可能存在交易，因为提萨菲奈斯向波斯国王要了一支军队（见前文第56页关于这一

事件可能意义的讨论），结果是萨尔狄斯战役中波斯的失败。以色诺芬为代表的一种传统，以及狄奥多鲁斯和奥克西林库斯史家所代表的另一种传统，对于这次战斗给出了不同的解释。色诺芬及另一传统[98]都有现代的支持者；任何一种都不能毫无疑问地排除，但其中之一肯定是正确的。在色诺芬的记载中，阿盖西劳斯直接从以弗所推进到萨尔狄斯，在提萨菲奈斯缺席的情况下，双方骑兵有一次交锋，这是一次正面冲突，没有提到伏击。在另一传统中（Diod. XIV.80；*Hell. Oxy.* XI），因为遭到提萨菲奈斯的袭扰，阿盖西劳斯以一种中空的方阵阵型首先翻过西皮鲁斯（Sipylus）山向北进军，由此向东到达萨尔狄斯。据色诺芬《阿盖西劳斯传》第1章第33节，他洗劫了萨尔狄斯郊外，然后折回萨尔狄斯和一个叫提巴那的地方之间的一个地点，并伏击了提萨菲奈斯（关于提巴那，见前文第56页；“折回”排除了提巴那的地点在更远的东面邻近卡斯托鲁斯地区这种可能性）。色诺芬叙述有利的地方，是他的英雄阿盖西劳斯的成就实际上 71
没有在另一种说法中那么辉煌（只有骑兵；提萨菲奈斯不在）。但是有关伏击的记载，决定性地支持了另一种叙述（因此，综合来看，我们需要在排除诸如狄奥多鲁斯将波斯的损失扩大10倍——从600人放大到6000人——这样的不足后采用这一叙述）。和亚历山大一样（Arr. *Anab.* III. 10. 2），阿盖西劳斯不可能“窃得一次胜利”，这就是色诺芬隐瞒那次伏击的原因（对此色诺芬并不一致，因为他有时说阿盖西劳斯的策略包含了欺骗，如 *Hell.* III. 4. 11 and V. 4. 48）。最后谈年代上的要点：色诺芬把萨尔狄斯的失败与提萨菲奈斯的垮台表述为因果关系，这是错误的。提萨菲奈斯的继承人，即“千夫长”[99]提特劳斯泰斯被任命为吕底亚总督需要更长时间。所以，萨尔狄斯以及王宫中的波斯人对提萨菲奈斯感到的不满，一定先于他在战场上最有名的失败（参见前文第57页）。

这是阿盖西劳斯亚洲成就的顶点。在砍了提萨菲奈斯的头之后［由阿利亚欧斯（Ariaeus）代办，关于此人见下文第78页］，提特劳斯泰斯的第一项措施，是向阿盖西劳斯提出了类似于曾被提萨菲奈斯

---

[98] Anderson 1974（B 4）；Cawkwell 1979（B 26）405ff；Gray 1979（B 47）；Cartledge 1987（C 284）215；Hamilton 1991（C 295）99 n. 50.

[99] Lewis 1977（A 33）17ff 以及注释 96；Cook 1983（F 14）143ff。

拒绝的交易。据色诺芬《希腊史》第3卷第4章第25节，提特劳斯泰斯这次的建议，是亚洲的希腊城邦首先应该自治，但其次，他们应该交纳以往的贡金。这次条款中增加的“以往的贡金”，使得恢复到公元前5世纪中叶局面的这种目标更为明显。那时，尽管签署了《卡利亚斯和约》，[100]但波斯可能并没有放弃它对亚洲税收的要求。但阿盖西劳斯称，在没有提交斯巴达国内政府的情况下，他不能接受这个提议。然后提特劳斯泰斯怂恿他进军法那巴祖斯的领土，掠夺那个地区，等待来自斯巴达的命令。

阿盖西劳斯为何拒绝提特劳斯泰斯“自治”的提议？他对斯巴达政府是否能够勉强接受其条约内容的怀疑，如果是真的，则很可能限于第二条，即关于贡金的条款。先前在与提萨菲奈斯协商期间（Ⅲ.4.5），在没有斯巴达进一步指示的情况下，阿盖西劳斯显然觉得他可以做出让步，把大规模入侵的计划下调为只是要求“城邦自治”。如果这是正确的，则我们认为阿盖西劳斯是小题大做。另外，有人认为[101]不真诚的不是阿盖西劳斯，而是提特劳斯泰斯。这位总督正在实行的，是伯罗奔尼撒战争最后10年中常见的、老套的拖延策略。但这并不十分准确，因为色诺芬明确说那项提议出自波斯大
72 王[102]，而不是他的喉舌提特劳斯泰斯。或许我们不该在提特劳斯泰斯提议的条款中寻找阿盖西劳斯拒绝的理由，而应该到先于这一提议的要求中去找，要求很明显，但有时被忽略了：[103]“大王要求你们回国，城邦……”，等等。在这场外交的早期阶段，提萨菲奈斯已经提到，回国似乎是阿盖西劳斯本人希望做的事情。据色诺芬第3卷第2章第20节，甚至更早的时候，德库里达斯就已经或明或暗地直接被要求回国。但是在提特劳斯泰斯的嘴里，波斯的要求变得不容置疑。

但是阿盖西劳斯得意于在萨尔狄斯的胜利，并不想回国，也许没有接到指示的话他不能这样做：当斯巴达的命令真的到达时（见第27节），对于自治或以往的贡金只字未提，只是说斯巴达的舰队和陆军会怎么样。所以可能早在这时，斯巴达政府忧虑的就是斯巴达的势

[100] Murray 1966（F 687）.

[101] Judeich 1892（F 663）68.

[102] Judeich 1892（F 663）只谈到了提特劳斯泰斯。

[103] 被诸如尤德伊奇（Judeich）等忽略。

力在亚洲的未来，而不是希腊城邦的地位。当阿盖西劳斯宣布自己不能擅自解决与提特劳斯泰斯的事情时，他完全估计到了这一点。

甚至在阿盖西劳斯到达法那巴祖斯的管区以后，他自己的意图都很难确定。据色诺芬《希腊史》第 4 卷第 1 章，一方面，他试图使法那巴祖斯背叛，但那一章的结尾，是色诺芬有关阿盖西劳斯意图最明确的表达："尽可能地向东走远"（前文第 68 页引用了整段话。那里讨论的是公元前 394 年春天的事情）。所以直到他在亚洲的逗留结束，我们也不清楚他的思想到底真的是泛希腊主义，还是色诺芬的夸张，而阿盖西劳斯的目的，只是打算把西部诸总督区分离出去。[104] 阿盖西劳斯（尽管得到了国内政府的批准）不愿离开亚洲，可能也隐藏着自己的目的：他在亚洲已经交了些朋友，不仅有年轻的毛索鲁斯，还有法那巴祖斯以及斯皮特利达泰斯（Spithridates）的儿子（关于后者，见 *Hell. Oxy.* XXI. 4，但请与 Xen. *Ages.* V. 4 比较）。在亚洲，借用塞姆（Syme）有关尤里乌斯·恺撒（Julius Caesar）在高卢时精神放松的 10 年的说法，阿盖西劳斯享受着"对人和事自觉的控制权"[105]。如果公元前 394 年的选择是要么征服波斯，要么与个别波斯人合作，那阿盖西劳斯可能真的会很烦恼。

如果他真陷入了这种困境，那希腊的事件为他提供了出路：科林斯战争开始了（见本卷有关章节），并导致他被召回。在前往法那巴祖斯的总督区以前，阿盖西劳斯曾任命他的妹夫佩桑德（Peisander）统率舰队。[106] 在阿盖西劳斯离开亚洲时，85 条斯巴达战船与法那巴祖
斯及科农的 170 艘船——现在终于准备齐全——的舰队交战。在卡利 73
亚海域发生的尼多斯战役的结果与萨尔狄斯战役正好相反，对斯巴达是灾难性的。色诺芬自己不忍叙述这件事（*Hell.* IV. 8. 1 几乎没有提及此事）。据狄奥多鲁斯（XIV. 83）记载，50 条斯巴达三列桨战船以及 500 名船员被俘。

不管是在历史上，还是在史学史上，尼多斯战役都是一个重大转折（泰奥彭普斯认识到了这一点，他的《希腊史》以其终篇，见 Diod. XIV. 84. 7）。

[104] Cawkwell 1979（B 26）193，参见 1976（C 285）71。

[105] R. Syme, *The Roman Revolution*（Oxford, 1939）53.

[106] Cawkwell 1976（C 285）67 n. 24 支持色诺芬提供的年代。

先谈史学史方面。随着阿盖西劳斯回到希腊以及斯巴达舰队的失败，色诺芬《希腊史》中对小亚细亚的叙述再无多少细节可说。狄奥多鲁斯关于波斯及其总督区的材料，其取自埃弗鲁斯著作的内容，甚至在没有得到埃弗鲁斯自己利用的奥克西林库斯史家补充的情况下，也都是非常珍贵的，明显好于他提供的关于公元前 5 世纪的材料。狄奥多鲁斯依据一份独立的、非常熟悉的“年代记资料”提供了一些总督的就任时间。[107] 但狄奥多鲁斯是西西里人，他在第 14、15 卷中关注点的分配，尽管受到现代研究狄奥尼修斯和西西里历史的史家的欢迎，却导致对埃弗鲁斯有关安纳托利亚和波斯材料的严重删减（应该说，从公元前 404 年以后的整个时期都是这种情况）。一般来说，公元前 394 年以后（公元前 386 年后更是这样），我们不得不越来越多地依靠文献作品中偶然的提及，以及铭文的帮助。这个做法使波斯及其总督的历史从现在开始更加具有跳跃性和随意性。因此，所谓的总督反叛肯定持续了几年，但狄奥多鲁斯仅用三章叙述这一事件（尽管不可能，但被典型地塞在了公元前 362 年这一年中），其篇幅大致相当于色诺芬很长的一章中希腊部分所占的比重。在这一章，色诺芬致力于描述公元前 373/372 年由姆纳西普斯（Mnasippus）和伊菲克拉特斯（Iphicrates）领导的延续几个月的科西拉（Corcyra）战役（*Hell.* Ⅵ. 2）。狄奥多鲁斯在此简单的描述不可能（参见下文）是那一事件重要性的一个可靠标志。

其次，从历史角度看。公元前 394 年的事件，结束了完全异常的雅典和波斯结盟的时期。尼多斯战役的胜利，虽不是雅典帝国主义复兴第一次得到证明，但它是到目前为止最明显的证据。此后，斯巴达和波斯在压制那种帝国主义方面有了共同利益。换句话说，又回到了伊奥尼亚战争时的形势。雅典的每一次胜利，都使波斯和斯巴达更为急切地要“解决它们外交上的分歧”。[108]

但是变化并没有立刻或顺利地出现：关于从公元前 394 年到公元前 386 年波斯对希腊的政策，有一种不均衡的印象，而那不仅仅是史

---

[107] 请见 Hornblower 1990（C 366）74 及其注释。

[108] Lewis 1977（A 33）147 支持这种表述。

料的问题。

起初，波斯和雅典，更准确地说是法那巴祖斯和科农继续合作，以利用狄奥多鲁斯（XIV. 84. 4）笼统地称为“斯巴达海上权力丧失”这个机会。在那一章里，狄奥多鲁斯列举了他们在争取亚洲以及岛屿上的盟友方面所取得的胜利（将“Telos”校改为“Teos”）。[109] 如下文所说（第8章第1节第216页），铭文证据（*SEG* XXVI 1282 = Harding 28A）表明，波斯和雅典对伊奥尼亚自治的许诺（Xen. *Hell.* IV. 8. 1）毕竟不是空洞的，尽管托德铭文集中第113号铭文（约属公元前392年）（ = Harding no. 24）证实，当时有一位“伊奥尼亚总督”[110]（东爱琴海以及岛屿的一个独立“同盟”的钱币可能也属于这个时期）。[111] 波斯这种精明的做法，提前让斯巴达恢复她作为小亚细亚解放者地位的任何重要努力都归于无效。但是真正阻止斯巴达在爱琴海东部行动的，是法那巴祖斯和科农向斯巴达水域的航行（Xen. *Hell.* IV. 8. 8），他们在近海的基西拉（Cythera）岛上安置了驻军和总督。[112] 那一定严重打击了斯巴达的士气，所以不久之后出现了被称为基那冬事件即黑劳士未遂的起义（同上，III. 3）。[113] 由于黑劳士叛离威胁的消长，斯巴达整个公元前5世纪的对外政策都在进攻和畏缩之间来回摇摆。由于国内的黑劳士，斯巴达在海外的帝国主义存在漏洞，对法那巴祖斯和科农来说根本不是秘密。他们毕竟都是伯罗奔尼撒战争那场大战的老兵，两个人都是在德摩斯梯尼因类似动机登陆——登陆地点恰好是基西拉对面——那年（公元前413年）首次出现在历史上（Thuc. VII. 26）。一些出自南部小岛安提库泰拉（Anticythera）的波斯石弹已经被公布出来，上面都有国王的“印签”。可以假设它们是这个时期的遗物（*Arch. Rep. for* 1974 – 1975 p. 42）。 74

结果是斯巴达求和（公元前392/391），派安塔尔奇达斯到提里巴祖斯那里（关于他的身份，见下文第77页及以次）。有关史料是

---

[109] Marshall 1905（C 200）2 n. 4, Robert 1969 – 90（B 172）I 569ff.

[110] 但请见 Petit 1988（F 693）310，他认为在 Tod no. 113 即 Harding no. 24 中斯特罗塔斯所以被称为“伊奥尼亚总督”，只是因为他那时正在处理伊奥尼亚的事务。

[111] Cawkwell 1956（B 189）; 1963（B 90）; Cook 1961（B 191 = F 608）.

[112] Coldstream and Huxley 1972（C 287）39.

[113] Cartledge 1987（C 284）362.

安多奇戴斯的第三篇演说《论和平》以及色诺芬《希腊史》第 4 卷第 8 章。[114] 他们提出的条款中，包括彻底出卖亚洲的希腊人（Xen. *Hell.* Ⅳ. 8. 14）：希腊的岛屿和城邦将自治，斯巴达不会为了亚洲的希腊人与波斯开战。斯巴达人安塔尔奇达斯向提里巴祖斯提出了这些条款，并正确地将它们称为“大王想要的和平”（色诺芬语）。这种说法过于轻描淡写了。

从外交上来看，至少在斯巴达和波斯之间，它们的关系现在已经达到与公元前 386 年“大王和约”所体现的完全相同的地位。为什么当时他们协商失败？

75 在那一事件的各个主角中，波斯的地位是最不合乎逻辑的。提里巴祖斯怂恿阿塔薛西斯接受公元前 392 年的条件，就是在萨尔狄斯首次提出来的那些条件。安多奇戴斯省略了这个阶段。然后其他希腊城邦在斯巴达考虑了这些条件，泛希腊主义者、斯巴达的崇拜者色诺芬则省略了这个环节（萨尔狄斯—斯巴达体系是比较可能的一个，因为斯巴达—萨尔狄斯体系会让波斯顾及希腊人决定的后果，这点难以想象）。[115] 提里巴祖斯是正确的，但国王没有认识到这一点。所以斯巴达的提议没有得到批准。为什么？答案在于阿塔薛西斯对斯巴达支持小居鲁士的反叛耿耿于怀（第 66 页）。现实的政治很快要求抛弃那种怨恨。但是，当时斯特罗塔斯（Strouthas）或斯特鲁塞斯（Strouses）而不是提里巴祖斯（Xen. *Hell.* Ⅳ. 8. 17，参见 Tod no. 113）被派去继续对斯巴达的战争。斯巴达再次派提布隆到小亚细亚。

斯巴达的处境最简单：雅典—波斯联合起来的敌对意味着她必须战斗。

然后是雅典。正是因为雅典拒绝了在斯巴达做出的决定，才促使希腊一方协商失败。她为什么拒绝？首先，有一些证据表明雅典出现了反波斯的情绪。[116] 我们不该过多强调这一点，[117] 但是雅典和波斯在公元前 392 年以前那段时期的结盟肯定是不同寻常的。雅典为塞浦路

[114] Badian 1991（F 4）反对通常的观点，即菲罗科鲁斯 149 号残篇与公元前 392 年的和平尝试，而不是与公元前 386 年的“大王和约”有关。

[115] 但请见 Badian 1991（F 4）33。他觉得该事件不可知。

[116] 雅科比（Jacoby）在第 517 页对菲罗科鲁斯 149 号残篇的注疏；并请见 Lewis 1977（A 33）86 的注释 19。参见 Isoc. Ⅳ. 157。

[117] Finley 1985（A 18）80.

斯的埃瓦戈拉斯授予荣誉的铭文断片（*SEG* XXIX 86 + Tod no. 109）表明，早在公元前393年，雅典人通过使用过分的语言把埃瓦戈拉斯看作希腊人的恩人，就已经在试图掩盖尼多斯胜利中波斯的一面：埃瓦戈拉斯给科农提供了避难所，并且把他介绍给了法那巴祖斯，因此强调埃瓦戈拉斯的作用比强调法那巴祖斯的作用更合理。

第二，雅典人渴望（Andoc. Ⅲ. 12ff; 36）收复先前“海外的占有地和债务”[即公元前5世纪帝国时期雅典私人借给同盟城邦中私人的钱，利息率无疑很高，因为在托德编辑的可能属于公元前4世纪60年代的第152号铭文，即哈丁（Harding）第68号铭文中，安德罗提翁由于提供了无息贷款而受到夸奖，无疑因为这是不同寻常的做法]。在之后的40多年里，雅典尝试实现这个目标的细节属于雅典历史，但不完全是。波斯及其总督毕竟都有恰当的理由警惕雅典在其私人以及国家层面的这个复兴计划[公元前5世纪雅典富人的私产中，已经包括在波斯的特罗德（Troad）地区一个叫奥弗吕奈翁（Ophryneum）的地方的土地]；总督们后来最大限度地利用了对雅典普遍的不信任，在公元前357—前355年的同盟战争时期及之前，雅 76
典的领土野心在其盟友以及其他人中引发了这种戒心。这也和雅典人的态度有关，科农的舰队航往雅典[Clark 1990（B 138）58]，提升了雅典人的信心。

在被撤换之前，提里巴祖斯的最后一次行动是监禁科农（Xen. *Hell.* Ⅳ. 8. 16）。后者与萨尔狄斯的提议有关联。更积极、更公开的反波斯政策此时在雅典流行。它们与特拉叙布鲁斯的名字联系在一起。这里对他们的叙述只到他们直接影响波斯的程度，不过程度不容忽视。

公元前392年协商失败的一个直接后果，是雅典向塞浦路斯的埃瓦戈拉斯提供援助（10艘战船）。援助可能早在公元前391年就开始了，[118] 那时他正反叛波斯。雅典此时的政策在公元前393年授予的荣誉上已经显示出来了，请见前文。在一个著名的段落中，色诺芬（*Hell.* Ⅳ. 8. 24）评价了雅典行动自相矛盾的特点：大王的盟友正在帮助大王的敌人。战船是在埃瓦戈拉斯表现出公开的敌对之前送出

[118] Cawkwell 1976（C 112）274.

的，但是这种可能性[119]并没有严重削弱色诺芬评价的意义。最初的10艘船被俘获了，但之后不久，特拉叙布鲁斯率领40艘船出发了，这是一支更可怕的队伍。他的任务是在斯巴达支持的罗德斯反革命（Diod. XIV. 97）之后，对罗德斯民主派（Xen. *Hell.* IV. 8. 25）的请求做出回应。考虑到我们已经分析的罗德斯的重要性，狄奥多鲁斯对于斯巴达海军力量在尼多斯被消灭的评论（见前文）有些为时过早。尽管特拉叙布鲁斯在其他地方在为雅典赢得或恢复同盟方面获得了成功［塔索斯（Thasos）、萨摩色雷斯、拜占庭、密提林、希俄斯，等等］，对罗德斯却束手无策；斯巴达占据着两条重要的粮食运输线，即埃及经罗德斯（参见 Dem. LVI 以及 Thuc. VIII. 35. 2）的粮道以及赫勒斯滂（请见下文），这一点解释了雅典不得不赞同"大王和约"的原因。

但是从波斯的角度来看，最令人不安的是，特拉叙布鲁斯的胜利影响到波斯自己在亚洲大陆上的城市和领土（*chora*）。吕西阿斯的一篇演说（第28篇）表明，特拉叙布鲁斯从一个亚洲城邦哈利卡纳苏斯勒索钱财。在波斯人看来，那不是法那巴祖斯的"自治"许诺所包含的内容（见前文）；特拉叙布鲁斯在潘菲利亚的阿斯彭杜斯（Pamphylian Aspendus）被杀。这里到小亚细亚南岸的距离让人惊讶。据色诺芬《希腊史》第4卷第8章第30节，他显然在那里实行了同样的敲诈策略。他的敲诈勒索并没有在此停止：从一份赞颂伊奥尼亚岛屿克拉佐麦奈（Clazomenae）的铭文中（Tod no. 114 = Harding
77 no. 26），我们了解到，"在特拉叙布鲁斯时代，雅典征收了5%的税"。但是这个岛可能被看成半岛上的一个地区（见下文），即处于大王祖传的亚洲领土上。将这些活动与雅典给塞浦路斯的埃瓦戈拉斯的援助联系起来，我们毫不意外地发现，在"大王和约"中，恰好那两个地方[120]被挑出来作为岛屿自治的特例（克拉佐麦奈通过一条可能在希腊化时代修建的道路与大陆相连，现代在那里设置了一个检疫站，[121] 它的位置可能使它的地位不是很明确。但是这种模棱两可的地位并没有被许可延伸到政治领域，因此波斯对那个地方的要求是明确

[119] Cawkwell 1976（C 112）274.
[120] Ryder 1965（C 67）.
[121] Cook 1953/4（F 601）.

的）。这两个地方无疑都将属波斯所有。关于波斯愤怒的最后一点，我们不能忘了雅典与反叛的埃及的结盟（见前文）。

波斯人最终认识到了他们的真正利益所在。斯特鲁塞斯或斯特罗塔斯以及他的反斯巴达使命，被提里巴祖斯取代了，他因此再次出现于《希腊史》第5卷的开头（色诺芬通常只让我们推断实情，提里巴祖斯的再次任命也是这样）。斯特鲁塞斯的免职肯定是特拉叙布鲁斯在诸如卡利亚的哈利卡纳苏斯这些地方进行掠夺的一个直接后果（卡利亚和伊奥尼亚一样，由于同样的原因当时获得了独立的总督区地位），原因是特拉叙布鲁斯的压迫肯定让波斯人认识到必须迫使雅典明确放弃对亚洲大陆的全部要求（就这一点来看，色诺芬在《希腊史》第4卷第8章第27节所暗示的雅典和波斯之间的良好关系不可能长久持续）。

有关这个时期总督的安排需要多说一句，因为不是所有的受任者都通常是有固定统治区的总督。这里采纳的观点是公元前395年提萨菲奈斯的替代者、千夫长提特劳斯泰斯只是标准的吕底亚领土总督区的代理总督。他的继任者是奥托弗拉达特斯（Outophradates）（我们不知道确切的时间），泰奥彭普斯（*FGrH* 115 F 103）说，大约公元前390年此人是吕底亚总督，公元前362年，他还是吕底亚总督，这说明他任期很长（Diod. XV. 90）。在公元前4世纪90年代末到80年代初，有与现行的普通吕底亚总督区的任期类似的做法，与之相匹或者地位高于它。但是，在西部有一种短期的、拥有特殊权力的非领土型总督。提里巴祖斯被斯特鲁塞斯继承，后者又被提里巴祖斯继承。提里巴祖斯是“大王的将军”，控制着“伊奥尼亚”［Xen. *Hell.* Ⅳ. 8. 12；Ⅴ. 1. 28，除非——一种过时的观点认为[122]——我们把后一段落中的“领土”（*choras*）解读成“伊奥尼亚”］。在托德《希腊历史铭文选》的第113号铭文（即 Harding no. 24）中，斯特鲁塞斯被说成“伊奥尼亚总督”，而不像现代重构所说[123]是吕底亚总督。这不是一项正常的任命，并且“伊奥尼亚”包含一些特殊的含义（见第8章第1节第216页）。色诺芬对斯特鲁塞斯的描述证实了这两个方面， 78

[122] Krumbholz 1883（F 670）67；参见 Petit 1988（F 693）310 n. 22。参见 Hornblower 1982（F644）37 n. 11。

[123] Cawkwell 1976（C 112）n. 19.

前者称他为斯特罗塔斯，说他“管理沿海的事务”（*Hell.* Ⅳ. 8. 17）。公元前386年“大王和约”后，对这种拥有特殊权力的安纳托利亚西部地区任用的需要结束了，提里巴祖斯特殊的统治权，用一个过时的但恰当的罗马人的说法，是他的“独裁”，反而在“南”安纳托利亚实行了。他被授予“最高指挥权”（Diod. ⅩⅤ. 8. 2），进行对塞浦路斯的战争，他的基地显然是在奇里乞亚（关于伊奥尼亚晚后的地位，见下文第216页）。

公元前4世纪初到公元前334年阿提宰斯（Atizyes）任总督之间，安纳托利亚内地大弗里吉亚总督区的情况对我们而言是一片空白（Arr. *Anab*. 1. 25. 3）。波吕埃努斯（Polyaenus，Ⅶ. 28）提到阿萨麦斯（Arsames）时，甚至没有给出后者属哪个世纪，另一个叫提特劳斯泰斯（Tithraustes）的被证实属公元前4世纪50年代，但他肯定不住在这里，而是在沿海的赫勒斯滂的弗里吉亚，而且他根本不是一个总督。[124] 他和公元前4世纪90年代的吕底亚总督提特劳斯泰斯肯定不是同一个人。阿利欧斯给我们提出了其他问题，他帮助那个提特劳斯泰斯杀死了提萨菲奈斯（见前文）。问题是他是一个地区总督还是只是其他总督的代理人？他通常被看作公元前395年大弗里吉亚的总督，但这种看法是错误的（他在公元前400年的地位与这里无关，色诺芬《希腊史》第4卷第1章第27节只是对过去的追溯）。狄奥多鲁斯确实在第14卷第80章称阿利欧斯为“某个总督”［在这里阿利欧斯的名字可以很合理地被校改为“拉利萨的”（Larissa）］。[125] 但是我们不能过度解释这个材料，特别是由于它说的是“某个”；波吕埃努斯（Ⅶ. 16）可能暗示，阿利欧斯拥有与提萨菲奈斯和提特劳斯泰斯同等的荣耀。但在《奥克西林库斯希腊志》中（XIX），阿利欧斯看起来更像是提特劳斯泰斯的一个下属，而不是地区总督水平上的

---

[124] Hornblower 1982（F 644）144 n. 57.（但是贝洛赫在那个地方被误解了。他说提里巴祖斯是大弗里吉亚的总督。）Cook 1983（F 14）172ff 的观点是，大弗里吉亚根本不是一个总督区，这个观点由于阿提宰斯（Atizyes）的存在而不能成立。关于 Xen. *An.* Ⅶ. 8. 25 列出的总督区名单［他把阿塔卡麦斯（Artakames）变成大弗里吉亚的总督］见 Cook 1983（F 14）82。Xen. *Cyr.* Ⅱ. 2. 5.，Ⅷ. 6. 7 也有一个叫阿塔卡麦斯的弗里吉亚总督（源自《远征记》，存疑）。这至少是该总督区存在的一种证据，尽管几乎没有证据证明阿塔卡麦斯本人是真实人物，请与 Beloch 1912－27（A 5）$Ⅲ^2$ 2. 152 比较。也请注意 Andrewes 1971（C 275）209 n. 9 以及 Sekunda in F 53 110ff。

[125] 鲍米尔（Paulmier）做出了这个修正，他显然是正确的。他抽掉了 Briant F 47 16 以及注释 31 的依据；另见 F 40，161 以及注释 39。见 Hornblower 1990（F 36）93。

同僚：在那里他与一个叫帕西菲奈斯（Pasiphernes）的不知名人物并
列，两个人都被提特劳斯泰斯任命为“处理目前局势的将军”。狄奥
多鲁斯也提到（见前文），提特劳斯泰斯“利用阿利欧斯处死了提萨
菲奈斯”。这可能是他地位次要的另一个证明。进一步的证据见于
《奥克西林库斯希腊志》第 13 章的残篇。如果阿利欧斯是第 2 段第
35 行提到的一位“最优秀的将军”的名字，则它可能支持这里采纳 79
的观点。但最初的编辑者对这个名字的线索表示怀疑。最后，如果阿
利欧斯真是大弗里吉亚的总督，到色诺芬《希腊史》第 4 卷第 1 章
第 27 节叙述的时期，他并没有很认真地履行他在辖地内的职责，我
们发现他那时在萨尔狄斯，正在为提特劳斯泰斯“处理事务”，既为
对付“大王的将军”（见前文）提里巴祖斯的到来，也为应付以正常
方式成为吕底亚总督的奥托弗拉达特斯的到达（见前文关于泰奥彭
普斯的论述）。

对于小亚细亚其他总督区和地区，见第 8 章第 1 节第 217 页及以次。这里适合做一个概括的说明。我们不应认为小亚细亚诸总督区（对于帝国的其他地区，这一点无疑也适用）覆盖了整个安纳托利亚地区，能够像现代的土耳其各行省（vilayets）那样用不同的颜色显示出来。有些地区和民族有时很难或者会完全错误地被归入任何一个总督名下，如皮西狄亚（见第 219 页）、密细亚（本身不是一个总督区，见第 220 页）、卡帕多西亚的部分地区（见第 220 页及以次）、吕西亚（在公元前 4 世纪初有自己的王朝，但到公元前 337 年被纳入赫卡同尼家族的卡利亚之下，可能得到了王室的允许。见第 218 页及以次）和潘菲利亚人［the Pamphylians，公元前 4 世纪 60 年代一个暴动的民族（ethnos）或部落，据 Diod. XV. 90，它包含一个城市即法塞利斯，并曾把毛索鲁斯作为平等者来对待，见 Bengtson，*SdA* = M10］。一个能够使自己的命令在这些地区实施的总督，可能希望在国王同意的限度内，最大限度地解决这个问题。最后是特拉莱斯（Tralles），色诺芬《希腊史》第 3 卷第 2 章第 19 节将其置于卡利亚治下［关于公元前 4 世纪 40 年代的情况，请见 Robert 1936（B 169）no. 96］，但狄奥多鲁斯将其归于伊奥尼亚（XIV. 36. 3），这可能表明它的边界不固定（而不是模糊的）。这些情况都需要调整。但犹如阿姆河分开索格狄亚那和巴克特利亚（Strabo XI. 11. 2）一样，小亚细亚有一些清晰的、固定的疆界。在

两个罗马行省之间有海关哨所，所以你知道你在什么地方。在阿契美尼王朝的波斯，我们没有听说过这种设置。但所有这些并不意味着我们在试图确定哪一个总督在什么时间、统治什么地方时，肯定会遭遇失败。当毛索鲁斯说“毛索鲁斯统治的土地”时，他明白自己的意思［Crampa 1972（F 619）no. 40］。

在赫勒斯滂的弗里吉亚，到公元前4世纪80年代初阿里奥巴扎奈斯继承了法那巴祖斯（Xen. *Hell.* Ⅴ. 1. 28）的地位。他可能是一个篡权的总督，也可能是官方批准的代理总督。无论如何，他通过帮助他的朋友安塔尔奇达斯（参见前文第69页）封锁赫勒斯滂海峡以及粮食运输线，使雅典“像从前一样”受到饥馑的威胁，从而帮助实现了“大王和约”（Xen. *Hell.* Ⅴ. 1. 29. 像从前一样基本上是明确地指羊河战役后）。既然赫勒斯滂和罗德斯被敌人占领，雅典无牌可打，她只能接受“大王和约”，其条款如色诺芬《希腊史》第5卷第1章第28节所述：亚洲的城市，包括塞浦路斯以及“克拉佐麦奈”在内的岛屿（关于克拉佐麦奈作为岛屿打上的引号，见前文），都属
80 于波斯大王，而其他的希腊城邦，不论大小，除了雅典的三个军事移民地以外，都获得自治。如果任何一方拒绝这些条件，波斯大王将从陆路和海路利用船只和财物对他们宣战。

一份更为详细的文件[126]可能包含了很具体的要求，比如规定雅典拆除比雷埃夫斯的城门，还有召回流亡者这种更笼统的规定（但是和约似乎没有限制雅典海军的行动）。与波斯和小亚细亚历史更相关的是下述可能性（见第4章第118页），即由于“大王和约”的条款，像泰奈多斯（Tenedos）、希俄斯、萨摩斯以及罗德斯这些岛屿在大陆上丰饶的属地（*peraiai*）都将在公元前386年作为“波斯大王的亚洲”的一部分转到波斯控制之下。对于这些岛屿的经济，这肯定是一个打击，在随后的10年里，它们对总督的渗透缺少反击一定与此有关。例外的是萨摩斯，雅典取而代之进入了这里。关于希俄斯和密提林试图在公元前4世纪40年代通过阿塔尔纽斯的赫尔米亚斯（Hermias of Atarneus）的作用恢复它们的属地（*peraiai*）的情况，请

[126] Cawkwell 1973（C 113）；1981（C 113），请与Sinclair（C 76）以及Clark 1990（B 138）比较，特别是他们关于海军的论述。请见Badian 1991（F 4）35ff。

见下文第 94 页。同样，泰奈多斯和密提林也试图在公元前 4 世纪 30 年代恢复它们的属地。但是，应付马其顿人反攻的需要，让波斯人再度取得发号施令的权力。他们告诉这些岛屿，“回归大王和约”（Arr. *Anab.* Ⅱ. 1 – 2）。那种说法是有问题的，但最好的解释，是这些岛屿应该放弃它们在波斯大陆上的属地（*peraiai*）。任何其他有关“大王和约”的推断都是故弄玄虚，因为正像我们看到的那样，和约并没有把像泰奈多斯这样的岛屿交给波斯，相反的情况才是真实的。

在小亚细亚西部的历史上，“大王和约”在多大程度上被看作一个彻底的具有分水岭意义的事件？对波斯而言，我们已经看到，那意味着在西部总督区不是更少而是更多的战争。现在的区别是：这场战斗针对的是塞浦路斯和埃及人的联合力量，而不是希腊人（对于塞浦路斯—埃及起义者这次对波斯的“共同的”或“共担的”战争，见 Diod. XV. 4. 3）。新任卡利亚总督赫卡同努斯有望通过镇压塞浦路斯保持他的地盘（同上，2），但他实际上为反叛者提供了援助。到公元前 4 世纪 80 年代末，提里巴祖斯和奥隆特斯平定了塞浦路斯（见前文第 57 页）。公元前 385—前 383 年，阿布罗科马斯（Abrocomas）、提特劳斯泰斯（前吕底亚总督）以及前赫勒斯滂的弗里吉亚总督法那巴祖斯领导了一次对埃及的进攻，但没有成功（Isoc. Ⅳ. 140 几乎是唯一的史料）。在雅典的卡布利亚斯（Charias）及其雇佣军的帮助下，埃及的阿科利斯（Acoris）打退了波斯人，这证明了塞浦路斯及其 1 万名雇佣军具有真实意义，而非“传闻”（见前文第 52 页），即在地中海世界的战争中，使用希腊雇佣军是决定性因素。试 81
图弱化这一点是错误的。[127] 公元前 4 世纪 80 年代，卡杜奇人长期的反叛应该被列入阿塔薛西斯的当务之急（见前文第 64 页）。狄奥多鲁斯（XV. 8）将这次起义造成的危机与塞浦路斯行动的晚后阶段视为同步发生的事件。

所以波斯到处都遇到了问题。但是要说波斯已经看到了斯巴达人和雅典人在亚洲大陆的最终命运，是不恰当的。对他们中的任何一方来说，“大王和约”都不是末日来临的证明［下面的讨论忽略了在公

[127] 如 Cartledge 1979（C 282）272；1987（C 284）209。

元前366年帮助阿里奥巴扎奈斯这类反叛总督的著名事例（有关论述见第85页），但它们也不应被忘记]。

首先是斯巴达。塞浦路斯行动中的一位波斯海军将领格罗斯（Glos）自己加入了反叛，地点可能在伊奥尼亚中部（Diod. XV. 9. 3f，参见XV. 18）。他得到了斯巴达的帮助，时间可能不晚于公元前380/379年。[128] 这次反叛在格罗斯及其儿子死后失败了（那之后，"亚洲的反叛自动结束了"，在第15卷第18章第4节，狄奥多鲁斯是这样说的，但不十分准确）。但这次反叛的有趣之处是，它证明斯巴达在亚洲的机会主义并未成为过去。

关于雅典，一份铭文表明，她的将军提摩泰乌斯（Timotheus）大约公元前365年在萨摩斯冒险期间（见第201页），以某种方式与伊奥尼亚大陆的埃吕特莱有了纠缠［*IG* Ⅱ² 108 = Engelmann and Merkelbach 1972（F 627）no. 7，参见Dem. XV. 9］。人们很容易将这一事件与德摩斯梯尼在公元前341年（Ⅷ. 24）对雅典将军为筹集资金访问像希俄斯和埃吕特莱这些城邦所做的评论联系起来。很有意思的是，这里提到了埃吕特莱，因为它现在是"波斯大王的亚洲"的一部分，已经在公元前386年被"转交给了蛮族人"（借用了下文第216页讨论的新的埃吕特莱铭文中的语言）。显然，甚至在公元前386年以后，像斯巴达一样，有些时候雅典也准备直接干预波斯国王的亚洲事务。一份铭文提到雅典的士兵"与卡布利亚斯在赫勒斯滂地区的埃安泰昂（Aianteion）战斗"［Burnett and Edmonson 1961（C 100）］，它可能证明，大约公元前375年，雅典向"骑兵统帅（hyparch）"或阿里奥巴扎奈斯的下属菲利斯库斯（Philiscus）提供了一些帮助，此人驻扎在属于波斯的赫勒斯滂的弗里吉亚的大陆上。

波斯一方在放弃她对爱琴海中岛屿的控制权方面也不是完全彻底的。从德摩斯梯尼的演说中（XV. 9），我们了解到至公元前366年，在萨摩斯有波斯驻军，统帅是库普罗泰米斯（Cyprothemis），驻军由"骑兵长官提格拉奈斯（Tigranes）"安置，此人的其他方面我们不了解。雅典在萨摩斯臭名昭著的军事移民点实际上就是（看待那件事的

---

[128] Ryder 1963（C 313）. Cawkwell 1976（C 285）70说斯巴达不可能真的援助了。他没有提到赖德（Ryder）的著述。可以肯定，斯巴达人和格罗斯之间有一些交易。

一种方式）对这一明显的挑衅做出的先发制人的反应。关于卡利亚 82
的赫卡同尼家族进犯到南部岛屿，现在认为那也开始于公元前 4 世纪 60 年代（见 F644，134 关于科斯的记载）。

那时，“大王和约”并没有为任何一方创建一个难以渗透的铁幕。我们可以补充说，它也不是任何一种商业或社会的帘幕。因此我们看到，在那个世纪中叶，法塞利斯与雅典有例行的贸易（Dem. XXXV, *Against Lacritus*）。还有证据证明，腓尼基和雅典相互贸易，参见下文第 335 页。此外，阿提卡的铭文在亚洲移民中很常见，出自希腊化程度最高的吕西亚和卡利亚省的雕像基座以及其他证据证实，雅典的手艺人和知识分子向东散居到波斯帝国诸总督区以及王室的宫廷。亚里士多德待在阿塔尔纽斯只是其中最有名的例子。雇佣军对战争的影响是这一卷其他地方讨论的一个问题（见下文第 678 页），但其社会的后果，就种族以及其他态度方面言之，需要在这里说几句。充当雇佣军是无须像在阿尔凯乌斯（Alcaeus）时代（古风时期）那样感到耻辱的一件事情。为伟大的雇佣军首领伊菲克拉特斯服务，对于伊塞乌斯演说第 2 篇第 6 章的发言者而言，是一件值得自豪的事情。在新喜剧中，雇佣军绝不总是被描绘成文学传统中的“吹牛大王”。[129] 返回的雇佣军自然带回了当地的妇女。亚里士多德曾提到（*De Gen. Anim.* 722a），一个埃利斯（Elis）妇女的孩子有一个埃塞俄比亚人父亲[130]，这暗示了更复杂的家庭史——尽管肯定还是一个在其背后有雇佣军服务的家庭。所有这些都产生了一种思想上的风气，在这种风气下，米南德（Menander）可以说“他是一个天生漂亮的人，尽管他是一个埃塞俄比亚人，但他是一个出身高贵的人”［F 612 K，参见 Agatharchides *GGM* I 118；（Callisthenes）Ⅲ. 8. 16］。但是这种看法不是一夜之间流行起来的，或在社会各个阶层都如此［如同“外表的和谐”（*hamonoia*）或波斯和希腊人的上层之间的客友关系一样——不论是像阿盖西劳斯这样的希腊到访者，还是像戴马拉托斯家族（the Demaratids）这样的希腊人居民（见下文第 213 页），并没有告诉我们任何普通斯巴达人或雅典民众的偏见］。因此，在色诺芬的

[129] A. W. Gomme and F. Sandbach, *Menander Commentary* (Oxford, 1973) 25.

[130] F. M. Snowden, Jr., *Blacks in Antiquity: Ethiopians in the Greco-Roman Experience* (Cambridge, MA and London, 1970) 104 以及各处。

《长征记》中，当士兵在公元前400年发现自诩为彼奥提亚人的阿波罗尼德斯（Apollonides）实际上穿了耳洞，“就像一个吕底亚人”时，他很快就被派去运行装了。见该书Ⅲ. Ⅰ. 16。[131]

狄奥多鲁斯认为，当公元前380年斯巴达帮助格罗斯时，是她权力的顶峰。此后，随着雅典第二同盟的建立［它首次活动的时间被定为公元前378年初（见下文第166页）］，波斯在希腊城邦中的主
83 要敌人似乎又一次变为雅典。尽管同盟章程可能是依照“大王和约”拟定的（Tod no. 123 = Harding no. 35，第13—14行），却不仅使斯巴达，而且（第42行）使任何进攻同盟城邦的人感到恐慌，我们有理由推测波斯及其总督也包括在内。可以肯定，在章程最后的成员名单中，最早的名字包括希俄斯和罗德斯这样的岛屿，对它们而言，波斯总督的侵犯是比斯巴达更近、更现实的威胁。新同盟建立的这个方面不应该像通常那样被忽略（Isoc. Ⅳ. 163 阐明了这一点）。在卡利亚，毛索鲁斯于公元前377年接替了他的父亲赫卡同努斯，他把首府从内陆的米拉萨（Mylasa）迁到了沿海的哈利卡纳苏斯，这一做法可能是这位总督为遏制雅典的政治影响所做的进攻性尝试的一部分。这预示着至少在他自己的后院将会有经济上的搜刮勒索，就像特拉叙布鲁斯在“大王和约”之前的那段时期在哈利卡纳苏斯，或提摩泰乌斯在公元前4世纪60年代（有争议）在埃吕特莱的搜刮一样。

但埃及仍是波斯的首要目标。公元前377年到公元前374年以及公元前373年（甚至以波斯的标准来看，这都是一个异常长的时期，见前文第56页），波斯都忙于为在法那巴祖斯率领下进攻埃及做重大准备（Diod. XV. 29；42）：但这一次波斯明显利用了雅典人的才能——先是在伊菲克拉特斯然后是在提摩泰乌斯领导之下——以及希腊雇佣军，后者的人数达到2万人。正是招募这些雇佣兵的需求为波斯达成公元前375年第二次“大王和约”提供了一个有利的借口。[132]请见狄奥多鲁斯第15卷第38章，以及《希腊历史残篇》328号残篇，即菲罗科鲁斯的151号残篇。但是这次进攻埃及的巨大努力也失败了，达塔麦斯（Datames）取代法那巴祖斯（见下文第84页及以

[131] 这段记载的有趣之处，承托马斯·布朗先生（Thomas Braun）向笔者点出。

[132] Cawkwell 1963（C 16）123.

次）担任波斯在埃及的指挥官（公元前 372 年）。如果说公元前 380 年到公元前 374 年之间有一个“雅典—波斯协定”，这未免有点夸张。[133] 但雅典的伊菲克拉特斯出现在了波斯一边，自公元前 379 年在波斯坚持之下将卡布利亚斯从帮助反叛者的活动中召回之时（Diod. XV. 29），他就在那里了。如果将新的雅典同盟看作至少部分针对波斯大王及其在安纳托利亚的代表而设立是正确的话，伊菲克拉特斯的出现需要一点或几点解释。我们能简单地把伊菲克拉特斯说成一个独立的行动者吗？考虑到那时雅典窘迫的公共财政，公元前 4 世纪的雅典将军与公元前 5 世纪的前辈们相比，确实不再是理所当然的国家公仆。但是他们行动的独立性可能被夸大了，特别是如果我们完全相信雅典演说家所说的话。[134] 因此，来自波斯的没有通融余地的外交照会，不仅使卡布利亚斯（见前文），而且还有卡莱斯（Chares）都在公元前 4 世纪 50 年代（见下文第 89 页）被明智地召回。所以那种解释不足以回答这个问题。事实是雅典不愿主动出击，除非当她被激怒、起来反抗总督在东爱琴海完全明目张胆的侵犯时（见下文），或 84
者当她判断反对波斯的政治风气确实很浓的时候。这种不愿战斗的态度在公元前 362 年给总督（存疑）的回复中（Tod no. 145 = Harding no. 57）得到了明确的表达（见第 88 页及以次）。但是，所谓的与波斯“合作”的另一个目的只是雅典希望有事可做，为她的官员和民众支付津贴［卡布利亚斯在公元前 375 年（存疑）对菲利斯库斯和阿里奥巴扎奈斯的帮助不是重大的事情（相关内容见前文第 81 页），因为阿里奥巴扎奈斯那时还没有反叛。但是，正如我们看到的，它有趣地证明了雅典在亚洲大陆的活动］。

达塔麦斯的晋升标志着一般被称为“总督反叛”的骚乱的起点。[135] 主要的文字史料是奈波斯（Nepos）的《达塔麦斯传》[136]［这是那位作者最有价值的一篇传记，可以与《致阿提库斯》（*Atticus*）相媲美，因为它提供了其他地方没能更好再现的史料］；狄奥多鲁斯的第 15 卷第 90—93 章[137]（第 16 卷中有更多关于阿塔巴祖斯的材料）；

[133] Cloché 1934（C 117）77.
[134] Pritchett 1971 – 91（K 51）Ⅱ 59ff.
[135] Hornblower 1982（F 644）170 – 82；Weiskopf 1989（F 69）.
[136] Sekunda 1988（F 59）.
[137] Stylianou 1985（B 112）.

还有在像波吕埃努斯这类作家中源自埃弗鲁斯的材料；特罗古斯（Trogus）的第十篇导语；色诺芬《阿盖西劳斯传》第2章第26节以下关于阿里奥巴扎奈斯事件的记载。但也有几份有帮助的铭文，以及一些包含信息的铸币。[138] 最后，关于同盟战争的莱奈纸草（Rainer Papyrus），还有《希腊历史残篇》之105号残篇，补充了我们对阿塔巴祖斯的了解。

反叛的规模、重要性，甚至真实性都受到了合理的质疑，尽管质疑终归被证明不能令人信服。[139] 可以肯定，这种“局部的不稳定”并不能证明波斯从根本上被削弱了，也不能证明反叛是有计划或经过协调的。但狄奥多鲁斯的史料来源埃弗鲁斯的著作不可能补足整件事情，他也不可能仅仅是传达他的老师、泛希腊主义者伊索克拉底一厢情愿的想法。事情并非这样简单：埃弗鲁斯从一些更接近当时的权威中获得了他自己的信息（是狄农抑或卡利斯泰奈斯?）。

反叛的四个阶段——开始于公元前4世纪70年代达塔麦斯的反叛，60年代中叶阿里奥巴扎奈斯的反叛，60年代下半叶普遍的叛乱，阿塔巴祖斯在随后10年中的反叛——延续了近20年（狄奥多鲁斯在公元前362年一年之中记录的内容可能只是第三阶段或主要阶段的高潮）。因此，直到公元前4世纪50年代末，波斯才有力量或资源重新开始对埃及的战争，也就不足为奇了（如果我们能相信狄奥多鲁斯的话，到公元前362年，国王的税收减少了一半）。

达塔麦斯的反叛可能开始于公元前372年后不久，当时提摩泰乌斯在埃及取代了伊菲克拉特斯。我们可以通过南安纳托利亚的塔苏斯
85 和希德（Side）[140]（达塔麦斯覆打了这两个城市的货币）到北部的西诺佩（Sinope）和阿米苏斯（Amisus）的钱币，来追寻他的行踪。他待在卡帕多西亚北部，但处在吕底亚的奥托弗拉达特斯的包围中（奥托弗拉达特斯后来成为一个反叛者，但此时还保持忠诚），而且有可能像钱币所表明的那样，[141] 还处于吕西亚统治者阿同帕拉（Artumpara）的包围之下。达塔麦斯使卡帕多西亚北部完全脱离了波斯

---

[138] Moysey 1989（B 210）.

[139] 对 Weiskopf 1989（F 69）的反对意见，请见 Hornblower 1990（F 37）363ff 以及 R. Moysey, *Ancient History Bulletin* 5（1991）111 –20。

[140] *Sylloge Nummorum Graecorum* Berry II nos. 1294 –5.

[141] S. Atlan, *Anadolu* 3（1958）89ff.

的控制（关于卡帕多西亚晚后的历史，见第 8 章第 1 节，第 220 页及以次）。他的例子证明了其他可能反叛的总督希望得到的东西：一块独立的飞地。

反叛的第二阶段于公元前 368 年开始于远方的德尔斐，阿拜多斯的菲利斯库斯（Philiscus of Abydus）在那里分配了赫勒斯滂的弗里吉亚总督阿里奥巴扎奈斯为得到希腊雇佣军提供的资金（Xen. *Hell.* Ⅶ. 1. 27）。这表面上是为帮助斯巴达，但更可能是为自己用于计划中的谋反。赫勒斯滂的弗里吉亚的“合法”总督似乎是法那巴祖斯的儿子阿塔巴祖斯，由于母亲阿帕梅（Apame）的关系，他拥有阿契美尼王室血统。[142] 根据指令，阿塔巴祖斯的叔叔阿里奥巴扎奈斯应将总督区交给他现已成年的侄子（参见 Xen. *Hell.* Ⅳ. 1. 40，该书推测“法那巴祖斯的弟弟”是阿里奥巴扎奈斯）。[143] 但阿里奥巴扎奈斯拒绝，卡利亚总督毛索鲁斯以及吕底亚的奥托弗拉达特斯都被派去进攻阿里奥巴扎奈斯当时用作基地的阿德拉米提翁（Adramyttium）海湾［也可能在阿德拉米提翁本地，现在的埃德雷米特（Edremit），或在阿苏斯（Assus）。见 Xen. *Ages.* Ⅱ. 26 以及 Polyaen. Ⅶ. 29. 6］。这时雅典和斯巴达联合站在阿里奥巴扎奈斯一边，军队由提摩泰乌斯（他当时正在进攻另一支波斯军队，即在萨摩斯的军队。这次战斗因其行动而更为著名，见 Dem. ⅩⅤ. 9）以及阿盖西劳斯（Xen. *Ages.* Ⅱ. 26）分别统率。此时色诺芬称阿盖西劳斯与毛索鲁斯为客友，这种关系显然比促使色诺芬提到它的这个偶然事件更早，可能（见前文第 69 页）要追溯到公元前 4 世纪 90 年代。他们的客友关系，可能与毛索鲁斯在阿苏斯的异常举动有关。毛索鲁斯和奥托弗拉达特斯为阿盖西劳斯提供了资金，并且发起了那次围攻。我们推测这是希腊雇佣军交易的一部分，使人想起了德尔斐的菲利斯库斯事件。如果是这样的话，它表明毛索鲁斯和奥托弗拉达特斯早在公元前4 世纪60 年代中叶就在图谋造反。[144]

[142] 但是 Hornblower 1982（F 644）173 错误地把法那凯斯作为帮助大流士一世登上王位的七人之一。

[143] Weiskopf 1989（F 69）以及 Sekunda in F 40，180 提出了质疑；但是，参见 Hornblower 1990（F 37）365。

[144] Xen. *Ages.* 说塔科斯与毛索鲁斯在这种情况下合谋；对于这种看法产生的问题（以及解决这个问题的尝试）见 Hornblower 1982（F 644）174ff，但是，参见下文第 341 页。注意 R. Moysey，“Diodorus，the Satraps，and the Decline of the Persian Empire”，*Ancinet History Bulletin* 5（1991）111 – 20。

86 因此我们有理由将反叛的第二和第三阶段联系起来，或者把反叛的主要时期看作一个长期谋划的过程。狄奥多鲁斯第15卷第90章的说法支持这种观点，他描述了反叛以及反叛民族（米西亚人、潘菲利亚人、吕西亚人，等等）的第三以及主要阶段，这显示了普遍的、长期的动荡。

（问题并不那么明确。在狄奥多鲁斯的叙述中，我们不清楚这次反叛是不是和公元前500—前499年的反叛类似，也就是说，到底是一次属民反抗波斯统治者的起义，还是不满的总督反对波斯大王的一次叛乱，或两者皆有。概括性的话“亚洲沿海居民反叛了波斯人”无疑使我们期望这是对属民反叛的描述，但狄奥多鲁斯接着说，“一些总督和将军对阿塔薛西斯宣战”。这意味着它是属民和总督的双重暴动。但是在接下来的叙述中，暴动被描写成一连串的总督的活动，且以希腊雇佣军的支持为基础。就“大王和约”后小亚细亚在公元前4世纪的普遍沉寂而言，很难相信这是一次全面的反叛，尽管狄奥多鲁斯在第90章确实把“亚洲的希腊城邦”包括在大王的敌人中，在这一章末尾，他特别列出了反叛的民族。）

暴动的领导者既不是上面提到的总督毛索鲁斯和奥托弗拉达特斯，也不是埃及的反叛总督塔科斯（Tachos）（尽管他在反叛者中间很突出，见 Diod. XV. 90. 3），而是亚美尼亚总督奥隆特斯（这是特罗古斯对他的称呼；狄奥多鲁斯称他为密细亚总督。我们有充分的理由认为[145]狄奥多鲁斯的叙述是错误的，更准确地说，是文本中有错漏，密细亚人处于他的反叛民族的名单之中，并且被错误地放在了奥隆特斯的名下）。奥隆特斯是半个巴克特利亚人，参见《东方希腊铭文选》（*OGIS*）之264号铭文（以及前文第63页及以次）。他也娶了国王的女儿（Xen. *An.* Ⅱ. 4. 8 and *OGIS* 391）。这表明他可能有更宏伟的目标，而不仅仅是扩大领土，事实上他希望做小居鲁士而不是达塔麦斯（有三枚他的金币幸存下来，但我们不应该把它们当作他的目标是王位的证据；参见第59页）。阿塔巴祖斯显然当时还是忠诚的（这些反叛的一个特点是总督甲被派去镇压总督乙，我们紧接着看到甲自己也加入了反叛），他被奥托弗拉达特斯监禁（Dem. XXⅢ.

---

[145] Hornblower 1982（F 644）177；不同看法请见 Osborne 1981－3（B 165）Ⅱ 1982，65ff。

154）。一时之间西部总督区全部参与：赫勒斯滂的弗里吉亚的达塔麦斯和阿里奥巴扎奈斯肯定参与进来了，请见波吕埃努斯第 8 卷第 21 章第3 节及狄奥多鲁斯第15 卷第90 章第3 节。我们不清楚大弗里吉亚内陆的形势（参见第 78 页）；但是，后来亚历山大驻凯莱奈（Celaenae）的总督安提柯（Antigonus）的成就，是顶着巨大压力保持了马其顿交通线的畅通，这一后来的事件表明，如果是一个蓄意阻 87
挠的总督，那里是很难避开的。如今这条通向伊朗腹地的道路被打开了。

达塔麦斯渡过了幼发拉底河（据波吕埃努斯记载），奥隆特斯推进到叙利亚（Trogus，*Prologus* X），塔科斯和阿盖西劳斯在腓尼基（Diod. XV. 92. 4）。这是一次大规模的夹击进攻吗？如果是，阿塔薛西斯一定在锻炼自己为另一次库那克萨战役做准备。但是合作谋反的战略只是推测。无论如何，第二次库那克萨战役从未发生。塔科斯被下层的兵变杀死，高层也有背叛：奥隆特斯和一个同伙莱奥米特瑞斯（Rheomithres）拿了大王的钱后投降了（Diod. XV. 91 – 2）。达塔麦斯被杀（同上，91），但他的卡帕多西亚王国保留下来了（见下文第 8 章第 1 节第 221 页）。伟大的机会主义者毛索鲁斯（当反叛处于高潮时，没有提到他的任何具体行动）很快（事实上到公元前 361/360 年）恢复了他的忠诚［如一份铭文（Tod no. 138）所证明。这是出自卡利亚的米拉萨的一份文献，时间是在毛索鲁斯担任总督时期以及阿塔薛西斯在位的第 45 年。见该铭文第 17 行］。尽管经常有人推测，但没有证据表明他得到吕西亚作为他脱离反叛的报酬。

对我们而言，希腊人对所有这些事情的态度是个谜，很难确定希腊人参与的程度。雅典对萨摩斯的干预是针对那里的波斯驻军（Dem. XV. 9），它从道义上证明了雅典在那里安插军事移民点的合理性，至少从技术层面讲具有合理性，尽管同盟章程反对安置军事移民（Tod no. 123 = Harding no. 35），但萨摩斯并非同盟成员。有人可能认为，雅典帮助阿里奥巴扎奈斯与这种反波斯的立场一致，因为后者现在在波斯失宠了；但雅典很介意谁控制达斯库勒翁（Dascyleum）总督区吗？如果阿里奥巴扎奈斯事件真的只是为交易雇佣军，则更稳妥的做法，可能是再次唤起雅典为其官员和民众支付津贴的愿望。但那不是故事的全部，因为有独立的证据证明，在公元前 4 世纪 60 年代早期到中期，雅典对波斯强烈不满：公元前367年在苏萨的一个四方（波斯—雅典—斯巴达—底比斯）和平会议接受了底比斯提出的解散雅典舰队的提议（但从未实行）。出席会议的一位雅典使节威胁说，雅典现在将寻找“除波斯大王以外的盟友”（Xen. *Hell.* Ⅶ. 1. 37）。这些话不是完全没有根据：除了阿里奥巴扎奈斯，牛津阿什摩利（Ashmolean）博物馆的一份时间被定在大约公元前364年[146]的铭文，证实雅典与腓尼基的西顿国王斯特拉同（Straton）结盟（Tod no. 139 = Harding no. 40）。既然腓尼基正好处于针对波斯的反叛的线
88 路上（见前文），有一些有趣的证据表明，斯特拉同与埃及国王塔科斯之间有勾结（Hieron. *Adv . Iovinian.* 1. 45）。可以肯定，塔科斯在公元前360年逃到了西顿（Xen. *Ages.* Ⅱ. 3）。此外，一份（年代有疑问）赞颂奥隆特斯的雅典命令大概属于公元前361/360年（*IG* Ⅱ^2 207a，见下文）。最后，雅典的卡布利亚斯用雇佣军帮助反叛事业，可能还有海军援助（Diod. XV. 92. 3，Nep. *Chabr.* Ⅱ. 3，Hicks and Hill no. 122）。但是，见前文第83页有关伊菲克拉特斯部分，关于评价这种任命存在的困难。

关于希腊与毛索鲁斯的关系，阿盖西劳斯可能拿了他的钱（与雅典相比，苏萨会谈也没有让斯巴达更满意，因为涉及他们要承认美塞尼亚的独立——因此，斯巴达愿意通过帮助阿里奥巴扎奈斯伤害波斯。公元前362年，阿盖西劳斯可能恰恰需要钱）。但是雅典怎么样？对于附近可能已经对萨摩斯有野心的总督而言，雅典的提摩泰乌斯强行设置的萨摩斯军事移民点不是一个友好的举动。[147] 换句话说，驻守萨摩斯的波斯骑兵长官提格拉奈斯可能正在和最近的、最有势力的总督——即卡利亚的毛索鲁斯以同样的倾向和兴趣行动（他不可能正在直接、公开地为他工作，因为这是德摩斯梯尼不可能忽略的一点）。雅典让萨摩斯免于波斯的赫卡同尼家族的干预，如果那种干预是一种威胁的话；但是罗德斯、科斯和希俄斯都将屈服于波斯（Dem. XV；V. 25）。使这些侵犯可能发生的原因，不论理由是什么，

---

[146] Moysey 1976（F 305）.

[147] Hornblower 1982（F 644）109以及注释19、注释135及注释247；但注意Shipley 1987（C 382）137 n. 55（但是钱币对他的论证并不重要。由于萨摩斯接近卡利亚，让我们足以推测毛索鲁斯因为提摩泰乌斯的活动而有所警觉）。

主要是现实存在的萨摩斯军事移民点所引发的对雅典的不信任。所以，即使毛索鲁斯可能短期有损失，但从长期来看，他成为公元前366年萨摩斯事件的受益者。有趣的是，发生在波斯帝国的这种关联中，其中一些恰好处于毛索鲁斯的势力范围内（包括在不同时期被卡利亚吞并的岛屿），它们为由于军事移民而被流放的萨摩斯人提供了避难所。[148] 在做这些事情时，他们表现出一种反雅典的姿态。因此，波斯支持公元前4世纪50年代同盟战争的反叛者（见下文）有一个长期的背景。公元前366年的萨摩斯事件帮助凝聚了同盟反雅典的感情，因此萨摩斯可以看作之后10年中雅典和波斯利益及军队公开冲突的试金石。

可是表面上看，在“致总督的复信”中（Tod no. 145 = Harding no. 57，可能属公元前362/361年），希腊人拒绝加入反叛者一方。尽管那块铭文发现于阿哥斯，但如果我们根据它的阿提卡方言判断，是
雅典主导了那一事件。这一卷其他地方（见第203页）叙述的雅典 89
自身在爱琴海的麻烦，意味着她几乎没有什么资源可用。斯巴达被埃帕米农达（Epaminondas）夺取美塞尼亚后也处于低潮。波斯大王赢了。

新任国王阿塔薛西斯三世于公元前359年继承王位，上任后就下令解散沿海总督的雇佣军，那几乎是他的第一次行动，请见对德摩斯梯尼第4篇演说第19节的注疏。命令得到了执行。这一命令的目的和范围是有争议的。它肯定不包括拥有舰队的总督区的总督舰队（尽管这里使用了“沿海”一词）（参见第56页关于波斯招募海军常用方式的讨论）。因此毛索鲁斯在公元前357年还有海军（Diod. XVI. 7），色诺芬《阿盖西劳斯传》第2章第26节以下（公元前366年）的记载表明，毛索鲁斯有100艘船。在希俄斯、罗德斯以及拜占庭反抗雅典的战争中，他用这支海军帮助了它们。关于这一命令的目的，注释者说它是一项经济措施。抛弃那种貌似现代的、以“削减防卫开支”进行的解释，转而支持一种政治目的的解释，是很有

[148] 关于法塞利斯，见 *SEG* 1352；关于埃吕特莱，见 *Ath. Mitt.* 87（1972）192 no. 2；关于米利都，见同上，199 no. 4；关于拉特穆斯河上的赫拉克里亚（Heraclea on Latmus），见同上，72（1957）190 no. 23；关于亚苏斯（Iasus），见同上，94 no. 26 以及 *SIG* 312；关于罗德斯，见 *Ath. Mitt.* Ibid. 196 no. 29；关于科斯，见 *SEG* 1350。

吸引力的，即在最近的事件后，需要对总督们进行约束。如果目的是这个，则它彻底失败了，因为由此被解散的雇佣军最终使自己受雇于雅典在同盟战争中的指挥官卡莱斯；当卡莱斯资金短缺时，他让自己和军队受雇于当时反叛的阿塔巴祖斯（对 Dem. Ⅳ. 19 的注疏；见 Diod. ⅩⅥ. 22）。

阿塔巴祖斯的这次反叛是总督反叛的第四个，也是最后一个阶段。卡莱斯起初取得了成功，劫掠了波斯人（对 Dem. Ⅳ. 19 的注疏；*FGrH* 105, the Rainer Papyrus）提特劳斯泰斯（属于赫勒斯滂）的弗里吉亚的领土，并且在安纳托利亚内陆赢得了“第二次马拉松战役”。但是，波斯大王现在插手了：他扬言除非雅典召回卡莱斯，否则他要帮助雅典那些反叛的盟友（这可能表明毛索鲁斯最初给罗德斯和其他城邦的援助是分别进行的，参见第 58 页）。雅典同意了，阿塔巴祖斯不得不到别处寻找雇佣军，事实上是从底比斯。在第三次神圣战争中，底比斯处于严重的经济困难中（见下文第 741 页），她自不量力地进攻拥有德尔斐神庙金库这一优势的福基斯人。所以她派了 5000 人（可能是公民兵，而不是雇佣军；或更可能是“公民雇佣兵”），见狄奥多鲁斯第 16 卷第 34 章第 1 节有关公元前 354/353 年冬的记载。底比斯的统帅潘麦奈斯（Pammenes）起初取得了暂时成功（同上，2），但是之后他和阿塔巴祖斯有了争执，被阿塔巴祖斯所杀。潘麦奈斯的雇佣军在那以后的命运我们完全不知，但是一种尖锐的现代观点认为，[149] 他们受雇于一个显而易见的雇主，即波斯国王自
90 己，他对埃及发动了又一次进攻。国王肯定给了底比斯 300 阿提卡塔兰特（Diod. ⅩⅥ. 40），以每天 1 德拉克马计算，这笔钱恰好是 5000 人一年的津贴。这笔钱肯定不是为底比斯人“美丽的蓝眼睛”支付的。[150] 这种转变预言了早期希腊化时代的某些行为，比起其雇主的命运或身份，雇佣兵更关心他们的钱袋［即战利品（*aposkeue*）］。[151] 这些底比斯人被困在波斯统治的内地，群龙无首，但他们至少有借口说

---

[149] Ehrhardt 1961（C 20）50ff（关于公民雇佣军和津贴计算也出现在那里）。不同的观点见 Buckler 1989（D67）100, n. 24。

[150] Beloch 1912 – 27（A 5）Ⅲ^2 1. 483 n. 1.

[151] M. Holleaux, “Ceux qui sont dans le bagage”, *Etudes d' épigraphie et d' histoire grecques* Ⅲ（Paris, 1968）15 – 26；参见 Cook 1983（F 14）263 n. 22。

没有更多其他的事情可做。阿塔巴祖斯逃到了马其顿的腓力的王宫（Diod. XVI. 52）中。这既不是第一个［参见第 213 页关于布巴莱斯（Boubares）的儿子阿明塔斯（Amyntas）］，也不是最后一个（见第 863 页）马其顿与个别波斯人合作的例子。年轻的亚历山大肯定注意到了这一点［由于其亲戚门托（Mentor）的先例，阿塔巴祖斯最后被召回了波斯］。

在我们再次转向埃及之前，最后要说一下奥隆特斯。似乎[152]没有铭文证据证明他在公元前 4 世纪 50 年代参与了叛乱者行动的第二阶段。但是德摩斯梯尼在公元前 354/353 年的《论海军》中提到他（XIV. 31），看起来确实暗示，对当时的波斯来说，他是一个危险的（即使是暂时的）敌人。无论如何，阿塔巴祖斯显然是公元前 4 世纪 50 年代的主要叛乱者——可以说是公元前 345 年反叛的主角，一个有污点的主角，犹如公元前 315 年反叛中的主角奥隆特斯（两个人都有王室血统）。公元前 360 年以后奥隆特斯活动的任何细节，我们都无法知道；他接受阿塔薛西斯二世的贿赂并且"抛弃那些信任他的人"（Diod. XV . 91. 1），无论如何使他成为一个——借用布朗宁（Browning）说华兹华斯（Wordsworth）的话——"失败的领袖"。

波斯在公元前 351/350 年肯定发动了对埃及的进攻（德摩斯梯尼那一年的演说第 15 篇第 12 节暗示了这一事件），遗憾的是狄奥多鲁斯没有对这一事件进行叙述。埃弗鲁斯提到了此事：狄奥多鲁斯第 16 卷第 40 章第 3 节（参见第 44 章）提到了一次先前发生但在现存史料中不存在的战役。这一省略引起了混乱。狄奥多鲁斯在公元前 351 年项下记录了一次成功的战役，它实际发生在公元前 344 年或公元前 343 年（Dem. XIV. 31 暗示了一次早前的尝试，属公元前 354/353 年，参见 Trogus *Prologue* X. 中的"第三次"）。关于波斯在公元前 351 年从埃及撤退的细节，狄奥多鲁斯肯定无话可说。但正是波斯在埃及的失败，刺激了腓尼基的一次暴动，并且得到了埃及国王的支持和帮助（我们可以将之与公元前 4 世纪 60 年代的斯特拉同—塔科斯轴心比较）。腓尼基人肯定也对波斯准备进攻埃及时对他们进行的

---

[152] Osborne 1971（B 164），1973（F 688）；Weiskopf 1989（F 69）79；但注意 Moysey 1987（B 161）。

91 剥削感到不满[153]，因为腓尼基是波斯那次战斗的重要基地。

狄奥多鲁斯对这次腓尼基起义的描述（XVI. 42ff）反而令人满意地完整，让我们对波斯统治的实质有一个大概的了解。自色诺芬《希腊史》第三卷叙述的事件后，在那半个世纪的时间里，我们不了解波斯统治的情况。我们看到总督为那次战争搜集的给养肯定是无数次这类征用的典型。他也提到了（XVI. 41. 5）“王室花园”［相当于封闭的花园或公园（*pardesh*），参见《尼希米记》第 3 章第 8 节中有关“国王花园的看护人”的记载］，“波斯国王在那里休息”。波西多纽斯（Posidonius）补充了细节：在大马士革，离西顿 8 万米的内陆有葡萄园，可能距狄奥多鲁斯所说的“花园”不远。它为波斯国王供应卡里波尼亚（Chalybonian）酒。据说这是他喝的唯一一种酒，见《希腊历史残篇》87 之 68 号残篇。《智慧七柱》的读者可能会记得一位飞驰的骑兵，他手持一串黄色的葡萄，对阿拉伯的劳伦斯（Lawrence of Arabia）高喊：“好消息，大马士革向你致敬！”（该书第 644 页）。

叙利亚总督贝莱苏斯（Belesys）以及奇里乞亚总督马扎欧斯（Mazaeus）统率波斯入侵的军队，他们在巴比伦尼亚集合。西顿国王（即附庸王）藤内斯（Tennes）是起义军队的领导者（“很多船只和大量雇佣军”），由埃及支援、罗德斯的门托统率的 4000 名雇佣兵加强了暴动者的力量。

第三次暴动在塞浦路斯爆发了，塞浦路斯人“模仿了腓尼基人”（Diod. XVI. 42. 5），而腓尼基人本身效仿埃及人。对这次反叛镇压的年代可能与实际相当接近，因为大王委任伊德利欧斯（Idrieus，公元前 351—前 344 年的卡利亚总督，他接替阿尔特弥西娅。阿尔特弥西娅于公元前 353 年毛索鲁斯死后继位，公元前 353—前 351 年统治）以及雅典的弗奇翁（Phocion）镇压这次反叛。叙利亚、奇里乞亚以及巴比伦尼亚的资源现在完全用于这场战争，阿塔薛西斯肯定感觉到了压力；这一对不同寻常的统帅也是这样。年代上的争议如下：伊索克拉底在公元前 346 年的《致腓力》中表达的希望（V. 103）是，伊德利欧斯可能会对波斯不忠。伊德利欧斯在塞浦路斯的行为粉碎了

[153] Cook 1983（F 14）220.

公元前 346 年的这些希望，因此它们先于伊德利欧斯的行为。但是到公元前 344 年，伊德利欧斯死了。因此塞浦路斯在公元前 346—前 344 年被击溃了。伊德利欧斯在这种情况下的活动证实了波斯政策在西部帝国的力量：一名卡利亚当地人总督以波斯的名义击溃了一名塞浦路斯当地的国王。但是也不能一概而论，他的父亲赫卡同努斯在这个世纪的早些时候对埃瓦戈拉斯的帮助就是一个反证。

同时，波斯也非常重视腓尼基的反叛，以至于这位波斯大王自己动身去处理它，这种情况很少（在公元前 4 世纪 90 年代，波斯大王曾“跨过东部总督区”，对付塞浦路斯的埃瓦戈拉斯，但他好像没有到那里，见 Diod. XIV. 98. 4。不应该为了使卡利亚的赫卡同努斯而不 92
是国王做那次“跨过”而修改文献，从地理上看这是不可能的）。[154] 藤内斯感到恐慌，通过书信秘密地与阿塔薛西斯协商。波斯国王因此感到可以放手继续对付事实上更为重要的目标，即埃及。为这个目的，他需要大量雇佣军的帮助，于是他派人到斯巴达和雅典。见狄奥多鲁斯第 16 卷第 44 章（菲罗科鲁斯也记录了这个使节到雅典的情况，见 *FGrH* 328 F 157，参见 324 Androtion F 53）。斯巴达人和雅典人答称，友谊是一回事，帮助是另一回事（请注意，在雅典方面，鉴于雅典毫无疑虑地派弗奇翁帮助在塞浦路斯的波斯人，这是常见的推托之辞，见前文）。这次又是底比斯提供了 1000 名重装步兵，由拉克拉泰斯（Lacrates）率领，还有 3000 名阿哥斯人，6000 名亚洲的希腊人。它们合起来数量很大（参见第 8 章第 1 节第 225 页），总共 1 万人。这一次大概是狄奥多鲁斯作品中值得相信的一个“万人”，因为“万人”经常可疑地出现在狄奥多鲁斯的作品中。门托的 4000 人不久加入了这些人当中，见下文。另外，涅克塔奈波斯（Nectanebo）手下有 2 万名希腊人，不用说还有些利比亚人和埃及人。即使考虑到数字有些夸大，这支由两方面组成的、数量巨大的 34000 人的希腊雇佣军，标志着公元前 4 世纪希腊雇佣军活动的巅峰。

同一时期，西顿甚至在没有波斯直接攻击的情况下就由于背叛而陷落了：藤内斯在背叛了西顿之后，被大王处决，理由是“没有更

---

[154] C. Reid, *Phoenix* 28 (1974) 123ff, at 136, n. 37; Hornblower 1982 (F 644) 37 n. 10; Petit 1988 (F 693) 311f 同意考克威尔的观点，Hornblower 1982 (F 644) 37 n. 10 认为是奥托弗拉达特斯。

多的用途”。西顿人销毁了他们的舰队，人民来了一次集体的体面自焚；大量的金银后来在他们焚烧后的房屋废墟中被发现（这些贵金属那时被阿塔薛西斯廉价出售，见 Diod. XVI. 42. 5。他要支付雇佣军的薪水）。门托及其雇佣军，像 10 年前潘麦奈斯的军队一样，加入了阿塔薛西斯一边。对门托而言，这是他服务于波斯的辉煌生涯的开始。他现在是攻打埃及的三名波斯陆军统帅之一，另外两人是吕底亚和伊奥尼亚总督罗萨凯斯（Rhosaces，见第 8 章第 1 节第 216 页）以及阿利斯塔扎奈斯（Aristazanes，XVI. 47. 2，3）。后两人与希腊雇佣军队长（*condottieri*）阿哥斯的尼科斯特拉图斯（Nicostratus）以及底比斯的拉克拉泰斯合作。

在埃及，涅克塔奈波斯的希腊军队一支接一支地投降了。首先是科斯的克雷尼亚斯（Cleinias of Cos）领导的 5000 人，结果他被希腊同胞杀害。人们也许会这样认为，对后者而言，重建波斯在埃及的统治这项事业并不是他们特别向往的（但 Diod. XVI. 49. 3 显示，希腊人
93 还是感到对希腊人有一些同胞之情）。站在埃及人的立场上，我们没有理由仅仅因为科斯的克雷尼亚斯的兵力和涅克塔奈波斯一起出现，[155] 就认为他具有反波斯的情感；我们所了解的卷入那一事件中的大多数希腊人也是如此。更重要的是，我们看到底比斯人和阿哥斯人支持一方，而雅典人支持另一方，即埃及（从 Tod no. 199 = Harding no. 119 中，我们可以断定他们的做法，雅典的一道命令承认了门托在挽救“战斗在埃及的希腊人”中的作用。公元前 351 年，雅典和斯巴达的将军肯定受雇于埃及人。见 Diod. XVI. 4. 2）。

早在公元前 480 年，底比斯人就有根深蒂固的“亲波斯者”或波斯同情者这样的名声。尽管那时他们帮助波斯可能是为了报复他们的敌人——马其顿的腓力，[156] 亲波斯的底比斯人一般不受希腊人欢迎，特别是不受雅典人的欢迎。他们不受欢迎的原因不只是公元前 480 年的事件，还与公元前 371 年后的时间里底比斯人表现出的“留克特拉的傲慢”有关。公元前 335 年的事件证实了希腊人对底比斯的反感（见下文第 848 页），那一年亚历山大在希腊人的全力支持下

[155] Sherwin-White 1978（C 381）73；第 549 页讨论了这个名字的正确形式。

[156] Cawkwell 1963（C 106）129.

毁灭了底比斯，希腊人将其看作一种“虔敬”的行为。

公元前 5 世纪阿哥斯也“亲波斯”了，更确切地说，是以一种被认为应受惩罚的方式保持中立，见希罗多德第 8 卷第 73 章第 3 行（但是阿哥斯人没有为此遭到类似底比斯那样的仇恨）。

因此，我们似乎很容易认为雅典人拿起武器反对底比斯人和阿哥斯人，正在努力成为优秀的泛希腊主义者。由于底比斯人和阿哥斯人在埃及帮助了波斯，伊索克拉底肯定地称他们为希腊的叛徒（Ⅻ. 159）。但是伊菲克拉特斯在公元前 4 世纪 70 年代为波斯服务，弗奇翁在公元前 4 世纪 40 年代的活动，还有公元前 380 年以及公元前 355 年应波斯的要求迅速召回卡布利亚斯和卡莱斯，都表明雅典的态度是复杂的，具有强烈的妥协性，因而不应获得泛希腊主义者的称号。如果德摩斯梯尼的手稿是正确的话（Ⅸ. 71），则公元前 341 年，这位演说家正在强烈要求派一名雅典的代表到波斯大王那里请求波斯帮助雅典反抗马其顿。一段时间以后，这个请求实际上得到实施了，见德摩斯梯尼演说第 12 篇第 6 节。

回头再谈埃及。驻守佩鲁西翁（Pelusium）的拉克拉泰斯此时投降了，最终希腊人的第三部分，即布巴提斯（Bubastis）的雇佣军也投降了。狄奥多鲁斯将涅克塔奈波斯公元前 343 年的失败（与公元前 351 年相比）归因于他拒绝委任最高统帅，从他在孟菲斯（Memphis）的地堡逃到了埃塞俄比亚。征服埃及是阿契美尼王朝的最后一次大胜（尽管在公元前 4 世纪 30 年代埃及有一次短暂的反叛，见下文第 344 页及以次），时间是公元前 343/342 年：《斯佩乌西普斯书信》（Letter of Speusippus）里提到，由于阿塔薛西斯再次征服埃及，公元前 342 年春天出现了“莎草纸的短缺”，见《希腊历史残篇》之 69 号残篇第 1 篇文献的第 14 段。菲兰达泰斯（Pherendates）被任命 94
为总督，他有一个好听的伊朗人的名字（这次没有任命当地人），见狄奥多鲁斯第 16 卷第 51 章第 3 节。大流士一世时代的埃及总督也被称为菲兰达泰斯，那可能是后面这位的祖先。[157]

门托接着从埃及前往埃奥利亚地区（Aeolid，小亚细亚西北部），镇压阿塔尔纽斯的统治者赫尔米亚斯。这个人的小君主国会在其他地

---

[157] Cook 1983（F 14）64.

方讨论（第 8 章第 1 节第 220 页）。狄奥多鲁斯说（XVI. 52），他统治着很多城邦和要塞，并且也反叛了波斯。一则铭文（Tod no. 165 = Harding no. 79）记录了他和南部的埃吕特莱之间的一个条约。公元前 4 世纪 50 年代，埃吕特莱给毛索鲁斯授予了荣誉（Tod no. 155）。伊德利欧斯时代之前（他死于公元前 344 年），埃吕特莱还和赫卡同尼家族保持着友好关系，见《希腊铭文补编》第 31 卷第 969 号铭文，即哈丁资料集的 28B。由于埃吕特莱人为伊德利欧斯授予荣誉，所以如果我们认为赫尔米亚斯与埃吕特莱的条约暗示着“卡利亚在那里（即埃吕特莱）的势力在衰落”，那似乎是错误的。[158] 埃吕特莱肯定在很短的时间间隔内给两个人——伊德利欧斯和赫尔米亚斯——都授予了荣誉（即使给伊德利欧斯的荣誉实际是在公元前 4 世纪 50 年代授予的，即在他兄弟毛索鲁斯担任总督期间，那么这种可能性也没有降低多少。授予毛索鲁斯以及伊德利欧斯的荣誉被刻在了同一块石头上）。

从泰奥彭普斯（*FGrH* 115 F 291）那里我们了解到，赫尔米亚斯拥有阿苏斯以及阿塔尔纽斯，希俄斯和密提林安排他利用某种能力（这里的名词失传了）负责（恢复?）一些领地。[159] 但是当他的雇佣军没有得到报酬时，他离开了。这一般被解释为他干预这些岛屿本身的事务，但还有另一种可能性：“领地”可能指亚洲大陆上的属地（*peraia*），从“大王和约”以来，它们已经丧失了（见第 80 页），但是岛上反波斯的人们正在试图恢复它们（几年以后，泰奈多斯和密提林似乎做了另一次这样的尝试，见第 80 页和第 804 页）。希俄斯曾经占有阿塔尔纽斯一事，似乎支持这种说法（Hdt. Ⅰ. 160. 4; Xen. *Hell.* Ⅲ. 2. 11），如果她想要收回它，和目前的统治者有一些接触明显是第一步。如果那是赫尔米亚斯的策略，波斯对他的疑虑似乎就更有理由。伊德利欧斯的继承人阿达，即公元前 4 世纪 40 年代末希俄斯的统治者（由于她是公元前 344—前 340 年的卡利亚总督，这是卡利亚控制希俄斯的时期），对于赫尔米亚斯和希俄斯之间的阴谋肯定感到不满。但是反对赫尔米亚斯的主要罪状是他与腓力的往来

[158] Wormell 1935 (H 124) 70.
[159] Lane Fox 1986 (B 65) 111 n. 51.

［见 Dem. X. 32，以及对第 10 节的注疏，丁多夫（Dindorf）编辑的版本第 202 页］。公元前 341 年，门托引诱他协商，并且把他送到阿塔薛西斯那里，阿塔薛西斯折磨并处决了他。赫尔米亚斯没有做“任何与哲学不配的事情”（*FGrH* 124 Callisthenes F 2）。也就是说，当他受折磨的时候，他并未讲话。

这一感人事件在哲学和文学上的影响无法在此分析。但是对政治 95
而言极其有趣，因为它是腓力已经对波斯帝国有某种计划的早期的、具体的证据。阿里安（*Anab.* Ⅱ. 14. 2）暗示了波斯和腓力之间的“友谊和同盟”。一些学者将此定在公元前 351 年，是波斯确保全力反击埃及的一部分。其他人认为是在公元前 344/343 年。还有人完全否认它的真实性，这似乎更有可能。[160] 更为可信的是关于怀有敌意的马其顿的目的之证据。抛开伊索克拉底的《致腓力》不论，我们首先有阿塔巴祖斯在公元前 4 世纪 50 年代求庇于腓力（见第 90 页）。其次，狄奥多鲁斯明确提到（XVI. 60），在公元前 346 年菲洛克拉特斯和约（Peace of Philocrates）之后（见第 751 页），腓力希望被推举为“波斯战争的领导者”。一些人可能更愿意加强这个论点，指出他在公元前 4 世纪 40 年代末温和处理雅典的意图，是他希望脱身前往东方，不想为德摩斯梯尼及其同伙费神。第三，可能在公元前 342—前 334 年，他有意依照阿契美尼王朝的模式，将色雷斯组织成一个类似的总督区[161]（参见 Diod. XVI. 71；XVII. 62. 5；Arr. *Anab.* VII. 9. 3）。第四，可能早在公元前 4 世纪 40 年代末，腓力就在波斯控制的城邦、爱琴海东部的岛屿以及亚洲大陆的城邦支持亲马其顿派。[162] 因此，在莱斯沃斯（Lesbos）的埃莱苏斯（Eresus），有献给宙斯－菲利皮奥斯（Zeus Philippios）的祭坛（Tod no. 191，第 5 行），在大陆上的以弗所，有献给腓力的雕像。请见阿里安《亚历山大远征记》第 1 卷第 17 章。第五，也是最后一点，是赫尔米亚斯事件。

但是在腓力包围佩林图斯（Perinthus）和拜占庭以前，波斯人和马其顿没有公开的冲突（补充一点，波斯和雅典没有明确的合作）。

---

[160] Cawkwell 1963（C 106）127ff；Bosworth 1980（B 14）229ff.

[161] Kienast 1973（D 102）；Griffith in Hammond and Griffith 1979（D 50）559. “色雷斯将军”的头衔实际上直到亚历山大时代才得到证实。

[162] Ehrenberg 1938（D 170）；Badian 1966（D 137）；Heisserer 1980（B 143）；弗雷泽（Fraser）对海泽尔（Heisserer）的评论见 *CR* 1982，241。

公元前 340/339 年（据菲罗科鲁斯 54 号残篇，不是 Diod. XVI. 75 所说的公元前 341 年），狄奥多鲁斯所谓的“沿海总督”帮助佩林图斯对抗腓力。菲罗科鲁斯笔下的王家总督以及狄奥多鲁斯笔下的“沿海总督”表明，将这次事件看作独立的总督行使主动权是行不通的。[163] 唯一提到名字的总督是赫勒斯滂的弗里吉亚的阿西泰斯（Arsites，Paus. Ⅰ. 29. 10），但是拜占庭发生的事情（见下文）表明，它可能牵涉南至卡利亚（它肯定是“沿海”的）的总督。

第二年，拜占庭得到了来自希俄斯、科斯以及罗德斯的帮助，见狄奥多鲁斯第 16 卷第 77 章。《希腊铭文》第 2 卷第 2 版第 234 号铭文证实了希俄斯提供的帮助（参见 Tod no. 175 = Harding no. 97 关于泰奈多斯可能提供帮助的文献）。而且这应该视为总督的、波斯的行
96 动，而不是这些岛屿独立性的证明。这三个地方都在赫卡同尼家族的控制之下（见 Dem. Ⅴ. 25 关于公元前 346 年的史料）。依据文字史料提到的雅典与“希俄斯和罗德斯”有外交，就认为这些岛屿具有独立地位是不正确的［见例如 *FGrH* 115 F 164；Dem. Ⅸ. 71；或叙佩利德斯（Hyperides）已失传的关于罗德斯和希俄斯的演说］。在“希俄斯和罗德斯”背后，是控制它们的卡利亚总督。更合理的看法是，亚历山大时代之前，像这样一些地方（科斯是另一个）还在波斯驻军的控制之下。但是，在公元前 4 世纪 30 年代马其顿短暂解放时的早期，即波斯反攻之前（见前文第 80 页），它们可能曾经短期地尝试从波斯手里恢复它们在大陆上的属地。

在喀罗尼亚战役中打败希腊人后，腓力入侵波斯帝国的计划分为两个阶段。由他自己领导的第二阶段，由于他被暗杀而无法实现。但是第一阶段实现了：1 万人的先遣队在帕尔麦尼昂（Parmenion）和阿塔鲁斯（Attalus）的率领下渡过了大海（Polyaen. Ⅴ. 44. 4）。有人错误地认为[164]这支军队在亚历山大到达之前一直待在亚洲，他们是否加入他的步兵总数中，被用来解释古代对他步兵数量的两种估计（3 万还是 4 万）的差异。但即使我们相信传统的“万人”（见第 92 页）之说，波吕埃努斯说的实际上是马其顿军队严重减员了。他称波斯将

[163] Beloch 1912 – 27（A 5）Ⅲ² 1. 601；请与 Hornblower 1982（F 644）123 比较。

[164] Brunt 1976 – 83（B 21）1 ⅠXX. 关于腓力对波斯的战争，请见 Ruzicka 1985（D 116A）。

军门农在马格尼西亚［可能是迈安德河上的马格尼西亚（Magnesia on the Maeander），而不是西皮隆（Sipylum）的马格尼西亚，即现代的马尼萨（Manisa）］[165] 附近给他们以严厉打击。“很多人被杀，很多人被俘。”残余力量无疑回国了。

从狭隘的军事意义上看，亚历山大对亚洲的入侵应该被看作一个新的起点。但是我们在这一章的几处已经指出，在社会意义上不是那样（前文第 69 页及以次，第 72、90 页关于政治和谐的讨论）；在后面的一章（第 8 章第 1 节第 229 页及以次）中我们将说明，至少在西部安纳托利亚，文化融合和希腊化在公元前 4 世纪阿契美尼王朝的国王及其总督的统治下，已经取得了何种进展。

（崔丽娜译　晏绍祥、李永斌校）

---

[165] Judeich 1892（F 663）303 n. 1.

97

第 四 章

科林斯战争

罗宾·西格

第一节 战争的原因和爆发

伯罗奔尼撒战争的结果让很多获胜者感到不满。[①] 斯巴达完全不顾其盟友的愿望和利益，并在伯罗奔尼撒、中希腊、北希腊和爱琴海实行侵略性扩张政策，这些政策有时似乎是专门针对它们的。尽管吕桑德是这种政策的主要支持者，但并非只有他一人。公元前 403 年他短暂的失势并没有导致斯巴达态度的缓和。[②] 科林斯曾希望看到雅典被消灭，但她的想法遭到挫败，并且没有能够分享获胜的战利品（Xen. *Hell.* Ⅱ. 2. 19）。此外，斯巴达对叙拉古的干涉损害了科林斯在那里的利益（Diod. XⅣ. 110. 2ff）。底比斯更为不满。她是斯巴达同盟中唯一敢于要求分享利益的盟邦，但是一无所获（Xen. *Hell.* Ⅲ. 5. 5，Plut. *Lys.* 27. 2），她也曾徒劳地要求毁灭雅典。相反，斯巴达通过加强自己在中希腊和色萨利的地位，在大约公元前 400 年控制赫拉克里亚（Diod. XⅣ. 38. 3f）以及在法萨卢斯驻军（Diod. XⅣ. 82），已经不祥地给底比斯施加了压力。[③] 底比斯的反应是积极致力于推翻斯巴达在雅典的傀儡政府——三十僭主。由于复兴的民主政体的谨慎行为，结果令她有些失望，雅典民主政府屈从于斯巴达的行为，导致

① Funke 1980（C 24）46ff.

② Funke 1980（C 24）27ff；Thompson 1973（C 319）；反对的观点请见 Hamilton 1979（C 294）25ff。

③ Andrewes 1971（C 275）223ff.

雅典和底比斯之间关系紧张（Lys. XXX. 22）。在底比斯领导下，底比斯和科林斯都实行与斯巴达军事上不合作的政策。她们拒绝参与对比雷埃夫斯的远征、反对对埃利斯的战争以及阿盖西劳斯对亚洲的远征（Xen. *Hell.* Ⅱ. 4. 29，Ⅲ. 2. 25，5. 5，Diod. XⅣ. 7. 7，Paus. Ⅲ. 9. 2ff）。在最后这件事情上，斯巴达已经激起底比斯更大的愤怒。当阿盖西劳斯临行前试图模仿阿伽门农在奥利斯献祭时，彼奥提亚同盟长官强行终止了献祭进程（Xen. *Hell.* Ⅲ. 4. 3f，5. 5，Plut. *Ages.* 6. 4ff，Lys. XXⅦ. 1）。 98

希腊人表现出来的公开反对斯巴达的程度，更多地由亚洲事务的进程决定。起初她在陆地上获得了一些胜利，这些胜利没有激起希腊内部的不满。但是波斯人在海上发动的一次大规模进攻，不仅导致罗德斯在公元前396年夏季叛离斯巴达（Diod. XⅣ. 79. 6），而且曾经给了那些希腊人希望。那时吕桑德刚刚重新得势，这一点加重了他们对斯巴达的不满。更为现实的刺激紧接着出现了，因为阿盖西劳斯的活动已经促使波斯人助长并协调希腊的不满者，她希望一场内战的爆发迫使斯巴达召回在亚洲的军队。在他们的罗德斯人使节中，第一位是多利欧斯（Dorieus），他已经被斯巴达人逮捕并处决了（Paus. Ⅵ. 7. 6），但第二个使节提摩克拉特斯在公元前396年秋季很好地完成了使命，由于他许诺波斯将提供经济援助，他不仅在底比斯、科林斯和阿哥斯听到了赞同的声音，而且可能在雅典也是如此（*Hell. Oxy.* Ⅶ. 2ff，Plut. *Artax.* 20，Paus. Ⅲ. 9. 8，不同看法见 Xen. *Hell.* Ⅲ. 5. 1f）。④

即使是战败的雅典，尽管她已经忠实地为埃利斯战争和提布隆的远征提供了军队（Xen. *Hell.* Ⅲ. 1. 4，2. 25，Diod. XⅣ. 17. 7），但波斯海上力量的复兴也激起了她的挑衅行为。公元前397年，雅典正式给科农配备了海军军官和装备，并派了一名使节到波斯大王那里，这名使节在回国的路上落到斯巴达人手里被杀（*Hell. Oxy.* Ⅶ. 1，Isae. Ⅺ. 8）。公元前396年，雅典追随底比斯和科林斯的先例，不再支持阿盖西劳斯的远征军（尽管有很多理由）（Paus. Ⅲ. 9. 2）。然而，公元前396/395年冬，德马奈图斯（Demaenetus）带着雅典被允许保留

④　Seager 1967（C 250）95f; Lehmann 1978（C 39）.

的 12 艘战船中的一艘起航加入科农的军队时，由于特拉叙布鲁斯、埃西穆斯（Aesimus）和安尼图斯的建议，有人向埃吉那的斯巴达驻军长官告发了他。他们认为雅典还没有强大到足以单独冒险面对斯巴达愤怒的程度（*Hell. Oxy.* Ⅵf）。

在所有这些事情上，我们没有理由认为各个城邦中的社会、经济或思想因素起了任何重要的作用。⑤ 斯巴达专横地无视他们的利益引起的不满，以及她无情的扩张主义引起的恐惧在科林斯和底比斯几乎是一致的。在雅典，甚至《奥克西林库斯希腊志》提供的没有说服力的分析都没有掩盖这一基本的事实，即对斯巴达的敌意此刻已经是普遍现象。唯一有争议的问题是雅典是否已经强大到足以加入战争。
99 在前些年，重要的分歧存在于雅典城和比雷埃夫斯之间。这不是经济上的分歧：双方都有富人。政体也不是摆在面前的问题，因为到那时，在城市居民的各个阶层中，几乎没有人对寡头政体的结束感到特别遗憾。他们中的一些人可能把雅典屈服于斯巴达看作他们自身安全的保证，但是我们完全有理由认为，大多数人乐于看到雅典又一次独立于斯巴达，并且能够证明自己是希腊的一支力量。

正是底比斯的领导者加剧了波斯试图鼓动的希腊内部冲突（Xen. *Hell.* Ⅲ. 5. 3ff，*Hell. Oxy.* ⅩⅦ，Paus. Ⅲ. 9. 9ff）。伊斯麦尼亚斯（Ismenias）和安德罗克雷达斯（Androcleidas）意识到彼奥提亚人不敢进攻斯巴达，因为后者似乎处于势力的顶峰，可是斯巴达也不愿意承担违反和约的罪名，但如果其他人激起敌对的话，她也欢迎压制底比斯的傲慢的机会。因此，他们的任务是创造一种形势，这种形势会给斯巴达提供一个道德上可行的借口，使她做她想做的事情——进攻底比斯，以至于彼奥提亚将不得不为自卫而战。福基斯和奥佐利亚的罗克利（Ozolian Locris）之间长期的争端给他们提供了机会。双方已经习惯了袭击有争议的领土，但是过去这些争端已经通过和平的方式得到了解决。现在，伊斯麦尼亚斯和安德罗克雷达斯劝说福基斯人发动一次对罗克利的全面入侵。既然罗克利人是彼奥提亚的盟友，那么底比斯的领导者就能劝说彼奥提亚人发动对福基斯的反攻。一听说彼

⑤ Perlman 1964（C 56），1968（C 220）；Seager 1967（C 250）；Lehmann 1978（C 39）；Funke 1980（C 24）1ff, 46ff；请与 Kagan 1961（C 35），Hamilton 1979（C 294）137ff 比较。

奥提亚人决定入侵，福基斯人就请求斯巴达限制底比斯人。尽管斯巴达人不相信福基斯人所说的他们是出于自卫被迫入侵罗克利，但是他们高兴地有了一个干预的借口，并且命令彼奥提亚人撤出福基斯。这个最后通牒暗含着条件，这些条件表明他们希望彼奥提亚人拒绝。斯巴达的要求被愤怒地回绝了，彼奥提亚人入侵了福基斯。福基斯人又一次求助于斯巴达，这次是请求军事援助，斯巴达痛快地答应保护她的盟友。所以，伊斯麦尼亚斯和安德罗克雷达斯利用完美的手段达到了他们的目的。

斯巴达的进攻计划分两个阶段进行（Xen. *Hell.* Ⅲ. 5. 6ff, Diod. XIV. 81. 1ff, Plut. *Lys.* 28f, Paus. Ⅲ. 5. 3ff）。首先派吕桑德到福基斯调动那里的军队，之后他将进入彼奥提亚的哈利亚图斯。国王保萨尼阿斯将率领斯巴达人及其同盟的全部兵力紧随其后，在预定日期与吕桑德在哈利亚图斯会合。所以吕桑德从福基斯推进到了彼奥提亚，通过使奥尔霍迈诺斯（Orchomenus）脱离底比斯获得了首战胜利。之后 100
他前往哈利亚图斯。只是到了这时，当底比斯人可以明确地宣称他们的行动是为了自卫时，他们才向雅典求援（Xen. *Hell.* Ⅲ. 5. 7ff）。[⑥] 他们的使节利用还郁积在雅典人心里的对帝国的渴望（参见 Andoc. Ⅲ. 20ff），向雅典人建议，如果心怀不满者能够得到一个领袖，那么斯巴达对伯罗奔尼撒本土的控制很容易被瓦解。这种希望并非不合情理——《尼西亚斯和约》后，类似的情况已经出现过——尽管最终证明那是虚假的。在表达他们的请求时，底比斯人正确地判断了雅典人的心情。几个月以前，特拉叙布鲁斯还不愿意单独挑战斯巴达。但是现在，在促成同盟的过程中，他扮演了领导角色。据色诺芬记载，尽管这相当于投票支持战争，并且吕桑德已经在彼奥提亚的土地上，但大家一致投票赞成（Xen. *Hell.* Ⅲ. 5. 16，参见 Ar. *Eccl.* 195f）与彼奥提亚人结盟（尽管是防御性的）（Tod no. 101 = Harding no. 14, Lys. XVI. 13）。

与此同时，吕桑德已经到了哈利亚图斯（Xen. *Hell.* Ⅲ. 5. 17ff）。但是他没有等保萨尼阿斯，而是首先试图劝说那里的人民采取奥尔霍迈诺斯的做法。然后，当匆忙部署的底比斯驻军阻止这种做法时，他包

⑥ Seager 1967（C 250）96ff.

围了那座城市。在一次底比斯的反攻中，吕桑德被杀，但是在追击吕桑德的军队时，底比斯人也遭受了一些损失，吕桑德的福基斯军队抓住机会匆忙离开了那个国家。当保萨尼阿斯到达哈利亚图斯时，他发现自己面对的不仅有胜利的底比斯人，还有特拉叙布鲁斯率领的雅典军队（Xen. *Hell.* Ⅲ. 5. 22ff，Lys. ⅩⅣ. 5，14，ⅩⅥ. 13f，Plut. Lys. 29. 1，Paus. Ⅲ. 5. 4）。保萨尼阿斯处境不妙，他缺少骑兵，他的伯罗奔尼撒军队不愿意战斗。所以这位国王决定不发动战斗，而是选择以休战来收回吕桑德及其士兵的尸体，并在底比斯人的侮辱下撤退。在斯巴达，他遭到生死攸关的指控，控告者似乎是吕桑德的朋友。他们指控他到达哈利亚图斯太晚，且未能通过战斗收回死者的遗体。所有罪名中，最明显的是当他已经掌控雅典时，他允许雅典人民（demos）自由。他明智地没有亲自到场受审，结果被缺席判处死刑，于是逃到了泰盖亚（Tegea）。

第二节　陆上战争：公元前 395—前 394 年

哈利亚图斯事件后，雅典和底比斯开始扩充实力（Diod. ⅩⅣ. 82. 1ff，参见 Tod no. 102 = Harding no. 16 关于雅典—罗克利同盟的记载）。科林斯和阿哥斯经劝说很快加入了他们的阵营。他们相信，斯
101 巴达遭遇的普遍仇恨，会使推翻她成为易如反掌之事。正是利用这种信念，底比斯使节诱使雅典结盟。它似乎表明，这种信念是所有大国共有的。同盟在科林斯建立了一个战争议事会，关于它运作的细节，我们一无所知。他们的第一步是派出使节，让尽可能多的城邦脱离斯巴达。在雅典和科林斯长期拥有影响的地区，他们获得了很大的成功：虽然幸存的雅典和埃莱特利亚（Eretria）同盟的铭文属于公元前 394/393 年（Tod no. 103 = Harding no. 2），但据狄奥多鲁斯记载，优卑亚、阿卡那尼亚（Acarnania）、琉卡斯（Leucas）、安布拉奇亚（Ambracia）以及哈尔季狄基（Chalcidice）的城邦都把他们的命运交给了同盟。但不妙的是，尽管有底比斯在雅典的预言，在伯罗奔尼撒本土，没有更多的城邦脱离斯巴达。

同盟的第一次行动大约发生于公元前 395 年秋，地点在中希腊和北希腊，目的是削弱斯巴达在那个地区的地位，可能也为了阻止阿盖

西劳斯返回希腊，如果他被召回的话（Diod. XIV. 82. 5ff）。应拉利萨的麦迪乌斯（Medius of Larissa）的请求，同盟派了一支军队到北方，驱逐了法萨卢斯的斯巴达驻军，同时彼奥提亚人和阿哥斯人占领了赫拉克里亚，将这个地方交还给了特拉奇斯（Trachinian）居民，并在那里驻扎了一支阿哥斯军队。在抓到的俘虏中，斯巴达人被杀，而其他的伯罗奔尼撒人被允许安全离开，这个决定意在挑起斯巴达及其盟友之间的不和。之后伊斯麦尼亚斯使埃尼亚尼亚人（the Aenianes）和阿塔马奈斯人（the Athamanes）脱离了斯巴达。他率领从这些人中招募的军队到了福基斯，并获得了一次胜利。然后军队解散，各自回国。

在哈利亚图斯事件后不久，雅典可能也开始了长墙的重建工作以及比雷埃夫斯要塞的恢复。⑦ 在特拉叙布鲁斯给底比斯使节的答复中，他已经强调了雅典无防御的情况，但有关重建长墙的最早幸存证据属于公元前 395/394 年的最后一个月（Tod no. 107A = Harding no. 17），我们完全有理由推测这项工作在战争一爆发就开始了。不论是基于军事还是心理原因，这都是一项紧急的任务。雅典不仅必须能够保卫自己，她也准备恢复她的帝国，对此长墙既是强有力的象征，也是现实的基础。⑧

公元前 395/394 年冬季，斯巴达做出了决定，这标志着波斯政策取得了进一步成功。她确信无法在面对目前群起反对她的同盟时，还在亚洲继续一场重要的战争，而且由于吕桑德的死和保萨尼阿斯被放逐，她损失了两位有经验的将领，所以她召回了阿盖西劳斯（Xen. *Hell.* IV. 2. 1ff, Diod. XIV. 83. 1ff, Plut. *Ages.* 15）。这对阿盖西劳斯的野心是个打击，国王因此极为失望，但他毫无异议地表示服从，102
只是答应如果条件允许就回来，并将相当一部分军队留在了亚洲。公元前 394 年春，他取道薛西斯（Xerxes）曾走过的路启程回国。来自其亚洲盟友的队伍与他同行，但是召集他自己的人需要奖赏的刺激，以克服他们对与希腊人作战的反感。

在希腊，双方都忙于准备新的战役（Xen. *Hell.* IV. 2. 9ff）。科林

⑦ Maier 1959（B 153）32；Perlman 1968（C 220）261；请与 Pritchett 1971 - 91（K 51）II 120 比较，他认为不清楚尼多斯战役的时间，关于此点，参见 Lys. XIX. 28。

⑧ Seager 1967（C 250）112.

斯人提摩劳斯（Timolaus）极力主张同盟在斯巴达可能集合其同盟军的全部后备力量之前，在拉科尼亚（Laconia）或尽可能接近她的地方作战。大家认为他的建议很好，但是对指挥权的分配和军队部署不可避免的争议造成了拖延，而斯巴达人由年轻的国王阿盖西波利斯（Agesipolis）的摄政阿利斯托戴穆斯（Aristodemus）率领，从泰盖亚和曼提奈亚（Mantinea）集合人员之后已经开始行动了。所以在同盟军队到达尼米亚时，斯巴达人也到了西库翁（Sicyon）。除四大强国的军队外，同盟的军队中，还包括来自优卑亚、罗克利、马利斯（Malis）和阿卡那尼亚的部队（Xen. *Hell.* Ⅳ. 2. 17）。尼米亚（或科林斯）战役可能发生在公元前394年4月或5月，因为一份铭文间接提到了公元前394/393年雅典在科林斯领土上遭受的损失（Tod nos. 104，105，*IG* Ⅱ^2 5221 = Harding no. 19B，C和A），却并不需要提到那次战役。[9] 在色诺芬带有偏袒的眼光看来，这是斯巴达人的体制对底比斯人的傲慢及其无纪律的胜利。尽管所有斯巴达的盟友都被打败，但由于对手的军队鲁莽地追赶溃败的斯巴达盟友，所以斯巴达人自己重创了他们的全部四个主要对手。反斯巴达同盟最终的损失是斯巴达一方的两倍多，同盟军队逃往科林斯避难，但最初他们发现对面的大门紧闭，只是由于少数科林斯人的努力，城门才被及时打开，从而避免了更大的损失。雅典人感激他们的行为（Dem. ⅩⅩ. 52ff），但最初紧闭的大门仍然让他们感到恼火（Ar. *Eccl.* 199f）。总体上看，雅典人对战争的热情似乎正在消退。甚至在战斗之前，有些人还试图逃避服役。特拉叙布鲁斯又一次统率军队，他事后专断地指控人们怯懦。同时，因为听到阿盖西劳斯接近的消息，军队的士气更加低落（Lys. ⅩⅥ. 15f）。

听到尼米亚胜利的消息时，阿盖西劳斯已到达安菲波利斯。更令人鼓舞的是，他强行通过马其顿，到达了色萨利，彼奥提亚同盟竭尽全力阻碍他前进，但收效不大（Xen. *Hell.* Ⅳ. 3. 1ff，*Ages.* Ⅱ. 2，Plut. *Ages.* 16）。到公元前394年8月14日（一次月食提供了这个时间），国王已经穿过了彼奥提亚边界，并且在喀罗尼亚（Chaeronea）
103 扎营（Xen. *Hell.* Ⅳ. 3. 10ff，Plut. *Ages.* 17）。在这里，他收到了一份性

[9] Funke 1980（C 24）79ff；请与Aucello 1964（C 4）33ff比较。

质不同的消息，斯巴达在爱琴海上的海军力量已经被科农和法那巴祖斯在尼多斯的胜利歼灭。为了军队的士气，他告诉他的部队斯巴达赢得了一次海上战斗的胜利，然后他们行进到彼奥提亚，在这里与来自伯罗奔尼撒的斯巴达及同盟援军以及来自奥尔霍迈诺斯和福基斯的小分队会合。彼奥提亚人及其同盟在科罗奈亚（Coronea）集结，到8月末，在那里发生了一次战斗（Xen. *Hell.* Ⅳ. 3. 15ff, *Ages.* Ⅱ. 6ff, Diod. ⅩⅣ. 84. 1f, Plut. *Ages.* 18f）。阿盖西劳斯击溃了阿哥斯人，但底比斯人在战斗开始时获得的一次胜利，促使他采纳了危险的策略。尽管他获得了胜利，但他负伤了。底比斯人拒绝再战，所以斯巴达人竖起了胜利纪念碑。之后他们解散了军队，阿盖西劳斯乘船回国（Xen. *Hell.* Ⅳ. 4. 1）。

在双方几乎全部的军事力量之间，没有更多的大规模陆战。公元前391年斯巴达第一次入侵阿哥斯地区之前，陆战一直局限于科林斯附近，这里用作同盟的基地，而斯巴达人从西库翁出发采取行动。在这场战争第一阶段末期，主要的希腊人国家中，没有一个能感到满意。如果雅典、底比斯、科林斯和阿哥斯曾希望看到斯巴达在伯罗奔尼撒的力量土崩瓦解，那这种希望落空了。在那个意义上，斯巴达还能宣称取得了胜利，但她已经被迫放弃了在亚洲的事业，而在地峡以外的中希腊和北希腊，她也遇到了挫折。这最后一点给了底比斯一些安慰。但是，从希腊人的斗争中完全获利的唯一强国是波斯。

第三节　科农的归来

波斯海军在尼多斯获胜后，科农和法那巴祖斯利用公元前394年夏季的其余时间在岛屿和沿海城邦巡行，驱赶斯巴达的驻军长官，并且许诺尊重斯巴达前属邦的自治（Xen. *Hell.* Ⅳ. 8. 1ff, Diod. ⅩⅣ. 84. 3ff）。科农将这种方法推荐给了波斯人，他提出了自欺欺人但又现实的理由，即任何对波斯帝国目标的公开承认都可能引起麻烦，甚至可能是一致的抵抗。在科农的思想中，他可能认为，如果被解放的城邦保持某种程度的独立，则在未来的某些时候，使它们脱离波斯，再次将它们纳入复兴的雅典帝国中，会更加容易。他的政策在岛屿和大陆上都获得了相当大的成功。斯巴达失去了科斯、尼叙罗斯（Ni-

syros）和泰罗斯（Telos），希俄斯赶走了斯巴达驻军，密提林、以弗所、埃吕特莱相继效仿。埃吕特莱、以弗所和萨摩斯竖起了嘉奖科农
104 的雕像（Tod no. 106 = Harding no. 12D，Paus. Ⅵ. 3. 16）。从保存下来的钱币可知，它们中的一些城邦当时结成了同盟。[10] 与此同时，法那巴祖斯利用那个冬天徒劳地试图把德库里达斯赶出阿拜多斯，他派科农争取到了赫勒斯滂地区的城邦、招募了雇佣军，并且到公元前393年春，装备起了一支尽可能大的舰队。

初春，远征军起航，经过基克拉泽斯群岛（the Cyclades）前进到了米洛斯（Melos）。他们在帕罗斯（Paros）驻扎了军队，这个地方是在锡弗诺斯（Siphnos）流亡者的帮助下夺取的，波斯人的逼近促使锡弗诺斯人大批逃离本土（Isoc. ⅪⅩ. 18ff）。斯巴达驻军被赶出了基西拉，雅典人尼科菲穆斯（Nicophemus）率领的军队取而代之。基西拉不仅可以作为袭击拉科尼亚的基地，而且它在环伯罗奔尼撒以及开始于埃及的海路上占有重要地位。之后，法那巴祖斯推进到科林斯地峡，在那里他鼓励同盟积极开战。据狄奥多鲁斯记载，他与同盟成员缔结了同盟。然后他回到亚洲，留下了他携带的全部资金（Xen. *Hell.* Ⅳ. 8. 7ff，Diod. ⅪⅤ. 84. 4ff）。

他把舰队交给了科农，科农答应利用岛屿维持舰队（Xen. *Hell.* Ⅳ. 8. 9ff，Diod. ⅪⅤ. 85）。科农也表达了他加入重建长墙和比雷埃夫斯要塞的意愿。法那巴祖斯接受了他的要求，通过加强雅典的实力，这项事业会有利于波斯，他还对这项工程表达了他的祝福。除重建长墙工作开始外，雅典野心的复苏还有其他一些迹象：约公元前394年夏，尼多斯的消息一到雅典，弗米西乌斯（Phormisius）与埃庇克拉特斯（Epicrates）可能就出使波斯了。[11] 公元前393年初，雅典授予叙拉古的狄奥尼修斯（Tod no. 108 = Harding no. 20）以荣誉。但是，当科农公元前393年仲夏来到雅典时，他对重建工作的贡献如此之大，以至于他赢得了几乎所有的荣誉，这并不让人感到意外。[12] 他的水手们承担了大部分工作，波斯的黄金则被用于支付其他人的报酬，其中既有雅典人，也有来自其他地方的，后者还包括来自底比斯的

⑩ Cawkwell 1956（B 189），1963（B 190）.

⑪ Funke 1980（C 24）106.

⑫ Seager 1967（C 250）103.

500 名有技术的工匠（参见 Tod no. 107 = Harding no. 17，Diod. XIV. 85. 3）。

我们不清楚科农是否也在爱琴海上指挥了海上行动。公元前 393 年，他不可能有更多的时间，但是安塔尔奇达斯控告他在公元前 392 年夏季向提里巴祖斯派出了代表，这表明他至少有一些活动。尼多斯的胜利对雅典的帝国主义有巨大的心理影响。[13] 它使波斯人的胜利这一事实被轻描淡写地略过，而且作为同盟的解放者，科农在雅典受到 105
欢迎（Dem. XX. 69）。它的含义很明显：至少在理论上，因羊河战役和公元前 404 年和约造成的雅典帝国历史令人遗憾的中断现在结束了，公元前 404 年前曾是雅典盟友的城邦，不管它们是否愿意，如今仍是盟友。科农可能看到有必要利用他的舰队向困惑的、可能不情愿的盟友解释这种发展，劝他们接受这种形势，但没有具体的例证记录下来。[14] 要恢复雅典对提洛岛近邻同盟的控制，海军没有必要介入。然而，到公元前 393/392 年，这件事情已成现实（*Inscr. Délos* 97），不过无论如何不能归于科农名下。

科农肯定资助，并且可能组织了在科林斯的雅典雇佣军。雇佣军的第一任指挥官是伊菲克拉特斯（Dem. IV. 24，Ar. *Plut.* 173，Androt. 324 F 48 = Philoch. 328F 150）。尽管科农在尼多斯战役胜利中作用显著（Tod no. 109，*SEG* XXIX 86），雅典人并不需要他提醒就先是给狄奥尼修斯，然后是给萨拉米斯的埃瓦戈拉斯授予了荣誉，但正是科农设计了更为宏伟的劝说狄奥尼修斯与埃瓦戈拉斯缔结婚姻联盟的计划，以促使狄奥尼修斯积极支持雅典对抗斯巴达。但是，雅典派往叙拉古的使节获得的全部成果，不过是说服狄奥尼修斯不再派出曾准备援助斯巴达的一支舰队（Lys. XIX. 19ff）。

公元前 393 年夏，科林斯湾海军的活动复苏了（Xen. *Hell.* IV. 8. 10f）。[15] 科林斯人利用他们分得的法那巴祖斯的资金装备了一支舰队，由阿伽提努斯（Agathinus）统率。利用这支舰队，他们控制了科林斯海湾，起初成功地反击了斯巴达的对抗措施。约公元前 393 年末，斯巴达海军将领（*nauarch*）波达奈穆斯（Podanemus）被杀，可

---

⑬ Seager 1967（C 250）99ff.

⑭ Funke 1980（C 24）127ff.

⑮ Funke 1980（C 24）83f.

能到公元前 392 年春，他的副将（*epistoleus*）波利斯（Pollis）受伤，回到了斯巴达。

在公元前 393 年的战斗中，只有科林斯遭受了战争的蹂躏，而其盟友的土地都已经不受影响地得到了耕种。经过这一季的战斗后，到公元前 392 年春，被色诺芬有点矛盾地称为科林斯人中“最优秀的”那些人决定尝试使他们的城市退出冲突（Xen. *Hell.* Ⅳ. 4. 1ff，Diod. XⅣ. 86. 1ff）。[16] 但是他们的意图暴露了，其他的盟友以及那些最初曾支持作战决定的科林斯领导者着手阻止他们。雅典、底比斯，特别是阿哥斯，担心科林斯恢复对斯巴达的忠诚，而卷入其中的科林斯人无疑也担心他们的性命。普遍接受的意见是他们希望在科林斯建立民主政体，但这种观点完全依据对狄奥多鲁斯文本中一个非常冒险的校
106 改。他们计划在欧克雷亚节（Eukleia）的最后一天屠杀他们的反对者，但这个阴谋只获得了部分成功。和平派中不少年长者被杀，但年轻人聚集在运动场，因为他们的一位领导者帕西麦鲁斯（Pasimelus）已经得知了所发生的事情。他们占据了科林斯卫城，并抗拒阿哥斯军队驱赶他们的尝试。但征兆让他们放弃了阵地，所以他们退出了那个城邦。一些人后来回到了科林斯，并从那些掌权的人那里获得了安全的保证，但他们发现自己无法容忍在那里见到的形势。因为从政治上看，科林斯正被阿哥斯吞并。阿哥斯的公民权被强加在科林斯人身上，城邦甚至不再叫科林斯这个名字，而是被称为阿哥斯。尽管现代人有所怀疑，但色诺芬一贯表达的观点可能是正确的，即科林斯和阿哥斯的这种联合发生在某个时期，完成于公元前 392 年 3 月政变后不久。[17]

于是，由帕西麦鲁斯和阿奇麦奈斯（Alcimenes）领导的一个集团计划使科林斯独立于阿哥斯，驱逐大屠杀的罪犯，重建有秩序的政府。帕西麦鲁斯和阿奇麦奈斯成功地与西库翁的斯巴达军事长官普拉克西塔斯（Praxitas）取得了联系，答应允许他进入连接科林斯和她的莱凯翁港（Lechaeum）的长墙之内。普拉克西塔斯适时地接受了这个提议，率领着自己的军队、西库翁人以及科林斯流亡者出发了。

---

[16] Funke 1980（C 24）84f.

[17] Tuplin 1982（C 387）；请与 Griffith 1950（C 362）以及 Whitby 1984（C 390）比较。

但起初他不愿进入关口，一旦进入关口后，他所做的也只是加固阵地，这样他可以在里面等待援军。一天过去了，什么事情都没有发生。但第二天，阿哥斯人和科林斯人的一支队伍以及伊菲克拉特斯的雇佣军出现了。阿哥斯人首先把西库翁人赶到了海上，但后来由于斯巴达人和科林斯流亡者的到来而陷入恐慌，遭受了惨重的损失。更严重的是，为同盟据守莱凯翁港的彼奥提亚驻军被消灭了，港口落到斯巴达人手里。但是，尽管获得了这场胜利，普拉克西塔斯并没有能力强行突入科林斯本土。于是他转而首先突破了科林斯和莱凯翁港之间的长墙，巩固了对港口的占领，然后他占领了西杜斯（Sidus）和克隆米翁（Crommyon）并驻扎军队，又加固了埃皮埃塞亚（Epieicea）。那之后他解散军队，撤回了斯巴达。

第四节　公元前392—前391年的和谈

早在公元前392年夏，即普拉克西塔斯在莱凯翁港获得胜利以前，斯巴达就决定尝试使波斯离开其敌人的阵营（Xen. *Hell.* Ⅳ. 8. 12ff）。[18] 4年前，正是阿盖西劳斯在陆地上的活动威胁到了波斯在小亚细亚的统治，波斯以异乎寻常的速度行动起来，对抗那种危险。但现在，人们认为即使阿盖西劳斯留给欧克塞努斯（Euxenus）统率（Xen. *Hell.* Ⅳ. 2. 5）的4000人还在亚洲，对波斯利益的主要威胁仍在于雅典海上力量的复兴。科农的地位从一开始就充满了不确定性，由于雅典的野心随着她的信心增长，波斯有理由怀疑科农事实上正在背叛大王，他利用波斯的资金，最终目的是恢复雅典帝国。所以斯巴达派安塔尔奇达斯向萨尔狄斯总督提里巴祖斯表达了这种观点，并试图在斯巴达和波斯大王之间协商和平。斯巴达人希望，如果成功的话，提里巴祖斯将给予他们积极支持，或至少不再资助科农。 107

安塔尔奇达斯出使的消息惊动了斯巴达的敌人，雅典带头采取了对策。她派科农陪同使节一起前往萨尔狄斯，并劝说彼奥提亚、科林斯和阿哥斯也这样做。在安塔尔奇达斯提议的斯巴达与波斯的和约中，他提出的条款最终成为“大王和约”的核心内容：斯巴达不反

[18] Aucello 1965（C 5）；Seager 1967（C 250）104ff；Funke 1980（C 24）136ff.

对波斯大王对亚洲希腊人城邦的控制（事实上是斯巴达当然不可能反对），并宣布其他地方的岛屿和希腊城邦自治。他指出，这足以确保波斯抵制斯巴达或雅典的野心。提里巴祖斯觉得这个提议很有吸引力，但波斯的盟友反应冷淡。据色诺芬记载，雅典担心她会被剥夺莱姆诺斯、因布罗斯和斯基罗斯三岛，它们不仅是起自黑海的粮食运输线上的重要中转站，而且本身就是重要的粮食供应来源；底比斯将不得不恢复彼奥提亚城邦的独立；阿哥斯将不能保持她对科林斯的占领。雅典的反对只不过证明了其野心的范围，但底比斯和阿哥斯的恐惧，表明安塔尔奇达斯没有认识到向提里巴祖斯施加压力的适当方法，他提议的条款不仅会保证波斯在小亚细亚的地位，也将恢复斯巴达在伯罗奔尼撒和中希腊的霸权。盟邦的态度肯定让提里巴祖斯认识到（即使他还没有使之变为现实），不论纸面上的条款多么有吸引力，和斯巴达缔结一个纯粹的双边和约，只有在其他希腊城邦准备接受其条款的情况下，才会产生理想的结果。当时盟邦拒绝接受，使节都回国了。在没有得到国王的建议时，提里巴祖斯不敢公开向斯巴达表态。但是他给安塔尔奇达斯提供了资金，加强了斯巴达的海军力量，并借口科农的活动损害了波斯利益而逮捕了他，但科农后来逃
108 跑，到了塞浦路斯，在那里去世（Nep. *Con.* 5.4）。[19] 在那之后，这位总督启程去请示其主子的意见。

公元前392/391年冬，希腊城邦的代表再次在斯巴达开会。肯定是斯巴达带头安排了这次会议，提里巴祖斯没有派代表，但他显然对结果感兴趣。雅典的代表之一是安多奇戴斯，他向雅典公民大会发表的建议接受和平的演说，表明了人民野心的性质。[20] 在他对公元前5世纪历史的奇怪描述中，他意在说明与斯巴达的和平从未威胁到雅典民主政治的存在。但是民主和帝国是共兴衰的。从其观点的细节可以明显看出，他真正向他的听众试图说明的，是与斯巴达的和平总是一致并且实际上推进了帝国的获得和拥有。同时，他发出了警告。斯巴达已经做出了让步：允许雅典保留莱姆诺斯、因布罗斯和斯基罗斯。但波斯或雅典的希腊人盟友不会容忍任何试图恢复其他已丧失的土地

[19] Barbieri 1955（C 93）185ff.
[20] Seager 1967（C 250）105ff.

的做法。那已经非常接近于安多奇戴斯大胆提到的亚洲希腊人的命运了。总之，他主张雅典人要有耐心，满足于当前对其长墙和舰队的拥有，那是任何帝国据以建立的基础，并且要等待更好的时机再图扩张，因为要与斯巴达和波斯开战，只会导致灾难。

在同盟其他盟邦中，彼奥提亚目前准备讲和，因为与雅典相比，斯巴达对底比斯做出的让步大得多。底比斯只需要给予奥尔霍迈诺斯自治权；彼奥提亚同盟的其他城邦将原封不动并处于底比斯控制之下（Andoc. Ⅲ. 13，20）。但对斯巴达而言，在科林斯独立的问题上做出让步是不可能的，所以阿哥斯还积极谋求战争，因为她的领土到目前为止没有遭受破坏，并希望保持对其邻邦的控制（Andoc. Ⅲ. 41）。安多奇戴斯强调底比斯态度的变化，因为他知道雅典反对和平的领导者是彼奥提亚同盟的设计师特拉叙布鲁斯（Andoc. Ⅲ. 25，28，32，Ar. *Eccl.* 202f，356）。[21] 尼米亚和科罗奈亚的失败使特拉叙布鲁斯离开了舞台的中心，尼多斯胜利的激动以及科农的返回，已经让他不再是关注的焦点。但是现在，科农的被捕以及建议的和平条款已经表明，如果不触犯波斯，就不能追求雅典的帝国野心。所以，重新把自己确立为无限扩张的支持者的道路——那不仅无视斯巴达，而且无视波斯——为特拉叙布鲁斯打开了。他果断介入，支持继续战争。正像菲 109
罗科鲁斯所说（328F 149，参见 Pl. *Menex.* 245b），斯巴达代表甚至没有得到报告他们使命的许可，公民大会就投票决定，不把亚洲的希腊人抛弃给波斯大王。卡利斯特拉图斯（Callistratus）指控安多奇戴斯及其同僚无视义务，使节们被判处流放。对科农成就的幻灭感以及特拉叙布鲁斯的重新崛起，都反映在吕西阿斯的《葬礼演说》中（Ⅱ. 59f，63）。在这篇演说中，尼多斯的胜利被哀叹为希腊的灾难，长墙的重建不像在其他地方那样被归功于科农，而是归功于菲莱（Phyle）的人们。

第五节　陆上战争：公元前 391—前 388 年

在萨尔狄斯和斯巴达外交活动期间，陆上战争的性质并没有发生

[21] Seager 1967（C 250）107f.

变化（Xen. *Hell.* Ⅳ. 4. 14ff, Diod. XⅣ. 86. 4）。同盟继续占有科林斯，斯巴达人占据着西库翁。对前者而言，最重要的目标是恢复莱凯翁港以及重建连接它和科林斯的长墙。这个目标在公元前 392/391 年冬，大概在斯巴达的谈判失败之后实现了（参见 Andoc. Ⅲ. 18）。色诺芬只提到雅典人远征科林斯修复长墙一事，但狄奥多鲁斯提到了对莱凯翁港的包围，彼奥提亚人、阿哥斯人、科林斯人以及雅典人都参与了，并指出（尽管文本不确定）这次包围获得成功，莱凯翁港又驻扎了彼奥提亚的军队。即使长墙的重建可以实施，但既然重建毫无意义，而莱凯翁港又控制在敌人手里，我们可以合理地推测色诺芬认为这是理所当然的。

但是，同盟的胜利很短暂。斯巴达人在公元前 391 年春派出了阿盖西劳斯（Xen. *Hell.* Ⅳ. 4. 19ff, *Ages.* Ⅱ. 17, Diod. XⅣ. 86. 4, Plut. *Ages.* 21. 1）。色诺芬认为，他最初的主要目标是阿哥斯，因为她的态度在斯巴达会议的结果中起了主要作用。但在大肆蹂躏了阿哥斯地区（Argolid）后，国王取道泰尼亚（Tenea）转向科林斯，原因可能是针对阿哥斯的行动尽管本身物有所值，但部分被看作一种转移视线的行动，目的是使科林斯的占据者产生一种虚假的安全感，并可能撤走阿哥斯的军队。无论如何，行动的第二阶段获得了巨大的成功。阿盖西劳斯夺回了新近重建的长墙，而他的弟弟泰琉提亚斯仅用 12 艘船就占领了莱凯翁港和船坞，把幸存的驻军赶回了科林斯。这次行动恢复了斯巴达在科林斯海湾的海上霸权，因为泰琉提亚斯的前任赫利皮
110 达斯（Herippidas）已经把阿伽提努斯的继任者普罗埃穆斯（Proaemus）赶出了利翁（Rhium）（Xen. *Hell.* Ⅳ. 8. 11）。

在另一处，伊菲克拉特斯的雇佣军在远方巡逻，在一次伏击中包围了弗利乌斯人（Phliasian）的军队，并大肆劫掠了阿卡狄亚（Xen. *Hell.* Ⅳ. 4. 15ff, Diod. XⅣ. 91. 3）。前一次成功的效果适得其反，因为弗利乌斯人非常警觉，尽管他们担心斯巴达恢复被放逐者的权力，但他们还是邀来斯巴达人，请求他们保护，斯巴达人答应了。

公元前 390 年，阿盖西劳斯再次入侵科林斯领土（Xen. *Hell.* Ⅳ. 5. 1ff, *Ages.* Ⅱ. 1. 18f, Diod. XⅣ. 91. 2）。他远征的主要目的还不确定。色诺芬认为这只是削弱城邦中那些人地位的一次尝试，做法是捕获或消灭他们在皮莱翁（Piraeum）半岛上饲养的牲畜，而这些牲畜

是城里那些人一个主要的食物来源。当然，这对斯巴达人而言是一个非常恰当的目标。但狄奥多鲁斯谈到了一次可能发生的政变，发动者是那时被重新安置在莱凯翁港的流亡者，他们实际上被允许进入科林斯，但当他们试图占领长墙时，被伊菲克拉特斯逐回，遭受了严重损失。如果是这样的话，那么阿盖西劳斯从皮莱翁推进到科林斯的目的，可能是要支持这次政变，结果被伊菲克拉特斯迅速的反应抢先了。但在色诺芬笔下，这次行动不过是一次佯攻，使科林斯军队忽略阿盖西劳斯的真正目的。在科林斯地峡，阿盖西劳斯发现阿哥斯人正在庆祝伊斯特米亚赛会。在他逼近时，他们逃回了城里，阿盖西劳斯在附近一直等到科林斯的流亡者庆祝完那个节日（Plut. *Ages*. 21. 1ff，参见 Diod. XIV. 86. 5）。但是在他离开以后，阿哥斯人回来了，庆祝了他们自己的伊斯特米亚赛会。

皮莱翁的科林斯人在赫拉圣地避难，同时阿盖西劳斯占领了奥诺（Oenoe）的要塞。之后赫拉圣地的占据者向他投降，在公元前392年大屠杀中起作用的那些人都被移交给了流亡者。斯巴达的一系列胜利促使彼奥提亚人派出新的代表询问斯巴达国王有关条款的事情（Xen. *Hell*. IV. 5. 6ff，Diod. XIV. 91. 2，Plut. *Ages*. 22. 1ff）。阿盖西劳斯假装不知道这些条款，但是之后传来的消息完全改变了这种情况。伊菲克拉特斯继续阻止科林斯酝酿的政变，又一次获得了更引人注目的胜利。阿盖西劳斯将他军队中的所有阿米克莱人（Amyclaeans）留在了莱凯翁港，以便他们能够回国庆祝叙亚琴托斯节（the Hyacinthia），这是他们的习俗。莱凯翁港的军官利用驻扎在港口的支队（*mora*）以及斯巴达骑兵护送他们通过科林斯。之后他准备率领大约600名重装步兵返回莱凯翁港。他显然确信，不会有来自科林斯的军队阻止他。但伊菲克拉特斯和卡利亚斯（Callias，城里的雅典重装步兵的指挥官）抓住机会，领兵出击，不过战斗几乎完全是伊菲克拉特斯 111
轻装兵的事情。这位斯巴达军官由于他最初的傲慢和自杀式的炫耀，损失了大约250名士兵。幸存者逃到了莱凯翁港。阿盖西劳斯立刻向那个港口前进，但当他听说死者的遗体已经被交还时，他回到了皮莱翁，继续出售他的战利品。彼奥提亚使节当下不再讨论关于和平的事情，而是请求安全护送他们到科林斯去以访问他们的军队。阿盖西劳斯拒绝了，但带着他们到了科林斯长墙。当他的挑战并不意外地被忽视时，他打发使节们从海路回国，并另在莱凯翁港驻扎了一支军队，然后带着战斗的幸存者通过那些阿卡狄亚的城邦回国。斯巴达最近曾嘲笑这些城邦对雇佣军的恐惧，如今轮到这些城邦嘲笑失败的斯巴达人了。

尽管斯巴达支队的失败造成了短期的心理影响，并让它在演说家有关雅典胜利的作品中占据一席之地，但是几乎没什么真正的意义。斯巴达损失不大，尽管伊菲克拉特斯能够抵消普拉克西塔斯的大部分工作，把斯巴达驻军赶出了克隆米翁和西杜斯，而且还重新占领了奥诺，但斯巴达人还控制着莱凯翁港（Xen. *Hell.* Ⅳ. 5. 19）。可能在这时，阿哥斯派了一支大军加强了他们对科林斯的控制（Diod. ⅩⅣ. 92. 1f，参见 Xen. *Hell.* Ⅳ. 8. 34），但狄奥多鲁斯将科林斯与阿哥斯统一的时间放到这么晚肯定是错误的。[22] 阿哥斯军队的这种增加导致了与伊菲克拉特斯的摩擦。公元前 390/389 年冬，伊菲克拉特斯走得如此之远，以至于他自己打算发动一次政变，为雅典占领这个城市。但他的计划受阻，阿哥斯人要他离开。雅典人的念头集中在爱琴海的海上冒险，不愿意冒犯与他们邻近的盟友，所以雅典人同意了。公元前 389 年春或夏，伊菲克拉特斯被卡布利亚斯取代。后者最近刚从色雷斯回来，在那里他和特拉叙布鲁斯一起效力。当年或次年，他在弗利乌斯和曼提奈亚也获得了胜利，并且袭击了拉科尼亚（Scholiast on Aelius Aristides *Pan.* 274f. D，Polyaen. Ⅲ. 11. 6，15）。

公元前 389 年，阿盖西劳斯被分派到西北希腊地区。在那里，占据着卡吕东（Calydon）的阿凯亚驻军受到了来自阿卡那尼亚人的压力，阿卡那尼亚人得到了彼奥提亚和雅典的一些帮助（Xen. *Hell.* Ⅳ. 6. 1ff，*Ages.* Ⅱ. 20，Plut. *Ages.* 22. 5）。所以，阿凯亚人派使节到了斯巴达，他们严肃地威胁说，如果斯巴达人不给予支持的话，他们将退出斯巴达同盟。阿盖西劳斯向阿卡那尼亚人发出了最后通牒，说如果他们不放弃与彼奥提亚以及雅典的同盟并改变立场，他将洗劫他们的
112 土地。阿卡那尼亚人拒绝了，所以阿盖西劳斯开始实施他的威胁，而且作为对阿凯亚压力的反应，他侵袭了一些阿卡那尼亚人城市，但没有成功。秋季，尽管阿凯亚人抱怨说他至少应该阻止敌人播种下一季

[22] Tuplin 1982（C 387）.

的庄稼，但他还是回到了伯罗奔尼撒。国王说如果阿卡那尼亚人的庄稼面临危险，他们在下一个春天更有可能讲和，他答应那时会回来。然后，他通过埃托利亚（Aetolia）（因为埃托利亚人希望他帮助他们收复瑙帕克图斯）渡海到了斯巴达人占领的利翁港，因为雅典船只出现在奥尼亚戴（Oeniadae）使他不能直接穿过卡吕东。色诺芬突然意外地提到这支分队，让我们想到我们的信息是多么零散，甚至在控制科林斯湾这样重要的战略事务上都是如此，不过它至少突出了到这时为止一直依赖雅典史料形成的张力。

公元前 388 年初，阿盖西劳斯遵守诺言并且宣布了针对阿卡那尼亚的另一次远征（Xen. *Hell.* Ⅳ. 7. 1）。他的诺言很快就得到了实施。还没等这次入侵发生，阿卡那尼亚人就与阿凯亚人缔结了和约，并与斯巴达结成了同盟。这使斯巴达可以自由地把她的注意力转向阿哥斯，所宣称的目标是为未来可能与雅典及彼奥提亚发生战斗清理场地（Xen. *Hell.* Ⅳ. 7. 2ff，Diod. ⅩⅣ. 97. 5）。当斯巴达军队在弗利乌斯集合时，年轻的国王阿盖西波利斯询问宙斯和阿波罗，是否可以恰当地无视阿哥斯通过诉诸神圣休战拖延入侵这一古老的伎俩。两位神重申，这种滥用宗教的做法没有约束力，于是他推进到了阿哥斯的领土，但是在战场上的第一个夜晚，一场地震使他的士兵想要回国。然而，阿盖西波利斯坚持认为地震证明了波塞东的支持，并且继续作战，努力要超越阿盖西劳斯。只是在他遭受了巨大的损失后，不利的征兆才最终迫使他撤退。

第六节　公元前 391—前 386 年的爱琴海地区

安塔尔奇达斯的使命不仅仅是在希腊没有收获斯巴达向往的成果。当提里巴祖斯到达苏萨时，他发现阿塔薛西斯并不支持与斯巴达合作的想法（Xen. *Hell.* Ⅳ. 8. 16ff，Diod. ⅩⅣ. 99. 1ff）。提里巴祖斯被留在了宫中，波斯大王派斯特鲁塔斯取代他的位置，相比于雅典帝国主义复兴的威胁，后者更关心波斯在阿盖西劳斯的手里实际上遭遇了什么损失，所以他更愿意帮助雅典。因此斯巴达人被迫重新开始在亚洲的战争。公元前 391 年夏，他们派出了提布隆。他在以弗所驻扎，113
不久控制了迈安德平原。但是当斯特鲁塔斯等待时机时，提布隆对波斯领土的侵袭变得越来越狂暴和粗鲁，最终波斯骑兵追上了他，使他失去了自己卫兵的保护。提布隆本人在斯特鲁塔斯的进攻一开始时就被杀死，他的军队遭到重大损失。

但是，如今斯巴达有了机会，至少可以让她恢复部分因尼多斯战役失败在爱琴海上丧失的影响。来自罗德斯的寡头派流亡者的使节到了斯巴达，他们是公元前 395 年从城邦中被流放的。使节指出，罗德斯处于完全落入雅典影响之下的危险中。这种前景让斯巴达人感到不安，他们渴望恢复自己在罗德斯的地位（Xen. *Hell.* Ⅳ. 8. 20ff, Diod. ⅩⅣ. 97. 3）。[23] 公元前 391 年秋，他们派埃克狄库斯（Ecdicus）率领 8 艘船帮助他们在罗德斯的朋友，狄弗利达斯（Diphridas）接受了提布隆军队的幸存者，保护曾欢迎提布隆的城邦，并且招募军队抵抗斯特鲁塔斯。狄弗利达斯获得了一些成功，在斯特鲁塔斯的女儿和女婿去往萨尔狄斯的路上抓到了他们，并且索要了大量赎金，用这些赎金雇了更多的人。然而，尽管埃克狄库斯想让萨摩斯脱离雅典，但只得到了尼多斯。他在那里过冬，因为他听说民众利用两倍于他的船只完全控制了罗德斯。

公元前 390 年初春，泰琉提亚斯就接到命令，让他接管埃克狄库斯的船只，并率领他在莱凯翁港指挥的 12 艘船（Xen. *Hell.* Ⅳ. 8. 23ff, Diod. ⅩⅣ. 97. 4）。他取道萨摩斯和尼多斯航行，航行的船只是原来的两倍还多，因为他最后带着 27 艘船到达了罗德斯。在航行的最后一站，他在尼多斯和罗德斯之间俘获了雅典的 10 艘船，后者由菲洛克拉特斯（Philocrates）指挥，正在去塞浦路斯的路上，目的是援助萨拉米斯的埃瓦戈拉斯，他的扩张政策在公元前 391 年引起了波斯的反击。让人奇怪的是，雅典在前几年对和平的反对并没有伴随着爱琴海上海军活动的立即恢复。科农被抓后波斯资助的停止可能导致了这种延迟。直到公元前 391 年秋斯巴达尝试干预罗德斯时，雅典的舰队才有了要执行的紧急任务。但是菲洛克拉特斯的任务表明，雅典此前拒绝和约的精神还占统治地位，因为给埃瓦戈拉斯提供援助是对波斯大王明显的挑衅行为。

---

[23] Seager 1967（C 250）108ff; Perlman 1968（C 220）; Cawkwell 1976（C 112）; Funke 1980（C 24）94ff.

泰琉提亚斯的航行使雅典人认识到，必须采取措施抑制斯巴达力量在爱琴海的复兴。㉔ 公元前 391 年，战争的主要支持者特拉叙布鲁斯建议派出一支舰队，而且由他自己指挥 40 艘船（Xen. *Hell.* Ⅳ. 114
8. 25ff，Diod. ⅩⅣ. 94. 2ff，Lys. ⅩⅩⅧ. 4）。他的远征被视为专门针对泰琉提亚斯的行动，而且他得到了明确的指令，要援助罗德斯的民主派。他的具体行程并不清楚，但很可能在决定立刻反干涉之前，来到了靠近罗德斯的哈利卡纳苏斯（Lys. ⅩⅩⅧ. 17），原因是他自己的军队不足以把流亡者赶出他们的要塞，而民众也没有危急到要丧失对城市的控制。相反，他沿着伊奥尼亚海岸航行，到了赫勒斯滂，他访问雅典的盟友以筹集资金。自尼多斯战役以来，这是雅典首次插手亚洲大陆事务。缺乏对波斯敏感度的考虑正是特拉叙布鲁斯的特点，也说明了雅典政策的变化。

在北部，特拉叙布鲁斯获得了相当大的成功。他调解了色雷斯王子阿马多库斯（Amadocus）和修泰斯（Seuthes）之间的关系，使他们和雅典结盟（*IG* Ⅱ^2 21，参见 22）。他也争取到了塔索斯，埃克凡图斯（Ecphantus）领导着这里的雅典同情者驱逐了斯巴达驻军。特拉叙布鲁斯可能还争取到了萨摩色雷斯（Dem. ⅩⅩ. 59，Xen. *Hell.* Ⅴ. 1. 7）。雅典要求塔索斯交纳 5% 的税，取代公元前 413 年的旧税。它可能也受到雅典的司法干预并且要接受一名雅典的执政官（*IG* Ⅱ^2 24）。文献显示克拉佐麦奈也交纳 5% 的税，特拉叙布鲁斯在公元前 390 年或公元前 389 年到过这里（Tod no. 114 = Harding no. 26）。在拜占庭，特拉叙布鲁斯建立了民主政体，恢复了 10% 的关税，这项税收首次征收于公元前 410 年，所有自黑海运出的货物都要交纳（Dem. ⅩⅩ. 60）。他也再次介入了亚洲事务，获得了卡尔凯东（Chalcedon），但没有触犯法那巴祖斯，因为后者主要同情雅典。但国内可能产生了对特拉叙布鲁斯的不满，因为他忽视了最初的任务。冬季，雅典通过命令，召回了其他的远征将军，但给特拉叙布鲁斯本人保留了指挥权（Lys. ⅩⅩⅧ. 5）。因为受到这次警告的启发，他在公元前 389 年春向南航行（Xen. *Hell.* Ⅳ. 8. 28ff，Diod. ⅩⅣ. 94. 3f，99. 4f）。在莱斯沃斯，他发现密提林支持雅典，但其他城邦遵守地方性争斗中

㉔ Seager 1967（C 250）109ff；Perlman 1968（C 220）；Funke 1980（C 24）152ff.

的规矩，支持着斯巴达；尽管在尼多斯战役后出现了普遍的动荡，麦提姆那（Methymna）甚至保留了斯巴达驻军和军事长官。特拉叙布鲁斯在埃莱苏斯靠岸，不幸的是在一场暴风雨中损失了 23 艘船。但他打败了斯巴达的军事长官，迫使埃莱苏斯和安提萨（Antissa）投降。

现在他带着幸存的船只以及从密提林和希俄斯获得的船只匆忙赶往罗德斯。他匆忙行动的原因，可能是听到了罗德斯的形势变得更加恶化这个消息：岛上的主要城市都落到了流亡者的手里（参见 Diod. XIV. 97. 1f，有混淆和错误）。但是为了筹钱，他还去了阿斯彭杜斯这
115 么远的地方，他的士兵在那里的活动引发了居民的一次夜袭，在这次袭击中，特拉叙布鲁斯自己成为牺牲者。舰队被三列桨战船船长带到了罗德斯，他们加入了罗德斯民主派的军队，因为现在轮到民主派被流放了。

特拉叙布鲁斯的战斗，证明雅典决定尽可能恢复公元前 5 世纪的帝国，而不管这可能对她与波斯的关系产生什么影响。它同时证明，国内的国库和战场上的指挥官都感受到资金的极度匮乏（参见 Ar. *Eccl.* 823ff，1006f）。吕西阿斯（XXVIII，XXIX）创作的指控埃戈克莱斯（Ergocles，特拉叙布鲁斯的一个同僚）和菲洛克拉特斯［可能是埃戈克莱斯的司库（*tamias*）］的演说证明了人民首要关注的事务。为了雅典的“伟大和自由”，它任命了将军，这是享受帝国权力的流行的委婉说法。相反，他们明目张胆地把用于战争的钱财转移到自己的口袋里，使得人民的舰队不能发挥作用，并且背叛了属于人民的城邦。至于他们用什么方法获得那些失踪资金，或者说他们如何打发盟友，则毫无记载。

特拉叙布鲁斯的死以及其同僚的受辱，并没有让雅典政策产生任何改变。阿古利乌斯（Agyrrius）立刻被派到了赫勒斯滂，试图保持对特拉叙布鲁斯所获城邦的控制（Xen. *Hell.* IV. 8. 31ff，Diod. XIV. 99. 5）。斯巴达人也意识到了那个地区的重要性，派阿那克西比乌斯（Anaxibius）接替德库里达斯担任阿拜多斯的军事长官。起初，阿那克西比乌斯获得了一些胜利，但雅典人接着派出伊菲克拉特斯保卫特拉叙布鲁斯的成果。伊菲克拉特斯被迫撤离科林斯一事并未损害他的声誉。公元前 389 年其余的时间里，两位指挥官局限于小规模冲

突，但次年，伊菲克拉特斯伏击了阿那克西比乌斯，后者完成说服安坦德鲁斯（Antandrus）的任务后返回，没有任何护卫，结果这位斯巴达驻军长官被杀。

但同时，雅典在更邻近本土的地区遭遇了压力。[25] 埃吉那的斯巴达驻军长官埃泰奥尼库斯（Eteonicus）鼓励劫掠阿提卡的乡村，这种侵扰迫使雅典派出了一支由潘菲鲁斯（Pamphilus）领导的军队，他在海军的支持下建立了一个基地，由此封锁埃吉那。从罗德斯返回的泰琉提亚斯赶走了雅典的舰队，但潘菲鲁斯成功地守住了要塞。新任斯巴达海军指挥官希拉克斯（Hierax）于公元前 389 年夏航行到了罗德斯，但把他的副将（*epistoleus*）戈尔戈帕斯（Gorgopas）安置在了埃吉那，并留下 12 艘船，雅典人被迫开始了一次救援性远征以撤离他们的要塞。结果对阿提卡的劫掠再次开始，但雅典人装备了一支 116
由欧诺穆斯（Eunomus）统率的舰队，试图阻止斯巴达人。

到公元前 388 年春，雅典与波斯大王的另一个反叛者——埃及的阿科利斯（Acoris）——结盟（Ar. *Plut.* 178）。阿塔薛西斯此时已充分认识到，当提里巴祖斯说雅典是比斯巴达更大的威胁时，他是正确的。所以他恢复了提里巴祖斯的职位，亲雅典的法那巴祖斯被召回宫廷，由安塔尔奇达斯的另一个朋友阿利奥巴扎奈斯取而代之。这些变化让斯巴达看到了新的希望。夏末，安塔尔奇达斯被任命为海军将领（Xen. *Hell.* Ⅴ. 1. 6ff）。他的第一项任务是重新开始与提里巴祖斯的协商，如果可能的话，与波斯大王本人会面。当他到达以弗所时，他让他的副将尼科罗库斯（Nicolochus）统率舰队，和提里巴祖斯一同前往苏萨。

在埃吉那，公元前 388 年夏戈尔戈帕斯使欧诺穆斯遭遇了一次失败，但他接着被卡布利亚斯打败并杀死，当时卡布利亚斯正出海前往塞浦路斯援助埃瓦戈拉斯，路过埃吉那。在一段时间里，雅典人牢牢控制了萨罗尼克湾，因为埃泰奥尼库斯无法或不愿给船员支付薪水，他们拒绝上船。在这种紧急情况下，斯巴达人又一次求助于泰琉提亚斯，在上一次指挥结束时，人们对他的欢迎已经突出表现出来了。他不仅劝说他们回来履行义务，而且利用 12 艘船对比雷埃夫斯做了一

---

[25] Funke 1980（C 24）98ff.

次大胆的夜袭。这次袭击成功地达到了削弱雅典人的信心、获得足够的战利品支付军队薪饷的主要目的。

但是，不只是埃吉那证明公元前387年春是一个转折点。安塔尔奇达斯现在和提里巴祖斯一起回到了沿海地区，他们带回了阿塔薛西斯的承诺，即如果雅典人及其同盟拒绝接受斯巴达劝大王接受的和平条款，那么波斯将站在斯巴达一边作战，强迫雅典服从（Xen. *Hell.* Ⅴ. 1. 25ff）。安塔尔奇达斯现在的形象既是一个有能力的指挥官，也是一个有谋略的外交家。他利用一次佯攻，把雅典舰队赶出了阿拜多斯，并因此俘获科利泰乌斯（Collyteus）的特拉叙布鲁斯率领的一个8艘战船的分舰队，这个舰队正在尝试赴约。不久，安塔尔奇达斯得到了来自叙拉古的20艘战船以及来自提里巴祖斯和阿利奥巴扎奈斯管辖领土的其他船只，使他的舰队达到了80多艘战船，并有能力控制海上。尽管他没有足够的力量重复吕桑德在伯罗奔尼撒战争最后阶段战略的每一个细节，但他效仿其战略最重要的部分：切断从黑海到雅典的粮食供应。这种做法不论在军事上还是在心理上都很有效。雅典与博斯普鲁斯的国王萨提鲁斯（Satyrus）的交往[26]以及对粮食商人（*sitopolai*）的控告（Lys.
117 XXII），揭示了雅典对粮食供应的重视。在亚洲沿海、克拉佐麦奈和埃吕特莱，雅典还有一些支持者，她对克拉佐麦奈做了重大让步（Tod. No. 114 = Harding no. 26），而埃吕特莱不久就请求她不要把他们的城邦交到蛮族人手里（*SEG* XXVI 1282 = Harding no. 28A）。尽管这两个城邦是重要的，但她们内部都分成不同的派系。不过雅典害怕另一次灾难性的失败，而阿哥斯遭遇公元前388年的入侵后，不愿意面对斯巴达的又一次入侵。秋季，当提里巴祖斯召集所有愿意聆听波斯大王制定的条款的城邦到萨尔狄斯时，所有主要希腊人国家的代表都以讨好波斯的速度赴会。

第七节　“大王和约”

在这次会议上，提里巴祖斯手握大王诏令，诏令上大王的印鉴清

---

[26] Tuplin 1982（E 404）.

晰可见（Xen. *Hell.* Ⅴ. 1. 30ff，Diod. ⅩⅣ. 110. 3，ⅩⅤ. 5. 1）。在这份诏令中，阿塔薛西斯提出了他认为公正的条款。亚洲的城邦，以及克拉佐麦奈和塞浦路斯等岛屿，都将归属波斯。其他的希腊人城邦，不论大小，都保留自治。莱姆诺斯、因布罗斯和斯基罗斯除外，它们将归属雅典。如果哪一方不接受这个和约，波斯大王将和任何愿意援助他的人一起对他们宣战。这份诏令突出了两个特点。第一，公元前392/391 年对底比斯人所做的让步被取消了。这肯定是接受了斯巴达的建议：这件事几乎与波斯的利益无关，但它对斯巴达很重要。斯巴达现在已经比公元前 391 年更强大，不会忘记底比斯对莱凯翁港支队的失败所做出的反应。第二，阿塔薛西斯威胁了斯巴达人以及雅典人及其盟友。这似乎没有必要，因为整个计划是斯巴达人设计的，但大王可能希望自己不加区别地凌驾于两者之上，因为尽管有安塔尔奇达斯留给他的印象，但他可能仍然不信任斯巴达。

代表们向各自的城邦做了汇报，然后于公元前 386 年春在斯巴达集会，宣誓以阿塔薛西斯诏令为基础达成和平。这个和约的准确内容非常有争议。但是，诏令不是和约，这可以肯定。至少它的条款已经做了必要的修改，增加了有关宣誓以及公开和约文件这类事务性的条款。我们也可以相信，大王的代表参与了宣誓仪式，因为文献资料证实了这一点（Tod. no. 118 = Harding no. 31 lines 10ff），尽管有人认为东方君主制的本质使得这样的参与无法想象。有争议的是和约到底是只包括诏令中宣布的两项本质性条款，还是我们在后来重订的和约中 118
所看到的条款已经出现在这个最初的版本中。比如，条约可能已经规定，每个城邦都应该拥有自己的领土［尽管那可能引发有关亚洲大陆上属地（*peraiai*）的问题，我们有理由认为，大王对此提出了要求］；驻军和总督都需要撤离；所有的军队——不论陆军还是海军，都将被遣散。但这些条款的规定意在更加清晰和准确，很可能是晚后经验的产物。如果自治条款尽可能地概括，则它正迎合了公元前 386 年斯巴达人的需要：在任何情况下，自治的意思就是斯巴达人希望它具有的那种含义。㉗

㉗ Sinclair 1978（C 76）；反对者的观点请见 Cawkwell 1981（C 18）。也请见 Badian 1991（F 4）以及 Clark 1990（B 138）。

宣誓的过程并非风平浪静。底比斯人试图通过发誓保卫所有彼奥提亚人的利益来规避自治条款（Xen. *Hell.* Ⅴ. 1. 32ff，Plut. *Ages.* 23. 3）。阿盖西劳斯坚决反对这种托词，当使节们犹疑时，阿盖西劳斯让这些人警告自己的公民，如果底比斯不让步，她将被排除在和约之外。在尚未得到答复时，他就开始准备战争，期待着底比斯人的拒绝。但是当他还在泰盖亚集合他的军队时，使节们回来了，并且愿意承认彼奥提亚城邦的自治。科林斯人也不愿意遣送走他们的阿哥斯驻军。即使和约中实际上有条款保证不应有外来驻军，但是如果把它用于主人欢迎驻军出现这种情况，它就难说合理了。但是阿盖西劳斯清楚地知道，自治条款将在阿哥斯和科林斯关心的问题上达到什么目标。他宣布，如果科林斯人不遣返阿哥斯驻军或阿哥斯人拒绝离开，他将对这两个城邦宣战。阿哥斯人适时地撤出了科林斯，后者恢复了独立。公元前392年政变的制造者以及他们的支持者出于小心撤离了，他们在雅典受到了欢迎（Dem. ⅩⅩ. 54），同时科林斯的流亡者返回。

之后大家就和约进行宣誓，双方的陆军和海军都被解散。尽管斯巴达所做的只是继续保持她在战争期间所拥有的，但正如色诺芬恰当评价的那样，由于她对和约，特别是对自治条款的支持，斯巴达做得非常成功，这些条款使她能够终止底比斯对彼奥提亚的统治，结束了阿哥斯对科林斯的控制，并且使科林斯回到了自己的同盟中。但是，我们没有理由认为和约保护者（*Prostates*）的地位通过条约内容或其他方式正式被授予了斯巴达。只是波斯的支持和她自己的军事力量，
119 使斯巴达能够以对自己有利的方式解释和平条款，并且把她的意志强加给其他希腊城邦。公元前386年对她如此有利的工具，在10年之内将转而对她不利。但眼下，由于她的敌人的恭顺，斯巴达能够自由地考察其盟友最近的活动。

（崔丽娜译　晏绍祥、李永斌校）

第　五　章 120

公元前413—前368年的西西里

D. M. 刘易斯

从伯罗奔尼撒战争到马其顿的腓力继承王位这段时期，西西里发生的事情可能是最引人注意的。尽管在东地中海，为争夺小亚细亚希腊人进行的军事、政治斗争还在继续，但是那里的希腊文明在文化上没有陷入危险之中。事实上，尽管在政治上处于从属地位，但希腊文明还在继续传播。在西西里，是希腊人、闪族的迦太基王国还是一些意大利人会占据上风，此时还不明朗。从政治上看，西西里提供了一种可能性，让我们看到了解决希腊政治困境的现实的、可行的办法。雅典的民主政治没有把政治控制扩展到她的城邦以外，斯巴达将证明寡头制也不再有效。在西西里，王政获得了机会，而且是在比城邦更大的规模上实行。狄奥尼修斯一世，由于他一个人统治着大片领土、他的职业军队以及他在策略方面的智慧，都清晰地预示了希腊化时代。从不同的层面上看，可以说柏拉图的政治经验大部分是西西里的经验，理解西西里是理解柏拉图的前提。[1]

与同一时期对希腊大陆所下的功夫相比，对这些事务的研究还相当不充分，这是史料的性质所致。对我们而言，色诺芬以及雅典演说家作品对这些事情非常少量地提及、三篇雅典铭文，以及归在柏拉图名下的有争议的书信，实际上穷尽了公元前4世纪的资料，然后我们

---

① 整个这一章的叙述及其他的帮助都可得于 Stroheker 1958（G 302），Caven 1990（G 134）。有关西西里和迦太基关系更有帮助的材料，见 Manni 等 1982－3（G 225）。关于西西里的迦太基人，见 Tusa 1988（G 312）。

拥有的是长长的空白期，一直到公元前 1 世纪。甚至在那以后，庞培·特罗古斯（Pompeius Trogus）[②] 所提供的一份有用的证据，无奈也被他的摘要作家优斯廷弄得非常模糊。本质上，我们对这段历史的了解都源于狄奥多鲁斯的著作这一份史料，但他有两个问题。首先，
121 他叙述的内容很不均衡；狄奥尼修斯统治的后半段说得非常简略。其次，至少在表面上看来，他描绘的狄奥尼修斯的形象非常负面。我们可以利用他的证据，但我们必须知道利用的是什么。

关于狄奥多鲁斯对西西里的描述，有很多看法。伏尔夸德森（Volquardsen）[③] 首次确定了总的原则，即狄奥多鲁斯在一段时间里只使用一种资料，而且论证狄奥多鲁斯使用的是陶罗麦尼翁［现代的陶尔米纳（Taormina）］的提麦奥斯（约公元前 350—前 270 年）的资料，此人是西部有关西部问题的著名历史学家[④]；在第 13—14 卷中，有很多对提麦奥斯具名的引用。某些重量级的权威学者[⑤]依据大量的证据，推测和狄奥多鲁斯同时代的埃弗鲁斯的著作是他有关希腊大陆事务的主要资料来源，[⑥] 并且认为狄奥多鲁斯去了西部后，不再参考埃弗鲁斯的著作是不可能的，但是他们承认，有明确的证据表明，像第 13、14 卷一样，狄奥多鲁斯也使用了提麦奥斯的著作。遗憾的是，这种观点的细节只是以一种夸大的方式提出来的，[⑦] 结果使它极容易受到伏尔夸德森继承人的攻击。这些人[⑧]满意于狄奥多鲁斯在一段时间里只使用了一种资料并且知道提麦奥斯比埃弗鲁斯年轻，他们发现很容易在狄奥多鲁斯的叙述中辨别出本质上居于提麦奥斯的风格，从而证明他是狄奥多鲁斯的资料来源。但他们确实在狄奥多鲁

---

② 关于特罗古斯和优斯廷，见 Seel 1972（B 107）；Forni and Bertinelli 1982（B 39）；Syme 1988（B 113）。关于特罗古斯有关西西里的篇章，见 Jacoby, *FGrH* Ⅲ b（Noten），314 – 15 n. 42；Forni and Bertinelli 1982（B 39）1334 – 40。

③ Volquardsen 1868（B 121）72 – 107.

④ 关于提麦奥斯（*FGrH* 566），见 Jacoby 对残篇的注释；Manni 1957（B 71）；Brown 1958（B 19）；Sanders 1987（G 283）79 – 85；Pearson 1987（B 92）。

⑤ Schwartz 1903（B 101）681 – 2，同于 1957（B 104）62 – 3；Jacoby, *FGrH* Ⅲb（文本），528 – 30。

⑥ 见 *CAH* V^2 7，以及本卷第 8—10 页。

⑦ Laqueur 1937（B 66）1082 – 162 and 1958（B 67）.

⑧ Meister 1967（B 74）；Pearson 1984（B 91）.

斯著作的第15卷中难以发现更多引用提麦奥斯的地方。[9]

近些年，出现了对粗略的、狄奥多鲁斯单一资料观的反对，现在很多人认同他有更大的独立性。[10] 在西西里史方面，这种观点有一些分量。有可能他个人的补充或选择已经造成了对自己的母邦阿古利翁（Agyrium）不恰当的强调（例如XIV. 95，XVI. 82. 4 –5，83. 3），有相当数量的内容并不总是处理得很好，这些可归因于他自己的兴趣和工作（XIII. 34. 6 –35，90. 5，XIV. 16. 3 –4，XVI. 70. 6）。至于他重要的前辈，最可信的观点是，他试图在第13、14卷中以提麦奥斯来补充埃弗鲁斯，但后来放弃了那种尝试。结果是他对狄奥尼修斯一世最后那些年的叙述缩减了很多，而对狄翁的叙述也令人不解地被删减了。[11] 123

关于埃弗鲁斯和提麦奥斯处理西部历史的方法，唯一清楚的事实是军队的数量：提麦奥斯的数据比埃弗鲁斯的要低得多。我们没有确定的理由，推测他们中的一个比另一个对狄奥尼修斯有更多的敌意。主要的意义是试图透过他们[12]了解可能是当时唯一叙述来源的菲利斯图斯（Philistus）的《历史》的情况。[13] 菲利斯图斯是那个时代的人，并且是狄奥尼修斯很早的支持者，在狄奥尼修斯统治的前20年得到信任，其余的时间处在流放中。我们知道他的大部分史著在流放期间写成，但那里看不到他对狄奥尼修斯的敌意，因为他希望被召回。但是，他也没被看成一个纯粹的吹捧者，而是一个实际上相信僭主制乃是一种统治形式的人。在修昔底德生活的艰难年代，这种个性的历

---

[9] 西西里本地的一个学派［Lauritano 1956（B 68）；Manni 1957 –8 and 1970（B 72 –3）］知道狄奥多鲁斯在一段时间里只使用了一种资料，但他们指出，有关西部的资料，他使用的是几乎不为人所知的卡莱克特的西莱诺斯（Silenos of Caleacte）的资料（*FGrH* 175）。这个假设不仅无益，而且不可能。关于狄奥多鲁斯在有关西西里事务的叙述中使用了泰奥彭普斯的作品这种观点［Hammond 1938（B 56）］，也没有什么可说。请见 Westlake 1953 –4（B 128）。

[10] 与这些观点并行的、对狄奥多鲁斯是单一资料的扩展这种观点最细致的研究，是 J. Hornblower 1981（B 60）18 –75 的观点。关于狄奥多鲁斯的“西部”，目前参见 Sanders 1987（G 283），但他对狄奥多鲁斯可能使用埃弗鲁斯的资料抱着过于拒斥的态度。

[11] 关于斯瓦兹（Schwartz）的观点（B101，681 –2 = B 104，63）仍有很多要讨论的。他认为狄奥多鲁斯在第16卷第20章第6节所以放弃对狄翁的叙述，是由于埃弗鲁斯的著作可能结束于公元前356年这一事实。但我们可以争辩说，《希腊历史残篇》70之残篇221表明，埃弗鲁斯叙述了提摩莱昂的远征，从而让这种观点部分破产。

[12] Sanders 1979 –80（G 282），1981（B 99），1987（G 283）and Caven 1990（G 134）4 –5 相信，狄奥多鲁斯直接利用了菲利斯图斯的作品，但采用这种方法的实际区别并不大。

[13] *FGrH* 556 以及注释，Manni 1957（B 71）；Zoepffel 1965（B 133）；Pearson 1987（B 92）19 –30；Sanders 1987（G 283）43 –71.

122

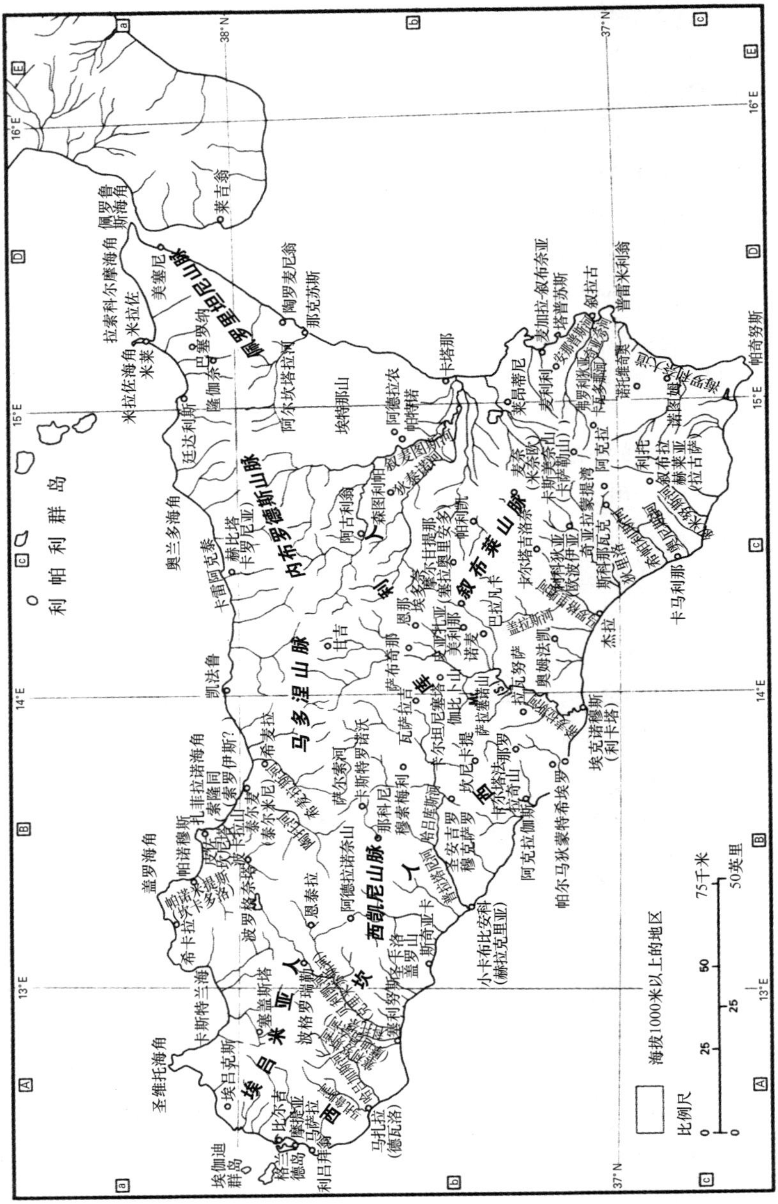

利帕利群岛
佩罗鲁斯海角
莱吉翁
拉索科尔斯海角
米拉佐
米拉佐海角
米莱
美塞尼
佩罗里坦尼山脉
巴塞罗纳
隆伽奈
陶罗麦尼翁
那克苏斯
阿尔坎塔拉河
埃特那山
卡塔那
廷达利斯
阿德拉农
帕特诺
内布罗德斯山脉
奥兰多海角
赫比塔
卡罗尼亚
阿吉利翁
卡雷阿克泰
马多涅山脉
凯法鲁
甘吉
恩那
叙布莱山脉
麦加拉-叙布莱亚
塔普苏斯
叙拉古
普雷米利翁
帕奇努斯
诺托
阿克拉
莱昂蒂尼
卡马利那
杰拉
希麦拉
扎非拉诺海角
帕诺穆斯
盖罗海角
西凯尼山脉
埃里克斯
埃伽迪群岛
利吕拜翁
马扎拉
塞利努斯
小卡布比安科
赫拉克里亚
阿克拉伽斯
埃克诺穆斯
圣维托海角
卡斯特兰海
比例尺
海拔1000米以上的地区
75千米
50英里

地图3 西西里

史学家会发现很多使他感兴趣的事情。实际上，他显然是古代最坚决 续
的修昔底德模仿者。没有任何当时其他叙述的明显痕迹存在，可以肯 123
定的是，狄奥多鲁斯有关事实的叙述最终依据的——尽管只是间接的——是菲利斯图斯的作品，但是其敌意部分不是由于利用了另一份当时的资料，而是以一种或几种手段对那些事实所做的有意的歪曲。非常明显的是，菲利斯图斯著作中的一些内容几乎原封不动地被抄录下来了，最重要的是对公元前396年折磨迦太基军队的瘟疫的描述（XIV. 70. 4－71），还有对狄奥尼修斯的要塞（XIV. 18）和武器装备（XIV. 41－2）的描述，都是从非常有利于狄奥尼修斯的角度叙述的。也有一些叙述（例如XIV. 9），我们只需去掉几个粗鲁的词，就会得到一种基本有利于狄奥尼修斯的叙述。如果菲利斯图斯准备采用一种明显的、马基雅维利式的态度，可能甚至都不用去掉。[14] 因此，如果我们看他提供的事实，而省略如今裹挟在事实中的观点和解释，我们会得到一种重要的观念，可以利用这种观念处理狄奥多鲁斯的著作。

如果我们使用这些原则，比如说，更可能的情况是狄奥多鲁斯把狄奥尼修斯希望成为僭主的想法大大提前了。尽管文本认为狄奥尼修斯从一开始就有这个想法，但他在迦太基重新开始入侵的第一年
（即公元前406年）实际上提出的建议，每一件事情都可以在叙拉古 124
历史上需要军事准备的其他时期找到充分的对应，最明显的是赫摩克拉特斯（Hermocrates）在公元前415—前413年雅典入侵期间所采用的做法。狄奥尼修斯是赫摩克拉特斯的追随者。几乎没有其他事件可以同样巧妙地处理，但我们必须尝试。

根据希腊人的标准，公元前413年的叙拉古是个相当大的地方。修昔底德（特别是VII. 58. 4）一再说，西部希腊的城邦似乎与希腊大陆的城邦在规模上有区别。我们没有关于叙拉古人口的数据。阿克拉伽斯（Acragas）显然是第二大城市，狄奥多鲁斯（XIII. 84. 3）说，公元前406年她有两万公民，如果包括外国人，则有20万人。[15] 修昔底德在第6卷第67章第2节提到了一支超过5000人的叙拉古重装步兵军队，并且证实她有一支1200多人的骑兵；与总人口相比，

---

[14] XIV. 8 *fin.* 可能就是这种例子，XIV. 107. 4甚至更有可能。

[15] Beloch 1886（A 4）281－5对第二个数字表示怀疑；见De Waele 1979（G 156）。关于希麦拉（Himera）的情况，见Asheri 1973（G 103）。

重装步兵相对较少，赫摩克拉特斯建议分配武器证明了这一点（Thuc. Ⅵ. 72. 4；参见 Polyaen. Ⅰ. 43. 1）。希腊人口的性质并不明显。亚西比德混合并转移西西里人口的主张以及后来缺乏地方爱国主义的说法（Thuc. Ⅵ. 17. 2 – 3）都是片面的，并且可能被夸大了。在盖隆（Gelon）统治时期，为了建设一个更大的叙拉古（*CAH* Ⅳ^{2} 769 – 70），出现了明显的人口迁移，僭主制垮台后出现了更多的迁移（*CAH* Ⅴ^{2} 154 – 61）。这些情况足以在雅典产生这样一种看法。盖隆给予公民权的7000名外来雇佣军离开叙拉古已经很长时间了（Diod. Ⅺ. 72. 3 – 73, 76），我们了解的唯一一次近期的迁移，是公元前423/422年莱昂蒂尼（Leontini）的一些上层阶级向叙拉古的迁移（Thuc. Ⅴ. 4. 2 – 3）。[16]

非希腊人人口的数量更是一个谜。尽管尼西亚斯提出了——而且修昔底德也赞成——鼓动叙拉古的阶级斗争不会有更大收获这种观点（Thuc. Ⅵ. 20. 2, Ⅶ. 55. 2），但我们确实知道，在雅典包围期间有一次未遂的奴隶反叛（Polyaen. Ⅰ. 43. 1）。[17] 我们很容易把这些奴隶和公元前5世纪80年代出现的西里库利奥斯人（Cillicyrioi）联系起来，尽管这个名字没有再次出现，但他们显然是某种形式的原住民人口。[18] 在史料中，我们不可能将他们与原本的奴隶或处于叙拉古直接控制下的当地西凯尔人（Sicel）区别开来，一些西凯尔人逃到了雅典人一边（如 Thuc. Ⅵ. 88. 4）。[19] 这些原住民人口在政治上没什么地位，但他们对社会结构至关重要。我们几乎没有证据证明，但可能的
125 情况是他们主要从事农业劳动。和雅典公民相比，叙拉古公民（实际是其他西西里城市的叙拉古公民）与他所拥有的土地联系不那么紧密；如果是这样的话，西西里人口的流动性将更容易理解。[20]

对修昔底德而言，叙拉古在特征和制度方面与雅典似乎有些难以区分（Ⅷ. 96. 5, Ⅶ. 55. 2）。描述平民领袖阿特纳哥拉斯（Athenagoras, Ⅵ. 35. 2）的语言与用于克里昂（Cleon）的语言很相似

---

[16] Diod. ⅩⅢ. 18. 5 认为到公元前413年他们还没有完全被整合。

[17] Lewis 1977（A 33）28 n. 11.

[18] Hdt. Ⅶ. 155, Phot. *Lex*. s. v.; Dunbabin 1948（G 160）111.

[19] 见 Vattuone 1979（G 317）。

[20] 关于考察叙拉古和西凯尔人之间经济关系的尝试，见 Ampolo 1984（G 99）。关于古典时期希腊城邦乡村的考古证据很稀少；关于卡马利那（Camarina）的农业遗址，见 *Arch. Rep. for 1981 – 2*, 90。

（Ⅲ.36.6，Ⅳ.21.3），有关他捍卫民主政治的情况说得不多（Ⅵ.38－9），从雅典人的嘴里说出这种话来似乎有些奇怪。他笔下的叙拉古民众（demos）和雅典民众一样不安分（Ⅵ.63.2）。狄奥多鲁斯（Ⅺ.68.6）和亚里士多德（*Pol.* 1316a33）也谈到了这个时期的民主政治。有关政体的明确记载很少。在雅典人到达时，叙拉古有15名将军（Ⅵ.72.4）。[21] 在第6卷第72章第5—73节中，这个委员会被缩减为3人（包括赫摩克拉特斯）。他们拥有全权（*autokratores*），人民要宣誓允许他们尽可能地管理事务。这绝不是一次革命。他们直到第6卷第96章第3节中才上任。叙拉古人没有遵守誓言，在第6卷第103章第4节中，他们被3名新将军取代。民众显然保持着最终的控制权。[22]

尽管修昔底德强调雅典包围时期叙拉古实行民主政治，有真实的传统证明，公元前413年后有更为激进的政治变化。亚里士多德（*Pol.* 1304a27）说，民众在反雅典战争中的胜利导致了从温和政体（*politeia*）到民主政治的转变。狄奥多鲁斯对此有更多的说明。在肯定是出自埃弗鲁斯的一段中，[23] 他给我们介绍了平民领袖狄奥克莱斯［Diocles，ⅩⅢ.19.4；Plut. *Nic.* 28.1中作“欧吕克莱斯”（Eurycles）］，在一场关于雅典俘虏命运的讨论中，狄奥多鲁斯转而简短叙述了狄奥克莱斯后来如何为叙拉古制定法律（ⅩⅢ.34.2－3）。属于下一年的一段更长的叙述（ⅩⅢ.34.6－35），描述了狄奥克莱斯如何劝说公民改变政体，以抽签任命官员和制定新的法律。几乎可以肯定，这一段是狄奥多鲁斯自己的叙述，[24] 但细节上不尽可信，因为狄奥多鲁斯肯定是把公元前5世纪的狄奥克莱斯和一名古风时代的立法家混淆了。[25] 我们能确定的是将军的数目又增加了，[26] 并产生了增加 126

---

[21] 依据第6卷第41章第1节，不能必然断定他们在主持公民大会。在狄奥多鲁斯（Ⅺ.92.2，ⅩⅢ.91.3）笔下，执政官主持公民大会。

[22] 由于斯巴达的古利普斯（Gylippus）和科林斯的皮坦（Pythen）的到达，指挥情况发生了变化，但在叙拉古的将军中有更多的变化（Ⅶ.46，50.1，70.1），没有专门提到。

[23] Barber 1935（B 11）164－5.

[24] 它提到了国王希埃罗（Hiero）（可能甚至对提麦奥斯来说都太晚了）以及公元前44/43年的事件。

[25] 关于古风时代的那位狄奥克莱斯，见 Beloch 1912－27（A5）1.1，350 n.1。在狄奥多鲁斯的叙述中，有些年代难以置信，他描述的法律使用了古风时代的语言，这在提摩莱昂时代很难理解。

[26] 即使我们没有直接的证据（Pl. *Ep.* Ⅷ.354d）证明在狄奥尼修斯崛起的时代有10名将军，但可以断定在爱琴海（Thuc. Ⅷ.85.3）的3名将军是一个人数更多的将军委员会的成员。

国家津贴的争议。[27]

在西部，雅典远征失败以后，还有反击雅典同盟的扫尾行动要进行。打击卡塔那（Catana）（这里有雅典的幸存者）和美塞尼（Messene）的战斗在迦太基入侵时代还在进行（Thuc. Ⅶ. 85. 4，Lys. ⅩⅩ. 24 –5，Paus. Ⅶ. 16，Diod. ⅩⅢ. 56. 2）。[28] 叙拉古对西西里西部没表现出多少兴趣，塞利努斯（Selinus）在这里重新开始了此前中断的对埃吕米亚人的塞盖斯塔（Segesta，请见 Diod. ⅩⅢ. 43. 2 –3）的战争（Thuc. Ⅵ. 6. 2）。塞盖斯塔态度和缓，但塞利努斯很贪心。它们之间的战争将产生重大影响。

报复雅典似乎是更重要的事情。公元前 412 年夏末，赫摩克拉特斯率领20 艘叙拉古战船以及两艘塞利努斯战船帮助消灭雅典（Thuc. Ⅷ. 26. 1）。[29] 之后从西部来的援军中，包括图利伊（Thurii）的 10 艘战船，由罗德斯的流亡者多利欧斯（Dorieus）率领（Thuc. Ⅷ. 35）。[30] 叙拉古和图利伊的水手显然不具有代表性，主要是自由人（Thuc. Ⅷ. 84. 2）。叙拉古的船只不仅仅在军事上有效（Thuc. Ⅷ. 28. 2，Xen. *Hell*. 1. 2. 10），在与提萨菲奈斯的谈判中，赫摩克拉特斯也是一位强硬的发言人（Thuc. Ⅷ. 29，45，85）。但公元前 410 年夏，他们在库吉科斯共同遭遇了大灾难（*CAH* V^2 483），不得不在安坦德鲁斯重建他们的舰队（Xen. *Hell*. Ⅰ. 1. 26）。显然他们在那里收到了来自国内的消息，即赫摩克拉特斯及其同僚被放逐了（Xen. *Hell*. Ⅰ. 1. 27，Diod. ⅩⅢ. 63. 1）。我们不要认为"狄奥克莱斯革命"和这一事件一样晚。如果叙拉古希望速胜，两年后却听到了舰队的损失，产生不满是很自然的。赫摩克拉特斯拒绝舰队官员提出的不要理会他被流放的建议，而是等待接任者的到来。公元前 410 年末，接任者到达米利都并接管了重建的舰队。然而，公元前 409 年春，从国内来的另外 5 艘

---

[27] Meyer 1921（A 38）59 –60. 付给公民军队的津贴（Diod. ⅩⅢ. 93. 2，95. 1）显然比配给更高些。

[28] 见 Giuffrida 1979（G 184）。由于受到叙拉古进一步的影响，公元前 413 年曾在图利伊掌握权力的亲雅典派失利（Thuc. Ⅶ. 33. 6，57. 11），公元前 413—前 412 年，图利伊驱逐了 300 名亲阿提卡派，其中包括演说家吕西阿斯［（Plut）. *Mor*. 835D］。

[29] Diod. ⅩⅢ. 34. 4 提到的 35 艘战船中，显然包括 Thuc. Ⅷ. 13 提到的返回的 16 艘伯罗奔尼撒船只。

[30] 公元前 411 年，有来自塔拉斯（Taras）和罗克利的船只，数目不确定（Thuc. Ⅷ. 91. 2，M-L no. 82）。

战船到达了（Xen. *Hell.* Ⅰ.2.8）。[31] 公元前409年夏的以弗所战役中，所有的船只表现良好（*CAH* Ⅴ² 485）。叙拉古人被授予财政大权。而塞利努斯人“因为他们的城市被毁”，公民权也丧失了（Xen. *Hell.* Ⅰ.2.10）。不久之后，他们就从爱琴海上消失。其他事件将他们召回了国内。 127

所有这些都以《剑桥古代史》第5卷第2版第503—505页讨论的年代为基础，由此可以推测，公元前409年初另5艘船被派出时，迦太基对叙拉古的威胁似乎还不算严重，但是塞利努斯陷落的消息大约在6月份传到了爱琴海。这样看来，狄奥多鲁斯第13卷第43—44章描述的迦太基入侵的准备活动应该属于公元前410年，迦太基入侵和消灭塞利努斯与希麦拉的时间为公元前409年。[32]

一般认为［*CAH* Ⅳ²775，以及本卷第11章第5节（此处疑有误，本书第11章并无第5节，可能是第9章第1节——译者注）］公元前480年希麦拉战役后的那些年里，迦太基开始退出地中海的历史舞台。在西西里，她已经被赶回到她在西北角的三个殖民地——摩提亚（Motya）、索罗伊斯（Soloeis）以及帕诺穆斯，[33] 可能和埃吕米亚人的塞盖斯塔以及塞利努斯保持着友好关系。[34] 迦太基和希腊人的西西里有贸易往来，材料最多的是阿克拉伽斯，它用橄榄油，可能还有葡萄等产品交换利比亚的财富。这种财富不显山露水，可能西班牙的银变成了阿克拉伽斯真正的货币。[35] 人们已经证实，到公元前397年，迦太基商人已广泛定居于叙拉古和希腊人的西西里的其他地区（Diod. ⅩⅣ.46），这种定居可能只是出现在公元前409—前405年迦太基

㉛ 他们的统帅为公元前414年取代赫摩克拉特斯的那些人的一部分（Thuc. Ⅵ.103.4），叙拉古人可能觉得他们在政治上更可靠。

㉜ Xen. *Hell.* Ⅰ.1.37中的窜入者将塞利努斯陷落的时间定在阿提卡年的公元前409/408年，这个时间既不确定，也不那么重要。也参见Meyer 1921（A 38）64-5，他利用错误的爱琴年代学得到的时间是公元前409年，Beloch 1912-27（A 5）Ⅱ.2，255-6利用了准确的爱琴年代学，但得到的时间是公元前408年。

㉝ 证据表明，该时期以前迦太基对他们只有最为松散的控制，见Meyer 1921（A 38）69；Finley 1979（G 164）64；Whittaker 1978（G 91）；最充分的研究是Hans 1983（G 30）。

㉞ 公元前480年，塞利努斯站在了迦太基一边（Diod. Ⅺ.21.4-5，ⅩⅢ.55.1），但盖斯孔（Gescon）在那里受到了欢迎，在父亲哈米尔卡（Hamilcar）于希麦拉失败后，他被迦太基流放（Diod. ⅩⅢ.43.5）。公元前409年以前，布匿人对塞利努斯的影响有多少可以得到证实，并不确定。见*Arch. Rep. for 1976-77*，74。

㉟ Kraay 1976（B 200）226. 也请注意阿克拉伽斯对迦太基货币的覆打，见Jenkins 1974（G 201）24-5。

获胜以后，但是狄奥多鲁斯第14卷第77章第5节出现的迦太基的希腊人定居者可能已经在那里有一段时间了。迦太基在政治上是平静的，只有一次出现过麻烦的暗示（Diod. Ⅺ. 86. 2），[36] 证实那里有某种冲突。一些雅典人似乎很久以前就知道迦太基（Ar. *Eq*. 1302－1304，Plut. *Per*. 20. 4）。[37] 公元前415年，赫摩克拉特斯建议利用迦太基对雅典的恐惧获得帮助，他显然不认为迦太基是与雅典类似的威
128 胁（Thuc. Ⅵ. 34. 2）。但是，公元前415—前413年企图获得迦太基帮助的不是叙拉古，而是雅典（Thuc. Ⅵ. 88. 6）。

当时发生的事件，没有任何迹象表明迦太基的威胁阻止了叙拉古在西西里东北部以及爱琴海的行动。塞利努斯还依赖公元前480年自己对迦太基的服务，因此在实施一项复杂的建造神庙的计划时，[38] 却忽视了她的城墙（Diod. ⅩⅢ. 55. 7）[39]。如果塞盖斯塔在公元前416年就尝试获得迦太基的帮助抵抗塞利努斯（Diod. Ⅻ. 82. 7；修昔底德没有提到），那么她没有获得成功。因此，塞盖斯塔公元前410年的重新求助居然被更热情地接受了，让人惊讶（Diod. ⅩⅢ. 43. 4－5）。据说迦太基的元老院（*gerousia*）渴望获得一个位置好的城市（并非明指塞盖斯塔），但又害怕叙拉古的反应。关键是汉尼拔（Hannibal）的态度，他当时是马戈家族的首领，公元前480年死在希麦拉的哈米尔卡的孙子（*CAH* Ⅳ^{2}771－5），他自然对希腊人怀有敌意，并且渴望抹去家族的耻辱。他的确切地位并不清楚。他那时在“法律上是王”。这句话的意思很模糊，[40] 但那与他现在获得的将军职务有所不

---

[36] 见 *CAH* Ⅴ^{2}159 no. 10. 这里的利吕拜翁（Lilybaeum）可能是把摩提亚错误地放在这个时代的结果（参见 Diod. Ⅴ. 9. 2），但发生了什么还不确定。

[37] Treu 1954/55（G 86）45－9 认为（他可能是正确的），那个建议是公元前415年雅典远征的一个目标，它是亚西比德提出来威吓斯巴达人的一个招数（Thuc. Ⅵ. 90. 2），但修昔底德接受了它（Ⅵ. 15. 2）。

[38] 关于塞利努斯的城墙，见 Di Vita 1984（G 158）以及 *Arch. Rep. for 1987－88*，145－6。关于城市规划，见 Rallo 1984（G 273）；Di Vita 1984（G159）。

[39] 关于塞利努斯的神庙建筑，见 Berve and Gruben 1962（J 5）421－32；Lawrence 1983（J 22）151－55。有关公元前5世纪塞利努斯活动的主要文献是 M-L no. 38，对它们暗示的意义，还没有一致意见。

[40] 一般认为［最近的论述是 Huss 1985（G 39）458－66］，“*basileus*”意味着他是每年两名“苏菲特”（Suffetes，希伯来语中“法官”一词同源）之一，有足够的证据证明后一种官职已经存在。皮卡尔（Picard，见本卷第367页）对这种认识提出了正确的怀疑。他认为正是亚里士多德（*Pol*. 1272b37ff）首先断定迦太基有双王，并且满意地提到他们与斯巴达国王的不同：他们不一定出自特定的家族。如果他的“王”也是每年一任，则亚里士多德应该会提到。希腊人用希腊人的眼光看迦太基的制度，是十分可能的。见 Weil 1960（B 123）246－54；Seston 1967（G 79）。由于没有更多的证据，我们无能为力。

同。稍微清楚一点的是，马戈家族从公元前6世纪以来就是世袭的将军。[41] 在他的任命中，有一个细节即“如果有必要宣战”，这表明元老院可能认为战争是不必要的。公元前410年的外交谈判（Diod. XIII. 43. 6 －7）不仅仅是在塞利努斯产生了一个主和派（同上，59. 3），可能还是孤立塞利努斯、防止叙拉古进入的一次真正的尝试。甚至在公元前409年，汉尼拔把他的舰队停在了海滩上，以避免给叙拉古人造成他对他们有野心的印象（同上，59. 5）。[42] 尽管叙拉古给塞利努斯提供了某种形式的帮助（同上，44. 4 －5），但是当她 129
在公元前409年初另外派了5艘战船到爱琴海时，她似乎和公元前415年对待雅典时一样过于自信了。

要进行大规模的远征，迦太基至少要花一年时间准备似乎是个惯例。公元前410年汉尼拔可用的所有兵力是5000名利比亚人和800名坎帕尼亚人（同上，44. 2）。[43]这些坎帕尼亚人是西西里未来的不祥之兆，据说是西西里的哈尔季狄基人（Chalcidians）为雅典招募的。[44] 他们足以让塞利努斯奔忙。同时汉尼拔配备了一支舰队，并且召集了一支人数更多的，由伊比利亚人、迦太基公民和利比亚人组成的军队，于公元前409年出现于西西里（同上，44. 6，54）。[45] 这时以及之后，迦太基的军队以一种希腊人最不熟悉的方式分成两部分部署，一支前线部队和一支找机会出击的部队。围城机械摧毁了被忽视的城墙，仅仅9天后，突击部队就进了城（同上，56. 5）。[46] 狄奥多鲁斯描写了残酷屠杀的景象，但还未建成的神庙显然没有被毁，只是遭到了劫掠。幸存的塞利努斯人被允许继续留在城里并耕种土地，但

㊶　过去人们认为［例如，Warmington 1964（G 90）60 －1］，他们在希麦拉战役后不久失去了这一职位，那时任命了一个委员会控制将军（Justin XIX. 2. 5 －6）。Maurin 1962（G 48）认为这一事件直到希米尔科（Himilco）公元前396年战败并自杀后不久才发生（见下文第144页），Huss 1985（G 39）464的论述接受了这种观点，但希米尔科之后甚至仍有马戈家族的将军一事，表明他对证据采取了过度怀疑的立场。见 Picard，G. Ch. and C. 1970（G75）125 －9；但请见本卷第373页。

㊷　见 Hans 1983（G 30）53 －5。

㊸　关于这一章提到的所有与迦太基战争的更完整的叙述，请见 Huss 1985（G 39），那里关于年代的细节并不与本卷完全一致。

㊹　修昔底德根本不知道坎帕尼亚人；Thuc. VII. 57. 11 中的埃特鲁利亚人（Etruscans）和亚皮吉亚人（Iapygians）（参见33. 4）不是坎帕尼亚人。关于这个时期的坎帕尼亚人，见 Frederiksen 1968（G 171），特别是第12—13页，以及1984（G 173）106。

㊺　埃弗鲁斯提供的汉尼拔军队的数量是60条长船以及1500辆运输车、围城机械、20万名步兵和4000名骑兵，提麦奥斯的数据是“10万多一点”。在 Diod. XIII. 58. 1 中，有一些神秘的希腊人加入了迦太基一方。

㊻　见 Di Vita 1984（G 158）76 －9。

要给迦太基交纳贡金（同上，59.3）。

我们不清楚希麦拉是否给塞利努斯提供了帮助。无论如何，没有任何事情能够阻止汉尼拔为他祖父的失败复仇。当他推进到西西里北岸时，他将军队分成了两支。他得到了当地西凯尔人和西坎人（Sicans）的支援，狄奥多鲁斯说后两者有 2 万人，显然他们渴望摆脱希腊人的控制。希腊人的西西里一度低估了迦太基人的围城技术，现在警觉地意识到了危险。杰拉（Gela）和阿克拉伽斯正在等待叙拉古的援助。到塞利努斯陷落时，3000 名叙拉古人到达了阿克拉伽斯，狄奥克莱斯那时在希麦拉集合了 4000 人。双方发生了一些不具决定意义的战斗，来自爱琴海的舰队那时已经到达，但狄奥克莱斯绝望了。他担心迦太基人可能朝着没有保护的叙拉古航行，于是决定撤出希麦拉。他撤得很快，以至于丢弃了还未埋葬的叙拉古士兵的尸体——这是一个政治错误，但还没有快到在希麦拉陷落以前使他的战船返回以撤出希麦拉的人口。[47] 汉尼拔处决了 3000 名俘虏，以报复公元前 480 年的灾难，并解散他的军队回国（坎帕尼亚人对他们雇主的离去感到不快）。在一场仅持续了 3 个月的战斗中，汉尼拔显然做了所有他
130 打算做的事情。[48] 希腊人的城邦已经完全没有能力制止他了。

塞利努斯和希麦拉的货币这时消失了，但埃格斯塔（Egesta）和埃吕克斯（Eryx）的货币可能继续使用了不长时间。帕诺穆斯的货币看起来纯粹是希腊货币，它继续模仿叙拉古，但上刻布匿铭文 ZIZ。[49]

公元前 410 年末离开舰队后，赫摩克拉特斯投靠了法那巴祖斯，（也见 *CAH* V^2 478）。史料（Xen. *Hell.* Ⅰ.1.31，Diod. ⅩⅢ.63）表明他立刻开始准备返回西西里，但根据后来爱琴海地区的年代学，到公元前 408 年末，他和自己的弟弟普罗克塞努斯（Proxenus）还在爱琴

---

[47] Asheri 1973（G 103）. 关于据称为希麦拉被毁的考古证据，见 *Arch. Rep. for 1987 – 88*, 139 [Tusa 1984 – 85（G 311）629]。

[48] 年代来自 Xen. *Hell.* Ⅰ. Ⅰ. 37 的窜入者；他的军队数字是否来自提麦奥斯？

[49] Jenkins 1971（G 201）如此认为，见 Kraay 1976（B 200）227 – 28，但把 ZIZ 货币归为帕诺穆斯的，还有相当多的疑问；见 Lo Cascio 1975（G 45）[将它们全部归于战后（*epikrateia*）]；Tusa Cutroni 1983（G 314 – 15）and *ap.* Manni et al.，1982 – 3（G225）213 – 36；Gandolfo 1984（G 178）。注意 Jenkins 1974（G 201）no. 36 上的铭文 *QRTHDSTMHNT*，那显然是公元前 410—前 390 年迦太基一次战争期间的货币。

海地区，准备去见波斯国王（Xen. *Hell.* Ⅰ.4.1－3）。[50] 这说明公元前408年西西里没有发生什么事情，狄奥多鲁斯著作的第13卷第62、63章之间表面上的连续有误导之嫌。公元前408年，他获得了足够的来自西西里的消息，既然狄奥克莱斯的政体受到了部分怀疑，表明赫摩克拉特斯有机会在西西里，甚至可能是叙拉古占有一席之地。

在法那巴祖斯的帮助下，赫摩克拉特斯返回了西西里，雇用了1000名雇佣军，挑选了1000名希麦拉人，在进行了一次返回叙拉古的尝试后，他在塞利努斯安顿下来。在这里，他组建了6000人的军队，劫掠了迦太基人地区，动摇了摩提亚和帕诺穆斯的安全。消息传到了叙拉古，那里出现了有利于他的情绪（Diod. XⅢ.63，在第75章接续）。他的第一个措施，是搜集在希麦拉未被埋葬的叙拉古士兵的尸骨，并把他们送回叙拉古，以削弱狄奥克莱斯的声誉；他自己非常得体地在边界上等待。叙拉古人接受了尸骨，狄奥克莱斯被放逐，但赫摩克拉特斯并未被召回，因为一些叙拉古人恐惧僭主制。一段时间后，他的朋友派人去请他，他在试图强行进入叙拉古时被杀。他那些没有被杀的部下或遭到流放，或精疲力竭地战死。我们完全没有理由否认他的爱国主义，但一直只有少数人支持他，甚至上层阶级都恐惧僭主制。[51]

希腊史料完全不清楚迦太基的政策，一直认为她的目的是征服整个岛屿，而忽略了希麦拉和下一次迦太基行动之间两年半的间隔。[52] 131
公元前409年的胜利无疑已经激起了一些欲望，而且赫摩克拉特斯的行动表明形势还不稳定。汉尼拔获得连任，但由于他的年龄，同一家族的希米尔科与他联合指挥。他进行了一次大规模的招募，其中包括另外一群坎帕尼亚人（Diod. XⅢ.80）。显然，他们考虑到了叙拉古，所以加强了海军。[53] 事实上，公元前406年，叙拉古有更大的行动。一支由40艘战船组成的军队远达埃吕克斯，但实际上没能阻碍汉尼拔的通过。叙拉古派使节到整个西西里、意大利，并从这些地方获得了一些援兵。她也派使节到了斯巴达，但在公元前406年，她不出所

---

[50] 他参与羊河战役的说法（Polyb. Ⅻ.25 k.11）肯定是错误的，应该是库诺塞马战役（Cynossema）。关于他返回的时间，结论稍有不同的讨论见 Seibert 1979（C 75）238－41 以及 558 n.124。

[51] 一般性论述请见 Westlake 1958－9（G 322）；Sordi 1981（G 297）。

[52] 必须预留出准备新的远征所需要的时间，但一定有很长的间隔。

[53] 如果 Diod. XⅢ.80.6－7 中的40艘和50艘战船是确定的话。

料地没有得到援助。从一个非常残破的断片（*IG* $\mathrm{I}^3$123 = M-L no. 92）中可以看出，迦太基曾请求雅典援助，而且至少得到了同情的倾听。雅典无力提供援助，但乐于看到叙拉古受到进一步牵制。

迦太基的第一个目标很明显是阿克拉伽斯。她是最有价值的对象，正处于其繁荣的盛期（见 *CAH* $\mathrm{IV}^2$776－8，$\mathrm{V}^2$168－70）。尽管她在雅典远征期间保持中立，但公元前 409 年她显然是援助塞利努斯的基地，让塞利努斯人对之印象深刻，而且对后者的命运抱以深刻同情（Diod. XIII. 58. 3）。她拒绝了迦太基主动提出的条件，并且雇用了斯巴达雇佣军指挥官戴克西普斯（Dexippus），以及 1500 名希腊雇佣军和被汉尼拔得罪的 800 名坎帕尼亚人。迦太基军队像通常一样分成两支，几乎立刻遭遇了一场“瘟疫”，这场瘟疫夺走了年迈的汉尼拔的生命。甚至迦太基都认为，这是破坏泰隆（Theron）墓遭受的正当惩罚。达弗奈乌斯（Daphnaeus）指挥的一支叙拉古军队以及来自意大利和美塞尼的援军，加上沿途收编了卡马利那和杰拉的军队，总数共有 3 万名步兵和 5000 名骑兵，并且得到了一支 30 艘战船的舰队的支持。但是对迦太基预备队的胜利没有得到利用，阿克拉伽斯军队突击的请求也被拒绝。4 名阿克拉伽斯的将军被石头砸死，戴克西普斯不那么受欢迎了。这个战略并不一定就是错误的，[54] 因为迦太基人员不足，不愿意打一场阵地战。对海洋的控制是关键，但由于护送补给的船队粗心大意，丧失了制海权。希米尔科从帕诺穆斯和摩提亚带来了舰队，赢得了一次海战。现在轮到阿克拉伽斯人挨饿了，而且坎帕尼亚人又一次改变了立场。意大利人盟友回国了，人们一致认为阿克拉伽斯不可能坚守了，最好退到杰拉。这次撤离比在希麦拉指挥得当。阿克拉伽斯人后来被安置在了莱昂蒂尼，那里自公元前 423
132 年以来一直被弃置。包围持续了 8 个月［Diod. XIII. 91. 1（据埃弗鲁斯记载，存疑）；Xen. *Hell.* I. 5. 21 认为是 7 个月（据提麦奥斯，存疑）］，公元前 406 年冬至前不久，围困结束。希米尔科在阿克拉伽斯过冬，并在那里消化其丰厚的战利品。

于是整个西西里产生了恐慌：一些人逃到叙拉古，有些甚至逃到意大利。阿克拉伽斯人到达叙拉古，并且说明了他们自己将军的失

---

[54] Polyaen. V. 7a 表明有人曾看好达弗奈乌斯。

误，据说有人批评叙拉古领导者的选择。史料称，在叙拉古的一次公民大会上，除了一个25岁上下的年轻人狄奥尼修斯外，没有任何人准备发言（Cic. *Tusc.* V. 20. 57；参见埃弗鲁斯 *FGrH* 70 F 218），他曾参与赫摩克拉特斯的最后一次政变尝试。他的出身不明。[55] 在最可信的叙述中，他曾担任低级宗教祭司。[56]

他对将军们的攻击并不是一个非赫摩克拉特斯式的做法，但是他认识到，需要获得广泛的支持，并且采用了煽动性的做法：将军们受了贿，其他要人是寡头派；应该重新任命真正的民主派担任将军（Diod. XIII. 91。参见 Arist. *Pol.* 1305a26，他攻击达弗奈乌斯和富人）。官员们试图对他处以罚款，但富人菲利斯图斯（后来的历史学家）宣布他准备全天交纳当天整日的罚金。民众已经对战争指挥感到不满，确实选举了一个新委员会，其中包括狄奥尼修斯，但他坦言不信任自己的同僚，拒绝和他们一起开会。在下一次公民大会上，他建议并且提议召回被放逐者。在国家危急时刻，这是适当的做法，但主要受益者是赫摩克拉特斯派的人。[57]

即使狄奥尼修斯真的拒绝和其他将军一起开会，他在杰拉的独立指挥权也满足了他的需要。杰拉当时由戴克西普斯控制，此人这时正为叙拉古服务。那里也出现了内讧。狄奥尼修斯支持民众，富人被判罪以得到资金支付由雇佣军组成的守军，同时加倍支付了叙拉古人的津贴。革命后杰拉派人到叙拉古表达对狄奥尼修斯的赞美，但他和戴克西普斯合不来，于是回国了，并加强了对他们中间背叛者的攻击。他宣称已经从希米尔科的传令官处了解到其他将军背叛了，并且提出辞职，不愿做唯一忠诚的将军。当时确实有一些动向，希望看看在什 133
么条件下迦太基人可以被收买，这倒并非不可能。

如果我们排除史料中一直强调的狄奥尼修斯的目标是僭主制，则狄奥多鲁斯随后的叙述（XIII. 94. 5 – 96）可以合理地解读为赫摩克

[55] 所有的史料都把他的父亲叫作赫摩克拉特斯，尽管没有关于此点的证明，但他可能和自己的儿子一样，也叫赫摩克拉特斯（Tod no. 133，第20行）；他的继父赫劳利斯（Heloris）是后来出现的。

[56] 在前引西塞罗的著作中，提供了一个关于他家族和地位模糊但有利的叙述。但所有其他的史料，甚至公元前4世纪的史料（Isoc. V. 65），都认为他地位相当低。Dem. XX. 161 是关于其祭司职务的最早证据；参见 Diod. XIII. 96. 4，XIV. 66. 5，Polyaen. V. 2. 2（称他为将军的秘书）。

[57] 史料倾向于认为所有这些都是已经制订的僭主制计划的一部分；流亡者因财产被归还而高兴，杀死了他们的敌人并掠夺他们的财产，由于感激支持他成为僭主。

拉特斯式的军事改革计划。有人提出动议：废除十人将军委员会，以狄奥尼修斯作为全权将军（*strategos autokrator*）取代他们。通过诉之于盖隆的模式，这个建议具有合理性。我们不知道盖隆实际上是否任过这样一个职务，尽管在公元前 405 年，人们很可能相信这是真的。[58] 如果我们接受柏拉图第 8 封信之 353a 节（Plut. *Dion* 3 的叙述可能出自这里）的叙述，即希帕利努斯（Hipparinus）曾是他在将军委员会的同僚，身份为顾问和年长者，那么一个更近的先例是赫摩克拉特斯提出的建议：以三名全权将军（*strategoi autokratores*）取代十五人委员会（Thuc. Ⅵ. 72. 5），则其中涉及的狄奥尼修斯作为唯一全权将军的暗示就会减少。[59] 希帕利努斯在这个阶段的突出地位得到了亚里士多德的证实（*Pol.* 1306a1），他把希帕利努斯列在放纵的贵族之列，他们寻求自己成为僭主或支持别人做僭主。假如公元前 357 年僭主制被推翻后狄翁（Dion）和麦伽克莱斯（Megacles）被任命为联合全权将军（Plut. *Dion* 29. 4），那么狄奥多鲁斯的史料来源可能有过度简单化的倾向。

狄奥尼修斯的第一个提议是加倍支付士兵的薪水。他的第二个提案是率领一支年龄在 40 岁以下的人组成的军队到莱昂蒂尼。除了在那里招募军队的可能性（除了那些来自阿克拉伽斯的，还有其他的逃难者）外，使他的军队远离国内的舒适可能也是合乎情理的。在莱昂蒂尼，据说他宣称有反对他的阴谋，所以提出了为他配备卫兵的传统要求。[60] 既然他要求的卫兵恰好是 600 人，而这又是公元前 5 世纪叙拉古精英部队的标准人数（Diod. Ⅺ. 76. 2，Thuc. Ⅵ. 96. 3），则在这个要求中，我们没有看到什么恶意。随后他挑选了 1000 多名贫穷但勇敢的公民全副武装起来，所遵循的是赫摩克拉特斯的建议（Thuc. Ⅵ. 72. 4），目标是加强重装步兵的力量。他以友好的方式与雇佣兵交谈，调整了他们的指挥官，把戴克西普斯遣回了希腊，我们几乎不用担心，这是要恢复叙拉古人的自由。毕竟我们没有多少理由评价指挥官或戴克西普斯的军事能力。把杰拉和其他地方的军队进一

---

[58] Caven 1990（G 134）56 认为狄奥尼修斯的朋友当时虚构了这一点。

[59] Niese 1905（G 244）and Sanders 1979 – 80（G 282）79 – 80 认为这个说法是错误的。Caven 1990（G 134）56 认为有两名以上的将军。

[60] 比较亚里士多德在 *Pol.* 1286b 35 – 40 中稍微不同的叙述。

步集结在一起，也不是不合理。最难解释的问题，是那个最为关键的问题：在返回叙拉古后，他在船坞扎营，公开宣布自己（或炫耀自己）是僭主（XIII. 96. 3）。这里可能有一些盖隆式的微妙之处，但我们并不了解。对此叙拉古人不可能抗拒，因为城市里到处是雇佣军，而且他们害怕迦太基人。两个更具体的事实可能更容易被解释为炫耀赫摩克拉特斯派的胜利。狄奥尼修斯娶了赫摩克拉特斯的女儿，并且把他的妹妹嫁给了赫摩克拉特斯的妹夫。他召开了公民大会，促其下令处决达弗奈乌斯和戴马库斯（Demarchus），后者是公元前410年取代赫摩克拉特斯的一个将军（Thuc. VIII. 85；Xen. *Hell.* I. 1. 29）。敌视他的资料[61]也不否认他采用了合法的形式。 134

作为一个组织者，狄奥尼修斯可能做得相当好；作为一个指挥官，他却不那么成功。公元前405年夏初，希米尔科摧毁了阿克拉伽斯（Diod. XIII. 108. 2），接着攻击杰拉，杰拉英勇抵抗。狄奥尼修斯得到了来自意大利的援助，据提麦奥斯提供的较低的数字，他有3万名重装步兵、1000名骑兵，并有50艘船就近支援，同时试图切断迦太基的供应。20天后，狄奥尼修斯决定采取更具攻击性的策略，但一次部署非常周密的三路进攻失败了，原因是他自己的部队穿过城市中心时速度缓慢。尽管损失不是灾难性的，但他的一些朋友认为，那个地方不适合阵地战。于是在没有很明确理由的情况下，他们决定放弃杰拉和卡马利那。[62]

军队愤怒了，而且显然怀疑有人叛变。上层阶级组成的骑兵反应最强烈。他们中的一群人迫不及待地冲回国内，劫掠了狄奥尼修斯的家，蹂躏了他的新婚妻子，导致她自杀（Plut. *Dion* 3. 2）。狄奥尼修斯带着100名忠诚的骑兵和600名精英部队迅速赶上了他们并镇压了那次反叛；其余的骑兵退到了埃特那（Etna，见Diod. XIII. 113. 3，据XIV. 7. 7加以校改）。主力军第二天早晨到了，但杰拉人和卡马利那人自然对叙拉古感到不满，他们加入了正日益成长的莱昂蒂尼聚落。

在我们的狄奥多鲁斯抄本中，有一处缺失中断了这个故事。在迦

---

[61] 在对菲利斯图斯（*FGrH* 556 F 57 – 8）或提麦奥斯（*FGrH* 556 F 29，105）著作相关残篇的解释中，没有明显的联系，我们没有与埃弗鲁斯著作相关的材料。

[62] 如果提麦奥斯将其与推罗在时间上同步是正确的，那我们得到的时间是8月，见Arr. *Anab.* II. 24. 6［Beloch 1912 – 27（A5）II 2，257f］。Adamesteanu 1956（G 92）研究了包围杰拉的地形。Caven 1990（G 134）59 – 72试图完全重构狄奥尼修斯的计划。

太基的军营中，显然有更大规模的“瘟疫”发生（Diod. XIII.114.2），希米尔科被迫派了一名使节。不管他背负多大的压力，他仍
135 强行提出了严厉的条款（Diod. XIII.114.1；*SdA* 210）。迦太基将保留她自己的领土，并且获得埃吕米亚人和西坎人。[63] 塞利努斯、阿克拉伽斯、希麦拉、[64] 杰拉和卡马利那得到允许保留城邦，但不能保留城墙，必须给迦太基纳贡。莱昂蒂尼、美塞尼和西凯尔人将保持自治。叙拉古人将处于狄奥尼修斯的控制之下。[65] 狄奥尼修斯不大可能把这个和约作为一个永久的解决办法加以接受，但肯定乐于得到重组军队的机会。由于瘟疫造成的灾难性损失，希米尔科不得不满足于他所获得的实质性收益，而没有冒险利用一支衰弱的军队实施对抗叙拉古的进一步行动，这无须特别说明。他肯定使迦太基在西西里的势力达到了顶点。

我们已经分析了狄奥尼修斯第一次获得权力的一些积极方面，但如果我们认为，在那之后他就是一个王，是没有意义的。下一段要讨论的一些相当激进的措施被狄奥多鲁斯置于和约签订后不久。如果这个时间是正确的，则狄奥尼修斯已经永久巩固了他的地位。他显然被骑兵反叛吓坏了。和约签订后不久，发生了一次更严重的叛乱。在这次事件中，据说他几乎已经绝望；他的朋友中到底是谁曾鼓励他说，“僭主制是有利的掩护”，后来有些争议。反抗强化了他进行统治的意志，这并非不可能，正如伯里克利（Pericles）在另外一个场合所说的（Thuc. II.63），放弃僭主制是危险的。在希腊的战争结束后，当一个斯巴达人和一个科林斯人来调查公元前406年他们无能为力的形势时（Diod. XIV.10，参见70.3），他们决定支持狄奥尼修斯。从某种意义上说，狄奥尼修斯到这时获得了正式承认。[66] 到公元前400年，雅典法庭上的一个演说家（Lys. VI.6）已经可以随意地把狄奥

---

[63] 关于这些条款，见 Anello 1986（G 101）115－21。

[64] 希麦拉已经被在它西面10千米的泰尔麦（Thermae）取代（Diod. XIII.79.8）。

[65] 条约实际上不可能以他个人的名义提出。见 Freeman 1891－4（G 174）III 579－86，以及 App. XXXI；Caven 1990（G 134）76。

[66] 这个故事与所谓的解除叙拉古公民武装以及未来依靠雇佣军的一个决定有关；但规定好像不是那么绝对（比如见 Diod. XIV.44.2）。狄奥尼修斯也和吕桑德有来往，后者甚至可能拜访过他（Plut. *Lys.* 2.7－8），Caven 1990（G 134）84 接受了这种观点，但参见 Sansone 1981（C 314），他比较了 Plut. *Mor.* 229A 中的内容，证明第2章第8节的故事指的是狄奥多鲁斯提到名字的一个使节。也见 Bommelaer 1981（C 279）177－9。

尼修斯说成国王了。

证明狄奥尼修斯开始把叙拉古作为个人产业重建的文献是狄奥多鲁斯第14卷第7章。一座大墙将奥尔图基亚岛（Ortygia）与城市其他地区分割开了，岛上有一座设防的卫城和船坞。岛上的房屋只限于他的朋友和雇佣军居住。他已经在杰拉没收过土地，对富人的攻击和处决政敌，暗示他在叙拉古也实行这个做法。叙拉古最好的土地分给了他的朋友和指挥官。后来我们发现狄翁有一块地产，被柏拉图估价 136
为100塔兰特（*Ep.* Ⅶ. 347b）。可是公元前405年，他的父亲希帕利努斯近乎破产。显然，狄奥尼修斯为自己保留了很多土地。当他的儿子公元前356年提出要他退位时（见下文第700页），他试图保留瓜塔斯地产（the Guatas estate）的税收。这是一片广阔、富饶的地区，从海边延伸到内陆（Plut. *Dion* 37. 2）。剩下的土地以同样的条件交给了外侨和公民，但（又是盖隆的模式）公民权观念扩大了。狄奥多鲁斯在这里谈到了被释奴，他称他们为新公民（*neopolitai*）。我们不知道这是不是指西里库利奥斯人（见前文第124页）。显然，公民权扩展到了雇佣军和被征服城镇的归顺居民。[67] 岛外的房屋可能也详细地做了分配。在僭主制末期，土地分配的问题和自由的问题联系在一起。[68]

关于叙拉古的政体，我们了解得很少。古代文献不断提到公民大会，显然全权将军的称号至少有可能在继续使用，有明确的证据证明有一位海军统帅。在僭主制被推翻后，这个职务也一再出现。对政府组织最有力的证据，因公元前368—前367年雅典与狄奥尼修斯结盟的铭文出现空白（Tod no. 136 = Harding no. 52，Lines 34 – 37）而失传，对它的复原大多属于猜测。[69] 能够真正确定的内容是：尽管条约是和狄奥尼修斯及其后代签订的，但叙拉古城邦组织的某些部门得到了承认。

---

[67] 如狄孔（Dikon）的案例。他是来自考罗尼亚（Caulonia）的著名短跑运动员［Moretti 1957（A 43）nn. 379，388，389］，恰好在公元前384年的奥林匹亚赛会时成了叙拉古公民。

[68] 见下文第700页，Asheri 1966（C 3）85 – 93；Fuks 1968（G 176）。关于狄奥尼修斯一世的土地政策，见 Mossé 1962（C 208）221 – 2，340 – 7，正确地认识到了公民权授予与土地有关，但错误地认为所有上层阶级的地产没有受到影响。

[69] 参见 Stroheker 1958（G 302）239n. 17；哪怕最后一个词可能是 φρου]αρχούς 或现在通行的 τριη]ραρχούς 。

雅典的文献［Tod no. 108, lines 6－7（Harding no. 20）, no. 133, lines 19－20, no. 136 , line 8（Harding no. 52）］的确告诉了我们狄奥尼修斯对外界选择使用什么称号。盖隆和希埃隆在希腊本土没有使用头衔。在德尔斐奉献的三足器上，盖隆只把自己称为一个叙拉古人（M-L no. 28）；在奥林匹亚奉献库麦的战利品时，希埃隆把自己与叙拉古人并列［M-L no. 29，以及 *BCH* 84（1960），721，*SEG* XXXIII 328］。这里面当然有傲慢的成分。盖隆纪念物的位置，使它成为斯巴达人及其盟友为他们成功战胜波斯人奉献的黄金三足器的附属物，也没有指望有人询问希埃隆是谁。宫廷诗歌描绘了相当不同的画面：品达三次（*Ol.* II. 23，*Pyth.* II. 60，III. 70）称希埃隆为王，有一次甚
137 至称其为僭主（*Pyth.* III. 85）。无论如何，我们还处于一个诗歌可以将王（*basileus*）和僭主（*tyrannos*）互换使用的时期。[70]

盖隆的模式与叙拉古后来的统治者有关联。在狄奥多鲁斯对狄奥尼修斯的叙述中，盖隆出现了两次。我们已经见到他被用作全权将军职位的一个参照，一篇由不满的叙拉古人在公民大会上发表的长篇演说中，一整章（XIV. 66）都是对狄奥尼修斯与盖隆的比较，而且是不利的比较。[71] 我们只能看到那种模式不断得到利用，它可能比头衔有更大的意义。[72]

即使在公元前 400 年的雅典法庭上，狄奥尼修斯被称为众多国王（*basileis*）中唯一未受安多奇戴斯欺骗的人（Lys. VI. 6－7），尽管（这显然很有疑问）盖隆和希埃隆曾正式为王，但目前使用这个称号，很可能仍存在一些疑虑。在其他一些地区，这个称号更具连续性，[73] 但至少到公元前 338 年，马其顿国王在处理对外关系时，仍避

---

[70] Andrewes 1956（A 1）20－6. 对希罗多德而言，盖隆在那个世纪后期是一个僭主（VII. 156. 3），尽管VII. 161. 1 中的演说称他是王［参见 Ferrill 1978（C 21）388］，修昔底德称上一批西西里僭主为 *tyrannoi*（1. 14. 2，18. 1）。狄奥多鲁斯的资料关于狄诺麦奈斯家族的记载出奇的一致。盖隆在希麦拉取得胜利后，召集了一次武装士兵的公民大会，他没带武器参加了这次会议，并且描述了他的生活（XI. 26. 5－6）。叙拉古人不再继续称他为僭主，而是称为“恩人、救星和国王”。在之后的第 11 卷中，他和继承他的兄弟希埃隆、特拉叙布鲁斯都被称为王，他们的统治被称为“王政”。

[71] Sanders 1981（B 99）认为，菲利斯图斯写了一篇糟糕的演说，以证明反对者在智慧方面有欠缺。但这是不可能的。不论谁写了这篇演说，我们根本无法确定它的细节是那个时候的。

[72] 提摩莱昂也诉诸盖隆的先例（Diod. XVI. 79. 2）。没有关于阿伽托克勒斯（Agathocles）的证据，但叙拉古的王室家族在公元前 3 世纪复兴了狄诺麦奈斯家族的称号。

[73] 有点让人惊奇的是公元前 393 年雅典对埃瓦戈拉斯命令的新断片［Lewis 和 Stroud 1979（B 152 = *SEG* XXIX 86）］，那里把他称为萨拉米斯之王（因为公元前 5 世纪的命令 *IG* I^3 113 还没有这样称呼）。

免使用这个词及其同根词。[74] 一般来说，在亚历山大以前的史料中，感觉似乎是巴西琉斯（*basileus*）最好专用于某个统治非希腊人的人物。[75]

狄诺麦奈斯家族（Deinomenid）的捐献以及马其顿的先例表明，根本不需要任何称呼，但到公元前393年，至少有人已经决定要采用某种称呼。公元前394/393年冬，当雅典议事会（Tod no. 108 = Harding no. 20）起草一份授予狄奥尼修斯荣誉的命令时，将他称为“西西里的执政官”[τόν Σικ]ελίας ἄρχ[ο]ντ[α]。这个称呼再度出现于雅典的两个命令中［Tod nos. 133，136（=Harding no. 52）］，命令所属年代为狄奥尼修斯统治的最后一年。雅典人无疑知道狄奥尼修斯会接受这个称呼。奇怪的是，可能也是很偶然的，它与希罗多德第7卷第157章第2节记载的一种不那么正式的头衔对应，那是一位斯巴达使节向盖隆发表的演说中提到的。我们可能还应该寻求其他的来源，但并不 138
容易。铭文文献把我们带到了公元前6世纪中叶，那篇铭文提到了泰奇乌萨（Teichioussa）的一个执政［*archos*，见 *DGE* 723（3）］；我们不清楚他是一个独立的统治者还是附属于米利都的一个官员。在第1卷第192章第4节谈到巴比伦的执政（*archon*）时，希罗多德用了一个单数加地名属格来表示。[76]

如果我们宣称已经完全掌握了有关狄奥尼修斯的所有手段，那是愚蠢的，比希罗多德笔下的巴比伦总督更恰当的称呼可能会出现。他选择的称呼的两个部分都很有意思。“执政”（*Archon*）一词显然完全是中性的，没有“僭主”（*tyrannos*）、“王”（*basileus*）、“君主”（*monarchos*）或“统治者”（*dynastes*）这些词包含的贬义色彩。即使有任何倾向的话，那可能表示的也是军事控制。“西西里的”（*Sikelias*）是个地理名词。它不直接含有对人们进行统治的意思。它的使用

---

[74] Errington 1974（D 30）；Hammond and Griffith 1979（D 50）387－9.

[75] 在博斯普鲁斯王国，差别很明显（见第496—497页），琉孔（Leucon）和帕瑞萨德斯（Pairisades）有两种称呼：希腊城邦执政官和蛮族之王［Tod no. 115B（Harding no. 27c），171］。

[76] 修昔底德的作品中充满了“执政”（*archontes*），但我们几乎不能确定他到底是在报道一个专门术语，还是在避免一个术语。与这里的词意最接近的，是他第8卷第108章第2节中的 *archon*，那是亚西比德安置在科斯的一个人的称号。关于阿提卡官方语言中不够专业的用法，请注意 M-L no. 84. 10 中提到的皮洛斯（ἐς Πύλον）的“执政”（*archon*），以及以属格形式出现的公元前409年舰队中的“执政们”（*archontes*，见 *Agora* XVII 23. 104－9）。

范围远远超出叙拉古。[77] 我们可以认为它接近于一个领土国家的王，但在这个时期，它的含义还很模糊和宽泛。

存在拿狄奥尼修斯统治的僭主性质开玩笑的趣闻逸事不大会令人奇怪，[78] 但几乎没有当时的直接证据让我们有理由确定叙拉古是一个独裁国家。当亚里士多德（*Pol.* 1312b34ff）讨论僭主制的控制方法时，他以希埃隆的密探网作为西西里的例子；至于狄奥尼修斯，他只谈到了重税。但是，非常明显的是，他的友人们发现违反他的意志是不明智的。

这种个人统治的创建不可能只是恩威并施的事情。在统治之初，当地的叙拉古人发动了两次军事暴动，这两次暴动引发了一种很流行的观点，即怀疑狄奥尼修斯的领导能力，但他好像吸取了教训。菲利斯图斯的一些段落（Diod. XIV. 18，41）明确描写了他建造城墙以及为公元前 397 年重新开始反迦太基战争进行的准备，这些描述表现了一个非常不同的形象，不可能完全是歪曲的。除了对劳动力的认真组织以及对成绩给予的重赏，很多地方强调了他个人的参与。他本人及其亲信在一段时间里全天监督修建城墙的工作，他们考察每一部分，并且支援工人们。他将自己官位（*arche*）的威严（*baros*）放在一旁，证明自己是一个普通公民（*idiotes*）。他做最艰苦的工作，和其他工
139 人做着同样的苦差事，以至于出现了劳动竞赛，一些人甚至加夜班补充白天的工作；这种渴望影响了群众。当我们转向他的军备建设时，也有类似的描述。他每天在工人中巡视，以友好的方式与他们交谈，他赏赐那些最有干劲的人，邀请他们和他一起进餐。

在国外，不仅是吕西阿斯第 6 篇演说的演说者将他置于王的地位上。在某种程度上，他达到这样的地位，同样表现在和托德第 108 号铭文同时的一份外交计划中。公元前 393 年，科农希望狄奥尼修斯脱离斯巴达支持者阵营（见前文第 105 页），他的一个想法是让狄奥尼修斯和埃瓦戈拉斯缔结一个婚姻同盟（Lys. XIX. 19－20），在这一段中，既不需要称呼也不需要身份。那次出使并没有能够说动狄奥尼修斯脱离斯巴达一方。雅典和他之间关系的进展必须要等到 20 年后雅

[77] 但钱币（见第 166 页注释 2）继续印着叙拉古的名字。

[78] 见 Sanders 1987（G 283）21－4。

典和斯巴达走得更近时。

狄奥尼修斯肯定知道一个希腊的、类似王一样的人物要如何行事。[79] 在这方面有先例，正如我们已经看到的。遗憾的是，对蛮族人巨大的、公认的胜利仍然无法取得，所以，在德尔斐或奥林匹亚，没有任何可见的奉献的痕迹，或任何奉献的意图，[80] 直到他去世之前（Tod no. 133），我们发现他就“修建神庙”事宜至少给雅典及其盟友写过信。那肯定是德尔斐的阿波罗神庙。四年前，那座庙被烧毁了。这座神庙对他的吸引力非常明显。如果说他试图带头重建，那这件事情没有任何结果。[81]

要模仿狄诺麦奈斯家族展示自己的其他方式，不需要多少外交上的训练。任何希腊人都难以遏止地希望在奥林匹亚赛会中竞争。在一个著名的场合，[82] 狄奥尼修斯试图做得更彻底。当然此前有比希埃隆更接近的范例：公元前416年的亚西比德（Thuc. Ⅵ.16.2， 140
Plut. *Alc*. 11－12）派了几辆驷马战车参赛。像亚西比德一样，狄奥尼修斯精心制作了有装饰的帐篷。但有一个方面他和希埃隆或亚西比德不一样。他自己就是个诗人，甚至在胜利以前就是。他可能从事文学创作有一段时间了。[83] 代表团由他的弟弟泰亚利达斯（Thearidas）率领，也包括诗人和吟诵他的诗歌的演员。群众起初被演员们悦耳的声音所吸引，但他们不喜欢诗人，或者说过他们不喜欢诗人，并开始拆帐篷。演说家吕西阿斯鼓励他们这样做，他可能意识到了自己的叙拉古血统，又碰巧在场，且准备了一篇雄辩的演说（XXXⅢ），其中谴

79　Sanders 1979－80（G 282）65－70 以及 1987（G 283）2－3 试图从他女儿的名字及其悲剧的残篇中抽绎出一些正式的说法。

80　Xen. *Hell*. Ⅵ. 2. 33－6（见下文第150页）提到，公元前372年，他打算献给德尔斐和奥林匹亚的昂贵捐献显然不是建筑。

81　在众多的建筑名录中，没有提到他或他的继承人。我们只知道那个时期叙拉古人对基金的一次贡献，即公元前360年一个叫欧达摩斯（Eudamos）的并不知名的人士奉献了30德拉克马［Tod no. 140 line 40＝Harding no. 60（有印刷错误）＝*Corpus des Inscriptions de Delphes* Ⅱ 4，Ⅰ 40］。

82　在狄奥多鲁斯的记载中（ⅩⅣ. 109），年代是公元前388年，当时狄奥尼修斯正在包围莱吉翁（尽管在公元前386年项下有部分重合，ⅩⅤ. 7. 2），包围莱吉翁的时间在 Polyb. Ⅰ. 6. 1－2 的记载之前已经确定。但是，正如 Grote 1846－56（A 25）Ⅹ 103－4 n. 2，Ⅺ 48－9 n. 1 所认为的，把 Lysias XXXⅢ 的时间定为公元前384年，而不是公元前388年要更容易；公元前388年，吕西阿斯居住在雅典，几乎不可能把斯巴达人说成是“希腊人当然的领袖”（XXXⅢ. 7，它没必要暗示一场战争临近）。在 Paus. Ⅵ. 3. 11中，有一些内容证明是公元前384年（参见Ⅵ. 2. 6），利用这个年代，我们更容易重构狄奥尼修斯对他的亲属的行为（见下文）。但非常不确定。

83　如果我们相信那个故事的话，则欧里庇得斯死后，狄奥尼修斯为那位诗人的里拉琴、写作用的桌子和椅子付给他的继承人1塔兰特，目的是增强自己的灵感（*TGF* 76 T 10 Snell）。

责了希腊人对“西西里僭主”狄奥尼修斯或对阿塔薛西斯的屈从。在比赛中，战车都撞坏了，而且在回来的路上也遇到了麻烦。据狄奥多鲁斯记载，幸存者抱怨诗歌的品位。狄奥尼修斯对这次惨败感到非常恼火，以至于开始清除最亲近、最心爱的人，后来清洗得更多。其中肯定有故意的宣传，但有些必须认真对待。我们很难确定失败在多大程度上是由于效率低、运气坏、怠工，或者只是没有意识到王在希腊不受欢迎的程度。此后他没有再做类似的事情。[84]

和迦太基打交道的时刻即将到来，但第一个任务是扩展他在西西里东部的控制权（Diod. XIV. 14 – 17），保卫公元前 405 年条约的规定。从不满的叙拉古人手中恢复埃特那不是大问题，但他的围城技术还不足以完成征服莱昂蒂尼聚落的任务。对付西凯尔人的办法是军事与外交相结合。他重新获得了对恩那（Enna）的控制，与赫尔比塔（Herbita）缔结了和约。由于利用了叛变者，他在民主制失败的地方能够获得成功。他占领了卡塔那和那克苏斯，将他们的人口卖为奴隶；那克苏斯的土地分给了西凯尔人，卡塔那被交给了坎帕尼亚人。现在莱昂蒂尼陷于孤立，并被征服。它的人口被迁到了叙拉古。由于它的大部分人口一定是来自杰拉和卡马利那的逃难者，那推论只能是：他发现他们的多利斯血统使他们比卡塔那和那克苏斯的伊奥尼亚人更容易同化。[85]

由于迦太基人的破坏所提供的条件，一个新的盖隆模式正在西西里东部成形。那里将出现一个伟大的叙拉古，其形式与希腊城邦没有
141 太多不同。我们可以假设，如果西凯尔人从经济上持续支持叙拉古，则他们将获得很大程度的地方自治权。[86] 不管是现在或是最后，都会有一些分散的雇佣军据点，既是为了防御，也有其他目标。[87] 我们碰

---

[84] 对他的诗歌迟来的承认出现于公元前 368 年他在雅典莱奈亚节（Lenaea）的获胜（见下文第 150—151 页）。

[85] 这里可能是一种盖隆的模式。参见 Hdt. VII. 156 反讽式的记载（相反意见见 *CAH* IV^{2}766）。另一个多利斯人群体，即从瑙帕克图斯被驱逐的美塞尼亚人（见第 42 页），也是可以接受的，至少是作为雇佣军（Diod. XIV. 34. 3）。

[86] 有关西凯尔人共同体钱币学方面的证据（有些确实属于这一时期），见 Jenkins 1975（G 203）。

[87] 从 P. J. 提克勒（P. J. Tickler）未出版的著作中，我了解到了很多雇佣军据点地址方面的信息。关于各种（有些晚于公元前 396 年）可能与雇佣军据点有关的货币，见 Consolo Langher 1961（G 143）；Kraay 1976（B 200）229 – 30；Macaluso 1979（G 220）。

巧知道阿德拉农建立于公元前400/399年（Diod. ⅩⅣ. 37. 5，依据他的纪年资料）。一座扩大的叙拉古城建起了一道新的、壮观的城墙，[88]它是作为国家大事紧急完成的（见前文）。

新据点可能还处在威胁之下。叙拉古的流亡者以莱吉翁和美塞尼为基地，集中在墨西拿海峡地区。美塞尼政府准备支持在叙拉古的尝试，但她的军队认为战争纯粹是上层阶级的事情，故不同意行动。[89]狄奥尼修斯完全有可能认为，愿意接收流亡者就是准备联合迦太基，正如阿那克西拉斯（Anaxilas）于公元前480年所为。当时阿那克西拉斯控制着墨西拿海峡两岸（*CAH* Ⅳ^2 763 – 75）。由于领土方面的让步，美塞尼被收买，可能撤出了卡塔那的领土。到公元前396年，她与狄奥尼修斯结成了同盟。莱吉翁虽然拒绝了叙拉古的示好，但狄奥尼修斯通过与其邻邦罗克利联姻，让她中立了。由于那个障碍已经解除，新的环绕城墙已经建立，他可能会考虑重新开始与迦太基的战争。瘟疫使迦太基军队无法调动的消息，促使一些希腊人迁回迦太基人地区，而狄奥尼修斯开始储备武器。由于获得了来自埃特那和从意大利输入的木材，舰队将从现有的110艘战船扩大到330艘。一半的船员是公民，另一半是雇来的。技术发明受到鼓励。[90] 在莱昂蒂尼的失利已经证明，叙拉古在围城技术方面颇为薄弱。当时可能已经出现初步的投石器实验。[91] 尽管叙拉古进行着这些活动，但她对经济仍然很重视。武器需要在雇佣军真正到来之前集中起来，因为长时间使用雇佣军的费用很昂贵。因此狄奥尼修斯在财政上相当谨慎，几乎不会让我们吃惊。除了没收以外，我们没有听说他任何筹集费用的活动。[92] 我们根本不知道那个时期发行的金币和10德拉克马银币的原 142

---

[88] 从我们现在见到的、晚后修建的大型建筑中，几乎无法辨别出狄奥尼修斯时代的要塞。见Lawrence 1946（G 210）以及他的概括性评论［1979（K 33）117］。

[89] 关于这个时期发生在美塞尼和莱吉翁的事件，见Raccuia 1981（G 271）。

[90] 在两个段落中（Diod. ⅩⅣ. 41. 3，42. 2，参见44. 7），有人宣称建造了四列桨和五列桨战船，而且后者是当时发明的［古代的传统（Arist. F 600 *ap.* Pliny *HN* Ⅶ. 207；Clem. Alex. *Strom.* 1 p. 132）认为，四列桨战船是迦太基人发明的］。这些类型的船只直到公元前4世纪20年代才在雅典出现。见Morrison and Williams 1968（K 48）249。

[91] 在那个世纪更晚的时候，这些类型的器械才出现在其他地方。见Marsden 1969 – 71（K 45）以及下文第683页。

[92] ［Arist.］*Oec.* Ⅱ 1349a14 – 1350a5，1353b20 – 6列举了一些经济方面的应急措施，这些措施不是很容易理解。

料出自哪里，它们显然是为了支付雇佣军的费用。[93]

公元前 397 年，[94] 当所有的装备都准备好时，动员开始了。狄奥尼修斯招募了公民军，并大量雇用了雇佣军，还有来自斯巴达的积极援助。庆祝狄奥尼修斯双重婚姻的大型公共宴会进一步推进了国内和谐的氛围（关于这件事下文有更多论述）。几天以后，公民大会依适当的合法形式召集，在煽动下向迦太基宣战，除非后者同意解放受她奴役的希腊人城邦。那些居住于叙拉古的迦太基人的财产以及船只被没收，甚至在他控制区以外的城市也表现出对蛮族的仇恨，情形与“西西里晚祷”事件类似。

迦太基准备不足，她在西西里显然没有足够的力量。狄奥尼修斯径直通过希腊人附属国地区到了迦太基人地区。卡马利那、杰拉、阿克拉伽斯发起暴动来欢迎他，来自希麦拉和塞利努斯的军队在迦太基人要塞摩提亚加入了他的队伍。[95] 摩提亚是一个近岸的岛屿，通过堤道与大陆相连。摧毁迦太基这个突前的要塞是必须完成的任务。[96] 据说他在这里集合了 8 万名步兵、3000 名骑兵、200 艘战船和 500 艘补给船，以及围城机械。他留下弟弟莱普提奈斯（Leptines）着手围城，自己去征服迦太基人的其他据点。希米尔科最初只能腾出 10 艘战船来，却对叙拉古的港口进行了一次非常成功的、牵制性的袭击。但他迅速征集了 100 艘战船，在海滩上俘获了叙拉古的舰队，从而解了摩提亚之围。狄奥尼修斯将他的船拖过了半岛，迦太基战船被狄奥
143 尼修斯船上的弓箭手和投石手以及设在陆地上的投石器驱离。希米尔科不得不让摩提亚听天由命。经过若干时日的激烈战斗之后，摩提亚

---

[93] 更早的叙拉古币制几乎没有为狄奥尼修斯留下多少空间。关于年代的修正，见 Kraay and Hirmer 1966（B 201）280－1，287－9；Jenkins 1966（G 200）30；Kraay 1976（B 200）231－3。我们有两种金币的单位，如果金银比例按 15∶1 计算，则各自相当于当时的两个和一个 10 德拉克马银币，很多货币上有欧埃尼托斯（Euainetos）的签名，并被大量复制。狄奥尼修斯时期，不存在其他的贵金属钱币。公元前 5 世纪的 4 德拉克马单位已经与使用及模仿它的邻邦一起消失了。这并不能说明多少问题。依据 10 德拉克马模型的数量所做的粗略计算，表明它们铸造了总计 250 塔兰特的钱币。青铜钱币尚未得到充分的再研究。Consolo Langher 1964（G 144）161－6，293－300 提供了一些基本史料。

[94] 如果我们接受下述说法：和斯巴达海军将领法拉克斯［Pharax，*Hell. Oxy.* Ⅶ（Ⅱ）．Ⅰ］一起在战争的第二个夏季（下文第 143 页）到达的法拉奇达斯（Pharacidas）是斯巴达人，那么狄奥多鲁斯提供的年代将得到证实。公元前 396 年春，法拉奇达斯可能还在爱琴海地区（Diod. XIV. 79. 4）。读者将看到我们对狄奥尼修斯在两次迦太基战争期间的活动了解得是多么少。

[95] 见 Whitaker 1921（G 324）；Isserlin and du Plat Taylor 1974（G 40）；有关那里近期的工作，见 *Arch. Rep. for 1987－88*，149－50。关于那次围城，狄奥多鲁斯的记载这一次得到了 Polyaen. V. 2. 6 的补充；见 Whitaker 1921（G 324）75－91；Caven 1990（G 134）100－6。

[96] 关于在海战中摧毁敌人前方基地的重要性，见 Guilmartin 1974（K 21）97－107，217，264。

被围城机械攻陷。随之发生了大规模的屠杀，也缴获了大量战利品。新的围城机械证明了它们的价值。但夏季过去了，该岛尚未被完全征服。埃吕米亚人的塞盖斯塔和恩泰拉（Entella）还在坚守。狄奥尼修斯派了一支西凯尔人驻军到摩提亚，让莱普提奈斯率领一支小分队留下守卫海峡，他本人回国了。

尽管获得了摩提亚的战利品，但狄奥尼修斯的财政似乎仍陷入某种程度的紧张，因为公元前396年他的军队数量显然更少了。[97] 当他回到战场时，塞盖斯塔还在坚守。这一年希米尔科召集了大量军队。尽管他的很多船只被莱普提奈斯的军队俘获，但他在帕诺穆斯登陆，夺回了埃吕克斯和摩提亚。狄奥尼修斯放弃了西西里西部，使希米尔科可以沿着西西里北岸畅通无阻地前进。

希米尔科的目标是美塞尼（那时显然在狄奥尼修斯的控制之下），既为夺取它的港口，也为切断可能来自意大利的援助。他相当轻松地占领了它，东部西西里的大部分西凯尔人都归顺了他。[98] 狄奥尼修斯派雇佣军加强了莱昂蒂尼和埃特那的要塞，从叙拉古向北推进以迎战希米尔科。莱普提奈斯也率领舰队到了海上。尽管迦太基军队在数量上占优势，但希米尔科的计划是率领密切配合的陆军和舰队沿着东海岸向南航行。[99] 埃特那的一次火山喷发使得海岸路线无法通行，以至于他不得不率领陆军从山的西面绕行，但他的海军将领马戈（Mago）突破了莱普提奈斯舰队的封锁，航行到了卡塔那。

这确定无疑给叙拉古造成了威胁。狄奥尼修斯撤退到那里，陷入被抛弃的希腊人的愤怒中，他派他的妹夫波吕克塞努斯（Polyxenus）前往意大利和希腊寻求帮助，挽救西西里。不久，迦太基的舰队就塞满了大港，而且希米尔科的军队就驻在叙拉古城门口，准备在17年前雅典失败的地方获得胜利。波吕克塞努斯的出使让他带回了30艘战船和斯巴达人法拉奇达斯（Pharacidas），[100] 但好像没有多大意义。

---

[97] 我们不清楚公元前397年的8万军队（Diod. XIV. 47. 7）中有多少是雇佣军（第43章第2节列举的装备的数量没有实质上的帮助），但两次战斗行动留下的一般印象，可能得到了下述数量的证实，那就是公元前396年末留下来服务的1万名雇佣军（XIV. 78. 2）。

[98] 但是狄奥尼修斯非常信任城邦的奴隶，招募他们加入舰队。

[99] 在16世纪的语境中有关舰队和陆军之间合作必要性的讨论，特别是如果围城迫在眉睫时，见Guilmartin 1974（K 21），例如第186页。

[100] 见第166页注释3。

狄奥尼修斯和莱普提奈斯离开叙拉古以引入补给船队，恰好那时
144 偶然发生了一次战斗，使叙拉古人获得了一次表面上的海战胜利。[101]据说这引发了一种情绪：认为狄奥尼修斯不是必不可少的人物。狄奥多鲁斯记载了一次公民大会和一次长篇演说，[102] 要求免去狄奥尼修斯的职位，并从他们的母邦科林斯或希腊的领袖斯巴达人中找人取而代之。但是法拉奇达斯没有给予支持。他说，他得到的指令是帮助叙拉古人和狄奥尼修斯对抗迦太基，而不是推翻狄奥尼修斯。在场的雇佣军同样坚定地支持狄奥尼修斯，于是他保留了控制权。

叙拉古危险的解除是如此引人注目，以至于人们不得不为此引入超自然的原因。据说当迦太基人准备围城时，洗劫了德墨特尔（Demeter）和科莱（Kore）的神庙，并且毁了盖隆和戴马瑞泰（Demarete）的坟墓。毫无疑问，迦太基人首先是非理性恐惧的牺牲品，然后遭遇了异常严重的瘟疫。[103] 狄奥尼修斯在陆地和海上都抓住了机会，并且都获得了胜利。

希米尔科被迫谈判，最终得到了承诺，至少迦太基公民可以离开。除回国的西凯尔人以及狄奥尼修斯招募的伊比利亚人外，军队中其余的人都受到了奴役。传闻狄奥尼修斯接受了贿赂，更恶劣的说法是，他想要保持迦太基的某些威胁以确保他能继续做僭主。我们也许可以说，通过羞辱迦太基人，他放大了他们的灾难。[104] 希米尔科确实回国了，但是受到恶遇，绝食而死。灾难和耻辱在利比亚引发了反抗迦太基的大范围暴动（见下文第 373 页）。

虽然雇佣军支持狄奥尼修斯抵制公民的不满，但他们想要薪水，而且需要和莱昂蒂尼一起被收买。[105] 由于希米尔科对美塞尼的破坏，出现了进一步重组国家的可能性。狄奥尼修斯把来自罗克利及其殖民

---

[101] Caven 1990（G 134）115 – 16 认为这次战役没有发生。

[102] 关于这篇演说，见第 160 页注释 3。

[103] 对瘟疫［见 Littman 1984（G 217）］的描述非常详细。菲利斯图斯显然试图在文中重现修昔底德的成就。像通常一样，推测它是哪种疾病毫无意义，但值得注意的是精神症状在这里大量出现，而这方面的缺乏是将雅典的瘟疫鉴定为斑疹伤寒的巨大障碍。Seibert 1982 – 3（ G 289） 对这些战役中的瘟疫的分析是有帮助的。

[104] 关于雅典人羞辱斯巴达人的类似做法，见 *CAH* V^2 411。

[105] 从这时起直到公元前 388 年左右，对于那些不是特别相信狄奥多鲁斯有关这些年的叙述的人，年代的变化很大。

地麦德马（Medma）的意大利的希腊人安置在了这里。[106] 这与公元前397年的做法一脉相承（见第141页），即必须控制墨西拿海峡。尽管那时来自莱吉翁的贿赂可能更受欢迎，但谈判以与罗克利结盟告终，而且这个同盟持续了50年。[107] 罗克利人如今迁移到美塞尼，莱 145
吉翁自然感到自己被包围了。虽然狄奥尼修斯正在与西凯尔人和解，并且取得了巨大的进展，但莱吉翁加快了它对狄奥尼修斯反对者的支持，将那克苏斯人和卡塔那人移民到美塞尼西部的米莱（Mylae），在叙拉古流亡者赫罗利斯（Heloris）的领导下，他们包围了美塞尼城。但这个尝试失败了，与此同时丧失了米莱。

与莱吉翁的战争现在不可避免，但由于西凯尔人对陶罗麦尼翁（陶尔米纳）战斗的继续而被拖延。公元前396年，希米尔科在这里建立了一个西凯尔人要塞（Diod. XIV. 59. 2）。狄奥多鲁斯提到了冬季对它的一次进攻，这最清楚地证明了我们之前了解的狄奥尼修斯亲自参与战斗的情况，他在严寒中爬上岩石，几乎丢了性命。对于外界评价他地位的稳固来说，这次灾难没有什么帮助。[108]

这个时期迦太基再次进入了舞台。[109] 马戈担任指挥官，又一次袭击美塞尼，但被打退了。我们可以合理地推测，想要详细描述莱吉翁英雄主义的传统已经掩盖了她正在积极地和迦太基一起行动这一事实，狄奥尼修斯立刻试图对迦太基就地反击。他成功完成的所有工作，证明他的野心超出了墨西拿海峡，因此为“意大利特人联盟”（意大利特人即意大利的希腊人，意大利克人则表示古代意大利的当地人，下同——译者注）的形成提供了一个理由（见下文第387页）。马戈现在得到了增援，发现他最好的机会是与西凯尔人连续行动。他试图由中部强行穿越西西里。[110] 但发现自己在崎岖的地区断了

[106] 他大概也想合宜地把来自希腊大陆城邦美塞尼亚的600名流亡者安置在这里，他们在公元前400年瑙帕克图斯被毁后就加入了他的队伍［见第164页注释3以及Asheri 1984（G 104）35－6］，但他的斯巴达盟友反对这个想法，于是他们被迁移到了西西里西部，建立了廷达利斯（Tyndaris），对此见Berreca 1957（G 115）。

[107] 关于狄奥尼修斯和罗克利的联姻，见Musti 1977（G 236）92－9，他认为这个婚姻使狄奥尼修斯在罗克利获得了永久权力，他的儿子狄奥尼修斯二世因此得益更多。

[108] Diod. XIV. 88. 5说阿克拉伽斯和美塞尼现在放弃了她们与狄奥尼修斯的联盟。就阿克拉伽斯来说这是非常可能的，但美塞尼不是如此（参见XIV. 90. 3），但Caven 1990（G 134）127－8，131试图为Polyaen. V. 2. 18的说法寻求解释。

[109] 在Diod. XIV. 90和95之间几乎没有重复。

[110] 狄奥多鲁斯的叙述过分突出了他的母邦阿古利翁的作用。

补给。尽管叙拉古军队希望交战，但狄奥尼修斯想让马戈看到自己行军路线的错误。据说他们甚至回国了。和平最终到来。条款与公元前405年相同（第135页），只有一个例外：西凯尔人如今被明确地置于狄奥尼修斯控制之下。[111] 现代的研究不愿意相信狄奥多鲁斯所说是正确的。[112] 难道公元前397年狄奥尼修斯的胜利以及公元前396年迦太基在叙拉古城外的失败没有任何影响吗？人们普遍认为，[113] 处在狄奥尼修斯控制之外的希腊人城邦的地位肯定得到了改善。完全盲目地
146 相信狄奥多鲁斯，在这里像在其他地方一样，是愚蠢的，但狄奥多鲁斯并不一定都错了。任何基于理性的分析都表明，希腊人城邦不再具有真正的重要性。重要的是迦太基在几次尝试入侵西西里东部之后，事实上承认那个任务超出了她的能力。[114]

狄奥尼修斯现在把他的注意力转向了莱吉翁，显然在那一年相当晚的时候，他率领2万名重装步兵、1000名骑兵和120艘战船到了莱吉翁与罗克利交界的地方（从罗克利无疑得到了一些援军；参见Dion. Hal. *Ant. Rom.* XX. 7. 2）。返回墨西拿海峡途中，他劫掠了农田。意大利特人联盟试图利用一支来自克罗同（Croton）的60艘战船组成的舰队为莱吉翁解围，但他们的努力比不上一场猛烈的暴风雨对狄奥尼修斯计划的破坏，这场暴风雨使后者损失了7艘战船，使他到了美塞尼。他停止了那一年的战斗，但通过与鲁卡尼亚人（the Lucanians）结盟为未来奠定了更坚实的基础，这个同盟可能使意大利特人联盟转向。

下一年，在狄奥尼修斯的弟弟莱普提奈斯率领的叙拉古舰队的支持下，鲁卡尼亚人及时地袭击了图利伊。[115] 但莱普提奈斯显然由于鲁卡尼亚人在图利伊遭到的大败而动摇，转而在意大利特人联盟和鲁卡尼亚人之间协商和约。这完全与狄奥尼修斯的计划相左，他自然革了莱普提奈斯的职，用他更年轻的弟弟泰亚利达斯代替他。

由于失去了鲁卡尼亚人的帮助，他改变了与意大利特人联盟交往

---

[111] 希米尔科曾希望陶罗麦尼翁是西凯尔人对叙拉古的永久威胁，但在被抛弃后，被狄奥尼修斯变成了另一个雇佣军据点。显然那个地点已经完全希腊化了（*Arch. Rep. for 1987 - 88*, 121）。

[112] 与Diod. XV. 17. 5（见下文第149页）的比较确实对这一或那一段落提出了疑问。

[113] 比如见Stroheker 1958（G 302）82 - 5。

[114] 关于这点，见Caven 1990（G 134）130 - 1。

[115] 狄奥多鲁斯在这里设法避开了战役季节的明确区分。

的策略。他率领着一支数量少得多的舰队[116]、一支更大的骑兵队以及充足的补给包围了考罗尼亚（Caulonia），[117] 因此不论意大利特人联盟把多少队伍投入战场，他都能将其吸引到自己身边。流亡者赫罗利斯以克罗同为基地，带领25000名步兵（数量超过了狄奥尼修斯）、2000名骑兵前去解围。但狄奥尼修斯派出了侦察兵，利用先头部队于黎明时分在埃莱波鲁斯河（Elleporus）突袭了赫罗利斯。[118] 赫罗利斯被杀，意大利特人联盟的其他军队溃不成军，四散逃跑。主力部队1万人在一座没有水的山上坚持了两天，最后无条件投降。让他们惊奇的是，狄奥尼修斯允许他们不用交纳赎金就可以离开，并且对大多数参与的城邦也很宽待，“这是他一生中最仁慈的举动”。对莱吉翁的处理是让该城交出70艘战船的舰队、支付300塔兰特以及交出100名人质。考罗尼亚作为一个城邦被毁，它的领土归罗克利，但它的居民被转移到了叙拉古，并被授予公民权且享有5年的免税优待。 147

第二年，[119] 他对希波尼翁（Hipponium）采取了类似行动。他在罗克利的朋友现在控制了横贯意大利南端的大片领土；莱吉翁完全被孤立，她的舰队也丧失了。狄奥尼修斯假装要返回西西里，他假称要得到一个供应市场，从而制造了一个开战的理由（*casus belli*）。[120] 一些时日后，莱吉翁人感到可疑并停办了市场。他交还了他们的人质，开始了围困。

莱吉翁的包围持续了11个月。[121] 尽管狄奥尼修斯腹股沟处被长矛严重刺伤，但仍以极大的决心继续围困。莱吉翁人成功地应付了他能投入的任何工程机械，但在弹尽粮绝后最终投降。他小心翼翼地走

---

[116] 但足以使泰亚利达斯在利帕利群岛（Lipari Islands）的海面上对来自莱吉翁的分舰队获得有益的胜利。

[117] 可能还有未提到的来自罗克利的援军。

[118] 关于加利帕罗人（The Galliparo），见 Caven 1990（G 134）137，关于斯提拉罗人（the Stilaro），见 Walbank 1957－79（B 122）on Polyb. Ⅰ.6.2，他追随了 Nissen 1883－1902（G245）Ⅱ 949 的观点。关于那场战斗，也见 Gianelli 1928（G 180）73－6，108－10；De Sensi Sestito 1988（G 155）282－3。

[119] 如果我们接受 Diod. XIV.107.4 中的“在前一年”出自他的史料来源，而不是狄奥多鲁斯编辑的结果，那么在考罗尼亚和希波尼翁的战斗之间有一年的间歇。对此人们可能有一些怀疑，因为关于他在意大利过冬的情况没有任何说明。参见本页注释1。

[120] 关于这一习俗，见 de Ste Croix 1972（C 68）399－400 中搜集的部分参考资料。

[121] 通常认为时间跨了公元前388年和公元前387年，但这不应该以狄奥多鲁斯的年代学为基础（见第163页注释4对他定在此期间的奥林匹亚赛会的怀疑），而应该以 Polyb. Ⅰ.6.1 为基础，他使用的可能是由提麦奥斯创立的时间同步法。在他的记载中，可以确定，那场包围战在公元前387/386年正在进行；见 Walbank 1957－79（B 122）146－8。

过堆积如山的尸体，发现了6000名幸存者。他释放了那些能够交纳一米那者，将其余的卖为奴隶。在溺死将军菲同（Phyton）之前，他对后者做了史无前例的环城游街鞭打。我们的史料将狄奥尼修斯对莱吉翁人这种极端的敌意归因于后者曾在公元前397年拒绝他的贿赂。但我们宁愿认为，那是因为该城经常愿意作为叙拉古流亡者的庇护所，并且至少有一次曾与迦太基真正结盟。西西里东部与罗克利的联合体，如今也包括了意大利南部；狄奥尼修斯甚至打算建一座横跨地峡的城墙（Strabo Ⅵ. Ⅰ. 10）。[122]

这之后，狄奥尼修斯对南意大利的处理变得很模糊，但它们一定对狄奥多鲁斯选择叙述的下一项对外政策有影响，即在亚得里亚海及更远地方的冒险（XV. 13－14）。[123] 在公元前385/384年项下，据说狄奥尼修斯决定在亚得里亚海建立城邦，目的是控制伊奥尼亚海通道（*Ionios Poros*），这应该意味着跨越亚得里亚海。[124] 目的明显是入侵伊庇鲁斯（Epirus），劫掠德尔斐神庙；其中第二个目的无论如何不值得相信。在被放逐到叙拉古[125]的摩罗西亚人（the Molossian）阿尔凯
148 塔斯（Alcetas）的帮助下，狄奥尼修斯与伊利里亚人（the Illyrians）结盟，给他们送来军队和武器。利用这些军队和武器，他们入侵了伊庇鲁斯（见下文第428页）。他也帮助帕罗斯人（the Parians）在法罗斯（Pharos）［今赫瓦尔（Hvar）］建立了一个殖民地。这些事件可能都被归在公元前385/384年。数年之前，狄奥尼修斯已经在东海岸的利苏斯[126]（Lissus）［今之勒什（Lesh）］即德林河（Drin）河口处建立了一个殖民地。抄本后面是长度不确定的空缺，第13章又回到了叙拉古。下一年，即公元前384/383年项下，帕罗斯人与他们岛上的蛮族居民发生了冲突，他们请求伊利里亚人援助，但他们得到了狄奥尼修斯任命的总督（哪里的?）的援助。抄本上有*Lishi*，*Lisshi*，

---

[122] 在莱吉翁被狄奥尼修斯二世重建为佛伊比亚（Phoebia）以前（Strabo Ⅵ. Ⅰ. 6），我们并不了解这里发生了什么，只知道狄奥尼修斯在那里有一个花园（*paradeisos*），他试图在这里移植梧桐树，但它们长得并不好（Theophr. *Hist. Pl.* Ⅳ. 5. 6；Pliny *HN* Ⅻ. 7 的记载里加了一座房子）。

[123] 对于第15卷，应该使用维亚尔（Vial）的比代（Budé）丛书版本（1977年）。

[124] Anello 1980（G 100）83 ff 强调海峡的重要性。

[125] 我们从公元前375年他与雅典的联盟熟知了这个人［Tod no. 123 line 109 = Harding no. 35；参见 Xen. *Hell.* Ⅵ. 2. 10，（Dem.）XLIX. 22］，他与公元前373年在雅典获得荣誉的叙拉古人莱普提奈斯（Leptines）的儿子阿尔凯塔斯（Alcetas）（*IG* Ⅱ^2 101）是否是同一个人，是个很难解决的问题；见 Tod pp. 217－218。

[126] Mss *Lisson*，*Lison*；这里所指非常明显。

Lissoi，至于它们是不是指西北320千米处的利苏斯或伊萨［Issa，今维斯（Vis）］，争论还在继续。现在人们不认为两段都指伊萨，但极有可能第二个指的是伊萨，[127] 在这个例子中，狄奥尼修斯的直接兴趣远远超出了墨西拿海峡。[128] 从现有证据看，我们几乎无法推测他的意图，相当多的历史现象可能已经无从知晓。[129]

新的证据可能会为那个事件的方方面面带来一些意想不到的信息，下一个事件证明了这一点，它也被归在公元前384/383年。狄奥尼修斯宣布他正在镇压海盗，袭击了埃特鲁里亚的皮尔吉［Pyrgi，卡雷（Caere）的港口］，得到了很多战利品，这加强了他的经济实力。我们可以认为这只是一次海盗式袭击。[130] 但由于皮尔吉金片的发现，又增加了另一个因素，这些金片证明迦太基在那里有相当大的影响，至少在上一个世纪是这样（*CAH* Ⅶ^2.2，256）。

对于其后与迦太基的战争，所有内容都在公元前383/382年下叙述，大家公认狄奥多鲁斯基本放弃了，所以从他的叙述中得不到更多的信息。这次战争可能持续了八年。[131] 显然，狄奥尼修斯通过争取迦 149
太基控制下的城市开始了这次战争。迦太基寻求意大利特人联盟的合作，实际上让军队在意大利登陆。狄奥尼修斯不得不两线作战。关于意大利战线，我们听说的有关迦太基行动的全部内容是重建希波尼翁（Diod. XV. 24.1 与这里叙述的战争没有关系），我们只了解一个干巴巴的事实：狄奥尼修斯找到一条路登上了克罗同的卫城，从而占领了该城，并在那里坚持了一段时间（Livy XXⅣ. 3.8，Di-

---

[127] Stroheker 1958（G 302）123－4 证明第13章的空缺处记录了伊萨的建立。（Scymn.）414－15是合理的证据，它证明伊萨在某个时期是叙拉古人的基地。但是，在这部分经常引用的 Ditt. *SIG* 141 并不属于公元前4世纪80年代，而是公元前3世纪初；见 Woodhead 1970（G 325）509－11。也请注意狄奥尼修斯放逐的叙拉古人所建立的安科那（Ancona）（Strabo Ⅴ. 4.2，p. 241）。也见第178页注释1。

[128] 是狄奥尼修斯第一次为希腊人打开了亚得里亚海，这一理论经 Beaumont 1936（G 116）证明不成立，但他试图（202－3）打破旧的狄奥尼修斯"亚得里亚海帝国"的图景，把狄奥尼修斯的兴趣局限在利苏斯［也见 Woodhead 1970（G 325）］。这种观点已为 Gitti 1952（G 183）修正。他证明有更多的证据，但他也不认为那场冒险持续了很长时间。也见 Anello 1980（G 100）。

[129] Stroheker 1958（G 302）119－28，强调了狄奥尼修斯加强与希腊本土交往的愿望；Caven 1990（G 134）149－53 认为，狄奥尼修斯尝试建立一个与迦太基的资源匹敌的帝国。Dell 1967（E 64）344－6否认伊利里亚海盗那时仍是问题。

[130] Sordi 1960（G 291）62－72 指出，狄奥尼修斯的行动与正在进攻罗马的高卢人相呼应，关于这一理论，见 *CAH* Ⅶ^2.2，305－6。

[131] 即公元前382—前374年，见 Beloch 1912－27（A 5）Ⅲ.2，376－7。

on. Hal. *Ant. Rom.* XX. 7. 3)。[132] 对于西西里，我们甚至不能确定最后两次战役即卡巴拉和克罗尼翁的地点。在卡巴拉战役中，迦太基有1万人被杀，其中包括马戈，5000人被俘虏。在克罗尼翁（可能在海岸北部的某个地方）战役中，莱普提奈斯被杀，据称迦太基人没有任何怜悯，杀死了14000名西西里人。和平条款又一次（见第135、145页）被说成是与之前相同。但是，由于迦太基显然获得了塞利努斯和阿克拉伽斯领土的一部分，从技术上说两地从公元前405年起都要向迦太基纳贡，那这里的记载肯定有严重错误。新的条款是狄奥尼修斯同意支付1000塔兰特的赔款，但他不大可能交得起这笔赔款。[133]

我们听说狄奥尼修斯某种程度上介入了希腊本土的事务。正如我们看到的（第139页），人们可能认为科林斯战争的爆发也许让他犹疑到底是与斯巴达还是与科林斯一起行动，后者是叙拉古的母邦。由于雅典授予他的荣誉以及公元前393年派出的使节（Tod no. 108 = Harding no. 20, Lys. XIX 19 – 20），使雅典人认为他不会再给斯巴达人提供援助，但他对于支持斯巴达似乎从未真正怀疑过。如果他对叙拉古的公众意见有任何考虑的话，他几乎不可能站在雅典一边。他第一次真正的干预是在公元前387年，当时他的妹夫波吕克塞努斯从西西里和意大利得到了20艘战船，在最后的战斗中援助了安塔尔奇达斯。这次战斗封锁了赫勒斯滂海峡，结束了科林斯战争（第116页）（Xen. *Hell.* V. I. 26)。[134] 他是“大王和约”创立的体系的支持者，人们都认为这是理所当然的（Lys. XXXIII. 6, Isoc. IV. 126, Diod. XV. 23. 5)。与这幅图景唯一不合的地方，是他对伊利里亚人的支援（第148页）。后者对这种支持的利用使得斯巴达不得不援助摩罗西亚人（Diod. XV. 13. 3)。

公元前378年，当战争再次在希腊大陆爆发时，没有关于叙拉古
150 的记载，这可能是因为迦太基战争。事实上，双方重新接触的第一个信号，是公元前373年秋一支斯巴达舰队争取狄奥尼修斯支持斯巴达

[132] 既然后一段将莱吉翁和克罗同的陷落列在了一起，我们不能根据它将克罗同陷落的时间确定在公元前378年。

[133] 注意 Plato *Ep.* VII 332c, 333a；狄奥尼修斯差点被俘，并准备给蛮族人交纳贡金。

[134] 意大利的战船可能来自罗克利。这支舰队离开时，对莱吉翁的包围几乎不可能已经结束。

攻打科西拉的一次尝试，因为对斯巴达而言，科西拉不受雅典控制至关重要（Xen. *Hell.* Ⅵ. 2. 4；参见 Diod. ⅩⅤ. 46. 2）。公元前 372 年，一支由 10 艘船组成的叙拉古舰队实际上曾出现在希腊。舰队遭到伊菲克拉特斯的伏击，结果发现它们带着准备献给德尔斐和奥林匹亚的昂贵捐献，可能是为了公元前 372 年的奥林匹亚赛会。伊菲克拉特斯得到国内的许可后，卖掉了这些物品，因此引出了一封写给雅典的控诉信，抱怨他们亵渎神灵（Xen. *Hell.* Ⅵ. 2. 33 – 6，Polyaen. Ⅲ. 9. 55，Diod. ⅩⅤ. 47. 7，ⅩⅥ. 57. 2 – 4）。

直到留克特拉战役后，才有其他军队从西部地中海到达希腊，但那时狄奥尼修斯做了一些事情回报斯巴达过去给他的恩惠。公元前 369 年，20 多艘船载着 2000 名凯尔特人和伊比利亚人到达，还有 50 名骑兵和 5 个月的薪水，这是希腊大陆第一次出现这样一支军队。他们给人们留下了很好的印象（Xen. *Hell.* Ⅶ. Ⅰ. 20 – 2，Diod. ⅩⅤ. 70. 1），第二年一支类似的军队出现了。尽管他们根据指令要在固定时间返回，但这支军队在“无泪之战”中发挥了重要作用（第 192—193 页；Xen. *Hell.* Ⅶ. 1. 28 – 32）。他们停留时间有限，某种程度上可能与这一年西部西西里战争的重新开始有关（Diod. ⅩⅤ. 73）。他派兵与否，透露了狄奥尼修斯忠诚于斯巴达以及他渴望在希腊大陆上坚持自己存在的大量信息。

狄奥尼修斯希望他人意识到他自己此时在希腊事务中发挥作用的愿望，表现在雅典的两个法令中。狄奥尼修斯与斯巴达的友好关系（下文第 188 页）让他再度与雅典发生了联系。公元前 368 年夏（公元前 369/368 执政官年中的最后一个主席团时期），狄奥尼修斯派出的使节带着有关“建造神庙”（即公元前 372 年被毁的德尔斐的阿波罗神庙）与“大王和约”的信件到了雅典（Tod no. 133）。议事会把信中有关对外政策的内容交给了同盟议事会，但接着向公民大会建议雅典授予狄奥尼修斯及其儿子纯属雅典人的荣誉、冠冕以及雅典公民权，以表彰他们对“雅典人、斯巴达人及其他希腊人达成‘大王和约’”的贡献。其他证据表明，同盟对狄奥尼修斯接近斯巴达的某些影响并不满意，他显然是一个特别不受欢迎的盟友。接下来的命令（Tod no. 136 = Harding no. 52）纯粹是雅典与狄奥尼修斯及其后人的结盟，没有提到雅典的盟友。[135]

与雅典的友好关系在下一个冬季实现了，当时狄奥尼修斯以他的《赎取赫克托尔》（*Ransoming of Hector*）在莱奈亚节的悲剧比赛中获
151 胜。传闻说他狂饮欢庆这次胜利，结果导致了他的死亡。这个传闻的时间顺序至少是正确的，因此我们可以将他去世的时间定在公元前367年春。

我们时常会提到狄奥尼修斯的同伙，对他们及其统治的内在结构的考察，是这个故事的重要组成部分。[136] 那不仅涉及狄奥尼修斯支持者的性质问题，也关系继承问题。甚至现在，研究罗马帝国的学者们还可以把他们的思想从制度的发展转到奥古斯都寻找继承人这个令人着迷的主题上。在君主制中，继承是一个重要问题。狄奥尼修斯面临的压力与奥古斯都相同：友人与婚姻交织在一起，不同家族集团的暗中敌对，世袭原则与竞争相伴。奥古斯都的两个家族支系源于他第一次婚姻的亲生女儿以及第二次婚姻的继子。狄奥尼修斯则更彻底。在失去第一任妻子即赫摩克拉特斯的女儿后，他同时娶了两个妻子：来自罗克利的外侨多丽丝（Doris）以及叙拉古人阿里斯托马克（Aristomache），后一位是狄奥尼修斯早期支持者希帕利努斯的女儿，狄翁的姐姐。[137] 据说他非常小心地隐瞒哪个婚姻在先。事实是多丽丝的儿子的出生，较阿里斯托马克的孩子们早很多。[138] 但是，在孩子们成人之前的漫长时间里，他当然需要朋友。他确有朋友，兄弟和妹夫。[139] 他很早就失去了最初的一些朋友。希帕利努斯不久就死了。正如我们知道的，公元前402年之后不久，他的“养父”赫罗利斯难以调和地被放逐了，并且在南部意大利率领着一支流亡者组成的队伍（Di-

---

[135] 通常认为这个命令出现于公元前367年春，但这是不可能的；它的时间应该如我们所说的那样接近于它指向的命令，可能是在公元前368/367年的第二个主席团期间［Lewis *ap.* Develin 1989（C 127）255］。关于这时雅典派到西西里的使节，参见（Dem.）LⅢ.5。

[136] 除了一般性的著作，见 Beloch 1912－27（A 5）Ⅲ.2，102－7；Gernet 1953（C 29）；Sartori 1966（G 288）。

[137] 她可能比狄翁年龄大，大概出生于公元前409年（Nep. *Dio* 10.3，贝洛赫对此理解错误）。

[138] 在 Tod no. 133（公元前368年）中，只提到了狄奥尼修斯和多丽丝的儿子赫摩克里图斯（Hermocritus）的名字。阿里斯托马克在很长时间里没有孩子的说法，从严格意义上看是不正确的（Plut. *Dion* 3.6），因为她的女儿很早就可以结婚了（前引 Beloch *loc. cit.* 102－3，105，但据此得出的结论，是他同时娶两个妻子的记载有误）。

[139] Tod no. 108＝Harding no. 20（属公元前393年）给莱普提奈斯、泰亚利达斯、波吕克塞努斯和狄奥尼修斯一起授予了荣誉；文献不完整，但我们不清楚是否有其他人被包括在内。

od. XIV. 8. 5, 87. 1, 103. 4 – 104. 1)。我们唯一知道而且留了下来的早期支持者是菲利斯图斯，那时他还不是历史学家，曾在很长时间里驻守奥尔图基亚的要塞，据称还是狄奥尼修斯母亲的情人（Plut. *Dion* II. 5）。但在统治的初期，狄奥尼修斯主要依靠他的弟弟莱普提奈斯。他有正式的海军统帅头衔，从公元前397年到公元前390年他被解职（第146页）期间，他也以这种身份行事（Diod. XIV. 48. 4, 53. 5, 59. 7 – 60. 4, 72. 1, 102. 2 – 3）。他也依靠他的妹夫波吕克塞努斯，他是赫摩克拉特斯的妻弟，显然是个有影响、能帮忙的人（Diod. XIV. 62. 1, 63. 4, Tod no. 108 = Harding no. 20, Xen. *Hell.* V. I. 26）。

菲利斯图斯、莱普提奈斯和波吕克塞努斯或早或晚地先后遭到放逐。关于波吕克塞努斯因恐惧而逃跑的事件，我们没有资料 152
（Plut. *Dion* 21. 7 – 8），但我们可以非常明显地看到一种局面，即莱普提奈斯显然比狄奥尼修斯更受欢迎。他没有与狄奥尼修斯商量，非常不明智地处理了意大利事务。据狄奥多鲁斯记载（XV. 6 – 7），他的鼎盛期出现在公元前386年。据他说，奥林匹亚的大败使狄奥尼修斯陷入到一种狂怒状态，以至于他以“莫须有”的罪名杀死了很多朋友，[140] 并且放逐了不少人，其中包括菲利斯图斯和莱普提奈斯。他们逃到了图利伊，在那里他们受到意大利特人联盟的欢迎，但在这之后，他们回到了叙拉古，当时狄奥尼修斯的女儿嫁给了莱普提奈斯。这个记载从动机上解释不通，因为率领代表团到奥林匹亚的泰亚利达斯平安无事。在普鲁塔克的记载中，我们得到了一个合理些的故事（Dion II. 6）。[141] 莱普提奈斯没有和狄奥尼修斯商量，就把后者的一个女儿嫁给了菲利斯图斯。这段话的意思似乎是：被罢黜的海军统帅正与驻军指挥官结盟，迫使狄奥尼修斯陷入即使结果不是更糟，最多也就是三头之一的地位。[142] 狄奥尼修斯自然迅速做出了反应。在这个版本的故事中，菲利斯图斯在狄奥尼修斯活着的时候，并没有回来，这

[140] 没有提供名字。

[141] 到目前为止最早的记载（Aen. Tact. X. 21 – 2；约公元前350年）都认定莱普提奈斯更受欢迎，狄奥尼修斯怀疑他，而且提到了一次阴谋，由此他被迫毫无怨言地离开城邦。

[142] 有关“结盟”的一些证据来自菲利斯图斯 *FGrH* 556F 60，菲利斯图斯描写了莱普提奈斯女儿的痛苦。

显然是正确的。[143] 莱普提奈斯回来也是肯定的，[144] 但他的海军统帅职位已经被最小的弟弟泰亚利达斯取代了。两兄弟都娶了狄奥尼修斯的女儿，在莱普提奈斯在战斗中阵亡以及泰亚利达斯不久后去世之前，他们的关系肯定非常紧张。同时，狄奥尼修斯自己的儿子们正在长大，但在他生命的最后几年，他又选择了紧张和平衡。这次是在他自己的两个家庭之间。他似乎支持外来的妻子生的最大的儿子，也就是后来的狄奥尼修斯二世，但他的主要顾问[145]现在是希帕利努斯的儿子狄翁，他自己的妻弟和女婿，狄奥尼修斯其他两个儿子的舅舅。人们自然认为狄翁宁愿选择他的亲外甥。最后狄奥尼修斯去世，像大多数僭主一样，他的死伴随着继承斗争以及医生阴谋的传言（Timaeus *FGrH* 566 F 109, Nep. *Dion* 2.4–5, Plut. *Dion* 6.2）。第 13 章将说明
153 狄奥尼修斯为继承问题做的准备如何不够。以此衡量这次成功的君主制实验，他肯定是有失误的。

我们已经追溯了狄奥尼修斯再造西西里的主要线索以及向意大利南部的扩张（第 140、167 页）。正如后来的事件所证明的，在大叙拉古，尽管人口发生了变化，但那里继续存在一种公民团结的感情。在叙拉古之外，比较古老的城邦已经不重要了，但创建了数座新城，如陶罗麦尼翁和廷达利斯，它们源自雇佣军的再安置。并非所有这些人都是纯希腊人。在他直接控制的区域之外，他统治时期的事件以某种方式重新塑造了种族分布，对此我们至少有一个例子作为证据。公元前 404 年，一群他没有进一步利用的坎帕尼亚人没有返回意大利，而是到了西西里西部，强行在埃吕米亚人的恩泰拉落脚。他们屠杀了那里的男人，并且娶女人为妻（Diod. XVI.9.9）。他们在迦太基人的控制下生存，公然对抗狄奥尼修斯驱逐他们的企图（Diod. XIV.48.5, 53.5, 61.5）。一则有名的铭文[146]证明，大概公元前 3 世纪 80

---

[143] 在这个版本中，菲利斯图斯被流放到了亚得里亚海地区，他在那里完成了他的大部分史著。关于一条神秘的菲利斯图斯隧道（*fossas Philistina*）以及将这件事与狄奥尼修斯的亚得里亚海冒险联系起来的尝试（第 147—148 页），见 Gitti（G 182 and G 183, 172–6）。

[144] 据描述，他继续与狄奥尼修斯不和（Polyaen. VI.16.1）；Plut. *Mor.* 338B，Ael. *VH* XIII.45 代表了一种传统：即狄奥尼修斯故意没有去救他，导致了他的死亡。

[145] 狄奥尼修斯一世时期，狄翁很有可能是海军统帅，但不应该从 Plut. *Dion* 7.2 中推论出这一点，它是对第 6 章第 5 节的解释。

[146] Nenci 1980（B 162，*SEG* XXX 1117–23 有摘要）；Nenci et al. 1982（B 163，*SEG* XXXII 914 有摘要）；Knoepfler 1987（G206）；也见 *SEG* XXXV 999（提供了一个新的文本）。这批文献中也包含来自那科尼（Nacone）一个类似定居点的文献，其意大利特征更明显；参见 *SEG* XXXIV 934。

年代，他们还在那里。尽管经历了很多变迁，但他们还部分地保留着自己的奥斯坎人（Oscan）姓名，并且至少公开地以希腊政体和某种形式的多利斯共同语表达自己。

在其他有布匿人神庙的地区，如塞利努斯[147]和各种山头据点，[148]最重要的是阿德拉诺奈山（Monte Adranone），[149] 相当多的证据证明，公元前4世纪布匿人的影响日益增长。但是双方影响的地区存在重叠。在阿克拉伽斯东北偏东6千米处的卡尔塔法拉奇山（Monte Caltafaraci）上，好像有一处狄奥尼修斯时代的希腊人要塞。[150]

由于狄奥多鲁斯对迦太基战争的叙述越来越少，我们对狄奥尼修斯没有将迦太基完全赶出西西里一事无法进行全面的评价。很可能对于那项任务而言，资源总是不够充足。我们对于钱币的了解表明（见第166页，注释2），他奖赏雇佣军的基本方法一定是分配土地。但在不剥夺他人所有权的情况下，他不可能总能找到土地。[151] 雇佣军一旦安定下来，或许就不愿意参与新的冒险。

要透过传统的敌意评价狄奥尼修斯的个性也许不是我们能做到的。总的来说，记载好像越来越不利。狄奥多鲁斯的描述越来越不充分，肯定属于这种情况，即使没有后来[152]关于他猜疑和提防的很多生
动的奇闻逸事，我们仍确实看到了一个日益孤立以及坏脾气的形象。 154
对此我们有丰富的证据。他绕着他的卧室挖了一条深沟，并且在上床之前要收起吊桥。除了他女儿，他不让任何人给他刮胡子。当她们成年后，他甚至从她们那里拿走了剃须刀，并且用热的胡桃壳刮脸。[153]这些都可以作为例子。

我们能真正相信多少呢？学者们，特别是盎格鲁—撒克逊人，可能倾向于对君主腐化——不管腐化是由于奢侈还是猜忌——的故事抱怀疑主义态度，特别是当他们的公共生活表现出一些团结和成功的迹象时。亚历山大（Alexander）和卡里古拉（Caligula）没有腐化堕

[147] Rallo 1982 –83（G 272）.

[148] *Arch. Rep. for 1987 – 88*, 131；Anello 1986（G 101）.

[149] Fiorentini 1979（G 165）.

[150] Castellana 1984（G 132），试图重构狄奥尼修斯在这个地区的渗透。

[151] 请与狄翁最终的困境（第703页）比较，Nep. *Dio*（原文疑有误，应为*Dion*——译者注）7.1 –2对此有简洁的描述。

[152] 不全是后来的杜撰，见第177页注释2。

[153] 在这一章修订期间，一家怀有敌意的报纸报道说，伊拉克总统经常更换他的理发师。

落，因为他们正合乎逻辑地试图创造君主制的新形式，暴力行为和凶残的记载于是被打了折扣。科林斯的佩里安德（Periander）变成了罗伦佐·德·美蒂奇（Lorenzo de Medici），尽管佩里安德几乎所有的恶行都可以在19世纪初亚尼那（Jannina）的阿里帕夏（Ali Pasha）的经历中找到对应，但那是一个定期递交报告的英国领事道听途说来的。对那些有机会看到比如陆军元帅阿明（Field Marshal Amin）经历的一代人来说，下述结论似乎不需要论证：至少对某些人来说，绝对的权力会导致绝对的腐败，这种事情与巨大的军事和政治成功并不矛盾，这一点可以通过斯大林身边的人对他的密切观察得到充分的证明。

最近有关狄奥尼修斯的著作[154]大多试图将狄奥多鲁斯怀有敌意的叙述归结为偏见，因此不完全相信他有关狄奥尼修斯的叙述。我们有关狄奥尼修斯的材料确实很不准确，那种怀疑合乎情理。但一个重要的史料要加以考虑。

尽管对于狄奥尼修斯如何对待柏拉图的叙述充满了虚构，但公元前4世纪80年代初，柏拉图肯定访问过西西里。[155] 在《理想国》中（562－571，577－580），他有关民主制如何转变为僭主制以及僭主自己如何发展起来的叙述，人们是很熟悉的。其中一些，特别是对于僭主性取向的重视，似乎并不完全与狄奥尼修斯相合，但有很多内容是符合的：指责富人为寡头派；卫队；没收和再分配；不信任朋友；招募雇佣军；挑起战争以掩饰自己在国内的虚弱地位。有人已经强力论证，[156] 以反对那些把这些行为与狄奥尼修斯联系起来的人。他们认
155 为，柏拉图的僭主形象是笼统的。如果说柏拉图有任何原型的话，那原型应该是雅典的庇西特拉图。但是，那里的叙述与庇西特拉图更加不符。我们可以认为，柏拉图的僭主不仅仅是狄奥尼修斯，但在柏拉图的心目中，狄奥尼修斯肯定非常有分量。我们可以更确定地说，他不可避免地出现在公元前4世纪70年代和公元前4世纪60年代任何读者的心目中。[157] 毕竟，谁是那个时代的僭主？考虑到摆在面前（第

---

[154] Stroheker 1958（G 302），Sanders 1979/80（G 282）and 1987（G 283）1－40，Caven 1990（G 134），他们在史料的偏见问题上存在不同意见。

[155] 见 Sordi 1979（G 294）。

[156] Wilamowitz 1920（H 120）432；Stroheker 1958（G 302）106.

[157] Caven 1990（G 134）167－8，226.

140页）的奥林匹亚的场景，我们禁不住要引用那些悲剧诗人的话：他将走遍其他国家，雇用嗓音洪亮且美妙的演员，以引诱聚集在那里的人群转向僭主制。

最重要的段落是关于僭主作为一个人的段落，它描述了僭主无与伦比的堕落。他不相信任何人，经常处于恐惧中。这一段是以一种很特别的方式导入的。为了说明僭主真实的形象，我们需要这样一个人的判断：他没有被绝对权力外在的浮华及其表演所迷惑，但他的理解又能深入一个人的内心，看到他人心里想的是什么。如果他和僭主生活在同一个屋檐下，既目睹了僭主在公共生活危机时期的行为，也看到了僭主在自己家庭中对亲人的行为，则我们应该听取这种正当的判断。“我们应该相信我们自己有资格根据和僭主的交往做出的判断，这样，我们就可以让某人回答我们的问题。”我们很难相信柏拉图没有说过这样的话：“我已经见到了狄奥尼修斯并且我了解他。”[158] 接下来那秋风扫落叶般的段落，用我们自己的话语表述，相当于下述判断：僭主制毁灭了狄奥尼修斯的个性。第7封信（见下文，第693页）中更为明确的段落（332C）将柏拉图有关狄奥尼修斯失败的原因归结为这样一个事实：他的聪明之处［“聪明”（*sophia*）这个词是辛辣的讽刺］，就是他不信任任何人。

（崔丽娜译　晏绍祥、李永斌校）

[158] Wilamowitz 1920（H 120）437 n. 1 否认这一点，但是，见诸如 Heintzeler 1927（C 33）77。Caven 1990（G 134）168 - 9，226 - 7 认为，在柏拉图第一次访问西西里时，他并没有见到狄奥尼修斯，他报道的是年轻的狄翁的看法，因为那符合他自己的偏见。但很难把这一点与之后20年狄翁在叙拉古的成功协调起来。

156

第　六　章

“大王和约”与雅典第二同盟

罗宾·西格

第一节　斯巴达的霸权

安塔尔奇达斯和约压制了斯巴达的敌人的气焰，使他们无能为力，至少暂时是这样。在打破了底比斯对彼奥提亚的统治后，斯巴达开始了对普拉提亚的重建（Paus. Ⅸ. 1. 4）。这件事可能发生在此时，而不是在占领底比斯的卫城卡德米亚之后，底比斯很可能被迫与斯巴达结盟（Isoc. ⅩⅣ. 27，Plut. *Pel.* 4. 5）。这一点曾遭到质疑，[1] 但底比斯与奥林图斯谈判以及对伊斯麦尼亚斯审判时没有任何对结盟的暗示，不足以证明底比斯与斯巴达不曾结盟。

科林斯战争结束了。像公元前421年和公元前404年一样，斯巴达现在把她的注意力转向了其盟友在战争中的行为。她的目标（Xen. *Hell.* Ⅴ. 2. 1）是惩罚那些曾支持敌人的盟友，使得未来不会再发生这种背叛行为。斯巴达不满的第一个牺牲者是长期以来都很难控制的曼提奈亚人，他们曾以不同方式证明了自己的不可靠：以神圣休战为借口逃避军事义务；即使在服役时，也几乎没有什么热情；他们对斯巴达的军事失利感到高兴，甚至给阿哥斯提供了粮食。因此，斯巴达在公元前385年发出了最后通牒。曼提奈亚必须拆除她的要塞，

---

① Buckler 1980（C 330）.

服从通牒将被视为忠诚的补救性证据。曼提奈亚人拒绝，所以斯巴达人发动了一次远征。阿盖西劳斯不愿意指挥，据称是因为曼提奈亚为他父亲提供过服务，所以阿盖西波利斯统率着斯巴达的军队，即使他的父亲保萨尼阿斯已经和曼提奈亚人的领导者签订了友好条约（Xen. *Hell.* Ⅴ. 2. 3）。

狄奥多鲁斯（XV. 5）谴责斯巴达的行为是对和约的公然违反，在曼提奈亚请求雅典帮助时，他们很可能强调了这一点。但雅典人投票的结果是不想违反和约，曼提奈亚人只好孤军作战。这个决定当然没有揭示雅典对斯巴达进攻的合法性以及道义性所持有的看法，只反映了她的孤立及其在军事上的软弱。然而，斯巴达召集了她的新盟友，可能主要是出于心理上的原因，因为她几乎不需要他们的帮助。 157
一支底比斯的分遣队适时地出现在了斯巴达一边，佩罗皮达斯和埃帕米农达都在其中（Plut. *Pel.* 4. 4f，Paus. Ⅸ. 13. 1）。

破坏农田后，阿盖西波利斯驻扎下来开始围城。整个夏天，曼提奈亚人一直在抵抗，他们显然得到了斯巴达盟友中同情者的帮助，后者在晚上秘密地给曼提奈亚人送来军需（Polyaen. Ⅱ. 25）。但是随着雨季开始，斯巴达人在流经该城邦的河流上筑坝，以便河流开始从地基侵蚀要塞（Xen. *Hell.* Ⅴ. 2. 4ff，与 Diod. XV. 12. 1，Paus. Ⅷ. 8. 7 不同）。曼提奈亚人现在提议推倒他们的城墙，但斯巴达人不再满足于这种让步，相反坚持曼提奈亚人要放弃和摧毁曼提奈亚城，并将它的人口分散到他们在古时分成的四个或五个村社中（Xen. *Hell.* Ⅴ. 2. 5ff，Ephorus 70F 79，Diod. XV. 12. 1f，Strabo Ⅷ. 3. 2，Paus. Ⅷ. 8. 9）。斯巴达也许（但几乎不可能）言不由衷地征引和约关于自治的条款，来证明这种要求合乎情理。守城者除投降外别无选择。人们以为阿哥斯的支持者以及人民领袖大约 60 人可能会被处死，但前任国王保萨尼阿斯从他的流放地泰盖亚进行了干预，让他们平安离开。散居令得到了实施。起初，迁移的负担引起了普遍的不满，但整肃后保留权力的那些人最终觉得，这场改变是件好事。斯巴达也有理由满意，因为在服役时，从这些村庄征调的军队比他们统一在民主政府下时表现出了更大的热情（Xen. *Hell.* Ⅴ. 2. 7）。

斯巴达人专注于其盟友在战争中的行为，特别是他们提供军队的意愿，这一点紧接着被来自弗利乌斯的流亡者利用了（Xen. *Hell.* V. 2. 8ff）。[②] 他们指出，在他们掌权时，弗利乌斯提供了士兵，并且欢迎斯巴达军队到城里来，而在他们被流放后，弗利乌斯人拒绝追随斯巴达人，向他们关闭了大门。这个罪过被夸大了，但是监察官可能更多考虑到了他们自己的机会而不是被放逐者的情况，明目张胆地发出了威胁。他们说流亡者是斯巴达的朋友，对这些人的放逐是不合理的。但斯巴达更愿意看到他们通过互相协商后返回，而不是使用暴力。弗利乌斯人担心如果斯巴达派出军队的话，会发生背叛，因为城里有被放逐者的很多朋友和亲戚，他们中的一些人渴望改变政府形
158 式。所以他们投票重新接纳他们，交还了他们的财产，并解决了有可能在国家层面产生的任何冲突。

伯罗奔尼撒以外的事务直到公元前 382 年才又引起斯巴达的注意。大约 10 年前，伊利里亚人的一次入侵将马其顿的阿明塔斯赶出了他的国家。为报答奥林图斯的帮助，他把一些边界领土让与奥林图斯，但位置和范围都不确定。一旦恢复他的地位，这位国王有点乐观地想要收回这块土地，但遭到奥林图斯拒绝。阿明塔斯诉诸战争，但奥林图斯人以解放者的姿态占了上风，到公元前 382 年夏，甚至控制了培拉。所以阿明塔斯求助于斯巴达（Xen. *Hell.* V. 2. 11ff，Diod. XIV. 92. 3，XV. 19. 2f，Dio Chrys. XXV. 6）。阿坎图斯（Acanthus）和阿波罗尼亚（Apollonia）也派来了使节。他们被监察官带到了公民大会和盟友面前。阿坎图斯使节克雷盖尼斯（Cleigenes）谈到的主题显然与“大王和约”的条款有关：奥林图斯不仅侵犯阿明塔斯，而且以削弱更弱小的哈尔季狄基城邦为代价进行扩张。奥林图斯曾威胁阿坎图斯，如果后者拒绝在战争中帮助奥林图斯，将强迫她并入哈尔季狄基国家。但阿坎图斯渴望保持她的自治和政治身份，如果她要抵制奥林图斯的压力，她就需要帮助。

至此，正如狄奥多鲁斯强调的那样（XV. 19. 3），如果斯巴达希望在色雷斯地区确立影响，则这场争论正对斯巴达的胃口，她可以用坚持自治条款、反对奥林图斯侵犯作为冠冕堂皇的借口。但是，如果

② 参见 Legon 1967（C 369）。Piccirilli 1974（C 375）或 Thompson 1970（C 385）并未加以反驳。

色诺芬的记载可信的话，则克雷盖尼斯演说的主要部分指向了斯巴达在哈尔季狄基以及更靠近本土的安全问题（Xen. *Hell.* V. 2. 15ff）。他警告说，在奥林图斯，有来自雅典和底比斯的使节，并且奥林图斯人已经投票向两个城邦派出了代表以协商结盟。雅典、底比斯和奥林图斯的联合将是对斯巴达的重要威胁。因此，在采取措施瓦解彼奥提亚的统一后，如果斯巴达对一个更大势力的增长袖手旁观，那将是荒谬的。而且这是一个还在增长的力量，因为奥林图斯已经控制了波提戴亚（Potidaea），不久将控制整个帕勒涅半岛，同时她与没有国王的色雷斯人的友谊，也将使她获得潘盖翁山（Pangaeum）的黄金。令人惊奇的是，与斯巴达对底比斯的处置一致，动机是以纯粹权力政治的话语表达的，而不是如我们容易想到的那样，以“大王和约”支持者的信誉表达。

克雷盖尼斯强调迅速干预的必要性。如果当时出现了一个领导者，则已经被迫加入哈尔季狄基国家的城邦将乐于叛变。但是事实证明，一旦奥林图斯有时间确立它们新的地位，要把它们分离出来远不
是那么容易。克雷盖尼斯显然相信，斯巴达更关心安全和军事力量，159
而不是自治条款的保卫者。斯巴达的反应证实了这一点（Xen. *Hell.* V. 2. 20ff）。她向盟友提出的问题不是“大王和约”是否已经被违反，而是怎么做对伯罗奔尼撒人和他们自己最有利。值得注意的是，在色诺芬看来，那些希望讨好斯巴达的人赞成战争。但是他们的热情是有限度的，因为就是在准备这次远征的过程中，斯巴达第一次被迫接受了来自其盟友的财政捐献而非人员。

由于意识到需要的急切，阿坎图斯人请求斯巴达人在盟友尚在集中之时，派一名指挥官率领一支尽可能大的队伍即刻前往北方。欧达米达斯（Eudamidas）及随他一起马上派出的 2000 人可以说是救急。他一到达北部，就占据了波提戴亚。由于该城主动归顺，因此让克雷盖尼斯的说法有了某些根据。那些还没有陷入奥林图斯之手的城镇，欧达米达斯则各城驻军。伯罗奔尼撒同盟的主力部队由佛伊比达斯率领。此人是欧达米达斯的弟弟，取道底比斯推进。

“大王和约”不仅结束了底比斯对彼奥提亚的控制，而且无疑至少暂时地降低了诸如伊斯麦尼亚斯和安德罗克雷达斯等人在该城邦中

的地位，他们设计的政策曾引起科林斯战争。[③] 莱昂提亚戴斯（Leontiades）及其支持者希望恢复权力，以最大的善意回报斯巴达：解散彼奥提亚同盟，重建普拉提亚，加入那个强制的同盟。但到公元前382年，斯巴达的反对者似乎重新获得了一些支持。伊斯麦尼亚斯和安德罗克雷达斯在那一年都担任了军事执政官，城邦因此陷入了两派争夺最高权力的痛苦中（Xen. *Hell.* Ⅴ. 2. 25ff）。底比斯罔顾斯巴达显而易见的愿望而与奥林图斯开始谈判，表明伊斯麦尼亚斯正在占据上风。他在一件对斯巴达而言生死攸关的事件中获得了重要胜利：底比斯下令，任何底比斯人都不得参与对奥林图斯的远征。莱昂提亚戴斯看到了恢复其地位的机会，虽然那要以完全牺牲底比斯的独立为代价。他向佛伊比达斯建议斯巴达人夺取卡德米亚。这将使底比斯完全处于斯巴达控制之下。如果他和他的友人被授予权力，则他们将保证底比斯为斯巴达提供一支军队。佛伊比达斯采纳了这个建议，莱昂提亚戴斯带领斯巴达人进了城。他在议事厅逮捕了伊斯麦尼亚斯，但安德罗克雷达斯以及至少300名他的支持者逃到了雅典（参见 Androtion 324 F 50）。

160 在色诺芬的版本中，只有莱昂提亚戴斯为了纯粹自私的目的表现出了积极性，而佛伊比达斯只是接受他的建议而已。但在希腊，有些人认为阿盖西劳斯在佛伊比达斯离开斯巴达之前向他灌输了那种想法（Plut. *Ages.* 23. 4，24. 1），而狄奥多鲁斯（XV. 20. 2）同样声称，所有斯巴达指挥官都收到了秘密的、长期有效的命令，即一旦有机会就要占领底比斯。最后这种说法可能有所夸大。伊斯麦尼亚斯的重新活跃以及之后底比斯抵抗的增长都是最近的事情，色诺芬就斯巴达对政变消息反应所做的详细描述，表明斯巴达民众至少都感到惊奇。我们也不必认为佛伊比达斯出现在底比斯有任何险恶的目的：向底比斯人施加压力、使他们加入远征的愿望，足以解释他对路线的选择。但阿盖西劳斯确实支持反对奥林图斯的强硬路线。[④] 他对底比斯的怨恨，使他对底比斯独立的任何迹象都特别敏感。他建议佛伊比达斯尝试在底比斯建立一个可靠的傀儡政府的可能性，倒不是不可信。

③ Hack 1978（C 338）.

④ Cawkwell 1976（C 285）77.

当莱昂提亚戴斯来到斯巴达为自己辩护时，他发现监察官和大多数人都怀有敌意，但必须承认，那不是因为底比斯已经处于斯巴达控制之下，而是因为佛伊比达斯没有接到斯巴达城邦的命令就采取了行动（Xen. *Hell.* Ⅴ. 2. 32ff）。但阿盖西劳斯谨慎地表示了同意，宣称如果他的行动是为城邦利益而实施的，那么这种主动性可以接受。莱昂提亚戴斯同样很实际。他说，过去斯巴达一再埋怨底比斯的敌对，但一度接近和奥林图斯结盟的底比斯，如今如果让他和他的支持者继续保持权力的话，就再也不会成为斯巴达的威胁了。斯巴达最终的行动更具犬儒意味。佛伊比达斯被罚款，但驻军继续留在卡德米亚，同时安排让伊斯麦尼亚斯在来自斯巴达及其盟友的法官面前接受审讯。斯巴达可能已经诉诸“大王和约”的条款，控诉伊斯麦尼亚斯暗中破坏她为保卫色雷斯城邦抵御奥林图斯侵犯而实施的远征。但事实上指控追溯到了科林斯战争：据说伊斯麦尼亚斯曾支持波斯伤害希腊人，并且收了波斯的贿赂，他和安德罗克雷达斯应为希腊所有的混乱负责。他不可避免地被定罪并被处决。

对底比斯的占领在整个希腊都受到了谴责，他们认为这是对公元前386年以来斯巴达一直宣称的自治最明目张胆的、粗暴的侵犯（Xen. *Hell.* Ⅴ. 4. 1，Diod. ⅩⅤ. 19. 4，20. 2，Polyb. Ⅳ. 27. 4ff，Plut. *Ages*. 23. 3，Justin Ⅷ. 1. 5）。斯巴达或许试图通过莱昂提亚戴斯的邀请 161
为自己辩护。但情况很不利，最好什么也不说。事实上，公元前386年以来斯巴达的行为一再表明，她执着地追求权力和军事资源，完全不管和约中的规定。[5]

在北部，斯巴达人及其盟友阿明塔斯在公元前382年夏季没有什么收获。所以，在那年秋季，泰琉提亚斯被派作军事长官，统率斯巴达人及其同盟的军队（Xen. *Hell.* Ⅴ. 2. 37ff, Diod. ⅩⅤ. 21）。他得到了底比斯人的热情帮助，部分是因为他们知道他是阿盖西劳斯的弟弟。他的第一个目标是招募尽可能大的一支军队。为了那个目标，他敦促阿明塔斯招募雇佣军并以金钱赢得邻近国王的支持。当斯巴达的威胁将奥林图斯人赶出马其顿时，他可能已经松懈下来了。他驻扎在波提戴亚，在那个季节结束之前，在奥林图斯城前面打了一仗。在这次战

---

⑤ Seager 1974（C 73）39ff.

斗中，那些国王中只有戴达斯（Derdas）一个人使斯巴达免于失败。公元前381年春，双方互有胜败（Xen. *Hell.* V. 3. 1ff）。在战争季节之初，戴达斯在阿波罗尼亚击败了奥林图斯人，但不久之后，在奥林图斯的一次行动中，泰琉提亚斯本人被杀，同时斯巴达军队遭遇严重损失，分散到斯帕托鲁斯（Spartolus）、阿坎图斯、阿波罗尼亚和波提戴亚等友好的城邦中。斯巴达的反应迅速且有力（Xen. *Hell.* V. 3. 8f, 18ff, Diod. XV. 21. 3, 22. 2, 23. 2）。国王阿盖西波利斯率领30名顾问出发了。他也得到了阿明塔斯和戴达斯的支持。起初，他获得了一些胜利，洗劫了奥林图斯的领土并且袭击了托罗奈（Torone），但不久他发起了烧，并在仲夏时去世（Tod no. 120）。色诺芬恰当地评论说，阿盖西劳斯并没有对同僚的去世感到高兴（*Hell.* V. 3. 20）。确实，自治的支持者阿盖西波利斯和斯巴达自身壮大的极力拥护者阿盖西劳斯之间必然对立（Diod. XV. 19. 4）的倾向被严重夸大了。为了代替他，斯巴达派出了另一个指挥官波吕比亚戴斯（Polybiades）出任军事长官，时间是公元前381年秋或公元前380年春。

公元前381年夏，弗利乌斯也遇到了新的麻烦（Xen. *Hell.* V. 3. 10ff）。在阿盖西波利斯对奥林图斯的战役中，弗利乌斯人积极地为他提供了资金，由于这种意愿，他们赢得了阿盖西波利斯的赞赏，他们认为由于另一位国王远在国外，阿盖西劳斯不会随意向他们进攻。所以他们鼓起勇气，首先在涉及流亡者的争端中做了很不明智的决定。这些流亡者在公元前384年就已经被批准返回，然后，当流亡者及其支持者向斯巴达抱怨时，他们以在城邦没有授权的情况下继续派出使节为由对流亡者罚款。受罚者再次抱怨，利用了斯巴达原有的
162 不满：他们说现在拒绝给予他们权力的人，与在科林斯战争中把斯巴达人排除在外的是同一批。监察官决定发动一次远征，这让阿盖西劳斯感到高兴，因为在流亡者中有他通过父亲结识以及他自己结交的朋友。一到达弗利乌斯，阿盖西劳斯就提出卫城应该移交给斯巴达人。当这个要求被拒绝时，他实行了包围。这次包围持续到公元前379年夏。在包围者的全面监督下，弗利乌斯人召集了他们的公民大会。对于仅为取悦几个流亡者就对这么重要的对手发动一次艰难的战斗，甚至斯巴达的普通大众都有怨言。但是由于流亡者的数目逐渐增加，因为他们的朋友和亲戚溜出城邦加入他们的队伍，最终阿盖西劳斯能够

把他们组成一支1000人的军队。

在弗利乌斯，并非所有反对流亡者的人都对斯巴达怀有强烈的敌意，尽管他们也不想成为她的傀儡。到公元前379年，保卫者靠正常人一半的口粮坚守。色诺芬认为，支持继续抵抗的主要代表戴尔菲翁（Delphion）的支持者只有300人（Xen. *Hell.* Ⅴ.3.21ff）。当弗利乌斯最终投降时，阿盖西劳斯决定，条款的细节应该由他来决定。戴尔菲翁明智地逃走了。可以想见，阿盖西劳斯的条款完全不顾弗利乌斯的自治。一个由50名流亡者和50名城邦人员构成的委员会首先要把它乐意处死的任何人处死，然后为公共事务的管理起草法律。为了确保委员会适当地履行它的职责，阿盖西劳斯留下了驻军和6个月的津贴。没有迹象表明，在斯巴达企图为自己的行为辩护时，她强调是由弗利乌斯人而非斯巴达人实行清算以及起草新宪法的。

同样是在公元前379年夏，奥林图斯战争胜利结束（Xen. *Hell.* Ⅴ.3.26f，Diod. ⅩⅤ.23.3）。自从波吕比亚戴斯到达后，他已经取得了几次胜利。我们不了解其中的细节，但他最终使奥林图斯遭到封锁，而且封锁非常有效，以至奥林图斯人民在面临饥饿时，派人到斯巴达请求和平。条约规定奥林图斯应该与斯巴达有同样的朋友和敌人，并且服从斯巴达的领导。这些条款一方面是传统内容，但另一方面忠实地反映了斯巴达当时关心的事务：军事扩张以及人力资源。但是，尽管奥林图斯人继续称自己为哈尔季狄基人，很可能她以自治的名义也解散了哈尔季狄基国家。[6]

色诺芬和狄奥多鲁斯都把这个时刻视为斯巴达权力的顶点（Xen. *Hell.* Ⅴ.27，Diod. ⅩⅤ.23.3）。自公元前386年以来，斯巴达在曼提奈亚、底比斯、弗利乌斯和奥林图斯的军事行动都以胜利告终。 163
她甚至冒着触怒波斯的危险，可能于公元前381年第一次考虑援助埃瓦戈拉斯（Isoc. Ⅳ.135，Theopomp. 115F 103.10. 参见 Diod. ⅩⅤ.8.4）。之后，即约公元前380年，她和反叛将领格罗斯缔结了同盟，只是他的被暗杀，使得这次奇怪的冒险在那个协议对双方尚未产生影

⑥ Zahrnt 1971（C 392）95ff.

响以前就告终（Diod. XV. 9. 3ff, 18. 1, 19. 1）。[7] 但与此同时，她无情地致力于帝国主义以及她对自己曾支持的（当这样做对她有利时）和约的轻视，不仅在那些曾感受到她高压的城邦中，而且在整个希腊都引起了强烈的不满。虽然还没有一个城邦强大到足以提出挑战，但底比斯和雅典的事件很快就会证明，斯巴达表面上的霸权实际上是多么不稳固。

第二节 雅典的复兴

雅典对公元前385年曼提奈亚请求的谨慎反应，是自公元前386年以来她的典型做法。“大王和约”已经突然且难堪地结束了她恢复公元前5世纪的帝国的简单尝试，这个尝试在特拉叙布鲁斯远征时达到了顶峰。在雅典，人们强烈地不满，如同总在雅典发生的那样，有些人认为将军应该为战争的结果受到谴责（参见 Lys. XXVIII，XXIX，Tod no. 116）。阿古利乌斯和科利泰乌斯的特拉叙布鲁斯都遭到了控告（Dem. XXIV. 134f）。但那时雅典所能做的，就是试图谨慎地保持前10年里建立的一些联系。公元前386/385年，她为阿马多库斯的继承人、色雷斯的赫布吕泽米斯（Hebryzelmis）授予荣誉（Tod. no. 117 = Harding no. 29），特拉叙布鲁斯曾和他缔结盟约。不久之后，雅典为那些在“大王和约”后由于同情雅典而被放逐以及在雅典避难的塔索斯（Thasos）和拜占庭人授予免税权；他们曾为来自曼提奈亚统一国家（dioecism）的避难者提供了类似的免税权（*IG* II² 33, Dem. XX. 59f）。拜占庭的事件可能让人对伊索克拉底的声明（XIV. 28）表示怀疑，他说拜占庭以及希俄斯和密提林在公元前386年后保持着对雅典的忠诚，但是莱斯沃斯和希俄斯可能是因恐惧波斯的潜在威胁，对此斯巴达是最不可能保护他们的。关于希俄斯，幸存下来的公元前384年她和雅典缔结的条约提供了更多的细节（Tod no. 118 = Harding no. 31）。条约又一次证明了雅典的谨慎态度，她小心翼翼地避免得罪波斯。同盟是一个严格的防御性同盟，双方都坚持她们的行为不仅要一致而且要有助于对“大王和约”的保持。所有

---

⑦ Ryder 1963（C 245）105ff；请见前文第81页。

关于和约的暗示都完全是被动的。这与雅典70年代的态度是一个鲜明的对比，条约没有因为斯巴达违反自治条款而对她进行谴责，也没有表明雅典正在把自己树立为新和约的反对者。[⑧] 164

在大约发表于公元前381年或公元前380年[⑨]的《泛希腊集会辞》中，伊索克拉底鼓吹发动一场反对波斯的泛希腊远征，并为雅典要求领导权（Isoc. Ⅳ.3，18ff）。他对斯巴达帝国主义（78ff，110ff）、“大王和约”的全部内容（115ff），特别是对斯巴达违反自治条款（126）的谴责，可能赢得了不只雅典人而且是大部分希腊人的欢迎。但是他毫不掩饰地为公元前5世纪的帝国（100ff）以及雅典对盟邦司法和政体的干预辩护，甚至为令人憎恨的军事移民的合理性辩护，这几乎不可能为雅典的霸权赢得支持（参见Diod. XV. 23.4），演说末尾对于放弃“大王和约”的呼吁（175），则根本没有引起注意。事实上，公元前380年末，作为对法那巴祖斯抱怨的反应，雅典人很可能召回了卡布利亚斯。后者曾主动参与埃及国王阿科利斯的反叛（在“大王和约”前，雅典曾支持他），相反，雅典派出伊菲克拉特斯帮助波斯人（Diod. XV.29.2ff）。

在希腊大陆，公元前382年雅典对奥林图斯的示好没有产生任何成果。但同一年，她为安德罗克雷达斯以及从莱昂提亚戴斯政变中逃跑的支持者提供了庇护。安德罗克雷达斯本人在雅典被暗杀，但斯巴达要求交出其他流亡者的压力受到了抵制（*IG* Ⅱ² 37，Din. Ⅰ.39，Plut. *Pel.* 6.2f）。公元前379/378年的深冬，他们中的很多人最后酝酿了一次解放其城邦的起义，并且使他们自己得以返回。这次政变的领导者包括在雅典的那些人中的佩罗皮达斯、菲利达斯（Phillidas）和麦隆（Melon），以及待在底比斯的卡隆（Charon，见Plut. *Pel.* 7ff，*Mor.* 576ff，Xen. *Hell.* Ⅴ.4.2ff）。和前一代的底比斯民族主义者不同，这些更年轻的人们支持民主政治。如果他们成功，他们计划在底比斯建立民主政体。我们的史料对于这一事件的细节有不同记载，但可以肯定的是，流亡者的领袖在伪装成猎人进入彼奥提亚后得以潜入城市，并暗杀了他们的主要反对者莱昂提亚戴斯和阿奇亚斯（Archi-

⑧ Seager 1974（C 73）44ff.

⑨ 关于这个年代，参见Tuplin 1983（C263）179ff。

as)，即使后者知道一场阴谋正在酝酿。据说，阿奇亚斯收到了一封信，信里揭露了阴谋者的整个计划，但他把信放在了一边，准备早晨看（Plut. *Pel.* 10. 3）。另外两个人现在加入了暗杀者的行列，即埃帕米农达和戈尔吉达斯（Gorgidas），他们在之后的那些年成了著名人物。他们释放了监狱里同情他们的那些人，从城外召集其余的流亡者并向底比斯人发出了一个声明。但是直到黎明人们才做出反应。那时人们召开了公民大会。在这次会议上，自公元前 386 年以来首次选举
165 了彼奥提亚同盟长官。他们的数目不确定——甚至有可能是晚后一些年的全部 7 个人——但他们包括麦隆、卡隆、佩罗皮达斯，可能还有戈尔吉达斯（Plut. *Pel.* 12f，Xen. *Hell.* Ⅴ. 4. 8f）。[10] 这一举措的目的很明显。甚至在斯巴达人被赶出卡德米亚之前，底比斯的新任领导者就提出了统治整个彼奥提亚的要求。

色诺芬关于重新占领卡德米亚的记载与狄奥多鲁斯的记载差别很大（*Hell.* Ⅴ. 4. 9ff）。一听说发生了政变，斯巴达的驻军就被派到了普拉提亚和塞斯皮埃（Thespiae）进行援助，同时底比斯人也召请了由两位将军率领的雅典军队的援助，他们当时驻扎在边界上。尽管雅典后来与两位将军撇清了关系，但这支军队肯定是打算援助流亡者的，底比斯人知道在哪里找到它。来自普拉提亚的一支援军被底比斯人击退。雅典人一到达，就准备强攻卡德米亚。为了换取安全的保证，驻军显然在第一次进攻时就投降了。尽管如此，他们中的底比斯人除受到雅典保护者外，在逃离时都被私刑处死。当斯巴达人听说了事情经过后，他们判处驻军长官死刑，因为他没有坚守到约定的援军到来之时，接着发动了一次对底比斯的远征。阿盖西劳斯拒绝指挥军队，监察官们对来到斯巴达的底比斯逃亡者的故事印象深刻，所以任命了克莱翁布罗图斯（Cleombrotus）。

在狄奥多鲁斯（XV. 25. 3 – 27. 4）的版本中，围困的时间更长。在包围之初，卡德米亚的保卫者派人到斯巴达请求援助，而底比斯人派使节到了雅典。雅典的反应是经投票派出尽可能大的一支军队。第二天，戴摩丰（Demophon）率 5000 人出发，同时准备以全部力量发动一次远征，尽管最后证明这没有必要。只是在长时间的抵抗——其

---

⑩ Buckler 1979（C 328）.

间他们指望斯巴达会派来援军——之后，驻军指挥官才最终决定投降。尽管斯巴达人准备战斗至死，但他们的盟军不愿意继续战斗。到这时，克莱翁布罗图斯已经在远征途中。所以三名斯巴达资深军官回国后受到审判，两人被处死，第三人被处以很重的罚金。

这一记载得到了其他几份资料的证实。伊索克拉底（XIV.24）也提到底比斯的使节到了雅典。他可能正确地认为，使节充分利用了自治条款。但在狄奥多鲁斯的叙述中，他们把对雅典的请求建立在公元前404年底比斯为雅典服务的基础上。狄那库斯（Dinarchus，I.38f）补充了细节，说凯法鲁斯（Cephalus）是派兵命令的提议人。普鲁塔克（*Pel.* 13.2）告诉我们，驻军回国途中只走到麦加拉，在那 166
里他们碰到了克莱翁布罗图斯及其军队。普鲁塔克也认为三名斯巴达军官被定了罪。同时我们仍然怀疑，色诺芬的记载看起来很可能经过了认真的删减，并且他给出的斯巴达事件的年代是错误的，而狄奥多鲁斯关于围困的时间以及雅典介入性质的记载是符合历史的。[11] 如果伊索克拉底所说正确（XIV.29），那么解放者在他们胜利后不久也派使节到了斯巴达，以和过去一样的条件表示友好，即回到斯巴达人的同盟中。但是斯巴达的条件太苛刻：她要求召回流亡者并驱逐政变领导者，所以底比斯人离开了。但是这个记载经常遭到反对，虽然伊索克拉底可能夸大了他们的目的，但底比斯的新任统治者有可能做了一些尝试安抚斯巴达，以抵制逃亡者的宣传。

在夺取了卡德米亚后，底比斯的雅典军队回国了，但她派出了一支由卡布利亚斯率领的轻装部队坚守通向埃琉特莱（Eleutherae）的道路，抵抗克莱翁布罗图斯。[12] 但国王取道另一条路到了普拉提亚，在奇泰隆山（Cithaeron）山顶消灭了一个底比斯哨岗，然后到达了塞斯皮埃。但他仅在底比斯的领土上待了16天，就率领军队回国，导致他的士兵疑惑他们是不是与底比斯处在战争状态。在塞斯皮埃，他留下斯佛德利亚斯（Sphodrias）作为军事长官，并留下了其同盟军队的三分之一以及招募雇佣军的资金（Xen. *Hell.* V.4.15f）。底比斯的使节尽管失败，但在斯巴达可能产生了那种希望，即全面战争没有

⑪ Judeich 1927（C 340）173ff.

⑫ Cawkwell 1973（C 111）58.

必要。这种希望可能促使克莱翁布罗图斯行动有所缓和。和阿盖西劳斯相反，这位国王自己可能同意那种观点：对斯巴达而言，雅典代表了比底比斯更大的潜在危险。底比斯明显不足的决心，以及对克莱翁布罗图斯军队的恐惧（Xen. *Hell.* Ⅴ. 4. 19），可能也是雅典担心会遭遇突袭的原因。两名曾援助最初政变的将军被选为替罪羊，受到审判并被定罪（Xen. *Hell.* Ⅴ. 4. 19, Plut. *Pel.* 14. 1）。遗憾的是，控告的罪名没有被记录下来。

但是，即使雅典不愿意被卷入斯巴达和可能摇摆不定的底比斯之间的领土之争，但她重夺海权的决心此时急剧膨胀。可能如狄奥多鲁斯所说（XV. 28. 2ff），第二次雅典同盟核心的建立是在公元前 378 年初，即斯佛德利亚斯进攻之前。⑬ 最早出现在记录中的成员是希俄
167 斯、拜占庭、罗德斯、密提林，可能还有麦提姆那（Diod. XV. 28. 4, Tod nos. 121, 122 = Harding nos. 34, 37, *SEG* XXXII 50）。一个共同的议事会或同盟议会在雅典成立，在议事会中，每个成员国都有一票。成员的自治得到保证，但她们接受雅典作为霸主。与公元前 384 年和希俄斯的结盟不同，形成同盟的谈判从一开始就证明，建立它的目的是保卫自由和自治，反对斯巴达的侵犯，即使最早的一些成员可能更害怕波斯，而不是斯巴达。换句话说，雅典现在第一次宣布自己是“大王和约”所制定原则的支持者。

可能是对这次公开挑战其霸权的不满和警觉，促使斯巴达派使节到了雅典（Xen. *Hell.* Ⅴ. 4. 22），不过使节最初的目的无记录可考。但是，当使节到雅典时，塞斯皮埃的斯巴达军事长官斯佛德利亚斯做了一次愚蠢的袭击比雷埃夫斯的尝试。那时比雷埃夫斯还没有城门（Xen. *Hell.* Ⅴ. 4. 20ff, Diod. XV. 29. 5ff, Plut. *Pel.* 14. 1, *Ages.* 24. 4），斯佛德利亚斯想在黎明之前到达目的地，但黎明时他只到了特利亚（Thria）。他不是尽可能安静地溜走，而是在撤退之前，极其张扬地宣传他的到来。雅典人逮捕了斯巴达的使节。使节们坚称他们和斯巴达当局根本不知道这个计划（有可能是真的），并且许诺斯佛德利亚斯会受到审判并被处死。斯佛德利亚斯的目的是毫无疑问的：他的挑衅行为证明，他决心在雅典和斯巴达之间制造不和。我们同时也可以

⑬ Cawkwell 1973（C 111）47ff.

确定，他的行动不是出于自己的主意，但是我们的史料在有关谁指使他的问题上存在分歧。色诺芬谴责底比斯人，称他们害怕自己将不得不独自与斯巴达作战，所以贿赂斯佛德利亚斯挑起雅典和斯巴达之间的战争。普鲁塔克同意并且指名道姓地提出佩罗皮达斯和戈尔吉达斯为这一重大战略的始作俑者。但是，狄奥多鲁斯认为责任在克莱翁布罗图斯。这些意见当然不是互相矛盾的。前者非常有可能：被归于底比斯人的目的是合理而且有说服力的。但克莱翁布罗图斯可能对雅典的复兴非常警惕，于是设计了一个大胆的计划要把它扼杀在萌芽中。这个说法也可能是正确的。

尽管非常愤怒，雅典仍准备维持和平，条件是斯巴达尊重其使节的承诺，并处决斯佛德利亚斯（Xen. *Hell.* Ⅴ. 4. 24ff）。斯佛德利亚斯自己预料到了最坏的结果，没有出席审判。克莱翁布罗图斯的朋友倾向于为他免罪，这支持了狄奥多鲁斯的谴责，但他们害怕斯巴达民众以及阿盖西劳斯的敌视，民众相信或假装相信斯佛德利亚斯接受了底 168
比斯人的贿赂。但不论理由是什么，阿盖西劳斯最终改变了他的立场，宣布尽管斯佛德利亚斯犯了错误，但斯巴达需要这样的战士。从现实的角度看，这一定意味着他已经决定斯巴达能够同时对底比斯和雅典作战，可能也预见到他们的结盟会很困难。所以斯佛德利亚斯被免罪。

雅典的反应迅速有力（Xen. *Hell.* Ⅴ. 4. 34，Diod. ⅩⅤ. 29. 7）。雅典人宣布，斯巴达已经违反了和约并且全力备战。比雷埃夫斯被装上了城门。她招募军队、建造战船、配置船员，任命提摩泰乌斯、卡布利亚斯和卡利斯特拉图斯为指挥官。雅典和底比斯缔结了同盟（*IG* Ⅱ^{2} 40 = Harding no. 33；Diod. ⅩⅤ. 28. 5 的描写可能不够专业，而且先入为主了，但不是张冠李戴），底比斯被接纳为同盟的一员。[14] 当时，斯巴达把精力放在底比斯方面（Xen. *Hell.* Ⅴ. 4. 35ff，Diod. ⅩⅤ. 32f）。公元前 378 年夏，阿盖西劳斯领导了一次入侵，在塞斯皮埃扎营。此前底比斯已经向塞斯皮埃发动过一次进攻，但并不成功（Diod. ⅩⅤ. 27. 4）。这是斯巴达军事上将其同盟重组为九个区后发起的第一次战

[14] Burnett 1962（C 99）；Buckler 1971（C 324）. 但 Clark 1990（B 138）表明，公元前 4 世纪 80 年代，雅典并没有停止造船。

斗，这九个区分别是阿卡狄亚占了两个，埃利斯和阿凯亚各一个，科林斯和麦加拉一个，西库翁、弗利乌斯和阿克泰城是第六个，最后三个单位分别来自中希腊和北希腊：阿卡那尼亚一个，福基斯和罗克利一个，奥林图斯与色雷斯地区的其他盟友一个（Diod. XV. 31. 2）。阿盖西劳斯突破了底比斯的防御工事，劫掠了直到底比斯城的土地，但底比斯人没有冒险进行阵地战，而国王也在一场偶然事件中——由于卡布利亚斯的雕像这件事后来引起轰动——拒绝向卡布利亚斯及其雇佣军挑战。[15] 在塞斯皮埃建立了要塞后，阿盖西劳斯回国，留下佛伊比达斯作为驻军长官。彼奥提亚的战斗在继续：起初佛伊比达斯袭击了底比斯的领土，之后底比斯人向塞斯皮埃发动了全面进攻。底比斯失败，但佛伊比达斯被杀。此后底比斯一再派出军队进攻塞斯皮埃以及其他邻邦，同时那些同情底比斯民主政治的人集中在底比斯。斯巴达人这边只派出了由军事执政官指挥的支队（*mora*）支援塞斯皮埃的驻军。

底比斯人的行动清楚地表明，他们追求的目标是恢复底比斯对彼奥提亚的控制。民主政变后底比斯立即选举彼奥提亚同盟长官，已经
169 暗示了这个目标。这让雅典陷入尴尬的地位。她已经建立了自己的同盟，以自由和自治的名义向斯巴达挑战，底比斯人准备在必要的时候以底比斯人而不是彼奥提亚人的身份加入同盟。雅典及其盟友都会对那样一场战争表示怀疑：战争的胜利将使底比斯免于斯巴达入侵的威胁，随意消灭彼奥提亚的自由和自治。为安抚现有盟友，也为获得新的盟友，可能是公元前 377 年 2 月或 3 月阿利斯托特莱斯（Aristoteles）法令通过的一个原因（Tod no. 123 = Harding no. 35，Diod. XV. 29. 8），法令重申并更详细地规定：雅典致力于自由和自治的原则，以鼓励更多的城邦加入同盟。这个措施颇为及时，因为对很多希腊人来说，不论他们如何看待斯巴达，也不管他们是否读过《泛希腊集会辞》，他们肯定都对雅典的目的抱有怀疑态度（参见 Diod. XV. 23. 4）。

这个法令重申了同盟的重要目标：迫使斯巴达允许希腊人自由地拥有他们的领土，并允许他们自治。在明确引用"大王和约"的条

---

[15] 注释原文缺失——译者注。

款之后，可能就是维护它们的具体义务。但后来这些行被抹掉了，内容必然无法确定。[16] 任何不属于波斯国王属民的，包括希腊人或蛮族人，大陆居民或岛上居民都被邀请加入同盟。雅典显然仍希望把自己树立为“大王和约”的支持者，而不是要否定它，冒惹怒波斯的危险。接着列举的入盟条件最好被视为保证基本自由和自治的解释，在“大王和约”中，对此可能也没有更明确的定义。每一个成员国都可以有它希望的政体，没有驻军和总督，也不纳贡。此外，雅典放弃了对成员国领土上公共或私人财产的任何要求，有关这种要求的现存记录将被销毁。因此雅典国家或任何雅典公民都不会以任何方式在同盟领土上获得房屋或土地。源于这一条款的任何指控，都将在同盟议事会而不是雅典的法庭解决。

这些条款显然计划服务于双重目的：首先，提醒那些仍忠诚于斯巴达的城邦注意斯巴达所施的暴行，特别是在吕桑德时期。其次，放弃雅典在公元前5世纪滥用权力的做法，这些做法已经引起了对其统治的很多不满，并且使人们坚持不愿相信雅典确实改变了她的方式， 170
在当时的背景中，这肯定是更重要的事。随后是保证性条款：如果任何成员受到攻击，雅典以及同盟其他成员的军队将进行援助。这肯定直接针对斯巴达，但也可能被认为是对波斯的慎重警告。不论现在还是将来，同盟所有成员的名称都将刻在写有法令的同一块石头上。

与此同时，雅典又通过了一个命令，授权派出使团到底比斯，“劝说底比斯人怎么做有利”（Tod no. 123 = Harding no. 35 lines 72ff），这给人不祥之感。很可能底比斯人在彼奥提亚的活动已经引起了雅典的注意，但她也可能是希望在同盟不久将开始的海上行动中得到底比斯的援助。同时，她很快就有了高兴的理由，因为《阿利斯托特莱斯法令》很好地实现了它的目的，正在为雅典减少怀疑、创造好感（Diod. XV. 29. 8）。首先做出反应的是优卑亚的城邦，只有赫斯提埃亚（Hestiaea）除外（Diod. XV. 30. 1）。雅典和哈尔基斯（Chalcis）的同盟得以继续存在（Tod no. 124 = Harding no. 38）。重要的是，公元前5世纪优卑亚曾惨遭军事移民点以及雅典私人占有财产的折磨。

留克特拉战役之前的那些年中，可以看到同盟的发展及运行出现

---

[16] 注释原文缺失——译者注。

了很多问题。我们无法给出有关问题的确定答案。狄奥多鲁斯提供的最终的成员总数是70个（XV.30.2），埃斯奇奈斯提供的数字是75个（Ⅱ.70）。但附在《阿利斯托特莱斯法令》中的名字不可能超过58个。因此，或许是文献资料中的数字被夸大了，可能是由于把不是同盟成员的雅典同盟国包括在内了，也或许是在不确定的时间、由于不确定的原因，雅典人没有把新成员的名字加入到名单中，这个名单开始于公元前377年，至少保持到了公元前375年，可能一直到公元前373年。没有人提出有说服力的时间或原因，也没有任何城邦的资格在其他地方得到明确的证实——显然这种证明非常之少——她们的名字没有或不可能被记录在现存的名单中。因此，虽然我们不是很确定，但有可能在某个时候科西拉加入了同盟，尽管她的名字没有出现。[17] 但是，它的名字可能处于缺漏之处。因此，更好的做法是放弃狄奥多鲁斯和埃斯奇奈斯的证据，而选择更小的数字。[18] 如果这样处理正确的话，则最迟到公元前373年同盟达到全盛，之后没有新成员加入。相反，新成员通过条约与雅典和同盟绑定在一起，但实际上同盟没有承认她们的盟友资格。有人尝试确定各个已知盟国加入的时
171 间，将她们的加入与公元前377年到公元前375年卡布利亚斯领导的以及公元前375年和公元前373年提摩泰乌斯领导的海上远征联系起来。[19] 但是，对于在接受以及记录入盟中采用的程序的细节，我们了解得不够，因此有关这个主题的任何内容都无法说得很确定。[20]

《阿利斯托特莱斯法令》中所做的承诺经常被认为是空洞的，从未打算遵守并且很快就被违反了。但至少在留克特拉战役之前的那些年里，在雅典受害于她对安菲波利斯（Amphipolis）和赫尔索尼斯致命的迷恋之前，她的记录经得起检查。[21] 她没有以建立军事移民点来惩罚任何同盟成员，[22] 也没有干预政体的记录。如果在同盟城邦临时驻军，那也是对军事形势的需要做出的反应，并且得到了接受者的同意。人们很容易认为（Theopomp. 115F 98）同盟成员交纳的公共税

⑰ Coleman and Bradeen 1967（C 121）; Tuplin 1984（C 81）544ff, *SEG* XXXII 53.
⑱ Cargill 1981（C 101）38ff; Cawkwell 1981（C 113）41ff.
⑲ Accame 1941（C 87）72ff; Woodhead 1962（C 273）.
⑳ Cargill 1981（C 101）38ff; Cawkwell 1981（C 113）45ff.
㉑ Cargill 1981（C 101）134ff; Cawkwell 1981（C 113）50f.
㉒ Cawkwell 1973（C 110）与 Davies 1969（C 123）意见不同。

只是贡金的不同叫法而已，但在留克特拉战役之前，勒索以及挪用同盟基金的事情没有得到证实。但同样明显的是，在同盟战争这个关键时期之前很长时间，雅典已经开始退回到她从前的做法。[23]

《阿利斯托特莱斯法令》几乎没有提到同盟议事会（*synedrion*）的构成、权力、一般职能以及它与雅典议事会和公民大会的关系。除了不交纳贡金外，也没有提到财政方面的内容，不过暗示了公共金库的存在（Tod no. 123 = Harding no. 35 line 46）。在已经失传的、让同盟和同盟议事会真正产生的法令中，所有这些事情无疑都已经规定过了。我们知道同盟议事会在雅典开会，每个成员一票（Diod. XV. 28. 4）。我们很自然会猜测每个成员因此会派一名代表（*synedros*），这可能是正确的（参见 Tod nos. 153, 175 = Harding nos. 65, 97; *IG* II^2 232）。一则铭文明确显示，密提林不止一名代表（Tod no. 131 = Harding no. 53，参见 126），这可能是由于写的时候粗心造成的。同盟议事会如何选举主席，主席服务多长时间，我们都不清楚。我们知道，公元前 372 年是一名底比斯人担任主席［Accame 1941（C 87）229ff］。在一个场合，我们发现雅典议事会（*boule*）指示同盟议事会向公民大会提交议案（*dogma*），同时公布它自己的议案（*probouleuma*，见 Tod no. 133）。但在另一场合，是先有了同盟的议案，然后是公民大会的法令。可以设想，这些议案需事先提交给雅典议事会（Tod no. 144 = Harding no. 56）。可能两种情况都提供了正常程序的部分内容。在正常的程序中，雅典议事会首先为同盟议事会提出需要讨论的事务，然后对同盟议案进行检查，再提交公民大会。人们当然希 172
望通常情况下没有争议，雅典议事会直接同意这个议案，只是用它自己的议案（*probouleuma*）补充而已。但后来，在达成菲洛克拉特斯和约的谈判中，尽管同盟议事会事先答应批准公民大会的任何决定，但在德摩斯梯尼的影响下，雅典议事会似乎提交了一个议案，内容与同盟的议案（*dogma*）相矛盾，而没有赞同它。在这种情况下，同盟议案是否根本不会被提交给公民大会，我们并不清楚。更可能的情况也许是，当同盟议案和雅典议事会议案相冲突时，两个议案都会被提交给公民大会。

---

[23] Cargill 1981（C 101）125; Cawkwell 1963（C 16）91ff, 1981（C 113）48.

我们也无法确定同盟最初的规章是否对同盟运作的资金问题做了任何规定。最早提到的同盟税（*syntaxeis*）属公元前 373 年［（Dem.）XLIX. 49］，但甚至这些也都没有固定的、常规的数量。公元前 375 年底比斯没有资助舰队的花费，让雅典人感到厌烦，它暗示那只是一种道义上的义务。公元前 373 年之前雅典一直独自承担战争的花费，也许不是完全不可能。甚至在那之后，同盟税的征收还是在不定期的、临时的基础上进行。

公元前 377 年春，阿盖西劳斯又一次推进到彼奥提亚，侵入底比斯的乡村，劫掠了底比斯和塔那格拉（Tanagra）之间的土地，后者此时还对斯巴达保持忠诚（Xen. *Hell.* Ⅴ. 4. 47ff，Diod. ⅩⅤ. 34. 1f）。底比斯人准备和阿盖西劳斯作战，但他撤退了，转而推进到未设防的城市。但是，底比斯人成功迫使他撤退。在解决了塞斯皮埃公民的骚动后，阿盖西劳斯取道麦加拉回国。在那里他患上了内分泌失调症，一次紧急行动使他大量失血，变得更加虚弱。直到第二年他仍然病得很重，六年后还不适合继续作战。事实上，公元前 371 年夏以后，他就从历史上消失了，很可能在此期间，他对斯巴达政策的影响下降了。

卡布利亚斯及其轻盾士兵（peltast）又去请求底比斯人的援助（Xen. *Hell.* Ⅴ. 4. 54）。但在阿盖西劳斯撤离彼奥提亚后，卡布利亚斯指挥了一次海上远征，首先到了优卑亚，保护雅典在那里新获得的盟友，并攻击了赫斯提埃亚，后者仍对斯巴达保持忠诚，因为大约三年前，斯巴达把它从僭主奈奥盖尼斯（Neogenes）的统治下解放出来，他又是在菲莱的亚松（Jason of Pherae）的支持下建立起僭主统治的（Diod. ⅩⅤ. 30. 2ff）。卡布利亚斯劫掠了赫斯提埃亚的领土，在城邦中心区的山上建起了要塞，并在前往基克拉泽斯群岛之前在那里留下了驻军。在基克拉泽斯，他赢得了很多曾服从斯巴达的岛屿，包括佩帕莱托斯（Peparethos）和斯奇亚托斯（Sciathos）。但是，让赫斯提
173 埃亚离开斯巴达的是底比斯人。底比斯人正苦于粮食短缺，因为他们已经有两年不能耕种自己的土地了。远征帕伽塞（Pagasae）所购买的色萨利粮食，都落到了斯巴达在赫斯提埃亚的指挥官阿尔凯塔斯（Alcetas）手里。但由于阿尔凯塔斯玩忽职守，底比斯人逃走了，并在占领城堡后，把城市争取过来了。此后，底比斯就可以不受阻碍地进口粮食了（Xen. *Hell.* Ⅴ. 4. 56f）。

公元前 376 年，由于阿盖西劳斯生病，斯巴达每年对彼奥提亚的入侵都交给了克莱翁布罗图斯（Xen. *Hell.* Ⅴ. 4. 59）。但是当他发现底比斯人和雅典人据守奇泰隆山对抗他时，他没有和敌人交战就撤退了，并且回国。同盟对这次大败感到愤怒，再加上筋疲力尽，因而对斯巴达产生不满。他们劝说斯巴达人转到海上，通过封锁使雅典人饥饿而降，同时指出军队可以用船运到彼奥提亚。斯巴达人适时装备了一支由 60 艘船组成的舰队，由波利斯（Pollis）指挥。这支舰队控制了埃吉那、凯阿（Ceos）和安德罗斯（Andros）周围的海域，并且能够在公元前 376 年夏干扰从黑海到雅典的粮食进口（Xen. *Hell.* Ⅴ. 4. 60f, Diod. ⅩⅤ. 34. 3 – 35. 2）。雅典不可能无视这一威胁。起初她打破了封锁，将一支很大的运粮船队成功护送到了比雷埃夫斯。9 月，卡布利亚斯率领 83 艘战船出航，包围了纳克索斯（Naxos），并且向斯巴达舰队挑战以求决战（Plut. *Phoc.* 6. 3，Polyaen. Ⅲ. 11. 2，11）。波利斯接受了挑战。尽管舰船数量上处于劣势，但起初他确实取得了一些胜利。但最终卡布利亚斯占了上风，击溃了斯巴达人。由于想到了阿吉纽西（Arginusae）战役，卡布利亚斯没有追斯巴达人，而是停下来挽救自己破损的船只上的水手。在那天结束时，雅典损失了 18 艘战船，斯巴达人损失 24 艘，而且有 8 艘被俘（参见 *IG* Ⅱ^2 1606. 78，82）。纳克索斯的胜利有重要影响。它不仅解除了对雅典粮食供应的威胁，而且让雅典重新控制了提洛岛的近邻同盟（Tod no. 125）。尼多斯战役之后，雅典第一次恢复了对它的控制。但由于“大王和约”的规定，雅典的控制权可能又被剥夺了。

克莱翁布罗图斯入侵的失败，已经使底比斯人自由地致力于他们重新控制彼奥提亚的目标（Xen. *Hell.* Ⅴ. 4. 63）。可能在这一年，斯巴达在塔那格拉的驻军长官在战斗中被杀，但那不意味着城市落到了底比斯人手里（Plut. *Pel.* 15. 4）。但底比斯到那时为止最引人注目的成功，将发生在公元前 375 年（Plut. *Pel.* 16f, Diod. ⅩⅤ. 37. 1），那年也没有斯巴达的入侵。奥尔霍迈诺斯的斯巴达驻军远征罗克利，于是佩罗皮达斯率领圣队（Sacred Band）进攻，希望看到该城没有防御力量。但他失望了，在回国的路上，他在泰古拉（Tegyra）与从罗克利返回的斯巴达人遭遇，让斯巴达人惨败，对此斯巴达人的过度自信帮了大忙。 174

在海上，公元前 375 年卡布利亚斯在色雷斯地区活动，他在那里解除了特里巴利人［Tribalii，特里巴利人来自海穆斯山（Haemus）以北的地区，由于饥荒而迁徙］对阿布戴拉（Abdera）的攻击，并在城里安置了驻军（Diod. XV. 36. 4，参见 Dem. XX. 77）。他推进到赫勒斯滂，甚至可能无视“大王和约”，冒险干预了亚洲事务。尽管细节很模糊，但可能是有人邀请他［*Hesp.* 30（1961）79ff］。但雅典在这一年主要的海上行动系应底比斯的要求开始。底比斯人请求她派一支舰队环绕伯罗奔尼撒航行，使得斯巴达忙于保护自己及其盟友而无法干预彼奥提亚（Xen. *Hell.* V. 4. 62ff）。对斯佛德利亚斯袭击的持续不满，克服了雅典对底比斯势力上升以及底比斯无视“大王和约”产生的任何疑虑。雅典派提摩泰乌斯率领 60 艘战船出发。但雅典正在遭遇严重的财政问题，提摩泰乌斯只得到 13 塔兰特的军费［Isoc. XV. 109，参见（Arist.）*Oec.* 1350a31］。

提摩泰乌斯的使命获得了重大胜利。他控制了科西拉，并且通过他温和的举动——他没有奴役任何人，没有放逐任何人，也没有干预法律——促使那个地区的其他人归附雅典，包括凯法莱尼亚岛上的城市，阿卡那尼亚人，摩罗西亚的国王阿尔凯塔斯以及他的儿子尼奥托莱穆斯［（Neoptolemus），Diod. XV. 36. 5］。但是，除了阿尔凯塔斯及其儿子，只有阿卡那尼亚人和一个凯法莱尼亚城市普罗诺伊（Pronnoi）被登记为同盟的成员，这表明当年法令——它提到了科西拉和凯法莱尼亚人——中所做的安排（Tod no. 126 = Harding no. 41）不知何故一定遭遇了失败。[24] 菲莱的亚松——提摩泰乌斯的朋友、公元前 373 年之前雅典的盟友——是否在当时或后来加入了同盟，也值得怀疑。[25]

斯巴达人非常警觉地派出了一支由尼科罗库斯（Nicolochus）率领的远征军反击，他们在阿吕奇亚（Alyzia）和提摩泰乌斯交战。斯巴达人有 55 艘战船，6 艘安布拉奇亚的船只失约未到。雅典人获胜，建立了一个胜利纪念碑（参见 *IG* II^{2}1606. II，24，29，69，74，86）。但是在提摩泰乌斯整修他的船只时，尼科罗库斯向他发起挑战，要进行第二次战斗，在挑战遭拒绝后，他也竖起了一座纪念碑。但是到现在为止，提摩泰乌斯已经从科西拉获得了足够的船只，使他在数量上

㉔ Tuplin 1984（C 81）545ff.

㉕ Woodhead 1957（C 272），但请见 Cawkwell 1981（C 113）44。

占了优势，但他极其缺少资金，为此他一再向雅典提出请求［参见（Arist.）*Oec.* 1351a31］。

底比斯人在彼奥提亚的胜利促使他们把目标对准了更远的战场，175
开始了对福基斯的入侵（Xen. *Hell.* Ⅵ. 1. 1）。福基斯人向斯巴达提出请求，警告说如果没有人帮助，他们将不得不投降。斯巴达认真地考虑了那件事，派克莱翁布罗图斯率领四个支队（*morai*）以及来自同盟的队伍出发。这个积极的反应吓坏了底比斯人，他们撤离了福基斯，并准备抵抗入侵。但斯巴达被迫对另一个请求给予了否定的回答，且她大概在同一时间收到了这一请求（Xen. *Hell.* Ⅵ. 1. 2ff）。斯巴达的代理人、法萨卢斯的波吕达马斯（Polydamas）请求斯巴达援助他抗击菲莱的亚松日益增长的势力，后者的计划显然包括建造一支比雅典更大的海军，以及组织反抗波斯的泛希腊远征。斯巴达人乐于限制亚松的扩张，但一想到他们的资源，他们觉得这场干预虽然有价值，但超出了他们的能力，并告诉波吕达马斯自己想办法解决。

斯巴达对彼奥提亚的入侵也没有发生（Xen. *Hell.* Ⅵ. 2. 1）。相反，公元前 375 年夏，她重申了“大王和约”。[26] 在对提摩泰乌斯的赞颂中，伊索克拉底给予他迫使斯巴达缔结和约的荣誉（XV. 109）。和泰古拉战役一样，阿吕奇亚的战斗无疑是一个相关的因素（Plut. *Ages.* 27. 3）。斯巴达的盟友从自身考虑，对和底比斯迁延不决的战争感到不满（Plut. *Ages.* 26. 3）。但是上一个夏末在纳克索斯遭到失败后，斯巴达可能已经开始考虑和平了，整个冬季她可能一直在和波斯协商。阿塔薛西斯需要雇佣军支持他在埃及的战争，所以有很好的理由帮助结束希腊人的战争（Diod. XV. 38. 1）。和平会议在斯巴达召开，尽管雅典人最近在海上取得了胜利，她也做出了热情的反应（Xen. *Hell.* Ⅵ. 2. 1f）。这 10 年的海军舰船清单显示，雅典几乎没有建造新船。其舰队的三分之二由原来的船只组成，其中很多亟待修理，装备也不够。[27] 提摩泰乌斯遇到的问题也不是雅典关注财政问题的唯一证据。最近发现的公元前 375 年的法令，证明了对雅典银币纯度的关注，遗憾的是我们无法确定其与和约签订时间的关系。随着同

---

[26] Cawkwell 1963（C 16）；Buckler 1971（C 12）.

[27] Wilson 1970（C 271）；Davies 1969（C 123）311ff.

盟的发展，对于一种声誉良好的通货的需要增强了，同时这些年的经济困难，也刺激了假冒货币的出现。[28] 到目前为止，雅典人在物质以及经济方面都已耗尽，越来越相信唯一从战争中获利的就是底比斯人。当雅典拖住斯巴达时，底比斯人却在追求自己的目标，甚至没有资助舰队的花费。

176 由于狄奥多鲁斯在叙述这次和约以及公元前 371 年斯巴达和约时的混乱，对制定和约的方法以及条款的了解都令人抓狂。[29] 但是，波斯的参与是肯定的（Philoch. 328F 151）。条约可能第一次明确提出任何城邦都不应受外来驻军的控制，并任命官员监督现存驻军的撤离（Diod. XV. 38. 2）。尽管底比斯人没有理由需要和平，但他们的参与得到伊索克拉底的证实（XIV. 10）。据称导致底比斯人被排除在外的卡利斯特拉图斯和埃帕米农达之间的争执发生在公元前 371 年（Diod. XV. 38. 3），但在这次会议上，被排除在外的威胁迫使底比斯放弃了对奥罗普斯的要求（Isoc. XIV. 37）。底比斯是以底比斯人还是彼奥提亚人的身份宣誓，史籍无书。在这个问题上没有任何争议被提及，证明可能是前者。但即使底比斯做了让步，那也没有影响她未来的活动。狄奥多鲁斯（XV. 38. 4）和奈波斯（*Tim.* 2. 2）都提到了雅典和斯巴达之间的协议，由此斯巴达承认雅典在海上的霸权，雅典承认斯巴达在陆地上的霸权。但和约不可能包含这种条款。这种手法的基础，可能只是斯巴达默认雅典同盟的持续存在并没有违反自治条款。[30] 这是雅典从和约中获得的唯一具体的好处，因为波斯和全体希腊人承认她对安菲波利斯和赫尔索尼斯的要求是后来的事情。[31] 但是和约的缔结在雅典受到热烈欢迎，她为和平女神（Eirene）建造了一座祭坛，年年献祭（Philoch. 328F 151，Isoc. XV. 110，Nep. *Tim.* 2. 2）。

第三节 底比斯的崛起

如果我们可以相信狄奥多鲁斯，和约的缔结在伯罗奔尼撒、阿卡

---

[28] Stroud 1974（B 177）.

[29] Lauffer 1959（C 38）；Andrewes 1985（B 7）.

[30] Roos 1949（C 60）279；Ryder 1965（C 67）58ff.

[31] Ryder 1965（C 67）128.

狄亚、麦加拉、弗利乌斯、西库翁和科林斯引起了很多内部动荡。在这些地方，“大王和约”后逃去阿哥斯的流亡者尝试返回，但没有成功（Diod. XV. 40）。但更重大的事件将发生在希腊西北部。和约一达成，雅典的使节直接从斯巴达召提摩泰乌斯回国。归途中，他让一些扎金索斯（Zakynthus）的流亡者在那座岛上登陆，并把他们安置在一座要塞中（Xen. *Hell.* Ⅵ. 2. 2ff，Diod. XV. 45. 2ff）。他们曾和他一起在阿吕奇亚作战，可能已经是同盟的成员；即便不是，他们那时也得到了承认。[32] 对那个地区之后的发展，我们的史料提供的叙述非常混乱和矛盾，以至于任何年代学、任何重构都必须被视为猜测。[33] 177
扎金索斯人迅速向斯巴达求援，斯巴达人接着派使节到雅典抗议。由于没有得到满意的答复，斯巴达装备了一支 23 艘船的舰队，由阿里斯托克拉特斯（Aristocrates）率领，于公元前 375 年秋或公元前 374 年春去援助扎金索斯。可能在公元前 374 年夏，斯巴达又收到了一个请求，这次是来自科西拉的斯巴达人同情者，他们希望推翻民主政治，并许诺如果斯巴达派舰队的话，他们将把城邦叛卖给斯巴达人。斯巴达很清楚科西拉的战略意义，立刻派出了由阿尔奇达斯（Alcidas）率领的 22 艘战船。科西拉人自然向雅典求助，雅典人投票决定帮助他们以及扎金索斯的流亡者。可能就在这时科西拉加入了同盟，以回报雅典的帮助（Tod no. 127 = Harding no. 42）。[34] 大约公元前 374/373 年冬，雅典派出克泰西克莱斯（Ctesicles）指挥流亡者，同时开始准备春季到科西拉的重要远征。考虑到提摩泰乌斯之前在那个地区的成功，雅典人自然任命他为指挥官。尽管雅典人投票给予他 60 艘战船，但事实证明不可能找到足够的人力装备所有这些船只。公元前 373 年夏舰队出发时［（Dem.）XLIX. 6］，他被迫在基克拉泽斯群岛航行寻找水手，范围可能甚至远达色雷斯。如果是这样的话，他可能在雅典与马其顿的阿明塔斯缔结同盟中发挥了作用，这个同盟可能出现于 70 年代中叶（Tod no. 129 = Harding no. 43）。雅典人相信，或政敌们使他们相信，提摩泰乌斯已经浪费了航行季节，所以他们剥夺他的指挥权并召回了他［Diod. XV. 47. 3，（Dem.）XLIX. 9］。

---

[32] Cawkwell 1963（C 16）88；Mitchel 1981（C 205）.

[33] Cawkwell 1963（C 16）；Gray 1980（B 48）；Tuplin 1984（C 81）.

[34] 请与 Cargill 1981（C 101）69ff 比较。

提摩泰乌斯又一次受到资金问题的困扰，于公元前373年秋从卡劳利亚（Calauria）返回。卡利斯特拉图斯和伊菲克拉特斯指控提摩泰乌斯叛国。在和法那巴祖斯出现意见分歧后，后面两位刚从埃及返回雅典，但是阿尔凯塔斯和亚松为提摩泰乌斯说话。他们到那时为止一直是雅典的盟友，但不一定是同盟的成员。于是提摩泰乌斯被免罪。但是他的指挥权没有恢复，转而前去为波斯国王镇压埃及的战争服务［（Dem.）XLIX. 9ff，22ff，（Plut.）*Mor.* 836D］。

与此同时，公元前373年夏彼奥提亚的形势有了戏剧性的变化。此时底比斯已成功夺回塔那格拉和塞斯皮埃，拆毁了她们的城墙，迫使她们屈服（Isoc. XIV. 9，参见19，35）。[35] 遗憾的是，我们不完全清楚底比斯人在这些年如何组织彼奥提亚。可能性有两种：要么彼奥提亚同盟得到恢复，形式如依据安塔尔奇达斯和约条款将其解散之前那
178 样，要么那些在底比斯控制下的城邦被某种形式的统一运动合并成了单一的彼奥提亚国家。在这个国家中，底比斯由于数量优势以及公民大会在底比斯召开而处于主导地位。我们无法确定到底是哪种形式，但后一种选择似乎更符合史料的记载。[36] 在塞斯皮埃之后，底比斯人把目标转向普拉提亚。为了自救，普拉提亚人决定把他们的城邦交给雅典（Diod. XV. 46. 4ff）。我们很好奇雅典如何回复这个让人有些尴尬的投诚，但底比斯人没有观望，立刻发动了进攻。到普拉提亚投降时，她的人民被迫带着可以携带的财产离开，再也不能回到彼奥提亚。他们逃到了雅典，雅典授予他们平等公民权（isopolity）。普拉提亚被夷为平地，土地在底比斯所有者中进行了分配（Isoc. XIV. 7，Paus. IX. 1. 7f）。

普拉提亚的命运自然在雅典引起了激烈的反应，并反映在伊索克拉底的《普拉提亚人》中。底比斯人或许声称他们是为了同盟的利益行动，因为自“大王和约”以来，普拉提亚的角色就一直是斯巴达人的要塞（Isoc. XIV. 11f，21）。不过在这个问题上，底比斯无可选择，而且也没有征求同盟议事会的意见。普拉提亚的消灭只是底比斯人一系列违反自治条款行为的顶点（1，5，10）。引人注目的是，伊

---

[35] Tuplin 1986（C 350）.

[36] Thiel 1926（C 349）；Sordi 1973（C 348）.

索克拉底并没有把普拉提亚对雅典的请求视为对公元前 375 年和约的明确支持，对那样一种地位，雅典显然不曾提出要求。相反，他认为如果对底比斯不予惩罚，既与雅典公元前 378 年向斯巴达宣战的理由不协调，也与《阿利斯托特莱斯法令》所宣传的原则不一致（17，44）。如果雅典现在声称自己是和平的支持者，则这种立场将大大加强她的地位、改进她的形象，而袖手旁观、让底比斯人任意消灭任何城邦，将会产生灾难性的后果（42f）。

这个论点很有力，但要接受它意味着雅典政策的巨大转变。在这一年，还有彼奥提亚人的船只在提摩泰乌斯的舰队中服务［（Dem.）XLIX. 14，48f］。尽管雅典对底比斯感到失望，但她不会为了保护彼奥提亚的自治陷入与底比斯开战的地步，甚至也不会建议底比斯离开同盟。伊索克拉底的呼吁没有引起注意。到公元前 371 年夏，底比斯人以对普拉提亚同样的方法处置了塞斯皮埃，不过塞斯皮埃人似乎没有被赶出彼奥提亚（Xen. *Hell.* VI. 3. 1，Diod. XV. 46. 6，51. 3）。[37] 但普拉提亚的命运可能加速了提摩泰乌斯的失败，他被视为底比斯党人
喜爱的雅典将军。很可能对底比斯的愤怒使人们转而反对他。 179

在西北希腊，由姆纳西普斯指挥的 60 艘战船的斯巴达舰队在提摩泰乌斯的舰队起航后不久出发，已经到达了科西拉，控制乡村并包围了城市（Xen. *Hell.* VI. 2. 4ff，Diod. XV. 47. 2f）。斯巴达也派人到叙拉古寻求帮助，向狄奥尼修斯指出，如果科西拉落入雅典人之手，将是一件很糟糕的事情。雅典人立刻派克泰西克莱斯率领 600 名轻盾兵出发，同时为公元前 372 年春由伊菲克拉特斯指挥的又一次重要远征做准备（Diod. XV. 47. 4ff，Xen. *Hell.* VI. 2. 10ff）。克泰西克莱斯大获成功。他进入科西拉城内，着手提高保卫者的士气。同时，姆纳西普斯的军队产生了不满，因为他虐待他们，克扣他们的津贴。到春季，克泰西克莱斯第一次强大到可以发起一次突击，然后和包围者进行了一场激烈的战斗。在这次战斗中，姆纳西普斯被杀，斯巴达营地几乎被占领。这次失败以及伊菲克拉特斯即将到达的传言，使海军副将叙佩麦奈斯（Hypermenes）首先运出了战利品和奴隶，然后将斯巴达的军队撤退到了琉卡斯。

---

[37] Tuplin 1986（C 350）.

伊菲克拉特斯的舰队大约有 70 艘船。让人意外的是，他没有全速绕航伯罗奔尼撒，而是在航行中训练水手（Xen. *Hell.* Ⅵ. 2. 27ff）。姆纳西普斯死时，他在皮洛斯附近，但只是当他到达凯法莱尼亚时，才得到了确切的消息。在去往科西拉前，他控制了凯法莱尼亚岛上的城市——色诺芬使用的话语表明他使用了暴力。雅典和凯法莱尼亚之间相当具有破坏性的同盟可能出现于此时，它让人想到不祥的驻军以及雅典海外监督官的派驻（Bengtson, *SdA* 267）。到达科西拉后不久，他就成功地拦截了一支来自叙拉古的 10 艘战船的分舰队，那是应斯巴达的请求派出的，其中 9 艘被俘（Xen. *Hell.* Ⅵ. 2. 35, Diod. XV. 47. 7）。然而，尽管有这次胜利所得支付士兵的薪水，但伊菲克拉特斯仍然极其缺乏资金，被迫将他的船员租给科西拉人作为农业劳工。他到了阿卡那尼亚，以帮助友好的城邦，之后带着多达 90 艘战船的舰队回到了凯法莱尼亚，并向岛上的城市勒索金钱，必要的时候又使用了暴力或军事威胁。然后他开始准备攻打西北希腊其余的斯巴达盟友以及拉科尼亚本土。为了这项事业，他请求雅典人派卡布利亚斯和卡利斯特拉图斯作为他的同僚，尽管那位演说家有敌视他的名声（Xen. *Hell.* Ⅵ. 2. 39）。

虽然伊菲克拉特斯开始了他的战斗并且有一些收获，甚至和约缔
180 结后仍如此，但公元前 371 年春出现了新的和平的意愿（Xen. *Hell.* Ⅵ. 3. 1ff, 4. 1, Diod. XV. 50. 4）。底比斯人也很活跃，又一次尝试控制福基斯，对此斯巴达的反应像公元前 375 年一样，派出了克莱翁布罗图斯。和平的倡议又一次来自波斯（Diod. XV. 50. 4, Dion. Hal. *Lys.* 12, 得到了 Xen. *Hell.* Ⅵ. 3. 18 的证实）。我们不清楚伊菲克拉特斯上一年的胜利是否促使斯巴达又一次求助于波斯，从而刺激了阿塔薛西斯，但这不是没有可能。[38] 据色诺芬记载，雅典接受和平的目的，是强化对底比斯侵犯行为的不满情绪，那是由于普拉提亚避难者出现在雅典、请求对塞斯皮埃被摧毁进行报复，以及底比斯入侵福基斯的新的前景煽起的。但雅典人仍然觉得，他们不可能走到向底比斯宣战的地步。即使这样的过程看起来合乎时宜，但她不会那样做。所以，尽管有公元前 375 年和约后底比斯行为的先例，雅典仍有

㊳ Cawkwell 1972（C 334）258.

些乐观地希望，“大王和约”的重申将遏制底比斯的扩张，并劝说底比斯人跟他们一起到斯巴达。雅典的使节之一是卡利斯特拉图斯。因为伊菲克拉特斯缺少资金无能为力，派他回雅典筹钱或实现和平。[39]这位卡利斯特拉图斯选择寻求后者，可能反映了他自己的政治取向以及雅典经济形势的严酷现状。

色诺芬记载了雅典主要使节在斯巴达的演说（Xen. *Hell.* Ⅵ. 3. 3ff）。[40] 卡利亚斯（Callias）是斯巴达在雅典的代理人（*proxenos*），他选择强调雅典和斯巴达的共同立场，以及对底比斯摧毁普拉提亚和塞斯皮埃感到的愤怒。奥托克莱斯（Autocles）则严厉批评斯巴达的虚伪，指出她理论上支持自治条款，事实上却一直违反它，口是而心非。之后卡利斯特拉图斯采取折中观点，提醒斯巴达说，正是由于斯巴达对卡德米亚的占领，她在公元前386年如此渴望解放的彼奥提亚城邦才又陷入底比斯的控制之下。他坚称雅典之所以寻求和平，不是因为她害怕斯巴达和波斯又一次联合起来对付她，而是因为雅典支持自治，并且言行一致，不用害怕波斯大王。雅典出现在会议上的原因可以从她对底比斯行为的不满中得到解释。如果雅典和斯巴达解决了她们之间的分歧，则她们不必担心底比斯或任何其他希腊国家，可以像过去一样分享对希腊的控制。

这个客蒙（Cimon）式的说法正中斯巴达下怀，她投票接受和
平。和平条款不仅包括要从双方城邦中撤出总督，而且要遣散陆军和 181
海军，还有对自治条款必要的重新说明。但是如果任何城邦违反这些条件，只有那些自愿者需要去援助受害者（Xen. *Hell.* Ⅵ. 3. 18）。卡利斯特拉图斯可能对习惯性保证中的这种变化感到很满意。如果底比斯拒不服从，雅典可以保持中立，而如果阿盖西劳斯健康状况允许，则可以又一次扮演他在公元前386年兴致勃勃扮演的角色。像通常一样，斯巴达人代表自己及其盟友宣誓，而雅典及其盟友分别宣誓。现在所有的事情都取决于底比斯的态度。第一天，他们同意自己以底比斯人的名义列入宣誓名单，但第二天他们又回来了，要求把名字换成彼奥提亚人（Xen. *Hell.* Ⅵ. 3. 19）。他们的领袖是埃帕米农达，他态

---

[39] Tuplin 1977（C 262）.

[40] Mosley 1962（C 206）; Ryder 1963（C 245）237ff.

度的变化引起了卡利斯特拉图斯的愤怒，因为狄奥多鲁斯（XV. 38. 3）置于公元前 375 年会议上的两人之间的争吵实际上发生在此时。[41] 但更激烈的冲突发生在埃帕米农达和阿盖西劳斯之间。阿盖西劳斯为埃帕米农达提供的选择是，要么作为底比斯人宣誓，要么被排除在外。埃帕米农达则宣布，如果斯巴达允许拉科尼亚的城邦自治，那底比斯将允许彼奥提亚城邦自治（Xen. *Hell.* Ⅵ. 3. 19，Plut. *Ages.* 27. 4 – 28. 1，Paus. Ⅸ. 13. 2）。因此底比斯人被排除于和约之外。约公元前 371 年 7 月，和约缔结（Plut. *Ages.* 28. 5 称，是公元前 372/371 年 12 月的第 14 天）。

底比斯的行为可能有两个原因。[42] 要么是他们的使节起初并非都同意底比斯现在有能力独自面对斯巴达，但埃帕米农达使他们一夜之间相信值得冒险；要么整个事件是有意的人为安排，目的是引起斯巴达，特别是阿盖西劳斯的愤怒，由此开始一次埃帕米农达至少有信心获胜的对抗。如果色诺芬所说的底比斯人愁眉苦脸地离开是对的，那么前一种观点更有可能。但如果埃帕米农达确实设置了陷阱，阿盖西劳斯则大胆地走进了陷阱，并且对获得另一次羞辱底比斯的机会感到高兴（Plut. *Ages.* 28. 2）。据说雅典人也非常希望看到底比斯人似乎不可避免的羞辱（Xen. *Hell.* Ⅵ. 3. 20），但雅典的期望肯定比这更复杂。

现在事态迅速变化。但是缔结和约与留克特拉战役间隔 20 天的说法（Plut. *Ages.* 28. 5），我们却不能完全接受，因为它的基础是普鲁塔克把彼奥提亚历中的 8 月 5 日［即希波德罗米奥斯月（Hippodromios）5 日］武断地等同于雅典历法中的 1 月 5 日［即赫卡同拜翁月
182 （Hecatombaion）5 日］。[43] 但是，间隔也不大可能超过一个月或至多 6 周，可能还要更短，因为 20 天实际上是有可能的。[44] 雅典人依据和平条款撤出了他们的驻军，并且建议伊菲克拉特斯交回和平誓言以来他所获得的一切。斯巴达人也这样做了，但有一个重要的例外：没有从福基斯召回克莱翁布罗图斯的军队（Xen. *Hell.* Ⅵ. 4. 1ff，Diod.

㊶ Lauffer 1959（C 38）；Cawkwell 1972（C 334）257.

㊷ Cawkwell 1972（C 334）264f；Mosley 1972（C 342）；Buckler 1980（C 329）52f.

㊸ Pédech 1972（C 343）.

㊹ Beister 1970（C 322）.

XV. 51. 1ff)。国王派人回国请求指令。因为和约条款明确无误，国王仍这样做，本身就引人注目。普罗图斯（Prothous）支持解散军队，并且给底比斯人撤退的机会。这种延迟应该用于鼓励各城邦捐献公共基金，然后由斯巴达领导那些支持自治的城邦对抗任何试图违反条款的城邦。这个过程有助于重申斯巴达是“大王和约”唯一支持者的说法。但像阿盖西劳斯一样，斯巴达公民大会渴望和底比斯决战，认为普罗图斯的建议毫无意义而予以拒绝。克莱翁布罗图斯受命集合军队。如果底比斯不给予彼奥提亚城邦自治，就立刻向她进攻。国王及时发出了最后通牒，不仅要求给予彼奥提亚城邦自治，而且要求重建普拉提亚和塞斯皮埃，把他们的土地交还给从前的主人。底比斯的回答是决不让步，和埃帕米农达在斯巴达表达的态度一致：底比斯从未干预拉科尼亚，斯巴达也没有权力干预彼奥提亚。

克莱翁布罗图斯迅速前往彼奥提亚。起初他只是跨过边界，停在喀罗尼亚（Diod. XV. 52. 1），[45] 可能希望底比斯人还会再考虑。但是底比斯人通过投票，将他们的妇女和孩子转移到雅典，展现出即使在最糟糕的情况下也会抵抗和顶住包围的决心（Diod. XV. 52. 1）。他们显然相信雅典人会欢迎他们，这与他们接下来期望雅典人对留克特拉战役的结果欢欣鼓舞是一致的。保萨尼阿斯提到的、那个只在彼奥提亚同盟长官在留克特拉战役前的讨论中（IX. 13. 6）才出现的计划是否得到了实施，我们并不清楚。没有底比斯避难者前往雅典的证明，即使开始了撤离，但有可能非战斗人员从未越过边界进入阿提卡。之后埃帕米农达率领底比斯军队出发，在科罗尼亚占领了阵地（Diod. XV. 52. 7）。但是克莱翁布罗图斯撤到了福基斯的安布罗苏斯（Ambrossus），之后翻过赫利孔山进入彼奥提亚。这条线路避开了在科罗尼亚的底比斯主力部队，由凯莱亚斯（Chaereas）率领的底比斯守卫支队兵力不足，被克莱翁布罗图斯消灭（Paus. IX. 13. 3）。他取道提 183
斯贝（Thisbe）前进到了克琉西斯（Creusis），占领了那里的要塞并俘获了 12 艘底比斯战船（Xen. *Hell.* VI. 4. 3ff）。[46] 然后他沿着那条路

---

[45] Tuplin 1979（C 80）.

[46] Burn 1949（C 323）; Beister 1970（C 322）37ff; Buckler 1980（C 329）54ff; 也见 Tuplin, “The Leuktra campaign: some outstanding problems”, *Klio* 69（1987）72 – 107 at 72 – 7。

向内地继续推进到底比斯，[47] 到达留克特拉平原，并在南部的小山上扎营。底比斯人及其他彼奥提亚人则在平原对面的山坡上驻扎下来。斯巴达人的盟友认为不会发生战斗，但克莱翁布罗图斯现在面临着来自朋友和敌人两方面的巨大压力，要求他证明自己能够并且愿意采取对抗底比斯的行动。

统率底比斯军队的六名彼奥提亚同盟长官对于要采取的最合理策略存在分歧。埃帕米农达和另外两位认为，如果他们不战斗，不仅底比斯对彼奥提亚的统治会瓦解，而且底比斯城邦自身可能会反对目前的领导者（Xen. *Hell.* Ⅵ. 4. 6），但其他三人主张，要么撤退后寻找更有利的地点战斗（Diod. ⅩⅤ. 53. 2ff），要么按计划将底比斯撤空，准备抵抗包围（Paus. Ⅸ. 13. 6f）。第七位长官布拉奇里达斯（Brachyllidas）到达后打破了僵局。此前他一直在守卫翻越奇泰隆山的关口。他投票支持决战。决定刚刚做出，就从底比斯传来了胜利的征兆。那有可能是埃帕米农达的设计，以对抗那些附和军队撤离的人。

最后交战那天，埃帕米农达不信任其他彼奥提亚人，特别是塞斯皮埃人的忠诚，这是可以理解的。埃帕米农达允许他们离开，但斯巴达雇佣军以及他们的一些盟友错误地把他们赶回了军营（Xen. *Hell.* Ⅵ. 4. 9，Paus. Ⅸ. 13. 8）。色诺芬将战役结局归结为底比斯人的好运，据称他还将之归于斯巴达指挥官午饭时的胡吃海塞，不过他并未否认其他史料明确证实的内容：周密计划是底比斯人取胜的主要原因。埃帕米农达计划的重要特征，是他决定利用纵深达50人的方阵集中力量进攻斯巴达的右翼，特别是克莱翁布罗图斯与斯巴达人，通过“打碎蛇头”赢得了战斗（Polyaen. Ⅱ. 3. 15）。古代和现代的史家对于如何准确地、成功地达到这个目标存在分歧（Xen. *Hell.* Ⅵ. 4. 12ff，Diod. ⅩⅤ. 55f，Plut. *Pel.* 23）。突出的是四个事实，对此任何重构都必须努力公平对待。第一，克莱翁布罗图斯采取了不同寻常的措施，将骑兵部署在步兵的前面，底比斯人照葫芦画
184 瓢。第二，底比斯步兵以斜楔形攻击斯巴达阵线，克莱翁布罗图斯的应对办法是试图使他的右翼前伸，以包围底比斯人。第三，骑兵小规

[47] Tuplin 1981（B 119）190ff.

模的交锋发生在步兵交锋之前，斯巴达骑兵迅速被击败，向身后的重装步兵溃退，引起了一些混乱。第四，底比斯步兵以出其不意的速度从正面攻击克莱翁布罗图斯，部分是因为佩罗皮达斯及圣队快速地从底比斯方阵前排最左翼的位置全速前进，在斯巴达人右翼尚未完成它计划中的包围之前就发动了突袭。[48] 但是，只要克莱翁布罗图斯还活着，斯巴达人就坚守自己的位置，甚至在他倒下之后，他们还能活着把他带离战场，但最终他们几乎被赶回了营地。其余的伯罗奔尼撒军队几乎还没有充分加入战团，但高兴地紧随斯巴达人之后。有些斯巴达人觉得他们应该再战，以夺回死者的尸体，阻止底比斯人建立胜利纪念碑，但他们的军事执政官决定请求休战。斯巴达人损失了大约1000 人，包括 700 名参战的斯巴达人中的 400 人，而且他们的盟友不愿再战。事实上，有些盟友甚至对发生的事情感到高兴。所以底比斯人竖立了他们的胜利纪念碑，并交还了尸体。[49]

在儿童裸赛节（Gymnopaidia）的最后一天，战役的消息传到了斯巴达。监察官下令完成庆祝活动，禁止死者的亲戚哀悼（Xen. *Hell.* Ⅵ. 4. 16）。斯巴达派出了剩余的两个支队，还有已经在留克特拉的支队中所有留在后方可资派出的成员，甚至包括已经超过最低服役年龄 40 岁的人（最低服役年龄为 20 岁，超过 40 岁即 60 岁以上的人——译者注）。阿盖西劳斯的疾病仍未康复，所以他的儿子阿基达穆斯（Archidamus）被任命为统帅（Xen. *Hell.* Ⅵ. 4. 17ff；Diod. ⅩⅤ. 54. 6, 55. 1 的叙述年代有误）。斯巴达还能从泰盖亚、曼提奈亚、科林斯、西库翁、弗利乌斯和阿凯亚那里获得盟军。他们准备用船把军队运过海湾，但最后军队走的是陆路。

同时，底比斯人在战斗结束后立刻给雅典人报信，通报他们的重大胜利，并鼓舞雅典人与他们联合，以报复他们在斯巴达手下遭遇的所有痛苦。他们可能希望雅典人会激动得发狂，抑或高兴过头，以至于根本不能进行任何有逻辑的思考。事实上，雅典人的反应首先且不可避免的是感到震惊，然后是沮丧。底比斯的传令官发现议事会在开会，但它没有答复底比斯求援的要求，甚至没有通常

---

[48] Tuplin 1981（B 119）233ff.

[49] Tod no. 130 = Harding no. 46，但不是胜利纪念碑，而是一座墓碑。

的礼节就打发他回国了。于是底比斯人转向菲莱的亚松（Xen. *Hell.* Ⅵ. 4. 20；Diod. ⅩⅤ. 54. 5 的叙述年代有误）。这位僭主
185 迅速经过福基斯到了留克特拉，但是当底比斯人请求他加入以联合消灭斯巴达时，他建议他们不要冒险打一场决定性的战役，一旦失败，可能会抵消他们之前所有富有成效的工作。然后他向斯巴达人提了类似的建议，告诉他们等到有些恢复了之后再开战。斯巴达人接受他的建议，安排了一个休战，战斗的幸存者撤离了彼奥提亚，与阿基达穆斯及其军队在麦加拉会合。

亚松劝说双方不要进一步对抗的目的非常明显。如果底比斯人获胜（当时人们肯定认为那有可能发生），则他们可能迅速荡平伯罗奔尼撒，然后自如地将他们的全部注意力转向北方，领导所有斯巴达从前的盟友攻击色萨利。如果斯巴达还能对底比斯进行某种程度的抵抗，这样底比斯至少会将部分注意力从对北方扩张的诱惑中分散，因此对亚松更有利。回国途中，亚松占领和摧毁了赫拉克里亚，从而加强了自己的地位（Xen. *Hell.* Ⅵ. 4. 27f），以便未来他任何时候想向南进军，没有人会在那里挡住他的路。

雅典从留克特拉直接的震惊中恢复以后，再次尝试通过外交手段限制底比斯的扩张。她邀请所有那些希望加入“大王和约”的城邦到雅典开会（Xen. *Hell.* Ⅵ. 5. 1ff）。色诺芬指出，雅典的目的是想进一步羞辱斯巴达，把她降至雅典在公元前404年的地位。有些雅典人可能确实这样想（参见 Xen. *Hell.* Ⅶ. 1. 12ff）。但雅典的政策不是控制在那些沉迷于仇恨斯巴达的人手中。雅典肯定宣称自己是和约的唯一支持者，这是她在公元前375年没有得到的地位，而在几个星期前，斯巴达灾难性地希望重新得到这一地位。但是面对底比斯的威胁，紧密团结是主要目标，就像在留克特拉战役之前那样，但现在情况更紧急。和约条款的两个突出特征之一显示了这一点：如果和约的任何参加者遭受来自任何方面的侵犯，则其他签约者有义务援助。这颇像一个抵抗底比斯的防御性同盟。另一个明显的发展，是那些宣誓者不仅承认服从大王规定的和约，而且服从雅典及其同盟的命令。这一条款自然是对最初的自治条款的扩展和细化，已经体现在诸如《阿利斯托特莱斯法令》等文献中，但并不意味着所有和约的宣誓者

都是雅典同盟的成员。[50] 在那些出席者中，只有埃利斯反对，不愿意 186
把自治权交给马尔加那（Margana）、斯奇鲁斯（Scillus）和特里菲利亚（Triphylia）。所以，当其他城邦宣誓时，埃利斯拒绝了，由此第一次出现了斯巴达没有擅自代其盟友宣誓的情况。斯巴达自己参与了和约，应当毋庸置疑（Xen. *Hell.* Ⅵ. 5. 5, 10, 36f）。[51]

名义上，和约是雅典在外交上的胜利，它也被视为波斯没有参与的安塔尔奇达斯和约的第一次重申。“大王和约”只是一个形式（参见 Tod no. 133. 23ff）。但是底比斯人当然没有参与这次会议，希腊事务的主动权现在不在雅典或斯巴达及其同盟者手里，而是在底比斯手里。

（崔丽娜译　晏绍祥、李永斌校）

[50] Hampl 1938（C 31）24f; Sordi 1951（C 77）; Ryder 1965（C 67）133.

[51] Sordi 1951（C 77）.

187

第 七 章

公元前 4 世纪 60 年代的底比斯

J. 罗伊

底比斯在留克特拉的胜利使它能够吸引盟友，并在希腊世界很多地区发挥影响。它迅速从一个相对弱势的地位上升为希腊城邦政治的领导力量，在中希腊、色萨利和马其顿、伯罗奔尼撒，简而言之，在整个爱琴海地区发挥作用。我们能够获得的底比斯在这些不同地区活动的证据不是很均衡。关于伯罗奔尼撒事件的信息最丰富，因为色诺芬提供了古代对公元前 4 世纪 60 年代最完整的叙述，他集中于伯罗奔尼撒事务，而忽略了希腊其他地区。甚至在伯罗奔尼撒事务上，不论是政治的还是社会的，色诺芬的判断都是有偏袒的，他也省略了至关重要的很多事件，例如美塞尼亚的解放。但是他的叙述和其他可用的证据相结合，提供了大量有关伯罗奔尼撒事务的信息，这些信息是其他地区所没有的。甚至在伯罗奔尼撒的历史上，很多事情还是无法确定，但该时期其他希腊地区的历史更是这样。①

留克特拉战役的结果为底比斯开放了巨大的、诱人的机会，但不全是可以预见的。在伯罗奔尼撒，斯巴达长期以来一直致力于阻止不受她欢迎的变革。但是在伯罗奔尼撒城邦中，对很多问题的不满已经出现了。有些是特殊事务，例如埃利斯对特里菲利亚的要求，曼提奈亚重建城市中心的渴望。其他问题更加宽泛，例如创建一个阿卡狄亚同盟国家的愿望。很多这样的不满和渴望与伯罗奔尼撒国家中寡头派

---

① 我们史料的特点使得对这些年的年代重构在很多方面不确定。概括性论述请见 Buckler 1980（C 329）233 – 62 充分、详尽的分析，并且有对可用文献资料的讨论，同上 263 – 77。Gehrke 1986（C 28）以及 Cartledge 1987（C 284）也有帮助。

和民主派之间的普遍紧张联系在一起。那些对斯巴达怀有敌意的伯罗奔尼撒人，自然试图利用留克特拉战役受挫后斯巴达的弱点，但是他们的尝试以令人惊讶的速度导致斯巴达进一步衰落，并且在伯罗奔尼撒为底比斯提供了显而易见的机会。

公元前371年，底比斯在中希腊和北希腊扩大影响的前景，似乎 188
同样被色萨利僭主菲莱的亚松的力量遏制了。但是他在公元前370年被谋杀，导致色萨利的动荡。在马其顿，国王阿明塔斯之死（可能在公元前370年末）同样也带来了一段不稳定的时期。在这两个地区，底比斯看到了公元前371年不可能预见到的扩大影响的机会。

但是，在北希腊，底比斯必须考虑雅典的野心，雅典也必须适应留克特拉战役后希腊权力的快速转变。

雅典第二同盟的建立迫使斯巴达人允许其他希腊人和平和自由；但留克特拉战役后，雅典显然不得不考虑底比斯日益增长的力量，那比斯巴达枯竭的力量更危险。到公元前369年，斯巴达和雅典结盟，同时雅典和底比斯之间的敌对开始增长。这种敌对在留克特拉战役之后的那些年是势力平衡的自然发展，它又因底比斯对北希腊的兴趣而恶化，因为雅典对同一个地区也有兴趣，特别是在安菲波利斯和赫尔索尼斯。②

在他们活动的几个区域内，底比斯人都倾向于瓦解他们的力量而不是联合他们。显然，像公元前369年一样，同时派军队到色萨利和马其顿、伯罗奔尼撒的压力，或像公元前364年一样派军到爱琴海和色萨利的压力，一定影响了底比斯的决策。但底比斯向这些区域的扩张即使是同时进行的，也被我们的资料视为各自独立的冒险。由于那一点，且由于我们证据的特点，按地区来考察事件是方便的。

第一节　中希腊

在留克特拉战役后的时期，底比斯在彼奥提亚和整个中希腊加强

② 雅典要求得到安菲波利斯和赫尔索尼斯的情况不是很清楚，因为判断那个过程中的外交活动存在困难。如雅典演说家后来宣称的那样，雅典的要求可能得到了其他城邦的承认［Aeschin. Ⅱ. 31–3; Dem. Ⅶ. 29; Ⅸ. 16; ⅩⅨ. 137, 253; 关于这些段落产生的疑难，请见 Buckler 1980（C 329）252–4］。如果埃斯奇奈斯的那段话可靠的话，则证明雅典在马其顿国王阿明塔斯去世之前就对安菲波利斯提出了要求（可能在公元前370年末）。

了她的地位。奥尔霍迈诺斯是彼奥提亚境内的一个潜在对手，它被迫加入了彼奥提亚同盟。一系列城邦——埃托利亚人、阿卡那尼亚人、埃尼亚尼亚人、西罗克利人和东罗克利人、福基斯人、赫拉克里亚人、马利斯人、优卑亚人——和底比斯结成了同盟（Diod. XV. 57.1；参见 Xen. *Hell.* VI. 5. 23，*Ages.* 2. 24）。值得注意的是，优卑亚人脱离雅典同盟加入底比斯。底比斯与该岛上国家的联合得到了一则
189 铭文的证实，这则铭文记录，约公元前 370 年，一个富有的底比斯人给卡吕斯图斯贷了款。[3] 到公元前 370 年末，底比斯在中希腊的同盟网络使她在那个地区站稳了脚跟，从而为底比斯影响的进一步扩张提供了机会。而留克特拉战役之前并不是如此。

由于缺少证据，我们不清楚底比斯与中希腊这些盟友的关系。尽管公元前 362 年福基斯成功地宣称，他们与底比斯的条约只提供了互相防御的义务，但他们要为底比斯领导的战争提供军队（Xen. *Hell.* VII. 5. 4）。不过与底比斯的结盟似乎使那个地区在留克特拉战役后的 10 年里免去了战争的威胁。战斗发生在希腊北部和南部，但没有发生在中希腊。一个重要的、有名的例外发生在公元前 364 年，这一年底比斯消灭了奥尔霍迈诺斯；因为据说奥尔霍迈诺斯的骑士和底比斯的流亡者阴谋反对底比斯，骑士级成员被处死，奥尔霍迈诺斯的其他居民被卖为奴隶，城市被夷为平地（Diod. XV. 79. 3 -6）。除此之外，对于奥罗普斯只是简单提及（Xen. *Hell.* VII. 4. 1）。因此，虽然我们不知道中希腊的城邦在公元前 371 年或公元前 370 年为何愿意与底比斯结盟，但在这样的一个同盟中，最终对她们是有利的。

菲莱的亚松自身越来越强大，对底比斯在这个地区的野心是一个潜在威胁。但他在公元前 370 年夏末被谋杀（Xen. *Hell.* VI. 4. 28 - 32）。他的弟弟波吕多鲁斯（Polydorus）和波吕弗隆（Polyphron）接替了他，但波吕多鲁斯不久被杀，凶手可能是波吕弗隆。波吕弗隆自己在公元前 369 年又被菲莱的亚历山大（Alexander of Pherae）谋杀，后者成为色萨利的重要人物，但遭到其他色萨利人的激烈反对（Xen. *Hell.* VI. 4. 33 -7）。除消除任何色萨利人对中希腊的威胁以外，这种形势使底比斯有更多的机会在北部扩大影响。

③ Wallace 1962（B 181）.

第二节　公元前370—前367年的伯罗奔尼撒事务

但是，伯罗奔尼撒在公元前371年末和公元前370年的发展给底比斯提供了其他的机会。在阿哥斯，爆发了极端民主运动（the *skytalismos*）（Diod. XV. 57. 3 – 58. 4），在菲伽莱亚（Phigalea）、科林斯、麦加拉、西库翁和弗利乌斯，很可能有革命的尝试。[④] 但是最重要的事件发生在阿卡狄亚。

依据在雅典签订的和约确保的自治，曼提奈亚人重建了民主政治和他们的城邦。公元前384年，她曾被斯巴达分裂（见前文第157页）。斯巴达派国王阿盖西劳斯劝说曼提奈亚人至少延迟他们的计划，但他找不到有利的理由（Xen. *Hell.* VI. 5. 3 – 5）。同时，在邻近 190
的泰盖亚，亲斯巴达的寡头派和反斯巴达的民主派之间发生了冲突（stasis）。当时，在曼提奈亚的帮助下，民主派获胜，寡头派领袖被处死，他们的800名支持者逃到了斯巴达（Xen. *Hell.* VI. 5. 6 – 10）。据色诺芬记载，在泰盖亚危机中，主要的问题是民主派提议建立一个联合的阿卡狄亚议事会。从现在掌权的民主派那里，曼提奈亚和泰盖亚获得了建立阿卡狄亚同盟的推动力。

曼提奈亚干预泰盖亚是否违反了最近在雅典缔结的和约存有争议（参见 Xen. *Hell.* VI. 5. 36），但斯巴达发动了对曼提奈亚的行动。很多阿卡狄亚城邦联合起来援助曼提奈亚。据说在阿卡狄亚，只有赫莱亚（Heraea）和奥尔霍迈诺斯支持斯巴达（Xen. *Hell.* VI. 5. 10 – 11）。色诺芬说奥尔霍迈诺斯拒绝加入阿卡狄亚同盟，由此可知，到公元前370年末斯巴达进攻时，阿卡狄亚同盟显然已经形成[⑤]（因此同盟不是在彼奥提亚人的鼓舞下创立的，他们还没有干预伯罗奔尼撒事务，事实上它的政体与彼奥提亚同盟的结构有明显区别）。[⑥] 极端民主的阿哥斯援助曼提奈亚。埃利斯也是这样，虽然她可能不是坚定的民主制，但经历了民主派和寡头派之间的紧张，肯定和公元前365年的情

---

④ Diod. XV. 40 将这些革命定在公元前375/374年。尽管有人为他给出的时间辩护［Roy 1973（C 378）］，但这些革命经常被定在留克特拉战役之后的时期。

⑤ Dušanić 1970（C 357）281 – 90 提出阿卡狄亚同盟形成的时间是公元前370年8月或9月，但这个时间太早。参见 Roy 1974（C 379）。

⑥ Dušanić 1970（C 357）285 – 6.

况一样，埃利斯的主要目标是恢复特里菲利亚和马尔加纳。公元前 400 年，斯巴达使那两个地区脱离了埃利斯的控制（Xen. *Hell.* Ⅲ. 2. 30，Ⅵ. 5. 2；见 p. 41f）。阿卡狄亚、阿哥斯和埃利斯可能互相结成了同盟，因为她们共同寻求与雅典结盟反对斯巴达。当雅典拒绝时，他们向彼奥提亚发出类似呼吁，后者接受了（Diod. ⅩⅤ. 62. 3；Dem. ⅩⅥ. 12，19 –20）。当斯巴达军队在国王阿盖西劳斯率领下于公元前 370 年冬末待在阿卡狄亚时，这些协商正在进行。当埃利斯人告诉曼提奈亚人底比斯人肯定会帮助他们时，曼提奈亚人及其同盟采取拖延策略，拒绝与阿盖西劳斯作战（Xen. *Hell.* Ⅵ. 5. 19）。之后，阿盖西劳斯撤回斯巴达。他一离开，阿卡狄亚人就在阿卡狄亚西部攻击亲斯巴达的赫莱亚，然后返回曼提奈亚加入了底比斯及其同盟（Xen. *Hell.* Ⅵ. 5. 22）。到这时，很多阿卡狄亚城邦成为阿卡狄亚同盟的成员。到公元前 369 年，即便不是所有城邦，至少大多数城邦加入了。

底比斯人及其盟友前来保护阿卡狄亚对抗斯巴达，虽然已经没有必要，但是他们的伯罗奔尼撒盟友号召大家一起入侵拉科尼亚，彼奥
191 提亚指挥官同意。[7] 紧接着是一次大规模的入侵，让拉科尼亚遭到相当大破坏。斯巴达人成功地保卫了斯巴达城本身，而且得到了来自伯罗奔尼撒东北部盟友的帮助，但无法阻止入侵者对拉科尼亚很多城市以及对古泰翁（Gytheum）的船坞的进攻（Xen. *Hell.* Ⅵ. 5. 23 – 32，50 –2；Diod. ⅩⅤ. 62. 5 –65. 6）。入侵者随后从拉科尼亚攻入美塞尼亚，使美塞尼亚从斯巴达的控制下解放出来，并且建立了美塞尼（Messene）城（Diod. ⅩⅤ. 66. 1 –67. 1：很多古代文献提到了这些事件，但色诺芬在《希腊史》中完全省略了这些内容）。新美塞尼城的建立显然源自埃帕米农达，这是彼奥提亚第一次在伯罗奔尼撒事务中主动发挥作用。在入侵拉科尼亚期间，斯巴达成功地求得雅典的援助（Xen. *Hell.* Ⅵ. 5. 33 –49）。雅典人派伊菲克拉特斯率领一支军队到了伯罗奔尼撒，但没有什么效果，彼奥提亚人没有遇到严重的阻碍就离开了伯罗奔尼撒（Xen. *Hell.* Ⅵ. 5. 51 –2）。

---

⑦ 在开始进一步的行动时，彼奥提亚同盟长官以某种方式越权，结果埃帕米农达和佩罗皮达斯遭到审判，但关于这个事件的资料很少。见 Buckler 1980（C 329）138 –45；Beister 1970（C 322）75 –111。

这次战斗严重而长久地削弱了斯巴达。对拉科尼亚的入侵发生在留克特拉战役后不久，对斯巴达军事上的声望是一次沉重打击。由于劫掠和破坏，拉科尼亚损失严重。除伯罗奔尼撒东北部的一些盟友，其余城邦几乎都脱离了伯罗奔尼撒同盟（Xen. *Hell.* Ⅵ. 5. 29，Ⅶ. 2. 2），而且她们自身也处于威胁之下。但是对斯巴达而言，目前最糟的是大部分美塞尼亚的丧失，美塞尼亚的土地和黑劳士也随之丧失。没有了这些资源的支持，斯巴达无望恢复她先前的力量。此外，她西部和北部的邻邦现在也怀有敌意。但斯巴达仍然是有名的军事强国，有几年阿盖西劳斯还能在赫勒斯滂和埃及战斗。但在之后的10年，斯巴达在希腊大陆事务中的活动局限于伯罗奔尼撒。

公元前369年，阿卡狄亚人、阿哥斯人以及埃利斯人劝说彼奥提亚人在伯罗奔尼撒开始另一次战斗（Diod. ⅩⅤ. 68. 1）。同时斯巴达和雅典结成同盟（Xen. *Hell.* Ⅶ. 1. 1 – 14；Diod. ⅩⅤ. 67. 1），但是他们的军队没能阻止彼奥提亚人进入伯罗奔尼撒（Xen. *Hell.* Ⅶ. 1. 15 – 17；Diod. ⅩⅤ. 68. 1 – 5）。埃帕米农达与他的伯罗奔尼撒盟友会合后，进攻西库翁和佩莱奈。西库翁经初期的损失后，和埃帕米农达及其盟友达成妥协。埃帕米农达在要塞设置了驻军，但让统治的寡头派继续掌权（Xen. *Hell.* Ⅶ. 1. 18，2. 2 – 3，2. 11，3. 2 – 4）。佩莱奈的占领没有得到直接的证实，但它肯定加入了反斯巴达联盟（Xen. *Hell.* Ⅶ. 1. 18，参见2. 2 – 3，2. 11 – 15）。之后埃帕米农达进攻特罗伊曾（Tro- 192
ezen）和埃庇道鲁斯，然后是科林斯。但雅典军队以及叙拉古的狄奥尼修斯派来援助斯巴达的雇佣军加强了那里的防御（见前文，第150页）。这些进攻没有什么收获，底比斯自己反而有一些损失，于是埃帕米农达及其盟友回国（Xen. *Hell.* Ⅶ. 1. 18 – 22；Diod. ⅩⅤ. 69. 1 – 70. 1）。

同样是在公元前369年，在重大战役前后，阿哥斯和阿卡狄亚在别处作战。阿哥斯进攻弗利乌斯和埃庇道鲁斯（Xen. *Hell.* Ⅶ. 2. 2 – 4；Ⅶ. 1. 25），显然是希望在伯罗奔尼撒东北扩张自己的势力。阿卡狄亚进攻佩莱奈（Xen. *Hell.* Ⅶ. 2. 2 – 4；Diod. ⅩⅤ. 67. 2）和阿西奈（Asine，Xen. *Hell.* Ⅶ. 1. 25）。阿哥斯、阿卡狄亚和埃利斯联合行动，试图帮助民主派流亡者接管弗利乌斯（Xen. *Hell.* Ⅶ. 2. 5 – 9），但没有成功。

公元前369/368年冬，菲利斯库斯（Philiscus）作为波斯总督阿利奥巴扎奈斯的使者到了希腊，可能是为了阿利奥巴扎奈斯获得影响以及在希腊招募雇佣军。他在德尔斐组织了一次由主要希腊城邦参加的和平会议。但斯巴达和底比斯无法就美塞尼的地位达成一致，会谈失败。在离开希腊以前，菲利斯库斯交给斯巴达2000名雇佣军，并提前支付了薪水（Xen. *Hell.* Ⅶ. 1. 27；Diod. ⅩⅤ. 70. 2）。斯巴达之后似乎和阿利奥巴扎奈斯缔结了同盟（Xen. *Ages.* Ⅱ. 26）。

公元前368年，彼奥提亚人没有在伯罗奔尼撒作战，也没有记录证实埃利斯人在那一年的战斗中扮演了任何角色。春天，阿卡狄亚人和阿哥斯人帮助西库翁的欧弗隆（Euphron）在西库翁建立了他所认为的民主政府，因为欧弗隆认为当时掌权的寡头派很可能恢复与斯巴达的结盟。尽管有阿卡狄亚和阿哥斯军队出现，但西库翁初期的政府变化似乎是合法的。然而不久后欧弗隆就把自己变为僭主。依靠雇佣军和群众的支持，他驱逐反对者，屠杀或流放了其他民主派领袖（Xen. *Hell.* Ⅶ. 1. 44 –6）。[⑧]

由于菲利斯库斯的雇佣军以及叙拉古的狄奥尼修斯派来的另一支军队，斯巴达的力量有所加强。她占领了阿卡狄亚边界附近的卡吕埃（Caryae），并侵入阿卡狄亚西南部。阿卡狄亚得到了阿哥斯和美塞尼亚的帮助［显然美塞尼亚的力量太弱，无法在这些年的战斗中发挥更大的作用，但当斯巴达威胁阿卡狄亚西南部时——现在和公元前364年一样（Xen. *Hell.* Ⅶ. 4. 27），他们被动员起来了，因为从拉科
193 尼亚到美塞尼亚的主要军事道路经过这里］。阿卡狄亚人及其盟友切断了斯巴达军队的归路，引发了一场激烈的战斗，但他们失败了。斯巴达在这次“无泪之战”中取得的胜利几乎没有长期的影响，但在当时它帮助斯巴达恢复了荣誉和士气。它也让埃利斯和底比斯感到高兴，因为现在他们有点儿不信任他们的盟友阿卡狄亚了（Xen. *Hell.* Ⅶ. 1. 28 –32；Diod. ⅩⅤ. 72. 3）。

尽管遭遇了这次失败，阿卡狄亚人和阿哥斯人还是继续进攻弗利

---

⑧　关于欧弗隆任职的年代，见 Meloni 1951（C 370）。对于这里给出的解释，请见 Roy 1971（C 61）579 –81，但是，参见 Thompson 1983（C 386）对这一事件以及阿卡狄亚同盟政治其他方面的评论。

乌斯（Xen. *Hell.* Ⅶ. 2. 10）。但是，在“无泪之战”后，伯罗奔尼撒最重要的行动是公元前368年麦伽罗波利斯的建立。阿卡狄亚西南部的大多数共同体，特别是麦伽罗波利斯低地的主体地区（现在可以这么称呼），被统一为一个单独的城邦，有一个设防的城市中心。[9]尽管由于麦伽罗波利斯的建立，埃帕米农达在古代获得了巨大的声誉（Paus. Ⅷ. 27. 2，Ⅸ. 14. 4，Ⅸ. 15. 6），但那似乎主要是阿卡狄亚人的贡献，是在阿卡狄亚和彼奥提亚之间的关系开始冷淡的时候实施的。不过底比斯派潘麦奈斯率领1000人帮助保护城市的建造（Paus. Ⅷ. 27. 2）。除为阿卡狄亚西南部提供一个重要的城市中心这一社会和经济意义外，这座新设防的城市也给斯巴达设置了一个棘手的障碍，如阿卡狄亚东南部设防的城邦曼提奈亚（新近重建）和泰盖亚以及美塞尼一样。

公元前367年，伯罗奔尼撒继续发生了一些战斗。弗利乌斯又一次遭到阿哥斯、佩莱奈、西库翁和彼奥提亚驻西库翁军队的进攻（Xen. *Hell.* Ⅶ. 2. 11 –15；Diod. ⅩⅤ. 75. 3）。此外没有其他关于战争的记录。

留克特拉战役以来，底比斯显然对伯罗奔尼撒的事件感到满意。斯巴达被急剧削弱，而底比斯已经和阿卡狄亚、阿哥斯、埃利斯、西库翁和佩莱奈结成了同盟（值得注意的是，虽然底比斯号召它在中希腊的盟友在伯罗奔尼撒作战，却没有尝试在伯罗奔尼撒以外利用伯罗奔尼撒的盟友）。尽管其他底比斯人可能不同意这项政策，但在埃帕米农达的领导下，底比斯不支持他的盟友中任何特殊形式的政府，它和阿哥斯以及阿卡狄亚的民主派以及西库翁的寡头派都有联系。埃利斯也没有尝试在其他地方创立任何特殊形式的政府；这些年埃利斯的主要目标就是恢复失去的领土，但那个目标正 194
在引发她和阿卡狄亚的冲突。埃利斯希望得到特里菲利亚和拉西翁

---

[9] 古代对于麦伽罗波利斯建立的主要叙述载 Diod. ⅩⅤ. 72. 4 以及 Paus. Ⅷ. 27. 1 –8；色诺芬没有提到这一事件。关于合并的时间和性质，还有很多争议。Moggi 1976（C 48）293 –325 no. 45 引用并讨论了古代的证据；也见 Dušanić 1970（C 357）317 –31；Lanzillotta 1975（C 368）；Buckler 1980（C 329）107 –9。对于此前争论的评论，见 Hornblower 1990（C 366）。虽然建城的时间有从公元前371年到公元前367年的不同说法，但这里采纳了狄奥多鲁斯给出的年代（公元前368年）。保萨尼阿斯比狄奥多鲁斯列出了更广的参与合并的名单。无论如何，一些打算加入新建城邦的共同体显然进行了激烈抵抗（Diod. ⅩⅤ. 94. 1；Paus. Ⅷ. 27. 5 –6）。

(Lasion)，但两地都声称是阿卡狄亚人（Xen. *Hell.* Ⅶ. 1. 26），并且都被纳入阿卡狄亚同盟中。特里菲利亚至少到公元前 367 年已经加入同盟（Xen. *Hell.* Ⅶ. 1. 33，参见 Paus. Ⅵ. 3. 9），拉西翁最迟到公元前 365 年已经加入（Xen. *Hell.* Ⅶ. 4. 12），但两邦的盟员资格可能早在公元前 369 年就已经获得承认。因此除非埃利斯向它的盟友阿卡狄亚挑战阿哥斯和阿卡狄亚，否则几乎没有进行战斗的价值。都是民主制的，已经表现出了在其他地方推进民主政治的渴望，最明显的是在西库翁。而且阿哥斯显然在伯罗奔尼撒东北部有野心。但这些都没有什么进展。公元前 366 年阿哥斯还在进攻弗利乌斯，但没有成功［那里的守卫者得到了雅典人卡莱斯的帮助（Xen. *Hell.* Ⅶ. 218－23；Diod. ⅩⅤ. 75. 3)］。阿卡狄亚还面临着来自斯巴达的威胁，因为斯巴达只有首先通过阿卡狄亚的领土才可能在伯罗奔尼撒行动。此外，阿卡狄亚占有从斯巴达赢得的领土。除被合并进麦伽罗波利斯的阿古提斯(Aegytis）和斯基利提斯（Sciritis）外（Paus. Ⅷ. 27. 4），迟至公元前 365 年，阿卡狄亚人仍占领着拉科尼亚的塞拉西亚（Sellasia, Xen. *Hell.* Ⅶ. 4. 12）。更重要的是，阿卡狄亚有能力攻击伯罗奔尼撒的其他地方。因此，到底是底比斯还是阿卡狄亚在伯罗奔尼撒更有影响，值得怀疑。底比斯有理由怀疑阿卡狄亚的野心。

第三节　公元前 369—前 367 年的色萨利和马其顿

公元前 369 年，在彼奥提亚的北方，菲莱的亚历山大正在尝试稳定对色萨利的控制，名义上他是同盟的首席官员（*tagos*），实际上是僭主。他的色萨利反对者向年轻的马其顿国王亚历山大（Alexander）求援，后者大概在公元前 370 年末继承了父王阿明塔斯的王位（Diod. ⅩⅤ. 61. 2－3）。在菲莱的僭主能够阻止他之前，国王亚历山大已经进入色萨利，占领了色萨利城镇拉利萨和克拉农（Crannon），在那里派兵驻守后才返回马其顿（Diod. ⅩⅤ. 61. 4－5）。当僭主的反对者也向底比斯求援时，佩罗皮达斯率军到达色萨利。尽管文献不曾记录这个阶段佩罗皮达斯及底比斯与国王亚历山大之间签署过任何协议，但是佩罗皮达斯能够轻松接管拉利萨和克拉农，证明之前有一些安排。[10] 同时，在马其顿，国王亚历山大正受到一个觊觎王位者托勒密（Ptolemy）的挑战；国王和觊觎王位者都向佩罗皮达斯求援，于是他
进入马其顿。据普鲁塔克，佩罗皮达斯在那里仲裁了国王和托勒密之 195
间的纠纷，调解他们的分歧。据狄奥多鲁斯记载，他和国王缔结了同盟。后一点肯定是真实的，因为国王向佩罗皮达斯提交了人质，其中包括他自己的弟弟、未来的国王腓力。之后佩罗皮达斯经色萨利返回彼奥提亚（Diod. XV. 67. 3 –4；Plut. *Pel.* 26）。

公元前368年，色萨利僭主菲莱的亚历山大的反对者又一次向底比斯求援抵制他的做法。底比斯决定派佩罗皮达斯和伊斯麦尼亚斯作为使节进行调查。但是，佩罗皮达斯手中没有彼奥提亚军队。他一到色萨利，就发现有必要在那里招募军队。同时，在马其顿，觊觎王位者托勒密派人谋杀了国王亚历山大，现在作为年轻的佩狄卡斯（Perdiccas）的摄政王进行统治。托勒密自己又受到另一位觊觎王位者保萨尼阿斯（Pausanias）的挑战，后者占领了哈尔季狄基半岛北端的一些地方。由于对安菲波利斯的兴趣，雅典试图从这种不确定的形势中获利，派伊菲克拉特斯率领一支军队到了那个地区［他一直待在那里，直到公元前365年被提摩泰乌斯取代（Dem. XXIII. 149）］。伊菲克拉特斯将保萨尼阿斯赶出了马其顿，无疑希望在哈尔季狄基半岛为雅典获利。但佩罗皮达斯也进入了马其顿。他只有不可靠的雇佣军供其支配，并且意识到如果他不能和托勒密达成协议，自己将处于危险境地。托勒密事实上和底比斯结成了同盟，很像他的前辈亚历山大的做法。之后佩罗皮达斯回到色萨利，但仍然没有有效的军事力量。当他和伊斯麦尼亚斯在法萨卢斯遇到僭主菲莱的亚历山大时，僭主逮捕了两人并把他们囚禁在菲莱（Diod. XV. 71. 1 –2；Plut. *Pel.* 27；Aeschin. II. 26 –9）。底比斯派军队到色萨利解救这两名底比斯人。同时，菲莱的亚历山大和雅典结盟，雅典派奥托克莱斯率领30艘战船和1000人到了色萨利。底比

---

[10] 见Buckler 1980（C 329）113 –14。关于这里采纳的这些事件的时间，见Buckler，*ibid.*，245 –9。Hammond and Griffith 1979（D 50）180 –5提出了不同的观点。巴克勒（Buckler，*ibid.*，247）也认为，关于佩罗皮达斯在色萨利战斗的一些零散证据可以归到公元前369年。情况也可能（Buckler，ibid.，247 –8）是佩罗皮达斯那一年在那里开始了宪政改革，但唯一确定的是，到公元前361/360年，改革已经完成。参见Tod no. 147 = Harding no. 59，它证明色萨利首席官员是一名执政官（*archon*）。

斯的军队不仅没有打败僭主及其盟友，反而在试图撤军时陷入严重的困境。作为一名普通士兵，埃帕米农达成功解救了这支军队（Diod. XV. 71. 3 –7；Plut. *Pel.* 28. 1 –29. 1）。

公元前 367 年春，埃帕米农达领导了底比斯的第二次远征，去解救佩罗皮达斯和伊斯麦尼亚斯。他小心翼翼地前进，以避免触怒菲莱的亚历山大。事实上，僭主最近对麦利波伊亚（Meliboea）和斯科图萨（Scotussa）两个色萨利城镇居民的屠杀，已经证明了他的个性。埃帕米农达的策略最终使亚历山大要求谈判。他提议释放俘虏，以换取和平协议和友谊，但埃帕米农达只同意一个 30 天的休战期。亚历山大接受，两名俘虏和埃帕米农达及其军队一起回到
196 了彼奥提亚（Plut. *Pel.* 29）。事实上，休战保全了亚历山大的权力，色萨利暂时未遭触动，因为公元前 367 年底比斯并未再派军队到色萨利。

公元前 369—前 367 年底比斯在色萨利和马其顿活动的有限证据，使我们很难判断正在发生什么情况。由于我们的资料倾向关注佩罗皮达斯，很少谈到底比斯政策的制定，更增加了判断的难度。底比斯显然试图限制菲莱的亚历山大的权力。如果亚历山大稳固了对色萨利的统治，那他将成为对中希腊的潜在威胁，正如菲莱的亚松晚年时那样。但是，只要色萨利的形势不稳定，底比斯势力就有扩大的希望。同样，只要马其顿形势不稳，底比斯也有望扩大影响。雅典显然希望在这种形势中寻求利益，正如公元前 368 年伊菲克拉特斯远征马其顿以及奥托克莱斯远征色萨利所证明的那样（雅典曾试图劝说斯巴达派狄奥尼修斯的雇佣军到色萨利以抵抗底比斯，但未能成功，见 Xen. *Hell.* VII. 1. 28）；底比斯显然同样愿意利用那种形势。马其顿统治者的不稳固以及色萨利对菲莱的亚历山大反抗的无力，不可能让底比斯在这些地区保持稳定的影响。到公元前 367 年，底比斯在那里没有获得任何持久的成功。

第四节　公元前 367—前 366 年的和谈

公元前 367 年，斯巴达派使节到苏萨的波斯国王处。底比斯人和雅典人听说后，也各自派了使团。底比斯人与他们的盟友经过协商，

由来自埃利斯和阿卡狄亚的使节陪同底比斯代表佩罗皮达斯一同前往。底比斯现在显然感觉到她有足够的实力赢得波斯支持，也希望确保斯巴达或雅典获得波斯支持的程度不会危害底比斯。在国王面前，佩罗皮达斯很好地利用了底比斯在薛西斯入侵希腊期间的亲波斯行为，以及底比斯近期的成功。他向波斯国王建议应该在希腊商谈一个和约，条件是希腊人自治，美塞尼亚独立；雅典舰队停止使用；和约各方同意向任何违反它的城邦宣战。在协商期间，佩罗皮达斯从雅典的一位使节——提马戈拉斯（Timagoras）那里获得了惊人的支持。其他问题肯定也有讨论，但唯一明确记录在案的，是埃利斯和阿卡狄亚所争执领土的所有权问题。虽然阿卡狄亚占有这些领土，事实上已经从有争议的地区莱普琉姆（Lepreum）选择了一个人作为阿卡狄亚使节，但波斯国王支持了埃利斯，那无疑是底比斯指使的结果。大多数这类小问题在史料中都无记录。站在波斯国王的立场上，我们推测 197
支持底比斯比支持斯巴达或雅典更有吸引力，因为雅典由于其同盟在爱琴海上仍很强大，而斯巴达在公元前368年得到了总督阿利奥巴扎奈斯的帮助，可是他对国王的忠诚值得怀疑。波斯对底比斯的支持可能削弱雅典和斯巴达，同时不会给波斯带来危险。事实上，阿塔薛西斯确实同意了底比斯的建议，使节们回国。当他们到达国内后，由于提马戈拉斯在谈判中扮演的角色，雅典人审判并处决了他（Xen. *Hell.* Ⅶ. 1. 33－8，Plut. *Pel.* 30）。

前往波斯的出使持续数月。约公元前366年初，底比斯组织了一次各城邦的会议，以便和约条款获得通过。会议进行得很糟。底比斯想让那些出席的城邦宣誓遵守由波斯国王代表宣布的和平协议。一些使节反对说，他们到那里只是为了听取协议，而非宣誓接受它。阿卡狄亚领导者吕科麦戴斯（Lycomedes）更进一步，质疑底比斯人在底比斯召开该会议的权利，然后因为底比斯人的愤怒，拒绝参加会议。这次会议最终根本没有取得任何进展（Xen. *Hell.* Ⅶ. 1. 39）。会后底比斯人向各个城邦派了使节，再次尝试劝说希腊各城邦接受和约。使节们到达的第一个城邦是科林斯，但它拒绝接受和约条款，其他城邦起而效尤（Xen. *Hell.* Ⅶ. 1. 40）。底比斯的外交倡议彻底失败。

第五节　公元前366—前365年的中希腊和伯罗奔尼撒

公元前366年，底比斯的外交倡议失败后，埃帕米农达又率军到伯罗奔尼撒，以便争取阿凯亚，并且也在阿卡狄亚以及其他伯罗奔尼撒盟友中获得更大影响。阿凯亚城邦是寡头制，但到目前为止，在伯罗奔尼撒近期的冲突中，一直保持中立。在联合了伯罗奔尼撒的盟友后，埃帕米农达进入阿凯亚，很快和据统治地位的寡头们达成协议，他们同意和底比斯结盟，条件是继续统治阿凯亚。这个协议与埃帕米农达在公元前369年与西库翁达成的协议类似。但他仍“解放”了三个有重要战略地位的地方——西阿凯亚的狄麦（Dyme）、瑙帕克图斯和卡吕东，后两个城市都在科林斯湾北部，但当时都属于阿凯亚。之后他返回国内（Xen. *Hell.* Ⅶ. 1. 41 –2；Diod. ⅩⅤ. 75. 2）。埃帕米农达接
198 受阿凯亚寡头政府的做法，引起了阿卡狄亚人以及“反对派”的抗议（可能是阿凯亚的民主派，但也有可能是埃帕米农达在底比斯的反对者），他们向底比斯控诉。底比斯于是作出决定，埃帕米农达的安排遭遇重大调整。底比斯驻军长官被派到了阿凯亚，他们在那里驱逐了寡头派，建立了民主政府。但被驱逐的寡头派的联合力量轮番攻击每一个城邦，并迅速地重新获得了控制权。虽然公元前366年以前他们是中立的，但恢复权力后，却坚定地支持斯巴达（Xen. *Hell.* Ⅶ. 1. 43）。

公元前366年令人惊奇的事件是欧弗隆被阿卡狄亚人废黜。公元前368年，阿卡狄亚人和阿哥斯人曾帮助欧弗隆在西库翁建立民主政体，之后他把自己变为僭主。公元前366年，阿卡狄亚同盟将军斯廷法鲁斯的埃涅阿斯（Aeneas of Stymphalus）认为，西库翁的形势已经到了无法容忍的地步，于是率领一支军队到了西库翁的卫城，显然是得到了底比斯长官的默许。在那里，他聚集起还在西库翁的重要公民，并召回了被放逐者。欧弗隆逃跑，在离开之前把西库翁的港口交给了斯巴达人。我们不清楚现在西库翁采用了哪种政府形式，只知道寡头派和民主派有矛盾。在阿卡狄亚帮助下，西库翁人恢复了对其港口的控制。欧弗隆率领从雅典招募的雇佣军返回，在民众支持下再次控制了城邦。由于一个底比斯长官占据着卫城，欧弗隆无法获得完全

的控制，于是他去了底比斯，希望劝说底比斯人放逐寡头派，给他完全的控制权。但是一些之前的流亡者听说了他的计划，其中一个在底比斯暗杀了他。西库翁人将他的尸体带回国，将他尊贵地埋在了市场上（Xen. *Hell.* Ⅶ. 1. 44 – 6，2. 11 – 15，3. 1 – 12，4. 1；Diod. ⅩⅤ. 70. 3），并保持着与彼奥提亚以及伯罗奔尼撒同盟的联系（Bengtson, *SdA* Ⅱ^{2}285a；Diod. ⅩⅤ. 85. 2）。这个事件本身没有重大的政治意义，但它有启示作用。除提供了此时在伯罗奔尼撒社会广泛流行的内部冲突的又一个例子外，它表明阿卡狄亚人虽然支持民主政治，但并不准备容忍僭主，即使是一个为民众利益行事的僭主。⑪

约公元前366年仲夏，优卑亚岛上的埃莱特利亚（Eretria）僭主泰米松（Themison）从雅典手里夺取了奥罗普斯。在经历独立以及底比斯统治时期之后，奥罗普斯刚刚回到雅典的控制之下。当雅典派一支军队夺回奥罗普斯时，泰米松的盟友底比斯人为保护奥罗普斯接管了该地，之后一直占有它。在一次有关的法律仲裁中，雅典也没能收回该地。⑫ 这件事恶化了雅典和底比斯之间本已别扭的关系，此后直 199
到公元前339年她们联合反抗马其顿的腓力之前，两个城邦一直不友好。雅典对其盟友在这次事件中没有提供援助也感到不满，阿卡狄亚领导者吕科麦戴斯利用那种形势建议成立阿卡狄亚—雅典同盟。有些雅典人怀疑和斯巴达的敌人结成这样一个同盟是否明智，因为公元前369年形成的雅典—斯巴达同盟还存在，但对雅典而言，这样一个同盟可以减少阿卡狄亚对彼奥提亚的依赖，于是雅典与阿卡狄亚订立了防御性的盟约。在完成这些协商回国时，吕科麦戴斯被阿卡狄亚流亡者杀害（Xen. *Hell.* Ⅶ. 4. 2 – 3）。底比斯—阿卡狄亚的同盟关系最近一直相当紧张。在特里菲利亚问题上，与波斯谈判的结果有利于埃利

---

⑪　见前文注释8。Thompson 1983（C 386）将欧弗隆的废黜作为阿卡狄亚同盟中存在两个重要派别的证据，一派支持西库翁的民众及其领袖欧弗隆，另一派支持欧弗隆的反对者。他也认为这些派系在阿卡狄亚事务中有更广泛的影响。

⑫　Xen. *Hell.* Ⅶ. 4. 1；Aeschin. Ⅲ. 85 及注疏；Diod. ⅩⅤ. 76. 1. 关于该事件的年代见 Buckler 1980（C 329）250 – 1；关于仲裁，见 Buckler 1977（C 325）。关于公元前411年后奥罗普斯地位的变化，见 Thuc. Ⅷ. 60（公元前411年，先由雅典派驻军队，后被彼奥提亚人占领）；Ⅷ. 95. 1 – 4（公元前411年为伯罗奔尼撒同盟的基地）；Lys. ⅩⅩⅩⅠ. 9（公元前403年独立）；Diod. ⅩⅣ. 17. 1 – 3（公元前402年危机以及底比斯干预后，首先独立，之后被合并到彼奥提亚）；Isoc. ⅩⅣ. 20（奥罗普斯的领土让给雅典），37（底比斯尝试推翻雅典对奥罗普斯的所有权，但失败了）。Sealey 1956（C253）190 – 2 将 Isoc. ⅩⅣ. 37 提到的事件定在公元前375/374年，但那时奥罗普斯显然已经独立于彼奥提亚，原因无疑是安塔尔奇达斯和约的规定。

斯，而不是阿卡狄亚；随后在底比斯召开的会议中，吕科麦戴斯对会议的流产发挥了相当大的作用；埃帕米农达对阿凯亚的处理，显然不受阿卡狄亚人的欢迎。如果埃帕米农达的方案持续，将会大大加强底比斯在伯罗奔尼撒的影响。然而彼奥提亚—阿卡狄亚同盟还在发挥作用。正如色诺芬所说，减少阿卡狄亚对彼奥提亚的依赖，是雅典与阿卡狄亚结盟的目的之一，底比斯确实继续为阿卡狄亚提供军事支持（例如，公元前 364 年，Xen. *Hell.* Ⅶ. 4. 27；Justin Ⅵ. 6. 6 – 10）。吕科麦戴斯因此成功地维护了阿卡狄亚与彼奥提亚的同盟，同时减轻了阿卡狄亚对底比斯的依赖。

在与阿卡狄亚协商期间，也有人建议雅典要确保科林斯不会成为雅典的威胁。科林斯听说了这个建议后，迫使所有雅典军队撤离科林斯，让任何此类意图归于失败。之后科林斯招募雇佣军保护她的独立，并继续战斗，反抗敌对的邻邦（Xen. *Hell.* Ⅶ. 4. 4 – 6；参见 Plut. *Tim.* 4. 1）。提摩法奈斯（Timophanes）在这段时期短暂的僭主统治，可能证明科林斯内部存在不安定因素。[13] 这些事件可能发生在公元前 366/365 年冬。

200 科林斯也开始了非常重要的和平谈判。她预先在底比斯调查和平谈判是否会有成果，之后寻求斯巴达允许她与底比斯缔结和约。斯巴达不仅把这种权限给了科林斯，而且也赋予了其他希望缔结和约的盟邦同样的权利。从史料来看，我们不清楚公元前 365 年春到底有多少城邦缔结了和约，但可以确定，在斯巴达的盟邦中，科林斯、弗利乌斯和埃庇道鲁斯与底比斯以及阿哥斯缔结了和约（但阿哥斯确实在弗利乌斯的领土上保留着一个要塞），但双方其他城邦皆有可能成为缔约成员。底比斯想让科林斯加入一个同盟，但科林斯明确表示她只想和平。[14] 这些协议结束了伯罗奔尼撒同盟。自公

---

[13] Plut. *Tim.* 4；Arist. *Pol.* 1306a19 – 24；Nep. *Tim.* 1. 1. 3；Diod. ⅩⅥ. 65. 3 – 5（年代显然有误），参见科林斯之前失败的革命（Diod. ⅩⅤ. 40. 3）。关于提摩法奈斯僭主制是科林斯动荡的证据的可能性，见 Salmon 1984（C380）384 – 6 适中的判断。参见下文第 709 页。

[14] 和平条约的性质存有争议。主要的史料是 Xen. *Hell.* Ⅶ. 4. 6 – 11 以及 Diod. ⅩⅤ. 76. 3；更多的信息来自 Isoc. Ⅵ，其年代属于谈判期间。色诺芬的版本（本文采纳）显然不是完整的叙述。狄奥多鲁斯只是简洁地提到波斯使节到达并劝说希腊人缔结共同和平。Cawkwell 1961（C 14）支持狄奥多鲁斯的说法［请与 Buckler 1980（C 329）251 – 5 比较］；Ryder 1957（C 66）［在 Ryder 1965（C 67）83 中有摘要］支持色诺芬的说法，但认为和平条款是底比斯在公元前 366 年底比斯会议上不成功地提出的那些；Salmon 1984（C 380）379 – 81 反对狄奥多鲁斯的看法，而且强调［针对赖德（Ryder）］和谈的创议来自科林斯，而不是底比斯，科林斯只想要和平。

元前6世纪以来，这个同盟就是斯巴达力量的重要支持，但现在底比斯既夺走了斯巴达的美塞尼亚，又瓦解了伯罗奔尼撒同盟。对于底比斯人及其在伯罗奔尼撒的盟友而言，和约意味着伯罗奔尼撒半岛任何进一步的战争都主要是阿卡狄亚人的事务。伯罗奔尼撒东北部现在处于和平之中，阿哥斯不得不放弃在那个地区的野心。但是在斯巴达和阿卡狄亚之间还有战争，而且那场战争即将扩大，因为埃利斯在斯巴达和阿凯亚的支持下改变了立场，与阿卡狄亚作战。阿卡狄亚的盟友有义务帮助阿卡狄亚。但这种战斗与她们自身的利益并没有直接关系。

第六节　公元前366—前364年的北希腊和爱琴海地区

底比斯重新对北希腊产生兴趣和唯一一次海上冒险的背景，是雅典在爱琴海上及其周围的活动日趋频繁。公元前366年，波斯总督阿利奥巴扎奈斯反叛期间，请求雅典和斯巴达援助。尽管她们在希腊大陆都有麻烦，但双方都做出了反应。斯巴达派出了国王阿盖西劳斯，他在这些年试图通过海外军事服务筹集军费，起初是为阿利奥巴扎奈斯，后来是在埃及（Xen. *Ages.* 25 - 31）。雅典派出了提摩泰乌斯，建议他帮助阿利奥巴扎奈斯，但要避免违反雅典与波斯国王和约中的条款（Dem. XV.9）。提摩泰乌斯犹如一个机会主义者，哪里有利益，
就到哪里。[15] 他首先历经10个月的包围后占领了萨摩斯，这里有波 201
斯的驻军，但不受“大王和约”的保护（Dem. XV.9；Isoc. XV.111）。她不是雅典同盟的成员，雅典人可以自由地驱逐萨摩斯人，安置雅典的军事移民（Arist. *Rh.* 1384b32 - 6；Diod. XVIII.8.7，18.9）。即使雅典的行为没有违反同盟的规定，但也让同盟成员担忧。公元前361/360年，雅典又在波提戴亚设置了另一个军事移民点（Tod no. 146 = Harding no. 58）。萨摩斯之后，尽管我们不清楚提摩泰乌斯活动的细节和时间，但他显然一方面把大部分精力放在了马其顿

[15] 包围萨摩斯之后，我们缺少对提摩泰乌斯战斗连贯的叙述，这使得任何对它们的重构都很困难。Buckler 1980（C 329）255 - 7 提供了对证据以及重构的分析；参见 Kallet 1983（C 180）246 n. 24 的评论。

和哈尔季狄基半岛，另一方面致力于赫勒斯滂地区。在赫勒斯滂，他占领了塞斯图斯和克里托泰（Crithote，见 Xen. *Ages.* Ⅱ.26；Isoc. XV.112；Nep. *Timoth.* 1.3）。在马其顿和哈尔季狄基地区的一系列战斗中，他占领了麦托奈、皮德纳、托罗奈和波提戴亚（Dem. Ⅳ.4；Isoc. XV.113；Din. 1.14；Diod. XV.81.6）。约公元前 365 年，年轻的马其顿国王佩狄卡斯谋杀了他的摄政王托勒密（Diod. XV.77.5，XVI.2.4）。他和安菲波利斯一起抗击雅典的军队（Aeschin. Ⅱ.29），但最终与雅典人合作（Dem. Ⅱ.14；Polyaen. Ⅲ.10.14）。虽然雅典因此试图扩大她的影响，但底比斯在海上和陆上做了两次尝试，以扩大她自己的影响。

彼奥提亚从未成为重要的海上力量，尽管它确实有战船［例如（Dem）.XLIX.14－15，21；Xen. *Hell.* Ⅵ.4.3］。该地没有合适的港口，从东岸到达爱琴海只有在穿越经过优卑亚的海峡后才能实现这一事实，成为她的掣肘。然而约公元前 366 年，底比斯决定建立主力舰队，并决定出海。建造、装备这样一支舰队并提供水手花费一定是一笔很大的开销，由于在公元前 367—前 366 年的谈判中得到了波斯的支持，底比斯完全有可能（尽管没有得到证实）获得了波斯国王对其海军的资金援助。埃帕米农达劝底比斯人建造 100 艘三列桨战船以及必要的船坞（Diod. XV.78.4－79.1）。建造那些船只以及训练水手显然需要时间，舰队最终在公元前 364 年出海。[16] 埃帕米农达的计划是争取到罗德斯、希俄斯和拜占庭；如果成功，它将使底比斯在这些重要的战略地点获得盟友。埃帕米农达的舰队避开了拉凯斯（Laches）率领的雅典舰
202 队，访问了那三个城邦，但除了可能使拜占庭脱离雅典同盟外，[17]

---

[16] 关于该事件的年代，见 Buckler 1980（C 329）257－9。

[17] 关于这些事件，见 Diod. XV.79.1；Isoc. Ⅴ.53；Plut. *Phil.* 14.1－2。公元前 357 年叛离之前，罗德斯和希俄斯无疑是雅典第二同盟的成员（Diod. XVI.7.3）。可以想象，只有拜占庭由于埃帕米农达公元前 364 年的海上行动脱离了与雅典的同盟［比如 Cargill 1981（C101）169 就如此认为］。尽管狄奥多鲁斯（XVI.7.3）也提到拜占庭公元前 357 年叛离雅典，但它在公元前 362 年可能对雅典已经不再友好［（Dem）.L.6］。但是，尽管有 Hornblower 1982（F 644）200 的论证，却没有证据表明公元前 364 年拜占庭和底比斯结成了同盟。Tod no. 160 = Harding no. 74 表明拜占庭在公元前 355—前 351 年这段时期和底比斯非常友好，在神圣战争中两次为底比斯提供经济援助。它称呼拜占庭的官方代表为“同盟代表”（*synedroi*）。在底比斯同盟中，成员国在同盟议会中都有代表，但由此得出结论认为拜占庭是底比斯同盟的成员是危险的［现请见 Lewis 1990（C 341）的论述］。即使把这份史料看作拜占庭和底比斯结盟的证据，但早在公元前 364 年，还没有结盟的必要。Dem. Ⅸ.34 是模棱两可的，但无论如何指的是公元前 341 年。

似乎没有为底比斯赢得持久的利益。就像提摩泰乌斯之前所为，埃帕米农达也干预了黑海上的赫拉克里亚的内部冲突（Justin XVI. 4. 1 – 3）。虽然很不确定，但埃帕米农达紧随其后的第二次航行，可能引发了凯阿对雅典的反叛。不过无论如何，雅典人不久重新控制了该岛（Tod no. 142 = Harding no. 55）。非常引人注目的是，公元前 364 年埃帕米农达在没有遇到大的抵抗的情况下，率领战船横渡爱琴海，但他既没有利用舰队发动任何重要的战役，也没有成功地把它用作有效的外交工具。在这次没有成效的航行后，底比斯舰队回国，此后再也没有冒险出航。如果舰队真的得到了波斯国王的资助，则他可能拒绝继续资助这样一支没有什么成果的舰队。但这只是猜测。

在陆上，公元前 364 年底比斯又向北希腊进军。在打击色萨利反对者的战斗中，菲莱的亚历山大取得了进展，占领了弗西奥提斯的阿凯亚（Phthiotic Achaea）和马格尼西亚（Magnesia），并且留下了驻军。他的反对者请求底比斯派佩罗皮达斯率军来解围。底比斯同意了，但由于日食解散了军队（公元前 364 年 7 月 13 日）。之后佩罗皮达斯率领一支由志愿者和雇佣军组成的队伍出发了，并联合了他的色萨利盟友。在狗头山（Cynoscephalae），他的军队与亚历山大发生战斗，佩罗皮达斯艰难取胜，但他本人被杀。他的死在其色萨利盟友中引起了强烈反响，他们请求为他举行葬礼的殊荣，并以一种奢华、盛大的方式进行（Diod. XV. 80. 1 – 5；Plut. *Pel.* 31 – 4）。有可能在同样的情况下，色萨利人在德尔斐奉献了佩罗皮达斯的雕像（*SEG* XXII 460 = Harding no. 49，并非全文）。底比斯一听说他阵亡，立刻派了一支强大的远征军，这支军队再度在战斗中击败了亚历山大。底比斯强迫亚历山大撤出他已经占领的色萨利城邦，并且成为底比斯的同盟者（Diod. XV. 80. 6；Plut. *Pel.* 35. 1 – 2）。
底比斯暂时在色萨利获得了重要影响，这是它自从公元前 369 年以 203
来一直想要得到的。亚历山大事实上是一个处于从属地位的盟友，必须为底比斯的战斗提供军队，他的色萨利反对者也要这样做（例如，Xen. *Hell.* VII. 5. 4）。到那时，亚历山大被迫离开了之前的盟友雅典。公元前 4 世纪 60 年代末，他开始了在基克拉泽斯群岛的海盗式袭击，进攻佩帕莱托斯和泰诺斯（两者都是雅典同盟的成员），甚至袭击了比雷埃夫斯［（Dem.）L. 4；Diod. XV. 95. 1 – 2；

Polyaen. Ⅵ. 2. 2；参见 Xen. *Hell.* Ⅵ. 4. 35］。最后在公元前 361/360 年，当底比斯因曼提奈亚战役被削弱时，亚历山大的色萨利反对者与雅典结盟反对他（Tod no. 147 = Harding no. 59）。但在公元前 364 年，通过打败亚历山大以及强迫他结盟，底比斯富有成效地抵制了雅典在北希腊影响的增长。

第七节　公元前 365—前 362 年的伯罗奔尼撒事务

斯巴达和阿卡狄亚之间的战斗在继续。公元前 365 年，在叙拉古的狄奥尼修斯二世派来的雇佣军的帮助下，斯巴达夺回塞拉西亚（Xen. *Hell.* Ⅶ. 4. 12）。但是战争不久就扩大了，因为埃利斯占领了拉西翁，那是她一直要求但被合并到了阿卡狄亚的地区，所以引发了埃利斯—阿卡狄亚战争（Xen. *Hell.* Ⅶ. 4. 12；Diod. ⅩⅤ. 77. 1 - 2，这里出现了混淆）。雅典一定认为埃利斯是侵略者，因为她以公元前 366 年相互防御协定的名义支援了阿卡狄亚（Diod. ⅩⅤ. 77. 3；Xen. *Hell.* Ⅶ. 4. 29）；彼奥提亚、阿哥斯也派兵进入阿卡狄亚。当公元前 364 年斯巴达进入阿卡狄亚西南部时，美塞尼亚也向阿卡狄亚派出了援军（Xen. *Hell.* Ⅶ. 4. 27，29，36；Justin Ⅵ. 6. 6 - 10）。埃利斯显然打破了彼奥提亚—伯罗奔尼撒同盟，并且反而与斯巴达和阿凯亚形成了同盟（Xen. *Hell.* Ⅶ. 4. 17 - 19）。在埃利斯内部，寡头派和民主派之间有冲突，寡头派成功地获得了控制权，并驱逐了对阿卡狄亚友好的民主派（Xen. *Hell.* Ⅶ. 4. 15 - 16）。战争期间，阿卡狄亚人试图在埃利斯东部的皮洛斯安置埃利斯的民主派，并且在阿凯亚的佩莱奈促动民主革命，但两个尝试不久都失败了（Xen. *Hell.* Ⅶ. 4. 16 - 18，26）。阿卡狄亚对埃利斯占领拉西翁的第一次反攻就攻到了埃利斯的广场，此后埃利斯人不得不在他们自己的领土上战斗，其大片领土落入阿卡狄亚控制之下。战争期间有两个值得注意的事件。一个是阿卡狄亚人及其盟友俘获了占领阿卡狄亚西南部克隆努斯（Cromnus）的一支斯巴达军队（Xen. *Hell.* Ⅶ. 4. 19 - 27；Justin Ⅵ. 6. 6 - 10），另一个是第 104 届奥林匹亚赛会正在举行时，在奥林匹亚圣所发生了一次战斗（Xen. *Hell.* Ⅶ. 4. 28 - 32；Paus. Ⅵ. 4. 2，8. 3，22. 3；Diod. ⅩⅤ. 78. 1 - 3

发生了混淆，所说与XV.82.1为同一件事）。阿卡狄亚利用从埃利斯占 204
领的领土在阿克罗莱亚（Acrorea）和皮萨提斯创建了独立的城邦；一则铭文证实，她们是与阿卡狄亚、美塞尼亚和西库翁同盟的一方。⑱

公元前364年奥林匹亚的战斗之后，史籍未提及这次战争中的其他战役。原因似乎是战争的主动权掌握在阿卡狄亚同盟手里，但同盟为内部纷争掣肘，恰在那时它在伯罗奔尼撒的影响力也最大。尽管新的皮萨提斯城邦控制了奥林匹亚，阿卡狄亚官员显然可以进入奥林匹亚的金库，利用它支付阿卡狄亚同盟的常备军（*eparitoi*）的薪水。曼提奈亚对那种做法的反抗最终在同盟会议上赢得了多数，这种做法停止。这意味着常备军不能再得到津贴，他们退出了战争，被更富有的阿卡狄亚人取代。公民大会也投票支持与埃利斯的和平。但同盟官员反对这些倾向，寻求底比斯的支持。官员们利用正在阿卡狄亚的底比斯指挥官的帮助，试图逮捕他们的反对派领袖，但未能成功，由此导致了一场危机。底比斯指挥官被遣回国，阿卡狄亚的一个使节对他的行为感到不满。这引起了埃帕米农达的激烈抗议，他抱怨阿卡狄亚人没有和彼奥提亚协商就与埃利斯缔结了和约，并威胁说彼奥提亚人将进军阿卡狄亚（Xen. *Hell.* VII.4.33－40；Diod. XV.82.1－2混淆了事件）。阿卡狄亚同盟的分裂又把主要的战事带到了伯罗奔尼撒。

阿卡狄亚人反对底比斯，其中曼提奈亚人最突出，他们和埃利斯、阿凯亚及斯巴达结盟，在提供军事援助的相互防御协定的条件下请求雅典援助，并且得到了援助。亲底比斯的阿卡狄亚人，包括泰盖亚和麦伽罗波利斯，继续受益于阿卡狄亚与阿哥斯、西库翁、美塞尼亚和彼奥提亚的结盟。在偷袭斯巴达和曼提奈亚之后，埃帕米农达及其盟友在曼提奈亚附近对抗斯巴达、雅典及其盟友。埃帕米农达的军队突破了敌人的阵线，但埃帕米农达自己被杀，这次重要的对抗没有产生决定性的结果（Xen. *Hell.* VII.5各处；Diod. XV.82.3－87.6）。

第八节　该时期希腊城邦内部的政治冲突

我们很难看清此时底比斯内部的政治。可用的史料集中于两个领

---

⑱　*SEG* XXII 339 = Bengtson, *SdA* 285a；也见 *SEG* XXIX 405，XXXII 411（它宣称一个新的断片上提到了阿克罗莱亚）。也参见皮萨提斯的代理人命令，即 *SIG* 171。

袖兼朋友身上，即埃帕米农达和佩罗皮达斯。底比斯人选出他们，让他们事实上在国家的大多数战争中以及担任前往国外的使节时发挥了
205 突出作用，因此他们可能在国内享有相当的政治支持。普鲁塔克特意指出了麦奈克莱达斯（Menecleidas）对埃帕米农达和佩罗皮达斯的反对，将其归因于怨恨（Plut. *Pel.* 25. 2 – 7；参见 Nep. *Epam.* 5. 2 – 6）。但是他的反对很可能有更稳固的政治基础，特别是对于较少战事的渴望。某些事件表明，埃帕米农达和佩罗皮达斯的政治领导权曾遭到反对。它们包括公元前 369 年对埃帕米农达和佩罗皮达斯的审判。在这次审判中，麦奈克莱达斯发挥了作用。[19] 公元前 366 年，底比斯准备否决埃帕米农达和统治阿凯亚的寡头之间的协议，并在阿凯亚建立民主政体。上述只是某些迹象，正如对底比斯当时政体彻底的敌视也只有某些迹象一样。在政治上失败后，麦奈克莱达斯显然尝试了一次革命（Plut. *Pel.* 25. 7）。由于怀疑奥尔霍迈诺斯的骑士级和底比斯的流亡者阴谋推翻底比斯政体，公元前 364 年底比斯彻底摧毁了奥尔霍迈诺斯（Diod. XV. 79. 3 – 6）。有可能这两个事件属于同一件事情。[20] 既然这类尝试没有取得任何成果，则我们就没有理由相信底比斯存在严重的政治动荡。

我们能够看到的这种不稳定，恰恰出现在伯罗奔尼撒半岛的城邦中。由于色诺芬对伯罗奔尼撒的兴趣，有关这个时期希腊各地的资料中，这里是最充分的。但是，伯罗奔尼撒内部政治冲突的数量之得到证实，可能不仅是由于可用资料中的偏见，而且是由于斯巴达控制权的丧失。伊索克拉底（VI. 64 – 8）借斯巴达王子阿基达穆斯之口尖锐地指出了伯罗奔尼撒这一时期的不稳定；他的话显然是夸张和有偏见的，但其他的证据表明，动荡的局面相当普遍。菲伽莱亚、科林斯、麦加拉、西库翁和弗利乌斯发动了不成功的革命，它们都被狄奥多鲁斯归于公元前 375/374 年（Diod. XV. 40）。公元前 370—前 365 年间，在阿哥斯（Diod. XV. 57. 3 – 58. 4）、泰盖亚（Xen. *Hell.* VI. 5. 6 – 10）、弗利乌斯（Xen. *Hell.* VII. 2. 5 – 9），西库翁（Xen. *Hell.*

---

[19] 见前文注释 7。Buckler 1980（C329）142 – 5 支持埃帕米农达第二次受审判的真实性（Diod. XV. 72. 3），但其他人提出了质疑。

[20] Buckler 1980（C 329）147 – 8；见前引书第 130—150 页关于这一时期底比斯总的政治情况的论述。

Ⅶ. 1. 44 – 6，3. 1 – 12）、阿凯亚，特别是佩莱奈（Xen. *Hell.* Ⅶ. 1. 41 – 3，4. 17 – 18）以及埃利斯（Xen. *Hell.* Ⅶ. 4. 15 – 16，26），都出现了严重的内部冲突，其中多次事件都发生了大规模的流血冲突和放逐。

对政治动荡的恐惧也表现在那一时期的同盟中。在结合了阿卡狄亚、西库翁、美塞尼亚、皮萨提斯和阿克罗莱亚的盟约中（Bengtson，*SdA* Ⅱ². 285a），幸存的零散文献证明，其中包含了反对内部革命以及非法运动的规定。在把彼奥提亚和伯罗奔尼撒国家联合起来的同盟网络中，它规定所有同盟国家都应当引渡被放逐者。它可能也规 206
定，一个同盟城邦的被放逐者应该被所有城邦放逐。[21] 这种措施限制了被放逐的持不同政见者反击的可能性。

内部冲突的典型表现，是两个政治群体之间或激烈或缓和的斗争形式，它们可以广义地被定义为寡头派和民主派。但这些术语有些误导，因为偶尔两个派别可能会在既定的政体内追求各自的政治目标。公元前 365 年寡头派获得控制权之前，埃利斯发生的大概就是这种情况。权力的转换可能不伴随着政体的正式变化，如公元前 370 年的曼提奈亚，虽然反斯巴达的民主派获得了控制权，但没有发生政体的变化（Xen. *Hell.* Ⅵ. 5. 3 – 5，8 – 9）。色诺芬对公元前 364—前 362 年阿卡狄亚同盟纷争的叙述（Xen. *Hell.* Ⅶ. 4. 33 – 40），证明了在一种政体内可能发生多少变化。可见参与这种冲突的政治群体主要感兴趣的不是以教条的理由建立特殊的政府形式，但是，尽管有这么多的伯罗奔尼撒城邦被激烈地分成了两派，可是我们的证据很少，使我们无法确定主要的问题是什么。

对于一个共同体中任何这样的派别而言，外部援助是一个重要资源。一般而言，一个群体的政治面貌决定了它在哪里可以有效地找到盟友。例如，在被迫寻求帮助以对抗底比斯及其盟友时，阿凯亚和埃利斯的寡头派自然转向斯巴达寻求支持。尽管底比斯及其盟友，特别是阿卡狄亚人，确实在公元前 366 年强制阿凯亚建立了民主政体，但一个共同体很少因为与外部力量结盟而被强加给一种政体形式。派别性政治群体显然倾向于寻找有好感的外部盟友，但埃帕米农达并没有

---

[21] Xen. *Hell.* Ⅶ. 3. 11，Roy 1971（C 61）598 进行了分析。参见 Lewis 1990（C 341）。

支持或利用那种倾向，相反他与寡头派和民主派都结盟。公元前369年在西库翁、公元前366年在阿凯亚，埃帕米农达都是利用军事力量强迫另一方结盟，但在这两个例子中，他保留了占统治地位的寡头派的控制权。另外，阿卡狄亚同盟努力在国外推进民主制，比如在弗利乌斯、西库翁、阿凯亚和埃利斯，但这些尝试最终没有一个获得成功。埃帕米农达的政策更为宽容，但是，正如阿卡狄亚人反对埃帕米农达在阿凯亚的处理办法所证明的，它给底比斯带来了无法共处的盟友。在埃帕米农达与他伯罗奔尼撒的主要盟友的政策之间，这种根本的分歧对双方都非常不利。

第九节　曼提奈亚战役的后果

207 曼提奈亚战役之后，希腊大陆的城邦成功地平息了他们的分歧，制定了一个共同的和平条约。只有斯巴达例外。当其他城邦，特别是麦伽罗波利斯以及与他们有联系的其他阿卡狄亚人希望美塞尼亚人被包括在和约中时，斯巴达拒绝了。这最终导致斯巴达被排除，而美塞尼亚人被包括在内（Polyb. Ⅳ. 33. 8 –9；Diod. XV. 89. 1 –2，94. 1；Plut. *Ages*. 35. 2 –4）。曾发现于阿哥斯但如今再度失传的铭文断片上的文本（Tod no. 145 = Harding no. 57），通常被认为出自公元前362/361年这个共同和约中的部分或所有成员之手。在文本中，“希腊人”告诉“总督”的使节（可能是反叛的总督，而不是一群忠诚于波斯国王的总督），通过外交，希腊人已经在共同和约中解决了他们的分歧，以便在免除了互相的战争之后，他们可以使自己的城邦走向繁荣；而且他们对波斯国王没有敌意，如果他没有侵犯行为、没有引起麻烦，则希腊人将与他和平共处。由此看来，希腊似乎通过自己的外交努力，而不是波斯的干预，相互之间达成了他们共同的和平。

据狄奥多鲁斯记载，和平条约包括“每个城邦在战后都应恢复自己的领土”的规定（这样的条款可能是为确保所有的军队撤回到他们国内的领土上）。但是，和约缔结后约一年，已经被迁到新建城邦麦伽罗波利斯的一些阿卡狄亚人认为，那项条款意味着他们可以离开麦伽罗波利斯返回他们的国家。当他们和麦伽罗波利斯发生冲突时，他们向与该城有关的曼提奈亚和阿卡狄亚人发出了请求。潘麦奈斯率领的一支底比斯军队受命援助麦伽罗波利斯，迫使不情愿的移民者回到了那里，由此避免了在伯罗奔尼撒发生新麻烦的危险（Diod. XV. 94. 1 –3）。该事件表明，阿卡狄亚同盟的泰盖亚—麦伽罗波利斯部分保留了它与底比斯的同盟（也见 Dem. XVI. 19，27 –9）。

尽管遭遇斯巴达的顽抗和麦伽罗波利斯的短暂波动，希腊大陆城邦至少在10年的战争之后不久确立了和平。一些城邦仍然警惕，公元前362/361年，阿卡狄亚人中反对底比斯的群体（曼提奈亚及其盟友）、阿凯亚、埃利斯和弗利乌斯与雅典结盟，承诺互相帮助反对入侵或任何颠覆他们各自政体的尝试。[22]

底比斯拥有最大影响的时期结束了。公元前361年，底比斯比留克特拉战役之前更强大、更稳定，能够展现她的力量（如在潘麦奈斯远征麦伽罗波利斯事件中）。然而在曼提奈亚战役之前，底比斯已经丧失了她拥有的主导希腊城邦间政治的一些能力。值得注意的是，底比斯现在只关注中南部希腊，没有做进一步的尝试以控制色萨利和马其顿的事务。确实，公元前361/360年，色萨利地区菲莱的亚历山大的反对者仍陷入与他的冲突中，他们没有向底比斯而是向雅典请求援助（Tod no. 147 = Harding no. 59）。在伯罗奔尼撒，底比斯最强大的盟友阿卡狄亚同盟已经遭遇了至少延续20年的分裂（对 Aeschin. III. 83 的注疏）。这个组织虽然还是底比斯的盟友，但过于虚弱，不能给底比斯提供多少支持（正如阿卡狄亚城邦的其他群体在城邦间政治中过于弱小，因此不能发挥重要作用一样）。斯巴达虽然没有被打垮，但已经被底比斯彻底而且永久地削弱了。剩下的是雅典，她还是一个重要的国际力量，虽然公元前4世纪60年代她有得有失，但无论得失，都不曾非常明显地改变雅典的国际地位。 208

（崔丽娜译　晏绍祥、李永斌校）

㉒ Tod no. 144 = Harding no. 56，关于这个同盟也见 Dušanić 1979（C 358）128 –35。

209

第 八 章

地区性概论之一：波斯领土及其邻邦

第一节 小亚细亚

西蒙·霍恩布洛尔

在色诺芬的《希腊史》中，一位演说者将坦诺斯（Temnos）——埃奥利亚地区士麦那（Smyrna，今伊兹密尔）城北边的一个小城市——视作波斯大王亚细亚行省内这样一个地方，“在那里，人们还是可以不作为大王的臣民生活的”（Ⅳ. 8. 5：390s）。这是一个悖论：一个位于波斯国王领土上的城市，怎么可能避免“臣服于”波斯国王呢？答案在于公元前 4 世纪波斯统治小亚细亚的方式：控制是间接的，尊重（或者说不介意）地方的自治，而且根据古代帝国主义的标准，介入程度轻微。关于波斯对帝国该部分的统治，由于来自公元前 4 世纪小亚细亚文献史料（主要是石头上的铭文）的数量，我们的认识较其他任何总督区都清楚（但这不是说小亚细亚的情况在其他地方可以复制）。截至目前，史料的绝大部分来自安纳托利亚西南角即卡利亚（Caria）总督区。从公元前 400 年到亚历山大征服之间，该地区由一个强有力的当地王朝即赫卡同

210

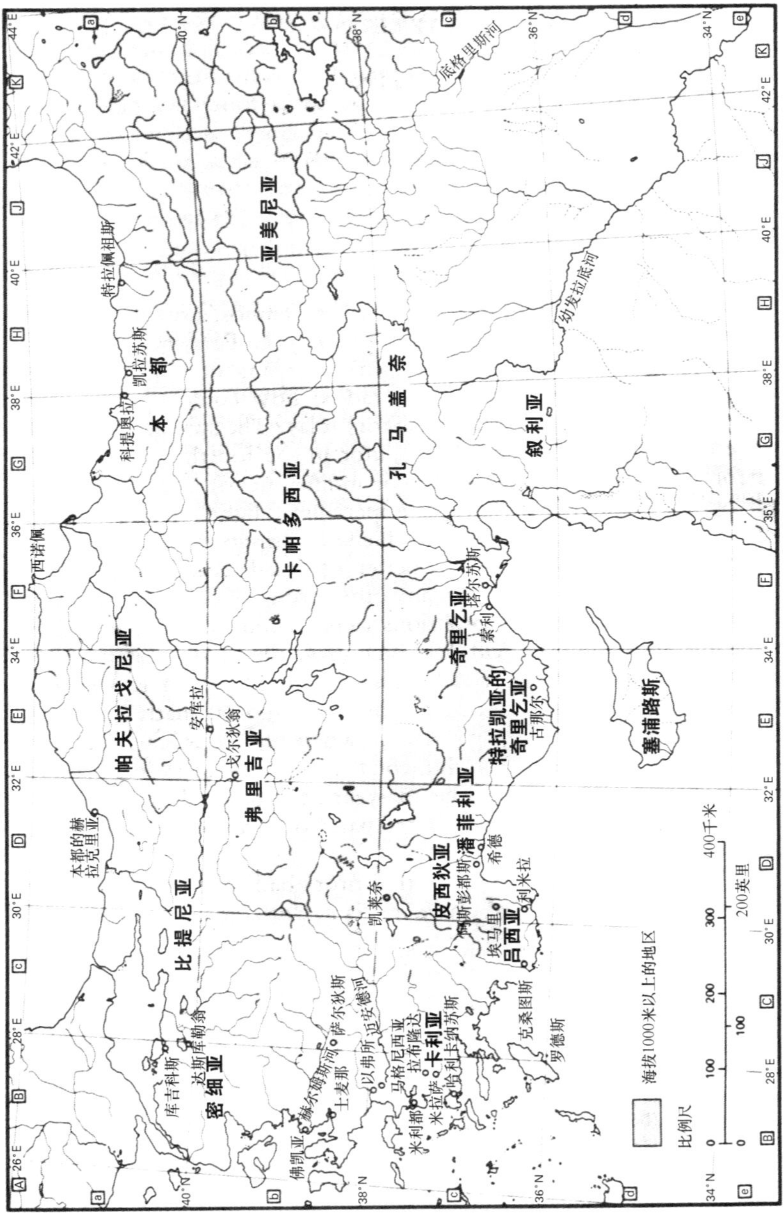
亚美尼亚
本都
卡帕多西亚
孔马盖奈
叙利亚
帕夫拉戈尼亚
弗里吉亚
比提尼亚
密细亚
吕底亚
卡利亚
皮西狄亚
潘菲利亚
奇里乞亚
特拉凯亚的奇里乞亚
吕西亚
塞浦路斯
特拉佩祖斯
凯拉苏斯
科提奥拉
西诺佩
本都的赫拉克里亚
安库拉
戈尔狄翁
库吉科斯
达斯库勒翁
萨尔狄斯
佛凯亚
赫尔姆斯河
士麦那
以弗所
马格尼西亚
拉布隆达
米利都
哈利卡纳苏斯
米拉萨
近安德河
凯莱奈
阿斯彭都斯
希德
利米拉
埃马里
克桑图斯
罗德斯
索利
塔尔苏斯
古那尔
底格里斯河
幼发拉底河
海拔1000米以上的地区
比例尺
400千米
200英里

地图 4 小亚细亚

续 尼家族统治了两代人。① 该王朝最著名的成员是毛索鲁斯，但吕西亚
209 地区和马尔马拉海（普罗滂提斯）边达斯库勒翁城周围的地区，因为与希腊200年的文化接触（公元前546—前334年），也有丰富的遗迹。如果再往内地延伸，则吕底亚的多个地区资料情况也如此。

公元前5世纪初的希波战争，给希腊贬义的政治术语库又添加了
211 一个词——“亲波斯”（medism）。在那之前，任何倾向波斯的行动和情感，就该词所指的含义论，并不难听。但即使在那之后，希腊世界仍有一个地区继续崇拜波斯的文化和政治制度，那就是小亚细亚。② 在那里，人们的生活可以不受斯巴达或雅典的干涉。

作为一个独立的集团，由于“亚洲的希腊人”与希腊大陆上希腊人的血缘关系，其政治上需要“解放”的说法在外交领域中出现的时间，不会早于公元前400年，③ 其结果是产生了公元前386年的“大王和约”（见上文第79页以次）。在那里，为讨好波斯，希腊人对安纳托利亚西部的要求被放弃了。尽管如此，希腊人亚洲部分的历史与希腊大陆的仍不同，因为那里有大量波斯人和波斯宠臣居住，而公元前400年这个年代（或公元前386年），与波斯人不间断地对该社会的渗入进程毫无关系。

希罗多德的一章即第6卷第20章可以作为讨论的起点。伊奥尼亚起义失败后（*CAH* Ⅳ^2 ch. 8），米利都的领土被波斯人瓜分，他们夺取了城市周围的土地及其平原，来自佩达萨（Pedasa）的卡利亚人

---

① 关于卡利亚和小亚细亚其他地区的考古资料，请见 Mitchell and McNicoll，1978/9（F84），以及米切尔（Mitchell）个人的著述，载 *Arch. Rep. for 1984 – 85*（F 681）和 *1989 – 90*（F 682）。对出版于土耳其的期刊和报道，我有时征引米切尔的著作，人们可以在该书中发现充分的参考文献。米切尔 1980 年修订比恩（Bean）关于伊奥尼亚、潘菲利亚（Pamphylia）等地和卡利亚的经典著述也颇有用（分别是 F 571、F 573 和 F 572）。关于吕西亚，见 Bean 1978（F 570）。Akurgal 1985（F 558）与宾不同，论述涉及整个安纳托利亚，但研究稍逊，而且修订版的质量也不均衡。关于卡利亚，也请见 Hornblower 1982（F 644）；关于卡利亚北部地区，见 Marchese 1989（F 558）。小亚细亚西部的碑铭如今都汇集在即将出版的系列出版物 *Inschriften griechischer Städte aus Kleinasien* = *IGSK*（Bonn，1972 – ）中，但也请见 Herrmann 1981 – 89（F 643；N. Lydia）的书目，以及 Crampa 1969（F 619：Labraunda）和 Robert（F 702 – 13）。关于希腊人时期小亚细亚西部的一般情况，Cook 1962（F 611）很有可读性，但有点儿过时；有关该地区较晚近的论述，见同一作者 Cook 1983（F 14）相关部分的论述。路易·罗伯特（Louis Robert）的著作可以参考两部主要的合集，即 Robert 1969 – 90（B 172）或 Robert 1987（F 712），我没有使用初版。

② Momogliano 1979，reprinted 1984（A 42）. 关于波斯在小亚细亚的封地持有者（波斯人和希腊人），一般的论述见 Cook 1983（F 14）ch. 17 和 Sekunda 1985（F 179）以及 F 40，175 – 96 与 F 53，83 – 143。

③ Seager and Tuplin 1980（C 74）.

212

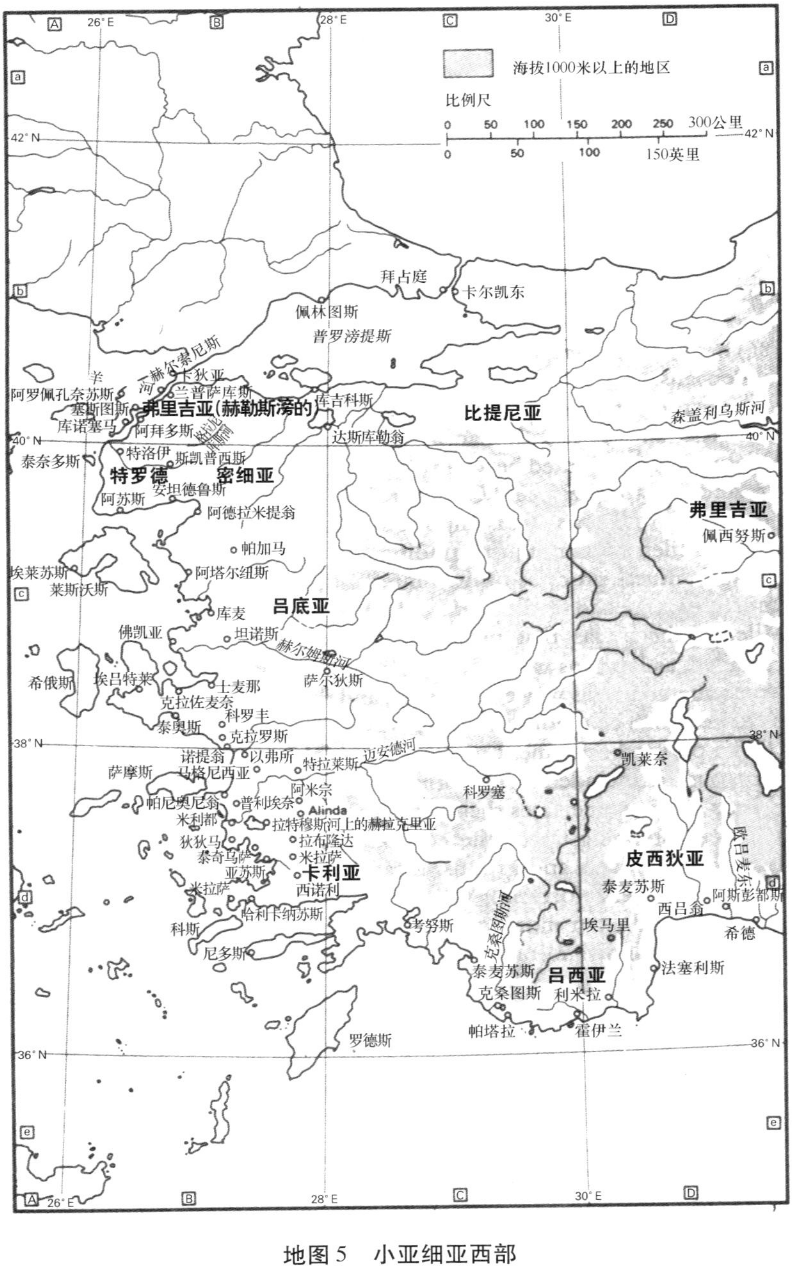

地图5　小亚细亚西部

续 取得了山地部分（土地质量稍差）。④ 这个段落的重要性，在于它提
211 醒读者注意，古风时代的米利都不仅是个贸易城市，而且像所有希腊城邦一样，其农产品依赖于腹地。就米利都而论，其土地异乎寻常地广大而肥沃。⑤ 所以，古风时代与古典时代米利都的区别之一，是波斯人在米利都领土上获得了封地，导致城市对自己领土的利用受限。其他城市更早时期可能已经遭遇同样的痛苦，因此产生的困难可能是伊奥尼亚起义的原因之一。

伊奥尼亚起义后的政治安排（Hdt. Ⅵ. 42 – 3）是大度的，包括限制由波斯指定的僭主的权力，在某些地区，实际废止了僭主政治。但伊朗人个别和集体性质的对安纳托利亚的经济殖民在继续，甚至在加速。那意味着在一个重要方面，小亚细亚西部所有城市并非完全意义上的希腊人城邦：公元前 546 年以后，它们对自己的 *chora* 或者说领土并不享有完整的控制权，公元前 494 年以后，这种情况更加严重。⑥ 此类领地化在公元前 6 世纪的居鲁士大帝时代已经开始，此公将七个城市“赐予”库吉科斯的皮塔库斯（Pytharchus of Cyzicus），可以设想那是指这些城市的收入。从铭文的字母形态判断，皮塔库
213 斯，也可能是他的后代的签字，已经在波斯波利斯（Persepolis）发现。⑦ 这份文献发现地的遥远，或许意味着，如同埃及领地的伊朗人主人一样，老皮塔库斯乃一遥领地主（A 31, 64）。

公元前 5 世纪，迈安德河上的马格尼西亚（Magnesia on the Maeander）和兰普萨库斯（Lampsacus）被赐予泰米斯托克利，⑧ 大弗里吉亚（Phrygia）的布隆杜斯（Blaundus）（如果那是该城名字正确的拼写）的收入被赐予马其顿公主的儿子和一个叫布巴莱斯（Boubares）的伊朗人。⑨ 诸如此类的行动，表明领地化进程在持续。色诺芬时代，领地化的后果清晰可见，当时“亲波斯者”的后代们，即斯巴达前国王德马拉托斯（Demaratus）和埃莱特利亚（Eretria）的贡

---

④ Cook 1961（F 609）; *CAH* Ⅲ².3, 211.

⑤ Robert（1969 – 90）（B 172）I 393; Müller-Wiener 1986（F 686）; Mitchell 1989/90（F 682）107.

⑥ Hampl 1939（C 32）at 26f.

⑦ Fornara no. 46; Pugliese Carratelli 1966（F 694）; Jeffery and Johnston 1990（B 146）474 将该文献定在公元前 5 世纪后半期。

⑧ Thuc. Ⅰ. 138. 5，并请见 Hill *Sources*² B 122, C 10; Cahn and Gerin 1988（F 596）。

⑨ Hdt. Ⅷ. 136 with Hornblower 1982（F 644）218. n. 2; E. Badian，即出。

古鲁斯（Gongylus）的后人仍掌管着埃奥利亚地区价值连城的土地，那是薛西斯因公元前 480—前 479 年他们站在波斯一边而奖赏的（Hdt. Ⅵ. 70. 2；Xen. *Hell.* Ⅲ. 1. 6）。到公元前 3 世纪，这种后果仍清晰可见。到此时，这两个家族显然已经联姻了，犹如真正内婚的殖民者。一份发现于提洛岛的铭文（*SIG* 381）记录：授予戈尔吉翁（Gorgion）之子德马拉托斯（Demaratus）以荣誉，而戈尔吉翁是贡古鲁斯后人使用的一个名字，且色诺芬曾见过此人。这个德马拉托斯被称为斯巴达人一事表明，如同罗马殖民地的精英们一样，[10] 在获得成功后，或者说是改过并消除旧的丑闻后，他们回到了家乡。第三个家族即泰米斯托克利家族，他们甚至可能与另外两个家族有关联，因为贡古鲁斯的妻子名叫赫拉斯（Hellas）或曰“希腊”，那显然正是流亡中的泰米斯托克利给女儿取的名字。毕竟他曾经把两个女儿分别取名亚细娅（Asia）和意大利娅（Italia）。[11] 最后，德马拉托斯的后人与阿塔尔纽斯（Atarneus）附近的弹丸小国的统治者赫尔米亚斯有婚姻关系。[12] 值得注意的是，哲学家亚里士多德卷入了这个家族网络之中（见下文第 622 页，参见第 220 页）。

这些居住在当地的封君乃波斯处置政策的受益者，靠侵犯希腊人城市获利。公元前 5 世纪，许多城市还惨遭雅典以及波斯的双重勒索，它们可能同时成为波斯和雅典的纳贡国，[13] 而且可能支付双倍的贡金。对公元前 5 世纪伊奥尼亚物质上的贫困，以及伊奥尼亚人该世纪未能完成多少巨型建筑，这是一个可能的解释。[14] 另一个解释，是 214
伊奥尼亚的居住点更加分散，不像传统所说的那样以城市为中心（见下文第 223 页）。

但古典伊奥尼亚的社会与宗教制度并不必然因为波斯的再征服而遭到破坏。公元前 494 年的决定规定，城邦应当将它们之间的争议提交仲裁。100 年后，一份铭文（Tod no. 113 = Harding no. 24）显示，伊奥尼亚城市间存在完善的解决纠纷的体系，相关城市各有五票。这

---

⑩ Syme 1958（A 58）.

⑪ 关于赫拉斯，见 Xen. *An.* Ⅶ. 8；关于亚细娅和意大利娅，见 Plut. *Them.* 32。

⑫ Six 1890（F 721）192 n. 27；Pareti 1961（F 689A），特别是第 191 页上的家谱；de Ste Croix 1972（C 68）38 – 40。

⑬ Murray 1966（F 687）.

⑭ Cook 1961（F 610），但请见 Boardman 1964（F 583）83。

个团体听取了米利都和米乌斯（Myus）之间的案子，并就此做出报告，而且几乎就地裁决了，米乌斯人将其上奏，由波斯驻伊奥尼亚总督斯特鲁塞斯做出裁定（如果判决已经做出，他也许只是批准伊奥尼亚人的判决）。这套司法体系可能与古老的帕尼奥尼翁联盟（Panionian League）有关。[15] 20世纪60年代重新发现的一块公元前4世纪的铭文暗示，铭文发现地是联盟集会地帕尼奥尼翁（Panionium）。[16] 这篇文献提到了 *dikai* 即判决一词。伊奥尼亚联盟的持续存在——尽管它不再是反抗波斯的中心，但至少是一个宗教机构——得到了修昔底德著作第3卷第104章的证实。该章篇幅大且有趣，谈到了公元前5世纪20年代伊奥尼亚人在以弗西亚节（the Ephesia）的集会。根据最为可能的解释，[17] 那不过是帕尼奥尼翁节日的别称。古老的卡利亚联盟也是如此。在希罗多德著作第5卷中，它曾经出现，公元前4世纪再度浮上水面，当时它派了一个使团前往阿塔薛西斯二世（Artaxerxes Ⅱ）（Tod no. 138）处，因此该联盟可能从公元前5世纪以来原封不动地存在。

卡利亚联盟是当地原住民而非希腊人的机构，这个原住民的因素值得一提。它的一边是波斯人和他们的宠臣，另一边是希腊人早已安居的城邦居民，此外还有第三个集团：安纳托利亚的原住民。公元前5世纪后半期，他们的统治阶级开始既接受希腊文化，也采用伊朗文化。公元前4世纪初，吕西亚东南利米拉的伯里克利（Pericles of Limyra）创作了一首赞颂诗，献给“克罗诺斯和瑞娅之子宙斯——诸神的统治者”。他大胆自称“（全）吕西亚之王”，也许是克桑图斯（Xanthus）王朝篡权企图一时发作的结果。[18] 或许比伯里克利稍早些时候，吕西亚西南的克桑图斯由一个名字有点儿波斯色彩的人统治，他叫阿比那斯（Arbinas），是盖尔吉斯（Gergis）之子，最初乃特罗斯（Tlos）的王室和吕西亚原住民。他用17行粗糙的希腊六音步诗歌庆祝自己对克桑图斯、皮那拉（Pinara）和美丽的港口泰麦苏斯（Telmessus）的征服。诗歌出自希腊预言师、来自阿凯亚的佩拉奈

---

⑮ 关于此点，见 *CAH* Ⅲ²．1，749 f；Ⅲ²．3，217；Ⅳ² 481。

⑯ Kleiner et al. 1967（F 667）.

⑰ Hornblower 1982（F 645）；contra，Stylianou 1983（F 722），但请见 Hornblower 1991（B 62）528。

⑱ Wörrle 1991（F 732）203 – 17，at 213.

（Pellane）城的叙马库斯（Symmachus）之手。[19] 如今有人指出，上 215
刻密集重装步兵和弓箭手的海中女神（Nereid）纪念碑，就是由征服者阿比那斯委托制作的；[20] 利米拉的陵墓则可能是某种宣传式的回应。[21] 阿比那斯的诗歌中，有一行值得注意。在那行诗歌中，阿比那斯提到像他本人一样的智者，他们练习箭术、操行和狩猎。这里暗指的，肯定是希罗多德（Ⅰ.136）描述的波斯式教育，它教授马术、弓弩以及说实话。因此，阿比那斯不仅宣布他接受了希腊式教育——那种文化表现在其诗歌中，而且接受了波斯统治者的价值观。阿比那斯用希腊语宣布他钟情于非希腊的价值观，预示了希腊化时代的文献，诸如公元前 3 世纪阿富汗坎大哈（Kandahar）地区的阿育王（Asoka）敕令，在那里，希腊语成为表达佛教情感的媒介，见《希腊铭文补编》（*SEG*）第 20 卷第 326 条铭文。但在阿比那斯的诗歌中，也存在对吕西亚当地文化的激烈强调。阿比那斯或许让吕西亚人感到恐惧（第 10 行），但他仍是他们光荣的国王（第 4 行，参见本页注释 1 有关盖尔吉斯的说明）。

公元前 4 世纪，安纳托利亚地区原住民、希腊人和波斯文化的融合获得进一步推进，表现为三种语言——吕西亚语、希腊语和波斯宫廷官方语言阿拉米语——都被刻写在一块三语铭文上。该铭文发现于克桑图斯，1974 年发表在《希腊铭文补编》第 27 卷上，编号为第 942 号，详见下文第 219 页。在文献最为充分的总督区即卡利亚，这个过程受到总督的鼓励，他本人的土著起源在某种程度上保证了原住民因素的保持（有关这个重要方面的情况，详见下文）。

波斯指定的当地统治家族，即赫卡同尼家族，如今在独立的卡利亚总督区成为真正的总督，任命发生在伯罗奔尼撒战争主体部分结束后的十年中，并且与那场战争偶有联系。这里所持的将卡利亚本地视为一个总督区的观点乃传统看法，笔者曾在他文中就此展开论证，以反驳最近有关赫卡同尼家族仅仅从无能的波斯政府手中僭

---

⑲ *SEG* XXVIII 1245（= *CEG* 2 888 - 9），并见 L. Robert 1969 - 90（B 172）VII 381 - 426，参见 M-L no. 93 已经提及的盖尔吉斯（以及 1988 年重印本的 314），并见 Childs 1979（F 598）。请注意，M-L no. 93 附有一篇长长的吕西亚语铭文，现在请见 *Fouilles de Xanthos* IX（1992）。

⑳ Coupel and Demargne 1969（F 616），尤其是 Childs and Demargne 1989（F 600）以及 Mitchell 1989/90（F 682）116 的参考书目。

㉑ Wörrle 1991（F 732）215.

取总督称号的说法。[22] 无可争议的是，该家族在铭文中使用了这个称号，[23] 首要的见于上文提到的新的三语铭文中的阿拉米语文本，它把皮克索达鲁斯（Pixodarus）称为“卡利亚和吕西亚的总督”。问题在于现存的当代文献史料似乎避免将“总督”称号应用到赫卡同尼家族头上，因此他们的地位肯定不同寻常（联合“总督区”，非伊朗人
216 “总督”，女“总督”），他们的行为也异常自由。但不寻常毕竟不等于不可能。

创建新的卡利亚总督区的恰当时刻与动机并不难找到。公元前4世纪初年，也是阿塔薛西斯二世统治的初期，皮苏特奈斯（Pissouthnes）、阿摩尔盖斯（Amorges）以及小居鲁士的暴动，已经告诫波斯要警惕那些野心勃勃的伊朗人总督利用希腊城邦的机会主义者以及可资利用的雇佣兵渔利。雅典对皮苏特奈斯和阿摩尔盖斯的支持（*CAH* V^2 464－5）以及斯巴达对居鲁士的支持——在波斯大王看来，它更加让人吃惊——已经表明，必须避免安纳托利亚西部总督的颠覆行动，并免受潜在的小亚细亚希腊人解放者干扰。所以，将赫卡同尼家族提升为总督。这类当地人只会扩展他们的疆域，但他们不大可能成功地对波斯王位提出要求。

同时，至少在公元前4世纪初的伊奥尼亚，雅典和斯巴达对波斯利益的威胁也导向某种新的思路，但在这里，结果采取了不同形式，即沿海希腊城市的暂时解放。公元前394年波斯和雅典取得尼多斯战役的胜利后，总督法那巴祖斯和雅典人科农允诺让希腊人城市自治（见上文第74页）。这个说法直到最近仍被视为明目张胆的欺骗，因为在前已引用的铭文（Tod no. 113 = Harding no. 24）中，斯特鲁塞斯很快就被称为“伊奥尼亚总督”了，它似乎暗示了希腊人城市明确的臣服地位。

然而，1976年公布了来自伊奥尼亚的埃吕特莱（Erythrae）的一份文献，它最为可能的语境是“大王和约”前不久。它表明，埃吕

㉒ Petit 1988（F 693），但请注意 Xen. *Cyr.* Ⅷ. 6. 7。波斯指定了卡利亚总督，对比Ⅶ. 4. 2，那里称不曾往奇里乞亚或塞浦路斯派遣总督，它们被留给当地的国王。这种资料不能用作任何时期确定的历史证据，但对色诺芬有关公元前4世纪的立场有些影响。

㉓ *SIG*[3] 573 = Hornblower 1982（F 644）365 M4，参见364 M3；SIG 167（ = Tod nos. 138）and170 = Blümel 1987－8（F 582）1－3，5；Crampa 1972（F 619）42 = Hornblower 1982（F 644）366 M8. 关于三语铭文中的阿拉米语文本，见 Metzger et al. 1979（B 158）公布的全文。

特莱请求雅典不要将它“移交给蛮族”即波斯。换句话说，伊奥尼亚自由终结的时间不是公元前 394 年，而是公元前 386 年。[24] 斯特鲁塞斯的权力可能扩张到了伊奥尼亚的 *chora* 或者说乡村，但没有到达城市，[25] 否则“伊奥尼亚总督”所指就是一种全能的、非领土类型的军事权威，在另一些时候，我们曾见过类似权力。

公元前 386 年以后，不管是城市还是乡村，伊奥尼亚都再度处于萨尔狄斯总督的权力之下。狄奥多鲁斯提到的罗萨凯斯（Rhosaces）为公元前 4 世纪 40 年代“伊奥尼亚和吕底亚的总督”。到公元前 334 年，一个叫斯皮特罗巴泰斯（Spithrobates）的人为伊奥尼亚总督，此乃伊奥尼亚为普通领土型独立总督区第一份可靠的证据。[26] 217

如果不是如此，除细节外，公元前 4 世纪小亚细亚总督区的政治类型与公元前 5 世纪和前 6 世纪没有区别，尽管人们注意到一种“更加紧凑和便于管理的总督区”的趋向，[27] 请见上文有关卡利亚和下文有关卡帕多西亚（Cappadacia）的论述。

在居鲁士不同寻常地集多个总督区于一手（上文第 53 页）之后，宫廷的主要中心仍是达斯库勒翁、凯莱奈和萨尔狄斯。至少在公元前 5 世纪，迈安德河上的马格尼西亚乃是一个次级中心（M-L no. 12 ＝ Fornara no. 35 及 Hdt. III. 122. 1），有人甚至声称，提萨弗奈斯在米利都有官邸［位于该城南郊的卡拉巴克泰佩（Kalabaktepe）］。[28] 他肯定在卡利亚的某个地方有一座居所（*oikos*）或庄园（前文第 66 页）。但是，尽管米利都包含着卡利亚因素，[29] 作为居所却有点儿偏北。甚至在赫卡同尼家族时期，总督直接控制米利都的史料都很少，钱币学的证据又不具决定性。[30] 卡利亚的首府是海边的哈利卡纳苏斯，但哈利卡纳苏斯在赫卡同尼家族统治下经历“美好时代”

㉔ *SEG* XXVI 1282 ＝ Hornblower 1982（F 644）369 M14 ＝ Harding no. 28 A. 见 Lewis 1977（A 33）144 n. 55。

㉕ 关于波斯对此的区分，见 Thuc. VIII. 37. 2 以及 de Ste Croix 1972（C 68）313 – 14 与 Lewis 1977（A 33）105。I. Labraunda（F 619）42 ＝ Hornblower 1982（F 644）366 M8 也可能相关，见 Hornblower 1982（F 644）163 – 4 以及 n. 212。

㉖ Diod. XVI. 47（Rhosaces）；XVII. 19（Spithrobates）.

㉗ Cook 1983（ F 14）172.

㉘ Mitchell 1989/90（F 682）104.

㉙ 关于此点，见 Hdt. I. 146 及 Hornblower 1982（F 644）17，参见 112 n. 42。

㉚ Kinns 1986（F665）249 and 1989（F 666）与 Hornblower 1982（F 644）111 观点不同，也见 Moysey 1989（B 210）129 – 30 及其注释 65。

(*belle époque*) 之前和之后，内地的米拉萨 (Mylasa) 即现代的米拉斯 (Milas) 曾经成为首府。

达斯库勒翁乃赫勒斯滂的弗里吉亚首府。可以确定它在马尼亚斯湖 (Manyas) 上，如我们从色诺芬对它的描述中了解到的那样，那是一个便于狩猎和捕鱼的地方。人们有理由期待，最近开始的对这座总督府的恰当发掘，从在其周围发现的数量众多的希腊—波斯风格的列柱和墓碑来判断，应当会产生丰富的成果。[31] 最为轰动的新发现，是公元前 2 千纪的巴比伦圆柱印章的出土，但也有阿提卡的红画陶、黑画陶与阿契美尼时代的材料。[32]

凯莱奈即现代的迪纳尔 (Dinar)，是大弗里吉亚的首府。像达斯库勒翁一样，色诺芬曾用抒情的笔调描述过它。在军事上，凯莱奈一直具有重要地位，曾多年作为独眼安提柯 (Antigonos Monophthalmos) 的大本营，而他是亚历山大最为伟大的直接继承者之一。这里也顺理成章地成了著名的塞琉古王朝阿帕梅亚 (Apamea) 城所在地，该城为安条克一世创建。[33]

萨尔狄斯是吕底亚首府。[34] 它一度是一个伟大王国即麦尔那 (Mermnad) 王朝的吕底亚的王都，可以视为西部帝国的“第二都”。
218 它与苏萨的关系，相当于亚历山大里亚与罗马。有充足的史料表明波斯人出现在这里，而且不仅只是文献的证据 (Hdt. Ⅴ. 101; Ⅵ. 4)。在麦波扎尼 (Maibozani)，又名麦美拉 (Mermera) 的地区，有给“阿尔特弥斯—阿奈特” (Artemis Anaitis) 和“波斯的阿尔特弥斯”的捐纳铭文。罗马帝国时代，它乃萨尔狄斯法庭所在地。麦波扎尼这个名字本身就是伊朗语的遗产。[35] 如同在达斯库勒翁一样，在萨尔狄斯，存有希腊—波斯风格的石柱，其中一根上刻吕底亚语铭文，出自

[31] Xen. Hell. Ⅳ. 1. 15f; Mitchell 1989/90 (F 682) 89 – 90. 较早的著述见 Cook, 1959/60 (F 607) 34。参见 Balkan 1959 (F 564) 及下文注释 145。

[32] Mitchell 1989/90 (F 682) 89, Lewis 1977 (A 33) 51 – 2，以及上一注释中的书目。

[33] Xen. *An.* Ⅰ. 2. 7 – 8; Ramsay 1895 – 7 (F 701) 396 – 450，参见下文第 257 页注释 4; Billows 1990 (F 579) 241, 246; Briant in Bilde et al. 1990 (F 578) 62 n. 15. 关于凯莱奈（阿帕梅亚）的伊朗人，见 Robert 1963 (F 707) 348 – 9。

[34] Lewis 1977 (A 33) 52 – 5; Cook 1983 (F 14) 165 – 6; Hanfmann 1983 (F 636).

[35] Robert 1964 (F 708) 27; Robert 1987 (F 712) 334; Habicht 1975 (F 635) 65 (第 10 行); 73. 后来在卡利亚的阿芙罗狄西亚斯 (Aphrodisias) 发现的伊朗人肯定同样代表了某种可追溯到阿契美尼时期的因素，见 Robert 1987 (F 712) 349 – 53。

萨尔狄斯的阿契美尼王朝时期波斯的印章，是非常美观的微型艺术品。[36] 萨尔狄斯的所谓“金字塔形陵墓”（图 2）事实上是一座波斯显要人物的陵墓（我们可以将其与罗德斯的“托勒密墓”比较，它根本不是托勒密的，而是一座波斯时期的墓葬，建于赫卡同尼家族占领卡利亚期间）。[37] 这并非萨尔狄斯周边仅有的巨型“陵墓”。[38] 萨尔狄斯周围肯定遍布村落，被迫提供封建性质的兵员，或者在需要时支付维持它们的费用，如同我们在希腊化时代出自萨尔狄斯的、以“麦西马库斯（Mnesimachus）转让文件”知名的文献中了解到的那样。[39]

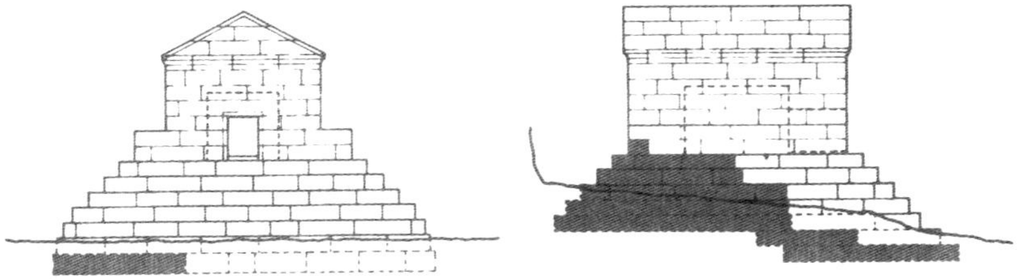

图 2　萨尔狄斯的金字塔形陵墓［克里斯托弗·拉特（Christopher Ratté**）复原图，见** *Ist. Mitt.* 42（1992）135 – 61］

卡利亚东边的吕西亚，因一边受卡利亚群山阻隔，另一边受潘菲利亚群山阻隔，一直是一块孤立的飞地。如钱币一直表明的那样，在众多的当地人王朝统治下，古典时代的吕西亚高度巴尔干化（即分裂为众多小国且相互摩擦——译者注），铭文如今能够帮助我们填补它们相互争斗的画面。[40] 泰奥彭普斯叙述的，显然是所有争斗的部分 219

[36] Ramage 1979（F 700）; Radt 1983（F 699）; Cook 1983（F 14）165; Starr 1977（C 79）69 – 75 强调，印章的工艺并不必然表示它是希腊式的。尤其见下文第 269 页注释 3。那里引用了 Root 1991（F 53），该书从“希腊—波斯”艺术角度对“族性”问题进行了有趣的讨论。

[37] Fraser 1977（F 630）5.

[38] Hanfmann and Ehrhardt 1981（F 637）.

[39] Buckler and Robinson 1932（F 594）no. 1 及 Billows 1992（F 580）ch. 4 专门讨论了这篇铭文。

[40] 关于吕西亚的孤立，见 Treuber 1887（F 723）10 – 11; Robert 1969 – 90（B 172）Ⅶ 389. 关于公元前 5—前 4 世纪的钱币，见 Kraay 1976（B 200）271; Mørkholm 1964（F 685）; Mildenberg 1965（F 680）; Hornblower 1982（F 644）182, 170; Bryce 1982（F 591）; Zahle 1989（F 734）and in F 53（1991）145 – 60（也论及考古与碑铭证据）。关于铭文，见 Robert 1969 – 90（B 172）Ⅶ 381 – 426; Badian 1977（B 135），首要的是 Wörrle 1991（F 732）。

内容（*FGrH* 115 F 103），可惜我们只拥有福提乌斯（Photius）干巴巴的摘要。公元前4世纪，沿海的利米拉及其南边的霍伊兰（Hoiran，不知其古代地名）明显希腊化的装饰，强调的是作为战士的主体，让我们想起阿比那斯自吹的征服活动（前文第214页）。这些精巧的墓葬，向后看让人回想起吕西亚北部公元前6—前5世纪埃马里［卡拉布隆（Karaburun）］的绘画，向前看则预示了西顿的亚历山大石棺雕刻。㊶ 如伊索克拉底公元前380年评论的那样，吕西亚在公元前4世纪不曾在任何形式上被波斯征服，但如同那份三语铭文所示，它最终被卡利亚的赫卡同尼家族吞并。㊷

赫卡同尼家族的毛索鲁斯也曾渗透到东达潘菲利亚㊸甚至皮西狄亚（Pisidia）的地区，㊹ 那是公元前4世纪一个让人特别头痛的地方，是安纳托利亚的阿富汗。据记载，先是法那巴祖斯，然后是达塔麦斯领兵入侵皮西狄亚，却都不曾在那里为波斯的权力确立永久的立足点。吕考尼亚（Lycaonia）也是一个敌对且倔强的国家。㊺

公元前5世纪晚期的奇里乞亚，犹如公元前4世纪的卡利亚，臣服于一个当地人的王朝，即叙恩奈西斯（Syennesis）家族（见Hdt. Ⅶ. 98），但根据现有资料，他们与赫卡同尼家族不同的地方，在于他们并无总督头衔。㊻ 公元前4世纪初以后，我们不曾再听说叙恩奈西斯，该世纪最初数十年里，总督提里巴祖斯、法那巴祖斯和达塔麦斯都曾在奇里乞亚的塔尔苏斯打造钱币，但这并不必然表示奇里乞亚为伊朗人统治，而排除了当地人的官员：无论如何，我们知道，在奇里乞亚北部，达塔麦斯的父亲卡米萨莱斯（Camisares）乃卡利亚出生的

㊶ 关于利米拉和霍伊兰，见Mitchell 1989/90（F 682）119；Borchhardt et al. 1984（F 587）；关于埃马里即卡拉布隆，见Mitchell 1984/5（F 681）102，1989/90（F 682）119。参见Cook 1982（F 14）plate 30。关于吕西亚的石棺雕刻（“总督”石棺，“亚历山大的石棺”），见Robertson 1975（J 35）404及其参考书目；Schmidt-Doumas 1985（F 718）。

㊷ Isoc. Ⅳ. 161；*SEG* XXVII 942 = Hornblower 1982（F 644）367 M9，出自皮克索达鲁斯时代。最接近吕西亚的卡利亚的考努斯，毛索鲁斯时已经处在赫卡同尼家族的势力范围内。见*SEG* Ⅻ 470－1，以及Bean 1953和1954。关于考努斯的一般论述，见Robert 1987（F 712）487－520；Mitchell 1989/90（F 682）109。

㊸ Bengtson，*SdA* 367 = Hornblower 1982（F 644）M 10（Phaselis）.

㊹ Steph. Byz. S. v. Σόλυμοι；Cook 1959（F 605）120. 关于皮西狄亚，特别参看Mitchell 1991（F 683）。

㊺ Polyaen. Ⅶ. 27. 1.

㊻ Xen. *Cyr.* Ⅶ. 4. 2，其价值显而易见，见上文第248页注释1。*CAH* $Ⅳ^2$ 224（将奇里乞亚作为总督区）遵循Hdt. Ⅲ. 90. 3，可是，尽管希罗多德在这里使用了“总督区”一词，但实际上描述的是*nomoi*或曰“纳税区”，见Lewis 1977（A 33）52 n. 19，118 n. 69。

"行省人"。[47] 伟大的塔尔苏斯钱币[48]可能仅仅为军事上的方便打造，那 220
时它显然是进攻塞浦路斯和埃及行动的基地。[49] 公元前 4 世纪 40 年代以前，奇里乞亚可能并非完全意义上的"总督区"。[50] 大约在此时期，如其钱币所示，奇里乞亚可能被并入叙利亚（该地区不在本节范围内）。但到公元前 334 年，奇里乞亚再度被分离出来，由阿萨麦斯（Arsames）统治，马扎欧斯（Mazaeus）只控制叙利亚[51]（也见 *CAH* Ⅳ^2 154）。尽管奇里乞亚成为正式总督区的时间较晚，但文化上的证据表明，波斯人出现在了那个地区，例如当地还有一幅希腊—波斯风格的雕刻[52]（请与前已论及的达斯库勒翁和萨尔狄斯比较）。

伊奥尼亚北部为密细亚（Mysia）和特罗德地区。[53] 它们仍处于封建型统治下，我们听说该地区有一个"门农（Memnon）的国家"。[54] 这块飞地是泰奈多斯岛在大陆上的古老领地。随着"大王和约"的生效（前文第 80 页），希俄斯、萨摩斯、罗德斯和泰奈多斯岛在大陆对岸沿海地区的 Peraiai（领主权），可能都转归波斯了。我们还听说有提特劳斯泰斯（Tithraustes）的土地。[55] 从名字判断，此公是波斯人。那里也有贡古鲁斯家族和德马拉托斯家族，对此我们已经论及，也有阿西达泰斯（Asidates）那样的纯波斯人（Xen. Ⅶ. 8 是此类记载的精彩章节）。在该地区中部的阿塔尔纽斯（Atarneus）是一个豪华的微型公国，[56] 其统治者赫尔米亚斯乃亚里士多德的庇护人、岳父兼朋友。正是通过他，亚里士多德在婚姻上与德马拉托斯家族扯上了关系（前文第 213 页）。赫尔米亚斯卷入了马其顿的腓力二世反对波斯的阴谋，并与埃吕特莱订立了和约。[57] 尽管狄奥多鲁斯称奥隆特斯（Orontes）为密

---

[47] Nep. *Dat.* 1. 关于叙恩奈西斯家族，见 Xen. *An.* 1. 2。

[48] Kraay 1976（B 200）281.

[49] Diod. XIV. 39. 4；XV. 4. 2；参见前文第 3 章第 80 页。

[50] Diod. XVI. 42.

[51] Bosworth 1980（B 14）111, 286.

[52] 关于奇里乞亚地区科吕库斯（Corycus）的发现，见 Mitchell 1984/5（F 681）；Hermary 1984（F 642）；Fleischer 1984（F 628）at 92－8；参见 Borchhardt 1968（F 586）。Mitchell 1989/90（F 682）130 所载之出自奇里乞亚的阿拉米语法律，系由阿塔薛西斯颁布，但它完全可能是公元前 5 世纪的阿塔薛西斯一世，而非阿塔薛西斯二世、三世或四世（他们全属公元前 4 世纪，关于阿塔薛西斯四世，请见前文第 50 页）。

[53] 关于密细亚，见 Rostovtzeff 1923（F 715）；关于特罗德，见 Cook 1973（F 163）。

[54] Arr. *Anab.* Ⅰ. 17.

[55] *FGrH* 105 no. 4 ＝ Harding no. 72C.

[56] Wormell 1935（H 124）.

[57] Tod no. 165 ＝ Harding no. 79.

细亚总督，但密细亚不是一个独立的总督区，它不过是统治安纳托利亚东半部的亚美尼亚总督区的一部分[58]（见第3章第51页以下有关色诺芬《远征记》所记载的亚美尼亚资料）。

次大陆东半部的另一大总督区为卡帕多西亚，斯特拉波曾为我们做过有价值的描述（XI. I. 1－2）。公元前4世纪，卡帕多西亚可能被一分为二，公元前4世纪60年代，达塔麦斯统治着北部的王国。[59]此人可能不过是个成功的反叛者（关于总督大暴动，见第3章），而
221 不是一个得到正式承认的总督。卡帕多西亚的分割，或许是对既定事实的承认，从不曾得到波斯形式上的默认。另一篡位者是阿利亚拉泰斯（Ariarathes），他大概于公元前350年确立了自己对北部即本都地区的统治。可以肯定的是，南部仍在波斯人手中。因为公元前334年，米特罗布扎奈斯（Mithrobouzanes）被称为总督，他很可能与那个佚名的波斯人是同一人，此人曾救阿塔薛西斯于狮口，因此获得“卡帕多西亚”作为奖赏。[60]

到公元前4世纪20年代，西部的帕夫拉戈尼亚已经被划入卡帕多西亚北部地区。公元前4世纪初，那块独立的部落飞地最初无疑像在公元前5世纪一样，是一个独立王国，处在名为古埃斯（Gyes）或处在某个名字类似的国王统治下。[61]公元前4世纪70年代，它被达塔麦斯征服，但证据并不足以让我们有理由认为此时帕夫拉戈尼亚为总督区。到公元前334年，帕夫拉戈尼亚被划归赫勒斯滂的弗里吉亚总督区治下。[62]

---

[58] Diod. XV. 90，关于他的资料，见 Hornblower 1982（F 644）176－9。不同看法见 M. Osborne 1982（B 165）II 65－72，参见 Osborne 1975（F 689）；Moysey 1989（B 210）123－5。

[59] 关于卡帕多西亚的分裂，见 Strabo XII. 1. 4，或许还有 Polyb. F 54；关于达塔麦斯，见 Diod. XV. 91。关于对卡帕多西亚的安排，见 Gwatkin 1930（F 633）18 和 n. 14。关于名为 *tetrapurgiai* 的弗里吉亚风格的要塞，见下文注释72。

[60] 关于米特罗布扎奈斯，见 Arr. *Anab.* 1. 16；关于狮口救人事件，见 Polyb. F 54。关于另一被从狮口拯救的国王（亚历山大），见 Plu. *Alex.* 40 以及 Moretti *ISE* 74［克拉特鲁斯（Craterus）在德尔斐的捐纳铭文］，参见下文第659页以下。关于马其顿和波斯王室的猎狮活动，见 Briant 1991（F 11A）。

[61] *Hell. Oxy.* XXII Bart. 参见 Xen. *An* VI. 1. 2 和 V. 5. 23；约公元前400年，科吕拉斯（Corylas）乃帕夫拉戈尼亚统治者。

[62] 关于达塔麦斯，见 Nep. *Dat.* 2。但请注意，特罗古斯（Trogus）“导言”第X章中的（帕夫拉戈尼亚）“长官”（praefectus）乃编者的增补。可能有较编者设想的更多内容失传，它不足以让我们称帕夫拉戈尼亚为“总督区”，请见 Bosworth 1980（B 14）188。关于公元前334年的情况，见 Diod. XVII. 19. 4。

同属该地区但地位特别的是西诺佩（Sinope）。[63] 公元前 5 世纪 30 年代——那时雅典人拉马库斯（Lamachus）废黜了僭主提麦西莱奥斯（Timesileos）——到公元前 386 年的“大王和约”之间，它是一个独立城邦。[64] 在色诺芬的《远征记》中，它本身事实上被视为一个小型帝国，对诸如特拉佩乌斯（Trapeus）的地区征税，后者在未来的拜占庭时代曾是皇帝的都城，西诺佩本身的殖民地科图奥拉和凯拉苏斯（Cerasus）乃“樱桃园”。[65] 公元前 372 年以后，达塔麦斯占领了西诺佩（前文第 85 页），其居民被亚历山大作为波斯臣民对待。或许到公元前 4 世纪中，随着达塔麦斯的消失，在经历了一段自治后，那里再度被划归卡帕多西亚总督区。[66] 西诺佩遗址的发掘成果，虽不完全能够媲美于其在文献中的辉煌——公元前 5 世纪 40 年代到公元前 386 年，被称为她“独立繁荣的黄金年代”，但也发现了高贵的一般古典希腊风格的作品，如檐口装饰、檐口椭圆形涡卷，以及诸如此类的物件。[67]

更接近西边拜占庭的地方，是本都的赫拉克里亚。像拜占庭一 222
样，赫拉克里亚是麦加拉人的殖民地（但含有彼奥提亚因素，色诺芬《远征记》第 6 卷第 2 章第 1 节将之完全否认，是错误的）。公元前 364 年之前，那里一直按民主方式治理。但那年柏拉图的门生克莱亚尔库斯（Clearchus）攫取了权力。公元前 352 年他遇刺后，其兄弟萨提鲁斯（Satyrus）继位，为克莱亚尔库斯的儿子提摩泰乌斯（Timotheus）和狄奥尼修斯（Dionysius）摄政。公元前 346—前 305 年，他们的统治甚至较他们的父亲更加专制。古典时代的某个阶段，该城的历史与北方的博斯普鲁斯王国紧密联系在一起，有关这方面的内容以及赫拉克里亚作为粮食提供者的重要地位将在下文第 9 章中讨

[63] 关于西诺佩的历史与繁荣，见 Robinson 1906（F 714）；Leaf 1916（F 673）；Burstein 1976（E 222）59 and 129 n. 57, 70 and 135 n. 15；Hind 1983/4（E 258）95 –6；Moysey 1989（B 210）121 –2。关于西诺佩著名的木料，见 Meiggs 1983（I 101）296 所引用的 Strabo Ⅻ. 3. 12 及其他片段。关于产自西诺佩的铁，见 *CAH* IV^2 451。参见下文第 9 章以下。

[64] Plut. *Per.* 20. 1 及 *CAH* V^2 146 和注释 113 与注释 114，也见 P. A. Stadter, *Commentary on Plutarch's Life of Pericles*（Chapel Hill, 1989）216 –19。

[65] Xen. *An.* Ⅴ. 3 及 5；Gschnitzer 1958（C 29A）18 –19. 关于拜占庭时期的特里布松（Trebizond），见 Gibbon（ed. Bury）Ⅵ 421 and n. 25。

[66] Burstein 1976（E 222）；Arr. *Anab.* Ⅲ. 24. 4，该片段存在问题，见 Bosworth 1980（B 14）353。

[67] Akurgal-Budde 1956（F 559）.

论。但赫拉克里亚之所以值得在这里提及，是因为它在该世纪及克莱亚尔库斯夺取权力后的 25 年中，“在安纳托利亚北部希腊人城市中享有无与伦比的突出地位”[68]（赫拉克里亚继续遭受僭主统治，一直延续到公元前 281 年，但那个时段在本卷范围之外）。关于这个王朝的历史，我们的主要资料为当地历史学家门农（Memnon）的著作。他为我们保存了一些细节，例如赫拉克里亚的狄奥尼修斯大量购买了叙拉古的狄奥尼修斯的家当（*FGrH* 434 F 4.5，那里未提是哪个狄奥尼修斯，或许两人都是）。如果这些细节真实，那会相当有趣。这让人想起狄奥多鲁斯的说法（XV.81，来自编年史家的资料，见前文第 9 页）。他说克莱亚尔库斯模仿了西西里的狄奥尼修斯一世。柏拉图与后者的关系，给我们提供了一个同类例证。克莱亚尔库斯宣称他是宙斯之子，因此较其西西里的先驱更进了一步（*FGrH* 434 Memnon F 1.1；Justin XVI.5.8），但我们很难了解他这样做有何意义。

从居住在城邦中的希腊人到皮西狄亚的游荡者，还有帕夫拉戈尼亚的部落民和王朝统治下的吕西亚人，以及处于两者之间的其他人，这是一个民族的大拼盘，且有着相当不同的居住习惯。在缺乏人口统计时，我们不可能提供数据，有人曾利用古老的雅典贡金表尝试对特罗德地区进行有趣的估计（关于贡金表，见 *CAH* V^2 55－61），特罗德是个拥有中等或小型城市却无村庄散布其间的地区。如果把现代和中世纪的数字合并以考察其供养的人口，则每个塔兰特贡金对应的人口不过 3000—4000 人，每个城邦约 5000 人。但最近对贡金表所暗示的希腊人城市资源和规模的考察，所得出的结论是“贡金与人口直接对应的假设不能成立”。[69]

223 至于伊奥尼亚，传统上这里的居住方式被视为城邦型的。但现在有人提出，居民的居住更加分散，以孤立的农庄或以“堡垒”（*pyrgoi*）为特征。这可能是正确的，但事实仍然是大多数这类农庄的资料来自

---

[68] 关于本都的赫拉克里亚，见 Burstein 1976（E 222）；引文见第 65 页。关于其粮食，见 Garnsey 1988（I 55）151，155。大量赫拉克里亚人埋葬在雅典，肯定与此有关。例如，他们在陶工区有专门的墓地。关于埃帕米农达与赫拉克里亚，见前文第 202 页。

[69] 贡金表被 Cook 1973（F 613）382 用作人口数量指标，并见该书第 267 页以下。可是，请见尼克松（Nixon）和普赖斯（Price）在 Murray-Price 1990（C 52）146，cp. 160 nn. 38 and 40 所提出的怀疑。关于其他指标与人口的关系，例如船只数量与人口的关系，见 Cook 1958/9（F 604）22 n. 55；*CAH* $Ⅲ^2$.3，217f。

泰奥斯（Teos）周边地区，那个地区可能是典型的，但也可能不是。[70]

在安纳托利亚的其他地区，我们可以稍有把握地说，以村庄为基础的居住点为常态。古代作家明确提到，那是卡利亚[71]和大弗里吉亚的特征。[72] 那里的居民肯定是分散的。那是波斯当局及其代表试图调整的现象，至少在卡利亚西部如此，并预示了更为无情的希腊化时代的方式。如果我们说那是一种有限都市化政策，也许并不过分。最为突出的例证，是毛索鲁斯对明杜斯（Myndus）半岛上当地的“勒勒吉人”合并（synoecism），以扩张哈利卡纳苏斯的人口的做法。[73] 希波战争期间，哈利卡纳苏斯的统治者仅指挥了5艘战船（如同公元前5世纪90年代拉戴战役中的数字一样，虽然其中有些奇特之处，[74] 但仍是此类数据的一个良好样本）。[75] 该城给雅典的贡金仅1.5塔兰特。无论这个数字作为人口数量的表现是多么粗略（见注释69），它仍与以弗所形成鲜明对照，后者的贡金为6塔兰特。由于公元前4世纪70年代（存疑）数百勒勒吉人家庭——他们的居住点已经得到详尽研究[76]——被强制补充到该城，在希腊化时代，哈利卡纳苏斯变成了城市，其有据可查的最大公民人口数为1万之众。有关证据是出席公民大会的总人数，其保存于一块铭文之上[77]（但必须指出的是，另一块铭文记录的仅有1200票）。[78] 毛索鲁斯（见前文）将都城从米拉斯迁至哈利卡纳苏斯，[79] 但希腊化时代最初的年代里，总督首府再度回到米拉斯，见《希腊碑铭补编》第33卷第872号铭文，即米拉萨第1部分（F 582）的第21号铭文，定年在总督阿桑戴（Asander）时期。它所反映的，可能是经过亚历山大惩罚性的围困后，哈利卡纳

---

[70] Balcer 1987（F 563）参见 Hunt 1947（F 648）。

[71] 关于以村庄为基础的居住的一般论述，见 Briant 1982（F 10）137－60。关于卡利亚，见 *FGrH* 26 Conon F 1，并参见 Hornblower 1982（F 644）10 and n. 46，163。

[72] Curt. Ⅲ. 1. 11；参见 Anderson 1897（F 561）412 和 Ramsay 1895－7（F 701）123－30。关于这些村庄和凯莱奈地区要塞之间的关系，见 Ramsay 1895－7（F 701）419－290；Plut. *Eum*. 8。

[73] *FGrH* 124 F25；Pliny *HN* v. 107，以及 Hornblower 1982（F 644）ch. 4。

[74] Hdt. Ⅶ. 99 及前文第257页注释1。阿尔特弥西娅（Artemisia）还统率着科斯人和其他人，也与此问题有关。

[75] Hdt. Ⅵ. 8 及 *CAH* $Ⅲ^2$. 3，217－18.

[76] Radt 1970（F 698），其以 Bean and Cook 1955（F 575）的先驱性工作为基础。

[77] Michel 455 及 Hornblower 1982（F 644）8 n. 38 and 102 n. 186，引自贝洛赫（Beloch）。

[78] Cousin and Diehl 1890（F 617）95 no. 3.

[79] Vitr. Ⅱ. 8. 10f 明确提到该次迁移，但无论如何，结合 Strabo ⅩⅣ. 2. 23 和 Diod. ⅩⅤ. 90. 3，可以推断出迁移。见 Hornblower 1982（F 644）297－8，参见第78页和第188页。

苏斯某种程度的衰落（关于这场围困，见下文第802页）。果如此，则情况很可能是：公元前4世纪中期，较之希腊化时代，该城或许人口更多，也更加繁华。

224 其他遗址似乎也有搬迁，可能为防御需要（参见狄奥多鲁斯第14卷第36章第3节所说的提布隆公元前400年从迈安德河上的马格尼西亚迁移的动机），或者是为了让某些宏大的建筑计划成为可能（公元前4世纪的小亚细亚似乎较公元前5世纪更加繁荣，参见前文第213页）；但或许也有将更多人口拉入希腊模式的城市生活的意图。具体的案例有时尚存争议，读者应当特别注意，在这个问题上，考古发现和潮流可能颠覆任何教条化的说法。

在伊奥尼亚的埃吕特莱，[80] 卡利亚城市尼多斯，拉特穆斯河上的赫拉克里亚、巴古利亚（Bargylia）和米拉萨等城市，[81] 人们假设公元前4世纪它们的城址有过迁移。历史学家们已经发现了赫卡同尼家族的活动，尽管不是那么确定，但也不无理由。在考古学上，埃吕特莱的位置仍有争议[82]，其政治形势也值得思考。公元前4世纪50年代，该城与毛索鲁斯和阿尔特弥西娅为亲密同盟，见托德（Tod）编辑的第155号铭文。但他仍有足够的独立性，公元前350年，他与赫

---

⑳ 关于马格尼西亚（地理上属于伊奥尼亚，尽管从族性上说属于埃奥利亚），见 Bean 1980（F 571）248 和 Demand 1990（F 623）165。除狄奥多鲁斯所说的军事上的原因外，迁移可能也与淤积有关。关于埃吕特莱，见 Hornblower 1982（F 644）100 及其参考书目，并见第102页，那里追随了 Cook 1958/9（F 604）的看法。但请见 Mitchell 1984/5（F 681）83（他使用的“决定性的”一词可能色彩过强，见下文注释3）；Graf 1985（F 631）156 and n. 11. 格拉夫（Graf）对埃吕特莱、佛凯亚和克拉佐麦奈做了有趣的总体论述。

⑧① 关于尼多斯，见 Hornblower 1982（F 644）101 and n. 180，参见第318页，那里遵从了 Bean and Cook 1952 and 1957（F 574 and 576）的观点，认为其从达特卡（Datca）迁到了泰奇尔（Tekir）。但请参看 Mitchell 1984/5（F 681）89，那里征引了这次迁移的情况。请特别参看 Demand 1989（F 622）141。关于拉特穆斯河上的赫拉克里亚，请见 Hornblower 1982（F 644）100－1，321－3；Peschlow-Bindokat in Linders and Hellstrøm 1989（F 674）69－76；Wörrle 1990（F 731）41。关于巴古利亚，请见 Bean and Cook 1957（F 576）141；Hornblower 1982（F 644）100 and 319；关于米拉斯（米拉萨），有关都城迁移到哈利卡纳苏斯的情况，请见前文第258页注释7，关于其可能存在的更早的从米拉斯迁移到佩肯卡莱（Peçin Kale）的情况，见 Hornblower 1982（F 644）99，101；关于其向佩肯（Peçin）或贝肯（Beçin）的迁移，也见 Koenigs 1980（F 669）以及 Mitchell 1984/5（F 681）88。

⑧② 请见注释1。应该强调的是，在这些人们假设迁移来的遗址例如泰奇尔（Tekir）发现的古风时期的材料，并不必然证伪存在根本性迁移的假设，同样，如果在一个遗址中发现了后古典时代的陶片或其他物质证据，也不表明它证伪该遗址古典时代的迁移［库克和比恩（Bean）清楚地意识到，有些古风时代的证据被用来反驳他们的论点］。居住类型的变化并不总是突然或者彻底的，Hornblower 1982（F 644）92－3 论及毛索鲁斯集中的勒勒吉人遗址（前文第257页注释4和第258页注释1）曾有某种程度的迁移后的历程。至于新址的选择，因为良好的地缘政治理由，以亚历山大命名的“新建城市”常常位于之前已经存在的定居点上。现请见 Blumel 在 *IGSK* 系列中所撰写的“尼多斯”卷（前文注释1）。

尔米亚斯签订了条约［见前文第220页托德编辑的第165号铭文，即哈丁史料集第79条］。可是，如果我们由此推测它自动疏远了与赫卡同尼家族的联系，不免过于简单，因为1981年公布了一篇埃吕特莱的铭文，它授予毛索鲁斯的弟弟伊德利欧斯（公元前351—前344年任总督）以荣誉，其条款部分与授予毛索鲁斯的相似，见《希腊铭文补编》第31卷第969条铭文，即哈丁史料集的第28条。[83] 授予 225
伊德利欧斯荣誉之时，不排除他哥哥可能仍然活着（两篇文献中都不曾使用“总督”的头衔），但很可能的情况是，伊德利欧斯是在总督任内获得荣誉的。果真如此，则他的荣誉来自这样一个城市，它大概在同一时期与赫尔米亚斯交往，其条款保证它们在军事上相互帮助。对于一个公元前386年已经“被移交给蛮族”的城市（见前文第216页）来说，这一点引人注目。现在回头谈该城城址假设的迁移问题。据埃吕特莱行动相对自由的史料，我们可以比较有把握地说，它的迁移受到了赫卡同尼家族的鼓励而非强制，而且可能迁到了某个毛索鲁斯能够达到的遥远但并不特别强势的地方，尽管考古上这个地址不确定。

这种政策（如果用政策这个术语不是色彩太强的话）预示了亚历山大对一些古代遗址的重建，诸如士麦那、阿林达（Alinda）和普利埃奈等（但普利埃奈的重建可能是赫卡同尼家族的业绩；[84] 再换个说法，再造也许并非一次单独的行动，而是公元前4世纪缓慢的物质与社会复兴）。[85] 我们肯定有理由相信当时出现了人口增长，因此可以填塞这些新城市［尽管毛索鲁斯在泰安盖拉（Theangela）即旧叙安盖拉（Syangela）问题上过于乐观，该地被迫一分为二，并且缩小了规模］。[86] 无论如何，公元前4世纪40年代，“沿海的”即假设属于安纳托利亚西部的地区提供了6000名士兵，考虑到波斯进攻埃及的庞大需求，这可不是一个微不足道的总数。[87] 公元前4世纪潘菲利

---

[83] 请见 Varinluoglu 1981（F 725）45。D. M. 刘易斯告诉我，他认为授予毛索鲁斯和伊德利欧斯荣誉的铭文可能刻在同一块石板上。

[84] Bean and Cook 1957（F 576）141，etc.，关于普利埃奈，见 Hornblower 1982（F 644）323－30，S. Sherwin-White 1985（B 175）88－9 的讨论颇有价值，代表的是不那么有信心的看法。

[85] Demand 1986（F 621）and 1990（F 623）140－6 认为普利埃奈没有“迁移”。

[86] Bean and Cook 1957（F 576）94. 有关切分问题，其他的解释当然也是可能的。

[87] Diod. XVI. 44. 4. 见前文第92页，参见 Curt. VII. 10. 12。亚历山大统治下，有4000名步兵来自小亚细亚，500名骑兵来自吕西亚。

亚和奇里乞亚地区[88]大量的城市钱币表明，那里在城市化上也取得了进展。但在更难制伏的安纳托利亚北部和中北部地区，城市化还有待公元前3—前2世纪希腊化时代的国王们，（在本都）甚至要到庞培[89]和罗马皇帝时代。但其城堡曾挑战亚历山大的皮西狄亚（见下文第803页），在希腊化时代早期固化为一系列城市国家，更开放和友好的特罗德地区，远较本都地区更早地——实际上是在安提柯和吕西马库斯时代——取得长足发展，并不那么让人吃惊。[90]

再回头谈卡利亚。哈利卡纳苏斯的统一并未终结古老的勒勒吉人地区的生活。在那里，要塞、考古发现的居住遗迹，都证明在搬迁后的废墟中，某种形式的生活在继续。[91] 这种对地方性的和原住民的渐
226 进派看法，得到了卡利亚多个联盟（*koina*）竖立的铭文的证实（koina这个词是表达“联盟”的标准语汇）。最为重要，而且可以假设也是最大的一个联盟，即卡利亚联盟，如我们已经指出的，她顽强地熬过了公元前5世纪和公元前4世纪，但其他更小的联盟也颇为兴旺。因此，泰米苏斯（Telmissus），那个被毛索鲁斯并入哈利卡纳苏斯的地方，作为后毛索鲁斯时代的联盟幸存下来，[92] 科兰戴斯（Koarendeis）和普拉塔塞斯（Plataseis）当地的共同体[93]与赫卡同尼家族一道，被授予了免税权以及诸如此类的权利，因此预示了塞琉古以及希腊化时代王室的一般做法。[94] 依靠卡利亚的这份证据，我们或许可以将其与稍早的伯里克利即利米拉王朝的做法，或与吕西亚的佩尼塔伊（Pernitai）联盟进行一些比较，后者的存在为一封保存状态较差的、刻在石头上的书信证实。[95] 所有人的行为看来都是开明的，不曾出现强制撤销内政主权和自治的案例。亚历山大宣称的对小亚细亚的解

[88] Kraay 1976（B 200）275 – 86.

[89] A. N. Sherwin-White 1984（F 720）229 – 30；S. Mitchell, *Anatolia* I（1993）ch. 7.

[90] 关于皮西狄亚，见 Mitchell 1991（F 683）；关于特罗德，见 Cook 1973（F 613）and 1988（F 614）。

[91] 前文第259页注释3。

[92] Michell 459 及 Hornblower 1982（F 644）65。关于公元前4世纪以后的其他联盟，宗教性质的（存疑）联盟在小亚细亚的残存，见 Boffo 1985（F 585）and Isager in Bilde et al. 1990（F 578）79 – 90。

[93] *SIG* 311（Koarendeis）及 Hornblower 1982（F 644）64；关于普拉塔塞斯的赐予，见 Crampa 1972（F 619）no. 42 = Hornblower 1982（F 644）366 M8；关于希腊化时代早期普拉塔塞斯即普拉达西斯（Pladasies）城邦的命令，见 Varinluoglu et al. 1990（F 726）。

[94] Hornblower 1982（F 644）161；Wörrle 1988（F 730）458；关于塞琉古与阿契美尼王朝的关系，一般的论述见 Briant in Bilde et al. 1990（F 578）40 – 65；Sherwin-White and Kuhrt 1993（F 672）。

[95] Wörrle 1991（F 732）224 – 34.

放，以及将法律归还它们的说法，不过如此（见下文第 868 页以下）。国王的税收必须缴纳，但共同体对其税收有控制权。因此，当地的“佩莱科斯（Pelekos）集团”被免除了“除 apomoira 之外”的所有税收。[96] apomoira 这个单词所以有趣，是因为它得到了托勒密王家税收的证实（前文第 62 页）。在赫卡同尼家族的拉吉那（Lagina），曾提及免除“除王捐之外的所有税收”。[97] 克桑图斯实际上被无条件地免除了所有税收，只是需要总督批准而已。[98] 最后，一份来自卡利亚圣地拉布隆达的铭文[99]显示，在总督皮克索达鲁斯（公元前 341—前 336 年在位）在位期间，普拉塔塞斯掌控着他们自己的公民入籍。在古代任何类型的自治观念中，此类控制都是一个重要成分。到亚历山大继业者的初期，甚至雅典都丧失了这个权力（见 *SIG* 315）。

就目前的资料论，普遍的宽松政策限于卡利亚的微型帝国。可是，它的统治者的势力范围颇大。它的北疆从埃吕特莱开始，但军事介入的范围在更加偏北的地区，达到阿苏斯（Assus），甚至塞斯图斯。[100] 由此它绕向潘菲利亚的法塞利斯和南方的皮西狄亚，包括不与 227
大陆接壤的希腊人岛屿罗德斯、希俄斯和科斯。如我们今天了解到的，甚至克里特，都处在赫卡同尼家族的外交圈子中。[101]

在希腊人国家，赫卡同尼家族的干涉——有时也许就是因为两者地理上接近——似乎都导致了寡头制。德摩斯梯尼证实，罗德斯、希俄斯和科斯都如此（见本页注释 2）。与此相应的进程，即雅典民主政治影响的逐渐削弱，似乎在埃吕特莱如此。这里我们也许可以对比一下公元前 4 世纪 90 年代民主型的公民大会（Tod no. 106 = Harding no. 12D）和该世纪后期授予毛索鲁斯荣誉的程式，后者不曾提到享有主权的 *demos* 即人民。在授予伊德利欧斯荣誉的铭文中，人民同样消失了（Tod no. 155；*SEG* XXXI 969 = Harding no. 28 B。与赫尔米亚斯签订的条约的前言没有保存下来）。准此而论，波斯——具体地

---

[96] Robert 1940 – 65（B 171）Ⅶ 63.

[97] *SEG* XXVI 1229 = Hornblower 1982（F 644）368 – 9 M13.

[98] *SEG* XXVII 942 = Hornblower 1982（F 644）366 M9.

[99] Crampa 1972（F 619）no. 42 = Hornblower 1982（F 644）366 M8.

[100] Xen. *Ages.* Ⅱ. 26 f；并见前文第 85 页和 F 644，201。

[101] 关于法塞利斯和皮西狄亚，见第 253 页注释 2 和 3。关于罗德斯、希俄斯和科斯，见 Dem. XV；V. 25；关于克里特，见 Crampa 1972（F 619）no. 40 = Hornblower 1982（F 644）366 M7。一般的论述见 Hornblower 1982（F 644）ch. 5。

说，是它的代理人和任命的官员，即赫卡同尼家族，当之无愧地获得了终结安纳托利亚西部和爱琴海东部雅典型民主的恶名，而且在现代话语中会称为阶级斗争的过程中，他们站在了有产阶级一边。[102] 不过，应当做出五个限定。

第一，在最为相关的演说中，即《论罗德斯人的自由》（XV）中，极力抹黑毛索鲁斯对德摩斯梯尼有利（见书目 F 644 第 210 页以下，关于德摩斯梯尼演说中诚实性的一般论述，见前文第 17 页）。

第二，民主政治与寡头政治之间的区别并不绝对，在使用铭文中毛糙的程式性导言时，我们尤其应当小心。如果仔细考察，甚至公元前 5 世纪雅典著名的“支持民主政治”的说法，情形都更加复杂。[103]

第三，总督的宽容，也许是冷漠，并不局限于对原住民联盟，指出此点尤其重要。在亚苏斯那个绝非部分希腊式的城市，一份亲毛索鲁斯的命令有一个民主政治性质的前言[104]，提到了公民大会以及议事会（虽然这并非承认，毋宁是表示真正的权力何在。有人确实说过，“甚至僭主政治下，公民大会也常常继续开会，在西西里和其他地区都如此”）。[105] 在同一个城市，迟至公元前 3 世纪，那里还有公民大会津贴。那是一种非常民主的制度，而且肯定是从公元前 5 世纪雅典时期保存下来的。我们可以假设，公元前 4 世纪的总督时期也如此。[106] 我们已经指出（前文），即使在埃吕特莱，当政治变动与赫卡同尼家
228 族影响的增长直接相关时，迟至该世纪中期，它仍享有外交行动的相对自由。但是（再回到亚苏斯），重要的是，希腊化时代的城市费心公布一份命令，以授予那些人荣誉，而从其他证据中，我们知道他们曾是赫卡同尼家族的敌人。有人说，这“证明亚苏斯”始终同情那些反对赫卡同努斯和毛索鲁斯王朝的人。[107] 也有其他零散证据表明，当地存在着可以预见但强烈的反应，一块出自拉布隆达的残损铭文称赫卡同努斯或毛索鲁斯中的一人为“僭主”。[108] 铭文的年代无法确定，

---

[102] de Ste Croix 1981（C 70）.

[103] 见前文第 57 页注释 8。

[104] *SIG* 169 = Blümel 1985（F 581）no. 1.

[105] Finley 1979（G 164）98.

[106] Michel 466 = Blümel 1985（F 581）no. 20，并见 de Ste Croix 1975（C 69）。

[107] *SEG* XXXVIII 1059，由普列塞·卡拉泰利（Pugliese Carratelli）公布。

[108] Crampa 1972（F 619）no. 41，并见 Hornblower 1982（F 644）70 – 1 和 Petit 1988（F 693）316。

但可以肯定，当毛索鲁斯家族仍然掌握权力时，谁也不敢将其家族成员称为僭主，甚至在亚历山大任命的阿达（Ada）时期也不会。尽管新制度有其大度之处，但阿达毕竟是毛索鲁斯的妹妹。

第四，阿达之类女性统治者的存在，还有其姐姐阿尔特弥西娅和埃奥利亚地区的马尼娅（Mania）的存在，表明小亚细亚精英阶层的文化避免了希腊人政治生活中最为基本且通常的排斥性。但在今天看来，吕西亚“女权统治”的程度，因为19世纪对希罗多德著作第1卷第173章的过度解释，被夸大了。[109]

第五，也是最后一点，如果阶级斗争不仅仅采用希腊的寡头派与希腊民主派对立的标签，则我们需面对下述可能性：卡利亚、吕底亚、吕西亚等地区的当地人，此前一直类似被剥削阶级，在公元前4世纪总督的治下，实际享有较在雅典帝国或公元前3—前2世纪塞琉古王朝时代更好的命运。塞琉古时代，根据一种极端而且有争议的看法，在高层行政人员中当地人仅占2.5%。[110] 当希腊人于黑暗时代和古风时代到达安纳托利亚时，他们已经把诸如普利埃奈的佩狄埃人（Pedieis）、比提尼亚的马里安德罗尼人和卡利亚的勒勒吉人降到受奴役的地位。[111] 虽然有证据表明，希腊化时代某些勒勒吉人仍被视为黑劳士，[112] 但20世纪后半期的发现已经证明，阿契美尼王朝时代的小亚细亚，部分当地人至少曾爬到高官地位。于是，阿泰麦利斯（Artemelis），一个卡利亚名字的人，被任命为克桑图斯的驻军长官；[113] 叙索罗斯（Hyssollos）和奥布罗卡斯（Obrokas），又是两个卡利亚名字的人，在拉吉那以执政（archontes）身份出现。[114] 在卡利亚 229
圣地阿米宗（Amyzon），当地人充任同样的官职。同一篇铭文还向巴伽达泰斯（Bagadates）和阿利亚兰奈斯（Ariaramnes）表示敬意，而

---

[109] Pembroke 1965（F 692），1967（I 118）. 也请注意 Sancisi-Weerdenburg 1988（F 48）有关女性在波斯帝国“财产权”有趣且简短的论述。关于马尼娅，见 Xen. *Hell.* Ⅲ. 1. 12。

[110] Habicht 1958（F 634），但请参看 S. Sherwin-White in Kuhrt and Sherwin-Wite 1987（F 671）6 的论述。可是，请注意 Walbank 1988（F 727）在对 Kuhrt and Sherwin-White 的一篇重要评论中，在这个问题上的保留意见。现也请参看 Sherwin-White and Kuhrt 1993（F 672）。

[111] 关于小亚细亚此类“农奴制”的证据，一般论述见 Jones 1971（F 662）384 n. 20 and J. K. Davies, *CAH* Ⅶ^2. 1, 300 n. 264；关于在此语境中适用此类封建性话语的理论问题，见 Petit 1990（F 45）244－53（也请见 *CAH* Ⅶ^2. 1, 300 n. 263）。

[112] *FGrHist* 741 Philip of Theangela F 2.

[113] 前文第261页注释8。

[114] *SEG* XXVI 1228 = Hornblower 1982（F 644）M368 M12.

这是两个伊朗人名字。[115] 在公元前4世纪晚期（存疑）的拉布隆达，可能有一个伊朗人捐助者。[116] 但是显然，当地的卡利亚人，或者说有卡利亚名字的人，与那些有波斯名字的人一样显赫，后者在希腊化甚至罗马时代出现在小亚细亚的事实，不断而且正确地为已故的路易·罗伯特（Louis Robert）所强调（见前文第250页注释5和本页注释6）。

鼓励当地卡利亚因素的发展，是赫卡同尼王朝政策的一个重要特征。如笔者在他处已经强调的，[117] 我们有理由谈论在更明显的希腊化进程中，存在积极的“卡利亚化”。在该王朝的活动以及他们主政卡利亚期间，称其给予希腊因素以“特权”，显然是错误的。

于是，得名于卡利亚城市考努斯城的考尼奥斯的宙斯在克桑图斯的三语铭文上获得了圣坛，亚苏斯的铭文提到了宙斯—伊德利欧斯（其常规修饰语肯定是卡利亚的）。[118] 显然，它们根本不是赫卡同尼王朝的宗教政策，更别提是政治政策的一部分了（见第264页注释8），但希腊因素与本地因素的融合仍非常显著。相反的证据也值得注意。赫卡同尼王朝用建筑和捐助慷慨地赞助着卡利亚的圣地［阿米宗、拉布隆达、西诺利（Sinuri）和拉吉那，无疑还有卡苏索斯（Kasossos）］，[119] 但据现有资料，他们从不曾有意用金钱和建筑努力在希腊人古老的泛希腊圣地获得显赫名声，甚至在伊奥尼亚的克拉鲁斯（Clarus），那个修昔底德笔下[120]虽非圣地，但有着悠久历史且流行的神谕所，在公元前4世纪末以前，也少有他们活动的踪迹。在米利都的狄狄马（Didyma）的土地上，尽管这个圣地有着卡利亚名字（存

---

[115] Robert 1983（F 703）97 no. 2，*SEG* XXXIII 851（只有摘要，无文本）。

[116] Crampa 1972（F 619）no. 28. 但波斯人名字很难识别。

[117] 见 Hornblower 1982（F 644）276，352，342 及各处。关于 Gunter 1985（F 632A）的看法，见我在 Hornblower 1990（F 647）中的回应。

[118] 关于考尼奥斯的宙斯，见 *SEG* XXVII 942 = Hornblower 1982（F 644）366 M9 以及 115 n. 71；关于宙斯—伊德利欧斯，见 Pugliese Carratelli 1969/70（F 695）372 no. 1 = Blumel 1985（F 581）no. 52，以及 Hornblower 1982（F 644）113。

[119] 关于阿米宗，见 Robert 1983（F 703）；关于拉布隆达，见 Jeppeson 1955（F 651）；Westholm 1963（F 729）；Hollstrøm and Thieme 1982（F 641）；Hellstrøm 1965（F 639）；Säflund 1980（F 716）；Jully 1981（F 664）；Crampa 1969 and 1972（F 618，619）。关于西诺利，见 Robert 1945（F 706）；关于拉吉那，见 *SIG* 311；关于卡苏索斯，见 Robert 1945（F 706）17 和 Wörrle 1991（F 732）205 n. 10。

[120] Ⅲ. 33. 1 以及我的注疏，即 Hornblower 1991（B 62）ad loc.。关于克拉鲁斯，见 Robert 1989（F 713）和 Parke 1985（F 690）；Mitchell 1989/90（F 682）98－9。

疑），[121] 但赫卡同尼王朝也引人注目地缺席。如果古代资料告诉我们的属实，大流士或薛西斯真的毁灭过这里的阿波罗神庙，那这种消失 230
或许不那么令人惊奇。但甚至是这一点，也已经遭遇挑战。[122] 可是，有人起码谨慎地宣称，“公元前 494 年至前 334 年间，有充分的证据表明，狄狄马存在崇拜活动”。[123] 然而，当米利都人希望用一对青铜雕像向伊德利欧斯和阿达表达敬意时，他们选择了德尔斐，而非狄狄马来做这件事。它暗示，到公元前 4 世纪中期，该城将德尔斐视为伟大的阿波罗崇拜中心。[124] 人们注意到，公元前 300 年以后，这组雕像肯定竖立在狄狄马。[125]

在卡利亚之外，一份雕刻精致的希腊语—吕底亚语双语铭文记录了巴奇瓦斯（Bakivas）［即狄奥尼苏克莱斯（Dionysocles）］之子南纳斯（Nannas）献给阿尔特弥斯的捐赠[126]（巴奇瓦斯这个名字也出现在该地区一块波斯风格的金字塔形印章上[127]）。诸如“吕底亚诸神之母”这类名称的崇拜，[128] 在碑铭中得到了证实，它可以视为希腊化时代形成吕底亚族性的标志。我们可将其与阿里安《亚历山大远征记》中有关亚历山大复兴“吕底亚人古老风俗”的记载进行比较。如果这个口号还有任何意义，那它应当暗示，对那些“风俗”的记忆仍然残存。

安纳托利亚的“伊朗化”，在卡利亚东部塔巴伊（Tabai）平原上矗立的“希腊人与波斯人诸神”[129] 以及一份公元前 4 世纪的法令中得到了展示。命令出自萨尔狄斯，以副总督德罗菲奈斯（Droaphernes）的名义竖立，它也证实了琐罗亚斯德教的影响。[130] 同

121 Fontenrose 1988（F 629）3 – 5；Zgusta 1984（F 736）162 and n. 170. 这个词也表示希腊语的“孪生兄弟”，而且古人就如此理解。

122 Tuchelt 1988（F 724）：cf. Parke 1985（D 218）and 1986（F 691）；Mitchell 1989/90（F 682）105 – 6.

123 Fontenrose 1988（F 629）15.

124 Tod no. 161B 及 Parke 1985（F 690）35.

125 Parke 1985（F 690），同上。关于希腊化时代的多项捐赠，见 Günther 1971（H 55）。

126 Littmann 1916（B 675）1 p. 38.

127 Boardman 1970（F 584）.

128 Robert 1987（F 712）323.

129 Robert 1969 – 90（B 172）V 736.

130 Robert 1969 – 90 V（B 172）485 – 309 and 1983（F 703）116. 也请留意 Cook 1983（F 14）149。奥罗曼（Oroman）即奇里乞亚的叙恩奈西斯之父的名字（Hdt. Ⅶ. 98）可能暗示“在大流士一世之前的幼发拉底河以西地区，已经有了对阿胡拉马兹达某种程度的承认”。参见 West 1971（H 116）。

样出自萨尔狄斯的一份用吕底亚语和阿拉美亚语书写的双语铭文上，记录了对神庙财产的破坏，年代属“阿塔薛西斯在位第 10 年”，但这块铭文提及以弗所的阿尔特弥斯神庙，而且用了那个名字，然而她是一个有浓厚东方色彩的希腊女神。[131] 关于两者的融合，既有考古的也有碑铭的资料。在萨尔狄斯的发掘已经让一块雕刻重见天日，它雕刻的库柏勒神（Cybele）与狮子和波斯水车相伴，阿尔特弥斯与之并肩而立，衣服松垂，怀抱雄鹿。[132]

安纳托利亚西部的希腊化并不限于宗教。西诺利城卡利亚人圣地的祭司名单[133]显示，公元前 4 世纪后期，卡利亚人的名字逐渐让位于希腊人名字，在赫卡同尼王朝君主国的其他地区，文献证实存在类似
231 过程（尽管我们永远不应该忘记当地人可能给他们的孩子取希腊风格的名字）。

公元前 4 世纪，安纳托利亚西部遭遇移民入侵，它部分源自雅典帝国作为雇佣大户的垮台，部分源自希腊人艺术家、雕刻家、诗人，以及一般意义上的文化人的移入。马丁·韦斯特（Martin West）已经提到赫西俄德那“平头钉式的六音步诗歌”。我们可以提到叙马库斯，那个受雇于吕西亚的阿比那斯的阿凯亚蹩脚诗人和占卜师，他的诗歌乃穿着波斯外衣的希腊六音步诗歌（前文第 214 页）。数学家欧多克苏斯（Eudoxus）、[134] 科斯的医生戴克西普斯（Dexippus）、[135] 雅典演说家埃斯奇奈斯、[136] 悲剧作家泰奥戴克泰斯（Theodectes），以及众多其他演员——他们参与了阿尔特弥西娅在其兄长毛索鲁斯死后组织的文化竞赛，所有这些人唯一的主顾，就是赫卡同尼王朝的宫廷（但或许只是在那里，才有高度赞助的意愿）。[137]

然后是建筑师皮泰乌斯（Pytheus）、萨提鲁斯、提莫泰乌斯

---

[131] Littmann 1916（F 675）1 p. 23.

[132] Hanfmann and Ramage 1978（F 638）no. 20 figs. 78 – 83. 关于阿尔特弥斯即阿那希塔（Anahita）崇拜，见 Robert 1969 – 90（B 172）Ⅵ 137 – 68，尤其是第 140—160 页。

[133] Robert 1945（F 706）no. 5.

[134] 总体的论述见 Hornblower 1982（F 644）ch. 12。关于欧多克苏斯，见 D. L. Ⅷ. 88。

[135] Suidas s. v.

[136] Philostr. *VS* para. 481 Kayser.

[137] *FGrH* 115 Theopompus T 6 a-b and F 345；Lane Fox 1986（B 65）108 – 9.

(Timotheus)、莱奥卡莱斯（Leochares)、斯科帕斯（Scopas）和布吕西斯（Bryaxis)。他们大多属顶级艺术家，建造了毛索鲁斯陵墓，一座融合了希腊、波斯、卡利亚当地，甚至埃及因素的建筑。[138] 皮泰乌斯可能还参与过拉布隆达精致的宙斯神庙工程，[139] 那是由赫卡同尼王朝慷慨捐助的圣所。在利米拉的伯里克利——较毛索鲁斯年龄稍长的当代人——的希腊帮随从中，我们能看到所有这些客卿的先行者。将伯里克利的希腊化活动仅仅视为花瓶予以抛弃，好像显然是错误的，[140] 因为他是人如其名的。[141] 现存不列颠博物馆、出自克桑图斯的海神庙，肯定是希腊人或受到希腊影响的工匠的作品；[142] 现于安塔尔亚（Antalya）博物馆展出的利米拉女像柱（Caryatids at Limyra)，也是如此。[143] 我们已经指出（前文第215页），在这些城市及各自主政的王朝之间，可能存在艺术上以及军事上和政治上的竞争。吕西亚的模具雕刻师模仿的是叙拉古最为精美的铸币形制。[144] 但是，一些不那 232
么辉煌的人物，次要人物或佚名才子的成就，成为皮泰乌斯等人的补充。现存伊斯坦布尔博物馆的达斯库勒翁希腊—伊朗风格的石柱，需要手艺人雕镂。[145] 这些石柱上的宴会或葬礼画面，部分是按照希腊方式完成的，但它们上面偶尔出现的阿拉米语铭文，昭示其文化来自波

[138] Jeppesen 1958（F 652）1－67；1961（F 653）；1967（F 654）；1974（F 655）；1976（F 656 and 657）；1977/8（F 658）；Jeppesen et al.（F 660）；1984（F 659）；Waywell 1978（F 728）；Hornblower 1982（F 644）ch. 9. 关于Jeppesen in Jeppesen and Luttrell 1986（F 661）史料的不可靠性，见Hornblower 1988（F 646）175－7。在Linders and Hellstrøm 1989（F 674）中，多篇文章选择毛索鲁斯陵墓为主题，关于这些著述，请见我在*Gnomon*即将发表的书评。关于希腊因素和非希腊因素，具体地说，是波斯和当地卡利亚因素的融合在毛索鲁斯陵墓上的具体表现，以及它在赫卡同尼王朝文化中的表现，一般的论述见Hornblower 1982（F 644）各处，特别是第246、251页关于波斯的论述，也见Hornblower 1990（F 647）对Gunter 1985（F 632A）的讨论，并请见下文第658页。

[139] Hellstrøm and Thieme 1982（F 641）56；Carter 1983（F 597）.

[140] Wörrle 1991（F 732）216 n. 69，该书猛烈批评了Asheri 1983（F 562）85－105和Hornblower 1982（F 644）120－1。关于阿契美尼时期波斯以及希腊文化对吕西亚艺术的影响，见Jacobs 1987（F 649）。

[141] Bryce 1980（F 590）. 也见Bryce 1982（F 591），1983（F 592），1986（F 593）。

[142] 前文第247页注释2。希腊的影响并不一定表现为工艺，甚至不必然表示希腊人的出现，见Hornblower 1990（F 647）138－9。

[143] Borchhardt 1976（F 586A）.

[144] Kraay 1976（B 200）271.

[145] Bernard 1969（F 577）；Dentzer 1969 and 1982（F 625 and J 12）；Starr 1976 and 1977（C 79）；Cook and Blackman 1970/1（F 615）60；Metzger 1971 and 1975（F 678 and F 679）；Altheim-Stiehl et al. 1983（F 560）；Bammer 1983（F 565）；Cremer 1984（F 620）；参见Radt 1983（F 699）。

斯。有资料证实，在小亚细亚西部，也许有雅典人在那里工作，其中有些是不那么特别著名或具有影响的艺术家，如卡利亚的泰安盖拉的菲利斯提戴斯（Philistides），或者是泰奥都鲁斯（Theodorus），他曾在吕西亚的特罗斯一座雕刻精美的雕像基座上留下签名。[146]

本章从头到尾讨论的是文化融合的证据，使用了诸如“希腊—波斯”之类的表达方式。然而，这些话语无意制造此类混合性文化引起的族性问题。必须强调的是，在阿契美尼王朝时期，很难说艺术作品到底是希腊的、波斯的，还是当地作坊的，很难说它们是为哪类雇主设计的。在本章讨论的时期之末，一份来自潘菲利亚的希德地区的文献，很好地展示了这一点，那是一个方便的时候可以“发现”其希腊人起源的地方。[147] 这是一块双语铭文，用希腊语和当地的希德语言写成，[148] 时间可能属公元前 4 世纪后期。它的签名——再次出现在雕像基座上——如下：“阿泰蒙（Artemon）的儿子、希德人姆那塞亚斯（Mnaseas）制作了它。”这里值得注意的是，艺术家明确宣布他出生于当地。在姆那塞亚斯铭文之前的 200 年里，我们常常不大可能自信地说出艺术家的族属。当我们尝试找出族属时，我们应当小心这样的假设：希腊人意味着优雅，而波斯人表示粗鲁。[149] 甚至希腊
233 化这个一度毫无问题的概念的有效性，也已经遭遇挑战（“一个近代的观念，反映的是近代文化统治的形式”）。[150] 这些观念需要更加深入的理论阐释，我们能够确信的，是新的、激动人心的资料将继续出现，并且会继续颠覆理论。

---

[146] Robert 1936（B 169）93 – 4；*TAM* 1 p. 25.

[147] Arr. *Anab*. 1. 26. 4. 关于希腊化时代初期潘菲利亚的阿斯彭都斯所谓的希腊人（具体地说是阿哥斯）起源，见 *SEG* XXXIV 282，参见 Strabo XIV. 4. 2 有关希德和阿斯彭都斯的记载。但“被发明的传统”在这里发挥了作用，许多地区发现，在亚历山大之后，宣称他们起源于阿哥斯有好处，后者的家族喜欢自认阿哥斯人，见 Hdt. V. 22. 2。关于真实的情况（公元前 4 世纪初的阿斯彭都斯根本就不是希腊人城市），见 Lewis 1977（A 33）144 n. 55。然而，*FGrHist* 4 Hellanicus F 15 可能与此有关（公元前 5 世纪对阿斯彭都斯起源的兴趣）。

[148] Bean 1965（F 569）81；参见 Woudhuizen 1988 – 9（F 733）。

[149] 见 Root in F 53（1991）1 – 29 的论述。本章绝对无意暗示，在阿契美尼王朝的波斯，唯一能创造出真正希腊风格艺术的人，只能是种族上属于希腊族的人，参见前文第 251 页注释 1、第 267 页注释 2 和第 268 页注释 3，以及那些注释引用的著述，也请见前文 Root in F 53（1991）的论述，例如其第 18 页写道，“‘希腊—波斯’艺术讨论中臭名昭著的循环论证，某种程度上是因拒绝抛弃下述观念引起的：只有希腊人能够创造希腊风格的艺术形式”。

[150] Bowersock 1990（A 11）xi.

第二节　公元前482—前330年的美索不达米亚 234

马修·W. 斯托尔珀

薛西斯及其继承人成功地强化了帝国对美索不达米亚的控制。在薛西斯统治初年的起义后，至少该地区没有明确的抗拒阿契美尼王朝统治的记录（*CAH* Ⅳ² 73－5，133－5）。后来的政治动荡与行省居民的反应无关，而是阿契美尼王朝成员和帝国贵族之间的争斗。即使是这些争斗，在巴比伦尼亚的文献中也少有明确记载。

从类型上说，可资利用的巴比伦语文献，与阿契美尼王朝统治初期类似，但数量少些。它们包括一些史学文献的少量残篇和王家铭文，大多数是法律和行政文献。在大约1100件已经公布的属于阿契美尼王朝最后150年的此类文献中，有些属于神庙记录，但大多为巴比伦人的私人档案。事实上，几乎三分之二的文献来自一个资源，即穆拉舒（Murashu）档案（公元前454—前404年）。尽管它们记录了与行省政府部门的接触，但它们毕竟不是政府公文本身。它们透露的内容，限于以城市为根基的商人的兴趣。在形式上，它们是保守的，几乎不提政治事件，而且间接提及当时制度时，也晦涩难解。它们是有关当地状况的丰富资料，但关于那个时代的历史，它们只是片段。①

一　政治史线索

如《剑桥古代史》第4卷第2版第133—135页已经指出的，有关巴比伦起义后薛西斯典型的报复行为，在巴比伦尼亚的文献中并无

① 在不属于穆拉舒档案的法律和行政文献中，大约三分之一为来自巴比伦、波尔希帕（Borsippa）、基什［Kish，即胡萨卡拉马（Hursagkalama）］、尼普尔（Nippur）、乌尔（Ur）和乌鲁克的12组档案。已经公布的该时期法律、行政和书信类文献大多数收录于Oelsner，1976（F 149）312 ff n. 10和Dandamayev 1984（F 95）16－18。楔形文字文献根据《芝加哥亚述词典》（F 157）的方式引用，略有改动，以适应《剑桥古代史》的风格以及缩略语表中额外增加的简写方式。巴比伦尼亚的年代以下述方式表达，即日（阿拉伯数字）、月（罗马数字）和国王在位年份（阿拉伯数字）。根据巴比伦尼亚年代学传统，国王在位年代与历法一致，始于尼萨努月（Nisannu）1日（3/4月）。统治者登基之年为前一国王统治的最后一年的余额，即前一统治者去世和下一个新年之间的时期。在转换为儒略历时，遵循Parker and Dubberstein 1956（F 159）。

235 对应记载。即使薛西斯真的劫掠了埃萨吉尔（Esagil）即巴比伦的马都克神庙，那它的效果，犹如他对雅典卫城的毁灭一样，也是暂时的，因为埃萨吉尔的财产和人员在其统治后期的文献中再度出现。② 这些暴动及其后果可能仅仅影响到巴比伦尼亚北部，那里所有已知文献都是根据反叛的国王们的年代起草的。北部城市中的某些法律档案记载大约于此时结束［例如在巴比伦，可资利用的最晚的埃吉比（Egibi）家族的大批档案文献属反叛者沙马什埃利巴（Shamash-eriba）时期］，③ 但来自南方的乌尔的家族档案包括暴动时期及其以后，而且并无中断。④

定年方式上不断变换的国王头衔，也无法说得明白。“巴比伦之王”的头衔并未马上被抛弃，而且到处作为对暴动者报复的象征。从薛西斯统治后期起，“巴比伦之王”和“波斯与米底之王”在宣示年代时交替出现，而且在数份文献中，出现在阿塔薛西斯统治时代，时间晚至公元前 441 年（*Bagh. Mitt.* 15 268 No. 4）。⑤ 引人注目的是薛西斯头衔中的变化。这与其统治早期和后期的法律文献中大多数常规文献形成了鲜明对照，在“巴比伦及诸国”之王的称号外，他引入了“波斯与米底”之王的称号。可能的情况仍然是：在薛西斯统治后期，这些特征以及称号一般简化为“诸国之王”，确实反映了帝国结构和行省地位的变化，或者说在这些重要问题上，统治者们希望表达这样的意思。然而，王室政策上的这种发展并不突然，也

② 见 Stolper 1989（F 181）295 f。有关为清理埃萨吉尔废墟征收什一税的记录，年代属亚历山大夺取巴比伦之后很短的时期［CT 49 5 and 6，并见 Oelsner 1964（F 146）265，McEwan 1981（F 137）59］，连同一份天文日志和两份塞琉古编年史——它们都提到了腓力·阿利戴乌斯（Philip Arrhidaeus）和安提戈努斯时代类似的清理活动［Sachs and Hunger 1988（F 172）No. –321 r. 14，Grayson 1975（F 105）no. 10 obv. 6，rev. 13，33，11 obv. 2］，但它们都不能作为薛西斯破坏行动效果的证据，只能是建筑活动，并且是用美索不达米亚传统话语描述的。

③ *ZA* 3 157 no. 16. 关于出自巴比伦、涉及新巴比伦国王那波帕拉萨尔（Nabopolassar）和反叛者沙马什埃利巴时期那些尚未公布的文献，见 Böhl 1962（F 79）110。出自波尔希帕的埃阿伊鲁塔巴尼［Ea-ilūta-bāni，即伊利巴尼（Ilī-bāni）］家族的档案中，最晚的文献属大流士一世统治末年。暴动者对薛西斯的反抗，可能导致了现存档案记载的终结。见 Joannès 1984（F 117）145f and 1989（F 119）24，126。

④ 该组档案中，考古编号为 U. 17243［见 UET 4 中巴贝尔（Barber）家族的档案］的文书贯穿整个阿契美尼时期，直到马其顿统治初年。考古编号为 U. 20089 的一组文献早在新亚述时期已经出现，终于薛西斯统治第 14 年（UET 4 115）。请见 Figulla 1949（F 101）1；Van Driel 1986（F 198）10 and 1987（F 197）164 –8。

⑤ 见 Kessler 1984（F 125）262，Joannès 1989（F 119A），and Stolper 1985（F 177）9 n. 24 及其参考文献，也见 *CAH* Ⅳ^2 134f；Kuhrt and Sherwin-White 1987（F 132）72f。

236

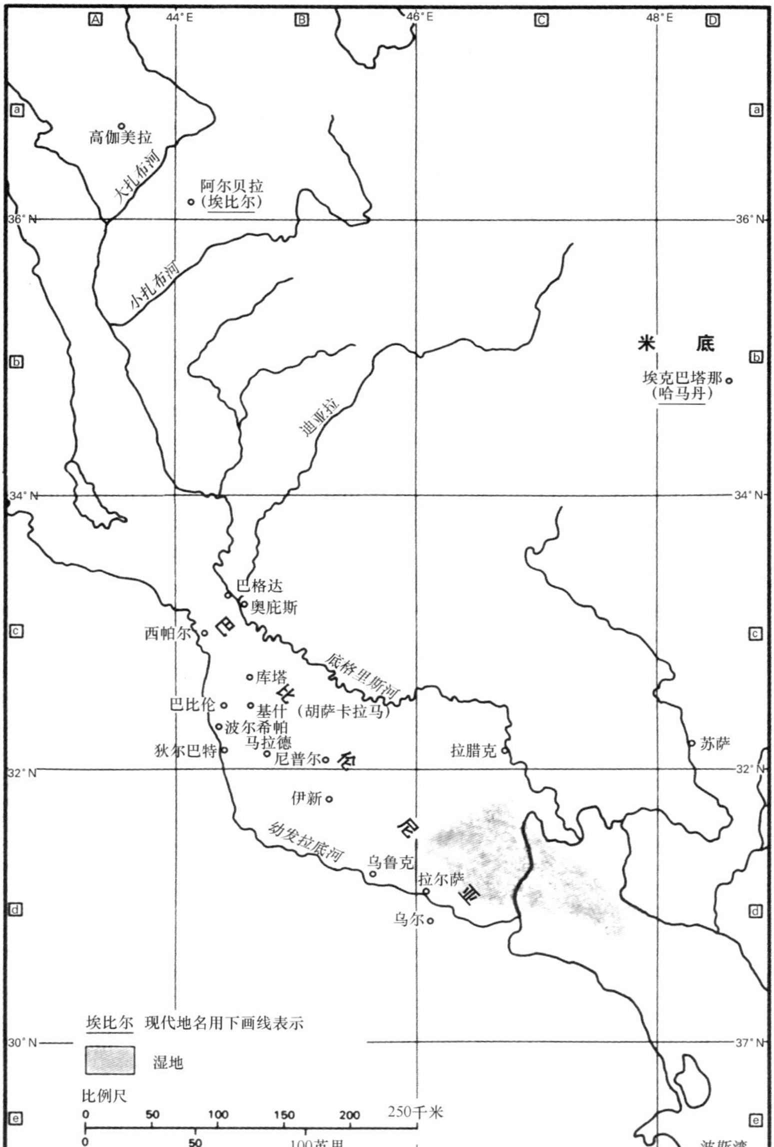

地图 6　美索不达米亚（关于古代河道的详情，请见 F 73 fig. 28）

续235 不仅仅是对巴比伦尼亚暴动的反应，而是一个长期政治过程的一部分。⑥

巴比伦尼亚的天文文献将薛西斯去世的年代定为公元前 465 年 8
237 月初。⑦ 可以归于阿塔薛西斯统治初期的很少的文献表明，他继位时期没有骚动的迹象。

尼普尔的穆拉舒档案文献始自阿塔薛西斯统治第 10 年。它们显示了帝国政治在当地的某些影响，因为它们提到宫廷中一些有影响的人物，包括某些参与了让大流士二世（奥库斯）登基事件的人物。他们中有麦诺斯塔奈斯（Menostanes）［巴比伦语为马努斯塔努（Manushtānu）］——阿塔薛西斯的外甥和巴比伦尼亚总督之子、阿塔利乌斯（Artarius）［巴比伦语为阿塔莱麦（Artarēme）］；埃及总督阿萨麦斯（Arsames）［巴比伦语名为阿沙穆（Arshamu）］，奥库斯的王后帕吕萨提斯（Parysatis）［巴比伦语为普鲁沙图（Purushâtu）］；侍臣阿托萨莱斯（Artoxares）［巴比伦语为阿塔沙鲁（Artahsharu）］，以及其他地位相当之人。他们控制了尼普尔周边地区的财富和人力。虽然这种地位的人不大可能经常待在巴比伦尼亚的领地上，但他们仍能通过自己在巴比伦的代理人影响地方事务。⑧

关于阿塔薛西斯去世和大流士登基的年代，存在时间上的错位，不管是在古典作家的记载中（Thuc. Ⅳ. 50f, Diod. Ⅺ. 69. 6, Ⅻ. 64. 1, Ⅻ. 71. 1, Ctesias *FGrH* 688 F 14. 15），还是在古典作家与巴比伦文献中，都如此。可是，巴比伦的资料之间是一致的。根据记录当时事件

⑥ 但是，Joannès 1990（F 121）180 解释说，该证据表明薛西斯时代与过去的决裂和对政治的全面重组。

⑦ Stolper 1988（F 61）196 – 7. 他处理了与之相反的史料。Cowley, *AP* 6 提供的上埃及得悉继位的最晚时间为公元前 464 年 1 月 3 日之前。它将阿塔薛西斯称为国王，但将其登基时间放在国王（即薛西斯）统治的第 21 年。在巴比伦天文日志［Sachs and Hunger 1988（F 172）No. –440：1］中，新国王的名字模糊不清。将巴比伦文复原为［Ar］shu 即阿尔塞斯（Arses）是可行的，但不能肯定，因为该文献提到的年代并未得到天文日志内容的证实，而所有 Joseph. *AJ* Ⅺ. 6. 1（184）的希腊语抄本都将统治者的名字拼成“居鲁士”（Cyrus），通常它被校改为阿苏罗斯（Asueros）（Gutschmid）。请见 Sachs 1977（F 171）130f.；Schmitt 1982（F 57）83, 87；Sachs and Hunger 1988（F 172）61。

⑧ Evetts 1892（F 100）App. 4 之前提到的马尔多尼乌斯（Mardonius）［巴比伦语为马尔狄尼亚（Mardiniya）或马尔多尼亚（Marduniya）］的一座重要房子（巴比伦语写作 rab bīti），可能是同样的情况［定年为薛西斯在位第 7 年，尽管 Graziani 1986（F 107）38 No. 31 和 BM 64535 认为其属薛西斯在位第 8 年，但前者已得到证实］。两篇文献都出自巴比伦，构成了他们观点的基础。见 Stolper 1992（F 188）。如果这个马尔多尼乌斯是薛西斯的堂兄弟、妹夫和将军，则这里是在死后提到他的。有关薛西斯登基之年的记载中提到这位国王女儿的乳母［Evetts App. 2，并见 Graziani 1986（F 107）10 No. 8］一事，至少证实在和平时期，王室成员有时会在巴比伦尼亚。

的法律文献的书吏和那些后来编辑天文文献的学者们的意见，阿塔薛西斯死于其在位的第 41 年，大流士二世是第一继承人，继位发生在公元前 424 年 12 月 24 日到公元前 423 年 2 月 13 日之间。[9]

已知的巴比伦尼亚文献中，不管是与事件同时的当代法律文书，还是后来编纂的天文日志，都不曾承认薛西斯二世或者索格狄亚努斯（Sogdianus）转瞬即逝的王权。从非巴比伦语史料那里，我们知道了他们。但来自尼普尔和巴比伦的文献明确将大流士登基之年作为阿塔薛西斯王的最后一年。[10] 穆拉舒档案的一份文献（BE 10 1）表明，阿塔薛西斯死后，大流士二世（奥库斯）本人很快就到了巴比伦。238
奥库斯的党羽控制了巴比伦尼亚，在继位危机时期将其作为表演舞台，穆拉舒档案可能反映了他们进行准备的情况。穆拉舒档案中有关小所有者典当土地记载的迅猛增长，与继位问题上的争议同时。这种现象的产生，可能源自对金钱和劳役的额外需索，而这是那些斗争参加者强加给他们的属民的。果如此，则短期内当地环境对帝国政治令人吃惊的敏感，恰恰是因为波斯大王将巴比伦的官职、地产和收入赐予了他们的亲属、朋友和潜在对手。[11]

天文学文献在一点上与希腊人的资料吻合：大流士的名字为奥库斯，[12] 但有关他统治期间大事的直接证据稀少。穆拉舒档案中有数份文书提到，大流士统治第 2 年，有人号召尼普尔的小业主武装起来，前往乌鲁克为国王服务（BE 10 61，62；PBS 2/1 54，162，194；UCP 9/3 275），但并未暗示背景。如果我们可以相信克泰西亚斯（Ctesias），则大流士罹患致命疾病的地方，正是巴比伦（*FGrH* 688 F 16.57）。可是，在同一段落中，克泰西亚斯又错误地宣布大流士统治了 35 年，同时巴比伦的法律文书将大流士的去世定在其在位第 19 年的最后半年里，即公元前 405 年 9 月 17 日到公元前 404 年 4 月 10

[9] Stolper 1983（F 60）.

[10] BE 8/1 127；BE 10 4，5，6，7；PBS 2/1 3；*AMI* NF 16 233f.

[11] Stolper 1985（F 177）104 –24 赞同，Van Driel 1987（F 197）174 –6 and 1989（F 200）223 –4 表示异议。

[12] *LBAT* 163 and 1426［请见 Sachs 1977（F 171）130 –3］以及 Sachs and Hunger 1988（F 172）No. –418B。

日之间。[13]

阿塔薛西斯二世登基后不久，[14] 小居鲁士的军队渗透到巴比伦郊区（前文第49页），国王为对抗居鲁士征集军队和给养，以及希腊雇佣兵的武装撤退，肯定引起了严重的地区性动荡。现有巴比伦文献中，不曾有任何关于这些事件的记载，但有些文献暗示了事件的背景。有两份文献［即 *ZKM* 2 pl. after 324 = *TSBA* 4 pl. after 256 no. 2（13/Ⅲ/17 Darius Ⅱ）和 *ZKM* 1 pl. after 254 = Actes du 8^e Congres International 25，(7/X/3 Artaxerxes)］记录了一个人的代表在巴比伦尼亚进行的交易，此人叫贝尔舒努（Belshunu），为“河对岸地区的总督”。此人就是贝莱叙斯（Belesys），为叙利亚总督。仅仅数月后，即这些文献中后来的部分写下时，居鲁士的军队向幼发拉底河开进，并毁掉了总督的花园和官邸（Xen. *An.* Ⅰ.4.10，参见Ⅶ.8.25）。大流士二世在位初期，同一个贝尔舒努曾任巴比伦总督，阿塔薛西斯
239 一世末年，他甚至可能也已任职。整个这一时期，他和他的代理人都一直在巴比伦尼亚从事生意，至少居鲁士入侵后，他曾短期在那里。[15]

提及贝尔舒努的文献，让我们难得地一瞥阿契美尼王朝统治下一个巴比伦人的政治生涯。贝尔舒努是一个活跃于巴比伦的兴旺的商业家族的成员，阿塔薛西斯一世在位期间或大流士二世在位初年，他被政府招录为地方官员。大流士在位中期，他晋升为叙利亚行省总督，并且在那个位置上一直干到阿塔薛西斯在位初年。他获得了通常由伊朗人王室贵族占据的政治官阶，并且在两次王位继承引起的麻烦中熬了过来。他的经历可能反映了那个君主国微妙的政治环境，大流士二世提升他为叙利亚总督，也许不仅仅因为大流士的巴比伦人母亲特别关照巴比伦人，或者仅仅是当大流士在巴比伦登基时，因贝尔舒努提供了服务而给予奖励，而是大流士的一种方法，让他能够将叙利亚从危险的篡位者贵族手中夺走，并将其交托于一个更加安全的人之手，

---

[13] 最新公布的大流士在位期间文献是 Durand，*Textes babyloniesn* pl. 36 17603 = Joannes 1982（F 116）103 No. 34（2/Ⅵ/19）。CBS 1714 属阿塔薛西斯二世在位第1年的文献，它称接收了属大流士在位第19年和阿塔薛西斯在位第1年的租金，暗示那两年是连续的。

[14] 关于那个名叫阿尔塞斯［巴比伦语为阿尔舒（Arshu）］的人，见 Sachs 1977（F 171）132－39；Schmitt 1982（F 57）84 and 88f。

[15] Stolper 1987（F 178）.

因为他与王室缺乏血缘或者婚姻关系，以此确保国王对叙利亚的控制。无论如何，将贝尔舒努从巴比伦提升为叙利亚总督，暗示尽管在大流士统治初期两地行政上独立，但关系紧密了。

天文日志提到了公元前4世纪60年代初的战斗。公元前369年4月，军队受命进攻显属米底地区的拉扎翁达（Razaunda）（Sachs-Hunger *Diaries* No. －369 r. 8；Ptol. *Geog.* Ⅵ. 2. 12），公元前367年5月或6月，王家军队参与了一场地点不确的战斗（Sachs-Hunger *Diaries* No. －366 A ii 3）。如果阿塔薛西斯重新平定埃及的起义和西部总督的反叛（前文第55—60页），则他需要征用巴比伦尼亚的资源，可是，已知巴比伦语文献并未表现其影响。

公元前359年11月到公元前358年4月之间，阿塔薛西斯二世去世。[16] 巴比伦尼亚的天文日志、一份编年史的残篇和某份文风不确定的文献残篇，共同证实了古典作家的说法，即他的继承人阿塔薛西斯三世的名字是奥库斯。[17] 编年史残篇间接提及阿塔薛西斯对腓尼基叛乱的平定，并记载了西顿俘虏于公元前345年秋到达国王巴比伦行宫的情况。然而，叙利亚总督贝莱叙斯参与了公元前344年夺取西顿 240
的努力（Diod. ⅩⅥ. 42. 1），并且与那个50年前掌管叙利亚的、名字类似的巴比伦人有关系，却是假设，而且并未得到现存其他巴比伦语文献的证实。少量可归入阿塔薛西斯三世时代的文献，[18] 并不涉及他在位时期的政治事件。[19] 出自乌鲁克的文书上的标记，属于其在位第21年和最后一年，[20] 一份天文文献残篇确定了这位奥库斯去世和他儿子阿尔塞斯（Arses）登基的年代，那是那一年的第六个月，即公元

---

⑯　VAS 6 186（巴比伦）；请见 Parker and Dubberstein 1956（F 159）19。

⑰　Sachs and Hunger 1988（F 172）Nos. －346. －343，－342，*AJAH* 2 147［请见 Sachs 1977（F 171）138 ff］；Schmitt 1982（F 57）85 and 89f；Grayson 1974（F 105）no. 9：1［Sollberger ap. Cawkwell 1962（c 103）137－8 认为，那一年应当读为第4年而非第14年］。

⑱　CT 49 1－4（巴比伦，第4和第5年），UET 4 1 and 2（乌尔第9年）；可能还见 VAS 6 293，OECT 12 pl. 41f B2 and B7［请见 Joannes 1982（F 116）344f］，以及 Durand *Textes babyloniens* pl. 10 AO 6027 和 pl. 4 AO 2137 与 CT 44 80［可能都出自巴比伦或波尔希帕，贯穿第2—18年，请见 Joannes 1982（F 116）331ff］；可能的还有 VAT 16476 ＝ W. 16584［Uruk，10 ＋ x/Ⅷ/1，不曾公布，请见 Sarkisian 1974（F 173）16］；并见 Kuhrt 1987（F 128）152；Oelsner 1971（F 147）161 and 1976（F 149）314。

⑲　Unger 1931（F 192）318 n. 3 有关 VAT 4924 天文学文献残篇的解释是错误的，请见 Kuhrt 1990（F 129）179；Stolper 1988（F 61）197f，有关该残篇的编辑版本，请见 Sachs and Hunger 1988（F 172）No. －418。

⑳　TCL 6 56；请见 Hunger 1968（F 113）47 no. 112 和 Oelsner 1986（F 153）409 n. 571。

前 338 年的 8—9 月。㉑

马其顿人挺进巴比伦的动荡期间，有关记录让人头痛。一份希腊化时代编写、名为萨罗斯经卷（Saros Canon）的天文文献（*LBAT* 1428）将月食定在阿尔塞斯在位的第 1 年。阿尔塞斯又称阿塔薛西斯（奥库斯）之子，在一个残篇中也曾出现，那里提到了亚历山大与埃萨吉尔活动的联系（*AJAH* 2 146），但该文书留存内容太少，无法进行确定的解释。乌鲁克王表（UVB 18 58 W. 20030, 105）中，就在大流士三世之前，录入了一个有巴比伦名字的人［尼丁贝尔（Nidin-Bel），或者是尼丁伊丝塔尔（Nidin-Ishtar）或尼丁蒂（Nidinti）］。他的身份无法得到解释，因为他不可能是阿尔塞斯。他可能是反叛大流士一世统治的人，但被抄本误置于此；但他也可能是某个根本没有被记录下来的当地篡权者，在刺杀——导致大流士三世登上王位的事件——造成的不稳定时期，他宣称在巴比伦拥有权力。

天文文献提及大流士三世在位的前三年，并提供了他的父名阿塔萨塔（Artashâta）。㉒ 一份来自乌尔的孤本法律文书（UET 425）从他在位第 4 年末即公元前 331 年 3 月开始记录。那是一份常规拍卖记录，暗示在高伽美拉战役之前的几个月里，那里不曾进行准备。㉓

天文文献记录了亚历山大逼近和到达巴比伦的情况。一份天文日志残篇的正面记录了一次阵地战，战后军队抛弃了战败的将领并逃往高原地区（用巴比伦语说，是“古提人地区”）。由于该事件定年为
241 公元前 331 年 10 月 1 日，文本所述只能是大流士三世在高伽美拉的战败以及他的逃亡阿尔贝拉（Arbela）和米底。反面描述了下个月里马其顿人的南进，他们于 10 月 18 日到达西帕尔，10 月 20 日到达巴比伦。㉔ 高伽美拉战役后，马扎伊乌斯（Mazaius）与自己的支队一起撤退到巴比伦，并且率领一个由巴比伦显贵组成的代表团，在马其

㉑ BM 71537，承 C. B. F. 沃克（C. B. F. Walker）许可。

㉒ Sachs 1977（F 171）142f; Schmitt 1982（F 57）90f; Sachs and Hunger 1988（F 172）Nos. –333 及 –332。

㉓ 请见 Oelsner 1976（F 149）314f。Durand *Textes babyloniens* pl. 77 AO 26771 列举的残篇可能也属大流士三世在位时期，见 Joannes 1982（F 116）333。

㉔ Sachs and Hunger 1988（F 172）No. –330［部分载于 Wiseman 1985（F 207）119 –21，其年代经 Brinkman 1987（F 82）订正；并见 Bernard 1990（F 78）515 –28］。一份名为“王朝预言”的残损文献［Grayson 1975（F 106）34 Ⅲ 1 –13］一度广泛地被人视为对大流士三世和亚历山大之间竞争的叙述，但如今几乎可以肯定，它所指乃公元前 310 年以后安提戈努斯和塞琉古为争夺美索不达米亚控制权进行的战争。见 Geller 1990（F 103）5f。

顿人发起进攻之前将城市献给了后者（Arr. *Anab.* Ⅲ. 16. 3；Curt. Ⅴ. 1. 17ff）。巴比伦是一个开放的城市，天文日志用赞赏的话语记录了亚历山大的到达。巴比伦人为马其顿遵守了投降条件感到高兴，但他们的轻松肯定是真诚的，因为条款是以美索不达米亚的先例为模板的。[25]

二 文献、聚落与面貌

亚历山大的征服为他赢得了一件奖品，而且是一件具有巨大价值、潜力更加巨大的奖品。巴比伦尼亚的考古调查表明，在被称为中巴比伦和新巴比伦及阿契美尼王朝之间的时期，那里的定居点数量与平均面积都有增长，尤其是巴比伦尼亚东部和东南部正经历着著名的复兴。它们是一直延续到萨珊波斯时代的长期发展过程的一部分，但区分新巴比伦、早期阿契美尼和后期阿契美尼王朝时期遗迹的考古标准，并把物质性史料与政治分期对应起来，仍非常不确定。因此，阿契美尼王朝后期巴比伦尼亚的形势仍无法根据这些方法得到很好的界定。调查考古的资料尚无法证明在巴比伦尼亚可能出现过临时的人口波动，而且肯定存在地区性差异。

最南方的乌尔仅仅在这个悠长的增长周期的开端享受到好处，那时新巴比伦的国王们和居鲁士大帝都曾赞助过当地的神庙建设。幼发拉底河主干道的改道，使该城水源逐渐枯竭，城市人口密度相应降低。阿契美尼王朝时期墓葬和砖窑的位置显示，重新装修的神庙的圣地开始遭到侵蚀。[26] 尽管如此，该城在整个阿契美尼王朝时期都有人居住，在最初的几个马其顿统治者时期，那里仍有人书写法律文书。[27] 50 多件法律文献证实，在阿契美尼王朝后期该城仍有人居住。文书大多属于两个档案家族，[28] 大约三分之一涉及乌尔及其腹地农业资产的拥有与利用，并提及在其他阿契美尼王朝后期文献中法律上属 242

㉕ Sachs 1974（F 170）47；Wiseman 1977（F 206）374，引自 BM 36923（未刊稿）；Kuhrt 1988（F 130）68 – 71 及 1990（F 131）。

㉖ Wright ap. Adams 1981（F 73）334；Woolley and Mallowan 1962（F 208）49ff. 请与 UET 4 11 比较，后者记录了被视为神庙财产的王家地产（大流士二世）的转让。

㉗ IM 17801 = U. 17243，16，亚历山大大帝在位第 12 年条（未刊稿）；UET 4 43，腓力 · 阿利戴乌斯在位第 7 年条；并见 Oelsner 1976（F 149）314 n. 15 and 1986（F 153）235。

㉘ UET 4 各处 and Brinkman 1976（F 81）44f；请见 Oelser 1974（F 148）1056 and n. 74；Van Driel 1987（F 197）164 – 8。

于同类的资产，其中提到 6 条运河，3 处外围的居住点，5 处有名的草场和湿地。没有任何文书提及大规模的农业生产。阿契美尼王朝晚期的乌尔不过是个小型定居点，已经走在最后衰落的路上了。

巴比伦尼亚中部偏南的乌鲁克在阿契美尼王朝晚期的文献状况是奇特的，已经发表的成千上万的法律和行政文献是在那里书写的，年代属新巴比伦和阿契美尼王朝早期，还有数以百计的文书属于塞琉古和阿尔萨息王朝（Arsacid）时代，但属于薛西斯和亚历山大之间的文献很少。[29] 从下述情况看，这种情况的出现，可能源自该城历史时运不济。阿契美尼王朝后期，那里仍有数量可观的文书档案，[30] 存有未曾发表的阿契美尼王朝晚期的法律和行政文书；[31] 穆拉舒档案还提到，乌鲁克是一个军事基地（见前文第 238 页）。新巴比伦和阿契美尼王朝早期发达的绕城运河网，在阿契美尼王朝后期肯定原封未动，足以支撑众多乡村和城市的居民。在它东部约 20 千米处是拉尔萨，它可能是乌鲁克腹地的一部分，因为出自拉尔萨的阿契美尼王朝后期的文书提到的人，有时在同时代的乌鲁克文书中也出现了。[32]

中北部巴比伦尼亚的尼普尔为相似的运河网所环绕，它可能与乌鲁克周围的运河网相连。该城大量的民居建筑活动持续到阿契美尼王朝晚期。[33] 发现于尼普尔的文书中，约 650 份属穆拉舒档案且已经公布，另外 80 份属阿契美尼王朝晚期的法律和行政文书，系在那里和
243 邻近的城镇书写。[34] 它们表明该城整个腹地都有相当发达的居住点。文书提到了 6 条横贯该地区的水道，构成了次级行政区划的边界和当地的交通动脉。那里另有 60 条辅助性运河，构成了农业的生命线。两条在阿契美尼王朝之前不曾得到证实的运河（其中之一不早于公元前 5 世纪），表明在阿契美尼王朝统治下，那里的灌溉网在持续扩

---

[29] Stolper 1990（F 182）563ff nos. 1 – 9，11，13 – 19，22. 其他文献请见该书第 560 页注释 4。

[30] Oelsner 1983（F 152）248f，此外见 von Weiher Uruk 8；以及 Bagh. Mitt. Beih. 2 84；Oelsner 1986（F 153）94 and n. 299。

[31] 见 Stolper 1990（F 182）560 n. 5.

[32] Stolper 1990（F 182）576 no. 12，585 no. 20. 相似的是，在拉尔萨发掘的属于腓力 · 阿利戴乌斯在位第 3 年的文书中，记录了一个乌鲁克人欠债的情况［Arnaud 1985（F 76）］，希腊化时代拉尔萨的其他文书可能在乌鲁克发现［Oelsner 1986（F 153）154，235 及 n. 872］。

[33] McCown 等 1967 – 1978（F 136）Ⅱ 39 – 41，Ⅰ 71 – 3。

[34] 文书中包括来自萨提尔（Shatir）的一小组，该城可能位于尼普尔和乌鲁克之间，请见 Joannes 1982（F 116）86ff。出自尼普尔的一份学者手稿型档案也属阿契美尼晚期，见 Oelsner 1982（F 151）94f and 1986（F 153）467 n. 870；Joannès 1982（F 116）6f 及 73；Van Driel 1986（F 198）10f。

大。在尼普尔发现的文书有些是在 15 个较小的城镇书写的，那是该地区的次级中心。其他文书提到它们有 180 个外围的定居点，包括乡村、农庄和封地。许多村庄的名字，如“某某的房子”或者“某某村”等，当时才有一到两代人的时间。它再度暗示了乡村居住点的转移，也可能是扩张。文书中包含着明确的证据，表明那里有规模大小不等的椰枣、粮食种植以及不同规模的牲口饲养业。有几份文书发现于尼普尔，但书写于其他地区（巴比伦、苏萨）；[35] 有几份提到了当时其他文献不曾记录的另外一些城市的产业［马拉德（Marad）、伊新和拉腊克］。[36] 它们同尼普尔和巴比伦的商业文书——它们提到了在这两个城市出现的同样一些人——一道，表明存在着活跃的地区间交流。尼普尔周围的乡村兴旺一时，至少整体上如此，并且一直延续到阿契美尼王朝末期。它给统治者们提供了大量收入，供养着众多的遥领地主以及部分商业农场租赁者，而且支撑着大量的城市人口。

除穆拉舒档案外，阿契美尼王朝后期的法律和行政文献中，数量最大的部分来自巴比伦尼亚西北冲积平原上的城市，即巴比伦自身、波尔希帕（库塔）和胡萨卡拉马，或者来自同一地区的小城镇。如同更早时期一样，那些城市构成了某种共生网络。有产阶层之间的相互影响，常常产生一些在一个城镇书写却保存在另一个城镇的文献。[37] 同样在这个地区，新巴比伦时代的国王们重新装饰了其大多数重要的神庙。新巴比伦和阿契美尼王朝时代，灌溉网络发生了走向上的变化，其东部的运河得到扩展，偶尔伴随着定居点数量的增加。[38] 我们可以利用的出自该地区的法律和行政文献超过 300 份，其中不少
记录了城市中房屋的买卖和租赁，它们表明，城市生活较在基什和巴 244
比伦发掘出来的阿契美尼王朝时代民居不太张扬的遗迹所暗示的更加活跃。[39] 另有众多其他文书涉及对土地产业的控制和利用，其中提到

㉟ 请见 Donbaz 1989（F 97）及 Stolper 1992（F 186），该书反驳了 Dandamayev 1986（F 96）的看法。

㊱ Stolper 1988（F 179）141 n. 32 征引了它们。

㊲ 基于上述标准，狄尔巴特可以被视为该地区的南界，见 Stolper 1992（F 187）。据 Durand *Textes babyloniens* pl. 6 AO 2569，发生于狄尔巴特的一桩神庙财产失踪案被提交给埃萨吉尔神庙大会和巴比伦地区的总督（事发于大流士二世在位第 8 年或其以后）。

㊳ Gibson 1972（F 104）50f，55ff，253f；Adams 1981（F 73）191 fig. 40；McEwan 1983（F 139）121f.

㊴ Moorey 1978（F 142）179；Reuther 1926（F 164）34f，147f.

了15条运河和35座小村庄与城镇。有两份档案记录了某种形式的商品化农业运作，其规模可与尼普尔穆拉舒档案所记录的并提。[40] 它们涉及的财产类型，与昆图斯·库尔提乌斯（Quintus Curtius）所述亚历山大死后围绕巴比伦所发生的情况类似（X.8.11－13）：巴比伦的腹地组织成村庄和田庄，其数量和生产都足以供应巴比伦城。人口沿幼发拉底河迁离旧城的现象可能已经开始，但巴比伦作为省府和帝国中心，可能延缓了这一进程。现存文献总体上暗示：在整个阿契美尼王朝晚期，该地区大多数地方仍居民密集，并得到很好的开发。

地处冲积平原西北端的古老城市中，西帕尔的地位不确定。关于阿契美尼王朝时期西帕尔本身及其郊区的定居点和灌溉情况，有考古调查的资料可以利用。西帕尔西北10千米的阿布库布（Abu Qubur）有一座55公顷的土丘，那里满布阿契美尼王朝时期居住的遗迹。该时期末，那里还修建了一座庞大的公共建筑。[41] 现存卷帙浩繁的埃巴巴尔（Ebabbar）神庙档案终止于薛西斯统治初期，已经公布的私人档案文献中（Durand *Textes babyloniens* pl. 1 AO 1729），年代最晚的属薛西斯在位第6年。可是，从记录亚历山大进军巴比伦的天文日志所提到的情况看，直到阿契美尼王朝末期，西帕尔都是一个重要的中心（见前文第240页以下）。西帕尔的文书中有晚至阿塔薛西斯一世者，[42] 但既然无法利用这些文书，我们也无法对阿契美尼王朝晚期的状况作出评估。迪亚拉（Diyala）地区情况类似，考古上有新巴比伦和阿契美尼王朝时期有关定居点日益增长的资料，[43] 尽管斯特拉波间接提到（XVI.1.4）大流士曾在扎布河下游和迪亚拉之间有一座宫殿，但我们没有相应的文献资料。

总之，在巴比伦尼亚地区，大多数古老城市仍是活跃的法律和商业活动中心，它们之间的交流不受阻碍，有些城市由相当发达的腹地环绕，腹地点缀着大量村庄和相对说来略少的小城镇，并且为庞大而常见的灌溉系统支撑。最南端的衰落因对沿底格里斯河以东土地日益
245 增多的利用得到补偿。无论巴比伦尼亚作为整体是否繁荣，巴比伦尼

[40] 关于塔坦努（Tattannu）档案，见Van Driel 1987（F 197）176－9及1986（F 198）10，以及Stolper 1990（F 185）的补充。关于卡斯（Kasr）档案，见Stolper 1987（F 178）及1990（F 183）。

[41] Adams 1981（F 73）191 fig. 40；Gasche et al. 1989（F 102）5，6f，24.

[42] Walker and Collon 1980（F 204）96.

[43] Adams 1981（F 73）192.

亚社会的某些阶层肯定兴旺，那里足以支持数量庞大的居民。拥有田庄的地主数量日益增多，他们有权参与帝国政府，并为帝国政府缴纳税收，提供人力。

三　土地制度、征用和控制

控制和剥削行省的一个关键因素，是阿契美尼王朝初期普及开来的土地封赐，阿契美尼王朝后期的文献中对此有特别清楚的表现。各种因素之间的关系，在尼普尔的文书中能够得到最为清晰的追溯，但在巴比伦尼亚各地阿契美尼王朝后期的文献中，这些因素都出现过。

这种类型的独特单位是小块土地，名为“弓田”“马田”和“战车田”，也就是说，它们意在供养弓箭手（步兵）、骑兵和战车兵。土地由直系亲属集团占有，条件是服军役并交纳年租。尽管他们仍需要实际服役，而且有些文献提到从这类佃户中征召士兵，但常规的义务可以用等量的租税抵偿。[44] 产业可以出租或抵押，或以继承方式转让，但一般不得出卖。极少有法律文书记录此类产业权利的转让，而且涉及特殊的规避措施。[45] 根据从产业上获得的租金判断，此类租佃的产业规模不大。[46] 称呼它们的典型术语在阿契美尼王朝初年曾零星出现（*CAH* Ⅳ^2 128－9），但从大流士一世起，特别是在穆拉舒档案中，有关这类产业作为合法交易标的物的频率日益增加。

穆拉舒文书（少量来自其他资料）表明，这些小块份地和它们的占有者被组织在名为哈特鲁（Hatrus）的小队中。这个词的语源并 246
不确定，可能是一个阿拉米语或伊朗语的外来词。阿塔薛西斯一世之前，并无确凿证据证明该词存在，因此，它所代表的制度可能是阿契

㊹ Cardascia 1951（F 83）99；Joannès 1982（F 116）19f. UET 4 109（25/IV/8 Artaxerxes Ⅱ）曾记录一桩协议，规定提供一名替役士兵以抵偿王家征调，但没有明确提及附有这些义务的产业。

㊺ UCP 9/3 271ff（一篇独特的详尽叙述，列举了一位乘马武士被征调为王服役时的装备）假定此前有一过继行动，将一块“马田”的义务转归穆拉舒家族。VAS 6 188 记录了这样一桩过继事件，过继者永久获得了一份“弓田”，条件是代履服役义务。Durand *Textes babyloniens* pl. 43f. AO 17611 似乎记录了一桩对“弓田”部分利益的出让［请见 Joannès 1982（F 116）94ff］。

㊻ Durand *Textes babyloniens* pl. 52 AO 17645 记载了一桩“弓田”买卖的多个层面，那块地总共 13 公顷，见 Joannes 1982（F 116）84。

美尼王朝晚期新引入的（否则就是重组或者重新命名的）。[47] 每个哈特鲁由一位督查监管，他负责划分辖区内产业，征收规定的税收和义务。出自尼普尔的文献提及60多个此类小队，它们部分属于军事、行政、手工业和农业，其他属于其成员所属的田庄或者行政单位，另有一些则划归当地或者族群的团体，包括来自伊朗、印度、安纳托利亚以及帝国其他地区的群体，还有些是当地的巴比伦人群体。这种制度可溯及阿契美尼王朝之前巴比伦尼亚社会的某些核心制度，包括神庙的人员和产业（见下文第250页），以及部分城市人口。[48]

许多小持有者也受到更高一级人物的控制。穆拉舒文书提到的大地产中，有些以所有者为名（有些人显然是官员或者王子），有些因官阶得名（“王后的田庄”“亲王的田庄”，不曾提及主人姓名），还有“政府田庄”，也就是说，是一份用来供养国家机构永久职员的产业（如“王室侍卫田庄”“国库庄”等）。这些田庄也都由国王赐予。有些哈特鲁显然要从属于这些大业主。

此类大地产的主人中，包括当时政治史中出现过的一些重要人物：帕吕萨提斯、阿萨麦斯、麦诺斯塔奈斯和阿托萨莱斯，他们都积极卷入了公元前425/424年的继位危机。在巴比伦尼亚的法律事务中，他们由管家或庄头代表，后者大多是巴比伦人。随着公元前425/424年的动乱清除了某些廷臣并提升了另一些人，有些小持有者组织和大地产的归属，也从失败者一方突出的支持者手里转到了王位
247 争夺胜利者杰出的支持者之手。对王室来说，这些大地产的所有权和行政机构的控制权即使政治上不是最为迫切的重要问题，也至少属于政治成功者需要优先考虑的领域。

当波斯大王将真正的地产和产品如此分配出去时，他们仍为自己保留了其他资源。有些文书明确提到了王田。更重要的是，王室控制着主要的灌溉网，那是巴比伦尼亚农业的关键资源。这些产业或由王

㊼ 早在公元前544年，这个词可能就以普通名词出现，而无阿契美尼晚期行政单位的含义［YOS 19 125 ap. Beaulieu 1988（F 77）38（4/Ⅻ/11 Nabonidus）］，薛西斯时代，它作为表示地位的术语出现OECT 10 184［Hursagkalama，4/Ⅵ/19 Xerxes，参见Dar. 477（19/－/18）Darius Ⅱ（Ⅱ?）］。这种制度或许较该词首次得到证实要早，见 *CAH* $Ⅳ^2$ 128 n. 123 和 Van Driel 1989（F 200）207。

㊽ Stolper 1988（F 179）131及其书目，也见CT 44 82（Babylon，27/V/36 Artaxerxes），请见Van Driel 1989（F 200）210。在尼普尔，那些监督镇上“弓田”并征收其租税的人甚至拥有与督察同样的头衔（巴比伦语的Šaknu）。Stolper 1988（F 179）131－8反驳了Zadok 1978（F 214）275，Oppenheim 1985（F 156）569n. 2以及其他人的看法，他们认为此类人或拥有类似头衔的人为城市的总督。

室直接经营，或供出租，可能还会出售或出租水资源，从而为国王提供收入。他们当地的督察乃王室的特使或者承包人。[49]

在阿契美尼王朝统治后期，其他形式所有制的地位不是那么明晰。有些文书提到了神庙土地，它们偶尔由王室代表而非神庙人员监管。有些文书提到字面意思为“手产”的土地，它们是王室或神庙代表分配的小块土地，但对于附加其上的财政或军事义务，并无明确的文献。[50] 有些文书提及“王室赐予”的农庄或城市地产，也没有暗示附加其上的义务。[51] 还有些土地由管家负责，主人的社会和政治地位都不明确，但可以肯定，至少有些人是行省中乡绅阶级的成员。他们中既有巴比伦人，也有伊朗人。不动产买卖记录或者相关资料稀少，少有涉及农产品者，但某些例外情况显示，尽管我们无法清晰地解说此类产业在地方或行省经济中的重要性，但纯粹的私有财产即转让不受限制的产业确实持续存在。[52]

对土地的直接利用几乎不需要正式文件规定，在书面文献中，阿契美尼王朝晚期之所以出现这些因素，主要原因是土地所有者有时会把他们的产业出租或者抵押给商业承包人。有些承包人经营范围广大，其中文献最为丰富的是穆拉舒商行的。公元前5世纪后半期，它 248
在尼普尔相当活跃。商行成员持有合法的大范围产业，但有关他们的大多数记录与出租和借贷有关。他们租赁小持有者和大地产主的土地，也租赁土地和用水权，有时也从王室代理人那里租赁设备和农场，然后将这些转租给他们自己的佃户，并提供耕畜和种子。佃户向地主支付租金，并支付所租小块份地的税收。此外，他们也向小持有者提供短期贷款，并使用常常已被抵押的持有地作为债务的担保。当

[49] 那些控制尼普尔地区运河和王田级别较低的代理人中，其典型头衔在巴比伦语中是 *sa muhhi suti sa nar NN*，字面的意思是“负责由某某运河到某某运河收入或租金的人”，形式上，它们的头衔与那些在公元前6世纪掌管乌鲁克和西帕尔神庙大地产的人类似，后者是商业承包人，每年向神庙当局或者王室支付租金。就与国王的关系而言，运河督察可能与王室产业类似［参见 Van Driel 1987（F 197）173 and 1989（F 200）215］，但并无租赁合同留存至今。

[50] Ries 1976（F 165）38f；Joannès 1982（F 116）11 ff.

[51] Eilers 1940（F 18）107，FuB 14 29 No. 21，OECT 10 192，Kelsey 89490，YBC 11586；请见 Stolper 1992（F 187）。

[52] 例如 Durand *Textes babyloniens* pl. 41f. AO 17612；UET 4 18；*ZKM* 4 pl. after 258，F. 参见 Oelsner 1974（F 148）1055f and 1987（F 155）122f，Stolper 1992（F 187）126。一份来自乌尔的文书证实，同一人既可以持有王室封地，也可拥有私人土地，因为文书中包含下述条款：一方放弃对另一方持有的王室土地以及非王室产业的权利（UET 4 194，5/X/39 Artaxerxes I or II）。

债务人破产时，商行不用额外丧失租金，就会控制更多的土地。商行的大多数收入是农产品，其多数支出为银子。因此商行拥有某种将农产品转变为现金的手段，例如可能将农产品卖给城市人口。但并无文献说明这个过程。

在法律规定的所有制模式与实际使用土地的模式之间，穆拉舒商行进行了调整。他们允许王室赐地的某些受益人将他们的持有地变成货币租金的来源。他们确保税收的缴纳，而且是现金，哪怕应当支付税收的小持有者陷入贫困或负债之时，也是如此。由于穆拉舒商行能够将小块土地合并成较大规模而不用操心土地的法律地位，它应当能够提供用水权和设备，否则小农难以获得，因此他们让当地的生产富于理性，可能也强化了当地的生产。

通过鼓励生产和便利征收，穆拉舒商行让阿契美尼王朝的政府富裕起来。尽管如此，这些一般的好处也需要特殊的代价。有些文书涉及持有穆拉舒商行的债务人，他们的财物被扣押。[53] 一份文书记录了一桩诉讼，对象是商行代表贪婪甚至是非法的行为。[54] 最为重要的是，许多记录发放给小持有者代表的文书，实际上反映的是违约情况，于是小持有者们陷入了长期的负债状况。[55] 这些违约说明，商行的经济繁荣使众多小持有者陷入危险境地。如果说阿契美尼王朝时期美索不达米亚的经济总体上有增长，那穆拉舒档案表明，甚至在阿契美尼政府的直接受益人中，其成果也并未为所有人平等共享。由于商行获得了对被抵押的小块份地的实际控制权，它的运作，无论其对农业生产和税收多么有用，对政府受益人中最为底层的人来说，却变得
249 富有压迫性。尽管存在这种矛盾，阿契美尼王朝的政府不仅在 30 多年的时间里容忍了该商行的行为，而且实际上是培育了它，因为亲王和国家的代理人将其庇护权扩大到了商行。

穆拉舒档案所反映的，可能并非巴比伦尼亚大部地区的典型状况，但其他商业承包人商行显然在那里也相当活跃。一份穆拉舒文书提到了尼普尔地区的另一承包人。塔坦努档案证明，薛西斯和阿塔薛

---

[53] 请见 Cardascia 1951（F 83）161－5。

[54] BE 10 9；请见 Cardascia 1951（F 83）183。

[55] Van Driel 1987（F 197）175 and 1989（F 200）223f 看法不同，前一书认为，许多未履行支付的借据是大流士二世初年打算豁免债务的产物。后一书认为，借据仅仅是记录呆账的老账。

西斯时代，可能还包括后来的时期，在波尔希帕郊区的椰枣种植中，存在大规模的商业合同，出自胡萨卡拉马的私人档案也属薛西斯和阿塔薛西斯时期，其中包含反映伊朗人大地主和庙产——由某一伊朗人名字的人控制——出租及再出租的文献。[56] 卡斯档案中，包括巴比伦、波尔希帕和库塔周边地区的交易，运作类型与穆拉舒商行相似，而且大体同时。

重要家族的成员有时会前往皇宫［穆拉舒商行的一个成员去过苏萨，塔坦努家族的一个成员去过埃克巴塔那，两人都属大流士二世时期，[57] 公元前 6 世纪 20 年代，埃吉比商行的成员已经去过波斯波利斯（*CAH* Ⅳ² 117）］。但是，如果政治上的联系或者形势为这些旅行背后的原因，那文献也没有表达。可是，卡斯档案有关此类生意与行省政府之间关系的记载富有启发性。新巴比伦和波斯时期，巴比伦的卡斯山丘已经成为类似卫城的地方，是行宫和省府所在。卡斯档案的得名，就是因为它们的保存地。档案和省政府之间的联系，是产生这些档案所记载的生意的一个主要伙伴，即总督贝尔舒努（即贝莱叙斯，见前文第 238 页）。贝尔舒努可能利用他的政治地位发展了卡斯文书所记录的租赁和借贷业务，但同样可能的是，生意发生于他的政治生涯开始前，阿契美尼王朝统治者招录一个当地富豪为其政治管理的高级职员，而那个支持了贝尔舒努的商业家族因此成为巴比伦尼亚领地上一个职能相当的角色，那些领地又供养着有影响的贵族。

在阿契美尼王朝后期的行省体系中，巴比伦尼亚神庙的地位并不确定。出自乌鲁克和西帕尔大庙档案且已经公布的法律和行政文书，分别在大流士一世和薛西斯一世时终止。现存铭文中，根本没有记录 250
阿契美尼王朝后期的神庙建设或捐赠者。尽管如此，阿契美尼王朝后期有关巴比伦尼亚神庙财产和人员的证据多样且比比皆是，不仅出现在神庙自身的记录中，而且出现在私人法律文书中。[58] 这些零散的信息不会产生有关阿契美尼王朝后期巴比伦神庙规范的图景，但是，它确实证明了有关塞琉古王朝和阿尔萨息王朝时代乌鲁克和巴比伦神庙更为丰富的信息让我们推测出的内容，即在阿契美尼王朝晚期，整个

[56] OECT 10 191 and 192；关于同一档案中的其他文书，见 Joannès 1988（F 118）360。

[57] Stolper 1990（F 185）and 1992（F 186）.

[58] Stolper 1989（F 181）295 – 6 及其注释。

巴比伦尼亚已经修建的神庙不仅作为崇拜中心，而且作为社会单元和经济单元继续存在。它们有自己的依附民，大量的行政管理人员，分布范围广泛的不动产，多样的收入来源，以及积累和再分配财富的各种设施。

长期以来，神庙就是王室希望干预的对象，阿契美尼王朝晚期，国王们没有理由放弃他们的祖先曾经行使过的控制权。有几份文书表现了某些控制手段。穆拉舒档案的文书中，被称为“贝尔（Bēl）神的土地”的庙产的出租，受到那些处置王领和国王掌控的水道的职能部门的监督，反映了政府对庙产直接的权力。[59] 穆拉舒档案中，另有文书记录，贝尔神庙庙祝的租金支付给了贡田的监督，后者的头衔和职能相当于哈特鲁的督查（PBS 2/1 94 和 211，TuM 2 –3 182）。出自乌尔的文书（UET 4 41，42，53）提到了既是辛（Sin）神庙产、又是“弓田”的产业，另有文书（UET 4 48 and 49）提到庙祝应当支付的税收，使用的是伊朗语的外来词［巴比伦语中的“巴鲁”（*baru*）来自伊朗语的“巴拉”（*bara*）］。在他处，这个词表示“弓田”应缴纳的税收。一份出处不确的文书（BM 13429）明确提到贝尔神的庙祝持有“弓田”。并不丰富的资料暗示，阿契美尼政府将某些神庙纳入了政府规定的土地制度体系中，将它们作为与支撑永久性国家机关相当的职能部门，并给神庙依附民分配同一类型的份地。像那些供养其他领主的依附民一样，承担同样的义务。[60] 可是，没有证据表明，相当重要的神庙控制权被授予了政治上的高官，因而与赐予其他封地时不同。

这一制度中的某些因素对美索不达米亚来说并不新鲜。将创造收入的份地加以分配，将行政特权授予统治者的精英集团成员，国家对
251 神庙管理的关注，以及对国家掌握的财产的商业性操作，在美索不达米亚诸国中，都非常古老，而且是新巴比伦社会和经济的基本特征。[61] 可是，阿契美尼王朝晚期的文书所体现的制度的性质，所反映的并非美索不达米亚国家的兴趣，而是美索不达米亚如今臣服的大陆

[59] 请见 Stolper 1985（F 177）42f。

[60] Joannès 1982（F 116）25 及 45 注意到，早在大流士一世在位时，已经有这一过程的证据，见 Stolper 1988（F 179）139f。

[61] Van Driel 1989（F 200）.

性帝国的利益。

小块份地支撑着军役。事实上，从此类份地划分的条件看，这可能是此类封赏的主要理由。另一个理由，是把新定居者安置在巴比伦尼亚，并维持、监督和扩大种植业。它们首先是一种征收方式，为国家机关和国家分配的领地提供劳动，并将产品的大部分作为税收上交国家。一份来自尼普尔的文书（Durand *Textes babyloniens* pl. 50 AO 17637）似乎列举了一个哈特鲁的某些地区每年上交的税收，总额为 33 米那白银。如果这个分量是典型的，则仅我们已知的尼普尔地区的 60 多个哈特鲁，每年所缴纳的税收就超过 30 巴比伦塔兰特。

叠加在小块份地上的田庄体系乃一种分配方式，它将真正的财富授予国王的友人们。它也是一种划分在当地重要的行政区划控制权的方式（例如王家“国库”和穆拉舒文书提到的“王室侍卫官的领地”等）。它还是一种转移某些王室收入的方式，也就是说，小持有者的税收和劳动，在没有经过集权化的中央机构的情况下，直接转给了统治阶级的成员。它所创造的，不仅是一个行省的乡绅阶层，而且如穆拉舒文书所示，也供养着与阿契美尼王朝宫廷政治关系密切的帝国贵族们。他们借此获得财富，也有了行政职责，因此让行省的政治权力有效运转。

如此的权力分配肯定限制了行省总督的权威。人们一般将阿契美尼王朝的总督们视为他们领土上实际握有大权者，自治程度很高，以确保行省内部的一致。可是，当重要的地方资源为诸如帕吕萨提斯、阿托萨莱斯和阿萨麦斯以及王亲国戚掌握时，巴比伦尼亚的总督，不管是在行省中还是在帝国宫廷中，肯定都需要政治手腕谈判和争斗，以维持自己的统治权。所以，田庄的分配不仅是奖赏国王朋友的一种方式，也是遏制潜在对手的方法。（Xen. *Cyr.* Ⅷ. 6. 5 –20 将类似的政策归于居鲁士大帝。）

可是，巴比伦语的法律文书几乎没有提供多少有关总督政府的信
息，甚至没有总督的名字和头衔。阿塔薛西斯一世时代的穆拉舒文书 252
提到阿塔莱麦，没提头衔，但称他为马努什塔努（Manushtanu）之父，后者的头衔是“亲王”（*mār bīti*，一个借自伊朗语的巴比伦语外来词）。据克泰西亚斯（*FGrH* 688 F 14. 41），这个人只能是巴比伦

总督阿塔利乌斯，即阿塔薛西斯的兄弟，麦诺斯塔奈斯的父亲。[62] 大流士二世时代的穆拉舒文书中提到了古巴鲁（Gubaru），其头衔为“巴比伦总督”或“阿卡德地区的总督”。[63] 他可能是戈布吕亚斯，即库那克萨（Cunaxa）战役中阿塔薛西斯二世军队的一个将领（Xen. *An.* 1. 7. 12）。希罗多德曾提到总督们的名字［佐皮鲁斯（Zopyrus），Ⅲ. 159；麦伽帕诺斯（Megapanos），Ⅶ. 62；特利坦泰克麦斯（Tritantaichmes），Ⅰ. 192］，但现存巴比伦文书中，不曾提及阿契美尼王朝后期的其他巴比伦总督，也不曾提及阿契美尼王朝后期那些伊朗人“财务官”的后继者。早期国王们统治时，他们在巴比伦的存在得到了证实。[64]

此外，巴比伦语称呼“总督”的术语，像其伊朗语的同类词“satrap”一样，可能不仅指行省总督，而且表示次一级的地区官员。[65] 贝尔舒努（贝莱叙斯）的情况就是如此，当古巴鲁（戈布吕亚斯）为巴比伦总督之前和之时，贝尔舒努都曾拥有“巴比伦总督”头衔，[66] 甚至可能在更早的时候已经有总督头衔。[67] 还有一些其他文书也提及此类次级官员，同样也用巴比伦语称号。[68] 因此，总督区政府似乎与贵族领地的组织有几分相似。如同在其他总督区一样，行省总督一般是社会等级高的伊朗人，他们将地方事务的日常管理委托给
253 在行省招录的地区一级官员。从贝尔舒努的情况判断，有些地区性官

---

⑥② 最早提及阿塔莱麦的文献是 BE 9 39，属阿塔薛西斯第 34 年 7 月 26 日。最晚的文献属大流士二世第 1 年的 7 月 2 日（PBS 2/1 185），提及一个巴比伦的名为“执法官”（dātabara）的次级官员。此文书可能系事后补记。

⑥③ 两个头衔同义，它们之间的区别不具政治意义［见 Stolper 1987（F 178）397 n. 38，请与 Schwenzner 1923（F 58）247；Oppenheim 1985（F 156）564 比较］。

⑥④ Dandamayev 1968（F 15）.

⑥⑤ 关于巴比伦语的 *pībātu*，*pābātu* 和同类称号，见 Stolper 1989（F 181）290f。同义词 *muma' iru* 并未出现在法律文书中，但阿契美尼时代使用该称号，在 *muma' irutu* 即“总督”一语中有所暗示。在一份阿塔薛西斯二世时代的天文日志中，它与巴比伦语的行政头衔（*masennu*，*rab ummu*）并列［Sachs and Hunger 1988（F 172）No. －366 A ii 8］。

⑥⑥ 称其为总督的最早文书见 YBC 11550，－/－2 or 3 Darius Ⅱ；最晚的见 FuB 14 11 No1，12、I/9 Darius Ⅱ；两份文书都出自卡斯档案。

⑥⑦ McEwan LB Tablets 48，from Nippur，18/X/35 Artaxerxes Ⅰ（?）；关于文书的年代，见 Stolper 1987（F 178）399 n. 47，1988（F 179）150－1，1989（F 181）n. r，尽管 Zadok 1984（F 217）73f，1986（F 217A）285f，and *CAH* Ⅳ^{2} 154 看法不同。

⑥⑧ 卡斯档案的一份文书［YBC 11554，－/Ⅻ/2 Artaxerxes Ⅱ（?）］提及埃利巴（Erība），头衔为“巴比伦总督”。穆拉舒的一份文书（PBS 2/1 2，11/－/ accession year Darius Ⅱ）提到，西哈（Siha）是“总督”。萨提尔的一份文书（Durand，*Textes babyloniens* pl. 43 AO 17611，1/Ⅸ/42 Artaxerxes Ⅱ）提到一块属于“总督”（*Šākin tēmi*）的土地（未提名字），一份出自穆拉舒档案的文书（PBS2/1 198）提到了“总督的地产”（*Šākin māti*）。最后两个头衔可能属嵌入地名中的时代误置。

员，像某些领地和哈特鲁的督查一样，可能比他们的贵族上司更容易平安熬过政治上的动荡。

然而，有关总督政府实际运作的文献不多。贝尔舒努可能参与了有关丢失的神庙财产争议的裁决（见前文第 280 页注释 1）。他的上司戈布吕亚斯可能监督着那些管理运河与王田的王室代理人。[69] 穆拉舒档案的一份文书（PBS 2/1 21）模糊提到，有可能将法律诉讼提交给"国王、总督或法官"。此外，法律文书提到了法官、执法官、探员、信使，以及其他司法与行政部门的人员。他们的名字既有伊朗人的，也有巴比伦人的。有些人持有封赐的土地，少数人明确被称为总督的下属，其他人则肯定属于总督属下的部门。但他们的角色似乎主要是被动的，如法律诉讼中的证人，文书并未详尽介绍政府组织情况。

上述有关土地制度和统治的资料，并未在任何细节上证实色诺芬有关总督体系整齐划一的描述（*Oec.* Ⅳ.4 – 11），但如同色诺芬所说，它确实表明存在一种非集权化的制度。在行省政府和领地制度的顶端，是帝国贵族将行省与阿契美尼宫廷紧密联系在一起。在较低的层次上，是当地的部门官员帮助把行省事务——首要的是提供收入——与偶尔发生的政治突变隔离开来，突变源自帝国的政治。

四　阿契美尼王朝影响下的巴比伦尼亚社会与文化

亚述和巴比伦帝国都曾通过移民、驱逐，或者将战败者的士兵招录入帝国军队，把外来人口引入美索不达米亚。阿契美尼帝国扩大了已经开始这些过程的地区，阿契美尼王朝晚期的文书中，有关外国人出现的史料很丰富。它们有时提供了具体的族群名称（波斯人、米底人、玛古斯、埃及人），有时会在提到居住点时附上族群名称（如卡利亚人村庄），[70] 或者用遥远的城镇命名［如加沙、阿什凯隆（Ashkelon）］。[71] 有些哈特鲁组织拥有外来族群或地区名称［如吕底亚人、乌拉尔图人、麦利泰尼安人（Melitenians）、卡利亚人、辛梅里安人、推罗人、印度人］。此类群体的大多数，最初可能都是被重新安置在巴比伦尼亚的外国士兵团队。最为重要的，是文书中出现了

---

[69] Stolper 1985（F 177）48f.

[70] 见 *CAH* Ⅳ^2 133；也见 OECT 10 404（Cambyses）；OECT 10 406（Nebuchadnezzar Ⅳ）。

[71] Zadok 1978（F 213）61.

254 大量伊朗人、西闪米特人、安纳托利亚人、埃及人或其他非巴比伦人的名字。整个阿契美尼王朝时期，这类名字都曾出现过，但史料很少确定各个群体到达的准确时间。尽管存在着文化上的相互适应，但外国名字出现次数的日益增多，显示不断有人移入巴比伦尼亚。

尽管外族起源的人名应该表示拥有这些名字的人过去或现在与移民群体有联系，但作为族群标志却可疑。有些法律文书记录的交易发生在拥有非巴比伦人名字的人之间，并由语言上相关的名字的人作为见证人，因此它可能是族群团结的标志。但除哈特鲁的名字外，外人构成一个显然有别、自我约定的族群飞地的证据非常稀少。[72] 巴比伦尼亚的法律文书特别记录了巴比伦人的行为，那些有着外国名字的人，看起来与那些有巴比伦人名字的人扮演着同样的角色。

外来因素中最为突出的因素是伊朗人，在阿契美尼王朝晚期，那是一个人数虽少但却日益增长的少数族群体。[73] 他们之中，有些人被称为“弓田”的占有者（特别是在穆拉舒档案中），多数人被称为地主，身份为管家或庄头，后者常常使用巴比伦人名字。部分地主和众多其他有伊朗语名字者是行政或司法官员，既有伊朗人的头衔，也有巴比伦人的头衔。有伊朗语名字的人偶尔会作为商行的代理人出现，[74] 或者作为纯粹的物化奴隶，为巴比伦人买来卖去［如帕提利达塔（Patiridata），见 McEwan LB Tablets 35］。也就是说，到阿契美尼王朝晚期，伊朗人（至少是那些有伊朗语名字的人）在巴比伦社会的各个阶层几乎都能看到。到目前为止，巴比伦神庙的职员和依附民中尚无伊朗人名字出现，此乃唯一明显的例外。[75]

可是，伊朗人并没有垄断法律文书中所见到的巴比伦社会和政府的所有职位，巴比伦语名字的人也作为小持有者和地产主出现过。在拥有伊朗行政官员头衔或荣誉性的乌斯塔巴鲁（ustarbaru）（含义不

---

⑫ Eph ‘al 1978（F 99）76 – 83；请与 VAT 16043 可能提及的“自由的卡利亚（?）公民”［引自 Eilers 1940（F 373）189 n. 1］和 Zadok 1984（F 217）67 的评论比较。那些拥有埃及人名字以及相互交易中记录了父名的人（出自阿契美尼王朝晚期苏萨的一组巴比伦语文献），可能并非一个族群飞地，而是服务于某个官员或家族的普通随从。请见 Joannes 1990（F 122）178。

⑬ 见 Zadok 1977（F 211）以及他 1981 – 2（F 216）139 的补充。

⑭ 穆拉舒商行的那位是巴伽帕努（Bagapanu）之子提拉坎（Tirakam），请见 Cardascia 1951（F 830 12）。

⑮ 但在 OECT 10 191（Hursagkalama，14/I/4 Artaxerxes I），有伊朗语人名字的人即巴哈麦利（Bahameri）持有的土地被称为巴比伦的扎巴巴神（Zababa）的产业。后者是基什的主神之一。

明）头衔的人中，伊朗人名字和非伊朗人名字的数量大体相当。[76] 拥有巴比伦语头衔“法官”的人中，包括有伊朗语名字的人，但更多 255
的人有巴比伦人名字。[77] 在拥有达塔巴拉（dātabara）头衔（大体上是“执法官”）的人中，伊朗人名字和巴比伦人名字都有。[78] 伊朗人肯定是帝国中占统治地位的贵族，像在其他地区一样，在美索不达米亚，他们占据了最高的职位。但作为一个拥有悠久司法和行政习惯地区的少数族群体，伊朗人与巴比伦人共享较低的司法和行政职位，有些人根本就是该省臣民的一部分。像巴比伦尼亚地区其他的外族人一样，伊朗人，至少是那些经济地位一般的人，倾向于相互适应，结果是许多拥有伊朗人父名或者族群标志的人，都使用非伊朗人的名字。在安纳托利亚占据高位的伊朗人中，文化适应并不显著，在巴比伦尼亚的政治精英中，那些伊朗人可能也是如此。[79]

美索不达米亚的阿拉米化已开始数百年，阿契美尼王朝的政府加速了这一进程，将阿拉米语作为记录和行政语言。在阿契美尼王朝后期的法律文书中，这一进程延续的标志比比皆是。它们经常提及名为塞皮鲁（sepīru）的职能机构，而它就是一个阿拉米语的外来词，恰当地表现了一个既能使用阿拉米语，也能使用楔形文字记录的书吏的能力，而且一般情况下表示他们是识字的行政或者商业代理人，但并不适用于那些书写楔形文字泥板文书的人，阿拉米语的“摘要”，即那些用墨水写在或刻在楔形文字泥板文书上以简要记录和读取内容的短文，在公元前5世纪的文书上日益常见。[80] 楔形文字文书偶尔提到书写在皮纸或羊皮纸上的文书。它们肯定是阿拉米语的，我们如今拥有的文书中的某些缺损，可能是因为泥板上的楔形文字记录为书写于易灭失材料上的阿拉米语文本取代之故。尽管如此，大多间接提及皮
革文书者，都不涉及现存楔形文字文书所代表的法律记录类型，而与 256

---

⑯ Eilers 1940（F 18）83 – 9.

⑰ Cardascia 1951（F 83）20f; Eilers 1940（F 18）108; McEwan LB Tablets 35; BM 54091［请见 Stolper 1991（F184）］。

⑱ BM 30136，引自 Zadok 1977（F 212）107; *ZA5* 279: 19（collated by M. A. Dandamaev）; BE 9 82 – 84, PBS 2/11, 34, 185（所有文献都指同一人）; Stolper 1985（F 177）Nos. 55 and 110。

⑲ Coogan 1976（F 91）; Zadok 1976（F 210）, 1977（F 212）, 1981（F 215）69 – 79; Bickerman 1978（F 362）; 以及其他。

⑳ Clay 1908（F 88）; Vattioni 1970（F 202）; Jakob-Rost and Freydank 1972（F 115）; Oelsner 1987（F 154）40f.

授权征收的行政命令或者采取法律行动有关。政府行政记录可能更多地依靠用阿拉米语书写于易灭失材料上的记录，但这些文献可能仅仅是巴比伦私人档案中的一小部分。

无论是阿契美尼王朝后期巴比伦的文书，还是波斯波利斯早期的行政记录，都不曾把“阿拉米人”作为族群标签。古典文献中提及的“亚述人的特征”肯定是指阿拉米人的，波斯波利斯的埃兰语文书明确将那些以皮革为书写材料的书吏称为巴比伦人，可以猜想是阿拉米人。[81] 尽管作为一种口头语言，巴比伦语已不大可能广泛存在，但阿拉米语言和文字的使用，并不能作为族群的标志，只是美索不达米亚的一个特点。根据人名不太确定的标准判断，在阿契美尼王朝后期的巴比伦尼亚，出自西闪米特的民族一直是少数族，多数人，无论他们说哪种语言，乃是巴比伦人。

这些人既为实用也为学术上的应用，保持着美索不达米亚语言的楔形文字书写方式，用楔形文字记录的能力并不限于职业书吏，因为阿契美尼王朝晚期的文书中，有些是由记录交易的双方书写的。[82] 学术的延续在波尔希帕、尼普尔和乌鲁克的档案中得到验证，它们包含着属于阿契美尼王朝晚期的手稿，成为美索不达米亚学术主流传统的标准文本，其中有词典释文、占卜征兆、注疏、颂歌和仪式记录。[83] 它们乃塞琉古时代巴比伦尼亚更为广泛的学术集成的前驱。

与之类似的，是巴比伦天文学的繁荣，也表现在塞琉古和阿尔萨息时代的天文学文献中，后者以阿契美尼王朝晚期的发展为基础写成。在出自巴比伦城本身的两部较大且较早的巴比伦天文学文献的重要档案中，自公元前 5 世纪中期以来，文书数量一直在稳定增长，到公元前 2 世纪达到顶峰。[84] 尤其值得注意的是，虽然可以定年的现存最早的天文日志始自公元前 652 年，但只是从公元前 4 世纪初开始，日志的数量才大量增加，它们记录了天文观察、星象以及每个月以银

---

[81] Hallock 1973（F 28）322；Stolper 1984（F 176）305.

[82] 例如，TuM 2 -3 63（出自薛西斯时代的尼普尔，债务人书写的承诺性欠条）；VAS 3 189（阿塔薛西斯时代的波尔希帕）；Moore Michigan Coll. 50（大流士二世时代的波尔希帕，收款人书写的收条）；请见 Joannès 1982（F 116）80。

[83] Hunger 1968（F 113）Nos. 112, 119, 120f, 123 -33；Joannès 1982（F 116）6f；Oelsner 1982（F 151）and 1983（F 152）249.

[84] Sachs 1948（F 168）271f；Neugebauer 1967（F 145）965 及图 1。

计价的商品的价格（包括重要的跨月波动情况），河流的水位，以及 257
偶尔发生的政治和宗教事件。[85] 19 年置闰周期，即伊斯兰世界和中古西方一直坚持使用的麦同周期（Metonic cycle），是在公元前 4 世纪前 30 年的巴比伦历法中记录下来的。显然，公元前 498 年以来，人们已经了解了它，而且少有变动地遵循着它。[86] 宣称黄道十二宫发明于公元前 5 世纪，是不精确的，因为至少早在公元前 7 世纪，黄道十二宫已经成为传统，但将黄道按每份 30°划分为 12 宫，则是在公元前 5 世纪第二个 25 年中才在巴比伦文献中得到证实。[87] 这一变革乃占星术的前提，而且巴比伦最早的占星术出现在公元前 5 世纪末。[88] 在阿契美尼王朝晚期的巴比伦尼亚，天文学的进步，可能是它在文化上最为重要的贡献，不仅是因为这些成就长期以来构成了科学的基础，还在于它们在当时的社会中传播如此广泛。巴比伦人的数理天文学的多种因素（也包括巴比伦人的占卜技术）出现于公元前 5—前 4 世纪的希腊、埃及和印度。这些知识的传播，依赖大范围的文化交流，那是阿契美尼帝国实现的。[89]

阿契美尼帝国统治的日趋成熟，在巴比伦文书中以刻写风格变化的方式留下了印迹。虽然印章压痕仍是传统的新巴比伦主题和风格，而且继续在阿契美尼王朝晚期的泥板文书上风行，但伊朗主题和风格的压痕只是在大流士一世时代及其以后变得常见，[90] 希腊主题和风格的压痕，则只是偶尔出现在阿契美尼王朝晚期的泥板文书上。[91] 这些频率上的渐变，反映的是外国手艺人或者外来艺术模式日益为当地了解，不过它们也反映了帝国当局对艺术品位渗入日常生活的鼓励。

印章的使用本身就反映了法律活动的逐渐变化。阿契美尼王朝晚期，更多的印章被用于较早期更加多样的法律文书之上，各种法律性

---

[85] Sachs 1974（F 170）44 – 8；Sachs and Hunger 1988（F 1720）.

[86] Neugebauer 1975（H 87）355.

[87] Aaboe and Sachs 1969（F 72）12 Text B（475 – 457 B. C.）；请见 Neugebauer 1975（H 87）593。

[88] *JCS* 6 54 and Durand *Textes babyloniens* pl. 52 AO 17649［请见 Rochberg-Halton 1989（F 167）111 – 14］，两份文书都属公元前 410 年。

[89] Pingree 1982（F 163）617 – 19.

[90] Zettler 1979（F 218）.

[91] 例如 TuM 2 – 3 pl. 98 No. XXVII and pl. 99 No. LV，Legrain 1925（F 133）Nos. 971 and 972（全部出自穆拉舒档案）；Moore Michigan Coll. 43；*FuB* 1414 No. 4，17 No. 7，OECT 10 140（全部出自卡斯档案）；McEwan 1982 LB Tablets 35；CBS 1594；FLP 1716；HSM 8414。

泥板文书上证人印章的使用变得流行起来。[92] 它们可能都源自巴比伦
258 尼亚内部的发展，但也暗示了由阿契美尼王朝强加的新的法制状况。偶尔提及的对王室财产的登记（包括物品与不动产），奴隶买卖中要求登记买卖文件的某些条文，以及其他奴隶转让中提及的“王室财务署”，都是阿契美尼王朝税收和制度存在的迹象。前者预示了塞琉古统治者征收的奴隶买卖税，后者是负责买卖登记的生意担保人（*chreophylakion*）的前身。[93] 穆拉舒档案的一份文书规定，如果拒不履行，将遭遇鞭打和拔掉毛发与胡须的惩罚。[94] 此类肉刑并非巴比伦尼亚的常规，却是对此类文献中经常出现的罚款原则的显著偏离。这一段落既暗示了新的做法，也让人莫名想起（难说是证实）普鲁塔克的说法——阿塔薛西斯一世豁免了对统治阶级成员的此类惩罚（*Mor.* 173D，参见 *Mor.* 565A and Amm. Marc. XXX. 8. 4）。

阿契美尼王朝对巴比伦制度性行为产生的影响中，最显著的是自该王朝统治初期起出现于巴比伦文书上的伊朗语外来词，以及大流士一世统治后期起这些术语数量的不断增加。几乎所有语汇都属法律和行政实践中的专门术语：官员的头衔、荣誉、行政制度及其记录。它们所反映的是真正的变革，因为我们可以认为，巴比伦语法律记录中有丰富的行话，所以采用这些术语，只是因为巴比伦语中缺少精确的对应词。词源学能够提供大多数此类术语意义的大致范围（所出现的是通用型的译文，如“会计”“探员”“仓库”“登记”，等等），但大多数从来就不是普通语汇，其中的大多数系官职或习惯，它们对巴比伦的经济生活产生着影响，却并非一般的常态，因此，多数话语所表达的职能关系并不确定。令人吃惊的是，在塞琉古时代的巴比伦文献中，这类术语少有残存。[95]

阿契美尼王朝影响下宗教的变化乏善可陈。贝罗苏斯（Berossus）有关阿塔薛西斯二世在巴比伦以及帝国其他中心引入阿那希塔崇拜雕像的说法（*FGrH* 680 F 11），并未得到楔形文字文献的证实，

---

[92] Oelsner 1978（F 150）.

[93] Stolper 1977（F 175）259ff，请见 *CAH* IV^2 132；Stolper 1989（F 180）。

[94] Stolper 1985（F 177）No. 91（28/ –/5 Darius II）.

[95] Eilers 1940（B 18）；Hinz 1975（F 35）；Zadok 1976（F 209）213 –18；McEwan 1981（F 137）185.

如果这种崇拜仅仅是为居住在当地的伊朗人团体专用，那也不用期待会得到证实。塞琉古时代乌鲁克城安努（Anu）崇拜的突出地位，如同阿契美尼王朝晚期乌鲁克文书中包含安努之名的人名所暗示的，在阿契美尼王朝后期已经开始。[96]

估价阿契美尼王朝晚期巴比伦社会总体经济地位的证据并不充 259
分。尼普尔的出租条件暗示，与公元前 6 世纪那些大规模的农业比较，正常情况下人们可以期待良好乃至非常好的收成。[97] 整个阿契美尼王朝时期，农业劳工可能都不足。穆拉舒档案的租约显示，当地土地的出租价值和耕畜的费用都相对较低，水源和其他投入则相对较高，对那些资本有限的小所有者来说，这样的条件一般来说是不利的。其他来源的文书中零散出现的偶然的价格波动，一般来说是一致的。奴隶的售价范围较新巴比伦时代为高，但与大流士一世时期比较并无多少差异。[98] 天文日志中暗示的商品价格波动严重，但它们波动的范围较公元前 5 世纪初的高峰时期有所缓解。[99] 有关利率急剧增加、市场混乱、现金短缺等问题的严肃史料，根本就不存在，也没有任何东西支持下述结论：那是一个经济停滞和衰退的时期。这些史料一般来说与总体上的增长协调，与之相伴的是相当高的税收水平。对那些受到法律限制的小所有者来说，这样的情况不利。可是，对资料稳妥的估价受到阻碍，因为我们根本没有有关投资、工资和配给水平、贸易和制造业的运作，以及任何一个阶层人民基本生活资料的史料，例外的只有开发不动产的直接兴趣。

阿契美尼王朝后期，巴比伦本身就是一个重要性日益增长的大都市。希罗多德和克泰西亚斯对该城的描述中，包含对东方社会荒谬的归纳，但在自然地理上还算准确，并将巴比伦描绘为富裕且人口众多的城市。巴比伦的编年史提到，在阿塔薛西斯时代，巴比伦有一座王宫（见前文第 239 页），新巴比伦王国统治者修建的宫殿，在阿契美尼王朝时代得到维护，并为亚历山大占领。在阿契美尼王朝时期的某个时候，围绕着卡斯山丘修建了一道轻型围墙，它将宫殿区、伊丝塔

---

[96] 请见 Stolper 1990（F 182）561 及各处。

[97] Van Driel 1989（F 200）216，222，and 1990（F 201）241 –9 对这些资料及其解释中存在的严重的不确定性，有详细的说明。

[98] 请见 Stolper 1991（F 184）57。

[99] Oelsner 1974（F 148）1052f.

尔门和仪式大道与城市主体分隔开来。在卡斯山丘上，添建了一座小而高雅的宫殿，有柱廊门厅和柱廊大厅，彩色地砖和彩釉砖墙的装饰。它是阿塔薛西斯二世的作品，其刻于黑石片上的残存的埃兰语铭
260 文已经发现，黑石则为该建筑一个柱子的基座。在该遗址上的其他地区，发现了阿塔薛西斯二世铭文的其他残片。[100]

帝国的危机增加了巴比伦的重要性。公元前425/424年，大流士二世（奥库斯）可能正是从该城发动了他夺取帝国王位的战争；公元前401年，小居鲁士不成功尝试的目标，也是巴比伦。在阿里安和昆图斯·库尔提乌斯的叙述中，巴比伦作为国王主要的行宫，指挥中心以及阿契美尼王朝有组织抵抗马其顿入侵的集结区，地位在苏萨之上。当巴比伦被占领时，伊朗人的抵抗变得顽强了，但阿契美尼王朝的近东帝国也不再存在。

261 第三节　犹大

哈伊姆·塔德莫尔

本章的计划不同于《剑桥古代史》第2版第3卷第2分册第31章，关于回归期的情况，读者可以参考那里的论述。可是，本章意在补充《剑桥古代史》第2版第4卷第3章第2节，那里将犹大作为阿契美尼帝国的一个部分加以考察。在这里，我们将尝试考察那个时期犹大的内部发展。

《旧约全书》相关各卷的记载难免有争议。[1] 我们在这里假设（见下文第292页），《尼希米—以斯拉记》系事件过去多年之后，根据包含当时文献资料的“构件”整合在一起的，其中包括以尼希米本人为第一人称的叙述。《以斯拉记》有多少内容与他本人的那个叙述有关，则疑问较多。编订者无意按年代创作，而倾向于按照主要人物组织他的叙述，由此导致了某种程度的缺失和混乱。我们相信，这

---

[100] 请见 *CAH* IV^2 115 n. 16 及那里的注释，并请与 MDP 24 127 no. 28（= A^2Sb Elamite）比较。也请见 Weissbach ap. Wetzel et al. 1957（F 205）49 no. 6（同一文书的阿卡德语版本的残篇）及 48 no. 1（卡斯宫殿区仪式大道上的铭文残篇，用古波斯语刻有阿塔薛西斯之名）；还请见 Vallat 1989（F 194），那里反驳了 Haerinck 1973（F 111）的观点。

① 《圣经》的征引主要依据希伯来文本，必要时会用方括号注明通行版本（中译文主要依据中国基督教协会新标准修订版、新标点和合本——译者注）。

个编订者与《历代志》的编订者并非同一人（见下文第293页），尽管一度占统治地位的观点如此认为。

其他能帮助我们的文献史料很少。约瑟夫斯（Josephus）《犹太古事记》有关该时期的概论，很大程度上依靠以这种或那种形式编辑的《以斯拉—尼希米记》，记载上的差异，一般来说，可能是他解决矛盾的尝试，而不表明他有独立的资料来源。来自同时代的资料要有用得多，如埃勒芬汀（Elephantine）纸草[2]、出自达利耶干河（Wadi Daliyeh）的撒玛利亚（Samaria）纸草[3]、陶片铭文、铸币、印章，以及其他的物质文化遗存。[4]

一　归返 262

（一）居鲁士敕令

公元前539年征服巴比伦后不久，居鲁士给巴比伦的犹大流亡者发布了一道敕令，允许他们重建耶路撒冷圣殿。有关这道敕令在其宗教政策中的语境，已经在其他场合有过讨论。[5] 敕令的原始版本可能是阿拉米语的，并未保存下来，但是简短的希伯来语文本，转用后来编辑者的话语，保存在《以斯拉记》第1章第2—3节，“波斯王居鲁士如此说，‘耶和华天上的上帝已将天下万国赐给我，又嘱咐我在犹大的耶路撒冷为他建造殿宇。在你们中间凡作他子民的，可以上犹大的耶路撒冷，在耶路撒冷重建耶和华——以色列上帝的殿（只有他是上帝）。’”从结构、风格和措辞看，这份诏令都与该时期的其他文献相似。根据第一句所述，诏令颁布于居鲁士在位的第1年，也就是说，似乎应当是他作为巴比伦国王的第1年（公元前538年），或许是春天庆祝新年节日之际。同时，据《以斯拉记》第6章，波斯人准备了一个阿拉米语版本，以供王家财政署使用。那里提供了神庙的规格，并且明确宣布，重建的资金应当由王室财政部支付（Ezra 6：3-5）。

---

② Cowley 1923（F 427）；Porten 1968（F 504）；Grelot 1972（F 443）. 在Porten and Yardeni 1986（F 505），这些文书正被编辑出版。

③ Cross 1969（F 370）；1985（F 371A）；1988（F 371B）.

④ Stern 1982（F 397）为这些资料的重要汇编；Stern 1984（F 398）对此有概述。

⑤ 见 *CAH* Ⅳ^{2} 40-1，124。

敕令唤起了重大期望。特许由王室财政资助重建圣殿的恩宠本身就是对归返的激励。早在公元前 538 年，即敕令发布之年，第一批归返者就组织起来了，所记录的人数为 42360 人（Ezra 2：64），还有 7337 名男女仆婢以及 200 多名男女歌者。可以设想，这些数字代表的是居鲁士及其后继者统治期间前后几波归返的总人数，有些人认为，它们实际上也包括以斯拉时代归返的人。可能的情况是，在冈比西斯（Cambyses）对埃及发动战争期间，归返一度停止。显然，相当数量的流亡者决定仍留在巴比伦，尽管有申命者以赛亚（Deutero-Isaiah）热情的规劝："你们要从巴比伦出来，从迦勒底人中逃脱，以欢呼的声音宣扬说……"（Isa. 48：20）在 50 年的流亡期间，那些失去根基的犹太人已经在他们的新土地上扎下根来，他们的经济状况显然相当不错。

263 （二）"犹大首领"设巴萨（Shebbazzar）

归返者以"犹大首领"（*nāsi*）设巴萨为首（Ezra 1：8），在同时代的阿拉米语文献中，他也被称为"总督"（*pebā*）（同上，5：14）。在归还尼布甲尼撒（Nebuchadnezzar）抢夺自圣殿的金银器皿时，波斯人正是将它们交予设巴萨的。这些器皿的归还以及它们被回放到最初的圣地，与居鲁士在其对巴比伦人发布的诏令中所阐述的政策一致（*CAH* Ⅳ^2 124），唯一的例外是，那里据称归还给神庙的神像，在这里要根据王室敕令重建。

可能的情况是，设巴萨为大卫家的后裔，非常有可能与约雅斤（Jehoiachin）之子示拿撒（Shenazar）的后代（1 Chron. 3：18）为同一人。[6] 可是，设巴萨与所罗巴伯（Zerubbabel）为同一人的假设（见下文）必须抛弃。[7] 设巴萨是一个巴比伦语名字［Šamaš-aba-usur，意思是"沙马什（神）（读音为 Shashu）保护父亲！"］。所罗巴伯也是一个巴比伦语名字（Zēr-Bābili，意思是"巴比伦的种子"），一个人不可能以两个巴比伦语名字为人所知。这些巴比伦语的名字不应让我们惊奇。那些为巴比伦人（或他们之前的亚述人）俘获和迁移的外邦王公，由于被作为人质，是在国王宫廷中成长起来的，并且

---

⑥　例如 Cross 1975（F 371）12 n. 43；Japhet 1982（F 377）96；对此种认为是同一人的否定意见，见 Berger 1971（F 359）；Williamson 1985（F 400）5。

⑦　这似乎是 Josephus，*AJ* Ⅺ. 13 – 14 的看法，并时常被人重申，见 Williamson 1985（F 400）17。

被作为忠实于国王的廷臣加以教育。习惯上他们都会有一个巴比伦语名字，以表示他们如今卓有声望的新认同。在《但以理书》第1章第7节的散文叙事中，对这个习惯有明确的表示。那里说道，国王的太监长给但以理（Daniel）和他的三个伙伴起了巴比伦人名字。因此我们有理由认为，像流亡的约雅斤家族的其他人一样，设巴萨在巴比伦宫廷中长大，作为国王的随从生活在宫廷中（*CAH* Ⅲ^{2}.2，418－419）。[8]

设巴萨的称号“犹大的首领”，与先知以西结（Ezekiel）称呼复国后的大卫家后裔的称号完全一致（34：24，37：25，45：17，46：16 etc.）。因此，“犹大的首领”可以视为设巴萨的正式头衔“总督”（即 pehā，阿拉米语中的一个阿卡德语外来词，后来是希伯来语）的希伯来语转换。虽然“首领”的头衔暗示，犹太人希望大卫家的总督最终会恢复其君主地位，但那肯定不是居鲁士的意图。犹太人只是被授权重建耶路撒冷的圣殿。抛开几个孤立的个例如推罗、西顿和吕 264
西亚不论，则在波斯帝国的等级化结构中，并无依附国王的空间，只有总督的位子（有些人实际是当地王朝的代表）。如同居鲁士被视为米底、埃兰和巴比伦国王一样，他也是犹大的国王。

二　圣殿的修建

（一）撒拉铁（Shealtiel）之子所罗巴伯

设巴萨显然只是短期任职总督，并由撒拉铁的儿子所罗巴伯继任。此人是约雅斤的孙子，也可能是曾孙（参见1 Chron. 3：17－19）。[9] 在大流士2年发布的一份预言中，先知哈该（1：1）称所罗巴伯为“犹大地总督”（pebā）。可是，这并不暗示（如同许多学者如此认为的[10]）所罗巴伯仅仅在那个日期之前不久才接掌那个职位。从《以斯拉记》反映的所罗巴伯的活动范围判断，他可能已经在犹大相当一段时间了，因此我们有理由认为，所罗巴伯是最初几拨归返者之一，甚至可能就是设巴萨率领的那一拨。设巴萨去世后，所罗巴伯受命接替他。

如同哈该（Haggai）和撒迦利亚（Zechariah）的预言所暗示的那

---

⑧　阿斯卡隆（Ascalon）国王与犹大的约雅斤命运相同，见 *CAH* Ⅲ^{2}.2，420。

⑨　Japhet 1982－3（F 377）.

⑩　例如 Wanke in *ChJud* 1（F 372）164。

样，这个假设让所罗巴伯有足够的时间巩固自己在犹大的地位。其次，考虑到冈比西斯死后，尤其是大流士登上王位到他在位第1年末发生的震动帝国的混乱和政治危机，那时如果有任何从巴比伦到犹大的移民，倒是极其可疑。巴比伦尼亚当时是暴动的中心（*CAH* Ⅳ^2 129－130），而且穿过帝国的道路遥远，可以设想那时相当的不安全，因此不利于平民的自由迁移。另外，以各地统治者后代之名发动暴动的时期（*CAH* Ⅳ^2 57－63），对指定一个大卫家的后代为犹大总督，也不是合适的时机。

所罗巴伯并非归返者共同体的唯一领袖，他与约撒达（Jehozadak）的儿子、大祭司约书亚（Joshua）共担领导之责（Hag. 2：1－5；Zech. 3：1－4）。虽然在《以斯拉记》第1—5章中，一位回归期之后的编年史家努力在两个领袖之间保持平衡（如同在该书随后的章节中保持以斯拉和尼希米之间的平衡那样），但细心的读者在《撒迦利亚书》
265 的预言部分，仍能注意到他们之间的关系即使没有到公开冲突的地步，至少一度明显紧张。撒迦利亚描绘的约书亚“穿着污秽的衣服”，“撒旦站在他的右边与他作对”（Zech. 3：1－3）。这位先知在暗示所罗巴伯最高权威的同时，表达了这样的希望：约书亚将会洗清某些针对他的不那么具体的罪名，那最终会让“和平的倡议”主宰他与所罗巴伯之间的关系。据撒迦利亚的看法，所罗巴伯注定要继承王位，不仅因为他是波斯人的总督，还因为他是大卫家的苗裔。

哈该和撒迦利亚——他们亲历了那些事件——的预言中，似乎暗示奠定圣殿基础的，并非如犹大长老致信河西总督达乃（Tattenai）时所说（Ezra 5：16）为设巴萨，而是所罗巴伯。撒迦利亚明确提到（4：9）：“所罗巴伯的手立了这殿的根基，他的手也必完成这工。”哈该甚至提供了圣殿奠基的具体日子，“从这九月二十四日起（Hag. 2：18）”，也就是说，从公元前521年12月30日开始。

如果我们不仔细考察嵌入《哈该书》和《撒迦利亚书》中的各种年代学记录，将无法充分理解上述事件的意义。有人曾认为，⑪ 在《以斯拉记》和《尼希米记》中出现的大流士在位的年代，并不是根据巴比伦和河西地区流行的体系计算的。根据那种历法，每年从尼珊

⑪　Bickerman 1981（F 363）23－8.

月（Nisan）的 1 日开始。据此历法，则大流士在位的第 1 年从公元前 521 年 4 月 14 日才开始。只有我们假设大流士（而且只是他）将其在位的年代从冈比西斯公元前 522 年 7 月去世开始算起，甚至或许从高墨达（Gaumata）即斯美尔狄斯（Smerdis）于当年 3 月登基开始算起，这个年代才能一致。换句话说，他给自己额外添了半年，因为王位为高墨达篡夺，而他认为高墨达是篡位者。根据这种算法，则大流士在位的第 1 年可能从公元前 522 年夏天而非公元前 521 年春天开始，如同巴比伦历法习惯计算的那样。

对大流士登基第 1 年的这种定年，与《哈该书》充满希望地提到所罗巴伯的那段特别吻合。当大流士仍为平服巴比伦和埃兰最近的暴动大费周章时（根据这种算法，是他在位的第 2 年），即公元前 521 年冬，所罗巴伯将到达（耶路撒冷）。《撒迦利亚书》的预言中，有关大流士 2 年细罢特月（Shevat）24 日的说法，也是如此，那里提到和平将主宰那片领土（1：11），显然指的是大流士随后不久成功镇压所有骚动并巩固其统治的形势。与此形成对照的是，至今人们普遍 266
接受的年代学体系认为，[12] 大流士在位的第 1 年直到公元前 521 年 4 月才开始，那表明《哈该书》中暗示波斯帝国灭亡和所罗巴伯复兴犹大君主制的预言，是在起义被镇压很久之后才宣布的。在那样的境况下，此类希望难说合理。

《哈该书》的这个预言尽管实际上没有煽起暴动，但将所罗巴伯与一种只会引起波斯猜疑的期望联系在了一起。这很可能是所罗巴伯不久之后即被剥夺官职的一个原因。当波斯河西总督达乃到达耶路撒冷时（请见下文），与他谈判的不是所罗巴伯，而是犹太人的长老。在任何行政体系下，这都是一种异常的程序。情况似乎是：所罗巴伯当时不在耶路撒冷。他可能已经被罢黜，不曾完成圣殿的修建工作。

（二）延迟与完工

为什么圣殿没有如同在归返初期居鲁士给犹太人的诏令批准的那样迅速建成？据《以斯拉记》第 4 章记载，古代编年史将失败归于“犹大和便雅悯的敌人”的干预，也就是说，是那些被剥夺参与圣殿建

---

⑫ 请见 P. R. Ackroyd, *JNES* 7 (1958) 13－22；*CAH* Ⅲ^{2}. 2, 436；D. L. Peterson, *Haggai and Zachariah* 1－8 (Philadelphia, 1984) 43－4。

筑权的“那地的民”（同上，4：1－3）。他们骚扰犹大的人民，并“贿买谋士，要败坏他们的谋算”，干扰工程的完工（同上，4－5）。虽然这些叙述包含着某些历史真相成分，但更可能的情况是，它反映了尼希米与撒玛利亚领袖们之间的争斗，或者说它源自一个更晚的时期，即公元前4世纪与撒玛利亚人的分裂（见下文第288—290页）。

另外一种可能的解释是，阻止圣殿修建的不仅仅是撒玛利亚人，在修建圣殿以及重建犹大的一般工作中，波斯负责行省管理的官员们不断制造障碍。资料不曾给我们提供任何与此有关的信息，但河西行省的行政人员和官僚们不忙于执行居鲁士的诏令，或者不给圣殿的修建提供帮助，也不是不可能的。

可是，更为可能的情况，延迟的主要因素，似乎是由于长期干旱造成的当时犹大糟糕的经济状况（Hag. 1：6），它暗示的可能还有平
267 民的不满。这些麻烦的重合，不可能不引起广泛的绝望，并让人感到重建圣殿的时机尚不够成熟。

《哈该书》简洁地描绘了人民——他们企图为未能采取行动辩解——的一般状况：“这百姓说，‘建造圣殿的时候尚未来到’，即是说重建上帝圣殿的时候未到。”这里的“时候”（*et*）一词应当理解成命中规定的时间和预先规定的时间。潜藏在民众口号“时候尚未来到”后面的观念，只能放在其他先知书的语境中理解。[13] 它肯定是指耶利米的预言：那地将荒芜70年，那时犹大将受巴比伦王统治（Jer. 25：11－12）。耶利米解释说，这70年由三代人构成，即尼布甲尼撒、他的儿子和他的孙子，那时犹大的人民将为巴比伦王服役，“直到他自己的国遭报的日期（*et*）来到”（Jer. 27：7），在遭报的时代终止以前，不可能获得解救。

“70年”也是《以赛亚书》中“推罗受惩治”的标准年限，“推罗必被忘记70年”（Isa. 23：15）。只有在70年之后，推罗才会被人们重新记起，她与各国的商业才能恢复。在亚述王埃萨尔哈东（Esarhaddon，公元前681—前669年在位）的一份铭文中，[14] 在与其父辛那赫里布（Sennacherib）公元前689年毁灭巴比伦有关的语境中谈及

⑬ Ackroyd, *JNES* 7（1958）23－7；Meyers and Meyers 1987（F 384A）117－18.

⑭ Luckenbill（他首次对此段落提出了解释）1927（F 134A）243 §643；Borger 1956（F 80）15；*JNES* 18（1959）74.

报应时，也提到了同样的时间长度。据这份文献，巴比伦神马都克规定，巴比伦“将荒芜 70 年”，但他缓和了判罚，出于对该城的怜悯，将“70 年”改成了“11 年”。[15] 巴比伦的重建实际开始于埃萨尔哈东在位的第 1 年。在其他巴比伦和亚述文艺作品中，也出现过注定的灾难周期，那是一个预言和征兆尤其得到严肃对待的时代，无论预定的时刻（阿卡德语术语是 *adannu*）是否牵涉其中，都是如此。

古代近东民族赋予神庙毁灭和重建预言的重要性，不应让我们惊奇。神正论原则暗示，任何神庙的毁灭，包括耶路撒冷雅赫维圣殿的毁灭，都必然是神灵愤怒的表现。神灵在愤怒之中下令毁灭他的神庙，通过剥夺其崇拜者合法举行崇拜仪式的地点的方式，来惩罚信众。神庙一旦被毁，就只能基于神灵明确的指令予以重建，那时他的 268
愤怒已经缓解。在美索不达米亚，此类指令通过征兆显示，征兆由占星术士和脏卜师解释。在以色列，宣布此类指令的，正是先知。例如，耶利米不止一次地强调，在神灵的报复之后，随之而来的是救赎：耶路撒冷将在废墟上重建；它的流亡者，不管是那些被亚述人迁移的，还是那些被迦勒底人驱逐的，都将回到他们的家园；圣殿将再度竖起，大卫家族的荣耀将得到恢复（例如 Jer. 33：14 －18）。

对犹大人民来说，就耶路撒冷被毁而言，耶利米的预言显然已经应验，因此那是真正的预言（根据那时的观念，是应验了，见 Deut. 18：21 －22）。流亡者因此相信，荒芜将不多不少地延续 70 年，任何提前的行为都是可憎的。如果根据比较宽松的计算方法，即从约雅斤公元前 597 年被逐开始，则 70 年将在公元前 527 年结束，如果更严格，即从圣殿公元前 586 年被毁算起，应在公元前 516 年结束。不管根据哪种算法，报复期都即将结束，人们此时可以乐意地接受以赛亚那激情的呼吁了。在居鲁士占领巴比伦前夜，他申命般地向流亡者指出，“耶路撒冷的服役期已经完成……她的罪孽已经偿付”（Isa 40：2），得救的时刻近在眼前。

大流士在位初年，“70 年”的预言被再度提出，但基于从圣殿毁灭开始的更为严格的计算来解释。因此，《哈该书》引用的民众的口号称，修建圣殿的时候尚未到来。尽管如此，哈该和他的支持者似乎

---

⑮　楔形文字符号的 70 和 11 事实上可以相互恰当转换。

取得了胜利：就在那一年，即大流士在位第2年（根据巴比伦系统的算法），重建工程开工。

当圣殿建筑正进行时，显然是在大流士在位第3年（或第4年），波斯河西总督达乃到达耶路撒冷，希望了解犹太人根据何人授权重建他们的圣殿。从同时代的巴比伦语文献中，我们知道达乃其人（*CAH* Ⅳ^2 154），他的波斯语名字是塔塔努（Tattanu），其顶头上司为乌斯塔努（Ustanu）。在这些文书中，达乃的头衔为“巴比伦与河西地区总督”。达乃的考察可能是大流士平定遍及帝国的起义后，对该行省进行重组的一部分。[16] 接待他的犹太人代表无法提供需要的文
269 件，从而证明他们根据居鲁士的直接授权进行工作，但他们确实告诉了达乃有关敕令的故事，提到了设巴萨，并用下面的事例支撑他们的论点：工程实际上在居鲁士时代已经开工，尽管尚未完工，但从未中断。据此他们请求在巴比伦搜寻“国王的宝库”，据说能在那里找到居鲁士敕令的副本。总督将该事件上奏大流士（Ezra 5：3－17），波斯大王下令在巴比伦的王家档案馆查询。敕令的官方文本确实发现了，不过不是在巴比伦，而是在埃克巴塔那——居鲁士占领之前米底王国的都城——的要塞中。被发现的文件并非敕令本身，而是一份内部备忘录（*dikhrōnā*），涉及王家财政署支付圣殿建筑资金问题。大流士对帝国的管理严格遵循法律，而且宣称自己是居鲁士的合法继承人，因此授权完成该工程。此外，他特意命令该工程费用由河西地区的王家资金支付，以符合备忘录摘要概述的居鲁士敕令最初的规定。因此，犹太人不需要承担重建的费用。我们可以认为，行省的那帮官僚欣然服从了命令。

工程如今得以不受干扰地继续，并且很快在大流士在位第6年的阿达月（Adar）3日完成（Ezra 6：15），也就是公元前515年3月12日（在位年代据巴比伦算法）。因此，重建工程在公元前586年圣殿被毁70年后实际完成，并非偶然。情况似乎是：那些归返者见证了耶利米预言的毁灭的应验，因此又选择在那个恰当的时间完工，就好像是宣布“愤怒之杯”（Isa. 51：17）已经喝干，一个新的时代，即

---

[16] 关于河西地区此时正式从巴比伦尼亚分离出来的说法，如今不再成立，见 *CAH* Ⅳ^2 130－1，153－4。

上帝怜悯的时代，即将开始。[17]

（三）圣殿之城——耶路撒冷

随着圣殿的建成，居鲁士最初发布的敕令规定的所有条款都已得到执行，其顶峰便是耶路撒冷成为一个完全意义上的圣殿之城。由于大流士颁布了提供献祭品的命令，尤其是允许该城为国王与王子的幸福献祭，让这一特权得到强化（Ezra 6：10）。在其出自巴比伦的圆柱铭文中，居鲁士以类似的方式规定，所有因他的慷慨得以回归神庙的众神，都应为他本人和他儿子冈比西斯的幸福向马都克祈祷（*ANET* p. 316）。为了统治集团的幸福献祭的做法，在托勒密、塞琉 270
古和罗马时代的耶路撒冷仍然有效；而公元 68 年献祭的被废止，是一场反对罗马的伟大起义开始的信号。可以设想，圣殿及有关人员被免除了缴纳税收和参与波斯帝国习惯规定的各种强制劳动的义务。在帝国其他地区，重要的神庙也被赐予特殊的恩宠，并免除了这些负担。这是政府确保重要神庙支持的一种方法，它们的祭司可能随之获得了经济特权（参见 *CAH* Ⅳ^{2} 124 -5）。因此，耶路撒冷及其圣殿作为一个崇拜上、宗教上，甚至是政治上重要中心的新地位，与该时期其他神庙城市，尤其是巴比伦尼亚的那些城市，并无不同。祭司们的经济权利获得改善，直到尼希米经济改革之时，特权仍然有效。非常自然的是，从此时起，由于祭司们在圣殿中的独占权，他们在犹大人民中的地位和声望都有很大改善。层次分明的祭司以大祭司为首，并逐渐被视为人民公认的领袖。但与所罗巴伯和约书亚时代——他们共担领袖责任——相反，因所罗巴伯消失而留下的空缺，最初并未由大祭司与其家族占据，而由“犹太人的长老”补充，那是一个议事会，在第二圣殿期晚期将成为政府永久的工具。

到波斯时期之末，在圣殿人员的组织结构上，发生了更多的变化。关于这些变化的主要资料是《历代志》（上），在那里，我们发现祭司分为 24 个单位或班次（1 Chron. 24：7 -18）。犹太人的各种资料，其年代分布在第二圣殿期到拜占庭时期。[18] 在《历代志》（上）中，还列举了利未人的不同集团，如今成为正式的团体，如歌手和看

---

⑰ 有关第二圣殿期实物资料的讨论，见 *CAH* Ⅲ^{2}. 2，437 -9。

⑱ Schürer，Vermes and Millar 1973 -87（F 394）Ⅱ 245 -50；H. G. M. Williamson，*VT Supp.* 30（1979）251 -68.

门人等。这些变革中的多数一般被作为大卫王的变革记录下来，但学者们一般公认，它们的发展应当归于流放后的阶段。⑲

（四）从所罗巴伯到以斯拉

从圣殿建成到以斯拉（Ezra）到达耶路撒冷的大约 60 年间，是
271 回归期历史上最为模糊的时期。《以斯拉记》的作者忠诚于他的方法，围绕重要人物构建他的历史叙述，因此关于这个时期，几乎没有提供任何东西。《以斯拉记》中有限的几处暗示，提供了归返者与撒玛利亚某些共同体关系紧张的一些证据，却并未提供细节。那封呈送薛西斯（公元前 486—前 465 年在位）的控告信，就是这种紧张造成的。在《以斯拉记》第 4 章汇集的文书中，并未征引书信内容。但在那一章中，另外一封呈送阿塔薛西斯（公元前 465—前 424 年在位）的此类信件内容得到充分征引。那封信请求制止犹太人在耶路撒冷修建城墙，出自利宏（Rehum）和申帅（Shimshai）之手。前者的希伯来语头衔是 *bĕ*^{c}*el ṭĕ*^{c}*em*（用阿卡德语写作 *bēl-ṭēmi*），乃负责草拟正式文件的官员，⑳ 后者是书吏。他们代表撒玛利亚共同体写信，撒玛利亚人是数百年前为亚述人驱逐的人民的后代（*CAH* Ⅲ^{2}.2，342－4）。书信的作者指出，耶路撒冷一向被视为反叛之城，并警告国王说，如果城墙建筑完成，则给国王的贡税就会停止，王室财库将受到不利影响（Ezra 4：7－16）。

虽然书信开头详述的事件并无我们希望了解的历史背景，但它暗示，重建耶路撒冷城墙是大胆的尝试，因此强化了它作为享有特权的神庙城市的地位。如果工程完工，则耶路撒冷将享有较撒玛利亚更有利的地位，后者虽是总督驻节地，但没有神庙。因此撒玛利亚的领袖们反对耶路撒冷重建城墙，而且他们的请求确实获得了成功。阿塔薛西斯相信，犹太人的行动构成了威胁，所以下令停工。同时他发布告谕，以防对犹太人有任何伤害。他的命令得到了执行，在尼希米出现之前，耶路撒冷城墙处于废弃状态。

这里需要注意的是，阿塔薛西斯一世肯定对任何反叛迹象都特别敏感。其父薛西斯已经遇刺身亡，他本人也只是在其兄弟们被谋杀后

---

⑲ Schürer, Vermes and Millar 1973－87（F 394）Ⅱ 251－6.

⑳ 有关该术语最近的讨论，见 Lewis 1977（A 33）10 n. 38；Stolper 1984（F 176）305 n. 17。

才登上王位。[21] 帝国全境都发生了暴动，埃及在雅典帮助下起来反对波斯的统治；雅典的战船停泊在塞浦路斯附近，甚至逼近巴勒斯坦海岸（*CAH* Ⅳ^2 144，Ⅴ^2 52）。这种形势很可能有助于解释阿塔薛西斯在位初期犹太人历史上发生的两个重要事件：未得授权的耶路撒冷城墙的建造被终止，而以斯拉前往巴勒斯坦的使命显然获得了中央政府 272
的许可和帮助。

三　以斯拉及其使命

（一）以斯拉的权威

关于以斯拉和尼希米活动的时间顺序，现代学者存在分歧。部分权威学者[22]坚信，《圣经》所说“阿塔薛西斯王在位第 7 年”的年代（Ezra 7：7）所指并非阿塔薛西斯一世在位（公元前 465—前 424 年）年代，而是阿塔薛西斯二世在位年代（公元前 404—前 359 年），暗示以斯拉到达耶路撒冷的时间晚于尼希米 50 年。不过，有人认为，[23] 文献本身出现错乱，应当读为“阿塔薛西斯（一世）在位第 37 年”，也就是说，为公元前 428 年，因此再度将尼希米置于以斯拉之前。可是，似乎并无确定证据，证明对资料中的年代加以校改具有合理性，以颠倒《以斯拉记》和《尼希米记》编者所描述的年代顺序。所以，接受《圣经》的有关叙述，假设以斯拉的使命确实早于尼希米，似乎更为可取。[24]

西莱雅（Seraiah）的儿子以斯拉为一大祭司家族的后代（Ezra 7：5），《以斯拉记》第 7 章将他的祖先追溯到亚伦一系（Zadokite line）。他的另一称号，如同波斯大王在其任命状（*ništěwān*，Ezra 7：12－26）中所说，是“精通天神律法的文士”（*sěphar dātā di ˀělah šěmayā*，ibid. 12；*dātā* 在古波斯语中的意思是“法律”）。然而，以斯拉另一为人熟悉的称号，是“敏捷的文士，通达耶和华——以色列

---

[21] Stolper 1988（F 61）196 提供了有关薛西斯遇刺的一手资料。希腊语资料尚不曾据此重新考察。

[22] 有关该观点最为优秀的讨论为 Rowley 1952（F 390）131－159 和 1963（F 391）211－45。

[23] Bright 1960（F 366）及 1981（F 367）391－402，但请见 Emerton 1966（F 374）。

[24] 下述看法是所有年代学的基石：阿塔薛西斯在位第 20 年，尼希米到达耶路撒冷，其中阿塔薛西斯系阿塔薛西斯一世。阿塔薛西斯二世和公元前 385/384 年的可能性并不能被排除的看法，也常有人支持。有关撒玛利亚纸草文献最近的论述，见 Saley 1978（F 392），但也请见 Blenkinsopp，*JBL* 106（1987）420；1989（F 365）205。

上帝所赐摩西的律法（*tôrāh*，即教导、指导）”（Ezra 7：6）。“敏捷的文士”（*sōphēr māhīr*）是一个古代的称号，早在公元前13世纪，已经出现在乌加里特的文书中。

一般公认，这里出现的“文士”一词并不含抄写律法或其他宗教文献的意思。它毋宁应当理解成帝国行政机构中一个职位的正式头衔。[25] 常常有人认为以斯拉是犹太人共同体的精神领袖，有权而且享
273 有召集大量犹太人与他一起前往犹大的权威。《以斯拉记》全文征引了他从波斯大王那里得到的权力广泛的任命书，授权他指定官员，判决共同体案件，并根据上帝的律法和国王的法律执行判决。他还得到授权施加严厉的惩罚，包括死刑在内（Ezra 7：25－6）。这封信不仅授权他统治犹大行省的犹太人，而且包括河西省的所有犹太人居民，他们也遵守“上帝的律法”。[26]

这位波斯国王允许以斯拉将金银器皿、国王及其谋士的礼物等带到耶路撒冷。国王还赐予他从王室国库取得一份特别赠礼，并指定河西的王室财务官“速速地备办”（Ezra 7：19－21）。此外，阿塔薛西斯规定（*ibid.* 24），自那时起，祭司、利未人、歌唱的、守门的，以及其他在圣殿当差的人，都免除各种国税，无须“进贡、交课和纳税”（*mindā*，*bĕlō*，*hălakh*，同一时期的巴比伦文书通常称 *mandattu*，*biltu* 和 *ilku*）。总之，国王赐予以斯拉作为领袖的广泛特权（*ništĕwān*），从而极大提升了回归犹太人共同体以及那些随他回归的人的声望。相当可能的情况是：那份显示熟悉犹太人共同体内部事务的文件最初就是以斯拉本人起草的。[27] 尽管权力广泛，但人们不免注意到，他广泛的权力与其回忆录中相当有限的活动范围，形成了对照。

（二）在巴比伦时的宗教觉醒

国际舞台上的风云变幻，阿塔薛西斯控制权随后的巩固，并非促使以斯拉率领1754名回归者出发的唯一因素。组织那场特定时刻迁移的，来自犹太人共同体内部的因素，其重要性一点都不低。对穆拉

---

[25] Schaeder 1930（F 393）；Stolper 1989（F 181）298－9.

[26] 有些学者怀疑权力的这种扩展，但请见 H. Mantel, *Hebrew Union College Annual* 44（1973）63－71；H. G. M. Williamson, in R. E. Clements, *The World of Ancient Israel*（Cambridge, 1989）154。

[27] Schaeder 1930（F 393）53 ff. 但请与 Neh. 11：24 比较，后者为王室有关该民族所有事务的顾问。

舒家族——当时以尼普尔为基地的一个巴比伦商人家族——文书中犹太人名字的考察，已经揭示了此前不曾在此语境中注意到的一个重要特征。它证明，约公元前 5 世纪中期，犹太人的精神似乎经历了显著的变化，流亡者的第三代开始再度使用犹太语中带有诸如 *yahu* 等起
源于神的元素的名字，以及许多包含 *hanan*（神恩的）音素的名 274
字。[28] 如果这个看法正确，则很可能表示：公元前 5 世纪前期，尼普尔地区的流亡者群体开始对他们的犹太遗产再度产生了兴趣。如果这种地方性的再觉醒可以应用到巴比伦尼亚的全部犹太人共同体，那我们就获得了有关犹太人宗教进程的独特资料，其高潮就是以斯拉等的回迁。

以斯拉的回忆录中，包括那些随他回迁的家长的清单，首要而且最为突出的，是那些祭司家族。以斯拉特别留意把利未人包括其中。这些人为圣殿当差的能力是需要的。总体上看，这一波回归者都是与耶路撒冷及其圣殿有特别强烈联系的家族和圈子。

迁移的准确时间和组织，显示了与《出埃及记》所记事件外表上的相似。全体成员在 1 月出发，与以色列人离开埃及为同一月份（Exod. 13：4）。此外，到达犹大时，回归者奉献公牛犊、绵羊羔和公山羊为祭品，数量均为 12 的倍数。对这个数目的重视，意在表示回归锡安时，全体人民均参与其中。

（三）“被掳回归的人”与“列国的人民”

尽管以斯拉权力广泛，他实际的活动仅限于“集中被掳回归的人”（*golah*，即流亡者共同体）。如我们在以斯拉回忆录残篇和《圣经》编辑者的叙述中可以明显看到的，他主要关心的不是耶路撒冷和犹大人民的政治或社会福利，而是回归者和当地居民之间的关系，后者并未经历流亡者的精神觉醒。以斯拉向“被掳回归者”“被掳者的孩子们”和那些“聚集起来的被掳回归者”（Ezra 8：35，9：4，10：6，8）发言，而他的对手被称为“列国的人民”（*ᶜammē hā-ʾărāṣōt*，为 *ᶜam ha-ʾareṣ* 的复数，即“当地人”，*ibid.* 9：1－2），那个短语有异教徒的意思。在第一圣殿期，*ᶜam hā-āres* 最初的含义是指犹大民族（2 Kgs. 24：14），有时可能是人民中那些有影响的和有特

---

[28] Bickerman 1978（F 362）7 及表 1，基于 Zadok 1976（F 210）的研究成果。

权的人（2 Kgs. 24：14）。迟至哈该和撒迦利亚时代，这个术语在用法上仍属正面，指全体人民或者那些代表他们的分子。因此，当哈该督促人民修建圣殿时，他首先是向“列国的人民”求助（2：4）。同样，撒迦利亚（7：5）用“列国所有的人民”这个短语称呼所有回
275 归者共同体。以斯拉的叙述则在相当不同的意义上使用这个术语。以斯拉用它表示犹大的居民，与那些“被掳回归的人”形成鲜明的区别，后者也被称为“圣洁的种类”（9：2）。列国所有人民的概念显然不仅包括那些不曾被驱逐到巴比伦尼亚的犹大居民，也包括那些崇拜以色列上帝的犹大邻人和皈依者。

在《以斯拉记》第 6 章第 19—21 节有关庆祝逾越节的叙述中，我们清楚地看到当地存在广泛的宗教皈依。共享逾越节羊羔肉的，不仅有回归者，“被掳回归者的后代”，也包括“所有那些加入他们之中，并一切除掉所有外侨污秽、归附他们、要寻求耶和华——以色列上帝的人”。也就是说，所有那些根据律法的要求，接受了以色列上帝崇拜的人。类似的术语也出现在《尼希米记》第 10 章第 28 节，“一切离绝邻邦居民归服上帝律法的”，同时，《以斯帖记》第 8 章第 11 节也谈到，“那个地方大量变成了犹太人的人”（据《圣经》标准译本修订本，是那些“宣布他们自己是犹太人的人”）。

这里提到的，是那些已经加入“以色列人”并遵守律法的异教徒，因为这个类别是在列举了犹太人内部的各种类别——祭司、利未人、守门人、歌者和尼提宁——后提到的（Ezra 2－3）。这些皈依者在古朴时代的术语是 gēr，它最初的意思是“客人”，第二圣殿期中，“皈依者”和“改宗者”彻底定型。皈依最终根据明确界定的律法和仪式，以仪式化的过程进行，有些仪式至今尚存。

可是，以斯拉的主要目标，即他的宗教观的一个有机组成部分，是将被掳回归者的共同体塑造成为一个独特的团体，尽可能地遵循那些在巴比伦尼亚规范他们生活的风俗，因此他强烈要求种族和宗教上的分离。分离派哲学拒绝了回归初期撒迦利亚表达的普世性期待（8：23），那里的表述是：“万军之耶和华如此说，在那些日子，必有 10 个人从列国诸族中出来，拉住一个犹太人的衣襟，说：‘我们要与你们同去，因为我们听见上帝与你们同在了。’”可是，这种观点如今被抛弃，转而支持以斯拉和尼希米的孤立主义，后者似乎是在

巴比伦尼亚和流散到波斯帝国的犹太人中占统治地位的世界观。以斯拉的主要成就，用他本人回忆录中的话说（9－10），是毫不妥协地执行分离主义。他到达犹大时所面临的形势，他在回忆录中如此描述：

> 这事做完了，众首领来见我，说：“以色列民和祭司并利未
> 人，没有离绝迦南人、赫人、比利洗人、耶布斯人、亚扪人、摩 276
> 押人、埃及人、亚摩利人，仍效法这些国的民，行可憎的事。因
> 他们为自己的儿子娶了这些外邦女子为妻，以致圣洁的种类和这
> 些国的民混杂；而且首领和官长在这事上是罪魁。”（9：1－2）

如同接下来描述的那样，他的反应是戏剧性的：他撕裂了自己的衣服，拔掉头发和胡子，忧惧忧闷而坐。从痛苦中起身后，他做了一场忏悔的祈祷，大意是犹大地的不利状况，皆因“以色列人”与“列国的人民”的婚姻。最有指导意义的是，这里详细阐述的主题，在第一圣殿期的历史文献，甚至在《申命记》中，都没有出现，而后者是以斯拉在第9章第6—12节所提诫命的基础。以斯拉将圣经中的通婚禁忌扩大到亚扪人和摩押人［参见23：4－7（23：3－6）］，从而在对摩西律法的解释中，确切地阐述了一种新的劝告性原则（详见下文第284—285页）。㉙

于是他向那些“被掳回归者的集会”发表了一些激情四射的祷告［随后（10：9）用古朴的术语称“犹大和便雅悯的人民”］，并力劝他们与他们那些异教徒的妻子离婚。回忆录的末尾，是一个人员名单（10：18－44），主要是那些已经与外族妻子举行婚礼的祭司，但其如此突兀，以至于我们根本不清楚，那些被列入名单的人是否真的和他们的妻子离婚了。他如此巨大的努力，连同它暗示的社会和人文含义，需要一种不同类型的领导，其必备的特质，将体现在尼希米身上。

㉙　在一个对摩押人妻子持有强烈正面立场的故事《路得记》中，这一点根本不清楚。

四 尼希米的成就

（一）尼希米的个人性格

我们现在讨论哈迦利亚（Hacaliah）之子尼希米。他是国王阿塔薛西斯一世（公元前465—前424年在位）的持杯者，并被国王任命为犹大总督。尼希米的成就将在这个国家的历史上留下清晰的印记，既因为他强势的人格，也因为其职位拥有的广泛权力。这些特质与以斯拉形成鲜明对照。尼希米的天然背景是苏萨的宫廷。在那里，高级
277 职位由来自不同民族的贵族官员占据，创造阿契美尼帝国的，就是他们。[30]

尼希米称耶路撒冷为“列祖坟墓所在的那城”，有关其政敌的控告——“你又派先知在耶路撒冷指着你宣讲，说在犹大有王！”（Neh. 6：7），曾被视为他乃大卫后裔的证据，[31] 尽管《历代志》（上）第3章提供的世系表根本没有提供能得出此类结论的证据。他的职位是国王的持杯者，被视为最为尊贵的职务（Hdt. Ⅲ. 34. 1），因为只有最可靠的人，才能获得许可接近国王，更不用提要为国王斟酒了。

公元前445/444年，即阿塔薛西斯在位第20年，尼希米在耶路撒冷就任犹大总督。[32] 他很可能在那里只待了很短时间，一年，最多两年。据《尼希米记》第13章第6节，他返回了波斯，在阿塔薛西斯在位的第32年再度返回耶路撒冷。关于他的活动，我们主要的资料是他本人的回忆录（Neh. 1 –7：5；12：27 –13），那可能是在他的第二任期结束后书写的。这是一份个人的文件，部分是为自己辩护，对象则是上帝和未来的读者。在《圣经》文献中，这是独一无二的一篇。由于他取得了稳固犹大政治命运的成就，同样重要的是其中浸透了他的信仰，因此其回忆录，连同那些归于大卫、所罗门以及古时其他名人的作品，都注定会进入《圣经》正典。事实上，在后来一个溯及既往的传统中，尼希米被授予重建第二圣殿的荣誉。在另一个

㉚ 此类职位的担当者通常是宦官［比较 Lewis 1977（A 33）20 –21］，传统确认了尼希米的这一职位［请见 LXX Ⅱ Esdras，11. 11 和奥涅金（Origen）的《马太福音注疏》19：12 不同的说法］。但请见 Yamauchi 1980（F 401）。

㉛ Kellermann 1967（F 380）156 –9，但请见 Williamson 1985（F 400）179。

㉜ 但请见第312页注释3。

传统中，提到犹大共同体的领袖时，只有他而无以斯拉（见下文第285页）。[33]

对于之前的犹大行省总督（阿拉米语写作 *yĕhūd mĕdintā*），即尼希米的前任，我们所知甚少。尼希米（5：15）提到他们时，称“那些在我之前的总督”，而且明确宣布，这些官员们向人民勒索沉重的捐税，并要求他们供养总督的家用（“总督的面包”）。有些权威坚称，波斯时期酒罐手柄上印章铭文中出现的诸如 *yhwʿzr pḥwʾ* 和 *ʾhzy pḥwʾ*，表明它们是此前那些总督的名字。[34] 无论如何，如今人们无法再赞同一度通行的观点：尼希米之前，犹大并非一个独立的行政单 278
位，而是服从撒玛利亚总督的。[35] 有人认为，这是尼希米与参巴拉（Sanballat）斗争的真实背景，后者是撒玛利亚总督，而斗争从尼希米一上任就开始了。可是，看起来这场斗争的理由更加复杂，仅仅只是部分与尼希米权力的范围有关。

在波斯帝国，由于总督的地位相当于国王的代表，尼希米经常可以绕过自己的顶头上司，直接向王庭申诉。就尼希米的情况论，这一点尤其明显。他是国王的持杯者，被视为那位君主内部圈子里的人。参巴拉不大可能享有这种地位，尽管他的行政职位也许高于尼希米，因为作为政府和管理中心，撒玛利亚较耶路撒冷更加重要［比较 Neh. 3：34（4：2）提到的“撒玛利亚的军队”］。

（二）尼希米的对手和耶路撒冷的重新设防

尼希米的工程——修建新城墙以对耶路撒冷重新设防——一开始，撒玛利亚的总督似乎就已经成为他的主要对手。总督的巴比伦语名字是辛乌巴利特（Sin-uballit），他的绰号“和伦人”（Neh. 2：10）可能表示，他最初来自美索不达米亚北部的哈兰城（Harran），那是月神辛（Sin）的崇拜中心。可是，他儿子的希伯来语名字第莱雅（Delaiah）和示利米雅（Shelemiah）[36] 几乎不会让我们怀疑，尽管参巴拉有一个巴比伦人的名字，他崇拜的却是以色列的神。尼希米从不

㉝ 关于后世这些以及其他传统，见 Blenkinsopp 1989（F 365）54 -9。

㉞ 见 *CAH* IV^2 161 fig. 5 and Avigad 1976（F 355）33 -5。Stern 1982（F 397）202 -6, 237 赞同他们是总督的说法（根本不是那么确定），但对他们的定年比较晚。

㉟ Alt 1934（F 354）；请见诸如 Smith 1987 149 -50 and *CAH* IV^2 160 -1。

㊱ 这些名字是在公元前408年埃勒芬汀的犹太人致犹大总督巴戈伊（Bagohi）的一封信中提到的，见 Cowley, *AP* 30. 29。

曾控告参巴拉崇拜偶像或同时有多种信仰。

尼希米回忆录中提到的第二个对手，是亚扪人多比雅［Tobiah，3：35（4：3）］。虽然尼希米称后者为“亚扪人的奴隶”［*hā-ᶜebed hā-ᶜammōnī*，同上，2：19，但那可能是一种文字游戏，意在调侃他的官衔“国王的奴隶”（*ᶜebed ha-melekh*）］，但他非常可能是当地一个富有家族的成员。他尽管最初来自犹大，却在约旦河对岸拥有产业，并在那里有相当影响。[37] 从约瑟夫斯有关多比雅家族的记载中我们知道，在尼希米之后200年，该家族将在托勒密统治下的巴勒斯坦国家的历史上扮演重要角色。在耶路撒冷圣殿，多比雅有一个官衔（“室
279 长”，Neh. 13：7），并通过联姻与大祭司以利亚实（Eliashihb）（同上）以及耶路撒冷其他显赫家族联系在一起（Neh. 6：17－19）。

《尼希米记》还提到第三位对手（2：19），那是阿拉伯人基善（Geshem the“Arab”）。他可能是奎达利特人（the Qedarites）的国王，他们是阿拉伯半岛北部的一个部落集团，独占着极为获利颇丰的香料贸易。[38] 他对尼希米的态度可能主要源自政治动机，反映犹大地位的上升以及对他的地位造成的威胁，以及他对尼希米野心的恐惧。

新总督被授予的权力，还有他作为改革家的活动，不仅在耶路撒冷和犹大，而且在整个巴勒斯坦地区，都被视为对现有社会秩序的威胁，实在是太正常了。从其任期一开始，尼希米就威胁三个主要的反对者说，“你们却在耶路撒冷无分、无权、无纪念”（Neh. 2：20），因此，他否认他们因其行政的、社会的和经济的地位让他们过去在耶路撒冷及其圣殿享有的特权。

尼希米还需要应对来自耶路撒冷共同体内部的反对活动，那是由大祭司以利亚实领导的，通过联姻，此人与参巴拉有关系。但这股反对势力似乎不如参巴拉和多比雅激烈。在尼希米的回忆中，以利亚实并未直接受到批评。

尼希米的第一项工程是对耶路撒冷设防。要支撑耶路撒冷圣城的

---

[37] Mazar 1957（F 383）.

[38] 在马斯克胡塔丘（Tell el-Maskhuta）——进入埃及的东入口——发现的一个银碗上刻有铭文，上有奎达王基善之子奎努（Qainu）的名字，见 *CAH* Ⅳ² 148，164，Pls. to Vol. Ⅳ，pl. 93。

地位，这是关键步骤。[39] 如此规模的城墙建筑工程需要大量劳动力，它部分可以通过那些志愿者家族提供，但这些志愿者的数量不足。由于大部分人拒绝参加，尼希米无可选择，只能行使他总督的权威，征发劳役（在《尼希米记》第 3 章中，名为 *pelekh*，源自巴比伦语的一个外来词）。那些被征调的劳工队（*pĕlākhīm*）可能是以地域或者政区为单位（*CAH* Ⅳ^2 159 and n. 50）。工程在 52 天内完工（Neh. 6：15）。[40]

（三）尼希米的社会改革 280

虽然尼希米使命的直接目标，是重建耶路撒冷城墙，但他很快意识到了犹大人民的可悲情况，启动了社会和经济领域的改革。在两代人的时间里，社会两极化一直在增长。一方面，显赫人物、高级官员（*sĕgānīm*）以及祭司家族因不受税收触动，生活舒适；另一方面，农民和小业主为饥荒和苛捐杂税所困，许多人沦为赤贫。奴隶制和农奴制已经成熟，如同我们从人民对尼希米的申诉中看到的那样：

> 有的说："我们和儿女人口众多，要去得粮食度命。"有的说："我们典了田地、葡萄园、房屋，要得粮食充饥。"有的说："我们已经指着田地、葡萄园借了钱给王纳税。我们的身体与我们弟兄的身体一样，我们的儿女与他们的儿女一般。现在我们将要使儿女作人的仆婢，我们的女儿已有为婢的；我们并无力拯救，因为我们的田地、葡萄园已经归了别人。"（Neh. 5：2－5）

新总督设计的激进解决办法，是免除债务，将田地归还旧主。他在耶路撒冷召集了一次大多数人民参加的"集会"（Neh. 5：7），少数富人一起出席。他在会上作了强势且有说服力的发言，既诉之于民意，也行使作为总督的权威，宣布了影响深远的社会改革。富人被迫当时就地公开发誓，他们会立刻把田地、葡萄园、橄榄园、房屋、金钱、粮食、酒和油归还原来的主人。此等激进的社会改革在古代美索

---

[39] 《尼希米记》（2：1－8）清楚地表明，他曾向国王提及重建城墙，并得到了国王的授权。不能排除在城墙建筑计划背后，国王有他自己的算盘。

[40] 约瑟夫斯称（*AJ* Ⅺ. 179），工程花了两年零四个月，有人曾认为，两个数字可以调和，那就是圣经的叙述仅仅指建筑的最后阶段，但请见 Bewer 1924（F 360）。

不达米亚历史上多有证明，并非不经常发生的现象，尤其是在巴比伦国王的“解放”（*andurarum*）立法中。有人曾认为，[41] 尼希米的改革应当与公元前6 世纪雅典的梭伦改革并提，甚至认为，把尼希米与公元前5 世纪的同时代人即伊奥尼亚和西西里的僭主们并提，更为合理。

尼希米另一项影响深远的改革，是充实耶路撒冷人口。他发布一
281 道命令，规定犹大 1/10 的人口应当定居该城（Neh. 11：1 –21），从而达到了这个目的。与这个立法并行的事例，又可以在希腊和希腊化时代的统一运动——依靠命令强行将居民移入城市——中看到。[42] 如果要让命令生效，首先需要进行人口统计。与这场统计相关的家族世系表出现在《尼希米记》第 7 章和第 11 章。

尼希米回忆录中对这些活动的叙述，包含了有关不同社会集团与政府职务的新术语*ḥōrīm* 和 *sĕgānīm*。第一个术语在《列王记》（上）第 21 章已经出现过，意思是自由人，大多出身贵族。在同时代的巴比伦神庙文书中，意义与之对应的是 *mār banūti*，意思是“出身良好的”人。第二个术语是一个外来词，源自巴比伦语的 *šaknu*，那时它的意思是任何得到任命的高级官员（与亚述时期有特定含义的“总督”一词形成对照）。尼希米并未像以斯拉曾做过的那样，使用 *gōlāh* 一词来称呼被掳回归者的共同体。除*ḥōrīm* 和 *sĕgānīm* 之外，一般的公众按照“犹太人”（yĕhūdīm）、祭司和利未人分类。然而，第一个术语有多重不同含义，有时指居住在犹大的全体人民［Neh. 3：34（4：2），6：6］，有时指那些既非祭司也非利未人的人（*ibid.* 2：16），还被用在族群—宗教意义上，与异教徒形成对照［*ibid.* 4：6（4：12）］。

（四）对圣殿事务的干预

虽然尼希米并非祭司，他却广泛介入了圣殿事务及其管理。对圣殿和祭司的维护与运转，以及圣殿的日常管理，他制定了经过改革的

---

[41] 例如 Smith 1987（F 396）103 –9。对该时期社会和经济发展进行勾勒的尝试，请见 Kreisig 1973（F 381）；Japhet 1983（F 378）；J. P. Weinberg, *Klio* 34（1972）45 – 59, *VT* 23（1973）400 – 14，以及 J. Harmatta and G. Komoroczy（eds.）*Wirtschaft und Gesellschaft im alten Vorderasien*（Budapest, 1976）473 –86。但最近的论述请见 J. Blenkinsopp, in P. R. Davies（ed.）, *Second Temple Studies*, *I Persian Period*（Sheffield, 1991）22 –53。

[42] Smith 1987（F 396）109.

法规。急需进行的改革之一，是需要对不同形式的献纳和什一税进行正式的组织，以提供经常性的经费［Neh. 10：33－40（10：32－9），13：10－12］。对于圣殿及其人员的独立，这个措施发挥了重要作用。另外，他也毫不迟疑地与圣殿领导层公开冲突，例如，他将多比雅家的东西从圣殿中移走，并禁止多比雅在那里拥有房屋（*ibid.* 13：4－9，28－31）。值得注意的是，一般来说尼希米会用辩护的口吻报道自己的行为，但在述及自己的成就时，却省略了那些改善祭司和利未人即祭司中最低等级的利益的措施（13：29－30）。

毫无疑问，尼希米相信，通过提高圣殿及其祭司团体的地位，他会从总体上提升耶路撒冷的声望，强化该城的经济基础。在规定常规性的什一税的同时（公元前6—前5世纪美索不达米亚神庙城市最普通的税收形式），他也进行了重要的改革。到当时为止，祭司家庭一 282
直管理圣殿的财政，控制着犹大人民交给耶路撒冷圣殿的各种实物的分配，利未人则一直没有经常性收入来源。尼希米希望为圣殿最为需要的人手利未人提供常规收入，所以为他们在圣殿中的服务设计了新的职能，从而通过祭司的俸禄为他们提供了永久性的收入。

此类行动不可能不创造感恩尼希米并同情其事业的因素，通过这些因素，他能够对圣殿施加影响，与掌权的祭司贵族继续斗争。从此时起，利未人开始获得力量，在波斯时期，他们作为守门人和圣殿的守卫者，将爬升到令人尊敬的地位，如同我们在《历代志》中看到的那样（那是尼希米之后几代人时编订的）。

对尼希米来说，另一个特别有趣的问题，是严格遵守安息日。由于在巴比伦尼亚的犹太人共同体中，宗教规例已经成为表达信仰最为重要的表现之一，所以这一点并不奇怪。[43] 然而在犹大，规例显然并不那么严格。因此，他规定耶路撒冷的城门不向推罗商人开放，因为那些人习惯在安息日运来货物。负责执行休息日规定的，正是利未人（Neh. 13：16－22）。可是，他能否在整个耶路撒冷确保农业以及其他劳作全部停止，令人生疑（*ibid.* 15）。

像以斯拉一样，尼希米面临着种族间的通婚问题，特别是在上层

[43] 见下文第284页。请注意其在《以赛亚书》第56章第6节的重要性，并请见Smith 1984（F 395）247，258，263，271。

社会。以斯拉除引用法律论证外（Ezra 9：11－12），还以文化和历史的理由，谴责与异族通婚（Neh. 13：25－27）。可是，他反对混合婚姻的战斗，也有他个人与大祭司以利亚实家族冲突的动机，后者与参巴拉联姻，并且与多比雅熟悉。尼希米赢得了胜利，将以利亚实的孙子即参巴拉的女婿逐出了圣殿（Neh. 13：28），但胜利仅仅是暂时的，因为尼希米任期末年，大祭司再度获得其过去的地位。虽然如此，尼希米改革的大部分内容产生了持久的影响，尽管形式上有所修正。

虽然尼希米和以斯拉在与异族通婚问题上态度相似，但他们之间
283 也有某种程度的区别：以斯拉将其使命限定在被掳回归者的共同体中，尼希米则诉之于全体犹大人民，虽然并未包括撒玛利亚人，以及犹大边境上其他领土上的人民。尼希米将所有的犹太人——不管他们是被掳回归者，还是从不曾被逐的当地人——视为一个分离的团体，在他们与撒玛利亚行省的居民之间划出明确的界线。以斯拉的分离主义，如今因为塞入了政治管理层面的内容，即犹太人和撒玛利亚人之间的区别，得到了强化。

（五）律法和圣约的执行

与尼希米的回忆录交叉在一起的，是对两次重要努力的综合性叙述，努力既属于以斯拉，也属于尼希米。虽然在他们的回忆录中，两人谁也没有提到对方，但在犹大推行律法的措施的语境中，他们被认为是殊途同归。第一个事件是一次重要的公众集会，完全用来宣读律法（Neh. 8－9：1－3）。那里的主导人物是以斯拉，在仪式上提到尼希米（*ibid.* 8：9）令人生疑，[44] 据信乃编者的添加。

在“第7个月月初”［提斯利（Tishri）月］（Neh. 7：73），[45] 人民聚集在耶路撒冷举行仪式，那将在那个月的1日或2日举行，住棚节期间，节日继续，其高潮是10月24日（Neh. 9：1）。以斯拉站在一个专门准备好的木头讲坛上，向聚集在那里的众人宣读律法。同时宣读律法的阿拉米语译文，并由利未人提供解释。在文书中，利未人被表述为“那些能够让人民理解的人”（*ibid.* 8：7）。《摩西五经》的诫命部分，即包含保佑与惩戒的部分（Deut. 28 或 Lev. 26）似乎也在

---

[44] Williamson 1985（F 400）279.

[45] 这个节日与新年节日的发展之间的关系与本节无关，但《利未记》23：23－6肯定与专门选定这个日期有关。

宣读的段落之中。我们根本不清楚以斯拉宣读的“摩西律法卷”的范围和内容（Neh. 8：1），看来向人民宣读的部分包括庆祝住棚节的诫命，它们是特别从《摩西五经》中有关祭司的段落中专门挑选的（如 Num. 29：12 –39）。

这个仪式最富有指示意义的特征，是将宣读律法作为共同仪式来
处理。当以斯拉打开书本时，人民起立，他则称颂上帝。人民以
“阿门、阿门”回应，举手、低头、面伏于地。犹太人历史上，这是
第一次以律法而非奉献牺牲为中心的仪式的记载，并为第二圣殿期的 284
犹大崇拜树立了榜样。事实上，犹太教后来的传统强调以斯拉在创建
律法书这种新地位中的关键作用。与这些传统对应的，是摩西和以斯
拉作为立法者的对应，“即使摩西不曾预见到以斯拉，但因为律法通
过他得到贯彻，因此他有资格与律法并立”（BT *Sanbedrin* 21b）。

以斯拉和尼希米共同出现的另一重大事件，是签订圣约［Neh. 9：38（10：1）。这里所用希伯来语词汇是ˀ*ămānāh*，与 *bĕrīt* 一词属于同一时代的语言］。与宣读律法形成对照的是，这次行动的发起者被归于尼希米。《圣经》的编订者将有关叙述置于宣读律法之后，但大多数学者认为，[46] 签约是一个独立的行动，与国王约书亚在发现“约规”时签名类似，后者一般情况下与《申命记》的记载（2 Kgs. 32）被视为一回事。《尼希米记》第 10 章的立约扩大了禁例，不准与“这地的所有居民”通婚；不仅禁止在安息日劳动，而且不准在安息日贸易和经商，后者实际上不曾为律法明确禁止。守安息日已经成为巴比伦尼亚犹太人一个最为典型的象征，使他们与周围其他居民区分开来。结果，安息日中不得从事哪怕最轻微的渎神之事的规定，成为流散到巴比伦尼亚和波斯的犹太人强加于犹大行省犹太人身上，并为后者接受的一个宗教规例。

圣约规定，人民每隔 7 年停止所有农业劳作一次，并且在第 7 年不得追讨债务（Neh. 10：32），同时维持给圣殿正常缴纳各种什一税以及给祭司和利未人的各种礼物。在所有事务中，他们需要每年将三分之一舍客勒的税交给圣殿（*ibid.* 33），并给圣殿缴纳“柴俸”（*ibid.* 35）。缴纳三分之一舍客勒是一种创新，最后它被提高到半舍

㊻ 请见 Williamson 1985（F 400）325 –31；Blenkinsopp 1989（F 365）311 –14。

客勒（如《出埃及记》30：11－16所记载的），整个第二圣殿期，标准一直如此。柴俸的目的，是让奉献牺牲时有经常性的燃料供应。在一个森林远谈不上丰富的国家，那是一件关键性的物品。

这些措施中的最后两项，显然并非《摩西五经》的明确规定，而是经过后来名为“对《律法》加以解释”（*midrash halakhah*）的程序后，从圣经文本中派生出来的。[47] 事实上，圣约中列举的其他措施，也透露了利用这一程序的证据：它们不是用圣经文本的语言阐述的，并且将《摩西五经》中不曾明确提到的情况，加以相当程度的
285 放大和扩展。所以，圣约标志着随后几百年里一种发展的重要过程的开始，是对口传律法进行阐释的第一阶段。非常重要的是，与这一过程有关的人不是祭司和文士以斯拉，而是总督尼希米。根据他的回忆，尼希米不仅对圣约加以解释，甚至推行了那里列举的某些措施。

因此，历史传统将创造具有永久重要性制度的荣誉归于尼希米，并不令人惊奇。尤其值得注意的是便西拉（Ben Sirach）在赞美过去伟大行为时的态度，他根本没有提到以斯拉（本身就是非常重要的忽略），而是向尼希米致敬，称“他重建了我们那废墟中的城墙，竖起城门和栅栏，并重修了我们的房屋”［Ecclesiasticus 49：18－19（49：13 NEB）］。可是，另一传统甚至将圣殿和神坛的修建都归于尼希米，将他作为一个把永恒的圣火归还圣殿的人加以褒扬（2 Macc. 1：18－36）。[48]

（六）尼希米的继承者

尼希米任期之后，总督对犹大共同体生活的影响开始下降。铭文资料提供了两个后来总督的名字：巴戈伊和耶伊奇雅（Yehizkiyah）。公元前408年，埃勒芬汀的犹太人曾觐见前者，请求他代表他们进行干预（Cowley，*AP* 30）。后一个总督的名字曾出现在波斯末期的钱币上。[49] 虽然巴戈伊是一个波斯语名字［请与《以斯拉记》第2章第2

---

[47] Clines 1981（F 369）；M. Fishbane，*Biblical Interpretation in Ancient Israel*（Oxford，1985）114－27. 也请见 J. Liver，*Studies in Bible and Judean Desert Scrolls*（Jerusalem，1971）116－20（Hebrew）。

[48] 《马加比传》（下2：13）还把“列王记、先知作品、大卫作品，以及关于神圣献纳的王家书信”的搜集，并为之创建图书馆，也归于尼希米。关于约瑟夫斯笔下和《塔木德》资料中的尼希米，见 Blenkinsopp 1989（F 365）54－9。

[49] Rahmani 1971（F 389）；Naveh 1971（F 385）30；H. G. M. Williamson，*Tyndale Bulletin* 39（1988）73.

节列举被掳者子孙时提到的比革瓦伊（Bigvai）比较]，但人们请求他帮忙修缮“埃勒芬汀的雅赫维的庙”的事实，似乎暗示他是一个犹太人。他可能像尼希米一样，是从波斯宫廷来到犹大的。有些学者曾主张，[50] 埃勒芬汀某些书信中提到的哈那尼亚（the Hananiah），应当与“城堡总督”（Neh. 7：2）中的哈那尼亚为同一人（Cowley，*AP* 21，38）。可是，这个名字和其他名字一样，都源自词根 *hnn*，是公元前 5 世纪犹太人中相当普通的名字，因此这种合并两人的做法，并不一定能站住脚。

随着总督失去声望，祭司能够重获他们过去的地位。有关祭司政
治上显赫的富有指示性的证据，出自属于该时期末的一枚钱币（与耶 286
伊奇雅的铸币同时），其上有铭文 *ywḥnn hkwhn*［祭司约哈难（Yohanan）］。[51] 这个约哈难与以利亚实的儿子约哈难并非同一人（Neh. 12：23），但他可能是在埃勒芬汀犹太人请求巴戈伊的书信中提到的大祭司约哈难（Cowley，*AP* 30：18）。据称这个钱币上的（大）祭司属于更晚的时期，他有可能是雅杜（Jaddua）的前任（见下文）。因此，大祭司成为共同体的领袖，以及在政府中的代表。这在有关大祭司——据称公元前 332 年，他曾率领一个显赫人物组成的代表团在耶路撒冷城郊欢迎亚历山大——的传说中有所反映。[52] 约瑟夫斯（*AJ* Ⅺ. 302）把这个大祭司与雅杜视为同一人，但《塔木德》的传统（BT Yoma 69a）称，那是公正者西缅（Simeon the Righteous）。在非犹太人的资料中，阿布戴拉的赫卡泰俄斯［Hecataeus of Abdera，*FGrH* 264 F 6（5）］明确宣布，在他们国家里，犹太人由他们的大祭司治理。相当可能的情况是：大祭司的统治依靠长老议事会的支持，希腊化时代，我们知道长老被称为 *gerousia*，但我们并无有关此点的直接证据。

政府的这种分层体系，没有给大卫王朝的后代留下空间（尽管在巴比伦尼亚，他们维持了特权地位，请见有关被掳者后来的传统）。那是波斯国王帝国政策的后果之一。在所罗巴伯消失后，大卫家的苗裔从不曾成为犹大共同体的领袖。尽管如此，对这个古代王室

---

[50] 请见 Porten 1968（F 504）130，在第 279—280 页，他提出了一种不同的看法。

[51] Barag 1985（F 356）；1986－7（F 356A）；CAH IV^2 152 及图 2。

[52] 关于这次访问，没有任何非犹太资料提及片言只语，因此只有很少的人接受这个说法。见 Bickerman 1988（F 364）4－5 及 314。

家族的兴趣仍然活跃，其谱系也仍保存。《历代志》（上）第 3 章第 19—24 节的谱系表中，包含该王朝的详细资料，那里追溯到所罗巴伯以后的数代人。大卫家君主政体的复辟，如今与末世论的希望联系在一起，并将成为第二圣殿期弥赛亚传统的一个有机组成部分。

五 撒玛利亚人及与他们分离的背景

对波斯时期犹大历史的概述清楚地表明：史料中形容词“犹太的”（*yěhūdī*，即 Judahite）所描绘的人口构成中的种族因素，在第一圣殿被毁后尚无变化，仍保持着它因流放和回归具有的独特认同。巴比伦人的君主与亚述人不同，一般并不对被征服的外国土地重新移
287 民，而只是将当地人口斩草除根，并把他们迁移到巴比伦。亚述人则相反，曾采用“双重驱逐”的办法，结果当然是最终产生一个新族群，以取代被迁移的民族。新居民因为对他们的新环境陌生，自然要在经济和政治生活的各个方面都依赖帝国当局。

就撒玛利亚居民来说，这个说法肯定是真理，他们是萨尔贡（Sargon）在公元前 720 年消灭以色列后安置在那里的。萨尔贡的铭文告诉我们，阿拉伯人被驱逐到撒玛利亚（*CAH* Ⅲ^{2}.2，436 及注释 176），此外还有萨尔贡王国其他地区的居民，他们定居在撒玛利亚城本身（*CAH* Ⅲ^{2}.2，342 及注释 149 和 150）。关于这个问题，我们主要的资料出自《圣经·列王记》（下）第 17 章，那里没有提到这位亚述王的名字，但提供了那些居民被迁移的城市的清单，“亚述王从巴比伦、古他（Cuthah）、亚瓦（Avva）、哈马（Hamath）和西法瓦音（Sepharvaim）迁移人来，安置在撒玛利亚的城邑，代替以色列人。他们就得了撒玛利亚，住在其中”（2 Kgs. 17：24）。

因此，被迁移者大多是巴比伦尼亚及其以东即埃兰边境地区的当地人。最后，犹太资料逐渐称他们为“古他人”，而抛弃了所有其他名称。自希腊化时代以降的后《圣经》时代的资料中，其名称通常是“撒玛利亚人”。[53] 但在《以斯拉记》和《尼希米记》中，这

[53] 这个词只在《圣经·列王记》第 17 章第 29 节出现过一次，那里提到了撒玛利亚以前的居民，请见 M. Cogan and H. Tadmor, *II Kings* (Anchor Bible) (New York, 1988), 211; S. Talmon, in *Gesammelte Aufsätze* 1 (Neukirchen-Vluyn, 1988), 131 –4, and in S. Talmon (ed.), *Jewish Civilization in the Hellenistic-Roman Period* (Sheffield, 1991) 30 –1。

个名字不曾出现，令人惊奇。在叙述有关耶路撒冷和撒玛利亚领袖之间的争论时，他们使用了其他名称。在《以斯拉记》第 4 章第 1 节，那些人被称为“犹大和便雅悯的敌人”，而在《尼希米记》中，北方的敌人被称为参巴拉的异教徒和撒玛利亚的军队［Neh. 3：34（4：2）］。

相当明显的是，负责撰写《以斯拉记》与《尼希米记》的历史学家和编订者特别注意强调以回归者和犹大领袖为一方、以撒玛利亚的统治圈子为另一方的对抗。产生这种关系的背景错综复杂，分为两个范畴：族群和宗教的以及政治和行政的。我们不清楚新近到达的民族与撒玛利亚幸存的残余居民（北方王国的人口全部被流放几乎不可能）是否真的同化了，也不清楚这个过程达到什么程度。可以设想，那里发生了相当程度的种族混合。毫无疑问，“撒玛利亚人”，至少是他们的政治精英，承认耶路撒冷圣殿在崇拜上 288
的突出地位。此外，如我们已经指出的，参巴拉与耶路撒冷的大祭司存在联姻，他的儿子们，即第莱雅和示利米雅，被取了含有雅赫维神的名字，而且埃勒芬汀的驻军请求他们干预，以获允重建在埃勒芬汀的“雅赫维庙”（Cowley，*AP* 30）。所以，尼希米和参巴拉之间政治上和行政上的争斗，需要从撒玛利亚领导人和耶路撒冷大祭司合作这个角度加以考察。可是，争斗的根源应追溯到更早的时期。在利宏和申帅上奏阿塔薛西斯的控告信中，冲突依然明显（Ezra 4：8ff，见前文第 277 页）。这封信的作者向波斯国王自称是来自埃莱克（Erech，即巴比伦语的乌鲁克）、巴比伦和苏萨的流亡者的后人。尤其重要的是，这里提到了苏萨，因为那是古代埃兰的都城，如今是波斯帝国的都城之一。所以，这些作者通过强调他们美索不达米亚和东方的来源，似乎意在掩饰他们与犹大的关系，同时，他们强调了耶路撒冷的反叛倾向以及设防该城对中央政府的威胁（Ezra 4：12－14）。然而，参巴拉及其家族，以及他们在耶路撒冷亲密的同党，是否属于撒玛利亚反犹大的一派，令人生疑。这封信清楚地表明，撒玛利亚的居民由多个族群和宗教团体组成，但更进一步的细节并不清楚。

值得注意的是，撒玛利亚驻扎了一支军队［Neh. 3：34（4：2）］，耶路撒冷却没有享受到这种军事和行政特权。[54] 另外，撒玛利亚并没有被视为像耶路撒冷一样的圣城，因此，“撒玛利亚人”企图在耶路撒冷的圣殿中安插一个钉子，是再自然不过的事情。在整个回归期，撒玛利亚人一直为此努力。

通过分离政策，以斯拉和尼希米决心切断犹太人和“撒玛利亚人”之间的联系，但在耶路撒冷有影响力的人中，这些政策遭遇了反对。尼希米利用他作为总督的权威，将参巴拉家族从他们在圣殿中的位置上驱逐，赶走了参巴拉的女婿，此人同时是大祭司的儿子
289 (Neh. 13：28)。但这并非最终结果。一旦尼希米总督任期结束，撒玛利亚和大祭司家族之间的纽带会重新建立。事实上，《历代志》对北方人的态度暗示，犹大人民对他们采取友好态度，他们被描述为有资格参与耶路撒冷圣殿布道的人（见下文第 293 页）。

对于撒玛利亚和耶路撒冷公元前 4 世纪的历史发展，我们的资料还要稀少得多。[55] 明确的只是分离最终造成了彻底的决裂。约瑟夫斯（*AJ* XI. 309 – 312）根据据称可信的传统，说参巴拉（今天我们知道那是第三任总督的名字）[56] 鼓励他的女婿玛拿西（Manasseh），也是大祭司的儿子，确立了他在撒玛利亚的地位。据说亚历山大征服巴勒斯坦后不久，在他的许可下，参巴拉在基利沁山（Mount Gerizim，即祝福山，Deut. 27：12）修建了一座新庙，并任命玛拿西为大祭司。

撒玛利亚人宣称自己是真正的以色列人，在他们自己的新神庙里崇拜以色列的上帝。希腊化时代，他们在提洛岛上的后代将自己描述为“提洛岛上的以色列人，为阿尔加里曾（Argarizein）圣地送去了他们的贡献”。[57] 如果耶路撒冷和撒玛利亚之间没有严重的裂痕，建

---

[54] 这个主张并未被普遍接受。Tuplin 1987（F 66）182，238 认为，那是指耶路撒冷要塞的指挥官（Neh. 7：2）。他把耶路撒冷和撒玛利亚都作为驻有军队的省府，并且认为多尔（Dor）、拉吉（Lachish）和亚实突（Ashdod）应被置于同等地位。无论最终结果如何，在城墙完成之前，耶路撒冷是否驻有军队，根本不清楚。另外，《尼希米记》第 3 章第 34 节（4：2）中的军兵（hyl）是否肯定是一支正式的波斯军队而非当地民兵，值得怀疑［Williamson 1985（F 400）ad loc.］。

[55] 我们可以期待达利耶干河（Wadi Daliyeh）纸草文献最终公布后有些东西［请见 Cross 1969（F 370），1985（F 371A），1988（F 371B）］；新的钱币学证据［Meshorer and Qedar 1991（F 384）］对此有重大贡献。例如，有 *Smryn* 之名（城市、行省？抑或两者都是？）的钱币显然是公元前 375 年以后的若干年才发行的，并与 *yhd* 之名的钱币并行，它的定年更加接近。参见同上书第 66 页。

[56] Cross 1975（F 371）. Meshorer and Qedar 1991（F 384）52 – 3 nos. 41 – 5 可能是以他的名义铸造的。

[57] *SEG* XXX 810（250 – 175 B. C.）and 809（150 – 90 B. C.），由 Bruneau 1982（F 368）公布。

立一座与耶路撒冷圣殿抗衡的神庙这种激烈且史无前例的行动，是难以想象的。如同在尼希米时代那样，这场分裂是犹太人主动挑起的结果，还是如同约瑟夫斯描写的那样，源自家族阴谋？换个思路看，它也许是一个渐进的过程：两个共同体之间的关系逐渐恶化，其裂痕达到了无法消弭的程度，结果是北方的共同体走上了不同的道路，成为一个不同的民族与宗教团体，如同古代以色列王国时代那样。果如此，则我们能较好地理解最近发现的钱币的意义。它们以耶罗波安（Jeroboam）之名铸造于撒玛利亚。[58] 我们无从确定这个人是总督还是大祭司，但仅仅是它使用的古朴的、充满历史意味的名字，很可能就是撒玛利亚人宣示自己独立行动的标志，它可能预示了一个新时代的发端，犹如那个尼八（Nebat）之子耶罗波安一样，当他从耶路撒 290
冷和大卫家分离出去后，开始了一个时代（1 Kgs. 12，2 Chron. 10）。

分离行动中下一个而且是无可挽回的步骤，是以书面的形式对基利沁山进行的圣化，也就是撒玛利亚语的《摩西五经》。[59] 希腊化时代一个撒玛利亚作家的残篇，即以伪欧波莱摩斯（Pseudo-Eupolemus）知名的人（*FGrH* 724 F 1.5 ap. Eus. *Praep. Ev.* 9.17）叙述道：亚伯拉罕（Abraham）访问了“阿尔加利曾（Argarizin）的神庙（这座山被解释成‘至上之山’），并在那里接受了麦基洗德（Melchizedek）的礼物，后者是上帝的祭司，也是国王”。因此，这个过程到此圆满：与新神庙有关的神话以及它地处基利沁山，利用了以耶路撒冷及其圣殿为基础构件的全部传统。可是，就在神庙建立后不久，撒玛利亚发动了一次流产的反亚历山大的起义，于是变成了马其顿人的殖民地［Curt. Ⅳ. 8. 9 – 10，Eus. *Chron.*，Jerome p. 123（参见 p. 565）Helm］。[60] 被流放的撒玛利亚人在他们的神庙周围安顿下来，把他们共同体的独特认同与传统观永久化了，而且继续与耶路撒冷争斗。[61]

---

[58] Meshorer and Qedar 1991（F 384），14，49 nos. 23 – 7（铸币有五种不同类型）。它们并非如最初认为的那样，是撒玛利亚的第一批铸币，在撒玛利亚约公元前 345 年的窖藏中，它们并未出现。

[59] 关于撒玛利亚人的《摩西五经》，见 Pruvis 1968（F 388）。

[60] 神庙是否真是此时兴建似乎相当不确定［Meshorer and Qedar 1991（F 384）26 – 7］。但请见 I. Magen，in F. Manns and E. Aliata（eds.），*Early Christianity in Context*：*Monuments and Documents*，91 – 148（Jerusalem，1993）最近的论述。

[61] 关于撒玛利亚人后来的历史，见 Schürer，Vermes and Millar 1973 – 87（F 394）Ⅱ 16 – 20，以及第 321 页注释 3 的书目；并见 J. D. Purves in *CHJud* Ⅱ 596 – 613。

六 语言与文学

（一）作为文学语言的俗语

第一圣殿的毁灭和巴比伦之囚成为以色列文化史上的转折点。这个事实首先而且最为主要地体现在语言上：希伯来语不再是犹大唯一的俗语，第二语言即阿拉米语的使用逐渐增加，后者是波斯帝国的共同语言。那个时候，阿拉米语的重要性无可匹敌。与亚述帝国时不同，阿拉米语不再仅仅作为政治和外交语言，而是成为俗语以及文学和管理的工具。不同类型的阿拉米语保存到了今天：王家铭文如大流士贝希斯敦铭文的阿拉米语文本；文学作品如《阿卡格言》，以及法律和经济文书。虽然阿拉米语主要是一种书面语言，写在莎草纸与羊皮纸上，但也有充足的证据表明，它被刻在石头或泥版上。

莎草纸和羊皮纸上的文献显然只有在气候干燥的地区，主要是在
291 埃及，才能抵御时间的侵蚀，而在巴勒斯坦，它们的保存或多或少限于约旦河谷以及诸如达利耶干河等周边干燥的地区。可是，巴勒斯坦的其他地区，诸如阿拉德（Arad）和贝尔谢巴（Beersheba），也出土了大量陶片铭文。日常生活中的一些紧急情况，迫使巴勒斯坦的居民日益转向使用阿拉米语，即该地区不同行政单位之间共同使用的语言，并让它成为一个重要的统一性因素。

如我们从《圣经》有关当众宣读律法中看到的（Neh. 8：8），众多犹太人并不能听懂文献的希伯来语原文，需要用阿拉米语向他们解释。编辑《以斯拉记》第1—7章的历史学家需要经常在希伯来语和阿拉米语之间切换的事实，本身就证明波斯时期犹大是两种语言并存。包含在文书中的官方通信自然用阿拉米语书写，编辑者感到无须将其翻译成希伯来语。阿拉米语影响日增的另一表现是，大量阿拉米语词与外来词和阿拉米语用法进入该时期的希伯来语，范围扩展到介词用法、动词形式和句子结构。[62] 可是，尽管阿拉米语在流散的和回归的犹太人中通行，希伯来语仍保持活力。尼希米的回忆录表明，尽

---

[62] 请见 A. Hurvitz, *Biblical Herew in Transition—A Study in Post-Exilic Hebrew and its Implications for Dating of Psalms* (Jerusalem, 1972) (Hebrew); *A Linguistic Study of the Relationship between the Priestly Source and the Book of Ezekiel*, (Cahieres de la Revue Biblique 20) (Paris, 1982); R. Polzin, *Late Biblical Hebrew-Toward Historical Typology of Biblical Hebrew Prose* (Harvard Semitic Monographs 12) (Missoula, Montana, 1976)。

管作者在波斯宫廷服务，但他对希伯来书面语有良好的把握。从铭文证据看，希伯来语偶尔用于官方用途，例如印章铭文上的 *lyrmy hspr*（即 *ha-sōphēr*，意为书吏，而非阿拉米语形式的 *spr'*，即 *saphrā*）[Avigad 1976（F 355）7 – 8 no. 6]，又如在印章文字（…）*yhw bn*（*sn'*）*blt pḥt šmrn* [Cross 1969（F370）no. X] 中，作者更喜欢用希伯来语形式 *bn* 和 *smrn*，而非阿拉米语的 *br* 和 *šmryn*，来表达“儿子”和“撒玛利亚”两个词。在该时期的文学作品中，希伯来俗语的出现，决定性地证明除了阿拉米语它也是一种活语言。[63] 在后来的著述中，希伯来语的语言学遗产仍旧保存，尽管有时它们透露的是古朴风格。

（二）文献及其社会语境 292

波斯时期最为典型的文献类型是史学，两部重要作品堪为代表：《以斯拉—尼希米记》和《历代志》。《以斯拉—尼希米记》代表一种新的史学形式，个人回忆录和原始文件被网罗进意识形态明确的历史叙述框架中。[64] 这部综合性叙事作品写于该事件多年之后，以居鲁士的敕令开篇，以尼希米使命的完成为结束。叙事有两个主要中心：回归期的开始以及以斯拉和尼希米的成就。与《列王记》不同的是，它不曾尝试创造一个连续的历史发展进程，以表现某种合乎内在因果关系的观念。事实上，这样的败笔，让该书与《圣经》派的主流史学远远拉开了距离。

《历代志》与《以斯拉—尼希米记》迥然不同（一度流行的观点认为，这些作品为同一作者完成，今天该看法已无法成立）。[65] 这部著作叙述犹大和大卫家族的历史，在一个反映综合哲学观念的历史进程语境中来展现事件。在学术文献中，它的作者被称为历代志作者，其大部分历史材料来自《撒母耳记》和《列王记》，但甚至在这些借鉴性段落中，也留下了他意识形态和语言学的印迹。他的意识形态集中在两个点上：尊崇大卫家族，神殿及其崇拜人。对于将北方的以色列王国的历史作为犹大王国的附属来说，这种双重

---

[63] Naveh and Greenfield 1984（F 386）120 – 2.

[64] 请见 Japhet in Tadmor 1983（F 398A）176 – 202 和 Williamson 1985（F 400）最近的注疏，以及 Blenkinsopp 1989（F 365）。

[65] Japhet 1968（F 376）and 1989（F 379）；Williamson 1977（F 399）；抵制本看法的观点请见 Blenkinson 1989（F 365）47 – 54。

视角根本没有意义。事实上，历史概述甚至未明确提及北方王国的毁灭以及10个支派的流放。此外，在《历代志》作者看来，以色列人在他们家乡的出现，与约书亚（Joshua）时代的征服和安置毫无瓜葛。他追溯的一种连续性是从人类之父开始，经过该民族的族长时代，到雅各和以色列，最终，是大卫及其后人的直系传承。甚至巴比伦之囚都仅仅被视为这个链条上的一个片段，一旦“这块地享受了安息”（2 Chron. 36：21），“过了70年后”，连续性就再度开始。在这样一种意识形态框架内，犹大是以色列那个国家唯一可
293 能的主角，北方的王国根本没有地位。如我们已经指出的，历代志作者明确而且直接地提到撒玛利亚的毁灭和10个支派的被迁移，仅仅暗示犹大的北方除逃过“亚述王之手”的残余遗民外，一无所存（2 Chron. 30：6）。这些孑遗并未被视为外人或其后代，而是犹太人的兄弟。希西家（Hezekiah）和犹大王约西亚（Josiah）两人都号召这些北方遗民加入他们的洁净崇拜仪式中（2 Chron. 30；34：9，参见6）。因此，那意味着那些因居鲁士敕令得以回归的人并非以色列遗产唯一的承当者，而是其一个部分。对以色列的这种态度，与《列王记》和《以斯拉—尼希米记》的作者恰好直接对立。可以肯定，它与以斯拉、尼希米及其支持者所持的犹太人独特认同的立场相矛盾，因此，《历代志》卷可能起源于那些反对分离派意识形态的圈子中，分离派是那些被掳后从巴比伦和波斯回归犹大的。这种对立的看法在一些有影响的圈子中，包括大祭司中间，显然相当普遍。因此，它透露了某些尼希米之后流行于犹大的社会和宗教观念，特别是那些可被视为北方以色列王国遗民的看法。

波斯时期发展起来的另一文学类型是历史小说，它源自古代近东文学。[66] 我们知道该时期的数部中篇小说，例如《但以理书》比较古老的部分（第1—6章）以及《以斯帖记》，两者都被纳入《圣经》正典，《多比传》和《尤迪传》今天仅有《后典》中的译本幸存。可是，这些著述之中，能够确定与巴勒斯坦有关的，只有《尤迪传》，它甚至可能就是在那里写成的。该书的地理背景、人物的波斯

---

[66] 通过那些研究波斯历史的作家诸如科洛丰的迪农（Dinon of Colophon）之手，其中某些因素传入希腊文学之中。

名字以及其他一些特征，将其与波斯时期以及它独特的行政和军事背景联系起来。

同样属于这个类别的还有《约拿书》，[67] 它根据那时的时髦做法，本质上是一部以一个古代英雄亚米太（Amittai）之子约拿（Jonah）为中心虚构的作品［请与《列王记》（下）14：25 中迦特希弗人
（Gath-Hepher）的同名先知比较］。约拿被派往“大城尼尼微”，不 294
过它并非公元前 612 年被消灭的那个亚述帝国都城，而是一个无所不在的大都市的象征。[68]

《雅歌》同样利用了将作品归到古代某个英雄名下的原则。它的主角是国王所罗门，许多权威也将这部著作定年在波斯时期[69]，至少根据语言学的证据如此［比较诸如 *pardēs*（4：13）和 *appiryōn*（3：9）这类波斯语的外来词］。托名的做法，不仅在波斯时期，而且在希腊化时代，都是普遍的，在后一时代，它还有进一步的发展。[70]

在这个领域中，还有一种普通的文学类型，即智慧文学。这类文学的创作者是书吏和学者，一小拨我们今天会称为“知识分子”的人。在上流社会中，他们的影响显然不可小觑。在该时期的埃及和美索不达米亚，我们知道有此类文人存在。今天我们知道，古代近东智慧文学的一个典型特征，是保存着古代的传统，并对其进行再加工，以让它们适应时代的精神。因为这个原因，我们非常难于确定诸如《箴言》之类的书中，哪些因素应定年在第二圣殿期。《约伯记》（Job）的情况类似，只有其散文的框架（第 1—2 章，42：7－17）透露了某些希伯来后期和巴比伦之囚后的宗教观念，它们中最为突出的，是撒旦引诱约伯的主题。在流放期之前的圣经文学，甚至古代近东全部的文献中，均无与其对应者。一般公认，[71] 撒旦作为一个独立实体的概念，是在波斯时期定型的。事实上，《圣经》之中，它最初作为“控告人”出现在《撒迦利亚书》中，“撒旦哪，上帝责备你”

[67] Bickerman 1967（F 361）1－49；J. Sasson, Jonah（Anchor Bible）（New York, 1990）26－8.

[68] 该时期的文学都利用亚述的形象，它有时代表波斯，有时则是异教世界强国的抽象说法（例如 Ezra 6：22）。《尤迪传》的情节围绕着杀死“亚述王尼布甲尼撒”的统帅何乐弗尼（Holopherne）展开，后者入侵了巴勒斯坦。多比，即《多比传》的主角，与亚述尼尼微的事件有关。

[69] Pope 1977（F 387）.

[70] 关于托名的做法，见 Bickermann 1988（F 364）201－4 及 322。

[71] Lods 1939（F 382）；Meyers and Meyers 1987（F 384A）183－6；P. L. Day, *An Adversary in Heaven*（Harvard Semitic Monographs 43）（Atlanta, 1988）.

（Zech. 3：2）。

《传道书》[72] 事实上不包含任何真正与巴勒斯坦有关的内容。尽管如此，它仍是最为确定的属于第二圣殿期的作品，有人已经指出，它是在希腊化时代写成的。该书表达的一些悲观论调，在古代近东不同时期的文献中都是熟悉的主题，但它们的具体论证，清楚地表明它是在第二圣殿期编写成书的。该书心目中的读者，明显是范围明确的
295 知识分子和思想家，因为作者既提到他们，也与他们的观念竞争。我们根本不必假设《传道书》有关生活及生活无意义的观念来自希腊哲学流派。在古代近东文学中，不管是美索不达米亚的，还是埃及的，这种悲观型世界观都相当常见。

需要考虑的第二圣殿期最后一类文学，就是诗篇，特别是那些与圣殿崇拜有关的诗篇。部分诗篇语言上的晚近，例如第 103、117、119、125 和 143 首等，仍存争议，部分权威人士则将多首诗歌添加到这个时期。许多诗歌与圣殿崇拜仪式以及到耶路撒冷朝圣有关。在此时期，礼拜仪式颂歌显然是圣殿布道中的一个重要部分，并被委托给一批专业的歌者，他们中有些人以始祖为名，如亚萨（Asaph）、可拉（Korah）、希幔（Heman）、以探（Ethan）和耶杜顿（Jeduthun），他们都是古代那个行业的大师。

除赞颂上帝和圣殿的诗篇外，还有一些教谕性质的诗篇，它们根据当时的历史与哲学观念，回顾以色列历史上的重大事件。《诗篇》第 106 首是此类诗篇的典型例子，它叙述了以色列自出埃及到圣殿被毁期间所犯的罪恶，以下述求告终篇，“耶和华我们的上帝啊，求你拯救我们，从外邦中招聚我们，我们好称赞你的圣名，以赞美你作为夸胜”（Ps. 106：47）。

（三）先知的终结

在流放之前时期和巴比伦之囚期间如此丰富的先知文学，到回归期之初已开始衰落，并将在波斯时期彻底消失。[73] 该时期先知文献可以分为两个部分，一是与共同体或者民族事务有关者，一是主要与圣殿有关者。属于第一类的有《约珥书》和《俄巴底亚书》，虽然年代

---

[72] Bickerman 1967（F 361）139－67.

[73] 有关该问题最近的研究，请见 Barton 1986（F 357）。

未能确定，但它们的内容反映了回归期初年的环境。两书都谴责了犹大邻邦对犹大灾难的幸灾乐祸：《俄巴底亚书》预言以东（Edom）将彻底毁灭，因为它在“犹大被灭之日，不当如此欢乐”（V.12），《约珥书》则祈祷约沙法谷（Valley of Jehoshaphat）伟大审判的日子来临，那时列国将受到审判［Joel 4：2（3：12）］。

《约珥书》预言在民族层面上将回到“耶和华的日子”的主题。第一圣殿期以来，它已为人熟悉，同时，它赋予锡安和耶路撒冷以荣耀，“且又住在锡安，我的圣山。那时，耶路撒冷必成为圣，外侨不再从其中经过”［Joel 4：17（3：17）］。 296

第二类预言和先知关注的是圣殿。它要么事关圣殿实际的建设过程（《哈该书》和《撒迦利亚书》），要么事关圣殿纯洁性（《玛拉基书》）。第一圣殿期的预言关注的是对社会及其风俗的批判，尤其是那些领袖们，而回归期的先知们对此类问题根本不加注意。他们伟大的目标，是抚慰人民，鼓励他们继续修建圣殿。人们偶尔会在崇拜问题上咨询他们。例如，当第二圣殿建设完工时，撒迦利亚（第8章）被询及是否需要继续遵守全民禁食的规定（在巴比伦，以西结对他的当代人扮演过类似角色）。玛拉基就祭司的礼物即什一税及其缴纳做了明确规定（Malachi 3：10），在有关牺牲的完美和洁净上，要求更加严格，如果不能遵守这些规定，将会遭到责备（*ibid.* 1：6－7）。在这里，我们发现了预言发展过程中一个相当重要的阶段：虽然第一圣殿期的先知们批评圣殿的崇拜，看低其重要性，古典先知的最后一人玛拉基却为摩西五经规定的维持牺牲仪式、什一税以及祭司的其他礼物奋斗。他的宣言清晰地反映了预言的变革，“你们当记念我仆人摩西的律法，就是我在何烈山（Horeb）为以色列众人所吩咐的他的律例典章”［*ibid.* 3：22（4：4）］，但那里没有任何先知实现此类要求的内容，“上帝的吩咐”如今永久且正式地托付给了那些保存和解释摩西律法的人。遗憾的是，我们缺乏犹大这个思想与宗教史上的关键节点以及有关犹太民族一般情况的资料，这个过程的细节仍模糊不清。同样模糊的，还有大多数经典的搜集、标准化和正典化进程。波斯时期，这个过程肯定已经全面展开，而且可以设想，到希腊化时代初期已经完成。这种正典化，也因涉及文本的编纂，实际上是《圣经》文学创作的最后一个阶段。⑭

297

第四节　塞浦路斯与腓尼基

F. G. 迈尔

公元前6世纪后期，当塞浦路斯与腓尼基被纳入阿契美尼帝国时，它们之间早已在过去悠长的岁月中有了贸易上的联系和文化交流。公元前5—前4世纪，两个地区都属第五总督区（Hdt. Ⅲ. 91. 1），一些基本问题也都是共同的。两者都被划分为一系列相对较小的、半独立的政治单位，这些政治实体都是历史悠久的君主国，在塞浦路斯，它们是萨拉米斯，刻吕涅亚（Ceryneia），拉佩图斯（Lapethus），索利（Soli），马利翁（Marium），塔马苏斯（Tamassus），基蒂翁（Citium），伊达利翁（Idalium），阿马图斯（Amathus），库利翁（Curium）和帕福斯。在腓尼基，则是西顿、推罗、毕布罗斯和阿拉杜斯（Aradus）。

该时期塞浦路斯和腓尼基历史的趋势之一，是这些王国之间持续不断的冲突。由于这些国家都期望以侵犯邻邦来扩展自己的领土或者获得对整个地区的统治权，地方冲突不时爆发。当它们联合起来以从波斯领主那里赢得即使不是绝对也是程度更大的独立时，冲突会暂时为共同政策代替。这样一种趋向，我们在阿契美尼帝国内拥有强烈政治和文化传统的所有地区都能看到，但在塞浦路斯和腓尼基更加显著。塞浦路斯在希腊城邦与波斯人战争中的前线地位，让该岛更容易受到鼓励，以摆脱阿契美尼王朝的统治。

塞浦路斯的王国和腓尼基城市国家还面临着一系列类似的社会问题，其中并非最不重要的，是希腊化进程的日益发展及其后果。可是，尽管两地存在着这些共同的问题和趋向，但它们是如此不同，以至于在我们考察的大部分时期中，有必要对两地分别加以研究。

一　塞浦路斯诸王国

自青铜时代晚期以来，地方性的王国一直是塞浦路斯占统治地位

⑭ 有关正典形成的最新著述，请见 Beckwith 1985（F 358）；Barton 1986（F 357）；Goodman 1990（F 375）。

298

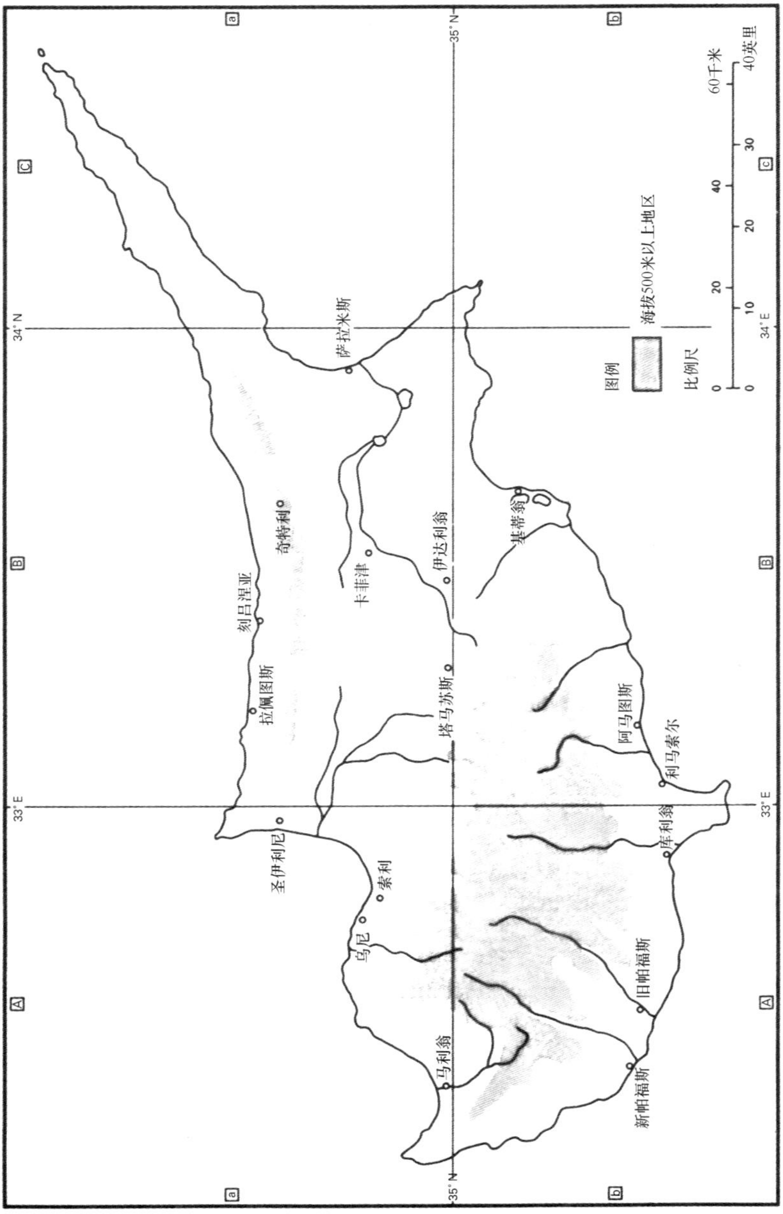
35° N
34° N
33° E
34° E
萨拉米斯
奇特利
刻吕涅亚
拉佩图斯
卡菲津
伊达利翁
基蒂翁
塔马苏斯
阿马图斯
利马索尔
库利翁
圣伊利尼
索利
乌尼
马利翁
新帕福斯
旧帕福斯
图例
海拔500米以上地区
比例尺
60千米
40英里

地图 7　塞浦路斯

299 的政治组织形态，但在塑造塞浦路斯独特的君主制体系过程中，我们难以估量迈锡尼君主制和迦南人的王权传统在多大程度上发挥了工具性作用。如在腓尼基一样，君主制在整个古风与古典时代一直存在，从而将该岛与希腊世界分隔开来，在后者那里，王权早已消失（只有北方边疆地区和昔兰尼例外）。狄奥多鲁斯精确地概括了公元前 4 世纪中期的形势："在这个岛屿上，有 9 座重要的城市（πόλεις ἀξιόλογοι），与它们并存的，是那些小城镇（μικρὰ πολίσματα），它们依附于 9 大城市。这些城市中，每座都有一个国王统治，但他们都服从于波斯大王。"（XVI. 42. 4）

公元前 5—前 4 世纪塞浦路斯及其城市的历史难以重建，因为资料极其稀少，而且经常是混乱的。可是，该岛古典时代的历史已经基于"民族的"热望和文化上的对立，被描述为希腊人王朝与波斯之间的冲突，而且精确程度令人吃惊，其假设是波斯利用腓尼基人王朝为工具，由此导致腓尼基人在该岛地位的暂时上升和希腊人及其文化的被压制。[①] 对塞浦路斯历史的如此解读，是将近代民族观念强加于过去的结果。可是，对那些据称支持希腊—腓尼基冲突资料的批判性考察，表明大部分这类看法应当抛弃。以下的叙述仅仅陈述那些有可靠记载的史实，或者是从那些有充分可能性的推论中提出来的看法。[②]

阿契美尼王朝一直克制变革现存政治制度，而且承认了塞浦路斯国王的地位。他们作为臣属的条件以及因此在主权上受到的限制，我们了解得并不是很详细。诸王国需要支付常例性的贡金，如果发生战争，需给波斯舰队提供分遣队。另外，虽然在整个公元前 5—前 4 世纪，王家钱币活跃，但塞浦路斯的君主们保留着发行自己钱币的权利。

关于这些王国政治组织的资料非常不充分。在公元前 5 世纪，资料实际上限于希罗多德，他所记录的，几乎没有超过塞浦路斯城市由君主统治这个干巴巴的事实。他有时将塞浦路斯统治者描绘为"王"（*basilees*），有时则称"僭主"（*tyrannoi*）（常常就在同一章中），这些头衔似乎并无特别意义，后者不过表示专制统治而已。

---

① Gjerstad 1933，1946，1948，1979（F 254 –7）特别强调此点。

② Maier 1985（F 285），Seibert 1976（F 329）对资料进行了详尽考察。可是，这种似是而非的看法难以灭绝。Stylianou 1989（F 339）对这种浪漫主义—民族主义观点的重申，再次表明此类先入为主的观念会如何妨碍对资料和研究的批判性估价。

公元前 4 世纪，亚里士多德写过一部《塞浦路斯政制》（*Kyprion Politeia*），提奥弗拉斯图斯（Theophrastus）写过《论塞浦路斯王政》（*peri Kyprion basileias*）。但两书之中，只有亚里士多德的一个残篇幸存，并得到伊索克拉底的演说和索利的克莱亚尔库斯（Clearchus of Soli）若干残篇的补充。因此，虽然从我们的资料中可以发现这些小王国内部结构的某些典型特征，却不可能重建细节。 300

塞浦路斯君主本质上的专制特性，为他们政治组织的因素证实，对此我们拥有可靠的记载。统治者的男性亲属拥有传统的“亲王”（*anaktes*）称号，女性拥有“公主”（*anassai*）称号（Arist.，F. 203）。据欧斯塔提乌斯（Eustathius）描述（Ⅱ. XⅢ. 582），亲王是一个显贵阶层（*tagma endoxon*），似乎拥有一定的政治影响，因为贵族（科拉凯斯，*kolakes*）直接对他们负责。索利的克莱亚尔库斯的作品对科拉凯斯有相对详细的描绘。[③] 他们组成秘密的警察组织，而且明确被形容为一种专制的制度（*ktema tyrannikon*）。科拉凯斯出身良好，但这个团体，除其中最为显赫者外，我们既不了解他们的数量，也不知道他们的名字。萨拉米斯的科拉凯斯可谓其他宫廷的模板，他们被分成两个世袭的分支，一支称“盖尔吉诺伊”（*Gerginoi*），一支为“普罗马兰盖斯”（*Promalanges*）。盖尔吉诺伊为密探和告密者，偷听人民的谈话并每天向国王报告，普罗马兰盖斯调查那些似乎需要更加周密审查的案件，工作中使用精巧的伪装技术。

有些公元前 4 世纪的作家把这些国王的统治描述为一种混合状态：舒适的生活、夸张地展示财富和暴君般的残忍。对帕福斯国王们的描述是，他们躺在银脚的靠几上，靠几上铺着来自萨尔狄斯的昂贵毛毯，身着白衬衫和紫袍，由奴隶和善拍马屁的廷臣侍候。[④] 据说帕福斯的国王需用鸽子扇动翅膀让自己保持凉爽，而鸽子是被叙利亚香料的味道吸引来的，再由奴隶用嘘声将鸽子赶走。[⑤] 另据报道，萨拉米斯的尼科克莱斯（Nicoles of Salamis）曾因竖琴手斯特拉托尼库斯（Stratonicus）和智者阿那克萨库斯（Anaxarchus）的讥讽和直言不讳

③ In Ath. Ⅵ. 255F – 256B（fr. 19 Wehrli）.

④ Clearchus in Ath. Ⅵ 255E, 256F – 257C（fr. 19 Wehrli）.

⑤ Antiphanes in Ath. Ⅵ 257D-F（fr. 200 K-A）.

而将他们处死。[6] 由于有些轶事系戏剧中出现，而且所有描写全都过于符合东方专制主义及其腐朽的陈词滥调，很大程度上可能是鹦鹉学舌，因此，它们的描述多大程度上符合当时塞浦路斯宫廷生活的实际，有待考察。

该时期塞浦路斯统治者建造的宫殿是君主权力的象征，意在以它们的辉煌和富足给人留下印象。塞浦路斯北部乌尼（Vouni）庞大的
301 宫殿（图 3）建于公元前 5 世纪初；在帕福斯，可能还有索利，也有类似王家寓所的遗迹发现。[7] 在乌尼，房间围绕中央列柱天井组织，其西南角缘楼梯上行，有一座狭长形的三居国务大堂。乌尼和帕福斯的建筑表明，当时东方的，特别是波斯的宫殿建筑对它们产生了强烈影响。但如从这类王室居所的平面图中读出政治结构或政治事件的细

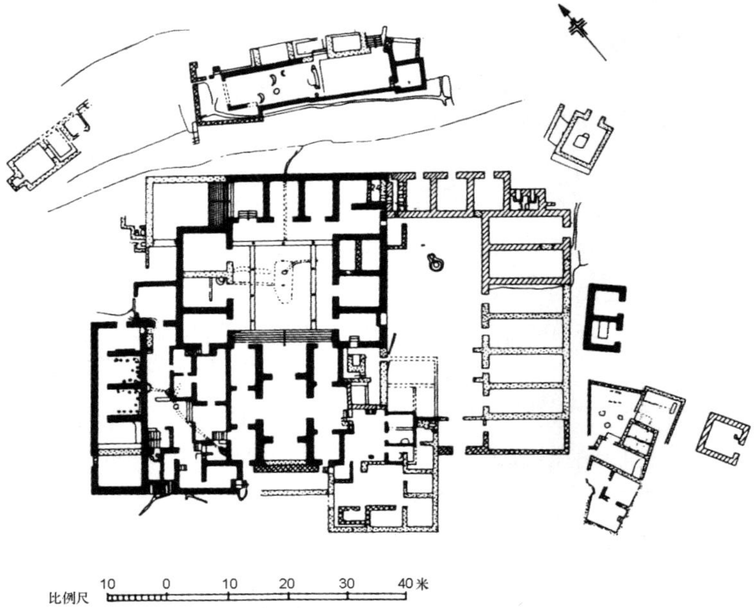

图 3　乌尼宫殿平面图［据 Karageorghis 1982（F 276）160，fig. 118］

⑥ Ath. Ⅷ 349 C-F，352D；D. L. Ⅸ. 10. 58 – 9.

⑦ Maier 1989（F 286），附相关书目。

节，不免莽撞。[⑧]

对公元前4世纪的希腊城邦来说，这样的制度也许奇特而且绝对是东方的。确实，科拉凯斯的组织显然紧追阿契美尼王朝下波斯的帝国警察，即“王之耳目”。波斯的奥塔库斯泰（*otakoustai*）实际上被欧斯塔提乌斯（Ⅱ. XⅢ. 582）等同于塞浦路斯的科拉凯斯。但在希 302
腊世界，西西里的僭主可能也为此类专制形式的政府提供了样板。

在塞浦路斯所有王国中，无论由希腊人还是腓尼基人的王朝统治，由国王近亲支撑的专制君主制度的基本结构似乎都是通例。它们的这种形态一直存在到公元前4世纪末，那时这些王国被托勒密消灭。伊索克拉底对埃瓦戈拉斯统治方法的描述尽管带有公开的赞颂倾向，但基本上是符合实际的（*Evag.* 20－23）。

民主的或代表制的制度似乎并未在该岛上发展起来。出自伊达利翁的公元前5世纪的青铜版文书（*ICS* 217）在提到国王斯塔西库普鲁斯（Stasicyprus）时，一并提到伊达利翁城邦。城邦需要为医生奥那西鲁斯（Onasilus）及其兄弟提供报酬，因此似乎拥有独立的财库。但从现存文书看，那并不意味着国王和城市共享伊达利翁的政府。[⑨]

在帕福斯，如多份铭文所示，国王的政治权力传统上是与阿芙洛狄特大祭司的崇拜职能合并行使的。在这些文献中，帕福斯的国王头戴显然受埃及启发制作的精致双重王冠，有时自称巴西琉斯（*Basileus*），有时自称伊琉斯塔斯瓦那萨斯（*iereus tas Wanassas*）（帕福斯崇拜的阿芙洛狄特的传统名字）。宗教和世俗权力的合流，源自阿芙洛狄特圣地在帕福斯的特殊角色。到目前为止，尚无证据表明，在该岛其他王朝中，神授王权观念曾经发挥作用。[⑩]

关于古典时代塞浦路斯诸王国的社会和经济结构，几乎没有任何可靠的资料。与古风时代相比，葬俗并无显著变化，石窟房形墓仍然是多数人最终的安眠地，只有少数富有家族利用精心构筑的陵墓。公

---

⑧　耶斯塔德（Gjerstad）猜想，乌尼的宫殿系马利翁一个亲波斯的统治者所建，目的是控制亲希腊的索利（而且随后由客蒙安排的一个亲希腊的马利翁国王重建），实在太富于想象。见 Maier 1985（F 285）36－7；Maier 1989（F 286）18。

⑨　*ICS* 217；Mitford and Masson in *CAH* Ⅲ^{2}. 3，72.

⑩　Maier 1989（F 312）。关于铭文，见 *ICS* nos. 7，16，17，90，91；Masson 1980（F 291）。Yon 1989（F 352）373 and 1993（F 353）14 假定，在基蒂翁存在“神权”政体。

元前 4 世纪，帕福斯国王埃凯提穆斯（Echetimus）和提摩卡利斯（Timocharis）被埋葬在一座庞大、精致的房形墓中，其位置就在城外。[11] 石灰石和大理石石棺雕刻变得更加流行，其中有些系从腓尼基进口，且有人形棺盖。后来，例如在基蒂翁，当地人开始模仿这些石棺。用墓碑标示埋葬地，如今也成为一种风俗。墓碑或者按照塞浦路斯当地风格制作，或者仿照当时希腊人的样式。可是，关于那时的社会结构，除那时存在富裕的以及贫穷的公民这一基本事实外，墓葬几乎没有透露任何其他东西。

303

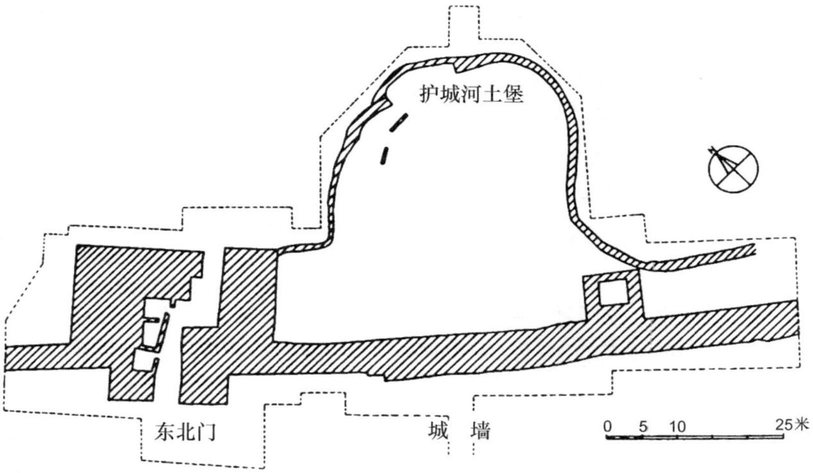

图 4　古典时代新帕福斯东北门平面图［据 Maier and Karageorghis 1984 (F 288) 209, fig. 195］

如同在古风时代那样，塞浦路斯的城市仍是治理和社会及经济生活的重心。但除上面已经提及的王宫外，到目前为止，尚很少发现该时期公共或者私人建筑遗迹。城市继续是设防的，如果我们考虑到该岛 200 年中的政治形势，其理由显而易见。伊达利翁于公元前 5 世纪建造了完善的要塞系统，直到希腊化时代，这套系统仍在使用；戈尔

[11] Maier and von Wartburg, *Arch. Anz.* 1992, 585 – 6.

吉（*Golgi*）可能在公元前 4 世纪修建了城墙。[12] 要塞要么由石灰石垒成，内实鹅卵石；要么是在石基之上的泥砖墙，只有那些特别重要的地段，才会用做工精细的方石。因此，当帕福斯公元前 4 世纪后半期重建城墙时，只有东北门（图 4）以及与之紧邻的城墙由大块雕花方石建造。该门的设计融合了近东和希腊两种因素。[13]

城镇中的生活区，例如伊达利翁的、圣伊利尼（Ayia Irini）的、基蒂翁的、帕福斯的，已经部分发掘出来。它们都是传统的泥砖建筑，规模相当适中。可是，港口城镇圣菲隆［Ayios Philon，位于卡帕斯（Karpass）地区］石料房屋的风格和技术，显然受到了同一时期腓尼基建筑的影响。在基蒂翁，炼铜作坊仍建在阿斯塔特（Astarte）神庙边，它显示了金属冶炼与宗教的密切联系。在早至青 304
铜时代后期的时代，人们已经注意到它就是如此。

尽管有些精美建筑的遗迹可能曾是行政中心或者官员的寓所，例如古典时代晚期帕福斯那些带有列柱院落的庄园，但迄今为止，公共建筑的主要代表仍是圣地。[14] 一般来说，圣地按照传统方式建造（或重建），有一个院落，院内有祭坛、还愿礼物、一座小而封闭的储藏室（*cella*）。在中央大院边缘，有时还有一些其他建筑。此类传统的崇拜地以乌尼的雅典娜圣地、塔马苏斯的阿芙洛狄特—阿斯塔特圣地，以及基蒂翁—班布拉（Citium-Bamboura）的赫拉克勒斯—麦卡尔特（Heracles-Melqart）为典型。在塞浦路斯岛上，对阿芙洛狄特—阿斯塔特及史前塞浦路斯丰产女神前驱的崇拜占支配地位。在基蒂翁，腓尼基的阿斯塔特神庙自上次重建后，一直香火旺盛，一份有趣的公元前 4 世纪的彩色铭文显示了那里的崇拜情况。[15] 但是，阿芙洛狄特崇拜的中心仍是帕福斯。在那里，这位女神被尊为瓦那萨（*Wanassa*）［希腊化时代之前，对帕菲亚（Paphia）的崇拜尚未出现］。在帕莱帕福斯（Palaepaphos），古风和古典时代的圣所因约公元 100 年建造的罗马建筑被毁，但从神庙附近祭祀坑中发现的古典时代破碎

---

⑫ 关于伊达利翁，见 *BCH* 98（1974）882；102（1978）925；103（1979）708 – 10。关于戈尔吉，见 *BCH* 95（1971）404 – 6；96（1972）1073；97（1973）673。可能还包括塔马苏斯（Tamassus），请见 *RDAC* 1977，303 – 5。

⑬ Maier，*RDAC* 1967，43 – 4；1973，190 – 2. Masson and Sznycer 1972（F 294）209 – 12.

⑭ Maier and von Wartburg，*RDAC* 1985，113 – 17.

⑮ *CIS* I 86 A-B（*KAI* 37）；Chaumont 1972（F 228）；Masson and Sznycer 1972（F 294）21 – 68.

的还愿赤陶像，仍足以证明那个大型圣所香火的兴旺。[16]

尽管在基蒂翁和帕福斯发现的伊奥尼亚式柱头暗示塞浦路斯可能存在希腊风格的神庙建筑，但至今尚未发现有关遗迹。[17] 钱币和铭文都表明，希腊人对宙斯、赫拉、阿波罗、阿尔特弥斯、雅典娜和赫拉克勒斯的崇拜在岛上颇为流行。希腊崇拜的传播，不过是希腊人在塞浦路斯影响日益增长的一个方面。希腊艺术品的进口量日益增多，并且多被仿制，其中大宗的代表性物品，是阿提卡的陶器。此类物品的流通公元前 6 世纪已经开始，伊奥尼亚起义后的公元前 5—前 4 世纪，情形继续。公元前 5 世纪前期阿提卡陶器相对于腓尼基或巴勒斯坦陶器某种程度的下降，被归为政治形势对贸易交换的影响。但即使阿提卡陶器能够如此精确定年，从而让我们能够对该世纪前后各 50 年的进口量进行比较，陶器进口量暂时的下降，也因为希腊雕刻品的
305 进口获得了某种程度的补偿，例如著名的“查茨沃思（Chatsworth）的阿波罗”青铜头像（约属公元前 470—前 460 年），以及出自帕福斯圣所的青年头像（约属公元前 480—前 470 年）。[18] 公元前 5 世纪的第二个 25 年里，塞浦路斯雕刻家显然从同时代希腊艺术的发展中获得了灵感。[19]

公元前 5 世纪后半期，东地中海区希腊人的贸易规模有显著增长，在塞浦路斯，能够看到同样的情况。在基蒂翁，迄今发现的公元前 5—前 4 世纪的阿提卡陶器中，近一半定年在公元前 450—前 400 年间；在萨拉米斯，红画陶的大多数定年为约公元前 420—前 370 年。[20]

塞浦路斯历史悠久的艺术和手工制品继续活跃，它们代表了当地的、希腊的和东方因素的原创性融合。传统的白釉陶器、双色陶器以及红底黑画陶器继续大量生产，还创造了一些新的种类，例如酒罐，

---

⑯ Maier and Karageorghis 1984（F 288）182 – 3，208.

⑰ Nicolaou 1976（F 308）pl. XXI 1；Maier and Karageorghis 1984（F 288）222 – 3.

⑱ Vermeule 1976（F 348）15 – 17；Yon 1986（F 350）100；Maier and Karageorghis 1984（F 288）181 fig. 170.

⑲ *Salamine de Chypre* x 1978（F 323）；也请见 Pouilloux 1975（F 314）116 ；Yon 1974（F 349）。

⑳ 关于塞浦路斯的陶器，请见例如 *Salamine de Chypre* Ⅳ（F 321）71 – 3，77 – 78，Ⅷ（F 322）4 –9，Ⅹ（F 323）215 – 18；Salles 1983（F 325）54 – 8；Hermary 1989（F 266）189；Maier and Karageorghis 1984（F 288）217 – 18。关于腓尼基，请见 Elayi 1983（F 246）。关于 1985 年之前书目的简短概述，见 Collombier 1987（F 129）。

其颈部有赤陶女像，女像充当壶嘴。但古风时代陶工的某些活力以及塞浦路斯特征（*Kyprios charakter*）似乎已经丧失，希腊人的主题和装饰日渐渗入器皿的装饰中。在赤陶像和珠宝上，同一过程甚至更加显著。

传统对塞浦路斯文明仍保持影响。阿马图斯似乎是原住民的一个堡垒。公元前 4 世纪，用音节符号书写的埃泰奥塞浦路斯语仍是当地的官方语言（*ICS* 190 – 7）。音节文字的长期残存，进一步证明了塞浦路斯的保守。到公元前 5 世纪末，萨拉米斯已经开始在钱币和铭文上使用希腊字母。[21] 但在帕福斯，约公元前 320 年之前，并无字母文字书写的文书出现（末代国王尼科克莱斯的献纳铭文为希腊语，但其他铭文仍是音节文字的），而在伊达利翁境内的卡菲津圣所，直到公元前 3 世纪末，仍为崇拜的需要使用音节文字。

塞浦路斯社会、宗教和艺术中的腓尼基因素也仍然富有活力，它源自基蒂翁，那是推罗人在该岛东南海岸建立的殖民地。基蒂翁扩张了自己的领土，公元前 5 世纪中期之前获得了伊达利翁，后来（约公元前 350 年），一度短期占领塔马苏斯。政治统治之后，接踵而至的是腓尼基人的影响，因为腓尼基人生活在伊达利翁（他们墓碑上的铭文证明了此点），麦尔卡特（Melqart）、雷塞弗—米卡尔（Reshef-Mikal）、阿娜特（Anat）和阿斯塔特神都在该城受到崇拜。但腓尼基人的出现以及腓尼基人的崇拜，如铭文和其他发现所示，传 306
播到了其直接政治影响区域之外。麦尔卡特、阿娜特和阿斯塔特崇拜在拉皮图的拉那卡（Larnaka *tis Lapithou*）也得到了证实。古典时代早期，在阿马图斯领土上的利马索尔（Limassol）有过一个腓尼基人圣所。[22] 腓尼基人曾居住在圣伊利尼和塔马苏斯（约公元前 350 年以前）。现有的资料，尚无法证实下述假设："经济扩张"意在利用塔马苏斯和阿马图斯地区的铜矿，也不支持有关希腊人与腓尼基人对抗的观点。一系列的证据，都表示两个族群之间乃某种程度的和平共处，文化上相互影响乃至相互通婚。[23] 拉佩图斯王国（kingdom of La-

---

[21] 关于埃瓦戈拉斯一世（Evagoras I）的绘图式铭文，见 *Salamine de Chypre* Ⅳ（F 321）81 – 4。

[22] *CIS* I 88ff. *KAI* nos. 38，39，及 Vol. Ⅲ p. 64；Yon 1986（F 350）。

[23] Seibert 1976（F 329）；也请见 Chaumont 1972（F 228）179；Hadjisavvas 1986（F 262）；Michaelidou-Nicolaou 1987（F 297）；Hermary 1987（F 265）；van Berchem 1975（F 347）53 – 4 等。

pethus）可能代表了希腊人—腓尼基人共同体的一个类型；在公元前5世纪的萨拉米斯，腓尼基人的出现得到了墓碑铭文的证实，它们使用的是希腊语和当地音节文字，记录的却是腓尼基人姓名。[24]

在公元前5—前4世纪的塞浦路斯，尽管埃泰奥塞浦路斯传统继续存在，腓尼基人出现在当地，但希腊艺术、风俗和宗教的影响仍清晰可辨。希腊化进程发端于塞浦路斯与希腊世界自公元前6世纪开始的强力联系，虽然政治发展似乎一度不利，却仍在积聚着力量。

二　波斯与希腊人之间的塞浦路斯（约公元前495—前411年）

伊奥尼亚起义和公元前5世纪中期之间塞浦路斯的历史被阿契美尼帝国与希腊人之间的冲突左右。提洛同盟的战略让东地中海成为战争的主要舞台，因为在那里，波斯帝国开放的一翼可以从海上进行攻击。塞浦路斯因为有能力支撑一支庞大的舰队，不可避免地成为双方竞争的海军基地。对雅典来说，确保这样一个前哨基地乃是必需的，对波斯来说，保有塞浦路斯作为她自身的海军基地，又具有极端的重要性。尽管在30年的时间里，雅典三次企图在该岛获得立足点，但在绝大多数时间里，波斯仍取得了成功。

“在一年的自由后，塞浦路斯再度遭受奴役。”希罗多德（V. 116）如此总结公元前499/498年塞浦路斯诸王国起义失败的后果，有些被
307 征服的城市一度似乎由波斯军队驻守（Diod. XI. 44. 2）。[25] 关于这场起义的后续情况，我们缺乏详细的资料，但几乎不用怀疑，这场不成功的起义，是公元前5世纪塞浦路斯历史的转折点。

紧随希波战争的事件证明，阿契美尼王朝对该岛的控制再度牢固确立。无论他们真正的感情如何，塞浦路斯国王都忠实地履行了他们对波斯大王忠诚的义务。伊奥尼亚起义末期，尽管塞浦路斯人并非热心的战士（我们可以从希罗多德第6卷第6章推论出此点），但塞浦路斯的船只已经成为波斯舰队的一部分。公元前494年，它在拉戴击败了伊奥尼亚人。公元前480年，塞浦路斯的国王像其他封臣一样，再度向舰队派出了分遣队，他们的船只达到150艘，占第4位，仅次

[24] Karageorghis 1970（F 274）269 –73.

[25] 没有证据证明在帕福斯有波斯将领的寓所［如 Schafer 1960（F 326）认为的那样］，见 Maier and Karageorghis 1984（F 288）208。

于东部希腊人的300艘，腓尼基人的300艘和埃及人的200艘（Hdt. Ⅶ. 89－90；Diod. Ⅺ. 3. 7）。

塞浦路斯的船只由他们自己的国王统率，例如萨拉米斯的戈尔古斯（Gorgus of Salamis）或者提马戈拉斯的儿子提摩纳克斯（Timonax, son of Timagoras），后者的城市不曾具体提及。帕福斯的将军彭梯鲁斯（Penthylus）统率的分遣队船只有12艘（Hdt. Ⅶ. 98，195）。希罗多德称，塞浦路斯人的铠甲与希腊人一样，只有他们的头饰例外：他们的国王缠着头饰（*mitra*），其他人（可以认为是军官）则戴尖顶帽（*kitaris*）（Hdt. Ⅶ. 90）。作为表示主权的头饰，它可能与帕福斯祭司—国王所戴的埃及风格的王冠类似，而尖顶帽可能与波斯总督的头饰或古风时代晚期帕福斯某些雕像上的相像。[26] 无论如何，希罗多德对希腊人和塞浦路斯人的区分，与埃斯库罗斯提到的某种可以辨识的塞浦路斯特征的著名段落（*Supp.* 288－9），存在有趣的对应。

公元前480年的海战中，塞浦路斯分舰队没有赢得什么杰出功勋。希罗多德曾比较详尽地描述了帕福斯分舰队的命运。在战前塞皮亚斯海角（Cape Sepias）外的风暴中，彭梯鲁斯已经损失了11艘船，他带领的最后一艘船，则在阿特米西翁（Artemisium）做了俘虏。戈尔古斯的弟弟菲拉翁（Philaon）命运一样。这表明，部分塞浦路斯船只属于那场战役中被俘的30条波斯船只之列。战俘们被锁上镣铐后送往科林斯，因为希腊人希望从他们那里得到有关波斯计划的信息（Hdt. Ⅶ. 195，Ⅷ. 11）。

那些参加了萨拉米斯战役的其他塞浦路斯船只，结果也是失败。据狄奥多鲁斯记载（Ⅺ. 18. 6－19. 1），他们和腓尼基人一道首先溃败。塞浦路斯人有意逃跑以便帮助希腊人的事情，似乎不大可能，但 308
他们并不非常杰出的表现（Hdt. Ⅷ. 100. 4）或许暗示，塞浦路斯人确实不忠诚。在萨拉米斯战役前召开的波斯人军事会议上，卡利亚的阿尔特弥西娅女王（Queen Artemisia of Caria）（此人以极大的勇气亲率船只，而且有权作出判断）对塞浦路斯人的战斗能力已经作出了相当低下的判断，“这些所谓的同盟者：埃及人、塞浦路斯人、奇里

---

[26] Maier 1989（F 287）383；Maier and Karageorghis 1984（F 288）185 fig. 172；不同的解释请见 Hermary 1989（F 266）180；也请见 Gjerstad 1979（F 257）119 n. 4。

乞亚人和潘菲利亚人，根本就毫无用处”（Hdt. Ⅷ. 68γ）。但是，塞浦路斯人至少逃脱了薛西斯施加于某些腓尼基人统帅的严厉惩罚。

公元前480年和前479年的失败，似乎让波斯对塞浦路斯诸王国的控制严重松懈。埃斯库罗斯的《波斯人》（公元前472年上演）暗示，那些摆脱了波斯统治的城市中，包括塞浦路斯的索利、萨拉米斯和帕福斯（891—892）。这样的暗示乍一看令人吃惊，但似乎得到了公元前478年事件的支持。那年春天，一支由80艘船组成的希腊舰队在保萨尼阿斯（Pausanias）指挥下，航往塞浦路斯，并且“征服了其中的大部分”（Thuc. Ⅰ. 94）。据狄奥多鲁斯摘要保存的埃弗鲁斯的记载，保萨尼阿斯“解放了仍有波斯驻军的那些城市”（Ⅺ. 44. 1－2）。这些行动的成功和范围不曾被记录下来，但可以肯定，希腊舰队很快离开，阿契美尼王朝的统治不久后再度恢复。[27]

公元前466年，波斯方面腓尼基人80艘船的预备舰队到达太迟，未能加入在欧吕麦东河（the Eurymedon）的主力舰队，后者显然是以塞浦路斯为基地的。客蒙（Cimon）随后在塞浦路斯海岸外俘获了这支分遣队，那些从欧吕麦东战役中逃脱的其他船只一并被俘（Ephorus *FGrH* 70 F 192；Diod. Ⅺ. 60. 5－6）。战略上，占领塞浦路斯有充足的理由。但公元前460/459年（或公元前459/458）之前，雅典不曾进行新的尝试以图控制该岛。卡利提米德斯（Charitimides）指挥的200艘战船的舰队在塞浦路斯海域活动，但很快转向埃及，以帮助伊那罗斯（Inarus）的起义（Thuc. Ⅰ. 104. 2）。文献中没有那时雅典在塞浦路斯活动的记录，只是在公元前459/458年埃莱克提斯部落（Erechtheis）成员的名单中，有“在塞浦路斯、埃及、腓尼基”行动中阵亡者（M-L 33）。由于塞浦路斯人与腓尼基人和奇里乞亚人一道提供了公元前456年航往埃及的波斯舰队（Diod. Ⅺ. 75. 2），因此那里的行动并未取得任何具有持久意义的成功。

获取塞浦路斯作为基地的最后一次尝试，是公元前450/449年客蒙在东部地中海重开反对波斯的行动。一支200艘船的舰队——其中60条很快应沼泽之王阿米泰乌斯（Amyrtaeus）之请前往埃及——于公

㉗ 也请见Meiggs 1972（C 201）56－8；Stylianou 1989（F 339）441－4有关塞浦路斯为提洛同盟成员的说法，但他太多的依靠假设。

元前 449 年春到达该岛，雅典军队同时在西部围困马利翁，在东部围困基蒂翁，但无论是这些行动的年代，还是它们的结果，都不特别清楚（Thuc. Ⅰ. 112. 2 –4；Diod. Ⅻ. 3 –4；Plut. *Cim.* 18 –19）。㉘ 明显是由于地理上的原因，马利翁似乎应当成为第一个目标。但我们并不能确定雅典军队是否夺取了该城，抑或是解围后接着前往东海岸。从狄奥多鲁斯下面的话中，曾有人推测马利翁被攻克，“他以围攻夺取了基蒂翁和马利翁”（Κίτιον μὲν καὶ Μάριον ἐξεπολιόρκησε）。但似乎可以肯定，基蒂翁并未被攻克（Thuc. Ⅰ. 112. 4；Plut. *Cim.* 19），所以这个句子也未提供马利翁被占领的正面证据。 309

基蒂翁之围并未成功，客蒙在战斗进行期间去世。他的去世被隐瞒了 30 天，包围被取消，归途中的雅典舰队遭遇由腓尼基人、塞浦路斯人和奇里乞亚人组成的波斯海军（Thuc. Ⅰ. 112. 4）。在萨拉米斯外海，陆上和海上同时发生了战斗。胜利的希腊人损失如此惨重，以至于伊索克拉底后来将这场战役与雅典人在埃及、西西里和羊河的失败并提（Ⅷ. 86）。这场战役到底是偶然相遇（修昔底德的文本似乎暗示如此），还是希腊人对萨拉米斯有计划的攻击，仍然不能确定。

雅典最后这次占领塞浦路斯尝试的失败，实际上确认了欧吕麦东战役后造成的现状，并且决定性地终止了雅典人在东部地中海区野心勃勃的战略。自此时起，塞浦路斯被牢固地置于波斯统治之下，除埃瓦戈拉斯的“塞浦路斯战争”外，阿契美尼王朝对该岛的控制，直到亚历山大征服前都无可争议。

萨拉米斯为一个希腊人王朝统治，其祖先可追溯至传说中的泰乌凯（Teucer）。公元前 499 年，国王戈尔古斯因拒绝参与伊奥尼亚起义，已经被废黜。由于公元前 480 年他以萨拉米斯分遣队统帅的面貌出现，因此他肯定是在一个相对短暂的时期后，恢复了王位。公元前 5 世纪 30 年代，这个希腊人王朝被一个来自推罗的腓尼基冒险家（其名无录）赶走。他以一个逃亡者身份来到萨拉米斯，赢得了国王的信任，但最终他“驱逐了他的恩主，本人攫取了王位”（Isoc. *Evag.* 19 –20）。对于篡位者的统治，伊索克拉底描绘了一幅阴

㉘ Barns 1953 –1954（F 222）and Sordi 1971（F 330）企图把狄奥多鲁斯这个句子划分为两句，一句指公元前 460 年“被遗忘的战役”，另一句指公元前 450/449 年的战役。虽然巧妙，却无说服力。请见 Parker 1976（F 309），并见 *CAH* Ⅳ² 54，501 –2。

暗的画面："他把该城降到蒙昧状态（ἐξεβαρβάρωσε），让全岛都屈从
310 于波斯大王。"（*Evag*. 20）但抛开塞浦路斯已经处于波斯统治下百年
不论，考古学已经证伪了他那"蛮族化城市"（*Evag*. 47）的观念。

当基蒂翁的腓尼基人王朝成功吞并北邻伊达利翁的领土后，基蒂翁的重要性很可能大大增加。伊达利翁的一份青铜文书（*ICS* 217；*CAH* Ⅲ². 3，72，78；*Pls. To Vol.* Ⅲ，pl. 224）记录了一次"米底人和基蒂翁人"对伊达利翁的围困，证明两个王国一直在冲突。该铭文的年代尚存争议（约在公元前478—前445年，不会更晚）；对发动这次攻击的背景，我们也不清楚。然而，我们无法将其与对伊达利翁的征服联系起来，因为文书表明，那次围困并不成功，当铭文刊布时，伊达利翁国王斯塔西库普鲁斯仍在统治。国王奥兹巴尔（Ozbaal）统治期间，伊达利翁肯定被吞并了，因为他自称"基蒂翁和伊达利翁之王"，而他的父亲和前任巴尔麦莱克一世（Baalmelek Ⅰ）仅仅是"基蒂翁王"。奥兹巴尔似乎在公元前5世纪中期以后短期在位，但基蒂翁诸王精确的年代［普米亚同（Pumiathon）即该王朝的末代君主除外］仍有争议。[29]

在萨拉米斯和基蒂翁之后，帕福斯似乎是最为重要的王国，它独特的作用，源自其著名的阿芙洛狄特圣所。可是，关于帕福斯和其他王国的历史，除某些统治者的名字外，我们一无所知。帕福斯的王朝是希腊人的，并使用音节文字书写铭文和钱币上的铭刻。

马利翁和拉佩图斯的情形稍显复杂。马利翁国王萨斯马斯（Sasmas，约公元前470/460—前450年，存疑）用了个腓尼基人名字。在某些钱币上，除用通常的音节文字符号外，也有并用腓尼基语名字 *mlk* 表示"国王"的现象。但既然他的父亲多克桑德鲁斯（Doxandrus）与后来的国王斯塔西奥伊库斯（Stasioecus）和提摩卡利斯（Timocharis，属公元前5世纪后半期）都拥有地道的良好的希腊语名字，因此似乎难以确定他到底是腓尼基人还是希腊人，不过因为我们不了解的原因而被取了腓尼基人名字。在拉佩图斯，希腊人和腓尼基人名字在王表中并列出现，但与马利翁相反，他们的钱币铭刻一律使用腓尼基符

[29] 对伊达利翁最近的考古研究，已经发现一块重要的公元前4世纪陶片，其上既有音节文字，也有腓尼基语的涂鸦，它已经证明伊达利翁的卫城并非突然被毁，而是逐渐放弃的［据与M. 哈吉科斯提博士（Dr. M. Hadjicosti）的个人书信］。

号［只有末代国王普拉克西普斯（Praxippus）例外］。拉佩图斯的人口主要是希腊人，但有证据表明，那里存在数量不少的腓尼基人。可是，这些事实并不能减少对王表解释的困难程度。

对现有可靠资料公正的评估，很难让我们支持下述假设：波斯人—腓尼基人联合压迫希腊人统治者及其臣民。从一些相当零散的史实中，我们可以合理地推断，在塞浦路斯诸王国中，存在相互冲突的 311
目标和利益的分裂。伊奥尼亚起义期间，这种情况已经显而易见。要塞的建设和重建，尽管我们无法可靠地将其与特定的事件或具体的统治者联系起来，但可以视为此种状态的补充证据。

政治上的不统一有利于波斯人的统治。由于不能依赖来自外部的支持，腓尼基人的国王有时可能更加顺从，但波斯人和腓尼基人合作对付一个希腊人城市的孤例，既不能证明腓尼基人普遍支持波斯，也不能证明阿契美尼王朝系统地推行反希腊政策。波斯并不根据意识形态行事。例如，公元前411年，当希腊人埃瓦戈拉斯废黜萨拉米斯的腓尼基人阿布戴蒙（Abdemon）时，波斯人并未采取任何措施。此外，也无证据表明波斯人把马利翁或拉佩图斯的希腊人统治者换成腓尼基人。阿契美尼王朝的统治依赖外交和说服，当其利用诸王国相互冲突的利益以强化对该岛的控制时，它不过是以实用主义的态度，诉之于屡试不爽的政治工具罢了。

无论是从一个腓尼基人王朝吞并一个希腊人王国的孤例（无论如何，只要基蒂翁企图扩张领土，它肯定遇上希腊人），还是从一个腓尼基人篡位者以暴力驱逐一个希腊人国王的孤例中，都很难推出希腊人和腓尼基人因种族和文化原因发生本质性冲突的结论。萨拉米斯的推罗人篡位者推行激烈的反希腊政策，仅仅是伊索克拉底的一面之词，无论是马利翁还是拉佩图斯的腓尼基人国王，都不曾与这样的政策有联系。一般来说，我们的资料显示，在希腊人和腓尼基人之间，更多的都是共处而非冲突（见上文第305—306页），就该岛的政治氛围来说，重要的似乎是：在萨拉米斯的希腊人宫廷中，一个腓尼基人能够爬上有影响的职位。

希腊人和腓尼基人之间的区别可能对政治有某种程度的影响，但希腊人自己似乎很少因为民族情绪联合起来。公元前499年，腓尼基人的基提翁参与了起义，而萨拉米斯和阿马图斯的希腊人国王却拒绝了，库利翁（Curium）的斯塔萨诺（Stasanor）在战斗中抛弃了希腊人的事业。在随后的年代里，我们的资料从未提及希腊人的塞浦路斯支持雅典的行动。公元前449年的萨拉米斯战役中，塞浦路斯分遣队是与波斯舰队而非雅典人并肩战斗。在塞浦路斯的希腊人王国中，忠诚的分裂甚至较之在小亚细亚的伊奥尼亚人城市中更加明显。

关于塞浦路斯诸王国的历史，我们了解到的确定的事实，表明的只是王朝之间的冲突，而无任何其他内容。它们的政策意在扩张自己
312 的权力，而与族群无关，因此，埃瓦戈拉斯一视同仁地攻打基蒂翁、索利和阿马图斯，它们分别是腓尼基人的、希腊人的、埃泰奥塞浦路斯人的城市。

三 萨拉米斯的埃瓦戈拉斯的统治

公元前411年，当埃瓦戈拉斯攫取萨拉米斯的权力时，标志着塞浦路斯历史上一个新阶段的开始。这位杰出君主的成就因其一系列的成功达于顶峰，他让萨拉米斯一度成为东部地中海上的一个强国，并将在一代人的时间里支配塞浦路斯政治。可是，我们很快就明白，埃瓦戈拉斯的崛起，主要源自那个时代其对外政策中一连串有利却并不稳定的条件。当这些条件变化后，萨拉米斯政治上的衰落就开始了。埃瓦戈拉斯的地位，在数年中就戏剧性地倾覆了。

约公元前415年，萨拉米斯的推罗人篡位者的后代被另一个腓尼基人阿布戴蒙谋杀（Isoc. *Evag.* 26），后者要么是推罗人（Diod. XIV. 98），要么是基蒂翁人（Theopomp. *FGrH* 115 F 103. 2），由于他是萨拉米斯的“掌权者”（*dynasteuontes*）之一，其经历可能与第一个篡位者类似。埃瓦戈拉斯约生于公元前435年，据称为泰乌凯王室的后代（Diod. XIV. 98. 1；Isoc. *Evag.* 18），而且曾不受打扰地在萨拉米斯平静地生活着，直到阿布戴蒙攫取权力。由于被新统治者视为政治上的对手，埃瓦戈拉斯受到被捕的威胁，乃逃亡至奇里乞亚的索利。公元前411年，他与一小批忠诚的支持者返回萨拉米斯，在夜间通过一座边门冲入城内，攻占王宫后，将阿布戴蒙流放（Isoc. *Evag.* 26 – 32；Diod. XIV. 98）。这场政变不由让人想起1902年伊本·沙特（Ibn Saud）在利雅得（Riyadh）的行动，但它让埃瓦戈拉斯成了萨拉米斯国王。对于此事，该城的希腊人显然仍漠不关心（τῶν δ’ἄλλων πολιτῶν θεατῶν：

Isoc. *Evag*. 31）。

通过大规模的重建计划，埃瓦戈拉斯巩固了他在萨拉米斯新近赢得的权力。他加强了城防，扩大了港口，建造了一支由三列桨战船组成的舰队（Isoc. *Evag*. 47）。此类措施的启动，并不如伊索克拉底声称的那样，是因为萨拉米斯在腓尼基人统治下被“蛮族化”了，因为在那个时期，萨拉米斯或塞浦路斯的艺术与物质文化并无衰退迹象（见前文第 306 页）。埃瓦戈拉斯的主要目的，是增强他的王国的实力，“他使国家如此强大，以至于此前很多鄙视她的人，如今害怕她了”（Isoc. *Evag*. 47）。没有证据表明那时埃瓦戈拉斯执行了反波斯政策，更不用说有把塞浦路斯从阿契美尼王朝统治下解放出来的计划了。[30] 埃瓦戈拉斯统治第一阶段执行的两头讨好政策清楚地显示了这
一点。他的目标之一，是扩展萨拉米斯的统治，可能的话将其伸展到 313
全岛（ἅπασαν τὴν νῆσον σφετερίσασθαι：Diod. XIV. 98. 1）。准此而论，他最终取得了成功，部分通过灵活的政治手腕，部分则通过军事力量。同时，他小心开创了一种外交政策，意在推进他在塞浦路斯的计划，并精明地利用波斯、斯巴达和雅典之间复杂的冲突。但是，这种对外政策长期以来有利于波斯，因为它帮助波斯消灭了斯巴达的海上势力。

波斯对阿布戴蒙的垮台和希腊人统治在萨拉米斯的重新确立并未做出反应。从公元前 380/379 年埃瓦戈拉斯与反叛者缔结和约的条款看[Diod. XV. 9. 2：他臣服于“王中之王”（ὡς βασιλεὺς βασιλεῖ）波斯大王]，我们可以推测，他一开始就已被波斯大王承认为附属国萨拉米斯的国王。公元前 410 年左右，如果埃瓦戈拉斯与波斯领主关系紧张，那他就不可能成为提萨菲奈斯和雅典之间的调停人。到该世纪末，因为我们无法决定性证实的理由（利用了居鲁士的暴动?），两者之间似乎已经产生了某些摩擦，但当埃瓦戈拉斯于公元前 398/397 年答应支付他惯例性的贡金余款后，两者的关系再度走向正常。余款显然是他拖欠多年未交的（Ctesias *FGrH* 688 F 30）。公元前 391 年之前，从原则上说，他仍然忠实于波斯大王。

埃瓦戈拉斯统治初年与雅典的关系不易界定。公元前 410 年或前

[30] Costa 1974（F 231），该书讨论了约公元前 391 年之前埃瓦戈拉斯的经历。

409 年，雅典人通过一个授予这位国王荣誉的法令，法令幸存下来，但受损非常严重。[31] 看来可能的是，这些荣誉是埃瓦戈拉斯为雅典利益进行谈判时授予的，同样可能的是，其中还包括授予公民权（Dem. Ⅻ. 10），如伊索克拉底所说（*Evag*. 54），理由是“因为众多伟大的善事”。在伯罗奔尼撒战争最后阶段，希腊逃亡者成群结队地逃往萨拉米斯宫廷，尽管他们的名声并不都是没有问题的（Isoc. *Evag*. 51），其中显赫者有演说家安多奇戴斯。他与这位国王之间的交往并不是完全没有问题（他一度被埃瓦戈拉斯监禁，Lys. Ⅵ. 28），但公元前 407 年，埃瓦戈拉斯因为安多奇戴斯的缘故，以粮食支持了当时正处境狼狈的雅典（Andoc. 11. 20）。雅典人科农到达塞浦路斯，对埃瓦戈拉斯未来的政策产生了更大影响。公元前 405 年雅典在羊河战役中失败后，科农与八艘三列桨战船的小分队逃往塞浦路斯，并且在那里逗留数年（Isoc. *Evag*. 52；Xen. *Hell*. Ⅱ. 1. 29）。很快，雅典与萨拉米斯国王的关系，在政治上获得了更大的重要性。

314 科农倡导的政策，目标是推翻斯巴达对希腊的霸权，因此他试图从波斯获得支持。波斯大王确实愿意一定程度上支持这一政策，因为埃瓦戈拉斯显然被争取过来，支持了科农，使科农被任命为波斯舰队统帅，并于公元前 398 年通过历史学家和医生克泰西亚斯与阿塔薛西斯开始谈判（*FGrH* 688 F 30；Isoc. *Evag*. 54 – 6；Diod. ⅩⅣ. 39）。长期的讨价还价后，协议达成。公元前 397 年，法那巴祖斯命令塞浦路斯诸国王建造 100 条三列桨战船（Diod. ⅩⅣ. 38. 2），并交由科农指挥。公元前 396 年，舰队最终起航，在经过最初的挫折——被困在塞浦路斯雇佣兵叛乱的考努斯（Caunus）［*Hell. Oxy*. ⅩⅩ（ⅩⅤ）］——后，公元前 394 年，在尼多斯赢得了决定性胜利，终结了斯巴达短命的海上霸主之梦。公元前 393/392 年，雅典再度向与其结盟的这位塞浦路斯国王授予一系列特殊荣誉，其中包括在国王柱廊前的科农雕像边上，为埃瓦戈拉斯竖立一座雕像，指定他为代办（*proxenia*）

㉛ *IG* I^3 113 = *Salamine de Chypre* X（F 323）113 – 15 no. 247 = Osborne 1981 – 3（B 165）D3；请见 Spyridakis 1935（F 331）46 – 50。Gregoire and Goosens 1940（C 145）将其定在公元前 411 年 1 月，Lewis 1977（A 33）130 n. 133 认为，它“可能晚至公元前 408/407 年”。

（Isoc. *Evag.* 57；Paus. Ⅰ. 3. 2）。[32]

尽管狄奥多鲁斯提到埃瓦戈拉斯和科农之间的友谊，但他们之间的合作主要出于政治目的（ⅩⅢ. 106. 6；也见 Isoc. *Evag.* 53）。对帮助雅典抗击斯巴达，埃瓦戈拉斯似乎是真诚的，但科农很可能认为萨拉米斯国王［他建议埃瓦戈拉斯与叙拉古的狄奥尼修斯联姻，意图可能是让后者脱离斯巴达（见前文第 105 页）：Lys. ⅩⅨ. 19 – 20］不过是他的一颗棋子，可是事件的发展显然也非常符合埃瓦戈拉斯的计划。在他与波斯大王良好关系的掩护下（对斯巴达海战期间，他曾经帮助波斯大王），他有理由期待波斯让他自由行动，以实现其将霸权扩展到所有塞浦路斯王国的计划。他与塞浦路斯其他君主首次公开冲突的记录为公元前 398 年（Ctesias，*FGrH* 688 F 30）。进一步的行动开始于公元前 393 年，甚至可能更早，“不是通过暴力就是通过说服”。到公元前 391 年，仅剩三个城市，即基蒂翁、索利和阿马图斯尚在抵抗（Ephorus *FGrH* 70 F 76；Diod. ⅩⅣ. 98. 2 – 3）。

这三个城市向阿塔薛西斯求救，波斯大王的反应似乎对埃瓦戈拉斯是个意外打击（Isoc. *Evag.* 58），标志着这位萨拉米斯国王生涯中的转折点，那是“塞浦路斯战争”的开端。阿塔薛西斯立刻命令赫卡同努斯即卡利亚统治者干涉塞浦路斯。公元前 391 年末，赫卡同努斯似乎在未遭对抗的情况下，让军队在塞浦路斯登陆，埃瓦戈拉斯对此显然毫无准备（Diod. ⅩⅣ. 98. 3 – 5）。萨拉米斯国王征服塞浦路斯 315
全岛的企图，是否与公元前 392/391 年波斯希腊政策的大转向有关，尚待讨论。[33] 但从我们的资料看，埃瓦戈拉斯的暴动并非计划中的起义，是其反波斯的“宏大计划”的一部分，而是源自对波斯塞浦路斯政策的错误估计。它的主动权在波斯大王手里。在数年中，波斯国王显然并不反对萨拉米斯统治的逐渐扩张，但一旦斯巴达的进攻计划似乎遭到有效遏制，他就决定制止一个统一的塞浦路斯的潜在威胁，“波斯大王不仅因为他希望埃瓦戈拉斯不能变得更加强大，而且因为

---

[32] *IG* Ⅱ^{2} 20 = *Salamine de Chypre* X（F 323）117 no. 250. 该铭文的两块残片，请见 Lewis and Stroud 1979（B 152）= *SEG* ⅩⅩⅨ 86；也请见 Funke 1983（C 140）。关于可能存在的埃瓦戈拉斯头像，见 Hermary 1989（F 266）181。

[33] Costa 1974（F 231）52 – 6. 1991 年 12 月，M. 约恩（M. Yon）和 M. 斯尼凯（M. Sznycer）宣布，在基蒂翁发现一块新的腓尼基语铭文，它庆祝国王米尔贾同（King Milkyaton）对其他塞浦路斯人的胜利，所指可能就是那个时期的冲突。

他重视塞浦路斯的战略地位，以及它那庞大的海上力量，正是依靠这个，波斯国王才能从正面保护亚洲，因此他决定接受”阿马图斯、索利和基蒂翁“加入同盟”（Diod. XIV. 98. 3）。

由于埃瓦戈拉斯的外交技巧，他尚能顶住波斯大王的第一批措施，因此为他赢得时间从外部获得支持。雅典派来帮助埃瓦戈拉斯的 10 条三列桨战船组成的小舰队在罗德斯附近被斯巴达舰队俘获。形势的微妙不曾逃过色诺芬的注意：雅典当时仍与波斯站在一边，却企图帮助波斯的敌人埃瓦戈拉斯。同时，波斯的对手斯巴达却消灭了一支意在与波斯人战斗的军队（Xen. *Hell.* IV. 8. 24）。但埃瓦戈拉斯努力与赫卡同努斯达成协议，让后者撤出了军队，赫卡同努斯后来还以金钱秘密帮助萨拉米斯国王。同时，埃瓦戈拉斯巩固了自己的地位，不仅与雅典，而且与埃及国王（公元前 388 年，他与雅典签订了条约）阿科利斯以及其他那些不满的阿契美尼王朝的封臣们结成了同盟。[34]

公元前 387 年春，在卡布利亚斯指挥下，一支由 10 艘战船组成的雅典新舰队运载着 800 名轻装兵，设法到达了塞浦路斯。依靠这些军队的帮助，埃瓦戈拉斯几乎成功地征服了塞浦路斯全岛（σχεδὸν ὅλην τὴν Κύπρον）（Xen. *Hell.* V. 1. 10；Diod. XIV. 110. 5），但他对该岛的控制实际有多大范围，我们无法确定。我们没有证据证明他的征服地包括基蒂翁、索利和阿马图斯。[35]

安塔尔奇达斯和约（公元前 386 年年中之前）强令雅典人及其分舰队撤退，和约明确提到，作为一个岛屿，塞浦路斯臣服于波斯大
316 王（Xen. *Hell.* V. 1. 31）。但“大王和约”不仅让埃瓦戈拉斯孤立于雅典盟友之外，它还把波斯的兵力从对付反叛的臣属统治者中解放出来。狄奥多鲁斯（XIV. 110. 5）恰恰就是在这样的背景中来观察这个条约的。

不过，埃瓦戈拉斯的地位暂时并未遭到削弱。公元前 386 年以后的若干年里，是他职业生涯的顶峰。到那时为止，波斯一直忙于应付其敌人希腊人，使得埃瓦戈拉斯的成功成为可能。阿塔薛西斯决定将

---

[34] Theopomp. *FGrH* 115 F 103；Diod. XV. 2. 3 – 4；Bengtson, *SdA* nos. 234，237.

[35] “雅典人国王戴摩尼库斯（Demonicus）”的钱币一度被视为埃瓦戈拉斯已经于公元前 388 年凌驾于基蒂翁的证据，但 Schwabacher，1947（F 328）已经证明，它们来自拉佩图斯。另见 Masson and Sznycer 1972（F 294）100；Kraay 1976（B 200）302 – 3，309。

他的兵力集中起来，以对付一个不平静的地区——埃及，又给了埃瓦戈拉斯更多的喘息之机。埃瓦戈拉斯与其他众多叛离波斯的统治者达成秘密谅解，积累起大笔金钱，集合起一支庞大的力量，据说其三列桨战船达到90艘，轻装兵6000人。这让他能够在塞浦路斯及其以外的地区扩展其霸权。在腓尼基，他征服了“推罗和某些其他城市”（Diod. XV. 2. 3；Isoc. *Evag.* 62；*Paneg.* 161）。埃瓦戈拉斯好像成了东地中海无可争议的主人，并威胁到波斯的海权。

然而，在奥隆特斯和提里巴祖斯指挥下，波斯远征力量慢慢地在小亚细亚西部集中起来。它的舰队由波斯统治下的希腊人城市提供。如同公元前498年一样，奇里乞亚被选作行动基地，军队从那里海运到塞浦路斯。埃瓦戈拉斯依靠埃及的阿科利斯提供的船只、粮食和金钱，在陆海两路都进行了英勇抵抗，但在基蒂翁附近的海战中被击败（Diod. XV. 3 –4），随后是对萨拉米斯迁延日久的围攻战。在此过程中，守城者的勇气和天才，波斯将领之间的不和，都引人注目。尽管埃瓦戈拉斯成功玩弄阴谋（它导致提里巴祖斯被捕，波斯海军统帅格罗斯逃亡埃及），但他仍被迫于公元前380年或前379年投降。[36] 埃瓦戈拉斯放弃了所有的征服地，仅仅保留了萨拉米斯王国，并支付常规的贡金，承认阿塔薛西斯的主权，尽管不是“奴隶对主人的”（ὡς δοῦλος δεσπότῃ），而是“国王对国王的”（ὡς βασιλεὺς βασιλεῖ）（Diod. XV. 8 –9. 3）。

对于埃瓦戈拉斯在战败且筋疲力尽的萨拉米斯最后7年的统治（Isoc. *Nic.* 31. 33），我们根本不了解细节。公元前374/373年，他与自己的长子普尼塔戈拉斯（Pnytagoras）一起被谋杀，据泰奥彭普斯，他们是一场宫廷丑闻的牺牲者（*FGrH* 115 F 103. 12）。幸运的是，埃瓦戈拉斯死后不久，伊索克拉底就成为他一流的“公关经理”，他的《埃瓦戈拉斯》对国王临终时的不利背景轻描淡写，却把他刻画成一个理想国王的形象，不仅有资格统治塞浦路斯，而且有资格统治全亚洲。毫无疑问，伊索克拉底所写的不是历史，而是“颂歌”（*encomium*），充满了修辞学的夸张。但即使是对埃瓦戈拉斯更加冷静的估价，也必须承认他作为统治者的杰出素质：他是一个精明的政

---

[36] 有关的年代学问题，请见 Hill 1949（F 267）140；Swoboda 1907（F 825 –6）。

317 客，一个灵活的外交家，对波斯的统治机制有广泛的了解，而且是一个大胆的战略家。

埃瓦戈拉斯让塞浦路斯数年中几乎自治的经历，再次证明了下述两个看法：第一，决定塞浦路斯内部政策的，不是“民族”动机，而是各个王国的利益。埃瓦戈拉斯一视同仁地征服希腊人和腓尼基人统治者，他根据形势的不断变化，或与波斯领主并肩作战，或与后者对抗。独立可能是他最终的目标，而他的君主政治，也难说与希腊人的政治制度相合。伊索克拉底这个君主制的首要倡导者和雅典的严厉批评者，成为埃瓦戈拉斯的讴歌者，并不是偶然。第二，赢得对波斯的独立只能在短期内实现，它需要利用阿契美尼帝国内部不稳定的政治形势和暂时的弱点。但这次像过去的公元前5世纪一样，波斯的统治终于再度确立。

埃瓦戈拉斯的政治计划遭遇失败，塞浦路斯并未赢得永久性的独立。但他对该岛历史的影响不应低估。他那一直被宽泛称道的“文化的政策”（那是他宫廷的主要诱人之处），产生了较其权力政治更加持久的影响。赋予埃瓦戈拉斯一种“阿提卡—萨拉米斯文化”创造者的荣誉，可能属夸大，在很多方面，他都是一个纯粹的专制君主，但他肯定是亲希腊的。我们可以相信伊索克拉底所说的话：埃瓦戈拉斯让萨拉米斯“不弱于希腊的任何城市”（*Evag.* 47）。在塞浦路斯，他是第一个使用希腊字母的国王，尽管在钱币和铭文上，传统的音节文字仍然并行。希腊的作家、音乐家和艺术家生活在萨拉米斯；在萨拉米斯发现的、普拉西特列斯（Praxiteles）风格的叙吉埃亚（Hygieia）的大理石头像，很可能是此类旅居艺术家的作品。在萨拉米斯，如今出现了一个阿提卡的殖民地，同时有萨拉米斯商人生活在雅典。[37] 这种艺术、文学和生活风格的亲希腊态度，在埃瓦戈拉斯的继任者尼科克莱斯（Nicocles）时代将得到延续。人们或许仍会猜测，这到底是证明了“希腊人的民族意识”，还是仅仅与波斯大王及其众多总督、附属国统治者如腓尼基人国王那样，不过代表了一种亲希腊的虚假倾向。可是，它最终强化并加速了公元前4世纪塞浦路斯融入希腊文化的进程。

---

[37] Pouilloux 1975（F 314）118 –9.

318

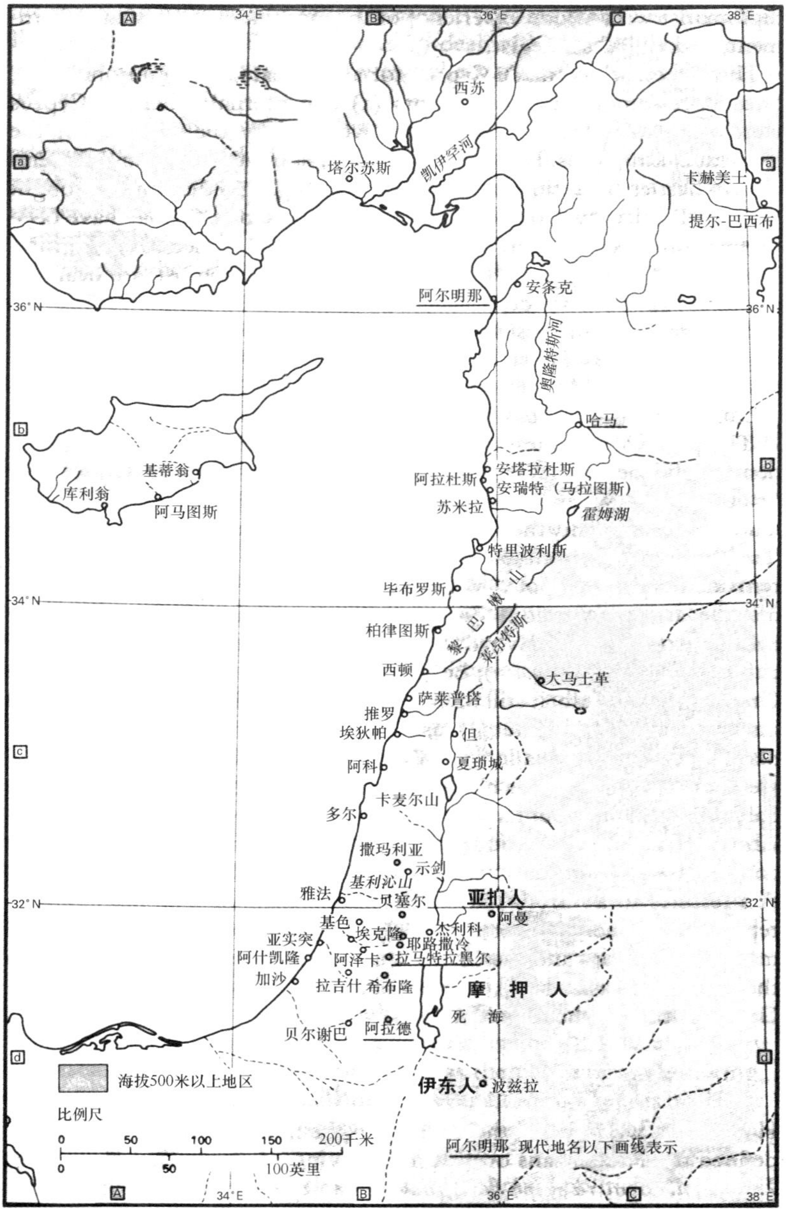

地图 8　犹大与腓尼基

四 腓尼基的城市国家

续 公元前5世纪中期，希罗多德曾经访问腓尼基，将那时的腓尼基
317 人定义为生活在叙利亚沿海的人（τῆs Συλίηs οἰκέουσι τὰ παρὰ θάλλσαν：
319 Ⅶ. 89. 2）。像之前数百年一样，腓尼基既不是一个地理单位，也非一个政治单位，而是在叙利亚—巴勒斯坦沿海地区狭窄地带的一连串城市，其周边为叙利亚人、阿拉米人、希伯来人和腓力斯丁人，并与他们杂处。[38] 该地与腓尼基邻近的塞浦路斯岛的联系久已确立，不仅在商业上和文化上，而且在政治上，都如此。基蒂翁曾为推罗殖民地，两个城市间正式的关系似乎迟至公元前4世纪仍然存在。在基蒂翁发现的一个石棺上，刻有“埃施摩拉东之子埃施摩拉东、推罗官员”的铭文，此人可能是归属基蒂翁国王的官员。[39]

政治上，腓尼基被划分为西顿、推罗、毕布罗斯和阿拉杜斯王国。因此，腓尼基的历史，是这些准独立城市国家的历史。但是，尽管它们有一系列显著的差异，然而，它们的政治组织、经济和文明有一些共同的基本特征。由于有关公元前5—前4世纪腓尼基人城市历史的资料非常稀少，且经常相互矛盾，这些特征只能在最广义的框架上加以重建。铭文和钱币只能部分地补充那些常常是二手或三手的文献传统。遗憾的是，与希腊化和罗马时代或青铜时代比较，考古证据也要少得多，所以，我们关于这些城市内政史的知识，特别是关于它们政治和社会制度的知识，受到严重限制，许多问题仍无法解决。

由于下述两个原因，对阿契美尼王朝的波斯来说，腓尼基具有特殊的意义。该地构成了连接帝国西亚行省与至关重要的埃及的大陆桥的一部分；在组建波斯海军时，由于舰队拥有丰富的海战经验，还有适合的港口和造船用的木材，腓尼基城市必不可少［如希罗多德（1. 143）正确地暗示的那样］。波斯阿契美尼王朝的海上力量，很大程度上依赖腓尼基人的分遣队，它们通常由自己的国王统领，构成了波斯舰队的脊梁。“整个海军仰赖于腓尼基人”（Hdt. Ⅲ. 19. 3）可能并非冈比西斯的原话，但肯定表达了阿契美尼王朝战争与战略的

---

[38] 关于该时期腓尼基的大致范围，见 Elayi 1982（F 245）。

[39] Masson and Sznycer 1972（F 294）69 –75.

基本事实。希波战争中，腓尼基的战船发挥了决定性作用（Hdt. Ⅴ. 108，109，112；Ⅵ. 6，41；Paus. Ⅰ. 15. 3）；在建造横跨赫勒斯滂海峡的桥梁和开凿阿托斯运河中，事实证明腓尼基人工程师较其他单位更有效率，技艺更加高超（Hdt Ⅶ. 23）。

在波斯舰队中，腓尼基人分遣队通常由西顿、推罗、阿拉杜斯和毕布罗斯提供。公元前 480 年的舰队中，西顿人的分遣队被认为是最有效率的（Hdt. Ⅶ. 96. 1，99. 3），并受到薛西斯特殊的恩宠。在阿 320
拜多斯，他登上西顿人的船检阅了舰队（Hdt. Ⅶ. 100. 2；亦见 128. 2）；萨拉米斯战役前夜的军事会议上，统帅们“根据国王安排的官阶各自坐好，首先是西顿王，接着是推罗王，然后是其他人”。西顿国王第一个发言（Hdt. Ⅷ. 67. 2 – 68. 1）。他肯定是那位泰兰奈斯图斯（Tetramnestus），在希罗多德有关最为著名的海军将领名单中，他位列第一（Ⅶ. 98）。[40] 由于一些腓尼基水手在萨拉米斯战役中表现糟糕，根据薛西斯的命令，他们随后被处决（Hdt. Ⅷ. 90；Diod. Ⅺ. 18，19. 4），但这并未终结腓尼基分遣队在阿契美尼王朝舰队中的忠诚服役。在公元前 5 世纪的多数海上遭遇战中，他们都出现过，并且勇敢地洗脱了他们过去的名声。尤其值得一提的是，他们帮助保卫塞浦路斯免入提洛同盟，在普罗索皮提斯（Prosopitis）消灭了雅典军队（Thuc. Ⅰ. 110. 4）。[41] 公元前 396 年，科农的舰队因西顿国王统领的 80 艘腓尼基人三列桨战船的加入，得到了增强［*Hell. Oxy.* Ⅸ（Ⅳ）. 2；Diod. ⅩⅣ. 79. 8］。可是，在埃瓦戈拉斯的塞浦路斯战争中，波斯海军首次在缺乏有经验的腓尼基分遣队的情况下进行了战斗。

只要现存政治结构能够与波斯统治协调，则尊重它们，乃阿契美尼王朝政策一贯的准则，但腓尼基的战略地位，可能解释了为什么她的城市尽管与塞浦路斯类似，却明显享受到相当高程度地方自治的原因。公元前 539 年巴比伦陷落后，阿契美尼王朝对叙利亚和腓尼基的征服，并未在该地区传统的政治体制上引起根本性的变革，那里仍是一连串的世袭君主国。公元前 515/514 年，大流士一世修正了波斯帝国的行政组织，将腓尼基并入第五总督区，与“叙利亚、巴勒斯坦

[40] 可是，西顿国王从来不是波斯舰队的“统帅”，见 Hauben 1970（F 264）。

[41] M-L no. 34：在埃及，公元前 460—前 454 年间，萨摩斯人俘虏了 15 艘腓尼基人船只。

和塞浦路斯”合并（Hdt. Ⅲ. 91. 1）。[42] 与耶路撒冷和撒玛利亚相反，波斯在腓尼基城市似乎并未设置地方总督。腓尼基的国王仍可打造他们自己的货币。在许多方面，他们被作为盟友而非臣民对待。他们的地位好像与埃瓦戈拉斯的模式吻合：作为波斯大王的封臣，其关系不是“奴隶对主人”，而是“国王对国王”（Diod. XV. 8. 2 -3）。

波斯大王对腓尼基统治者的承认，只是在下述情况下限制了他们的自治：忠于波斯的总体利益，并给阿契美尼王朝的舰队提供海军。总督和定期巡查的巡按使（*Otakoustai*）行使着控制权。在一个相当长的时期里，那里并无叛卖或起义发生。在整个公元前 5 世纪，而且
321 在公元前 4 世纪相当长的时间里，事实都一再证明，腓尼基国王对他们的领主是忠诚的。只是从“总督大暴动”起，人们才感到对波斯统治的敌对情绪日益增长，其顶峰是公元前 351/350 年埃及战役后腓尼基爆发的起义。

波斯统治下，腓尼基内部的形势类似当时塞浦路斯诸王国盛行的情况：各个王国为扩张政治权力和经济影响而爆发地方性冲突，在此期间能够这样做的城市，似乎已经得到了波斯的帮助。据文献史料记载，西顿、推罗和阿拉杜斯是那 200 年中最为重要的腓尼基城市，城市钱币的分布[43]和迄今在那些已经得到发掘的遗址的考古资料，证明了这一点。毕布罗斯也是一个繁荣的城市，有庞大的公共建筑，但它的货币的流通，不如首先提到的那三个城市范围广阔。

政治势力与城市的财富和繁荣程度成正比。西顿、推罗和阿拉杜斯显然是该时期能够巩固并扩展它们统治的王国。腓尼基人城市并非严格意义上的“城市王国”，它们由城市本身以及范围不等的沿海平原领土组成，后者是一连串的城镇和乡村，并提供所需要的农产品。只有在少数情况下，腓尼基人的统治会扩展到沿海的山脉之外，如同阿拉杜斯的城镇马利安麦（Mariame）、马尔叙亚（Marsya）和拉法奈亚（Raphanea）（可能的）那样。[44] 这些领土常常不是连成片的，因为腓尼基政治组织的典型特点，让良好的海上交通变得可行，西顿统治着推罗南边的多尔（Dor），但多尔南部的克罗科狄隆（Croco-

[42] Elayi 1978（F242）已对第五总督区的组织进行过讨论，也请见 *CAH* Ⅳ^2 153 -4。
[43] Elayi 1982（F 245）fig. 3.
[44] Elayi 1982（F 245）；Teixidor 1980（F 345）.

deilon）和阿什凯隆（Ashkelon）又由推罗控制。

除上面已经提及的城镇外，阿拉杜斯的领土还包括安塔拉杜斯（Antaradus），安瑞特/马拉图斯（Amrit/Marathus），西米拉（Simyra，亚述时代仍是一个独立城市），卡奈（Carne）和恩叙德拉（Enhydra）。公元前5世纪，推罗赢得了北起萨莱普塔（Sarepta）、南到卡麦尔山（Mt Carmel）南坡的沿海地区的控制权。如我们刚提到的，她的领土还包括腓力斯丁人沿海的部分地区。㊺ 据国王埃斯蒙纳扎二世（Eshmunazar Ⅱ）石棺铭文，要么公元前6世纪末，要么公元前5世纪前半期，西顿曾被波斯大王赏以新土地。它称："因为我完成的伟大业绩，众王之主赐予我们多尔和雅法，以及萨隆（Sharon）平原那美好的良田。"（*KAI* 14.18－20）㊻

这些王国都小心捍卫她们的自治权利，它们的分舰队通常由自己的领袖率领，乃是典型做法［公元前481/480年，西顿的统帅是泰兰奈斯图斯、推罗的是马坦（Mattam），阿拉杜斯的是马巴鲁斯（Marbalus），见Hdt. Ⅶ.98］。它们肯定会组成一些临时的同盟，但没有一个发展成为永久性的腓尼基城市联盟。公元前4世纪初，西顿、推罗和阿拉杜斯建立了特里波利斯（Tripolis），人们有时推测，三个主要的腓尼基王国采取了一个共同行动。新城市被划分为三个区，即"阿拉杜斯人的、西顿人的和推罗人的"，但那也意味着，那里是一个"腓尼基人举行他们共同的议事会，并且就最为重要的问题进行协商"的地方（Diod. ⅩⅥ.41.1）。因此，至少在公元前4世纪，各城市集会讨论或者协调它们的政策。但是，这样的会议，并不必然表示存在永久性的同盟。 322

另外，这些城市中的任何一个，也不能将它的霸权强加于其他王国。公元前6世纪，推罗已经失去了它在腓尼基的领导地位。㊼ 公元前5世纪，西顿地位显赫，并延续到反对波斯的起义之时。这部分源

㊺ ［Scylax］（*GGM* Ⅰ 78）.

㊻ 年代，同时也包括动机，尚有争议，Dunand 1975－6（F 240）494将埃斯蒙纳扎二世定年在公元前535—前520年，那个年代最近得到考古研究的支持［R. A. 斯图克（R. A. Stucky）的意见，源自个人通讯］；Huss 1977（F 268）139追随了Assmann 1963（F 220），Galling 1963（F 251）的意见，定年在公元前5世纪早期；Mullen 1974（F 306）28提供的年代为公元前465—前451年。如果公元前459—前454年多尔真的向雅典支付贡金（*ATL* Ⅲ 174－5，260－1，269），则最后这个年代似乎也是可能的。也请见*CAH* Ⅳ² 144。

㊼ Katzenstein 1979（F 279）.

自西顿经济上的繁荣，它的基础是富饶的冲积土壤，甚至更多地仰赖于其有利的港口。西顿的贸易，如同其钱币发现地所示，领先于推罗和阿拉杜斯。公元前4世纪，“该城财富和其他资源远远超过腓尼基的其他城市”，能够调集100余条三列桨和五列桨战船（Diod. XVI. 44. 6；也见41. 4）。在西顿仕女墓中发现的丰富的珠宝和其他珍贵礼物，表明这个时期该城上流社会财富规模的巨大。[48] 在某种程度上，西顿的优势肯定是通过作为波斯官员的集会地以及一支主力军队的驻扎地实现的，至少战时如此（Diod. XVI. 41. 2，5）。同时，与其他城市相较，该城及其港口对于波斯具有特殊意义，让阿契美尼王朝对她的控制更加严密。但资料上的不足，让我们无法充分阐释波斯大王和他的西顿附庸、西顿君主和他的臣民之间的复杂关系。[49] 西顿的重要角色似乎毋庸置疑，但没有迹象表明，她的权威达到了对其他城市享有霸权的水平。

公元前5—前4世纪，腓尼基人城市的政治制度只能画出最为粗
323 略的轮廓。城市由世袭国王统治。如耶哈米克（Yehawmilk）的雕刻所示，他们身穿波斯风格的服装。可是，现存王表零碎，而且年代仍有争议。[50] 似乎没有疑问的是，统治者掌握着相当大的权力，国王的女性亲属可以为年幼的儿子们充当摄政。例如，在西顿，王太后阿马施塔特（Amashtart）曾担任埃斯蒙纳扎二世的摄政（*KAI* 14）。公元前5—前4世纪波斯海军作战记录表明，国王的一个主要职责是统领王国的舰队（很可能还有其他武装力量）。至少在公元前4世纪，出现了利用雇佣军的记录（Diod. XVI. 41. 4，42. 2）。从技术层面上说，腓尼基人的城防和围攻技术都是先进的（Diod. XVII. 41. 4，43. 1；Arr. *Anab.* II. 21. 1 –7）。

公正是国王受到赞颂的美德之一（*KAI* 10. 9），但国王是否像在

---

[48] Parrot，Chebab and Moscati 1977（F 310），107 –10.

[49] 可能正是在这样的背景下，西顿成为公元前4世纪唯一发行表现波斯大王形象的货币的城市，具有重要意义。Bondi 1974（F 224）企图证明西顿国王执行了一种特殊的“亲波斯”政策，其史料基础过于薄弱。

[50] 关于西顿王表的重建，现请看 Mullen 1974（F 306）和 Peckham 1968（F 311）72 –6。关于毕布罗斯国王年代的零散，见 Dunand 1965（F 235）35；*KAI* 11 10 – 15；Jidejian 1968（F 269）211 –212；Moscati 1979（F 303）63。

迦太基那样，行使最高法官（*Ŝofet*）的权力，并不确定。传统上，国王的政治权力与宗教职能是合在一起的。西顿的埃斯蒙纳扎一世（Eshmunazar Ⅰ）［约公元前479—前470（存疑）年在位］和塔布尼特（Tabnit）［约公元前475—前460（存疑）年在位］都是"阿丝塔尔特的祭司"（*KAI* 13.1 – 2），毕布罗斯国王奥兹巴尔（King Ozbaal）［约公元前350年在位（存疑）］是"巴拉特（Baalat）的祭司"（*KAI* Ⅱ）。铭文证实国王从事某些宗教活动。西顿的埃斯蒙纳扎二世［约公元前465—前451（存疑）年在位］曾建造或者重建阿丝塔尔特、埃施蒙和巴尔（*KAI* 14，15 – 18）的圣所；西顿的波达斯塔特（Bodashtart）（约公元前451—？）曾为雷舍弗（Reshef）和巴尔神（*KAI* 15，16）、毕布罗斯的耶哈米克（约公元前450年？）曾为"毕布罗斯的女主人"巴拉特做同样的工作。

国王的权力受到波斯领主及其总督特权的限制，但似乎并不像人们经常假设的那样，国王与"长老议事会"共享权力。在前波斯时代，我们很难从阿萨尔哈东（Asarhaddon）和推罗的巴尔（Baal of Tyre）签订的条约[51]，或者从以西结有关公元前6世纪推罗的说法（27：9）中，推测此类议事会的存在，对公元前5世纪和前4世纪而言，根本没有关于此类机构的证据。西顿国王藤内斯（Tennes）身边作为顾问的100位杰出公民（Diod. ⅩⅥ. 45. 1）以及推罗向亚历山大发出请求的普莱斯贝斯（*presbeis*）（Arr. *Anab.* Ⅱ. 15. 6 – 7）并非拥有权威且独立于国王的宪政机关，而是危机时期特别组成的代表团。[52] 但那两个细节表明，臣民的意见有时与国王的政策有别，并且需要得到考虑。几乎不用怀疑，在腓尼基人的城市中，在形成和表达公众类似的不满时，构成上层阶级的富商家族（Diod. ⅩⅥ. 41. 4，45. 6）发挥了重要作用。[53]

腓尼基人城市从波斯的统治中受益，因为得到波斯大王的恩宠，而且从帝国的和平以及良好的交通中获利，尽管它们在西部失去了迦太基和其他殖民地，其繁荣却有所增长。如同在此前数百年中一样， 324

---

[51] Borger 1956（F 80）69，Rs. Ⅲ 7.

[52] Bondi 1974（F 224）158 – 60.

[53] 并无决定性的史料［尽管 Elayi 1981（F 244）认为有］将经常讨论的推罗的奴隶起义置于公元前4世纪的此类语境中。

腓尼基出口黎巴嫩的雪松以及其他硬木材，推罗出口紫色染料；毕布罗斯、推罗和柏律图斯出口精良服装；还有玻璃、珐琅、金属制品和盐。腓尼基造船厂的产品颇为知名。与此同时，城市还因它们处于从东方经阿契美尼帝国沙漠商路的末端的位置得益，因为这些商品正是从它们的港口运送到地中海各地的。腓尼基商人们活跃于埃吉翁—盖贝尔（Ezion-Geber）——红海香料和熏香商道上的一个据点；[54] 在孟菲斯，有一个推罗人的贸易殖民地，其中有一座“客人阿芙洛狄特”的神庙（Hdt. Ⅱ. 112. 2）。

腓尼基的贸易并不仅仅因为地理位置最好，某种程度上它与塞浦路斯类似，构成了文明和民族的交叉路口。因此，在腓尼基文化中，像更早的时期一样，外来的影响与强大的本地生活和艺术传统相互混合。奢华的国王宫廷吸引着外来的产品和艺术家，也在相当程度上有利于此类交流。公元前 9 世纪到前 7 世纪，埃及的影响已经非常显著。公元前 6 世纪，人们能感受到新巴比伦和阿契美尼艺术与建筑的刺激，却并未完全消除埃及传统。直到罗马时代，埃及传统仍如潜流受人注意。从公元前 5 世纪开始，希腊艺术的影响逐渐增强，这种影响既通过塞浦路斯这个中介（如公元前 6 世纪末进口的古风时代塞浦路斯雕刻证明的）产生，也通过腓尼基与希腊世界直接接触。

在该时期腓尼基的纪念建筑中，波斯的影响占统治地位。公元前 5 世纪西顿宫殿的遗迹中，公牛像大理石柱头和柱础的灵感，显然来自波斯波利斯和苏萨的阿契美尼风格，但制作更加生动，更加具有自然主义风格。尽管狄奥多鲁斯提到了王家园林（XVI. 41. 5），即西顿的国王园林（*basilikos paradeisos*），但这些遗迹到底是腓尼基国王宫殿的，还是波斯总督府邸（*apadana*）的，仍然不确定。公元前 5 世纪毕布罗斯的要塞也是阿契美尼风格的。对阿契美尼王朝的君主们来说，沿海城市的设防是他们总在关注的，也是波斯人和腓尼基人的共同利益。[55] 阿拉杜斯坚固的城墙遗迹至今尚存，公元前 4 世纪推罗巨大的城墙，曾得到阿里安的描绘（*Anab.* Ⅱ. 21. 4）。

325 圣所仍按照传统形式修建：一座由圣堂围起来的相当小的圣所，

---

[54] Glueck 1971（F258）.

[55] Dunand 1968（F 236）and 1969（F 237）.

外围是以开放的围墙圈起来的领地（*temnos*），有时还有一个人工湖，如在安瑞特（又名马拉图斯）那样。[56] 但是，在主要的城市中，庞大的神庙是根据不同的风格建造或者重建的。在毕布罗斯，由两排立柱支撑的一座长方形圣所兴建于一座大面积的台基之上，让人想起耶路撒冷重建的圣殿的台基。[57] 它极有可能是国王耶哈米克铭文提到的"毕布罗斯的女主人"巴拉特—盖贝尔的神庙（*KAI* 10）。在西顿，国王埃斯蒙纳扎二世已经在"山中的伊德拉尔（Ydlal）泉附近"重建了埃斯蒙的神庙（*KAI* 14. 17）。这座神庙的台基可与帕萨伽戴（Pasargadae）的那座媲美，其精美的方石工艺和四角的大理石公牛头像柱冠，都清晰地表明了波斯的影响。有些大理石柱子的残片，伊奥尼亚的柱冠和棕榈叶式的飞檐，似乎为希腊石匠的作品，但对阿契美尼王朝的兼容风格而言，这一点都不陌生。希腊的影响，只是随着舞蹈乐池的添加，才变得确定下来［国王波达斯塔特（Bodashtart）添加，见 *KAI* 16，存疑］，它富丽的雕刻装饰，显然是对公元前 4 世纪阿提卡风格的适应。可是，在该庙宇发现的公元前 4 世纪早期的大理石"庙童"还愿像，表明塞浦路斯—腓尼基因素仍然存在。

在当时的腓尼基人宗教中，我们可以注意到相应的发展。传统神灵对腓尼基社会的强力掌握仍然明显：西顿崇拜阿丝塔尔特——腓尼基人的丰产、爱情女神，也是战争女神；该城的保护神是"神圣的王子"埃施蒙——近东唯一也被尊为医疗神的神灵［因此与阿斯克莱皮乌斯（Asclepius）类似］；推罗的大神是古老的麦尔卡特——"城市的统治者"；"女主人"巴拉特仍是毕布罗斯的女神。在国王耶哈米克捐纳的石柱上，她被表现为典型的埃及女神哈托尔—伊西丝（Hathor-Isis）的形象。[58] 然而，如果说腓尼基人的宗教表现出传统神灵强大的延续性，那它同时却也表现出显著的接纳外来崇拜因素的能力。在这方面，埃及的影响逐渐让位于希腊风格的崇拜名称、崇拜器物和还愿礼品。

葬俗表现出类似的倾向。与公元前 6 世纪至前 5 世纪建筑上对波

---

[56] 在规划和建筑上，埃及的影响清晰可见，与 Dunand 1946/48（F233）106－7 不同，Lezine 1961（F 283）将该圣所定年在希腊化时期。

[57] Dunand 1954（F 234）26－41 and 1969（F 237）.

[58] 在毕布罗斯，并无证据证明有"三合一神"存在，见 Sznycer 1981（F 342）252。

斯风格的接纳相反，对死者的木乃伊制作和埋葬艺术的形式，都表明埃及的影响居于统治地位。考虑到此点，公元前5—前4世纪王家和
326 富人被埋葬在人形石棺中，就显得特别有趣。之前此类石棺要么从埃及进口——例如埃斯蒙纳扎二世的黑色玄武岩棺材，棺盖上雕有国王肖像和铭文，要么紧追埃及人的先例。自公元前5世纪前半期起，西顿成为知名的生产人形大理石石棺的地方，它融合了腓尼基艺术中非常典型的埃及和希腊因素。在这种地方手工业中，埃及传统仍然残存，有时候其形式令人惊奇：一个纯粹希腊风格的头像，却是埃及式的交错编织的胡子。但是，古典希腊榜样的影响，由于腓尼基匠人的精心模仿，越来越明显，尤其是在对棺盖头部雕刻的处理上。自公元前4世纪初起，如西顿王家墓地著名的石棺雕刻表现的那样，希腊的灵感支配着腓尼基墓葬艺术。“吕西亚人的”（约公元前400年）、“总督的”（约公元前380/370年）、“哀悼者的”（约公元前365/355年）石棺，以及“亚历山大石棺”（约公元前333年），乃希腊式墓葬艺术最为辉煌时期的真正代表。[59] 墓葬艺术中表现出来的希腊文明的影响，在阿提卡陶器进口的稳步增加上，也得到了证明。它们从沿海的城市渗入加利利（Galilee）、撒玛利亚，甚至犹大。[60]

公元前385年左右，萨拉米斯的埃瓦戈拉斯一度占领推罗，可能还有其他腓尼基人城市（见前文第316页）。关于他的活动，我们没有更进一步的资料，但可以肯定，他对腓尼基部分地区的统治随着塞浦路斯战争告终。公元前379年以后，不管是在腓尼基还是在塞浦路斯，所有传统的当地人王朝都再度复辟，确保波斯最有效控制的政治碎片化状态因此得以恢复。两个地区的情况类似，其产生的影响也类似：在塞浦路斯和腓尼基反对波斯的起义，结局也都相同。

五　塞浦路斯和腓尼基：从塞浦路斯战争到公元前311年的和约

随着塞浦路斯战争的结束，腓尼基和塞浦路斯都回到了老路上，地区性王国之间传统的利益分歧肯定在两地都继续存在，并影响着它

---

[59] 关于它们的定年，现请见 Gabelmann 1979（F 249）；总体论述见 Kukahn 1955（F 280）；Fleischer 1983（F 248）。西顿国王是否埋葬在这些石棺中，仍有疑问［现请见 Gabelmann 1982（F 250）］，因为那些国王的年代仅仅是暂定，见 Mullen 1974（F 306）28。关于希腊对腓尼基影响的概括性论述，见 Stucky 1983（F 335）and 1984（F 336）。

[60] 请见 Stern 1982（F 397）136 -41，283 -6。

们的政治。但关于实际的冲突，我们几乎没有任何资料。萨拉米斯和其他塞浦路斯城市之间的紧张（Isoc. *Nic.* 33）不过是埃瓦戈拉斯政策的自然结果。公元前4世纪初乌尼宫殿的被毁，很可能源自埃瓦戈 327 拉斯90年代的行动，马利翁和索利之间的古老纠纷以暴力方式解决，也是如此。[61]

我们了解到的塞浦路斯政治制度上的唯一重大变化，是基蒂翁—伊达利翁王国的进一步扩张，这次是和平手段。塔马苏斯的统治者帕西库浦鲁斯财政破产，因此在公元前350年左右以50塔兰特把他的王国出售给基蒂翁的普米亚同（Pumiathon），此后他作为一个普通公民退隐阿马图斯生活。自那时起，普米亚同自称“基蒂翁、伊达利翁和塔马苏斯国王”。[62] 结果，到公元前4世纪中期，塞浦路斯的11个王国减少到9个（Diod. XVI. 42. 4）：分别是萨拉米斯、基蒂翁、帕福斯、库利翁、阿马图斯、马利翁、索利、拉佩图斯和刻吕涅亚。

由于获得塔马苏斯及其铜矿，基蒂翁肯定获得了政治和经济实力，但萨拉米斯似乎仍然保持着自己作为该岛最重要国家的地位。公元前374/373年以后，该王国由埃瓦戈拉斯次子尼科克莱斯统治，[63]尼科克莱斯的声誉主要仰赖于他与伊索克拉底的亲密关系，一度可能是后者的学生。在三篇献给这位国王的有关塞浦路斯的小册子中，作者到底因哪一篇得到了20塔兰特［（Plut.），*Mor.* 838A］，仍不确定。但毫无疑问的是，这三篇演说发挥了传播君主制观念的作用。《致尼科克莱斯》在非常明目张胆地为君主制的政治体系辩护的同时，是对民主政治的严厉批评。《致尼科克莱斯》的主旨被视为“良好君主”行为的指导原则，并且给后世关于这个主题的著述，例如，给拜占庭作家阿伽佩图斯（Agapetus）以强烈影响。[64]

伊索克拉底的作品当时对这位国王的影响难以揣测，人们怀疑尼

---

[61] Maier 1985（F 285）36 –7.

[62] Duris *FGrH* 76 F 4. 他没有提到帕西库浦鲁斯的王国，但基蒂翁的普米亚同的铭文表明，那是塔马苏斯。他在位第8年时仅仅统治着基蒂翁和伊达利翁（*CIS* I 92），但第21年时统治着基蒂翁、伊达利翁和塔马苏斯（*KAI* no. 32）。第37年，即亚历山大将塔马苏斯转给萨拉米斯的普尼塔戈拉斯后（见下文第333页），他的国家再度降为基蒂翁和伊达利翁（*KAI* no. 33）。准确的年代仍不确定，因为普米亚同登基的年代公元前361年不过是一种可能性。Diod. XVI. 42. 4似乎暗示，塔马苏斯在反对波斯起义之前被出售。

[63] Diod. XV. 47. 8（宦官尼科克莱斯安排刺杀了埃瓦戈拉斯）显然是一个错误说法。

[64] F. Dvornik, *Early Christian and Byzantine Political Philosophy*（Washington, DC, 1966）I 200 –3, II 712 –14. 也请见 *CAH* VII². I, 75 –7。

科克莱斯本人是否注意到作者的下述观念："让国家免于任何痛苦，维持国家的繁荣并扩大它的领土"是统治者的一个重要职责（Isoc. *Nic.* 9）；尼科克莱斯也可能没有留意到伊索克拉底合理的建议，"不要做任何快乐的奴隶，而要比你的人民能够更加坚定地控制欲望"（*Nic.* 29）。同样可能的是，他仅仅是利用高调的原则，以将专制政府表现为一种合法而开明的君主政体。

328 我们无法确定的是，伊索克拉底对萨拉米斯形势和尼科克莱斯统治方法的描绘，在多大程度上反映了总体的实际，又在多大程度上仅仅是一种讽刺创作的练习。这位国王的肖像肯定像伊索克拉底笔下的国王父亲一样，带有严重的偏见。如果尼科克莱斯真的是美德和公正的典范，他就几乎不可能被当时的历史学家描绘成一个暴君，生活极其奢侈和放荡，其过分程度可与西顿国王斯特拉同（Straton）比肩（Theopomp. *FGrH* 115 F 114；Anaximenes *FGrH* 72 F 18）。这个东方专制君主的形象可能部分系陈词滥调，尼科克莱斯真正的性格仍难以估价。

除喜好放浪、偏爱希腊音乐家、舞女和妓女外（Theopomp. *FGrH* 115 F 114），这位萨拉米斯君主和西顿的斯特拉同一世（约公元前375/374—前361年在位）还有更多的共同点。像其父一样，尼科克莱斯赞助希腊文学和艺术；斯特拉同一世［这是他希腊化的名字，他钱币上的名字是阿布达施塔特（Abdashtart）］号为"爱希腊的"，如该时期西顿的艺术和手工业表明的，确有充分理由。约公元前364年雅典的一道命令免除了西顿商人的税收，并且授予斯特拉同一世代理人称号（*IG* Ⅱ^2 141）。[65] 这到底是仅仅证明雅典与腓尼基这座大都市之间的亲密关系，还是可能暗示了政治上的信任，尚不确定。

但是，反对波斯成为萨拉米斯的尼科克莱斯和西顿的斯特拉同一世之间的另一重纽带，似乎并非不可能。可惜我们缺乏该时期有关塞浦路斯和腓尼基的附属王国与它们领主关系的准确资料。但对阿契美尼王朝统治日益增强的敌对情绪，在腓尼基尤其明显，可以从随后的事件中推知。政治态度上的这种变化，显然源自腓尼基城市日益增长的繁荣和阿契美尼帝国采取的更加严厉的统治之间的相互作用，后者

---

[65] Moysey 1976（F 305）.

的不稳定日甚一日。

在埃及军队的帮助下，也可能是在法老塔科斯（Tachos）的煽动下，斯特拉同一世卷入了约公元前 362—前 360 年总督大暴动的主要进程。[66] 暴动期间，这位国王去世，据称是他本人让妻子刺死他的（Hieron. *adv. Jovin.* Ⅰ. 45）。大约同时，尼科克莱斯也在监狱中"暴卒"（Theopomp. *FGrH* 115 F 114；Maximus Tyr. *Diss.* Ⅱ. 14），所以他在一定程度上卷入其中，似乎并非不可能。

总督大暴动的结局，就其与塞浦路斯和腓尼基的关系而言，具有象征意义。当阿塔薛西斯三世（奥库斯）于公元前 359/358 年继位时，他决心恢复波斯大王对暴动地区的统治。但叛乱已经在波斯帝国内广为蔓延，阿塔薛西斯的措施头几年仅仅获得了有限的成功。公元 329
前 351/350 年，波斯军队开始进攻暴动的主要地区——埃及。腓尼基人不久后学了埃及人的样子，在西顿国王的煽动下，他们缔结了反波斯同盟，并与埃及法老涅克塔奈波斯（Nectanebus）签订条约，准备进行战争（Diod. ⅩⅥ. 40. 3 – 41. 4）。狄奥多鲁斯试图这样解释起义的原因，"大王的总督和将军们居住在西顿人的城市中，行事残暴，对西顿人采用高压，强令他们完成工作。遭到如此待遇的那些人，因被波斯人的傲慢激怒，决心叛离波斯人"（ⅩⅥ 41. 2）。这似乎是对实际情形的正确评估，因为腓尼基需要为前往埃及作战的军队提供给养和住宿，起义的情绪已经得到相当程度的培育。

腓尼基起义的信号是毁坏西顿的王家园林，连带烧毁了储藏的波斯骑兵的粮草，并逮捕了重要的波斯人（Diod. ⅩⅥ. 41. 5）。塞浦路斯人学了腓尼基人的样，该岛的国王们"一致同意并模仿腓尼基人起义，在做好战争准备后，他们宣布自己的王国独立"（Diod. ⅩⅥ. 42. 5）。[67] 在萨拉米斯，尼科克莱斯已在公元前 360 年左右由其儿子（或者兄弟）埃瓦戈拉斯二世继位，后者赞同亲波斯政策，结果被剥夺了王权，然后由普尼塔戈拉斯继位。不管是塞浦路斯还是腓尼基，都很少较这个短暂时期更接近于达成政治上的一致。

事件发展的模式，类似波斯在塞浦路斯战争期间采取的战略。当

---

[66] Diod. ⅩⅤ. 90. 3, 92. 3 – 4. 请见第 84 页。

[67] 腓尼基和塞浦路斯起义的准确年代有些模糊，但事件的相对顺序是清楚的。关于 Diod. ⅩⅥ. 40ff 年代学的一般讨论，见 Sordi 1959（F 59A）；Cawkwell 1962（C 105）。

阿塔薛西斯的军队全力攻击埃及和腓尼基时，塞浦路斯一度未受打扰。在腓尼基，起义由西顿国王藤内斯领导，他最终叛卖了自己的城市，却落得根据阿塔薛西斯命令自杀的下场。[68] 波斯大王无情地镇压了起义，西顿被大火烧毁，（据狄奥多鲁斯记载）大约 4 万居民死亡，“其余的城市恐慌之中都转向波斯一边”（Diod. XVI. 45. 4 –6）。斯特拉同二世（Straton Ⅱ）继藤内斯为西顿王。该城的毁灭不大可能如狄奥多鲁斯暗示的那么彻底，因为 20 年后，西顿又被描述为一个拥有相当大舰队的重要城市。[69]

如在埃瓦戈拉斯战争中那样，收回塞浦路斯的任务被委托给卡利亚总督、赫卡同努斯的儿子伊德利欧斯（公元前 351/350—前 344/
330 343 年在位）。公元前 346 年之前，行动尚未开始，公元前 344/343 年，行动大概结束。[70] 具有讽刺意味的是，40 艘三列桨战船和 8000 名希腊雇佣兵如今由雅典人弗奇翁（Phocion）指挥，随行的是意在重夺萨拉米斯王位的埃瓦戈拉斯二世。对塞浦路斯城市的征服相对容易，只有国王普尼塔戈拉斯统治下的萨拉米斯需要从海陆两线包围，同时雇佣兵劫掠了全岛（Diod. XVI. 42. 6 –9，46. 1）。在长期且灵活的防御战后，普尼塔戈拉斯自愿投降，并且被允许继续担任萨拉米斯国王。与埃瓦戈拉斯二世的计划相反，他并未被重新授予王位，但被赐予“在亚洲另外一个而且更高的统帅职位”，钱币的证据似乎暗示，那是西顿王国。他在那里的恶劣统治仅仅延续了几年（公元前 344/343—前 342/341 年，存疑）。他被迫逃往塞浦路斯，并在那里被处死（Diod. XVI. 46. 2 –3）。西顿再度由当地国王斯特拉同二世统治（*Darei opibus adiutum*）（Curt. Ⅳ. 1. 16）。

波斯最后一次恢复了它对腓尼基和塞浦路斯的统治。这个时期政治中的主导因素，显然再次表明它既不是“民族”动机，也非阿契美尼王朝封臣之间的团结，因为卡利亚统治者和一个雅典将军合力，一视同仁地臣服了塞浦路斯的希腊人和腓尼基人王国。阿塔薛西斯终

[68] 关于腓尼基战役更充分的叙述，请见 *CAH* Ⅳ^2 145 –6；也请见 Barag 1966（F 221）。

[69] Arr. *Anab.* Ⅱ. 20. Kahrstedt 1926（F 272）39 认为，公元前 351 年以后，推罗接管了西顿在南部的某些领土。

[70] 关于年代学问题，请见 Hornblower 1982（F 644）41 –5。可是，Diod. XVI. 42. 6ff 并不意味着塞浦路斯在腓尼基之前被收服，因为从军事上看，这似乎相当不可能。

于能够腾出手来，全力攻击埃及，并于公元前 343/342 年末最终扑灭了埃及的起义。波斯似乎再度恢复了它的力量。然而不过短短的 10 年之后，亚历山大的军队不仅终结了阿契美尼帝国，还有塞浦路斯和腓尼基那些历史悠久的王国。

公元前 333 年，拥有高超技术的塞浦路斯和腓尼基分遣队最后一次服务于阿契美尼王朝的水师。它们的出现，可能促使亚历山大放弃了在米利都与波斯水师的交手（Arr. *Anab.* Ⅰ. 18. 7），特别是塞浦路斯和腓尼基如今拥有了真正的五列桨战船，那是海军采用枪炮之前海战技术中最具决定意义的变革，亚历山大就更不愿意交战了。[71] 伊苏斯战役后，当亚历山大的陆军向腓尼基推进时，推罗、西顿、毕布罗斯和阿拉杜斯的舰队仍在奥托弗拉达特斯（Autophradates）率领下，与波斯人并肩航行（Arr. *Anab.* Ⅱ. 20. 1 – 2）。塞浦路斯和腓尼基舰队构成了阿明塔斯（Amyntas）前往埃及的舰队的一部分（Arr. *Anab.* Ⅱ. 13. 2 – 3；Diod. ⅩⅦ. 48. 1 – 2）。

随着亚历山大进入腓尼基，情况开始变化。首先是阿拉杜斯，然后是毕布罗斯和西顿，未做任何抵抗便投降了，“那些厌恶波斯和大流士的人自己把他引入城内”（Arr. *Anab.* Ⅱ. 13. 7 – 8，15. 6；Curt. Ⅳ. 1. 15 – 16）。公元前 346 年失败的起义造成的感情，波斯战败的震 331
动，国王的缺席（除西顿国王斯特拉同二世外，都在舰队中），所有这些累积起来，可能让这些投诚变得轻而易举（Arr. *Anab.* Ⅱ. 15. 7，20. 1）。亚历山大的战略，是消灭波斯舰队的基地，进而让舰队无效，似乎事半功倍。可是，推罗可能因为迦太基使者的到来加强了他们的信心，而且显然不相信波斯最终会失败，因此不打算让出它的自治权。该城形式上投诚了，但拒绝接纳马其顿驻军（Arr. *Anab.* Ⅱ. 15. 6 – 16. 8）。

亚历山大相信，确保与希腊的海上交通乃是必须，因此认为把敌对的推罗留在后方继续追击大流士，是巨大的冒险，所以漫长而复杂的围攻战开始了，阿里安（Anab. Ⅱ. 18 – 24）和狄奥多鲁斯（ⅩⅦ. 40. 2 – 46）对此有非常详尽的描绘。对于推罗地形的优势，阿里安有精当的总结，“围攻推罗城这件事必然十分艰巨，这是谁都看得出

[71] Tarn 1930（K 57）129 – 32；Morrison and Williams 1968（K 48）183，235，249.

来的明摆着的事实。这个城市位于一个海岛上，四周筑有高耸的城墙，使它更加难攻。而且，在附近的海面进行的任何军事活动都只会对推罗人有利，因为波斯军队仍然掌握着制海权，推罗人也还保有大批战船”（Ⅱ. 18. 1 –2）（中译文据李活译本，略有改动——译者注）。因此，对亚历山大来说，当塞浦路斯国王自然转向马其顿一边，带着 120 条战船驶入西顿人的港口时，那肯定是惊喜（除推罗外，他已经确保了腓尼基人海军的帮助）（Arr. *Anab.* Ⅱ. 20. 3；Plut. *Alex.* 24. 2）。

7 个月围城战的最终成功——那是历史上伟大的攻城行动之一——相当程度上得益于腓尼基和塞浦路斯的帮助。像所有腓尼基人一样，推罗人是城市防御战的大师。另外，亚历山大雇用了“来自塞浦路斯和腓尼基各地”的工程师（Arr. *Anab.* Ⅱ. 21. 1），建造一道海堤以进攻岛上的城市，并且让当时最为先进的攻城器械可以就近攻击。同时，他把腓尼基和塞浦路斯分舰队组合起来，继续从海上封锁推罗。塞浦路斯人的五列桨战船停泊在北端，当推罗人出其不意发动精心伪装的攻击时，塞浦路斯人损失惨重，除其他损失之外，还损失了萨拉米斯国王普尼塔戈拉斯、阿马图斯国王安德罗克莱斯（Androcles）和库利翁国王帕西克拉泰斯（Pasicrates）的船只。

随着推罗于公元前 332 年 7 月或 8 月的陷落，尽管国王们暂时保住了他们的王位，但半自治的腓尼基城市国家的历史告终。只有亲波斯的西顿国王斯特拉同二世例外，赫费斯提昂（Hephaestion）用阿布达龙尼姆（Abdalonim）取代了他（Diod. ⅩⅦ. 46. 6 –47；Curt. Ⅳ. Ⅰ. 15 –26）。亚历山大对叙利亚和腓尼基这个具有重大战略意义的地区——它构成了亚历山大交通的核心——的行政安排难以重现。[72]
332 公元前 331 年 12 月，整个地区的控制权似乎集中在培拉的麦奈斯（Menes of Pella）之手，他被任命为“叙利亚、腓尼基和奇里乞亚的骑兵长官（总督）”（Arr. *Anab.* Ⅲ. 16. 9；Diod. ⅩⅦ. 64. 5）。公元前 323 年 6 月亚历山大死前，我们没有关于叙利亚和腓尼基更多的记录。在巴比伦的安排中，奇里乞亚和叙利亚（包括腓尼基）分属不同的指挥官，显然是考虑到军事上的原因：叙利亚被分配给了劳麦东

[72] Bosworth 1974（F 225）.

（Laomedon）（Arr. *Diad.* 1. 5）。原本由当地统治者治理的一群附属国的腓尼基，如今是彻底被降低为一个普通的行省了。

另外，伊苏斯战役后塞浦路斯国王们周密且及时的转向，让它们的君主又获得了一个周期的半自治生活。200 年后，波斯的统治终结了，但国王地方自治的地位大部分仍与阿契美尼王朝时代一样，只是废止了贡金。出现这种情况的原因，或者是亚历山大希望承认国王们的贡献，或者因为该岛战略上不如腓尼基那么重要。可是，重要的是，国王们铸造自己货币的传统权力被削减了：萨拉米斯、基蒂翁和帕福斯（虽然程度轻微些）如今都发行皇帝亚历山大的货币。[73]

像过去一样，腓尼基和塞浦路斯城市需要向海军提供分遣队，他们那富有经验的船厂如今忙于建造新的五列桨战船（Arr. *Anab.* Ⅶ. 19. 3 –4）。公元前 331 年夏，当安弗泰鲁斯（Amphoterus）统率的海军受命前去攻击斯巴达时，他请求腓尼基和塞浦路斯提供 100 艘战船（Arr. *Anab.* Ⅲ. 6. 3）。在探航印度河时，奈亚库斯（Nearchus）雇用了腓尼基和塞浦路斯的船员与专家，其中两位船长为塞浦路斯王子。一位是索利的帕西克拉泰斯的儿子尼科克莱斯（Nicocles），另一位是萨拉米斯的普尼塔戈拉斯之子尼塔丰（Nithaphon）（Arr. *Anab.* Ⅵ. 1. 6；*Indike* 18. 8）。索利的希埃隆（Hieron of Soli）（但他可能来自奇里乞亚的索利）受命环航阿拉伯，到达了波斯湾的入口（Arr. *Anab.* Ⅶ. 20. 7 –8）。

公元前 331 年春，塞浦路斯统治者出席了亚历山大自埃及归返后举行的盛大胜利庆祝仪式，普尼塔戈拉斯的继承者、萨拉米斯的尼科克莱翁（Nicocreon of Salamis）和索利的帕西克拉泰斯为歌队长一职展开竞争（Plut. *Alex.* 29. 1）。亚历山大的扈从中，也包括诸如三列桨战船船长尼科克莱斯那样的一些塞浦路斯贵族。他们中的一位，即索利的斯特拉萨诺（Strasanor of Soli）于公元前 329 年被任命为阿雷亚和德兰吉亚那总督。公元前 321 年，他又被任命为巴克特利亚和索格狄亚那总督（Diod. ⅩⅧ. 3. 3）。可能的情况是：在权力中心，这些塞浦路斯“朋友”既是人质，又是他们的王国的代表。

---

[73] 米尔贾同和基蒂翁的普米亚同发行的精良金币［Kraay 1976（F 200 307）］并未证实塔恩（Tarn）下述假设（*CAH* Ⅵ[1] 432）：塞浦路斯的国王们被视为“自由的盟友”，而腓尼基是“臣服的盟友”。

333 在这个岛上，萨拉米斯和基蒂翁对领导权的竞争在继续。如一般情况下那样，对手们都试图获得宗主对他们利益的支持。当亚历山大奖赏那些在推罗帮助他的国王时，这一点立刻变得明显起来（Crutius，Ⅳ. 8. 14）。萨拉米斯的普尼塔戈拉斯似乎带了头，要求并且得到了塔马苏斯（Duris *FGrH* 76 F 4）。这个城市，连同它的铜矿，对萨拉米斯来说价值连城，对基蒂翁莱说，是严重的损失，因为20年前，它刚刚购买了塔马苏斯。对于基蒂翁的失宠，我们并无可靠的线索[74]，亚历山大时代，也无任何可供进行其他推测的记录。但这些年里，塞浦路斯的历史至少像前几十年一样的模糊。

亚历山大之死及随后对最高权力的争夺，注定要把塞浦路斯卷入。如果帕福斯的尼科克莱斯的亚历山大钱币用几乎难以辨识的小字刻上了自己的名字，那确实应该是公元前323年后马上发行的，因此它们可能暗示了那个短时期内对更大程度独立的期望。[75] 但是，从战略上说，这个岛是东地中海的要地，它的船只、船厂和造船木材，对所有的竞争者来说，像腓尼基的沿海城市一样极其重要。

注定最终会吞并塞浦路斯的托勒密率先行动，其中并非最不重要的原因，是为埃及获得自身缺乏的造船木材。公元前321年，他争取到四个塞浦路斯国王为盟友以对抗佩狄卡斯（Perdiccas），他们是萨拉米斯的尼科克莱翁（Nicocreon），帕福斯的尼科克莱斯，索利的帕西克拉泰斯和阿马图斯的安德罗克莱斯。其他城市显然拒绝结盟，因为托勒密派出一支大约200艘战船的舰队围攻塞浦路斯的一座城市，而佩狄卡斯派出800名步兵和500名骑兵加以解救。我们的资料非常稀少（Arr. *Diad*. 24. 15 – 28），既无法确定那座城市的位置，也无力重现岛上随后的军事行动。我们只知道独眼安提柯从塞浦路斯出发，出席公元前321年底在特里斯帕拉狄苏斯（Trisparadisus）召开的会议（Arr. *Diad*. 1. 30），以及欧迈尼斯后来在小亚细亚南部、叙利亚、腓尼基和“塞浦路斯的城市中”征集军队（Diod. ⅩⅧ. 61. 4）。

---

[74] 公元前332/331年到公元前323/322年间，基蒂翁的普米亚同并未发行货币，但如他在位第37年（公元前326/325年?）的铭文所示（*KAI* no. 33），他显然仍是“基蒂翁和伊达利翁国王”。

[75] May 1952（F 295）. Gesche 1974（F 253）113 – 19试图将这些货币定在公元前310/309年，虽然精巧，却无说服力。尼科克莱斯还最后一次修缮了帕福斯的城墙，见Maier and Karageorghis 1984（F 288）222。

公元前316年欧迈尼斯被处死后，安提柯成为所有觊觎权势者中最强大者；公元前315年，他面临托勒密、吕西马库斯和卡桑德（Cassander）军事同盟的挑战（Diod. XIX. 57. 2）。在发现缺乏舰队成为一个主要弱点后，他召集腓尼基国王去“推罗旧城”（该城大陆上的郊区），并在特里波利斯、毕布罗斯和西顿的船坞中开始了大规模的造船活动。可是，他对腓尼基的控制并不彻底，他需要武装攻占 334
雅法和加沙，并且围困推罗。只是在经过长期鏖战后，推罗才于公元前314年投降（Diod. XIX. 58 – 59. 3, 61. 5）。

与确保腓尼基和其海军资源并行的措施，是公元前315年安提柯试图通过外交手段攫取塞浦路斯。他的使节阿盖西劳斯（Agesilaus）成功缔结了盟约，包括基蒂翁的普米亚同[76]，拉佩图斯的普拉克西普斯，马利翁的斯塔西奥伊库斯二世（Stasioecus Ⅱ）和刻吕涅亚的国王［泰米松（Themison），亚里士多德的《对哲学的劝诫》（*Protreptikos*）就是献给他的（存疑）］；但他还报告说，托勒密的盟友仍然顽固（Diod. XIX. 57. 4, 59. 1）。托勒密本已派出3000名士兵去塞浦路斯，但他立刻对此做出反应，加派一支100艘船的舰队和1万名士兵前往该岛，指挥官是他的弟弟麦奈劳斯（Menelaus）。这支军队遇到了塞琉古，后者带着一支舰队从爱琴海到达该岛，但双方的统帅达成了谅解。他们军队中的大部分士兵被派往伯罗奔尼撒和卡利亚。在尼科克莱翁以及其他结盟国王的支持下，麦奈劳斯和塞琉古开始征服那些站在安提柯一边的城市。刻吕涅亚和拉佩图斯显然经过短暂围困后被占领，马利翁和阿马图斯不战而降，不过，基蒂翁是经过系统围困后才被征服的（Diod. XIX. 62. 1 – 6）。

可是，这些军事行动的成功，显然不能确保安提柯这些前盟友的忠诚。公元前312年，在镇压了昔兰尼的起义后，托勒密亲自前往塞浦路斯解决该岛事务。他采取了严厉措施：拉佩图斯的普拉克西普斯和凯吕尼亚（Cerynia，应为刻吕涅亚——译者）的统治者因被怀疑背叛，遭到逮捕；基蒂翁的普米亚同因被发现与安提柯接触，遭到处决；该城神灵麦尔卡特—赫拉克勒斯神庙被毁，阿丝塔尔特神庙可能

[76] 在公元前320/319年的铭文中，他仍被称为“基蒂翁和伊达利翁国王”［Karageorghis and Guzzo Amadasi 1973（F 277）A 30］。

也遭同一命运。[77] 马利翁的斯塔西奥伊库斯被废黜或被处决，其城市被毁，人民被迁移到帕福斯，很可能是这些年里帕福斯国王尼科克莱斯建立的港口城镇新帕福斯（Nea Paphos）。可惜我们无法证实新近在帕福斯发现且数次提到这位国王的誓词残篇是否与这些事件有某种程度的关系。[78] 萨拉米斯的尼科克莱翁被任命为塞浦路斯的将军（*strategos*），获得了那些被废黜的国王的城市和收入（Diod. XIX. 79. 4 –5）。

托勒密是否认为这些安排可行和持久，我们并不清楚，由于他的兄弟麦奈劳斯保留着将军头衔，指挥着该岛的军队（Diod. XX. 21. 1），摩擦注定会产生，而且安提柯也不会接受丧失塞浦路斯的结
335 果。最后，托勒密的安排仅仅维持了很短的时间，犹如公元前 311 年安提柯、卡桑德、吕西马库斯和托勒密之间的条约一样（Diod. XIX. 105. 1 –4），都不过是不稳定的协定而已。

公元前 4 世纪，塞浦路斯和腓尼基诸王国曾短期期望获得即使不是充分的，至少也是更大程度的政治独立。但与某些希腊人城市也许期待过的相反，从波斯到亚历山大的变换，仅仅是对自治的削弱。虽然各个古老王朝的结束，并不都像萨拉米斯的王朝那样富有戏剧性（Diod. XX. 21. 1 –3），但继业者的统治最终终结了两个地区传统的政治体系。[79] 塞浦路斯和腓尼基成为希腊化君主国中普通的行省。

但是，塞浦路斯人和腓尼基人不仅仅是政治上被整合进了希腊化世界。希腊艺术和文明的影响如今成为头等重要的现象。公元前 4 世纪后期，希腊和利凡特地区活跃的经济和文化交流在继续，几乎不曾受到军事行动的干扰。阿提卡陶器、赤陶雕像和其他希腊货物的进口并未衰减。[80] 西顿的石棺作坊证明，在流畅地适应古典晚期希腊艺术方面，腓尼基人甚至超过了塞浦路斯人。

与希腊的密切关系还有更多的证据。在雅典，萨拉米斯的贸易殖民地仍然繁荣。公元前 4 世纪后期，它形成了一个崇拜阿芙洛狄特和

---

[77] Karageorghis 1976（F 275）116，171 –2.

[78] Masson and Mitford 1986（F 293）no. 237.

[79] 尼科克莱翁及其家族的结局仍然费解，请见 Karageorghis 1969（F 273）151 –64；Kyrris 1985（F 281）。

[80] 见前文第 341 页注释 3。

阿多尼斯（Adonis）的崇拜共同体。[81] 国王普尼塔戈拉斯的钱币上刻的是雅典娜和阿尔特弥斯，他在提洛岛作为代理受到敬重，还在那里捐纳了一个金王冠。公元前 315—前 310 年间，阿马图斯的国王安德罗克莱斯做了同样的事情。[82] 雅典的基蒂翁商人共同体于公元前 333/332 年获得了建立阿芙洛狄特神庙的权利。[83] 西顿人在雅典形成了另一个贸易殖民地，并且在公元前 4 世纪中期获得了征税的特权（见第 328 页）。大约同时，推罗的“神圣水手”（*hieronautai*）代表推罗 336
和西顿在提洛岛献纳了两座雕像。[84] 腓尼基人的希腊化进程，较之人们有时认为的要缓慢。公元前 3 世纪，在塞浦路斯的基蒂翁和拉佩图斯，强烈且有意识的腓尼基因素仍清晰可见。[85]

甚至对塞浦路斯的希腊人来说，希腊化进程也意味着失去他们的某些独特性。对腓尼基人而言，那意味着他们的文化本质上被终结。如今希腊艺术和文学严格且普遍的标准，逐渐消灭了当地人的传统。

第五节　公元前 404—前 332 年的埃及 337

阿伦·B. 劳埃德

一　内政史

埃及最后一个独立时代国内的历史为权力斗争主导，斗争既存在于王朝内部，也存在于三角洲相互嫉妒和急于夺取王位的大家族之间。埃及原住民组成的战士团体［马奇摩伊人（Machimoi）］和祭司

---

[81] *IG* II^2 1290；Pouilloux 1975（F 314）119 – 20.

[82] 关于普尼塔戈拉斯，见 *Inscr. de Délos* 1409 Ba Ⅱ 113 – 114，1429 A Ⅰ 78，1441 A Ⅰ 98 – 99，1450 A 63；*IG* Ⅺ 2，161 B 88 – 9。关于安德罗克莱斯，见 *IG* Ⅺ 2. 135，39 – 41；参见 *SEG* XX 1571 = CEG 872。出自尼米亚的一个观礼团（*thearodokkoi*）的名单［Miller 1988（B 159）= *SEG* XXXVI 31］被它的校编者定为公元前 323/322 年，其中包括萨拉米斯的尼科克莱翁和泰乌凯、库利翁的帕西克拉泰斯和泰米斯塔戈拉斯（Themistagoras）、索利的斯塔西克拉泰斯（Stasicrates）的名字［他可能与普鲁塔克提到的帕西克拉泰斯为同一人，见 Hill 1949（F 267）150 n. 5；Stylianou 1989（F 339）513］。

[83] *IG* II^{2}337 = Tod no. 189 = Harding no. 111；也请见基蒂翁的阿利斯托克莱亚（Aristoclea of Citium）给阿芙洛狄特—乌拉尼亚的捐纳（*IG* II^2 4636），其他记录居住在公元前 4 世纪雅典的萨拉米斯人和基蒂翁人的铭文，见 *IG* III^2 9032 – 6，10176，10178 – 9，10202 – 3，10205，10208 – 9，10217/18。

[84] *CIS* Ⅰ 114；Parrot，Chebab and Moscati 1977（F 310）461.

[85] *Studia Phoenicia* V 1987（F 338）15 – 17，21 – 3；Mitford 1953（F 301）86.

338

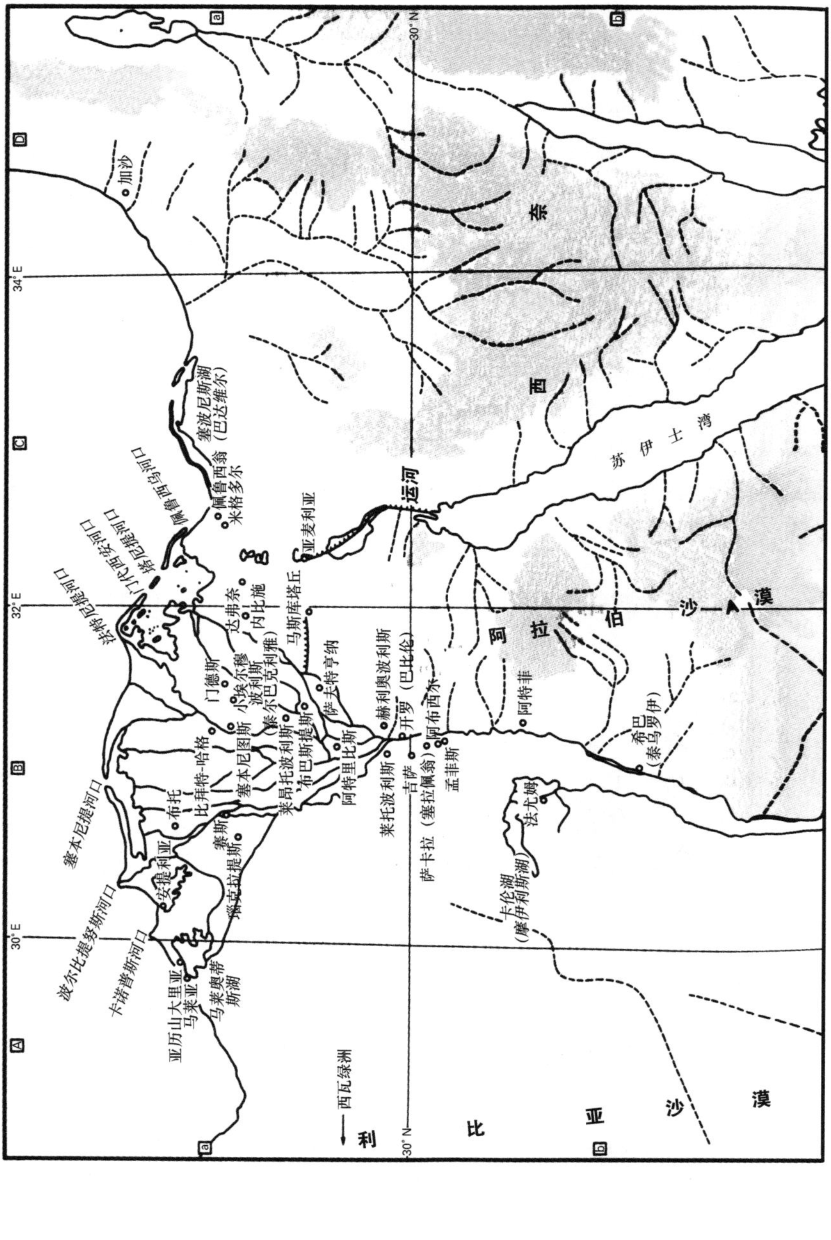

加沙
塞波尼斯湖（巴达维尔）
佩鲁西翁
米格多尔
佩鲁西乌河口
塔尼提河口
门代西安河口
法特尼提河口
亚麦利亚
运河
达弗奈
内比施
马斯库塔丘
门德斯
小埃尔穆波利斯（泰尔巴克利雅）
萨夫特亨纳
塞本尼图斯
布巴斯提斯
莱昂托波利斯
阿特里比斯
布托
比拜特-哈格
塞斯
瑙克拉提斯
塞本尼提河口
安提利亚
波尔比提努斯河口
卡诺普斯河口
亚历山大里亚
马莱奥蒂斯湖
赫利奥波利斯
开罗（巴比伦）
阿布西尔
莱托波利斯
吉萨
萨卡拉（塞拉佩翁）
孟菲斯
阿特菲
希巴（泰乌罗伊）
法尤姆
卡伦湖（摩伊利斯湖）
西奈
苏伊士湾
阿拉伯沙漠
西瓦绿洲
利比亚沙漠
30°E
32°E
34°E
30°N

339

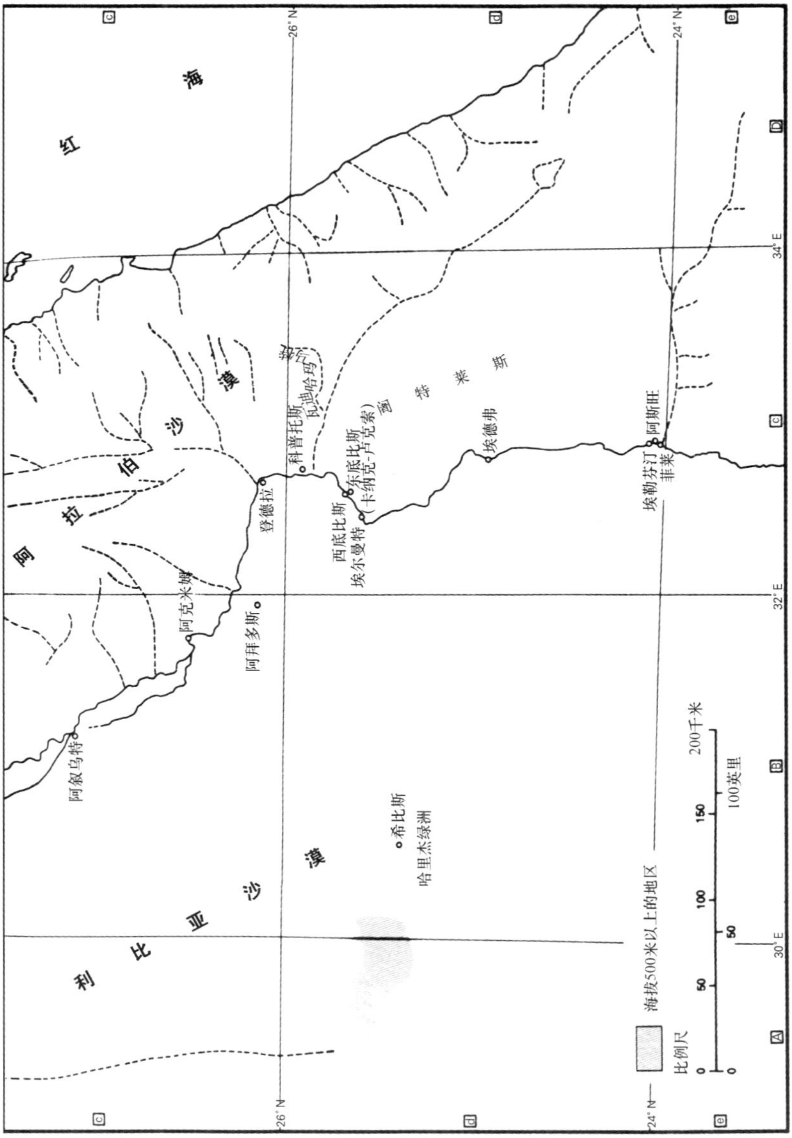
红海
阿拉伯沙漠
利比亚沙漠
科普托斯
瓦迪哈玛马特
东底比斯
（卡纳克-卢克索）
西底比斯
埃尔曼特
登德拉
阿克米姆
阿拜多斯
阿叙乌特
希比斯
哈里杰绿洲
埃德弗
阿斯旺
埃勒芬汀
菲莱
海拔500米以上的地区
比例尺
0 50 100 150 200千米
0 50 100英里
26° N
24° N
34° E
32° E
30° E

地图 9　埃及

续 337 之间利益的差异，外国雇佣兵的贪婪和嫉妒，都大大恶化了内部矛盾。①

可是，第 28 王朝唯一的国王阿米泰乌斯②（Amyrtaeus）最初面临的问题是，将波斯军队从该国逐出，巩固他作为一个独立统治者的地位。表面上，他作为国王角色的信誉白璧无瑕，因为他肯定是赛斯家族（Saite）的后代，可能还是辉煌且繁荣的第 26 王朝统治者的苗裔。③ 有人曾经不无可能地认为，他是那个同名人的孙子，此人继承伊那罗斯为王，而伊那罗斯是那场反对阿塔薛西斯二世起义的领袖。那是一场尽管不成功，却是伟大的起义。④ 虽然如此，阿米泰乌斯的任务并不轻松。他登基的年代大约为公元前 404 年，但肯定是过了一段时间后，才完全控制了全部领土。因为直到公元前 401 年，在犹太人定居点埃勒芬汀，阿塔薛西斯二世仍得到承认，而以阿米泰乌斯之名出现的第一份文件，迟至他在位第 5 年（约公元前 400 年）才问世。⑤ 关于他统治期间的详情，我们几乎一无所知。可是，《世俗体编年史》第 3 卷第 18—19 节提到了他统治期间对神圣律法的侵犯，并且稍后宣称（Ⅳ. 1 – 2）他因此被废黜，而且他的儿子未得许可继位。⑥ 在阿米泰乌斯之后，紧接着的变化是第 29 王朝（的建立），让这些费解的评论具有可信度，并且暗示我们可能遇上了该时期流行的王朝内部纠葛的第一个例证。

340 继第 28 王朝兴起的第 29 王朝，源自三角洲地区的大城市门德斯（Mendes）。我们知道，它的创立者涅菲里特斯（Nepherites）获得了三角洲地区重要城市莱托波利斯（Letopolis）的某些支持，⑦ 而且如他的继承人一样，小心培养着与祭司阶层的良好关系。他还培育了下述观念：他的统治绝不亚于光辉的第 26 王朝。这个政策，很可能是他从阿米泰乌斯那里接受过来的，并且在波斯再度征服该国以前，他

---

① Kienitz 1953（F 463）76 – 121；Gyles 1959（F 447）45，67，71 – 4；Drioton and Vandier 1962（F 434）605 – 14；Lloyd 1983（F 476）287.

② 总体论述请见 Pietschmann，*RE* I 2012 – 3；De Meulenaere in Helck et al. 1975 –（F 453）1252 – 3。

③ 请见下文第 355 页以下。

④ 例如 Kraeling 1953（F 465）112 n. 3；Porten 1968（F 504）236 n. 3。关于那场起义，见 Lloyd 1975 – 88（F 473）I 38 – 49。

⑤ 请见第 397 页注释 3。

⑥ Johnson 1983（F 459）66.

⑦ Vercoutter 1962（F 543）102；Traunecker 1979（F 538）422.

之后的所有统治者都狂热追求这个政策。[⑧] 一块损毁严重的布鲁克林阿拉米语莎草纸文献提到了涅菲里特斯的登基，但他登基的准确背景仍然模糊。[⑨] 这个家族的历史显然充满了骚乱，我们史料中有关国王顺序的矛盾，最好理解为反复发生的内部纠纷的反映。涅菲里特斯死后，三个要求王位者：普萨穆提斯（Psammuthis）、阿科利斯和第三个我们不知姓名的人，在继位问题上发生了权力斗争。这场斗争中，阿科利斯最终赢得了胜利，他无疑算是该王朝杰出的统治者。甚至在他取得胜利后，他还一反常态地努力宣布和确立他的合法性，特别是在头衔的选择上。这种不稳定的状态为下述事实证实：只有阿科利斯统治时期较长（13 年）。涅菲里特斯死于其在位的第 7 年；如果我们对《世俗体编年史》那句晦暗不明的措辞理解正确的话，则那位不知名的国王被废黜了；普萨穆提斯在位一年；涅菲里特斯二世（Nepherites Ⅱ）仅仅在位 4 个月。[⑩] 事实上，《编年史》明确评论说，阿科利斯在王位上寿终正寝（Ⅳ.9）！考虑到这段历史的可悲状况，当我们发现第 29 王朝被迅速取代时——几乎可以肯定它是被一个对手废黜的——并不惊奇，取代它的是来自塞本尼图斯的家族。[⑪]

第 30 王朝和第 29 王朝国王之间的确切关系已经得到很多讨论。据《世俗体编年史》第 4 卷第 3—5 节斯皮格尔贝格（Spiegelberg）的译文，那里曾宣称，涅克塔奈波斯（Nectanebo）为涅菲里特斯一世之孙，[⑫] 但约翰逊的新译文显示，这个观点无法成立。[⑬] 我们所能说的，最多是涅克塔奈波斯在登基之前为一军事将领，其父塔科斯也是一名高级军官，有可能是一个亲王。[⑭] 考虑到新王拥有如此的祖先和涅菲里特斯统治的短暂，新王朝的建立不免让人疑心为一场军事政变。埃尔穆波利斯的涅克塔奈波斯大石柱上很可能实际提到了围绕这 341
个事件发生的骚动（第 8—9 行）。无论情况如何，当我们看到第 30 王朝像其先驱者一样，受到反复发生的王朝动荡的困扰时，不用感到

⑧ Traunecker 1979（F 538）420 –3. 总体论述请见下文第 349 页以下。

⑨ Kraeling 1953（F 465）283 –90 n. 13. 总体论述请见 Bianchi in Helck et al. 1975 –（F 453）Ⅳ 454 –6。

⑩ 请见下文第 356 页以下。

⑪ Traunecker 1979（F 538）436; Traunecker 等 . 1981（F 539）14.

⑫ De Meulenaere 1963（F 487）90 –1; Johnson 1974（F 457）7 –9.

⑬ Johnson 1974（F 457）7 –9.

⑭ De Meulenaere 1963（F 487）90 –1.

惊奇。[15] 这可能解释了涅克塔奈波斯一世在位末年出现的令人吃惊的共治现象——从在位第16年至其去世的第19年，他让自己的儿子塔科斯共享统治权。[16] 塔科斯的统治，以塔科斯和涅克塔奈波斯二世内战的形式，成为该时期这一现象中文献最为充分的例证。当塔科斯走上其进军波斯亚洲部分的庞大远征之途时，他留下一个名为加哈普伊姆（Tja-hap-imu）的将军控制埃及，后者显然是他的兄弟。[17] 而这位将军立刻说服他自己的儿子涅克塔奈波斯——他正与塔科斯随行——发动叛乱。涅克塔奈波斯接着说服斯巴达国王阿盖西劳斯——他统率着塔科斯的希腊雇佣兵，而且与塔科斯个人暗有矛盾——加入叛乱。多重的叛乱立刻取得巨大成功，塔科斯被迫逃到波斯大王那里避难。可是，这并非事件的结局。一个名字失传的门德斯人被一批埃及民众宣布为法老，并且起兵反抗涅克塔奈波斯。我们几乎不用怀疑，此人就是门德斯王室的一个成员。他声称要恢复埃及过去的荣光，并且肯定成了一个重大威胁，因为他能够将一支强大的军队——可以设想是马奇摩伊人——投入战场，而且迫使涅克塔奈波斯和阿盖西劳斯在一个地点不确定的设防城市避难。由于其希腊军队的优异表现和阿盖西劳斯的军事才能，涅克塔奈波斯得以从这场危机中脱身，但却怎么也掩盖不了他面临的致命危险以及后期埃及时代王权危如累卵的性质。[18]

刚刚描述的那个情节中最为令人迷惑的地方，是外国军队发挥的关键性作用，但该时期的国王们企图维持对国家的控制时，还必须应
342 对人口中两个重要的部分：马奇摩伊人和祭司。权力需要依靠马奇摩伊人乃相当确定的事实，同样清楚的是，他们时刻准备充当国王制造

---

⑮ 关于该王朝的历史，见 Kienitz 1953（F463）88－112；Drioton and Vandier 1962（F 434）609－12；Johnson 1974（F 457）10－17。

⑯ Johnson 1974（F 457）13－17；Murnane 1977（F 492）. 既然塔科斯已于公元前364/363年成为共治者，则 Hornblower 1982（F 644）174f. 提出的其与 Xen. *Ages.* Ⅱ. 27 的关系的难题似乎不复存在。如果他在那年成为共治者，则他很可能甚至在那之前已经拥有决定性影响，因此，早在公元前366年，他就被外部观察者视为事实上的统治者。

⑰ De Meulenaere 1963（F 487）91；von Kaenel 1980（F 460）40.

⑱ 关于这个事件，请见 *IG* Ⅱ^2 119，Xen. *Ages.* Ⅱ. 28ff；Theopompus *FGrH* 115 F 106，108；Nep. *Ages.* 8；Plut. *Ages.* 36－9；Diod. ⅩⅤ. 92－3；Polyaen. Ⅱ. 1. 22；Lyceas of Naucratis *FGrH* 613 F 2；Paus. Ⅲ. 10；Eust. *Od.* 10. 515（1642）；Plut. *Mor.* 214D-E。普鲁塔克关于门德斯军队有10万之众的说法，数字肯定太高（比较 Diod. ⅩⅤ. 93，塔科斯被狄奥多鲁斯误作反叛者）。除这些古典文献外，我们现在还拥有一篇提到这些事件的残损的象形文字铭文［von Kaenel 1980（F 460）］。

者。[19] 约公元前360年涅克塔奈波斯轻易获得的支持，证明他们并不可靠，而且表明他们的服役随时会出卖给出价最高者。如果涅克塔奈波斯不知名的门德斯人对手的追随者不是此类事例更多的例证，倒会非常让人惊奇了，但资料的稀少，让我们无法肯定此点。可是，值得注意的是，在公元前4世纪的军事行动中，马奇摩伊发挥了极其突出的作用。据狄奥多鲁斯（XV.92）记载，塔科斯的远征军中大约有8万人为马奇摩伊人；约公元前359年，那个不知名的门德斯篡位者在与涅克塔奈波斯的斗争中，手中有10万人，主力可能就是马奇摩伊人（Plut. *Ages*. 38）。[20] 在抗击奥库斯的埃及保卫战中，涅克塔奈波斯可以调动6万人（Diod. XVI.47）。我们可以肯定，所有这些数字都被夸大了，但我们毕竟可以确信，它们象征着非常关键的力量，而且不能不让人怀疑，那个时期的国王们和第26王朝的阿普利斯（Apries）不同，必须尽最大努力不得罪马奇摩伊人。对王室来说，关键的问题显然是保持对这支军事力量的控制。我们发现，国王们的标准做法，是充任那支军队的将军。[21] 这一政策的有效性，只要我们考虑到下述史实，就能做出最好的判断：在第30王朝的国王中，涅克塔奈波斯一世之登上王位，可能是军事政变的结果；涅克塔奈波斯二世的登基，则肯定是军事政变的结果。危机时期，祭司的财富和影响也是国王不能忽视的潜在力量。[22] 对神庙的关注，是法老传统的祭司职能的一部分，而且是王权和财富恰当的表现[23]，但如果忽视其政治含义，可能就错了。[24] 遗憾的是，有关该时期国王与祭司的关系，记录远不够充分，其图景令人迷惑，但大体的情况是清楚的。一方面，我们看到国王公开的慷慨行动。神庙建筑的成就，不过是过去光荣时代惨淡的影子，然而它们日益奢华，其顶峰是由涅克塔奈波斯二世开工兴建的比拜特哈格（Behbet el-Hagar）的神庙。[25] 此外，国王经常给重要的圣所捐赠。例如，埃德弗（Edfu）的铭文详尽列举了涅

---

⑲ Lloyd 1983（F 476）309f.

⑳ Diod. XV.93 误把这支军队的指挥官写成了涅克塔奈波斯。

㉑ Clère 1951（F 425）135；De Meulenaere 1963（F 487）90，93.

㉒ Kienitz 1953（F 463）122－6；Lloyd 1983（F 476）301－9.

㉓ Lloyd 1983（F 476）293－5；Johnson 1983（F 459）67 ff.

㉔ Kienitz 1953（F 463）122－6；Johnson 1974（F 457）11.

㉕ 请见下文第353页，总体论述见 Kienitz 1953（F 463）。

343 克塔奈波斯一世在其统治开始之年到涅克塔奈波斯二世在位第 18 年间法老捐赠的所有礼物；[26] 涅克塔奈波斯的埃尔穆波利斯石柱详细描述了国王终身给该城的捐纳；[27] 涅克塔奈波斯在位第一年在瑙克拉提斯立的石柱记录称，国王把通过海奈特（Henet）和瑙克拉提斯从地中海进口货物税收的十分之一捐赠给了奈特（Neith）的赛斯王朝神庙。[28] 另一方面，神庙的财富，成为激起该时期不止一个统治者贪欲本能的首要原因。例如，在卡布利亚斯影响下，塔科斯对神庙资产强加严厉的限制，以支付其亚洲战争的费用［（Arist.）*Oec.* Ⅱ.2（1350－1351a）］。[29] 此类行动可能极其为众多受害者憎恨。[30] 我们几乎不用怀疑，祭司随后对塔科斯的反对，成为涅克塔奈波斯二世取胜的一个重要因素。

当我们转向该时期总体的行政结构时，遇上了资料明显匮乏的问题。行政中心及其所在地可能是孟菲斯，一般的迹象是政府仍按照传统的集权方式发挥作用，[31] 并且为国家中诸如索图泰夫纳赫特（Somtutefnakht）之类的高级军官控制，[32] 此人居然能够同时担任多个官职，包括民事的、行政的和军事的。我们知道该时期一个有维齐尔头衔的官员即第 30 王朝的哈尔西塞（Harsiese），但他是否曾经履行作为国家首相的职责，却是一个需要讨论的问题。[33] 省级政府以诺姆为基础运行，诺姆是与英国的郡类似的行政区划。税收显然是省级总督即诺马尔赫的一个重大责任，但我们可以假设，像更早的时代一样，他们行使着广泛的管理职能［参见（Arist.）*Oec.* 2.2（1350－1351a）］。至于这种管理的特点，我们少有资料。毫无疑问，埃及人习惯的善意的专制主义的做法，在各个层面都在继续运作，但也存在

㉖ 见第 399 页注释 3。

㉗ Roeder 1952（F 518）375 ff and 1959（F 519）91.

㉘ Lichtheim 1980（F 472）. 总体论述见 Meeks 1979（F 481）653 ff。

㉙ Will 1960（F 550）. 根据约翰逊的新译文，人们如今都承认，《大众体编年史》第 4 卷第 4—5 节提到了塔科斯从神庙中勒索到的财物［Johnson 1974（F 457）7－9 and 1983（F 459）64］。

㉚ 除那些在神庙中任职的祭司外，许多埃及人显然担任着不负担任何职责的干薪祭司职位，所有这些人都同样受到影响。

㉛ Lloyd 1983（F 476）331－7. 王家官员的铭文并不常见，但偶尔也确实有，例如 Bothmer 1969（F 414）92ff；Traunecker 1979（F 538）422。

㉜ 他的传记保存在那不勒斯第 1035 号纸草文献中，有关讨论请见 Schafer 1897（F 520）；Tresson 1930（F 540）；Gardiner 1961（F 440）379ff；Lichtheim 1980（F 472）41ff；Lloyd 1982（F 475）178ff。

㉝ De Meulenaere 1958（F 485）；Lloyd 1983（F 476）332.

税收严苛甚至压迫的证据［（Arist.）*Oec*. 2.2（1350－1351a）；*Democtic Chronicle* Ⅳ.4－5；Polyaen. Ⅲ. Ⅱ.5］。

后期埃及并非最为有趣的特征是，我们拥有的古典文献资料，让 344
我们对埃及国王的个人性格获得清楚得多的描绘，而在更早的时期，这是不可能的。他们中的大多数表现出对埃及最大利益最为敏锐的判断力，而且在制定应对政策之时，常常表现灵活，但我们因此获得的对某些人的印象，绝非一以贯之的只是溜须，因为阿米泰乌斯在崛起中的冷酷接近背叛；[34] 塔科斯木讷而且鲁莽（Diod. XV.92）；涅克塔奈波斯二世作为统治者，是个傲慢与危机时期慌乱和鲁莽两种不安倾向的混合物，在失去他的王国时，这种性格发挥了不小的作用（Diod. XV.93 误把涅克塔奈波斯当成塔科斯，而把那个佚名的门德斯人当成了涅克塔奈波斯；见 XVI.46－51；Plut. *Ages*. 36ff；Polyaen. Ⅱ. Ⅰ.22）。

波斯征服的影响是严重的。一旦奥库斯赢得控制权，他立刻拆毁了主要城市的城墙，劫掠了神庙，聚集了大量金银。他还运走了埃及人的圣书，尽管他的随从巴戈阿斯（Bagoas）随后又把这些东西卖给祭司们了。然后埃及就被变成了在菲林达泰斯（Pherendates）统治下的总督区（Diod. XVI.51）。[35] 关于公元前 332 年之前埃及历史的细节非常有限，但波斯的统治的确得到了索图泰夫纳赫特之流埃及人官员的支持则是清楚的，后者充分利用了当时的形势，在行省中获得了职位。[36] 可是，埃及人的和古典作家的资料有关行政制度的特点让我们确信，统治是暴烈、贪婪、傲慢、自大的，打乱了诺姆正常的生活。[37] 因此，当马其顿反叛者阿明塔斯公元前 333 年到达埃及时，受到埃及人的欢迎。埃及人成群结队地投奔阿明塔斯，帮助他消灭波斯驻军。公元前 332 年亚历山大大帝到达埃及时，也得到同样热情的迎接［*POxy*. Ⅰ. Ⅻ. Ⅳ；Diod. XVII.49；Curt. Ⅳ.1（5）；7（29）］。[38] 可

---

[34] 请见下文第 347 页。

[35] 有关奥库斯罪恶的传统随后得到很大的细化，见 Schwatz 1949（F 521）。

[36] 关于索图泰夫纳赫特，请见上文第 343 页，也请见 Lepsius 1849－59（F 470）Ⅵ 69 no. 162；Meyer 1915（F 490）291 n. 4。

[37] 关于佩托西利斯（Petosiris）铭文，见 Lefebvre 1923－4（F 469）Ⅰ 136－45，Ⅱ 53－9；Otto 1954（F 497）180ff 以及该页提及的第 128、46 页的讨论；Lichtheim 1980（F 472）45ff；Lloyd 1982（F 475）178；*POxy* Ⅰ Ⅻ col. Ⅳ；Diod. XVII.49；Curt. Ⅳ.7（29）。

[38] 关于阿明塔斯的这个细节，在 Arr. *Anab*. Ⅱ.13.2－3 也曾提及。

是，甚至在那之前，埃及的不满者已经发起公开暴动，并且为一个名叫哈巴巴什（Khababash）的奇特法老从波斯人那里赢得了短命的独立。[39]

有关哈巴巴什的出生地和事件都相当有争议。从其名字判断，他
345 并非埃及人，但可能属利比亚或埃塞俄比亚血统。至于年代，证据如下：（1）亚历山大四世第7年（即公元前312—前311年）的总督石柱第7行以下记载，[40] 在薛西斯统治下，一个叫哈巴巴什的法老曾在侦查北部三角洲“以阻击亚洲国王的舰队”时，将一块土地赐予布托的诸神。这些事件显然发生于公元前332年马其顿人征服埃及之前。（2）一个埃及底比斯小祭司的一份婚约定年为哈巴巴什在位的第1年第3个月，而同一个公证人签字的文书属于公元前324年。[41]（3）一份阿皮斯石棺铭文提到哈巴巴什在位的第2年第3个月。[42] 总督石柱显然提供了一个终点，即公元前464—前332年，但一个活跃于公元前324年的书吏，其出生年代不大可能比公元前4世纪初更早，而且其仕途应该开始得相当晚，也就是说，可以确定，利贝纸草（P. Libbey）[Spiegelberg 1907（F 533）] 上用哈巴巴什的名字表示年代和事件的方式不会早于第29王朝。[43] 因此，我们必须在第29—31王朝之间的时间段里寻找他。虽然在总督石柱和埃及人文书中，哈巴巴什被视为一个合法的国王，并且让他作为国王在位两年，但在马涅托（Manetho）提供的王表或第29—30王朝的《世俗体编年史》中，都不曾有他统治的迹象。因此，他可能是第31王朝的同时代人。果如此，则有几种明显可能的年代：哈巴巴什有可能是涅克塔奈波斯二世的直接继承人，伪马涅托（pseudo-Manetho）提供的有关埃及被征服的后一个年代（公元前339/338年），可能反映了哈巴巴什而非涅克塔奈波斯二世的失败。另一种可能性，是阿塔薛西斯或阿塞斯（Arses）去世（分别为公元前338/337年和公元前336/335年）时，

---

[39] Kienitz 1953（F 463）185 – 9; Gardiner 1961（F 440）380ff; Drioton and Vandier 1962（F 434）612 – 14, 621; Lloyd 1988（F 477）.

[40] 铭文文本请见 *Urk.* 2. 11ff; 译文请见 Bevan 1927（F 408A）28 – 32; Spiegelberg 1907（F 533）2ff; Spalinger 1978（F 528）147ff and 1980（F 529）; Ritner 1980（F 514）; Lloyd 1982（F 475）175ff.。

[41] Spiegelberg 1907（F 533）3; Erichsen 1950（F 437）I 71, II 28 – 30; Luddeckens 1960（F 467）22 – 3.

[42] Gunn 1926（F 446）86ff no. 111.

[43] 由于古代埃及人的平均寿命不足40岁，因此这位书吏可能出生于第30王朝。

他可能已经暴动。[44] 这些可能性中，难有决定性的证据支持任何一种，但所有的可能性显然都指向下述假设：哈巴巴什是一个暴动的法老，曾在波斯第二次占领时期取得短暂独立。

二　对外关系

我们关于公元前 404—前 332 年间埃及对外关系的资料，具有强烈的古典韵味，反映了古典世界的兴趣。[45] 因此，有关记录大多是关 346
于希腊人密切关注的东部地中海上的事件，而且受到希腊历史意识的强烈影响。不容争辩的事实是：埃及的利比亚边疆仍然是政治、经济和战略上受到密切关注的区域，但同样明确的是，埃及与南邻努比亚之间的关系真诚而友好。[46] 可是，由于这两个地区中的任何一个都不曾有希腊人参与其中的重大历史事件，我们有关埃及同其西部和南部民族关系的资料就极其稀少。

自公元前 5 世纪末埃及取得独立起，她与波斯的关系显然占有压倒地位，但波斯对该国的要求从未放弃。埃及人对这个问题的反应，本质上是对赛斯王朝亚洲政策的复活，企图通过两种方法拒波斯于国门之外：给予波斯帝国西部行省的反叛者以道义上和后勤上的支持，以使波斯大王忙于埃及边境外的冲突；埃及军队直接参与对波斯人的军事行动。在众多时候，埃及人的这种策略获得了斯巴达的支持，后者在希腊和爱琴海地区的野心，让她与波斯经常冲突，而且事实上让她和埃及成为幸福的利益共同体。

埃及的波斯政策分为四个阶段。（1）最初的小心翼翼（阿米泰乌斯时期）；（2）给予波斯大王的反叛者以物资援助，但不发生武装冲突（涅菲里特斯一世时期、阿科利斯统治初期）；（3）全面军事冲突时期（阿科利斯统治后半期；塔科斯时期）；（4）回到与第二阶段

---

[44] Kienitz 1953（F 463）的结论是：暴动从公元前 338/337 年冬天延续到公元前 336/335 年，但他的论证不够有力。

[45] 有关情况的总体概述，见 Kienitz 1953（F 463）76 – 112；Olmstead 1948（F 43）396 – 416；Bresciani 1969（F 416）及 Davies and Finkelstein 1984（F 372）358 – 72；Traunecker 1979（F 538）396ff；Cook 1983（F 14）208 – 25；Lloyd 1983（F 476）337 – 46；Hornblower 1983（A 31）ch. 14ff。Hornblower 1982（F 644）包含大量有用的资料，也请见其有关国王的条目索引。

[46] Lloyd 1983（F 476）343 – 6. 应当注意的是，西瓦绿洲阿古尔米（Aghurmi）神庙中出现阿科利斯王名的看法［Steindorff et al. 1933（F 537）19 – 21；Kienitz 1953（F 463）83］基于对一份受损严重的铭文的误释［Traunecker 1979（F 538）418 D 1］。可是，证据表明埃及与巴尔卡签订过条约［Theopomp. *FGrH* 115 F 103；Kienitz 1953（F 463）83］。

政策非常接近的时期（涅克塔奈波斯二世时期）。至于波斯人，他们解决埃及问题的能力受到严重限制，因为他们与埃及距离遥远，更接近帝国心脏的地区有更为紧急的问题。尽管如此，波斯人至少做出四次重大努力，以将埃及置于麾下。一次是在阿塔薛西斯二世在位时（公元前 374 年），三次是在阿塔薛西斯三世时期（约公元前 354 年、约公元前 351 年和公元前 343—前 342 年）。

早在公元前 401 年，波斯人显然就已在考虑夺回埃及（Xen. *An.* Ⅱ. 1. 14；5. 13；*An.* Ⅰ. 4. 3 and 5 可能也指此事），但那时尚无埃及进攻波斯的正面证据。可是，紧随居鲁士叛乱失败后的公元前 400 年发生的事件中，埃及确实出现了。那时我们得知，居鲁士重要的支持
347 者、伊奥尼亚总督塔摩斯（Tamos）逃亡埃及，并且带上了他的大部分家庭成员，以及一支满载财宝的舰队。[47] 当时的埃及国王无疑是阿米泰乌斯，[48] 他立刻处死了这个不受欢迎的客人，并且归还了舰队和货物。塔摩斯逃亡埃及的事实，连同狄奥多鲁斯令人费解的评论——法老对塔摩斯负有义务，都表明埃及国王很可能秘密支持了那场叛乱活动。然而，猜测不能代替事实，目前我们所能说的，最多不过是在我们的资料中，即使这种支持存在，可支持既不足够积极，也未明显到让我们得到清晰的印象。

有关埃及作为波斯敌人财政资助者角色的第一份明确资料，我们需要等到公元前 396 年，那年斯巴达展开了针对波斯的密集军事行动，请求与涅菲里特斯一世结盟。后者拒绝了，但确实提供了 100 条三列桨战船的装备（可能是船帆和绳索）以及 50 万单位的粮食（Diod. ⅩⅣ. 79；Justin Ⅵ. 6. 1 – 5；Oros. Ⅲ. 1. 8）。[49] 塔科斯最初遵循涅菲里特斯的政策，阿里斯托芬公元前 388 年上演的《财神》（178 行）提到了雅典与埃及的同盟，我们肯定需要在雅典支持塞浦路斯的埃瓦

㊼　这个年代是狄奥多鲁斯提供的（ⅩⅣ. 35），而且符合当时的历史背景。关于那个来到孟菲斯的塔摩斯的经历，见 Lewis 1977（A 33）92f，107 n. 96，118 nn. 72，74。

㊽　狄奥多鲁斯（ⅩⅣ. 35）称其为普萨美提克的后代普萨美提克（Psammetichus）。考虑到年代问题，我们觉得国王是阿米泰乌斯，他据称是普萨美提克后代的事实，由于暗示他来自赛斯（因为阿米泰乌斯肯定是），倾向于强化这种推测［参见 Drioton and Vandier 1962（F 434）606；Kraeling 1953（F 465）112 n. 3；Hall 1927（F 448）144；De Meulenaere in Helck 等 1975 –（F 453）Ⅰ 252］。由于狄奥多鲁斯是众所周知的粗心，因此出现错误完全可能。尽管如此，我们无法彻底排除下述可能性：普萨美提克乃阿米泰乌斯的一个对手［参见 Kienitz 1953（F 463）76f；Traunecker 1979（F 538）399］。

㊾　请与 Lewis 1977（A 33）141 n. 43 比较。狄奥多鲁斯提供的年代为公元前 396 年（ⅩⅣ. 54），而它与其他资料是吻合的。

戈拉斯起兵反对波斯大王这个更广大的背景中考虑此事。阿科利斯与皮西狄亚人的结盟（Theopomp. *FGrH* 115 F 103）可能有着相似的动机。可是，没有任何证据表明埃及大量承担了这场战争的军事义务。导致这种状况产生的原因，正是公元前 386 年的《安塔尔奇达斯和约》。根据这个条约，波斯大王消除了希腊大陆上那些反叛者的支持者，从而能够专注于埃瓦戈拉斯和埃及问题（Theopomp. *FGrH* 115 F 103；Oros. Ⅲ. 1. 25）。对埃及的攻击似乎在公元前 385 年发动，对于随后发生的军事行动，我们缺乏确凿的资料，但如果伊索克拉底《泛希腊集会辞》中令人费解的一段所指为这场冲突（这是可能的），那它就延续了 3 年，以波斯人的失败告终。[50] 随后很快发生了埃及主 348
要盟友埃瓦戈拉斯遭遇严重挫折之事，后者根本没有从其埃及盟友那里得到全力支持。我们发现，公元前 381 年，阿科利斯给埃瓦戈拉斯提供了粮食、金钱以及其他资源。此外，埃及派出了 50 条三列桨战船，但未提到船员，所涉及的很可能仅仅是船只。次年，埃瓦戈拉斯躬赴埃及，说服阿科利斯更积极地参与战争，但除了更多的财政援助外，其他一无所获（Diod. XV. 3 –4，8 –9；Justin Ⅵ. 6. 1 –5）。[51] 公元前 380 年或那之后不久埃瓦戈拉斯的战败与投降，因为当年格罗斯——时运不济的塔摩斯之子——的暴动而小有缓和，后者与阿科利斯和斯巴达组建了反波斯同盟。阿科利斯征集了一支庞大的希腊雇佣兵，同时雇佣雅典人指挥官卡布利亚斯指挥。但卡布利亚斯因波斯将领法那巴祖斯的请求被召回雅典，结果埃及人的事业很快就失去了他的支持（Diod. XV. 9. 3 –5，29）。[52] 此后，尽管格罗斯及其继承人塔科斯的暴动仍坚持了两年，但我们未听闻埃及人再有任何军事行动。

这些事件之后，伴之以我们知道的波斯对埃及本身的第一次重大

[50] *Panegyricus* 140 谈到阿塔薛西斯在位时，曾由阿布罗科马斯、提特劳斯泰斯和法那巴祖斯指挥进攻埃及人的战斗。考虑到该演说的年代（约公元前 380 年）以及该评论的历史背景，它所指除对阿科利斯的战争外，很难再有其他［请与 Kienitz 1953（F 463）85 比较］。可能的情况是，阿科利斯在腓尼基的三座祭坛的地基反映了埃及人在那里的军事行动［Traunecker 1979（F 538）435；Stern 1982（F 397）205］，但这种小且容易携带的物件的出现，并不只有这一种解释。

[51] 狄奥多鲁斯有关埃瓦戈拉斯暴动年代的说法无法成立，本文的年代遵循 Beloch 1912 –27（A 5）Ⅲ 2，226 –30 的重建。

[52] 第 15 卷第 29 章描写的军事准备定年为公元前 377 年，而那太晚，不可能正确（请见下文第 358 页）。

攻击——时在公元前374/373年，为涅克塔奈波斯一世统治时期，就没有什么令人惊奇之处了。那是一次波斯大军的入侵，据称由2万名希腊雇佣兵、20万非希腊人军队、300艘三列桨战船、200艘三十桨大船和一支庞大的辎重队组成，由法那巴祖斯和杰出的希腊将军伊菲克拉特斯指挥。他们企图根据传统的波斯两栖战法，全力发动入侵。但这场行动彻底失败。波斯征兵的缓慢不仅让埃及人获得了充分的预警，而且在远征的组织上，法那巴祖斯和伊菲克拉特斯冲突不断。这些缺陷本身就足以造成灾难，可是波斯人还要与不利的地理条件以及埃及人完美设计的防御对抗（Diod. XV. 38, 41 –3）。[53]

涅克塔奈波斯从挫败这场威胁中取得了辉煌成功。公元前360年，其继承人塔科斯在亚洲重启阿科利斯的进攻政策，无疑是受到这场胜利激励的结果。[54] 在以小亚细亚为中心反对波斯当局大规模起义
349 的鼓励下，塔科斯与斯巴达缔结了盟约，并且集中了一支既有希腊雇佣军也有埃及军队，还有200艘三列桨战船的庞大力量。斯巴达国王阿盖西劳斯统率雇佣兵，卡布利亚斯统率舰队，塔科斯担任总指挥。这支军队接着北上，但当其到达腓尼基时，由于阿盖西劳斯与塔科斯的矛盾在国内引发的背叛，整个行动土崩瓦解。远征的失败导致塔科斯被废黜，涅克塔奈波斯二世登基（Xen. *Ages.* II. 28 – 31；Diod. XV. 92 –3，在第93章，狄奥多鲁斯将塔科斯与涅克塔奈波斯二世混淆；Nep. *Ages.* 8；Plut. *Ages.* 36；Polyaen. III. 11. 7）。[55] 随着涅克塔奈波斯登基，我们再度看到了王朝初年执行的更加谨慎的政策。他肯定为公元前340年代中期规模宏大的塞浦路斯—腓尼基起义提供了某些支持，但他众所周知的参与，与埃及军事资源的全力加入之间，仍有很大的距离。在他整个统治时期，他的政策可能是提供环境所需要的最低限度的支持。尽管如此，他在利凡特地区破坏性的影响，仍足以让阿塔薛西斯三世对他采取公开敌对态度，促使后者发起了三次坚决

---

[53] 像过去一样，我们应该对这些数字抱着谨慎态度。如果我们接受 Kuhlmann 1981（F 466）的假设：涅克塔奈波斯与一个名为托勒麦丝（Ptolemais）的妇女结婚，则我们很可能就拥有了一份证据，表明他通过与希腊世界建立最为密切的联系，以加强他对抗波斯威胁的力量。此类操控绝非不可能，但有关文献破损过于严重，我们无法对有关的记载抱以充分的信任。

[54] Kienitz 1953（F 463）180f. 讨论了年代问题，他倾向于公元前360年春这个时间。

[55] 狄奥多鲁斯将所有这些事件都归入公元前362年，与我们确定的塔科斯统治开始于公元前361/360年的年代接近。

行动，以重新确立波斯对埃及的控制，并报复涅克塔奈波斯的行动［Trogus，*Prol.* X（F 73 Seal）］。第一次可能在公元前354年左右，我们不了解详情。第二次显然为公元前351年，据称因为统帅的怯懦和缺乏经验遭遇失败，而且似乎把阿塔薛西斯变成了笑柄（Diod. XVI. 40，44，48；Isoc. V. 101）。[56] 第三次则完全不同。在做了最为精心的准备后，阿塔薛西斯于公元前343/342年再度向南方进军。公元前341年，由于涅克塔奈波斯军事上的无能和埃及军队内部的叛变，埃及再度落入波斯之手，该国最后一个当地人法老被驱逐到南方的努比亚后，再也未能回国（Diod. XVI. 40－52）。[57]

三 文化

埃及最后一个独立时期虽被奥库斯的入侵粗暴终止，但仍是一个复兴与民族再发现的时代。它意在复活过去的伟大传统，特别是通过复活古代的诺姆制来复制第26王朝。他们乐观地希望，也许是小规 350
模地再造公元前525年埃及被波斯征服前的伟大。可是，这个政策所产生的并非了无生趣的古典主义，而是具有相当活力的文化，有时是令人吃惊的革新，它将注定成为托勒密时代文明的基础。

那提供了埃及各个时期文明意识形态基础的王权观念，乃该时期传统与变革混合的典型。作为古老秩序的恢复者，埃及最后一批法老们总体上小心遵从着国王行动的理论框架和规范性纲领，从埃及历史的开头起，它们就确定了法老作为神圣国王的角色。[58] 因此，该时期的国王肖像中，最受青睐的一个因素乃是蓝色王冠，这一点都不让人惊奇，因为自第二中间期起，佩戴蓝色王冠已经成为合法性的突出标志。[59] 国王的修饰性头衔中，经常出现将其与第26王朝联系起来的情况，因为当时该王朝被视为所有真正埃及人王朝的典范。[60] 开始于

---

[56] 狄奥多鲁斯未提供年代，但肯定在阿塔薛西斯登基的公元前358年和创作《腓力》的公元前346年之间［Mathieu and Bremond，*Isocrate. Discours* IV（1962）7f］。如果我们假设狄奥多鲁斯有关第三次入侵为公元前351年的错误源自其对两次远征的混淆，则我们将得到一个精确的年代，但这也不过是一种可能的假设而已，请与 Kienitz 1953（F 463）99－107 比较。

[57] 关于该年代，请见第359页以下。

[58] Otto 1954（F 497）102 ff；Lloyd 1983（F 476）288－99.

[59] Davies 1982（F 433）.

[60] Traunecker 1979（F 538）395 ff.

第 26 王朝的国王雕像崇拜也得到坚持和发展。[61] 可是，当时的环境显然也造成了埃及人认识王权的关键变革。传统上，而且少有例外的是，法老的权能与无可抨击的正确性无可争议，但在我们所讨论的时期，强有力的证据表明，当时已经产生了更大的意愿，承认王权依赖于诸神，而且国王甚至可能与神意冲突的观念，也扎下根来。事实上，在《世俗体编年史》中，这种观念被系统地发展成为历史因果理论。据此，阿米泰乌斯和涅克塔奈波斯二世之间的埃及历史，被表现为神灵对国王怪异行为不断发怒的结果。[62]

这些国王统治的社会并未得到丰富记载，但其一般特征无可争议。关于它的基本结构和生活状况，我们没有理由怀疑它与传统做法有任何重要的偏离。它的总人口可能不足 300 万——我们有理由相信，赛斯埃及时期，人口曾达到过这个数目——而且被划分为两个基本类型：自由人和非自由人。前者包括官员、祭司、战士和无产者，其中无产者包括手艺人、农民和类似的人员，非自由人由农奴和奴隶
351 组成。此外，埃及还有大量的外国人，特别是希腊人。[63] 这些人居住在规模颇不相同的居住区中，小到单独的农场，大到大城市。都市中心通常建于山包之上，大多数系由几百上千年来累积的废墟构成。这些居住区中，至少有一个中心区，比如神庙、宫殿或者大的行政综合建筑。城镇由环形城墙保护，在某些时候，还有堂皇的城堡，通常都表现了埃及人完善的军事工程技艺。在诸如内比施（Nebesheh）[64] 和埃勒芬汀[65]那样的遗址中，街道规划可能仍然相当粗糙，房屋主要用泥砖建造。在埃勒芬汀，它们通常是两层的居所，但我们有足够的理由相信，其他地区存在更高的建筑。[66] 在三角洲地区，墓葬分布在与居住区邻近的适当地区，而在河谷地区，死者通常被埋葬在邻近的沙漠中，尽管远近不一致，但多在尼罗河西岸。

生活方式并未表现出让人吃惊的变革。埃及考察协会在北萨卡拉

[61] Otto 1957 (F 498); De Meulenaere 1958 (F 485) 233 ff; Yoyotte 1959 (F 553); De Meulenaere 1960 (F 486); Traunecker 1979 (F 538) 425; von Kaenel 1980 (F 460) 41 –5.

[62] Meyer 1915 (F 490); Johnson 1974 (F 457); Lloyd 1982 (F 474) 41 –5.

[63] Lloyd 1983 (F 476) 299 –301, 316 –18.

[64] Porter and Moss (F 506) Ⅳ 7ff; Lloyd 1983 (F 476) 318 –25.

[65] Porter and Mos (F 506) Ⅴ 221ff; Porten 1968 (F 504) 94 –102.

[66] Porten 1968 (F 504) 97. 皮特里（Petrie）在孟菲斯发现了一座后期埃及的房屋模型，其精确年代未知，它表现的是一座三层的泥砖房［Petrie 1910 (F 502) pl. XXXVIII 6］。

动物墓地的轰动发现，尽管其中大部分还有待公布，但已经大大增加了我们有关时期的文献史料的数量。[67] 可是，有一点是清楚的：它包含丰富的有关该时期社会—经济生活的史料。虽然从中显现的图景均在研究埃及早期历史或托勒密时代学者们的预料之中，不过仍有几点值得注意：行政管理的基本特征，仍是复杂且文牍的官僚系统；神谕是让人们脱困的一个重要方法；向孟菲斯的法老上诉，并非不是经常发生；识字率足够高，甚至可以将石匠之类的人包括在内。[68] 另一些资料确实显示了程度温和的变革：约自公元前365年起，一种被称为 *sẖ-n-s*ᶜ *nḫ* 的新型婚约出现，它的意思是“保持文书”，而且随后变得非常普遍。这类婚约创造了一种对妻子特别有利的状况，因为如果离婚的话，它对丈夫的财政惩治将是毁灭性的。此类情况肯定仍在此前埃及人习惯的原则之内，但就我们所知，此前不曾有任何可与此类严格做法比肩的尝试。[69] 经济生活中的革新也隐然可见。实物交换仍是货物流通的基本方式，尽管在交换媒介中，人们也利用双粒小麦和大量的、称重的银子。自波斯时期开始，我们听说有“普塔神宝库的吉泰（*kite*）”存在，可能系依据孟菲斯普塔神庙标准、重量固定且由神庙担保其重量的银块。[70] 可是，在当前讨论的时期，我们首次见到了埃及本地的钱币。现存例证为打制的金银币，上刻世俗体或者祭司体象形文字，定年可能为第30王朝（图5）。它们以希腊或马其顿的原生钱币为模版，其糟糕的工艺，清楚地暴露了货币制造者经验的缺乏。这些货币的稀少，表明它们从不曾达到普遍使用的程度。[71] 它们可能意在支付雇佣兵的薪饷，但其重量的不一致，所用金属质量的 352

---

[67] 有关这些资料有用的初步概括，见 Smith 1974（F 526）；也请与 Ray 1976 and 1978（F 511 – 12）比较。

[68] 关于古代埃及的识字水平，现在请见 Baines and Eyre 1983（F 407）；Baines 1983（F 406）。

[69] Nims 1958（F 496）；Lüddeckens 1960（F 467），Index，*Urk.* ID.；Pestman 1961（F 500）Index s. v. P. Orient. Inst. 17481；Seidl 1968（F 522）72ff；Allam 1981（F 403），特别是第119页；Lloyd 1983（F 476），311 – 14。公元前6世纪文献中提到的 *sḇ n s*ʻ *nḫ* 是否与此属于同一类型，至今仍是一个有待解决的问题，见 Seidl 1968（F 522）74。

[70] Préaux 1939（F 509）273ff；Lüddeckens 1960（F 467）316ff；Pestman 1961（F 500）105；Porten 1968（F 504）62 – 70；Lloyd 1983（F 476），328f.

[71] Jenkins 1955（B 197）144ff；Curtis 1957（F 429）；Mørkholm 1974（B 208）；Shore 1974（F 524）；Daumas 1977（F 432）. 贮藏希腊钱币的做法延续到我们讨论的时代，它们显然是被作为金银锭而非交换媒介对待。雅典的钱币数量尤其众多。例如，约公元前380年在马斯库塔丘（Tell el-Mashkuta）窖藏中，有大约1万枚雅典四德拉克马银币（*IGCH* 1649）［参见 Naster 1970（F 494）；Kraay 1976（B 200）294 – 5］。

(a)

(b)

图5　埃及金银币：（a）马图金币，它将 *nb* 和 *nfr* 两个符号合一；（b）雅典娜头像的银币，猎鹰和猫头鹰双像，且附橄榄枝，用 *nb* 和 *nfr* 符号［据 Daumas 1977（F 432）433，442，figs. 1–2；Curtis 1957（F 429）pl. 10. 2］

不可靠，对于那些习惯了高质量钱币的外国接受者来说，都缺乏吸引
353 力，而且很可能无法让他们接受。总体上看，更可能的情况是：它们只是小规模、尝试性引入，以供当地人使用，从不曾广泛流通。无论如何，它们提供了毋庸置疑的例证，表现了当时外来因素的影响。

神庙继续成为城镇的主导特征，甚至墓地都如此。在所有历史时期，建筑及维持神庙都是法老功能的一个有机组成部分，该时期仿古的统治者们，也必然在这个领域表现活跃。[72] 对这一兴趣的关注是重要的，而且表现一贯。在底比斯，与阿蒙—瑞（Amon-re[c]）崇拜有关的神庙的建筑工程复兴，而在波斯时期，它很大程度上被忽视了。有关的建筑工程始于第29王朝，最为重要的建筑，为门楼（First Pylon）西边阿蒙—瑞的圣船的圣所。这座令人迷惑的建筑可能始建于涅菲里特斯一世——在卡纳克，他显然活跃，但其装饰完全归功于普萨穆提斯（Psammuthis）和阿科利斯。圣所与同时代哈布城（Medinet Habu）的工程一起，共同构成了复兴这位底比斯创世神古老崇拜

[72] 关于捐赠，请见 Meeks 1972（F 480）and 1979（F 481）652ff。关于这些建筑的关键部分，请见 Porter and Moss（F 506）索引中有关国王的条目。关于第29王朝的情况，见 Traunecker 1979（F 538）407ff。比较早的清单见 Petrie 1905（F 501）373 ff.；Kienitz 1953（F 463）190–232。

的一部分。这一崇拜不仅意在维持神自身的能力，而且有助于提升国王类似神灵的权力。[73] 第 30 王朝在底比斯同样活跃，弘苏（Khonsu）神庙曾激起第 30 王朝的兴趣，但其工作的中心在于对古代圣域的保护，对其环形围墙和入口尤其小心。[74] 尽管该庙至少早在拉美西斯（Ramesis）时期已经包括某些生育设施，[75] 但第一座在考古学上得到证实的 Mammisi，或曰生育庙，是由涅克塔奈波斯一世在登德拉修建的。[76] 在希腊—罗马时代的神庙中，这些设施将成为普遍现象。对伊西丝的崇拜也得到特别注意。涅克塔奈波斯一世在菲莱修建了伊西丝神庙优雅的前庭，[77] 涅克塔奈波斯二世为崇拜她，至少是开始了比拜特哈格庞大而且辉煌的神庙工程。[78] 第 30 王朝国王们对伊西丝崇拜的专注，如通常的情况一样，是在遵循第 26 王朝的先例，[79] 但可能也有其他考虑，因为这些国王都起自三角洲，伊西丝可能是下埃及的女神。此外，伊西丝崇拜流行，专注于其崇拜的国王们，自然在人民 354
中也因此得分；最后，对伊西丝的崇拜与王权密切相关。为崇拜圣兽而建筑，也是该时期的一个突出特征。[80] 我们有理由相信，第 29 王朝的国王们参与了北萨卡拉圣兽墓地北端神庙区的建设。[81] 在埃尔穆波利斯、萨弗特亨纳（Saft el-Henna）、门德斯和小埃尔穆波利斯，涅克塔奈波斯一世在此类崇拜中表现活跃；[82] 在塞拉佩翁圣地、北萨卡拉的圣兽墓地、布巴斯提斯、赫利奥波利斯、埃尔穆波利斯、埃德弗和埃勒芬汀，涅克塔奈波斯二世表现活跃。[83] 他们的动机，部分可

---

[73] Traunecker et al. 1981（F 539）89ff.

[74] Porter and Moss（F 506）Ⅱ, Royal Index, s. v. Nektanebos Ⅰ and Ⅱ, Teos; Spencer 1979（F 530）73f.

[75] Daumas 1952（F 431）. 生育庙出现于那种三神庙崇拜中，三神分别是男神、女神和孩子。在崇拜中，它们的职能是婴儿出生场所［Bonnet 1952（F 410）209f and in Helck et al. 1975 -（F 453）Ⅱ 462ff］。

[76] De Meulenaere 1982（F 488）.

[77] Porter and Moss（F 506）Ⅵ 206f 94.

[78] Porter and Moss（F 506）Ⅳ 40ff；参见 Clere 1951（F 425）136，144ff。

[79] Lloyd 1983（F 476）294.

[80] Smith 1974（F 526）6，85.

[81] Smith 1974（F 526）36f.

[82] Roeder 1940（F 517）78；关于萨弗特亨纳，见 Roeder 1914（F 515）58 - 99；关于门德斯，见 *ibid.* 99 - 100；关于小埃尔穆波利斯，见 Porter and Moss（F 506）Ⅳ 40。

[83] 关于塞拉佩翁，见 Porter and Moss（F 506）Ⅲ 2，778；关于北萨卡拉，同前书，Ⅲ 2，820f；关于布巴斯提斯，见 Naville 1891（F 495）56 - 9；关于小埃尔穆波利斯，见 Brugsch 1867（F 418）91；关于赫利奥波利斯，见 Bosse 1936（F 412）70 no. 187；关于埃尔穆波利斯，见 Chaban 1907（F 421）222；关于埃德弗，见 Porter and Moss（F 506）Ⅵ. 146；关于埃勒芬汀，见 Honroth 等 1909（F 454）52 - 9。

能在于这些崇拜的流行，但因为它们都是独特的埃及式崇拜，所以法老们的鼓励行动，也许可以视为对埃及民族认同某种程度的鼓励。[84] 可是，我们也应当记住，由于动物崇拜在赛斯王朝时期得到大规模发展，[85] 埃及最后一批本地人国王们可能是通过这里，将他们自己与第 26 王朝那些伟大的先驱们联系起来。

从物质结构看，最后几个王朝的神庙建筑显然遵循后期埃及的标准做法，其典型特征是利用人工台基和复杂的地基。[86] 在我们讨论的时期，可以在北萨卡拉看到神庙台基。[87] 例如，这个遗址上庞大的神庙建筑群可能开始于普萨穆提斯和阿科利斯时代，但它肯定也得到涅克塔奈波斯二世相当的注意。[88] 后期埃及时代前期的神庙，例如门德斯的赛斯王朝神庙，奠立于地基之上，那是一个庞大的土坑，系开挖泥土形成，边缘以砖砌成，再实以沙子。[89] 具体说来，我们所涉时期的例证还有待发现，可是，这种做法无疑为统治者们遵循。神庙台基和沙包地基所反映的，都是同样的神话原型：创世时所有生命据称由之产生的原初小山或岛屿。也就是说，所有这些神庙，无论规模多大，都被认为奠基于这座岛屿之上，而且实际上成为准神灵的权
355 力弥散到全埃及国土的中心。[90] 有关神庙的这种观念，可能也出现在埃尔穆波利斯。在那里，第 30 王朝修建了波浪线型的砖质围墙，其意图可能是模仿原初大洋中的水流。[91] 通过大量这类建筑工程，特别是其装饰，例如柱冠上使用复合棕榈叶和雕刻性装饰[92]，该时期的建设者们确立或者说确认了他们托勒密时代的继承者们将要遵循的传统。

雕塑艺术的发展与已经勾勒出来的图景颇为相似，是可以预见的。[93] 第 29 王朝的作品虽然不多，却表明它是从波斯时期到第 30 王朝之间一个重要的过渡阶段。后者的作品质量高超，有时会模仿第

---

[84] Wiedemann 1912（F 549）20f; Hopfner 1913（F 455）25; Lloyd 1975 – 88（F 473）293.
[85] Hopfner 1913（F 455）23ff.
[86] Spencer 1979（F 530）70ff and 1979（F 531）.
[87] Spencer 1979（F 530）72f and 1979（F 531）132f.
[88] 请见本页注释 1。
[89] Spencer 1979（F 530）71.
[90] Spencer 1979（F 531）132f.
[91] Spencer 1979（F 530）73.
[92] Stevenson Smith 1981（F 527）411.
[93] Bothmer 1969（F 414）; Aldred 1980（F 402）233ff; Stevenson Smith 1981（F 527）416ff.

26 王朝，但也表现出适应和变革的取向，因此总体印象是相当的多样化。有人曾经坚称，这些变革是希腊因素影响的结果，但如今该看法一般不被认可。[94] 古老的特征在继续。在雕刻上，总体上说，后期埃及的倾向是更大的自由度，人物雕像从两分法到三分法的趋势在延续。[95] 古老的特征和形式，例如方形雕像和短帷假发，仍大量使用，技术层面仍无变化。另外，真正的肖像首次出现，对身体的模仿是史无前例的精彩，对于一些特殊的石料如角砾岩产生了兴趣，服装上发生了令人惊奇的变化。至于雕刻，第 30 王朝甚至超越了其赛斯王朝的原作。由于其卓越的制图技术、杰出的技术把握和对柔软、美感和形体模仿——在处理面部时，它创造出一种丰满感——杰出的欣赏，他们的作品可谓超群绝伦。艺术中有时也会出现色情因素，其对女性生殖器官的强调，体现了这种趣味。在所有这些活动中，如同如此经常出现的那样，塞本尼图斯人不仅保持和发扬古老的传统，而且确立了将为托勒密时代早期的艺术家们遵循的模式。

附录　年代学

对该时期的研究，年代学是个反复出现的问题，我们距离解决所有难题仍有一些路要走。尽管如此，近年来的研究已经在该领域取得 356
了本质性进展，特别是在年代和国王相对顺序等非常基本的问题上。

第 28—30 王朝的年代学框架系埃及祭司马涅托的王表提供，并根据祭司体和世俗体象形文字资料以及阿拉米语和古典作家的资料补充。这份王表于公元前 3 世纪编纂，其现存文本不过是一个国王名字的列表及其在位年数。[96] 这些年数的总和显然是根据埃及行政上的年份计算的，一般来说反映到国王统治的最后一个整年，也就是说，国王去世那年剩余的天数或者月数都被简单地归到其继承人在位第 1 年中。[97] 遗憾的是，这份王表仅仅以相当晚近且残损的摘要形式保留下

---

[94] Stevenson Smith 1981（F 5270）主张是希腊人的影响，Steindorff 1944－5（F 536）58，Bothmer 1953（F 413）6 and Aldred 1980（F 402）236 则提出了不同看法，有关讨论颇多的佩托西利斯（Petosiris）后期墓葬中希腊人的影响问题，见 Picard 1931（F 503）。

[95] 两分法是将人像沿标定清晰的垂直中轴一分为二，创造出两个不同的半边人体；三分法则是对躯干三个不同部分即胸脯、肋骨和腹部分别创作。

[96] 文本见 Jacoby，*FGrH* 609；译文见 Waddell 1940（F 545）。

[97] 在马涅托的作品中，普萨美提克二世的统治有 6 年，而他死于在位的第 7 年。

来，例如阿弗利卡努斯（Africanus）、尤西比乌斯和辛凯鲁斯（Syncellus）等的摘要。这些摘引经常相互矛盾且不完整，但如果将它们与其他年代学资料合并起来，我们仍可能为第28—30王朝建立一个大体说得通的王表。

第28王朝。马涅托作品所有的摘要人都给该王朝指定了一个叫阿米泰乌斯的国王，统治6年。他作为唯一统治者的地位得到《世俗体编年史》（Ⅲ.18 F.；Ⅳ.1）的证实。[98] 他统治的时间不仅为《帕拉伊翁编年史》（*Palaion Chronikon*，*FGrH* 610 F 2）证实，而且与阿拉米语纸草文献提到的他统治的第5年吻合。[99]

第29王朝。摘要者的年代是矛盾的：

阿弗利卡努斯		尤西比乌斯（亚美尼亚语版本）	
4王		4王	
涅菲里特斯	6年	涅菲里特斯	6年
阿科利斯	13年	阿科利斯	13年
普萨穆提斯	1年	普萨穆泰斯（Psamuthes）	1年
涅菲里特斯	4个月	穆泰斯（Muthes）	1年
		涅菲里特斯	4个月
总共20年零4个月		总共21年零4个月	

尤西比乌斯（辛凯鲁斯摘要）		尤西比乌斯（杰罗姆［Jerome］摘要）	
4王			
涅菲里特斯	6年	涅菲里特斯	6年
阿科利斯	13年	阿科利斯	12年
357 普萨穆提斯	1年	普萨穆泰斯	1年
涅菲里特斯	4个月	涅菲里特斯	4个月

[98] Spiegelberg 1914（F 534）；Roeder 1927（F 516）238ff；Bresciani and Donadoni 1969（F 417）551ff. 有关讨论见 Pieper，*RE* XVI 2236f；Kaplony 1971（F 461）；Johnson 1974（F 457）；Kaplony in Helck et al. 1975 –（F 453）I 1056ff；Johnson 1983（F 459）and 1984（F 458）。

[99] Cowley，*AP* no. 35；Porten 1968（F 504）295 –6，参见第160—164页，那里将 Cowley，*AP* no. 22 重新定年到此年。

穆提斯	1 年	涅克塔涅比斯（Nectanebis）	18 年
		泰奥（Teo）	2 年

总共 21 年零 4 个月

阿弗利卡努斯提供了 4 个国王，还有尤西比乌斯的杰罗姆版本，显然反映了同一个传统，尽管我们必须订正其中明显的错误，即它把第 30 王朝的前两个国王移到第 29 王朝。可是，辛凯鲁斯和尤西比乌斯著作的亚美尼亚语版本的传统都增加了穆泰斯（穆提斯），因此有 5 个国王，尽管规则要求只能有 4 个国王。另外，这两份史料在多出来的那个国王的排序上有差别，亚美尼亚语版本将其置于普萨穆泰斯之后，而辛凯努斯将其置于涅菲里特斯之后。

对这些矛盾最为明显也是最有吸引力的解释，是把穆泰斯（穆提斯）作为马涅托之后的窜入。事实上，多出来的国王的名字与普萨穆提斯名字的相似，以及普萨穆提斯和穆泰斯（穆提斯）都被赋予同样在位时间的事实，都表明后者不过是个影子，为书吏看走眼的结果，因此应当将多出来的国王从王表中彻底剔除。[100] 如果这样处理，则我们剩下一个有四位国王的王表，其统治年代在所有版本中都相同，只有阿科利斯例外。在尤西比乌斯的杰罗姆版本中，他统治了 12 年而非 13 年。但杰罗姆现存文本的可悲状况，让这个异常失去了说服力：很可能是在传抄过程中，一个 13（XIII）被误写成 12（XII）。然后，马涅托笔下的第 29 王朝就会如此：涅菲里特斯（一世），6 年；阿科利斯，13 年；普萨穆提斯，1 年；涅菲里特斯（二世），4 个月。可是，当我们转向其他资料时，这个框架遭遇矛盾。《世俗体编年史》（III. 18ff；IV. 1ff）提供了下表：涅菲里特斯（一世），不知名的人物，普萨穆提斯，阿科利斯，涅菲里特斯（二世）。[101] 我们还得知，普萨穆提斯短暂在位，阿科利斯长期在位，尽管我们没有准确数字。对此矛盾最好的解决方法，是论证阿科利斯继承涅菲里特斯之位，但在其统治的某个阶段与一个叫普萨穆提斯的对

---

[100] 参见 Meyer 1915（F 490）290；Helck 1956（F 451）49。

[101] 在第 2 卷第 2—4 章，《编年史》包含一个压缩性的王表，其中省去了那个不知名的国王和普萨穆提斯。这个省略可能反映了否认他们合法性的另一传统。

手进行权力斗争，后者在大约 1 年的时间里成功取得了某种程度的自治，然后被废黜，剩下阿科利斯为无可争辩的法老。世俗体文字的史料确实暗示普萨穆提斯的统治与阿科利斯在位的第 2 年重合。[102]

第 30 王朝。一旦杰罗姆文本中的错误得到订正（见前文），则在国王的顺序上，摘编者们就一致了，但在位时间相当混乱。阿弗利卡努斯和杰罗姆给涅克塔涅贝斯（即涅克塔涅比斯）分配了 18 年，而尤西比乌斯的亚美尼亚语版本和辛凯鲁斯都只给了他 10 年。前一传统的基本准确得到了《世俗体编年史》的证实，那里给了他 19 年（Ⅳ. 13ff. ），如果我们认为马涅托提供的数字表示国王在位的最后一
358 个完整年份，那就是 18 年，所以他死于第 19 年（见前文）。[103] 在摘抄者中，一致给泰奥斯分配了 2 年，这也与《编年史》（Ⅳ. 16 – 17）吻合，那里给他一整年的独立统治时间，也就是说，马涅托将泰奥斯在其父亲统治的第 19 年继位那年算作泰奥斯在位第 1 年，因此他统治的最后那个整年就是第 2 年了。摘编者们不一致的，是在涅克塔奈波斯的年代上，在阿弗利卡努斯和杰罗姆那里，他得到 18 年，但在亚美尼亚语版本和辛凯鲁斯那里只有 8 年。这次《编年史》再度捍卫了阿弗利卡努斯的说法，给涅克塔奈波斯分配了 18 年（Ⅳ. 18 – 19），而且那个数字得到了埃德弗一份文书的证实，那里提到他在位 18 年，是目前所有纪念碑中有关这个国王最长的年代。[104] 因此，我们的王表应当如下：涅克塔奈波斯，18 年，死于第 19 年；泰奥斯，完成了第 2 年的统治，第 3 年上被废；涅克塔奈波斯，18 年。

我们现在要做的，是把我们的年代学体系协调起来。在 1953 年基尼茨（Kienitz）的《埃及政治史》（F 463）出版之前，人们普遍认为，托勒密时代的《涅克塔奈波斯之梦》——对涅克塔奈波斯在位第 16 年之法尔穆提斯月（Pharmouthis）21 日到 22 日的夜间之梦的叙述——提供了年代，那一夜明确地被称为月圆之夜。这份资料让我们能够根据天文学方法，将其精确定在公元前 343 年 7 月 5 日。既然那时埃及的官历开始于 11 月中，则涅克塔奈波斯二世在位的第 16

---

[102] Ray 1986（F 513）.

[103] Johnson 1974（F 457）13 – 17 讨论了相关段落。她的分析让之前所有的讨论都成为过时之论。《编年史》还显示，涅克塔奈波斯从其在位第 16 年开始，将塔科斯作为自己的共治者，见前文第 341 页。

[104] Chassinat 1932（F 422）239；Meeks 1972（F 480）133f.

年应当开始于公元前 344 年 11 月中。[105] 由此向回推算，我们可以将年代学资料转换成如下的公元前的年代：

阿米泰乌斯 约 404/403—前 398/397 年
涅菲里特斯一世 约 398/397—前 392/391 年
阿科利斯 约 392/391—前 379/378 年
普萨穆提斯 在位第 1 年，可能与阿科利斯在位第 2 年同时
涅菲里特斯二世 约 379/378 年，他 4 个月的统治可能属于公元前 379—前 378 年这个时间段，但其精确时间无法确定。
涅克塔奈波斯一世 公元前 379/378—前 361/360 年
泰奥斯（塔科斯）公元前 361/360—前 359/358 年
涅克塔奈波斯二世 公元前 359/358—前 342/341 年

可是，基尼茨否定了《涅克塔奈波斯之梦》的资料，更倾向于将第 30 王朝的开端定在公元前 381/380 年。并非所有他的论证都需要反驳，但他的论证，表面上看，获得了两个有力的支持。首先，一 359
份泰奥彭普斯的摘要［*FGrH* 115 F 103（10）］谈到，埃瓦戈拉斯暴动结束前，涅克塔奈波斯是埃及国王，后者一般被定在公元前 380 年。可是，关于埃瓦戈拉斯投降的准确年代远不是那么确定，公元前 379 年也绝非不可想象。但是，即使我们接受公元前 380 年这个年代，泰奥彭普斯这里很可能说的是涅克塔奈波斯正式登基之前所享有的实际权力和地位，[106] 因为我们有足够的理由相信，在登上王位之前，涅克塔奈波斯已经起兵反抗前一王朝的最后一位统治者（见前文第 340 页）。

可以用来支持基尼茨年代的第二个论点，是埃及于公元前 343 年 11 月到公元前 342 年 2 月间遭遇阿塔薛西斯三世入侵的史实。也就是说，根据旧的年代学，入侵发生在涅克塔奈波斯在位第 17 年，然而埃及的资料让他在位 18 年，埃德弗的一份文献提到了他在那一年的捐赠。这并不如乍一看那么具有毁灭性。据基尼茨之前的年代学，

---

[105] 文本见 Lavagnini 1922（F 468）38；有关讨论见 Bickermann 1934（F 409）78f；Kienitz 1953（F 463）171f。

[106] 关于这个问题，Cawkwell 1976（C 112）274 的评论很值得我们仔细考虑。

则涅克塔奈波斯在位第 18 年应当是公元前 342/341 年，可能比基尼茨接受的最晚的入侵时间还晚大约 10 个月。考虑到我们资料的残缺，涅克塔奈波斯二世那年在南方维持，甚至可能是恢复了他的地位，因此足以让这个铭文成为可能。这种情况绝非完全不可能（见前文第 343 页）。

因此，汇总起来看，放弃旧年代学的论证，并不像经常认为的那么有说服力。由于其年代与现存的纪念建筑协调，而且与可资利用的古典资料吻合（见下文），人们一直倾向于这里的叙述，但我们绝对应当记住，这个问题远未解决，而且在新的资料出现以前，可能会一直如此。

第 31 王朝。总体上看，巴比伦编年史提供了可靠的年代；奥库斯：公元前 358—前 337 年；阿塞斯（Arses）：公元前 337—前 335 年；大流士三世：公元前 335—前 332 年。[107] 这里唯一存在的问题，是奥库斯在埃及登基的年代。公元前 343 年夏到公元前 342 年春的某个时候，他赢得了对埃及的控制，应当不再有任何疑问。[108] 但据伪马涅托，奥库斯在其在位的第 20 年征服了埃及，那个年代肯定使用的是巴比伦人的年代学，也就是公元前 339/338 年。[109] 如果这里的文本是正确的，则这个说法，就其与埃及年代学的关系而言，则在涅克塔奈波斯二世统治的最后一年与奥库斯在埃及统治的第一年之间，有 1—2 年的误差，即奥库斯约公元前 343/342 年入侵，但他费了数年时间，才让这个国家臣服，只是从公元前 339/338 年，他才被正式承认为合法国王。[110]

360 关于国王到此为止。当我们试图把事件精确到某个国王时，我们

[107] Parker and Dubberstein 1956（F 159）19，35f. 就本文言之，大流士三世的统治随着亚历山大公元前 332 年征服埃及而告终。

[108] Bickermann 1934（F 409）80ff；Kienitz 1953（F 463）170－3；Johnson 1974（F 457）10.

[109] Parker and Dubberstein 1956（F 159）35. 比较 Kienitz 1953（F 463）170－3。在我看来，可能的情况是：伪马涅托的说法基于巴比伦的年代学，埃及的体系仅仅在诸如外国人被承认为埃及国王时使用。Waddell 1940（F 545）185 n. 2 将该事件定在公元前 343 年，同样也是错误的。

[110] 奥库斯何时成为法老曾经存在不同说法的猜测，得到伪马涅托抄本异文的证实。阿弗利卡努斯的版本最为权威，给出了统治两年的说法，而且与奥库斯在位第 20 年成为埃及国王的说法吻合。然而，尤西比乌斯著作的亚美尼亚语版本和辛凯鲁斯版本，尽管也将对埃及的征服定在其第 20 年，但两者都说奥库斯为王 6 年。如果奥库斯统治 6 年，则征服时间必在公元前 343 年。尤西比乌斯传统显然反映的是对伪马涅托不完善的修订版，意在让他的年代学与有关埃及历史的不同看法能够协调。参见 Lloyd 1988（F 477）。

一般需要依靠古典作家的资料。如果有年代的话，那是用名年官纪年或者奥林匹亚赛会纪年法表示，通过使用比克曼（Bickerman）的年表，我们很容易将之转换成我们的年代学体系。[111] 但是应当注意，我们有关该时期的主要资料，即西西里的狄奥多鲁斯的著作存在严重问题。在处理他的年代学时，我们必须极其谨慎，只有在得到其他资料证实时，我们才能接受他的年代。

（晏绍祥译　李永斌、崔丽娜校）

---

⑪ Bickerman 1968（A 9）146ff，168ff.

第　九　章

地区性概论之二：西部和北部

第一节　迦太基：自希麦拉战役到阿伽托克勒斯入侵（公元前480—前308年）*

G. CH. 皮卡尔

一　资料与方法

361 我们讨论的迦太基的这两个世纪，是其历史的关键时期：它的重要性在于，正是在这个时期，这个推罗人殖民地变成了一个城市国家，既将其在非洲的领土扩张到大约3万平方千米（相当于公元前300年左右罗马的领土），还有了一个海上帝国，其疆域实际上与西部地中海沿岸地区一致，只有马赛小得多的势力范围除外。获得和维持帝国，是可怕的战争，尤其是对西西里的希腊人战争的原因。在城市国家内部，这个时期与迦太基从君主统治转变到一种复杂的贵族政治相当。现代历史学家对这种发展提出了不同的解释。① 很多人认为，君主制是权力异常地集中到少数贵族家族手中的结果，其他人——我赞同他们的看法——则认为，君主制是腓尼基殖民者的遗产。宗教方面，与城市国家直接相关的最为重要的崇拜，是女神塔尼

---

* 关于迦太基和布匿世界更早时期的历史，请见《剑桥古代史》第2版第3卷第2分册第32章第3节［作者W. 库利坎（W. Culican）］，以及图版卷3第103—111页［作者D. 科隆（D. Collon）］。

① Huss 1985（G 39）467－74。

特（Tanit）获得了至少与其伴侣巴尔罕蒙（Ba'al Hammon）平等的地位，后者此前独享捐赠。同时，正当两种文化斗争最为尖锐时，迦太基从希腊人那里引进了德墨特尔和科莱崇拜。

为发现所有这些事实，我们需要穿越迷雾，迷雾是因为我们资料的巨大弱点造成的。它们由多种质量非常不均衡，而且常常相互矛盾的因素组成。没有任何一种解释是完全确定的，我们必须求助于假设以寻求一致。首先，我们简短讨论文献和铭文史料。

布匿语的书面文献全部灭失，只有一份文件例外，但它却产生了很大的问题，而且人们的解释也相当矛盾。事实上，那是一份希腊语文献，假称从布匿语翻译过来，名为“汉诺（Hanno）周航记”。有些学者认为，该文系伪造，其他人则认为，那是一份对摩洛哥海岸考 363
察的叙述。我认为，它是两份真实布匿语文本的复合物，其中第二份描述了公元前 5 世纪初在热带西非海岸的航行。[②]

布匿语铭文在公元前 4 世纪初以后数量尤其众多，可以分为两类：墓志铭和还愿铭文，后者几乎全部来自萨兰波（Salammbo）的托菲特（*tophet*），后文将对其进行简单描述。此外必须加上 3—4 份定年可能在公元前 4 世纪的祭品清单。就我们讨论的时期而言，没有专门的法律文书、官员名录存在，甚至连一份建筑捐献铭文都没有，史学对铭文的兴趣，实际仅限于捐赠者或他们祖先的官衔［索菲特（*shophet*），拉布（*rab*）］。[③]

少数几份希腊语铭文确实提到了迦太基人，有些还是历史人物。最为重要的是雅典议事会有关马戈家族的汉尼拔和希米尔孔（Himilcon）的命令，时代为公元前 5 世纪末（M-L 92；*IG* I^3 123）。[④]

希腊和罗马作家写有大量关于迦太基的著作，在少数幸存下来的著作中，我们主要讨论希罗多德的某些片段——其中一些最为重要的（Ⅶ. 166 – 167）我们后面会讨论——和西西里的狄奥多鲁斯的第 19—20 卷，后者写于公元前 1 世纪的第 3 个四分之一世纪。这些是基

② Sznycer 1978（G 83）478，bibl. nos. 1429 – 60；Picard 1982（G 65）175 – 80.

③ Sznycer 1978（G 83）bibl. nos. 1429 – 31a，1442 – 4.

④ Meritt 1940（G 49）247 – 53. 在提洛岛铭文中，一个名为伊奥米尔科斯（Iomilkos）的人被称为巴西琉斯，*IG* XI，2 161（定年为公元前 279 年）和 223 B 11（定年为公元前 262 年）提供了官衔。他并不像 O. 马松（O. Masson）认为的那样［Masson 1979（G 47）53 – 7］是索菲特，因为在迦太基领土之外，这些官衔并无法权。

362

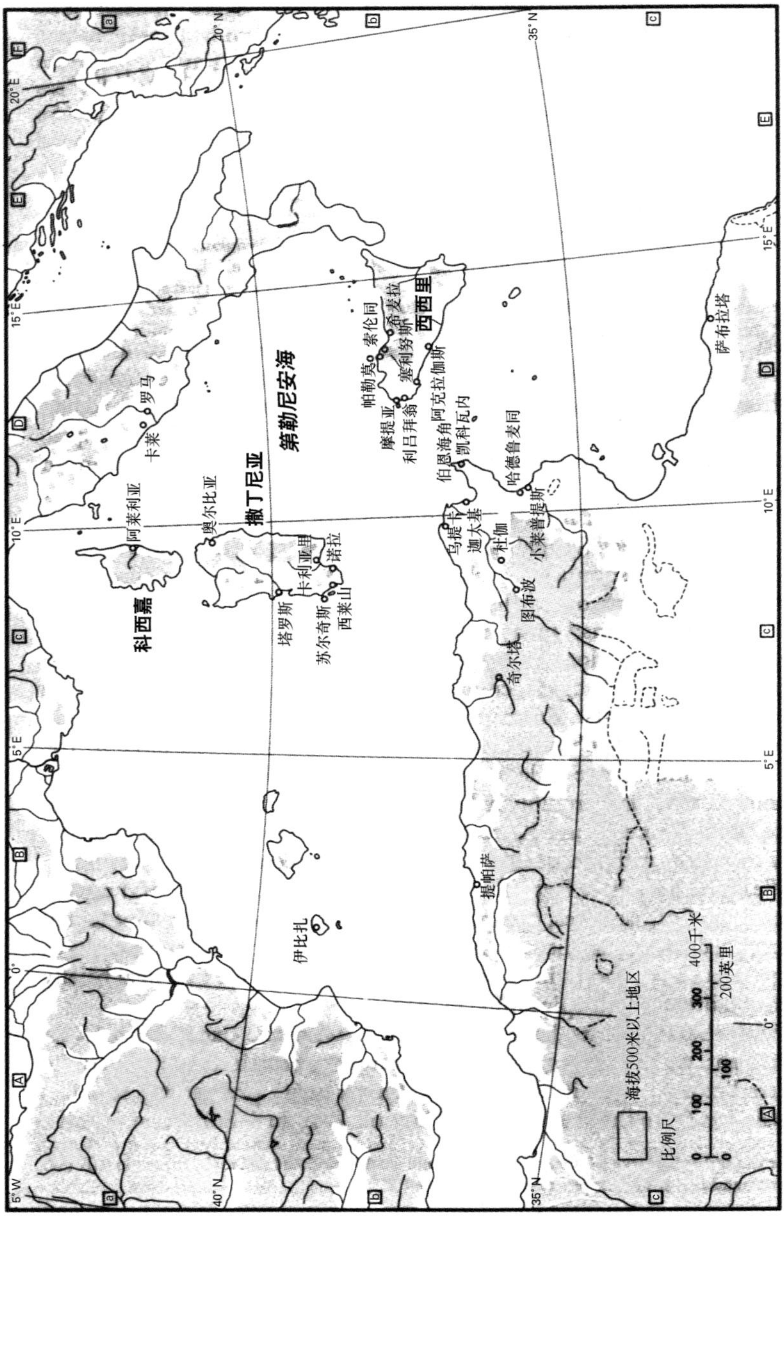

地图 10 布匿人的世界

本的资料，不仅对于希腊人和迦太基人之间的战争来说如此，而且对 续
于公元前 4 世纪迦太基的内政史来说，也是如此。亚里士多德的 363
《政治学》1272b 中，有若干段落专论迦太基政体。随着他对这个问题了解的增加，他的观点有变化，因此他的评论有时相互矛盾，而且一般来说难以理解。[5] 波里比阿讨论过与罗马进行战争时期的迦太基，曾概述该城之前的历史（Ⅵ. 51），认为其制度处在从国王、元老院和人民之间均衡的政体向不节制的民主政治转变之中。庞培·特罗古斯的《腓力史》系在奥古斯都时代写成，我们知道其导语以及优斯廷（Justin）的摘要。在其第 18 卷的末尾和第 19—21 卷的大部分，优斯廷专门讨论迦太基。这是一份基本史料，特别是有关马戈家族经历的史料。遗憾的是，优斯廷是个非常蹩脚的历史学家，他将神话与事实混淆［例如狄多（Dido）和马尔库斯（Malchus）］，歪曲了布匿人的制度，赋予它们仅仅在拉丁语中才有意义的术语（独裁官、
凯旋式），实则它们在布匿语中无对应术语。只得到优斯廷记载的任 364
何事实，我们都不能认为是可信的。

考古学会提供一些有价值的帮助。1921 年，学者们确定托菲特（一个希伯来语词汇，从《圣经》的《列王记》中借用）的位置在现被称为萨兰波的港口附近，那里是迦太基崇拜巴尔罕蒙和塔尼特之处，有儿童被用于献祭的情况。此前已经在那里发现了大量建筑。这些建筑本是捐建在那里的，罗马时期被取代。我们获得了数百件年代属于公元前 5—前 4 世纪的捐赠铭文，下文将研究其建筑类型的演化。

公元前 6 世纪的墓葬数量众多且丰富，它们在公元前 5 世纪的相对稀少引人思索。对公元前 4 世纪来说，我们知道大量墓葬，其中之一被称为拉布（*rab*），那肯定是该世纪末贵族使用的墓葬，以迦太基曾经修建的最为奢华的建筑圈围起来。[6]

在迦太基之外的非洲地区，哈德鲁麦同（Hadrumetum）大约公元前 600 年时、凯科瓦内（Kerkouane）公元前 550 年左右、特利波利塔尼亚（Tripolitania）的港口约公元前 500 年时，肯定都已经被迦

⑤ Weil 1960（B 123）228 – 52.
⑥ Bénichou-Safar 1982（G 9）132 – 5.

太基占据。没有证据表明乌提卡（Utica）比迦太基更为古老，阿波罗神庙的主祭给普林尼讲述的有关乌提卡木结构神庙时代的故事（*HN* XVI. 216），根本不值得重视。但该城确实对迦太基享有某种程度的独立，不管是在政治上还是宗教上，那是很少有的几个没有托非特的非洲城镇之一。[7]

在西西里，布匿人出现的证据在摩提亚（Motya）最为明显。那里的托非特肯定与迦太基的同时，但其石柱的装饰表现出突出的创造性。公元前 396 年，叙拉古的狄奥尼修斯消灭了该城，接着它被利吕拜翁（即马萨拉）取代。帕勒莫和索伦托（Solunto）是腓尼基的但非布匿人的城镇，可能系黎巴嫩的殖民者建立。它们没有托菲特，也没有诸如剃刀之类的典型的布匿人器物。在塞利努斯，一幅名为《塔尼特之象征》的马赛克画证明，公元前 409 年该城被毁后，那里有布匿人出没。该岛上某些非典型的遗址，也常常毫无道理地被称为“布匿人的”。[8]

在撒丁尼亚，托菲特存在于苏尔奇斯（Sulcis）、西莱山（Monte Sirai）和诺拉（Nora），在诺拉，人们已经发现了可能为公元前 9 世纪的腓尼基语铭文。[9]

在西班牙安达卢西亚（Andalusia）的数个遗址中，出现了特殊的腓尼基人文化，它们中年代最早的可能不早于公元前 1000 年（因为在巴尔卡家族之前，那里不曾有巴尔罕蒙和塔尼特崇拜），而且起源于黎巴嫩的红漆陶器，到公元前 700 年时已经在迦太基消失。那里
365 只有一个真正的迦太基殖民地，地点在伊比扎（Ibiza）附近。可是，迦太基人与定居西班牙和摩洛哥的腓尼基人保持着强有力的政治和经济联系。迦太基人认为，他们为一国同胞（也请见《剑桥古代史》第 2 版第 3 卷第 2 分册，第 512—535 页）。

在意大利，一条重要的商业通道，将宝石和诸如普拉奈斯泰（Praeneste）碗之类的艺术品带到了那个半岛的中心地区，并且在皮尔吉（Pyrgi）建立了一个殖民地，在泰法利·维琉那斯（Thefarie Veliunas）统治下（约公元前 500 年），该殖民地将在宗教和政治上

---

⑦ P-W Suppl. IX s. v. “Utica”（G. Ville）.

⑧ Moscati 1980（G 55）111－49.

⑨ *KAI* 63，339，no. 46.

发挥决定性作用。这条通路似乎一直由黎巴嫩的腓尼基人城市控制，然而，迦太基人和埃特鲁利亚人缔结了盟约，以对抗佛凯亚人在科西嘉岛的据点，并于公元前 535 年在阿拉利亚（Alalia）赢得胜利。随后，这个同盟在公元前 5 世纪西西里的战争中不曾发挥任何作用，但公元前 4 世纪，它得到有效恢复，以至于亚里士多德（*Pol.* 1280a 36 – 8）对两者之间过度密切的商业关系做出了评论。考古证据证明了公元前 4 世纪末年迦太基和埃特鲁利亚文化的联系，从而证实了亚里士多德的观察。[10]

二　马戈家族的统治

我们需要基于上述证据来建立一个很大程度上假设性的框架。我们首先讨论政治制度，特别是统治机构的权威。没有任何一篇布匿语文献确定地提及该时期国家首脑的头衔。罗马作家使用的话语，诸如独裁官或者司令官之类，在任何其他语言里都毫无意义，如同我们在下述事实中明显看到的那样：献给罗马皇帝的布匿语捐赠铭文的译者无法为它们找到任何对应语汇。我们称迦太基国王为巴西琉斯，因为希腊人一般用这个头衔称呼他们，就如同称呼波斯大王一样。最为可能的布匿语对应词为米克（*milk*），这是皮尔吉文书中称呼泰法利·维琉那斯的头衔。

基本的证据来自希罗多德，同时代而且可信。他告诉我们（Ⅶ. 166），公元前 480 年，马戈家族的汉诺的儿子哈米尔卡被选为巴西琉斯，而这是因为他的勇猛。它证明，巴西琉斯主要是战时统帅。从狄奥多鲁斯著作的第 13 卷第 43 章第 5 节和优斯廷的著作（XⅧ，7，9）那里，我们知道哈米尔卡的祖先马戈本人（显然是该家族的第一人）在公元前 6 世纪中期是巴西琉斯。[11] 我们还需要对亚里士多德著作（*Pol.* 1272b 38 – 40）中一个非常模糊且破损的段落做出解释：“迦太基的优势（与斯巴达相比）在于：国王并不局限于一个家族，而且并不特别显赫，此外，如果任何家族表现突出……”［拉克

⑩　Picard 1970（G 75）132 – 4.
⑪　关于马戈家族的谱系，见 Maurin 1962（G 48）13，n. 2。

366 姆（Rackham）译文，洛布古典丛书1959年版，第161页］。亚里士多德谈的是他本人的时代，那时国王可从多个家族中选举。但是，像希罗多德一样，亚里士多德似乎认为，巴西琉斯是根据他个人在其族人或其他贵族中的素质当选的。这正是撒母耳（Samuel）所为，那时他根据上帝的旨意，选定耶西（Jesse）的小儿子大卫（David）为王，而排除了他的兄长们。[12] 这样的程序肯定将人民的选举剔除了，尽管在选举后，会有某种形式的由人民或军队承认的神圣仪式。选举本身只可能由一个精选的团体进行，或许是一个50人团。据亚里士多德认为，它有权指定“百人裁判团”（见下文）和最为重要的官职。

即使巴西琉斯本质上是一个军事领袖，如果没有事先被赋予宗教权威，他也无法作为军队统帅采取行动。希罗多德对此说得明白：在希麦拉战役的全部进程中，哈米尔卡一直留在军营中，屠杀牲口并从它们的内脏上观察征兆（Ⅶ.167）。在古代，一个将军战前应当观察征兆，乃是惯例，但在这里，一个因其勇猛被挑选为统帅的人，居然既不作为指挥官，也不作为战士，去发挥作用，不免令人吃惊。它表明，哪怕是迦太基的巴西琉斯的军事职能，主要也在于获得神灵的赞许，而这与所有闪米特民族的做法相当吻合。

巴西琉斯的这种宗教职能让其被赋予了相当多的责任。在这个问题上，希罗多德再度富有启发：哈米尔卡发现自己战败后，乃投入火葬堆，并在火中死去。国王死亡的这个景象，肯定是迦太基人给希罗多德提供的，因为叙拉古人根本不知道这回事。希罗多德还说，哈米尔卡被他的国人作为神灵或英雄崇拜，在迦太基和其他布匿人殖民地，都给他献纳了纪念碑。[13] 这个说法得到了狄奥多鲁斯的证实（ⅩⅢ.62.4，参见Ⅺ.22.1）：公元前409年在希麦拉复仇成功后，哈米尔卡的孙子汉尼拔为纪念他的祖先，以3000名俘虏作为牺牲。这种行为与王权依赖崇拜的理论更为吻合，而非最近提出的任何其他解释

[12] 这种选择国王的方式似乎与斯巴达人非常相像，见Carlier 1984（A 13）248－9。

[13] 最近在摩提亚发现的一座公元前5世纪中期的雕像可能属于该城哈米尔卡纪念碑的一部分，见Falsone 1986（G 20）；1988（G 21）。

（因自责或“夸示”自杀）。⑭

哈米尔卡的自我牺牲，预示了维吉尔有关狄多自愿死亡的叙述，某个稍晚的时候，希米尔科的忏悔是同一仪式的弱化形式（见下文）。这意味着在该城起源的神话和马戈时期的王权意识形态之间，存在着联系。这种联系在他处不曾存在，在此处却因对狄多的崇拜永久化，而且本质上体现在国王的宗教职责上。⑮ 367

公元前5—前4世纪，迦太基的巴西琉斯没有同僚。下述事实证明了这一点：公元前407年，汉尼拔因为已届高龄，需要其侄儿希米尔科帮助他，后者没有国王的头衔。只是在汉尼拔死后，希米尔科才获得国王称号。⑯ 如果曾有两个国王存在，那么第二位应当能够取代汉尼拔，或者希米尔科应当在同僚死后立刻接手统帅权，因为后者已经是国王了。

我们将发现，国王的司法权实际上并不存在，索菲特的头衔——其基本含义是法官——并不合适，但如我们已经注意到的，“米克”这个在皮尔吉铭文中得到证实的官职，倒完全合适。⑰

狄奥多鲁斯在两处（XIII.43.5 和 XIV.54.5）将迦太基君主描述为“依法行使权力的国王”（*basileus kata nomous*）。在描述斯巴达国王时，修昔底德使用过同样的程式（V.66.2）。⑱ 这表明迦太基的国王并不真正是选举产生的，因为拉西第梦人的国王为世袭，但需要服从城邦的法律。如果没有人民同意，或者某些特别机构授权进行战争，迦太基的巴西琉斯事实上不能够发动任何远征。反对派的力量有时（例如公元前410年）强大得足以延缓宣战，或者削减授予国王的军队。⑲《汉诺周航记》的第一个句子可能就是人民大会的一个决

---

⑭ Grotanelli 1983（G 27）437－41；他从 R. 毛斯（R. Mauss）那里借用了“夸示”的概念，后者在美洲印第安人民族学研究中发现了这种观念。他描述的是一种对权力的挑战，其中竞争者企图以他们礼物的豪华来相互驱逐，较差者最后会自杀。此类比附的主要不足在于，无论是在闪米特人中，还是在希腊世界，夸示都不曾得到证实，而且它仅仅存在于一个社会内部，不是在两个民族的战争中，尤其是在不同的文化中。

⑮ Picard 1954（G 67）27－45.

⑯ 狄奥多鲁斯第13卷第43章第5节称，迦太基人以汉尼拔为将军，后者根据法律已经成为国王了。在第14卷第54章第5节，狄奥多鲁斯称，他们根据法律选举希米尔科为国王，以便他能够领导战争。

⑰ 关于皮尔吉铭文，见 *Pls. to Vol.* IV pl. 297。

⑱ Carlier 1984（A 13）248.

⑲ Diod. XIII. 43. 3；Huss 1985（G 39）108.

议，规定了国王的使命（在摩洛哥的大西洋海岸建立殖民地）。虽然我们没有国王受审的案例，但希麦拉的哈米尔卡的一个儿子吉斯孔（Giscon）一度被流放（Diod. XIII. 43. 5），可能因为国王必须获得人民对其计划的赞同，其中也许包括授予其特殊的巴西琉斯称号，导致罗马作家使用了独裁官这个术语来翻译那与希腊语的"全权国王"多少类似的称号。

马戈家族的主要成就是创建了帝国。优斯廷著作的第 18 卷第 7 章记叙的马尔库斯的故事完全属于神话，因为公元前 6 世纪中期，在
368 撒丁尼亚和西西里不曾有任何重大战争的迹象，从迦太基的公民中征集一支大军，也相当不可信，因为甚至在迦太基势力的鼎盛时代，她也做不到这一点。卡塔罗（Carthalo）的死亡——他被父亲钉死在十字架上时身着祭司服——显然是一个神话，它之所以被发明出来，是为了论证国王牺牲其一个儿子这种仪式的合理性。阿拉利亚战役中，布匿人的军队只有水师，该城的军事力量仅足以维持海军和保卫迦太基对抗利比亚人，那时迦太基仍向后者支付贡金。[20]

马戈及其继承人的第一个任务是外交。公元前 6 世纪最后 30 多年里，由于马戈及其子哈斯德鲁巴（Hasdrubal）的活动，迦太基签订了许多重要条约。与埃特鲁利亚同盟的条约，特别是与卡莱的同盟，结果是在阿拉利亚的胜利以及将佛凯亚人逐出科西嘉（公元前 535 年）。稍后，卡莱为泰法利·维琉那斯统治，其港口城市皮尔吉——它崇拜阿斯塔特——为重要的腓尼基人殖民地，此时与乌尼（Uni）合并。罗马当时与卡莱关系极其密切。它与迦太基签订第一个条约的时间并无疑问（公元前 509 年），该条约由波里比阿记载下来，并提供了文本的详尽译文［III. 22. 7 - 9，并见沃尔班克（Walbank）对该段的讨论］。罗马人不得在比扎奇翁（Byzacium）和特利波利塔尼亚旅行，因为那里是迦太基人正开发的地区，但罗马人可以在监督下航行到西西里西部和撒丁尼亚。迦太基人认为，那些地方是他们的产业。其他条约是与波斯人签订的。波斯大王似乎认为，迦太基及其在西班牙的腓尼基人——布匿人的军队似乎已经保护着西班牙以对抗当地的原住民——是其帝国的附属国。公元前 5 世纪初，汉诺

---

[20] Gauthier 1960（G 26）268 - 70；Maurin 1962（G 48）20 - 1，n. 3.

和希米尔科的远征，肯定是这些协定的后果。但汉诺殖民摩洛哥大西洋沿岸地区的尝试归于失败。至于希腊人，佛凯亚人（包括马赛利亚人）为一方，盖隆（Gelon）为另一方，都被视为敌人，但莱吉翁的阿那克西拉斯（Anaxilas of Rhegium）和阿格利根同的泰利鲁斯（Terrilus of Agrigentum）被视为朋友，迦太基保护它们以对抗盖隆和阿格利根同的泰隆（Theron）。

政治活动能够调动一支独特的军队，那是马戈家族因该城人力短缺，从而与大批"欠发展的"蛮族建立关系的逻辑结果。这支军队由雇佣兵组成。他们在那些喜爱战争而且愿意接受相对较少工资的好斗的蛮族中成长起来。只有一小支卫队，即所谓的"圣队"，由年轻的迦太基贵族组成。希罗多德告诉我们（Ⅶ. 165），希麦拉的哈米尔卡在西西里卸下了腓尼基人（卫队）、利比亚人、伊比利亚人、利古安人（the Ligyans）、埃利苏凯人［Elisyces，他们的祖籍为加泰罗尼亚和朗格多克（Languedoc）］、撒丁尼亚人和科西嘉人。总体上看，369
那是一支由殖民地组成的军队，如果适当修正，则与本世纪（即20世纪——译者注）初法国和大不列颠的军队并无不同。这类军队，不管是就价钱还是武装论，有价钱相对低廉的优势，但它需要勇猛且有智谋的征兵军官，并且在军队创建后仍留作职员。它限制了对重装步兵方阵的利用，并且不能进行复杂的调度。与希腊军队比较，它与波斯人和希腊人军队的关系类似，两者中都是希腊军队占优。公元前5世纪，军队的战略和装备似乎都有显著改进，汉尼拔在塞利努斯、希麦拉和阿格利根同的光荣胜利，证明了这一点。

战争显然与经济有关。在古代，战争是昂贵的，但对组织良好的国家来说，陆海军都是有利可图的投资，因为抢劫乃利润最大的来源。可是，对于迦太基国家来说，贸易必然是收入唯一重要的来源。如C. 皮卡尔（C. Picard）和J. 亚历山德罗普洛斯（J. Alexandropoulos）已经揭示的那样，[21] 该城最初基本上是一个自西班牙返回的船只的停泊地，此前这些船只已经从黎巴嫩航经马耳他、西西里和撒丁尼亚。科拉欧斯（Colaeus）的航行（见 *CAH* Ⅲ^{2}. 3，139，214）证明，此类航行获利巨大，但迦太基长期满足于从这笔财富中分得微小的一份，只

[21] Picard 1982（G 74）161 – 73.

有在她能够享用大部分收益时，她才有能力扩张。这只有在推罗遭遇尼布甲尼撒围困（公元前587—前574年）时，才会出现。在希腊人竞争的压力下，迦太基较任何腓尼基人城市更能对抗。

但是，古代的商业经济，只有在国家控制了土地，从而能够把贸易的利润投资到农业中，才能保持良好的平衡。数百年过去了，迦太基尚未能在她那非常狭窄的半岛上获得此类产业。据优斯廷（XIX.1.3–4）记载（在这个问题上，他似乎是可信的），马戈家族初期并没有能够制伏邻邦酋长们的势力，只是在希麦拉战役后明显的和平时期，他们的继承人（其中包括那位神秘的大汉诺）才成功征服了酋长们。此后，迦太基就不再需要担心命运的善变了。公元前500年左右凯科瓦内的建立、公元前5世纪伯恩海角全境墓葬异乎寻常的扩张，以及豪乌亚利亚（El Haouaria）矿井的开掘（其砂岩用于迦太基的各类建筑），都证实该半岛已经被牢固控制。公元前5世纪迦太基本地墓葬显示出来的贫困，很可能是因为某些最为富有的家族移居到新征服地的结果。著名的布匿农学家马戈生活的时代可能要晚得多，他建议地主们生活在他们的地产上而非城镇中（Columella Ⅰ.
370 1.18），这似乎一直是通行的做法。一旦迦太基人控制了伯恩海角以及该地和都城之间的山地，布匿人农夫就发展了葡萄和橄榄种植，因为那些东西可以卖出高价，而粮食，由于有劳动力成本几乎为零的优势，从麦耶达河（the Mejerda）下游河谷以及比扎凯奈（Byzacene）获得充足的供应，因为土地由利比亚人农夫耕种，他们被降为地位极低的农奴，后来曾多次发动激烈的暴动。

如果我们考察巴西琉斯的活动，会发现他很少有时间管理迦太基。外交、征兵、战争和航行让他常年待在国外。司法、主持国内人民大会和议事会、执行法律，都需要一个全职官员。那些承认该时期索菲特存在的人肯定是正确的，但同一个人不可能同时担任这两个官职。而且我们已经看到，巴西琉斯只有一位。这个官职肯定不同于索菲特，且两个官职乃相互补充的关系。我们不知道同时在职的索菲特有几人，也不清楚他们任职多久，是如何选举的。“马赛利亚税表”是根据两个索菲特名年官的名字纪年的，[22] 这些人至

[22] *KAI* no. 69; Huss 1985 (G 39) 540, n. 296.

少任职 1 年。但同一份文书又说，他们有同僚，因此，他们可能是多个成员的集体，其中两人被挑选出来作为主席，并且给当年命名。我认为，这个说法较下述假设更具可能性：这份文书中提到的同僚是另一些官员，被选举出来履行与名年索菲特不同的职责。可是，当时肯定存在财政管理人，有负责街道、市场和公共建筑的市政官员，还有神庙掌控者、治安官员，或许还有多种其他民政人员。所有人肯定都对元老院负责，后者有协调公共活动的义务，包括协调巴西琉斯的活动。布匿语言的贫乏，必然造成用很少的术语称呼不同的官员，而不是如希腊和罗马那样，为每种官职创造一个专门术语。有些人据此得出结论，说只能是有多少术语，就有多少官职，但如此重要的一种政治体系，居然只有像一个小城镇那么少的人来管理，是不大可能的。

布匿城市国家惊人的力量，肯定依靠激励其大多数公民的宗教信仰。在多数其他民族看来，这种宗教是狂暴的。事实上，迦太基人和多数闪米特民族一样，拥有印欧人所没有的神灵超凡感。这并未像在希伯来人那里一样，导向对上帝统一性的信仰，而是一种有关众神非 371
常等级化的观念，即只有一个神灵，或者一个神灵和他的配偶，才真正是超凡的，其他的神灵不过是助手或尘世的中介。如同在埃及那样，数个神学体系并存，每种体系都会将至上角色赋予不同的男神或女神。在迦太基，典型的做法是赋予巴尔罕蒙以头等地位，那是腓尼基家乡的人几乎不敬重的一个神灵。

我们有关该时期布匿宗教的知识基本立足于对托菲特的发掘，那是富有特色的巴尔罕蒙的崇拜地，尽管托菲特这个术语本身并不曾出现在布匿语铭文中，而是借用于《圣经》。它真正的含义似乎是“焚烧之地”，可能预先已被杀的婴儿在那里被化为灰烬，然后封在一个罐子里，并被埋在圣域中。在骨灰瓮之上，特别常见的是一座石头纪念碑。或许除哈德鲁麦同外，不曾发现任何其他地方的焚烧地点。迦太基的托菲特为该城商港西部的一大块土地，其最古老的建筑因发现者得名“神父辛塔斯”（*chapelle Cintas*），对它的研究必须从其可信的原始报告做起，[23] 而且要与遗址比对。该建筑从崇拜最初开始已经

---

[23] *CRAI* 1946, 373－4; P. Cintas, *La céramique punique* (Paris, 1950) 490; Picard 1954 (G 67) 30－1.

建立，至少追溯到约公元前750年。马戈时期，在装有被牺牲儿童骨灰（有时混有动物骨灰以及其他祭品）的骨灰瓮之上耸立的还愿建筑，是一块方形砂岩，或雕成上立柱子的王座形状，或雕成与埃及神庙类似的庙堂。有些建筑上刻有铭文，读为“此碑（以牺牲形式）为献给巴尔的礼物（*molk*）”。铭文不曾提及任何女神的名字。当石碑为庙堂形状时，庙堂内通常有人的图像；有些则是符号，最为常见的是瓶子形状（图6），有些是人的形状。在摩提亚，[24] 后者较在迦太基数量大得多。公元前5世纪末之前，出现了一个三角形上顶一方板与一圆的形象，它通常被视为“塔尼特的标志”，可能代表神圣的权力（图7）。[25]

三　王权的解体

在布匿人历史上，公元前4世纪是一个严重动荡的时代。它与叙拉古发生了一场可怕的斗争，后者在僭主狄奥尼修斯治下成为西部希腊文化的代表，但谁也没有取得胜利。这场战争的后果之一，是马戈家族的垮台。另一些政治家，其中最为著名的是汉诺，则无望地企图
372 恢复强有力的个人权力。最后，贵族通过无情的司法树立了权威。同时，宗教发生了根本性的变革。在托非特崇拜中，女神塔尼特取得了超过其配偶巴尔罕蒙的显赫地位。对德墨特尔和科莱的崇拜被引入，那是从叙拉古人那里借用的，但很快就被布匿化了，而布匿人的神明埃施蒙和萨德拉帕（Shadrapa）或多或少被同化了，前者同化于阿斯克莱皮乌斯，后者同化于狄奥尼修斯。可是，布匿人宗教的基本精神并未变化，因为这些神灵仅仅是至上神的助手。有意思的是，我们注意到政治冲突的严酷并未阻碍文化发展。

373 导致迦太基确立贵族共和国制度的时间为公元前4世纪上半期。公元前409年，王权掌于哈米尔卡的孙子汉尼拔之手。公元前480年，哈米尔卡牺牲于希麦拉。在汉尼拔看来，雅典人对叙拉古的远征，是对那场仍然惨痛的失败复仇的好机会。尽管遭遇相当多的反

---

[24] Moscati and Uberti 1981（G 57）.

[25] Picard 1978（G 63）91－112.

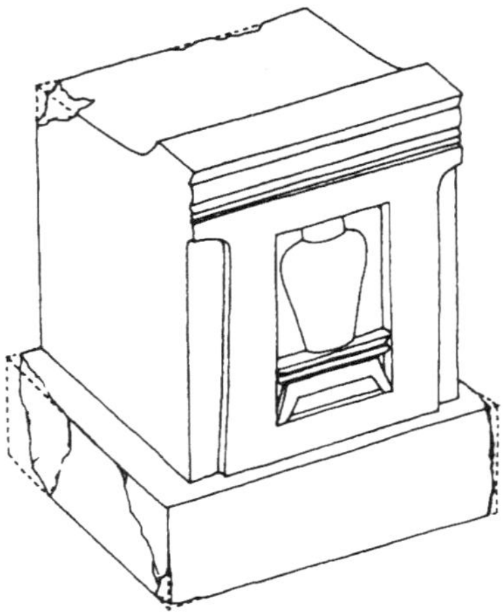

续 372

图 6　出自摩提亚带有“瓶子”图案的石碑，藏于摩提亚博物馆［据 Moscati and Uberti 1981 (G 57) fig. 34. 746］

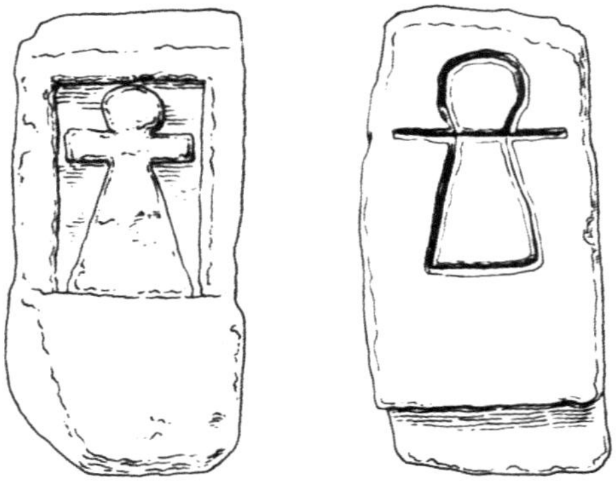

图 7　出自迦太基的塔尼特的标志，藏于迦太基博物馆

对，但这位国王不仅成功消灭希麦拉，而且征服了西西里南部所有地区，劫掠了塞利努斯和阿格利根同。但在他平安归天后，他的堂弟和继承人希米尔科未能夺取叙拉古。他的国人因为在战争问题上已经产生不同意见，并不认同他自罚的忏悔——他最终自杀——足以挽救该 续 373

王朝的命运，[26] 特别是因为那场威胁帮助狄奥尼修斯再度夺得了叙拉古的僭主宝座，而且由于斯巴达对雅典的胜利，有利于这位僭主实行一种野心勃勃的国际政策。公元前 397 年他对摩提亚的摧毁，成为丧失了塞利努斯和阿格利根同——两地此后都是迦太基在西西里的海外领地——的补偿。在非洲，如一场可怕的利比亚农民起义所证明的那样，迦太基的地位甚至更加脆弱（Diod. XV.24），希米尔科的继承人马戈必须面对的，就是这种形势。对于马戈的家庭，我们并不了解。就在熬过这场考验后，马戈不得不阻止狄奥尼修斯统一大希腊的企图。他成功复活了与埃特鲁利亚的古老同盟。可能也是在那时，迦太基与罗马的盟约——此时罗马仍与卡莱关系密切——得以恢复。但马戈与狄奥尼修斯发生了一场遭遇战，两个对手都筋疲力尽，却没能获得胜利与和平。在对迦太基相当有利的形势下，公元前 373 年，双方停止了战争。

外部和内部的问题（马戈死后，一场新的利比亚人起义立刻爆发），恶化了统治阶级内部的竞争。公元前 4 世纪中期的 30 多年尤其动荡。汉诺因其与前一世纪中马戈家族的人物同名，得绰号“大汉诺”。此人性格鲜明，被优斯廷描绘得非常富有，据称他的金钱可与国库并提。他能够从民众甚至奴隶和利比亚农奴那里获得支持。虽然他的许多特性似乎借用自传统的对希腊僭主的描述，但其中可能包含某些真相。例如，据说在宴会上，汉诺曾企图毒杀元老们，而宴会可能就是亚里士多德称为公餐的公众聚餐（*Pol.* 1272b）。J. M. 登策（J. M. Dentzer）已经证明，这是希腊贵族和僭主借用自东方的制度，因此它很有可能也存在于迦太基。[27] 类似的做法，在罗马时代的北非城市中，仍能见到某些迹象。

374 汉诺最初取得了成功，让其政敌的领袖埃斯蒙尼亚同（Eshmuniaton）［他已经改名苏尼亚同（Suniaton）］被判死刑。他的手下败将可能在亲希腊派的支持下，主张与叙拉古讲和。汉诺则坚定地遵从民族传统，且走得如此之远，以至于通过法律，禁止教授希腊语。可是，当他企图恢复绝对权威并废止合法的权力机构时，人民发起反对

㉖ Maurin 1962（G 48）.
㉗ Dentzer 1982（J 12）433 – 4.

他的起义。他被活捉，并在经受可怕的折磨后死去。

马戈家族的垮台和汉诺的失败，造成的是一个彻底的寡头制度。在亚里士多德的《政治学》中，它成为与斯巴达和克里特类似的政体。这些资料在不同时期为这位哲学家所得，其中记录了形势的快速变化。但亚里士多德的目标和方法不是分析，而是概括，从而导致他对看来少有共性的制度进行比较。例如，斯巴达的监察官与迦太基的百人法庭所以被比较，仅仅是因为两者行使的基本都是控制权。但我们绝不可据此得出结论，说亚里士多德不了解迦太基的法律，而只能说他是从与我们不同的立场看待它们。

由于布匿人政治话语的贫乏，我们分析的困难加大了。3—4 个术语就足以规定极其多样的官职。拉布和索菲特在铭文中经常出现。第一个术语可以用于任何集团、团体、元老院或者宗教团体的首脑或者头目，还可以用来指军队的将军。有时候，因为一个修饰语的限定，它的意义会比较准确，例如 *rab kihanim* 的意思是祭司长，但在迦太基，那些被埋葬在圣摩尼克（Sainte Monique）雕刻精美的石棺中的显贵，也被称为拉布，却无任何其他限定语。[28] *rab mahanat* 这个头衔的意思是军队首脑，目前只是在罗马帝国时代的铭文中出现，竟然被翻译为执政官。但如据此得出结论：公元前 4—前 3 世纪，迦太基根本没有将军统领布匿军队，岂不荒谬？

可以确定，最高权威属于元老院或者议事会，亚里士多德将它们比喻为斯巴达的长老会和罗马的元老院，尽管它们之间少有共性。[29] 人们一般承认，这个元老院成员众多。对于其选举方式，我们一无所知。它有一个可能由 30 人组成的委员会，其下被划分为 5 人一组的委员会，亚里士多德名之为“五人团”，他非常粗略的评论，表明官员的选举既依靠个人的素质，也依靠候选人的财富。亚里士多德还声 375
称，五人团挑选“百人法官团”（*Pol.* 1273a 13 – 15），法官团的首要任务是控制那些掌握政治与军事权力的官员。我们已经指出，亚里士多德提到巴西琉斯从数个家族中选出，这一点与狄奥多鲁斯和优斯廷

㉘　Huss 1979（G 38）217 – 32，and 1985（G 39）465 论证说，拉布为财政管理的首长，我认为没有任何资料支持这个说法。

㉙　关于“元老”（写作 *DRM* 或 *RSM*）的头衔，见 Huss 1985（G 39）462，n. 37。值得注意的是，迦太基似乎并不存在一个可以用来称作集体机构的“元老院”一词。

（XXI. 4. 1）有关大汉诺和波米尔卡的说法吻合。他们认为，王权是被分割而非废止了。巴西琉斯保留了统率军队的权力，并受到百人法官团的严厉监督。索菲特中有两人为名年官，如同我们在下述事实中看到的：他们谁也无力迎击阿伽托克勒斯（Agathocles）的进攻，因此严格地说，他们并无军事方面的权能。[30] 他们处理的，可能是非政治性的司法事务。人民大会可能只是在元老院和官员发生争斗时才能介入，而这种情况可能很少发生，因为贵族可凭借百人裁判团的判决，轻松消除对手。但是，诸如亚里士多德所说的公餐团等组织的权力，如我们在汉诺的经历中看到的那样，也许是议事会之前权力的终极平衡器。有一件事是肯定的：直到公元前4世纪末，布匿人的军事指挥维持着效率。公元前3世纪，效率丧失。那时，不幸的将军们被百人裁判团的专断统治剥夺了所有权威。

在政治变革和宗教革新之间可能存在某种关系（参见 Diod. XX. 14. 4－7）。例证之一是托菲特崇拜。如我们已经指出的，它与城市命运息息相关。当迦太基首次被阿伽托克勒斯围困，而且舆论迫使那些曾从火葬堆上设法救下他们儿子的贵族牺牲那些孩子时，这一点变得清楚起来。公众争辩说，贵族的骗术，乃那场灾难的原因。约一个世纪前，托菲特的纪念碑已经采用了新的形制。公元前400年左右，大量纪念碑被看起来似小型方尖碑的石柱取代，碑的顶端立有金字塔，正面雕有装饰，且几乎总与一个铭文相关。这是首次提到“塔尼特女神，巴尔之面”的捐赠物，男神巴尔罕蒙仅仅位居第二。[31] 普里查德（Pritchard）在萨莱普塔（Sarepta）发现的捐赠给塔尼特和阿斯塔特的圆盘，最终解决了塔尼特的腓尼基来源问题。[32] 需要注意的是，这位女神在腓尼基显然无足轻重，却在布匿人的万神殿中坐上了头把交椅。光芒甚至遮蔽了她的配偶。这只能是一场剧烈变革的结果，其原因至今不为我们所知，但它一方面与德墨特尔崇拜的接纳同
376 时，另一方面与王权的解体同步，如果说这确定了迦太基基本特征的三个现象之间根本没有联系，恐怕难以置信。石柱上雕刻的符号和人

---

[30] Diod. XX. 6. 3 清楚地表明，在汉诺和波米尔卡当选为将军（*strategoi*）之前，不可能对入侵者进行反击，后者在伯恩海角不曾遭遇抵抗。

[31] Huss 1985（G 39）513－14.

[32] Pritchard 1982（G 76）83－92.

像数量众多且多样，但捐赠铭文单调一致。对崇拜的描绘，特别是身着埃及亚麻袍、头戴圆帽（腓尼基人的民族装扮）、怀抱婴儿以备献祭的祭司形象（图 8），让人印象高度深刻。

图 8　祭司怀抱婴儿的石柱，出自迦太基［**高** 1. 15 **米；现藏突尼斯巴杜**（Bardo）**博物馆，编号** Cb 229］［**据** Harden 1980（F 263）pl. 35；Picard 1976（G 63）pl. 8. 10］

狄奥多鲁斯叙述了德墨特尔崇拜的确立（XIV. 77. 5）。他的叙述意在为希米尔科的渎神罪开脱。据这位历史学家记载，祭司从居住在迦太基的希腊人当中挑选。可是，这种崇拜很快就布匿化了。罗马帝国时期，铭文将布匿人的凯莱斯（Ceres punica）和希腊人的德墨特

尔区别对待。神父德拉特（Father Delattre）在波尔耶狄德山（Borj
377 Jedid）发掘的祭祀槽（favissa），似乎就是神庙曾经耸立之处。[33] 德墨特尔由她的女儿科莱和普鲁托（Pluto）陪伴，发现于伯恩海角的赤陶像，可能就是用于崇拜的形象。在大图布波（Thuburbo Maius）发现的小庙（*naiskos*），可能为迦太基神庙的模板，因为在大图布波，希腊建筑模具被用于一种典型的、有相当扁平飞檐的非希腊性建筑中。

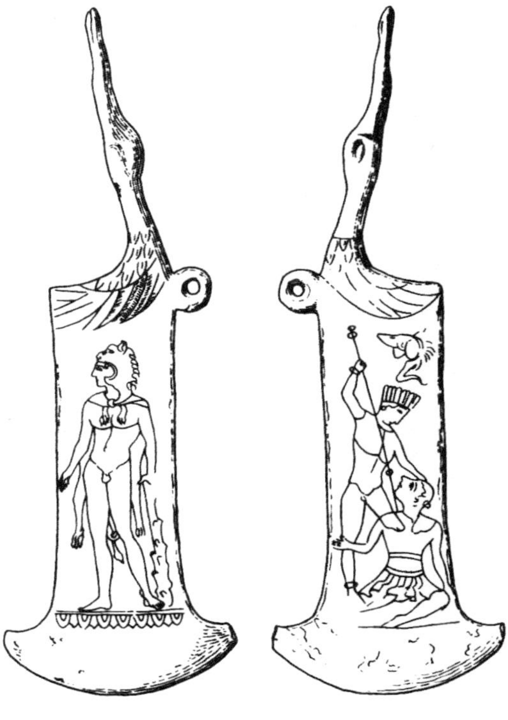

图 9 迦太基的青铜剃刀，现藏迦太基博物馆［见 Picard 1967（G 66）pl. 30，no. 37］

所有这些都表明，我们相对了解公元前 4 世纪的布匿人社会，甚至迦太基人的体质特征都在托菲特的石柱上有勾勒，用的是侧面剪影

㉝ *CRAI* 1923，354－66；Picard 1982/3（G 64）187－94.

而非肖像的形式，而且可以与出自圣摩尼克的石棺上的装饰性雕像进行比较。这些雕像为文化共生的结果，腓尼基、埃及、希腊和埃特鲁利亚都有所贡献。当然，它们不是肖像，哪怕是理想化的肖像。但男性身着布匿显贵人物的服装——一件长袍，肩罩坎肩（*epitogium*），378
妇女的服装为勾连在一起的巨鸽翅膀状，这是一种奇特但又典型的伊西斯的装束。戒指上雕有人类的头像，工艺可与希腊最为精美的宝石媲美。[34] 雕刻也用来装饰钺形剃刀扁平的一面。只有在布匿人的墓葬中，才能发现它们。有些画像受埃及启发，另一些则表现希腊神话或者人物（图9）。[35]

长期以来人们相信，公元前400年之前的迦太基不曾使用硬币，其首次使用，仅仅是用来支付雇佣兵的费用，特别是在西西里的雇佣兵。如今，有一型钱币或许可定年为公元前5世纪末。[36] 同时巴勒莫和摩提亚已经有了钱币，且受到希腊人工艺的强烈影响。这种西西里—布匿型钱币体系在整个公元前4世纪一直存在，其主要意图为支付军队的薪饷。但是，早在公元前4世纪前半期，迦太基已经开始发行金币，其重量单位为腓尼基的舍克勒，而西西里货币遵守着德拉克马的标准。我们能够发现，当时存在两股贸易流，一股目标是西西里，另一股为东方古老的母国。在亚历山大的征服后，东方的母国依赖繁荣的拉吉德王国。我们不应忘记，迦太基雄心勃勃的经济计划包含整个远西地区，包括西班牙、文化神秘的高卢大西洋区（在凯尔特人的挤压下，它正在衰落）、摩洛哥甚至热带非洲，以及西部大洋中那些神奇的岛屿。[37]

迦太基的繁荣已经让修昔底德震惊（赫摩克拉特斯的演说，见第6卷第34章第2行），其辉煌的建筑，反映了它的兴盛。在萨兰波海塘建设两个港口的工程，始于南北走向的大通道的开掘。它的起点可能在克兰（Kram bay）的海湾，一直延伸到军港，后者可能只是在与罗马战争时才兴建。[38] 曾被莱古鲁斯（Regulus）摧毁的凯科瓦内的双层雉堞保存了下来，那里有相当卫生和舒适的房屋，内设包括鞋

[34] Quillard 1979, 1987（G 77）.
[35] Picard 1967（G 66）.
[36] Curtoni-Tusa 1983（G 16）40 提供了有关该问题最新的解释。
[37] Huss 1985（G 39）84 – 5.
[38] Hurst 1983（G 36）603 – 10.

形龙头的浴室。[39] 它还快速采用了希腊化时代的革新，例如，内院采用列柱式，以适应当地的习惯。

尽管布匿人城市保持繁荣，其国家却不能免受在希腊已经开始的城邦普遍危机的影响。波里比阿（Ⅵ. 51）师从亚里士多德，将这个过程描述为一种衰败进程，迦太基从平衡良好的制度走向了民主政治，并认为后者乃政治一个循环的终点。这位阿凯亚历史学家的观点固然因其保守带有偏见，但他认为，在迦太基，这种发展较罗马迅速，则是正确的。布匿人的制度实际上较罗马人的更加精巧，造成不
379 稳定的原因也更多。在非洲，迦太基庞大且管理良好的领土当然为她带来了重要的收入。当人们漫步凯科瓦内的街道时，他们能够看到，这个规模不大的小城的居民，像当时希腊或坎帕尼亚（Campania）的人们一样富裕，但这种繁荣并未让利比亚农民受益，后者乃主要的劳动力。迦太基领袖们意识到了这个问题，曾通过在今天的布阿拉达（Bou Arada）地区安置殖民者，以及文化融合的办法，解决这个问题，后者还成功地创造了一种希腊人称为利比亚—腓尼基人的半混血人。但是，经常发生的起义，表明种族对立仍然活跃。那些仍独立的部落开始创建政治组织，此举迫使迦太基在边境上保留军队，并向西部和南部扩张。在西西里，迦太基本可以利用狄奥尼修斯僭主政治终结后的形势，但提摩莱昂（Timoleon）尝试在叙拉古恢复贵族政治，希望以军事上的荣誉强化其制度。在克利米苏斯河（the Crimisus）战役中，布匿军队的精英被歼灭。提摩莱昂的胜利，清楚暴露了迦太基尚未解决的战争问题。正是在这里，我们的史料首次提到迦太基处死了那些无能或者说不走运的将军们（Plut. *Tim.* 22）。可是，军事统帅尚未完全丧失权威，亚里士多德高度称赞的某种程度的权力平衡（*Pol.* 1272b 24ff），似乎仍然流行。

虽然我们多少能够追踪迦太基对外政策的变化，但其真正的特征仍模糊不清，甚至无字的托菲特石柱铭文上的图画，都会提出许多无法找到合乎逻辑的答案的问题。当阿伽托克勒斯进攻迦太基城时，那种造成数百资深贵族儿子被杀的狂热的发作，证明它暗里存在一种可以称为倒退的趋向。这意味着我们无法将它与其他地区或其他时代的

---

[39] Fantar 1984/5（G 23）.

情况比附。唯一肯定的，是可能并不一致的贵族强化了他们的抗拒倾向，既抵抗个人权势——它如今缺乏坚强的制度支撑，已经变成了野心家纯粹的玩物，也对抗民众热情。阿伽托克勒斯的入侵尽管属于大胆的蠢举，却也最为明显地暴露了这个城市国家的全部弱点。首先，合法民政权力的掌控者，特别是索菲特，无力对抗甚至最为弱小的入侵者，因为他们完全缺乏任何与罗马人执行权类似的权力；其次，宗教狂热时有发作；再次，是从西西里被召回的军事统帅的罪恶和过分，其中最为著名的是波米尔卡，他可能是大汉诺的后代；最后，是贵族的残忍和平庸。这幅阴暗的画面是提麦奥斯为我们描绘的，狄奥多鲁斯忠实地转述了他的看法。可是提麦奥斯是个修辞学家。波米尔卡在迦太基广场的演说（Justin XXII. 7. 9 - 11）——发表于他将被处 380
死的十字架下——显然是一种学院派的练习。但无论它们经过多少修饰和歪曲，事实终归是事实。正是该城的扩张，消灭了合法秩序的基础，犹如之前在希腊已经出现、后来在罗马将会出现的情况一样。

第二节　公元前 4 世纪的南意大利*

尼古拉·珀赛尔

从伯罗奔尼撒战争中雅典远征西西里到伊庇鲁斯的皮洛士与罗马 381
进行战争之间的 150 年，有点类似意大利历史上的英雄时代。那是一个历经考验的时代，赌注经常是共同体的成败。也是在那个时代，此前数百年的模式被根除，那些将一直存在到帝国时代的模式则产生了。考验的形式是几乎从不停息的战争，穿插着因不断变动的外交关系造成的阵营变换，以及对各种类型的雇佣兵的急切需要。总体上看，失败者是那些已经古老的殖民国家（*apoikiai*），即希腊人迁移时建立的城邦。他们的领袖，不管是从政治体内部产生的领导人，还是

* 这里的叙述意在接续《剑桥古代史》第 2 版第 4 卷第 14 章［作者萨尔蒙（Salmon）］和第 15 章［作者彭尼（Penney）］的叙述，并取代《剑桥古代史》第 1 版第 6 卷第 127—131 页（关于狄奥尼修斯一世在意大利的活动）和第 299—301 页（关于塔拉斯的雇佣兵）的简短罗列。它不过是一次有限的尝试，意在将大希腊的政治史——由恰切里（Ciaceri）1927—1932 年的著作（G 138）和贾内利（Giannelli）1928 年的著作（G 180）开创——与新近对当时社会和文化背景的理解融合起来。我对编者提供的帮助，以及不列颠罗马学院的设施表示感激。本章的大多数内容是在罗马学院撰写的。读者应当意识到，“意大利特人”（Italiote）一词的意思是意大利大陆上的希腊人城市的公民，而意大利克人（Italic）指该半岛上的其他居民。

382

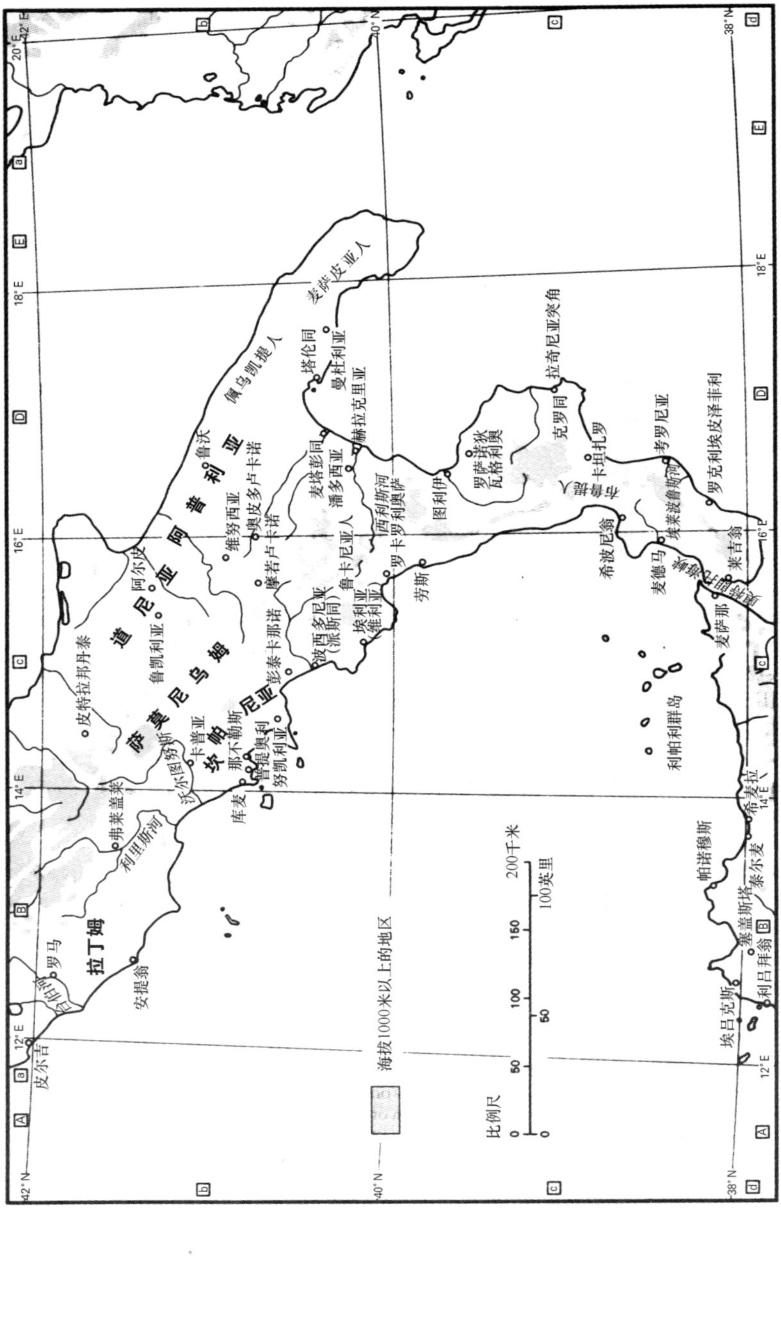
拉丁姆
罗马
安提翁
皮尔吉
利里斯河
弗莱盖莱
沃尔图努斯
卡普亚
那不勒斯
库麦
努凯利亚
皮特拉邦丹泰
萨莫尼乌姆
坎帕尼亚
道尼亚
阿普利亚
鲁凯利亚
阿尔皮
维努西亚
鲁沃
波西多尼亚（派斯同）
卢卡尼亚人
埃利亚（维利亚）
劳斯
图利伊
西利斯河
塔伦同
曼杜利亚
麦萨皮亚人
麦塔彭同
潘多西亚
赫拉克里亚
克罗同
拉奇尼亚突角
希波尼翁
麦德马
罗克利
莱吉翁
麦萨那
利帕利群岛
希麦拉
帕诺穆斯
泰尔麦
塞盖斯塔
利吕拜翁
埃吕克斯
海拔1000米以上的地区
比例尺
200千米
100英里

地图 11 意大利

从东方招引来的雇佣兵，其权力都不曾足以让他们的后代或者继承人 续
能够共享。胜利属于意大利克人共同体，该时期他们的城市提供了城 381
市贵族祖先的悠久世系，其传统一直延续到帝国时代。此种延续性源自这个时代，提醒我们当时并非黑暗时代。胜利者通常并不足以彻底地抢劫或者消灭对手，战争也并非种族屠杀式的。这部分是因为那时的战争因落后的社会和经济状况引起和发生，尽管它成为那个时代的危险，却倾向于向积极方向发展。从人口上看，意大利当时被视为人力相对充足的地区，因当地生产体系融入地中海的分配和消费体系而获得的好处，正变得日益明显。在这种情况下，意大利克人民族的强势，如人们有时说的，伴之以他们对希腊人地中海共同体文化和社会
制度持续且迅速地接受，而因此变得温和，当地社会形态与多少同一 383
的文明的整合，最终将构成罗马帝国的基础。模仿、吸收和相互适应，事实上让族群之间的冷漠不再那么富有破坏性，而相互作用的、安居的且有创造力的社会制度扩展到了更大的范围。合并起来看，它的积极意义远较复仇（*razzia*）造成的破坏为大。

图 10　诺维乌斯·范尼乌斯（Novius Fannius）**献纳的青铜胸甲，现藏瑞士，私人藏品**［**据** Colonna 1984（G 142）pl. 1］

可是，叙事之前，我们先看一下这种更广泛趋势的三个生动的具体例证，也许会有所帮助。首先，是塔奎尼（Tarquinii）一个傲慢的埃特鲁利亚—罗马人家族于1世纪创作的铭文，它的目的是纪念该家族的祖先，其中包括一个部落首领。此人和当地的一支分遣队在西西里的一次战争中，可能与雅典远征西西里及其从西部共同体得到的帮助发生了联系。[①] 这份特殊的文献，揭示了某些最为成功的家族的命运，他们崛起于我们正在考察的数百年前的那个动荡年代。其次，同样特殊而且有说服力的，是一副年代属公元前4世纪第三个四分之一世纪的豪华胸甲（图10），它是萨莫奈人部落首领的战利品，如我们从他刻写于其胜利纪念碑上的铭文用的是希腊字母中了解到的那样，此人名为诺维乌斯·范尼乌斯（Novius Fannius），曾对沿海民族发动
384 战争。[②] 我们可以猜测，在山区的圣所——因为如今用希腊人的物品装饰，因此越来越像希腊民族的圣地——中，这类装饰品并非罕见。最后，我们可以将罗马埃斯奎林山丘（the Esquiline Hill）费边家族（the Fabii）墓葬中的著名绘画，与塔奎尼的那篇文献进行比较。前者描绘了费边家族的某些人物公元前3世纪初年在南部战争中的英勇功勋，其方式再度体现了该地区总体的典型特征，而且在绘画风格和军人装备的细节上，与他们的敌人形成某种程度的对照。[③]

像在爱琴海地区一样，公元前5世纪的第3个25年中，西部对记录和解释过去产生了新的兴趣。叙拉古的安条克（Antiochus of Syracuse）有关意大利事务的论述，为这种新关怀的一个显例。他选取“最为可信和最为清晰的材料”，记录公元前424年之前的史事。[④] 当时确实有大量的教训需要汲取，也有大量西部地中海生活的背景需要理解和分析，与之有关的是奇特的民族与传统对立。所有这些似乎都具有极端的重要性。共同体的性质及其与权力实际或曰期望状态之间的关系问题，在其中占据显赫地位。在南意大利的许多城市中，统治

① Torelli 1975（G 307）；参见 Thuc. Ⅶ. 53, 54, 57. 11. 关于在西西里的800名坎帕尼亚人雇佣兵，见 Frederiksen 1984（G 173）143；Diod. ⅩⅢ. 44. 2。

② 关于诺维乌斯·范尼乌斯，见 *SEG* ⅩⅩⅨ 1026；Colonna 1984（G 142）（该文物首次发表于1979年）。

③ 关于埃斯奎林的绘画，见 Felletti Maj 1977（G 163）；Dondero, I. and Pensabene, P.（eds.），*Roma republlicana fra il* 509 *a. C e il* 270 *a. c.*（Rome, 1982）200f. *CAH* Ⅶ. 2, 13, fig. 2。

④ *FGrH* 555，参见 Pearson 1987（G 92）11－18。

阶级的意识形态长期以来为与毕达哥拉斯之名相关的哲学观念塑造，后者遵守一套独特的思想、道德和精神原则，这些原则似乎突出政治上显赫的个人，并被用来强化精英之间的一致性，进而形成一个超越共同体界限的精英集团。但是，暴力事件已经表明那套体系不是完全没有受到质疑。我们听说的一个事件中，毕达哥拉斯派的集会地被烧毁，导致各个城市的首要人物被杀，随后是谋杀、革命和全面的骚动。如果要为这个事件寻找一个可资类比的对象，则非内战中发生的情景莫属，后者在修昔底德有关当时希腊世界的叙述中非常突出。⑤在该时期的意大利城市中，精英阶级权力的稳定性问题一直存在；因为内部纠纷影响对外政策决策，以及贵族之间的相互同情直接影响对外关系，所以它们在建构共同体之间的关系时也具有重要意义。 385

公元前5世纪最为紧迫的问题，正是这类关系的性质。叙拉古狄诺麦奈斯家族僭主政治的成功，尽管尚未获得能够持续久远的证明，但它是颇有趣的先例。公元前405年，僭主政治为狄奥尼修斯一世复兴。更具体地说，他们曾经享有的内政和外交的主动权，似乎非常适合西方希腊人的其他地区。母邦与子邦之间的联系、大批人口的迁移、灵活地使用公民权政策、控制多样且灵便的军事资源、通过外交关系建立起附属国网络——后者让小共同体在强国的生活中分了一杯羹、管理当地人和希腊人共存的社会复合体的一般能力，所有这些全在狄诺麦奈斯家族时代取得过某种程度的成功，而且对居住在从坎帕尼亚到奥特朗托海峡的其他希腊人来说，也有着非常密切的关系。⑥整个地区资源的重要性，即粮食的盈余，造船用的木材，首要的是其丰富的人力，毕竟让其中的某些城市成为公认的海军强国，而且将长期保持强国地位。⑦ 在解决有关控制一个或两个城市及其领土组织的问题上，其他地中海地区国家本较某些西部希腊人的国家更快，而这些国家显然对在该地区扩张它们的霸权更有兴趣，结果让这个问题变

⑤ Polyb. Ⅱ.39.2 以及 Walbank 1975（B 122）ad loc.；von Fritz 1942（G 175）；Minar 1942（G 234）；Guthrie 1962－81（H 56）1178－91. 该事件难以定年，但最为可能的年代或许属于公元前5世纪50—40年代，因为公元前5世纪，意大利南部城邦在克罗同的霸权下达到了某种程度的地理上的统一，表现为毕达哥拉斯派的思想，或许还有大希腊这个名字。见 Maddoli 1982（G 221）；Mele 1982（G 231）。

⑥ 关于狄诺麦奈斯家族的情况，见 *CAH* Ⅳ^2, 757－80, Ⅴ^2 149－70。

⑦ 关于大希腊的资源、有关粮食情况，见［Xen.］*Ath. Pol.* Ⅱ.7；Pliny *HN* ⅩⅦ.65，引自 Sophocles，*Triptolemus*（fr. 600 Radt）；关于木材，见 Meiggs 1983（1 101）124－5；关于人力资源，见下文第400页。

得更加紧迫。公元前 415 年，当雅典舰队航往西西里时，体面的自治和纯粹地方性的对立就已经告终。尽管雅典人——他们已经介入大陆上的政治——失败了，但公元前 409—前 405 年在西西里西部的战争中，迦太基人并未失败。⑧

迦太基似乎已经从其联系母邦与子邦关系的网络中建立起霸权的
386 框架。对这样的结构，意大利半岛并不是根本不了解。⑨ 公元前 5 世纪前半期毕达哥拉斯派的鼎盛时代，克罗同曾经利用过类似的做法；对于自己的依附国，罗克利也曾经借鉴某些相同做法，行使过同类的控制权。⑩ 公元前 4 世纪，当强国塔林顿处在一个毕达哥拉斯派统治者阿尔库塔斯（Archytas，一译阿契塔——译者）治下时，其实力使其有可能在某种意义上复活克罗同已经逝去的光荣。

制度稳固并不仅仅是希腊人的问题。公元前 5 世纪，意大利半岛上的当地人已经开始形成某种联邦式的安排。在坎帕尼亚，以卡普亚为中心的奥斯坎人在公元前 438—前 437 年似乎已经形成某种新的安排。除那不勒斯外，该地区所有希腊人城市都臣服于因此产生的“坎帕尼亚人的国家”（Kampanon ethnos）。⑪ 在南部的努凯利亚（Nuceria），人们可以看到类似的制度。⑫ 萨莫奈人同盟虽然直到公元前 4 世纪才得到具体证实，但可能也追溯到此时。同样，早在公元前 433 年，人们就发现鲁卡尼亚人在给图利伊制造麻烦，但可能到此时也形成了某种合作形式。⑬ 意大利克人的有效性不容怀疑，到公元前 390 年，除那不勒斯和希波尼翁（Hipponium）外，直到莱吉翁的整个第勒尼安海沿海地区都处在他们的控制之下。如我们将要看到的那样，即使在那些未被征服的城市，他们的影响也是强大的。这些本质

⑧ 关于雅典人在阿塔斯（Artas）和亚皮吉亚（Iapygia）的卷入，见 Thuc. Ⅶ. 33；Nenci 1979（G 242）43 -4，关于迦太基在西西里的战争，见前文第 5 章、第 9 章第 1 节。

⑨ 关于迦太基霸权的结构，见 Whittaker 1978（G 91），如本章勾勒的一样，那里追溯的迦太基的经济发展与意大利半岛有些类似，也请见 *CAH* Ⅳ² 749 -51 以及前文第 367—700 页（后一数字疑为 370 页——译者注）。

⑩ 关于克罗同的霸权，见 Giangiulio 1989（G 179）213 -59。

⑪ Diod. Ⅻ. 76. 4 记述了库麦的陷落（公元前 421/0 年），参见 Livy Ⅳ. 44；Frederiksen 1984（G 173）139。

⑫ Frederiksen 1984（G 173）141 -2.

⑬ 公元前 351 年，萨莫奈人联盟的存在首次得到证实，见 Salmon 1967（G 279）95 -9。可是，“鲁卡尼亚人”作为一个整体，已经成为图利伊建立后斯巴达人将军克莱安德利达斯（Cleandridas）的作战对象。

上联邦性质的形态，不管是很大程度上还是全部，到底是意大利克人社会政治上独立的发展，还是精神和形式都借鉴了某些当时希腊人联邦主义的内容，存在更多的疑问。⑭ 这个问题并不能说已经得到解决。

确实，我们发现希腊人解决他们的问题时，也在向同样的联邦主义转变。应当强调的是，这既不容易，也不自然。那些城市是非常不同且常常相互敌对的希腊共同体建立的，它们的地理背景也非常不同。从政治上看，许多城市发现，它们主要的关心对象并非半岛上那些希腊人邻邦。墨西拿海峡上的莱吉翁就是如此，它的行动经常表现得它好像是西西里的一部分。虽然公元前417年之前，以克罗同、叙巴利斯和考罗尼亚为中心组成的同盟已经形成，其意图是以阿凯亚同盟的制度为蓝本，在意大利特人中创造出某种共同利益感。⑮ 采取这个行动的具体原因，被归于毕达哥拉斯派危机后发生的惊慌，但可能也有对外政策的目标。它可能与雅典在西部采取的外交行动有某些关 387
系。雅典人的意图，是让他们与西部的关系更加顺畅（可以肯定，公元前415—前413年，意大利特人联盟支持了雅典人），但最为重要的是该联盟建立了对抗原住民以及其他入侵者的堡垒。可以确定，意大利特人联盟真正的历史始于公元前393年，那年图利伊、莱吉翁和埃利亚，甚至可能还有那不勒斯，被迫加入了同盟。⑯ 这一行动的动力，实际上来自意大利克人的威胁，但到那个时候，联盟事实上已经为叙拉古的僭主掌控。

在第勒尼安海南部地区，狄奥尼修斯一世有着广泛的野心。那里的希腊人城市因长期遭受海上入侵，以及在内陆忙于应付鲁卡尼亚人和布鲁提伊人，比较弱小。⑰ 然而，虽然意大利特人联盟已经得到完善，但狄奥尼修斯通过一系列的战争和战役，仍在布鲁提半岛创建了

⑭ 关于意大利克人的联邦主义，见 Salmon 1967（G 279）42。请注意公元前356年布鲁提人国家的建立（第437页注释2）。

⑮ 关于意大利特人联盟的形成，见 Polybius（n. 5）；Giannelli 1928（G 180）63f；Larsen 1968（C 37）95－7；参见 Lombardo 1987（G 219）55－6，关于组织共同行动的问题，见 Sabbatini 1989（G 278）。

⑯ Diod. XIV. 91. 1. 关于其相互帮助以对抗鲁卡尼亚人的条款，见第101章。关于狄奥尼修斯，见 Caven，1990（G 134）；以及前文第5章，也见 Sanders 1987（G 283）；Sabbatini 1988（G 277）。两书都长于历史传统的综合，而且有之前的书目。

⑰ 关于对利帕利群岛的远征（公元前389年），见 Diod. XIV. 103；关于其对埃特鲁利亚人的皮尔吉的远征（公元前384年），见 Diod. XV. 14. 3。关于迦太基的卷入，见 Diod. XV. 15. 2；24. 1（论希波尼翁人的回归）。

一个叙拉古的行省。他的老盟友罗克利成为该省的核心，其他城市获
得了多少是比较大度的处理。公元前 389 年，在赫勒波鲁斯河战役中
取得胜利后，狄奥尼修斯仁慈地处置了战俘，但随后考罗尼亚遭遇更
加严厉的处罚，其领土被分给了罗克利。不过重要的是，她的人民全
被迁移到叙拉古。[18] 图利伊被弃给鲁卡尼亚人；希波尼翁的命运与考
罗尼亚类似；莱吉翁于公元前 387 年被攻克。公元前 379—前 378 年
的战争后，克罗同最终也受到侮辱。[19] 在所有这些行动中，意大利克
人，尤其是鲁卡尼亚人，都扮演了主要角色。在迁移政策中，人力资
源都是主要目标，不管他们是希腊人，还是意大利克人——公元前
387 年，后者的士兵曾与叙拉古人一道帮助过斯巴达。[20] 同时，在东
方，塔拉斯（即塔林顿——译者注）——雅典入侵的危机期间，她
也帮助过斯巴达——在南部正忙于巩固自己对麦萨皮亚人的统治，在
西部，通过卫星国赫拉克里亚（公元前 437 年建立），让麦塔彭同或
388 多或少保持了中立。[21] 塔林顿海湾绝不只是名义。塔林顿与叙拉古的
互利关系，让前者的势力实际上不可动摇，因此当我们发现，这个地
位很快以对意大利特人联盟霸权的形式表现出来时，不用惊奇。公元
前 380 年，联邦开始发行货币。我们不禁会认为，意大利特人联盟之
臣服于塔拉斯，是其在经历与狄奥尼修斯长期的、一系列的战争后，
其政策上遭遇的最为沉重的打击。然而，只是到公元前 374 年，联盟
圣所才象征性地从克罗同迁往塔林顿的赫拉克里亚。[22] 阿尔库塔斯上

---

[18] 关于劳斯战役，见 Diod. XIV. 101 – 2. 3；关于赫勒波鲁斯河战役，见 Diod. XIV. 104。关于考罗尼亚，见 Diod. XIV. 106. 3；并请见 Paus. VI. 3. 11 以及前文第 146 页。

[19] 关于图利伊，见 Diod. XIV. 101 – 2；关于希波尼翁，见 Diod. XIV. 107；关于鲁卡尼亚人在劳斯的德拉科（Laian Draco）战役中的作用，见 Strabo VI. 1. 1，并见 Diod. XIV. 102。关于莱吉翁的陷落和其将军菲同受到的羞辱，见 Diod. XIV. 112。关于克罗同，见 Ath. XII. 541. 6；（Arist.）*Mir. Ausc.* 196［论阿尔奇斯泰奈斯（Alcisthenes）的斗篷］。有关其与哈利卡纳苏斯的狄奥尼修斯第 20 卷第 7 节比较的问题，见 Lombardo 1987（G 219）61。关于该时期几乎持续不断的敌对行动，现请见 Sabbatini 1988（G 277）以及前文第 149—150 页。

[20] 关于其给斯巴达的帮助，见 Xen. *Hell.* V. 1. 26（有关战船的记载）。

[21] 关于塔拉斯、赫拉克里亚和麦塔彭同，见 Brauer 1986（G 125）。关于图利伊和塔拉斯的条约，关于 Strabo VI. 1. 14 p. 264，VI. 3. 4 pp. 280 – 1 提到的摩罗西亚的亚历山大远征期间的事件，见 Lamboley 1983（G 208）。雅典人企图煽动亚皮吉亚人和麦萨皮亚人反抗塔拉斯的情况，见 Thuc. VII. 33. 4，以及 Frederiksen 1977（G 109）204；也请见 Santoro 1972（G 286）。

[22] 关于塔拉斯对该联盟的控制，见 Brauer 1986（G 125）55 和 58 – 9 以及注释 29 – 30；Wuilleumier 1939（G 326）64 – 6。关于狄奥尼修斯对亚得里亚海有野心的传统说法的弱点，见 Woodhead 1970（G 325）；关于西西里的影响在文化上的反映，见 Mambella 1986（G 222）。如果 Strabo VI. 4. 2 p. 241 有关安科那（Ancona）系狄奥尼修斯处逃亡者建立的说法正确，则能让我们一窥当时形势真正的复杂性。也请见前文第 147—150 页。

升期间——公元前366年他开始掌权——塔拉斯的相对安全和平静，不能只归于毕达哥拉斯派的仁义，因为甚至在狄奥尼修斯死后，塔拉斯的势力仍是稳固的。

至于政治史，则从公元前4世纪第一个四分之一世纪末起，大希腊的殖民城市已经衰败，或已经黯然无光，或者说以这种那种方式被毁灭，以至于变成了二流国家。这并非说它们已经荒芜，因为罗克利和麦塔彭同仍然繁荣，不仅保持着其政治上的延续，甚至在整个时期都保持某种程度的繁荣。㉓ 但有两个城市所取得的地位，与公元前4世纪地中海区任何一个伟大的政治共同体都可以媲美，那就是奈阿波利斯和塔拉斯。奈阿波利斯的重要性在此时开始显现，只是这种伟大长期被其周边的坎帕尼亚地区奥斯坎人贵族——它与后者接触频繁——的光辉掩盖，也被罗马击败汉尼拔后在坎帕尼亚地区的巨大努力遮蔽。对文献的再考察以及对考古资料更好的理解，让我们对公元前4世纪、前3—前2世纪奈阿波利斯在文化、经济和政治上的影响有了新的认识。㉔ 人们几乎可以猜出，原因在于奈阿波利斯与意大利克人之间几乎少有敌对（事实上，奈阿波利斯显然在相当程度上奥斯坎化了），以至于奈阿波利斯没有得到像塔拉斯那样严肃的对待。389
但如果我们能在其敌人的文化的物质资料证据中清晰地看到该城的影响，则我们会赞成下述看法：对“希腊性”的传播来说，“奈阿波利斯作为中心的效率，一点都不比塔拉斯低”。可是，对此我们将在考虑其对外联系时，在适当的时候予以更详尽的考察。㉕ 我们现在要转向更偏南的大都市。

就塔拉斯的情况看，没有任何其他中心能分散历史学家的注意力。公元前281—前280年罗马人的安排后，南部心脏地区其他城市的历史几乎一片空白，因此没有理由不用塔拉斯的某种角色加以填

㉓ 关于罗克利的延续性，见Musti 1977（G 236），并见Costabile 1980（G 146），De Franciscis 1972（G 150）有关罗克利文书作为无可争议的证据的论述。关于麦塔彭同的繁荣，见Carter 1988（G 129）。他估计，公元前4世纪末，该城乡村小麦产量剩余中，有23.5万麦斗可供外销，价值98塔兰特。关于克罗同的衰落，见Mele 1984（G 232）79－87。

㉔ 就希腊化时代那不勒斯的经济而言，Lepore 1952（G 212）仍是基本参考文献。关于该城市考古的情况，见Greco 1988（G 188）；关于它对罗马的影响，见Baldassare 1988（G 114）；关于罗马干预的历史，见Càsola 1988（G 130），Colonna 1984（G 142），Frederiksen 1984（G 173），208－12。

㉕ 关于那不勒斯的奥斯坎化，见Frederiksen 1984（G 173）209，217；引文取自Prosdocimi 1976（G 261）234。关于那不勒斯作为公元前4世纪末文化共同体中心的地位，见Pontrandolfo（G 112）269－71，并请见Baldassare（G 112）222，Morel（G 112）309－10以及359。

补。与此前一直存在的看法相反，考古学如今日益证明，政治上的失色绝不表示该城影响的终结。但如果我们重新考虑整个地区的所有各类物质文化资料，从极其奢侈的金银到陶器，[26] 则显示那里的繁荣即使没有延续到早期罗马帝国时代，至少延续到了共和国后期。要理解何以有这样惊人的事情发生，我们需要考察公元前4世纪塔拉斯的政治史。

这个主题在古代文献传统中已见端倪，正是这种端倪残存下来，却在现代的分析中很少得到细致考察。这个问题，如同在政治史、学术史中如此经常出现的，本质上是虎父之后乃犬子的模式。有关整幅图景最为明确的陈述，来自一直非常有影响的斯特拉波。[27] 关于姆奈萨戈拉斯（Mnesagoras）之子阿尔库塔斯的传统有足够的片段传承下来，明确的一点，是古代的观点是理想化的：他是斯巴达型城市中哲学王的代表。我们既可以从拉科尼亚传统的背景，也可以从毕达哥拉斯派的贵族意识形态背景来观察他。[28] 在多利斯人的叙拉古，他成为一个追求政治智慧过程中的配角，曾在公元前362—前360年拯救了柏拉图。[29] 在南意大利富裕的国家中，他的形象因那里永恒的 *truphe*（罔顾道德地追求过分奢侈）倾向更加鲜明。在有关该地区的史学中，过分奢侈是一个隐含的主题，叙巴利斯（Sybaris）或叙拉古、塔拉斯［“女人气的塔林顿”（*molle Tarentum*）］或卡普亚，都是信
390 手拈来的例证。[30] 我们可以把整个地区置于罗马最终取得胜利这个永恒的主题中考察，即是什么因素让希腊人变得虚弱？这个问题反过来又让另一个古老主题的复活更加引人注目：东西方命运的对比，它可

---

[26] Moretti 1971（G 235）已经详列延续性的证据，现请见 *Gli ori di Taranto* 1984（G 185）。更早的看法，见 *Atti* 10 *Conv.*（G 106）280。

[27] Strabo Ⅵ. 3. 4 p. 280.

[28] 关于阿尔库塔斯，见 Ciaceri 1927 – 32（G 138）Ⅱ 438 – 49；Lombardo 1987（G 219）68 – 75［请注意第70页有关“阿尔库塔斯一贯是真正有能力的哲学王”（“*Archita, autentica figura di reggitore-filosofo coerente e capace*”）的说法］。有关他的传记传统可追溯到阿利斯托克塞诺斯（Aristoxenus）；亚里士多德也曾论及阿尔库塔斯，但可能更多的是讨论后者的思想而非生平（D. L. Ⅴ. 25）。有关阿尔库塔斯成就的概述，见 D. L. Ⅷ. 79 – 82。

[29] 关于阿尔库塔斯和柏拉图，见 Plut. *Dion* 20，参见 D. L. Ⅲ. 22；（Plato）*Ep.* Ⅶ 338 – 50；参见 pp. 154 – 5。

[30] 关于阿尔库塔斯时代塔拉斯的过分奢侈（truphe），波吕阿尔库斯（Polyarchus）说是 Hedypathes（“胡吃海塞”），载 Aristoxenus, Life fr. 50 Wehrli；Gigante 1971（G 181）论及阿利斯托克塞诺斯、阿尔库塔斯、陈旧的演说（*vetus oratio*）和过分奢侈的传统。有关这些主题的一般论述，也请见 Mele 1984（G 232）有关克罗同历史上相关说法的讨论；关于阿尔库塔斯个人，请见 Mele 1981（G 229）。这一传统可溯至安条克的看法，见 Nenci 1979（G 242）33 – 41。

以追溯到希罗多德有关萨拉米斯和希麦拉战役的命运和时间的同步上。就南意大利具体的案例说，则是塔林顿缺乏效率的领导让希腊人最终败于罗马与亚历山大及其继承人的光辉之间的对比。考虑到这些解释，我们需要极其小心，避免不加批判地接受有关阿尔库塔斯时代塔拉斯的光辉及随后乃衰败时代的看法。在后一时代，该城灾难性地向外人求助，让5个雇佣兵首领统治了历史叙述，他们是斯巴达的阿希达穆斯（Archidamus）、伊庇鲁斯的亚历山大（Alexander）、斯巴达的克莱奥尼穆斯（Cleonymus）、叙拉古的阿伽托克勒斯和伊庇鲁斯的皮洛士。[31]

实际上，尽管我们必须如惯常那样，强调那些详尽阐述古代模式的作家们掌握的资料远比传给我们的要多，但它几乎没有什么优点。有人甚至说阿尔库塔斯连续7次担任将军，成功进行了与麦萨皮亚人的战争，但我们难以给这些事件定年（由于缺乏其他对应因素，通常的看法是：它们与柏拉图公元前366/5年和前361/0年对西部的访问对应），而且不可能将其合理地置于任何类型的政治和社会史框架中。难道在其达到最高官职之前，阿尔库塔斯甚至已经对塔拉斯产生了有益的影响？它是否产生于我们已经考察过的现实政治（*Realpolitik*）？后者将塔拉斯与叙拉古的僭主政治联系起来。柏拉图的故事表明，尽管那不可能是阿尔库塔斯的创造，他仍极其重视这种关系。塔林顿社会的哪些方面与阿尔库塔斯的实践效果相符？这个现象到底从何处过渡而来？在无法找到这些问题的答案之前，阿尔库塔斯对塔拉斯超过半个世纪繁荣的贡献，就不应被随意夸大。

此外，我们也不了解该世纪后半期事件的年代。有关该时期罗马编年史体系的争论激烈，其复杂性让西西里的狄奥多鲁斯感到迷惑，那是我们有关西西里和大希腊唯一连续的资料。[32] 该世纪中期危机发生的原因，尽管意大利克人的组织和野心一直在增加（布鲁提人联盟的形成仅仅是其中最为明显的一步），但叙拉古的事件与意大利的

---

[31] 有关将其作为雇佣兵系列首领之一最为清楚的阐述，见 Strabo Ⅵ. 3. 4 p. 280。关于塔拉斯的缺陷，特别是其商业的繁荣和夸张的生活，在 Florus Ⅰ. 18 有关与罗马战争爆发背景的叙述中被夸大了。关于该时期的货币，见 Brauer 1986（G 125）ch. 5，并见 De Sensi Sestito 1987（G 154）。

[32] 请见 Sordi 1969（G 293）；Frederiksen 1984（G 173），chs. 8 and 9；Pearson 1984 and 1987（B 91－2）。

391 背景仍各占一半。[33] 公元前352年，一场革命让莱吉翁摆脱了叙拉古的控制；公元前345年，罗克利同样抛弃了狄奥尼修斯二世，谋杀了他的亲人。[34] 僭主政治的垮台，伴之以叙拉古对提摩莱昂的请求，后者的到达，恰好及时让罗克利免于布鲁提人的劫掠，当时布鲁提人已经夺取了希波尼翁。那时塔拉斯已经与鲁卡尼亚人陷入战争状态。[35] 塔林顿人向其母邦斯巴达求援，并诱使斯巴达国王阿希达穆斯驰援他们的背景，正是如此，但我们不清楚请求的准确时间。[36] 值得注意的是，围困曼杜利亚期间阿希达穆斯的阵亡，几乎与喀罗尼亚战役同时发生。这个迹象表明，人们该是多么急切地寻求东西方之间的对应。[37] 我们不清楚的是：在推进塔林顿人的外交和军事事业中，不幸的曼杜利亚的围困战是否成功。我们没有理由假设出现了最糟糕的情况。因为在那之后仅仅4年，另一个外人前来领导塔林顿人的事实，表明此类领袖的工作富有成效，而且再度的任命，表明那是紧急情况，也表明这项工作不是没有吸引力。

伊庇鲁斯的亚历山大的远征活动及其年代学也不清楚，人们更倾向于估计公元前334—前331年为后者的年代。他也死在战场上，即潘多西亚［Pandosia，被确定为圣玛利亚丹格罗那（S. Maria d' Anglona）］，但到那时，他肯定已经在外交上产生了深刻影响。只有在与他的同名人比较时，我们才能说他的贡献可能令人失望。我们多少了解到的一点，是他与罗马以及坎帕尼亚地区意大利克人民族的关系极其微妙，并且注意到下述事实的含义：他至少曾在派斯

---

[33] 关于布鲁提人联盟的形成，Diod. XVI. 15. 1 – 2 不公正且年代散乱的叙述将其置于公元前356/5年，请见 Justin XXIII. 1. 3 – 14；Strabo VI. 1. 4 p. 255，并见 Lombardo 1987（G 219）73 – 4。关于布鲁提人的背景及书目，见 Guzzo and Luppino 1980（G 193）865 – 6。

[34] 关于莱吉翁，见 Diod. XVI. 45. 9；关于罗克利，见 Diod. XVI. 66. 6。关于罗克利与叙拉古的密切关系，见前文第144—147页。

[35] Plut. *Tim.* 16. 2；19. 2；关于塔拉斯和鲁卡尼亚人，见 Diod. XVI. 61. 4。

[36] 关于阿希达穆斯，见 Ciaceri 1927 – 32（G 138）III 6 – 7；Diod. XVI. 61 – 3 – 63. 5。狄奥多鲁斯记录了渎神的法莱库斯（Phalaecus）的命运（见第758页），他关于阿希达穆斯的评论不一定被置于正确的年代学框架中。因此，塔拉斯的求助不一定早于公元前346/5年，他的到达可以说与其公元前338年在曼杜利亚的阵亡更为接近。值得一提的是，公元前343年罗马与萨莫奈人之间战争的爆发使南方的环境更加关键（关于那场战争，见 *CAH* VII^{2}. 2, 351 – 9）。向阿希达穆斯求助较晚的年代意味着将鲁卡尼亚战争与提摩莱昂增援部队参加的对布鲁提人的战争分别开来。

[37] Diod. XVI. 88. 3.

同短期活动。[38] 对塔林顿人来说，他的成功不可接受，因此他们抛弃了他。这场背叛难说令人钦佩，但似乎没有理由如某些学者乐意做的
那样，同时责备塔拉斯过于懦弱，以至于需要外来帮助，却又非常无 392
耻，马上抛弃了它。

在所谓的衰败的塔拉斯的一系列说法之间，如今存在大约 27 年的鸿沟。我们可以猜想，该城及其潜在的帮手在想到阿希达穆斯和亚历山大双重的冒险经历时，会觉得不快。可是，斯巴达产生了足够多的候补人，其中之一阿克罗塔图斯（Acrotatus）公元前 314 年出现在塔拉斯，而这是偶然被人发现的。[39] 到公元前 303 年，塔拉斯已经准备欢迎自愿前来的斯巴达国王兼将军克莱奥尼穆斯，此人征集了一支近 3 万人的雇佣兵，他们来自不同地区，也包括塔拉斯。[40] 但是，历史进程表明，与一代人之前比较，世界已经是多么的不同。在两者的间隔期中，罗马和萨莫奈人及其在第勒尼安海和亚得里亚海地区的支派进行了长期的战争，且可能是持续不断。在克莱奥尼穆斯的打击对象中，罗马如今赫然在目。[41] 其他希腊人城市现在明显开始走下坡路，而当地人城市，如我们随后更详尽论证的那样，日益走向同一并且希腊化。在继业者第一阶段，国际政治也不同了。例如，克莱奥尼穆斯在科西拉所关心的事务，表明南意大利如今只被视为一个大得多的游戏的一部分。视野突然之间放大了许多。

尽管克莱奥尼穆斯的性格符合新时代的吹牛风格，却没有取得任

㊳ 关于亚历山大，见 Livy Ⅷ. 3. 6 –7；Justin Ⅻ. 2. 12；Strabo Ⅵ. 1. 5 p. 256；关于他的年代，见 Manni 1962（G 223）和 Ciaceri 1927 –32（G 138）Ⅲ 7 –16。在亚历山大身上，他们发现了南意大利丧失的强力统一的机会。D' Agostino 1974（G 147）发现，亚历山大之行的主要影响，在于让阿普利亚的人民意识到他们真正的敌人是意大利克人，而非意大利特人。也见前文注释 21。关于公元前 4 世纪塔拉斯和伊庇鲁斯接触的总体情况，见 *CAH* Ⅶ^{2}. 2，458。

㊴ Diod. XIX. 70. 2，以及 70. 7 –8. 请注意阿伽托克勒斯最初是为克罗同服务，后来转为克罗同的敌人。见 *CAH* Ⅶ^{2}. 1，385 –7。

㊵ Diod. XX. 104，参见 Livy x. 2. 关于克莱奥尼穆斯，见 Ciaceri 1927 –32（G 138）Ⅲ 25 –30；参见 Vattuone 1989（G 318）61 –5；关于亚得里亚海地区，也请见 Braccesi 1991（G 124）。如果 De Franciscis 1972（G 150）75 –9 将罗克利的巴西琉斯视为公元前 280—前 274 年的皮洛士是正确的，则在该城的财政状况中，可一窥雇佣兵对支持者影响之一斑。当时罗克利人将其年度收入的三分之一给了这位巴西琉斯。

㊶ 在评估这个说法时，我们应当考虑到罗马人的夸大，以及为皮洛士寻找一个前驱者的意图。但杜利斯（Duris）知道公元前 295 年的森提努姆（Sentinum）战役，那是如今赌注非常高的一个确定的迹象。这场冲突最近被称为“意大利曾经发生的规模最大的军事纠纷”（*CAH* Ⅶ^{2}. 2，379）。

何非常突出的业绩。例如，他掠取女性人质，这史无前例而且令人生疑。[42] 他也被塔拉斯抛弃，但并未因此丧命。塔林顿人很快就再度找到了行事方式类似的下一个支持者，尽管其风格类似亚历山大大帝而非阿希达穆斯和伊庇鲁斯的亚历山大。与克莱奥尼穆斯的短暂接触招来了令人生畏的叙拉古新僭主阿伽托克勒斯，因为就像他维持一支活跃的意大利雇佣兵一样，他追寻两个狄奥尼修斯的脚步支持着塔拉
393 斯。[43] 我们只了解这一切的片段。他与亚皮吉亚人和佩乌凯提亚人（the Peucetians）结盟；他进攻希波尼翁的布鲁提人；他有着最为广泛的计划。[44] 在这场联盟中，塔拉斯难说采取了主动。但塔林顿人的批评者不无理由地认为，与强大的叙拉古联盟，乃衰落的迹象之一。他们认为，在败亡之前，衰落是一个时代的特征。在很多方面，它都为皮洛士新剧本第一幕的上演准备好了舞台，因为阿伽托克勒斯生动的民众派风格，与那个以震惊和侮辱罗马使者为乐事的城市是如此协调。在塔拉斯不断扩展的关系网中，恰恰确实包括了这位伊庇鲁斯人的君主，原因是阿伽托克勒斯的女儿拉娜萨（Lanassa）嫁给了皮洛士。[45] 克莱奥尼穆斯—阿伽托克勒斯—皮洛士的故事，并非三个更加孤独的雇佣兵统领的故事，而是一个奇特的复杂现象的一部分：继业者国家在西部即将诞生。但无论是在塔拉斯，还是在希埃隆（Hieron）的叙拉古，其产生都相当不可能。

因此，有关阿尔库塔斯时代的光辉，以及随后衰弱日益增长，从而驱使塔林顿人雇佣军队、自己却忙于节日的观念，可以说是历史学虽有某些趣味、实际却少有解释价值的建构。它是一个神话，一种解释性的叙述，充斥着另一组强有力的对比，即纯粹拉哥尼亚式希腊主

㊷ Ath. XIII 605e，引自杜利斯的《阿伽托克勒斯传》第3卷（*FGrH* 76 F 18）。所涉及的城市是麦塔彭同。

㊸ 关于阿伽托克勒斯与意大利，见 Ciaceri 1927 – 32（G 138）III 28 – 33；Lombardo 1987（G 219）84；Vattuone 1989（G318）。关于阿伽托克勒斯为狄奥尼修斯家族后代的说法，见 Justin XXIII. 1。甚至到公元前 330 年，叙拉古仍继续其反对意大利克人的政策，帮助克罗同对抗布鲁提人，见 Diod. XIX. 3. 3。

㊹ Diod. XXI. 3. 4，XXI. 3. 8（也许为公元前 295 年和前 294 年）。见 *CAH* VII^2. 1，406 – 7；Vattuone 1989（G 318）71。

㊺ 阿伽托克勒斯滑稽且戏剧化的行为（Diod. XX. 26. 2）肯定部分源自杜利斯的描述，请比较罗马人在塔拉斯的著名场景，见 Dion. Hal. *Ant. Rom.* XIX. 5. 1 – 5，参见 Val. Max. 2. 2. 5。关于拉娜萨，见 Diod. XXI. 3. 4。关于皮洛士，现请见 *CAH* VII^2. 2，456 – 85 的叙述。

义的塔拉斯与那些逡巡在其边界上的原住民团伙之间的对比。[46] 我们有很多理由认为，这是一种长期流行的传统，如今考古学提供的纠偏资料，由于我们有关南意大利墓葬知识的陈旧而被拖延了。更糟糕的是，墓葬中被劫掠的那些物品被出卖给收藏家，让希腊人的物品也长期霸占着证据的地位。但如今已经清楚的，是最近 30 多年来已经出现了一种可能性，让我们可以透过考古遗存追寻意大利半岛南部文化
变革的实际。此外，拘泥古老的二分法，不仅歪曲了真相，而且丧失 394
了一个机会，一个让我们考察可从古代看到的、最为迷人的文化相互影响的复杂模式的机会。[47]

必须承认，古代的资料有助于这种简单化观点的存在。如他们常做的那样，意大利被表现为击退外族的希腊主义的英勇前哨。塔林顿人阿利斯托克塞努斯关于波西多尼亚命运的观察非常著名：

> 我们做的事情，如同居住在第勒尼安海的波西多尼亚人一样。他们的命运是：最初他们是希腊人，后来却完全蛮族化了，变成了埃特鲁利亚人或者罗马人，变换了他们的语言以及其他风俗，以至于现在他们仅仅庆祝一个希腊人的节日。为此他们聚集在一起，回忆起古代的名字和习惯，相互悲叹，并在洒下许多热泪后，依然故我。于是，阿利斯托克塞努斯说，剧场就这样蛮族化了，曾经传播邈远的音乐，已经被深深地腐化了，幸存下来的人中，只有极少数人还能回忆起真正的音乐是什么。[48]

关于这个现象，我们拥有的是一幅三维画面。其一，上引的一类文献提供的，成为我们前文（见第 389 页）简单论及的复杂的社会和政治价值观史学的一股潮流。其二，考古学提供的文献（我们马

---

[46] 关于这些看法，见 Brauer 1986（G 125）53，参见 61（这些话引自那里）。请注意，希腊艺术研究的某些取向曾有助于那种过于简单化的看法，例如 Carter 1975（G 128）7。与这种简单对立的观点相反，Pugliese Carratelli 1972（G 263）38 既强调意大利克人的分裂，也强调希腊城市族群的复杂性。请注意 Florus 1. 18 称塔拉斯为“半希腊人的共同体”（*Civitas semigraeca*），并请见第 442 页注释 3。

[47] 也许这里更应该避免使用“原住民”这类术语，以与通常应用到公元前 1 千纪西部地中海社会史中更加成熟的族群观念协调。见 Adamesteanu 1974（G 93）187 – 215。关于族群形式的概论，见 Salmon 1982（G 280）10 – 21。

[48] Aristoxenus fr. 124 Wehrli，Fraschetti 1981（G 170）将其与公元前 320 年的塔拉斯和南意大利联系了起来。关于派斯同的奥斯坎人贵族希腊化的进程，见 Greco Pontrandolfo 1979（G 257）47，参见 50。

上会回到那个问题上），但必须始终意识到从物质文化中推论族群特性的局限性。其三，是语言研究。幸亏他们有刻写碑铭的习惯，我们在此项工作中获得了一份相对有用的工具，但在方法论上，也是需要我们小心的一件工具。

专家们对铭文的耐心研究，已经能够识别出奥斯坎语、麦萨皮亚语、佩乌凯提亚语和道尼亚语等与多种语言类型相关的语言传统，并且能够梳理出这些语言相互之间以及它们与希腊语之间交互作用的大体进程。[49] 把这些语言学材料合并起来，让我们能够观察文化认同的地区性残存与其融入更为广泛的认同地域之间存在的相当微妙的紧张。但是，有两点需要预先警醒：第一，在文化适应中，流传至今的语言残篇总是多次文化适应的结果。即使铭文的语言并非希腊语，但
395 其字母形式以及观念显然是希腊式的。[50] 第二，在族群归属指标中，我们不能不假思索地赋予语言认同以与我们熟悉的现代社会中同等的地位。最后一批说麦萨皮亚语的人对它的态度，不大可能与苏格兰人盖尔语的辩护者一样。[51] 最近有人分析了一个滥用语言学论证的个案：麦萨皮亚文化与一个为希腊语渗透且影响深刻的文化之间的二元对立乃虚假现象。前者一直幸存下来并强烈维护其语言的独立，后者历经罗马帝国时代并且到更晚近的时候，仍保存着希腊语。两者的对立一直被用来解释萨伦提诺（Sallentino）的“格利科语”（grico），那是一种希腊语方言，有着相当不同的社会史。[52]

然而，语言帮助我们发现了那种形成共同文化特征的趋向与意大利克人民族潜在的差异之间存在的紧张，而且那是在一个稳定体系发展中的紧张，是诸如广泛使用雇佣兵等现象的产物，如我们在西西里说奥斯坎语的人那里看到的，而非移民或入侵的产物。如今人们认为当时并无奥斯坎人“野蛮的入侵”，公元前4世纪不过是希腊人和原住民共存的最后一个阶段，它虽不平和，却也悠长（见 *CAH* Ⅳ^{2}）。

㊾　有关最近对这些语言的研究，见 *CAH* Ⅳ^{2} ch. 15；Santoro 1978（G 287）（论佩乌凯提亚语和麦萨皮亚语）；Pisani 1972（G 253）（论奥斯坎语和麦萨皮亚语）；Prosdocimi 1976（G 260）从罗马时代的背景观察了语言的共存；Landi 1979（G 209）115f 讨论了“原住民的世界”（*mondo indigeno*）。

㊿　Adamesteanu 1974（G 93）209 有关阿门托桂冠（Armento wreath）的论断（下文第 442 页注释 4）是“in poche parole tanti errori di lingua greca”，它用希腊语书写，这个事实较书写中的错误重要得多。

51　关于“奥斯坎语”和“麦萨皮亚语”为不同于“拉丁语”或“意大利语”不同语言的论证，见 Pisani 1972（G 253）。

52　Parlangeli 1970（G 250），参见 Nenci 1979（G 242）。

对此我们必须强调，因为非希腊人居民具有极大的历史重要性，[53] 他们包括从坎帕尼亚北部的萨莫奈人到卡拉布利亚的麦萨皮亚人，并在地理上和文化上与伊利里亚联系起来。悖论是在他们采纳了足以能够接受的希腊化以形成社会和政治制度之前——那些制度能够超越地区差异，意大利克人一直与统一擦肩而过。竞赛一直在进行，就看哪个意大利克人民族能够第一个最为有效地接纳希腊化的风俗（*mores*）。如我们已经知道的，罗马人赢得了这场竞赛，可是胜利来之不易，而且有众多其他竞争者。这意味着追寻希腊因素在半岛南部渗透的进程，如我们在语言的例证中已经看到的那样，其复杂程度近乎令人绝望。那些精美的物件，还有对全部共同体的考古，情况也是一样。[54] 它们的风格是希腊的还是当地的？鲁卡尼亚西部罗卡罗利奥萨（Roccagloriosa）之类核心聚落形成过程中，其早期似乎是对纯粹地区性的和短期需要的反应。后来有了设防主城墙。那似乎暗示，在考察聚落化的整 396
体进程时，最好将其置于城市理想和政治制度以及与之相关的觉醒的背景中。[55] 事实上，我们可以看到历史进程的作用，它让我们能够从整体上理解公元前4世纪末和前3世纪初的南意大利，并在按照地理区划分析成百上千的地方性的经历时，能够超越简单的演化论视角。

该时期南意大利社会史的主要现象是文化变革，即文化适应，用宽泛且过于简单的话来说，是当地人被希腊人同化。反映在历史地理上，似乎是通过大河河谷从沿海向内地山区发散的进程。必须再次指出的是，不能因为它为我们注意，就认为它是当时的主要现象，并据

[53] 关于伊利里亚与麦萨皮亚人的联系，见 Parlangeli and Santoro 1978（G 250A）。关于民族之间的差异，见 Pontrandolfo Greco 1982（G 258）160。请注意埃特鲁利亚人在坎帕尼亚一直存在到公元前3世纪，这让分析更加复杂［D' Agostino 1974（G 147）212］。如今我们知道，在更南部的彭特卡那诺（Pontecagnano），情况也是如此。

[54] 例如，请注意有关阿门托桂冠的争论，它到底是经塔拉斯舶来的马其顿人—希腊人的工艺（Pontrandolfo Greco 1982（G 258）145，还是在用意大利克人的手工业传统解释一种希腊观念［Lipinsky 1975（G 216）］？

[55] Fracchia 1983（G 168）认为罗卡罗利奥萨模仿了西北欧的要塞（*oppidum*）。因其利用了明加多河谷（the Mingardo valley）的中心，所以该遗址极其重要。考古发掘所揭示的进程表明，它继承了希腊人定居地皮克苏斯（Pyxus）的功能和特点，而且将其续传给罗马在布克森同（Buxentum）的殖民地［参见 Ridgway 1989（G 275）139］。在更南部的希波尼翁—维波—维波（Hipponium-Veipo-Vibo），发生了类似的情况（见第446页注释5）。罗卡罗利奥萨与维利亚（Velia）领土上的摩伊奥德拉奇维特拉（Moio della Civitella）之间的对比颇为有趣，后者被认为更具希腊风味，而且因为其城市化的程度与规划的规整，被视为维利亚的附庸。见 Greco and Schnapp 1983（G 189）；Tréziny 1983（G 310）论及它与其他类型聚落的区别问题。公元前4世纪末，劳斯也设防了［即圣玛利亚德尔凯德罗（S. Maria del Cedro），位于圣巴托洛狄马凯利娜（S. Bartolo di Marcellina）的小山上］。

此评论说，它所以为我们注意（并非所有这类文化上的变革都会如此），是因为让我们深感幸运的是，在物质文化中，希腊化乃其目标之一。物质文化在某种程度上能够持久，如建筑，特别是要塞和陵墓；陶器，特别是陪葬品；还有我们已经提到的、传达着语言学证据的铭文。我们轻易就能想到，有些深刻的文化影响可能在考古探索中完全没有找到。如同我们在研究文化适应中常常看到的那样，我们也必须小心避免把全部过程都看成传播过程，并认为它们全部缺乏创造性和发明。

如果我们从谁被同化这个问题开始，也许并非不自然。这一进程的痕迹与社会精英的活动相连，而且是一个类型的精英。在精英阶层之外存在同样的进程，一直是可能的，例如，希腊领土上的小农通过直接的相互交流，对他们非希腊人邻居的宗教或经济活动施加影响。但这类趋向只能猜测，因为我们关于精英阶层的证据特别具体：那是一个富有竞争性的、等级化的、留意自己形象的、富有侵略性的、好

397 战的精英群体。[56] 此外，因为文化融合的迹象与社会背景在范围上共存，我们需要在进行道德化的解释时小心。当我们愿意看到"萨莫奈人"文化以及它渗入（因为那是可能的）一个道尼亚人的环境中时，我们应小心注意，这不仅仅是一种社会变革，它触及当地精英，并鼓励他们采用最为流行的武士贵族的行为方式。[57]

我们从军事方面开始。内地聚落的设防到公元前4世纪末进展迅速。在一块工艺精细的方石上有一份铭文，它将作品归于"统帅努麦罗斯（Nummelos）"，在塞拉狄瓦利奥（Serra di Vaglio），这个统帅得到了证实，他的名字是意大利克人的，但其建筑和权威是希腊式

[56] 如 Guzzo 1984（G 191）论及叙巴利斯领土时所说，"叙巴利斯人由两个部分构成……一支是那些意大利特人，构成了沿海图里伊人的理性之城；另一支为意大利克人，他们占据内陆，建有要塞，居住点散布于各处。两个部分之间的联系与交往既频繁又持续"［si hanno due sibaritide … quella italiota, constituta（此词疑原文有误，似应为 costituta——译者注）della razionale città di Thurii sulla costa, e quella italica, che occupa l' interno con le sue piazzeforti e i suoi nuclei sparsi. Il collegamento e lo scambio fra le due sono costanti e continue. ——中译文承温州大学历史系陈勇博士译出，略有改动］。关于墓葬证据，见 Pontrandolfo Greco and Rouveret 1982（G 259）的详细解说。

[57] 托雷利（Torelli）在 *Sannio* 1984（G 285）31 论及麦尔菲（Melfese）时敏感地意识到了这一点。请对比下述看法：道尼亚文化第三期——在约公元前400年以降的卡努西翁（Canusium）也能见到——乃独特的道尼亚文化为萨莫奈人压力消灭的时代。

的，纪念碑的语言和风格都如此。[58] 在摩若卢卡诺（Muro Lucano），奥斯坎语铭文将要塞工程归于意大利克人的机构“麦狄基亚”（med-dikia），它对希腊的影响也只是稍微中性一些。[59] 在有些地区，人们发现一系列据点属于同一时代，因此可能与特定的地区性协同和组织有关。[60] 对地址的选择，反映了道路等级的高低（见地图 11），它们塑造了意大利半岛南部内地的山区，对于该地区各个时期的发展来说，这种模式都是根本性的。[61]

核心聚落的形成和设防，是当今新的而且印象深刻的重点。在某些情况下，如果我们将其传播称为城市化或者其发端，也许并不算太过。[62] 甚至在那些建筑不全部用于明确的军事意图的地方，它仍与维 398
持一种武士贵族的意识形态有关，表现最明显的是那些超城市范围的圣所。在南方，最著名的圣所是罗萨诺狄瓦利奥（Rossano di Vaglio）的麦菲提斯（Mefitis）圣地（*temenos*），但地处阿格利河谷（Agri valley）阿门托的海格立斯（Hercules）圣地是另一种情况。显然，我们在这里找到了萨莫奈人在更北的坎波奇亚罗（Campochiaro）或皮特拉邦丹泰（Pietrabbondante）拥有著名圣所的例证。[63] 这里献纳

---

[58] 关于努麦罗斯在塞拉狄瓦利奥的情况，见 Adamesteanu 1990（G 97）and 1987（G 96）。铭文为 epi tes Nummelou arches。

[59] 请注意，尽管其头衔是奥斯坎人的，但表达官职所用的政体术语是希腊式的，铭文习惯本身就是如此。奥斯坎语碑铭的突然繁荣（关于其他早期铭文，请见例如 S. Giovanni in Fonte and Atena Lucana），本身就是一个具有重要历史意义的现象。

[60] 关于塞拉、奇维塔狄特利卡利科（Cività di Tricarico）、托莱塔狄皮特拉伽拉（Torretta di Pietragalla）、塞拉德卡皮奈狄坎切拉拉（Serra del Carpine di Cancellara）、克罗奇亚卡那托（Croccia Cagnato）的设防（所有这些可能都与努麦罗斯有关），请见 Adamesteanu 1974（G 93）196－7。请注意，之前的学术将这些贴上了“希腊人的”标签，全面的叙述见 Tréziny 1983（G 310），他赞同阿达梅斯泰亚努（Adamesteanu）的观点。与此有关的麦尔菲社会群体可能是乌提亚尼人［Utianii，见 Adamesteanu 1974（G 93）204］，他们联盟的中心在罗萨诺德瓦利奥（Rossano del Vaglio）圣所。关于布鲁提人要塞的类似情况，见 Guzzo and Luppino 1980（G 193）865－6；关于道尼亚的城市化，见 Mazzei 1984 and 1987（G 226－7）。

[61] Adamesteanu 1983（G 95），参见 1974（G 93）。请特别注意，后来罗马道路如阿庇亚大道和安尼乌斯大道都循这些路线建设，Quilici *et al.* 1969（G 270）64－7 发现了卡坦扎罗地峡（Catanzaro Isthmus）的道路和另一条延伸很长的道路。

[62] 关于鲁沃（Ruvo）和奥皮多卢卡诺（Oppido Lucano），见 Ridgway 1982（G 274）73。公元前 4 世纪末期的劳斯规划与建筑齐整，已经让其希腊先驱者黯然失色（见前文注释 55）。在希腊背景中，维利亚发生了类似的变化，试与罗克利文书中提到的“有要塞的城墙”（*teichopoiia*）及 Musti 1977（G 236）比较。

[63] 关于罗萨诺（Rossano）的铭文，见 Lejeune，*Rend. Linc.* 26（1971）664；27（1972）399；30（1975）319。*Id ap. Atti II Conv.*（G 107）83 称，该圣所“对希腊人的宗教势力免疫”言过其实了。关于阿门托的塞拉鲁斯特兰泰（Serra Lustrante）圣地（属公元前 4 世纪末），见 Pontrandolfo Greco 1982（G 258）158。关于萨莫奈人圣所，请参看 *Sannio* 1980（G 284），尤其是 B. D' Agostino，pp. 140f 有关塔林顿人战利品的论述。关于赫拉克勒斯崇拜的埃特鲁利亚起源（经坎帕尼亚?），见 *Atti II Conv.*（G 107）68－9。

的胜利纪念品与诺维乌斯·范尼乌斯的胸甲（见图10）属于同一类型，它是建立这些建筑的人拥有的财富、权威和野心明确无误的标志。在如今显然被视为某个特别重要的联盟中心的皮特拉邦丹泰，圣所中悬挂着夺自塔拉斯的战利品，它们源自公元前5世纪的战争以及一系列防御战，后者的顶峰是皮洛士战争。[64] 同样，从墓葬、装饰及随葬品中可以追寻的葬礼意识形态看，如同新圣所的崇拜实践一样，它强化了军事性目的。对个别战士尤其是骑兵致礼的场面，连同通过精心装饰的陵墓的外观来表现财富和权力的取向，在希腊世界——那里模仿的是马其顿统治者及他们取得的成功——和原住民的领土上，都有发现。在派斯同著名的奥斯坎人墓葬和奈阿波利斯及塔拉斯的经历中，我们能够发现相近的对应关系。[65] 确实，考古事故让我们失去了此类资料，我们的信息因此受损。在卡普亚，对弗那奇（Fornaci）墓葬的抛弃，让我们损失了大量有关坎帕尼亚早期萨莫奈人贵族的关键资料。[66]

文献史料中不断出现的雇佣兵的主题，在这里的考古资料中相应地出现了。在文献史料中，我们已经发现他们在崛起：公元前5世纪末雅典和迦太基在西西里的战争中，有他们卷入；狄奥尼修斯家族需要应付他们；坎帕尼亚骑兵及其与罗马的关系；雇佣兵首领使用的军
399 队；莱吉翁的马麦提尼人和坎帕尼亚驻军。[67] 一份铭文告诉我们，在衰败的公元前4世纪末的麦塔彭同共同体中，“麦塔彭同真正的坎帕尼亚人”（*vereia Campsanas Metapontinas*）就是这类雇佣军；公元前327/6年奈阿波利斯的奥斯坎人，或许也没有多少不同。当时我们听说一个奈阿波利斯的领袖有着可能属于奥斯坎人的名字宁菲乌斯［Nymphius，请注意狄奥尼修斯二世的奈阿波利斯人将军为尼普西乌

[64] 关于皮特拉邦丹泰特别的重要性，见 Lejeune, *Sannio* 1984（G 285）。

[65] 关于派斯同的这一进程，见 Pontrandolfo Greco 1979（G 257），Pontrandolfo Greco and Rouveret 1982（G 259），尤其是第127—129页。关于卡普亚，见 Johannowsky 1972（G 204），请注意塔拉斯和奈阿波利斯之间的对应关系。也见 Pontrandolfo in *Atti* 25 *Conv*. 268－9。关于家居建筑，具体到希腊化时代的罗克利，见 Barra Bagnasco, *Studi A. Adriani* 1985。关于壁画和瓶画中的军事主题，见 Trendall 1989（J 51）。

[66] Johannowsky in *Sannio* 1984（G 285）52f.

[67] Diod. XXI. 3. 3（Agathocles），参见 XXI. 18，关于约公元前288年对他们的遣散，见 Diod. XXII. 1［有关莱吉翁的戴奇乌斯（Decius）的记载］；关于西西里的“坎帕尼亚军团”（*legio Campana*），见 Frederiksen 1984（G 173）222－3 及其注释27。也请留意 Diod. XIII. 88. 7 有关公元前409—前405年迦太基战争中雇佣兵的记载。

斯（Nypsius），见 Diod. XVI. 18. 1］。[68] 这种做法并不限于大陆国家，海上强国似乎已经在用类似方式聚集军队，麦萨皮亚人“海盗”对阿伽托克勒斯的贡献，与该城海军分遣队更易接受的使用方式接近（犹如公元前 314 年塔林顿人派遣的阿克罗塔图斯统率的舰队一样）。[69] 罗马人后来将这些城市用作“海军盟友”（*socii navales*），一点都不新鲜。

雇佣兵现象既推动了我们已经注意到的贵族理想的提升，也造成了更为一般的文化影响，并使交流更加便易。[70] 具体地说，曾有人主张，关于个人军事优胜理想与毕达哥拉斯派思想遗产的融合，我们可以追溯到的历程，是它们在拉科尼亚背景的塔拉斯和罗克利发端，经毕达哥拉斯派政治化的解释，到阿尔库塔斯时代扩展。毕达哥拉斯派的意大利克人，例如神秘的奥凯鲁斯（Ocellus），或者那个在塔拉斯与阿尔库塔斯及柏拉图对话的 C. 彭提乌斯·海伦鲁斯（C. Pontius Herennus），都被纳入这幅让人着迷的图景中。[71] 我们肯定不能过分强调内陆士兵生活的粗鲁，因为与这些军事上的现象一起发生的，是一系列相互联系的文化现象。它们趋向于在整个半岛上产生一个共同体（*koine*）。大众剧场与诸如奥尔菲乌斯（Orpheus）秘仪和狄奥尼修斯崇拜等宗教形式的传播，都可作为例证。我们从不同史料，特别是从彩陶绘画上，了解到它们的存在。[72] 彩陶的当地风格尽管生机勃勃，多样且独立，却构成了印象最为深刻，肯定也是人们了解最清楚的该时期半 400
岛南部共同经历的表现。它们数量的庞大，强烈地提醒我们注意那里文化成熟的程度及其表达方式的温和。考虑到文献集中于战争，我们有关暴力活动的知识，全部以战争为目的，这样做是有益的。

---

[68] 关于麦塔彭同的分遣队，见 La Regina 1981（G 207）135 有关“麦塔彭同真正的坎帕尼亚人”（*vereias kampsanas metapontinas*）的论述，关于 *vereiia*，最近的论述为 Tagliamonte 1989（G 303）。

[69] 关于麦萨皮亚人，见 Diod. XXI. 4；关于阿克罗塔图斯，见 Diod. XIX. 70. 7 – 8。请注意阿伽托克勒斯对希波尼翁港口的开发，那是罗马时代维波角色的前身，见 Strabo VI. 1. 5 p. 256；关于狄奥尼修斯二世把莱吉翁作为佛伊比亚重建，请见 Strabo VI. 1. 6。

[70] Lepore in Borraro 1975（G 119）63 强调了此点。

[71] Pontrandolfo Greco 1982（G 258）161；参见 Mele 1982（G 231）。关于罗马的情况，见 Fraschetti 1981（G 170）。关于奥凯鲁斯，见 D-K no. 48（vol. I, 440 – 1）。

[72] 篇幅的限制禁止我们适当讨论这些主题，但请见 Pontrandolfo Greco 1982（G 258）135 – 6 有关红画陶和剧场的论述；Trendall 1989（J 51）对此做了有用的简短论述。关于奥尔菲乌斯文献，新的例证出自希波尼翁，见 Pugliese Carratelli 1974 and 1976（G 264 – 5）。关于其与阿格诺奈文书（Agnone tablet）的比较，见 Vetter 1953（G 319）147。

现在我们需要回到人力重要性的问题。对雇佣兵现象来说，人力是根本，并且在文献史料中受到强调。例如，波里比阿赞扬塔拉斯，因为它与原住民人口最多的集团结为盟友。[73] 根据我们考察过的意图对这一资源进行组织，会产生不同的后果，包括经济的和社会的。在希腊人城市中，人口的集中似乎让所有制度或国家都拥有了一种潜在的人力资源。在公元前6世纪更加放松的日子里，对人口的调配远非容易，西西里的僭主们被迫通过大规模迁移聚集人力。例如，奈阿波利斯的胞族的名字，表明它们接纳了来自库麦的逃亡者。但其中也有说奥斯坎语者，资料对此也有评论。对奈阿波利斯来说，那无疑是人口上的收益。在波西多尼亚（派斯同）那样的城市里（从技术上说，它们已经“陷落”），尽管阿利斯托克塞努斯为此悲叹，但陷落后它们的构成和社会形态，也许与希腊人的“幸存者”并非如此不同，人力资源似乎也再度丰富起来。[74] 该地区城市的财富与人口的众多，反过来联合产生了精致的公民生活形态。与当时地中海的标准比较，这异乎寻常。塔拉斯生活的富足以及她采取的方式——为公民举行表演和建筑工程、经常性的节日、公共浴室的广泛流行，以及诸如此类的设施，不仅让我们发现了她奢侈的不道德生活的原始材料，而且为罗马/意大利城市生活发达的意识形态找到了最初的源泉，对此我们已经论及。[75]

这种现象也有其经济含义。这类组织型社会的典型特征，不管它是比较古老的核心聚落，还是日益具有自我意识的内陆“民族”，连同他们的联盟制度，或者说它们日益完善的奥斯坎人民（*touta*，拉丁语为 *populus*）关于政体的意识形态，都被划分为以家庭为基础组
401 成的生产单位。[76] 但是，这种划分可能是某种集中控制的组织，生产

[73] Polyb. Ⅱ. 39.

[74] 关于奈阿波利斯的库麦流亡者，见 Frederiksen 1984（G 173）93；关于对操奥斯坎语人口的接纳，同前书第139页，并见第101页。关于坎帕尼亚人口的增长，见 Johannowsky, Sannio 1984（G 285）52f。关于派斯同，见 Pontrandolfo Greco and Rouveret 1982（G 259）；Greco Pontrandolfo 1979（G 257）36, 48。

[75] 关于对塔拉斯的赞美，见 Polyb. Ⅱ. 39，并见 Ⅹ. 1；Plautus *Men.* Prol. 27f 强调了其商业（*mercatores*）和节日（*ludi*），并请见 Strabo Ⅵ. 3. 1 p. 277；Florus Ⅰ. 18 称，“*in ipsis Hadriani maris faucibus posita in omnis terras Histriam Illyricum, Epiron Achaiam African Siciliam vela dimittit*”（由于位于亚得里亚海出口处，它向所有国家派出船只，到伊斯特利亚、伊吕利库姆、伊庇鲁斯、阿凯亚、非洲和西西里）（此处出处有误，应为Ⅰ. 13. 3 而非Ⅰ. 18——译者注）。关于库麦的奥斯坎人浴室（lavacrum），见 *Arch. Rep. for* 1976 – 7 45。

[76] 关于官职的新形态，民众、巴西琉斯、麦狄克斯（meddix）、家族、联盟和同盟的发展，请见 Lepore in Borraro 1975（G 119），特别是第54页的精彩论述。

日益倾向于组成消费网络，并随着较大城邦（*poleis*）的形成以及他们消费热情的增长而向外扩展。同时，交换不仅因为更加复杂的再分配体系，而且因为经济的货币化，得到进一步发展，后者是给雇佣军支付货币薪金的一个结果，而且战争让人力变成奴隶形式可资利用，奴隶或者被再利用于修建城市设施，或者是精耕细作型农业生产。乡村考古已经揭示出正式或非正式的土地分配和整个地区农业的变革。这些变革不仅适应当地的消费，也利用再分配网络重大变化提供的机会，它们包括新兴的分散的乡村居住点和单一的农庄，以及可资利用的货币在内地的传播。[77] 总之，到公元前3世纪初，整个意大利半岛南部已经发生变化，并影响到希腊城邦以及他们非希腊人的邻居。以暴力追求光荣的做法，产生了一幅美妙的繁荣景象：筑有高墙厚垣的庞大的共同体，堂皇的圣所中充斥着战利品发出的光辉；新近组建的新型农庄生产着城市舒适生活需要的一切。然而，这种繁荣的虚幻在于，它依赖于成功大体平等的分配，甚至是那时，它也可能为暴力的做法本身打断。当追求军事目标造成的成功的平衡开始最终转向罗马时，繁荣的其他迹象，包括财富和人口，就开始从南意大利消退，这个过程虽然并非皮洛士战争和汉尼拔战争引发，却恶化了它。这不是说衰落不可逆转或者无所不在。我们已经看到，塔拉斯和坎帕尼亚是如何滋润，后一地区的繁荣，明显是因为它地域上接近新的权力中心。但公元前4世纪突发的繁荣，以及在一个社会和经济天翻地覆时代进行的 402
疯狂但无决定意义的军事竞争所产生的美妙产品，却走到了尽头。[78]

未来属于罗马。不是因为本卷需要把罗马排除在外，而是因为这

[77] 对麦塔彭同土地分配情况的研究最为彻底［Carter 1986（G 129）］。请注意，公元前318年起，罗马人利用了这个做法（即法莱努斯公有地）。麦塔彭同项目已经证明：当时它转向了大规模的粮食生产。关于瓦尔达格利（Val d' Agri）的新型居住地，见 Adamesteanu 1974（G 93）207。对坎凯拉拉（Cancellara）和托尔维（Tolve）农庄新的研究，见 Ridgway 1989（G 275）142。关于乡村中的奴隶制，某些毕达哥拉斯派或阿尔库塔斯传统的逸事提供了少许资料，参见 Biliński in *Atti* 10 *Conv.*（G 106）207－10。关于鲁卡尼亚的货币化，见 Adamesteanu 1974（G 93）187，并请见 Stazio Cantilena in *Sannio* 1984（G 285）85f 及其书目。

[78] Toynbee 1965（G 309）II ch. 1 认为，南方衰落的原因在于布匿战争。考古学现已指向更早时期的中断，见 Pontrandolfo Greco 1979（G 257）48（论派斯同还愿祭献的终止）；Settis *Athenaeum* 43（1965）127［论对麦德马（Medma）的放弃］；*Atti* 22 *Conv.* 571（论公元前3世纪末对劳斯的放弃）；Adamesteanu 1983（G 95）157（论公元前4世纪要塞中心的短暂性，请注意，罗萨诺的圣所生存下来了）；*Atti MSMG* 23－4（1976－7）163［论波坦提诺（Potentino）的全面衰落］。克罗同内陆莱穆吉狄斯特隆盖利［Le Murge di Strongoli，可能系古代的马卡拉（Macalla）］定居点的经历可谓典型：公元前4世纪该地城市化启动；公元前3世纪衰落，然后被一个相邻的罗马人中心取代。见 *Stud. Etr.* 52（1984）491－2。现还可补充 Ridgway 1989（G 275）139 有关彭泰卡那诺约于公元前300年被毁的论述。

里所陈述的一切表明，公元前350—前250年间，罗马人在南意大利的作为中，“真正”罗马的东西是如此之少。该时期的罗马贵族就是新型军事精英的一个完美例子，在那里发现彩绘墓葬——我们讨论的起点之一——之类的文献，一点都不让人惊奇。我们甚至可以争辩说，它显示了残余毕达哥拉斯派——那个时代的社会和政治意识形态——影响的某些痕迹。我们应当把Ap. 克劳狄乌斯（Ap. Claudius）和M. 库利乌斯（M’Curius）与奥凯鲁斯和彭提乌斯·海伦尼乌斯、努麦罗斯和尼普西乌斯并列起来观察。[79] 罗马与其他共同体之间的关系，例如卡普亚的投降（*deditio*）、与那不勒斯的条约、罗克利货币上以*PISTIS*（忠诚）之名宣扬的保护网络，都是将自然结盟——我们发现，在整个这一时期，它们一直在发挥作用——移植的结果，在那里，雇佣兵的行动是根本，人们一直在寻求保护和权力。[80] 我们已经指出，在精英阶级的结盟倾向背后，是该时期多样且灵活的联邦主义。公元前326年，罗马与阿尔皮——道尼亚富裕的中心城市——精英的友好关系，虽然阿尔皮对罗马事业的支持被李维描述为投诚（*deditio*），但也没有什么不同。罗马在大希腊的地位，正基于这种早在皮洛士时代之前多年已经确立的关系。[81] 当罗马成为强国后，她的所作所为——分配土地、建立军事设施、迁移人口（不管是她自己的还是他人的）、创立新城市充当据点——还是没有独特之处。我们可能会认为，法莱那部落的形成和阿皮亚大道的修建，鲁凯利亚和维努西亚的殖民，是真正罗马式的。但是，它们不过是屡试不爽的策略
403 更大规模的应用而已，南意大利各民族早已熟悉这些。[82] 事实上，罗马对上述做法进行了分类，成功应用了这一切，东地中海区的希腊化君主国也是如此。在国家管理上，罗马人达到了真正的现代水平，是最为先进的。在将希腊化时代的这种新方法带到西方时，他们甚至比

---

[79] 关于南意大利对罗马贵族的影响，见Fraschetti 1981（G 170）。

[80] Frederiksen 1984（G 173）ch. 9.

[81] 关于罗马与阿尔皮的关系，见Livy Ⅷ. 25；Mazzei 1984 and 1987（G 226 –7）。Moretti 1971（G 235）52强调：尽管有皮洛士战争，罗马和塔林顿人的关系一直有延续性。也请见Clemente 1988（G 140）。

[82] 关于该时期罗马的帝国主义，见Salmon 1982（G 280）ch. 3；*CAH* Ⅶ^{2}. 2，ch. 8。据Velleius Ⅰ. 14，鲁凯利亚［城墙约建于公元前314年，见Ridgway 1982（G 274）70］极其重要，于公元前325年遭到殖民。关于其以百为单位的划分，见Torelli 1984（G 308）328。关于圣萨瓦多尔（S. Salvatore）的还愿物窖藏，见同前书第329—330页，它显示拉丁化非常迅速。关于鲁卡尼亚人斯泰尼乌斯·斯塔利乌斯（Sthenius Sthallius）公元前285年的情况，见Pliny *HN* XXXⅣ. 32。

叙拉古和迦太基走得更远。[83]

对南意大利来说，结果远非美妙。但是，我们已经研究过的公元前4世纪形成的文化共同体，最终成功变成了真正的希腊化时代的熔炉性社会，只是那并非罗马贵族的目标。麦萨皮亚半岛上的那个石灰石“飞地”曾在如此之长的时间里抗拒着近邻塔拉斯的影响，并作为一个有着独立习俗（*mores*）和农业相当繁荣的地区，幸存了下来。阿希达穆斯阵亡之地，正是在那里，当时他正围困曼杜利亚，那个距离他的基地仅仅25千米的地方。然而，尽管那块飞地从不曾成为希腊共同体的一部分，却逐渐构成了罗马共同体的一部分。作为麦萨皮亚过去独立和繁荣的直系后裔，它有十来个稳固的城市共同体存在了下来，并且最终变成了罗马人的自治市。可是，甚至在那以前，它们中的一个就已经产生了公元前3—前2世纪意大利的一个典型人物：他说希腊语、奥斯坎语和拉丁语，并且能够用所有这些文字写作。那就是史诗诗人恩尼乌斯（Ennius）。[84]

第三节　凯尔特人的欧洲

D. W. 哈丁

有关公元前1千纪前半期阿尔卑斯山以北欧洲的任何综合性论述，都必然受到考古记录不平衡的制约。大量资料源自那些陪葬品有专门清单的墓地，或者来自特征和功能独特的高地要塞遗址，而非对定居点和物质遗存全面的归类。但甚至是这些数据的地区分布也不平衡，至少未得到同等的研究，它们所代表的连续的年代学分期，同样不等。资料上的不平衡和不连续，可能是人们视野造成的，并且被用来证明历史细节或社会经济环境的合理性。这些因素合并起来，造成一种偏向：对欧洲史前史做“选择性的强调”。 404

史前欧洲晚期的分类和年代学基础，很大程度上仍然是赖内克（Reinecke）本世纪（即20世纪——译者注）初设计的体系，并以阿

---

[83] Adamesteanu 1974（G 93）215 把公元前5—前4世纪希腊人和原住民的各别主义与亚历山大以后时代罗马国家更新、更广泛的国家观做了对比。

[84] 关于恩尼乌斯，见 Strabo Ⅵ. 3. 5 p. 281。关于麦萨皮亚，*CAH* Ⅳ^2 683ff 认为那里比塔林顿更像科林斯，有关沿海道路上叙德隆同（Hydruntum）希腊性的记载，见（Scylax）14（参见 Ath. Ⅻ. 523）。

尔卑斯山的哈尔施塔特（Hallstatt）和拉登（La Tène）命名。根据赖内克的设计，哈尔施塔特文化 A 期和 B 期分别对应于瓮棺文化的早期和后期，用绝对年代表示，是从公元前 12 世纪到前 8 世纪，而哈尔施塔特文化 C 期和 D 期定年为公元前 8—前 6 世纪早期，一般被视为中欧和西欧的铁器时代早期。这个体系本质上是中欧的，考虑到了与阿尔卑斯山以北地区的对应，它的创造，很大程度上是因为系统的研究集中在这些地区丰富的墓葬文物上。莱茵河以西地区，包括瓮棺文化和哈尔施塔特文化的铁器时代，墓葬文物列表都表明类型更加有限，可以判定为中欧文化的例证更少，地区性差异让那里的文物集成日益具有独特的大西洋特征。

无论赖内克的体系有多少局限，它至少具有下述优点：强调了从青铜时代晚期到铁器时代早期文化连续性的因素，从汇集起来的物质资料看，这一点显而易见。更早的传统观点非常强调所谓的色雷斯—
405 辛梅里安人骑士装备的创新性，并暗示它们与冶铁技术公元前 7 世纪左右自遥远的东方传入和采用同时。这些装备出现于哈尔施塔特文化 C 期部落首领的墓葬中，特别是哈尔施塔特文化的东部地区。事实上，有证据表明，公元前 2 千纪初年，中欧东部地区已知用铁，尽管不是经常使用。到公元前 1000 年，铁经常性地出现在瓮棺时代墓葬的文物清单中。由于在数个例证中，铁器毋庸置疑地出现在当地的生产性垃圾中，因此我们不能把它们作为外来进口而拒不认可。人们普遍持有的看法，是铁器最初被用作装饰品而非工具。但由于早在赖内克分期的 A 期第二阶段和 B 期第一阶段中，已经出现刀、斧之类的实用器物，尽管该时期它们数量非常有限，却让这个观点不再能站住脚。[1] 事实上，在大多数哈尔施塔特文化 C 期和 D 期墓葬中，尽管那时普遍被视为欧洲铁器时代的第一个时期，但在数量上，铁器并不占统治地位。在接受铁器过程中，从技术的引入到对它的经常性和商业性使用之间所经历的阶段，并非本书的中心。与此前传播派的模式相反，本研究强调，在欧洲本地的发展中，铁在社会和经济上的重要性。

研究铁器时代凯尔特人的欧洲及其与古典世界的关系时，首要的

---

① Waldbaum 1978（E 54）22 – 3.

考虑肯定是这样的问题："凯尔特人的欧洲是何时、在什么意义上成为凯尔特人的?"这是一个由语言学家培育出来的普遍误解，因为这个术语只有用在说凯尔特语的人身上时才是正确的，尽管最初的评论者，例如公元前6—前5世纪写作的赫卡泰俄斯和希罗多德，显然意在把他们作为古典世界重要蛮族邻居中一个族群的特性来对待。这些人语言上实际是凯尔特人的，在古典资料中提到的人名和部落名中，还有地名和遍布阿尔卑斯山以北的铭文，都表明了这一点。此外，既然在文字和电报出现之前，语言只能通过人们之间的直接接触传播，则印欧语言在凯尔特人欧洲的兴起，一直被用来暗示至少在更东部的地区，存在某种程度的定居。考虑到上面提到的那些历史文献，则这个阶段，或者说这个阶段的进程，肯定早于公元前1千纪中期，因此就无法与诸如拉登文化等同起来，后者被广泛认为乃凯尔特人文化的同义词。实际上，欧洲最早的凯尔特人定居点并不需要完全与我们观察过的任何考古文化协调。但如果这样的等式得到认可，则这种泛欧 407
洲的文化应当早于拉登文化，其中瓮棺文化也许会成为一个可能的竞争者。这个过程并不必然是一个单一、单纯过程的产物，而是"累积性凯尔特化"进程的一个部分。[②] 然而，它肯定把那些民族卷了进来：如果没有语言渗透，他们不可能成为说凯尔特语的人，换句话说，"凯尔特人的累积"进程，要溯及邈远的古代。

就语言问题论，有关瓮棺文化与铁器时代哈尔施塔特文化之间的延续性尤其值得注意。事实上，大量正确地被视为哈尔施塔特文化C期的各类文物的细节，包括剑、马具和诸如锤制青铜器之类的奢侈品，都能在瓮棺文化中找到先驱者，而巴伐利亚南部哈尔施塔特文化C期陶器类型[③]与瓮棺文化同类器物[④]的比较，进一步强化了制陶传统本质上存在延续性的观念。居住点延续性的中断，尽管更适于形容山顶要塞而非开放的低地定居点，但仍经常受到注意。哈尔施塔特文化C期，重要的变革是葬仪——土葬取代火葬成为主导性做法，坟冢再度出现，有些墓葬中陪葬品及其装备是异乎寻常的丰富。

② Hawkes 1973（E 17）.
③ Kossac 1959（E 28）.
④ Müller-Karpe 1959（E 39）.

406

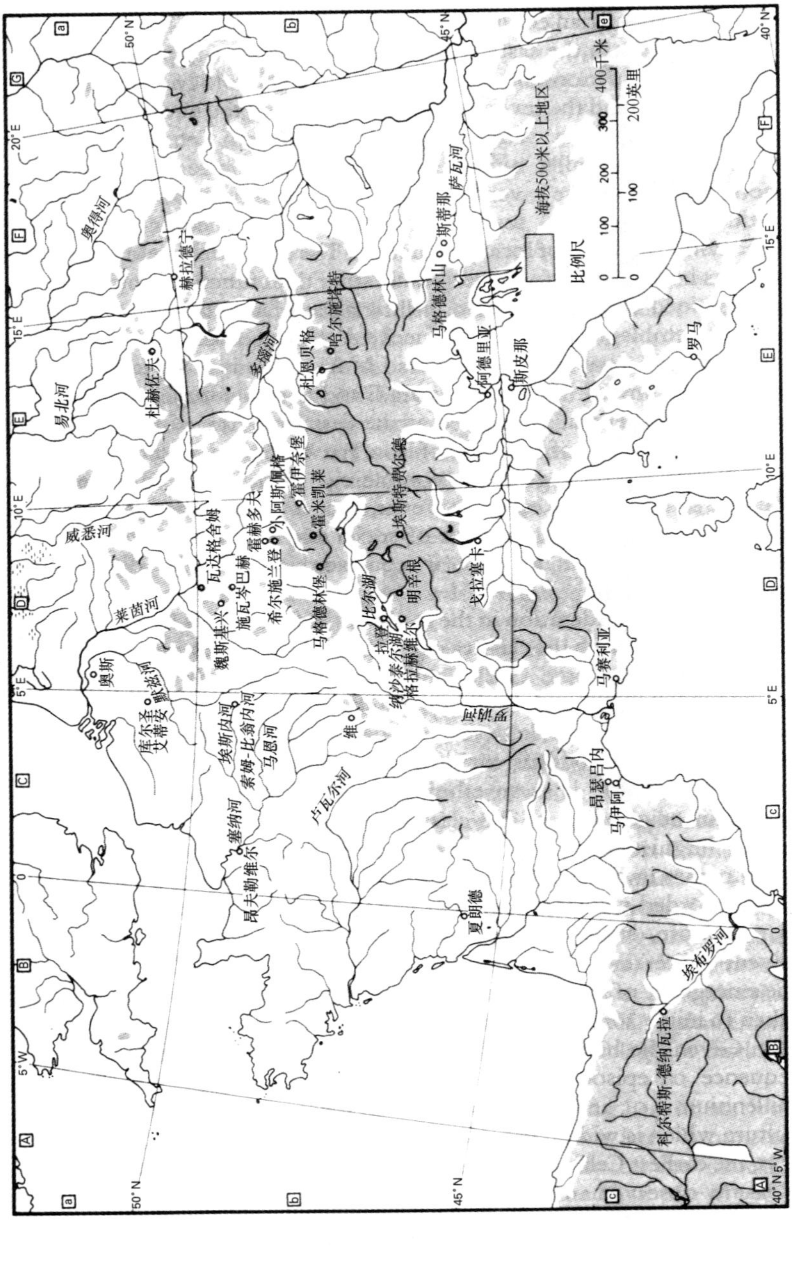

地图 12 凯尔特人的世界

在社会秩序的顶层，一种更加古老的欧亚传统复活了，即车葬。[5] 如 续
捷克斯洛伐克的赫拉德宁（Hradenin）或巴伐利亚的格罗塞布斯塔特 407
（Grosseibstadt），属于哈尔施塔特文化 C 期的文物一般是四轮车或运载工具，上承木棺，原封不动地埋葬。更奢侈的墓中，会有来自南方的进口物品。如在巴登—符腾堡的霍赫多夫（Hochdorf）属于哈尔施塔特文化 D 期的墓中[6]（图 11），或者在塞纳河上游的维（Vix）那样，[7] 为了摆放大量陪葬品，车子被拆散了。虽然在诸如霍赫米凯莱（Hohmichele）或格拉芬堡（Grafenbuhl）那样的地方，[8] 可能存在一个主要的墓葬群，但在坟冢范围内一般有添加的坟墓。在规模庞大的马格德林堡（Magdalenenberg）墓地中，[9] 126 座较小的坟以同心圆围绕着那座坟包。有些坟冢显然以石柱为标记，石柱似乎具有希尔施兰

408

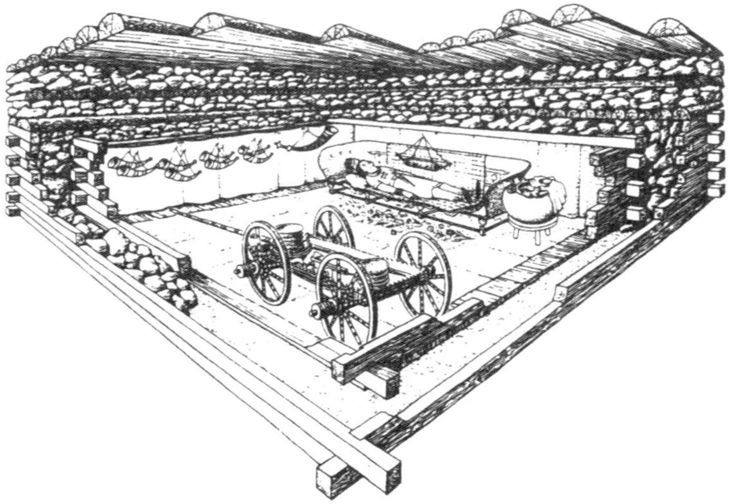

图 11　公元前 6 世纪晚期霍赫多夫墓葬复原图［据 Moscati（ed.）1991（E5）86；并见 Biel 1982（E 1）；*Trésors* 1987（E 52）95 – 188］

⑤ Piggott 1983（E 44）.

⑥ Biel 1982（E 1）.

⑦ Joffroy 1954（E 22）；参见 *Pls. to Vol.* Ⅲ pl. 373。

⑧ Riek and Hundt 1962（E 46）.

⑨ Spindler 1971 – 3，1976 – 7，1980（E 51）.

登（Hirschlanden）雕像的功能，为一戴头盔、有巨型阳具的人像。在一座哈尔施塔特文化 D 期车墓中，有超过 12 座陪葬不太丰厚的土葬墓，其中发现了金属项圈和匕首。当然，重要的是要承认，在已知的哈尔施塔特文化墓葬中，国王墓都是占少数，甚至在德国南部也是如此，那里发现的 700 多座墓葬中，并无异常之处。尽管墓葬物品不那么奢华，但这些墓葬同样重要，反映了土葬成为主导形态的转变。此外，对于确定区分哈尔施塔特文化 C 期和 D 期的一般和重复性特征，以及各个阶段的细致再划分，它们都是关键证据。无论葬仪的变化是否可部分归于人口中的新因素，其他因素，例如对矿产资源的利用，与地中海世界贸易关系的确立，可能都对哈尔施塔特文化时代欧洲的社会和经济类型产生了同样深远的影响。

在哈尔施塔特文化东区，公元前 1 千纪此类因素似乎较早产生影响的地区是斯洛文尼亚。在这里，重要的要塞型居住地，例如斯蒂那（Stična）和马格德林山（Magdalenska gora），其附近有大范围的坟冢，它们显然不纯粹依赖于该地区丰富的农业潜力，而是依赖其到公元前 8 世纪已经得到开发的铁矿石资源。从那时起的几百年中，亚得里亚海北部地区的贸易方式已经建立，意大利东北部埃斯特（Este）那样的主要中心，是用葡萄酒和地中海地区其他奢侈品，例如诺沃麦斯托（Novo Mesto）的青铜三脚架，从贸易交换中得到铁制产品。公
409 元前 6 世纪，威尼斯地区和斯洛文尼亚之间的这种关系，在青铜薄片制造的桶状器物上独特的人像艺术风格中，达到了顶峰。那是对中欧和南欧传统独特的融合。⑩

哈尔施塔特遗址自身⑪并不享有耕地肥沃的优势。它的财富完全依赖奥地利的阿尔卑斯地区的矿产资源，具体地说，是萨尔茨卡麦古特山脉（Salzkammergut）的盐矿。虽然哈尔施塔特的墓葬主要属于公元前 8 世纪以后，但从青铜时代后期以降，盐矿显然已经开始开发，最初可能只是季节性的。据估计，已经发掘的 2000 座上下的墓葬中，陪葬丰富的墓葬比例相对较高，包括一些武士墓，只有很少的墓能达到哈尔施塔特西部地区属于哈尔施塔特文化 D 期国王墓那般

⑩ Frey 1969（E 10）；Boardman 1971（E 2）.
⑪ Kromer 1959（E 29）；Peroni 1973（E 43）.

的异常富有。作为一个参与专业制造业经济的共同体，哈尔施塔特可能并非唯一，尽管其他遗址似乎在规模或重要性上，都无法与其并提。

与上述相反，德国西南部后期哈尔施塔特文化的城堡，一直既被视为贵族控制其居住地等级化领土的要塞，也被视为控制交换和产品再分配的生产中心。[12] 在决定他们的职业和地位的因素中，关键是地中海进口物品的引入，那是随着马赛利亚的希腊人殖民地建立后或者在那之后不到50年的时间里建立的。[13] 希腊式双耳瓶的分布，即所谓的佛凯亚灰陶以及它们的当地仿制品，显示了内地对地中海时尚的欢迎。此外，一条经过罗讷河（Rhône）和索恩河（Saône）的天然走廊通向凯尔特人核心地区，即多瑙河上游和莱茵河流域以及塞纳河最上游地区。在前一地区的哈尔施塔特文化D期，霍伊奈堡要塞及其附近的国王墓地是一个重要的地区性中心；[14] 而在塞纳河上游，拉索伊斯山（Mont Lassois）的山顶要塞以及维的墓葬，[15] 都证明这些凯尔特人首领能够掌握进口物资。可是，如我们在霍伊奈堡要塞的环形防御工事和对泥砖墙的使用上看到的，地中海的影响并不局限于奢侈品的进口。凯尔特人的欧洲作为互惠提供的货物，从考古证据中看得不太明显，估计肯定包括农产品和原材料，甚至有雇佣兵和奴隶。

关于这些王侯居所的功能和地位争议很多。尽管界定一等国王居所的标准并不一致，也经不起考古资料的检验，但德恩（Dehn）、基米希（Kimmig）以及其他学者仍从中发现了居所的等级化。[16] 研究者 410
们近来把重点放在了它们作为地区性领土中心或作为商业和经济中心的功能上，认为它们不一定同时具备政治作用。它们相对短命的优势——似乎少有寿命比哈尔施塔特文化D期更长者——表明，它们依赖与地中海的贸易，尽管我们尚不清楚，到底是贸易赋予它们地位，还是那仅仅是它们地位的表现。如果我们把马赛利亚对西欧中心地区哈尔施塔特文化社会的影响与恩波利翁（Emporium）的贸易据点对内地原住民共同体的影响加以比较，或许富有启示。在相对实用

---

⑫ Wells 1980, 1984 (E 55 – 6).
⑬ Kimmig 1983 (E 26).
⑭ Kimmig 1983 (E 27).
⑮ Joffroy 1960 (E 24).
⑯ Härke 1979 (E 14).

的希腊进口货物和真正的荣誉货物之间，尚未做出充分的区分，前者如在一些哈尔施塔特文化遗址中发现的、区别不大的黑陶画，后者如维的陶罐，或者是霍赫多夫的埃特鲁里亚人装饰品。希腊货的出现，所反映的也许不过是山顶要塞的商业或再分配功能，而后者肯定是贵族地位的标志。

在莱茵河以西地区，德舍莱特（Déchelette）以来的法国考古学家已经识别出了铁器时代第一时期的两个阶段，传统上名之为哈尔施塔特文化第1阶段和第2阶段，而将瓮棺文化时代作为单纯的青铜时代末期（第1、2、3阶段），不过最近三分法［古代（*ancien*）、中间期（*moyen*）和晚期（*final*）］得到青睐。在法国东部和汝拉（Jura）地区，可以理解的是，它与德国西南部的同类相当接近。但越是往北和往西，则在该时期的文物中，明显的哈尔施塔特文化因素就越来越具有外来进口货的味道，而非典型的类型。在比利时和尼德兰，哈尔施塔特文化时代的文物——如出自科特圣艾蒂安（Court-St-Etienne）或奥斯（Oss）武士墓的马具和车具[17]——外观都像从外面引进的，而且已经作为闯入的凯尔特人军人统治原住民的证据。莱茵河以西其他受到注意的地区性群体中，包括哈尔施塔特文化时代末期的维和马恩河（the Marne）流域的约加森（Jogassien）文化。[18] 前者的典型特征是拉索伊斯（Monte Lassois）山顶要塞的彩陶和意大利克人风格的饰针，后者的得名源自一座与维类似的墓葬，其中包括一座属于哈尔施塔特文化后期的车葬墓，但当时它显然并不属于进口高档地中海物品的地区。在南方，另一个独特的地区性文化为马伊阿（Mailhac）文化，它得名于朗格多克省（Languedoc）马伊阿市郊区的一系列遗址，为地中海腹地发展起来的文化。[19] 从勒莫林（Le Moulin）属于瓮棺文化后期的墓葬到公元前6世纪中期勒格兰巴森（Le Grand Bassin）二期的墓葬之间，当地序列并无中断。在这些墓中，进口的希腊人和埃特鲁里亚人的双耳瓶被用作骨灰罐。随葬品除黑画陶、埃特
411 鲁里亚的黑画陶（*bucchero nero*）、“佛凯亚”陶器，以及当地的仿伊奥尼亚陶器外，还有镶金铁匕首、十字弓形饰针和源自哈尔施塔特文

---

⑰ Marien 1958（E 33）.

⑱ Favret 1936（E 8）; Hatt and Roualet 1976（E 15）.

⑲ Louis and Taffanel 1955 –60（E 31）.

化后期的皮带扣。这种将当地的瓮棺文化、哈尔施塔特文化和地中海因素混合的做法，与从普罗旺斯到埃布罗河（the Ebro）的文物都有不同程度的吻合，既反映了这个重要文化交汇地区的保守，也反映了它的创新。

在比利牛斯山以南，地处埃布罗河中游的科尔特斯—德纳瓦拉（Cortes de Navarra）的定居点成为史前欧洲文化对应进程的典型。[20]尽管这类遗址的地层分类细节远不够清晰，但山丘上的定居点及其典型的风干砖建筑，分布在从瓮棺文化后期经哈尔施塔特文化到当地称为“后哈尔施塔特文化”的阶段，最终在公元前4世纪左右被放弃。一般情况下，比利牛斯山以南的瓮棺文化和哈尔施塔特文化因素一直被归为从地点不确定的中—西欧持续移民的结果，它将种族和语言上都属凯尔特人的民族引入那里。可是，这个半岛的文化一直被视为原住民因素和闯入者因素的混合物，但在某些地区，当地传统仍占主导地位，如西北地区的城堡文化（*castro*）。然而，甚至在埃布罗河和麦塞塔（the Meseta）地区，哈尔施塔特文化和哈尔施塔特文化派生类型的器物在数量上都有限，可以提到的有镀金剑、匕首、皮带扣和某些类型的饰针，陶器上的影响尽管一般都得到认可，但似乎不具有决定性。[21]这种状况一直延续到拉登文化的铁器时代，只在杜罗河（Duero）中上游地区有相对少量的分布。半岛西北的城堡，尽管其石头的防御工事和环形房屋很可能遮蔽了更早时期的居住点（后者仍有待充分的考察），但就其发达和现存状态而论，年代上显然属铁器时代晚期。这些遗址被认为是凯尔特人共同体的设防聚落，它在该地区的确立可以认为属于哈尔施塔特文化后期，但在考古记录中，它的存在尚有待证明。

因此，比利牛斯山以南的凯尔特人聚落的存在，不是依赖典型的人工制品或者独特的中欧聚落及其墓葬的出现，而是依靠历史资料的证据，尤其是公元前2世纪的战争中对他们的记载。那些战争为罗马人发动，目标是当地的“凯尔特—伊比利亚人”。在地名中，凯尔特人的因素在西班牙北半部和葡萄牙比较充分，与南部和东部形成对

---

⑳ Maluquer de Motes 1954（E 32）.

㉑ Schüle 1960, 1969（E 47 –8）.

照。公元前 1 千纪后半期，因那里与地中海的联系，产生了独特的伊比利亚文化。但地名学的资料中，其不存在的因素，与那些存在的因素，典型的是后缀-*briga*，同样的有趣，后者一直被用来证明说凯尔
412 特语的人早已进入半岛。可是，对凯尔特—伊比利亚文化考古学上更加严格的定义，如同在西部的大西洋其他地区的文化中那样，受到了可供鉴别的器物类型的制约。在哈尔施塔特文化和拉登文化核心地区之外，这些器物可以被视为典型的凯尔特型。

图 12　面敷琥珀的骨雕斯芬克斯像，出自小阿斯佩格；属公元前 6 世纪后期。藏于斯图加特符腾堡国立博物馆 [**据** Moscati (ed.) 1991 (E 5) 74]

从哈尔施塔特文化后期到拉登文化早期的转变，在阿尔卑斯山以北地区的人工制品分类中，有相当充分的证据，但在文化和社会层面，其意义则不那么明确。公元前 5 世纪的聚落、墓葬和经济都发生了一些重要的变化，独特的凯尔特艺术风格也出现了，而在之前的当地文化中，后者几乎完全没有。同时，像那些拥有南方进口货作为陪葬的富有墓葬的车葬墓一样，某些传统仍然在延续，而且外来陪葬品证明，在穿越阿尔卑斯山的商路中，与埃特鲁里亚而不是与地中海沿岸的希腊人殖民地的联系，变得更加重要了。只是前一阶段的四轮马车，如今被两轮的战车或马车取代。最为显著的变化出现在聚落模式上。它开始抛弃德意志西南部哈尔施塔特式的首领要塞，转向洪斯吕

克—埃菲尔（Hunsrück-Eifel）和莱茵河中游类型。[22] 在那里，新的地区性精英身份的确定，与其说是声望型的要塞，不如说是首领墓葬中展现的财富，包括一系列来自希腊人的和埃特鲁里亚人的进口货（图12）。在这个集团的南部边缘，小阿斯佩格墓地中出土了一批豪华的饮器，包括埃特鲁里亚的广口双耳酒罐、有嘴青铜酒壶、纹饰青铜杯、镀金牛角杯和成对的希腊式杯盏，而这不过是霍恩阿斯佩格（Hohenasperg）要塞附近一系列豪华墓葬中最为晚近的一批。它们表明，哈尔施塔特文化后期的做法，在这里延续到了拉登文化 A 期。造成这一转变的因素之一，可能是对洪斯吕克—埃菲尔当地铁矿越来越多的利用，构成拉登文化早期和中期该地区社会与经济发展基础 413
的，可能就是那座铁矿。在解释中强调这种地区特性的转变，核心是哈尔施塔特文化后期向拉登文化早期转变的年代学，而与我们是否认为这些阶段是一个整体还是前后相继无关，也与哈尔施塔特文化末期最后阶段（D 期第 3 阶段）——其典型特征是某些精美的饰针和与之相关的材料——是否与邻近地区拉登文化重叠或同时无关。[23] 此外，这个问题还不仅仅是个地域变化，因为在考虑拉登文化 A 期和 B 期的序列时，特别是在考察凯尔特人早期艺术发展时，人们可能提出同样的问题。事实上，南来进口货的分布表现出鲜明的地区性特征。青铜杯集中在莱茵河—摩泽尔河（Mosel）地区，而埃特鲁里亚青铜柄的盘状器限于霍赫瓦尔德—奈（Hochwald-Nahe）和莱茵黑森—普法尔茨地区（Rheinhessen-Palatinate），只有带嘴青铜壶在两个地区都曾出现。这种有选择的分布可能不利于地区性再分配体系的理论，而支持各个部落首领独立与之发生联系的看法，而且它也与哈尔施塔特文化后期首领中心聚落的衰落协调，或许还是衰落的原因。可是，对中欧地区拉登文化早期南来进口货的任何解释，都必然以下述事实为条件：由于缺乏聚落和窖藏方面的补充资料，纯粹依靠上层阶级墓葬中的出土资料，所以它们的出现和保存，可能是因为崇拜的需要，并不是实际贸易或交换模式的反映。

公元前 5 世纪末东阿尔卑斯山地区商业活动中心类似的变化，导

---

[22] Joachim 1968（E 21）；Haffner 1976（E 12）.

[23] Dehn and Frey 1979（E 7）；Frey and Kossack 1978（E 11）.

致了哈尔施塔特盐矿开采的衰落和哈莱因河上的杜恩贝格（Dürrnberg-bei-Hallein）一种新产业的发展，㉔ 该地在哈尔施塔特西边不远处，地处一河谷中，因此可以更方便地利用当地较好的农业潜力并从中获得支持。杜恩贝格的墓葬较哈尔施塔特的小，但其陪葬品显示，该共同体享有很高的物质财富水准，其中包括来自地中海世界的进口货。在一座有两轮马车的战士土葬墓中，发现了丰富的各类陪葬品，包括武器、头盔、一尊高达 88 厘米且装饰精美的庞大青铜樽，以及年代为公元前 5 世纪后期的阿提卡陶器。同一墓地的另一座墓葬中，随葬有凯托萨（Certosa）风格的饰针和典型的公元前 4 世纪的透镜状陶器，它们表明杜恩贝格聚落的居住是持续的，可能一直延续到拉登文化中期。

414 在瑞士，拉登文化 A 期到 C 期的悠长，也给伯尔尼附近明辛根（Münsingen）墓地的规模㉕提供了解释。本世纪（即 20 世纪——译者注）初，那里发现了 200 多座墓葬。对其典型器物的研究，表明那里的墓葬系从北向南的直线传播，而且这种空间上的分层，连同良好的个性化墓葬之间的联系，让我们能够对那些将要研究的主要器物按照时代进行详尽的分类。具体地说，明辛根类型的饰针成为欧洲从波西米亚（Bohemia）到不列颠拉登文化时期的母本。可是，在瑞士所有的拉登文化遗址中，最令人费解的却是因之得名的遗址类型本身。㉖ 它位于纳沙泰尔湖（Lake Neuchâtel）东北端，在那里，湖水注入比尔湖（Lake Biel）。该遗址既非聚落，也非墓地，却由大批人工制品构成。尽管它们出土地的真实性并不总是毫无疑问，但据估计，其总数超过 3000 件，系 19 世纪中期以来不同时期的发现汇集而成。除数百件剑、长矛、饰针外，这批材料还包括家庭和农业生产用具，以及与之相关的诸如木工、皮革加工工具和篮筐等。来自邻近地区的辅助性证据中包括架桥的木材，一些支架也已经发现。使用该遗址的主要时期显然属拉登文化中期，但其作用相当有问题。人们为此提出了各种解释，或谓其为仪式遗址，或谓其为史前的交易市场；或从其处于后来赫尔维提人（the Helvetii）和塞夸尼人（the Sequani）领土

㉔ Penninger 1972（E 42）；Moosleitner et al. 1974（E 38）；Pauli 1978（E 41）.

㉕ Hodson 1968（E 19）.

㉖ Vouga 1923（E 53）；de Navarro 1972（E 40）.

中间的地理位置出发，认为其为边境要塞，乃驻兵要塞或者边境关口。可是，那里声誉性物品的众多，表明拉登为一交换或再分配中心，当然并不排除其他活动，如经济的、社会的和崇拜的。

拉登文化早期对南方货物的进口并不限于东阿尔卑斯地区的共同体，而是进一步渗入东中欧，达到波西米亚南部的墓冢中和弗塔瓦地区（the Vltava）的聚落。哈尔施塔特文化晚期和拉登文化早期扎维斯特（Zavist）之类山顶要塞最初的居住，可能与莱茵河中游对当地南部高地铁矿石的商业开发同时，从而给长途贸易和交换提供了基础。再往北，波西米亚北部丘陵地带肥沃的黄土，一直是繁荣的布拉尼（Bylany）文化的农业基础。到拉登文化 B 期，该地区哈尔施塔特文化晚期的小型火葬墓已经让位于在所谓的“杜克”（Dux）平地上修建的平面土葬墓，它的典型文物，可以杜奇科夫（Duchcov）一座还愿窖藏中的一种饰针为代表。[27] 波西米亚葬礼中这种相反的做法，415
被视为不同文化群体在考古学中的反映，甚至被视为古典文献中记录的公元前 4 世纪迁移中的凯尔特人的器物。[28] 即使我们不希望低估此类因素的意义，但在建立人口集团和考古器物的分布之间简单而直接的对应关系时，我们仍应小心从事，以免忽视其他因素，例如环境或者经济上的因素，它们有可能决定考古证据的类型。

在莱茵河以西，早期拉登文化的一种不同类型在香槟地区发展起来，[29] 它是哈尔施塔特文化晚期当地约加森文化的继承者，与同一时期的洪斯吕克—埃菲尔对应。它的墓葬广泛分布在埃斯内河与马恩河之间的河谷地带，其中包括 100 余座拉登文化早期武士贵族的战车墓。有时这些墓葬的内部布局为战车轮子以及马轭和车轴提供了纵向槽，从而使承载死者的车具可以原封不动地葬入墓坑。陪葬品一般包括马缰而非马本身，另有陶器、武器、装饰品等，偶尔还像在索姆河—比翁内河（Somme-Bionne）与拉戈奇梅勒（La Gorge-Meillet）那样，进口意大利的有嘴酒壶或阿提卡红画陶。较小的墓葬也符合这种扩展型土葬形式，尽管它们不过是一个简单的方形墓，有时被集中起来，拥挤在一个狭小的方形墓穴中。然而，随葬品仍相对丰富，与邻

[27] Kruta 1971（E 30）.

[28] Filip 1956（E 9）.

[29] Bretz-Mahler 1971（E 3）; Hatt and Roualet 1977（E 16）; Joffroy 1958（E 23）.

近的拉登文化初期阿尔卑斯山以北的墓葬群类似。这些墓葬出土的饰针、手链、金丝项圈、剑和矛头等多样性的物品，提供了详尽分类的基础，特别是哈尔施塔特末期和拉登一期时的器物分类。在巴黎盆地和法国北部，拉登文化初期的文物，让人不由自主地把它们与马恩河（the Marne）和埃斯内河（the Aisne）更加独特的材料，或者是把它们与同时期比利时的海恩（Haine）系列文物（*groupe de la Haine*）进行比较。[30]

在大西洋西海岸，拉登文化分布比较稀疏。拉登文化第三期之前，在某些地区甚至完全没有该文化存在。在阿基坦（Aquitaine），[31]某些早期拉登文化类型的器物，包括饰针和武器，表现为火葬车中的陪葬品，但在法国中西部地区，拉登文化早期和中期的材料几乎没有。一个突出的例外，是新近在夏朗德（Charente）发现的头盔（图13），系由铁和青铜打造，饰以珊瑚和金叶片，其形状和装饰，都让人想起塞纳河谷的昂夫勒维尔苏斯勒蒙斯（Amfreville-sous-les-Monts）的头盔。在一个很大程度上缺乏拉登文化影响的地区，它肯定是那个
416 地区高等进口货的代表。布列塔尼（Brittany）尽管是凯尔特人欧洲考古中的边缘地区，但在公元前 4 世纪后期皮泰亚斯（Pytheas）航行之前，无疑已经因为其所说的塔特苏斯人的贸易探险为希腊人所知。[32] 该地区有独特的铁器时代文化，代表是当地特别典型的田野建
417 筑。葬俗表明，从哈尔施塔特后期到拉登早期存在延续性，特别是火葬与土葬持续并存，尽管由于墓葬器物稀少，常常无法细密地排列出年代。虽然花岗岩石柱的功能并不纯粹是葬礼性的，且常常被替换或者后来被用于基督教用途，但仍经常在与这些墓地有关的地方发现。它们形态多样，或高或低，或呈半球状，并且可能装饰有拉登风格的环形纹。陶器也表现了与大陆上凯尔特人艺术主流风格类似的装饰。自拉登文化早期开始，印章型的装饰与中欧地区那种印章型的半圆纹或圆形纹存在显著的相似性，[33] 可以推测是从后者那里直接获得了灵感。其他属于公元前 4 世纪左右的陶器中，则以植物和棕榈叶为装

---

[30] Marien 1961（E 34）.
[31] Mohen 1980（E 37）.
[32] Hawkes 1977（E 18）.
[33] Schwappach 1969（E 49）.

续 416

图 13　镀铁与青铜的头盔，内嵌珊瑚，出自阿格里（Agris）；现藏昂古莱姆（Angoulème）的夏朗德历史与考古协会博物馆［据 Moscati（ed.）1991（E 5）293］

饰，因而与中欧拉登文化的金属工艺联系更加密切。聚落研究没有那 续 417
么广泛，但至少大西洋和英吉利海峡西岸某些独特的岩上城堡表明，自拉登文化早期以来，那里一直有人居住。在阿摩里卡（Armorica）西部的野外建筑中，最为典型的是属于拉登文化早期和中期的地下洞穴。它们的功能仍有争议，但其与居住地接近以及日常生活垃圾在居室中的发现，表明它们肯定曾是该聚落的附属建筑，可能用于储藏农产品。虽然阿摩里卡地下洞穴的构造和布局都有特殊性，但它们仍不由地让我们将之与不列颠西南、爱尔兰和苏格兰的类似地下建筑进行比较。

与欧洲大陆相反，我们关于铁器时代早期不列颠的知识几乎完全来自对聚落和要塞的研究，而非来自墓葬。[34] 因此，虽然有关聚落类型和经济的证据发挥关键作用，英格兰南部尤其如此，但这些遗址的物质遗存显示的类型有限，而且与中欧大量的墓葬器物清单比较，明显表现出海岛特征。尽管自青铜时代后期到铁器时代末，横贯英吉利海峡的联系并非不存在，但海峡本身仍是贸易和交换的天然通道，而非文化交流的障碍。众所周知，在考古学上，人口迁移难以证实，但仅仅语言学的证据本身，就要求说凯尔特语的民族必须在几乎不可能晚于公元前 1 千纪中期的时候进入不列颠和爱尔兰。凯尔特人聚落地区与拉登文化器物类型分布之间的简单对应，由于这里需要实际上将苏格兰和爱尔兰的大部分排除在外，因此显然不太现实，尽管在后两
418 个地区，有关铁器时代居住的证据相当丰富。在爱尔兰，拉登文化金属器在该地区北半部的分布（大体上与圆形石磨的分布相当）及其在西南部的相对稀少——在那里，得到证实的史前时代后期的聚落突出地表现为小型的石筑要塞（城堡），因其独特的海岛型凯尔特文化的变形，已经让人们创造出“非拉登文化”的铁器时代的术语。[35] 爱尔兰地区凯尔特人聚落的起源尚有争议，因为现存的语言学证据主要（尽管不是完全）是凯尔特语中的戈伊德利语支（Q-Celtic）的，与高卢和不列颠南部的凯尔特语的伊比利亚语支（P-Celtic）相反。一般认为，苏格兰的盖尔语（Gaelic）在公元 4 世纪前后苏格兰人入侵前，不大可能通过苏格兰与爱尔兰之间的海峡传入，但凯尔特语中的戈伊德利语沿着伊比利亚和爱尔兰西南海岸，在此之前进入大西洋中的苏格兰，并非不可能。用考古术语说，这条大西洋的文化轴线本质上是非拉登文化型的，因此爱尔兰的拉登文化应被解释为独立传入，也许是英格兰北部和苏格兰南部相互影响的结果，但并不一定需要人

[34] Harding 1974（E 13）；Cunliffe 1978（E 6）.

[35] Caufield 1977（E 4）.

口大规模的迁移。[36]

让那些手艺人自公元前 5 世纪初起创造出独特的早期凯尔特人艺术的主要媒介，正是那些存放在早期拉登文化墓葬中的金属制品。[37]早期凯尔特人艺术的起源已经引起大量争论，在北阿尔卑斯地区后期哈尔施塔特文化中，尽管在早期拉登文化陶器中，其几何型和直线型设计经过变化仍然延续，但它们缺乏明确的先驱者，绝非其中最不重要的原因。可是，在金属制品中，如雅各布斯塔尔（Jacobsthal）已经充分证明的，最为显著的恰恰是南方的影响。南方早期风格的典型，是莱茵河中游的施瓦岑巴赫盘（Schwarzenbach bowl）。在两条主装饰带上，下面的那条交叉排列着有完整花萼的百合花和下垂的棕榈叶，后者被变成简单的三叶形。上面的一条也包含这些元素，但其特征遭遇改变和碎化处理，以产生不那么形式化的结构。可是，这些植物主题所代表的，仅仅是早期风格素材库中的一部分。与这些源自古典的元素相对照的，是那些几何图形的、有时是密集的线条，它们被称为“弧形纹的”或“圆形纹的”风格，其起源据称源自哈尔施塔特文化。虽然中西欧的风格主要以植物为代表，弧形纹显然集中在更偏东的地区，只有布列塔尼例外，因而在早期风格中，尽管东西之间存在一定程度的相互影响，但形成了两种不同的地区风格。然而，这 419
种对比受到下述事实的限制：弧形纹装饰的代表是陶器，而在中欧地区，植物风格装饰几乎全部集中在金属制品上。“弧形纹”也出现在拉登文化 B 时期布劳巴赫风格的盘子的内侧装饰上。它们再度提出了这样的问题：拉登文化 A 期和 B 期之间的区别，到底是真正年代序列上的，还是仅仅属于地区性的差别？

东方化因素作为影响早期风格的第二个来源，争议一直颇多。尽管公元前 6 世纪末到前 5 世纪波斯的远征，可能为东南欧提供了接受东方因素更积极影响的背景，但它可能间接来自希腊或者埃特鲁里亚的中介。对某些学者而言，这些东方的影响似乎过于模糊，不值得认真考虑。确实，在早期凯尔特人艺术品的文物群体中，有说服力的例证不过是渺小的少数，例如帕尔斯贝格（Parsberg）的饰针，罗登巴

---

[36] Raftery 1984（E 45）.

[37] Jacobsthal 1944（E 20）；Megaw 1970（E 35）.

赫（Rodenbach）的臂钏、埃斯特费尔德（Erstfeld）的项圈，[38] 它们都描绘了回望的动物；再如出自埃斯特费尔德和魏斯基兴皮带扣上的奇怪的连体双胞胎，都促使人们将它们与西亚的先例进行比较。在处理方式上，追随西徐亚方式最突出的，是在巴瑟—尤兹（Basse-Yutz）酒樽上的狼形动物，它们的肩胛处有卷曲，毛发外卷呈匕首形。帕尔斯贝格饰针上的动物装饰也复制了后一个特征。凯尔特环境中出土的真正的进口货极其稀有，出自魏斯基兴的角状饮器上，雕有斯芬克斯，它可能反映了波斯阿契美尼王朝时代的工艺。可是，一般来说，凯尔特艺术的标志，是它吸收了东方和南方的主题，并且自如地改造它们，从而创造出它们自己的风格和特点。

在所谓的“瓦达格舍姆（Waldalgesheim）风格”的产品中，凯尔特人艺术的基本特征得到了最优秀的表现，雅各布斯塔尔认为，它是早期风格的继承者，其分布大体与早期风格互为补充（图 14）。在瓦达格舍姆风格中，可以发现古典灵感的再度爆发，例如，“瓦达格舍姆项圈”上的玫瑰—星星装饰就是如此。但该风格最为典型的特征，是使用连续的、自如漂流的主题，而非一系列独立因素的排列，并利用雕刻来规定形状，因此画面和背景之间并无相互影响。在瓦达格舍姆风格包容的各种因素中，主题有“扇子”“涡流”和“膨胀的叶子”等，以及约佩（Jope）[39] 称为上下八角形图像的模式。它们不是各自独立创作，而是连续地画成一堆。无论我们是否将坎帕尼亚青铜樽归到公元前 4 世纪早期还是后期，瓦达格舍姆风格显然属于公元
420 前 4 世纪及其以后的时期，因此影响了后来瑞士与匈牙利地区拉登文化中期的“宝剑风格”。

随着公元前 4 世纪穿越阿尔卑斯山的贸易的衰落，中欧和西欧都进入了一个变化时期，大体上与凯尔特人劫掠者出现于意大利和小亚细亚历史上同时。一般来说，那时明显缺乏高等级的聚落或要塞，也无陪葬奢华的墓葬，平地土葬墓的设施也不那么富丽。陪葬品一般包括武器，也有个人装饰品，武器如剑和长矛，有时有盾牌。人们曾企图以此为基础区分其社会集团，但总体的印象仍然是一个战士的社会

[38] Wyss 1975（E 57）.
[39] Jope 1971（E 25）.

图 14　瓦达格舍姆的金项圈的装饰，公元前 4 世纪，藏于波恩国立博物馆［据 Moscati（ed.）1991（E 5）202；并见 Jope 1971（E 25）169，fig. 36[a]］

及更小也更少定居的共同体，而非晚期哈尔施塔特文化世界那种分层的社会，也非拉登文化后期兴起的发展中的部落和国家体系，因为那时与地中海的商业联系再度受到重视。公元前 4 世纪及其以后凯尔特人移民的原因，在史料传统的叙述中并非不言自明，也不易从考古记录所产生的结果中找出原因。晚期哈尔施塔特和拉登早期社会与经济体系的崩溃，不管是因内部因素引起，还是越阿尔卑斯山贸易衰落的 421
外部因素触发，肯定应当对那场广泛的政治骚乱负责。在近两百年的时间里，他们持续威胁着古典世界的周边地区。

第四节 伊利里亚人和西北希腊人

N. G. L. 哈蒙德

422 我们所关注的地区，主要是今天构成希腊的伊庇鲁斯和西北马其顿的地区，以及阿尔巴尼亚（Albania）、南斯拉夫（Yugoslav）的梅托希亚（Metohija）和科索沃（Kosovo）省。它的地理特征在本书第2版第3卷第1分册的第619—624页已有描述。在古代，它由伊利里亚的南方部落以及西北希腊人的部落居住。关于他们约公元前540年到约公元前360年的历史，我们的知识源自赫卡泰俄斯的某些残篇、斯特拉波的一些片段，以及考古发现，特别是阿尔巴尼亚的考古发现。对于其后的时期，即公元前360—前323年，文献证据较多，可以提供类似连续性故事的叙述。因此，从年代学上而言，本章分为两个部分。

一 伊利里亚人（约公元前540—前360年）

不管是经济上还是战略上，巴尔干半岛西南的湖区都是最为重要的。三道平行的山脉自北而南围绕着奥赫里德湖（Lake Ochrid）、普雷斯帕湖（Prespa）、小普雷斯帕湖（Little Prespa）以及最近仍为湖泊的马利克湖（Malik，如今已被人工排干）。这些湖泊海拔大约800米以上，极富鱼类和鳗类资源。低地提供了优良的可耕地和草场，山区森林茂密，富有野味。银矿在古代由奥赫里德湖东部和东北的达玛斯提尼人（the Damastini）开采。该地区经济上的富庶受到某种程度的忽视，因为今天它被分在了3个国家——前南斯拉夫、阿尔巴尼亚和希腊。从战略上看，它处在南部巴尔干主干道的交叉口。从北向南穿越这个高地走廊的交通，由于没有大河或者大山需要跨越，因此非常轻松。只是在奥赫里德湖周边的少数地方，交通才会受到威胁，因为那里道路狭窄而局促。从东到西的交通在这里较科林斯湾以北的任何地区都更加方便。在古代，那里有两条道路。一条沿奥赫里德湖蜿蜒北上，因埃格那提亚大道（the Via Egnatia）知名。另一条先沿小
423 普雷斯帕湖，然后沿马利克湖行进。在奥赫里德湖南端，湖区有一条自然分界线，那里湖边道路狭窄，一座小山成为奥赫里德湖和马利克

湖的分水岭。①

湖区北端由说伊利里亚语的部落占据，希腊人称他们为恩凯莱埃人（the Encheleae），意思是“捕鳗鱼者”。公元前6—前5世纪之交写作的赫卡泰俄斯曾提及他们，斯特拉波有关他们的结论，可能正是来自赫卡泰俄斯。他说，恩凯莱埃人王室声称，他们的祖先是卡德穆斯（Cadmus）和哈摩尼亚（Harmonia，Ⅶ 7.5）。赫卡泰俄斯写道（*FGrH* 1 F 103）：“紧挨着恩凯莱埃人的是德克萨利人（the Dexari），那是一个考尼亚人（the Chaones）部落。”该残篇的注释补充道，他们居住在阿米隆山下（Mt Amyron），后者最有可能是托莫尔山（Mt Tomor）。因此，德克萨利人所占据的地区，是后来被称为达萨莱提斯（Dassaretis）的地区，即湖区南端以及西南部的丘陵。如我们将指出的（下文第434、437页），考尼亚人是一个说希腊语的部落集团，德克萨利人——或用他们后来的名字达萨莱提斯人（the Dassaretae）——系该集团最北部的成员。从赫卡泰俄斯的残篇以及斯特拉波的记载（Ⅶ. 7.4，8，9）中，我们可以了解伊利里亚人部落的名称和地理位置。比利奥奈斯人（the Bylliones）占据奥乌斯河（Aous）下游北部的丘陵地区，为希腊人殖民国家阿波罗尼亚（Apollonia）的邻居。帕提尼人（the Parthini）占据斯孔比（Shkumbi）河谷中游，陶兰提亚人（the Taulantii）拥有围绕着希腊人殖民国家埃庇丹努斯［Epidamnus，又称杜拉奇翁（Dyrrhachium）］的腹地。阿布利人（the Abri）生活在马提谷（Mati）北端，他们的北邻就是“伊利里亚本土”，即“伊利里亚人”因之得其族名的部落。凯利多尼亚人（the Chelidonii）又称“吞食者”，居住在阿布利人的内陆。陶兰提亚人系一串小部落的称呼（*FGrH* I F 99 and F 101 提到了这些部落的名字），恩凯莱埃人、比利奥奈斯人、帕提尼人和凯利多尼亚人可能也都是如此。通过与其希腊人邻邦的接触，有些伊利里亚人部落成为双语部落（Strabo Ⅶ. 7.8 *diglottoi*），特别是紧邻埃庇丹努斯的比利奥奈斯人和陶兰提亚人部落。在一个谱系表中，我们发现了一些伊利里亚人部落，它们可能是埃庇丹努斯的希腊人建国者将其合并在一起的（保存在 Appian，*Ill.* I 中），因为伊利里乌斯（Illyrius）的儿子和女儿成

① Hammond 1974（E 73）66，77；1981（D 93）201 ff.

424

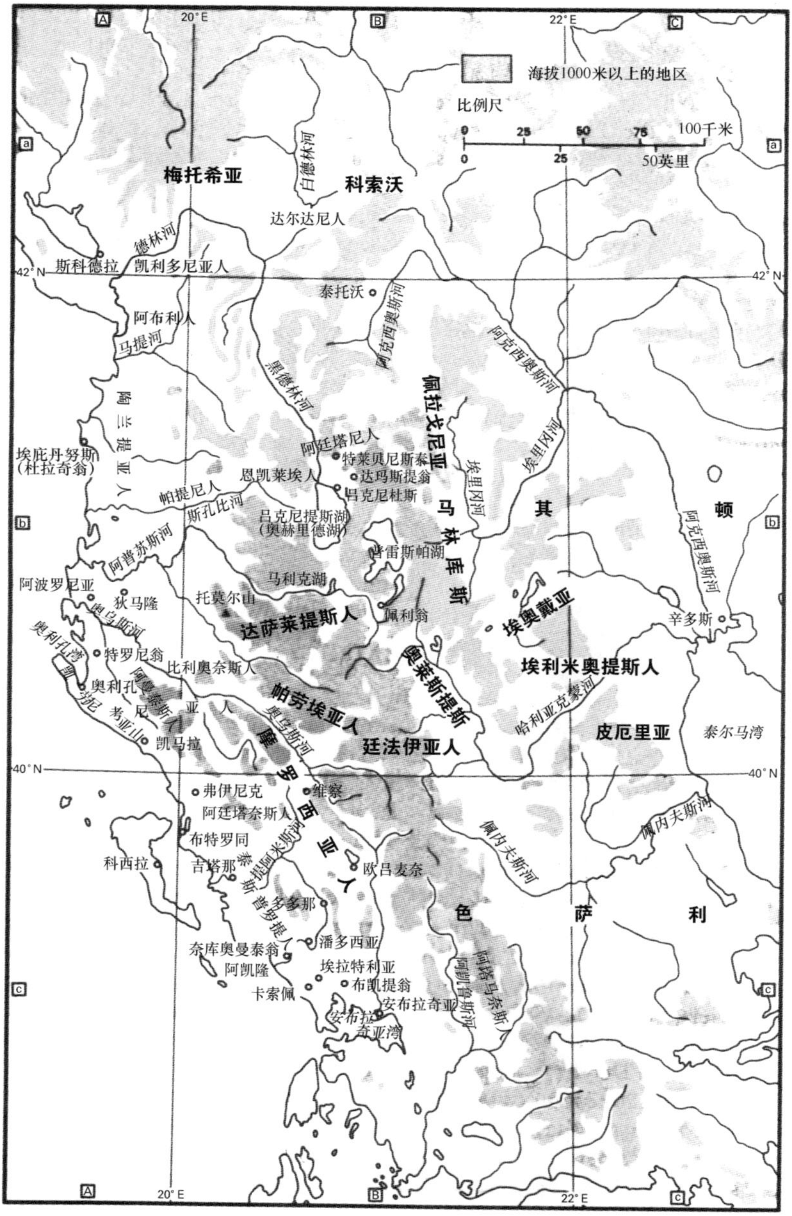

地图 13 伊利里亚、伊庇鲁斯和马其顿

为了恩凯莱埃人、陶兰提亚人、帕提尼人、达尔达尼人（在梅托希 续
亚和科索沃）以及西北部4个部落的名祖，这4个部落分别是奥塔利 423
亚泰人［the Autariatae，又称奥塔利埃人（the Autarieis）］、佩海比人（the Perrhaebi）、达萨莱提斯人和道尔西人（the Daorsi）。[②] 这些达萨莱提斯人不应与说希腊语的德克萨利人或达萨莱泰人（the Dassaretae）混淆，后者居住在达尔达尼人和沿海民族阿尔戴亚人（the Ardiaei）（Str. Ⅶ. 5. 12）之间的地区。

约公元前540—前475年，湖区北部的自然资源得到两个强大王朝的开发，王室的墓葬已经被发掘出来。埋葬方式在各自的墓地中都
是相同的。尸体平躺在简朴的墓坑中，实之以土，上面平铺一层从河 425
床取来的鹅卵石。男人的陪葬有剑、头盔和长矛，男女墓中都有精美的祭品。特莱贝尼斯泰（Trebenište）的墓葬比较富有，它地处湖区盆地东北角（图15），有些死者戴金面罩（图16）和金手套，脚穿金拖鞋。男女墓葬中都陪葬金针以及其他金银装饰品。另一座墓葬位于奥赫里德湖出口的拉多利斯泰（Radolište），其中并无金器，但其他的死者祭品类似。[③] 祭品清楚地表明，两个王朝都有非常广泛的对外联系，通过希腊人在亚得里亚海沿岸的殖民地（埃庇丹努斯和阿
波罗尼亚）和泰尔马海湾沿岸的殖民地（特别是波提戴亚），它们与 426
希腊世界接触；通过多多那，他们与希腊人的伊庇鲁斯，以及他们北部和东部的地区，都有接触。

只有在该王朝统治着北方及其东北地区的大片土地时，选择特莱贝尼斯泰作为王家墓地才可以理解。黄金的来源地，也只能是那些方向，因为最近的产地是梅托希亚—科索沃和克拉托沃（Kratovo）。对于一个拥有湖口著名渔场并控制着周边地区的王朝来说，选择拉多利斯泰为都城是自然的。两个王朝都掌握的银子可能来自达玛斯提尼人的矿山，因为正是在这个时期，上镌 *TYN TENON* 铭文的大额银币开始发行，这些“廷泰诺伊人”（the Tyntenoi）被视为后来人们提到的阿廷塔奈斯人（the Atintani，图17）。他们生活在奥赫里德湖北部地区，其钱币曾经传到意大利、埃及和亚洲的许多地区。这些钱币都

② Hammond 1972（D 46）381.

③ Lahtov 1965（E 78）181ff; Hammond 1967（E 72）437ff; *Archaeologia Yugoslavica* 5（1964）75. 两座墓葬中，都是男尸头朝东，女尸则头向西。

续
425

图 15　特莱贝尼斯泰一号墓葬［据 Filow 1929（E 65）4，fig. 3］

续 426

图 16　特莱贝尼斯泰一号墓葬的金面罩

［据 Filow 1929（E 65）pl. I. I］

属该时期的“色雷斯—马其顿”货币群，钱币上的图案与泰尔马湾顶部的伊科奈（Ichnae）的货币一样。[④]

在拉多利斯泰埋葬他们的国王和王后的王朝肯定是恩凯莱埃人的，当时赫卡泰俄斯曾提及他们。由于拉多利斯泰和特莱贝尼斯泰相距仅 10 千米，因此拉多利斯泰与其更富有的邻邦关系肯定不错。斯特拉波第 7 卷第 7 章第 5 节一个受损的片段可能源自赫卡泰俄斯，它或许可以帮助我们，因为那里似乎记录说，“佩莱萨狄斯”（Pere- 427
sadyes）和恩凯莱埃人联合创建了一个强国。[⑤] 果真如此，则佩莱萨狄斯就是特莱贝尼斯泰王朝的名字。这个名字暗示他们是色雷斯人。我们知道，在尸体面部覆盖金箔以形成面罩或仅在口部覆盖金箔的做法，一直是色雷斯的习惯。因为在下马其顿地区辛多斯一个王朝的一座武士墓中，发现了此类死者的黄金面罩、口罩和针，这个说法近来

④　Hammond 1972（D 46）93，转引自 ziva Antika 3（1953）261；Hammond and Griffith 1979（D 50）74f，92f；Hammond 1989（E 76）40。参见 *CAH* Ⅳ^{2} 442 - 3。

⑤　Hammond 1967（E 72）466；1972（D 46）93；Hammond and Griffith 1979（D 50）63，92.

得以强化，因为这个王朝可能就是色雷斯的埃多尼人（the Edones）的（见 *CAH* Ⅳ² 495）。

恩凯莱埃人首先衰落，因为公元前 5 世纪初，他们的墓地停用了。紧随特莱贝尼斯泰富有墓葬之后的，是自公元前 475 年到该世纪末的“穷人墓”。在那之后，该墓地停用。廷泰诺伊人的银币于公元前 5 世纪早期消失。公元前 475 年以后的时期相对贫穷，那时，当地失去了与希腊大陆的联系，通过多瑙河河谷与伊奥尼亚地区的联系也稀少了。南斯拉夫南部同享衰落命运。[6]

图 17 三斯塔特尔的廷泰诺伊人银币，约属公元前 540—前 511 年 [**据** N. G. L. Hammond in W. G. Moon (ed.), *Ancient Greek Art and Iconography* (1983) 247, fig. 16. 3]

湖区以北和以西的地区在一个重要方面即埋葬风俗上颇为不同。这种葬俗起源于青铜时代，延续到铁器时代早期（见 *CAH* Ⅲ². 1, 235 及 624ff；以及 *CAH* Ⅲ². 3, 261ff）。墓冢最大的集中地——数量常达数百——属于某些特别的伊利里亚人部落地区：马提河谷——陶兰提

⑥ *Archaeologia Yugoslavica* 5 (1964) 78.

亚人的家乡；扎德利姆平原（the Zadrime plain）——可能属于格拉拜伊人（the Grabaei）；斯科德拉地区——拉贝亚泰人（the Labeatae）的家园；黑德林河河谷——凯利多尼亚人生活的地方［在奇那马克（Çinamak）、克鲁麦（Krume）和凯奈塔（Këneta），有三座大墓］。墓葬属于武士兼统治者以及他们的女人，陪葬的武器以及装饰品不仅相互联系，而且与梅托希亚和科索沃以及南斯拉夫中部地区都有关系，前一地区是达尔达尼人的家乡，后一地区曾出现一种特殊的、名为格拉辛文化（the Glasinac culture）的伊利里亚人文化。[7] 在这些地 428
区的大多数地方，墓冢一直存在到公元前 4 世纪，希腊化时代墓葬出现的频率降低。然而，公元前 4 世纪中期以前，没有任何聚落提供的证据让其名字值得一提。发现于波格拉德茨（Pogradec）山上的少数几座茅屋却无任何瓦片，少数陶片定年为公元前 360 年以前。[8] 尚不曾发现普通人的墓葬。

与这些墓葬习俗有关的生活方式为游牧形态，牲口，特别是绵羊和山羊会定期迁移。[9] 在那些游牧在乡村经济中发挥主要作用的地区，小部落的武士首领组成各种游牧团队，并且充任那个社会的首领。随着小部落组成部落群，部落贵族接掌控制权。在伊利里亚，情况似乎是武士首领们支配着定居的农业居民，因为武士们拥有良好的武装，足以保护牲口免遭狮子、狗熊和豺狼的袭击，并且能够与对手较量。许多埋葬在墓冢中的人随身都带着 3 根长矛和一把刀，其中最为富有者，还有在希腊作坊生产并出口到伊利里亚的青铜头盔、青铜胫甲，偶尔也有青铜胸甲。[10] 修昔底德让我们能够一窥伊利里亚人部落社会这个阶层的情况。在他借布拉西达斯（Brasidas）之口于公元前 423 年发表的演说中，他谈到伊利里亚人部落是“少数人统治着多数人，少数不是凭借头衔，而是战斗中享有优势的人，拥有独裁权力”（Ⅳ. 126. 2 τῷ μαχόμενοι κρατεῖν）。在马其顿，他们是邻邦的梦魇，由于他们是“武士民族”（ἄνθρωποι μάχιμοι，Ⅳ. 125. 1），以劫掠者或

---

⑦ *Iliria* I（1971）348ff.

⑧ *Iliria* 9/0（1979/80）237；参见 *Iliria* 1（1971）63，67（Rosuje）；2（1972）227（Zgerdhesh）；3（1975）481f（Pogradec）。

⑨ 参见 *CAH* Ⅲ². I，235。

⑩ *Iliria* 11（1981）46ff，2（1972）460.

者雇佣兵的身份出现。

通过将众多部落纳入一个组织的方式来创建一支强大的军队，由巴狄利斯（Bardylis）于公元前4世纪初实现。他攫取权力，自命为达尔达尼人国王，将湖区添加到自己的版图上。他的军队曾击败马其顿人，并偶尔击败过摩罗西亚人，考尼亚人（the Chaonians）显然也屈服于他的统治。公元前393—前391年，他通过一个傀儡王统治马其顿；公元前383—前382年，他横扫马其顿；公元前372年，他强令马其顿王纳贡（Diod. XVI. 2. 2）。通过与叙拉古僭主狄奥尼修斯结盟，他在战场上屠杀了1.5万名摩罗西亚人，并于公元前385—前384年控制了该国，后斯巴达人派兵北上将其驱逐（Diod. XV. 13. 2－3）。公元前360年，他再度杀回，进行大范围劫掠。摩罗西亚人国王阿吕巴斯（Arybbas）将人民转移到埃托利亚，并与摩罗西亚军队设下埋伏，曾经取得一定程度的成功（Frontin. *Str.* II. 5. 19）。最后在公元前359年的战斗中，巴狄利斯杀死马其顿国王及其手下4000人（Diod. XVI. 2.
429 4－5），并占领上马其顿的城市（XVI. 4. 4）。尽管泰奥彭普斯认为他是个地道的匪徒（*FGrH* 115 F 286），但在创建强大的君主国方面，他是西塔尔凯斯（Sitalces）的继承人和腓力二世的先驱者。[11]

像腓力一样，巴狄利斯将军事和经济发展结合了起来。约公元前395年，他的臣民达玛斯提尼人开始发行一种精美的银币，这些银币采纳了当时正在鼎盛时期的哈尔季狄基联盟的标准和某些标识（图18），也以银锭形式出口。约公元前365年，另一套钱币开始发行，即“达帕利亚型”（Daparria）钱币（达帕利亚可能为梅托希亚—科索沃的一个矿区城镇），利用了与达玛斯提尼人同样的标准和模型。[12]这些钱币的分布表明，巴狄利斯在巴尔干中部以及北到多瑙河的地区建立了一个广泛的贸易区，并且是相当独立于希腊贸易区的一个地区。当叙拉古的狄奥尼修斯在亚得里亚海建立殖民地时，曾企图染指巴狄利斯的势力范围。与伊利里亚之前的统治者不同，巴狄利斯可能建立了几个要塞型城市，因为在腓力继位之前，湖区的吕克尼杜斯

---

⑪ Hammond 1966（E 71）243，248. 如 Justin VIII. 6. 3 指出的，达尔达尼人乃马其顿最为强大的邻人。关于此问题的不同看法，见 Papazoglou 1961（E 81）。Garašinin 1988（E 69）178ff 以及 M. B. Hatzopoulos，同上，85ff.。

⑫ May 1939（B 204）；Hammond and Griffith 1979（D 50）189－91.

图 18　达马斯提翁的德拉克马，约属公元前 395—前 380 年［据 N. G. L. Hammond in W G. Moon (ed.), *Ancient Greek Art and Iconography* (1983) 254, fig. 16. 21］

(Lychnidus) 和佩利翁 (Pelium) 可能都是有城墙的城市。

在伊利里斯 (Illyris)，经济上具有巨大重要性的另一地区是沿海平原，那里有供季节性放牧的庞大草场。它的南部为希腊人的殖民国家阿波罗尼亚控制，该地本身就以绵羊知名。在该城人口中，有一个富有的伊利里亚人阶层（见 *CAH* Ⅲ². 3, 267f）。腹地的伊利里亚人与阿波罗尼亚维持着友好关系，并租用该城市的草场。平原的北部为陶兰提亚人和埃庇丹努斯人有争议的地区，后者与伊利里亚人进行着广泛的贸易，但族群上似乎是单一的希腊人。在早期的战争中，陶兰提亚人几乎灭掉了埃庇丹努斯，而且伊利里亚人的进攻，增添了公元前 430
5 世纪 30 年代内战的残酷性（Thuc. Ⅰ. 24. 4 and 6）。对贝尔斯 (Belš) 的发掘，证明阿波罗尼亚的影响远超埃庇丹努斯。贝尔斯为一不设防的聚落，几乎正好处在阿波罗尼亚和埃庇丹努斯中间。公元前 5 世纪出现了一个过渡时期。在此期间，当地的“德沃利亚风格”(Devolian)，或称“西北几何陶风格”正在消失，人们正在仿制希腊陶器。但公元前4世纪，它的特征却是阿波罗尼亚的进口物品处于统治地位。⑬ 埃庇丹努斯的优势在于其充足的货币，那是用达玛斯提翁矿山的银子打造的。其钱币的分布，表明她在公元前4世纪与巴尔干中部和北部进行着广泛的贸易。⑭

二　西北希腊人（约公元前540—前360年）

西北希腊人占据了广大的地域，西从安布拉奇亚湾到奥利孔湾，东边如果在想象中画一条线，则从阿凯鲁斯河谷上游到埃里冈河上游。他们的土地水量充沛，多山，富于草场和森林（见 *CAH* Ⅲ^{2}.1，623f），并且他们广泛从事季节性放牧。在生活方式上，他们与伊利里亚南部的部落少有区别，而且也组织在那些以小部落（*phylai*）为区域单位的部落集团中。从南向北数的话，主要居民集团分别为泰斯普罗提人（the Thesproti）、阿塔马奈斯人（the Athamanes）、摩罗西亚人、阿廷塔奈斯人、考尼亚人、帕劳埃伊人（the Parauaei）、奥莱斯提斯人（the Orestae）、埃利麦奥提斯人（the Eliomeotae）、林凯斯提斯人（the Lyncestae）和佩拉戈尼亚人（the Pelagones）（见 *CAH* Ⅲ^{2}.3，271）。本时期居于统治地位的集团是考尼亚人和摩罗西亚人，前者被伊利里亚人拖垮，特别是巴狄利斯在位时的伊利里亚人，后者面对马其顿国王亚历山大一世不断上升的势力，于公元前5世纪初丧失了对上述居民最后四个群体的统治权。⑮ 但摩罗西亚人驱逐了泰斯普罗提人，获得对多多那的控制权以及宙斯的恩宠，从而获得了补偿（Str. Ⅶ.7.8，11）。

从修昔底德描述的公元前430—前429年的行动中，我们能清楚地看到这些部落集团的重要性。当时考尼亚人将泰斯普罗提人的军队置于自己统率之下，摩罗西亚人对阿廷塔奈斯人做了同样的事情；帕劳亚伊人的国王指挥着奥莱斯提斯人的军队（Ⅱ.80.5－6）。在战场上，考尼亚人的指挥权属于王室的两个成员，他们是一年一任的“统帅”（*prostatai*）；摩罗西亚人的指挥权属于国王塔吕普斯（Tharyps）的卫兵（*epitropos*），一个小人物；帕劳埃伊人的指挥权属于他

⑬ *Iliria* 3（1975）444ff；19（1989）205 ff.

⑭ Noe，*BGCH* 325.

⑮ Hammond and Griffith 1979（D 50）63f；Strabo Ⅸ.5.11.

们的国王。在该联盟的次要集团中，泰斯普罗提人不再拥有国王；奥莱斯提斯人虽有国王，却把自己的人委托给了帕劳埃伊人。关于阿廷 431
塔奈斯人，我们一无所知。从联盟整体看，考尼亚人居于领导地位，因为他们认为自己“最有战斗精神”（μαχιμώτατοι，Ⅱ. 81. 4），而且其他人也赞同。

对于摩罗西亚人部落集团的内部组织，因为两篇定年为公元前370—前368年的铭文的发表，已经为我们了解（我们可以将他们与其他人分开）。铭文内容事关摩罗西亚人授予外人公民权。⑯ 摩罗西亚人国家的官员中，有国王、“统帅”（*prostates*）、文书（*grammateus*）以及10名达米奥尔戈伊（*damiorgoi*）——组成该集团的10个部落［例如，阿克塔奈斯人（the Arctanes）、盖诺埃伊人（the Genoaei）］中，每个部落一名。这些部落的成年男性组成了摩罗西亚人。摩罗西亚人的国王每年一度地向战神宙斯（Zeus Areios）献祭后，会与摩罗西亚人正式交换誓言，国王宣誓依法统治，摩罗西亚人宣誓依法维持王权（Plut. *Pyrrh*. 5. 2）。虽然众部落拥有共同的名字，但它们各自还有自己的名字，例如有奥姆法莱斯的摩罗西亚人（*Μολοσσοὶ Ὀμφαλες*，见 *SGDI* I 347），后来还有奥莱斯提斯的摩罗西亚人（*Ὀρέσται Μολοσσοί*，*Ep. Chron*. 1935. 248）。在马其顿，存在着完全对应的情况：奥莱斯提斯人和林凯斯提斯人变成了“马其顿人”，而且修昔底德了解此事［例如第4卷第83章第1节出现了“林凯斯提斯的马其顿人”（*Λυγκησταὶ Μακεδόνες*）］。没有任何一个独立的部落名为“摩罗西亚人”。

后来的一份铭文将摩罗西亚人国家称为“摩罗西亚人联盟”［*τὸ κοινὸν τ*（*ῶν Μο*）*λοσσῶν*］，它的年代可能属于约公元前360年奈奥普托莱穆斯一世（Neoptolemus I）在位时期，它不仅提到了此前的10个部落，而且还另有5个，他们全都来自品都斯山以北地区。公元前370—前368年以后，他们似乎已经并入摩罗西亚人共同体。国家的官员如今包括国王、统帅、文书，以及一个由15名辛亚孔泰斯（*synarchontes*）组成的委员会，后者取代了之前的10名达米奥尔戈

⑯ *Arch Eph* 1956, 1 ff; Hammond 1967（E 72）525 ff; *SEG* XV 384.

伊。⑰ 作为“埃亚奇乌斯的后代”（the Aeacidae）即阿基里斯的后代，国王们享有军事统率权。在他们的谱系中，出现了一个叫皮埃鲁斯（Pielus）的人，系阿基里斯之孙和摩罗苏斯的兄弟（Paus. Ⅰ. 2. 1 –2）。这个皮埃鲁斯为王室所在部落佩亚莱斯人（the Peiales）的始祖，王室就属于该部落。同样，在马其顿，王室泰麦努斯家族（the Temenid）也属于一个王家部落——阿盖亚戴。根据亚里士多德的看法，扩张摩罗西亚人国家的荣誉归于历代国王们。在他看来，摩罗西亚人君主制的长命，源自他们仁慈的政策（*Pol.* 1310b35 –40）。

三份铭文中提到的摩罗西亚人都仅仅根据他们的部落成员资格认定，只有一个人例外，那就是被称为*Ἀρκτὰν Εὐρυμεναίων*的那位，其意思可能是：他是“欧吕麦奈城（Eurymenae）的公民”。从狄奥多鲁斯第 19 卷第 88 章第 4—5 节的记载中，我们知道该城于公元前 312 年已经设防，因此人们推测，约公元前 370—前 368 年间，摩罗西亚
432 人国家的领土上，并无任何其他城市存在。根据其他资料，我们也应期待如此。在提及公元前 380—前 360 年时，伪斯库拉克斯（Scylax）第 28 章和第 30—32 章称，考尼亚人、泰斯普罗提人、卡索皮人和摩罗西亚人都生活在乡村（*komai*）中。公元前 360 年，当阿吕巴斯将人民转移至埃托利亚时，他之所以这样做，据设想是因为当时普遍缺乏设防城镇。考古证据对此也是明确的。在这些部落的领土上，最早的要塞属于公元前 350—前 300 年。人们已经发现了开放的聚落以及圆形茅屋的柱础。在维察（Vitsa），从约公元前 900 年到约公元前 300 年，由 10 余座小房子构成的小村庄和两处墓地（见 *CAH* Ⅲ^2. 1，636f）基本没有变化。举例来说，甚至到公元前 4 世纪，维察的葬俗都与特莱贝尼斯泰的一样：⑱ 男人被埋在浅陋的墓坑中，上覆一层鹅卵石，陪葬有两支或者更多的长矛。该时期唯一的石料建筑约公元前 400 年建于多多那，不过不是作为神庙，而是一座孤立的房屋，用于储藏还愿祭品（图 19）。在奈库奥曼泰翁（Nekyomanteion），根本就没有任何建筑（见 *CAH* Ⅲ^2. 3，269f）。

---

⑰ *Hellenika* 15，247ff；Hammond 1967（E 72）527ff；*SEG* ⅩⅩⅢ，161；ⅩⅩⅣ，160f.

⑱ *ArchDelt* 28（1973）Chr. 402；Vokotopoulou 1986（E 88）328.

图 19　多多那的宙斯神庙，约公元前 400 年［据 Dakaris 1971（E 61A）42，fig. 9］

当我们转向北方地区时，资料表明那里同样缺少发展。可是，墓冢出现了衰落。这种葬俗曾经实行于青铜时代或者铁器时代早期，这样做的那些民族后来分化为希腊人、伊利里亚人和色雷斯人。在伊庇鲁斯北部，情况一样。已经发掘的最晚的墓冢（众多墓葬中常常有少数几座）表明，约公元前 900 年，这个习惯在巴伊卡（Bajkaj）和 433
沃狄奈（Vodhinë）停止；在杜卡特（Dukat）的停止时间为公元前 700 年左右；在瓦伊泽（Vajzë）约为公元前 650 年；在库奇兹（Kuçi zi）约为公元前 500 年；在佩尔梅特（Permet）附近的皮斯科维（Piskovë）可能约为公元前 300 年；在塞普尼（Cepune）约为公元前 250 年。[19] 在波戈尼（Pogoni）的库特索克拉诺（Koutsokrano），有一座非常大的墓地，据估计有 100 座墓冢，正在发掘之中。那里是摩罗西亚人部落集团的家乡，可能系王室部落佩亚莱斯部落的墓地，并且由王家使用。我们可以肯定，该部落的习惯与摩罗西亚人祖先阿基里斯在史诗中的做法一样，修建同样的墓冢。从公元前 10 世纪到公

⑲ 参见 *CAH* Ⅲ^{2}. 1，636；*Iliria* 7/8（1977/ －9）143；11（1981）255（Piskove）对此有补充。

元前4世纪，包括公元前4世纪在内，该墓地一直在使用。[20] 在其他那些位于交通主干线的地区，风气似乎变化较早，后来延及诸如皮斯科维和塞普尼之类的边远地区。在埃格那提亚大道以北的伊利里亚人南方部落的领土上，墓冢延续的时间长得多。

我们一直在描述的部落生活方式，与希腊城邦的生活完全不同，因为它们缺乏下述变化，如城市中心、设防的城墙、共和主义、民主政治、政治意识，甚至是重装步兵的战争。希腊作家一直将伊庇鲁斯沿海的“希腊人城市”与那些内地的部落对举［希腊人城市包括安布拉奇亚、布凯提翁（Buchetium）、埃拉特利亚（Elatria）、潘多西亚、奥利孔（Oricum）和特罗尼翁（Thronium）］，修昔底德、伪斯库拉克斯和伪斯孔努斯（Scymnus）都毫不犹豫地把这些部落民称为“蛮族”［Thuc. Ⅱ. 80. 5 – 6 and 81. 3 and 6；(Scylax) 32；(Scymn.) 444ff］。然而，他们从不曾称这些部落为伊利里亚人。修昔底德将这个名字给予了陶兰提亚人，希罗多德把这个名字给予恩凯莱埃人；斯特拉波的资料（可能源自赫卡泰俄斯）把它给予了斯孔比河北边的山民（埃格那提亚大道沿此河而行，见 Str. Ⅶ. 7. 4）；斯特拉波则把它给予了那条河南边的部落。在民族集团中，人们清晰地把他们区分为三个不同集团，分别是伊利里亚人部落、伊庇鲁斯人部落和希腊本土即“赫拉斯”，后者起自安布拉奇亚人和阿卡那尼亚人［Str. Ⅶ. 5. 1；Ⅶ. 7. 1，6；(Scylax) 33］。伊庇鲁斯人那些部落的居住地被描述为“伊利里亚人山区和南方赫拉斯之间绵延不绝的蛮族地区”。“马其顿人部落”被与伊庇鲁斯人部落而非希腊人视为同类（Str. Ⅶ. 5. 1）。

在《剑桥古代史》第2版第3卷第3分册第284页，本节的作者已经论证：伊庇鲁斯部落和马其顿人部落在公元前5世纪（实际要早得多）说希腊语。[21] 决定性的证据是约公元前369年摩罗西亚国家颁布的命令，在语言、人名和部落形式上，它都完全是希腊式的。公元前5世纪那些人的名字，可以设想是他们希腊人的父母或者祖父母取的，部落名无疑历史非常悠久。此外，由于摩罗西亚人国家只可能

434

[20] E. Andreou in *Archaiologia* 3（1982）54 – 60 发表了前期的报告，并见 *Arch. Rep.* 1985/6 52（Merope）。关于波戈尼（Pogoni）的土地乃摩罗西亚人故乡的论述，见 Hammond 1967（E 72）703。

[21] Hammond 1967（E 72）422ff.

从一种共同语言的众部落中产生，那就意味着“泰斯普罗提斯人”部落说的是希腊语，摩罗西亚人国家成员的另外三个部落也应如此。公元前6世纪末，当奥莱斯提斯人和他们的邻邦属于“摩罗西亚人”部落时，则他们加入摩罗西亚人国家，也必然是说希腊语。最后，如果一道命令中所说的阿蒙尼人（the Amymni）与考尼亚人的部落之一阿米摩奈斯人（the Amymones）是一回事［*FGrH* 703（Proxenus）F 6］，则意味着考尼亚集团也说希腊语，如同我们可以从下述事实推知的那样：公元前429年，说希腊语的泰斯普罗提斯人接受了考尼亚人的指挥，而且说希腊语的伊庇鲁斯人联盟后来接受考尼亚人为其成员。此外，这种希腊语并非源自科林斯人或科林斯殖民者，因为铭文使用的方言并非科林斯人的多利亚方言（事实上，甚至字母都不是科林斯式的）。[22] 那显然是他们自己传统的希腊语，如多多那某些被记录下来的问题似乎表明的那样，它可能是西部的希腊语。

当沿海希腊人城市与希腊文化同步发展时，西北地区的部落则彻底落后。当地手工制作的陶器——其装饰有时名为“西北几何陶风格”——一直和最初一般来自进口的普通黑釉陶共存到公元前4世纪。多多那是一个绿洲，因为南方的希腊人在那里保存青铜雕像（图20）以及其他祭品，但甚至在那里，广泛的发掘也没有发现多少陶器。该圣所受到南方希腊人欢迎的时间短暂，约为公元前600—前470年，在公元前5世纪其余的时间里，它落伍了，到公元前4世纪，又缓慢复兴。希腊，特别是科林斯的艺术形式中，只有一种在这里不断有需求，那就是各类青铜用具。在多多那，有大量的捐赠样品；在维察，它们大量与死者共葬（图21）；在沃托诺西（Votonosi），人们发现了一座窖藏。[23] 那些习惯迁移放牧的半游牧的牧人，总是更喜欢金属容器，而维察和沃托诺西都是有夏季牧场的高地，出现这样的情况并非偶然。这些人群古代的领袖们有能力购买精美金属器物。

到公元前360年，伊庇鲁斯内地开始发展。它的生活方式及其部落社会与数百年前黑暗时代伯罗奔尼撒半岛的多利斯人一样（见 *CAH* Ⅲ^2. 1，703f）。但巴狄利斯统治下的伊利里亚人征服的威胁，刺

㉒ Dakaris 1972（E 63）79.

㉓ Vokotopoulou 1975（E 86）104；N. M. Verdelis in *BCH* 73（1949）19f；Ph. M. Petsas in *ArchEph* 1952，7f.

435

图 20 多多那的青铜像：（a）骑士，属公元前 6 世纪中期，藏于雅典国立博物馆；（b）宙斯，属公元前 5 世纪，藏于雅典国立博物馆；（c）权杖头上的老鹰，属公元前 5 世纪，藏于伊奥安尼那（Ioannina）博物馆［据 Dakaris 1971（E 61A）pls. 25，28，32］

436

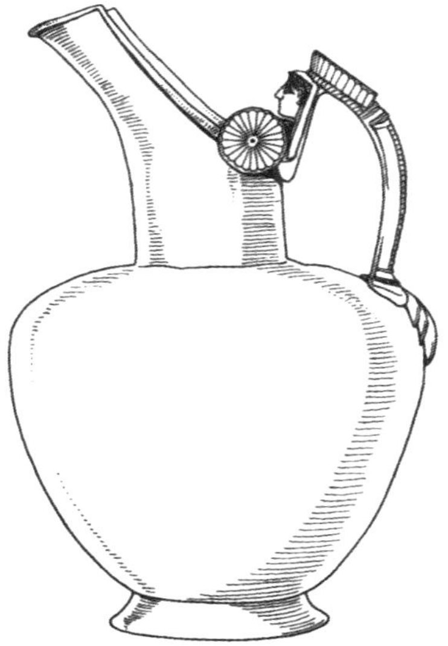

图 21　维察的青铜酒樽，编号 2258/T 66，属公元前 6 世纪中期［据 Vokotopoulou 1986（E 88）Ⅱ，fig. 29］

激其中最活跃的部落组成军事联盟，从军事角度看，其与伯罗奔尼撒同盟相类。但更加重要的，是他们创建了一个联系紧密的、平等的部落型国家，因其拥有共同公民权，因而与伯罗奔尼撒同盟比较，有更大的优势。

三　伊利里亚人与西北希腊人（约公元前 360—前 323 年）

公元前 358 年腓力让巴狄利斯遭遇彻底失败，使西北地区的形势发生革命性变化。最近 40 年来伊利里亚人的恐怖威胁告一段落，巴狄利斯接受了耻辱的和约，腓力从他那里夺走了湖区。当巴狄利斯劫掠伊庇鲁斯和马其顿时，正是从那里出发的。由于吞并了湖区东部领土并对吕克尼提斯湖（Lake Lychnitis）东北部形成屏障，腓力得以对湖区西部的任何伊利里亚军队迎头痛击。对那些说希腊语的部落来说，它的影响尤其显著。狄奥多鲁斯（援引埃弗鲁斯）第 16 卷第 8

章第 1 节报道称：“腓力使所有生活在那里的人民都臣服于他本人，势力远达大湖。”这句话比表面看来更加重要。佩狄卡斯三世末年，佩拉戈尼亚人是独立且敌对的（*IG* Ⅱ^{2} 190 and 110）；奥莱斯提斯乃摩罗西亚人国家的一部分［*SEG* XXⅢ. 471. 13；Hammond 1967（E 72）527f］；公元前 359 年吕克努斯仍在伊利里亚人手里。胜利之后，
437 如果腓力只复夺林库斯（Lyncus），并创建一个突入吕克尼提斯湖的狭长突出地，是根本不够的。他需要保护自己的侧翼，因此当时或随后不久，他就将佩拉戈尼亚和奥莱斯提斯并入自己的王国，在湖区东南部，他创建了马其顿王国的一个新区。㉔

一份记录埃庇道鲁斯圣使接待员的铭文（*IG* Ⅳ^{2} 95 Ⅱ 23ff），让我们可以了解约公元前 360—前 355 年西北地区部落的政治形势。在这份铭文中，首次出现了地区性名称“伊庇鲁斯”，实际所指是布特罗同海峡（the Buthrotum Channel）到安布拉奇亚之间沿海地带的西部地区。其他地区性名称有“科西拉”“考尼亚”和“阿提奇亚”（Artichia）。与伊庇鲁斯不同，他们都提供了接待员，因此每个接待员后面，都有某种政治组织存在，即岛上的一个希腊人城邦，考尼亚人的部落国家，可能还有阿廷塔奈斯人的部落国家。它们之后的是其他部落国家：“泰斯普罗提斯人”提供了三位接待员；“摩罗西亚人”一个；外加“塔吕普斯”（Tharyps），即通常以阿吕巴斯知名的国王。铭文上也有希腊人城市，分别是潘多西亚（埃利斯人的三个殖民地之一）和安布拉奇亚。“卡索帕”（Cassopa）出现过两次，可能不是卡索佩亚人（the Cassopaei）［或用伪斯库拉克斯第 31 章的话说，是卡索皮人（the Cassopi）］地区，就是他们的中心区，系一个圣所而非城镇。㉕

泰斯普罗提斯人部落国家的性质，在发现于古马尼（Goumani）、年代为公元前 4 世纪后半期的铭文中，得以了解。㉖ 它的年代依据“泰斯普罗提斯人统帅”（*prostates*）的名字确定，该职务显然一年一任；根据泰米斯神（Themis）的祭司的名字也能确定年代，而祭司是一个被奉献给女神的解放奴隶。解放奴隶的主人所在的部落名为伊

㉔ Hammond 1981（D 93）212f.

㉕ Hammond 1980（E 75）9f.

㉖ Dakaris 1972（E 63）86f and in Cabanes 1987（E 59）75.

卡多托斯（Ἰκαδωτός），它为 14 个左右的部落之一，这些部落一度都是泰斯普罗提斯人国家的成员。关于考尼亚人部落国家的情况，我们拥有众多来自布特罗同、年代属公元前 3 世纪以降的铭文。它们表明，考尼亚人也拥有一年一任的“统帅”（*prostates*），也由众多部落组成，其中至少一个本身又系由一群更小的部落组成。[27] 我们不清楚公元前 360—前 355 年考尼亚人国家的疆域。

结果，西北地区的领土陷入分裂，它们有沿海地区独立的希腊人城邦、两个小型部落国家（卡索帕，可能还有阿廷塔奈斯人）和三个大型部落国家。末尾这三大国长期以来就是对手，如今仍然如此。摩罗西亚人近来通过合并奥莱斯提斯人，以侵犯马其顿进行扩张。所有这些国家都说希腊语。如果它们不是说希腊语的，那圣使就不可能访问它们。

公元前 359—前 357 年的两年中，腓力与多个国家缔结了婚姻： 438
分别是埃利麦亚（Elimea）的公主菲拉（Phila）、伊利里亚公主奥达塔（Audata）、色萨利的拉利萨贵族菲琳娜（Philinna），以及摩罗西亚公主奥林匹娅丝（Olympias）。与最后这场婚姻同来的，是腓力与奥林匹娅丝叔父阿吕巴斯的结盟。事实上，因为阿吕巴斯娶了奥林匹娅丝的姐姐，两位国王成了连襟。于是，腓力选择与三国中最为强大的摩罗西亚结盟，而抛弃了考尼亚人或泰斯普罗提斯人。在品都斯山北边，两国马上就成为近邻。确实，摩罗西亚人经济优势的表现，是当时只有它发行货币。其青铜币开始的时间，可能是摩罗西亚人约公元前 375 年加入雅典同盟，从而能够进行海外贸易时，因为公元前 380—前 360 年间，摩罗西亚人在安布拉奇亚湾夺得了沿海的狭长地带。它非常短命的银币发行的时间仍有争议。谁提供了银源？最近的来源地即达玛斯提翁的矿山，自公元前 358 年起那里已经为腓力掌握，次近的为佩拉戈尼亚人（the Pelagiteis）的矿山，可能地近泰托沃，约于公元前 358 年首次发行钱币。摩罗西亚人的银币与佩拉戈尼亚人的银币有相似之处，两者都与腓力有关，所以，可能的情况是腓力给阿吕巴斯提供了银源，但可能为公元前 357 年以后，而且只有

[27] Hammond 1967（E 72）655；Cabanes 1987（E 59）186ff；*Iliria* 11（1981）231.

数年。[28]

腓力早年关注的另一地区为伊利里斯。在击败巴狄利斯后，最强大的国家是格拉拜伊人的，当时由一个与国家同名的国王格拉布斯（Grabus）统治，此人无疑是那个曾与雅典结盟的国王格拉布斯的后代，时为公元前5世纪30年代，当时雅典在埃庇丹努斯地区相当活跃。格拉拜伊人的家乡米尔狄泰（Mirditë）过去和现在都富有铜铁矿藏，其东部领土突入腓力在湖区西部的势力范围。[29] 公元前358/7年，格拉布斯为腓力击败，曾短期与哈尔季狄基同盟结盟。公元前356年，他转而与雅典、吕佩乌斯（Lyppeius）和凯特利波利斯（Cetriporis）结盟。[30] 但当年夏天，格拉布斯被击败，被迫“站在马其顿人一边”（Diod. XVI. 22. 3）。这场胜利让帕提尼人和陶兰提亚人陷入孤立，他们被迫（我们可以推测如此）成为腓力的盟友。通过在伊利里斯建立设防据点，腓力巩固了他的成果。公元前346年伊索克拉底的评论，“腓力已经成为伊利里亚人大部的控制者和主人，只有那些居住在亚得里亚海沿岸的例外”（*Philippus* 21），是包含了真相的，因为那时亚得里亚海地区开始于德林河以北（见 Str. VII. 7. 8，他认为那条河注入伊奥尼亚海湾）。

公元前346年后不久，腓力在一场大战中击败了“达尔达尼人以
439 及他们其他的邻邦”，其中包括使用欺骗和背叛行为（Justin VIII. 6. 3，关于欺骗，记载同于 Polyaen. IV. 2. 5）。这场胜利让巴狄利斯的儿子克雷图斯（Cleitus）沦为依附者。随后，即公元前344/3年，腓力“以大军入侵伊利里斯”，击败了阿尔戴亚人，后者的领土向北扩及斯科德拉以北直到那罗河［Naro，即奈莱特瓦河（Neretva）］。[31] 公元前339年，他征服了尼斯（Niš）地区的特里巴利人（the Triballi）；公元前337年，他与普琉利亚斯（Pleurias）作战，此人可能是某个强大部落的国王，地在阿尔戴亚人和特里巴利人之间。[32] 因此，腓力用他们

㉘ Hammond 1967（E 72）543ff; Hammond and Griffith 1979（D 50）668, n. 4. 不同看法见 Franke 1961（E 67）89ff。

㉙ Hammond 1956（E 70）244; 1976（E 74）74ff; 请注意 Diod. XVI. 22. 3 使用的 *homoroi* 一语。

㉚ Bengtson,（*SdA*）2, no. 307; Tod no. 157.

㉛ 在追击阿尔戴亚人国王普琉拉图斯（Pleuratus）时，腓力负伤。关于战争年代，见 Hammond 1966（E 71）245。

㉜ 可能为奥塔利亚泰人，见 Hammond 1966（E 71）245。

尊敬的唯一手段，即“武力上的优势”（τῷ μαχόμενοι κρατεῖν），把自己的意志强加给了伊利里亚人的大多数部落。在伊利里亚战争中，腓力取胜的决定性力量，是骑兵的长途追击（例如 Didymus *in Dem*. Col. 12. 64），凭借这种手段，他迫使那些乘马的部落贵族接受了他的领导，从而实现了他的目标。此后，他就让部落贵族管理部落的内部事务，甚至让克雷图斯那样的人继续任职。他所需要的，就是部落之间的和平、对他本人外交政策的接受、支付贡金尤其是贵金属，以及根据他的期望提供精英分子组成的军队。没有任何证据表明他通过建立城市和鼓励当地城镇发展，让当地的生活方式发生革命性变化。而在色雷斯，他是那样做的。但是，在科托湾的利宗（Rhizon）钱币窖藏中，我们能够看到和平与经济合作的影响。约公元前350 年，西北地区的希腊人城市采用了科林斯标准，与南意大利和西西里组成了贸易共同体（*koine*），但在达玛斯提翁的铸币和巴尔干西部其他矿区，腓力的影响是统治级的，其程度如此之强，以至于在利宗，其钱币对希腊城市的货币赢得了 2 比 1 的优势。得益者之一是埃庇丹努斯，因为它与两个经济区都有联系。[33]

腓力在伊庇鲁斯的行动有别。阿吕巴斯也是一个富有而且野心勃勃的君主，曾三次在奥林匹亚和德尔斐赢得胜利，传统上是马其顿敌人雅典的密友。腓力先发制人，入侵摩罗西亚，将奥林匹娅丝的哥哥亚历山大迁到自己的宫廷作为政治人质，而且吞并了帕劳埃伊人、廷法伊亚人（the Tymphaea）和奥莱斯提斯人（如果他之前还没有这样做的话），以防止任何针对他本人的行动（D. I. 13；Tod no. 173 *fin.*；Justin Ⅷ. 6. 4 –5）。约自公元前 350 年起，伊庇鲁斯可能已经在使用腓力的青铜币而非摩罗西亚的货币。公元前 343/2 年冬，腓力返回伊庇鲁斯，他驱逐了阿吕巴斯，让亚历山大坐上了摩罗西亚人的王座。为确保其忠诚，腓力攻占了三座希腊人城市：布凯提翁、埃拉特利亚和潘多西亚，并将它们及其领土并入摩罗西亚人国家。他鼓励卡索帕人将卡索帕圣所组建为政治中心。于是，摩罗西亚人、卡索帕人和埃莱埃人［Eleaei，又称埃莱亚泰人（Eleatae）］——后者占据富饶的 440
阿凯隆平原——如今作为独立国家发行货币。他们最初使用的就是腓

[33] May 1939（B 204）199f 及 Noe，*BGCH* 325。

力的青铜币，只是打上了他们自己的名字。[34] 腓力是否进攻过安布拉奇亚，并不确定。无论如何，摩罗西亚人及其盟友——它们如今控制了安布拉奇亚湾的入口——日益增长的实力，已经成为安布拉奇亚的威胁。但科林斯和雅典赶来援助了。

公元前336年，亚历山大和克莱奥帕特拉（后者是腓力与奥林匹娅丝的女儿，也是马其顿王子亚历山大的姐姐）的婚姻，让摩罗西亚和马其顿缔结了盟约。公元前336年腓力的遇刺身亡并未削弱该同盟，因为两位亚历山大仍是密友。但巴尔干半岛的安排受到严重震荡。亚历山大不得不以“武力上的优势”重申马其顿的权威。公元前335年，他彻底完成了这项任务（见下文）。在伊利里斯取得决定性胜利后，亚历山大骑兵的长途追击，[35] 让反叛的国王们——即陶兰提亚人国王格劳奇亚斯（Glaucias）和达尔达尼人国王克雷图斯——屈服。同时，他们的盟友阿格利安人国王劫掠了奥塔利亚泰人的土地，因为后者计划支持反叛者。次年，亚历山大将伊利里亚军队带往亚洲，无疑是模仿腓力所为，同时征调了许多其他人，例如，公元前331年秋，他征调了3000人。返回的士兵们带来了新形式的财富，还给他们的部落带来了新的观念。到该世纪末，小的城市中心如克罗提奈［Krotine，即狄马莱（Dimale）或狄马隆（Dimallum）］、伊尔马伊（Irmaj）、贝拉特（Berat）和波格拉德茨等，开始在伊利里亚南部发展起来，因为在那些地区，希腊人和伊利里亚人是近邻。马其顿影响最为显著的建筑，为下泽尔凯（Lower Selcë）地区斯孔比河上游的岩穴墓，它们与维尔吉纳（Vergina）最大的墓葬（腓力墓）以及菲提耶［Fethiye，即泰麦苏斯（Telmessus）］的“阿明塔斯墓”都惊人地相似。人们会想到在亚历山大的军队中，那个统治着帕提尼人的伊利里亚人军官及其后代。[36]

摩罗西亚国家的成功向其对手提出了挑战。约公元前335年，泰

---

[34] Hammond 1967（E 72）541f; Hammond and Griffith 1979（D 50）307f; 不同看法见 Franke 1961（E 67）44f。

[35] Hammond 1978（K 22）139f. 关于亚历山大在伊利里斯的战役，见 Hammond and Walbank 1988（D 51）41, n. 1。博斯沃思下文第796页提供了其在马其顿境内的地点。

[36] *Iliria* 2（1972）48（伊马耶）；3（1975）500（贝拉特）；4（1976）367－379（泽尔凯），389f（克罗提奈）；9/10（1979/80）237（波格拉德茨）。关于“皮同伊吕利乌斯”（Pithon Illyrius），见 Justin XIII. 4. 13 及 XIII. 8. 10；关于马其顿货币，特别是亚历山大欧洲货币在达萨莱提斯的统治地位，见 *Iliria* 15（1985）192。

斯普罗提斯人国家开始发行自己的青铜币，大约同时，在多多那的一份铭文上，首次将考尼亚人国家作为“考尼亚人的城邦”（*ἁ πόλις ἁ τῶν Χαόνων*）提及。公元前 334 年，受塔林顿人邀请，亚历山大与 15 艘战船、部分骑兵和大量商船渡海前往意大利。公元前 331 年战 441
死前，他一直在那里战斗（见下文）。作为摩罗西亚人国王，他统率着“摩罗西亚人及其盟友”，在意大利，他以自己的名义发行货币。“摩罗西亚人及其盟友”是一个新的政治体，与伯罗奔尼撒同盟和雅典第二同盟类似。它的组织可能是两院制的，如同雅典第二同盟一样。作为霸主（*hegemones*），摩罗西亚人自己进行讨论，同盟者在他们自己的议事会中讨论。它与其他国家例如塔林顿等结盟，但后者并未成为该政治体的成员；它也有自己的驻外代表。多多那的一份命令提到一些扎金索斯人是“摩罗西亚人及其盟友”的“代办”（*proxenoi*）。[37] 当时摩罗西亚人被描述为“摩罗西亚人同盟”（*Μολοσσῶν τὸ κοινόν*），它的命令之一系根据国王、“统帅”（*prostates*）和“文书”（*SGDI* 1334）定年。

尽管“摩罗西亚人及其盟友”在意大利的成就极其突出，战争却以伊庇鲁斯军队的被消灭和国王的战死告终（Livy Ⅷ. 24. 7 – 14）。如此全面的灾难动摇了摩罗西亚人作为霸主的威信，严重削弱了他们的力量。摩罗西亚人同盟陷入崩溃，新的政治组织“伊庇鲁斯人同盟”代之而起（*SGDI* 1336 *οἱ σύμμαχοι τῶν Ἀπειρωτᾶν*）。本节作者 1967 年认为该同盟兴起于公元前 331—前 325 年间，不过最近一份铭文的公布，已经把时间精确到约公元前 330 年。该铭文记录了阿哥斯圣使的接待者名单，其中出现了作为政治单位的阿伊罗斯（*Ἄπειρος*在伊庇鲁斯），其代表是克莱奥帕特拉，即亚历山大的遗孀。因此，在新的国家中，摩罗西亚人王室仍保持其特权地位和声誉。各部落集团的货币，包括摩罗西亚人的、卡索帕人的、埃莱亚伊人的和泰斯普罗提斯人的，如今都消失了，一种新的钱币已经发行，上刻 ***ΑΠΕΙΡΩΤΑΝ*** 为标志。亚里士多德认为，“伊庇鲁斯人”的政体值得描述，但他的论述未能保存下来（fr. 494，Rose）。

伊庇鲁斯人同盟显然是同盟成员的平等结盟。这种同盟形式中，每

[37] 转引自 Dakaris 1964（E 61）pl. 4 及其图片。

个成员国与其他成员国的关系维持现状。例如，摩罗西亚人不能以吸收其他成员国的部落来进行扩张，相反，在同盟联合体内，当时的面积被固定下来。同盟领土的面积从约公元前 330 年接待阿哥斯圣使的地主名单中可以推知。在那份铭文中，仍独立于阿佩罗斯的独立国家名单有
442 可能复原，分别是［*Φοιν*］*ικα*（佛伊尼凯），［*Κορκυ*］*ρα*（科西拉）和［*Ὠρικος. Κ*］*νημος*（奥利孔的克奈摩斯）。[38] 佛伊尼凯的接待任务由考尼亚人国家的代表负责。由于布特罗同未出现在名单中，所以不是考尼亚人就是科西拉控制了它。奥利孔及其港口城市帕诺摩斯［*Πάνομος* ··· *ἐν μέσοις τοῖς Κεραυνίοις ὄρεσι*（帕诺摩斯……位于凯劳尼亚山区中心）］是独立的（Str. 324）。那也就表示，伊庇鲁斯仅仅代表摩罗西亚人、泰斯普罗提斯人、卡索帕人和阿廷塔奈斯人。

在我们从地理意义上所谈的“伊庇鲁斯”范围内，肯定存在不同的政治实体。公元前 323 年亚历山大大帝死后所做的安排，也显示了这一点。如果我们把阿里安和戴克西普斯（Dexippus）的残篇（*FGrH* 1 56 F 1，7 and 100 F 8，3）——它们都来自同一资料，即卡狄亚的希埃罗尼穆斯——结合起来看，则我们会发现，安提帕特（Antipater）将统治“直到凯劳尼亚山的伊庇鲁斯”（阿里安），以及“亚历山大在世时他所统治的伊庇鲁斯”地区（戴克西普斯）。换句话说，伊庇鲁斯（地理学意义上的）部分地区，即伊庇鲁斯同盟的部分地区是独立的，而且一直是独立的。安提帕特拥有权力的那部分伊庇鲁斯，从马其顿的立场看，乃为马其顿和凯劳尼亚山之间的一个地区，也就是考尼亚人和奥利孔的领土。在伊庇鲁斯同盟之南，安提帕特统治着“所有的希腊人”（阿里安和戴克西普斯都称是“所有的”）。他们的起点是安布拉奇亚人。[39]

引起伊庇鲁斯同盟创建的因素并不清楚。我们可以猜想，它部分来自安提帕特的鼓励，部分得到亚历山大的支持，后者希望遏制摩罗西亚人的活动，因为在那里，克莱奥帕特拉和奥林匹娅丝都很

㊳ *BCH* 90（1966）156，710；*SEG* XXIII，189；Hammond 1980（E 75）14ff；Cabanes 1987（E 59）173ff. S. G. 米勒（S. G. Miller）教授友好地提醒本节作者，将沙尔内（Charneux）文本的第 13 行复原为“Korkura”得到他尚未公布的尼米亚文书的证实［载 *Hesp.* 47（1979）79，no. 19. 这里有一处错误，第 16 行应为第 13 行］。他的复原取代了我主张的“凯马拉”（Kemara）和沙尔内主张的“卡索帕”（Kassopa）。

㊴ Hammond 1980（E 75）472ff.

有影响。伊庇鲁斯同盟的角色是决定对外政策，控制自己的财政体系，任命和废黜军队统帅，从事自己的外交，并且拥有共同的公民权。但是，它并非一个结合紧密的政治平等体（*sympolity*），个别国家过于强大，它们各自又是一群部落的联合，每个部落都有自己的同盟（*koinon*），并管理着自己的内部事务。部落根深蒂固的游牧生活方式仍占据统治地位。但就在本时期之末，出现了几个设防据点。它们的功能，一是保卫定居居民，一是作为政治组织的中心。虽然不能精确断定这些要塞的年代，但看来似乎到公元前 323 年，在伊庇鲁斯同盟的土地上，下述地区成为城堡而非有环形城墙的城市。它们是卡索帕人的城市卡索佩；泰斯普罗提斯人的阿哥斯希帕同［Argos Hippaton，即卡斯特利翁（Kastrion）］和吉塔那［Gitana，即古马尼（Goumani）］；以及摩罗西亚人的多多那和欧吕麦奈［即卡斯特利萨 443（Kastritsa）］。[40] 在北方，考尼亚人将科西拉人从他们大陆上的领地上驱逐，并在布特罗同、卡利沃（Kalivo）和卡拉阿利贝（Kara-Ali-Bey）修建了要塞，在他们的政治中心佛伊尼凯修建了城堡。[41] 在接待者名单中，由“凯马拉”（Kemara）代表的国家有两个中心，分别是希马莱（Himarrë）和波施（Borsh），两者可能都是设防的。在更偏北的地区，阿曼泰斯人（Amantes）在卡尼奈（Kanine）和政治中心普罗凯（Plocë）修建了要塞。[42] 可是，在内陆，即伊庇鲁斯中心区，仅有的设防地点都在摩罗西亚人国家的中心地区，即伊奥安尼那平原上。

因此，无论在经济上还是政治上，西北部说希腊语的部落都处在发展中期，一方面保存着部落社会的活力，另一方面以一种典型的希腊方式走向更大的政治组织。公元前 322 年，当安提帕特放逐希腊国家的反马其顿领袖们至“凯劳尼亚山以外的地区”时（Plut. *Phoc.* 29. 3），他已经视伊庇鲁斯为希腊大陆的一个有机组成部分。希腊化时代将证明，它确是如此。

---

[40] Dakaris 1971（E 62）107f，130；Hammond 1967（E 72）659；Dakaris 1972（E 63）91.

[41] Hammond 1967（E 72）572f.

[42] *Iliria* 7/8（1977－9）271；9/10（1979/80）268；2（1972）81.

第五节　色雷斯人与西徐亚人*

索菲娅·H. 阿奇巴尔德

一　奥德里西亚王国的创建者：泰莱斯和西塔尔凯斯

444 波斯占领色雷斯南翼35年后，即公元前5世纪色雷斯在希波战争后的历史，以部落政治势力的迅速发展为特征，伴之以精英阶层军队的兴起，独特的地区性权力中心的出现和与希腊人城市经常性政治及贸易关系的开始。① 波斯人的战争在这种集中过程中准确的作用仍有争议，同时代文献的稀少，让我们难以估计特定部落集团和具体的地理区划之间的年代学关系，尽管自公元前5世纪第二个四分之一世纪以降，考古资料日益丰富，但要把历史事实与考古资料有机组合起来，仍不容易。

在国际舞台上崛起的最为重要的部落集团，是奥德里西亚人部落。对于该王朝的创建者泰莱斯（Thuc. Ⅱ. 29. 2－3），无论是他的长寿（Lucian *Macr.* 10），还是他偏爱的乡村生活方式（Plut. *Mor.* 174D），我们了解的都属逸事。② 有关他统治期间唯一的细节系由后来的一个统治者修泰斯二世（Seuthes Ⅱ）的回忆录报道，他称提尼人（the Thyni）发动一次夜袭，让泰莱斯失去了辎重，军队损失惨重（Xen. *An.* Ⅶ. 2. 22）。泰莱斯统治的年代和在位时间都不清楚，修昔底德并未确指到底是他本人还是他的儿子西塔尔凯斯将奥德里西亚人的势力向南推进到爱琴海，向北推进到多瑙河（Ⅱ. 29. 2；Diod. Ⅻ. 50. 1）。

在叙述大流士经色雷斯向西徐亚推进时，希罗多德轻描淡写地提
445 到过奥德里西亚人（Ⅳ. 92）。尽管他显然听说过不少有关奥德里西亚人与西徐亚人关系的事情，但关于公元前5世纪初他们势力的相对大小，他却没有告诉我们任何东西。泰莱斯主动把女儿嫁给阿利亚佩泰斯（Ariapeithes），显然意在与这个西徐亚人最为强大的首领建立

---

* 作者感谢亚历山大·福尔教授（Alexander Fol）为本节提供的初稿。

① Danov 1976（E 105）282－3；Fol 1972（E 118）73－93，115－27；关于希波战争，请见 *CAH* Ⅳ^2 234－53，虽然本人并不赞同哈蒙德关于波斯占领范围的看法。

② 在同一书编码的792C处，同样的情况也被归到了西徐亚人统治者阿泰亚斯（Atheas）头上。

积极的外交关系。泰莱斯的儿子和继承人西塔尔凯斯所做的，不过是维持这个家族联系。他把一场本应严重的政治威胁变成了一次真正的灵巧的政变（Hdt. Ⅳ. 80）。阿利亚佩泰斯与泰莱斯的女儿所生的儿子奥克塔马萨德斯（Octamasades）并未继承父亲的王位，因此变成了西徐亚人中反对新王斯库拉斯（Scylas）的焦点人物，后者是阿利亚佩泰斯与一个来自希斯特利亚（Histria）的希腊妇女的儿子。西塔尔凯斯一个不知名的兄弟显然被斯库拉斯视为对手，加入了奥克塔马萨德斯集团。当斯库拉斯寻求西塔尔凯斯的支持以对抗暴动的奥克塔马萨德斯时，西塔尔凯斯却转向了反叛者。如此一来，他不仅说服他的堂兄弟交权给那个叛乱的兄弟，而且使得奥克塔马萨德斯因其王位的合法性对他感恩戴德。这件事情似乎发生在奥克塔马萨德斯的青年时代，那时西塔尔凯斯的继承权根本就不稳定。例如，与公元前 430/29 年不同，他那时并非确定的王储（*Θρηΐκων βασιλεύς*）（Hdt. Ⅶ. 137；Thuc. Ⅱ. 67. 1）。到与雅典结盟时，西塔尔凯斯已经是一个地位巩固的君主，因此他成为国王的时间最晚应在公元前 5 世纪 40 年代。据此，则阿利亚佩泰斯和泰莱斯女儿的婚盟即使不是更早，至少也应在公元前 5 世纪 60 年代。③

奥德里西亚国家的核心区域与其公元前 5 世纪末获得的领土无法分割开来，但它应当包括马利萨（the Maritsa）河谷中游，那里让他们能够享有经济以及战略上的优势。④ 西塔尔凯斯在位时，情形无疑如此。马利萨河谷是进入巴尔干东部的主要通道，如控制其中下游，还可以进入色雷斯内地以及大部腹地。在斯维伦格勒（Svilengrad）附近的麦泽克（Mezek），即马利萨河与阿达河（the Arda）交汇处（图 22）的上方，有一处公元前 4 世纪以降的墓冢。它建造精美，陪葬丰厚，其使用年代可追溯至公元前 1 千纪初。几乎可以肯定，那里后来增加的豪华墓葬属于奥德里西亚国王，因为它显然是一个独特的王家墓葬，所以可能是奥德里西亚一个重要的中心。⑤ 20 世纪 30 年代发掘墓葬时，曾经对更早的山顶设防聚落的遗迹加以搜集。西塔尔凯斯统治之前，奥德里西亚人的势力在色雷斯平原扩张的程度，仍是

③ Danov 1976（E 105）288.
④ Fol and Spiridonov 1983（E 120）Ⅱ 47 -8 及其引证。
⑤ Filow 1937（E 116）；Velkov 1937（E 164）.

446

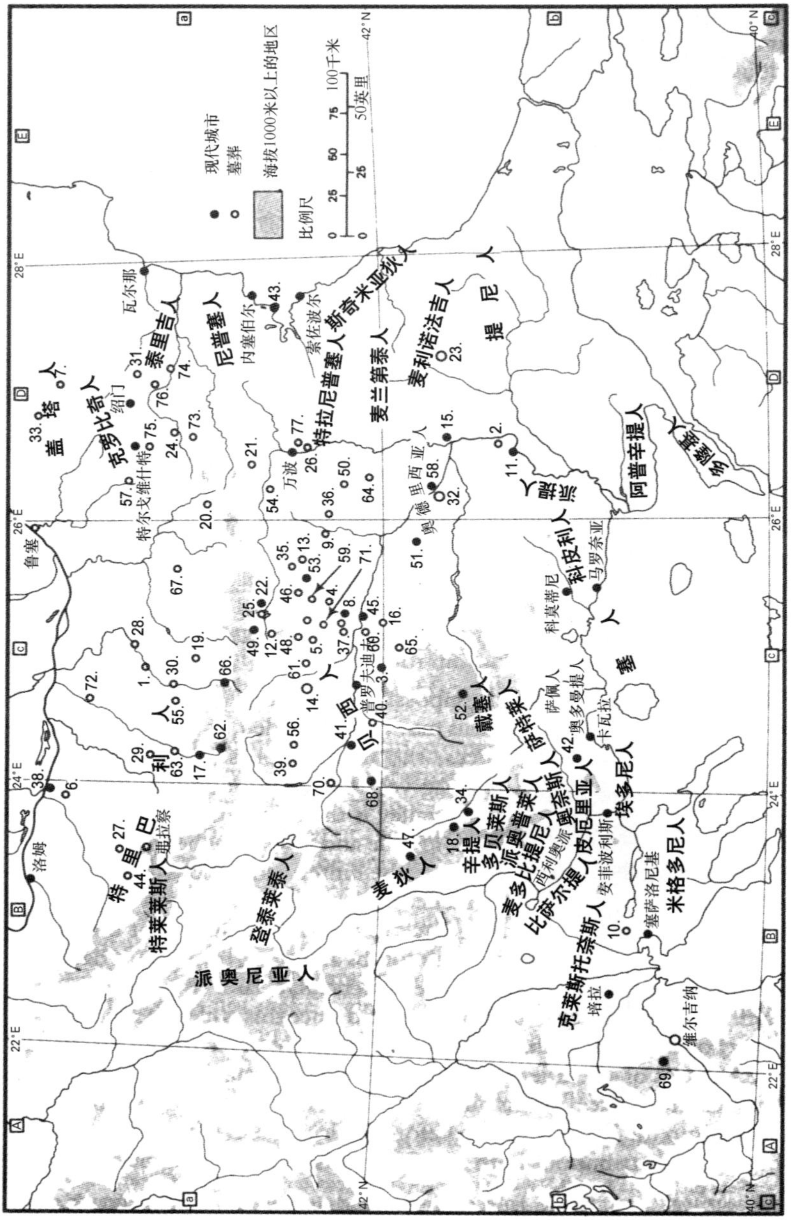

地图 14 色雷斯：古典时代色雷斯人遗址及部落分布（也请见第 724 页地图 16、第 740 页地图 17）

1 亚历山德诺沃（Alexandrovo） 447
2 阿尔佐斯（Arzos）
3 阿塞诺夫格勒（Asenovgrad）
4 贝尼亚科沃（Bednyakovo）
5 布雷佐沃（Brezovo）
6 布库奥夫西（Boukyovtsi）
7 布拉尼切沃（Branichevo）
8 奇尔潘（Chirpan）
9 达斯卡阿塔那索沃（Daskal Atanassovo）
10 代尔韦尼（Derveni）
11 狄狄摩提奇翁（Didimotikhion）
12 下萨拉奈（Dolno Sahrane）
13 达尔波奇（Dulboki）
14 杜万利（Duvanlij）
15 埃迪尔内（Edirne）
16 埃泽罗沃（Ezerovo）
17 格罗泽奈（Glozhene）
18 戈特泽德尔切夫（Gotse Delchev）
19 格拉尼察（Gradnitsa）
20 伊兹格雷夫（Izgrev）
21 洛亚诺沃（Kaloyanovo）
22 卡赞鲁克（Kazanluk）
23 克尔克拉雷利（Kirklareli）
24 科尔门（Kjolmen）
25 科普林卡（Koprinka）
26 科扎莱沃（Kozarevo）
27 克利沃多尔（Krivodol）
28 莱特尼萨（Letnitsa）
29 鲁库维特（Loukuvit）
30 洛维奇（Lovech）
31 马达拉（Madara）
32 麦泽克（Mezek）
33 蒙狄拉（Mumdjilar）
34 内夫罗科普（Nevrokop）
35 新马哈拉（Nova Mahala）
36 诺沃泽莱茨（Novoselets）
37 奥普凯奈斯（Opulchenets）
38 奥雅霍沃（Oryahovo）
39 帕纳久里什泰（Panagyurischte）
40 帕斯图萨（Pastousha）
41 帕扎狄克（Pazardjik）
42 腓力比（Philippi）
43 波摩利（Pomorie）
44 普利雅（Pudrija）
45 五一镇（Purvomaj）
46 普斯特罗沃（Pustrovo）
47 拉兹洛格（Razlog）
48 罗佐奈斯（Rozonets）
49 修图波利斯（Seuthopolis）
50 斯卡利萨（Skalitsa）
51 斯拉维亚诺沃（Slavyanovo）
52 斯摩尔扬（Smoljan）
53 旧扎戈拉（Stara Zagora）
54 斯塔罗塞洛（Staro Selo）
55 斯托扬诺沃（Stojanovo）
56 斯特雷尔恰（Strelcha）
57 斯维特兰（Svetlen）
58 斯维伦格勒（Svilengrad）
59 萨尔内维斯（Sarnevets）
60 鞑靼雷沃（Tatarevo）
61 切诺曾（Tchernozem）
62 泰特文（Teteven）
63 托罗斯（Toros）
64 托波洛夫格勒（Topolovgrad）
65 托波洛沃（Topolovo）
66 特洛伊安（Troian）
67 特尔诺沃（Turnovo）
68 韦林格勒（Velingrad）
69 贝罗伊亚（Beroea）
70 韦特伦（Vetren）
71 沃伊尼西奈（Voinitsine）
72 沃尔奇伦（Vulchitrun）
73 沃尔比察（Vurbitsa）
74 雅科沃（Yakovo）
75 尤鲁克莱（Yourukler）
76 兹沃科凯奈（Zlokoutchene）
77 卡比利亚（卡比莱）[Kabyle（Cabyle）]

一个有争议的问题。公元前 5 世纪钱币窖藏以及声誉型墓葬的分布（图 23 和图 24）表明，色雷斯南部部落权力最为重要的中心都集中在此处。[⑥]

关于奥德里西亚王国领土范围最为详尽的叙述，见于修昔底德描述公元前 429 年西塔尔凯斯入侵马其顿时各部落提供的兵员（Ⅱ. 96ff）。这位历史学家从该部落的家乡开始（未具体提供地望），接着列举了臣服于西塔尔凯斯的那些部落，分别是：地处海穆斯山脉（the Haemus range）以北的盖塔人；一些“独立的”山区部落，包括罗多佩（Rhodope）的狄人（the Dii）、派奥尼亚的阿格利安人（the Agriani）和莱埃人（the Laeaei）——他们显然为西塔尔凯斯控制的最西边的人；另有西北的特莱莱斯人（the Treres）和提拉泰伊人（the Tilataei）。在这些纳贡的部落集团和更偏西北、远及多瑙河的独立的特里巴利人之间，斯孔布鲁斯山［Mount Scombrus，即维托萨山
448 （Vitosha）］形成了一条天然边界。尽管修昔底德明确宣布，当时奥德里西亚人统治着从阿布戴拉到多瑙河河口的所有沿海地区，却有大量重要的部落不曾出现在名单中。

巴尔干半岛多样的地形，可能让对如此广大地区的有效控制成为难题，奥德里西亚人权威真正能够行使的区域，无疑取决于它的执行力。从这个角度看，从海穆斯山到西北维托萨山之间，经罗多佩蜿蜒至南方的赫布鲁斯河（Hebrus）河口的三角地带，形成了一个连续且易于管理的单位。与西部北方地区和海穆斯山中央地区的部落——主要是特里巴利人和那些居住在较罗多佩海拔更高地区的部落——比较，多瑙河南部的盖塔人，因为海穆斯山东部的山口或者海洋，显然
449 更易遭遇来自南部的压力。公元前 429 年西塔尔凯斯的西进，表明他至少一度能够把自己的权威强加于斯特里蒙河谷中游的色雷斯人即麦狄人和鲁佩尔山口南方的辛提人以及其他部落。西塔尔凯斯对这些地区长久存有野心，其此前进行的对派奥尼亚人的战争（Thuc. Ⅱ. 98. 1 - 2），后来于公元前 424 年进行的对特里巴利人的战争，都清楚地表现了这一点。在前一场战争中，他在森林中开辟了一条道路。在后一场战争中，他丧了命（Thuc. Ⅳ. 101. 5）。

---

⑥ Domaradzki 1987（E 109）.

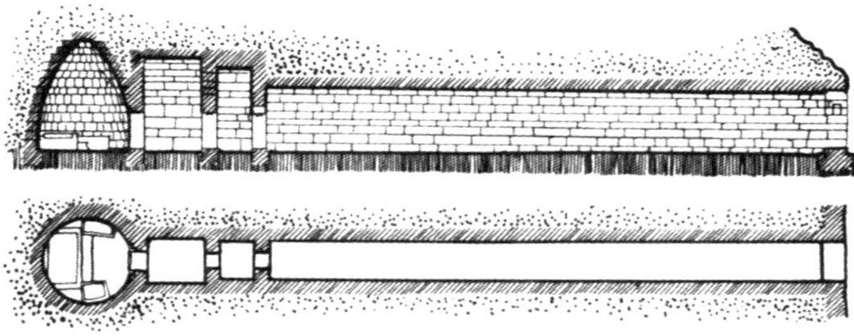

图 22　马泰佩（麦泽克附近）的圆形墓［据 Venedikov and Gerassimov 1975（E 171）60，fig. 36］

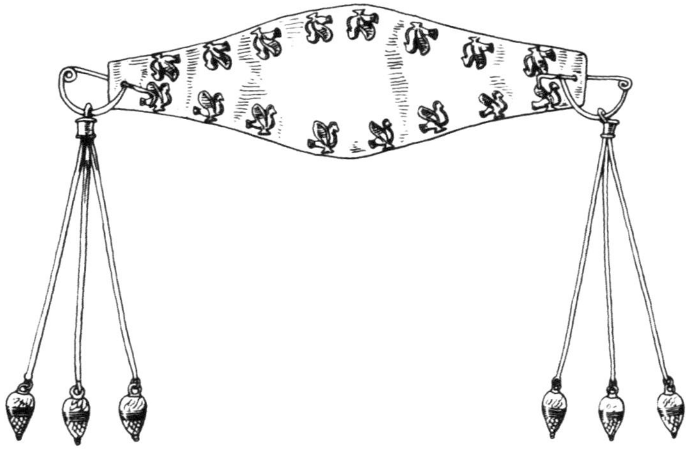

图 23　出自杜万利（Duvanlij）的金饰品，现藏普罗夫迪夫考古博物馆［据 Venedikov 1976（E 170A）no. 157；Filow 1934（E 117）pl. 2. 3］

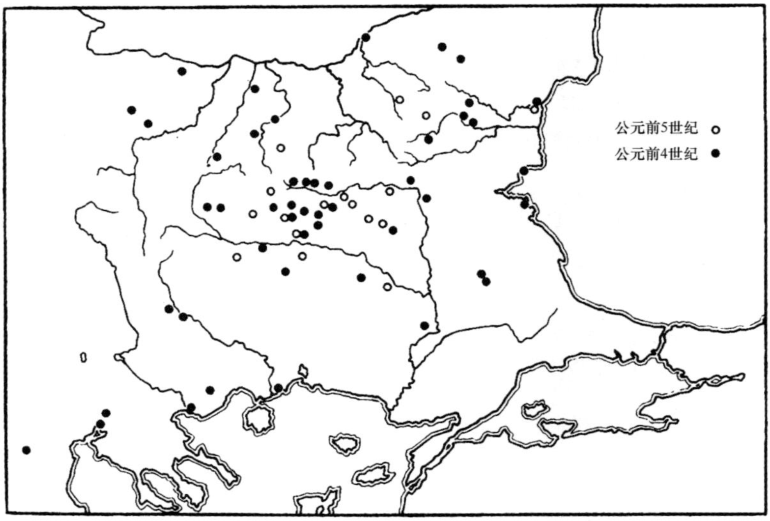

图 24 公元前 5—前 4 世纪曾进口金属器具的色雷斯遗址示意图

可惜，这位历史学家对于奥德里西亚人和贝西人（the Bessi）的关系片言未提，后者居住在赫布鲁斯河上游和罗多佩山脚下（Hdt. Ⅶ. 110；Str. Ⅶ. 331 F 48）。贝西人可能是对该部落一个职能集团的另一称呼，他们也许是包括萨特利人（the Satri）和狄人等山地部落在内的祭司和预言家，两者因为共同的生活方式和信仰，被合并在了一起。后来，这个词甚至被用来指称所有色雷斯人。⑦ 在史料中，萨特利人、狄人以及其他部落都与狄奥尼修斯崇拜有关，他们共享在罗多佩的崇拜中心。尽管考古证据显示，从文化上说，罗多佩的共同体扩展到了西部的色雷斯平原，或者说与其关系密切，但这些人主要是山民。⑧ 如修昔底德暗示的那样，西塔尔凯斯时代，这些地区的政治控
450 制权似乎已经归于奥德里西亚人。但在公元前 5 世纪的后 75 年里，普罗夫迪夫北部杜万利墓冢中异常富有的墓葬，表明当地的精英阶层持续享有繁荣。即使他们并非奥德里西亚人，但他们显然得到了后者

⑦ Sarafov 1974（E 156），1974（E 157）；Fol and Spiridonov 1983（E 120）I 116 及其文献，Ⅱ 24 - 5，52 - 3。

⑧ Gizdova 1990（in E 162）.

的支持。男性武士埋葬之时，随葬有精美的进口银器和青铜器，还有当地生产的和外地的代表名声的盔甲和武器。他们的女性同侪随葬有精致的金饰品，同样是既有外地的，也有当地出产的（图 23），还有青铜器、玻璃和雪花石膏瓶。[9] 杜万利的陪葬品，既空前的富有，又与希腊世界有密切的联系。一般来说，葬仪和随葬品与海穆斯山以南地区精英阶级的墓冢表现出许多共同的特征。在海穆斯山以北，那些随葬希腊进口金属器皿和装饰品的墓葬在这个时期确实出现了，但无论是随葬品的规模，还是葬仪，都要突出得多。男性墓葬中出土的武器和重装型盔甲，表明这些人是骑兵，他们的财富，是其军事成功的奖赏。奥德里西亚人大量王家货币上出现的骑士并非偶然。修昔底德虽然对西塔尔凯斯的大多数军队难掩蔑视，因为他们多由业余的步兵组成，但在对抗马其顿人时，骑兵坚守了阵地，而他们几乎全部由奥德里西亚人和盖塔人组成（Thuc. Ⅱ. 98. 4）。

修昔底德明确指出，奥德里西亚人通过一种扩大的职责和义务体系获取财富（Ⅱ. 97. 4）。这些职责不仅被赋予国王本人，而且授予他的随从。在色雷斯人部落中，奥德里西亚人所以显赫，就是因为他们对勒索礼物孜孜以求而且颇有效率。这位历史学家提到了贵金属和纺织品，后者已无幸存，但前者在富有的墓葬中很好地表现了出来（图 24）。修昔底德从希腊人在爱琴海的殖民地的视角看问题，强调金钱和实物都数量巨大，那是这些城市被迫支付给奥德里西亚国王的，名为“贡金”。同时他补充道，普通色雷斯人也参与了礼物的交换。这种复杂的礼物交换体系清晰地表现了奥德里西亚王国内的社会关系：普通部落民（以及来访的希腊人）给等级地位更高的成员献纳奴隶、纺织品、珠宝，以及贵金属制造的器皿（Xen. *An.* Ⅶ. 3. 18ff）。作为回报，他们可能有权享有安全以及庇护制带来的一般好处，包括比较有利的婚姻和作为财产的礼物（Xen. *An.* Ⅶ. 2. 38）。

虽然对于西塔尔凯斯如何行使和保持权力我们几乎一无所知，但 451
他显然是个富有外交天赋和军事能力的人（Diod. Ⅻ. 50. 1）。他对罗多佩以南色雷斯人部落所占领土的兴趣，可能是他公元前 431 年默认雅典建议的主要动机之一，那是通过一个富有的阿布戴拉人，同时

---

⑨ Filow *et al.* 1934（E 117）.

也是西塔尔凯斯的妹夫宁弗多鲁斯（Nymphodorus）提出的（Thuc. Ⅱ. 29. 1）。雅典和西塔尔凯斯缔结了盟约，后者的儿子萨多库斯（Sadocus）成为雅典公民。在调和马其顿的佩狄卡斯（Perdiccas）和雅典的关系时，西塔尔凯斯充当中间人，筹码是雅典将泰尔麦（Therme）归还马其顿。然而，雅典人希望利用西塔尔凯斯军事上的支持削弱马其顿在色雷斯的影响，同时增强他们自己的影响（Thuc. Ⅱ. 29. 4 –7）。公元前 430/29 年夏，西塔尔凯斯和萨多库斯将科林斯的阿利斯泰亚斯（Aristeas）和一个泰盖亚人、一个阿哥斯人和三个斯巴达使节——他们正在前往波斯宫廷的路上，但是企图将奥德里西亚人争取到斯巴达人一边（Hdt. Ⅶ. 137；Thuc. Ⅱ. 67）——移交给雅典，从而证明了他们的忠诚。

西塔尔凯斯无疑急于强调这个同盟的正式性，任何服务于这个意图的谱系上的宣传都会有用（Thuc. Ⅱ. 29. 1 –3）。可是，索福克勒斯的《泰琉斯》（*Tereus*）的背景虽然被置于色雷斯，却不大可能包含任何直接的政治暗示。[10] 传说中谱系上的联系，在后来的统治者如修泰斯二世那里继续被用作一种有效的工具（Xen. *An.* Ⅶ. 2. 31；3. 39）。西塔尔凯斯政策的成功，由下述事实可加以判断：甚至到公元前 425 年，当他并不成功的马其顿战争在雅典几乎快被遗忘时，阿里斯托芬还把奥德里西亚人的亲雅典癖好作为他喜剧插话的一段笑料，嘲讽一支奥多曼提人（Odomantian）雇佣兵（*Acharnians* 135ff）。从赫尔米普斯（Hermippus）在《佛尔摩佛利》（*the Phormophori*）中一段尖刻的评论看，普通雅典人对于从与西塔尔凯斯更密切关系中获益一事，所持的是悲观立场（Edmonds *FAC* I，304 –5，F 63；Athen. Ⅰ. 27d-e）。

二 爱琴海北部的背景

波斯撤退后的年代里，爱琴海北岸发生的事件，不大可能提升西塔尔凯斯对雅典或者马其顿意图的信任度。拜占庭和赫勒斯滂海峡的重新夺占，赫尔索尼斯的复归雅典控制，以及一个由雅典领导的、以埃翁（Eion）为基地的重要联盟的建立，都表明雅典维持其在爱琴

---

⑩ Höck 1891（E 127）78，n. 2；P-W VA1 s. v.，"Tereus"；Danov 1976（E 105）289，n. 19，311；Hall 1989（B 53）105，111 –12，134ff. Contra，Mihailov 1977（E 142）237 –50.

海北岸据点的新的动向（Thuc. Ⅰ.94；98.1；Hdt. Ⅶ.106 - 7；Plut. *Cim.* 7 - 8；schol. Aeschin. Ⅱ.31；Polyaen. Ⅶ.24）。在爱琴海北岸西端，斯特里蒙河谷下游最为重要的部落中，皮厄里亚人（the Pierii）、比萨尔提人（the Bisalti）和埃多尼人（the Edoni）已经于公元前7—前6世纪被驱离他们最初的家园，而且感受到来自亚历山大一世统治下的马其顿日益增强的压力。亚历山大可能曾短期占领埃多尼人的要塞恩奈奥多伊（Enneahodoi），尽管我们唯一的史料是亲马其顿的［（Dem.）Ⅻ.21］。[11] 452

埃多尼人以埋伏战成功重夺该地（scho. Aeschin. Ⅱ.34），而且依靠邻邦色雷斯人的帮助，在该地附近的德拉贝斯库斯（Drabescus），于公元前465年消灭了由莱亚格鲁斯（Leagrus）和索法奈斯（Sophanes）统率的一支1万人的雅典军队。当时这些人企图对恩奈奥多伊重新殖民（Hdt. Ⅸ.75；Thuc. Ⅰ.100.3；Ⅳ.102.2；Diod. Ⅺ.70.5；Ⅻ.68.2；Paus. Ⅰ.29.4 - 5）。雅典人企图让亚历山大一世放弃金银矿山，因为后者已经拥有派奥尼亚地区狄索隆（Dysoron）的银矿（Hdt. Ⅴ.17.2），而在色雷斯大陆上，位于大陆上达同（Daton）地区的矿山，此前一直由塔索斯人独占（Hdt. Ⅵ.46）。雅典人打算与他们的盟邦塔索斯刀兵相见，以确保能控制这些资源（Thuc. Ⅰ.100.2；101.1 - 3；Diod. Ⅺ.70；Plut. *Cim.* 14.2；*Themist.* 25.2；Nep. *Cim.* 2.5）。[12]

塔索斯人在大陆上的色雷斯有无权利开矿，以及塔索斯人在斯卡普泰叙莱（Skapte Hyle）矿山的地望，长期以来一直有争议。[13] 可是，只有在得到当地色雷斯人部落，特别是埃多尼人、皮厄里亚人、奥多曼提人和萨特利人合作的情况下，才能获取矿山（Hdt. Ⅶ.112）。这样的合作，因为存在共同的色雷斯—马其顿货币标准，得到了证实。许多哈尔季狄基和爱琴海北岸的货币都采用这个标准。塔索斯及其殖民地奈阿波利斯（Neapolis）、埃盖自身和马其顿的王家货币，以及一系列或大或小的原住民部落，派奥尼亚人［莱泰伊人（the Letaei）和莱埃人］和色雷斯人［比萨尔提人、埃多尼人、奥莱斯奇人（the

---

⑪ Hammond and Griffith 1979（D 50）102.

⑫ J. Pouilloux in *Etudes Thasiennes* Ⅲ 106 - 16，及 1990（E 152）。

⑬ Koukouli-Chrysanthaki 1990（E 136）及其文献，她将斯卡普泰叙莱的地望定在卡瓦拉（Kavalla）东北的达同地区。

Orescii）、戴罗奈斯人（the Derrones）、扎埃利人（the Zaeelii）］也都采用同样的标准。有些色雷斯人部落只是因为有货币，我们才知道他们的存在。塔索斯及其在大陆上的殖民地对邻近色雷斯人部落的钱币传统所产生的影响，可能较通常认为的更大，尤其是奈阿波利斯，由于与塔索斯在大陆上的主矿区接近，很快就从塔索斯的伙伴变成了对手。[14] 钱币正面的图案——森托尔正劫走仙女——与塔索斯的图案相
453 同，为大陆上另一个不知名的货币，可能是塔索斯人的一个地区即奥莱斯奇人和扎埃利人的货币。其他部落重视的是游牧而非酒神的主题，图案为一青年牵马或赶两头牛。[15] 对这些钱币开始的时间，我们所知甚少，有些钱币可能仅仅在希波战争期间等有限的时间段发行，大多数有大额辅币的货币，不曾在确定为公元前 470 年以前的环境中发现，而且在公元前 450 年左右终止，其原因我们至今无法确定。[16]

三 伯罗奔尼撒战争期间的雅典、安菲波利斯和色雷斯

公元前 5 世纪 40 年代和 30 年代，雅典人恢复了他们探索爱琴海北部战略要地的兴趣，并且以加倍的努力在色雷斯大陆上渗透，既包括有利可图的斯特里蒙河谷下游和安吉泰斯（Angites）河谷地区，也包括海峡地区。较之以前的雅典殖民地，布莱亚（Brea）——我们仅从铭文知道它，却难以确定地望——的建立，更多地得到了原住民的合作。据普鲁塔克《伯里克利传》第 11 章第 5 节（Theop. *FGrH* 115 F 145；Hesychius and Steph. Byz. s. v. *Brea*），它可能是位于比萨尔提人境内的一处军事据点。[17] 真正的成功只是随着安菲波利斯的建立（公元前 437 年）才到来。这是一个具有头等重要性的战略要地，位于斯特里蒙河转弯处的一座小山上，正好在恩奈奥多伊之南（Hill 133 认为

⑭ J. Svoronos, *L' Hellénisme primitif de la Macédoine* (Paris 1919) pls. 5, 17 – 24 (Orescii), 6, 11 (Zaeelii), 7. 3, 5 (Letaei), 95ff pl. 10 (Thasos); *Guide de Thasos* (1968) 185 – 6, pl. 1. 1 – 5; Price and Waggoner 1975 (B 213) 32 – 6, nos. 100 – 28; Picard 1982 (E 148) 424 and 1990 (E 144) 541 – 8; M. Oikonomidou, ibid. 533 – 40.

⑮ Gaebler 1935 (B 194) pl. 12. 1 – 11 (Bisalti); Price and Waggoner 1975 (B 213) 38, no. 52; D. Raymond, *Macedonian Royal Coinage to 413 B. C.* (New York 1953) 100 – 1, nos. 54 – 7; Fried (B 193) and Kagan (B 198) in Carradice 1987 (B 188) 1 – 2, 24 – 5.

⑯ Kraay 1976 (B 200) 131, 134, 136 – 41, and *Num. Chron.* 1977, 89 – 98; Price and Waggoner 1975 (B 213) 39; M. J. Price in Carradice 1987 (B 188) 43 – 7.

⑰ M-L no. 49; Fornara 1983 (A 19) 110, no. 100 及其文献；J. Vartsos, *Archaia Makedonia* 2 (1977) 13 – 16; D. Asheri, *AJP* 90 (1969) 337 – 40 争辩说，布莱亚殖民地应位于哈尔季狄基半岛。

它在该城东北，见 Thuc. Ⅳ. 106；108. 1；Ⅴ. 11. 1；Diod. Ⅻ. 32. 5；68. 2；schol. Aesch. Ⅱ. 31 – 4；Polyaen. Ⅵ. 53；Harpocrat. s. v. *Amphipolis*；Steph. Byz，s. v. *Hagnoneia*）。[18] 1956 年以来对该遗址的发掘尚很少揭示公元前 5 世纪的情况，尽管从一开始，安菲波利斯的设计就雄心勃勃，而且要塞林立。[19] 公元前 448/7 年派出、公元前 443/2 年得以增强的赫尔索尼斯的另一军事据点[20]，构成了雅典及其同盟环绕爱琴海北岸基地的最后一环。阿布戴拉可能自公元前 5 世纪 70 年代已经成 454
为联盟成员，埃努斯（Aenus）和马罗奈亚（Maronea）公元前 454 年之前也已经加入。[21]

可是，马其顿的佩狄卡斯开始侵蚀雅典的垄断地位。他鼓励奥林图斯与其邻邦于公元前 432 年实现了统一（Thuc. Ⅰ. 58. 2）。正是在这个背景下，雅典人主动接近西塔尔凯斯寻求结盟。这一同盟的主要结果，是计划公元前 429 年对马其顿发动联合入侵，目标是扶植一个篡位者取代佩狄卡斯，但入侵最终未获雅典支持，不曾取得任何持久的成果（Thuc. Ⅱ. 95 – 101）。[22] 西塔尔凯斯能够征调的土地、人力和金钱资源，显然在希腊世界引起了轰动（Thuc. Ⅱ. 101. 4；Diod. Ⅻ. 51. 1），并可能让雅典人相信，他们的奥德里西亚人盟友已经十分强大。事实上，尽管人数令人印象深刻（修昔底德著作第 2 卷第 98 章第 3 节称，共有 15 万人），但它的骑兵不足三分之一，根本不是人数较少但训练有素的马其顿骑兵的对手（Ⅱ. 100. 5）。此外，由于西塔尔凯斯的侄儿修泰斯与佩狄卡斯的秘密谈判，远征已经注定失败。佩狄卡斯承诺，如果修泰斯能够将入侵军引开，则修泰斯将得到与佩狄卡斯女儿斯特拉托尼凯（Stratonice）的婚姻（Thuc. Ⅱ. 101. 5）。

西塔尔凯斯死后，修泰斯于公元前 424 年成为国王，谣言说他卷入了其堂兄西塔尔凯斯的死亡或者失踪，可能是与雅典人合谋；而此

⑱ Pritchett 1965（A 48）Ⅰ 30 – 45，46 – 7（E. Vanderpool）；D. Lazaridis，*PAE* 1960，68 – 72；1964，39；1965，50 – 2；1971，58，62，fig. 33；1972，70 – 2；1973，50 – 4；1974，63 – 4；1975，69 – 71；1976，94 – 8；1977，43；1978，58；1979，79，1981，25；1982，50 – 1.

⑲ Lazaridis 1972（E 137）and 1986（in K 39）31 – 8.

⑳ Plut. *Per.* 11. 5；19. 1；*IG* I^2 205. 29：*Neapolis ap' Athenon*；*ATL* Ⅰ 376 – 80，Ⅲ 285 – 90；Kahrstedt 1954（E 133）6ff，15ff；A. J. Graham，*Colony and Mother City in Ancient Greece*（Manchester 1964）178 – 9，193 – 5. 关于公元前 443/2 年的增援，见 *ATL* Ⅲ 205，289；Kahrstedt 1954（E 133）22，n. 56。

㉑ *ATL* Ⅰ 517 – 19；Ⅲ 214 – 23.

㉒ Danov 1976（E 105）311 – 16；Hammond and Griffith 1979（D 50）127 – 32.

后萨多库斯再也没出现过［schol. *Acharn.* 145；（Dem.）Ⅻ.9］。[23] 修泰斯的父亲斯帕拉多库斯（Sparadocus）可能是王室最有势力的亲王之一，修昔底德（Ⅱ.97.3）提到他时，称他为显要（*paradunasteuontes*），一系列刻有他名字的钱币，乃这个色雷斯人当地王室货币最早的可供定年的证据。它的背面似乎是模仿的奥林图斯的货币[24]，正面则为马的身躯，与马罗奈亚的类似[25]可能的情况，似乎是斯帕拉多库斯在奥德里西亚人领土上占有封地，其地在色雷斯西南的某个地方。银德拉克马和 2 德拉克马的钱币背面刻有 SEYTHA ARGURION 和 SEYTHA KOMMA，正面是一位疾驰的骑兵，它应该属于修泰斯一世。此人的知名，是因为他将希腊城市的贡金提到最高水平（Thuc.
455 Ⅱ.97.3）。[26] 由于一批哈尔季狄基和色雷斯城市反水，典型的例子是安菲波利斯在公元前 424—前 423 年间投奔布拉西达斯，雅典人加强了在北方的军事行动（Thuc. Ⅳ.84 – 123），而且雅典和佩狄卡斯——正是他首先邀请斯巴达人提供援助（Ⅳ.82）——之间的敌对行动再度开始，修泰斯得以利用这种纷乱的形势，进一步向爱琴海沿岸的希腊人城市施压。同时，那些独立的部落民或者加入斯巴达一方，或者加入雅典一方，前者如米尔奇尼人（Myrcini）和埃多尼人（Thuc. Ⅳ.107.3；Ⅴ.6.4），后者如参加随后的安菲波利斯战役的奥多曼提人以及其他色雷斯雇佣兵（Thuc. Ⅳ.129.3；Ⅴ.6.2）。

色雷斯地区提洛同盟成员贡金的削减，以及某些北部城市，尤其是阿坎图斯、阿布戴拉和马罗奈亚持续地发行货币，经常与缓解色雷斯国王强加贡金的措施联系在一起，尽管众多其他因素可能也会造成贡金的波动。[27] 安菲波利斯、阿布戴拉、马罗奈亚以及塔索斯和萨摩

㉓ ［Dem.］Ⅻ.9 称，雅典阴谋的牺牲者是一个叫西塔尔凯斯的人和一个雅典公民，这可能是把科提斯一世（Cotys I）错误地搬到了此处，其背景表明那应是公元前 4 世纪的一个统治者［Hammond and Griffith 1979（D 50）314，n.2］。

㉔ Casson 1926（E 97）196 – 7，207，pl. 71；Yourukova 1976（E 173）9 – 11，pl. 4. 17 – 22；Gaebler 1935（B 194）84，pl. 17. 1 – 5（Olynthus）；D. M. Robinson and P. A. Clement，*Excavations at Olynthus* Ⅸ（1938）294 – 7，pl. 34a-b. Baltimore.

㉕ West 1929（E 172）；Schönert-Geiss 1987（E 159）.

㉖ West 1929（E 172）97 – 8；Yourukova 1976（E 173）13，19，pls. 5. 27，27. 1a；Rogalski 1977（E 155）.

㉗ P-W XX s. v. "Phoroi" 583，585；*ATL* I 154，203；Ⅲ 307 – 8；E. S. G. Robinson，*Hesperia* Suppl. 8（1949）324ff；M-L nos. 111 – 17；May 1950（B 205）12ff，71 – 87；Danov 1976（E 105）293ff；对其他因素的讨论，见 *ATL* I 517 – 19；Ⅲ 310；May 1950（B 205）17，76，81 – 2；Meiggs 1972（C 201）249 – 53；Lewis 1987（C 186）。

色雷斯在大陆上的殖民地都由环绕大片领土的要塞加以良好的保护，因此减少了遭遇突袭的风险。考古发掘已经证明，公元前5世纪后半期，它们持续保持着繁荣。无论提洛同盟和修泰斯一世如何勒索，这些希腊人共同体的资源绝没有枯竭。相反，来自罗多佩以北的窖藏中日益增多的证据表明，沿海的希腊人城市和内地的领袖之间商业关系良好。大约从公元前5世纪第二个四分之一世纪的某个时候开始，直到公元前5世纪末和前4世纪前半期，得到突出发展的是塔索斯的斯塔特尔及其辅币。连同当地人仿造的货币在内，它在斯特里蒙与奈斯图斯河谷之间流通广泛，范围北方远及韦特伦（Vetren），西北远达帕扎狄克（Pazardjik）。在帕利翁（Parium）和色雷斯的赫尔索尼斯，货币窖藏分布尽管更偏向东方，即从色雷斯平原直到海穆斯山脚下，但反映出来的模式类似。[28]

关于修泰斯的晚年以及他公元前420—前410年间某个时候的最终去世，我们几乎一无所知。有迹象表明，色雷斯存在制度上的紧张。王室内相互对立的王子们为权力展开竞争，倒霉者之一是麦萨戴斯（Maesades），他是修泰斯二世（Seuthes Ⅱ）的父亲，其领地包括色雷斯东南部的麦兰狄泰人（the Melanditae）、特拉尼普塞人（the Tranipsae）和提尼人（Xen. *An.* Ⅶ. 2. 32）。普罗滂提斯腹地的“三角洲”（Delta）握于泰莱斯之手，此人可能与西塔尔凯斯之子中的泰莱斯为同一人（Xen. *An.* Ⅶ. 5. 1；schol. Ar. *Acharn.* 145）。随着伯罗奔尼撒战争对混合军队——既有轻装兵也有重装兵——的日益重视，色雷斯人雇佣兵越来越多地出现在他们家乡之外的地方。阿里斯托芬公元前425年提到的奥多曼提人（*Acharn.* 147 - 53），后来将参与西西里远征的1300名狄人轻盾兵（Thuc. Ⅶ. 27. 1；29），像被派往斯法克泰利亚的利姆诺斯、因布罗斯和埃诺斯（Ainos）的轻盾兵一样（Thuc. Ⅳ. 28. 4），反映战争艺术中重大战略的转变已经开始。公元前4世纪，它将得到充分发展。[29] 456

最近的考古发现开始为希腊人城市与奥德里西亚王国的政治和社会关系背景提供新资料。奥德里西亚贵族财富总体上的增加，反映为

㉘ Domaradzki 1987（E 109）；Dimitrov 1989（E 107）.

㉙ Parke 1933（K 50）17 - 18；Best 1969（K 8）；Griffith 1981（D 44）.

墓葬中对贵金属的大方使用。新富人的目标意在获得广泛而且多样的进口货，那既是对希腊风俗和文化兴趣日益增长的表现，也是他们自身地位的象征。公元前5世纪（伊奥尼亚?）希腊人宝石业最丰富的例证，出现在杜万利附近三座前后相继的女性墓葬中［分别是科库瓦（Koukuva）、穆绍维特萨（Mushovitsa）和阿拉巴狄斯卡丘（Arabadjiyska Mounds）］。戈吕亚马（Golyama）、巴绍瓦丘（Bashova Mounds）、杜万利以及旧扎戈拉（Stara Zagora）附近的杜尔波基（Dulboki）出土的镀银盘，也是如此。这些盘子，连同一些阿提卡的红画陶和黑画陶的杯、罐以及酒器，还有宴会用品，共同反映了对爱琴海葡萄酒新产生的兴趣。那个埋葬在杜万利的罗扎斯卡塔摩吉拉（Lozarskata Mogila）的贵妇，躺在一张希腊式的、有着旋转式床腿的白蜡树床上。[30] 两座最近发现的聚落的证据可能存在更大的潜在意义。在卡尔洛瓦（Karlovo）地区瓦西里列夫斯基城（Vasil Levsky）附近的萨德西（Saadersi），海穆斯山的山脚下，已经发现了一个聚落存在的痕迹。它有大型石面建筑、陶器（既有进口的，也有当地仿制的阿提卡黑釉陶）、拉科尼亚彩瓦，以及所有似乎早于公元前4世纪之前的物件。[31]

在帕扎狄克西北，距马利萨河一条支流很近的韦特伦附近，一个叫阿狄斯卡沃戴尼萨（Adjiyska Vodenitsa）的地方，有一个时间涵盖公元前5—前3世纪的重要遗址。1988—1990年前三个试发掘周期里，已经出土了大量当地生产和进口的陶器，数百枚钱币，青铜和铁
457 制工具，以及大型石料建筑。人们已经发现它有三个时期。在第一期，该遗址出现了一座以精工打制石料修建的高大城墙（*emplekton-style*），城墙以巨大而未经雕琢的石块支撑，实以河中鹅卵石，墙基是2.6—2.8米宽的未经加工的石料。根据地层资料，它的年代已经被确定为公元前5世纪的第三个25年。如那里的钱币所表明的，该遗址可能有公元前5世纪中期修建的一座王宫，为一首府，臣服于奥德里西亚王国。[32] 在色雷斯平原更东部的地区，无疑也存在其他权力

[30] Filow 1930-1（E 115）及1934（E 117）; Archibald 1983（E 90）; Domaradzki 1988（E 110）; M. Reho, *La ceramica attica a figure nere e rosse nella Tracia Bulgara*（Rome 1990）。

[31] K. Kisyov, *AOR* 1989（1990）41-2（用保加利亚语写成）。

[32] Domaradzki and Yourukova 1990（E 112）.

中心，但尚未得到考察。普罗夫迪夫地区一座始于公元前5世纪的河谷聚落可能与奈贝特（Nebet）崇拜有关，那里出现了新的证据。在旧扎戈拉地区，窖藏和精英阶级的墓葬集中，表明那里是另一个权力中心。在色雷斯平原东南，情况更加复杂，那里可能有数个中心，包括麦泽克、阿萨拉［Asara，即保加利亚中世纪的西美昂诺夫格勒（Simeonovgrad），其地近今日之季米特洛夫格勒（Dimitrovgrad）］、腾达河（Tundja）与马利萨河交汇处的奥德林（Odrin），以及库普塞拉（Kypsela），即现代的伊普萨拉（Ipsala），后来的埃格那提亚大道经这里从三角洲冲积平原顶端穿过马利萨河。[33] 最近的发现，证实了我们从政治状况中做出的可能的推测：希腊人城市与奥德里西亚人（实际上是奥德里西亚的贵族和雇佣兵）的关系非常紧密；与爱琴海世界经常而且连续接触，让那些掌权的色雷斯人熟悉了希腊人和波斯人的生活方式。将希腊石匠工艺、陶器和家庭用具、新的金属技术以及铸币引入的，可能正是这些人。他们的新技术以当地的环境为对象，并为实际的需要做了相当的改造。

四　大、小阿马多库斯，赫布吕泽米斯与科提斯一世

公元前4世纪前半期，赫尔索尼斯成为希腊人、奥德里西亚人和当地色雷斯人发生冲突的场所。伯罗奔尼撒战争末期与整个公元前4世纪赫勒斯滂地区战略上极端重要的地位，让它经常遭受入侵，既有雅典的远征，也有斯巴达的进攻，目的是确保他们各自的利益。[34] 这
与奥德里西亚人对该地区兴趣的深化同时，尽管我们并不清楚它与当 458
时出现的王室不同支系的权力斗争是否有关和如何相关。

公元前410—前407年间某时，麦多库斯（Medocus，又名阿马多库斯）继承了国王的头衔（Xen. *An.* Ⅶ. 2. 32；7. 3；Harpocr. s. v. *Amadokos*, Isoc. Ⅴ. 6）[35]，但遭遇其族人、麦萨戴斯（Maesades）之子修泰斯二世

㉝ Domaradzki 1987（E 109）10 – 11.

㉞ Xen. *Hell.* Ⅰ. 1. 12, 32；3. 10；4. 9；Ⅱ. 1. 25 – 6；Plut. *Alc.* 36 – 7；Lys. ⅩⅣ. 26, 38；Diod. ⅩⅢ. 74；105. 13（特拉叙布鲁斯和亚西比德）；Xen. *Hell.* Ⅰ. 1. 5；Thuc. Ⅷ. 80. 2［公元前411年克莱亚尔库斯（Clearchus）的活动］；Xen. *Hell.* Ⅱ. 2. 5［公元前405年埃泰奥尼库斯（Eteonicus）的活动］；Plut. *Lys.* 20. 7；Paus. Ⅲ. 18. 3（公元前404年吕桑德的活动）；Diod. ⅩⅣ. 12. 1；Xen. *An.* Ⅱ. 6. 2 – 5；Polyaen. Ⅱ. 2. 6（公元前403年的活动）；Xen. *Hell.* Ⅲ. 2. 2 – 5, 9（修泰斯二世和德库里达斯的活动）；Xen. *Hell.* Ⅲ. 2. 9 – 10；Diod. ⅩⅣ. 38. 3 – 7（德库里达斯在赫尔索尼斯的活动）。

㉟ Danov 1976（E 105）325ff；Fol 1975（E 119）103 – 4；Harding 1985（A 29）no. 76.

的挑战。修泰斯企图以他父亲的祖传领地为基础，依靠色诺芬统帅的雇佣兵的帮助，获得一个独立的王国（Xen. *An.* Ⅶ. 2. 18ff）。可能在公元前 390/89 年，雅典将军特拉叙布鲁斯干预了两位王子的争吵，并与他们缔结盟约，那是他在赫勒斯滂地区和爱琴海北岸签订的一系列盟约中的一个，它们将为雅典第二同盟铺平道路（Xen. *Hell.* Ⅳ. 8. 26；Diod. ⅩⅣ. 94. 2；Arist. *Pol.* Ⅴ. 10. 24 1312a）。[36]

公元前 386/5 年，雅典与阿马多库斯确定的继承人赫布吕泽米斯（此人出身不明）重签了友好条约，此约似乎与雅典方面已经高涨的对修泰斯二世的敌意同时，而且可能部分就是为此（Polyaen. Ⅶ. 38；Aristides *Panath.* 172）。[37] 公元前 388 年，伊菲克拉特斯被派往塞斯图斯对抗斯巴达人阿那克西比乌斯（Anaxibius），随后投奔修泰斯二世为其效劳，而且可能为雇主攻击过赫布吕泽米斯（Nep. *Iphicr.* 2. 1）。[38] 他继续为修泰斯的儿子和继承人科提斯一世战斗，并在约公元前 386 年以前与后者的女儿完婚（Dem. ⅩⅩⅢ. 129；Anaxandrides F 41 apud Athen. Ⅳ. 131；Theopomp. *FGrH* 115 F 31；Nep. *Iphicr.* 2. 1）。尽管根据“大王和约”的规定，雅典需要适应斯巴达广泛的权力，因此其对外关系受到压制，但赫布吕泽米斯与雅典仍签订了盟约，表明他并不是一个无关紧要的人物，但他仍是个谜一样的人物。在赫布鲁斯河谷下游发现的一系列青铜币上刻有 EBRY 字样，证明他在那个地区是重要的。钱币的反面刻有酒具（cotyle）和 KYPSE-字样，表明它们是在库普塞拉打造的，暗示那里也可能是赫布吕泽米斯的权力中心。[39]

一批独立但相互联系的青铜币的类型，表明它们与马罗奈亚的造币厂有关，[40] 它们被分别划归麦多库斯—阿马多库斯一世和阿马多库斯二世（Amadocus Ⅱ，见 Theop. *FGrH* 115 F 101；Harpocart. s. v. *Amadokos*）。

---

[36] Bengtson 1975（A 6）Ⅱ 185ff.，no. 238；Seager 1967（C 250）；Cawkwell 1976（C 112）倾向于公元前 391 年冬；Tacheva-Hitova 1972（E 161）倾向于公元前 394 年；Harding 1985（A 29）no. 25；Parke 1933（K 50）56－9 认为在卡布利亚斯早年。

[37] Tod no. 117；Harding no. 29.

[38] Parke 1988（K 50）55－6.

[39] May 1950（B 205）186；Yourukova 1976（E 173）16，pl. 6. 32－6.

[40] Yourukova 1976（E 173）18－9，pl. 9. 51；cf. Kraay 1976（B 200）nos. 429－30；Schönert-Geiss 1987（E 159）.

一般认为两人都占有色雷斯中南部地区，即赫布鲁斯河下游和马罗奈亚地区（Dem. XXⅢ. 183）。在已经发表的韦特伦的初步发掘报告公布的 11 枚王室钱币中，有两枚为科提斯一世发行；一枚为塔索斯人的海卡泰型（hekte），其正面为稀有的传说中的 BERG-（在其他地区的钱币上，它写成 BERGAIOY）；其余 8 枚属阿马多库斯一世和阿马多库斯二世，外加一枚泰莱斯二世的青铜币。在那些属于阿马多库斯一世的钱币中，有一枚稀有的银币，其背面是这三个统治者都共有的典型特征：一把刻有造币官名字的双面斧，就这枚论，是 ME（T）OKO，其正面为一短发但发型奇特、胡须修剪整齐的英俊男子头像。作为一种设计，它确实独特，表明它是有意为之的肖像，也是已知的爱琴海地区最早的此类肖像之一。[41] 这枚以及其他青铜钱币，让下述观点更为可信：色雷斯平原的西部及其南翼落入了老阿马多库斯和与其同名的儿子之手。在他们之后，则归于短命的泰莱斯二世。 459

希腊化时代早期，小王公们以他们自己的名义发行钱币，但这绝非新鲜事。在罗多佩，人们新发现了萨拉托库斯（Saratocus）的银币，全部是小面额。此人钱币的正面使用了马罗奈亚的或者受塔索斯启发的葡萄串。在韦特伦的发现使下述认识具有更大的价值：刻在钱币上的符号“Bergaios”，既不表示那是塔索斯造币官的名字，也不表示它出自一个叫“贝格”的共同体，而就是一个取了这个名字的当地人头目的名字。[42] 关于公元前 4 世纪奥德里西亚统治者之间的关系，以及他们掌控的部落和领土，文献史料都未提供充足的信息。然而，色雷斯基本上分裂为自治程度不等的独立地区或公国是清楚的。公元前 5 世纪后半期，这种趋势已经明显，整个公元前 4 世纪，同样的状态在延续，科提斯一世的突出地位是例外而非常态。

科提斯继承了其父对色雷斯东南地区部落的统治权。该地介于本都的阿波罗尼亚和赫勒斯滂海峡之间。无论在修泰斯麻烦不断的统治下这些地区的实际地位如何，他仍成功地将自己的影响扩展到远达赫布鲁斯河东岸的地区，横贯本都整个西部沿海地区，并深入直至奥德

---

[41] Domaradzki and Yourukova 1990（E 112）11, fig. 4.

[42] 关于萨拉托库斯，见 Yourukova 1976（E 173）15, pl. 5. 28 – 30；参见 Kraay 1976（B 200）no. 438（c. 375 – 350 B. C.）；Y. Yourukova, *Archeologiya*（Sofia）1979, 4, 59。关于贝盖乌斯（Bergaeus），见 Yourukova 1990（E 112）10。请与 Picard 1982（E 148），1987（E 149）比较。

苏斯（Odessus）的腹地（Dem. XXⅢ. 181f；schol. Aeschin. Ⅱ. 81；Str. Ⅶ. F 48）。科提斯的儿子凯索布莱泰斯（Cersobleptes）继承了这个扩张了的王国。这个新的权力板块与阿马多库斯一世的世袭领地之间
460 的关系并不确定。史料提到，只是在科提斯于公元前 359 年去世后，阿马多库斯二世才成为独立统治者（Dem. XXⅢ. 8，183），那时他与自己西部的同僚贝利萨戴斯（Berisades）决定不把凯索布莱泰斯视为他们的领主。但到公元前 359 年，两人都已经度过了他们的盛年，可能在此之前已经多年执掌权柄。德摩斯梯尼可能希望我们相信：王国三分仅仅是科提斯不合时宜地突然去世的结果，因此有利于雅典人支持这种分裂。此处则显然暗示，在科提斯治下，三个主要国家都需要效忠于科提斯，不管这种效忠是多么地徒有虚名。关于腓力二世对凯索布莱泰斯王国的征服，我们几乎一无所知，但它清楚地表明，控制色雷斯平原在战略上至关重要。正是在这里，奥德里西亚王朝内两个敌对分支之间的关系，即阿马多库斯和科提斯之间的关系，可能非常敏感。

在韦特伦发现的科提斯的两枚青铜币中，有一枚是稀有的、与阿马多库斯二世和马罗奈亚早期的青铜币有联系的青铜币形制，早期与马罗奈亚和阿马多库斯家族之间的这种联系，或许提供了两个家族之间关系不断变动的线索。[43] 尽管修泰斯二世付出了努力，但阿马多库斯一世仍然是太子。科提斯可能像他父亲一样，是个幼子，直到他消灭了（篡位者?）赫布吕泽米斯，并臣服了其他对手（可能包括未来的阿马多库斯二世）以后，他才扭转了这种态势。

科提斯一世为公元前 4 世纪奥德里西亚统治者中精力最为充沛，也是最为聪颖和精明的统治者。他继承了其父对雅典的不信任，并且成为一个善于欺骗和不忠的对手（Dem. XXⅢ. 104，114，118，129－32，150，153，156－9）。我们需要一定程度上顾及希腊作家，特别是德摩斯梯尼对他及其儿子的敌视态度，德摩斯梯尼的演说《控告阿利斯托克拉泰斯》（*Against*）是有关该时期色雷斯最为重要的唯一文件性质的史料。作为一个有着强烈个性的人物，科提斯显然同样也能进行残忍的报复，并激起诗人的想象［Plut. *Mor.* 174D

---

[43] Yourukova 1990（E 112）14－15，fig. 7.

1－2；Athen. Ⅻ. 531e（Theopomp. *FGrH* 115 F 31），Ⅳ 131；Harpocrat. s. v. *Kotys*］。

像赫布吕泽米斯一样，科提斯从库普塞拉的造币厂发行银币和铜币，其背面为酒器，类似库普塞拉的货币，并且引入了一种新的肖像形式。青铜币正面是一位正在飞驰的骑士，右臂伸展，披肩迎风飞翔，有可能模仿了马其顿的阿凯劳斯和阿明塔斯三世的货币。[44] 这是对人们熟悉的公元前5世纪修泰斯一世（存疑）飞奔骑士主题的修改版。无论是之前的类型，还是科提斯的版本，都反映在了当地金项圈侧面的装饰上。在凯索布莱泰斯、斯罗伊奥斯（Sroios，存疑）和 461
修泰斯三世的货币上，它们进一步通俗化了。从保存完好的墓葬中发现的镀银器皿和珠宝判断，科提斯在位时，高质量奢侈品的进口和当地的生产都在继续。它们所反映的，既是爱琴海地区的——不管是波斯的还是大陆希腊的——一般趋势，也是当地创作的特征。人工房形墓（可以定期打开）的日益流行，意味着大量这类财富从那以后已经消失。

在保加利亚西北部亚历山德诺沃（Alexandrovo）和弗拉察以及多布罗加（Dobrudja）地区阿吉吉奥尔（Agighiol）墓葬中发现的一批银盘，还有从邻近多瑙河的鲁塞的博罗沃附近的窖藏中发现的三件器皿（图25），上刻 KOTYOS EGBEO（Y）字样，出自亚历山德诺沃的，上面刻有 KOTYOS EGGEISTON 字样。第一个词经过与出自布拉尼切沃（Branichevo）的银盘——上刻阿马多库斯和帕德鲁泰莱斯（Padruteres，可能是阿马多库斯二世和一个不知名的当地统治者）比较，被确定为国王科提斯一世的。[45] 这类刻字器皿的意义，因为保加利亚西北发现了罗戈曾（Rogozen）窖藏（1985—1986）而得到

㊹ Yourukova 1976（E 173）17，pl. 7. 37－43，参见 9－11 以及 pls. 8. 67，10. 101－2，27. 15－6；Head 1879（B 195）163，nos. 1－2（Archelaus），173，nos. 14－16（Amyntas Ⅲ）；N. G. L. Hammond in W. Moon（ed.），*Ancient Greek Art and Iconography*（1983）253，fig. 16. 201。

㊺ Filow 1934（E 117）180，fig. 202 及 1917（E 114）52；D. E. Strong，*Greek and Roman Gold and Silver Plate*（London 1966）77，pl. 16a（Alexandrovo）；Venedikov 1966（E 169）12；Nikolov 1967（E 146）and 1968（E 147）fig. 50（Vratsa）；Bercius 1969（E 93）222－3，fig. 5，pls. 117. 1，118. 3（Agighiol）；Ivanov 1980（E 130）figs. 1，5，8－11（Borovo）；Dremsizova 1962（E 113）175（Branichevo）；Venedikov 1972（E 170）；也见 Hasluck 1910－11（E 126）；M. Pfrommer，*Studien zu alexandrischen und grossgriechischen Toreutik frühhellenistischer Zeit*（Arch. Forsch. 16，1987），and in *Journal of the J. Paul Getty Museum* 13（1985）9－18 有关奇尔克克利塞宝藏的论述。Cf. pls. to Vol. Ⅳ pl. 109。

图 25　出自博罗沃（Borovo）的镀银雷顿瓶，藏于鲁塞（Rousse）历史博物馆，编号 II - 358［据 Venedikov 1976（E 170A）no. 544；*Das Altertum* 26（1980）7，fig. 2］

462 了证实。[46] 在总共 165 件器物中，13 个银盘和一个酒罐上有类似的铭文。一个银盘和酒罐上简单地刻上了 SATOKO（I）；一个银盘上刻有凯索布莱泰斯的名字；另有 10 个刻有科提斯的名字，与那些已经描述过的器物一样，它们与那些新器物都同样刻有相似的图标。

罗戈曾器物对那些相关的王家名字做了分类，分别是 EX APRO，EX ARGISKES/ERGISKES，EG（EX）BEO，EG GEISTON，EX SAUTHABAS，可以肯定，希腊语介词“ex”后面表示“来自”和它的地理方位，[47] 即此类货物的生产地或为便于征税确定的集散地。基于此，如修昔底德暗示的那样，从不同希腊共同体根据重量征收来的贡金，会被熔化掉并制作成餐具。带铭文的器物，除博罗沃的窖藏外，要么未经装饰，要么只有简单的雕刻装饰，乍一看犹如批量生产的产

[46] A. Fol et al. , *The New Tharcian Treasure from Rogozen* (British Museum 1986); Cook 1989 (E 104).
[47] J. Hind in Cook 1989 (E 104) 38 - 43.

品。它们的起源地无法确定，但根据词源学，大多数肯定位于普罗滂提斯地区。[48] 这些地方与希腊城市距离上的接近可能具有重要意义。在修泰斯一世时代，众所周知它们要给奥德里西亚人缴纳贡赋，而且北部的某些希腊人城市支付的某些形式的贡金，很可能一直延续到公元前 4 世纪。[49] 色雷斯人的确需要提供礼品，但礼品可能更经常用实物支付；奥德里西亚王国尽管有青铜和小面额的银质辅币流通，但尚未成为“货币经济”，哪怕就是在我们将该概念应用到希腊城市的意义上。此外，礼物献纳的社会意义表明，他们实行的是一种可能不同于希腊人的体系，后者并不属于这个框架。从行政管理的角度看，这些区别不是那么明显。罗戈曾属于国王萨托库斯（Satocus）的酒罐和盘子，像我们已经习惯的科提斯的盘子一样，同样刻上了出产地。

海穆斯山以北这些银器最终的分布，可能与 3 个因素有关：奥德里西亚人国王的对外联系；马其顿征服期间凯索布莱泰斯王国的解体，以及今保加利亚西北地区特里巴利人重要性的不断增长。公元前 4 世纪，奥德里西亚王国国内外的窖藏和墓葬中，都包含混装的银器，既有进口的，也有本地生产的，还有其他器物。银锭可能经常以制成品或铸币的形式存在，除非有其他用途，否则它们可能被熔化，以方便再度使用。亚历山德诺沃和摩吉兰斯卡摩吉拉（Moghilanska 463
Mogila）、弗拉察（2 号墓）和阿吉吉奥尔的墓葬出土的有铭文的银器，要么与科提斯的统治同时，要么是通过外交礼物的途径获取。罗戈曾窖藏中，碎银被打包装在两个袋子中，无疑是打算将它们熔化。它埋入的时间要晚不少，而且更可能与后两个因素有关。

公元前 4 世纪，特里巴利人与奥德里西亚人一道，成为最强大的色雷斯部落。公元前 424 年，西塔尔凯斯在与他们的冲突中败北，此后，他们就成了奥德里西亚人的对手。公元前 5 世纪的墓冢表明，铁器时代早期的青铜工艺传统，包括独特的马勒的生产，继续保持繁荣。[50] 公元前 375 年，据说 3 万名特里巴利人进攻了阿布戴拉，显然是因为他们本土的饥荒。入侵者带着大量战利品离开，但由于雅典将

---

[48] Ibid. 41 and fig. 4.

[49] 请见注释 57。

[50] Kitov 1980（E 135）；Gergova 1986（E 122）.

军卡布利亚斯出人意料地突然出现，阿布戴拉被挽救了。卡布利亚斯考虑到自己城邦的利益，在那里安置了一支戍兵（Aen. Tact. XV. 8－10；Diod. XV. 36. 1－4；Aristides *Panath.* I，172，Dindorf XIII p. 275 & schol. *ad loc.*）。如我们从公元前4世纪中后期亚历山德诺沃、莱特尼萨（Letnitsa）、鲁库维特（Loukuvit）、斯托扬诺沃［Stoyanovo，过去的拉德于维奈（Radyuvene）］、泰特文（Teteven）的墓葬，以及弗拉察周围的墓葬中看到的那样，此后的特里巴利人继续保持繁荣。[51] 阿利斯提德（Aristides）提到卡布利亚斯调和了两名国王的关系，其中之一是“马罗奈亚王”。考虑到阿马多库斯家族与马罗奈亚传统的关系，这个说法有合理性。据阿利斯提德所述，马罗奈亚人与特里巴利人是盟友。如果说这个故事有任何历史价值，那可能是对阿马多库斯二世与科提斯紧张关系的微弱回响。凯索布莱泰斯时代，双方曾公开冲突。阿布戴拉与西塔尔凯斯关系密切，科提斯可能重申他的庇护权，而正是这个行动，可能被阿马多库斯视为挑衅。我们不应低估科提斯在爱琴海上的野心。在奥林图斯，曾经出现斯帕拉多库斯及其他4位公元前4世纪的君主——赫布吕泽米斯、科提斯一世、凯索布莱泰斯和凯特利波利斯（Cetriporis）的钱币，出自韦特伦的一份新铭文中，就做出了法律上的规定，对象包括某些来自马罗奈亚的殖民者、塔索斯和阿波罗尼亚的商人，还有那些在皮斯提罗斯（Pistiros，可能是韦特伦，参见 Steph. Byz. s. v. *Pistiros*）郊区和某些商港的商人。铭文提到了科提斯时代做出的更早的规定。[52] 只是到这时，科提斯政策的爱琴海目标（而非赫勒斯滂地区）才变得明显起来。

464 科提斯有一个能干的女婿伊菲克拉特斯充当他的将领。在20年间，伊菲克拉特斯帮助科提斯将权威扩展到色雷斯东南，只是未能超越那个界限（Polyaen. III. 9. 4；32；41；46；50；62），并消灭了其他两个篡位者，一个是阿达马斯（Adamas，见 Ar. *Pol.* V. 10. 18 1311b），另一个是米尔托库泰斯（Miltocythes），后者在公元前362年被消灭（Dem. XXIII. 104；114；169f）。伊菲克拉特斯与科提斯的紧密关系可能为公元前383年左右马其顿和奥德里西亚王国的重开

[51] Venedikov and Gerasimov 1975（E 171）figs. 231－4，257－92.

[52] Robinson and Clement，*Excavations at Olynthus* IX，340－1. 铭文显然属于公元前4世纪第三个25年，由维尔科夫（V. Velkov）和多马拉兹卡（L. Domaradzka）发表。

友好奠定了基础，当时这位雅典将军帮助阿明塔斯重夺马其顿王位（并因此被阿明塔斯正式接纳为义子，见 Aeschin. Ⅱ. 28）。[53] 一些证据表明，两个王室之间更加密切的关系可能始自公元前 4 世纪 70 年代。[54]

到公元前 375 年，埃努斯、阿布戴拉、狄凯亚以及色雷斯沿海的其他希腊人城市，都和佩林图斯及马罗奈亚一道，加入了雅典第二同盟。[55] 虽然有些城市可能给科提斯提供贡赋，但他仍仇视联邦主义复兴的迹象，因为那向他单独与希腊人城市打交道的能力提出了挑战。公元前 367 年，他先后进攻塞斯图斯和佩林图斯。塞斯图斯是雅典的盟友，同时也是雅典在赫尔索尼斯的主要海军基地（Dem. XXⅢ. 141 –2）。公元前 364 年，提摩泰乌斯成功为雅典解救了塞斯图斯和克利托泰（Crithote），并获得了可观的战利品（Dem. XV. 9; Nep. *Tim.* 1; Isoc. XV. 108; 112）。但是，在雇佣兵将领奥琉斯的卡利戴穆斯（Charidemus of Oreus）的帮助下（因为伊菲克拉特斯首鼠两端），科提斯于公元前 362 年重新夺回赫尔索尼斯，而且除公元前 361 年短期丧失塞斯图斯外，在随后的 10 年里，他和儿子凯索布莱泰斯都成功地击退了诸多的雅典将领。[56] 虽然公元前 357 年签订了一个条约，除卡狄亚之外的所有赫尔索尼斯都被割让给了雅典——那是雅典人可能得到的最有利的结果［Dem. XXⅢ. 104f; 173 –4;（Dem.）L. 4 –20］，但凯索布莱泰斯在随后的年代里无视这些条款，向雅典人的港口和海关一视同仁地征税（Dem. XXⅢ. 110; 176; Isoc. Ⅷ. 24）。雅典和凯索布莱泰斯之间的最终安排直到公元前 352 年才完成，但那时色雷斯的政治形势已经发生了剧烈的变化（Diod. XVI. 34. 3 –4）。

公元前 359 年初，科提斯被埃努斯的两个公民暗杀。他们是皮同（Python）和赫拉克雷戴斯（Heracleides），显然是因为他们之间存在个人恩怨。感激涕零的雅典人民投票授予谋杀者以桂冠（Dem.

---

[53] Hammond and Griffith 1979（D 50）176 –7.

[54] *SIG* 195; *Fouilles de Delphes* Ⅲ. I 392［任命凯索布莱泰斯的儿子伊奥劳斯（Iolaus）、波斯多尼乌斯（Posidonius）、麦狄斯塔斯（Medistas）和泰莱斯（Teres）为代理官的命令］; J. Buckler, *Klio* 68（1986）2, 348 –50（定年在阿利斯托克塞诺斯任执政官之年，即公元前 356 年）; G. Herman, *Ritualized Friendship and the Greek City*（Cambridge, 1987）20, n. 34 及 127, n. 37。

[55] Cawkwell 1981（C 113）42 –5.

[56] Höck 1891（E 127）以及 1904（E 128）; Cloché 1932（E 102）。

XXIII.119；163；Aeschin. III.51；Ar. *Pol.* V.10.18 1311b；schol. D. L. III.46）。我们没有必要猜测其中存在合谋。对于雅典在爱琴海北岸
465 的政策，科提斯是一个障碍，他的公民乐于摆脱他。在维持他们在北方的利益时，雅典人依靠短期而且零敲碎打的办法。只要雅典人的目标未遭遇当地联合抵抗，那这种方式会取得成功也可以理解。雅典人之所以未能彻底驱逐科提斯，是因为他们既不能也不愿发动一场得到适当资助的远征。公元前357年雅典与科提斯的三位继承人即贝利萨戴斯、阿马多库斯二世和凯索布莱泰斯之间的结盟，本意是通过外交手段来支持雅典传统的政策。雅典人支持贝利萨戴斯和阿马多库斯相互冲突的自治的要求，以阻止凯索布莱泰斯赢得对其他两人的任何优势（Dem. XXIII.8；170；173）。[57]

五 马其顿的腓力二世与奥德里西亚人的色雷斯

公元前4世纪50年代，同盟战争和国内的事务都让雅典只能对色雷斯勉力应付。同样的因素，却让马其顿的腓力二世自由地重建和重构他的军队，巩固他对其王国岌岌可危的统治，并且让他的邻国陷入无能。正是这些邻国的密谋和入侵，让马其顿在公元前4世纪前期长期陷入软弱和分裂。但是腓力的计划并不仅仅是击退入侵者，他决心消灭那让雅典人和哈尔季狄基人或雅典人和伊利里亚人可能与各类篡位者在王领上横行霸道的条件。在消灭了伊利里亚的巴狄利斯后，他臣服了派奥尼亚（Diod. XVI.4.2－7），骗过雅典人占领了安菲波利斯。腓力下一步的行动是利用克莱尼德斯（Crenides）的矿产，他将之重新命名为腓力比（Philippi）。此前该地曾遭遇色雷斯人入侵，后者可能是受了凯索布莱泰斯的煽动（Steph. Byz. s. v. *Philippoi*；Dem. XXIII.9；179；Diod. XVI.3.7；8.6）。[58] 关于马其顿人征服前腓力比平原上色雷斯人共同体的情况，目前我们所知甚少，但在亚历山大大帝统治初期，他曾确认某些不知姓名的色雷斯人利用当地土地的权利，那些权利可能是腓力二世规定的，时间可能为腓力比建立之

---

[57] Tod no. 151（= Bengtson *SdA* no. 303）；*ATL* II 104，78d；III 310 支持对文本进行修订；Harding 1985（A 29）no. 64。

[58] Collart 1932（E 103）39ff，133ff，152ff；Hammond and Griffith 1979（d 50）235 ff，248－9.

时。这清楚地表明，当地的色雷斯人继续生活在距离矿区很近的地方。[59]

这些色雷斯人的特性与色雷斯人进攻克莱尼德斯的问题密切相关。虽然塔索斯人和他们在大陆上的殖民者一直在达同矿区开发了200年，但对当地的色雷斯人部落来说，克莱尼德斯的建立 466
仍标志着一种关系上的转变。公元前359年以后，从原则上说，奥德里西亚王国的西南部首先由贝利萨戴斯作为一个自治区域统治，自公元前356年起（即使不是更早），由他的儿子凯特利波利斯统治，虽然两个幼子——可能是摩努尼奥斯（Monounios）和斯科斯托库斯（Scostocus）[60]——向凯特利波利斯提出挑战，并且要求腓力仲裁（Justin Ⅷ. 3. 14ff）。可惜，对于这个西南部王国的地望，我们少有线索。它肯定包括罗多佩，可能还有德拉马平原（the Drama plain）。据称凯索布莱泰斯公元前358年进攻了其他两个王国（Dem. XXIII. 171），因此公元前357年的条约中，对它们相互的权利和义务以及随后孤立凯索布莱泰斯的企图做了严格的规定（Dem. XXIII. 175；189）。

凯索布莱泰斯可能曾希望行使如他父亲那样的权威。可是，关于奥德里西亚人对沿海地区尤其是矿区的兴趣到底有多大，我们了解得太少。古风时代，狄索隆（Dysoron）、潘盖翁（Pangaeum）和达同的核心矿区曾吸引大批沿海的、内地的和移民的共同体。更为强大的国家如马其顿和雅典等，很快就受吸引加入。西塔尔凯斯贪婪地希望分杯羹，但遭遇失败。公元前4世纪，占有矿区的竞争加剧，甚至在那些已经稳定的参与者中间，都是如此。大约在科提斯被谋杀或在那之后不久，塔索斯建立了克莱尼德斯。科提斯和凯索布莱泰斯不失时机地让那些收入流入他们的宝库。面对日益严重的无政府状态，他们不大可能仍作壁上观。

腓力对克莱尼德斯的占领立刻使局势两极分化。那些感受到直接威胁的各方联合起来，组建了一个四方同盟，并下决心扭转形势。[61]

---

[59] Vatin 1984（E 163）; L. Missitzis, *AncW* 12（1985）3－14; M. Hatzopoulos, *Bull. Epigr*. 1987, 436－7, no. 714; 1989, no. 471.

[60] 关于摩努尼奥斯，见注释[61]。关于斯科斯托库斯，见 Höck 1891（E 127）106, n. 5; Ellis 1976（D 80）110, n. 88; Badian 1984（E 92）55－7; Yourukova 1976（E 173）26 以及 1978（E 174）。

[61] Tod no. 157（= Bengtson, *SdA* II no. 309; Harding no. 70）.

同盟成员包括伊利里亚国王格拉布斯和派奥尼亚人国王利皮欧斯（Lippieus），外加贝利萨戴斯的儿子们（Diod. XVI. 22. 3）和雅典，但引人注目地既排除了阿马多库斯，也排除了凯索布莱泰斯，以及之前在克莱尼德斯的塔索斯人。这个同盟似乎证实了下述理念：进攻克莱尼德斯的正是凯索布莱泰斯。如果是贝利萨戴斯的儿子们主谋了这次攻击，则他们不大可能随后就被接受加入这个宏大的同盟。此外，对于凯特利波利斯，腓力的处置较那些联合起来反对他的原住民国王们更加仁慈。腓力比的殖民者需要时间巩固他们的地位，凯特利波利斯名义上仍然控制着他的领土，可能直到公元前 352 年（Dem. XXIII. 179；189）。[62]

这个马其顿人等到了他的时机。凯索布莱泰斯仍然在赫尔索尼斯
467 问题上拒绝向雅典让步。公元前 353 年，腓力做了一次试探，名义上是护送底比斯人潘麦奈斯前往亚洲，实际上更多的是试探色雷斯人的反应。他从西色雷斯出发，但在马罗奈亚被阿马多库斯拦截（Dem. XXIII. 183；Diod. XVI. 34）。作为报复，腓力归途中进攻了马罗奈亚和阿布戴拉两座城市（Polyaen. IV. 2. 22）。两城并未加入任何反马其顿阵营，只有在它们一定程度上与两个独立的色雷斯国王结盟这个意义上，这个事件才可以理解。

凯索布莱泰斯的反应倾向于证实这样的解释。他立刻派一个名为阿波罗尼德斯（Apollonides）的希腊人为使节前往腓力处，但显然没有得到令人满意的回答。次年，迫于卡莱斯重夺塞斯图斯的压力，这个奥德里西亚人被迫接受了雅典人的条件（Diod. XVI. 34. 3）。这给腓力提供了一个把凯索布莱泰斯作为“敌人”的借口。阿马多库斯因为进退失据，只好押宝于腓力，因此其政策较上一年是 180 度的转弯（Theop. *FGrH* 115 F 101）。他们联合起来进攻凯索布莱泰斯，后者显然就“有争议的领土”正与拜占庭和佩林图斯争吵［schol. Aeschin. II. 81；参见（Ar）. *Oec.* II. 27；Dem. XXIII. 142，165，167］。毫无疑问的是，这样的故事容易捏造。有意思的是，腓力感到他需要此类借口进行干涉。无论是在对待希腊人城市的问题上，还是对非希腊人的共同体时，腓力并不是一贯严格遵守此类外交礼节

---

[62] Cawkwell 1978（D 73）44－5；Hammond and Griffith 1979（D 50）252.

的，但这次他渴望让人认为他是根据邦际外交礼节行事。他并不需要希腊人城市支持以完成他在该地区的计划，但它们的敌意，有可能挫败他的计划。腓力赌的是他突袭目标时的成功率，无法预料的拖延，可能降低他对事件进程的把握。凯索布莱泰斯被击败并被降为附属国，他的儿子成为培拉的人质。关于那场冲突和战争的总体进程，我们一无所知。阿马多库斯和凯特利波利斯被废黜（Dem. Ⅰ. 13）。阿马多库斯似乎被泰莱斯取代，后者可能是前者的儿子或者更年轻的亲属，其钱币紧随前者［（Dem.）Ⅻ. 8；10］。[63]

希腊人有关腓力分阶段征服色雷斯的行动，包括公元前352年、公元前346年和公元前342—前340年间最后的消耗战，记载极其简短。泰奥彭普斯的《腓力史》和狄奥多鲁斯简短的记载，都不足以构建出腓力连贯的策略。同一时期德摩斯梯尼的政治演说对事件的描述，系从好斗的亲雅典视角出发，充满激情、好战而且不择手段。因此，我们几乎无法对腓力在希腊之外进行的最为广泛的领土征服活动做出现实主义的估价。有迹象显示，本都沿岸的希腊人城市可能希望 468
利用当地部落领袖对付他，那正是腓力决心避免的状况。据称凯索布莱泰斯因“有争议的领土”对拜占庭、佩林图斯和阿马多库斯发动了战争［schol. Aeschin. Ⅱ. 81（Dindorf, 57. 12）］，但在如此微妙的时刻突然发起侵略，不大可能。更可能的情况是：腓力此时利用了长期存在的争端，因为他已经设法说服阿马多库斯，相信他们可以联合进攻凯索布莱泰斯并且赢得胜利（Theop. *FGrH* 115 F 101）。他进攻了海莱翁泰科斯（Heraion Teichos）。尽管原因不明，但目标可能是支援佩林图斯。但他的生病，使他未能得到满意的结果。

公元前346年，当和谈仍在希腊进行之时，腓力重启了他平定色雷斯的行动，占领了爱琴海沿岸和赫尔索尼斯关键的要塞，包括塞尔海翁（Serrheium）、多利斯库斯、埃吉斯凯（Ergisce）、米尔泰农（Myrtenum）、伽努斯（Ganus）和希埃隆奥罗斯（Hieron Oros）。公元前351年以来，由于雅典和凯索布莱泰斯之间达成了彻底的谅解，因此这些要塞中的大多数，即使不是全部，都由卡莱斯和狄奥佩泰斯设防和加固了［Dem. Ⅲ. 15；Ⅷ. 64；Ⅸ. 15；ⅩⅨ. 150；156；164；

---

[63] Yourukova 1976（E 173）21, pl. 9. 58 – 63; Domaradzki and Yourukova 1990（E 112）16, fig. 10.

334；XⅧ.25；27；（Dem.）Ⅶ.36－7；Aeschin. Ⅱ.90；Ⅲ.83］。同时，在雅典，凯索布莱泰斯的使节，兰普萨库斯人克利托布鲁斯（Critobulus of Lampsacus）有意被排除在与腓力和谈的签字各方之外（Aeschin. Ⅱ.81ff；Ⅲ.83）。这恰好落入了腓力的圈套，使他毫无顾忌地掠取了凯索布莱泰斯的要塞。德摩斯梯尼连篇累牍地抨击腓力所谓的欺骗，实则是一个骗局，因为正是他确保克利托布鲁斯的意见未被听取。德摩斯梯尼此前可能已经意识到，如果腓力未得到在色雷斯自由行动的许可，则这个马其顿人是不会接受和平建议的。

公元前346年的事件，让我们对腓力的方法有些许认识。他缓慢推进，占领关键的战略据点，并在推进到色雷斯平原做最后进攻之前，对据点设防。沿海的要塞网是进一步向内地推进的反映。[64] 公元前346年的战役，确保他拥有一直延伸到爱琴海北部内地的广大的扇形防御圈，并给他的行动奠定了基础，让他能够穿越罗多佩，以钳形攻势杀入奥德里西亚人最肥沃和最为重要的中心地区。在斯特里蒙河谷，这些据点几乎延伸到远达鲁佩尔关（Rupel Pass）的地区。安菲波利斯和腓力比控制了德拉马平原。可能正在这时，腓力正式将马其顿东部的边界推进到奈斯图斯河（the Nestus）。[65] 在奈斯图斯河以东，尽管安提帕特肯定到达了阿普鲁斯（Aprus，见 Theop. *FGrH* 115 F 160），但马其顿人的势力可能更加局部，限于沿海地区。这暗示公元前442年（应为公元前342年，原文有误——译者注）初马其顿人发动最后的战役之前很久，就已经成功孤立了凯索布莱泰斯的沿海地区。腓力随后穷追狄奥佩泰斯［Philoch. *FGrH* 328 F 158；Dem. Ⅷ. Hypoth. 2f；6；21；26ff；58（＝Ⅸ.60），Ⅸ.35；（Dem.）Ⅻ.3 and 11］。但他至少需要一条战线，将日益敌视他的沿海城市与色雷斯人对手分割开来。

469

关于最后一击，我们几乎一无所知，它让腓力连续不断地整整战斗了两年多。希腊作家喜欢强调马其顿人遭遇的可怕，冬季的严寒以及令人厌烦的地理环境（Dem. Ⅷ.2；14；35；44；Aen. Tact. XⅥ.6；

[64] Kalyva：*ArchDelt* 29（1973/4）Chr. 2/2，804；30（1976）Chr. 2/2. 300，pl. 204a；31（1977）Chr. 2/2，312－13. *ArchDelt* 29（1973/4）Chr. 2/2. 805（Aerikon），808 以及 *ArchEph* 1971，Chr. 40（Koptero）。

[65] Str. Ⅶ（C 331）F 33；Ⅶ. 7. 4（C 323）；May 1966（B 206）286ff；Hammond and Griffith 1979（D 50）364－5；Badian 1984（E 92）66，n. 54.

Polyaen. Ⅳ. 2. 4；13）。腓力坐拥指挥全权，但将他的将领们差往指定的地区。安提帕特和帕尔麦尼昂一度曾与罗多佩的山地部落战斗。我们知道的一个事件，是泰特拉科利泰人（the Tetrachoritae）参与其中（Theopomp. *FGrH* 115 F 217；Polyaen. Ⅳ. 4. 1；Steph. Byz. s. v. *Bessi*）。亚历山大大帝此时首次获得独立指挥权，独自率军上溯至斯特里蒙河谷，越过鲁佩尔关进入麦狄人领土，从而推进到比腓力在辛提卡的赫拉克里亚新建的据点更远的地区。在从前属于原住民的一个聚落上，亚历山大建立了一座兵营，生活于其中的居民混合了马其顿人、色雷斯人，可能还有希腊人，他们相当自豪地称自己的城市为亚历山大里亚（Plut. *Alex*. 9. 1）。

腓力的计划野心勃勃。他意识到要对这个远比马其顿本土更大的广大地区进行有效管理，必然需要动用庞大的人力（Justin Ⅷ. 3. 6；3. 7 –6. 2）。在罗多佩以南，密集的新聚落网开始兴起。仅在帕罗贝利亚（Parorbelia）就有卡利波利斯（Callipolis）和奥托波利斯（Orthopolis）；辛提卡的赫拉克里亚可能拥有腓力城（Philippopolis）和加莱斯库斯（Garescus）为卫星城［Str. Ⅶ（C 331）F 36］，此外可能还有据点、塔楼以及其他要塞为补充。在罗多佩以北，腓力无疑执行了同样的政策。德摩斯梯尼的演说中不断出现的奇怪的名字，显然是有意选来以贬低战争意图的。我们所知道的，只有德隆古利翁（Drongylium）和马斯泰拉（Masteira）两个大的村庄（Dem. Ⅷ. 44；Ⅹ. 15）。欧摩尔皮亚斯（Eumolpias）被重新命名为腓力城（Pliny *HN* Ⅳ. 11. 41；Ptol. Ⅲ. 11. 12；Amm. Marc. ⅩⅫ. 2. 12），它显然并非国王驻节地。在奈贝特（Nebet）山丘，即那个组成卫城的 3 座小山之一的山丘上，有一座早期铁器时代的圣所。古代后来的以及现代的建筑覆盖在公元前 4 世纪的地层之上，因此我们没有发现与腓力重组该城有关的要塞。可能的情况是，现存防御设施中较早的部分于希腊化和罗马时代被拆除， 470
但在卫城东北面的山脚下，近来已经发现了建筑；而在更偏南的地区，即罗马时代的广场下，是数米厚的希腊化时代的地层，包括城市的广场。它表明，罗马城市的规划可以追溯到腓力时代。[66]

---

⑯ Botusharova 1963（E 94）及 1966（E 95）；Botusharova and Tankova 1982（E 96）；A. Peykov in Velkov 1986（E 167）30 –40；*AOR* 1989（1990）64 –5；Domaradzki 1990（E 111）30。

在腓力建立的其他城市中，我们知道名字的比奈（Binae）和贝罗伊（Beroe）都还没有找到。在卡比莱（Cabyle，见 Theop. *FGrH* 115 F 110；220；Dem. Ⅷ. 44；Ⅹ. 15；Polyb. ⅩⅢ. 10. 10；Anaxim. FGrh 72 F 12；Pliny *HN* Ⅲ. 2. 12；Str. Ⅶ. 6. 2，320），其下城希腊化时代的地层尚未触及，但在陡峭的卫城上的一块巨石之上，有一座“闪光的阿尔特弥斯”（Artemis Phosphoros）圣所，其上叠压着一座高塔。连同西墙在内，它包含一座正方形的堡垒，一道长方形城门，城门用不太合用的高度相等的石块砌成。从地层资料看，它肯定是最初的要塞。[67] 与之类似的，是索菲亚东南佩尼克（Pernik）城的“克拉克拉”（Krakra）要塞宏伟的防御工事。尽管这里并无任何地层分类资料可资证明，但它可能属于腓力或亚历山大时代。[68] 公元前 4 世纪最后的 30 多年里，这里突然开始扩展。多边形的环形城墙上，最初本来连有方形城塔，但仅有一座幸存。该城地处一道峭壁之上，俯视斯特里蒙河谷，位置极佳。如在卡比莱一样，环形城墙有两道外墙，只是这里的基座之上，用的是精心开凿的等高的石块砌筑。排水设施、供水和室内的楼梯间，都用同样精确的标准建造。但两个遗址的比较，也说明这些边防据点外在的特征可能多么的不同。两者留在马其顿人手中的时间都不超过 50 年。

希腊语史料集中在腓力对前奥德里西亚王国行政和财政的重组上（Dem. Ⅷ. 44f；Diod. ⅩⅥ. 71. 1；Arr. *Anab.* Ⅶ. 9. 2）。色雷斯将军（*strategos epi Thrakes*）的设置，尽管在亚历山大掌握政权之前并无决定性证据证明有这个官衔存在，但它符合腓力的计划（Arr. *Anab.* Ⅰ. 1. 6；Ⅰ. 25. 2；Diod. ⅩⅦ. 62. 5；Curtius Ⅺ. 44；Justin Ⅻ. 2. 16）。[69] 在韦特伦，第一期之后就是马其顿占领时期。设防城墙经过修整，以使其适合新的形势。它也由方石砌成，但功能不同。一片新的居住区很快就在旧要塞城墙内兴起。它的房子有数个房间，显然遵循
471 的是爱琴海民居的模式，其中包括良好的新排水设施。但公元前 4 世纪末，在紧邻遗址的一座山丘下，出现了一座由方石砌成的

---

[67] V. Velkov, *Klio* 62（1980）5–11, Kabyle I（1982）；关于地层证据，见 Domaradzki 1982（E 108）and in Velkov 1991（E 168）54–81。

[68] Changova 1982（E 98）52ff.

[69] Ellis 1976（D 80）170, n. 60, 174, n. 64；Cawkwell 1978（D 73）44；Badian 1984（E 92）70（Philip）；Hammond and Griffith 1979（D 50）558–9（Alexander）.

房形墓。它所遵循的是当地的建筑风格，也是当地人王朝复兴的结果。

六　西徐亚人、特里巴利人和盖塔人

腓力二世对奥德里西亚王国的入侵，在其领土之外引起了轩然大波。第一个主要得益者是特里巴利人。大约在此时，他们进攻了多瑙河附近的一块西徐亚人飞地（Polyaen. Ⅶ. 44. 1；Frontin. Ⅱ. 4. 20）。[70] 这个偶然事件并非特里巴利人共同体向东迁移的证据，人口迁移在考古上也难以证实。伊斯克尔河（the Iskur）——修昔底德将该河视为特里巴利人的边界——东西两边发现的文物有某些相似，但那更多的是因为两个地区占统治地位的社会集团相似。富人的墓葬品清单中，例如伊斯克尔河以西的摩吉兰斯卡摩吉拉（Moghilanska Mogila）的和弗拉察的，与罗维克（Lovech）地区类似的大量发现物之间存在对应。[71] 这类发现的意义，特别是那些镀银的表演性盔甲和马具上的装饰，与那些“动物风格”装饰的金属制品等一般性问题相关，后者曾在远达乌克兰南部和铁门（the Iron Gates）的地区发现。海穆斯山和多瑙河之间的武士墓葬所表现的，是公元前4世纪高度流动与综合性的文化，但这个社会的性质仍有待评估。目前我们对特里巴利人的聚落及其土地利用方式还是一无所知。对于奥萨姆河（the Osam）与扬特拉河（the Yantra）之间的情况，我们的处境一样。

与西徐亚人的遭遇将阿泰亚斯（Atheas）卷了进来。在从多瑙河到罗马尼亚与保加利亚边界之间地区已经发现的钱币上，这位国王是一个马背上的长发虬髯大汉。钱币打造于卡拉提斯（Callatis），有些是把该城钱币再打上他的名字改制的。[72] 幸亏这些钱币，否则我们几乎没有证据把卡拉提斯与这块西徐亚人飞地联系起来。可以确定，在希斯特利亚及其郊区发现的西徐亚人陶器类型——它们有时被与大流士撤退后西徐亚人的入侵联系起来——在公元前4世纪多布罗加中部

---

[70] Papazoglou 1978（E 82）45－63；Fol. 1975（E 119）9－24；Fol and Spiridonov 1983（E 120）59－61.

[71] Dimitrov 1957（E 106）；Venedikov 1966（E 169）；Nikolov 1968（E 147）；更多的文献见第522页注释2，P. Alexandrescu，*Dacia* 27（1983）1－2，45－66。

[72] V. A. Anokhin，*Numizmatika i Sfragistika*（Kiev 1965）Ⅱ 3－15，and *Skifskye Drevnosti*（Kiev 1973）20－41；Rogalski 1961（E 153）以及1970（E 154）。

地区再度出现，而且数量更大；但是在多布罗加南部地区已经发掘的墓葬中，也就是说，在希斯特利亚和卡拉提斯腹地，并无这些陶
472 器。[73] 这些地区传统上属于居住在三角洲两岸地区的盖塔人。在德涅斯特河下游，盖塔人与西徐亚人共存，有确定的迹象表明，西徐亚人渗入了多布罗加地区，其形式是葬于地下的房型墓葬。但两边的共同体保持着分离状态，至少从物质文化上看如此。苏联考古学家已经注意到，在草原地区的居住点存在相当程度的中断。人们如今相信，西徐亚人部落的大部分是独立的小型群团，他们只是到公元前 5 世纪才成为定居者。[74] 无论阿泰亚斯的权力如何，在多瑙河地区，没有任何足以与顿河下游和第涅伯河流域王族西徐亚人的富有媲美的东西。阿泰亚斯的追随者仍是游牧民而非定居的共同体，这是重要的原因。

尽管如此，在闯入的游牧的西徐亚人团体与定居的盖塔人共同体之间，可能仍出现了对抗。公元前 5 世纪，盖塔人与奥德里西亚人组成了联盟。下一个世纪里，这些关系发展得如何，我们并不清楚。随着奥德里西亚王国的灭亡，盖塔人发现，他们处境微妙。由于腓力对色雷斯平原的控制到公元前 341 年已经明显，原奥德里西亚王国之外的部落共同体对他们的新邻就不可能继续无动于衷。许多希腊人城市采取机会主义策略，表达了对马其顿的支持（Diod. XVI. 71），但如果因此认为大多数城市希望或者说能够这样做，不免荒谬。

奥德苏斯当时似乎臣服于近邻盖塔人及其国王科泰拉斯［Cothelas，即古狄拉（Gudila）］。故事保存在约丹尼斯（Jordanes）的记载中，他援引了狄奥［Dio，即金嘴（Chrysostom）］的记载，但其最终来源很可能是泰奥彭普斯［Jord. *Get.* X，65；参见 Theop. *FGrH* 115 F 216（= Athen. XIV. 24 p. 627d-e）］。由于缺乏金钱，腓力命令其军队劫掠奥德苏斯的领土，但让马其顿人吃惊的是，城门突然大开，他们先是看到一队白袍祭司，念诵着祷词并随意弹奏着基特拉琴鱼贯而出。腓力没有进攻该城，转而与之缔结了和约并娶了科泰拉斯的女儿麦多帕（Medopa）为妻。这个叙述与希腊化时代早期逍遥派哲学家萨提鲁斯（Satyrus）提供的腓力妻子的名单吻合。据他报道，盖塔

[73] Pippidi 1971（E 150）91 –2，以及 1977（E 151）386 –7，n. 26；Melyukova 1979（E 139）137 –41，239 –44。

[74] Marchenko and Vinogradov 1989（E 138）.

人的公主麦达（Meda）带来了大量嫁妆，并与奥林匹娅丝一道成为腓力的合法妻子（Satyrus F 5 = Athen. XIII, 557b-e）。这场婚姻的意图，是密切马其顿王室和重要的边境地区的关系，类似亚历山大与巴克特利亚的罗克珊娜（Roxane）之间的结合。约丹尼斯和萨提鲁斯都赋予这场结合相当重要的意义。[75] 从奥德苏斯腹地不断增长的、
与盖塔人有关的遗址的数量判断，这场结合就更容易理解，因为盖 473
塔人和希腊人殖民者之间的接触更早时已开始，而且似乎一直顺畅。公元前 6 世纪的希腊陶器出现在多布利那（Dobrina）和拉夫纳（Ravna）的火葬墓地中，而一系列富有的武士墓葬位于多瑙河上的鲁塞、海穆斯山和奥德苏斯之间，其中既有当地的，也有进口的金属制品、陶器和武器，反映了公元前 5 世纪末到前 4 世纪初正在兴起的精英阶层的渴望。[76] 希腊化时代早期，这个地区的繁荣达到前所未有的高度。位于拉兹格拉德地区斯波雅诺沃（Sboryanovo）附近的一座崇拜中心——它位于卡缅利德山脊（the Kamen Rid ridge）并延伸到山下河谷——从公元前 1 千纪初年开始使用，此时得到重新规划。在与之相连的一片墓冢中，有一批精美的墓葬，包括那座位于吉尼那摩吉拉（Ginina Mogila）、上呈半拱形、雕刻华美的房形墓。墓葬同样反映了文化影响的广泛性，既有亚洲人的和希腊人的，也有马其顿人的，并且被移植到了非常独特的当地墓葬传统中。[77]

七　腓力二世、阿泰亚斯与特里巴利人

腓力色雷斯战争的最后阶段是公元前 339 年击败了西徐亚人首领阿泰亚斯。由于特里巴利人截住了归途中的马其顿军队并且设法盗取了全部战利品，包括两万匹牝种马、同样数量的俘虏以及大群的牲口，从而让这场胜利失去了光辉（Justin IX. 3. 1 – 3. 3）。关于这些事件，史料之间既不一致，也不明确。优斯廷将之描述为腓力与阿泰亚斯之间的一系列谈判，其中充满了不确定性。首先是阿波罗尼亚人代

---

[75] A. Tronson, *JHS* 104 (1984) 120 – 3; Gardiner-Garden 1989 (E 121) 29 – 40.

[76] Chichikova 1969 (E 99).

[77] Chichikova 1988 (E 101); Gergova 1988 (E 123); 以及载于 *Terra Antiqua Balcanica* 3 (1988), 4 (1990) 的文章。

表阿泰亚斯请求腓力帮助，以对抗“希斯特利亚人”，当时西徐亚人正与希斯特利亚人进行战争。阿泰亚斯表面上说要以腓力为继承人。腓力派出了军队，但在“希斯特利亚人国王”死后，阿泰亚斯变卦了。他把马其顿人打发回去，并且否认曾向腓力求助。因此，腓力发誓要在多瑙河河口建立一座赫拉克勒斯雕像的举动，乃是从这场尴尬误解中谋得某些名声的尝试。[78]

腓力与麦达（Meda）的婚姻及其对盖塔人领土的劫掠，通常被
474 作为各自独立的事件对待，并把这场冲突置于婚姻之前至少1—2年。[79] 两个事件之间的年代关系无法确定，但可能的情况是，它们是相互联系的。约丹尼斯和优斯廷都把腓力对该地区的劫掠作为恢复其空虚财政的努力。约丹尼斯没有提到西徐亚人，但这种选择性是他整部著作的特点，因为它被视为对哥特民族的赞歌。同样，优斯廷完全集中在西徐亚人身上，他的叙述涉及多瑙河河口地区，尽管我们知道，阿泰亚斯与卡拉提斯［今之曼加利亚（Mangalia）］有关。该地位于托米［Tomi，今康斯坦察（Costantia）］之南，据约丹尼斯所述，腓力劫掠的是奥德苏斯人郊区的土地。我们难以相信，公元前341年，腓力已经与科泰亚斯缔结了以婚姻这种方式明确宣布的重要同盟，接着却与一个明显已经破产而且无关紧要的西徐亚人首领建立伙伴关系，除非他能从中捞到具体好处，何况这个首领本人与其邻邦不睦。

据亚历山大里亚的克莱门（Clement of Alexandria）援引阿利斯托克利图斯（Aristocritus）的话说（*Strom.* V.31.3），西徐亚人国王阿泰亚斯曾威胁道，如果拜占庭人继续破坏他的“收入”，他的马队“将饮马于拜占庭”。这倒真可能像西徐亚人说的话，[80] 而且完全可能将之与腓力对拜占庭的围困联系起来，因为优斯廷提到，腓力曾对阿泰亚斯要求那次围攻的费用。阿泰亚斯几乎没有可能对拜占庭人的领土提出那样的威胁，因为自公元前4世纪初以来，普罗滂提斯地区一直由色雷斯人偶尔还有希腊人巡防，公元前351年后，又经过了凯索

---

78 Gardiner-Garden 1989 (E 121) 33–4.

79 Momigliano 1933 (E 145); Alexandrescu 1967 (E 89); Shelov 1971 (E 160); V. Iliescu, *Historia* 20 (1971) 172–85; Pippidi 1971 (E 150) 90–5, and 1977 (E 151); Hammond and Griffith 1979 (D 50) 561–3.

80 参见 Rolle 1989 (E 341) 109。

布莱泰斯的系统设防。雅典将领中，特别是狄奥佩泰斯一直在沿海地区时隐时现。因此，我们可以认为，这个威胁是间接的，意在拜占庭人的海外利益（如在希斯特利亚），[81] 或以另一方式与腓力的围困相关。

或许这不过是个弄糟了的计划。腓力知道阿泰亚斯陷入了困境，可能主动寻求与那个西徐亚人结盟，却遭遇了一次众目睽睽之下被拒绝的羞辱。腓力本不是新来乍到的西徐亚人移民共同体的盟友，他们虽为自己的独立自豪，却易受攻击，不管是特里巴利人，还是希腊人和盖塔人的同盟，都可能发动进攻。那个“希斯特利亚王”很可能指一个盖塔人首领，他用科泰拉斯对奥德苏斯的方式，对希斯特利亚行使着他的权威。腓力与盖塔人的联系，很可能只是强化了阿泰亚斯对腓力的猜忌。尽管丧失了战利品，这倒并不是一次完全倒霉的战争。腓力拥有了这样的名声：非常少数的在战斗中击败西徐亚人军队的将领之一，无论是大流士，还是任何希腊人的将军，都不曾有此名声（Frontin. Ⅱ. 8. 14）。在维尔吉纳二号墓的前室中，有一个著名的西徐亚式镀金拱形箱子，与阿泰亚斯钱币上的图案一样。[82] 这类物件可能系特里巴利人劫后余物。正是由于他们，腓力失去了他的奴隶和牲畜。出自同一墓中的金色铁板护胸在色雷斯和马其顿都有完全对应的东西，它可能是马其顿人接受的一种表演性盔甲的地方化形态。[83] 475

墓冢下那些让人印象深刻的武士墓于公元前 4 世纪从方石石棺扩展成为复杂的拱顶房形墓，反映在整个色雷斯人部落中，尤其是那些拥有色雷斯平原和海穆斯山以北河谷地区的部落中，财富和经济权力日趋集中在一个人数不多的社会集团手中。许多前马其顿时代墓葬的物品，例如斯利文（Sliven）地区卡罗亚诺沃（Kaloyanovo）那些未遭盗掘的半地下的房形墓，[84] 反映了风格和交往的多样性，它们有爱琴海的、草原的、色雷斯其他地区的。在公元前 3 世纪特尔戈维什特（Turgovishte）地区克拉勒沃（Kralevo）的女性墓葬中，[85] 它们被更

---

[81] Momigliano 1933（E 145）344.

[82] Andronikos 1984（D 6）180 – 6, figs. 146 – 9; Schiltz 1979（E 158）.

[83] Archibald 1985（E 91）.

[84] Chichikova 1969（E 100）.

[85] Ginev 1983（E 125）.

具综合性和更加统一的物品取代，例如宝石和马具。希腊货币与诸如酒罐之类的进口物品（主要来自塔索斯，来自希俄斯的少得多，到本时期末，则来自罗德斯、科斯、本都的赫拉克里亚和西诺佩）的流通，只是在公元前4世纪后半期才广泛起来。然而这类进口货的数量，获得它们的概率及其分布，由于诸如修托波利斯、卡比莱（Kabyle）、阿萨拉（Asara）和韦特伦等聚落遗址的证据，已经很大程度上被修正。[86]

腓力对色雷斯的奥德里西亚人领土的征服，将海穆斯山以南地区牢牢地纳入了希腊—马其顿人的政治之中。最初在爱琴海地区出现的许多物质文化特征，例如对方石的使用，装饰华美的轮制抛光釉陶器，某些银质和青铜器物的形状、钱币，以及希腊语之成为商业和外交语言，至少在腓力比建立前50年，就已经在原住民的共同体中牢固确立。具有讽刺意味的是，阿盖王室在这些地区霸权的纪念物，例如卡比莱、佩尼克和腓力的军事要塞，存在时间最为短暂，有些还被当地人的新城取代，其人口则因非军人的迁入而膨胀。

第六节 博斯普鲁斯王国

约翰·欣德

一 导言：历史地理与史料

476 由于暴露在古典希腊世界，后来是希腊化世界最为东北的边缘地区，自公元前438年起的330年间，博斯普鲁斯国家是由一个拥有希腊人和色雷斯人名字的王朝统治，他们的名字是斯帕托库斯（Spartocus）、琉孔（Leucon）、萨提鲁斯（Satyrus）和帕瑞萨德斯（Paerisades）。它的统治者自称“博斯普鲁斯和泰奥多西亚的执政”，“辛狄人（the Sindi）、托莱提人（the Toreti）、丹达利人（the Dandarii）和普塞西人（the Psessi）的国王”，有时也称自己是“全体麦奥提斯人的国王”。[①] 自公元前4世纪初起，该国由克里米亚（the Cri-

[86] M. Lazarov in *Actes du II Congres Internat. de Thracologie* II（1980）171–87 and *INMV* 18（1982）5–14；A. Bozhkova, *Vekove* 1988. 3, 25–33.

① Minns 1913（E 321）573–80；Gaidukyevich 1971（E 241）70–4；V. V. Struve 等，*Corpus Ins. Regni Bosporani*（1965）nos. 6–10, 971–2, 1037–40；Tod no. 115, 171；Harding no. 27。

mea）东部［刻赤半岛（Kerch Peninsula）］和与之相对的北高加索地区［塔曼半岛（Taman Peninsula）］组成，当中由流经时称辛梅里安人的博斯普鲁斯［今之刻赤海峡（Straits of Kerch）］的海流分割。在塔曼半岛的亚洲一边，即安提奇泰斯或叙帕尼斯河［Antikeites/Hypanis，即今之库班河（River Kuban）］的三角洲上一度有 5 个岛屿。这里极有利于农业生产，辛狄人就居住在叙帕尼斯河下游希腊人城市的内地。在刻赤半岛，当地定居的原住民西徐亚人，可能还有部分未加入公元前 8 世纪末的迁移而留在当地的辛梅里安人，共同开发着那里以肥沃著名的土地。

刻赤半岛上主要的城市有 3 个，分别是潘提卡派翁（Panticapaeum）、宁法伊翁（Nymphaeum）和泰奥多西亚（Theodosia）；海峡东边三角洲及其岛屿上有 3 座城市，分别是法那戈利亚（Phanagoria）、赫摩那萨（Hermonassa）和戈尔吉皮亚（Gorgippia）。公元前 390 年以后的某个时候，泰奥多西亚被博斯普鲁斯吞并；公元前 400—前 375 年间，地处戈尔吉皮亚腹地的辛狄人被博斯普鲁斯合并。在博斯普鲁斯周边地区，一些小的城镇因位于海水湖或海湾（泻湖）附近，或者处于某些突出的海角上，因而繁荣起来。它们包括波特米欧斯（Porthmieus）、米麦奇翁（Myrmecium）、提利塔凯（Tyritace）、辛梅里孔（Cimmericum）、阿克拉（Acra）、库泰亚（Cytaea），以及克里米亚一边的、已经消失的赫尔米西翁（Hermisium）。[2] 在塔曼半岛上，这类城镇有阿奇琉姆（Achilleum）、帕特莱乌斯（Patraeus）、凯皮（Cepi）、提兰贝（Tyrambe）和科罗孔达麦（Corocondame），以及另一个消失的名叫斯特拉托克利亚（Stratoclia）的城镇。公元前 4 世纪，博斯普鲁斯国家的疆域大约有 5000 平方千米，大小城镇 30 个，如果把公民和臣民都算上，人口为 10 万—12 万。它从其与乌克 477
兰大部和北高加索活跃的贸易中获利，接着被游牧的和“王族”西徐亚人统治。

对于博斯普鲁斯国家的自然资源以及因此产生的繁荣，斯特拉波（约公元前 64—公元 21 年）提供了最为精到的叙述：

---

② Minns 1913（E 321）20 -4；Shelov-Kovyedyayev 1985（E 378）24 -44.

> 除沿海一直到泰奥多西亚的山区外，赫尔索尼斯（克里米亚半岛）到处都平坦而肥沃，粮食产量异乎寻常。无论使用什么样的工具，它都会提供30倍的收成。此前希腊人经常从那里进口粮食，并从麦奥提斯湖进口咸鱼。据说琉孔曾从泰奥多西亚给雅典送去210万麦斗的粮食。
>
> （Strabo Ⅶ. 4. 6）

斯特拉波之前约400年，即琉孔统治博斯普鲁斯之前75年，希罗多德在遥远的黑海西北角的布格河（Bug）与第聂伯河（Dnieper）联合入口处的奥尔比亚［Olbia，即波吕斯泰奈斯（Borysthenes）］，曾注意到类似的货物交易（Ⅳ. 53）。他描述了波吕斯泰奈斯这条大河（即第聂伯河）边上无与伦比的草原，并称其为除尼罗河外水量最为丰沛的河流，提供了优异而且丰富的鱼类（鲟鱼）以及保存这些鱼的食盐，还有周边草原上那些适于种植粮食的理想的肥厚土地。有些部落专门种植粮食以供出售（Ⅳ. 17－18）。可以设想，粮食在作为“商港”（*emporion*）的奥尔比亚即波吕斯泰奈斯上市。希罗多德知道并且访问过该地。

这些国际性市场值得给予某些注意。它们并非殖民地本身建立之前的小型贸易据点，也不仅仅是依附相邻大邦的商人共同体。一个有着特殊贸易兴趣的城市可能被宽泛地既称为商港，也称为城邦。③ 除奥尔比亚（波吕斯泰奈斯）外，希罗多德提到的另一个此类市场是克兰尼（Cremni），那是王族西徐亚人的商港，位于麦奥提斯湖的欧洲一边（Ⅳ. 20；110）。由于辛梅里安人的博斯普鲁斯是麦奥提斯湖口的另一个名字，那么克兰尼（“岩石”）很可能就是希腊人对潘提卡派翁最早的称呼［米特里达特山（Mt. Mithridates）几乎有190米高］，要不就是附近的宁法伊翁。后者位于一片山岩之上，约在海平面之上24米，内有岩洞。该城有一个良港，而且在公元前5世纪与周边的西徐亚人保持着异乎寻常的密切联系。④ 第三种可能性，是克兰尼为麦奥提斯湖（亚速海）北岸塔甘罗（Taganrog）附近某个尚未

③　Hind 1985（E 259）105－9；Karyshkovsky 1962（E 277）.

④　关于潘提卡派翁，见 Hind 1985（E 259）109－16；Khudyak 1945（E 280）149；关于宁法伊翁的特点，见 Grach 1981（E 249），1985（E 251）。

478

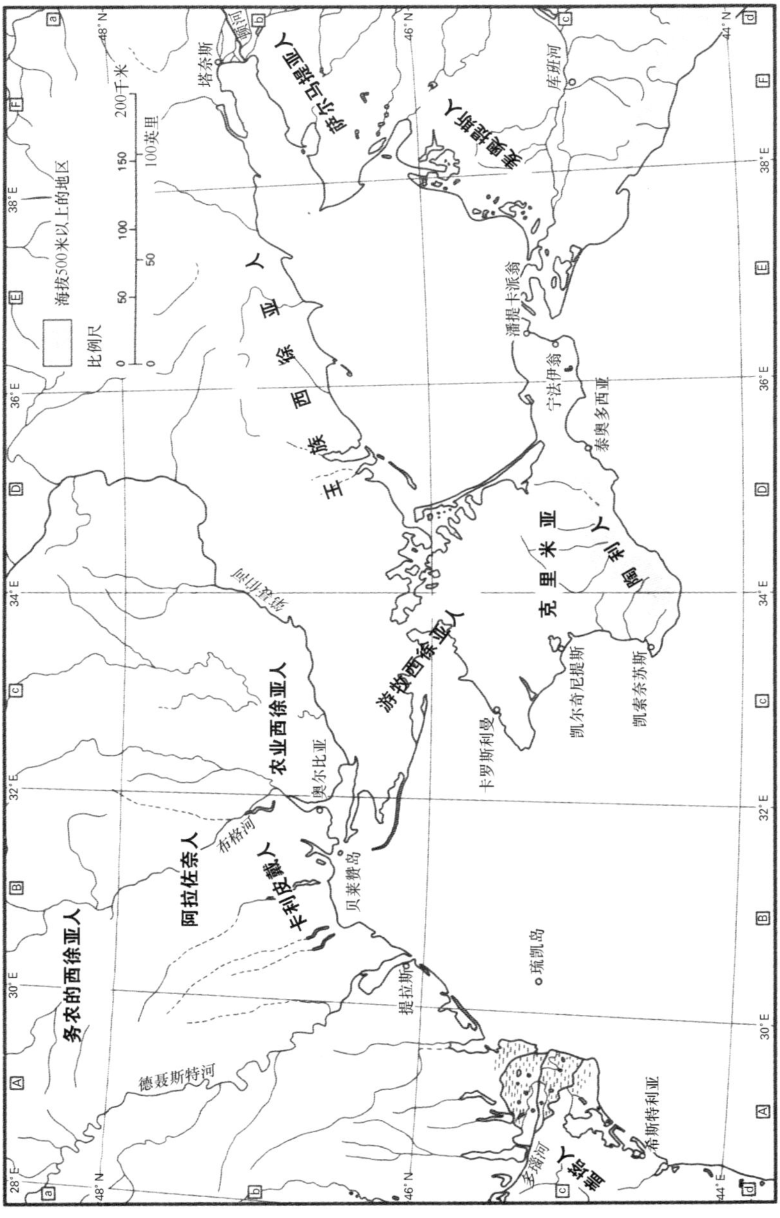

地图15　黑海北岸地区

479 确定的地方。在那里目前只发现了陶器，[⑤] 而且受到海水严重侵蚀，但有些显然属于公元前6世纪末和前5世纪前半期。[⑥] 商港只是改变名称，而非完全放弃，对希罗多德提到的克兰尼公元前5世纪以后的消亡，这提供了最合理的解释。

后来，潘提卡派翁和法那戈利亚都成为上述产品交易的大市场，此外还应补充上毛皮、皮革和奴隶（Strabo，Ⅶ.4.5）。至少在希腊化时代晚期，可能还要早得多的时候，潘提卡派翁就已经是来自黑海地区各类商品的巨大集散地，而法那戈利亚为与库班河河谷以及亚速海东岸进行贸易的中心（Strabo Ⅺ.2.10；Appian *Mith.* 107－8）。自公元前4世纪末起，在顿河（塔奈斯河）三角洲伊利扎维托夫斯科耶（Elizavetovvskoye）这个原住民旧址，也有一个博斯普鲁斯地区的希腊人贸易据点，但到公元前250年左右，那里已经被摧毁。它可能是一个“混合民族的聚落”，后来斯特拉波称其为阿罗佩奇亚（Alopecia）。无论如何，它被更加正规的、公元前3世纪初由博斯普鲁斯统治者建立在更西边的内德维哥夫卡（Nedvigovka）超越，后者分别采用了塔奈斯（Tanais）和恩波利翁（Emporion）两个名字（Strabo Ⅶ.4.5；Ⅻ.2.3）。[⑦] 可是，公元前390—前350年间，克里米亚黑海岸边的泰奥多西亚被琉孔改造成一个商港（Dem. XX.33）。后来，泰奥多西亚拥有了一个可容100艘船的港口（Strabo Ⅶ.4.4）。

将希罗多德和斯特拉波结合起来（后者提供的资料来自埃弗鲁斯、波西多纽斯、阿波罗尼德斯以及其他希腊化时代的作家），则我们拥有约40份有关该时期博斯普鲁斯历史的古代文献史料。它们上起公元前6世纪［阿尔凯乌斯（Alcaeus）、希波那克斯（Hipponax）、阿利斯泰亚斯（Aristeas）和赫卡泰俄斯］[⑧]，下至公元4世纪安米亚努斯·马凯利努斯（Ammianus Marcellinus）汇集于《自传》中的、很大程度上已经过时的材料（ⅩⅫ.8.26－32），以及公元5世纪佚名的航行手册（Anonymous Periplus）。[⑨] 阿提卡演说家的数篇私人演

⑤ Blavatsky 1963（E 202）93－8；Kopylov 1990（E 289）.

⑥ Boltruk and Fialk 1987（E 208）.

⑦ Marchenko 1986（E 313），1990（E 314）；Arsenyeva and Shelov 1988（E 183）.

⑧ Gratsianskaya 1988（E 254）34－146.

⑨ Diller 1952（B 34）130－3.

说提供了有关公元前4世纪贸易状况和“商港世界”有价值的观察（Lys. XVI. 4；Isoc. *Trap.* III. 5. 7；Aeschin. III. 191－2；Dem. XX. *In Lept.* 20；29－40；XXXIV *In Phorm.* 8；36－7；Dinarchus，*In Dem.* 43）。这类资料中，很多是态度敌对的：博斯普鲁斯的统治者是蛮族僭主，可能是雅典利益的敌人。可是，他们又是贸易伙伴，作为粮食供应人，值得往他们头上倾洒荣誉。一连串的逸事都与公元前4世纪初萨提鲁斯和琉孔与本都的赫拉克里亚争夺泰奥多西亚的战争有关，或与他们同麦奥提斯人争夺辛狄人的战争有关。这些逸事曾被汇集在诸如菲拉库斯（Phylarchus）和卡狄亚的希埃罗尼穆斯（Hieronymus of Cardia）等已经失传的重要历史学家的著作中，或者保存在军事计谋 480
集成中［（Arist.）*Oec.* II. 2. 8；Aen. Tact. V. 2；Polyaen. V. 23；44；VI. 9. 2－4；VII. 57；Ael. *VH* VI. 13；Ath. 257a；349d］。

公元前1世纪两部完全不同的作品，提供了有价值的背景上的细节。第一部是诗歌体的《周航记》。它似乎借鉴了埃弗鲁斯有关本都的专业知识，但也利用了当地希腊化时代的作家卡拉提斯的德米特琉斯（Demetrius of Callatis），或许还有诸如哈尔基斯的狄奥尼修斯（Dionysius of Chalcis）和伊利翁的波莱摩（Polemo of Ilium）等有关城市起源的作品［（Scymn.）*Ad Nicomedem Regem* 795－898］。[10] 第二部是西西里的狄奥多鲁斯的《历史集成》。有关从公元前480年左右到公元前264年博斯普鲁斯王国的年代学框架的知识，我们受益于他（Diod. XII. 31. 1；36. 1；XIV. 9. 3；XVI. 36；XVI. 52；XX. 101. 7）。他提供的基本上是一个统治者的名单，以及他们统治的年数。在多个年代的具体数字上存在混乱；名字和数字之中也都存在讹误；对于统治的总时间和继位者的联合统治存在误释。他将所有统治者都称为“国王”或者“统治者”，显然为时代误置。可是，这个框架是我们唯一的架构，有一次（公元前311/10年），它提供了萨提鲁斯、普吕塔尼斯（Prytanis）和欧麦鲁斯（Eumelus）之间内战的充分叙述（Diod. XX. 22－6）。有些当地的历史学家，例如凯索奈苏斯的叙利斯库斯（Syriscus of Chersonesus），因斯多葛派哲学家克吕西普斯（Chrysippus）获得了更广泛的流传，或许成为有关内容的资料来源

⑩ Diller 1952（B 34）168－72.

(Strabo Ⅶ. 4. 3),[11] 或许也是庞培·特罗古斯(Pompeius Trogus)《历史》的失传部分即《博斯普鲁斯和科尔奇斯王国的起源和历史》(*origines et res gestae regum Bosporanorum et Colchorum*)的资料来源(Justin prol. XXXⅦ)。这个王朝历史的最后一幕,是帕瑞萨德斯(五世)主动逊位于本都的米特里达特六世(Mithridates Ⅵ of Pontus),当时他正为克里米亚的西徐亚人追迫,同时遭遇内部帮派的挤压,后者由其过去的依附者萨乌马库斯(Saumacus)领导(Strabo Ⅶ. 3. 17, 4. 4, 4. 7;《凯索奈苏斯人有关狄奥凡图斯的命令》)。[12]

我们可以利用公元前4世纪和公元前3世纪初期雅典的法令来订正狄奥多鲁斯的年表(*IG* Ⅱ^2 212; 653)。在国际性的宗教中心德尔斐、提洛岛和布兰奇戴发现的献祭铭文,提供了有关晚期博斯普鲁斯统治者更进一步的资料。在博斯普鲁斯本地发现的铭文中,出现了统治者的头衔和臣民的清单。代表外地城市的使节的法令显示了贸易上的联系。行政管理、人口结构和崇拜的神灵,也都从褒奖铭文、墓碑和宗教献纳铭文中(该时期的铭文总数大约为190块)获得说明。[13]

钱币学家们对潘提卡派翁早期的银币(据认为它们始于公元前6
481 世纪末或前5世纪初)进行了相当详尽的研究,对公元前5世纪后半期到公元前4世纪一些较小的博斯普鲁斯人城市(宁法伊翁、法那戈利亚、泰奥多西亚和辛狄人)的银币,也有详尽研究。[14] 这些银币出人意料地提供了一些有关萨提鲁斯和琉孔强行统一之前博斯普鲁斯政治形势的细节(学者的意见存在某些不一致)。公元前3世纪末和公元前2世纪的"王家"银币和金币,则让我们对某些以斯帕托库斯和帕瑞萨德斯为名而我们几乎不了解的人,有了实质性的了解。除政治影响外,我们还可以在公元前5世纪初到前2世纪末这个悠长时期中的王家货币上,从货币的类型、标记、附加标记、辅币及其重量的降低中,揣测主要产品类型和经济发展的某些趋势。

最后,150年来在博斯普鲁斯王国大约15个古代城镇上的发掘,

---

⑪ 关于叙利库斯,见 Rostovtzeff 1915(E 344);关于博斯普鲁斯当地的历史学家,见 Rostovtzeff 1931(E 350)112-14;Struve 1968(E 396);Martin 1981(D 104)。

⑫ Minns 1913(E 321)647-8, no. 18.

⑬ Struve 1965,请见注释1(那里按照年代和地址提供了铭文)。

⑭ Shelov 1978(E 372);Anokhin 1986(E 182)7-51.

以及对刻赤半岛与塔曼半岛上数以百计的乡村聚落、墓地、古冢的发掘，已经积累了大量实物材料和资料。贸易很大程度上根据进口酒罐、精美彩陶和金属器皿判定。但对墓葬习俗、防御工事（壕沟和城墙）、城市要塞、城镇规划、建设和毁灭的周期的研究，全都丰富了本都人和罗马人介入之前博斯普鲁斯国家物质生活的画面。[15] 最近的水下考古发掘，已经揭示出了一些城市（法那戈利亚和凯皮）被淹没的部分以及小城镇的全部遗址（阿克拉），更不用说那些实际上一度范围狭小的遗址，例如在博斯普鲁斯海峡或克里米亚近海发现古代沉船的地区。[16]

二 黑海地区的殖民及其被博斯普鲁斯殖民

本土的希腊人对于黑海以北广大地区的印象是遥远，同时带有浓厚的偏见，黑海本身为一宽广的公海“本都”，绝非其中最不重要的原因。与希腊人自己的爱琴海不同，黑海有着危险的海岸线，沉溺于海盗行为和制造船难的沿海居民，而且几乎根本没有岛屿（Xen. *An.* Ⅶ. 3. 16；Ath. 353c.）。据称它最初的名字 *axenos* 的意思，是“不好客的”，据说后来为了好听，改名为 *euxeinos*，即“好客的”，因为它已经变成了他们熟悉的海［（Scymn.）734 – 7；Strabo Ⅶ. 3. 6］。可是，它最初名字的意思也许是“黑色的”（伊朗语写作 *akshaeina*），土耳其语的 *Kara Deniz* 和俄语中的 *Chernoye Morye*，都是一个意思。[17]

虽然黑海以北地区自然资源丰富，但因为遥远和危险，熟悉环境 482
并非易事。有关该地区的传说，是鹅毛大雪漫天飞舞，以至于人无法行走（Hdt. Ⅳ. 8. 31）。伊奥（Io）流浪中横穿大陆前往高加索，从那里再前往西徐亚的神话，由于埃斯库罗斯的描写而不朽（*PV* 707 – 35）。因为伊奥流浪中曾穿过博斯普鲁斯地区两个海峡，从而成为对两个海峡名字来源的说明。据说赫拉克勒斯曾为西徐亚人半人半蛇的女神招待，一度在那里逗留（Hdt. Ⅳ. 8 – 9），并在提拉斯河（the River Tyras）边留下了他的后代和足印（Ⅳ. 82）。伊菲盖尼娅（Iphi-

---

⑮ Koshelenko *et al.* 1984（E 290）58 – 98，154 – 240.

⑯ Peters 1982（E 336）；K. K. Shilik in *Problemy Istorii i Arkheologii Vostochnogo Kryma*（Kerch，1984）.

⑰ Moorhouse 1940，1947（E 322）；Allen 1947（E 178）.

genia）曾被拐到陶利人的阿尔特弥斯神庙中的故事，在欧里庇得斯那里得到发展（*IT* 85 –9）。阿基里斯死后，一度在琉凯岛（Leuce Island）即多瑙河三角洲东北部的岛屿上生活，并曾与沙洲比赛，向东奔到奥尔比亚（Alcaeus Z 31 Lobel/Page；Pind. *Nem.* Ⅳ. 49 –50）。极北地区的阿波罗曾驾驶飞翔的格里芬（griffin）穿过西徐亚人以北的土地（Diod. Ⅱ. 47）。来自极北地区居民的礼物，定期到达阿波罗在提洛岛上的神庙（Hdt. Ⅳ. 32）。在麦奥提斯湖边，据说一队迁移中的阿马宗族曾与年轻的西徐亚人混居，生下了后来的萨尔马提亚人（Hdt. Ⅳ. 110）。在西徐亚人阿巴利斯（Abaris）、西徐亚人和阿利斯泰亚斯的故事背后，可能是欧亚草原上的萨满教。据说西徐亚人是坐在箭上飞越大陆的（Hdt. Ⅳ. 36）。阿里斯提亚斯则是一个普罗滂提斯地区普罗孔奈苏斯（Proconnesus）的希腊人，他曾经在库吉科斯摔倒，犹如死去一般，然后消失，7 年后复活，并创作了有关其在西徐亚人以外地区旅行的诗歌《独目人》（*Arimaspea*），在其他神奇民族外，他提到了“独目的阿利马斯皮亚人”（one-Eyed Arimaspians）和“看守黄金的格里芬”。⑱ 半人半蛇的女神、阿马宗、格里芬和独目的阿利马斯皮亚人，全部成为博斯普鲁斯当地和西徐亚人艺术家金属工艺中喜爱的主题。在公元前 5 世纪末和前 4 世纪的所谓“刻赤”红画陶瓶（*pelikai*）上，也存在类似的主题。⑲ 公元前 5 世纪后半期，这些神话和怪兽的传说都在流行，它们将进入希腊人有关这些地区和民族的认识中，在探索、商业交换和定居过程中，当地的这些神灵，也为希腊人所了解。

公元前 8 世纪后半期，希腊人可能首次航行进入黑海，或许是这项伟业后来经过加工，进入有关 50 桨大船“阿尔戈”号（Argo）航行的传说之中。“阿尔戈”号水手“建立”西诺佩的传说要晚得多，当地爱国的历史学家将之划归围困特洛伊之前的一代人［（Scymn.）989 –91］。历史上，对西诺佩的第一次殖民由米利都人哈布隆（Habron）或哈布隆达斯（Habrondas）率领，但非常短命，创建者本
483 人被杀，居住地被辛梅里安人毁灭［（Scymn.）993 –4］，后者还将

⑱ Dodds 1951（H 30）140 –1；Bolton 1962（E 207）；Hommel 1980（E 264）；*VDI* 1981，I，53 –76.
⑲ Minns 1913（E 321）343；Kobylina 1951（E 284）.

西诺佩半岛作为他们劫掠小亚细亚的基地（Hdt. Ⅳ. 12）。这个行动让小亚细亚的希腊人在公元前7世纪的大部分时间里被排除在黑海之外。当米利都人再度打算向黑海地区派出殖民者时，尽管赫勒斯滂的阿拜多斯和普罗滂提斯的库吉科斯已经站稳脚跟，但他们首先转向了西岸和西北海岸，[20] 可能就是为了避开亚洲的辛梅里安人，尽管向北的第一个殖民地［萨尔米戴苏斯（Salmydessus）］并无港口，地形也不利。[21] 伊斯特利亚建立的传统年代（公元前657/6年）以及波吕斯泰奈斯（奥尔比亚）建立的传统年代（公元前647/6年），都在尤西比乌斯后来编纂的年表中出现（按奥林匹亚赛会纪年）。[22] 可以猜想，这些貌似准确的年代可以回溯到某个相对年代学的体系，诸如"当西徐亚人追踪辛梅里安人进入亚洲之时"［（Scymn.）768 – 72］或"米底帝国时期"［（Scymn.）804 – 12］之类。一段时间后，米利都人复兴了他们在西诺佩的居住点，而辛梅里安人可能已经由那里更进一步，劫掠更有利可图的目标去了。西诺佩的创建者分别是克莱提奈斯（Cretines）与科埃斯（Coes）。两人都是"辛梅里安人横扫亚洲时"米利都的流亡者［（Scymn.）994 – 7］。根据后来的编年传统，创建时间被肯定地确定在公元前632/1年（据尤西比乌斯）。[23] 随后，在西诺佩以西的海岸上，一批小城市由米利都殖民者建立起来，它们包括塞萨穆斯（Sesamus）、提乌斯（Tius）、克隆那（Cromna）和库托鲁斯（Cytorus）［（Scymn.）1002 – 11］。

米利都人继续填补着未被殖民的区域。在克里米亚西岸，即今之欧帕托利亚（Eupatoria）附近，是凯奇尼提斯（Cercinitis）。最近那里已经发现了公元前5世纪的遗迹。[24] 希罗多德时代，它是一个城邦（Hdt. Ⅳ. 55），但后来它落入凯索奈苏斯统治之下。在克里米亚东部一个弧度较大的海湾边，有泰奥多西亚。在博斯普鲁斯统治者占领之前，它肯定是一个米利都人殖民地和独立城邦（Anon. *Periplus* 50）。

---

⑳ *CAH* Ⅲ^2. 3, 118 – 22.

㉑ Stronk 1985（E 395）.

㉒ Isaac 1986（E 129）268 – 78; P. Alexandrescu and W. Schuller, *Histria: Konstanzer Althistorische Vorträge und Forschungen* 25（1990）50 – 5; Vinogradov 1989（E 417）33 – 5. 关于今天贝莱赞岛与奥尔比亚的关系，见 *CAH* Ⅲ^2. 3, 258 and Hind 1988 31（E 258）79 – 80。

㉓ Drews 1976（E 228）; *CAH* Ⅲ^2. 3, 123; Hind 1988（E 260）.

㉔ Kutaisov 1990（E 301）and *VDI* 1986, 2, 88 – 97.

由此继续东行到黑海东岸（科尔奇斯），来自米利都的希腊人可能是作为商人和手艺人定居在诸如科布莱提（Kobuleti）附近的皮切那利（Pichvnari）那样的地方，他们并非外出的殖民者（*apoikoi*）。从文献资料判断，公元前4—前3世纪，“希腊人的城市”似乎就存在于海岸线上的这个地区，但到那时，“希腊人的城邦”（*polis hellenis*）已经代表任何希腊风格的城市，并不必然表示它们是真正经历过殖民地创建过程的自治城市。[25]

484 辛梅里安人的博斯普鲁斯因为拥有农业和渔业资源，不可能不吸引米利都人。可是，关于它们的建立，我们并无年代。后来的都城潘提卡派翁最初是米利都人的殖民地（Pliny *HN* Ⅳ. 86），通过驱逐西徐亚人建立（Strabo Ⅻ. 2. 5；Ath. Ⅻ. 26）。阿特纳奥斯（Athenaeus）以一个道德家的口气评论说（遵从埃弗鲁斯的意见）：一般来说，米利都人在臣服于奢侈之前，驱逐了西徐亚人，让黑海地区布满著名的城市。就博斯普鲁斯而言，真相似乎是：那些铁器时代早期已经被占据的地区，例如潘提卡派翁、提利塔凯、米麦奇翁（Myrmecium）、宁法伊翁、辛梅里孔和法那戈利亚，到公元前7世纪中期都已经被放弃，所以希腊人定居者可能看到的都是空荡荡的地区，要不只是遇到来自更早居民少量幸存者的抵抗。[26] 史料中一个有意思的结论，是潘提卡派翁乃科尔奇斯人埃埃泰斯（Aeetes）之子建立的，土地则是西徐亚人国王阿盖泰斯（Agaetes）让给他的（Steph. Byz. “Panticapaeum”；Eustathius, *ad Dionysium Perieget.* 311）。它的名字源自流经此地的潘提卡佩斯河（the River Panticapes），而这条河可能是博斯普鲁斯的伊朗语名字，意思是“鱼道”（*panti-kapa*）。[27] 某些科尔奇斯人是否在辛梅里安人撤退后北移博斯普鲁斯，无法证实，但那里早期显然存在与高加索的青铜贸易，后来到公元前5—前4世纪，科尔奇斯与博斯普鲁斯之间的贸易联系，因为在两个地区都发现了货币与陶器的互换，因而得到了证实。[28] 宁法伊翁南部名为库泰亚（Cytaea）的城镇的存在（Pliny *HN* Ⅳ. 86），也许会让某些人在埃埃泰斯传说中的

---

[25] Lordkipanidze 1988（E 308）; Kacharava（E 267）; Koshelenko and Kuznetsov（E 292）.

[26] Shelov-Kovyedyayev 1981（E 375）52.

[27] Abayev 1949（E 175）170, 175.

[28] Tsetskhladze 1990（E 403）.

都城库泰亚埃亚（Cytaean Aea）处，搜寻该城的起源。

在博斯普鲁斯东边是凯皮（“花园”），据说也是米利都人的殖民地［（Scymn.）899］。但在库班河三角洲岛屿上的殖民城市，是由东方其他希腊人建立的。赫摩那萨（Hermonassa）既可能由来自莱斯沃斯的密提林人建立，城名来自创建者（*oikistes*）妻子的名字，也可能由某支来历不明确的伊奥尼亚人建立，城名来自一个叫赫蒙（Hermon）的创建者（Eustathius，*ad Dionysium* 549）。根据潘提卡派翁早期的器物推断，凯皮和赫摩那萨这些殖民地的建立，都在公元前 6 世纪前半期。[29] 法那戈利亚的时间稍晚，大约为公元前 545 年，由逃避波斯进攻的泰奥斯人建立［Hdt. Ⅰ.162－4；（Scymn.）886－7］。[30] 博斯普鲁斯地区的其他城镇，如顿河三角洲上的辛梅里斯（Cimmeris）、戈尔吉皮亚（Gorgippia）和塔奈斯， 485
系后来斯帕托库斯王朝统治者赞助，在公元前 4 世纪和前 3 世纪进行内部殖民的结果。另一些城镇（米麦奇翁、提利凯和辛梅里孔），传统记录的不过是个名字，它们的起源，甚至无法从名字上加以推测。

殖民活动突然大发展的原因是土地的缺乏，由于更强大的邻邦对母邦的压力，状况更加恶化。在亚洲，吕狄亚国王古盖斯（Gyges）和阿狄斯（Ardys）都进攻了包括米利都在内的伊奥尼亚人城市，他们的继承人萨狄亚特斯（Sadyattes）和阿吕亚泰斯（Alyattes）在公元前 7 世纪最后的 25 年中，与米利都进行了长达 11 年的战争（Hdt. Ⅰ.14；15；17－22）。在此期间，米利都无疑是其他伊奥尼亚逃亡者前往殖民道路上的集结地。此外，该世纪初年，辛梅里安人的入侵，也引发了一次骚动（Hdt. Ⅰ.6；15－18），从而引发了从伊奥尼亚的逃离，而一般情况下，那里被认为是理想的家园（Hdt. Ⅰ.142）。在城市内部，不管是在米利都，还是本都地区殖民地的另一母邦——大陆上的麦加拉，都发生了内部斗争。公元前 7 世纪后期，两个城市中掌权的都是僭主，在麦加拉是泰亚盖奈斯（Theagenes），在米利都是

[29] Blavatsky 1964（E 203）15－44；Gaidukyevich 1971（E 241）15－49；Koshelenko and Kuznetsov 1987（E 291）；Kuznetsov in Tskhaltubo-Vani Ⅵ；Zeyest 1968（E 440）；*Sov. Arch.* 1977，4，86；Sidorova 1987（E 385）.

[30] Kobylina 1983（E 286）and 1989（E 287）.

特拉叙布鲁斯（Thrasybulus）。公元前 6 世纪，帮派内战在继续（*aeinautai*；*cheiromacha*），米利都僭主即托亚斯（Thoas）和达马塞诺（Damasenor）的党派（Plut. *Quaest. Graec.* 12；Ath. 542a）被驱逐。[31] 在面临这些共同的问题时，两个母邦似乎同意共享对黑海的利用，但直到公元前 6 世纪第二个四分之一世纪政策宽松前，它们排除了其他城市的殖民。

在帕罗斯人受邀进行仲裁并缓解其内部斗争前，米利都已经历了两代人的麻烦（Hdt. Ⅴ. 29），到那时，米利都外在的环境，因为与国王克罗伊苏斯（Croesus）长期的条约，已经得到很大改善，波斯人某种程度上确认了这个条约，让米利都在伊奥尼亚城市中享有特殊地位（Hdt. Ⅰ. 141，143，169）。公元前 6 世纪后半期，她是伊奥尼亚光荣的“花朵”（Hdt. Ⅴ. 28 – 30）。岛国希俄斯是她在当地的好朋友，她还与雅典和南意大利的叙巴利斯保持着长距离的联系（Hdt. Ⅴ. 21）。虽然殖民活动——有人说她建立了 75 个殖民地（Sen. *Helv.* 7. 2），有些人说是 90 个（Pliny *HN* Ⅴ. 112）——如今大体结束，但米利都通过那些既有密切关系却又保持独立的城市网络获得了巨大收益。[32]

黑海北部对第一批殖民者的吸引力，在于那里是势力真空，而且在一度属于辛梅里安人的地区有相对空旷的土地。公元前 7 世纪初，那里成了西徐亚，而西徐亚人自己却在上亚细亚度过了将近一代人的时光（Hdt. Ⅰ. 104 – 6）。在帮助亚述人对抗米底人后，西徐亚人在那里待了 28 年（约公元前 613—前 585 年），[33] 接着返回了北高加索
486 和乌克兰的草原，结果却发现，他们遭遇抵抗和战争。希罗多德（Hdt. Ⅳ. 1 – 2）认为，那是他们以前（“盲人”）奴隶们的儿子。甚至在王族西徐亚人取得胜利后，他们也不曾企图消灭希腊人殖民地，尽管那显然是对他们那些已经定居的、势力较小的臣民而非他们自己游牧范围的侵犯。他们的统治者总是期待着来自臣民的礼物和“保护费”，并把希腊人城市视为葡萄酒和奢侈品的来源（Strabo Ⅶ.

---

[31] *CAH* $Ⅲ^2$. 3，199 – 201，259.
[32] Ibid. 192，217，427 – 8.
[33] Grakov 1971（E 252）19 – 20；Artamonov 1974（E 186）56 – 7；Melyukova 1989（E 320）33.

4.6）。在博斯普鲁斯，辛梅里安人和半西徐亚人的奴隶肯定留下了小部分残余，以供即将驾临的博斯普鲁斯的希腊人使用。他们留下的还有地名，包括“辛梅里安人”的海峡、长墙、博斯普鲁斯和两个城镇，即刻赤半岛上的辛梅里孔和塔曼半岛上的辛梅里斯（Hdt. Ⅳ. 3.9.28）。[34] 据称盲人奴隶的儿子们开掘了从托鲁斯山到麦奥提斯湖最宽处的壕沟，本意也许是用作防御性土丘。那条壕沟有33千米长，将亚速海与刻赤半岛南部的辛梅里孔连接了起来。在更西边靠近泰奥多西亚的地区，可能从无壕沟。[35] 在更东边的腹地，横贯刻赤半岛的有另一条壕沟，其长度只有10—11千米，它可能就是上文提到的“辛梅里安人的长墙”，保护着日益减少的人民免受西徐亚人侵犯（图26）。[36]

刻赤半岛上这些已经存在的土木工程，可能让那些狭小而独立的米利都人和其他伊奥尼亚人城市在保护之下寻求主权的合并。潘提卡派翁（即阿波罗尼亚）、米麦奇翁、提利塔凯、凯皮，或许还有赫摩那萨，可能在潘提卡派翁的霸权之下，形成了单一的博斯普鲁斯国家，其表现是公元前6世纪末该国打造的第一批银币。银币刻有狮子的正面头像。对米利都的殖民地来说，选择狮子为货币标识是最自然的。母邦的货币也是一头回首的狮子，并且将其传给了自己的另一个子邦：色雷斯的凯索奈苏斯。[37] 内陆的辛梅里安人壕沟可能在此时进行了二度加固，并利用辛狄人的帮助以抵抗西徐亚人入侵，后者的领土经常是西徐亚人冬季越过冰层进行远征的对象（Hdt. Ⅳ. 20）。

约公元前517—前512年的某个时候，波斯国王大流士渡过多瑙河入侵西徐亚，表面上是为了惩治那些占领上亚细亚的西徐亚人，实际上部分是为了惩治西徐亚人当时的入侵，追求大流士自己的帝国目标。据说卡帕多西亚总督阿利亚兰奈斯（Ariaramnes）受大流士差遣，487

[34] Kuklina 1981（E 299）; Tokhtasyov 1984（E 397）142 – 8.

[35] Maslennikov 1983（E 316）14 – 22.

[36] Grinyovich 1946（E 255）; Sokolsky 1957（E 390）; Maslennikov 1983（E 316）19 – 22; Tolstikov 1984（E 399）32 – 7.

[37] Shelov 1978（E 372）pl. 1. 1; Anokhin 1986（E 182）6, pl. 1. 1 – 8; Kraay 1976（B 200）158, no. 566; Shelov 1951（E 364）47 – 8.

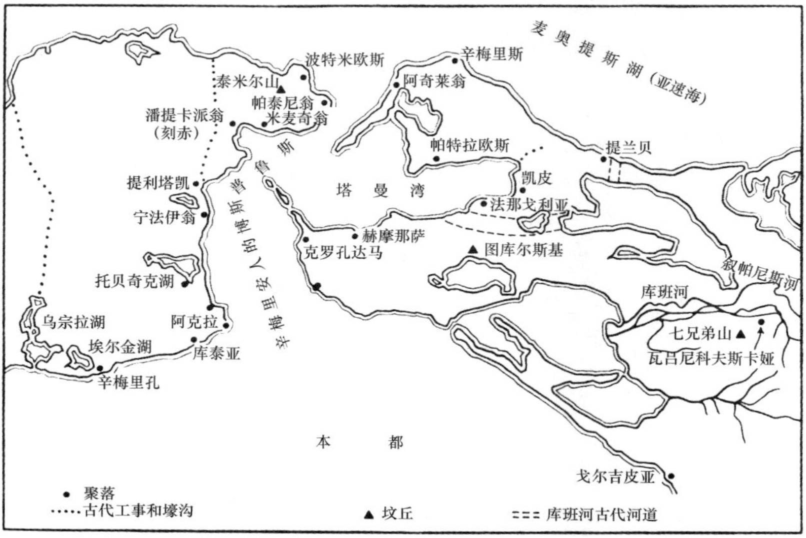

图 26　辛梅里安海峡及其壕沟

率领 30 艘 50 桨大船渡过黑海，并且已经抓获西徐亚人战俘（Ctesias *Persica* 16）。大流士本人远征时（据希罗多德第 4 卷第 87 章，规模为 7 万人和 600 艘船）深入的范围存在争议。[38] 多瑙河以北的希腊人城市不曾加入远征。有人曾认为，两次远征是联合行动，对欧洲远征所达到的地区，不会超过德涅斯特河中游的“森林—草原”民族处，东方的那次远征开始于更偏东的地区，可能穿越高加索关口，到达了诸如亚速海的河流以及塔奈斯河（顿河）。希罗多德忽视了距离或多瑙河和顿河之间的大河，让波斯军队在多瑙河过桥后立刻抵达了顿河（Ⅳ. 122）。[39] 大流士随后从西徐亚的撤退，尽管他在色雷斯南部和派奥尼亚建立了一个总督区，并且把马其顿变成了依附国，却被视为以大败告终。西徐亚人在希腊人中的名声高涨，被视为南达多瑙河的所有民族的主人，甚至横扫色雷斯，于公元前 510 年左右达到远至凯索奈苏斯半岛（即赫尔索尼斯）的地区（Hdt. Ⅶ.

---

[38] 也请见 *CAH* Ⅳ² 234 – 53。

[39] Olmstead 1948（F 43）147；Chernenko 1982（E 224）3 – 4；以及 1984（E 225）；Gardiner-Garden 1987（E 244）。

40）。到公元前5世纪初，大陆上的希腊人感到，只有西徐亚人和希腊人自己能够抗击和击退波斯人的威胁，甚至还能入侵波斯帝国本部 488（Hdt. Ⅳ. 46；Ⅵ. 84）。黑海北岸的希腊人城市如今臣服于这个公认的强国的需索，他们的反应，要么是接受西徐亚人国王的代理或总督，例如廷奈斯［Tymnes（Hdt. Ⅳ. 76）］或埃米那科斯（Eminakos），后者是奥尔比亚货币的发行人，[40] 要么是为了共同安全联合起来，例如，刻赤半岛东边地岬上的那些博斯普鲁斯的单个小型城镇，似乎就是这么做的。

三　公元前5世纪

希波战争中波斯被从欧洲击退后，在黑海地区发挥作用的有四股势力。首先是西徐亚人的“草原帝国”，它有时与色雷斯人奥德里西亚王朝有日益可怕的势力冲突，有时则与之结盟（西塔尔凯斯：公元前440—前424年在位；修泰斯：公元前425—前405年在位）。在欧洲东南一隅，奥德里西亚王朝逐渐建立起帝国，其势力从斯特里蒙河延伸到伊斯特河（Hdt. Ⅳ. 77－80；Thuc. Ⅱ. 100－9）。薛西斯（公元前486—前465年在位）、阿塔薛西斯（公元前464—前424年在位）和大流士二世（公元前424—前405年在位）统治下的波斯帝国，仍然是近东的巨人，或多或少直接控制着黑海南岸的领土，并且对黑海以北地区发挥着巨大的文化上的影响。然而，希腊人母邦的政治影响如今落入低谷，米利都已在伊奥尼亚起义末年的公元前494年被毁；到公元前5世纪50年代，实力只得到部分恢复。[41] 麦加拉不过是伯罗奔尼撒同盟中的小卒，有时会脱离同盟依附雅典（公元前459—前448年），或者因为经济压力屈服于雅典（公元前432年）。[42] 雅典人取代了两个母邦的地位，成为拥有海军长臂的希腊强国。约公元前471/0年，他们获得了进入本都的入口，当时在同盟的请求下，雅典人从斯巴达“变节的”海军统帅保萨尼阿斯那里夺取了拜占庭（Thuc. Ⅰ. 128－35；Justin Ⅸ. 1. 3）。虽然雅典此前已经对东北地区产生兴趣，但并未采取进一步行动，只是在赫勒斯滂海峡两边各建立了

[40] Vinogradov 1980（E 412）76－8, and 1989（E 417）103－4.

[41] J. P. Barron, *JHS* 82（1962）1－6; Meiggs 1972（C 201）36, 115－17, 562－5.

[42] Meiggs 1972（C 201）160－1, 190, 202－3, 430－1.

一个殖民地，分别是埃拉欧斯（Elaeus）和西盖翁（Sigeum），并且支持了雅典对伽利波利半岛上新近统一的多隆奇亚人的僭主统治（约公元前545—前493年）。那是一个色雷斯人的凯索奈苏斯国家，得到由米泰亚德（Miltiades）建立的横贯地峡的长城的保护（Hdt. Ⅵ. 36 – 41）。[43] 人们也许会猜测，刻赤半岛上长城的重新修建，是否因为最近从这个榜样那里得到了灵感，并形成了一个统一国家（见下文）。

489 希波战争之前，希腊世界到底从黑海地区进口多少粮食，并不清楚，但希罗多德报道的两件逸事可以让我们获得某些概念。一是在伊奥尼亚起义时，一是在起义失败后（约公元前494—前493年）。米利都的希斯提埃乌斯（Histiaeus of Miletus）发现，他与来自莱斯沃斯的一支分遣队一起去拿捕由黑海驶出的商船有其价值（Hdt. Ⅵ. 5; 26）。大约14年后，当薛西斯在阿拜多斯检阅过入侵军队后，再度注意到从黑海经赫勒斯滂海峡驶出前往埃吉那和伯罗奔尼撒的粮船。他认为，如果允许它们通过，当这些数量可观的船只到达希腊时，会对他自己军队的给养有所帮助（Hdt. Ⅶ. 147）。雅典自身对粮食的需求可能最初靠西西里和埃及的粮源满足，但公元前5世纪中期后，对埃及灾难性的远征以及科林斯日益增长的敌意，似乎强化了它对黑海地区国家的兴趣。[44] 据说阿利斯提德（Aristides）就死在那里。

吸引雅典对本都地区亲自干预的因素，在于当地重要的两个城市——西诺佩和赫拉克里亚——的态度和历史事件。西诺佩如今有个微型势力范围，由向它纳贡的殖民地科提奥拉（Cotyora）、凯拉苏斯（Cerasus）和特拉佩祖斯组成。在科尔奇斯（Colchis），如皮切那利的“希腊式”墓葬提供的证据所表明的，它有强烈的贸易和文化影响。[45] 它还与本都对岸的姊妹城市，例如米利都殖民地奥尔比亚和伊斯特利亚关系密切。[46] 它似乎为白尾鹫货币的倡导者。这种货币最初使用的是西诺佩货币正面的鹰头，后来在伊斯特利亚和奥尔比亚钱币

---

[43] *CAH* Ⅲ^{2}. 3, 121 – 2, 404 – 5.

[44] Brashinsky 1963（E 215）85 – 9; Meiggs 1972（C 201）264; Noonan 1973（E 325）241 – 2; Garnsey 1988（I 55）108 – 9, 117 – 51.

[45] J. B. Brashinsky, *Sobschenia Akademii Nauk Gruzii* 47（1967）3, 759 – 60; Kvirkvelia, 即出（E 302）。

[46] Knipovich 等 1968（E 283）13 – 14; E. I. Solomonik, *Klio* 52（1970）427 – 36。

的反面，用上了一只完整的“海豚上的老鹰”，与西诺佩后来的钱币一样。[47] 这些后期的钱币似乎定年在公元前5世纪后半期，并延续到公元前4世纪后期。它们无疑代表了对德尔斐的阿波罗的共同崇拜，但也有某种下文的意思：两个姊妹城市控制着它们之间的海洋，并且将其比喻为海豚和老鹰的关系。另一城市——麦加拉人建立的赫拉克里亚为雅典潜在的敌人，[48] 因刚好在黑海细小腰部的西边，因此对博斯普鲁斯与由雅典控制的爱琴海的贸易而言，它是一个威胁。即使不是更早，至少到公元前5世纪最后四分之一的年代里，它在克里米亚西南端拥有了自己的殖民地凯索奈苏斯，这导致它于公元前4世纪初介入了黑海北岸的事务。

约公元前480年前后的某个时候，博斯普鲁斯的城市落入了一个 490
王朝统治之下。这个阿凯亚那克斯王朝（the Archaeanactidae）统治了42年，据狄奥多鲁斯公元前438/7年项下记载，那年他们被驱逐，不过具体背景不清楚（Diod. Ⅻ. 31. 1）。据认为他们本是米利都人或密提林人，理由是公元前6世纪，这两个东部希腊人的国家中，各自都有一个名为阿凯亚那克斯（Archaeanax）的人相当活跃（Strabo XIII. 1, 3B）。考虑到米利都在辛梅里安人的博斯普鲁斯比较强大的影响，或许我们该倾向于米利都的那个家族。[49] 我们可以论证说，阿凯亚那克斯家族就是一个僭主家族，与色雷斯的赫尔索尼斯的米泰亚德和斯泰萨戈拉斯（Stesagoras）并无不同。他们在位时，在都城潘提卡派翁修建了一座大庙献给阿波罗，很可能就是那座某些钱币上出现的标志为APOL的阿波罗庙。[50] 公元前5世纪初潘提卡派翁的钱币正面为狮子头，反面为不规则的压纹，后来逐渐演变为四块帆状压纹。APOL标记的货币出现时，曾被解释成虽相关却完全不同的多种意思，或谓其为阿波罗尼亚城；或谓为官员阿波罗（尼乌斯）［Apol（lonius）］的名字；或谓其为阿波罗神庙的铸造品；第四种意见是它

---

[47] Hind 1976（E 257）；P. O. Karyshkovsky, *Numismatika Antichnogo Prichernomorya*（1982）80－98；Kraay and Hirmer 1966（B 201）figs. 688－9.

[48] Burstein 1976（E 222）；Saprykin 1986（E 352）.

[49] Zhebelyov 1953（E 442）；Gaidukyevich, 1971（E 241）51；Vinogradov 1980（E 412）65－7；Shelov-Kovyedyayev 1985（E 377）70. 关于其为埃奥利亚人的观点，见Blavatsky 1970（E 205）。

[50] Shelov 1978（E 372）13－14；Anokhin 1986（E 182）7－10；Karyshkovsky 1962（E 276）.

表示博斯普鲁斯城市“同盟”的货币。[51] 狮子头币暗示了阿波罗的监护神地位；阿凯亚那克斯（这个词的意思是“古代的领袖”）家族的统治者很可能认为，这种形制也适合他们的需要。或许曾有一个短暂的时期，流亡的阿波罗尼亚人仍然声称他们统治着该城邦，只是中心不同。但约公元前440—前400年，斯帕托库斯和萨提鲁斯很快就在钱币上以PA、PAN、PANTI的标识，强调潘提卡派翁这个名字。恰值此时（公元前450年），米利都自身分裂为莱罗斯（Leros）和泰奇乌萨（Teichiussa）两个共同体，[52] 它们似乎忠诚于雅典，但那些仍留在主城区的人则并不如此（见图27）。据狄奥多鲁斯记载，一个名叫斯帕托库斯的人“继承了阿凯亚那克斯家族”的地位，不由让人遐想他到底是和平继位还是其他方式。无论如何，其他文献提到的在泰奥多西亚的流亡者（Anon. *Periplus* 51）表明，可能存在一场导致王朝变更的麻烦，其提供的时间为公元前438/7年，但也可能早1—2年，因为狄奥多鲁斯置于该年的多个事件都同样出现了误置问题。据说斯帕托库斯统治了7年，那应当属于公元前5世纪30年代，因此
491 王朝更迭的时间，应当与雅典那些不满意的盟友萨摩斯和拜占庭公元前440年的暴动大约同时。那场暴动次年被伯里克利镇压（也见 *CAH* V^2 143－6）。

斯帕托库斯的身份是个争论颇多的问题。可以肯定，他并非希腊人、辛狄人或萨尔马提亚人，也非仍留在博斯普鲁斯的辛梅里安人的后代。[53] 他应该是色雷斯人出身，而且不仅仅是个雇佣兵，还是色雷斯人中奥德里西亚部落王族的成员。在多个个案中，他们的名字都与斯帕托库斯家族的名字雷同，如斯帕多库斯、贝利萨戴斯、科摩萨耶等。[54] 国王西塔尔凯斯的兄弟名为斯帕多库斯（Thuc. Ⅱ.100）。也许那个时候这些色雷斯人正处于鼎盛时期，企图利用困难的形势，根据辛梅里安人的博斯普鲁斯的请求，支持他们家族的一

[51] Ibid.; Shelov 1978（E 372）15－18; Dyukov 1975（E 231）; Gaidukyevich 1971（E 241）52－3; Pichikyan 1974（E 337）105－10; Tolstikov 1984（E 399）46－7, n. 95; Anokhin 1986（E 182）10－14, 25－6, pl. 1. 26－7, 48.

[52] Meiggs 1972（C 201）112.

[53] Blavatskaya 1959（E 190）26－38; Blavatsky 1976（E 206）.

[54] Gaidukyevich 1966（E 240）and 1971（E 241）66－8. 雅伊连科（Yailenko）最近的著述证明，关于该王朝成员的身份存在相当的混乱。他们可能是“当地的西徐亚人”，更准确地说，是“色雷斯—伊朗人”或“希腊—西徐亚人”，见 Yailenko 1990（E 432）286, 308。

个成员登上王位。

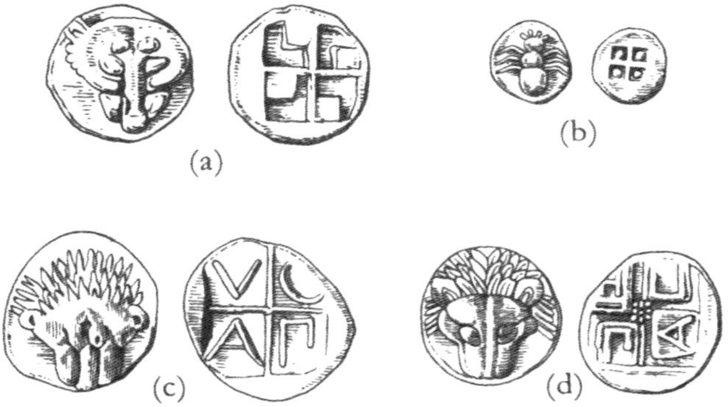

图 27　潘提卡派翁（阿波罗尼亚）的银币：（a）约公元前 500—前 475 年；（b）约公元前 475—前 450 年“米麦奇翁”钱币；（c）约公元前 450 年；（d）约公元前 440—前 425 年［据 Dyukov 1975（E 231）；Anokhin 1986（E 182）；并见注释 51］

伯里克利决心乘胜扩大他对萨摩斯和拜占庭战争的成功。我们有关伯里克利本都远征的资料并未提供年代，但在序列上属于萨摩斯和拜占庭起义之后，最好定在约公元前 438—前 436 年。[55]

> 他率领一支庞大且装备精良的舰队进入本都，完成了那里的希腊人城市对他所有的请求，并与他们建立了友好关系。但对那些与希腊人为邻的蛮族部落，他们的国王和统治者，他最大限度地展现了雅典势力的强大，雅典人的自信和大胆——他们可以航行到任何他们希望航行的地区，并且完全掌控大海。他将拉马库斯（Lamachus）麾下的 13 艘船和部分军队留给西诺佩人，以对抗僭主提麦西莱奥斯（Timesileos）。
>
> （Plut. *Per.* 20）

文献提到的伯里克利唯一的具体措施，是驱逐了提麦西莱奥斯。 492

---

[55] Meiggs 1972（C 201）199.

从一份出自奥尔比亚的铭文上，人们已经识读出此人。[56] 作为后续措施，雅典人通过一道命令，向西诺佩派出 600 名雅典人作为殖民者。这些人帮助在阿米苏斯进一步建立了一个雅典人殖民地，领导人为阿泰诺克勒斯（Athenocles）。此地被重新命名为皮莱乌斯（Strabo Ⅻ. 3. 14），发行了背面为猫头鹰的雅典型货币。[57] 大约此时，雅典人在普罗滂提斯的阿斯塔库斯（Astacus）也建立了一个殖民地（Strabo Ⅻ. 4. 2）。[58]

在伯里克利远征期间遭到威慑的原住民中，无疑有居住在西诺佩内地的帕夫拉戈尼亚人和阿米苏斯及皮莱乌斯周围的卡帕多西亚人，但"他们愿意前往的任何地区"和"完全掌控大海"的话语，暗示他进行了广泛得多的干预。可能的情况，似乎是伯里克利至少从西诺佩横渡黑海到了博斯普鲁斯，意在解决那里发生的动乱，以稳固新近即位的斯帕托库斯的权力，或者向其炫耀武力。无论是哪种情况，雅典人都强大到了足以在宁法伊翁建立一个他们自己据点的程度，那里恰好在提利塔凯堡垒和壕沟的外围，因此不在得到保护免遭西徐亚人劫掠的区域之内，并且如其周围的墓地所示，那里与西徐亚人有着直接的接触。[59] 直到约公元前 405 年，宁法伊翁都对博斯普鲁斯保持着独立，并且在该世纪最后的 25 年中发行了自己的货币。然后，它被雅典人古隆（Gylon，德摩斯梯尼的外祖父）抛弃给了博斯普鲁斯的僭主。考虑到伯罗奔尼撒战争末期雅典的处境，古隆可能没有多少选择余地。但在埃斯奇奈斯口中，其背景仍是可耻的（Aeschin. Ⅲ. 171 -2）。在下一个统治者萨提鲁斯（Satyrus）手中，古隆获得凯皮作为礼物，以替代宁法伊翁。当宁法伊翁继续受雅典统治时，她每年向后者支付一个塔兰特的贡金（Craterus *FGrH* 342 F 8）。公元前 425 年雅典贡金表中几个残破的名字，可能指的就是黑海北岸的城市。[60] 拉马库斯在本都的活动，至少再度得到了证实。当时他企图从赫拉克里亚收取公元前 424 年的贡金，但因为他丧失了一支海军分遣队的船

---

[56] Vinogradov 1981 (E 415) and 1989 (E 417).

[57] Head 1911 (B 196) 496; Malloy 1970 (E 309).

[58] Meiggs 1972 (C 201) 198.

[59] Silantyeva 1959 (E 386) 93 -7; Vickers 1979 (E 410) 9 -50; Yakovenko 1981 (E 433); Tolstikov 1984 (E 399) 41 -4.

[60] *ATL* I 527 -9, 557; Meiggs 1972 (C 201) 328 -9.

只，不得不狼狈地自陆地返回，因此不能说是伟大的成功（Thuc. Ⅳ. 75. 1－2）。尽管如此，在伯里克利炫耀武力后30年左右的时间里，雅典确实在黑海地区拥有影响和据点，后者包括西诺佩和阿米苏斯，控制着前往科尔奇斯与博斯普鲁斯的道路，以及较近的城市——本都的阿波罗尼亚与赫拉克里亚。[61] 公元前411年，随着伊奥尼亚暴动，雅典曾经拥有的影响显然被削弱了。公元前410年，亚西比德利 493
用经拜占庭上行到博斯普鲁斯的克吕索波利斯（Chrysopolis）为基地，对进入黑海的船只征收10%的贸易税。这件事可能表明雅典不愿再武装进入黑海，也表明雅典需要确保其交通线以及大量的收入（Xen. *Hell.* Ⅰ. 22）。到公元前405年，因为羊河战役后吕桑德一刀切的政策，所有雅典人全部被强制驱赶回他们的祖国。到那时或随后不久，雅典驻军和殖民者肯定都离开了，这条关键供应线的丧失，导致了雅典本身的投降（Xen. *Hell.* Ⅱ. 2. 9）。

斯帕托库斯统治7年后，他在博斯普鲁斯的王位由儿子萨提鲁斯继承。他可能是博斯普鲁斯国家的执政（拥有特殊权力），但我们对他的头衔一无所知，也不是他让该王朝得名。在古代，人们知道的是琉孔家族（Ael. *VH* Ⅵ. 13）或"帕瑞萨德斯与琉孔家族"（Strabo Ⅶ. 414）。尽管萨提鲁斯让他的儿子琉孔、麦特罗多鲁斯（Metrodorus）和戈尔吉普斯（Gorgippus）在某种程度上参与"僭主"的统治，但他可能是独自掌权。

那个取代在位44年的萨提鲁斯（公元前433/432—前389年在位）而在博斯普鲁斯统治了40年的塞琉古，肯定是狄奥多鲁斯的抄写者误把他作为萨提鲁斯的结果（Diod. ⅩⅣ. 89. 3），尽管有些人企图制造一个我们本来不了解而且名字怪异的共治者。没有任何证据表明，在博斯普鲁斯王朝历史如此之早的阶段，曾经有过完全共治的时期。[62] 萨提鲁斯统治时间长久且成功，在位年代与雅典日益需要通过谈判签订合同以确保粮食供应的时期同时，他也可能从其他城市的需要中牟利，如公元前428年的密提林（Thuc. Ⅲ. 2. 2）。公元前405年

---

[61] *ATL* I 528, 539, no. 38; II 46, 126, fr. 38; B. D. Meritt and A. B. West, *The Athenian Assessment of 425 B. C.* (Ann Arbor, 1934) 26, 29, 68 and pl.

[62] Werner 1955 (E 425) 418－19; Brashinsky 1965 (E 216); Grach 1968 (E 247); Tuplin 1982 (E 404) 126－7. 关于近来不仅要复活塞琉古，而且要复活萨提鲁斯之父斯帕托库斯二世（为共治者）的观点的尝试，见 Yailenko 1990 (E 432) 286, n. 102, 307。

之前不久，某些上层雅典人的儿子们在博斯普鲁斯得到了有用而且良好的职位（Lysias XVI.4）。到公元前394年，人们认为博斯普鲁斯人对雅典态度友好，并授予雅典粮船特权，赢得了雅典人的感激（Isoc. XVII.3－5）。萨提鲁斯国家的政治力量因为获得宁法伊翁而有了显著的增长，那时她的领土不仅包括米利都人的凯皮，而且还有塔曼半岛上的其他殖民地，即赫摩那萨和法那戈利亚。

公元前5世纪最后的四分之一世纪里，宁法伊翁制造了一个系列的小型银币（德拉克马、两奥波尔和半奥波尔），正面打上了仙女头像，背面是一串葡萄。可能在古隆将该城移交萨提鲁斯后，这套货币

494 ［图28－（a）］停发了。[63] 约公元前425—前400年，辛狄人打造了

图28 博斯普鲁斯的4种货币：（a）宁法伊翁银币，公元前425—前400年；（b）辛狄银币，公元前425—前400年；（c）泰奥多西亚银币，公元前400—前375年；（d）潘提卡派翁金币，公元前350—前325年［据 Shelov 1978（E 372）；Anonkhin 1986（E 182）；**并见** Kraay and Hirmer 1966（b 201）figs. 440－1］

三个系列的货币，币值从三奥波尔到四分之一奥波尔。它的图案正面分别是赫拉克勒斯试拉弓弦，赫拉克勒斯头像、公牛头、格里芬和一个麦穗［图28－（b）］。它的背面图案，1个是展翼的猫头鹰，5个为马头，并且伴有Sindon（辛狄人的）的族群名。[64] 选用赫拉克勒斯

---

[63] Shelov 1978（E 372）21－5；Anokhin 1986（E 182）15，18，29.

[64] Shelov 1978（E 372）27－31；Anokhin 1986（E 182）14，19－20.

标志的原因，可能是暗示这位英雄曾在黑海北岸有过著名的流浪，而非表示本都的赫拉克里亚与大海对面地区的联系。格里芬是法那戈利亚的母邦泰奥斯（Teos）城市的徽标，可能是从那里借鉴的。但格里芬作为怪兽，与西徐亚东部和辛狄人地区的联系众所周知。麦穗为未来博斯普鲁斯货币的经典标志，宣传着当地的产品。雅典在阿米苏斯的殖民地，可能还有雅典的总体影响，也许给辛狄人的猫头鹰币提供了灵感，不过背面一以贯之的马头图案，可以说是那个部落的特殊徽章，因为那个部落首领的墓葬中，马的数量庞大。这些典型希腊式的货币，似乎是希腊模铸匠人的作品，他们代表的是那个强大的希腊化的部落，而非那个位于海岸地区，名为辛狄人的利曼（Sindicus Limen）的地区。[65] 这些货币可能在公元前400年到公元前375年停止发行了。

法那戈利亚是博斯普鲁斯在该世纪最后20年中发行货币的三个国家之一。该城公元前5世纪20年代曾短期加入狮子头货币系列，495
因为其中的一枚货币上，背面有PHA的标识。如今法那戈利亚自行打造了两个系列的货币，币值从德拉克马到半奥波尔不等。它的正面是一个年轻的或留有胡须的卡比鲁斯（Cabirus，地府神中的一个）的头像，头戴锥形帽，背面则为公牛头和麦穗。[66] 或许正面的图像与创建者的名字法那戈拉斯（Phanagoras）有某种尚难说明的关系。约公元前5—前4世纪之交，这个系列的货币也停发了。

四　早期斯帕托库斯家族统治者：希腊人执政还是蛮族僭主

萨提鲁斯对博斯普鲁斯的统治延续到公元前389/8年，那年他的儿子琉孔继位，后者统治了40年，直到公元前349/8年（Diod. XIV. 93；XVI. 31. 6）。此后，他的两个儿子——斯帕托库斯二世和帕瑞萨德斯一世——联合统治了5年。斯帕托库斯去世后，帕瑞萨德斯单独统治了33年。狄奥多鲁斯把他们表现为前后相继的过程，因此给这个王朝增添了5年［Diod. XVI. 52. 10，但是由于公元前347/6年雅典命令的帮助，这个错误易于纠正（*IG* II^2 212；Tod no. 167；Har-

---

⑥⑤ Shelov 1949（E 361）；V. P. Shilov, *Sov. Arch.* 1951, 205 – 15；D. B. Shelov in *Tskhaltubo II 1979* 232 – 47；Shelov-Kovyedyayev 1985（E 378）126 – 8.

⑥⑥ Shelov 1978（E 372）31 – 2；Anokhin 1986（E 182）29 – 30.

ding no. 82)]。[67] 帕瑞萨德斯死后，他的 3 个儿子——萨提鲁斯二世、普吕塔尼斯和欧麦鲁斯卷入了自相残杀的内战，引入西徐亚人和萨尔马提亚人首领为盟友。萨提鲁斯和普吕塔尼斯共同统治了 9 个月，普吕塔尼斯单独统治了很短的时期。欧麦鲁斯作为最后的胜利者，从公元前 310/9 年—前 304/3 年单独统治了 5 年零 5 个月，启动了野心勃勃的一统整个黑海地区的计划（Diod. XX. 100. 7）。

随着欧麦鲁斯之子斯帕托库斯三世（Spartocus Ⅲ）继位，博斯普鲁斯又出现了一个稳定时期。作为国王，他统治着其领土的各个部分，直至公元前 284/3 年。[68] 到这个时期结束时，“琉孔家族”和“那些从帕瑞萨德斯和琉孔开始的统治者”已经将权力在该家族中传递了 150 多年，经历了伯罗奔尼撒战争、斯巴达和底比斯的崛起、雅典第二同盟、腓力二世的统治、亚历山大大帝以及如吕西马库斯（Lysimachus）等第一批继业者的时代。自萨提鲁斯登基以来，除那段开始于公元前 310/09 年兄弟之间残杀的时期外，几乎没有一个执政（archon）在位时间少于 20 年。

对外人来说，这些统治者不是“僭主”，就是“统治者”（dy-
496 nasts），而且是蛮族的统治者，尽管人们可以期待，他们会对雅典人友好，或者授予雅典商人的船只某些特殊的好处，雅典人可能也赠予他们荣誉。一般来说，人们提到他们时，把他们作为普通公民，并且不提他们正式的头衔。萨提鲁斯被称为“本都的那个人”（Lys. XVI. 4）。在有关博斯普鲁斯如何从雅典代表古隆那里获得宁法伊翁的叙述中，他和他的家庭被称为“僭主”（Aesch. Ⅲ. 171）。尽管那些以希腊化时代王权观念为基础的罗马时代的作家们经常称他们为“国王”，但当时的雅典作家一般称琉孔和帕瑞萨德斯为“僭主”和“统治者”。只有德摩斯梯尼（XX. 26, 31）近乎提到了他们正式的头衔，使用了“执政”的术语。同时，德摩斯梯尼也反映了雅典人的兴趣，将他描述为“控制粮食供应的人”（*kyrios tou sitou*）。

---

[67] Yailenko 1990（E 432）286 严格追随了狄奥多鲁斯，让斯帕托库斯在帕瑞萨德斯之前统治了 5 年，而不是把他作为那个时期的共治者。

[68] 雅伊连科（Yailenko）利用《博斯普鲁斯王家铭文》补遗 4 第 938 条的铭文创造了一个欧麦鲁斯的儿子塞琉古，但这个残缺的名字似乎无力支持下述假设：该王朝有一个至今不知其名字的统治者。见 Yailenko 1990（E 432）299 – 301。

在博斯普鲁斯地区发现的官方铭文上，斯帕托库斯一世和萨提鲁斯一世并未出现，但琉孔确实出现了。他最初仅被称为“潘提卡派翁人，萨提鲁斯之子”（*CIRB* 37），后来是“博斯普鲁斯执政”。可能是稍后，他也被称为“博斯普鲁斯和泰奥多西亚执政”（*CIRB* 1111）；很快，他又成了“辛狄人、托莱提人、丹达利人和普塞西人的执政”（*CIRB* 6，1037－8），或者是“辛狄人和所有麦奥提斯人的执政”（*CIRB* 8）。帕瑞萨德斯一世也拥有后面的称号（*CIRB* 10，11，1039－40），但还分别添上了他统治下的塔提人（the Thatei）和多斯奇人（the Doschi）国王的称号（*CIRB* 9，972，1015）。铭文还把辛狄人、托莱提人和丹达利人作为他统治之下的部落给列上了（*CIRB* 1014）。在潘提卡派翁发现的一份诗歌体铭文更进了一步，称帕瑞萨德斯“统治着所有的领土，包括最远的陶利人和高加索边疆上的领土”（*CIRB* 113）。[69] 可是，有意思的是，从无任何人声称他统治着西徐亚人，后者分布在克里米亚北部和麦奥提斯湖以北的草原上，因此，最后这块铭文中所指肯定是对泰奥多西亚的控制。

与这些统治者一起出现的还有“亲王”（*paradynastae*）这个词，它指“僭主”家族的成员，如同色雷斯的奥德里西亚王朝的情况一样。[70] 萨提鲁斯有一个叫麦特罗多鲁斯（Metrodorus）的儿子，曾被作为人质送到麦奥提斯人那里（Polyaen. Ⅷ. 55）。在萨提鲁斯之下，戈尔吉普斯似乎也被赋予了某些职责，而且可能统治过辛狄人的利曼地区。在琉孔长期的统治期间，该地区被重新命名为戈尔吉皮亚（Gorgippia）。[71] 戈尔吉普斯的女儿科摩萨耶（Comosarye）嫁给了帕瑞萨德斯（*CIRB* 1015）。公元前347/6年雅典人投票授予斯帕托库斯二世和帕瑞萨德斯一世荣誉时，连带一起的还有他们的兄弟阿波罗尼乌斯，哪怕他显然并未行使统治权（*IG* Ⅱ^2 212；Tod. no. 167；Harding no. 82）。他的地位，与公元前528—前514年间雅典的希帕库斯（Hipparchus）与希皮亚斯（Hippias）中的希帕库斯有某种程度的类似。我们已经留意到，斯帕托库斯二世和帕瑞萨德斯共同统治，直到 497

---

[69] Wormell 1946（E 428）49－71；Belova 1967（E 187）；Bosi 1967（E 211）；Tod no. 115A-C，163，171A-E，p. 209；Hansen 1983/9（B 142）885.

[70] Shelov-Kovyedyayev 1985（E 378）180.

[71] Kruglikova 1971（E 293）.

前者去世，而萨提鲁斯与普吕塔尼斯共同统治了9个月。但是，均衡的共治似乎并非惯例，在最后提到的共治中，结果是一场内战，显然不是正面典型。斯帕托库斯家族的后代是单独统治，原因可能是在任何一个确定的时间内，只能一个人拥有国王（*basileus*）称号。他们在博斯普鲁斯时以及对麦奥提斯人部落时何时采用了国王称号，并不清楚，但到欧麦鲁斯的儿子斯帕托库斯三世（Spartocus Ⅲ）时代，肯定已经使用国王称号，后者的铭文采用了一种新的头衔“执政和国王”（*CIRB* 974；1043），并且“作为国王统治”（*basileuontos CIRB* 19）。在公元前285/4年雅典人的命令中，这个斯帕托库斯也被称为“国王”（*IG* $Ⅱ^2$ 653）。采用“国王”名号是那个时代的风气。比提尼亚的吉波伊泰斯（Zipoetes）在12年前（公元前297/6年）就已经这样做了，开创了一个时代。自公元前1世纪后期起（疑此处有误，应是公元前3世纪——译者注），那个称号将在本都和博斯普鲁斯使用。[72]

所以，早期的做法似乎是典型的“僭主政治”：一个终身执政的统治，有一个到两个儿子参与。它也解释了人们经常称博斯普鲁斯“统治者们”（复数）的问题。在一个没有任何真正的政区划分的国家里，兄弟、姐夫和妹夫、女婿（王族）可能也会作为城市或者地区的总督。索派乌斯（Sopaeus）是伊索克拉底一个客户的父亲，曾是这样一大片领土的总督和一支军队的将领。因萨提鲁斯担心索派乌斯的阴谋，后者一度失宠，但后来再度得宠，与萨提鲁斯的女儿结了婚（*Trap.* 3；57）。古隆成为凯皮的总督，如同戈尔吉皮亚得名于戈尔吉普斯一样，那个失踪的城市斯特拉托克利亚可能也得名于斯特拉托克莱斯（Stratocles，*CIRB* 6）。

到萨提鲁斯末年，他的国家已经在希腊世界具有相当的重要性，而且还正在向东、西两个方向扩张。[73] 然而，在处理与辛狄人和泰奥多西亚的关系时，他遭遇了难题。在辛狄人处，他企图干涉国王赫卡泰俄斯（Hecataeus）的事务，主动把自己的女儿嫁给后者，因此引起了与麦奥提斯人的战争。后者拿起武器暴动，为被赫卡泰俄斯不公

---

[72] G. Perl in *Studien zur Geschichte und Philosophie des Altertums* (ed. J. Harmatta, 1968) 299 – 330. Amsterdam.

[73] Anfimov 1967 (E 179) 128ff; Shelov-Kovyedyayev 1985 (E 378) 89 – 144; Gardiner-Garden 1986 (E 243).

正对待的麦奥提斯人妻室蒂伽陶（Tirgatao）复仇。萨提鲁斯的一个儿子麦特罗多鲁斯被执为人质。波吕埃努斯（Polyaenus）称（Ⅷ. 54）：萨提鲁斯在问题尚未解决之时，“于绝望中”死去。在随后的10年左右时间里（约公元前390—前380年），琉孔成功结束了战争，吞并了辛狄人的领土。[74] 据说萨提鲁斯实际死于对泰奥多西亚的围困战中，吸引他围困的无疑是下述事实：该城有一个不会轻易冰封的港口，而且可以容纳多达100条的船只（Strabo Ⅶ. 4. 4），再有就是如果人们所指为这个时期，则那里还是敌对的逃亡分子的聚集地（Anon. *Periplus* 51）。 498

赫拉克里亚从黑海另一边过来支持泰奥多西亚。萨提鲁斯去世前，战争已度过其最初的阶段，他的去世导致围攻的缓解（Polyaen. Ⅴ. 23），后来又经历相当长期的战争——其间琉孔在东克里米亚的领土曾遭遇赫拉克里亚舰队的劫掠［（Arist.）*Oec.* Ⅱ. 2. 8］，他的军队遭遇兵员短缺压力（Polyaen. Ⅵ. 9. 3）。无论是在战场上（Ⅵ. 9. 4），还是在财政上，他都陷入困境。据说他曾召回钱币，然后以此前两倍的面值重新发行（Ⅵ. 9. 1）。与这场战争有关的最后一个细节和罗德斯的门农（Memnon）有关，他对琉孔玩了个花招，以侦测博斯普鲁斯军队的实力（Ⅴ. 44. 1）。战争可能约公元前370年结束，泰奥多西亚被吞并[75]，并被用琉孔妻子或者妹妹的名字重新命名（schol. ad. Dem. XX. 33）。琉孔重建了港口设施，到公元前355年，辉煌的工程完成（Dem. XX. 33）。赫拉克里亚的意图可能是确保它更偏西的殖民地凯索奈苏斯的安全，同时维持它自身对泰奥多西亚周围肥沃地区农产品独立的获取途径，并遏制博斯普鲁斯统治者势力的壮大。就此而论，她的意图遭遇失败。数年后，赫拉克里亚本身也落入一个僭主王朝的统治之下（自公元前364年起）。

博斯普鲁斯钱币的发展，反映了这些事件和野心。泰奥多西亚自主的钱币可能在约公元前380—前375年间停止。它曾经发行过两个系列的货币，分别是银德拉克马、两奥波尔和半奥波尔，以及某些青

---

[74] Berzin 1958（E 189）；Ustinova 1966（E 405）；Kruskol 1974（E 296）；Shelov-Kovyedyayev 1989（E 381）.

[75] Shelov 1950（E 363）and 1957（E 370）；V. D. Blavatsky, *Sov. Arch.* 1981, 4 21 – 9；Burstein 1974（E 221）；Shelov-Kovyedyayev 1986（E 380）.

铜币［危机时期的（存疑）］。[76] 钱币的正面分别是一个有着卷曲胡子的头像［图28－（c）］、一个戴圆盔的雅典娜头像和一个赫拉克勒斯头像。钱币的背面是公牛头像，一个头戴花冠、手执大棒的“布克拉尼翁”（*boukranion*），并且全部打有THEODO的标志。布克拉尼翁可能是有关该城名字的双关语，意为“献给神的礼物”，因此是用来牺牲的动物。博斯普鲁斯的货币继续以潘提卡派翁公民的名义发行，银币的正面仍是狮子头像的正面，反面则为羊头。[77] 后来，可能是在萨提鲁斯死后，银币正面出现了萨提尔的头像。在此前的系列中，他头戴百合花冠，其背面要么是鲟鱼的前部，要么是正向左行进的狮子，要么是狮子头的侧面像。这里表达的似乎是双重含义，一个远溯米利都的阿波罗——殖民地的支持者，一个溯及该国繁荣最近的
499 创造者萨提鲁斯。[78] 约自公元前375年起的60年里，博斯普鲁斯打制了让人印象深刻的金币（以合金斯塔特尔和“六分之一斯塔特尔”发行），它昭示了琉孔和帕瑞萨德斯治下潘提卡派翁的富有。铸币都拥有独特的形制，而且工艺超群。正面要么是一个侧面的萨提尔头像，要么是萨提尔四分之三身体的肖像，反面则是独特的有着狮子头且长角的格里芬，其姿态前行而后视，口叼长矛［图28－（d）］，立于一株麦穗之上。[79] 在神话中，狮子头的格里芬为波斯人著名的对手，但这个生物肯定也是潘提卡派翁即它所代表的国家黄金的守护神。该国繁盛的根源，在它之下的麦穗上体现出来。当时潘提卡派翁银币上被用作象征的鲟鱼，代表了该国财富的第二个来源。[80] 事实上，博斯普鲁斯在东部刻赤半岛和辛狄人地区出产的粮食，为公元前4世纪流入博斯普鲁斯钱匣的所有黄金提供了解释，人们无须为广大的西徐亚人领土上出产的粮食的贸易寻求大的集散地，[81] 用于装饰金属器具的黄金，也无须长途跋涉从阿伽提西人（the Agathyrsi）或中亚的阿利马斯皮亚人那里运往西方，尽管西徐亚人金库中的黄金，可

---

⑯ Shelov 1978（E 372）25－6；Anokhin 1986（E 182）15，29－30；Zolotaryov 1984（E 450）.

⑰ Shelov 1978（E 372）14－15；Anokhin 1986（E 182）8－9.

⑱ Shelov 1978（E 372）83；Anokhin 1986（E 182）9.

⑲ Shelov 1978（E 372）79－82；Anokhin 1986（E 182）32－4；Kraay and Hirmer 1966（B 201）figs. 440－1 and pl. 15.

⑳ Hill 1923（D 197）；Shelov 1950（E 362）；Brabich 1959（E 214）.

㉑ Brashinsky 1963（E 215）；Scheglov 1987（E 356）.

能是作为“礼物”从这些人那里获得的。博斯普鲁斯的黄金更可能是因为出口粮食和咸鱼到希腊换来的，后者的贵金属最终来自马其顿—色雷斯以及科尔奇斯的金矿，银子则来自色雷斯以及雅典的银矿。[82]

公元前4世纪初，雅典的地位最初十分脆弱，公元前394年尼多斯战役后，她的地位有所恢复。公元前378/7年雅典第二同盟建立后，她的地位得到很大提升，但她并不能像公元前5世纪在麦托奈（Methone）所做的那样，命令或者要求将粮食输入爱琴海中的城市（*IG* Ⅰ^3 61；M–L no. 65），或者像在阿菲提斯（Aphytis）那样（*IG* Ⅰ^3 62），几乎认为那是她的权利和惯例［（Xen.）*Ath. Pol.* Ⅱ. 12］。如今，如果萨提鲁斯和他的将军索派乌斯在粮食短缺之际，授予雅典人的商船满载驶离（*exagoge*）权，而把其他船只空载打发走，雅典人就会感激涕零了（Isoc. ⅩⅦ. 57）。其他城市例如密提林等确实需要粮食，而且人们发现，它们也是从博斯普鲁斯进口（*IG* Ⅻ 2. 3；Tod no. 163）。[83] 然而我们发现，公元前350年前后，无论是在正常情况下，还是在危机时期，例如饥荒时期或其重新订约的众多盟友叛离之时（公元前357年），正是雅典始终依赖本都的粮食。德摩斯梯尼的 500
演说《控告莱普提奈斯》（*Against Leptines*，见XX；约公元前355年）和《控告弗尔米奥》（*Against Phormio*，见ⅩⅩⅩⅣ；约公元前328/6年）、雅典人民授予琉孔三个儿子荣誉的铭文（公元前347/6年，*IG* Ⅱ^2 212），以及更晚后授予斯帕托库斯三世荣誉的铭文（公元前285/4年，*IG* Ⅱ^2 653），合并起来看，给这种贸易提供了丰富的当代人的资料。[84] 同时，它也体现在相互给予对方同等的“最惠国待遇”上。博斯普鲁斯的统治者给予雅典人购买粮食的优先权，为确保持续的需求，还豁免了关税（三十分之一）。作为回报，雅典人给予该家族的首脑人物以雅典公民权，免除赋税（*ateleia*），授予他们金冠，为他们先是在广场，后来是在卫城树立雕像。他们获得了雅典人“恩人”和“朋友”的荣誉。这种开始于萨提鲁斯时代的关系（可能紧随科林斯战争开始后的公元前394年），[85] 逐渐演变为雅典日益软弱，并

---

[82] Mantsevich 1950（E 310）以及 1962（E 311）；Zograf 1972（E 448）。

[83] Heisserer 1984（B 144）121.

[84] Brashinsky 1963（E 215）123–6.

[85] Tuplin 1982（E 404）.

且越来越明显地依赖博斯普鲁斯统治者善意的关系。

由于当时不同城市在战争和饥荒时期可能截留粮船，因此即使船只已经开上了通往雅典的航线，也并不总是安全的。[86] 在从黑海航出时，这些城市包括拜占庭、卡尔凯东和库吉科斯；在爱琴海中，则有希俄斯、科斯、罗德斯和马其顿的腓力的军队。公元前 362—前 338 年间，它们全都截留粮船。在黑海地区，狄奥尼修斯统治下的赫拉克里亚曾于公元前 330/29 年攫夺途经其地前往雅典的商人的粮食（*IG* Ⅱ^2 360. 35 – 40）。同时，雅典人则因为得到赫拉克里亚两个商人的帮助，授予他们荣誉（*IG* Ⅱ^2 408）。在博斯普鲁斯，雅典贸易兴趣的广泛，在该地区三个主要城市即潘提卡派翁、法那戈利亚和戈尔吉皮亚的铭文中表现出来。公元前 4 世纪和希腊化时代那些地区的铭文上，出现了来自凯索奈苏斯（*CIRB* 173）、赫拉克里亚（*CIRB* 923，925）、西诺佩（*CIRB* 218）、皮莱乌斯（阿米苏斯）（*CIRB* 1 and 249 – 250）、卡尔凯东（2）、科罗丰（248）、希俄斯（1233）、叙拉古（203）的男男女女的商人。近公元前 4 世纪末，也有表现斯帕托库斯将金冠送往雅典（可能为公元前 306 年）的记录（*IG* Ⅱ^2 1485，22），那是希腊化时代后期博斯普鲁斯统治者送往希腊主要交通中心此类系列礼物的先声。[87]

与博斯普鲁斯相比较，奥尔比亚在公元前 4 世纪的相对重要性下
501 降了，主要是因为它仍是一个面对西徐亚人压力的小邦。但是，如后来的情况证明的，它还受到斯凯利人（the Scirians）、伽拉太人（the Galatians）、提萨马泰人（the Thysamatae）和萨乌达拉泰人（the Sau-daratae）的挤压，最后两个部族可能属于萨尔马提亚人。[88] 但本土的希腊人的兴趣，已经不可避免地转向了更大、更有保障、更加偏往东方的粮源。在约发表于公元前 341/0 年、被归于德摩斯梯尼名下的《控告拉克利图斯》（*Against Lacritus*，见 XXXV）的演说中，沿本都西海岸北上的航路（前往奥尔比亚），乃商人可能采取或放弃的线路。这些商人主要的交换媒介，是库吉科斯的合金斯塔特尔，继公元

---

[86] G. de Ste Croix, *Origins of the Peloponnesian War* (London, 1972) 47, App. Ⅷ, 314.

[87] Burstein 1978 (E 223) 181 – 5; D. M. Lewis ap. Knoepfler (ed.) *Comptes et inventaires dans la cité grecque* (Neuchâtel, 1988) 303.

[88] Levi 1985 (E 306); D. P. Kallistov in Welskopf (ed.) 1974 (C 83) 551 – 86.

前5世纪不温不火的表现之后，在公元前4世纪大型的货币窖藏中，它也有发现。[89]

在整个公元前4世纪上半期，西徐亚人被统一起来，成为从多瑙河到顿河广袤地区的重要力量。他们的统治者是一个90多岁的国王阿泰亚斯，他在与马其顿的腓力的战争中被杀。此后，西徐亚王（*Scythae Basileis*）统治下庞大的西徐亚部落联盟开始瓦解。[90] 帕瑞萨德斯曾经历一场与西徐亚人的战争，以至于分散了他为雅典组织粮食供应的精力（Dem. XXXIV *In Phorm.* 8）。可是，他绝大多数活动似乎针对的是麦奥提斯人。在辛梅里斯，他可能进行了部分内部殖民活动［（Scymn.）896］，在埃利扎维托夫斯科耶（Elizavetosvskoye），有一个博斯普鲁斯人据点。它后来被迁移到顿河上的奈德维戈夫卡（Nedvigovka），迁移的时间可能是斯帕托库斯三世时（公元前304/3—前284/3年在位）。[91] 帕瑞萨德斯的战争技巧可能相当不错，但波吕埃努斯（Polyaenus，Ⅶ. 37）记载的逸事，暗示他极其奢侈，据说他在战斗中使用不同的服装，一种用于检阅，一种用于战斗，还有一种用于快速逃亡。无论如何，斯特拉波称（Ⅶ. 4. 4），他的声誉如此之高，以至于他被宣布为神灵。

接下来的一代人经历了帕瑞萨德斯的幼子欧麦鲁斯与萨提鲁斯二世及普吕塔尼斯之间内战的爆发（公元前311/10年）。大多数行动发生在博斯普鲁斯亚洲领土上的库班河谷地。欧麦鲁斯的主要支持者是来自那里的塔提人（the Thatei）国王阿利法奈斯（Aripharnes），极有可能的还有萨尔马提亚人西拉奇（Siraci，见Diod. XX. 22－6），后者拥有2.2万名步兵和2000名骑兵。[92] 萨提鲁斯拥有希腊人和色雷斯人雇佣兵各2000人，另据估计，有2万名西徐亚人步兵和1万名骑兵。当萨提鲁斯在加戈扎（Gargaza）附近的战役中被杀，普吕塔 502
尼斯在凯皮被杀后（他一度被俘，但以流放为条件获得释放，可是

[89] Shelov 1949（E 359）；S. A. Bulatovich，*VDI* 1970. 2，73－86，*Sov. Arch.* 1970. 2，222－4，and *Numismatika Antichnogo Prichernomorya*（1982）98－105.

[90] V. A. Anokhin，*Numismatika i Sphragistika* 2（1965）3－15；D. B. Shelov，同上，16－40；Kallistov 1969（E 272）；Melyukova 1989（E 320）35；Vinogradov and Marchenko 1989（E 418）；Hammond and Griffith 1979（D 50）560－2；Ellis 1976（D 80）185－6。

[91] Marchenko 1986（E 313），1990（E 314）.

[92] Blavatsky 1946（E 191）；Gaidukevich 1971（E 241）83－4；Struve 1968（E 396）.

再度企图攫取潘提卡派翁的权力），内战终于结束。在对付萨提鲁斯的追随者时，欧麦鲁斯证明了他的残暴。只有萨提鲁斯的小儿子帕瑞萨德斯逃出，并在西徐亚国王阿伽鲁斯（Agarus）那里获得了庇护。在后来的数十年中，王族西徐亚人的残余迫于萨尔马提亚人的压力，很快迁移到克里米亚，进入了托罗斯山脚下的一系列要塞，并到达辛菲罗波尔—奈阿波利斯（Simferopol-Neapolis）附近的都城。[93] 在那里，公元前2世纪末之前，哪怕是在臣服状态，西徐亚人始终既威胁凯索奈苏斯，也威胁博斯普鲁斯。

欧麦鲁斯短期内统治了博斯普鲁斯，并追求一种更为宏大的以黑海为范围的政策，他清除了海盗，帮助了西诺佩、拜占庭和卡拉提斯，并将来自卡拉提斯的1000名逃亡者安置在亚洲名为普索亚（Psoa）的地区，原因可能是那里因战争而人口减少。[94] 他宣布要回归"先祖政体"，召集了潘提卡派翁的人民大会，目的无疑是批准他接管权力，并压制对其夺取权力进程中血腥手段所造成的不满。这个"先祖政体"的具体情况并不清楚，但他可能在保持自己作为博斯普鲁斯"执政"的同时，尝试强调公民的作用。[95] 或许萨提鲁斯曾经根据新的希腊化君主的方式自称国王，但事实证明那不受欢迎。无论是萨提鲁斯还是欧麦鲁斯，都不曾留下任何以他们自己名字发行的货币或铭文，但公元前3世纪最后10年中，一个名为叙吉埃农（Hygiainon）的人仍在金银货币上使用"执政"而非"国王"的头衔。[96]

五 博斯普鲁斯衰落时期诸王

公元前3—前2世纪，该王朝的延续可能仅仅有过一次中断，就是上文提到的叙吉埃农执政时期（约公元前220—前200年，据其他学者的看法，为公元前150年左右，甚至更晚）。[97] 欧麦鲁斯之子斯帕托库斯之后，狄奥多鲁斯的王表终止了。可是，官方铭文数量众

---

[93] P. N. Schultz in *Problemy Skiphskoi Arkheologii*（1979）；T. N. Vysotskaya, *Neapol'-Stolitsa Gosudarstva Pozdknikh Skiphov*（1979）；Melyukova 1989（E 320）127ff. Moscow.

[94] A. A. Neikhardt in *Drevny Mir*, *Festschrift V. V. Struve*（1962）597.

[95] Gaidukevich 1971（E 241）85－6；Shelov-Kovyedyayev 1985（E 378）151.

[96] Gaidukevich 1971（E 241）93；Shelov 1978（E 372）157－9；Anokhin 1986（E 182）67－9.

[97] Werner 1955（E 425）426－7；Golenko 1982（E 246）55，n. 45；Yailenko 1990（E 432）307，no. 169 认为叙吉埃农的执政为该期末，约属公元前108年，乃米特里达特的下一级统治者。

多，瓦片上的王家印章出现得也相当频繁。[98] 最后几个国王时，以他 503
们的名义发行了金银货币。公元前 284/3 年到约前 245 年间的统治者为帕瑞萨德斯二世（*CIRB* 20－5；822）。他之后的数年里，是斯帕托库斯四世（约公元前 245—前 240 年），据说他被自己的兄弟琉孔谋杀，原因是斯帕托库斯与后者的妻子阿尔卡托（Alcathoe）通奸，而琉孔反过来又于公元前 220 年左右被阿尔卡托谋杀。从一份博斯普鲁斯铭文上，我们知道了斯帕托库斯和琉孔的存在（*CIRB* 24；25），而且琉孔发行了三种面值的青铜辅币，上刻国王琉孔字样。公元前 3 世纪前半期，博斯普鲁斯的货币已然质量低劣，这些奇特的货币，似乎承认了金融危机的存在和寻求解决的尝试。[99] 如果执政叙吉埃农被置于琉孔二世之后，则下一个“斯帕托库斯家族”的国王应当是斯帕托库斯五世（*CIRB* 26；75）。他可能是帕瑞萨德斯的儿子，约公元前 200 年—前 180 年在位。事实证明，他的女儿卡马萨耶（Camasarye）是其丈夫帕瑞萨德斯三世在位期间（约公元前 180—前 150 年）的显赫人物，而且延续到其儿子帕瑞萨德斯四世在位期间（约公元前 150—前 125 年），那时她已经有了第二个丈夫阿戈泰斯（Argotes）。这位帕瑞萨德斯的绰号菲罗麦托（Philometor，“爱母亲的”），恰好和他母亲的绰号菲罗泰克诺斯（Philoteknos，“爱孩子的”）（*CIRB* 753；1044）形成对应。最后一个统治者帕瑞萨德斯一直从约公元前 125 年统治到公元前 109 年，那年他把自己的王国赠送给了本都的米特里达特。

在这些博斯普鲁斯统治者中，叙吉埃农、一个斯帕托库斯（不是四世就是五世）和两个帕瑞萨德斯（可能是三世和四世，也可能是四世和五世）发行了金币，模仿的是约公元前 210—前 200 年在拜占庭打造的“吕西马库斯币”，此外还有些银币。这些钱币上，一个的背面是斯帕托库斯的肖像、一张弓和一个箭袋，另一个的正面是叙吉埃农肖像，背面为疾驰的骑士。[100] 在帕瑞萨德斯的钱币上，国王在位年代的数字达到“20”。有一种钱币可以从博斯普鲁斯的货币中剔

---

[98] Gaidukevich 1958（E 239）；Shelov 1978（E 372）167.

[99] Shelov 1953（E 366），1978（E 372）133－7；Anokhin 1986（E 182）55－6；Karyshkovsky 1960（E 275）.

[100] Zograf 1972（E 448）185；Shelov 1978（E 372）159－60；Golenko 1982（E 246）50，53；Anokhin 1986（E 182）62－4.

除，那是某个叫阿凯斯（Akes）的国王模仿“吕西马库斯”币铸造的精美的金币，似乎是他初期对发行于科尔奇斯钱币的仿制品。[101] 在此期间，博斯普鲁斯城市的货币在继续，突出的是那个正面为阿波罗图像、背面为一张弓和箭袋的系列。[102]

由于雅典作为一个安全且充分的市场的重要性下降，博斯普鲁斯统治者与爱琴海地区保持着广泛联系。在这个更大的舞台上，海权从雅典转移到腓力和亚历山大手里，然后在第一代继承者的国王一代，转到安提柯和德米特琉斯手里，继而落入托勒密埃及手中，再在更加有限的贸易和治安的意义上，落入罗德斯之手。[103] 那些地处黑海之外却又对博斯普鲁斯表现出兴趣的国家中，有公元前 282 年左右吕西马
504 库斯统治下的色雷斯、托勒密埃及和罗德斯（Dio Chrys. XXXI. 103）。埃及自己生产的粮食足以自给，多余的大量用于出口，因此在某种程度上和博斯普鲁斯是共同生产者，可能是潜在的对手。

亚历山大里亚有一些包括陶器在内的产品被发往黑海北部地区，[104] 但有一次，托勒密菲拉德尔弗斯的舰队尝试进入黑海地区，代表西诺佩对抗卡帕多西亚（本都）国王（约公元前 275—前 270 年在位，Steph. Byzant. “Ancyra” = Apollonius of Aphrodisias）。对那个时代来说，这种来自外部的干涉，应当比公元前 5 世纪伯里克利的远征更加稀见。但博斯普鲁斯的统治者对这些重要的强国也存有兴趣。公元前 254 年或前 253 年，帕瑞萨德斯曾派出使团前往爱兄弟者托勒密处。[105] 约公元前 250 年，他还在提洛岛捐献了一个银碗，卡马萨耶（*CIRB* 75）赞助了米利都附近布兰奇戴的阿波罗圣地的捐助（公元前 178 年和公元前 177 年）。约公元前 160 年，德尔斐发布了一份授予它和帕瑞萨德斯荣誉的命令。公元前 154 年，布兰奇戴的神庙再度受赠一个金盘。[106] 对米利都殖民地的统治者来说，在两座阿波罗圣地

[101] L. P. Kharko, *VDI* 1948, 2, 147; Dundua 1982（E 230）88 -9.

[102] Shelov 1978（E 372）141 -5; Anokhin 1986（E 182）66 -7.

[103] Shelov 1958（E 371）.

[104] I. G. Shurgaya, *VDI* 1965. 4, 以及 *Klio* 61（1979）453 -8; Yailenko 1990（E 432）根据发现于宁法伊翁的一处涂鸦，给这个单子上添加了一个帕瑞萨德斯三世（约公元前 225—前 200 年），那里提到了某某与帕利萨泰斯（Paerisates）之子萨提鲁斯。

[105] H. I. Bell, *Symbolae Osloenses* 5（1927）36 -7; Maximova 1956（E 318）175 -6, 233 -4; I. G. Shurgaya, *KSIAK* 138（1975）51.

[106] Rostovtzeff 1930（E 346）580 -1; *IG* XI. 2 287B（Delos）; *CIG* II 2855（Didyma）; *Rev. Phil.* 22（1898）114（Didyma） = *Didyma* I 463 -4; *SIG* 439（Delphi）.

表现其突出的虔诚，是合宜的，而且在爱琴海世界的希腊人中，也是一份不错的宣传品。

波里比阿为我们总结了本都经济的状况，提供的是当时黑海地区进出口的清单（Ⅳ. 38. 5）。奴隶是一个主要项目，附带前往希腊的有蜂蜜、蜂蜡和咸鱼，方向相反的是葡萄酒和橄榄油。如果有需要，粮食则是双向运行的。埃及可利用粮食的增加和黑海北部因民族不稳定造成的当地农产品的减少，可能导致了形势的这种变化。博斯普鲁斯地区发现的成千上万的产自希俄斯、塔索斯、萨摩斯、门德、赫拉克里亚、西诺佩、拜占庭、罗德斯、尼多斯、科斯以及其他地区用于运输的陶罐碎片，以及数量较少的印章和形制独特的酒罐，充分说明了那里对葡萄酒和橄榄油的进口。[107] 由于近来在宁法伊翁的圣地中发现了定年为公元前 3 世纪的壁画，上绘一条名为“伊西丝（Isis）”的船只，因此人们已经开始强调该城与埃及的关系。[108]

博斯普鲁斯与西徐亚人之间的摩擦，因为萨尔马提亚人从背后施压西徐亚人而经常变得比较严重。但也有与较远民族结盟以对付近邻 505
的做法。在叙述凯索奈苏斯人经历的困难时，波吕安努斯提供了一个遭到西徐亚人困扰的生动例证（Ⅷ. 56）。凯索奈苏斯人得到萨尔马提亚人女王阿马盖（Amage）的帮助，此人首先令西徐亚人住手，然后率领一小队骑兵，从 200 千米外对西徐亚人的都城发动了一次闪电突袭。据说她杀掉了西徐亚人国王，将土地归还给凯索奈苏斯公民，并把西徐亚人的王国转给国王的儿子。这个情节完全略过了博斯普鲁斯，但类似的事件也被置于大约同时的博斯普鲁斯（约公元前 150 年），并且后来演变成历史传奇，表现的则是草原地区马上弓箭手的友谊和复仇（Lucian, *Toxaris*; *Papyrus Soc. Ital.* Ⅷ. 981）。一段时间后（约公元前 120 年），人们发现西徐亚人国王斯奇鲁鲁斯（Scilurus）在奥尔比亚打造他的钱币，但他固定的都城在克里米亚山脚下，可能在辛菲罗波尔（Simferopol）附近的凯门施克（Kermenchik），辛菲罗波尔则与下述 3 个要塞为同类：奈阿波利斯、帕拉奇翁和卡邦（Chabum）。[109] 他的儿子达到 50 个，其中之一是帕拉库斯（Palacus），

[107] Zeyest 1960（E 438）; Brashinsky 1980（E 218）209 - 16, pls. 1 - 9, and 1984（E 219）pls. 1 - 32.
[108] Grach 1984（E 250）.
[109] Frolova 1964（E 232）; T. N. Vysotskaya, *Pozdnye Skify v Yugo-Zapadnom Krymu*（Kiev 1972）.

后者曾设法将陶里人统一在他之下，并且将萨尔马提亚人中的罗克索拉尼人（the Rhoxolani）拉入自己的同盟。他攻打了凯索奈苏斯，并且在潘提卡派翁也有类似“第五纵队”的组织。

随着1978/9年潘提卡派翁一块铭文的发现，近来已经证明斯奇鲁鲁斯一个名为戴德摩提丝（Dedmotis）的女儿居住在那里，她与一个名叫赫拉克利图斯（Heraclitus）的博斯普鲁斯的希腊人结婚。她给西徐亚人的女神狄塔戈雅（Dithagoea）捐献了一张供桌。[110] 博斯普鲁斯混乱形势中的另一因素，是刻赤半岛上的西徐亚人。一个名为萨乌马库斯（Saumacus）的西徐亚人在帕瑞萨德斯五世的宫廷得到提升，显然期望能继承后者的统治权，他可能组织了一个宫廷内的朋党和以种族为核心的集团，而非某些苏联学者认为的奴隶起义。[111] 在这种情况下，那些受到威胁的博斯普鲁斯的希腊人反对这种可能性，并向黑海对岸的本都的米特里达特六世求助。后者的将军、西诺佩当地人狄奥凡图斯（Diophantus）应请前往。他从凯索奈苏斯驱逐了西徐亚人，后来还从克里米亚西海岸驱逐了西徐亚人，并从萨乌马库斯一派手中挽救了泰奥多西亚和潘提卡派翁（约公元前111—前109年）。萨乌马库斯本人被锁上镣铐送往米特里达特在西诺佩的宫廷。由于这一行动，狄奥凡图斯让这个被过继的篡位者建立一个独立的博斯普鲁
506 斯国家的梦想破灭。自公元前348年以来，连续17任执政和国王已经让琉孔和帕瑞萨德斯的家族永久掌握了权力。随着米特里达特把黑海地区变成一个由本都帝国控制的内湖（约公元前110—前65年），黑海地区一个新的历史阶段已经肇始。

六 对辛梅里安人的博斯普鲁斯的成功统一

如我们已经指出的，公元前4世纪的博斯普鲁斯的王朝被视为蛮族人的，但自公元前3世纪初起，在新的希腊化世界背景中，他们已经被承认为国王。古典时代希腊人的称号如执政等，已经失去了它们此前的特征。不过，同一家族不受干扰地延续到新世界，也几乎是独

---

[110] J. G. Vinogradov 等，in *Tskhaltubo* Ⅲ 1982（1985）585－610。

[111] V. F. Gaidukevich in *Antichnaya Istoria i Kultura Sredizemnomorya i Prichernomorya*（1968）81－95；Gaidukevich 1971（E 241）317，n. 19；K. V. Golenko，*VDI* 1963，3，69ff，Dundua 1987（E 230）102－5；Rubinsohn 1980（E 351）.

一无二的。他们世袭的血统肯定是色雷斯人的，而且可能源自奥德里西亚的王族。可是，就我们所知，虽然他们不与西徐亚人、麦奥提斯人和萨尔马提亚人通婚，但他们与博斯普鲁斯的希腊人通婚，偶尔也与辛狄人通婚。在这个国家充分形成时，它的核心是伊奥尼亚和埃奥利亚的希腊人，有些公民仍为他们自己的家系渊源自豪（潘提卡派翁人、凯皮人、宁法伊翁人）。[112] 在刻赤半岛的200个从事农业和渔业的乡村聚落中，许多聚落中有西徐亚人，在过去由辛梅里安人长墙和壕沟保护的地区［如乌宗吕亚斯克（uzunlyarsk）］，尤其如此。此外，那里还有部分辛梅里安人，那是西徐亚人过去臣民的残余，被留在博斯普鲁斯的。塔曼半岛的辛狄人全部被纳入，但部分麦奥提斯人和北高加索人也承认了博斯普鲁斯的统治。陶里人提孔（Tychon the Taurian）和帕夫拉戈尼亚人德吕萨尼斯（Drysanis）之类的人，本是作为雇佣兵来到这里的（*CIRB* 114，180），但他们也增加了族群的混合程度。就目前我们了解的情况看，塔曼半岛上大约150个聚落从事粮食种植、畜牧业和咸鱼业。[113] 墓葬纪念碑使用的当地的雕刻，显示了这里存在的种族差异。那些刻有身着半截褶裙、身材圆润形象的石碑，取代了在其他地区发现的博斯普鲁斯人的雕刻石柱。[114] 有些大型雕刻是标准的希腊式，只是稍带当地乡土风味，并表现了对当地主题的关心。凯皮出土了一具可能为公元前5世纪早期的青年男性头像。1963年，在同一遗址发现了一座希腊化时代的阿芙洛狄特像，新近（1983年和1985年）在塔曼半岛北部发现了公元前4世纪以阿马宗为主题的雕刻和墓碑（图29），那或许是一个纪念建筑（heröon）的
残迹。斯特拉波提到了海峡附近稍偏西的“萨提鲁斯纪念碑”，可能 507
是其来源地。[115] 在博斯普鲁斯的30座城镇中，大约15座已经得到发掘。在潘提卡派翁，已经发现了一座公元前5世纪中期的伊奥尼亚柱

[112] Blavatsky 1958（E 197）；Kolobova 1953（E 288）60.

[113] Kruglikova 1975（E 294）；Anfimov 1977（E 180）6－12；Yakovenko 1981（E 433）；Paromov 1986（E 333）；Maslennikov 1989（E 317）.

[114] Ivanova 1961（E 266）；Sokolsky 1966（E 393），and in *Le Rayonnement des Civilisations*；Ⅷ *Congrès int. d' arch. classique*（Paris 1965）473－9；Sokolov 1974（E 389）pls. 89，90.

[115] M. M. Kobylina，*Antichnaya Skulptura Severnogo Prichernomorya*（Moscow 1972）20－6；N. I. Sokolsky，*Sov. Arch.* 1962. 2，132－41；Savostina 1987（E 353）；Sokolov 1974（E 389）pls. 9，15－18，95－6.

图 29 塔曼半岛的墓碑［据 Savostina 1987（E 353）19，fig. 11］

式的神庙建筑。在赫摩那萨，甚至发现了存在年代更早的伊奥尼亚式柱冠，证明那里有此类公共建筑存在。在时代稍晚的法那戈利亚和戈尔吉皮亚，也有良好的建筑。[116] 从一开始，那里的崇拜就是共同的米利都式的伊特罗斯的阿波罗（Apollo Ietros）和德尔斐的阿波罗（Apollo Delphinios）。但具有强烈当地元素的神灵如阿尔特弥斯—阿格罗泰拉（Artemis Agrotera）很快就出现了，在法那戈利亚和凯皮及其附近地区，有数座崇拜阿芙洛狄特—乌拉尼亚（Aphrodite Urania）的中心（Tod no. 115 B – C；171 B – E）。[117] 20 世纪 60 年代在潘提卡派翁的发掘，发现了一座公元前 2 世纪的多利亚式建筑。它已经被确定为主席团所在地。 508 70 年代，在卫城的北坡，发现了设防精良的要塞（塔楼、掩体墙和藏兵塔），其定年为米特里达特及其直接继承人时期。[118]

与大量进口前面提到的葡萄酒罐的同时，黑海地区还有大量公元前 4 世纪阿提卡的红画陶和黑画陶，其中包括“刻赤”陶瓶类型。刻赤陶瓶瓶画的主题，特别是阿利马斯普斯人、格里芬和阿马宗等，暗示它们是特意为博斯普鲁斯市场制作的。博斯普鲁斯普通富人的墓葬一般具有希腊人的风格，只是许多墓葬中的剑和“西徐亚型”箭头，让这幅图景有所变化。[119] 可是，贵族和统治者墓葬中气势宏伟的拱梁穹顶与横梁支撑的墓门，风格与之最为接近的却是色雷斯统治者和马其顿国王的，甚至让人想起早已被弃之不用的迈锡尼的圆顶墓。它们的主体是在潘提卡派翁西边的山区开挖的于兹奥巴（Jüz Oba）的墓葬，那里是博斯普鲁斯执政的长眠之所。那些位于库尔奥巴（Kul Oba）的，以及“潘提尼奥提人的”墓葬，应当属于公元前 4 世纪的西徐亚人国王，如同国王斯库莱斯（Scyles）曾被吸引到奥尔比亚一样，它们也被吸引到了潘提卡派翁（Hdt. Ⅳ. 77）。[120]

博斯普鲁斯的制铁工艺以及更具装饰性的青铜工艺得到高度发展，[121] 但从艺术角度看，最为突出的是金银碗盏与瓶罐、武器装备及

---

[116] Pichikyan 1974（E 337）and 1975（E 338）；Koshelenko et al. 1984（E 290）pl. 90.

[117] Minns 1913（E 321）615 – 20；N. Ehrhardt, *Milet und seine Kolonien*（Diss. Frankfurt 1983）.

[118] Tolstikov 1984（E 398）；Marchenko 1968（E 312）.

[119] Rostowzew 1931（E 350）164ff；Koshelenko et al. 1984（E 290）pl. 95.

[120] Minns 1913（E 321）200ff, 323ff；Rostowzew 1931（E 350）164 – 94；Gaidukevich 1971（E 241）256 – 502；Koshelenko 等 . 1984（E 290）pl. 112。

[121] Blavatsky 1959（E 198）；Treister 1988（E 402），1987（E 401），and 1984（E 400）.

马具。它们为希腊风格的产品，一方面为适应蛮族的趣味做了改造，另一方面也更有创造性，既多少有些文明色彩，又高度富有创造性的蛮族的“西徐亚动物风格”，它们包括装饰性的盾牌把手、马面甲、匕首套、弓箭袋（gorytus）面饰（图30），以及成千上万块金片组成的金衣。金片可能仿自希腊钱币，并且以微缩形象表现动物的争斗。图像中的动物可能为魔怪，如那时已经相当熟悉的狮子头或鹰头的格里芬，或蛇尾女神，不过“动物风格”中，更典型的图景是鱼、山羊、熊与狐狸，有时会叠加一个较大型动物的身体。迄今为止，我们最经常看到而且得到高度发掘的主题，是形式化的正在捕猎的鸟的头部，或一头四蹄收于腹下的雄鹿，或鹿腹伸展、下覆微型动物，以及毛发卷曲的猎兽（有时是狼，有时是狼獾，但在希腊化的文物中，
509 极像一头豹子），它们的爪子再度被变成整个图画的微型版（图31）。[122] 这种风格很可能起源于对马具的装饰及对马的装饰品的模仿，其最早的例证，似乎已经出现在木雕和骨雕中。博斯普鲁斯艺术家的技艺，将他们游牧人邻邦的主题，转变成美轮美奂的装饰艺术，同时，他们也以更加希腊化的叙述方式，创造了西徐亚人生活的现实主
510 义场景，其创造的丰富性，特别集中体现在博斯普鲁斯王国和西徐亚人盛期的约公元前400—前250年间。[123]

在辛梅里安人的博斯普鲁斯，因为处在希腊和蛮族文化的影响之下，让博斯普鲁斯的希腊人、蛮族统治者和那些被合并的民族，共同构成了一个稳定而且独特的社会与文化。他们拥有独一无二的混合性居民，自然资源和欧洲一边的地理位置（刻赤半岛），因此用两道深沟高垒保护他们免受严重的骑兵劫掠和移民迁移的侵扰。公元前5世纪后期到公元前4世纪，他们拥有持久而且能干的统治者，其长期的统治，让博斯普鲁斯统治者获得了声誉，并使该国熬过了公元前3世纪前半期以及公元前2世纪困难大得多的时代。人们有时将这个王朝和国家与同时代的叙拉古相提并论，后者处在狄诺麦奈斯家族狄奥尼修斯和国王希埃罗连续的统治下。公元前212年，叙拉古臣服于罗马（Aelian *VH* Ⅵ. 13）。两国的发展确有某些对应与相似之处，但它们

---

[122] Chlenova 1962（E 226）; Onaiko 1966（E 329）; Shkurko 1969（E 384）; Artamonov 1968（E 185）pls. 37 – 140; Galanina and Grach 1986（E 242）; Koshelenko *et al.* 1984（E 290）pls. 114 – 16.

[123] Artamonov 1968（E 185）pls. 142 – 273; Sokolov 1974（E 389）pls. 50 – 65.

续 509

图 30　出自凯尔托姆吕克的金质弓箭袋外包装，系西徐亚人墓葬中出土的同一形制的四个弓箭袋之一［据 Minns 1913（E 321）285，fig. 206］

(a)　(b)　(c)

图 31　动物风格的金片，属公元前 5 世纪：(a) 出自伊吕切瓦（Ilyicheva，克里米亚东部）；(b) 出自扎瓦德斯科耶一号墓（第聂伯河弯道处）；(c) 出自科瓦列夫卡（Kovalevka，布格河下游地区）（请见第 578 页注释 3）

的巨大区别在于，叙拉古地近迦太基和罗马两大相互竞争的帝国之 续 510
间，而博斯普鲁斯刚好处在波斯统治的长臂之外，也远在古典时代和希腊化时代主要强国的势力范围之外，而且这些强国在黑海地区并无利益。对于地处诸如博斯普鲁斯那样狭小地区的城镇，西徐亚人也无兴趣。

小城镇联合起来躲在雉堞后面共同防御的观念，盛行于公元前6世纪末到前5世纪初。庇西特拉图曾经企图以莱凯鲁斯（Rhaecelus）为中心统一矿产丰富的色雷地区以及附近的潘盖翁山金矿区，但他放弃莱凯鲁斯并且返回了雅典。更重要的或许是老米泰亚德（Miltiades the Elder）在黑海入口处对色雷斯部分地区多隆基人（the Dolonci）请求的回应。多隆基人居住在色雷斯的赫尔索尼斯，希望得到保护，以免遭更强大的阿普辛奇奥斯人（the Apsinthii）的入侵，后者居住在该地峡以北地区（Hdt. Ⅵ. 35－40；103；139－40）。米泰亚德修建了横贯加利波利半岛（Gallipoli Peninsula）地峡处的长城，并且将长城内的一批小城镇统一起来，包括卡狄亚、克利托泰、马狄图斯（Madytus）、帕克提耶（Pactye）、塞斯图斯和埃莱乌斯（Elaeus）。[124] 该王朝延续了大约50年，最后是小米泰亚德在波斯人于公元前490年进攻雅典前的3—4年离开这里前往雅典。但公元前5—前4世纪，雅典人通过在赫尔索尼斯安置军事移民，复活了控制该地区的观念。像博斯普鲁斯一样，赫尔索尼斯拥有一个僭主式的统治者，完成统一并且受到长城的保护，而且它也是一个重要的粮食产地（*Agora Chersonesiton*）。公元前5世纪初，它甚
511 至也遭受了西徐亚人的劫掠，尽管对赫勒斯滂的赫尔索尼斯人而言，那不过是个过渡时期。但博斯普鲁斯国家的构造，很可能模仿了色雷斯的赫尔索尼斯。但它地处偏远，先是使其在与爱琴海区域诸如雅典那样国家的关系上享有更大的独立性，后来，在与巴尔干的势力如吕西马库斯或者马其顿统治者安提柯王朝的关系上，也是如此。它只能为一个真正以黑海地区为基础的国家吞并，例如米特里达特的本都王国。

无论博斯普鲁斯国家的观念源自何处，它的历史是悠久的，保持着其最初的特征，让希腊的生活方式适应于当地的条件，并且对本土的希腊人国家产生了长远的经济和文化影响。虽然它处在罗马依附国的地位，却在那个悠长的王朝下，在大约公元10—336/7年间，享有了第二个独立时期（他们又都是既有奥德里西亚的色雷斯人的名字，

---

[124] A. J. Graham, *Colony and Mother City* (Manchester 1964) 32－4, 194－7; Ehrenberg 1946 (C 133) 117－28.

也有萨尔马提亚人的名字）。后者延续的时间（超过 300 年），与我们已经讨论过的“斯帕托鲁斯”王朝（公元前 438/7—前 109 年），在时间上存在惊人的对应。[125]

第七节　地中海区域的交通

L. 卡森

希腊城邦犹如柏拉图所说（*Phd*. 109b），像“池塘边的青蛙”， 512
散落在地中海沿岸。最为重要的经济中心——既包括希腊人的，也包括腓尼基人的——大多是海港，如推罗、米利都、拜占庭、雅典及其港口比雷埃夫斯、叙拉古、迦太基和马赛。此种情形的出现有充分的理由。从遥远的一点到另外一点最短而且最省力的方式，最为常见的是水路。它处于希腊罗马世界中心，且非常方便。早在公元前 11 千纪，人们已经学会在海上航行，[1] 到公元前 7 世纪，已经常在海上航行（*CAH* Ⅰ^{3}. 1，570 – 1）。

一　陆上交通

如我们下文将指出的，海上航行肯定有其不便之处，但远不如陆路费力。在陆地上，旅行的可能性完全取决于道路，速度则决定于陆地的特性。在美索不达米亚南部平坦的平原地带，公元前 2 千纪之前，主要城市国家之间，例如尼普尔到乌尔、巴比伦到拉尔萨之间，已经有道路相连；从埃及沿利凡特海岸北上到达贝鲁特的国际性大道，至少可以追溯到公元前 2 千纪后期。在米诺斯时代的克里特，重要的据点之间已有道路，迈锡尼时代的希腊也是如此。最为强盛时代的亚述帝国，即约公元前 900—前 600 年间，保持着有效的政府公文递送系统以及这个系统需要的道路网。波斯人将两者都接管过来，并且加以改善。[2]

然而，充分发展的道路系统需要提供关键大道上全天候通行的铺

---

(125) Gaidukevich 1971（E 241）333 – 70，459 – 96；Frolova 1979/83（E 233）；Anokhin 1986（E 182）132 – 3. 关于米特里达特环黑海地区的帝国，见 *CAH* Ⅸ^{2} ch. 5，137 – 40。

① Renfrew and Wagstaff 1982（I 126）24.

② Casson 1974（I 123）25 – 7，49 – 54.

石路面，并且能够把整个地中海区联系起来，那还要等到罗马帝国时代。在此之前，在诸如希腊大部分地区的山区，可以通行车辆的道路并不存在，有的只是那种供行人或驮队步行的小道。例如，在哈德良
513 （Hadrian）修建他的道路之前，雅典与麦加拉之间甚至都无合适的道路。有些山道，包括连接一些相当规模城市之间的山道，如斯巴达与阿哥斯或斯巴达与泰盖亚之间的山道，沿河谷行进，因此在冬天的雨季，有些地方肯定无法通行。③

即使在那些有合适道路的地区，陆上运输也被限制在最低限度，特别在运输沉重或大件货物时。运输方法是如此原始，速度是如此缓慢，让费用高得无法忍受。一份铭文记载了公元前 4 世纪末埃琉西斯建筑花费的详情。用于柱子的石料产自彭泰莱山的（Pentele）采石场，被迫经由陆路运送，记录（*IG* II^{2} 1673，lines 64－5）显示，它花掉了 31 对公牛 3 天的时间，才把一个柱墩运送了 30 余千米的距离。

然而，那些负重轻松的旅行者，或者那些携带公文的人，也许会发现陆路像海路一样的合适。当海路封闭时（见下文），他们就别无选择。在邻近的地区之间，哪怕地形崎岖，但利用专业的跑手，而且距离在他们一日可及的能力范围内，则快速的通信仍是可能的。希腊人称这些跑手为 *hemerodromoi*，意即“整日奔跑者”（参见 Livy XXXI. 24）。如果竭尽全力，则他们一天可奔出 175 千米。这样的一个例子，是公元前 479 年普拉提亚战役时，一个人一天中从普拉提亚跑到德尔斐，又从那里奔回，但平均速度可能要比这个慢得多。④ 当距离远时，人们肯定利用骑士。由于希罗多德那段著名段落的描述（VIII. 98；参见 V. 52－3），我们最为了解的驿马通信，是波斯大王保持的萨尔狄斯到都城苏萨之间的那段。骑士们大约 20 天可以完成那段路程，因此平均速度为每天 150 千米或者稍慢。⑤

二　在地中海上航行

只要他们能够选择，旅行者更愿意选择海路而非陆路。例如，雅典遣往奥林匹亚赛会的使团尽可能乘船而行，将陆上旅行保持在最低

③ Pritchett 1980（A 48）151－8，164－5.

④ Riepl 1913（I 131）137；Frost 1979（K 13）160.

⑤ Pflaum 1940（I 120）192－205.

限度（参见 Photius，s. v. *Paralos*）。对商人而言，特别是那些做古代商业上最为大宗的 3 类商品即粮食、葡萄酒和橄榄油生意的商人，除非完全不得已，否则陆上运输不予考虑，那必须是海路。德摩斯梯尼的一个案件就涉及两个合伙人，他们为一船 3000 罐、从门德（Mende）运往波吕斯泰奈斯的葡萄酒提供了资金（XXXV. 10），所有商品全部装上一条标准的商船。一艘借助风力驱动、规模中等的船只，船员可能不到 12 人。如果天气足够顺利，则几周就可以完成航 514
行。要是陆路运送这些商品，可能需要成千上万的驮兽，一大队赶驮人，并为驮兽和人员准备数月的给养。

然而，尽管有上述一切的便利，但海上旅行仍有自己的缺陷。最为严重的，是时间有限，一般是从晚春到初秋，其余的时间里船只休眠，较小者被拖上海滩，较大者躲入港口深处。古代的水手对在冬天危险的风暴中航行深恶痛绝。那时风力比较猛烈，而且不那么稳定，首要的是能见度降低。由于缺乏航海罗盘之类工具的帮助，他们夜间需要根据星位、白天需要通过当时流行的各种方法，例如，太阳的方位、可见的山峰或海角去找寻航道，后者如阿托斯山、伊达山、萨摩色雷斯高耸的山峰、苏尼翁（Sunium）、马莱亚（Malea）、泰拉隆（Taenarum）等，在地中海夏日晴朗的天空下，这些标志从许多英里外都清晰可辨。希腊人在上述地区的许多地方都兴建了大量水手们喜爱的波塞东或卡斯托尔（Castor）与波鲁克斯（Pollux）神庙，绝非无为而作。[6] 赫西俄德这个愚痴的农民，曾经腼腆地建议，只有在夏至后的 50 天里才可以在水上航行（*Op.* 663 –5）。对那些专业水手来说，航行季节是从 4 月末到 9 月中，最多是从 3 月到 11 月。少量的几条航线例外，比如，在罗德斯和埃及之间，一年四季都有船只定期往还。在所有其他地区，10 月和 4 月之间的航行，严格限于发送关键书信，或者急需物资，以及无法拖延的军队调动。[7]

海路旅行的另一缺陷是依赖于风力，首先和最重要的在于是否有风，其次是风向。夏季的整个地中海区经常是令人沮丧的平静状态。

---

⑥ Semple 1931（I 140）587 –91，613 –37.

⑦ Casson 1986（I 24）270 –2.

在第勒尼安海，那个古代最具商业意义的地区，5—9 月的无风天占 33%。在西西里和北非之间的海峡——那是地中海东西两区之间船只航行的关键航道中，无风天达 28%。在小亚细亚海岸，即古代另一个交通繁忙的地区，无风天从 7—8 月间的 15% 到 5 月、6 月和 9 月间的 21%—26% 不等。[⑧]

有风之时，则风向具有关键意义。古代的航行技术，不管是埃及
515 人的、腓尼基人的、埃特鲁里亚人的、希腊人的还是罗马人的，几乎全都是横帆［图 32（a）］。当风自船尾或从 25°角处吹来时，这种帆极有效率［图 32（b）］。也就是说，如果一艘船的目标是北上，则任何东南偏东的风、南风到西南偏西的风向，都算顺风（图 33）。它能够利用正向风（仍然假设其向北航行，则东风或西风均可），甚至能够利用斜前方的风［东北偏东风或西北偏西风，图 32（c）和图 33］。然而，如果遇上顶头风，也就是说，仍然假设船只北行，遭遇了东北偏东的风或者是北风到西北偏西的风（图 33），则如果船长有时间，只能停下来等待顺风，如同圣保罗（St. Paul）所乘船只在莱吉翁所为。那艘船一直耗在那里，直到南风吹起，才将他送往普提奥利（Puteoli，见 *Acts* 28：13）。如果他没有时间，被迫顶风而行，则他必须求之于调度，通过一系列之字形线路航向终点，每段航程都尽可能接近风向。因此，如果他的目的地在北边，而风恰好来自那个方向，则他需先向东北偏东航行一段，然后折向西北偏西方向航行一段，如此这般地循环［图 32（d）］。调度相当费力，速度缓慢，而且经常缓慢得如同蜗行寸进。

516 在许多水域，洋流和潮汐是航行中需要考虑的重要因素，但在地中海并非如此。在那里，除某些狭窄的海峡外，两者都非常微弱，无关紧要。在直布罗陀海峡，由于大西洋水位较高，其水流奔涌过海峡，因此造成强大的东向洋流。在地中海另外一端，形势类似：黑海地区水位更高，因此一股强烈的西向洋流汹涌越过博斯普鲁斯海峡、马尔马拉海和达达尼尔海峡。在其他地区，洋流大多与风向一致。例外的是北非，在那里，由直布罗陀海峡涌入的洋流仍然强劲，足以将

⑧　据 *Sailing Directions* 1975，（I 134）37－9，43－5 的海图。古代的风情与今天相同，见 Murray 1987（I 111）。

续 515

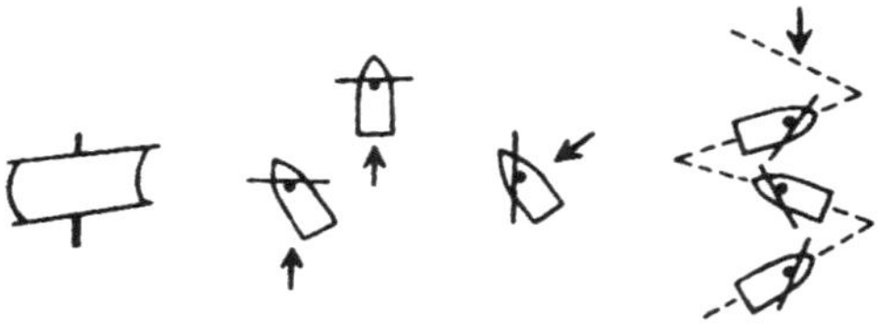

图 32　航图

（a）横帆；（b）顺风航行；（c）侧风航行；（d）调度

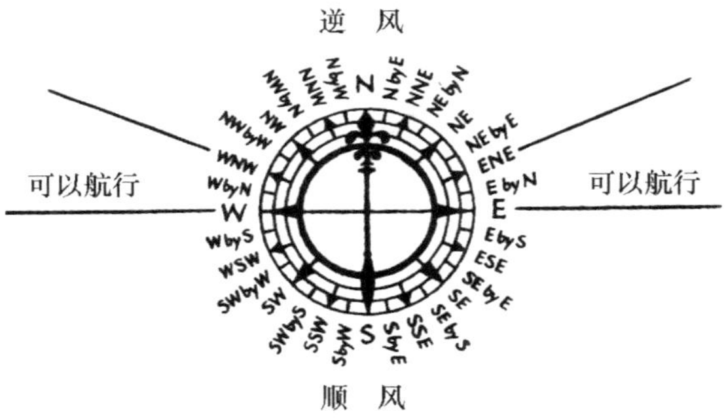

图 33　风向对北航帆船的影响

东向的船只带到远达突尼斯的地区。 续 516

仅有的潮汐性洋流位于墨西拿海峡和欧利普斯海峡（Euripus），那里的洋流非常强劲，足以逼停船只。只有洋流处于正确方向时，才能尝试穿越。[9]

三　船只

古代世界标准的货船是帆船。必然的结果是，如果无风或者风向不对，则船只只能等待，其帆无望地松垮着，或者收卷起来，静待风力转好。可是，战船耽误不起，它们必须能够移动，如果需要的话，

⑨ Semple 1931（I 140）582－3；Le Gras 1870（I 97）42－3；Hodge 1983（I 74）74.

只能弃风向于不顾，以攻击敌人或逃避敌人，抑或追逐海盗、运送急需的援兵，以及诸如此类的事情。古代的办法是使用船桨单桅帆船作为战船，它比较细长，吃水浅，由多列桨手以及船帆驱动。

这些战船不仅在战斗中发挥作用，而且用于交通，因为它们不依赖变化无常的风向，所以经常被用于载运客人或者书信。例如，那些被派往帝国臣服城市征收特别税役的雅典官员，都乘坐三列桨战船往返。[10] 这是一种由三排叠加的桨手驱动的战船，是雅典海军的主流战船。事实上，海军维持着两条最好的三列桨战船，即“帕拉罗斯”号（Paralos）和“萨拉米尼亚”号（Salaminia），专门运送重要人物或者递送重要信件。公元前415年，在卡塔那遇到雅典远征军的，正是“萨拉米尼亚”号，它带来了带亚西比德回国受审的命令（Thuc. Ⅵ. 53. 1）；公元前405年，科农派出急送羊河战役那一灾难性消息给
517 雅典的，正是帕拉罗斯号（Xen. *Hell.* Ⅱ. 1. 29）。这两艘船，可能还有舰队中的其他船只，都曾载运雅典代表团的全部或部分成员前往德尔斐、提洛岛和奥林匹亚。[11] 执行此类任务的三列桨战船的速度，取决于任务的紧急程度。那些参加节日的，很可能挂着帆优哉游哉；只有必要时才会使用船桨。那些发送关键信息的船只，很可能在无风，或者风力低于期望值时，都会让桨手工作。如此，则在一个长天的航程中，可能航行100英里或者更远。在危机时期，例如公元前428年夏天，因为雅典人已经派出了一条三列桨战船，携带着严厉的处置密提林的命令，次日又紧急派出一条战船，携带着相反的命令（Thuc. Ⅲ. 49），桨手可能会在长距离内工作，每层轮流划桨以保持稳定的匀速。可是，如果只是用桨，平均速度可能不过是良好顺风时的一半。[12]

战船本不是用来长途航行的，尤其是在公海上航行。由于几乎所有空间都被桨手占据，几乎不可能有空间储备船上大量人员长期使用的足够的食物和淡水。它们采取的航线，让它们可以每夜靠岸。

不仅是海军指挥官，而且还有商人，都会发现手头拥有不单纯依

---

⑩　Meiggs 1972（C 201）254.

⑪　Jordan 1975（K 27）160 –4. 请见 Pls. Vol. pl. 184。

⑫　Xen. *An.* Ⅵ. 4. 2 称，从拜占庭到本都的赫拉克里亚（约120海里），需要“桨手驱动船只一个长天”。色诺芬的意思肯定是说，“在桨手的帮助下”，因为如果只有桨手，则一条战船一天中只能航行那个距离的一半［见 Rodgers 1937（K 52）9］。

靠风力的船只，有时是有好处的。因此，与战船并存的有商船，目的是运送乘客和货物，而非水兵和战争机械。因为主要的考虑并非速度或灵活性，所以它们较海军舰只更加宽大和沉重，并且利用的桨手也少得多。此外，因为商船角色众多，大小也更加多样，小者是仅有数名桨手驱动的很小的舢板，大者可载数百人。它们尽可能挂帆航行，只有在特别必需的时候才会使用桨手（这个特征反映在这些船只的希腊语名字 *histiokopos* 上，它的意思是“以帆为桨手”），例如无风之时，或者船只进港，抑或逆风越过某个地角之时。它们很可能比那些顺风航行的帆船要慢些。不过，它们能够全天候航行，所提供的服务，可能不是更快，而是更加可靠。它们不定期地沿岸航行，或者在邻近岛屿间往返，接送和安置散客，以及那些重量不大的货物。⑬

大多数货物，以及几乎所有经由公海运行的货物，都被装上帆 518
船。这些船的尺寸，从非常小的在港口周围运送货物和人员的舢板，到可以装载数百吨、在主要港口间运输大宗商品的货船，应有尽有。至少从公元前 14 世纪起，地中海地区的造船工匠就用一种特殊的、重视坚固和力量的方法，来建造他们所有的船只，无论是大是小。与西方世界数百年来所做的不同，他们首先不是建造龙骨和框架（肋骨），然后表面铺上一层木板。相反，他们首先建造船壳，然后在船壳中塞入一个框架。时至今日，这个众所周知的过程在世界各地的众多民族中仍在使用。地中海世界造船工艺的独特之处，在于其建造船壳过程中将木板相互连接起来的非常特殊的方法。它会将木板前后边对边拼好，通过细密的凿空的榫口与榫头，让每块木板与其周边木板拼接起来（图 34）。在那些精工建造的船只中，这些榫头相距不过一个榫口的距离，因此每道缝隙都是一组密集连接的榫口。此外，每个缝隙间榫口上下都由木钉暗梢横贯固定，以确保它根本不会散架。在小心将船壳连接后，再插入一个完整的框架以固定船壳。结果就是一条极其坚固和耐久的船只，它只需要极少的弥缝填料，就造成一条足以承载大量酒罐、建筑石料或其他巨型货物的船只，那是商船经常要

⑬ Casson 1986（I 24）157 –68.

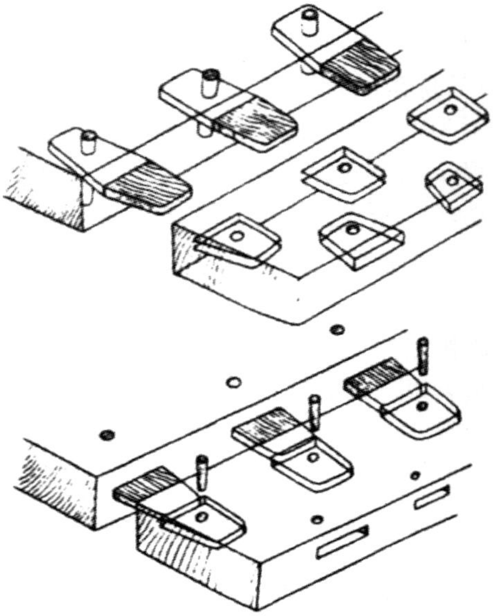

图 34 船板的拼合 [据 Giamfrotta and Pomey 1981 (I 63) 238]

载运的东西。[14]

尽管经常有乘客上船，但古代的帆船主要用来运送货物而非乘
519 客。无论是希腊人还是罗马人，都无班船，即根据规定的计划在固定目的地之间运行的船只。那些需要前往海外目的地的人，直接去码头询问，直到他们找到某个顺道的船主为止。他们能够预定的，一般就是统舱的位置。船上有小型客房，但那一般供船长、船主或他们的代表，或许还有偶尔上船的重要人物使用。乘客上船时，需要带上类似帐篷的遮盖用具、睡袋等，以及足够抵达第一个港口前的食物。在那里，他们可以获得给养，以为下段航程做准备。[15]

官方人员，例如官方的信使，则如上文提到的那样乘坐特定的战船。私人信件犹如普通乘客一样送达随意，犹如乘客一样，寄信人四

[14] Casson 1986 (I 24) 201 - 8, 448.

[15] Casson 1974 (I 23) 152 - 4.

处打听，直到他们找到某个乘客前往其所需要的目的地，而且这个人还要愿意充当邮递员。[16]

由于所乘船只意在安全和航行价值而非速度，所以无论是货物，还是乘客和信件，都不会快速抵达。在大多数航船上，从最大的到最小的，主要的动力就是那块宽阔的横帆，挂在立于船体中央相对低矮的桅杆上。虽然人们已经了解前桅大帆，但使用并不经常。后桅帆似乎直到希腊化时代才引入，有传动装置、多层叠加帆的使用是巨大进步，但那直到公元 15 世纪才出现。古代的船帆显然意在顺风航行，而且是没有风险地航行，并非快速航行。在理想的航行条件下，它们的航速在 4—6 节，人们援引的航速记录例证中，平均速度不超过 6 节。如果遇上逆风，则航速会减到一半甚至更慢。[17] 因此，地中海周边不同航线上完成运输所需要的时间，完全依赖当时的风向。

四　东部海区

当阿伽门农打算率领希腊舰队航出奥利斯时，他被逆风阻遏了很长时间。这个传说有着坚实的气象学基础：从奥利斯前往特洛伊的航线是东北向，那意味着需要不断与希腊人所说的埃泰西安风抗争，那是夏季控制着爱琴海地区的北风，今天叫美尔丹风（the Meltem）。在 7—8 月，即航行季节的关键月份，它们会达到全部天数的 80%，
甚至更多。在爱琴海以南，从利凡特向西直到希腊西海岸及其以西地 520
区，夏季占支配地位的是西北风，而且它是如此频繁，以至于我们几乎可以合理地将之称为信风。唯一重要的其他风是西风，而且这些风也都不温和。在南部地区，它们的平均速度接近 11 节，在北部，甚至超过那个速度，高于 12 节。[18]

这就意味着那些南行船只会轻松而且快速地航行。古代曾经记录的最快的航程之一保存在老普林尼（Pliny the Elder）的报道（XIX. 3 - 4）中：一条从墨西拿海峡前往亚历山大里亚的船仅用了 6 天时间。由于两个地区之间的距离大约为 830 海里，据此推算的平均速度大约

⑯ Casson 1974（I 23）220 - 1.

⑰ Casson 1986（I 24）239 - 43, 282 - 91.

⑱ *Sailing Directions* 1975（I 134）43 - 5; Semple 1931（I 140）580 - 1.

略低于6节。[19] 从辛梅里安人的博斯普鲁斯到罗德斯的航程约880海里，一般情况下需要9—10天。从罗德斯或克里特东端前往亚历山大里亚，距离分别约为325海里和310海里，则需要3天半左右。如此推算的平均航速为4节。可以设想，从墨西拿海峡到亚历山大里亚的船只一般是按照这个速度，而非普林尼所记载的6节那样赛船的速度。希腊和罗马的商船，因为它们保守的设计，无疑是缓慢的。例如，在上个世纪（19世纪——译者注），从克里特到埃及的航速是古代的两倍，需要一天半或两天，而非3—4天。[20]

如果航向相反，即从南向北航行，由于需要不断与顶头风斗争，因此需要双倍乃至更多的时间。一个从拜占庭到罗德斯的旅行者需要5天，从拜占庭到加沙需要10天，如果返回，则刚好分别是10天和20天。在返程中，他的航速平均2节。从凯撒里亚（Caesarea）到罗德斯需要10天。既然两者间的距离大约为400海里，则他此段旅程的航速不足2节。他所以需要较长时间，部分是因为船只航速缓慢，但更多的是因为他们需要曲线航行，以便能够利用侧风，使他们能够顶着盛行的北风前行。这里有一个重要例证可资说明，那就是从雅典到罗德斯的经常性航道。在亚历山大征服埃及后，还有从那里延伸到亚历山大里亚的航线。出发时，船长可以采用直线航行，从雅典出发后大约3天到达罗德斯（假设他们的平均航速为4节，航行距离约为275海里），再用3—4天到达亚历山大里亚。可是，如果是返程，为了避让风力，或者让左舷为正面，他需要首先大体上是向东北航行，一直越过塞浦路斯的最东端。据对一次航行的报道，仅这段航程就花
521 了7天，几乎相当于去程全部时间的总和（距离约为250海里，因此航速远低于2节）。然后他们左转，几乎向正西航行到小亚细亚南部海岸后前往罗德斯。最后，要从罗德斯到达雅典，他们还需要费劲地穿过基克拉泽斯群岛。

另一条极其重要的航道将辛梅里安人的博斯普鲁斯与雅典以及爱琴海周边与岛屿上众多其他中心联系起来。这些中心依赖进口粮食为生。乌克兰的土地，如同今天一样，是丰富的供应来源地。这条航道

---

⑲ 有关这些航行以及这里提到的其他航程的史料，见 Casson 1986（I 24）282－91。

⑳ Le Gras 1870（I 97）109.

横渡爱琴海到达达尼尔海峡，越达达尼尔海峡后进入马尔马拉海和博斯普鲁斯海峡，接着横贯黑海西部。这是一条去程花时间的航道。它的第一航段在爱琴海上，像阿伽门农前往特洛伊一样，需要顶着埃泰西安风即风向是北风航行。接着是穿越两个海峡的航程。在那里，船只既要顶住洋流，还要逆风。在达达尼尔海峡，西向洋流的速度为2.5—3节，不正常的时候，甚至5节，而在博斯普鲁斯海峡，洋流更加汹涌，平均4—5节，不正常时，可高达7节。幸运的是，洋流并不与海峡方向一致，而是从此岸到彼岸回弹式的，因此与相反的洋流合并产生涡流。通过利用涡流以及耐心等待南风或西风，船长们可以设法航行。尽管西风和南风较北风或东风为少，但确实会出现。[21]可是，战斗并不总是到此为止，因为此后的航道大体取东北向，黑海该地区的美尔丹风恰好是从他们航行的方向吹来。[22]回程全部是向南航行，船只顺风而且顺着洋流飞速前进。如果他们中间无须停留，则不到8天他们就能到达爱琴海。

事实上，在航行季节，那些与黑海港口贸易的希腊商人不能只依靠一次往返，因为回程的快速，弥补了去程所耗费的时间。船只不仅需要等待顺风，特别是在海峡中间，而且需要沿途时常停靠，以便搜集可以在下一港口或者终点港口供买卖的货物。航程是如此的拖沓，以至于船长甚至在航行季节终了时，尚不能启动回程，而且拖延更是经常，以至于海事贷款中包含如下条款：如果回程晚于9月中旬，则提高利息（Dem. XXXV. 10）。单是风向就足以让航程时间超出合理推算。如德摩斯梯尼尖锐指出的（Ⅳ. 31），当马其顿的腓力出兵地处雅典东北方向的色雷斯时，他充分意识到了这一点：“他等待埃泰 522
西安风起或冬天发起进攻，那时我们无法到达那里。”在两个海峡中，博斯普鲁斯海峡更加麻烦。当洋流汹涌时，甚至19世纪的帆船都无法通过。只有那些得到良好顺风帮助的灵巧船只，才能取得成功。[23]

可以肯定的是，辛梅里安人的博斯普鲁斯并非唯一粮源。埃及是一个重要的粮食供应者，但对希腊人的国家而言，前往那里的航行存

㉑ *Black Sea Pilot* 1969（Ⅰ6）41－2；Labaree 1957（Ⅰ92）；Graham 1958（Ⅰ66）28－31.

㉒ *Black Sea Pilot* 1969（Ⅰ6）57.

㉓ Le Gras 1870（Ⅰ97）193.

在同样的困难，只是方向相反。如前文指出的，在这条航线上，去程顺风迅速，但回程缓慢。

第三个产粮区是西西里。这里，如果商人们能够快速往返，则在一个航行季节就可以往返两次。我们的史料不曾报道过任何具体的航行，但根据当时的大致估计，我们能够估算它们需要的时间。如果特别取整数，则从比雷埃夫斯到西西里大约 500 海里，其中 100 海里到马莱亚海角（Cape Malea），然后西行 400 海里到西西里。这 100 海里可以利用顺风美尔丹风，但一旦它们绕过马莱亚海角，则麻烦立刻开始，因为从此风向不再是顺风。从那里它们大概需要大量时间顶风航行，那时伊奥尼亚海主要刮北风和西风，仲夏季节尤其如此。[24] 假设快速航程速度为 4 节，慢速为 2 节，则整个航程需要 9—10 天。回程正好相反，前 400 海里航速 4 节，最后 100 海里航速 2 节，大约需要 6 天。

如果从爱琴海出发的商人所造访的港口不是西西里，而在希腊西部沿海，或者上行到亚得里亚海，则一旦他们越过马莱亚海角，也会遭遇慢速航行，因为像伊奥尼亚海一样，亚得里亚海中南部夏季的盛行风一般是北风或西北风。[25] 史料也不曾记载具体航程，但从奥特朗托海峡（Strait of Otranto）到亚得里亚海顶端的航程约 500 海里，很可能需要 8 天以上的时间。由于大多数船只沿途停靠，需要的时间无疑更长。

五　马耳他岛、西西里各海峡与墨西拿海峡

从地中海东部海区前往西部海区，或者取相反的航向，都有两条航线：穿越马耳他和西西里海峡，或者穿越墨西拿海峡。

523 这些海峡相当宽阔，在西西里东端与马耳他岛之间的海峡，约 45 英里宽；西西里西段与伯恩海角之间的海峡，约 75 英里宽。在两个海峡中，盛行的夏季风都是西风或西北风。[26] 所以有利于那些由西向东进入东部海盆的船穿越海峡。[27] 它也意味着那些从东向西航行，

---

[24] *Sailing Directions* 1975（I 134）43 – 5.
[25] *Sailing Directions* 1975（I 134）37 – 9.
[26] *Sailing Directions* 1975（I 134）43 – 5.
[27] 参见 Hodge 1983（I 74）75 – 6。

进入西部海盆的船只，将在海峡中遭遇顶头风。为避免这种状况，它们宁愿穿越墨西拿海峡，从那里沿意大利西海岸航行，然后横渡热那亚湾（Gulf of Genoa）。[28]

那些横渡这些海峡的船只，例如从意大利或西西里前往北非的船只，或者航向相反的船只，两边都可以节省时间，只是南向的船只稍快。例如，有记录的航行暗示，快船两天就可从奥斯提亚（Ostia）到达北非，而回程需要两天半到三天。

六　西部海区

如果从亚历山大里亚到马赛的航行花了30天，会被欢呼为最成功的横渡。可是，如此推算，船的平均速度仅有2节。显然，这段航程通常会花费更长时间，而且理由充分：从地中海东端航入西部海区，大多数情况下是逆风而行。

如经常的情况那样，让西行船只在东部海区部分地区航行如此艰难的西风和西北风，在西部海区的许多地区是一样的。[29] 可是，一旦船只进入西部海区深处，则这些风力会得到有效利用，将船只送往西部重要港口。在那些特别快速的航程中，老普林尼的著述中包括三次横渡西部海区的航行（XIX.3－4），而且全部都是西行：奥斯提亚到纳尔波（Narbo）为3天；奥斯提亚到近西班牙为4天；奥斯提亚到直布罗陀海峡为7天。如此推算，航速平均为5—6节。就上述三例言之，回程肯定是同样的迅速。

在北非海岸，双向的航行效率也大体相等。西行船只可以利用盛行的东风，因此从迦太基到直布罗陀海峡的船只，如同从奥斯提亚出发的船只一样，只需要7天。东向的船只，则享受着东向洋流的助益。它的起点在直布罗陀海峡，在远达突尼斯边界处，船只都能感受到它的存在。[30]

七　港口

在东部地中海，利凡特沿岸的海上商业可以追溯到公元前3千 524

---

[28] 参见Hodge 1983（I 74）76－7。

[29] *Sailing Directions* 1975（I 134）37－9.

[30] Le Gras 1870（I 97）41－3.

纪，那里的人通过添加防浪堤和在沿岸修建码头，早就学会改善那些天然有利于登陆的地区。[31] 公元前 14—前 13 世纪，乌加里特王国拥有 4 个港口，其中乌加里特本身的港口容纳不下 500 吨的船只（*CAH* Ⅱ³. 2，131）。据推测，米诺斯人和迈锡尼人的克里特也自称有着同样的设施。[32] 约公元前 1400 年埃及墓葬的壁画中，透露了当时港口的状况：它描绘了泊成一线的船只，船头对着码头；装卸工正忙着通过踏板从船上往码头上卸货。码头上，人们正精力充沛地忙着就相关商品进行交易。[33]

东方完善的港口很可能一直在使用。可是，在更偏西的地区，当黑暗时代的迷雾退去时，尚不曾发现类似的设施。港口过去是，而且长期以来只不过是天然地点，比如深水海湾、河口、某个半岛的两边、海岸附近拥有出海口的湖泊等。[34] 船只尽可能地近岸抛锚，依靠驳船或其他小舢板上货和卸货。荷马给了费阿基亚人（the Phaeacians）——一个航海者天堂里的居民——一个这样的港口（*Od.* Ⅵ. 263 -9，ⅩⅢ. 77）。他提到一个避风的港湾，那里仅有的人工设施，是船主们储藏船具的小屋子和能够打入沙中的石柱以供拴系船只、一个供修帆工和修船工工作的地方，以及一座波塞东的圣殿。

最后，像他们近东的先驱者很久以前已经做的那样，希腊人学会了改善自然条件，建立防浪堤对码头加以保护。迄今所发现的最早的此类例证属公元前 8 世纪，出自提洛岛，那是用当地花岗岩略加修整的巨石建造的粗笨的设施，深入海中 100 米。到公元前 7 世纪，港口有了类似的防浪堤，到公元前 6 世纪末，出现了如同波吕克拉泰斯（Polycrates）为萨摩斯修建的、小心设防的港口。它有两道巨型防浪堤，分别为 370 米和 180 米长，以保护港口免受大海侵害，整个设施都被围在该城的防御性城墙内，以保护其免受可能敌人的侵犯。[35]

公元前 5 世纪，在经历了长期的落后时期后，雅典变成了巨大的海港。就在该世纪初的数十年中，船只仍停泊在法莱隆湾的海岸边，

㉛ 参见 Blackman 1982（I 7）92。
㉜ 参见 Blackman 1982（I 7）93。
㉝ Pritchard 1954（F 317）Fig. 111.
㉞ 参见 Schmiedt 1975（I 139）152。
㉟ Casson 1986（I 24）362.

按照多年来的古老方式装卸。可能早在公元前 493 年，在泰米斯托克利的督促下，雅典开始对比雷埃夫斯的设施进行更新。对那些航行的船主和商船而言，那里有码头可供泊船，并有港口支撑，那是一片宽阔的有天幕的地区，商品可以储存，并且可在那里交易。对海军战船而言，那里有长排的船坞、平行的船台和雉堞，并得到连续的棚屋的保护，战船因此可以被拖入其中，让其脱离海水。像今天的比赛用船一样，不用的时候，这些船只需要脱离水面，并且免受雨淋，以防水浸。到公元前 4 世纪，当雅典舰队实力最为强大时，那里共有 327 座船台，其中 94 座与半岛西边商港中那个宽阔的海湾共用，而东边两个较小的港湾中，各有 196 座和 82 座船台，它们专供舰队使用。[36] 525

在科林斯、米利都、罗德斯和其他从事活跃的海上贸易并维持着海上力量的航海中心，无疑有类似设施的港口存在。在地形条件许可的地方，有些城邦有两个港口，朝向不同方向，以便可以利用任意风向。[37] 此外，如果一个中心的郊区正好拥有一个吸引朝圣人群的圣地，却又不方便地远离港口，这个圣地可能拥有一个它自己的"圣港"。[38]

可是，多个港口与完善的设施，只存在于那些拥有足量吞吐量、值得拥有这些设施的港口。在其他地区，在无数小型海边停泊点，船只继续像最早时期一直所做的那样，近岸抛锚后装卸，并依靠当地小型船只的帮助，将货物转运上岸。事实上，在雅典建设好比雷埃夫斯港口很久之后，有些货船仍宁愿在法莱隆湾外卸货，因为从那里进城的距离短得多。同类的装卸就在比雷埃夫斯北边一点的地方也存在，走私犯们对那里青睐有加，以至德摩斯梯尼将那里称为"窃贼"港（Dem. XXXV. 28）。

总之，陆上交通，尤其是山区的交通，缓慢且不规律。公元前 4 世纪末即罗马人开始建筑他们长途的大道之前，这种状况并无改观。政府可以征用一些特殊跑手服务，或者依靠骑士。著名的苏萨和萨尔

---

[36] Judeich 1931（C 179）425 – 56；Garland 1987（I 53）11 – 13，83 – 100，152 – 5，160. 关于船坞，也请见 Blackman 1982（I 7）204 – 6。

[37] Robert 1960（I 132）；Blackman 1982（I 7）193.

[38] Robert 1960（I 132）265.

526 狄斯之间波斯的骑乘服务，一天可行 150 千米。陆上运输，尤其是大件或沉重货物的运输，是令人痛苦的缓慢且无效率，必须尽可能避免。

人们更偏爱的交通方式，而且是商品运输唯一实用的方式，是海运。它最大的缺陷之一是季节限制。对古代水手来说，他们一年当中的工作时间最多是从 3 月到 11 月。冬季的航行，尽管偶尔为之，但属于例外。在发送书信或者运送负有官方使命的乘客时，政府会使用战船，路线则沿岸行进，或者蛙跳式地从这个岛到下个岛。在漫长的夏日，他们一天可行 100 海里。商船沿着同样的路线载运一定量的货物并运送乘客。它们较战船缓慢，但较帆船更加可靠，因为当商船遇上无风或者顶头风时，它们可以依靠桨手继续前进。帆船航行于所有的线路并在公海上航行。它们的建造更多地考虑安全和耐用而非速度，因此航行缓慢，有记录的最高数字是 6 节，5 节已经是相当快了，当风向不顺时，它们能够航行的最快速度是 2 节甚至更慢。在东地中海，因为盛行北风，从北向南的航行迅速，但相反方向的航行，可能需要两倍甚至更长的时间。在西地中海，北风没有那么麻烦，在那里的大多数主要线路上，古代的帆船可以良好地利用风力。

（晏绍祥译　李永斌、崔丽娜校）

第　十　章

社会与经济

M. M. 奥斯丁

本章的中心问题是公元前 4 世纪前半期的战争对希腊世界的影响。修昔底德将伯罗奔尼撒战争描述为希腊历史上最大的骚动，这场战争几乎影响了整个希腊世界，还影响到部分非希腊人世界。后来发生的事件充分证明了他的论断。 527

并非所有希腊城邦都同时受到影响，或者受到程度相同的影响。譬如，伯罗奔尼撒半岛中部很大程度上就得以免受波及，约公元前 402 年斯巴达入侵时，埃利斯也处于繁荣状态（Xen. *Hell.* Ⅲ. 2. 21 – 31）。作为一个整体，彼奥提亚也只在公元前 424 年遭到雅典一次不成功的入侵。在戴凯莱亚战争（Decelean War）中，底比斯通过对阿提卡的劫掠壮大了自己，并得到大量逃亡的雅典奴隶［*Hell. Oxy.* XVII（XII）. 3 – 5］。战争对两个领袖城邦社会和经济方面的影响截然不同。斯巴达的胜利，以及公元前 404 年以后她选择介入希腊事务，将自己的社会置于她所不能抗御的紧张状态。由于公元前 5 世纪的雅典帝国让雅典社会的各个阶层都享受到繁荣，因此有助于巩固其政治和社会稳定，而斯巴达的帝国却加重了其内部的紧张和不公。斯巴达的野心与其可资利用的资源之间的差距，扩大到似乎异常危险的程度。公元前 4 世纪斯巴达的衰落，与其胜利之间只有一代人多一点的时间，而衰落是这次胜利长远影响的后果。同时代和后来的资料，不管是友好或敌对的，都承认此点。

与斯巴达不能适应胜利相反，雅典面对失败的调整要好得多。由于战争、瘟疫和国内冲突，雅典人力损失惨重。公元前 413 年以降，敌人对戴凯莱亚的占领，对雅典经济的影响远甚于之前斯巴达对阿提卡的入侵（Thuc. Ⅶ. 27 –8），导致了大量财产的损失和普通雅典人
528 的破产。[①] 劳里昂银矿的减产造成雅典银币发行的中止，直到公元前4世纪90年代后期，雅典才重新发行银币（Ar. *Eccl.* 814 –22）。雅典失去了海上帝国，也失去了帝国的收入以及对她至关重要的粮食供应的控制，再也没有恢复到公元前5世纪繁荣时期的鼎盛状态，公共和私有财产遭到削减的许多迹象也一直存在。然而，雅典熬过了公元前404年以后的危险时期，且恢复了其强国地位，正如她在公元前355年的同盟战争中战败而落到低谷后，能够再次熬过来一样。德摩斯梯尼时代，雅典仍是希腊世界最重要、繁荣且稳定的国家。

如果把希腊世界作为整体来回顾，则伯罗奔尼撒战争不过是不断放大的冲突的一个阶段，其间卷入冲突的竞争者数量越来越多。没有任何一个竞争者有足够的资源取得持久的霸权，直到外部的马其顿的腓力的到来，才最终强加给她一个解决方案。从公元前404年起，斯巴达就断断续续地处于战争之中；公元前396—前386年，雅典也是如此；公元前378年以后，雅典只有短暂的休战；公元前396—前386年，底比斯几乎一直处于战争之中，公元前379年以后也是如此。联盟的体系将较小的城邦卷入大城邦的冲突之中。少有城邦能在任何时期都能免于战争和不受战争的影响。外部和内部事务经常相互作用。在评论公元前362年的曼提奈亚战役（battle of Mantinea）时，色诺芬恰当地总结了争夺霸权斗争的消耗性和非决定性特征（*Hell*, Ⅶ. 5. 26 –7）。大约20年后，德摩斯梯尼描述了一幅相似的图景，即此类冲突造成了希腊大陆的分裂和脆弱（Ⅹ. 51 –3）。

因此，对公元前4世纪的大多数希腊城邦来说，战争事实上是常态。战争造成的资源、人力、物资和财政紧张，可能比之前任何时候都要严重得多。对希腊历史上战争现象及其原因的分析超出了本章的范围，[②] 我将主要着眼于战争对这一时期希腊世界的影响。

---

① 阿提卡的农业是否遭到长期的损失是另外一个问题，见 Hanson 1983（K 24）；一般论述参见 Strauss 1986（C 259）。

② Finley 1985（A 18）67 –87；Garlan 1989（I 52），亦见 Austin 1986（I 4）。

第一节 社会和政治冲突

马其顿的腓力组织希腊大陆的城邦参加公元前 337 年的科林斯同盟时，这个新同盟中的条款之一，就是针对其他成员城邦的政治体制变革。同盟的职责就是保证不能违反城邦现有法律宣判死刑或放逐，不能没收财产，不能重新分配土地和取消债务，也不能为了革命的目的解放奴隶［Tod no. 177, lines 12 – 14 = Harding no. 99A；(Dem.) XVII. 12 和 15；*SdA* 403］。在希腊城邦间的双边或多边谈判中，此类条款是有先例的（如 Tod no. 147；*SdA* 293 = Harding no. 59 有关公元 529
前 361/0 年雅典和色萨利谈判的记录；Tod no. 144 = *SdA* 290 = Harding no. 56 有关公元前 362/1 年雅典与阿卡狄亚、阿凯亚、埃利斯和弗利乌斯谈判的记载）。[③] 但是，在一个泛希腊的条约中以立法形式干涉城邦内部的政治和社会变革，这还是第一次。它似乎表明，这一时期希腊世界大部分都处于一种持续的不稳定状态，可能只有通过一个占支配地位的力量强制性维持现状才能阻止变革。

诸多证据都能证实这一印象。这是这一时期的政治作家们经常回顾的一个主题。因此，伊索克拉底在公元前 380 年的《泛希腊集会辞》(*Panegyricus*) 中说，希腊世界处于一种政治和社会骚动的混乱状态中（Ⅳ. 114 – 17, 167 – 8），并在其后的演说中再三重复这一主题。[④] 柏拉图认为，财产和财富的分配问题是城邦稳定的基础。在其《理想国》(*Republic*) 中，他试图通过拒绝其理想国中前两个等级中任何的财产私有制，以及为本身被剥夺了所有政治权利的第三等级和最低等级保留所有经济活动，解决这一问题。[⑤] 在其《法律篇》(*Laws*，写于公元前 4 世纪 50 年代后期到 40 年代前期) 中，他又接受财产私有制的原则，但是以最严格的措施来保证贫富差距限于一定范围内，以防止过分不平等的发展。[⑥] 然而现实世界的贫富差异是如此之大，以至于“任何城邦，不管她有多小，事实上都分成两部分，

③ Gehrke 1985 (C 27) 301 – 4.
④ Fuks 1972 (I 45).
⑤ Fuks 1977 (H 44).
⑥ Fuks 1979 (H 45).

一个是穷人的城邦，一个是富人的城邦。彼此都处于战争的状态”（*Rep*. Ⅳ. 422e－423a，参见 Ⅷ. 551d）。在《政治学》中，亚里士多德同样认为希腊城邦通常被分成两个集团——富人和穷人，整个第5卷他都在论述各种形式的冲突问题、现有政治体制的不稳定以及确保其稳定性的方法。⑦

人们曾质疑这种概括性的说法是否能够据以为信。⑧ 然而，关于公元前4世纪这种冲突爆发的实例却大量存在。人们可能援引修昔底德（Ⅲ. 82－83）的例子，将科西拉作为一个典型。在埃庇丹努斯事件及公元前5世纪30年代与科林斯的冲突之前，科西拉对主要势力之间的竞争采取了一种超然的态度，似乎也得以免于冲突。公元前433年她与雅典的结盟改变了这一切。从公元前427年开始，之前的竞争对手——亲雅典派与亲斯巴达派的斗争，上升为全方位的少数派与多数派的阶级斗争。史料证实，公元前411/10年（Diod. ⅩⅢ. 48）、公元前374年和前373年（Xen. *Hell*，Ⅵ. 2. 3－15；Diod. ⅩⅤ. 46－7），以及公元前361/0年（Diod. ⅩⅤ. 95. 3；Aen. Tact. Ⅺ. 13－15），那里爆发了更多的冲突。

530 科西拉的例子并非个案。伯罗奔尼撒战争及以后，那些之前免于冲突的希腊城邦成为这一灾难的受害者。作为公元前5世纪寡头政治稳定性典范的科林斯，在科林斯战争期间经历了一次暴力革命，寡头派被放逐，逃亡到斯巴达寻求庇护，并站在斯巴达一边与自己的科林斯同胞作战（Xen. *Hell*. Ⅳ. 4. 1－13）。在少数年份里，科林斯曾与阿哥斯有过某种形式的结盟，尽管这种联盟的准确性质还有争论。⑨“大王和约”结束了这一试验，强制这些亲斯巴达流亡者返回，随之而来的是放逐科林斯的反对派领导者（Xen. *Hell*，Ⅴ. Ⅰ. 34）。尽管从这时起直到留克特拉战役止，科林斯都屈从于斯巴达，但是潜在的紧张关系仍然存在。公元前366年，提摩法奈斯发动了一次未遂的政变，得到了科林斯招募的雇佣军的援助，据狄奥多鲁斯记载（ⅩⅥ. 65），提摩法奈斯还提出了一个扶持穷人的计划。公元前371年斯巴

⑦ de Ste Croix 1981（C 70）69－80；Lintott 1982（C 43）239－51.

⑧ Gehrke 1985（C 27）323－5，在 Gehrke 1985（H 51）有更充分的论述。

⑨ Griffith 1950（C 562）；Tuplin 1982（C 387）；Salmon 1984（C 380）354－62，383－6；Whitby 1984（C 390）.

达在留克特拉战役的失败，成为伯罗奔尼撒地区剧变的信号，各地的平民起而反对亲斯巴达的寡头统治者（Diod. XV. 40；Isoc. VI. 64－7）。如色诺芬指出的，在“直到那时还依据传统法律进行统治”的西库翁，约公元前369年，一位重要的公民和前亲斯巴达者欧弗农在阿哥斯人和阿卡狄亚人的纵容下攫取了政权，并得到雇佣军和下层民众的支持，在他被暗杀并葬于市政广场之后，这些人尊他为城市的“创建者”（Xen. *Hell.* VII. 1. 44－6；3. 1－12）。

这样的例子在希腊世界各地都成倍增加，[10] 尽管相关记载并不是很完善，也不能充分反映每个社会环境下的冲突程度究竟如何。公民之间的“和谐”（*homonoia*）作为一个政治口号适时在公元前5世纪末期开始出现（Thuc. VIII. 75. 2 和 93. 3；Andoc. I. 140），[11] 并在公元前4世纪和希腊化时代成为运用更为广泛的关于希腊内部和外部政治的流行语，并非偶然。[12] “希腊每个地方的公民都习惯于发誓去保证和谐，并且每个地方都为这一誓言发誓。”（Xen. *Mem.* IV. 4. 16）关于“一般”希腊人城市中的主流情形，约属公元前4世纪中期的战术作家埃涅阿斯是一个尤有价值的目击者。作者力陈在每个城邦内以恰当的手段促进和谐的重要性（*Poliorcetica* 10. 20，14. 1，17. 1，22. 21）。[13] 对和谐的强调反映了和谐事实上的缺乏。我们很难找到任 531
何一个希腊城邦在公元前4世纪确然免于内部剧变的威胁。《雅典政制》（*Athenaion Politeia*）的作者认为雅典是一个例外，他在评论公元前403年及此后致力于恢复民主政治的措施中富有活力的条款时说，“无论在公务和私事上，雅典人对过去灾难的处理，都表现了最具充分荣誉的精神和政治家风度……他们颁布大赦令……而在其他城邦里，那些建立民主政治的人取得胜利时，不但不肯从他们自己的财产中付出任何东西，甚至还要重新分配土地”（*Ath. Pol.* 40. 3）。雅典的做法截然不同于亚里士多德在《政治学》中的评论：“在现今的一些寡头派中，他们发誓‘我会敌视平民并尽我所能去反对他们’”（*Pol.* V. 1310a8－12，参见 1307a19－20，34－9）。

---

[10] 见 Gehrke 1985（C 27）第一部分汇集的此类材料，其分析在第254—261页，只是他的考察没有包括雅典、斯巴达和西部希腊世界。

[11] de Romilly 1972（C 59）；Hands 1968（1 69）38－42.

[12] West 1977（C 85）.

[13] Whitehead 1990（B 131）25－33；Winterling 1991（C 86）.

与公元前 5 世纪相较，公元前 4 世纪冲突的范围和严重性似乎明显要大得多，[14] 然而这一现象的特征及其原因却更难确定。人们也许首先会看到冲突由希腊城邦的公民集体发起并被严格限制在公民内部，非公民的参与通常不是主动的，人数也不多。[15] 例如，在柏拉图和亚里士多德的讨论中，这是一种潜在的假设：从某种意义上说，冲突是公民的一种特权，其持续的时间与自由城邦的存在一样长久——从古风时代直到罗马征服。[16] 公民拥有的政治权利给予他们一种为控制城邦而战的能力，这种能力是拒斥非公民的。偶尔也发现有非公民卷入政治冲突中，比如许多外侨就在公元前 404/403 年的雅典内战中站在民主派一边。有多少人可能因此获得公民权作为回报并不清楚，[17] 但无论如何，关于外侨（*metoikia*）的制度并未受到影响。外侨作为整体并不是一个政治阶层，不愿也不能去表达他们自己的集体诉求。[18]

这一点同样适用于奴隶，或者更准确地说，适用于物化奴隶。[19] “以革命为目的解放奴隶”是科林斯同盟条款明确禁止的。这一策略有时候为冲突的爆发所证实，但也仅仅是一种策略，一种谋取更多支持以一方反对另一方的手段，同样也不能影响奴隶制度。[20] 这种情形下，主动权不掌握在奴隶自身手里，奴隶的来源和语言的多样化、居住的分散性和政治实力及政治领袖的缺乏，剥夺了他们所有一致行动
532 的可能性。他们表面上的被动并不意味着必然对自己的命运满意。给他们一个机会，尤其是在战争时期，奴隶可能会用他们的脚来投票，就如戴凯莱亚战争期间雅典的奴隶逃亡一样。但是他们不能组织一次反抗或者有清晰的共同目标。[21] 不管公元前 4 世纪的危机是什么，危机并不在于奴隶制。这一时期很多人都讨论和挑战过奴隶制的合法性，尤其是自亚里士多德《政治学》第一卷问世以来。在该书中，

---

⑭ 质疑来自 Lintott 1982（C 43）ch. 8，但请见 Gehrke 1985（C 27）第一部分搜集的资料和第 259 页及以次的评论。

⑮ Winterling 1991（C 86）220 – 2 强调的重点不同。

⑯ Finley 1981（I 38）82.

⑰ Krentz 1980（C 181）and 1986（C 183）on Tod 1948（B 179）no. 100；Whitehead 1986（C 268）147f.

⑱ Whitehead 1977（C 265）154 – 9，174f.

⑲ Vidal-Naquet 1986（I 146）159 – 67.

⑳ Mossé 1961（I 109）；Garlan 1988（I 51）155 – 63.

㉑ Cartledge in Cartledge and Harvey 1985（A 14）16 – 46；Garlan 1988（I 51）176 – 200.

亚里士多德试图反驳这种挑战并论证奴隶制度是一种道法自然而立的制度。这一讨论的特征是纯思想性的，而且限制在一个非常严格的圈子里。[22] 讨论在亚里士多德这里结束，且对这一制度本身的存在毫无影响。奴隶与自由劳动力的竞争曾被认为是公元前4世纪贫穷自由人越来越贫困的原因，类似奴隶制导致罗马共和国衰落的可疑类比。[23] 但是并没有任何明确迹象表明，来自贫穷自由人方面的主张反对这种所谓的竞争。[24]

现在回过来谈公民间的政治冲突。修昔底德以科西拉为例提供了一个开始的节点。据他的观察（Ⅲ. 82 –3），冲突的蔓延与泛希腊性的战争有密切关系。战争为相互争斗的团体创造了求诸外部势力的机会，也为后者的干涉提供了借口。内部和外部事件相互影响——冲突助长了战争，战争又助长冲突。公元前5世纪斯巴达和雅典之间的争斗，促使爱琴海的希腊城邦内部两极分化。斯巴达自然是寡头政治的拥护者，而公元前5世纪的雅典则开始以民主政治的拥护者为人所知。[25] 公元前5世纪末雅典的失败，意味着许多民主政权的垮台，以及它们暂时被吕桑德的“十人团”（decarchies）替代。公元前394年斯巴达在海战中的失败，导致了爱琴海地区民主政治的复苏，雅典再次以它们支持者的面貌出现。例如，罗德斯岛的一次民主政治革命推翻了寡头政治，并放逐了寡头派的领袖［*Hell. Oxy.* XV（X）］。公元前391年，寡头派向斯巴达求援，指出“斯巴达不应该让雅典征服罗德斯并获得借此增强实力的好处。斯巴达人意识到，如果民主政治获得成功，那么整个罗德斯会属于雅典人，而如果富人阶层获得成功，斯巴达人会拥有整个岛屿，于是斯巴达人装备了8艘战船，以埃克狄库斯（Ecdicus）为舰队指挥官”（Xen. *Hell.* Ⅳ. 8. 20 –4；参见 Diod. XIV. 97. 1 –4；99. 5）。至少公元前371年留克特拉战役之前，这种溯及公元前5世纪的分裂状态一直持续（Xen. *Hell*, Ⅵ. 3. 14；Diod. XV. 45. 1）。自那以后，随着斯巴达的衰落和雅典与斯巴达在公元前370年的结盟，这种模式越来越模糊了。底比斯暂时成为伯罗 533

[22] Cambiano in Finley 1987（Ⅰ 39）22 –41.

[23] Pečirka 1976（C 217）论及这一更广泛的看法。

[24] de Ste Croix 1981（C 70）201f; Finley 1981（Ⅰ 38）106f; 遭到 Nenci 1978（Ⅰ 112）质疑。

[25] de Ste Croix 1972（C 68）34 –44.

奔尼撒地区反对斯巴达的民主政治的支持者（Xen. *Hell*, Ⅶ. 1. 43）。直到德摩斯梯尼时代，雅典还保留着作为民主政治天然领导者与拥护者权利的主张（Dem. XⅢ. 8；XV. 17－24），但是这一主张并不总是能为事实所证明，雅典的干涉实力也下降了，尤其是在“同盟战争”之后。[26]

我们似乎可以从政治上为“冲突”这一现象找到基本解释。[27] 这一观点得到了以下事实的明显支持：我们所知实例中的大多数，主动行为都是分属于各自城邦中的某些小集团和派别。外部势力的干涉往往由城邦内部的派别引入，比如科西拉在公元前 427 年的冲突，以及之后在这个岛上爆发的所有冲突。另一些人遵循公元前 4 世纪政治作家的观点，强调根本的社会和经济问题导致了不稳定的出现。[28] “重新分配土地”和“取消债务”是希腊世界的一对孪生革命口号，公元前 4 世纪，我们越来越频繁地听到这些口号，而在科林斯同盟的规定中则被禁止。公民权和土地所有权紧密相连，对土地的要求贯穿了整个希腊历史，而在这一时期尤为剧烈（参见下文）。债务问题明显是一个反复发作的问题，例如，我们在战术作家埃涅阿斯评论他所处的时代希腊城邦面临的威胁中就能看到。他力陈在各个城邦中通过恰当手段促进和谐的重要性，尤其是减少或取消债务（*Poliorcetica* 14. 1）。实际上，似乎很难明确将某个“政治”方面作为“社会和经济”方面的对立面截然分开；希腊人自己可能从来没有做过这种区别。

尽管如此，冲突的影响是毫无疑问的。冲突是一个没有办法解决的恶性循环。有的是无尽的没收与惩罚。作为希腊的典型现象，政治流亡者的数量一直在增加。[29] 尽管冲突爆发的动力通常只属于小的团体，但还是不免有大量人口卷入其中，最极端的情形下有四分之一的公民卷入。例如，公元前 412 年，萨摩斯的平民杀死了 200 名富裕的公民，放逐了另外 400 人（Thuc. Ⅷ. 21）。公元前 409 年，希俄斯的一群流亡者返回并驱逐了他们的对手，人数达 600 人（Diod. XⅢ.

㉖ 参见 Hornblower 1983（A 31）169。

㉗ 因此，下述作品不过是强调的程度不同而已，见 Ruschenbusch 1978（C 63）；Lintott 1982（C 43）ch. 8；Gehrke 1985（C 27）309－53；Winterling 1991（C 86）。

㉘ Fuks 1974（I 46）；de Ste Croix 1981（C 70）283－300.

㉙ Seiber t 1979（C 75）；Gehrke 1985（C 27）224－34.

65.4)。公元前382年，斯巴达夺取底比斯的卡德麦亚，导致约300 534
名反斯巴达派逃亡（Xen. *Hell*, Ⅴ.2.31)。公元前370年，1400名亲斯巴达的泰盖亚人被放逐，其中800人受到斯巴达的庇护（Diod. XV.59.2；Xen. *Hell.* Ⅵ.5.10)。当亚历山大于公元前324年在奥林匹亚发表一条公告，命令希腊城邦召回他们的流亡者时，据说聚集起来听取这一公告者约有两万人（Diod. XVIII.8)。[30]

甚至在公元前5世纪，希腊世界可能就有了可供输出的无产者，这一点能从九路（Nine Ways)、图利伊和安菲波利斯的建立以及其他殖民地的建立中得到线索。公元前4世纪的一个特征是流动人口的大量增长，[31] 而冲突是这一问题最重要的一个推动因素。许多人转而充当雇佣军，是这一时期正在发展的另一个问题。[32] 这类雇佣军并不是什么新鲜事物，不过也可能误导人们提出一个关于其增长的单一解释：战争开始变得越来越多样化和专门化；波斯帝国内和公元前4世纪的军事僭主对雇佣军的需求也在上升。一些将领，其中许多是雅典人，如科农、伊菲克拉特斯和卡布利亚斯，因为他们才能在希腊世界及其他地方大有市场，并且在战争中积累了可观的私人财富。对其他人来说，参加雇佣军可能只是一种投机性的冒险（参见 Xen. *An.* Ⅵ.4.8)。但是这本身并不能说明这一现象的程度问题。日益增长的需求一定程度上反映了供应的增长，而供应总是超过了需求，因为从来没有听说哪个城邦或统治者不能招募到所需求的雇佣兵。毫无疑问，多数充当雇佣兵的人所以做这一行，是因为他们别无选择。贫穷是驱动力，并且他们可能主要从希腊社会的下层招募，因为反对者的资料——特别是伊索克拉底——提到他们时多有这种暗示。服役的条件是艰苦的——雇佣的不规律性和不可预知性，薪酬经常根本不支付，尤其是在希腊城市里服役之时。

结束冲突需要由一个占统治地位的外来势力强迫人们接受现状，或者创造新的、能够更平等分配的财富来源，才能缓解财富及其所致紧张的根本问题。但是在古代世界的技术条件下，这不可能实现。就

㉚ 这些当然都是大致数据，其他数据参见 Seibert 1979（C 75）405f；Gehrke 1985（C 27）219f, 236, 360f。

㉛ McKechnie 1989（I 100）.

㉜ Parke 1933（K 50)；Aymard 1967（K 7)；Seibt 1977（K 54)；Perlman 1976－7（I 119)；Marinovic 1988（K 42)；McKechnie 1989（I 100）ch. 4 以及 Whitehead 1991（K 59)；Garlan 1989（I 52）ch. 7。

土地来说，除了由狄奥尼修斯在西西里建立的少数军事殖民地，希腊
535 世界内部的大部分土地是移民所不能得到的。只要亚洲为波斯所统治，则尽管波斯国王对希腊士兵的需求日益增长，殖民者却同样不能获得亚洲的土地。

如果有一种解决方法，那必然是一种外向的：向外征服或移民。亚洲的财富就在贫穷的希腊的大门口，成为希腊人羡慕的一个资源。公元前4世纪之前很久，就听见有人谈论发动一次有利可图的征服战争了（有关公元前499年的叙述，参见 Hdt. Ⅴ. 49）。[33] 发动一场对波斯的战争，继之以希腊人的定居，从色诺芬的《远征记》（Ⅲ. 2. 26；Ⅴ. 6. 15－19；Ⅵ. 4. 1－6 和 12－22）一直到伊索克拉底的作品中，都能找到这一观念的线索，而且一直在增长。公元前380年之前，伊索克拉底就提出了他自己独特的观点。在伊索克拉底看来，消除对社会稳定的威胁，只能通过希腊各城邦间停战、征服新领土，以及将希腊最下层的流动人口输出到亚洲才能实现（Ⅳ. 167－8；Ⅴ. 119－23；Ⅷ. 24）。被征服的亚洲人能够为他们的希腊主人提供新的劳动力，前者将被迫“像黑劳士一样为他们服役”（*Ep.* Ⅲ. 5；参见 Arist. *Pol.* Ⅶ. 1329a24－6，1330a25－31）。

第二节 人口和兵源

我们没有古代希腊世界任何一个历史时期的人口总数可资利用，关于单个城市的数据也是分散而零碎的。因此，所有的估计，不管是关于单个城邦还是关于希腊世界整体的，都必然包含大量不确定的误差。[34] 尽管作为一个整体的希腊世界人口是否下降尚存疑问，但公元前4世纪太多的战争和内部冲突，必然导致巨大的人口损失。这一时期的政治理论家更关注的是把人口保持在可接受的限度内（Pl. *Rep.* Ⅴ. 549d，461c；Arist. *Pol.* Ⅶ. 1335b20－26），而不是像两个世纪以后的意见那样害怕人口的减少（Polyb. ⅩⅩⅩⅥ. 17. 5－10）。杀婴和抛弃不想要的孩子，尤其是女孩，尽管可能不如希腊化时代严重，但

---

[33] 参见 Starr 1976（C 79）48－61。

[34] Ruschenbusch 1984（C 64）估计，希腊大陆和爱琴海海区有300万居民。

在实际中也是普遍存在的。[35] 如上所述，公元前 4 世纪人口的一个重要特征，是流动人口的大量存在和日益增加，而这是希腊世界自己所不能消化的。

我们通过少数更大更强的城邦而了解希腊历史。数量众多的小城邦在记载中很少出现。[36] 从领土和人口方面而言，希腊城邦相比现代来说都要小得多，尽管最大的城邦与最小城邦间差异的范围，使得我们怀疑是否有一个“一般城邦”这样的事实。[37] 在所有希腊城邦中，斯巴达控制的领土范围最大，包括拉科尼亚和美塞尼亚在内，约 8400 平方千米；雅典约 2650 平方千米，比西西里最大的城邦要小得多；叙拉古和莱昂蒂尼约 4700 平方千米；阿克拉伽斯 4300 平方千米。大部分希腊城邦都要比这些小得多，一些城邦的面积在四位数甚至三位数以内。人口也相似，一个拥有 5000 公民的城邦如弗利乌斯，已经被认为是人丁兴旺了（Xen. *Hell.* Ⅴ. 3. 16）。公元前 4 世纪的政治理论家认为，这是一个最适中的城邦规模。在《法律篇》中，柏拉图设想的城邦有 5040 户公民，而且这个数字要保持恒定（Ⅴ. 737a）。亚里士多德虽然没有拟定任何精确的数字，不过他认为，理想之中，一个城邦应该大到足以自给自足，但是也不能太大，也许应该能够“一览无余”（*Pol.* Ⅴ. 1326a6 – 1326b26）。实际上，只有少数希腊城邦超过了这一规模。公元前 4 世纪早期，在总共数百个希腊城邦中，可能只有大约 20 个城邦的公民人数达到 1 万人或者更多。大量更小的希腊城邦公民人数可能只有三位数。[38] 我们很难准确评估各个希腊城邦的人口，公元前 4 世纪的雅典就是一个极好的例子。雅典成年男性公民的人数是 2 万还是 3 万左右，仍然是现代学者未能解决的一个有争议的问题；差异的根源，在于古代文献的记载存在矛盾，所涉为公元前 322 年安提帕特废除民主制，并将雅典公民权限制在 2000 德拉克马或更多财产的人之中。狄奥多鲁斯（ⅩⅧ. 8. 5）称，有 9000 雅典人得以保留公民权，22000 人失去了公民权，而普鲁塔克给出的后一类别的人数是 12000 人。颇有讽刺意味的是，这两位作 536

---

[35] Eyben 1980 – 81（I 33）; Golden 1981（I 64）.

[36] Ruschenbusch 1985（C 65）估计在希腊大陆和爱琴海盆地约有 750 个城邦。

[37] Gehrke 1986（C 28）; Nixon 和 Price 1990（I 113）146f, 158 – 62 on Ruschenbusch 1983（C 240）和 1983（I 133）及 1985（C 65）。

[38] Ruschenbusch 1985（C 65）.

家利用了同样的史料来源，而这两个文本究竟哪一个需要修订，仍是一个未能解决的问题。[39] 关于雅典所有类别人口数据的唯一来源，是法列隆的德米特琉斯（Demetrius of Phalerum）于公元前 317—前 307 年的人口普查。这次查出总共有 21000 名公民、1 万名外侨，以及（据说）40 万名奴隶（Ath. Ⅵ. 272c 引 Ctesicles *FGrH* 245 F 1），所有这些数据都有争议，解释也不一致。[40]

537 希腊城邦不同于罗马，领土和人口的限制，使其很难将公民权扩展到一定限度之外。亚里士多德对于一个希腊城市最佳规模的讨论也预示了这一倾向。斯巴达由于不愿意扩大其公民权而声名狼藉，即便在面对公民人数不断下降时亦是如此。雅典在公元前 404/3 年的内战后期，既有机会也有需求以适当资格的外侨来补充人数大为减少的公民团体，这些外侨中，有演说家吕西阿斯这样的人，但是他们有多大机会仍不清楚（参见上文第 605 页及注释 4）。特拉叙布鲁斯一个更宽大的扩大公民权的提议被取消（Arist. *Ath. Pol.* 40. 2）。[41] 大规模地对非公民授予公民权，一般来说是一种强制措施，诸如西西里的僭主，并且几乎总是紧张和不稳定的一个根源（参见 Arist. *Pol.* Ⅴ. 1303a28 – b3）。自治城市只有在紧急情况下才不情愿地诉诸这种手段（参见 Arist. *Pol.* 111. 1278a30 – 5）。公元前 406 年阿吉纽西战役前，雅典人可能授予参与战斗的外侨以公民权（Diod. ⅩⅢ. 97. 1），这次战役之后，又给予参战的奴隶以有限制的公民权（Hellanicus *FGrH* 323a F 25）。公元前 338 年喀罗尼亚战役之后，叙佩利德斯提议为了防卫目的而给予外侨公民权并解放奴隶，但这一提议遭到反对，是否实施过还不清楚［（Plut.）*Xorat.* 849a］。[42] 在希腊世界的部分地区，曾试验过一种更宽广的联邦制公民权，其目的是建立更宽泛、更有效的势力基础，如在彼奥提亚［*Hell. Oxy.* ⅩⅥ（ⅩⅠ）］，或在奥林图斯控制下的哈尔季狄基同盟（Xen. *Hell.* Ⅴ. 2. 12 – 19）。然而除遭到斯巴达坚决反对之外，公元前 5 世纪的雅典也渴望阻止敌对力量的成形，导致这一试验最终只具有局部意义，当然也遭到了局部

---

[39] Rhodes 1980（C 227）；Ruschenbusch 1981（C 238），1984（C 241）和 1988（C 244）执较低的数据；Hansen 1986（C 165）28f 执较高的数据。

[40] Hansen 1986（C 165）28 – 36；Garnsey 1988（I 55）136f.

[41] Davies 1977 – 8（C 125）.

[42] Whitehead 1977（C 265）162f.

的强烈抵抗。

希腊城邦军队的人力资源从来没有超过其成年男性人口总数的比例。古风时代确立了重装步兵的优势，重装步兵在战斗中采用密集队形，从公民团体的有产者中补充。最富有者可能在骑兵中服役，骑兵尽管在社会上享有很高声望，但是在军事行动中并不总是非常有效。较贫穷的公民可能被迫参与辅助性的战斗，如参加轻装步兵作战，或多或少有一定的效果。公元前424年，在彼奥提亚的一次普通招募，组成了一支由7000名重装步兵、1000名骑兵、500名轻盾兵，还有超过1万人的轻装兵组成的部队（Thuc. Ⅳ. 93. 3）。至少从原则上看，非公民和奴隶在军事上根本没有多少作用（参见 Xen. *Cyr.* Ⅶ. 5. 79）。

538 雅典在公元前5世纪进行了军事领域的改革，发展了远超所有先驱者的海上力量。这提高了作为舰队桨手的下层阶级的军事作用和政治价值。雅典也不得不求助于外侨（他们需要另外根据财产提供重装步兵），也从其盟邦和其他地方雇用桨手。但是在招募新兵时，其海军的核心力量仍是雅典人（参见 Thuc. Ⅰ. 143. 1－2；Old Oligarch Ⅰ. 2），公元前4世纪仍旧如此（参见 Xen. *Hell.* Ⅶ. 1. 3－7）。[43] 雅典海军所享有的社会地位迥异于希腊的标准。希腊的其他海军城邦明显依赖大量的非自由人口（参见 Thuc. Ⅰ. 55. 1 关于科西拉的记载；Arist. *Pol.* Ⅶ. 1327b 12－16 援引了赫拉克里亚的例证；Xen. *Hell*, Ⅵ. 1. 11 关于菲莱的亚松的海军雄心）。[44] 相反，雅典只在一个场合招募奴隶进入海军，即公元前406年的阿吉纽西战役。这次招募在当时的政治意义并没有完全消失：雅典的海军力量与激进民主政治相联系，因此自老寡头（Ⅰ. 2）以来，民主政治的反对者反海军的偏见层出不穷。[45]

伯罗奔尼撒战争期间及以后，战争对人力需求的增长以及战争条件的改变，导致原则与现实之间的差距越来越大。在所有希腊城邦中，斯巴达面临着最为严峻的人力需求。斯巴达宣称拥有对希腊世界

㊸ Amit 1965（C 88）30－49；Meiggs 1972（C 201）439－41.

㊹ 关于非自由人在海军和陆军中的使用，参见 Welwei 1974－77（K 58）和 Garlan 1988（Ⅰ 51）163－76。

㊺ Momigliano 1960（C 50）.

天然的领导权，然而她自己的军事阶层“平等者”（*Homoioi*）属于少数并且逐渐减少。希波战争之时可能曾有约 8000 名斯巴达全权公民，其中 5000 人参加了普拉提亚战役。仅仅一个世纪以后，可能就只有 1200 名斯巴达全权公民了，其中 700 人参加了公元前 371 年的留克特拉战役，这一战役的伤亡人数达到 400 人（Xen. *Hell*，Ⅵ.4.15）。到了亚里士多德时期，斯巴达全权公民人数降到 1000 人以下，“斯巴达经不起一点小打击，几乎因其公民人口的减少（*oliganthropia*）而毁灭”（*Pol.* Ⅱ.1270a30－4）。斯巴达全权公民人口的减少也为同时代人所熟知（参见 Xen. *Lac. Pol.* Ⅰ.1）。这反映在斯巴达热衷于节省自己的人力资源，即便对很少的人员损失也很忧虑，如对公元前 426 年在斯法克特里亚（Sphacteria）的战俘（Thuc. Ⅳ.108.7；117.2；Ⅴ.15.1），或对公元前 390 年斯巴达支队在莱凯翁被伊菲克拉特斯的轻盾兵击败（Xen. *Hell*，Ⅳ.5.7－17）。造成这一问题的原因，既在于斯巴达的财产和继承制度，如亚里士多德在一个段落中所讨论的——这也是所有现代讨论的出发点（*Pol.* Ⅱ.1270a15－1270b7），但也在于她社会中的竞争性，以及自伯罗奔尼撒战争结束
539 以来她的新角色。前者本身是不平等的根源之一，后者则对其社会造成冲击。[46]

希波战争之时，甚至可能更早（参见 Paus. Ⅳ.6.16）的时候，斯巴达已经将其较低等级的人口用于军事之中。在普拉提亚战役中，除了 5000 名斯巴达全权公民，还有 5000 名属于“庇里阿西人”的重装步兵，以及（据说）35000 名黑劳士。黑劳士不仅仅用作服务人员，还履行有限的战斗职能（Hdt. Ⅸ.28－29）。“庇里阿西人”在普拉提亚战役中编成不同的队列，但到公元前 425 年，甚至也许还要早，他们已经和斯巴达全权公民合编（参见 Thuc. Ⅳ.8.9 和 38.5；Ⅴ.68），而且可能人数日益增多，其目的似乎是掩饰斯巴达全权公民在人数上的劣势。[47] 就我们所知，“庇里阿西人”被征入伍并没有对斯巴达城邦内部有任何更进一步的促进。从布拉西达斯公元前 424

---

[46] 有关的众多著述中，请见 de Ste Croix 1972（C 68）331f；Redfield 1977－78（C 311）；Cartledge 1979（C 282）307－18 和 1987（C 284）395－412；Finley 1981（I 38）24－40；Hodkinson 1983（C 296），1986（C 297）以及 in Powell 1988（C 309）79－121。

[47] 这是一般的看法［如 Cartledge 1987（C 284）40－3］，但请见 Lazenby 1985（C 300）14－16。

年远征色雷斯开始，将黑劳士用作长距离的远征越来越普遍（Thuc. Ⅳ. 80. 5；Ⅴ. 34. 1）。公元前 421 年，文献第一次提到“新公民”（*neodamodeis*，字面意思是“人民的新成员”），这是一个斯巴达城邦予以释放并用于军事服务的黑劳士阶层（Thuc. Ⅴ. 34. 1），可能是阿希达穆斯战争后期的一项改革。他们是其后 50 年间斯巴达向外用兵的一个固有特点，最后一次提到他们的时间是公元前 370/69 年（Xen. *Hell.* Ⅵ. 5. 24）。没有他们，斯巴达很难在公元前 404 年之后的一代人中扮演其军事上的角色。

适用于斯巴达陆军的情况，同样可以运用于海军身上。尽管我们对斯巴达海军的资源，不管是人力的还是物资的，都知之甚少，但这是斯巴达为何能在从公元前 404 年到前 394 年的 10 年间成为爱琴海地区占统治地位的海军势力的原因。即使公元前 378 年雅典第二同盟崛起之后，它仍然是不可忽视的力量。除盟邦分舰队外，尽管斯巴达像在伊奥尼亚战争时一样招募雇佣军，但它的舰队似乎主要从黑劳士中征募新兵（参见 Xen. *Hell.* Ⅶ. 1. 12 – 13）。极少有证据能证明这些充任海军的黑劳士存在，因此与陆军中的黑劳士同侪不同，他们一般不会得到自由，甚至类似的承诺都没有（参见 Myron of Priene *FGrH* 106 F 1）。

所有这些都构成了问题。在斯巴达全权公民与黑劳士之间，通常假设的关系是敌对的，然而不管怎样，斯巴达人创造出某种方式，为战争挑选、装备和训练了人数众多的黑劳士（可以肯定数以千计），同时诉诸其忠诚和自利。在黑劳士被用于对外军事行动时，从来没有在实践中成为一个危险因素。这种情况直到留克特拉战役后的时代才 540
改变（参见 Xen. *Hell.* Ⅵ. 5. 28 – 9 有关公元前 370 年底比斯入侵期间的记载）。[48]

斯巴达的情形是个例外，然而社会下等阶层在军事中的作用日益上升似乎是公元前 4 世纪希腊战争的一个特色。这一点可以从科林斯战争以来一种新型步兵战士——轻装的轻盾兵——之成功与扩展中发现。在公元前 390 年对抗斯巴达的莱凯翁战役中，雅典人伊菲克拉特

---

[48] Cawkwell 1983（C 286）和 Talbert 1989（C 318）反对将黑劳士视为斯巴达体系中的“阿基里斯之踵”，有关的看法请见诸如 de Ste Croix 1972（C 68）89 – 94；Cartledge 1987（C 284）160 – 79 等。

斯率领的训练良好的轻盾兵取得了出乎意料的成功，从而确立了轻盾兵作为与传统重装步兵相抗衡兵种的地位。从那以后，轻盾兵反复不断地出现在公元前 4 世纪的战争中。轻盾兵和重装步兵的区别，部分在于其装备和战术（轻盾兵装备较轻、更为机动），部分在于其征募的社会阶层，这为社会地位低于重装步兵的人提供了一种新的军事角色（参见 Xen. *Hell.* Ⅵ. 1. 8 –9，菲莱的亚松计划从色萨利的“庇里阿西人”中征募轻盾兵）。轻盾兵通常是雇佣军，在雇佣军兵源日益增长和实际的运用中，首先能看到公元前 4 世纪希腊军队社会成分的变革。

希腊城邦对雇佣军的依赖程度各异。到公元前 4 世纪中期，战术作家埃涅阿斯已经认为，任何希腊城邦都会利用雇佣兵（*Poliorcetica* 10. 7，10. 18 –19，12 –13，22 –29），但是他又承认希腊公民兵的延续。[49] 斯巴达断断续续地为其海军和陆军征募雇佣军，如从公元前 399 年起在小亚细亚（万人远征军的残部），以及公元前 394 年以后在科林斯战争期间的征募（Xen. *Hell.* Ⅳ. 4. 14）。另外，底比斯很少将雇佣军用于陆战，尽管公元前 364 年当她企图成为一个海上强国时，可能对雇佣军有一定依靠，并从彼奥提亚的下等阶层中征兵。[50] 雅典在公元前 4 世纪似乎雇佣过雇佣兵，但很少用于海军，比公元前 5 世纪时还要少，其桨手主要还是本地日佣等级的雅典人。事实上，在海军的需求上，雅典人对日佣等级的需求日渐加重。之前只是临时利用日佣等级，可能在公元前 362 年开始征召，且较之前频繁得多。[51] 在陆上，雅典第一次重用的雇佣军，是科林斯战争期间伊菲克拉特斯领导的轻盾兵军队。这支军队出乎意料的成功鼓励了后来雅典
541 对雇佣军的依靠。[52] 他们也的确在其后雅典的战争中发挥了重要作用。尽管因为实践和意识形态的原因原则上反对依赖雇佣军队，德摩斯梯尼还是认为雅典不能完全没有他们。在公元前 351 年提出建立一支对抗腓力的常备军的建议中（Ⅳ. 19 –27），他主张设立一支混合军队，包括 500 名公民重装步兵，轮流参与季节性的战役，1500 名

---

[49] Bengtson 1962（C 8）; Whitehead 1990（B 131）120.

[50] Buckler 1980（C 329）163f.

[51] de Ste Croix 1981（C 70）207 以及 581 n. 8。

[52] Pritchett 1974（K 51）Ⅱ 117 –25.

雇佣军参与全年的军事行动。但是他和伊索克拉底给人的印象——雅典人已经完全依赖雇佣军，而雅典人自己却不服军役——则是误导。必要之时，雅典人能够而且确实在战斗。[53] 希腊大陆上的主要陆地战争是由公民军队战斗并取胜的（公元前394年的尼米亚和科罗尼亚战役、公元前371年的留克特拉战役、公元前362年的曼提奈亚战役、公元前338年的喀罗尼亚战役）。实际上，大多数大规模长期使用雇佣军的城邦是基于财政而不是实践的原因。就其有效性来说，使用雇佣军所需要的财力，只有波斯国王或总督或其他东方统治者（如塞浦路斯和埃及）才能提供，在希腊世界中，则只有那些独裁者［叙拉古的狄奥尼修斯、菲莱的亚松、西库翁的欧弗农、赫拉克里亚的克莱亚尔库斯（Clearchus）及其他人］，这些人都能够且已准备好以城邦所不能接受的方式筹集资金。

第三节　希腊国家的财政

战争和人力资源有关，但自伯罗奔尼撒战争以来，也越来越和财政资源有关（参见伯里克利的演说，Thuc. Ⅰ. 141 –3；Ⅱ. 13）。与斯巴达免收贡金的联盟相反，提洛同盟曾经通过每年的贡金，将财政作为海军战事的一个常规部分。通过给行政官员、议事会成员和法官提供政治津贴，以及为海员和陆军士兵提供工作津贴，雅典民主政治得到进一步革新。从其帝国得来的收入，使雅典积累起规模空前的财政储备。所有这些问题的重要性，最初仅部分为伯罗奔尼撒人所领会和承认（Thuc. Ⅰ. 80. 3 –4；83. 2；121. 3 and 5），但自西西里灾难后，这一问题变得突出起来。自那以后直到整个希腊化时代，财政都是希腊城邦的一个经常性问题。“在战争中，财富站在谁一边，谁就总是获胜”（Ar. *Plut* 184 – 5，科林斯战争期间的公元前388年，这个话题尤其时髦）。希腊人从来没有承认和形成这一概念，即经济本身有权成为一个单独领域，并为此提出理论。[54] 另外，公元前5世纪，在雅典的治国才能中，财政管理成为一个分支（参见 Xen. *Mem.* Ⅲ.

---

[53] Pritchett 1974（K 51）Ⅱ 104 –10.

[54] Finley 1985（A 18）ch. 1.

6.4－7)。公元前4世纪，财政的重要性日益突出，成为政府职能部
542 分专门化的一个方面，在军事和政治领导权的分离中，这一点清晰可见（参见 Isoc. Ⅷ.54－5；Plut. *Phoc.* 7)。[55] 任何一个雅典政治家都不能忽视财政问题，从公元前354年德摩斯梯尼第一次公共演讲以后，他就经常回到这一话题（XIV.16－30；Ⅳ.28－9)。一些雅典政治家以财政专家知名，如同盟战争以后的欧布鲁斯，他“投身到财政中，增加税收从而让城邦大有收益”(Plut. *Mor.* 812F)。[56]

这一发展不仅限于雅典，“许多城市需要募集资金（*Chrematismos*）和发现税收来源……因此一些政治家甚至专心于财政活动”(Arist. *Pol.* Ⅰ.1259a36－8；参见 *Rhet.* 1359b)。对城邦财力的兴趣已经见于希罗多德（例见Ⅰ.64；Ⅲ.57 和 89－97；Ⅴ.49；Ⅵ.47；Ⅷ.111)，公元前4世纪的文献中则经常出现。色诺芬的作品包括了诸多例子（参见 *An.* Ⅲ.2.26 关于波斯帝国的记载；*Hell.* Ⅴ.2.16－17 关于奥林图斯的记载；Ⅵ.1.11－12 关于菲莱的亚松和色萨利的记载)，他最后的作品——约作于公元前355年的《雅典的收入》，提出了同盟战争灾难后复兴雅典财政的建议。公元前4世纪末或公元前3世纪初，亚里士多德学园一位佚名作者编辑了一部题为《经济学》(*Oeconomica*）的短篇作品。第一卷概要描述了现存的各种财政管理系统，第二卷编撰了各城市及其统治者在财政困难时期施行的财政措施。[57] 那里引用的主要例子的年代属公元前4世纪，其中许多与战争有关，特别是应付雇佣军薪水的需求。

如在其他方面一样，斯巴达在财政方面也是独特的。尽管斯巴达的财政很大程度上是一个谜，但如其他方面一样，我们还是足以推论出斯巴达的局限性。斯巴达人并不缺乏必需的财富。与雅典不一样，尽管斯巴达是一个封闭的大陆型城邦，而且还故意把自己与国际贸易隔绝，但她是领土面积最大的希腊城邦，并且能够从她新获得的帝国得到重要的收入来源。公元前4世纪初，她应当被视为异常富裕的城邦（PL *Alc.* Ⅰ.122d－123a)。整个这一时期，大量的财富源源涌到私人手中，而斯巴达没能将这些财富用于公共目的。科林斯战争期

---

[55] Hansen 1981（C 158）368－70 及 1983（C 162）and 1983（C 163)。

[56] Cawkwell 1963（C 107）对此提出了限定。

[57] van Groningen 1933（H 111）.

间，破产打击了斯巴达，而在留克特拉战役之后，破产已成为常态。最令人惊奇的是斯巴达对于货币的态度（参见 Polyb. Ⅵ. 49）。[58] 公元前 6 世纪，当其他希腊城邦采用这一新的发明时，斯巴达故意禁绝，并保留其旧式的铁币（Plut. *Lyc.* 9）。公元前 4 世纪，钱币在希腊世界及其他地区继续传播。部分原因是雇佣军的使用及他们通常以金币或银币获得支付报酬的传统：波斯总督、埃及统治者和迦太基都为支付雇佣军酬劳而发行货币。[59] 公元前 404 年，斯巴达泛希腊帝国的建立，涉及从她的爱琴海附属地获得的贡金和大量的军费支出，因此人们可能期望斯巴达会因此创造出一种特殊的斯巴达币制。有证据显示，伯罗奔尼撒战争末期，斯巴达有过关于接受大量外来钱币的讨论（Plut. *Lys.* 16 – 17）。但是创建一种新的币制显然并非她的愿望[60]，斯巴达继续将外国钱币用于公共和帝国用途。在实践中，尽管禁止把钱币用作私人用途，并据此进行搜查（Xen. *Lac. Pol.* Ⅶ. 6），但仍有大量钱币流入私人手中（参见 Plut. *Lys.* 16）。“与希腊其他地方相比，斯巴达的金银更多地掌握在私人手中”（Pl. *Alc.* Ⅰ. 122e）。但从无人主张把这些金银变成货币，尽管在其他地方，私人拥有的金银偶尔用作这一用途［参见 Din. Ⅰ. 69；（Arist.）*Oec.* Ⅱ. 2. 19；20a and h］。斯巴达财政体系中的其他方面我们知之甚少，除了亚里士多德的论断以外，没有多少可以补充： 543

> 斯巴达的公共财政也管理得不善，他们被迫大规模征战，然而国库空虚，斯巴达公民缴纳战争税（*eisphorai*，参见下文，pp. 546 – 8）的情况也不好，因为大部分土地掌握在他们手中，他们互相间并不细察别人所缴纳的贡赋。立法者造成的这种结果与城邦的利益相抵触，因为城邦日渐贫困，而私人却越发贪婪。
>
> （*Pol.* Ⅱ. 1271b11 – 18）

另外，我们对雅典财政的了解，较该时期任何其他希腊城邦要远

[58] Cartledge 1987（C 284）88 – 90.

[59] Garlan 1989（I 52）ch. 3.

[60] 参见 Bommelaer 1981（C 279）155 及 n. 230。

为详细。[61] 尽管经历了伯罗奔尼撒战争，雅典又重新恢复为希腊世界最繁荣、最具声望的城邦（德摩斯梯尼频繁提及，如 XIV. 25；Ⅳ. 40；Ⅸ. 40；Ⅹ. 16；参见 Isoc. XV. 293－302）。雅典和比雷埃夫斯仍然是希腊世界的经济中心，不管是城邦还是个人都从这一点获得好处与收入，[62] 由于各种各样外来访客不断涌向雅典和他们的影响，让外国统治者渴望得到雅典国家的承认和尊重。在《雅典的收入》中，色诺芬假设的基础，就在于雅典能够享有这种特殊好处，并在他的小册子
544 中（Ⅰ－Ⅳ）作为增长收入的潜在资源而详细论证。[63] 然而伯罗奔尼撒战争期间的损失，只能得到部分恢复。公元前 411 年，公元前 5 世纪引入的政治津贴被废止，而公元前 4 世纪城邦政府的津贴范围多大并不清楚。[64] 但是在公元前 4 世纪 90 年代增加了另一种形式的津贴——为出席公民大会而发放津贴。作为一项政治措施，它最初是必需的，目的是确保政治和经济衰退时期公民大会达到最低出席人数。它在民主政治恢复以后的某些时候被引入，其额度是每次会议 1 奥波尔，到公元前 4 世纪 90 年代后期增加到 2 奥波尔，后来到了 3 奥波尔（Ar. *Eccl.* 289－310；Arist. *Ath. Pol.* 41. 3）。在亚里士多德时代，津贴额是普通会议 1 德拉克马，重要会议 1. 5 德拉克马，但只给予最早到达者（*Ath. Pol.* 52. 2）。此外，同盟战争以后，欧布鲁斯利用新近创建的戏剧基金（Theoric Fund），引入为出席节日表演者发放津贴的制度。

雅典的财政体系，尽管范围广泛和复杂，但与其他希腊城邦有诸多共性。[65] 作为一种社会意识形态，雅典没有针对公民个人的直接税——人头税。直接税被认为是奴役和不体面的（参见 Dem. XXII. 54－5），富人更愿意将捐献财富作为政治回报的一种方法。[66] 在雅典，只有外侨需要缴纳这样一类税——外侨税（*Metoikion*），其税率是一年 12 德拉克马（可能是每月 1 德拉克马），没有儿子但需纳此

---

[61] 关于公元前 4 世纪雅典的财政，参见 Rhodes 1979－80（C 226）309－15。

[62] Garland 1987（I 53）ch. 2.

[63] Gauthier 1976（B 42）.

[64] 观点的一极请见 Hansen 1979（C 157）及 1971－80（C 151）；MacDowell 1985（C 195）；另一极请见 Gabrielsen 1981（C 141）；Rhodes 1981（B 94）691－5。

[65] Jones 1974（I 86）.

[66] Veyne 1990（I 145）71－83.

税的妇女是6德拉克马。这一税种是他们社会地位较低的标志（参见 Lys. XXXI. 9）。[67] 另外，间接税则没有这样的恶名，因此希腊城邦广泛使用，其形式包括港口和市场费、售卖和拍卖税、不加区分的所有进口和出口税，都按价征收统一税率。这些税收对那些国际贸易非常活跃的国家如拜占庭来说尤其普遍。[68] 因为尽管陆地通行税也很普遍，但多数长途贸易通过海洋。这些税种一般不区分公民和非公民或者自由人与奴隶（Dem. LVII. 34 是一个例外），且纯粹是为了财政意图，并没有任何寻求鼓励或限制经济活动之类的目的。贸易在其特征和人员方面是“国际性的”，不知道使用保护性的关税壁垒。一个典型的例证是五十分之一或百分之二的税，希腊世界的许多地区都如此，在比雷埃夫斯，不论其来源和性质，针对所有进港或出港的商品征收此税。这类税的征收通常拍卖给私人承包者。他们必须要提供担保并一次性付款给城邦，然后通过征收税款获利以补偿自己。公元前 545
400/399 年，该税以 30 塔兰特拍卖，下一年则增长到 36 塔兰特（Andoc. Ⅰ. 133 –4），这意味着通过比雷埃夫斯进行的海上贸易在伯罗奔尼撒战争后不久得以恢复（亦见 Xen. *Hell.* Ⅴ. Ⅰ. 19 –24；Isoc. Ⅳ. 42 所论属公元前 380 年）。正常时间的税收收益可能很高，德摩斯梯尼估计，每年从色雷斯的赫尔索尼斯港口所获得的收益是 200 塔兰特（XXIII. 110）。尽管这种收益根据经济活动的水平呈现多样性，但它成为一个巨大的潜在收入来源（参见 Xen. *Hell*，Ⅴ. 2. 16 关于奥林图斯的记载；Dem. 1. 22 关于色萨利的记载）。就税收是获得使用价值论，包税体系意味着城邦财政遭受损失。公元前 361/0 年，卡利斯特拉图斯能够在马其顿将从一个港口税得来的收入由 20 塔兰特翻倍至 40 塔兰特［（Arist.）*Oec.* Ⅱ. 2. 22］。另外，这一体系又减轻了城邦征收的压力，缓解了管理人员缺乏时的困难，从而保证城邦在特定的时间得到固定的收入，同时还确实规避了公职人员的贪腐，而这是希腊城邦面临的当务之急（参见 Arist. *Pol.* v. 1308b32 –1309a14）。

亚里士多德详细描述了雅典的税收程序以及公职人员的参与（*Ath. Pol.* 47. 2 –48. 2），提供了其他间接收入的来源清单，包括法庭

---

[67] Whitehead 1977（C 265）75 –7 and 1986（C 269）146.

[68] Vélissaropoulos 1980（1 144）205 –31.

罚金、由城邦售卖没收的财产、来自公共和神庙土地的租金，以及来自银矿的提成和采矿出让费用。对雅典来说，拥有劳里昂银矿非常重要，尽管它不是一个恒定的收入来源（尤见 Xen. *Vect.* Ⅳ）。城邦宣称拥有对银矿的所有权（尽管对其上的土地没有所有权），但是其开采则出让给普通雅典公民，他们则大规模使用奴隶劳动。铭文中保存了一系列的租约，只是有些残破。最早的清单属公元前367/6年。人们曾提及一个更早的清单，它暗示出让模式是新近引入的。最后的清单属于公元前307/6年。租约持续到公元前4世纪后期或公元前3世纪早期。[69] 劳里昂银矿只是古典时代才开采的银矿，因此其细节的证据得以从文献、铭文和考古材料方面获得。大多数情况可以得知或推测，如关于银矿土地的所有者或出让的情况——其中很多来自雅典社会的上层；关于土地的所有权模式或银矿地区的租约；关于奴隶劳动力的使用和生产的技术；关于采矿活动的盛衰及其与政治事件的联系
546 等。[70] 然而，尽管我们知道银矿是雅典城邦大量收入的间接来源，却不可能精确量化从中得来的收益，因为记载在租约中的款项的性质和范围还不得而知。尽管有一定波动，但所有来源的收入都能保持稳定。据说紧随同盟战争后的年代里，雅典的收入降到仅有130塔兰特（Dem. Ⅹ. 37），然而到公元前346年，又上升到每年400塔兰特，可能比公元前5世纪以来的任何时候都要高（Theopomp. *FGrH* 115 F 166）。

虽然不对公民个人征税，但有对他们财产税额的评估，其计算是按照资本总额而不是收入。这意味着不会对只有少量或没有财产的雇佣劳动者征税，但这些人完全可能是家道小康之人。[71] 在希腊世界，有时候根据农产品来计算财产，比如梭伦划分的四个等级（Arist. *Ath. Pol* 7. 3－4），但是并不用作征税目的。不过到公元前4世纪，这种方法就过时了，更剧烈的变化导致雅典税收以货币的形式表示。征税偶尔也可能采取农产品比例的形式，如公元前6世纪僭主统治下的雅典（Arist. *Ath. Pol.* 16. 4；Thuc. Ⅵ. 54. 5）。这一方法在庇西

---

[69] Crosby 1950（I 29）and 1957（I 30）.

[70] Hopper 1953（I 76） and 1968 （I 77）；Lauffer 1957（I 94）and 1975（I 95）；Conophagos 1980（I 26）；Jones 1982（I 87）；Osborne 1985（C 212）ch. 6.

[71] de Ste Croix 1981（C 70）179－204.

特拉图以后被弃。在希腊世界，只为宗教款项按比例征收农产品，如对埃琉西斯神灵的供奉（M-L 73 约属公元前 422 年，公元前 353/2 年，它为一项经过修订的法律所代替，见 *IG* II^{2}. 140）。

希腊世界几乎都有的税种是战争税（*eisphora*），尽管这一时期的大部分证据都与雅典有关，但甚至斯巴达也有此类证据（见前文第 543 页）。关于这一税种，还有众多细节诸如其组织等未能解答，[72] 但是其特征是清楚的：本质上，它是在紧急时期为战争对资本财产征税。在雅典，卡里阿斯的财政法令第一次做了明文规定（M-L 58 B, I. 17，如果无误的话，时间应该是公元前 434/3 年），尽管这一税种肯定出现得更早，并且在公元前 428 年伯罗奔尼撒战争期间就已第一次征收（Thuc. III. 19）。[73] 虽然自那以后就经常征收，但我们知之甚少，直到公元前 378/7 年，它经历了一次重大改革，其时正逢雅典第二同盟建立。这次改革象征着雅典财政一个新的开始，也是其政治和军事历史新的起点。雅典人最初似乎并没有向其盟邦征收贡金（见下文），因此，就雅典方面来说，严格的财政管理是必需的。与此同时，他们可能寻求建立一种军事储备金，从任何公共收入的结余中补充，尽管能够获得的数量肯定一直很有限。[74] 公元前 4 世纪，雅典并 547
没有像公元前 5 世纪那样从大量储备中获益，演说家们经常怀念过去财政充盈时的景象（例见 Dem. XXIII. 207 – 10）。一份残损的铭文所记录的一道法律属于同一语境，事关追索所欠国家的债务（*IG* II^{2} 45），它让人想起同盟战争之后雅典追索欠纳国债的努力（Dem. XX，XXII，XXIV）。与此有关的，是租约所暗示的新近对采矿活动的推动（见上文）。

公元前 378/7 年整改的基础，是对阿提卡的公民和外侨应征税的财产重新评估。评估的总数达到 5750 塔兰特（Polyb. II. 62. 7）。公元前 354 年，德摩斯梯尼提到一个总数是 6000 塔兰特（XIV. 19 和 30），二者都不是一个全面的数据，或者说是后来再评估的结果。尽

[72] de Ste Croix 1953（I 135）; Jones 1957（C 178）23 – 9; Brunt 1966（I 18）and de Ste Croix 1966（I 137）on Thomsen 1964（I 143）; Davies 1981（C 126）15 – 28; Rhodes 1982（I 127）; Brun 1983（I 17）3 – 73; MacDowell 1986（C 196）; Ruschenbusch 1985（C 242）and 1987（C 243）; Hansen 1990（C 168）353.

[73] 修昔底德的意思模棱两可，见 Griffith 1977（C 147）。

[74] Cawkwell 1962（C 104）.

管波里比阿提到的更可能是公告应征税财产的总数，相对于阿提卡的总财产来说，这些数字太小。这包括两个限制，第一，是那些拥有财产在一定数额之下的——可能是 2500 德拉克马——被排除在外。不管应该缴纳战争税的公民和外侨的数量是多少，[75] 无贡献者无论如何都是多数，他们被排除在外，可能反映了大量征收小额捐献的不切实际。第二，评估代表的是所有公开的财产（评估是基于所有动产和不动产，也就是说，包括现金、个人财物和奴隶，以及土地和房屋，尽管矿产出让金可能不算在内）。当时并无对地产的登记，更不用说奴隶和其他动产了，且还无一支可用的官僚队伍（进行调查），因此不得不相信个人声明。低估地产的价值、隐匿动产的现象普遍存在。一次诚实的声明，有时候会变成法庭上吹嘘的资本，只有对告密者和财产交换程序（*antidosis*，见下文，第 550—551 页）的畏惧，可能有助于限制规避。

战争税的征收，既不规律也难预知。公元前 378/7 年改革之后，它仍然像从前一样是一种紧急税，时不时地根据公民大会的决定为军事目的征收，其形式是对资本财产的征收，税率通常是 1% 到 2%，对所有纳税人统一征收。尽管公元前 387 年以来雅典几乎总是断断续续处于战争之中，这一税种的收取也只是间歇性的。公元前 378/7—前 355 年间，只征收了略高于 300 塔兰特的战争税（Dem. XXII. 44）。这
548 意味着如果每年都征收的话，税率是 0. 25%。然而即便税率相对较低，战争税仍被富人视为一项不受欢迎的负担，就像三列桨战船船长的职务一样（见下文，第 550 页），大概是因为在一个信用资源有限的世界里，这一税种的不可预见性，干扰了个人的现金储备。[76]

需要缴纳战争税的人数可能要高于那些需要承担公益捐献（liturgies）的人，后者的人数可能是 1200 人。[77] 属于公益捐献阶层的财产水平为 3—4 塔兰特，约当承担战争税最低财产额的 7—9 倍；同战争税一样，外侨也需要承担公益捐献。[78] 雅典的公益捐献制度已经被

---

[75] Jones 1957（C 178）28f 认为有 6000 人，尽管他也列出了其他的数据；关于外侨的财产，参见 Whitehead 1977（C 265）78 – 80 and 1986（C 269）146。

[76] Osborne in Rich and Wallace-Hadrill 1990（I 128）ch. 5.

[77] 反对这个较低数据的有 Davies 1981（C 126）15 – 28，参见 Rhodes 1982（I 127）1 – 5；Hansen 1990（C 168）353。

[78] Whitehead 1984（C 267）80 – 2.

我们了解得非常详细，且与许多希腊城邦有共同之处。甚至公元前4世纪90年代的西菲诺斯（Siphnos）这样的小岛，我们也有例证可资说明（Isoc. XIX. 36）。公益捐献制度基于一个前提，即富人有责任将他们的私有财产用作公共用途的花费，对这种花费的回报，则是由他的公民同胞所表达的尊敬和感谢。即便斯巴达也有为人所知的公益捐献，至少三列桨战船船长是确定要捐献的（Thuc. IV. 11. 4，参见Xen. *Hell*，VII. 1. 12），尽管具体细节不得而知，但是，与其他希腊城邦比较，斯巴达对私产公用观念的利用要少得多。

在雅典，公益捐献有两种。一种是宗教捐献，如歌队资助（*Choregia*），包括为一个戏剧节征募和训练歌队，以及许多其他方面，总数大约是100个，在泛雅典娜节年份则是117个或者更多；[79]这是雅典节日筹措资金和组织的主要方法，并因其显赫壮丽而在希腊世界声名远扬。另一种是军事捐献，如担任三列桨战船船长和“预缴战争税”（*proeisphora*）。那些有义务捐献者保留在名录中，且不得免除（Dem. XX. 18）；公益捐献被视为城邦安全保障的基础，尽管他们倾向于视其为一种被迫接受的义务。三列桨战船船长理论上掌握和维持一艘三列桨战船一年时间，尽管实际上落到船长身上的义务和费用要多得多［尤见（Dem.）L］。“预缴战争税”在公元前362年之前没有得到证实，它影响到最富有的300名雅典人，他们可能需要从自己的资金中预先支付战争税，超出他们应担份额的部分，可以由他们纳税单位［纳税团（symmory）］的其他成员后来返还。军事性公益捐献的不受欢迎，与节日性公益捐献的流行之间的对比，频繁见于演说中（Dem. IV. 35－6；XX. 26）。

就古典时代雅典的实践来说，公益捐献体系的特征是模糊不清的。这一制度从源头上说属于贵族政治，但是在民主政治的框架下已 549
经制度化。它与公共和私人领域既有区别也有联系（参见Dem. XIV. 28；XXII. 26；X. 43－5）。雅典民主政治有赖于对尊重私有财产的一种直接保证，然而如色诺芬《经济论》中苏格拉底对克里托布罗斯（Critobulus）所说（II. 6），“如果你在任何时候稍有不能履行（你的公益捐献职责）的想法，我知道雅典人就会惩罚你，就如你偷了

[79] Davies 1967（C 122）.

他们的私有财产而被他们抓住一样”。对公益捐献和缴纳战争税的履行，经常在法庭上作为公民精神和要求陪审员宽容的证据，不断得到引用（例见 Lys. XXV. 12 –13）。当然这种行为也会被解释为个人自吹自擂的炫耀性花费（Lycurg. *Leoc.* 139 –40）。在公元前 4 世纪的雅典，“财富”“富有的”这样的词汇有时会是含蓄的轻蔑（尤见 Dem. XXI）。[80] 更为模糊的是人们期待履行公益捐献的程度：最低义务是明确的（其细节不得而知），但是实际的履行情况在个体间有相当程度的不同。社会压力确实存在，但有些公益捐献广受追捧，也得到了亚里士多德概括性的确认（*Pol.* V. 1309a17 –21）。

同样模糊不清的是公共慈善（*epidoseis*）制度（名义上基于自愿对城邦的公共捐献）。虽然大量证据是古典时期以后的，但这些捐献自阿希达穆斯战争以后已经在雅典得到证实（Plut. *Alc.* 10），在公元前 4 世纪及以后十分普遍，在其他希腊城邦同样也有发现。[81] 在雅典，公共慈善的基础是雅典国家的一项法令。它宣称：为着某种特殊目的，公共慈善是必需的（一直到亚历山大时代，总是军事上的目的），并要求公民和非公民进行捐献。然后个人就在公民大会上宣布他们打算捐出的赠品（通常是金钱），随后他们的名字可能被公示（参见 Isae. V. 37 –8；Dem. XXI. 160 –1）。希腊世界的慈善之非同寻常的公共特征尤为引人注目：慈善者不愿意匿名，而愿意将公布其姓名作为对他们的回报；就如履行公益捐献和缴纳战争税一样，公共慈善也成为法庭上炫耀的资本。

公元前 354/3 年，伊索克拉底写道，“我还是个孩童时，一个富人是如此的安全而受尊敬，以至于几乎每个人都假装他拥有比实际更多的财富，因为他想分享财富带来的声望。另一方面，现在的人不得不为自己辩解，否认自己是富人，好像这是最坏的犯罪一样”（XV. 159 –60）。在另外的段落里，他详细而精确地列举了抱怨和不平：“多数负担都落到富人身上，公益捐献以及所有的麻烦事都与纳税团
550 体和财产交换联系在一起（见下文，第 550—551 页）；因为这些事情是如此讨厌，有财产的人发现其生活比那些总是物资短缺的人烦累

[80] Dover 1974（H 32）109 –12.
[81] Kuenzi 1923（I 91）；Migeotte 1985（I 103）.

得多”（Ⅷ.128）。我们不能认为伊索克拉底代表雅典所有的富人。如果他自己的记录能够更令人印象深刻，他的抱怨会更令人信服。尽管他是一个富人，在他的时代属于雅典最富裕者之列，但他还是严重刻意低估自己的财富（XV.155－158），众人皆知他三次担任了三列桨战船的船长［Davies 1971（C 124）7716］。然而，他的批评并不是孤立的，而是代表了雅典思想的一种潮流，最早出现在老寡头那里（Ⅰ.13）。在同盟战争失败时期，批评表现得尤为显著（参见 Xen. *Vect.* Ⅵ.Ⅰ）。在亚里士多德对民主政治以及民主政治威胁富人财产的责难中，也能看到类似的潮流（*Pol.* Ⅵ.1320a 16－22）。富人，或者说是其中的一些人，宣称城邦强加给他们的费用负担太重，而且他们的财产在法庭上受到威胁。人们也耳闻这样的指控：在财政紧张之时，民众法庭倾向于给处于被告地位的富人定罪以没收财产。公元前4世纪早期的一个萧条时期，这一现象多次出现（尤见 Lys. XX.22，参见 XIX.Ⅱ，XXⅦ.Ⅰ），在德摩斯梯尼时期也出现过（X.43.5）。

对这样的说法很难评估，尤其是其中包含相互冲突的政治观点之时。一个民主政治的支持者会为雅典法庭的公正辩护（Hyperides Ⅲ.33－6）。实际上，雅典民主政治很长时间都以保护私有财产作为其制度的基石。在每年就职之时，执政官都会通过一个传令官宣布，在他担任执政官期间，每个人都会保留对他自己财产的所有权（Arist. *Ath. Pol.* 56.2）。所有的雅典法官都会立一个誓言，包括不会为革命性的社会和政治措施投票（Dem. XXⅣ.149－51），后来的科林斯同盟也禁止此类做法。还有更进一步的保护财产较少者免于不公正公益捐献负担的保障措施。最为繁重的公益捐献——三列桨战船船长——从公元前5世纪后期起频繁地由两个人分担，公元前4世纪有过将三列桨战船的费用更公平地分担的努力［约公元前357年某个叫佩里安德（Periander）的人、公元前340年的德摩斯梯尼都为此努力过］，只是其中的细节还有争议。公元前4世纪，任何人都不得（或者至少不能被强迫）履行超过一次以上的三列桨战船捐献，也不能前后年份连续履行公益捐献。此外，如果任何一个雅典人觉得他的公益捐献义务应该由另一个更富有的人来履行，则可以将这件事诉讼至法庭，向他的被告提出挑战，被告要么承担公益捐献，要么交换财

产，这就是众所周知的财产交换（*antidosis*）程序。这一程序的麻烦
551 显而易见：实际上城邦所希望的是保证公益捐献的履行，可能通常并不需要真正进行财产交换就能达此目的，尽管我们知道，这种交换确实发生过（参见 Lys. Ⅳ. 1）。[82]

因此，法律为财产的保护提供了保障。然而，在公元前 4 世纪的历史上，富人不情愿支付战争税和缴纳军事性公益捐献者确有其人。同盟战争失败后，雅典的帝国政策显然遇到了挑战，伊索克拉底的两个小册子《论和平》（*On the Peace*，Ⅷ）和《战神山议事会颂词》（*Areopagiticus*，Ⅶ）与色诺芬的《雅典的收入》证明了这一点，而且比之前更明确也更公开。同意这一观点的那些人的动机，与其说如他们自己所宣称的那样关注雅典政策的不公正，不如说是因为他们自己不愿意承担战争的费用。不过这反映了他们态度上一个重要的转变。在公元前 5 世纪帝国历史的大部分时间里，雅典内部几乎没有任何严重挑战帝国政策的迹象。实际上，雅典社会的不同阶层，不管是集体还是个体，都享受着帝国的好处。[83] 公元前 4 世纪早期，许多雅典人——包括富人，仍然企盼恢复公元前 5 世纪的扩张政策（参见 Andoc. Ⅲ. 15；Isoc. Ⅳ有关公元前 380 年的记载）。但是公元前 378/7 年，雅典为吸引盟邦自愿加入它的新同盟，被迫明确地与它公元前 5 世纪同盟的诸多特征断绝关系：包括雅典私人从盟邦获得土地（Tod no. 123 lines 25 –31，35 – 46 = Harding no. 35；Diod. ⅩⅤ. 29. 8），公元前 5 世纪时雅典的富人曾大规模地从事这一活动。自此以后，尽管有个别的雅典人，如指挥官和政府官员（例如，Tod no. 152 = Harding no. 68 曾有暗指），也许仍然能从雅典帝国角色留下来的那些内容中获益，[84] 但这样的机会现在受到更多限制。从富人的观点来说，帝国是付出多回报少。公元前 4 世纪，雅典少量的军事移民点只能有益于社会下层。谈论雅典存在相互对立的“好战的穷人派”与“和平的富人派”可能太过机械，不过利益的冲突现在已经出现了。

---

[82] MacDowell 1978（C 194）162 –4.
[83] Finley 1981（I 38）41 –61.
[84] de Ste Croix 1981（C 70）604 n. 27.

第四节　本国以外的财源

不管有多富裕，没有哪个希腊城邦能够完全自己承担大规模军事力量的费用。公元前5世纪的雅典帝国也不得不依赖其盟邦的定期贡金。另外，“贡金”（*phoros*）一词已经恶名昭彰，而这是公元前4世纪的帝国梦想不能忽视的。公元前404年斯巴达战胜雅典后，也追随了雅典的规则：贡金被强加到现在被纳入斯巴达海上帝国的爱琴海各城邦头上。和公元前4世纪帝国的大多数贡金形式一样，我们对此知 552
之甚少。提到爱琴海各城邦给斯巴达纳贡情况的资料非常少，信息也不充分［参见 Isoc. IV. 132；（Herodes）*Peri Politeias*, 24］。狄奥多鲁斯提到一个1000塔兰特的数据，不过似乎过于巨大，也无法验证（XIV. 10. 2）。事实上，斯巴达可能希望避免使用当时已令人不愉快的“贡金”的术语，而以“捐献”（*synteleiai*）代之（参见 Arist. *Ath. Pol.* 39. 2）。公元前394年斯巴达在尼多斯战役中失败后，捐献就已经废弛，至少收取时已困难得多。“大王和约”以后，尽管我们能够看到一种用金钱捐献取代提供军队，或者至少增加金钱捐献的趋向（Xen. *Hell.* V. 2. 21－22，参见 V. 3. 10 和 17，Diod. XV. 31. 2 提到斯巴达按照地域整编其盟邦），但没有对斯巴达旧同盟的成员强加定期贡金了。

贡金所带来的政治敏感在雅典第二同盟得到了很好的解释。同盟宣言明确向签署成员保证，盟邦免于进贡（Tod no. 123 line 23 ＝ Harding no. 35），似乎雅典人和他们的盟邦最初指望能有一个不需要某种形式进贡的可靠军事同盟。几年的战事证明这不切实际，雅典人则受到他们当初保证的束缚。盟邦为军事目的而付款在公元前373年得到证实［（Dem.）XLIX. 49］，可能从那时就开始实行了。[85] 值得注意的是，它们被赋予一个中性的称谓——“捐献”（*syntaxeis*），代替了令人不愉快的“贡金”（见 Theopompus *FGrH* 115 F 98；Plut. *Sol.* 15. 2－3）。我们对公元前4世纪的“捐献”知之甚少，[86] 雅典可能期

---

[85] Wilson 1970（C 271）；Cawkwell 1981（C 113）48.

[86] Cargill 1981（C 101）124－7；Brun 1983（I 17）74－142.

望每个盟邦都能够缴纳，理论上可能曾经是特别紧急时的款项，逐渐发展到每年定期的义务。关于其总数，文献很少提到（Dem. XVIII. 234 为 45 塔兰特；Aeschin. II. 71 为 60 塔兰特），但大大低于公元前 5 世纪的数字。公元前 4 世纪的同盟不是雅典城邦的财富来源。这一时期其他的重要城邦中，底比斯明显没有强行要求其盟邦进贡的意图。[87] 彼奥提亚城市向其联盟公库缴纳的捐献我们知之甚少［*Hell. Oxy.* XVI（XI）4］，在留克特拉战役之后底比斯占据优势时期也没有明显引人注目的扩展。只有像菲莱的亚松那样的独裁者例外，他没有任何掩饰地自比为波斯国王，并公开将贡金视为其收入的常规来源（Xen. *Hell.* VI. 1. 12）。

正式的贡金并不是外来收入的唯一形式。来自友好外邦和个人的
553 物资和财政支持，可能会基于某种特别原则受到期许，这种实践也经常得到证实。一篇著名的铭文（M-L 67）记录了为斯巴达战争努力进行的捐赠，时间可能是阿希达穆斯战争期间。只要可能，斯巴达可能也期望友好国家这样做。例如，对奥林图斯战争期间，弗利乌斯"捐献了大量的金钱，而且在远征中行动迅速"，这一行为得到了阿格西波利斯的赞扬（Xen. *Hell*, V. 3. 10）。公元前 371 年，斯巴达人普罗图斯建议——尽管其提议被否决了，每个盟邦都应该为战争基金存放一笔他们愿意捐献的数量，将这笔基金委托德尔斐的阿波罗神庙保管（Xen. *Hell*, VI. 4. 2）。另一篇铭文（Tod no. 160 = Harding no. 74，时间约属公元前 355—前 351 年）记录了相似的、由盟邦为神圣战争而向彼奥提亚人提供的捐献。"国家"与"个人"的差别是实际存在而非虚构的。希腊的城邦世界虽然在诸多方面是分裂的，但很大程度上因为不同城邦中有影响力的个人或家族的私人友谊被联系在一起，其中一些友谊已经延续数代人了。[88] 正如一个富人在他的母邦会为公共目的花费自己的私有财产，他也可能会为与自己有交情的另一个城邦或这个城邦的某个人提供政治和物质上的援助。在公元前 404/3 年的内战中，外侨吕西阿斯给民主派捐赠 2000 德拉克马现金、

[87] Buckler 1980（C 329）224f.

[88] Gehrke 1985（C 27）291 –7（与冲突的关系）；Herman 1987（C 34）尤其是 ch. 4；Cartledge 1982（C 283）提供了一个具体的例子（斯巴达与萨摩斯）；Cartledge 1987（C 284）ch. 13 讨论了斯巴达的一般情况。

200 面盾牌，招募了 300 名雇佣军，以示对雅典民主派的支持，还劝说他的客友——埃利斯的特拉绪戴乌斯（Thrasydaeus of Elis）——额外捐赠了两塔兰特［（Plut.）*X orat. Lysias* 7］。公元前 5 世纪，雅典刻意开拓海外亲雅典人的支持，对埃翁（Eion）战争期间，色萨利巨子、法萨卢斯的麦农（Menon of Pharsalus）于公元前 477/6 年捐赠给雅典 12 塔兰特白银，并从他自己的佩奈斯泰（*Penestai*）中招募了200 名骑兵（Dem. XIII. 23）。演说家安多奇戴斯声称，在公元前 411 年被放逐期间，他曾凭借自己与马其顿的阿奇劳斯（Archelaus of Macedon）的传统友谊，设法从马其顿为雅典舰队供应木材（II. 11）。如安多奇戴斯声称，与富人和有影响力的外侨的联系，能够成为支持某人母邦的资源（I. 145）。这一点为诸多公元前 4 世纪雅典重要的将军们所证明，如科农、提摩泰乌斯、卡布利亚斯、伊菲克拉特斯及其他人的经历所显示，他们本身都是希腊世界和其他地方的显赫人物［参见（Dem.）XLIX. 22 – 37 有关提摩泰乌斯的记载］。

公元前 4 世纪的城邦没有储备积累，并不意味着这类储备在希腊世界没有存在过。这些储备体现在神庙中的积累。考虑到希腊圣所的 554
数量及其多样性，希腊神庙经济在规模上的差异相当大；不过它们也有一些共同的特征。第一，整个希腊的神庙和圣所都处在政治权威的最终控制下。雅典民众控制其神庙和圣所，提洛岛人掌控他们的阿波罗圣地；近邻同盟议事会（Amphictyonic Council）管理德尔斐的神庙。诸如在近东很普遍的独立神庙国家，在希腊世界不曾听闻。第二，尽管神庙经常拥有“神圣的”土地，人们从那里领取以供租种，但这种形式从未大规模出现。在希腊城邦，大部分农业土地通常掌握在公民手中。第三，神庙占有大量财富，其形式是在一个临时或永久的基础上保存外来的各种珍贵物件。一些神庙还充当私人存放物的保存者，例如，吕桑德就在德尔斐存放了（正当的）近两塔兰特现金（Plut. *Lys.* 18；参见斯巴达人普罗图斯在公元前 371 年的建议）；以弗所的阿尔特弥斯神庙因其安全性而享有相当的美誉（Xen. *An.* V. 3. 4 – 13，参见 Plut. *Demetr.* 30. 1 – 2）；提洛岛和奥林匹亚的这种功能不够明显。最重要的是许多代人存储在神庙中数不尽的礼物和捐赠，既有来自个人的，也有来自城邦的。战争胜利后的战利品要以某种形式奉献给神灵什一税的习俗，是神灵发财和装饰的来源。[89] 希腊城邦可能也向其他希腊城邦的圣地进行捐赠，以作为对其服务表达感激之情的实证（参见 Dem. XXII. 70 -2，其他希腊城邦进献给雅典的黄金花冠）。个人可能也会进献贡品，根据其动机和重要性不同而相差甚远。例如，科农捐赠给雅典和德尔斐的阿波罗的金额不少于 16 塔兰特又 4000 德拉克马，这表明他从在波斯服役时的政治和军事行动中获得了巨额财富（Lys. XIX. 39）。

因此，可能有相当可观的财富聚集在某些希腊圣地。某些神庙忙于金钱放贷，只是在实践中方式多样。[90] 德尔斐和奥林匹亚即使这样做过，也明显并不经常。阿提卡的一些圣所会贷款给私人，但是公元前 5 世纪雅典主要的神庙只贷款给雅典城邦。此外，神庙所从事的这些金钱借贷规模很小，只占神庙聚集财富总额的一小部分。比如个人存放的就不会触及。这一时期希腊圣地的财政运转情况最为人所知的
555 实例来自提洛岛，这里神庙的账目定期记录在石碑上。一篇保存下来的铭文（Tod no. 125）[91] 记录了从公元前 377/6 年至前 374/3 年的生意记录，这时的提洛岛在伯罗奔尼撒战争末期中断后，再一次回到了雅典的掌控之下。除了来自神庙财产（土地和房屋）的租金，资金也借给私人，有趣的是，它同时还借给城邦。在提洛岛，利率固定在 10%，其原因是宗教方面而非经济方面的（参见献给神灵们的各种什一税）。所有的借贷记录，包括借给个人和借给城邦的，都只限于当地相邻的岛屿；涉及的总金额也比较适度，一共大约 50 塔兰特，最大的部分是借给城邦的。提洛岛在保证欠款归还问题上的持续困难也同样得到了反映。不仅是个人，借贷的城邦也不归还他们对阿波罗的正常债务。

希腊神庙聚集的财富中，绝大部分从不进入流通领域。一些神庙的巨大收入与希腊国库的持续空虚形成鲜明对比。因此，动用这些财富的诱惑是巨大的。从纯粹经济的角度来说，这是可用的财富，有着大量希腊城邦通常非常短缺的贵金属。动用这些财富的决定则是政治性的，因为希腊圣地处在政治控制之下，但是这些财富又属于神灵，

---

[89] Pritchett 1971（K 51）I 93 -100.

[90] Bogaert 1968（I 10）279 -304.

[91] Bogaert 1968（I 10）128 -30；Migeotte 1984（I 104）142 -4（只有部分），I 51 -6。

因此实际上的考虑和宗教上的顾虑是相反的方向。第一次为史料证明的、为政治目的动用神庙财富的建议，出现在伊奥尼亚起义的背景下，当时米利都的赫卡泰俄斯建议将狄狄马（Didyma）的贡品熔化用作战争资金，但伊奥尼亚人拒绝了这一建议（Hdt. Ⅴ. 36）。伯罗奔尼撒战争爆发时，伯罗奔尼撒人考虑从德尔斐和奥林匹亚借贷以补偿他们的财政短缺，但是明显没能实现（Thuc. Ⅰ. 121. 3 和 143. 1）。[92] 伯里克利于公元前 431 年列举了进献给雅典娜神庙的贡品，并作为雅典储存的金钱资源，但是他详细说明，只有在紧急时刻才能动用这些财富，并且最后要归还任何所用之物（Thuc. Ⅱ. 13. 4 – 5，参见公元前 4 世纪的某些建议，将神圣物品在紧急时熔为铸币，Dem. XXⅡ. 48 和 Deinarchus Ⅰ. 69）。公元前 407/6 年伯罗奔尼撒战争尾声阶段，白银的短缺迫使雅典人实行了一项紧急金币铸造法，金币从雅典卫城神庙的神圣祭品熔化而来（Philochorus *FGrH* 323 F 141）。[93]

公元前 4 世纪，动用这类财产的压力越来越大，但是宗教的禁忌仍然强大。只有少数希腊城邦和统治者采取这一权宜之计，尤其是叙拉古的狄奥尼修斯［Ael. *VH* Ⅰ. 20；（Arist.）*Oec.* Ⅱ. 2. 20 和 41，参见 24a 关于达塔麦斯的评论］和西库翁的欧弗农（Xen. *Hell.* Ⅶ. 1. 46 and 3. 8）。人们预计菲莱的亚松在德尔斐会自己动手 556（Xen. *Hell*，Ⅵ. 4. 30）。当阿卡狄亚人在留克特拉战役后以 1 万名常备军寻求让他们自己成为希腊一个主要的势力时，他们试图动用奥林匹亚神庙的财富来解决不可避免的财政问题。这导致了内部分裂，于是他们放弃了对神庙财富的渴望（Xen. *Hell.* Ⅶ. 4. 33 – 4；Diod. XV. 82. 1）。最突出的事件发生在公元前 356—前 346 年，这时福基斯控制了德尔斐，对神庙供奉的利用，使它能够供应一支庞大而有效的雇佣军达十年之久。值得注意的是，福基斯领导者也表现出犹豫的迹象（Diod. XⅥ. 56 – 7）。从军事角度说，对于这个人数少且相对落后的希腊民族来说，那是独一无二的成就，但也是一个渎神行为，并为此付出了高昂的代价，既表现在财政上（参见 Tod no. 172 = Har-

[92] Migeotte 1984（I 104）no. 22 p. 89f.

[93] Kraay 1976（B 200）68 – 70.

ding no. 88），也表现在政治上。

当时还有一项主要的潜在外部财源，即波斯。[94] 波斯的金钱比任何其他因素都更有可能使斯巴达在海上战胜雅典。这个教训并没有被遗忘。来自波斯国王，或他的总督，或其他东方统治者的援助金，数量经常是惊人的，尽管它不是经常性的，但它在公元前4世纪的财政、军事和政治历史上经常起着决定性作用。科林斯战争期间，波斯人通过罗德斯使节提摩克拉特斯促进了反斯巴达联盟的形成；他们推动了科农领导下的雅典力量自公元前393年以来的复兴，也使其盟邦在科林斯保持了数年有效的雇佣军力量；[95] 他们可能还使底比斯在公元前364年试图建立一支海上力量。[96] 事实上，公元前4世纪的任何一个重要城邦，都在某个时间请求——某些时候还得到了东方的援助金（参见 Isoc. Ⅻ. 159－60）。然而，援助金在政治上是敏感的，也容易招致其他没有接受这类资金的希腊城邦的谴责，因为波斯人被认为是民族敌人。与这类援助金一道出现的踌躇和谩骂，直到波斯帝国衰落时都频繁再现。例如：公元前407/6年的卡利克拉提达斯（Xen. *Hell.* Ⅰ. 6. 7 及 11）；科林斯战争开始之际针对提摩克拉特斯的愤怒（Xen. *Hell.* Ⅲ. 5. 1－2）；公元前387年的泰琉提亚斯（Xen. *Hell.* Ⅴ. 1. 17）；或者德摩斯梯尼独特的辩护，当时他暗示，在与腓力的冲突中，有可能争取到波斯的财政支持（Ⅹ. 31－4，对比 ⅩⅣ. 3－5，29－32，36－40）。此外，波斯人只将金钱用于那些符合他们利益需要的希腊人。他们不同于过去和当时处在希腊世界边缘的
557 统治者，也不同于他们希腊化时代的继承者，不愿以对希腊人的慷慨，来保持几代人给希腊人留下的亲善希腊的美名。任何一个城邦都不能够保证长期得到波斯有效的支持。作为伯罗奔尼撒战争末期波斯财富的承接者，斯巴达在与波斯关系破裂后，就失去了这一收入来源。尽管她最终通过让步回到与波斯的联盟，但她得到的，不过是断断续续的资金支持（参见 Xen. *Hell*，Ⅲ. 4. 26 有关公元前396年的记载；Ⅳ. 8. 16 有关公元前391年的记载；Diod. ⅩⅤ. 9. 3－5 有关公元前385年的记载；Xen. *Hell*，Ⅶ. 1. 27 有关公元前368年的记载）。

---

[94] Lewis 1989（C 42）.

[95] Pritchett 1974（K 51）Ⅱ 117－25.

[96] Buckler 1980（C 329）160f.

自那以后，波斯不再利用斯巴达，并一直延续到亚历山大时代阿吉斯三世（Agis Ⅲ）起义之时。科林斯战争初期，雅典同样享有来自波斯意义重大的财政支持（亦见 Lys. XIX. 24－6），但是当她站在塞浦路斯的埃瓦戈拉斯和反对波斯国王的埃及起义者一边时，迅即失去了这种援助。留克特拉战役后的 10 年里，底比斯与波斯有着良好的关系，（可能）得到了援助，使她能够于公元前 364 年尝试建立一支海军，并在公元前 351 年进一步获得了 300 塔兰特用于神圣战争（Diod. XVI. 40. 1－2）。但是总体上看，从希腊的角度来说，考虑到公元前 4 世纪 90 年代及以后的事件，波斯国王并不是一个可靠的盟友或出资者［参见 *Hell. Oxy.* XIX. 2（XIV. 2）涉及公元前 4 世纪 90 年代，之后的见 Dem. XIV. 36］。

因此，希腊城邦军事方面的财政仍然带有随意性和临时性的特征。自科林斯战争以来，无力有效筹措军事经费就是一个反复出现的问题。指挥官在前线，由于很少或者没有来自其城邦提供的金钱，在面对被欠薪饷和不满的军队时，常常不得不自力更生。雇佣军只有在定期付酬并得到优厚款待之后，才会有高效而良好的训练，而希腊城邦通常没有恰当仿效菲莱的亚松之范例（Xen. *Hell*，VI. 1. 5－6）。在这样的情形下，战利品往往成为公元前 4 世纪定期支付的替代品。[97] 例如，公元前 387 年，由于资金短缺，斯巴达人泰琉提亚斯袭击了比雷埃夫斯港和来往于雅典的商船，获利奇高。雅典人色诺芬以明显赞赏的语气叙述了对他自己祖国的袭击，将其当作指挥官在战争中足智多谋的实例（*Hell.* V. 13－24）。在整个希腊世界，人们通常认为军队需要依靠敌人的领土生活。德摩斯梯尼（公元前 351 年）关于常设一支雅典军队的提议使这一现实得到承认（Dem. IV. 28－9）：军队经费的短缺能“从战争中”得到弥补。充足的资金有时能以下述方式筹集：阿盖西劳斯在小亚细亚的战事，让他得到价值超过 2000 塔兰特的战利品（Xen. *Ages.* 1. 34），那主要来自于非希腊人的损失。卡布利亚斯在公元前 376 年的纳克索斯战役中俘获了 3000 名战俘，他们被卖到雅典为奴，价格约为 100 塔兰特（Dem. XX. 76－7）。但是 558
这种横财是不可预知的，并且对希腊人的劫掠在道德方面代价过高，

---

[97] Pritchett 1971（K51）189f.

尤其是对自己的盟邦来说。从雅典这样一个城邦的角度来说，完美的指挥官，是一个不管财政支持如何匮乏都能想办法找到掌控战争方式之人。[98] 科农之子提摩泰乌斯就是一个通才的例证［Davies 1971（C 124）I 3700］：他自愿花费自己的钱财为他的军队提供经费［（Dem.）XLIX］，同时像其他成功的指挥官一样，没有忽略从战争中获取个人财富。他总是足智多谋［（Arist.）*Oec.* 11. 2. 23］，以至于他的老师伊索克拉底把他刻画为那样的将军：即使他只得到很少的金钱，他仍是一位物超所值的将军（Isoc. XV. 101 –39）。

第五节 希腊国家的粮食供应

城邦自给自足的观念得到公元前4世纪哲学家们的肯定。然而柏拉图和亚里士多德都知道，没有任何一个城邦能够断绝自己与外部世界的联系而不需要交换和对外贸易，就如他们希望对城邦严格加以限定一样（参见 *Leg.* XII. 952d –953e；*Pol.* VII. 1326b26 –1327a40）。[99] 实际上，城邦间的贸易，尤其是通过海上和海船运输的贸易很常见。[100] 完全的自给自足可能从来没有达到过，城市越大则越难实现。就如老寡头评论雅典在公元前5世纪对海军力量的运用时所说（II. 11 –12），“如果一个城镇富产造船的木材，若是没有说服海上的统治者让其通过，卖到哪里去呢？如果一个城镇盛产铁或铜或亚麻，若是没有说服海上的统治者让其通过，到哪里去寻找市场呢？（……）同一个城镇不可能同时出产木材和亚麻……木材和铁也很难出自同一个城镇”。作者在这里首先谈及雅典对造船材料的需求，对一个海上强国来说，这是一个很吊诡的缺陷。[101]

尽管老寡头没有提到，但最重要的还是希腊城邦的粮食供应，也就是他们的谷物供应，因为谷物（以及橄榄油）是希腊世界的常用

---

[98] 关于雅典财政困难的例子见 de Ste Croix 1981（C 70）607 n. 37。

[99] Bresson 1987（I 16）.

[100] Nixon and Price in Murray and Price 1990（1 113）137 –70，at 160；Winterling 1991（C 86）208f 论战术作家埃涅阿斯有关希腊城市的叙述。

[101] 关于木材，见 Meiggs 1982（I 101）116 –32，188 –217。

食物。[102] 谷物贸易的开端可以追溯到古风时代，到古典时代已经成为希腊世界最大的国际海上运输贸易。最重要的供应来源部分在希腊世界内部，同样也在西西里和西方以及色萨利，部分在色萨利之外，如埃及和远到克里米亚的博斯普鲁斯。有明确的证据证明，这些地区和其他国家是希腊世界的粮食输出国，尽管其证据——总是与经济问题 559
相关联——是零散和随意的。例如，色萨利作为公元前 4 世纪一个临时的谷物输出地，只是偶然地为色诺芬的两段引文所证实（*Hell.* Ⅴ. 4. 56 and Ⅵ. 1. 11）。[103] 和通常的情况一样，谷物供应的证据也是关于雅典的占绝对多数。雅典对国外谷物进口的依赖确属异常，但是也绝非个案，尽管从零散证据中很难判断其他希腊城邦依赖的程度和规律性。充足和匮乏就在一线之间，某个地区或年份的充足很可能会伴之以另一处的短缺。[104] 短缺的个案我们已经得知［参见（Arist.）*Oec.* 11. 2. 16a 有关克拉佐美奈的记载，亦见 Tod no. 114，Ⅱ. 17 – 20 = Harding no. 26 有关公元前 387 年的记载；（Arist.）*Oec.* 11. 2. 17 有关塞林布利亚（Selymbria）的记载］。由于灾荒或干旱导致的作物歉收是一种反复出现的威胁，其中得到证实的一次这类歉收属公元前 4 世纪 60 年代，它导致了希腊世界普遍的粮食短缺［（Dem.）L. 6，17 and 61］；另一次发生在随后不久，即公元前 357/6 年（Dem. XX. 31 – 3）。[105] 亚历山大时代也有反复的短缺，部分是因为亚历山大指定的埃及总督克莱奥麦奈斯的操纵［（Dem.）LⅥ. 7 – 10；（Arist.）*Oec.* Ⅱ. 2. 23］。[106] 一般来说，公元前 4 世纪纷乱的局面应为农业和海外贸易的衰落负责。对敌人耕地的蹂躏是陆上战争的一种常规策略，常常被诸如斯巴达在伯罗奔尼撒战争的大部分时间及以后使用。[107] 尽管长期的影响可能有限，但也可能导致甚至农业自给的城邦在某个特殊时刻进口谷物，如科林斯战争期间的阿哥斯（Xen. *Hell.* Ⅴ. 2. 2）、公元前 377 年的底比斯（Xen. *Hell.* Ⅴ. 4. 56 – 7），或公元前 366 年的

[102] Heichelheim 1935（I 72）；Foxhall and Forbes 1982（I 43）；Garnsey and Whittaker 1983（I 58）；Osborne 1987（I 115）ch. 5.

[103] 后来的证据参见 Garnsey，Gallant and Rathbone 1984（I 56）。

[104] Jameson in Garnsey and Whittaker 1983（I 58）6 – 16；Garnsey 1988（I 55）part 1.

[105] Camp 1982（I 20）.

[106] Garnsey 1988（I 55）154 – 62 .

[107] Hanson 1983（K 24）.

弗利乌斯（Xen. *Hell.* VII.2.17－18）。若是某地得以长时间免于这种蹂躏，就会被当作不寻常之事提及（Xen. *Hell.* VI.2.6，有关公元前373年科西拉的记载；Plut. *Ages.* 31.1－2有关公元前370年拉科尼亚的记载；Diod. XVI.42.8有关公元前344/3年塞浦路斯的记载）。国内的冲突也会有同样的影响，如阿拜多斯，约公元前360年，那里爆发了一次冲突，造成了土地荒芜，而外侨不愿意再给已经负债累累的农民任何进一步的贷款［（Arist.）*Oec.* II.2.18］。伯罗奔尼撒战争后期以来，公海领域的海盗也呈上升趋势（Andoc. 1.138；Xen. *Hell.* V.1.1－13有关科林斯战争期间驻守埃吉那的斯巴达人的行动，Isoc. IV.115有关公元前380年的记载）。[108] 在其海军占优势时期，斯
560 巴达表面上似乎没有试图去控制这个问题，但实际上她有过行动。公元前378年以后恢复的雅典海军力量也试图去控制海盗问题的扩展，只是仅取得部分成功。[109] 海盗不仅仅是一个“外部”现象，由个人或团体在文明的希腊世界边缘操纵，在战争中，希腊城邦也会采用海盗的战术去对付他们的敌人，就如科林斯战争期间斯巴达人在埃吉那所为。同样，希腊城邦也会要求并实践对过往船只“靠岸”（*katagein*）的权利，尤其是在面对谷物短缺时，会强迫他们当场卸下货物。[110] 雅典的海上指挥官还知道在面对通常的军事资金短缺问题时敲诈勒索海运商人（Dem. VIII.24－29有关公元前341年的记载），尽管雅典本身也关注保障海上运输畅通，偶尔还会像公元前362年和前361年那样，动用海军护卫队保护商人［（Dem.）L.4－6，17－23，58－9，亦见Dem. XVIII.73］。如果归于伯里克利名下的“希腊人大会法令”是真实的（Plut. *Per.* 17.1），那很可能属于这一时期，当时“海洋自由”的观念第一次发展起来，并得到所有希腊城邦的认可，从而成为一个与希腊人之间保持和平（同样无效）相对应的观念。这一观念于公元前346年第一次写进“菲洛克拉特斯和约”（*SdA.* 329），后来又于公元前337年进入科林斯同盟的章程中［（Dem.）XVII.19－21］；到希腊化时代仍然存在，并因为罗德斯的一些胜利而得到了支

---

[108] Garlan in Finley 1987（I 39）7－21；McKechnie 1989（I 100）ch. 5.

[109] Amit 1965（C 88）119－21.

[110] de Ste Croix 1972（C 68）47，314；Vélissaropoulos 1980（I 144）151－6；Garnsey 1988（155）index s. v. *katagein*.

持（Polyb. Ⅳ. 47）。

至少从希波战争以后，雅典比任何其他城邦都要更依赖对国外谷物的进口。[111] 但是现在的雅典比之前更容易受到攻击，公元前4世纪雅典海军力量的复兴是生存下去的某种必需条件（Xen. *Hell.* Ⅵ. 1. 11－12；Dem. ⅩⅩ. 31），这也是那些开始幻想在同盟战争之后雅典与大海分离之人（如伊索克拉底）已经忘记的一个事实。至关紧要的是控制赫勒斯滂海峡，所有从黑海来的运输都得通过那里，因此控制权被某个敌人掌控的恐惧，贯穿着整个古典时代雅典的历史。这也是雅典在伯罗奔尼撒战争中战败并在后来被迫接受“大王和约”的重要因素（Xen. *Hell.* Ⅴ. 1. 28－9）。

公元前5世纪，雅典的粮食供应已经成为一个有抱负的政治家不得不关注的问题（Xen. *Mem.* Ⅲ. 6. 13）。到公元前4世纪后期甚至更早，这已是雅典公民大会常规的议程项目了（Arist. *Ath. Pol.* 43. 4），与保卫疆土有着同样重要的地位。雅典同样利用自己的声望，尤其是对希腊世界边缘地区的统治而为她的粮食供应谋取利益。她与克里米亚半岛博斯普鲁斯的斯帕托库斯家族统治者的关系表现了这一点。为了回报来自雅典城邦包括雅典公民的尊重，他们在来源于自己控制的领土的谷物出口方面给予雅典优先权，也用他们的资金来获取威信以及达到经济目的。自公元前4世纪90年代或者80年代早期起，[112] 驶往雅典的商船被豁免了常规的出口税并得到快速装载的便利（Dem. ⅩⅩ. 29－41；Tod no. 167 ＝ Harding 82）。值得注意的是，“驶往雅典的商船”并不是“雅典的商船”，甚至也不是“泊在雅典的商船”。同所有海上贸易一样，谷物贸易的从业者也是国际性的。希腊人或非希腊人从诸多不同的城市或国家运载货物。[113] 像其他国家一样，雅典根本没有国家的商船，或者她自己的商船队。[114] 这对雅典的政策产生了重要影响：她没有对外国商船的最终控制权，只能尽力让雅典成为对它们颇有吸引力的目的地。在政治性文献中，希腊城市对外国贸易 561

[111] Gernet 1909（I 62）；de Ste Croix 1972（C 68）45－9；Isager and Hansen 1975（C 176）11－75；关于迦太基，见 Garnsey in Cartledge and Harvey 1985（A 14）62－75 and Garnsey 1988（I 55）part Ⅲ；参见 Millett in Cartledge, Millett and Tod 1990（A 15）192f 关于谷物价格的论述。

[112] Tuplin 1982（E 404）.

[113] Reed 1981（I 125）；McKechnie 1989（I 100）ch. 7.

[114] de Ste Croix 1972（C 68）393－6.

商吸引力的需要是一个反复出现的主题（参见 Lys. XXII有关公元前386 年的记载）。[115] 如色诺芬指出的那样，“所有的城市总是会欢迎那些进口了某些物品的人”（*Hipparchicus* Ⅳ.7），约在公元前 355 年写成的《雅典的收入》中，他提出了很多将那些在同盟战争之后抛弃雅典的外国商人吸引回雅典的方法（Ⅲ.2 –5，12 –13；Ⅳ.40；Ⅴ.3 –4；见 Isoc. Ⅷ.20 –1 在同一语境中的论述）。对外来商业竞争的恐惧可能使希腊世界陷入分裂。

雅典能够用以保证谷物供应的合法手段很大程度上适用于定居在雅典的人——公民或外侨，雅典对他们拥有权力。长距离的海上贸易需要资金支持［（Dem.）XXXIV.51 –2］，商人在借贷金钱保障他们船只或货物安全时通常会遇到很高的利率（达到 30% 或更多），这反映了包括在放贷中的风险。[116] 这类借贷得到证实的最早案例属公元前421 年。[117] 在公元前 4 世纪，这是谷物贸易筹措资金的通常方法，在希腊世界广泛实行。在雅典法庭中关于借贷纠纷的演说中，这一点得到了最充分的证明［（Dem.）XXXII – XXXV，LVI］。一份关于海运借
562 贷的合同文本得以保存下来［（Dem.）XXXV.10 –13］。这一方法的实践，表明从事贸易者通常是资产有限的人，自己缺少从事长途贸易的资金。对那些有富余资金的人来说，海运借贷给他们创造了一个“体面”的投机获利机会，[118] 即便也有着较高风险。来自雅典的证据显示出借方包括雅典人、外侨和外国人。出借方倾向于自己也投入贸易，或者成为职业放贷人。银钱商可能参与到商业借贷中的程度还有争议。[119] 雅典法律规定，任何雅典的居民，不管是公民还是外侨，都不允许向意在不为雅典进口谷物的船只放贷［（Dem.）XXXV.51］。更进一步说，没有任何雅典公民或外侨能将谷物运输到雅典以外的任何目的地［（Dem.）XXXIV.37 and XXXV.50；Lycurg. *Leoc.* 27］。这项法律只在公元前 4 世纪后半期得到证实，但其实施可能更早。另外

---

[115] Seager 1966（C 249），对这一演说的不同解释，请见 Figueira 1986（I 34）。

[116] de Ste Croix 1974（I 138）；Vélissaropoulos 1980（I 144）301 –8；Millett in Garnsey-Hopkins-Whittaker 1983（I 57）36 –52；Mossé *ibid.* 53 –63；Hansen 1984（I 70）.

[117] Harvey 1976（I 71）.

[118] Millett 1990（I 107）.

[119] 一方的观点见 Davies 1981（C 126）60 –2；Millett in Garnsey-Hopkins-Whittaker 1983（I 57）36 –52；Bogaert 1986（I 11）27 –9，47 –9，另一方的观点见 Cohen 1990（I 25）。

一项法律规定：所有运到雅典的谷物都必须在那里销售，其中三分之一在比雷埃夫斯的粮食市场销售，剩下的三分之二在雅典的粮食市场销售。[120] 谷物商人，至少是雅典对其有司法权限的商人，一旦到了雅典，就失去了对货物的自由处置权。另外，商人也不得不将雅典作为第一选择。雅典能做的最大的事情，就是加快关于海运借贷审判案件的司法程序，以保证把商人重返海上的延迟降低到最小。这一类型的案件必须在一个月以内审理（或者是每个月都有机会提告）。[121] 尽管这一建议得到色诺芬的鼓吹（Vect. Ⅲ.3）并在同盟战争以后某个更早时间就已引入，但第一次得到证实的此类案件属公元前343/2年［（Dem.）Ⅶ.12在提到商业案件（*dikai emporikai*）时提及］。在“市场监督”（*epimeletai emporiou*）和特殊的官员“粮食监督”（*sitophylakes*）的监督下，雅典和比雷埃夫斯的谷物售卖受到精心控制（Arist. *Ath. Pol.* 51.3 –4）。所有这些规定的有效性可能都值得怀疑，因为关于这些法律的大部分证据都来自违反这些法律的案例。无论如何，和其他希腊城邦一样，雅典只能通过法律控制谷物进口过程的一部分，也要受到它不能控制的外部形势的支配，如果有什么区别的话，就是在希腊化时期环境变得更加恶劣。

对希腊城邦的分析，不管从任何角度——政治、军事、社会、经济或财政，都必然阅读一个类似关于缺点或失败的清单。在回顾马其顿和亚历山大以后希腊化时代君主政体的崛起时，我们似乎看到了历史的必然性。公元前4世纪常常被认为打上了城邦“危机”或“衰落”的印记，[122] 喀罗尼亚战役则标志着它的“终结”。一种观点认为，城邦已经发展到尽头，注定会消亡。[123] 很明显，希腊世界显然没有能力设计一套可行的关于邦际关系的体系，也不能将日益增长的对和平的期望转化为现实。然而尽管城邦的困难已经为同时代人所周知，但是没有任何一个希腊人会由此推论出城邦的历史会因此而处于尽头的结论，至少亚里士多德没有，而他在马其顿宫廷中的主要身份就是亚历山大的老师。尽管城邦有诸多弱点，它仍然是一种有效的模式。自 563

[120] Gauthier 1981（I 59），尽管其条件在Garnsey 1988（I 55）140f做了限定。

[121] Cohen 1973（C 120）9 –59持这一观点，参见Rhodes 1981（B 94）583f。

[122] Welskopf（1974）（C 83）是其中一个代表。

[123] Runciman in Murray and Price 1990（C 52）347 –67.

伯罗奔尼撒战争以来，寻求更大、更可行的城邦单位是一种很明确的趋向，[124] 哈尔季狄基的奥林图斯的成长（Xen. *Hell.* Ⅴ. 2. 11 – 19），注定会在希腊化时代有更广阔未来，如公元前 411—前 407 年罗德斯的“统一”（*synoikismos*）（Diod. ⅩⅢ. 75. 1），或者科斯岛的成长（Diod. ⅩⅤ. 76. 2），都能说明这一点。[125] 在伯罗奔尼撒，公元前 371 年斯巴达在留克特拉失败的后果之一，是产生了一种创建更大政治实体的冲动，这种冲动长久以来被斯巴达压制。在“大王和约”以后被斯巴达分裂的曼提奈亚（Xen. *Hell.* Ⅴ. 2. 7），将自己重建为一个城镇（Xen. *Hell.* Ⅵ. 5. 3 – 5），[126] 阿卡狄亚人则建立了他们新的联盟首都麦伽罗波利斯（Diod. ⅩⅤ. 72. 4 and 94. 1 – 3），[127] 美塞尼作为一个政治实体出现（Diod. ⅩⅤ. 66）。在战争中被毁坏的城市又在某种程度上恢复了生机，它们的居民在离开多年以后又返回了家乡，流逝的时光并没有消磨掉他们强烈的认同感。[128] 因此，斯巴达于公元前 404 年将埃吉那、米洛斯（Melos）和斯奇奥奈（Scione）还给他们原来的居民（Xen. *Hell.* Ⅱ. 2. 9；Plut. *Lys.* 14）。公元前 427 年被底比斯毁灭的普拉提亚（Thuc. Ⅲ. 68. 3），在公元前 382 年由斯巴达重建（Paus. Ⅸ. Ⅰ. 4），公元前 373/2 年再度被毁后（Diod. ⅩⅤ. 46. 4 – 6；Paus. Ⅸ. 1. 8），又由亚历山大[129]于公元前 336 年与奥尔霍迈诺斯和塞斯皮埃一起恢复，这两个城市也是一代人之前被底比斯毁灭的（Arr. *Anab.* Ⅰ. 9. 9 – 10）。西西里尽管有两代僭主、众多战争和数个
564 城市被破坏，但在公元前 4 世纪 30 年代，当提摩莱昂让该岛重归和平之时，诸多城市出现了重要的复兴。重建者一部分来自西西里以外的居民，但也有部分来自城市被毁之前的居民（Diod. ⅩⅥ. 82 – 3；Plut. *Tim.* 22 – 3，35）。[130] 此外，不管希腊城市的政治效力方面有什么问题，它还是提供了一种都市扩展的模式，如毛索鲁斯治下的卡

---

[124] Moggi 1976（C 48）.

[125] Sherwin-White 1978（C 381）43 – 81.

[126] Hodkinson 1981（C 364）.

[127] Hornblower 1990（C 366）.

[128] McKechnie 1989（I 100）ch. 3.

[129] Martin 1940（C 45）322 – 4.

[130] Talbert 1974（G 304）146 – 60.

利亚，[131] 或者腓力统治下的马其顿。[132] 伊索克拉底对亚洲的征服计划，意味着在那里建立新的希腊城市，“作为希腊的防波堤”（Ⅳ. 34－5，99；Ⅴ. 119－23）。随着东部希腊化城市的建立，从希腊世界的困难之中，希腊城邦历史开启了截然不同的新篇章。

（李永斌译　晏绍祥、崔丽娜校）

---

[131] Hornblower 1982（F 644）79－105.

[132] Hammond and Griffith 1979（D 50）657－62.

第十一章

城邦政制与对城邦政制的超越

P. J. 罗兹

第一节　公元前4世纪的雅典：政府机构

565 从形式上看，自公元前508/7年克里斯提尼（Cleisthenes）的部落改革以来，或者至少自公元前462/1年埃菲阿尔特斯（Ephialtes）的战神山议事会改革以来，直到公元前322/1年末安提帕特废止民主政治，雅典有着同样的政府。公元前411—前410年和前404/3的寡头政治是短暂的中断，每次中断都以民主政治的恢复而告结束。伯里克利时代这种民主政治的运行已经在上一卷中叙述过了。[①] 所有的决策，不管是关于国内的还是关于外部的，都由成年男性公民组成的公民大会做出。公元前5世纪末，公民大会每年有40次例会。所有公民大会决断的议题，都需要首先经过500人议事会讨论，还有其他的措施对公民大会进行限制，但是任何成员都能提出动议或修改建议，或在辩论中发言，然后依照简单多数原则做出决策。所有公民都能同时参与到决策的制定中来，但是不可能所有公民都同时参与到决策的执行过程中，不过所有人都有可能轮流参与。民主政治运行的基础是很多独立的部门，通常由十个部落中各出一人组成，抽签产生，任期一年，同一部门中不得连任；有能力与无能力之间的差别微乎其微；一个尽责的公民在其一生中能

---

① *CAH* V^{2} 77 – 87.

在很多这类部门中任职（理论上对公职有财产资格的要求，低等级的公民没有资格成为议事会或任何政府机构的成员，但是到公元前4世纪后半期这些都被忽略了。见 *Ath. Pol.* 7. 3 – 8. 1，47. 1）。同样由抽签产生、任期一年（但是为了获得足够的成员，两年连任也被允许）② 的500人议事会监管这些不同部门的活动。一些部门的职 566
位要求要比其他更严格，但是所有职位都建立在公民有闲暇投身于城邦事务的基础之上，因为虽然有为了弥补民政官员失去的收入而支付的报酬，③ 但是对于一个富人来说，他比一个不得不为生活奔波劳碌的人还是要容易得多，因此也能更积极地参与到公共生活中。与民政官员不同，雅典人认为军职官员必须要最合适的人担任，因此十将军及其以下官员都由公民大会选举产生，并且只要公民大会希望改选，就能够改选。

和行政部门一样，在法庭的工作中，公民的身份比专业技能更重要。雅典没有常备的公诉人（尽管在特殊情形下议事会或公民大会能够指定公诉人），也没有法律专家，④ 起诉则留给在“私人”领域中遭受损失者，或者任何愿意为公共事务起诉的人，起诉人则被期望能为自己的案件负责。私人诉讼中，不超过10德拉克马的案件由流动的德莫法官（*dikastai kata demous*）审理，对他们来说这就是一次简单的公职任务。大多数其他案件则要提交给陪审团（*dikasteria*），陪审团由抽签指定的官员主持，审判的决定并没有专家的指导，而是由数百名陪审员的多数票决定。城邦（polis）是公民（*politai*）的共同体，因此难以想象公民竟需要保护以对抗国家的行为。实际上，无论多么公正，国家都几乎没有多少权力去执行自己的意志，以对付一个桀骜不驯的个人。雅典人不让法庭独立于其他的国家机构，而是授予行政官员以司法权力，以强化他们的行政权力。

② 可能在伯里克利时代只允许人们任职一次，在伯罗奔尼撒战争期间这一规定难以维持，两年的期限制定于公元前4世纪。见 Rhodes 1980（C 227）。

③ Hansen 1971 – 80（C 151）认为公元前4世纪得到报酬的公职人员要远少于公元前5世纪，Gabrielsen 1981（C 141）的回应虽然谨慎，但我认为是正确的。但请见 Lewis 1982（C 185）。

④ 当时有职业的演说词撰稿人伊塞乌斯（活动于公元前4世纪前半期）擅长遗产案件，近乎一个法律专家。关于演说词撰稿人及他们的专长，见 Dover 1968（B 35）。

并非所有居住在雅典和阿提卡的人都是雅典公民。只有那些父母都是公民的人才有获得公民权的资格。⑤ 伯里克利时代的雅典，在大约 30 万的总人口中，约有 45000 人是成年男性公民，10 万稍多的人是公民的妻子和孩子。余下的，大约不到 5 万人是长期来访或永
567 久居住的外侨、自由民和妇女，还有大约 10 万人是奴隶。伯罗奔尼撒战争导致了奴隶的损失，战后来到雅典的外国人也更少。约公元前 360 年的人口总数可能是 21 万人，其中公民 29000 人，公民的妻子和孩子 71000 人，外侨 35000 人，奴隶 75000 人。⑥ 到公元前 5 世纪末，在知识分子圈子里已有关于所有人类习俗——包括地位的区别——全系人为规定的讨论，但在公元前 4 世纪，“区别说”得到柏拉图和亚里士多德的支持，而且从未遭遇严重挑战。⑦ 在雅典，一项用公民权奖励所有在公元前 403 年帮助恢复民主政治的非公民的提议，因为程序上的原因被取消。⑧ 主人对奴隶的支配几乎没有任何限制；除非有特许，外侨的税负都要比公民沉重得多，如果财产足够资格，还要为军队服役，但是不得在雅典领土内拥有土地和房产，他们的法律权利也受到限制，被排除在公民大会和所有政府公共部门之外。

公元前 4 世纪，尽管基本框架没有改变，但是政府内部已经有了不少变化。⑨ 公元前 5 世纪后期的寡头革命，引起了人们对“到底什么是法律”这一问题的注意，因为自梭伦改革以来，公民大会的法令已经累积了近 200 年。对法律的修订和汇编开始于公元前 410 年，

---

⑤ 公元前 451/0 年伯里克利的法律将公民权限定为那些有公民父亲和公民母亲者，这一法律在伯罗奔尼撒战争期间被废止或忽视了，但是在战后又重新实行（Dem. LVII. 30，Eumelus *FGrH* 77 F 2，Carystius fr. 11 Müller）。公元前 4 世纪的雅典人，不管男性女性，都不能与一个非雅典人结婚［（Dem.）IIX. 16，参见 52］。

⑥ 数据基于 Ehrenberg 1969（C 19）31。Hansen 1981（C 159）、1982（C 161）以及 Rhodes 1988（B 95）271 – 6 对伯里克利时代雅典的人口数据估计要高一些。对公元前 4 世纪来说，至关重要的是，公元前 321 年最贫困者被剥夺公民权之前，公民人数不是 31000 人（Diod. XVIII. 18. 4 – 5），就是 21000 人（Plut. *Phoc.* 28. 7）；较低数据的支持者是 Ruschenbusch 1979（C 234）133 – 52，但较高数据更令人信服，得到了 Hansen 1986（C 165）的支持。

⑦ 关于人生而平等的说法，见 Antiphon Soph. 87 B 44，lines 266 – 99 D-K，参见 Eur. *Ion* 854 – 6；关于有些人天生是奴隶的说法，见 Arist. *Pol.* I 1254a17 – 24。

⑧ *Ath. Pol.* 40. 2.

⑨ 关于公元前 4 世纪政府机构的更多详细考察，见 Rhodes 1979/80（C 226）。

完成于公元前 399 年。⑩ 从那以后，法律（*nomoi*），即该法典的内容，还有对它的修订，就有了一个特殊的程序，其最终决定权不再归公民大会，而是一个立法者（*nomothetai*）团体，从而与法令（*psephismata*）区别开来，后者和公元前 5 世纪一样，由议事会和公民大会投票通过。据理论家言，法律是永久性的且普遍适用的，法令则是补充性且适用特殊情况的。雅典人的大多数制度符合这一理论，但是有一个重要的例外，即所有对外事务，即便是倾向于永久性的联盟，都由法令制定者做出决定。一般而言，尽管我们知道公元前 4 世纪制定过一些法律，但法令却要多得多。⑪ 公元前 5 世纪末之前，公民能 568
够从担任多个民政职务中获得报酬，但是出席公民大会没有报酬，雅典有诸多措施用于设法提高出席率；公元前 411 年，建议将公民团体减至 5000 人的寡头执政者声称，（由于战争）出席公民大会的人数从来没有达到过 5000 人（Thuc. Ⅷ. 72. 1）；公元前 403 年民主政府恢复后不久，引入了津贴制度——不是为所有人发放，而是发放给最先到达的一些人或者那些在规定时间内到达的人。这表明，尽管伯罗奔尼撒战争以后出席人数有所减少，但是公元前 4 世纪的出席情况还是稍好于公元前 5 世纪。⑫

政府组织的两个变化发生在公元前 4 世纪前半期。可能在公元前 4 世纪 90 年代末期以后，但是在公元前 379/8 年之前，主席团（*prytaneis*）被取消了主持议事会会议和公民大会的权利，议事会主席团即来自每个部落的 50 名议事会成员，在每年的十分之一时间里作为议事会常务委员会活动，主持权现在归于一个新的部门即 9 人当值主席（*proedroi*）。它系抽签从每个部落中选出一名议事会成员（除了正当值者）组成，当值一天。⑬ 早期的议事会秘书是议事会的成员，负

---

⑩ 参见 *CAH* V^2 484–5.，尤见 Lys. XXX，Andoc. 1. 81–7，*IG* $I^3$104–5（为修订旧法律的石柱铭文）；Dow 1961（C 131）（引用了 *IG* I^2/II^2和 *Hesp* 公布的残篇，公元前 403 之前的残篇根据 *IG* $I^3$236–41 的重新校勘和编辑，公元前 403 年之后的残篇全部来自雅典的宗教历法）；Fingarette 1971（C 135）；Clinton 1982（C 115）；另请见 Robertson 1990（C 232）；Rhodes 1991（C 230）。

⑪ 关于公元前 4 世纪法律的制定程序，请见 MacDowell 1975（C 193）；Hansen 1971–80（C 150）；Rhodes 1985（C 228）；Hansen 1985（C 164）；关于法律和法令问题，见 Hansen 1978（C 155）及 1979（C 156）。

⑫ 关于津贴，见 *Ath. Pol.* 41. 3 及 Ar. *Eccl.* 184–8，293，380–90，等，*Ath. Pol.* 62. 2；关于公元前 4 世纪的出席情况，见 Hansen 1976（C 154）。

⑬ *Ath. Pol.* 44. 2–3 描述了新的体系。关于那时的变化，见 Rhodes 1972（C 224）21，25–8；关于新的"最晚时间"（*terminus ante quem*），见 Pritchett 1972（B 167）164–9 no. 2。

责议事会、公民大会会议记录和公文公布，他（异乎寻常地）从一个非主席团部落中选举产生，任期同于一届主席团。公元前 368/7 年至公元前 363/2 年之间，这一职位从议事会中剥离。从那以后，议事会秘书由抽签产生，任职一整年，禁止重复任职。[14] 第一次改变的目的可能是稍许平均一下议事会议员的工作，第二次则是有意往连续性和效率方面迈出了一小步。

公元前 5 世纪的财政基础是一个中心国库；收入由财政委员会（*apodektai*）接收并存入其中；支付则由 10 位财务官（*kolakretai*，字面意思为“火腿收集者”）执行，无论是一次性支付，还是多次支付，都必须得到公民大会授权。伯罗奔尼撒战争期间，财务官被废止，[15] 公元前 4 世纪初之后不久，中心国库也被废止。取而代之的是财政委员会将收入中的“预算份额”（*merismos*）划拨给各个支出机
569 构。[16] 对国家来说，能够预先确定为不同项目提供多少经费，显然是合理的。但是，当国家如公元前 4 世纪前半期那样经费短缺时（伯罗奔尼撒战争中阿提卡被破坏，并且雅典失去了公元前 5 世纪的帝国），根据僵化的预算将经费分散在不同的国库中，也存在不便之处。公元前 4 世纪前半期，雅典创立了一种军事基金（*to stratiotikon*）。它有一个经选举产生的掌库官，是一个独立的国库。假如雅典处于战争时期，则没有分配作其他用途的任何剩余收入都必须进入这一基金。可能是在公元前 4 世纪 50 年代中期，雅典又创设了另一种基金，即戏剧基金（*theoric fund*）。它也有一位经选举产生的掌库官，剩余的收入也转移到这里面来。这一基金表面的理由，是补贴公民在重要节日中支付戏剧入场券的开支，但是埃斯奇奈斯声称，在欧布鲁斯（这一基金的创始者之一）时代，其掌库官“控制着主簿官（*antigrapheus*，一类税收官员，关于其详情我们知之甚少）的职位，控制着财政委员会（*apodeketai*）的职位，还控制着造船所的职位，负责建造军械库，还是道路营造商，差不多城市的所有管理权都掌握

⑭ *Ath. Pol.* 54.3；关于它的年代，见 *IG* Ⅱ^2 104 – 7［= Tod 134，136（Harding 52），135，131（Harding 53）：368/7］，又见 110 – 11［= Tod 143，142（Harding 55）：363/2］；有关讨论见 Rhodes 1972（C 224）134 – 8。

⑮ 参见 *CAH* Ⅴ^2 485。

⑯ *IG* Ⅱ^2 29（= Tod no. 116）. 18 – 22（387/6），*Ath. Pol.* 48.2；见 Rhodes 1972（C 224）98 – 105。

在他们手中”（Ⅲ. *In Ctes.* 25）。通过增加雅典的税收和劝阻公民大会放弃代价昂贵而收益甚少的军事冒险，欧布鲁斯能够为戏剧基金吸引到远多于初始目标的资金，并将这些资金用作其他用途。这里似乎还有一个结构性变化，通过这一变化，这类基金的掌库官（一个单独的职位，选举产生且可重复当选）能够和议事会一起监管旧的财政委员会，因此也能得知雅典每一个部门的财政运转情况。到公元前4世纪40年代后期，政治特权从欧布鲁斯和他的合作者手中转到了德摩斯梯尼及其合作者那里，前者致力于财政恢复，对军事问题谨慎从事，后者想要不惜一切代价抵抗马其顿的腓力。可能在公元前4世纪40年代，剩余收入又转到军事基金中（Philoch.，*FGrH* 328 F 56a）。公元前337/6年，德摩斯梯尼自己担任戏剧基金的掌库官（Aeschin. Ⅲ. *In Ctes.* 24）。此后不久，赫格蒙（Hegemon）提出的一个法律做出了调整（Aeschi Ⅲ. *In Ctes.* 25），自那以后，这一基金就控制在一个委员会（可能是10个人，但仍需要选举）手中。这一职位或者任何相似职位的任期都限定在4年，戏剧基金委员会与军事基金的掌库官（仍然是一人）共同参与对旧的财政委员会的监管。然而，一个新的掌库官出现并取代了旧的戏剧基金掌库官，其头衔是“保管员”（*epi tei dioikesei*）。亚历山大时期，这一职位被吕库古和他的朋友掌控，在希腊化时代雅典的不同政体下，作为个人或委员会的“保管员”以及军事基金的掌库 570
官，已经成为国家最重要的财政官员。⑰

十将军（*strategoi*）由公民大会选举产生，最早是每个部落一人。到了伯里克利时代，尽管原则上仍然是以部落为基础，但已经允许有例外了（如果发生，或许是在第一次投票时某个部落的候选人都没有达到多数票）；⑱ 后来，可能是在公元前4世纪的第三个四分之一世纪

---

⑰ 参见 Rhodes 1972（C 224）105－8，235－40。第一次提到军事基金掌库官的是 *IG* II^2 1443. 12－13（344/3），Glotz 1932（C 143）认为这一基金是一个新近的创造，并请与 Cawkwell 1962（C 104）比较。关于戏剧基金的创立，材料大多为词典条目和评注，年代分别有伯里克利说［为 Pickard-Cambridge 1968（H 94）266－7 所接受］、阿古利乌斯说［为 Buchanan 1962（C 97）48－53 所拥护］、狄奥凡图斯和欧布鲁斯说［为 van Ooteghem 1932（C 211）和 Ruschenbusch 1979（C 235）所支持］。阿里斯托芬的沉默不利于较早日期的假说。关于赫格蒙法以后的戏剧基金，请见 *Ath. Pol.* 43. 1，47. 2；关于吕库古和“保管”的职务（《雅典政制》并没有提到），见 Hyp. fr. 139 Sauppe ＝118 Kenyon，Dem. *Ep.* Ⅲ. 2，［Plut.］*XOr.* 841b-c（参见法令 ap. 852b），Diod. ⅩⅥ. 88. 1，Dion. Hal. *Din.* 11，*SEG* ⅩⅨ 119。

⑱ 见 *CAH* V^2 85－7。

里，基于部落的原则被废止，将军的选举不再考虑其部落成员身份。[19]在客蒙和伯里克利时代，将军既是政治领导人又是军事指挥官，但是始于伯罗奔尼撒战争期间的政治领导与公共职务之间的分离在公元前4世纪得以继续，当雅典不再需要他们服役时，公元前4世纪的许多将军跑到海外作为雇佣军指挥官作战。在将军委员会中，将军的常规职责开始确认：公元前4世纪50年代末期，我们知道有“负责领土的将军”（*strategos epi ten choran*），他负责阿提卡的防卫（*IG* Ⅱ^2 204 = Harding no. 78A，19－20，Philoch.，*FGrH* 328 F 155）。“负责重装步兵”（*epi ta hopla*）的将军，大概在同一时间创设，掌管在阿提卡以外地区的战斗。在《雅典政制》（61.1）成书之时，有另外两位将军负责比雷埃夫斯港的防务，还有一位负责三列桨战船的组织，另外5位仍然没有专门委派的工作；到公元前3世纪末，十位将军全部有了常规职位。[20]

571 公元前4世纪初，关于私人诉讼的审判体系也有改革。伯罗奔尼撒战争最后阶段，阿提卡的乡村已经掌握在斯巴达手中，流动的德莫法官（*dikastai kata demous*）大概停止了对德莫的巡视。公元前404/3年的寡头政府，让30这个数字变得不吉利，于是到公元前4世纪，德莫法官的人数增加到40人，继续在雅典发挥作用（*Ath. Pol.* 53.1）。他们有权处理总金额不超过10德拉克马的诉讼案件。从公元前399年起，重装步兵及以上等级的公民被要求在其42年军役期的最后阶段，即他们到60周岁的那一年，担任仲裁人（*diaitetai*）。超过10德拉克马的私人诉讼由40人陪审团交给仲裁人处理，只有当其中一个诉讼人就其裁决提起上诉时，才提交给陪审法庭（*dikasterion*）

---

⑲ *Ath. Pol.* 61.1. 通常认为，现今已知的公元前323/2年的6位将军中，有4位来自同一部落［Sundwall 1906（C 260）23－4］，但是后来的人物志研究将其减为2位［Develin 1989（C 127）408；我将他所说的“海军司令”（*nauarchos*）作为一位将军］。改变可能发生在公元前357/6年之后［现今已知是年的8位将军来自7个不同的部落：*IG* Ⅱ^2 124（= Tod no. 153 = Harding no. 65）. 19－23］；可能卡莱斯没能登记在此名录上，而卡布利亚斯意外地登记了两次然后又被删除了［Cawkwell 1962（C 15）38 n. 23，但无论如何卡莱斯都是将军（Dem. XXⅢ. 173）］。

⑳ Hammond 1969（C 149）116 and n. 1［= 1973（A 28）353－4 and 354 n. 1］将这两个职位最初的创设归于公元前5世纪70年代，并通过校改 Lys. XXⅫ. 5 以从公元前5世纪（的史料中）寻求支持。但是关于公元前4世纪50年代后期之前的此类头衔，我们没有其他证据。关于希腊化时期雅典的将军职位，见 Ferguson 1909（B 139）314－23。

(*Ath. Pol.* 53.2－6)。[21] 用这些人担任仲裁人反映了一种观点，即在城邦事务中，包括司法事务，专业知识并非必需。这一制度的目的，可能是为了减少城邦在陪审员津贴方面的开支。为增加雅典的收入，欧布鲁斯设法吸引大量的外国商人，其中一个方法就是创设一个特殊的海事商业诉讼法庭（*dikai emporikai*），改进了程序，对于新提请的诉讼每月都有机会解决。[22] 这些诉讼涉及海外贸易和书面合同。这类案件一个不寻常的特征，是他们会忽略通常的公民、外侨和奴隶之间的身份差别，对所有人按平等条款处理。

在仲裁法庭中，改变的主要目标在于使每个陪审团都按照公正、随机和不可预见的原则组成，代表已经登记人员的样本。在公元前5世纪，那些志愿参与者每年分为10组，每组负责一整年的某个特殊法庭（对于那些重大案件，则会把两个或更多的组合并）。并不需要所有陪审员每次都出席他所在的组别，但由于具有出席资格，诉讼人会事先知道谁将在他的案件中担任陪审员。令人惊奇的是，第一次听说陪审团受贿的情形居然迟至公元前409年。[23] 公元前4世纪早期，雅典每天会把各组陪审员分配到各自的法庭中。[24] 大约从公元前4世纪70年代起，每个部落的陪审员被分成10个组，通过一套极为精细的程序——包括陪审员入场券（*pinakid*）和分配箱（*kleroterid*），每 572
天从平均分配的100组陪审员中形成陪审团，每个部落在每个陪审团中的人数相等。[25]

公元前462/1年，战神山议事会的司法权限仅限于谋杀案件和少量其他指控。[26] 这个问题在约公元前400年已经得到讨论，[27] 在德摩斯梯尼时代，它的权力有所复苏。在《战神山议事会颂词》中，伊

㉑　有关年代问题，请见 MacDowell 1971（C 192）。*Ath. Pol.* 42，53 暗示，成年以后，所有公民前两年担任预备公民（*epheboi*），42 年中的最后一年担任仲裁人。见 Gomme 1933（C 144）11；Rhodes 1980（C 227）191－4；请与 Pēlēkidis 1962（C 215）135－4 比较，并见 Ruschenbusch 1979（C 236）以及 1981（C 158）。

㉒　见 Cohen 1975（C 120）。他的观点受到 Hansen 1981（C160）的挑战。

㉓　*Ath. Pol.* 27.5，Diod. XIII.64.6，Plut. *Coriol.* 14.6. 关于公元前5世纪的陪审法庭，见 Ar. *Vesp.* 303－6，1107－9，及 Harrison 1968－71（C 172）II 239－40。

㉔　Ar. *Eccl.* 681－6，Plut. 277，972，及 Harrison 1968－71（C 172）II 240－1。

㉕　*Ath. Pol.* 63－6；关于分配箱，见 Dow 1939（C 128）；关于入场券，见 Kroll 1972（C 184）。

㉖　见 *CAH* V^2 67－74。

㉗　见 Lys，fr. 178 Sauppe ap. Harp. ἐπιθέτους ἑορτάς，法令见 ap. Andoc. 1.84。Sealey 1991（C 256）认为这一残篇的日期相对晚近。

索克拉底赞扬了美好的旧日时光，那时战神山议事会曾经是一个颇有影响的实体。德摩斯梯尼的一个法令强化了战神山议事会的司法权力（Din. Ⅰ. *In Dem.* 62 –3），喀罗尼亚战役之后它审判被控懦弱或通敌之人（Lycurg. *Leoc.* 52 –4，Aeschin. Ⅲ. *In Ctes.* 252）；它还干预政治事务，重议公民大会决定的问题（Dem. XVIII. *De Cor.* 134 –6）。如果是一些重要的罪行，则公民大会授权它举行调查，并在“声明”（*apophasis*）中做出报告，然后由公民大会决定是否启动陪审法庭的审判。[28] 德摩斯梯尼的政敌控告他不民主，并在惊慌中于公元前 337/6 年通过一道法律。该法威胁说，一旦民主政治被推翻，就会停开战神山议事会（*SEG* XII 87 = Harding no. 101）。然而战神山议事会仍然保有扩权后的地位。公元前 323 年，尽管战神山议事会因德摩斯梯尼获得了受托调查权，它仍然宣布，由于德摩斯梯尼接受了哈帕鲁斯（Harpalus）带到雅典的部分金钱，因而被定罪。[29]

法律与法令的区别显示了这一时代哲学的影响，但是在实践中，它并没有对公民大会在做决定方面的至高权力做出多少改变。该世纪初期另外的改变确实归因于公元前 5 世纪的民主政治精神：为出席公民大会支付津贴；在公民服军役期间的最后一年中担任仲裁人；新的当值主席团主持议事会和公民大会；精心设计组成陪审团的随机体系。后来的改变与民主政治的改变不尽相同，戏剧基金的掌库官和“保管员”的权势地位是最为显著的例证，但是在其他方面，专门化和专业化开始变得更有价值。谈论极端民主政治的缺陷成为一种风尚。民主政治的机器仍在继续运转，在一个对公元前 411—前 410 年和公元前 404/3 年的寡头政治仍心有余悸的城市里，没有政治家会承认自己是一个民主政治的反对者，但是对民主政治的原则，他已经不具有公元前 5 世纪后半期那样的热情。[30]

第二节　公元前 4 世纪的雅典：对政治的解析

伯里克利去世前，雅典的主要政治家一直都担任着国家的主要

---

[28] 见 Harrison 1968 –71（C 172）II 105；Hansen 1975（C 153）39 –40。

[29] 参见第 858 页。

[30] Bleicken 1987（C 95）的研究强调公元前 5 世纪与公元前 4 世纪民主政治的连续性。

职务：最初是执政官，卸任后是战神山议事会的终身成员，到公元前5世纪中叶则是将军，这是可以无限制重新当选的职位。公元前5世纪末，智者们教导那些政治上特别需要成功者以辩论和演讲术，因而出现了 *demagogos*（字面含义是“人民领袖”）或 *rhetor*（意为“演说家”）型的政治家。当将军成为军事专家，不仅愿意为雅典而且愿意为一个外国雇主而战时（参见上文），新的政治家就是那些经常在公民大会上发言，劝说公民为他们的建议投票，但并不总是担任公职的人（Isoc. Ⅷ. *De Pace*. 54 – 5）。[31] 卡利斯特拉图斯是公元前378/7年、前373/2年和前372/1年的将军，但是在整个公元前4世纪70年代和60年代，他都是一位长期没有担任公职而颇有影响力的政治家；我们倾向于把将军卡莱斯和政治家卡利斯特拉图斯看作是合作关系。[32] 自公元前346年以来，德摩斯梯尼在诸多使团中任职；公元前347/6年，他是议事会的成员（如Dem. ⅩⅨ. *FL* 154, 234）；但是直到公元前337/6年，他却没有担任雅典的任何其他常规公职，这一年他才担任戏剧基金掌库官和一个负责筹建城墙的临时委员会成员（如 Aeschin. Ⅲ. *In Ctes*. 24, 31）。我们看到，弗奇翁想要恢复旧的军事政治合一的领导（Plut. *Phoc*. 7. 5 – 6），曾45次担任将军（8. 2），尽管他参与了很多政治活动，并且很明显倾向于成为德摩斯梯尼的反对者，但是在其主要经历中，他并不是一个一流的政治家，然而和其他将军一样，他也未能避免雇佣性的服役（Diod. ⅩⅥ. 42. 7 – 9）。[33] 另外，重要的政治家倾向于把持新的财政职务：欧布鲁斯是戏剧基金掌库官；德摩斯梯尼是公元前337/6年的戏剧基金掌库官；吕库古是“保管员”；据我们所知，德马得斯（Demades）没有担任过除了军事基金掌库官以外的任何常规职务。[34] 并不参与常规管理而是负责与其他城邦谈判的使团，总是吸引着主要的政治家。

573

公元前4世纪的政治家中，出身旧的贵族家族成员的人——如吕

㉛ Roberts 1982（C 231）反击说，已知的绝大多数新型的政治家都担任过某些公职；但重要的是他们没有像客蒙和伯里克利一样长期担任某种主要职务。

㉜ 关于这种合作，参见 Dem. ⅩⅢ. 20（及 11. 29），［Dem.］Ⅻ. 19，Aeschin. Ⅲ. 7，亦见 Isoc. ⅩⅤ. 136。

㉝ 关于弗奇翁，见 Tritle 1988（C 261）。

㉞ *IG* Ⅱ^2 1493 – 1495 with Mitchel 1962（C 202）（*SEG* ⅩⅪ 552）.

库古是一个厄特奥布塔德（*Eteoboutades*）家族成员不多，但是他们大部分出身富裕家庭，埃斯奇奈斯和德马得斯是少见的出身低下
574 者。[35] 财富不仅能使政治家将他们的大部分时间投入到政治活动中，而且能够给予他们在诸如公益捐献[36]以及受邀自愿捐款等公共服务中慷慨表演的宣传机会；德摩斯梯尼责备埃斯奇奈斯从没将他的金钱用于公共利益（XVIII. *De Cor.* 311－13）。

雅典人并没有努力让他们的司法独立于其他国家机构（参见上文），或者对他们的政治和军事领导人的非法行为与其他失败加以谨慎区分。一个将军没能实现预期的胜利，或者一个政治家因为其建议被公民大会采纳而导致灾难，可能都会被指控因为受贿而出卖雅典的利益；[37] 某项措施作为一项法令为公民大会所采纳或作为一项法律为立法者团体所接受，反对者可能对这项措施及其创立者提出“违法提案起诉”（*graphe paranomon*）或“颁布不恰当法令”（*nomon me epitedeion theinai*）的指控；[38] 雅典业余的陪审团，尽管有陪审员誓言的保证（Dem. XXIV. *Tim.* 151），并没有将他们的注意力仅限于所谓的犯罪，而是特别关注所有在他们面前的社会名流。在阿提卡演说家的世纪（约公元前420—前320年），曾发生诸多政治审判。[39] 阿利斯托丰（Aristophon）宣称，他曾75次遭遇“违法提案起诉”而又被宣告无罪（Aeschin. III. *In Ctes.* 194）；在亚历山大去世时爆发的马其顿战争[40]中，德马得斯受到政治上的压制，因为“违法提案起诉”中的三项罪名而被剥夺公民权（*atimia*）。[41] 政治所带来的指控不仅限于公开的政治活动，公元前4世纪雅典的主要政治家再三相互攻讦。

公职人员在任职之前必须经历“任职审查”（*dokimasia*）（*Ath. Pol.* 55. 2）；在当年议事会10届主席团的每一届中（48. 3），每

---

[35] 见 Davies 1971（C 124）544－7，100－1。

[36] 见 *CAH* V²84。

[37] 收礼是寻常之事，希腊语中没有专门的“受贿”一词。见 Lewis 1989（C 42）。关于受贿的指控见 Perlman 1976（C 221）。

[38] 不管他们被控为违法还是不合时宜，第一项针对的是法令，第二项针对的是法律，见 Hansen 1978（C 155）325－9。

[39] Mossé 1974（C 209）；Cloché 1960（C 118）有力地证伪了他企图证明的内容。

[40] 见第859页。

[41] Diod. XVIII. 18. 1－2（附正确的数据），参见 Plut. *Phoc.* 26. 3，*Suda*（Δ415）Δημάδης。

个官员都得提呈中期报告并接受信任投票（43.4，见 61.2，4），在离职之时必须提呈他们所经手公共资金的最终账目（*logos*：54.2），并接受对他们任职期间行为的更全面考核（*euthynai*，字面意义为“矫正”：48.4 – 5）。尽管存在名为“违法提案起诉”的制度——它可能用于对付任何提出法令建议之人，但地位不取决于其所任职务的新型政治家仍让人难以捉摸，人们尝试把这些人的活动明确限定在法律范围之内。在公元前 399 年完成的法典中，统一了《起诉违法行 575
为的法律》（*nomos eisangeltikos*），其第一类的两种罪名被定义为“若有任何人推翻雅典人的民主政治……”，“或任何人背叛城邦……”，但是第三个条款为“或，作为一个演说家，不谈对雅典人民最有利之事，而从那些反对人民的工作中获取金钱和礼物”。[42] 叙佩利德斯评论说，前面两个条款涉及的是任何人都可能被指控的罪名，但是第三条确实直接针对演说家，“他们在提出法案（*psephismata*）时说谎；如果你们以任何其他而不是这种方式颁布法律，或者如果演说家从演说中获得了尊崇和好处，却让普通公民（*idiotai*）为了他们的利益去冒险，那你们一定是发疯了”（Ⅳ. *Eux.* 8 – 9）。同样，在埃斯奇奈斯因违反曾自愿为妓者不得对公民大会发表演说的法律遭遇控告时，他以下述话语结束自己《反提马库斯》的演说（*Against Timarchus*）：“因为这项法律不是要调查普通公民（*tous idioteuontas*），而是政治家（*tous politeuomenous*）”（Ⅰ. *In Tim.* 195）。提马库斯的男妓生涯使得他失去了担任任何公职的资格（19 – 20），[43] 还被列入一个冠以“演说家审查”（*dokimasia rhetoron*）名头而失去资格的名单中。这项制度规定，只要愿意，任何公民都可以控告一个本已失去资格却在公民大会上发言的人（27 – 32）。“演说公诉”（*rhetorike graphe*）只能在词典中找到，却没有出现在同时代的文本中，有可能是对这种审查（*dokimasia*）的另一称谓。[44] 埃斯奇奈斯似乎认为，这种审查适用于

---

[42] Hyp. Ⅳ. 7 – 8，见 Poll. Ⅶ. 52，*Lex. Rhet. Cant.* εἰσαγγλία，后两书都将针对演说家的条款放在首位。

[43] 除了这次，他还两次在议事会任职（§109，80），缺少公诉人意味着只有某人想要强制执行这项法律时才能强制执行。

[44] Harp. ῥητορικὴ γραφή，*Lex. Rhet. Cant.* ῥητορικὴ. *Lexica Segueriana*（Bekker，*Anecd.* Craeca I 299，line 24）. Hansen 1974（C 152）25 将其等同于“违法提案起诉”，Rhodes 1981（B 94）660 n. 53 则将其与“演说家审查”等同。

任何发表演说之人，即便是个别的场合也一样（ἐάν τις λέγῃ，“如果某人说”：28）。但是“演说家”一词似乎特指法令提案人，[45] 如果某人并非经常充任政治家而遭到挑战，他很可能会宣称他不是一个演说家，这一法律就不适用于他（见 Hyp. Ⅳ. *Eux*. 30）。

因此，基于品行的审查制度或者对作为一个演说家行为的检举，使得政治家与官员融合了。在埃斯奇奈斯对克泰西丰（Ctesiphon）提议授予德摩斯梯尼荣誉提案的控告中（指控开始于公元前 336 年，最终在公元前 330 年走上法庭），主要的罪名，是克泰西丰在一份官方文件中说谎，因为克泰西丰宣称，德摩斯梯尼“一直以来的所言
576 所为对人民来说都是最好的”（Aeschin. in. *In Ctes*. 49）。德摩斯梯尼在辩护中坚持认为，作为一个演说家，他不可能单独为雅典的命运负责，因为他的责任不是士兵的勇气或者敌军的运气或军事指挥能力，而是为了预见即将来临的事件而警告公民，与城邦固有的迟缓作斗争，唤醒爱国热情并拒绝腓力的贿赂（ⅩⅧ. *De Cor*. 244 –7）。

学者们对希腊城邦中存在与现代世界一样的政党的假设不再感兴趣，现代的政党是有着共同政治观点的公民团体，意在追求一个政治目标时相互合作，尤其是在得到选举决策团体候选人保证支持这一目标时。如我们所见，民主政治下的雅典，主要的决策团体不是一个代表们组成的委员会，而是一个集体，其中不管是投票还是更积极的参与都向所有公民开放，大部分职位由抽签指定，其方式是所有正直的公民都能轮流为国家工作。因为这种抽签分配的职位数量众多且任期短暂，许多职位的竞争似乎并不激烈，[46] 从某人在某个特定年份担任特定的职位中得出的主要结论，是他愿意这样做，且没有因为之前的任职而失去资格。在议事会中，如果兄弟或者父子任职，或者几个人再次同时任职，我们认为他们是被选举出来的，且他们的德莫同胞并不反对这么做。当我们发现叙佩伯鲁斯（Hyperbolus）在公元前 421/0年即克里昂去世的第二年（*IG* Ⅰ^{3} 82，5 及 42）、德摩斯梯尼在《菲洛克拉特斯条约》签订的公元前 347/6 年任职时（参见第 752

---

[45] 这一术语第一次出现时即做此用法，见 M-L no. 49 = *IG* Ⅰ^{3} 46. 21（约公元前 445 年），在《有关起诉的法律》中，它可能就意在表达这个意义。

[46] 但是 *Ath. Pol*. 62. 1 显示一些人渴望获得某些职位，亦见第 577—578 页。

页)，我们可以推测，是他们选择了这些时间作为特别恰当的任职年份。[47]

对那些选举产生的职位进行解释时，我们必须谨慎。就将军来说，他们作为指挥官的能力是必须考虑的主要因素，尤其是在公元前4世纪，那时他们并不是公元前5世纪那样的主要政治人物；但是雅典人并不一定要丢掉其他考虑。可能会出现某人被指定去执行他并不赞成的政策之荒谬事例：如尼西亚斯就曾担任公元前415年远征西西里的将军之一，明显是为了遏制亚西比德的热情；[48] 弗奇翁并不是德摩斯梯尼的支持者，但是从公元前341/0年到公元前338/7年，他每一年都是将军（不过喀罗尼亚战役时他不是将军）；公元前4世纪40年代早期，卡莱斯是将军，这时德摩斯梯尼的政策还不受热捧，到公元前4世纪40年代晚期和30年代早期，他还是将军，这时德摩斯梯 577 尼的政策则受到欢迎（卡莱斯在喀罗尼亚战役时是将军）。当任职的部落基础仍然存在时（参见上文），一些部落的职务就不大可能有好的候选人。同样，在使团中指定那些对期望的结果持有相同意见的人应当是明智做法，但并不总是如此。公元前372/1年被派去与斯巴达和解（*rapprochement*）的使团中就有斯巴达的“代办人”（*proxenos*）卡利亚斯，还有热衷于和解的卡利斯特拉图斯，也有不热衷于和解的奥托克莱斯（Xen. Hell. VI. 3. 1 – 17）；[49] 在公元前346年向腓力派遣的使团中，众所周知的是，德摩斯梯尼与其同僚意见根本不一；[50] 喀罗尼亚战役后，埃斯奇奈斯、德马得斯和弗奇翁受派出使到腓力处，德马得斯于公元前336年和前335年两次与亚历山大谈判，而德摩斯梯尼也在公元前336年被选为使节，尽管后者认为自己难以面对亚历山大（Aeschin. III. *In Ctes.* 161；Diod. XVII. 4. 5 – 9）。新的财政官职位是一个更可靠的指针。欧布鲁斯利用他戏剧基金掌库官的职位推行特殊的政策，他的连任（多长时间我们不得而知）就是对他本人及其政策有信心的标志。公元前337/6年德摩斯梯尼当选时，我们并不知道他之前担任过任何财政官职务。这表明，在喀罗尼亚战役和底比

[47] 见 Rhodes 1972（C 224）3 – 4 及 1980（C 227）193 n. 10，197 – 201。

[48] 见 *CAH* V^2 446 – 7。

[49] 参见第180页。

[50] 参见第756—757页。指派他时，他可能会与他们争执的迹象并不明显。

斯的毁灭这段不稳定的时期，公众对他是支持的；吕库古也利用他“保管员”的职务推行了一项财政政策。然而，一般来说，某人的成功当选与一个人的政治地位或民意状态的关系，并不是一种可靠的指示器。

尽管我们知道雅典人并没有政党，但是在议事会和公民大会上的演讲和投票之外一定有幕后的政治活动。最明显的证据不是来自公元前4世纪，而是来自公元前5世纪后期纷繁杂乱的时日。[51] 安多奇戴斯宣称，公元前415年赫尔墨斯像被毁是一个他隶属其中的“朋党”（*hetaireia*）所为，这一事件确实是故意制造恐慌，可能有某种政治目的（Ⅰ. *Myst.* 61 – 4，见 49，54）；公元前 411 年，皮桑德尔（Pisander）鼓动“同谋”（*xynomosiai*）和“朋党”（*hetaireiai*）加入军队并反对民主政治，“它已经存在于城邦中，意在诉讼和谋取公职”（Thuc. Ⅷ. 54. 4，见 65. 2）。公元前404 年，“朋党”指定了被称为监察官的 5 个人，他们“充任公民的召集人和同谋者的领导者”，这些人指定在部落的代理人，并通过他们告知人们如何投票以及该选举何人（Lys. Ⅻ. *Erat.* 43 –4）。在新整理编撰统一的《起诉违法行为的法律》（参见上文）中，就有关于阴谋反对民主政治的条款
578 ἢ ἑταιρικὸν συνάγαγῃ（“形成朋党”）。[52] 公元前4世纪并无对民主政治的威胁，因而也没有秘密活动的必要。然而，柏拉图说他不会从事政治事业，因为他没有朋友（*philoi*）和朋党（*hetairoi*），什么事情也做不成，他也找不到合适的人选（*Ep.* Ⅶ. 325c-d）。他还提到，利用“朋党为谋取公职努力”是一个非政治性的哲学家应该避免的事情之一（*Tht.* 173d）。据说将军卡莱斯针对“演说家、法令提案人和在法庭诉讼的普通公民”花了部分金钱，用于为他的竞选拉票（Theopomp. *FGrH* 115 F 213，见 Aeschin. Ⅱ. *FL* 71）。在公元前 346/5 年的一般审查中被剥夺了公民权的欧克西泰乌斯（Euxitheus），宣称德莫长官欧布利戴斯（Eubulides）在第一天的最后点到了他的名字。由于哈利姆斯（Halimus）德莫离城市有 35 斯塔德（Stades，约合 6

---

[51] 参见 *CAH* V^2 449 –50，472 –5。关于政治行为的一般情况，见 Rhodes 1986（C 229）。

[52] Hyp. Ⅳ. 8；not in Poll，Ⅷ. 5 2，*Lex. Rhet. Cant.* εἰσαγγελία；但请见（Dem.） XLVI. 26 附录的法律。关于公元前 4 世纪的“朋党”，见 Pecorella Longo 1971（C 218）。

千米)，大多数成员已经启程回家；“留下来的不超过 30 人，但是他们都是他指定的人”，并且统计出来的选票超过了 60 张（Dem. LVII. *Eub.* 10，13，见 16，59 – 60)。

演说家多次提到领导人物的朋友和盟友，一个政治家显然能够有诸多层次的支持者。公元前 343 年，埃斯奇奈斯以吁请下述人物的支持结束自己的辩护，“欧布鲁斯为谨慎的政治人物；弗奇翁为将军，他以超过所有人的正直而声名卓著；我的朋友和同时代人瑙西克莱斯（Nausicles)，以及所有其他我曾共事或参与其活动的人”（Ⅱ. 184)。[53] 德摩斯梯尼认为，如果欧布鲁斯为埃斯奇奈斯说话，却不能代表自己的亲属发言，那就是一个险恶的迹象（XIX. *FL* 289 – 93)。公元前 330 年，埃斯奇奈斯如此诽谤那些为德摩斯梯尼说话的人，“不论他们是在他年轻时与他一起狩猎的人还是一起训练的运动员”，但是，且慢，这并非德摩斯梯尼唯一的追求，相反，“当他结束演说时，他吁请那些与他一起接受贿赂的同伙支持他”（Ⅲ. *In Ctes.* 255，257)。德摩斯梯尼称那些围在美狄亚斯（Meidias）身边并为他说话的人为受雇者（*misthophoroi*)，此外，美狄亚斯还组织朋党，让他们充当目击证人（XXI. *Meid.* 139)。

公元前 4 世纪早期，我们能够看到各种各样的效忠者和反对者，一些人比另一些人要更为持久。[54] 某些家族或个人在很长时期维持一
贯的政策，[55] 但是在任何一个时间段，大多数雅典人所想要的是同样 579
的政策，将某一政治家团体与另一个分开的，并不是他们特殊的政策。公元前 4 世纪 70 年代，雅典亲底比斯反斯巴达，但在公元前 4 世纪 60 年代亲斯巴达反底比斯，对这两项政策，卡利斯特拉图斯都是主要倡导者。留克特拉战役后的改变并不是由少数摇摆选民造成的，而是由大多数雅典人实现的，其中一些人远比其他人更快地意识到，希腊的势力平衡发生了重大转变。然而，在腓力统治时期，欧布

[53] 比较 Andoc. Ⅰ. 150 中的呼吁。

[54] 见 Sealey 1956（C 253）（过于机械)，关于约公元前 320 年之前的整个时期，请见 Perlman 1967（C 219)，Rhodes 1978（C 225)。

[55] 公元前 372/1 的使团中反对斯巴达的奥托克莱斯（参见上文)，可能属于某个一贯反对斯巴达的家族［Davies 1971（C 124）161 – 5 写错了使团的日期；但是 Tuplin 1977（C 262）对 Xen. *Hell.* Ⅵ. 3. 2 文本颇有吸引力的修订排除了他与这个家族的联系］。另一方面，老莱奥斯泰奈斯（Leosthenes the elder）作为一个流亡者在腓力的宫廷中终老，但他的儿子是一个坚定的反马其顿派［Davies 1971（C 124）342 – 4］。

鲁斯和德摩斯梯尼确实代表着不同的政策：要么节约雅典的资源，即便要付出独立的代价，要么不遗余力地反对腓力，无论雅典经济上要付多大代价。有迹象表明对这种或那种政策的一贯归附，还有着某种接近于政党的纪律。公元前 343 年，德摩斯梯尼说他曾经与皮托克莱斯（Pythocles）友好，但自此人访问过腓力后，他就一直避免与德摩斯梯尼碰面，或遇到后匆忙离开，以免被人看到与他交谈，好像那些支持腓力的人一定会让他选择他们的朋友和敌人一样（XIX. *FL* 225 –6）；在公元前 330 年的演说中，德摩斯梯尼宣称，为了不做任何事情得罪那些所有政治活动都为自己谋利的人，埃斯奇奈斯从来没有用自己的财富支持过雅典（XVIII. *De Cor.* 312 –13）。[56] 和雅典历史上大部分时间不同，腓力统治时期的雅典有更接近于现代意义上的政党政治。在亚历山大统治时期，吕库古能够与德马得斯以及他的朋友合作，而与德摩斯梯尼一派的其他成员并无明显的合作。亚历山大去世时，此前的阵线暂时得以恢复。

第三节 城邦与对城邦的超越

本章的前半部分关注雅典，这是我们对其内部事务拥有充分证据的唯一城邦。但是雅典只是诸多城邦中的一个。公元前 5 世纪的历程，已经把希腊的政治制度分为三种类型：君主制或僭主制，由一个人统治，通过继承实行合法的统治或者通过篡权实行绝对统治；寡头
580 制，由少数人统治；民主制，由多数人统治。雅典是民主制的主要代表，城邦的决定由全体公民出席的集会自由做出，官职为全体公民共享；在属于它的提洛同盟——那是它公元前 5 世纪网罗的盟国内，它鼓励，某些时候甚至强迫推行民主政治。寡头制的主要代表是斯巴达，它拥有某些政治权利的公民人数比例远低于雅典，权力当局很少把事务提交给公民大会，人们期待于公民大会的，仅仅是批准或拒绝掌权人物的提议。尽管公民们号称“平等者”（homoioi），权力还是掌握在长老会（*gerousia*）手中，其任职资格仅限于两个国王和一群

---

[56] 在 Dem. XIII. 20（可能发表于公元前 353/2 年）中，有一些对于政治支持组织不断增长发出的早期的抱怨，在 II. 29（公元前 349 年）中或多或少重复了他的抱怨。

特权家族。斯巴达也鼓励她的盟友——伯罗奔尼撒同盟内的城邦——实行寡头制，直到留克特拉战役之后，她才失去了强制推行其意愿的势力，同盟亦遭瓦解。民主制和寡头制某种程度的差别是可能的：公民团体成员拥有的某种政治权利、公民大会相对于权力机关的权利以及公职的分配，是斗争的三个基本要素。公民和城邦都聚集在这两个标签之下，但实际上民主制城邦和寡头制城邦并没有非黑即白的区别。此外，亚里士多德评论说，一个寡头制政府可能以民主制的精神来管理，而一个民主制政府也可能以寡头制的精神来管理（*Pol.* Ⅳ. 1292a39 - 1293a34）。雅典是他所说极端民主的典型例证，其中城邦的收入能够允许她为公共服务支付报酬，也使穷人能够实践政府给予他们的政治权利（1292b41 - 1293a10）。我们不知道其他民主制城邦的民主程度如何，因为大多数城邦比雅典要穷，不能如它这般支付许多津贴，但是它们也比雅典要小，能够在没有她这么多公职人员的基础上运转，因此雅典型的民主政治不可能为其他城邦所效仿。[57]

斯巴达仍然保留了双王制，王的权力受到监察官制度的限制，但是仍然相当大。另外，公元前 4 世纪的君主制大部分限于希腊世界的边缘地带：马其顿（见下文）和摩罗西亚有国王；叙拉古和西西里的其他城邦有僭主，色萨利的菲莱（见下文）和黑海南岸的赫拉克
里亚也有僭主。[58] 在早期希腊，僭主并不总是一个贬义的词汇，但是 581
在柏拉图和亚里士多德的政治理念中，僭主不仅是篡权者，而且是自私且残忍的统治者，[59] 因此民主政治家和寡头统治者都同意，僭主属于应该避免的情形。

尽管城邦（城市国家）是希腊特有的政治单位，也被哲学家们认为是理想的单位，[60] 但并不是我们在古典希腊发现的唯一政治组织

---

[57] 见 *CAH* V^2 91 - 5。

[58] 关于斯巴达，见本卷第 5 章；关于叙拉古，见本卷第 13 章；关于赫拉克里亚，见本卷第 222、498 页。在希腊中心地区，欧弗隆在公元前 4 世纪 60 年代的少许时间里是西库翁的僭主（Xen. *Hell.* Ⅶ. Ⅰ. 44 - 6, 2. 11 - 15, 3. 1 - 12）；约公元前 365 年提摩法奈斯试图成为科林斯的僭主，他的兄弟提摩莱昂卷入了对他的刺杀（Diod. ⅩⅥ. 65, Plut. *Tim.* 4 - 5，见第 199 页）；关于其他可能的僭主，见 Berve 1967（C 9）Ⅰ 296 - 309 及 Ⅱ 673 - 7。在被德摩斯梯尼称为僭主的腓力的支持者中，到底有多少人名副其实，并不清楚。

[59] 如 Plat. *Rep.* Ⅷ 562a - 569c, *Polit.* 291d - 293c, 300e - 303b, Arist. *Pol.* Ⅲ 1278b6 - 1280a6，关于僭主政治，请见 Ⅳ 1295a1 - 24, *Eth. Nic.* Ⅷ 1160a31 - 1161a9。

[60] 如 Plat. *Rep.* Ⅱ 368e - 369b, *Leg.* Ⅰ. 626b-c, Arist. *Pol.* Ⅰ 1251a1 - 1253a39（开篇是“我们看到，每一个城邦……”）。

类型。希腊大陆和小亚细亚西海岸被一些大山隔开，大部分可居住地区主要是小范围的，爱琴海上的岛屿也是小岛。许多这类居住区都被某一单个城市中心所统治，形成一个独立的城邦；雅典和斯巴达是非典型的，因为她们统治了超乎寻常的大面积地区。然而，也有一些地区包括了好几个市镇，它们之间谁也不能完全控制其他市镇。

其中一个这类地区就是彼奥提亚。在环绕科佩斯湖（Lake Copais）的市镇中，东南部的底比斯逐渐成为势力最强者，但是她的霸权要求遭到抵制，尤其是西北部的奥尔霍迈诺斯。底比斯并没有统治她的邻居，而是将她们联合成一个彼奥提亚联邦国家。[61] 公元前 519 年，那里就有了一个联邦，普拉提亚不想加入，求助于斯巴达，斯巴达建议她寻求雅典的保护。科林斯参与调停，规定“底比斯不能干涉那些不再愿意归属彼奥提亚的彼奥提亚人”（Hdt. Ⅵ. 108）。[62] 该联邦可能在希波战争后瓦解。大约有 10 年时间，即公元前 457—前 447/6 年，彼奥提亚处于雅典的控制中，[63] 然后联邦得以复兴。我们从两个文本中得到了关于其组织的分析。其中的全权公民权有财产资格限制；各个城邦内部事务自治，每个城邦的全权公民团体分成 4 部分，每部分轮流主持某种有预审职能的议事会（probouleutic council）。联邦组织不是基于这样的城邦，而是基于 11 个宗教单位。底比斯凭借本身的权力组成了两个宗教单位，公元前 427 年普拉提亚被灭后，底比斯进一步组成了另两个代表普拉提亚及其相邻的宗教单
582 位；另外的城邦，根据其规模，组成两个或一个或一部分宗教单位。每个单位提供 11 个被称为彼奥提亚长官（*boiotarchoi*）的民政官员中的一位；提供 60 位共由 660 人组成的议事会的成员；军队和其他机构都基于这些单位（*Hell. Oxy.* ⅩⅥ Bartoletti）。和各个城邦的公民团体一样，联邦议事会的成员也分成 4 部分，每部分轮流主持预审议事会；但是没有联邦公民大会（Thuc. Ⅴ. 38. 2）。联邦的权力掌握在底

[61] 关于彼奥提亚联邦，尤见 Larsen 1968（C 37）26 –40，175 –80；Roesch 1965 and 1982（C 345 –346）；Salmon 1978（C 347）；Buckler 1980（C 329）。钱币有时以彼奥提亚的名义发行，有时以底比斯或其他城邦的名义发行，但正面通常有一面独特的盾牌图案，见 Kraay 1976（B 200）108 –14 with pll. 19 –20。

[62] 见 *CAH* Ⅳ^2 298，360。年代来自 Thuc. Ⅲ. 68. 5（一些人认为时间太早）。文献证明，公元前 480—前 479 年，彼奥提亚长官团（*Boiotarchoi*）已经存在，见 Hdt. Ⅸ. 15. 1，Paus. Ⅹ. 20. 3。

[63] *CAH* Ⅴ^2 96 –7，116，133.

比斯手中（*Hell. Oxy.* XVI. 4）。在这一组织中，各城邦保留着当地的自治权（但是都以同样的模式组织），而涉及全体之事则在联邦整体中协同操作，尤其是外交政策。一些城邦的地位高于其他城邦，底比斯不仅是最重要的城邦，而且被认为是行政首府。但是所有城邦的公民都是平等的彼奥提亚公民，所以塔那格拉人并非底比斯纯粹的边民（*perioikoi*），与作为斯巴达边民的普拉西亚（Prasiae）人不同，后者只对自己的内部事务有发言权。

公元前 392 年，斯巴达第一次试图把一个普遍的和平条约强加给希腊人，其基础原则是所有城邦都应该独立，这一原则威胁要解散彼奥提亚联邦（Xen. *Hell.* IV. 8. 15）；作为对反对声音的回应，斯巴达最初的打算是，如果奥尔霍迈诺斯退出联邦，就让联邦的其他部分保留原样（Andoc. III. *De Pace*, 13, 20）。但是当和约于公元前 386 年最终达成时，斯巴达坚持要终结这个联邦（Xen. *Hell.* V. 1. 32 – 3）。[64] 公元前 382 年，斯巴达占领底比斯；公元前 379/8 年，底比斯重获自由，联邦开始复苏。因为底比斯的代表宣称不是作为底比斯人而是作为彼奥提亚人宣誓，结果被排除在公元前 372/1 年的和平条约之外。在复兴的联邦中，我们发现了一个执政官（显然是形式上的首脑，但是没有实权：一些人相信这是一个古老的官职，尽管没有在更早时期得到证实）、七个彼奥提亚同盟长官、一个公民大会而非议事会（例如 *SIG* 179 = Harding no. 48）。公元前 335 年，底比斯因反叛亚历山大被摧毁，约公元前 316 年为卡桑德重建，但联邦得以幸存。[65] 如果公元前 324 年亚历山大确实曾命令解散联邦［Hyp. V. *Dem.*, col. 18（有残损）］，则这个命令并未生效，在希腊化时代仍然有个联邦的彼奥提亚，这时不再基于地域单位，而是基于单独的城邦。

另外一个不是由单个城邦统治的地方是阿卡狄亚，即多山的伯罗奔尼撒中部地区，居民为非多利斯人。[66] 我们了解最多的两个城邦是曼提奈亚和泰盖亚，都在东南部，但是还有许多其他城邦。留克特拉 583

[64] 参见第 117—119 页及下文第 588 页。

[65] Roebuck 1948（D 116）80 n. 42［= Perlman 1973（D 111）209h n. 42］；请与 Sealey 1976（A 53）490 – 1 比较。翁凯斯图斯（Onchestus）的波塞东（Poseidon）圣所取代底比斯成为行政中心［Roesch 1965（C 345）125］；公元前 3 世纪末期，除了一个公民大会以外，彼奥提亚还有一个议事会（*synedriorn*）（同上，126 – 33）。

[66] 参见 *CAH* II^{2}. 2, 702。

战役之前，在说到“阿卡狄亚人”时都是指它们两个，但是曼提奈亚和泰盖亚往往相互对立，有关共同组织的证据非常少见。约公元前491年，克莱奥麦奈斯试图联合阿卡狄亚人反对斯巴达，并且从“阿卡狄亚的领导人”那里得到誓言，无论他率领他们到哪里，他们都会追随（Hdt. Ⅵ. 74），但是在得到肯定的结果之前，他被劝诱回到了斯巴达。[67] 现存以阿卡狄亚人名义发行的钱币，来自三个造币厂，但是其时间现在被界定为公元前480—前418年，从中能看到多少政治意义还不是很清楚。[68] 希罗多德记载的泰盖亚在普拉提亚的主张（Ⅸ. 26－28. 1），显示阿卡狄亚人是作为一个独立的城邦被纳入伯罗奔尼撒同盟的。曼提奈亚以村镇联合的形式组成一个单独的城邦，可能是在希波战争之后，或是更早。[69] 安塔尔奇达斯和约以后，曼提奈亚又被斯巴达分裂成原来组成的村庄。[70] 留克特拉战役之后，尽管斯巴达人反对，但曼提奈亚再度组成为一个单一的城邦。随后，吕科麦戴斯在部分而非全部泰盖亚领导人的支持下，组建了一个阿卡狄亚联邦。一个新的城市——麦伽罗波利斯——作为这个新城邦的首府被创建起来，阿卡狄亚南部许多城市的人被迁移到这里。[71] 联邦被称为“共同体”（*koinon*，Xen. *Hell.* Ⅶ. 5. 1），法令“由阿卡狄亚人议事会和万人会决定”，前者可能是一个代表性团体，后者可能是向所有公民开放的公民大会，还有一个50名高级官员（*damiorgoi*）的名单，10个来自麦伽罗波利斯，其他人大多来自其他9个城市（*IG* v. ii. 1 ＝ Tod no. 132 ＝ Harding no. 151）；[72] 色诺芬笔下的执政官（*archontes*）（如 *Hell.* Ⅶ. 4. 33）可能就是高级官员或者民政官员的一个小团体；也有一个单任的将军（*strategos*：Diod. ⅩⅤ. 67. 2，见62. 1）。不久以后，联邦发生分裂，导致了公元前362年的曼提奈亚

---

[67] 参见 *CAH* Ⅳ^2 366。

[68] Kraay 1976（B 200）97－8，以及 *CAH* Ⅴ^2 105；比这一系列钱币更早的钱币与克莱奥麦奈斯有关。

[69] 参见 *CAH* Ⅳ^2 102－4。

[70] 参见第157、563页。

[71] 参见第193页。关于阿卡狄亚联邦，尤见 Larsen 1968（C 37）180－95；Dušanić 1970（C 357）。公元前418年以后，这些城市单独发行钱币；一枚曼提奈亚钱币可能既反映了村镇联合，也反映了联邦。那里也有联邦的钱币。斯廷法鲁斯和菲奈乌斯（Pheneus）的钱币可能是在它们不属于联邦之时发行的［参见 Kraay 1976（B 200）99－102］。

[72] Salmon 1978（C 347）5，104－6 从代表的人数推论说阿卡狄亚的组织单位模仿彼奥提亚。

战争。随后分裂继续：曼提奈亚人仍然宣称是阿卡狄亚联邦，敌对的派别可能也有同样的说法，[73] 但是当那些迁移到麦伽罗波利斯的人试图返回故乡之时，麦伽罗波利斯利用底比斯的帮助迫使他们留了下来 584
（Diod. XV. 94. 1 – 3）。

古典时期，比起那些吸引了我们大部分注意力的地区来说，北希腊和希腊西部是落后的，不过这些城市也展示了一定的发展。科林斯湾入口处北部的埃托利亚在公元前 5 世纪后期不是由城市而是由部落组织起来的（Thuc. Ⅲ. 94. 5，100. 1），单个的居住点都是不设防的村庄（*komai*，94. 4），但是在对外政策方面，存在着某种中央组织。[74] 我们能看到公元前 4 世纪的少许发展：公元前 355 年，埃托利亚通过部落向亚历山大派遣多名使节（*ethne*：Arr. *Anab.* Ⅰ. 10. 2），[75] 狄奥多鲁斯第 18 卷第 24 章第 2—25 节和第 19 卷第 74 章第 6 节对该世纪最后 25 年间众城邦的描述，与修昔底德描述的村庄比较，很少有进步。然而，公元前 367/6 年，雅典向其中一个共同体宣布埃琉西斯秘仪节日休战，并抗议了一个埃托利亚城镇的行为（Tod no. 137 = Harding no. 54）；[76] 公元前 338/7 年，埃托利亚人集体获得在德尔斐参加仪式的优先权（*promanteia*）（*Fouilles de Delphes* Ⅲ. Ⅳ 399）。希腊化时代的共同体是以城邦和共同体为单位组织的，它们被当作城邦对待，但是城邦被组合在联盟（*tele*）中（*SIG* 421，*B*）。情况似乎是：一些部

㉓ *Schol. Aeschin.* Ⅲ. 83 的名单中，包括了“有曼提奈亚人的阿卡狄亚人”和“麦伽罗波利斯”；Dem. XIX. 11 提到了麦伽罗波利斯的一次万人会议。麦伽罗波利斯存在派别的说法为 Larsen 1968（C 37），193 接受，但是Dušani ć 1970（C 357）307 – 11 拒绝了这一说法。Tod no. 132 = Harding no. 51 认为其时间在喀罗尼亚战役之后，并宣称腓力重组了联邦［Beloch 1912 – 27（A 5）Ⅲ 1，175 n. 2，2，173 – 7，Dušani ć 1970（C 357）311 – 2，336 – 7］；请与 Larsen 1968（C 37）193 n. 4 的不同看法比较。无论什么机关宣称自己代表联邦，公元前 324 年它可能都受到了威胁（Hyp. Ⅴ. col. 18，参见上文），在拉米亚战争（Lamian War）中，我们最后一次听说它的存在［（Plut.）*XOr.* 846c-d，Plut. *Dem.* 27. 4 – 5］。

㉔ 关于埃托利亚人，尤见 Sordi 1953（C 383）（恰当地反对了在原初的“市区”和发展的“联邦”之间所做的严格区分，这种区分在古代不曾见）；Larsen 1968（C 37）78 – 80，195 – 215. Thuc. 1. 5. 3，Ⅲ. 94. 5 强调了埃托利亚人的落后。新近在斯巴达发现了一个刻录的条约（*SEG* XXVI 461，XXVIII 408），其前言提到“埃托利亚人”，但是在文本的内容中，它显然将同样的人称为（另外一个未经证实的）Ἐρξαδιές，Peek 1974（C 306）。基于碑铭的证据，这个条约的年代约为公元前 500—前 470 年，Cartledge 1976（C 281）基于历史证据，认为年代属公元前 426—前 424 年，这一说法得到了 Jeffery 1988（B 145）从碑铭学角度提出的支持；Gschnitzer 1978（C 292）复述了佩克（Peek）确定的年代但未做讨论，但是在其前言中，他将这一共同体的名称恢复为Αἰτωλοὶ Ἐρξαδιές，并猜测他们是伯罗奔尼撒的一个埃托利亚人共同体。希腊化时代之前，没有出现埃托利亚的钱币。

㉕ Bosworth 1976（D 20）及 1980（B 14）*ad loc*。他认为腓力在公元前 338/7 年后解散了联盟，给予每个族群一个单独的政府，而在亚历山大统治时期，埃托利亚人重新形成了联盟。

㉖ 在德尔斐的铭文中，可能早在公元前 329/8 年，埃托利亚就被当作一个城市［铭文由 Bourguet 1899（B I 36）356 – 7 公布］，但是迟至公元前 2 世纪，它仍被当作一个部落（*SGDI* 1862. 2，1978. 3）。

落组成联盟，其他部落则随着联盟的扩展加入。埃托利亚有一个公民大会，及一个较小的议事会（*boule* 或 *synedrion*），城邦根据其规模按比例派代表参加（*SIG* 546，*B*）。这并不是一个预审机构，而是在公民大会休会期间得到授权活动的机关。联盟还有一个更小的机关（*apokletoi*），成员系从议事会中选出（Livy XXXV. 34. 2，XXXVI. 28. 8）；还有一个独任的将军（Polyb. Ⅱ. 2. 8，2. 11 －3. 1）。公民大会每年举行两次例会，也能举行其他会议。秋会总是在特尔蒙（Thermum）圣所举行（Polyb. Ⅴ. 8. 5），但其他会议没有固定场所。埃托利亚从一个共同体到部落再到城邦联盟的发展阶段已经不可回
585 溯，到希腊化时代，它已经是联盟了，是一个可以吸附更远地区城邦的组织，通过平等公民权（*isopoliteia*）吸纳一个单独的城邦或整个共同体联盟（如 *IG* Ⅸ^2. Ⅰ 169；173）加入。在邻近的阿卡那尼亚（Thuc. Ⅲ. 105. 1，Xen. *Hell.* Ⅳ. 6. 4，关于安塔尔奇达斯和约后的情况，见 *IG* Ⅱ^{2}96 = Tod no. 126 = Harding no. 41）和西罗克利（*IG* Ⅸ^2. Ⅰ 665），联邦制度的存在也得到了证实。

在色萨利平原，相对的后来者将原居住者降为被征服的佩奈斯泰（*penestai*）；周围山地的居民被称为边民，色萨利人足够强大以后就控制了他们。[77] 色萨利按照地域分成 4 个地区，每个区都由一个四区长官统领（参见 *SIG* 274），四区可以联合选举一个单独的领导者塔戈斯（*tagos*）。塔戈斯一旦选举出来，似乎就终生任职，但是也确实有不存在塔戈斯的时期，可能是因为色萨利还没有统一到需要一个永久领导者的程度，或者因为意见纷争阻止了对空白期的填补。[78] 公元前 5 世纪，城市得到发展，主要家族的权力也在减弱，或者在学习通过城邦来行使权力。修昔底德列出了伯罗奔尼撒战争初期促使色萨利支持雅典的城市（Ⅱ. 22. 3，见 Xen. *Hell.* Ⅵ. Ⅰ. 19）。到公元前 5 世纪 40 年代，四区长官被波莱马克（polemarchs）取代，头衔的改变可能伴随

---

[77] 关于色萨利，尤见 Westlake 1935（C 389）；Sordi 1958（C 384）；Larsen 1968（C 37）12 －25，281 －94。色萨利从公元前 5 世纪就发行了钱币，大多数是以各个城市的名义发行，但公元前 5 世纪也偶有城市联合发行风格一致的钱币［Kraay 1976（B 200）215 －20］。见 *CAH* Ⅴ^2 99。

[78] 第一种观点的支持者是 Westlake 1935（C 389）26 －6（原文可能有误——译者注）和 Sordi 1958（C 384）337 －8，第二种观点的支持者是 Larsen 1968（C 37）14 －15。*SIG* 55. 6 －7（C. 450 －425?）包括了短语κὲν ταγᾶ κὲν ἀταγίαι，这似乎证实塔戈斯的缺位并不是反常现象；Chadwick 1969（C 356）相信，没有提到塔戈斯这一官职是有意的或者有所暗指，但他的解释并没有让 Hooker 1980（C 365）信服。

着权力和任职条件的改变。[79] 公元前 5 世纪末，吕科弗隆自立为菲莱僭主，约公元前 375 年，他的儿子亚松获得塔戈斯的职位（Xen. *Hell.* Ⅵ. 1. 8，18 –19）。[80] 随之而来的是菲莱的僭主和他们的反对者之间的敌对状态。反对者由阿琉阿斯家族领导，根据地在拉利萨，马其顿和彼奥提亚先后代表后者的利益进行干涉。公元前 369 年，可能由于彼奥提亚的介入，菲莱的反对者自己组建了一个共同体，有一个执政官作为首领，还有 4 个波莱马克（*IG* Ⅱ² 116 = Tod no. 147；*IG* Ⅱ² 175，可能属于同一时间）。在第三次神圣战争中，菲莱支持福基斯人，而共同体支持他们的敌人。公元前 352 年，马其顿 586
的腓力介入战争，推翻了菲莱的僭主，重新统一色萨利，自己当选为执政官（archon）；[81] 可能是在公元前 342 年，他以自己指定的四区长官取代了波莱马克；[82] 公元前 336 年，色萨利人决定，作为腓力的继承人，亚历山大应该继承执政官的职位（Diod. ⅩⅦ. 4. 1，Justin *Epit.* Ⅺ. 3. 2）。

马其顿地处希腊世界的边缘，仍然保留古老的君主政体；其政治制度处于未发展状态。[83] 王权世袭，但是新王需要得到一个由“马其顿人”（在实践中，是军队）组成的公民大会的认可，可能不是按照一般的继承法则，由前任最亲近的后嗣继承（参见 Curt. Ⅹ. 7. 1 – 15）。[84] 国王拥有绝对的权威，但是人们期望他能遵守某种形式的约束（参见 Arr. *Anab.* Ⅳ. 11. 6，Curt，Ⅳ. 7. 31，Polyb. Ⅴ. 27. 7）。他发行钱币，签订条约（如 Tod nos. 129，158，177 = Harding nos. 43，–，99A）。[85] 已

---

[79] 在 *SEG* ⅩⅦ 243 中，πολεμαρχεόντον τὸνδε 后面出现两个属格人名，然后是 καὶ{σ} 和 4 个主格的人名［但是 Sordi 1958（C 384）344 –7 认为第二栏的前两个人名是 καὶ{σ} 之前更多的属格人名，因此有 4 个波莱马克］；在 *IG* Ⅱ² 175 中，有 4 个波莱马克，分别来自 4 个地区（见下文）。在 *SIG* 274 及其他处，没有约公元前 460 年至约公元前 342 年之间四区长官的证据。

[80] 参见第 32、175 页。

[81] 关于该事件的年代，见 Hammond and Griffith 1979（D 50）220 –3（by Griffith）；关于他担任的是执政官而不是塔戈斯，见同上书第 288 页注释 4；不同看法见 Sordi 1958（C 384）335 –6。

[82] Dem. Ⅸ. 26，Theopomp. *FGrH* 115 FF 208 –9，最近的讨论见 Hammond and Griffith 1979（D 50）523 –4（由格里菲斯执笔）。

[83] 关于马其顿，尤见 Hammond and Griffith 1979（D 50）150 –66，647 –74（哈蒙德执笔），383 –404（格里菲斯执笔）；Hammond 1989（D 49）49 –70；Borza 1990（D 19）231 –52；Errington 1990（D 33）218 –50；哈蒙德相信存在更正式的制度，其他学者不能接受他所说的正式程度。关于马其顿的钱币，见 Kraay 1976（B 200）141 –7。

[84] 参见第 730 页关于腓力任职的论述。

[85] 一份公元前 5 世纪后期与雅典结盟的盟约中，有一个极长的为此立誓的马其顿人名单，见 *IG* Ⅰ³ 89；第 60 行及以后的名单。

得到证实的一个限制，是他有义务参加公民大会对重大罪行的审判（Curt，Ⅵ. 8. 25）；[86] 其他方面，他无疑和一个荷马时代的国王一样，如果他想要探知公众的意见或确保自己得到支持，他会召开公民大会。马其顿没有正式的议事会，当国王不可避免地在某些层面需要建议时，他可以咨询他的“同僚”（*hetairoi*）或“朋友”（*philoi*），这些人既不按照世袭也不由人民指定，而由他自己挑选。他需要指定军官、外交使节和其他政府官员；当他出征之时，可能会指派一个代理人（Thuc. 1. 62. 2，Plut. *Alex.* 9. 1）。我们所知的唯一的其他政府官员是法官（*dikastai*），国王也能指定或罢免他们（Plut. *Reg. Imp. Apophth.* 178f）。到公元前 4 世纪中期，下马其顿平原已经城市化，一个马其顿人的身份能够通过其所在城市确认（如 *SGDI* 2759）。上马其顿的人民以部落为组织单位，在腓力统治之前，他们已有自己的国王（Thuc. Ⅱ. 99. 2），当他们足够强大时，史实证明他们是独立的。由于军事上的需要，整个王国按照地域组织起来（Arr. *Anab.* Ⅲ. 16. 9，参见Ⅰ. 2. 5 等）。

按照族群和地理标准，那些属于同一地区并且意识到自己不同于
587 其邻居的希腊人组成一个单独的城邦。在希腊本土，从严格意义上来说，斯巴达对美塞尼亚的征服是对常规限制的唯一大规模突破。公元前 6 世纪，斯巴达承认了这一限制，当时她放弃了征服阿卡狄亚的企图。[87] 在西西里，公元前 5 世纪早期的僭主家族曾让家族成员统治了不止一个城市。[88] 在其权势最盛之时，叙拉古的狄奥尼修斯一世控制了西西里的大部分和意大利西南部最远端，三个雅典法令给予他西西里执政官的头衔（*IG* Ⅱ^2 18，103，105 + 523 = Tod nos. 108，133，136 = Harding nos. 20， – ，52）。[89] 公元前 4 世纪 90 年代末期，科林斯和阿哥斯的城市联合组成了一个单独的城邦，因为科林斯的民主政治家宁愿与阿哥斯联合，也不愿与亲寡头制的斯巴达联合。[90] 安塔尔

---

[86] Brunt 1976（B 21）XXXIX注意到，国王并不总能做到这一点。

[87] *CAH* Ⅲ^2. 3，355 – 6.

[88] *CAH* Ⅳ^2 766 – 75.

[89] 参见第 137—138 页。

[90] Xen. *Hell.* Ⅳ. 4. 6，8. 34，Andoc. Ⅱ. 26 – 7，32. Griffith 1950（C 362）和 Whitby 1984（C 390）赞成平等公民权之说（*isopoliteia*），即公元前 392 年实现公民权交换，公元前 390 年实现完全联合；Tuplin 1982（C 387）相信公元前 392 年就实现了完全联合；Salmon 1984（C 380）354 – 62 相信公元前 392 年实现了平等公民权，但怀疑是否有比这程度更深的联合。

奇达斯和约以后，斯巴达坚持将两个城市分开（Xen. *Hell.* Ⅴ. 1. 34）。希腊人的国家可能是一个单独的城邦，或城邦的联盟，或部落联盟，或如一个荷马时代的君主国；它可能被多数人统治，也可能为少数人或者一个人统治；但是所有这些类型都与波斯帝国中大多数人受到一个专制君主的统治形成对比。

然而希腊城邦发现，加入更大的联合有其方便之处。某些联合最初是宗教性的，联合的是那些对同一圣所感兴趣的人。伊奥尼亚的 12 个城市就有一个基于帕尼奥尼翁（Panionion）的联盟（Hdt. Ⅰ. 143，148）：泰勒斯（Thales）关于建立这样一个联邦国家的建议并没有实现（Ⅰ. 170. 3），但是偶尔的联合为集体行动提供了基础（Ⅰ. 141. 4；Ⅵ. 7 参见Ⅴ. 109. 3）。[91] 范围更大的是安泰拉（Anthela）和德尔斐的近邻同盟（Amphictyony）。留克特拉战役后，彼奥提亚将其作为一个重要的政治实体加以利用。[92] 它的 12 个部族（大部分来自中希腊，但是雅典和斯巴达设法加入，公元前 346 年腓力得以加入），每个部族派两名代表组成议事会，每年召开两次会议。

城邦之间的联盟是常见的形式，从公元前 6 世纪后期起，一些强大的希腊城邦让其他城邦依附于自己，彼此间结成同盟。约公元前 505 年，斯巴达组建了伯罗奔尼撒同盟；[93] 公元前 478/7 年，[94] 雅典组建了提洛同盟以对抗波斯；公元前 378/7 年，雅典组建了第二海上同盟以对抗斯巴达。[95] 有迹象表明，留克特拉战役以后，底比斯试图以某种形式组建它自己的同盟。[96] 这些同盟最初是为操控外交政策而组 588
建，每个同盟中都是主要的城邦掌握执行权力，不过也掌控一种机制，联盟通过它做出决策。理论上，各盟邦有按照自己意愿处理内部事务的自由，尽管实践中并不一定总是如此。加盟城邦的地位类似于彼奥提亚联邦中有选举权的城邦：有地方自治权，也是一个更大实体中的一部分，在其决议中也有某些发言权，但是危险在于主导城邦可能会将其他城邦当作附属国而不是伙伴。公元前 4 世纪，出现了另一

[91] 参见 *CAH* Ⅲ^2. 3，217，Ⅳ^2 481。

[92] 参见第 739 页，关于近邻同盟的组织，见 Roux 1979（C 377），尤其是第 1—59 页。

[93] 参见 *CAH* Ⅳ^2 350，它对变化的细节不是那么确定。

[94] 参见 *CAH* Ⅴ^{2}34 - 40。

[95] 参见第 169—170 页。

[96] 尤见 Xen. *Hell.* Ⅶ. 3. 11，现请见 Lewis 1990（C 341）。

种形式的联盟的尝试，即共同和平（*koine eirene*）。[97] 在公元前 392 年一次失败的尝试后，公元前 386 年订立了第一个条约，后来又有一个类似的条约。这些并不是单纯想要结束一场战争的条约，而是适用于所有希腊城邦的条约：它们保证所有城邦（有少许例外）都自由而独立；如果不是早先的条约，就是后来的条约试图规定联合行动以反对任何破坏和平的人。理论上，共同和平类似一个没有占支配地位成员的同盟，但实际上几乎每次制定和提出一个条约，都有一个占支配地位的城邦希望用以自肥。

如果遭到大规模军队的袭击，希腊人不得不联合起来，否则就得屈服。公元前 5 世纪早期，许多城邦有过联合，以一种特定的联盟对抗波斯人，波斯人被打败并被驱逐出去。这一胜利，以及随后创建的提洛同盟，使得希腊人意识到他们的共同之处。伯罗奔尼撒战争中，希腊人相互对战，胜利者依靠的是波斯的支持。战后，提倡一种新的对抗波斯的联盟成为潮流。[98] 公元前 4 世纪中期，马其顿的腓力不以一个外来侵略者的形象出现，而自称希腊人。他以一个德尔斐近邻同盟的同盟者的身份战斗，得到的回报是近邻同盟的成员资格。当德摩斯梯尼号召希腊人反对腓力时，伊索克拉底则号召腓力统一希腊以讨伐波斯。城邦内部和城邦之间出现了分歧，大部分城邦中都有渴求腓力支持的人。尽管许多人要求希腊同盟处于雅典的领导之下不过是夸大其词，但德摩斯梯尼反对腓力的力量，不管是在雅典还是在其他地方，都在增长。[99] 然而德摩斯梯尼的同盟在喀罗尼亚战败，随之而来的是腓力利用希腊的策略来统一各城
589 邦。这里再度出现了一个共同和平条约。希腊人在科林斯联盟中联合起来，腓力代表着占统治地位的国家，联盟包括城邦、联邦国家和部落国家，并且（如在彼奥提亚联邦中一样）按照人口比例派出他们的代表。[100]

---

[97] 参见第 6 页。

[98] 这一观念首先见于 Gorgias，*Olymp.* 82 A 1 D-K（可能是公元前 392 年），*Epitaph.* 82 B 5b D-K（约公元前 390 年）。

[99] 与 Wüst 1938（D 125）118 – 20，以及 Accame 1941（C 87）220 – 1 的观点不同，另请见 Ellis 1976（D 80）173 – 4 及 286 – 7 第 666 页注释 2。

[100] 参见第 784 页。

第四节　城邦的失败?

“其他希腊人的自由随着（那些在喀罗尼亚战役阵亡者的）尸体被埋葬了”（Lycurg. *Leoc.* 50），这句话被许多现代作家重复，我们也经常看到“城邦的失败”[101] 或“公元前 4 世纪城邦的危机”[102]，但真相却有些不同。喀罗尼亚战役之前，希腊大陆和爱琴海上（不是那些小亚细亚的）的希腊人从来没有承认一个非希腊人的主人；较大的一些城邦，尤其是斯巴达和雅典，不仅希望从其他征服者那里解放出来，还希望让其他人服从自己。但是在短短几年时间里，除那些西部殖民地外，希腊人全部服从于一个并非纯正希腊人的国王了。自那以后，直到权力过渡到罗马，他们一直生活在他的继承者的阴影中。雅典和斯巴达永远失去了它们曾经引以为傲的绝对自由；但是黑劳士和边民长期处于下层，即便那些较小城邦的公民也没有那种绝对自由。希腊人组成一个同盟，但与他们之前所知的那种同盟并不一样：他们在决议中有发言权，但是占支配地位的成员有优先发言权；他们能够按照自己的意愿处理内部事务，只要他们不激怒占支配地位的成员。亚历山大去世后出现了多位国王，希腊人周旋于这些国王之间，享有某种自由，就如早期他们周旋于雅典和斯巴达之间所享有的自由一样。[103]

城邦并没有死去，实际上它仍然被认为是文明生活的理想框架。590
亚历山大征战的结果，导致城邦在埃及和小亚细亚也建立起来，它们都按照彻底的希腊模式组建。在希腊世界，生活尽可能地像以前一样

---

[101] 如 Browning 1976（C 10）261。参见本卷的第一版，其中第 16 章的标题为“城邦及其政治理论的终结”。

[102] 这是 Welskopf（ed.），*Hellenische Poleis*：*Krise*，*Wandlung*，*Wirkung*（C 83）第 4 卷的主题，这一主题得到了 Browning 1976（C 10）的极大认同，反对者则有 Cassola 1976（C 13）。de Ste Croix 1981（C 70）293 – 326 写了自公元前 4 世纪以来“希腊民主政治的毁灭”（小节标题，第 300 页）。然而，民主政治的失败并不等同于城邦的失败，二者明显都没有发生。Gauthier 1972（C 25）378 考虑的是司法独立，将自由城邦的终结界定在皮德纳战役之后（公元前 168 年）；Gauthier 1984（C 26）强力争辩说，在希腊化时代，城邦和民主政治都仍然存在。Runciman 1990（C 62）探寻的是相当不同的问题，他论证说城邦是一个进化的死胡同，太过民主（即便处于一个学术上所说的寡头体制之下），以至于不能在一个竞争的世界上成功。

[103] Greenhalgh 1981（A 24）29 对希腊人在庞培与恺撒内战时的表现和他们在公元前 5 世纪的表现进行了比较。

继续：城邦组织它们自己的事务，为了应对内部的不满或来自外部的压力，制度时不时在改变；诸如埃托利亚这样的地区继续从部落制度向城邦制度发展；城邦之间彼此争吵或商议，或者结束同盟。埃托利亚同盟和阿凯亚同盟在希腊化时代的希腊的重要性，直逼伯罗奔尼撒同盟和提洛同盟在古典时代的地位，主要的不同仅仅在于新的同盟不是由单个强大城邦所创建。

一些作家发现联邦和希腊的统一在公元前 4 世纪呈现增长状态，但是承认“这不能让一个下定决心要分裂的国家达到统一”。[104] 在希波战争的荣光与伯罗奔尼撒战争长久的苦难之后，人们很容易得出结论，认为希腊人最美好的时光就是他们统一起来反对蛮族人之时，但是统一更多出现在伊索克拉底的演说词中，而非他所生活的真实历史中。然而，公元前 5 世纪与公元前 4 世纪的区别，并不在于公元前 5 世纪希腊政制的良好运行，而在于公元前 4 世纪未能良好运行。更进一步说，公元前 5 世纪的雅典和斯巴达拥有远胜于其他城邦的权势，它们能够将希腊世界划分为两个势力集团，并保持一种并不典型的稳定性。一旦雅典在伯罗奔尼撒战争中战败、斯巴达在留克特拉战役中战败，空白就产生了，没有任何一个希腊城邦能够填补这一空白。联盟和同盟并不新鲜；联邦国家也不新鲜；正是因为这种稳定性已经被打破，所以在公元前 4 世纪，我们听说的联合越来越短暂。在腓力身上，马其顿拥有了一个国王，他能够抓住这个天赐良机。

一个评论家评议说，“公民制度的运转普遍失败，人们普遍寻求一种由非公民军队支持的强权统治，公民普遍疏于参与他们自己政治共同体的事务”。[105] 实际上，就如我们所看到的，公元前 4 世纪最为知名的僭主政治都出现在希腊世界的边缘地带。就希腊世界来说，如果骚乱在一些小城邦变得越来越频繁，那么部分原因就是雅典和斯巴达失去了保持适应于她们自己政治制度的权势；[106] 对雅典和斯巴达来
591 说，公元前 4 世纪的荣光无疑比不上公元前 5 世纪，伊索克拉底在诸多篇章中试图分析雅典的衰落（如 Ⅷ. *De Pace*, 41 – 56），然而这两

---

[104] E. Barker, *CAH* VI^1 506 – 10（对此问题的讨论自第 508 页开始）。

[105] Browning 1976（C 10）261.

[106] 参见 Diod. XV. 40. 1 – 2，他把年代弄错了，但解释是正确的。关于这里引用的观点，参见 Lintott 1982（C 43）255。

个城邦仍然保持着显著的稳定。就公元前 4 世纪的一般情形而言，越来越多的人离开他们的家乡去参加雇佣军。因为有这些资源，所以他们被利用，但他们并没有忘记为自己的国家战斗，因为在喀罗尼亚战斗的很大部分是公民兵。[107]

腓力在喀罗尼亚的胜利，以及亚历山大征服波斯，使得希腊成为一个更大世界的一部分。在这个世界中，城邦的利己主义似乎变得越来越狭隘。这无疑会导致氛围的改变，我们也不必惊奇于古典希腊的光芒消失不见。但是，就如我们所见，城邦和同盟继续存在，并且只要环境允许就会尽可能宣称独立。希腊政治制度并没有失败，并且显示了非同寻常的生命力。[108]

（李永斌译　晏绍祥、崔丽娜校）

---

[107] Kromayer 1903 - 31（K 29）I 188 - 95；Beloch 1912 - 27（A 5）Ⅲ 2，299 - 301。

[108] 本章最初写于 1981—1982 年，但是我增加引用了那以后出版的重要研究成果。

第 十 二 章

希腊的文化与科学

第一节　学校的成长和知识的进步

M. 奥斯特瓦尔德、约翰·P. 林奇

一　先驱者

592 公元前5世纪后半期，为了满足繁荣的民主政治对议事会、公民大会和法庭等公共场合优秀演说的需求，高等教育随着智者们来到雅典（*CAH* V^{2} 341 –69）。这些来到雅典的教师中，最早的是阿布戴拉的普罗塔戈拉斯（Protagoras），他是第一个称自己为“智者”的人。在随后的二三十年里，这一词汇的运用变得多少有些随意，被用来指称那些从国外来到雅典的修辞学教师们，如莱昂蒂尼的高尔吉亚（Gorgias of Leontini）、凯阿的普罗狄库斯（Prodicus of Ceos）、埃利斯的希皮亚斯（Hippias of Elis）、卡尔凯东的特拉叙马库斯（Thrasymachus of Chalcedon）、希俄斯的欧提戴穆斯（Euthydemus of Chios）、希俄斯的狄奥尼索多鲁斯（Dionysodorus of Chios），以及许多其他人。这些人在雅典的时间都不长，也没有人在那里安家立业。到访期间，他们在雅典的名人家中受到款待，会在公共场合展示演说技巧，也会在一定基础上接收任何愿意付出规定学费的雅典人为学生。任何私人家庭或者公共场所（体育场、体育馆或柱廊）都可能成为他们施教的场所。①

与伊奥尼亚和南意大利的“自然哲学家”不同，他们对因为知识本身的缘故而追求知识并不感兴趣，而是为他们的学生准备幸福和成功的人生。上层社会年轻的雅典人相信能够通过说服的技巧获得成功，而这些智者所传授的正是修辞学。

因为有说服力的讲话，需要关于历史先例、法律、文学和科学等方面的一般知识来论证一个观点，所以普罗塔戈拉斯和普罗狄库斯发展了关于文明起源的理论。普罗狄库斯特别研究了语言的运用，希皮亚斯和欧伊努斯（Euenus）致力于发展他们学生记忆力的技巧。希皮亚斯展现了他那关于天文、算术、几何、文法、文学、绘画、雕刻、人种学、年代学以及其他方面的百科全书式的知识（*CAH* V^2 343－51），并将这些知识融入他们对修辞学的教学中。② 此外，许多智者 593
还出版了关于修辞学的手册，促进了文化知识的发展。柏拉图在他的《斐德罗篇》（*Phaedrus*，266d－267d）中单独提到了这类手册的8个作者。

所有公元前5世纪智者教育中最理想的模板，最完美的总结，出自柏拉图笔下的普罗塔戈拉斯之口：“在个人事务中有良好的判断（*euboulia*），能使一个人以最佳的方式去处理自己的家务，在城邦的事务中能使他以最有效的行动和语言专注于公共事务”（Pl. *Prt*. 318e－319a）。大多数智者可能也会同意普罗塔戈拉斯对这一原则的界定。作为政治教师（*politike techne*）的苏格拉底更进一步界定了“政治科学”或“公民艺术”。然而，他们在公民或社会可能起到的作用方面的观点并不一致，在关于什么是有益于国家的这一问题上，他们的看法可能也截然不同。

正是在这一点上，智者们的目标与苏格拉底的目标相吻合。③ 与第一代智者（例外的是安提丰）不同的是，苏格拉底是一个雅典人，只有在需要服军役时才到过国外。他并不为其教导收费，通过在公共场所展示他的技艺，他既不为自己的服务做一个正式的说明，也不为

① 细节参见 Lynch 1972（H 76）40，n. 16。

② 见 Marrou 1956（H 78）54－6。

③ 关于苏格拉底生平及其教导的学术作品极为浩瀚，Patzer 1985（H 93）列举了2301个条目。Vlastos 1971（H 112）336－9提供了一个可行的书目。

其做宣传。④ 他的教导以非正式讨论和辩论而非演讲的形式展开。但是，和其他智者一样，他也没有固定的集会场所，任何地方，不管是公共的还是私人的，都能够利用。他最忠实的对话者来自雅典社会的上层，其中许多人也与智者有密切联系。

苏格拉底和智者们都深信教育高于常规的知识（*mousike*），而对年轻人来说，为生命的要求而明智地准备体格（*gymnastike*）训练是必需的。但是，虽然智者们将世俗的成功作为教育的目的，苏格拉底的目的却是追求一种道德上的生活［（Pl.）*Clit.* 407a-c］。这并不意味着智者们对道德漠不关心，如普罗狄库斯的《赫拉克勒斯的选择》（*Choice of Heracles*）（Xen. *Mem.* Ⅱ. 1. 21 – 34）和希皮亚斯的《关于特洛伊的对话》（*Troïkos*, Pl. *Hp. Ma.* 286a – b; Philostr. *VS* Ⅰ. 11）这类手册，显示他们并非如此。但是他们将自己的道德追溯到传统神话，并且如普罗狄库斯那样，把它表现为一种简单的、在两种完全不同的回报之间进行非黑即白的选择；或者如希皮亚斯所为，把它表现为一种追求名望的训导。然而，苏格拉底拒绝追求外在的奖赏；对他
594 来说，道德本身就是教育的目的，并且基于一种绝对价值的知识。他给学生灌输的，是因为道德本身而追求道德卓越的渴望。

这两种目标以及实现方法上的对立，确定了公元前 4 世纪学校发展的舞台和格调。

二 最初的学校

（一）苏格拉底的门徒们

在一个固定恒久的设施中进行教学的观念，首先是由阿里斯托芬在《云》（*Clouds*，约公元前 423 年）中以开玩笑的形式提出来的，直到苏格拉底逝世以后才成为现实。公元前 399 年以后不久，他的两个外国学生回到家乡建立学校。欧克雷德斯（Eucleides）回到他的家乡麦加拉。据说柏拉图和苏格拉底学派的其他人也曾到过那里（D. L. Ⅱ. 106）。他在那里建立的学校一直维持到公元前 4 世纪末（D. L. Ⅱ. 108 – 15）。⑤ 斐多（Phaedo）到埃利斯建立了一所学校，

---

④ 关于智者的活动，参见 *CAH* V^2 341 – 51, 354 – 5, 356。

⑤ 参见 Döring 1972（H 31）。

不过只存在到下一代人。[6] 这两所学校建立的准确时间都不得而知，对其组织或所起作用的方式，我们也知之甚少。

雅典第一所固定的学校由安提斯泰奈斯（Antisthenes）开办，他的个人特征中混合了智者和苏格拉底的因素。他约公元前445年出生在雅典，父亲是雅典人，母亲是色雷斯人，[7] 他曾是高尔吉亚和一个修辞学家的学生，然后与苏格拉底相识，并成为后者最挚爱的门生（Xen. *Mem.* Ⅲ. 11. 17，参见Ⅱ. 5. 2 –5；Pl. *Phd.* 59b），他甚至让自己的学生以苏格拉底为榜样。[8] 他的混血身份说明了他为什么要在苏格拉底逝世后将自己投身于居诺萨格斯运动场（the gymnasium of Cynosarges）（D. L. Ⅵ. 13），因为这里与私生子（*nothoi*）联系最为密切。[9] 但是他因为被伊索克拉底当作对手抨击而影响广泛。[10] 安提斯泰奈斯没有继承者。他的信条被“犬儒派”（cynic）信条所吸收。他去世后，这一信条很快发展起来，根据一些人的说法，“犬儒”得名于居诺萨格斯（Cynosarges）。和智者们一样，他也为自己的教导而收费，尽管是微小的数额（D. L. Ⅵ. 9 = fr. 189 Caizzi with n.）；更重要的是，因为他希望学生做笔记，所以书面语言的地位，远胜于公元前5世纪时的教育。 595

（二）伊索克拉底

苏格拉底派对雅典教育的影响，形象地反映在伊索克拉底对他们的批评中。[11] 伊索克拉底于公元前436年出生在雅典，比柏拉图大8岁。早年间由于在伯罗奔尼撒战争中失去父亲而穷困潦倒，他最初利用在高尔吉亚那里学来的修辞课程［据称还学过普罗狄库斯、提西亚斯（Teisias）和泰拉麦奈斯的］[12] 以撰写法庭演说词谋生，现存其中6卷（ⅩⅥ – ⅩⅪ）；现存作品中的最后两卷——《论银钱商》（*Trapeziticus*）和《关于遗产的纠纷》（*Aegineticus*）的时间不会晚于

---

[6] Rossetti 1973（H 101）364 –81.

[7] Decleva Caizzi 1966（H 26）frr. I22A-D，124 with p. 118.

[8] Decleva Caizzi 1964（H 25）48 –99；1966（H 26）frr. 125 –6，128A.

[9] 参见 Humphreys 1974（I 78）88 –95；Patterson 1990（I 116）40 –73，esp. 63 –5。

[10] 参见 Eucken 1983（H 39）18 –27。

[11] 除了自传性的评论，尤其是第15卷《论财产交换》（*Antidosis*）的内容以外，所有关于伊索克拉底的传记没有早于公元前1世纪的。见 Westermann 1845（B 126）245 –59。关于作为教育家的伊索克拉底，见 Marrou 1956（H 78）79 –91 和 Wilcox 1942（H 121）121 –55 以及 1945（H 122）171 –86。一般论述见 Cawkwell 1982（B 29）313 –29。

[12] Blass 1892（H 5）Ⅱ 11 –14.

公元前390年。但是由于他当众演讲时声音太小且缺乏自信，转而很快投身教学和写作，而非出庭和出现在公民大会上。[13] 公元前390年之前不久，他在雅典的一个私人住宅中（据推测可能是他自己的）开办了一所学校，离吕凯翁学园（Lyceum）不远。[14] 在一个题名为《反智者》（*Against the Sophists*，XIII）的小册子中，他陈述了自己的教育目标，并批评了其对手的教育目标。[15]

受到批评的智者并不是柏拉图诋毁的那些人，而是更一般的职业教师，即那些为自己的服务收费者。[16] 伊索克拉底不仅使用自己的术语（XV *Antid.* 168–70），也使用早期“自然”哲学家如恩培多克勒（Empedocles）和巴门尼德（Parmenides）（268）甚至如梭伦那样的杰出政治家的术语（235，313–14）。他批评智者们欺诈性地对他们的学生许诺并不存在的知识，而给这个职业带来了坏名声（XV *Antid.* 168，见148，199，235；XIII *Soph.* 7–8，11）。这些人中的一个群体之所以受到猛烈批评，原因是他们忽视了经验和自然天赋在有效言辞中的重要性，而且错误地让学生相信，修辞是一种能够像字母表中的字母一样容易学习的科学（*episteme*）（9–13）。第二个群体是“诡辩家”（οἱ περὶ τὰς ἐρίδας διατρίβοντες XIII.1），他们所以受到批评，是因为他们宣称有一种关于道德价值的知识（*episteme*），通过这种知识人们能够得到幸福（*eudaimonia*）。这个说法冒充一种先验的知识，而那实际是人类无法认知的：既然每一件事物都是独特的，那就没有任何能够在所有环境下演绎出道德行为的单一科学（3–4）。此外，他还指责诡辩家们伪善地表示在教导他们的学生追求正义生活时对报
596 酬并不在意，而实际上却要求学生预先付费（XIII.4–5）。就像之前的智者们一样，对伊索克拉底来说，教育者为其服务收费是理所当然的事情（XV *Antid.* 155，219–20，240–1，289）。[17] 尽管据说他因为收费而致富（同上，155–8），但是他的收费是适中的，金额只有记

---

[13] Isoc. V *Phil.* 81，XII *Panath.* 10–11，*Epp.* 1.9；8.7.

[14] Lynch 1972（H 76）51–2以及n.25；53。

[15] 参见XV *Antid.* 193。

[16] Isoc. XIII *Soph.* 14，19；参见II *Nicocl.* 13；IV *Paneg.* 3；IX *Bus.* 43；XV *Antid.* 168–70，220，268，313–14。

[17] 关于苏格拉底学派的阿里斯提普斯（Aristippus）是第一个为收费而提供教育的记载，见frr. 3–8 in Mannebach 1961（H 77）。随后这样做的是安提斯泰奈斯（见下文注释20）和埃斯奇奈斯（D. L. II. 62）。

载中普罗塔戈拉斯和高尔吉亚为其教育而收费用的十分之一。[18]

在这里以及大约 5 年以后（约公元前 385 年）发表的《海伦》中，苏格拉底派特别是安提斯泰奈斯受到普遍批评，他们被认为是旧派的人，“声称自己不可能有错误或者可反驳的陈述（*antilogiai*），并且总是说到一个论题的两方面”，他们“坚称我们不能够被自然赋予任何美德，只有一种科学可以应付全部问题”（X.1）。后一指控适用于大多数苏格拉底派，[19] 但是前者明显指向安提斯泰奈斯，[20] 且包含着对其低收费的指责（XIII.3）。因此安提斯泰奈斯的学校肯定是在约公元前 390 年落成的，成为伊索克拉底即将开办的学校的主要竞争对手。因为柏拉图虽是苏格拉底关于道德行为仰赖于知识（*episteme*）这一学说最著名的拥护者，但直到公元前 388/7 年才开办他的学园。

伊索克拉底没有留下他关于教育原则的理论著述。但是他的观点在超过半个世纪的生涯中都是如此鲜明，[21] 他可以被认为是纲领性地阐述什么是我们现在所称的“自由”教育第一人。[22] 伊索克拉底依靠的是一个经济上而非知识上的精英团体，如那些能够为他们的教育付费的人。他和苏格拉底派一样，认为对准备让年轻人成为对城邦有用的人来说，对灵魂的培育（τῆς ψυχῆς ἐπιμέλεια）是最高贵的追求。和苏格拉底学派一样，他也深信这一目标只有通过教育达到“哲学”（φιλοσοφία）的高度才能实现。[23]

伊索克拉底的“哲学”（philosophia）保留了公元前 5 世纪及以

---

⑱ 伊索克拉底收费 10 米纳［（Plut.）X *orat.* 837d］，那是通行的标准［同上，842c 和（Dem.）XXXV.42］；普罗塔戈拉斯和高尔吉亚要求 100 米纳（D. L. IX. 52；Diod. XII. 53. 2；*Suda s. v.* Γοργίας；Quint，*Inst.* III. 1. 10）。

⑲ 相信道德上的卓越是可教导的科学是苏格拉底［见 Guthrie 1969（H 56）III 450－9］、欧几里得［见 Döring 1972（H 31）85］、早期的柏拉图（见如 *Eutbphr.* 14c-d，*Lach.* 194c-d，199c-d，*Prt.* 352b-d，357b-e）以及安提斯泰奈斯（见 Xen. *Symp.* II. 12；D. L. vi. 10）的共同见解；认为所有美德皆一致的观点，在苏格拉底（见 Xen. *Mem.* III.9.5，Arist. *Pol.* I.13，1260a20－22，参见 Pl. *Prt.* 349b－360e *Lach.* 198d－199e，*Euthyd.* 278c－282d，288d－293a）、欧几里得（见 D. L. II.106）和安提斯泰奈斯［见 fr. 56（Caizzi）］那里已得到证实；认为道德生活有益于幸福的观点，见 Pl. *Grg.* 470e，*Chrm.* 171d－173d；Antisthenes at D. L. VI. 11。

⑳ 见 Decleva Caizzi 1966（H 26），frr. 47A，122－4 及 p. 118 以及 Isoc. X. 1 和 fr. 189 及 p. 128。

㉑ 写于他生涯后期即公元前 354 年的《论财产交换》（*Antidosis*，xv. 193－4），概要地重申了公元前 390 年他的学校开办之后不久发表的《反智者》的内容。

㉒ 关于其追随者，见 Mikkola 1954（H 83）和 Eucken 1983（H 39）。

㉓ 参见 XV *Antid.* 304－5 及 Pl. *Ap.* 29e，30b；*Prt.* 313a；Xen. *Mem.* 1. 2. 4。

597 前这一术语所包含的实践含义，[24] 包括所有严肃的研究，它们有益于培养在既定条件下根据相关因素形成合理意见和正确判断，并对这些问题加以处理。他拒绝认为道德行为是一种科学（ἐπιστήμη），认为那些“能够在一种非科学基础上，对一般意义上最好的路径做出判断（δόξαι）的人，就是明智的人，那些忙于哲学，追求最快让自己达到这种判断力的人，也是明智的”（XV *Antid.* 271；参见 XIII *Soph.* 16－18）。哲学既包括诗歌研究（XV *Antid.* 45），也包括政治能力（同上，121）的学习。但他排除了几何学和天文学，因为它们尽管作为“哲学的一种准备”是有用的，但是“它们对于在具体情形下的演说与行动毫无裨益”（同上，编码 261－269，尤其是 266；参见 XII *Panath.* 26－32）。[25] 教育能够创造完美的“处理事务者”（*homme d'affaires*），他的头脑已经通过几何学和天文学的学习而变得睿智，现在愿意将自己的心灵交给伊索克拉底，从事为期三到四年的精深“哲学”研究（XV *Antid.* 87），着眼于培养他的实践（φρόνησις）而非理论能力。他的目的是为那些握有权力缰绳的人提供有效的建议（συμβούλευειν）。[26]

对伊索克拉底来说，哲学就是一宗关于“逻各斯”（*logoi*）的教育，以及理性地组织一个人的思想并在他们的伙伴面前连贯地表达出来的才能。因为这种才能是人和所有其他动物的区别，是人类文明的基础：“它让我们聚在一起建立城市，制定法律和发明技术”，“制定了什么是正确和错误、低俗和高贵的标准”（III *Nicocl.* 6－9，参见 XV *Antid.* 253－7）。

“逻各斯”并不需要为口头表达而创作。由于伊索克拉底缺乏良好的声音和在公众面前的自信，只好被迫放弃在法庭上演说而成为一个评论家和小册子作者，一个作家（ποιητής），他把思想形诸书面文字，由他人阅读或读给他人听（XIII *Panath.* 11），他不是一个讼师（ἀγωνιστής）（XV *Antid.* 48－9，192；参见 XIII *Soph.* 15）。他写作的主题是“希腊人的事务，国王的事务和城邦的事务”，因为更伟大和更高贵的主题比一个公共演说者的表演能提供更高的声望（XII *Panath.* 11）；

---

[24] 参见 Eucken 1983（H 39）17－18。

[25] 在伊索克拉底早期的作品中，甚至有更激烈的责难，如 X *Helen.* 3－6。

[26] XIII *Soph.* 15 及 8，XV *Antid.* 204，11 *Ad Nicocl.* 51－2，III *Nicocl.* 8，v *Phil.* 82；参见 *Epp.* 6. *Jason* 6，8. *Mytil.* 7，9. *Archid.* 16。

他希望在公共话题方面给予建议（Ⅳ *Paneg.* 17，Ⅴ *Phil.* 17，*Ep.* 1 *Dionys.* 5），训练他的学生有良好的表达（εὖ λέγειν），相信这会使他们具有道德敏感性。他的作品是“政治论辩”（πολιτκοὶ λόγοι）（ⅩⅤ *Antid.* 260）。

对伊索克拉底来说，“政治论辩”（*politikoi logoi*）讨论的是涉及整个希腊世界的话题（ⅩⅤ *Antid.* 46 – 50，Ⅻ *Panath.* 2，11，见136，271）， 598
而不只是在议事会、公民大会和法庭上的公共演说（ⅩⅢ *Soph.* 9，Ⅹ *Helen* 9，11 *Nicocl.* 51）。[27] 它们是他的哲学的一种表现，既专注于指导学生，也意在那些掌权者，为他们提供实际的建议（συμβούλευειν）。他希望，这也是自己的教导能够让学生给自己时代当权者提供的东西。政治论辩需要范例（*paradeigmata*）来补充，以供学生和政治家模仿（μιμεῖσθαι）（ⅩⅢ *Soph.* 18，参见ⅩⅤ *Antid.* 188）。老师自己不仅仅是自己学生行为的榜样，还必须提供过去成就的实例以便仿效。就行为榜样的表达来说，不管是神话的还是历史的，伊索克拉底都找到了一种最恰当的赞美方式。埃瓦戈拉斯以他儿子及继承人尼科克莱斯历史上行为的榜样而出现（Ⅸ *Evag.* 12 – 18），就如约公元前385年他的学校开办以后不久写的《海伦》是政治评论中一个主要的神话型模板一样，海伦之所以得到赞扬，是因为她启发提修斯为阿提卡带来团结、和平与政治改革（Ⅹ *Helen* 16 – 17，32 – 8），还让希腊人发动了一次对蛮族人的共同征伐（同上，51 – 53，67）。内部的团结是希腊自由和征服波斯的前提条件，这种互相依存的观念组成了伊索克拉底的政治纲领并鼓舞了他所有的写作，直到《泛雅典娜节演说辞》（*Panathenaicus*，约写于公元前342—前339年）和他写给腓力的最后信件（写于公元前338年，他逝世前不久），都是如此。[28] 以神话主题写就的《海伦》中所表达的内容，成为随后不久的公元前380年《泛希腊集会辞》（*Panegyricus*）的具体纲领：[29] 他督促雅典和斯巴达消除分歧，承担起联合领导希腊解放斗争的领导权，以把希腊从波斯的奴役（这种奴役来自“大王和约”

㉗　参见如 Pl. *Phdr.* 278e，*Menex.* 249a；（Dem.）LXI. 44，48。

㉘　尤见 Kessler 1911（H 72），以及 Bringmann 1965（H 8）109 – 13。Harding 1973（H 58）137 – 49，尤其是第148—149页并不能令人信服。

㉙　关于《泛希腊集会辞》的创作年代，见 Eucken 1983（H 39）141 及 n. 2，亦见 Buchner 1958（B 23）和 Seek 1976（H 105）353 – 70。

的规定）中解放出来（Ⅳ 15 –17）。在公元前 408 年和公元前 388 年的奥林匹亚赛会上，高尔吉亚和吕西阿斯已经分别发表过泛希腊性质的演说。[30] 但是，他之所以把自己的作品称为《泛希腊集会辞》而不是《奥林匹亚集会辞》（V *Phil.* 9，Ⅻ *Panath.* 172），并且以书面而不是口头的形式提出他的具体纲领，是因为伊索克拉底希望他的愿望能够比前辈所做的演说为更广大的听众所知，产生更久远的影响。雅典仍被幻想为这个联盟中的资深伙伴（18 –21，99），能够立即为希腊世界带来和平与和谐，也能够在征服蛮族人以后增进繁荣（157 –
599 84），但这一事实并不足以将雅典第二同盟的建立归于伊索克拉底的影响，那是《泛希腊集会辞》（164 –7）发表两年后的事情，也不能认为这一同盟就是他呼吁泛希腊团结的部分实现。[31] 但是他确实因为恰当地把握了时代的脉搏而受益良多。与他的对手德摩斯梯尼不同，他较早认识到城市国家只关心自己利益的狭隘追求已经走向尽头，为了保卫希腊人的自由，必须给独立寻求更广泛的基础。

对伊索克拉底来说，在希腊城邦间建立和平与和谐（*homonoid*）不仅是一种政治需求，也是一种道德需求。当他意识到不管是雅典第二同盟还是底比斯的霸权[32]都不能带来团结时，他转变了自己的视角，强调每个城邦内部和谐的重要性，以及对一个强权领导者的需求，这个领导者已经给他自己的城邦带来和平，也能领导希腊人团结起来抗击波斯。这一转变在《论和平》中就已经能够看到，该文大约作于公元前 355 年，其时关于结束同盟战争（见第 736 –9 页）的条款的谈判仍在进行（Ⅷ 16），在紧接着写作的《战神山议事会颂辞》中则更为鲜明。[33] 这里并没有提到泛希腊的观念，在《泛希腊集会辞》（Ⅳ 122 –4）中谴责的“大王和约”，现在作为外部和平的充分保障而被接受（Ⅷ. 16）。[34] 帝国主义，不管是斯巴达式的还是雅典式的，都成为他攻击的主要对象。他呼吁每个城邦在自己的城墙内

[30] Gorgias 82 A Ⅰ.4 及 B 7 –8a（D-K）；关于其年代，见 Wilamowitz-Moellendorff 1893（C 270）I 172 –3 及注释 75。吕西阿斯第 33 篇的年代已由 Diod. XIV. 109. 3 和 Dion. Hal. *Lys.* 29 证实，参见 Blass 1887（H 5）I 431 及注释 1。

[31] 见 Buchner 1958（B 23）136 –8 和 Bringmann 1965（H 8）42 –6。

[32] 见 XIV *Plataicus*，尤其是 Ⅷ *De Pace* 58 –50；参见 V. *Phil*, 53 –5。

[33] 见 Bringmann 1965（H 8）75 –81。

[34] 见 Momigliano 1966（C 51）457 –87，尤其是第 475 页。

建立和平与繁荣，消除其公民间意识形态的分歧。他辩论说，不然就没有机会同其他城邦建立良好关系（Ⅷ.19－20，75－79，尤其是133－135）。

对伊索克拉底来说，道德上的领导能力与某种特殊形式的政府并无必然联系。他所渴求的政府是一个“习惯于任命那些最有能力的公民担任官职，让他们来处理事务，也就是说那些能够最有效最公正指引国家事务的人”（Ⅻ *Panath.* 132）。他不能在民主政体和寡头政体中找到这种政府，于是最终转向君主政体。

关于君主政体能够实现这一目标的观念，首先出现在公元前369/8年他向叙拉古的狄奥尼修斯一世发出的呼吁中，狄奥尼修斯一世在底比斯打垮斯巴达时达到权势的顶峰，因为他是“族人中的第一人，拥有最大的权势（*Ep.* 1.7）”而受到请求。伊索克拉底要求他将注意力转到对所有希腊人的拯救上面来。[35] 伊索克拉底希望狄奥尼 600
修斯采取何种领导形式，我们不得而知，因为这封信在引言以后就中断了，其中可能包含的任何具体建议，都因为狄奥尼修斯一年后去世而中止。在公元前356年的同盟战争期间，伊索克拉底向年轻的斯巴达国王阿希达穆斯提出了类似的呼吁，但仍无疾而终（*Ep.* 9 *Archid.* Ⅰ，14，17－18）。

最终，伊索克拉底走出了富有争议的一步，转向马其顿的腓力。[36] 在公元前346年的《菲洛克拉特斯和约》（*the Peace of Philocrates*）中，他看到了机会，即腓力的外部压力能够促进希腊世界的和平与团结，这种和平与团结，是他向其他有权有才之士奔走呼喊而不可得的（Ⅴ *Phil.* 14－16）。不管是腓力还是伊索克拉底，都没能活着看到亚历山大对这一计划的执行。[37]

通过他的学生，其中很多是外国人（见ⅩⅤ *Antid.* 39，146，164，

㉟ 关于这一时期雅典与狄奥尼修斯一世的关系，见上文第150—151页及Bringmann 1965（H 8）54－5。

㊱ 与第五篇演说《致腓力》第7节提及《菲洛克拉特斯和约》的参照，确定了这个年代。关于它的历史背景，见Cloché 1963（C 119）101－16；Ellis 1976（D 80）128－30。在对这篇文献的评论中，斯佩乌西普斯（Speusippus）在他的《致腓力书》（*Letter to Philip*）第13节［文本收入Bickermann and Sykutris 1928（D 64）］的文本中声明，伊索克拉底过去曾向阿盖西劳斯、狄奥尼修斯和菲莱的亚历山大提交过类似的论述。

㊲ 根据传统［DH *Isoc.* Ⅰ.5，（Plut.）*X orat.* 837e及838b，Paus. Ⅰ.18.8，Lucian，*Macrobioi* 23］，伊索克拉底在得知喀罗尼亚战役失败几天后绝食而死（或谓在战死者的葬礼那天去世）。

224），伊索克拉底在他自己的城邦和那个时代的政治上留下了深深的烙印。他一生所教过的大约 100 个学生中[38]，伊索克拉底最器重的是科农之子提摩泰乌斯。他是雅典一个伟大的将军，也是雅典第二同盟的政治家（见本页注释 1 及本书第 174—5 页），伊索克拉底在许多使团中都陪伴过提摩泰乌斯［（Plut.）X *orat.* 837c］。通过提摩泰乌斯和科农，伊索克拉底结识了埃瓦戈拉斯和尼科克莱斯，伊索克拉底与他们的密切关系，在他有关塞浦路斯的小册子中得到了证实（Ⅱ，Ⅲ，及Ⅹ；参见XV *Antid.* 40）。对另外 7 个学生，我们了解较少。伊索克拉底曾自夸道，他们因为对雅典的服务而获得金冠作为奖赏（XV *Antid.* 93 -4）。[39] 据称在成为财政改革和反对马其顿扩张的杰出代言人之前，吕库古既是柏拉图也是伊索克拉底的学生[40]；阿提
601 卡史家安德罗提翁和他一起学习过（*Vita Isoc.* Ⅲ. 95 -6）。莱奥达马斯（Leodamas）是雅典主张与彼奥提亚交好的人物，公元前 375 年到前 355 年间，他在雅典声名卓著，普鲁塔克（X *orat.* 837d）将他列为伊索克拉底的学生；拉克利图斯（Lacritus）也如此，一篇归于德摩斯梯尼的演说直接就针对他。[41] 拜占庭的皮同（Python of Byzantium）于公元前 344/3 年代表腓力与雅典就《菲洛克拉特斯和约》的条款再度进行谈判，在伊索克拉底门下学习过的外国政治家中，他的名气最大。[42]

---

[38] （Plut.）*X orat.* 837c 及 Johnson 1957（H 68）。关于已知的这些人的姓名，见 Blass 1892（H 5）Ⅱ 52 -61。

[39] 欧诺穆斯（Eunomus）是公元前 388/7 年的将军，曾被斯巴达人戈尔戈帕斯（Gorgopas）在埃吉那外海击败（Xen. *Hell.* Ⅴ. Ⅰ. 5 -9）。公元前 393 年，他随科农的使团出使叙拉古的狄奥尼修斯处，就狄奥尼修斯与埃瓦戈拉斯家族的婚姻联盟举行谈判（Lys. XIX. 19）。对吕西泰戴斯（Lysitheides）和卡利普斯（Callipus），公元前 369/8 年发表的德摩斯梯尼演说第 52 篇让我们了解得最多。在那里，卡利普斯以银钱商帕西翁（Pasion）之子阿波罗多罗斯（Apollodorus）控告人的身份出现。关于他们与伊索克拉底的友谊，见该演说之第 14—15 节和第 30 节；吕西泰戴斯是公元前 355 年的三列桨战船船长，这艘战船运载过出使毛索鲁斯的使团［Davies 1971（C 124）356 -7］。奥奈托（Onetor）和菲罗尼德斯（Philonides）是兄弟，前者因为德摩斯梯尼发起的一场反对他的诉讼而为人所知（Dem. XXX 和 XXXI），参见 Davies 1971（C 124）423。从公元前 4 世纪 70 年代早期起直到公元前 336/5 年去世，菲罗麦鲁斯（Philomelus）一直是歌队捐助人（*choregos*），担任三列桨战船船长［Davies 1971（C 124）548 -9］，卡尔曼提戴斯（Charmantides）是约公元前 366 年的三列桨战船船长［Davies 1971（C 124）573 -4］。

[40] ［Plut.］*Xorat.* 841b；*Vita Isocratis* Ⅲ. 93［= Westermann 1845（B 126）256］。关于吕库古，见 Davies 1971（C 124）no. 925。

[41] ［Dem.］XXXV，在这里，莱奥达马斯被描述为伊索克拉底的学生，见 § 15（也见 41）。［Plut.］loc. cit. 为什么称呼他为ὁ νομοθέτης Ἀθηναίοις（雅典的立法家）我们不得而知。

[42] *Vita Isocr.* Ⅲ. 97［= Westermann 1845（B 126）257］。关于他的活动，见 Ellis 1976（D 80）143 -7，以及 Cawkwell 1978（D 73）123 -6。有关伊塞乌斯和叙佩利德斯也被认为是伊索克拉底的学生的传统，可信度较低（Plut.）*X orat.* 837d；*Vita Isocr.* Ⅲ. 93［Westermann 1845（B 126）p. 256］。

公元前4世纪最具创新精神的历史学家——库麦的埃弗鲁斯和希俄斯的泰奥彭普斯，同时在伊索克拉底的学校学习，他们在老师的激励下成为历史学家［*FGrH* 70 T 3（a）–（c）］。[43] 根据一些资料的说法，埃弗鲁斯是试图写作一本综合性的世界历史的第一人。他从能够理解的历史开始（按照他的观点，即赫拉克勒斯的后代们回归），写到他自己的时代。他的叙述用了29卷，写到公元前341年围困佩林托斯；第30卷由他的儿子德摩斐鲁斯补充，继续记载到神圣战争结束。[44] 他的作品只有残篇留存下来，但是我们可以从狄奥多鲁斯的作品中得知一些观点，尤其是狄奥多鲁斯的第11卷到第16卷，很大程度上受惠于埃弗鲁斯。他更像是之前史学家作品的编纂者，而不是一个有原创的研究者，尽管他努力（虽然并非总是成功）去协调不同的记载，某些时候还创造一些事实和数据，但是对历史问题仍缺乏理解。

泰奥彭普斯以试图完成修昔底德的《历史》而开始他的生涯。他的12卷《希腊史》只从公元前411/10年的塞诺西玛（Cynossema）战役写到公元前394年的尼多斯战役，这说明他的风格和主题的散漫。他的58卷《腓力史》（*Philippica*）也具有同样的风格。该书的创新之处在于以一个杰出人物为一个历史时代的中心。与他的老师不同，他认为腓力在道德上太过堕落，不能实现文化泛希腊主义的理想。[45] 全书58卷中，似乎只有大约16卷东拉西扯地论及腓力，在他有关西西里、归于西莱努斯（Silenus）名下的乌托邦神话、琐罗亚斯德教、雅典的人民领袖、伊利里亚人、埃特鲁里亚人等漫无边际的讨论中，我们很难在背后看到伊索克拉底的影响。因为这两位历史学家留下的作品都太过零散，[46] 以至于我们无法判断伊索克拉底对他们 602
有什么影响。我们可以推测，伊索克拉底影响了他们的行文风格，但

---

[43] 关于古代的证据，见 Jacoby *FGrH* 70 T1，2（a），3（a）–（c），4，5，8，28（a）–（b）；以及115 T1，5（a），6（b），20（a），24，37 及 38。

[44] 见 Barber 1935（B 11）。

[45] 泰奥彭普斯是一个泛希腊主义者的观点［见 Momigliano 1931（B 80）230–42，335–53］已经遭到下述著作令人信服的反驳，见 Connor 1967（B 31）135–54；Shrimpton 1977（D 118）123–44 以及 Lane Fox 1986（B 65）105–20。

[46] Jacoby *FGrH* 70，将236个残篇归于埃弗鲁斯，*FGrH* I 15 将409个残篇归于泰奥彭普斯。

对此我们已经无法得知，不过古代的批评家们能够见到。[47] 批评家们的对比，是泰奥彭普斯的文风粗略而生动，埃弗鲁斯则踌躇而低调（Cic. *De Or.* Ⅲ. 36）。

普鲁塔克（X *orat.* 837c）断言两个文学家曾经是伊索克拉底的学生，即特洛吉鲁斯的阿斯克莱皮亚德斯（Asclepiades of Trogilus）和法塞利斯的泰奥戴克特斯（Theodectes of Phaselis），前者第一个编撰了一部 11 卷的悲剧主题（*Tragoedoumena*）的作品，该书还有一些残篇留存。[48] 后者也是柏拉图和亚里士多德的学生，不仅写过演说词和一本修辞学手册，还创作了 50 部悲剧（*Suda s. v. Θεοδέκτης*）。

伊索克拉底的声誉，只有部分源自他 52 年的教学活动，通过培养学生对政治、修辞学、历史学和文学产生的影响。更引人注目的是他将修辞学从一种论证和辩论的艺术，转变为一种教化和培养后代有力的教育工具，"我们认为恰当的言语是健全思考的确然证据，当言语真实、合法、正义时，就是美好的、值得信任的心灵的映射"（Ⅲ *Nicocl.* 7）。他的"逻各斯"存在于书写中而非言说中，就像文学作品是用来传播和时不时地阅读，而不是在一个单一的、暂时的主题中陈述一种立场。他相信，他的"政治论辩"（*politikoi logoi*）所宣示的原则，应该是使文明社会的所有原理富有活力。他是一个精英分子，只有上层社会的成员才能承担成为他的学生的开销。但是他希望，通过他们的领导，文化能够从雅典传播到周围所有人类："她（雅典）的门生成为其他人的教师，她使'希腊人'不再被认为是一个民族的名称，而是一种思考方式，那些被称为'希腊人'的人享有我们的文化，而不仅仅是共同的起源"（Ⅳ *Paneg.* 50）。创造一种文化的而非社会的精英是伊索克拉底的目标，他流传给后世的希腊的形象，正是如此。

三　柏拉图的学园

（一）柏拉图

公元前 387 年，柏拉图第一次出访西西里，返回雅典后不久，他

---

[47] Jacoby, *FGrH* 70 T3（b）和（c），11，22，24（b），28（a）－（b）；115 T 20（a）9，34，36，37. Schwartz 1907（B 102）1－16，但是用这一原则来否定传统的师生关系似乎走得太远。关于泰奥彭普斯的风格，见 Roberts 1908（B 96）118－22。

[48] Müller, *FHG* Ⅱ. 301 ff.

就开办了学园（D. L. Ⅲ. 7）。学园的建立反映了他所处时代的政治，也成为对伊索克拉底学校的第一个严重挑战。[49] 关于学园在柏拉图一 603
生中的地位，我们的了解主要依靠《第七封信》（*Seventh Letter*），这封信约写于公元前 353 年，被认为是柏拉图对西西里的狄翁的追随者请求支持的回应。[50]

公元前 427 年，柏拉图出生于一个贵族家庭，其父系可以追溯到最后一个雅典国王科德鲁斯（Codrus），母系可以追溯到梭伦的同僚德罗皮德斯（Dropides，D. L. Ⅲ. 1 – 2），因此他希望能走上一条积极的政治生涯之路。[51] 但是他的叔叔查尔米德斯（Charmides）和他母亲的堂兄克里提亚斯邀请他加入的政权已经蜕变为 30 人的专制统治，并且“很快证明之前的政府属于黄金时代”（*Ep.* Ⅶ. 324b – d）。这次觉醒之前不久，据称是在 20 岁时，柏拉图遇到了苏格拉底。苏格拉底的影响增加了柏拉图对民主政体的厌恶，因为民主政体以不虔诚为理由将“那位我能够理直气壮地称呼为他的时代最正义之人”带上审判台并判处死刑，也使得他更加远离政治事务。

由于苏格拉底之死，柏拉图加入了麦加拉的欧克雷德斯（Eucleides of Megara）和苏格拉底学派其他成员的行列（D. L. Ⅲ. 6；Ⅱ. 106），然后去了昔兰尼拜访数学家泰奥多鲁斯（Theodorus），最后去了南意大利和西西里，在那里他与当地的毕达哥拉斯社团建立了联系，并与塔林顿的毕达哥拉斯派僭主阿尔库塔斯以及狄翁成为朋友，狄翁邀请柏拉图前往他岳父和妻兄——叙拉古僭主狄奥尼修斯一世——的宫廷中（约公元前 388 年），那里的淫乱（dolce vita）使得他放弃了在任何地方找到一种道德氛围的希望，他相信，这种道德氛围是一个稳定政府的前提（*Ep.* Ⅶ. 326b – d）。

因此，回到雅典以后，柏拉图就在城外邻近“马神山”德英区（Colonus Hippius）附近的一个公园旁边买了一小块地产，以一个当地的英雄命名为“阿卡德米”（学园）。从其早期起，阿卡德米就有一个体育馆，一些属于神的橄榄树，橄榄油被用于泛雅典娜节日。和

[49] Eucken 1983（H 39）36 – 43 有详尽的讨论。

[50] 关于柏拉图是否本书信的作者问题（仍有许多学者存疑），其实没有多少历史重要性，因为人们普遍承认，作者必然非常熟悉公元前 353 年柏拉图的生活与思想。见 Morrow 1962（H 85）3 – 16；Thesleff 1982（H 110）200 – 1（其注释 71 是关于此问题的辩论）；233 – 5；de Blois 1979（G 118A）。

[51] 关于其细节，见 Guthrie 1975（H 56）Ⅳ 8 – 32。

雅典其他所有公共区域一样，那里还有一系列献给各种神灵的神
604 殿。[52] 由于是公共财产，不管是柏拉图还是他的继承者都不能占用任何地面，但是他们能和其他任何人一样自由地利用其中的设施（Epicrates, fr. 10 K - A）。但是，那块地产是柏拉图的私人财产，他可以按照自己的意愿处置这块地产及他的其他财产（D. L. Ⅲ. 41 - 3）。

（二）学园

柏拉图的学园没有正式的社团结构。既不是一个祭仪团体（*thiasos*），[53] 也没有模仿柏拉图在南意大利遇到的毕达哥拉斯学派那样的隐秘社团。它向所有人开放，甚至吸引了两名妇女：曼提奈亚的拉斯泰内娅（Lasthenea of Mantinea）和弗利乌斯的阿克西奥泰（Axiothea of Phlius）（D. L. Ⅳ. 2）。虽然不收学费，但是只有那些有足够财产、不用为生活劳碌的人才有可能加入学园。[54] 传统认为柏拉图曾做过一个《论善》的正式公开演讲（Aristox. *Harm.* Ⅱ. 30 - 1），[55] 这并不能证明他做过其他演讲，不管是公开的还是在学园内部，也没有证据说明他或者学园的任何其他成员依据一种常规的、系统的原则进行教学。

关于学校内部的组织和招生原则，我们没有任何信息，除了知道柏拉图是园长（*scholarchos*），他“决定学园的结构”并“确定其他成员要研究的问题”外，[56] 我们没有听说教员与学生的正式区分，也没有高级成员与低级成员间的差别，尽管某些地位上的差异肯定得到了承认。他的许多学生在离开学园后进入积极的政治生活，这一事实说明，柏拉图希望他的学园能够有助于社会的改良（Plut. *Mor.* 1126 C - D）。[57] 不过许多其他知识活动也得到证实，最引人注目的是在数

---

[52] D. L. Ⅲ. 5 和 7。关于柏拉图之前的学园，见 *Ar. Nub.* 1002 - 8 以及对编码 1005 的评注。关于普罗米修斯、雅典娜与赫淮斯托斯的神殿，见对 Soph. *OC* 56 的评注。Paus. 1. 30. 2 也提到，缪斯和赫尔墨斯的祭坛就在学园的外面，里面还有一个最近献给赫拉克勒斯的祭坛；据 *Vita Platonh* 154 - 5 [Westermann 184；(B I 26) p. 393]，柏拉图将学校前面的区域献给了缪斯。学园附近还有厄洛斯（Eros）的塑像，由庇西特拉图或希皮亚斯为了尊崇卡尔穆斯（Charmus）而进献（Plut. *Sol.* 1. 7，Paus. Ⅰ. 30. 1，Athen. ⅩⅢ. 609d，参见 561d - 3）。

[53] 传统的反对观点［Guthrie 1975（H 56）Ⅳ 19 - 22］已经令人信服地被 Lynch 1972（H 76）108 - 18 驳倒；亦见 Thesleff 1982（H 110）31 - 2。

[54] 见 Lynch 1972（H 76）54 - 63。

[55] 见 Gaiser 1980（H 48）5 - 37。

[56] 见 Mekler 1902（H 80）15 - 16。

[57] 见 Chroust 1967（H 18）25 - 40。

学问题上的协同工作。这表明柏拉图学园是由兴趣相似但并不同一的人组成的。它培育了团队精神（*synousia*, *Ep.* Ⅶ 341C），并力图“指导年轻人向善好义，在他们之间建立共同的友谊与伙伴关系”（*Ep.* Ⅶ.328d）。学园内可能有演讲，“研讨会”、公共阅读以及其他类似活动，但是没有一项活动得到准确的证明。[58] 这里没有提出正统的学说，也不期待人们追随正统，如数学家欧多克苏斯（Eudoxus）的观点就常常不同于柏拉图，但是在柏拉图再次访问西西里之时，他受委派来负责学园；尽管外甥斯佩乌西普斯拒绝理念 605
论，柏拉图仍指定他作为继承者。学园使苏格拉底教学的非正式性得以永存，但有一点例外：它给一个比苏格拉底所教导的更小的讨论者圈子提供了永恒的家园。在柏拉图通过学园把苏格拉底遗产变成永恒的过程中，这不是唯一的或者说最重要的意义。

（三）学园中的柏拉图

柏拉图最早的作品即《申辩篇》《克力同》《伊翁》，可能写于苏格拉底逝世后到学园开办之前的 10 年中，它们最好被理解为保存了苏格拉底真实特征的作品，只是经过了柏拉图的折射。它们专注于道德问题和“作为精神治疗或‘照顾一个人的心灵’的哲学，通过诘问或交互讯问进行有规律的练习，且得到一个由系列悖论组成的内核的支持。这些悖论是：无人自愿为恶，忍耐比为恶更可取，美德即知识，恶事不会降临在一个好人身上”。[59]

柏拉图自己所关注的问题首次出现在《高尔吉亚篇》（*Gorgias*）中，该篇可能发表于学园开办之时。[60] 它把积极的政治生活与哲学的生活对立起来的做法，似乎反映了柏拉图成年早期生活的冲突，而非苏格拉底的。柏拉图将积极的政治当作修辞学教育的结果（*Grg.* 471e－472d，482e－486d，490a，491c－492c），他很可能一直在观察“政治论辩”问题，当伊索克拉底试图为自己的学生过一种积极的政

---

[58] Cherniss 1945（H 13）1－30，否定口头的、非书写的柏拉图学说的任何真实性；所谓的“图宾根学派”走上另一个极端，对柏拉图的解释主要基于“非书写”的学说，见 Gaiser 1963（H 46），以及 Krämer 1959（H 73）。

[59] Kahn 1981（H 69）305－20 及第 319 页的引用。

[60] 关于《高尔吉亚篇》早于《普罗塔戈拉斯篇》的问题，见 Thesleff 1982（H 110）118，125－34 及 Kahn 1988（H 70）69－102（都引用了更早的讨论）。然而，将其定在柏拉图从西西里回来以后比定在他出发之前更有可能。

治生活做准备时，依靠的就是“政治论辩”。对于伊索克拉底有关苏格拉底学派宣称提供一种关于道德行为科学（*episteme*）的责难，柏拉图反唇相讥，指修辞学只不过是一种奉承无知的乌合之众的诀窍（*empeiria*）（462b－463a，见 459a）。柏拉图犀利的言辞，无疑证明伊索克拉底的宣言《反智者》是他的靶子，可能也是宣布，学园的开办意在成为伊索克拉底学校的竞争对手。[61]

《普罗塔戈拉斯篇》（*Protagoras*）明显写于约公元前 385 年到前 380 年间，给出了苏格拉底支持但是从来没有满意地定义过的道德原则。它所描绘的苏格拉底成功说服了公元前 5 世纪最早、最成功的道德相对主义阐释者，使他相信不仅所有美德是统一的，而且
606 所有美德依赖于知识（*Prt.* 330c－334c，349d－358d），除非我们认为人类的智慧基于知识，否则它就是不可教的（360e－362a）。道德价值（*aretai*）到底是不是知识的对象，系在《美诺篇》中提出。它论证，数学般绝对的知识以及“一切可以学习的东西”（τῶν ἄλλων μαθημάτων ἀπάςτων），都是对灵魂化为当前肉身之前所见的“回忆”（*anamnesis*）（Pl. *Meno* 80d－86c）。美德是否可教的问题，也就是说它是否类似能被“回忆”（87b－d）的问题被暂时搁置了，但是在《斐多篇》《会饮篇》和《理想国》中，它通过理念论给出了肯定的答案。[62]

甚至在《斐多篇》中，当柏拉图第一次把理念（*eide*，*ideai*）描述为可知的道德与数学属性，从而区别于“正义本身”“高贵本身”“平等本身”等时，[63] 他就已经把理想的存在视为当然了。后者独立于它们表现出来的对象或行为的实体：“我们承认有这么个事物叫‘相等’，不是我所说的木棍与木棍、石头与石头的相等，或者任何一种彼此之间的相等，而是某种超越这些事物之外、不同于这些事物之物：即相等本身”（Pl *Phd.* 74a）。这些实体直接为灵魂所理解，在

---

[61] 见 Eucken 1983（H 39）36－43，及 Thesleff 1982（H 110）126－7。

[62] 能够确定《会饮篇》的写作年代在《斐多篇》之前，见 Guthrie 1975（H 56）Ⅳ 325 及注释 1，以及 Thesleff 1982（H 110）142－3。《会饮篇》可以确定是在公元前年 384/3 年之后、公元前 378 年之前（见 Thesleff 117 及注释 4，135）。我注意到了 Kapp 1968（H 71）55－150，尤其是第 60—61、90、115 页中引人注目的关于《斐多篇》早于《会饮篇》的讨论。

[63] 表述有所不同，如αὐτὸ τὸ δίκαιον, τὸ δίκαιον αὐτὸ καθ' αὐτό, αὐτὸ τὸ ὃ ἔστι δίκαιον 等。最完整的清单由《斐多篇》75c－d 提供，其中包括相等、较大、较小、高贵、美好、正义和虔敬。

我们出生之前，灵魂就能够通过“回忆”（*anamnesis*）找回这种知识，从而已经获得了这种知识（72a－76d）。感觉（*aistheseis*）触发回忆，因为绝对实体“参与”到身体对象中，并给予某种他们所拥有的可知的品质（美好、正义、美丽、大、小等）（99d－100e）。关于感觉如何使我们从事关于绝对价值的知识的追求，《会饮篇》中通过“美”的例子展示给了我们（209e－211b）：美就是爱（Eros），爱激发这种追求，那是真正的哲学家的标志（203d－204b）。

约公元前377/6年之后发表[64]的《理想国》阐述了理念论的分支，使之成为柏拉图哲学中最宏伟的纲要。对这一理论本身唯一重要的补充，是遍及各处的善的理念，善是各种美德中何为“美好”的源泉，处于“真实之上”（ἐπέκεινα τῆς οὐσιας，509b），不仅给予真实以可理解性，而且还给予真实的存在本身（502c－509c）。经过这样的扩展，这一理论成为他所有道德和政治哲学的基础，包括宇宙哲学、存在论、认识论、心理学，以及一种教育理论；“哲学”被赋予一种新的含义，同时定义了学园的一般目标，为西方传统中的所有哲 607
学问题确定了纲要。哲学家的活动完全不同于伊索克拉底（如XV *Antid.* 271），哲学脱离了我们所生活的感官领域（ὁρατὸς τόπος），其目标完全在思想领域（νοητὸς τόπος），在那里，我们可以找到所有绝对道德范式。作为道德和政治事务专家的哲学家是好政府的前提：他的话就是法律，被统治者必须无条件接受。柏拉图在处理哲人统治者面对其统治的接受程度问题时（*Rep.* VI. 484a－497a），将其统治不被接受的原因归咎为大众的无知，而不是因其统治缺少任何说服力。如此设想的哲学家形象，跟希罗多德笔下的梭伦或者伊索克拉底希望培养的“处理事务者”（*homme d'affaires*）完全不同。

《理想国》提出的教育计划（VII. 521c－541b），是将哲学家的思想从可感知的世界提升到可以理解的世界，它是否意在为学园的课程画出蓝图，对此我们没有证据，但是它确实反映了柏拉图作为一个教师的优先选择和兴趣，也许能证明他在学园里鼓励对数学、天文学和音乐理论研究的追求，一定程度上可能也是关于立体几何的广告

64　见 Kapp 1968（H 71）89。

（Ⅶ 528a－d），立体几何的先驱正是在这里。[65] 它首先证明了柏拉图赋予抽象的哲学讨论和辩证法以极高的价值，正是这一点使得《理想国》成为哲学研究的顶峰。

在《理想国》之后发表的作品反映了一种带领哲学家更接近真实生活的关怀，我们认为，这是在学园内部和外部讨论的结果。《斐德罗篇》[66] 第一次将道德上的理念论应用到最终明确阐述修辞学教学原则的实践中，通过这样一种方式，作为整体的对话能够被解释为一种口头文化反对书写文化的宣言，伊索克拉底正是这个时代书写文化最明确的代表。[67]

柏拉图对书写的轻视（274b－277a）也给我们提供了洞察他自己在学园内部角色的一条途径。真正的学习需要一个生动的环境；书写只是在作为一种消遣（*paidia*）和一种备忘录（*aide-memoire*）方面有用；不能替代记忆，也不适合做教育和交流真正知识的载体
608 （276d）。那么，我们如何对待柏拉图自己的书写呢？在他的陈述中，没有任何因素能让我们认为他发表的作品会在任何意义上不同于或者次于他口头上与学园的成员交流的内容。苦于认识到写作不能表达可以说出来的一个特定主题，他选择交互式对话作为其哲学的文学表达形式，以显示他认为讨论是开放的，可能还表明他想要将学园里的讨论主题记录下来作为更深入探究的触发点。[68]

在《巴门尼德篇》（*Parmenides*）和《泰阿泰德篇》（*Theaetetus*）中，我们可以发现学园内部关于理念范围和有效性的生动讨论和争辩，这两篇对话相继创作于公元前4世纪60年代早期。[69]《巴门尼德篇》中介绍了新的关于相似与不似、多与一、运动与静止的理念（128e－129e），提出了关于理念与实物关系的基本问题（130c－e）。虽然没有给出答案，但是认同没有理念，知识、思想或言说就不可能

---

[65] 见 Fowler 1987（H 41）尤其是第106—54页。

[66] 关于《斐德罗篇》晚于《理想国》、创作于公元前372年—前368年间的观点，见 Howland 1937（H 59）151－9，尤其是159注释1；亦见 de Vries 1969（H 113）7－11。

[67] 见上文第595、597—598页。亦见 Howland 1937（H 59）；de Vries 1969（H 113）15－19及参考书目第15页注释1；Eucken 1983（H 39）115－20，270 － 4以及 Connors 1986（H 21）38－65。关于279a对伊索克拉底俨然以恩人自居的称赞性评论（ψύσει γάρ ἐ̓ςεστί τις ψιλοσοψία τῇ τοῦ ἀςδροίς διανοιᾳ），见 Eucken 1985（H 59）273－4。

[68] 见 Vries 1969（H 113）21及注释2。

[69] 关于这两篇对话的年代，见 Thesleff 1982（H 110）152－61，188。对这两篇对话最有益的注释仍然是 Cornford 1939（H 24）和1935（H 22）。

(134e－135c)。《泰阿泰德篇》从否定角度论证了无论是感觉还是真实的信仰本身都不能产生知识（*Tht.* 385cd)。和后来的《智者篇》(*Sophist*) 一样，这篇对话也是为了纪念一位伟大的数学家。这位数学家对数学的相当精熟，影响了公元前 4 世纪 60 年代早期学园内关于认识论的对话，由于在公元前 369 年雅典与科林斯的战争中受伤，他后来去世了。[70]

柏拉图两次悲剧性地离开学园出使西西里，教导狄奥尼修斯二世成为一个哲人王，从他这两次离开时的安排我们能够进一步洞察学园里的生活。[71] 第一次离开期间（公元前 367—前 365 年)，尼多斯的欧多克苏斯成为临时园长；[72] 第二次离开期间（公元前 361—前 360 年)，本都的赫拉克利德斯是实际负责人。[73] 这两人都不是雅典公民，也都不是严格意义上的柏拉图主义者。欧多克苏斯已经在数学上有了非凡的建树，并将其运用到天文学和地理学研究中，在来到学园之前，他已经在库吉科斯建立了一所学校。[74] 他挑战理念论 609
(Arist. *Metaph.* A. 9， 991a17； fr. 189)，认可快乐就是美好 (Arist. *Eth. Nic.* Ⅰ. 12，1101b27－31；Ⅹ. 2，1172b9－15)，因而与柏拉图存在分歧。

本都的赫拉克里亚的赫拉克利德斯公元前 365/4 年进入学园，他和欧多克苏斯一样多才多艺，但是在渊博方面稍逊，更依赖于柏拉图的思想。[75] 归于他名下的作品有 47 卷（D. L. Ⅴ. 87－8)，大部分也和柏拉图一样以对话形式写成，他的天文学与物理学以《蒂迈欧篇》(*Timaeus*) 建立的学说为出发点。[76] 他在学园一直住到公元前 338 年斯佩乌西普斯去世。在竞选园长以继承斯佩乌西普斯时，他以微弱劣势输给了克塞诺克拉特斯（Xenocrates)，从那以后就回到了自己的家乡赫拉克里亚（fr. 9 Wehrli)。

---

[70] 见 Bulmer-Thomas 1976（H 10）301－7。

[71] Pl. *Ep.* Ⅶ. 327b－330b，337e－340a，344d－350b；Plut. *Dion* 17. 1；见 Guthrie 1975（H 56）Ⅳ 24－31。

[72] Philochorus 328 F 223（*FGrH*）[= *Vita Marciana* 11 in Düring 1957（H 36）99] .

[73] Heraclides Ponticus，fr. 2，in Wehrli 1969（H 115a)，和 Lynch 1972（H 76）82 及注释 20。

[74] 见 Huxley 1971（H 61）465－7，及 Guthrie 1978（H 56）V447－57；关于他在数学和天文学方面的成就，见 Fowler 1987（H 41）122－30 及人名索引“Eudoxus”。

[75] 残篇见于 Wehrli 1969（H 115a）Ⅶ；全面的讨论见于 Gottschalk 1980（H 54)。

[76] Gottschalk 1980（H 54）58－87，尤见 82－3。

这些方面所展示的同样自由而广泛的知识生活，也反映在柏拉图后期的作品中，即公元前360年他返回学园以后写出的作品：《智者篇》《政治家篇》（*Statesman*）、《斐莱布篇》（*Philebus*）、《蒂迈欧篇》和《法律篇》,[77] 这些篇章作为一个系列，给予我们柏拉图关于我们所生活的可视世界生命的本质最全面的观点。《蒂迈欧篇》是一个三部曲中唯一保存至今的，计划中还包括（未完成的）《克里提亚斯篇》(*Critias*)，和从来没有动笔的《赫摩克拉特斯篇》(*Hermocrates*)（*Tim.* 20a，27a；*Criti.* 108a）。《蒂迈欧篇》计划在宇宙论背景中讨论好政府的问题，以世界的起源开篇，接着是人类在宇宙中的位置，然后是社会和政治生活的发展与堕落，以及在一个普遍的灾难以后的恢复。[78] 尽管这宏大而充满想象力的计划肯定完全属于柏拉图自己，但是《蒂迈欧篇》无疑由公元前4世纪50年代学园成员进行了研究和讨论，尤其是数学家和天文学家。

在写作《蒂迈欧篇》之前，柏拉图就已经放弃了通过贤明的统治者治愈人类顽疾的希望。在《政治家篇》中，好的政府不再依赖一个知识上的幻影，而是依赖一个有见识的统治者的管理技术。由他的学生兼秘书、数学家和天文学家奥普斯的腓力（Philip of Opus）完成（D. L. Ⅲ. 37）的柏拉图的最后作品《法律篇》,[79] 甚至对能找到这类专家的可能性都感到绝望，转而建议制定一套详细的法令，法令通过精心的劝导而不是强迫来遵守，由一个夜间议事会（Nocturnal Council）定期进行评价。

然而，诸如此类的挫折从来不曾动摇柏拉图对绝对道德价值存在
610 的信念。在《政治家篇》中，这些体现在好的统治者对“正确管理国家的真正标准”（Pl. *Plt.* 296e）的知识，法律最多只能是模仿这种知识（同上，300e）。在《法律篇》中，甚至由一个专家来统治的可能性都已经是早已消失的过去了（Pl. *Lg.* Ⅳ. 713a－e，Ⅸ. 853c）；一个立法家的专业知识，给他提供了“他能继续去追求的真理”（同上，Ⅳ. 709c）。一同失去的，还有关于美德的整体看法（同上，Ⅲ.

[77] 见 Thesleff 1982（H 110）70－1。Owen［1953（H 89）79－95］争辩说，《蒂迈欧篇》《克利提亚斯篇》以及《理想国》和《斐德罗篇》属于柏拉图对话的中期一组，但已遭到 Cherniss 1957（H 14）225－66 及 1957（H 15）18－25 决定性的反驳。

[78] Cornford 1937（H 23）1－8.

[79] 见 von Fritz 1938（H 42）2351－66。

688b，Ⅳ.714b－c），以及关于正义与非正义的标准，后者会有助于他为自己的共同体制定法律（Pl. Lg. Ⅳ.714b，715b）。柏拉图从来没有放弃他的信仰：通过理念，人们能够实现道德价值，但是达到它的途径有限，所以其实现只能留给某种制度，如由“夜间理事会”监督的法令。

（四）柏拉图的继承者

与安提斯泰奈斯和伊索克拉底的学校不同，柏拉图的学园在他于公元前347年逝世以后，还能作为一个哲学学校继续存在。[80] 柏拉图的姐姐柏托恩（Potone）与米利努斯的欧吕麦东（Eurymedon of Myrrhinous）之子斯佩乌西普斯[81]在60多岁时被选出掌管学园，他是如何及为何被选出的，迄今很大程度上仍只能猜测。[82] 他是极少数从柏拉图的学园建立初期就与之有联系的雅典本地人之一。尽管他是柏拉图事业的忠诚支持者，但还是经常与其舅父在诸如理念论等核心问题上有分歧（参见 Arist. *Metaph.* Z. 2，1028b18－24）。[83]

普罗克鲁斯（Proclus）提到（*In Euc.* Ⅰ.77－8），斯佩乌西普斯是学园中最重要的一个数学家。他的作品篇目和残篇证实，他在数论和毕达哥拉斯数学方面有特殊兴趣。但是他的哲学兴趣还包括伦理原则，其中最著名的观点是在反对欧多克苏斯时提出来的，即快乐（*hedone*）是邪恶的，应该被消除，这一观点经常遭到嘲笑。这反映学园内部关于快乐在人的生活中的作用存在争论，同时也为柏拉图的《斐莱布篇》提供了背景。

在狄奥根尼·拉尔修（Diogenes Laertius）（Ⅳ.4－5）归于斯佩乌西普斯的30个篇目中，以《相似之物》（*Homoia*）为题、论分类的10卷本作品影响较大。他赞成对所有事物进行详尽的分类，且预示了后来亚里士多德在《动物志》（*Historia Animalium*）中的分类主题。甚至在柏拉图在世时，他就可能受到了亚里士多德和泰奥弗拉斯 611
图斯注重经验事实研究的影响。[84]

---

[80] 参见 Lynch 1972（H 76）75－7。参见 Gaiser 1988（H 50）356－7，365－6。

[81] 见 Tarán 1981（H 109）175－6。

[82] 见 Chroust 1971（H 19）170－6 及 Tarán 1981（H 109）8－11。关于其残篇，亦见 Isnardi Parente 1980（H 63）。

[83] 见 Tarán 1981（H 109）chs. 2－4 及 p. 177。

[84] 关于这些观点，见 Cherniss 194;（H 13）31 － 59 以及 1944（H 12）44 － 8。

在叙拉古的狄翁访问学园之时，斯佩乌西普斯成为他的亲密朋友（Plut. *Dion* 17 和 22），狄翁返航回西西里时，赠送给斯佩乌西普斯一块他在此逗留之际所获得的乡村地产。后来的公元前 361/0 年，斯佩乌西普斯曾陪同柏拉图第三次也是最后一次西西里之行。据普鲁塔克记载，他积极支持狄翁将西西里从僭主统治下解放出来的努力。

斯佩乌西普斯去世之际，在严肃地考虑他的继承人时，可能并未包括亚里士多德。那或者是因为后者自己的推辞，或者他正出使马其顿。最热门的候选人是皮尔哈的麦奈戴穆斯（Menedemus of Pyrrha）。关于他在学园中悠长的经历，我们了解得不多。[85] 还有本都的赫拉克利德斯，他们都以微弱票数输给了卡尔凯东的克塞诺克拉特斯。柏拉图逝世时，克塞诺克拉特斯陪同亚里士多德离开了雅典。[86] 赫拉克利德斯和麦奈戴穆斯失望地离开了学园，前者回到他的家乡赫拉克里亚，麦奈戴穆斯在别处“建立了另一所逍遥派和论辩（*diatribe*）学园”，尽管我们无从得知其所在。

可能通过柏拉图的继承人、他的外孙女阿德曼图斯的某种特殊安排（D. L. Ⅲ. 41 – 44），克塞诺克拉特斯和他的继承者、雅典的波莱蒙（Polemon of Athens）占有了柏拉图做园长时的房子（Plut. *De exil.* 10，*Mor.* 603B – C）。[87] 我们得知克塞诺克拉特斯拒绝取得雅典公民权，[88] 某次他因为不能支付外侨税（*metoikiori*）而将要被卖为奴隶，法列隆的德米特琉斯出钱赎买了他（D. L. Ⅳ. 14）。[89]

克塞诺克拉特斯青年时就是柏拉图的学生（D. L. Ⅳ. 6），他受召主持学园时已经 57 岁。与更年轻的亚里士多德——那个与他经历联系密切的人相比，据说柏拉图曾将他比作一头需要鞭策的驴，而亚里士多德是一匹需要约束的马（D. L. Ⅳ. 6）。在他 25 年的园长生涯中，据说克塞诺法奈斯（Xenophanes，原文似有误，应为克塞诺克拉特斯——译者注）只为观看酒神节的新悲剧而参观过雅典市中心。公

---

[85] 有关记载及其残篇载 Lasserre 1987（H 75）。

[86] Philodemus'*Index Academicorum*, cols. Ⅵ. 28 – Ⅶ. 17, pp. 37 – 40 Mekler 1902（H 80），及 Merlan 1946（H 81）103 – 11.

[87] 阿德曼图斯可能是克塞诺克拉特斯的学生［*Index Academicorum*, col. Ⅳ, 10 – 11, p. 45 Mekler 1902（H 80）］。

[88] Plut. *Pboc.* 29. 4，和 the *Index Academicorum*, col. Ⅷ. 1 – 15, p. 42［Mekler 1902（H 80）］.

[89] 见 Whitehead 1981（H 119）235 – 8。

元前322年，他曾作为使节代表雅典出使安提帕特处。[90]

克塞诺克拉特斯是一位多产的作家，广泛涉猎哲学主题，尤其关注知识的系统化。[91] 柏拉图逝世后，他在学园和小亚细亚与亚里士多 612
德的密切联系，使他转向亚里士多德式的系统注重经验事实的路径。他的思想和写作与亚里士多德的区别，体现在他对鬼神学的特殊兴趣，这一点也为接受他作品的新柏拉图主义者所证实。许多篇目也表明，克塞诺克拉特斯不仅在数学方面继承了学园的兴趣，还继承了毕达哥拉斯派的兴趣，在将数学知识运用到最广义的"哲学"上，后者是先驱者，且认为哲学是理解生活的正确行为的方法。

为何亚里士多德公元前335年返回雅典时没有加入克塞诺克拉特斯领导的学园，而是选择建立他自己的学校，这会是一个让人着迷的猜测。保存在古代的亚里士多德《传记》中的一种传统，将这两所学校视为互为补充的分支而不是竞争者。[92] 不管雅典的这两个哲学团体分开的原因是什么，值得强调的是，克塞诺克拉特斯领导的25年，为存在于政治骚乱时代的学园提供了持续性和稳定性。

（五）学园的其他成员：哲学共同体的范围和性质

除同时代的喜剧诗人埃庇克拉特斯（fr. Ⅱ K）残篇中的一带而过外，关于学园共同体最古老的资料属于公元前1世纪，由伊壁鸠鲁主义者菲罗德穆（Epicurean Philodemus）编撰。他生活在赫尔库拉奈翁（Herculaneum），关于学园历史的作品保存在出自该城的纸草残篇上，即所谓的《赫尔库拉奈翁学园哲学家名录》（*Academicorum Philosophorum Index Herculanensis*）（= *P. Herc.* 1021）。[93] 尽管其残篇很不容易解读，但就柏拉图在世时期学园里20位成员的情况论，菲罗德穆的《学园名录》提供的资料仍是最可靠和最具综合性的，其基础是更早的、也是普遍可信的证据，可能包含有关叙拉古的赫尔摩多鲁斯（Hermodorus of Syracuse）的记载。此人是一个数学家，且与学园

[90] 见 Whitehead 1981（H 119）238－41。

[91] 关于克塞诺克拉特斯的残篇，见 Isnardi Parente 1982（H 64）。

[92] *Vita Marciana* 24［p. 101 in Düring 1957（H 36）］；参见 *Vita Latina* 24（p. 154 Düring）；*Vita Vulgata* 18（p. 134 Düring）。关于亚里士多德建立另一个学校是对学园的不忠和不领情的脱离，见 Düring 1957（H 36）465。

[93] 标准版是 Mekler 1902（H 80）。亦见 Gaiser 1988（H 50），也包括一小段与之相关的纸草文献，*P. Herc.* 164，re-edited by Dorandi。

613 有联系。[94] 加上从后来的名录上所做的补充，现在有 75 个名字能与学园最初 40 年的历史联系起来。

这些名字让学园的组成具有特别明显的外国色彩。在菲罗德穆的《学园名录》中，克塞诺克拉特斯可能是柏拉图在世时期的 20 人中唯一与学园有联系的雅典人。此外，我们可根据普鲁塔克的记载（*Adv. Colotem*, 32, *Mor.* 1126C – D）[95]，加上将军卡布利亚斯和弗奇翁。这两位和克塞诺克拉特斯一样是柏拉图的亲戚，他们与学园的联系（若属史实）应该在公元前 387 年学园开办后不久。普鲁塔克将狄翁列为学园里政治上活跃的成员，欢呼他为西西里的解放者；学园里还有一对兄弟，即埃努斯的皮同（Python of Aenus）和赫拉克利德斯，他们刺杀了色雷斯的僭主科提斯；普鲁塔克提到的作为立法者的学园成员中有阿里斯托尼姆斯（Aristonymus），他被柏拉图派到他自己的家乡阿卡狄亚城邦进行制度改革，弗尔米奥（Phormio）在他的家乡埃利斯、欧多克苏斯在尼多斯，以及亚里士多德在斯塔吉拉，都做了同样的工作。人们还提及卡尔凯东的克塞诺克拉特斯曾为亚历山大的政治顾问，而以弗所的戴琉斯（或狄亚斯）［Delius（*or* Dias）of Ephesus］被描述为一名使者，在代表小亚细亚的希腊人出使亚历山大时起了关键的作用。

阿特纳奥斯的《哲人宴享》（*Deipnosophistae*）（Ⅺ 508c – 509e）的写作时间较普鲁塔克整整晚了一个世纪，他列出了一个介入政治的学园成员名单。从菲罗德穆的《学园名录》和其他名录中，我们也知道这个名录。[96] 按照他自己的说法，这个名录基于一个与柏拉图同时代的作品《反柏拉图学派》（*Against Plato's School*），由伊索克拉底的学生、希俄斯的泰奥彭普斯写成（508c，见第 601—602 页）。这两份名录上的所有姓名几乎都得到了更为全面的《学园名录》或其

[94] Testimonia in Isnardi Parente 1982（H 64）157 – 60；亦见 Lasserre 1987（H 75）217 – 23 及 667 – 80。

[95] 关于作为资料的 Plut. *Adv. Colotem*，见 Westman 1955（B I 29）。

[96] 负面的政治案例包括奥琉斯的欧弗莱乌斯（Euphraeus of Oreus）、雅典的卡利普斯、兰普萨库斯的欧亚贡（Euagon of Lampsacus）、库吉科斯的提麦奥斯（Timaeus of Cyzicus）和佩莱奈的凯隆（Chaeron of Pellene）。欧亚贡肯定与狄奥根尼·拉尔修名录中的欧埃翁（Euaion）是同一个人，提麦奥斯是狄奥根尼的名录和《学园名录》中的提莫拉奥斯［Ⅲ.46 Mekler 1902（H 80）］。见 Wörle 1981（H 123），亦见 Lynch 1972（H 7 6）59，n. 32。

他可靠资料的确认。[97]

狄奥根尼·拉尔修的《柏拉图传》（*Life of Plato*）（Ⅲ.46）给出的更晚后的两个名录包含了可靠的信息，它被归于亚里士多德的学生狄凯亚库斯（Dicaearchus）（参见 fr. 44 Wehrli）。它认为柏拉图的学园中还有曼提奈亚的拉斯泰内亚（Lasthenea of Mantinea）和弗利乌斯的阿克西奥泰。[98]

普罗克鲁斯《欧几里得第一卷评注》（*Commentary on Euclid's Book* Ⅰ）中另有一个名录，其基础是来自公元前 4 世纪和公元前 3 世纪早期可靠的"学校"资料，名单中包括奥普斯的腓力以及罗德斯的欧德摩斯（Eudemus of Rhodes）。前者是柏拉图在学园的秘书，后者是一个逍遥派成员，编撰过一部早期数学史。[99] 614

这些曾"在学园里先后生活过，从事着共同研究"（Proclus, pp. 67－8）的数学家中，最为杰出的数学家和哲学家是尼多斯的欧多克苏斯、赫拉克里亚的阿米克拉斯（Amyclas of Heraclea）、麦奈克穆斯（Menaechmus）和他的兄弟狄诺斯特拉图斯（Dinostratus，两人都来自阿罗佩孔奈苏斯）、马格尼西亚的泰狄乌斯（Theudius of Magnesia）和库吉科斯的阿特纳奥斯（Athenaeus of Cyzicus）。在同样的语境中，还提及科罗丰的赫尔摩提穆斯（Hermotimus of Colophon）、苏尼翁的泰阿泰德（Theaetetus of Sunium）、门德（奥普斯）的腓力（Philip of Mende = of Opus），[100] 我们或许能够比较准确地推测，他们也参与了为柏拉图和欧多克苏斯所证明的学园里的数学研究。普罗克鲁斯所提到的许多外国数学家似乎是作为欧多克苏斯的追随者来到雅典的，他们或者来自库吉科斯他的学校，或来自普罗滂提斯（Propontis），以及卡利亚的毛索鲁斯的宫廷（D. L. Ⅷ.87）。[101] 普鲁塔克

---

[97] 不管是普鲁塔克还是阿特纳奥斯，都没有提到赫拉克里亚的奇翁（Chion）和莱奥尼戴斯（Leonides），他们于公元前 352 年刺杀了本都的赫拉克里亚的僭主克利亚库斯，两人都出现在菲罗德穆的《学园名录》中，见 col. Ⅵ, p. 35 Mekler 1902（H 80）。

[98] 亦见菲罗德穆的《学园名录》[col. Ⅵ, p. 37 Mekler 1902（H 80）。参见 *P. Herc.* 164, fr. 1 Dorandi]。公元前 4 世纪的演说家泰米斯提乌斯（Themistius）说，阿克西奥泰在读了柏拉图的《理想国》以后来到雅典的学园，在学园中，她长期伪装成男人，直到被发现（*Or.* XXⅢ. 295c－d）。

[99] 关于腓力，见 Tarán 1972（H 108）124－5 和 128－39。关于欧德摩斯，见 Wehrli 1969（H 115A）Ⅷ frr. 133－41。

[100] 见 Tarán 1972（H 108）125－7。

[101] 见 Merlan 1960（H 82）98－104。亦见 Huxley 1963（H 60）83－96，见前文 n. 74; and Lasserre 1966（H 74）。

一个有趣的段落（*Marc.* 14.5 – 6）告诉我们，柏拉图反对使用欧多克苏斯及其圈子和阿尔库塔斯及其圈子使用的力学模型来解决数学问题，原因在于这种方法论“通过求助于感觉而非灵魂和抽象的思想过程，破坏和腐蚀了几何的美好。此外，由于利用具体装置，它要求相当多的商业行为和体力劳动”。

柏拉图对智者和哲学家之间所做的机械且明确的区分模糊了这样一个事实：尽管两者之间存在相互的竞争和敌意，但伊索克拉底的学校和柏拉图的学园也有一些知识的交流和对话，结果是提升了一系列哲学主题的讨论水平。据传，学园的一些成员还和伊索克拉底以及他的学生一起学习过。库吉科斯的赫利孔（Helicon of Cyzicus）是欧多克苏斯的学生，也是伊索克拉底一个学生的伙伴，还是波吕克塞努斯的伙伴，布莱松（Bryson）的追随者（Pl. *Ep.* XIII. 360c），曾被普鲁塔克称为“柏拉图的密友”（*Dion* 19）。法塞利斯（在吕西亚）的泰奥戴克泰斯（Theodectes of Phaselis）身上，体现了两者颇有趣味的“交集”。亚里士多德的《修辞学》中曾多次尊敬地提及他。他被描述为“柏拉图、伊索克拉底、亚里士多德的一个学生”，写过颂辞、悲剧、一篇《苏格拉底的申辩》（*Apology of Socrates*）、一部用韵文写成的修辞学手册，以及一些以目录形式写成的评论（见 *Suda s. v.*
615 Θεοδέκτης）。亚里士多德一部佚散的作品题名为《泰奥戴克泰斯修辞学手册纲要》（*Compendium of the Rhetorical Handbook of Theodectes*）（D. L. V. 25）。

一个不知名的占星家[102]的造访可能与学园内部由欧多克苏斯和库吉科斯的卡利普斯（Callippus of Cyzicus）所发起的天文学研究及对历法改革的兴趣有关。卡利普斯是一位天文学家，他追随欧多克苏斯来到雅典，“与亚里士多德生活在一起，在亚里士多德的帮助下，匡正和增强了欧多克苏斯的发明”（Simpl. *in Cael.* p. 493，5 – 8）。他之所以成名，是因为他在公元前5世纪后期在麦同（Meton）和欧克泰蒙（Euctemon）的理论基础上对历法改革做出了重大改进。

学园里知识、文化和地理上的多样性，为不同目的、不同兴趣、

[102] *Index Academicorum*, col. III. 36 – 41, p. 13 Mekler 1902（H 80）；亦见 Westerink 1962（H 117）I. 6, p. 15. 亦见 Tarán 1972（H 108）116；亦见 124 – 5, esp. n. 519（Philip of Opus, Test. v）。

不同个人动机的个体之间可能的联系开辟了一条广阔的道路。这是知识挑战和包容的中心，而非一个传播固定哲学立场的同类团体。社团中的绝大部分成员（可能高达90%）是非雅典人；许多成员来自北希腊和中希腊、伯罗奔尼撒、普罗滂提斯和本都的城市、小亚细亚沿海，以及西部希腊人地区（南意大利和西西里）。其他人或来自曾有毕达哥拉斯兄弟会的地方，或者来自小亚细亚城市，欧多克苏斯及其他巡回教师曾经在那里从事教学；或者来自人们熟知的贸易道路上的商业中心——如雅典与普罗滂提斯和本都之间的地方。

因此，学园并不是某个特殊个人或特殊城邦的产物，而是回应了更广大的希腊世界的需求，它要求把教育过程和政治、科学和其他哲学问题纳入泛希腊的框架中。和智者一样，学园也得益于一个高度可见的城市中心的公共空间和哲学作品的传播，以吸引注意力和增加追随者。与内向型的毕达哥拉斯兄弟会（从某种程度上说，还有后来雅典的伊壁鸠鲁学校）不同，参与学园并不需要任何规定的入园程序、仪式、神圣或秘密的誓言、饮食规则，或某些共同的标志，以便在与周围的共同体交流时，将内部成员与外人区分开来。作为一个机构，学园是对伊索克拉底和苏格拉底诸多追随者所建立的学校类型的进一步发展（尽管苏格拉底自己反对将哲学教育与城市的日常生活分离开来）；就如伊索克拉底和其他人已经开始做的一样，柏拉图把旧有的城市之间公共机构的客友关系（*xenia*，那种关系通过传统的 616
家庭纽带形成）[103] 重塑为主要机制，以创造一个更为复杂的团体，致力于学习、教学和研究，它超越了城邦范畴，甚至达到了非希腊世界。

四　亚里士多德与逍遥学派

（一）学园中的亚里士多德

亚里士多德被誉为“柏拉图最具天赋的学生”，根据一些古代资料，他于公元前384年出生在北希腊斯塔吉拉一个沿海的村庄，这是色雷斯的哈尔季狄基半岛上一个说伊奥尼亚语的殖民地，由来自优卑

[103] 关于这一重要机构，见 Herman 1987（C 54），亦见 McKechnie 1989（I 100）。

亚和安德罗斯岛（Andros）的移民建立。[104] 他有两个胞亲，姐姐阿莉姆奈斯特（Arimneste）和兄弟阿利姆奈斯图斯（Arimnestus），后者死后无子，按照他的遗愿，亚里士多德为他建了一座塑像以为纪念。[105] 亚里士多德的父亲尼科马库斯（Nicomachus）是一名阿斯克勒皮亚狄医生团体的成员，并成为马其顿国王阿明塔斯三世的御医，后者是腓力的父亲、亚历山大大帝的祖父。亚里士多德的母亲菲斯提丝（Phaestis）也来自优卑亚的哈尔基斯一个与阿斯克勒皮亚狄医生团体有联系的家庭，并在那里获得一块祖传地产。尽管有这些医学背景，但是孩童时期的亚里士多德是否曾受到从事医学实践或医学职业任何重要的影响，仍是不确定的，因为他的父母都在他很小的时候就去世了。他由其法定监护人、阿塔尔纽斯的普罗克塞努斯（Proxenus of Atarneus）养大，后者此前已经娶了亚里士多德的姐姐阿莉姆奈斯特。

对亚里士多德后来哲学生涯影响更深刻的，是他出生和成长在一个“外来”家庭中的事实，这个家庭与培拉的马其顿宫廷有着职业的联系，但是在马其顿社会的眼里，他们的联系、文化传统以及知识遗产（包括他们的希腊语家乡方言），都是“外来的”。在他大部分青年和成年生活中，他都是过着一个外国人的生活，在他所生活的社会中是一个居民而从来不是一个公民。

为何普罗克塞努斯在亚里士多德 17 岁时，将他送到雅典接受学园的进一步教育，没有任何线索可供解释。虽然学园已经在数学、政
617 治学、认识论和伦理学研究方面颇有名气，但对医学、生物学或者（在其他制度设置方面归为高等教育一类的）修辞学没有任何兴趣。在雅典学园 20 年的历史中，我们也不知道还有任何其他马其顿人为了寻求高等教育来到学园，而且亚里士多德的经历，也没有激发后来的马其顿居民追随他的脚步与雅典学园产生联系。甚至亚里士多德移居到雅典之前在何处居住、有何职业，都不能确定，合理的猜测，是

[104] 讨论亚里士多德及其思想最重要的著作是 Düring 1966（1137），and 1957（H 36），该书修订了 Jaeger 1948（H 67）（最初于 1923 年在柏林出版）颇有影响的论点。关于最近对亚里士多德的评论，见 Rist 1989（H 99）。

[105] 关于亚里士多德的遗嘱，见 Chroust 1973（H 20）183 – 231；Gottschalk 1972（H 53）314 – 42 及 Düring 1957（H 36）263 – 4。

他从其姐夫和姐姐在阿塔尔纽斯的家乡来到作为著名文化中心的雅典。[106] 柏拉图的某些苏格拉底对话集可能吸引了普罗克塞努斯或亚里士多德本人。

当年轻的亚里士多德于公元前 367 年来到学园时，60 多岁的柏拉图正在西西里向年轻的狄奥尼修斯二世介绍一种哲学生活，学园掌管在有科学主义倾向的尼多斯的欧多克苏斯手中（见上文第 608 页）。尽管可能在学园里面传播和讨论的柏拉图作品也影响了他的知识发展，但欧多克苏斯和他的追随者库吉科斯的卡利普斯（后者在雅典和亚里士多德一起生活）可能为亚里士多德提供了最重要的早期教导。后来，亚里士多德赞扬欧多克苏斯的克己，这使得欧多克苏斯关于快乐即善的辩论具有说服力，因为这一观点不是为了给自己谋利，“欧多克苏斯的辩论获得了信任，更多的是因为他卓越的品质，而不是辩论本身的价值”，可以说是亚里士多德对早期学园里这一辩论的评判（*Eth. Nic.* X，1172b 9 – 17）。

当亚里士多德到雅典时，学园的大部分伙伴都是从事数学和天文学的外国人，他们最初是追随欧多克苏斯从他在尼多斯的学校来到雅典的（见上文第 608—609、614—615 页）。其他人，其中有亚里士多德的朋友、塞浦路斯的欧德摩斯（Eudemus of Cyprus），则投身于伦理和政治讨论，人们猜测，其原因某些时候可能是其家乡城邦消极的政治氛围。在成为其家乡塞浦路斯僭主政治的受害者之后，欧德摩斯在流亡中成为一个反对僭主的政治积极分子。他在色萨利城镇菲莱染病，勉强捡回条命，使他能够活着看到该地从僭主亚历山大的残酷统治下解放出来。他梦想有一天回到同样从僭主统治下解放出来的塞浦路斯，但这个梦想在西西里被击碎。约公元前 354 年，他联合狄翁、琉卡斯的提摩尼德斯（Timonides of Leucas）及其他学园成员试图推翻狄奥尼修斯二世。亚里士多德自己与这场政治灾难的关系仍停留在文学层面，在一篇题为《欧德摩斯》（*Eudemus*）或《论悲伤》 618
（*On Grief*）的对话中，他纪念自己与被杀害的欧德摩斯的友谊。他早

[106] 这也可能解释为何他 20 年后离开雅典去了阿塔尔纽斯。他感觉自己与普罗克塞努斯亲近，他收养普罗克塞努斯和阿莉姆奈斯特的儿子尼卡诺（Nicanor），表现了这一点。亚里士多德没有自己的婚生儿子，因此让尼卡诺成为他的合法继承人和他女儿皮提娅（Pythias）的准丈夫。见 Düring 1957（H 36）271 – 2。

期关于伦理的作品为何也提到了欧德摩斯的名字，我们尚不得而知。

关于公元前364年柏拉图返回学园后与20岁的亚里士多德个人关系的证据，很大程度上是轶事趣闻，最好的也不过是揣测，最糟的则是纯粹的幻想或偏见。[107] 传记传统强调，他们从最初相遇起，在思想上就存在根本性的分歧，却不重视一个导师对一个处在服从地位的学生知识上的优势。一些资料将分歧视为私人间的紧张或敌意的标志，另一些则认识到在他们的知识分歧之外存在友谊。一则轶闻表明，柏拉图一开始就将亚里士多德塑造为一个为知识独立而努力的人。据传柏拉图如此评价他最杰出的学生："亚里士多德之反对我，就如一匹小马驹反对它的母亲一样。"尽管传闻完全是虚构的，但比喻是贴切的。没过多久，亚里士多德就不是作为一名在哲学上从属于柏拉图和其他年长哲学家的学徒而在学园里活动，而是学园的教师，不仅是学校里他自己圈子里的领袖，还是一些之前被忽视的甚至是禁止的主题——修辞学的号召者。

将修辞学作为一个合理的主题加以关注，代表了他对学园作为一个教育机构所倡导主张的重大偏离。因为在柏拉图看来，在反对伊索克拉底及其学校的辩论中，修辞学不是一个可供研究且能够脱离其讨论的内容而独立出来学习的领域。对此亚里士多德并不认同，"若是保持沉默，让伊索克拉底去说，那是可耻的"。据说亚里士多德曾在他早期（可能是最早）的对话《格吕鲁斯篇》（*Gryllus*）或《论修辞》（*On Rhetoric*）（约属公元前361年）中，纲领性地（也是轻率地）宣称，他将把一生的兴趣用于修辞学。在为统治者或者有影响力的人提供建议方面，学园需要与伊索克拉底学校的成绩竞争。西塞罗如此生动地描述亚里士多德思想中这重要的一步，"亚里士多德骤然改变了他整个的教学方法"（*repente mutavit totatm formam disciplinae suae*）。[108]

现存《格吕鲁斯篇》的残篇表明，该篇批判性地讨论了许多颂辞和葬礼演说词，它们是伊索克拉底和其他人为纪念色诺芬的儿子格吕鲁斯而作。公元前362年的曼提奈亚战役中，格吕鲁斯牺牲。在反

---

[107] 见 Düring 1957（H 36）315－36 及 Riginos 1976（H 98）129－34。

[108] 见 Düring 1957（H 36）311－14。关于亚里士多德佚散的作品，见 Bignone 1936（H 4），亦见 Berti 1962（H 3）。

对柏拉图和批评伊索克拉底时，亚里士多德主张，修辞学不仅是一门因为其本身的正确性而值得学习的艺术，而且是一门因为其政治和辩证含义需要精密的检验和研究而值得学习的艺术（*Gryllus*, fr. 2），如 619
果哲学家不用或不懂，那他们在修辞学上就可能陷入不利境地。《格吕鲁斯篇》导致一部来自伊索克拉底的学生凯菲索多鲁斯（Cephisodorus）精心阐述的回应，该书长达4卷，现已佚失。

亚里士多德的《劝勉篇》（*Protrepticus*），或“哲学的劝勉”，也许可解读为对伊索克拉底在塞浦路斯岛上的政治影响、保护人身份及知识追随者的挑战（参见上文第600页）。既然亚里士多德已经帮助和纪念了一个来自塞浦路斯的政治流亡者欧德摩斯，他似乎让自己承担了一项任务：对抗伊索克拉底在塞浦路斯的埃瓦戈拉斯家族（Cypriot Evagorids）中的地位，方式是向一个塞浦路斯的王子或幼王泰米松（Themison）提供了关于教育（*paideia*）和哲学生活的景象，它不同于公元前353年伊索克拉底在《论财产交换》中强调的“理论”生活高于“实际”生活的图景，而提出了人类价值的知识有可能像数学知识一样精确的可能性，以及将一个人的精力和生命奉献于知识活动（*phronesis*）的乐趣。[109]

亚里士多德在学园20年间所写的对话只有少数残篇留存。与斯佩乌西普斯和克塞诺克拉特斯一样，他也写过一篇《论毕达哥拉斯派》（*On the Pythagoreans*）的论文，以及一篇关于同时代塔林顿的毕达哥拉斯兄弟会首领阿尔库塔斯的论文。大多数对话似乎都是有意启发、劝导和介绍性的，没有伪装成体系，甚至彼此之间都不一致。现存下来的短小残篇中，分别来自《会饮篇》（*Symposium*）、《智者篇》（*Sophistes*）、4卷的《论正义》（*On Justice*），以及《论快乐》（*On Pleasure*）。所有这些都专注于柏拉图哲学的主题。他的《论厄洛斯》（*Eroticus*）是一篇关于爱的对话，部分保存在阿拉伯语手稿中，[110]它显示亚里士多德自己致力于和学生集体对话，“他（亚里士多德）的学生伊索斯（Issos）”代表他发言。与柏拉图不同的是，在他的对话中，亚里士多德把自己作为一个对话中的发言人，这一点已得到西塞

---

[109] 见 Düring 1961（H 36A），及 Chroust 1966（H 16）202 -7。

[110] The *Codex Tübingen Weisweiler*, no. 81, *Erotikos*, fr. 4 Ross；英译文见 Ross 1952（H 100）26，也请见 Walzer 1939（H 114）414 -22。

罗证实（*ad Att.* XIII. 19. 4），而且同样展现在他的对话《论哲学》（*On Philosophy*）的一个残篇中（fr. 10 Ross）。该篇以及《论理念》（*On Ideas*）批判性地处理了理念论。它表明，从他早期的作品到他生命终止，亚里士多德从未接受任何形式的将理念置于超然地位的理论。

他后来一系列作品中的实验研究法可能在他 20 年的学园时光中已经开始了，如关于修辞学的专业作品形成了后来 3 卷的《修辞学》（*Rhetorics*）的基础。作为他对修辞学兴趣的一部分，亚里士多德可能以逻辑论证的方式教授、讨论和从事研究，从而为《论题篇》（*Topoi*）和《范畴篇》（*Categories*）打下了基础，这导致他写出系列的逻辑学论文，经他后来的追随者汇集成名为《工具论》（*Organon*）
620 的著作。他对收集和系统分类的热情也为伊索克拉底的学生凯菲索多鲁斯的残篇证实，其中他指责年轻的亚里士多德收集箴言的陈腐行为。我们所知的从古代希腊保存下来的箴言，实际上大部分得益于亚里士多德和他的追随者的努力。[111]

尽管在涉及雅典以及雅典与其他城邦间政治的问题时，亚里士多德并不引人注目，然而在他 20 年学园生涯的末期，他还是卷入了那个时代的事件。当奥林图斯于公元前 348 年陷落于腓力二世手中时，德摩斯梯尼和其他反腓力的政治家的支配地位激起了反马其顿情绪，使得亚里士多德在雅典的处境，即便不是恐惧，至少也是不如意。作为一个与马其顿有联系的外侨，而且居住在一个大多数知识分子更倾向于马其顿而非波斯的城市中的知识人，亚里士多德成为政治冲突的靶子。公元前 347 年，即柏拉图逝世前几个月，他可能被迫离开了雅典。[112]

（二）亚里士多德的漫游年代：阿苏斯、密提林和马其顿

在接下来的 13 年间（37 岁到 49 岁），亚里士多德在雅典之外度过，首先居住在特罗德的阿塔尔纽斯——僭主赫尔米亚斯的领地、他姐夫普罗克塞努斯的家乡。[113] 赫尔米亚斯可能在之前的 10 年中访问

---

[111] 请见 Ath. II. 60 d-e 以及 Düring 1957（H 36）379 – 80 以及 389 – 91。D. L. v. 26 列举了一部题为《箴言》（*Paroimiai*）的作品。

[112] 见 Chroust 1973（H 20）ch. IX，“Aristotle leaves the Academy”（pp. 117 – 24）。

[113] 关于亚里士多德这一阶段的经历，见 Wormell 1935（H 124）55 – 92，及 Mulvany 1926（H 86）155 – 68。关于赫尔米亚斯与亚里士多德的关系，见 Düring 1957（H 36）272 – 83。

过雅典，并听说过学园里的柏拉图和亚里士多德。[114] 传说柏拉图的第六篇书信就是在公元前 351/0 年向赫尔米亚斯、埃拉斯图斯（Erastus）和科利斯库斯（Coriscus）致辞，给人的印象，是此前在柏拉图学园有长久同学关系的埃拉斯图斯和科利斯库斯兄弟正在把自己变成赫尔米亚斯的哲学顾问。他们来自特罗德地区附近的斯凯普西斯，开始组成一个团队，并继续进行他们在学园里所从事的那种讨论。[115] 亚里士多德可能和克塞诺克拉特斯、泰奥弗拉斯图斯及其他来自学园的同学到达沿海城镇阿苏斯后不久，就加入（或帮助建立）了那里的一个哲学家的圈子。这一团体处于赫尔米亚斯的控制之下，[116] 并为来自学园的哲学家们提供了一个处所及他们团体“所有的必需品”；在 621 这里，他们“进行哲学讨论打发时光（*diatribontes*），以逍遥的方式聚在一起”，这表明他们这里的制度安排和实践都与他们在学园里所习惯的相似。[117] 可能正是在这个团体中，亚里士多德的侄子卡利斯泰奈斯（Callisthenes）开始接受哲学教育。[118]

在阿苏斯待了 3 年以后，亚里士多德渡海前往莱斯沃斯的密提林继续他的研究和教学，可能加入了包括该岛本地人泰奥弗拉斯图斯在内的一个哲学团体。[119] 大约 3 年以后，亚里士多德被腓力召唤去担任 15 岁的亚历山大的老师。腓力的选择可能不仅受到亚里士多德早期与马其顿宫廷联系的影响，而且得到赫尔米亚斯的推荐，后者是马其顿的支持者和同盟者。据普鲁塔克记载（*Alex*. 7.4），在亚里士多德来到之后，“腓力在米扎（Mieza）指定了一处建筑为亚里士多德和亚历山大的学校（*schole*…*kai diatribe*），直到今天（公元 2 世纪早期）人们仍能指出亚里士多德的石凳和林荫道路（*peripatoi*）”。这一教育安排持续了多长时间、随后亚里士多德做了什么，以及他去往何处居住，都无法确知；但他显然在马其顿生活了 8 年，可能还成了马其顿公民。他也可能在自己的祖国斯塔吉拉（当时属于马其顿的一

---

[114] Strab. XIII. I. 57 with Düring 1957（H 36）276 and 279.

[115] D. L. III. 46 将埃拉斯图斯和科利斯库斯列为柏拉图的学生；Strabo（XIII. I. 54）称他们为苏格拉底的门徒（*Sokratikoi*）。关于埃拉斯图斯，亦见（Pl.）*Ep.* XIII. 362b。

[116] 见 Düring 1957（H 36）272 – 7 with Gaiser 1988（H 50）380 – 6。

[117] 见 *Ind. Acad.*，col. v. 1 – 23，p. 23 Mekler 1902（H 80）；亦见 Gaiser 1988（H；O）161 – 2。

[118] 见 Düring 1957（H 36）294 – 7；亦见 Gaiser 1985（H 49）。

[119] 关于年表，见 D. L. v. 9 – 10 和 Dion. Hal. *Ep. ad Amm.* 5，p. 727，with Düring 1957（H 36）253 – 6 and 463 and Jacoby，*FGrH* 244 F 38。

部分）他父亲的家里居住过一段时间。该城于公元前 348 年被腓力二世摧毁，亚里士多德可能劝说腓力进行了重建。[120] 公元前 339 年[121]斯佩乌西普斯去世时，亚里士多德仍然在马其顿，克塞诺克拉特斯当选为学园园长，其时亚里士多德也离开了那个雅典的团体，仍然居住在海外（见前文第 611 页）。

在马其顿的第二年，亚里士多德痛苦地失去了其过去的同行、资助人及挚友阿塔尔纽斯的赫尔米亚斯。赫尔米亚斯地缘上太过接近波斯，态度又太过赞赏马其顿，因而由于其政治地位成为受害人。公元前 341 年，他被波斯大王逮捕并处死。悲痛之中，亚里士多德为赫尔米亚斯在德尔斐奉献了一座纪念碑，为了纪念他而创作了一首致《卓越》（*Areta*）的颂歌。[122] 赫尔米亚斯被处死无疑影响了亚里士多德对波斯文化及其统治的否定态度，与之相关的是希腊人对蛮族人的
622 优越感。赫尔米亚斯去世后不久，亚里士多德就与他的侄女暨养女皮提娅结婚。[123]

除和其他哲学家一起教学、为统治者提供政治建议，以及担任马其顿王子的私人教师外，亚里士多德还忙于从事对各种自然现象的经验性研究。他的生物学作品涉及大量他在雅典以外这些年游历过的地方，泰奥弗拉斯图斯和其他哲学家同事在这些地方帮他做了大量收集、观察和近距离研究工作，这些都体现在他关于动物和自然史的系列论著中。[124] 他在卡利斯泰奈斯陪同下对皮提娅赛会进行了档案和野外调查，汇编了一个“自其起源”以来的胜利者和组织者名录，以回应来自德尔斐近邻同盟的邀请。他们的工作得到了德尔斐祭司的公开表彰，奖掖他们一座花冠，以及一句镌刻在德尔斐圣所的赞誉令（Tod no. 187 = Harding no. 104）。[125]

（三）公元前 335 年亚里士多德返回雅典

亚里士多德在马其顿上层社会居留 8 年后回到雅典的原因完全不

---

[120] 见 Düring 1957（H 36）290－4，亦见 Gottschalk 1972（H 53）324，n. 5。

[121] 见 *Ind. Acad.*，col. Ⅶ，1－2，p. 38 Mekler 1902（H 80）；亦见 Gaiser 1988（H 50）193 and 467－9。

[122] 保存在 D. L. v. 6 及狄狄穆斯草纸中，见 Düring 1957（H 36）59－60 and 274－7。

[123] Düring 1957（H 36）267－8。亦见 Gottschalk 1972（H 53）322，n. 1。

[124] 见 Lynch 1972（H 76）72，n. 6；亦见 Gaiser 1985（H 49）and Düring 1966（H 37）510，关于年表见同书 49－52 and Rist 1989（H 99）283－7。

[125] 见 Düring 1957（H 36）339－40。

清楚，尤其是当时亚历山大刚摧毁了雅典的盟友底比斯，反马其顿情绪高涨。他在吕凯翁建立了一所自己的学校，而不是回到克塞诺克拉特斯领导下的学园，其原因同样模糊不清。[126] 他写于公元前 334 年令人感动的关于友谊（Φιλίη）的挽歌，表明亚里士多德认为他“回归著名的凯克罗普斯的（Cecropia）土地”（凯克罗普斯是传说中的半龙半人，雅典创建者，阿提卡第一任国王——译者注），不是作为胜利者——不管是在论战的意义上，还是在政治上，而是一个虔诚者非常个人化的回归，其动力是他对柏拉图某些哲学原理的赞赏。[127]

时年 49 岁的亚里士多德不仅会作为一个哲学家在雅典受到赞扬，而且作为新登基国王（时年 21 岁，他的父亲腓力二世在前一年被刺杀）的老师而广为人知。此外，由于与马其顿统治希腊的摄政王安提帕特[128]过从甚密，使得亚里士多德和他的学校以非公民的身份“从一开始就依靠马其顿的统治”。[129] 亚里士多德成功地举行了一次非常明显而公开的支持赫尔米亚斯的行动，以反击那些反马其顿派有关他反对自己岳父的诽谤。雅典人以雅典卫城上的一篇铭文公开赞誉亚里 623
士多德，答谢他“通过善意的行动以及他自己大量的支持和捐赠、通过他为雅典人民提供的所有服务，尤其是为了提升他们的利益和保障他们得到合理的对待，而与腓力王进行的交涉，为城市提供的优秀服务”[130]。

尽管古代的资料毫无异议地承认亚里士多德在雅典的吕凯翁建立了自己的学校，并亲自领导了 13 年，[131] 但是一些现代学者认为，直到亚里士多德逝世以后，制度意义上的逍遥派学校才由他的学生和继承者泰奥弗拉斯图斯建立，[132] 因为最早提及“逍遥学派”（*peripatos*）——该学派后来因此得名——的可能是泰奥弗拉斯图斯的遗嘱，它可能是指房产（*kepos*）的一部分，房产则是法列隆的德米特琉斯授予一块

---

[126] 见 Lynch 1972（H 76）73。

[127] 见 Jaeger 1927（H 65）13－17。

[128] 见 Plezia 1977（H 95）18－19。

[129] Lynch 1972（H 76）94－5. 关于作为外侨的亚里士多德，见 Whitehead 1975（H 118）94－9。关于其追随者的外国来源，见 Jaeger 1948（H 67）316。

[130] *Vita Marciana* 20，转引自 Düring 1957（H 36）100，在乌塞比亚（Usaibia）的阿拉伯语传记中叙述得更为充分，见同书第 215—216 页。

[131] Lynch 1972（H 76）68－9 and 106－8.

[132] 有关争论请见 Brink 1940（H 9）col. 905. Düring 1957（H 36）346；亦见 361，405－6，and 461。

地产（*enktesis*）时给予泰奥弗拉斯图斯的（D. L. v. 39 and 52）。但如我们已经注意到的，私人财产在古代是不能被外侨用来开办一所哲学学校的，因此就没有理由拒绝如此明显的可能性，即如狄奥根尼·拉尔修所记载（V. 2），学校之所以得名逍遥学派，源自吕凯翁一座叫逍遥的公共体育馆，而不是泰奥弗拉斯图斯个人的房产。

吕凯翁的亚里士多德学校，培养出了法列隆的德米特琉斯这样的学生，在进入政治生活并准备授予泰奥弗拉斯图斯地产［（Plut.）X *orat.* 850c］[133] 之前，他就获得了逍遥者（*Peripatetikos*）的绰号。狄奥根尼·拉尔修的《传记》并没有列出亚里士多德学生的名录，但是他说数量“很多”，其中泰奥弗拉斯图斯是“最为杰出的”（V. 35）。在泰奥弗拉斯图斯之外，《亚里士多德传记》（*Vita Marciana*，44，pp. 105 – 6 Düring）加上了法伊尼亚斯（Phaenias，来自莱斯沃斯的埃莱苏斯，泰奥弗拉斯图斯的家乡城市）、欧德摩斯（来自塞浦路斯）、克吕图斯（Clytus，来自米利都）、塔林顿的阿利斯托克塞努斯（Aristoxenus）和狄凯亚库斯（来自美塞尼）。[134]

和柏拉图学园一样，亚里士多德的学校也组织成一个社团，其中年长的成员主要涉及教学和研究，年幼的成员更多是学徒和学生的身
624 份。[135] 但是，与柏拉图学园不一样的是，亚里士多德的学校更愿意把自身视为一个机构，即他们是一个集体，其中我们能看到多个团体。据说亚里士多德曾经从克塞诺克拉特斯领导下的学园借鉴管理学校的观念，其中他“每10天在他的学校中指定一名领导者（ἄρχων），并使之成为一种惯例”（D. L. v. 4）。这表明学园和吕凯翁的校长更多是作为“族中长者”（*primi inter pares*），而不是作为严格等级制意义上的学校校长。这种管理安排不仅确保了学校的有效运行，而且培育了

[133] 关于法列隆的德米特琉斯，见下文注释 152。关于 *Peripatetikos* 这一词汇，见 Lynch 1972（H 76）。

[134] 关于亚里士多德的这些学生，见 Wehrli 1967 – 69 及 Supplements，1974 及 1978（H 115 A）。普鲁塔克认为，法伊尼亚斯和泰奥弗拉斯图斯一起在他们的家乡城市中推翻了僭主统治（fr. 7 Wehrli）。我们对克吕图斯知之甚少，只知道他写了一部《论米利都》（*On Miletus*）（Ath. XII. 540c；亦见 XIV. 655b）。关于亚里士多德传记的非希腊语版本中的这一名录，要么只有一部分，要么残损了，见 Düring 1957（H 36）188（*Vita Syriaca*），200（Mubashir），218（Usaibia）。

[135] 见泰奥弗拉斯图斯和吕科（Lyco）的遗嘱（D. L. v. 53，70 – 1）；关于学园，见 *Ind. Acad.* col. VI. 41，p. 38 和 col. XVIII. 1 – 8，p. 67 Mekler 1902（H 80）以及埃庇克拉特斯的滑稽剧残篇（见上文第 612 页）。

一种群体归属感和“一种不同于智者类型学校的知识独立精神”。[136]

亚里士多德的学校没有试图把一种意识形态变成永恒或者固定下来，而是包括了一系列哲学观点。罗德斯的欧德摩斯被称为“亚里士多德最有天赋的学生”（fr. 59 Wehrli），一个“在各方面都追随亚里士多德的人”（fr. 44 Wehrli），然而泰奥弗拉斯图斯是一个独立而创新的思想者，他经常超越、某些时候甚至明确地否定亚里士多德的观点。[137] 在吕凯翁学校中，美塞尼的狄凯亚库斯既被认为是亚里士多德的学生，也被视为泰奥弗拉斯图斯的学生。众所周知，他认为实际生活高于理论生活，因此与两位老师的观点有根本分歧（fr. 25 Wehrli）。一些人，如来自昔兰尼学派的克雷塔库斯（Cleitarchus）和来自叙拉古的斯米亚斯（Simmias），离开了亚里士多德的学校而加入斯提尔波（Stilpo）领导下的麦加拉学派；泰奥弗拉斯图斯掌管学校之时，这种流动仍在继续（D. L. Ⅱ. 113）。尽管在已知的逍遥学派成员中存在的哲学分歧没有柏拉图学园的同事们那么显著，但是以亚里士多德为中心形成的团体还是足够开放，以至于能够包括如塔林顿的阿利斯托克塞努斯这样独立性很强的人。此人以“音乐家”（ὁ Μουσίκος）闻名，原因是他专注于和声学、韵律和其他音乐主题。他曾跟随诸多老师学习，其中包括毕达哥拉斯派的克塞诺菲鲁斯（Xenophilus the Pythagorean），然后才安心在雅典的吕凯翁跟随亚里士多德工作（fr. 1 Wehrli）。他是一个多产的作家，归于他名下的作品多达453卷，他还是一个新型学习流派——漫谈式传记的早期实践者之一。克塞诺菲鲁斯“在亚里士多德的学生中有着巨大声誉”，其名声之大，以至于当亚里士多德忽视了他，将学校留给泰奥弗拉斯图斯时，他非常失望，并且抨击了亚里士多德（fr. 1 Wehrli）。

与柏拉图一样，亚里士多德将他的学校变成了一个持续的事业，625
在他外出和身后都一样。他所关注的是这个团体不能依赖于某个活着或者在世的人。据奥鲁斯·格利乌斯（Aulus Gellius，*NA* ⅩⅢ. 5）记载，当亚里士多德离开雅典前往哈尔基斯、健康状况开始恶化之时，他的追随者们探望他并请求他选择一个继承人。在“当时学校的诸

---

[136] 见 Lynch 1972（H 76）82 – 3 及 Gaiser 1988（H 50）356 – 7 和 365 – 6。
[137] 见 Regenbogen 1940（H 96）cols. 1389 – 1395。

多优秀人才”中，据说亚里士多德表示，他更喜欢来自莱斯沃斯的甜酒（泰奥弗拉斯图斯），而非来自罗德斯的醇厚而可口之酒（更加正统的欧德摩斯）。[138]

和柏拉图一样，亚里士多德不会为任何层次的哲学团体中的教导和参与而收费。与智者们、伊索克拉底和其他哲学教师形成比照的，是他拒绝将这些活动变成一种生意，相信哲学教师的价值不能以金钱或荣誉来衡量。不过他并不拒绝接受自愿的捐赠，那些热切地表达对其老师感恩之情的捐赠（参见 *Eth. Nic.* Ⅸ. Ⅰ, 1164a）。如上文所述，柏拉图可能也接受甚至恳求来自学校以外支持者的金钱赠送，并且将这些资金作为自己个人而不是学校集体的金钱（*Ep.* XIII）。但斯佩乌西普斯因对在学园学习收费而受到指责（可能是造谣中伤）（D. L. Ⅳ. 2）。除了这些，我们对公元前 4 世纪哲学学校的财政状况知之甚少。亚里士多德和他的同事们在吕凯翁学园里所进行的精深的研究，比一个像柏拉图学园那样运转的哲学团体需要更多的财政来源。当他迁入雅典时，亚里士多德的经济状况可能良好。仅仅 12 年后他写下的遗嘱说明，他从其家庭和自己的事业中获得了相当可观的资产，遗留给继承者的资产，也远超柏拉图留给其继承人的。据说他因为担任亚历山大的家庭教师而获得丰富的收入（参见 Plut. *Alex* 7），他那强大的帝王学生据说是他财政主要的支持者。老普林尼宣称，除了来自马其顿的资金支持，亚历山大还调遣“数千人”让亚里士多德支配，协助他进行动物学的调查研究。[139]

返回雅典后不久，年过 50 的亚里士多德有了一个女儿，以他妻子的名字取名为皮提娅（Pythias），但是他的妻子随后去世了。为了有人继承他的财产，亚里士多德收养了他的侄子尼卡诺，只是收养的
626 时间并不确定。在他去世前不久，亚里士多德与一个仆人赫尔皮里斯（Herpyllis）有了一个亲生儿子。赫尔皮里斯来自他的家乡斯塔吉拉，在亚里士多德去世之前获得解放。在遗嘱中，亚里士多德为她提供了实质性的支持（D. L. Ⅴ. 13 – 14）。尽管他的亲生儿子是私生子，不能成为他的继承人，但亚里士多德还是以自己父亲的名字给他取名为

---

[138] 见 Wehrli Ⅷ. Eudemus（H 115 A）fr. 5 with p. 78。

[139] Pliny *HN* Ⅷ. 16. 44；Ath-Ⅸ. 398e；及 Ael. *VH* Ⅳ. 19。关于马其顿的支持，见 Düring 1957（H 36）288 – 9。

尼科马库斯（Nicomachus），并在自己的遗嘱中对他和他同父异母的姐姐做了谨慎的安排，指定他的养子及继承者尼卡诺为这两个孩子的监护人（在他立遗嘱之时，他的两个孩子都还是儿童）。此外，他安排尼卡诺在皮提娅达到婚嫁年龄时与之结婚；[140] 如果任何事情导致尼卡诺（在他与皮提娅结婚之前或之后）不能有孩子，或者出现其他不能履行遗嘱的情况，亚里士多德的学生和长期的同事泰奥弗拉斯图斯被指定为一个可能的备选人，与皮提娅结婚并履行他老师遗嘱中的条款，尽管他和亚里士多德的幼女之间存在着巨大的年龄差距（V.12）。这些安排反映了亚里士多德面对无常不定的法律形式时的小心谨慎。作为一个一生中在其居住的大部分地方都是非公民的人，而且是一个拥有相当可观的财富和位于多处的地产而又没有直系男性继承者的人，亚里士多德不能依靠社会习俗和当地法律来确保他的财产能够为其继续存在的家庭利益而恰当地分配。所以，考虑到当时不稳定的政治和他的养子尼卡诺危险的军事职业（在马其顿军中服役），他尤其需要一个可能的备选人。最为谨慎的，是亚里士多德指定马其顿摄政王安提帕特为他遗嘱的执行人，因为在复杂的国际形势下，他不能依赖任何城邦的任何地方当局来完成他的遗嘱。值得注意的是，遗嘱没有说到有关学校的任何安排。可能学校的事务在亚里士多德于公元前 323 年逃离雅典之前就已经安排妥当，也可能因为学校没有共同财产或对财产的私有权，也就没有任何必须在遗嘱中处理的事务。从其图书馆的命运的故事中，人们明显看到，亚里士多德的书籍最终都成了泰奥弗拉斯图斯个人的财产。

在雅典领导他的学校之时，亚里士多德遭受了另一项个人打击。他的侄子、学生及长期的伙伴、奥林图斯的卡利斯泰奈斯没有于公元前 335/4 年追随他来到雅典，可能根据亚里士多德的建议，选择留在亚历山大身边。如我们所知，他后来失去了亚历山大的宠信，原因是他对亚历山大采用在统治者面前行东方式跪拜仪式持否定态度。由于被控谋划刺杀亚历山大，卡利斯泰奈斯于公元前 327/6 年被亚历山大
下令处死。从那时起，亚历山大的形象在亚里士多德的学校及其希腊 627

[140] 见 Jaeger 1948（H 67）320 and Guthrie（H 56）Ⅵ 45。关于尼卡诺和尼科马库斯，见上文第 688 页注释 1，以及 Gottschalk 1972（H 53）322－5；关于皮提娅和赫尔皮里斯，见 Düring 1957（H 36）267－70。

化时代的继承者眼中，变得极其不受欢迎。[141] 为了纪念这一事件，泰奥弗拉斯图斯编撰了一部题为《卡利斯泰奈斯》，又名《论悲伤》(*Callisthenes or On Grief*) 的作品（D. L. Ⅴ. 44）。

随后亚历山大将他的支持对象从亚里士多德的学校换成了另外两个哲学家——兰普萨库斯的阿那克西麦奈斯（Anaximenes of Lampsacus）和柏拉图学园的园长克塞诺克拉特斯（D. L. Ⅴ. 10）。阿那克西麦奈斯是犬儒学派的安菲波利斯的佐伊鲁斯（Cynic Zoilus of Amphipolis）最著名的学生，精于恶言谩骂。他有一些历史著作，包括一部关于亚历山大功绩的作品（D. L. Ⅱ. 3），可能还创作了《亚历山大修辞学》(*Rhetorica ad Alexandrum*)，该篇在亚里士多德自己的作品中留存下来。卡利斯泰奈斯事件之后获得亚历山大更多宠信的两个哲学家，分别是阿布戴拉的阿那克萨库斯（Anaxarchus of Abdera）和他的学生、埃利斯的皮浪（Pyrrho of Elis），后者是皮浪怀疑主义学派的创始人。二者都随亚历山大参加过亚洲的征战，据说此时开始与印度的修行者和古波斯的祭司马古斯接触（D. L. Ⅸ. 58 and 61）。亚里士多德强烈反对这些思想家的怀疑主义倾向，对他们在当时的政治世界获得的影响力，他无疑会表示非常遗憾（D. L. Ⅸ. 65）。[142] 随着哲学学派数量的增加，为争取对主要势力的影响，得到他们财政上的支持，哲学家们之间的竞争日趋激烈。

（四）逍遥学派的成就

虽然同时代的人可能将亚里士多德在吕凯翁的新哲学团体视为柏拉图学园的衍生物，但犹如柏拉图与亚里士多德之间哲学上彼此区别一样，两个学园制度上的区别也很明显。柏拉图和他的许多追随者执着于对先验真理的终极接近，他们的诸多哲学讨论是脱离文本的研究，事关对人类感觉和价值观的普世性的度量和表现力。相反，亚里士多德倾向于“先有鸡后有蛋”，以及来自这一前提的衍生问题。亚里士多德学校的主要创新被英格马尔·杜林（Ingemar Düring）概括为“系统搜集先前的作品，然后对它们进行充分的研究。对于某一确定意图的信息与材料进行广泛而系统的收集，目的通常是为使对某

---

[141] 见 Düring 1957（H 36）294－6 及 58－61，及 Jacoby 1919（D 200），cols. 1674－1707。也请见 Guthrie（H 56）Ⅵ 38 n. 1。

[142] 关于皮浪（Pyrrho），见 Decleva Caizzi 1981（H 27）。

一领域整体知识的全面考查成为可能。学校的校长与他的研究者同事密切合作。最后，也是最为重要的，是科学的观点和严格的科学方法。”[143] 628

在吕凯翁时期，亚里士多德的许多著名篇章都致力于导向实验研究的方法论原则，如《论动物的组成部分》（*De Partibus Animalium*）导言（Ⅰ.1，639a1－642b4）、同一作品中关于自然美的规劝性演说（Ⅰ.5，644b22－646a4），以及著名的《形而上学》（*Metaphysics*）第二卷开篇，都显示了这一事实：对亚里士多德来说，哲学过程与其说是一个对话性团体中“诸多交互作用”的结果，不如说是个人贡献和集体努力的结果，后者会产生累积性的影响。[144]

在亚里士多德和他的追随者于吕凯翁学园致力完成的合作计划中，包括档案资料的收集，如雅典戏剧表演记录（*Didaskaliai*）、奥林匹亚赛会胜利者名录（*Olympionikai*）、蛮族人风俗的民族志（*Nomima Barbarika*），以及158个城邦的制度，也包括如迦太基等非希腊人国家的制度。亚里士多德认为，迦太基政府的混合形式在诸多方面值得赞扬（*Pol.* Ⅱ.11，1272b24－1273b26）。《雅典政制》（*Athenaion Politeia*）是这类汇集中唯一完整留存的样本，但是他的《政治学》中记录了诸多城邦制度发展的详细信息。此外，亚里士多德和他的追随者继续收集关于自然史的数据，在他远离雅典的年份里，这一活动一直在频繁进行。他们不仅基于对自然现象的直接观察，而且也从有实践经验的猎人和渔夫那里收集信息，后者在自然世界中有着直接的经验（*Eth. Nic.* Ⅵ.11，1143b11－13；参见 *Top.* Ⅰ.14，105a34－b37）。这些收集的结果体现在已发表的最典型的逍遥学派作品“综合”（*synagoge*）中，那是对某一特定主题材料的系统收集。[145]然而，亚里士多德和他的追随者们也严重依赖书籍和二手资料的信息。即便如此，他的学校成员所进行的调查范围仍不可低估，因为归于亚里士多德名下的作品中，只有不到四分之一留存下来了。据斯特拉波记载（XIII.1.54），亚里士多德是系统收集书籍并组织成一个图书馆的第一人，这一行动使得动词 *aristotelizein* 有了特殊含义（同上），伊壁鸠

[143] Düring 1950（H 33）37－70，esp. 57－8；and 1954（H 35）61－77。
[144] Lynch 1972（H 76）85－7.
[145] Düring 1957（H 36）32－52.

鲁和他的追随者在其论战性作品中反对的，正是吕凯翁学园这种“博学”（*polymathia*）和“机械般的精确”（*enkyklika mathemata*）的哲学观念。[146]

629 从文学角度来说，亚里士多德这一时期的作品，至少就其保存在《亚里士多德著作集》（*Corpus Aristotelicum*）中的形式写成的作品而言，迥异于他及其在柏拉图学园中的同事第一次居留雅典时所写的对话和论文，那既是为了广泛的听众，也是供学园内部讨论的作品。[147]这些作品仅仅因为后世作家一些随意地引用和解释而留存，不过它们是“一种新的表达模式，一种科学的散文”。[148] 柏拉图学园避免把演讲作为教育技巧使用，而热衷于朋友间的讨论和亲密互动。然而亚里士多德有规律地在上午为学生做演讲，在傍晚则为更广泛的公众做演讲，这种教导后以“院外”教学而闻名。[149]

现存的《亚里士多德著作集》为一个后来的版本，源自学校的文献或“笔记”（*pragmateiai*）。这些“笔记”的写作“完全没有文学企图，但这……并不意味着它们……缺少文学品质。与柏拉图或亚里士多德自己的对话不同，它们不受任何行文合宜规则的限制……（它们包括）笔记、时不时地修订以显示最新的成果和成就……（它们代表了）一种书面形式的口头传统。亚里士多德和他的学者同事们对这些材料持续地加工。它们的贡献表现为增补和扩充。”[150] 因此，逍遥学派产生了大量口头和书面的讲义，在风格和内容上都迥异于柏拉图学园所提供的讲义。作为亚里士多德作品流传下来的文献通常颇具专业性，因为它们不是为了在一个较大范围的阅读受众中流传；《亚里士多德著作集》中的一些内容可能是讲座笔记，是亚里士多德自己或他的学生记录的；有些笔记似乎是同一主题的不同版本，可能是为不同听众而作，也可能是在亚里士多德在世时或他逝世后对早期版本进行的修订。但是，亚里士多德和他的学校正在创作的材料，明

---

[146] Bignone 1936（H 4）58 及 Düring 1957（H 36）306 –7。

[147] 关于《亚里士多德著作集》主要分类最好的导论，是4卷本的《亚里士多德论集》[*Articles on Aristotle*, ed. by Barnes, Schofield, and Sorabji 1975 –79（H 1）]。

[148] Düring 1957（H 36）360.

[149] 请见 Aul. Gell. *NA* XX.5 及 Arist. *Eh. Eud.* 1.8, 1217b17 –26。

[150] Düring 1950（H 33）58 –9. 关于 D. L. v. 24 中的亚里士多德作品目录，见 Düring 1957（H 36）68 及 Moraux 1951（H 84）。

显意味着尽可能明确而直接地交流或教导，即便是那些复杂的和专业性的科目；其目的在于让信息、争论、观念，以及最重要的，可利用或可理解的原因（*aitiai*）为人们所知和利用，而不是将它们限制在一个愿意参与其中的解释性团体中。[151]

亚里士多德的吕凯翁在其他重要方面也不同于柏拉图学园。关于 630
逍遥学派的个人及个人的贡献我们了解得更少，因为它强调合作而不是个人的努力，因此很多以亚里士多德作品的名义流传到我们手中的作品很可能是集体研究的结果。对蛮族文明的否定态度使得亚里士多德的学校较少对非希腊人开放，没有证据表明亚里士多德的学校有任何迦勒底人之类的人，而他们是访问过柏拉图学园的。此外，亚里士多德对于妇女在社会中地位的观点（参见 *Pol.* Ⅰ. 13，1260a20－b24），也有助于解释为什么没有任何妇女与逍遥学派有联系的传统。可能逍遥学派中的同性恋群体也少于柏拉图学园，因为亚里士多德（不同于柏拉图）已婚，育有孩子，并且似乎曾对同性恋关系在教育中的价值表示某种程度的怀疑。

在古代的亚里士多德作品目录中，政治性作品相对较少，这并不偶然。虽然他的哲学兴趣既在修辞学也在政治学，而且有作为政治权威顾问的经历，但作为一个外国人，他不得不避免卷入积极的政治活动。对他来说，政治理论是政治行动的一种形式，而不是一种沉思之事。同样，言辞是事实的表达，而不是它的对立之物或替代品。由于不信任剧烈和革命性的变化，亚里士多德相信，当人们谈论和思考政治的术语改变时，他们在政治舞台上的行为方式也会改变。与柏拉图学园和伊索克拉底的学校一样，亚里士多德学校所涉及的政治主题，是城邦间的国际性世界遇到的问题，而不是雅典当地的。他的学生中最著名的例外是法列隆的德米特琉斯。他是一个演说家和政治家，是我们所知与亚里士多德学校有联系的唯一雅典人，也是柏拉图学园和亚里士多德的吕凯翁学园中唯一被指为“出身不好”的人。[152] 由于主要由非公民组成，以及没有任何法律条文的保护，吕凯翁学园政治上总是处于易受攻击的地位。

---

[151] 见 Mubashir's *Life of Aristotle* 37（p. 201 Düring），如 Lynch 1972（H 76）92 n. 37 中的引用。
[152] 见 Gehrke 1978（C 142）149－93；关于他的残篇集，见 Wehrli 1968（H 115A）Ⅳ。

这种忧虑是正常的。据说，为了尊敬亚里士多德为雅典服务而镌刻在雅典卫城的铭文石柱被反马其顿派的政治家希麦莱乌斯（Himeraeus，逍遥学派法列隆的德米特琉斯之兄弟）推倒。这一传统尽管值得怀疑，但似乎包含了某些很难当作虚构的因素。[153] 还有人试图废除为尊崇亚里士多德和他的侄子卡利斯泰奈斯对皮提娅运动会做的调查
631 研究而在德尔斐所立的法令（见前文第622页）。在给安提帕特的一封信中，亚里士多德对此回应说："至于德尔斐投票授予我的荣誉——这项荣誉已经被剥夺，我现在的想法是，我不会强烈关注它们，但是也不会完全不关心。"[154] 然而更糟的事情来了。在32岁的亚历山大猝死的消息传到雅典后（公元前323年），亚里士多德成为另一波反马其顿攻击的靶子。在遭到秘仪祭司欧吕麦东（Eurymedon）以不虔诚提起的指控后［控告者可能还有某个戴摩菲鲁斯（Demophilus）[155]］，亚里士多德逃到哈尔基斯自己家族的地产上，"这样雅典人就不可能有机会第二次给一个哲学家定罪"（显然是暗指苏格拉底之死）。为了证实有关不虔诚的指控，据说欧吕麦东引用了亚里士多德为纪念赫尔米亚斯而写的致《卓越》的颂歌，以及他在德尔斐为赫尔米亚斯纪念碑创作的铭文（D. L. v. 5）。但是，这一指控与亚里士多德和安提帕特的联系以及马其顿霸权有莫大关系，不会有多少疑问。[156] 几个月后，他在哈尔基斯逝世，时年63岁。[157] 他最杰出的学生和长期的同事、埃莱苏斯的泰奥弗拉斯图斯继承并担任他在吕凯翁建立的学园的园长（D. L. v. 36）。尽管在雅典有动荡不安的时期，但泰奥弗拉斯图斯还是在他35年的领导中，努力将逍遥学派发展成一个公共机构。他著述丰富，甚至将团体中的实验研究法扩展到他老师曾研究的领域之外，并使雅典的这所学园成为希腊化时代（*paideia*）最重要的教育工具。[158]

---

[153] 见 Düring 1957（H 36）232 - 6；亦见 Chroust 1967（H 17）244 - 54。

[154] Ael. *VH* XIV. 1.

[155] D. L. v. 5 及 Düring 1957（H 36）59。

[156] Düring 1957（H 36）344.

[157] Düring 1957（H 36）343 - 4 and 345 - 8.

[158] 关于泰奥弗拉斯图斯担任园长期间（公元前323/2—前287/6年）逍遥学派的主要作品和政治环境，见 Lynch 1972（H 76）97 - 105。

五　结语

当我们谈及公元前 4 世纪的“哲学学派”时，我们不是简单地谈到抽象意义上的学派或者思想传统，尽管后来的编辑者、历史学家和传记作家通常如此概括。这个时代的特征是实际意义上学校的建立，教师、学习者和研究者群体加入一个共同的事业，被组织在一个共同管理机构中，以及从空间上来说被定义在一个共同的物理位置。

高等教育学校的建立，不管是在雅典还是在希腊世界的其他城市，都是公元前 4 世纪最具特色的现象之一，在对这一时代文化成型方面的贡献中，它超过了所有知识和创造性活动的其他形式。当这一运动发展起来后，总体上说，城邦不再能够宣称是这个时代知识精英的教育者。一种并非政治制度附庸的教育体系正在形成。它是一个独立于 632
城邦及其规则的单独机构，如今它的努力和注意力，更多地集中在此前仅是全面社会化过程的一小部分上：在普遍意义上，哲学（philosophia）成为高等学习和教育的内容。对于城邦提供充分教育能力信心的丧失，并没有把公元前 4 世纪学校的建立变成一种分离主义运动，或者把它变成内向的、私密的，以及超然于这个世界的运动。尽管学校的建立不是为某个特定城邦服务，但它们位于公共建筑中，作为面向外部的团体，它关心的是城邦的福祉。学校运转的前提，是一些受过教育者会返回，通过向统治者提出建议、教导公民来促进他们家乡城邦的发展，其形式是哲学讨论、写作和教导，某些时候甚至通过哲学思考的提示来进行直接的政治活动。伊索克拉底、柏拉图和亚里士多德在雅典的学校的著述和他们所教育的学生，不仅统治着该世纪的文化领域，而且直接或间接地卷入了这个时代的政治历史。

在给予由到处巡游的智者们所构成的泛希腊网络以永久性的家园方面，伊索克拉底、柏拉图和亚里士多德的学园在范围上、知识兴趣上和成员构成上，都是国际性的，研究的焦点也超出了单个城邦的主题和利益。他们给予哲学教育的可能范围并不受到城邦边界的限制。因为学校向所有光临者开放，因为公民权不是参与的标准，而且因为学校的建立，也没有受到某个具体城邦法律或支持者的强制而有所限制，所以学校的成功弱化了公民权作为成人之间重要联系前提的重要性。

这些哲学学园的世俗本质尽管某些时候受到现代学者的质疑，但对它们运转和发展的方式是关键的。学园与酒神歌队（*thiasoi*）或其他宗教团体不同，是开放、灵活、非正式的机构，没有内部人士与外部人士之区别。个体与机构之间各种不同的关系，保证学校发展的不是一些固定不变的正统团体，而是一种启发式的学习团体，其特征是
633 对批评性思考的共同关注，以及公开、自由的质询。它们的世俗本质使得外国人、常住外侨和公民同等地组成一个自由的团体。这反过来又让哲学质询具有一种世界性的特征，挣脱了狭隘的干涉。这些学校的世俗性也让它们更容易向其他城邦输出、扩展和复制，给予学校的建立过程一种特有的活力，保证高等教育的制度化能够引导一个独立于宗教联系的知识阶层的发展。

公元前 5 世纪后期，雅典最主要的教师反对辩论教育的制度化倾向，尤其是利用书面作品传播思想和建立学校以便给予高等教育过程更多的规律性和共同性的目标。苏格拉底的立场，是哲学教育应该在人类的面对面遭遇和生动对话中进行。尽管苏格拉底反对他所觉察到的智者们通过写作论文、建立学校和收取学费使教育专业化和商品化的做法，但他的戏剧性死亡，还是证明了他关于哲学的个人化、魅力化方式的局限性。如他所理解到的，哲学有和他一起死去的危险，因为它依赖口头的传承。如果苏格拉底发起的这种质询方法能够代代相传，在他身后继续成为一种教育力量，那么就需要发展制度性记忆的机构，以此克服个体记忆的脆弱性。苏格拉底的许多亲密伙伴，包括柏拉图，不仅最终建立了学校，而且发现了书面话语在保存和传播哲学方面的力量。哲学在更为复杂、更少传统、社会秩序经常不够稳定的公元前 4 世纪的世道兴衰中，作为学习和研究代代相传，成为后世的丰厚遗产。[159]

第二节 医学

G. E. R. 劳埃德

634 关于公元前 5 世纪后期及公元前 4 世纪希腊医学思想和实践领域

---

[159] 关于公元前 4 世纪末及往后雅典哲学学园的继续发展，一部颇有助益的作品是 Habicht 1988 (H 57)。

令人激动的发展，可用以重构的资料非常丰富，尽管某些地方有所缺漏、某些地方有所偏颇。这些资料主要在于三个领域，第一类是希波克拉底文献（Hippocratic Corpus），第二类是其他文献性资料，第三类是铭文证据。对每类资料依次的概要分析能够解释它们提供信息的范围和局限性。

在所谓的希波克拉底文献中，大约 60 篇论文的绝大部分，其时间可界定为公元前 5 世纪后半期或公元前 4 世纪。主要的例外是一小部分作品，如《论营养》（*On Nutriment*）、《论七》（*On Sevens*）以及其他一些关于医学道德的论文，它们体现了斯多葛派或伊壁鸠鲁派的影响。[①] 还有一篇《论心脏》（*On the Heart*），普遍被认为与亚历山大里亚传记作家希罗斐鲁斯（Herophilus）和埃拉西斯特拉图斯（Erasistratus）的作品大约处于同一时代。[②] 即便我们减去这些少数后期的作品，希波克拉底文献中的多样性还是非常可观。所有这些论文都是匿名的，明显属于诸多作者的作品，某些时候甚至存在根本性的观点分歧。希波克拉底自己是否写过其中任何一篇仍有争议。[③] 尽管希波克拉底偶尔也被当时或者接近当时的作家提及，尤其是柏拉图、亚里士多德和亚里士多德的学生麦诺（Meno），以及其作品摘录在佚名的伦敦莎草纸卷（Anonymus Londinensis）的医学史家。虽然他们确认了他在公元前 4 世纪已经获得的赞美和尊重，但是他们提供的关于希波克拉底支持的医学理论和实践的证据极其有限，有时甚至相互冲突。许多人曾经努力，且有人继续努力确定希波克拉底作品的真实性，自亚历山大里亚时期起，这些作品集就已署上他的姓名了，但是 635
有关结论都没有得到非常广泛的支持，因为其真实性缺少令人信服的证据，所以学者们时常回到下述假设：那些本身受到最多赞扬的作品属于希波克拉底。无论如何，对一个特殊医生的作品进行确认的愿望——无论他在当时和后世多么著名，与分析作为一个整体的《文献》的内容相比，都相对次要。

---

① Mansfield 1971（H 217）支持《论七》为希波克拉底的作品［与之相反的是 Roscher 1913（H 259）］。Diller 1936－7（H 144），Deichgräber 1973（H 137），以及 Joly 1975（H 179）认为《论营养》是希波克拉底的作品。

② 见 Lonie 1973（H 213）。

③ 如 Pohlenz 1938（H 237）；Edelstein 1939/1967（H 153）；Herter 1976（H 175）；Smith 1979（H 250）；Joly 1983（H 182 and 183）；Mansfeld 1983（H 220）；Lloyd 1991（H 211）ch. 9。

这是一部包括许多不同类型作品的合集。尽管有某些重复，在最重要的可辨识作品中，包括了以下组别：（1）说明篇，由那些可能是或可能不是他们自己曾经作为执业医生之人，面向一般听众做的演讲，他们可能是“业余人士”，也可能是“专业人士”，尽管首先必须强调这种区别远没有今天这么明显。那些无意从事医学实践的人也对医疗事务表现出很浓厚的兴趣，甚至柏拉图在《蒂迈欧篇》编码81e及以后的内容中，都准备探讨关于疾病的一种理论。亚里士多德也注意到，医学研究与对自然的一般调查之间存在交叠（*De sensu* 436a17ff, *De Respiratione* 480b26ff）。《文献》中的说明篇涉及诸如医学艺术的有效性这样的普遍性问题，如论文《论医学的技艺》（*On the Art*）；[4]（2）主要的理论作品，涉及医学方法等一般性问题，或人体的构造，或疾病的起源，或列举疾病的主要类型及其治疗方法。这类实例有《论古代的医学》（*On Ancient Medicine*）、《论人的本质》（*On the Nature of Man*）、《论空气、水和地方》（*On Airs, Waters, Peaces*，原文最后一个单词疑拼写有误，应为 *Places*——译者注）、《论疾病》（*On Affections*）、《论疾病（一）》（*On Disease* Ⅰ）。[5]（3）涉及医学理论或实践中某一特殊科别的更专门的作品，尤其是营养学——《论摄生法》（*On Regimen*），判病和诊断——《预后》（*Prognostic*），外科——《论骨折》（*On Fractures*）、《论关节》（*On Joints*）、《论头部创伤》（*On Wounds in the Head*）等[6]，胚胎学——《论精液》（*On the Seed*）、《论孩子的性质》（*On the Nature of the Child*）和《论疾病（四）》（*On Diseases* Ⅳ）[7]，以及妇科医学——《论妇女疾病（一）、（二）》（*On the Diseases of Women* Ⅰ *and* Ⅱ）、《论妇女不育》（*On Sterile Women*）[8]。（4）主要的叙述性或经验性作品，包括病历集合，某些时候还包括对“体格”的描述——对特殊

④ 见 Gomperz 1910（H 157）。关于说明篇，见 Lloyd 1979（H 208）88ff; Lloyd 1987（H 210）61ff。

⑤ 例见 Edelstein 1931（H 150）; Jones 1946（H 184）; Festugière 1948（H 155）; Bourgey 1953（H 127）; Wittern 1974（H 263）; Potter 1988（H 237A）。

⑥ 见 E. T. Withington, Hippocrates（Loeb）3（1928）。

⑦ 最近的讨论见 Lonie 1981（H 215）。

⑧ 例见 Diepgen 1937（H 141）; Trapp 1967（H 256）; Hanson 1975（H 166）; Grensemann 1982（H 162）; Campese *et al.* 1983（H 132）; King 1983（H 188）; Lloyd 1983（H 209）part 2, ch. 2; Hanson 1990（H 168）。

疾病的一般记载，包括其气候条件，如 7 卷的《流行病》（*Epidemics*）[9]。（5）格言警句集，对于观察和建议的简短陈述，几乎涵盖医学 636
的各个方面如《格言集》（*Aphorisms*）和《预后》（*Coan Prognosis*）。

正如我们已指出的，这些作品中部分是面向普通大众，但其他是直接面向作者的同行，目的是作为一个医疗实践的手册，或参加理论观点的讨论，同时还有一些可能曾用作指导学生的介绍［尽管没有篇目像盖伦（Galen）的一些作品一样，取名为“致初学者”］。除说明篇外，很少有篇目谈得上有任何文采。实际上很多作品在文风上根本就不一致，它们是多个作者的作品，为来自不同渠道的材料汇编（尤见于第 4 类和第 5 类中）。[10]

许多不同类型作品表现出的一个特征是某种程度的好辩，一定程度上它与公元前 5 世纪和前 4 世纪希腊医学的竞争性有关。[11] 这种好辩风格可能采取直接指责其他治疗风格的形式。被称为《论神圣疾病》（*On the Sacred Disease*）的作品，其目的是确认这种疾病（概略地说，癫痫病）有其自然的原因，能够通过常规方法治愈，以驳斥“净化者”“吹牛者”和“庸医”（作者如是称呼）关于神是这一疾病形成的原因以及需要运用咒符和净化仪式来治疗的主张。希波克拉底的作品从来没有提倡这类治疗方法。[12] 但是希波克拉底的论文所抨击的一些其他理论和实践，却能够在《文献》本身内部找到实例。它们尤其体现在那些有关疾病起源的一般性论述中，那里提及大量理论，一些作者煞费苦心去打击在现存文本他处曾出现的对立派观点。因此，《论人的本质》（第 1—8 章）攻击了那些人：他们认为人体由单一物质要素组成，不管它们到底是土、水、气或火，还是血液、黏液、胆汁和黑胆汁这几种体液之一种。然而我们发现，《论气息》（*On Breaths*）（第 2—5 章）又正好主张人由气单独组成，并且气是一切疾病的根源。《论古代的医学》同样谴责那些基于作者所称的臆想或假设的理论，这些理论在医学上没有得到支持，实际上是无法验

---

⑨ 例见 Deichgräber 1933（H 134）；Diller 1964/1973（H 143）；Baader and Winau 1989（H 126）；Langholf 1990（H 201）。

⑩ 见 Lloyd 1991（H 211）209ff。

⑪ 见 Lloyd 1987（H 210）ch. 2。

⑫ 见 Miller 1953（H 228）；Thivel 1975（H 254）；Grensemann 1968（H 160）；Lloyd 1979（H 208）ch. 1。

证的假设，尤其是那些以法术、咒语祈求的热或冷、湿或干。尽管现存的论文实际上没有鼓吹一种基于冷或热的一元或二元生理学或病理学原则，还是有许多论文（不仅包括《论气息》，还有《论人的本
637 质》）提出一些广义上类似的玄想型或教条性理论。[13] 此外，对医生同行不良习惯的批评的关注，在有关外科的作品中可以得到说明。《论骨折》和《论关节》再三谴责作者的同事们通常所做的外科手术，将其描述为无用的或肯定有害的。

我们关于公元前4世纪希腊医学的第二类主要史料是其他文献型作品。如果说希罗多德、悲剧作家和阿里斯托芬特别提供了公元前5世纪关于疾病的观念，包括我们所谓的精神和生理疾病，以及关于医学实践的重要知识，则我们可资利用的公元前4世纪的资料不仅有喜剧残篇，还有演说家和哲学家的作品，尤其是柏拉图、亚里士多德和泰奥弗拉斯图斯的，用于补充希波克拉底论文所提供的图景。前文已提及一部极其有趣的作品，那是对麦诺的医学理论史所做的摘要，它保存在佚名的伦敦纸草卷中。[14] 这一作品确认和扩展了希波克拉底论文本身所给出的印象，即对疾病的解释存在一整套理论的竞争，有些认为疾病源自某些基本的物质，另一些人则相反，还有些人主张体液说，其他人则主张其他致病物质的作用，如“残留物”。此外，在希波克拉底思想中两种有分歧的记载，以及《蒂迈欧篇》中柏拉图的疾病理论之外，这篇文献还报道了诸多医学理论家的观点，其中一些是相对著名的人物，如毕达哥拉斯派哲学家菲罗劳斯（Philolaus），其他一些人如果不是这里提及，否则完全不为人所知，因此我们认为，麦诺所提到的20位左右的理论家远未穷尽这一名录，对公元前4世纪末之前的病理学探索，他们都做出过一定的贡献。

除广泛运用医生—政治家和医生—哲学家两对类比，柏拉图的作品是那些非希波克拉底派作家所代表的医学传统一个重要的资料来源。《理想国》（364bff）与《法律篇》（909a－d，933aff）中的段落批评了那些提供咒符和净化的人，这类人被想象为与《论神圣疾病》中所批评的对象大体可比的人。这是一个极好的证据，说明希波克拉

[13] 见 Lloyd 1991（H 211）ch. 3。
[14] 见 Jones 1947（H 185）。

底派不仅仅自己提供了不同的治疗方法，对一些明显广泛流传的观念和做法不满，而且他们可能为了争取顾客而竞争。

泰奥弗拉斯图斯关于植物学的论文中的证据可能更有价值，因为它们揭示了关于“挖根者”（root-cutters）和“卖药者”（drug-seller）的普遍观念和实践。[15] 尽管有些希波克拉底派的论文——尤其引人注目的是妇科学论文——经常在处方中将植物或植物制品用作药用，但是对于收集和准备过程需要遵守的特殊程式，没有任何肯定性的或否定性的评论。然而泰奥弗拉斯图斯的植物学作品——尤其是《植物史》（*Historia Plantarum*）的第 6 卷——包括了诸多关于禁忌行为和其他仪式的报道。据说在收集和处置多种植物时需要遵守一些仪式，如曼陀罗草、菟葵、“万灵”草药、芍药（γλυκυσίδη）等。泰奥弗拉斯图斯自己对这些实践也持批评态度，只是有时批评多一些，有时少一些，他将其中一些归类为“太牵强”“荒谬”或“迷信”。他评论说，一些关于植物奇妙作用的故事，出自那些渴望“赞扬他们自己技艺”的人，尽管在某些场合，他对这些记载的可信程度表达了某种质疑。然而，虽然希波克拉底派医生通常使用泰奥弗拉斯图斯所讨论的相同植物，但他们从不曾提及这类做法，以至于我们从来不能从中搜罗到任何此类仪式。他们的记载完全是自然主义的。然而，尽管他们从没有表现出对植物不可思议力量的信任，可是我们能够想象，他们的顾客经常这样做。当我们在评估理性主义者医生推荐的某些治疗方法的流传程度时，这无疑是一个不能忽视的因素。[16]

638

我们的第三类主要资料是铭文证据。第一种，包括一些表示敬意的法令，它们证明了个人从业者所得到的尊敬。第二种，也是更重要的一种，是与神庙医疗实践相关联的铭文，这些铭文最早的日期通常属于公元前 4 世纪。从很早时期开始，某些特定的神灵和英雄就与当地的治疗崇拜相联系。但是从公元前 5 世纪后期起，阿斯克莱皮乌斯崇拜尤其获得了空前的流行和成功。阿斯克莱皮乌斯崇拜被引进到包括雅典在内的许多城市，从公元前 4 世纪起，还修建了壮观的神庙，特别是在埃庇道鲁斯和科斯。文学材料，如阿里斯托芬的《财神》

⑮ 见 Lloyd 1983（H 209）part 3，ch. 2。

⑯ 见 Stannard 1961（H 251）；Scarborough 1978（H 242）；Harig 1980（H 170）；Scarborough 1983（H 243）；Lloyd 1983（H 209）part 3，ch. 2。

(*Plutus*)，提供了极好的关于神庙医学某些方面的早期证据，如关于“睡疗期”的实践，病人睡在神庙的某个地方，希望能得到神灵的托梦，如果此梦得到恰当解释，就可以揭示疾病的原因或其治疗方法。关于古代后期的神庙医学，我们在演说家埃琉斯·阿利斯提德（Ae-
639 lius Aristides，公元2世纪）那里得到大量材料。但是关于公元前4世纪阿斯克莱皮乌斯崇拜的直接资料，则是来自埃庇道鲁斯的一批铭文，这些铭文记载了一系列特殊的案例。[17]

首先，这些铭文表明顾客极其多样；其次，它们表明了疾病的类型，从急性病（如癫痫病和肺病）到慢性病（如头痛和失眠）都有，实际上人们也请求神灵对非医学事务进行帮助，如寻找丢失的儿童或收回存放的物品；第三，它们表现的神灵坚持要求信仰，并且坚持为其服务获得报酬（其中一个例子，一个人的失明症治好了，可是他忽略了感恩的贡品，因此又失明了，在“睡疗期”以后再次被神灵治好）；第四，神灵通过其代表宣布了许多显著的、事实上轰动的成功例证。[18] 不曾有一例失败，甚至部分失败都没有，它们表明铭文的主要功能似乎是宣扬神庙的成功。这一点并不令人意外，尽管我们应该注意到某些希波克拉底派的作品中做法相反：虽然他们所关注的都在于为他们提供的治疗进行宣传，但《论传染病》（*Epidemics*）的作者还是像记录他们治疗的成功一样记录了他们的失败，外科论文《论关节》（ch. 47）的作者特别谈及他所记载的一次对先天性驼背的不成功的治疗尝试，以期其他人可以从中学到经验。[19]然而公元前4世纪埃庇道鲁斯所宣称的大多数成功例证，我们显然无法评估，其中一些明显属于奇思怪想。如在一些“外科”案例中，在梦中看到神灵以非凡的技艺操作病人身体内部组织以后，患者就被治愈了。

我们从这三类资料中得到的证据很丰富，当一类资料不甚充分时，能得到另一类的补充。然而我们必须注意到，那些也许可以称为理性主义的传统相对来说完全得到了证明，然而关于大众或宗教性治疗的许多方面，我们的信息还很不足，属于间接性的，某些还值得怀

---

⑰ 见 Herzog 1931（H 176），并请与 Edelstein，Edelstein 1945（H 149）比较；Sherwin-White 1978（C 381）。

⑱ 见 Herzog 1931（H 176）；Lloyd 1979（H 208）ch. 1。

⑲ 见 Lloyd 1987（H 210）ch. 3。

疑。已确定的神庙医学的铭文和文献材料，留下了许多尚未解答也难以解答的问题。柏拉图和《论神圣疾病》中所批评的巡回净化者不能为他们自己辩护。泰奥弗拉斯图斯和其他人所提到的“卖药者”和“挖根者”，接生婆和女性医生（如希波克拉底派妇科学论文所提及的）也不能为自己辩护（因为这些作品都出自男性之手）。我们必须如此推测，许多日常疾病的治疗，都是通过那些与希波克拉底的学 640
院派传统甚至神庙医学相距甚远的男性或女性之手完成。从一个能完成对自己简单治疗的个人，经一个因为特殊的药物或治疗知识而在当地享有一定声誉的人，一直到在一个神庙中接受咨询的医生，以及一个有文化、善于表达的理性主义的医学理论家之间，其间的差异无法穷尽。我们必须认识到因下述事实产生的偏见，即我们的知识与这一系列事实最终的文字记录严重地不协调。[20]

宣称古典时代希腊医学的创新性，首先必须承认许多实际的医疗实践的特征是民间的且不成系统。更重要的，是希腊医学中特殊的理性主义潮流，其很多内容与我们所知的近东医学，尤其是埃及医学，存在相似之处。[21] 实际上，人们已经认为希腊医学确实有部分直接受惠于埃及或巴比伦，如对特殊药物的运用，或对作为致病因素的残留物的关注，或再次运用某种测试方法以测定一个妇女能否怀孕，或一个怀孕的妇女会生男孩还是女孩。因此，《论妇女不育》（ch. 214）记载的测试方法就包括把大蒜放在妇女阴道中一整夜：若是第二天早晨这位妇女的呼吸有臭味，她就被认为能怀孕，其潜在的观念是，妇女的体内有管道相通，如果管道堵塞了，就会阻止受孕。类似的测试方法（尽管并非严格的相似）也出现在埃及的医学文献卡尔斯堡纸草（the Papyrus Carlsberg）中。一些人还争辩说，埃及是这一观念的发源地。同样被认为起源于埃及的还有一个普遍的希腊观念：子宫在妇女的身体内循环运动并导致了疾病。[22] 然而，即使两者间的相似有时非常显著，但它们纯属偶然的可能性仍然存在。无论如何，我们现在所讨论的观念，曾经在世界上许多不同地区流行过。它们属于各自

---

⑳　见 Lonie 1983（H 216）。

㉑　例见 Grapow 1954 – 73（H 159）；Lefebure 1956（H 203）；Steuer 和 Saunders 1959（H 252）；Wilson 1962（H 262）；Oppenheim 1962（H 233）；Saunders 1963（H241）；Goltz 1974（H 156）；Harig 及 Kollesch 1977（H 171）。

㉒　见 Steuer and Saunders 1959（H 252）；Saunders 1963（ H 241）。

独立发展起来的可能性，像它们从某一个中心向其他地区传播的可能性一样大。

更重要的是，被认为是希腊理性主义医学核心的方法的某些方面，至少在某一点上已经在古代近东出现过。《论传染病》中的病
641 历，尤其是第一卷和第三卷中的，通常因为其完整性和对细节锱铢必较得到肯定，而且是相当正确的肯定，后者包括一整套的诊断性症候，细心观察从病人的脸色和肌肤纹理到大便、尿液、唾液、呕吐物的特征，还包括我们所称的心理因素，病人面对疾病的思想、勇气或胆怯。病人个体的日常情形也得以记载，偶尔还有一些实例是从发病第一天起到第120天的观察。然而，对于病历的记载可以追溯到希波克拉底医学开始之前很久的埃及医学莎草纸文献中。埃德温·史密斯莎草纸文献（The Edwin Smith papyrus）的年代属公元前1600年前后，但其中包含着大量更早时期的材料，它记录了许多外科案例，似乎他们的治疗方法已经完全避免了咒符、咒语及类似之物的运用。㉓在与埃及人进行比较时，我们必须详尽厘清希腊人医学的原创性。希腊医生当然不是第一个开始细致地观察他们的病人并记载病情变化的，区别只在于程度，而非类型，其程度在于希腊人系统地采取这一措施并有与之配合的明确的方法论。

现在我们再转向“魔术”和“迷信”问题，即将致病原因归于超自然因素，并在治疗中运用咒符、仪式及类似之物，若将整个古代民间医学的特征描述为“神秘的”，那必然是错误的。确实，尤其在现存的巴比伦医学文本中，对神灵或恶魔力量的提及非常普遍。㉔但是同样清楚的是，埃及医学尤其是自然主义的。相反，我们已经注意到，公元前5世纪和前4世纪的希腊医学中，宗教信仰形成了某些流派的一个重要部分。某些理性主义者的希腊医生的不同之处（绝不意味着他们所有人都从事医学实践），是他们对所谓“魔术”的批评，以及他们试图解释每一种疾病都有其自然的原因，并且在治疗中决定坚持通常的自然主义方法，如控制饮食和锻炼，尽管在癫痫病之类的案例中，人们会质疑这种方法是否会有任何用处。㉕

㉓ 见 Breasted 1930（H 129）；请与 Grapow 1954 - 73（H 159）比较。
㉔ 见 Oppenheim 1962（H 233）。
㉕ 见 Joly 1966（H 178）；Kudlien 1968（H 194）；Lloyd 1979（H 208）ch. 1。

毋庸置疑，不同传统的充分发展是公元前5世纪到前4世纪希腊
医学的一个显著特征。每个人都有可能当上医生。没有法律上公认的
职业资格限定，每个医生所得到的报酬取决于他实际上或可能的实践
上的成败。可以肯定的是，其实践确实与一个著名的医生相联系，或
者得到了其教导。许多著名的医生，包括希波克拉底本人，也从指导 642
学生中收取学费。希波克拉底的《誓约》确立了学徒对老师的特定
义务（尽管我们不应设想我们看到的《希波克拉底文献》中的论文
描述的所有内容都以这种或那种形式与《誓约》相一致）。[26] 但是不
管是以医生而著名的科斯，还是其他任何地方，都没有现代意义上的
医学院（肯定也没有任何医院）；古代的医学“学校”最多不过是松
散的医生协会，这些医生运用大致相同的方法，并准备教授这类
方法。[27]

正如我们已经看到的，有抱负的从业医生面临着激烈的竞争环境，既有来自理性主义传统内部的竞争，也有理性主义传统与其他传统的竞争。无疑，对有关疾病传统的和民间信仰的挑战，可以视为自公元前5世纪以来希腊哲学、“历史”和政治生活中更普遍发展的批判思想的一部分。当然，医学中对自然主义解释的探寻也许与前苏格拉底自然哲学中类似探究的早期发展有一定关联。在这里，希波克拉底派的辩论技巧再次大量受惠于哲学，并且与政治和法律领域辩论的发展也有诸多共同之处。就如《论疾病（一）》的作者清楚地表明的，希波克拉底派医生所期待的，是一批感兴趣且有批判能力的听众，不仅在关于生理学和病理学的一般演讲中如此，在临床的实践中也如此。这一文本不仅给医生提供了如何询问病人病情的建议，而且就如何处理病人和他们的亲属朋友向医生提出的问题提出了建议。这种向医生挑战以让医生证明他的诊断和治疗的现象是希腊所特有的，我们必须把这一现象理解为至少部分是仰赖希腊人的政治和法律经验的一般背景，即在法庭上对诉讼人的检查、对离任的地方官员的详细审查，以及在公民大会舞台上的

㉖ 见 Deichgräber 1933（H 137）；Edelstein 1967（H 152）3ff；Harig 和 Kollesch 1978（H 172）。

㉗ 例见 Smith 1973（H 249）；Jouanna 1974（H 186）；Grensemann 1975（H 161）；Kudlien 1977（H 197）；Lonie 1978（H 214）；Sherwin-White 1978（C 381）；Smith 1979（H 250）；Di Benedetto 1980（H 139）；Thivel 1981（H 255）；Grensemann 1987（H 163）。

辩论。[28]

在某种希腊医学的风格中，为一个观点提出解释的能力是头等重要的。在诸多情形下，辩论的技巧是重要的，实际上是基本素质，如在说服病人接受治疗并切实赢得顾客，不同的医生被召集起来对某一特殊病例联合会诊，或在理论家讨论诸如人的本质、疾病的起源或医
643 学“技艺”的有效性等话题进行辩论之时。可以肯定，医学从业者和专门的教育者（“智者”）之间固然有区别，但是这两个广泛领域也极有可能存在重叠，《希波克拉底文献》中描述的许多例子都混有这两种角色。柏拉图的《高尔吉亚篇》（456bc）中，同名的智者被安排说，他胜过了任何寻常的医生，不管是说服病人接受治疗，还是让公民大会确信他应该被聘为国医（一些城邦提供这一职位，似乎只是为了确保得到某些医学上的帮助）。尽管在我们看来高尔吉亚的主张似乎荒谬，柏拉图的意思无疑也是说他过分，但也只有在古代的环境中，这个说法才有某种合理性。事实上，从希波克拉底的文本判断，当时希腊有许多理性的医生，即便是与高尔吉亚相比较，他们的辩论技巧也毫不逊色。[29]

虽然相互竞争的医学风格之间的对立，以及这一背景下相当程度的多样性的存在显而易见，但在一些相互竞争的传统之间也有某种重要的交叉点或共同点。理性主义者常常强调自己的原创性，以及他们在医学艺术实践中的独特性。[30] 然而在某些方面，他们与其他传统的接近超乎想象，不管是他们描述自己目的和程序所使用的术语，还是程序本身，都是如此。在诊断时对梦的利用，不仅时常出现在神庙医学中，一些理性主义者也认为，梦境是体内物质紊乱的症候。[31] 再如预后，即预知疾病结果的能力，有时候其使用的术语与占卜相类。当《预后》（ch. 1）的作者说，医生应该在他的病人面前“提前告知”“现在、过去和将来”时，他的话语让人想起《伊利亚特》第1卷（70）中卡尔卡斯（Calchas）的描述和赫西俄德《神谱》（38 cf. 32）中对缪斯的描述。更普遍的是，用于表述药物（以及毒药）的主要术

[28] 见 Lloyd 1979（H 208）ch. 4，请与 Ducatillon 1977（H 146）比较。
[29] 见 Lloyd 1979（H 208）ch. 2。
[30] 见 Lloyd 1987（H 210）ch. 2。
[31] 见 Lloyd 1987（H 210）ch. 1。

语φάπμακον，也普遍用在咒符中，在仪式型医治者说到“净化”病人时，理性主义者有时也用到同样的术语——“净化”（κάθαρσις）来表达其希望达到的目的，尽管在这里，他的意思是通过清洁身体来达到物理上减轻疾病的目标。[32] 虽然任何病人都不会对此感到困惑，但两种不同风格的治疗，可能都利用了共同的基础。它表现为一种不确定的预期，即通过清洁或净化能得到有效治疗。

就医学理论与哲学的关系而论，两者间再度表现出相似性与差异 644
性。我们认为，希波克拉底派作家和前苏格拉底自然哲学家都渴求对不同现象的自然主义解释，两种情形下，他们丰富的纯理论性想象常常远超他们的自我批评力。在哲学领域，人们对诸如地震和闪电等现象提出了可能性程度不等的诸多不同解释，以至于人们得到这样的印象：一些理论家满足于给他们提供的任何解释，只要它们符合作为自然哲学的要求。在医学领域，对特殊疾病或一般性疾病的解释，同样常常远超其所依赖的证据。在某些情形下对胆汁和唾液分泌的观察，让某些人得出结论说，是胆汁和唾液引起了这些疾病。实际上，《论疾病》（第 1 章）和《论疾病（一）》（第 2 章）声称，胆汁和唾液是所有疾病的原因，至少是所有内科疾病的原因。同样，另一些人从对疾病中温度和湿度变化的观察中得出结论说，冷与热、干与湿造成了这些疾病。

同时，在早期希腊自然哲学与医学之间也存在着重要差异，即在公开讨论的背景中，医生面对的实际任务，即使最初不是，至少最终是要努力治好病人。当然，这并不总是导向更谨慎、更不教条的态度。然而一些作家确实批评了更为极端的纯玄想倾向（即便他们自己也不能总是免于这类倾向），有些作家指出了在确定具体疾病致病原因时遭遇的特殊困难。《论摄生法（二）》（第 70 章）评论说，病人常把他们的疾病归于疾病最初产生时碰巧发生的事情。《论古代的医学》（第 21 章）说，医生也像门外汉一样，趋向于将复杂的致病因素归于某种曾经沉溺的特殊行为。同一篇论文中还规定了一个致病因素必须满足的标准（第 19 章），“在某种特定物质面前，当其出现时，这类疾病的致病因素总是会产生这样的结果”。

[32] 见 Lloyd 1979（H 208）ch. 1，并请与 Parker 1983（H 91）比较。

就希波克拉底派医生倾向运用的治疗方法来说，它们只有极少数几类普遍的类型，其中大部分已经在希腊民间医学中得到使用。除运用多种多样的药物——主要是植物外，以及一些动物制品和一些含砒霜的矿物和金属，他们也用沐浴、热敷、药膏、石膏，并且做过静脉切放血手术。他们所用的许多外科手术，包括穿孔法和腐蚀法，都可
645 以追溯到公元前5世纪之前很久。但是他们精确阐述了一些新方法，尤其是治疗骨折和脱臼的方法，希波克拉底派主要的外科论文的讨论都有着良好的判断力。然而，这些作品对新技术的创造提出了警告，尤其是故意用作吸引顾客的复杂机械装置。如我们已经注意到的，他们也批评他们认为有害或无用的民间方法，尽管这并不妨碍他们认可其他同样让人吃惊的方法：妇科论文甚至推荐对病人使用振荡法，即在某些子宫脱落和难产案例中，把病人倒立在梯子上。[33]

对摄生法的控制、饮食和锻炼的平衡是其特别注意的焦点。希波克拉底派给出的大部分建议在此显示出合理性，尽管作为一种明智的原则，有时会在其开头处服从于大量理论的过度阐释，还有一些作者对一些特殊种类的食物及不同类型锻炼的功效，进行了非常武断的分析。一个通行的观点，是相反的事物能治疗相反的病症，但是在具体运用中有着巨大的差别，重要的是取决于何种被视为“相反之物”，以及人们期望它们达到何种程度的平衡，比如，如何用“热”来中和“冷”就常常不是一个简单的问题，如何从“饱满”状态达到“排空”状态，或者反其道而行，同样重要。当然，希腊医生没有抗生素，也没有非常可靠的麻醉剂和防腐剂。在许多情形下，尤其是急性病，他们所能做的多数是听其自然，尽可能地保持病人的舒适，不做加重其病症之事，极少希望规定的饮食和药物能够带来痊愈。在这种背景下，许多希波克拉底派作家的预防性原则就容易理解了。积极但是运用了错误的治疗方法给病人带来伤害的危险也经常提及。从《格言集》（Sec. 6，38）中我们注意到：“最好不要治疗体内有毒瘤的人，一旦治疗，他们会很快死去，而如果不治疗，他们还能活较长时间”。《论传染病（一）》第5章（Littré Ⅱ 634 8f）概括说：“在你治疗疾病时要践行两件事：要么帮助，要么不要伤害病人。”

---

[33] 见 Lloyd 1987（H 210）68ff。

如果从我们掌握的证据的局限性来看，我们不得不舍弃任何将公元前 4 世纪希腊医学作为一个整体来评估的努力。然而，我们最后能得出一个对希波克拉底派的主要贡献的一般看法。在三个主要领域的每一个，辩论的展开、经验性技术的发展，以及对医学艺术的方法和目的的表达，有关记载都显示出复杂性。

许多希波克拉底派作者在揭示其他理论家观点的缺陷时很敏锐， 646
但是常常没有相应的能力或意愿使他们自己的理论接受严厉的审视。对于民间和宗教医学之外的医学发展来说，批评和破坏性讨论的展开是其先决条件。在这一过程中，不可能说得清楚有多少内容佚散了，至少在古代后期，神庙医学仍然在理性主义传统的边缘存在和繁荣发展。考虑到竞争性的医学环境，弥漫在希波克拉底派作家中普遍存在的以一个观点之鼓吹者而活动的倾向，是可以理解的，而且这种竞争性可能又与作为整体的希腊文化的多样性和竞争性特点有着强烈的联系。然而，当辩论的能力成为希波克拉底派医学的一个重要力量时，有其相应的负面特征：堕落为心胸狭隘的党派偏见。

勤勉地观察是一些希波克拉底派作品的显著特点，然而我们也必须注意到其得出观察结论环境的局限性。在临床研究中，许多现存的论文不仅详尽列出了诸多需要考虑的征候的细节，而且在他们的实践中也充分贯彻这些原则。除其他因素外，就涉及医生的而言，要确定急性病的周期，就需要有对于病情变化进行逐日观察的特殊的安排。然而在解剖学一类中，情况却非常不同。尽管文献偶尔提及解剖，但是并没有被公元前 5 世纪或前 4 世纪的希波克拉底派作家系统运用，实际上在亚里士多德之前就没人系统运用过。[34] 希波克拉底派医生满足于将他们的观念建立在从外部对身体内部结构进行观察上，或者建立在对伤情的观察上，甚至从静脉切开放血手术实践中进行推论。[35]

最后，基于医疗的目的和在实践中采用的程序，希波克拉底派医生引发了一场基本的方法论讨论。他们通常表达出这样的信心，即医学是进步的，将来会进一步发展，疾病是可调查研究的，总能找到治愈方法。然而，悖论在于，这种自信——它对理性主义传统的持续是

㉞ 见 Edelstein 1932 – 3/1967（H 154）；Kudlien 1967（H193），1969（H 195）；Mansfeld 1975（H218）；Lloyd 1991（H 211）ch. 8。

㉟ 见 Lloyd 1991（H 211）179ff。

如此重要，在那个时代，即使不是意图欺骗，最多也就是善良的想法，因为它远远超过了人们对致病原因非常有限的实际理解，更不用说实际治愈能力的有限了。㊱

第三节 希腊艺术：从古典的到希腊化的*

J. J. 波利特

一 风格和肖像

647 公元前4世纪的希腊艺术由两股不同的潮流组成。一是风格上效仿源自公元前5世纪的外部规则，一是开启了希腊化时代艺术的内在精神。两股潮流交织在一起，让这一时期的巨作具有它们独特的风格。

例如，公元前4世纪的雕刻家经常将公元前5世纪后期阿提卡艺术高雅的、书法般的风格作为他们的出发点。在另外一些时候，他们又超越了这种风格，回到帕台农神庙中楣的平静安宁风格或者波吕克利图斯（Polyclitus）的整体协调风格。这些典型风格自然得到进一步发展，其发展方式使得公元前4世纪的作品特点突出、与众不同，但是与过去在形式上的延续感仍然一直很强烈。实际上，如果从还愿浮雕和墓葬石碑看，甚至可以说新古典主义，即将古典时代的艺术高峰作为一种因为其不可超越而只能模仿的完美遗迹而仰望，就起源于公元前4世纪。另外，如果某人观察公元前4世纪雕刻的内容，以及它表达的态度和情感，则人们会发现，它对个人的亲身体验并把这种体验作为视觉艺术适宜的主题产生了新的兴趣，与之相伴的是对那种非个人的、集体取向的主题的抛弃，后者与城邦生活相联系，并且是公元前5世纪艺术关注的主要对象。总之，表达个人情感——烦恼、恐惧、痛苦、幽默、情欲，以及对宗教神秘的感觉——的兴趣，成为这一时期雕刻的代表。

透过对有限的现存作品中发展程度的追溯，我们发现公元前4世纪
648 纪绘画的特征似乎也可以应用同样的二分法。例如，黑底红画瓶的

㊱ 本节内容完稿于1982年9月。

* 关于古典时代后期艺术的进一步解释可以在《图版卷》（*Plates Volume*，B. A. Sparkes）中找到。本节的注释包括在那里可以看到的插图和评论。亦见 Bibliography，Section J。

“克赤”风格，本质上是对公元前5世纪美狄亚斯画家（the Meidias Painter）这样的艺术家在典雅风格上的一种精雕细琢。[①]另外，文学作品对这一时代一些优秀画家作品的描述表明，一种新的伤感精神出现了［如普林尼《自然史》第35卷第98章描述的小阿利斯提德（Aristides the Younger）的绘画《底比斯的陷落》］，在公元前5世纪，我们似乎找不到与这种精神相对应的内容。即使是越来越强调内部空间精雕细琢的希腊神庙建筑，也可以说是诉诸和企图激发个人的宗教感受，而非礼拜性国家宗教的群体精神。

公元前4世纪希腊艺术的双重性，可以理解为希腊社会整体上出现的不同潮流的反映。一方面，腓力二世开始干涉希腊事务之前，不同城邦的生活大部分还是如往常一样进行。旧的政府体系，尽管间或被内部争吵阻断，但还是存在；新的联盟形成；新的战争开战；旧的节日和仪式也在继续，等等。然而，在这一时期的文化史甚至宗教史中，我们可以察觉到一种将城邦及其制度作为生活关注重心的反省。柏拉图和后来的亚里士多德建立的学校，使其从城邦生活的喧嚣声中退出，在一种有益于对哲学和政治问题进行更深远思考的氛围中去思考和研究成为可能。在西诺佩的狄奥根尼（Diogenes of Sinope）及其追随者的犬儒生活方式中，这一从社会事务中退出的运动在公元前4世纪中期达到顶峰。通过拒绝普通公民的生活、价值和渴求，嘲笑权威，奚落社会习俗，以及一种乞丐式的生活，犬儒派希望找到心灵的平和与作为个体的独立。对他们来说，重要的是他们个人的经验，而不是作为整体的社会。

在日常生活的其他领域，就证据能够让我们形成的判断而言，同样可以觉察到存在以消减共同体体验而强调个人体验的趋向。比如，在剧场中，公元前4世纪见证了喜剧性质的显著改变。到米南德的时代，曾经与一个特殊城邦的政治和人物有着密切联系的一种污秽的仪式，变质成为一种轻喜剧，目的是探究能够典型表现任何地方私人生活的情感。公元前4世纪希腊宗教生活中最具启迪意义的发展，是阿斯克莱皮乌斯崇拜的普遍流行。这位神灵关注的是个体，并能不可思议地介入他们的生活，从而缓解他们个体所受的创伤。

① Burn 1987（J 10）；Boardman 1990（J 6）144－7；Robertson 1992（J 35A）257－41.

649 公元前4世纪最早和最重要的大型遗迹之一，是献给阿斯克莱皮乌斯的（约公元前380年），无疑意义重大。这是埃庇道鲁斯的一座神庙，饰以令人印象深刻的建筑型雕刻。[②] 就如奥林匹亚的宙斯神庙和帕台农神庙分别代表了古典早期和古典高峰时期的艺术一样，这些雕刻很大程度上代表了公元前4世纪的艺术。其中的一组，即山墙上的装饰，采用了公元前5世纪后期阿提卡艺术的典雅风格元素，表现了这一时期艺术中面向过去的张力。另外一组，即三角墙雕刻，又有一种展望将来的哀婉和不协调（Pls. Vol.，pl. 10）。埃庇道鲁斯神庙山墙上的雕刻，每边的中央是胜利女神（Nike）的雕像，两边角落尽头是骑马的女性塑像，可能是海中仙女（Nereids）或黎明女神（Aurae）。这些雕像强调相对大而平滑的平面，衣褶在风力作用下平贴身体，间或点缀着涡卷和条纹，其风格源自公元前5世纪的作品，如埃莱克泰乌斯庙（Erechtheum）的中楣。确实，这些雕塑中偶尔的不协调暗示一种对于内部张力的新尝试，它表现在三角墙的雕像中（如骑马人像僵硬的姿态和衣褶上突然、几乎是粗暴的变换），但总体上看，山墙雕像的效果属于一种传统的优美和典雅风格。

与阿斯克莱皮乌斯神庙相关的一个建筑铭文称，其中的一幅雕刻，可能是西边的一幅，出自名为提摩泰乌斯（Timotheus）的雕刻家之手。这个提摩泰乌斯显然与后来因成为哈利卡纳苏斯的毛索鲁斯陵墓（Mausoleum of Halicarnassus）的一个雕刻家而著名的那个为同一人，他的声誉在后来有关希腊艺术的作家中继续保持着。[③] 因为提摩泰乌斯后来的名望，有时也有人认为他一定是整个埃庇道鲁斯工程的首席雕刻师。然而，铭文证据似乎并不支持这一论点。更有可能的是，如果在埃庇道鲁斯工作的提摩泰乌斯与普林尼和其他人所记录的艺术家是同一人，则他在这个时期还相当年轻。他可能是一个来自雅典的移民（*émigré*），一个艺术家团体的一员，一个似乎相当重要的艺术家团体，他们在阿提卡接受训练，在伯罗奔尼撒战争后期及以后

② Crome 1951（J 11）；Burford 1969（J 9）；Robertson 1975（J 35）397－402；N. Yalouris 1986 in（J 1）175－86.

③ Schlörb 1965（J 44）；Stewart 1990（J 48）273－4.

移居到其他地区，以寻找更多的工作机会。④ 其他与提摩泰乌斯有关的作品（尽管这种关联毫无疑问是推测性的），如一座出自埃庇道鲁 650
斯的叙吉埃亚（Hygieia）雕像和一组《勒达与天鹅》群雕的罗马复制品，都显现出强烈的阿提卡雕刻艺术风格，使人联想到将这种风格带到了埃庇道鲁斯的，正是提摩泰乌斯。⑤

阿斯克莱皮乌斯神庙三角墙上的雕刻体现了早期阿提卡艺术中和谐雅致的线条，尽管我们能从一些细节中察觉此点，但它已经被大大削弱了，意在刻意地追求激起一种十足哀婉的风格习惯。东边的群雕表现的是特洛伊的陷落，其中间是普里阿摩斯（Priam）之死；西边的群雕是亚马逊女人族。这两个战斗场面的许多残片显示，肢体被锐角般扭曲，并被一些刻板的解剖似的分割切断。它们所传达的不舒适、被围攻的感觉，在其中一个关键残片即普里阿摩斯头部表情的痛苦与哀婉上，得到了明确的表现。这种痛苦的表情，是一长串作品的源头，其顶峰是帕加马（Pergamum）宙斯祭坛上的雕刻。在这个头像上，以及出自一座三角墙（到底是哪座存在争议）角落的一个死去的武士痛苦扭曲的形象，我们看到了公元前4世纪第一个成熟的样本，雕刻家们亲自认同于强烈的个人情感，并有能力在基本人性的层面上向观众表达这种感情，且这种情感不因其宏大的公民主题而有所降低。另外一个艺术家是赫克托利达斯（Hectoridas），在这座神庙建筑的账单中，他的名字作为其中一个三角墙的设计者被记载下来，否则我们根本不会知道他的姓名。在将他那个时代的艺术导向一个新的方向上，他可能有所贡献。

另一个更著名的雕刻家——帕罗斯的斯科帕斯（Scopas of Paros）——可能在埃庇道鲁斯接受早期训练。无论如何，在该世纪后期，首要的似乎是他继续了埃庇道鲁斯三角墙雕像上开始的革新。研究斯科帕斯的经历及风格的关键作品，是来自阿卡狄亚的泰盖亚的庇护者雅典娜（Athena Alea）神庙三角墙雕刻残片［其主题是特莱

---

④ 可能正是这些艺术家的分散导致了阿提卡风格在不同地区的出现，如伯罗奔尼撒、南意大利、小亚细亚的非希腊人地区如吕西亚和卡利亚，甚至腓尼基。在东方，尽管他们是为非希腊人的赞助者工作，还是产生了后来闻名的散居侨民作品，如［现存伦敦的克桑图斯的海中仙女像，见 Stewart 1990（J 48）171－2，pls. 461－74］，以及西顿的总督和吕西亚人石棺［现存伊斯坦布尔，见 Robertson 1975（J 35）404－5］。

⑤ Robertson 1975（J 35）402，pl. 129d.

弗斯（Telephus）与阿基里斯的战斗以及狩猎卡吕东的野猪]。[⑥] 据保萨尼阿斯（Ⅷ. 45. 4ff）记载，斯科帕斯是这座神庙的建筑师，人们自然认为，即使不是实际经他之手，至少他的影响塑造了这些雕刻。三角墙上的头像是典型的热情奔放型，尤其是一个戴着狮皮帽的头像——它可能是赫拉克勒斯或特莱弗斯（Pls. Vol. , pl. 12），其最突出的特征，是它的表情通过眼睛周围的深雕，以及压缩型的、比例近乎立体的样式来表现。它可能是斯科帕斯作品的典型标志。

651 斯科帕斯生涯的时间范围显然为公元前 360—前 330 年间。泰盖亚的这些雕刻是属于这一时期的前期还是末期则不甚清楚。在他访问小亚细亚并在哈利卡纳苏斯的毛索鲁斯陵墓工作（公元前 353—前 351 年），而且在参观尼多斯的作品以后，我们有理由认为他受到了普拉西特列斯（Praxiteles）风格的影响，可能也受到了莱奥卡雷斯（Leochares）的影响，而他自己的作品则或多或少采取了一种折中的风格。如果情况属实，那么由于泰盖亚雕刻与埃庇道鲁斯的联系明显，应该属于他相对早期阶段的作品。

尽管不能从破碎的泰盖亚雕刻残片中得到证实，但斯科帕斯风格的第二个显著特征似乎是对均衡构图成分的运用，以达到一种不安而十分紧张的效果。无论如何，这种成分是许多基于文学记载而归名于他的罗马复制品中保存的特点。当然，令人印象最深刻的，也是最有争议的是德累斯顿（Dresden）的《酒神舞女》（Dancing Maenad），其悲伤的面部表情和扭动着的近乎扭曲的身体，都表达了其迷狂的状态。[⑦]

然而，通过对眼睛周围深雕以及其他方法来表现痛苦，在斯科帕斯的作品中似乎尤其常见。公元前 4 世纪中期的其他雕刻家明显也运用这一手法，只是程度有轻有重，这也成为这一时代的特点。在诸如阿提卡墓碑这样相对简朴的作品中的运用，证明人们普遍偏爱用剧烈的面部表情来表达那个时代的情感气氛。这些墓碑从公元前 5 世纪后期持续不断地完整延续到公元前 318 年，那时它们被判定是一种奢侈的形式而被法莱隆的德米特琉斯宣布为不合法。因为这些墓碑是由私

---

⑥ Dugas et al. 1924（J 16）; Arias 1952（J 2）; Norman 1984（J 23）; Robertson 1975（J 35）452 - 7; Stewart 1977（J 47）及 1990（J 48）284 - 6。

⑦ Robertson 1975（J 35）pl. 143a; Stewart 1990（J 48）286.

人购买并竖立的，所以成为流行风尚富有指示力的风向标。在这些反映斯科帕斯哀婉风格流行的作品中，最引人注目的是现存雅典国家博物馆的《伊利苏斯墓碑》（Ilissus Stela）（Pls. Vol. , pl. 17）。[8]

公元前360—前330年的另一位主要艺术家是雅典雕刻家普拉西特列斯，其作品中对诉诸人类一般经验而非共同体理想的兴趣，造成了不同的转向。[9] 关于普拉西特列斯的文献资料将他描述为一个随和的人物，喜欢愉悦和娱乐，这一形象似乎为他作品中的某种幽默、顽皮、倦怠和近乎色情的感官主义所证实，它们可以从其罗马复制品中得到重构和评鉴。例如，其《捉蜥蜴的阿波罗》（Apollo Saurocto- 652
nus）[10] 似乎是在嘲笑古风时代宗教诗歌和古典时代宗教雕刻的清醒，将德尔斐的屠龙者变成了一个无精打采的青年人，似乎只有击打一只细小而平常的蜥蜴的能量。著名的奥林匹亚的赫尔墨斯雕塑还开了一个小玩笑，[11] 表现了一个愉快的神灵在婴儿狄奥尼修斯面前晃动一串葡萄以检验这个孩子与生俱来的倾向。这些雕像也都展示了特有的普拉西特列斯式S形曲线，一种复杂的跛腿式姿态，可能是为了故意显示雕刻家对波吕克利图斯传统中被大加赞扬的刻意平衡的蔑视。

普拉西特列斯艺术中最引人注目也最臭名昭著的感官和色欲倾向的实例，是著名的尼多斯的阿芙洛狄特雕像。它对古代艺术品位的影响少有其他雕刻作品能够匹敌（Pls. Vol. , pl. 35）。[12] 这位裸体的女神在脱下袍子准备洗浴时，已经被人发现却尚未被惊扰，其诱惑的效果显然激起了普遍色欲的爆发，而这种色欲在男性主导、秩序森严的古典和古风时代的城邦生活中，很大程度上被掩藏起来了。在尼多斯的美神的启发下，希腊化和罗马时代的雕刻家创造了无数的裸体阿芙洛狄特，以满足似乎永不饱和的市场需求。

尽管证据依旧有限，不过普拉西特列斯雕塑中的诸多幽默和魅力，似乎弥漫于公元前4世纪中后期的作品中。爱情主题和对裸体女子雕像的兴趣，成为一些更优秀画家作品的特征，这些人中海伦画家（Helena）和马苏亚斯画家（Marsyas Painter）那样的人，在后期阿提

⑧ Robertson 1975（J 35）382；Stewart 1990（J 48）92 - 4，pls. 517 - 19.

⑨ Rizzo 1932（J 33）；Robertson 1975（J 35）386 - 96；Stewart 1990（J 48）277 - 81.

⑩ Robertson 1975（J 35）388 - 9；Stewart 1990（J 48）178 - 9，pl. 509.

⑪ Robertson 1975（J 35）386 - 8，Pl. 125b；Stewart 1990（J 48）pls. 607 - 9.

⑫ Robertson 1975（J 35）390 - 4；Stewart 1990（J 48）pls. 502 - 7.

卡红画陶瓶画中发展了克赤风格。[13] 在普林尼对这一时期诸多画家作品的评论中，我们读到了明显具有讽刺意味的内容，如画家克泰西罗库斯（Ctesilochus）的“宙斯在狄奥尼修斯出生时遭受分娩痛苦”（*HN* XXXV. 14）；喜好酒色的漫画，如安提菲鲁斯（Antiphilus）的“格吕鲁斯”（*HN* XXXV. 114）；西库翁的保西亚斯（Pausias of Sicyon）有关花和花队少女的绘画（*HN* XXXV. 125）；尤其是阿佩莱斯（Apelles）著名的裸体阿芙洛狄特自海中升起的雕像（*HN* XXXV. 91），许多其他古代作家也提到这幅作品。据阿特纳奥斯记载（590F），这些人中的最后一个所利用的模特是普拉西特列斯迷人而声名狼藉的情妇弗吕奈（Phryne）。在这些古代作家提及其作品的艺术家中，尤其是阿佩莱斯，似乎在绘画上有一些类似普拉西特列斯风格的作品。据说他自己曾用某种“雅致”或“迷人”（χάρις）作为其风格的独特特征。[14]

653 宗教雕塑和建筑还提供了另一领域，让我们在熟悉的形式中，感受到公元前4世纪的艺术家们努力在其中渗透进了更多的个人色彩。就如公元前5世纪宗教氛围的共同体精神在许多方面明确体现在菲狄亚斯的处女之神雅典娜（Athena Parthenos）身上一样，在公元前4世纪，更多个人的精神也在阿斯克莱皮乌斯的雕像中得到了体现，包括在奉献的浮雕中以及似乎能够溯源到公元前4世纪的罗马时代的作品中，可能还包括不列颠博物馆中被视为著名的布拉卡斯公爵的阿斯克莱皮乌斯（Asclepius Blacas）[15] 的巨大头像。这位庄严的神灵从高处俯视，似乎对接近他的奉献者有一种同情。这些雕像的特点，明显是要在神和人之间的直接交流方面找到一种可能性，这种交流能给予这一祭仪一种吸引力。

公元前4世纪的建筑师在为神庙内部设计新的装饰主题时所表现的持续的兴趣，正如之前所看到的那样，可能也受到了激发奉献者个人宗教神秘感热情的推动。我们必须公正地补充说，这纯粹是猜想，因为没有任何古代文献资料涉及这一话题。希腊神庙与基督教教堂、犹太会堂和清真寺不同，其内部没有群体崇拜功能（作为神庙崇拜

⑬ Boardman 199（J 6）190 – 2；Robertson 1992（J 35A）280 – 8.
⑭ Robertson 1975（J 35）491 – 4.
⑮ Stewart 1990（J 48）191，pl. 574.

一部分的公共集会在神庙外部的祭坛前进行），因此，不管一个崇拜者从神庙内殿（*naos*，*cella*）获得的宗教效果或氛围是什么，都纯粹是私人问题。直到公元前5世纪行将结束时，内殿似乎还被认为主要是保存贡品和神像（神像本身也是贡品之一）的密室。然而，到公元前4世纪，在巴塞的阿波罗神庙令人惊讶的精心雕饰、新颖独特的内殿中，明白无误地出现了获取潜在参观者注意力以及激起崇拜者情感渴求的证据（Pls. Vol.，pl. 9）。[16] 在其不同寻常的两部分内殿中，一部分有一扇侧门可以照明，其单独的侧面使用了伊奥尼亚式圆柱，巴塞神庙内部的中楣，以及所有的科林斯圆柱和内部空间都没有先例。保萨尼阿斯（Ⅷ.41.9）将这座神庙归于帕台农的建筑师伊克提努斯（Ictinus）。如果他的资料是正确的，那就说明伊克提努斯恰好生活在帕台农神庙建造的时代，并投身于或帮助创造了一种建筑风格，如我们在埃莱克泰乌斯庙中看到的一样，它利用奢华的、宝石般的饰品和不同寻常的形式，以激发一种超自然的、神秘的力量的氛围。

巴塞神庙内部的特征，特别是其对科林斯柱式的运用，在公元前4世纪得到广泛采用，不管是在重要的神庙中，还是在由圆形建筑组成的一批圣所（*tholoi*）（这种圆形建筑出现的原因不得而知）中，它都特别流行。 654
在泰盖亚的雅典娜神庙，像在巴塞的神庙一样，斯科帕斯在其内殿使用了科林斯式柱子，还有一扇侧门。尼米亚的宙斯神庙是希腊大陆最后一座重要的多利斯柱式神庙建筑（约公元前330年），[17] 那是一个由独立的科林斯圆柱以U形环绕神像的架构，它同时作为内殿远端一个神秘地下沟壑（adyton）的部分屏障。三个主要的圆形建筑的内殿都采用了科林斯圆柱。第一个在德尔斐的“庙前的雅典娜”（Athena Pronaea）圣殿中，约公元前390年由佛凯亚的泰奥多鲁斯（Theodorus of Phocaea）设计（Vitruvius Ⅶ. *praef.* 12）；第二个在埃庇道鲁斯，约公元前350年由小波吕克利图斯（Polyclitus the Younger）设计（Pausanias Ⅱ.27.5）；第三个即著名的腓力庙（Philippeum），公元前338—前335年左右建于奥林匹亚圣地（Pausa-

[16] Robertson 1975（J 35）356－9；Stewart 1990（J 48）169－70，pls. 448－54.
[17] Hill et al. 1967（J 18）.

nias Ⅴ. 20. 9）。[18] 腓力庙始建于腓力二世时期，完成于亚历山大时代，似乎是作为马其顿王室家族成员的英雄祠（*heröon*），其他圆形建筑可能也用作英雄崇拜，如对一个被认为曾经是人而后成为神灵或半人半神的地府形象的崇拜（在德尔斐的建筑中，我们没有这类证据，但是埃庇道鲁斯的圆形建筑中可能居住过阿斯克莱皮乌斯的圣蛇的事实表明，有可能是献给这位神灵作为英雄的一面。蛇是英雄的属性，阿斯克莱皮乌斯最初被认为是凡间的医生，最终获得了神灵的地位）。无论如何，这些建筑的内殿，尤其是埃庇道鲁斯带豪华花饰的神庙内殿，可能曾经试图激起一种对萌芽中的地府力量的敬畏之情。

公元前 4 世纪艺术家将其注意力聚焦于个人（在这种情形下，与其说是个人的经验，不如说是人的本性）的方式的最后一个实例，表现在塑像艺术上。随着该世纪的推进，出现了一种渐进的运动，即塑像作品的主题远离赞扬公共形象和角色，逐渐转向有意捕捉塑像所代表的人物的个人性格和内在本质。从某种意义上说，公元前 4 世纪塑像艺术中的这种运动，是对曾经被古典盛期艺术中唯美主义张力所抑制的古典早期塑像艺术的复兴或强化。以克莱西拉斯（Cresilas）的“奥林匹亚的伯里克利”为代表的“角色塑像”，本质上是古典盛期艺术的形式（Pls. Vol.，pl. 26b）；以吕西普斯（Lysippus）的亚历山大塑像和波吕欧克图斯（Polyeuctus）的德摩斯梯尼塑像为代表的
655 “人物塑像”，则是希腊化时代早期的创造；公元前 4 世纪前 70 年间的塑像，则是二者之间的过渡阶段。[19]

一些证据表明，波吕克利图斯学校对公元前 4 世纪塑像艺术范围的扩展和流行起了重要作用。普林尼详细记载了这位著名的阿哥斯教师的大批门徒和追随者（*HN* XXXⅣ. 50）。在某些方面，这些似乎表明有些保守的雕刻家保持了波吕克利图斯对匀称理论的兴趣，并像他一样在泛希腊圣所中创作胜利运动员的特殊雕像。[20] 诸如雅典国家博物馆中来自安提库泰拉（Anticythera）的那些青年形象，尽管还有争议，但可能代表了他们的典型风格（Pls. Vol.，pl. 38）。[21] 无论如何，

---

⑱ Robert 1939（J 34）; Dinsmoor 1950（J 14）234 – 6; Lawrence 1983（J 22）ch. 17.

⑲ Richter 1965/1984（J 31）173 – 4, 225 – 8, 109 – 13；亚历山大的塑像见 Pollitt 1986（J 29）ch. 1; A. Stewart, *Faces of Power*（Los Angeles, 1993）。

⑳ Arnold 1969（J 3）.

㉑ Robertson 1975（J 35）409, pl. 148b; Stewart 1990（J 48）185, pl. 550.

没有证据表明他们曾关注斯科帕斯的感性主义和普拉西特列斯的感官主义。然而，他们对于其时代氛围的回应可能产生了一种设计塑像的热情。文献资料至少清楚地表明，他们得到的委托给予了他们充足的机会去发展这一流派。竖立在德尔斐的精雕细琢的群雕，主要是像克雷托尔的达麦亚斯（Dameas of Cleitor）和西库翁的阿吕普斯（Alypus of Sicyon）这样的波吕克利图斯的追随者创作的，这些群雕是斯巴达人为纪念他们在伯罗奔尼撒战争中的胜利而立（Pausanias Ⅹ. 9. 7），这一遗迹包括了吕桑德和其他30名斯巴达人的塑像。这个学校其他杰出的艺术家如阿哥斯的瑙库戴斯（Naucydes of Argos）和西库翁的戴达鲁斯（Daedalus of Sicyon）所创作的塑像，文献中也有记载。

雅典的雕刻家始于让人难以把握的阿劳佩凯的德米特琉斯（Demetrius of Alopece），昆体良（Quintilian）称其为过度的现实主义者（*Inst.* Ⅻ. 10. 10），他似乎在公元前4世纪塑像艺术的发展中也起了重要作用。在某一场合下可能给人一种印象，即因某一件作品形成了对某位艺术家作品如何的印象。狄奥根尼斯·拉尔修（Diogenes Laertius）（Ⅲ. 25）提到了希拉尼翁（Silanion）在阿卡德米学园竖立的一座柏拉图塑像，罗马时代以来许多良莠不齐的复制品，似乎就起源于这尊雕像。[22] 这些复制品保留了一个共同的人相特征，其独特之处，在于它给人的感觉不仅是它拥有一张个人化的、非理想化的脸，还有独特的、沉思的性格。

但到公元前4世纪后半期，肖像也逐渐变成了绘画中一个重要的流派。普林尼、阿佩莱斯的一些肖像是如此栩栩如生，以至于擅长从人像特征中预知将来的相面师能从他的绘画中做出准确的预测（*HN* XXXV. 88）。即便这个故事是虚构的，但是从阿佩莱斯承接的亚历 656
山大像和其他委托中，我们看出他显然是一个很有实力的肖像画家。他所处时代的另外一些画家，如普罗托盖涅斯（Protogenes）（*HN* XXXV. 106）、安提菲鲁斯（*HN* XXXV. 114）和阿利斯托劳斯（Aristolaus）（XXXV. 137），也因为他们的画像技艺而受到赞美，还有这个世纪早期的伊斯特米亚的优弗拉诺（Isthmian Euphranor），他似乎主要在雅典工作，在雅典的自由之神宙斯柱廊（Stoa of Zeus

---

[22] Richter 1965/1984（J 31）181 – 6.

Eleutherios）上面，他将埃帕米农达和其他人的画像组合成了一幅关于曼提奈亚战役（公元前 362 年）的大型画面（Pausanias Ⅰ. 3. 4）。当然，这些肖像画都已失传，但是普林尼在谈到底比斯的画家阿利斯提德时，注意到如下事实：在该时期的绘画中，“人物”起了重要作用（HN XXXV. 98），在彩色肖像画中，可能尤为如此。

二 艺术家和赞助人

智力上的自觉和自信，以及他们开始得到的社会承认（见 *CAH* V^2 180－3），于公元前 5 世纪开始成为希腊艺术家的典型特征，并在公元前 4 世纪继续增长。许多艺术家不仅成为同类人中的名人（如阿佩莱斯和普拉西特列斯），他们中的一些人还成为富有影响力的文化标准创造者，影响超越了其同时代直接的专业领域（如画家潘菲鲁斯，见下文）。

公元前 4 世纪艺术家主张智力具有重要性的一个明显征兆，是他们不断写出关于其技艺中更富专业意识的论著，如对称、颜色和图案等这些非专业人士可能不容易鉴赏的内容。这种情况在画家中似乎尤其普遍。欧弗拉诺写了《论对称和颜色》（*volumina de symmetria et coloribus*）（Pliny *HN* XXXV. 129），阿斯克勒皮奥多鲁斯（Asclepiodorus）、阿佩莱斯和麦兰提乌斯（Melanthius）也写了关于他们的技艺的论著（Pliny *HN* XXXV index; Diogenes Laertius Ⅳ. 18）。这些论著好像不仅包括了技术信息，还包括了品鉴和判断。如阿佩莱斯似乎在其著作中讨论过制图（*charis*），这是他自己风格的特殊品质，并且赋予其特殊的价值，这也成为其同时代人如普罗托盖涅斯、阿斯克勒皮奥多鲁斯和麦兰提乌斯艺术的特点（*HN* XXXV. 80）。这一时代的一些建筑师也将他们的理论写作成文（见 Vitruvius Ⅶ. *praef.* 12），这些作品中对个人品位的表达似乎也起了一定作用。例如，哈利卡纳苏斯的毛索鲁斯陵墓的建筑师皮特欧斯（Pytheus）开辟了一个批评的传统，指责多利斯柱式先天不足，并因此导致其主要神庙的样式被
657 抛弃。在公元前 4 世纪的雕刻家中，人们只记载了一个人的专题论著［即希拉尼翁的，Vitruvius Ⅶ. *praef.* 14］，但是普林尼对吕西普斯（Lysippus）关于对称（见下文）观点的讨论表明，雕刻家之间的相互交流活跃，在波吕克利图斯著名的《原理》（*Canon*）中，似乎也

有文献在流传，至少在雕刻家们自己之间。

公元前 4 世纪艺术家的思想影响和社会重要性扩张的另一个迹象，也体现在艺术学校的建立中。它是艺术家们的组织，是那些地理上既属同一地区又共享某些原则的艺术家们的组织（Pliny *HN* XXXV. 75）。这些学校中最重要的是西库翁的绘画学校，由于其首要成员之一潘菲鲁斯的博学，以及潘菲鲁斯的主要学生阿佩莱斯的声望，它在希腊智力生活中留下了特别的印记。普林尼说（*HN* XXXV. 76 –7），“潘菲鲁斯是第一流的画家”，“他是所有知识领域的博学者，尤其是算术和几何。他认为，缺了这些，一个艺术家就不能达到完美……由于他的声望，首先在西库翁，然后在雅典，自由民的孩子在木质写字板上接受绘画课程，这是一门以前没有教过的课程，绘画也作为最重要的高雅艺术为人接受。”据说西库翁学校赋予学习的重要性，还可以说对成人的教育也有长远影响，因为它似乎导致了艺术史这门学科的创建。第一批绘画和雕刻史著作似乎就出现于公元前 4 世纪末或公元前 3 世纪初，出自一位名为克塞诺克拉特斯（Xenocrates）的雕刻家之手。普林尼曾引用他的作品，其思想构成了普林尼关于艺术的章节的基础。克塞诺克拉特斯的历史似乎有着浓厚的西库翁色彩，他自己可能也是这个学校的一员。

对公元前 4 世纪的艺术赞助人来说，理解艺术和有能力鉴别、评判艺术，就如专业能力对于艺术家来说一样重要。关于鉴赏家作为一个受过教育、有修养的人重要性日益增长的证据，不仅可以从上文提到的普林尼关于绘画在教育中的新作用的陈述中看到，还表现在他对某个具体赞助人的艺术敏感性，或缺乏艺术敏感性的记载中。例如，即便是在军事行动中，围城者德米特琉斯（Demetrius Poliorcetes）也对普罗托盖涅斯及其作品加以欣赏和保护（*HN* XXXV. 105）。阿佩莱斯奚落了亚历山大，只因后者不能领会绘画作品的精妙之处（*HN* XXXV. 85）。

能够证明赞助人关于艺术的知识和品位的一个方式，就是雇用那些其作品受到广泛尊崇并因此而带来声望的艺术家。 658
毛索鲁斯和阿尔特弥西娅在收留斯科帕斯、莱奥卡莱斯、提摩泰乌斯和布吕西斯（Bryaxis）创作毛索鲁斯陵墓的雕刻之时，可能就是试图确定他们作为有教养的亲希腊者的凭据。[23] 当腓力雇用莱奥卡莱斯在腓力庙进行塑像雕刻时，可能也有相似的动机。不管亚历山大是因为关注自己作为一个鉴赏家的名声，还是因为（似乎更有可能）他承认艺术作为表达一个统治者公共“形象”的媒介的重要性，他通过长期任命雕刻家吕西普斯、画家阿佩莱斯和一位名叫皮戈泰莱斯（Pyrgoteles）的宝石雕刻家作为宫廷艺术家，使自己成为希腊世界独一无二的最具影响的赞助人，并最终将艺术家作为享有声望的人物而被接受的进程推到顶点。

当赞助人变得或者说被期望变得更有见识、对艺术具有更高鉴别力时，可能就有一种互惠的影响，这种影响又推动艺术家给予自己的作品更多“学术”的内容。到希腊化时代，艺术家和作者为一小群精挑细选、老于世故的精英分子而不是一个集体的全部成员设计作品变得尤为平常。如卡利马库斯（Callimachus）这样的诗人和如创作那不勒斯浮雕杯，即著名的“法奈斯的金杯”（Tazza Farnese）[24] 这样的宝石雕刻家和艺术家，就其观众而言达到了极高的精妙水平，也能理解作品的意义，尤其是讽喻的意义。对于教育程度较低者，这一点不是那么显而易见。即便公元前4世纪的艺术仍然比希腊化时代的艺术更贴近一般公民的生活，但还是能从中看到精英倾向的影子。一个早期的实例是普拉西特列斯的父亲、雕刻家凯菲索多图斯（Cephisodotus）创作的《和平女神与财富之神》（Eirene and Ploutos），即约公元前375年竖立在雅典战神山的群雕，现在通过罗马的复制品而众所周知（Pls. Vol.，pl. 33）。[25] 就第一印象而言，此群雕表达的是一个抱着孩子并深情凝望的女性形象，这是公元前4世纪艺术中关于熟悉的人类情感品位的一类主题。然而，再度观察和冷静思考后，此群雕也可以被解读为一个简单的寓言：财富（普路托斯）源自和平（艾瑞涅），并由和平滋养。这种人格化的说教式运用可能在雅典有着特

㉓ 普林尼（*HN* XXXVI. 30－1）说，毛索鲁斯死后（公元前352年，普林尼误为公元前351年），阿尔特弥西娅继续收留这些艺术家，阿尔特弥西娅死后他们的工程才完工，但是没有得到报酬，只有荣誉。然而，这个陵墓在毛索鲁斯死前可能是作为哈利卡纳苏斯一个雄心勃勃的新城市计划而开始，这项工程在公元前4世纪60年代和50年代持续了很多年。关于其资料和可能性，见 P-W s. v. “Pytheos”（H. Riemann）。亦见 Robertson 1975（J 35）447－63；Waywell 1978（J 52）；Stewart 1990（J 48）281－2；Pls. Vol.，pl. 11。

㉔ Pollitt 1986（J 29）257－9；*Plates to Vol.* VII. 1 pl. 7.

㉕ Stewart 1990（J 48）173－4，pls. 485－7.

别的吸引力。在雅典，社会的知识分层慢慢适应了一种比前一个世纪更加书本化、更加精奥的学习类型。约公元前 4 世纪中期，欧弗拉诺在雅典市政广场的自由之神宙斯柱廊（Pausanias Ⅰ. 3. 3）上创作了《提修斯、民主女神和民众》，公元前 336 年雅典一个石碑上《民主女神为民众加冕》的浮雕，以及它记录的反对僭主的法令，[26] 似乎都表明很大一部分雅典人开始习惯于“阅读”这些作品。 659

三　吕西普斯

事实上，本章所讨论的公元前 4 世纪艺术的所有方面都曾集中体现在亚历山大的宫廷雕刻家、西库翁的吕西普斯身上。他的艺术生涯悠长，早自公元前 4 世纪 60 年代甚至 70 年代起，晚至公元前 4 世纪 20 年代甚至更晚，不仅促进了古典雕塑的发展，而且开启了希腊化时代雕塑的诸多特点。[27]

在其生涯的早期，吕西普斯似乎是一个保守的技师和理论家，擅长于获胜运动员的雕塑。和之前的波吕克利图斯一样，他关注比例的规范。如普林尼所描述的那样（*HN* XXXⅣ. 65），他自己对倾斜比例、更多空间上的自由，以及对视觉效果的兴趣的规范，无疑具有创新性和影响力，但是他关注规范这一事实，可以视为其保守的特征。在其发展的稍后阶段，他可能折中性地利用过同时代的其他风格。例如，他的《塞斯皮埃的厄洛斯》（Eros at Thespiae），可能就是有意要与同一圣所中普拉西特列斯此前创作的《厄洛斯》竞争。它似乎融合了普拉西特列斯的魅力和吕西普斯自己关于空间构图的多重风格。然而，当他被选为亚历山大的宫廷雕刻师时，他成了这个时代具有前瞻性的艺术家。他那著名的亚历山大塑像，[28] 以生动的方式捕捉了这位大帝不安分的气质，将公元前 4 世纪那些能够表达个人感情并能捕捉个性特点风格的塑像推到了顶峰。同时，他们建立了一个新的流派，即英雄统治者塑像。在希腊化和罗马艺术中，这一流派有着长久的生命力。同样具有长久生命力的，是吕西普斯的两个大型历史群

㉖ *Athenian Agora* XⅣ（1972）pl. 53a.

㉗ Johnson 1927（J 20）；Sjöqvist 1966（J 45）；Robertson 1975（J 35）463 – 76；Stewart 1990（J 48）289 – 94；Pollitt 1986（J 29）ch. 2.

㉘ Richter 1965/1984（J 31）173 – 4，225 – 8，109 – 13；亚历山大的塑像见 Pollitt 1986（J 29）ch. 1；A. Stewart，*Faces of Power*（Los Angeles，1993）。

雕：狄翁的“格拉尼库斯纪念碑”（Granicus Monument）和德尔斐的“克拉特鲁斯纪念碑”（Craterus Monument）。前者纪念的是亚历山大
660 的“王友”，他们在其对抗波斯的第一次重大战役中牺牲了；后一群雕展示的是亚历山大大帝猎狮的场景。这些群雕一方面继承了公元前4世纪对戏剧性哀婉的探索，另一方面开启了希腊化时代王室塑像的一个主要领域，即赞扬英雄统治者功绩的纪念碑。精雕细琢的卡洛斯（Kairos）塑像、西库翁的《机遇》[29] 到底是属于较早的还是较晚的作品，还不能确定，但是无论如何，通过将公元前4世纪对个性的喜好带到一个新的复杂水平，这一塑像以早期传统的名义成为希腊化时代博学派艺术的原型。

在一些明显属于吕西普斯后期的作品中，含有追求某种戏剧化甚至轰动效应的迹象，这在本质上属于希腊化时代的特点。例如，他对巨型塑像的兴趣，如塔林顿的《宙斯》和《赫拉克勒斯》，以及对微型塑像的兴趣，如《委托者赫拉克勒斯》（Heracles *Epitrapezios*）表明了一种希求，即纯粹通过对数量和比例的控制来震惊参观者并吸引其注意力。他的许多学生和追随者都遵循了他的榜样，如林杜斯的卡莱斯（Chares of Lindus）——罗德斯巨像的雕刻家。他们可能预见到，在希腊化城市混合和流动的人口中，大众的口味会比过去更突出，而有学问的观众的口味，将比过去更难捉摸。

第四节　古典时代希腊的农业

阿丽森·伯福德

一　导言

661 在整个古代希腊史上，对土地的所有权和耕种一直都是社会各个阶层最为关注的内容，与任何其他一个时期比较，公元前5世纪和前4世纪都毫不逊色。荷马描述的场景，是“两个拿着测量器具的男人，在他们土地的接壤处为地界而争吵”。在公元前4世纪阿提卡两个邻居的一桩诉讼中，我们能看到与上述对应的情景：一家的水灾造

---

[29] Stewart 1990（J 48）187–8. pl. 555.

成了另一家财产的损失。① 约公元前 422 年，雅典关于埃琉西斯的德墨特尔崇拜的法令规定“根据祖先的风俗和德尔斐神谕，第一次收成应该献给女神”，它所表达的关注，与赫西俄德给他兄弟的教训一致：“努力劳作，饥馑会远离你，尊敬的德墨特尔才会垂青你，让你的谷仓填满粮食。”② 如果基本的关注没有改变，那么由此产生的问题就是：在古典时代，耕作方法和收获技术是否有任何变革。如果有所改变，那它到底是对科学思维发展的部分回应，还是对粮食需求量日益增长和土地压力增长的回应？抑或是对古代世界其他地区进步的回应？或者只是简单地对气候和自然环境改变的回应？另外，如果没有任何变革，那到底是因为没有变革的需求，即日益增长的需求（通常认为这种需求确实发生过）因为耕种边缘土地或移民或进口谷物而得到了满足？还是本来有对改变的需求，但没有发生改变，那这到底是因为希腊人技术上没有进步，还是因为一种根深蒂固的保守主义，即便在面对反复发生的短缺时仍然保留传统的耕作方式？抑或是因为众所周知的希腊贫瘠的土地和恶劣的条件，使得在现代农业技术和肥料发明之前对于技术上的进一步发展变得不切实际？希腊农业是否已经发展到它最高的水平了？③

要确切地回答这些问题，我们需要一定量的证据，而这类证据大 662
部分又难以获得。即便我们有最好的估计，许多因素仍然难以计算，如古代的谷物田地、果园、葡萄园和菜园的平均产量；古代实际耕种的土地范围；人口的规模；古希腊世界的营养需求，加之依靠的替代食物原料如畜牧动物、狩猎、捕鱼和采集野果的程度。④ 我们的资料在特征和内容上都多种多样，从泰奥弗拉斯图斯《植物史解析》（*Historia plantarum*）和《植物原本》（*De causis plantarum*）中的科学分析（这两部作品都不是把农业作为主要对象写作的），到色诺芬的

---

① *Il.* Ⅻ. 421ff；Dem. LV.

② M-L no. 73，4 – 5；Hes. *Op.* 298 – 301.

③ 最详尽的阐述仍然是 Guiraud 1893（I 67）；亦见 Jardé 1925（I 83）。Michell 1957（1102）38 – 88 收集的材料非常有用。关于较早时期，见 Richter 1968（I 129）。White 1970（I 148）and Frayn 1979（I 44）提供了来自罗马时期颇有价值的洞察。概括性论断请见 Finley 1985（I 36）ch. 4。

④ 关于现代地中海世界农业条件的比较研究，为古代农业条件的研究提供了某种视角，但是也见 Halstead 1987（168）对这种方法的中肯批评，以及 Hodkinson 1981（C 364）有关现代数据与古代情形的关系所持的明智且谨慎的态度。关于食物消耗，见 Foxhall and Forbes 1982（I 43）；Crawford 1979（I 28）；J. M. Frayn，*JRS* 65（1975）32 – 9；Garnsey 1988（I 55）。

哲学性作品《经济论》（*Oeconomicus*）——论家政及财产经营的著作，以及全部古希腊文献中零散的论述。关于出租宗教或公共财产的租约——它们大多残损——可作为上述文献的补充。[⑤] 然而，我们能够部分认识古典时期的希腊农夫是如何设法用粮食填满他们的谷仓的，这是农业场景的主线，以及真正下地劳作的是谁，甚至还可能认识谁的观点塑造了农业技术，还有是哪些人所设想的如此这般的理论。

二　农作物种植

如泰奥弗拉斯图斯所说，农业的目的是给植物提供两种最有利的因素——营养和生长的意愿（*Caus.* Ⅵ. Ⅲ. 2. 1）。对泰奥弗拉斯图斯和色诺芬来说，农夫的首要职责是理解他们工作的环境。希腊世界大部分地区的地质和地理情况，是整块农田可能经常是小块土地，从沿海的平原或冲积平原到排水良好的坡地以及半干旱的山地，都是如此；就其自然条件来说，土地通常贫瘠而多石；土地的大部分已经得到耕种。但是，重要的是我们要认识到，古典时代耕种的许多土地已
663 经经历过持续的耕种了。如果耕种得当，是可以继续有效生产的。地力耗竭太过经常被视为希腊农业的根本性弱点，人们假设它遍及整个希腊农业经济中。[⑥] 在任何特定地区，即便是在单独一块农田中生长的作物，很大程度上都取决于土壤的类型和条件。区域性或局部的专业化可能存在，但那与其说是因为官方的农业政策提倡单一作物而不是多种种植，不如说是当地的条件可能更适合某一作物。[⑦] 例如，尽管小麦有其优势，但大麦仍然是阿提卡的重要作物，而粟从来没有摆脱次要地位；橄榄则局限在低地和海岸地区。[⑧]

---

⑤　关于泰奥弗拉斯图斯论植物的最好讨论是埃纳尔松（Einarson）在其校勘的 *Caus. Pl.*（Loeb edn. 1976, 1990）中的导言和评注，亦见霍特（Hort）校勘的 *Hist. Pl*（Loeb edn. 1916）中的导言，以及 O. Regenbogen, P-W Suppl. 7（1940）1354 – 62；Sarton 1952（H 103）551 – 8。关于有记载的租约，最有资料价值的是 *IG* Ⅱ^{2} 1241, 2492 – 5；and 2498（关于雅典的）；*SIG* 963（关于阿摩尔戈斯的）；*IG* ⅩⅣ 645［关于鲁卡尼亚的赫拉克里亚的，并请见 Uguzzoni and Ghinatti 1968（G 316）］。亦见 Kent 1948（I 90）关于提洛岛材料的论述。

⑥　参见 Gallant 1982（I 47）116；关于夸大放牧危害性的观点，见 Rackham 1983（I 124）。

⑦　梭伦的法律限制从自然产品到橄榄油从阿提卡出口（Plut. *Sol* 24. 1），经常被认为梭伦意在通过减少谷类而增加橄榄的产量。例如 Bravo 1983（I 14）21 – 2 的评论及 Garnsey 1988（I 55）74ff 等。

⑧　Pritchett 1956（Ⅰ 123）186 认为粟是雅典的一种谷物（尽管可能曾经是一种作为马饲料的进口货）。关于橄榄树，见 Forbes and Foxhall 1978（I 42）。

古典时代种植多种作物的证据实际上并不少于荷马史诗的记载，有租约铭文、阿提卡演说家的演说词以及提洛岛圣所关于其财产的详细清册。古典时代的农地一般包括可耕地、橄榄园、葡萄园、水果园和坚果果园、菜园或带苗床的园圃。可耕地播种谷物（各种类型的大麦和小麦）和豆类（大豆、豌豆、小扁豆），园圃种植药草、小灌木和花类植物（药用、调味用，可能也有作装饰用的植物）。

色诺芬恰如其分地估量了人们对土地质量的一般兴趣。他提到，甚至渔民都能对他们航行中碰巧经过的沿海地区土地的潜能有精确的估计（*Oec.* XVI. 7）。在另一处，他强调一块新农田的主人要特别注意邻近土地上哪种庄稼长得更好（*Oec.* XVI. 2 – 5）。如泰奥弗拉斯图斯在他关于叙拉古移居农夫的警告性故事中所强调的那样，耕作方法也必须适应当地的需求，因为这些移民农夫像他们曾经在科林斯所做的那样，清除了地里的石头，导致谷物因为缺乏保护遭霜冻歉收（*Caus. Pl.* III. 20. 5）。

可耕种的土地通常会在随后的每一年同样使用，重复耕作并清除杂草和野草。土壤可能通过从他处运来泥土加以混合或者进一步掘起底土的方法得到改良（*Caus. Pl.* III. 20. 3 – 4）。许多土地租约都特别禁止从土地上移除土壤（大概是表层土），这说明了保持土地可耕条件的重要性。肥料的运用被认为是基本要素；泰奥弗拉斯图斯根据肥力列举了诸多不同种类的肥源——人、猪、山羊、绵羊、牛和马、驴、骡，并评论说“同一标准并不普遍适用”（*Hist. Pl.* II. 7. 4，VII. 664
1. 8，5. 1，参见 *Caus. Pl* 11. 6. 1 – 2，9. 1 – 3）。耕畜和绵羊也可能在留茬地和休耕地放牧，因为它们有时候可以吃掉长得太快的庄稼（*Caus. Pl.* III. 23. 3），对小树林和果园可能也如此。施肥的重要性在一份出自阿摩尔戈斯的土地租约中表现明显，这个租约规定承租人不仅每年要施肥 150 筐，而且还要当着圣所官员的面一块块地检查。[9]其他给土地施肥的方式包括焚烧留茬地，以及增加堆肥，当其腐烂时掘土埋进地里，但是色诺芬说，“一些人并不愿费劲”搜罗堆肥材料（*Oec.* XVIII. 2；XX. 10 – 11）。人们还可以将杂草甚至长得太快的谷物新芽埋在草底下（*Oec.* XVI. 12）。另一种恢复土壤肥力的方法是种植

---

⑨ *SIG* 963，21 – 6 及 41 – 4。关于施肥的有关问题，见 Hodkinson 1988（I 75）。

豆类植物，尤其是豆荚，因为它碰巧可以增加土壤的含氮量。在马其顿和色萨利的产粮地，豆类的种植纯粹是为了把它们犁入土中（*Hist. Pl.* Ⅷ. 9. 1）。不仅在泰奥弗拉斯图斯的作品中，而且在两份雅典的土地租约中，都有线索表明，得到公认的不是严格地隔年休耕，而是谷物间种豆类（*Caus. Pl.* Ⅲ. 20. 7）。[⑩] 古典时代，这可能是一种零散进行实验的新观念。然而，豆类早在青铜时代以前就有栽植了，因此，如果说谷物间种豆类的好处很早就被认识到了，并不会令人惊奇，一旦时间和地点合适就会付诸实践。伴随有规律的再施肥的集约化耕作，也可能使拥有小块土地的农夫可以每年定期收获谷物。[⑪]

农夫的工具仍然少有改变——木犁，通常带有铁制犁头，由牛、骡甚至驴拉；同样重要的是鹤嘴锄、铁锹、锄头，以及耙子。这种精耕细作的手工劳动应用于各类粮食的每个耕种阶段，其范围无论怎样强调都不为过。农业劳动者这种令人难以忍受的辛劳被诗人敏锐地感觉到了。劳动之前，索斯特拉图斯（Sostratus）如是说，“锄头重千斤，会把我累死”，劳动之后又说，“我的背，我的脖子，我的整个身体啊！”（Menander *Dyscolus* 390 – 1，523 – 5）[⑫]

665 但是不管土壤如何精耕，“出产的是收成，而不是田土”，泰奥弗拉斯图斯如是说（*Hist. Pl.* Ⅷ. 7. 6），他的意思是说，气候决定了最终的收获量。在地中海式气候中，雨季主要限于冬季，夏季一般是干旱的。尽管也有一些灌溉的做法，但旱作农业是大田作物、果树和灌木的常用耕种方法。这就是人们为何如此细致地耕作土地的原因，因为土地不仅要营养充分，还要尽可能保持潮湿；这也是为何要在谷物生长的田间管理上付出劳动的原因，它的目的是减少杂草和额外的枝叶争抢庄稼的水分，其方法是将表层土壤磨成粉状以防止地表水汽蒸发，或者保持犁垄和犁沟或者放置圆形石头和陶瓷碎片，以为植物

---

⑩ *IG* Ⅱ^2 1241. 21 – 3；2493. 8 – 11.

⑪ 因此 Jardé 1925（Ⅰ 83）86 认为种植豆类是相对于完全休耕的一种偶然选择，而不是如中世纪欧洲的许多地区（但不是全部地区）那样，倾向于一种有规律的轮作。关于每年种植谷物的可能性，见 Hodkinson 1988（Ⅰ 75）39；关于休耕，见 Garnsey 1988（Ⅰ 55）93f。

⑫ 参见 Aeschylus，fr. 196（*TGF*）对于“物产丰腴、无须播种也不用耕耘的良田”的心愿式评论。Pritchett 1956（Ⅰ 123）180 – 203，255 – 61，287 – 306 讨论了一块“大”地产上出产和一般设施的问题。

的根部提供水汽和阴凉。⑬

农夫的耕种年份从冬季播种开始，即介于休耕地的最后一次（第三次或第四次）耕作和冬雨开始之间的日子。播种最好持续一段时期，而不是集中进行，以保证不会因为一次的气候恶劣而颗粒无收（*Oec.* XVII.6）。在两种普遍种植的作物之间，冬播大麦种植更为广泛，只是因为它比小麦更适合典型的地中海气候地区，而且这些地区土壤相对贫瘠。⑭ 阿提卡尤其适合大麦，相应地，该地大麦也比其他任何地方产量更高（*Hist. Pl.* VIII.8.2）。泰奥弗拉斯图斯则通过颜色、谷穗上的谷粒数量以及能分辨出的其他特征来区分大麦（*Hist. Pl.* VIII.4.1—3）。既然大麦很流行，然而奇怪的是，乍一看他谈论更多的却是小麦及其特征。当中的原因，部分肯定是因为小麦长期以来是首选的谷物，因为与所有其他谷物比较，小麦面粉能做最好的面包；部分是因为尽管许多地区小麦有优势，如色萨利、西西里，以及俄罗斯南部地区，但是在许多能生长小麦的其他地方，大麦还是一种试验品和礼品。泰奥弗拉斯图斯的作品肯定地表明，粮食品种有几次明显的变化，它们大概是因为偶然或有意识地选择和种植的结果。⑮

春播大麦和小麦也有种植，但是只在较小范围。泰奥弗拉斯图斯 666
提及“三个月”谷物的种植，并评论说甚至可能有成熟更快的粮食（*Hist. Pl.* VIII.1.4，2.8 -9，4.4 -5）；即便这些记载只是农夫夸耀的反映，但至少表明了一种对发展新的优良品种的兴趣。

除了谷类的粮食，冬季播种的可能还包括豆类——豆荚、鹰嘴豆，也许还有供动物甚至人消费的羽扇豆和野豌豆。鹰嘴豆不同于其他豆类，被认为会耗尽地力，因此种植以后必须要恢复地力（*Hist. Pl.* VIII.7.2）。其他春播作物是粟以及豌豆和小扁豆等豆类。

---

⑬ Xen. *Oec.* XIX.14，Theophr. *Caus.* Pl. III.5.5。见 Forbes and Foxhall 1976（I 41）。

⑭ Jasny 1941 -2（I 84），1944（I 85）.

⑮ 在泰奥弗拉斯图斯所提到的不同谷物中，*puros* 可能被视为希腊生长的最为普通的小麦——“斯佩尔特小麦”（又名 *tr. vulgare*）（Hort，*Hist. Pl.* Index），*tiphe* 是“单粒”小麦，又名 *tr. monococcum*；Zeia 是“粗小麦”，*olyre* 是“二粒小麦”，两者都叫 *tr. dicoccum*（二粒小麦）。在 *tr. durum*（二粒小麦）引入埃及之前，*Olyra*（二粒小麦）是埃及广泛种植的品种［Hdt. II.193（原文疑有误，应为 II，36，而且那里提到 zeia 为种植最广的小麦——译者注）］如此认为。tr. durum 可能是在托勒密时期［Crawford 1979（I 28）］引入，或者由阿拉伯人传入［Watson 1983（I 147）］，参见 Rickman 1980（I 130）4 -7。

谷物可能会如罗马时代的意大利一样套种，如果不在其他作物中间，就在橄榄树间种植，但是泰奥弗拉斯图斯提到在葡萄树幼苗行间种植大麦和豆荚，目的是为吸收多余的湿气，而不是更集中地利用土地（*Caus. Pl.* Ⅲ. 15. 4）。

橄榄树和果园同样需要精心准备，但是通常无须如耕地般精心。橄榄树最适合低地和希腊世界大量多石的石灰性土壤。其栽培不是靠播种（种子长出来的是野生树苗），而是靠嫁接（有时候也将枝条嫁接在成年的野生树干上），或插条，或截取老树干让其发出嫩枝。其生长得益于良好的肥料和偶尔的剪枝（*Hist. Pl.* Ⅱ. 7. 3，Ⅳ. 16. 1）。它的一个主要缺点是需要几年时间才能开始完全产出，但是除非完全根除或者焚烧，它们能够存活三到四个世纪；即便它们被敌对的入侵者砍掉，也能复活——实际上，人们建议将古树砍到只有手掌高度的树桩，以便它们能够重新发出嫩枝。⑯

一个适宜的葡萄园需要的空间很少。黑科西拉（Corcyra Nigra）的新移民因为此目的得到的政府赠地就只有 0. 3 公顷。⑰ 但是葡萄藤比橄榄树需要更精细的照料。植株无疑会经常更换；通过嫁接或扦插（又一种不通过种子的植物）栽培，将其植入挖好的地垄沟中，沟中有充足肥料和水分。⑱ 如果地是湿的，过多的湿气必须除去（见上文）。成熟的葡萄藤每年必须两次为其周围松土，其根部必须受到保护，以免阳光照射，并去除杂草。但是对于是否使用沙土，农民还有争议（*Hist. Pl.* Ⅱ. 7. 5，and *Caus. Pl* 全文，关于葡萄栽培的论述）。葡萄藤的根部和上部枝条需要细致地修剪，这一工作有时候可能留给
667 巡回的专业人员，如“葡萄藤修剪师”就被请来修剪所租土地上的全部葡萄藤，这块地属于雅典一个德莫。⑲

在一般都会栽培的其他水果——无花果、苹果、梨、柑橘、山梨、李子、石榴、杏树（可能是新近从亚洲引入）——中，无花果可能是最重要的食物来源。无花果很容易栽培，但是摆在农民面前的

---

⑯ *IG* Ⅱ^2 2492，41 – 5. 关于橄榄树的概论见 Foxhall 及 Forbes 1978（I 42）；关于其持久性，见 Hanson 1985（K 24）。

⑰ *SIG* 141，11 – 13.

⑱ 一些葡萄园也可能进行灌溉，如邻近河边的鲁卡尼亚的赫拉克里亚的葡萄园，见 Uguzzoni 及 Ghinatti 1968（G 316）176。

⑲ *IG* Ⅱ^2 2492，17 – 19；参见 *IG* Ⅱ^2 1557. 44 and 91，and Amphis，fr. 3（Edmonds）。

困难是其果实容易过早脱落。而野生无花果则不会这样，表面的原因是黄蜂从其他野树中获取苦味注入未成熟的果实中。以虫媒授粉法而著称的补救措施曾用于栽培无花果。农民在其果园逆风方向种植带有苦味的野树并养殖黄蜂，或者使野生苦味无花果树紧邻栽培的果树。在希罗多德的时代，这一过程就已经用“雄性”苦果和“雌性”水果果树的术语描绘了（Ⅰ. 193. 4 – 5）。泰奥弗拉斯图斯认为，黄蜂从“雄性”苦果中取得种子，将体液排出并注入“雌性”水果中，让“雌果”成熟（*Hist. Pl.* Ⅱ. 9. 5 – 14）。实际上是黄蜂为栽培的无花果授粉，花朵授粉以后果实成熟。⑳

菜园地大致也采取和耕地同样的管理方式，在其允许的空间用犁翻土，空间不足处则用人力翻土。有时候也建议两年休耕一次，雅典一个菜园的租约就做了这样的规定。㉑ 园圃植物的施肥比谷物和果树要更丰富。许多蔬菜需要定期而充足的水分，最好是通过灌溉。雅典的租约（见上文）表明，这一方式得到广泛采用，亚里士多德把“水渠”比喻为身体的“血管”也表明了这一点，它“把园圃连接起来，始于同一个水源，衍生出众多的分支集水口”（*Part. An.* 668a 14 – 18）。

蔬菜和许多药草都可全年播种和移植，例如冬季的卷心菜、萝卜、芜菁、甜菜、莴苣、大蒜、洋葱、芝麻菜、芥菜、胡荽和莳萝；春季的韭菜和芹菜；夏季的黄瓜、葫芦、紫苏、马齿苋（*Hist. Pl.* Ⅱ. 1 – 2）。在菜园里生长的植物可能包括产油植物，如芝麻（压榨出油，*Hist. Pl.* Ⅲ. 9. 3），或许还有野生亚麻；罂粟（其种子甘甜，曾与亚麻或者亚麻籽一起由潜水者运给被困在斯法克特利亚岛上的斯巴达人）；以及玫瑰、薄荷和桃金娘科植物。㉒ 园圃的布局可能辅之以莴苣苔搭架（*Hist. Pl.* Ⅶ. 4. 5）。由于泰奥弗拉斯图斯和喜剧诗人大量提及蔬菜，表明希腊人对许多不同种类的蔬菜区分得很清楚。这种多样性的出现可能仅仅是因为各地土壤的差异，因此在播种“外 668
来”种子时必须要尽可能小心地将其置于与其原产地相似的地方，否则其特性可能会改变（*Hist. Pl.* Ⅷ. 8. 1）。从这一点以及其他观察来

⑳ Sarton 1952（H 103）309，555 – 6. 亦见 Georgi 1982（I 60）。

㉑ *IG* Ⅱ^2 2494，然而，其文本有过大规模的校勘而没有解释。

㉒ Thuc. Ⅳ. 26. 8. 关于园地，见 Ar. *Birds* 259 – 60；Dem. LⅢ. 16。

看，希腊农夫似乎正在试验的，不仅是从其他地方大量进口蔬菜种子，而且更为重要的是进口谷物种子（*Hist. Pl.* VIII. 4. 5）。几乎无可置疑的，是他们认识到了选择最好的种子播种以及促使植物生产优良种子的好处（*Hist. Pl.* VII. 5. 3 –4）。[23] 有用的野生植物也有可能被带进园地，即使不是为了种植，至少是因为其就近便利（*Hist. Pl.* VII. 6，7）。

然而，不管如何选择种子或栽培作物，没有任何农夫能够抵抗自然灾害，如洪水、旱灾、大风、冷雾、霜冻、虫灾、鼠害或疾病。据泰奥弗拉斯图斯说，一般的理解是在橄榄树和葡萄花谢之时下雨，则意味着不成熟的果实也会掉落；谷物开花和成熟之时会受到风的伤害；在所有的果树中，冷风最易“烧焦”的是无花果和橄榄树；热风则伤害成熟的葡萄和橄榄；在塔林顿，一阵突然的海雾会使橄榄花枯萎；在米利都之类的地方，阳光和南风会给葡萄藤带来毛毛虫的伤害；豆类通常会遭到幼虫、毛毛虫和蜘蛛的伤害；所有的作物，尤其是大麦，都常遭受“莠病”（*Hist. Pl.* VIII. 10. 1 –2）。人们普遍深信，谷类也会退化成无用的杂草（*Hist. Pl.* VIII. 8. 3）。除了尽可能将寒性植物种植在远离低地及封闭地带，以及在有风的斜坡种植大麦外，可以采取的预防措施很少；精心地耕地和栽培也许能遏制退化（*Hist. Pl.* VIII. 8. 2）；破坏性的海雾可能通过献祭来抵挡（*Caus. Pl.* II. 7. 5）；在可行之时可以通过手工方法祛除虫害；但是有一些特殊的措施，包括将死螃蟹挂在无花果树上、干扰五倍子蜂而转移致命的“咔嚓”（*knips*）（见上文），在萝卜中套种野豌豆以防蜘蛛（*Hist. Pl.* VII. 5. 4）。

收获通常及时而快速。在一个混合农庄中，可能在整个夏秋季节都会时有收获。谷物的收获会有些协助手段，甚至可能来自畜力：谷物用镰刀和砍刀收割；葡萄和其他水果用手工采摘；橄榄和坚果则用棍棒打落树下；蔬菜和药材挖出或剪掉。各自根据情况而定。所有果实装进大车或篮筐，以人力或驮畜运到打谷场、谷仓或农作工场间。色诺芬评论
669 说，谷物通过役畜的踢踩而脱粒（*Oec.* XVIII. 3），但是用连枷打肯定曾是常见的；谷糠用手以扇子或篮筐扬尽。只有在准备吃掉粮食、橄榄和葡

---

[23] Guiraud 1893（I 67）478 认为希腊人的谷物经过了有选择的改良。Jardé 1925（I 83）14 则认为没有改良。见 White 1970（I 148）187 –8。

萄的最后阶段，人们才采用诸如碾磨和压榨的机械装置。

储存是一个问题，即便对一个打算立即卖掉一部分收获物的农夫而言也是如此。小麦能够在野外临时堆积起来，但是像大麦一样，最终易受到霉菌、尘土和昆虫的影响。适合长期储存谷物的建筑应该是农舍或楼塔中干燥、未抹泥灰的房间、藏窖，大的陶瓮（*pithoi*）也可用于干燥或保存其他各种粮食。[24] 然而，如亚里士多德指出的，谷物的储存和生长中的谷物一样，也易受到老鼠的危害（*Hist. An.* 580b10 – 28）。

耕作的农夫同时也是畜牧业者，他通常需要一头能套轭拉犁的牲畜，富裕的农庄也会有驮畜。[25] 它们能增加畜力和肥料，但是也因为需要饲料而存在与人争地问题，不管它们主要是在厩中以大麦和粟或野生作物如野豌豆、羽扇豆或麦秆和干草喂养，还是在绿色休耕地、留茬地中放牧，抑或无论何处适合放牧之地，如无法开垦的灌木丛或沼泽地。

阿提卡和其他许多地方紧张的土地，也不允许以大片牧场放牧奶牛或菜牛。[26] 比如马主要局限在相对青葱之地，如彼奥提亚、德尔斐周边的丘陵，以及伊庇鲁斯，那里有良好的草地和充足的水源。另外，绵羊和山羊则各地都有。然而农夫一般只能够以自己生产的粮食、草料、断株或园地废料供养一小群的牲畜，即便是有任何固定的粗草场放牧，也很少在农夫的地产之内。夏天，大规模的畜群能够到不适合耕种的山上租借的牧场放养，冬天则回到农庄厩养或者在周边的原野放养。[27]

家禽和猪无疑是田野和园地产品不那么紧张的许多家庭能够小规模喂养的。但是养蜂是所有与农夫有关的产业中最经济实惠的；尽管 670
它也有安置蜂箱的麻烦，以及按照天气及其自身生活周期来鼓励和控制蜜蜂，除非他专门为养蜂而种植花丛，否则蜂蜜的生产不会以任何

---

[24] 关于粮食储藏，见 Xen. *Oec.* Ⅷ. 3，Theophr. *Hist. Pl.* Ⅷ. 11. 1。关于楼塔、谷仓和藏窖，见 *IG* Ⅱ² 1672. 292；*IG* Ⅰ² 76. 10；Young 1956（Ⅰ151）；Kent 1948（Ⅰ90）295。楼塔提出的问题不仅与农业建筑中的最初意图有关，而且与其起源的时间和功能有关。关于乡村的一般建筑，见 Osborne 1985（Ⅰ114）及 1987（Ⅰ115）。

[25] 如法埃尼普斯（Phaenippus）的地产——Dem. XLII。

[26] 瑙西库戴斯（Nausicydes）（Xen. *Mem.* Ⅱ. 7. 6）可能是一个例外，他是一个富裕的大麦磨坊主，并喂养家养牲畜和猪。

[27] 关于家养牲畜，见 Arist. *Hist. An.* 522b15 – 25，595b5 – 11。关于牧场，见 Burford Cooper 1977 – 8（Ⅰ27）72 – 4；Georgoudis 1974（Ⅰ61）；Hodkinson 1988（Ⅰ75）。

方式侵占他的土地。当然，蜜蜂也有利于授粉，尽管这种回馈并没有完全为古代人认识。[28]

三 农业的景观

希腊世界的大部分农庄规模较小。阿提卡最大的私有地产一般甚至不会超过30公顷，而4—6公顷及以上的农庄似乎一直是一个家庭拥有的基本量；2公顷左右几乎只够糊口的地块也并不是完全没有。这种土地占有规模非常普遍。在阿提卡，我们所听说的大部分大块地产都由许多分散的小块组成，可能每一小块形成“一个家庭”农庄。[29] 但是较大的单位也存在——当然是各个圣所拥有并租给富裕的承租人的地产。斯巴达一些公民在拉科尼亚和美塞尼亚所拥有的私产，以及色萨利粮食产地的个体拥有者，也都比较大。然而，即便是像克里米亚的凯索奈苏斯这样特别适合拥有大块地产的地区，到目前为止的研究表明，也很少有农庄超过35公顷。[30]

阿提卡农业空间的规模，大致是邻居能够容易地看到邻居。两兄弟之间因为家庭土地分割的争吵导致了其中一人的死亡，这件事被“这时正在他们土地上耕种”的德莫同乡目击（Isaeus Ⅸ. 17 – 18）；一个农庄奴隶能够在邻近的农庄里看到另一家的财物被搬出来（Dem. XLⅧ. 60 – 1）。农庄的轮廓主要是由偶然的地理特征决定的，但是在平原地区还保留了早期土地分配的矩形模式。这两种情形下，地界都由已经确定的道路、水道、墙壁、界碑或树桩以及习惯所固定。农庄内的田园可能也在数代人的时间里都保留同样的轮廓，如葡萄园、果园和菜园的位置可能因为传统而神圣化，或者都不是出于农业的考虑。[31]

---

[28] 关于蜜蜂，见 Arist. *Hist. An.* 553a17ff，623b6 – 627b22；Jones 等 . 1973（I 89）397 – 414，443 – 52。

[29] Andreyev 1974（I 2）14 – 15；Burford Cooper 1977 – 8（I 27）168 – 71；de Ste Croix 1966（I 136）；Osborne 1987（I 115）37 – 40，71 – 4 论及土地的分散占有。

[30] Dufkova and Pečirka 1970（E 229）.

[31] 关于麦塔彭同的矩形土地分割，见 Adamesteanu 1973（I 1）and Carter 1980（I 21）；关于克里米亚土地的分配，见 Dufkova and Pečirka 1970（E 229）；关于阿提卡的土地，见 Bradford 1957（I 13）29 – 34。亦见 Boyd and Jameson 1981（I 12）。乡村的地界能够维持数百年；在不列颠，似乎从凯尔特时期一直维持到盎格鲁—撒克逊时期（即使不会超过那个时候），见 C. C. Taylor，in *Romano-British Countryside*（ed. D. Miles，1982）。

农业对地貌的影响在基础设施方面也很明显，如打谷场、储藏地点（例如，单独的或在农庄建筑整体之中的石头塔楼），以及马厩和农业劳工休息处。在一些地方，工人和役畜通常并不是每个傍晚都返回城镇或村庄。[32] 关于农夫在其工作的土地上实际生活的范围很难量化。在一些小的城邦，如弗利乌斯和普拉提亚，耕种者甚至能每天从城市走到最远的耕地；阿提卡的中心地区亦如此分布，如城市本身和德莫乡村，因此许多雅典农夫能够生活“在城里”，距离他们的土地步行不超过两小时（10 千米）。[33] 671

人们可以争辩说，文献很少提及居住在乡村的土地所有者，但居住在乡村不是例外，而是一般情况的例证，我们可从铭文或出土文物中了解到。少量农庄里的住房，虽然有些是劳动者的简陋房舍或仅是季节性的居所，但多数房屋则是土地所有者永久性的居所。在许多圣所地产中，我们知道有农庄的住房。[34] 雅典的土地所有者中，我们知道其中一个甚至在其父亲去世时都居住在乡村（Dem. LⅢ. 4），并且在其中一处农庄居住时经历了一次严重的旱灾（Dem. L. 61），另一个从童年时代就居住在希波德罗麦（Hippodrome）附近他耕作的农庄里（Dem. XLⅦ. 53）。[35] 修昔底德强调了公元前 431 年雅典乡下居民撤离时普遍的不幸，尤其是富裕的家庭，他们失去了宽敞且归置良好的乡村房屋（Ⅱ. 14. 2；65. 2）。公元前 384 年，对乡村生活的贵族式热衷在曼提奈亚也有记载。色诺芬说，在城邦被（暂时）解散时，大土地所有者很高兴回到他们的地产上（*Hell*，Ⅴ. 2. 7）。色诺芬本人一度也生活在他位于埃利斯的地产上（*An.* Ⅴ. 3）。

尽管迄今为止很少能确定农庄里住房的地点，但是对于一种普遍类型存在的线索已经足够了。提洛岛的铭文提到的特征，是一处带庭院的住宅，周围环以农业建筑，通常包括一个楼塔。它典型存在于阿提卡南部和其他地区发现的阿提卡农业建筑群中。在凯索奈苏斯，我

---

[32] 见注释 24。

[33] 对于自给自足的农夫来说，5 千米的距离曾经作为现实的限度被广泛接受，但对这一点现在有所质疑。参见 Hodkinson 1981（C 364）281 and n. 142。

[34] 关于提洛岛，见 Kent 1948（I 90）；关于鲁卡尼亚的赫拉克里亚，见 Uguzzoni 及 Ghinatti 1968（G 316）。亦见 Osborne 1985（I 114）及 1987（I 115）关于居住模式的论述。

[35] 希波德罗麦附近的地产离城最多可能只有 5 千米（见 Gernet，Budé edn. 关于其地理位置的论述）。

672 们知道不少这类例证（在很多情况下，当地农庄到城市的距离远远少于 10 千米）。[36]

四　土地所有者与劳动者

更重要的是所有者积极参与耕作其土地的程度（不管他居住在哪里）以及谁在实际进行耕作。[37] 自耕农（*autourgoi*）以及为自己工作的人，肯定是希腊社会土地所有者中最大的群体。他们的境遇有相当大的区别；一个很小农庄的所有者，如果这是他唯一的资源，就必须在他自己的土地上为自己工作，而且只能得到家庭成员的协助，因为他无力支付雇用和购买劳动力的费用。他的生活方式就是绝对悲惨的代名词，就如米南德笔下的狄斯科鲁斯（Dyscolus），他独自在山坡农地上顽强地劳动以供养自己。因此色诺芬用下述事实来界定一个家庭的不幸：儿子必须独自（autourgos）耕作（*Cyrop.* Ⅷ. 3. 37－38）。

如赫西俄德所说，一个较富裕的人能够以雇工或奴隶来补充他自己及其家庭的劳动力。雇用劳动者的证据并不多；他们大部分似乎是临时受雇，尤其是在收获季节。[38] 最贫穷的自耕农可能就在其中扮演着角色，可能还有无地的失业公民和破产的外侨。可能有少数巡回的专门职业者，其中既有自由人也有奴隶，擅长葡萄藤修剪之类的工作（见上文）。我们听说有两个属于雅典人阿莱图西乌斯（Arethusius）的奴隶被雇用去收割和采摘水果（Dem. LⅢ. 21）。人们可能已经意识到，在经济上，雇用季节性的劳工，比全年维持一个买来的奴隶更划算。但是，这些优点被雇用劳动的不可靠抵消了。如果收获季节到来，当地贫穷的农夫会忙于他们自己的事务，而巡回的雇工则会在正需要他们时，恰好在别的地方工作。奴隶制经济上的弱点，即整年要让他们

㊱ 关于提洛岛，见 Kent 1948（I 90）；关于阿提卡，见 Jones et al. 1962（I 88）and 1973（I 89）（两者都没有确定是工作用的农场住房，然而参见 *CAH* V^{2} 200－1）；Young 1956（I 151）；Langdon and Watrous 1977（I 93）。关于希俄斯，见 Boardman 1956（I 8）and 1958（I 9）。关于凯索奈苏斯，见 Dufkova and Pečirka 1970（E 229）。亦见 Pečirka 1973（I 117）；Humphreys 1978（I 79）109－29；White 1970（I 148）ch. 13 and 419。

㊲ 参见 Mossé 1973（I 110）；Ehrenberg 1951（I 32）73－94。关于奴隶相对于其他劳动力在土地劳动上的比例这一重要问题，这里不能充分讨论，见 Heitland 1921（I 73）征引的文献证据；Jameson 1977－8（I 81）and Wood 1983（I 150）and *Peasant-citizen and slave*（London 1988）对此有争论；亦见 Finley 1985（I 36）。

㊳ 但是可见 Garlan 1980（I 48）。Gallant 1982（I 47）124 评论了雅典人对于雇用劳动力的态度。

都有活干，也许并没有得到清晰的认识。人们经常用就业不充分的概念批评古代的农作方法，因为它投入的劳力与出产不能平衡，但在古 673
人看来，它并不那么明显。若是在一年的闲暇时节有许多工作可做，那并不表示农夫和劳动者有很多“只是坐着而已”的长段时光。[39]

对于一个类型和规模确定的农庄需要多少劳动力，我们不得而知。就工作条件来说，我们至少可以说，为自耕农工作的农业奴隶能够因雇主亲自关注获益。如果需要传授他们一门技艺，则由土地、植物和动物的所有者来教他们。在主人仅仅只是监督或很少露面的农庄，奴隶的劳动由一位奴隶或解放奴隶监工指导，他的主要任务是保证雇主有良好的回报，但他的方法未必最有利于工作者或土地长期利益的最大化。因此，色诺芬建议说，对有能力支付和选择其他人来管理自己土地的所有者来说，他自己通过正确方式训练监工的能力会加强监管。只有这样，才有希望让他的土地得到恰当耕种。[40]

希腊世界许多地区的农业劳动还包括另一种元素，即依附劳动。黑海周围的许多地区，本土的非希腊人就沦为这种状态，如本都的赫拉克里亚的迈利安狄尼人（the Mariandyni）那样；南意大利和西西里的一些希腊城邦中的农业土地上似乎也曾经有过。他们的准确起源暂且不谈，就地位而言，在很多方面与色萨利的佩奈斯泰、克里特的克拉罗泰（*klarotai*）和斯巴达的黑劳士相似，都处于“自由人和奴隶之间”。[41] 使用他们的条件可能也与黑劳士相似，后者世代被固定在属于斯巴达公民的土地上；不管丰年荒年，他们都不得不从每一季的收获中交出固定的一部分，但是他们自己可以处理剩余的部分。因此无论他们与所有者关系如何，他们都有一些认真耕作土地的动机。即使人们关于黑劳士的说法从来不能反映实际，色萨利的某些“佩奈斯泰”据说一度变得比他们的主人还要富裕。[42]

另外一种方式是出租土地。一些所有者可能非常注重他们的承租人做了什么，但是对个人租赁的主要威胁，在于地主和承租人可能都
不太在意土地的长期利益，尤其是租期短暂的。泰奥弗拉斯图斯如此 674

---

[39] 参见 Bean 1978（F 570）5 关于独立的土耳其农夫习惯的论述。

[40] 见 Audring 1973（I 3）。监工对于地产的管理不应完全理解为色诺芬时代的新特征；Plut. *Per.* 16 提供了一个更早的案例。

[41] 见 Pippidi 1973（I 121），and Lepore 1973（I 98）；Lotze 1959（I 99）；Garlan 1988（I 51）。

[42] Garlan 1988（I 51）102.

说到塔索斯一个出租的果园：所有者只关心他在租约结束后能收回与之前同样的果树，“甚至欢迎不好的耕作”（*Caus. Pl.* Ⅱ. 11. 3），因为那些出产丰富的果树，其寿命不如被忽视的果树持久，而新植下的树苗在下一位租赁者那里又不能充分出产。承租者可能会因为收成不好而有所损失，但是免去了正确种植树苗的麻烦和更换绝产果树的开支。

宗教和公共土地的承租人形式上要受到非常具体的约束，以恰当地耕种土地，而且经常处在出租者的监督下，违者处以罚金。如果我们从字面意义理解租约，承租人当然希望更换老的果树，而对他们能够种植的庄稼通常没有选择，哪怕租约长达30年或40年，甚至“永久”时，都如此。但在很多情况下，这些规定可能是对先前土地管理不善的明确回应，他们不会大量而且激进地违背传统的农业耕作，而仅仅是进行改革。我们对承租人非常有限的了解，表明他们一般热衷于履行公共服务，因此在任何情况下，他们都可能会恰当地耕作宗教和公共土地。[43]

五　希腊农业的特征

色诺芬说，良好的耕作，不在于应用新的观念和聪明的发明，而在于顺着传统方向辛勤劳动。[44] 怠惰而非无知是农业歉收的原因（*Oec.* XX *passim*）。因此，当伊斯科马库斯（Ischomachus）通过购买土地来提升价值时，他选择的不是已经耕作良好的熟地，那需要通过新方法来改进，而是耕种不善的土地，他只需要以常规方式耕种就可以达到标准（*Oec.* XX. 22－4）。色诺芬的讨论，其整体观念是土地所有者不需要专门训练来进行更好的耕作，因为每一个人通过观察和经验就可以利用传统技艺。泰奥弗拉斯图斯在提到农业过程时，也给人留下同样的印象。但是最明显的是他在谈及科学方法和农夫方法的差异时所说的话，“任何包含其自身原因的事物都有一个解释，这一点不能忽视。不知道这一点而进行工作的农夫，依照惯例和事物经常发
675 生的方式，可能偶尔能做正确的事情，但是就如服药一样，他并不理

㊸　Andreyev 1974（Ⅰ2）43；Kent 1948（Ⅰ90）320－37.

㊹　见 Jardé 1925（Ⅰ83）194 的评论：“一些人将希腊的农艺学描述为处于永久进步的状态，这实际是一种幻像。”亦见 Finley 1985（Ⅰ36）108－9. M. N. Tod，*CAH* Ⅴ^{2}13 谈及公元前5世纪的“倒退”，而 M. Cary，*CAH* Ⅵ^{1} 57 看到了公元前4世纪“农业的进步”。

解原因为何；对这一技术的完全掌握来自两个方面”（*Caus. Pl.* Ⅲ. 2. 3）。当然他的主要目的不是关注改进农业而是植物学的精确度；他并不是像传说的那样热心地推荐人们接受他所建立的农业程序。[45]

这些依靠传统的规则不断得到传授和修正。人们并不拒绝试验和发展，它们是作为农作过程中一个自然的部分逐步发生的，自最早栽培植物以来，在任何地方肯定都是如此。因此，从我们的角度不可能很清晰地观察到希腊世界在古典时期对之前的农夫发展起来的方法所做的调整。粮食的产量和粮食的种类、使用的耕种方法或者工具，似乎都没有发生任何巨大的改进，那本来应当是区分古典时期与更早时期农业最为明显的标志。唯一明显的不同是更多的土地得到耕种了。在阿提卡，边缘地区（*eschatiai*）在庇西特拉图时期就已经开发了（*Ath. Pol.* XVI. 6）。优秀的农夫已经通过可资利用的最好方法发挥了其土地的最大功效。然而，问题是他们有多优秀？如果我们严肃对待泰奥弗拉斯图斯、色诺芬和其他租约的证据，就精细园艺业上的相似性，以及每个阶段对于精细劳动的辛勤运用而言，希腊人的农业可与中国的农业媲美，但那并非现代世界所理解的农业。希腊的农夫当然并没有得到完全相同的结果，其原因是两个地区气候和土地肥沃程度方面存在相当大的差异，但那并不意味着缺少尝试的意愿。[46] 我们无法确定，在面对常识性的进步时，迷信和顽固坚持传统做法多大程度上导致了农业的原地踏步。泰奥弗拉斯图斯提到的少数案例，如在播种孜然芹时下咒语，或者让预言家通过献祭让海雾偏离易受害的橄榄树，并不会浪费多少精力和生产力。[47]

不用说，总是会有懒惰和效率低下的农夫，他们的土地并没有发挥出全部的潜能，即便是在饥饿的压力下亦如此，而对大多数农夫来说，饥饿肯定是促使他们比自己的意愿更为辛勤工作的动力。我们不同意有关任何城邦实际上因为懒惰而没收私人所有的土地的说法，但是公众对土地生产力的关注，以诸如在埃琉西斯奉献第一批收获果实 676
之类的仪式表达出来，可能也有公众谴责不良农夫的实践性表达在

㊺　关于泰奥弗拉斯图斯的目的与方法的讨论，见注释 5（第 749 页注释①）。

㊻　关于中国农业史的全面研究，见 Bray 1984（I 15）。

㊼　Bray 1984（I 15）提到了古代中国农夫拒绝使用寻求效率的官员提出的新的、更明智的方法的诸多实例。

内。如果是这样，则我们很容易设想，邻居们会如何相互告发。无论如何，由于疏忽导致相邻农庄受损以及亲戚中的对头对某块地产的争夺而引起的诉讼，可能会让人采取某些补救性的措施。[48]

此外，外来谷物进口的日益增加即使不是更早，至少在公元前4世纪普遍流行，这也可能促使许多城邦审视土地的潜能，并采取一些关于土地利用的政策决定。无论梭伦立法是否包括了关于雅典农业的严格指导方针，所有黑科西拉的新移民都按份额分到一些土地，这些土地尤其适合葡萄的生长。弗利乌斯较小的地域因为其葡萄栽植而为荷马和保萨尼阿斯所知（实际上今天亦如此）。在某个时候，该城邦决定以削减其他作物来扩大葡萄园，肯定是因为耕地的压力如此之大，以至于我们听说连卫城都种上了粮食。弗利乌斯能够维持足够的马匹来组建一支小规模的骑兵队伍，但是考虑到他们有限的农业生产力，他们能够做到这一点，唯一的可能就是因为他们有剩余葡萄酒可出售以从其他地方得到粮食。[49] 另外，曼提奈亚人的土地似乎如此有限，以至于他们不得不完全放弃骑兵，因为他们甚至无法拿出土地以种植诸如紫花苜蓿之类的饲料。[50]

即使如此，有多少曼提奈亚的居民长期处于饥饿状态却是另一回事。如果严重的饥荒很少在希腊世界发生，那么当时大多数城邦中，饥荒与温饱之间的界限多数时间可能就很小。喜剧中多次提及粮食就表明了这一点，同样的证明还有泰奥弗拉斯图斯对于众所周知的一种饥荒食物野豌豆的香味和可消化程度的评论，以及他关于水仙花的菜谱，而水仙花的吃法在赫西俄德和普鲁塔克那里也有评论，但被盖伦拒绝，理由是那只是一种在饿得要死时才食用的东西。[51] 为了以某种方式应对土地不总是能满足的人口的需要，人们甚至采取了一些近乎绝望的努力。在城邦层面，是鼓励海外定居（如雅典的军事移民），

---

[48] 马卡塔图斯（Macartatus）案件中的一部分就是他及其父亲毫无必要地连根拔掉了哈格尼亚斯（Hagnias）地产上的1000棵橄榄树（Dem. XLⅢ. 69－70）。

[49] 关于弗利乌斯的葡萄酒生产，见 Paus. Ⅱ. 13. 4 and P-W s. v. “Phlius” 269－90；关于卫城上种粮的情况，见 Xen. *Hell.* Ⅶ. 2. 8；Paus. Ⅱ. 13. 3（可能是德墨特尔的一个圣所）。公元前4世纪60年代，骑兵的兵力是60人（Xen. *Hell.* Ⅶ. 2. 2）。

[50] Hodkinson 1981（C 364）278－9.

[51] 关于野豌豆，见 Theophr. *Hist. Pl.* Ⅱ. 4. 2 and Ⅷ. 5. 1；Dem. XXⅡ. 15。关于水仙花，见 Hes. *Op.* 41 及韦斯特（West）的注疏及其参考书目。参见 Jameson 1983（I 82）and Garnsey 1983（I 58）对于替代食物的讨论。

在个人层面，是移民、参加雇佣军，或者杀婴。

纯粹的农业性短缺本身是否是采取这些措施的主要原因，是一个 677
大问题，目前的回答只能是这样的形式：可能不是。另外，小麦的进口成为希腊农业发达充分与否的直接证据。我们可以争辩说，对于一个以农业为基础的社会来说，那是能够采取的最绝望的措施了。但是粮食进口之所以可能，部分原因（在有些地方是全部的原因或者是唯一的原因）是有剩余的其他农产品可供直接或间接地交换。它们暗示的，并不是希腊粮食生产的全面崩溃，而是表明一种面向集体和个人的替代方式的存在，它不是绝对的短缺，而是一种在老式大麦粥和更加精致的小麦面包之间进行选择的自由（至少对于人口中的某些部分如此）。阿提卡内部的粮食生产和其他地方一样仍在继续。专业化产生了能够用于交换粮食的其他农作物，这也是希腊农业的一个长期特征，这一特征首先是由土地能否生产某种作物决定的。

公元前 5 世纪和前 4 世纪，进口粮食的共同体也面临着相似的情形：气候变化继续影响着年复一年收获规模的起伏，以及一个国家的一个地区与另一个地区的差异，甚至在同一季节中的差异。[52] 不管农庄规模如何，短缺和剩余都是每一个农夫要考虑的经常性因素。[53] 和其他任何行为一样，以处理一种农作物的剩余来弥补另一种的短缺，是农业模式的一部分，除最孤僻或者顽固的“自力更生”的农夫外，所有人都如此，因此从这个意义上说，古典时代的粮食进口并不是一个新现象，而是一种熟悉的行为的扩展或强化。

尽管有这些缺点，但是各种土地财富一直是最受欢迎的财富形式。没有任何革命运动不号召重新分配土地，几乎没有一个回归的流亡者不期望恢复他的房产、土地和园圃。[54]

第五节　战争

Y. 加朗

公元前 5 世纪以希波战争为开端，那场战争成为公民兵优越于蛮 678

---

[52] 关于希腊对于进口粮食的依赖，见 Finley 1985（I 36）131 - 2, and Garnsey 1983（I 58）。

[53] Jameson 1983（I 82）. 见 Garnsey et al. 1984（I 56）。

[54] 如在公元前 324 年的泰盖亚，见 Tod, *CHI* II no. 202, 9 - 13（《关于流亡者的法令》）。

族人的缩影，这种理想模式在希腊世界新的主导城邦、伯里克利时代的雅典兴盛起来。作为一种制度和官方意识形态（例如，葬礼演说所表达的），[1] 这种理想一直到古典时代末期都没有受到挑战。伯罗奔尼撒战争以后，通过把日佣等级（*thetes*）纳入重装步兵序列而在某些方面甚至有所强化，在吕库古时期通过提升青年军（*epheboi*）的军事训练而再次强化。[2]

然而，实际上这种情形已经在改变，因为尽管在最后时刻，公民们确实继续受到动员去参加决定性战斗，而且没有太多不情愿的因素，但在公元前4世纪的其他时候，他们特别愿意将海外的战争托付给雇佣军，[3] 而那些带着怀旧之情去回顾雅典的伟大和古老传统的人对此感到绝望。尽管程度各异，但同样的进程也在多数城邦发生着，尤其是那些能够以这种方式加强僭主权力之地，如狄奥尼修斯一世时的叙拉古和亚松统治下的菲莱。甚至斯巴达也如此，它见证了其“平等者”数量减少到危险的程度，更不必说波斯大王和他的西部总督们，他们总是在寻求“青铜人”去为他们解决矛盾并干涉地中海地区事务。[4] 其结果是自那以后，雇佣军（*mistbophoroi*）的数量动辄以万计。他们也被称为“外侨”（*xenoi*），或者相当简单地被称为“兵”（*stratiotai*，其基本含义为“士兵”），其中既有希腊人，也有或多或少希腊化的“蛮族人”。前者包括那些因穷困、被放逐或仅仅是被战利品前景所诱惑的希腊人，后者中最多的是巴尔干和安纳托利亚
679 的本地人。对于这种公害，尽管伊索克拉底不断予以谴责，人们却别无选择。只有少数如埃托利亚这样战争传统没有普遍改变的偏远地区，以及按照斯巴达模式倾向于挑选少数公民专事战争的一些城邦，能够例外。圣队（Sacred Band）就是后一种情况，它脱胎于公元前379年底比斯已经存在的300人的步兵编队，他们有一个荷马式的称谓——战车驭手和同伴（*hemiochoi* and *parabates*）；公元前365年，阿卡狄亚同盟维持的一支被称为“国家卫队”（*eparitoi*）的军队，也是如此。几乎无处不在的精英部队（*epilektoi*）也可归于此类，只是

---

① Loraux 1981（C 190）.

② Pelekidis 1962（C 215）；Reinmuth 1971（B 168）.

③ Parke 1933（K 50）；Griffith 1935（K 20）；Marinovic 1975（K 42）。关于人口和军事力量，亦见上文第535—541页。

④ Seibt 1977（K 54）.

程度稍逊。他们或者从志愿者中招募，或者从那些适合服役之人中挑选。[5] 这些措施完全符合改革派哲学家如米利都的希波达姆斯（Hippodamus）和《理想国》的作者柏拉图的规则，他们主张政治共同体创建一支由共同体维持的职业军队。

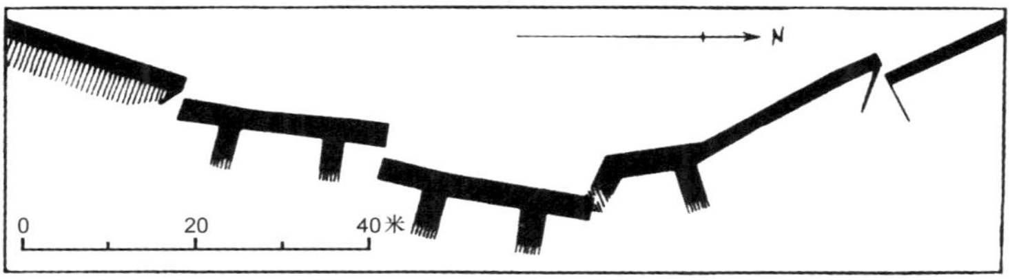

图 35　阿提卡帕奈斯山（Mt Parnes）**脚下戴马长城**（Dema wall）**的出击点**［**据** BS A52（1957）157，fig. 3. Ⅳ. **绘制**］

这一现象实际所反映的，即使不是一种危机，至少是城邦面貌的彻底变化——对它的分析不属本节范围，这种职业化的发展极好地补充了军事运转新的需求。因为即便最终的结果经常仍然由空旷地带的阵地战决定，但自此以后，阵地战只是较过去复杂的战略中需要考虑的因素之一，因为它们既有区别，又是累进式的，目标不仅意在控制有用的领土，而且意在控制设防的城市以及防御日益强化的边境地带［如阿提卡建在帕奈斯山和阿格劳斯山（Agaleus）之间的“戴马长城”，见图 35］。因此，更加完善而复杂的策略发展起来，需要把专门力量（与人类身体状况结合）和基于一种职业化概念的军事领导和权力合并使用。[6]

公元前 4 世纪前半期，可能在智者们的影响下，这一发展导致了一批专业文献的出现，它们中流传下来的作品有色诺芬的《论骑兵的艺术》（*Art of Horsemanship*）和《骑兵指挥官》（*Cavalry Commander*），尤其重要的是战术作家埃涅阿斯的《攻城术》（*Poliorcetica*），后者对战术和叛变着墨颇多。在这些文献之外，我们可能还要 680
加上第二部书，即伪亚里士多德的《经济论》。关于雇佣军雇主经常

⑤ Andrewes 1981（K 5）.

⑥ Garlan 1974（K 17）19 – 103；Hanson 1983（K 24）.

被迫求诸财政策略，这本书给我们做了启蒙。例如，关于重装步兵战斗或战术（确切地说，希腊人这一术语的意义是把士兵列阵以便交战的艺术）实践上的课程由有资格的教师举办，他们到处流动，以相同的方式向所有人兜售他们的服务，不管对方是城邦还是总督。同时，[⑦] 尽管军队统帅整体的指挥方式并没有改变，但他们的形象有相应的变化。他们越来越像专家，要么通过公共演说家这个中介——此时两方共谋事业——受命，要么因环境需要，去履行规定越来越具体的职能，对政治生活却仅有间接的影响。此外，他们当中最著名者，如雅典人科农、提摩泰乌斯、伊菲克拉特斯、卡布利亚斯和卡莱斯，也受到他们雇佣军同伙的不良影响，轮流为他们的祖国和外国的雇主服务，而雇主常常是“蛮族人”。他们与自己城邦的关系并不明确，既在城邦之内，又在城邦之外，有时候是国家的官员，有时候是普通人，既不会放弃他们自己的好处，也不会忽略他们军队的利益。

简而言之，在作者看来，上述就是对公元前4世纪希腊世界战争艺术产生影响的制度、社会和意识形态因素，那时的希腊是一个明显多样且不断变化的环境，给那些能够在战争中动员最大力量的城邦以显赫地位。

如果是一场阵地战，则重装步兵就排成纵深8排、12排或16排的方阵，在关键性的战斗中，方阵继续发挥核心作用。[⑧] 然而，重装步兵的装备并没有古风时代末期那么沉重。在某些情况下，他们放弃了护胫板（*knemides*）；一般情况下，他们的金属披甲被换成了亚麻或皮革外套，甚至只是一件简单的束腰外衣；只有一件较轻的头盔或皮革帽子（*pilos*）。方阵部署时更为松散，调度时也不那么统一。因此，在公元前371年的留克特拉战役中，底比斯将军埃帕米农达就充分利用了他的经验（也可能是按照某些毕达哥拉斯派理论行动，它们倾向于降低空间的神圣性），[⑨] 对拉西第梦人取得了辉煌而令人惊
681 异的胜利。他让传统上发起攻击的右翼后撤，而以左翼纵深50排的精锐部队发动攻势。

然而，重装步兵方阵对于轻装步兵的优势地位越来越多地遭遇挑

⑦ Lengauer 1979 (K 38).

⑧ Snodgrass 1967 (K 55); Anderson 1970 (K 3).

⑨ Lévêque and Vidal-Naquet 1960 (K 40) 294 – 308.

战，在围城战术和边境地区的游击战中，尤其如此。公元前 426 年雅典将军德摩斯梯尼被轻装的埃托利亚人步兵打败，以及公元前 390 年，一支 600 人的斯巴达重装步兵在科林斯港口莱凯翁附近被伊菲克拉特斯的雇佣军轻盾兵打败，给当时人留下了强烈的印象，并导致这一兵种地位的提升。轻盾兵得名于他们源自色雷斯的轻盾（*pelte*）。⑩ 尽管轻型盾牌先前也在巴尔干招募的新兵中使用，但是自此以后雅典人自己也利用这种装备，且不时进行改变以适应环境。受波斯人委派率领一支希腊雇佣军对抗埃及枪兵的伊菲克拉特斯，以轻盾装备他的部队，并带有比重装步兵稍长一点的长矛和剑。此外，那些“轻便而舒适的靴子仍然让伊菲克拉特斯缅怀它们的发明者”（Diod. XV. 44. 4）。

骑兵有时装备马鞭和轻甲，但是从来没有马蹬和固定的马鞍，其威力受制于马匹的弱点，其征募也受到高昂维持费用的限制。骑兵并没有大规模运用，只有一些传统地区——在那些地区，骑兵的数量至少达到重装军队的六分之一——例外，如彼奥提亚［我们听说那里有骑马的重装兵（*dimachai*）］，色萨利、南意大利的肥沃平原（坎帕尼亚）和西西里。在其他地区，骑兵只是在侦察和骚扰战中发挥次要的作用。⑪ 然而，对雅典人来说，他们远没有失去对骑兵的兴趣。⑫ 这一点表现在下述事例中：约公元前 360 年，色诺芬特别提及，伯里克利创建的一支千人骑兵队从数量和质量上都应该加强；据称伊菲克拉特斯时代，它创建了一支侦察部队（*prodromoi*）；议事会对马匹费用（*katastaseis*）及马匹检查的关注（马匹的特征记载在铅版文献中，新近在雅典广场发现了大量这类文书，许多属于公元前 4 世纪中期。见图 36）。⑬ 公元前 424 年，拉西第梦人“与他们的传统相反”，组建了一支 400 人的骑兵和弓箭手部队，显示斯巴达也有同样的兴趣。

那些偏远的、总是与这样那样的“蛮族”人打交道的希腊城邦，自不必说不得不在许多方面改变他们的军事习惯。对他们来说，当地 682
人的君主国正经历着希腊化进程，如吕西亚，那里的骑兵装备着源自东方的皮革护板。它解释了我们在文献和图像艺术中所看到的细节上

⑩ Best 1969（K 8）. Pls. Vol. pls. 187 – 8.
⑪ Anderson 1961（K 2）及 1978（K 4）。
⑫ Bugh 1988（K 10）.
⑬ Kroll 1977（K 28）.

的无限多样性。总体上看，其方向是盔甲轻便化，战斗方法日益灵活。

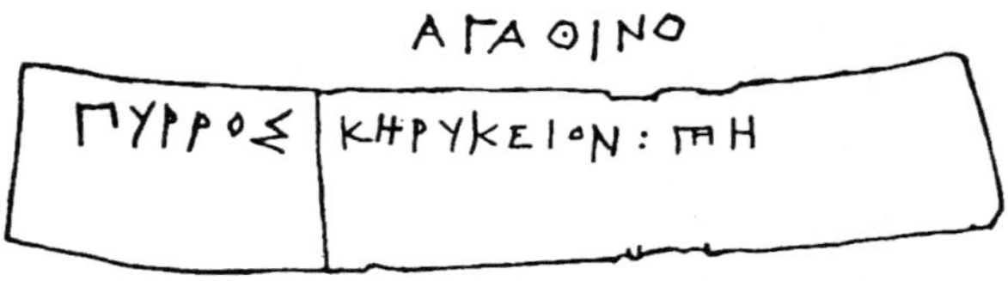

图36　铅版登记牌：记录了一个雅典人名（图片外）以及他的马匹颜色、火印及价值（图片内）——“属于阿加提诺斯”“栗色（πύρρος），火印（*kerykeion*），价值600德拉克马”，年代属公元前4世纪［据 Kroll 1977（K 28）110. fig. 2. 14］

然而，最令人惊奇的创造即将出现，更具体地说，是攻城技术（*poliorketika*）。[⑭] 其趋势总是以进攻取代传统的围城方法，尤其是轮番攻击，即在一个特定时刻仅以一部分兵力投入战斗，不停轮转，持续不断。

约公元前5世纪中期，希腊人不会让他们的军队冒这种危险，只有在相当例外而且孤立的个案中，他们才求助于某些基本的机械（*mechanai*，最初的含义是计谋、装置、人们可以借以破坏自然法则的人为手段）。不管伯里克利是否使用城墙撞击机和建造掩体［督造人是克拉佐麦奈的阿泰蒙（Artemon of Clazomenae）］攻击萨摩斯的第一人，可以确定的是，奉献给奥林匹亚圣所的青铜锥的锥尖属于这一时期。[⑮]

伯罗奔尼撒战争初期拉西第梦人对普拉提亚坚决的围困，是进行新试验的场合，修昔底德对此有详细描述。例如，建造攻城土山，迅即被防守者破坏；建造城墙撞击机，却被用套索抓住后以巨木压垮；发明投火装置。数月后，布拉西达斯在莱库图斯（Lecythus）再次使用了这一装置。然而，决定性的一步是公元前4世纪初叙拉古的狄奥尼修斯一世迈出的。那时他正忙于与迦太基人的

---

⑭ Garlan 1974（K 17）.

⑮ Kunze 1956（K 51）. Pls. Vol. pl. 208.

残酷斗争，能够有机会迫使他的同胞进行一次史无前例的战争准备。关于他在公元前399—前398年的准备，狄奥多鲁斯给我们留 683
下了他的描述，其描述如此生动，因此它只能是基于菲利斯图斯这样的目击者的记载：

> 他立即召集，熟练的技术工人既从他控制的城邦中招募，也以高薪从意大利和希腊甚至迦太基的领土上吸引他们……在召集了许多熟练的技术工人后，他按照技术将他们分成不同的组，指定最显要的公民监督他们，并给任何发明一种武器的人大量慷慨的奖励。就甲胄来说，他给他们分配了不同的模具；因为他从不同民族招募他的雇佣军，而且渴望他的每一名士兵都装备上自己民族的武器，相信通过这类甲胄，他的军队会因为这个原因而制造巨大的恐惧氛围，他所有的士兵在战斗中都会利用他们习惯的武装，取得最好的战果。既然叙拉古人热情地支持狄奥尼修斯的政策，在制造武器时就相互展开了激烈竞争。不仅每一处空间都充塞着工人，如神庙的门廊和库房，以及体育馆和市场的柱廊间。除这类公共场所外，在最显要的家庭中，都在制造大量的武器。事实上，弩炮就是在这时的叙拉古发明的，因为有才干的熟练工人从各地聚集到了一处。为那些被认为是最好的工人提供的高待遇和许多奖励刺激着他们的热情。除这些因素外，狄奥尼修斯每天在工人们中间穿梭，与他们和蔼地交谈，用礼物和邀请他们进餐的方法来奖励最热心的工人。因此，工人们以空前的热情投身于诸多前所未知的弹射器和战争装置的设计，那都是些新奇的东西，而且能够发挥巨大的作用。
>
> [XIV. 41. 3 – 42. 2：C. H. 奥尔德法瑟（C. H. Oldfather）英译，洛布古典丛书版]

弩炮（发射箭的武器）实际上是一种新的机械，[16] 迦太基人尽管继承了东方的所有攻城器械，却并不了解它。它可能是由一个简单的弩（*gastraphetes*）组成。这是一种复合弓，由一个绞盘拉紧，或者从

⑯ Marsden 1969 – 71（K 45）.

一开始就由独立的“臂”提供动力，这些器械被塞入由绞紧的毛发、马鬃或筋腱组成的套箍中。如果叙拉古人没有同时采用所有传统围城方法，如地道、云梯、攻城锤、掩体和木塔，并对这些工具做出某些改进，则弩炮的功效无论如何都是有限的。这里必须特别提及的是带轮的六层围城塔。公元前397年，它配以浮桥后用于进攻摩提亚。那个时候，也正是西西里的希腊人发觉自己遭遇围困之时。他们以迦太
684 基人为榜样，开始采取积极的防御措施，用大规模的突击击退了敌人逼近的攻城器械。

据狄奥多鲁斯记载，除弩炮外，狄奥尼修斯一世召集的技术工人还发明了四列桨（quadriremes）和五列桨（quinqueremes）战船；一支桨可能各自对应一位桨手，因为我们很难想象，他们能像三列桨战船的水手那样彼此层叠，而三列桨战船是该世纪之前的“海上霸王”。

乍一看，令人惊奇的是，这些发明没有一项在希腊本土得到迅速采用。[17] 公元前325年时，腓尼基人和塞浦路斯人的军队主要已经由五列桨战船组成，雅典的舰队只有两种，即50艘四列桨战船和360艘三列桨战船。技术进步被传统力量或者财政问题拖了后腿（即使没有被水手的技术素质拖住），海上的战斗一直都是集中调度以冲破敌人的阵线（*diekplous*）或包围敌人（*periplous*）以后撞击敌人，其战术灵感主要来自于陆地的战斗。至于弩炮，只有战术作家埃涅阿斯顺带提及（XXXII. 8：作为一种类似于投石器的攻击型武器，其射程稍远于弓，适于攻城塔上使用）；在其他地方仅有零星提及，上起约公元前370年某个雅典人的财产清册中，经公元前366—前365年对萨摩斯的围攻，到斯巴达国王阿希达穆斯的反应，此人公元前361—前338年在位。在第一次看到弹射器从西西里引入时，阿希达穆斯明显震惊了：“哦，赫拉克勒斯，这是人类勇气的终结者！”（Plut. *Mor.* 191E and 219A）

确实，在埃涅阿斯的《攻城术》和历史学家的记述中，经常会讨论用于攻击的其他机械和反制机械，但是攻城术并不总是能取代围

---

⑰ Taillardat 1968（K 5 6）; Morrison and Williams 1968（K48）; Casson 1986（1 24）; Jordan 1975（K 27）.

城术。因此，我们应该看到，公元前4世纪前半期，主要的希腊城邦很少感觉到需要或者很少去追随叙拉古的榜样，让他们的攻城装备系统跟上前进步伐。建造防御工事的技术似乎也没有经历任何重大改变，[18] 尽管其数量有明显的增长（尤其是在乡村地区和边境地带）。然而，也许应该承认的是，公元前370—前360年间，在伯罗奔尼撒的某些建筑中［如曼提奈亚、美塞尼、麦伽罗波利斯、戈提斯（Gortys）和阿卡狄亚］，有一种趋势在加强，即以石头而不是未烧制的砖块修造设施、更多关注地面的不平衡（以让防守的视野实现不成比例的扩张）、增加出击口和防守塔的数量、以交叠和外设前庭的方式增强对城门的保护、增加扶壁以加强胸墙的可靠性（图37）。 685

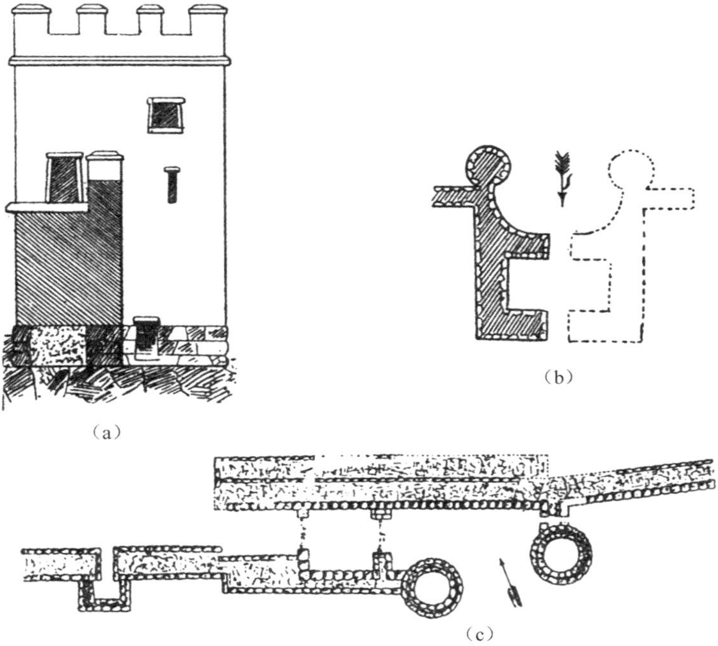

图37　曼提奈亚的防御工事：（a）附有部分墙体的哨塔，复原图；（b）A门；（c）D门［采自 G. Fougères, *Mantinée*（Paris, 1898）149－55, figs. 25b, 27, 29］

[18] Winter 1971（K 60）; Lawrence 1979（K 33）.

在其公元前330年左右写成的《政治学》中，亚里士多德称赞了柏拉图所贬低的城市防御工事，尽管如此，他清楚地意识到新近在围城战术方面的进步：

> 至于城墙，有人说那些横行于世的城邦用不着城墙，这种说法已经过于陈腐了，他们最好看一看事实给那些以此自负的城邦的教训。的确，当敌人与自己大体相当而且人数上并不占多大优势时，便求庇于防卫森严的墙垣实在算不上体面。但是，进犯之敌也可能而且经常异乎寻常地强大，少数人的骁勇可能远非敌手，此时城邦若想保全自身并且避免屈辱及惨败，那么最坚固的城墙就应被视为最为英勇的保障，尤其是考虑到今天投石装置和其他攻城机械的技术发明已经日臻精密的情况下……如果同意这
> 686 样的主张，则城市不仅要有城墙围绕，而且要注意使城墙既美观大方又符合军事需要，尤其是应对可以让敌人获得优势的各种新近的发明。正如进犯之敌总要尽量想方设法寻求突破一样，防守的一方也应悉心寻求已经发明的各种器械，并发明和寻求其他器械。对于那些固若金汤的城池，敌人往往会退避三舍。
>
> ——Ⅶ. 1330b－1331a，拉克姆（H. Rackham）英译，洛布古典丛书版

大约同一时期，德摩斯梯尼在其《第三篇反腓力辞》（*Third Philippic*，47－50）中警告他的同胞，要防止马其顿国王将新的发明引入战争技术中：

> 就我来说，虽然实际上所有的技艺都得到了很大的发展，并且今天我们生活在一个跟往日非常不一样的世界里，但是我认为没有什么能在革命和进步方面超越战争这门艺术。首先，我知道在那些日子里，拉西第梦人跟其他任何人一样，会以重装步兵和公民兵，利用夏季的四五个月时间去侵略和破坏敌人的领土，然后撤退回国；他们是如此过时，或者说是如此善良的公民，以至于从不会用钱从任何人那里获得好处。然而，他们的作战是公平和公开的。但是，你们现在确实能看到大多数灾难是由叛徒带来

的，没有任何东西是一次常规阵地战的结果。可是，你们已经听说腓力随心所欲地进军，不是因为他领导着一支方阵重装步兵，而是因为他率领着散兵、骑兵、弓箭手、雇佣兵和诸如此类的军队。依赖这支军队，当他攻击一些内部不和的城邦时——由于他们互不信任而导致无人为国家而战时，他带来了攻城机械并实施围困。几乎不需要我来告诉你们：夏天和冬天对他没任何区别，他不会在某个季节停止行动。

——文斯（J. H. Vince）英译，洛布古典丛书版本

演说家可能太过强调叛变行为，但他极为清醒地意识到了马其顿国王所带来的战争技术的深刻变化。

从这个意义上说，正是腓力二世的统治成了最重要的里程碑。[19] 无论他的前辈曾发起过什么样的改革，或者更显著的，他的儿子在亚洲战场上继续进行过什么样的改革，[20] 根本的改革仍要归功于腓力，不管他依据的是他居留底比斯时埃帕米农达和佩罗皮达斯给他的建议，还是受到过去的伊菲克拉特斯、狄奥尼修斯一世和菲莱的亚松的启发。

马其顿重装步兵的独特之处，在于一种被称为萨莱萨（*sarissa*）的长矛。它长12腕尺（约5.50米），如在维尔吉纳的一个墓冢里发现的一样，[21] 装有约50厘米的铁尖，还有一个也是铁质的约45厘米的矛尖托，以及一个用于加固的中心暗销。这种长矛自此以后成为那些从农民中征召的马其顿步兵的特色。因为不用双手就无法掌控长矛，因而盾牌的直径也减小了（可能减小到60—80厘米）。可能因为经济的原因，剩余的装备只保留了一个简单的皮革短上衣和头盔，以及一副青铜护胫甲。倘若发生近身白刃战，则用一种短剑。 687

马其顿的步兵卫队方阵（*pezetairoi*）纵深8列、10列或16列，有时甚至达到32列，其中前5列携带长矛，矛尖向前，分成6支分队（*taxeis*），每分队1500人。亚历山大征战初期，卫队由3名执盾千夫长统领。尽管关于最后这个兵种的武器（可能和方阵兵的武器

---

⑲ Hammond and Griffith 1979 (D 50) 405－49.

⑳ Milns 1976 (D 216) 87－136.

㉑ Andronicos 1970 (K 6); Markle 1977 (K 45) 及 1978 (K 44).

类似）及其出现的环境还不确定，但他们无疑是特殊的单位，其中一支被称为阿格马（*agema*），乃国王卫队。

处于战线中央的，可能正是这支准重装步兵，军队的其他部分以他们为中心组织。右翼通常以1800名“王友骑兵”（*hetairoi*）伸展出去，他们是从马其顿贵族中征召而来。这些骑兵戴着头盔，穿着胸甲，配以长矛和短剑，随时准备冲锋，以楔形编队插入哪怕最微小的缺口以击溃敌人。左翼布置有3000—4000名更轻装的骑兵，他们中有些来源于马其顿［侦察兵、轻骑兵（*prodromoi*）或矛兵］，但主要来自同盟者，如希腊人、色萨利人、色雷斯人和其他巴尔干人。侧翼的末端和其他战事必经之地是许多轻装步兵，装备为标枪、弓箭和投石器。这些兵种的许多人也从马其顿和巴尔干国家征召，如伊利里亚人、色雷斯人和阿格利安人，但是也包括了那些没有分配防卫任务的雇佣军。至于那些根据科林斯同盟命令陪伴亚历山大进入亚洲的7000名希腊人重装步兵，他们全部变为雇佣军之前，在相关战役的叙述中鲜有提及。

第一批接受马其顿指挥的东方人很快在专门部队中出现。他们包括公元前333年的塞浦路斯人和腓尼基水手，约公元前330年以后的
688 标枪投手和骑兵弓箭手，公元前329年的波斯骑兵和后来的阿拉科西亚人、巴克特利亚人、西徐亚人、索格狄亚那人以及其他骑兵。此后，他们的数量不断增长，也被吸收进马其顿方阵和骑兵中，或者形成了以马其顿风格武装的同级单位。公元前327年，最引人注目的措施（也是遭到马其顿士兵最强烈反对的措施）是升格3万名年轻的伊朗人——他们被描述为“后代”（*Epigonoi*）——的招募和训练，以及公元前323年2万名波斯人被吸收进入方阵兵中。在那些被征服的民族中，这些人被认为最适合支持他们的征服者。

任何想要更准确描述腓力和亚历山大军队组织的努力，都有因陷入无数争议问题的细节中而迷失方向的危险。对历史学家来说，这片战场上冒出了大量这样的争议：其中一些是有益的，例如，它可能有助于确定亚历山大授予某支卫队“*asthetairoi*”（“最好的王友”或“城市的朋友”，含义存疑）这样的荣誉称号。[22] 然而，许多其他争

[22] Milns 1981（K 47）.

论，因为缺乏准确的资料以及问题本身的复杂性，不会有什么结果。因为这些制度及其结构仍然非常不确定，或者因为这一时期的军情紧急和当时政治上的兴趣，只是由于国王个人的意志，其名称一直被国王变来变去（尤其是在亚历山大征战时期）。

一般来说，在对马其顿的“战争机器”加以解说时，谨防任何太过现代的概念是明智的，尤其是最高指挥权，那是由国王亲自担任的。国王居右侧，从那里尽可能地指挥其军队的战术调度，在关键时刻，他通常亲自率领王友骑兵，去冲破敌人的阵线或者袭击敌人指挥部所在的中心地带。[23] 这让我们想起亚历山大和大流士在伊苏斯战场上著名的正面交锋：这是庞贝城（Pompeii）最著名的马赛克画的主题，该画可能受到埃莱特利亚的菲罗克塞努斯（Philoxenus of Eretria）的一幅画的启发，后者的年代是希腊化时代早期。对国王来说，重要的是通过非凡的业绩来展示他个人的勇气，即便有不再能够控制左翼调度和战役最后阶段不能使用预备队的危险。对统帅适用的行为，也适用于他所有层级的下级指挥官，他们的级别仍不是很清晰且经常变换，主要由国王个人因承认他们的勇猛而给予的恩宠确定。

在补给方面，亚历山大的军队也非常传统。[24] 一旦军队不再与其 689
舰队一起沿着地中海岸地区进军，它实际上就要被迫就地取材（或者通过强制手段，或者与当地人达成协议），他们的独立供应只能维持4到5天的行军。因此，在广袤的亚洲地区，他们受制于诸多战略上的困难，如果没有良好的情报系统和大规模裁减随军的非战斗人员如贴身男仆、商人、妇女和各种演艺人员，这些困难是不可能克服的。亚历山大追随其父亲的榜样，通常将这些人员减至战斗部队的一半或三分之一（在希腊人和波斯人的军队中，他们有时一半对一半）。

尽管亚历山大的有效军队占有优势，人数通常在3万到5万人之间，在印度征战时总数甚至达到12万人，然而亚历山大还是能够通过其行动的机动性和快捷性施以影响，而不用顾忌地形和时令。这是他的方阵的基本特质。在他去世前不久，他一定曾有过进一步增强军

---

[23] Fuller 1958（K 14）；关于一个特定战例（高伽美拉）的研究，见 Marsden 1964（D 212）。

[24] Engels 1978（D 172）；rev. N. G. L. Hammond，*JHS* 100（1980）256 -7.

队机动性的计划，以弓箭手和轻装步兵取代军队的核心部分。为了同样的效率目标，马其顿国王对军队进行了高强度训练，并改造装备以适应预期的特殊任务（例如，由重装步兵和没有“萨利萨”累赘的轻盾兵组成的突击编队），特别是让专门精于一种军事行动的单位与另一单位协同行动。

然而，最能体现马其顿人军事优势的却是攻城战（尽管公元前340年他们曾在佩林图斯和拜占庭遭到挫败），这可能是因为（用腓力二世的话来说）没有任何城堡能够“抵挡一支驮着黄金的小毛驴”（Cic. *ad Att.* Ⅰ. 16. 12），但是也因为，而且特别是因为进行攻击的力度，以及它赋予器械建造的重要性。[25]

希腊化时代、罗马和拜占庭的军事器械制造者认为，在这一领域，腓力二世是叙拉古的狄奥尼修斯合格的继承者。这些人的灵感，大多来自腓力主要的工程师、色萨利人波吕杜斯（Polyidus）以及他的学生卡利亚斯（Charias）和色萨利人狄亚戴斯（Diades），波吕杜斯写了一篇名为《论器械》（*On Machines*）的论文，并参与了对拜占
690 庭的围困，后两人也都写过同名论文，并随着亚历山大进入了亚洲。还有一个名为波西多纽斯（Posidonius）的马其顿人和某个菲利普斯（Philippus），最后这位曾出席过麦迪乌斯（Medius）于公元前323年举办的一次宴会。大批的专业工匠，如那些只能高薪聘请者，都在他们的指导下开展工作。为了夺取推罗，亚历山大从塞浦路斯和腓尼基各地招徕了他们。

除标枪手、弓箭手和投石手（他们于公元前348年在奥林图斯使用了比防守者使用的稍重的弩炮）外，腓力二世也较早使用了大量各种类型的弩炮，其威力可能比之前制造的任何弩炮都要大。可能就是在他的时代而非狄奥尼修斯一世时期，开始以弯曲的套箍［可能就是波鲁克斯（Pollux）第1卷第139章描述为“马其顿人的”新型弩炮］来产生弹射力量。可以肯定的一件事，是在亚历山大开始征战之际，“投石手”开始出现，他们被称为 *petroboloi* 或 *lithoboloi*，不仅可以给被围者造成伤害，而且可以破坏防御设施中较弱的地方，如门、房顶或栏杆。

---

[25] Marsden 1977（K 46）; Lendle 1981（K 36）330－56.

在运用弩炮之外，辅之以支架和木塔发射台，使得集中攻击城墙上部成为可能。公元前340年，腓力二世建造了攻击佩林图斯的木塔，高达37米。公元前333年，亚历山大在哈利卡纳苏斯建造的木塔肯定还要好，因为防守者不得不在自己一边建造一座高达46米的塔来对抗。攻击推罗的木塔和城墙一样高。据阿里安记载，达到46米。在许多其他地方也有运用木塔的证据，如加沙（Gaza）、阿塔卡那（Artacana）、瑙塔卡石头城（the Rock of Nautaca）、马萨伽（Massaga）和奥努斯（Aornus）。狄亚戴斯和卡利亚斯的某些作品使我们能够相对精确地首次重建它们。三个样本已经留存，分别高达27米、40米和54米，分别为10层、15层和20层，其顶部的面积为底座的五分之一。它被置于6轮或8轮之上，顶部设有栈桥（狄亚戴斯宣称是他的发明，但那似乎是错误的）。公元前340年，波吕杜斯为攻击拜占庭建造的巨塔（更可能是因为其复杂性而非其体积）获得了“城市捕获者”（Helepolis）的美称。从比顿（Biton）对马其顿人波西多纽斯为亚历山大发明的木塔的记载中，我们可以形成关于此塔的一些概念：它高23米，放在一个15.4米宽、18.5米长的矩形基座上，由直径2.8米的轮子支撑，通过其内部巨大的“鼠笼”可以操纵轮子。

其他传统的围城战争器械包括攻城云梯，在攻击推罗和加沙时，它达到前所未有的高度；坑道，在亚洲攻击未经焙烧的砖墙时尤其有效；最后是攻城锥，波吕杜斯肯定对其精巧性有所贡献，它与以“龟背”著称的木制掩体结合使用。[26] 其中最著名的是狄亚戴斯的“龟背锥”，它长18米，悬吊着醒目的横梁，尽管归于同一建筑师名下的锥钻技术要依靠轮轴（图38）。 691

这些同类器械再覆以兽皮或金属，以使其免遭引火标枪攻击后，也经常由被围者使用。此外，还有完善程度不等的对抗装置（*antimechanemata*），狄奥多鲁斯将它们归功于推罗富有创造性的居民：

> 为了对抗来自弹射器的石蛋，他们制造带许多轮辐的轮子，通过特定的装置使之旋转，他们消灭了部分投射器，拨偏了一些，让它们完全不能发力……他们制造巨大的三叉戟，武装以倒

---

[26] Lendle 1975（K 35）and 1983（K 37）.

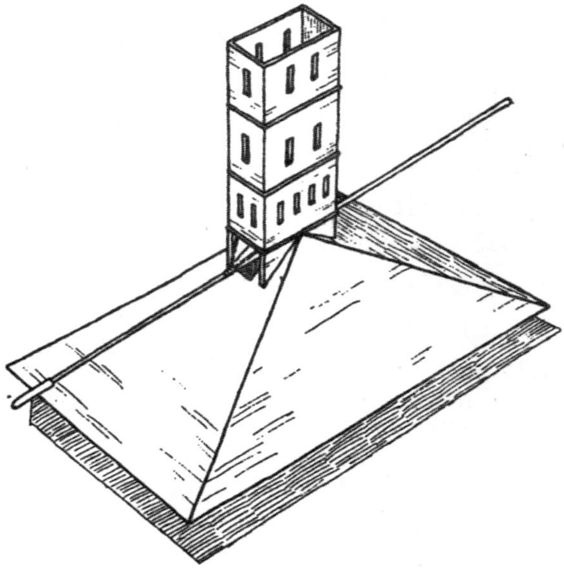

图 38　狄亚戴斯设计的“龟背锥”复原图［采自 Lendle 1975（K 35）43，**图** 78］

钩，以此近距离打击站在木塔上的攻击者。这一装置藏在护罩中，三叉戟上绑着绳索，能够拖拉缆索使之前进……其护罩是青铜或铁的，实之以铁砂，并把它们放在大火上烘烤，直至铁砂通红。通过一个特定的装置，他们将铁砂发散到那些进攻最勇猛的
692 马其顿人头上，让那些进入其射程之敌痛苦哀嚎……他们放下装有凹面刃口的杆棒或圆材，砍断支撑攻城锥的绳索，让这些器械无用武之地。他们用掷火器向逼近的敌人投出巨大的红热铁块，那里聚集的人太过密集，因此弹无虚发。他们用“乌鸦钳”和“机械臂”，把许多那些驻扎在木塔胸墙背后的人打了下去。

——XVII. 43 – 4：威尔斯（C. B. Welles）英译，据洛布古典丛书版

防御技术注定迟早也会发生相应的改变。因此拜占庭的菲罗（Philo of Byzantium，83. 7 – 10）将锯齿形雉堞归功于波吕杜斯，它尤

其适合建造在凹凸不平的陡峭处。保萨尼阿斯（Ⅹ.36.3－4）认为，喀罗尼亚战役前不久，底比斯人在福基斯的安布拉苏斯周围建造了一道著名的“双层墙”（存疑）。考虑到我们在确定军事工程的年代时总是受到不确定性和错误率的制约，更不必说与攻击方法比较，总是存在传统的时间滞后，因此要现场评估腓力二世和亚历山大时期有什么样的创新就更加困难，它们可能包括戈提斯要塞凹凸不平的遗迹，普利埃奈的南城墙；雅典城墙外某些部分新挖掘的壕沟，它深 4 米、宽 10 米；以及据阿里安（*Anab.* Ⅰ.20.8）所说，公元前 333 年围困之前哈利卡纳苏斯城外 6.75 米深、宽为深度两倍的壕沟；公元前 337 年雅典和公元前 335 年底比斯外墙（*proteichismata*）的存在；哨塔和邻近城楼之间结构上的隔绝，而且其隔绝如此彻底，以至于在明杜斯，当城楼“陷落时，城墙并没有丢失”（Arrian *Anab.* Ⅰ.20.7）；一些哨塔和城墙上部装有弩炮。这方面决定性的变革似乎发生稍晚，主要在亚历山大的继承者时期，尤其是公元前 3 世纪，原因之一是前一世纪的希腊城邦没有能力采取恰当的防御措施，在各方面都不能与马其顿高水平的军事技术相匹敌。请注意，在公元前 330—前 329 年和公元前 323—前 322 年的雅典海军清册中，投石手数量极其稀少。

在军事行动的所有领域，甚至在腓力二世时期才开始与雅典竞争的水师方面，[27] 公元前 4 世纪的希腊城邦尽管也有一些改造的尝试，但发现他们都日益处于下风。从这里我们不难看出，在这样一个以公开而不加掩饰的武力行为不断重塑的世界里，即使那不是希腊城邦日益衰落的首要原因，至少是它们日益衰落的一个重要标志。

（李永斌译　晏绍祥、崔丽娜校）

---

[27] Hauben 1972（K 26）and 1976（D 194）.

第 十 三 章

狄翁与提摩莱昂

H. D. 韦斯特雷克

第一节　公元前367—前354年的西西里

一　资料[1]

693 菲利斯图斯撰写了两卷关于小狄奥尼修斯任职后5年间西西里的历史，尽管他对自己曾服务过的僭主的描述应该不会是不友善的，但是该书的具体内容已不能确定。除了狄奥尼修斯与狄翁和柏拉图关系的信息，关于公元前357年以前的整个十年的证据同样匮乏。另外，狄翁掀起的改革运动将叙拉古从僭主统治中解放出来，但在3年的疾风骤雨之后以失败和他的死亡告终。这一场运动不仅吸引了当时人，同样也吸引了后世的注意，主要是因为他与柏拉图的友谊，以及他在阿卡德米学园中发挥的作用。同时代的作家倾向于对狄翁抱着偏袒性的好感，大多数权威性较次的作家也呼应了这种好感，但是也有反对他的传统存在的迹象。

现存最早的关于狄翁经历的记载来自柏拉图的《书信》（*Epistles*），尤其是第7封和第8封。尽管其真实性的难题仍没有得到满意

① 亦见第1—23页。关于这一时期的文献资料文本也已由Sordi 1983（G 298）收集，且有一个导言。

的解决，但它们作为历史证据的价值确凿无疑。即使《书信》不是出自柏拉图本人之手，那么其作者也肯定是一个同时代的人，不仅对柏拉图和他在西西里的经历，而且对他后期的对话及思想面貌均了如指掌。体现这两封书信主题真实性的特征，是书信不安的辩护语气和整体上对小狄奥尼修斯不友善的描述。当然，这些书信绝对谈不上客观。②

另一位写过狄翁的同时代人是琉卡斯的提摩尼德斯（Timonides of Leucas，*FGrH* 561），一位阿卡德米学园的成员，他参与过反对狄奥尼修斯的远征，并向雅典的斯佩乌西普斯发送过一份关于其军事行动的报告。尽管没有留存下来，但是他的记载明显成为普鲁塔克
《狄翁传》（*Dion*）中军事叙述主体部分的基础。提摩尼德斯忠诚于 694
狄翁而反对赫拉克利德斯，因此尽管他是一位目击证人，但是其证词并非无可怀疑。他似乎还称赞狄翁的雇佣军而贬低叙拉古人。另一位同时代人、叙拉古人阿塔尼斯（Athanis）描绘的则是一幅完全不同的图景（*FGrH* 562），他续写了菲利斯图斯的作品。狄翁失宠时，他曾与赫拉克利德斯共事，因此可能是后者的支持者和前者的反对者。他的派系偏见可能导致了奈波斯传记中对狄翁生涯最后阶段的诋毁性评论。

埃弗鲁斯（*FGrH* 70）和泰奥彭普斯（*FGrH* 115）卷帙浩繁的历史著作中也涉及西西里。尽管他们都与西部没有密切联系，但他们能够利用狄翁去世之前那个时期目击者的口述报告。如果狄奥多鲁斯的叙述主要是基于埃弗鲁斯，那么埃弗鲁斯对狄翁的描述是适当的赞颂而没有反对赫拉克利德斯的偏见。泰奥彭普斯对狄翁可能并不友善，但他的主题明显是僭主家族的垮台源自其家族成员的放纵。这一态度影响了后来的作家，包括埃利安（Aelian）和优斯廷。亚里士多德的《政治学》（*Pol.* 1312a 26 – 39，1312b 16 – 21）提及狄奥尼修斯被狄翁驱逐，视其为一个反对可鄙僭主的勇敢事业。僭主个人的缺陷，让他失去了臣民的拥戴。

尽管提麦奥斯（*FGrH* 566）稍许详细地描述了这一时期，但是

② 见 Westlake 1983（G 323）163 n. 9. 1。我根据 de Blois 1979（G 11 8A）的观点，将第 7 封书信的时间定为公元前 354/3 年，而这时卡利普斯仍然掌控着叙拉古。Aalders 1969（G 91A）将第 8 封书信的时间定为他被放逐之后。

他对于其主角的态度仍不得而知。他对僭主的憎恨无疑导致他赞同对狄奥尼修斯的放逐，他也可能对狄翁比较满意，但是他确实没有像赞扬提摩莱昂那样没有原则地赞扬狄翁。很遗憾，他的资料及这些资料对他影响的程度已无法追溯，但他自己的作品对文献传统的影响仍相当大。

关于这一时期现存最完整的（尽管不是最早的）叙述来自普鲁塔克的《狄翁传》。因为其诸多内容直接或间接来自柏拉图的书信和提摩尼德斯的诗歌，因此他对狄翁的评论非常正面。然而，由于他的哲学兴趣，普鲁塔克对柏拉图的这个朋友和门徒表达敬意有个人原因。狄翁的政治领导被认为是以柏拉图的学说为基础的。提摩尼德斯的影响，无疑应当对赫拉克利德斯被描述为一个自私的恶棍负责。对狄翁生涯后期的活动，普鲁塔克的记载简要而含糊，尽管他承认自己的传主难以接近，但似乎不大愿意承认他犯了专制自为之错。

狄奥多鲁斯对这一时期的叙述（XVI. 5 - 20）语气完全不同于普
695 鲁塔克。他赞扬了狄翁，提及他受到的哲学训练，然而他与柏拉图的友谊以及阿卡德米学园对他事业的贡献被忽视了。对赫拉克利德斯的描述也完全不同。狄奥多鲁斯并不认为他与狄翁的争夺应当受到谴责，反而因为他的海上胜利而给予他声誉，甚至宣称一些叙拉古人所以支持他，是因为人们认为他没有成为僭主的想法。狄奥多鲁斯的叙述在记载狄翁军事上最后的胜利后突然中断，狄翁的去世只是在他有关年代记资料的一个简要注释中提及。可能的情况，是因为狄奥多鲁斯的记载主要以埃弗鲁斯为基础，尽管他可能也从提麦奥斯那里采用了一些材料。③

奈波斯简短的《狄翁传》可能是一份希腊化时代传记的摘要，④该文之所以有趣，是因为它的前半部分赞扬狄翁的品质和成就，后半部分却将他描述为一个暴君，甚至专横地对待自己的朋友和支持者。这幅诅咒式的画面最初的来源，可能是阿塔尼斯。

③ 见前文第 8—10 页。
④ Voit 1954 - 5（G 320）.

二　狄奥尼修斯、狄翁与柏拉图（公元前367—前360年）⑤

小狄奥尼修斯成为僭主之时肯定稍小于30岁，并没有继承父亲好动的性格。他没有受过多少教育，在治理国家的本领方面几乎没有训练，所以他并不足以应付父亲遗留给他的繁重任务。他并非无才，有时候也表现出狡猾，在刚即位时，他明显没有沉湎于传统上与僭主相联系的恶习，包括后来使他声名狼藉的放荡。然而，尽管他在许多场合展现了令人惊奇的在逆境中恢复的能力，但他的性格并不稳定。他未能维持专制统治的主要原因，是他缺乏气魄、事业心以及将自己的意志强加于他人的能力。

在他即位后的某一时候，他或多或少有放松“铁镣铐”的倾向，这是他父亲为保证僭主统治安全而广泛闻名的措施。⑥ 这种采取更自由统治的倾向，对他赞同狄翁的请求无疑产生了影响，即邀请柏拉图访问西西里，并给予他政治建议。尽管有些担忧，柏拉图还是接受了邀请，在公元前366年抵达叙拉古。其间，菲利斯图斯被召回叙拉古，在那里领导了一个决定保护现有僭主政权的派别，因而与狄翁对 696
立。就像一个专制政府的掌握并不牢固时通常发生的那样，王室内的对立集团之间展开了斗争，每个集团都竭尽全力对君主施加决定性的影响。菲利斯图斯和他的同伴怀疑，或者假装怀疑，狄翁之所以将柏拉图请到西西里，用哲学教导迷惑狄奥尼修斯，可能是为了让狄奥尼修斯放弃对国家的控制，而狄翁会采取这一措施并将权力移交给他的外甥、老狄奥尼修斯和阿莉斯托马克的儿子们。这些怀疑可能不全是空穴来风。

在到达叙拉古大约3个月后，柏拉图已发现这位僭主是一个很难教的学生。这时发生的一个插曲全然改变了菲利斯图斯和狄翁派别之间的冲突。狄翁给迦太基派来谈判和平条件的全权大使的信件被秘密呈送给狄奥尼修斯。狄翁在信中力主当狄翁不在场时，他们不要与狄奥尼修斯交换意见，因为他本人就可以让他们得到一个无须修订的协

⑤　关于狄翁去世前的事件，最有助益的详细叙述是 Berve 1956（G 117），可以在该书找到更充分的参考文献，与之略有不同的看法，请见 Westlake 1983（G 323）。

⑥　最初他延续了其父亲的对外政策（p. 149），派出一小支部队去支持斯巴达（Xen. *Hell*，Ⅶ. 4. 2），但是很快就撤回来了，并且很明显没有采取进一步行动。

议。在征求菲利斯图斯的意见后，狄奥尼修斯将狄翁放逐到意大利，而且没有给他一次自辩的机会。如果这封信不是伪造的（似乎也不像是伪造），则狄翁参加了与敌人的秘密接触并试图向国家首脑隐瞒。他应该被控叛国罪，能逃得性命就应该是幸运了。然而，狄奥尼修斯可能害怕狄翁支持者的反应，否认自己流放了狄翁，并允许他的家人送一些动产给停留在伯罗奔尼撒的狄翁。

现在狄奥尼修斯试图以柏拉图的影响来取代狄翁，但是任何他会接受政治改革的期望，包括放松他的专制权力的期望，都不再可能了。柏拉图感到自己的使命已经失败，希望回国，却发现自己事实上已成了俘虏。直到狄奥尼修斯再度忙于对抗迦太基时，他才允许柏拉图离开。他们的分别表面上是友善的，两人达成了一个协议：柏拉图尽快返回，并由狄翁陪伴。狄奥尼修斯可能已经下决心永远不再起用狄翁，并且无意遵守这个协议。

同时，狄翁在希腊一直受到热烈欢迎。因为他的财富，他得以自在地生活，而且对朋友慷慨大方。在实际被放逐期间，他大部分时间在雅典和科林斯度过。在雅典，他加强了与阿卡德米学园的联系，但也访问过其他城市，并被斯巴达授予公民权。尽管他熟知狄奥尼修斯不可信赖，但他最初还是希望能通过柏拉图的调解和平地回到西西里。

697 公元前 363 年末，叙拉古不再处于战争中，狄奥尼修斯再次邀请柏拉图，但是又再延缓了一年才召回狄翁。柏拉图拒绝了邀请，既因为年龄，也因为这不符合他与狄奥尼修斯达成的协议。一年后僭主再次发出邀请，柏拉图压力很大，觉得自己无法拒绝，尽管他对再次访问的前景看淡。他之所以接受，主要是希望帮助狄翁，尤其是狄奥尼修斯做了很多明示，如果这第二次邀请被拒绝，那么狄翁肯定会受到苛刻对待。另一个考虑是从叙拉古来的传闻，说狄奥尼修斯在哲学研究方面有了明显进步。柏拉图无疑对此持怀疑态度，但是他觉得，只要有任何希望，不管多么微弱，也能弥补他之前使命的失败，因此绝不能错过机会。

尽管他到达叙拉古时受到了热烈欢迎（公元前 361 年春天），这最后一次访问还是被证明是彻底的失败。狄奥尼修斯很快表示，他永远不会将柏拉图的理论在实践中应用到放弃自己僭主统治的程度。在对待狄翁的态度方面，狄奥尼修斯也愈加不妥协。现在他拒绝允许狄翁的任何财产收益再送往伯罗奔尼撒，无疑是害怕被用于招募雇佣军来反对他自己。后来，在与柏拉图长期争论之后，狄奥尼修斯卖掉了狄翁的全部财产，并占有了这些收益。柏拉图已经很难受，也没有能帮助狄翁的希望，他渴望在冬季到来之前离开西西里，但是他发现自己被迫滞留到下一年。

他与狄奥尼修斯的关系继续恶化。⑦ 关键的决裂起因于一次与赫拉克利德斯相关的事件。后者是一位显赫的叙拉古人，在解放自己的祖国时，他将起重要作用。他在军队中地位颇高，并且是狄翁的朋友，还曾被怀疑与狄翁一起支持废止僭主统治。狄奥尼修斯的雇佣军现在叛乱了，因为他采纳了削减他们报酬的建议。因赫拉克利德斯被怀疑鼓动了这次兵变，他躲了起来。当他的叔父代表他向狄奥尼修斯恳求时，柏拉图碰巧在场，并且听到了赫拉克利德斯不会被处死的保证。第二天，因为军队继续搜寻这位逃亡者，柏拉图因为谴责狄奥尼修斯违反自己的承诺而激怒了后者。虽然狄奥尼修斯把赫拉克利德斯作为狄翁的朋友加以怀疑不免过分，但指责狄奥尼修斯背信也难说合理。这一事件影响深远。赫拉克利德斯出逃，并与在伯罗奔尼撒的狄翁重新联合起来。柏拉图被赶出宫廷之外，被 698 送去和雇佣军一起生活，他觉得自己的生命在那里受到了威胁。最后（公元前360年春天）他得到允许离开西西里。我们有理由怀疑，狄奥尼修斯是不是大度地批准了他的离开，因为此时他能够留住柏拉图，以把他作为对抗狄翁干涉的人质。狄奥尼修斯对公共舆论很敏感，如果有任何伤害降临到这位最杰出的哲学家头上，整个希腊世界都会谴责他。

在奥林匹亚赛会上，柏拉图遇到了狄翁，并告知后者有关西西里的消息。狄翁现在已经决定以军事行动反对狄奥尼修斯，后者强迫他的妻子嫁给了别人，加给他的侮辱无以复加。柏拉图个人拒绝支持以武力反对他的前主人，但同意他招募任何愿意对这一事业施以援手的朋友。骰子已经掷出！

⑦ 如果普鲁塔克的说法包含任何真相（*Dion* 22. 2 – 3）——陪伴柏拉图到西西里的斯佩乌西普斯操纵了关于狄翁的干涉，并进行调查看狄翁能得到多大程度的支持，则狄奥尼修斯很有理由抱怨他的盛情被滥用了。

三 狄翁远征及其后果（公元前360—前355年）

在赫拉克利德斯支持下，[⑧] 狄翁在公元前360年开始了他军事干涉的准备，但是直到公元前357年，军队才开往西西里。多方面的综合因素导致了如此长时期的延迟。他不得不像居鲁士那样秘密招募雇佣军，以免被发现；他没有得到任何主要城邦的公开保证；尽管来自西西里的报告表明有希望获得当地的支持，他的事业仍被认为是危险的；最后，他的动机并非无可怀疑。最后一个因素无疑让狄翁丧失了叙拉古流亡者的支持。一些人可能觉得，狄翁不过是要取代狄奥尼修斯成为僭主，另一些人可能害怕阿卡德米学园对此事的参与，会导致他们根本不喜欢的柏拉图主义治国方略的试验。

据普鲁塔克（*Dion* 32.4）所说，在伯罗奔尼撒期间，狄翁和赫拉克利德斯之间产生了摩擦，因为后者对阿卡德米学园的影响不满，而且他与学园既无关系，也毫无感情。这种不和可能并不像一些学者认为的那样，被怀有偏见的提摩尼德斯不诚实地提早了。然而，它却被普鲁塔克夸大了。他宣称赫拉克利德斯指挥的舰队和军队单独组队，独立进行远征。如果没有狄翁财富的支持，这支武装很难维持。在赫拉克利德斯到达叙拉古后，他们之间最初还假装和谐。据狄奥多
699 鲁斯（XVI.6.5）所说，狄翁留下赫拉克利德斯，让后者率领三列桨战船和一些其他设施随后赶来。两支军队的分头进发实际上可能是战略计划的结果。

当狄翁8月从扎金索斯向西西里进发时，他的军队有800名雇佣军，两艘商船和三条较小的舰船。为了避免亚皮吉亚人的拦截，他选择横渡公海，但是他的舰队被一阵风暴带到了非洲，经历一些险情后才在西西里西南的小迦太基（Carthaginian Minoa）登陆。得益于他早期与迦太基的联系，他在这里受到驻军司令的欢迎，很快启程前往叙拉古。行军途中，他接纳了一些西凯利奥人（Siceliots，西西里的希腊移民——译者注），并收到一个好消息，即狄奥尼修斯新近带着一支强大的舰队前往意大利了。驻守埃皮波莱（Epipolae）的僭主雇佣

---

⑧ 赫拉克利德斯似乎未曾以任何方式从属于狄翁。他们的名字在一个铭文中出现在一起，即埃庇道鲁斯的阿斯克莱皮乌斯圣所尊崇之人（*IG* Ⅳ^2 95.39-40）。

军被一个狄翁将会进攻他们家乡莱昂蒂尼的假消息调离了。他没有遇到抵抗就到达了叙拉古，受到了公民们热情的欢迎，当他宣称他的目的是将西凯利奥人从僭主统治中解放出来时，公民们委任他和他的兄弟麦伽克莱斯（Megacles）为全权将军（*strategoi autokratores*；见第701页）。很快，除奥尔图基亚被僭主的军队掌控以外，整个城市都落入他手中了。

当狄奥尼修斯和他的舰队返回时，他伪称自愿退位，但是当谈判正在进行时，他背信弃义地安排雇佣军发起了攻击，主要由于狄翁的英勇表现，进攻被顽强击退。接着开始了进一步的谈判，其中狄奥尼修斯狡猾地利用了叙拉古平民因为狄翁与僭主家族的联系而对狄翁产生的怀疑。自此，狄翁作为一个解放者的威望开始减退。现在赫拉克利德斯带着20艘三列桨战船和1500名雇佣军到了。在被风暴延阻之后，他在沿岸的常规航线上没有遇到抵抗，因为僭主的海军已经从意大利撤回叙拉古以对付狄翁去了。叙拉古人委任他为海军司令，但是狄翁抗议说他自己的权威因此受到侵犯，接着主动提出关于赫拉克利德斯的任命。在采取这项尽管合法但却有些高压的措施中，狄翁不是最后一次表明他缺乏谋略。再没有比此事更能推动叙拉古平民和赫拉克利德斯联合起来反对他了。赫拉克利德斯也比严厉的狄翁更平易近人，迅速在人气上超过了他。

像他们的领袖一样，狄翁从伯罗奔尼撒带来的雇佣军也迅速丧失了人气。为供养他们，本就贫困的城邦紧缩财政，他们的薪水也遭遇拖欠。他们的服务开始被认为没有必要，尤其是当主要由叙拉古人组成、由赫拉克利德斯指挥的舰队赢得了一次胜利时——那场胜利的结果是菲利斯图斯阵亡。由于最具才能的将军阵亡，狄奥尼修斯提议， 700
如果叙拉古允许他带着自己的雇佣军和财富退回意大利，他可以让奥尔图基亚投降。狄翁建议接受，但是叙拉古人拒绝了这一提议。因此狄奥尼修斯从海上逃走，留下他的儿子阿波罗克拉特斯（Apollocrates）继续防卫奥尔图基亚。因为作为海军司令而没能阻止僭主的逃跑，赫拉克利德斯一度遭遇埋怨。

恰在此时，自诩解放者中的敌对派别之间发生了激烈冲突，导致解放叙拉古的努力受阻，因为他们之间对于解放的意义有着截然不同的解释。狄翁的支持者，除雇佣军和阿卡德米学园一些成员外，主要由拥有土地的富裕叙拉古人组成，他们计划以一个共和政体来取代僭主家族，这一政体不会让土地和财产所有权发生实质性的改变。狄翁的反对者期望赫拉克利德斯成为领袖，他们大部分来自较为贫穷的阶层，包括了舰队的成员。一个名叫希彭（Hippon）的极端民主人士表达了他们的主张。他提议重新分配所有土地和财产，包括分割肥沃地区属于富人的大块地产（见第 703 页）。普鲁塔克的陈述（*Dion* 37.5）大概来自提摩尼德斯，他称赫拉克利德斯煽动希彭提出这一建议，目的是转移他自己因为狄奥尼修斯的逃跑而招致的怨恨，这可能是诽谤。然而，我们不应该认为赫拉克利德斯必然极端忠诚于极端民主。[9] 他可能因为其他原因成为无产阶级的拥护者：要么因为他确实怀疑狄翁的目标是僭主政治，要么那仅仅是一种提升他自己权力和威望的手段。狄奥多鲁斯（XIV.17.3）归之于他的支持者的信念——他永远不会试图让自己成为僭主——似乎是有道理的。

尽管遭到狄翁的反对，公民大会还是通过了赫拉克利德斯的提议，将希彭的土地计划付诸实施，停发雇佣军的薪水，并选举一个 25 人的将军委员会。这一选举（公元前 356 年夏天）结束了狄翁的专制，他不在新当选的将军之列，而赫拉克利德斯在内。大多数雇佣军反应强烈，打算以激烈行动反对叙拉古人。他们拒绝了私下答应的公民权，仍然忠于狄翁，在狄翁的率领下撤到莱昂蒂尼，并轻易击退
701 了叙拉古人的进攻。莱昂蒂尼人自身大部分是退役雇佣军，热烈欢迎狄翁及其部队。他们答应给雇佣兵提供薪水，主动提出授予他们公民权。他们还送了一份抗议到叙拉古，后来，这份抗议得到了西凯利奥人同盟会议的认可。

与此同时，正当奥尔图基亚的守军打算投降之际，狄奥尼修斯雇佣的一位意大利雇佣军首领尼普西乌斯（Nypsius）带着补给及时到达。叙拉古舰队未能拦截这支救援部队，但是发动了一次突袭并取得胜利。叙拉古人不是第一次沉湎于过度的庆祝中，没有在分隔奥尔图基亚与叙拉古本土的城墙上布置充足的防卫。尼普西乌斯抓住机会发动一次夜袭，其军队进行了大屠杀和大破坏。因此，尽管叙拉古人对

⑨ 如果这时他卷入了据称参与的雇佣军兵变（见上文第 699 页），那么他已经被人们认为是一个潜在的人民领袖了，柏拉图也就不大可能那么乐意为他辩护，从而恶化柏拉图与狄奥尼修斯之间本已紧张的关系。

狄翁怀有敌意，惊慌失措的民众在上层阶级及其盟友的劝诱下，还是向莱昂蒂尼紧急求援。狄翁立刻接受了，一方面是因为他的爱国之心，另一方面也是因为他看到了重获自己失去的权威的机会。他的雇佣军同意追随于他。当僭主的军队离开叙拉古本土时，民主派改变了主意并取消了他们的请求，但是尼普西乌斯发起了一次甚至更具破坏性的攻击，烧毁了城市的大部分，导致他们再次恢复了请求。狄翁及其部队的到达引起了一次激烈的战斗，普鲁塔克对此有生动描述，他们最终将敌人赶到了奥尔图基亚的防御工事后面。

狄翁暂时成为英雄，如果他愿意，毋庸置疑是可以让自己成为僭主的。民主派领导者逃跑了，但是值得赞扬的是赫拉克利德斯，他服从了狄翁，承认了他自己的罪责。狄翁的朋友怂恿他除掉赫拉克利德斯，但是他选择了原谅，显然是期待最后能保证他的政治理念被接受并且不会遭遇民主派的反对。在一次公民大会上，赫拉克利德斯提出让狄翁担任陆军和海军的全权将军（*strategos autokrator*）。贵族阶层支持他的提议，而较为贫穷的公民加以反对，因为这会削弱他们的拥护者赫拉克利德斯作为海军统帅的权威。于是，为进一步实现和解，狄翁提名赫拉克利德斯担任海军统帅，但在讨论有争议的土地分配问题时，狄翁拒绝妥协，并否决了整个计划。这一行为是专断的，哪怕它可能是合法的。赫拉克利德斯这时已经起航前往明显受到狄奥尼修斯威胁的美塞尼，利用这一时机，他向水手们宣称狄翁正企图成为僭主。

接下来的发展是斯巴达政府令人惊奇的干涉。这件令人疑惑的事情只有普鲁塔克记载（*Dion* 48.7－49.7），其晦暗不明的原因可能是狄翁根本就与之无关。可能是在赫拉克利德斯的请求下，一个名叫法 702
拉克斯（Pharax）的斯巴达人受命前往担任调停人。他启动了狄奥尼修斯和赫拉克利德斯之间的秘密谈判。赫拉克利德斯还在美塞尼，并且明显想要偷袭狄翁。然而，当狄翁在美塞尼的朋友将谈判的消息告知他时，提议的解决方案被搁置了。然后法拉克斯就一心一意支持狄奥尼修斯，帮助他收复了西西里的部分地区。当狄翁和一支叙拉古军队在阿克拉伽斯遭遇法拉克斯并吃了一次小败仗时，正在那里指挥舰队的赫拉克利德斯回兵叙拉古，声称要夺取这个城市并驱逐狄翁。对赫拉克利德斯背信弃义的指责并没有成为现实，因为狄翁回到叙拉古后击败了他。法拉克斯肯定是被召回了，可能因为他更在乎自己的利益而忽视了指令。另一位名叫盖苏鲁斯（Gaesylus）的斯巴达使节现在到了叙拉古，宣称自己如吉利普斯（Gylippus）一样被派来担任西凯利奥人的指挥官。赫拉克利德斯试图利用这一新情况为自己谋利，但是本身就是一位斯巴达公民的狄翁拒绝放弃他的专制权力。在主持了对立领袖之间一次并不愉快的调解以后，盖苏鲁斯退出了。然而，狄翁并不想信任赫拉克利德斯，并劝诱叙拉古人解散他们的舰队。这一措施尽管有财政方面的原因，但是在政治上有利于狄翁，因为那就解除了赫拉克利德斯作为海军统帅的职务，也削弱了极端民主派。

这时奥尔图基亚的驻军因为粮食匮乏开始暴动。无疑是在他父亲的许可下，阿波罗克拉特斯缔结了一个协定，被允许带领五艘船只不受阻碍地驶向意大利。叙拉古终于完全解放了（公元前 355 年秋季），狄翁和他的家族也再次团圆，但他与平民的基本分歧仍未解决。

四 狄翁的倒台（公元前355—前354年）

通过推翻叙拉古的僭主政治，狄翁赢得了希腊世界的喝彩，但是这份功绩带给他的是深深的幻灭感和最终的绝望。从其生命最后阶段不充分的证据中，我们得知他既不幸面对最为棘手的局面，也在试图处理这一局面时犯了严重错误。

在阿波罗克拉特斯撤退之后，原本因从奥尔图基亚驱逐雇佣军的军事斗争组成不稳定联盟的各派，如今没有了共同的目标。不仅民主派不愿意接受狄翁的权威，而且他自己的支持者之间也出现了分歧和
703 争执。富裕的叙拉古人和雇佣军之间存在利益冲突，但两者都期待因他们过去的服务而得到回报。阿卡德米学园的成员无疑也觉得他们的理念应该受到尊重。人们本指望小所有者组成的重装步兵阶层支持狄翁，但他们在如今的叙拉古几乎荡然无存了。

狄翁过去的支持者之所以不满，部分原因是财政困难。据说他曾重金酬谢朋友、同盟者和雇佣军，这耗尽了他的资源，因而随后他首先查封其敌手的财产，分配给士兵，当这一权宜之计也不能满足之时，他屈从于贵族朋友的要求采用类似的没收措施。最初他似乎期望能以国家税收继续维持雇佣军，但是当不再需要他们以对抗僭主的军

队时，公民大会拒绝再承担这一负担，于是他不得不从自己能掌控的所有资金中来给他们付酬。结果是他现在既不能仰赖富裕的叙拉古人的支持，雇佣军又没有任何赢得战利品的希望，开始因为对薪水的焦虑出现了不再那么服从于他的倾向。[10]

关于这一时期他采取的政治措施的信息很少，至于直到他去世也没能完成的政治体制改革计划，我们知道得更少。他并没有放弃自己特殊的权力。在希腊人的西西里还没有完全解放和政治稳定在叙拉古没有恢复之前，他对公职的保持似乎是必要的，但是也因此强化了多由民主派鼓动的怀疑，即他想要成为僭主。赫拉克利德斯再度成为这一派别的领袖，他拒绝了狄翁邀请他加入议事会的和解举动，选择行使对任何公民大会成员都开放的政治权利。赫拉克利德斯还攻击狄翁拒绝摧毁僭主的要塞和老狄奥尼修斯的墓冢。赫拉克利德斯的另一项指控，是狄翁遣使向科林斯寻求进行政治重建工作的顾问，那是对叙拉古人的侮辱。民主派日益抗拒狄翁的原因，是他否决了重新分配土地的建议，但是他遭遇怨恨的主要根源，在于他明目张胆而且毅然决然地强加给叙拉古人一种与极端民主原则截然不同的制度。

赫拉克利德斯拒绝参与的这个议事会，其组成与功能都不清楚。它似乎由狄翁未经公民大会批准建立。普鲁塔克（*Dion* 53.2）暗示，来自科林斯的顾问也是其中的成员，因此可能是一个意在组建永久性政体的临时机构。狄翁当然希望确保产生一个与他自己理念相一致的 704
体制。据称他从科林斯寻求顾问的原因，是那里有一个很少咨询公民大会的寡头政府。在他去世之前，这个议事会取得了多少进展，并没有留下记录。

他与柏拉图的友谊及与阿卡德米学园的联系，促使人们相信他在叙拉古推进的政治体制改革是要以柏拉图的政治学说为模板。柏拉图的第7封和第8封书信表明，狄翁无疑有这样的意图，这两封书信也被广泛认为代表了他的计划框架。这一说法既不能被证实，也不能被证伪，因为证据的细节方面远不够充分。这些书信确定了原则，而非传达实践的建议。其中最积极的建议出现在第8封书信中

---

⑩　奈波斯的《狄翁传》提供了最好的证据，描述了他如何疏远之前的支持者并日益变得绝望的情况。

(355e－357a)，它督促狄翁及其朋友们去创建一个混合政体。这一体制意在救急，因为狄翁去世后，形势发生了非常大的变化。然而，这与他表面上的理念是相符合的：尽管它在理论上是混合的，但它把国家的控制权主要交给一个狭小的寡头政府，极端民主因素被彻底排除在外。可是，第8封信的基调又是折中与调和的，甚至对待狄奥尼修斯也是这样，而这是狄翁很难接受的，即便他自己对前途可能非常绝望。我们似乎没有理由认为他利用与柏拉图的联系去谋求个人利益，但他是否有意识地将自己重建的纲领奠基于他曾经从这种联系中学到的内容，则难以确定。

不管狄翁的目的曾经是什么，来自赫拉克利德斯和民主派的激烈反对，让其推进举步维艰。最终他屈从于支持者持续不断的压力，允许他们去谋杀赫拉克利德斯。这一决定是个致命的错误。在此前的时期，赫拉克利德斯的诡计也许可以被视为叛国，反对他的行为也许是正当的，但现在他只是在行使作为一个公民的权利。谋杀造成了广泛的恐慌，促使人们相信狄翁已经完全成为一个没有名号的僭主，只不过是一个清醒的僭主取代了一个醉酒的僭主而已。他无疑试图凭借自己特殊的权力来施行自己的理念：他的傲慢气质不允许他做出让步。不仅民主派，而且贵族和雇佣军也越来越不信任他，他变得越来越孤立，似乎终于意识到自己的失败不可挽回。对谋杀赫拉克利德斯的负罪感，也增加了他的沮丧。

让他垮台的尝试现在不可避免地出现了。然而多少有些令人惊奇
705 的是，发起反对他的运动的人是他亲密的朋友、雅典人卡利普斯。卡利普斯与阿卡德米学园也有联系，作为军队统帅赢得了声望。这一阴谋得到了广泛的支持，其顶峰是部分扎金索斯雇佣军谋杀了狄翁（公元前354年）。这些雇佣军曾长期在他的指挥下服役，现在调转枪口反对他了。在他整个专政期间，他显然很少采取措施来保证自己的人身安全，可能是希望避免采用僭主方式的污名，但是现在，无论是他的卫兵还是朋友，都没有努力营救他，有些人甚至可能背叛了他。卡利普斯无疑会宣称，甚至可能真诚地相信，如果滑向混乱的危险状态能够被阻止，极端的行动也是必要的。然而，他肯定也受到个人野心的影响，因为他明显接管了受害人曾经拥有的独裁权力。如果他曾试图弥合叙拉古不同派别之间的分歧，那么他确实没有成功：对

狄翁有利的传统，自然将他视为一个叛徒、恶棍和篡位者。

狄翁留下了一个谜一般的形象。他的终极目标很大程度上不得而知，因为这些目标从来没有实现过，然而含糊的记载又无处不在。尽管他改革叙拉古现状的计划确实受到了与柏拉图和阿卡德米学园联系的影响，不过正如我们已经注意到的，并没有明显的证据表明，他期望在治理国家时进行试验，那种试验可以恰当地用柏拉图主义的术语来表述。他可能无意取代狄奥尼修斯而为僭主，但是他表露无遗的个人野心对他产生了深刻的影响。他的意图似乎是通过一个由他最信任的支持者组成的寡头派议事会保留对国家政策实质性的控制。

他有许多令人钦佩的品质：高尚的道德准则、爱国精神、亲冒矢石，以及给柏拉图留下印象的智力。作为一个军事统帅，他展示了战略计划以及保持雇佣军忠诚的能力，后者一般情况下不会服从纪律。他也在一个朋友圈子里鼓舞了他们的热情，这些朋友为了感念他而保持了数年的忠实。凭借这些品质，他似乎显然不仅完全有资格把叙拉古从僭主统治下解放出来，而且能够实现政治解决，让解放了的城邦有机会借此享有和谐与繁荣。但他的努力实际上导致了 10 年的混乱和贫困状态。确实，西凯利奥人有着政治上不负责任且无法无天的名声，他也面临着前文所讨论的异乎寻常的问题。[11] 然而，他作为一个政治家的失败，主要还是其自身缺点的结果。一定程度上这是他长期
为僭主家族服务的遗产。他没有任何在此种政治环境中的实践经验， 706
在那里，如果一个领袖没有能力以最艰辛的努力去赢得压倒性优势的支持，他就没有希望贯彻其政策。可能基于同样的原因，他难以宽容反对者，并试图以专断甚至不合法的行为来强迫推行不受欢迎的措施。然而，他的失败不应该全部归于他与僭主的联系，某种程度上也是因为其性格中缺少值得称赞的特点。他独断、顽固、孤僻，可能除了最亲近的朋友，他都缺乏亲切感。在第 4 封书信中，人们把一句谚语“傲慢必定缺少伙伴”用到了他头上，这句话还包括了对他的责难（321 b－c）。无论是否出自柏拉图，这一谚语都充分地为他的经历所证实。

---

⑪　老狄奥尼修斯高度集中的帝国太过依赖于他强势的个性，而其继承者的羸弱不可避免地导致帝国迅速瓦解。

第二节 公元前354—前330年的西西里

一 资料

以提摩莱昂为中心人物时期西西里的历史，充满了许多难以解决的问题，主要是因为文献传统匮乏。关于他的使命，早期阶段的证据虽然卷帙浩繁，但是未能就基本问题提供满意答案，而关于其晚期阶段的证据又少得可怜。在主要权威普鲁塔克和狄奥多鲁斯之间，对于至关重要的问题有一些冲突之处。另一个障碍是过分吹捧提摩莱昂的偏见，其根源部分在于他自己成功的宣传，甚至比狄翁自我宣传的传统还要明显。因此，归于他的对手的动机就值得高度怀疑。最后，创作于他去世后不久的作品中，尽管希腊本土肯定将他们自己反对马其顿帝国的失败与提摩莱昂在西西里的成功相比照，但现存作品并未提及他。这一现象，即便受到现存作品的偶然性及许多希腊人短视的影响，仍然非常令人疑惑。

在提摩莱昂去世后一到两代人之内，有5位历史学家记叙过他的经历，因此他们可能有获得口述资料的渠道。他们是阿塔尼斯、泰奥彭普斯、埃弗鲁斯、狄鲁斯（Diyllus，见 *FGrH* 73）和提麦奥斯。然而很遗憾，他们作品中极少数与提摩莱昂相关的现存残篇异乎寻常地不能提供信息，并且除了提麦奥斯外，没有办法确定他们之中的任何一个是如何正面地或负面地介绍他。提麦奥斯为提摩莱昂最早也是最忠心的盟友安德罗马库斯之子，他无疑受到来自他父亲的信息的影
707 响，甚至还有来自他自己年轻时的记忆，因此他将提摩莱昂描绘成一个无可指责、犹如神助的英雄。这一赞颂的图景激起了波里比阿（Ⅻ. 23. 4）激烈但可能是不公正的责难，他对提麦奥斯的攻击损害了提摩莱昂的声誉。人们对作为一个柏拉图主义者的狄翁的兴趣并不适用于提摩莱昂，除深入研究其经历的作者外，他逐渐变成一个得到提麦奥斯荒谬赞颂的、不是很重要或很独特的人。

现存关于提摩莱昂成就的记叙中，最详尽的是普鲁塔克的《提摩莱昂传》。作为传记，该篇有着和《狄翁传》同样多的优点，而作为一份历史资料，又有着同样的缺点。该篇充满了源自提麦奥斯的歌功颂德色彩。普鲁塔克似乎既直接使用提麦奥斯的作品，也通过一个

希腊化时期的传记来使用它。普鲁塔克确信提摩莱昂本质上是一个富有美德的人，一个得到神灵眷顾的人，他更多的是在寻求善而非伟大，因此普鲁塔克倾向于掩盖甚至忽略一些行为，那些行为要么不成功，要么行事严苛，对提摩莱昂的名声不利。

奈波斯的《提摩莱昂传》不像他的《狄翁传》那样充满赞颂之词，但是太过简短而价值不大。该篇与普鲁塔克的《提摩莱昂传》的关联，表明两位作者都使用了同一份希腊化时代的传记，而这是奈波斯唯一的材料来源。

狄奥多鲁斯关于提摩莱昂统治时期西西里历史的记述（XVI. 65 - 73, 77 - 83, 90）要比普鲁塔克的更简略、更少个性，但是总体上来说更值得信任。虽然狄奥多鲁斯从正面评价提摩莱昂，但是他的赞颂倾向相对微弱，无意掩盖提摩莱昂的失败或不道德行为，有关他天佑幸运的信念没有那么突出。然而，在一些重要问题上，狄奥多鲁斯或者他的原始资料是错误的，与之相悖的普鲁塔克的版本更加可取。他关于这一时期的叙述所依靠的资料，或者说所依靠的诸多资料，我们无法肯定地确认。很难相信提麦奥斯是他唯一的权威来源，因为他的记述与普鲁塔克版本之间的差别过大，不可能仅仅是因为视野和解释的区别造成的。[12] 我们也有充分的理由认为，他不可能全部只依靠泰奥彭普斯。可能和他西西里历史前面的部分一样，他在这里使用了不止一种资料。[13]

二　动荡的中间期（公元前354—前345年）

狄翁去世后，西西里继续被动乱撕裂，滑向贫穷和人丁减少。老 708
狄奥尼修斯带到西西里的大群雇佣军大部分是来自意大利的蛮族，因为需要养活自己，他们成为动乱的一个持久根源。任何一个有野心的、能够召集一支雇佣军的领导者，都可能占据一个城镇，并依靠向当地居民勒索金钱和掠夺其他地区来维持自己的权威和养活军队。这类冒险家是否可以被称为僭主还有争议，但是他们产生了负面的影响

⑫　Meister 1967（B 74）123 - 9 相信，他运用了以提麦奥斯为基础的转手资料，但 Pearson 1987［（B 92）212 - 2］正确地表示了怀疑，然而后者也承认，狄奥多鲁斯大量使用了提麦奥斯的材料。

⑬　Westlake 1953 - 4（B 128）与 Hammond 1938（B 56）的看法有异。

则没有疑问。[14]

卡利普斯控制了叙拉古一年，击败了狄翁朋友们的反抗。这些人于是逃往莱昂蒂尼。老狄奥尼修斯的一个儿子、狄翁的外甥希帕利努斯可能在那里得到了他们的帮助，趁卡利普斯不在之际迅速地夺取了叙拉古，并控制了两年。希帕利努斯的继承者是他的弟弟尼萨欧斯（Nysaeus），他保持了5年的权力。敌视他们的传统将这两兄弟视为僭主，并控诉他们有着与僭主政治类似的恶习，但是狄翁的朋友们并没有离开叙拉古或者与他的外甥们疏远。公元前346年，一直主要在罗克利生活的狄奥尼修斯依靠背叛驱逐了尼萨欧斯，狄翁的朋友们再次逃往叙拉古逃亡者的传统聚集地莱昂蒂尼。希凯塔斯（Hicetas），一个曾经坚定支持狄翁的叙拉古人，在那里依靠雇佣军力量建立了自己的权威。他是否被列为僭主是一个史实上的问题，但大部分由叙拉古贵族构成的流亡者们需要军事支持，并指定他为他们的将军。他们已经接受了希帕利努斯和尼萨欧斯，而且也不想对他们求全责备。他们的下一步行动表明，他们并没有打算效忠于希凯塔斯，但宣称自己是流亡中的叙拉古合法政府。

这重要的一步是向作为叙拉古母邦的科林斯求助。希凯塔斯可能假装与他们联合起来发出请求。尽管这一请求的实质并不是很清楚，但极有可能是要求一个将军和一支远征部队，以帮助把叙拉古从僭主政治下解放出来。请求的始作俑者无疑已经意识到迦太基人可能会干涉西西里，但是提及这一额外的风险，很难给一个积极回应的期待增添什么。

科林斯的回应毕竟是积极的，确实引人注目，因为不管是政治上，还是经济上，科林斯都已经长期处于衰落状态。然而叙拉古贵族
709 们不能对这样的一个消息感到太满意，即在经过某些时日的延误后，科林斯聚集的远征军只有700名雇佣军和10艘战船。考虑到希腊有大量失业的雇佣军，科林斯人的这种态度明显不够热心。对领导者的选择也有同样的倾向：他们指派了提摩莱昂—— 一个显赫家族的老人，已经过了20年退休生活，而且显然缺乏指挥军队的资深经验。

---

⑭ 关于西西里僭主的一般论述，见 Westlake 1952（G 321）。关于提摩莱昂的其他方面，见 Sordi 1961（G 292）；Talbert 1974（G 304）。

他唯一明显的资格是曾经在驱逐僭主中起过有名无实的作用。他的兄弟提摩法奈斯曾受托统率一支雇佣军，却建立了僭主政治，并将许多反对者置于死地。提摩莱昂在抗议其兄弟无效后，与两位同伙合谋。同伙杀死了僭主，他自己却置身事外。一些科林斯人称道此行为，但是因为另一些人指责他参与其事时不虔诚，他退出了公共生活。当叙拉古的请求被接受时，他仍处于退隐状态。[15]

当远征进行准备之时，西西里事态的发展兆头不吉。尽管希凯塔斯表示支持向科林斯请求，但实际上希望请求被拒绝。请求被接受会妨碍他最终取代狄奥尼修斯成为叙拉古僭主的野心，现在他渴望通过与迦太基人联合来促进这一意图。经过很长一段间隔期后，迦太基人也表示了对西西里的兴趣。公元前 345—前 344 年，他们动员一支强大的军队前往西西里的目的还无法准确判断，但是像其他事件一样，他们的干涉无疑是受到西凯利奥人羸弱和混乱传闻鼓舞的结果。他们最初的行动是攻击一个被坎帕尼亚人占据的西部城镇恩泰拉（Entella），其目的是要在自己的势力范围里恢复权威。他们与希凯塔斯和其他冒险者的谈判，证实他们有干涉东部西西里的计划。希凯塔斯希望借助他们的海军力量阻止提摩莱昂登陆，可能也需要他们的某种帮助来对抗狄奥尼修斯，尽管他也意识到了过分依靠他们的危险。

当科林斯远征军正在路上时，希凯塔斯保持了他自诩的解放者的姿态，率领他的雇佣军来到叙拉古境内，在那里建立了一个要塞。然而任何激起人民起义的希望都以失望告终，补给的缺乏迫使他撤退。
在遭遇狄奥尼修斯部队追击时，他的军队进行反击并杀敌 3000 人。710
接着他们继续追击那些幸存的追击者，回到了叙拉古。除奥尔图基亚外，整个城市都落入他们手中。关于这次交战，没有充分的记载流传下来，但它却产生了深远的影响。除领土损失外，狄奥尼修斯的雇佣军被削减到 2000 人，还被希凯塔斯的优势兵力严密包围，后者现在也许得到了当地居民的援助。

---

⑮ Plut. *Tim*. 3. 2 – 5. 4, 7. 1 – 2 和 Nep. *Tim*. 1. 3 – 6 的记载极其相似。Diod. XVI. 65. 3 – 8 给出了一个根本不同的版本：提摩法奈斯实际上并没有成为僭主；提摩莱昂亲手杀死了他；这一事件不是发生在叙拉古的请求之前 20 年，而是在叙拉古使节达到达前不久。当时提摩莱昂即将受审。在所有这些问题上，狄奥多鲁斯的版本几乎可以肯定是错误的。

三 叙拉古的解放

尽管提摩莱昂利用航程中的各种现象来表明他的使命得到了神灵的支持，但他到达意大利的过程还是颇为艰辛。在麦塔彭同，迦太基的使者警告他不要在西西里登陆；在莱吉翁，一支占很大优势的迦太基舰队截住了他。他们带着来自希凯塔斯的指令，要求科林斯人回家。提摩莱昂假意答应，却和莱吉翁人合谋设下计策，使他的舰队趁机溜走，避开了迦太基人。在陶罗麦尼翁，他受到了安德罗马库斯（Andromachus）的欢迎，后者以僭主之敌闻名，并给科林斯人提供了一个可供防御的基地。

提摩莱昂给西凯利奥人城邦的建议在各处受到抵制，因为人们不信任这位自诩的解放者，只有来自埃特那山斜坡上的城镇阿德拉农（Adranum）的一个派别例外。反对派引入希凯塔斯，后者率领5000人到达，而此时提摩莱昂只有1500人，且在从陶罗麦尼翁出发并经过一次强行军后，仍与阿德拉农有一定距离。提摩莱昂命令他的疲惫之师坚持战斗，突袭希凯塔斯的雇佣军，让他们遭到决定性失败，占领了他们的营地。⑯

旗开得胜不仅让提摩莱昂赢得了来自阿德拉农的支持，而且赢得了北部沿海城市廷达利斯（Tyndaris）和由马麦库斯（Mamercus）统治的卡塔那的支持。马麦库斯不仅是一个僭主，还有意大利血统，显然曾担任坎帕尼亚雇佣军将领。然而，此时提摩莱昂极其需要盟友。事实证明，卡塔那后来是重要的基地。

阿德拉农的事件对于叙拉古的影响是轰动性的。狄奥尼修斯与提摩莱昂达成协议，他自己得以潜出奥尔图基亚，那里的雇佣军由两名
711 科林斯人军官接手，他们带着400人到达，而这些人是分成小股进入要塞的。如果说狄奥尼修斯的决定令人意外，却也并非不合理。在被希凯塔斯击败后，狄奥尼修斯只有2000名雇佣军，无望继续无限期

⑯ 据 Diod. XVI. 68. 11，69. 3，胜利者立即赶赴叙拉古，出其不意地到达了那里，比战场上的溃兵还早，结果是虽然奥尔图基亚被狄奥尼修斯占据，阿克拉狄那（Achradina）和奈阿波利斯被希凯塔斯占据，但提摩莱昂占据了该城其余地区。从体能上来说，一场85千米的急行军，甚至是在一次战斗以后，也并非不可能。然而，在这一时期，阿克拉狄那和奈阿波利斯城外的任何陆地面积都很小，且不容易防守。即使提摩莱昂弱小的兵力面对如此强敌能支撑数月，但并不清楚他们因此会得到什么好处。因此狄奥多鲁斯的记载必须否定。

坚持，尤其是因为更多迦太基舰只到来，封锁将会加强。他能确定的是提摩莱昂会保证他的人身安全，而希凯塔斯不会宽恕他。作为回报，提摩莱昂会在叙拉古有一个立足点。普鲁塔克宣称（无疑是正确的），这一协议在科林斯人登陆后的 50 天里得到了执行，但是他更进一步的说法，即就在这 50 天里狄奥尼修斯被送到了伯罗奔尼撒（*Tim.* 16. 2），很可能是源自提摩莱昂的宣传。曾表现出一定外交技巧的狄奥尼修斯，似乎没有在这一阶段无条件地退位。更有可能的是，他把提摩莱昂当作一个雇佣军将领，和过去那些来自希腊的其他将领一样容易贿赂。他很可能在这位科林斯人的基地徘徊了相当一段时间，直到他意识到提摩莱昂的决断和精明，才同意流亡科林斯。对于提摩莱昂来说，获得奥尔图基亚及其武器和金钱储备的好处，明显高于与一个僭主缔结协议而招致怀疑的风险，哪怕他最初的使命是针对僭主。他认识到希凯塔斯和迦太基人已经成为解放叙拉古的主要障碍。

希凯塔斯对这一戏剧性发展的第一反应是密谋暗杀提摩莱昂。这一企图失败后，他抛弃了自己对迦太基人负有有限义务的政策，公然邀请他们的将军马戈率一支大军到叙拉古。在整个公元前 344—前 343 年冬天，奥尔图基亚的守军都遭受着持续的攻击和粮食的短缺，但是他们成功地坚持住了，因为他们得到了卡塔那用小船运送的补给的支持。在恶劣的天气里，这些小船一般能够穿过封锁线。

提摩莱昂非凡的胜利鼓舞了科林斯人对其使命的热情态度，并且得到了他们的全力支持。他们现在准备第二次远征，远征军有 2000 名重装步兵、200 名骑兵和 10 艘战船，显然是在公元前 343 年春天离开科林斯，但是因为遭到一支迦太基舰队阻截而未能行进到图利伊以南。同一年春天，马戈率大军到达叙拉古。然而，他和希凯塔斯未能攻克奥尔图基亚，当他们返航去攻击被围之城的补给源头卡塔那时，守军的科林斯人将领突袭并占领了阿克拉狄那。马戈和希凯塔斯匆忙地从他们无果的远征中赶回。因为目标不一致，他们之间的关系 712
也不再总是那么和谐了。当马戈得知双方的希腊雇佣军友好交往时，他甚至更起疑了。可能在提摩莱昂的指导下，奥尔图基亚的守军开始破坏敌方的忠诚，指出如果叙拉古落到迦太基人手中，则对所有希腊人都不利。因这些传闻以及提摩莱昂正在逼近的消息造成了恐慌，马戈不顾希凯塔斯的劝阻，将全部兵力撤退到西西里西部。

第二天，提摩莱昂从美塞尼抵达叙拉古，在那里他遇到了科林斯援军，后者通过陆地行军到达莱吉翁并成功渡过了海峡。他目前的军队，包括已经与他会合的美塞尼的分遣队和其他同盟军，大概有4000 人，而奥尔图基亚的守军总数大约是 2500 人。尽管相应的希凯塔斯军队的人数没有得到证实，但是可能比提摩莱昂的军队多。据普鲁塔克（*Tim.* 21. 2 – 5）说，希凯塔斯决定抵抗，但科林斯人从三个不同方向发起攻击，兵不血刃地蹂躏了敌人最坚固的阵地。普鲁塔克一如既往地把这场令人惊奇的胜利归于提摩莱昂的好运，但当时的境况表明，更可能是双方有一个协定，只是因为双方不是特别信任而保持隐秘，据此希凯塔斯得到许可，将军队原封不动地撤往莱昂蒂尼。影响希凯塔斯愿意谈判的因素，可能是他失去了大多数叙拉古人的同情。叙拉古人对他自己的敌意和对提摩莱昂作为新解放者的支持，导致希凯塔斯处境危险（如果他仍留在那里的话）。尽管他成为叙拉古僭主的野心遭遇挫败，但考虑到他的军事实力未被削弱，他自信可以维持自己在莱昂蒂尼的僭主政治。

四 解放后叙拉古面临的危险

提摩莱昂现在可以开启他的社会和政治重建方案，对此下文将讨论。当前一个更紧急的任务，是消除僭主政治的外在象征，从而让自己摆脱狄翁曾经招致的憎恶，后者曾拒绝采取这一行动。根据他的建议，叙拉古人摧毁了狄奥尼修斯家族的要塞，以及他们的房舍与墓冢。然而，危险仍然存在，源自外来的敌人：敌对的僭主们控制着强大的军队，而且他们知道，迦太基人正在准备报复因马戈溃败而招致的耻辱。

公元前 342 年夏对僭主的进攻只取得了有限的胜利。提摩莱昂攻击了莱昂蒂尼，当他的军队被击退后，他率领他们攻击恩古翁和阿波
713 罗尼亚的僭主莱普提奈斯（Leptines），[17] 后者所占据的两个地方显然都是西凯尔人的城镇。在恩古翁，莱普提奈斯受到猛烈攻击，因此有

[17] 他是一个叙拉古人，曾经是卡利普斯的同伙（Diod. XVI. 45. 9），但是后来谋杀了他（Plut. *Dion* 57. 6）。他可能是老狄奥尼修斯的一个侄子，果真如此，则他的经历有助于说明僭主家族的成员如何利用西西里东部的混乱来追求个人野心。

条件地投降了，并流亡伯罗奔尼撒。同时，希凯塔斯试图围攻叙拉古，但遭惨重伤亡，被迫撤退。⑱ 财政压力导致提摩莱昂派一支雇佣军去抢劫迦太基人占领区，从那里夺得的丰富战利品至少弥补了他们的欠薪；恩泰拉及其他城镇，既有希腊人的，也有蛮族的，都被争取过来了。

公元前341年春，迦太基人准备充分的远征军在利吕拜翁登陆。据说这支军队达8万之众，数量上超过了之前所有的远征，但最令人意外的，是它还包括2500人的迦太基公民精锐部队——圣队（Sacred Band）。将领们的首要责任是恢复迦太基在西西里西部的权威，其第一步行动可能是攻打现在掌握在希腊人手中的恩泰拉。

提摩莱昂已经采取措施来应对这次危机。他搁置了与希凯塔斯的争吵，后者不会指望得到迦太基人的同情，因此能够提供一支分遣队，动员后用来保卫希腊人的西西里。这支军队只有12000人，其中包括3000名叙拉古人和4000名雇佣军。但是提摩莱昂采取了一个大胆的策略，以强行军进入迦太基人区域，显然想在内陆冈峦起伏之地奇袭敌人。对于雇佣军来说，他的策略显然太过大胆，因此其中的1000人在阿克拉伽斯附近叛变并抛弃了他。但他并未气馁。在6月一个有雾的天气中，他的军队抵达恩泰拉所在的山冈。他们首先朦胧地看到圣队正在下面的山谷里渡过克里米苏斯河。⑲ 因为高处的薄雾，他们隐蔽得很好。在提摩莱昂亲自率领下，他们对河岸发起了攻击。重装的迦太基公民兵顽强抵抗，但最终被打退，然而他们的撤退又受到河床的阻碍。第二阶段开始了，敌人的主力，包括大群的雇佣军，蜂拥穿过河道，似乎要利用其人数优势包围希腊人。正在此刻， 714
一阵猛烈的暴风雨袭来，大雨和冰雹倾泻而至打在迦太基人的脸上，并导致河水陡然变成洪流。由于盔甲沉重且陷入泥泞之中，许多迦太基人被卷走，或溺水而亡，或被踩踏而死。其残部惊慌失措地穿过浸

---

⑱ Diod. XVI. 72. 2 – 5 的记载在这里是可接受的。据普鲁塔克（Tim. 24. 1 – 2），希凯塔斯同意退位且作为一个普通公民生活在莱昂蒂尼。这一版本似乎与后来的发展相矛盾；这可能是希凯塔斯在某一阶段的提议，但是被拒绝了。

⑲ 对这个地点的确定并非毫无疑问，一度曾经争论激烈。然而，学者们，尤其是 Chisesi 1929（G 136）已经提出了强有力的论证，相信这场战斗发生在罗卡丹泰拉（Rocca d'Entella）左下方的贝利凯（Belice）河谷。这一地点的特征与狄奥多鲁斯和普鲁塔克的记载相符合。近来发现的铭文（第153页）证实古代的恩泰拉位于现代的罗卡丹泰拉。

满雨水的平原逃走。据说阵亡者超过1万人，被俘者1.5万人。对迦太基来说，这场灾难的最大损失是其圣队几乎全军覆灭。迦太基人的营地和大量战利品落入希腊人手中，提摩莱昂向科林斯送回了给神灵们的感恩贡品。[20]

提摩莱昂无疑是幸运的，受惠于6月那个多雾多暴风雨的天气，但他也确实值得称赞：出其不意地袭击敌人，创造了他能够利用自己好运的条件。这种声誉也应归功于他那支小部队的战斗素质，尤其是他的雇佣军。他们证明，专业的希腊重装步兵在地中海世界仍无可匹敌。

五　希腊人的西西里的解放

在这次重大胜利后，提摩莱昂的军事生涯不再那么辉煌。因为这一原因，也由于传统的偏见不愿详述那些挫折以及一些可能的欺敌策略，使得相关证据令人遗憾地匮乏。然而退休之前，他肃清了西西里地区希腊人的僭主，通过与迦太基签订的有利的条约，保护了西西里，那等成就绝对非凡。

他在克里米苏斯河的完胜促使迦太基和僭主们恢复了联合，因为提摩莱昂是他们的共同敌人。马麦库斯与希凯塔斯及其他僭主结成同盟，以保卫他们的独裁政体，而迦太基人决定要恢复他们的威信，动员了又一支远征军，其中还包括希腊雇佣军。当提摩莱昂不在时，他的两支雇佣军遭受了暂时的失败。第一次可能是公元前340年，在美塞尼附近被得到迦太基人支持的马麦库斯打败，美塞尼当时则被一个名为希彭的僭主掌控；第二次是在迦太基人地区。提摩莱昂一度很吃紧，不过敌人的联盟并不总是有效，似乎只有希凯塔斯从中得到了直接的好处。稍后，可能是公元前339年，提摩莱昂率领一小支部队攻击卡劳利亚（此地地望未得确认，在叙拉古通往莱昂蒂尼的道路附近），希凯塔斯袭击了叙拉古的领土，并取得丰富战果。当他带着战
715 利品回归之时，提摩莱昂率领一支骑兵和轻装部队追击他，在拉米利亚斯河（the Lamyrias）取得了决定性胜利。这次胜利的主要功臣是

[20] 一篇残损的铭文［Kent, *Corinth* Ⅷ part 3（1966），no. 23］，为竖立在科林斯庆祝这次胜利的纪念碑的一部分，它列出了希腊军队的组成。亦见 Hansen *CEG* Ⅱ 809。

叙拉古贵族组成的青年骑兵，而非雇佣军。希凯塔斯的雇佣军（克里米苏斯战役中，其中一些曾在提摩莱昂麾下效力）现在反叛了雇主，他们的忠诚无疑被宣传破坏了。他们将希凯塔斯及其儿子和骑兵指挥官交给了提摩莱昂，后者在莱昂蒂尼将他们处死。希凯塔斯的女人和女儿们则在叙拉古受到审判，因为提摩莱昂允许将她们处死而受到普鲁塔克罕见的谴责。

在阿波鲁斯河（the Abolus，显然在卡塔那附近），提摩莱昂进行了最后一次阵地战，对手是马麦库斯，后者战败并损失 2000 人以上，其中许多是迦太基提供的雇佣军。当迦太基人抛弃马麦库斯并求和时，马麦库斯遭受了甚至更沉重的打击。无可奈何之下，他试图寻求鲁卡尼亚人的支持，但是他被自己人抛弃了，他们把卡塔那交给了提摩莱昂，马麦库斯只身逃跑并在美塞尼得到希彭的庇护。

迦太基人曾与僭主们联合，目标是让提摩莱昂忙于东部西西里事务，以恢复他们在西部的权威。现在他们的目标完全实现，恢复的范围，从他们与提摩莱昂所订条约中的一款可以推知，它把小赫拉克里亚附近的哈吕库斯河（the Halycus）作为迦太基人地区和希腊人地区的分界线。迦太基人承诺放弃对僭主的支持，允许处在他们势力范围中的希腊人移居叙拉古。最后一个条款是所有希腊人城邦都应该自由，这里所提到的大概是在希腊人地盘中的城邦，而且可能是迦太基人坚持插入的一个条款，以防止将来叙拉古帝国的复苏。这个条约可能缔结于公元前 338 年，是一个合理的妥协，让整个岛屿得到经济复苏的机会。

没有了迦太基人的支持，僭主们的事业就被注定了。两个较次要的专制君主——肯图利帕的尼科戴穆斯（Nicodemus of Centuripa）和阿古利翁的阿波罗尼亚德斯（Apolloniades of Agyrium）被驱逐了，他们的领土由移民定居。埃特那的坎帕尼亚人遭到残酷惩罚，可能是因为他们支持过自己的同乡马麦库斯。提摩莱昂指挥了他的最后一战：在美塞尼攻击希彭。因为他的基地在遥远的米莱，所以他采取了和攻击莱昂蒂尼及卡塔那同样的方法，主要依靠日益增长的对僭主的不满情绪煽动起义。无论如何，马麦库斯得以设法亲自向提摩莱昂投降，其条件后来可能为提摩莱昂违反了。马麦库斯在叙拉古公民大会上被指控，不出意料地被定罪，他曾试图自杀，但未能如愿，最后被一种

716 通常用于惩治强盗的恐怖方法处死。希彭也遭到类似的对待：在试图从海上逃跑徒劳无功之后，他被美塞尼人在剧场中公开殴打致死。

提摩莱昂通常会谨慎地把对僭主的处置权留给公开举行的公民大会。然而，在其职业生涯后期，那时他不那么迫切需要支持，他努力确定了下述原则：僭主政治是一种极其令人憎恶的犯罪，应当加以严厉惩罚，镇压他们的方法，不管多么肆无忌惮，都是绝对合法的。马麦库斯可能就是作为坎帕尼亚人的一个代表受到异常残酷的对待，他们在西西里的出现，长期以来都是该岛衰落的主要根源。

六 社会和政治重建

提摩莱昂的胜利，并不限于因为他的指挥才能和老练的外交将西凯利奥人从敌人和被压迫者的地位中解放出来。由于他的重建政策，他创造了一个他们可能会享有某种程度安全和繁荣的条件，这个成就甚至更大。这一政策的纲领中，包括重新安置人口和政治改革。[21]

曾经折磨西西里十余年的剧变，让叙拉古和其他城邦的人口大幅度减少。许多西凯利奥人被杀，更多的人因为压迫、恐惧和经济压力而被迫背井离乡。叙拉古的解放一旦完成，一些公民就返回家乡，但是其人口远远不足，提摩莱昂立即请求科林斯帮助解决人口缺乏问题。科林斯人宣布遣返居住在爱琴海地区的叙拉古人和其他西凯利奥人。最初的反响令人失望，因而科林斯人将邀请扩展到这一地区的所有希腊人，不管他们源自何处。他们和其他愿意从西西里其他地区以及意大利移民到叙拉古的人，都能得到小块土地和公民权。这一计划最初的开展同样令人失望。直到与迦太基媾和并彻底根除僭主政治，最严重的威胁解除后，才取得了成功。从希腊来的移民，包括返回的流亡者，总数达到 1 万人。考虑到普遍的人口过剩以及马其顿的威胁，这个数字是令人惊讶的平常。西西里和意大利的反应更激烈，根据同时代人阿塔尼斯的证词（*FGrH* 562 F 2），全部人口最终达到 6
717 万人。[22] 其中一些移民，可能有四分之一，居住在离叙拉古较远的叙麦图斯盆地（the Symaethus basin）和卡马利那。吸引移民到阿克拉

㉑ 关于政体问题，现在亦请见 Manni 1985（G 224）。

㉒ 这一数据曾经被一些学者认为过于夸大，但是考古证据证实了提摩莱昂去世后西西里的繁荣（见下文第 719—720 页）。

伽斯和杰拉的计划在主要计划外单独进行且在稍后完成。

想要在这一计划实施的环境中保证土地和财产的公平分配，几乎是不可能的。人口的组成分为三部分：留在家乡的公民，曾经出走今又回归的公民，以及之前没有在叙拉古生活过的希腊人。第二和第三个群体的进入在不同年份是不均衡的。小块土地的分配显然免费，但是所有的房屋都进行售卖。因为之前的所有者有资格买回他们先前居住的房子，他们肯定至少可以重新获得一些邻近的土地，除非房子所在区域已经密集建房了。尽管努力追求公平，但是以前的公民还是有某种特权，而付出代价的是新近被授予公民权的移民，后者大部分是穷人。制度的不公平，可能是 20 年后阶级冲突爆发的一个原因（见 *CAH* Ⅶ^{2}. Ⅰ, 384）。

现存证据中，没有能够准确说明是什么权威使提摩莱昂能借总司令的身份当政并完成他的重建计划。然而，几乎可以肯定的是公元前 343 年城邦的解放完成之际，叙拉古公民大会可能授予他全权将军（*strategos autokrator*）的职务，退休之前，他都一直保持着独裁般的权威。科林斯几乎不可能授予他任何职务。他们没有权力提名他把持叙拉古国家政权，远征开始时他们的冷淡态度，表明他们很难指定他担任他们自己国家的任何职务。到达西西里时，他只是一个雇佣军将领，对其使命的普遍不信任是非常有道理的。

他清楚地意识到，如果要防止最近的混乱状态在解放后的叙拉古复发，政治改革和人口增长一样紧迫。狄奥多鲁斯和普鲁塔克都将民主政体的建立归功于他，但是民主政治这一术语在这里指的是任何一种非君主制的政体。尽管有证据表明，公民大会讨论重要议题并作出决定，但是并不意味着它一定有效控制着国家政策，很可能像在僭主政体下一样，不过是一块遮羞布。作为寡头政体下科林斯的一位公民，提摩莱昂可能倾向于寡头政治，而且他在政体改革和法律改革问题上的顾问凯法鲁斯（Cephalus）和狄奥尼修斯都是科林斯人。尽管如此，在他退休之时，政体的运作几乎肯定是民主式的，只是属于最 718
温和的那种类型。唯一反对其政策的记录，出自两位人民领袖。

决定任命奥林匹亚的宙斯的安菲波利亚（Amphipolia of Olympian Zeus）这个唯一官员所采用的方法，根据现存证据看，似乎是温和民主制而非寡头制或极端民主制的原则。候选人局限在三个家族中，通过投票从每个家族各推举一位候选人后，最终的选举通过抽签决定。在政治和宗教上，以之纪年的安菲波利亚名义上都是国家元首，不过他似乎有名无实，其职责主要是形式上的。尽管安菲波利亚比那个政体长命数百年，但据我们所知，其中没有任何一位曾经有过政治影响力。㉓

关于提摩莱昂政体的其他因素，并无任何线索留存下来。在他去职之后，可能每年会选举一个将军委员会来行使军事和公务职责，甚至在此之前，就几乎确定建立了一个某种类型的议事会。20 年以后，一个名为“六百人”的狂热寡头制群体卷入了与僭主阿伽托克勒斯及其民主派支持者的激烈冲突中。这一团体最初可能是一个议事会，由提摩莱昂主要从贵族家族中征募，负责向科林斯求援。当他的温和民主政体逐渐被移民控制时，这些贵族可能日益感到幻灭，试图夺取国家的控制权。然而，在“六百人”变为一个营私派系之前（Diod. Ⅺ X.6.4），它一度是一个官方的议事会（Diod. ⅪX.5.6；Justin XXⅡ.2.11），但这个机构并不必然是由提摩莱昂创建的。

西凯利奥人城邦的解放完成之际，如果不是上文所提到的与迦太基的条约中一个条款被特别解释为防止任何类似的目标，提摩莱昂可能试图建立一个囊括整个希腊人地区的叙拉古霸国。如果有些叙拉古人怂恿他采取帝国政策，回避任何条约义务，他肯定拒绝了他们的要求。叙拉古控制着叙麦图斯盆地，那里居住着被授予公民权的移民，但是，在提摩莱昂生前及其以后的 20 年中，阿克拉伽斯、杰拉和卡马利那都是独立的。然而，在僭主的威胁和迦太基势力被清除后，叙拉古可能保持着一个在它领导下的自治城邦的松散联盟。

七　经济的复苏

719 和任何雇佣军的雇主一样，提摩莱昂也经历着财政的困窘。他的困难并没有因为叙拉古的解放而得到解决，因为这一地区已经变得非常穷困了。来自克里米苏斯河战役的战利品和房屋的出售一定程度上缓解了形势，但是他退休时，反对僭主的战争刚刚结束，西凯利奥人

㉓ 在给予提摩莱昂的荣誉之中，叙拉古人宣布，如果与外国人发生战争，他们应该任命一位科林斯人为将军。这样的任命只有一次记载。

的经济仍然不稳定。然而，他提供了重建繁荣需要的基本稳定。西凯利奥人，还有西凯尔人，明显感受到某种自信，即他与迦太基签订的和约能够保证他们免于外国侵略，而他对待坎帕尼亚人——他们是被僭主请来的，并制造了大量混乱——的严厉态度，也得到广泛支持。几乎所有关于西西里经济复苏的迹象都出现在提摩莱昂去世后，不过，一旦开始，进展就很快。在它全部色彩斑斓的历史中，西西里都显示了从破坏和荒芜中快速复苏的非凡能力。[24]

文献和钱币资料多少显示了某种复苏的迹象。据狄奥多鲁斯记载（XVI. 83），和平的恢复导致了农业生产的巨大增长，剩余产品的售卖带来了广泛的繁荣。据我们所知，雅典经常性地从西西里进口粮食，尤其是在约公元前 330 年的饥荒之初。粮食和其他产品无疑也出口到希腊大陆其他地区，尽管没有证据留存。钱币的证据也指向同一方向。约公元前 340 年以后的半个世纪里，流通着一种含银量非常高的钱币。从当地的储藏看，钱币上有科林斯飞马的符号。这种飞马钱币大多由科林斯和西北希腊的科林斯殖民地发行，但是此类钱币可能是用提摩莱昂从克里米苏斯河战役赢来的战利品在叙拉古打造的，在其他西凯利奥人城邦也有少量发行。尽管这些飞马钱币最初可能是为支付雇佣军的薪酬而铸造，但它们很长一段时间里在西西里东部大量出现，表明商业活动有实质性的复苏，其中包括农产品出口到希腊本土。同一时期西西里青铜钱币的一个特征，是它们由多个小城镇打造，而且明显是首次打造，那意味着独立，可能还有繁荣。

关于经济复苏资料的另一来源，过去 30 年中已经由考古学家进行了富有成效的发掘。到目前为止，对城市和乡村遗址的发掘，尤其 720
是对西西里南部遗址的发掘，已经显示出毋庸置疑的繁荣复苏，年代明显主要属于提摩莱昂去世后的半个世纪。定年往往并不确定，有些考古证据也许应该属于稍后的时期，但是杰拉和阿克拉伽斯原本一直保留着自被迦太基破坏以来未曾设防的乡村状态，在这一时期的确再度变成繁荣和强盛的城市。如我们已经注意到的，每个城市的人口都因为从前的公民和殖民者的大规模涌入而有非常明显的增长，这一计

㉔　以下所述大多遵从 Talbert 1974（G 304），*Arch. Rep. for* 1981 – 82 *and* 1987 – 88 可作为对它的补充。

划的成功也被新近的发掘充分证实。因为杰拉是在公元前280年以前被抛弃的，所以它让人印象最深刻的城墙的建筑，连同公共建筑以及数量庞大的私人房屋，应当属于提摩莱昂去世后的这段时期。在杰拉北部肥沃的内陆发掘的小城镇和农业建筑，进一步提供了繁荣复兴的证据。另一个复兴的南部城邦是卡马利那，尽管其程度稍逊，而大约有150年无人居住的麦加拉—叙布奈亚现在也重新恢复。即便是小赫拉克里亚，在提摩莱昂缔结和约之前属于迦太基，而且很快会再次成为迦太基人的领地，但现在也作为一个希腊人城邦而享有短暂的复苏。

八　尾声

在米莱指挥对希彭和马麦库斯的进攻之时，提摩莱昂的视力开始下降，很快变得全盲。最后一战完成后，他回到叙拉古，辞去将军职务。他选择在西西里而不是希腊度过他的晚年，但他已经是一个老人，在退休后不久就去世了。普鲁塔克的《提摩莱昂传》以一句赞辞结尾，这句赞辞被认为在语气上稍微有些夸大，但是在他退休及他去世以后的等身荣誉，证实了叙拉古人对他的感激之情。他们给予他的荣誉中，包括在他成为普通公民后向他咨询重大问题；为他举行宏大的葬礼，其高潮是把他葬在他们的市政广场；最后，是他们尊崇他的法令，“因为推翻了僭主，打败了蛮族人，他让希腊城邦中最为伟大者再度人丁兴旺，为西凯利奥人赢得了解放”（Diod. XVI. 90. 1）。

721 权威文献把提摩莱昂的非凡成就主要归功于天赋好运。某些时候他可能是幸运的，但如果仔细分析关于他使命的记载，更恰当地说是他的个人品质在很大程度上造就了他的成功。在这些品质中，最主要的似乎是：在追求自己的目标时，当天平似乎对他极其不利时，他拒绝被吓倒。在军事领域，他大胆的策略是基于下述信念：在军队数量严重不足时，如在阿德拉农和克里米苏斯河那样，为了出其不意攻其不备，必须敢于冒重大风险。他肯定是一位善于鼓舞人心的领导者，因为他获得了（甚至几乎持续获得了）经验丰富的雇佣军的衷心拥戴，而这些雇佣军并不以纪律和对其指挥官的忠诚而著称，尤其是薪水往往发放不规律，而他们致富的机会又有限之时。文献传统倾向于忽略提摩莱昂的挫折，但是他的军队在他个人不能领导之时效率要差得多的说法可能是可信的。然而，他在外交领域的老练，可能更合适的术语是谋略，对他的成功帮助最大。为了寻求将希腊人的西西里从那些军事冒险家控制下解放出来，他毫不犹豫地采取了残酷的方法，并显示了和他们所有人一样的毫无原则。他之所以能最终消灭他们，是他有计划地、连续数年灵活地使用削弱和孤立他们的政策的结果。作为一个政治领袖，他赢得了大多数叙拉古人的心，尽管他的政治措施只实行了 20 年，但还是给内部冲突不断的叙拉古提供了一个可喜的喘息机会，而这个效率，在当时盛行的环境中，可能是能够设计出来的最为有效的了。波里比阿对他西西里生涯的轻蔑判断，已经遭到近来发现的关于繁荣复兴的考古证据充分的反驳。

公元前 344 年西西里的形势与公元前 357 年的形势并不相同，因此提摩莱昂所经历的问题与狄翁所经历的问题也有一定区别。然而，这两件事业背景的相似性足够引起这样一个问题，即为什么提摩莱昂至少暂时解决了希腊人的西西里的问题，而狄翁几乎完全失败。公元前 344 年的狄奥尼修斯要比公元前 357 年的狄奥尼修斯弱小得多，尤其是他被希凯塔斯打败以后，但是在两者之间的时期，政治和经济崩溃在加速，且变得越来越普遍，许多城邦被军事冒险家控制，而在很长一段间歇期之后，迦太基的重新干涉也日益逼近。提摩莱昂最初不得不面对人们对于来自希腊本土使者的不信任感。由于他不是西凯利奥人，而且与僭主家族没有联系，他显然比狄翁更有优势，那让他不那么容易因被怀疑有成为僭主的野心而受到攻击。然而，这两位领导 722
者最终成就不同的根本原因，可以在二者个人品德方面找到。在公元前 4 世纪骚动的西西里，狄翁的原则之刻板和他个人之不能平易近人都是明显缺陷。提摩莱昂以他的创造性和谋略，以及他对人类本性的体谅，更有能力解决当时环境所引起的问题。

（李永斌译　晏绍祥、崔丽娜校）

第十四章

马其顿与西北希腊

J. R. 埃利斯

第一节　马其顿的背景

723 到公元前5世纪中期，马其顿已经是一个地域广阔、人口众多的国家了：

> ……下马其顿的统治者是佩狄卡斯。然而马其顿也包括林凯斯提斯人、埃利米奥提斯人和其他高地部落，这些部落尽管和他们联盟且从属于他们，但它们有自己的国王。这个国家的沿海地区被称为马其顿尼亚，佩狄卡斯的父亲亚历山大及其祖先——他们源自阿哥斯的泰麦努斯家族——首次取得了它们。他们打败并驱逐了皮厄里亚人……以及波提埃亚人（the Bottiaeans），成为这个地方的君主，并取得了原本属于派奥尼亚人的领土，那是从内陆沿阿克西奥斯河而下到培拉再到海边的狭长地带［安菲克西提斯（Amphaxitis）］。在阿克西奥斯河以北，他们占据了远及斯特里蒙河的米格多尼亚（Mygdonia）……从现名埃奥达伊（Eordaea）的地区，他们驱逐了埃奥达伊人，从阿尔摩皮亚驱逐了阿尔摩皮亚人。这些马其顿人也统治过，现在仍然占据着许多曾经属于其他部落的地区：安泰穆斯、克莱斯托尼亚、比萨尔提亚……现在整个地区被称为马其顿，而亚历山大的儿子佩狄卡斯是马其顿的国王（公元前429/8年）。

724

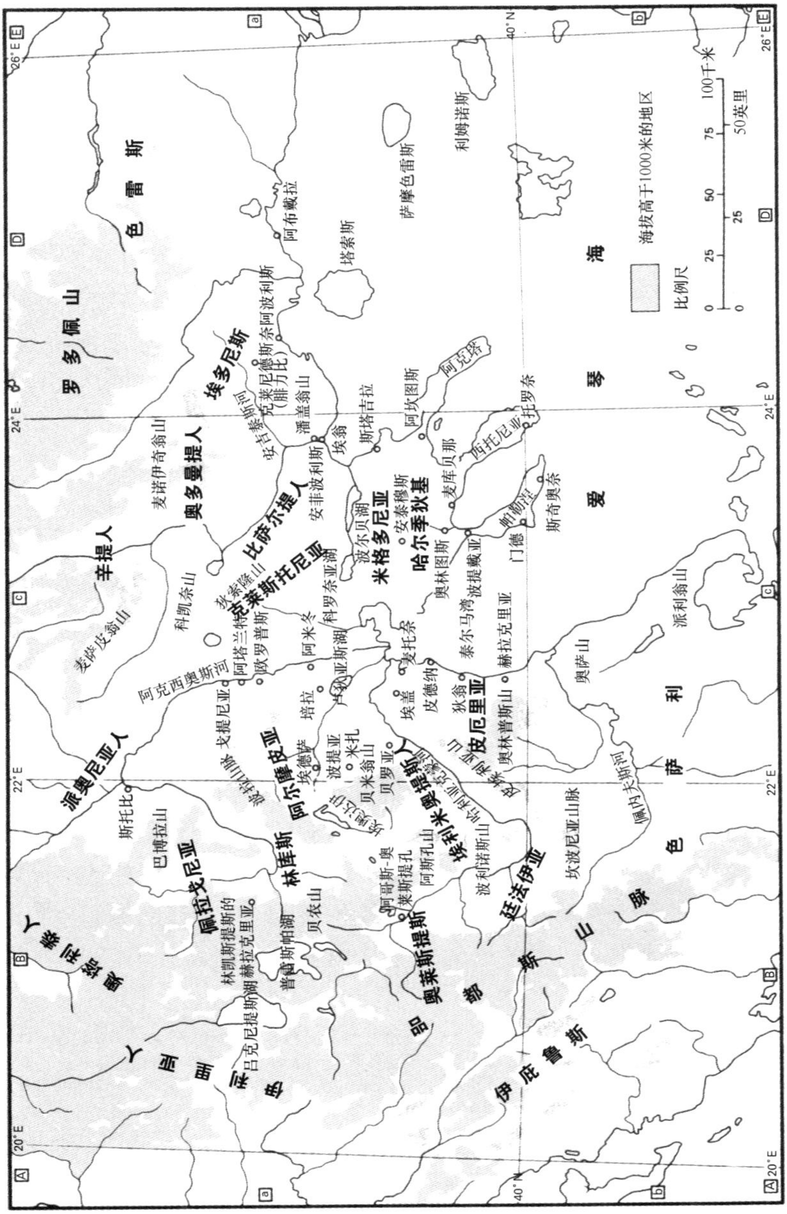

地图16　马其顿与哈尔季狄基

续723 修昔底德这段概述（Ⅱ.99）很好地描述了亚历山大一世去世后其子佩狄卡斯二世统治时（约公元前454—前413年）的王国。

从地形上说，下马其顿可以被描述为一个大致集中在泰尔马湾前段一个四分之三的圆形地带，在其东南端，泰尔马湾侵蚀了其四分之
725 一领土的大部分。* 滨海冲积平原的景象就如高地和山脉组成的一个断断续续的圆圈，其后是又一个由小平原组成的同心圆，这个同心圆又被更高更难穿过的山脉割裂和限定。① 腓力二世统治（公元前360—前336年）之前，主要属于广袤而湿润的斯特里蒙平原外圈东半段的大部分并不在马其顿的控制之下，但其西半段主要是海拔600米左右的小平原，这些小平原经常被山脉隔开，犹如它们把马其顿与山外的外来部落隔开一样，这就是上马其顿。

这一广袤地域富有各种资源，肥沃的平原和茂密的森林，各种家畜如马、牛、绵羊和山羊，以及丰富的矿藏如铜、铁、金和银。这一地区是自给自足的，事实上完全可以不依赖对外贸易，尽管引起了外来商人相当大的兴趣，其中最诱人的是其特有的优质造船木料。然而，腓力之前，如此丰裕之地并没有产生一个强大、稳定的王国。虽然只在修昔底德的勾勒中有所暗示，但是对马其顿人背景至关重要的是上马其顿西部的高地人和下马其顿居民之间的海湾。滨海平原是该王国的中心地带，其居民（不再是来自皮厄里亚平原以北山上的游牧民，他们最初曾劫掠低地地区）能充分利用其肥沃的土壤及大河形成的冲积平原。与所有的农耕者一样，他们越是安居乐业，就越容易受到攻击，也就越容易屈从于中央政权的统治。与平原相比，崎岖不平的高地因不能受到海洋的调节，那里的共同体，连同他们放牧的成群的山羊和绵羊，由于冬季的酷寒从山坡上下到山谷中以求保护。

---

* 关于公元前360—前336年这一时期主要的连续性史料是狄奥多鲁斯的第16卷，尽管它存在许多年代问题，但是至少提供了一个可用的框架。优斯廷的第7—9卷提供了一个高度压缩的叙述，其充满了误解、谬误和修辞。许多佚散的公元前4世纪历史学家作品的残篇留存下来，尤其是希俄斯的泰奥彭普斯（*FGrH* 115）、库麦的埃弗鲁斯（*FGrH* 70）和雅典的菲罗科鲁斯（*FGrH* 328）。德摩斯梯尼和埃斯奇奈斯的演说以及伊索克拉底的后期作品经常提供补充性的细节。同时代的铭文也大量留存下来，尽管大部分出自雅典和德尔斐。关于马其顿王国考古证据的数量也在持续增加，尤其是过去几年以及可预期的未来。普鲁塔克的三篇传记（*Phocion*, *Demosthenes* and *Alexander*）保留了大量信息，其中一些回溯到当时的资料。然而，整体上说，还是有很多空白。关于腓力统治的论著近来已经出版的有 Ellis 1976（D 80），Cawkwell 1978（D 73），Hammond and Griffith 1979（D 50）。这些或多或少包括了本书第14章和15章所用到的材料。

① 这一比喻出自 Edson 1970（D 27）p. 19。

由于更自给自足、更艰苦、更少受到外部影响，传统上上马其顿人必然就与他们的低地亲属不相往来。就我们所知，从薛西斯入侵（当时上马其顿第一次名义上被亚历山大一世吞并）到最终被腓力二世合并之间该王国内政的历史，很大程度上是由这种基本的分裂决定的。数代马其顿统治者都努力想统治高地部落；而居住在高地的土著王公激烈反抗。这种紧张关系不仅消耗了马其顿人大量的精力，也将王国暴露在那些准备利用这种分裂达到自己目的的外部势力面前。比如，伯罗奔尼撒战争之前和战争期间，大多有案可查的事件，是伯罗奔尼撒和雅典军队一系列的干涉，其时佩狄卡斯和后来的阿奇劳斯（约公元前413—前399年在位）至少是周期性地与埃利麦亚、林库斯，可能还有其他的君主国存在冲突。公元前4世纪早期，出现了类似的分裂迹象。由于公元前4世纪90年代阿奇劳斯去世后及其年轻的继任者奥莱斯泰斯（Orestes）当政之时王室遭遇的困难，加剧了这种分裂，分裂可能反过来又恶化了王室的处境。 726

在腓力统治之前，阿奇劳斯统治下的马其顿是最大的，巩固了前几代人获得的领土。阿奇劳斯将政权所在地从旧首都埃盖（Aegae，今维尔吉纳）迁到卢狄亚斯湖北岸的培拉（当时实际上是海湾向西北的扩展地带）。尽管这里夏天湿热，但它位置更好，正好处在低地平原，就如现代地图所示，与整个马其顿大圆圈的中心非常接近。旧首都非常危险地接近皮厄里亚沿岸的两个希腊人殖民地（皮德纳和麦托奈），当然也是迁都的一个因素。但埃盖还是有许多宗教和传统的联系，是举行诸多著名的王室和宗教仪式的场所，也有国王埋葬在此。最近的发掘证实了埃盖的位置，那里发现了许多王室墓冢，使我们有了更多关于古典时代马其顿及其王权和文化的知识，并有可能加深对它们的理解。培拉被建成马其顿最大的城市（Xen. *Hell*, V. 2. 13），其地位的上升似乎是国家政权结构重组的一部分，考虑到数代人逐渐获得的从中部平原和斯特里蒙河谷到东部的领土和人民，以及西部上马其顿的邻近地带，建都是一个必要的任务。新近获得的东部领土被组织成一系列以中心城镇命名并由其控制和管理的地区[如培拉、埃盖、贝罗亚、阿尔科麦奈（Alcomenae）和阿罗利斯（Aloris），请见阿里安《印度志》第17章]。它们的功能是征募士兵。通过修建道路和在战略要地建立要塞（尤其可能在阿克西奥斯河谷，此地在当时就和现在一样是从北边进入马其顿的主要道路），阿奇劳斯改善了与这些地方的联系。这位国王同样进行了一些军事方面的改进，只是细节并不确定（Thuc. Ⅱ. 100）。虽然改革的重要性足以引起修昔底德的注意（其时为公元前4世纪90年代中期），然而好像没能熬过接下来的10年困难时期。似乎和之前一样，在这一时期和腓力改革之前，骑兵是马其顿唯一有效的军事组织。整体上看，马其顿人的防卫仍是软弱的。

阿明塔斯三世（Amyntas Ⅲ）的统治虽然时间很长（公元前393—前369年），但远谈不上稳定。这一时期，首先是奥林图斯控制的哈尔季狄基同盟，然后是由于战后斯巴达扩张主义的萎缩，雅典新同盟得到加强。与此同时，北方远处的人口迁移给整个巴尔干带来了不稳定因素，巴狄利斯强势领导下的达尔达尼的伊利里亚人日益向南
727 寻求生存空间（见第9章第4节第428—429页）。受到两股势力挤压的马其顿为寻求所有可能的空间，通常需要依靠让步和屈服才能生存。阿明塔斯之子亚历山大二世（公元前369—前366年在位）和佩狄卡斯三世（公元前365—前360年在位），以及两者之间的摄政托勒密（公元前368—前365年在位），都面临着相似的问题，尤其是在雅典野心复苏、特别关注重夺安菲波利斯之时，而此地紧邻马其顿东部边境。佩狄卡斯统治后期，他指望利用雅典与哈尔季狄基同盟之间糟糕的关系，转而对付雅典，将军队借给安菲波利斯用以防御。然后他满怀信心行军至西北山区与巴狄利斯作战，而他的前辈曾在30年间向巴狄利斯进贡（Diod. ⅩⅥ. 2. 2）。马其顿军队遭到惨败，国王和他的4000名士兵阵亡。伊利里亚人准备继续推进到马其顿以及更远的东方。而在阿克西奥斯河上游，派奥尼亚人的部落开始抢劫马其顿移民。色雷斯国王科提斯支持一个妄求王座之人——某个保萨尼阿斯。雅典人将希望寄托在阿盖乌斯的继承资格上，后者在公元前4世纪80年代后期阿明塔斯三世被放逐期间，曾作为奥林图斯人的傀儡统治过两年。这就是腓力二世继承的遗产（Diod. ⅩⅥ. 2. 4 –6）。

第二节 马其顿社会

以更熟悉的雅典标准来看，马其顿社会是反常的，就许多传统和

制度来说，它与上马其顿诸小王国及品都斯山脉两侧的邻居，还有东部、北部与西北部的非希腊人部落比较，它们是共同的。严格意义上的马其顿人是勇武的男性，在很多方面保留了他们在公元前7世纪扩张之前曾存在的亲密小团体风格。这不仅使他们在一些希腊文明人眼里是落后的（因此也是“野蛮的”），而且一个人口稠密的社会在占领广阔地域后产生了结构上的异常。在腓力尤其是亚历山大大帝统治时期（公元前336—前323年），传统的亲密关系因为王国附属领土的大规模扩张变得日益紧张，最终陷入崩溃。

从王国发端时期一直到亚历山大四世去世（公元前311年），所有国王都出自泰麦努斯（Temenid）家族，即占主导地位的阿尔吉亚德部落的统治家族，他们将其祖先通过阿哥斯的英雄国王泰麦努斯（Temenus）而追溯到赫拉克勒斯（Hdt. Ⅴ. 20，22，Thuc. Ⅱ. 99. 3，Ⅴ. 80. 2）。国王与臣民之间保持一种亲近甚至不拘礼节的关系（在实践中，主要是与成年男性；更确切地说，是与他的勇士们），作为他们的宗教、社会和军事凝聚力的表现和“代表”。这可能并非不同 728
于（也许正好是）修昔底德心目中提及的古风时代“以规定详尽的特权为基础的世袭王权”（Ⅰ. 13. 1；参见 Arr. *Anab.* Ⅳ. 11. 6）。和在“考古”（*Archaeology*，如Ⅰ. 6. 1 –2）部分的其他地方一样，在这里，修昔底德也是从当代的遗存中重构过去。马其顿人是一个勇武的民族，他们的领袖也是一个英武的国王。除特殊环境外，他们在国王的直接指挥下服役。然而无论士兵权力多么有限，表达公众声音的都是战士大会。按照传统，这些人是“马其顿人”，实践中也很难是其他人。尽管它的投票可能被视为全民公决投票，但据我们所知，军队只有两种形式上的权利②——通过“欢呼”选举国王（在极其特殊的情况下也罢免国王），调查通敌罪。这两种事务，恰恰让国家在首脑身上变成明显的弱点。实际上，就前一种权力而言，由“武装的马其顿人”选举的国王在多数情况下并无争议，尤其是考虑到明显的优先选择长子的传统。就后一种权力而言，一旦国王是原告，他作为陪审团和高级祭司的上司，其优势无疑能够确保他得到希望的判决

② 军队（或公民）的权利问题长期以来都有争议。对于其资料和文献，极端的肯定态度以 Granier 1931（D 39）为代表，他首次提出了这个观点。否定者的代表是 Lock 1977（D 210）等。最全面的讨论是 Briant 1973（D 22）237 –350。现请见 Anson 1985（D 8）。

(Curt, Ⅵ. 8. 25 正式表达了这一点)。不管具体条款如何，对国王理论上的限制很好地表现了存在于统治者与被统治者之间的这种关系。最接近国王的是他的议事会成员，或“王友”(*hetairoi*)，那些在马背上与他一起战斗之人。考虑到只有国王选择他们，这些人可能并不完全是世袭的贵族。然而因为我们没有任何资料表明传统贵族的地位可能下降，或者说儿子没能被提升到其父亲的地位，用选择这个词可能并不十分恰当。国王通过他们得到建议并选择他的官员和管理者。他们则按照法律（但无论如何也按照惯例）陪伴国王狩猎（Curt. Ⅷ. 1 - 18)，依照权利在正式和仪式性场合陪伴他。至少依照王室侍从（Royal Pages）制度（Arrian *Anab.* Ⅳ. 13. 1 肯定地将这一制度归于腓力)，[3] 他们的儿子和国王的儿子一起受教育。他们及其家族占据了国王作为礼物赠送的大量地产。

这一阶层之外是普通的马其顿公民——士兵，必要时他们在步兵团中服役。他们是小土地所有者，因此避免对他们过多和过重的要求是非常重要的。缘于此，召集他们可能也更为困难。大概从最早时期起，即便是在就重大事务召集公民大会时，他们也从来没有全体出席
729 过。但是，他们可能由那些在军队中对国王负责的人代表。最后，因为大量男性能够被征召，有时候是超期服役，因此明显应该存在着一个劳动者阶层，他们可能由王国发展过程中纳入的土著居民组成。就军事上的职能而言，他们战时也充当马夫、仆人和驭手等。他们的身份可能稍微低于全权公民，似乎没有低到雅典奴隶那样的程度。在某种程度上，他们可能类似于色萨利的“佩奈斯泰”。

这是一个艰苦、辛劳和男性统治的社会。对任何希腊城邦的公民来说，服兵役都是他们作为公民的义务，但在马其顿，公民权与军队的关系尤其密切，成为维持国王兼指挥官和他们的追随者之间传统紧密关系的一项功能。尽管到公元前 5 世纪和前 4 世纪，大部分下马其顿人依靠农业为生，但在很多地区，狩猎普遍成为经济生活的一部分，就如上马其顿一样。狩猎也保留了它的社会功能，即训练年轻人成长和为战士们放松。据说，没有杀死第一头野猪的人必须坐在桌子

---

③　在本人看来，由于证据不足，这个说法已经遭遇挑战，见 Hammond 和 Griffith 1979（D 50）168 及 n. 1。

边而不能倚靠桌子（Ath. Ⅰ. 18a），就如早期从未杀敌的骑兵必须用缰绳作腰带（Arist. *Pol.* Ⅶ. 2，1324b 15 – 17）。与男性同伴和妓女一起宴饮是常见的消遣；蜂蜜酒、发酵的饮料尤其是纯葡萄酒的饮用量可能很大，因此拘谨的外来者很容易被认出来（Dem. Ⅱ. 18 – 19，*FGrH* 115 Theopomp. F 81，224，225，236）。这也是一个宗教氛围很浓厚的社会，不仅能看到希腊式的和更迷狂的色雷斯祭仪，而且在战斗中至少同样严格关注献祭仪式。在所有这些行动中，国王都是人群中的一员，但身份高于其他人，因为他的宗教、司法和军事职责至高无上，然而国王和他人一起参与仪式，尤其是与他的“王友”们一起进行战争、公共生活和休闲。

人们很容易在文明世界作家的诱导下得出下述看法：马其顿人不过是来自蛮荒之地的文盲。无疑，一些人确实是文盲，就如许多阿提卡的农民一样，并且比例的确很高。但是，传统上的统治家族及其近臣会鼓励与希腊其他地方的知识和艺术联系。一些人名，如欧里庇得斯、阿伽同（Agathon）、泽乌克西斯（Zeuxis）、米利都的提摩泰乌斯、阿菲德那的卡利斯特拉图斯（Callistratus of Aphidna）、奥琉斯的欧弗莱乌斯（Euphraeus of Oreus）、克里特人奈亚库斯（Nearchus）、泰奥彭普斯和亚里士多德本人，都断断续续地隐约出现在王国内部历史中。从亚历山大的情况判断，王室的王子受到了被认为是最好的希腊文化教育。至少从腓力的王室侍从制度开始，也从“王友”的儿子们中挑出一些人共享这种教育。宫廷中曾培养出如安提帕特这样极具才干的人。他是腓力的首席行政官和外交官，写过一部关于佩狄卡 730
斯三世伊利里亚战争的历史作品（已佚失），还是亚里士多德的亲密朋友，并有书信往还。在社会上，一般希腊文化的普及程度似乎很高，尽管很难确定，[④] 但是近来在马其顿墓冢中的大量发现也许能提供一些可能的答案。

④　关于马其顿人语言的证据，近来已经得到 Kalleris 1954，1976（D 54）and Hammond and Griffith 1979（D 50）43 – 54 的评论和讨论，他们都主张这是一种希腊语方言，这一观点现今遭到 Badian 1982（D 12）的反对。越来越多的现存公共和私人铭文清楚地表明，除希腊语外，这里没有其他书面语言。关于口头语言，目前还有可争论的空间，至少关于较早居民语言的地方性遗存如此。但我们很难想象有什么样的权威资料来支撑这种说法。尚无证据证明那里存在一种不同的“马其顿人的”语言且无法把它简单地解释成方言或口音。

第三节 腓力的早期统治（公元前360—前357年）

随着佩狄卡斯去世，军队面临的选择实际只有一项了。他只有一个儿子阿明塔斯，还只是个孩子。他健在的兄弟、阿明塔斯三世与欧律狄克（Eurydice）所生三个儿子中唯一幸存的一个——腓力——受到了欢呼，不过是作为国王还是作为摄政仍有争议。[5] 几乎所有的证据都表明，公元前4世纪60年代后期四面受敌的马其顿人都诚挚地渴望一种平稳的延续。[6] 一位作家（Justin Ⅴ. 7. 9 – 19）提到了摄政统治，但是没有其他资料能够直接或者通过推论提供哪怕最微小的支持。就如优斯廷作品中十分普遍的现象一样，这极有可能是对某种误解的粉饰。人们肯定讨论过这个话题，但仅此而已。

这时的腓力是22岁或23岁（生于公元前383年或公元前382年）。在青年时期，要么在其兄弟亚历山大统治时期，要么在阿罗利斯的托勒麦欧斯摄政时期，他和其他马其顿青年被作为人质交给底比斯将军佩罗皮达斯，在底比斯逗留过两三年（关于这件事的材料很混乱，而且终究无法核实。其主要作用是导致了古代和现代人对无法证实的友谊及其影响的胡言乱语）。腓力返回后，我们只听说他在佩狄卡斯统治时期拥有过某种封地（Ath. Ⅺ. 506 ef, 508 de, Pl. *Ep.* Ⅴ, Speus. *Ep.* Ⅻ），并因此可能担任过职位较低的或者地区性的指挥官。腓力即位时，其他对王位提出要求者是否得到过正式考虑并不确定。当时也有竞争者，分别是来自王朝旁支的保萨尼阿斯和阿盖乌斯，但是他们的要求依赖于军队。腓力三位“同父异母的兄弟”，即阿明塔斯与另一位妻子古盖娅（Gygaea）所生的儿子们也粉墨登场了。但是，即便他们曾提出过要求，也被轻描淡写地忽略了（几年以后，最年长的阿奇劳斯被处死，其他几个逃跑。当哈尔季狄基同盟与马其
731 顿关系破裂时，他们正在奥林图斯寻求庇护，时间可能是公元前350年或前349年。[7] 至于他们的出身和地位意味着什么，只能是猜测。

[5] 关于支持摄政统治的详细论证，见 Prestianni Giallombardo 1973/4（D 113）；参见 Ellis 1971（D 28）and Hammond and Griffith 1979（D 50）208 – 9, 702 – 3。

[6] 关于腓力即位和去世的日期，见 Hatzopoulos 1982（D 95）。

[7] 讨论见 Ellis 1973（D 79）and Hammond and Griffith 1979（D 50）699 – 701。

既然古盖娅在欧律狄克于公元前 4 世纪 90 年代后期结婚之前就已经结婚——从表面判断应该是这样，因为阿明塔斯在公元前 390 年就 40 多岁了——那么在继承上，至少她的一个儿子应该比欧律狄克的一个儿子拥有更大的优先权，但实际上并不如此。然而，即使我们接受古盖娅结婚在后的观点，也就是说她的儿子出生在公元前 4 世纪 70 年代，因此在公元前 360 年太小而不会被考虑，则我们也能提供一个可以成立的公元前 4 世纪 50 年代兄弟阋墙的框架，因为那时这些年轻人已届成年）。

在马其顿人被伊利里亚人决定性地击败后的数周里，可资利用的人力资源严重耗竭，士气陷入低谷，腓力的军队也无能为力。除了重建以外，还有两件亟待解决之事。第一，在面对许多要求时，需要找到优先处理的事项。第二，边境和主权与王位一样，都处于危险之中，马其顿一直缺少朋友。佩狄卡斯统治的最后几年已经让马其顿的朋友很少了，随着他的巨大失败，马其顿面临着所有人的敌意。

因此，腓力的前几个月忙于提升士气和外交（Diod. XVI. 3）。面对如此恶劣的形势所取得的成功，成为他统治时期主要方略和显著成就最为明显的预兆。在很短时间里，他就与色雷斯的科提斯取得联系，让后者取消了对保萨尼阿斯的支持。几乎与此同时，他与胜利的达尔达尼人国王进行了和平谈判，[8] 其代价大概是割让上马其顿的一部分。关于这个条约的证据没有留下来，只有一个腓力与巴狄利斯的女儿或侄女奥达塔（Audata）结婚的日期，且日期不确定，但非此不足以解释与伊利里亚冲突的突然停止。尽管这场冲突早先是由这些部落引起的，但是直到一年后或更长时间才重新开始，而且是由腓力主动挑起的。那不可能是一个体面的条约；可以说，是马其顿“遭到伊利里亚的奴役”（Diod. XVI. 1. 3）。派奥尼亚掠夺者也因谈判和贿赂而撤退。佩狄卡斯借给安菲波利斯的军队也在这时或稍后不久被召回。他们无疑是因国内需求回国的，但无论如何，继续与雅典人毫无必要地对抗没有益处。腓力让大家知道，他想成为雅典的朋友。

公元前 360/59 年秋季和冬季过去后，腓力开始把时间和精力用于治愈马其顿的创伤。在可能来自同时代作家埃弗鲁斯一段相对详细

---

⑧ 见 Ellis 1976（D 80）47 – 8。Hammond and Griffith 1979（D 50）211 提出了更加谨慎的看法。

732 的记载中，狄奥多鲁斯（XVI.3）提到国王召集的一连串公民大会，持续的军事训练和演练，以及军事组织的某种改变（参见下文第734—736页）。

军队的第一次运用是次年春天（公元前359年）与图谋权力的僭位者阿盖乌斯之间的小冲突，后者得到了曼提亚斯（Mantias）指挥下的3000名雅典重装步兵半心半意的支持。大部分雅典人不过到了登陆地麦托奈，而僭位者则和他的雇佣军、被放逐的追随者和一些雅典志愿者，行军大约15千米后到了埃盖，试图将旧首都拉到反叛中来。但他被拒绝了，在退却到海边时被国王的军队追上并击败。腓力承认了雅典人所暗示的克制，命令将被俘的雅典公民遣返而不收取赎金，并赔偿了他们的损失。

雅典与马其顿的和平之路再无障碍了。腓力已经消除了诸如佩狄卡斯支持安菲波利斯独立而造成的伤害，也已经证明了自己对王国的有效控制。雅典人现在实际上面临着选择：奥林图斯使者带着明显可与之对等的筹码抵达雅典，代表哈尔季狄基同盟请求结盟。但是10年来与奥林图斯异常恶劣的关系，连同取得安菲波利斯新的期盼，决定了雅典公民大会的态度。关于结盟的条款我们知之甚少。据称严肃表达盟约内容的一份资料（Dem. II.6），即使不算太过偏见还有可信之处，却太过简略而难以理解，它只是暗示，无论安菲波利斯是否是正式盟约的主题，它都是讨论中的核心问题。[9] 安菲波利斯并非腓力可以给予的东西，雅典要求于他的，可能不过是确认安菲波利斯独立于马其顿王国之外。

在雅典友谊的保护伞下——它至少能遏制奥林图斯，腓力转向了未完成的工作。从上次接触后，科提斯已经去世，其王国被他的三个继承人瓜分。（可能）在公元前359年夏天，腓力率军北上攻打派奥尼亚人部落。后者居住在阿克西奥斯河谷上游及其附近，其国王阿吉斯（Agis）也刚刚去世。他们的组织性较巴狄利斯的伊利里亚人更差，因此是一个很好的练兵靶子。马其顿人的胜利，在当时及随后几年中，都伴随着一系列沿着阿克西奥斯河要道的军事要塞的建立。

要么在公元前359年末，要么在公元前358年初，更可怕的敌人

---

⑨ 见 de Ste Croix 1963（C 246）。

来临了。巴狄利斯约一年前的胜利，使得伊利里亚人至少控制了上马其顿河谷较偏北的大片地区。但他年事已高，判断力也明显有缺陷。733
虽然巴狄利斯察觉到了腓力的准备，且意识到一支1万名步兵和600名骑兵的部队意味着严重的威胁，然而他能够为自己提出的现实建议，不过是双方各自保留已经占领的地方。战斗在埃里冈河谷林凯斯提斯的赫拉克里亚（Heraclea Lyncestis）打响。现存的少量细节表明，（据我们所知）马其顿的步兵，辅之以骑兵在侧翼的暴风式攻击战术，第一次发挥了重要作用（见第九章第4节第436—437页）。

比战役本身还重要得多的，是腓力打通了通往上马其顿的通道。伊利里亚人被打退，远至吕克尼提斯湖的更多领土归于马其顿。在防御更好的边界内，腓力开始了解决混居的高地居民的任务，同时开始解决新旧马其顿地区的巩固和防御问题。数十年来，高地地区一直遭遇伊利里亚人侵犯。这一过程是长期的，态度和控制一样的重要，但考虑到紧迫性，可能在公元前358年和前357年已经有了一个引人注目的开端。细节肯定只能从来自他统治下其他时期与马其顿边界居民相关的些许证据。联姻式同盟可能发挥了一定作用，腓力与菲拉（Phila）结婚的时间，可能正应定年于此时。菲拉是埃利米奥提斯人王室的一位公主（尽管此事可能定年在腓力即位之前）。对于受宠或失宠的人口进行再安置或“转移”，以便增加支持者或消除反对者，尽管这是他在别处行动的一个特征，可能也在这时实行过。当地的君主国大概在这一时期瓦解了，但是他们的许多领导人成为腓力的“王友”。防御的城镇在高地的小河谷中建立起来，沿边界调度人口，并在边境本身建造了要塞（Arr. *Anab.* Ⅶ.9）。这些设施既是保证高地地区的安全以应对外来渗透所必需的，也是对内控制的基础。从长远的观点看，积极措施更加重要，尤其是军队的扩充以及在军队中成功注入国家理想和热情，以及大规模扩充贵族“王友”阶层和选择新老贵族的儿子创造出的王室侍从。从这时起的70年里，我们再没有听说旧的高地特殊论或上马其顿与下马其顿之间过去分裂的形势重现。

这些年腓力迈出了处理两者关系最初的步伐——它会长期且有效地让马其顿受益，而且都与上马其顿直接相关，并不是偶然的。公元前358年，国王对来自拉利萨的阿琉阿斯家族——色萨利同盟重要城

734 邦中的贵族家族——有关支持他们反对菲莱僭主的要求做出了回应。尽管他自己面临困难，能够提供的帮助也有限，然而他仍然没有忽视与马其顿王国南边土地接壤的色萨利的重要性。他与阿琉阿斯家族的一个女儿菲琳娜（Philinna）结婚，标志着与色萨利密切接触的开始。[10] 他提供了什么援助不得而知。次年他与奥林匹娅丝结婚，奥林匹娅丝是伊庇鲁斯占统治地位的摩罗西亚部落（Molossian tribe）的一位公主。他对巴狄利斯的胜利，使他成为伊庇鲁斯人一个有吸引力的盟友，因为后者也曾遭受伊利里亚人的奴役。他最近与雅典的巧妙结盟，则加强了长期存在的伊庇鲁斯与雅典的联系。对腓力来说，新的联盟给他在品都斯山脉以外地区提供了有力支持。此外，可能在10年前加入摩罗西亚部落联盟的奥莱斯提斯（Orestis），现在也极有可能通过腓力与摩罗西亚国王、奥林匹娅丝的叔父阿吕巴斯之间的友好协定而加入马其顿王国。这些联盟都通过联姻得到了巩固，似乎与上马其顿最终的合并有着直接联系。

到现在，腓力已经与四位女性结婚了：奥达塔、菲拉、菲琳娜和奥林匹娅丝（请见第9章第4节第437—438页）。她们在结婚前地位各异，但这不会决定她们在王室中的地位。她们都是他的妻子。确实重要的，是她们是否为她们的丈夫和主人生了孩子，女儿会和她们的母亲一样承担外交角色，儿子们会保证家族的延续。但只有生育长子能让其中一个妻子提升到高于其他人的地位。但在孩子本人成为国王之前，这可能没有很重要的意义。显然，菲琳娜的儿子阿利戴乌斯（Arrhidaeus）可能要比奥林匹娅丝的儿子亚历山大年长，后者出生于公元前356年。如果是这样，则因为阿利戴乌斯心智有缺陷，所以就我们能追溯到的而言，亚历山大被视为他父亲的继承人了。

第四节　马其顿军队

近来的军事成功和腓力日益被当作一个盟友而受到请求，很大程度上可能都要归因于军队本身。[11] 我们关于早期的主要资料（Diod.

⑩　没有文献记载这一时期的干涉。见 Ehrhardt 1967（D 77）and Griffith 1970（D91）。

⑪　关于军队，最好的全面论述现在是 Hammond and Griffith 1979（D 50）405－49。

XVI. 2－4）过于强调改革和训练的最初几周和几个月，实际上这只能是一个渐进和长期的过程。尽管如此，初期所取得的成就，如达尔达尼人的彻底失败所预示的那样，确实远超灵感和激励。在所有的改革中，意义最重要，也是最渐进的，就是单纯的人数扩张。可以肯定，公元前 359 年的 1 万名步兵和 600 名骑兵（Diod. XVI. 4. 3）是当时能达到的顶峰；24 年以后，这个数字可能分别超过了 3 万名和 735
4000 名（Diod. XVII. 17）。公元前 358 年及接下来几年的合并，并非产生这一区别的唯一原因，也不能说明骑兵相对于步兵比例的大幅提升。空前安全的统治下人口的自然增长；因人口增长带来的日益增长的繁荣，随之而来的是能够提供武器和装备的公民比例的提高；被征服土地既分配给了“王友”，显然也分给了那些地位较低的人。上述这些因素肯定都是至关重要的。马其顿的步兵与色萨利的轻盾兵更为相似，在装备方面比重装步兵花费相对较少，因为他的盾牌要小不少，胸甲也没有那么贵。

腓力军事改革的组织和特点上文已经讨论过。[12] 这里我们感兴趣的是他给军队各个层次的晋升提出了刺激措施。一个做出突出贡献的方阵步兵能够在“王友步兵”中赢得一席之地，因此就可以迈入实质上是职业兵的生涯，并得到比其同时征召入伍的同事更高的薪水。“双倍薪酬者”和“10 斯塔特尔（等于 40 德拉克马）者”这样的称呼，表明有其他类型的刺激措施。腓力去世后不久，一个“王友步兵”（当时称叙帕斯佩斯，存疑）的薪水是每月 30 德拉克马（Tod no. 183 = *IG* II^2 239 = Harding no. 102），普通的方阵士兵可能挣 25 德拉克马。当然，也有常规的有吸引力的晋升。最基本的是在一个大队中，6 名连队指挥官（*lochagoi*）可能位在 96 位十夫长之上，其他有关军阶的不同名称，也表明多种升迁的机会。同样的刺激措施可能也被运用到重骑兵和更轻装的矛兵（*sarissophoroi*）或侦察兵（*prodromoi*）身上，只是相关证据不足。普通士兵是否有可能被提拔到“王友骑兵”中还相当不确定，因为“王友骑兵”中的贵族有着复杂的资格限制。可是，在腓力时代，“王友”资格不再是排他的，因为一个当时人（Theopomp. F 224）指出，色萨利人和其他希腊人以及马其顿

⑫　见前文第 12 章第 5 节，第 686—688 页。

人都拥有这些职位。看起来甚至“王友”地位都可以通过功劳得到。与之相伴的则是王室从被征服地区赐予的领地。

因此，马其顿人服役所得回报相当可观。考虑到马其顿人在军备和演习中所需要的繁重训练，这种回报是必要的。正是这种严格的训练，辅之以相关装备的简单改进，使得马其顿军队成为同时代的翘楚。严苛的制度，加之国王的亲自参与，对领袖个人的坚定忠诚，有
736 助于创造一个强有力的统一体。除非军队被分割，否则统帅就一直拥有指挥权，而且身先士卒。持续的演练使得军队高效而灵活，当需要时，单支部队也能独立行动。

这是一支通用型的军队。由于使用轻装步兵、重装步兵、标枪兵、投石手和弓箭手，它变得尤其全面。他们中有些是较贫穷的马其顿人，其余是从盟邦和拥有这些专门兵种的其他国家中征召或雇用而来。至少从公元前 4 世纪 50 年代后期起，作为对全军的补充，工程兵成为一个日益重要的部门。这一兵种促进了腓力统治时期围城器械和弩炮装置的极大发展。

第五节　“同盟战争”及其后果（公元前 357—前 355 年）

这时的奥德里西亚王国由三个国王统治：贝利萨戴斯统治奈斯图斯河以西以及与马其顿接壤的区域，阿马多库斯统治色雷斯中部，凯索布莱泰斯统治赫布鲁斯河以东区域。公元前 357 年夏，被同盟躁动和财政紧缩烦扰的雅典与这三人都结盟了（Tod no. 151 = Harding no. 64），希望得到他们的帮助来制止赫勒斯滂和黑海地区的叛乱。拜占庭在那里影响显著，雅典的粮道在那里最易受到攻击。但一切都已经太晚。叛乱爆发，雅典开始了战争。[13] 对于依靠雅典保护的马其顿来说，确实处于进退两难境地。大约两年时间里，腓力得以集中精力处理高地领土和在雅典同盟掩护之下面向爱琴海一边的内陆边境地区。由于那个地区陷入危险，他不得不重新考虑。他可能从来不想单独面对。在马其顿的外交中，如果不把雅典或哈尔季狄基同盟考虑在

⑬　关于同盟者战争的主要资料是 Diod. XVI. 7. 21 – 2。

内，任何政策都不能保证安全。他在晚秋或冬季做出了改变结盟对象的决定。他带着围城器械包围了安菲波利斯，并很快占领了它。

在被占领的城市，很快通过了一个放逐腓力反对者的法令（Tod no. 150 = Harding no. 63）。受到影响的人可能并不是特别多，因为阿提卡因素在该城从来都没有特别明显，与雅典数十年的对抗，也不大可能留下很多阿提卡派未受触及。无论如何，不适当的严苛可能吓住了哈尔季狄基的城邦。雅典已经宣战，但同盟战争的需求让她无力行动。腓力随后占领了皮德纳，一个靠近皮厄里亚海岸、长期半独立的王国。

一些人感到惊慌。色雷斯西部的贝利萨戴斯和他的儿子们（贝 737
利萨戴斯大约此时去世，他的儿子们继承了他）害怕自己的领土步安菲波利斯地区的后尘。伊利里亚的一个国王（可能是格拉拜伊人的国王）格拉布斯开始与奥林图斯谈判，所提出的建议可能是重建哈尔季狄基与吕克尼提斯湖附近的达玛斯提翁银矿之间的联系。由于腓力近来在该地区的扩张，这一联系被阻断。但是腓力愿意为与奥林图斯的友谊提供更高的价码。他承诺把哈尔季狄基边疆的领土安泰穆斯割让给哈尔季狄基同盟，并迫使波提戴亚（名义上是独立的，但是自公元前361年起就成为雅典的一个军事移民点）回归哈尔季狄基同盟。对于哈尔季狄基同盟的贸易型城邦来说，从马其顿丰富的自然资源中获利的前景也有吸引力。早在公元前360年或前359年，腓力就命令他的造币厂放弃“波斯”标准（自阿奇劳斯统治以来，马其顿的钱币就受到波斯的影响），代之以哈尔季狄基同盟所使用的标准（现在被称为“色雷斯—马其顿”标准）。奥林图斯人与格拉布斯终止了谈判，与腓力签订了条约（Tod no. 158 = Harding no. 67，Diod. XVI. 8. 3ff，Dem. II. 6ff，VI. 20，XXIII. 107f，Libanius *Hypothesis* to Dem. I）。

对这位马其顿国王来说，考虑到雅典仍然在忙碌，他可能进一步加强马其顿的防御。与此同时，色雷斯东部的凯索布莱泰斯最终寻求（也被认为是这样）再次将科提斯的王国纳入他自己治下，领兵开往克莱尼德斯。那是色雷斯西部一串很小但很有吸引力的矿工聚居地，离雅典的盟邦奈阿波利斯只有15千米。克莱尼德斯向腓力求助，后者将凯索布莱泰斯击退，将这些聚居地并入一个城镇，并严密设防。

此地被重新命名为腓力比，大量马其顿移民移居此地。这是腓力和亚历山大大帝建立的一系列殖民地的开端。安菲波利斯和腓力比地区有着潘盖翁山的金矿和银矿，是一个重要的国家税收来源地（通过生产以及更有效的采矿和加工，国家每年能获得1000塔兰特的税收收入），也是马其顿在这一地区理想的前哨站。它离海边很近，但又不会直接受到海军攻击。腓力比位于安吉泰斯河谷沼泽的前部，现在这里水被排干，森林被清除，土地被耕种。新的殖民地继续以自己的名义发行钱币，直到公元前4世纪20年代。它成为并一直是马其顿的一个样本，在周围的西部色雷斯地区于公元前4世纪40年代都归附马其顿很长时间后，它还保留着最初殖民地身份的一些内容。我们只能推测它没有被直接吞并的原因：腓力最初可能不希望让他的新盟友感到恐惧。无论如何，这一地区和哈尔季狄基同盟、色雷斯同盟和伊庇鲁斯同盟一起，成为现有领土之外的一系列“防波堤”之一。

738 反弹就在眼前。西部色雷斯的凯特利波利斯与伊利里亚的格拉布斯和派奥尼亚国王阿吉斯的继任者吕佩乌斯结盟，后者是通过雅典接洽的，由于雅典几乎不可能履行多少义务（Tod no. 157），那主要就是宣布个意图。三个国王一直准备集中兵力反对马其顿。腓力再次反应迅捷，分头出击，在这个联盟还未组织起来之前就打击或阻止了它。他立即向波提戴亚进军，以履行他对哈尔季狄基同盟的承诺，大约公元前356年7月占领了该城。这一时机是许多能够得到证明的事件的起点，经过了精心安排：当时从北方吹来的强烈的地中海季风正盛，雅典虽然最终被迫行动，但援兵到达时已经太晚。波提戴亚于该年秋季有条件投降。据普鲁塔克（*Alex.* 3），随即就有三次胜利的消息传到了腓力这里：帕尔麦尼昂对格拉布斯的胜利，腓力的马在奥林匹亚赛会中的胜利，以及他的摩罗西亚人新妻子奥林匹娅丝为他生了一个儿子，即亚历山大。这其中肯定有编造之处，因为亚历山大的出生时间是公元前356年7月，而奥林匹亚赛会在8月或9月举行，但过去的12个月，自马其顿与哈尔季狄基同盟结盟以来，确实成果丰硕。马其顿历法的年末（约10月），波提戴亚的雅典军事移民在没有缴纳罚款或赎金的情况下被释放（Diod. XVI. 8. 5），可能是作为未来的一种铺垫，因为雅典的同盟战争不会长期持续，谁也无法预测经历了那场战争的雅典那时会是什么样子。波提戴亚人自己被他们的马其顿与哈尔季狄基征服者卖为奴隶，城市和领土被同盟接管。

次年（公元前 355 年），马其顿的东部边疆得到进一步巩固。在斯特里蒙河口与奈斯图斯河之间，除繁荣的奈阿波利斯外，还有许多商贸城镇，大部分就在潘盖翁山脚下。他们通常与塔索斯岛上的居民有联系，并因此与雅典结盟。其中的两个——阿波罗尼亚和伽莱普苏斯现在被摧毁了，第三个即奥伊叙麦，在奈阿波利斯以西仅 20 千米，转而成为马其顿的基地，被重新命名为埃马提亚（Emathia），其名来自该王国心脏地带多沙的平原（Strabo Ⅶ. 331 F 35, Scymn. 656ff）。马其顿对奈阿波利斯周边的控制日益严密，她的外交特使初夏到达雅典，希望得到援助。尽管他们的请求被接受（Tod no. 159），但他们得不到实质性的帮助。该地何时沦入腓力之手不得而知。但是考虑到对腓力的重要性（该地是腓力比的天然港口），较早的一个年代即公元前 355 年或前 354 年最有可能。[14]

同盟战争在仲夏结束。和通常一样经费匮乏的雅典海军被其指挥官卡莱斯于该年年初用于援助阿塔薛西斯大王总督的反叛，就对战争 739
进程的影响和获得可观的金钱而言，雅典人是成功的，最初也颇为得意（Diod. ⅩⅥ. 22, Plut. *Arat*. 16）。但是当大王的官方抗议到达，且将有 300 艘波斯战船用于支持雅典那些反叛的盟友的谣言四处传播时，雅典战意顿消。公民大会接受了希俄斯、科斯、罗德斯和拜占庭的脱盟要求以及大部分其他盟邦的跟风行为。留在同盟中的，重要的只有优卑亚、爱琴海北部跨海粮道上的岛屿，以及色雷斯屈指可数的沿海城市。当恶劣天气使更直接的粮道变得危险时，雅典就需要通过得到保护的沿海粮道航行。雅典的财政枯竭到了极限，士气落入低谷，声望下降到了最低点。腓力过去两年的政策已经证明行之有效，进一步扩大战果的道路已经打开。

第六节　“神圣战争”初年

底比斯两个主要将领佩罗皮达斯和埃帕米农达的去世，可能使其野心有过短暂的停止。但是底比斯还有其他良将，公众的情绪也没怎

---

⑭　比较 Hammond and Griffith 1979（D 50）364 – 5。

么改变。公元前 357 年，雅典恢复对优卑亚的控制，底比斯大受其苦，现在她要寻求其他方法扩展自己在中希腊的支配地位。尽管有之前几十年她在远至伯罗奔尼撒和马其顿的成功，但她在这里的影响力还不稳定，反对主要来自邻近的福基斯人和色萨利同盟。这种紧张的反映就是近邻同盟（字面意思为“邻居”）的组织和决定。近邻同盟是一个古老的以宗教为主的部落群体，以温泉关为中心，但是现在得到扩大，包括伯罗奔尼撒半岛上的不同城邦（如多利斯部落成员）、雅典（伊奥尼亚人）和其他城邦。近邻同盟在过去经常是中希腊权力游戏的政治竞技场，现在底比斯就决定利用近邻同盟来达到这一目的。[15]

在公元前 356 年的春季议事会（*pylaia*）上，底比斯代表及其支持者让一个法令得以通过，向某些福基斯人，包括众所周知的反底比斯派宣战（如果他们不能马上支付罚金的话）。第二个决议公开谴责了所有对庇护神阿波罗欠债的人，其中特别包括斯巴达人。这一决议实际上是重申之前的判决，但这些决议在争论和反感中通过，它们公
741 开迫使福基斯和斯巴达在不战争则蒙羞之间做出选择。在福基斯，反底比斯派菲罗麦鲁斯（Philomelus）被选为军队统帅。在得到来自斯巴达国王阿希达穆斯个人的保证金和雇佣军后，他占领了近邻同盟的行政和宗教中心德尔斐，随后派遣使者到各个城邦去说明其事业的正义性，并重申福基斯人对圣城古老的权利主张。

对此并无直接的回应。通常可以算作反福基斯依靠的色萨利同盟，正专注于对反叛城市菲莱持续的战争。福基斯的外交官们成功赢得了与雅典、斯巴达，可能还有阿哥斯、西库翁和科林斯的联盟，这也可能吓住了许多反对者。然而公元前 355 年仲夏同盟战争结束时，人们很快就清楚，雅典对中希腊的军事问题几乎不可能起什么作用，色萨利同盟似乎也与菲莱的僭主家族达成了暂时的协定，于是底比斯再次采取主动行动。公元前 355 年的秋季议事会可能在近邻同盟最初的中心、温泉关附近的安泰拉举行，参会成员自然是减少了，对福基斯的神圣战争宣战了。菲罗麦鲁斯和他的福基斯人被围困在德尔斐。

---

⑮ 关于第三次神圣战争的主要资料是 Diod. XVI. 23 – 58，56 – 61。关于其年代学的基础，见 Hammond 1957（B 55）。

740

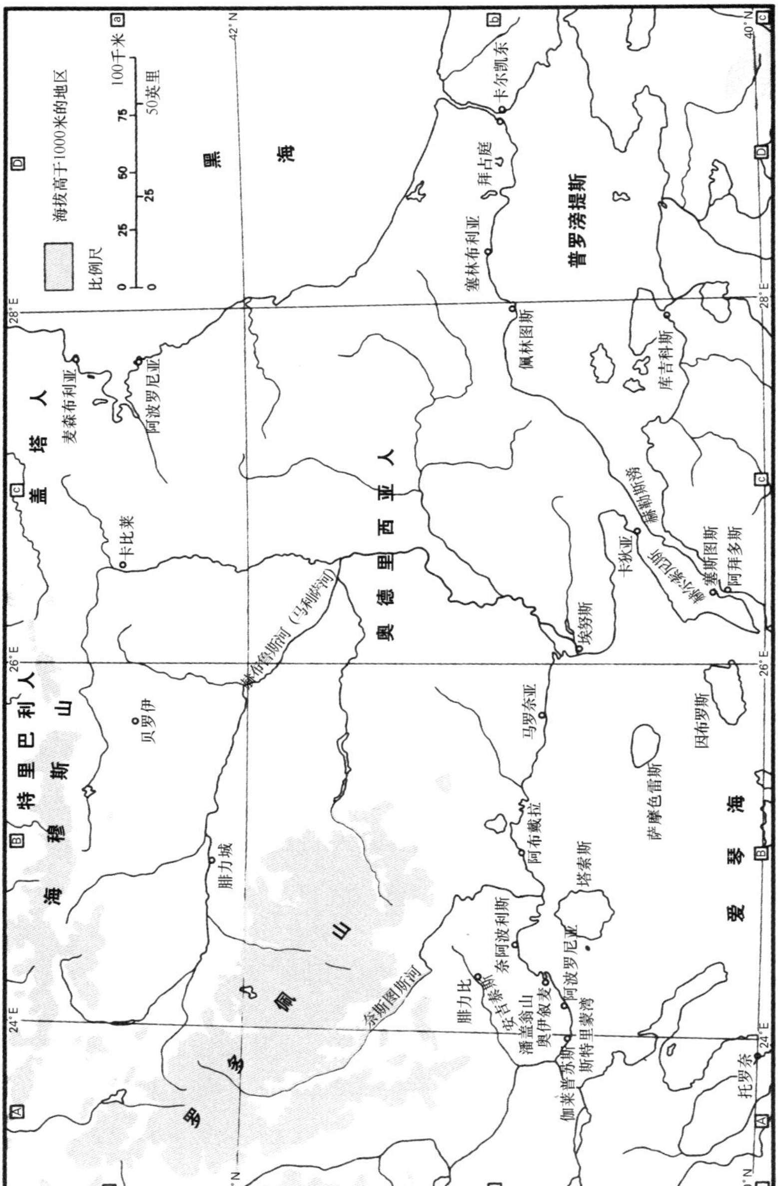

地图 17　色雷斯：政治结构

续741 被困者觉得在一个“正义的”事业中，渎神不会影响军事平衡，因此开始利用阿波罗金库中的金钱，以罕见的高薪来吸引雇佣军。公元前354年春，他击败了一支罗克利和彼奥提亚军队，包围并击败了进入罗克利的6000名色萨利人。但是当彼奥提亚援军于秋季到达并在奈昂（Neon）迫他进入阵地战时，菲罗麦鲁斯被杀，他的军队战败。他的同僚指挥官奥诺马库斯（Onomarchus）及其残部撤退以重新组织军队。

近邻同盟的地位现在似乎很强固，这肯定解释了当时底比斯做出的一个令人迷惑的决定：可能是为了补充资金，底比斯派遣一位将领潘麦奈斯率领5000人的军队到小亚细亚，以支持弗里吉亚总督阿塔巴祖斯对阿塔薛西斯的反叛（公元前354/3年冬季）。这是一次愚蠢的行动，不仅是因为潘麦奈斯最初虽有一些胜利，但还是很快被总督解职（底比斯人传统上对波斯君主的认同可能导致了对他不公正的怀疑），还因为其结果是导致神圣战争暂停，福基斯的地位得到了有效恢复。至少奥诺马库斯在德尔斐控制了我们能够称为“反叛”的近邻同盟的一些事务，雅典、罗克利、麦加拉、埃庇道鲁斯、斯巴达、科林斯、福基斯、德尔斐和其他城邦都参与其中。[16] 因此，在整个公元前353年春季和初夏的一系列战役中，奥诺马库斯占据了两个重要的战略要地：罗克利的安菲萨（Amphissa）和温泉关附近的特罗尼翁（Thronium），蹂躏了罗克利部分地区，甚至占领了彼奥提亚的
742 奥尔霍迈诺斯，只是在攻打喀罗尼亚时失利并被一支底比斯军队打败以后，他才退回。

第七节 腓力与色萨利

公元前355年末，腓力包围了麦托奈。是什么原因导致他中断在色雷斯沿海的战役我们不得而知。这一城镇令人不安地接近埃盖和狄翁（Dium），但自公元前359年以来，其居民明显非常安分，那年它接待了阿盖乌斯和曼提亚斯。这次攻击和麦托奈抵抗的决心，也许源

---

⑯ 在战争的最初几年，上述提及的成员一直派员参与神庙议事会（Board of Naopoioi，请见 *Fouilles de delphes* Ⅲ 5 No. 19），在 Diod. XVI. 29. 1 中，有些成员被认为是福基斯的盟友。

自现已失传的冲突原因。当腓力敦促投降的要求被拒之后，他开始对城墙加强攻击，在此期间他受了伤并失去右眼。可能在次年（公元前 354 年）春，雅典派遣了援军，可是到达太晚。麦托奈有条件投降以后，其公民被放逐，城墙和建筑物被摧毁，土地被分配给马其顿人。

次年初，腓力转向色雷斯，沿海岸线一直推进到奈斯图斯河之外的阿布戴拉和马罗奈亚，它们是潮湿的中部色雷斯高地上的富裕城镇，也是雅典的盟友。据我们所知，这是他的陆军第一次和一支舰队共同出现，舰队的作用明显局限于补给和运输装备。倘若这次远征的目的是占领这两个城镇，那他没有达到目的，只是蹂躏了这两处的土地（Polyaen. Ⅳ. 2. 22）。事实上，直到公元前 340 年，马罗奈亚仍然是雅典的盟友，或许两个城市都是［（Dem.）Ⅻ. 17］。与此同时，前往弗里吉亚途中的潘麦奈斯和他的 5000 人军队正在此地。此时的底比斯要么已经是马其顿的盟友，要么准备成为马其顿的盟友。中部色雷斯的国王阿马多库斯的部队阻止了腓力的进一步推进，腓力利用潘麦奈斯作为中间人与东部色雷斯的凯索布莱泰斯取得联系，并达成了某种协定，但是因为收到了色萨利和底比斯的紧急请求，需要援助他们对抗菲莱，于是立即回国了。航行回国途中，他得知卡莱斯正率领由 20 艘战船组成的舰队在奈阿波利斯等着他。但是腓力不愿意面对他，首先设法引诱雅典人离开，从而顺利溜走。

腓力干涉色萨利的历史，在很大程度上是猜测（这一点颇令人遗憾），因为他与色萨利的关系迅速变得密切起来，他这样做大概有着充分的理由。公元前 353 年初奥诺马库斯在中希腊的战斗，让福基斯人因奈昂战役造成的人员损失和士气都在恢复。很明显，这时奥诺马库斯已经与菲莱的僭主吕科弗隆共同行动。可能正是这种骚动，促使色萨利提出了新的请求。

战役最初似乎进展很顺利，因为吕科弗隆被迫转向奥诺马库斯求 743
援，后者派遣他的兄弟法伊鲁斯（Phayllus）率领军队进入色萨利。腓力打败并驱退了他，但是这时，在喀罗尼亚遭到挫折的奥诺马库斯放弃了在彼奥提亚的战事，于公元前 353 年秋率领他的全部军队，包括投石手，前来援助法伊鲁斯和吕科弗隆。投石机弩可能最初是福基斯人用于攻击色萨利的城市，但是一般来说用于战场会太过笨重，不

744

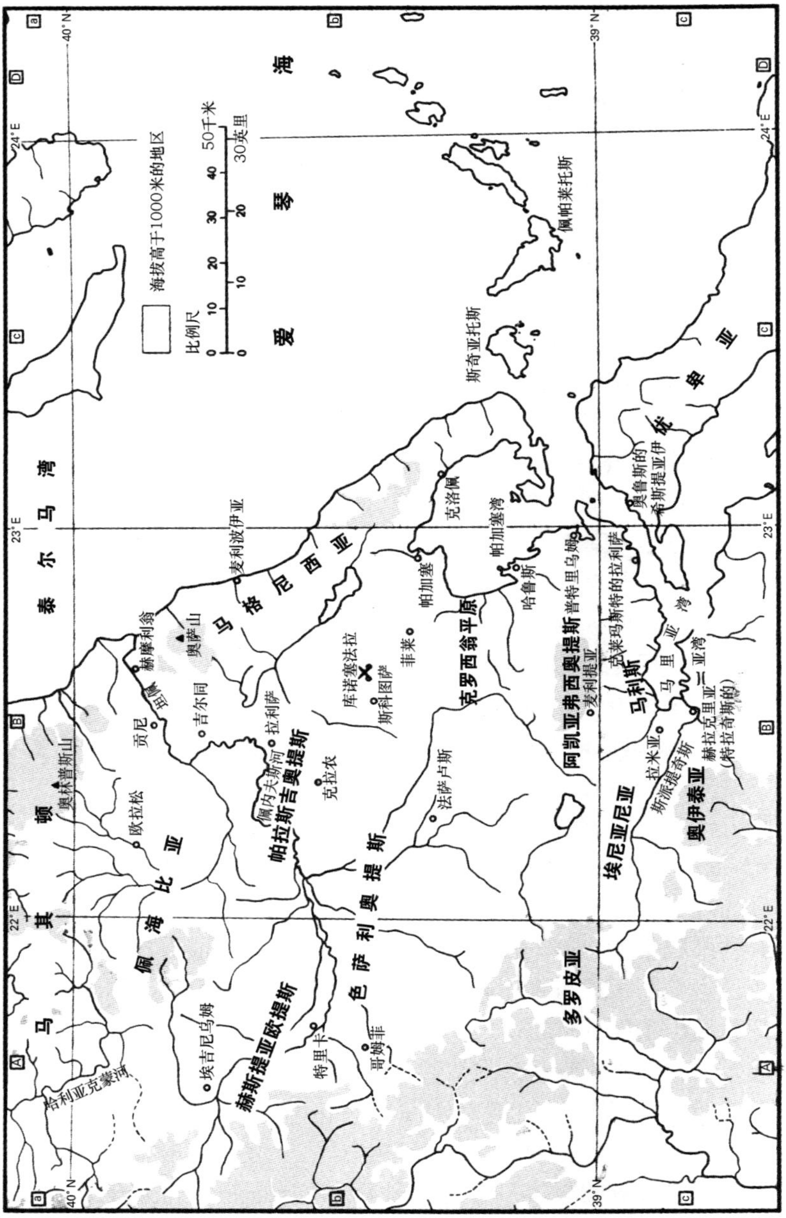
泰尔马湾
马其顿
佩海比亚
爱琴海
马格尼西亚
色萨利奥提斯
帕拉斯吉奥提斯
赫斯提亚欧提斯
多罗皮亚
克罗西翁平原
阿凯亚弗西奥提斯
马利斯
埃尼亚尼亚
奥伊泰亚
马里亚湾
比例尺
海拔高于1000米的地区
50千米
30英里
奥林普斯山
奥萨山
欧拉松
贡尼
田佩
赫摩利翁
吉尔同
拉利萨
佩内夫斯河
克拉农
库诺塞法拉
斯科图萨
菲莱
麦利波伊亚
帕加塞
克洛佩
帕加塞湾
哈鲁斯
法萨卢斯
特里卡
哥姆菲
埃吉尼乌姆
哈利亚克蒙河
斯奇亚托斯
佩帕莱托斯
麦利提亚
拉米亚
斯派提奇斯
赫拉克里亚（特拉奇斯的）
奥鲁斯的希斯提亚伊
普特里乌姆

地图 18 色萨利

过奥诺马库斯聪明地发明了一种方法，将其带来攻击腓力。他将器械 续
隐蔽在石灰岩河谷的斜坡周围，象征性地抵抗一阵，随后假装撤退。 743
当马其顿人没有事先侦察侧翼就进行追击时，机弩就会派上用场而造成大量伤亡。作为六年左右以来第一次为人所知的失利，对腓力来说是一场灾难，尤其这还是由于他自己的疏忽造成的。曾经受他指挥的士兵们将责任全部归于他，他好不容易才遏制了暴乱。在回撤国内过冬时，腓力在经历了如此羞辱后，只能承诺返回时，“下次将如公羊般更猛烈地冲击”。

失败的影响远超军队的感受，甚至远超马其顿的边境。雅典人卡莱斯在秋季突袭了赫尔索尼斯并占领了塞斯图斯，屠杀男人，奴役妇女和儿童。自公元前 357 年色雷斯与雅典的条约以来，凯索布莱泰斯并没有做任何让雅典人信任他之事。公元前 353 年初，他被迫接受了腓力的条件，自然在雅典人心中激起了对凯索布莱泰斯的担心。现在，尽管在神圣战争后极其虚弱，他们还是决定证明，在这一至关重要的地区，雅典不会容忍任何背叛。凯索布莱泰斯失去了授予他每年从该半岛收取 30 塔兰特的税收的权力，那本是公元前 357 年的协议给予他的，而且因腓力在色萨利的挫败陷入孤立，放弃了对卡狄亚——半岛狭窄的颈部——以南所有地区的要求。雅典的军事移民立刻被派到塞斯图斯和该地其余地区（Diod. XVI. 34. 3，Dem. XXIII. 14，103，110，177，181）。面对雅典展示的如此决心，可能也因盟友在色萨利的失败而觉得自己缺乏保护，哈尔季狄基同盟（至少是其领导城邦）宣布与雅典友好，并提议谈判组建一个联盟（Dem. XXIII. 107ff）。尽管在公元前 4 世纪 50 年代早期奥林图斯的亲雅典派并没有很大影响，但他们显然觉得目前时机有利。虽然雅典表明暂无兴趣，但奥林图斯人继续向她结盟示好。这还不是全部。在德摩斯梯尼（Ⅰ. 12 – 13）列举的一长串腓力发动的战争中，涉及伊利里亚、派奥尼亚人和国王阿吕巴斯的行动显然（最后一个可以确定）约属公元前 351—前 349 年。果真如此，则这些行动可能也是对公元前 353 年失败后灾难性后果的相似反应。

当春天到来甚至更早些时，奥诺马库斯准备回到色萨利，在彼奥 745
提亚发动新的战争，其间，他占领了科罗奈亚，也许同时占领了另两个小镇：科西亚（Corsiae）和提弗萨翁（Tilphosaeum）。他的直接目

标是削弱底比斯对那些怨恨其统治彼奥提亚的城邦的控制，从而使底比斯不能安稳地派遣军队进入色萨利。雅典人命令卡莱斯和他的舰队到帕加塞湾，给反叛部队提供海军的支持。

对腓力来说，形势是严峻的。他的色萨利盟友具有头等重要性，其他问题必须暂缓。他和同盟的军队（总数大约 2 万名步兵和 3000 名骑兵）一起急速赶往帕加塞，以切断来自卡莱斯的任何援助。他占据了港口，阻止了菲莱人，然后转而面对大约 30 千米以外帕加塞湾西部滨海平原上的奥诺马库斯的部队。这必然是一场重要的战役，不仅因为显而易见的原因，而且因为腓力是代表近邻同盟作战，其中一些城邦本身会惧怕马其顿在中希腊地区的野心。国王指示他的军队戴上月季花冠，“就像是一场对渎神行为的复仇”（Justin Ⅷ. 2. 3），作为阿波罗的保卫者投入战斗。公元前 352 年初夏的战斗中，腓力利用奥诺马库斯的鲁莽，利用大队骑兵部队在平地上交战，将福基斯人赶回到海湾的岸边，一些人试图从这里游到卡莱斯在海面巡航的舰船上。大约 6000 人被杀，3000 人被俘。前者被抛入大海，后者被视为神庙劫掠者而赶入大海（可能两者都被作为神庙劫掠者，Diod. XVI. 35. 6 并没有说清楚）。[17] 奥诺马库斯在战斗中或者战斗结束后被杀。吕科弗隆无可奈何地将菲莱交给腓力，在休战协定下带着 2000 名雇佣军离开。色萨利同盟选举国王腓力为执政官。[18] 这是一个联盟事务上有一定分量的职务，包括军事指挥和终身任职。将这一职务授予一个外国人既无先例，亦不平常，部分无疑是受感激之情推动，部分可能是因为主要城邦内部的竞争，让他们难以推举出一位本国人来。无论其权力有什么实际上的限制，这一职务标志着腓力在色萨利人中的巨大声望。他被准予得到色萨利的港口和市场税收，可能是作为执政官的军费支出。同盟中最好的港口帕加塞，如今被从菲莱的控制中剥离出来，割让给了腓力。作为同盟的代表，他与菲莱人谈判签订了条约。按照马其顿王室习俗，他与当地一位贵族妇女——某位尼凯西波利斯（Nicesipolis）联姻［他们的女儿可能恰好取名为泰萨罗尼凯（Thessalonice）］。僭主及其追随者都被消灭，但对那些被迫遵循他们

⑰　见 Hammond 和 Griffith 1979（D 50）276－7 的讨论。

⑱　选举的时间不得而知；Sordi 1958（C 384）249 ff 认为可能是公元前 352 年。

命令的人，则只是付出高昂的代价。出于与菲莱未来关系的考虑，也为避免某种对他本人潜在的风险，腓力允许他们逃亡。6 年以后，他也这样解放了福基斯的领袖和雇佣军，以避免对福基斯民众的普遍屠杀。色萨利的两块庇里阿西人领土——佩海比亚和马格尼西亚也割让给了腓力。他加强了关键城镇的防御，并且至少在一个地方，即在贡诺伊（Gonnoi），按照4 年前腓力比的模式，创建了一个新的马其顿殖民地。 746

这场战役通常被称为“克罗库斯原野战役”（the Battle of Crocus Field），克罗库斯原野即后来的克罗西翁平原（the Crocion Plain），战斗可能发生在此地。两个月或三个月之后，腓力向南往温泉关进军。这是其严肃对待色萨利执政官一职的标志，以至于拖延了问题的解决。对福基斯人战争的主动权已经丧失，他自己在北部的难题也未解决。在休战协定下被放走的吕科弗隆及其扈从不过只是到了中希腊，他们在这里与法伊鲁斯会合，后者驻守温泉关以抗击腓力。当马其顿人到达温泉关附近时，已是约公元前 352 年仲夏。在关口上，有福基斯人的其他盟友，包括雅典人、斯巴达人和阿凯亚人。在这样的环境下，对温泉关发起攻击会相当困难，最多不过是徒然耗时损命。中希腊的事务不得不暂缓（Diod. XVI. 37 – 8，Dem. XIX. 84，Justin VIII. 2. 8 – 12）。

到 11 月，腓力已经在 700 千米外位于佩林图斯附近普罗滂提斯沿岸的赫拉乌姆进行战斗了。随着雅典重新牢固控制赫尔索尼斯，在雅典的默许下，凯索布莱泰斯得以恢复他将阿马多库斯的中部色雷斯王国纳入他自己统治下的计划。腓力到达时，阿马多库斯与拜占庭和佩林图斯等城邦结成同盟以抵抗凯索布莱泰斯。这一联盟非常高兴地接受了马其顿的援助。得知马其顿国王出现在如此遥远的东方，雅典公民大会决定以一支强力部队在远离家乡和补给的地方伏击他。但是，可能因为他的军队显然远非孤立无援，雅典人的热情冷却了。无论如何，凯索布莱泰斯的履历和兴趣很难如此保证他的可靠性。远征计划破产，雅典人只有在软弱中等待。此次包围时间很长，在此期间腓力处理了东部色雷斯地区的其他事务，显然在诸多方面对当地的领导结构有某种改变。大约公元前 351 年 7 月或 8 月，消息传到雅典——腓力生病了，甚至说他已经死了。一支小舰队在保证安全的前提下进行了细致侦察。8 月或 9 月，腓力接受了赫拉乌姆的投降，将其退还给佩林图斯，开始了返程行军（schol. Aeschin. Ⅱ.81，Dem. Ⅰ.13，Ⅲ.4 –5，Ⅳ.10 –11）。[19]

747 回国途中，他顺带绕道进入哈尔季狄基。我们不清楚他到底是采取了任何军事行动，还是仅仅简单地在奥林图斯之前检阅了他的凯旋之师。可以确定的是，他并没有打算进行一场大战，而是希望他近来的胜利足以使这一同盟回到正常轨道上来（Dem. XXⅢ.107 –8，*FGrH* 115 Theopomp. F 127）。然而事实很快证明他明显错了。六年之前，他正在崛起的权势可能是有用且不会威胁到他的邻居，如今却被哈尔季狄基同盟视为危险了。

第八节 奥林图斯的陷落

公元前 350 年，腓力在派奥尼亚和伊利里亚可能发动的那些战役似乎在我们的资料中没有留下印记就被略过了，这实际上并不奇怪。其原因可能是大部分希腊人对遥远的山区都没有兴趣。腓力通过周期性的短期军事行动来实现对这些地区的控制，而不像在色萨利和色雷斯那样，通过行政和管理加以重建。这种区别似乎在于，一种是有效的缓冲地带（否则就是边缘地区了），一种是不可避免地与马其顿的利益有关和无关的地区。就我们所知，在伊利里亚、派奥尼亚或者色雷斯遥远的北方的任何地方，都没有建立起管理机制。当地的国王继续作为马其顿君主的附庸统治。如伊索克拉底（Ⅴ.21）在他的小册子即公元前 346 年的《致腓力》（*Philippus*）中指出的，公元前 356 年格拉布斯的失败，以及接下来的远征，将马其顿的统治扩展到远超伊庇鲁斯以北的亚得里亚海地区。他也提到派奥尼亚逐渐处于腓力控制之下，所指或许是对他们的国王吕佩乌斯的两个要求：向马其顿纳贡，并在需要之时提供军队（公元前 334 年，亚历山大会率领他的一支小分队）。它们可能就是此时强加给吕佩乌斯的。

在伊庇鲁斯，腓力的做法相反，致力于建立他与色萨利那样类型的关系，原因也大体相同（请见第 9 章第 4 节）。除马其顿南部和西

---

⑲ 这里所使用的年代基于 Ellis 1977（D 81）。

南侧翼安全这个明显的原因外，色萨利和伊庇鲁斯控制着两条陆上通道，它们分别位于品都斯山两侧，介于北希腊和中希腊之间。公元前357年，腓力与伊庇鲁斯的摩罗西亚人国王阿吕巴斯的联盟，已经在那里创造了极有希望的开端，但似乎因为公元前353年他在色萨利的失利而受挫。公元前350年腓力在伊庇鲁斯的战事并没有详细的文献记载，可能只不过是在此进行示威，以示自己的权力并未削弱。但在其返回时，腓力把阿吕巴斯年轻的侄子和护卫，即奥林匹娅丝的兄弟亚历山大带回马其顿宫廷。在培拉，腓力负责他的安全、教育，无疑 748
还有忠诚。实际上，8年或9年后，腓力会让他取代阿吕巴斯登上摩罗西亚的王位。尽管腓力可能没有暗示过任何此类计划，但其可能性肯定显而易见。

腓力在伊利里亚、派奥尼亚和伊庇鲁斯的行动大部分可能发生在公元前350年，也可能在公元前349年初。同时，自公元前352年中以来，中希腊福基斯人的命运一直萎靡。源自使用德尔斐金库带来的财政优势，被底比斯顽强地压制。公元前351年，法伊鲁斯去世，一个叫姆那塞亚斯（Mnaseas）的人继位，后者随后在一次彼奥提亚人的进攻中被杀。新的领导者是奥诺马库斯之子法莱库斯（Phalaecus），他已经不能再取得任何进展，实际上失去了对彼奥提亚的福基斯基地的控制。战争衰减为小规模冲突，双方都没有能力结束战事（Diod. XVI. 38）。

腓力与哈尔季狄基同盟最终破裂的原因还不是那么清楚。的确，到现在为止，马其顿的军队是最有效的武器，并且因为王国的经济和防卫都不依赖海洋，因此不再容易被雅典海军夺取其西北爱琴海的基地，更确切地说，除非雅典与某个有一定力量的盟友再次联合行动。换句话说，腓力不再需要哈尔季狄基这个盟友了，而近年来奥林图斯倒向雅典的行动，使得它们尤其危险。公元前351年短促的哈尔季狄基战役（Dem. LIX. 90－91，IX. 56－66，VIII. 40）后不久，就已经出现了马其顿干涉奥林图斯的迹象。它表明当时腓力仍然在考虑政治解决的可能性，尽管那可能只是因为首先要处理更紧急事务而希望以此拖延。实际开战的原因，似乎（Justin VIII. 3. 10）是奥林图斯拒绝将腓力在此避难的两个同父异母兄弟（见上文）交给腓力，这大概是在公元前351年的战役之后。奥林图斯人让这一事件成为一个问题出乎意料。可以相信，对麦奈劳斯（Menelaus）和阿利戴乌斯，他们有着和公元前4世纪80年代中期一样的计划，当时他们暂时让阿盖乌斯取代阿明塔斯三世登上了马其顿王座。但如今形势完全不同，也很难让人相信。无论如何，他们接纳逃亡者并拒绝交出两人，表明马其顿与奥林图斯之间分歧的鸿沟不可逾越。

公元前349年夏末或秋初，腓力的军队穿过马其顿边境，包围了哈尔季狄基的小镇泽拉［Zeira，也可能叫泽雷亚（Zereia）］，其地我们不得而知，但应在安泰穆斯国内或附近。这个小镇投降后被摧毁，以示警告。它的一些邻邦，也可能是全部邻邦都投降了，奥林图斯的同盟开始土崩瓦解（Diod. XⅥ. 52. 9）。当腓力向他们逼近时，奥林
749 图斯人急遣使者向雅典请求结盟。在德摩斯梯尼（在其《关于奥林图斯的演说》中）和其他人的督促下，雅典公民大会最终答应结盟，但热情不高，不过是象征性地派遣了一支军队（Philoch. F 49 – 51）。无论如何，战争如今暂停，因为腓力为色萨利的麻烦分神了。

公元前349年的某个时候，吕科弗隆的兄弟佩托劳斯（Peitholaus）设法恢复了对菲莱的控制（Diod. XⅥ. 52. 9）。他可能得到了福基斯人的援助。这对腓力的安排，还有他从帕加塞港口取得的收入以及他对马格尼西亚的控制——后者曾是菲莱僭主领土的一部分，都构成了威胁。不管是因为这整件事，还是（如德摩斯梯尼所宣称的那样，见 Ⅱ. 11，Ⅰ. 22）色萨利更普遍的不满（可能因为腓力长期没有答应参与神圣战争的要求，或者甚至因为他没能阻止僭主的复辟），都让他的干涉势在必行，并将其放在较哈尔季狄基战事优先的地位。他如何准确解决这些困难我们不得而知，但是我们看到随后5年色萨利没有进一步动荡的迹象。不过他对哈尔季狄基同盟的冲动消失了。雅典的支持虽然一如既往地平淡，但甚至在雅典自身也忙于他处的军事行动时，还是鼓励奥林图斯拒绝了（腓力的）条件。

公元前357年，当雅典人将一支底比斯军队驱逐出优卑亚时，得到了当地人的强烈支持。然而，当雅典拒绝对付一个埃莱特利亚日益不受欢迎的名为普鲁塔克（Plutarch）的僭主时，当地人的热情减退了。可能正是在公元前348年初，普鲁塔克自己面对民众的起义而向雅典求助。雅典支持了普鲁塔克，既因为优卑亚对他们的重要性让干涉迅速发动，也因为雅典人的不明智。雅典将军弗奇翁迅速认识到了

错误，但是他被召回，战事继续，直到雅典战败。几个月以后，雅典不得不接受昂贵而屈辱的解决方案：保证该岛居民的独立（Plut. *Phoc.* 12－14，Aeschin. Ⅲ. 86－8）。只有南端的卡吕斯图斯仍然是她的盟友。同时，卡利戴穆斯（Charidemus）率军前往奥林图斯，参与了对此前投向腓力的地区的洗劫。马其顿人的战争实质上需要再度发动。

约公元前348年3月，腓力向奥林图斯推进，沿途的许多（可能是所有）共同体再次不战而降。奥林图斯港口麦库贝那（Mecyberna）以及托罗奈的投降，让奥林图斯暴露无遗，她被包围了。另一次发给雅典的求救信还是设法送出了，但奥林图斯人中仍有分歧。现在很多人相信，面对腓力的力量，雅典的援助不能起多大作用。骑兵的主力变节了。随后不久，就在秋季，城市陷落（Diod. ⅩⅥ. 53－5）。来自雅典的第三支部队比上次稍具实力，统帅再度是卡莱斯，750
但是到得太晚，可能被地中海季风延阻了。奥林图斯被洗劫，被俘的雅典人被关进监狱，当地居民被卖为奴隶。哈尔季狄基半岛成为马其顿的一部分。对于这个公元前4世纪早期借斯巴达和雅典势力衰退而强大起来的城邦来说，这是一个悲惨的结局。其命运无疑会是一个样本，因为奥林图斯人曾志愿成为朋友，并依赖盟友。

雅典感觉到了寒意。除给受伤的自尊心抹上点“万金油”外，什么都做不了。雅典人给予那些逃出来的奥林图斯人以庇护，甚至公民权。背叛者被宣告有罪，对将军们的指责铺天盖地。与马其顿进行9年战争后（雅典人总是称其为“有关安菲波利斯的战争”，主要发生在北方，而马其顿人和雅典人之间并无多少直接接触），腓力似乎突然就在眼前了。现在他与温泉关之间已经没有任何障碍。然而，令人惊讶的是，消息在6月已经通过优卑亚作为中间人传到了雅典，说腓力希望不再进行战争（Aeschin. Ⅱ. 12）。考虑到消息传来的时机，那似乎只是精心设计，以弱化雅典在奥林图斯问题上的决心。随后在7月，奥林匹亚赛会休战协定期间，一位雅典商人被海盗抓获，最终落到马其顿人手中。在安排妥当自己的赎金以后，这位叫弗吕农（Phrynon）的商人回到家乡，他坚持要求就违背休战协定采取官方行动。克泰西丰被派往马其顿并成功返回（现在已是奥林图斯陷落之后），进一步确认了腓力的好意。菲洛克拉特斯在公民大会上提议邀请腓力派遣使者来讨论条款。民众同意了，但这并没有阻止对菲洛克拉特斯的控告，可能是因为新近的雅典—奥林图斯联盟事先规定，在没有双方同意的情况下，不会与任何共同的敌人谈判。在德摩斯梯尼的辩护下，他以绝对多数票被宣告无罪（Aeschin. Ⅱ. 12 – 14）。然而这突然的转向只是暂时的喘息，而不是确信菲洛克拉特斯的法令根本不会付诸执行。事实证明，除腓力的和约条款外，当时还存在多种令人迷惑的备选方案，而雅典人急切地利用了这些方案。

根据欧布鲁斯的提议，雅典广派使者，看是否有可能组成一个共同的反马其顿同盟（Dem. XIX. 10 – 11，303 – 7）。[20] 然而这是行不通的。30 年前，许多遭受斯巴达粗暴对待的希腊人曾愿意与雅典联手，
751 前提是信誓旦旦的保证：拟议中的霸主不能比共同的敌人更坏。最终，那些保证几乎是一文不值。如果那是雅典而非任何其他人的战争，谁又愿意再接受他们？这些使者在数周或数月后返回，没有得到任何支持。于是第二种可能性出现了，但我们需要一些背景知识才能弄清其意义。

第九节　腓力的政策与“菲洛克拉特斯和约”

在中希腊，神圣战争火焰渐熄。虽然福基斯人更大规模地劫掠德尔斐的金库，但她的资金似乎正在枯竭。底比斯则耗尽了最后一滴血，无法利用现在的优势。公元前 347 年初，法莱库斯被罢免了统帅职务。三位新领袖——狄诺克拉泰斯（Dinocrates）、卡利亚斯（Callias）和索法奈斯（Sophanes）——突入彼奥提亚，导致底比斯向腓力求援。但是他的反应并不热情。（可能）在帕尔麦尼昂的指挥下，马其顿军队曾协助击败来自阿拜（Abae）的福基斯人，但因实力不足或马其顿人的迟疑，导致盟友逡巡不前。腓力尚未决心全力投入到这场战争。这一延迟使得其他计划落空，他同时对雅典示好是关键。

事后来看（与我们的希腊中心——大部分是雅典的——资料一贯的看法相反），吸引腓力的并非希腊，而是广袤与相对富裕的小亚

⑳ 关于这一法令日期的另一说法见 Cawkwell 1960（C102）；参见 Markle，1970（C 198）、1974（D 103），Hammond 和 Griffith 1979（D 50）330 n. 1。

细亚。这里有一系列目标值得一位强大的英武君主和一支强大的军队去争取得到，这里是奖赏之源，有声望、战利品和贡品来回报付出。一支强大公民兵的创建者，无论多么关注对当地安全和社会和谐的培育，都不能忽视一支无所事事的军队带来的危险，何况这支军队进行的战争能为其成员提供自尊、激励和利益。潘麦奈斯支持反叛的弗里吉亚总督阿塔巴祖斯时，其最初的成功已经显出了训练精良、纪律严明的希腊军队在波斯大王统治区的外围所享有的优势。一直以来，小亚细亚都是君主难以控制的地区，那里种族混杂、多变，且惯于出现地方性的暴动。反叛的尝试最终归于失败，但公元前 353 年末或公元前 352 年初，阿塔巴祖斯和他的姐夫、罗德斯人门农在培拉避难。我们猜测，到那时，腓力已经清楚地了解了赫勒斯滂对岸波斯的实力和弱点，也知道到那里会收获什么。但是希腊大陆也不能忽视，因为马其顿的防卫主要依靠公元前 348 年的成果，而且已经产生了对诸如色萨利同样至关重要的盟友义务，也引起了与南方那些城邦尤其是雅典的冲突，因为雅典通常需要利用北部爱琴海的港口、矿产、木材和粮食资源。如果腓力想放心地转向东方，那就必须对希腊做可靠的安排。

这里有两个难题。如果给予充分的刺激，雅典仍然能出动一支强 752
大的海军。单独这一点倒不会对马其顿有太大威胁，但它如和一支有生力量的陆军结合起来，就是一种可怕的武器了。而底比斯，如果也受到刺激，就能将这样一支军队投入战场。单独这样一支军队，也难有希望精神饱满地通过色萨利到达马其顿打败防御部队。但如它和一支经验丰富的海军结盟，事情就会变得不同了。雅典和底比斯的共同行动通常不可能发生，因为这两个相邻的强国自然更多的是竞争而不是结盟。但是现实需求以前就曾驱使她们走到一起，公元前 339 年的相似情形当然会使她们再次走到一起。对腓力来说，关键就是要阻止她们这样做，尤其还要阻止底比斯势力的复兴，后者目前因为福基斯劫掠的财富和雇佣军而受到压制。因此腓力现在的心愿就是赢得雅典的友谊，没有这一点他就拒绝结束福基斯战争。依靠雅典的合作（这种合作因为雅典渗透进小亚细亚获得的商业回报而得到保证），底比斯对彼奥提亚的控制——那是底比斯势力的主要源泉——和它在中希腊的影响就可能被破坏。这样，希腊大陆就有可能维持和平与安全。

因此，腓力的愿望是赢得雅典的忠诚。在接近10年的对抗之后，那是一个难题，何况这样做的时候，还要在最后她已经来不及反抗之前，不得罪现有的盟友底比斯。[21] 对双方而言，在神圣战争中所提出的解决方案的性质都是关键：一方面，摧毁福基斯既会挑起雅典的敌意，又会消除底比斯在中希腊复兴最有效的对手；另一方面，如果公开决定剥夺底比斯对福基斯快意复仇的机会，则会从一开始就开罪于她。手腕是必需的，时机是关键。一旦主要计划失败，必须要有一个应急之策。

雅典对此一无所知。除非受到北方难题的牵扯，或福基斯得到加强，足以将腓力拒之门外，否则腓力会在其盟友的要求下进入中希腊。即使雅典两策都告失败而必须谈判，她至少还可以同时改善其讨价还价的地位。公元前347年仲夏，两位主要的政治家德摩斯梯尼和菲洛克拉特斯取得了500人议事会的行政性席位。根据欧布鲁斯、阿利斯托丰和狄奥佩泰斯（Diopeithes）的提议，通过了一系列决议，授权派遣一支部队到赫尔索尼斯（Dion. Hal. *Letter to Ammaeus* Ⅰ. 11, Dem. ⅩⅧ. 70）。其指挥官可能是卡莱斯。在那里，他与凯索布莱泰
753 斯取得了联系。他们联合沿爱琴海东北海岸和普罗滂提斯沿岸建立了一系列据点（即使有任何雅典人留下来实际操作此事，情况也极有可能是他们乃是极少数）。在福基斯，新领导者们四处寻求支持。他们建议把控制温泉关的要塞城镇尼凯亚、阿尔波努斯（Alponus）和特罗尼翁移交给雅典和斯巴达。两国都接受了他们的建议。在雅典，普罗克塞努斯（Proxenus）准备了一支远征军去占领通道和马里亚海湾（Aeschin. Ⅱ. 132 – 134, Diod. ⅩⅥ. 59. 1）。更北边的哈鲁斯（Halus）是帕加塞湾一个亲雅典的小城镇，因与法萨卢斯意见不合，也可能为了增加腓力的困难，得到了雅典来自海上的补给（Dem. ⅩⅨ. 36 with schol.; ⅩⅨ. 163）。公元前347年末或公元前346年1月，雅典公民大会通过了一项法令，鼓动所有希腊城邦来参与商讨与腓力的战争或（似乎更倾向于的）和平（Aeschin. Ⅱ. 57 – 60, Dem. ⅩⅨ. 16）。这似乎是雅典推迟答复马其顿和平试探的第二个原因。

---

[21] 下文关于腓力在菲洛克拉特斯和约和神圣战争解决方案中目标的解释，尤见 Rohrmoser 1874（C 233），Markle 1970（C 198），Ellis 1982（D 83）；参见 Cawkwell 1978（C 17），Hammond and Griffith 1979（D 50）545 n. 1。

腓力直接或间接对付这些招数。他可能（也许早在公元前347年马其顿的干涉时）与法莱库斯和其他人取得了联系，着眼于恢复被废除的领导人的职务。对于雅典要求释放在奥林图斯陷落时被监禁公民的要求，他表示同意，条件是雅典同意和平。当其口信在雅典被压下时，他释放了一名战俘去转达。消息在1月底或2月初的公民大会上传到。与此同时，公民们知道了法莱库斯再次在福基斯取得指挥权，批评了放弃温泉关要塞的建议。雅典现在已无可选择，任何进一步的延迟都不安全。菲洛克拉特斯提议，立即派遣外交使节去探听腓力的条件。十位雅典人，外加上一位盟国的代表得以选出且出发了。其中两位最年轻的成员是德摩斯梯尼和埃斯奇奈斯（Aeschin. Ⅱ. 15 – 19）。

在培拉，使者们经过磋商后，各自发表了一份有关雅典利益和要求的正式声明。在退朝经过讨论后，腓力依次回答了他们，如他们后来承认的那样，答复优雅而谨慎（Aeschin. Ⅱ. 20 – 39）。关于色雷斯要塞和哈鲁斯独立的要求可能被坚决地回绝了。它们关系到腓力的盟友，因此他绝不会就此让步。如这些外交使节们自己所看到的，他已经完成了惩戒凯索布莱泰斯的远征的准备。赫尔索尼斯则不同，腓力对雅典关于此地的主张并没有争议。他保证，只要商谈继续，他绝不会插足那里，那以后条约会保护它。他甚至承诺在赫尔索尼斯狭窄的颈部划出一条通道来增强其防御能力，并在恶劣天气下为雅典的粮船提供一条更安全的便道（Aeschin. Ⅱ. 81 – 2, Dem. Ⅵ. 30）。他不会对 754
在奥林图斯抓获的战俘索取赎金；他们会在和约缔结后返回（Aeschin. Ⅱ. 100）。还有一些其他好处：恢复雅典在优卑亚的影响；将奥罗普斯从底比斯手中交给雅典；将人口重新迁入塞斯皮埃和雅典的老盟友普拉提亚，它们曾被兴盛期的底比斯摧毁（Dem. Ⅴ. 10，15，Ⅵ. 30，XIX. 20 – 1）。但这些条款的大部分取决于神圣战争的解决。这些建议肯定是秘密的，至少是非正式的。腓力的意图是通过惩罚福基斯的领导阶层和他们的雇佣军而不是普通民众来化解冲突，因为他所渴望的是削弱底比斯而不是福基斯（Aeschin. Ⅱ. 119）。向他们的公民同伴们原汁原味地传达其建议，对使节们来说是一个艰巨的任务，但并非不可能。腓力本人的话肯定只能限于点到为止，以免过早地把底比斯推向公开的对立面［（Dem.）Ⅶ. 33］。因为雅典的重装步兵可能有用，并且她的公开支持将会至关重要，腓力必须确保雅典在需要时会给予军事援助。和平和结盟都要，而不仅仅是和平（Dem. XIX. 40）。大约3月18日接见结束，外交使节们打道回国。

不管是因为对一次伟大东征中合作的前景感到兴奋，还是仅仅因为腓力真诚表达了与雅典再度和睦亲善之意而感到如释重负，所有的外交使节都对和平信誓旦旦。可能除了一个例外，即盟邦的代表。他们也承认，如果腓力想要和平与联盟，那么雅典肯定会同意和平与联盟。尽管他们之间的裂痕尚不明显，但是很明显有一个从根本上的持异见者。德摩斯梯尼反对摧毁底比斯的势力，不是（可能）因为任何对这个城邦的偏爱，而是因为像腓力一样，他看到与底比斯结盟是雅典最后的手段。他不信任马其顿人。

色雷斯战事成功了。在3个月内，凯索布莱泰斯被打败并投降，新的基地被拆除（Aeschin. Ⅱ. 90－2，Dem. XIX. 156－8）。可能正是在公元前351年，腓力与阿马多库斯和本都联盟再次对抗凯索布莱泰斯时，他将从斯特里蒙河到奈斯图斯河的西部色雷斯纳入其藩属；如果不是那时，那就一定是现在了。阿马多库斯的继承者泰莱斯可能站在腓力一边战斗［（Dem.）Ⅻ. 8］。凯索布莱泰斯并没有被剥夺王位，尽管曾经有这种可能性，并且诸多方面希望如此。在这一阶段，腓力明显仍然计划通过其色雷斯代理人和朋友的作用而将色雷斯纳入其控制范围。

在雅典，讨论并决定这些条款的两次公民大会日期已经确定，只待腓力的使节出席。在议事会以菲洛克拉特斯的名义提出的预案
755 （*probouleuma*）中，列出了条款。但是，大约4月15日（希腊历3月18日）公开辩论时，[22] 两个相反的决定出现在民众面前，一个是菲洛克拉特斯的，一个是海军盟友的，后者要求在3个月前派出寻求希腊人支持的使节回国之前，不要做出任何决定，而且建议条约应该以共同和约形式出现，不要结盟，和约还要向所有希腊人开放。由于公众强烈支持盟友的动议，使节们只好把残酷的现实报告马其顿的使者。第二天早晨，德摩斯梯尼狡猾地询问他们的领队安提帕特，腓力是否

㉒　接下来的几个月里，许多相关的阿提卡日期都已经确知或经推算在一至两天内；它们与现代一般使用的日期的对应，除它们的相对顺序外，并不确定。

会接受这个备选动议。就如所有的外交使节所知道的，他不会接受。当安提帕特明确告知此事时，一些有影响力的雅典人，包括欧布鲁斯与使团另两位成员埃斯奇奈斯和克泰西丰，明确提出了选择。雅典必须要么立即回到战场，单独在家门口作战，要么接受腓力的条款。菲洛克拉特斯的动议被接受了，但是不可避免地对公众的不满做出了让步：明确将福基斯、哈鲁斯和凯索布莱泰斯排除在任意一个联盟之外的条款被删除了。这一缺陷是腓力不能接受的，但在5天之后得到了补救：雅典人及其盟友进行宣誓并签了字，那些被排除在外的代表根本没有得到承认。排除条款事实上被重申了。从头至尾，作为一个议事会成员，一个在公民大会上的发言者，甚至在其宣誓执行时的主持人，德摩斯梯尼所扮演的角色，都是确保腓力的条款是那些得到同意的条款（Aeschin. Ⅱ. 60－8，Ⅲ. 68－75，Dem. ⅪⅩ. 13－16，291）。

一周以后，根据德摩斯梯尼的动议，500人议事会做出指示，派遣同样的10位雅典人立即第二次出使。然而根本不用慌忙。众所周知，腓力仍然在色雷斯战斗。没有理由追着见他，因为他肯定不会让自己在那里的计划受到干涉。回过头来看，德摩斯梯尼的匆忙令人生疑，因为他的动议规定，外交使节们应当“在可以找到他的地方”找到腓力（Dem. ⅪⅩ. 154）。然而，到现在为止，他的同僚们对此一无所知，只看到他个人变得日益尖刻。他们慢悠悠地向马其顿而不是色雷斯前进，在那里等了3—4周，直到6月17日左右腓力归来。另外一些使者们，包括来自底比斯、斯巴达、色萨利、福基斯，可能还有其他地方的使节，也都在场。有传言说，拟议中的解决方案包括了意想不到的因素，福基斯人的出现就是一种迹象。底比斯的使者们忧虑尤其严重，色萨利人似乎知道一些底比斯人同僚所不知道的内容（Aeschin. Ⅱ. 136－7）。其他9位雅典人惊诧地得知，德摩斯梯尼的 756
目标似乎与他们相左。当他们根据腓力的意愿乐于讨论福基斯和底比斯问题时，德摩斯梯尼坚持提出了关于雅典战俘的议题，甚至愿意自己为他们提供赎金（埃斯奇奈斯在其演说第二篇第100节中说，以一笔小到可笑的金钱）。他很清楚，国王已经承诺在泛雅典娜节（8月）前免费释放他们。但是他也看到，现在腓力要么立即释放他们，造成自己在谈判中的软弱地位，要么坚持自己的计划，承担不讲信誉的罪名。腓力拒绝改变他的决定，自己迈出了最能破坏其渴求的解决方案的一步。

尽管腓力原来的计划导致他无法尊重与底比斯的联盟，但是对于国家政策的如此改变，他还是有一些合法的理由。近邻同盟所有成员都发誓要保护其合作成员不受侵犯，惩罚任何玷污阿波罗的德尔斐神庙之人。人们很容易就向彼奥提亚的城市指出，近邻同盟各邦中，部分人丁凋零，其他城市的城墙都已经被底比斯夷为平地，以维持底比斯在彼奥提亚同盟中的统治地位（Aeschin. Ⅱ. 14 – 19）。不可否认，福基斯是有亵渎德尔斐之罪，但要把领导者及其雇佣军与普通民众区别开来，是相对简单的问题，也相对符合民意。如果福基斯遭遇残酷对待，一大批希腊共同体（雅典、斯巴达、科林斯、埃庇道鲁斯、麦加拉、西库翁、弗利乌斯，可能至少还有阿哥斯）会感到胆寒。底比斯不会有此感觉，但这并不重要。色萨利和近邻同盟其他城邦也不会，但它们是腓力的盟友，能够得到补偿性的收获。

在培拉的各路使者知道，或者怀疑有些事情正在发生（Aeschin. Ⅱ. 136 – 7）。会谈在腓力与雅典和斯巴达的使者间展开，底比斯被排除在外。所有人都能看到，尽管根据要求，雅典需要在她与腓力的条约中删除关于福基斯的条款，但她并没有打算放弃她自己与福基斯的同盟。当使节们在国王的陪伴下都离开南下时，国王却暂缓他自己及其盟友的签字，在场的福基斯人得到的待遇，好像他们也是腓力的盟友了（Dem. Ⅸ. 11）。在底比斯，当时或随后很快进行了全面的军事动员（Aeschin. Ⅱ. 137）。

他们在菲莱停顿下来。那里距温泉关只剩下两天的路程，腓力不能再拒绝提交文件了。马其顿及其经选择的盟邦做出了宣誓，签署后送给了雅典使者。然而当腓力继续拖延时（可能他正在与法莱库斯谈判），外交使节们仍然被滞留，除了德摩斯梯尼，其他人都是心甘情愿的。当他们离开后，腓力率领他的军队向温泉关进发，在他到达
757 时——是“抵达”“进入”还是“在其内”（等同于“在其上”），证据并不是很清晰——他已经做好实施策略的准备（Dem. XIX. 58, 174, 323, Diod. XVI. 59）。一支斯巴达军队就在附近，准备驰援。7月11日或12日，腓力向雅典发出了派遣军队的请求。

使者们第二次回到国内时，尽管德摩斯梯尼已经开始与他的同事们公开疏远，并对腓力的善意表示怀疑，但计划已经得到顺利实行

（Dem. XIX. 17 – 18，31 – 2）。当公民大会在大约 7 月 10 日召开时，马其顿人到达温泉关的消息已经众所周知，使节们有关腓力意图的保证也轻松得到信任。与腓力的和平与联盟得到确认，并且会永恒地延续到他的子孙。此外还加上了最后一个条款，用了恰到好处的模糊语言：“如果福基斯人没有采取正确的行动并将神庙交给近邻同盟各邦，人民应该伸出援手以达此目的，制止那些阻扰目标实现者”（Dem. XIX. 47 – 9）。然而，雅典不仅仅是等待腓力对于军队的请求，还被说服（是由谁说服的我们不得而知）派遣同样这些使节去向国王传达法令的内容。现在德摩斯梯尼发起反击，退出了第三次使团。公民大会结束后，其他使节在惊愕中集会。尽管德摩斯梯尼的确切意图可能还不明显，但自他第二次出使归来后，他显然就尽其所能地给人们对于腓力及其条约的热情泼冷水。他不会没有对手。埃斯奇奈斯，一位广受欢迎的前演员、能言善辩的演说家，被挑选出来，而且得到了医生的证明，表明他不适合旅行（Aeschin. Ⅱ. 94 – 5，Dem. XIX. 121 – 2）。其他人带着并不重要的任务启程了，可能就在腓力的使者离开温泉关的同一天。7 月 13 日，请求到达雅典，雅典打算次日召开一次特别的公民大会。

但是，到这时候，一切都出错了。许多因素造成了这一局面，下述因素肯定是最重要的：对于那位曾经占领安菲波利斯并曾有 10 年是雅典敌人的人，公众的恐惧很容易复苏。更具体地说，如果国王如此尊重雅典并在即将到来的解决方案中意图照顾雅典的利益，那么为何还把雅典的公民作为战俘扣押？难道他不会也绑架雅典的重装步兵？德摩斯梯尼和其他人正是如此争辩的。与他们相对的是埃斯奇奈斯的轻信。德摩斯梯尼和一位同事提马库斯迅速对他提出“背叛出使任务”（*parapresbeia*）的指控（schol. Aeschin. Ⅰ. 169）。公民大会召开时，拒绝了腓力采取行动的命令（Aeschin. Ⅱ. 137）。

温泉关的压力已经非常明显。一周的拖延以及腓力和法莱库斯使者之间的沟通，即便在很坚定的盟友中也引起了不安。因底比斯征兵产生的危险日益增加（Aeschin. Ⅱ. 137，140 – 1）。因此，当雅典不履行义务的消息由他自己的使节在大约 7 月 16 日送到时，腓力知道他的计划已经破产了。在底比斯背后，除了斯巴达那一支小部队外，还有下述因素：只有少数彼奥提亚城邦拥护反底比斯的战争；任何战 758

争从根本上来说都是血腥的，而且会让他唾手可得的善意扫地以尽。因此，他回到了自己的备选计划上。在接受法莱库斯及其雇佣军的投降后，他允许他们在休战协议下离开，从而阻止了武装冲突，将近邻同盟的复仇心思转移到会议室来了，在那里，他个人可以将其约束在限度内。对底比斯力量的削弱只好等待下一次时机了。国王随后召开了一次近邻同盟议事会的特别会议。

会议可能于7月底或8月初在温泉关召开。腓力正式将福基斯国家提交给议事会并开始讨论。福基斯人不得进入阿波罗圣所，其近邻同盟成员资格被取消；他们的两个部族投票权转给腓力，不（尽管这一点仍有争议）代表个人，而是作为马其顿王国的代表。[23] 现在，德尔斐人民第一次有了完全的投票权，为此，佩海比亚人和多罗皮亚人各自放弃了一票。但是最大的困难在于考虑对福基斯的惩罚，尤其是降低更极端的要求，至少曾有人提出，将所有成年男性从山崖顶上抛掷下去。最后的决定在现实环境中尽量做到了适度（Diod. XVI. 60）。埃斯奇奈斯是受派遣观察会议进程的第四次使团的成员，站在了那些要求节制者的一边。德摩斯梯尼再次没有参与出使。

福基斯的领土没有被没收，土地上的庄稼也没有受到破坏，其居民既没有被屠杀也没有被奴役。那些逃跑之人受到谴责并遭到自动逮捕（尽管有近邻同盟的抗议，还是有一些人被雅典收容）。近邻同盟估计了被抢劫的德尔斐金库的价值，并每年向福基斯征收赔款，但是第一次赔款就延期了（我们并不清楚，它的数额到底是固定的每年30塔兰特，而在公元前343/2年和前342/1年的双倍是补偿其延期偿付，还是每年60塔兰特，从前341/0年起减半。在公元前337年到前334年间的某些时候，减少到每年10塔兰特）。尽管底比斯（无疑）进行了抗议，但并没有要求战败的对手支付战争赔款。福基斯人被禁止拥有马匹或武器。他们的城镇被夷为平地，代之以规模和
759 相互距离都受限制的村庄。这些措施由他人即底比斯士兵（这是福基斯人最无法接受之处）执行，不过在马其顿人的陪同下，他们会奉命阻止暴行（Diod. XVI. 60，Dem. XIX. 81，V. 19）。

[23] 关于国王与国家之间的关系，见注释2，还可以 Aymard 1950（D 10），Errington 1974（D 30），Hammond 和 Griffith 1979（D 50）383－92 补充。

这还不是腓力想要的解决方案。在近邻同盟成员中，因腓力不流血的胜利以及对他的节制的广泛赞誉，腓力获得了可观的收益。他还成了近邻同盟的成员，并被委任为即将到来的德尔斐皮提亚节日的主持人。然而，收益被损失抵消了。底比斯迟早肯定会确知他之前的计划，并会因为他对福基斯的宽大而暴怒，他与底比斯的关系再也不会融洽了。同时，不管这个方案出台的初衷是什么，结果还是挫败和惹怒了雅典人、斯巴达人和其他人。较小的城邦日益将腓力视为保护者，这是某种补偿，但是如果他希望将公元前346年的解决方案转变为他曾想要的安排，他还要使出更高明的外交手段。

（李永斌译　晏绍祥、崔丽娜校）

第十五章

马其顿霸权的创立

J. R. 埃利斯

第一节 “菲洛克拉特斯和约”的后果

760 大多数雅典人对所发生事情的细节并不了解。他们对马其顿不诚信的看法在公元前346年中期的两三个月期间已经减轻了一些，但是现在又因为第三次神圣战争的解决方案而倍增。预期的好处并没有也不可能得到：奥罗普斯继续留在底比斯手中，优卑亚仍然在底比斯的影响之下，塞斯皮埃和普拉提亚依然人丁凋零。雅典人没有看到的，是他们的期望不可能实现，因为当雅典的忠诚仍然不确定时，腓力肯定不会将已有不满之意的底比斯赶到公开对立的阵营中。那些像德摩斯梯尼一样的人拒绝指出这一点，在当时那种情况下，他们的信誉也就很高。对腓力来说，如果他真的严肃考虑过以雅典方案为基础的解决办法，那无异于使自己比以往更加讨好一个已经不再迷恋自己的情人。如果可能的话，大度的外交政策必须要实现虚假手段没有完成的工作。腓力在雅典并不是没有支持者。公元前346年的10位使节中，除德摩斯梯尼外，其他9人全部继续支持新的和约，将其作为马其顿人潜在善意的表现，拒绝抛弃这一和约及其设计者。在当时的形势下，可能看起来比较愚蠢，也的确值得怀疑。因此我们断定，他们相信了腓力所说的兴趣和意图，可能认为条款最终将得到执行。因此，已经成功反诉提马库斯不道德的埃斯奇奈斯暂时使针对他“背叛出使任务”的指控归于无效，成为他们中间最为突出的一分子。他们的反对者，最主要的是德摩斯梯尼，尽管认识到为了安全起见，必须支持和约，因为联盟现在形同虚设，但仍然决定拒绝腓力任何进一步的建议。既然现状正符合他们的目标，剩下的就交给雅典人的愤懑和底比斯人的敌意了。

泛雅典娜节（约 8 月中旬）举行之时，雅典的战俘得到释放，腓力也在一封书信中向雅典人保证，他们对他的担心是多余的。然而这并没平息什么。到举行德尔斐的皮提亚节时（9 月），公民大会拒 761
绝为雅典参与赛会做通常的安排，甚至提出脱离近邻同盟，以抗议对福基斯问题的安排。但是，当那个同盟的使节到达雅典并要求得到回应时，大多数人，即便是极端主义者，也都意识到别无选择。德摩斯梯尼（《论和平》）争辩说，虽然事情糟糕，但有关安排必须顺应和约，雅典不可能置身事外。在这一方案的保护下，雅典自己及其盟友可以做好与腓力作战的准备。但是，实事求是地说，在某些问题上，不可能所有近邻同盟成员都站在她一边。公民们表示同意，但愤怒和担忧仍然十分强烈。

皮提亚节及近邻同盟的秋季会议（10 月或 11 月）后，腓力离开了中希腊，只留下一个显而易见的新部署的迹象：一支色萨利守军在尼凯亚警戒着温泉关。大约这个时候，他向人们广泛宣传，他的目标是进行一次到小亚细亚的远征。没有人能想象他会在目前的状态下置希腊于不顾，因此远征没有时间表，但刻意的宣传还是能减轻一些担忧。

第二节　伊索克拉底与泛希腊主义

不管是埃斯奇奈斯还是德摩斯梯尼的政策，都是冒险的或不完全讲求实际的。一方面，腓力未曾公开讲出对雅典和马其顿的计划，那是否是他真实的想法还不清楚。另一方面，一个否认合作的计划，或者企图破坏所有可能导向合作的计划，很可能招致其倡议者认为和担心的敌意，实际上这样的后果已经存在了。第三种观点，令人振奋的泛希腊主义已经在雅典广泛流行，在我们现存的文献中，由其最著名的代表者伊索克拉底提出，他是一位年长且有影响力的修辞学家，一位虽然很少卷入日常政治但对公元前 4 世纪希腊一些主要问题颇为了解且密切关注的作家。他对公元前 346 年的解决方案能够作为希腊稳定的基础并不抱热切希望，也不完全倾向于对其创造者感到绝望。在大约 40 多年间写作的一系列小册子中，他对于希腊城邦在没有外部干预、适当的和平状态下共存的能力表示悲观。他看到的，是从伯罗奔尼撒战争起，经过一个几乎持续冲突的时期，在雇佣军支持下兴起的僭主们搅扰着希腊大陆的和平，却没有一个主要的势力强大到足以对整个希腊施以一种良性的霸权。公元前 4 世纪 80 年代，他曾希望
762 雅典和斯巴达能够共同提供霸权并加强稳定。当新的力量和短暂的领导者在接下来的几十年里兴起之时，他将自己的希望时而寄托在这个人身上，时而寄托在那个人身上。公元前 346 年，第三次神圣战争的解决方案正在酝酿之中，他写了一个新的小册子——《致腓力》，即对腓力的呼吁，他在其中力劝这位马其顿国王不要通过武力，而要通过发动一次针对波斯王国的十字军式讨伐，来团结所有希腊人。他表达了对和平的赞赏（写于温泉关的失败前不久），但是他警告说，许多雅典演说家对维护和平不感兴趣。同时，他担心国王的一些顾问会怂恿他加强对希腊半岛的控制，而希腊社会和政治的不稳定，只会鼓励和推动这样一个过程。在伯罗奔尼撒，对斯巴达的仇恨是如此根深蒂固，因此有许多人欢迎国王的入侵。许多人也不能忘记公元前 4 世纪 70 年代和 60 年代底比斯的干涉主义。那些曾遭受过其干涉的人自然会欢迎腓力作为弱者的保护者。但是如果他能抵制这种诱惑，转而专注于一次东征，希腊人团结的回报和马其顿的声望都将无与伦比。

第三节 马其顿和色萨利的重组

在一个非常著名的段落中（比如，马基雅维利就非常熟悉），优斯廷（Ⅷ. 5. 7 – 6. 2）描述了神圣战争结束与公元前 345 年伊利里亚战役之间的时期，腓力将人口从王国的这些地区重新安置到那些地区。然而，因为社会和战略的原因，这类“迁移”在其统治时期无疑发生过很多次，在大部分都含糊的叙述中，这种夸张而煽情的记载，可能意味着公元前 346/5 年的迁移规模相当大。没有资料能够支持优斯廷记载的内容，但是我们也许可以对实际做些猜测。自公元前 348 年以来，腓力第一次有时间来思考因吞并哈尔季狄基半岛而需要

的更广泛的安排。至少奥林图斯的领土已经以不动产形式分配给了马其顿人，似乎之前的一些居民，即没有留下来在新主人土地上劳作的人，被重新安置到那些他们不会组成一个反对派别的地区了。到如今，腓力也在计划一次对更远距离的伊利里亚地区的战役，通过重新安置居民和构筑防御工事，他可能正在加强西北方的边境，保证邻近隘口的交通。

公元前 345 年，腓力可能出兵进攻了阿尔戴亚人（the Ardiaei）。它是伊利里亚三个最大的部落之一，通常占据达尔马提亚沿岸利宗湾一带地区。资料未能提供出兵的原因，但与大多数希腊人比较，马其顿人对巴尔干部落向其北方的迁移的认识要深刻得多。公元前 359/8 763
年、前 356 年和约前 350 年的胜利，虽然消除了马其顿邻近地区的麻烦，但可能同时使得这些邻居更容易受到那些来自远方的攻击。结果可能是马其顿比通常更近地感觉到阿尔戴亚人的影响，并且应该在不稳定还没有扩展到远至马其顿边境之前就去处理。战事很成功，且获利颇多，只是腓力在对国王普琉拉图斯（Pleuratus）的战斗中严重伤及右小腿。在一封书信中（*Ep.* 2. 3），伊索克拉底斥责他在如此危险之时去冒这样的风险。

对那些对雅典人怀恨在心的人来说，近邻同盟显然是一个可资利用的机构。大部分人也许期望腓力会对此抱着同情态度，色萨利人、马格尼西亚人、佩海比亚人和其他人，更不用说底比斯了，都是这么认为的。公元前 345 年初，提洛岛的岛民（尽管他们自己不是其成员）呼吁近邻同盟议事会反对雅典对于他们的阿波罗神庙的控制。对雅典来说，继前一年 9 月与近邻同盟冲突后不久迅速出现的这一提案，无疑是一个潜在的威胁。公民大会选择埃斯奇奈斯为雅典辩护人，可能希望他更能为腓力接受。但是战神山议事会进行干涉，取消了这一任命，转而支持叙佩利德斯，他是由于反对菲洛克拉特斯和约而最为人所知的演说家之一。在德尔斐问题上，埃斯奇奈斯与福基斯人走得太近。如果这是重新考虑的原因，那就意味着战神山议事会对于腓力支持搁置该问题有足够的信心。在春季议事会上，提洛岛人的诉求被驳回。我们很难想象没有马其顿的同意，会出现这种结果。

尽管从长远的观点看，雅典对腓力来说非常重要，但不管从哪个角度看，色萨利都更加重要。如今，那里出现的困难暂时使他的注意力离开了其他地方。这些麻烦的缘由模糊不清。伊索克拉底（*Ep.* 2. 20）说，色萨利人愚笨、傲慢而具有煽动性。并且，除非我们将这一点当作阿谀奉承之人的解释而抛弃，不然的话，我们会对腓力与色萨利之间大部分时间关系平稳、没有出现更多的摩擦感到惊讶。由于一些色萨利人可能已经得到了好处，开始怨恨投靠腓力的代价：他对帕加塞的占领尤其可能引起怨恨，他进驻佩海比亚和马格尼西亚同样如此。麻烦似乎主要来自菲莱和拉利萨。对前者，更容易理解。但是拉利萨的卷入非常严重，因为这个城邦及其占统治地位的贵族阿琉阿斯家族首先承认了腓力对于色萨利的影响。很明显，国王与阿琉阿斯家族之间的特殊关系在公元前 344 年完全破裂。为了应对当地的冲突，寡头领袖西穆斯（Simus）在雇佣军的支持下被授予一个
764 “调停”或“中立”的执政官职务。当他和其支持者一起开始穿戴僭主的服饰以他自己的名义发行货币时，如狄奥多鲁斯（XVI. 69. 8）所说，腓力“驱逐了僭主”，因此“在色萨利人中间赢得了声望”。在菲莱，8 年里的第三次干涉之后，他以一个马其顿驻军支持的“十人委员会”取代了当地的政府（Dem. VI. 22）。

这样的分裂是色萨利政府更普遍软弱的征兆，腓力现在决定更彻底地重组这一体制。严格来说，色萨利是由 4 个部落领土或四分之一区（色萨利奥提斯、帕拉斯基奥提斯、赫斯提奥提斯和弗西奥提斯）组成的一个联邦（*koinon*），最初是一个多利斯人的世袭王国，其贵族家族及他们的家臣控制了大量前多利斯人原住民作为其土地上的农奴（*penestai*）。君主的职位由选举出来的联邦执政官（*archon*，传统术语称为 *tagos*）担任，在现在有限的联邦区域中，他高于当地官员，即 4 个四区长官（tetrarchs）。至少因为军事目的，他也对阿凯亚的弗西奥提斯、马格尼西亚和佩海比亚的边民附属领土拥有一定职权。但是在大多数事务中，城市及其周边的领主是统治者，主要的古老家族（如拉利萨的阿琉阿斯家族或法萨卢斯的道奇戴家族）是他们的统治者；西穆斯的反叛可能仅仅是凸显了一个普遍存在的事实。可能正是因为这些当地统治者之间难以达成一致，导致公元前 352 年腓力被提升为联邦执政官。这一时期未必有任何人能预见到，国王在中希腊的扩张会使他失去对色萨利有名无实统治的兴趣，并推动他采取一种内部事务能够更平稳地适应执政官利益的政治制度。

长期以来，色萨利的城市都是那个地区社会和经济形势的基础，无法将其完全融入一种新的联邦管理体制中。由于货币曾经由主要的城市制造，所以成为传统上权力置于何处的一个很好的标志（我们如此推测）。公元前4世纪70年代末，随着菲莱的亚松担任执政官，联邦曾有短暂的繁荣，但是他去世后，领导权在其同族无能者的手中迅速凋败。公元前4世纪60年代佩罗皮达斯的改革也是镜花水月，几乎没有改变城市的支配地位。他的干涉唯一明显的遗留是术语的改变（“塔戈斯”变为“执政”，“四区长官”变为“军事执政官”）。腓力接受了这一现实，并没有试图改变色萨利社会的政治基础。城市仍然是其结构的模块。四区长官恢复了他们的古老称号，并没有改变多少，但权力明显扩张了［这里可以提到一个人，特拉叙戴乌斯（Thrasydaeus），无论多么夸张，他对待其人民都像“僭主”一样（Theopomp. F 209）］。这间接对执政官有利，因为四区长官是在联邦 765
组织中的代表。他们的选举无疑尤其重要，我们所知的公元前344年以来的人物中，只有两人出现在德摩斯梯尼著名的“告密者与叛国者”名录中（Dem. XVIII. 295 f；参见 Polyb. XVIII. 13ff）。就如我们所预料的，这意味着他们是亲马其顿者。尤其是拉利萨和法萨卢斯这两个城市，在过去几十年里非常突出，似乎还保留有它们某些传统的优越感。例如，在近邻同盟议事会的8个色萨利席位中，它们各提供了两名。这件事本身不是特别重要，但可能反映了某种意义更重大的事情。关于这一时期色萨利的钱币问题还有许多工作要做，尤其是更小的单位，但至少拉利萨的银币德拉克马（一种完备的发行体系）在整个腓力统治时期显然还在继续打造，因为没有任何联邦的其他银币存在。联邦是否发行更小单位的青铜币并不确定［一组“派塔罗斯币”（Petthaloi）钱币曾被认为就是］[1]，但其可能性是存在的。尽管关于这一重要的重组我们所知道的就这么多，但将其一般特征概括为折中似乎是合理的：首先是通过为旧的联邦赋予实际内容而提升了国家的统一（执政官作为首领有着明显的利益）。然而，由于色萨利主要城市在社会及其经济中实际上保持了它们的重要作用，从而限制了这种统一。

---

① Franke 1970（C 361）.

第四节 讨好雅典

自公元前 346 年起，马其顿在伯罗奔尼撒的影响已经明显上升。到公元前 344 年，腓力与美塞尼、阿哥斯，可能还有麦伽罗波利斯之间的结盟已经生效。对雅典人来说，他们自己对反斯巴达运动的同情最多也就是昙花一现，这是很不祥的兆头。德摩斯梯尼本人（Ⅵ. 19 - 25）在最近的一次出使中严厉指责美塞尼亚人这种新关系的危险性。这种反应对腓力来说是危险的，因为尽管他享受着保护者的角色，但也承担着引起雅典太多恐惧的风险，呼吁亲马其顿的那些人无法予以反击。因为这个原因，在这些年里，对于伯罗奔尼撒来说，事实证明它是一个令人失望的盟友。因此，当美塞尼和麦伽罗波利斯在稍早于公元前 344 年申请成为近邻同盟成员时，腓力拒绝介绍它们加入。从严格的法律意义上说，它们是没有资格的，那可以作为理由；但是他不允许这个令人尊敬的团体，还有他自己，陷入伯罗奔尼撒的政治泥
766 沼中。无论如何，不久之后斯巴达问题就暂时缓和了：国王阿希达穆斯于公元前 343 年或前 342 年带着斯巴达人和其他军队处理克里特和南意大利的地方事务去了（Diod. ⅩⅥ. 62. 4）。拉西第梦人到现在充分意识到，自公元前 346 年以来，腓力对他们的态度就已经改变了，他的兴趣现在在他们的敌人一边，因此他们正在尽可能得体地打退堂鼓，可能至少要到阿希达穆斯获得充足的资金进行更积极的抵抗之时。

大约公元前 344 年夏末，腓力的拜占庭人朋友皮同到达雅典，率领着一支马其顿盟友组成的代表团，其中包括阿哥斯和美塞尼。他们通告说，国王对于那些诽谤者坚持要曲解他的意思表示遗憾。如果雅典人因希腊人对他的友谊感到麻烦，那就请雅典人加入，将双边协议扩展为向所有愿意加入的人开放的共同和约。实际上，无论雅典可能对现存和约提出什么修正建议，他都会考虑。毕竟，共同和约是雅典公民在公元前 346 年雅典历 3 月里强烈渴望的事情。共同和约曾是腓力计划中一个不切实际的工具，不过现在环境变了。雅典最初的反应似乎是积极的。公民大会建议，条约应该向所有人公开，并应该包含一个对参与者尊重的保证（用过去共同和约的术语来说，那是标准

做法，只是很少得到尊重），并且要保卫所有合作成员的自治。

反马其顿派并没有被其同胞的热情吓住。他们提出了附加的修正案，狡猾地想使谈判陷入僵局。要为一个保证每方不是“曾经拥有什么”而是“曾经有什么是自己的”的条款寻求支持并不困难。如果腓力有如此的气量，那他为什么不同意将这一原则运用于安菲波利斯！并且，凯索布莱泰斯和卡莱斯于公元前 347 年共同建造但第二年被腓力毁掉的色雷斯的要塞，也可能以同样的方式恢复。最后是哈隆奈苏斯（Halonnesus），那是长期处于雅典控制下的一个小岛，但是最近被海盗夺取。腓力驱逐了海盗，这个小岛现在可以回归到其正当的所有者手中。对国王来说，这样的建议难以接受。迄今为止，安菲波利斯与腓力比之间的矿区是马其顿最大的收入来源，每年获利超过 1000 塔兰特（Diod. XVI. 8. 6）。他不能，也不会将现在属于东马其顿的部分交给任何人，而在一个世纪以前曾拥有安菲波利斯 13 年的雅典的要求是可笑的。对于这样一个不可避免让共同和约的所有成员都陷入彼此激烈争吵的原则，即便过去有过这种可能性，腓力也不可能同意，如果雅典人是严肃的，那他们更不可能同意。实际上，所谓的“各有其地”完全是指“各保有所能宣称的无论何时曾经拥有过之地”。任何国家，无论其大小，要么能找到一长串证据证明自己曾 767
拥有某地，要么对一连串的损失缄默不语，要么兼而有之。当赫格西普斯（Hegesippus）在秋季或冬季率领使节到培拉正式向国王转达雅典人的决定时，他受到了意料之中的冷遇（Dem. XIX. 331）。腓力再次被迫放弃他自己曾经提议的安排。

和皮同的使团同时（Philoch. F157，上下文在 *Did. in Dem.* X. 34 col. 8. 5 ff），雅典人也接待了来自阿塔薛西斯的使节，波斯人为计划在下一年进行的一次大战请求希腊军事支援，目的是把埃及重新纳入波斯的控制之下。小亚细亚的一些城市别无选择，只有遵行。在希腊，底比斯的做法和通常一样。由于斯巴达现在忙于南意大利的事务，阿哥斯也学了底比斯的榜样。但是在雅典，波斯国王的要求被冷淡地拒绝了。雅典对于波斯国王的友谊会一直持续，只要他不进攻希腊人的城邦。但是法令加上了一条，如果波斯要干涉任何一个希腊人城邦，则腓力和其他希腊人应约受请共同反对他。皮同的使者到达时，雅典人在这里如此提及腓力［如果我们相信这一条款的来源是腓力自己的话，见（Dem.）Ⅻ.6]，表明在那个时候确实曾有机会得到公众支持。雅典人显然还没有义无反顾地反对马其顿。尽管腓力似乎再次犯了错误，但他对重开和谈仍保持开放态度。

直到这时，尽管近邻同盟的判决在公元前 346 年 7 月或 8 月已经做出，却仍未收缴福基斯的赔款。考虑到在村庄里的重新安置必然会使福基斯社会瓦解，这可能不过是现实的做法。可以肯定，延期赔付的消息在雅典大受欢迎，但在底比斯却不是如此，新近在雅典举行的谈判，已经重新引起了底比斯的担忧。甚至一个广泛流传的谣言称，腓力打算在埃拉泰亚（Elatea）设防，以切断进入福基斯的道路（Dem. Ⅵ.44）。近邻同盟的不悦不会仅限于底比斯，尤其是在腓力试图与雅典和解遭到回绝之后，他一定感受到了某种压力。约公元前 343 年春，近邻同盟在德尔斐的会议做出了安排：在下一年的议事会上收取第一批分期赔款。

雅典的反应不出意料。随后不久，叙佩利德斯控告菲洛克拉特
斯，后者是公元前 346 年的使节，他的名字曾最密切地与腓力的和约
联系在一起。其指控是他“因受贿，提出了损害公共利益的提议”。
一场公开审判可能会使其控告者和他的同伙除去一个主要反对者，也
会为反马其顿情绪提供一个便利的论坛。在这样的氛围中实在太有可
768 能成为公众替罪羊的菲洛克拉特斯逃离了雅典，并被缺席宣告有罪。
那些可能会为他辩护的人，如埃斯奇奈斯，无助地留了下来，因为他的逃跑太容易被当作是供认有罪。然而，在审判中，作为对德摩斯梯尼的反应，没有任何使节站出来指证菲洛克拉特斯。他们并不是那么明显地和菲洛克拉特斯一样被牵连进这个不名誉的和约中，在一场他们不能有效为自己辩护的诉讼中，承认菲洛克拉特斯的罪行将比保持沉默更容易受牵连。然而，富有启发性的是，就我们所知，当时或任何其他时候，都没有任何一位使节（德摩斯梯尼明显是例外）谴责和约或腓力。

当提马库斯和德摩斯梯尼在公元前 346 年 7 月对埃斯奇奈斯提出类似的指控时，他们的意图是让埃斯奇奈斯对德摩斯梯尼应急计划的反对归于无效。这件事没有必要继续到实际审判的程度，无论如何，埃斯奇奈斯的成功反诉已经让提马库斯丧失了继续推进案子的能力。但是自此以后，在两年多时间里，埃斯奇奈斯都属于那些支持和约的

重要人物。如今反击时刻来临。德摩斯梯尼再次提出控告。大约与此同时，至少是在下一年内，雅典将军狄奥佩泰斯，即赫格西普斯的同事，率领一支新的军事移民分队前往赫尔索尼斯。

与此同时，公元前 343 年夏，埃利斯和麦加拉都爆发了冲突，据德摩斯梯尼（XIX. 294 – 295），叛乱由支持腓力的贵族派别引起。这两个事件中，马其顿人都没有直接干涉。德摩斯梯尼有关这类事件的证据（如第 9 篇第 27 节："他已经控制了埃利斯这个重要城邦"）非常值得怀疑。[②] 但在许多地方，国王的支持者都在国内政治中占据有利地位，不管他们距离其名义上的支持者有多远。的确，虽然他仍然希望赢得雅典支持，但他避免了任何实际的和明显的介入。但每次他的微小影响都会被看到，或者被确凿地揭穿，他在雅典的威信也相应地降低了。在优卑亚同样如此，当地的冲突也为德摩斯梯尼提供了关于马其顿干涉的可靠事实。事实上，公元前 349/8 年雅典因判断错误对这个岛屿事务的干涉，大大削弱了它在那里的影响力，而支持了那些主张与腓力友好的人士，至少在埃莱特利亚和奥琉斯，他们是占优势的。

因此，当埃斯奇奈斯在公元前 343 年秋季被起诉时，他面临的形势比菲洛克拉特斯的形势还要糟。在对他的审判中，有两个至关重要的问题：和约是否现在已经声名狼藉，会玷污任何还没有与之脱离关系的人？埃斯奇奈斯是否在公元前346 年接受了马其顿人的贿赂，以推动这一和约而损害雅典的利益？在前一个问题上，他几乎肯定会输； 769
在后一个问题上他明显是清白，也几乎没法挽救他。雅典最伟大演说家（Dem. XIX）的金字招牌虽然可以模糊，但无法掩盖下述事实：在每一件关键的事实上，证据都指向埃斯奇奈斯（Aeschin. II）。在一场看起来不那么虚假的控告中，他肯定会被宣告有罪。对于腓力的支持者及腓力本人来说，信号是明显的。当近邻同盟召开秋季议事会的时间来临时，福基斯交了 30 塔兰特，他们在雅典的分量甚至进一步下滑。

在伊庇鲁斯，当奥林匹娅丝的弟弟、现在在马其顿的年轻的亚历山大达到可以成为摩罗西亚人国王的年龄时，阿吕巴斯的处境变得日益困难（请见第 9 章第 4 节）。促使腓力在这个时候干涉的原因不得

---

② 关于公元前 343 年腓力在伯罗奔尼撒和优卑亚介入的程度，有不同的看法，如 Hammond and Griffith 1979（D 50）496 – 504。这里的解释出自 Cawkwell 1963（C 106）11。

而知，但是，考虑到他与雅典关系的尴尬，主动性可能来自阿吕巴斯。公元前343年秋冬之际，腓力启程穿过品都斯山脉，向雅典人送达了最后的官方声明。然后他邀请其盟友同意将条约扩展到所有有兴趣的参与者。另外他提及他的友谊会带来的好处。他会将哈隆奈苏斯交给雅典；如果雅典坚持这是“归还”，他准备提交仲裁确定其当前的归属。在关于色雷斯要塞的问题上也是如此。一个更新近的问题，即赫尔索尼斯新到来的雅典军事移民与腓力在卡狄亚的盟友之间的领土争端，同样是需要通过法律解决的事务。关于此事，如有必要，他会强迫卡狄亚人服从。马其顿的使节近来已经提出建立一个马其顿——雅典的法律程序，来听取因商业争执而引起的案件。这类提议对其盟友是适当的，也保持公开。最后，国王提议发起一次联合行动，以清除爱琴海的海盗。自公元前355年雅典海上同盟几近瓦解以来，这是一个更严重的问题。

这是一个颇有吸引力的一揽子方案，但可能没有什么能改变现阶段的局势。要歪曲每一个没有附加条件的提议，并在腓力没有完全自由的事情上，尤其是在哈隆奈苏斯问题上，施加压力并不困难，“归还”就会承认失去它不会影响其所有权。两边都不大想要的哈隆奈苏斯，被雅典人用来表示腓力的贪婪和不诚实了［（Dem.）Ⅶ，*On Halonnesus*］。

在伊庇鲁斯，腓力没有遇到反对。阿吕巴斯停止抵抗，逃亡到雅典，在那里他被授予公民权（Tod. no. 173）。时年20岁的亚历山大取代阿吕巴斯成为国王。与此同时，摩罗西亚王国的南部边境得到了扩展和巩固。安布拉奇亚湾北部的3个或4个卡索佩亚人城镇被迫向
770 亚历山大投降，他吞并了这些地方。马其顿与伊庇鲁斯的关系现在似乎非常接近于马其顿与色萨利的关系。

雅典人对马其顿人干涉伊庇鲁斯所采取的应对措施，几乎可以肯定是反应过度：那是马其顿对安布拉奇亚的威胁。事实上，雅典派遣一支军队去“防止”腓力“入侵”阿卡那尼亚［（Dem.）Ⅶ.32，Dem. XLⅧ.24，Ⅸ.72］。然而，他们和其他人一样确实有理由担心。要么当时，要么在下一年，腓力与埃托利亚人达成某种协议，承诺当他能够之时，将现在在阿凯亚人手中但属于他们的港口瑙帕克图斯归还给他们。随后不久，阿凯亚人及其北方邻邦阿卡狄亚和曼提奈亚就

与雅典结盟。更严重的还在于，阿哥斯人、美塞尼亚人和麦伽罗波利斯人也和雅典结盟了。这并没有破坏他们与腓力的条约，因为严格来说他也是雅典的盟友。但是这至少说明，他为了其盟友的利益没有干预伯罗奔尼撒而招致了怨恨。《菲洛克拉特斯和约》明显彻底没希望了。腓力迟早要与雅典一战。那时，他无须过多关注他们的敏感。

第五节　亚里士多德与赫尔米亚斯

在奥林图斯陷落和柏拉图去世不久，师从柏拉图 20 年之久的得意门生亚里士多德离开了雅典。柏拉图的侄子斯佩乌西普斯成为阿卡德米学园新的领袖。亚里士多德已经前往阿苏斯，那个地处小亚细亚西北特罗德地区的城市，并在来自附近斯凯普西斯的两位同龄校友的陪伴下定居下来（请见第十二章第 1 节第 620—621 页）。在这里，他与他们的哲学同行、另一位离开学园者、当地的君主、阿塔尔纽斯的赫尔米亚斯成为朋友。随后不久，他与国王的侄女兼养女结婚。随后 3 年里，他在这些志趣相投的伙伴中同时从事研究（尤其是动物学）、教学和政治讨论。不过，可能是由于一位年轻同事泰奥弗拉斯图斯的鼓动，公元前 344 年亚里士多德迁往密提林。因为波斯更多关注于重新夺取埃及的计划，而腓尼基和塞浦路斯又有叛乱，因此在与亚里士多德一起的时间里，赫尔米亚斯相对独立的地位是可以保证的，但是随着波斯重新夺回那 3 个行省（公元前 343—前 342 年），他不得不寻求支持。到公元前 341 年，他与腓力结盟，产生联系的缘由不难猜测，因为亚里士多德是尼科马库斯的儿子，后者曾是腓力的父亲阿明塔斯三世的私人朋友和医生。结盟的时间（到底是早于还是晚于公元前 342 年亚里士多德被任命为亚历山大的老师）并不确
定，但是考虑到赫尔米亚斯的危险，他可能相信马其顿对于小亚细亚 771
的计划很快就会有结果。否则，我们可以想象，还有很多更安全的选择摆在他面前。

公元前 342 年夏天，刚过不惑之年、已经有了一定地位和声望的亚里士多德，受邀前往马其顿。就在腓力开始最后一次出征色雷斯之前，即当年 6 月。这位哲学家已经带着他年轻的被监护人，还有许多其他的人，可能包括赫费斯提昂、托勒密，以及安提帕特的儿子们，

出现在米扎附近勃米恩山（Mount Bermion）草木丛生的山坡上的“米达斯的花园”（Gardens of Midas）中。这里远离培拉湿热的夏天，在名为“山泽女神圣地”且满布洞穴和林荫道的建筑群里，亚里士多德继续着对王子及其伙伴们的教育。这里可能有很多学生。我们得知（Arr. *Anab.* Ⅳ. 13. 1，Ael. *VH* XⅣ. 48），是腓力设立了王室侍从制度，即重要王友的儿子们作为他个人侍从的制度。他们在宫廷中度过了青年时期，与国王自己的儿子一起接受教育，在行政管理和军事指挥方面接受相应的训练。这种对未来领导者的早期培养有着明显的优点，尤其因为他们被切断了与家庭和当地的联系，处于一种由国王以及那些他认为有适宜影响的人们控制的氛围中。

第六节 优卑亚

随着色雷斯战事的明朗，在希腊其他地区的行动表明，到这个夏天，腓力已经放弃通过友好和慷慨与雅典修好的希望。我们不能确定，那时他是否已经相信战争是唯一的选择，还是希望通过拒绝雅典的支持，在雅典公民中间引起同样的现实主义情绪，如同公元前347/6年冬季他处理法莱库斯的背叛那样。尽管当时可能被忽视了，但正如在公元前338年以后会再次清晰表明的那样，他仍然将雅典而不是底比斯视为他在希腊南部最好的盟友。但是，马其顿利益更直接和更关键的区域是爱琴海北部。色萨利和伊庇鲁斯是安静而可靠的。但色雷斯不能再耽搁了，特别是随着波斯现在开始复兴，小亚细亚在未来几十年可能受到比想象中更严厉的控制。甚至在战事开始之际，马其顿人在中希腊的出现也开始变得更明显。

公元前4世纪40年代初雅典人的愚笨和底比斯人在第三次神圣
772 战争期间及以后的安静，鼓励了优卑亚城邦中间独立倾向的上升。实际的困难在于，这个岛上没有任何单个城邦有足够支配力能提供坚强的领导，同时城邦内部的争斗也制约了合作。因此，埃莱特利亚和奥琉斯的内部不和无疑已很严重；亲马其顿派与他们的反对者之间的冲突也因此更加剧烈。

之前不久，可能只有一年，一位卓越的优卑亚人——哈尔基斯的卡利亚斯（Callias of Chalcis），曾向腓力求助，希望一个足够强大的优卑亚同盟能将底比斯和雅典的影响从这个岛上清除。腓力拒绝了他，原因是这样公开的干涉会破坏他与雅典人的谈判。但是在色雷斯战事开始之际，马其顿军队，可能是雇佣军，驻扎在优卑亚北部对面的大陆上。在接下来的几个月里，腓力的3个主要将领会和他们的军队在这个岛上服役，可能主要是从阿凯亚的弗西奥提斯或帕加塞港出发进行突袭。在秋季，即德尔斐的皮提亚节之际，在国王缺席的情况下，安提帕特建议马其顿人出现在温泉关以南。雅典似乎开始不大能够在其盟友的保护之下来破坏腓力的利益了。

在卡利亚斯徒劳请求马其顿支持哈尔基斯之际，南端的卡吕斯图斯仍然效忠雅典，而另两个主要城镇，埃莱特利亚和奥琉斯已经掌握在他们的亲马其顿派手中。公元前343年，来自埃莱特利亚的其他亲雅典逃亡者已经不受干扰地占据了港口波特穆斯（Porthmus）。公元前342年，希波尼库斯（Hipponicus）带着1000名雇佣军毁坏了埃莱特利亚的城墙，驱逐了守卫者，目的是试图巩固亲马其顿领导人希帕库斯（Hipparchus）、奥托麦东（Automedon）和克利塔库斯（Clitarchus）在该城的统治地位。但是这不足以解决他们的困难，因为在随后的两个事件中，欧吕罗库斯（Eurylochus）和帕尔麦尼昂发现，为了镇压反对派，有必要进行入侵。帕尔麦尼昂也干涉了奥琉斯，以打击反对派和保护马其顿在奥琉斯的支持者。为何前一年在这两个地方的变动现在遭到了挑战，原因并不清楚。但是，对哈尔基斯和卡吕斯图斯没有进行类似的干涉，而且那里不曾有同样强烈的“腓力化”倾向，这些事实让我们可以推论，公元前342年的公开干涉，意图是巩固那些拥有切实权力支持的人的优势地位，而不是扶持没有权力基础的代理人。然而，与这一收获相反，腓力不得不冒着风险，即马其顿军队的实际出现可能会浇灭优卑亚一部分人的热情，那些人会在保持适当距离的条件下愿意称他为朋友。结果估计是错误的，尤其是考虑到像德摩斯梯尼这类反对者的能力，以及他们在雅典和其他地方那些观点摇摆者中日益增长的影响。

第七节 色雷斯、佩林图斯和拜占庭

宏大的色雷斯远征，其主要目标雄心勃勃。根据狄奥多鲁斯一个 773

简短的暗示（XVI.71.1），“赫勒斯滂的希腊人城邦”可能遭到了凯索布莱泰斯的攻击。战争初期，腓力似乎至少到过卡狄亚和埃努斯。但色雷斯远较她的海岸线广袤得多，他在色雷斯内陆花费了许多时间和精力。可以确定，他与盖塔人国王科泰拉斯结盟的时间为公元前342年后期，后者的领土从色雷斯北部延伸到多瑙河地区的斯普卡隘口（Schipka Pass）。他的女儿麦达（Meda）成为腓力的第六个妻子。这个从最初的对立（Jordanes *Getica* 10－65，Theopomp. F 217 进行了修正）中产生的协议非常有用，它树立了一个北方的屏障，依靠它腓力就可以在必要时打击那些在罗多佩山脉和赫布鲁斯河这些复杂地区反对他的那些人。

关于战争本身我们几乎一无所知。除了凯索布莱泰斯和他的同僚泰莱斯在中部色雷斯各方面受到腓力及其沿海同盟的挤压以外，可能没有大的战役。我们听说过各种行动，实际上所有行动都无确切时间，且并不是全部胜利了，可能主要是在内陆山区攻击小股的抵抗力量。在这类地区的一些地方，马其顿守军和混合殖民者建立并设防了前哨阵地。其中在极北方的两个，即贝罗亚（Beroe）和腓力城尤其成功，并且留存下来了，它们是现代的旧扎戈拉和普罗夫迪夫（Plovdiv），主要人口居住在海穆斯山和赫布鲁斯河北岸之间的肥沃盆地中。

色雷斯西部至少事实上已经是马其顿的一部分了；中部和东部诸王国现在成为马其顿的附属领土，每年进贡其产品的十分之一，且由一位统治色雷斯的马其顿将军管理（尽管直到亚历山大统治初期才有文献证明该官职存在）。到公元前341年春天，尽管腓力取得了胜利，但据传到雅典的消息，腓力在某个时期生病了。病得有多严重我们并不知道。但是他长期在难以接近的地方不露面，使得国王的反对者感到振奋，而他的拥护者则倍感沮丧。在赫尔索尼斯，雅典军事移民和卡狄亚之间的领土争端演化成实际行动。腓力加入卡狄亚一边，要求雅典把他们的争端提交仲裁。雅典拒绝了，并且至少默许纵容其掠夺型将领狄奥佩泰斯，后者在赫尔索尼斯周围的行为已经变得非常具有挑衅意味。公元前342/1年冬，他抓住了一个马其顿使者，并将他押解到雅典，关进监狱，携带的信件被公开宣读。腓力命令一小队雇佣军去卡狄亚维持和平。公元前341年初的几个月里，狄奥佩泰斯
774 率领军队进入色雷斯，破坏庄稼，将两个城镇的居民掳为奴隶。第二

位被派去要求他们释放的外交使节也被抓捕、拷打、关押以索取赎金。狄奥佩泰斯通过打劫商船，要么以其货物，要么以其赎金来支持他的财政。

反对者集中在中部和南部希腊。在春天或初夏，哈尔基斯的卡利亚斯派使节到雅典建议平等结盟（和较早的霸权关系形成对照），其目标是建立一个哈尔基斯领导下的优卑亚同盟，作为回报，这个同盟会支持反马其顿的统一行动。雅典人抑制住他们的自尊心，接受了“优卑亚民族主义”的现实。接下来的几个月里，雅典将军克泰西丰和弗奇翁成功袭击了奥琉斯和埃莱特利亚，二者被迫加入哈尔基斯和雅典的同盟。

至此，尽管德摩斯梯尼（Ⅷ.14－15）还能将拜占庭算作腓力的，但是那里也有不安的迹象［（Dem.）Ⅻ.2－3］。但是腓力转向北方，到了现在的保加利亚沿海地区，马利萨河与多瑙河盆地的谷物在这里汇集后装上希腊商船队。这次冒险的目的不得而知。可是效果是明显的：是年秋，德摩斯梯尼行程远至拜占庭，因为他意识到可以利用那里对近来腓力活动的担忧。由叙佩利德斯率领的使团显然同时出发，到了拜占庭在同盟战争中的盟友希俄斯和罗德斯那里，以施加压力。当粮食运输线受到威胁时，旧有的恩怨现在可以忽略了。

公元前343/2年冬波斯再次征服埃及期间（Diod. ⅩⅥ.40－51）[③]，一位来自罗德斯的极具才干的雇佣军将领门托在波斯王室服役时表现杰出，之后被赋予加强帝国对小亚细亚控制的任务。在获得阿塔薛西斯对族人门农和阿塔巴祖斯（自公元前353年以来就流亡在培拉）的宽恕之后，门托邀请他们加入，显然是意识到他们能够了解腓力关于小亚细亚的企图。尽管还没有什么具体的入侵计划，但门托显然已经听到足够多的让他烦忧之事。因为有希望也获得阿塔薛西斯对阿塔尔纽斯的赫尔米亚斯的宽恕，他引诱这位倒霉的君主参加一次会议，逮捕并囚禁后将他交给了阿塔薛西斯。赫尔米亚斯在折磨中始终坚强不屈，最终被杀害。公元前341年夏，亚

③　狄奥多鲁斯关于埃及最后战役的年代严重错误，见 Cawkwell 1963（C 106）1，有关重新推定的年代，请见 Markle 1981（C 197）。

里士多德在马其顿哀悼了这位哲学家和朋友的逝世。在雅典，德摩斯梯尼则狂喜于此，并建议他的同胞们收起他们的偏见，向阿塔薛西斯求助。同年秋，一个雅典使团出现在波斯大王的宫廷中，发现他同情雅典。

775 同年冬，在卡利亚斯的帮助下，德摩斯梯尼继续游说潜在的盟友。公元前340年冬末给雅典公民大会的报告中，两人声称已经看到了反马其顿情绪明显的普遍上升。细节是模糊的，主要来自一段试图通过过度夸张（*amplificatio ad absurdum*）来诋毁他们成就的段落（Aeschin. Ⅲ. 91 ff）。至少优卑亚联盟现在已经行动。在德摩斯梯尼推动下，哈尔基斯得到授权召开“同盟”大会，并征用优卑亚城镇的贡金用作财政支出。几个月前与雅典在优卑亚战事中合作过的麦加拉肯定也已经是她的盟友了（Charax，*FGrH* 103 F 19）；同样做的还有阿卡那尼亚人，可能还有阿凯亚人（schol. Aeschin. Ⅲ. 83）。近年来还曾经有其他的盟友，只是这些盟友可以在多大程度上用来对抗腓力无疑是有争议的。这几乎不是一个“希腊人的同盟”。④ 尽管如此，支持是存在的，可能超过5年前腓力的预料，且足够抬高雅典的期望。

进一步延迟已不可能。腓力停下他在东北部的军事行动，返回本都沿岸。拜占庭在雅典人、希俄斯人和罗德斯人支持下，得到其邻邦佩林图斯和塞林布利亚的鼓励，以及来自波斯的金钱和人员承诺，现在转向了对立面。这对色雷斯的解决、对腓力更长远的计划、对他孤立赫尔索尼斯，都是极其严重的。拜占庭的防御令人生畏（Paus. Ⅳ. 31. 5），因此公元前340年春马其顿军队袭击佩林图斯，这是一个相对较小的目标，但对腓力的军队，以及他公元前4世纪50年代末在精明的色萨利人波吕杜斯领导下建立的工程兵来说（Diod. XⅥ. 74－6），仍存在巨大的困难。亚历山大大帝之后，通过攻击占领有城墙的城市为寻常之事，在之前则是例外，两者间的差异，很大程度上也许可以用腓力创造的坑道作业、转矩弩炮和器械、攻城锥和攻城塔技术来解释。

佩林图斯高耸于一个半岛之上，防御工事强固，城墙后的建筑沿

---

④ 见 Ellis 1976（D 80）173－4，但是可能值得怀疑；参见 Hammond and Griffith 1979（D 50）551。

山坡上升，犹如剧场内部的阶梯排列。在这场围攻中，上带绞盘弩炮的40米高的攻城塔被安装到位，以火力掩护马其顿工兵对城墙的坑道作业。进攻取得了某些突破，但收效甚微，因为佩林图斯人通过封锁他们房屋之间的巷道，能够逐级退到更高的障碍后面。最初拜占庭可能担心这是诱敌而踌躇不前，随后同意派遣人员、弩炮和机弩支援。这时狄奥佩泰斯已经去世，但是他的继承者卡莱斯在赫尔索尼斯 776
有足够的船只将腓力的小舰队（大约40艘船?）拒于普罗滂提斯海之外，也有足够的人员阻止它停泊在海滩上以求自卫。到仲夏，随着拜占庭的援军继续到来，围城看起来没有希望了。因此，腓力命令一支分遣队进入赫尔索尼斯，保护他自己在阿奇努斯（Alcinus）统率下的舰队穿过赫勒斯滂海峡。这个行动是否如雅典人所想，是一种深思熟虑的战争行为，值得怀疑。虽然腓力不再小心避免损害雅典人的利益，但对他而言，公开冲突也无好处。他需要他的舰队，如果雅典人阻拦使其不能与自己会合，他必须冒进行战争的风险。与此同时，他还要努力将其危害降到最低。

他送了一封信到雅典［“腓力的信件” =（Dem.）Ⅻ］。这并不是一份宣战书，甚至也不是最后通牒，尽管其中一些语言非常强硬（特别是第23段）。该信坚决谴责雅典自公元前342年后期以来的好战，并尖锐批评她对国王在色雷斯、卡狄亚和赫尔索尼斯行动的抗议。它将雅典描述为完全错误的一方，而腓力的行动是必需的、正义的，因为从明确的反马其顿使团和狄奥佩泰斯自赫尔索尼斯发动的攻击开始，雅典毫无疑问就完全处于战争中了，只是没有宣战而已，然而却没有取消《菲洛克拉特斯和约》。不过到这个时候，腓力方面仍然没有给雅典提供明确的原因。现在在这封信中，他请求那些可能会听到之人保持克制。雅典公民大会没有明确决定战争。

即便没有雅典人直接的干涉，腓力发现他在佩林图斯的形势也进一步恶化，因为在阿塔薛西斯的指示下，小亚细亚的波斯总督提供了源源不断的雇佣军和补给。他自己的舰队，虽然能够进行些干扰，并不能阻止援助到达被围困的城市。只有一个选择了。拜占庭的支援让该城的资源损耗严重（Diod. ⅩⅥ. 76. 3）。所以，腓力留下总兵力（当时大约3万之众）的一部分在佩林图斯保证他自己的补给线畅通，为了同样的原因还派遣了部队到塞林布利亚，自己则向拜占庭进军。他提出了条件，但徒劳无功。当时已经是公元前340年的8月或9月，一支庞大的运粮船队正在希埃隆（Hieron）集结，准备由卡莱斯护送到爱琴海。正好机会来了，雅典将军受召离开与当地的波斯官员讨论，腓力的舰队突然袭击了商船。他释放了50艘中立国的船只。其余的，显然是180艘雅典的船只，成了一笔庞大的战利品，除木材外，还提供了用于包围拜占庭的补给。腓力再次写信给雅典，指责她的商人甚至连作为盟友的借口都没有，就忙于给他的敌人提供补给。[5] 不管这个指控多么像那么回事，
777 我们却并不知道是否真实。不管是哪种情况，如此对雅典的根本利益提出挑战，只能导致他们最直接的行动。就他们当时关心的而言，找理由就是浪费精力。如果能找到一个合理的借口，其目标更可能是针对其他人，即那些对雅典的事业不那么同情的人，以及更倾向于站在后面让雅典独自应对的人。

第八节 战争

无论如何，这就是结果。雅典没有多少重要的盟友与她一起参加公元前340年10月的战争，所有的不过是其海上同盟的残余。希俄斯、罗德斯和科斯，还有拜占庭的盟友（Diod. XVI. 77. 2，Tod no. 175 = Harding no. 97）。波斯并未参战，部分原因可能是接近冬季，并不是一个适合征募新兵的时间。也有一些关于波斯与马其顿在这个时候外交接触的证据（Plut. *Mor.* 342 B. C.，*Alex.* 5. 1，9. 1），但是他们绝对没有任何议题。[6] 解释可能很简单，由于雅典现在全力投入了战斗，阿塔薛西斯没有理由继续他的财政援助。

卡莱斯率领40艘战船去救援拜占庭，将马其顿舰队驱回了黑海。冬季开始时，腓力亲自投入围城，但他发现不管是强攻还是偷袭都无效果。第二支雅典援军在弗奇翁率领下到达，但是马其顿人

---

⑤ 并非上文提到的保存在德摩斯梯尼演说集中的信件［（Dem.）XII］，见 Wüst，1938（D 125）139 及 Hammond and Griffith 1979（D 50）577 –8。

⑥ 基于一份糟糕的证据（Arr. *Anab.* II. 14），人们曾普遍认为，腓力在某个时候曾与波斯结盟，但现在已遭到彻底批驳。现在见 Hammond and Griffith 1979（D 50）484 –6。

已经开始踌躇了。同时，在马其顿，腓力在国内的代表、现年 16 岁的亚历山大在各方面都正在取得胜利。为了对付斯特里蒙河上游一个棘手的派奥尼亚部落麦狄人（the Maedi）掀起的叛乱，他率领一支军队溯阿克西奥斯河而上，直插东方，突然袭击了麦狄人的领土，镇压了反叛，并且模仿他父亲建立了一个军事殖民地，命名为亚历山大城（Alexandropolis）（Plut. *Alex*. 9. 1）。春天（公元前 339 年）到来之时，腓力放弃了对拜占庭的围攻。就在多瑙河南边，即现在的多布罗加（Dobrudja），西徐亚人的一个统治者阿泰亚斯已经请求腓力帮助其对抗伊斯特鲁斯（Istrus）和多瑙河口附近的其他希腊人据点。但马其顿军队到达之时，阿泰亚斯已经解决了他的问题，甚至没有支付费用就让马其顿人离开。北部色雷斯的安排及其与科泰拉斯（Cothelas）的结盟都要求对这种侮辱进行报复，在佩林图斯和拜占庭的失败也使得胜利成为急需。腓力首先以智谋让他的舰队成功逃出黑海（Frontin. *Strat*. Ⅰ. 4. 13），他的军队护卫舰队沿赫尔索尼斯海岸航行，肆意蹂躏其经过的土地。尽管佩林图斯和拜占庭还没有攻克，却已经被孤立了。我们有理由相信，一旦第 778
二次围城开启，腓力有能力让它们以及希俄斯和罗德斯重开结盟和谈。⑦

前往多瑙河途中，国王预先提出了一个要求，要无妨碍地通过以便在河口竖立一座他祖先赫拉克勒斯的塑像。阿泰亚斯拒绝了。只是一仗，就让马其顿人将过去一年的怨气都发泄在了对手身上，然后满载战利品而归——战俘、一群马和牛，接着西进向斯特里蒙河上游进军（Justin Ⅸ. 2）。但是行动的迟缓使他们易受攻击。他们还没有走出多瑙河平原，就遭到了特里巴利部落的袭击。腓力自己的大腿受重伤，失去了知觉。他的部下最初认为他已经死了，抛弃了战利品（Justin Ⅸ. 3）。他们将他运回家中养伤。从公元前 342 年年中一直到公元前 339 年 7 月或 8 月的色雷斯战事，漫长而艰辛，对双方而言可能都远远超过了预期。尽管遭遇失败，地大物博的色雷斯仍是马其顿的一个兵源地和税源地，最初的目标还是得以实现。如果希腊能够妥善安定，那么从长远来看，这场失败无关痛痒。但是，现在的希腊是

⑦　参见 Ellis 1976（D 80）184 – 5，290，Hammond 和 Griffith 1979（D 50）579 – 80。

一个问题。

当腓力不在时，德尔斐近邻同盟旧有的内部斗争再次出现。公元前339年的春季议事会上，一个安菲萨人的动议谴责了雅典近来重新捐献的波斯战争纪念品上的文书，因为其条款不明智地将底比斯列在波斯人一边，文书的年代可能是第三次神圣战争期间。雅典人由埃斯奇奈斯提起反诉（Ⅲ.115－24），成功地将近邻同盟的愤怒转回到安菲萨头上。最初的小规模冲突后，在德尔斐召开了一次全体大会，确定用一次特别会议来讨论这个议题，时间可能是约一个月以后，即6月里。

众所周知，底比斯支持安菲萨，埃斯奇奈斯和（回到雅典的）德摩斯梯尼都据此怀疑底比斯也会支持少数派的事业。因此雅典的立场成为关键。包括德摩斯梯尼在内的一些人将这一问题放在当时的战争背景下来看待。在他们看来，必须避免在他们的城邦与底比斯之间出现任何裂痕。实际出现的结果，是公元前346年7月预期之中的形势幸运地出现了。在近邻同盟的一次全盟战争中，底比斯被诱导支持了弱者一方。雅典人最初决定支持这一提案，但是德摩斯梯尼设法扭转了决定（Aeschin Ⅲ.125－8，Dem. XⅧ.143－50）。和底比斯一样，雅典也没有派代表参加在温泉关举行的特别会议。色萨利人科提弗斯（Cottyphus）被任命为将军，有权招募一支近邻同盟军队。他穿过温泉关，向安菲萨人征收罚金，并且以不虔敬的罪名放逐了安菲
779 萨领导人。迄今，底比斯人的立场还没有最终清晰。她仅仅建议安菲萨接受惩罚，而不是激起某种更严重的后果。但是雅典的背叛肯定是很大的鼓舞，因为底比斯现在占领了尼凯亚，实际上是对科提弗斯和腓力关上了温泉关的大门，并鼓励他们进行最严重的破坏。安菲萨人召回了他们的流亡者，驱逐了一些由近邻同盟送回的人（Aeschin. Ⅲ.129，Dem. Ⅷ.150－1）。

不久之后，腓力回到培拉。两个月后，在秋季议事会上，议事会委任他进行一场新的神圣战争。就其现在可以合法地进入中希腊而言，这个任命有方便之处，但结盟不利。底比斯和雅典有着共同的动机。自公元前346年以来，德摩斯梯尼一直谨慎而且致力于反对那种对底比斯存有过多偏见的目标，现在终于要实现了。为了阻止她们联合，腓力很快向南进军，绕过了温泉关，经奥伊泰亚（Oetaea）的群

780

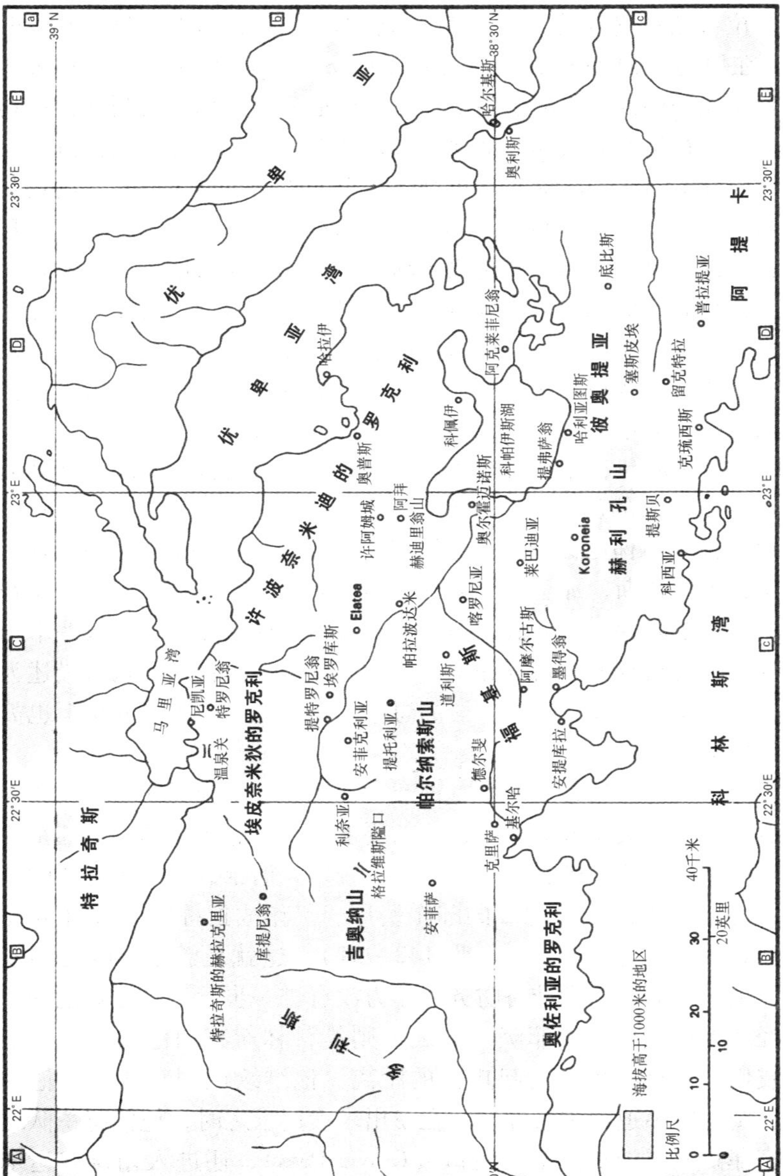
特拉奇斯
埃皮奈米狄的罗克利
许波奈米迪的罗克利
优卑亚湾
优卑亚
马里亚湾
温泉关
尼凯亚
特罗尼翁
提特罗尼翁
埃罗库斯
Elatea
阿拜
奥普斯
哈拉伊
科佩伊
科帕伊斯湖
阿克莱菲尼翁
奥尔霍迈诺斯
赫迪里翁山
帕拉波达米
喀罗尼亚
莱巴迪亚
Koroneia
赫利孔山
提斯贝
克瑞西斯
留克特拉
普拉提亚
塞斯皮埃
底比斯
哈利亚图斯
彼奥提亚
阿提卡
科林斯湾
哈尔基斯
奥利斯
墨得翁
安提库拉
福基斯
道利斯
德尔斐
基尔哈
克里萨
帕尔纳索斯山
提托利亚
安菲克利亚
利奈亚
格拉维斯隘口
吉奥纳山
安菲萨
库提尼翁
特拉奇斯的赫拉克里亚
奥佐利亚的罗克利
海拔高于1000米的地区
比例尺
40千米
20英里

地图 19　中希腊

续779 山和特拉奇斯的赫拉克里亚，然后到达多利斯的库提尼翁（Cytinium）。在他的后面和西面，是其盟友色萨利、奥伊泰亚、多利斯本土、阿凯亚—弗西奥提斯、多罗皮亚、埃尼亚尼亚和埃托利亚；在其东边，经过福基斯的凯菲苏斯河上游，是彼奥提亚边境。他在留下人马守卫库提尼翁后，转而进入福基斯，夺取了埃拉提亚，并派遣盟友的使团前往底比斯（Plut. *Dem.* 18. 1，Philoch. F 56）。他的要求只有两个：交出尼凯亚，与他联合攻击阿提卡，或至少给他一条无障碍的通道。如果底比斯想要避免战争，两个要求都不困难。安菲萨问题并没有讨论。尼凯亚交出后，将由埃皮奈米狄的罗克利人接管。自公元前346年尼凯亚从福基斯手中夺回以来，罗克利人对其领土的主张就一直被忽视。无论如何，该地不再与这次战事有关了。

同时，在雅典，随着腓力离其边境只有两天的行程，恐惧立刻消除了过去数代人的反底比斯情绪（Dem. XVIII. 169－79，Diod. XVI. 84－5）。德摩斯梯尼提出了他的策略。首先，广泛宣传雅典的承诺，派全军去埃琉西斯，那里位于去往彼奥提亚的路上。其次，派遣谈判能力强的使节陪伴将军去底比斯，缔结盟约并计划在未来的战斗中联合作战。作为对雅典人自尊和偏见的一个让步，他将这个联盟描述为雅典对于一个遭殃而贫穷的邻居的恩惠。在底比斯城内，外交上也需要更谦卑的方式。

为了应对腓力的最后通牒，德摩斯梯尼自己率领的使团主动放弃了所有雅典过去关于彼奥提亚自治的要求，还让底比斯享有对陆军的完全指挥权而仅要求她支付三分之一的费用，而雅典则承担舰队的全部费用与开支以及三分之二的陆军费用。“作战指挥部”设在底比
781 斯，双方共同指挥（Aeschin. III. 142－51）。这就足够了。腓力的使团被斥退，新盟友们则准备防务。腓力没有进一步行动，尽管他的速度已经让他进入可对安菲萨（那之后则是科林斯湾和他的伯罗奔尼撒盟友们）和彼奥提亚发起攻击的距离。他继续试图和谈，而他的对手们则从容不迫地进行部署。在发出求援请求之时，他们将军队北移到安菲萨北部的格拉维斯隘口（Gravia Pass），还进入帕拉波达米河（Parapotamii），即福基斯和彼奥提亚平原之间凯菲苏斯河的狭窄通道，并对更南边的福基斯哨所如利奈亚（Lilaea）和安布吕苏斯（Ambrysus）设防，以封锁穿过帕尔纳索斯山（Mt Parnassus）高处的

隘口。

腓力失去主动似乎让人吃惊。整个冬季，他所做的不过是几次尝试性的进攻以测试防守而已。但是我们不能从事后来低估他的困境。迄今为止他做的所有事情可能都是为了避免与联合起来的底比斯和雅典作战，现在他继续竭尽全力去避免这一事件。他的实际或潜在的伯罗奔尼撒盟友被阿凯亚、麦加拉、科林斯和阿提卡从中切断了，尽管他提出了要求，他们还是被迫宣布中立。即便成功了，他还必须进一步考虑战后的形势。这里他心中想到的可能是某些国家，如承诺甚至开始重建现在已落入他手中的福基斯的主要地区。他不会看不到，如果他取得一场血腥的胜利，甚至可能会让他的盟友感到不安，并因此使合作变得极其困难。

冬末时他行动了，正如他从黑海撤出其舰队那样，他对格拉维斯隘口的那些人使用了大体相同的计谋。帕尔麦尼昂假装从库提尼翁撤退，只待防守者麻痹，然后在夜里突袭并打通了通往安菲萨的道路（Polyaen. Ⅳ. 2. 8），一举击破了联盟在帕尔纳索斯山隘口和帕拉波达米河的防线。底比斯人和雅典人退回到喀罗尼亚，刚好就在彼奥提亚境内。在 4 个月时间里，腓力没有采取重大行动，仅仅是重启谈判。然而，当仲夏过去时，形势变得明朗起来：一切都取决于战斗。公元前 338 年 8 月，即雅典历法的麦塔盖特尼翁月（Metageitnion）7 日的交战过程实际上不可能复原。由亚历山大率领的庞大的马其顿骑兵简单的重压，以及马其顿方阵在战略战术方面的优势，似乎明显具有决定性（Diod. ⅩⅥ. 86）。底比斯伤亡惨重，雅典有 1000 人战死、2000 人被俘。逃亡者并未受到追击，而是悲切地聚集在莱巴狄亚（Lebadea）。

第九节　解决方案与共同和平

就如战后不久随即渐趋明朗一样，接下来数月的外交行动差不多完全取决于腓力的基本设想，它与公元前 346 年第三次神圣战争后打算实行而流产的决定基础几乎完全相同。这次又是把雅典与底比斯明确区分开来，一个是他寻求合作的对象，另一个是需要镇压的对象。在 8 年的幻灭之后，这次的绳扣会拉得更紧，其保证也会更有约束 782

力。但确保他不在之时希腊稳定的原则和目标，仍无改变。

在战俘中，腓力找到了重要的政治家德马得斯，派他回国向雅典人传达国王对于和平的愿望。在他之后，亚历山大、安提帕特和阿尔奇马库斯（Alcimachus）出发，运送着雅典阵亡者，并携带着无偿遣返战俘的建议。与之相反，底比斯只有交付赎金才能赎回她的阵亡者和战俘，接受马其顿在卡德麦亚驻军，还要召回被流放的亲马其顿派，以及接受一个300名亲马其顿派组成的寡头政府。在雅典，希望代替了恐慌。德马得斯、埃斯奇奈斯和弗奇翁被派往喀罗尼亚谈判，在那里他们了解到解决方案的慷慨程度。奥罗普斯将与彼奥提亚断绝关系并回归雅典。尽管雅典的海上同盟最终被解散，但她还会拥有利姆诺斯、因布罗斯和斯基罗斯三岛作为其领土；萨摩斯和提洛岛将会在她控制之下。尽管有近来的过失，但她在近邻同盟中的地位并没有改变。她无须接受驻军或占领军，并会（在理论上）保持自由和自治，至少能控制自己的内部事务。

然而，雅典对“德马得斯和约”显而易见的狂热主要源于侥幸心理，但这并不是全部。德摩斯梯尼在喀罗尼亚以后谨慎地为自己获取了一次海外出使的任务。但是在他回来以后，尽管其他人被送上了法庭，他却未被定罪，继续担任公职，甚至被选出来发表公共的葬礼演说。同样，虽然民众在市政广场竖立了一尊腓力骑马像，并批准他和亚历山大为雅典公民，但他们也将公民权授予底比斯的流亡者，腓力似乎有风度地接受了这样一种怠慢。

与两个往昔合作伙伴的条约是一个更大格局的基础，会影响到大
783 多数希腊人国家。[⑧] 优卑亚与雅典的联盟可能被取消了。新的优卑亚同盟显然继续存在，只是一些领导者（不管是被迫还是自愿）逃离并作为流亡者被雅典接收。同样，在中希腊，被底比斯摧毁和人口锐减的彼奥提亚城镇也得以重建。自公元前373年以来流亡雅典的普拉提亚人也得以返乡。彼奥提亚同盟原封未动，但有了更实在的联邦特征。这个曾经的底比斯霸权工具的机构，如今变成了一个削弱她的工具。福基斯的回归，即使在战前没有，此时也实现了，其城镇的同盟

⑧ 关于其解决方案细节的证据出乎意料地缺乏。最好的重构见 Roebuck 1948（D 116），关于瑙帕克图斯与埃托利亚同盟，Bosworth 1976（D 20）做出了令人信服的修正。

也很快以类似某种旧的形式开始运转了。在其他地方，尤其是西部，阿卡那尼亚，可能还有琉卡斯、凯法莱尼亚和科西拉，因为马其顿的支持者获得了权力，政治潮流转向，干涉的必要性就降低了。为了加强脆弱的伊庇鲁斯南部边境、稳定西部希腊和保障西部的南北通道，腓力在安布拉奇亚驻扎了一支部队。

公元前 338 年末，腓力进入伯罗奔尼撒，接受了科林斯和麦加拉的即刻投降。在那里，喀罗尼亚战役的消息可能推动了亲马其顿派掌权。两个城邦都保留了近邻同盟成员的资格，但除在科林斯驻军（在当时，它是“希腊的镣铐”的第三个也是最后一个环节）外，关于与他们的条约的其他情况我们一无所知。[9] 有些伯罗奔尼撒人（阿凯亚人，尤其是阿克泰半岛上的城镇）最近成了腓力的敌人；其他人（埃利斯、阿哥斯、阿卡狄亚和美塞尼）是从前的盟友，尽管在战争中保持了中立。在很多情况下，政治平衡中所渴求的改变是自然发生的；在其他地方，至少在特罗伊曾（Lycurgus *Leocr.* 42），并不是没有外来的帮助，或者强迫。自公元前 4 世纪 40 年代阿希达穆斯前往塔林顿后，斯巴达就一直游离在希腊事务之外，但是没有任何解决方案能够忽视斯巴达对伯罗奔尼撒的安排，那是她曾经在公元前 4 世纪 70 年代末和 60 年代加以保卫，使其免遭来自底比斯干涉的。腓力对斯巴达发出警告，要求她交出邻邦所要求的领土，遭遇拒绝后，他入侵了拉科尼亚（尽管没有入侵斯巴达城）。然后他把那些有争议的地区交给阿哥斯人、麦伽罗波利斯人、泰盖亚人和美塞尼亚人，从而用周围心存感激的受益者严密限制着斯巴达。至此，将在科林斯揭晓的总体解决方案，将会给这些先前的部署完整且有约束力的法律支持。

公元前 338 年冬或公元前 337 年春，所有城邦的代表都被召集到科林斯。[10] 除斯巴达外，其他都有回应。国王的计划得以向与会者宣布。一个以公元前 387/6 年的“大王和约”及之后 25 年日益无效的后续和约为参照的“共同和约”将建立起来。但是新的和约在两个 784

⑨ 在哈尔基斯可能有第四支驻军（Polyb. XXXVIII. 3. 3，Strabo X. 1. 8），但那更有可能是公元前 335 年底比斯被摧毁后驻扎的。见 Ellis 1976（D 80）202 – 3，296 – 7，Hammond 和 Griffith 1979（D 50）612 n. 3。

⑩ 关于科林斯的两次大会的时间，见 Hatzopoulos 1982（D 94）。

方面有所不同。这次是腓力而不是蛮族的大王是和约最终的保证者，其执行者是所有签署者以恰当的方式建立的全体大会。这一次，一个前所未有的“共同和约”组织努力巩固一个既成的和平状态，而不只是创造和平。其成员国将根据比例参与，每个成员都按照可以承担的军事贡献的比例给予代表名额和投票权。每个成员都约束自己的战争行为，不通过战争或颠覆来反对另一个成员。大会将会对违背或扰乱和平的行为做出公断，在有必要采取行动时，会推举一位军事指挥官，并征募一定的军队归其指挥。参与的誓言［如我们从很大程度上复原的文献中看到的那样，见（Dem.）XVII，即 *On the Treaty with Alexander* 和 Tod no. 177，也见 Harding no. 99］中，也要求签署者支持成员国现存的体制，并在自己的领土内避免这些革命行为，如非法的死刑、放逐或充公，以及重新分配土地、取消债务或释放奴隶。也就是说，共同和约会维持和保护那些在很多情况下已经水到渠成的平衡，那是喀罗尼亚战役后自然的政治再分配的结果，并且会以独立协议的方式固定下来。那是同样在这三到四个月中，有些以条约，有些可能以非正式的方式确定下来的。共同和约还会尊重各城邦现存的政体形式，但政治构造并不必然维持，尽管在实践中，经过适当的推动，政体和政治构造偶尔可能会等同。人们在城市或部落的中心宣誓并记录在案（如在雅典，见 Tod no. 177，即 Harding no. 99）。公元前337 年春或夏初，指定的代表再次聚集在科林斯，讨论全体大会的章程。斯巴达仍置身事外，她仍然傲慢，却软弱无力，因而异常沮丧，但暂时总算可以用“不可抗因素”免予让自己见证这个理论上自愿的和约，或者作为对旧秩序仍有留恋的标志，但是可以肯定，解决方案最终还是需要血的洗礼。同盟设立了一个名为主席团（*proedroi*）的常设委员会，并选举腓力为盟主（*hegemon*）。然后代表们转向第一个议题：希腊人现在应该惩罚波斯人，因为波斯人 150 年前破坏希腊的圣所。这可能是一个对浪漫派胃口的观念。腓力自己的目标无疑不同。马其顿国家的收入虽然很可观，但是不会多于近来的支出，因此对马其顿来说，将会有大量的财富来自征服所得的战利品，以及继而发生的（基于色雷斯的模式）农产品什一税。对马其顿军队来说，
785 会有大量的军事行动。当时，不仅对王国的安全，而且对其社会的凝聚力而言，这些军事行动都至关重要。国王可能会赢得小亚细亚希腊

人的解放，尽管所有人都曾口头承诺过那个目标，但这是长久以来无人能及的成就。对其他参与者，特别是对雅典人来说，将会因越来越多贸易区的开放获得相似的收获。但是，首先，公开宣布的目标的实际意图，是惩罚波斯人的不虔敬，是为了在不对同盟章程产生实际破坏的情况下，为激发新的希腊同盟提供一个形式上的手段。大规模的渎神行为，不管是什么时候犯下的，只要没有遭遇惩罚，都有可能成为神灵不悦的原因，并因此而有害于普遍的福祉。全体大会别无选择，只有接受这一提案，批准征募一支共同的军队，并授予“盟主”全权采取必要的措施。随后全体大会休会，可能是为了在接下来的秋季在阿哥斯的尼米亚节重新开会。仲夏之后，腓力回到了马其顿。

第十节　战前准备

东部的攻势在下一年春季展开，不过最初阶段是由一支相对规模较小的军队执行。同时，马其顿范围内唯一没有处于某种稳定监管或控制的重要部分——伊利里亚地区，在公元前 337 年夏季某个时期吸引了腓力的注意力，他进行了一次决定性的、先发制人的打击以阻止部落居民趁他不在之际崛起。这次行动中的主要对手普琉利亚斯可能是奥塔利泰人的领袖，奥塔利泰人是三个主要的伊利里亚王国中最后一个尚未被触及的地区。[11]

但是另外的准备事项需要腓力的关注。对于新近签约的各方来说，稳定的延续是最基本的。东方的战事应该会产生有利于联合的影响，但其中也存在着巨大的危险，尤其是一旦任何事情出现重大差错的话。最明显的就是腓力的生命安全。其他人想法类似，在一个主要的马其顿将领阿塔鲁斯（Attalus）的身上，我们看到的是一样的情况：他显然就是这个时候与帕尔麦尼昂的一个女儿结婚的。到现在，腓力已经结婚六次（Athen. XIII. 557 bd），其中至少几次是同时发生的；可能还有多达 5 桩婚姻是有效的。但是传统的王室一夫多妻并没有达到腓力想要的目标，因为 6 个妻子只为他生了 3 个女儿［奥达塔

[11] 一些学者并不承认关于这次战事证据的真实性。关于参考书目见 Hatzopoulos 1982（D 94）64 nn. 7 – 8。

于公元前 359—前 356 年生了库娜（Cynna）或库娜奈（Cynnane）；
786 奥林匹娅丝在公元前 355—前 352 年生了克利奥帕特拉（Cleopatra）；尼凯西波利丝于公元前 351—前 350 年生了泰萨罗尼凯］和两个儿子（菲琳娜于公元前 357—前 354 年间生了阿利戴乌斯；奥林匹娅丝接着于公元前 356 年生了亚历山大），其中前者可能也是长子，但有智力障碍。儿女显然都还没有结婚，尽管两个大女儿已经到了婚嫁年龄。国王计划中的一部分就是为她们挑选合适的丈夫。他的外甥阿明塔斯在公元前 336 年中与库娜结婚，伊庇鲁斯的亚历山大娶了克利奥帕特拉（请见第 9 章第 4 节）。因此，女孩按照传统方式促进了国王的利益，加强了忠诚和联盟的纽带。儿子可能也有同样的作用，能够作为代理人和顾问。作为可能的继承人，长子的作用尤为特殊。在我们所能追溯的最早时期，亚历山大就被当作继承人了，从尽可能早的时间就受到了尊崇并承担了责任。他的母亲也因此得到了较高的地位（尽管后来她作为“太后”可能更有影响力），当亚历山大在世时，虽然腓力后来的妻子们生殖力旺盛，但没有一个能削弱她的地位。因此尼凯西波利丝和麦达不管是在之前，还是在任何其他阶段，都绝不是她的“对手”。

如果腓力死在亚洲，在远征军中、在其家乡以及在整个希腊都将产生可怕的后果。亚历山大无疑也将参与这次东征，就如他曾经在喀罗尼亚战役中所做的一样。他可能在那里率领着王友骑兵。但是如果腓力，或者（更糟）亚历山大也丧了命，就再没有比阿利戴乌斯更好的选择了。因此，腓力就需要尽可能地在王国内强化联姻，以便将阿盖亚德王室家族现存的成员与其最坚定、最强大的助手们联结起来。接下来的目标就是通过一个新的婚姻生育更多的儿子。

因此，腓力选择了娶第七个妻子，阿塔鲁斯——他新近或者很快将要成为帕尔麦尼昂的女婿——的侄女和养女克利奥帕特拉。[12] 因为阿塔鲁斯后来的行为以及当王朝在公元前 323 年后的那些年几近崩溃时以亚历山大（特别是奥林匹娅丝）为目标的宣传，导致在我们的资料中有许多故事暗示，这次婚姻给这位继承人（亚历山大——译

---

⑫ 对腓力最后一次婚姻及其被谋杀，这里所提出的重构基于 Ellis 1981（D 82）and 1982（D 171）的讨论。参见 Badian 1963（D 62）。

者注）和他的母亲带来了险恶的后果。但是支持这些故事的可靠资料很少。关于阿塔鲁斯在亚历山大即位之前反对后者的记载（Plut. *Alex.* 9，Athen. XVIII. 557 de，Justin IX. 7. 3 –5）都不像是真实的，且自相矛盾，更像是刻意合理化的安排，以解释他忠诚上的不坚贞，并使他在腓力被暗杀后犹如梦魇般的 18 个月里被谋杀合理化。一个传说（Plut. *Alex.* 10）将卡利亚统治者皮克索达鲁斯与亚历山大联系起来，暗示环境对亚历山大不利，但这根本不足信，在年代上也不可能。[13] 对优斯廷记载（IX. 5. 9，7. 2，XI. 11. 5）的奥林匹娅丝 787
“离婚”并被流放的误解，源于罗马人对马其顿婚姻的错误想象。腓力的宫廷中可能曾有某种分裂，导致了某些亚历山大的同龄人被放逐（Arr. *Anab.* III. 6. 5 –6），但即便这事也远不能确定。总之，在精心培养其继承者数年之后，在这个最为紧急的时刻，腓力却抛弃亚历山大，几乎是不可想象的。另外，国王现在正处于权势和威信的顶峰，突然变得易受他人压力的影响，也不太可信。腓力的第七次婚姻，就如他的两个女儿和主要将领的婚姻一样，恰好适应了准备一场意料之中长期且危险的战事的背景。婚礼有可能在公元前 337 年 10 月举行。结果并没有达到最初的目的，因为她只生了一个女儿欧罗巴（Europe），后者和她的母亲一样，在亚历山大统治早期的混乱中丧命［一个冒名的儿子——“卡拉努斯”（Caranus）——是后来传统的臆造，明显是因为不了解马其顿婚姻习俗而想要把宣传中的混乱合理化，这些宣传出现在谋杀事件很久以后，主要涉及腓力的谋杀及其原因］。

第十一节　开始于亚洲，终结于马其顿

公元前 338 年，即喀罗尼亚战役后不久，统治 21 年的阿塔薛西斯三世（奥库斯）倒在了他的维齐尔、宦官巴戈阿斯（Bagoas）的毒药之下。巴戈阿斯将阿塔薛西斯三世最小的儿子阿塞斯（Arses）扶上王位，拒绝了他的兄长的要求，并在冬季之前将他们都打发了。整个公元前 337 年，因为他操纵了年轻的国王、阿契美尼世系最后的直系传人，不满情绪已经在王宫和贵族中间蔓延。尽管有阿塔薛西斯

---

[13] 亦见 Hatzopoulos 1982（D 94）。

公元前4世纪40年代的征战，不满情绪在一些行省仍很普遍，尤其是在腓尼基、塞浦路斯和埃及。因为这些原因，希腊人远征的时机已经成熟。波斯的反应不可避免地迟钝和犹豫。公元前336年，在女婿阿塔鲁斯和林凯斯提斯人阿明塔斯的帮助下，帕尔麦尼昂指挥1万名马其顿人和雇佣军组成的先头部队渡过赫勒斯滂海峡到达阿拜多斯。安纳托利亚的沿海由许多希腊人共同体居住着，将会首先相对容易和不费代价地解放，也没有必要动用大规模军队向波斯西部要塞的领土内推进。在他以自己的力量取得一次胜利的战役后，在赢得新的小亚
788 细亚盟友以及希腊大陆喝彩的过程中，腓力将会强势要求希腊同盟提供必要的财力和人力来维持主力军。

由于腓力的去世，既然诸如此类的情况并没有发生，既然环境的改变使得亚历山大在公元前334年采取了一个不同的策略，则这些推论，与这个混乱年代的诸多其他事情一样，都是揣测性的。近来，关于腓力逝世的年代学研究似乎排除了这次重要的远征在公元前336年后期开始的任何可能性。[14] 到了10月，即暗杀可能发生的时间，对这一年发动远征来说已经太迟。甚至没有任何迹象表明腓力这时曾向盟友下达过征兵命令，更不用说实际征兵了，这说明这次远征的开始不会早于下一年春天。恰好，公元前336年6月，巴戈阿斯将阿塞斯送上了他父亲的道路，以一个旁系的王子取代了他，后者号为大流士（三世）。新的统治者很快就英明地除去了这位可憎的维齐尔，但是新的分裂只会进一步妨碍波斯对这次入侵的有效反应。

关于腓力在东方的领土目标的一般范围，没有证据留存下来。关于亚历山大最初的目标也没有证据，尽管其原因不同，这仍然是一个在现代人中有争议的问题。也许国王曾经陶醉于将意外的运气作为他个人的引导。但是很难相信他没有对相似的界限做出公开的暗示。他的军队有理由追随其领袖进入任何地方，但不会是并不明确的任何地方。关于什么是对波斯渎神行为的恰当惩罚，国王肯定曾给希腊城邦某些暗示。可以说解放小亚细亚的希腊人就足够了，但是在占领易受攻击的沿海地区对抗波斯的反击之前，还需要对下一步必要的征讨进行评估。就亚历山大来说，困难在于，曾经热切渴望的东西却被最终

---

⑭ Hatzopoulos 1982（D 95）.

获得的成果的光芒掩盖了。就腓力而言，困难既在于任何目的都完全没有实现，也在于我们的资料由于暗杀和亚历山大的即位而过于分散，不可能太有吸引力。

唯一有帮助的证词来自公元前 346 年伊索克拉底的《致腓力》，不是因为腓力很可能曾经被一个雄辩家的说教迷住，而在于只有这份文献体现了当时人对于可能发生的事情的观点。伊索克拉底劝告说（V *Phil.* I 19 ff），腓力至少应该解放“亚洲沿岸的城市”。首要问题是：他可能会征服“波斯大王的全部帝国”。但是他考虑最多的可能性，却是征服小亚细亚，直到“从奇里乞亚到西诺佩”一线，大体说来，直到托罗斯山脉（Taurus Mountains）。通过把来自希腊的流亡人口和失业雇佣军安置到深入内地的要塞，尤其是在托罗斯通道，腓 789
力可能会立即彻底消除希腊内部严重的社会和政治问题，并能通过一系列缓冲地带有效地“巩固希腊的边界”（同上，122）。与这些有关国王机会的谄媚性表达——国王有机会去纠正赫拉克勒斯的孩子们与被抛弃的孩子居鲁士的后代们之间地位和财富的不平衡——相反，也与对沿海城市蔑视性的讨论相反，这种讨论有一定的可行性，而且有说服力。但这并不表明腓力的评估与伊索克拉底的渴求一致。但是旁证提供了支持，即大流士试图在这一地区收买亚历山大，腓力的主要将领和军事顾问帕尔麦尼昂考虑过这一提议的合理性并建议亚历山大接受。人们有理由相信，小亚细亚是一个既值得称颂又有可能实现的目标。

关于腓力自己在公元前 336 年春季和夏季的活动，我们一无所知（上文定在公元前 337 年的伊利里亚战役可能就发生在这时）。到秋季，随着马其顿的奥林匹亚节到来，一场在旧首都埃盖举行的特别盛大的节日庆典已经准备完毕。来自帕尔麦尼昂的使者带着在东方胜利的消息到达了。许多希腊城邦的马其顿客友，还有官方代表，都受邀出席这次庆典。与此同时，腓力女儿（亚历山大的亲妹妹）克利奥帕特拉与腓力的内弟、摩罗西亚国王亚历山大的婚礼，也将举行。此前不久，国王的第七个妻子为他生了第六个（也是最后一个）孩子，即取名为欧罗巴的女儿。

到那时，帕尔麦尼昂的军队已经从阿拜多斯向南推进到沿海，就如喀罗尼亚战役以后在希腊大陆上一样，在那里许多希腊城邦中出现了派别，他们反对亲波斯的政府并且欢迎马其顿人的到来。一些岛屿站到了他们一边，可能有泰奈多斯、希俄斯，莱斯沃斯肯定在内。胜利的民主派在埃莱苏斯建造了一座献给宙斯——腓力（Zeus Philippios）的祭坛，向腓力表达他们的敬意。在以弗所，一座腓力的塑像被安置在阿尔特弥斯神庙中。在埃吕特莱，也有类似的庆祝活动。我们不必否认这些活动的诚挚，但是也应该承认，这些共同体是如此容易遭到波斯的反攻，倘若真的发生，给新的保卫者留下他们忠诚的印象是很明智的。

在奥林匹亚节上，尽管迷信和传奇在累积，但大部分事情显然都如腓力所愿。他是当前的英雄（但是关于他为自己塑造了一座与奥林匹斯十二主神在一起的塑像的故事，更可能是后来道德学家们为了将随后的故事合理化而臆造的）。来自整个希腊的宾客和使者聚集到
790 埃盖，在部分（也许是全部）场合向主人表达了敬意。从雅典传来民众授予他一个金冠的消息，还有一个保证：任何一个密谋反对他的人都不能得到庇护。在这些热情之中，似乎一度出现了一个新的泛希腊时代的曙光。可能一些人能够让一切与之相称，甚至腓力自己。但是一个王室的年轻护卫、一个与他有个人恩怨的奥莱斯提斯人保萨尼阿斯，当腓力和两个亚历山大即他的儿子与女婿进入剧院、命令护卫们往后站的瞬间，冲过去杀死了他。在震惊和混乱之中，谋杀者在绝望地试图逃跑时也被杀死了。

在这样的背景下，谋杀似乎是令人费解的。因此有各种合理化的解释——错综复杂的性嫉妒、高层政治以及王朝斗争。这时，一件事情是确定的，即亚历山大作为继承人的地位。一件事情是不确定的，即他是否也处于风险之中。安提帕特迅速把他带到军队中，军队欢呼他为国王。假定的同谋者被抓捕并处死，特别是来自林库斯的兄弟二人，但不能确定他们谋杀的动机，也不能确定帮凶（如果有的话）。当亚历山大匆忙地为腓力举行葬礼时，叛乱已经在色雷斯、伊利里亚甚至色萨利爆发了。马其顿军队被驱逐出底比斯和安布拉奇亚。在雅典，公民大会慌乱地从对腓力的奉承转向公开投票赞扬谋杀者。在小亚细亚，帕尔麦尼昂犹豫着，马其顿的朋友们惊骇万分。在马其顿本土，惊骇被恐惧取代，因为腓力的成就有可能在其只有20岁的继承者手中被毁掉。新的统治在这种不稳定和不安全的氛围中开启了。

尽管结束了，腓力掌权的这段时间仍然取得了令人惊异的成就：对于王国本身来说，统一是一个既成事实，对于整个希腊大陆来说，统一在原则上具有某种可能性；他创建了一支军队，既能实现最残酷的帝国主义，同时又能防卫半岛，阻止外来入侵，并在难以掌控的居民中维持一种合乎理性的和平。最重要的是，马其顿人获得了一定程度的安全和繁荣，这个受制于南方开拓者和勇武的巴尔干部落之间的王国之前从未达到这种成就。自从雅典在公元前 5 世纪中期数十年间崛起以来，全希腊人获得了空前的贸易和商业增长的前景。

（李永斌译　晏绍祥、崔丽娜校）

第十六章

亚历山大大帝（Ⅰ）：统治期间大事记

A. B. 博斯沃思

第一节　登基（公元前336—前335年）

791 本章和下一章将要对亚历山大的统治做一个概要考察。[①] 国王本人是叙述的中心，因为传统史料大多直接与他的活动有关。而事件，不管如何重要，如果他不是其中的主角，就只能依靠偶然的证据了。这一章的主题是其统治期间的战事和宫廷历史，以及征服过程的细节。这些问题为其统治期间的历史阐释提供连续性的线索，记录马其顿的帝国式扩张——这是这一时期最明显（也是最重要）的方面，也记录日益增长的独裁倾向和对亚历山大身边持不同意见者的清除。下一章更多关注亚历山大的影响：新的世界性帝国对希腊传统城邦世界的影响以及对征服得来的领土和人民的组织。该章的方法是在最后部分概括，因此第一部分考察亚历山大的神化问题，这可能是对他在君主与被统治者之间制造隔阂的最充分例证。尽管这一考察必然要以亚历山大为中心，笔者还是尽量避免价值评判和心理揣测。传统的亚历山大研究不断犯的错误在于过于迷信国王个人，与其说他是一个历史人物，还不如说他是当代人期望的象征。在德罗伊森（Droysen）笔下，他是普鲁士帝国主义的具体表现；在塔恩（Tarn）笔下，他

---

① 有关从公元前4世纪的背景对亚历山大更全面的评论，见跋，第876页及以次。笔者也会提到最近读到的专著，Bosworth 1988（D 159）可能比这里有更全面的讨论和文献。

792

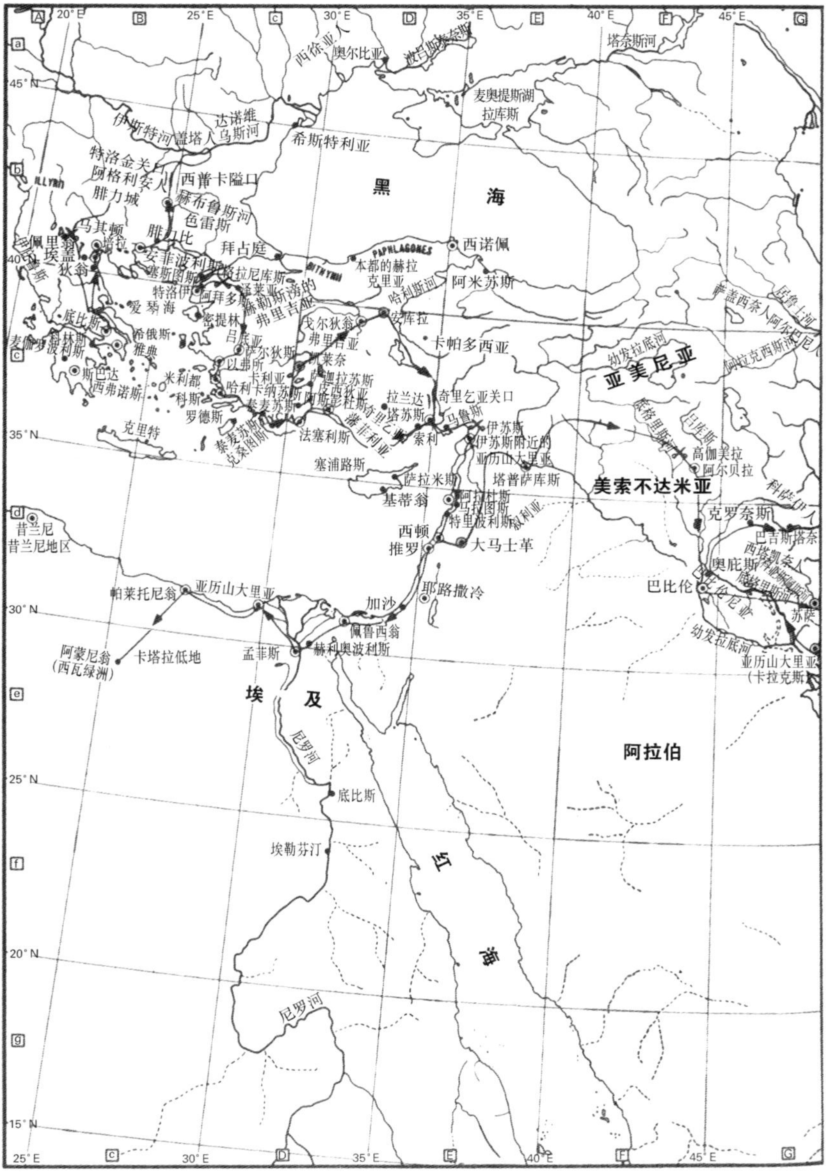

西徐亚人
奥尔比亚
塔奈斯河
麦奥提斯湖
拉库斯
伊斯特河
达诺维
盖塔人
乌斯河
希斯特利亚
特洛金关口
阿格利安人
腓力城
西普卡隘口
赫布鲁斯河
色雷斯
黑
海
马其顿
佩里翁
埃盖
狄翁
培拉
腓力比
安菲波利斯
拜占庭
西诺佩
本都的赫拉
克里亚
哈利斯河
阿米苏斯
塞斯图斯
格拉尼库斯
泽莱亚
特洛伊
阿拜多斯
赫勒斯滂的
弗里吉亚
爱琴海
密提林
戈尔狄翁
安库拉
卡帕多西亚
底比斯
希俄斯
吕底亚
弗里吉亚
科林斯
雅典
萨尔狄斯
以弗所
凯莱奈
斯巴达
西弗诺斯
米利都
卡利亚
哈利卡纳苏斯
皮西狄亚
拉兰达
奇里乞亚关口
科斯
罗德斯
泰麦苏斯
塔苏斯
马鲁斯
伊苏斯
克里特
法塞利斯
索利
伊苏斯附近的
亚历山大里亚
塞浦路斯
萨拉米斯
塔普萨库斯
基蒂翁
阿拉杜斯
马拉图斯
特里波利斯
西顿
推罗
大马士革
昔兰尼
昔兰尼地区
亚历山大里亚
帕莱托尼翁
耶路撒冷
加沙
佩鲁西翁
赫利奥波利斯
孟菲斯
阿蒙尼翁
（西瓦绿洲）
卡塔拉低地
埃
及
尼罗河
底比斯
埃勒芬汀
红
海
尼罗河
幼发拉底河
亚美尼亚
底格里斯河
吕库斯
高伽美拉
阿尔贝拉
美索不达米亚
克罗奈斯
巴吉斯塔奈
奥庇斯
巴比伦
幼发拉底河
苏萨
亚历山大里亚
（卡拉克斯）
阿拉伯
ILLYRII
PAPHLAGONES
BITHYNI

793

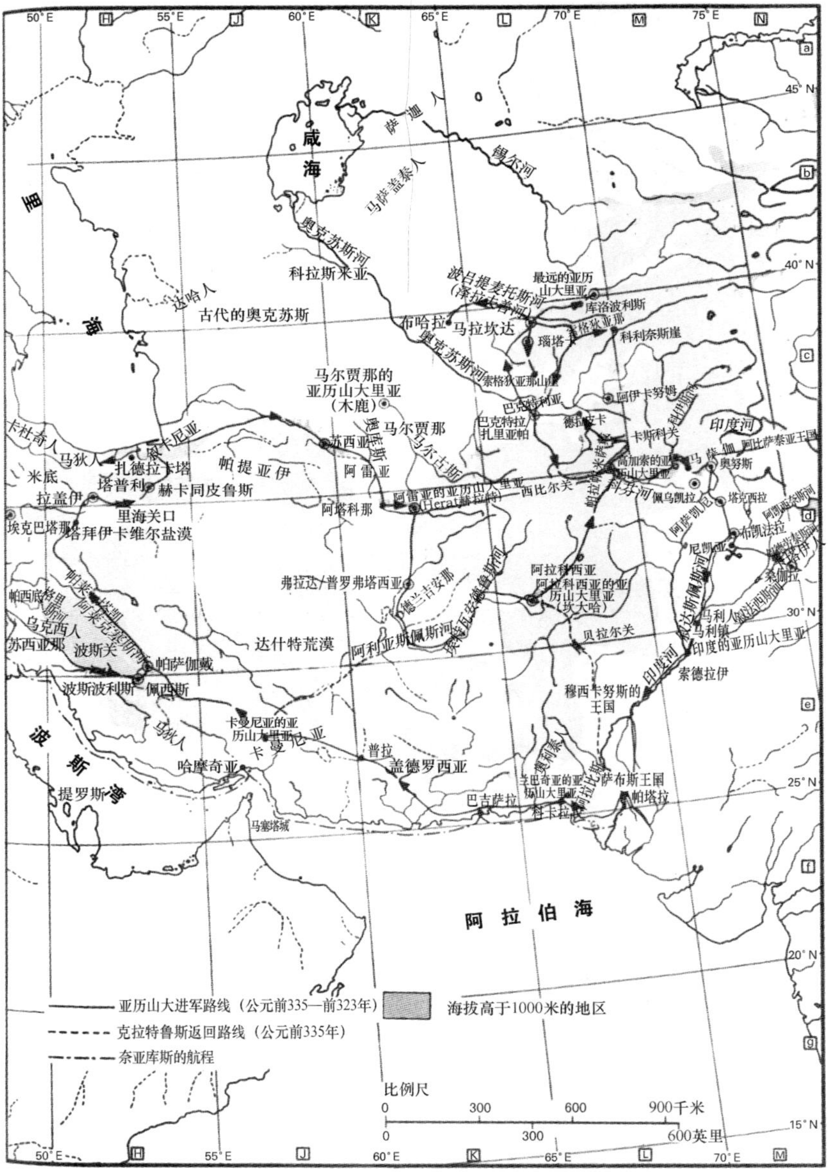

地图20　亚历山大的进军路线

是一个大度的人道主义者。曲解的危险和主观的福音论无所不在而且 续
有害。在笔者看来，只有专注于历史背景才能避免这些危险。因此， 791
笔者力图将亚历山大的事业严格地解释为公元前4世纪的一种现象，与现代世界的类比（这种类比是很多的）则留给读者们。

亚历山大的统治始于危机，一场得到迅速解决的危机。在其父亲 794
被暗杀后，亚历山大在模糊且令人迷惑的环境中继承了王位。② 有资料暗示会有一场内战，不过被无情的屠杀勉强扭转了。不管他们是否卷入了对腓力的暗杀，埃罗普斯（Aeropus）的两个儿子（林凯斯提斯山地行政区的王子）都被立即逮捕，并在葬礼后数日内被处死。他们的第三个兄弟亚历山大投靠了太子并协助他保卫埃盖王宫的安全。这可能是关键事件。封锁王宫后，马其顿可能马上举行了一次公众集会，亚历山大在会上被欢呼为国王。亚历山大自己确实在其后的一次公开会议上以国王的身份出现，强调他对腓力的继承，并承诺会担当起其父亲的儿子之责任。他的孝顺在葬礼上得以宣扬，这时他的父亲被火化且庄重地安葬，而暗杀者即刻得到了惩处。③

随后是更具个人色彩的复仇行动。具体地说，亚历山大公开的敌人阿塔鲁斯家族被斩草除根。在其同僚将领帕尔麦尼昂的默许下，阿塔鲁斯本人在小亚细亚被谋杀。他的侄女克利奥帕特拉——腓力悲剧性新娘中的最后一位，也和他的幼女一起被处死。在这种情况下，谋杀不仅由亚历山大掀起，他的母亲——报复与善妒的奥林匹娅丝也都参与了。年轻的国王对这种行为表示恐惧，但他未做任何事情去保护牺牲者，而且他们的死亡让他的地位更加安全。在他的堂兄被清除以后，他更加安全了。佩狄卡斯三世之子阿明塔斯（Amyntas）曾经是腓力的护卫，对王位有某些要求。他的确有一个小派系，也是潜在的威胁。亚历山大即位后不久他即被杀害（他的妻子得以幸存，于公

---

② 关于其背景，见 Badian 1963（D 62）；Bosworth 1971（D 66）；Ellis 1971（D 28），1981（D 82）；Kraft 1971（D 207），11－42；Fears 1975（D 86）；Hammond 1978（D 47）；Develin 1981（D 76）。

③ Diod. XVII. 2. 1；Plut. *Alex.* 10. 7。其场景在纸草残篇的摘要 *Poxy.* 1798 中有所描述［改进的版本请见 Parsons 1979（D 108）］。大部分内容刻在大古墓的第二个墓冢上，这些大古墓有许多被认为是腓力的墓穴［Andronikos 1979，1980，1984（04，5，6）；Hammond 1982（D 48）；Green 1982（D 40）；Borza 1981－82（D 15）；Prag 等 . 1984（D 59）对于其中的男性尸体的头部进行了非常大胆的重构，包括被损坏的眼眶］。然而，怀疑仍然存在，并且越来越引人注意。对于墓穴中女性遗体的鉴定则是一个更难处理的问题。如果合葬的是克利奥帕特拉，则它惊人地把这种结合合法化了，对这场婚姻，奥林匹娅丝和亚历山大是反对与痛恨的。这个问题仍然悬而未决，但是幸运的是，它对有关亚历山大统治的历史阐释没有任何影响。

元前335年夏再婚），王室中唯一幸存的男性是有智力障碍的阿利戴乌斯，他以低微的身份平静地活过了亚历山大统治时期。其他的人员伤亡可能就少些了，一些人仅仅是被压制，或者如安条克之子阿明塔斯，在被放逐后投靠了波斯军队，转而反对他们心目中的篡位者。对
795 许多人来说，新的统治导致了死亡和疏远。对其他人来说，则带来了晋升。腓力统治时期的资深政治家和将军——安提帕特和帕尔麦尼昂，都是这位后起之秀的后盾。事实上，帕尔麦尼昂帮助除掉了自己的女婿阿塔鲁斯（Curt. Ⅵ. 9. 17）。所以，他和他的儿子在亚历山大统治早期控制了军队的指挥机构，并不会让人吃惊。同样，亚历山大不在马其顿之时，安提帕特是摄政王的自然选择。

清除自己的直接竞争者以后，亚历山大觉得足够安全了，得以离开王国去进行已经延迟的战事。公元前336/5年冬季，他在南方的希腊镇压了骚动与异议（见下文第847—848页）。一次不流血的战役让他作为其父亲继承者的地位得到确认，包括作为科林斯同盟的盟主和向波斯复仇战争的最高指挥官。他的权威在南方已经确立，可以转向未完成的事业了，尤其是对特里巴利人王国的征服，后者以多瑙河与奥伊斯库斯河（the Oescus）的交汇处为中心。这是腓力在公元前339年曾经受伤和战败的地方，[④] 如今亚历山大恢复了在那里的权威。公元前335年春，亚历山大率领一支马其顿远征军从安菲波利斯出发北上，伪装穿过罗多佩山脉，到达赫布鲁斯河谷，然后到达海穆斯山脉中部的隘口，这里仍然有一些部落［可能是特莱莱斯人和特拉科利泰人（the Tetrachoritae）］不在马其顿控制之中。这些隘口［不管是特罗金（Trojan）还是西普卡（Shipka）］[⑤] 没费多少力气和损失就被拿下来了，亚历山大继续坚决地北上，进入特里巴利人领土。在吕吉努斯河（the Lyginus）与特里巴利人军队的前哨战中，他取得了另一次胜利。特里巴利人的轻装部队无力抵抗密集的马其顿骑兵和方阵的袭击。特里巴利国王叙尔穆斯（Syrmus）将他的非战斗人员撤退到佩乌凯（Peuce）大岛上，在那里利用陡峭的海岸和湍急的水流挫

④ Justin Ⅸ. 3. 1 – 3；Didymus *in Dem.* col. 13，lines 1 – 7；参见 Hammond and Griffith 1979（D 50）Ⅱ. 559，583；Gerov 1981（E 124）。

⑤ 关于其路线见 Neubert 1934（D 217）；Bosworth 1980（B 14）54；Gerov 1981（E 124）488；不同的看法，见 Papazoglou 1977（E 82）29 – 30。

败了船只的直接攻击。但是他撤出了乡村，成熟的庄稼落到入侵者手中。亚历山大马上就给了对手一个教训：多瑙河北岸盖塔人（Getic）威胁性的举动让亚历山大找到了借口，在夜幕掩护下，他把相当大的一支军队运过了河，接着就用方阵蹂躏正在成熟的庄稼，并洗劫了附近一个小镇，之后再度渡河返回，未失一卒。事实证明侵略军不可阻挡，随后不可避免的就是有条件投降。叙尔穆斯立刻被视为马其顿国 796
王的朋友和盟友，于公元前334年提供了亚历山大侵略军的一个支队。这一地区的其他人也追随他的榜样，尤其是盖塔人部落，后者正从亚得里亚海沿岸东向推进到多瑙河河谷。即便是他们，也觉得谨慎的做法是与年轻的国王和解。

多瑙河流域中部现在是马其顿的保护国，事实上附属于色雷斯。但是这一成功立即受到南方事件的威胁，因为这时马其顿的敌人试图利用国王不在的时机。最严重的危险来自两个伊利里亚部落对马其顿北部的联合入侵，陶兰提亚人从西北入侵，克雷图斯（Cleitus，可能是达尔达尼人）的军队从北边入侵。当克雷图斯的父亲消灭一支马其顿军队并蹂躏上马其顿地区时，公元前359年的威胁有再度发生的危险。亚历山大在从多瑙河向南行军途中听到这一消息，这时他正受到其盟友——阿格利安人国王兰加鲁斯（Langarus）的款待。他从斯特里蒙河谷上游的阿格利安人地区急行军到阿克西奥斯河，继续西进到埃里冈河［即茨尔纳河（the Crna）］上游。克雷图斯已经在马其顿边境某处占领了一个要塞。阿里安所给出的地形细节模糊不清⑥，并不能进行精确定位。但其地似乎在埃奥戴伊人（the Eordaea）附近，此地的被占领威胁到整个西北马其顿。亚历山大行动之初，就将克雷图斯的军队限制在后者占领的要塞中，但是他在面对陶兰提亚人的驰援时不得不撤退。某一时刻他采取守势，将其军队布置在入侵者和马其顿低地之间。撤退两天以后，他对伊利里亚军营发起了一次谨慎计划的夜袭，屠杀了入侵者。幸存者要么一路向前进入要塞，要么试图在持续的折磨下到达西边的山区。这标志着伊利里亚王国问题基本结束。公元前334年，与特里巴利人支队匹配的，就是伊利里亚人支队。

---

⑥ Arr. *Anab.* Ⅰ.5.5。阿里安所称“佩利乌姆”（Pellium）要塞的位置是主要问题，Bosworth 1982（D 157）对此有讨论［请与 Hammond 1974（E 73）；1980（D 190）49－57 比较］。

底比斯的危机（见下文第 848 页）影响了扫尾的工作。当反叛和卡德麦亚驻军遭到攻击的消息传来时，亚历山大让克雷图斯率领残余的部队勉强归国。他自己及其军队全军向南进军，穿过了上马其顿的高地。在一个星期内到达了色萨利北部的佩林纳（Pelinna），5 天后又到了翁凯斯图斯（Onchestus），从那里到底比斯的距离为行军 3 小时，当时反叛者还没有意识到他的到来。这就将底比斯与任何潜在盟友的支持隔绝了。一旦他们拒绝他的提议，就注定要失败。尽管连
797 奴隶和外侨都征募了（Diod. XVII. 11. 2），但底比斯仍无望在城外打败亚历山大的马其顿军队。他们唯一的希望就是守住城市，防止卡德麦亚的马其顿驻军与亚历山大会合。卫城南边是底比斯防守圈的一部分，对于防守者来说，这一部分是主要问题。人数处于劣势且拼死一战的底比斯人在卡德麦亚南边建立了双重栅栏，并准备不惜一切代价阻止亚历山大与守军之间的联络。随后的攻坚战十分惨烈。起初，底比斯的防守非常顽强。由于有双重栅栏，骑兵派不上用场，方阵也不能同时前进。但是最终，抵抗还是无效。最后，要么是亚历山大亲自冲锋，迫使防守者退回城内（阿里安语），要么是一支牵制力量突然攻破了一座没有防御的旁门（狄奥多鲁斯语）。⑦ 一旦城墙被攻破，接下来就是普遍的屠杀。卡德麦亚的驻军加入了这一行动，并协助攻破了底比斯人在紧邻卫城北边的最后阵地安菲翁（Ampheion）。马其顿以损失 500 人的代价，让 6000 名防守者阵亡，3 万名幸存者沦为奴隶。城市不复存在，它的毁灭有效压服了南希腊的动荡（见下文第 848 页），时值 9 月末。亚历山大现在可以回到国内，准备来年春季对亚洲的全面入侵。

第二节 对爱琴海沿岸的征服（公元前 334—前 333 年）

公元前 334 年的入侵出现在一个至关重要的时刻。此时，波斯的

⑦ Arr. *Anab.* I. 8. 1 – 5；Diod. XVII. 11. 3 – 12. 4（参见 Polyaen. IV. 3. 12）。阿里安的记载肯定基于托勒密，并且可能带着反对托勒密后来的竞争者佩狄卡斯的偏见，后者被描述为领导了一次未经授权且不成功的袭击［Bosworth 1980（B 14）80 – 1；请与 Roisman 1984（B 97）374 – 6 比较］。在狄奥多鲁斯的记载中（XVII. 12. 3），是佩狄卡斯制定了决定性的策略，占领了旁门。

麻烦已经达到顶峰，大流士三世在公元前 336 年攫取王位之事现已成为过去。通过战略性地处死曾经为他取得王位的大维齐尔巴戈阿斯，大流士迅速巩固了自己的地位，然后进一步镇压了埃及和（可能的）巴比伦尼亚当地人的起义。到公元前 335 年末，哈巴巴什王朝（Khababash）被终结，大约 3 年的独立后，埃及再次被占领。大流士能够将他的注意力转向更远的西方，到公元前 334 年夏，一支 400 艘战船的舰队在利凡特动员起来，准备在爱琴海的行动。在这一地区，公元前 336 年取得了令人瞩目的成功的马其顿远征军，在公元前 335 年的战争期间被限制在特罗德与赫勒斯滂之间。小亚细亚的波斯总督逐渐动员起来，军事行动也日渐增长。波斯大贵族阿塔巴祖斯的女婿——罗德斯的门农率领一小支雇佣军部队取得了巨大战果，出乎意 798
料地袭击了库吉科斯，将帕尔麦尼昂本人从他所围攻的埃来提克湾（the Elaitic Gulf）的皮塔奈（Pitane）驱离。[⑧] 公元前 334 年初，马其顿获得了赫勒斯滂的渡口，但是在内地获得的领土很少，甚至根本没有。

亚历山大在早春开始进入东方。他所率领的入侵军包括 32000 名步兵和大约 5000 名骑兵。如果加上帕尔麦尼昂在亚洲的部队，他的兵力接近 5 万人。[⑨] 经过 20 天行军 500 千米后，他们抵达赫勒斯滂，其间象征性地经由腓力比、阿布戴拉和马罗奈亚，重走了薛西斯进军的路线。在赫勒斯滂，象征性做法得到更明确的继续，主力部队慢腾腾地被运过塞斯图斯和阿拜多斯之间狭窄的海峡（7 斯塔德宽）。亚历山大和他的贴身侍从绕道到达赫尔索尼斯南端的埃拉欧斯，在那里的普罗泰西劳斯（Protesilaus）圣所举行了献祭，薛西斯入侵时，此地曾遭抢劫。那场献祭之后，是在渡船行至中途时举行庄严的奠酒祭神仪式，以及向波塞冬和海中仙女献祭（那是对薛西斯鞭挞和投锁链入海的公开抗议）。随后，亚历山大率领他的王友骑兵队在伊利昂（Ilium）附近“阿凯亚人的海港”登陆，此地是先前最宏大的泛希腊远征（指特洛伊战争——译者注）进入亚洲之地。他像普罗泰西劳

⑧　关于这次战事的细节见 Diodorus ⅩⅦ. 7. 3 –10；Polyaen. Ⅴ. 44. 4 –5；with Badian 1966（D 137）40 –2；Goukowsky 1969（D 178）；Ruzicka 1985（D 116A）。

⑨　关于资料间的分歧，情况复杂，见 Berve 1926（D 146）Ⅰ 177 –8，Brunt 1963（D 162）32 –6；Bosworth 1980（B 14）98 –9。关于军队组成的全面讨论，见 Bosworth 1988（D 159）259 –66。

斯那样跃到岸上。据狄奥多鲁斯的记载，他将长矛投进地里，宣称亚洲是用长矛赢来的领土。[10] 如果这一故事可信，那就证明了一件显而易见的事情：他有对领土的野心，但没有线索表明那些野心包括哪些内容。他在伊利昂谋取雅典娜的支持以及神圣盔甲，并纪念两边的先祖，既供奉阿基里斯也尊崇普里阿摩斯。奈奥托莱穆斯（Neoptolemus）与安德罗马克（Andromache）的后代（源自摩罗西亚王室的血统）将领导所有希腊人抗击共同的敌人，为过去的渎神行为复仇。

敌军正在等待，他们已经顺利集合在埃塞普斯河（Aesepus river）南部的泽莱亚。战事委员会决定了联合行动的策略。门农想要避免战斗，希望切断马其顿人的补给线。但波斯将军们反对他的力劝，选择了全面接战，在阿德拉斯泰亚平原（The plain of Adrastea）采取防守姿态，阻止马其顿人对库吉科斯进一步推进。具体的行动是秘密
799 的，尽管亚历山大意识到波斯军队集中在一起。因此他谨慎地向赫勒斯滂海峡的顶端进发，在帕利翁（Parium）以南进入内地，以避开嶙峋的海岸线。[11] 一支侦察部队（prodromoi）在他前进之前勘察了战场，报告说波斯军队在阿德拉斯泰亚平原，并占领了高出格拉尼库斯河床之上的小山［现在的狄米托卡（Dimetoka）附近］。河道是一座天然屏障，两边陡峭的河岸有 3 米到 4 米高，使得骑兵或步兵方阵不能协同攻击。

由于我们的典籍记载模糊且自相矛盾，波斯人的位置难以精确定位。能够一致认定的是，据称波斯的精锐是 2 万之众的骑兵，布置在规模中等的雇佣军步兵之前，雇佣军又有 2 万人，但不管是人数还是战斗力，都不能与马其顿军队匹敌。然而，阿里安描述波斯骑兵沿着格拉尼库斯河沿排成一列，其地无法攻击。狄奥多鲁斯认为他们沿丘陵地带展开，在河沿以东 1.5 千米，但是他的记载太过简略且颇多夸饰，声称亚历山大在拂晓之时未遇抵抗就渡了河。而阿里安谈到，帕尔麦尼昂等待次日拂晓进攻的建议遭到拒绝。狄奥多鲁斯宣称，亚历

[10] Diod. XVII. 17. 2（参见 Justin XI. 5. 10）。关于诸多不同解释，见 Schmitthenner 1968（A 52）；Mehl 1980 – 1（A 36）；Hammond 1986（F 29）。

[11] Arr. *Anab.* I. 12. 6（一个尚有疑问的段落）。关于相关的问题，见 Foss 1977（D 174）496 – 8；Bosworth 1980（B 14）107 – 9；Seibert 1985（D 233）30 – 2。

山大一看到波斯人就马上发起了攻击。[12] 两种传统在某种程度上都是断章取义，要么是修辞上过度简单化，要么是宣传上的夸大，其真实情况很大程度上已经不能复原了。似乎波斯军队布置在离开河道的地方，因此足够发起全力的猛烈冲锋，蹂躏了渡河后正进行整编的马其顿人。这是基本的战术逻辑，并且是阿里安的两段记载所证实的一般图景（*Anab.* Ⅰ.15.3，7），战斗似乎在河岸之外，波斯人得以全速冲锋。

据阿里安记载，亚历山大的策略很简单。一支骑兵编队（侦察兵、派奥尼亚人和一队王友骑兵）尽可能提前穿过河道，在大部队过河之时抵御波斯人的反击。这支编队斜穿渡过格拉尼库斯河，利用沙砾斜坡（现在仍如那时一样）方便地进入河床。[13] 随后是亚历山大及其王友骑兵。当骑兵在对岸平原上激战之时，余下的部队依次纵队过河。亚历山大的先头部队被击退回到河道，但是王友骑兵得 800
到机会组成战斗序列。尽管有大流士一个女婿及萨尔狄斯总督家族成员对亚历山大不顾一切地自杀式袭击，他还是逃脱了死亡（感谢“黑子”克雷图斯的援助），并无情地迫使波斯骑兵远离河道。在对付波斯人的轻装标枪兵时，马其顿人以茱萸木为矛身的长矛非常奏效，大批敌人被杀。至少有8位波斯将领在战斗中阵亡，防线被从中间冲破。结果，全部马其顿军队，包括步兵和骑兵都渡过了河道并重新集结。至此，波斯骑兵已经全部参加战斗，但是雇佣军步兵还在原地观望，以商谈休战。但是他们失望了（Plut. *Alex.* 16.13；参见 Arr. *Anab.* Ⅰ.16.2）。方阵在正面，骑兵在侧翼，他们被愤怒的马其顿人包围并屠杀了。只有2000人幸存，被铐上镣铐并送到马其顿强迫劳动。他们因挑战科林斯同盟的法令而受到惩罚，这种惩罚不出意料地使得在波斯军队中服役的希腊人同胞下决心战斗到底。

这次胜利来得快，而且是决定性的。赫勒斯滂的弗里吉亚向亚历山大敞开了大门，其总督阿提宰斯（Atizyes）以自杀为其领土遭受的灾难谢罪。其他总督则将骑兵部队撤回防守自己的行省。亚历山大

---

[12] Arr. *Anab.* 1.13.2－7，14.4－5；Diod. ⅩⅦ.19.2－3（参见 Polyaen. Ⅳ.3.16）。参见 Badian 1977（D 140）272－4；Hammond 1980（D 192）73－4；Bosworth 1980（B 14）115－16。

[13] Arr. *Anab.* Ⅰ.14.7. 请比较 Badian 1977（D 140）286－9 with Hammond 1980（D 192）75－6。Janke 1904（D 201）首先指出沙砾崖，见 Foss 1977（D 174）502；Badian 1977（D 140）281－2。

适时地埋葬了阵亡者，给予其先头部队、胜利的奠基者以特别的荣耀，并为雅典卫城献上300套波斯甲胄。铭文记载说，复仇的初步成果献给薛西斯的主要受害者，胜利由亚历山大和全体希腊人获得，但斯巴达人除外（Arr. *Anab.* Ⅰ. 16. 7；Plut. *Alex.* 16. 18）。但是亚历山大没有时间进行更大规模的庆祝。波斯舰队不出意料地立即出现在南爱琴海，向南进军去对付它的威胁刻不容缓。亚历山大迅速占领了赫勒斯滂的弗里吉亚总督首府达斯库勒翁，并将其领土以自己的名义纳为附庸（见下文第859页及以次）。新的马其顿总督以规模不大的雇佣军来维持对这一地区的控制，亚历山大则继续爱琴海沿岸的战事。他从普罗滂提斯出发，沿着内陆通道到达赫尔姆斯河谷及萨尔狄斯的核心要塞，行军大约270千米。尽管萨尔狄斯的卫城很坚固［位于严格意义的城市之上200米的提摩鲁斯山（Mt Tmolus）外沿］，但是波斯将领米特莱奈斯（Mithrenes）不战而降，因此亚历山大同时获得了小亚细亚最坚固的要塞和最富裕的宝库。他安排了自己的驻军和国库官员，并宣布吕底亚本地人自由地处于他们自己的法律之下，但直接由他的总督统治。这只是一种宣传姿态，实际上没有任何意义。

801　4日后，同样的姿态也在以弗所上演。亚历山大紧随波斯人撤退后进入城市，并阻止了最恶劣的派系斗争，以波斯人为靠山的寡头派成员被集体处死。他监督着民主政体的恢复（见下文第869页），并将先前交给波斯大王的贡金捐献给阿尔特弥斯圣所。考虑到波斯舰队正在逼近，这些措施也有实际的好处。在伊奥尼亚北部和埃奥利亚地区，当他授权阿尔奇马库斯（Arr. *Anab.* Ⅰ. 18. 1－2）建立民主政体，恢复自治，豁免贡金时，那是对以弗所那些措施的回应，而当时那里仍有波斯驻军。阿尔奇马库斯在这里取得了何种成就我们无从推测，但是他取得的任何短期收获肯定都在是年后期失去了，那时波斯人再次控制了这一地区。

两支舰队最终在米利都碰面了。亚历山大可能较波斯人早到了一到两天，因此他的舰队能够在拉戴岛上建立一个坚固的营地，阻止波斯舰队的进入。尽管波斯舰队数量上占优势，船员的素质也高些（来自塞浦路斯和腓尼基），但波斯指挥官不能发起战斗。他们的营地在离城市15千米的米卡莱山下，只能在随后的围困中作壁上观，让他们的三列桨战船在海上摆出恐吓然而无效的姿态

（Arr. *Anab.* Ⅰ. 19. 2）。与此同时，亚历山大已经封锁了米利都，拒绝了寡头统治者向双方开放城市的提议，着手在连接城市和大陆的狭窄地峡实行围困。弩炮和攻城槌的联合攻击迅速撕开了防守者的城墙并打开了一个缺口。城内的平民立即有条件投降了，他们得以免于伊奥尼亚叛乱之后所遭受的奴役和毁灭。以波斯人为主的守军都被俘虏，除 300 人在海外一个小岛上得以逃脱外，其他全被屠杀。现在波斯舰队遭到了多重羞辱，由于菲罗塔斯（Philotas）率领的一支骑兵和步兵使船员们无法在迈安德河口取水，后者被迫在萨摩斯寻求补给（Arr. *Anab.* Ⅰ. 19. 7－8）。

因此，亚历山大解散了自己的舰队，只留下一小队运输船。[14] 在宽阔的水面上，它显然根本不是波斯舰队的对手，他认为自己能够通过对陆军的战略性调度，继续阻滞敌人海军的行动。这是他少有的军事失误之一，除了他的军队直接控制的地区，他根本不可能阻止波斯军队在其他地区登陆。公元前 333 年春天，他间接承认了自己的错误，授权组建一支新的舰队。在哈利卡纳苏斯的战事中，这一错误很快就显露出来了。在那里，依靠赫卡同尼家族坚固的防御工事，[15] 门 802
农将城中全部的当地驻军集中起来，利用自然地形组织了陆上防御。他得到来自科斯岛的海上支持，不用担心补给。因此，亚历山大不得不猛攻这座城市。这是一次巨大而代价惨重的行动。主要的攻击集中在城墙东北突出部分，即米拉萨城门（Mylasa gate）周围，当时能够使用上的所有高级围城技术都使用上了。防守者在一段受到威胁的裂口里面用砖建造了一个半圆形副墙，该堡向内凹进，当进攻者打破外墙后，就被引入待宰之地。波斯指挥官还进行了数次出击，虽然严格说来没有成功，但是延缓了围城行动，并造成马其顿军队大量伤亡。[16] 最终，守军支撑不住了。在最后一次大规模出击失败及雇佣军将领——雅典人埃菲阿尔特斯（Ephialtes）阵亡后，波斯指挥官放火烧掉了军械库及他们外围的防御工事，哈利卡纳苏斯陷入火海之中。防守部队收缩到两个内堡中，即城墙最西端的萨尔马奇斯（Salma-

[14] Arr. *Anab.* Ⅰ. 20. 1；Diod. Ⅻ. 22. 5－23. 3. 参见 Hauben 1976（D 194）80－1；Bosworth 1980（B 14）141－3。

[15] 参见 Bean and Cook 1955（F 575）89－91；Hornblower 1982（F 644）195－302。

[16] Diod. Ⅻ. 25. 5－6，26. 3－27. 4. 阿里安的记载将马其顿的挫败最小化，贬低了困难程度［*Antab.* Ⅰ. 20. 9－10，21. 1－3，22. 1－6；参见 Bosworth 1976（B 12）21－2］。

cis）和孤岛型要塞泽费里翁（Zephyrium）。亚历山大能够也确实占领了哈利卡纳苏斯，但是战略形势并未改变。虽然波斯军队仍然困在城堡中，由一支3000名步兵和200名骑兵的守军包围着，但是门农和他的指挥官同僚们几乎可以随心所欲地利用他们的舰队袭击沿海及其岛屿。

哈利卡纳苏斯围城结束了公元前334年的战事季节。随后的冬天里，亚历山大的军队分散开来。一批在战前刚刚结婚的马其顿人被送回家休养生息，其领导者，即步兵高级指挥官受命去征募部队，以补充夏季的人员损失。其他的军队离开爱琴海沿岸。帕尔麦尼昂经过赫尔姆斯河谷前往弗里吉亚，与同盟军队一起参加战斗，而亚历山大和大部分军队则穿过了吕西亚内陆。阿里安（*Anab.* Ⅰ. 24. 3）认为他的意图是胁迫这一地区抗击波斯舰队，但是他在吕西亚的活动并没有达到海边。他从克桑图斯（Xanthus）穿过米尔亚斯（Milyas）山区地带进入内陆，然后出乎意料地转到沿海的法塞利斯（Phaselis）。亚历山大的行动还有其他原因。他现在的确决定挑战波斯大王的帝国，在春季向东方进逼之前，他已经尽可能地将波斯的领土纳为自己的附
803 庸。同时，贫瘠的爱琴海沿岸不足以在冬季供养他的军队。

两支集团部队独立行动，在戈尔狄翁（Gordium）会合。阿里安关于一个波斯大王使者被俘的故事，戏剧性地说明当时存在通信联系。被派来与大流士的弗里吉亚总督阿提宰斯合作的西斯内斯（Sisines）被帕尔麦尼昂的军队俘虏，被卫队护送到亚历山大处接受审问。后来，据说他供出了一个与亚历山大同名的人的犯罪证据，此人是林凯斯提斯王子，曾阴谋反对过腓力，现在和帕尔麦尼昂一起指挥着色萨利的精锐骑兵。受困于经常出现的资料冲突，[17] 事件的真相已不确定，但是林凯斯提斯人在公元前333年被免去了指挥权，并被逮捕。如果信息确凿，他并不冤枉。更重要的是，亚历山大和帕尔麦尼昂在冬季接触并协调了他们的行动。当主力部队横穿一条专门建造的通过内陆山地的道路时，国王正率领他的参谋机构沿着从法塞利斯到潘菲利亚的狭窄海岸线前进。这里并没有战事发生。富裕的潘菲利

---

⑰ Arr. *Anab.* Ⅰ. 25. 2 – 9 将其被捕地点定为弗里吉亚；Diod. XVII. 32. 1 则将其置于伊苏斯战役前夜。有关那个林凯斯提斯人的传统可能出现了混淆，他最终在公元前330年末受审。

亚平原在短时期内维持了部队供给。亚历山大短暂绕行，强迫阿斯彭杜斯城投降，而把（主动抵抗的）西吕翁（Sillyum）守军留给他的朋友——新的吕西亚和潘菲利亚总督奈亚库斯（Nearchus）去征服。

公元前 333 年春季来临时，亚历山大离开佩尔格（Perge）北上。他全速穿过皮西狄亚山区。对泰麦苏斯（Termessus）的一次袭击失败了，因为他缺少时间和攻城器械来攻克其强大的卫城。该城北边的萨迦拉苏斯（Sagalassus）在正面强攻下沦陷，其他较小的要塞也被攻破，但是亚历山大在这一地区的运输线并未能得到有效维持。他同样急速通过弗里吉亚，经过布尔杜尔湖区（Burdur Gölü）辽阔的盐碱地，在凯莱奈［Celaenae，今迪纳尔（Dinar）］总督的首府稍有停顿。亚历山大再次放弃了对卫城的全面围攻，同意那里的卡利亚和希腊守军有条件投降。因此，安提柯（Antigonus）率领一支 1500 名雇佣军留下来接受承诺的投降，并作为总督管理弗里吉亚。他在这一职位上一直留任到亚历山大去世，表现得非常出色。一个月以后，亚历山大到达戈尔狄翁，按照预定计划与帕尔麦尼昂以及那些来自马其顿的大批新近结婚的援兵（3000 名步兵和 500 名骑兵）会合。

在戈尔狄翁，亚历山大最终被迫采取措施对付波斯在爱琴海上的
进攻。波斯拥有绝对的海上优势。希俄斯在门农面前不战而降，莱斯 804
沃斯的大部分城邦都步其后尘。因为有亚历山大安置的一支守军在那里，密提林选择坚守，但是水、陆两方都遭到了封锁。公元前 333 年夏，密提林在门农自己病逝以后被攻克，他的侄子及继承者法那巴祖斯（Pharnabazus）加强了对赫勒斯滂的进攻，占据了泰奈多斯岛，迫使它极不情愿地投降。爱琴海实际上已经掌握在波斯人手中。公元前 333 年末，亚历山大亲手丢掉了米利都，波斯人得以在基克拉泽斯群岛随意航行。达塔麦斯率领的一小支舰队在西弗诺斯外海遭遇突袭，损失了 8 艘三列桨战船（Arr. *Anab.* Ⅱ. 2. 4 – 5），但这是唯一有记录的失败，也是马其顿人唯一的主动行动。但是，即便在门农去世之前，大流士已经明显决定从爱琴海撤回军事力量。门农的另一个侄子提蒙达斯（Thymondas）受命护送来自西方的雇佣军。他及时前往吕西亚，在那里接替了所请求军队的指挥权。这是在密提林沦陷后不久。可能有 200 艘战船从爱琴海舰队被抽走，这次行动不可避免地削弱了波斯自公元前 333 年夏末开始的爱琴海攻势。

在戈尔狄翁的亚历山大并不知道未来。他委任不同的指挥官分别在赫勒斯滂和伊奥尼亚沿岸建立一支新的舰队。[18] 尽管有雄厚的资金，但是要聚集一支有效的舰队还是需要数月之功，如果大流士没有减少他的兵力，波斯就会完全控制爱琴海，甚至可能（就如已谣传的一样）发起一次对马其顿本土的袭击。亚历山大有足够的理由关注此事。在这紧要时刻，他访问了戈尔狄翁的宫廷显贵，参观了传说中戈尔狄乌斯（Gordius）的四轮马车。这个古老的遗物有一个值得自豪的复杂车轭，以山茱萸树皮扎牢。根据当地的传说，谁能解开它，就将成为亚洲的统治者。宣传要求这个预言实现，并且以某种稍有悬疑的方法实现。比较流行的说法是，亚历山大砍断了结扣。阿利斯托布鲁斯（Aristobulus）宣称他抽掉了轭销，将车轭从辕杆上取了下来，结扣等也全部开了。[19] 不管事情的真相如何，卸下的车轭得以展示，一个及时的雷霆也证实了宙斯的认可。接下来的战役确实得以顺利进行。

第三节 从奇里乞亚到埃及（公元前333年及前332年）

805 公元前333年5月来临时，亚历山大率领他的联合军队从戈尔狄翁开拔。他迅速经由安库拉和（可能的）提亚那（Tyana）穿过安纳托利亚。其间没有战斗。帕夫拉戈尼亚已经被和平地并入赫勒斯滂的弗里吉亚总督区，一位当地的君主被安置在卡帕多西亚南部（北部则让他们自己管理）。至夏末，马其顿军队已经夺取了奇里乞亚关口［波占提（Pozanti）以南］，轻松击溃了波斯人羸弱的防守，占领了总督首府塔苏斯，从而阻止了波斯人一次毁坏乡村的企图。奇里乞亚被全部占领，远及南方的沿海隘口都被置于马其顿的控制之下。此地将成为亚历山大抵御大流士在巴比伦征召的“王家军队”的基地。

大流士召集了一支强大的军队，包括曾经在波斯服役的最大数量的希腊雇佣军（根据古代资料，有3万人）。他还动员了波西斯（Persis）和米底征调的全部兵员。时间的压力让他无法利用巴克特

---

⑱ Curt. Ⅲ. 1. 19 – 20；参见 Hauben 1976（D 194）82 – 7。

⑲ Arr. *Anab.* Ⅱ. 3. 6 – 7（*FGrH* 139 F 7）；Curt，Ⅲ. 8. 16；Justin Ⅺ. 7. 4；Plut. *Alex.* 18. 2；Marsyas *FGrH* 135 – 6 F4. 参见 Fredricksmeyer 1961（D 176）；Kraft 1971（D207）84 – 92；Bosworth 1980（B 14）184 – 8。

利亚和东北边境最好的骑兵，但是即便没有他们，他在骑兵方面的优势也是压倒性的，同时代的人都认为亚历山大会在波斯的铁骑面前消失（Aeschin. Ⅲ. 164）。大流士的策略此前曾引起激烈的争论，[20] 现在则是发起一次全军的决战。到夏初，他已经开始了北上。因受满载财宝和后宫妻妾行李的拖累，他在幼发拉底河上缓慢前行到塔普萨库斯（Thapsacus）。渡河以后，他移营阿米克平原（the Amik plain）上的索契（Sochi），而他的辎重则南向运送到了大马士革。

现在是 9 月。在库德努斯河（Cydnus）众所周知冰冷彻骨的河水中一次鲁莽的畅游，让亚历山大在奇里乞亚病倒了。他长时间高烧不退，生命垂危。宫廷中的争斗可能是普遍的，但它在史料中唯一的反响，是阿里安关于司库官哈帕鲁斯（Harpalus）逃走的简短记载。[21] 这是一次神秘的事件，但并不是对亚历山大的严重威胁，因为在一年的流亡后，哈帕鲁斯于公元前 331 年春在麦加拉地区被重新起用。无论他逃跑的动机是什么，很明显的是他对亚历山大的痊愈没有什么信心。但是在御医一次猛烈的泻药治疗后，亚历山大确实康复了，并利用自 806
己逐渐康复的间隙来巩固他在奇里乞亚的基地。在索利以西 7 天的战斗，保证亚历山大不会再受到来自托罗斯地区部落的袭击。索利本身派驻了军队，因为所谓的同情波斯而被处罚金 200 塔兰特。然而，离波斯更近的马鲁斯（Mallus），因为送了贡金而被承认为源自阿哥斯（索利也声称起源于阿哥斯）。[22] 亚历山大在马鲁斯得到大流士已经在索契扎营的消息，他首先快速行军到卡斯塔布隆（Castabulum），然后到了伊苏斯，他的伤病在那里得以痊愈。双方都采取以静制动的策略，[23] 因为两位国王都占据了最适合自己军队的有利地形。大流士的

---

⑳ Curt. Ⅲ. 2. 10 – 19；Diod. XⅦ. 30［卡利戴穆斯（Charidemus）建议分散兵力］；Arr. *Anab.* Ⅱ. 6. 3 – 6；Plut. *Alex.* 20. 1 – 4（阿明塔斯建议不要离开索契的根据地）。

㉑ Arr. *Anab.* Ⅲ. 6. 7. 这一记载太过简略，不可能对哈帕鲁斯的行动有任何详细的解释。不过，可参见 Badian 1960（D 133）；Heckel 1977（D 196）；Jaschinski 1981（D 203）10 – 18；Kingsley 1986（D 206）。

㉒ Arr. *Anab.* Ⅱ. 5. 5，9；Curt，Ⅲ. 7. 2；参见 Bosworth 1980（B 14）195。关于奇里乞亚城邦的阿哥斯起源，见 Stroud 1984（B 178）201 – 3；Bosworth 1988（D 159）254 – 5。

㉓ Curt. Ⅲ. 7. 8 – 10. 阿里安（*Anab.* Ⅱ. 6. 1 – 2）宣称亚历山大渴望与大流士决斗，但是因为自然因素而落空了。普遍的观点是他用了两天时间从奇里乞亚的马鲁斯行军到约拿柱（Pillar of Jonah）以南的米利安德鲁斯（Myriandrus），行程 120 千米，这是基于对 Arr. *Anab.* Ⅱ. 6. 2 过于拘泥字面的解读［见 Atkinson 1980（B 8）177；Bosworth 1980（B 14）199 – 200］。关于其策略的不同解释，见 Seibert 1972（D 232）99ff；Bosworth 1980（B 14）199 – 201；Engels 1978（D 172）42 – 53；Hammond 1980（D 190）94 – 110。

军队在宽阔的阿米克平原，亚历山大的在伊苏斯以南的沿海隘路上。最后他占据了约拿柱以南的位置，堵住了从贝伦关（Belen Pass）到达奇里乞亚的捷径。

最终还是大流士改变了战场。他率领部队侧敌行军大约150千米通过了北部的巴切关（Bahce Pass）和托普拉卡拉走廊（Toprakkale）。这一路线毫无防守，其行动也大大出乎亚历山大的意料。这样就切断了亚历山大与奇里乞亚之间的联系，迫使他率先挑战。但是另外，波斯军队被带进了亚历山大喜欢的地形，被限制在大海与阿玛鲁斯山（the Amanus range）之间的狭窄平原上。我们的资料声称，大流士相信亚历山大不敢在阿米克平原上面对他的军队。考虑到他到达索契与真正开战之间的时间差，他可能证明了自己的信心。无论如何，他不能无限期地在阿米克平原上供养庞大的军队，尽管此地很富裕，他的后勤压力还是要远远大于亚历山大。波斯军队进发到伊苏斯以南，并占据了皮纳鲁斯河（the Pinarus）［可能在现代的库鲁礁（Kuru Cay）附近］以北的阵地。[24] 这里的平原相对狭窄，大约只有4千米宽，与卡利斯泰奈斯给出的14斯塔德吻合（Polyb. XII. 17. 4）。

与在格拉尼库斯河战役中一样，波斯的阵地沿皮纳鲁斯河以防御阵型展开。骑兵集中在右翼；雇佣军步兵居中，而波斯本国步兵继续沿着战线延伸到阿玛努斯小丘。其余的土著兵在战线后方做纵深集结。与此同时，亚历山大开始在拂晓逼近，其部队潜过约拿柱下的走
807 廊，随着平原的加宽而逐渐扩展其方阵。其纵深方向有40斯塔德，因此过程必然很缓慢，因为部队要穿过将平原分割开来的无数深沟溪底。现在纵深8列的方阵占据战线中央，两侧都是骑兵，色萨利人和盟友们在左翼，马其顿人在右翼。一支轻装步兵和雇佣军受命抵抗斜对面小山上的大量波斯军队。亚历山大自己在马其顿骑兵前面，紧靠方阵右翼。

亚历山大在午后发起攻击。他自己身先士卒，一旦他进入波斯标枪射程，就急速冲锋渡过皮纳鲁斯河。他的对手是波斯本国的步兵，即卡达凯人（the Cardaces），他们的装备是特制的加长单刃刀

㉔ 关于其位置仍很有争议，见 Janke 1904（D 201）2 – 74；Seibert 1972（D 232）99 – 100，Atkinson 1980（B 8）471 – 6。

（Curt. Ⅲ. 3. 6）以及长矛和弓箭，但是他们并不能有效抵抗“王友”的冲击。我们并不知道亚历山大攻破阵线的准确情况，关于要全速穿过一条河流所造成的困难也没有任何记载。我们只知道一个纯粹的事实，那就是亚历山大及其“王友”有力地赢得了战斗。其他地方的形势则颇为危急。当亚历山大脱离阵线冲锋时，马其顿方阵的右翼暴露在外，其队列在渡河时出现混乱，几乎被大流士阵中的重装步兵组成的雇佣军打散。在其左翼，大量波斯骑兵的绝对优势迫使色萨利人撤退。当亚历山大的阵线动摇之时，他将进攻目标指向大流士，后者在其阵线中间一辆高高的战车上清晰可见。波斯卫队前赴后继保护他们的国王，使其免遭俘虏。[25] 这是决定性的时刻。波斯左翼的全部军队都随着大流士撤退了，亚历山大得以继续从左翼攻入波斯雇佣军方阵。结果雇佣军方阵被包围在马其顿骑兵和从右翼包抄过来的重装步兵（*sarissae*）之间，波斯军队大面积溃退，获胜的波斯骑兵也只好放弃在左翼的交战。由于溃退的骑兵踩踏撤退路线上的步兵，溃退变成一场屠杀，大批波斯士兵在挤压中被践踏而死。我们资料中宣传性的数据是波斯伤亡 10 万人，而马其顿只伤亡了 500 人。

这是一次悲惨的溃退，由于马其顿人直到夜幕降临才放弃追击，因此阻止了波斯军队的重新集结。大流士带着他所能召集到的全部残兵退过了幼发拉底河。其余的军队则各散四方了。一支强大的分队夺 808
取了奇里乞亚关，引起了卡帕多西亚和帕夫拉戈尼亚的巨大震荡（Curt，Ⅳ. 1. 34）。经过一年的战事和三次战役，安提柯才清除了威胁。[26] 一大群希腊流亡者，人数多达 8000 人，从特里波利斯（Tripolis）乘船到达塞浦路斯，在那里分成两股：一股对埃及进行了一次失败的袭击；而另一股参与了斯巴达在克里特的军事行动（见下文第 853 页）。随着伊苏斯战役的消息传来，波斯在爱琴海的进攻陷入混乱。公元前 332 年春，波斯的舰队瓦解，腓尼基和塞浦路斯城市的部队撤退了，以便与亚历山大媾和，新组建的马其顿舰队在赫格罗库斯（Hegelochus）和安弗泰鲁斯（Amphoterus）的率领下迅速占领了

㉕ Arr. *Anab.* Ⅱ. 1 1. 4 认为大流士导致了溃退。Diod. XⅦ. 34. 2 –7，Curt. Ⅲ. 11. 7 –12，and Justin XI. 9. 9 可能更真实，他们认为抵抗是顽强的。后来的传统可能从亚历山大的马赛克画中得到了关于战斗场景的灵感［参见 Rumpf 1962（J 39）；Seibert 1972（D 232）55 –8］。

㉖ Curt，Ⅳ. 1. 34 –5，5. 13. 参见 Burn 1952（D 164）82 –4；Briant 1973（ D 22）53 –80。

爱琴海沿岸及从泰奈多斯到科斯的岛屿。波斯舰队的残部在克里特寻求庇护，此地成为西部唯一的抵抗中心。

亚历山大成为叙利亚沿海无可争议的主人，也是波斯在伊苏斯和大马士革的财宝的主人。在掠取辎重过程中，王室的女眷们被俘虏了。大流士的妻子和母亲——斯塔提拉（Stateira）与西苏甘比丝（Sisygambis），在战役之后落到了亚历山大手中。征服者以极端尊重的态度对待她们，保留了她们的王家待遇，但拒绝了赎金。他履行了大流士的职责，并宣称将成为亚洲真正的国王。他在战役之后直截了当地拒绝了大流士的外交提议，使得这些说法清晰起来。在回应请求和平、结盟及归还王室女眷的信件中，亚历山大要求波斯无条件投降：大流士是一个篡位者和战争中的侵略者，而他亚历山大现在是亚洲的合法统治者。[27] 在这种位置的调换中，亚历山大以主人对臣民的口气发话，从而终结了大流士的外交努力，后者开始征集军队保卫美索不达米亚。

公元前 333/2 年冬，亚历山大在腓尼基度过。他接受了阿拉杜斯、毕布罗斯和西顿的投降，改变了西顿的政体，但是确认了其他地方的统治家族。在推罗，他第一次遭遇抵抗，这个城市的权力当局［国王阿泽米克（Azemilk）不在之时由其王储统领］拒绝亚历山大进入他们岛上的卫城向当地神灵麦尔卡特（Melqart，亚历山大将其等同于他的阿哥斯先祖赫拉克勒斯）献祭。他提议拜访的时间正是
809 公元前 332 年 2 月麦尔卡特的主要节日，[28] 推罗人拒绝将这一仪式委托给一个外来的君主。这是一个致命的决定。亚历山大不能容忍对他作为国王权威的挑战。一旦围城开始，他就不可能解围，否则其军事上的威望就会受损。最初，哈利卡纳苏斯围城的故事再次上演。亚历山大在大陆上的推罗旧城与海面 4 斯塔德之外的岛上之间建造了一个围城防波堤，集中火力攻击城墙的一个狭窄处，而推罗人有足够的时间使得城墙不被攻破。与此同时，推罗从海上得到了补给，防守者还

---

[27] Arr. *Anab.* Ⅱ. 14；Curt，Ⅳ. 1. 7 – 14；Diod. ⅩⅦ. 39. 1 – 2. 关于资料的问题，见 Bosworth 1980（B 14）227 – 30；Atkinson 1980（B 8）271 – 7，关于具体细节，见 Griffith 1968（D 184）；Mikrogiannakis 1969（D 214）。

[28] Curt. Ⅳ. 2. 10；参见 Menander of Ephesus *FGrH* 783 F 1. 关于这次围城的概况，见 Arr. *Anab.* Ⅱ. 18. 3 – 24. 6；Curt. Ⅳ. 2. 8 – 4. 18. Diod. ⅩⅦ. 40. 4 – 46. 6［参见 Bosworth 1976（B 12）16 – 25；Atkinson 1980（B 8）315 – 19］。

可以通过船只对高处的堤道进行攻击。转折点在初夏到来，此时有80艘腓尼基的战船从爱琴海归来，他们与从塞浦路斯（其城市的领袖们已经正式投降）来的120艘战船一起加入了围城行动。从这一刻起，对推罗的封锁已经完成，一旦围城器械（著名的船载塔楼，带着可伸缩的云梯）建成，[29] 最后的集中攻击也宣告开始。整个7月，这个城市都经受着安在战船上的攻城槌持续不断的攻击。城墙的南面被撕开，但是可伸缩云梯的首次运用并不成功。两天以后，城墙的缺口被扩大，持盾兵可以通过云梯控制邻近的城墙。城垛被从海上来的攻击者占领，攻击者涌入宫殿和下城。在这次大屠杀中，有8000名防守者阵亡，据说还有2000人在海岸被钉上十字架。推罗以前的居民全部被清除，内地迁来的人口在此重新定居，处于一支常驻部队和一位马其顿将领的控制之下。

这次围城之后，亚历山大适时地向麦尔卡特即赫拉克勒斯献祭，并以一次盛大的游行和赛会来庆祝（Moretti，*ISE*. No. 113）。叙利亚内陆已经被帕尔麦尼昂平定，他可以放心地向南进军。唯一有记载的抵抗是在加沙，这个城市的指挥官巴提斯（Batis）雇请了雇佣军并储备了补给。又一次围城发生了，这次耗时两个月，所有的攻城器械被从推罗用船运送过来以破坏城墙。最终奏效的是轰击和地道。亚历山大和他的持盾兵再次主导了在被撕开的城垛上的袭击，加沙的战斗人员遭遇集体大屠杀。和推罗一样，这座城市的人口被重新安置，城市则成为埃及边境的堡垒得到重建。至该年末，亚历山大派方阵步兵指挥官阿明塔斯率领新兵征募队前往马其顿。[30] 一年围城战争的人员损失需要补充，阿明塔斯的10艘三列桨战船驶往冬季的大海去执行这项紧急任务。

第四节　从埃及到帕提亚伊（公元前331—前330年）：大流士的结局

埃及的地理位置很容易遭致侵略。大流士的总督马扎凯斯肯定曾 810

[29] Marsden 1969－71（K 45）162－3，102－3；1977（K 46）.

[30] Diod. XVII. 49. 1；Curt，IV. 6. 30－1，VII. 1. 37－40. 参见 Bosworth 1986（D 21）6－7；1988（D 159）267－8。

与亚历山大有过联络，佩鲁西翁（在三角洲最东端）最宏伟的诸多要塞没有抵抗，在陆军穿过沿岸沙漠之前就接纳了马其顿舰队。马其顿军队被埃及民众当作解放者欢迎，他们水、陆两路前进到孟菲斯，马扎凯斯在那里交出了城市及完整无缺的国库。亚历山大适时地举行了献祭、赛会与音乐会，给予阿皮斯神特别的尊崇，意在与冈比西斯和阿塔薛西斯形成对比，后两人都以杀死当时的阿皮斯神牛（神灵在现世的显现）而著名。国王自己采用了传统的法老头衔：上埃及与下埃及的国王、拉神之子、阿蒙神所垂爱者。甚至可能还曾有过一次埃及风格的官方授职仪式。[31] 但是亚历山大在首府停留的时间不长，没有证据表明他受到了埃及信仰或制度的影响。

亚历山大在埃及停留的大部分时间都用在拜访西瓦绿洲的阿蒙神庙上。对亚历山大来说，这一神灵是宙斯在当地的显现（卡利斯泰奈斯事实上称其为宙斯），他现在也倾向于将自己看作宙斯之子，因此一直打算去拜访这座神庙。这是一个类似于公元前 5 世纪以来希腊世界中的神谕圣所，其最著名的分庙就是哈尔季狄基半岛上阿菲提斯的宙斯—阿蒙神庙，亚历山大可能熟知那里。还有一个传统，那就是他的阿哥斯先祖赫拉克勒斯和佩尔修斯都曾求教过这位神灵。[32] 这也强化了他做一次私人拜访的决心。因此他挑选了一支步兵和骑兵，顺尼罗河下行到了卡诺皮克河口（Canopic）。在参观马里奥提斯湖（Lake Mareotis）和视察北部狭窄的地峡（这里将成为他建造的第一座大城市的中心）之后，他转而沿海岸向西到达帕莱托尼翁（Paraetonium），即马特鲁港（Mersah Matruh）。

亚历山大做了短暂停留，接待来自昔兰尼的使团，与他们缔结了一个友好联盟条约。然后他向西南进入沙漠，接下来是穿过利比亚高原到西瓦的 260 千米路程。卡利斯泰奈斯和他之后的历史学家描绘了旅程中宙斯的幸运之手：冬季的暴风雨减轻了南方热风造成的不适，一对沙漠乌鸦指引了去往西瓦的随行人员。这种现象在沙漠地带实属
811 常见，却被精心阐述为神灵对其自称的儿子关怀的展示。一旦安全到

㉛ ［Call.］Ⅰ.34.2（语境非常可疑）；见 Koenen 1977（F 464）30 – 1。

㉜ Callisthenes, *FGrH* 124 F 14a；Arr. *Anab.* Ⅲ.3.1 – 2；Curt，Ⅳ.7.8. 关于文献，概括性论述见 Seibert 1972（D 232）116 – 25。特别值得注意的是 Wilcken 1970（A 64）I 260ff；Tarn 1 948（D239）Ⅱ 353 – 9；Bosworth 1977（D 154）69 – 75。

达西瓦，亚历山大在阿古尔米（Aghurmi）的中心圣所请示了神谕。作为法老，他得到了特殊对待：他在密室中询问神谕，而随从留在外面。整个过程仍然是秘密。后来的传统编造了一系列关于世界帝国和神权关系的问题，但是托勒密和阿利斯托布鲁斯仅仅宣称国王满意于（未详细阐明）他所得到的答案（Arr. *Anab.* Ⅲ. 4. 5）。我们可以比较确定的，不过是正在任职的祭司直接称呼亚历山大为这位神灵之子（见下文第 872 页）。无论这个头衔的含义是什么，国王都将其作为他是宙斯—阿蒙神之子的明确证据接受。直到他的统治结束，他的话语和行动都反映了他相信自己的父亲是一位神灵。

从西瓦回到埃及时，亚历山大可能（如阿利斯托布鲁斯所称）重走了经过帕莱托尼翁的老路。[33] 返回孟菲斯途中，他确定了亚历山大里亚的选址，后来这座城市在 4 月 7 日［埃及历泰比月（Tybi）25 日］作为创建日加以庆祝。[34] 随后他再次访问了首都，并向宙斯王献上盛大的祭祀，宣称他是宙斯之子。在埃及的停留正式结束。经过在尼罗河谷一个冬季的休养，他的军队得以恢复，已经准备好了与大流士的决战。4 月的某一天，亚历山大率领他的军队从埃及开拔。在撒玛利亚短暂的惩罚性战事（见下文第 861 页）以后，他在推罗扎营，在这里为麦尔卡特庆祝了第二次节日，其壮丽程度连希腊的泛希腊赛会都黯然失色。他也采取措施应对西部日益危险的局势。他的舰队统帅——新近在爱琴海取得胜利的安弗泰鲁斯——率领一支超过 100 艘战船的舰队被派去解决克里特的问题，并支持在伯罗奔尼撒的马其顿盟友们。与此同时，雅典的敏感反应已经因为释放了格拉尼库斯河战役中的战俘而有所缓解。亚历山大并未打算派遣军队回国，甚至也没有延缓阿明塔斯在马其顿征募新兵的任务。他与大流士的对抗是至关重要的，对西部的关注只能排在第二位。

亚历山大仍然拒绝了波斯的提议。在推罗被围期间，大流士重申了他关于赎金和放弃哈利斯河以西吕底亚古老领土的提议。公元前 331 年夏，他更郑重地放弃了远至幼发拉底河的所有土地，同时提议

---

[33] Arr. *Anab.* Ⅲ. 4. 5；参见 Borza 1967（D 150）；Bosworth 1976（B 13）136 – 8。

[34] ［Call.］Ⅰ. 32. 10. 参见 Welles 1962（F 547）284；Bagnall 1979（F 405）；Badian 1985（D 142）500 – 1；请与 Fraser 1972（A 21）Ⅱ. 2 – 3 比较。

812 为他的家庭付出3万塔兰特的赎金。[35] 对亚历山大来说，肯定有强大的压力敦促他缔结一个至少是暂时的和约并享受胜利的果实。帕尔麦尼昂显然主张亚历山大接受大流士的条款，但他得到的坚定回答是：如果帕尔麦尼昂是国王，那么他会这么做。这场争论的传统可能源自卡利斯泰奈斯，对帕尔麦尼昂有着强烈的偏见，但是他是军队中相当一部分人的代言人这一点没有多少疑问（参见 Diod. XVII. 54. 3 – 4）。亚历山大对波斯提议的强硬拒绝，确实没有受到普遍欢迎。

波斯军队早已集结在巴比伦。其数量庞大，但从现存资料看，总数并没有很大的增长。[36] 亚历山大军队的人数肯定不能与之相比，或许相差甚远，但是他所面对的军队战斗力颇有差异。在伊苏斯战斗的主要方阵中，只有一小队希腊步兵保留下来，大流士所统率的本国步兵大部分战斗力羸弱。他的强项在于骑兵，尤其是来自巴克特利亚和索格狄亚那（Sogdiana）的大部队，并得到草原萨迦人的装甲骑兵（cataphracts）和印度辅助部队的补充。他们由其总督——波斯大王的亲戚比索斯（Bessus）率领，形成了一支能力堪与亚历山大的“王友”骑兵相匹敌的核心团体。这些部队需要平坦开阔的地形才能发挥威力，大流士认为最好是在远离巴比伦的地方进行防御，因为那里已经承担了集结部队的负担。因此，他派出一支由叙利亚前总督马扎欧斯（Mazaeus）率领的侦察部队，向北行军占据了古亚述的一个战场。此地在阿尔贝拉（Arbela）以北，布麦鲁斯河［Bumelus，即戈米尔河（Gomil）］与扎格罗斯山脉的余脉迈格鲁卜山（Jabal Maqlub）之间。[37] 大流士在这里准备好了适于骑兵和刀轮战车攻击的战场，希望能打乱马其顿人的阵线。

公元前331年仲夏，亚历山大从推罗向西（此处原文可能有误，似应向东——译者注）推进到幼发拉底河。当他穿过塔普萨库斯河的两座浮桥时，马扎欧斯率领的波斯侦察部队带着他进军的消息退回到主力部队中。这是一个意想不到的方向，从这里穿过美索不达米亚

---

[35] Plut. *Alex.* 29. 7 – 8；Diod. XVII. 54. 1 – 5；Curt. IV. II. 1 – 22；Justin XI. 12. 9 – 15. 也请见 Arr. *Anab.* II. 25（时间是公元前332年）。关于其讨论见 Mikrogiannakis 1969（D 214）87 – 106；Bosworth 1980（B 14）228 – 9；Atkinson 1980（B 8）320 – 4，395 – 6。

[36] 有关讨论请见 Brunt 1976 – 83（B 21）I. 511；Bosworth 1980（B 14）293。Marsden 1964（D 212）32 – 7 的重构非常值得怀疑。

[37] Schachermeyr 1973（D 231）270 纠正了 Stein 1942（D 237）的说法。

北部平原大约有440千米。[38] 亚历山大很可能通过哈兰（Harran）和尼西比斯（Nisibis）到了底格里斯河，在现代的摩苏尔（Mosul）稍北之处渡河。与从被俘的波斯侦察兵那里得来的信息相反，此河并无防卫。虽然水位较低，但是水流仍然较强，马其顿军队涉水而过。接下来进行了两天休整。在亚历山大再次行军之前的傍晚（9月20日下午9点），发生了一次日食。对大流士来说，这是一个灾难的征兆。4天以后，亚历山大在距波斯阵线30千米处扎营，从掉队的士 813
兵那里得知了敌人的准确位置。在另一段休整期，他将自己的大本营建立在迈格鲁卜山峰之下，从山丘的高处从容地观察波斯的部署。[39] 据阿利斯托布鲁斯（*FGrH* 139 F 17）记载，波斯人的部署被大流士书写下来，在战后被马其顿人获得。中部是大流士和他的王家卫队，以及希腊方阵步兵的残余。右翼主要是来自叙利亚、美索不达米亚以及米底和厄尔布尔士高地的骑兵，左翼是比索斯指挥的东北总督辖地的骑兵，也是亚历山大预期进攻发动之处。两翼和中间都有刀轮战车，准备在马其顿战线中撕开缺口。

亚历山大用了一天时间进行侦察和战略部署。10月1日拂晓，他在平原上集结部队。其队形大致呈矩形，占据了一个狭长的战线。[40] 像通常的情况一样，正面是马其顿方阵，“王友”骑兵在右翼，色萨利和同盟者骑兵在左翼。第二条平行的战线由雇佣军和来自科林斯同盟城邦的希腊步兵组成。两条战线之间各自的侧翼则是轻装步兵，阿格利安人在右翼，色雷斯人在左翼；两边都有骑兵掩护。这样一来，马其顿军队的侧翼就不可避免地会被包抄，但它已经做好对付来自各个方面攻击的准备。

波斯人的阵线并未行动，亚历山大率先发动了反击——以对角线向右侧推进。最初阶段，他面对波斯战线中央的大流士，但是当他向右移动时，他的全部军队呈斜向队列，“王友”骑兵移出到准备好的战场之外，离开了刀轮战车便于操控的唯一地形。与此同时，马其顿的左翼实际上已经被敌人包围了。亚历山大需要在自己的部分突破波

㊳ Strabo Ⅱ. 1. 38. 参见 Marsden 1964（D 212）18 – 21；Engels 1978（D 172）68 – 70。

㊴ 阿里安的记载尚有疑问（*Anab.* Ⅲ. 9. 1 – 2），库提乌斯几乎没有解释。关于各种难题的讨论，见 Bosworth 1980（B 14）294；Atkinson 1980（B 8）486 – 7；Wirth 1980 – 1（D 248）part 2，23 – 31。

㊵ Arr. *Anab.* Ⅲ. 12. 1 – 5；Curt. Ⅳ. 13. 30 – 2. 参见 Griffith 1947（D 182）77 – 9；Devine 1975（D 166）374 – 8。

斯人的阵线，而他的左翼必须尽可能顶住敌人暴风骤雨般的攻击。战斗的高潮迅速到来。巴克特利亚和萨迦人骑兵前压以阻止亚历山大阵线的进一步前移，激烈的战斗在马其顿骑兵卫队与比索斯的重装骑兵之间展开。这场冲突把越来越多的巴克特利亚骑兵吸引到马其顿的侧翼，这里的雇佣军骑兵和派奥尼亚人面临着越来越沉重的压力。同
814 时，刀轮战车的集团冲锋无甚效果。亚历山大自己已经在战车的杀伤范围之外了，战车的冲锋本身被一群阿格利安人和标枪兵轻易压制了，大部分战车在抵达马其顿阵线之前就已经被他们打得不能动弹。其余的则在未造成任何伤害的情况下冲过了阵地。亚历山大率领的王家分队未受刀轮战车任何损伤，极其从容地利用了向左冲击的巴克特利亚骑兵在波斯阵线留下的缺口。他率领“王友”骑兵——他们集合在一起，犹如楔子——发起了至关重要的冲锋。[41] 波斯战线在冲击下崩溃了，因为陷在从侧翼压迫的马其顿骑兵和正面前压的步兵方阵之间，波斯的防御逐渐瓦解。当波斯中军开始受到威胁时，大流士再次逃跑，全军的溃败也再次发生。

但是马其顿方面也遭遇困难。当亚历山大强行追击波斯中军，决定要抓获他的对手之时，他的全部军队不可能整体前进。帕尔麦尼昂率领的左翼自战斗开始就遭遇持续不断的攻击，几乎难以坚守阵地，更不用说进攻了。马其顿的阵线不可避免地也被突破了，方阵的大部分随亚历山大发起进攻，而最左边的两列仍然与其左翼相连接。幸运的是，波斯的中军已经混乱了。少数波斯和印度骑兵渗透到了缺口地带，只能依靠部署在后方的方阵预备队加以遏制，[42] 但是大部分波斯军队追随大流士撤退了。马其顿的左翼仍然被马扎欧斯率领的骑兵包围着，帕尔麦尼昂向他的国王发出了求救信（这一点毫无疑义）[43]，但是未能送出。或许送信人从来没有见到亚历山大，后者一直在追击逃亡的波斯人，直到夜幕降临，而波斯人溃败的消息逐渐在被他围困的左翼中传开了。然后色萨利人发起了反击，马扎欧斯的骑兵退出了

---

[41] Arr. *Anab.* Ⅲ. 14. 1 –2；Curt. Ⅳ. 15. 20 –1. 参见 Schachermeyr 1973（D 231）237；Bosworth 1980（B 14）307；Devine 1983（K 11）214 –16。

[42] Arr. *Anab.* Ⅲ. 14. 4 –6. 关于这些问题，见 Griffith 1947（D 182）84 –5；Burn 1952（D 164）88 –90；Wirth 1980 –1（D 248）41 –8；Welwei（D 243）1979, 225 –8；Bosworth 1980（B 14）308 –9。

[43] Plut. *Alex.* 33. 9 –10；Arr. *Anab.* Ⅲ. 15. 1 –2；Curt. Ⅳ. 16. 1 –7；Diod. ⅩⅦ. 60. 7。关于这个问题以及相关文献，见 Bosworth 1980（B 14）309 –11。

战场。亚历山大从一大队帕提亚伊人和从大流士中军撤退的波斯人中杀开一条血路（Arr. *Anab.* Ⅲ. 15. 1 – 2），终于从追击中返回，发现他的军队已经控制了战场。

高伽美拉的胜利是决定性的。与伊苏斯战役比较，亚历山大给敌人造成的伤亡可能更小，而自己的损失更大。右翼的骑兵遭到重创，而左翼，因为整个战斗中都遭遇压力，伤亡肯定相当严重。但是大流 815
士离开了冲突的战场，急速奔逃到阿尔贝拉，立即渡过底格里斯河进入米底。追随他的是王室卫队、幸存的希腊雇佣军和比索斯率领的巴克特利亚骑兵，后者在波斯中军崩溃时完好无损地离开了战场。其他的幸存者则四散而逃，最大的一群在马扎欧斯率领下溃退到巴比伦。这将亚历山大的注意力吸引到南方。亚历山大暂时放弃了对大流士的追击，转而吞并富裕的巴比伦尼亚总督辖地，进入他征服道路上第一座伟大的阿契美尼帝国都城。

和在埃及一样，亚历山大也被当作一个解放者受到欢迎。巴比伦的波斯驻军无力阻挡来自城外的一次攻击。当亚历山大逼近时，他接受了马扎欧斯本人的正式投诚。作为一位巴比伦尼亚妇女的丈夫，本身又是波斯贵族，他是迎接征服者最为恰当的人选。在他之后，是波斯驻军指挥官和巴比伦尼亚祭司的代表们。国王通过鲜花地毯进入他的首府，占领了宫殿和国库。他向该城神灵贝尔—马都克（Bel-Marduk）献祭，和阿契美尼王朝的前任一样，被授予巴比伦之王的称号。作为对当地民众的一种姿态，他承诺恢复被毁坏的埃萨吉拉神庙群。这一工程得等到他从西部返回（见下文第 843 页）才开始。目前，征服的受益者暂时是他自己的军队，他们不但得到了现金奖赏，而且在巴比伦享受了一个月的娱乐消遣。

下一个首府苏萨，同样没费什么周折就拿下了。波斯总督阿布利泰斯（Abulites）向亚历山大的使者打开了大门和国库。11 月，亚历山大出兵前往接管。这是一段 20 天的轻松旅程，军队供应充足地通过了西塔凯奈（Sittacene）行省，因获得巨大的援军而数量大增，因为阿明塔斯最终从马其顿带来了超过 15000 之众的援兵。在苏萨以西 3 千米的科亚斯佩斯河［the Choaspes，今卡尔哈河（the Karkheh）］，阿布利泰斯亲自接待了亚历山大，将其引入首府和国库，这里贮备了 4 万塔兰特的金条和银条，还有 9000 塔兰特的金大流克。掌握了这笔巨额财富后，他把3000塔兰特白银送到叙利亚海岸，（部分）用于补贴对阿吉斯（Agis）的战争，那时正是战争激烈时期。[44] 波斯的金钱继续支持着在爱琴海的战争，不过这次支持的是马其顿霸权。

下一个目标是帝国的心脏波西斯。亚历山大迅速从苏萨开拔，路线始终靠近扎格罗斯山的丘陵地带。他的军队穿过了乌克西人（the Uxii）的领土，这些人中，一部分在山中游牧，另一部分在平原定
816 居。两个群体都造成了麻烦。山上的乌克西人索要过路费，被一支马其顿步兵机动支队的袭击蹂躏了，吓得他们投降纳贡。在与苏西亚纳（Susiana）接壤的某地，低地乌克西人首领麦达泰斯（Medates）试图阻挡大路，但是人数远远不及亚历山大，被迫投降。[45] 这些都是孤立的事件，虽然麻烦，但军事上并不重要。当亚历山大试图夺取波斯关隘时，真正的考验来了。他沿着通往波斯波利斯的车道运送辎重，而他自己则率领马其顿军队直接穿过扎格罗斯山中部。准确的路线已经不能精确复原，但是最有可能（确实是阿契美尼王朝时期所使用的）从费赫里彦谷地（Fahlian）到阿利阿巴德（ᶜAliabad）平原的道路，这条道路从一个狭长的山谷上升到一个海拔达到2167米的分水岭。[46] 波斯人在这里（或相似的位置）布置了一支强大的军队，由总督阿利奥巴扎奈斯（Ariobarzanes）率领。亚历山大首先试图正面从山谷仰攻，但是遭到惨败。他的部队遭到来自周围高处的弹雨袭击，士气低落，不得不撤退，阵亡者被留在了隘路上。在这危急时刻，温泉关的历史重演。当地的告密者透露了一条绕行的道路，步兵和骑兵都可以进行一次环形调动［翻过博尔索鲁关（Bolsoru pass），沿鲁迪亚山（Kuh-I Rudian）山脚向东南方向］。攻击队伍经两夜行军，袭击了山谷顶端波斯人的营地，同时克拉特鲁斯（Craterus）率队第二次沿隘路推进。拂晓的攻击使波斯人陷入了恐慌，他们伤亡惨重地撤退了。

波斯波利斯暴露在入侵者面前了。其卫城指挥官迅速与亚历山大媾和，拒绝接纳逃亡的阿利奥巴扎奈斯，并引导亚历山大去占领国

---

[44] Arr. *Anab.* Ⅲ. 16. 10. 见下文第854页。

[45] Curt, Ⅴ. 3. 12－1；参见 Arr. *Anab.* Ⅲ. 17. 6（引用了托勒密）。关于其困难及分歧的来源见 Bosworth 1980（B 14）323－4；Briant 1982（F 10）161－73；不同看法请见 Badian 1985（D 142）441。

[46] Stein 1940（D 236）18ff；Hansman 1972（F 32）. 对此曾有一些批评，在亨利·斯佩科（Henry Speck）即将发表于 *American Journal of Ancient History* 上的一篇文章中，他提出了另一个地点。

库。亚历山大所做的，就是占据大流士和薛西斯的宏伟宫殿群，并洗
劫了波斯贵族私人的家室。复仇战争现在完成了，薛西斯的首都被洗
劫，波西斯本身也变成一个总督辖地，由希腊军队永久驻防。波斯波
利斯在接下来的 4 个月接待了亚历山大的军队，其巨大的金银储量
（一些资料估计有 12 万塔兰特）被逐渐转移到美索不达米亚。还有
一些小规模的战事，对象是扎格罗斯山脉南部的马狄人，持续了 30
天。最终，宫廷中的财富被剥夺了，然后被付之一炬。大火发生在庆 817
祝宴会上，据说是受到了雅典妓女泰丝（Thais）的唆使，军队则沉
湎于纵酒狂欢的破坏中。在亚历山大的宣传中，破坏成了庆祝，以强
调复仇的正当性——当安提帕特仍在希腊与阿吉斯缠斗之时，这是一
种可资利用的主题。但是也有迹象表明，这是一种令亚历山大终生遗
憾的荒唐破坏行为。㊼

5 月初，亚历山大带着剩余的宫廷财宝，率领他的军队从波斯波利斯北上。大流士在米底首都度过冬天，希望等待来自东方总督辖地的援军。但他失望了。因此，一旦气候允许，他就带着残兵（数量不多，3300 名骑兵，大部分是巴克特利亚人，还有稍多一点的步兵）离开埃克巴塔那向东北行军到达里海关口（Caspian Gates），那是把米底与东方总督辖地分开的一系列峡谷。亚历山大在米底边境附近得到大流士逃跑的消息，他将其部队精简到最少（骑兵、方阵的大部、步兵），离开通向埃克巴塔那的大道，㊽ 直扑东北方向的拉盖伊（Rhagae，德黑兰以南 12 千米），希望中途阻截逃亡的对手。帕尔麦尼昂（最后一次）另率分队，以确保其余的军队和金银能够安全到达米底首都。亚历山大用 10 天急行军到了拉盖伊，在那里他得知大流士已经穿过了里海关口。一周后多点的时间里，大流士阵营中发生激烈权力斗争的消息传来，亚历山大再次发动迅猛的追击。东方总督辖地中最有势力的比索斯正阴谋夺取大流士的军事指挥权。他得到了千夫长纳巴扎奈斯（Nabarzanes）的支持，但遭到西化的总督阿塔巴祖斯反对。分歧拖延了波斯人的行程，并使逃亡者大大增加。亚历山

㊼ Arr. *Anab.* Ⅲ. 18. 11 – 12（复仇动机）；Diod. XⅦ. 72. 1 – 5；Curt，Ⅴ. 7. 2 – 7；Plut. *Alex.* 38. 1 – 8（泰丝的作用，源于 Cleitarchus，*FGrH* 137 F 11）。关于各种解释，见 Seibert 1972（D 232）132 – 4；Wirth 1971（D 246）149 – 52；Borza 1972（D 151）；Badian 1985（D 142）443 – 6。

㊽ Curt，Ⅴ. 13. 1. Arr. *Anab.* Ⅲ. 19. 5 宣称亚历山大实际上进入了埃克巴塔那，这可能是一种误解［Bosworth 1976（B 13）132 – 6；不过请见 Badian 1985（D 142）447］。

大现在开始了其统治时期最著名的追击，他三天四夜中行程近 200 千米，从科亚莱奈（Choarene，紧靠里海关口东边）到了帕提埃奈（Parthyene）边境。[49] 最后阶段他只用骑兵，精选的步兵则乘上马匹
818 以做最后努力。拂晓后不久，马其顿纵队看到了第一批波斯掉队者。大流士已经成了比索斯的阶下囚，被铐上黄金镣铐。一看见马其顿的先头部队，大流士就被刺身亡。真正的刺杀者是萨提巴扎奈斯（Satibarzanes）和巴萨恩泰斯（Barsaentes），他们分别是阿雷亚（Areia）总督和阿拉科西亚（Arachosia）总督，主要煽动者是比索斯和纳巴扎奈斯。

不管从哪个意义上说，复仇战争都完成了。亚历山大终于成了他对手的主人，将他的遗体送到波斯波利斯举行国王的葬礼。这是一个新纪元的标志，亚历山大命令来自科林斯同盟的全部军队复员，以此来强调这一信息。他们从埃克巴塔那出发，带着分配到的 2000 塔兰特奖金，将从叙利亚乘船前往优卑亚。这激起了马其顿人的强烈反对，他们认为战争目标已经实现，没有任何理由继续进行战争。他们不愿意以不确定的战事来促进亚历山大的帝王野心，亚历山大费尽口舌（并且承诺丰厚的奖金）来劝说他们进行下一次进军。反对情绪相当严重，并且将继续增强。

第五节 对伊朗东部和巴克特利亚的征服（公元前 330—前 327 年）

对大流士的追击结束后，亚历山大将分散的部队集中在赫卡同皮鲁斯［最近确定在沙赫尔—伊库米斯（Shar-i Qumis）］。[50] 他首先关注的是处理大流士的残余部队，他们藏在厄尔布尔士山脉中。为了这一目的，他通过沙姆什尔本关口（Shamshirbun Pass）穿过该山脉，侵入叙卡尼亚（Hyrcania），克拉特鲁斯（Craterus）和埃利古优斯（Erigyius）则走了另一条路线。马其顿人很少或者说根本没有遇到抵

[49] Arr. *Anab.* Ⅲ. 21. 3 – 10；Curt. Ⅴ. 13. 3 – 13。考虑到资料的含糊，以及对行军距离夸大的流行倾向，计算其路线是很困难的。唯一的关键在于追击终点站赫卡同皮鲁斯（Hecatompylus）的位置（见下文注释 50）。关于其详细讨论，见 Radet 1932（D 224）；Bosworth 1980（B 14）336 – 8；Seibert 1985（D 233）112 – 14。

[50] Hansman 1968（F 31）；Hansman and Stronach 1970（F 33）.

抗，但波斯逃亡者中的一小部分小心翼翼地提出了投诚。在里达格鲁斯河（the Rhidagnus）短暂停顿时，弑君者纳巴扎奈斯第一次与亚历山大接触。在得到保证之后，他在叙卡尼亚首府正式投降。叙卡尼亚总督弗拉塔菲奈斯（Phrataphernes）也同样表示屈服。随着战事继续推进到叙卡尼亚西部，阿塔巴祖斯和他的儿子们也归附了马其顿宫廷，并受到热烈欢迎。弑君者和忠诚者同样被接受到大流士继承者的军队中服役。最终，曾与大流士一起战斗的希腊雇佣军与亚历山大媾和，合并到胜利者的军队中。叙卡尼亚战事是一次胜利的旅程，唯一激烈的战斗是在总督辖地西南对独立的马狄人的一次战斗，耗时5天。高潮是在叙卡尼亚首府扎德拉卡塔（Zadracarta）15天的休整，国王在那里为他最近的胜利举行献祭和赛会。然后他再次穿过厄尔布尔士山脉，向东进入阿雷亚。他在苏西亚［Susia，今图兹（Tus），地在麦什德（Meshed）附近］接纳了弑君者总督萨提巴扎奈斯，并确认了他的职务。

现在他遇到了挑战。安全回到家乡巴克特利亚的比索斯戴上了象 819
征王位的垂直三重冠，并自称阿塔薛西斯。作为大流士的一位亲戚，他现在冒称是阿契美尼王室的成员，这意味着给亚历山大打上外国人和篡位者的标签。亚历山大的反应则是他自己采用了一些波斯宫廷服饰的元素：王冠、斑纹束腰外衣和腰带，混之以马其顿风格的帽子（*kausia*）和斗篷。[51] 与此同时，他还赐予年长的“王友”波斯朝臣的猩红色长袍，并将大流士的兄弟纳为自己的随从。他采取自己所征服的国度原有的君主制度，但其风险是疏远刚刚完成复仇任务、思想日趋保守的马其顿人。

亚历山大开始向巴克特利亚进军，意图穿过科彼特山脉（Kopet Dag）北部的山麓地区，从西边侵入该总督辖地。他一离开阿雷亚，萨提巴扎奈斯就放弃了效忠，并屠杀了作为驻军留下来的小部分骑兵部队。这使得亚历山大必须返回复仇。一支“王友”骑兵和精选的步兵在两天两夜里行军600斯塔德，将反叛者包围在阿塔科那［Ar-

[51] Diod. XVII. 77. 4 – 7；Curt. VI. 6. 1 – 10；Justin XII. 3. 8 – 12；参见 Plut. *Alex.* 45. 1 – 2；Arr. *Anab.* IV. 7. 4 – 5。请见 Ritter 1965（A 50）31 – 55；Bosworth 1980（D 155）4 – 8。

tacoana，即赫拉特（Herat）］附近的一个山丘营地中。[52] 萨提巴扎奈斯谨慎地离开了他的总督辖地，到比索斯处寻求庇护。亚历山大任命一个伊朗人阿萨凯斯（Arsaces）担任总督，然后向南进军，到达另一个弑君者巴萨恩泰斯的领地德兰吉安那（Drangiana）。比索斯的挑战改变了他的态度。现在，惩罚大流士的谋杀者是一个神圣的职责，他的“虔敬”有可能削弱当地对比索斯的支持。面对入侵，巴萨恩泰斯逃到了印度，马其顿军队占领了德兰吉安那首府弗拉达［Phrada，即法拉（Farah）］。

在弗拉达，亚历山大与帕尔麦尼昂家族的裂痕明显已公开化。[53] 帕尔麦尼昂的长子——“王友”指挥官菲罗塔斯（Philotas）在北方主持了他弟弟的葬礼以后回到宫廷，他的弟弟是尼卡诺（Nicanor），为持盾兵指挥官，在阿雷亚北部边境去世。菲罗塔斯不在之时，一个阴谋已在宫廷中酝酿成熟，核心人物是护卫德米特琉斯（Demetrius）。阴谋在弗拉达休整期间被出卖，菲罗塔斯被指控为同谋。他并
820 不是主犯，但是据说他未能报告一场迫在眉睫的刺杀行动。所有不同的资料都强调了最后一点，而且它们一致同意，他至少有被动不忠之罪。这一点就足够逮捕他了。第二天他受到审判。在亚历山大在场的情况下，他被宣告有罪，理由显然不够充分。[54] 花言巧语及喧嚣的操纵成功地让普通士兵相信他就是阴谋的煽动者。审判完成，为了给他父亲定罪，他被严刑拷打。威逼之下得到了口供，但是不足以构成正式的控告。帕尔麦尼昂干脆被谋杀了。国王利用骆驼快传密信，根据他的指示，埃克巴塔那的雇佣军将领（菲罗塔斯的敌人之一科伊努斯的兄弟）处决了老将军。当时后者的方阵步兵启程加入主力部队，帕尔麦尼昂陷入了孤立。在德兰吉安那，菲罗塔斯和被定罪的同谋者被乱石砸死。在这种异常恐怖的氛围中，林凯斯提斯王子亚历山大被

---

[52] Diod. XVII. 78. 2；Curt. VI. 6. 22 – 32；参见 Arr. *Anab.* III. 25. 7。关于要塞的位置，见 Seibert 1985（D 233）120，请与 Engels 1978（D 172）87 – 91；Badian 1985（D 142）451 比较。

[53] Arr. *Anab.* III. 26 – 7（有辩护倾向，且是以托勒密和阿利斯托布鲁斯为基础的）；Curt. VI. 7. 1 – VII. 2. 38（详细且颇多夸饰）；Diod. XVII. 79 – 80；Plut. *Alex.* 48 – 9；Justin XII. 5. 1 – 8；Strabo XV. 2. 10。关于资料分析，见 Goukowsky 1978 – 81（B 45）II 118 – 34。Badian 1960（D 132）是现代最早开始重构的著述，是一篇重要的文献。亦见 Hamilton 1969（B 54）132 – 8；Schachermeyr 1973（D 231）326 – 36；Heckel 1977（D 195）。

[54] 据 Curt. VI. 8. 23，宣告菲罗塔斯有罪的集会人数只有 6000 人。帕尔麦尼昂在米底的方阵分队也有 6000 人之众，当亚历山大在阿拉科西亚时，这支部队正在途中，并赶上了大部队（Curt，VII. 3. 4；参见 Arr. *Anab.* III. 19. 7）。

送上审判台，三年幽禁后被处死（见上文第 803 页）。[55] 这样，亚历山大就处理了一个潜在的威胁，但是其风险是可能招致王子的岳父——马其顿摄政王安提帕特的敌视。国王正式宣告，背信弃义将得不到宽容；那些与其政策最格格不入的群体，也被斩草除根了。地位卑微的批评者则被移交给一个特殊的训诫队，即人们所知的“违禁犯上惩戒所”（Diod. XVII. 80. 4）。另外，造成菲罗塔斯垮台的人则得到其遗产作为奖赏。骑兵指挥权被分配给亚历山大的亲信：赫费斯提昂（Hephaestion）和老将“黑子”克雷图斯，陆军指挥权的分配几乎被一小群将领垄断了：克雷图斯、赫费斯提昂、佩狄卡斯、科伊努斯以及拉古斯之子托勒密（Ptolemy son of Lagus）。托勒密是亚历山大少年时代的朋友，现在取代德米特琉斯担任护卫。国王被他的密友们环绕，不同意见很难出声，即便出声，也很危险。

军队现在南进到阿利亚斯佩人（the Ariaspians）的土地上，赫尔曼德河（the Helmand）注入这里的一个淡水湖群。这是古代伊朗的粮仓之一，亚历山大的军队在这里休整了 60 天左右。此时，比索斯在北部总督辖地煽动了暴动，支持萨提巴扎奈斯二次入侵阿雷亚地区，并派遣军队从巴克特利亚沿北部的狭长走廊到达米底。随后是将近两年的动乱。萨提巴扎奈斯自己在公元前 329 年夏季与埃利古优斯（Erigyius）的正面肉搏中被杀，后者受亚历山大指派，率领着一支惩罚性部队。但麻烦仍然存在。亚历山大的新总督斯塔萨诺（Stasanor） 821
为自己在阿雷亚的统治而战，比索斯则在帕提亚伊得到了某个布拉扎奈斯（Brazanes）的支持，后者一直设法逃避，直到公元前 328 年才被抓获。[56] 尽管有北方的动乱（与公元前 333 年爱琴海的局势并无不同），国王还是继续找比索斯算账。晚冬时节，他率领其联合部队溯赫尔曼德河谷而上，在厚厚的积雪和匮乏的补给中挣扎。兴都库什山（Hindu Kush）上的关口都被封锁了，他不得不在邻近的喀布尔（Kabul）至少等上一个月，从储备丰富的村庄为军队寻求补给，并在现代的贝格拉姆（Begram）附近建立了一座新的亚历山大里亚，以控制通往战略要地希巴尔山口（Shibar）和哈华克（Khawak）关

[55] Curt. VII. 1. 5 – 9；Diod. XVII. 80. 2；参见 Berve 1926（D 146）2. no. 548；Badian 1960（D 132）335 – 6。

[56] 关于这些事件，见 Bosworth 1981（D 156）21 – 4。

口的要道。[57]

比索斯在接下来的春季垮台了，因为他无法说服巴克特利亚贵族接受他的领导。他退回奥克苏斯河（Oxus，今阿姆河）以北，希望将索格狄亚那作为基地。与此同时，亚历山大穿过了兴都库什山。那里并没有军事上的对手，唯一的困难是高地乡村中食物和木材的缺乏。巴克特利亚向他敞开了大门，他以自己的军队占据了主要的城堡，让阿塔巴祖斯掌控处于虚假和平中的全部总督辖地。抓捕比索斯是第一要务。军队在巴克特拉（今巴尔克）与奥克苏斯河之间无水的沙漠中行进了 75 千米，因为口渴和暴晒损失惨重。到达河边后，以临时准备的充气兽皮制成的筏船渡河，以对比索斯最后一击。要做的仅此而已。自封的阿塔薛西斯五世是亚历山大的目标，在接纳来自对手阵营中的逃亡者时，亚历山大表示，他要对付的只是比索斯一人。因此，比索斯的索格狄亚那支持者斯皮塔麦奈斯（Spitamenes）和达塔弗奈斯（Dataphernes）像比索斯之前逮捕大流士一样逮捕了他，并监督着将其送交到亚历山大的营地。[58] 依照亚历山大的命令，他被裸身羁押，首先进行鞭挞，然后送到他最后被毁灭之地巴克特拉，后来在那里遭折磨，最终在埃克巴塔那被处死并高调示众。这是对大流士谋杀者的公开惩罚。实际上，比索斯遭到的残酷对待，是警示那些对阿契美尼王朝王座有非分之想者。

国王继续将其盛大的行军推进到马拉坎达（Maracanda）的总督
823 府邸，然后到了现代的锡尔河（Syr Darya）附近，当地人称其为亚克萨特斯河（Iaxartes），但是亚历山大和他的部属认为，它与欧洲的塔奈斯河（Tanais，即顿河）是同一条河流。他认为他已经到了传统的欧亚边界处，挺拔的银枞树林（使人联想到这是欧洲的树木）鼓励了他的这一信念。后来人们对此还有更复杂的猜想。亚历山大派出

---

[57] 关于其年代，Strabo XV. 2. 10 暗示，亚历山大在贝格拉姆附近度过了冬天，这一事实使问题复杂化了，见 Jones 1935（D 204）；Hamilton 1969（B 54）98 – 9；与他们看法不同的是 Badian 1985（D 142）455。根据文献中提及的昴宿星团落山——斯特拉波宣称它与亚历山大通过帕拉帕米萨戴（Parapamisadae）同时进行的重建，只能是春天那次落山，即公元前 329 年 4 月。斯特拉波可能仅仅暗示亚历山大在喀布尔河谷过完了冬天。

[58] 这是阿利斯托布鲁斯的版本（载 Arr. *Anab.* III. 30. 5；也请见 Curt，VII. 5. 36 – 42；Diod. XVII. 83. 8）。托勒密对穿过索格狄亚那以逮捕比索斯的危险追击过程进行了极其夸饰的记述（Arr. *Anab.* III. 29. 7 – 30. 3）。很可能他极度夸大了自己的作用。参见 Welles 1963（B 124）109 – 10；Seibert 1969（B 108）14 – 16；Bosworth 1980（B 14）376 – 7。

822

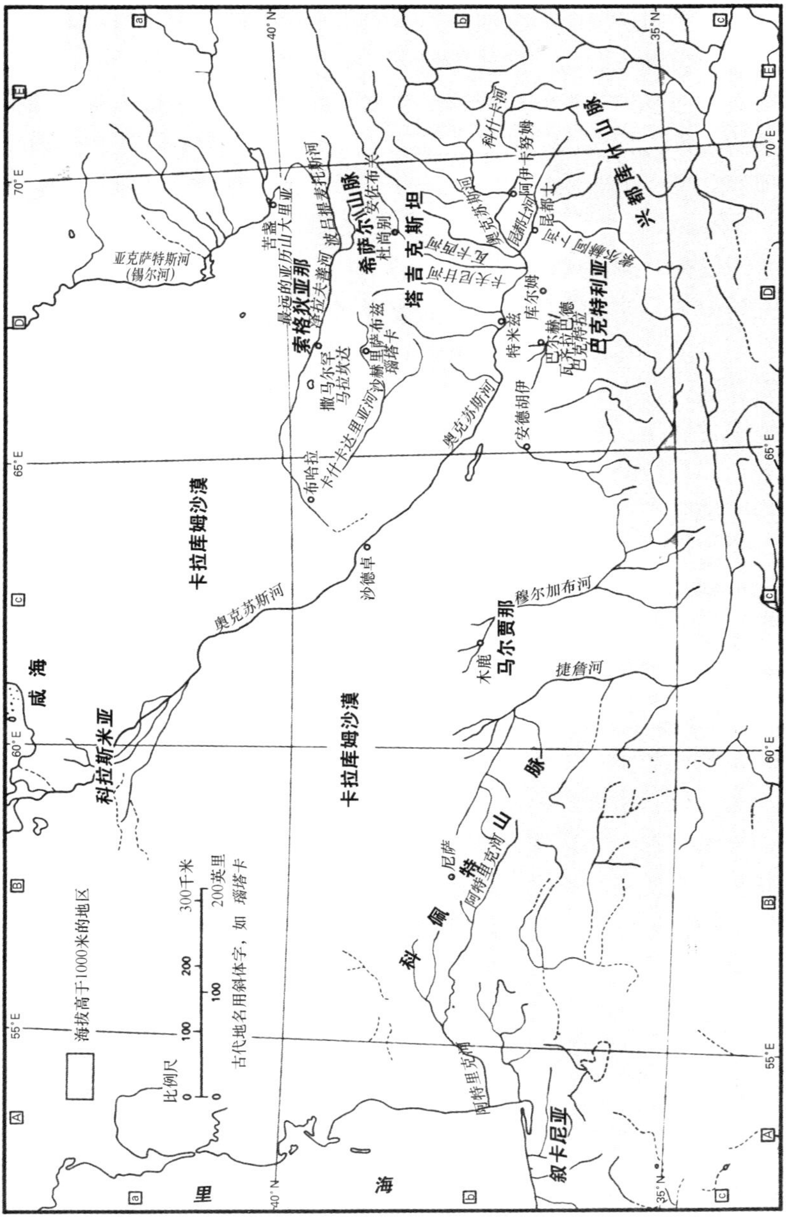

地图21　科拉斯米亚、马尔贾那、索格狄亚那和巴克特利亚

续 一支探险队去确定里海和亚速海是否为相互连接的湖泊，以求证一种
823 地理学上的假设。然而，在公元前329年，他简单地认为，一旦到达塔奈斯河，他就到达了亚洲的边界，并与此河北部的萨迦人部落缔结和平条约，认为他们在他的帝国范围之外。带着这种始终如一的观念，他建立了一个新的边境城市——“最远的亚历山大里亚”（Alexandria Eschate）。该城位于此河南岸，在现代的苦盏城（Khodzhent，即列宁纳巴德）附近。

亚历山大在这里被一次反叛震惊。此次反叛由斯皮塔麦奈斯和达塔弗奈斯煽动，起源于索格狄亚那，并迅速扩展到巴克特利亚。马其顿驻军被屠杀，反叛扩展到国王正在活动的边境地区。他的反应不出所料地非常迅猛，夺回了锡尔河附近的七座要塞，以屠杀和奴役惩罚反叛者。因为他的挫败，他在锡尔河北部的新基地受到萨迦人游牧部落骑兵的威胁。这一威胁受到部队的压制，他们在一座弩炮的保护之下渡过了河，使敌人士气大受挫折。骑兵接着加入战斗，弓箭手和轻装步兵保护侧翼，以防止敌人包围，同时“王友”骑兵主力列成纵队，冲破了萨迦人主力的队形。结果是一次长距离的追击，直到国王因为痢疾不支时才中止。他的对手迅即主动求降。

事实证明，这只是艰苦的复仇之战的第一仗。亚历山大派遣一小支雇佣军骑兵和步兵去援助正遭受围攻的首府马拉坎达。他们胜利完成了任务。反叛指挥官斯皮塔麦奈斯与他的军队向西撤退，但是得到了在边境附近加入的萨迦人援军的帮助，并设下埋伏。数量远少于对手且疲惫不堪的马其顿远征军，又因指挥官愚笨地从马拉坎达继续追
824 击，中了埋伏后惊慌失措，遭到大量屠杀。[59] 对入侵者来说，这是一次心理上的失败，敌人对首府的围攻重新开始。亚历山大自己带着一半“王友”骑兵和精选的步兵南进。他强行军290千米到达马拉坎达，解除了对它的围困，并在一次恐怖的战役中彻底摧毁了泽拉夫善河谷（Zeravshan）的西部，以有计划地根除所有反抗。至仲冬时节，索格狄亚那以西地区全部被摧毁，亚历山大撤回到巴克特拉安全的大本营。

---

[59] 其细节有争议，尽管托勒密和阿利斯托布鲁斯记载有所不同，但是都声称马其顿指挥官中有无能者（Arr. *Anab.* Ⅳ. 5. 2 – 9 — Ptolemy; 6. 1 – 2 — Aristobulus; 参见 Curt, Ⅶ. 7. 31 – 9）。

公元前328年，亚历山大转向东方。他的联合军队顺着奥克苏斯河前进，可能远至与科克恰河（Kokcha）的交汇处，即阿伊哈努姆城遗址（Ai-Khanum）。[60] 他在这里分兵而进，4位方阵指挥官被留下来驻守巴克特利亚，主力部队则分为5个独立纵队，迫使奥克苏斯河与希萨尔山脉之间的地区臣服。这是一项涉及围攻、屠杀和强制性重新安置的艰苦事业。值得一提的是一群山地精英部队令人炫目地攀爬上一个看似牢不可破的岩石城堡并迫其投降。夏季结束之际，[61] 各路军队在马拉坎达集合，亚历山大让士兵们休整，接受了来自当地最有权势的统治者法拉斯马奈斯（Pharasmanes）的拜访，后者是独立的科拉斯米亚（Chorasmia）地区（在锡尔河下游）的国王。一个和平与联盟条约有效地阻止了他对反叛者的支持，亚历山大自己则巧妙地回绝了用他的军队来扩展科拉斯米亚统治的请求（Arr. *Anab.* Ⅳ. 15. 4 –6；Curt，Ⅷ. 1. 8）。

在马拉坎达，发生了轰动一时的“黑子”克雷图斯被杀事件。因为对宫廷中日益东方化的服饰不满并（可能因为这个原因）被提名为巴克特利亚和索格狄亚那总督，他在一次纪念狄奥斯库里（Dioscuri）的宴会中发泄自己的情绪。关于这一情景，现存的记载明显有分歧，[62] 但相对清晰的，是克雷图斯反对宫廷里的阿谀奉承，即赋予亚历山大以神的地位，却诽谤其他人，尤其是那些在泽拉夫善地区阵亡的指挥官。相反，克雷图斯强调亚历山大对其他人的义务，尤其是对腓力和他自己，并引用了欧里庇得斯《安德罗马克》（*Andromache*，693 ff）中一段特别伤感的话。辱骂演变成了暴力，最后亚历山大从一个卫兵手中夺过一件武器，打倒了克雷图斯。他立刻懊悔了，且他的忏悔看起来是真诚的。亚历山大将自己禁闭在帐篷中3天，他的自责导致了宫廷和普通士兵的日益担忧。（据说）他得到了政治哲学家——阿布戴拉的阿那克萨库斯（Anaxarchus of Abdera）的安慰，后者宣称亚历山大作为俗世的宙斯，正是正义的极好体现。他 825

[60] 关于其细节，见 Bosworth 1981（D 156）23 –9。关于其他观点，（例）见 Schachermeyr 1973（D 231）349；Engels 1978（D 172）104 –5；Seibert 1985（D 235）138。

[61] 这里所采用的年代基于 Curt. Ⅶ. 11. 1 ff，比 Arr. *Anab.* Ⅳ. 16. 1ff 更连贯，也更有可能。关于其详细讨论，见 Bosworth 1981（D 156）29 –39。

[62] 尤见 Aymard 1967（A 2）51 –7；Brown 1949（D 161）236 –8；Hamilton 1969（B 54）139 –46；Bosworth 1977（D 20）62 –4。

从其帐篷中走出众人才放下心来。克雷图斯被安葬，他的被杀（可能）经军队证明无罪（Curt，Ⅷ. 2. 12），但他所表达的反对不会被遗忘。

索格狄亚那的反叛现在接近其残酷的尾声了。亚历山大南进到达瑙塔卡（Nautaca）过冬。当地的统治者西斯米特莱斯（Sisimithres）被封锁在自己的城堡里，慑于马其顿攻城器械的专业性，他投降了。与此同时，科伊努斯继续在马拉坎达活动，重挫斯皮塔麦奈斯及其游牧部落盟友的一次入侵。叛乱失败了。斯皮塔麦奈斯被他的盟友杀害，首级被送给亚历山大。帕提亚伊和阿雷亚的总督同时宣告他们领地上的军事行动结束。在将近两年的时间里，东方总督辖地第一次相对安静了。巴克特利亚和索格狄亚那被组建为一个新总督区，由阿明塔斯管理，一个得到当地农耕劳动力支持的大军事殖民网也建立起来。大量当地骑兵被征募进入亚历山大的军队，3 万多名当地青年受命根据马其顿方式训练。适龄军人中的精华终于要前往其他地方服役了。同时，亚历山大还娶了一个巴克特利亚妻子罗克珊娜（Rhoxane）。她于公元前 328 年落到他的手中，其父奥克叙亚泰斯（Oxyartes）曾与亚历山大合作过。公元前 327 年初，举行了一场马其顿式的婚礼。[63] 和他父亲一样，亚历山大也进行战略联姻，但这一行动无疑加剧了克雷图斯之死所表现出来的紧张状态。

麻烦在巴克特拉更加恶化。亚历山大的部将清除了两次小型反叛［由卡塔奈斯（Catanes）和奥斯塔奈斯（Austanes）领导］的残余以后，他就开始为入侵印度做准备。国王在这里进行了著名但失败的跪拜礼（proskynesis）试验（见下文第 873 页），随后就是因“侍从阴谋”（Pages’ Conspiracy）出现的严重挫折。这是一次由他最亲密的侍从发起的针对国王生命的重大阴谋，罪魁祸首是索波利斯之子赫尔摩劳斯（Hermolaus son of Sopolis）。他个人不满亚历山大，召集了一群密友（我们知道其中 7 个人的姓名），打算在共同护卫国王寝宫时去刺杀他。这项计划在实施之前被泄露。所有同谋者都被逮捕，在严刑拷打之下承认了他们的罪行，最后被乱石砸死。这件事情一直是个

---

[63] Atr. *Anab*. Ⅳ. 19. 5；Curt，Ⅷ. 4. 21 – 30；Plut. *Alex*. 47. 7 – 8；Strabo Ⅺ. 11. 4；参见 Bosworth 1980（D 155）10 – 11。

谜，侍从们（如果有一些人的话）的政治动机也只能猜测——尽管跪拜礼试验可能是催化剂。御用历史学家卡利斯泰奈斯被怀疑是同谋，尽管并没有从被折磨的侍从那里得到有关他罪行的供状，他还是 826
被逮捕，严刑拷打后处死。[64] 他与一些同谋者相熟，因此很容易被怀疑有串通罪。他的死充分证明了反对当时宫廷风气的危险性，批评自称宙斯之子和亚洲之王的人在这一时刻沉默了。

第六节　印度的战事（公元前 327—前 325 年）

由于印度逃亡者的撺掇，对印度入侵的时机已经成熟一段时间了。尤其是西斯科图斯（Sisicottus），此人曾在整个索格狄亚那叛乱时期都追随亚历山大作战。来自印度河流域的利益攸关的统治者，特别是塔克西拉（Taxila）王子，也与征服者有私下往来，希望利用他的军队达到自己的目的。但是，战事无须动员。亚历山大确实从希罗多德那里得知，印度河流域已经被大流士一世的波斯帝国得到过，喀布尔河谷的居民至少在高伽美拉战役中曾经为波斯大军派遣过骑兵和象兵。[65] 此外还有一个效法的因素。希腊传统知道巴比伦女王塞米拉米斯（Semiramis）以及她征服印度的传奇功勋。更相关的，是已经有一个正在流行的传说：狄奥尼修斯已经有过在东方土地的胜利进军。亚历山大的部将们已经准备去寻找和创作赫拉克勒斯和狄奥尼修斯都到过印度的证据。最方便的是，科伊斯河（the Choes）与库纳尔河（the Kunar）流域之间山区的一个小共同体向他投降了，此地被认为是狄奥尼修斯的出生地。附近一座山的当地名称让人想起希腊语的“麦罗斯”（meros），而据称狄奥尼修斯就曾藏在宙斯的大腿中（μηρός），这里又正好生长着大量常青藤和月桂树。这些都鼓励了一种假想，即这里的居民崇拜狄奥尼修斯，为那位神灵的随从的后代。他们因此被赐予自由（在亚历山大总督的监管之下），其贵族统治得到高度赞扬。[66]

---

[64] Art. *Anab.* Ⅳ. 14. 3（Ptolemy）；参见 Curt，Ⅷ. 8. 21。关于阿利斯托布鲁斯（F 33）和卡莱斯（F 15）的辩护型版本，见 Hamilton 1969（B 54）156；Badian 1981（D 141）50－1；1985（D 142）459。

[65] Arr. *Anab.* Ⅲ. 8. 3，6. 更多论述请见 Badian 1985（D 142）462。

[66] 关于这一情节，见 Goukowsky 1978－81（B 45）Ⅱ 21－33；Brunt 1976－83（B 21）Ⅱ 437－42；Bosworth 1988（B 15）70－2。泰奥弗拉斯图斯早就提到过（*Hist. Pl.* Ⅳ. 4. 1）。

其他共同体则没有这么幸运，关于犍陀罗（Gandhara）战事的记载残酷到不忍卒读。另以移民充实了新亚历山大里亚（贝格拉姆）之后，亚历山大从帕拉帕米萨戴开始了他的征程。赫费斯提昂和佩狄
827 卡斯率领一半马其顿军队和全部雇佣军沿印度河主干道前进。精锐部队留给亚历山大在山区作战，即现在的巴焦尔（Bajaur）和斯瓦特（Swat）所在地。其模式在科伊斯河河谷［或许是阿林加尔（Alingar）］[67] 已经建立，这里的反抗受到了屠杀和毁灭性的惩罚。一些居民投降了，但是大部分逃到山里寻求庇护，直到风暴过去。亚历山大蹂躏了这片领土，当他追上逃亡者时，抓获了无数俘虏，并在战略据点建立了军事移民点。用于对付索格狄亚那叛乱的方法再次被用于印度。

最坚决的抵抗来自斯瓦特河下游的阿萨凯尼人（the Assaceni）。当地统治者有一支中等规模的军队（3万名步兵和2000名骑兵），还有来自平原的雇佣军援助，分布在各个要塞。然而抵抗无效。最大的城市马萨伽（Massaga）以土砖和石头构筑的工事在马其顿弩炮轰击之下迅速崩溃。在接近城破之时，该城在得到雇佣军守军加入亚历山大部队的保证后投降了。雇佣军实际上在神秘的氛围中被屠杀了，可能是误会所致；城市则被强取。这使得其他地方也不愿投降。邻近的城市奥拉（Ora）和巴吉拉（Bazira）一直坚守，直到奥拉被强攻占领。巴吉拉人撤退了，居民大部分到奥努斯（Aornus）的山区要塞寻求庇护。奥努斯与印度神灵克里希那（Krishna）有关联（亚历山大的部属将克里希那等同于赫拉克勒斯），据说是无法攻破的，即便是赫拉克勒斯。这使得亚历山大想要仿效和超越。与赫拉克勒斯不同，他拥有最具杀伤性的弩炮，还得到了当地向导的帮助。他在一个鞍状地形中占据了一个威胁城堡的制高点，[68] 随后他建造了一个围城垛，

---

[67] 战事早期的地形仍有争议，笔者大体上采用以下著作的重构：Eggermont 1970（D 168）108（参见 Goukowsky 1978－81）（B 45）Ⅱ. 23－4；请与 Stein 1929（D 234）41；Seibert 1985（D 233）150－1比较。

[68] 奥里尔·斯坦因爵士（Sir Aurel Stein）将其定为比尔萨山（Pir Sar），那是有着一片麦田的平坦高地［Stein 1929（D 234）131－2］。这个说法颇有吸引力，不同看法请见［认为其为伊兰山（Mt Ilam）］Eggermont 1984（D 169A）；Badian 1987（D 143）117。

828

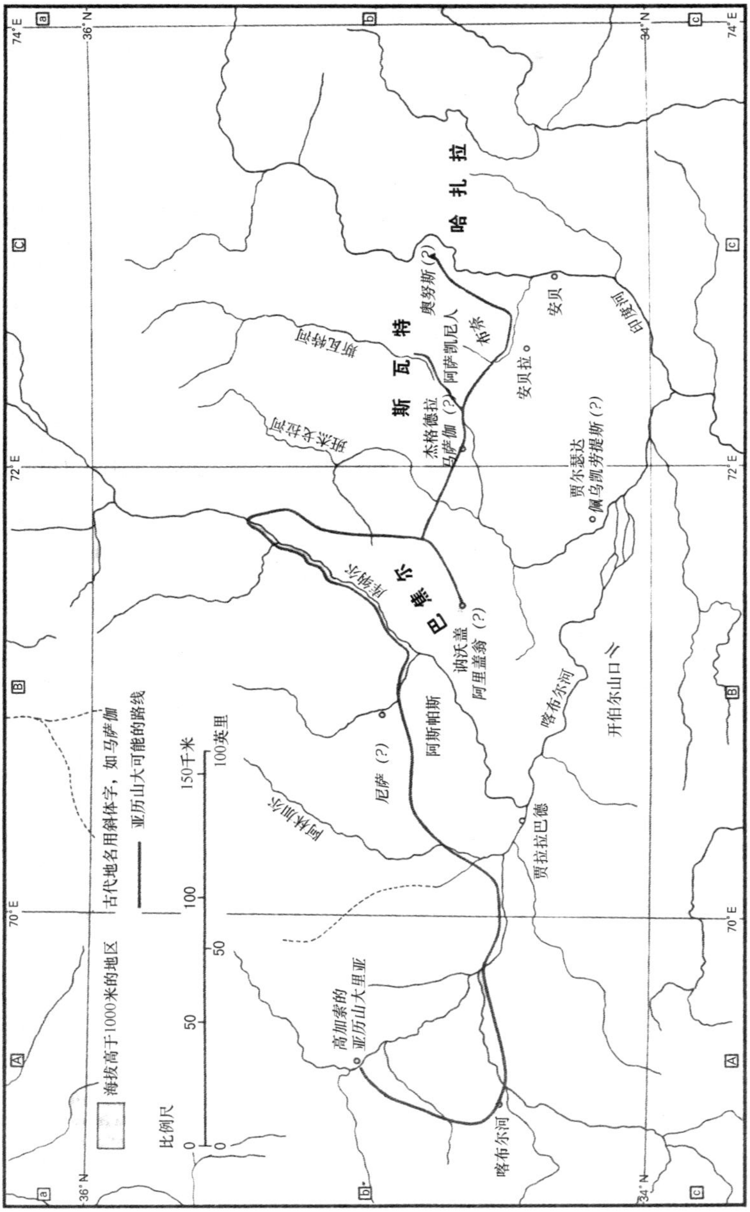

地图 22　喀布尔河流域

续827 以支持他的攻城器械。无情地推进迫使防守者投降，继而逃跑。这一地区最为坚固的天然要塞被一支中等规模的轻装步兵和方阵军队相对迅捷地攻破了。这次冲击之后，抵抗崩溃了。战斗到最后的敌军到布奈（Buner）山区寻求阿比萨莱斯（Abisares）的庇护，后者是印度河东岸哈扎拉（Hazara）的王子。

与此同时，赫费斯提昂和佩狄卡斯也推进到印度河流域，在途中夺取了佩乌凯劳提斯［Peucelaotis，即贾尔瑟达（Charsadda）］。[69] 甚至在亚历山大开始围攻奥努斯之前，他们已经渡过了印度河。西部的犍陀罗在历经秋冬季的恐怖镇压之后，在一个马其顿总督控制之下噤
829 声了。现在到了公元前326年春，亚历山大在奥汉德（Ohind）附近渡过印度河，在这里遇到了塔克西拉王子翁菲斯［Omphis，即安比（Ambhi）］。他再次重申了在索格狄亚那提出的正式投降条件。在亚历山大指定的总督控制之下，他的王国领土得到了确认。为了庆祝这一联合，在塔克西拉举行了献祭和赛会。同时，使者们还拜访了邻近的王子们。阿比萨莱斯足够谨慎地提出了投降，但是叙达斯佩斯河［the Hydaspes，即杰赫勒姆河（Jhelum）］与阿凯西奈斯河［the Acesines，即杰纳布河（Chenab）］之间富裕土地的统治者波鲁斯（Porus）拒绝了这一提议，并准备保卫他的领地。

叙达斯佩斯战事继之而起。亚历山大率领他的军队从塔克西拉出发，意图在河水尚未满涨之前到达。他穿过大盐山（the Great Salt Range）[70]，在河岸面对波鲁斯的军队扎下大营。敌人就在东边，其象阵一览无余。战略难题就是如何渡河。亚历山大不断移动他的部队，同时从印度河通过陆地运来一支小舰队，给敌人一种他要等到9月河水到达最低水位才渡河的假象。在这些调度期间，他确定了一个渡河点，叙达斯佩斯河在这里绕过一个浓密树林的岬角，还有一个方便隐蔽舰队的岛屿。他趁着一个春季的雷暴天气渡河了，同时分兵假装调动以吸引敌人的主要攻击力量。渡河的似乎是一支人数相对较少的部队：6000名步兵和5000名骑兵（“王友”骑兵的一半和来自东北边

[69] Arr. *Anab.* Ⅳ. 22. 8. 见 Wheeler 1968（F 70）95－8；Badian 1987（D 143）。

[70] 关于战事地点的各种说法，见 Seibert 1972（D 232）158－60；1985（D 233）156－7。考虑到自古代以来河流系统的逐渐改变，似乎不能得出确定的结论，除非某一天能从地下发掘出亚历山大的纪念性建筑。

830

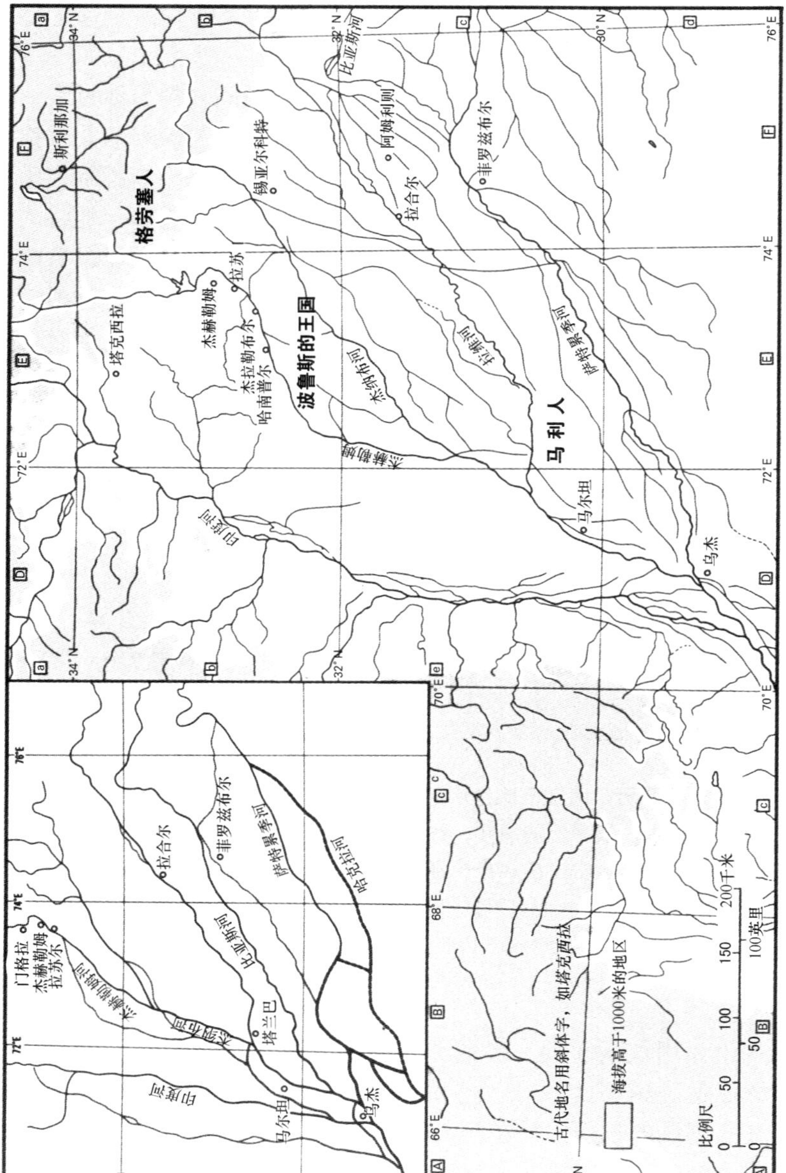

地图 23　旁遮普（大地图是对当时历史地理的图解。插入的地图是对公元前 8 世纪河流水系的大致推测。在亚历山大时代，主要河道似乎还要更偏东些。）

续829 境的萨迦人骑兵）。即便如此，也超过了波鲁斯的人数，甚至远远超过。他还有其他阵地需要应付，不能把兵力集中在一个点上。

拂晓时分，马其顿军队到达东岸，花了不少时间和精力涉过叙达斯佩斯河的一条支流，开始向印度的主力军队进发。波鲁斯的儿子指挥的一支印度骑兵和战车分队被轻松击溃，笨重的六人战车翻倒在雨后的泥泞中。逃亡者给正在部署其军队的波鲁斯敲响了警钟，他将大象排列在步兵队列之间，骑兵和战车布在侧翼（图39），意欲以象阵赢得战斗，就如大流士在高伽美拉战役中希望他的刀轮战车能够粉碎方阵步兵一样。但是马其顿现在有了对付象阵的经验，战斗之前有充分的时间演练战术。

831

图39 亚历山大在巴比伦制造的5舍克勒（古巴比伦的钱币单位——译者注）钱币上的图案，约公元前323年制造：骑马者（可能是亚历山大）攻击一头战象；亚历山大手执雷霆杵，胜利女神为他加冕［参见 Goukowsky 1972（D 179）478，figs. 1－3；M. J. Price，*The Coinage in the Name of Alexander*（London，1991）33，452－3. pl. 159g－h］

亚历山大用他的骑兵（不管是数量还是质量都占优）对敌人进行最大限度的破坏。[71] 波鲁斯左翼的印度骑兵遭到亚历山大率领的马其顿骑兵大部队的攻击。骑在马上的弓箭手的冲击制造了混乱。亚历山大身先士卒，率领“王友”骑兵利用这一混乱全速冲锋。他们制

---

[71] Arr. *Anab.* Ⅴ. 16. 3（参见 Curt Ⅷ. 14. 15；Plut. *Alex.* 60. 10）。关于阿里安这段行文的难点，见 Hamilton 1956（D 186）［请与 Tarn 1948（D 239）Ⅱ 193－8 比较］。

造的混乱吸引了印度战线右翼的骑兵前来增援。在他们转战的过程中，科伊努斯率领一小队精锐骑兵（两个骑兵队）攻击了波鲁斯的右翼。印度骑兵腹背受敌，被迫退回到波鲁斯的步兵纵队中。同时，象阵被大大限制了，因为马其顿方阵散开其队列，打伤骑手，向上方刺杀大象。最终，象阵退回印度人自己的阵线中，在已成一个整体的马其顿骑兵不断攻击下，敌军阵线中的步兵、骑兵和大象越来越嘈杂混乱。当大部分大象失去控制、开始蹂躏自己的军队时，最后的行动开始了。方阵以紧密编队加强对前沿阵地的攻击，而骑兵则对印度阵线后方进行了实质性的包围。这时，大屠杀开始了。少量突破封锁线的幸存者也被克拉特鲁斯率领的新近赶到的部队追击歼灭，后者在胜利在握、追击在即之时才渡过河道。

胜利很彻底。为了庆祝，就在战场所在地举行了赛会，并建立了新的城市——布凯法拉（Bucephala，位于大本营处）和尼凯亚（Nicaea）。[72] 后来，从巴比伦造币厂发行了很多两种面值（4 德拉克马和
10 德拉克马）的钱币以示纪念，10 德拉克马面值银币描绘的是骑在 832
马上的亚历山大正手执马其顿式长矛（sarissa）攻击波鲁斯的战象。一个悖论是除亚历山大外，战争的主要受益者竟然是波鲁斯。他战斗到最后，得到了胜利者的宽恕。他的勇气与体格（他身高超过 2 米）给亚历山大留下深刻印象，因此确认了他的疆域，并将他的敌人当作自己的敌人，就如曾经对待塔克西拉统治者一样。在格劳塞（Glausae，亚历山大将其增加为波鲁斯的统治区域）富产木材的乡村中建造舰队时，亚历山大行动起来反对波鲁斯的东邻，即与后者同名的堂兄。他曾在叙达斯佩斯河战役之前提出投降，但在得到波鲁斯被提拔的消息时率领他的军队逃跑了。部队在穿过阿凯西奈斯河（the Acesines）及后来的叙德劳泰斯河［the Hydraotes，即拉维河（the Ravi）］时遇到的抵抗相当少，但因为是雨季，行军的过程也相当复杂。亚历山大在 5 月的春雷声中穿过了叙达斯佩斯河。6 月底，部队到达阿凯西奈斯河时，雨季洪水全部泛滥，一直持续到大角星（Arcturus）升起的 9 月底。[73] 在合并了波鲁斯堂兄的领土之后，国王穿过叙德劳泰斯河去

[72] Arr. *Anab.* V. 19. 4；Strabo XV. 1. 29；参见 Radet 1941（D 226）请与 Tarn 1948（D 239）Ⅱ 236 – 7 比较。

[73] Strabo XV. 1. 17 – 18（Aristobulus F 35，Nearchus F 18）. 阿里安（V. 29. 15）在回顾中提及雨季的情形。

攻击自治的印度人。他们的主要据点桑伽拉（Sangala）在拉合尔（Lahore）与阿姆利则（Amritsar）附近。在一次短暂的围城之后，该地被占领并毁灭。邻近城市的居民被迫撤退，在逃跑中受到残酷攻击。波鲁斯再次被承认为君主，在幸存的城市里布置驻军。

亚历山大试图走得更远，究竟有多远我们不能确定。基于克雷塔库斯的记载，王家纪事传统认为亚历山大曾听到过关于难陀王朝（Nandas）的传说，此地远在恒河（the Ganges）以东，其首府华氏城（Pataliputra）在现代的巴特那城（Patna）附近。[74] 阿里安（*Anab.* Ⅴ. 25. 1）谈及一个贵族统治的民族，有很多大象。在我们的两份记录中，可能有一个短期目标、一个长期目标，或者一个既定的目标和一个谣传的野心。无论如何，军队有着足够的目标。在叙法西斯河［the Hyphasis，即比亚斯河（Beas）］两岸，长期积累的不满与普通士兵的抱怨在一次非正式会议上爆发了。亚历山大试探他的官员们的态度，只有方阵指挥官中最为年长的科伊努斯坦诚相告，言其军队不愿向更远的东方进发。[75] 第二次会议一点都不比第一次更成功，
833 亚历山大将自己禁闭在帐篷中，当威胁来临，如有必要的话，他会独自前进。这次，他用上了欺骗。在他平息自己愤怒的过程中，士兵们在沉默中等待了3天。然后他让步了，假装找到了不利于渡河的征兆，宣布他将会返回。他的部属们欢呼雀跃，然而他从未忘记这次耻辱，当他的统治稳固以后，就明显减少了对他们的依赖。耐人寻味的可能是，代表这些人发言的科伊努斯在和解后的数日内就死去了，亚历山大周围逐渐只有那些支持其野心的人了。

亚历山大后来在9月回到叙达斯佩斯河，在他新建的城市布凯法拉和尼凯亚，他看到正在建造一支舰队。这是一个庞大的轻型运输工艺的集结，主要是二列桨的三十桨小船，在向南方的大洋航行时用来运送马匹、人员和补给。亚历山大以幼时好友——克里特的奈亚库斯为指挥官，以王家掌舵官科斯的奥奈斯克利图斯（Onesicritus of Cos）为副手，舰队开始了航行，载运着很大一部分骑兵，还有持盾兵和弓

---

[74] Diod. XVII. 93. 2 – 4；Curt，IX. 2. 2 – 7；Plut. *Alex*. 62. 2 – 3. 卡狄亚的希埃罗尼穆斯熟悉这种传统［Meyer 1927（D 213）；Hornblower 1981（B 60）84 – 6］。参见 Schachermeyr 1955（D 229）；Brunt 1976 – 83（B 21）Ⅱ 463 – 5；Kienast 1965（D 205）。

[75] 关于人们报道的这篇演说的史料及其特征，现请见 Bosworth 1988（B 15）123 – 34。

箭手。其余的军队，包括大象，在克拉特鲁斯和赫费斯提昂的指挥下沿着河道两岸前行。阿凯西奈斯河与叙达斯佩斯河的交汇处有一个较小的决口，强大的水流造成了许多危险并延阻了前行进度。亚历山大在这一地区战役中的主要攻击对象是奥克苏德拉卡人［the Oxydracae，即克舒德拉加人（the Ksudrakas）］和马利人［the Malli，即摩腊婆人（the Malavas）］，后者决定抵抗他的入侵，并将人口集中在可防御的要塞中。他们的领土位于叙德劳泰斯河下游地区，当舰队和军队主力继续前行到叙德劳泰斯河时，亚历山大率领一支机动攻击力量穿过沙漠地带从北部攻击马利人。[76] 他以突袭彻底打败了他们，切断了来自奥克苏德拉卡人的增援。恐怖的镇压行动再次上演。抵抗他的卫城遭到猛攻，防守者被大量屠杀，在沙漠中寻求避难的逃亡者遭到无情的袭击。

最后，幸存的马利人守军穿过叙德劳泰斯河，在邻近的设防城市中做最后的抵抗。城墙轻易地被突破了，只有更里边的卫城仍在抵抗攻击。但是攻击遇阻，在早期围城中，亚历山大已经觉察到士气的低落，决定进行一次示范训诫。他攀上城墙，和少数"王友"一起，其中著名者是佩乌凯斯塔斯（Peucestas），孤独且暴露地站在那里，他的持盾兵试图上去保护他，可是徒劳无功。这时，他跳进卫城内，成为守军唯一的目标。他受到严重箭伤，右胸被射穿，他的贴身护卫 834
努力保护他，直到持盾兵攻破城池，杀死了所有活口。国王濒于死亡，最后接受了科斯的克利托布鲁斯（Critobulus of Cos）的外科手术。他处于危险之中的消息导致了士兵们的恐慌，他们对于身处敌人领土而没有继任指挥官的前途做了现实主义的评估。当他活着且明显健康地出现在露天营地之时，士兵们群情激昂。在逐渐康复过程中，他接受了马利人和奥克苏德拉卡人的正式投降。阿凯西奈斯河与印度河交汇处以南的领土在马卡塔斯（Machatas）之子腓力（Philip）的总督权力下得以巩固。舰队现在继续向信德（Sind）前进，此地被宣布成为一个总督辖地，由阿盖诺尔（Agenor）之子佩同（Peithon）统辖。许多民众已经投降。那些还没有投降的，特别是穆西卡努斯

[76] 这一战事只从阿里安那里得知（*Anab.* Ⅵ. 6－10），他的记载是唯一的，且来自托勒密（参见Ⅵ. 10. 1）。尽管很详细，但是其记载并不是基于实际考察，托勒密并没有亲自参与对马利人的攻击。关于充分的讨论，见 Bosworth 1988（B 15）75－83。

(Musicanus) 和奥克叙卡努斯 (Oxycanus)，也在恐吓中迅速投降。像西部山区萨布斯 (Sambus) 这样反抗的地区，都遭到了残酷对待，而鼓舞和鼓励抵抗的婆罗门修行者则受到特别关注。不再效忠的穆西卡努斯与他的婆罗门顾问们一起在首府被钉上十字架。当亚历山大接近南部省份帕塔莱涅 (Patalene) 时，平民们在他到来之前的恐怖气氛中逃跑了，他发现首府帕塔拉 (Patala) 已经成为一座空城。他的镇压实在令人印象太深刻了，因此当他为了实现自己的计划而招募当地劳动力之前，他不得不给予他们安全的承诺。印度接受了被征服的事实，但这是一种并非心甘情愿的默认。一旦亚历山大及其军队西去，就变成了积极的反抗。

第七节 最后的岁月（公元前 325—前 323 年）

公元前 325 年，马其顿人征服帕塔拉，此地成为亚历山大准备西归的中心。他现在决定放弃对印度大陆的进一步征服，已经分开一大部分军队穿过伊朗南部。三个方阵联队、补充的全部大象以及所有被认为不适合现役的马其顿军队都由克拉特鲁斯指挥，直接向西穿过波仑山口 (Bolan Pass) 到达赫尔曼德河谷，并从那里经过锡斯坦 (Sistan) 前往卡曼尼亚 (Carmania)。[77] 亚历山大自己决定沿着莫克兰 (Makran) 海岸更险峻的道路前行，他将从陆路沿该海岸进军，而奈亚库斯再一次率领一支舰队对沿岸进行仔细的侦察。亚历山大在
835 某种程度上意识到了他所选择路线的危险性，做了最为小心谨慎的准备。印度河三角洲顶端的帕塔拉成为一个包括造船厂的要塞，亚历山大细心地考察了河流东、西方向两条主要的支流。他第一次冒险是顺着西边的支流航行，途中遭到大风和最大海潮的袭击，但是他到达了大洋并庄严地向波塞冬及其他海神献祭。在东部支流航行的困难要少一些，那里有一个大咸水湖，他将其改造成了第二个海军港口。他的陆军沿着海岸掘井，并在帕塔拉储存粮食以供应奈亚库斯及其舰队度过雨季。在昴星团落下之前（大约 11 月 5 日），阻止他航向海洋的

---

[77] Arr. *Anab.* Ⅵ. 17. 3 – 4 [参见 Ⅵ. 15. 5 以及 Bosworth 1976 (B 13) 127 – 9]; Strabo ⅩⅤ. 2. 4; ⅩⅤ. 2. 11; Justin Ⅻ. 10. 1 – 2。关于其路线，见 Goukowsky 1978 – 81 (B 45) Ⅱ 105 – 7。

风会更大，使航行难以进行。

亚历山大率领他的大部分陆军继续前进。他们包括未划归克拉特鲁斯纵队的马其顿军队、希腊雇佣军、来自东北总督辖地的辅助骑兵，以及一大群非战斗人员——商人、随军的姘妇和孩子。他们沿着吉尔特尔山脉（the Kirthar Range）的山麓小丘边缘来到阿拉比斯［the Arabis，即哈比河（Hab）］河口。当杂役队继续挖井工作时，亚历山大继续前进去攻击奥雷泰人（the Oreitae），一个独立的印度民族，定居在今俾路支斯坦（Baluchistan）的拉斯贝拉（Las Bela）。三个纵队蹂躏了这个平原，这一地区的主要村庄兰巴奇亚（Rhambaceia）被划做重新安置之所，成为另一个亚历山大里亚，从阿拉科西亚（Arachosia）征集来的乡村居民则被安置在该地北边。[78] 奥雷泰人在试图阻止亚历山大进入马克兰通道失败后，只做了象征性的抵抗就投降了。他们被直接置于一个总督阿波罗法奈斯（Apollophanes）掌控之下。阿格利安人的一支机动部队，即亚历山大离开后仍然留在奥雷泰人地区的弓箭手和雇佣军，在庄稼成熟之际控制了这一地区。他们的指挥官——护卫莱昂那图斯（Leonnatus）在 11 月指挥人们将农作物集中在一个海岸的仓库中，并镇压了奥雷泰人发起的一次暴动，后者可能在失去其口粮时感到绝望了（Arr. *Indike* 23. 5）。他的努力使得这一地区安定下来（如果人口未减少的话），奈亚库斯得以用来自这里聚集的补给为其舰队补充粮食。

此时，亚历山大已经出征很长时间了。他在 10 月初穿过数道关口进入科尔瓦（Kolwa）谷地，并开始了穿过盖德罗西亚（Gedrosia）沙漠地带的行军。据奈亚库斯言，亚历山大是听了塞米拉米斯和大流士大帝曾在那里失去军队的故事后，他要在他们曾经失败的地方取得胜利。[79] 他也希望给舰队提供给养，但这只是次要动机。要达到这个目的，一支小队伍就够了，因为他实际率领的大部队必然占用本不充 837
足的可资利用的补给。没有明显的理由说明他为何要率领主力军及其散漫的随军人员，除非（如奈亚库斯所猜测的那样）穿越沙漠本身

---

[78] Arr. *Anab*. Ⅵ. 21. 5；Curt，Ⅸ. 10. 7. 参见 Stein 1943（D 238）213 – 16；Engels 1978（D 172）138 – 9；参照 Hamilton 1972（D 188）；Seibert 1985（D 233）173 – 4。

[79] Arr. *Anab*. Ⅵ. 24. 2 – 3；Strabo ⅩⅤ. 1. 5，ⅩⅤ. 2. 5. 见 Strasburger 1982（A 57）Ⅰ 458；Badian 1985（D 142）471 – 3。奈亚库斯的证据因经常受到更“理性”动机的影响需要打折扣（参见 Kraft 1971（D 207）106 – 18；Engels 1978（D 172）110 – 17）。

836

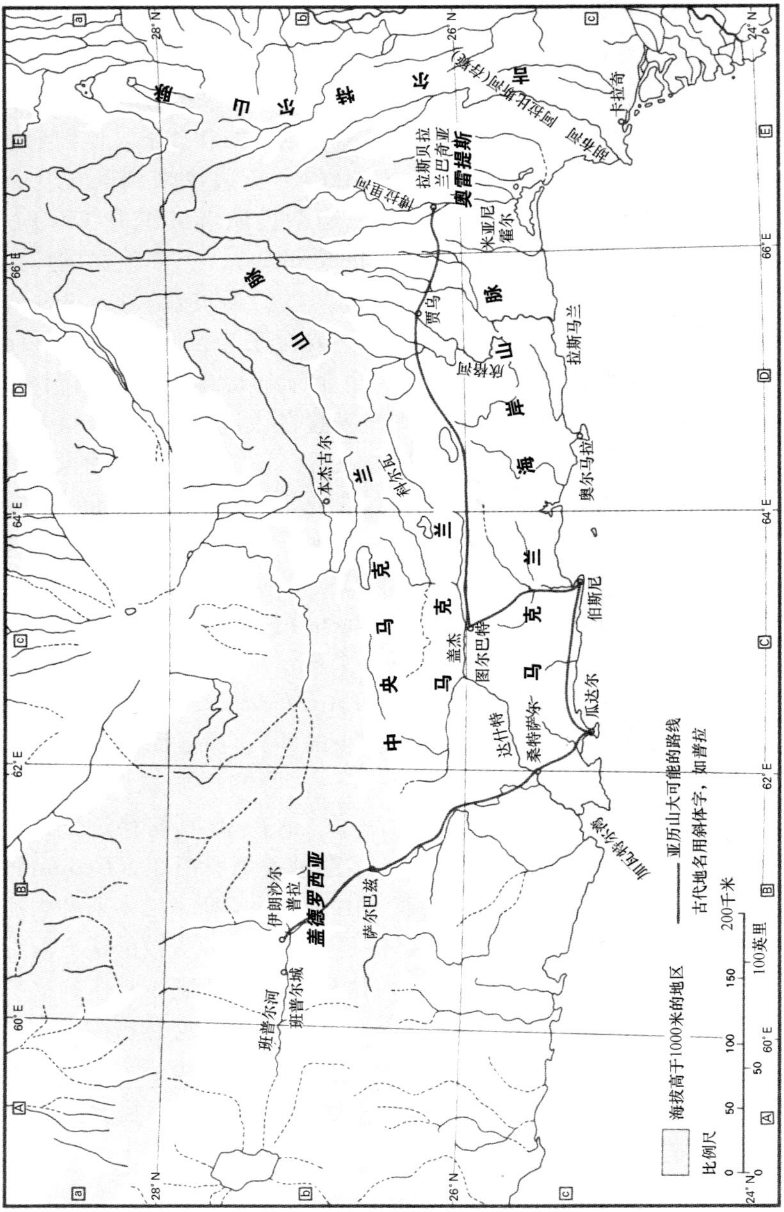

图 24 拉斯贝拉与马克兰——亚历山大可能的进军路线

是一个主要目标。这一野心所导致的困难是极端且不必要的，阿里安 续837
和斯特拉波的补充性段落中都有耸人听闻的记载，这些记载几乎可以肯定源自奈亚库斯。[80] 但是死亡的主要是非战斗人员，没有关于军队突然减员的证据。次年夏天，在奥庇斯（Opis）的马其顿步兵仍有18000 人。[81] 比较清楚的是，行军第一阶段的供给相对良好。亚历山大征募在雨季中生长和成熟的粮食（现在的收获是在 10 月末或 11 月初），现有的水井和水塔也是满的。这时他到了图尔巴特（Turbat）的沙漠绿洲，此地离拉斯贝拉约有 400 千米，亚历山大还有剩余的补给。这些补给被转运到海岸，但是在转运过程中被饥饿难耐的士兵们吃掉了。相对充足的供应只存在于稍许受到季风雨影响的地区。在莫克兰西部正值旱季，冬季的降雨要到 11 月才开始。顺着海岸从帕斯尼（Pasni）经达什提亚里平原（Dashtiari）到达班普尔（Bampur）河谷那段费力的行程，军队花了 7 天时间，而且日益受到干渴和饥馑的影响。行军的后半段，驮畜被宰杀，军队的士气瓦解。在莫克兰60 天以后，一群乌合之众拥进普拉（Pura）的宫殿群，那里有紧急供应的粮食在等着他们，而粮食是从锡斯坦用骆驼运送来的。数日后，亚历山大向西推进，穿过贾兹穆里安（Jaz Murian），抵达卡曼尼亚边境，这里有从中部总督区聚集来的新鲜补给。军队照例有 7 天时间纵酒作乐，得到了当地的食物和美酒的慰藉，稍许忘记了沙漠的恐怖。

在穿过卡曼尼亚过程中，亚历山大执行了其统治期间最富戏剧性的一个政治措施。因为他前往印度离开了伊朗，当地发生了数量惊人的起义，最近的一起发生在他穿过阿拉科西亚和德兰吉安那时。起义被克拉特鲁斯镇压。总督中也有广泛的不服从现象，因为许多人认为亚历山大不可能从东方返回。结果，现任卡曼尼亚总督阿斯塔斯佩斯（Astaspes）在前述的七天狂欢中被处死。在他之后，是米底的欧洲
人将军们，他们曾受命（此时亚历山大可能仍然在印度）率领他们 838
的军队从埃克巴塔那前往卡曼尼亚。当他们到达时，受到了米底显贵的指控，罪名包括渎神和抢劫。克莱安德（Cleander，科伊努斯的兄

[80] 尤见 Strasburger 1982（A 57）I 449 –70；Brunt 1976 –83（B 21）Ⅱ 475 –6。关于其不大可能来自阿里斯托布鲁斯的观点，见 Pearson 1960（B 90）178；Schachermeyr 1973（D 231）464。

[81] Bosworth 1986（D 21）3 –4. Plut. *Alex.* 66. 4 –5 给出了一个夸张得多的伤亡总数。

弟）和西塔尔凯斯（Sitalces）被逮捕并被处死，他们军队中的600人也遭到了同样的命运（见下文第864页）。据狄奥多鲁斯记载，国王同时给总督们发出书面指令，要求他们解散自己的雇佣军。[82] 这使得行省的私人军队开始解散。这些被遣散的军队都被指定为亚历山大服务，在接下来的18个月中，大量人员从边缘的行省辖区被送到中央首府。许多人拒绝如此征募。相当多的人追随了雅典人莱奥斯泰尼斯（Leosthenes），后者率领他们从亚洲到了拉科尼亚的泰那隆那个最大的雇佣军兵站（见下文第859页），其他人干脆成为散兵游勇，在乡下靠抢劫和胁迫为生。取消总督雇佣军是一个安全措施，代价是全帝国范围的紧张和不安，但加强了王室的军队。一个直接后果是王室司库哈帕鲁斯（Harpalus）从巴比伦逃跑。[83] 他是克莱安德的同乡（来自埃利米奥提斯），曾经负责米底国库的管理。不管他是否牵连进克莱安德阴谋，他的确曾经是中部总督辖区的一个暴君，有理由害怕报复。他携5000塔兰特巨款以及一小部分雇佣军逃到西方。公元前324年春，他给希腊大陆造成了戏剧性的影响（见下文第856页及以次）。

到公元前325/4年冬，亚历山大到达卡曼尼亚首府，距海岸大约5天的行程。他在那里举办了一次体育和音乐节日，其间，他听到了奈亚库斯舰队安全到达卡曼尼亚主要海港哈默齐亚（Harmozea）的消息。如果我们可以相信奈亚库斯关于这些事件的个人叙述，那是奈亚库斯在一次曲折的内陆旅行后亲自报道了这一消息，并得到既兴奋又如释重负般的欢迎。[84] 尽管沿海缺少供给，来自帕塔莱涅地区印度人敌视造成的压力，还是迫使他过早地前往海洋，11月之前，他都是逆风航行，但他还是让舰队沿着干旱的海岸——那里是原始的食鱼族居住的地方——航行，事实上没有遭到损失。在60天左右时间里，舰队大约航行了1300千米，如预期的那样，盛行的东南风把他们带到了哈默齐亚，虽然完整无损，却也饥肠辘辘。[85]

---

[82] Diod. XVII. 106. 3，III. 1。尤见 Badian 1961（D 134）26 –8；Jaschinski 1981（D 203）45 –61。

[83] 最为重要的文章是 Badian 1961（D 134）。进一步的论述见 Seibert 1971（D 232）167 –9 及 Jaschinski 1981（D 203）23 –44；Goukowsky 1978 –81（B 45）II. 72 –7；Ashton 1983（D 128）。

[84] 参见 Pearson 1960（B 90）134 –5；Badian 1975（B 9）160 –2。

[85] 关于参考书目，见 Seibert 1972（D 232）163 –5。尤见 Schiwek 1962（ F 55）；Eggermont 1975（D 169）33 –55；Brunt 1976 –83（B 21）II. 518 –25。

因此，奈亚库斯的任务扩大了：探察卡曼尼亚与苏萨之间的海岸 839
线。他的成功可能产生了深远的影响。他展示了一支舰队甚至在没有陆地支援的情况下，在勘察那段沙漠海岸时的效率。现在，亚历山大似乎受到激励，设计了一个几乎是妄想狂式的征服计划，那需要绕航非洲，并征服南部地中海区。据说他在卡曼尼亚授权奇里乞亚和腓尼基建造战船，将零部件运送到幼发拉底河，并水运到巴比伦。这支舰队用来殖民和征服波斯湾。[86] 然后，其中一部分将分离出来环非洲海岸航行，而主力部队将北进到地中海沿岸，向西去扩展其帝国。这一计划的细节还有争议，引起了诸多遐想和猜测；不过确定无疑的，是亚历山大统治的最后一年中有一次大规模的军事集结。公元前 323 年春，巴比伦附近建成了一个巨大的新海港，可容 1000 艘战船。为进行阿拉伯战争，奇里乞亚的木材资源几乎被系统地砍伐一空，用于建造可拆卸的船只，将零部件运到幼发拉底河。更常规的战船，即四列桨及以上的战船，则留供西部防卫之用。公元前 332 年他不屑一顾的迦太基，如今成为他征服的目标。而舰队证实，环绕非洲航行是可行的。这一计划将在接下来的 18 个月中完成，其依据是侦察队在波斯湾的考察，但是其核心是在卡曼尼亚孕育的。

离开卡曼尼亚首府后，亚历山大直接向波西斯旧都帕萨伽戴进发，而赫费斯提昂所率领的辎重队则选择了靠近海岸的一条相对轻松的路线。当地的实际总督是奥克西奈斯（Orxines），在亚历山大任命的总督弗拉萨奥泰斯（Phrasaortes）去世后，他篡夺了这一职位，并得到了体面的承认，但迅即被撤职。亚历山大拜祭了居鲁士大帝在帕萨伽戴的墓冢，并对因为破坏而荒废塌毁的墓冢进行修葺。[87] 奥克西奈斯洗清了破坏墓冢的嫌疑，但是后来在波斯波利斯，他被控告亵渎圣物和为政不善而被就地处死。他有王室血统，其篡夺统治权的行为是不能容忍的。他的继承者是马其顿人佩乌凯斯塔斯（曾在马利人
镇上救过亚历山大的命）。尽管他是一个欧洲人，但是他穿上波斯人 840
的服饰，学习波斯语言。到公元前 317 年时，他已经赢得了被统治者

---

[86] Plut. *Alex*. 68. 1 –2；Curt. Ⅹ. Ⅰ. 19；Arr. *Anab*. Ⅶ. Ⅰ. 1 –3. 关于所谓的最后计划，参见 Diod. ⅩⅧ. 4. 4。有关该问题的讨论，见 Wilcken 1970（A 64）Ⅱ 369 –84；Schachermeyr 1954（D 228）；Badian 1968（D 138）；Bosworth 1988（B 15），185 –211。关于表示怀疑的意见，请见 Tarn 1948（D 239）Ⅱ. 378 –98；Andreotti 1957（D 127）133 –40；Kraft 1971（D 207）119 –27。

[87] Arr. *Anab*. Ⅵ. 29. 4 –8；Strabo ⅩⅤ. 3. 7（Aristobulus F 51）. 参见 Bosworth 1988（B 15）46 –55。

的尊敬和忠诚。他的东方化风格激起了马其顿普通士兵的抱怨，不可能成为一种流行的风尚，但是有利于保证波斯曾经的心脏地带在新统治下的安定。

亚历山大在波斯波利斯再次与赫费斯提昂会合，军队通过官道向苏萨进发，于公元前324年3月到达其首府。奈亚库斯和海军舰队在此等候，他将舰队停泊在苏萨附近的河流中。陆军与海军在欢乐中会合，还举行了献祭和赛会。这是一次更宏大的庆典的前奏。在一个5天的庆典中，亚历山大从整个希腊世界召集了演员、舞者和歌手来献艺，他本人和其他91位宫廷成员娶波斯贵族妇女为妻。国王自己娶了两位王室公主，大流士的长女和阿塔薛西斯三世的幼女。赫费斯提昂和克拉特鲁斯娶了德吕佩提丝（Drypetis）和阿马斯特利丝（Amastris），她们分别是大流士的女儿和侄女。所有新郎都得到一份嫁妆，所有拥有亚洲妾室的马其顿人都付以贺仪。这些婚礼模仿了此前于公元前327年在巴克特利亚举行的庆典，但是这次的婚礼是根据波斯仪式进行的隆重庆祝活动。[88] 这是一种姿态：征服者开始成为波斯帝国的统治阶层。与之相应的是赫费斯提昂被授予千夫长（即大维齐尔）之职，阿契美尼王朝的王家徽章被分配给“王友”。这里并没有像人们曾经通常认为的一种有意识的融合政策，马其顿人和波斯人并没有处于同等的社会地位。只有极少数波斯人被吸收进马其顿宫廷和军队组织，有决定权的统治者仍然是欧洲人（见下文第864页）。在苏萨的联姻宣告了一个事实，亚历山大的贵族们是亚洲的主人，将会日益与亚洲帝国被视为一体。他的慷慨很难得到热情的接受。在国王的有生之年，他们承认了自己的妻室，但是只有塞琉古的妻室阿帕梅（Apame）在其继承者时代扮演了某种统治者的角色。普通士兵更加不满，亚历山大宫廷中的东方化服饰让他们日益感觉格格不入，他们的地位还受到新近从东方总督辖地招募的新兵的威胁。大约3万名受到马其顿装备和战术训练的伊朗青年此时聚集到了苏萨。他们的训练令人印象深刻，其头衔“继承者”（Epigoni）也不是一种

---

[88] Arr. *Anab.* Ⅶ. 4. 1 – 8；Plut. *Alex.* 70. 3；Diod. ⅩⅦ. 107. 6；Justin Ⅻ. 10. 9 – 10. 卡莱斯（F4 = Athen. 538B）给出了一个特别生动的目击者的描述。关于该问题的评论，见 Bosworth 1980（D 155），他反对德国学术界所解释的“融合政策”［参见 Berve 1938（D 147）；Schachermeyr 1973（D 231）479 – 87］。

吉兆，预示着他们可能会取代传统的马其顿方阵。[89] 马其顿步兵现在 841
深感不安，抱怨声此起彼伏。

这种不安在公元前324年夏达到顶峰。亚历山大首先率领一部分精兵顺卡伦河而下到达海边，然后抄近路到达底格里斯河口，他在这里建立了又一座亚历山大里亚城，坐落在稍后的斯帕西努卡拉克斯（Spasinou Charax）遗址处。他从这里溯流而上，破坏了导致河流无法航行的人工水坝，为他的舰队下水进入波斯湾进行攻击扫清了道路。军队在仲夏时节到达底格里斯河中游的奥庇斯。不满情绪在这里爆发，甚至接近兵变。亚历山大此前已经宣布，不适合服役的马其顿人将全部被遣送回国，并用从马其顿补充的新鲜血液把他们最终取代。[90] 其结果是导致群情激奋。所有的军队，不管是留下的还是遣散的，都普遍要求被遣送回国。这一要求还伴随着直接的辱骂——让亚历山大和他的父亲阿蒙神一起继续战斗吧！这一次，国王坚决要行使他国王的权威，以找回在叙法西斯河丢掉的面子。他处死了带头的人，以一通狂怒的斥责制伏了余下的人，强硬地宣称，如果他们抛弃了他，他将会依靠被征服的人民。[91] 他退回到宫中，接见波斯人的代表，给予他们指挥权，并宣布将马其顿军队的称谓改为波斯式的。这一次，所有的反抗都被镇压了。马其顿人用最谦卑的话语请求宽恕，亚历山大也宽宏大量地接受了他们的敬意。随后是一次庆祝和解的宴会，出席的客人达到9000人，亚历山大恰当地为马其顿人所环绕，并庄严地祈祷"马其顿人和波斯人在帝国中和谐共处"。[92] 这是一种正式的宣告，即紧张的时刻已经过去。今后，两个民族应该和平共处，在伟大的军队中并肩战斗。

现在开始复员了。一万名老兵得到了他们的封赏，由克拉特鲁斯统率。他们的目的地先是奇里乞亚，去监督为西航建造的舰队，然后回到马其顿。克拉特鲁斯取代安提帕特成为欧洲的摄政王，而安提

---

[89] Arr. *Anab.* Ⅶ. 6. 1；Diod. ⅩⅦ. 108. 1 – 3；Curt，Ⅷ. 5. 1；Plut. *Alex.* 71. 1. 参见 Briant 1982（F 10）30 – 9；Bosworth 1980（D 155）17。

[90] Arr. *Anab.* Ⅶ. 8. 1；Plut. *Alex.* 71. 2 – 9；Diod. ⅩⅦ. 109. 2 – 3；Curt. Ⅹ. 2. 8 – 30；Justin Ⅻ. 11. 参见 Wüst 1953 – 4（D 250）；Badian 1965（D 135）。

[91] Arrian（Ⅶ. 9 – 10）及 Curtius（Ⅹ. 2. 15 ff）提供了亚历山大的演说。关于其真实性问题，见 Wüst 1953 – 4（D 251）；Bosworth 1988（B 15）101 – 13。

[92] Arr. *Anab.* Ⅶ. I 1. 8 – 9. 关于对这次祈祷更为极端的解释（尤其是塔恩的观点）的批评，见 Andreotti 1956（D 126）及 Badian 1958（D 131）。

842 帕特率领一支新招募的军队进入亚洲。[93] 安提帕特被弃用是一个紧张时期的顶峰，在此紧张时期，他已遭到了亚历山大母亲和姐姐的恶毒攻击，来自亚历山大的援助也停止了（是因为政策还是必须这样我们并不清楚）。两人的关系确实恶化了。安提帕特的长子卡桑德代表其父亲来到宫廷时，遭到了残忍野蛮的对待。国王与摄政王之间的关系恶化到如此程度，以至于亚历山大去世后，立即有谣言说安提帕特给他下了毒。[94] 决定性时刻并未结出果实，因为克拉特鲁斯（完全合法地）在奇里乞亚的延误，并没有挑战安提帕特的地位，但是君臣之间肯定很不信任，从而对亚历山大最后的处理措施产生了不利影响。

军队从奥庇斯出发，经过整个秋季，从美索不达米亚到达波斯国王的避暑行宫埃克巴塔那。这是迟来的庆典场景，米底总督阿特罗帕泰斯小心留意让宫廷里一切齐备。这时，在雅典收留哈帕鲁斯后（参见下文第 857 页），与后者的战争似乎不可避免，对于预期的战事，在军备问题上的承诺相当过分。[95] 但哈帕鲁斯被逮捕并逃跑后，这次战事也就无疾而终。战争刺激了酗酒，国王的宠臣赫费斯提昂在会饮期间染病并在 7 天的高烧后去世。这次打击似乎影响到了亚历山大的心智。他的过度悲伤是荷马式的：在遗体旁边绝食 3 天。赫费斯提昂本人得到了英雄般的葬礼，他的遗体被运到巴比伦，安葬在一座巨大的纪念墓冢中：一座高达 70 米左右的方形砖土结构的建筑。其底部环绕着镀金的五列桨战船舰艏，墙面饰以装饰带。这一畸形建筑并未完成，亚历山大去世后就被马其顿军队与其他建筑闹剧一起停建了。[96] 但是这座建筑确实曾经认真计划过，也从整个文明世界召集了工匠们。亚历山大的悲伤程度远超常人。

到了冬季，新的战事开始了——针对扎格罗斯山区独立的科萨埃

---

[93] Arr. *Anab.* Ⅶ. 12. 1 –4；Justin Ⅻ. Ⅰ. 2. 7 – 10. 关于克拉特鲁斯在奇里乞亚的任务，见 Diod. ⅩⅧ. 4. 1，12. 1［及 Bosworth 1988（B 15）207 –11］，关于他与奥林匹娅丝关系的恶化，见 Arr. *Anab.* Ⅶ. 12. 5 –7；Plut. *Mor.* 180E，*Alex.* 68. 4 –5。

[94] 关于这一传统，见 Bosworth 1971（D 152）113 –16；1980（B 15）175 –6；Merkelbach 1977（B 75）164 –92。

[95] Ephippus，*FGrH* 126 F5（Athen. 538A – B）. 关于对这一传统的辩护［针对诸如 Pearson 1960（B 90）64 –5；Errington1975（C 360）54 –5］，见 Heisserer 1980（B 143）169 –93。

[96] Diod. ⅩⅦ. 115. 1 –5；Plut. *Alex.* 72. 5；Arr. *Anab.* Ⅶ. 14. 8；Justin Ⅻ. 12. 12［参见 Wüst 1959（D 252）］。关于这一计划的取消，见 Diod. ⅩⅧ. 4. 2 及 Badian 1968（D 138）；Bosworth 1988（B 15）202 –7。

人。亚历山大将他的军队分成纵队侵入他们的领土，至少强迫一些部落屈服了。和在索格狄亚那及印度一样，这里也强制实施军事殖民，843 把他们强加给不情不愿的科萨埃人的农业人口，并根据国王敕令将游牧人转变为土地耕作者。[97] 公元前 317 年，他们再度出现在历史上，科萨埃人恢复了他们古老的生活方式（Diod. XIX. 19. 2 – 8），表明亚历山大入侵的影响显然是短暂的。当时也有过热情的外交活动。当亚历山大向巴比伦行进时，遇到了一群来自西方的使者们。在他进入平原的途中，他接受了来自利比亚人、布鲁提人、鲁卡尼亚人和埃特鲁利亚人的投降，他们似乎都将受到亚历山大征服地中海计划的影响。希腊大陆的代表也来到巴比伦本地，这些人来自受到《流亡者敕令》（*Exiles' Decree*）直接影响的城邦（见下文第 855 页），还有来自迦太基和巴尔干北部的代表。[98] 所有人都有自己的利益需要保护，尤其是受到入侵直接威胁的迦太基人，粉碎了马其顿将军佐皮利翁（Zopyrion）远征（约公元前 326 年）的欧洲西徐亚人，以及已经反叛并再次建立了他们传统君主政体的奥德里西亚的色雷斯人。那些屈服并递交屈服之象征物的使团似乎得到了善待。那些提出异议者被坚决地排在名单的最底部。亚历山大对妥协不感兴趣，也没有迹象表明他会取消自己的征服计划，更不用说延迟了。他所需要的是对其意志的绝对服从。

当地的占星家警告他不要进入巴比伦。据阿里斯托布鲁斯（F 54）记载，他听从了他们的建议，试图从该城的北部和东部迂回而过。但是他被沼泽地阻断通路，最终还是经过通常的入口接近巴比伦。这是一段神秘的情节，后来被解释为死亡的征兆，而托勒密（Arr. *Anab.* VII. 17. 1 – 4）（可能是正确的）认为，巴比伦的祭司有着自己不可告人的动机来阻止他进入这个首府。亚历山大开始在这里清理地基，准备重建埃萨吉拉神庙群（也准备建赫费斯提昂的纪念建筑）。但是他主要关注的是将要进行的对阿拉伯的入侵。他已经派

---

[97] Arr. *Anab.* VII. 15. 1 – 3;（Ptolemy）: *Indike* 40. 8（Nearchus）; Diod. XVII. 111. 6; Plut. *Alex.* 72. 4. 参见 Briant 1982（F 10）57ff。

[98] Arr. *Anab.* VII. 15. 4 – 6; Diod. XVII. 113. 1 – 4. 关于这些使者，现在见 Bosworth 1988（B 15）83 – 93。克雷塔库斯（*FGrH* 137 F 31）记载的罗马使者可能是可信的［参见 Schachermeyr 1970（D 230）218 – 23; Weippert 1972（D 242）1 – 10］，但这时还无关紧要，而且可能晚到了［Bosworth 1988（B 15）90］。这一情节后来具有相当可观的宣传价值。

出了侦察队，由阿奇亚斯（Archias）、安德罗斯泰奈斯（Androsthenes）和索利的希埃隆（Hieron of Soli）率领，他们侦察了伊卡鲁斯岛［Icarus，即法伊拉卡（Failaka）］和图鲁斯岛（Tylus，即巴林），还渗透远及穆珊旦（Musandam）半岛之处。他们积极的报告促
844 进了亚历山大征服并向波斯湾西部殖民的决心，这一计划的最终成效体现在塞琉古王朝在法伊拉卡岛的建城。[99] 亚历山大也下定决心要征服传说中的香料之国，借口是阿拉伯人没有任何向他表示敬意的行动。阿里斯托布鲁斯补充说（可能是正确的），他有意保证他们的自治（在他的主权之下），并作为阿拉伯万神殿中的第三位神灵而获得承认。[100] 这次战役的预期是征服整个阿拉伯半岛，至少要绕过也门，所以准备规模很是庞大。亚历山大将从巴比伦发起第一波攻击，随后将是舰队帮助占领和保护战利品。克拉佐麦奈的米卡鲁斯（Miccalus of Clazomenae）招募了水手，既有奴隶也有自由人，配备到将会聚集在巴比伦巨大新海港中的舰船上（Arr. *Anab.* Ⅶ. 19. 4 – 5）。这是西进计划的第一阶段。后续阶段也已经在考虑中，阿哥斯的赫拉克利德斯（Heraclides of Argos）被委派去里海建立一支作战船队，并最终测定里海是大洋的一个海湾还是黑海的分支（Arr. Ⅶ. 16. 1 – 2）。如果亚历山大要将他的欧洲统治区域与他的亚洲帝国东北部连接起来，这是必需的知识（见上文第 823 页）。

入侵舰队尚在聚集，亚历山大在幼发拉底河就开始行动了，目标是确保河流及其主要的运河适宜航行，为此他计划在海边建立他的最后一个亚历山大里亚城。回到巴比伦时，他发现有大量从波西斯和扎格罗斯高地招募来的士兵，他将这些士兵与其马其顿方阵的余部合并，创造了一个奇怪的混合体：马其顿人的队列在前面，每队后面附有 12 队波斯人，以本土的弓箭和标枪武装。这弥补了马其顿步兵兵员的不足，创造了一个大规模的杂牌方阵，这种方阵更多是为了应对阿拉伯人的轻装步兵。但是这一试验从来没有经过战场的检验。从西瓦传来的利好消息，即赫费斯提昂的英雄祭仪已经

---

[99] Arr. Ⅶ. 20. 3 – 8. 参见 Jeppesen 1960（B 147）；Roueché and Sherwin-White 1985（B 173）（on Failaka）。

[100] Arr. *Anab.* Ⅶ. 20. 1；Strabo ⅩⅥ. 1. 11. 请见 Högemann 1985（D 198），特别是第 120—135 页。

得到阿蒙神的批准，那引发了迟到的欢宴。王室的会饮延续至一个私人晚会，由拉利萨的麦迪乌斯（Medius of Larissa）做东。酒的消耗量很大。据《实录》（*Ephemerides*）——由首席大臣卡狄亚的欧迈尼斯（Eumenes of Cardia）编订的日复一日的日志——记载，欢宴结束之时，亚历山大感染了风热。[101] 持续发烧 10 天以后，国王陷入昏迷。在他弥留之际，军队列队经过他的床旁。第二天，即马其顿 845
历戴西奥斯月（Daesios）28 日（公历 6 月 10 日），国王驾崩。他的真正死因永远不为人知。得到证实的症状与疟疾吻合，可能因为在宫廷会饮中长期大量酗酒加重了病情。阴谋论不可避免地导致了捕风捉影，有关安提帕特家族和麦迪乌斯宴会上宾客下毒的传言，在国王去世后不到一年就普遍流传。[102] 这种情况并非不可能，但是我们没有任何证据。

在统治 12 年 8 个月以后，亚历山大去世了。他留下一个怀孕的妻子，一群相互竞争的将军，但是没有指定继承人。关于伪称的一次宏大葬礼上争夺遗体的传言，并没有得到充分的证实。他的遗体实际上成为内战和分裂野心的一种催化剂。在巴比伦，将军们首先决定将其遗体运送到西瓦（可能是应亚历山大自己的要求），[103] 建造了一座精心制作（当然也耗资巨大）的灵柩车，但延误了两天。[104] 当车队最终出发时，其目的地却是埃盖的王室墓地（Paus. Ⅰ. 6. 3）。但托勒密在叙利亚中途截取了遗体，并将其运送到埃及，作为履行其最初计划的第一阶段。[105] 这激起了佩狄卡斯对埃及的致命入侵，这次入侵导致了他的失败和被暗杀，摄政职位转归安提帕特。托勒密在埃及独揽大

---

[101] Arr. *Anab.* Ⅶ. 25. 1；Plut. *Alex.* 76. 1（*FGrH* 117 F 3）. 关于这份文献的成分及其辩护性质，见 Bosworth 1988（B 15）157 – 84（有充分的文献引证）。关于更传统的观点，即《起居注》是一份“官方的”宫廷记录，完全可以利用，（例）见 Kaerst，RE Ⅴ. 2749ff；Berve 1926（D 146）Ⅰ. 50 – 1；Hammond 1983（B 57）4 – 11。通俗传统更加耸人听闻，由此引发了关于下毒的说法［Diod. ⅩⅦ. 117. 1 – 3；Justin Ⅻ. 13. 7 – 10；Plut. *Alex.* 75. 5，Arr. Ⅶ. 27. 2；Ephippus，*FGrH* 126 F 3：参见 Merkelbach 1977（B 75）164ff］。

[102] ［Plut.］Mor. 849F；参见 Oncsicritus，*FCrH* 134 F 37。充分的讨论请见 Bosworth 1971（D 152）113 – 16。

[103] Diod. ⅩⅧ. 3. 5，28. 3；Justin ⅩⅢ. 4. 6；Curt，Ⅹ. 5. 4；参见 Badian 1968（D 138）185 – 9；请与 Hornblower 1981（B 60）90 – 2 比较。

[104] Diod. ⅩⅧ. 26. 1 – 28. 2；参见 Miller 1986（D 215）。

[105] Arr. *Successors* F1. 25，24. 1（Roos）；Diod. ⅩⅧ. 28. 3；Strabo ⅩⅦ. 1. 8. 更多论述请见 *CAH* Ⅶ. Ⅰ 35 – 6。

权，名义上是总督，实际上是君主。亚历山大的遗体首先被安葬在孟菲斯，最终被安葬在亚历山大里亚，陈列在一个黄金棺材中，上覆一种特殊的墓包（*sema*），并成为托勒密王朝的镇邦之宝。亚历山大之死成为他毕生事业开始分裂的标志。

（李永斌译　晏绍祥、崔丽娜校）

第 十 七 章

亚历山大大帝（Ⅱ）：希腊及被征服领土

A. B. 博斯沃思

第一节 亚历山大时代的希腊大陆

一 科林斯同盟的统治地位（公元前336—前330年）

亚历山大在位期间，控制希腊世界的是喀罗尼亚战役以后建立起 846
来的政治体系，为方便起见，现代学者为其贴上了科林斯同盟的标签。[①] 这主要是一个在马其顿国王领导下的联盟：所有与马其顿有着单独条约的城邦被组织在一个单一的体系中，其直接目标是对波斯的战争。与联盟并行的是和约。所有签订条约的城邦都致力于一个范围广泛的共同和平，确保所有城邦的自由与自治，不再有任何颠覆参与者政府的行为。这两个共同目标的执行掌握在一个议事会（synedrion）手中，所有参与联盟的城邦都派代表加入议事会。议事会制定关于战争的一般规定，禁止在波斯国王军队中服役，维持共同和平，并有向任何违背者宣战的最终决定权。所有签订条约的城邦都有义务宣誓参与这样的战争。议事会甚至作为仲裁法庭活动，在成员邦危害和平之前仲裁他们之间的争论（Tod，no. 179）。但是执行权被授予“盟主”（*hegemon*），即所有城邦一定要赞成其权威的马其顿国王。

---

① 关于参考书目和讨论，见 Seibert 1972（D 232）76－7；Hammond and Griffith 1979（D 50）Ⅱ 604－46。关于本章所采用观点更充分的文献证据，见 Bosworth 1980（B 14）46－9。

持赞成态度的政权可以期望议事会的支持，然而，如果一个城邦反对马其顿国王，就会遭受政权的改变，抱怨的声音似乎不会有效。在民主政体的佩莱奈，著名摔跤选手凯隆（Chaeron）掌了权，在马其顿驻伯罗奔尼撒将军的默许下放逐了他的对手。[2] 在雅典，欧克拉特斯（Eucrates）法令于公元前336年夏天通过，明确禁止所有推翻民主政
847 体的企图。[3] 这些行动显然表示，人们对确保共同和平没有多少信心。

不可否认，我们关于和平实施的证据是单方面的，很大程度上基于德摩斯梯尼文集中语气激烈的演说词（XVII）。该演说词发表于公元前331年，可能是叙佩利德斯的作品。它指控马其顿人有计划地滥用条约，[4] 带有明显的偏见和夸大。但是其中的一个方面经证明无误。演说者抱怨，尽管得到了共同和约的保证，（莱斯沃斯的）安提萨和埃莱苏斯的僭主政体还是被当作可憎之物被废止了。这一声明为来自埃莱苏斯的大量档案所证实，这些档案涉及许多寡头集团的命运，尤其是阿戈尼普斯（Agonippus）和欧吕西劳斯（Eurysilaus）集团，他们本身曾与腓力结盟，并为宙斯—腓力修建了祭坛。公元前333年，该岛战争（见上文第804页）期间，这一集团引波斯军队入城，共谋反对亚历山大。因此，当公元前332年该城被重新占领时，寡头政体被转变为民主政体，新近掌握主权的“平民”根据亚历山大的指示，审判并宣告之前的寡头派领导者有罪。国王没有明确征求议事会的意见，直接操控并将其政治结构篡改为他认为合适的政体。[5] 同样的举措也发生在希俄斯，亚历山大在那里建立了一个民主政体，并创建了一个立法委员会，以为新制度扫清障碍。联盟议事会仅仅作为法庭出现，职责是审判违法的寡头分子，[6] 对政体的改变并无任何话语权。在战争情形下（就如人们所期待的那样），亚历山大

② ［Dem.］XVII.10；Paus. VII.27.7；Athen.509 B. 参见 Berve 1926（D 146）II no.818。

③ *SEG* XII 87. 参见 Ostwald 1955（C 213）119－28；Sealey 1967（C 255）183－5；Will 1983（D 245）28－30。

④ Cawkwell 1961（D 165）. 关于其他的意见，见 Will 1982（B 132）；1983（D 24;）28－30；Culasso Gastaldi 1984（8 32）。

⑤ ［Dem.］XVII.7；Tod no.191 ＝ Harding no.112［参见 Heisserer 1980（B 143）27－78；Bosworth 1980（B 14）178－80］。

⑥ Tod no.192 ＝ Harding no.107［参见 Heisserer 1980（B 143）79－95］. 关于寡头分子最后的命运，见 Arr. *Anab.* III.2.7。

有着单方面的支配权，这适合他的长期军事目标。它们实际上违背了共同和平的事实，但是无关紧要。

从亚历山大的统治一开始，就有许多同盟成员明显不情愿加盟。腓力被暗杀激起了对条约的公开违背。雅典试图以自由为借口谋取其他城邦的支持，并与亚洲的阿塔鲁斯展开谈判；底比斯和伯罗奔尼撒也有骚动。在西部，埃托利亚人重建了他们的同盟组织。[7] 而在安布拉奇亚，马其顿守军被驱逐，民主政体得以恢复（Diod. XⅦ. 3. 3）。这第一次大规模的动荡被亚历山大方面的迅捷行动瓦解。他身先士 848
卒，入侵色萨利，同时以巧妙的宣传保证他被选举为共同和约的盟主。这一情节在中希腊再次上演，这里的近邻同盟议事会承认了新的国王。在科林斯，议事会正式确定他取得腓力所创造的职位——反对波斯战争的领导者（同时是共同和约的首席执行官）。雅典人已经重建了他们的同盟，他们的使团——德摩斯梯尼明智地退出了——得到了宽宏的接见。作为他父亲职位的继承人，亚历山大现在普遍得到了承认。

赞同并不是普遍的，引人注目地表现在公元前335年，此时亚历山大久滞北疆（见上文第795页），引发了他被杀害的猜测。在底比斯，谣传导致了起义，一群流亡者趁夜间进入城市，发起了革命。腓力所扶持的寡头政体被推翻，底比斯人包围了马其顿在卡德麦亚的守军。革命情绪是易于传染的。在雅典，平民在德摩斯梯尼和吕库古的鼓动下投票决定援助并送出资金（但是没有军队），使得底比斯可以动员她的全部公民团体。阿卡狄亚同盟甚至派遣了一支远征军到达地峡，在那里静待事态的发展（Din. Ⅰ. 18 – 21）。结果，亚历山大的闪电南进阻止了不满的蔓延。阿卡狄亚人离开了地峡，底比斯人被孤立了。即便如此，他们还是反对亚历山大的建议，一反常态地大肆宣传，呼吁所有人以及波斯大王与他们联合起来，以消灭希腊的暴君（Diod. XⅦ. 9. 5）。这就注定了他们的命运。城市遭到猛攻并被摧毁（见上文第797页），在亚历山大亲临的情况下，代表联盟的一个特别议事会判决将幸存者变为奴隶，[8] 审判严肃地报复了底比斯在公元

⑦ Diod. XⅦ. 3. 3；Arr. *Anab.* Ⅰ. 10. 2；参见 Bosworth 1976（D 20）。

⑧ Arr. *Anab.* Ⅰ. 9. 9；Justin XⅠ. 3. 8；参照 Diod. XⅦ. 14. 1。参见 Bosworth 1980（B 14）89 – 90。

前480年的里通波斯。对底比斯的摧毁是一次有计划的恐怖行动，由代理人执行，并被描述为一种虔敬行为。这一行动同样立竿见影。埃利斯、阿卡狄亚和埃托利亚的骚乱迅速被平息，雅典人则放弃了埃琉西斯大秘仪（The Great Mysteries）的庆典，将乡村居民撤退。雅典人还匆忙组建了使团。亚历山大要求雅典交出8位卓越的政治家和将军，包括德摩斯梯尼、吕库古和杰出的将军卡利戴穆斯。[⑨] 这激起了雅典激烈的争论，富有经验的将军弗奇翁力主归降。最后（可能得到马其顿人默许）通过了一个折中的方案，对名单上提出的人员进
849 行惩罚，如果他们应当得到惩罚的话。这就足够了。亚历山大接受了这一提案，只坚持要流放卡利戴穆斯。否则，对雅典政治家们的处理就不能改变。雅典恢复了她作为盟友的义务，支持亚历山大重启传统的讨伐波斯行动。

公元前334年，亚历山大渡过赫勒斯滂海峡，开始了他的战事。随他行军的是来自其希腊同盟的7000名步兵和600名骑兵，以履行经腓力宣告的作为盟邦的条约义务（Plut. *Phoc.* 16.4）。这些人是有效合作的人质群体，暗示确保他们不会骚动。同盟也有共同和平的机制，通过公元前336年和公元前335年的战事得以确认和巩固。盟主（亚历山大——译者注）进军亚洲，留下安提帕特作为他在欧洲事务的代理人。按照已被提名为安提帕特继承者的克拉特鲁斯（Arr. *Anab.* Ⅶ.12.4）的界定，他的指挥权囊括了马其顿、色雷斯和色萨利，还包括保护希腊的自由。关于马其顿及其附庸，安提帕特显然拥有全权。他作为摄政王行事，拥有国王的权威和指挥权，色雷斯将军直接服从于他。因此，我们发现他以自己的权力征兵，并为王家军队向亚洲派遣援军（他不愿意派遣马其顿人的举动导致了亚历山大统治后期两人的摩擦）。他的指挥权极有可能在国王亚历山大——他当时在意大利——去世后延伸到了伊庇鲁斯。他的书面命令甚至远及北方的克劳尼安山脉（Ceraunian Mountains）。[⑩] 在希腊本土，安提帕特确实代表他的国王成为科林斯同盟议事会的首脑，并有

⑨ Plut. *Dem.* 23.4（在 Arr. *Anab.* Ⅰ.10.4 插入的名单中，还包括其他人；Plut. *Phoc.* 17.2 and the 'Suda' s. v. Αντίπατρος），参见 Bosworth 1980（B 14）92–5；Will 1983（D 245）43–7。

⑩ Dexippus *FGrH* 100 F 8（3）；Arr. *Succ.* F 1.7（Roos）；参见 Plut. *Phoc.* 29.4。关于安提帕特地位的某种不同观点，见 Hammond 1967（E 72）558–9［在 Hammond 1980（D 190）471–6 中有修正］。

效地控制了这一机构。自然，他也指挥着联盟的军队，这支军队粉碎了斯巴达对其伯罗奔尼撒盟友的进攻（见下文第 854 页及以次），并正式解决了议事会争论的报复问题。他可能也有自己主动采取的行动。我们发现，公元前 333 年，某个普罗特亚斯（Proteas）奉安提帕特之命，在哈尔基斯建造了一支舰队，以保护基克拉泽斯群岛对抗波斯的攻击（Arr. *Anab.* Ⅱ. 2. 4 –5）。他的行动可能并不那么友善。他与南部希腊的守军指挥官联合起来，[11] 能够在那些不认同马其顿霸权的城邦中煽动革命，确保议事会中没有有实际意义的反对意见。亚历山大知道他有政治和军事资源来镇压那些反对者，因此授权他对那些反对《流亡者敕令》的城邦用兵（Diod. ⅩⅧ. 8. 4；见下文第 855
页）。安提帕特有着各种意义上的合法权益，作为亚历山大统治代理 850
人的身份，使得他能够建立一个王朝。不出意料，他的权力及对权力的使用招致了宫廷中令人可畏的妇女们的嫉恨与长期的敌意，她们是亚历山大的母亲和姐姐，奥林匹娅丝至少利用她的本土伊庇鲁斯作为庇护所，尽其所能地破坏安提帕特的权威。亚历山大后来可能也为他授予其代理人如此多的权力感到后悔（见上文第 842 页），但是在公元前 334 年的环境中，没有更好的选择。腓力统治时期，这位资深政治家逐渐在欧洲占据优势。这就解决了当前的安全问题，不管是内部还是外部。亚历山大功高震主的部属所带来的进一步的问题可以在其（如果）发展起来时再解决。

在希腊原有的城邦中，雅典最有势力，也最不稳定。亚历山大统治时期，雅典达到了物质繁荣的顶峰，其军事潜能也变得不可小觑。这主要得益于吕库古。此人是贵族埃托布塔德家族吕科弗隆的儿子，在近 12 年的时间里连续控制着财政管理。关于吕库古职务的性质，甚为模糊，证据往往模棱两可。在实践中，吕库古控制了雅典的财政，利用现有的财政机构、观剧基金和兵役基金，按照他认为合理的方式引导盈余资金的用途。他事实上继承了上一代人中观剧基金委员会的角色，原因可能是赫格蒙立法限制了观剧基金官员的权力。（可能）从公元前 336 年直到公元前 325/4 年他去世，吕库古都是最高财

---

[11] 他们大概是那些“被指派进行共同防卫之人”，［Dem.］ⅩⅦ. 15 曾顺便提及。关于其他更细致的解释，见 Hammond and Griffith 1979（D 50）Ⅱ 639 –42；Culasso Gastaldi 1984（B 32）67 –72。

政长官，⑫ 根据法律规定，他在自己任职的 5 年期限内亲自掌权，然后通过操纵诸多他有效控制的代理人来掌控。其中一位，即斯菲图斯的克塞诺克莱斯（Xenocles of Sphettus）已被证实就是这一时期的财政官员。⑬

可供分配的收入数目庞大。古代人估计吕库古所掌握的总金额在 14000 到 18900 塔兰特之间，据说他管理时期的年收入有 1200 塔兰特，是公元前 346 年收入的 3 倍。这一巨大增长得益于吕库古的主动性。一些证据表明，他努力确保间接税的基础。因为有利的立法，外侨和外来商人被吸引到雅典城来（Tod no. 189 = Harding no. 111）。这一时期，雅典人准备在亚得里亚海建立一个殖民地，其直接目的就
851 是保证贸易（Tod no. 200 = Harding no. 121 lines 217 – 20）。日益增长的贸易带来了港口税和交易税的增加，还有外侨为在雅典定居而缴纳的标准外侨税（*Metoikion*）。良好的法制还创造了友谊，这种友谊在公元前 4 世纪 20 年代大饥荒中的价值不可估量，当时进口的粮食尤显珍贵。人民可能从政治上进行干预，以保证受优待的外侨如萨拉米斯的赫拉克利德斯（*IG* Ⅱ^2 360）等的商业利益，并以军事力量驱逐海盗（*IG* Ⅱ^2. 1623，第 276—308 行）。在阿提卡本土，银矿的开发一直处于谨慎的监管之下，还有来自被宣告有罪的违法者的地产收入在人民中进行分配。⑭ 实际上，源自成功控告的收入可能在当时并非微不足道的小数。那时存在着这样不怀好意的指控（控告人中就有吕库古），动机主要就是针对被告的财富。公共收入的来源多样且复杂，但它涉及的总额确实极其巨大。

支出则是一个简单的问题。在吕库古管理下，进行了有计划的军队建设。到公元前 330/29 年，据海军监管人的账目清册记录，有 392 艘三列桨战船，依其记载，大多数可以投入战斗［（Plut.）*Mor.* 852c］。东部地中海地区日益流行的四列桨战船总数在公元前

---

⑫ （Plut.）*Mor.* 841B – C；852 B［以斯特拉托克莱斯（Stratocles）法令为基础，后者还有部分留存，即 *IG* Ⅱ^2 457］。这里倾向的定年为 Cawkwell 1963（C 107）54 – 5 and Rhodes 1981（B 94）515 – 17 的论证。关于更传统的年代，即公元前 338—前 326 年，见 Mitchel 1970（D 203）12；Will 1983（D 245）22 – 4。

⑬ （Plut.）*Mor.* 841c. 关于克塞诺克莱斯，见 Meritt 1960（B 155）2 – 4，no. 3；Mitchel 1970（C 203）29。

⑭ （Plut.）*Mor.* 843D. 参见 Hyper. *Eux.* 35 – 6。

325/4 年达到 50 艘，⑮ 而三列桨战船从 392 艘减少到 360 艘。与此同时，新的军械库和造船厂也得以完成，海军的规模非常宏伟了。青年团也得到重组。自公元前 336/5 年起，所有雅典人自获得公民权两年以后都必须服兵役。⑯ 他们第一年进行集中训练，国家用公共支出进行补贴和装备，然后派到前线服役。训练内容有着强烈的爱国主义特征，以成年礼为标志（Tod no. 204 ＝ Harding no. 109），混合的部族体系被注入了团结精神。整体上看，人民从公共建筑计划中获益，后者涉及所有主要的民政机构：狄奥尼修斯剧院得以重建并扩大，公民大会会场（the Pnyx）、议事会建筑群和法庭也有新建。青年人则在吕凯翁享受着摔跤学校和体育馆。⑰

这些支出的背后有着许多政治动机。雅典准备战争，但并不卷入战争。人民有正面的理由去避免军事冒险。来自观剧基金的分配，即所谓民主政治的黏合剂有时数量庞大（Plut. *Mor.* 818E），还有一些特别的捐赠，如因狄菲鲁斯（Diphilus）被定罪所积累的 160 塔兰特 852
［（Plut.）*Mor.* 843D］。这是对冒险妄动者的一种威慑，因为那可能会危及公共福利支出，而且有产阶级的传统情绪是不愿战争。这就是为何即使在亚历山大去世后，民众反马其顿情绪风起云涌之时，富人们仍隔岸观火的原因（Diod. ⅩⅦ. 10. 1）。这一群体包括资深将军弗奇翁和他的同事们。所有这些人都急切期望避免大型战争的资金支出。这种不情愿在亚历山大在世时表现得更为明显。当时也有与马其顿和王室宫廷的个人间接触。在这方面与代办们（proxenia）的联系，犹如与城邦成员的联系一样紧密。因此德马得斯授予这些显赫的马其顿人以代办权和荣誉公民权，他们中包括阿尔奇马库斯和安提帕特。而弗奇翁则和哈帕鲁斯及亚历山大本人有着密切联系。甚至德摩斯梯尼也主动讨好过赫费斯提昂（见 Aeschin. Ⅲ. 162）。这些联系非常重要。敌对的批评者可能诽谤他们通敌，但是实际上，一旦战争爆发，他们几乎全部团结起来。皮泰亚斯（Pytheas）和卡利麦东（Callimedon）是公元前 323 年仅有的抛弃其城邦之人（Plut. *Dem.* 27. 2），但他们的逃跑并不是因为明显的倾向马其顿。但是另外，在和平时

---

⑮ *IG* Ⅱ^2 1629，line 811. 参见 Schmitt 1974（C 248）；Ashton 1977（D 9）3 –7，1979（C 91）。

⑯ Reinmuth 1971（B 168）：参见 Mitchel 1975（C 204）；Ruschenbusch 1979（C 236）。

⑰ 完整的细节及参考书目，见 Will 1983（D 245）79 –93。

期，个人的联系有一定影响。我们有充分的理由认为，弗奇翁在政治上的谨慎受到了他与宫廷联系的影响。

大体来说，雅典的主要情绪是和平的，尤其是在底比斯被摧毁以后。个别政治家可能会赞成在特别紧急时刻采用军事干涉，但是直到《流亡者敕令》颁布（见下文第 856 页），人民的物质利益并没有受到威胁，也没有普遍的战争愿望。公元前 335 年以后，反对的主要中心是斯巴达。当腓力在喀罗尼亚战役以后入侵拉科尼亚并将其边界领土纳为附庸之时（见上文第 783 页），斯巴达被迫默许。但是，尽管压力巨大，斯巴达还是游离在科林斯同盟之外，并不参与复仇战争，让亚历山大颇为气恼，后者尖锐地指责斯巴达缺席了他的第一次胜利祭仪（Arr. *Anab.* Ⅰ. 16. 7；Plut. *Alex.* 16. 18）。斯巴达的野心是收回失去的领土，先是拉科尼亚边境地带，最终要收回美塞尼亚，这完全相悖于保证美塞尼亚自治的共同和约。因此，斯巴达与主流力量的冲突不可避免。

斯巴达首先需要时间恢复腓力入侵以及老资格的国王阿希达穆斯在意大利去世所造成的士气低落。在阿吉斯君主政体下（阿吉亚家族国王克莱奥麦奈斯二世统治了 60 年零 10 个月，却在历史记载中没
853 有留下其他痕迹），他们在公元前 336 年和前 335 年的事件中保持了外交上的中立。波斯进攻爱琴海得逞，提供了更激进行动的机会。公元前 333 年，斯巴达派出使节到波斯宫廷。[18] 到该年战争季节末，国王阿吉斯在西弗诺斯与波斯海军统帅会晤，请求对伯罗奔尼撒的战争进行军事和财政支持（Arr. *Anab.* Ⅱ. 13. 4）。马其顿在伊苏斯胜利的消息使得这一即将实行的计划破产，阿吉斯只得到了最低限度的援助（30 塔兰特和 10 艘三列桨战船），并指示他的兄弟阿盖西劳斯开始军事行动，不过不是在伯罗奔尼撒，而是在克里特。克里特是一个非常有用的场所，可以调度并获得雇佣军队。克里特城市显然并没有签署科林斯同盟条约，数十年中，它们都陷入相互残杀的内战中。与他的父亲阿希达穆斯一样（Diod. ⅩⅥ. 62. 4），阿吉斯可能也利用两个城邦之间地方性的仇视情绪，做了对据称是斯巴达殖民地吕图斯（Lyt-

---

⑱ Arr. *Anab.* Ⅱ. 15. 2 – 5；Curt. Ⅲ. 13. 15. 关于复杂的资料问题，见 Bosworth 1980（B 14）233 – 4；Atkinson 1980（B 8）261 – 2。

tus）有利的干涉，并攻击了克诺索斯（Cnossus）。公元前332 年，约800 名来自伊苏斯大流士军队中的希腊流亡者加入斯巴达军队（Curt. Ⅳ. 1. 39；Diod. ⅩⅦ. 48. 1），波斯舰队在爱琴海的残部最终在克里特重组。这支联合部队围住了被派去增援另一方的马其顿军队，至夏末时节，控制了该岛的大部分。到公元前331 年春，亚历山大自己十分郁闷地派遣一支庞大的海军，由安弗泰鲁斯率领，受命清除克里特岛上敌对的斯巴达人，同时巩固伯罗奔尼撒正处于被颠覆危险中的马其顿盟友。亚历山大并没有正式向斯巴达宣战，但希望孤立斯巴达并破坏克里特的基地。[19]

安弗泰鲁斯的使命来得太迟了。伯罗奔尼撒的战争于公元前331 年夏天爆发，这个时间对阿吉斯特别有利。[20] 马其顿的军事储备被阿明塔斯的征募耗竭（见上文第815 页），他从马其顿人中征募了6000 名步兵，从伯罗奔尼撒征募了4000 名雇佣军。大约与此同时，安提帕特正被色雷斯的一次神秘反叛困扰，牵制了他的全部兵力（Diod. ⅩⅦ. 62. 6）。[21] 斯巴达政府抓住机会宣称自己为自由而战，并请求全希腊援助，而阿吉斯将他的雇佣军从克里特调来，开始在伯罗奔尼撒 854
进行军事活动。斯巴达打败了一位马其顿将领科尔哈古斯（Corrhagus），因此其盟友迅速增加。埃利斯得到马其顿支持的寡头统治本就不稳定，此时放逐其政府而加入斯巴达一边；阿凯亚同盟（佩莱奈除外）以及除麦伽罗波利斯外的所有阿卡狄亚城市，也都与斯巴达联合。这个联盟召集了一支强大的军队，有步兵2 万人和骑兵2000 人，其中大部分是久经战阵的雇佣军。反马其顿派迅速控制了伯罗奔尼撒的大部分地区。到秋季，阿吉斯就包围了麦伽罗波利斯，并开始收复失地。

这一行动的发生仅限于伯罗奔尼撒。斯巴达的使者在雅典并无成效。雅典确有求战情绪，可能正是在这一时期发表的关于亚历山大条

---

⑲　Arr. *Anab.* Ⅲ. 6. 3；Curt，Ⅳ. 8. 15；参见 Bosworth 1975（D 153）；Atkinson 1980（B 8）484 –5.

⑳　年代的确定很困难，但是现在一种日益增长的倾向是将战争的结束定为公元前330 年春季，其依据是 Aeschin. Ⅲ. 133（见下文，第 854 页），参见 Cawkwell 1969（C108）170 –3；Bosworth 1975（D 153）；Badian 1985（D 142）446 –7。另一观点更难立足，因为它以无法接受的库提乌斯的记载为基础，后者把战争结束与高伽美拉战役定为同时（Curt，Ⅵ. 1. 21）。关于参考书目，见 Will 1983（D 245）76 –7。

㉑　参见 Berve 1926（D 146）2 no. 499；Badian 1967（C 277）179 –80；Bosworth 1988（D 159）201。

约的演讲［（Dem.）XVII］，鲜明地表达了此种情绪。许多重要的政治家坚决反对召集军队的号召，尤其是德摩斯梯尼，他从未认同过斯巴达对霸主地位的渴求。[22] 他的口头劝阻得到了德马得斯更有效的支持（时间是公元前 330 年 2 月），后者威胁要从观剧基金中筹措军费，从而平息了公众要求派遣三列桨战船的情绪（Plut. *Mor.* 818E－F）。和公元前 335 年一样，雅典人避免主动介入，保存了他们的资源。

这一点至关重要。安提帕特与色雷斯的叛乱者达成妥协。公元前 330 年初春，他率领一支多达 4 万人的大军南进。雇佣军和盟邦提供的公民部队，让马其顿的核心力量膨胀（Diod. XVII. 63. 1），这些盟邦大概是色萨利人和中希腊的人。阿吉斯的军队人数处于下风，他只能在麦伽罗波利斯附近静待事态发展。最后的决战就发生在这里，这里有限的地面空间有利于人数较少的斯巴达军队（Curt，VI. 1. 10）。经过一次激烈战斗后，阿吉斯的军队被彻底击败。国王身受重伤，在撤退中去世，直到最后仍在战斗。5000 人死在战场上。

战事就此结束。起义者的命运被提交给科林斯同盟的议事会。埃利斯和阿凯亚人被勒令赔款。非联盟成员的斯巴达，则需要在亚历山大面前为自己的事业辩护。与此同时，他们（在抗议之后）交出了 50 位人质。到公元前 330 年夏末，人质和使节们准备开始他们前往东方的长途旅程（Aeschin. III. 133）。最终的解决方案没有记录。既然斯巴达在军事上已经被彻底击败，条件不大可能太苛刻。城市得以
855 在善意的忽视中保留，任其衰落。在阿吉斯的继承者——其幼弟欧达米达斯（Eudamidas）以及年长的克莱奥麦奈斯领导下，斯巴达在亚历山大统治的其余时间保持了安静，在拉米亚战争（the Lamian War）中保持了中立。尽管有阿吉斯的勇气和计划性，他仍未能建立一个足够强大的联盟，对麦伽罗波利斯的固执围困，可能是一个致命的错误。这再次让人们想起了斯巴达过去的帝国主义，对大多数国家而言，它们发现那远不如现行的马其顿的保护国体系。

[22] 德摩斯梯尼的反对（相当让人迷惑地）由 Aeschin. III. 165－167 记载下来。关于德摩斯梯尼此前的看法，见 Dem. XVI. Esp. 19－22。

二　《流亡者敕令》与拉米亚战争的起源

公元前330年以后，政治骚乱的主要刺激因素来自亚历山大本人。他在公元前324年回到美索不达米亚以后所主导的政策激起了普遍的不满。他的去世是公开的战争信号。不满的焦点是所谓的《流亡者敕令》。公元前324年夏，该法令在奥林匹亚赛会上颁布。他的使者斯塔吉拉的尼卡诺（Nicanor of Stagira）宣读了国王的书信，宣布召回整个希腊世界的流亡者，2万名流亡者听众对此表示感激（Diod. XVIII. 8.3－5）。据狄奥多鲁斯引述（来自同时代的卡狄亚的希埃罗尼穆斯的记载），这封书信一笔勾销了流亡者的责任，除那些犯有渎神罪者外，保证让他们全部返回，并威胁了那些不愿服从命令的城市。这是一次令人惊愕的独裁权力展示，是对曾禁止流亡者返回的共同和约的彻底违背。

据狄奥多鲁斯记载（XVIII. 8.2），法令的推行是因为亚历山大渴望荣耀，以及他在每个城邦安置亲信的实际需求。这点有足够的可信度。曾有许多特殊的流亡者群体恳求过亚历山大，尤其是那些来自萨摩斯和本都的赫拉克里亚的人[23]，他也意识到如果让他们返回所能得到的好处。如我们在同时代的泰盖亚铭文（Tod no. 202 ＝ Harding no. 122, lines 48－57）中所看到的，许多人数代都处于流亡中（萨摩斯人从公元前365年就开始流亡），如果他们得以返回，他们将成为自己城邦中的陌生人，就得依赖让他们回归的权力。亚历山大显然并没有让那些他自己流放的人返回。许多人，尤其是那些在爱琴海战争中因亲波斯被定罪的人，可能被认为犯有渎神罪。至于底比斯人的回归，则在公元前316年卡桑德入侵彼奥提亚之前，不曾考虑过。公元前319年，波吕佩孔（Polyperchon）重申这项法令时，他明确地让那些自亚历山大入侵亚洲以来的流亡者们返回（Diod. XVIII. 56.4），因 856
为他们显然没有被包含在公元前324年的特赦之中。那些得到亚历山大恩惠的流亡者是他父亲以及更早时期政治冲突的牺牲品，他们的回归威胁了腓力的安排。但阿吉斯战争表明，这一安排曾经是多么不稳

㉓ Memnon, *FGrH* 454 F I（4.1）. 请与亚历山大在阿米苏斯进行的干涉比较，见 Amisus（App. *Mith.* 83.374）。

定，至少在伯罗奔尼撒如此。

法令酝酿于美索不达米亚，大约为奥庇斯叛乱之时。[24] 约从公元前 324 年 5 月开始，当尼卡诺动身前往希腊时，信件内容已为公众所知。[25] 这一消息触发了一轮外交谈判热潮，其顶峰是公元前 323 年初亚历山大接见了诸多抗议者使团（Diod. XVII. 113. 3）。谈判取得了一些成果。至少泰盖亚人能够修正法令的太过严苛之处。他们的异议为一个王室命令所证实（Tod no. 202 = Harding no. 122，lines 2 – 4），它谨慎地限制了流亡者恢复其财产的权利。我们听到最多的是受到最直接影响的两个城邦，即埃托利亚和雅典。前者掌握着他们授权清空的阿卡那尼亚地区奥伊尼亚戴的城市，后者在萨摩斯的军事移民点受到威胁。在宫廷中，萨摩斯人的邻邦亚苏斯的显赫公民戈尔古斯（Gorgus）和明尼翁（Minnion）不断促请召回萨摩斯人。公元前 324 年春天或夏天，亚历山大“在军营中”发布了一个正式通告，他会将萨摩斯归还给萨摩斯人。[26] 在亚历山大统治的余下时间里，这一裁决都将在雅典的政治决定中占据支配地位。

哈帕鲁斯的行动使形势进一步复杂。公元前 324 年春，这位逃亡的司库官在奇里乞亚装备了一支 30 艘船的小舰队西航到希腊大陆。他的航程使他首先到了雅典，在那里获得了荣誉公民权，5 月左右，他到达了苏尼翁。这时的希腊世界正在焦灼地等待尼卡诺使团的消息。[27] 首先，哈帕鲁斯寻求庇护的要求被无条件地拒绝，可能是考虑到他的舰队规模，雅典人怀疑他的善意。哈帕鲁斯别无选择，只好将他的军队转移到泰那隆的庞大雇佣军兵站，他自己带着 3 艘船和足够
857 的金钱支持返回雅典。那看起来不那么具有威胁性。负责码头的将军菲罗克莱斯（Philocles）允许哈帕鲁斯入城。[28] 他的进入引起了争议。德摩斯梯尼首先宣称这将会引起大范围的战争。然而，有人辩论说，

---

[24] Diod. XVII. 109. 1 – 2；Curt，X. 2. 4 – 7. 阿里安没有记载此事，但是可能在那段大空白中提及此法令（参见 VII. 12. 7），（我们恰好知道）他在这里记载了哈帕鲁斯的逃跑。

[25] 其任务包括一些处理阿凯亚和阿卡狄亚联邦公民大会模糊不清的指示（Hyper. *Dem.* col. 18：根据现存纸草文献提供的零散线索，我们无法认为曾有第三次补充性的宣布）。这与一些限制性的立法高度相似，见 Badian 1961（D 134）31；请与 Aymard 1937（D 130）7 – 10 比较。

[26] *SIG* 312. 关于其年代，见 Heisserer 1980（B 143）183 – 9；Ashton 1983（D 128）。请与 Errington 1975（C 360）53 – 5 比较。

[27] Hyper. *Dem.* col. 18. 哈帕鲁斯的名字是根据语境补上的，但不可能有其他人。

[28] Din. III. 1 – 5. 进一步的论证，见 Bosworth 1988（D 159）293 – 4。

这将会鼓励更多寻求庇护者从亚洲转移资金和雇佣军到雅典来。在辩论期间，哈帕鲁斯慷慨分配他的金钱，使得他广受欢迎，德摩斯梯尼勉强同意了他的存在。但这是一个危险的步骤。当哈帕鲁斯受到接纳的消息传到埃克巴塔那的亚历山大那里时，国王严肃地计划了一次对雅典的远征，雅典的敌人们则大受鼓舞。[29]

当安提帕特、奥林匹娅丝，甚至卡利亚总督菲罗克塞努斯都要求引渡哈帕鲁斯时，危机到了顶点。但是，根据德摩斯梯尼的提议，人民裁定哈帕鲁斯只能交给亚历山大亲自派来的使者。与此同时，这位逃亡者被拘捕，他的金钱（估计有 700 塔兰特）则寄存在雅典卫城。这就有了选择权。如果外交上合意了，就可以交出哈帕鲁斯，如果关于萨摩斯的谈判失败了，就可以将他争取为盟友。同时，德摩斯梯尼率领一个使团向奥林匹亚进发，在那里与尼卡诺进行了讨论，可能提出过哈帕鲁斯的议题。不久之后（如果不是同时发生的话），哈帕鲁斯被允许解除羁押并离开雅典。他将军队引到克里特，在那里，他被副手提布隆谋杀，时间不晚于公元前 324 年 10 月。他的雇佣军队被来自昔兰尼的流亡者保留，不复影响希腊事务。[30]

哈帕鲁斯的金钱留下来了，更准确地说，是其中一小部分。财产清册显示，最初的 700 塔兰特实际上只有 350 塔兰特在雅典卫城。这一发现引起了一阵政治风暴，其间人们宣称哈帕鲁斯的金钱被用于腐败的行贿了。[31] 面对这种疾呼，特别容易受到指控的德摩斯梯尼要求战神山议事会进行一次调查，而战神山议事会在以前的事务中都倾向于他的利益。实际上，他不能否认曾收受过金钱，但是他宣称这是一笔用于观剧基金的贷款，并按照人民的利益分配了。这一理由可能有一定真实性。公元前 324 年下半年，泰那隆的雇佣军将领莱奥斯泰尼斯在与议事会秘密谈判后被留在了雅典（Diod. XⅦ. 111. 3；XⅧ. 9. 2）。[32] 谈判过程中德摩斯梯尼可能采取了非官方的主动，并将哈 858

[29] Curt，X. 2. 1 – 2；参见 Ephippus，*FGrH* 126 F 5；Justin XⅢ. 5. 7，关于此，见上文第 841 页。

[30] 关于昔兰尼地区的事件及其年代学意义，见 Bosworth 1988（D 159）291 – 2。

[31] Hyper. *Dem.* col. 7；参见 Din. Ⅰ. 68 – 9。关于该丑闻的发展，尤见 Badian 1961（D 134）32 – 6；Goldstein 1968（B 43）39 – 63。

[32] 关于其中的难题，以及雇佣军将领莱奥斯泰奈斯与莱奥斯泰奈斯之子莱奥斯斯泰奈斯的区别，见 Jaschinski 1981（D 203）51 – 4；Bosworth 1988（D159）293 – 4。奥罗普斯的捐赠铭文证实，后者是负责乡村（chora）的将军，见 Reinmuth 1971（B 168）no. 18。

帕鲁斯的（一部分）金钱用于预付而未签收的报酬。但是这类秘密谈判并无证据，因此明智的做法是拖后算账，以等待人民当时的热情冷却。

战神山议事会很好地完成了工作。它花了6个月时间才发布其调查结果，到那时，公众的愤怒已经消解。约公元前323年3月，它提交了一份哈帕鲁斯的行贿对象名单，德摩斯梯尼以20塔兰特名列榜首。其他罪犯中，有德马得斯、菲罗克莱斯和卡利克莱斯（弗奇翁的女婿）。罪犯们在一个由1500名陪审员组成的法庭受审，10名控告人各自控告一个被告。从狄那库斯和叙佩利德斯现存的演说看，要激起陪审员的情绪已相当困难。判决做出了，但惩罚并不算严厉。德摩斯梯尼被罚款50塔兰特。这个判决并非他自己的主张，即一旦被定罪，则判死刑。在作为国家债务人收监期间，他蒙允逃跑，在流亡中过着悲惨的生活，先到了特罗伊曾，后到了埃吉那。可是，德马得斯显然有能力支付罚金，因为亚历山大死时，他在雅典是活跃人物。该案还有其他受害人，尤其是菲罗克莱斯。但我们并不清楚对他的判决。

长期以来，哈帕鲁斯金钱的丑闻一直被与《流亡者敕令》相关的更大事件所掩盖。雅典自己面临着即将回归的流亡者，他们现在群集于麦加拉，据说会成为民主政治的威胁（Din. Ⅰ.58，94）。萨摩斯也有麻烦，一群来自阿奈亚（Anaea）的流亡者在那里和雅典的军事殖民者发生了冲突。其中一些人被在萨摩斯的雅典将军拘捕并送到雅典，在那里他们首先受到人民的谴责，随后通过哈尔基斯的安提莱翁（Antileon of Chalcis）的斡旋而被赎回。这一事件的时间尚有争议，但是最有可能在亚历山大统治的最后岁月里，这时的雅典已经决心保护自己的利益，但是首先要避免可能得罪同情者的暴行。[33] 同时，他们与埃托利亚同盟私下联系，后者因为决定保留奥伊尼亚戴的领土而公开与亚历山大意见不合。[34] 这件事必然最终会招致报复，所以埃托利亚人愿意采纳雅典人的建议，它是通过泰纳隆的雇佣军将领莱奥斯
859 泰尼斯谨慎而间接地提出的。其他地方也有不满，尤其是色萨利，后

㉝ Habicht 1957（B 141）156－69，nos. 1－2. 关于其年代，进一步的论证见 Errington 1975（C 360）55；Badian 1976（B 134）；Rosen 1978（D 227）26。

㉞ Diod. ⅩⅧ. 8. 6；Plut. *Alex.* 49. 15；参见 Mendels 1984（C 371）129－49。

者面临着色萨利同盟与菲莱僭主长期争斗期间大量流亡家族的回归。这对统治家族是直接威胁，尤其是那些最受腓力优待的法萨卢斯和拉利萨的家族。亚历山大去世后，战争终于到来，色萨利人全体改变立场投到对方去，法萨卢斯成了骚乱的中心（Diod. XVIII. 11. 1, 12. 3）。

亚历山大的行动是破坏性的。他在法令宣布后仅仅 10 个月就去世了，这时，法令导致的政治动乱尚未解决。但是他有效地破坏了腓力所做安排的基石——共同和约。他转而将先前被逐之人招募进他的军队中，并以王家敕令和军事威胁强令他们返回。自治成了形同虚设的规定，腓力所创造的积极舆论已经被破坏殆尽。很明显，在亚历山大心中，盟友和臣民没有多少区别。因此，他的去世激起了强烈的普遍反应。雅典人将他们与埃托利亚的关系正式化，缔结了一个常规性的联盟，同时宣称他们支持希腊的共同自由。[35] 他们的结盟请求在中希腊和伯罗奔尼撒得到了狂热的承认，安提帕特面临着全面的起义，即一次其参与者所号称的“希腊战争”。[36] 亚历山大的独裁激起了民族的反抗精神，马其顿成了共同的敌人，而他的父亲曾用数十年的外交努力来避免这一情势。

第二节　国王与帝国

一　对总督的任命

亚历山大入侵亚洲时，他并没有一个行动中可供模仿的对象，也没有从他父亲那里继承一个体系。他不仅是对波斯过去的罪行复仇，而且是来征服的。根据一个传统说法，[37] 他在特罗德登陆后的第一个动作就是掷出一支长矛，并宣称这片土地是“用长矛赢得的”。这一故事在某种程度上为他的第一个管理行动所证实，这一行动就是将他自己的人安排在现存的总督辖地内（也用总督的称号）。在赫勒斯滂的弗里吉亚，他任命了远征军将领之一的卡拉斯（Calas）担任总督，

---

[35] Diod. XVIII. 11. 1. 关于埃托利亚同盟，见 *SEG* XXI 299 = Moretti, *ISE*, no. 1 with Mitchel 1964 (B 160)。

[36] *IG* II^2 448, lines 43 – 4; 505 line 17。关于这一证据以及其他证据，见 Ashton 1984 (C 92)。

[37] Diod. XVII. 17. 2; Justin XI. 5. 10，见上文第 798 页。

860 并维持波斯人所征贡赋的标准（Arr. *Anab.* Ⅰ. 17. 1）。同样，他在吕底亚保留了波斯人对指挥权的划分，将萨尔狄斯伟大的卫城置于一个单独的马其顿指挥官之下，而作为总督的菲罗塔斯之子阿桑戴（Asander）有一支独立的骑兵和轻装步兵队伍。同样的例子也能在卡利亚看到。亚历山大将那里的总督辖地交给赫卡同尼家族的资深成员——公主阿达（Ada），后者在阿契美尼王朝王权之下统治过4年。[38] 但是他在这里留下了一位马其顿将军托勒密。他掌握着一支3200人之众的雇佣军（Arr. *Anab* Ⅰ. 23. 6）。理论上，这一地区有一位本土统治者。实际上，将军是独立的，至少在军事领域是独立的。爱琴海战争期间，托勒密作为一个自由的代理人活动，与吕底亚的马其顿总督有同等处置权。

利益需要时，亚历山大就会自如地偏离先例。最明显的是他对吕西亚的处理。阿契美尼王朝统治之下，该地开始被并入卡利亚总督区。[39] 亚历山大亲自穿过该地区，可能曾收到取消赫卡同尼家族监管的要求。他照做了，但是制定一个新的总督辖地，合并了吕西亚和潘菲利亚。在整个爱琴海战争期间，泰尔米苏斯和希德之间的沿岸地区都被置于同一个指挥官之下，即亚历山大的朋友奈亚库斯。在他于公元前330/29年被召回宫廷之后，这一地区成为安提柯所掌握的大弗里吉亚的附庸，不再具有战略上的重要性。亚历山大关注眼前事务的特点在公元前333年尤为明显。他下定决心要与大流士决战，因此对小亚细亚中部的处置就非常马虎。安提柯在弗里吉亚总督首府凯莱奈就职，拥有一支1500人的雇佣军。其他人，如归顺的帕夫拉戈尼亚人，就被归附到现存的总督辖地中，或如在南卡帕多西亚一样，指定了一位本土统治者，但是没有任何军事支持。因此，卡帕多西亚仍然是一个权力真空地带。安提柯赢得了3次针对来自伊苏斯的波斯逃亡者的胜利，明显控制了萨尔狄斯与奇里乞亚关口之间的大道，但是他不能强力控制卡帕多西亚。这一区域，以及帕夫拉戈尼亚，在公元前323年被划分为未被征服的领土，并分配给了欧迈尼斯。

---

[38] Arr. Ⅰ. 23. 7 – 8；参见 Bosworth 1980（B 14）152 – 3；Hornblower 1982（F 644）45 – 57。

[39] 关于对克桑图斯的直接控制，见三语铭文［Metzger et al. 1974（B 157）82 – 149 and 1979（B 158），Badian（B 135）1977 对其重新做了定年］。另见上文第219页。关于其与法塞利斯的关系，见 Hornblower 1982（F 644）122 – 3。

公元前332年，当亚历山大进入利凡特沿岸战斗时，出现了更复杂的管理安排。奇里乞亚是一块有着清晰边界的连贯的地理实体，他将其置于一个王室护卫之下，即尼卡诺之子巴拉克鲁斯（Balacrus）， 861
他既是总督也是将军。叙利亚则是一个完全不一样的地区，这里有一个庞大的政治体系。亚历山大在这里安置了适合其军事形势的指挥官。对奇里乞亚和腓尼基之间海岸地区的北叙利亚，他指定凯丁马斯（Cerdimmas）之子麦农（Menon）负责，让后者拥有一支规模适度的骑兵。在该地之南的腓尼基城市则保留了当地的国王，确认了他们的职位（西顿除外），在那里安置了许多王室家族的旁支。被占领后的推罗成为一块直辖地，菲罗塔斯率领一支军队驻扎在那里。同样，世袭统治者参巴拉三世（Sanballat Ⅲ）在撒玛利亚的统治也得以确认。还有显然是僧侣统治的耶路撒冷，但是这里有一个军事指挥官安德罗马库斯（Andromachus），他继续了对南部的平定工作。公元前331年，安德罗马库斯被撒玛利亚起义者活活烧死。在一次短暂的报复性战役以后，亚历山大从北部调来麦农取代了他。公元前331年初亚历山大离开此地时，他留下了两位马其顿将军：北方的阿斯克莱皮奥多鲁斯（Asclepiodorus）和南方的麦农。同一年后期，亚历山大从苏萨派来一位高级护卫，担任奇里乞亚、叙利亚和腓尼基的骑兵长官（hyparch）。这明显是一个重要的军事职位，他可能（尽管未经证实）取代了前面的总督们。叙利亚的两位将军确实被召回去护送雇佣军队到巴克特利亚。到公元前323年，叙利亚（和奇里乞亚一样）已经被作为一个单一的总督辖区。[40] 公元前332/1年为战争形势而设计的指挥体系划分，在其统治后期已稳定的局势下不再必要。

对埃及的管理更为复杂，但是也得到更好的证实。亚历山大在这里保留了古老的上、下王国的划分，分别驻军，分由马其顿军事指挥官控制。[41] 这里一开始并无总督。亚历山大指派本土的埃及诺马尔赫（*nomarchs*）负责行政管理。他们可能得到马其顿顾问们的支持（及监督）。权力很明显掌握在马其顿官员手中，埃及人出任的诺马尔赫

㊵　关于复杂的证据，见 Bosworth 1974（F 225）；Brunt 1976－83（B 21）Ⅰ 278－9，360－1。亦见以下论著的观点：Leuze 1935（F 282）436ff；Tarn 1948（D 239）Ⅱ 176－8。

㊶　参见 Bosworth 1980（B 14）275－7；Atkinson 1980（B 8）365－7 有关 Arrian 及 Curtius 的内容。关于下埃及指挥官佩乌凯斯塔斯（Peucestas）记载的一个当时的顺序，见 Turner 1974（F 542）。

的角色很大程度上是形式，是为了满足民族情绪、并将指令下达给埃及 42 个行政单位即诺姆的当地统治者。其中一个被提名的诺马尔赫佩提西斯（Petisis）实际上拒绝了任命，他的同事多罗亚斯皮斯（Doloaspis）取得了完全管理权，任务倒也不算太繁重。埃及最重要
862 的人物是克莱奥麦奈斯（Cleomenes），一个来自瑙克拉提斯的希腊人。他被任命为东到阿拉伯地区的指挥官，中心在赫洛波利斯（Heröopolis）。但是同时他又控制着埃及的全部财政体系，从当地政府收取贡赋。这使他控制了公共支出、王室卫队和军队的薪资，以及亚历山大里亚城的建造。在公元前 4 世纪 20 年代的大饥荒中，他利用其财政权力控制了埃及谷物的销售，将其以极高的价格出口，价格高达每升 32 德拉克马。其利润一部分用于亚历山大里亚城宏伟的公共建筑，甚至给城市的创建者（即亚历山大——译者注）都留下深刻印象。阿里安（*Anab.* Ⅶ. 23. 7 – 8）引用了一封臭名昭著的信件，信中亚历山大指示克莱奥麦奈斯为赫费斯提昂建造英雄祠（*heroa*），承诺免去他所有的罪行，包括过去的和将来的。如果侵吞公款的结果是让政府获得充足的收益，那就可以宽恕。克莱奥麦奈斯自己最终被承认为总督，但因为他控制着财政，这一职位实际上从一开始就在他手里了。在他向亚历山大证明了自己的价值后，他的身份最终得以合法化，尽管亚历山大的权威很大程度上被篡夺了。亚历山大去世时，埃及仍是一个总督辖地。当时托勒密取得了它，作为他支持佩狄卡斯的条件。克莱奥麦奈斯（一度）成为他的骑兵长官（*hyparch*），因为通敌嫌疑，在佩狄卡斯入侵之前被处死。[42] 托勒密确保两个王国是一个行政统一体，而且有高达 8000 塔兰特的财政储备（Diod. ⅩⅧ. 14. 1）。这意味着托勒密一到达埃及就能大规模地招募雇佣军，并且享有埃及数量庞大的集中起来的税收。到公元前 321 年，这一领土已经成为他个人的封地。在击退佩狄卡斯后，他认为那是他“用长矛赢得的”土地，一个持久的君主国的基础自此奠定。[43]

高伽美拉战役之后，亚历山大进行了一种试验，即从波斯贵族中选任总督，在马其顿将军和驻军指挥官的监督下行使职权。在巴比

[42] Paus. Ⅰ. 6. 3；Arr. *Succ.*，F 1. 5（Roos）；参见 Seibert 1969（B 108）51，112。

[43] 请见 *CAH* Ⅶ². Ⅰ，122 – 33，以及 Seibert 1969（B 108）74 – 5；1983（A 54）222 – 6。

伦，早在阿塔薛西斯三世时就担任奇里乞亚和叙利亚总督的马扎欧斯，率领该城投降，得到的奖赏是巴比伦总督（他可能有一个巴比伦人妻子）。他控制着行政管理，甚至发行货币（最初带有他自己的名字），[44] 但是他的行动受到一位被指派来收取贡金的独立官员的限制。两位马其顿高官阿伽同（Agathon）和阿波罗多鲁斯（Apollodorus）控制着巴比伦的卫城以及总督辖地的武装力量。在苏萨甚至波西斯也有类似的安排。主要问题在于忠诚。在困难时期，波斯总督会支持他们的新国王吗？在米底和帕提亚伊，尽管最早的总督都经历过阿契美尼王朝统治之下的耻辱，但是在公元前 329 年比索斯猛烈反攻期 863
间，忠诚仍有欠缺（见上文第 821 页）。两人都被前任取代，在米底是阿特罗帕泰斯（Atropates），在帕提亚伊是弗拉塔菲奈斯（Phrataphernes）。他们都曾追随大流士到最后。但他们向亚历山大展示了同等的忠诚，并体面地保留了总督职位，直到亚历山大统治结束。

其他地区更为麻烦。在阿雷亚，萨提巴扎奈斯公开与比索斯勾结，并坚持了近一年的对亚历山大的游击战。他的继承者兼竞争者阿萨凯斯也并未取得更大成功，被一位“王友”即索利的斯塔萨诺（Stasanor of Soli）取代，后者最终平定了总督辖地。至关重要的通道阿拉科西亚也被置于一个马其顿人麦农的掌控之下。巴克特利亚和索格狄亚那的政策也有所改变。在轻松占领奥克苏斯河以南领土之后，他指派波斯贵族阿塔巴祖斯担任总督，后者是前任总督比索斯公开的敌人。但公元前 329 年夏普遍的反叛，充分证明轻松的征服其实是幻觉。在一年艰苦卓绝的战争后，阿塔巴祖斯被迫放弃其控制权，旋即被“黑子”克雷图斯取代，后者又被尼科劳斯（Nicolaus）之子阿明塔斯取代。该省总督掌控着帝国最大的地区性军事力量，有 1 万名步兵和 3500 名骑兵，并监管着常规的希腊—马其顿城市建造网络（见下文第 867 页）。个别的伊朗领主，如帕拉凯泰的科利奈斯（Chorienes of Paracetae），可能会被限制在他们自己的领地内，但实际的政府牢牢掌控在马其顿人手中。

印度领土处于阿契美尼王朝统治的现有领土之外，亚历山大并没有建立系统的总督辖地来进行管理，而是大量起用当地王公，经常让

---

[44] Bellinger 1963（B 187）60－8；参见 Badian 1965（D 136）171；Bosworth 1980（B 14）315。

他们彼此掣肘。在公元前327年艰苦战斗发生地的喀布尔河流域，亚历山大指派了一个总督，后者拥有一支规模适当的驻军，以便继续平定工作。在他的控制之下，还有一批印度骑兵长官，其中一些是由亚历山大恢复其势力的流亡者，如佩乌凯劳提斯的桑盖乌斯（Sangaeus）（Arr. *Anab.* Ⅳ. 22. 8），或奥努斯的西斯科图斯（Sisicottus）（Arr. *Anab.* Ⅳ. 30. 4）。他们可能履行了大部分民事政府职能。严格说来，在印度还有另外一个总督，即马卡塔斯（Machatas）之子腓力（Philip），对叙达斯佩斯河以西和印度河与阿凯西奈斯河交汇处以南的地区，他有着全面的管理权。当地统治者再次处于从属地位，尤其是塔克西莱斯（Taxiles）。此人曾邀请亚历山大进入印度，但是他仍要缴纳贡金，其首府也驻守了一支马其顿军队。征服的最大受益者是波鲁斯，他将自己的统治范围扩展到了叙法西斯河岸。他可能有总督的头衔（Plut. *Alex.* 60. 15），但是实际上可能大权在握，并不受马其顿军队或马其顿指挥官的节制。在信德，有另一个总督——阿盖诺尔
864 （Agenor）之子佩同（Peithon），他有从阿凯西奈斯河交汇处到大海之间地区的军事指挥权，控制着因公元前325年的残酷战役被迫臣服的诸侯王公。

印度的安排并没有持续多久。公元前325年后期，当时掌控着科芬河流域及印度北部的腓力被他的雇佣军队刺杀（Arr. *Anab.* Ⅵ. 27. 2；Curt，Ⅹ. 1. 20 – 1）。这迫使国王压缩他的指挥体系。因为国王全神贯注于他的西部计划，并不热衷进一步卷入印度事务。因此，他撤回了直接控制喀布尔河流域的总督，将佩同从曾经的南部总督辖地调离。印度河与叙达斯佩斯河之间的土地委任给了塔克西莱斯，他在一位马其顿助手欧达穆斯（Eudamus）协助下进行统治，而波鲁斯的领地扩张得更远，达到帕塔拉和印度洋。[45] 这就形成了一个巨大的缓冲地带，即便是波鲁斯的正式命令，到这里也会很大程度上被忽视。马其顿人撤出了印度的大部分地区，只留下一些城市基地，作为征服的堡垒。只有喀布尔河流域还在严格控制之下，有大量驻军，成为任何将来入侵的前哨地区和大门。

最后的发展在公元前325/4冬季亚历山大回到西部后到来。当他

---

[45] Arr. *Sue.* F Ⅰ. 36（Roos）；参见 Berve RE XIX. 219；Bosworth 1983（D 158）。

不在之时，中部伊朗有许多民族主义的起义，米底和阿拉科西亚也出现了麻烦。总督们倾向于以独立的专制君主行事甚至篡权，如奥克西奈斯（Orxines）在亚历山大的第一个总督弗拉萨奥泰斯死后所做的那样。因此就有了一系列整肃，过分强势的总督以政治腐败之名被处死，而这样的借口很容易找到。[46] 阿斯塔斯佩斯在卡曼尼亚被处死，波西斯的奥克西奈斯和苏西亚那的阿布利泰斯命运一样。他们的继承者都是忠诚度无可怀疑的马其顿人。国王的救命恩人佩乌凯斯塔斯取得了波西斯的总督权，他积极鼓励学习波斯人，自己也积极吸收当地文化。特莱波莱穆斯（Tlepolemus）则取得了卡曼尼亚的总督权，这得益于他在帕提亚伊数年的军事主管经历。但是米底则相反，马其顿指挥官被推翻。克莱安德和西塔尔凯斯被控渎神和政治腐败并被处死。这里出现的证据又是不服从。他们的行为类似半独立的君主（参见 Curt，Ⅹ. 1. 7），而这在马其顿或东方都是不能容忍的。另一方面，米底的伊朗人总督阿特罗帕泰斯还保留着他自己的职位与威望。亚历山大照例只有短期打算。很难看到任何超越基本需求的更广泛的政策，只要总督能够以最小的代价来维护和平，他的王权得到广泛且无条件的接受，就可以了。

二　财政管理

对亚历山大来说，财政很少成为问题。他的军事活动费用要么依靠税收，要么来自他在波斯国库中发现的巨额金银储备。[47] 总督辖地基本上需要自己去筹集税金，就如在阿契美尼王朝统治时期一样。考虑到局部战争和反叛的盛行，在管理和常备军费用之外就很少有剩余了。一些特别富裕或复杂的总督辖地有单独的财政官员。尼西亚斯在吕底亚就负责“贡品的估价和收集”（Arr. *Anab.* Ⅰ. 17. 7）。[48] 巴比伦尼亚也有单独的官员管理税收，腓尼基城市也一样。他们控制的金钱让他们拥有了权力。我们已经看到克莱奥麦奈斯如何通过操控贡赋而 865

---

[46] 请见 Badian 1961（D 134）17 – 23 提供的文献证据，参见 1985（D 142）474 – 9。

[47] Strabo ⅩⅤ. 3. 9 提供了一个数据：在埃克巴塔那聚集的储蓄总量是 18 万塔兰特，亦见 Diod. ⅩⅦ. 80. 3；Justin Ⅻ. 1. 3。关于其差异的讨论，见 Bellinger 1963（B 187）68 – 70；Bosworth 1980（B 14）330。

[48] 关于其阐释，请见 Bosworth 1980（B 14）130；请与 Griffith 1964（D 183），Wirth 1972（D 247）比较。

成为实际上的埃及总督。在小亚细亚南部，菲罗克塞努斯的情形可能也类似。公元前 331 年被指定去“收取托罗斯山这边的贡金”（Arr. *Anab.* Ⅲ. 6. 4），这一委任可能就包括了卡利亚和弗里吉亚的总督辖地。他成为这片次大陆最具影响力的人物之一，可能就是他继承年老的公主阿达成为卡利亚总督。[49]

最重要的财政官员毋庸置疑是哈帕鲁斯，他控制着帝国的中央国库。从公元前 330 年到公元前 325 年末他自我放逐前，他监管着税收的储备，先是在埃克巴塔那，然后在巴比伦，他的权限也扩展到中部省份。他的继承者——罗德斯的安提麦奈斯（Antimenes of Rhodes，他显然不再有如此权势）能够直接命令总督辖地，并且成功地重开一种此前已废弃的巴比伦进口税，对象是来拜访的总督和使节。[50] 哈帕鲁斯实际上是一个专权者，行动犹如国王，并监管着远及利凡特海岸的国王国库。没有任何一个普通总督能够抗拒这位国王的朋友和钱袋监管者，而且他的职责逐渐扩展到超越简单的控制金钱。公元前 326 年，他负责中部总督区给印度派去的一支雇佣军（Curt，Ⅸ. 3. 21；Diod. ⅩⅦ. 95. 4），随军带着大量的装备和医药（但似乎没有
866 金钱）；看起来似乎是他提供了全面的后勤支持，协调着帝国中心区的资源、人力以及金钱。

哈帕鲁斯的一个主要职责是制造王国的货币，这可能也是以钱币中心为基地的其他财政官员的职责。亚历山大首先只从培拉和安菲波利斯的造币厂发行货币。[51] 著名的四德拉克马银币，其图案为赫拉克勒斯头像和坐姿的宙斯，与图案为雅典娜头像和有翼的尼凯的斯塔特尔金币同时发行。伊苏斯战役之后，补充了来自利凡特海岸（塔苏斯、米利安德鲁斯、毕布罗斯和西顿）造币厂的货币。高伽美拉战役后，巴比伦的造币厂也开始运转。同时，与在西顿和塞浦路斯城市一样，[52] 王室钱币作为一种政策行为，完全取代了当地的货币发行。

---

[49] Bosworth 1980（B 14）281 – 2 对此进行了讨论。其他解释的先决条件是有两个名叫菲罗克塞努斯（其职责有些重叠的范围）的人：一个是卡利亚总督，另一个是伊奥尼亚希腊城邦的监管者［参见 Berve 1926（D 146）Ⅱ nos. 793 – 4；Bengtson 1937（D 145）；Badian 1966（D 137）56 – 60］。

[50] Arist. *Oec.* 132b28 – 53a4. 并见 Berve 1926（D 146）Ⅱ no. 89。

[51] 关于年代问题，请见 Bellinger 1963（B 187）3 – 15，以及 Zervos 1982（B 217）和 Price 1982（B 212）之间的意见交换。

[52] 参见 Newell 1916（B 211）；Merker 1964（B 207）；Mørkholm 1978（B 209）［请与 Gesche 1974（F253）比较］。

在其他地方，当地的货币则继续流通。奇里乞亚就是如此，巴拉克鲁斯和他的阿契美尼王朝前任一样，制造以他自己名字命名的铸币。同样的情况也发生在巴比伦，马扎欧斯首先发行了以他自己名字命名的狮子图案的斯塔特尔金币，但是后来4次发行了没有图案的铸币，使得前者不再流行。[53] 当地的货币发行仍在继续，不过逐渐没有什么名气了。相反，亚历山大的钱币成为标准的、帝国范围的货币，且专属于他自己，带有他的名字，宣告他的世界王权。

三　创建城市

亚历山大建造的城市可能是他最为持久的纪念。普鲁塔克在一个著名的段落里（*Mor.* 328E）将70座城市的建造归功于他，包括蛮族人的与亚洲人文明中心和文化区的城市。这一数目可能有所夸大，所产生的效果也是如此。亚历山大建造的城市绝大多数是军事控制中心和不安定地区的驻军点。这些活动在他父亲生前已经开始，时为公元前340年，当时他遵循了腓力在色雷斯建城的范式，撤空了起义的麦狄人首府（位于斯特里蒙河上游），重新安置混居的移民人口。该城仿照腓力城而命名为亚历山大城。[54] 同样的事情也发生在围攻加沙和推罗时，当地的庇里阿西人在一支马其顿驻军的监管下被重新安置进入被摧毁的城市。但是这时并没有新建立的城市，永久性的公民团体也并非只有希腊人。

相反，埃及的亚历山大里亚是一座全新的城市，覆盖了拉科提斯
村（Rhacotis）的旧海港。这里没有军事上的考量。史料强调其遗址 867
富丽堂皇，这得益于这里得天独厚的气候，富饶的农田和与内地进行商贸的良好位置。[55] 从一开始，亚历山大就对其发展表现出强烈的个人兴趣（Arr. *Anab.* Ⅶ. 23. 7），可能将其视为一个使其父亲腓力黯然失色的基地。通过他个人为市政广场和主要是希腊神灵神庙选址，亚历山大表明这是一个希腊式的城市（Arr. *Anab.* Ⅲ. 1. 5）；希腊移民也从希腊大陆、埃及和昔兰尼地区被吸引过来。埃及居民形成了一个

---

[53] Von Aulock 1964（B 184）（关于巴拉克鲁斯的论述）；Bellinger 1963（B 187）70 – 7（关于马扎欧斯的论述）。

[54] Plut. *Alex.* 9. 1. 参见 Hammond and Griffith 1979（D 50）Ⅱ 557 – 9。

[55] 参见 Fraser 1972（A 21）Ⅰ 5 – 7，Ⅱ 4 – 10；Cavenaile 1972（F 420）；Jähne 1981（F 456）68 – 72。

次等阶层，统一依附于新的城市，为丰饶的农业土地提供劳动力，这些土地又为新的城市提供生计所需。

下一座城市建造于公元前330年后期，这时阿雷亚的亚历山大里亚（即赫拉特）和阿拉科西亚的亚历山大里亚（或许是坎大哈）[56]已经建立起来，其目的是协助遏制比索斯所激起的动荡。我们拥有位于兴都库什山中部高加索的亚历山大里亚（贝格拉姆）的明确证据，亚历山大向那里派遣了3000人的希腊和马其顿军队，监管着7000名当地居民。这一地点在公元前327年进一步扩大，有了更多退伍军人和更多当地人民。这一模式也在巴克特利亚和索格狄亚那发展起来。新建造的最远的亚历山大里亚是作为抵制游牧民族穿过亚克萨特斯河侵袭的防御点而发展起来的，公元前329年反叛中的战俘被安置于此。他们"被释放了"，以便为新城市提供农业劳动力，其中的公民团体由希腊雇佣军和马其顿退伍老兵组成。[57]这里和这一地区的诸多其他新"城市"一样，本质上是一个驻军点，在这里，希腊的精英战士团体由当地居民供养，这些居民从他们古老的居住地被迫迁移到这里来。这一过程很好地为在阿伊卡努姆（Ai-Khanum）的法国考古学家证明。此地可能就是阿姆河上的亚历山大里亚遗址。新的城市建立在一块因已经存在的水渠网得到良好灌溉的平原上。这一地区显然采用精耕细作，但是没有关于更早时期定居的痕迹（在其卫城可能曾有驻军）。[58]希腊式的城区犹如一个被塞进来的物件，满布体育馆、剧场，一个为建造者提供的洗浴场所，以及一个供军事统治者所用的宫殿，这一宫殿甚至让维尔吉纳的宫殿都显得矮小。但是其主要建筑属于公元前3世纪及以后。亚历山大建立的共同体可能过着拓荒者的朴素生活。

868 随后的战争年代，亚历山大在遇到激烈抵抗或反叛的任何地方都会建立类似的城市。在科芬河流域至少发现了一座城市；在印度河平原发现了两座城市：尼凯亚和布凯法拉。两城都建造在叙达斯佩斯河的对岸，作为在东部地区割让给波鲁斯以后的边界防御工事。在信德，一个相似的工程开始了，但是这里的城市建造并未完成，因为亚

---

[56] 关于对该地的确定，见 Fischer 1967（D 173）；Fraser 1979 – 80（B 140）。

[57] Curt. Ⅶ. 6. 27；Justin Ⅻ. 5. 12；Arr. *Anab.* Ⅳ. 4. 1. 参见 Briant 1982（F 10）244 – 7。

[58] Bernard 1973（F 5A）I 69ff；1980（F 6）435ff.

历山大离开那里去了西部，可能在总督佩同转移到科芬河流域时并未幸存下来（见前文第 864 页）。但是遏制的理念仍在继续。在奥雷提斯，这一地区最大的村庄兰巴奇亚作为一个亚历山大里亚被重新安排，其人口部分从阿拉科西亚向北迁移而来；在扎格罗斯山区，诸多城市在科萨埃人地区建立起来，当地的游牧民族极不情愿地被当作农业人口使用。其他城市，如接近底格里斯河口与幼发拉底河口的城市，并不是这样的驻军中心，而是为了进行阿拉伯远征的战略要地，远征阿拉伯又是为了向波斯湾殖民（见前文第 844 页）。这些城市自然对当地居民造成了困苦。同样也不受希腊居民欢迎，他们也处于对亚历山大的畏惧之中。亚历山大去世时，其中的 2 万人在遥远的东方聚集起来，前往利凡特海岸，"表现出对希腊生活方式的渴望"（Diod. XVIII. 7. 1），结果遭遇从巴比伦派遣来的马其顿军队的大屠杀，他们因此认识到自己的居处是永久的。塞琉古仍把殖民作为一个诱人的前景，启动了大规模的城市建造计划，从而导致了近东的部分希腊化。

四　小亚细亚的希腊人

在帝国内部，小亚细亚的城市是不同寻常的。解放它们是公开宣称的对波斯战争的目标（Diod. XVI. 91. 2；XVII. 24. 1）。但是，它们又是一个战争地区的战略棋子，不能给予无限制的自治。如果战争的前景不乐观，环境无法缓和，则它们可能会像格吕奈翁（Gryneum）小型的埃奥利亚共同体一样遭受奴役，后者在公元前 335 年受到帕尔麦尼昂的袭击。[59] 另外，在所允许的最后一刻投降的米利都，则被授予自由，或者从被奴役中解放出来。这是一个非常重要的资格。在实践中，自由并没有多少实际意义，仅仅是中断了波斯的统治。比如，当地的吕底亚人就被宣布得到他们根据祖先的法律享有的自由——在马其顿总督的统治下交付贡金（Arr. *Anab.* Ⅰ. 17. 4，7）。希腊城市中 869
的所有居民，尽管得到了自由，也受到国王的影响。当自治作为一种奖赏时，这是国王个人的礼物。正式的协议，如与遥远东方的科拉斯

[59] Diod XVII. 7. 9. 格吕奈翁曾经是授予亲波斯者埃莱特利亚的贡古鲁斯的封地（Lewis 1977）[（A 33）54]，和索格狄亚那的布兰奇戴家族（Branchidae of Sogdiana）一样，其居民可能曾被认为带有前代人的原罪［Bosworth 1988（D 159）108 –9］。

米亚人或昔兰尼地区的希腊共同体签订的协议（Arr. *Anab.* Ⅳ. 15. 2 - 4），都是与帝国范围之外的人民达成的。在帝国内部，亚历山大的行为犹如一个胜利者和善意的专制君主，宣布他认为合适的条款。作为这次复仇战争精神中心的伊利昂，可以得到他的优待，被判得到自由，并免除了贡金（Strabo Ⅻ. 1. 26）。不过，在遭受一次寡头派的反叛并有大量同情马其顿者被流放的以弗所，亚历山大出面干涉，阻止了对寡头们的全部屠杀，并监督建立了一个民主政体。先前交付给波斯的贡金被转移到阿尔特弥斯神庙。[60] 不管最后的方案如何积极，亚历山大还是作为一个专制君主在施加影响。

亚历山大从以弗所派遣阿伽托克勒斯之子阿尔奇马库斯前往尚处在波斯统治下的埃奥利亚和伊奥尼亚地区，给他的指示是建立民主政体、恢复自治和免除贡金（Arr. *Anab.* Ⅰ. 18. 2）。这是一个著名的插曲，但并不能当作普遍的宣言，毋宁说是为赢得受到波斯舰队威胁地区的一种姿态。民主政体是针对波斯所倾向的寡头政体一种可预料的反应。亚历山大可能将其当作统治伊奥尼亚城市的自然形式，后者的共同祖先是雅典，正如他宣称民主政体是本都的阿米苏斯的先祖政制一样（App. *Mith.* 8. 24, 83. 374）。后来，埃吕特莱和科罗丰也以得到亚历山大授予的自由而自豪。[61] 大量给予恩惠有利于马其顿人的利益，在公元前 334/3 年的战争形势下，自治必然是有限的，接受保护性驻军肯定不是其中最不要紧的，而是战争的需求使亚历山大倾向于慷慨。米利都和哈利卡纳苏斯之间的城市受到了波斯舰队的威胁，被允许自治并被豁免了贡金。我们也有民主政体在亚苏斯确立的明确证据，其确立是在两个巨头戈尔古斯和明尼翁善意的监管下进行的，他们可以向国王进言并且得到了国王的恩宠。

证据详尽的只有普利埃奈。国王以他自己的名义在这里重新捐献了城邦之神雅典娜（Athena Polias）的神庙，以尊崇这位庇护他复仇性远征的女神。有关的部分档案留存下来，文件开头是对亚历山大优待这座城市的一部法令的摘录。[62] 文本的残篇是关于自治和土地占有

[60] Arr. *Anab.* Ⅰ. 17. 10 - 12. 参见 Badian 1966（D 137）47；Heisserer 1980（B 143）58 - 9。

[61] *OGIS* 223（ = Welles，RC I 5），line 22（Erythrae）；*AJP* 56（1925）361（Colophon）.

[62] Tod no. 185 = Harding no. 106 = Heisserer 1980（B 143）142 - 68. Sherwin-White 1985（B 175）esp. 80 - 7 对其进行了重新编辑，强调了其档案的性质。

870

的内容。定居在海港城镇瑙罗孔（Naulochum）的普利埃奈公民被宣布自由和自治，相比之下，一些非普利埃奈人群体的自治就受到限制。内陆地区的特定区域没理由地被宣布为王室土地，需要缴纳贡金（phoroi）。相反，普利埃奈城市得以免除贡税（syntaxis）——贡税是一种困难的表述，曾被解释为一种周期性的款项，或为了那场战争而进行的一次性征收。[63] 不管是什么含义，普利埃奈很明显得以免除了一种相当常规的税收。正如档案所宣称的那样，这一共同体确实受到高度优待。国王以对城市非常有利的方式处置他们的事务。但是，如果环境不同，他的法令就远不是那么富有善意了。潘菲利亚的阿斯彭杜斯人就发现了这一点。他们在投降时要求不能强行在他们城内驻军。亚历山大的报价是立即交付 50 塔兰特作为军费，并要他们像对波斯国王那样，继续进贡马匹。当阿斯彭杜斯人抗拒这一要求时，他们就被置于总督的直接控制之下，并对他们双倍征税，而且还要以现钱纳贡（Arr. *Anab.* Ⅰ. 26. 3，27－4）。优待与否的条件由亚历山大独自决定，并随着军事形势而改变。

希腊人城市极不可能被纳入科林斯同盟的正式框架中。[64] 正如我们已经注意到的，没有任何关于条约或联盟的记载。将亚洲的希腊人纳入科林斯同盟中被公认为是一个极好的宣传姿态，后者能够表现出它们在东征中得到了解放。但是我们的资料中没有此类宣传的线索。考虑到托勒密和阿利斯托布鲁斯对王室辩护的敏感，这是一个极大的疏漏。除非有新的证据出现，否则最好是将希腊人城市看作被征服领土中主要的自治实体，依托于王室持续的优待。到公元前 331 年，亚历山大认为希腊城市人已经解放，高伽美拉战役之后，他宣称所有的僭主政体都被废除，自治获得了胜利（Plut. *Alex.* 34. 2）。此后，亚洲的希腊人问题不再是一个主要关注点，关于沿海城市的主要证据都与一个神秘的菲罗克塞努斯有关，后者活动在小亚细亚的西南沿海。最合理的假设是，他是在阿达死后占据卡利亚的财政监管人（见上文第 865 页）。作为总督，他可能干涉罗德斯以拘捕哈帕鲁斯的司库官（Paus. Ⅱ. 33. 4）。他也对“自治的”以弗所行使权威。在某个赫格

---

[63] 关于对此不同的解释，见 Badian 1966（D 137）48；Bosworth 1980（B 14）166，281；Sherwin-White 1985（B 175）84－6。

[64] 这是一个最具争议的话题；关于其书目，见 Seibert 1972（D 232）85－90。

夏斯被谋杀后，他占领了这座城市，后者属于占优势地位的马其顿
871 派。他率兵进入该城，逮捕罪犯，将他们送进萨尔狄斯的监狱，以等候亚历山大的审判。[65] 这不大可能是一个孤立的事件。在爱琴海战争的混乱状态中，总督们可能认为他们有强加自己意志的权力，如有必要的话会通过武力。干涉的习惯一旦建立，就很难清除。这说明了城市地位的不确定性本质。自治的宣称并不能保证没有高压，如果这种高压适合国王或他的总督的话。亚洲的希腊人确实是有特权的，但他们同样是被统治者。

五 国王与神灵

亚历山大的统治标志着统治者崇拜发展的一个分水岭。在他之前，对活着的人给予神灵般尊崇的案例非常少见，且颇有争议。后来，崇拜几乎成为常识。但是亚历山大的行动和信念并非无源之水。凡人与不朽神灵之间最初的绝对区分已经遭遇不同程度的动摇。品达的语言如此雄辩地说明了人的生命和成就短暂的本质，却也着实暗示，胜利后的得意时刻中，曾有那样的瞬间，让人接近于神。公元前4世纪，这种萌芽中的思想得到进一步发展，当时伊索克拉底（Ⅸ. 72）把塞浦路斯的埃瓦戈拉斯视为人中之神。与亚历山大更加相关的，是亚里士多德能够想象出一种完美的君主政体，其中，统治者似乎要远远优越于他的同侪，以至于犹如人中之神。他显然赞同这种普遍的说法，即人可以通过展示非凡的卓越而成为神。[66] 偶尔（即使非常罕见）也有实际给予一个活着的凡人这类荣誉（与英雄相对的神一般的荣誉）的例子。据萨摩斯的杜利斯（Duris of Samos）记载，吕桑德是第一个得到祭坛和供奉的希腊人。杜利斯关于萨摩斯人国家节日改名为吕桑德雷亚（Lysandreia）的说法，现在得到了铭文的证实。[67] 受到此种崇拜的，是吕桑德的世俗权力。羊河战役以后，他的权力达到顶峰。给予腓力的荣誉，即使不完全一致，至少也类似。他的塑像（并非一个供祭拜的塑像）被安放在以弗所的阿尔特弥斯神

---

[65] Polyaen. Ⅵ. 49. 关于这一故事的历史真实性，见 Badian 1966（D 137）56 –7, 64；请与 Tarn 1948（D 239）Ⅱ 174 –5 比较。

[66] Arist. *Pol.* 1284a10 –11, 1332b16 –22；*NE* 1145a19 –27.

[67] Plut. *Lys.* 18. 5 – 6（*FGrH* 76 F 71）. 关于吕桑德雷亚节，见 Habicht 1970（A 26）243 –4；Badian 1981（D 141）33 –8。

庙中（Arr. *Anab.* Ⅰ. 17. 11）。最引人注目的是，埃莱苏斯小城的人民竖立了一座宙斯—腓力（Zeus Philippios）的祭坛，将马其顿国王与对宙斯的崇拜紧密结合起来（Tod no. 191 = Harding no. 112 B, line 6）。如果我们相信狄奥多鲁斯（XⅥ. 92. 5，参见 95. 1），则到腓力死去时，他倾向于将自己与奥林匹斯 12 主神联系起来。[68] 这可能是国 872
家法令与个人逢迎长期发展的顶峰。如果腓力认为他自己超越了人类，这并不奇怪。

从最早年代起，亚历山大就着力强调他的英雄世系，他的母系出自埃亚库斯（Aeacus）和阿基里斯，父系出自赫拉克勒斯。他毫无疑问地相信这一点，并总是渴望仿效他的祖先，追随赫拉克勒斯和佩尔修斯去往西瓦绿洲，并着手围攻奥努斯山，其原因是当地的传统认为赫拉克勒斯未能攻克这里。但是亚历山大认为，通过他的英雄世系，他远非宙斯最久远的旁系后代。这表明，他是神灵的直系儿子。奥林匹娅丝通过宙斯受孕的故事（假借一个雷霆或一条蛇完成）被塞琉古一世直接效法，后者宣称自己母亲得到了阿波罗的拜访。[69] 他们显然是同时代人。亚历山大即位后（在这之前，除了腓力外，任何其他父亲的暗示都是危险的），开始流传一种议论，即他和赫拉克勒斯一样，有两个父亲。这一论断导致米利都的神谕在公元前 331 年传达到亚历山大，这一神谕明确回答了关于他生自宙斯的问题（Callisthenes, *FGrH* 124 F 14a）。阿里安（*Anab.* Ⅲ. 3. 2）甚至宣称，亚历山大相信他自己的祖先是阿蒙神，即宙斯在利比亚的称谓，这一观念可能在他拜访西瓦之前就已经形成了（见上文第 811 页）。请求神谕对他来说有着深远的意义。卡利斯泰奈斯强调主持的祭司公开将他当作宙斯之子欢迎。所有的资料都表明，这次请求的主题就是神灵之子。后来，国王与宙斯—阿蒙的联系在宫廷中尽人皆知，成为阿谀奉承的主题。这种风气在马拉坎达激怒了克雷图斯，而在奥庇斯，叛乱者的辱骂又激起了亚历山大的愤怒（Arr. *Anab.* Ⅶ. 8. 3）。到公元前 324 年，德摩斯梯尼就讽刺性地提出，只要亚历山大愿意，他可以是宙斯的儿子，也可以是波塞冬的儿子（Hyper. *Dem.* Col. 31），这一观

---

[68] 关于腓力在雅典受到崇拜的证据（Clem. Al. *Protr.* Ⅳ. 54. 5）值得高度怀疑，见 Fredricksmeyer 1979（D 87）；Badian 1981（D 141）。

[69] Justin XV. 4. 2 –9；参见 Günther 1971（H 55）66 –73；Hadley 1974（A 27）58。

点显然也广为人知。

作为一个神灵之子，并不必然意味着神性。但是早先的赫拉克勒斯已经超越了这种障碍，一个英雄—神灵（Pindar *Nem* Ⅲ.22），他在完成尘世上的事业之后进入奥林匹斯，作为赫柏的丈夫幸福地生活着。这种神化的理念在亚历山大时非常盛行，早在公元前328/7年索格狄亚那战役时就在宫廷中讨论了，这时的国王被赞颂可与狄奥斯库里媲美。这是阿里安（*Anab.* Ⅳ.10.5－7）和库提乌斯（Ⅷ.5.8）所记载的关于跪拜礼的争论中最主要的主题之一，也是亚历山大统治
873 期间最具传奇色彩的一个情节。公元前327年暮春，亚历山大试验了波斯宫廷中的礼节形式，希腊语谓之“跪拜礼”（proskynesis）。在波斯宫廷，表示敬意的行动或者是轻微的鞠躬，或者是完全的匍匐，这种礼仪完全是世俗性的，在波斯社会的各个阶层都能发现。[70] 然而，在希腊世界，跪拜礼是一种祭祀仪式，只针对神灵，通常是站立的姿势，偶尔有跪拜（这一姿势有时会被嘲笑为不庄重）。[71] 对于波斯的跪拜礼有着普遍的不安。希腊人倾向于认为这是不能接受的卑屈，与任何自由的理念都不相容。要求他们以一种与宗教崇拜有关的行动来尊崇一个凡人，当然会产生宗教上的疑虑。蛮族人可以随意地敬畏他们的国王。

亚历山大似乎试图将跪拜礼既强加给希腊人，也强加给马其顿人，但激起了坚决的反对。奥林图斯的卡利斯泰奈斯代表了这种情绪，并有详尽论证。有两段情节得以记载下来，两者都（与一般的观念相反）是可信且一致的。[72] 第一个由宫廷侍从——密提林的卡莱斯记载，内容是一次只有少数亲密者参与的会饮。所有人开怀畅饮，施行跪拜礼且接受国王的吻礼。然而，卡利斯泰奈斯试图避免跪拜礼，但是被发现了，被剥夺了吻礼。他极端愤怒地离开了会饮现场，但其他宾客显然服从了，可能还鼓励亚历山大扩展这一试验。更公开

---

[70] Hdt. Ⅰ.134；详情见 Bickerman 1963（D 148）；Frye 1972（B 20）。

[71] D. L. Ⅵ.37－8；关于完整的文献，见 von Straten 1974（H 106）。

[72] Plut. *Alex.* 54.4－6；Arr. *Anab.* Ⅳ.12.3－5（Chares F 14）；Plut. *Alex.* 54.3；Arr. *Anab.* Ⅳ.10.5－12.2；Curt. Ⅷ.5.8－24（关于宴会场景的描写）。两个版本之中，卡莱斯的观点大致得到认可，与之相反的是另一种传统［参见 Brown 1949（D 161）244；Balsdon 1950（D 144）379－82；Hamilton 1969（B 54）152－3］。Badian 1981（D 141）48－54 将卡莱斯斥为一种辩护性的虚构。关于对两个不同情节的接受，见 Goukowsky 1978－81（B 45）Ⅰ 185；Bosworth 1988（B 15）Ⅰ 13－23。

的仪式出现在一次大宴之后，这时国王鼓励希腊知识分子之间的争论。我们的资料很明显地以罗马帝国时期的隐晦之语修饰了他们的材料，但是也有来自主要传统的共同的基础材料。人们根据宗教上的理由，对强推跪拜礼进行论证和攻击。拥护者争辩说，国王已经超越了赫拉克勒斯和狄奥尼修斯，他的成就将他上升到神的性质。卡利斯泰奈斯坚持对凡人和神灵尊崇的严格区分，并为希腊的自由传统遭到极度凌辱辩护。他的发言得到支持，尤其是在年长的马其顿人中间。人们公开拒绝跪拜礼，其中还夹杂着嘲讽。当时一位资深"王友"突然爆笑，特别嘲讽了一位波斯贵族跪拜礼的卑贱。这一试验宣告失败，而且再也没有尝试过。跪拜礼仅限于国王的蛮族部属，吻礼则限于马其顿人（Arr. *Anab.* Ⅶ. 11. 1，6）。亚历山大为何要进行这次革 874
新，仍然是一个谜。至少有这种可能性：他现在相信了宫廷中将他拔高到赫拉克勒斯和狄奥尼修斯之上的奉承。自不必说，他从其波斯部属那里得到的敬意举动可能扩展到了宫廷中的其他人，以强调其君权的普遍性。如果这意味着对其神性的认可，那就是更适当的举动。

在其后的年代里，亚历山大的行为愈加放纵。如埃菲普斯（Ephipus，*FGrH* 126 F 5）所说，或如他死后吕西马库斯发行的难以磨灭的钱币所证明的，他将阿蒙神的牛角作为自己服饰的特色。宫廷艺术家阿佩莱斯画了一幅著名的带有宙斯之雷霆杖的亚历山大肖像画，并很自然地因此得到了奖赏（Pliny，*HN* XXXV. 92）。这可能也是在巴比伦打造的亚历山大自己的十德拉克马钱币的模板，这种钱币将其描绘为身着军装、头戴桂冠，右手握着一根雷霆杖的形象。[73] 在宫廷中，他得到了给予一个神灵的所有尊敬，因此阿里安有些讽刺地将到达巴比伦的希腊使者描述为全世界派来的圣使（theoroi）。他们可能不会在实际中那样崇拜，但他们对亚历山大的敬畏，就像对待神灵一样。[74]

在赫费斯提昂于公元前324年末去世后，亚历山大对他自己的需求变得更加直率。他为他的朋友建立了一个英雄祠，并从西瓦的神谕所得到了批准。这在宫廷中成为一种仪式，并由像瑙克拉提斯的克莱

---

[73] 参见 Bellinger 1963（B 187）27；Kaiser 1962（B 199）；Goukowsky 1978－81（B 45）I 61－4。

[74] Arr. Ⅶ. 23. 2．参见 Badian 1981（D 141）55－9；请与 Fredricksmeyer 1979（D 177）、Goukowsky 1978－81（B 45）I 185 比较。

奥麦奈斯这样的人在其他地区形成制度，后者在亚历山大里亚城进献了一座英雄祠，这里似乎曾有少许强迫意味。叙佩利德斯抱怨说，希腊人不得不供奉献给活人的神庙和祭坛，并细致地加以维护，还被迫像对待英雄一样尊崇这些神庙和祭坛的仆人。这里只可能是指把亚历山大当作神崇拜，以及同时对赫费斯提昂的英雄崇拜，[75] 只是后一崇拜是强迫性的。叙佩利德斯暗示，对亚历山大的崇拜实际上是对传统神灵崇拜的损害，只是没有正式规定而已。

在审判德摩斯梯尼之前（见上文第858页），亚历山大的崇拜问题确实在雅典提出过，不过那是否是明确的要求，仍存争议。[76] 众所周知，至少国王本人强烈渴望自己得到神一样的对待。当他下达指示
875 （或者要求）为赫费斯提昂建立英雄祠时，可能就暗示了对他自己神性的认可。这一话题在雅典和斯巴达都引起了争论，但可能都没有结论。在雅典，德马得斯提议的一项法令，主张给予亚历山大某种形式的神灵尊崇：一尊献给“无敌之神亚历山大王”的塑像被提出讨论（Hyper. *Dem.* col. 33）。德摩斯梯尼勉强准备接受亚历山大为神之人子，而吕库古则对这种崇拜的观念表示憎恶（Plut. *Mor.* 842D）。有些荣誉可能曾投票表决，希望借此在萨摩斯问题的争论中获得某种好处（见上文第856页），但是这些都在拉米亚战争之初废止，这时德马得斯正被重罚，并失去了公民权。

其他更友好或更圆滑的城市则爽快地投票通过了对亚历山大的崇拜。这一过程可以追溯到小亚细亚及其岛屿，这里有诸多崇拜都得到了证实。在其去世后的第一代，亚历山大在塔索斯得到的尊崇是一个专门的节日。到公元前270年，埃吕特莱有一个“亚历山大王”的祭司。它是伊奥尼亚同盟每年定期举行的一个节日，并为对安条克一世的崇拜提供了榜样（*OGIS* 222）。在斯特拉波时代，该仪式仍然举行（Strabo XIV. 1. 31）。这一崇拜最有可能起源于亚历山大有生之年正值权势高峰时，但其精确年代难以确定。[77] 亚历山大统治早期，没

---

[75] Hyper. *Epitaph.* 21；参见 Bickerman 1963（D 149）；Habicht 1970（A 26）29－32，219。

[76] 这一可能的要求长期以来是学术界的信条，尤其是在德国［参见 Wilcken1970（A 64）Ⅱ 391；Schachermeyr 1973（D 231）525－31］并由此推论出一些奇特的政治影响［Tarn 1948（D 239）Ⅰ 370－3 追随了爱德华·迈耶（Eduard Meyer）的主张］。关于对其更怀疑的立场，见 Balsdon 1950（D 144）383－8；Badian 1981（D 141）54－8。

[77] 参见 Habicht 1970（A 26）17－25；Badian 1981（D 141）59－63。

有任何神灵般崇拜的记录。公元前331年被送往孟菲斯的神谕，是对他神性的认可第一次得到证实。可能的情况是，后来对赫费斯提昂的英雄化，激发了我们在雅典看到的类似的建议。

公元前323年，这位“神”去世了。关于他已经像赫拉克勒斯一样升到天空的传说迅速发展起来（*OGIS* 4，line 5；Diod. XVIII. 56.2）。他的演化完成了。作为赫拉克勒斯的后代和英雄的后裔，他先是成为宙斯之子，最终成为一个在尘世上显现的神灵。对一个活人的崇拜先例牢固建立起来了，他的继承者们急不可耐地竞相仿效。

（李永斌译　晏绍祥、崔丽娜校）

第 十 八 章

跋

西蒙·霍恩布洛尔

876 在斯巴达的吕桑德与亚历山大大帝之间的四分之三个世纪，即本卷所涵盖的时期中，古典世界有了引人注目的扩展和改变，首先是因为阿契美尼帝国被推翻。本结语的目的是将这一波澜壮阔的变化置于历史背景中。

本卷的诸多内容似乎以这种或那种方式为亚历山大大帝做准备，他自己就占了前述的两章。第十四章和第十五章的主角腓力，显然意在诱导人们把他与亚历山大比较。亚历山大的军队是腓力的，其军队的指挥官即亚历山大的主要顾问也是腓力的。对亚历山大的神化在腓力那里也有先例，亚历山大可能的榜样，就是城市创建者腓力以及老居鲁士的合体。最重要的是，人们可以争论说，亚历山大之所以征服波斯，仅仅是因为腓力曾计划了那次征服（详见下文）。

在腓力的身后，还有一些时代较早但仍属于公元前 4 世纪的独裁者。叙拉古的狄奥尼修斯一世是一个典型（见上文第五章）。他是一个强有力的军事独裁者，将权力紧紧攥在自己手中，所以卓见成效，只不过是他知道自己要走向何处，这是任何时期、任何政府、任何形式政治权力和成功的秘诀。腓力和狄奥尼修斯都有着其他公元前 4 世纪统治者共同的特征，今俄罗斯南部博斯普鲁斯的国王（第九章第六节）或者卡利亚半自治的总督毛索鲁斯（第八章第一节）就是例证。例如，他们都需要在作为有自由意识的希腊人的统治者与作为非希腊人的更绝对的主人这两个角色之间寻找平衡。这种平衡的一个方式就是采用不同的称号来强调某人与这些不同群体之间的联系。

亚历山大生涯的另一方面也在传统希腊城邦中有所预示。例如， 877
即便是在所有希腊城邦中最为传统的（众多城邦之一的）斯巴达①，也曾有个人崇拜的痕迹（见第 29 页关于吕桑德的荣誉），这一话题将亚历山大带进了与其更保守的部属之间的激烈冲突中。

因此，在诸多方面，亚历山大都是某种已经可辨别趋势的高潮或顶峰。这导致一种危险信号，似乎亚历山大的成功比实际更具必然性，这种危险因我们称他为“大帝”而更显严重。称呼某个人为“大帝”，很容易使人联想到这个人是带着某种“使命”而生。这种联想在 19 世纪和 20 世纪德国人对亚历山大的接受中尤其值得注意。② 因此，很重要的是要记住，对他的同时代人来说，亚历山大是马其顿人亚历山大，或者仅仅是亚历山大，而不是亚历山大大帝。第一次明确使用这一称谓是在罗马的史料中，尽管这是关于这一称谓在希腊化时代的希腊人中流行的间接证据。③

“亚历山大大帝”这一称号，连同其浓重的对个人的强调，可能会导致更进一步的暗示，即亚历山大主要是受到他自己个人动机的激励。用心理学的术语来说，实际上他是内驱型而不是外驱型。关于亚历山大自己的心理，文献传统的状态和特征意味着我们几乎完全一无所知，只有一些明显的点，如他模仿了《荷马史诗》中的英雄。但是这一主题可能在古代作家那里被夸大了，因为他们自己就在模仿荷马。因此，甚至把“外驱型”这个相当特别的标签类型安到他头上，恐怕都不稳妥。

---

① 关于吕桑德，见 Badian 1981（D 141）37 – 8；其荣誉可能只是身后之名。关于斯巴达国王，见 Parker 1988（H 92）与 Cartledge 1988（H 11）之间的讨论。关于叙拉古的狄翁，见 Habicht 1970（A 26）8 – 10。还有其他引人注意的尊崇个人的案例，见 Lintott 1982（C 43）353，参见 233f. 和 de Ste Croix 1981（C 70）297 关于西库翁的欧弗隆（死后获得了英雄的荣誉）的记述。关于腓力，见 Diod. XVI. 92 和 *SEG* XXVIII 658（可能是身后的）。关于公元前 5 世纪的情况，值得注意的是 Pouilloux 1954（C 376）63ff：塔索斯的泰亚盖奈斯（Theagenes of Thasos），以及 Thuc. V. 11［哈格农（Hagnon）在安菲波利斯］。关于毛索鲁斯，见 *CR* 1982，110。关于亚历山大与其部属在这一问题上的分歧，最重要的是 Plut. *Alex*. 47 以及上文第 873 页。

② Wailes-Fairbairn 1990（D 241A）.

③ Pfister 1964（D 222）37 – 79. 所谓的海德堡摘要（Heidelberg Epitome）中，*FGrHist* 155 称亚历山大为“大帝”，如果我们确定这是希腊化时代早期的作品（不会是希腊化时代很早时期的作品，因为它提到了公元前 301 年的事情），就应该是第一个这么称呼的史料。然而，围城者德米特琉斯（Demetrius Poliorcetes）在约公元前 303/2 年的一个铭文中被称为“大帝”，可能是因为对亚历山大的记忆（*ISE* no. 7）。公元前 3 世纪末，塞琉古国王安条克三世在其有生之年就被称为“大帝”，见 Robert 1983（F 703）164，很容易让人认为这是对亚历山大的直接模仿（在完成类似亚历山大对“上省”或东部总督辖地的远征之后，安条克获得了这一称号）。

这篇跋试图扼要地对亚历山大远征的动机稍作猜想。他为什么要那么做？马其顿为何要入侵亚洲？

如果将无法回答的亚历山大个人心理问题暂且搁置，我们可以从三个方面来考虑这一问题。每一方面都在时间上让我们从亚历山大本
878 身进一步回溯，因此可称为短时段、中时段和长时段的解释。把它们结合起来，可能有助于将亚历山大的成就置于公元前 4 世纪（及更早阶段）的希腊和马其顿历史背景中。

第一，是腓力的遗产。众所周知，腓力曾计划远征波斯。实际上，公元前 336 年已经有了第一步行动。[4] 对亚历山大来说，要在这个节点废止远征，本身就需要一个明确的决定（如果他想避免某种特殊的“外驱型”动机，即避免完成他父亲的计划——两人关系别扭，他就应直接向西去进攻意大利，而不是向东发展。当时雄心勃勃的斯巴达人和伊庇鲁斯领导人所做的，正是这样）。但是亚历山大继续执行了远征波斯的计划。腓力自己在多大程度上受到希腊理论家的影响——那些人告诉腓力，由希腊人来接管波斯的时机成熟了（笔者猜想会这样，并不绝对），或者腓力多大程度上受到色诺芬和万人远征军部分成功的影响，我们无从得知。这些因素对亚历山大的影响确实有限，但是在他所处的时期，这一计划已经有自己的动力了。

从战略细节上看，在亚历山大最初通过掷矛宣称亚洲是征服之地（Diod. XVII. 17）以后所发生的事情，除一个重要的例外，全部都受到对手波斯人调动的牵制。直到高伽美拉战役前，亚历山大的战事就如一盘棋局，对方的王就是战略目标，后者有限但重大的行动，规定着马其顿军队突破和追击的路线。就我们所能了解的而言，其中一个重要的例外，就是伊苏斯战役后，亚历山大决定暂时向西回转，而不是继续向东。那是一场赌博，基本上由经济上的考虑决定。他的目标（宗教方面的渴望除外）大概是吞并埃及的资源，这也是波斯国家和波斯人的经济利益所在。高伽美拉战役以及波斯国王被俘以后，如反对斯皮塔麦奈斯的游击战争等阶段，那完全是强加给亚历山大这位新的波斯大王的。到印度阶段，他似乎可以自由地做自己想做之事。但到这时，军队已经开始暴动，他最终被外部的反对力量所“驱使”。

---

④ Ruzicka 1985（D I 16A）.

然而，在第一次荷马式掷矛后的10年里，不论亚历山大的领土野心和他的自我想象发展到何种程度，我们都不能忘记腓力的先例和计划已经提供了原初的动力。关于亚历山大对波斯帝国的入侵，这就是短时段解释。

第二，或者说中时段解释的语境，是报复公元前480年波斯的入侵和不虔诚。波里比阿（Ⅲ. 6. 13）将其作为一个纯粹的托词嗤之以鼻。在公元前350年之前伊索克拉底的作品中，这一动机的确几乎完全没有出现过，而那又是我们期望能看到的地方。因此，现代历史学 879
家猜想[5]这是否是近邻同盟树立的先例，即公元前346年神圣战争结束，近邻同盟将进行另一次更大规模神圣战争的想法注入腓力或他的御用史学家卡利斯泰奈斯的思想中。这是一个颇具吸引力的想法，从某种意义上说，可能也是正确的。但是，从公元前479年到罗马时代的任何时期，波斯战争从来就没有从希腊人的思想中消失。普拉提亚战役就是一个范例。早期希腊化时代的一位旅行者称，普拉提亚人除了说他们是雅典的殖民者（实际上是错误的）以及希腊与波斯的战争在他们的领土上发生以外，对他们自己的历史一无所知（Austin no. 83）。修昔底德贬低了这一常规主题，就如他贬低其他诸多回顾往昔或有伤感情调之事一样，但即便是他，也证实普拉提亚有一种解放者宙斯的祭仪（Ⅱ. 71. 2），还有某些为朝圣者准备的旅馆（Ⅲ. 68. 3）。因此，在新的东征前夕，腓力企图重建公元前373年被底比斯毁坏的普拉提亚，以及亚历山大对普拉提亚实际的重建（Paus. Ⅳ. 27 etc.；Arr. *Anab.* Ⅰ. 9. 10），都需要一个特殊的理由。

同样，腓力选择科林斯作为公元前337年其新同盟的盟址，也不能仅仅解释为该城邦的中心位置以及明显的战略重要性，甚至不能用公元前395年科林斯战争中“科林斯议事会”操纵战争的先例（Diod. ⅩⅣ. 82. 2）来解释，而是因为科林斯在希腊人最近一次大规模地对抗一支蛮族军队中的作用：提摩莱昂在克里米苏斯河打败了迦太基人（见上文第713页）。关于科林斯同盟的这一方面，确实没有直接的古代证据，但是这种看法是颇有创意且貌似有理。[6] 因此，我们在

[5] Momigliano 1934（D 106）165.

[6] Lane Fox 1973（D 208）93.

这里看到的是讨伐蛮族人的动机。我们或许也应该将诸如《泰米斯托克利法令》之类的文献置于这样的背景下（M-L no. 23 = Fornara 55）。不论人们对其准确内容的真实性持什么观点，《泰米斯托克利法令》让希腊人重整旗鼓讨伐蛮族人，而且可能构想于腓力时代。还有另外一些这类文书，[7] 所有文书都倾向于表明，对公元前4世纪的希腊人来说，关于希波战争的传统仍然是紧要之事，不论这种传统是真实的还是臆造的，或者（可能是最合理的观点）是一个不断增加和润饰的真实传统：我们毕竟有修昔底德关于普拉提亚人崇拜的少许证据。

我们在上文注意到普拉提亚人（虚假地）宣称自己是殖民者，也就是说，他们是雅典人的亲属。这种血族关系在公元前4世纪的世界是一种强有力的观点，尽管与希腊人—蛮族人的对立不同，但是也不无关系。阿里安说，亚历山大渴望与佩尔修斯和赫拉克勒斯争胜，因为他是这二者的后代（*Anab.* Ⅲ. 3. 2）。当时希腊的一种观点，是
880 佩尔修斯乃波斯的建立者，也是阿哥斯的建立者，亚历山大从他的王室源流追溯了自己的血统（Hdt. Ⅶ. 150，实际上将这一观点归于波斯人）。因此，亚历山大强调佩尔修斯的一个原因就是波斯与马其顿之间血族关系的观念，这种血族关系能够将他对波斯的统治合法化。[8] 将血族关系作为帝国的一个正当理由并不是一个新观念（请见 Thuc. Ⅰ. 95. 1），但血族关系或亲属关系（*syngeneia*）成为希腊化历史和铭文中的一个主要主题［经典文本现请见 *SEG* XXXⅧ 1476 有关库提尼亚人（Cytenians）和吕西亚的克桑图斯的记载］。殖民纽带，尤其是与马其顿最终的“母邦”阿哥斯的联系，其实是夸大其词且有诸多臆造，例如请见托德编辑的第194号铭文或者《希腊铭文补编》第34卷第282号铭文。在前一篇铭文中，塞浦路斯的尼科克莱翁宣称他来自阿哥斯；在后一篇中，潘菲利亚的阿斯彭杜斯有同样的说法。古风时代的阿哥斯并不是一个殖民强国，这些说法实际上都是妄称臆说，最多来自关于史前时代阿哥斯地区移民的模糊传统。但是公元前4世纪（及以后）的希腊人对利用真实或编造的谱系和殖民

⑦ Habicht 1961（B 52）. 值得注意的还有 Grafton 1991（B 46A）将公元前4世纪作为伪造文献全盛期的开端。

⑧ Bosworth 1980（B 14）270.

关系[9]的喜好，有助于我们理解亚历山大远征的特定方面。首先，是他对待伊奥尼亚城邦的敏感，尤其是那些在公元前499年伊奥尼亚起义中表现积极的城邦。这场战争，实际上是一场解放波斯奴役下的希腊同族者的战争。

我们可以推论，波里比阿在拒绝讨伐蛮族人以复仇的主题时，可能太过随意了。

第三，甚至更长时段的方法是可行的，但是需要一个概要的引言，因为这一方法包括了抛弃城邦本质上是与时俱进的组织单位的观念。本卷较早的一章（第十一章）考察了城邦以外的其他政制类型。我们在该章看到，那些其他政制类型之一是联盟（*ethnos*）。关于早期希腊族性的研究，倾向于挑战一种假说，即联盟天生就是落后的。[10] 确实，正如后来的罗马人不得不对付的大的希腊化时代的群体，如阿凯亚人、埃托利亚人等，就起源于联盟而非城邦组织。因此，我们可以争辩说，联盟实际上是否比城邦更具潜力，因此，亚历山大的背景更接近前者而非后者就不足为奇。这并不是鼓吹回复到德罗伊森（J. G. Droysen）的立场。对德罗伊森来说，城邦已经过时，[11] 在权力政治的层面上，亚历山大取代雅典是帮了世界一个忙（我们也不应盲从德罗伊森奇异的观点：亚历山大的“使命”是一种完全军人身份的施洗者约翰，为基督教开辟了道路）。

因此，在熟悉了下述观念——马其顿所以拥有更大的能量，正好是因为它的组织基础是非城邦的类型——后，我们就可以转向第三种解释，论证大致如下：讨伐波斯的战争（一个已经被诸如复仇、血族关系或世仇械斗弄得不耐烦的民族学者，可能会支持这种看法）只不过是对马其顿居民人力资源爆发的一种反应，公元前4世纪马其顿人所经历的，可以与公元前800年左右的那次并提。在巴尔干半岛历史更早的阶段，那实际上比腓力和亚历山大要早约500年，由马其顿的弗里吉亚人占领者所构成的联盟，就曾经散落到安纳托利亚。这些移居者群体建立了以戈尔狄翁为中心的小亚细亚的弗里吉亚王国[12] 881

⑨ Bickerman 1952（A 8）；Robert 1983（F 703）162－3；1987（F 712）477－90.

⑩ Morgan 1991（A 44）131－63，主要是关于阿凯亚，亦见 Runciman 1990（C 62）at 353。

⑪ Wailes-Fairbairn 1990（D 241A）. 城邦“未死”，见前文第563、589页。

⑫ 关于上述这些问题，见 Hammond 1972（D 46）410－14。

[布吕吉斯（Bryges）就是马其顿的弗吕吉斯（Phryges）]。

可能正是这些大约与荷马同时代的移居者，宣称亚洲及其财富是“以长矛赢得的领土”，也是以长矛赢得的战利品。亚历山大进行的战争已经是“两件事情合二为一，即大规模地获取战利品和永久性地征服广阔领土”。[13] 战利品是古代战争不变的特征（修昔底德的第6卷第24章坦率地将其作为西西里远征的一个主要动机），使我们想起亚历山大的动机中有不少更平凡和普通的层面。

因此我们可能想要将作为个人的亚历山大的全球性影响最小化。他的同时代人对此并不认同：埃及的托勒密挟持了亚历山大的尸体以及其宏伟的柩车[这是希腊化时代的一个奇观。在一个著名段落里，卡狄亚的希埃罗尼穆斯——他号称早期希腊化时代的修昔底德——对石棺进行了描述（Diod. XVIII. 26 - 8）]。[14] 遗体本身被放进一个玻璃[15]棺材中（Strabo XVII. 1. 8），为这位曾经如此富有手腕，通过他自己戏剧性的消失与再现来让颇有怨言的军队闭嘴的年轻人，提供了一个永恒的留存的机会。和亚历山大的其他许多继承人一样，托勒密将他的头像镌刻在了钱币上。[16] 历史和历史编纂很快从雅典帝国的终结（那是第5卷第2版的终点）中复苏。世界要消化亚历山大同样戏剧性死亡的影响，[17] 也不见得更容易。

（晏绍祥译　李永斌、崔丽娜校）

---

⑬ Austin 1986（14）454，亦见第464条有关年青一代国王们特别好战的记载，他们需要去证明自己，亚历山大自己是一个明显的例子。

⑭ J. Hornblower 1981（B 60）.

⑮ 除非“ὑαλίνη”这一术语这里的意思是（或许是半透明的）雪花石膏；Fraser 1972（A 21）15 and n. 79.

⑯ Smith 1988（J 46）17，以及58ff（关于肖像硬币的论述）。

⑰ O'Brien 1992（D 217A）论证，酗酒是亚历山大英年早逝的关键因素，也是他有生之年诸多行为的关键因素。

大事年表

（所有年代均为公元前——译者注）

波斯帝国	希腊和爱琴海	西西里和南意大利	艺术、哲学和文学
			约425—395年 画家泽乌克西斯。
		409年 迦太基入侵西西里；塞利努斯和希麦拉陷落。	
		407年 赫摩克拉特斯返回西西里。	
		406年 迦太基第二次入侵西西里；阿克拉伽斯陷落。	
405—404年 大流士二世驾崩；阿塔薛西斯二世登基。	404年 春：雅典陷落。 夏：吕桑德占领萨摩斯三十僭主上台；亚西比德之死。	405年 狄奥尼修斯当选为拥有全权的将军； 杰拉陷落； 迦太基与叙拉古僭主狄奥尼修斯签订条约。	405年 阿里斯托芬的《蛙》上演。
约404—403年 阿米泰乌斯二世领导埃及起义。	403年 春：三十僭主垮台。 夏：阿吉斯介入雅典事务 9月：雅典流亡者；回归雅典民主政治恢复；监察官废止吕桑德的十人团。		

续表

波斯帝国	希腊和爱琴海	西西里和南意大利	艺术、哲学和文学
	402—400 年 斯巴达对埃利斯的战争。		
401 年 春：居鲁士在萨尔狄斯征集雇佣军。 夏：库那克萨战役。	401 年 埃琉西斯的独立国家被消灭。		401 年 索福克勒斯遗作《奥狄浦斯在科罗诺斯》上演。
400 年 斯巴达对提萨弗奈斯宣战。	400 年 夏初：阿吉斯去世；阿盖西劳斯登基。		400 年 安多奇戴斯发表《论秘仪》的演讲。
约 398—397 年 埃及国王涅菲里特斯在位。	399 年 提布隆在亚洲的战争； 基那冬阴谋。 399—397 年 德库利达斯在亚洲指挥战争。		399 年 苏格拉底之死。
	397 年 科农受命指挥波斯舰队。	397 年 向迦太基宣战； 围攻摩提亚。	
396 年 阿盖西劳斯在弗里吉亚等地进行的第一次战争； 涅菲里特斯帮助斯巴达。	396 年 秋：提摩克拉特斯出使希腊。	396 年 希米尔科进攻叙拉古； 迦太基军队遭遇瘟疫； 希米尔科自杀。	约 396 年 安提斯泰奈斯开办学校。
395 年 阿盖西劳斯进攻萨尔狄斯和弗里吉亚。	395 年 夏：福基斯与罗克利之间爆发战争； 底比斯入侵福基斯； 科林斯战争爆发； 哈利亚图斯战役； 长墙重建工作开始。 395/394 年 冬：阿盖西劳斯被从亚洲召回。		

续表

波斯帝国	希腊和爱琴海	西西里和南意大利	艺术、哲学和文学
394 年 阿盖西劳斯被召回希腊。	394 年 春：尼米亚战役（科林斯）； 8 月：尼多斯战役；科罗奈亚战役。 夏：科农和法那巴祖斯在爱琴海的行动。		394—393 年 雅典的戴克西莱奥斯墓碑。
393 年 冬：安塔尔奇达斯出使提里巴祖斯处。	393 年 春：科农和法那巴祖斯到达希腊。 夏：科农在雅典帮助重建长墙。	393 年 狄奥尼修斯被雅典授予荣誉。	
	392 年 春：科林斯的革命。 科林斯与阿哥斯合并； 夏：安塔尔奇达斯与提里巴祖斯谈判； 斯巴达占领莱凯翁； 科农被捕。	约 392 年 马戈发动战争； 和约重订。	392 年 阿里斯托芬的《妇女公民大会》上演。
约 392/391 年 埃及国王阿科利斯在位。	392/391 年 冬：在斯巴达举行和平会议； 盟国夺回莱凯翁。		
391 年 塞浦路斯的埃瓦戈拉斯与雅典和埃及结盟，发动反对波斯的起义。	391 年 春：斯巴达入侵阿哥斯地区，再度占领莱凯翁。 夏：提里巴祖斯被斯特罗塔斯取代，提布隆远征。 秋：埃克狄库斯远征。	391 年 狄奥尼修斯入侵意大利； 狄奥尼修斯与鲁卡尼亚人结盟。	
	390 年 春：泰琉提亚斯远征罗德斯。 夏：斯巴达占领皮莱翁，伊菲克拉特斯击败斯巴达的一个支队； 特拉叙布鲁斯在色雷斯和赫勒斯滂地区活动。	390 年 鲁卡尼亚人进攻图利伊； 意大利特人与鲁卡尼亚人的和约； 莱普提奈斯被撤职； 埃莱波鲁斯河战役； 考罗尼亚被毁。	约 390 年 伊索克拉底开办学校（发表《反智者》）； 巴赛的阿波罗神庙； 克桑图斯的“海神仙女庙”。

续表

波斯帝国	希腊和爱琴海	西西里和南意大利	艺术、哲学和文学
	389 年 夏：斯巴达入侵阿卡那尼亚； 特拉叙布鲁斯之死； 伊菲克拉特斯与阿那克西比乌斯战斗； 在埃吉那的交战。		
	388 年 春：斯巴达入侵阿哥斯地区； 提里巴祖斯官复原职。 夏：卡布利亚斯出使塞浦路斯； 安塔尔奇达斯二度出使波斯。	388/387 年 莱吉翁之围。	388 年 阿里斯托芬的《财神》上演； 吕西阿斯发表《奥林匹亚颂辞》（请见第 139 页注 82）； 柏拉图第一次西西里之行。
	387 年 春：泰琉提亚斯劫掠比雷埃夫斯。 夏：安塔尔奇达斯在赫勒斯滂地区的行动。 秋：在萨尔狄斯的谈判。	387 年 狄奥尼修斯派兵援助斯巴达。	约 387 年 柏拉图开办学园。
386 年 “大王和约”。	386 年 春：“大王和约”在斯巴达缔结。 386 年 夏（存疑）：普拉提亚重建； 斯巴达与底比斯结盟。	386 年（存疑） 叙拉古宫廷的危机。	386 年 酒神节上引入“旧悲剧”。
约 385 年 埃瓦戈拉斯在推罗； 385—383 年 阿塔薛西斯与埃及的战争。	385 年 夏：斯巴达进攻曼提奈亚。 385/384 年 冬：曼提奈亚被解散。	385 年（存疑） 狄奥尼修斯的亚得里亚海冒险。	

续表

波斯帝国	希腊和爱琴海	西西里和南意大利	艺术、哲学和文学
	384 年 流亡者返回弗利乌斯； 雅典与希俄斯结盟。		384 年 亚里士多德和德摩斯梯尼出生。
		383 年（存疑） 与迦太基的战争再度开始。	
约 382 年 提里巴祖斯对塞浦路斯的进攻失利。	382 年 夏：斯巴达第一次远征奥林图斯； 占领卡德麦亚； 秋：泰琉提亚斯前往奥林图斯。		
约 381 年 埃瓦戈拉斯的舰队被波斯人击败。	381 年 春：泰琉提亚斯之死； 阿盖西波利斯前往奥林图斯。 夏：阿盖西波利斯之死； 弗利乌斯之围开始。 秋（存疑）：波吕比亚戴斯前往奥林图斯。		
约 380 年 埃瓦戈拉斯与波斯人签订和约。	380 年（存疑） 斯巴达与格罗斯结盟。		380 年 伊索克拉底发表《泛希腊集会辞》。 380—360 年 埃庇道鲁斯的阿斯克莱皮乌斯神庙。
379—378 年 阿科利斯之死，涅克塔奈波斯一世继位。	379 年 夏：弗利乌斯投降。 奥林图斯投降。 379/378 年 冬：卡德麦亚解放； 克莱翁布罗图斯入侵彼奥提亚。		

续表

波斯帝国	希腊和爱琴海	西西里和南意大利	艺术、哲学和文学
	378年 春：雅典第二同盟建立； 斯佛德利亚斯的袭击； 雅典对斯巴达宣战； 底比斯加入同盟。 夏：阿盖西劳斯入侵彼奥提亚。	378年 与迦太基签订和约。	
	377年 春：阿利斯托泰莱斯法令颁布； 阿盖西劳斯入侵彼奥提亚，但染病。 夏：卡布利亚斯在优卑亚和基克拉泽斯群岛活动。		377年以后 柏拉图创作《理想国》。
	376年 春：克莱翁布罗图斯未能入侵彼奥提亚。 9月：纳克索斯战役。		
	375年 夏：泰古拉战役； 卡布利亚斯在色雷斯和赫勒斯滂活动； 提摩泰乌斯的航行； 阿吕奇亚战役； 底比斯入侵福基斯； 克莱翁布罗图斯前往福基斯； “大王和约”在斯巴达重订。 375—374年 秋至次年夏：斯巴达征讨扎金索斯和科西拉。		375—360年 雕刻家凯菲索多图斯创作《和平女神与财神》。

续表

波斯帝国	希腊和爱琴海	西西里和南意大利	艺术、哲学和文学
374—373 年 伊菲克拉特斯帮助法那巴祖斯发动对埃及入侵，失利； 埃瓦戈拉斯死。	374 年 冬（存疑）：克泰西克莱斯前往扎金索斯。		
	373 年 夏：提摩泰乌斯未能援助科西拉； 底比斯夺回塔那格拉和塞斯皮埃，并消灭普拉提亚。 秋：提摩泰乌斯受审； 姆纳西普斯控制科西拉； 克泰西克莱斯前往科西拉。		373 年 伊索克拉底发表《普拉提亚人》。
	372 年 春：姆纳西普斯之死； 伊菲克拉特斯前往科西拉。 372 年或 371 年（存疑） 塞斯皮埃被灭亡。		
	371 年 春：底比斯入侵福基斯。 夏："大王和约"在斯巴达重订； 留克特拉战役； "大王和约"在雅典重订。		

续表

波斯帝国	希腊和爱琴海	西西里和南意大利	艺术、哲学和文学
	370 年 菲莱的亚松被谋杀； 曼提奈亚重建； 阿卡狄亚同盟形成； 阿卡狄亚、阿哥斯、埃利斯和彼奥提亚结盟。 370—369 年 冬：埃帕米农达首次侵入伯罗奔尼撒，入侵拉科尼亚，解放美塞尼亚和创建美塞尼。		
	369 年 雅典与斯巴达结盟； 埃帕米农达第二次入侵伯罗奔尼撒； 佩罗皮达斯第一次入侵色萨利和马其顿。	369 年 狄奥尼修斯援助斯巴达。	
	368 年 阿卡狄亚与阿哥斯帮助欧弗隆夺取西库翁权力； 佩罗皮达斯在色萨利和马其顿，佩罗皮达斯被菲莱的亚历山大监禁； 斯巴达对阿卡狄亚、阿哥斯和美塞尼亚取得“无泪之战”的胜利；麦伽罗波利斯建立。	368 年 进一步援助斯巴达； 与迦太基的战端重开； 狄奥尼修斯遣使前往雅典。	

续表

波斯帝国	希腊和爱琴海	西西里和南意大利	艺术、哲学和文学
	367 年 春：佩罗皮达斯被解救； 佩罗皮达斯及其他使团前往波斯大王处。	367 年 春：狄奥尼修斯一世去世，狄奥尼修斯二世继位。	367 年 亚里士多德进入学园。 367—366 年 柏拉图在西西里； 欧多克苏斯暂代园长之位。
	366 年 春：底比斯大会拒绝了由底比斯倡议并得到波斯大王赞同的和平条件； 埃帕米农达第二次（应为第三次——译者注）入侵伯罗奔尼撒； 底比斯与阿凯亚结盟； 阿凯亚的寡头政治被推翻与复辟； 提摩泰乌斯受雅典派遣援助阿利奥巴扎奈斯； 萨摩斯之围（366—365 年）； 西库翁的欧弗隆的被黜、回归和被谋杀。 夏：底比斯从雅典夺得奥罗普斯； 阿卡狄亚与雅典结盟。	366 年 柏拉图访问叙拉古； 叙拉古与迦太基签订和约； 狄翁被流放。	366 年 伊索克拉底发表《阿希达穆斯》。
约 365 年 阿利奥巴扎奈斯反叛波斯，其他总督（小亚细亚的、奇里乞亚的、腓尼基的）追随。	365 年 春：底比斯、科林斯及其他国家缔结和约； 埃利斯与阿卡狄亚的战争开始。	365 年 狄奥尼修斯二世援助斯巴达。	

续表

波斯帝国	希腊和爱琴海	西西里和南意大利	艺术、哲学和文学
	364 年（或 365 年） 埃利斯、阿凯亚和斯巴达结盟。 364 年 埃帕米农达率海军在爱琴海上的活动； 佩罗皮达斯入侵色萨利并战死； 底比斯击败菲莱的亚历山大； 底比斯与菲莱的亚历山大结盟。 364 年（或 363 年） 阿卡狄亚同盟内部在使用奥林匹亚的资金问题上开始产生分歧。		约 364 年 雕刻家吕西普斯雕刻底比斯的雕像。
	363 年（存疑） 秋：阿卡狄亚与埃利斯缔结和约。		
	362 年 埃帕米农达第四次入侵伯罗奔尼撒； 曼提奈亚战役，埃帕米农达阵亡。 362/361 年 希腊大陆国家的共同和平，唯斯巴达除外； 雅典、阿卡狄亚（曼提奈亚及与其联合的国家）、阿凯亚、埃利斯和弗利乌斯结盟。		
361—360 年 涅克塔奈波斯一世去世，塔科斯继位。	361 年 潘麦奈斯征讨麦伽罗波利斯。 361—370 年（后一年份应为 360 年——译者注） 雅典与色萨利联盟结盟（以对抗菲莱的亚历山大）。	361—360 年 柏拉图再访叙拉古。	361—360 年 柏拉图在西西里； 赫拉克利德斯暂代园长之位。

续表

波斯帝国	希腊和爱琴海	西西里和南意大利	艺术、哲学和文学
约360年 阿利奥巴扎奈斯和达塔麦斯之死，波斯恢复在小亚细亚的权威。	360年 阿盖西劳斯去世； 马其顿的佩狄卡斯崩，腓力二世继位； 腓力第一次与北方强国的外交活动。		
359—358年 埃及的涅克塔奈波斯二世登基； 阿塔薛西斯二世驾崩，阿塔薛西斯三世登基。	359年 腓力击败阿盖乌斯； 雅典与马其顿结盟； 腓力击败派奥尼亚人。		
	358年 腓力击败巴狄利斯； 上马其顿始遭最终吞并。 358年（存疑） 腓力帮助拉利萨的阿琉阿斯家族对抗菲莱。		358—330年 埃庇道鲁斯剧场修建。
	357年 雅典从优卑亚驱逐底比斯人； 马其顿与伊庇鲁斯结盟； 腓力与奥林匹娅丝结婚； 同盟战争爆发； 腓力占领安菲波利斯； 雅典宣战。	357年 狄翁返回叙拉古。	

续表

波斯帝国	希腊和爱琴海	西西里和南意大利	艺术、哲学和文学
约356年 阿塔巴祖斯反叛。	356年 腓力占领皮德纳； 导致神圣战争的福基斯最初的事件； 色雷斯国王与雅典联合对抗马其顿； 约7月20日：亚历山大出生； 腓力占领波提戴亚； 帕尔麦尼昂击败格拉布斯； 雅典在恩巴塔外海的战役中被击败。	356年 狄翁围困奥尔图基亚； 尼普西乌斯到达叙拉古。	
	355年 同盟战争告终； 近邻同盟向福基斯宣布圣战； 腓力围攻麦托奈。	355年 奥尔图基亚陷落。	355年 伊索克拉底发表《论和平》； 色诺芬发表《雅典的收入》； 355—335年 雅典红画陶中的“克赤风格”。
354年（存疑） 阿塔薛西斯第一次入侵埃及（存疑）。	354年 麦托奈落入腓力之手； 奈昂战役； 菲罗麦鲁斯被杀并由奥诺马库斯继续指挥。	354年 狄翁被谋杀； 卡利普斯成为叙拉古僭主。	354年 伊索克拉底发表《战神山议事会颂辞》和《论财产交换》。
353年 阿塔巴祖斯得到底比斯援助。	353年 马其顿与彼奥提亚结盟（存疑）； 腓力在色雷斯； 奥诺马库斯军事上取得胜利； 腓力自色雷斯返回，在奈阿波利斯摆脱了卡莱斯； 卡莱斯占领塞斯图斯； 雅典向赫尔索尼斯派出军事移民； 奥林图斯向雅典示好并请求结盟。		

续表

波斯帝国	希腊和爱琴海	西西里和南意大利	艺术、哲学和文学
	352 年 腓力在克罗库斯原野战役中击败奥诺马库斯； 腓力当选为色萨利同盟执政官； 腓力推进到温泉关，发现那里有守军后撤退； 11 月：腓力在色雷斯的赫莱翁，并与拜占庭、佩林图斯和阿马多库斯结盟，以对抗凯索布莱泰斯。	352 年 希帕利努斯继承卡利普斯的僭主地位。	352—351 年 哈利卡纳苏斯的毛索鲁斯陵墓。
约 351 年 阿塔薛西斯第二次入侵埃及。	351 年 腓力尽管生病，仍在色雷斯取得成功； 腓力警告奥林图斯人。 351—350 年 冬：德摩斯梯尼发表《第一篇反腓力辞》（即德摩斯梯尼演说之四）	351 年 尼萨欧斯为叙拉古僭主。	
	350 年 腓力在伊庇鲁斯。		350—330 年 “大流士画家”，出自阿普利亚的红画陶上。 350—320 年 画家阿佩莱斯。 约 350 年 雕刻家普拉西特列斯的《尼多斯的阿芙洛狄特》《尼多斯的德墨特尔》和《捉蜥蜴的阿波罗》。

续表

波斯帝国	希腊和爱琴海	西西里和南意大利	艺术、哲学和文学
	349 年 夏末：马其顿开始在哈尔季狄基的战事； 德摩斯梯尼发表《论奥林图斯人》（德摩斯梯尼演说之一至之三）； 僭主家族返回菲莱（存疑）； 雅典第一次派卡莱斯援助奥林图斯； 腓力再度驱逐菲莱的僭主。		
	348 年 优卑亚起义反对普鲁塔克，雅典干涉； 9 月（存疑）：奥林图斯落入腓力之手； 欧布鲁斯法令，企图建立一个大同盟对抗马其顿。		
	347 年 法莱库斯被撤销福基斯指挥官职务； 德摩斯梯尼和菲洛克拉特斯当选 500 人议事会议员； 雅典与凯索布莱泰斯合作在色雷斯建立要塞； 中希腊出现小股马其顿军队； 福基斯主动提出将温泉关交给雅典和斯巴达。		347 年 柏拉图去世； 斯佩乌西普斯出任园长。

* 公元前 4 世纪 40 年代证据的异常充足，得以提供充分的细节。

续表

波斯帝国	希腊和爱琴海	西西里和南意大利	艺术、哲学和文学
	346 年 1 月：雅典发布邀请希腊人加入战争或和平的命令； 法莱库斯重新取得福基斯的指挥权。 2 月：雅典第一个使团前往培拉。 3 月：第一个使团返回雅典； 腓力在色雷斯的战争开始。 4 月：雅典公民大会投票同意与腓力的和约并与之结盟（埃拉菲波利翁月 18—19 日）； 凯索布莱泰斯向腓力投降（埃拉波利翁月 23 日）；雅典和盟友宣誓结盟（埃拉波利翁月 24 日）。 5 月：雅典前往马其顿的第二个使团出发（穆尼奇翁月 3 日）。 6 月：腓力自色雷斯返回培拉（约塔盖利翁月 22 日）。 7 月：腓力在温泉关； 雅典第二个使团回国（斯奇罗佛利翁月 13 日）； 雅典公民大会确认条约（斯奇罗佛利翁月 16 日）； 第三个使团前往温泉关（约斯奇罗佛利翁月 17 日）； 提马库斯和德摩斯梯尼控告埃斯奇奈斯； 腓力向雅典请求重装步兵遭到拒绝； 福基斯向腓力投降（斯奇罗佛利翁月 23 日）； 近邻同盟特别大会；	346 年 狄奥尼修斯驱逐尼萨欧斯，重夺叙拉古。	346 年 伊索克拉底发表《致腓力》。 346—325 年 德尔斐的阿波罗神庙重建。

续表

波斯帝国	希腊和爱琴海	西西里和南意大利	艺术、哲学和文学
	9月：腓力主持皮提亚赛会。近邻同盟要求雅典同意，德摩斯梯尼发表《论和平》（德摩斯梯尼演说之五）； 近邻同盟在德尔斐举行秋季议事会； 埃斯奇奈斯反诉提马库斯（埃斯奇奈斯演说之一）。		
345年 西顿的藤内斯暴动。	345年 腓力成群地迁移马其顿人口； 腓力在伊利里亚对普琉拉图斯进行战争； 美塞尼和麦伽罗波利斯成为近邻同盟成员的请求被拒绝。	345年 叙拉古向科林斯求援； 希凯塔斯与迦太基人密谋。	345—330年 雕刻家斯科帕斯； 建泰盖亚的庇护者雅典娜神庙。
344年 占领西顿； 波斯向希腊求助。	344年 腓力镇压色萨利的起义，在菲莱驻军； 重建全国性的四区政府； 德摩斯梯尼在伯罗奔尼撒旅行； 皮同出使雅典； 德摩斯梯尼发表《第二篇反腓力辞》（德摩斯梯尼演说之六）； 雅典拒绝接待波斯使节。	344年 提摩莱昂航往西西里； 阿德拉农战役； 狄奥尼修斯二世向提摩莱昂投降。	

续表

波斯帝国	希腊和爱琴海	西西里和南意大利	艺术、哲学和文学
343—342 年 波斯再度征服埃及。	343 年 底比斯开始向福基斯追索欠款； 菲洛克拉特斯遭控告，逃离雅典； 埃利斯和麦加拉爆发冲突； 亲马其顿派在埃莱特利亚和奥琉斯掌权； 埃斯奇奈斯受审（德摩斯梯尼演说之十九，埃斯奇奈斯演说之二）； 腓力最后向雅典（包括哈隆奈苏斯）提出条件，然后前往伊庇鲁斯。	343 年 马戈在西西里； 提摩莱昂安排叙拉古的事务。	343 年 亚里士多德成为亚历山大的老师。
342 年 冬：门托逮捕赫尔米亚斯。	342 年 伊庇鲁斯的阿吕巴斯被流放，亚历山大成为国王； 赫格西普斯发表《论哈隆奈苏斯》（德摩斯梯尼演说之七）； 雅典派兵前往阿卡那尼亚并寻求结盟； 约 6 月：腓力对色雷斯的最后一次战争开始； 马其顿干涉优卑亚事务； 卡狄亚人与雅典军事移民之间发生暴力冲突。	342 年 提摩莱昂劫掠迦太基人地区； 斯巴达的阿希达穆斯帮助塔林顿人对抗鲁卡尼亚人和麦萨皮亚人。	342 年 伊索克拉底发表《致腓力书（一）》。 342—341 年 米南德和伊壁鸠鲁出生。

续表

波斯帝国	希腊和爱琴海	西西里和南意大利	艺术、哲学和文学
	341 年 腓力派兵前往卡狄亚； 狄奥佩泰斯占领色雷斯两座城镇并折磨腓力的使节； 雅典与哈尔基斯结盟； 德摩斯梯尼发表《论赫尔索尼斯》（德摩斯梯尼演说之八）； 德摩斯梯尼发表《第三篇反腓力辞》和《第四篇反腓力辞》（德摩斯梯尼演说之九和之十）； 腓力击败并废黜泰莱斯和凯索布莱泰斯； 雅典占领奥琉斯和埃莱特利亚； 腓力在黑海沿岸地区的战争； 德摩斯梯尼和卡利亚斯在西部希腊和伯罗奔尼撒争取支持。	341 年 迦太基大军到达西西里； 克利米苏斯河战役。	

续表

波斯帝国	希腊和爱琴海	西西里和南意大利	艺术、哲学和文学
	340 年 德摩斯梯尼和卡利亚斯报告大获支持； 雅典赞同哈尔基斯领导下的优卑亚联盟； 腓力进攻得到波斯援助的佩林图斯； 腓力致信雅典（德摩斯梯尼演说之十二）； 腓力围攻塞林布利亚并进攻拜占庭； 秋：腓力俘获运粮船队； 10 月：雅典宣战； 亚历山大打败麦狄人并创建亚历山大城； 卡莱斯将马其顿舰队逐入黑海； 弗奇翁到达赫勒斯滂； 腓力的军队遭西徐亚人阿泰亚斯拒绝（存疑）。		

续表

波斯帝国	希腊和爱琴海	西西里和南意大利	艺术、哲学和文学
	339 年 腓力从拜占庭撤退，并设法让舰队从黑海脱身； 腓力对西徐亚人的战争； 有关安菲萨的问题在德尔斐出现争议； 约 6 月：近邻同盟在温泉关集会； 在击败特里巴利人后回国途中，腓力受伤； 秋：近邻同盟任命腓力为对安菲萨的神圣战争的统帅； 11 月：腓力占领库提尼翁和埃拉泰亚； 马其顿和雅典使节都出现在底比斯； 底比斯与雅典结盟； 腓力在凯菲苏斯河的小冲突中失利。	339 年 希凯塔斯被处死。	339 年 酒神节上引入“旧喜剧”； 克塞诺克拉特斯继斯佩乌西普斯为学园园长； 伊索克拉底发表《泛雅典娜节献辞》。
338 年 8 月：阿塔薛西斯三世被谋杀； 阿塔薛西斯四世登基为王。	338 年 腓力和帕尔麦尼昂欺骗了格拉维斯关口的卡莱斯和普罗克塞努斯； 帕尔麦尼昂占领安菲萨和瑙帕克图斯； 联盟军队败退至喀罗尼亚； 约 8 月 22 日：喀罗尼亚战役； 腓力与雅典和底比斯达成协议； 腓力在伯罗奔尼撒； 进一步的安排。	338 年 提摩莱昂与迦太基签订和约； 曼多尼翁战役； 阿希达穆斯被杀。	338 年 伊索克拉底发表《致腓力书（二）》； 伊索克拉底去世。

续表

波斯帝国	希腊和爱琴海	西西里和南意大利	艺术、哲学和文学
	337 年 在科林斯提出“共同和约”； 希腊同盟的第一次会议向波斯宣战； 腓力返回马其顿； 秋：腓力与克利奥帕特拉结婚。	约 337 年 提摩莱昂退休。	
336 年 春：帕尔麦尼昂在小亚细亚； 阿塔薛西斯四世被谋杀； 大流士三世成为国王。	336 年（存疑） 腓力对普琉利亚斯的战争； 皮克索达鲁斯寻求与腓力结盟； 10 月（存疑）：腓力在埃盖被刺身亡； 亚历山大登基； 亚历山大被选举为希腊人的将军。 336—326 年 吕库古掌控雅典财政。		336 年 维尔吉纳的腓力墓建成。
	335 年 亚历山大在色雷斯和伊利里亚； 底比斯被摧毁。		335 年 亚里士多德定居雅典。
334 年 格拉尼库斯河战役； 伊奥尼亚建立民主政治； 米利都和哈利卡纳苏斯之围； 334—333 年 征服吕西亚、潘菲利亚和皮西狄亚西部。	334 年 亚历山大开始对波斯的战争。	334—331 年 伊庇鲁斯的亚历山大在南意大利。	334 年 雅典的吕西克拉泰斯纪念亭建成。

续表

波斯帝国	希腊和爱琴海	西西里和南意大利	艺术、哲学和文学
333 年 征服奇里乞亚； 伊苏斯战役。			
332 年 围困并占领推罗； 围困并占领加沙。			
332—331 年 亚历山大征服埃及。			
331 年 昔兰尼臣服； 4 月：亚历山大里亚创建； 10 月 1 日：高伽美拉战役； 10 月 20 日：亚历山大占领巴比伦； 亚历山大占领苏萨。	331 年 阿吉斯暴动； 麦伽罗波利斯战役； 阿吉斯之死。		
330—329 年 亚历山大在波斯波利斯过冬； 330 年 亚历山大在埃克巴塔那； 大流士之死； 菲罗塔斯和帕尔麦尼昂被谋杀。	330 年 雅典有关金冠的审判。 330—326 年 希腊发生饥荒。		约 330 年 雕刻家吕西普斯创作《赫拉克勒斯》和《凯罗斯》； 雕刻家莱奥卡莱斯创作《伽尼麦德》和《贝尔维多的阿波罗》。
329 年 征服巴克特利亚。			
328 年 征服索格狄亚那； 谋杀克雷图斯； “侍从阴谋”案； 卡利斯泰奈斯之死。			
327 年 亚历山大入侵印度。			327 年 菲莱蒙第一次赢得胜利。

续表

波斯帝国	希腊和爱琴海	西西里和南意大利	艺术、哲学和文学
326年 亚历山大渡过印度河； 叙达斯佩斯河战役； 比亚斯河兵变； 奈亚库斯沿叙达斯佩斯河南下； 征服马利人。	326年 吕库古去世。		
325年 7月：奈亚库斯到达帕塔拉； 亚历山大在盖德罗西亚； 10月：奈亚库斯在波斯湾。	325—324年 哈帕鲁斯被雅典允许入城，后逃亡。	约325年 阿伽托克勒斯被流放。	
324年 亚历山大在卡曼尼亚； 总督受命解散雇佣军； 3月：亚历山大到达苏萨； 希腊流亡者回归法令； 奥庇斯兵变； 赫费斯提昂去世。	324年 雅典在亚得里亚海建立殖民地； 德摩斯梯尼流亡。		324年（存疑） 米南德的戏剧第一次上演。
323年 亚历山大在巴比伦； 6月：亚历山大去世。	323年 拉米亚战争爆发； 雅典与埃托利亚结盟； 德摩斯梯尼返回雅典； 安提帕特被困拉米亚； 莱奥斯泰尼斯之死。		

续表

波斯帝国	希腊和爱琴海	西西里和南意大利	艺术、哲学和文学
	322 年 雅典舰队在阿摩尔戈斯被击败； 8 月：克拉农战役； 雅典政体被改变。	约 322 年 阿伽托克勒斯返回叙拉古。	322 年 叙佩利德斯发表《葬礼演说》； 亚里士多德、德摩斯梯尼和叙佩利德斯去世。
			321 年 米南德第一次取胜。
			约 320 年 雕刻家吕西普斯完成《拭垢者》； 雅典红画陶结束。
			317 年 雅典禁止以雕刻装饰墓地。
			约 300 年 南意大利的红画陶结束。

（晏绍祥译 李永斌、崔丽娜校）

参考文献

缩略语表

AAA	*Athens Annals of Archaeology*
Abh. Ak. Mainz	Abhandlungen der geistes- und sozialwissenschaftlichen Klasse, Akademie der Wissenschaften und der Literatur, Mainz
Abh. Sächs.	Abhandlungen der sächsischen Akademie der Wissenschaften zu Leipzig
Act. Ant. Hung.	*Acta antiqua Academiae scientiarum Hungaricae*
ADFU	Ausgrabungen der Deutschen Forschungsgemeinschaft in Uruk-Warka
AfO	*Archiv für Orientforschung*
Agora	*The Athenian Agora: Results of Excavations*
AHR	*American Historical Review*
AIIN	*Annali: Istituto Italiano di Numismatica*
AION	*Annali dell'Istituto Universitario Orientale di Napoli: archaeologia e storia antica*
AION (Ling)	*Annali dell'Istituto Universitario Orientale di Napoli (sezione linguistica)*
AJA	*American Journal of Archaeology*
AJAH	*American Journal of Ancient History*
AJP	*American Journal of Philology*
AMI	*Archäologische Mitteilungen aus Iran*
Anc. Mac.	*Ancient Macedonia*
AncSoc	*Ancient Society*
AncW	*Ancient World*
ANET	J. B. Pritchard, ed., *Ancient Near Eastern Texts relating to the Old Testament*. 3rd edn. Princeton, 1974
Annales ESC	*Annales, Economies, Sociétés, Civilisations*
Ann. Serv.	*Annales du Service des antiquités de l'Égypte*
ANSMN	*American Numismatic Society: Museum Notes*
ANRW	*Aufstieg und Niedergang der römischen Welt*
Ant. Class.	*Antiquité classique*
Ant. Kunst	*Antike Kunst*
AOR	*Archeologicheskige Otkritya i Razkopki* (Archaeological Discoveries and Excavations)

ARCE	*American Research Center in Egypt*
Arch. Anz.	*Archäologischer Anzeiger*
ArchDelt	Ἀρχαιολογικὸν Δελτίον
ArchEph	Ἀρχαιολογικὴ Ἐφημερίς
Arch. Rep.	*Archaeological Reports*
AS	*Assyriological Studies*
ASAA	*Annuario della Scuola Archaeologica di Atene*
ASNP	*Annali della Scuola Normale Superiore di Pisa, Classe di Lettere e Filosofia*
ATL	B. D. Meritt *et al.*, *The Athenian Tribute Lists* I–IV. Cambridge, MA – Princeton, 1939–53
Atti MSMG	*Atti e Memorie della Società Magna Grecia*
Austin	M. M. Austin, *The Hellenistic World from Alexander to the Roman Conquest: A Selection of Ancient Sources in Translation*. Cambridge, 1981
Bagh. Mitt.	*Baghdader Mitteilungen*
BAR	British Archaeological Reports
BASOR	*Bulletin of the American Schools of Oriental Research*
BCH	*Bulletin de correspondance hellénique*
BE	Babylonian Expedition of the University of Pennsylvania, Series A: Cuneiform Texts
BEFAR	*Bibliothèque des écoles françaises d'Athènes et Rome*
BEFEO	*Bulletin de l'Ecole française de l'extrême orient*
Bi.Ar.	*The Biblical Archaeologist*
BICS	*Bulletin of the Institute of Classical Studies, University of London*
Bi. Or.	*Bibliotheca Orientalis*
BJ	*Bonner Jahrbücher*
BRGK	*Bericht der Römisch-Germanischen Kommission des Deutschen Archäeologischen Instituts, Berlin*
BS	*Balkan Studies*
BSA	*Annual of the British School at Athens*
BSOAS	*Bulletin of the School of Oriental and African Studies*
BT	Babylonian Talmud
Bull. Epigr.	*Bulletin Epigraphique*
Bull. Inst. fr. Caire	*Bulletin de l'institut français d'archéologie orientale, Le Caire*
CAH	*The Cambridge Ancient History*
CEG	P. A. Hansen (ed.) *Carmina Epigraphica Graeca* I. II. Berlin, 1983, 1989
CHIran	*The Cambridge History of Iran*
Chron. d'Eg.	*Chronique d'Egypte*
CIRB	Struve, V. V. *et al. Corpus Inscriptionum Regni Bosporani*. Moscow–Leningrad, 1965
CIS	*Corpus Inscriptionum Semiticarum*
CJ	*Classical Journal*

ClAnt — *Classical Antiquity* (formerly *California Studies in Classical Antiquity*)

Class. et Med. — *Classica et Mediaevalia*

Cl. Phil. — *Classical Philology*

Cowley, *AP* — A. Cowley, *Aramaic Papyri of the Fifth Century* B.C. Oxford, 1923

CQ — *Classical Quarterly*

CR — *Classical Review*

CRAI — *Comptes-rendus de l'Académie des inscriptions et belles lettres*

CSCA — *California Studies in Classical Antiquity*

CW — *Classical Weekly*

DAIR — Deutsches Archäologisches Institut, Rom

DGE — E. Schwyzer (ed.), *Dialectorum Graecorum Exempla Epigraphica Potiora*. Leipzig, 1923

DHA — *Dialogues d'histoire ancienne*

Dial. di Arch. — *Dialoghi di Archeologia*

D–K — H. Diels and W. Kranz, *Die Fragmente der Vorsokratiker*. 6th edn. Berlin, 1951–4

EMC/CV — *Echos du Monde Classique/Classical Views*

Ep. Chron. — Ἠπειρωτικὰ Χρονικά

FGrH — F. Jacoby (ed.), *Fragmente der griechischen Historiker*. Berlin and Leiden, 1923–58

FHG — C. Müller (ed.), *Fragmenta Historicorum Graecorum*, Paris, 1841–70

Fornara — C. W. Fornara (ed.), *Translated Documents, Archaic Times to the End of the Peloponnesian War*. 2nd edn. Cambridge, 1983

GGM — *Geographi Graeci Minores*

GM — *Göttinger Miszellen, Beiträge zur ägyptischen Diskussion,* Göttingen

GNAMP — *Godnišnik Narodnija arheologičeski musej,* Plovdiv

Gött.Nachr. — *Göttinger Gelehrte Nachrichten*

G&R — *Greece & Rome*

GRBS — *Greek, Roman and Byzantine Studies*

GSU — *Godišnik na Sofiyskija Universitet*

Gymn. — *Gymnasium*

Harding — P. Harding, *From the Peloponnesian War to the Battle of Ipsus* (Translated Documents of Greece and Rome 2), Cambridge, 1985

Hesp. — *Hesperia*

Hicks and Hill — E.L. Hicks and G.F. Hill (eds.), *A Manual of Greek Historical Inscriptions*. Oxford, 1901

Hist. Fil. Medd. Dan. Vid. Selsk. — *Historisk-filologiske Meddelelser udgivnet af det Kongelige Danske Videnskabemes Selskab*

Hist. Zeitschr.	*Historische Zeitschrift*
HSCP	*Harvard Studies in Classical Philology*
IBAI	*Izvestya na Bulgarskiya Archeologicheski Instituta*
ICS	O. Masson, *Les inscriptions chypriotes syllabiques*. Paris, 1961; 2nd edn. 1983
IEJ	*Israel Exploration Journal*
IG	*Inscriptiones Graecae,* Berlin, 1873–
IGCH	M. Thompson, O. Mørkholm and C. M. Kraay, *Inventory of Greek Coin Hoards*. New York, 1973
IMYB	*Izvestya na Muzeite v Yozhna Bulgariya*
INMV	*Izvestija na Narodnija muzej Burgas*
Inscr. Délos	F. Durrbach (ed.), *Inscriptions de Délos*. Paris, 1926–37
IOS	*Israel Oriental Studies*
IOSPE	V. V. Latyshev, *Inscriptiones Orae Septentrionalis Ponti Euxini*. Petropoli, 1885–1916
Ir. Ant.	*Iranica Antiqua*
ISE	L. Moretti, *Iscrizioni storiche ellenistiche*. 2 vols. Florence, 1967–75
Ist. Mitt.	*Istanbuler Mitteilungen, Mitteilungen des Deutschen Archäologischen Instituts, Abteilung Istanbul*
IVAD	*Izvestija na Varnenskoto archeologicesko drazestvo*
JBL	*Journal of Biblical Literature*
JCS	*Journal of Cuneiform Studies*
JDAI	*Jahrbuch des deutschen archäologischen Instituts*
JEA	*Journal of Egyptian Archaeology*
JHS	*Journal of Hellenic Studies*
JNES	*Journal of Near Eastern Studies*
JNG	*Jahrbuch für Numismatik und Geldgeschichte*
JÖAI	*Jahreshefte des Österreichischen archäologischen Instituts, Wien*
JRGZM	*Jahrbuch des Römisch-germanischen Zentralmuseums, Mainz*
JRS	*Journal of Roman Studies*
JSOT	*Journal for the Study of the Old Testament*
JTS	*Journal of Theological Studies*
JWI	*Journal of the Warburg Institute*
KAI	H. Donner and W. Röllig, *Kanaanische und aramäische Inschriften*. 2nd edn. Wiesbaden, 1966–9
KSIA	*Kratkie Soobshcheniya Instituta Arkheologii*
KSIAK	*Kratkie Soobshcheniya Instituta Arkheologii, Kiev*
KSIIMK	*Kratkie Soobshcheniya o Dokladakh i Polevikh Issledovaniakh Instityta Istorii materialnoi Kulturi*
Kuml	Kuml: Årbog for Jysk Arkaeologisk Selskab (Århus)
Kupr. Spoudai	Κυπριακαὶ Σπουδαί
LCM	*Liverpool Classical Monthly*
LEC	*Les Etudes Classiques*

MDAIK *Mitteilungen des deutschen archäologischen Instituts, Abteilung Kairo*
MEFRA *Mélanges de l'Ecole française de Rome, Antiquité*
Mem. Ac. Inscr. B. L. *Mémoires de l'Académie des Inscriptions et Belles Lettres*
Mem. Linc. *Memorie dell'Academia nazionale dei Lincei*
MIA Materialy i Issledovaniya po Arkheologii SSSR
Michel C. Michel (ed.), *Recueil d'inscriptions grecques*. Brussels, 1900–27
MIFAO Mémoires de l'Institut français d'archéologie orientale
M–L R. Meiggs and D. M. Lewis, *Greek Historical Inscriptions*. Oxford, 1969 rev. edn 1988
Mus. Helv. *Museum Helveticum*

NABU *Nouvelles assyriologiques brèves et utilitaires*
NNM Numismatic Notes and Monographs
Noe, *BGCH* S. P. Noe, *A Bibliography of Greek Coin Hoards*. 2nd edn. New York, 1937
Num. Chron. *Numismatic Chronicle*

OCD *Oxford Classical Dictionary*
OGIS W. Dittenberger (ed.), *Orientis Graecae Inscriptions Selectae*. 2 vols. Leipzig, 1903–5
OIP Oriental Institute Publications
OJA *Oxford Journal of Archaeology*
OMRO *Oudheidkundige mededelingen uit het Rijksmuseum von Oudheden te Leiden*
Opusc. Archaeol. *Opuscula Archaeologica*
Opusc. Athen. *Opuscula Atheniensia*

PAE *Πρακτικὰ τῆς ἐν Ἀθήναις Ἀρχαιολογικῆς Ἑταιρείας*
PBA *Proceedings of the British Academy*
PBF Prähistorische Bronzefunde
PCPhS *Proceedings of the Cambridge Philological Society*
PP *Parola del Passato*
Proc. Mass. Hist. Soc. *Proceedings of the Massachusetts Historical Society*
PSBA *Proceedings of the Society of Biblical Archaeology*
RA *Revue d'Assyrioligie et d'archéologie orientale*
RB *Revue biblique*
RC C. B. Welles (ed.), *Royal Correspondence in the Hellenistic Period*. New Haven, 1934
RDAC *Report of the Department of Antiquities, Cyprus*
RE A. Pauly and G. Wissowa, *Real-Encyclopädie der classischen Altertumswissenschaft*, 83 vols. Stuttgart, 1894–1980
REA *Revue des études anciennes*
Rec. Soc. Bodin *Recueil de la Société Bodin*
REG *Revue des études grecques*

REL	*Revue des études latines*
Rend. Linc.	*Rendiconti dell' Accademia nazionale dei Lincei*
Rev. Arch.	*Revue archéologique*
Rev. Arch. l'Est et C-Est	*Revue archéologique de l'Est et du Centre-Est*
Rev. d'égyptol.	*Revue d'égyptologie*
Rev. Hist.	*Revue historique*
Rev. Phil.	*Revue de philologie, de littérature et d'histoire anciennes*
Rh.Mus.	*Rheinisches Museum*
RIDA	*Revue internationale des droits de l'antiquité*
Riv. di Filol.	*Rivista di filologia e d'istruzione classica*
Riv. stor. ant.	*Rivista storica dell' antichità*
Röm. Mitt.	*Römische Mitteilungen*
R. *Stud. Fen.*	*Rivista di Studi Fenici*
SAK	*Studien zur altägyptischen Kultur*
SBAk. Berlin	*Sitzungsberichte der Akademie der Wissenschaften zu Berlin*
SBAk. Wien	*Sitzungsberichte der Österreichischen Akademie der Wissenschaften*
Schweiz. Num. Rundschau	*Schweizerische numismatische Rundschau*
SCI	*Scripta Classica Israelica*
SdA	*Die Staatsverträge des Altertums* II^2, *Die Verträge der griechisch-römischen Welt von 700 bis 338 v. Chr.*, ed. H. Bengtson, Munich, 1975; *Die Verträge der griechisch-römischen Welt von 338 bis 200 v. Chr.* ed. H. H. Schmitt. Munich, 1969
SEG	*Supplementum Epigraphicum Graecum*. Leiden, 1923–
SGDI	H. Collitz and F. Bechtel, *Sammlung der Griechischen Dialekt-Inschriften* I-IV. Göttingen, 1885–1910
Sic. Gymn.	*Siculorum Gymnasium*
SIG	W. Dittenberger (ed.), *Sylloge Inscriptionum Graecarum*. 3rd edn. Leipzig, 1915–24
SIMA	*Studies in Mediterranean Archaeology*
SO	*Symbolae Osloenses*
Sov. Arch.	*Sovetskaya Archeologiya*
Stud. Clas.	*Studii clasice*
Stud. Etr.	*Studi Etruschi*
TAM	*Tituli Asiae Minoris*. Vienna, 1901–
TAPA	*Transactions and Proceedings of the American Philological Association*
TAVO	*Beihefte zum Tübinger Atlas des Vorderen Orients*
TGF	A. Nauck (ed.), *Tragicorum Graecorum Fragmenta*, 1889
TLS	*Times Literary Supplement*
Tod	M. N. Tod, *A Selection of Greek Historical Inscriptions* II. Oxford, 1948
UCP	University of California Publications in Semitic Philology
Urk.	K. Sethe, *Hieroglyphische Urkunden der Griechisch*-Römischen *Zeit*.

	Heft 1: historisch-biographische Urkunden aus den Zeiten der makedonischen Könige und der beiden ersten Ptolemäer (Urkunden des ägyptischen Altertums), Leipzig, 1904
VDI	*Vestnik drevnei istorii*
VT	*Vetus Testamentum*
We. Or.	*Die Welt des Orients*
Wien. Stud.	*Wiener Studien*
WVDOG	Wissenschaftliche Veröffentlichungen der Deutschen Orient-Gesellschaft
WZKM	*Wiener Zeitschrift für die Kunde des Morgenlandes*
YCS	*Yale Classical Studies*
ZA	*Zeitschrift für Assyriologie*
ZÄS	*Zeitschrift für ägyptische Sprache und Altertumskunde*
ZAW	*Zeitschrift für die Alttestamentliche Wissenschaft*
ZDMG	*Zeitschrift der deutschen morgenländischen Gesellschaft*
ZDPV	*Zeitschrift des deutschen Palästina Vereins*
Zeitschr. für die österr. Gymn.	*Zeitschrift für die österreichischen Gymnasien*
ZKM	*Zeitschrift für die Kunde des Morgenlandes*
ZOAO	*Zapski Odesskogo Arkheologischeskogo Obschestva*
ZPE	*Zeitschrift für Papyrologie und Epigraphik*

A. 通论性著述

1. Andrewes, A. *The Greek Tyrants*. London, 1956
2. Aymard, A. *Etudes d'histoire ancienne*. Paris, 1967
3. Badian, E. (ed.) *Studies in Ancient Society and Institutions presented to Victor Ehrenberg on his 75th Birthday*. Oxford, 1966
4. Beloch, K. J. *Die Bevölkerung der griechisch-römischen Welt*. Leipzig, 1886
5. Beloch, K. J. *Griechische Geschichte*. 2nd edn. 4 vols. in 8. Strasburg–Berlin/Leipzig, 1912–27
6. Bengtson, H. *Die Staatsverträge des Altertums*, II: *Die Verträge der griechisch-römischen Welt von 700 bis 338 v. Chr.* 2nd edn. Munich, 1975
7. Bengtson, H. (ed.) *The Greeks and the Persians from the Sixth to the Fourth Centuries*. London, 1969
8. Bickerman, E. J. 'Origines gentium', *Cl.Phil.* 47 (1952) 65–81
9. Bickerman, E. J. *Chronology of the Ancient World*. London, 1968 (revd edn 1980)
10. Boardman, J. *The Greeks Overseas*. 2nd edn. London, 1980
11. Bowersock, G. W. *Hellenism in Late Antiquity*. Cambridge, 1990
12. Brunt, P. A. 'Politics and patronage in the "Verrines"', *Chiron* 10 (1980) 273–89

13. Carlier, P. *La royauté en Grèce avant Alexandre*. Strasburg, 1984
14. Cartledge, P. and Harvey, F. D. (eds.) *Crux. Essays presented to G. E. M. de Ste Croix on his 75th Birthday*. London, 1985
15. Cartledge, P., Millett, P. and Todd, S. (eds.) *Nomos, Essays in Athenian Law, Politics and Society*. Cambridge, 1990
16. Droysen, J. G. *Geschichte des Hellenismus: I. Geschichte Alexanders des Grossen*. 2nd edn Gotha, 1877. 3rd edn Basel, 1952
17. Fieldhouse, D. K. *Colonialism 1870–1945*. London, 1981
18. Finley, M. I. *Ancient History: Evidence and Models*. London, 1985
18A. Finley, M. I. *The Use and Abuse of History*. 2nd edn. London, 1986
19. Fornara, Ch. *Archaic Times to the End of the Peloponnesian War* (Translated Documents of Greece and Rome 1). Cambridge, 1983
20. Francisci, P. de. *Arcana Imperii*, II. Milan, 1948
21. Fraser, P. M. *Ptolemaic Alexandria*, I–III. Oxford, 1972
22. Garnsey, P. D. A. and Whittaker, C. R. (eds.) *Imperialism in the Ancient World*. Cambridge, 1978
23. Glotz, G. and Cohen, R. *Histoire grecque*, III. Paris, 1936
24. Greenhalgh, P. A. L. *Pompey*, II. *The Republican Prince*. London, 1981
25. Grote, G. *History of Greece*. 10 vols. London, 1846–56
26. Habicht, Chr. *Gottmenschentum und griechische Städte* (*Zetemata* 14). 2nd edn. Munich, 1970
27. Hadley, R. A. 'Royal propaganda of Seleucus I and Lysimachus', *JHS* 94 (1974) 50–65
28. Hammond, N. G. L. *Studies in Greek History*. Oxford, 1973
29. Harding, P. *From the End of the Peloponnesian War to the Battle of Ipsus* (Translated Documents of Greece and Rome 2). Cambridge, 1985
30. Henrichs, A. 'Three approaches to Greek mythography', in H 7, 242–77
31. Hornblower, S. *The Greek World, 479–323 B.C.* London, 1983 (revd edn 1991)
32. Kinzl, K. (ed.) *Greece and the Ancient Mediterranean in History and Prehistory* (Studies presented to F. Schachermeyr). Berlin, 1977
33. Lewis, D. M. *Sparta and Persia* (Cincinnati Classical Studies n.s. 1). Leiden, 1977
34. Luttwak, E. N. *The Grand Strategy of the Roman Empire*. Baltimore, 1976
35. Mazzarino, S. *Introduzione alle guerre puniche*. Catania, 1947
36. Mehl, A. '*Δορίκτητος χώρα*: kritische Bemerkungen zum "Speererwerb" in Politik und Völkerrecht der hellenistischen Epoche', *AncSoc* 11/12 (1980/1) 173–212
37. Meyer, E., *Geschichte des Altertums* III. Stuttgart–Berlin, 1901
38. Meyer, E. *Geschichte des Altertums* V *Das Perserreich und die Griechen: viertes Buch, der Ausgang der griechischen Geschichte*. 3rd edn. Stuttgart–Berlin, 1921
39. Millar, F. *The Emperor in the Roman World*. London, 1977
40. Millar, F. 'The world of the Golden Ass', *JRS* 71 (1981) 63–75
41. Momigliano, A. *Alien Wisdom*. Cambridge, 1975
42. Momigliano, A. 'Persian Empire and Greek freedom', in Ryan, A. (ed.), *The Idea of Freedom: Essays in honour of Isaiah Berlin*, 139–51. Oxford, 1979

(=*Settimo contributo alla storia degli studi classici e del mondo antico*, 61–75. Rome, 1984)

43. Moretti, L. *Olympionikai, i vincitori negli antichi agoni olimpici* (*Mem. Linc.* ser. VIII, VIII, 2 (1957) 53–198)
44. Morgan, C. 'Ethnicity and early Greek states: historical and material perspectives', *PCPhS* 37 (1991) 131–63
45. Mosley, D. J. *Envoys and Diplomacy in Ancient Greece* (*Historia* Einzelschr. 22). Wiesbaden, 1973
46. Murray, O. *περὶ βασιλείας*. Unpub. Oxford D.Phil. thesis, 1971
47. Niese, B. *Geschichte der griechischen und makedonischen Staaten seit der Schlacht bei Chaeronea*. Gotha, 1893
48. Pritchett, W. K. *Studies in Ancient Greek Topography* I–V (University of California Publications in Classical Studies 1, 4, 22, 28, 31). Berkeley–Los Angeles, 1965–85
49. Richardson, J. S. *Hispaniae: Spain and the Development of Roman Imperialism 218–82 B.C.* Cambridge, 1986
50. Ritter, H. W. *Diadem und Königsherrschaft* (Vestigia 7). Munich, 1965
51. Rostovtzeff, M. I. *The Social and Economic History of the Hellenistic World*. 2nd edn. Oxford, 1953
52. Schmitthenner, W. 'Über eine Formveränderung der Monarchie seit Alexander d. Grossen', *Saeculum* 19 (1968) 31–46
53. Sealey, B. R. I. *A History of the Greek City States, ca. 700–338 B.C.* Berkeley–Los Angeles, 1976
54. Seibert, J. *Das Zeitalter der Diadochen* (Erträge der Forschung 185). Darmstadt, 1983
55. Seibert, J. 'Heeresseuchen und Kriegsverlauf', in Heinen, H. (ed.), *Althistorische Studien H. Bengtson . . . dargebracht* (*Historia* Einzelschr. 40, 1983), 78–91
56. Sherwin-White, A. N. Review of A 22, *TLS* 1980, 447
57. Strasburger, H. *Studien zur Alten Geschichte* (ed. W. Schmitthenner and R. Zoepffel). Hildesheim, 1982
58. Syme, R. *Colonial Elites*. Oxford, 1958
59. Tscherikower, V. *Die hellenistischen Städtegründungen von Alexander dem Grossen bis auf die Römerzeit* (Philologus Suppl. 19.1). 1927
60. Tuplin, C. J. 'The Treaty of Boiotios', in F 51, 133–53
61. Westlake, H. D. *Essays on the Greek Historians and Greek History*. Manchester–New York, 1969
62. Westlake, H. D. *Studies in Thucydides and Greek History*. Bristol, 1989
63. Whitehead, A. N. *Process and Reality: An Essay in Cosmology*. Cambridge, 1929
64. Wilcken, U. *Berliner Akademieschriften zur alten Geschichte und Papyruskunde* 2 vols. (1883–1942) Leipzig, 1970
65. Wittfogel, K. *Oriental Despotism*. New York, 1957

B. 史料

Ⅰ.文献史料

1. Africa, T. W. *Phylarchus and the Spartan revolution*. Berkeley, 1961
2. Africa, T. W. 'Ephorus and Oxyrhynchus Papyrus 1610', *AJP* 83 (1962) 86–9
3. Albini, U. [*Erode Attico*] περὶ πολιτείας. Florence, 1968
4. Anderson, J. K. 'The Battle of Sardis in 395 B.C.', *CSCA* 7 (1974) 27–53
5. Andrewes, A. 'Thucydides and the Persians', *Historia* 10 (1961) 1–18
6. Andrewes, A. 'Lysias and the Theramenes Papyrus', *ZPE* 6 (1970) 35–8
7. Andrewes, A. 'Diodorus and Ephorus: one source of misunderstanding', in Eadie, J. W. and Ober, J. W. (eds.) *The Craft of the Ancient Historian: Essays in Honor of Chester G. Starr*, 189–97. Lanham Md., 1985
8. Atkinson, J. E. *A Commentary on Q. Curtius Rufus' Historiae Alexandri Magni Books 3 & 4* (London Studies in Classical Philology 4). Amsterdam–Uithoorn, 1980
9. Badian, E. 'Nearchus the Cretan', *YCS* 24 (1975) 147–70
10. Baladié, R. *Le Péloponnèse de Strabon: étude de géographie historique*. Paris, 1980
11. Barber, G. L. *The Historian Ephorus*. Cambridge, 1935
12. Bosworth, A. B. 'Arrian and the Alexander Vulgate', *Entretiens Hardt* 22 (1976) 1–46
13. Bosworth, A. B. 'Errors in Arrian', *CQ* n.s. 26 (1976) 117–39
14. Bosworth, A. B. *A Historical Commentary on Arrian's History of Alexander* I. Oxford, 1980
15. Bosworth, A. B. *From Arrian to Alexander. Studies in Historical Interpretation*. Oxford, 1988
16. Bosworth, A. B. 'Nearchus in Susiana', in Will, W. and Heinrichs, J. (eds.), *Festschrift G. Wirth zum 60 Geburtstag am 9.12.86*, 541–67. Amsterdam, 1988
17. Bowie, E. L. 'Greeks and their past in the Second Sophistic', in M. I. Finley (ed.) *Studies in Ancient Society*, 166–209. London, 1974
18. Brown, T. S. *Onesicritus: a Study in Hellenistic Historiography*. Berkeley, 1949
19. Brown, T. S. *Timaeus of Tauromenium* (University of California Publications in History 55). Berkeley–Los Angeles, 1958
20. Bruce, I. A. F. *An Historical Commentary on the 'Hellenica Oxyrhynchia'*. Cambridge, 1967

20A. Brunt, P. A. 'Notes on Aristobulus of Cassandria', *CQ* 24 (1974) 65–9

21. Brunt, P. A. *Arrian: History of Alexander and Indica* (Loeb Classical Library) I–II. Cambridge, MA, 1976–83
22. Brunt, P. A. 'On fragments and epitomes of historians', *CQ* 30 (1980) 477–94
23. Buchner, E. *Der Panegyrikos des Isokrates* (*Historia* Einzelschrift 2). Wiesbaden, 1958

24. Cawkwell, G. L. 'A diet of Xenophon', *Didaskalos* 2.2 (1967) 50–8
25. Cawkwell, G. L. Introduction and notes to revd edn of Xenophon, *The Persian Expedition*, trans. R. Warner. Harmondsworth, 1973
26. Cawkwell, G. L. Introduction and notes, and appendix, to revd edn of Xenophon, *A History of My Times (Hellenica)*, trans. R. Warner. Harmondsworth, 1979
27. Cawkwell, G. L. Review of B 42, *CR* 29 (1979) 17–19
28. Cawkwell, G. L. Review of B 122A, *CR* 29 (1979) 214–17
29. Cawkwell, G. L. 'Isocrates', in Luce, T. J. (ed.), *Ancient Writers: Greece and Rome*, I. 313–29. New York, 1982
30. Chrimes, K. M. T. The *Respublica Lacedaemoniorum Ascribed to Xenophon*. Manchester, 1948
31. Connor, W. R. 'History without heroes: Theopompus' treatment of Philip of Macedon', *GRBS* 8 (1967) 133–54
32. Culasso Gastaldi, E. *Sul trattato con Alessandro*. Padua, 1984
33. Davidson, J. 'Isocrates against Imperialism: an analysis of the De Pace', *Historia* 39 (1990) 20–36
34. Diller, A. (ed.) *The Tradition of the Minor Greek Geographers*. Lancaster, PA–Oxford, 1952
35. Dover, K. J. *Lysias and the Corpus Lysiacum* (Sather Classical Lectures 39). Berkeley–Los Angeles, 1968
36. Dover, K. J. *Aristophanic Comedy*. Berkeley–Los Angeles, 1972
37. Ellis, J. R. 'The order of the Olynthiacs', *Historia* 16 (1967) 108–12
38. Errington, R. M. 'Bias in Ptolemy's History of Alexander', *CQ* n.s. 19 (1969) 233–42
39. Forni, G. and Bertinelli, M. G. A. 'Pompeio Trogo come fonte di storia', in *ANRW* II. 30. 2 (1982) 1298–362
40. Fraser, P. M. 'Eratosthenes of Cyrene', *PBA* 1971, 3–35
41. Fraser, P. M. Review of B 45, (I) *CR* 30 (1980) 246–8 and (II) 34 (1984) 345–6
42. Gauthier, P. *Un commentaire historique des Poroi de Xénophon*. Paris–Geneva, 1976
43. Goldstein, J. A. *The Letters of Demosthenes*. New York, 1968
44. Gomme, A. W., Andrewes, A. and Dover, K. J. *A Historical Commentary on Thucydides I–V*. Oxford, 1945–1981
45. Goukowsky, P. *Essai sur les origines du mythe d'Alexandre*, I–II. Nancy, 1978–81
46. Gould, J. *Herodotus*. London, 1989
46A. Grafton, A. T. *Forgers and Critics*. Princeton, 1991
47. Gray, V. J. 'Two different approaches to the battle of Sardis in 395 B.C.', *CSCA* 12 (1979) 183–200
48. Gray, V. J. 'The years 375–371 B.C.: a case study in the reliability of Diodorus and Xenophon', *CQ* n.s. 30 (1980) 306–26
49. Gray, V. J. *The Character of Xenophon's* Hellenica. London, 1989
50. Grayson, C. 'Did Xenophon intend to write history?', in Levick, B. M. (ed.) *The Ancient Historian and his Materials: Essays in Honour of C. E. Stevens*, 31–43. Farnborough, 1975

51. VACAT
52. Habicht, C. 'Falsche Urkunden zur Geschichte Athens im Zeitalter der Perserkriege', *Hermes* 89 (1961) 1–35
53. Hall, E. *Inventing the Barbarian: Greek Self-Definition through Tragedy*. Oxford, 1989
54. Hamilton, J. R. *Plutarch Alexander: a Commentary*. Oxford, 1969
55. Hammond, N. G. L. 'Diodorus' narrative of the Sacred War', *JHS* 57 (1937) 44–78
56. Hammond, N. G. L. 'The sources of Diodorus Siculus XVI', I and II, *CQ* 31 (1937) 79–91, 32 (1938) 137–51
57. Hammond, N. G. L. *Three Historians of Alexander the Great: The so-called Vulgate Authors, Diodorus, Justin and Curtius*. Cambridge, 1983
58. Henrichs, A. 'Zur Interpretation des Michigan–Papyrus über Theramenes', *ZPE* 3 (1968) 101–8
59. Hirsch, S. W. *The Friendship of the Barbarians: Xenophon and the Persian Empire*. Hanover, NY–London, 1985
60. Hornblower, J. *Hieronymus of Cardia*. Oxford, 1981
61. Hornblower, S. Review of B 57, *CR* 34 (1984) 261–4
62. Hornblower, S. *Commentary on Thucydides* I: *Books I–III*. Oxford, 1991
62A. Jacoby, F. *Griechische Historiker*. Stuttgart, 1956
63. Kebric, R. B. *In the Shadow of Macedon. Duris of Samos*. (Historia Einzelschr. 29). Wiesbaden, 1977
64. Kornemann, E. *Die Alexandergeschichte des Königs Ptolemaios von Ägypten*. Leipzig–Berlin, 1935
65. Lane Fox, R. 'Theopompus of Chios and the Greek world, 411–322 B.C.', in Boardman, J. and Vaphopoulou-Richardson, C. E. (eds.), *Chios: A Conference at the Homereion in Chios, 1984*, 105–20. Oxford, 1986
66. Laqueur, R. 'Timaios', *RE* 6A (1937) cols. 1075–203
67. Laqueur, R. 'Diodorea', *Hermes* 86 (1958) 257–90
68. Lauritano, R. 'Sileno in Diodoro', *KOKALOS* 2 (1956) 206–16
68A. Lefkowitz, M. *The Lives of the Greek Poets*. London, 1981
68B. MacDowell, D. *Demosthenes Against Meidias*. Oxford 1990
69. Maclaren, M. Jr. 'On the composition of Xenophon's Hellenica', *AJP* 55 (1934) 121–39, 249–62
70. MacMullen, R. 'The Epigraphic habit in the Roman Empire', *AJP* 103 (1982) 233–46
71. Manni, E. 'Da Ippi a Diodoro', *KOKALOS* 3 (1957) 136–55
72. Manni, E. 'Sileno in Diodoro?', *Atti . . . Palermo* 18.2 (1957–8) 81–8
73. Manni, E. 'Ancora a proposto di Sileno-Diodoro', *KOKALOS* 16 (1970) 74–8
74. Meister, K. *Die sizilische Geschichte bei Diodor von den Anfängen bis zum Tod des Agathokles. Quellenuntersuchungen zu Buch IV–XXI*. Diss. Munich, 1967
75. Merkelbach, R. *Die Quellen des griechischen Alexanderromans* (Zetemata 9). 2nd edn. Munich, 1977
76. Merkelbach, R. and Youtie, H. C. 'Ein Michigan–Papyrus über Theramenes', *ZPE* 2 (1968) 161–9
77. Meyer, E. *Theopomps Hellenika*. Halle, 1909

78. Milns, R. D. 'Some critical observations on Ephorus, Fragments 119, 111 and Testimony 23 (Jacoby)', in Marshall, B. (ed.), *Vindex Humanitatis: Essays in Honour of John Huntly Bishop*, 46–57. Armidale, 1980
79. Missiou, A. *The Subversive Oratory of Andokides: Politics, Ideology and Decision-Making in Democratic Athens*. Cambridge, 1992
80. Momigliano, A. 'Teopompo', *Riv. di Filol.* n.s. 9 (1931) 230–42, 335–53
81. Momigliano, A. 'La valutazione di Filippo il Macedone in Giustino', in *Quarto Contributo alla storia degli studi classici e del mondo antico*, 225–38. Rome, 1969
82. Momigliano, A. *The Development of Greek Biography*. Harvard, 1971
83. Momigliano, A. 'Le fonti della storia greca e macedone nel libro XVI di Diodoro', in *Quinto Contributo alla storia degli studi classici e del mondo antico*, 707–27. Rome, 1975
84. Momigliano, A. 'Second thoughts on Greek biography', in *Quinto Contributo alla storia degli studi classici e del mondo antico*, 33–47. Rome, 1975
85. Momigliano, A. *Essays in Ancient and Modern Historiography*, Oxford, 1977
86. Momigliano, A. *The Classical Foundations of Modern Historiography*. Berkeley–Los Angeles–Oxford, 1990
87. Montgomery, H. *The Way to Chaeronea: Foreign Policy, Decision-Making and Political Influence in Demosthenes' Speeches*, Bergen–Oslo–Stavanger–Trømso, 1983
88. Murray, O. 'Greek Historians', in Boardman, J., Griffin, J. and Murray, O. (eds.) *The Oxford History of the Classical World* 186–203. Oxford, 1986
89. Nouhaud, M. *L'utilisation de l'historie par les orateurs attiques*. Paris, 1982
90. Pearson, L. *The Lost Histories of Alexander the Great* (Philological Monographs 20). New York, 1960
91. Pearson, L. 'Ephorus and Timaeus in Diodorus. Laqueur's thesis rejected', *Historia* 33 (1984) 1–20
92. Pearson, L. *The Greek Historians of the West*. Atlanta, 1987
93. Pédech, P. *Historiens compagnons d'Alexandre*. Paris, 1984
94. Rhodes, P. J. *A Commentary on the Aristotelian* Athenaion Politeia. Oxford, 1981
95. Rhodes, P. J. *Thucydides, History II*. Warminster, 1988
96. Roberts, W. Rhys. 'Theopompus in the Greek literary critics', *CR* 22 (1908) 118–22
97. Roisman, J. 'Ptolemy and his rivals in his history of Alexander the Great', *CQ* n.s. 34 (1984) 373–85
98. Sacks, K. S. *Diodorus Siculus and the First Century*. Princeton, 1990
99. Sanders, L. J. 'Diodorus Siculus and Dionysius I of Syracuse', *Historia* 30 (1981) 394–411
100. Schwartz, E. 'Kallisthenes' Hellenika', *Hermes* 35 (1900) 106–30
101. Schwartz, E. 'Diodoros', *RE* 5 (1903) 663–703 (=B 104, 35–97)
102. Schwartz, E. 'Ephoros', *RE* 6 (1907) cols. 1–16 (=B 104, 3–26)
103. Schwartz, E. *Gesammelte Schriften*, II. Berlin, 1956
104. Schwartz, E. *Griechische Geschichtschreiber*. Leipzig, 1957
105. Sealey, R. 'Dionysius of Halicarnassus and some Demosthenic dates', *REG* 68 (1955) 77–120

106. Sealey, R. 'Pap. Mich. Inv. 5982: Theramenes', *ZPE* 116 (1975) 279–88
107. Seel, O. *Eine römische Weltgeschichte. Studien zum Text der Epitome des Iustinus und zur Historik des Pompejus Trogus* (Erlanger Beiträge zur Sprach- und Kunstwissenschaft 39). Nuremberg, 1972
108. Seibert, J. *Untersuchungen zur Geschichte Ptolemaios' I* (Münchener Beiträge zur Papyrusforschung und antiken Rechtsgeschichte 56). Munich, 1969
109. Shrimpton, G. S. *Theopompus the Historian*. London–Buffalo, 1991
110. Stadter, P. A. *Arrian of Nicomedia*. Chapel Hill, 1980
111. Stevenson, R. *Greek Historiography about Persia*. Forthcoming
112. Stylianou, P. 'Commentary on Diodorus xv', Unpubl. Oxford D. Phil. thesis, 1985
113. Syme, R. 'The date of Justin and the discovery of Trogus', *Historia* 37 (1988) 358–71
114. Tatum, J. *Xenophon's Imperial Fiction: On The Education of Cyrus*. Princeton, 1989
115. Thiel, J. H. 'De Dinone Colophonio Nepotis in Vita Datamis Auctore', *Mnemosyne* 51 (1923) 412–14
116. Thomas, R. *Oral Tradition and Written Record in Classical Athens*. Cambridge, 1989
117. Thompson, W. 'Andocides and Hellanicus', *TAPA* 98 (1967) 483–90
118. Tuplin, C. J. 'Pausanias and Plutarch's *Epaminondas*', *CQ* 34 (1984) 346–58
119. Tuplin, C. J. 'Xenophon's Hellenica: introductory essay and commentary on VI 3–VI 5', Unpub. Oxford D.Phil. thesis, 1981
120. Vidal-Naquet, P. *Flavius Arrien entre deux mondes: postface à l' "Histoire d'Alexandre" d'Arrien*. Paris, 1984
121. Volquardsen, C. A. *Untersuchungen über die Quellen der griechischen und sizilischen Geschichten bei Diodor, Buch XI–XVI*. Kiel, 1868
122. Walbank, F. W. *A Historical Commentary on Polybius*. 3 vols. Oxford, 1957 (I); 1967 (II); 1979 (III)
122A. Wankel, H. *Demosthenes, Rede für Ktesiphon über den Kranz*. 2 vols. Heidelberg, 1976
123. Weil, R. *Aristote et l'histoire: essai sur la Politique*. Paris, 1960
124. Welles, C. B. 'The reliability of Ptolemy as an historian', in *Miscellanea di studi alessandri in memoria di A. Rostagni* 101–16. Turin, 1963
125. West, M. L. *Hesiod, Works and Days*. Oxford, 1978
126. Westermann, A. *Biographi Graeci Minores*. Braunschweig, 1845
127. Westlake, H. D. 'The Sources of Plutarch's *Pelopidas*', *CQ* 33 (1939) 11–22
128. Westlake, H. D. 'The Sicilian books of Theopompus' *Hellenica*', *Historia* 2 (1953–4) 288–307 (= A 61, 226–50)
129. Westman, R. *Plutarch gegen Kolotes. Seine Schrift 'Adversus Colotem' als philosophiegeschichtliche Quelle*. (Acta Philosophica Fennica, fasc. 7). Helsinki, 1955
130. Wevers, R. F. *Isaeus: Chronology, Prosopography, and Social History*. The Hague–Paris, 1969
131. Whitehead, D. *Aineias the Tactician. How to Survive under Siege*. Oxford, 1990

132. Will, W. 'Zur Datierung der Rede Ps.-Demosthenes XVII', *Rh. Mus.* 125 (1982) 202–13

132A. Wyse, W. *The Speeches of Isaeus*. Cambridge, 1904

133. Zoepffel, R. 'Untersuchungen zum Geschichtswerk des Philistos von Syrakus'. Diss. Freiburg i. Br., 1965

Ⅱ.碑铭

134. Badian, E. 'A comma in the history of Samos', *ZPE* 23 (1976) 289–94

135. Badian, E. 'A document of Artaxerxes IV?', in A 32, 40–50

136. Bourguet, E. 'Inscriptions de Delphes sur trois archontes du IVe siècle', *BCH* 23 (1899) 353–69

137. Bousquet, J. (ed.) *Corpus des Inscriptions de Delphes* II*: Les comptes du quatrième et du troisième siècle*. Paris, 1989

138. Clark, M. 'The date of *IG* II² 1604', *BSA* 85 (1990) 47–67

139. Ferguson, W. S. 'Researches in Athenian and Delian documents, III', *Klio* 9 (1909) 304–40

140. Fraser, P. M. 'The son of Aristonax at Kandahar', *Afghan Studies* 2 (1979/80) 9–21

141. Habicht, Chr. 'Samische Volksbeschlüsse der hellenistischen Zeit', *Ath. Mitt.* 72 (1957) 152–274

142. Hansen, P. A. *Carmina Epigraphica Graeca* I, II. Berlin, 1983, 1989

143. Heisserer, A. J. *Alexander the Great and the Greeks: the Epigraphic Evidence*. Norman, OK, 1980

144. Heisserer, A. J. '*IG* XII, 2.1 (The monetary pact between Mytilene and Phocaea)', *ZPE* 55 (1984) 121–2

145. Jeffery, L. H. 'The development of Lakonian lettering: a reconsideration', *BSA* 83 (1988) 179–81

146. Jeffery, L. H. *The Local Scripts of Archaic Greece* revd A. W. Johnston. Oxford, 1990

147. Jeppesen, K. 'A royal message to Ikaros: The Hellenistic temples of Failakā', Kuml (1960) 174–87

148. Knoepfler, D. (ed.) *Comptes et inventaires dans la cité grecque*. Neuchâtel, 1988

149. de La Coste-Messelière, P. 'Listes amphictioniques du IVe s.', *BCH* 73 (1949) 200–47

150. de La Coste-Messelière, P. 'Les naopes à Delphes au IVe s.', *Mélanges helléniques offerts à Georges Daux*, 199–211. Paris, 1974

151. Lewis, D. M. 'The epigraphical evidence for the end of the Thirty', in Piérart, M. (ed.), *Aristote et Athènes*. Fribourg, 1993

152. Lewis, D. M. and Stroud, R. S. 'Athens honors King Euagoras of Salamis', *Hesp.* 48 (1979) 180–93

153. Maier, F. G. *Griechische Mauerbauinschriften* I. Heidelberg, 1959

154. Matthaiou, A. P. and Pikoulas, G. A. '*Ἔδον τοῖς Λακεδαιμονίοις ποττὸν πόλεμον*', *ΗΟΡΟΣ* 7 (1989) [1991] 77–124

155. Meritt, B. D. 'Greek inscriptions', *Hesp.* 29 (1960) 1–27

156. Meritt, B. D. and West, A. B. *The Athenian Assessment of 425* B.C. Ann Arbor, 1934
157. Metzger, H., Laroche, E. and Dupont-Sommer, A. 'La stèle trilingue récemment découverte au Letôon de Xanthos', *CRAI* (1974) 82–93, 115–25, 132–49
158. Metzger, H., Laroche, E. and Dupont-Sommer, A. *Fouilles de Xanthos 6: La stèle trilingue du Létoon*. Paris, 1979
159. Miller, S. G. 'The Thearodokoi of the Nemean Games', *Hesp.* 57 (1988) 147–63
160. Mitchel, F. W. 'A note on *IG* II² 370', *Phoenix* 18 (1964) 13–17
161. Moysey, R. '*IG* II² 207 and the Great Satraps' revolt', *ZPE* 69 (1987) 93–100
162. Nenci, G. 'Sei decreti inediti da Entella', *ASNP* ser. III, 10 (1980) 1271–5
163. Nenci, G. Various articles on the inscriptions of Entella, in *ASNP* ser. III, 12 (1982) 769–1103
164. Osborne, M. 'Athens and Orontes', *BSA* 66 (1971) 297–321
165. Osborne, M. J. *Naturalization in Athens*, 4 vols. in 3 (Verhandlingen van de Koninklijke Academie voor Wetenschappen, Letteren en Schone Kunsten van België, Klasse der Letteren, 43, 1981, no. 98, 44, 1982, no. 101, 45, 1983, no. 109)
166. Petrakos, B. Ch. ''Επιγραφαὶ 'Ωρωποῦ', *ArchDelt* 21 (1966) 45–7
167. Pritchett, W. K. 'Lucubrationes Epigraphicae', *CSCA* 5 (1972) 153–81
168. Reinmuth, O., *The Ephebic Inscriptions of the Fourth Century* B.C. (*Mnemosyne* Suppl. 14). Leiden, 1971
169. Robert, L. *Collection Froehner I. Les inscriptions grecques*. Paris, 1936
170. Robert, L. *Etudes épigraphiques et philologiques*. Paris, 1938
171. Robert, L. *Hellenica*. 13 vols. Paris–Limoges, 1940–65
172. Robert, L. *Opera minora selecta*. 7 vols. Amsterdam, 1969–90
173. Roueché, C. and Sherwin-White, S. 'Some aspects of the Seleucid Empire: the Greek inscriptions from Falaika, in the Arabian Gulf', *Chiron* 15 (1985) 1–39
174. Rougemont, G. *Corpus des Inscriptions de Delphes* I. *Lois sacrées et règlements religieux*. Paris, 1977
175. Sherwin-White, S. M. 'Ancient archives: the edict of Alexander to Priene, a reappraisal', *JHS* 105 (1985) 69–89
176. Stroud, R. S. 'Greek inscriptions, Theozotides and the Athenian orphans', *Hesp.* 40 (1971) 280–301
177. Stroud, R. S. 'An Athenian law on silver coinage', *Hesp.* 43 (1974) 157–88
178. Stroud, R. S. 'An Argive decree from Nemea concerning Aspendos', *Hesp.* 53 (1984) 193–216
179. Tod, M. N. *A Selection of Greek Historical Inscriptions*, II. Oxford, 1948
180. Walbank, M. B. 'The confiscation and sale by the Poletai in 402/1 B.C. of the property of the Thirty Tyrants', *Hesp.* 51 (1982) 74–98
181. Wallace, W. P. 'Loans to Karystos about 370 B.C.', *Phoenix* 16 (1962) 15–28

182. West, A. B. and Woodward, A. M. 'Studies in the Attic treasure-records II', *JHS* 58 (1938) 69–89
183. Woodward, A. M. 'An Attic treasure-record: the Hekatompedon-list for 402/1 B.C.', *ArchEph* (1935–1954 B′ [1958]) 107–12

Ⅲ.钱币学

(See also B 144, B 177, E 67, E 107, E 109, E 148, E 149, E 153, E 154, E 155, E 159, E 172, E 173, E 174, E 214, E 232, E 233, E 245, E 246, E 257, E 275, E 309, E 359, E 360, E 361, E 362, E 364, E 365, E 366, E 367, E 369, E 370, E 372, E 376, E 383, E 447, E 448, E 450, F 223, F 260, F 295, F 298, F 299, F 320, F 327, F 328, F 356, F 384, F 389, F 429, F 432, F 524, F 557, F 665, F 666, F 685, G 16, G 125, G 161, G 178, G 200, G 201, G 202, G 203, G 300, G 313, I 142)
184. Aulock, H. von. 'Die Prägung des Balakros in Kilikien', *JNG* 14 (1964) 79–82
185. Bellinger, A. R. 'The Thessaly hoard of 1938', *Congresso internationale di numismatica: Roma* 2 (1961) 57–60
186. Bellinger, A. R. 'Philippi in Macedonia', *ANSMN* 11 (1964) 29–52 and plates 6–11
187. Bellinger, A. R. *Essays on the Coinage of Alexander the Great* (Numismatic Studies No. 11). New York, 1963
188. Carradice, I. (ed) *Coinage and Administration in the Athenian and Persian Empires. The Ninth Oxford Symposium on Coinage and Monetary History* (BAR International Series 343). Oxford, 1987
189. Cawkwell, G. L. 'A note on the Heracles Coinage Alliance of 394 B.C.', *Num. Chron.* (1956) 69–75
190. Cawkwell, G. L. 'The *ΣΥΝ* coins again', *JHS* 83 (1963) 152–4
191. Cook, J. M. 'Cnidian *peraea* and Spartan coins', *JHS* 81 (1961) 56–72
192. Franke, P. R. 'Geschichte, Politik und Münzprägung im frühen Makedonien', *JNG* 314 (1952) 99ff
193. Fried, S. 'The Decadrachm hoard: an introduction' in B 188, 1–20
194. Gaebler, H. *Die antiken Münzen Nord-Griechenlands*, III: *Makedonia und Paionia*. Berlin, 1935
195. Head, B. V. *Catalogue of Greek Coins, Macedonia etc.* British Museum, London, 1879
196. Head, B. V. *Historia Numorum*. Oxford, 1911
197. Jenkins, G. K. 'The Greek coins recently acquired by the British Museum', *Num. Chron.* (1955) 131–56
198. Kagan, J. 'The Decadrachm hoard: chronology and consequences', in B 188, 21–8
199. Kaiser, W. B. 'Ein Meister der Glyptik aus dem Umkreis Alexanders', *JDAI* 77 (1962) 227–39
200. Kraay, C. *Archaic and Classical Greek Coins*. London, 1976
201. Kraay, C. M. and Hirmer, M. *Greek Coins*. London, 1966
202. Le Rider, G. *Le monnayage d'argent et d'or de Philippe II frappé en Macédoine de 359 à 294*. Paris, 1977

203. Martin, T. R. *Sovereignty and Coinage in Classical Greece*. Princeton, 1985
204. May, J. M. F. *The Coinage of Damastion*. Oxford, 1939
205. May, J. M. F. *Ainos: its History and Coinage*. Oxford, 1950
206. May, J. M. F. *The Coinage of Abdera*. London, 1966
207. Merker, L. 'Notes on Abdalonymus and the dated coins of Sidon and Ake', *ANSMN* 11 (1964) 113–20
208. Mørkholm, O. 'A coin of Artaxerxes III', *Num. Chron.* (1974) 1–4
209. Mørkholm, O. 'The Alexander coinage of Nicocles of Paphos', *Chiron* 8 (1978) 135–47
210. Moysey, R. 'Observations on the numismatic evidence relating to the Great Satraps' revolt', *REA* 91 (1989) 107–39
211. Newell, E. T. *The Dated Alexander Coinage of Sidon and Ake*. New Haven, 1916
212. Price, M. J. 'Alexander's reform of the Macedonian regal coinage', *Num. Chron.* (1982) 180–90
213. Price, M. J. and Waggoner, N. *Archaic Greek Coinage: the Asyut Hoard*. London, 1975
214. Robert, L. *Etudes de numismatique grecque*. Paris, 1951
215. Schlumberger, D. *L'argent grec dans l'empire achéménide*. Paris, 1953
216. Thompson, M., Mørkholm, O. and Kraay, C. M. *An Inventory of Greek Coin Hoards*. New York, 1973
217. Zervos, O. H. 'Notes on a book by Gerhard Kleiner', *Num. Chron.* (1982) 166–79

C. 希腊人国家

I.通史、政体史、和约等

1. Accame, S. *Ricerche intorno alla guerra corinzia*. Naples, 1951
2. Andrewes, A. and Lewis, D. M. 'Note on the Peace of Nikias', *JHS* 77 (1957) 177–80
3. Asheri, D. *Distribuzioni di terre nell'antica Grecia* (Memoria dell'Accademia delle scienze di Torino 4a, No. 10). Turin, 1966
4. Aucello, E. 'Ricerche sulla cronologia della guerra corinzia', *Helikon* 4 (1964) 29–45
5. Aucello, E., 'La genesi della pace di Antalcida', *Helikon* 5 (1965) 340–80
6. Barbera, L. 'Il problema interpretativo del trattato conchiuso a Tebe nel 366/5 a.C.', *Helikon* 9–10 (1969–70) 460–74
7. Bauslaugh, R. A. *The Concept of Neutrality in Classical Greece*. Berkeley–Los Angeles–Oxford, 1991
8. Bengtson, H. 'Die griechische Polis bei Aineias', *Historia* 11 (1962) 458–68
9. Berve, H. *Die Tyrannis bei den Griechen*. 2 vols. Munich, 1967
10. Browning, R. 'The crisis of the Greek city – a new collective study', (Review of C 83) *Philologus* 120 (1976) 258–66
11. Bruce, I. A. F. 'Internal politics and the outbreak of the Corinthian war', *Emerita* 28 (1960) 75–86

12. Buckler, J. 'Dating the peace of 375/4 B.C.', *GRBS* 12 (1971) 353–61
13. Cassola, F. 'La polis nel IV secolo: crisi o evoluzione?' (Review of C 83) *Athenaeum* ser. 2, 54 (1976) 446–62
14. Cawkwell, G. L. 'The Common Peace of 366/5 B.C.', *CQ* n.s. 11 (1961) 80–6
15. Cawkwell, G. L. 'Notes on the Social War', *Class. et Med.* 23 (1962) 34–49
16. Cawkwell, G. L. 'Notes on the peace of 375/4', *Historia* 12 (1963) 84–95
17. Cawkwell, G. L. 'The Peace of Philocrates again', *CQ* 28 (1978) 93–104
18. Cawkwell, G. L. 'The King's Peace', *CQ* n.s. 31 (1981) 69–83
19. Ehrenberg, V. L. *The Greek State*. 2nd edn. London, 1969
20. Ehrhardt, C. 'The third sacred war', Unpub. B. Litt. thesis. Oxford, 1961
21. Ferrill, A. 'Herodotus on tyranny', *Historia* 27 (1978) 385–98
22. Frolov, E. 'Die späte Tyrannis im balkanischen Griechenland', in C 83, I, 231–400
23. Fuks, A. *Social Conflict in Ancient Greece* (Jerusalem–Leiden, 1984)
24. Funke, P. *Homónoia und Arché* (*Historia* Einzelschr. 37). Wiesbaden, 1980
25. Gauthier, P. *Symbola: Les Etrangers et la justice dans les cités grecques.* (Annales de l'Est, Mémoires 42). 1972
26. Gauthier, P. 'Les cités hellénistiques: épigraphie et histoire des institutions et des régimes politiques' in *Proceedings of the Eighth Epigraphical Congress, Athens, 1982*, I, 82–107. Athens, 1984
27. Gehrke, H.-J. *Stasis. Untersuchungen zu den inneren Kriegen in den griechischen Staaten des 5. und 4. Jahrhunderts v. Chr.* (Vestigia 35). Munich, 1985
28. Gehrke, H.-J. *Jenseits von Athen und Sparta: das dritte Griechenland und seine Staatenwelt.* Munich, 1986
29. Gernet, L. 'Mariages de tyrans', in *Hommage à Lucien Febvre, Eventail de l'histoire vivante,* 41–53. Paris, 1953 *(= id. Anthropologie de la grèce antique,* 344–59)
29A. Gschnitzer, F. *Abhängige Orte im griechischen Altertum* (Zetemata 17). Munich, 1958
30. Hamilton, C. D. 'Isocrates, *IG* II² 43, Greek propaganda and imperialism', *Traditio* 36 (1980) 83–109
31. Hampl, F. *Die griechischen Staatsverträge des 4. Jhdts. v. Chr. Geb.* Leipzig, 1938
32. Hampl, F. 'Poleis ohne Territorium', *Klio* 32 (1939) 1–60
33. Heintzeler, G. *Das Bild des Tyrannen bei Platon.* Stuttgart, 1927
34. Herman, G. *Ritualised Friendship and the Greek City.* Cambridge, 1987
35. Kagan, D. 'The economic origins of the Corinthian war', *PP* 16 (1961) 321–41
36. Larsen, J. A. O. *Representative Government in Greek and Roman History.* Berkeley–Los Angeles, 1955
37. Larsen, J. A. O. *Greek Federal States: Their Institutions and History.* Oxford, 1968
38. Lauffer, S. 'Die Diodordublette XV 38 = 50 über die Friedensschlüsse zu Sparta 374 und 371 v.Chr.', *Historia* 8 (1959) 315–48
39. Lehmann, G. A. 'Spartas ἀρχή und die Vorphase des korinthischen Krieges in den Hellenica Oxyrhynchia', *ZPE* 28 (1978) 107–26; 30 (1978) 73–93

40. Levi, M. A. 'Le fonti per la pace di Antalcida', *Acme* 8 (1955) 105–11
41. Lewis, D. M. 'Democratic institutions and their diffusion', *Proceedings of the Eighth Epigraphical Congress, Athens, 1982*, I, 55–61. Athens, 1984
42. Lewis, D. M. 'Persian gold in Greek international relations', *REA* 91 (1989) 227–35
43. Lintott, A. W. *Violence, Civil Strife and Revolution in the Classical City, 750–330 B.C.* London, 1982
44. Londey, P. D. 'Panhellenic representation at Delphoi in the fourth century B.C.' Ph.D. thesis, Monash University, Melbourne, 1982
45. Martin, V. *La vie internationale dans la Grèce des cités*. Paris, 1940
46. Martin, V. 'Le traitement de l'histoire diplomatique dans la tradition littéraire du IVe siècle avant J.C.', *Mus. Helv.* 1 (1944) 13–30
47. Martin, V. 'Sur une interprétation nouvelle de la "paix du roi"', *Mus. Helv.* 6 (1949) 127–39
48. Moggi, M. *I sinecismi interstatali greci*, I: *Dalle origini al 338 a. C.* Pisa, 1976
49. Momigliano, A. 'La κοινὴ εἰρήνη dal 386 al 338', *Riv. di Filol.* n.s. 12 (1934) 482–514
50. Momigliano, A. 'Sea power in Greek thought', in *Secondo contributo alla storia degli studi classici*, 57–68. Rome, 1960
51. Momigliano, A. 'Per la storia della pubblicistica sulla κοινὴ εἰρήνη nel IV secolo a.C.', in *Terzo contributo alla storia degli studi classici e del mondo antico*, 457–87. Rome, 1966
52. Murray, O. and Price, S. (eds.) *The Greek City from Homer to Alexander*. Oxford, 1990
53. Niese, B. 'Chronologische und historische Beiträge zur griechischen Geschichte der Jahre 370–364 v. Chr.', *Hermes* 39 (1904) 84–132
54. Nolte, F. *Die historisch-politischen Voraussetzungen des Königsfriedens*. Bamberg, 1923
55. Ostwald, M. *Autonomia: its Genesis and Early History*. Chico, CA, 1982
56. Perlman, S. 'The causes and outbreak of the Corinthian war', *CQ* n.s. 14 (1964) 64–81
57. Perlman, S. 'Panhellenism, the polis and imperialism', *Historia* 25 (1976) 1–30
58. Rice, D. G. 'Xenophon, Diodorus and the year 379/378 B.C. Reconstruction and reappraisal', *YCS* 24 (1975) 95–130
59. Romilly, J. de. 'Vocabulaire et propagande: ou les premiers emplois du mot *homonoia*', *Mélanges de linguistique et de philologie grecques offerts à P. Chantraine*, 199–209. Paris, 1972
60. Roos, A. G. 'The peace of Sparta of 374 B.C.', *Mnemosyne* ser. 4, 2 (1949) 265–85
61. Roy, J. 'Arcadia and Boeotia in Peloponnesian affairs, 370–362 B.C.', *Historia* 20 (1971) 569–99
62. Runciman, W. G. 'Doomed to extinction: the *polis* as an evolutionary dead-end', in C 52, 347–67
63. Ruschenbusch, E. *Untersuchungen zu Staat und Politik in Griechenland vom 7.-4. Jh. v. Chr.* Bamberg, 1978
64. Ruschenbusch, E. 'Die Bevölkerungszahl Griechenlands im 5. und 4. Jh. v. Chr.', *ZPE* 56 (1984) 55–7

65. Ruschenbusch, E. 'Die Zahl der griechischen Staaten und Arealgrösse und Bürgerzahl der "Normalpolis"', *ZPE* 59 (1985) 253–63
66. Ryder, T. T. B. 'The supposed common peace of 366/5 B.C.', *CQ* n.s. 7 (1957) 199–205
67. Ryder, T. T. B. *Koine Eirene*. London, 1965
68. de Ste Croix, G. E. M. *The Origins of the Peloponnesian War*. London, 1972
69. de Ste Croix, G. E. M. 'Political pay outside Athens', *CQ* n.s. 25 (1975) 48–52
70. de Ste Croix, G. E. M. *The Class Struggle in the Ancient Greek World*. London, 1981
71. Schaefer, A. *Demosthenes und seine Zeit*, I–III. 2nd edn. Leipzig, 1885–7
72. Schehl, F. 'Zum korinthischen Bund vom Jahre 338/7 v. Chr.', *JÖAI* 27 (1932) 115–45
73. Seager, R. 'The King's Peace and the balance of power in Greece, 386–362 B.C.', *Athenaeum* 52 (1974) 36–63
74. Seager, R. and Tuplin, C. J. 'The freedom of the Greeks in Asia', *JHS* 100 (1980) 141–54
75. Seibert, J. *Die politischen Flüchtlinge und Verbannten in der griechischen Geschichte* (Impulse der Forschung 30). Darmstadt, 1979
76. Sinclair, R. K. 'The King's Peace and the employment of military and naval forces 387–378', *Chiron* 8 (1978) 29–54
77. Sordi, M. 'La pace di Atene 371/0', *Riv. di Filol.* 79 (1951) 34–64
78. Sordi, M. 'La fondation du collège des naopes et la renouveau politique de l'amphictionie au IVe siècle', *BCH* 81 (1957) 38–75
79. Starr, C. G. 'Greeks and Persians in the fourth century B.C. A study in political contacts before Alexander', *Ir. Ant.* 11 (1976) 39–99 and 12 (1977) 49–116
80. Tuplin, C. J. 'Two proper names in the text of Diodorus book 15', *CQ* n.s. 29 (1979) 347–57
81. Tuplin, C. J., 'Timotheus and Corcyra: problems in Greek history 375–373 B.C.', *Athenaeum* 62 (1984) 537–68
82. von Stern, E. *Geschichte der spartanischen und thebanischen Hegemonie*. Dorpat, 1884
83. Welskopf, E. C. (ed.) *Hellenische Poleis: Krise, Wandlung, Wirkung*. 4 vols. Berlin, 1974
84. West, A. B. *The History of the Chalcidic League*. Madison, 1918
85. West, W. C. 'Hellenic *homonoia* and the new decree from Plataea', *GRBS* 18 (1977) 307–19
86. Winterling, A. 'Polisbegriff und Staatstheorie des Aeneas Tacticus. Zur Frage der Grenzen der griechischen Polisgesellschaft im 4. Jahrhundert v. Chr.', *Historia* 40 (1991) 193–229

Ⅱ.雅典

87. Accame, S. *La lega ateniese del secolo IV a.C.* Rome, 1941
88. Amit, M. *Athens and the Sea. A Study in Athenian Sea-Power* (Collection Latomus, LXXIV). Brussels, 1965

89. Anderson, J. K. 'The statue of Chabrias', *AJA* 67 (1963) 411–13
90. Andrewes, A. 'Philochorus on phratries', *JHS* 81 (1961) 1–15
91. Ashton, N. G. 'How many *pentereis*?', *GRBS* 20 (1979) 237–42
92. Ashton, N. G. 'The Lamian war – *stat magni nominis umbra*', *JHS* 104 (1984) 152–7
93. Barbieri, G. *Conone*. Roma, 1955
94. Beloch, J. *Die attische Politik seit Perikles*. Leipzig, 1884
95. Bleicken, J. 'Die Einheit der athenischen Demokratie in klassischer Zeit', *Hermes* 115 (1987) 257–83
96. Bruce, I. A. F. 'Athenian embassies in the early fourth century', *Historia* 15 (1966) 272–81
97. Buchanan, J. J. *Theorika*. Locust Valley, 1962
98. Buckler, J. 'A second look at the monument of Chabrias', *Hesp.* 41 (1972) 466–74
99. Burnett, A. P. 'Thebes and the expansion of the second Athenian confederacy: *IG* II^2 40 and *IG* II^2 43', *Historia* 11 (1962) 1–17
100. Burnett, A. P. and Edmonson, C. M. 'The Chabrias monument in the Athenian agora', *Hesp.* 30 (1961) 74–91
101. Cargill, J. *The Second Athenian League*. Berkeley–Los Angeles–London, 1981
102. Cawkwell, G. L. 'Aeschines and the Peace of Philocrates', *REG* 73 (1960) 416–38
103. Cawkwell, G. L. 'Aeschines and the ruin of Phocis', *REG* 75 (1962) 453–9
104. Cawkwell, G. L. 'Demosthenes and the stratiotic fund', *Mnemosyne* ser. 4, 15 (1962) 377–83
105. Cawkwell, G. L. 'The defence of Olynthus', *CQ* n.s. 12 (1962) 122–40
106. Cawkwell, G. L. 'Demosthenes' policy after the Peace of Philocrates' I and II, *CQ* 13 (1963) 120–38, 200–13
107. Cawkwell, G. L. 'Eubulus', *JHS* 83 (1963) 47–67
108. Cawkwell, G. L. 'The crowning of Demosthenes', *CQ* 19 (1969) 163–80
109. Cawkwell, G. L. 'The fall of Themistocles', *Auckland Classical Studies Presented to E. M. Blailock*, 39–58. Auckland, 1970
110. Cawkwell, G. L. 'The date of *I.G.* II^2 1609 again', *Historia* 22 (1973) 759–61
111. Cawkwell, G. L. 'The foundation of the second Athenian confederacy', *CQ* n.s. 23 (1973) 47–60
112. Cawkwell, G. L. 'The imperialism of Thrasybulus', *CQ* n.s. 26 (1976) 270–7
113. Cawkwell, G. L. 'Notes on the failure of the second Athenian Confederacy', *JHS* 101 (1981) 40–55
114. Cawkwell, G. L. 'Athenian naval power in the fourth century', *CQ* 34 (1984) 334–45
115. Clinton, K. 'The nature of the late fifth-century revision of the Athenian law code', *Hesp.* Suppl. 19 (1982) 27–37
116. Cloché, P. *La restauration democratique à Athènes en 403 avant J.-C.* Paris, 1915

117. Cloché, P. *La politique étrangère d'Athènes de 404 à 338*. Paris, 1934
118. Cloché, P. 'Les hommes politiques et la justice populaire dans l'Athènes du IVe siècle', *Historia* 9 (1960) 80–95
119. Cloché, P. *Isocrate et son temps*. Paris, 1963
120. Cohen, E. E. *Ancient Athenian Maritime Courts*. Princeton, 1973
121. Coleman, J. E. and Bradeen, D. W. 'Thera on I.G. II^2, 43', *Hesp.* 36 (1967) 102–4
122. Davies, J. K. 'Demosthenes on liturgies: a note', *JHS* 87 (1967) 33–40
123. Davies, J. K. 'The date of *IG* II.^{2} 1609', *Historia* 18 (1969) 309–33
124. Davies, J. K. *Athenian Propertied Families, 600–300 B.C.* Oxford, 1971
125. Davies, J. K. 'Athenian citizenship: the descent group and the alternatives', *CJ* 73 (1977–8) 105–21
126. Davies, J. K. *Wealth and the Power of Wealth in Classical Athens*. New York, 1981
127. Develin, R. *Athenian Officials 684–322 B.C.* Cambridge, 1989
128. Dow, S. 'Aristotle, the Kleroteria and the Courts', *HSCP* 50 (1939) 1–34
129. Dow, S. 'The Athenian law codes', *Proc. Mass. Hist. Soc.* 71 (1953–9) 3–36
130. Dow, S. 'The Athenian calendar of sacrifices: the chronology of Nikomachos' second term', *Historia* 9 (1960) 270–93
131. Dow, S. 'The walls inscribed with Nikomakhos' law code', *Hesp.* 30 (1961) 58–73
132. Dušanić, S. 'Plato's Academy and Timotheus' policy, 365–359 B.C.', *Chiron* 10 (1980) 111–44
133. Ehrenberg, V. 'Early Athenian colonies', in *id.*, *Aspects of the Ancient World* (1946) 117–28
134. Ellis, J. R. 'The date of Demosthenes' *First Philippic*', *REG* 79 (1966) 636–9
135. Fingarette, A. 'A new look at the wall of Nikomachos', *Hesp.* 40 (1971) 330–5
136. Fisher, N. R. E. *Social Values in Classical Athens*. London–Toronto, 1976
137. Foucart, M. P. 'Les athéniens dans la Chersonèse de Thrace au IVe s.', *Mém. de l'acad. de l'insc.* 38 (1909) 83–120
138. Fuks, A. 'Notes on the Rule of the Ten at Athens in 403 B.C.', *Mnemosyne*[4] 6 (1953) 198–207 (= C 23, 289–98)
139. Fuks, A. *The Ancestral Constitution*. London, 1953
140. Funke, P. 'Konons Rückkehr nach Athen', *ZPE* 53 (1983) 149–61
141. Gabrielsen, V. *Remuneration of State Officials in Fourth Century B.C. Athens* (Odense U. Cl. Stud. 11). Odense 1981
142. Gehrke, H.-J. 'Das Verhältnis von Politik und Philosophie im Wirken des Demetrios von Phaleron', *Chiron* 8 (1978) 149–93
143. Glotz, G. 'Démosthène et les finances athéniennes de 346 à 339', *Rev. Hist.* 171 (1932) 385–97
144. Gomme, A. W. *The Population of Athens in the Fifth and Fourth Centuries B.C.* (Glasgow U. Pub. 28). Oxford, 1933
145. Grégoire, H. and Goossens, R. 'Les allusions politiques dans l'*Hélène* d'Euripide', *CRAI* 1940, 215–27

146. Griffith, G. T. 'Athens in the fourth century', in A 22. 127–44
147. Griffith, J. G. 'A note on the first *eisphora* at Athens', *AJAH* 2 (1977) 3–7
148. Hall, L. G. H. 'Ephialtes, the Areopagus and the Thirty', *CQ* n.s. 40 (1990) 319–28
149. Hammond, N. G. L. 'Strategia and hegemonia in fifth-century Athens', *CQ* n.s. 19 (1969) 111–44 (='Problems of command in fifth-century Athens', in A 28, 346–94)
150. Hansen, M. H. 'Athenian *nomothesia* in the fourth century B.C. and Demosthenes' speech against Leptines', *Class. et Med.* 32 (1971–80) 87–104
151. Hansen, M. H. 'Perquisites for magistrates in fourth-century Athens', *Class. et Med.* 32 (1971–80) 105–25
152. Hansen, M. H. *The Sovereignty of the People's Court in Athens* (Odense U. Cl. Stud. 4). Odense, 1974
153. Hansen, M. H. *Eisangelia* (Odense U. Cl. Stud. 6). Odense, 1975
154. Hansen, M. H. 'How many Athenians attended the *ecclesia*?' *GRBS* 17 (1976) 115–34
155. Hansen, M. H. '*Nomos* and *psephisma* in fourth-century Athens', *GRBS* 19 (1978) 315–30
156. Hansen, M. H. 'Did the Athenian *ecclesia* legislate after 403/2 B.C.?' *GRBS* 20 (1979) 27–53
157. Hansen, M. H. '*Misthos* for magistrates in classical Athens', *SO* 54 (1979) 5–22
158. Hansen, M. H. 'Initiative and decision: the separation of powers in fourth century Athens', *GRBS* 22 (1981) 345–70
159. Hansen, M. H. 'The number of Athenian hoplites in 431 B.C.', *SO* 56 (1981) 19–32
160. Hansen, M. H. 'Two notes on the Athenian dikai emporikai', *Scientific Yearbook of the Graduate School of Political Sciences 'Panteios'* (1981) 167–75
161. Hansen, M. H. 'Demographic reflections on the number of Athenian citizens, 451–309 B.C.', *AJAH* 7 (1982) [1985] 172–9
162. Hansen, M. H. '*Rhetores* and *strategoi* in fourth century Athens', *GRBS* 24 (1983) 151–80
163. Hansen, M. H. 'The Athenian "politicians" 403–322 B.C.', *GRBS* 24 (1983) 33–55
164. Hansen, M. H. 'Athenian *nomothesia*', *GRBS* 26 (1985) 345–71
165. Hansen, M. H. *Demography and Democracy. The Number of Athenian Citizens in the Fourth Century B.C.* Herning, 1986
166. Hansen, M. H. 'Demography and democracy once again', *ZPE* (1988) 189–93
167. Hansen, M. H. *Three Studies in Athenian Demography* (Hist. Fil. Medd. Dan. Vid. Selsk. 56, 1988)
168. Hansen, M. H. Review of C 210, *CR* n.s. 40 (1990) 348–56
169. Harding, P. 'The Theramenes myth', *Phoenix* 28 (1974) 101–11
170. Harding, P. 'Androtion's political career', *Historia* 25 (1976) 186–200
171. Harrison, A. R. W. 'Law-making at Athens at the end of the fifth century B.C.', *JHS* 75 (1955) 26–35

172. Harrison, A. R. W. *The Law of Athens*. 2 vols. Oxford, 1968–71
173. Hatzfeld, J. *Alcibiade*. Paris, 1951
174. Hignett, C. *A History of the Athenian Constitution*. Oxford, 1952
175. Humphreys, S. C. 'Lycurgus of Butadae: an Athenian aristocrat', in Eadie, J. W. and Ober, J. (eds.) *The Craft of the Ancient Historian: Essays in Honor of Chester G. Starr*, 199–252. Lanham Md., 1985
176. Isager, S. and Hansen, M. H. *Aspects of Athenian Society in the Fourth Century B.C.* Odense, 1975
177. Jaeger, W. *Demosthenes: the Origin and Growth of his Policy*. Cambridge, 1938
178. Jones, A. H. M. *Athenian Democracy*. London, 1957
179. Judeich, W. *Topographie von Athen* (*Handbuch der Altertumswissenschaft* III.2.2). 2nd edn. Munich, 1931
180. Kallet, L. 'Iphikrates, Timotheos, and Athens, 371–360 B.C.', *GRBS* 24 (1983) 329–52
181. Krentz, P. 'Foreigners against the Thirty: *IG* 2^2 10 again', *Phoenix* 34 (1980) 298–306
182. Krentz, P. *The Thirty at Athens*. Ithaca–London, 1982
183. Krentz, P. 'The rewards for Thrasyboulos' supporters', *ZPE* 62 (1986) 201–4
184. Kroll, J. H. *Athenian Bronze Allotment Plates* (Loeb Cl. Monographs). Cambridge, MA, 1972
185. Lewis, D. M. Review of C 141, *JHS* 102 (1982) 269
186. Lewis, D. M. 'The Athenian coinage decree', in B 188, 53–64
187. Lewis, D. M. 'Oligarchic thinking in the late fifth century', in *Nomodeiktes: Essays presented to Martin Ostwald*. Ann Arbor, 1993
188. Loening, T. C. *The Reconciliation Agreement of 403/402 B.C. in Athens: Its Content and Application* (*Hermes* Einzelschr. 53). Stuttgart–Wiesbaden, 1987
189. Loeper, R. 'The Thirty Tyrants', *Zhurnal Ministerva Narodnogo Prosveschheniya* (May–June 1896) 90–101
190. Loraux, N. *L'invention d'Athènes. Histoire de l'oraison funèbre dans la cité 'classique'*. Paris–The Hague, 1981. (Eng. trs. *The Invention of Athens*. Cambridge, MA—London, 1986)
191. McCoy, W. J. 'Aristotle's *Athenaion Politeia* and the establishment of the Thirty Tyrants', *YCS* 23 (1975) 131–45
192. MacDowell, D. 'The chronology of Athenian speeches and legal innovations in 401–398 B.C.', *RIDA* ser. 3, 18 (1971) 267–73
193. MacDowell, D. 'Law-making at Athens in the fourth century B.C.', *JHS* 95 (1975) 62–74
194. MacDowell, D. *The Law in Classical Athens*. London, 1978
195. MacDowell, D. Review of C 141, *CR* n.s. 33 (1983) 75f
196. MacDowell, D. 'The law of Periandros about symmories', *CQ* n.s. 36 (1986) 438–49
197. Markle, M. M. III. 'Demosthenes' "Second Philippic": a valid policy for the Athenians against Philip', *Antichthon* 15 (1981) 62–85

198. Markle, M. M. III. 'The Peace of Philocrates'. Ph.D. thesis, Princeton, 1970
199. Markle, M. M. III. 'Support of Athenian intellectuals for Philip: A study of Isocrates' Philippus and Speusippus' Letter to Philip', *JHS* 96 (1976) 80–99
200. Marshall, F. H. *The Second Athenian Confederacy*. Cambridge, 1905
201. Meiggs, R. *The Athenian Empire*. Oxford, 1972
202. Mitchel, F. W. 'Demades of Paeania and *IG* II^2 1493, 1494, 1495', *TAPA* 93 (1962) 213–29
203. Mitchel, F. W. *Lykourgan Athens: 338–322* (Lectures in Memory of Louise Semple Taft, 2nd series). Cincinnati, 1970
204. Mitchel, F. W. 'The so-called earliest ephebic inscription', *ZPE* 19 (1975) 233–43
205. Mitchel, F. W. 'The Nellos (IGII^2 43 B 35–38)', *Chiron* 11 (1981) 73–7
206. Mosley, D. J. 'The Athenian embassy to Sparta in 371 B.C.', *PCPhS* 188 (1962) 41–6
207. Mosley, D. J. 'Athens' alliance with Thebes in 339 B.C.', *Historia* 20 (1971) 508–10
208. Mossé, C. *La fin de la démocratie athénienne*. Paris, 1962
209. Mossé, C. 'Die politischen Prozesse und die Krise der athenischen Demokratie', in C 83, I. 160–87. (French trans. 'Les Procès politiques et la crise de la démocratie athénienne', *DHA* 1 (1974) 207–36)
210. Ober, J. *Mass and Elite in Democratic Athens*. Princeton, 1989
211. Ooteghem, J. van. 'Démosthène et le théoricon', *LEC* 1 (1932) 388–407
212. Osborne, R. G. *Demos: the Discovery of Classical Attika*. Cambridge, 1985
213. Ostwald, M. 'The Athenian legislation against tyranny and subversion', *TAPA* 86 (1955) 103–28
214. Ostwald, M. *From Popular Sovereignty to the Sovereignty of Law*. Berkeley–Los Angeles–London, 1986
215. Pélékidis, Ch. *Histoire de l'éphébie attique des origines à 31 avant Jésus-Christ* (Ec. Fr. d'Athènes, Travaux et Mémoires 13). Paris, 1962
216. Parke, H. W. 'Athens and Euboea, 349/8 B.C.', *JHS* 49 (1929) 246–52
217. Pečírka, J. 'The crisis of the Athenian *polis* in the fourth century B.C.', *Eirene* 14 (1976) 5–29
218. Pecorella Longo, C. *'Eterie' e gruppi politici nell' Atene del IV sec. a.C.* (U. Padova, Pubb. Fac. Lett. e Fil. 48). Florence, 1971
219. Perlman, S. 'Political leadership in Athens in the fourth century B.C.', *PP* 22 (1967) 161–76
220. Perlman, S. 'Athenian democracy and the revival of imperialistic expansion at the beginning of the fourth century B.C.', *Cl. Phil.* 63 (1968) 257–67
221. Perlman, S. 'On bribing Athenian ambassadors', *GRBS* 17 (1976) 223–33
222. Pickard-Cambridge, A. W. *Demosthenes and the Last Days of Greek Freedom*. New York–London, 1914
223. Pohlenz, M. 'Philipps Schreiben an Athen', *Hermes* 46 (1929) 41–62

224. Rhodes, P. J. *The Athenian Boule*. Oxford, 1972. Rptd with additions 1989
225. Rhodes, P. J. 'On labelling fourth-century politicians', *LCM* 3 (1978) 207–11
226. Rhodes, P. J. 'Athenian democracy after 403 B.C.', *CJ* 75 (1979/80) 305–23
227. Rhodes, P. J. 'Ephebi, bouleutae and the population of Athens', *ZPE* 38 (1980) 191–201
228. Rhodes, P. J. '*Nomothesia* in fourth-century Athens', *CQ* n.s. 35 (1985) 55–60
229. Rhodes, P. J. 'Political activity in classical Athens', *JHS* 106 (1986) 132–44
230. Rhodes, P. J. 'The Athenian code of laws, 410–399 B.C.', *JHS* 111 (1991) 87–100
231. Roberts, J. T. 'Athens' so-called unofficial politicians', *Hermes* 110 (1982) 354–62
232. Robertson, N. 'The laws of Athens, 410–399 B.C.: the evidence for review and publication', *JHS* 110 (1990) 43–75
233. Rohrmoser, J. 'Kritische Betrachtungen über den philokrateischen Frieden', *Zeitschr. für die österr. Gymn.* 25 (1874) 789–815
234. Ruschenbusch, E. *Athenische Innenpolitik im 5. Jahrhundert v. Chr.: Ideologie oder Pragmatismus?* Bamberg, 1979
235. Ruschenbusch, E. 'Die Einführung des Theorikon', *ZPE* 36 (1979) 303–8
236. Ruschenbusch, E. 'Die soziale Herkunft der Epheben um 330', *ZPE* 35 (1979) 173–6
237. Ruschenbusch, E. 'Die soziale Zusammensetzung des Rates der 500 in Athen im 4. Jh.', *ZPE* 35 (1979) 177–80
238. Ruschenbusch, E. 'Epheben, Bouleuten und die Bürgerzahl von Athen um 330 v. Chr.', *ZPE* 41 (1981) 103–5
239. Ruschenbusch, E. 'Noch einmal die Bürgerzahl Athens um 330 v. Chr.', *ZPE* 44 (1981) 110–12
240. Ruschenbusch, E. 'Tribut und Bürgerzahl im ersten athenischen Seebund', *ZPE* 53 (1983) 125–43
241. Ruschenbusch, E. 'Zum letzten Mal: die Bürgerzahl Athens im 4. Jh. v. Chr.', *ZPE* 54 (1984) 253–69
242. Ruschenbusch, E. 'Ein Beitrag zur Liturgie und zur Eisphora', *ZPE* 59 (1985) 237–52
243. Ruschenbusch, E. 'Symmorienprobleme', *ZPE* 69 (1987) 75–81
244. Ruschenbusch, E. 'Demography and democracy. Doch noch einmal über die Bürgerzahl Athens im 4. Jh. v. Chr.', *ZPE* 72 (1988) 139f, and 'Stellungnahme', *ibid.* 194–6
245. Ryder, T. T. B. 'Athenian foreign policy and the peace-conference at Sparta in 371 B.C.', *CQ* n.s. 13 (1963) 237–41
246. de Ste Croix, G. E. M. 'The alleged secret pact between Athens and Philip II concerning Amphipolis and Pydna', *CQ* n.s. 13 (1963) 110–19
247. Salmon, P. 'L'Etablissement des Trente à Athènes', *Ant. Class.* 38 (1969) 497–500

248. Schmitt, J.-M. 'Les premières tétrères à Athènes', *REA* 87 (1974) 80–90
249. Seager, R. 'Lysias against the corn-dealers', *Historia* 15 (1966) 172–84
250. Seager, R. 'Thrasybulus, Conon and Athenian imperialism 396–386 B.C.', *JHS* 87 (1967) 95–115
251. Sealey, R. 'Athens after the Social War', *JHS* 75 (1955) 75–81 (=C 255, 164–82)
252. Sealey, R. 'Proxenus and the Peace of Philocrates', *Wien. Stud.* 68 (1955) 145–52
253. Sealey, B. R. I. 'Callistratos of Aphidna and his contemporaries', *Historia* 5 (1956) 178–203(=C 255, 133–63)
254. Sealey, R. '*IG* II^2 1609 and the transformation of the second Athenian sea-league', *Phoenix* 11 (1957) 95–111
255. Sealey, B. R. I. *Essays in Greek Politics*. New York, 1967
256. Sealey, R. '*Ath. Pol.* 25.2 and Lys. fr. 178: "additional" functions of the Areopagite Council', *JHS* 111 (1991) 210
257. Sinclair, R. K. *Democracy and Participation in Athens*. Cambridge, 1988
258. Stone, I. F. *The Trial of Socrates*. Boston–London, 1988
259. Strauss, B. S. *Athens after the Peloponnesian War*. London–Sydney, 1986
260. Sundwall, J. *Epigraphische Beiträge zur sozial-politischen Geschichte Athens im Zeitalter des Demosthenes* (*Klio* Bhft. 4). 1906
261. Tritle, L. A. *Phocion the Good*. London, 1988
262. Tuplin, C. J. 'The Athenian embassy to Sparta, 372/1', *LCM* 2 (1977) 51–6
263. Tuplin, C. J. 'Lysias XIX, the Cypriot war and Thrasybulus' naval expedition', *Philologus* 127 (1983) 170–86
264. Usher, S. 'Xenophon, Critias and Theramenes', *JHS* 88 (1968) 128–35
265. Whitehead, D. *The Ideology of the Athenian Metic* (*PCPhS* Suppl. vol. 4). Cambridge, 1977
266. Whitehead, D. 'The tribes of the Thirty Tyrants', *JHS* 100 (1980) 208–13
267. Whitehead, D. 'A thousand new Athenians', *LCM* 9 (1984) 8–10
268. Whitehead, D. *The Demes of Attica 508/7 – ca. 250 B.C.: A Political and Social Study*. Princeton, 1986
269. Whitehead, D. 'The ideology of the Athenian metic: some pendants and a reappraisal', *PCPhS* 212 (1986) 145–58
270. Wilamowitz-Moellendorff, U. von. *Aristoteles und Athen*, I. Berlin, 1893
271. Wilson, C. H. 'Athenian military finances, 378/7 to the peace of 375', *Athenaeum* 48 (1970) 302–26
272. Woodhead, A. G. '*IG* II^2 43 and Jason of Pherae', *AJA* 61 (1957) 367–73
273. Woodhead, A. G. 'Chabrias, Timotheus and the Aegean cities, 375–373 B.C.', *Phoenix* 16 (1962) 258–66

Ⅲ.斯巴达

274. Andrewes, A. 'The Government of Classical Sparta', in A 3, 1–20
275. Andrewes, A. 'Two notes on Lysander', *Phoenix* 25 (1971) 206–26
276. Andrewes, A. 'Spartan imperialism?', in A 22, 91–102 with 302–6
277. Badian, E. 'Agis III', *Hermes* 95 (1967) 170–92

278. Bockisch, G. 'Harmostai (431–387)', *Klio* 46 (1965) 129–239
279. Bommelaer, J.-F. *Lysandre de Sparte. Histoire et traditions* (*BEFAR* 240). Paris, 1981
280. Buckler, J. 'Plutarch and the fate of Antalkidas', *GRBS* 18 (1977) 139–45
281. Cartledge, P. A. 'A new 5th-century Spartan treaty', *LCM* 1 (1976) 87–92
282. Cartledge, P. A. *Sparta and Lakonia*. London, 1979
283. Cartledge, P. 'Sparta and Samos: a special relationship?', *CQ* n.s. 32 (1982) 243–65
284. Cartledge, P. A. *Agesilaos and the Crisis of Sparta*. London–Baltimore, 1987
285. Cawkwell, G. L. 'Agesilaus and Sparta', *CQ* n.s. 26 (1976) 62–84
286. Cawkwell, G. L. 'The decline of Sparta', *CQ* n.s. 33 (1983) 385–400
287. Coldstream, J. N. and Huxley, G. L. (eds.) *Kythera: Excavations and Studies Conducted by the University of Pennsylvania Museum and the British School at Athens*. London, 1972
288. David, E. 'The influx of money into Sparta at the end of the fifth century B.C.', *SCI* 5 (1979/80) 30–45
289. David, E. *Sparta betweeen Empire and Revolution, 404–243 B.C. Internal Problems and their Impact on Contemporary Greek Consciousness*. New York, 1981
290. Finley, M. I. 'Sparta' in Vernant, J.-P. (ed.), *Problèmes de la guerre en Grèce ancienne*, 143–60. Paris, 1968 (= Finley, M. I., *The Use and Abuse of History*, 161–77. London, 1975)
291. Graefe, F. 'Die Operationen des Antalkidas im Hellespont', *Klio* 28 (1935) 262–70
292. Gschnitzer, F. *Ein neuer spartanischer Staatsvertrag und die Verfassung des Peloponnesischen Bundes* (Beiträge zur klassischen Philologie 93). Meisenheim am Glan, 1978
293. Hamilton, C. D. 'Spartan politics and policy 405–401 B.C.', *AJP* 91 (1970) 294–314
294. Hamilton, C. D. *Sparta's Bitter Victories. Politics and Diplomacy in the Corinthian War*. Ithaca–London, 1979
295. Hamilton, C. D. *Agesilaus and the Failure of the Spartan Hegemony*. Ithaca, 1991
296. Hodkinson, S. 'Social order and the conflict of values in classical Sparta', *Chiron* 13 (1983) 239–81
297. Hodkinson, S. 'Land tenure and inheritance in classical Sparta', *CQ* n.s. 36 (1986) 378–406
298. Hodkinson, S. 'Inheritance, marriage and demography: perspectives upon the success and decline of classical Sparta', in C 309, 79–121
299. Kelly, D. H. 'Agesilaus' strategy in Asia Minor, 396–395 B.C.'. *LCM* 3 (1978) 97–8
300. Lazenby, J. F. *The Spartan Army*. Warminster, 1985
301. Lotze, D. *Lysander und der peloponnesischer Krieg* (*Abh. Sächs.* 57 (1964))

302. MacDonald, A. 'A note on the raid of Sphodrias', *Historia* 21 (1972) 38–44
303. McQueen, E. J. 'Some notes on the anti-Macedonian movement in the Peloponnese in 331 B.C.', *Historia* 27 (1978) 40–64
304. Ollier, F. *Le mirage spartiate*. I, Paris, 1933; II (Annales de l'université de Lyon III, 13, 1943)
305. Parke, H. W. 'The development of the second Spartan empire', *JHS* 50 (1930) 37–79
306. Peek, W. *Ein neuer spartanischer Staatsvertrag Abh.* (Sächs 65.3 (1974))
307. Poralla, P. *Prosopographie der Lakedaimonier bis auf der Zeit Alexanders des Grossen*. Breslau, 1913
308. Pouilloux, J. and Salviat, F. 'Lichas, Lacédémonien, archonte à Thasos et le livre VIII de Thucydide', *CRAI* (1983) 376–403
309. Powell, C. A. (ed.) *Classical Sparta. The Techniques Behind her Success*. London, 1988
310. Rawson, E. D. *The Spartan Tradition in European Thought*. Oxford, 1969
311. Redfield, J. 'The women of Sparta', *CJ* 73 (1977–8) 146–61
312. Rice, D. G. 'Agesilaus, Agesipolis and Spartan politics, 386–379 B.C.', *Historia* 23 (1974) 164–82
313. Ryder, T. T. B. 'Spartan relations with Persia after the King's Peace: a strange story in Diodorus 15.9', *CQ* n.s. 13 (1963) 105–9
314. Sansone, D. 'Lysander and Dionysius, Plut. *Lys.* 11' (with an addendum by R. Renehan), *Cl. Phil.* 76 (1981) 202–7
315. Seager, R. 'Agesilaus in Asia: propaganda and objectives', *LCM* 2 (1977) 183–4
316. Smith, R. E. 'Lysander and the Spartan Empire', *Cl. Phil.* 43 (1948) 145–56
317. Smith, R. E. 'The opposition to Agesilaus' foreign policy, 394–371 B.C.', *Historia* 2 (1953/54) 274–88
318. Talbert, R. J. A. 'The role of the Helots in the class struggle at Sparta', *Historia* 38 (1989) 22–40
319. Thompson, W. E. 'Observations on Spartan politics', *Riv. stor. ant.* 3 (1973) 47–58
320. Tigerstedt, E. N. *The Legend of Sparta in Classical Antiquity*. Uppsala, 1965–74
321. Whitehead, D. 'Sparta and the Thirty Tyrants', *AncSoc* 13/14 (1982–3) 106–30

Ⅳ.彼奥提亚和底比斯

322. Beister, H. 'Untersuchungen zu der Zeit der thebanischen Hegemonie', Diss. Munich, 1970
323. Beister, H. 'Ein thebanisches Tropaion bereits vor Beginn der Schlacht bei Leuktra', *Chiron* 3 (1973) 65–84

324. Buckler, J. 'Theban treaty obligations in *IG* II^2 40: a postscript', *Historia* 20 (1971) 506–8
325. Buckler, J. 'On Agatharchides F. Gr. Hist. 86 F 8', *CQ* n.s. 27 (1977) 333–4
326. Buckler, J. 'The Thespians at Leuctra', *Wien. Stud.* 90 (1977) 76–9
327. Buckler, J. 'Plutarch on the trials of Pelopidas and Epaminondas (369 B.C.)', *Cl. Phil.* 73 (1978) 36–42
328. Buckler, J. 'The re-establishment of the *boiotarchia* (378 B.C.)', *AJAH* 4 (1979) 50–64
329. Buckler, J. *The Theban Hegemony, 371–362 B.C.* (Harvard Historical Studies 98). Cambridge, MA–London, 1980
330. Buckler, J. 'The alleged Theban–Spartan alliance of 386 B.C.', *Eranos* 78 (1980) 179–85
331. Buckler, J. 'Alliance and hegemony in fourth-century Greece: the case of the Theban hegemony', *AncW* 5 (1982) 79–89
332. Burn, A. R. 'Helikon in history: a study in Greek mountain topography', *BSA* 44 (1949) 313–23
333. Carrata Thomes, F. *Egemonia beotica e potenza maritima nella politica di Epaminonda.* Turin, 1952
334. Cawkwell, G. L. 'Epaminondas and Thebes', *CQ* n.s. 22 (1972) 254–78
335. Cloché, P. *Thèbes de Béotie*, Namur, 1952
336. Fortina, M. *Epaminonda.* Turin, 1958
337. Gullath, B. *Untersuchungen zur Geschichte Boiotiens in der Zeit Alexanders und der Diadochen.* Frankfurt am Main–Bern, 1982
338. Hack, H. M. 'Thebes and the Spartan hegemony, 386–382 B.C.', *AJP* 99 (1978) 210–27
339. Hammond, N. G. L. 'The two battles of Chaeronea (338 and 86 B.C.)', *Klio* 13 (1938) 186–218
340. Judeich, W. 'Athen und Theben vom Königsfrieden bis zur Schlacht bei Leuktra', *Rh. Mus.* N.F. 76 (1927) 171–97
341. Lewis, D. M. 'The synedrion of the Boeotian alliance' in Schachter, A. (ed.), *Essays in the Topography, History and Culture of Boiotia* (*Teiresias* Suppl. 3, 1990), 71–3
342. Mosley, D. J. 'Theban diplomacy in 371 B.C.', *REG* 85 (1972) 312–18
343. Pédech, P. 'La date de la bataille de Leuctres', *Riv. stor. ant.* 2 (1972) 1–6
344. Pritchett, W. K. 'Observations on Chaeronea' *AJA* 62 (1958) 307–11
345. Roesch, P. *Thespies et la confédération béotienne* (U. de Lyon, Institut F. Courby). Paris, 1965
346. Roesch, P. *Etudes béotiennes* (U. de Lyon, Institut F. Courby). Paris, 1982
347. Salmon, P. *Etude sur la confédération béotienne (447/6–386): son organisation et son administration* (Ac. Roy. Belge, Mem. Class. Lett. (8°)^2 63.3). 1978
348. Sordi, M. 'La restaurazione della lega beotica nel 379–8 a.C.', *Athenaeum* 51 (1973) 79–90
349. Thiel, J. H. 'De synoecismo Boeotiae post annum 379 peracto', *Mnemosyne* ser. 2, 45 (1926) 19–28
350. Tuplin, C. J. 'The fate of Thespiae during the Theban hegemony', *Athenaeum* 64 (1986), 321–41

351. Westlake, H. D. 'Xenophon and Epaminondas', *GRBS* 16 (1975) 23–40
352. Wiseman, J. 'Epaminondas and the Theban invasions', *Klio* 51 (1969) 177–99

V.其他国家和地区

353. Braunert, H. and Petersen, T. 'Megalopolis: Anspruch und Wirklichkeit', *Chiron* 2 (1972) 57–90
354. Brunt, P. A. 'Euboea in the time of Philip II', *CQ* n.s. 19 (1969) 245–65
355. Cawkwell, G. L. 'Euboea in the late 340s', *Phoenix* 32 (1978) 42–67
356. Chadwick, J. '*Ταγά* and *ἀταγία*', *Studi linguistici . . . V. Pisani* (2 vols.), I. 231–4. Brescia, 1969
357. Dušanić, S. *Arkadski savez IV veka*. Belgrade, 1970 (*The Arcadian League of the 4th century*. In Serbian, with an extensive and detailed English summary at pp. 281–345)
358. Dušanić, S. 'Arkadika', *Ath. Mitt.* 94 (1979) 117–35
359. Dunant, C. and Pouilloux, J. *Etudes Thasiennes: Recherches sur l'histoire et les cultes de Thasos* II. Paris, 1958
360. Errington, R. M. 'Samos and the Lamian War', *Chiron* 5 (1975) 50–7
361. Franke, P. R. '*ΦΕΘΑΛΟΙ – ΦΕΤΑΛΟΙ – ΠΕΤΘΑΛΟΙ – ΘΕΣΣΑΛΟΙ*. Zur Geschichte Thessaliens im 5. Jh. v. Chr.', *Arch. Anz.* (1970) 85–93
362. Griffith, G. T. 'The union of Corinth and Argos (392–386 B.C.)', *Historia* 1 (1950) 236–56
363. Helly, B. *Gonnoi (Thessalie)*, I: *La cité et son histoire*. Amsterdam, 1973
364. Hodkinson, S. and H. 'Mantineia and the Mantinike: settlement and society in a Greek polis', *BSA* 76 (1981) 239–96
365. Hooker, J. T. 'Thessalian *ταγά*', *ZPE* 40 (1980) 272
366. Hornblower, S. 'When was Megalopolis founded?', *BSA* 85 (1990) 71–7
367. Kahrstedt, U. 'Chalcidic studies', *AJP* 57 (1936) 416–44
368. Lanzillotta, E. 'La fondazione di Megalopoli', *RSA* 5 (1975) 25–46
369. Legon, R. P. 'Phliasian politics and policy in the early fourth century B.C.', *Historia* 16 (1967) 324–37
370. Meloni, P. 'La tirannide di Euphrone I in Sicione', *Riv. di Filol.* 79 (1951) 10–33
371. Mendels, D. 'Aetolia 331–301: frustration, political power and survival', *Historia* 33 (1984) 129–80
372. Moggi, M. 'Il sinecismo di Megalopoli', *ASNP* 4 (1974) 71–107
373. Morrison, J. S. 'Meno of Pharsalus, Polycrates, and Ismenias', *CQ* 36 (1942) 65–76
374. Niese, B. 'Beiträge zur Geschichte Arkadiens', *Hermes* 34 (1899) 520–52
375. Piccirilli, L. 'Fliunte e il presunto colpo di stato democratico', *ASNP* ser. III. 4 (1974) 59–70
376. Pouilloux, J. *Etudes Thasiennes*. III: *Recherches sur l'histoire et les cultes de Thasos* I. Paris, 1954
377. Roux, G. *L'Amphictionie, Delphes et le temple d'Apollon au IVᵉ siècle* (Collection de la Maison de l'Orient méditerranéen 8). Lyon, 1979

378. Roy, J. 'Diodorus Siculus xv 40 – the Peloponnesian revolutions of 374 B.C.', *Klio* 55 (1973) 135–9
379. Roy, J. 'Postscript on the Arcadian League', *Historia* 23 (1974) 505–7
380. Salmon, J. B. *Wealthy Corinth: A History of the City to 338 B.C.* Oxford, 1984
381. Sherwin-White, S. M. *Ancient Cos: An Historical Study from the Dorian Settlement to the Imperial Period* (Hypomnemata 51). Göttingen, 1978
382. Shipley, G. *A History of Samos 800–188 B.C.* Oxford, 1987
383. Sordi, M. 'Le origini del koinon etolico', *Acme* 6 (1953) 419–45 (= Gschnitzer, F. (ed.) *Zur griechischen Staatskunde*, 343–74. Darmstadt, 1969)
384. Sordi, M. *La lega tessala fino ad Alessandro magno* (Rome: *Stud. Ist. Ital. Stor. Ant.* 15). 1958
385. Thompson, W. E. 'The politics of Phlius', *Eranos* 68 (1970) 224–30
386. Thompson, W. E. 'Arcadian factionalism in the 360s', *Historia* 32 (1983) 149–60
387. Tuplin, C. J. 'The date of the union of Corinth and Argos', *CQ* n.s. 32 (1982) 75–83
388. Wade-Gery, H. T. 'Kritias and Herodes', *CQ* 39 (1945) 19–33 (= *Essays in Greek History*, 271–92. Oxford, 1958)
389. Westlake, H. D. *Thessaly in the Fourth Century B.C.* London, 1935
390. Whitby, L. M. 'The union of Corinth and Argos: a reconsideration', *Historia* 33 (1984) 295–308 .
391. Whitehead, D. 'Euphron, tyrant of Sicyon: an unnoticed problem in Xenophon, *Hell.*7.3.8', *LCM* 6 (1980) 175–8
392. Zahrnt, M. *Olynth und die Chalkidier*. Munich, 1971

D. 马其顿

Ⅰ. 通论性著述

1. Adams, W. L. 'The royal Macedonian tomb at Vergina', *AncW* 3 (1980) 67–72
2. Adams, W. L. and Borza, E. N. (eds.) *Philip II, Alexander the Great and the Macedonian Heritage*. Washington, DC, 1982
3. Andronikos, M. 'Vergina: the royal graves in the great tumulus', *AAA* 10 (1977) 1–40 (In Greek), 40–72 (In English)
4. Andronikos, M. 'The finds from the Royal Tombs at Vergina', *PBA* 65 (1979) 355–67
5. Andronikos, M. 'The Royal Tomb at Vergina and the problem of the dead', *AAA* 13 (1980) 168–78
6. Andronikos, M. *Vergina. The Royal Tombs and the Ancient City*. Athens, 1984
7. Andronikos, M. 'Some reflections on the Macedonian tomb', *BSA* 82 (1987) 1–16
8. Anson, E. M. 'Macedonia's alleged constitutionalism', *CJ* 80 (1985) 303–16
9. Ashton, N. G. 'The *naumachia* near Amorgos in 322 B.C.', *BSA* 72 (1977) 1–11

10. Aymard, A. 'Βασιλεὺς Μακεδόνων', *RIDA* 4 (1950) 61–97 (=A 2, 100–22)
11. Aymard, A. 'Sur l'assemblée macédonienne', *REA* 52 (1950) 115–37 (=A 2, 143–63)
12. Badian, E. 'Greeks and Macedonians', in D 13, 33–51
13. Barr-Sharrar, B. and Borza, E. N. (eds.) *Macedonia and Greece in Late Classical and Early Hellenistic Times* (Studies in the History of Art 10). Washington, 1982
14. Borza, E. N. 'Some observations on malaria and the ecology of central Macedonia in antiquity', *AJAH* 4 (1979) 102–24
15. Borza, E. N. 'The Macedonian royal tombs at Vergina: some cautionary notes', *Archaeological News* 10 (1981) 73–87; 11 (1982) 8–10
16. Borza, E. N. 'The history and archaeology of Macedonia: retrospect and prospect', in D 13, 17–30
17. Borza, E. N. 'The natural resources of early Macedonia', in D 2, 1–20
18. Borza, E. N. 'The royal Macedonian tombs and the paraphernalia of Alexander the Great', *Phoenix* 41 (1987) 105–21
19. Borza, E. N. *In the Shadow of Olympus: The Emergence of Macedon*. Princeton–Oxford, 1990
20. Bosworth, A. B. 'Early relations between Aetolia and Macedon', *AJAH* 1 (1976) 164–81
21. Bosworth, A. B. 'Alexander the Great and the decline of Macedon', *JHS* 106 (1986) 1–12
22. Briant, P. *Antigone le Borgne: les débuts de sa carrière et les problèmes de l'assemblée macédonienne*. Paris, 1973
23. Carney, E. D. 'Alexander the Lyncestian: the disloyal opposition', *GRBS* 21 (1980) 23–33
24. Casson, S. *Macedonia, Thrace and Illyria*. Oxford, 1926
25. Cloché, P. *Histoire de la Macédoine*. Paris, 1960
26. Dell, H. J. (ed.) *Ancient Macedonian Studies in Honour of Charles F. Edson* (Institute of Balkan Studies 158). Thessaloniki, 1981
27. Edson, C. F. 'Early Macedonia', *Anc. Mac.* 1 (1970) 120–38
28. Ellis, J. R. 'Amyntas Perdikka, Philip II and Alexander the Great', *JHS* 91 (1971) 15–24
29. Ellis, J. R. 'The dynamics of fourth-century Macedonian imperialism', *Anc. Mac.* 2 (1977) 103–14
30. Errington, R. M. 'Macedonian "Royal Style" and its historical significance', *JHS* 94 (1974) 20–37
31. Errington, R. M. 'The nature of the Macedonian state under the monarchy', *Chiron* 8 (1978) 77–133
32. Errington, R. M. *Geschichte Makedoniens*. Munich, 1986
33. Errington, R. M. *A History of Macedonia*. Berkeley–Los Angeles, 1990
34. Fredricksmeyer, E. A. 'Again the so-called tomb of Philip II', *AJA* 85 (1981) 330–4
35. Fredricksmeyer, E. A. 'Once more the diadem and barrel-vault at Vergina', *AJA* 87 (1983) 99–102
36. Fredricksmeyer, E. A. 'Alexander and Philip: emulation and resentment', *CJ* 85 (1990) 300–15

37. Geyer, F. 'Makedonia', *RE* 14.1 (1928) coll. 638–771
38. Geyer, F. 'Makedonien bis zur Thronbesteigung Philipps II' (*Hist. Zeitschr.* Beiheft 19) Berlin–Munich, 1930
39. Granier, G. *Die makedonische Heeresversammlung: ein Beitrag zum antiken Staatsrecht* (Münchener Beiträge zur Papyrusforschung 13) 1931
40. Green, P. 'The royal tombs at Vergina: a historical analysis', in D 2, 129–51
41. Greenwalt, W. S. 'The introduction of Caranus into the Argead king list', *GRBS* 26 (1985) 43–9
42. Griffith, G. T. '*ΜΑΚΕΔΟΝΙΚΑ*: notes on the Macedonians of Philip and Alexander', *PCPhS* (1956–7) 3–10
43. Griffith, G. T. 'The Macedonian background', *G&R* 12 (1965) 125–39
44. Griffith, G. T. 'Peltasts and the origin of the Macedonian phalanx', in D 26, 161–7
45. Hammond, N. G. L. 'The archaeological background to the Macedonian kingdom', *Anc. Mac.* I (1970) 53–67 and plates 4–5
46. Hammond, N. G. L. *A History of Macedonia* I. Oxford, 1972
47. Hammond, N. G. L. '"Philip's Tomb" in historical context', *GRBS* 19 (1978) 331–50
48. Hammond, N. G. L. 'The evidence for the identity of the Royal Tombs at Vergina', in D 2, 111–27
49. Hammond, N. G. L. *The Macedonian State: The Origins, Institutions and History*. Oxford, 1989
50. Hammond, N. G. L. and Griffith, G. T. *A History of Macedonia*, II: *550–336 B.C.* Oxford, 1979
51. Hammond, N. G. L. and Walbank, F. W. *A History of Macedonia* III. Oxford, 1988
52. Hoffmann, O. *Die Makedonen, ihre Sprache und ihr Volkstum*. Göttingen, 1906
53. Kahrstedt, U. 'Städte in Makedonien', *Hermes* 81 (1953) 85–111
54. Kalleris, J. N. *Les anciens Macédoniens*, I–II. Athens, 1954, 1976.
55. Kanatsulis, D. 'Antipatros als Feldherr und Staatsmann', *Ellenika* 16 (1958/9) 14–64
56. Lehmann, P. W. 'The so-called tomb of Philip II – a different interpretation', *AJA* 84 (1980) 527–31
57. Lehmann, P. W. 'The so-called tomb of Philip II – an addendum', *AJA* 86 (1980) 437–42
58. Musgrave, J. 'The skull of Philip II of Macedon', *Current Topics in Oral Biology*, 1–16. Bristol, 1985
59. Prag, A. J. N. W., Musgrave, J. H. and Neave, R. A. H. 'The Skull from Tomb II at Vergina: King Philip II of Macedon', *JHS* 104 (1984) 60–78
60. Prestianni Giallombardo, A. M. and Tripodi, B. 'Le tombe regali di Vergina: quale Filippo?', *ANSP* ser. III. 10 (1980) 989–1001
61. Samuel, A. E. 'Philip and Alexander as kings: Macedonian and Merovingian parallels', *AHR* 93 (1988) 1270–86

Ⅱ.腓力

62. Badian, E. 'The death of Philip II', *Phoenix* 17 (1963) 244–50
63. Badian, E. 'Eurydice', in D 2, 99–110
64. Bickermann, E. and Sykutris, J. *Speusipps Brief an König Philipp* (Berichte über die Verhandlungen der Sächsischen Akademie der Wissenschaften zu Leipzig. Philol.-Hist. Kl. 80. 3). Leipzig, 1928
65. Borza, E. N. 'Philip II and the Greeks'. Review of D 80, *Cl. Phil.* 73 (1978) 236–43
66. Bosworth, A. B. 'Philip II and Upper Macedonia', *CQ* n.s. 21 (1971) 93–105
67. Buckler, J. *Philip II and the Sacred War*. Leiden, 1989
68. Burstein, S. M. 'The tomb of Philip II and the succession of Alexander the Great', *EMC/CV* 26 (1982) 141–63
69. Calder, W. M. III. 'Diadem and barrel-vault: a note', *AJA* 85 (1981) 334–5
70. Calder, W. M. III. '"Golden diadems" again', *AJA* 87 (1983) 102–3
71. Carapanos, C. *Dodone et ses ruines*. Paris, 1878
72. Carney, E. D. 'Olympias', *AncSoc* 18 (1987) 35–62
73. Cawkwell, G. L. *Philip of Macedon*. London, 1978
74. Cloché, P. *Un fondateur d'empire: Philippe II, roi de Macédoine*. St-Etienne, 1956
75. Crum, R. H. 'Philip II of Macedon and the Greek city-state'. Ph.D. thesis, Columbia, 1966
76. Develin, R. D. 'The murder of Philip II', *Antichthon* 15 (1981) 86–99
77. Ehrhardt, C. 'Two notes on Philip of Macedon's first intervention in Thessaly', *CQ* n.s. 17 (1967) 296–301
78. Ellis, J. R. 'Population-transplants by Philip II', *Makedonika* 9 (1969) 9–17
79. Ellis, J. R. 'The stepbrothers of Philip II', *Historia* 22 (1973) 350–4
80. Ellis, J. R. *Philip II and Macedonian Imperialism*. London, 1976
81. Ellis, J. R. 'Philip's Thracian campaign of 352–351', *Cl. Phil.* 72 (1977) 32–9
82. Ellis, J. R. 'The assassination of Philip II', in D 26, 99–137
83. Ellis, J. R. 'Philip and the Peace of Philocrates', in D 2, 43–59
84. Ellis, J. R. and Milns, R. D. *The Spectre of Philip*. Sydney, 1970
85. Errington, R. M. 'Review-discussion: four interpretations of Philip II', *AJAH* 6 (1981) 69–88
86. Fears, J. R. 'Pausanias, the assassin of Philip II', *Athenaeum* 53 (1975) 111–35
87. Fredricksmeyer, E. A. 'Divine honours for Philip II', *TAPA* 109 (1979) 39–61
88. Fredricksmeyer, E. A. 'On the final aims of Philip II', in D 2. 85–98
89. Geyer, F. 'Philippos', *RE* 19 (1938) coll. 2266–303
90. Glotz, G. 'Philippe et la surprise d'Elatée', *BCH* 33 (1909) 526–46

91. Griffith, G. T. 'Philip of Macedon's early interventions in Thessaly (358–352)', *CQ* n.s. 20 (1970) 67–80
92. Hamilton, C. D. 'Philip II and Archidamus', in D 2, 61–83
93. Hammond, N. G. L. 'The western frontier of Macedonia in the reign of Philip II', in D 26, 199–217
94. Hatzopoulos, M. B. 'A reconsideration of the Pixodaros affair', in D 13, 59–66
95. Hatzopoulos, M. B. 'The Oleveni inscription and the dates of Philip II's reign', in D 2, 21–42
96. Hatzopoulos, M. B. and Loukopoulou, L. D. (eds.), *Philip of Macedon*. Athens, 1980
97. Hauben, H. 'Philippe II, fondateur de la marine macédonienne', *Anc Soc* 6 (1975) 51–9
98. Heckel, W. 'Kleopatra or Eurydike?', *Phoenix* 32 (1978) 155–8
99. Heckel, W. 'Philip II, Kleopatra and Karanos', *Riv. di. Filol.* 107 (1979) 385–93
100. Hogarth, D. G. *Philip and Alexander of Macedon*. London, 1897
101. Kelly, D. H. 'Philip II of Macedon and the Boeotian alliance', *Antichthon* 14 (1980) 64–83
102. Kienast, D. *Philipp II von Makedonien und das Reich der Achaimeniden* (Abhandlungen der Marburger Gelehrten Gesellschaft 6). Marburg, 1973
103. Markle, M. M. III. 'The strategy of Philip in 346 B.C.', *CQ* 24 (1974) 253–68
104. Martin, T. 'Diodorus on Philip II and Thessaly', *Cl. Phil.* 76 (1981) 197
105. Milns, R. D. 'Philip II and the hypaspists', *Historia* 16 (1967) 509–12
106. Momigliano, A. D. *Filippo il Macedone*. Florence, 1934
107. Montgomery, H. 'The economic revolution of Philip II – myth or reality?', *SO* 60 (1985) 37–47
108. Parsons, P. J. 'The burial of Philip II', *AJAH* 4 (1979) 97–101
109. Perlman, S. 'Isocrates' "Philippus" – a reinterpretation', *Historia* 6 (1957) 306–17
110. Perlman, S. 'The coins of Philip II and Alexander the Great and their panhellenic propaganda', *Num. Chron.* (1965) 57–67
111. Perlman, S. (ed.) *Philip and Athens*. Cambridge, 1973
112. Pohlenz, M. 'Der Ausbruch des zweiten Krieges zwischen Philipp und Athen', *Gött. Nachr.* (1924) 38–42
113. Prestianni Giallombardo, A. M. 'Aspetti giuridici e problemi della reggenza di Filippo II di Macedonia', *Helikon* 13/14 (1973/4) 191–209
114. Prestianni Giallombardo, A. M. '*ΦΙΛΙΠΠΙΚΑ* I: sul "culto" Filippo II di Macedonia', *Sic. Gymn.* 28 (1975) 1–57
115. Prestianni Giallombardo, A. M. '"Diritto" matrimoniale, ereditario e dinastico nella Macedonia di Filippo II', *Riv. stor. ant.* 6/7 (1976/7) 81–110
116. Roebuck, C. 'The settlements of Philip II with the Greek states in 338 B.C.', *Cl. Phil.* 43 (1948) 73–92 = D 111, 209a–18
116A. Ruzicka, S. 'A note on Philip's Persian war', *AJAH* 10 (1985) 84–95

117. Schwahn, W. *Heeresmatrikel und Landfriede Philipps von Makedonien* (*Klio* Beiheft 21). 1930
118. Shrimpton, G. 'Theopompus' treatment of Philip in the Philippica', *Phoenix* 31 (1977) 123–44
119. Sordi, M. 'La terza guerra sacra', *Riv. di. Filol.* 36 (1958) 134–66
120. Tronson, A. 'Satyrus the Peripatetic and the marriages of Philip II', *JHS* 104 (1984) 116–26
121. West, A. B. 'The early diplomacy of Philip II of Macedon illustrated by his coins', *Num. Chron.* (1923) 169–210
122. Wilcken, U. 'Philipp II von Makedonien und die panhellenische Idee', *SBAk. Berlin* (1929) 291–318 (=D 111, 181–206)
123. Willrich, H. 'Wer liess König Philipp von Makedonien ermorden?', *Hermes* 34 (1899) 174–82
124. Wirth, G. *Philipp II* (Geschichte Makedoniens 1). Stuttgart–Berlin–Köln–Mainz, 1986
125. Wüst, F. R. *Philipp II. von Makedonien und Griechenland in den Jahren von 346 bis 338* (Münchener Historische Abhandlungen 1.14). Munich, 1938

Ⅲ.亚历山大

126. Andreotti, R. 'Per una critica dell'ideologia di Alessandro Magno', *Historia* 5 (1956) 257–302
127. Andreotti, R. 'Die Weltmonarchie Alexanders des Grossen in Überlieferung und geschichtlicher Wirklichkeit', *Saeculum* 8 (1957) 120–66
128. Ashton, N. G. 'The Lamian War: a false start', *Antichthon* 17 (1983) 47–61
129. Atkinson, K. M. T. 'Demosthenes, Alexander and asebeia', *Athenaeum* 51 (1973) 310–35
130. Aymard, A. 'Un ordre d'Alexandre', *REA* 39 (1937) 5–28
131. Badian, E. 'Alexander the Great and the unity of mankind', *Historia* 7 (1958) 425–44
132. Badian, E. 'The death of Parmenio', *TAPA* 91 (1960) 324–38
133. Badian, E. 'The first flight of Harpalus', *Historia* 9 (1960) 245–6
134. Badian, E. 'Harpalus', *JHS* 81 (1961) 16–43
135. Badian, E. 'Orientals in Alexander's army', *JHS* 85 (1965) 160–1
136. Badian, E. 'The administration of the empire', *G&R* 12 (1965) 166–82
137. Badian, E. 'Alexander the Great and the Greeks of Asia', in A 3, 37–69
138. Badian, E. 'A King's notebooks', *HSCP* 72 (1968) 183–204
139. Badian, E. Review of D 207, *Gnomon* 47 (1975) 48–58
140. Badian, E. 'The battle of the Granicus: a new look', *Anc. Mac.* 2 (Thessaloniki) (1977) 271–93
141. Badian, E. 'The deification of Alexander the Great', in D 26, 27–71
142. Badian, E. 'Alexander in Iran', in Gershevitch, I. (ed.), *Cambridge History of Iran* II, 420–501. Cambridge, 1985

143. Badian, E. 'Alexander at Peucelaotis', *CQ* n.s. 37 (1987) 117–28
144. Balsdon, J. P. V. D. 'The "Divinity" of Alexander', *Historia* 1 (1950) 363–88
145. Bengtson, H. '*Φιλόξενος ὁ Μακεδών*', *Philologus* 92 (1937) 126–55
146. Berve, H. *Das Alexanderreich auf prosopographischer Grundlage* I–II. Munich, 1926
147. Berve, H. 'Die Verschmelzungspolitik Alexanders des Grossen', *Klio* 31 (1938) 135–68
148. Bickerman, E. J. 'A propos d'un passage de Chares de Mytilène', *PP* 18 (1963) 241–55
149. Bickerman, E. J. 'Sur un passage d'Hypéride', *Athenaeum* 41 (1963) 70–83
150. Borza, E. N. 'Alexander and the return from Siwah', *Historia* 16 (1967) 369
151. Borza, E. N. 'Fire from heaven: Alexander at Persepolis', *Cl. Phil.* 67 (1972) 233–45
152. Bosworth, A. B. 'The death of Alexander the Great: rumour and propaganda', *CQ* n.s. 21 (1971) 112–36
153. Bosworth, A. B. 'The mission of Amphoterus and the outbreak of Agis' War', *Phoenix* 29 (1975) 27–43
154. Bosworth, A. B. 'Alexander and Ammon', in A 32, 51–75
155. Bosworth, A. B. 'Alexander and the Iranians', *JHS* 100 (1980) 1–21
156. Bosworth, A. B. 'A missing year in the history of Alexander the Great', *JHS* 101 (1981) 17–39
157. Bosworth, A. B. 'The location of Alexander's campaign against the Illyrians in 335 B.C.', in D 13, 75–84
158. Bosworth, A. B. 'The Indian satrapies under Alexander the Great', *Antichthon* 17 (1983) 37–46
159. Bosworth, A. B. *Conquest and Empire. The Reign of Alexander the Great.* Cambridge, 1988
160. Breloer, B. *Alexanders Kampf gegen Poros* (Bonner Orientalische Studien 3). Stuttgart, 1933
161. Brown, T. S. 'Callisthenes and Alexander', *AJP* 70 (1949) 225–48
162. Brunt, P. A. 'Alexander's Macedonian cavalry', *JHS* 83 (1963) 27–46
163. Brunt, P. A. 'Alexander, Barsine and Heracles', *Riv. di Filol.* 103 (1975) 22–34
164. Burn, A. R. 'Notes on Alexander's campaigns 332–330 B.C.', *JHS* 72 (1952) 81–91
165. Cawkwell, G. L. 'A note on Ps.-Demosthenes 17.20', *Phoenix* 15 (1961) 74–8
166. Devine, A. M. 'Grand tactics at Gaugamela', *Phoenix* 29 (1975) 374–85
167. Edmunds, L. 'The religiosity of Alexander', *GRBS* 12 (1971) 363–91
168. Eggermont, P. H. L. 'Alexander's campaign in Gandhāra and Ptolemy's list of Indo-Scythian towns', *Orientalia Lovaniensia Periodica* 1 (1970) 63–123
169. Eggermont, P. H. L. *Alexander's campaigns in Sind and Baluchistan* (Orientalia Lovaniensia Analecta 3). Louvain, 1975

169A. Eggermont, P. H. L. 'Ptolemy the Geographer and the people of the Dards', *Orientalia Lovanensia Periodica* 15 (1984) 191–233
170. Ehrenberg, V. *Alexander and the Greeks*. Oxford, 1938
171. Ellis, J. R. 'The first months of Alexander's reign', in D 13, 69–73
172. Engels, D. W. *Alexander the Great and the Logistics of the Macedonian Army*. Berkeley–Los Angeles, 1978
173. Fischer, K. 'Zur Lage von Kandahar an Landverbindungen zwischen Iran und Indien', *BJ* 167 (1967) 129–332
174. Foss, C. 'The battle of the Granicus: a new look', *Anc. Mac.* 2 (Thessaloniki) (1977) 495–502
175. Fraser, P. M. 'Current problems concerning the early history of the cult of Serapis', *Opuscula Atheniensia* 7 (1967) 23–45
176. Fredricksmeyer, A. E. 'Alexander, Midas and the oracle at Gordium', *Cl. Phil.* 56 (1961) 160–8
177. Fredricksmeyer, E. A. 'Three notes on Alexander's deification', *AJAH* 4 (1979) 1–9
178. Goukowsky, P. 'Un lever de soleil sur l'Ida de Troade', *Rev. Phil.* 43 (1969) 249–54
179. Goukowsky, P. 'Le roi Poros et son éléphant', *BCH* 96 (1972) 473–502
180. Green, P. *Alexander of Macedon*. Harmondsworth, 1974
181. Green, P. 'Caesar and Alexander: aemulatio, imitatio, comparatio', *AJAH* 3 (1978) 1–26
182. Griffith, G. T. 'Alexander's generalship at Gaugamela', *JHS* 67 (1947) 77–89
183. Griffith, G. T. 'Alexander the Great and an experiment in government', *PCPhS* 10 (1964) 23–39
184. Griffith, G. T. 'The letter of Darius at Arrian 2.14', *PCPhS* 14 (1968) 33–48
185. Hamilton, J. R. 'Alexander and his "so-called" father', *CQ* n.s. 3 (1953) 151–7
186. Hamilton, J. R. 'The cavalry battle at the Hydaspes', *JHS* 76 (1956) 26–31
187. Hamilton, J. R. 'Alexander and the Aral', *CQ* n.s. 21 (1971) 106–11
188. Hamilton, J. R. 'Alexander among the Oreitai', *Historia* 21 (1972) 603–8
189. Hamilton, J. R. *Alexander the Great*. London, 1973
190. Hammond, N. G. L. *Alexander the Great: King, Commander and Statesman*. Park Ridge, NJ, 1980
191. Hammond, N. G. L. 'Some passages in Arrian concerning Alexander', *CQ* 30 (1980) 455–76
192. Hammond, N. G. L. 'The battle of the Granicus river', *JHS* 100 (1980) 73–88
193. Hampl, F. 'Alexanders des Grossen *Hypomnemata* und letzte Pläne', in *Studies Presented to D. M. Robinson* II, 816–29. St Louis, 1953
194. Hauben, J. 'The expansion of Macedonian sea-power under Alexander the Great', *AncSoc* 7 (1976) 79–105
195. Heckel, W. 'The conspiracy against Philotas', *Phoenix* 31 (1977) 9–21
196. Heckel, W. 'The flight of Harpalus and Tauriskos', *Cl. Phil.* 72 (1977) 133–5

197. Hill, G. F. 'Alexander the Great and the Persian lion-gryphon', *JHS* 43 (1923) 156–61
198. Högemann, P. *Alexander der Grosse und Arabien* (Zetemata 82). Munich, 1985
199. Instinsky, H. U. *Alexander der Grosse am Hellespont*. Godesberg, 1949
200. Jacoby, F. 'Kallisthenes', *RE* 10 (1919) cols. 1674–707 (= B 62A, 288–305)
201. Janke, A. *Auf Alexanders des Grossen Pfaden. Eine Reise durch Kleinasien*. Berlin, 1904
202. Janke, A. 'Die Schlacht bei Issos', *Klio* 10 (1910) 137–77
203. Jaschinski, S. *Alexander und Griechenland unter dem Eindruck der Flucht des Harpalos* (Habelts Dissertationsdrucke, Reihe alte Geschichte 14). Bonn, 1981
204. Jones, T. B. 'Alexander and the winter of 330/29 B.C.', *CW* 28 (1935) 124–5
205. Kienast, D. 'Alexander und der Ganges', *Historia* 14 (1965) 180–8
206. Kingsley, B. M. 'Harpalos in the Megarid and the grain shipments from Cyrene', *ZPE* 66 (1986) 165–77
207. Kraft, K. *Der 'rationale' Alexander* (Frankfurter Althistorische Studien 5). Kallmünz, 1971
208. Lane Fox, R. *Alexander the Great*. London, 1973
209. Lane Fox, R. *The Search for Alexander*. Boston, 1980
210. Lock, R. A. 'On the Macedonian army assembly in the time of Alexander the Great', *Cl. Phil.* 72 (1977) 91–107
211. Markle, M. M. III. 'Macedonian arms and tactics under Alexander the Great', in D 13, 87–111
212. Marsden, E. W. *The Campaign of Gaugamela*. Liverpool, 1964
213. Meyer, E. 'Alexander und der Ganges', *Klio* 21 (1927) 183–91
214. Mikrogiannakis, E. I. *Αἱ μεταξὺ Ἀλεξάνδρου Γ' καὶ Δαρείου Γ' διπλωματικαὶ ἐπαφαί*. Athens, 1969
215. Miller, S. G. 'Alexander's funeral cart', *Anc. Mac.* 4 (1986) 401–11
216. Milns, R. D. 'The army of Alexander the Great', in *Alexandre le Grand* (Entretiens Hardt 22), 87–136. Vandoeuvres–Geneva, 1976
217. Neubert, M. 'Alexanders des Grossen Balkanzug', *Petermanns Mitteilungen* 80 (1934) 281–9
217A. O'Brien, J. M. *Alexander the Great: the Invisible Enemy*. London, 1992
218. Parke, H. W. 'The Massacre of the Branchidae', *JHS* 105 (1985) 59–68
219. Pearson, L. 'The diary and the letters of Alexander the Great', *Historia* 3 (1954–5) 429–39
220. Petsas, Ph. M. 'Pella: literary tradition and archaeological research', *Balkan Studies* 1 (1960) 113–28
221. Petsas, Ph. M. *Pella: Alexander the Great's Capital*. Thessaloniki, 1978
222. Pfister, F. 'Alexander der Grosse. Die Geschichte seines Ruhms im Lichte seiner Beinamen', *Historia* 13 (1964) 37–79
223. Radet, G. *Alexandre le Grand*. Paris, 1931
224. Radet, G. 'La dernière campagne d'Alexandre contre Darius', *Mélanges Glotz* (Paris) II (1932) 765–78

225. Radet, G. 'Alexandre et Porus: le passage de l'Hydaspe', *REA* 37 (1935) 349–56
226. Radet, G. 'Les colonies macédoniennes de l'Hydaspe', *REA* 43 (1941) 33–40
227. Rosen, K. 'Der "göttliche" Alexander, Athen und Samos', *Historia* 27 (1978) 20–39
228. Schachermeyr, F. 'Die letzten Pläne Alexanders', *JÖAI* 41 (1954) 118–40
229. Schachermeyr, F. 'Alexander und die Ganges-Länder', *Innsbrucker Beiträge zur Kulturgeschichte* 3 (1955) 123–35
230. Schachermeyr, F. *Alexander in Babylon und die Reichsordnung nach seinem Tode* (*SBAk. Wien* 268.3). Vienna, 1970
231. Schachermeyr, F. *Alexander der Grosse: das Problem seiner Persönlichkeit und seines Wirkens* (*SBAk. Wien* 285). Vienna, 1973
232. Seibert, J. *Alexander der Grosse* (Erträge der Forschung 10). Darmstadt, 1972
233. Seibert, J. *Die Eroberung des Perserreiches durch Alexander den Grossen auf kartographischer Grundlage* (TAVO Reihe B, Nr. 68). Wiesbaden, 1985
234. Stein, A. *On Alexander's Track to the Indus*. London, 1929
235. Stein, A. 'The site of Alexander's passage of the Hydaspes and the battle with Porus', *Geographical Journal* 80 (1932) 31–46
236. Stein, A. *Old Routes of Western Iran*. London, 1940
237. Stein, A. 'Notes on Alexander's crossing of the Tigris and the battle of Arbela', *Geographical Journal* 100 (1942) 155–64
238. Stein, A. 'On Alexander's route into Gedrosia. An archaeological tour in Las Bela', *Geographical Journal* 101 (1943) 193–227
239. Tarn, W. W. *Alexander the Great* I–II. Cambridge, 1948
240. Tibiletti, G. 'Alexandro e la liberazione delle città d'Asia Minore', *Athenaeum* 32 (1954) 3–22
241. Unz, R. K. 'Alexander's brothers?', *JHS* 105 (1985) 171–4
241A. Wailes-Fairbairn, F. M. 'Alexander the Great: A Case Study in German Attitudes to Greatness between Napoleon and Hitler', Unpub. Oxford D.Phil. thesis, 1990
242. Weippert, O. *Alexander-imitatio und römische Politik in republikanischer Zeit*. Augsburg, 1972
243. Welwei, K. W. 'Der Kampf um das makedonische Lager bei Gaugamela', *Rh. Mus.* 122 (1979) 222–8
244. Wilcken, U. *Alexander the Great* (with preface, notes and bibliography by E. N. Borza). New York, 1967
245. Will, W. *Athen und Alexander* (Münchener Beiträge zur Papyrusforschung und Rechtsgeschichte 77). Munich, 1983
246. Wirth, G. 'Dareios und Alexander', *Chiron* 1 (1971) 133–52 (= D 249, pp. 92–111, 160–7)
247. Wirth, G. 'Die συντάξεις von Kleinasien 334 v. Chr.', *Chiron* 2 (1972) 91–8 (= D 249)
248. Wirth, G. 'Zwei Lager bei Gaugamela', *Quaderni Catanesi di Studi Classice e Medievali* 2 (1980) 51–100; 3 (1981) 5–61
249. Wirth, G. *Studien zur Alexandergeschichte*. Darmstadt, 1985

250. Wüst, F. R. 'Die Meuterei von Opis', *Historia* 2 (1953–4) 418–31
251. Wüst, F. R. 'Die Rede Alexanders des Grossen in Opis', *Historia* 2 (1953–4) 177–88
252. Wüst, F. R. 'Zu den Hypomnematen Alexanders: das Grabmal Hephaistions', *JÖAI* 44 (1959) 147–57

E. 北方

I. 凯尔特人的欧洲

1. Biel, J. 'Ein Fürstengrabhügel der späten Hallstattzeit bei Eberdingen-Hochdorf, Kr. Ludwigsburg (Baden-Würtemberg)', *Germania* 60 (1982) 61–104
2. Boardman, J. 'A southern view of Situla art', in Boardman, J. *et al.* (eds.) *The European Community in Later Prehistory*, 121–40. London, 1971
3. Bretz-Mahler, D. *La civilisation de La Tène 1 en Champagne; le facies Marnien*. Paris, 1971
4. Caulfield, S. 'The beehive quern in Ireland', *Journal of the Royal Society of Antiquaries of Ireland* 107 (1977) 104–38
5. *The Celts*, edd. S. Moscati, E. Arslan and D. Vitali (Exhibition catalogue). Venice–London, 1991
6. Cunliffe, B. W. *Iron Age Communities in Britain*. 2nd edn. London, 1978
7. Dehn, W. and Frey, O.-H. 'Southern imports and the Hallstatt and early La Tène chronology of Central Europe', in Ridgway, D. and Ridgway, F. (eds.) *Italy Before the Romans*, 489–511. London, 1979
8. Favret, P.-M. 'Les nécropoles des Jogasses à Chouilly (Marne)', *Préhistoire* 5 (1936) 24–119
9. Filip, J. *Keltove ve Stredni Europe*. Prague, 1956
10. Frey, O.-H. *Die Entstehung der Situlenkunst*. Berlin, 1969
11. Frey, O.-H. and Kossack, G. *Acten des Kolloquiums über das Problem Hallstatt D3/La Tène A, Hamburger Beiträge zur Archäologie* (1978), 2, 2
12. Haffner, A. *Die Westliche Hunsrück-Eifel Kultur*. Berlin, 1976
13. Harding, D. W. *The Iron Age in Lowland Britain*. London, 1974
14. Härke, H. *Settlement Types and Settlement Patterns in the West Hallstatt Province* (BAR Int. Ser. 57). Oxford, 1979
15. Hatt, J-J. and Roualet, P. 'Le cimitière des Jogasses et les origines de la civilisation de la Tène', *Rev. Arch. l'Est et C-Est* 27 (1976) 421–504
16. Hatt, J-J. and Roualet, P. 'La chronologie de la Tène en Champagne', *Rev. Arch. l'Est et C-Est* 28 (1977) 7–36
17. Hawkes, C. F. C. 'Cumulative celticity in pre-Roman Britain', in Duval, P.-M. (ed.), *Actes du IVe Congr. Internat. d'Etudes Celtiques, Rennes, 1971* (*Etudes Celtiques* XIII, Vol. 2). Paris, 1973
18. Hawkes, C. F. C. *Pytheas: Europe and the Greek Explorers*. London, 1977
19. Hodson, F. R. *The La Tène Cemetery at Münsingen-Rain*, *Acta Bernensia* V. 1968

20. Jacobsthal, P. *Early Celtic Art*. Oxford, 1944
21. Joachim, H.-E. *Die Hunsrück-Eifel Kultur am Mittelrhein*. Cologne–Graz, 1968
22. Joffroy, R. *Le Trésor de Vix*. Paris, 1954
23. Joffroy, R. *Les sépultures à char du premier age du fer en France*. Paris, 1958
24. Joffroy, R. *L'Oppidum de Vix et la civilisation hallstattienne finale dans l'est de la France*. Paris, 1960
25. Jope, E. M. 'The Waldalgesheim Master', in Boardman, J. *et al.* (eds.), *The European Community in Later Prehistory*, 165–80. London, 1971
26. Kimmig, W. 'Die griechische Kolonisation im westlichen Mittelmeergebiet und ihre Wirkung auf die Landschaften des westlichen Mitteleuropa', *JRGZM* 30 (1983) 3–78
27. Kimmig, W. *Die Heuneburg an der oberen Donau*. 2nd edn. Stuttgart, 1983
28. Kossack, G. *Südbayern während der Hallstattzeit*. Berlin, 1959
29. Kromer, K. *Das Gräberfeld von Hallstatt*. Florence, 1959
30. Kruta, V. *Le trésor de Duchcov dans les collections tchécoslovaques*. Usti nad Labem, 1971
31. Louis, M. and Taffanel, O. and J. *Le premier age du fer Languedocien*, I–III. Bordignesa, 1955–60
32. Maluquer de Motes, J. *El Yacimiento Hallstattico de Cortes de Navarro*. Pamplona, 1954
33. Marien, M.-E. *Trouvailles du Champ d'Urnes et des tombelles hallstattiennes de Court-St-Etienne*. Brussels, 1958
34. Marien, M.-E. *La période de la Tène en Belgique: le groupe de La Haine*. Brussels, 1961
35. Megaw, J. V. S. *Art of the European Iron Age*. Bath, 1970
36. Megaw, R. and V. *Celtic Art*. London, 1989
37. Mohen, J.-P. *L'Age du fer en Aquitaine*. 1980
38. Moosleitner, F., Pauli, L. and Penninger, E. *Der Dürrnberg bei Hallein*, II. Munich, 1974
39. Müller-Karpe, H. *Beiträge zur Chronologie der Urnenfelderzeit nordlich und südlich der Alpen*. Berlin, 1959
40. de Navarro, J. M. *The Finds from the Site of La Tène*, I. London, 1972
41. Pauli, L. *Der Dürrnberg bei Hallein*, III. Munich, 1978
42. Penninger, E. *Der Dürrnberg bei Hallein*, I. Munich, 1972
43. Peroni, R. *Studi di Cronologia Hallstattiana*. Rome, 1973
44. Piggott, S. *The Earliest Wheeled Transport from the Atlantic Coast to the Caspian Sea*. London, 1983
45. Raftery, B. *La Tène in Ireland: Problems of Origin and Chronology*. Marburg, 1984
46. Riek, J. and Hundt, H.-J. *Der Hohmichele*. Berlin, 1962
47. Schüle, W. 'Probleme der Eisenzeit auf der Iberischen Halbinsel', *JRGZM* 7 (1960) 59–105
48. Schüle, W. *Die Meseta Kulturen der Iberischen Halbinsel*. Berlin, 1969
49. Schwappach, F. 'Stempelverzierte Keramik von Armorica', in Frey, O.-H. (ed.), *Marburger Beiträge zur Archäologie der Kelten*, 213–87. Bonn, 1969

50. Shefton, B. B. 'Zum Import und Einfluss Mediterraner Güter in Alteuropa', *Kölner Jahrbuch für Vor- und Frühgeschichte* 22 (1987) 207–20
51. Spindler, K. *Magdalenenberg. Der Hallstattzeitliche Fürstengrabhügel bei Villingen im Schwarzwald*, I–VI. Villingen–Schweningen, 1971–80
52. *Trésors des Princes Celtes* (Paris Exhibition 1988). Paris, 1987
53. Vouga, P. *La Tène*. Leipzig, 1923
54. Waldbaum, J. *From Bronze to Iron: the Transition from the Bronze Age to the Iron Age in the Eastern Mediterranean* (Studies in Mediterranean Archaeology, 54). Göteborg, 1978
55. Wells, P. *Culture Contact and Culture Change: Early Iron Age Central Europe and the Mediterranean World*. Cambridge, 1980
56. Wells, P. *Farms, Villages and Cities: Commerce and Urban Origins in Late Prehistoric Europe*. New York, 1984
57. Wyss, R. *Der Goldfund von Erstfeld; frühkeltisches Goldschmuck aus den Zentralalpen*. Zurich, 1975

Ⅱ.西北希腊人与伊利里亚

Excavation reports for sites in Albania are to be found in *Iliria* (with French summaries), *Buletin Arkeologjik* (in Albanian only), and *Monumentet* (with some French summaries). For further bibliography see *CAH* III^2.3, 496ff.

58. Cabanes, P. *L'Epire de la mort de Pyrrhos à la conquête romaine*. Paris, 1976
59. Cabanes, P. (ed.) *L'Illyrie méridionale et l'Epire dans l'antiquité*. Adosa, 1987
60. Cross, G. N. *Epirus: a Study in Greek Constitutional Development*. Cambridge, 1932
61. Dakaris, S. I. *οἱ γενεαλογικοὶ μῦθοι τῶν Μολοσσῶν*. Athens, 1964
61A. Dakaris, S. I. *Archaeological Guide to Dodona*. Athens, 1971
62. Dakaris, S. I. *Cassopaea and the Elean Colonies*. Athens, 1971
63. Dakaris, S. I. *Θεσπρωτία*. Athens, 1972
64. Dell, H. J. 'The origin and nature of Illyrian piracy', *Historia* 16 (1967) 344–58
65. Filow, B. *Die archaische Nekropole von Trebenischte*. Berlin, 1929
66. Franke, P. R. *Alt-Epirus und das Königtum der Molosser*. Erlangen, 1954
67. Franke, P. R. *Die antiken Münzen von Epirus*. Wiesbaden, 1961
68. Franke, P. R. 'Pyrrhus', in *CAH* VII^2.2 (1990) 456–85
69. Garašanin, M. (ed.) *Les Illyriens et les Albanais*. Belgrade, 1988
70. Hammond, N. G. L. 'The colonies of Elis in Cassopaea', *'Αφιέρωμα εἰς τὴν Ἤπειρον, εἰς μνήμην Χρίστου Σούλη*. Athens, 1956
71. Hammond, N. G. L. 'The Illyrian kingdoms, *circa* 400–167 B.C.', *BSA* 61 (1966) 239–53
72. Hammond, N. G. L. *Epirus: the Geography, the Ancient Remains, the History and the Topography of Epirus and Adjacent Areas*. Oxford, 1967
73. Hammond, N. G. L. 'Alexander's campaign in Illyria', *JHS* 94 (1974) 66–87

74. Hammond, N. G. L. *Migrations and Invasions in Greece and Adjacent Areas*. New Jersey, 1976
75. Hammond, N. G. L. 'The hosts of sacred envoys travelling through Epirus', *Ep. Chron.* 22 (1980) 9ff
76. Hammond, N. G. L. 'The Illyrian Atintani, the Epirotic Atintanes, and the Roman Protectorate of 228 B.C.', *JRS* 79 (1989) 11–25
77. Hammond, N. G. L. 'The relations of Illyrian Albania with the Greeks and the Romans', in Winnifrith, T. (ed.), *Perspectives on Albania*, 29–39. London, 1991
78. Lahtov, V. *Problem Trebeniske Kulture*. Ochrid, 1965
79. Lepore, E. *Ricerche sull'antico Epiro*. Naples, 1962
80. Luka, Kolë. *Les Illyriens et la genèse des Albanais*. Tirana, 1971
81. Papazoglou, F. 'Les origines et la destinée de l'état illyrien', *Historia* 14 (1961) 143–79
82. Papazoglou (Papazoglu), F. *The Central Balkan Tribes in Pre-Roman Times*. Amsterdam, 1978
83. Papazoglu, F. 'Politarques en Illyrie', *Historia* 35 (1986) 438–48
84. Stipčević, A. *The Illyrians* (transl. S. C. Burton). New Jersey, 1977
85. Treves, P. 'The meaning of "consenesco" and King Arybbas of Epirus', *AJP* 63 (1942) 129–43
86. Vokotopoulou, I. *Χαλκαὶ Κορινθιουργεῖς Πρόχοι*. Athens, 1975
87. Vokotopoulou, I. 'Phrygische Helme', *Arch. Anz.* (1982) 497ff
88. Vokotopoulou, I. Βίτσα I–II. Athens, 1986

Ⅲ.色雷斯人和西徐亚人

89. Alexandrescu, P. 'Ataias', *Stud. Clas* 9 (1967) 85–95
90. Archibald, Z. H. 'Greek imports: some aspects of the Hellenic impact on Thrace', in Poulter, A. G. (ed.), *Ancient Bulgaria, Papers presented to the International Symposium on the Ancient History and Archaeology of Bulgaria, University of Nottingham, 1981* I, 304–15. Nottingham, 1983
91. Archibald, Z. H. 'The gold pectoral from Vergina and its connections', *OJA* 4 (2) (1985) 165–85
92. Badian, E. 'Philip II and Thrace', *Pulpudeva* 4 (1984) 51–71
93. Berciu, D. 'Das thrako-getische Fürstengrab von Agighiol in Rumänien', *BRGK* 50 (1969) 209–65
94. Botusharova, L. 'Stratigrafskye razkopki na Nebet Tepe' (Recherches stratigraphiques à Nebet Tepe), *GNAMP* v, 61ff; *ibid.*, 77ff, 'Krepostnata stena na Filipopol po severnite sklonove na Nebet Tepe' (La muraille de Philippopolis sur les versants nord du Nebet Tepe). 1963
95. Botusharova, L. 'Antichnyat Filipopol na novite archeologicheski razkopki', in *Archeologicheski prouchvaniya za istoryata na Plovdiv i Plovdivski kray*, 40–55. Plovdiv, 1966
96. Botusharova, L. and Tankova, V. 'Materiali za archeologicheska karta na Plovdiv' (Materials for an archaeological map of Plovdiv), *IMYB* 8 (1982) 45–67

97. Casson, S. *Macedonia, Thrace and Illyria*. Oxford, 1926
98. Changova, J., Lubenova, V., Gerasimova-Tomova, V. and Yourukova, Y. *Pernik* I. Sofia, 1982
99. Chichikova, M. 'Nouvelles fouilles et recherches de nécropoles thraces du Ve – IIIe siècles av.n.è.', in *Actes du 1ier Congrès Internationale des Etudes Balkaniques et Sud-Est Européennes*, 365–73. Sofia, 1969
100. Chichikova, M. 'Trakiyska mogilna grobnitsa ot s. Kaloyanovo, Slivenski okrug', *IBAI* 31 (1969) 45–89
101. Chichikova, M. 'The Sveshtari tomb – architecture and decoration', *Terra Antiqua Balcanica* 3 (1988) 125–43. (In Bulgarian)
102. Cloché, P. 'Athènes et Kersobleptes de 357/356 à 353/352', *Mélanges G. Glotz* I, 215–26. Paris, 1932
103. Collart, P. *Philippes, Ville de Macédoine*. Paris, 1932
104. Cook, B. F. (ed.) 'The Rogozen treasure', *Papers of the Anglo-Bulgarian Conference, 12 March, 1987 (British Museum)*. London, 1989
105. Danov, Chr. *Drevna Trakya*, Izsledvaniya varhu istoryata na Bulgarskite zemi, Severna Dobrudja, Iztochna Egeyska Trakya IX do III vek pr.n.e. Sofia. Tr. as *Altthrakien*. Berlin–New York, 1976
106. Dimitrov, D. P. 'Materialnata kultura i izkoustvo na Trakite prez rannata elinisticheskata epoha, IV–III v. pr.n.e.', in *Archeologicheski Otkritya v Bulgariya*, 63–91. 1957
107. Dimitrov, K. 'Treasures of autonomous coins, trade relations and infrastructure of Thrace during IVth century B.C.', *Istoricheski Pregled* 45 (1989) 21–35. (In Bulgarian)
108. Domaradzki, M. 'Trakiyskite ukrepitelni suoruzhenya' (Thracian methods of fortification) in E 165, 44–60
109. Domaradzki, M. 'Les données numismatiques et les études de la culture thrace du second âge du fer', *Numizmatika* (Sofia) 21, 4 (1987) 4–18. (In Bulgarian)
110. Domaradzki, M. 'Rich Thracian burials', *Terra Antiqua Balcanica* 3 (1988) 78–86. (In Bulgarian)
111. Domaradzki, M. 'Trakiyskata kultura prez kasnozhelyaznata epoha v Rodopite i gornite porechya na Maritsa, Mesta i Struma' (Thracian culture during the Late Iron Age in the Rhodopes and upper reaches of the Maritsa, Mesta and Struma rivers), in E 162, 29–44
112. Domaradzki, M. and Yourukova, Y. 'Nov tsentar na trakiyskata kultura – s. Vetren, Pazardjishko' (Nouvel centre de la culture thrace – Vetren, la région de Pazardjik (notes préliminaires)), *Numizmatika* 3 (1990) 1–19
113. Dremsizova, Tsv. 'Mogilnyat nekropol pri s. Branichevo' (Necropole tumulaire près de Branichevo), *IBAI* 25 (1962) 165–86
114. Filow, B. 'Denkmäler der thrakischen Kunst', *Röm. Mitt.* 32 (1917) 21–73
115. Filow, B. 'Antichnata grobnitsa pri s. Dulboki, Starozagorsko', *IBAI* 6 (1930–1) 45–56
116. Filow, B. 'Kupolnite grobnitsi pri Mezek', *IBAI* 11 (1937) 1–116
117. Filow, B., Velkov, V. and Mikov, V. *Die Grabhügelnekropole bei Duvanlij in Südbulgarien*. Sofia, 1934

118. Fol, Al. *Politicheska istoriya na Trakite ot kraya na II hil. pr.n.e. do kraya na V v.pr.n.e.* Sofia, 1972
119. Fol, Al. *Trakya i Balkanite prez rannoelinisticheskata epoha.* Sofia, 1975
120. Fol, Al. and Spiridonov, T. *Historicheska Geografiya na Trakiyskite Plemena do III v. pr.n.e.* I–II. Sofia, 1983
121. Gardiner-Garden, J. 'Ateas and Theopompus', *JHS* 109 (1989) 29–40
122. Gergova, D. 'Früh- und altereisenzeitlichen Fibeln in Bulgarien', *PBF* 14, 7 (1986). Munich
123. Gergova, D. 'The Thracian site in the Kamen Rid locality near the village of Malak Porovec – excavations, results, problems', *Terra Antiqua Balcanica* 3 (1988) 165–72
124. Gerov, B. 'Zum Problem der Wohnsitze der Triballen', *Klio* 63 (1981) 485–92
125. Ginev, G. *Sakrovishteto ot Kralevo.* Sofia, 1983
126. Hasluck, F. W. 'A tholos tomb at Kirk Kilise', *BSA* 17 (1910–11) 76–9
127. Höck, A. 'Das Odrysenreich in Thrakien', *Hermes* 26 (1891) 76–117
128. Höck, A. 'Zur Geschichte des Thrakerkönigs Kotys I', *Klio* 4 (1904) 265ff
129. Isaac, B. *The Greek settlements in Thrace up to the Macedonian Conquest.* Leiden, 1986
130. Ivanov, D. 'Le trésor de Borovo', *Actes du IIe Congrès International de Thracologie, 1976* I, 391ff. Bucarest, 1980
131. Ivanov, T. (ed.) *Kabyle* I. Sofia, 1982
132. Kacharava, D. 'Archaeology in Georgia 1980–1990', *Archaeological Reports* 37 (1990–91) 79–86
133. Kahrstedt, U. *Beiträge zur Geschichte der thrakischen Chersones* (Deutsche Beiträge zur Altertumswissenschaft 6). Baden-Baden, 1954
134. Kitov, G. *Trakiyski Mogili kray Strelcha.* Sofia, 1979
135. Kitov, G. *Trakite v Loveshki Okrug.* Sofia, 1980
136. Koukouli-Chrysanthaki, H. 'Ta "Metalla" tis Thasiakis Peraias', in E 144, 493–514
137. Lazaridis, D, *'Αμφίπολις καὶ Ἄργιλος* (Ancient Greek Cities 13). Athens, 1972
138. Marchenko, K. and Vinogradov, Y. 'The Scythian period in the northern Black Sea region (750–250 B.C.)', *Antiquity* 63, 241 (1989) 803–13
139. Melyukova, A. *Skifya i frakiyski mir.* Moscow, 1979
140. Mihailov, G. 'La Thrace aux IVe et IIIe siècles avant notre ère', *Athenaeum* 39 (1961) 33–44
141. Mihailov, G. 'La Thrace et la Macédoine jusqu'à l'invasion des Celtes', *Anc. Mac.* I (1970) 76–85
142. Mihailov, G. 'Sitalcès et la Macédoine, Athènes et la guerre du Peloponnèse: histoire et poésie', *Anc. Mac.* 2 (1977) 237–50
143. Mikov, V. 'Proizchod na kupolnite grobnitsi v Bulgariya', *IBAI* 19 (1955) 15–48
144. *Μνήμη Δ. Λαζαρίδη. Πόλις καὶ χῶρα στὴν ἀρχαῖα Μακεδονία καὶ Θράκη (Πρακτικὰ 'Αρχαιολογικοῦ Συνεδρίου, Καβάλα,* 9–11 *Μαρτίου* 1986).

Thessaloniki, 1990
145. Momigliano, A. 'Dalla spedizione scitica di Filippo alla spedizione scitica di Dario', *Athenaeum* n.s. 11 (1933) 336–49
146. Nikolov, B. 'Grobnitsa 3 ot Mogilanska Mogila, Vratsa', *Archeologiya* 9, 1 (1967) 11–18
147. Nikolov, B. *Archäologisches Museum Vratsa*. Sofia, 1968
148. Picard, O. 'Monnayage Thasien', *CRAI* (1982) 412–44
149. Picard, O. 'Monnaies et gravure monétaire à Thasos à la fin du Ve s.', in *Φίλια ἔπη εἰς Γ. Μύλονας (Βιβλιοθήκη τῆς ἐν 'Αθήναις 'Αρχαιολογικῆς 'Εταιρίας* 103) 150–63. 1987
150. Pippidi, D. M. *I Greci nel basso Danubio*. Milan, 1971
151. Pippidi, D. M. 'Les Macédoniens en Scythie Mineure de Philippe II à Lysimache', *Anc. Mac.* 2 (1977) 381–96
152. Pouilloux, J. 'Pariens et Thasiens dans le Nord de la Grèce à l'époque archaique', in E 144, 485–9
153. Rogalski, A. 'Moneti z imeneto na skitski tsar Atea', *IVAD* 12 (1961) 23–7
154. Rogalski, A. 'Au sujet de quelques monnaies antiques de la péninsule balkanique prétendues fausses IV. Les monnaies à legende ATAIAS et ATAIA sont-elles fausses?', *INMV* 6, 21 (1970) 3–17. (In Bulgarian)
155. Rogalski, A. 'Sur les monnaies aux legendes SEYTHA KOMMA et SEYTHA ARGURION', *Thracia* 4 (1977) 259ff
156. Sarafov, T. 'L'étymologie du nom de la tribu thrace BESSOI, Bessi', *Thracia* 3 (1974) 135–8
157. Sarafov, T. 'Trakiyskite Satri. Prinos na etnogeneza na trakiyskite plemena', *GSU FIF* 67, 1 (1974) 121–91
158. Schiltz, V. 'Deux gorytes identiques en Macédoine et dans le Kuban', *Rev. Arch.* (1979) 305–10
159. Schönert-Geiss, E. *Griechisches Münzwerk: die Münzprägung von Maroneia* I–II. Berlin, 1987
160. Shelov, D. B. 'Der Skyther-Makedonier Konflikt in der Antike', *Eirene* 9 (1971) 31ff
161. Tacheva-Hitova, M. 'Vzaimnootnosheniya mezhdu Odriskite vladateli i gretskite polisi prez IV v. pr.n.e.', *Vekove* 3 (1972) 17–21
162. *Trakiyskata kultura v Rodopite i gornite porechiya na Maritsa, Mesta i Struma*. Conference Smolyan, October, 1990
163. Vatin, Cl. 'Lettre adressée à la cité de Philippes par les ambassadeurs auprès d'Alexandre', *Proceedings of the Eighth Epigraphical Congress, Athens 1982*, I, 259–70. Athens, 1984
164. Velkov, I. 'Razkopkite okolo Mezek i gara Svilengrad prez 1932–1933', *IBAI* 11 (1937) 117–66
165. Velkov, V. (ed.) *Poselishten zhivot v Trakya* (Settlement life in Thrace) Symposium, 14–17 September 1982, Yambol. Yambol, 1982
166. Velkov, V. 'The Thracian city of Kabyle', in *Ancient Bulgaria. Papers Presented to the International Symposium on the Ancient History and Archaeology of Bulgaria. University of Nottingham, 1981*, 233ff. Nottingham, 1983

167. Velkov, V. (ed.) *Poselishten zhivot v Trakya*. Vtori Symposium, 6–9 October 1986, Yambol. Yambol, 1986
168. Velkov. V. *et al. Kabyle* II. Sofia, 1991
169. Venedikov, I. 'Novootkrito trakiysko mogilno pogrebeniye v Vratsa', *Archaeologiya* 8, 1 (1966) 7ff
170. Venedikov, I. 'Nadpisite varhu trakiyskite fiali' (Les inscriptions sur les phiales thraces), *Archaeologiya* 14, 2 (1972) 1ff
170A. Venedikov, I. *Thracian Treasures from Bulgaria*. London, 1976
171. Venedikov, I. and Gerasimov, T. *Thracian Art Treasures*. London, 1975
172. West, A. B. 'Fifth and fourth century gold coins from the Thracian coast', *NNM* 40 (1929) 1–183
173. Yourukova, Y. *Coins of the Ancient Thracians* (BAR Int. Series 4). Oxford, 1976
174. Yourukova, Y. 'Contribution à la numismatique thrace. Les monnaies de Skostokos', *Studies in Honour of Veselini Beshevliev*. Sofia, 1978

Ⅳ.博斯普鲁斯王国

175. Abayev, A. *Osyetinsky Yazyk i Folklore–Skifsky Yazyk* Moscow–Leningrad, 1949
176. Agbunov, A. 'Classical archaeology and palaeogeography', *KSIA* 191 (1987) 3–6 (In Russian)
177. Alexandrescu, P. and Schuller, W. (eds.) *Histria* (*XENIA* 25). Constanz, 1990
178. Allen, W. S. 'The name of the Black Sea in Greek', *CQ* 41 (1947) 86–8
179. Anfimov, N. V. 'The Maeotae and their relations with the Bosporus in the period of the Spartocids', *Antichnoye Obschestvo*, 128ff. Moscow–Leningrad, 1967 (In Russian)
180. Anfimov, N. V. 'Agriculture among the Sindi', *Istoria i Kul'tura Antichnogo Mira*, 6–20. Moscow, 1977 (In Russian)
181. Anokhin, V. A. *The Coinage of Chersonesus: IV Century* B.C. *– XII Century* A.D. (BAR Int 69), 1980
182. Anokhin, V. A. *Monyetnoye Dyelo Bospora*. Kiev, 1986
183. Arsenyeva, T. M. and Shelov, D. B. 'Das antike Tanais – Forschungen und Geschichte', *Klio* 70 (1988) 2, 372–403
184. Artamonov, M. I. 'Towards the question of the origin of the Bosporan Spartocids', *VDI* (1949) 1, 36 (In Russian)
185. Artamonov, M. I. *Treasures from the Scythian Tombs*. Prague, 1968
186. Artamonov, M. I. *Cimmeriitsy i Skiphy*. Leningrad, 1974
187. Belova, N. S. 'A new inscription from Hermonassa', *VDI* (1967) 1, 60–9 (In Russian)
188. Berenbeim, D. Y. 'The Kerch straits in the time of Strabo in the light of data concerning the changing level of the Black Sea', *Sov. Arch.* (1959) 4, 42–52 (In Russian)
189. Berzin, E. O. 'Sindica, Bosporus and Athens in the last quarter of the fifth century B.C.', *VDI* (1958) 1, 124–9 (In Russian)

190. Blavatskaya, T. V. *Ocherki Politicheskoi Istorii Bospora v V – IV vyekakh do n.e.* Moscow, 1959
191. Blavatsky, V. D. 'The battle on the R. Thates and tactics in the fourth century B.C.', *VDI* (1946) 1, 101–6 (In Russian)
192. Blavatsky, V. D. 'The Cimmerian problem and Panticapaeum', *Vestnik Mosk. Universiteta* 8 (1948) 12 (In Russian)
193. Blavatsky, V. D. 'Bosporus in archaic times', *MIA*, 33 (1953) 7–44 (In Russian)
194. Blavatsky, V. D. *Zemlyedyeliye v Antichnykh Gosudarstvakh Severnogo Prichernomorya.* Moscow, 1953
195. Blavatsky, V. D. *Ocherki Voyennogo Dyela v Antichnykh Gosudarstvakh Severnogo Prichernomorya.* Moscow, 1954
196. Blavatsky, V. D. 'Slavery and its sources in the ancient states of the North Black Sea area', *Sov. Arch.* 20 (1954) 31–56 (In Russian)
197. Blavatsky, V. D. 'On the ethnic composition of the population of Panticapaeum in the IV–III centuries B.C.', *Sov. Arch.* 28 (1958) 97–106 (In Russian)
198. Blavatsky, V. D. 'Industry on the Bosporus', *Sov. Arch.* 29–30 (1959) 42–57 (In Russian)
199. Blavatsky, V. D. 'Le processus du développement historique et le role des états antiques situés au nord de la Mer Noire', *XI Congrès International des Sciences Historiques, Stockholm*, Rapports II, 98–116. Uppsala, 1960
200. Blavatsky, V. D. 'Il periodo del Protoellenismo sul Bosporo', *Atti del Settimo Congresso di Archaeologia Classica* III, 51ff. Rome, 1961
201. Blavatsky, V. D. 'The first mention of Sindike', *Izvestia v Chest' Akad. D. Decheva*, 703–8. Sofia, 1961 (In Russian)
202. Blavatsky, V. D. 'An underwater expedition to the Azov and Black Seas', *Archaeology* 16.2 (1963) 93–8
203. Blavatsky, V. D. *Pantikapei.* Moscow, 1964
204. Blavatsky, V. D. 'Le rayonnement de la culture antique dans les pays de la Pontide Nord', *Le rayonnement des civilisations grecque et romaine sur les Cultures Périphériques*, 393–403. Paris, 1965
205. Blavatsky, V. D. 'Zur Herkunft der Bosporanischen Archaianaktiden', *Klio* 52 (1970) 33–6
206. Blavatsky, V. D. 'On the names of the Spartocids', *Khudozhestvyennaya Kul'tura i Arkheologia Antichnogo Mira*, 56–8. Moscow, 1976 (In Russian)
207. Bolton, J. D. P. *Aristeas of Proconnesus.* Oxford, 1962
208. Boltruk, Y. V. and Fialk, E. E. 'On the site of Kremnoi harbour', *Skify Severnogo Prichernomorya*, 40–8, Kiev, 1987 (In Russian)
209. Boltunova, A. I. 'A proxeny decree from Anapa and some questions concerning the history of the Bosporus', *VDI* (1964) 3, 136–49 (In Russian)
210. Boltunova, A. I. and Knipovich, T. N. 'An outline of the history of Greek lapidary script on the Bosporus', *Numismatika i Epigraphika* 3 (1962) 3–16
211. Bosi, F. 'Note epigrafiche bosporane', *Epigraphica* 29 (1967) 131–44
212. Bouzek, J. 'Athènes et la Mer Noire', *BCH* 113 (1989) 249–59

213. Bouzek, J. *Studies of Greek Pottery in the Black Sea Region*. Prague, 1989
214. Brabich, V. M. 'Griffins on the coins of Panticapaeum in the fourth century B.C.' *KSIA* 9 (1959) 90–2 (In Russian)
215. Brashinsky, J. B. *Athiny i Severnoye Prichernomorye v VI–II Vyekhakh do n. e.* Moscow, 1963
216. Brashinsky, J. B. 'On some dynastic peculiarities in the rule of the Bosporan Spartocids, *VDI* (1965) 1, 118–27 (In Russian)
217. Brashinsky, J. B. 'Epigraphic evidence on Athens' relations with the North Pontic Greek states', *Acts of the Fifth Epigraphic Congress, Cambridge, 1967*, 119–23. Cambridge, 1971
218. Brashinsky, J. B. *Grechesky Keramichesky Import na Nizhnyem Donu v V–III Vyekhakh do n. e.* Leningrad, 1980
219. Brashinsky, J. B. *Methody Issledovania Antichnoi Torgovli*. Leningrad, 1984
220. Brashinsky, J. B. and Marchenko, K. K. 'Elizavetovskoye on the Don – a settlement of city-type', *Sov. Arch.* (1980) 1, 211ff (In Russian)
221. Burstein, S. M. 'The war between Heraclea Pontica and Leucon I of Bosporus', *Historia* 23 (1974) 401–16
222. Burstein, S. *Outpost of Hellenism – The Emergence of Heraclea on the Black Sea* (U. Cal. Pubs: Class. Studies, 14). Berkeley–Los Angeles, 1976
223. Burstein, S. '*IG* II^2 1485A and Athenian relations with Lysimachus', *ZPE* 31 (1978) 181–5
224. Chernenko, E. V. 'The expedition of Darius into Scythia', *Drevnosti Stepnoi Skifii*, Kiev, 1982 (In Russian)
225. Chernenko, E. V. *Skifo-Persidskaya Voina*. Kiev, 1984
226. Chlenova, N. L. 'The Scythian stag', *MIA* 115 (1962) 187–205 (In Russian)
227. Dovatur, A. N., Kallistov, D. P. and Shishova, I. A. *Narody Nashei Rodiny v Istorii Gerodota*. Moscow, 1982
228. Drews, R. 'The earliest Greek settlements on the Black Sea', *JHS* 96 (1976) 18–32
229. Dufkova, M. and Pečirka, J. 'Excavations of farms and farmhouses in the Chora of Chersonesos in the Crimea', *Eirene* 8 (1970) 123–74
230. Dundua, G. F. *Numismatika Antichnoi Gruzii*. Tbilisi, 1987
231. Dyukov, Y. L. 'On the lion-head coins with the legend APOL', *VDI* (1975) 4, 71–5 (In Russian)
232. Frolova, N. A. 'The coins of the Scythian king Scilurus', *Sov. Arch.* (1964) 1, 45–55 (In Russian)
233. Frolova, N. A. *The Coinage of the Kingdom of Bosporus*. BAR Int. Series, 56 (1979), 166 (1983)
234. Fyodorov, P. V. 'Post-glacial transgression of the Black Sea and the problem of changes in sea-level in the last 15,000 years', *Kolebania Urovnya Moryei i Oceanov z 15,000 lyet*, 154. Moscow, 1984 (In Russian)
235. Gaidukyevich, V. F. 'Ceramic architectural materials from the Bosporus', *Izvestia Gosudarstvennoi Akademii Istorii Material'noi Kul'tury* 104 (1935) 211–311 (In Russian)
236. Gaidukyevich, V. F. 'New data concerning the Bosporan tile factories in the period of the Spartocids', *KSIIMK* 17 (1947) 22–7 (In Russian)

237. Gaidukyevich, V. F. *Bosporskoye Tsarstvo*. Moscow–Leningrad, 1949
238. Gaidukyevich, V. F. 'The history of the classical cities of the north Black Sea area', *Antichnye Goroda Severnogo Pricharnomorya*, 95–122. Moscow–Leningrad, 1955 (In Russian)
239. Gaidukyevich, V. F. 'Epigraphic data on Bosporan tile factories', *Sov. Arch.* 28 (1958) 123–35 (In Russian)
240. Gaidukyevich, V. F. 'A votive made by Heraios from Myrmekion', in Boltunova, A. I. (ed.) *Kul'tura Antichnogo Mira*, 70–6. Moscow, 1966
241. Gaidukyevich, V. F. *Das Bosporanische Reich*. Berlin, 1971
242. Galanina, L. and Grach, N. *Scythian Art: the Legacy of the Scythian World, from the mid-seventh century to the third century* B.C. Leningrad, 1986
243. Gardiner-Garden, J. 'Fourth century conceptions of Maeotian ethnography', *Historia* 35 (1986) 192–225
244. Gardiner-Garden, J. 'Dareios' Scythian expedition and its aftermath', *Klio* 69 (1987) 326–50
245. Golenko, K. V. 'Two coins of Panticapaeum of the second century B.C.', *Numismatika i Epigraphika* 5 (1965) 56–61 (In Russian)
246. Golenko, K. V. 'A new coin of King Spartocus', *Numismatika Antichnogo Prichernomorya*, 50–5. Kiev, 1982 (In Russian)
247. Grach, N. L. 'On Gorgippus and some dynastic peculiarities of the early Spartocids', *Antichnaya Istoria i Kul'tura Sredizemnomorya i Prichernomorya – Sbornik v Chest' S. Zhebelyova*, 108–14. Leningrad, 1968 (In Russian)
248. Grach, N. L. 'On the find of a Sindian coin in Nymphaeum', *VDI* (1972) 3, 133 (In Russian)
249. Grach, N. L. 'On the ethnic composition of the population of Nymphaeum in the sixth–fifth centuries B.C.', *Tskhaltubo II, 1979*, 260–66. Metsniereba, Tbilisi, 1981. (In Russian)
250. Grach, N. L. 'The discovery of a new historical source at Nymphaeum', *VDI* (1984) 1, 81–8. (In Russian)
251. Grach, N. L. 'Nymphaeum in the fourth–first centuries B.C.', *Tskhaltubo III, 1982*, 333–41. Metsniereba, Tbilisi, 1985. (In Russian)
252. Grakov, B. N. *Skiphy*. Moscow, 1971
253. Gratsianskaya, L. I. 'The place of political history of the Bosporus in the Geography of Strabo', *Drevnyeishiye Gosudarstva na Territorii SSSR* I (1976) 11–15 (In Russian)
254. Gratsianskaya, L. I. 'The geography of Strabo – problems in source study', *Drevnyeishiye Gosudarstva na Territorii SSSR* (1986), 6–175. Moscow, 1988. (In Russian)
255. Grinyovich, K. E. 'Linear defences of the Cimmerian Bosporus', *VDI* (1946) 2, 160–4 (In Russian)
256. Hind, J. G. F. 'Greek colonisation of the Black Sea area in the Archaic and Classical periods' Unpublished Ph.D. Thesis. Cambridge, 1969
257. Hind, J. G. F. 'The eagle-head coins of Sinope', *Num. Chron.* (1976) 1–6
258. Hind, J. G. F. 'Greeks and barbarian peoples on the shores of the Black Sea', *Arch. Rep. for 1983–84* 71–97
259. Hind, J. G. F. 'Colonies and ports of trade on the northern shores of the Black Sea – the cases of Olbiopolis and Kremnoi', *Thracia Pontica II*, 105–18. Iambol, 1985

260. Hind, J. G. F. 'The colonisation of Sinope and the south-east Black Sea area', *Tskhaltubo-Vani IV, 1985*, 207–23. Tbilisi, 1988
261. Hind, J. G. F. 'Herodotus' geography of Scythia: the rivers and the Rugged Peninsula', *Tskhaltubo-Vani V, 1987*. Tbilisi, 1990
262. Hind, J. G. F. 'Map resources for the North Black Sea area in the Graeco-Roman period', in Harris, W. V. (ed.), *Map Resources for the Graeco-Roman World*. New York (in press)
263. Hind, J. G. F. 'Greeks and barbarians around the Black Sea', *Arch. Rep. for 1992–93*, 82–112
264. Hommel, H. *Der Gott Achilleus*. Heidelberg, 1980
265. Ilyinskaya, V. A. and Terenozhkin, A. I. *Skiphia v VII–IV vyekakh do n.e.* Kiev, 1983
266. Ivanova, A. P. *Skul'ptura i Zhivopis' Bospora*. Kiev, 1961
267. Kacharava, D. D. 'Greek imports in Colchis', *Colchis and the Greek World* (Bristol Class. Press, forthcoming)
268. Kallistov, D. P. *Ocherki po Istorii Severnogo Prichernomorya Antichnoi Epokhi*. Leningrad, 1949
269. Kallistov, D. P. 'The treachery of Gylon', *VDI* (1950) 27–36 (In Russian)
270. Kallistov, D. P. *Severnoye Prichernomorye v Antichnuyu Epokhu*. Moscow, 1952
271. Kallistov, D. P. 'The Bosporan decree of Pairisades concerning the grant of proxeny to a Peiraean', in *Problemy Sotsialnoi Ekonomicheskoi Istorii Drevnyego Mira*, 317–38. Moscow–Leningrad, 1963 (In Russian)
272. Kallistov, D. P. 'Strabo on the Scythian King Ateas', *VDI* (1969) 1, 127–8 (In Russian)
273. Kallistov, D. P. 'Zur Stellung der Poleis im Bosporanischen Reich', in C 83, II, 587–607
274. Kamenetsky, I. S. 'The Maeotians and Greek colonisation', *Tskhaltubo-Vani IV, 1985*, 82–97. Tbilisi, 1988 (In Russian)
275. Karyshkovsky, P. O. 'On the history of coin circulation in the North Black Sea area in the third century B.C.' *ZOAO* I (1960) 112–23
276. Karyshkovsky, P. O. 'Concerning the inscriptions on the early coins of Olbia', *Materialy po Arkheologii Severnogo Prichernomorya* 4 (1962) 226ff
277. Karyshkovsky, P. O. 'Notes on Olbia and Borysthenes', *Kratkiye Soobschenia Gos. Arkh. Mus. Odessa*, 2 (1962) 85ff
278. Karyshkovsky, P. O. and Kleiman, I. B. *Drevny Gorod Tyras*. Kiev, 1985
279. Kastanayan, E. G. *Lepnaya Keramika Bospora*. Leningrad, 1981
280. Khudyak, M. M. 'Work of the expedition at Nymphaeum', *Trudy Gosudarstvennogo Hermitagea* I. Leningrad, 1945 (In Russian)
281. Khudyak, M. M. *Iz Istorii Nympheya VI–III vyekov do n. e.* Leningrad, 1962
282. Kleiman, L. B. 'On the date of foundation of Tyras', *Vani* VI (1990) In press
283. Knipovich, T. N. and Levi, E. I. *Inscriptiones Olbiae 1917–1965*. Moscow–Leningrad, 1968
284. Kobylina, M. M. 'Late Bosporan Pelikai', *MIA* 19 (1951) 136–70 (In Russian)

285. Kobylina, M. M. *Divinités orientales sur le littoral nord de la mer noire*. Leiden, 1976
286. Kobylina, M. M. 'Pages from the early history of Phanagoria', *Sov. Arch.* (1983) 2, 51–61 (In Russian)
287. Kobylina, M. M. *Phanagoria*. Moscow, 1989
288. Kolobova, K. M. 'The political position of the cities in the Bosporan state', *VDI* (1953) 4, 47–71 (In Russian)
289. Kopylov, V. P. 'Periodisation of Greek colonisation of the North-East Azov Sea area', *Myezhdunarodnye Otneshenia v Basyeinye Chernogo Morya v Drevnosti i Sredniye Vyeka*, 9–10. Rostov-on-Don, 1990 (In Russian)
290. Koshelenko, G. A., Kruglikova, I. T. and Dolgorukov, V. S. (eds.) *Antichnye Gosudarstva Severnogo Prichernomorya*. Moscow, 1984
291. Koshelenko, G. A. and Kuznetsov, V. D. 'Greek colonisation of the Bosporus', *Tskhaltubo-Vani* v (1987). Tbilisi, 1990 (In Russian)
292. Koshelenko, G. A. and Kuznetsov, V. D. 'Colchis and Bosporus: two models of colonisation', *Colchis and the Greek World*, Bristol, forthcoming
293. Kruglikova, I. T. 'Gorgippia in the time of the Spartocids', *VDI* (1971) 1, 89–100 (In Russian)
294. Kruglikova, I. T. *Sel'skoye Khozyaistvo Bospora*. Moscow, 1975
295. Krushkol, J. S. *Drevnyaya Sindika*. Moscow, 1971
296. Krushkol, J. S. 'Die griechischen und autochthonen Städte der Sindike (Nordkaukasien) im Bosporanischen Reich im 4 und 3 Jh. v.u. Z.', in C 83, II, 608–47
297. Kryzhitsky, S. D. *Zhilye Doma Antichnykh Gorodov Severnogo Prichernomorya*. Kiev, 1982
298. Kublanov, M. M. 'Towards the history of the Asiatic side of the Bosporus', *Sov. Arch.* 29–30 (1959) 203–26 (In Russian)
299. Kuklina, I. V. 'Early reference to the Scythians and Cimmerians', *VDI* (1981) 2, 162–73 (In Russian)
300. Kuklina, I. V. *Etnogeographia Skiphii po Antichnym Istochnikam*. Kiev, 1985
301. Kutaisov, V. A. *Antichny Gorod Kerkinitida v VI–II vyekakh do n.e.* Kiev, 1990. (In Russian)
302. Kvirkvelia, G. T. 'Sinope, Colchis, Bosporus – Problems of interrelationships', *Colchis and the Greek World*. Bristol, forthcoming
303. Latyshev, V. V. *Inscriptiones Orae Septentrionalis Ponti Euxini*. Petropoli, 1885–1916 = *IOSPE*
304. Latyshev, V. V. 'Towards the history of the Bosporan Kingdom', *PONTIKA*, 176ff. St Petersburg, 1909 (In Russian)
305. Lazarov, M. 'Excavations at Varna', *Tskhaltubo-Vani v, 1987*. Tbilisi, 1990
306. Levi, E. I. *Ol'via – Gorod Epokhi Ellinizma*. Leningrad, 1985
307. Lordkipanidze, O. D. 'On the question of the relations of Colchis with the North Black Sea area in the sixth to fourth centuries B.C.', *Istoria i Kul'tura Antichnogo Mira*, 112–15. Moscow, 1977 (In Russian)
308. Lordkipanidze, O. D. 'The Graeco-Roman world and ancient Georgia', *Modes de Contacts et Processus de Transformation dans les sociétés, Collection de*

L'Ecole Française 67 (1988) 123–42
309. Malloy, A. G. *The Coinage of Amisos*. South Salem, 1970
310. Mantsevich, A. P. 'The comb and phiale from Solokha', *Sov. Arch.* (1950), 196ff (In Russian)
311. Mantsevich, A. P. 'The gorytus covers from Chertomlyk Ilyintsy and the Five Brothers tumuli', *Trudy Gosudarstvennogo Hermitagea* 7 (1962) 107–119 (In Russian)
312. Marchenko, I. D. 'Excavations at Panticapaeum in 1958–64', *Soobschenia Gosudarstvyennogo Muzeya Izobrazityelnykh Izkusstv imeni Pushkina* 4. Moscow, 1968, 27–53 (In Russian)
313. Marchenko, K. K. 'Die Siedlung von Elizavetovka – griechisches-barbarisches Emporion im Dondelta', *Klio* 68 (1986) 2, 377–98
314. Marchenko, K. K. 'Bosporan settlements on the territory of Elizavetovskoye gorodische on the Don', *VDI* (1990) 1, 129–38 (In Russian)
315. Maslennikov, A. A. *Naseleniye Bosporskogo Gosudarstva v VI–II vyekakh do n.e.* Moscow, 1981
316. Maslennikov, A. A. 'Once more on the Bosporan "dykes"', *Sov. Arch.* 1983, 14–22 (In Russian)
317. Maslennikov, A. A. 'A typology of the agricultural settlements of the Bosporus', *Sov. Arch.* (1989) 2, 66–79 (In Russian)
318. Maximova, M. I. *Antichnye Goroda Yugo-Vostochnogo Prichernomorya*. Moscow–Leningrad, 1956
319. Melyukova, A. I. 'The peoples of the North Black Sea littoral on the eve of and in the period of Greek colonisation', *Tskhaltubo-Vani IV, 1985*, 8–27. Tbilisi, 1988 (In Russian)
320. Melyukova, A. I. (ed.) *Stepi Europeiskoi Chasti SSSR v Skipho-Sarmatskoye Vremya*. Moscow, 1989
321. Minns, E. H. *Scythians and Greeks in South Russia*. Cambridge, 1913
322. Moorhouse, A. C. 'The name of the Euxine Pontus', *CQ* 34 (1940) 123–8; 41 (1947) 59–60
323. Moschinskaya, V. I. 'On the Sindian State', *VDI* (1946) 3, 203–8 (In Russian)
324. Newskaja, W. P. *Byzanz in der Klassischen und Hellenistischen Epoche*. Leipzig, 1955
325. Noonan, T. S. 'The grain trade of the Northern Black Sea in antiquity', *AJP* 94 (1973) 231–42
326. Noonan, T. S. 'The origins of the Greek colony at Panticapaeum', *AJA* 77 (1973) 77–81
327. Ognyenova-Marinova, L. 'Thracia Pontica', *Thracia Pontica* I 1979, 69–79. Sofia, 1982
328. Onaiko, N. A. *Antichny Import v Pridnyeprovye i Pobuzhye v VII–V vyekakh*, *Arkheologia SSSR D 1–27*. Moscow, 1966
329. Onaiko, N. A. 'On the centre of production of the gold scabbards and sword-hilts found in the Dniepr area', *Kultura Antichnogo Mira*, 159–176. Moscow, 1966 (In Russian)
330. Onaiko, N. A. *Antichny Import v Pridnyeprovye i Pobuzhe v IV–II vyekakh do*

n.e. Moscow, 1970
331. Onaiko, N. A. 'Die Lokalisierung von Bata bei Strabo', *Klio* 59 (1977)
332. Onaiko, N. A. *Arkhaichesky Torik: Antichny Gorod na Severo-Vostokye Ponta*. Moscow, 1980
333. Paromov, Y. M. 'A survey of the archaeological remains on the Taman peninsula in 1981–3', *KSIA* 188 (1986) 69–76 (In Russian)
334. Paumenko, P. I. 'The exploitation of the mineral wealth of the Kerch-Taman region in ancient times', *Geologichesky Zhurnal* 39, Kiev (1979) 56–62 (In Russian)
335. Pečirka, J. 'Country estates of the polis of Chersonesus in the Crimea', in *Ricerche storiche ed economiche in memoria di C. Barbagallo* I, 459–77. Naples, 1970
336. Peters, B. B. *Morskoye Dyelo v Antichnykh Gosudarstvakh Severnogo Prichernomorya*. Moscow, 1982
337. Pichikyan, I. D. 'An Ionic capital from Kerch', *VDI* (1974) 2, 105–10 (In Russian)
338. Pichikyan, I. D. 'Ordered architecture of the sixth–fifth centuries B.C. from the North Black Sea area', *VDI* (1975) 1, 120–6 (In Russian)
339. Podosinov, A. V. *Proizvedenia Ovidia kak istochnik po istorii Vostochnoi Europy i Zakavkazya*. Moscow, 1985
340. Reho, M. 'Ceramica di tipo greco-orientale ad Apollonia', *Thracia Pontica* III 1985. Sofia, 1986
341. Rolle, R. *The World of the Scythians*. London, 1989
342. Rostovtzeff, M. I. 'Strabo as a source for the history of the Bosporus', *Sbornik Statei v Chest' V. P. Buzeskula*, 370. Kharkov, 1914 (In Russian)
343. Rostovtzeff, M. I. 'Amaga and Tirgatao', *Zapiski Odesskogo Obschestva Istorii i Drevnostei* 32 (1915) 66–7 (In Russian)
344. Rostovtzeff, M. I. 'Syriscus – historian of the Tauric Chersonesus', *Zhurnal Ministerstva Narodnogo Prosvyescheniya* (1915) 151–7. St Petersburg, 1915 (In Russian)
345. Rostovtzeff, M. I. *Iranians and Greeks in South Russia*. Oxford, 1922
346. Rostovtzeff, M. I. 'The Bosporan kingdom', *CAH* VIII[1] (1930) 561–89
347. Rostovtzeff, M. I. 'The state and culture of the Bosporan kingdom', *VDI* (1989) 2, 183–97 (In Russian)
348. Rostovtzeff, M. I. 'The state, religion and culture of the Scythians and Sarmatians', *VDI* (1989) 1, 192–206 (In Russian)
349. Rostovtzeff, M. I. *VDI* (1990) 1, 173–83
350. Rostowzew, M. I. *Skythien und der Bosporus*. Berlin, 1931
351. Rubinsohn, W. Z. 'Saumacus, ancient history, modern politics', *Historia* 29 (1980) 50–70
352. Saprykin, S. Y. *Gerakleya Pontiiskaya i Khersones Tavrichesky*. Moscow, 1986
353. Savostina, E. 'Trouvaille de reliefs antiques dans un établissement agricole du Bosphore cimmérien (Taman)', *Rev. Arch.* (1987) 1, 3–24
354. Scheglov, A. N. *Polis i Khora*. Simferopol, 1976
355. Scheglov, A. N. *Severo-Zapadny Krym v Antichnuyu Epokhu*. Leningrad, 1978

356. Scheglov, A. N. 'The North-Black Sea grain trade in the second half of the seventh to the fifth centuries B.C. – written sources and archaeology', *Tskhaltubo-Vani v, 1987*. Tbilisi, 1990 (In Russian)
357. Sekerskaya, N. M. 'Archaic pottery from Niconium', *Materialy po Arkheologii Severnogo Prichernomorya* 8 (Odessa, 1976) (In Russian)
358. Sekerskaya, N. M. *Antichny Nikonii i yego Okruga*. Kiev, 1989
359. Shelov, D. B. 'Cyzicene staters on the Bosporus', *VDI* (1949) 2, 94–7 (In Russian)
360. Shelov, D. B. 'On the question of the coins of the Bosporan cities Apollonia and Myrmekion', *VDI* (1949) 1, 143–53 (In Russian)
361. Shelov, D. B. 'The coins of the Sindi', *KSIIMK* 30 (1949) 111–18 (In Russian)
362. Shelov, D. B. 'On the interaction of Greek and local cults in the North Black Sea area (The satyr and griffin on the gold staters of Panticapeum in the fourth century B.C.)', *KSIIMK* 34 (1950) 62–9 (In Russian)
363. Shelov, D. B. 'Theodosia, Heraclea and the Spartocids', *VDI* (1950) 168–78 (In Russian)
364. Shelov, D. B. 'On the representation of the lion's head on the early Bosporan coins', *KSIIMK* 39 (1951) 45–52 (In Russian)
365. Shelov, D. B. 'The monetary system of the Bosporan cities in the sixth and fifth centuries B.C.', *MIA* 19 (1951) 125–35 (In Russian)
366. Shelov, D. B. 'The monetary reform of Leucon II', *VDI* (1953) 1, 30–9 (In Russian)
367. Shelov, D. B. 'Coin minting and coin circulation on the Bosporus in the third century B.C.' *MIA* 33 (1954) 58–70 (In Russian)
368. Shelov, D. B. *Antichny Mir v Severnom Prichernomorye*. Moscow, 1956
369. Shelov, D. B. *Monyetnoye Dyelo Bospora*. Moscow, 1956
370. Shelov, D. B. 'The emergence of Theodosia', *Numismatichesky Sbornik* 2 (1957) 19–26 (In Russian)
371. Shelov, D. B. 'On the question of contacts between Rhodes and Bosporus in the Hellenistic period', *Sov. Arch.* 28 (1958) 333–6 (In Russian)
372. Shelov, D. B. *The Coinage of the Bosporus in the VI–II centuries B.C.* (BAR Int. Ser. 46) 1978
373. Shelov, D. B. 'Der nördliche Schwarzmeerraum in der Antike', in Heinen, H. (ed.), *Die Geschichte des Altertums im Spiegel der Sowjetischen Forschung*, 341–402. Darmstadt, 1980
374. Shelov, D. B. 'The Sindi of the Kuban region and Greek colonisation', *Thracia Pontica* 1, Iambol (1982) 31–8 (In Russian)
375. Shelov-Kovyedyayev, F. V. 'The inclusion of Nymphaeum in the Bosporan State', *Tyezisy Dokladov Nauchnoi Sessii v Pushkinskom Muzeye Iskusstv 1980*, 46–9. Moscow, 1981 (In Russian)
376. Shelov-Kovyedyayev, F. V. 'On the interpretation of the coins with the inscription SINDŌN', *Antichnaya Balkanistika*, 52–3. Moscow, 1984 (In Russian)
377. Shelov-Kovyedyayev, F. V. 'New Bosporan decrees', *VDI* (1985) 1, 58–74 (In Russian)

378. Shelov-Kovyedyayev, F. V. 'Istoria Bospora v VI–IV vyekakh do n.e.', *Drevnyeishiye Gosudarstva na Territorii SSSR* 8, 3–187. Moscow, 1985 (In Russian)
379. Shelov-Kovyedyayev, F. V. 'La structure politique et sociale de la tyrannie du Bosphore Cimmerien', *DHA* 12 (1986) 173–82
380. Shelov-Kovyedyayev, F. V. 'Die Eroberung Theodosias durch die Spartokiden', *Klio* 68 (1986) 367–76
381. Shelov-Kovyedyayev, F. V. 'Once more on the state of the Sindi', *Klio* 71 (1989) 216–25 (In Russian)
382. Shilik, K. K. 'Researches at Akra', *AOR 1985*, 632. Moscow, 1987 (In Russian)
383. Shilov, V. P. 'The coins of the Sindi', *Sov. Arch.* 15 (1951) 205–15 (In Russian)
384. Shkurko, V. I. 'On the curled predator in Scythian art of the wooded steppe area', *Sov. Arch.* (1969) 1, 31–40. (In Russian)
385. Sidorova, N. A. 'Archaic pottery from the excavations at Hermonassa', *Soobschenia Gosudarstvyennogo Museya imeni Pushkina* 8 (1987) 110ff. (In Russian)
386. Silantyeva, L. F. 'The necropolis of Nymphaeum', *MIA* 69 (1959)
387. Skorpil, V. V. 'The Archaeanactidae', *Izvestia Tavricheskoi Uchenoi Arkhivnoi Komissii* (1918) 58ff. (In Russian)
388. Skrzhinskaya, M. V. *Severnoye Prichernomorye v Opisanii Plinia Starshego.* Kiev, 1977
389. Sokolov, G. *Antique Art on the Northern Black Sea Coast; Architecture, Sculpture, Painting, Applied Arts.* Leningrad, 1974
390. Sokolsky, N. I. 'The dykes in the system of defences of the Cimmerian Bosporus', *Sov. Arch.* 27 (1957) 91–106. (In Russian)
391. Sokolsky, N. I. 'On the question of mercenaries on the Bosporus in the fourth and third centuries B.C.', *Sov. Arch.* 28 (1958) 298–307. (In Russian)
392. Sokolsky, N. I. 'The city of Cepi', *Archaeology* 18 (1965) 181–6
393. Sokolsky, N. I. 'On the question of Sindian sculpture', *Kultura Antichnogo Mira*, 243–58. Moscow, 1966. (In Russian)
394. Sokolsky, N. I. *Dyerevoobrabatyvayuscheye Remeslo v Antichnykh Gosudarstvakh Prichernomorya.* Moscow, 1971
395. Stronk, J. 'Wreckage at Salmydessus', *Thracia Pontica* III (1985) 203–15
396. Struve, V. V. 'The earliest historian of the USSR', *Etyudy po Istorii Severnogo Prichernomorya, Kavkaza i Srednei Azii – Sbornik v Pamyati Akademika I. Y. Krachkovskogo*, 146–58. Leningrad, 1968. (In Russian)
397. Tokhtasyov, S. A. 'Cimmerian toponyms', *Etnogenes Narodov Balkan i Severnogo Prichernomorya*, 142–8. Moscow, 1984. (In Russian)
398. Tolstikov, V. P. 'Fortifications on the acropolis of Panticapaeum', *Soobschenia Gosudarstvyennogo Muzeya Izobrazityelnykh Izkusstv imeni Pushkina* 7. Moscow, 1984. (In Russian)
399. Tolstikov, V. P. 'Towards the problem of the formation of the Bosporan state', *VDI* (1984) 3, 27–45. (In Russian)
400. Treister, M. Y. 'New data on artistic metalworking on the Bosporus', *VDI* (1984) 146–59. (In Russian)

401. Treister, M. Y. 'Bronze casting on the Bosporus in the fourth century', *KSIA* 191 (1987) 7–13. (In Russian)
402. Treister, M. Y. 'Bronze casting on the Bosporus in the sixth and fifth centuries B.C.', *Eirene* 25 (Prague, 1988) 45–67
403. Tsetskhladze, G. R. 'The North and East Black Sea areas in the VI–I centuries', *Arkheologia* (1990) 86–97. (In Ukrainian)
404. Tuplin, C. J. 'Satyros and Athens: *IG* II^2 212 and Isokrates 17.57', *ZPE* 49 (1982) 121–8
405. Ustinova, V. A. 'On the annexation of Sindica to the Bosporan state', *VDI* (1966) 4, 128ff. (In Russian)
406. Vasilyev, A. N. 'The events of 438 B.C. on the Bosporus', *Problemy Otyechestvyennoi Istorii*, 2, 154–76. Moscow–Leningrad, 1976. (In Russian)
407. Velkov, V. 'Pontic Thrace and its interrelations with the Greek world', *Tskhaltubo-Vani IV, 1985*. Tbilisi (1988) 264–80
408. Venedikov, I. *et al. Apolonia*. Sofia, 1963
409. Venedikov, I., Ognenova-Marinova, L. and Cimbuleva, J. *Nesebre* I. SOFIA, 1969; II, Sofia, 1980
410. Vickers, M. *Scythian Treasures in Oxford*. Oxford, 1979
411. Vinogradov, Y. G. 'The problem of the political status of the cities in the Bosporan state in the fourth century B.C.' *Osnovnye Problemy Razyitia Rabovladelcheskoi Formatsii, Tyezisy Dokladov Konferentsii*, 22–5. Moscow, 1978. (In Russian)
412. Vinogradov, Y. G. 'Die historische Entwicklung der Poleis des nördlichen Schwarzmeergebietes im V. Jahrhundert v. Christ', *Chiron* 10 (1980) 63–100
413. Vinogradov, Y. G. 'The ring of King Skyles', *Sov. Arch.* (1980) 3, 92–100. (In Russian)
414. Vinogradov, Y. G. *Olbia. Geschichte einer Altgriechischen Stadt am Schwarzen Meer* (XENIA I). Konstanz, 1981
415. Vinogradov, Y. G. 'Sinope and Olbia – problems of political structure', *VDI* (1981) 2, 65–90. (In Russian)
416. Vinogradov, Y. G. 'The historical fate of the poleis of the North Black Sea area in the fifth century B.C.', in *Istoria Antichnoi Gretsii* I, 363–420. Moscow, 1983. (In Russian)
417. Vinogradov, Y. G. *Politicheskaya Istoria Ol'viiskogo Polisa VII–I vv do n.e.* Moscow, 1989
418. Vinogradov, Y. G. and Marchenko, K. K. 'Das nördliche Schwarzmeergebiet in der Skythischen Epoche', *Klio* 71 (1989) 539–49
419. Vinogradov, Y. G. and Zolotaryov, M. I. 'Archaic Chersonesus', *Tskhaltubo-Vani V, 1987* Tbilisi, 1990
420. Wasowicz, A. 'La campagne et les villes du littoral septentrional du Pont-Euxin (Nouveaux témoignages archéologiques)', *Dacia* 13 (1969) 87–9
421. Wasowicz, A. 'Traces de lotissements anciens en Crimée', *MEFRA* 84 (1972) 1, 209–11
422. Wasowicz, A. 'L'aménagement de l'espace de l'état grec: Olbia Pontique, Chersonèse Taurique, Royaume du Bospore', *Rendiconti, Classe di Lettere, Istituto Lombardo di Scienze e Lettere* 109 (1975) 226–41

423. Wasowicz, A. *Olbia Pontique et son Territoire*. Paris, 1975
424. Wasowicz, A. 'Les facteurs de la civilisation et de l'urbanisation des côtes de la mer noire a l'époque de la colonisation grecque', *La Città antica come fatto di cultura – Atti del Convegno di Como e Bellagio, 16–19 giugno 1979*, 67–77. Como, 1983
425. Werner, R. 'Die Dynastie der Spartokiden', *Historia* 4 (1955) 412–44
426. Werner, R. 'Das Bosporanische Reich', in von Barloewen (ed.) *Abriss der Geschichte Antiker Randkulturen*, 143ff. 1961
427. Werner, R. 'Die griechische Schwarzmeerkolonisation und Bosporanisches Reich', *Handbuch der alten Geschichte Russlands*, I.2. 153–72. Stuttgart, 1978
428. Wormell, D. E. W. 'Studies in Greek tyranny, II: Leucon of Bosporus', *Hermathena* 68 (1946) 49–71
429. Yailenko, V. P. *Grecheskaya Kolonizatsia VII–III vyekakh do n.e.* Moscow, 1982
430. Yailenko, V. P. 'Archaic Greece', in *Istoria Antichnoi Gretsii* I, 137ff. Moscow, 1983. (In Russian)
431. Yailenko, V. P. 'On the identification of the rivers and peoples of Scythia in Herodotus', *Sovietskaya Etnografia* (1983) I, 54–65. (In Russian)
432. Yailenko, V. P. 'The Bosporan state', in Golubtsova, E. S. (ed.), *Ellinizm, Ekonomika, Politika, Kultura*, 283–309. Moscow, 1990. (In Russian)
433. Yakovenko, E. V. 'On the ethno-cultural identity of the population of the Khora of the European side of the Bosporus', *Tskhaltubo-Vani II, 1979*, 248–59. Tbilisi, 1981. (In Russian)
434. Zedgenidze, A. A. and Antonova, I. A. 'The foundation date of Chersonesus', *KSIA* 159 (1979) 27–30. (In Russian)
435. Zedgenidze, A. A. and Antonova, I. A. *Khersones-Putyevoditel'*. Simferopol, 1985
436. Zeyest, I. B. 'New data concerning contacts of the Cimmerian Bosporus with the southern shores of the Black Sea', *VDI* (1951) I, 106–16. (In Russian)
437. Zeyest, I. B. 'On the question of trade between Phanagoria and the Kuban river valley', *MIA* 19 (1951) 107–18. (In Russian)
438. Zeyest, I. B. *Keramicheskaya Tara Bospora – Materialy i Issledovaniya po Arkheologii SSSR* 83 (1960)
439. Zeyest, I. B. 'The archaic layers at Hermonassa', *KSIA* 83 (1961) 53–8. (In Russian)
440. Zeyest, I. B. 'On a special feature of the economic development of Hermonassa', *Antichnaya Istoria i Kul'tura Sredizemnomorya i Prichernomorya*, 144–53. Leningrad, 1968. (In Russian)
441. Zhebelyov, S. A. 'Bosporan studies', *Severnoye Prichernomorye*, 159–95. Moscow–Leningrad, 1953. (In Russian)
442. Zhebelyov, S. A. 'The Bosporan Archaeanactidae', *Severnoye Prichernomorye*, 21–8. Moscow–Leningrad, 1953. (In Russian)
443. Zhebelyov, S. A. 'The last Pairisades and the Scythian revolt on the Bosporus', *Severnoye Prichernomorye*, 82–115. Moscow–Leningrad, 1953. (In Russian)

444. Zhebelyov, S. A. 'The main lines of the economic development of the Bosporan state', *Severnoye Prichernomorye*, 116–58. Moscow–Leningrad, 1953. (In Russian)
445. Zhebelyov, S. A. 'The rise of the Bosporan state', *Severnoye Prichernomorye*, 49–73. Moscow–Leningrad, 1953. (In Russian)
446. Zhebelyov, S. A. 'The rise of Chersonesus Taurica', *Severnoye Prichernomorye*, 74–81. Moscow–Leningrad, 1953. (In Russian)
447. Zograf, A. N. 'Antichnye Monyety', *MIA* 16 (1951)
448. Zograf, A. N. *Ancient Coins*, BAR S 33, 1972
449. Zolotaryov, M. I. 'New data on the ancient sea routes on the Euxine Pontus', *Tskhaltubo-Vani 1, 1977*, 94–100. Tbilisi, 1979. (In Russian)
450. Zolotaryov, M. I. 'Two types of rare coins of Theodosia dating to the fourth century B.C.', *VDI* (1984) 1, 89–92. (In Russian)

F. 东方

Ⅰ.波斯与波斯帝国

1. Altheim, F. and Stiehl, R. *Die Aramäische Sprache unter den Achaemeniden* II. Leipzig, 1963
2. Austin, M. 'Greek Tyrants and the Persians, 546–479 B.C.', *CQ* n.s. 40 (1990) 289–306
3. Badian, E. 'The Peace of Callias', *JHS* 107 (1987) 1–39
4. Badian, E. 'The King's Peace', in Flower, M. and Toher, M. (eds.), *Georgica: Greek Studies in Honour of George Cawkwell*, 25–48. London, 1991
5. Balcer, J. *Sparda by the Bitter Sea: Imperial Interaction in Western Anatolia.* Chico, 1984
5A. Bernard, P., Desparmet, R. and Gardin, J.-C. *Fouilles d'Aï Khanoum* I. Paris, 1973
6. Bernard, P. 'Campagne de fouilles 1978 à Aï Khanoum', *CRAI* (1980) 435–59
7. Bickerman, E. J. 'The Seleucids and the Achaemenids', in *La Persia e il Mondo Greco-Romano* (Accademia Nazionale dei Lincei, Anno 363, N. 76, 1966), 87–117
8. Bidez, J. and Cumont, F. *Les mages hellenisés.* 2 vols. Paris, 1938
9. Briant, P. *Etat et pasteurs au Moyen-Orient ancien.* Cambridge–Paris, 1982
10. Briant, P. *Rois, tributs et paysans* (Annales littéraires de l'Université de Besançon, 269 (Centre de Recherche Ancienne, 43)). Paris, 1982
11. Briant, P. *L'Asie central et les royaumes proche-orientaux du premier millénaire (c. VIIIe–IVe siècles avant notre ère)*. Paris, 1984
11A. Briant, P. 'Chasses royales macedoniennes et chasses royales perses: le thème de la chasse au lion sur *la chasse de Vergina*', *DHA* 17 (1991) 211–55
12. Cameron, G. *Persepolis Treasury Tablets.* Chicago, 1948
13. Cawkwell, G. L. 'The power of Persia', *Arepo* 1 (1968) 1–5
14. Cook, J. M. *The Persian Empire.* London, 1983
15. Dandamayev, M. A. 'Bagasarū ganzabara', in Mayrhofer, M. (ed.) *Studien zur Sprachwissenschaft und Kulturkunde (Gedenkschrift für Wilhelm*

Brandenstein) (Innsbrucker Beiträge zur Kulturwissenschaft 14), 235–9. Innsbruck, 1968

16. Dandamayev, M. and Lukonin, V. G. *The Culture and Social Institutions of Ancient Iran*. Cambridge, 1989
17. Davis, E. W. 'The Persian battle plan at the Granicus', *James Sprunt Studies in History and Political Sciences* 46 (1964) 34–44
18. Eilers, W. *Iranische Beamtennamen in der keilschriftlichen Überlieferung* I (all pubd) (Abhandlungen für die Kunde des Morgenlandes 25/5). Leipzig, 1940
19. *Fouilles d' Aï Khanoum* I (Mémoires de la délégation archéologique française en Afghanistan 21). Paris, 1973
20. Frye, R. N. 'Gestures of deference to royalty in Ancient Iran', *Ir. Ant.* 9 (1972) 102–7
21. Frye, R. N. *The Heritage of Persia*. London, 1976
22. Gardin, J.-C. 'L'archéologie du paysage bactrien', *CRAI* (1980) 480–501
23. Gardin, J.-C. and Gentelle, P. 'Irrigation et peuplement dans la plaine d'Ai Khanoum de l'époque achéménide à l'époque musulmane', *BEFEO* 63 (1976) 59–99
24. Gardin, J.-C. and Lyonnet, B. 'La prospection archéologique de la Bactriana orientale', *Mesopotamia* 13/14 (1978/9) 99–149
25. Gershevitch, I. (ed.) *The Cambridge History of Iran* II: *The Median and Achaemenian Periods*. Cambridge, 1985
26. Graf, D. F. 'Greek tyrants and Achaemenid politics', in Eadie, J. W. and Ober, J. (eds.), *The Craft of the Ancient Historian (Essays in Honor of Chester G. Starr)*, 79–123. Lanham, Maryland, 1985
27. Hallock, R. *Persepolis Fortification Tablets* (OIP 92). Chicago, 1969
28. Hallock, R. T. 'The Persepolis Fortification Archive', *Orientalia* n.s. 42 (1973) 320–3
29. Hammond, N. G. L. 'The kingdom of Asia and the Persian throne', *Antichthon* 20 (1986) 73–85
30. Hansman, J. 'Charax and the Karkheh', *Ir. Ant.* 7 (1967) 21–58
31. Hansman, J. 'The problems of Qūmis', *JRAS* (1968) 111–39
32. Hansman, J. 'Elamites, Achaemenians and Anshan', *Iran* 10 (1972) 101–25
33. Hansman, J. F. and Stronach, D. 'Excavations at Shahr-i Qūmis', *JRAS* (1970) 29–62
34. Herzfeld, E. *The Persian Empire: Studies in Geography and Ethnography of the Ancient Near East*. Wiesbaden, 1968
35. Hinz, W. *Altiranisches Sprachgut der Nebenüberlieferungen* (Göttinger Orientforschung, III. Reihe (Iranica), 3). Wiesbaden, 1975
36. Hornblower, S. Review of F 47, F 51 and F 40, *CR* n.s. 40 (1990) 89–95
37. Hornblower, S. Review of F 69, *CR* n.s. 40 (1990) 363–5
38. Joannès, F. 'La titulature de Xerxès', *NABU* 1989 No. 2, 25 sub 37
39. Kent, R. G. *Old Persian, Grammar, Texts, Lexicon* (American Oriental Series 33). 2nd edn. New Haven, 1953

39A. Koch, H. 'Steuern in der achämenidischen Persis', *ZA* 70 (1980) 105–37

39B. Koch, H. *Verwaltung und Wirtschaft im persischen Kernland zur Zeit der Achämeniden* (Beihefte zum Tübinger Atlas des vorderen Orients B89). Wiesbaden, 1990

40. Kuhrt, A. and Sancisi-Weerdenburg, H. *Achaemenid History* III: *Method and Theory*. Leiden, 1988

41. Moysey, R. 'Greek relations with the Persian Satraps, 371–343 B.C.', Diss. Princeton, 1975

42. Murison, J. A. 'Darius III and the battle of Issus', *Historia* 21 (1972) 399–423

43. Olmstead, A. T. *History of the Persian Empire*. Chicago, 1948

44. Petit, T. 'Karanos: étude d'une fonction militaire sous la dynastie perse achéménide', *LEC* 51 (1983) 35–45

45. Petit, T. *Satrapes et sat apies dans l'empire achéménide de Cyrus le Grand à Xerxès*, Ier: Bibliothèque de la faculté de Philosophie et Lettres de l'Université de Liège, fasc. 254. Paris, 1990

46. Root, M. C. *The King and Kingship in Achaemenid Art*. Leiden, 1979

47. Sancisi-Weerdenburg, H. (ed.) *Achaemenid History* I: *Sources, Structures and Synthesis*. Leiden, 1987

48. Sancisi-Weerdenburg, H. '*ΠΕΡΣΙΚΟΝ ΔΕ ΚΑΡΤΑ Ο ΣΤΡΑΤΟΣ ΔΩΡΟΝ*: a typically Persian gift (Hdt. ix 109)', *Historia* 37 (1988) 372–4

49. Sancisi-Weerdenburg, H. and Drijvers, J. W. (eds.) *Achaemenid History* V*: The Roots of the European Tradition*. Leiden, 1990

50. Sancisi-Weerdenburg, H. and Drijvers, J. W. *Achaemenid History* VII*: Through Travellers' Eyes*. Leiden, 1991

51. Sancisi-Weerdenburg, H. and Kuhrt, A. (eds.) *Achaemenid History* II*: The Greek Sources*. Leiden, 1987

52. Sancisi-Weerdenburg, H. and Kuhrt, A. (eds.) *Achaemenid History* IV*: Centre and Periphery*. Leiden, 1990

53. Sancisi-Weerdenburg, H. and Kuhrt, A. (eds.) *Achaemenid History* VI*: Asia Minor and Egypt: Old Cultures in a New Empire*. Leiden, 1991

54. Scheil, V. *Actes juridiques susiens (suite), Inscriptions des Achéménides (Supplément et suite)* (Mémoires de la Mission Archéologique de Perse 24). Paris, 1933

55. Schiwek, H. 'Der persische Golf als Schiffahrts- und Seehandelsroute', *BJ* 162 (1962) 4–97

56. Schmitt, R. 'Thronnamen bei den Achaimeniden', *Beiträge zur Namenforschung* NF 12 (1977) 422–5

57. Schmitt, R. 'Achaemenid throne-names', *Annali dell'Istituto Orientale di Napoli* 42 (1982) 83–95

58. Schwenzner, W. 'Gobryas', *Klio* 18 (1923) 41–58 and 226–52

59. Sekunda, N. 'Notes on the *Life* of Datames', *Iran* 26 (1988) 38–53

59A. Sordi, M. 'La cronologia delle vittorie persiane e la caduta di Ermia di Atarneo in Diodoro', KOKALOS 5 (1959) 107–18

60. Stolper, M. W. 'The death of Artaxerxes I', *AMI* NF 16 (1983) 223–36

61. Stolper, M. W. 'Some ghost facts from Achaemenid Babylonian texts', *JHS* 108 (1988) 196–8

62. Strassmaier, J. N. 'Arsaciden-Inschriften', *ZA* 3 (1888) 129–58

63. Stronach, D. *Pasargadae*. Oxford, 1978
64. Syme, R. 'The Cadusii in history and fiction', *JHS* 108 (1988) 137–50
65. Tuplin, C. 'The administration of the Achaemenid Empire', in B 188, 109–66
66. Tuplin, C. J. 'Xenophon and the garrisons of the Achaemenid Empire', *AMI* 20 (1987) 167–245
67. Walser, G. *Die Völkerschaften auf den Reliefs von Persepolis*. Berlin, 1966
68. Walser, G. (ed.) *Beiträge zur Achämenidengeschichte* (*Historia* Einzelschrift 18). Wiesbaden, 1972
69. Weiskopf, M. *The So-called "Great Satraps' Revolt", 366–360 B.C.: Concerning Local Instability in the Achaemenid Far West* (*Historia* Einzelschrift 63). Stuttgart, 1989
70. Wheeler, M. *Flames over Persepolis*. New York, 1968
71. Widengren, G. *Der Feudalismus im alten Iran*. Cologne, 1969

Ⅱ.巴比伦尼亚

72. Aaboe, A. and Sachs, A. 'Two lunar texts of the Achaemenid period from Babylon', *Centaurus* 14 (1969) 1–22
73. Adams, R. McC. *Heartland of Cities: Surveys of Ancient Settlement and Land Use on the Central Flood Plain of the Euphrates*. Chicago, 1981
74. Adams, R. McC. and Nissen, J. H. *The Uruk Countryside: the Natural Setting of Urban Societies*. Chicago, 1972
75. Anonymous. 'Babylonian contract tablets, presented to the Society of Biblical Archaeology, 6th April, 1875, by Lady Tite', *Transactions of the Society of Biblical Archaeology* 4 (1876) 257
76. Arnaud, D. 'Note annexe: Trouvailles épigraphiques de la 10e Campagne (1983) à Tell Senkereh/Larsa (Iraq)', *Akkadica* 44 (1985) 18
77. Beaulieu, P. 'An early attestation of the word *ḫadru*', *NABU* 1988 No. 3, 37–39 sub 54
78. Bernard, P. 'Nouvelle contribution de l'épigraphie cunéiforme à l'histoire hellénistique', *BCH* 94 (1990) 513–41
79. Böhl, F. M. Th. de L. 'Die babylonischen Prätendenten zur Zeit des Xerxes', *Bi. Or.* 29 (1962) 110–14
80. Borger, R. *Die Inschriften Asarhaddons Königs von Assyrien* (*AfO* Beih. 9). Graz, 1956
81. Brinkman, J. A. 'Cuneiform texts in the St. Louis Public Library', in Eichler, B. L., Heimerdinger, J. W. and Sjöberg, A. W. (eds.). *Kramer Anniversary Volume* (*Cuneiform Studies in Honor of Samuel Noah Kramer*) (Alter Orient und Altes Testament 25), 41–52. Kevelaer and Neukirchen-Vluyn, 1976
82. Brinkman, J. A. 'BM 36761, the Astronomical Diary for 331 B.C.', *NABU* 1987 No. 3, 34 sub 63
83. Cardascia, G. *Les archives des Murašû, une famille d'hommes d'affaires babyloniens à l'époque perse (455–403 av. J.-C.)*. Paris, 1951
84. Cardascia, G. 'Le fief dans la Babylonie achéménide', *Rec. Soc. Bodin* 1^2 (1958) 55–88

85. Cardascia, G. 'Ḫaṭru', *Reallexikon der Assyriologie* 4/2–3 (1973) 150–1
86. Cardascia, G. 'Armée et fiscalité dans la Babylonie achéménide', in *Actes du Colloque Armées et fiscalité dans le monde antique* (Colloques Nationaux du Centre National de la Recherche Scientifique 936), 1–11. Paris, 1977
87. Clay, A. T. *Business Documents of Murashû Sons of Nippur Dated in the Reign of Darius II (424–404 B.C.)* (BE 10). Philadelphia, 1904
88. Clay, A. T. 'Aramaic endorsements on the documents of the Murašû Sons', in Harper, R. F., Moore, G. F. and Brown, F. (eds.), *Old Testament and Semitic Studies in Memory of William Rainey Harper* 1, 287–321. Chicago, 1908
89. Clay, A. T. *Legal and Commercial Transactions Dated in the Assyrian, Neo-Babylonian and Persian Periods, Chiefly from Nippur* (BE 8/1). Philadelphia, 1908
90. Clay, A. T. *Business Documents of Murashû Sons of Nippur Dated in the Reign of Darius II* (University of Pennsylvania, The Museum, Publications of the Babylonian Section 2 No. 1). Philadelphia, 1912
91. Coogan, M. D. *West Semitic Personal Names in the Murašû Documents* (Harvard Semitic Monographs 7). Missoula, Montana, 1976
92. Dandamayev, M. A. 'Die Lehnsbeziehungen in Babylonien unter den ersten Achämeniden', in Wiessner, G. (ed.), *Festschrift für Wilhelm Eilers*, 37–42, Wiesbaden, 1967
93. Dandamayev, M. A. 'Achaemenid Babylonia' in Diakonoff, I. (ed.), *Ancient Mesopotamia*, 296–331. Moscow, 1969
94. Dandamayev, M. A. 'On the fiefs in Babylonia in the early Achaemenid period', in Koch, H. and Mackenzie, D. N. (eds.) *Kunst, Kultur und Geschichte der Achämenidenzeit und ihr Fortleben* (*AMI* Ergänzungsband 19), 57–9. 1983
95. Dandamayev, M. A. *Slavery in Babylonia from Nabopolassar to Alexander the Great (626–331 B.C.)*. Rev. edn., trans. V. A. Powell, ed. M. A. Powell and D. B. Weisberg. DeKalb, Illinois, 1984
96. Dandamayev, M. A. 'Šušan in the Murašû Documents', in De Mayer, L., Gasche, H. and Vallat, F. (eds.), *Fragmenta Historiae Elamicae (Mélanges offerts à M.-J. Stève*, 289–90. Paris, 1986
97. Donbaz, V. 'The question of the Murašû texts dated at Susa', *NABU* 1989 No. 4, 59 sub 1
98. Durand, J.-M. *Textes babyloniens d'époque récente*. Paris, 1981
99. Ephᶜal, I. 'The Western minorities in Babylonia in the 6th–5th centuries B.C.: maintenance and cohesion', *Orientalia* n.s. 47 (1978) 74–90
100. Evetts, B. T. A. *Inscriptions of the Reigns of Evil-Merodach, Neriglissar and Laborosoarchod* (Babylonische Texte, III Heft 6B). Leipzig, 1892
101. Figulla, H. H. *Business Documents of the New-Babylonian Period* (Ur Excavations, Texts 4). London, 1949
102. Gasche, H. Hermann, Warburton, D., *et al.* 'Abu Qubūr 1987–1988, Chantier F. La Résidence Achéménide', *Northern Akkad Project Reports* 4 (1989) 3–43
103. Geller, M. J. 'Babylonian astronomical diaries and corrections of Diodorus', *BSOAS* 53 (1990) 1–7

104. Gibson, McG. *The City and Area of Kish*. Coconut Grove, Florida, 1972
105. Grayson, A. K. *Assyrian and Babylonian Chronicles* (Texts from Cuneiform Sources, 5). Locust Valley, 1975
106. Grayson, A. K. *Babylonian Historical-Literary Texts* (Semitic Texts and Studies, 3). Toronto–Buffalo, 1975
107. Graziani, S. *I Testi Mesopotamici datati al Regno di Serse* (*Annali dell'Istituto Universitario Orientale, Napoli* 46 fasc. 2, Suppl. 47). Rome, 1986
108. Grotefend, G. 'Urkunden in babylonischer Keilschrift, erster Beitrag', *ZKM* 1 (1837) 212ff
109. Grotefend, G. 'Urkunden in babylonischer Keilschrift, zweiter Beitrag', *ZKM* 2 (1839) 177–85
110. Grotefend, G. 'Urkunden in babylonischer Keilschrift, vierter Beitrag', *ZKM* 4 (1842) 43–57
111. Haerinck, E. 'Le palais achéménide de Babylone', *Ir. Ant.* 10 (1973) 108–32
112. Hilprecht, H. V. and Clay, A. T. *Business Documents of the Murashû Sons of Nippur, Dated in the Reign of Artaxerxes I (464–424 B.C.)* (BE 9). Philadelphia, 1898
113. Hunger, H. *Babylonische und assyrische Kolophone* (Alter Orient und Altes Testament 2). Neukirchen–Vluyn, 1968
114. Hunger, H. *Spätbabylonische Texte aus Uruk, Teil I* (ADFU 9). Berlin, 1976
115. Jakob-Rost, L. and Freydank, H. 'Spätbabylonische Rechtsurkunden mit aramäischen Beischriften aus Babylon', *Forschungen und Berichte* 14 (1972) 7–35
116. Joannès, F. *Textes économiques de la Babylonie récente*. Paris, 1982
117. Joannès, F. 'Les archives d'une famille de notables babyloniens du VIIe au Ve siècle avant Jésus-Christ', *Journal des Savants* (Juillet-Décembre 1984) 135–50
118. Joannès, F. Review of F 140, *Bi. Or.* 45 (1988) 358–64
119. Joannès, F. *Archives de Borsippa, La famille Ea-ilûta-bâni, Etude d'un lot d'archives familiales en Babylonie du VIIIe au Ve siècle av. J-C.* (Ecole pratique des Hautes Etudes, IVe Section, Sciences historiques et philologiques, II: Hautes Etudes Orientales 25). Geneva and Paris, 1989
119A. Joannès, F. 'La titulature de Xerxès', *NABU* 1989 No. 2, 25 sub 37
120. Joannès, F. *Les tablettes néo-babyloniennes de la Bodleian Library conservées à l'Ashmolean Museum (Neo-Babylonian Tablets in the Ashmolean Museum)* (Oxford Editions of Cuneiform Texts 12). Oxford, 1990
121. Joannès, F. 'Pouvoirs locaux et organisations du territoire en Babylonie achéménide', *Transeuphratène* 3 (1990) 173–89
122. Joannès, F. 'Textes babyloniens de Suse d'époque achéménide', in Vallat, F. (ed.), *Contribution à l'histoire de l'Iran. Mélanges offerts à Jean Perrot*, 173–80. Paris, 1990
123. Joannès, F. 'Les archives de Ninurta-ahhê-bulliṭ' (Proceedings of the Rencontre Assyriologique International, Philadelphia, July 1988) (forthcoming).
124. Kennedy, D. A. *Late-Babylonian Economic Texts* (Cuneiform Texts from Babylonian Tablets in the British Museum 49). London, 1968

125. Kessler, K. 'Duplikate und Fragmente aus Uruk, Teil II', *Bagh. Mitt.* 15 (1984) 261–72
126. Klengel-Brandt, E. 'Siegelabrollungen aus dem Babylon der Spätzeit', *Oriens Antiquus* 8 (1969) 329–36
127. Krückmann, O. *Neubabylonische Rechts- und Verwaltungstexte* (Texte und Materialien der Frau Professor Hilprecht Collection of Babylonian Antiquities im Eigentum der Universität Jena 2/3). Leipzig, 1933
128. Kuhrt, A. 'Survey of written sources available for the history of Babylonia under the later Achaemenids (concentrating on the period from Artaxerxes II to Darius III)', in F 47, 147–57
129. Kuhrt, A. 'Achaemenid Babylonia: sources and problems', in F 52, 177–94
130. Kuhrt, A. 'The Achaemenid Empire: a Babylonian perspective', *PCPhS* 214 (n.s. 34) (1988) 60–76
131. Kuhrt, A. 'Alexander and Babylon', in F 49, 121–30
132. Kuhrt, A. and Sherwin-White, S. M. 'Xerxes' destruction of Babylonian temples', in F 51, 69–78
133. Legrain, L. *The Culture of the Babylonians from their Seals in the Collections of the Museum* (University of Pennsylvania, The Museum, Publications of the Babylonian Section 14). Philadelphia, 1925
134. Lenzen, H. J. *XVIII. vorläufiger Bericht über die von dem Deutschen Archäologischen Institut und der Deutschen Orient-Gesellschaft aus Mitteln der Deutschen Forschungsgemeinschaft unternommenen Ausgrabungen in Uruk-Warka, Winter 1959/69*. Berlin, 1962
134A. Luckenbill, D. *Ancient Records of Assyria and Babylonia* II. Chicago, 1927
135. Lutz, H. F. 'An agreement between a Babylonian feudal lord and his retainer in the reign of Darius II' (UCP 9 No. 3). 1928
136. McCown, D. E. *et al. Nippur,* I*: Temple of Enlil, Scribal Quarter, and Soundings* (OIP 78). Chicago, 1967. *Nippur,* II*: The North Temple and Sounding E* (OIP 97). Chicago, 1978
137. McEwan, G. J. P. *Priest and Temple in Hellenistic Babylonia* (Freiburger Altorientalische Studien 4). Wiesbaden, 1981
138. McEwan, G. J. P. *The Late Babylonian Tablets in the Royal Ontario Museum* (ROM CT 2). Toronto, 1982
139. McEwan, G. J. P. 'Late Babylonian Kish', *Iraq* 45 (1983) 117–23
140. McEwan, G. J. P. *Late Babylonian Texts in the Ashmolean Museum* (Oxford Editions of Cuneiform Texts 10). Oxford, 1984
141. Moore, E. W. *Neo-Babylonian Documents in the University of Michigan Collection*. Ann Arbor, 1939
142. Moorey, P. R. S. *Kish Excavations, 1923–1933*. Oxford, 1978
143. Nasgowitz, D. W. 'The rise of Aramean script in Mesopotamia and its environs', Unpublished M.A. thesis. Chicago, 1966
144. Neugebauer, O. 'The "Metonic Cycle" in Babylonian Astronomy', in Ashley Montagu, M. F. (ed.), *Studies and Essays in the History of Science and Learning Offered in Homage to George Sarton*, 435–48. New York, 1946
145. Neugebauer, O. 'Problems and methods in Babylonian mathematical astronomy. Henry Norris Russell Lecture, 1967', *Astronomical Journal* 72

(1967) 964–72
146. Oelsner, J. 'Ein Beitrag zu keilschriftlichen Königstitulaturen in hellenistischer Zeit', *ZA* 56 (1964) 262–74
147. Oelsner, J. Review of Kennedy 1968 (F 124), *ZA* 61 (1971) 159–70
148. Oelsner, J. 'Krisenerscheinungen im Achaimenidenreich im 5. und 4. Jahrhundert v.u.Z.', in C 83, II, 1041–73
149. Oelsner, J. 'Zwischen Xerxes und Alexander: babylonische Rechtsurkunden und Wirtschaftstexte aus der späten Achämenidenzeit', *We. Or.* 8 (1976) 310–18
150. Oelsner, J. 'Zur neu- und spätbabylonischen Siegelpraxis', in Hruška, B. and Komoróczy, G. (eds.), *Festschrift Lubor Matouš* (Assyriologia 5), II, 167–86. Budapest, 1978
151. Oelsner, J. 'Spätachämenidische Texte aus Nippur', *RA* 76 (1982) 94–5
152. Oelsner, J. Review of Hunger 1976 (F 114), *Orientalistische Literaturzeitung* 78 (1983) 246–50
153. Oelsner, J. *Materialien zur babylonischen Gesellschaft und Kultur in hellenistischer Zeit* (Az Eötvös Loránd Tudományegyetem Ókori Történeti, Assziriológiai és Egyiptológiai Tanszékeinek Kiadváyai 40, Assyriologia 7). Budapest, 1986
154. Oelsner, J. 'Aramäisches aus Babylon–Notizen am Rande', in *Der Vordere Orient in Antike und Mittelalter (Festgabe für H. Simon)*. (Berichte der Humboldt-Universität zu Berlin, Sektion Asienwissenschaften, Bereich Westasien 7. Jg. (1987), Heft 10), 38–46
155. Oelsner, J. 'Grundbesitz/Grundeigentum im achämenidischen und seleukidischen Babylonien', in Brentjes, B. (ed.), *Das Grundeigentum in Mesopotamien* (*Jahrbuch für Wirtschaftsgeschichte*, Sonderband), 117–34. Berlin, 1987
156. Oppenheim, A. L. 'The Babylonian evidence of Achaemenid rule in Mesopotamia', in F 25, 529–87
157. Oppenheim, A. L. (ed.) *The Assyrian Dictionary of the Oriental Institute of the University of Chicago*. Locust Valley, NY, 1956–
158. Oppert, J. and Ménant, J. *Documents juridiques de l'Assyrie et de la Chaldée*. Paris, 1877
159. Parker, R. A. and Dubberstein, W. H. *Babylonian Chronology 626 B.C.–A.D. 75* (Brown University Studies 19). Providence, 1956
160. Pinches, T. G. Untitled communication, *PSBA* 5 (1883) 103–7
161. Pinches, T. G. *Miscellaneous Texts* (Cuneiform Texts from Babylonian Tablets in the British Museum 44). London, 1963
162. Pinches, T. G., Strassmaier, J. N., Sachs, A. and Schaumberger, J. *Late Babylonian Astronomical and Related Texts* (Brown University Studies 18). Providence, 1955
163. Pingree, D. 'Mesopotamian astronomy and astral omens in other civilizations', in Nissen, H.-J. and Renger, J. (eds.), *Mesopotamien und seine Nachbarn, Politische und kulturelle Wechselbeziehungen im alten Vorderasien vom 4. bis 1. Jahrtausend v. Chr.* (Berliner Beiträge zum Vorderen Orient, 1), II, 613–31. Berlin, 1982

164. Reuther, O. *Die Innenstadt von Babylon (Merkes) (Ausgrabungen der Deutschen Orient-Gesellschaft in Babylon* 3) (WVDOG 47). Berlin, 1926
165. Ries, G. *Die neubabylonischen Bodenpachtformulare* (Münchener Universitätschriften, Juristische Fakultät, Abhandlungen zur rechtswissenschaftlichen Grundlagenforschung 16). Berlin, 1976
166. Rochberg-Halton, F. 'New evidence for the history of astrology', *JNES* 43 (1984) 115–40
167. Rochberg-Halton, F. 'Babylonian horoscopes and their sources', *Orientalia* n.s. 58 (1989) 102–23
168. Sachs, A. 'A classification of the Babylonian astronomical tablets of the Seleucid period', *JCS* 2 (1948) 271–90
169. Sachs, A. 'Babylonian horoscopes', *JCS* 6 (1952) 49–75
170. Sachs, A. 'Babylonian observational astronomy', in Hodson, F. R. (ed.), *The Place of Astronomy in the Ancient World*, (Philosophical Transactions of the Royal Society of London, A 276), 43–50. 1974
171. Sachs, A. 'Achaemenid royal names in Babylonian astronomical texts', *AJAH* 2 (1977) 129–47
172. Sachs, A. J. and Hunger, H. *Astronomical Diaries and Related Texts from Babylonia, 1 = Diaries from 652 B.C. to 262 B.C.* (Österreichische Akademie der Wissenschaften, Ph.-Hist. Kl., Denkschriften 195). Vienna, 1988
173. Sarkisian, G. Kh. 'New cuneiform texts from Uruk of the Seleucid period in the Staatliche Museen zu Berlin', *Forschungen und Berichte* 16 (1974) 15–76
174. Sayce, A. H. 'Babylonian contract-tablet belonging to the Imperial Academy of Sciences at St. Petersburg', *ZA* 5 (1890) 276–80
175. Stolper, M. W. 'Three Iranian loanwords in late Babylonian texts', in Levine, L. D. and Young, T. Cuyler Jr. (eds.), *Mountains and Lowlands: Essays in the Archaeology of Greater Mesopotamia* (Bibliotheca Mesopotamica 7), 251–66. Malibu, 1977
176. Stolper, M. W. 'The Neo-Babylonian Text from the Persepolis Fortification', *JNES* 43 (1984) 299–310
177. Stolper, M. W. *Entrepreneurs and Empire: the Murašû Archive, the Murašû Firm, and Persian Rule in Babylonia* (Uitgaven van het Nederlands Instituut voor het Nabije Oosten 54). Leiden, 1985
178. Stolper, M. W. 'Bēlšunu the Satrap', in Rochberg-Halton, F. (ed.) *Language, Literature, and History (Assyriological and Historical Studies in Honor of Erica Reiner)* (American Oriental Series 67), 389–402. New Haven, 1987
179. Stolper, M. W. 'The *šaknu* of Nippur', *JCS* 40 (1988) 127–55
180. Stolper, M. W. 'Registration and taxation of slave sales in Achaemenid Babylonia', *ZA* 79 (1989) 80–101
181. Stolper, M. W. 'The governor of Babylon and Across-the-River in 486 B.C.', *JNES* 48 (1989) 283–305
182. Stolper, M. W. 'Late Achaemenid legal texts from Uruk and Larsa', *Bagh. Mitt.* 21 (1990) 559–622
183. Stolper, M. W. 'The Kasr Archive', in F 52, 195–205

184. Stolper, M. W. 'A property in Bit Paniya', *RA* 85 (1991) 49–62
185. Stolper, M. W. 'Tobits in reverse: more Babylonians at Ecbatana', *AMI* NF 23 (1990) 161–76
186. Stolper, M. W. 'The Murašû texts written at Susa', *RA* 86 (1992) 69–77
187. Stolper, M. W. 'Late Achaemenid texts from Dilbat'. *Iraq* 54 (1992) 119–39
188. Stolper, M. W. 'The estate of Mardonius'. *Aula Orientalis* 10 (1992)
189. Strassmaier, J. N. 'Einige kleinere babylonische Keilschrifttexte aus dem Britischen Museum', *Actes du 8e Congrès International des Orientalistes, tenu en 1889* . . . , Part 2, Section I B, 281–3 and plates 1–35. Leiden, 1892–3
190. Strassmaier, J. N. *Inschriften von Darius, König von Babylon* . . . (*Babylonische Texte* 10–12). Leipzig, 1897
191. Thureau-Dangin, F. *Tablettes d'Uruk à l'usage des prêtres du temple d'Anu au temps des Seleucides* (Musée du Louvre, Département des Antiquités Orientales, Textes cunéiformes, 6). Paris, 1922
192. Unger, E. *Babylon, die heilige Stadt nach der Beschreibung der Babylonier*. Berlin and Leipzig, 1931
193. Ungnad, A. *Neubabylonische Contrakte* (Vorderasiatische Schriftdenkmäler der Königlichen Museen zu Berlin 3–6). Leipzig, 1907–8
194. Vallat, F. 'Le palais d'Artaxerxes II à Babylone', *Northern Akkad Project Reports* 2 (1989) 3–6
195. Van Dijk, J. 'Die Inschriftenfunde', in F 134, 39–62
196. Van Dijk, J. J. and Mayer, W. R. *Texte aus dem Rēš-Heiligtum in Uruk-Warka* (*Bagh. Mitt.* Beiheft 2). Berlin, 1980
197. Van Driel, G. 'Continuity or decay in the late Achaemenid period: evidence from southern Mesopotamia', in F 47, 159–81
198. Van Driel, G. 'Neo-Babylonian texts from the Louvre', *Bi. Or.* 43 (1986) 5–20
199. Van Driel, G. 'Neo-Babylonian agriculture', *Bulletin on Sumerian Agriculture* 4 (1988) 121–59
200. Van Driel, G. 'The Murašûs in context', *Journal of the Economic and Social History of the Orient* 32 (1989) 203–29
201. Van Driel, G. 'Neo-Babylonian agriculture, III. Cultivation', in *Irrigation and Cultivation in Mesopotamia*, II (*Bulletin on Sumerian Agriculture* 5, 1990) 219–66
202. Vattioni, F. 'Epigrafia Aramaica', *Augustinianum* 10 (1970) 493–532
203. von Weiher, E. *Spätbabylonische Texte aus Uruk, 2* (*ADFU* 10). 1983
204. Walker, C. B. F. and Collon, D. 'Hormuzd Rassam's excavations for the British Museum at Sippar in 1881–1882', in De Meyer (ed.) *Tell ed-Dēr*, III: *Sounding at Abū-Ḥabbah (Sippar)*, 93–114, Leuven, 1980
205. Wetzel, F. *et al. Das Babylon der Spätzeit* (WVDOG 62). Berlin, 1957
206. Wiseman, D. J. Review of F 106, *BSOAS* 40 (1977) 373–5
207. Wiseman, D. J. *Nebuchadrezzar and Babylon* (The Schweich Lectures 1983). Oxford, 1985
208. Woolley, C. L. and Mallowan, M. E. L. *Ur Excavations* IX: *The Neo-Babylonian and Persian Periods*. London, 1962

209. Zadok, R. Review of F 35, *Bi. Or.* 33 (1976) 213–19
210. Zadok, R. *The Jews in Babylonia in the Chaldean and Achaemenian Periods in the Light of the Babylonian Sources*. Tel-Aviv, 1976 (In Hebrew). English translation: *The Jews in Babylonia during the Chaldaean and Achaemenian Periods according to the Babylonian Sources* (Studies in the History of the Jewish People and the Land of Israel 3). Haifa, 1979.
211. Zadok, R. 'Iranians and individuals bearing Iranian names in Achaemenian Babylonia', *IOS* 7 (1977) 89–138
212. Zadok, R. *On West Semites in Babylonia during the Chaldean and Achaemenian Periods*. Jerusalem, 1977
213. Zadok, R. 'Phoenicians, Philistines, and Moabites in Mesopotamia', *BASOR* 230 (1978) 57–65
214. Zadok, R. 'The Nippur region during the Late Assyrian, Chaldaean and Achaemenian periods, chiefly according to written sources', *IOS* 8 (1978) 266–332
215. Zadok, R. 'Arabians in Mesopotamia during the Late-Assyrian, Chaldean, Achaemenian and Hellenistic periods, chiefly according to the Cuneiform sources', *ZDMG* 131 (1981) 42–84
216. Zadok, R. 'Iranian and Babylonian notes', *AfO* 28 (1981–2) 135–9
217. Zadok, R. 'New documents from the Chaldean and Achaemenian periods', *Orientalia Lovaniensia Periodica* 15 (1984) 65–75
217A. Zadok, R. 'Archives from Nippur in the first millennium B.C.', in Veenhof, K. R. (ed.), *Cuneiform Archives and Libraries* (Papers read at the 30e Rencontre Assyriologique Internationale, Leiden, 4–8 July, 1983), 278–88. Leiden, 1986
218. Zettler, R. 'On the chronological range of Neo-Babylonian and Achaemenid seals', *JNES* 38 (1979) 257–70

Ⅲ.叙利亚、腓尼基和塞浦路斯

219. Ap-Thomas, D. R. 'The Phoenicians', in Wiseman, D. J. (ed.), *Peoples of the Old Testament*, 259–86. Oxford, 1973
220. Assmann, J. C. 'Zur Baugeschichte der Königsgruft von Sidon', *Arch. Anz.* 1963, 690–716
221. Barag, D. *The effects of the Tennes revolution on Palestine*, *BASOR* 183 (1966) 6–12.
222. Barns, J. 'Cimon and the first Athenian expedition to Cyprus', *Historia* 2 (1953/4) 163–76
223. Betlyon, J. W. *The Coinage and Mints of Phoenicia: The Pre-Alexandrine Period* (Harvard Semitic Monographs, no. 26). Chicago, 1982
224. Bondi, I. F. 'Istituzioni e politica a Sidone dal 351 al 332 av. Cr.', R. *Stud. Fen.* 2 (1974) 149–60
225. Bosworth, A. B. 'The government of Syria under Alexander the Great', *CQ* n.s. 24 (1974) 46–64
226. Bunnens, G. *L'expansion phénicienne en Méditerranée*. Paris, 1979

227. Caubet, A. *Les sanctuaires de Kition à l'époque de la dynastie phénicienne*, *Studia Phoenicia* IV (1986) 153–68
228. Chaumont, M. L. 'Chypre dans l'empire perse achéménide' *Πρακτικὰ τοῦ Πρώτου Διεθνοῦς Κυπριολογικοῦ Ζευνεδρίου* I, 179–89. Nicosia, 1972
229. Collombier, A. M., 'Céramique grecque et échanges en Méditerranée orientale', *Studia Phoenicia* V (1987) 239–48
230. Contenau, G. *La civilisation phénicienne*. 2nd edn. Paris, 1949
231. Costa, E. A. Jr. 'Euagoras I and the Persians, ca. 411 to 391 B.C.', *Historia* 23 (1974) 40–56
232. Destrooper–Georgiades, A. 'La Phénicie et Chypre à l'époque achéménide. Témoignages numismatiques', *Studia Phoenicia* V (1987) 337–55
233. Dunand, M. 'Les sculptures de la favissa du temple d'Amrit', *Bull. Mus. Beyrouth* 7 (1944/45) 99–107; 8 (1946/48) 81–107
234. Dunand, M. *Fouilles de Byblos II*. Paris, 1954–8
235. Dunand, M. *Byblos. Son histoire, ses ruines, ses légendes*. Beirut, 1965
236. Dunand, M., 'La défense du front méditerranéen de l'empire achéménide' in Ward, W.A. (ed.) *The Role of the Phoenicians in the Interaction of Mediterranean Civilizations*, 45–9. Beirut, 1968
237. Dunand, M. 'L'architecture à Byblos au temps des Achéménides', *Bull. Mus. Beyrouth* 22 (1969), 93–9
238. Dunand, M. 'Byblos, Sidon, Jerusalem. Monuments apparentés des temps Achéménides', *VT* Suppl. XVII (1969) 64–70
239. Dunand, M. 'Le temple d'Echmoun à Sidon. Essai de chronologie', *Bull. Mus. Beyrouth* 26 (1973) 7–25
240. Dunand, M. 'Les rois de Sidon aux temps des Perses', *Mélanges de l'Université Saint-Joseph Beyrouth* 49 (1975–6) 489–99
241. Dunand, M. and Saliby, N. *Le temple d'Amrith dans la pérée d'Aradus*. Paris, 1985
242. Elayi, J. 'L'essor de la Phénicie et le passage de la domination assyro-babylonienne à la domination perse', *Bagh. Mitt.* 9 (1978) 33–6
243. Elayi, J. 'The Phoenician cities in the Persian period', *Journal of the Ancient Near Eastern Society of Columbia University* 12 (1980) 13–38
244. Elayi, J. 'La révolte des esclaves de Tyr relatée par Justin', *Bagh. Mitt.* 12 (1981) 139–50
245. Elayi, J. 'Studies in Phoenician geography during the Persian period', *JNES* 41 (1982) 83–110
246. Elayi, J. 'L'importation de vases attiques en Phénicie à l'époque perse', in G 4, 227ff.
247. Elayi, J. *Sidon, cité autonome de l'empire perse*. 2nd edn. Paris, 1990
248. Fleischer, R. *Der Klagefrauen Sarkophag aus Sidon* (Ist. Forschungen 34). Tübingen, 1983
249. Gabelmann, H. 'Zur Chronologie der Königsnekropole von Sidon', *Arch. Anz.* 1979, 163–77
250. Gabelmann, H. 'Die Inhaber des Lykischen und des Satrapensarkophags', *Arch. Anz.* 1982, 493–5

251. Galling, K. 'Eshmunazar und der Herr der Könige', *ZDPV* 79 (1963) 140–51
252. Ganzmann, L., Van der Meijden, H. and Stucky, R. A. 'Das Eschmunheiligtum von Sidon', *Ist. Mitt.* 37 (1987) 81–130
253. Gesche, H. 'Nikokles von Paphos und Nikokreon von Salamis', *Chiron* 4 (1974) 103–25
254. Gjerstad, E. 'Further remarks on the Palace of Vouni', *AJA* 37 (1933) 589–98, 658–9
255. Gjerstad, E. 'Four kings', *Opusc. Archaeol.* 4 (1946) 21–4
256. Gjerstad, E. 'The Cypro-Classical period', in *The Swedish Cyprus Expedition* IV 2, 479–507. Stockholm, 1948
257. Gjerstad, E. 'The Phoenician colonization and expansion in Cyprus', *RDAC* (1979) 230–4
258. Glueck, N. 'Tell-el-Kheleifeh inscriptions', in Goedicke, H. (ed.), *Near Eastern Studies in Honor of F. W. Albright*, 225–42. Baltimore, 1971
259. Grass, M., Rouillard, P. and Teixidor, J. *L'univers phénicien.* Paris, 1989
260. Hackens, T. (ed.) *Phoenician and Punic Numismatics and Economic History.* Louvain, 1988
261. Hadjikyriakou, K. '*Ἡ ἀρχαῖα Κύπρος εἰς τὰς Ἑλληνικὰς πηγάς*', I–IV. Nicosia, 1971–80
262. Hadjisavvas, S. 'Greek and Phoenician influences on Cyprus as evidenced in the necropolis of Kition', *Acts of the International Symposium 'Cyprus between the Orient and the Occident'*, 361–8. Nicosia, 1986
263. Harden, D. *The Phoenicians.* 2nd edn. London, 1980
264. Hauben, H. 'The king of the Sidonians and the Persian imperial fleet', *Anc. Soc.* 1 (1970) 1–8
265. Hermary, A. 'Amathonte de Chypre et les Phéniciens', *Studia Phoenicia* V (1987) 375–88
266. Hermary, A. 'Témoignage des documents figurés sur la société chypriote d'époque classique', in F 312, 180–96
267. Hill, G. F. *A History of Cyprus* I. Cambridge, 1949
268. Huss, W. 'Der "König der Könige" oder der "Herr der Könige"', *ZDPV* 93 (1977) 131–40
269. Jidejian, N. *Byblos through the Ages.* Beirut, 1968
270. Jidejian, N. *Tyre through the Ages.* Beirut, 1969
271. Jidejian, N. *Sidon through the Ages.* Beirut, 1971
272. Kahrstedt, U. *Syrische Territorien in hellenistischer Zeit.* Berlin, 1926
273. Karageorghis, V. *Salamis in Cyprus. Homeric, Hellenistic and Roman.* London, 1969
274. Karageorghis, V. *Excavations in the Necropolis of Salamis II.* Nicosia, 1970
275. Karageorghis, V. *Kition. Mycenean and Phoenician Discoveries in Cyprus.* London, 1976
276. Karageorghis, V. *Cyprus. From the Stone Age to the Romans.* London, 1982
277. Karageorghis, V., and Guzo Amadasi, G. 'Un iscrizione fenicia da Cipro', *Riv. Stud. Fen.* 1 (1973) 129–35
278. Katzenstein, H. J. *The History of Tyre.* Jerusalem, 1973
279. Katzenstein, H. J. 'Tyre in the early Persian period', *Bi Ar.* 42 (1979) 23–34

280. Kukahn, R. *Anthropoide Sarkophage in Beyrouth und die Geschichte dieser sidonischen Sarkophagkunst*. 1955
281. Kyrris, C. P. *History of Cyprus*. Nicosia, 1985
282. Leuze, O. *Die Satrapieneinteilung in Syrien und im Zweistromland von 520–320* (Schriften der Königsberger Gelehrten Gesellschaft; Geisteswiss. Kl. 11). 1935
283. Lézine, A. *Architecture punique*. Paris, 1961
284. Lipinski, E. 'La Carthage de Chypre', *Studia Phoenicia* II 209–34 (1983)
285. Maier, F. G. 'Factoids in ancient history', *JHS* 105 (1985) 32–9
286. Maier, F. G. 'Palaces of Cypriot kings', in *Cyprus and the Mediterranean in the Iron Age*, 16–27. London, 1989
287. Maier, F. G. 'Priest kings in Cyprus', in F 312, 376–91
288. Maier, F. G. and Karageorghis, V. *Paphos*. Athens, 1984
289. Maier, F. G. and von Wartburg, M.-L. 'Reconstructing history from the earth, c. 2800 B.C.–1600 A.D.: Excavating at Palaepaphos, 1966–1985' in *Archaeology in Cyprus 1960–1985*, 142–72. Nicosia, 1985
290. Masson, O. 'Cultes indigènes, cultes grecs et cultes orientaux à Chypre', in *Eléments orientaux dans la religion grecque ancienne*, 129–42. Paris, 1960
291. Masson, O. 'Une nouvelle inscription de Paphos concernant le roi Nikokles', *Kadmos* 19 (1980) 65–80
292. Masson, O. *Les inscriptions chypriotes syllabiques*. Paris, 1961, 2nd edn, 1983
293. Masson, O., and Mitford, T. B. 'Les inscriptions syllabiques de Kouklia-Paphos' in *Ausgrabungen in Altpaphos auf Cypern* 4 (Konstanz, 1986)
294. Masson, O. and Sznycer, M. *Recherches sur les Phéniciens à Chypre*. Geneva–Paris, 1972
295. May, J. M. F. 'The Alexander coinage of Nikokles of Paphos', *Num. Chron.* (1952) 1–18
296. Mazza, F., Ribichini, S. and Xella, P. *Fonti classiche per la civiltà fenicia e punica I: Fonti letterarie greche dalle origini alla fine dell'età classica*. Rome, 1988
297. Michaelidou-Nicolaou, I. 'Repercussions of the Phoenician presence in Cyprus', *Studia Phoenicia* V (1987) 331–8
298. Mildenberg, L. *Baana*. 'Preliminary studies of the local coinage in the Fifth Persian Satrapy: Part 2', *Eretz-Israel* 19 (1987) 28–35
299. Mildenberg, L. 'Gaza mint authorities in Persian times', *Transeuphratène* 2 (1990) 137–46
300. Mitford, T. B. 'Nikokles King of Paphos', in W. M. Calder and J. Keil (eds.), *Anatolian Studies presented to W. H. Buckler*, 197–9. London, 1939
301. Mitford, T. B. 'The character of Ptolemaic rule in Cyprus', *Aegyptus* 33 (1953) 80–90
302. Mitford, T. B. and Masson, O. 'The Cypriot Syllabary', *CAH* III^2 3, 71–82
303. Moscati, S. *Il mondo dei Fenici*, new edn. Milan, 1979
304. Moscati, S. (ed.) *The Phoenicians*. Milan, 1988
305. Moysey, R. 'The date of the Strato of Sidon decree (IG ii^2 141)', *AJAH* I (1976) 182–9

306. Mullen, E. T. J., Jr. 'A new Royal Sidonian inscription', *BASOR* 216 (1974) 25–30
307. Müller, V. 'The palace of Vouni in Cyprus', *AJA* 36 (1932) 408–17; 'A reply', *AJA* 37 (1933) 599–601
308. Nicolaou, K. *The Historical Topography of Kition*. Göteborg, 1976
309. Parker, S. T. 'The objectives and strategy of Cimon's expeditions to Cyprus', *AJP* 97 (1976) 30–8
310. Parrot, A., Chebab, M. H. and Moscati, S. *Die Phönizier*. Munich, 1977
311. Peckham, J. B. *The Development of the Late Phoenician Scripts*. Cambridge MA, 1968
312. Peltenburg, E. (ed.) *Early Society in Cyprus*. Edinburgh, 1989
313. Petit, T. 'Présence et influences perses à Chypre', in F 53, 161–78
314. Pouilloux, J. 'Athènes et Salamine de Chypre', *RDAC* (1975) 111–21
315. Pouilloux, J. 'L'hellénisme à Salamine de Chypre', *BCH* 100 (1976) 449–60
316. Pouilloux, J. 'La rencontre de l'hellénisme et de l'orient à Chypre entre 1200 and 300 av. J.-C.', in *Assimilation et resistance à la culture gréco-romaine dans le monde ancien*, 449–60. Paris, 1976
317. Pritchard, J. B. *The Ancient Near East in Pictures Relating to the Old Testament*. Princeton, 1954
318. Pritchard, J. B. *Recovering Sarepta, a Phoenician City*. Princeton, 1978
319. Rey-Coquais, J. P. *Arados et sa pérée aux époques grecque, romaine et byzantine*. Paris, 1974
320. Robinson, E. S. G. 'Greek coins acquired by the British Museum 1938–1948, I' (with Appendix: 'Kings of Lapethos'), *Num. Chron.* (1948), 43–65
321. *Salamine de Chypre IV*: Anthologie Salaminienne. Paris, 1973
322. *Salamine de Chypre VIII*. Jehasse, L. *La Céramique à vernis noir du rampart méridional*. Paris 1978
323. *Salamine de Chypre* X. Chavane, M. J. and Yon, M. *Testimonia Salaminia I*. Paris, 1978. See also *Salamine de Chypre XIII*. Pouilloux, J. Roesch, P., and Marceillet-Jaubert, J. *Testimonia Salaminia 2*. Paris, 1987
324. *Salamine de Chypre. Etat des Recherches* (Colloques Internationaux du CNRS, No. 578, 1978). Paris, 1980
325. Salles, J.-F., 'Les égouts de ville classique', in *Kition-Bamboula II* (Lund, 1983), 54–8
326. Schäfer, J. *Ein Perserbau in Alt-Paphos?* (Opusc. Athen. 3), 155–75. 1960
327. Schwabacher, W. *The coins of the Vouni treasure* (Opusc. Archaeol. 4), 25–46. 1946
328. Schwabacher, W. 'Contributions to Greek Numismatics from Stockholm', *Nordisk Numismatisk Årsskrift* 1947, 78–108
329. Seibert, J. 'Zur Bevölkerungsstruktur Cyperns', *AncSoc* 7 (1976) 1–28
330. Sordi, M. 'La vittoria dell'Eurimedonte e le due spedizioni di Cimone a Cipro', *Riv. stor. ant.* 1 (1971) 33–48
331. Spyridakis, K. *Euagoras I. von Salamis*. Stuttgart, 1935
332. Spyridakis, K. '*Μικραὶ συμβολαὶ εἰς τὴν ἱστορίαν τῆς ἑλληνιστικῆς*

Κύπρου. (A) *Νικοκλῆς ὁ Πάφιος*', *Κυπρ. Σπουδαί* 3 (1939) 1–11
333. Spyridakis, K. '*Μικραὶ συμβολαὶ εἰς τὴν ἱστορίαν τῆς ἑλληνιστικῆς Κύπρου*. (B) *Νικοκρέων ὁ Σαλαμίνιος* (331–311 π.χρ.)', *Κυπρ. Σπουδαί* 6 (1942) 71–82
334. Spyridakis, K. *Κυπριοὶ Βασιλεῖς*. Nicosia, 1963
335. Stucky, R.A. *Ras Shamra, Leukos Limen (Mission Archéologique de Ras Shamra* I). Paris, 1983
336. Stucky, R. A. *Tribune d'Echmoun. Ein griechischer Reliefzyklus des 4. Jahrhunderts v.Chr in Sidon*. Basel, 1984
337. *Studia Phoenicia* IV: *Religio Phoenicia*. Namur, 1986
338. *Studia Phoenicia* V: *Phoenicia and the Eastern Mediterranean in the First Millennium* B.C. Leuven, 1987
339. Stylianou, P. 'The age of the kingdoms. A political history of Cyprus in the Archaic and Classical periods', *Μελεταὶ καὶ Ὑπομνήματα* 2 (1989) 1–156
340. *The Swedish Cyprus Expedition* II–IV (2). Stockholm, 1935–48
341. Swoboda, H. 'Euagoras', *RE* 6 (1907) 820–8
342. Sznycer, M. 'Phéniciens et Puniques' in Bonnefoy, Y. (ed.), *Dictionnaire des mythologies et des religions des sociétés traditionelles et du monde antique* Paris, 1981
343. Tatton-Brown, V. 'The Classical period', in D. Hunt (ed.), *Footprints in Cyprus*, 84–97. Rev. edn. London, 1990
344. Teixidor, J. 'Les fonctions de Rab et de Suffète en Phénicie', *Semitica* 29 (1979) 9–17
345. Teixidor, J. 'L'assemblée législative en Phénicie d'après les inscriptions', *Syria* 56 (1980) 453–64
346. *Transeuphratène: Etudes sur la Syrie-Palestine et Chypre à l'époque Perse*, 1–4. Paris, 1989–1991
347. van Berchem, D. 'Le cadre historique' in *Chypre des origines au moyen-âge* (Geneva, 1975) 51–77
348. Vermeule, C. C. *Greek and Roman Cyprus*. 1976
349. Yon, M. *Salamine de Chypre* V. Paris, 1974
350. Yon, M. 'Cultes phéniciens à Chypre. L'interpretation chypriote', *Studia Phoenicia* IV (1986) 127–52
351. Yon, M. 'Le royaume de Kition. I. Epoque archaique', *Studia Phoenicia* V (1987), 357–74
352. Yon, M. 'Sur l'administration de Kition à l'époque classique', in F 312, 363–75
353. Yon, M. 'Le royaume de Kition. II. Epoque classique', *Studia Phoenicia* IX, 243–59. 1992

Ⅳ.犹大

354. Alt, A. 'Die Rolle Samarias bei der Entstehung des Judentums', in *Festschrift Otto Proksch* (Leipzig, 1934), 5–28 = *Kleine Schriften zur Geschichte des Volkes Israel* (Munich, 1953–59) II 316–37

355. Avigad, N. *Bullae and Seals from a Post Exilic Judean Archive* (Qedem IV). Jerusalem, 1976

356. Barag, D. 'A silver coin of Yohanan the High Priest', *Bi. Ar.* 48 (1985) 166–9

356A. Barag, D. 'A silver coin of Yohanan the High Priest and the coinage of Judaea in the fourth century B.C.', *Israel Numismatic Journal* 9 (1986–87) 4–21 and Pl. 1

357. Barton, J. *Oracles of God: Perceptions of Ancient Prophecy in Israel After the Exile*. London, 1986

358. Beckwith, R. *The Old Testament Canon of the New Testament Church and its Background in Early Judaism*. London, 1985

359. Berger, P. R. 'Zu den Namen ššbṣr und šn'ṣr', *ZAW* 83 (1971) 98–100

360. Bewer, J. A. 'Josephus' account of Nehemiah', *JBL* 43 (1924) 224–6

361. Bickerman, E. *Four Strange Books of the Bible*. New York, 1967

362. Bickerman, E. J. 'The generation of Ezra and Nehemiah', *Proceedings of the American Academy for Jewish Research* 45 (1978), 1–28 (= *Studies in Jewish and Christian History* III (Leiden, 1986), 299–326)

363. Bickerman, E. J. 'En marge de l'Ecriture I. Le comput des années de règne des Achéménides (Néh., i, 2; ii, 1 et Thuc., viii, 58)', *RB* 88 (1981) 19–23 (= *Studies in Jewish and Christian History* III (Leiden, 1986), 327–36)

364. Bickerman, E. *The Jews in the Greek Age*. Cambridge MA–London, 1988

365. Blenkinsopp, J. *Ezra–Nehemiah*. London, 1989

366. Bright, J. 'The date of Ezra's mission to Jerusalem', in M. Haran (ed.), *Yehezkiel Kaufmann Jubilee Volume*, 70–87. Jerusalem, 1960

367. Bright, J. *A History of Israel*. 3rd edn. Philadelphia–London, 1981

368. Bruneau, P. '"Les Israélites de Délos" et la juiverie délienne', *BCH* 106 (1982) 465–504

369. Clines, D. J. A. 'Nehemiah 10 as an example of early Jewish biblical exegesis', *JSOT* 21 (1981) 111–17

370. Cross, F. M., Jr. 'Papyri of the fourth century B.C. from Daliyeh', in Freedman, D. N. and Greenfield, J. C. (eds.), *New Directions in Biblical Archaeology*, 45–69. Garden City, NY, 1969

371. Cross, F. M., Jr. 'A reconstruction of the Judean restoration', *JBL* 94 (1975) 4–18 (*Interpretation* 29 (1975) 187–203)

371A. Cross, F. M., Jr. 'Samaria papyrus 1: an Aramaic slave conveyance of 345 B.C.E. found in the Wâdi ed-Dâliyeh'. *Eretz Israel* 18 (1985) 7–17

371B. Cross, F. M., Jr. 'A report on the Samaria Papyri', *VTSupp.* 40 (1988) 17–26

372. Davies, W. D. and Finkelstein, L. (eds.) *The Cambridge History of Judaism* I. Cambridge, 1984

373. Eilers, W. 'Kleinasiatisches', *ZDMG* 94 (1940) 189–233

374. Emerton, J. A. 'Did Ezra go to Jerusalem in 428 B.C.?', *JTS* 17 (1966) 1–19

375. Goodman, M. 'Sacred scripture and "Defiling the Hands"', *JTS* 41 (1990) 99–107

376. Japhet, S. 'The supposed common authorship of Chronicles and Ezra–Nehemiah investigated anew', *VT* 18 (1968) 330–71

377. Japhet, S. 'Sheshbazzar and Zerubbabel', *ZAW* 94 (1982) 66–98, 95 (1983) 218–29
378. Japhet, S. 'People and land in the Restoration Period', in G. Strecker (ed.), *Das Land Israel in biblischer Zeit*, 103–23. Göttingen, 1983
379. Japhet, S. *The Ideology of the Book of Chronicles and its Place in Biblical Thought* (Beiträge zur Erforschung des Alten Testaments und des antiken Judentums Bd. 9). Frankfurt am Main, 1989
380. Kellermann, U. *Nehemia: Quellen, Überlieferung und Geschichte* (Beihefte zu *ZAW* 102). Berlin, 1967
381. Kreisig, H. *Die sozialökonomische Situation in Juda zur Achämenidenzeit* (Schriften zur Geschichte und Kultur des alten Orients 7). Berlin, 1973
382. Lods, A. 'Les origines de la figure de Satan; ses fonctions à la cour céleste', in *Mélanges syriens offerts à R. Dussaud* II 649–60. Paris, 1939
383. Mazar, B. 'The Tobiads', *IEJ* 7 (1957) 137–45, 229–38
384. Meshorer, Y. and Qedar, S. *The Coinage of Samaria in the Fourth Century B.C.E.* Beverly Hills, CA, 1991
384A. Meyers C. L. and Meyers E. M., *Haggai, Zechariah 1–7* (Anchor Bible). Garden City, NY, 1987
385. Naveh, J. 'Hebrew texts in the Aramaic script in the Persian period?' *BASOR* 203 (1971) 27–32
386. Naveh, J. and Greenfield, J. C. 'Hebrew and Aramaic in the Persian period' in F 372, 115–29
387. Pope, M. H. *The Song of Songs* (Anchor Bible). New York, 1977
388. Purvis, D. J. *The Samaritan Pentateuch and the Origins of the Samaritan Sect.* Cambridge, MA, 1968
389. Rahmani, L. Y. 'Silver coins of the fourth century B.C. from Tel Gamma', *IEJ* 21 (1971) 158–60
390. Rowley, H. H. *The Servant of the Lord and other Essays on the Old Testament.* London, 1952
391. Rowley, H. H. *Men of God.* London, 1963
392. Saley, R. J. 'The date of Nehemiah reconsidered', in Tuttle, G. A. (ed.), *Biblical and Near Eastern Studies. Essays in Honor of William Sanford LaSor*, 151–65. Grand Rapids, 1978
393. Schaeder, H. *Ezra der Schreiber* (*Beiträge zu historischen Theologie* 5). Tübingen, 1930
394. Schürer, E. *The History of the Jewish People in the Age of Jesus Christ*, revised by G. Vermes, F. Millar and M. Black. Edinburgh, 1973–87
395. Smith, Morton. 'Jewish religious life in the Persian period', in F 372, 219–78
396. Smith, Morton. *Palestinian Parties and Politics that Shaped the Old Testament*, second corrected edition. London, 1987
397. Stern, E. *The Material Culture of the Land of the Bible in the Persian Period 538–332 B.C.* Warminster, 1982
398. Stern, E. 'The archaeology of Persian Palestine', in F 372, 88–114
398A. Tadmor, H. (ed.) *The Restoration – The Persian Period.* Jerusalem, 1983 (In Hebrew)
399. Williamson, H. G. M. *Israel in the Books of Chronicles.* Cambridge, 1977

400. Williamson, H. G. M. *Ezra and Nehemiah* (Word Biblical Commentary 16). Waco, 1985
401. Yamauchi, E. M. 'Was Nehemiah the cupbearer a eunuch?', *ZAW* 92 (1980) 132–42

V.埃及

402. Aldred, C. *Egyptian Art*. London, 1980
403. Allam, S. 'Quelques aspects du mariage dans l'Egypte ancienne', *JEA* 67 (1981) 116–35
404. Badawy, A. M. 'The approach to the Egyptian temple in the Late and Graeco–Roman periods', *ZÄS* 102 (1975) 79–90
405. Bagnall, R. S. 'The date of the foundation of Alexandria', *AJAH* 4 (1979) 46–9
406. Baines, J. 'Literacy and Ancient Egyptian society', *Man* n.s. 18 (1983) 572–99
407. Baines, J. and Eyre, C. J. 'Four notes on literacy', *GM* 61 (1983) 65–96
408. Barguet, P. 'Quelques fragments nouveaux au nom de Nekhthorheb', *Kêmi* 13 (1954) 87–91
408A. Bevan, E. *A History of Egypt under the Ptolemaic Dynasty*. London, 1927
409. Bickermann, E. 'Notes sur la chronologie de la XXXe dynastie', *Mélanges Maspero*, 77–84. Cairo, 1934
410. Bonnet, H. *Reallexikon der ägyptischen Religionsgeschichte*, Berlin, 1952
411. Bonnet, H. 'Herkunft und Bedeutung der naophoren Statue', *MDAI(K)* 17 (1961) 91–8
412. Bosse, K. *Die menschliche Figur in der Rundplastik der ägyptischen Spätzeit von der XXII. bis zur XXX. Dynastie* (Äg. Forsch. 1). Glückstadt–Hamburg–New York, 1936
413. Bothmer, B. V. 'Ptolemaic reliefs. III. Deities from the time of Ptolemy II Philadelphus', *Bulletin of the Museum of Fine Arts* 51 (1953) 2–7
414. Bothmer, B. V. *Egyptian Sculpture of the Late Period, 700 B.C. – 100 A.D.* Brooklyn Museum, 1969 (repr. of 1960 edn with addenda and corrigenda)
415. Bothmer, B. V. 'Apotheosis in late Egyptian sculpture', *Kêmi* 20 (1970) 37–48
416. Bresciani, E. 'Egypt in the Persian empire', in A 7, 333–53
417. Bresciani, E. and Donadoni, S. *Letteratura e poesia dell' Antico Egitto*. Turin, 1969
418. Brugsch, H. 'Das ägyptische Troja', *ZÄS* 5 (1867) 89–93
419. Cavaignac, E. 'La milice égyptienne au VIe siècle et l'empire achéménide', *Revue égyptologique* n.s. 1 (1919) 192–8
420. Cavenaile, R. 'Pour une histoire politique et sociale d'Alexandrie – les origines', *Ant. Class.* 41 (1972) 94–112
421. Chabân, M. 'Fouilles à Achmounéîn', *Ann. Serv.* 8 (1907) 211–23
422. Chassinat, E. *Le temple d'Edfou* (Mém. miss. arch. franç. 24), VII. Cairo, 1932

423. Chevrier, H. 'Rapport sur les travaux de Karnak, 1948–1949', *Ann. Serv.* 49 (1949) 241–67
424. Clère, J. J. 'A propos de l'ordre de succession des rois de la XXXe dynastie', *Rev. d'égyptol.* 8 (1951) 25–9
425. Clère, J. J. 'Une statuette du fils aîné du roi Nectanabô', *Rev. d'égyptol.* 6 (1951) 135–56
426. Corteggiani, J.-P. 'Documents divers: 1. Un poids de 12 deben au nom de Teôs', *Bull. Inst. fr. Caire* 73 (1973) 143–4
427. Cowley, A. *Aramaic Papyri of the Fifth Century B.C.* Oxford, 1923
428. Cruz-Uribe, E. 'Papyrus Libbey: a reexamination', *Serapis* 4 (1977–8) 3–9
429. Curtis, J. W. 'Coinage of Pharaonic Egypt', *JEA* 43 (1957) 71–6
430. Daressy, G. 'La chapelle de Psimaut et Hakoris à Karnak', *Ann. Serv.* 18 (1919) 37–48
431. Daumas, F. 'La structure du mammisi de Nectanébo à Dendera', *Bull. Inst. fr. Caire* 50 (1952) 133–55
432. Daumas, F. 'Le problème de la monnaie dans l'Egypte antique avant Alexandre', *MEFRA* 89 (1977) 425–42
433. Davies, W. V. 'The origin of the blue crown', *JEA* 68 (1982) 69–76
434. Drioton, E. and Vandier, J. *L'Egypte*, 4th edn. Paris, 1962
435. Driver, G. *Aramaic Documents of the Fifth Century B.C.* Oxford, 1957
436. Emery, W. B. North Saqqâra excavation reports in *JEA* 51 (1965) 3–8; 52 (1966) 3–8; 53 (1967) 141–5; 54 (1968) 1–2; 55 (1969) 31–5; 56 (1970) 5–11; 57 (1971) 3–13
437. Erichsen, W. *Auswahl frühdemotischer Texte*, 1, *Texte*. Copenhagen, 1950
438. Erman, A. and Wilcken, U. 'Die Naukratisstele', *ZÄS* 38 (1900) 127–35
439. Gabra, G. 'A lifesize statue of Nepherites I from Buto', *SAK* 9 (1981) 119–23
440. Gardiner, Sir Alan H. *Egypt of the Pharaohs*. Oxford, 1961
441. Gauthier, H. *Le livre des rois d'Egypte* (MIFAO 17–21), 5 vols. Cairo, 1907–17
442. Gauthier, H. 'Les nomes d'Egypte depuis Hérodote jusqu' à la conquête arabe', *MIE* 25 (1935)
443. Grelot, P. *Documents Araméens d'Egypte*. Paris, 1972
444. Grimm, A. 'Ein Statuentorso des Hakoris aus Ahnas el-Medineh im Ägyptischen Museum zu Kairo', *GM* 77 (1984) 13–17
445. Guilmot, M. 'Le Sarapieion de Memphis: étude topographique', *Chron. d'Eg.* 37 (1962) 359–81
446. Gunn, B. 'The inscribed sarcophagi in the Serapeum', *Ann. Serv.* 26 (1926) 82–91
447. Gyles, M. F. *Pharaonic Policies and Administration 663 to 323 B.C.* (James Sprunt Studies in History and Political Science 41). Chapel Hill, 1959
448. Hall, H. R. 'Egypt to the coming of Alexander', in *CAH* VI[1], 137–66. Cambridge, 1927
449. Halm-Rasmussen, T. 'Nektanebos II and Temple M at Karnak (North)', *GM* 26 (1977) 37–41
450. Harrison, M. 'Excavations at Mendes', Newsletter *ARCE* 107 (1978/9) 15–17

451. Helck, W. *Untersuchungen zu Manetho und den ägyptischen Königslisten* (Untersuchungen 18). Berlin, 1956
452. Helck, W. *Die altägyptischen Gaue* (*TAVO* Reihe B (5)). Wiesbaden, 1974
453. Helck, W. *et al.* (eds.) *Lexikon der Ägyptologie* I–. Wiesbaden, 1975–
454. Honroth, W., Rubensohn, O. and Zucker, F. 'Bericht über die Ausgrabungen auf Elephantine in den Jahren 1906–1908', *ZÄS* 46 (1909) 14–61
455. Hopfner, T. *Der Tierkult der alten Ägypter* (Denkschriften Wien 57 (2)). Vienna, 1913
456. Jähne, A. 'Die 'Αλεξανδρέων χώρα', *Klio* 63 (1981) 63–103
457. Johnson, J. H. 'The Demotic Chronicle as an historical source', *Enchoria* 4 (1974) 1–17
458. Johnson, J. H. 'Is the Demotic Chronicle an anti-Greek tract?', in Thissen, H.-J. and Zauzich, K.-T. (eds.), *Grammatika Demotika* (Festschrift für Erich Lüddeckens zum 15. Juni 1983), 107–24. Würzburg, 1984
459. Johnson, J. H. 'The Demotic Chronicle as a statement of a theory of kingship', *The SSEA Journal* 13(2) (1983) 61–72
460. Kaenel, F. von. 'Les mésaventures du conjurateur de Serket, Onnophris et de son tombeau', *BSFE* 87–8 (1980) 31–45
461. Kaplony, P. 'Bemerkungen zum ägyptischen Königtum, vor allem in der Spätzeit', *Chron. d'Eg.* 46 (1971) 250–74
462. Katznelson, I. S. 'Kambesweden et Khababash', *ZÄS* 93 (1966) 89–93
463. Kienitz, F. K. *Die politische Geschichte Ägyptens vom 7. bis zum 4. Jahrhundert vor der Zeitwende*. Berlin, 1953
464. Koenen, L. *Eine agonistische Inschrift aus Ägypten und frühptolemäische Königsfeste* (Beiträge zur klassischen Philologie 56). Meisenheim am Glan, 1977
465. Kraeling, E. G. *The Brooklyn Museum Aramaic Papyri*. New Haven–London, 1953
466. Kuhlmann, K. P. 'Ptolemais – queen of Nectanebo I. Notes on the inscription of an unknown princess of the XXXth Dynasty', *MDAIK* 37 (1981) 267–79
467. Lüddeckens, E. *Ägyptische Eheverträge* (Ägypt. Abhandl. 1). Wiesbaden, 1960
468. Lavagnini, B. *Eroticorum Fragmenta Papyracea*. Leipzig, 1922
469. Lefebvre, G. *Le tombeau de Petosiris*, 3 vols. Cairo, 1923–4
470. Lepsius, K. R. *Denkmaeler aus Aegypten und Aethiopien*, 12 vols. Berlin, 1849–59
471. Lichtheim, M. 'The Naucratis Stele once again', in Johnson, J. H. and Wente, E. F. (eds.), *Studies in Honor of George R. Hughes* (Studies in Ancient Oriental Civilization 39), 139–46. Chicago, 1976
472. Lichtheim, M. *Ancient Egyptian Literature, III: The Late Period*. Berkeley–Los Angeles, 1980
473. Lloyd, Alan B. *Herodotus Book II*, Leiden, 1975–88
474. Lloyd, Alan B. 'Nationalist propaganda in Ptolemaic Egypt', *Historia* 31 (1982) 33–55

475. Lloyd, Alan B. 'The inscription of Udjaḥorresnet: a collaborator's testament', *JEA* 68 (1982), 166–80
476. Lloyd, Alan B. in Trigger, B, Kemp, B. J. and O'Connor, D. J. *Ancient Egypt, a Social History*, 279–348. Cambridge, 1983
477. Lloyd, Alan B. 'Manetho and the thirty-first dynasty', in Baines, J., James, T. G. H. and Leahy, A. (eds.), *Pyramid Studies*, 154–60. Oxford, 1988
478. Malinine, M. 'Un contrat de vente d'emplacements à construire de l'époque du roi Achoris (Pap. Lille no. 26)', *Rev. d'égyptol.* 7 (1950) 107–20
479. Malinine, M., Posener, G. and Vercoutter, J. *Catalogue des stèles du Sérapéum de Memphis*. Paris, 1968
480. Meeks, D. *Le grand texte des donations au temple d'Edfou* (Bibliothèque d'étude 59). Cairo, 1972
481. Meeks, D. 'Les donations aux temples dans l'Egypte du 1er millénaire avant J-C', in Lipinski, E. (ed.), *State and Temple Economy in the Ancient Near East*, II, 605–87. Leuven, 1979
482. Mekhitarian, A. 'La porte aux deux Nectanébo à Karnak', *Chron. d'Eg.* 24 (1949) 235–9
483. Menu, B. 'Deux contrats de vente datés du regne de Nectanébo II (P. Dem. IFAO 901 et 902)', *Bull. Inst. fr. Caire* 81 (1981) 45–52
484. Meulenaere, H. De. *Herodotos over de 26ste Dynastie (II, 147–III, 15)* (Bibliothèque du Muséon 27). Leuven, 1951
485. Meulenaere, H. De. 'Le vizir Harsiêsis de la 30e Dynastie', *MDAIK* 16 (1958) 230–6
486. Meulenaere, H. De. 'Les monuments du culte des rois Nectanébo', *Chron. d'Eg.* 35 (1960) 92–107
487. Meulenaere, H. De. 'La famille royale des Nectanébo', *ZÄS* 90 (1963) 90–3
488. Meulenaere, H. De. 'Isis et Mout des mammisi', in Quaegebeur, J. (ed.), *Studia Paulo Naster Oblata*. II. *Orientalia antiqua* (Orientalia Lovaniensia Analecta 13), 25–9. Louvain, 1982
489. Meyer, E. *Der Papyrusfund von Elephantine*. Leipzig, 1912
490. Meyer, Eduard. 'Ägyptische Dokumente aus der Perserzeit', *SBAk Berlin* (1915) 287–311
491. Meyer, Ernst. 'Zur Geschichte der 30. Dynastie', *ZÄS* 67 (1931) 68–70
492. Murnane, W. J. *Ancient Egyptian Coregencies* (Studies in Ancient Oriental Civilisation 40). Chicago, 1977
493. Muszynski, M. 'Les papyrus démotiques de Ricci', *Enchoria* 6 (1976) 19–27
494. Naster, P. 'Karsha et sheqel dans les documents araméens d'Eléphantine (Ve s. av. J.C.)', *Revue belge de numismatique* 116 (1970) 31–5
495. Naville, E. *Bubastis (1887–1889)*. London, 1891
496. Nims, C. F. 'A demotic document of endowment from the time of Nectanebo I', *MDAIK* 16 (1958) 237–46
497. Otto, E. *Die biographischen Inschriften der ägyptischen Spätzeit* (Probleme der Ägyptologie 2). Leiden, 1954

498. Otto, E. 'Zwei Bemerkungen zum Königskult der Spätzeit', *MDAIK* 15 (1957) 193–207
499. Perry, B. E. 'The Egyptian legend of Nectanebus', *TAPA* 97 (1966) 327–33
500. Pestman, P. *Marriage and Matrimonial Property in Ancient Egypt*. Leiden, 1961
501. Petrie, W. M. F. *A History of Egypt. III. From the XIXth to the XXXth Dynasties*. London, 1905
502. Petrie, W. M. F., MacKay, E. and Wainwright, G. *Meydum and Memphis III*. London, 1910
503. Picard, C. 'Les influences étrangères au tombeau de Pétosiris: Grèce ou Perse?', *Bull. Inst. fr. Caire* 31 (1931) 201–27
504. Porten, B. *Archives from Elephantine*. Berkeley–Los Angeles, 1968
505. Porten, B. and Yardeni, A. *Textbook of Aramaic Documents from Ancient Egypt*. Jerusalem: Vol. I, *Letters*, 1986; Vol. II, *Contracts*, 1989
506. Porter, B. and Moss, R. L. B. *Topographical Bibliography of Ancient Egyptian Hieroglyphic Texts, Reliefs and Paintings*, 2nd edn, I–II. Oxford, 1960–72. Vol. III, revised and augmented by J. Malék, Oxford, 1974–. Vols. IV–VII, 1st edn. Oxford, 1934–51
507. Posener, G. 'Notes sur la stèle de Naucratis', *Ann. Serv.* 34 (1934) 141ff.
508. Posener, G. 'Achoris', *Rev. d'égyptol.* 21 (1969) 148–50
509. Préaux, C. *L'économie royale des Lagides*. Brussels, 1939
510. Raven, M. J. 'The 30th dynasty Nespamedu family', *OMRO* 61 (1980) 19–31
511. Ray, J. D. *The Archive of Ḥor*. London, 1976
512. Ray, J. D. 'The world of North Saqqâra', *World Archaeology* 10 (1978) 149–57
513. Ray, J. D. 'Psammuthis and Hakoris', *JEA* 72 (1986) 149–58
514. Ritner, R. K. 'Khababash and the satrap stela – a grammatical rejoinder', *ZÄS* 107 (1980) 135–7
515. Roeder, G. *Naos* (Cat. gén. des antiquités égyptiennes du Musée du Caire). Leipzig, 1914
516. Roeder, G. *Altägyptische Erzählungen und Märchen*. Jena, 1927
517. Roeder, G. 'Vorläufiger Bericht über die deutsche Hermopolis–Expedition 1938 und 1939', *MDAIK* 9 (1940) 40–92
518. Roeder, G, 'Zwei hieroglyphische Inschriften aus Hermopolis (Ober–Ägypten)', *Ann. Serv.* 52 (1952), 315–442
519. Roeder, G. *Hermopolis 1929–1939* (Pelizaeus-Museum zu Hildesheim, Wissenschaftliche Veröffentlichung 4). Hildesheim, 1959
520. Schäfer, H. 'Noch einmal die Inschrift von Neapel' in *Aegyptiaca (Festschrift für Georg Ebers)*, 92–8. Leipzig, 1897
521. Schwartz, J. 'Les conquérants perses et la littérature égyptienne', *Bull. Inst. fr. Caire* 48 (1949) 65–80
522. Seidl, E. *Ägyptische Rechtsgeschichte der Saiten- und Perserzeit* (Ägyptologische Forschungen 20), 2nd edn. Glückstadt, 1968
523. Sethe, K. *Urkunden II. Hieroglyphische Urkunden der griechisch–römischen Zeit I–III*. Leipzig, 1916

524. Shore, A. F. 'The demotic inscription on a coin of Artaxerxes', *Num. Chron.* (1974) 4–8
525. Skeat, T. C. *The Reigns of the Ptolemies* (Münchener Beiträge zur Papyrusforschung und antiken Rechtsgeschichte 39), rev. edn. Munich, 1954
526. Smith, H. S. *A Visit to Ancient Egypt. Life at Memphis and Saqqara (c. 500–30 B.C.)*. Warminster, 1974
527. Smith, W. Stevenson. *The Art and Architecture of Ancient Egypt*, revised with additions by W. Kelly Simpson. Harmondsworth, 1981
528. Spalinger, A. 'The reign of king Chabbash: an interpretation', *ZÄS* 105 (1978) 142–54
529. Spalinger, A. 'Addenda to "The reign of king Chabbash: an interpretation"' (*ZÄS* 105, 1978, pp. 142–54)', *ZÄS* 107 (1980) 87
530. Spencer, A. J. *Brick Architecture in Ancient Egypt*. Warminster, 1979
531. Spencer, A. J. 'The brick foundations of Late-Period peripteral temples and their mythical origin', in Ruffle, J., Gaballa, G. A. and Kitchen, K. A. (eds.), *Orbis Aegyptiorum speculum. Glimpses of Ancient Egypt (Studies in Honour of H. W. Fairman)*, 132–7. Warminster, 1979
532. Spencer, A. J. *Death in Ancient Egypt*. Harmondsworth, 1982
533. Spiegelberg, W. *Der Papyrus Libbey* (Schriften der Wissenschaftlichen Gesellschaft in Strassburg). Strasburg, 1907
534. Spiegelberg, W. *Die sogenannte Demotische Chronik des Pap. 215 der Bibliothèque National zu Paris* (Demotische Studien 7). Leipzig, 1914
535. Spiegelberg, W. 'Reliefbruchstücke aus der Zeit der 30. Dynastie', *ZÄS* 65 (1930) 102–4
536. Steindorff, G. 'Reliefs from the temples of Sebennytos and Iseion in American collections', *The Journal of the Walters Art Gallery* 7–8 (1944–5) 39–59
537. Steindorff, G., Ricke, H. and Aubin, H. 'Der Orakeltempel in der Ammonsoase', *ZÄS* 69 (1933) 4–24
538. Traunecker, C. 'Essai sur l'histoire de la XXIXe dynastie', *Bull. Inst. fr. Caire* 79 (1979) 395–436
539. Traunecker, C., Le Saout, F. and Masson, O. *La chapelle d'Achôris à Karnak*, II (Recherche sur les grandes civilisations, Synthèse no. 5). Paris, 1981
540. Tresson, P. 'La stèle de Naples', *Bull. Inst. fr. Caire* 30 (1930) 369–91
541. Tresson, P. 'Sur deux monuments égyptiens inédits de l'époque d'Amasis et de Nectanébo Ier', *Kêmi* 4 (1931) 126–50
542. Turner, E. G. 'A commander-in-chief's order from Saqqâra', *JEA* 60 (1974) 239–42
543. Vercoutter, J. *Textes Biographiques du Sérapéum de Memphis* (Bibliothèque de l'école des hautes études, IVe section, 316 fasc.). Paris, 1962
544. Vittmann, G. 'Zwei Königinnen der Spätzeit namens Chedebnitjerbone', *Chron. d'Eg.* 49 (1974) 43–51
545. Waddell, W. G. *Manetho*. Cambridge, MA, 1940
546. Weinreich, O. *Der Trug des Nectanebos, Wandlungen eines Novellenstoffs*. Leipzig and Berlin, 1911

547. Welles, C. B. 'The discovery of Sarapis and the foundation of Alexandria', *Historia* 11 (1962) 271–98
548. Wessetzky, W. 'Zur Deutung des "Orakels" in der sogenannten Demotischen Chronik', *WZKM* 49 (1942) 161ff
549. Wiedemann, A. *Der Tierkult der alten Ägypter* (Der Alte Orient 14, 1). Leipzig, 1912
550. Will, E. 'Chabrias et les finances de Tachôs', *REA* 62 (1960) 254–75
551. Winnicki, J. K. 'Die Kalasirier der spätdynastischen und der ptolemäischen Zeit', *Historia* 26 (1977) 257–68
552. Winter, E. 'Die Tempel von Philae und das Problem ihrer Rettung', *Antike Welt* 7(3) (1976) 2–15
553. Yoyotte, J. 'Nectanebo II comme faucon divin', *Kêmi* 15 (1959) 70–4
554. Zauzich, K.-Th. 'Ein Kaufvertrag aus der Zeit des Nectanebos', *MDAIK* 25 (1969) 223–9
555. Zauzich, K.-Th. 'Ein demotisches Darlehen vom Ende der 30. Dynastie', *Serapis* 6 (1980) 241–3

Ⅵ.小亚细亚

556. *Actes du colloque sur Lycie*. Paris, 1980
557. Akarca, A. *Les monnaies grecques de Mylasa*. Paris, 1959
558. Akurgal, E. *Ancient Civilisations and Ruins of Turkey*. Istanbul, 1985
559. Akurgal, E. and Budde, L. *Sinope: Vorläufiger Bericht über die Ausgrabungen in Sinope* (Türk Tarih Kurumu Yayinlarindan 5, series 14). 1956
560. Altheim-Stiehl, R., Metzler, D. and Schwertheim, E. 'Eine neue gräko-persische Grabstele aus Sultaniye Köy und ihre Bedeutung für die Geschichte und Topographie von Daskyleion', *Epigraphica Anatolica* 1 (1983) 1–23
561. Anderson, J. G. C. 'A summer in Phrygia', *JHS* 17 (1897) 396–424
562. Asheri, D. *Fra ellenismo e iranismo*. Bologna, 1983
563. Balcer, J. M. 'Fifth-century Ionia: a frontier re-visited', *REA* 87 (1985) 31–42
564. Balkan, K. 'Inscribed bullae from Daskyleion-Ergili', *Anadolu* 4 (1959) 123–30
565. Bammer, A. 'Architecture et société en Asie mineure au ivᵉ siècle', in *Architecture et société de l'archaisme grec à la fin de la république romaine*, *Actes du colloque 1980*, 271–300. Paris, 1983
566. Barron, J. P. 'Milesian politics and Athenian propaganda *c.* 460–440 B.C.', *JHS* 82 (1962) 1–6
567. Bean, G. E. 'Notes and inscriptions from Caunus', *JHS* 73 (1953) 10–35 and 74 (1954) 85–110
568. VACAT
569. Bean, G. E. *Side Kitabeleri: The Inscriptions of Side*. Ankara, 1965
570. Bean, G. E. *Lycian Turkey*. London, 1978
571. Bean, G. E. revised Mitchell, S. *Aegean Turkey*. London, 1980
572. Bean, G. E. revised Mitchell, S. *Turkey beyond the Maeander*. London, 1980
573. Bean, G. E. revised Mitchell, S. *Turkey's Southern Shore*. London, 1980

574. Bean, G. E. and Cook, J. M. 'The Cnidia', *BSA* 47 (1952) 171–212
575. Bean, G. E. and Cook, J. M. 'The Halicarnassus peninsula', *BSA* 50 (1955) 85–171
576. Bean, G. E. and Cook, J. M. 'The Carian coast III', *BSA* 52 (1957) 58–146
577. Bernard, P. 'Les bas-reliefs gréco-perses de Dascylion à la lumière de nouvelles découvertes', *Rev. Arch.* (1969) 17–28
578. Bilde, P., Engberg-Pedersen, T., Hannestad, L. and Zahle, J. (eds.) *Religion and Religious Practice in the Seleucid Kingdom*. Aarhus, 1990
579. Billows, R. A. *Antigonos the One-Eyed and the Creation of the Hellenistic State*. Berkeley–Los Angeles–London, 1990
580. Billows, R. A. *Macedonian Imperialism: Structures and Effects*. Berkeley–Los Angeles–London, 1992
581. Blümel, W. *Inschriften griechischer Städte aus Kleinasien, 28: Die Inschriften von Iasos*. 2 vols. Bonn, 1985
582. Blümel, W. *Inschriften griechischer Städte aus Kleinasien, 34: Die Inschriften von Mylasa*. 2 vols. Bonn, 1987–8
583. Boardman, J. Review of F 611, *CR* 14 (1964) 82–3
584. Boardman, J. 'Pyramidal stamp seals in the Persian Empire', *Iran* 8 (1970) 19–45
585. Boffo, L. *I re ellenistici e i centri religiosi dell'Asia minore*. Florence, 1985
586. Borchhardt, J. 'Epichorische, gräko-persische beeinflusste Reliefs in Kilikien: Studien zur Kunst an den Satrapenhöfen Kleinasiens', *Ist. Mitt.* 18 (1968) 161–211
586A. Borchhardt, J. *Die Bauskulptur des Heroons von Limyra*. Berlin, 1976
587. Borchhardt, J., Neumann, G. and Schulz, K. *Das Grabmal des Sohnes des Da aus Hoiran im Zentrallykien*. *JÖAI* 55 (1984) *Beibl.* 69–132
588. Bousquet, J. 'Arbinas, fils de Gergis, dynaste de Xanthos', *CRAI* (1975) 138–48
589. Briant, P. 'Les Iraniens d'Asie Mineure après la chute de l'empire achéménide (A propos de l'inscription d'Amyzon)', *DHA* 11 (1984) 167–95
590. Bryce, T. 'The other Pericles', *Historia* 29 (1980) 377–81
591. Bryce, T. 'A ruling dynasty in Lycia', *Klio* 64 (1982) 329–37
592. Bryce, T. 'The arrival of the goddess Leto in Lycia', *Historia* 32 (1983) 1–13
593. Bryce, T. *The Lycians* I. Copenhagen, 1986
594. Buckler, W. H. and Robinson, D. M. *Sardis, Publications of the American Society for the Excavation of Sardis* VII.1. *Greek and Latin inscriptions*. Leyden, 1932
595. Buresch, K. *Aus Lydien: epigraphisch-geographische Reisefrüchte*. Leipzig, 1898
596. Cahn, H. and Gerin, D. 'Themistocles at Magnesia', *Num. Chron.* (1988) 13–20
597. Carter, J. C. *The Sculpture of the Sanctuary of Athena Polias at Priene*. London, 1983
598. Childs, W. 'The authorship of the inscribed pillar of Xanthos', *Anat.*

Stud. 29 (1979) 97–102
599. Childs, W. 'Lycian relations with Persians and Greeks in the fifth and fourth centuries reexamined', *Anat. Stud.* 31 (1981) 55–80
600. Childs, W. and Demargne, P. *Fouilles de Xanthos VIII: Le monument des Néréides. Le décor sculpté.* Paris, 1989
601. Cook, J. M. 'The topography of Klazomenai', *ArchEph* (1953/4) II, 149–57
602. Cook, J. M. 'The palai-names', *Historia* 4 (1955) 39–45
603. Cook, J. M. 'The reliefs of "Sesostris" in Ionia', *Türk Arkeoloji Dergisi* 6.2 (1956) 59–65
604. Cook, J. M. 'Old Smyrna 1948–51', *BSA* 53/4 (1958/9) 1–34
605. Cook, J. M. 'Pliny on Icarian shores', *CQ* 9 (1959) 116–25
606. Cook, J. M. 'On Stephanus Byzantius' text of Strabo', *JHS* 79 (1959) 19–26
607. Cook, J. M. 'Greek archaeology in Western Asia Minor', *Archaeological Reports for 1959–60*, 27–57
608. Cook, J. M. 'Cnidian peraea and Spartan coins', *JHS* 81 (1961) 56–72
609. Cook, J. M. 'Some sites of the Milesian territory', *BSA* 56 (1961) 90–101
610. Cook, J. M. 'The problem of classical Ionia', *PCPhS* 187, n.s. 7 (1961) 9–18
611. Cook, J. M. *The Greeks in Ionia and the East.* London, 1962
612. Cook, J. M. review of F 698, *AJA* 75 (1971) 445–6
613. Cook, J. M. *The Troad: an Archaeological and Topographical Study.* Oxford, 1973
614. Cook, J. M. 'Cities in and around the Troad', *BSA* 83 (1988) 7–19
615. Cook, J. M. and Blackman, D. J. 'Archaeology in Western Asia Minor 1965–70', *Archaeological Reports for 1970–1*, 33–62
616. Coupel, P. and Demargne, P. *Fouilles de Xanthos III: Le monument des Néréides.* Paris, 1969
617. Cousin, G. and Diehl, C. 'Inscriptions d'Halicarnasse', *BCH* 14 (1890) 90–121
618. Crampa, J. *Labraunda Swedish Excavations and Researches* III.1. *The Greek Inscriptions Part I: Nos. 1–12.* Lund, 1969
619. Crampa, J. *Labraunda Swedish Excavations and Researches* III.2. *The Greek Inscriptions Part II: Nos. 13–133.* Lund, 1972
620. Cremer, M. 'Zwei neue graeco-persische Stelen', *Epigraphica Anatolica* 3 (1984) 87–100
621. Demand, N. 'The relocation of Priene reconsidered', *Phoenix* 40 (1986) 35–40
622. Demand, N. 'Did Knidos really move?' *ClAnt* 8 (1989) 224–37
623. Demand, N. *Urban Relocation in Archaic and Classical Greece: Flight and Consolidation.* Norman, OK, 1990
624. Demargne, P. 'Recherches en Lycie d'après des publications nouvelles', *Rev. Arch.* (1979) 291–6
625. Dentzer, J. M. 'Reliefs au "banquet" dans l'Asie mineure du Ve siècle av. J.-C.', *Rev. Arch.* (1969) 195–224
626. Ehrhardt, N. 'Milet und seine Kolonien: Vergleichende Untersuchung

der kultischen und politischen Einrichtungen'. Diss. Frankfurt, 1983
627. Engelmann, H. and Merkelbach, R. *Inschriften griechischer Städte aus Kleinasien*, 1: *Die Inschriften von Erythrai und Klazomenai 1 (Nr. 1–200)*. Bonn, 1972
628. Fleischer, R. 'Reisennotizen aus Kilikien', *Arch. Anz.* (1984) 85–104
629. Fontenrose, J. *Didyma: Apollo's Oracle, Cult, and Companions*. Berkeley–Los Angeles–London, 1988
630. Fraser, P. M. *Rhodian Funerary Monuments*. Oxford, 1977
631. Graf, F. *Nordionische Kulte*. Rome, 1985
632. Grainger, J. *The Cities of Seleucid Syria*. Oxford, 1990
632A. Gunter, A. C. 'Looking at Hecatomnid patronage from Labraunda', *REA* 87 (1985) 113–24
633. Gwatkin, W. E. *Cappadocia as a Roman Procuratorial Province* (University of Missouri Studies 5). Columbia, MO, 1930
634. Habicht, C. 'Die herrschende Gesellschaft in den hellenistischen Monarchien', *Vierteljahrschrift für Soziologie und Wirtschaftsgeschichte* 14 (1958) 1–16
635. Habicht, C. 'New evidence on the province of Asia', *JRS* 65 (1975) 64–91
636. Hanfmann, G. *Sardis from Prehistoric to Roman Times*. Cambridge, MA, and London, 1983
637. Hanfmann, G. and Ehrhardt, K. P. 'Pedimental sculpture from Sardis', in Simpson, W. K. and Davies, W. M. (eds.), *Studies in Egypt, the Aegean and the Sudan: Essays in Honor of Dows Dunham on the Occasion of his 90th Birthday*, 82–90. Boston, MA, 1981
638. Hanfmann, G. and Ramage, N. *Sculpture from Sardis*. Cambridge, MA, 1978
639. Hellstrøm, P. *Labraunda Swedish Excavations and Researches 2.1. Pottery of Classical and Later Date*. Lund, 1965
640. Hellstrøm, P. and Thieme, T. 'The androns at Labraunda: a preliminary account of their architecture', *Medelhausmuseet Bulletin* 16 (1981) 58–74
641. Hellstrøm, P. and Thieme, T. *Labraunda Swedish Excavations and Researches 1.3. The Temple of Zeus at Labraunda*. Stockholm, 1982
642. Hermary, A. 'Un nouveau relief "gréco-perse" en Cilicie', *Rev. Arch.* (1984) 289–300
643. Herrmann, P. *Tituli Asiae Minoris* 5, 1 and 2. Vienna, 1981 and 1989
644. Hornblower, S. *Mausolus*. Oxford, 1982
645. Hornblower, S. 'Thucydides, the Panionian festival, and the Ephesia', *Historia* 31 (1982) 241–5
646. Hornblower, S. Review of F 661, *CR* 38 (1988) 175–7
647. Hornblower, S. 'A reaction to Gunter's look at Hekatomnid patronage from Labraunda', *REA* 92 (1990) 137–9
648. Hunt, D. W. 'Feudal survivals in Ionia', *JHS* 67 (1947) 68–76
649. Jacobs, B. *Griechische und persiche Elemente in der Grabkunst Lykiens*. Göteborg, 1987 = *SIMA* 78
650. Jameson, S. 'Lykia', *RE* Supp. 13 (1973) 265–308
651. Jeppesen, K. *Labraunda Swedish Excavations and Researches 1.1. The Propylaea*. Lund, 1955

652. Jeppesen, K. *Paradeigmata. Three Mid-fourth-century Works of Hellenic Architecture Reconsidered* (Jutland Archaeological Society Publications 4). Aarhus, 1958
653. Jeppesen, K. 'Paradeigmata: Nachträge', *Acta Arch.* 32 (1961) 218–30
654. Jeppesen, K. 'Explorations at Halikarnassus', *Acta Arch.* 38 (1967) 29–58
655. Jeppesen, K. 'Nisi absoluto jam': observations on the building[s] of the Mausoleum at Halikarnassus', *Mélanges Mansel*, 735–48. Ankara, 1974
656. Jeppesen, K. 'Mausolaet i Halikarnassos', *Naturens Verdens* (1976) 41–50
657. Jeppesen, K. 'Neue Ergebnisse zur Wiederherstellung des Maussolleions von Halikarnassos', *Ist. Mitt.* 26 (1976) 47–91
658. Jeppesen, K. 'Zur Gründung und Baugeschichte des Maussolleions von Halikarnassos', *Ist. Mitt.* 27/8 (1977/8) 169–211
659. Jeppesen, K. 'Zu den Proportionen des Maussolleions von Halikarnass', *Bauplanung und Bautheorie der Antike: Diskussionen zur archäologischen Bauforschung* 4 (1984) 167–74
660. Jeppesen, K., Højlund, F. and Aaris-Sørensen, K. *The Maussolleion at Halikarnassos: Reports of the Danish Archaeological Expedition to Bodrum* I, *The Sacrificial Deposit.* Copenhagen, 1981
661. Jeppesen, K. and Luttrell, A. *The Maussolleion at Halikarnassos: Reports of the Danish Archaeological Expedition to Bodrum* II, *The written sources and their archaeological background.* Aarhus, 1986
662. Jones, A. H. M. *The Cities of the Eastern Roman Provinces.* 2nd edn. Oxford, 1971
663. Judeich, W. *Kleinasiatische Studien.* Marburg, 1892
664. Jully, J. J. *Labraunda Swedish Excavations and Researches 2.3. Archaic Pottery.* Istanbul, 1981
665. Kinns, P. 'The coinage of Miletus', *Num. Chron.* 146 (1986) 235–60
666. Kinns, P. 'Ionia: the pattern of coinage during the last century of the Persian period', *REA* 91 (1989) 183–93
667. Kleiner, G., Hommel, P. and Müller-Wiener, W. *Panionion und Melie* (*JDAI* Ergänzungsheft 23). 1967
668. Kobylina, M. M. *Milet.* Moscow, 1965
669. Koenigs, W. 'Milet 1978–1979; 3: Bauglieder aus Milet II', *Ist. Mitt.* 10 (1980) 56–91
670. Krumbholz, P. *De Asiae minoris satrapis persicis.* Diss. Leipzig, 1883
671. Kuhrt, A. and Sherwin-White, S. *Hellenism in the East: The Interaction of Greek and non-Greek Civilizations from Syria to Central Asia after Alexander.* London, 1987
672. Sherwin-White, S., and Kuhrt, A. *From Samarkhand to Sardis.* London, 1993
673. Leaf, W. 'The commerce of Sinope', *JHS* 36 (1916) 1–15
674. Linders, T. and Hellstrøm, P. (eds.) *Architecture and Society in Hecatomnid Caria. Proceedings of the Uppsala Symposium 1987. Boreas* (Acta Universitatis Upsaliensis, Uppsala Studies in Ancient Mediterranean and Near Eastern Civilizations 17). Uppsala, 1989
675. Littmann, E. *Sardis. Publications of the American Society for the Excavation of*

Sardis 6: Lydian inscriptions. Leyden, 1916
676. Magie, D. *Roman Rule in Asia Minor*. 2 vols. Princeton, 1950
677. Marchese, R. *The Historical Geography of Northern Caria* (BAR 536). Oxford, 1989
678. Metzger, H. 'Sur deux groupes de reliefs gréco-perses d'Asie mineure', *Ant. Class.* 40 (1971) 505–25
679. Metzger, H. 'Ekphora, convoi funèbre, cortège de dignitaire en Grèce et à la périphérie du monde grec', *Rev. Arch.* (1975) 209–20
680. Mildenberg, L. 'Mithropata und Perikles', *Atti II Congresso Internazionale di Numismatica* (1965) 48–55
681. Mitchell, S. 'Archaeology in Asia Minor, 1979–84', *Archaeological Reports for 1984–85*, 70–105
682. Mitchell, S. 'Archaeology in Asia Minor, 1985–89', *Archaeological Reports for 1989–90*, 83–131
683. Mitchell, S. 'The hellenization of Pisidia', *Mediterranean Archaeology* 4 (1991) 119–45
684. Mitchell, S. and McNicoll, A. W. 'Archaeology in Western and Southern Asia Minor, 1971–8', *Archaeological Reports for 1978–79*, 59–90
685. Mørkholm, O. 'The classification of Lycian coins before Alexander the Great', *Jahr. Num. u. Geldgeschichte* (1964) 65–76
686. Müller-Wiener, W. (ed.) *Milet 1899–1980* (*Ist. Mitt.* Beiheft 31). 1986
687. Murray, O. '*Ο ΑΡΧΑΙΟΣ ΔΑΣΜΟΣ*', *Historia* 15 (1966) 142–56
688. Osborne, M. 'Orontes', *Historia* 22 (1973) 515–51
689. Osborne, M. 'The satrapy of Mysia', *Grazer Beiträge* 3 (1975) 291–309
689A. Pareti, L. 'Per la storia di alcune dinastie greche dell'Asia minore', in *Studi minori di storia antica* II, 179–91. Rome, 1961
690. Parke, H. W. *The Oracles of Apollo in Asia Minor*. London–Sydney–Dover, NH, 1985
691. Parke, H. W. 'The temple of Apollo at Didyma: the building and its function', *JHS* 106 (1986) 121–31
692. Pembroke, S. 'The last of the matriarchs: a study in the inscriptions of Lycia', *Journ. Econ. and Soc. Hist. Orient* 8 (1965) 217–47
693. Petit, T. 'A propos des "satrapies" ionienne et carienne', *BCH* 112 (1988) 307–22
694. Pugliese Carratelli, G. 'Greek inscriptions of the Middle East', *East and West* 16 (1966) 31–6
695. Pugliese Carratelli, G. 'Nuovo supplemento epigrafico di Iaso', *ASAA* 47–8 (n.s. 31–2) (1969–70) [1972], 371–405
696. Pugliese Carratelli, G. 'Cari in Iasos', *Atti Acc. Naz. Lincei. Rend. Mor.* 40 (1985) 149–55
697. Pugliese Carratelli, G. 'Ancora su Iasos e i Cari', *Atti Acc. Naz. Lincei. Rend. Mor.* 42 (1987) 289–92
698. Radt, W. *Siedlungen und Bauten auf der Halbinsel von Halikarnassos* (*Ist. Mitt.* Beiheft 3). Tübingen, 1970
699. Radt, W. 'Eine gräko-persische Grabstele im Museum Bergama', *Ist. Mitt.* 33 (1983) 53–68
700. Ramage, N. 'A Lydian funerary banquet', *Anat. Stud.* 19 (1979) 91–5
701. Ramsay, W. M. *Cities and Bishoprics of Phrygia*. 2 vols. Oxford, 1895–7

702. Robert, J. and L. *La Carie 2* (all published). Paris, 1954
703. Robert, J. and L. *Fouilles d'Amyzon en Carie*. Paris, 1983
704. Robert, L. 'Rapport sommaire sur un premier voyage en Carie', *AJA* 89 (1935) 331–40
705. Robert, L. *Etudes anatoliennes*. Paris, 1937
706. Robert, L. *Le sanctuaire de Sinuri près de Mylasa 1. Les inscriptions grecques*. Paris, 1945
706A. Robert, L. *Villes d'Asie mineure*. 2nd edn. Paris, 1962
707. Robert, L. *Noms indigènes dans l'Asie mineure gréco-romaine* 1. (all published). Paris, 1963
708. Robert, L. *Nouvelles inscriptions de Sardes* 1. Paris, 1964
709. Robert, L. *Documents d'Asie mineure méridionale*. Paris–Geneva, 1966
710. Robert, L. in J. des Gagniers *et al. Laodicée du Lycos: le nymphée* 247–389, 'Les inscriptions'. Quebec–Paris, 1969
711. Robert, L. *A travers l'Asie Mineure* (*BEFRA* 239). Athens, 1980
712. Robert, L. *Documents d'Asie mineure*. Paris, 1987
713. Robert, L. and J. *Claros 1: décrets hellénistiques*. Paris, 1989
714. Robinson, D. M. 'Ancient Sinope', *AJP* 27 (1906) 125–53 and 245–79
715. Rostovtzeff, M. 'Notes on the economic policy of the Pergamene kings', *Anatolian Studies Presented to Sir W. M. Ramsay*, 359–90. Manchester, 1923
716. Säflund, M.-L. *Labraunda Swedish Excavations and Researches 2.2. Stamped Amphora Handles*. Istanbul, 1980
717. Sahin, S. *The Political and Religious Structure in the Territory of Stratonicea in Caria*. Ankara, 1976
718. Schmidt-Doumas, B. *Der lykische Sarkophag aus Sidon* (*Ist. Mitt.* Beiheft 30). 1985
719. Sekunda, N. 'Achaemenid colonization in Lydia', *REA* 87 (1985) 7–29
720. Sherwin-White, A. N. *Roman Foreign Policy in the East*. London, 1984
721. Six, J. 'Monnaies grecques, inédites et incertaines; IX Les dynastes de Teuthranie' *Num. Chron.* (1890) 185–259 at 188–98
722. Stylianou, P. 'Thucydides, the Panionian festival, and the Ephesia (III 104), again', *Historia* 32 (1983) 245–9
723. Treuber, O. *Geschichte der Lykier*. Stuttgart, 1887
724. Tuchelt, K. 'Die Perserzerstörung von Branchidai-Didyma und ihre Folgen – archäologisch betrachtet', *Arch. Anz.* (1988) 427–38
725. Varinluoglu, E. 'Inscriptions from Erythrai', *ZPE* 44 (1981) 45–50
726. Varinluoglu, E., Bresson, A., Brun, P., Debord, P. and Descat, R. 'Une inscription de Pladasa en Carie', *REA* 92 (1990) 59–78
727. Walbank, F. W. Review of F 671 (Kuhrt and Sherwin-White (1987)), *LCM* 13 (1988) 108–12
728. Waywell, G. B. *The Free-Standing Sculptures of the Mausoleum at Halicarnassus*. London, 1978
729. Westholm, A. *Labraunda Swedish Excavations and Researches 1.2. The architecture of the Hieron*. Lund, 1963
730. Wörrle, M. 'Inschriften von Herakleia am Latmos I', *Chiron* 18 (1988) 421–76
731. Wörrle, M. 'Inschriften von Herakleia am Latmos II', *Chiron* 20 (1990)

19–58
732. Wörrle, M. 'Epigraphische Forschungen zur Geschichte Lykiens IV: Drei griechische Inschriften aus Limyra', *Chiron* 21 (1991) 201–39
733. Woudhuizen, F. C. 'The recently discovered Greek-Sidetan bilingue from Seleucia', *Talanta* 20–1 (1988–9) 87–108
734. Zahle, J. 'Politics and economy in Lycia in the Persian period', *REA* 91 (1989) 169–82
735. Zgusta, L. *Kleinasiatische Personennamen*. Prague, 1964
736. Zgusta, L. *Kleinasiatische Ortsnamen*. Heidelberg, 1984

G. 西部

Ⅰ.迦太基

1. Asheri, D. 'Carthaginians and Greeks', in *CAH* IV² (1988) ch. 16
2. Astruc, M. *La necrópolis de Villaricos*. Madrid, 1951
3. Astruc, M. 'Traditions funéraires de Carthage', *Cahiers de Byrsa* 6 (1957) 29–58
4. *Atti del Primo Congresso Internazionale di Studi Fenici e Punici* (Rome, 5–10 Nov 1979) I–III. Rome, 1983
5. Bacigalupo Pareo, E. 'I supremi magistrati a Cartagine', in *Contributi di Storia Antica in onore di Albino Garzetti*, 61–87. Genoa, 1976
6. Barreca, F. *La Sardegna fenicia e punica*. Sassari, 1974
7. Beloch, J. 'Die Könige von Karthago', *Klio* 7 (1907) 19–26
8. Bénichou-Safar, H. 'Carte des nécropoles puniques de Carthage', *Karthago* 17 (1976) 5–35
9. Bénichou-Safar, H. *Les tombes puniques de Carthage*. Paris, 1982
10. *Carthage, sa naissance, sa grandeur*. *Archéologie vivante*, special number, I, no. 8, Dec. 1968 – Feb. 1969
11. Ciasca, A. *et al. Mozia*, I–IX. Rome, 1964–78
12. Cintas, P. 'Le sanctuaire punique de Sousse', *Revue africaine* 40 (1947) 1–85
13. Cintas, P. 'Deux campagnes de fouilles à Utique', *Karthago* 2 (1951) 1–88
14. Cintas, P. *Contribution à l'étude de l'expansion carthaginoise au Maroc*. Paris, 1954
15. Cintas, P. 'Nouvelles recherches à Utique', *Karthago* 5 (1954) 89–155
16. Cutroni-Tusa, A. 'Recenti soluzioni e nuovi problemi sulla monetazione punica della Sicilia', *Studi di Numismatica Punica* (Suppl. di R. *Stud. Fen.* 11 (1983) 37–42)
17. Di Vita, A. 'Les Phéniciens de l'Occident d'après les découvertes archéologiques de Tripolitaine', in Ward, A. (ed.), *The Role of the Phoenicians in the Interaction of Mediterranean Civilisations*, 77–112. Beirut, 1968
18. Dussaud, R. 'Précisions épigraphiques touchant les sacrifices puniques d'enfants', *CRAI* (1946) 371–87
19. Duval, R. 'L'enceinte de Carthage', *CRAI* (1951) 53–9
20. Falsone, G. 'Nouvelles données sur Melqart', in *Carthage; VI Colloque*, Groupe de contacts universitaires d'Etudes phéniciennes et puniques de

l'Université de Leuven. Brussels, 1986
21. Falsone, G. 'La Statua marmorea di Mozia', *Studi e Materiali* (Istituto di Archeologia, Università di Palermo) 8 (1988) 9–28
22. Fantar, M. *Eschatologie phénicienne punique*. Tunis, 1970
23. Fantar, M. *Kerkouane, cité punique du Cap Bon* I, II. Tunis, 1984, 1985
24. Garcia y Bellido, A. 'La colonización cartaginesa desde sus comienzos hasta la conquista cartaginesa, La colonias púnicas, El arte púnico en España', in Menéndez Pidal, R. (ed.) *Historia de España* II, 337–492. Madrid, 1952
25. Gauckler, P. *Nécropoles puniques*. 2 vols. Paris, 1915
26. Gauthier, P. 'Grecs et Phéniciens en Sicile pendant la période archaique', *Rev. Hist.* 224 (1960) 257–74
27. Grottanelli, C. 'Encore un regard sur les bûchers d'Amilcar et d'Elissa', in G 4, 437–42
28. Gsell, S. *Histoire ancienne de l'afrique du nord*. Paris, 1920–8
29. Guzzo Amadasi, M. G. *et al. Monte Sirai*, I–IV. Rome, 1964–7
30. Hans, L.-M. *Karthago und Sizilien* (Historische Texte und Studien 7). Hildesheim–Zurich–New York, 1983
31. Heuss, A. 'Die Gestaltung des römischen und des karthagischen Staates bis zum Pyrrhos-Krieg', in G 89, 83–138
32. Heuss, A. 'Der erste Punische Krieg und das Problem des römischen Imperialismus. Zur politischen Beurteilung des Krieges', *Hist. Zeitschr.* 169 (1949) 457–513
33. Hoffmann, W. 'Karthagos Kampf um die Vorherrschaft im Mittelmeer', *ANRW* I.1 (1972) 341–63
34. Humphrey, J. H. *Excavations at Carthage conducted by the University of Michigan* I–VII. Tunis, 1976–82
35. Hurst, H. 'Excavations at Carthage', *Antiquaries Journal* 55 (1975) 11–40; 56 (1976) 177–97; 57 (1977) 232–61; 59 (1979) 99–149
36. Hurst, H. 'The war harbour of Carthage', in G 4, 603–10
37. Huss, W. 'Vier Sufeten in Karthago?', *Le Muséon* 90 (1977) 427–33
38. Huss, W. 'Die Stellung des rb im karthaginischen Staat', *ZDMG* 129 (1979) 217–32
39. Huss, W. *Geschichte der Karthager* (Handbuch der Altertumswissenschaft, iii.8). Munich, 1985
40. Isserlin, B. S. J. and du Plat Taylor, J. *Motya, a Phoenician and Carthaginian City in Sicilia*, I. Leiden, 1974
41. Lancel, S. 'Nouvelles fouilles de la Mission archéologique française à Carthage sur la colline de Byrsa: campagne de 1974–1975', *CRAI* (1976) 60–78
42. Lancel, S. *Byrsa* I, II. Rome, 1979, 1982
43. Lindemann, H. *Untersuchungen zur Verfassungesgeschichte Karthagos bis auf Aristoteles*. Diss. Jena, 1933
44. Lipinski, E. 'Sacrifices d'enfants à Carthage et dans le monde sémitique oriental', in Lipinski, E. (ed.) *Studia Phoenicia* VI, 151–85. Leuven, 1988
45. Lo Cascio, E. 'La leggenda *ṣyṣ* delle monete siculo-puniche', *PP* 30 (1975) 153–61
46. Luria, S. 'Zum Problem der griechisch-karthagischen Beziehungen',

Act. Ant. Hung. 12 (1964) 53–75
47. Masson, O. 'Le "roi" carthaginois Iomolkos dans les inscriptions de Délos', *Studia Semitica* 29 (1979) 53–8
48. Maurin, L. 'Himilcon le Magonide. Crises et mutations à Carthage au début du IVe siècle av. J.-C.', *Semitica* 12 (1962) 5–43
49. Meritt, B. D. 'Athens and Carthage', in *Athenian Studies* (*HSCP* Suppl. vol. 1, 247–53. Studies presented to W. S. Ferguson). Cambridge, MA, 1940
50. Morel, J.-P. 'Kerkouane, ville punique du cap Bon. Remarques archéologiques et historiques', *MEFRA* 81 (1969) 473–518
51. Moscati, S. *Fenici e Cartaginesi in Sardegna.* Milan, 1968
52. Moscati, S. *The World of the Phoenicians.* London, 1968
53. Moscati, S. *I Fenici e Cartagine.* Turin, 1972
54. Moscati, S. 'L'origine dell'idolo a botiglia', *R. Stud. Fen.* 3 (1975) 7–9
55. Moscati, S. *Il mondo punico.* UTET, 1980
56. Moscati, S. *Tra Tiro e Cadice* (*Studia Punica* 5). Rome, 1989
57. Moscati, S. and Uberti, M. L. *Scavi a Mozia: le stele.* Rome, 1981
58. Niemeyer, H. G. (ed.) *Phönizier im Westen* (Madrider Beiträge 8) 1982
59. Niemeyer, H. G. 'Die Phönizier und die Mittelmeerwelt im Zeitalter Homers', *JRGZM* 31 (1984) 3–94
60. Niemeyer, H. G. 'A la recherche de la Carthage antique; premiers résultats des fouilles de l'Université de Hambourg en 1986 et 1987', *Centre d'Etudes et de documentation, Carthage* 10 (1989) 20–2
61. Pesce, G. *Sardegna Punica.* Cagliari, 1961
62. Picard, C. *Carthage.* Paris, 1951
63. Picard, C. 'Les représentations de sacrifice *molk* sur les ex-voto de Carthage', *Karthago* 17 (1976) 67–138; 18 (1978) 5–116
64. Picard, C. 'Demeter et Kore à Carthage', *KOKALOS* 28/29 (1982/3) 187–94
65. Picard, C. 'Les navigations de Carthage vers l'Ouest', in G 58, 167–74
66. Picard, C. G. *Sacra Punica* (*Karthago* 13, 1967)
67. Picard, G. *Religions de l'Afrique antique.* Paris, 1954
68. Picard, G. *Le monde de Carthage.* Paris, 1956
69. Picard, G. 'Les sufètes de Carthage dans Tite-Live et Cornelius Nepos', *REL* 41 (1964) 269–81
70. Picard, G. 'Institutions politiques: de la fondation de Carthage à la révolution barcide', in G 10, 149–53
71. Picard, G. 'Les rapports entre gouvernants et gouvernés à Carthage', *Rec. Soc. Bodin* 23, 133ff. Brussels, 1968
72. Picard, G.-Ch. *La Révolution démocratique à Carthage*, in Coll. Latomus 62, 113–30. Brussels, 1968
73. Picard, G. Ch. 'I Cartaginesi in Sicilia all'epoca dei due Dionisi', *KOKALOS* 28/9 (1982/3) 271–7
74. Picard, G. Ch. 'Le Périple d'Hannon', in G 58, 174–80
75. Picard, G.-Ch. and Picard, C. *Vie et mort de Carthage.* Paris, 1970
76. Pritchard, J. B. 'The Tanit inscription from Sarepta', in G 58, 83–94
77. Quillard, B. *Bijoux carthaginois.* Louvain, 1979, 1987
78. Rakob, F. 'Die Ausgrabungen in Karthago', in *150 Jahre Feier, DAIR*,

121–32. Berlin, 1982
79. Seston, W. 'Des "Portes" de Thugga à la "Constitution" de Carthage', *Rev. Hist.* 237 (1967) 277–94
80. Sznycer, M. 'Mythes et dieux de la religion phénicienne', *Archeologia* 20 (1968) 27–33
81. Sznycer, M. 'L' "Assemblée du peuple" dans les cités puniques d'après les témoignages épigraphiques', *Semitica* 25 (1975) 47–68
82. Sznycer, M. 'L'expansion phénico-punique dans la Méditerranée occidentale. Problèmes et méthodes', in *Actes du IIe Congrès d'Etude des cultures de la Méditerranée occidentale (Malte, juin 1976)*, I, 35–48. Algiers, 1976
83. Sznycer, M. 'Carthage et la civilisation punique', in Nicolet, C. (ed.), *Rome et la conquête du monde méditerranéen* (*Nouvelle Clio* 8bis, 545–93; 473–81, bibliography) 1978
84. Sznycer, M. 'L'emploi des termes "phénicien", "punique", "néopunique". Problèmes de méthodologie', *Transactions of the Second Congress on Hamito-Semitic Linguistics*, 261–8. Florence, 1978
85. Tarradell, M. *Marruecos punico*. Tétouan, 1959
86. Treu, M. 'Athen und Karthago in der Thukydideischen Darstellung', *Historia* 3 (1954/5) 41–59
87. Tusa, V. 'Il Giovane di Mozia', in J1, 1–11
88. Vives y Escudero, A. *Estudio de Arqueología cartaginesa. La necropóli de Ibiza*. Madrid, 1917
89. Vogt, J. (ed.) *Rom und Karthago*. Leipzig, 1943
90. Warmington, B. H. *Carthage*. Harmondsworth, 1964. (The first edn, London, 1960, has the same text, but no references)
91. Whittaker, C. R. 'Carthaginian imperialism in the fifth and fourth centuries B.C.', in A 22, 59–90

Ⅱ.意大利和西西里

91A. Aalders, G. J. D. 'The authenticity of the Eighth Platonic Epistle reconsidered', *Mnemosyne* 22 (1969) 233–57
92. Adamesteanu, D. 'Osservazioni sulla battaglia di Gela del 405 a.C.', *KOKALOS* 2 (1956) 142–57
93. Adamesteanu, D. *La Basilicata antica: storia e monumenti*. Cava dei Tirreni, 1974
94. Adamesteanu, D. 'Topografia e viabilità', in G 267, 173–206
95. Adamesteanu, D. 'Urbanizzazione in Magna Grecia', in *L'adriatico tra Mediterraneo e penisola balcanica nell' antichità*. Atti del congresso dell' Assoc. internaz. di studi del Sud-Est europeo, Lecce 1973, 155–64. Taranto, 1983
96. Adamesteanu, D. '"Poleis" italiote e comunità indigene', in G 269, 115–34
97. Adamesteanu, D. 'Greeks and natives in Basilicata', in Descoeudres, J.-P. (ed.), *Greek Colonists and Native Populations*, 143–50. Oxford, 1990
98. Adamesteanu, D. and Lejeune, M. 'Il santuario lucano di Macchia di Rossano di Vaglio', *Mem. Linc.* ser. 8, 16 (1971) 39–83

99. Ampolo, C. 'Tributi e decime dei Siracusani', *Opus* 3 (1984) 31–6

100. Anello, P. *Dionisio il vecchio* I: *Politica adriatica e tirrenica*. Palermo, 1980

101. Anello, P. 'Il trattato del 405/4 a.C. e la formazione della "eparchia" punica di Sicilia', *KOKALOS* 32 (1986) 115–80

102. Arias, P. 'Rapporti e contrasti dalla fine del VI s.a.C. al dominio romano', in G 105, 231–57

103. Asheri, D. 'La popolazione di Imera nel V secolo a. C.', *Riv. di Filol.* 101 (1973) 437–65

104. Asheri, D. 'La diaspora e il ritorno dei Messeni', in Gabba, E. (ed.), *Tria Corda. Scritti in onore di Arnaldo Momigliano*, 27–42. Como, 1983

105. *Atti 3 Convegno, 1963: Metropoli e colonie di Magna Grecia*. Naples, 1964

106. *Atti 10 Convegno, 1970: Taranto nella civiltà della Magna Grecia*. Naples, 1971

107. *Atti 11 Convegno, 1971: Le genti non greche della Magna Grecia*. Naples, 1972

108. *Atti 15 Convegno, 1975: La Magna Grecia in età romana*. Naples, 1976

109. *Atti 16 Convegno, 1976: Locri Epizefirii*. Naples, 1977

110. *Atti 21 Convegno, 1981: Megale Hellas: nome e immagine*. Taranto, 1982 [1983]

111. *Atti 23 Convegno, 1983: Crotone*. Taranto, 1984 [1986]

112. *Atti 25 Convegno, 1985: Neapolis*. Taranto, 1986 [1988]

113. *Attività archeologica in Basilicata*. Matera, 1980

114. Baldassare, I. 'Osservazioni sull'urbanistica di Neapolis in età romana', in G 112, 221–31

115. Barreca, F. 'Tindari colonia dionigiana', *Rend. Linc.* VIII.XII (1957) 125–30

116. Beaumont, R. L. 'Greek influence in the Adriatic Sea before the fourth century B.C.', *JHS* 56 (1936) 159–204

117. Berve, H. *Dion* (Abh. Ak. Mainz 10). Wiesbaden, 1956

118. Blois, L. de. 'Dionysius II, Dion and Timoleon', *Mededelingen van het Nederlands Instituut te Rome* 40 (1978) 113–49

118A. Blois, L. de. 'Some notes on Plato's Seventh Epistle', *Mnemosyne* 32 (1979) 268–73

119. Borraro, P. (ed.) *Antiche civiltà lucane*. Galatina, 1975 (= *Collana di Cultura Lucana II*)

120. Bottini, A. 'La panoplia lucana del museo provinciale di Potenza', *MEFRA* 101 (1989) 699–715

121. Bottini, A. and Guzzo, P. G. 'Gli italioti fino alla conquista romana', *PCIA* 8 (Rome, 1986) 253–342

122. Bottini, A. and Guzzo, P. G. 'I popoli italici', *PCIA* 8 (Rome, 1986) 343–90

123. Braccesi, L. *L'avventura di Cleonimo a Venezia prima di Venezia*. Padua, 1990

124. Braccesi, L. 'Ancora sulla colonizzazione siracusana in Adriatico (Dionigi, Diomede e i Galli)' in G 131, 57–64

125. Brauer, G. C., Jr. *Taras, its History and Coinage*. New Rochelle, NY, 1986

126. Briquel, D. 'Le problème des Dauniens', *MEFRA* 86 (1974) 7–40

127. Bury, J. B. 'The Italian wars of Dionysius and his later wars with Carthage', in *CAH* VI[1] (1927) 127–30

128. Carter, J. C. *The Sculpture of Taras*. Philadelphia, 1975
129. Carter, J. 'Ricerca archeologica nella chora Metapontina – la campagna del 1985', in G 112, 477–91
130. Càssola, F. 'Problemi di storia neapolitana', in G 112, 37–82
131. Cassio, A. C. and Musti, D. (eds.) *Tra Sicilia e Magna Grecia. Aspetti di interazione culturale nel IV sec. a. Cr.* Pisa, 1991 (= *Atti Conv. 1987* = *AION* 11 (1989) [1991])
132. Castellana, G. 'La Neapolis della chora Acragantina e la colonizzazione Dionisiana di Sicilia', *PP* 39 (1984) 375–83
133. Catalano, R. *La Lucania antica, profilo storico IV–II sec. a.C.* Salerno, 1979
134. Caven, B. *Dionysius I: Warlord of Sicily*. New Haven–London, 1990
135. Cerchiai, L. 'Il processo di strutturazione del politico: i Campani', *AION* 9 (1987) 41–53
136. Chisesi, F. 'Entella, il Crimiso e la Battaglia di Timoleone', *Rend. Linc.* ser. 6, vol. 5 (1929) 255–84
137. Christien, J. 'Mercenaires et partis politiques à Syracuse de 357 à 354', *REA* 77 (1975) 63–73
138. Ciaceri, E. *Storia della Magna Grecia*, II–III. Milan–Rome, 1927–32
139. *La civiltà dei Dauni nel quadro del mondo italico. Atti del XIII Conv. di Studi Etruschi ed Italici 1980*. Florence, 1984
140. Clemente, G. 'Introduzione alla storia della Puglia romana', in Marangio, Cesare (ed.) *La Puglia in età repubblicana*, 11–20. Galatina, 1988
141. Coarelli, F. and Torelli, M. *Sicilia* (Guide archeologiche Laterza). Rome–Bari, 1984
142. Colonna, G. 'Un "trofeo" di Novio Fannio, comandante sannita', in *Studi di antichità in onore di Guglielmo Maetzke* 229–42. Rome, 1984
143. Consolo Langher, S. 'Gli '*Ηρακλειῶται ἐκ Κεφαλοιδίου*', *KOKALOS* 7 (1961) 166–98
144. Consolo Langher, S. *Contributo alla storia della antica moneta bronzea in Sicilia*. Milan, 1964
145. Cornell, T. 'The conquest of Italy', in *CAH* VII².2 (1990) ch. 8
146. Costabile, F. 'Archontes e basileus a Locri Epizefiri', *PP* 35 (1980) 104–22
147. D'Agostino, B. 'Il mondo periferico della Magna Grecia', in *PCIA* 2 (Rome, 1974) 171–271
148. D'Agostino, B. '*Voluptas e Virtus*: il mito politico della "Ingenuità italica"', *AION* 3 (1981) 117–27
149. *La Daunia antica. Dalla preistoria all'altomedioevo* (Exhibition catalogue). 1984
150. De Franciscis, A. *Stato e società in Locri Epizefiri (L'archivio dell'Olimpieion locrese)*. Naples, 1972
151. De La Genière, J. 'Epire et Basilicate. A propos de la couronne d'Armento', *MEFRA* 101 (1989) 691–8
152. De Sensi Sestito, G. 'Il santuario del Lacinio nella lega achea ed italiota', *Misc. di studi storici* 2 (Cosenza, 1982) 13–33
153. De Sensi Sestito, G. *La Calabria in età arcaica e classica. Storia, economica, società*. Rome, 1984

154. De Sensi Sestito, G. 'Taranto post-architea nel giudizio di Timeo. Nota a Str. VI 3, 4 (280)', in *XI Miscellanea Greca e Romana*, 85–113. Rome, 1987
155. De Sensi Sestito, G. 'La Calabria in età arcaica e classica', in *Storia di Calabria* I, 227–303. Rome–Reggio, 1988
156. De Waele, J. A. 'La popolazione di Acragas antica', in *Φιλίας χάριν, Miscellanea in honore di Eugenio Manni* II, 747–60. Rome, 1979
157. Delatte, A. *Essai sur la politique pythagoricienne*. Paris, 1922
158. Di Vita, A. 'Le fortificazioni di Selinunte classica', *ASAA* 62 (1984 [1988]) 69–79
159. Di Vita, A. 'Selinunte fra il 650 ed il 409. Un modello urbanistico coloniale', *ASAA* 62 (1984 [1988]) 7–68
160. Dunbabin, T. J. *The Western Greeks*. Oxford, 1948
161. Evans, A. *The 'Horsemen' of Tarentum*. London, 1889
162. Fabricius, K. *Das antike Syrakus* (*Klio* Beih. 28, 1932)
163. Felletti Maj, B. M. *La tradizione italica nell'arte romana*. Rome, 1977
164. Finley, M. I. *Ancient Sicily*. Revd edn. London, 1979 (first edn *A History of Sicily to the Arab Conquest*. London, 1968)
165. Fiorentini, G. 'Santuari punici a Monte Adranone di Sambuca di Sicilia', in *Φιλίας χάριν, Miscellanea in honore di Eugenio Manni* III, 905–16. Rome, 1979
166. Fontana, M. J. 'Alcune considerazioni su Ermocrate Siracusano', in *Scritti sul mondo antico in memoria di Fulvio Grosso*, 152–65. Rome, 1981
167. Forti, L. and Stazio, Attilio. 'Vita quotidiana dei Greci d'Italia', in G 267, 643–716
168. Fracchia, H., Gualtieri, M. and De Polignac, F. 'Il territorio di Roccagloriosa in Lucania', *MEFRA* 95 (1983) 345–80
169. Fracchia, H. and Gualtieri, M. 'The social context of cult-practices in pre-Roman Lucania', *AJA* 93 (1989) 217–32
170. Fraschetti, A. 'La "barbarizzazione" di Poseidonia', *AION* 3 (1981) 97–115
171. Frederiksen, M. W. 'Campanian cavalry: a question of origins', *Dial. di Arch.* 2 (1968) 3–31
172. Frederiksen, M. 'Archaeology in South Italy and Sicily 1973–6', *Arch. Rep.* 23 (1977) 43–76
173. Frederiksen, M. W. *Campania*, ed. N. Purcell. London, 1984
174. Freeman, E. A. *History of Sicily* (vol. IV completed by A. Evans). Oxford, 1891–4
175. Fritz, K. von. *Pythagorean Politics in Southern Italy*. New York, 1942
176. Fuks, A. 'Redistribution of land and houses in Syracuse in 356 B.C. and its ideological aspects', *CQ* n.s. 18 (1968) 207–23 (=C 23, 213–29)
177. Gabba, E. and Vallet, G. *La Sicilia antica*. Naples, 1980
178. Gandolfo, L. 'Emissioni puniche di Sicilia a leggenda *ṣyṣ*', *Sicilia Archeologica* 17 (54–5, 1984) 75–87
179. Giangiulio, M. *Ricerche su Crotone arcaica*. Pisa, 1989
180. Giannelli, G. *La Magna Grecia da Pitagora a Pirro*. Milan, 1928
181. Gigante, M. 'La cultura a Taranto', in G 106, 67–131
182. Gitti, A. 'Ricerche sulla vita di Filisto, Adria e il luogo dell'esilio', *Mem. Linc.* ser. 8a, 4.4 (1952) 225–73

183. Gitti, A. 'Sulla colonizzazione greca nell'alto e medio Adriatico', *PdP* 7 (1952) 161–91

184. Giuffrida, M. 'Leontini, Catane e Nasso dalla II spedizione ateniese al 403', in *Φιλίας χάριν, Miscellanea in honore di Eugenio Manni*, III, 1137–56. Rome, 1979

185. *Gli ori di Taranto in età ellenistica* (Exhibition catalogue). Milan, 1984

186. Greco, E. 'Ricerche sulla chora poseidoniate: il "paesaggio agrario" dalla fondazione della città alla fine del IV sec. a.C.', *Dial. di Arch.* 2 (1979) 7–26

187. Greco, E. *Magna Grecia*. Rome–Bari, 1980

188. Greco, E. 'L'impianto urbano di Neapolis greca – aspetti e problemi', in G 112, 187–219

189. Greco, E. and Schnapp, A. 'Moio della Civitella et le territorie de Velia', *MEFRA* 95 (1983) 381–415

190. Grosso, F. 'Ermocrate di Siracusa', *KOKALOS* 12 (1966) 102–43

191. Guzzo, P. G. 'Archeologia e territorio nella sibaritide', in *Studi di antichità in onore di Guglielmo Maetzke* 309–15. Rome, 1984

192. Guzzo, P. G. *I Brettii. Storia e archeologia della Calabria preromana*. Milan, 1989

193. Guzzo, P. G. and Luppino, S. 'Per l'archeologia dei Brezi; due tombe fra Thurii e Crotone', *MEFRA* 92 (1980) 821–914

194. Hackforth, R. 'Southern Italy', in *CAH* VI[1] (1927) 299–301

195. Hinrichs, F. T. 'Hermokrates bei Thukydides', *Hermes* 109 (1981) 46–59

196. Hoffman, W. 'Der Kampf zwischen Rom und Tarent im Urteil der antike Überlieferung', *Hermes* 71 (1936) 11–24

197. Holm, A. *Geschichte Siziliens im Altertum* I–II. Leipzig, 1870–98

198. Höricht, L. A. Scatozza. *Le terracotte figurate di Cuma*. Rome, 1987

199. Hüttl, W. *Verfassungsgeschichte von Syrakus*. Prague, 1929

200. Jenkins, G. K. *Coins of Greek Sicily*. London, 1966

201. Jenkins, G. K. 'Coins of Punic Sicily', *Schweiz. Num. Rundschau* 50 (1971) 25–78, 53 (1974) 23–41, 56 (1977) 5–65, 57 (1978) 5–68

202. Jenkins, G. K. *The Coinage of Gela*. London, 1972

203. Jenkins, G. K. 'The coinages of Enna, Galaria, Piakos, Imachara, Kephaloidion and Longane', in *Le emissioni dei centri siculi fino all'epocha di Timoleonte e i loro rapporti con la monetazione delle colonie greche di Sicilia* (suppl. to *AIIN* 20 (1975)) 77–103

204. Johannowsky, W. 'Nuove tombe dipinte campane', in G 107, 375–82

205. Johannowsky, W. 'Pontecagnano', *Stud. Etr.* 49 (1981) 513

206. Knoepfler, D. 'La Sicile occidentale entre Carthage et Rome à la lumière des nouvelles inscriptions grecques d'Entella', *Annales de l'Université de Neuchâtel, 1985/1986* (1987) 4–27

207. La Regina, A. 'Appunti su entità etniche e strutture istituzionali nel Sannio antico', *AION* 3 (1981) 129–37

208. Lamboley, J.-L. 'Tarente et les Messapians: à propos de Strabon 6, 3, 4 (C281)', *MEFRA* 95 (1983) 523–33

209. Landi, A. *Dialetti e interazione sociale in Magna Grecia*, Naples, 1979

210. Lawrence, A. W. 'Archimedes and the design of Euryalus Fort', *JHS* 66 (1946) 99–107

211. Lazzeroni, R. 'Contatti di lingue e culture nell'Italia antica. Modelli egemoni e modelli subordinati nelle iscrizioni osche in grafia greca', *AION (Ling.)* 5 (1983) 171ff
212. Lepore, E. 'Per la storia economico-sociale di Neapolis', *PP* 7 (1952) 300–32
213. Lepore, E. 'La tradizione antica sui lucani e le origine dell'entità regionale', in G 119, 43–58
214. Lepore, E. 'Società indigena e influenza esterne con particolare riguardo all'influenze greca', in G 139, 317–24
215. Lepore, E. 'La tradizione antica sul mondo osco e la formazione storica delle entità regionali in Italia meridionale', in Campanile, E. (ed.) *Lingua e cultura degli Oschi*, 59ff. Pisa, 1985
216. Lipinsky, A. 'La corona votiva aurea da Armento', in G 119, 59–98
217. Littman, R. 'The plague at Syracuse in 396 B.C.', *Mnemosyne* 37 (1984) 110–16
218. Lo Porto, F. 'Topografia antica di Taranto', in G 106, 343–83
219. Lombardo, M. 'La Magna Grecia dalla fine del V secolo a.C. alla conquista romana', in G 269, 55–88
220. Macaluso, R. 'Monete a leggenda KAINON', in *Φιλίας χάριν, Miscellanea in honore di Eugenio Manni* IV, 1363–74, Rome, 1979
221. Maddoli, G. F. 'Megale Hellas; genesi di un concetto e realtà storico-politiche', in G 110, 9–33
222. Mambella, R. 'Su di un iscrizione vascolare', *Stud. Etr.* 52 (1986) 171–81
223. Manni, E. 'Alessandro il Molosso e la sua spedizione in Italia', *Studi Salentine* 14 (1962) 344–52
224. Manni, E. 'Sulla costituzione siracusana nel tempo di Timoleonte', in *Sodalitas. Scritti . . . A. Guarino* (Naples, 1985) I, 11–19
225. Manni, E. *et al.* 'I Cartaginesi in Sicilia all'epocha dei due Dionisi', *KOKALOS* 28–9 (1982–3) 127–277
226. Mazzei, M. 'Apri preromana e romana. I dati archeologici: analisi e proposte di interpretazione', *Taras* 6–7 (1984) 37–40
227. Mazzei, M. 'Nota su un gruppo di vasi policromi . . . da Arpi', *AION* 9 (1987) [1988] 167–88
228. Meister, K. 'Agathocles', in *CAH* VII^2.1 (1984) 384–411
229. Mele, A. 'I pitagorici ed Archita', in *Storia della società italiana* I, 272–84. Milan, 1981
230. Mele, A. 'Il pitagorismo e le popolazioni anelleniche di Italia', *AION* 3 (1981) 61–96
231. Mele, A. 'La Megale Hellas pitagorica: aspetti politici, economici e sociali', in G 110, 33–79
232. Mele, A. 'Crotone e la sua storia', in G 111, 9–87
233. Meloni, P. 'La contesa fra Taranto e Turi', *Rend. Linc.* 11–12 (1950) 591–3
234. Minar, E. L. *Early Pythagorean Politics*. Baltimore, 1942
235. Moretti, L. 'Problemi di storia tarantina', in G 106, 21–65
236. Musti, D. 'Problemi della storia di Locri Epizefirii', in G 109, 23–145
237. Musti, D. 'Il processo di formazione e diffusione delle tradizioni greche sui Daunii e su Diomede', in G 139, 93–111

238. Musti, D. 'La nozione storica di Sanniti nelle fonti greche e romane', in G 285, 73ff
239. Musti, D. *Strabone e la Magna Grecia*. Padua, 1988
240. Musti, D. 'Pitagorismo, storiografia e politica tra Magna Grecia e Sicilia', in G 131, 13–56
241. Mustilli, D. 'Civiltà della Magna Grecia', in G 105, 5–47
242. Nenci, G. 'Il problema storico di Cavallino', in Pancrazzi, O. (ed.) *Cavallino*, 9–50 (= Università di Lecce, Collana dell'Istituto di Archeologia e storia antica 2). 1979
243. Nenci, G. 'I rapporti fra la Daunia e il noto della Puglia fino alla romanizzazione', in G 139, 201–11
244. Niese, B. 'Dionysios' in *RE* 5A (1905) cols. 882–904
245. Nissen, H. *Italische Landeskunde*. 2 vols. Berlin, 1883–1902
246. Orlandini, P. 'La rinascità della Sicilia nell'età di Timoleonte alla luce della nuove scoperte archeologiche', *KOKALOS* 4 (1958) 24–30
247. Orth, W. 'Der Syrakusaner Herakleides als Politiker', *Historia* 28 (1979) 51–64
248. Pais, E. 'La spedizione di Alessandro il Molosse in Italia', in *Ricerche storiche e geografiche sull'Italia antica*, 135–98. Turin, 1908
249. Pareti, L. *Studi Siciliani ed Italioti*. Florence, 1914
250. Parlangeli, O. *Le iscrizione messapiche del Museo Provinciale Castromediano di Lecce*. 1970
250A. Parlangeli, O. and Santoro, C. 'I Messapi' in Prosdocimi, A. L. (ed.), *Lingue e dialetti* (Popoli e civiltà dell'Italia antica 6), 917–47. Rome, 1978
251. Pedley, J. G. *Paestum*. London, 1990
252. Penney, J. H. W. 'The languages of Italy', in *CAH* IV² (1988) ch. 15
253. Pisani, V. 'Ricognizioni osche e messapiche', in G 107, 107–24
254. Poccetti, P. 'Nomi di lingua e nomi di popolo nell'Italia antica tra etnografia, glossografia e retorica', *AION (Ling.)* 6 (1984) 160ff
255. Poccetti, P. *Per un identità culturale dei Brettii*. Naples, 1988
256. Poccetti, P. 'Le popolazioni anelleniche d'Italia tra Sicilia e Magna Grecia nel IV sec. a. Cr.', in G 131, 97–135
257. Pontrandolfo Greco, A. 'Segni di trasformazione sociale a Poseidonia tra la fine del V e gli inizi del III sec. a.C.', *Dial. di Arch.* 2 (1979) 27–50
258. Pontrandolfo Greco, A. *I Lucani. Etnografia e archeologia di una regione antica*. Milan, 1982
259. Pontrandolfo Greco, A. and Rouveret, A. 'Ideologia funeraria e società a Poseidonia nel IV sec a.C.', in *La mort, les morts dans les sociétés anciennes*, 299–31. Cambridge, 1982
260. Prosdocimi, A. 'Il conflitto delle lingue: per una applicazione della sociolinguistica al mondo antico', in G 108, 139–221
261. Prosdocimi, A. 'Sui grecismi nel Osco' in *Scritti in onore di Giuliano Bonfante*, 801–66. Brescia, 1976
262. Pugliese Carratelli, G. 'Per la storia dei culti di Taranto', in G 106, 133–46
263. Pugliese Carratelli, G. 'Samniti, Lucani, Brettii e Italioti dal secolo IV a.c.', in G 107, 37–54 (with preceding bibliography)
264. Pugliese Carratelli, G. 'Un nuovo testo orfico', *PP* 29 (1974) 108–26
265. Pugliese Carratelli, G. 'Ancora sulla lamina orfica di Hipponion', *PP* 31

(1976) 458–66
266. Pugliese Carratelli, G. 'Storia civile' in G 267, 5–104
267. Pugliese Carratelli, G. (ed.) *Megale Hellas, storia e civiltà della Magna Grecia.* Milan, 1983
268. Pugliese Carratelli, G. (ed.) *Sikanie. Storia e civiltà della Sicilia greca.* Milan, 1985
269. Pugliese Carratelli, G. (ed.) *Magna Grecia, lo sviluppo politico, sociale ed economico.* Milan, 1987
270. Quilici, L., Quilici Gigli, S. and Pala, C. *Carta archeologica della piana di Sibari* (= *Atti e Mem. Soc. Mag. Gr.* IX–X (1968–9)) 91–155. Rome, 1969
271. Raccuia, C. 'Messana, Rhegion e Dionisio I del 404 al 398', *Riv. stor. ant.* 11 (1981) 15–32
272. Rallo, A. 'L'abitato di Selinunte: il quartiere punico e la sua necropoli', *KOKALOS* 28–9 (1982–3) 169–77
273. Rallo, A. 'Nuovi aspetti dell'urbanistica selinuntina', *ASAA* 62 (1984 (1988)) 81–96
274. Ridgway, D. 'Archaeology in South Italy 1977–82', *AR* 28 (1982) 63–83
275. Ridgway, D. 'Archaeology in Sardinia and South Italy 1983–8', *AR* 35 (1989) 130–47
276. Rouveret, A. *Guerres et sociétés en Italie, 5me–4me siècle av. J.-C.* Paris, 1986
277. Sabbatini, C. 'Aspetti della politica di Dionisio in Italia: note sul testo diodoreo', *Riv. stor. ant.* 16 (1986) [1988] 31–48
278. Sabbatini, C. 'Diodoro, Turi, gli Italioti e la battaglia di Laos', *Riv. stor. ant.* 17–18 (1987–8) [1989] 7–37
279. Salmon, E. T. *Samnium and the Samnites.* Cambridge, 1967
280. Salmon, E. T. *The Making of Roman Italy.* London, 1982
281. Salmon, E. T. 'The Iron Age: The peoples of Italy', in *CAH* IV² (1988) ch. 14
282. Sanders, L. J. 'Dionysius I of Syracuse and the validity of the hostile tradition', *SCI* 5 (1979/80) 64–84
283. Sanders, L. J. *Dionysius I of Syracuse and Greek Tyranny.* London–New York–Sydney, 1987
284. *Sannio: Pentri e Frentani dal VI al I sec. a.C.* (Exhibition catalogue). 1980
285. *Sannio: Pentri e Frentani dal VI al I sec. a.C., Atti Convegno 1980.* Matrice, 1984
286. Santoro, C. 'Il dunastes dei Messapi Arta e la spedizione degli Ateniesi in Sicilia', in *Studi di storia pugliese in onore di G. Chiarelli*, 31–60. 1972
287. Santoro, C. 'La situazione storico-linguistica della Peucezia preromana alla luce di nuovi documenti', in Santoro, C. and Marangio, C. (eds.) *Studi storico-linguistici in onore di Francesco Ribezzo*, 219–330. Mesague, 1978
288. Sartori, F. 'Sulla *δυναστεία* di Dionisio il Vecchio nell'opera Diodorea', *Critica Storica* 5 (1966) 3–66
289. Seibert, J. 'Die Bevölkerungs Fluktuation in den Griechenstädten Siziliens', *AncSoc* 13–14 (1982–3) 33–65
290. Small, A. *Monte Irsi* (= BAR Suppl. 20). Oxford, 1977
291. Sordi, M. *I rapporti romano-ceriti e le origini della civitas sine suffragio.* Rome, 1960

292. Sordi, M. *Timoleonte*. Palermo, 1961
293. Sordi, M. *Roma e i Sanniti nel IV sec. a.C.* Bologna, 1969 (reviewed by Pinsent, J., *JRS* 61 (1971) 271–2)
294. Sordi, M. 'Dionigi I e Platone' in *Φιλίας χάριν, Miscellanea in honore di Eugenio Manni* VI, 2013–22. Rome, 1979
295. Sordi, M. 'I rapporti fra Dionigi I e Cartagine fra la pace del 405/4 e quella del 392/1', *Aevum* 54 (1980) 22–34
296. Sordi, M. 'Il IV e III secolo da Dionigi I a Timoleone', in G 175, II 1, 207–88
297. Sordi, M. 'Ermocrate di Siracusa, demagogo e tiranno mancato', in *Scritti sul mondo antico in memoria di Fulvio Grosso*, 595–600. Rome, 1981
298. Sordi, M. *La Sicilia dal 368/7 al 337/6*. Rome, 1983
299. Sprute, J. 'Dions syrakusanische Politik und die politischen Ideale Platons', *Hermes* 100 (1972) 294–313
300. Stazio, A. 'Moneta e scambi', in G 267, 105–72
301. Stroheker, K. F. 'Platon und Dionysios', *Hist. Zeitschr.* 179 (1952) 225–59
302. Stroheker, K. F. *Dionysios I: Gestalt und Geschichte des Tyrannen von Syrakus*. Wiesbaden, 1958
303. Tagliamonte, G. 'Alcune considerazioni sull'istituto italico della vereiia', *PP* 44 (1989) 361–76
304. Talbert, R. J. A. *Timoleon and the Revival of Greek Sicily 344–317 B.C.* Cambridge, 1974
305. Thesleff, H. 'Okellos, Archytas and Plato', *Eranos* 60 (1962) 5ff
306. Torelli, M. 'Contributo dell'archeologia alla storia sociale: l'Etruria e l'Apulia', *Dial. di Arch.* 4–5 (1970–1) 439ff
307. Torelli, M. *Elogia Tarquiniensia*. Florence, 1975
308. Torelli, M. 'Aspetti storico-archeologici della romanizzazione della Daunia', in G 139, 325–40
309. Toynbee, A. *Hannibal's Legacy*. London, 1965
310. Tréziny, H. 'Main d'oeuvre indigène et hellénisation: le problème des fortifications lucaniennes', in *Architecture et société de l'archaisme grec à la fin de la république romaine*, 105–118 (= *Coll. Ec. Fr. Rome* 66). Paris, 1983
311. Tusa, V. 'L'attività della Soprintendenza archeologico della Sicilia occidentale nel quadrennio maggio 1980–aprile 1984', *KOKALOS* 30–1 (1984–5) 539–610
312. Tusa, V. 'The Punics in Sicily', in F 304, 186–205
313. Tusa Cutroni, A. 'La monetazione di Siracusa sotto Dionisio I', in *Φιλίας χάριν, Miscellanea in honore di Eugenio Manni*, II, 629–48. Rome, 1979
314. Tusa Cutroni, A. 'Rapporti tra greci e punici in Sicilia attraverso l'evidenza numismatica', in G 4, 135–43
315. Tusa Cutroni, A. 'Recenti soluzioni e nuovi problemi sulla monetazione punica della Sicilia', R. *Stud. Fen.* 11.2 (1983) 37–42
316. Uguzzoni, A. and Ghinatti, F. *Le tavole greche di Eraclea*. Rome, 1968
317. Vattuone, R. 'Atene ed i Siculi nel 415 a.c. Nota a Thuc. VI.88', *Riv. Stor. ant.* 9 (1979) 1–9
318. Vattuone, R. 'Linee della politica di Agatocle in Magna Grecia', *Riv. stor. ant.* 17–18 (1987–8) [1989] 55–72

319. Vetter, E. *Handbuch der italischen Dialekte*. Heidelberg, 1953
320. Voit, L. 'Zur Dion-Vita', *Historia* 3 (1954–55) 171–92
321. Westlake, H. D. *Timoleon and his Relations with Tyrants*. Manchester, 1952
322. Westlake, H. D. 'Hermocrates the Syracusan', *Bulletin of the John Rylands Library* 41 (1958–9) 239–68 (= A 62, 174–202)
323. Westlake, H. D. 'Friends and successors of Dion', *Historia* 32 (1983) 161–72
324. Whitaker, J. A. S. *Motya*. London, 1921
325. Woodhead, A. G. 'The "Adriatic Empire" of Dionysius I of Syracuse', *Klio* 52 (1970) 503–12
326. Wuilleumier, P. *Tarente des origines à la conquête romaine*. Paris, 1939; repr. 1968

H. 希腊文化与科学

Ⅰ.哲学、修辞与宗教

1. Barnes, J., Schofield, M. and Sorabji, R. (eds.) *Articles on Aristotle*. 4 vols. 1: *Science*, 2: *Ethics and Politics*, 3: *Metaphysics*, 4: *Psychology and Aesthetics*. London, 1975–79
2. Baynes, N. H. 'Isocrates', in *id.*, *Byzantine Studies and Other Essays*, 144–67. London, 1955
3. Berti, E. *La filosofia di primo Aristotele*. Padova, 1962
4. Bignone, E. *L'Aristotele perduto e la formazione filosofica di Epicuro*. Florence, 1936
5. Blass, F. *Die attische Beredsamkeit*. 2nd edn. 3 vols in 4. Leipzig, 1887–98
6. Bowen, A. C. and Goldstein, B. R. 'Meton of Athens and astronomy in the late fifth century B.C.' in Leichty, E. and others (eds.), *A Scientific Humanist, Studies in Memory of Abraham Sachs* (Occasional Publications of the S. N. Kramer Fund 9), 39–81. Philadelphia, 1988
7. Bremmer, J. (ed.) *Interpretations of Greek Mythology*. London–Sydney, 1987
8. Bringmann, K. *Studien zu den politischen Ideen des Isokrates* (Hypomnemata 14). Göttingen, 1965
9. Brink, K. O. 'Peripatos', *RE* Suppl. 7 (1940) cols. 899–949
10. Bulmer-Thomas, I. 'Theaetetus', in *Dictionary of Scientific Biography*, XIII, 301–7. New York, 1976
11. Cartledge, P. A. 'Yes, Spartan kings were heroized', *LCM* 13.3 (1988) 43–4
12. Cherniss, H. *Aristotle's Criticism of Plato and the Academy*. Baltimore, 1944
13. Cherniss, H. *The Riddle of the Early Academy*. Berkeley–Los Angeles, 1945
14. Cherniss, H. 'The relation of the Timaeus to Plato's later dialogues', *AJP* 78 (1957) 225–66
15. Cherniss, H. 'Timaeus 38A8–B5', *JHS* 77 (1957) 18–23
16. Chroust, A.-H. 'What prompted Aristotle to address the Protrepticus to Themison of Cyprus?' *Hermes* 94 (1966) 202–7

17. Chroust, A.-H. 'Aristotle returns to Athens in the year 335/4 B.C.', *Laval Théologique et Philosophique* 23 (1967) 244–54
18. Chroust, A.-H. 'Plato's Academy: the first organized school of political science in antiquity', *Review of Politics* 29 (1967) 25–40
19. Chroust, A.-H. 'Speusippus succeeds Plato in the scholarchate of the Academy', *REG* 84 (1971) 170–6
20. Chroust, A.-H. *Aristotle: New Light on His Life and on Some of His Lost Works*. Notre Dame–London, 1973
21. Connors, R. J. 'Greek rhetoric and the transition from orality', *Philosophy and Rhetoric* 19 (1986) 38–65
22. Cornford, F. M. *Plato's Theory of Knowledge*. London, 1935
23. Cornford, F. M. *Plato's Cosmology*. London, 1937
24. Cornford, F. M. *Plato and Parmenides*. London, 1939
25. Decleva Caizzi, F. 'Antistene', *Studi Urbinati* n.s.B. 1–2 (1964), 48–99
26. Decleva Caizzi, F. *Antisthenis Fragmenta*. Varese–Milan, 1966
27. Decleva Caizzi, F. *Pirrone: Testimonianze*. Naples, 1981
28. Dihle, A. 'Das Satyrspiel "Sisyphos"', *Hermes* 105 (1977) 28–42
29. Dobesch, G. *Der panhellenische Gedanke im 4. Jh. v. Chr. und der 'Philippos' des Isokrates*. Vienna, 1968
30. Dodds, E. R. *The Greeks and the Irrational*. Berkeley–Los Angeles, 1951
31. Döring, K. *Die Megariker. Kommentierte Sammlung der Testimonien*. Amsterdam, 1972
32. Dover, K. J. *Greek Popular Morality in the Time of Plato and Aristotle*. Oxford, 1974
33. Düring, I. 'Notes on the history of the transmission of Aristotle's writings', *Göteborgs Högskolas Årsskrift* 56 (1950) 37–70
34. Düring, I. (ed.) *Chion of Heraclea*. Göteborg, 1951
35. Düring, I. 'Aristotle the scholar', *Arctos*. Acta Philologica Fennica, n.s. 1 (1954) 61–77
36. Düring, I. *Aristotle in the Ancient Biographical Tradition*. Göteborg, 1957
36A. Düring, I. *Aristotle's* Protrepticus: *An Attempt at Reconstruction*. Göteborg, 1961
37. Düring, I. *Aristoteles: Darstellung und Interpretation seines Denkens*. Heidelberg, 1966
38. Edelstein, L. *Plato's Seventh Letter*. Leiden, 1966
39. Eucken, C. *Isokrates. Seine Positionen in der Auseinandersetzung mit den zeitgenössischen Philosophen*. Berlin–New York, 1983
40. Fontenrose, J. *The Delphic Oracle*. Berkeley, 1978
41. Fowler, D. H. *The Mathematics of Plato's Academy. A New Reconstruction*. Oxford, 1987
42. von Fritz, K. 'Philippos (42) von Opus', *RE* 19 (1938) coll. 2351–66
43. von Fritz, K. *Platon in Sizilien und das Problem der Philosophenherrschaft*. Berlin, 1968
44. Fuks, A. 'Plato and the social question: the problem of poverty and riches in the *Republic*', *AncSoc* 8 (1977) 49–83 (=C 23, 80–114)
45. Fuks, A. 'Plato and the social question: the problem of poverty and riches in the *Laws*', *AncSoc* 10 (1979) 33–78 (=C 23, 126–71)

46. Gaiser, K. *Platons ungeschriebene Lehre. Studien zur systematischen und geschichtlichen Begründung der Wissenschaften in der platonischen Schule.* Stuttgart, 1963
47. Gaiser, K. 'Die Elegie des Aristoteles an Eudemos', *Mus. Helv.* 23 (1966) 84–106
48. Gaiser, K. 'Plato's enigmatic lecture "On the Good"', *Phronesis* 25 (1980) 5–37
49. Gaiser, K. *Theophrast in Assos. Zur Entwicklung der Naturwissenschaft zwischen Akademie und Peripatos* (Abh. Heidelb. Akad. d. Wiss. Philos.–hist. Kl. 3). Heidelberg, 1985
50. Gaiser, K. *Philodems Academica. Die Berichte über Platon und die Alte Akademie in zwei herkulanensischen Papyri* (Supplementum Platonicum I). Stuttgart–Bad Cannstatt, 1988
51. Gehrke, H.-J. 'Die klassische Polisgesellschaft in der Perspektive griechischer Philosophen', *Saeculum* 36 (1985) 133–50
52. Giannantoni, G. *Socraticorum Reliquiae.* 4 vols. Naples, 1983–5
53. Gottschalk, H. B. 'Notes on the wills of the Peripatetic scholarchs', *Hermes* 100 (1972) 314–42
54. Gottschalk, H. B. *Heraclides of Pontus.* Oxford, 1980
55. Günther, W. *Das Orakel von Didyma in hellenistischer Zeit* (*Ist. Mitt.* Beih. 4). Tübingen, 1971
56. Guthrie, W. K. C. *A History of Greek Philosophy.* 6 vols. Cambridge, 1962–81
57. Habicht, C. *Hellenistic Athens and Her Philosophers* (David Magie Lecture 1988). Princeton, 1988
58. Harding, P. 'The purpose of Isokrates' *Archidamos* and *On the Peace*', *CSCA* 6 (1973) 137–49
59. Howland, R. L. 'The attack on Isocrates in the *Phaedrus*', *CQ* 31 (1937) 151–9
60. Huxley, G. L. 'Studies in the Greek astronomers', *GRBS* 4 (1963) 83–96
61. Huxley, G. L. 'Eudoxus of Cnidus', in *Dictionary of Scientific Biography*, IV (1971) 465–7
62. Huxley, G. L. *On Aristotle and Greek Society.* Belfast, 1979
63. Isnardi Parente, M. *Speusippo: Frammenti.* Naples, 1980
64. Isnardi Parente, M. *Senocrate–Ermodoro: Frammenti.* Naples, 1982
65. Jaeger, W. 'Aristotle's verses in praise of Plato', *CQ* 21 (1927) 13–17
66. Jaeger, W. *Paideia: the Ideals of Greek Culture*, trans. G. Highet. Oxford, I[4] 1954, II and III 1943–4
67. Jaeger, W. *Aristotle: Fundamentals of the History of His Development.* Trans. by R. Robinson. 2nd edn. Oxford, 1948
68. Johnson, R. 'A note on the number of Isocrates' pupils', *AJP* 78 (1957) 296–300
69. Kahn, C. H. 'Did Plato write Socratic dialogues?', *CQ* n.s. 31 (1981) 305–20
70. Kahn, C. H. 'On the relative date of the Gorgias and the Protagoras', *Oxford Studies in Ancient Philosophy* 6 (1988) 69–102
71. Kapp, E. 'The Theory of Ideas in Plato's earlier dialogues', *Ausgewählte Schriften*, 55–150. Berlin, 1968

72. Kessler, J. *Isokrates und die panhellenische Idee*. Paderborn, 1911
73. Krämer, H. J. *Arete bei Platon und Aristoteles. Zum Wesen und zur Geschichte der platonischen Ontologie* (Abh. Heidelb. Akad. d. Wiss., Philos.–hist. Kl. 959. 6). Heidelberg, 1959
74. Lasserre, F. *Die Fragmente des Eudoxos von Knidos*. Berlin, 1966
75. Lasserre, F. *De Léodamas de Thasos à Philippe d'Oponte*. Naples, 1987
76. Lynch, J. P. *Aristotle's School. A Study of a Greek Educational Institution*. Berkeley–Los Angeles–London, 1972
77. Mannebach, E. *Aristippi et Cyrenaicorum Fragmenta*. Leiden–Cologne, 1961
78. Marrou, H. I. *A History of Education in Antiquity*. Trans. by G. Lamb. London–New York, 1956
79. Mejer, J. *Diogenes Laertius and his Hellenistic Background*. (*Hermes* Einzelschrift 40). Wiesbaden, 1978
80. Mekler, S. (ed.) *Academicorum Philosophorum Index Herculanensis*. Berlin, 1902; repr. 1958
81. Merlan, P. 'The successor of Speusippus', *TAPA* 79 (1946) 103–11
82. Merlan, P. 'The life of Eudoxus', *Studies in Epicurus and Aristotle*. Wiesbaden, 1960
83. Mikkola, E. *Isokrates. Seine Anschauungen im Lichte seiner Schriften* (Annales Academiae Scientiarum Fennicae. Ser. B. vol. 89). Helsinki, 1954
84. Moraux, P. *Les listes anciennes des ouvrages d'Aristote*. Louvain, 1951
85. Morrow, G. R. *Plato's Epistles*. Revised edn. Indianapolis, 1962
86. Mulvany, C. M. 'Notes on the legend of Aristotle', *CQ* 20 (1926) 155–68
87. Neugebauer, O. *A History of Ancient Mathematical Astronomy* (Studies in the History of Mathematics and Physical Sciences 1). Berlin–Heidelberg–New York, 1975
88. Newman, W. L. *The Politics of Aristotle*. 4 vols. Oxford, 1887
89. Owen, G. E. L. 'The place of the Timaeus in Plato's dialogues', *CQ* n.s. 3 (1953) 79–95
90. Parke, H. W. and Wormell, D. E. W. *The Delphic Oracle*, I–II. Oxford, 1956
91. Parker, R. C. T. *Miasma*. Oxford, 1983
92. Parker, R. 'Were Spartan kings heroized?', *LCM* 13.1 (1988) 9–10
93. Patzer, A. *Bibliographica Socratica. Die wissenschaftliche Literatur über Sokrates von den Anfängen bis auf die neueste Zeit in systematisch-chronologischer Anordnung*. Freiburg–Munich, 1985
94. Pickard-Cambridge, A. W., rev. Gould, J. P. A. and Lewis, D. M. *The Dramatic Festivals of Athens*. Oxford, 1968 (Reprinted with additions, 1988)
95. Plezia, M. *Aristoteles: Privatorum Scriptorum Fragmenta*. Leipzig, 1977
96. Regenbogen, O. 'Theophrastos', *RE* Suppl. 7 (1940) cols. 1354–562
97. Rice, D. G. and Stambaugh, J. E. *Sources for the Study of Greek Religion*. Williamstown, 1979
98. Riginos, A. S. *Platonica: The Anecdotes concerning the Life and Writings of Plato*. Leiden, 1976
99. Rist, J. M. *The Mind of Aristotle*. Toronto, 1989

100. Ross, W. D. (ed.) *The Works of Aristotle Translated into English*, XII: *Select Fragments*. Oxford, 1952
101. Rossetti, L. '"Socratica" in Fedone di Elide', *Studi Urbinati* 47 (1973) 364–81
102. Russell, D. *Greek Declamation*. Oxford, 1983
103. Sarton, G. *A History of Science: Ancient Science through the Golden Age of Greece*. Cambridge, MA, 1952
104. Seck, F. (ed.) *Isokrates* (Wege der Forschung 351). Darmstadt, 1976
105. Seck, F. 'Die Komposition des "Panegyrikos"', in H 104, 353–70
106. von Straten, F. T. 'Did the Greeks kneel before their gods?', *Bulletin Antieke Beschaving* 49 (1974) 159–89
107. Szlezák, T. A. *Platon und die Schriftlichkeit der Philosophie: Interpretationen zu den frühen und mittleren Dialogen*. Berlin, 1985
108. Tarán, L. *Academica: Plato, Philip of Opus, and the Pseudo-Platonic Epinomis*. Philadelphia, 1972
109. Tarán, L. *Speusippus of Athens*. Leiden, 1981
110. Thesleff, H. *Studies in Platonic Chronology*. (Commentationes Humanarum Litterarum 70). Helsinki, 1982
111. van Groningen, B. A. *Aristote. Le Second Livre de l'Economique*. Leiden, 1933
112. Vlastos, G. (ed.) *The Philosophy of Socrates*. New York, 1971
113. de Vries, G. J. *A Commentary on the Phaedrus of Plato*. Amsterdam, 1969
114. Walzer, R. 'Fragmenta graeca in litteris arabicis', *Journal of the Royal Asiatic Society* (1939) 414–22
115. Wehrli, F. *Aristoxenos*. Basel, 1945
115A. Wehrli, F. *Die Schule des Aristoteles*. 10 vols. Basel, 1944–59 (2nd edn 1967–9)
116. West, M. L. *Early Greek Philosophy and the Orient*. Oxford, 1971
117. Westerink, L. G. (ed.) *Anonymous Prolegomena to Platonic Philosophy*. Amsterdam, 1962
118. Whitehead, D. 'Aristotle the Metic', *PCPhS* 201 (1975) 94–9
119. Whitehead, D. 'Xenocrates the Metic', *Rh. Mus.* 124 (1981) 235–8
120. Wilamowitz, U. *Platon*. Berlin, 1920
121. Wilcox, S. 'The scope of early rhetorical instruction', *HSCP* 53 (1942) 121–55
122. Wilcox, S. 'Isocrates' fellow-rhetoricians', *AJP* 66 (1945) 171–86
123. Wörle, A, *Die Politische Tätigkeit der Schüler Platons*. Darmstadt, 1981
124. Wormell, D. E. W. 'The literary tradition concerning Hermias of Atarneus', *YCS* 5 (1935) 57–92

Ⅱ.医学

125. Artelt, W. *Studien zur Geschichte der Begriffe 'Heilmittel' und 'Gift'*. Leipzig, 1937
126. Baader, G. and Winau, R. (eds.) *Die hippokratischen Epidemien* (Sudhoffs Archiv Beiheft 27). Stuttgart, 1989
127. Bourgey, L. *Observation et expérience chez les médecins de la collection hippocratique*. Paris, 1953

128. Bourgey, L. and Jouanna, J. (eds.) *La collection hippocratique et son rôle dans l'histoire de la médecine*. Leiden, 1975
129. Breasted, J. H. *The Edwin Smith Surgical Papyrus*. 2 vols. Chicago, 1930
130. Cambiano, G. 'Dialettica, medicina, retorica nel "Fedro" platonico', *Rivista di Filosofia* 57 (1966) 284–305
131. Cambiano, G. 'Patologia e metafora politica: Alcmeone, Platone, *Corpus Hippocraticum*', *Elenchos* 3 (1982) 219–36
132. Campese, S., Manuli, P. and Sissa, G. *Madre materia*. Turin, 1983
133. Cohn-Haft, L. *The Public Physicians of Ancient Greece* (Smith College Studies in History 42). Northampton, MA, 1956
134. Deichgräber, K. *Die Epidemien und das Corpus Hippocraticum* (Abh. d. Preuss. Akad. d. Wiss., Jahrgang 1933, 3, phil.-hist. kl.). Berlin, 1933
135. Deichgräber, K. 'Die ärztliche Standesethik des hippokratischen Eides', *Quellen und Studien zur Geschichte der Naturwissenschaften und der Medizin* 3, 2 (1933) 79–99
136. Deichgräber, K. *Hippokrates, Über Entstehung und Aufbau des menschlichen Körpers* (*Περὶ σαρκῶν*). Leipzig, 1935
137. Deichgräber, K. *Pseudhippokrates Über die Nahrung* (Abh. Ak. Mainz, Jahrgang 1973, 3). Wiesbaden, 1973
138. Delatte, A. *Herbarius: Recherches sur le cérémonial usité chez les anciens pour la cueillette des simples et des plantes magiques* (Académie Royale de Belgique, Mémoires de la Classe des Lettres, 2nd ser. 54, 4, 3rd edn). Brussels, 1961
139. Di Benedetto, V. 'Cos e Cnido', in *Hippocratica* (ed. M. D. Grmek), 97–111. Paris, 1980
140. Di Benedetto, V. *Il medico e la malattia*. Turin, 1986
141. Diepgen, P. *Die Frauenheilkunde der alten Welt*. Munich, 1937
142. Diller, H. *Wanderarzt und Aitiologe* (*Philologus* Suppl. Bd. 26, 3). Leipzig, 1934
143. Diller, H. 'Ausdrucksformen des methodischen Bewusstseins in den hippokratischen Epidemien' (*Archiv für Begriffsgeschichte* 9 (1964) 133–50), in H 145, 106–23
144. Diller, H. 'Eine stoisch-pneumatische Schrift im Corpus Hippocraticum' (*Sudhoffs Archiv für Geschichte der Medizin und der Naturwissenschaften* 29 (1936–7) 178–95), in H 145, 17–30
145. Diller, H. *Kleine Schriften zur antiken Medizin*. Berlin, 1973
146. Ducatillon, J. *Polémiques dans la collection hippocratique*. Lille, 1977
147. Duminil, M.-P. *Le sang, les vaisseaux, le coeur dans la collection hippocratique*. Paris, 1983
148. Ebbell, B. *The Papyrus Ebers*. Copenhagen–London, 1937
149. Edelstein, E. J. and Edelstein, L. *Asclepius*. 2 vols. Baltimore, 1945
150. Edelstein, L. *ΠΕΡΙ ΑΕΡΩΝ und die Sammlung der hippokratischen Schriften* (Problemata 4). Berlin, 1931
151. Edelstein, L. 'Greek medicine in its relation to religion and magic', *Bulletin of the Institute of the History of Medicine* 5 (1937) 201–46 in H 152, 205–46
152. Edelstein, L. *Ancient Medicine* (eds. O. and C. L. Temkin). Baltimore, 1967
153. Edelstein, L. 'The genuine works of Hippocrates' (*Bulletin of the Institute*

of the History of Medicine 7 (1939) 236–48), in H 152, 133–44
154. Edelstein, L. 'The history of anatomy in antiquity' (originally 'Die Geschichte der Sektion in der Antike', *Quellen und Studien zur Geschichte der Naturwissenschaften und der Medizin* 3, 2 (1932–3) 100–56), in H 152, 247–301
155. Festugière, A. J. *Hippocrate, L'Ancienne médecine* (Etudes et Commentaires 4). Paris, 1948
156. Goltz, D. *Studien zur altorientalischen und griechischen Heilkunde, Therapie, Arzneibereitung, Rezeptstruktur* (*Sudhoffs Archiv* Beiheft 16). Wiesbaden, 1974
157. Gomperz, T. *Die Apologie der Heilkunst.* 2nd edn. Leipzig, 1910
158. Gourevitch, D. *Le Triangle hippocratique dans le monde gréco-romaine: le malade, sa maladie et son médecin.* Paris, 1984
159. Grapow, H. *Grundriss der Medizin der alten Ägypter*, 9 vols. Berlin, 1954–73
160. Grensemann, H. *Die hippokratische Schrift 'Über die heilige Krankheit'* (Ars Medica Abt. 2, 1). Berlin, 1968
161. Grensemann, H. *Knidische Medizin*, I (Ars Medica Abt. 2, 4, 1). Berlin, 1975
162. Grensemann, H. *Hippokratische Gynäkologie.* Wiesbaden, 1982
163. Grensemann, H. *Knidische Medizin*, II (*Hermes* Suppl. Bd. 51). Stuttgart, 1987
164. Grmek, M. D. (ed.) *Hippocratica* (Actes du Colloque Hippocratique de Paris). Paris, 1980
165. Grmek, M. D. *Diseases in the Ancient Greek World* (transl. of *Les Maladies à l'aube de la civilisation occidentale*, Paris, 1983). Baltimore, 1989
166. Hanson, A. E. 'Hippocrates: *Diseases of Women* I', *Signs* 1, 2 (1975) 567–84
167. Hanson, A. E. 'Diseases of women in the Epidemics', in H 126, 38–51
168. Hanson, A. E. 'The medical writer's woman', in Halperin, D. M., Winkler, J. J. and Zeitlin, F. I. (eds.), *Before Sexuality*, 309–38. Princeton, 1990
169. Harig, G. 'Bemerkungen zum Verhältnis der griechischen zur altorientalischen Medizin', in H 180, 77–94
170. Harig, G. 'Anfänge der theoretischen Pharmakologie im Corpus Hippocraticum', in H 164, 223–45
171. Harig, G. and Kollesch, J. 'Neue Tendenzen in der Forschung zur Geschichte der antiken Medizin', *Philologus* 121 (1977) 114–36
172. Harig, G. and Kollesch, J. 'Der hippokratische Eid. Zur Entstehung der antiken Deontologie', *Philologus* 122 (1978) 157–76
173. Harris, C. R. S. *The Heart and the Vascular System in Ancient Greek Medicine from Alcmaeon to Galen.* Oxford, 1973
174. Heidel, W. A. *Hippocratic Medicine: its Spirit and Method.* New York, 1941
175. Herter, H. 'The problematic mention of Hippocrates in Plato's *Phaedrus*', *Illinois Classical Studies* 1 (1976) 22–42
176. Herzog, R. *Die Wunderheilungen von Epidauros* (*Philologus* Suppl. Bd. 22, 3). Leipzig, 1931
177. Joly, R. *Recherches sur le traité pseudo-hippocratique Du Régime*

(Bibliothèque de la faculté de philosophie et lettres de l'Université de Liège 156). Paris, 1960
178. Joly, R. *Le niveau de la science hippocratique*. Paris, 1966
179. Joly, R. 'Remarques sur le "De Alimento" pseudo-hippocratique', in Bingen, J., Cambier, G. and Nachtergael, G. (eds.), *Le monde grec. Hommages à Claire Préaux*, 271–6. Brussels, 1975
180. Joly, R. (ed.) *Corpus Hippocraticum* (Actes du Colloque hippocratique de Mons, Editions Universitaires de Mons, Série Sciences Humaines 4). Mons, 1977
181. Joly, R. 'Un peu d'épistémologie historique pour hippocratisants', in H 164, 285–97
182. Joly, R. 'Hippocrates and the School of Cos', in Ruse, M. (ed.), *Nature Animated*, 29–47. Dordrecht, 1983
183. Joly, R. 'Platon, Phèdre et Hippocrate: vingt ans après', in H 202, 407–21
184. Jones, W. H. S. *Philosophy and Medicine in Ancient Greece* (Suppl. to the Bulletin of History of Medicine, 8). Baltimore, 1946
185. Jones, W. H. S. *The Medical Writings of Anonymus Londinensis*. Cambridge, 1947
186. Jouanna, J. *Hippocrate: pour une archéologie de l'école de Cnide*. Paris, 1974
187. Jouanna, J. 'La *Collection Hippocratique* et Platon (*Phèdre*, 269c–272a)', *REG* 90 (1977) 15–28
188. King, H. 'Bound to bleed: Artemis and Greek women', in Cameron, A. and Kuhrt, A., (eds.), *Images of Women in Antiquity*, 109–27. London, 1983
189. King, H. 'The daughter of Leonides: reading the Hippocratic corpus', in Cameron, A. (ed.), *History as Text*, 11–32. London, 1989
190. Knutzen, G. H. *Technologie in den hippokratischen Schriften Περὶ διαίτης ὀξέων, περὶ ἀγμῶν, περὶ ἄρθρων ἐμβολῆς* (Abh. Ak. Mainz 1963, 14). Wiesbaden, 1964
191. Koelbing, H. M. *Arzt und Patient in der antiken Welt*. Zurich–Munich, 1977
192. Kollesch, J. 'Ärztliche Ausbildung in der Antike', *Klio* 61 (1979) 507–13
193. Kudlien, F. *Der Beginn des medizinischen Denkens bei den Griechen*. Zurich–Stuttgart, 1967
194. Kudlien, F. 'Early Greek primitive medicine', *Clio Medica* 3 (1968) 305–36
195. Kudlien, F. 'Antike Anatomie und menschlicher Leichnam', *Hermes* 97 (1969) 78–94
196. Kudlien, F. 'Dialektik und Medizin in der Antike', *Medizinhistorisches Journal* 9 (1974) 187–200
197. Kudlien, F. 'Bemerkungen zu W. D. Smith's These über die knidische Ärzteschule', in H 180, 95–103
198. Kühn, J.-H. *System- und Methodenprobleme im Corpus Hippocraticum* (*Hermes* Einzelschriften 11). Wiesbaden, 1956
199. Laín Entralgo, P. *The Therapy of the Word in Classical Antiquity* (transl. of *La curación por la palabra en la Antigüedad clásica*, Madrid, 1958). New Haven–London, 1970

200. Lanata, G. *Medicina Magica e Religione Popolare in Grecia*. Rome, 1967
201. Langholf, V. *Medical Theories in Hippocrates. Early Texts and the 'Epidemics'* (Untersuchungen zur antiken Literatur und Geschichte 34). Berlin, 1990
202. Lasserre, F. and Mudry, P. (eds.) *Formes de pensée dans la collection hippocratique* (Actes du IVe Colloque International Hippocratique, Lausanne, 1981). Geneva, 1983
203. Lefebure, G. *Essai sur la médecine Egyptienne de l'époque pharaonique*. Paris, 1956
204. Lefkowitz, M. *Heroines and Hysterics*. London, 1981
205. Lesky, E. *Die Zeugungs- und Vererbungslehren der Antike und ihr Nachwirken* (Abh. Ak. Mainz 1950, 19). Wiesbaden, 1951
206. Lichtenthaeler, C. *La médecine hippocratique. I Méthode expérimentale et méthode hippocratique*. Lausanne, 1948
207. Lloyd, G. E. R. (ed.) *Hippocratic Writings*. London, 1978
208. Lloyd, G. E. R. *Magic, Reason and Experience*. Cambridge, 1979
209. Lloyd, G. E. R. *Science, Folklore and Ideology*. Cambridge, 1983
210. Lloyd, G. E. R. *The Revolutions of Wisdom*. Berkeley–Los Angeles–London, 1987
211. Lloyd, G. E. R. *Methods and Problems in Greek Science*. Cambridge, 1991
212. Longrigg, J. 'Philosophy and medicine, some early interactions', *HSCP* 67 (1963) 147–75
213. Lonie, I. M. 'The paradoxical text "On the Heart"', *Medical History* 17 (1973) 1–15 and 136–53
214. Lonie, I. M. 'Cos versus Cnidus and the historians', *History of Science* 16 (1978) 42–75 and 77–92
215. Lonie, I. M. *The Hippocratic Treatises 'On Generation' 'On the Nature of the Child' 'Diseases IV'* (Ars Medica Abt. 2, 7). Berlin, 1981
216. Lonie, I. M. 'Literacy and the development of Hippocratic medicine', in H 202, 145–61
217. Mansfeld, J. *The Pseudo-Hippocratic Tract ΠΕΡΙ 'ΕΒΔΟΜΑΔΩΝ ch. 1–11 and Greek Philosophy*. Assen, 1971
218. Mansfeld, J. 'Alcmaeon: "Physikos" or Physician', in Mansfeld, J. and de Rijk, L. M. (eds.), *Kephalaion*, 26–38. Assen, 1975
219. Mansfeld, J. 'Plato and the method of Hippocrates', *GRBS* 21 (1980) 341–62
220. Mansfeld, J. 'The historical Hippocrates and the origins of scientific medicine', in Ruse, M. (ed.), *Nature Animated*, 49–76. Dordrecht, 1983
221. Manuli, P. 'Fisiologia e patologia del femminile negli scritti ippocratici dell'antica ginecologia greca', in H 164, 393–408
222. Manuli, P. 'Elogio della castità', *Memoria* 3 (1982) 39–49
223. Manuli, P. 'Medico e malattia', in Vegetti, M. (ed.), *Il sapere degli antichi*, 229–45. Turin, 1985
224. Manuli, P. and Vegetti, M. *Cuore, sangue e cervello*. Milan, 1977
225. Michler, M. 'Das Problem der westgriechischen Heilkunde', *Sudhoffs Archiv für Geschichte der Medizin und der Naturwissenschaften* 46 (1962) 137–52
226. Michler, M. 'Die praktische Bedeutung des normativen Physis-Begriffes

in der hippokratischen Schrift De fracturis-De articulis', *Hermes* 60 (1962) 385–401

227. Miller, H. W. '*Dynamis* and *Physis* in *On Ancient Medicine*', *TAPA* 83 (1952) 184–97

228. Miller, H. W. 'The concept of the divine in *De Morbo Sacro*', *TAPA* 84 (1953) 1–15

229. Moulinier, L. *Le pur et l'impur dans la pensée des Grecs d'Homère à Aristote* (Etudes et Commentaires 12). Paris, 1952

230. Müller, C. W. 'Die Heilung "durch das Gleiche" in den hippokratischen Schriften *De morbo sacro* und *De locis in homine*', *Sudhoffs Archiv für Geschichte der Medizin und der Naturwissenschaften* 49 (1965) 225–49

231. Nickel, D. 'Ärztliche Ethik und Schwangerschaftsunterbrechung bei den Hippokratikern', *Schriftenreihe für Geschichte der Naturwissenschaften, Technik und Medizin* 9, 1 (1972) 73–80

232. Nutton, V. 'The seeds of disease: an explanation of contagion and infection from the Greeks to the Renaissance', *Medical History* 27 (1983) 1–34

233. Oppenheim, A. L. 'Mesopotamian medicine', *Bulletin of the History of Medicine* 36 (1962) 97–108

234. Phillips, E. D. *Greek Medicine*. London, 1973

235. Pigeaud, J. M. *Folie et cures de la folie chez les médecins de l'antiquité gréco-romaine*. Paris, 1987

236. Plamböck, G. *Dynamis im Corpus Hippocraticum* (Abh. Ak. Mainz 1964, 2). Wiesbaden, 1964

237. Pohlenz, M. *Hippokrates und die Begründung der wissenschaftlichen Medizin*. Berlin, 1938

237A Potter, P. *Hippocrates* Vols v, vi. Cambridge/London, Loeb edn, 1988

238. Potter, P., Maloney, G. and Desautels, J. (eds.) *La maladie et les maladies dans la collection hippocratique*. Quebec, 1990

239. Roscher, W. H. *Die hippokratische Schrift von der Siebenzahl in ihrer vierfachen Überlieferung* (Studien zur Geschichte und Kultur des Altertums 6). Paderborn, 1913

240. Rousselle, A. 'Images médicales du corps en Grèce: Observation féminine et idéologie masculine', *Annales ESC* 35 (1980) 1089–115

241. Saunders, J. B. de C. M. *The Transitions from Ancient Egyptian to Greek Medicine*. Lawrence, Kansas, 1963

242. Scarborough, J. 'Theophrastus on herbals and herbal remedies', *Journal of the History of Biology* 11 (1978) 353–85

243. Scarborough, J. 'Theoretical assumptions in Hippocratic pharmacology', in H 202, 307–25

244. Schumacher, J. *Antike Medizin*. 2nd edn. Berlin, 1963

245. Senn, G. 'Über Herkunft und Stil der Beschreibungen von Experimenten im Corpus Hippocraticum', *Sudhoffs Archiv für Geschichte der Medizin* 22 (1929) 217–89

246. Senn, G. *Die Entwicklung der biologischen Forschungsmethode in der Antike und ihre grundsätzliche Förderung durch Theophrast von Eresos* (Veröffentlichungen der schweizerischen Gesellschaft für Geschichte

der Medizin und der Naturwissenschaften 8). Aarau, 1933
247. Simon, B. *Mind and Madness in Ancient Greece*. Ithaca, NY, 1978
248. Sissa, G. 'Maidenhood without maidenhead: the female body in Ancient Greece', in Halperin, D. M., Winkler, J. J. and Zeitlin, F. I. (eds.), *Before Sexuality*, 339–64. Princeton, 1990
249. Smith, W. D. 'Galen on Coans versus Cnidians', *Bulletin of the History of Medicine* 47 (1973) 569–85
250. Smith, W. D. *The Hippocratic Tradition*. Ithaca, 1979
251. Stannard, J. 'Hippocratic pharmacology', *Bulletin of the History of Medicine* 35 (1961) 497–518
252. Steuer, R. O. and Saunders, J. B. de C. M. *Ancient Egyptian and Cnidian Medicine*. Berkeley, 1959
253. Temkin, O. *Hippocrates in a World of Pagans and Christians*. Baltimore, 1991
254. Thivel, A. 'Le "divin" dans la *collection hippocratique*', in H 128, 57–76
255. Thivel, A. *Cnide et Cos: essai sur les doctrines médicales dans la collection hippocratique (Publications de la Faculté des Lettres de Nice 21)*. Paris, 1981
256. Trapp, H. *Die hippokratische Schrift* DE NATURA MULIEBRI. *Ausgabe und textkritischer Kommentar*. Hamburg, 1967
257. Vegetti, M. 'La medicina in Platone, IV Il Fedro', *Rivista critica di storia della filosofia* 24 (1969) 3–22
258. Vegetti, M. 'Nascita dello scienzato', *Belfagor* 28 (1973) 641–63
259. Vegetti, M. *Il Coltello e lo Stilo*. Milan, 1979
260. Weinreich, O. *Antike Heilungswunder* (Religionsgeschichtliche Versuche und Vorarbeiten 8, 1). Giessen, 1909
261. Wellmann, M. *Die Fragmente der sikelischen Ärzte Akron, Philistion und des Diokles von Karystos*. Berlin, 1901
262. Wilson, J. A. 'Medicine in Ancient Egypt', *Bulletin of the History of Medicine* 36 (1962) 114–23
263. Wittern, R. *Die hippokratische Schrift De morbis I*. Hildesheim, 1974

I.社会经济史

1. Adamesteanu, D. 'Le suddivisioni di terra nel Metapontino', in I 35, 49–61
2. Andreyev, V. N. 'Some aspects of agrarian conditions in Attica in the fifth to third centuries B.C.', *Eirene* 12 (1974) 5–46
3. Audring, G. 'Über den Gutsverwalter (*epitropos*) in der attischen Landwirtschaft des 5. und des 4. Jhs.v.u.Z.', *Klio* 55 (1973) 109–16
4. Austin, M. M. 'Hellenistic kings, war and the economy', *CQ* n.s. 36 (1986) 450–66
5. Austin, M. M. 'Greek trade, industry, and labor', in Grant, M. and Kitzinger, R. I. (eds.), *Civilization of the Ancient Mediterranean. Greece and Rome*, 723–51. New York, 1988
6. *The Black Sea Pilot*. 11th edn. London (published by the Hydrographer of the Navy), 1969

7. Blackman, D. J. 'Ancient harbours in the Mediterranean', *International Journal of Nautical Archaeology* 11 (1982) 79–104, 185–211
8. Boardman, J. 'Delphinion in Chios', *BSA* 51 (1956) 41–54
9. Boardman, J. 'Excavations at Pindakas in Chios', *BSA* 53–4 (1958) 295–309
10. Bogaert, R. *Banques et banquiers dans les cités grecques*, Leiden, 1968
11. Bogaert, R. 'La banque à Athènes au IVe siècle avant J.C. Etat de la question', *Mus. Helv.* 43 (1986) 19–49
12. Boyd, T. J. and Jameson, M. H. 'Urban and rural land division in ancient Greece', *Hesp.* 50 (1981) 327–42
13. Bradford, J. *Ancient Landscapes*. London, 1957
14. Bravo, B. 'Le commerce des céréales chez les Grecs de l'époque archaïque', in I 58, 17–29
15. Bray, F. *Science and Civilisation in China*, VI. 2: *Agriculture*. Cambridge, 1984
16. Bresson, A. 'Aristote et le commerce extérieur', *REA* 89 (1987) 217–38
17. Brun, P. *Eisphora Syntaxis Stratiotika. Recherches sur les finances militaires d'Athènes au IVe siècle av. J.C.* Paris, 1983
18. Brunt, P. A. Review of I 143 in *JHS* 86 (1966) 245–7
19. Cambiano, G. 'Aristotle and the anonymous opponents of slavery', in I 39, 22–41
20. Camp, John Mc. K. 'Drought and famine in the 4th century B.C.', *Hesp.* Supplement XX (1982) 9–17
21. Carter, J. C. 'A classical landscape. Rural archaeology at Metapontum', *Archaeology* 33 (1980) 23–32
22. Cartledge, P. 'Rebels and Sambos in classical Greece: a comparative view', in A 14, 16–46
23. Casson, L. *Travel in the Ancient World*. London, 1974
24. Casson, L. *Ships and Seamanship in the Ancient World*. 2nd edn. Princeton, 1986
25. Cohen, E. E. 'Commercial lending by Athenian banks: cliometric fallacies and forensic methodology', *Cl. Phil.* 85 (1990) 177–90
26. Conophagos, C. E. *Le Laurion antique et la technique grecque de la production de l'argent*. Athens, 1980
27. Cooper, A. Burford. 'The family farm', *CJ* 73 (1977–8) 161–75
28. Crawford, D. J. 'Food: tradition and change in Hellenistic Egypt', *World Archaeology* 11 (1979) 136–46
29. Crosby, M. 'The leases of the Laureion mines', *Hesp.* 19 (1950) 189–312
30. Crosby, M. 'More fragments of mining leases from the Athenian agora', *Hesp.* 26 (1957) 1–23
31. Dover, K. J. *Greek Homosexuality*. London, 1978
32. Ehrenberg, V. *The People of Aristophanes*. 2nd edn. Oxford, 1951
33. Eyben, E. 'Family planning in Graeco-Roman antiquity', *AncSoc* 11–12 (1980–81) 5–82
34. Figueira, T. J. '*Sitopolai* and *sitophylakes* in Lysias' "Against the Graindealers": governmental intervention in the Athenian economy', *Phoenix* 40 (1986) 149–71

35. Finley, M. I. (ed.), *Problèmes de la terre en Grèce ancienne*. Paris–The Hague, 1973
36. Finley, M. I. *The Ancient Economy*. Berkeley–Los Angeles, 1973; 2nd edn. London, 1985
37. Finley, M. I. *Ancient Slavery and Modern Ideology*. London, 1980
38. Finley, M. I. *Economy and Society in Ancient Greece*. London, 1981
39. Finley, M. I. (ed.) *Classical Slavery*. London, 1987
40. Forbes, H. A. '"We have a little of everything": the ecological basis of some agricultural practices in Methana, Troizenia', in Dimen, M. and Friedl, E. (eds.), *Regional Variations in Modern Greece and Cyprus* (Annals of the New York Academy of Science 268), 236–50. 1976
41. Forbes, H. A. and Foxhall, L. 'The "thrice-ploughed field". Cultivation techniques in ancient and modern Greece', *Expedition* 19 (1976) 5–11
42. Forbes, H. A. and Foxhall, L. 'The queen of all trees', *Expedition* 21 (1978) 37–47
43. Foxhall, L. and Forbes, H. A. '*Σιτομετρεία*: the role of grain as a staple food in classical antiquity', *Chiron* 12 (1982) 41–90
44. Frayn, J. M. *Subsistence Farming in Roman Italy*. London, 1979
45. Fuks, A. 'Isocrates and the social-economic revolution in Greece', *AncSoc* 3 (1972) 17–44 (=C 23, 52–79)
46. Fuks, A. 'Patterns and types of social-economic revolution in Greece from the fourth to the second century B.C.', *AncSoc* 5 (1974) 51–81 (=C 23, 9–39)
47. Gallant, T. W. 'Agricultural systems, land tenure, and the reforms of Solon', *BSA* 77 (1982) 111–24
48. Garlan, Y. 'Le travail libre en Grèce ancienne', in Garnsey, P. (ed.), *Non-slave Labour in the Greco-Roman World* (*PCPhS*, Suppl. vol. 6), 6–22. Cambridge, 1980
49. Garlan, Y. 'Greek amphorae and trade', in I 57, 27–35
50. Garlan, Y. 'War, piracy and slavery in the Greek world', in I 39, 7–21
51. Garlan, Y. *Slavery in Ancient Greece*. Ithaca–London, 1988
52. Garlan, Y. *Guerre et économie en Grèce ancienne*. Paris, 1989
53. Garland, R. *The Piraeus from the Fifth to the First Century B.C.* London–Ithaca, 1987
54. Garnsey, P. 'Grain for Athens', in A 14, 62–75
55. Garnsey, P. *Famine and Food Supply in the Graeco–Roman World. Responses to Risk and Crisis*. Cambridge 1988
56. Garnsey, P., Gallant, T. W. and Rathbone, D. 'Thessaly and the grain supply of Rome during the second century B.C.', *JRS* 74 (1984) 30–44
57. Garnsey, P., Hopkins, K. and Whittaker, C. R. (eds.) *Trade in the Ancient Economy*. London, 1983
58. Garnsey, P. and Whittaker, C. R. (eds.) *Trade and Famine in Classical Antiquity* (*PCPhS*, Suppl. vol. 8). Cambridge, 1983
59. Gauthier, P. 'De Lysias à Aristote (*Ath. Pol.* 51.4): le commerce du grain à Athènes et les fonctions des sitophylaques', *Revue Historique de droit français et étranger* 59 (1981) 5–28
60. Georgi, L. 'Pollination ecology of the date palm and fig tree: Herodotus I

193, 4–5', *Cl. Phil.* 77 (1982) 224–8
61. Georgoudis, S. 'Quelques problèmes de la transhumance dans la Grèce ancienne', *REG* 87 (1974) 155–85
62. Gernet, L. 'L'approvisionnement d'Athènes en blé aux Ve et IVe siècles', in Bloch, G., *Mélanges d'histoire ancienne*, 269–391. Paris, 1909
63. Giamfrotta, P. and Pomey, P. *Archeologia subacquea*. Milan, 1981
64. Golden, M. 'Demography and the exposure of girls at Athens', *Phoenix* 35 (1981) 316–31
65. Gow, A. S. F. 'The ancient plough', *JHS* 34 (1914) 249–75
66. Graham, A. J. 'The date of the Greek penetration of the Black Sea', *BICS* 5 (1958) 25–42
67. Guiraud, P. *La propriété foncière en Grèce jusqu'à la conquête romaine*. Paris, 1893
68. Halstead, P. 'Traditional and ancient rural economy in Mediterranean Europe: plus ça change?', *JHS* 107 (1987) 77–87
69. Hands, A. R. *Charities and Social Aid in Greece and Rome*. London, 1968
70. Hansen, M. V. 'Athenian maritime trade in the 4th century B.C.: operation and finance', *Class. et Med.* 35 (1984) 71–92
71. Harvey, F. D. 'The maritime loan in Eupolis' Marikas (P. Oxy. 2741)', *ZPE* 23 (1976) 231–3
72. Heichelheim, F. M. 'Sitos' in *RE* Suppl. 6 (1935) cols. 819–92
73. Heitland, W. *Agricola*. Oxford, 1921
74. Hodge, A. T. 'Massalia, meteorology and navigation', *AncW* 7 (1983) 67–88
75. Hodkinson, S. 'Animal husbandry in the Greek polis', in Whittaker, C. R. (ed.), *Pastoral Economies*, 35–74. Cambridge, 1988
76. Hopper, R. J. 'The Attic silver mines in the fourth century B.C.', *BSA* 47 (1953) 200–54
77. Hopper, R. J. 'The Laurion mines: a reconsideration', *BSA* 63 (1968) 293–326
78. Humphreys, S. C. 'The nothoi of Kynosarges', *JHS* 94 (1974) 88–95
79. Humphreys, S. *Anthropology and the Greeks*. London, 1978
80. Humphreys, S. C. *The Family, Women and Death*. London, 1983
81. Jameson, M. H. 'Agriculture and slavery in classical times', *CJ* 73 (1977–8) 122–45
82. Jameson, M. H. 'Famine in the Greek world', in I 58, 6–16
83. Jardé, A. *Les céréales dans l'antiquité grecque*. Paris, 1925
84. Jasny, N. 'Competition among grains in classical antiquity', *AHR* 47 (1941–2) 751–7
85. Jasny, N. *Wheats of Classical Antiquity*. Baltimore, 1944
86. Jones, A. H. M. 'Taxation in antiquity', in *id.*, *The Roman Economy. Studies in Ancient Economic and Administrative History*, 151–86. Oxford, 1974
87. Jones, J. E. 'The Laurion silver mines: a review of recent researches and results', *G&R* 29 (1982) 169–83
88. Jones, J. E., Graham, A. J. and Sackett, L. H. 'The Dema house in Attica', *BSA* 57 (1962) 75–114
89. Jones, J. E., Graham, A. J. and Sackett, L. H. 'An Attic country house

below the cave of Pan at Vari', *BSA* 68 (1973) 355–452
90. Kent, J. H. 'The temple estates of Delos, Rheneia and Mykonos', *Hesp.* 17 (1948) 243–338
91. Kuenzi, E. *Epidosis. Sammlung Freiwilliger Beiträge zu Zeiten der Not in Athen.* Berne, 1923
92. Labaree, B. 'How the Greeks sailed into the Black Sea', *AJA* 61 (1957) 29–33
93. Langdon, M. K. and Watrous, L. V. 'The farm of Timesios: rock-cut inscriptions in south Attica', *Hesp.* 46 (1977) 162–77
94. Lauffer, S. 'Prosopographische Bemerkungen zu den attischen Grubenpachtlisten', *Historia* 6 (1957) 287–305
95. Lauffer, S. *Die Bergwerkssklaven von Laureion*, 2 vols. 2nd edn. Wiesbaden, 1975
96. Lefkowitz, M. and Fant, M. B. *Women's Life in Greece and Rome: A Sourcebook in Translation.* London, 1982
97. Le Gras, A. *General Examination of the Mediterranean Sea*, trans. by R. H. Wyman (United States Hydrographic Office, Pub. No. 25). Washington, DC, 1870
98. Lepore, E. 'Problemi dell'organizzazione della *chora* coloniale', in I 35, 15–48
99. Lotze, D. *ΜΕΤΑΞΥ ΕΛΕΥΘΕΡΩΝ ΚΑΙ ΔΟΥΛΩΝ*. Berlin, 1959
100. McKechnie, P. *Outsiders in the Greek Cities of the Fourth Century* B.C. London, 1989
101. Meiggs, R. *Trees and Timber in the Ancient Mediterranean World.* Oxford, 1982
102. Michell, H. *Economics of Ancient Greece.* 2nd edn. Cambridge, 1957
103. Migeotte, L. 'Souscriptions athéniennes de la période classique', *Historia* 32 (1983) 129–48
104. Migeotte, L. *L'Emprunt public dans les cités grecques.* Paris, 1984
105. Miles, D. (ed.) *The Romano-British Countryside.* Oxford, 1982
106. Millett, P. 'Notes on a Greek text relating to credit transactions', *PCPhS n.s.* 26 (1980) 67–9
107. Millett, P. *Lending and Borrowing in Ancient Athens.* Cambridge, 1990
108. Moritz, L. A. *Grain Mills and Flour in Classical Antiquity.* Oxford, 1958
109. Mossé, C. 'Le rôle des esclaves dans les troubles politiques du monde grec à la fin de l'époque classique', *Cahiers d'histoire* 6 (1961) 353–60
110. Mossé, C. 'Le statut des paysans en Attique au IVe siècle', in I 35, 179–86
111. Murray, W. 'Do modern winds equal ancient winds?' *Mediterranean Historical Review* 2 (1987) 139–67
112. Nenci, G. 'Il problema della concorrenza fra manodopera libera e servile nella Grecia classica', *ASNP* ser. III, 8 (1978) 1287–300
113. Nixon, L. and Price, S. 'The size and resources of Greek cities' in C 52, 137–70
114. Osborne, R. 'Buildings and residences on the land in Classical and Hellenistic Greece: the contribution of epigraphy', *BSA* 80 (1985) 119–28
115. Osborne, R. *Classical Landscape with Figures: The Ancient Greek City and its*

Countryside. London, 1987
116. Patterson, C. B. 'Those Athenian bastards', *ClAnt* 40 (1990) 40–73
117. Pečirka, J. 'Homestead farms in Classical and Hellenistic Hellas', in I 35, 113–47
118. Pembroke, S. 'Women in charge: the functions of alternatives in early Greek tradition and the ancient idea of matriarchy', *JWI* 30 (1967) 1–35
119. Perlman, S. 'The Ten Thousand. A chapter in the military, social and economic history of the fourth century', *Riv. stor. ant.* 6–7 (1976–7) 241–84
120. Pflaum, H. *Essai sur le* cursus publicus *sous le haut-empire romain* (*Mém. Ac. Inscr. B.L.* 14). Paris, 1940
121. Pippidi, D. M. 'La main d'oeuvre dans les colonies grecques', in I 35, 63–82
122. Pomeroy, S. B. *Goddesses, Whores, Wives and Slaves*. New York, 1975
123. Pritchett, W. K. 'The Attic stelai, part II', *Hesp.* 25 (1956) 178–328
124. Rackham, O. 'Observations on the historical ecology of Boeotia', *BSA* 78 (1983) 291–351
125. Reed, C. M. 'Maritime traders in the Greek world of the Archaic and Classical periods'. Unpub. D.Phil. thesis, Oxford, 1981
126. Renfrew, C. and Wagstaff, M. *An Island Polity: the Archaeology of Exploitation in Melos*. Cambridge, 1982
127. Rhodes, P. J. 'Problems in Athenian *eisphora* and liturgies', *AJAH* 7 (1982) 1–19
128. Rich, J. W. and Wallace-Hadrill, A. (eds.) *City and Country in the Ancient World*. London, 1990
129. Richter, W. *Die Landwirtschaft im homerischen Zeitalter*. Göttingen, 1968
130. Rickman, G. *The Corn Supply of Ancient Rome*. Oxford, 1980
131. Riepl, W. *Das Nachrichtenwesen des Altertums*. Berlin, 1913
132. Robert, L. '*ΛΙΜΕΝΕΣ*', *Hellenica* 11–12 (1960) 263–6
133. Ruschenbusch, E. 'Zur Wirtschafts- und Sozialstruktur der Normalpolis', *ASNP* ser. III. 13 (1983) 171–94
134. *Sailing Directions (Planning Guide) for the Mediterranean* (Defense Mapping Agency, Hydrographic/Topographic Center, Pub. 130). 2nd edn. Washington, DC, 1975
135. de Ste Croix, G. E. M. 'Demosthenes' *timema* and the Athenian *eisphora* in the fourth century B.C.', *Class. et Med.* 14 (1953) 30–70
136. de Ste Croix, G. E. M. 'The estate of Phaenippus', in A 3, 109–14
137. de Ste Croix, G. E. M. Review of I 143, *CR* n.s. 16 (1966) 90–3
138. de Ste Croix, G. E. M. 'Ancient Greek and Roman maritime loans', in Edey, H. and Yamey, B. S. (eds.), *Debts, Credits, Finance and Profits*, 41–59. London, 1974
139. Schmiedt, G. *Antichi porti d'Italia*. Florence, 1975
140. Semple, E. C. *The Geography of the Mediterranean Region: Its Relation to Ancient History*. New York–London, 1931
141. Shurgoya, I. G. 'On the question of Bosporan–Egyptian rivalry in the grain trade of the eastern Mediterranean in the Early Hellenistic period', *KSIA* 138 (1975) 51. (In Russian)

142. Sutherland, C. H. V. 'Corn and coin – a note on Greek commercial monopolies', *AJP* 64 (1942) 129–47
143. Thomsen, R. *Eisphora: A Study of Direct Taxation in Ancient Athens*. Copenhagen, 1964
144. Vélissaropoulos, J. *Les Nauclères grecs*. Geneva–Paris, 1980
145. Veyne, P. *Bread and Circuses. Historical Sociology and Political Pluralism*. London, 1990. (Engl. trs. of *Le pain et le cirque*. Paris, 1976)
146. Vidal-Naquet, P. *The Black Hunter*. Baltimore–London, 1986. (Engl. trs. of *Le chasseur noir*. Paris, 1981)
147. Watson, A. *Agricultural Innovation in the Early Islamic World*. Cambridge, 1983
148. White, K. D. *Roman Farming*. London, 1970
149. Will, Ed. 'La Grèce archaïque', in *Deuxième conférence internationale d'histoire économique, Aix en Provence 1962*. I. *Trade and politics in the ancient world*. Paris, 1965, repr. New York, 1979
150. Wood, E. M. 'Agricultural slavery in Classical Athens', *AJAH* 8 (1983) 1–47
151. Young, J. H. 'Studies in south Attica: country estates at Sounion', *Hesp.* 25 (1956) 122–46

J. 艺术和建筑

1. *Archaische und Klassische Griechische Plastik* (H. Kyrieleis, ed., Akten des Internationalen Kolloquiums 1985). Mainz, 1986
2. Arias, P. E. *Skopas*. Rome, 1952
3. Arnold, D. *Die Polykletnachfolge: Untersuchungen zur Kunst von Argos und Sikyon zwischen Polyklet und Lysipp* (*JDAI*, Ergänzungsheft xxv). Berlin, 1969
4. Ashmole, B. *Architect and Sculptor in Classical Greece*. London–New York, 1972
5. Berve, H. and Gruben, G. *Greek Temples, Theaters, and Shrines*. New York–London, 1962
6. Boardman, J. *Athenian Red Figure Vases: the Classical Period*. London, 1990
7. Brown, B. R. *Anticlassicism in Greek Sculpture of the Fourth Century* B.C. New York, 1973
8. Bruno, V. *Form and Color in Greek Painting*. New York, 1977
9. Burford, A. *Greek Temple Builders at Epidaurus*. Liverpool, 1969
10. Burn, L. *The Meidias Painter*. Oxford, 1987
11. Crome, J. F. *Die Skulpturen des Asklepios-tempels von Epidauros*. Berlin, 1951
12. Dentzer, J. M. *Le motif du banquet couché dans le Proche-Orient et le monde grec du VII au IV siècle avant. J.-C.* (*BEFAR* 246) Paris, 1982
13. Diepolder, H. *Die Attischen Grabreliefs des 5. und 4. Jahrhunderts v. Chr.* Berlin, 1931
14. Dinsmoor, W. B. *The Architecture of Ancient Greece*. London, 1950

15. Dohrn, T. *Attische Plastik vom Tode des Phidias bis zum Wirken der grossen Meister des 4. Jahrhunderts v. Chr.* Krefeld, 1957
16. Dugas, C., Berchmans, J. and Clemmensen, M. *Le sanctuaire d'Aléa Athéna à Tégée au IVe siècle.* Paris, 1924
17. Gruben, G. *Die Tempel der Griechen.* Munich, 1966
18. Hill, B. H., Lands, L. T. and Williams, C. K. *The Temple of Zeus at Nemea.* Princeton, 1967
19. Homann-Wedeking, E. 'Samos 1964', *Arch. Anz.* (1965) 428–46
20. Johnson, F. P. *Lysippos.* Durham, NC, 1927
21. Laurenzi, L. *Ritratti Greci.* Florence, 1941
22. Lawrence, A. W. *Greek Architecture.* Revised edn by R. A. Tomlinson. Harmondsworth, 1983
23. Norman, N. 'The temple of Athena Alea at Tegea', *AJA* 88 (1984) 169–94
24. Overbeck, J. *Die antiken Schriftquellen zur Geschichte der bildenden Künste bei den Griechen.* Leipzig, 1868
25. Palagia, O. *Euphranor* (Monumenta Graeca et Romana 3). Leiden, 1980
26. Picard, C. *Manuel d'archéologie grecque. La sculpture. Période classique – IVe siècle.* Paris, 1948–63
27. Pollitt, J. J. *Art and Experience in Classical Greece.* Cambridge, 1972
28. Pollitt, J. J. *The Ancient View of Greek Art.* London–New Haven, 1974
29. Pollitt, J. J. *Art in the Hellenistic Age.* Cambridge, 1986
30. Pollitt, J. J. *The Art of Ancient Greece.* Cambridge, 1990
31. Richter, G. M. A. *The Portraits of the Greeks.* London, 1965. Revised by R. R. R. Smith. Oxford, 1984
32. Richter, G. M. A. *The Sculpture and Sculptors of the Greeks*, 4th edn. London–New Haven, 1970
33. Rizzo, G. E. *Prassitele.* Milan–Rome, 1932
34. Robert, F. *Thymélè.* Paris, 1939
35. Robertson, M. *A History of Greek Art.* Cambridge, 1975
35A. Robertson, M. *The Art of Vase Painting in Classical Athens.* Cambridge, 1992
36. Robinson, D. M. *et al. Excavations at Olynthus* (Johns Hopkins Studies in Archaeology). Baltimore, 1930–52
37. Roux, G. *Architecture de l'Argolide aux IVe et IIIe siècle avant J.C.* Paris, 1961
38. Rumpf, A. *Malerei und Zeichnung* (Handbuch der Archäologie 4.1). Munich, 1953
39. Rumpf, A. 'Zum Alexander Mosaik', *Ath. Mitt.* 77 (1962) 229–41
40. Schefold, K. *Kertscher Vasen.* Berlin, 1930
41. Schefold, K. *Untersuchungen zu den Kertscher Vasen.* Berlin, 1934
42. Schefold, K. *Die Bildnisse der antiken Dichter, Redner, und Denker.* Basel, 1943
43. Schefold, K. *Der Alexander-Sarkophag.* Berlin, 1968
44. Schlörb, B. *Timotheus* (*JDAI*, Ergänzungsheft 22). Berlin, 1965
45. Sjöqvist, E. *Lysippus* (Lectures in memory of Louise Taft Semple, 2nd ser.). Cincinnati, 1966

46. Smith, R. R. R. *Hellenistic Royal Portraits*. Oxford, 1988
47. Stewart, A. F. *Skopas of Paros*. Park Ridge, NJ, 1977
48. Stewart, A. *Greek Sculpture: an Exploration*. New Haven, 1990
49. Stuart Jones, H. *Select Passages from Ancient Writers Illustrative of the History of Greek Sculpture*. London, 1895
50. Süsserott, H. K. *Griechische Plastik des IV. Jahrhunderts v. Chr*. Frankfurt, 1938
51. Trendall, A. D. *Red Figure Vases of South Italy and Sicily*. London, 1989
52. Waywell, G. *The Free-Standing Sculptures of the Mausoleum at Halicarnassus in the British Museum*. London, 1978

K. 战争

1. Adcock, F. E. *The Greek and Macedonian Art of War*. Berkeley–Los Angeles, 1957
2. Anderson, J. K. *Ancient Greek Horsemanship*. Berkeley–Los Angeles, 1961
3. Anderson, J. K. *Military Theory and Practice in the Age of Xenophon*. Berkeley–Los Angeles, 1970
4. Anderson, J. K. 'New evidence on the origin of the spur', *Ant. Kunst* 21 (1978) 46–8
5. Andrewes, A. 'The hoplite *Katalogos*', in Shrimpton, G. S. and McCargar, D. J. *Classical Contributions. Studies . . . M. F. McGregor*, 1–3. Locust Valley, 1981
6. Andronicos, M. 'Sarissa', *BCH* 94 (1970) 91–107
7. Aymard, A. 'Mercenariat et histoire grecque', in A 2, 487–98
8. Best, J. G. P. *Thracian Peltasts and their Influence on Greek Warfare* (Studies of the Dutch Archaeological and Historical Society, 1). Groningen, 1969
9. Bosworth, A. B. '*ΑΣΘΕΤΑΙΡΟΙ*', *CQ* n.s. 23 (1973) 245–52
10. Bugh, G. R. *The Horsemen of Athens*. Princeton, 1988
11. Devine, A. M. '*ΕΜΒΟΛΟΝ*: a study in tactical terminology', *Phoenix* 37 (1983) 201–17
12. Ducrey, P. *Guerre et guerriers dans la Grèce antique*. Fribourg, 1985
13. Frost, F. 'The dubious origins of the "Marathon"', *AJAH* 4 (1979) 159–63
14. Fuller, J. F. C. *The Generalship of Alexander the Great*. London, 1958
15. Garlan, Y. *La Guerre dans l'antiquité*. Paris, 1972
16. Garlan, Y. 'La défense du territoire à l'époque classique', in I 34, 149–60
17. Garlan, Y. *Recherches de poliorcétique grecque*. Paris, 1974
18. Garlan, Y. *War in the Ancient World: a Social History*. London, 1975
19. Garlan, Y. "Il militare", dans l'*Uomo greco* (ed. J.-P. Vernant; Rome, 1991)
20. Griffith, G. T. *The Mercenaries of the Hellenistic World*. London, 1935
21. Guilmartin, J. F. *Gunpowder and Galleys*. Cambridge, 1974
22. Hammond, N. G. L. 'A note on "pursuit" in Arrian', *CQ* n.s. 28 (1978) 136–40

23. Hammond, N. G. L. 'Training in the use of a sarissa and its effect in battle', *Antichthon* 14 (1980) 53–63
24. Hanson, V. D. *Warfare and Agriculture in Classical Greece*. Pisa, 1983
25. Hanson, V. D. *The Western Way of War, Infantry Battle in Classical Greece*. New York–Oxford, 1989
26. Hauben, H. 'The command structure in Alexander's Mediterranean fleets', *AncSoc* 3 (1972) 55–65
27. Jordan, B. *The Athenian Navy in the Classical Period. A Study of Athenian Naval Administration and Military Organization in the Fifth and Fourth Centuries B.C.* (University of California Publications in Classical Studies, 13). Berkeley–Los Angeles, 1975
28. Kroll, J. H. 'An archive of the Athenian cavalry', *Hesp.* 46 (1977) 83–140
29. Kromayer, J., and Veith, G. *Antike Schlachtfelder in Griechenland*. 4 vols. in 5. Berlin, 1903–31
30. Kromayer, J. and Veith, G. *Heerwesen und Kriegführung der Griechen und Römer* (= Handbuch der Altertumswissenschaft iv. 3. 2). Munich, 1928
31. Kunze, E. 'Ein Rammbock', *V. Bericht Olympia* (1956) 75–8
32. Lavelle, B. '*Epikouroi* in Thucydides', *AJP* 110 (1989) 36–9
33. Lawrence, A. W. *Greek Aims in Fortification*. Oxford, 1979
34. Lazenby, J. F. *The Spartan Army*. Warminster, 1985
35. Lendle, O. *Schildkröten* (Palingenesia 10). Wiesbaden, 1975
36. Lendle, O. 'Antike Kriegsmaschinen', *Gymnasium* 88 (1981) 330–56
37. Lendle, O. *Texte und Untersuchungen zum technischen Bereich der antiken Poliorketik* (Palingenesia 19). Wiesbaden, 1983
38. Lengauer, W. *Greek Commanders in the 5th and 4th Centuries B.C. Politics and Ideology: a Study of Militarism*. Warsaw, 1979
39. Leriche, P. and Tréziny, H. (eds.) *La fortification dans l'histoire du monde grec*. Paris, 1986
40. Lévêque, P. and Vidal-Naquet, P. 'Epaminondas pythagoricien ou le problème tactique de la droite et de la gauche', *Historia* 9 (1960) 294–308
41. Lonis, R. *Guerre et religion en Grèce à l'époque classique*. Paris, 1979
42. Marinovic, L. P. *Le mercenariat grec au IVe siècle avant notre ère et la crise de la polis*. Moscow, 1975; French transl. Paris, 1988
43. Markle, M. M. III. 'The Macedonian sarissa, spear and related armour', *AJA* 81 (1977) 323–39
44. Markle, M. M. III. 'The use of the sarissa by Philip and Alexander of Macedon', *AJA* 82 (1978) 483–97
45. Marsden, E. W. *Greek and Roman Artillery. I. Historical Development. II. Technical Treatises*. Oxford, 1969–71
46. Marsden, E. W. 'Macedonian military machinery and its designers under Philip and Alexander', *Anc. Mac.* 2 (Thessaloniki) (1977) 211–23
47. Milns, R. D. 'Asthippoi again', *CR* n.s. 31 (1981) 347–54
48. Morrison, J. S. and Williams, R. T. *Greek Oared Ships, 900–322 B.C.* Cambridge, 1968
49. Ober, J. *Fortress Attica*. Leiden, 1985
50. Parke, H. W. *Greek Mercenary Soldiers*. Oxford, 1933
51. Pritchett, W. K. *The Greek State at War*. Berkeley–London, I, 1971; II,

1974; III, 1979; IV, 1986; V, 1991
52. Rodgers, W. L. *Greek and Roman Naval Warfare*. Annapolis, 1937
53. Roy, J. 'The mercenaries of Cyrus', *Historia* 16 (1967) 287–323
54. Seibt, G. F. *Griechische Söldner im Achaimenidenreich*. Bonn, 1977
55. Snodgrass, A. M. *Arms and Armour of the Greeks*. London, 1967
56. Taillardat, J. 'La trière athénienne et la guerre sur mer aux Ve et IVe siècles', in J.-P. Vernant (ed.), *Problèmes de la guerre en Grèce ancienne*, 183–205. Paris–The Hague, 1968
57. Tarn, W. W. *Hellenistic Military and Naval Developments*. Cambridge, 1930
58. Welwei, K. W. *Unfreie im antiken Kriegsdienst*. 2 vols. Wiesbaden, 1974–7
59. Whitehead, D. 'Who equipped mercenary troops in classical Greece?' *Historia* 40 (1991) 105–13
60. Winter, F. E. *Greek Fortifications*. Toronto, 1971

索　　引

条目中的斜体部分所指为地图（数字为地图编号）和插图（数字为所在页码）。

尽管主题性质的材料根据字母排列，但条目内容的安排主要依据年代。除非特别指明，所有年代均为公元前。脚注只有在涉及相应页码的正文中未论及的主题时，才会提到。

（索引中页码均指英文原书页码，即中译本边码——译者注）

Abae 阿拜 19 *Cb*, 751

Abaris, legend of, 阿巴利斯的传说 482

Abdalonim, king of Sidon 西顿王阿布达龙尼姆 331

Abdemon, king of Salamis, 萨拉米斯王阿布戴蒙 311, 312

Abdera, 阿布戴拉 1 *Db*, 16*Da*, 17*Bb*, 174, 454, 455, 463, 464, 467, 742

Abisares, prince of Hazara, 哈扎拉王子阿比萨莱斯 20*Md* – *Nd*, 827, 829

Abolus, battle of river, 阿波鲁斯河战役 715

Abri (Illyrian tribe), 阿布利人（伊利里亚部落）13*Ab*, 423

Abrocomas (Persian general) 阿布罗科马斯（波斯将军）55, 80, 347n50

Abu Qubūr 阿布库布勒 244

Abulites, Satrap of Susiana 苏西亚那总督阿布利泰斯 815, 864

Abydus 阿拜多斯 1*Eb*, 5*Bb*, 9*Bc*, 17*Cb*, 20*Cc*, 104, 115, 116, 483, 559

Academy 学园 602 – 616, 627, 632, 648; community 共同体 604 – 605, 612 – 616; foundation 创建 596, 602, 603 – 604, 885; homosexuality in ~ 中的同性恋 630; and Isocrates' school ~ 与伊索克拉底的学校 614, 618; organization 组织 604 – 605, 624; Plato's successors 柏拉图的继承人 610 – 612 (see also Speusippus 也见斯佩乌西普斯; Xenocrates of

Chalcedon 卡尔凯东的克塞诺克拉特斯); and Pythagoreanism ~ 与毕达哥拉斯主义 615, 619; and rhetoric, ~与修辞学 618 – 619; women in ~ 中的妇女 604, 613; see also Aristotle; 也见亚里士多德; Dion; 狄翁; Eudoxus; 欧多克苏斯; Plato; 柏拉图

Acanthus 阿坎图斯 1*Cb*, 16*Ca*, 158 – 159, 161, 455

Acarnania, 阿卡那尼亚 1*Bc*; and CorinthianWar ~与科林斯战争 101, 102, 111 – 112, 884; in Spartan alliance, 在斯巴达同盟中 112, 168; in Athenian Confederacy, 在雅典人的同盟中 174, 179, 180; alliance with Thebes 与底比斯结盟 188 – 189; war against Macedon 对马其顿的战争 770, 775, 783, 894; federal organization 联邦组织 585

Acesines, river 阿凯西奈斯河 20 *Md* – *Nd*, 832, 833

Achaea 阿凯亚 1 *Bc* – *Cc*, 2 *Aa* – *Ba*; in Corinthian War 在科林斯战争中 111 – 112; in Spartan alliance 在斯巴达同盟中 168, 184; alliance with Thebes 与底比斯结盟 197, 206, 888; overthrow and restoration of oligarchies 寡头政治的倾覆和复辟 197 – 198, 205, 206, 888; supports Elis against Arcadia 支持埃利斯反对阿卡狄亚 200, 203, 204, 888; in Athenian alliance 在雅典人的同盟中 207, 529, 888; in Sacred War 在神圣战争中 746; war against Macedon 对马其顿的战争 770, 775, 781, 783, 894; Achaean League 阿凯亚同盟 590, 854.

Achaea Phthiotis 阿凯亚弗西奥提斯 18*Bb*, 764, 772, 779

Achilles, legend of 阿基里斯的传说 431, 433, 482

Achilleum 阿克琉姆 476, 487

Achoris, king of Egypt, 埃及国王阿科利斯 see under Egypt 见埃及

Achradina 阿凯拉狄那 711

Acra 阿克拉 476, 481, 487

Acragas 阿克拉伽斯 3*Bb*, 10*Db* 124, 127, 368, 536; wars against Carthage ~与迦太基的战争 129, 131 – 132, 135, 142, 149, 369, 373, 883; Dion's defeat at 狄翁在 ~ 的失败 702; Timoleon's settlement 提摩莱昂的安排 717, 718, 720

Acrorea 阿克罗莱亚 2 *Ab*, 204, 205

Acrotatus 阿克罗塔图斯 (Spartan general 斯巴达将军) 392, 399

Acte 阿克泰 2*Cb*, 16*Da*, 168, 783

Ada, satrap of Caria 卡利亚总督阿达 58, 94, 228, 230, 860

Adamas 阿达马斯 (Thracian usurper 色雷斯篡位者) 464

Adeimanthus 阿狄曼托斯 (Plato's grand-nephew 柏拉图的侄孙) 611

Adjiyska Vodenitsa 阿狄斯卡沃戴尼撒 456 – 457

Adoption, Athenian law of 雅典法律中的过继 15

Adramyttium 阿德拉米提翁 1 *Ec*, 5*Bc*, 85

Adranone, Monte 阿德拉诺奈山 153

Adranum 阿德拉农 3 *Cb*, 141; battle of ~战役 710, 721, 895,

Adrastea, plain of 阿德拉斯泰亚平原 798. 799

Adiratic region: 亚得里亚海地区 Athenian colony (324) 324 年雅典的殖民 850, 900; sailing conditions 航行条件 522; Syracusan venture 叙拉古的野心 147 - 148, 883; trade 贸易 408, 439

Aegae 埃盖 (mod. Vergina 今维尔吉纳) 1*Cb*, 14 *Bb*, 16 *Ca*, 20 *Bb*, 726, 732, 789 - 790, 794, 845; coinage 币制 452; tombs 陵墓 440, 475, 687, 794n3, 899

Aegean Sea 爱琴海 1, 16, 17, 18, 20; Pharnabazus' and Conon's activities after Cnidus 尼多斯战役后法那巴祖斯和科农的活动 72 - 73, 73 - 74, 76, 103 - 104, 216, 532, 882; Persian intervention (360s) 4 世纪 60 年代波斯的干预 81 - 82; Thebes and 底比斯和 ~ (366 - 364 年) 200 - 203; Persian-Macedonian war 波斯 - 马其顿战争 53, 80, 330, 775, 776, 801, 802, 803 - 804, 808 847, 849, 853, 860, 869, 896; sailing conditions 航行条件 519 - 520, 521; see also individual cities and island 也见有关城市和岛屿条目

Aegina 埃吉那 1 *Cd*, 2 *Cb*, 173, 563, 858; in Corinthian War 科林斯战争中 98, 115 - 116, 559, 560, 884

Aegospotami 羊河 5*Bb*; battle of ~战役 33 , 67, 79, 516 - 517

Aegytis 阿古提斯 2 *Bb*, 194

Aelian 埃利安 694

Aeneas of Stymphalus 斯廷法鲁斯的埃涅阿斯 (Arcadian general, perhaps identical with Aeneas Tacticus 阿卡狄亚将军, 可能与战术作家埃涅阿斯为同一人) 198

Aeneas Tacticus 战术作家埃涅阿斯 8, 530, 533, 540, 679 - 680, 684

Aeniania 埃尼亚尼亚 18 *Bc*, 101, 188 - 189, 779

Aenus 埃努斯 1 *Eb*, 17 *Cb*, 454, 456, 464, 773

Aeropus, sons of 埃罗普斯的儿子们 794

Aeschines 埃斯奇奈斯 (orator 演说家) 19, 231, 573, 574, 578, 723; embassies 使节 577, 753, 755, 758, 760, 763, 768, 778, 782; impeachment 被控告 574, 575, 579, 757, 760, 894; trial 审判 578, 768 - 769, 894; trial of Ctesiphon 对克特西丰的审判 575 - 576

Aeschylus 埃斯库罗斯 (tragic poet 悲剧诗人) 307, 308

Aesimus 埃西穆斯 (Athenian politician 雅典政客) 98

Aetolia 埃托利亚 1 *Bc*, 2 *Aa*; in Corinthian War 科林斯战争中 112; alliance with Thebes ~与底比斯结盟 188 - 189; Molossian evacuation to 摩罗西亚人撤往 ~ 428, 432; alliance with Macedon ~与马其顿结盟 770, 779; on Alexander's accession 亚历山

大继位时 584, 848; and Exiles' Decree ~ 与"流亡者敕令" 856; alliance with Athens ~ 与雅典结盟 858－859, 900; in Hellenistic era 在希腊化时代 590
Aetolian League 埃托利亚同盟 584－585, 590, 847; tribal society 部落社会 584, 590, 679
Afsin 阿弗辛 (Abbasid general 阿拔斯王朝将军) 57
Agaetes, king of Scythians 西徐亚人国王阿盖泰斯 484
Agapetus 阿伽佩图斯 (Byzantine political philosopher 拜占庭政治哲学家) 327
Agarus, king of Scythians 西徐亚人国王阿伽鲁斯 502
Agathinus 阿伽提努斯 (Corinthian naval commander 科林斯海军将领) 105
Agathocles, 阿伽托克勒斯 tyrant of Syracuse 叙拉古僭主 375, 379, 390, 392－393, 399, 717, 718, 901
Agathon 阿伽同 (Macedonian commander in Babylon 巴比伦的马其顿指挥官) 862
Agathyrsi 阿伽提西 499
Agesilaus 阿盖西劳斯 (Antigonus' envoy 安提柯的使节) 334
Agesilaus 阿盖西劳斯 (brother of Agis Ⅲ of Sparta 斯巴达王阿吉斯三世的弟弟) 853
Agesilaus, 阿盖西劳斯, king of Sparta 斯巴达国王: accession 登基42－43, 882; expedition to Asia 对亚洲的远征, see under Sparta 见斯巴达; boeotarchs prevent sacrifice at Aulis 彼奥提亚长官在奥利斯阻止 ~ 献祭 44, 68, 69, 97－98; recall to Greece 被召回希腊 72, 101－102, 882; in Corinthian War 科林斯战争中 102－103, 109, 110, 111－112; wars against Thebes 与底比斯的战争 160, 161, 162, 165, 167－168, 172, 181, 184, 884; and Satraps' Revolt 与总督大暴动 85, 87, 200; in Hellespont 在赫勒斯滂 191; Egyptian expedition 埃及远征 191, 200, 341, 349; death 去世 888; Guest-friendships 客－友关系 69, 72, 82, 85; Isocrates approaches 伊索克拉底对 ~ 的态度 600n36; and Mantinea ~ 与曼提奈亚 156, 189－190; sources on 关于 ~ 的资料 4, 6, 10, 12
Agesipolis, 阿盖西波利斯 king of Sparta 斯巴达国王 102, 112, 156, 157, 161, 553, 884
Aghurmi 阿古尔米, sanctuary of Ammon at ~ 的阿蒙圣地 811
Agighiol burial 阿吉吉奥尔墓葬 461, 463
Agis 阿吉斯, king of Paeonians 派奥尼亚人国王 732
Agis Ⅱ 阿吉斯二世, king of Sparta 斯巴达国王 25, 26, 32, 41, 42, 882
Agis Ⅲ 阿吉斯三世, king of Sparta 斯巴达国王 557, 815, 852－855, 898
Agnone tablet 阿格诺奈文书 399n72
Agonippus 阿戈尼普斯 (oligarch of Eresus 埃莱苏斯的寡头分子) 847

Agrianians 阿格利安人 440, 447, 687, 796, 813, 814, 835

Agriculture 农业 661 – 177; buildings 建筑 669, 671; climate and 气候与 ~ 661, 665, 668, 677; crops 农作物 662 – 670, 675, (see also individual crops 也见具体农作物); development 发展 675; estate management 地产管理 673 – 674; fertilizers 肥料 663 – 664, 666, 667; garden plots 园圃 663, 667 – 668; irrigation 灌溉 665, 667; land 土地662 – 664, 670, (marginal 边缘的) 661, 675; landowners 土地所有者 671, 672, 673 – 674; landscape 地貌 661, 670 – 672; lawsuits 诉讼 661, 670; leasing of land 土地出租 673 – 674, (see also lease inscriptions 也见租地铭文); and religion ~ 与宗教 546, 661, 668, 675, 676; sources 资料 8, 662; specialization 专业化 663, 663n7, 676, 677; techniques and theories 技术和理论 674 – 677; trade 贸易 677, 719, (see also under individual commodities 也见具体商品诸条目); traditional basis 传统基础 661, 674, 675; war damage 战争的破坏 559, 666; workforce 劳动力 401, 667, 672 – 674; see also livestock, individual crops, and under individual states and areas 也见牲口、具体农作物, 具体国家和地区诸条目

Agrigentum 阿格利根同, see Acragas 见阿克拉伽斯

Agyrium 阿古利翁 3 *Cb*, 121, 715

Agyrrhius 阿古利乌斯 (Athenian naval commander 雅典海军指挥官) 115, 163, 570n17

Ahiqar, 阿卡 Proverbs of《~的箴言》290

Ahura-Mazda 阿胡拉 – 马兹达, cult of ~崇拜 49

Aï Khanum 阿伊卡努姆 20 *Lc*, 21 *Db*, 64, 867

Aianteion 埃安泰昂, Hellespont 赫勒斯滂的 81

Aisne, river 埃斯内河 12 *Cb*, 415

Alalia 阿拉利亚, battle of ~战役 365, 368

Alcaeus 阿尔凯乌斯 (lyric poet 抒情诗人) 479

Alcetas 阿尔凯塔斯 (Spartan commander 斯巴达指挥官) 173

Alcetas 阿尔凯塔斯, king of Molossi 摩罗西亚人国王 147 – 148, 174, 177

Alcibiades 亚西比德 (Athenian politician 雅典政客) 35, 42, 65, 69, 139 – 140, 882; associates 他的同谋 34, 40; in Peloponnesian War 伯罗奔尼撒战争中 39, 493, 516

Alcidas 阿尔奇达斯 (Spartan naval commander 斯巴达海军指挥官) 177

Alcimachus son of Agathocles 阿伽托克勒斯之子阿尔奇马库斯 (Macedonian noble 马其顿贵族) 782, 801, 852, 869, 898

Alcimenes 阿奇麦奈斯 (Corinthian politician 科林斯政治家) 106

Alcinus 阿奇努斯 (Macedonain naval commander 马其顿海军指挥官) 776

Alcomenae Macedon 马其顿人阿尔科麦奈 726

Aleuadae 阿琉阿斯家族，see under Larissa 见拉利萨

Alexander Ⅰ 亚历山大一世，king of Macedon 马其顿国王 194 - 195，430，452，723，725

Alexander Ⅱ 亚历山大二世，king of Macedon 马其顿国王 727

Alexander Ⅲ亚历山大三世（The Great 大帝），king of Macedon 马其顿国王 791 - 881，898，900；birth 出生 734，738，786，890；education 教育 734，771，786；command in Thrace 在色雷斯的指挥 469；in war against Athens 在与雅典人的战争中 777，782，786，896；accession 登基 790，791 - 797，898；rule and eastern expedition 统治和对东方的远征，see under Macedon 见马其顿；death 去世 579，631，842，844 - 845，875，900；Successors' treatment of body 继业者对其遗体的处置 845，881；context of reign 统治环境 876 - 878

Advisers 顾问 613，824；and Antipater ～与安提帕特 820，841 - 842，845，849 - 850；architecture 建筑 842；and Aristotle ～与亚里士多德 563，621，625，626 - 627，631，895；autocracy 专制统治 791，820，833，847，855，859，869，876；city foundations 建立城市 590，825，843，866 - 868，876，（see also individual cities 也见各城市）；coinage 币制 332，831，832，866，874；divinity 神化 791，810，811，824，871 - 875，876；funeral-carriage 葬礼马车 845，881；and geographical knowledge ～与地理知识 823，839，844；and Hephaestion ～与赫费斯提昂 840，842，843，844，862，874 - 875；and heroic lineage ～与英雄世系 798，808，810，872，879 - 880；and homonoia ～与 homonoia 70，96，841；illnesses 病情 805 - 806，823，833 - 834；marriages 婚姻 825，840；motives for expedition 远征动机 798，801，877 - 881；orientalism 东方主义 819，824 - 825，840 - 841，898；patronage of arts 对艺术的庇护 654，656，657，658，659，874；and philosophical schools ～与哲学流派 613，626 - 627；population movements 人口流动 809，824，866；portraits 肖像 656，658，659；satrapal appointments 总督的指定 800，803，837 - 838，859 - 864；sources on 有关资料 19 - 22；Thessalian archon 色萨利执政 586，848；titles 称号 877

Alexander of Epirus，伊庇鲁斯的亚历山大 king of Molossians 摩罗西亚人国王：at Macedonian court 在马其顿宫廷中 22，439，440，747 - 748；made king by Philip Ⅱ 被腓力指定为国王 439，748，769，894；marriage 婚姻 440，786，789；south Italian expedition 对南意大利的远征 22，390，391 - 392，440 - 441，849，898

Alexander 亚历山大，tyrant of Pherae

菲莱僭主，see under Pherae 见菲莱
Alexander 亚历山大，prince of Lyncestis 林凯斯提斯王子 794，803，820
Alexandria in Arachosia 阿拉科西亚的亚历山大里亚（Kandahar 坎大哈）20 *Ld*，215，867
Alexandria in Areia 阿雷亚的亚历山大里亚（Herat 赫拉特）20 *Kd*，867
Alexandria in Caucaso 高加索的亚历山大里亚（Bergram 贝格拉）20 *Lc* – *d*，22 *Ab*，821，826 867
Alexandria in Egypt 埃及的亚历山大里亚 9 *Aa*，20 *Cd*；Alexander founds 亚历山大奠基 811，866 – 867，898；buildings 建筑 845，862，874，881；trade 贸易 504，520 – 521
Alexandria Eschate 最远的亚历山大里亚（Khodzhent 苦盏）20 *Lb*，21 *Da*，823，867
Alexandria in Margiana 马尔贾那的亚历山大里亚（Merv 木鹿）20 *Kc*
Alexandria on the Oxus 阿姆河上的亚历山大里亚，see Aï Khanum 见阿伊卡努姆
Alexandria Rhambacia 兰巴奇亚的亚历山大里亚 20 *Le*，835，868
Alexandria 亚历山大里亚（Spasinou Charax 斯帕西努卡拉克斯）20 *Gd*，841
Alexandria 亚历山大里亚，Thrace 色雷斯的 469
Alexandropolis 亚历山大城 777，866，896
Alexandrovo burials 亚历山德罗沃墓葬 14 *Ca*，461，462 – 463
Alinda 阿林达 5 *Bd*，225
Allies 同盟，leagues of ～的联盟 528，587 – 588；see also peace，common 也见共同和平
Almopia 阿尔摩皮亚 16 *Ba* – *Ca*，723
Alopecia 阿罗佩奇亚，Cimmerian Bosporus 辛梅里安人的博斯普鲁斯 479
Aloris 阿罗利斯；Macedonian administrative centre 马其顿行政中心 726
Alponus 阿尔波努斯，Thermopylae 温泉关的 753
Alyattes 阿吕亚泰斯，king of Lydia 吕底亚国王 485
Alypus of Sicyon 西库翁的阿吕普斯（sculptor 雕刻家）655
Alyzia 阿吕西亚，battle of ～战役 174，886
Amadocus Ⅰ 阿马多库斯一世，king of Odrysians 奥德里西亚人国王 458 – 459，460
Amadocus Ⅱ 阿马多库斯二世，king of Odrysians 奥德里西亚人国王 458 – 459，460，461，463；in Athenian alliance against Macedon ～与雅典结盟对抗马其顿 114，465，466，467，736，742，890；alliance with Macedon against Cersobleptes ～与马其顿人结盟对抗凯索布莱泰斯，467，468，746，754，890；see also Odrysian kingdom 也见奥德里西亚王国
Amage 阿马盖，queen of Sarmatians 撒尔玛提亚人女王 505
Amantes 阿曼泰斯 13 *Ab*，443
Amashtart 阿马施塔特，regent of Sidon 西顿摄政 323

Amastris 阿马斯特利丝（niece of Darius Ⅲ大流士三世侄女）840

Amathus 阿马图斯 7 *Bb*, 8 *Ab*, 297, 305, 311, 314, 333, 334

Ambhi 安比（Omphis 奥姆菲斯）, prince of Taxila 塔克西拉王子 826, 829

Ambracia 安布拉奇亚 1 *Bc*, 13 *Bc*, 101, 433, 437, 440, 770, 894; Macedonian control 马其顿人的控制 783; democracy restored 民主的恢复 790, 847

Ambryssus 安布吕苏斯, Phocis 福基斯 182, 692, 781

Amfreville-sous-les-Monts 昂夫勒维尔－苏斯勒蒙特 12 *Cb*, 415

Amisus 阿米苏斯 20 *Eb*, 85, 492, 493, 494, 869

Ammianus Marcellinus 阿米安努斯·马凯林努斯 479

Ammon 阿蒙, oracle of ～神谕, see Siwah oasis 见西瓦绿洲

Ammonites 亚扪人 276

Amon-re, 阿蒙－拉 cult of ～崇拜 353

Amorges 阿摩尔盖斯, revolt of ～起义 49, 65, 216

Amorgus 阿摩尔古斯 19 *Cc*, 662n5, 664, 900

Amphictyonic League 近邻同盟 763, 765, 782, 894; Macedon in 马其顿人加入 588, 759, 848; status of Delphi 德尔斐的地位 554, 758; Thebes and 底比斯与～ 587, 756; see also Sacred War 也见神圣战争, Third and fourth 第三次和第四次

Amphipolis 安菲波利斯（formerly Enneahodoi 过去的恩奈奥多伊）1*Cb*, 14 *Bb*, 16 *Ca*, 20 *Cb*, 866, 877n1; Athens founds 雅典建立～ 452, 453, 534; defects to Sparta 投靠斯巴达 29, 455; Athens' interest 雅典的兴趣 176, 188, 195, 201; Macedonian interest 马其顿人的兴趣 201, 731, 732; Macedon takes 马其顿占领 465, 468, 736, 766, 890

Amphissa 安菲萨 19 *Bb*, 741, 778, 781, 896

Amphorae 酒罐 409, 410, 456, 475, 481, 504

Amphoterus 安弗泰鲁斯（Macedonian admiral 马其顿海军统帅）332, 808, 811, 853

Amrit 安瑞特（Marathus 马拉图斯）8 *Bb*, 321, 325

Amyclae 阿米克莱 110

Amyclas of Heraclea 赫拉克里亚的阿米克拉斯（mathematician 数学家）614

Amymones 阿米摩奈斯 434

Amyntas Ⅲ 阿明塔斯三世, king of Macedon 马其顿国王, see under Macedon 见马其顿

Amyntas 阿明塔斯, son of Antiochus 安条克之子（general in Persian army 波斯军队将领）794, 805n20

Amyntas 阿明塔斯, son of Boubares 布巴莱斯之子 90, 330, 334

Amyntas 阿明塔斯, son of Nicolaus 尼古拉之子, satrap of Bactria and Sogdiana 巴克特利亚和索格狄亚那总

督 825, 863
Amyntas 阿明塔斯, son of Perdiccas Ⅲ of Macedon 马其顿的佩狄卡斯三世之子 786, 794
Amyntas the Lyncestian 林凯斯提斯人阿明塔斯（Macedonian general 马其顿将领）787, 811, 815
Amyron 阿米农, Mount ~ 山 423
Amyrtaeus 阿米泰乌斯（‘king in the marshes’ “沼泽之王”）308 - 309, 337
Amyrtaeus 阿米泰乌斯, king of Egypt 埃及国王 337, 344, 346, 347, 356, 358
Amyzon 阿米宗 5 *Bd*, 229
Anahita 阿那希塔, cult of ~ 崇拜 258
Anaitis 阿奈提斯, cult of ~ 崇拜 49
Anat 阿娜特, cult of ~ 崇拜 305, 306
Anaxarchus of Abdera 阿布戴拉的阿那克萨库斯（philosopher 哲学家）300, 627, 824
Anaxilas 阿那克西拉斯, tyrant of Rhegium 莱吉翁僭主 141, 368
Anaximenes of Lampsacus 兰普撒库斯的阿那克西麦奈斯（philosopher 哲学家）627
Anaxybius 阿那克西比乌斯（Spartan harmost of Abydus 阿拜多斯的斯巴达驻军长官）115, 884（拼写与正文有别，从正文——译者注）
Ancona 安科那 148n127, 388n22
Ancyra 安库拉 4 *Eb*, 20 *Dc*, 805
Andocides 安多奇戴斯（Athenian orator 雅典演说家）313, 314, 553, 577; prosecuted for impiety 因亵渎神被控告 39, 883; and peace negotiations（392/1）~ 与公元前 392/前 391 年的和谈 13, 108, 109
Androcleidas 安德罗克雷达斯（Theban leader 底比斯领袖）99, 159, 164
Androcles 安德罗克莱斯, king of Amathus 阿马图斯国王 331, 333, 335
Andromachus 安德罗马库斯（Macedonian commander 马其顿指挥官）861
Andromachus 安德罗马库斯, tyrant of Tauromenium 陶罗麦尼翁僭主 706, 710
Andros 安德罗斯 1 *Dd*, 173
Androsthenes of Thasos 塔索斯的安德罗斯泰奈斯（mariner 航海者）22, 843
Androtion 安德罗提翁（Atthidographer 阿提卡史家）6, 12, 33, 600
Androtion 安德罗提翁（wealthy Athenian 雅典富翁）75
Angites, river 安吉泰斯河 16 *Ca* – *Da*, 17 *Bb*, 453
Antalcidas 安塔尔奇达斯（Spartan politician 斯巴达政客）6, 69 – 70, 79, 104, 107 – 108, 116 – 117, 882, 884; Peace of ~ 和约, *see* King's Peace 见“大王和约”
Antandrus 安坦德鲁斯 1 *Ec*, 5 *Bc*, 115, 126
Antaradus 安塔拉杜斯 8 *Bb*, 321
Anthela 安泰拉, Amphictyony of ~ 的近邻同盟 587, 741
Anthemus 安泰穆斯 16 *Ca*, 723, 737
Anticythera 安提库泰拉 74, 655

antidosis《论财产交换》（exchange of property 财产交换）547，549 – 550，550 – 551
Antigonus I Monophthalmus 独眼安提柯一世，king of Macedon 马其顿国王：satrap of Phrygia 弗里吉亚总督 86 – 87，217，225，803，808，860；in war of Successors 继业者战争中 333 – 334，334 – 335
Antileon of Chalcis 哈尔基斯的安提莱翁 858
Antimenes of Rhodes 罗德斯的安提麦奈斯（Alexander's treasurer 亚历山大的财务官）865
Antiochus Ⅰ安条克一世，king of Syria 叙利亚国王 217
Antiochus Ⅲ安条克三世，king of Syria 叙利亚国王 877n2
Antiochus of Arcadia 阿卡狄亚的安条克（historian 历史学家）6 – 7
Antiochus of Syracuse 叙拉古的安条克（historian 历史学家）384
Antipater 安提帕特，regent of Macedon 马其顿摄政：under Philip Ⅱ腓力二世大臣 469，755，772，782；secures Alexander's accession 确保亚历山大登基 790；regency 摄政 795，849 – 850，852，853，854，857，898；Alexander's estrangement ～与亚历山大的纠纷 820，841 – 842，845，850；after death of Alexander 亚历山大死后 442，443，536，611，845，859，900；and Aristotle ～与亚里士多德 622，626，630 – 631；and Greek culture ～与希腊文化 729 – 730
Antiphanes 安提法奈斯（comic poet 喜剧诗人）300
Antiphilus 安提菲鲁斯（painter 画家）652，656
Antiphon 安提丰（Athenian orator 雅典演说家）13
Antissa 安提萨 114，847
Antisthenes 安提斯泰奈斯（philosopher 哲学家）594，596，883
Anu-cult of Uruk 乌鲁克的安努崇拜 258
Anytus 安尼图斯（Athenian politician 雅典政治家），35n50，36，39，98
Aornus 奥努斯，20 *Md*，22 *Cb*，690，827，863，872
Apame 阿帕梅（mother of Artabazus 阿塔巴祖斯之母）85
Apame 阿帕梅（wife of Seleucus 塞琉古之妻）840
Apamea 阿帕梅亚，Syria 叙利亚的 217
Apelles 阿佩莱斯（painter 画家）652，655 – 656，657，891；and Alexander ～与亚历山大 656，657，658，874
Aphrodisias 阿芙洛狄西亚斯 218n35
Aphrodite 阿芙洛狄特：cult of ～崇拜 302，304，310，507；Praxiteles' Cnidian 普拉西特列斯的尼多斯的雕像 652，891
Aphytis 阿菲提斯；temple of Zeus Ammon 宙斯 – 阿蒙的神庙 810
Apis bull 阿皮斯神牛 345，810
apodektai 财政委员会（Athenian officials 雅典官员）568，569
Apollo 阿波罗：Black Sea cult 黑海地区的崇拜 489，507；sculpture 雕像，

(Belvedere 贝尔维多的) 899, (Chatsworth 查斯沃思的) 305, (Sauroctonus 扫罗克托努斯的) 651 - 652, 891; temples 神庙, (Bassae 巴塞的) 653, 885, (Delphi 德尔斐的) 139, 150, 893; tithe 什一税 5, 97

Apollocrates 阿波罗克拉特斯 (Syracusan prince 叙拉古王子) 700, 702

Apollodorus 阿波罗多鲁斯 (Macedonian commander in Babylon 马其顿驻巴比伦将领) 862

Apollodorus 阿波罗多鲁斯 (Athenian orator 雅典演说家) 16

Apollonia 阿波罗尼亚, Cimmerian Bosporus 辛梅里安人的博斯普鲁斯, *see* Panticapaeum 见潘提卡派翁

Apollonia 阿波罗尼亚, Illyria 伊利里亚的 13 *Ab*, 425, 429, 430

Apollonia 阿波罗尼亚, Sicily 西西里的 712 - 713

Apollonia 阿波罗尼亚, Thrace 色雷斯的 17 *Bb*, 158, 161, 738

Apollonia Pontica 本都的阿波罗尼亚 17 *Ca*, 473, 492

Apolloniades 阿波罗尼亚德斯, tyrant of Agyrium 阿古利翁僭主 715

Apollonides 阿波罗尼德斯 (envoy of Cersobleptes 凯索布莱泰斯的使节) 467

Apollonides 阿波罗尼德斯 (soldier under Xenophon 色诺芬麾下士兵) 82

Apollonius 阿波罗尼乌斯, prince of Cimmerian Bosporus 辛梅里安人的博斯普鲁斯的王子 496

Apollophanes 阿波罗法奈斯 (Macedonian satrap 马其顿总督) 835

apormoira (Ptolemaic royal tax 一种托勒密王家税收) 62, 226

Apoxyomenus 拭垢者 (Lysippus 吕西普斯的) 901

Aprus 阿普鲁斯, Thrace 色雷斯的 469

Apuleius 阿普雷乌斯; *Golden Ass*《金驴》51

Aquitaine 阿基坦 415

Arabia 阿拉伯 9 *Bb* - *Cc*, 20 *e*, 843 - 844, 868

Arabs 阿拉伯人 255, 287

Arachosia 阿拉科西亚 20 *Ld*, 688, 837, 863, 864

Arad 阿拉德 8 *Bd*, 291

Aradus 阿拉杜斯 8 *Bb*, 20 *Ed*, 297, 319, 321, 322, 324, 330 - 331, 808

Aramaic language 阿拉米语 230, 232, 255 - 256, 262, 283, 290 - 291

Arameans in Mesopotamia 美索不达米亚的阿拉米人 255 - 256

Arbela 阿尔贝拉 6 *Ba*, 20 *Fc*, 241

Arbinas 阿比那斯, ruler of Xanthus 克桑图斯的统治者 214 - 215, 231

Arcadia 阿卡狄亚 1 *Bd* - *Cd*, 2 *Ab* - *Bb*; Spartan wars 对斯巴达的战争, 6th cent. 6 世纪的, 587; in Corinthian War 科林斯战争中 110, 111; in Spartan alliance ~与斯巴达结盟 168, 583; and peace of 375 ~与 375 年的和约 176; and Thebes ~与底比斯 189 - 194, 886; foundation of Arcadian League 阿卡狄亚同盟的建立 187, 190, 886; supports

Euphron 支持欧弗农 530; war against Sparta 对斯巴达的战争 190, 191, 192 - 193, 194, 196, 197, 198, 199, 200, 203, 886; foundation of Megalopolis 麦伽罗波利斯的建立 193, 563, 583, 886; conflict with Elis ~与埃利斯的冲突 193 - 194, 197, 199, 200, 203 - 204, 888; and Achaean oligarchies ~与阿凯亚的寡头政治197 - 198, 206; alliance with Athens ~与雅典结盟 199, 203, 207, 888; alliance with Messenia and Sicyon ~与美塞尼亚和西库翁结盟 204, 205; and Olympic funds ~与奥林匹亚的资金 204, 206, 556, 888; pro-and anti-Theban division 亲底比斯派和反底比斯派的分裂 204, 207, 208, 529, 583 - 584, 888; war against Macedon 对马其顿的战争 770, 783, 894; settlement after Chaeronea 喀罗尼亚战役后的安排 783; revolts under Alexander 反对亚历山大的起义 848, 854

Coinage 币制 583, 583n71; constitution 政体 583, 613; *eparitoi* 国家卫队 679; League 同盟 187, 190, 582 - 584, 886

Archelaus 阿凯劳斯, king of Macedon 马其顿国王 32, 553, 725, 726

Archelaus 阿凯劳斯, king of Sparta 斯巴达国王 32n34

Archelaus 阿凯劳斯, son of Amyntas Ⅲ of Macedon 马其顿国王阿明塔斯之子 730

Archias 阿奇亚斯 (Macedonian naval officer 马其顿海军军官) 843

Archias 阿奇亚斯 (Theban general 底比斯将军) 164

Archidamian War 阿希达穆斯战争 29

Archidamus Ⅲ 阿希达穆斯三世, king of Sparta 斯巴达国王 600, 684, 741, 766, 853; in south Italy 在南意大利 390, 391, 766, 852, 895, 897

Architecture 建筑: Corinthian order 科林斯柱式 653, 654; Doric order 多利斯柱式 656 - 657; Ionian resurgence 伊奥尼亚式的复兴 213, 231; *see also individual types of building and under individual states and areas* 也见具体建筑类型和各个国家与地区

Archytas of Tarentum 塔林敦的阿尔库塔斯 (Philosopher 哲学家) 388, 389, 390, 603, 619

Ardiaei 阿尔戴亚人 (Illyrian tribe 伊利里亚部落) 423, 439, 762 - 763, 894

Ardys 阿狄斯, king of Lydia 吕底亚国王 485

Areia 阿雷亚 20 *Kc*, 818, 819, 820 - 821, 825, 863

Arethusius 阿莱图西乌斯 (Athenian farmer 雅典农夫) 672

Argaeus Ⅱ 阿盖乌斯二世, king of Macedon 马其顿国王 158, 726, 727, 730, 732, 748, 888

Arginusae, battle of 阿吉纽西战役 537, 538

Argos 阿哥斯 1 *Cd*, 2 *Bb*; joins alliance

against Sparta 加入反对斯巴达的同盟 98，100；and Corinthian War ~与科林斯战争 98，100，101，103，106，107，108，110，111，112，156，559，884，（union with Corinth ~与科林斯统一）105 -106，107，108，109，111，530，587，882；and King's Peace ~与"大王和约" 118；and Corinthian exiles ~与科林斯流亡者 176；internal conflict 内部冲突 189，205；supports Euphron 支持欧弗农 530；war against Sparta 对斯巴达的战争 190，191，192 -193，194，198，886；in peace of 和平时期 365 200，888；alliances 结盟，（Arcadia 阿卡狄亚）203，204，（Phocis 福基斯）741，（Macedon 马其顿）765，766；helps Persians in Egypt 帮助在埃及的波斯人 92，93，767；war against Macedon 对马其顿的战争 770，783，894；settlement after Chaeronea 喀罗尼亚战役后的安排 783，and Aspendus ~与阿斯彭杜斯 232n147，880；medism 亲波斯 93；sacred envoys 神圣使团 441 -442

Argos Hippaton 阿哥斯希帕同（Kastrion 卡斯特利翁）442

Ariaeus 阿利亚欧斯（Persian general 波斯将领）71，78 -79

Ariapeithes 阿利佩泰斯，king of Scythians 西徐亚人国王 445

Ariaramnes 阿利亚兰奈斯（*arcbon* at Amyzon 阿米宗的执政官）229

Ariaramnes 阿利亚兰奈斯，satrap of Cappadocia 卡帕多西亚总督 487

Ariarathes 阿利亚拉泰斯，king of Cappadocia 卡帕多西亚国王 221

Ariaspes 阿利亚斯佩斯 20 *Kd*，820

Arimaspia 阿利马斯皮亚 482，499

Ariobarzanes 阿利奥巴扎奈斯，satrap under Darius Ⅲ 见"大流士三世"条下的总督 816

Ariobarzanes 阿利奥巴扎奈斯，satrap of Hellespontine Phrygia 赫勒斯滂的弗里吉亚总督 69 -70，79，116，192，197；revolt 暴动 81，84，85 -86，87，88，200 -201，888

Arpharnes 阿法奈斯，king of Thatei *or* Siraci 塔提人或西拉奇人国王 501

Aristazanes 阿利斯塔扎奈斯（Persian general 波斯将领）92

Aristeas 阿利斯泰亚斯（Writer 作家）479，482

Aristeas of Corinth 科林斯的阿利斯泰亚斯（Envoy to Persia 前往波斯的使节）451

Aristides 阿利斯提德（Athenian politician 雅典政治家）489

Aristides 阿利斯提德，Aelius 埃琉斯（sophist 智者）638

Aristides of Thebes 底比斯的阿利斯提德（painter 画家）656

Aristides the Younger 小阿利斯提德（Painter 画家）648

Aristobulus of Cassandrea 卡桑德莱亚的阿利斯托布鲁斯 20，21

Aristocracies 贵族政治，warrior 武士，*see* burial customs 见"葬俗"；gifts 礼物；guest-friendship 客—友关系；*and under* Illyrians 见"伊利里亚

人”; interstate relations 邦际关系; Italy, south 南部意大利; Mesopotamia 美索不达米亚; Thrace 色雷斯

Aristodemus 阿利斯托戴穆斯, regent of Sparta 斯巴达摄政 102

Aristolaus 阿利斯托劳斯（painter 画家）656

Aristophanes 阿里斯托芬（comic poet 喜剧诗人）22, 451, 456, 638, 883, 885

Aristophon 阿利斯托丰（Athenian politician 雅典政治家）574, 752

Aristoteles, decree of 阿利斯托特莱斯法令 23, 150, 169 – 170, 171, 178, 185, 884

Aristotle 亚里士多德 616 – 631, 770 – 771; early life 早期生涯 616 – 617, 885; at Academy 在学园 608, 611, 616 – 620, 621, 887; in Atarneus/Assus 在阿塔尔纽斯/阿苏斯 82, 213, 220, 620 – 621, 770; in Mytilene 在密提林 621, 770; marriage 婚姻 622, 770; in Macedon 在马其顿 563, 611, 613, 621 – 622, 622 – 623, 625, 771, 895; in Athens 在雅典 612, 622 – 627, 899; withdraws to Chalcis 退居哈尔基斯 625, 631; death 去世 631, 901

and Alexander ～与亚历山大 563, 621, 625, 626 – 627, 631, 895; and Antipater ～与安提帕特 622, 626, 630 – 631; Athenian honours 雅典人授予荣誉 623, 630; and barbarians ～与蛮族 621 – 622, 630; and Callisthenes ～与卡利斯泰奈斯 626 – 627, 630 – 631; on Carthage 论迦太基 363, 365 – 366, 374; and Delphi ～与德尔斐 622, 630 – 631; empiricism 注重经验 611, 612, 619 – 620, 622, 628, 646; foreigner 外人 616, 622, 626, 630; and Hermias of Atarneus ～与阿塔尔纽斯的赫尔米亚斯 220, 620, 621 – 622, 623, 631, 770, 774; on Hippocrates 论希波克拉底 634; library 图书馆 628; Macedonian connexions ～与马其顿的联系 563, 622 – 623, 626, 630 – 631, 729, 771; on medicine 论医学 635, 637; and natural history ～与自然史 622, 628, 770; and Nicanor ～与尼卡诺 617n106, 625, 626; and Peripatos ～与逍遥派 612, 622 – 625, 648; and Plato ～与柏拉图 618; political views 政治观点 125, 133, 529, 531, 563, 580, 628, 630, 871; on Pythagoreanism 论毕达哥拉斯主义 619; and rhetoric ～与修辞学 618 – 619; systematic works 体系性著作 612, 619 – 620; will 遗嘱 617n106, 626; on women 论妇女 630

works 作品 629, 630; [*Athenaion Politeia*《雅典政制》] 23, 29 – 30, 33; *Gryllus*《格吕鲁斯篇》618 – 619; hymn to *Areta*《致卓越》621, 631; [*Oeconomica*《经济学》] 62, 542, 680; *Politics*《政治学》22 – 23, 529, 531, 628

Aristoxenus of Tarentum 塔林顿的阿利斯托克塞努斯（philosopher 哲学家）394, 623, 624

Armenia 亚美尼亚 4 *Hb-Jb*, 51 – 52
Armento 阿门托 398; wreath 花冠 394n50, 395n54
armour 武器 383, 398, 475, 680, 681, 682, 687, 735
Arpi 阿尔皮 11 *Cb*, 402
Arrhidaeus 阿利达欧斯, prince of Macedon 马其顿王子 734, 748, 786, 794
Arrian of Nicomedia 尼科麦狄亚的阿里安（historian 历史学家）19 – 20, 21, 260
Arsaces 阿萨凯斯, satrap of Areia 阿雷亚总督 819, 863
Arsames 阿萨麦斯, satrap of Cilicia 奇里乞亚总督 78, 220
Arsames 阿萨麦斯, satrap of Egypt 埃及总督 237, 246, 251
Arses 阿塞斯（Artaxerxes IV 阿塔薛西斯四世）, *see under* Persia 见波斯
Arsites 阿西泰斯, satrap of Hellespontine Phrygia 赫勒斯滂的弗里吉亚总督 95
art 艺术 647 – 660; artists in society 社会中的艺术家 656 – 657, 658 – 659; Athenian diaspora 雅典艺术的流传 82, 231, 232, 649; Celtic 凯尔特人的 412, 418 – 419, 420; Cypriot 塞浦路斯人的 304 – 305; expression of emotions 对激情的表达 647, 648, 650, 651; learned content 学术性内涵 658 – 659, 660; patronage 赞助制 657 – 659; Phoenician 腓尼基人的 324, 325, 335; religious imagery 宗教性偶像 653; schools 学校 657; Scythian 西徐亚人的 419, 482,（Animal Style 动物风格）471, 508, 509; treatises 论著 652, 656 – 657; *see also individual genres* 也见各具体学校和流派
Artabazus 阿塔巴祖斯, satrap of Hellespontine Phrygia 赫勒斯滂的弗里吉亚总督 85, 86; revolt 暴动 84, 89 – 90, 738 – 739, 741, 742, 890; refuge in Macedon 避难于马其顿 70, 90, 95, 751; recalled 被召回 90, 774, 894; satrap of Bactria 巴克特利亚总督 817, 818, 863
Artacoana 阿塔科那 20 *Kd*, 690, 819
Artakames 阿塔卡麦斯（Persian satrap 波斯总督）78n124
Artarius 阿塔利乌斯（Artarēme 阿塔利麦）, governor of Babylonia 巴比伦尼亚总督 237, 252
Artas 阿塔斯 385n8
Artaxerxes Ⅰ, Ⅱ, Ⅲ *and* Ⅳ 阿塔薛西斯一世、二世、三世和四世, *see under* Persia 见波斯
Artemelis 阿泰麦利斯（commander of Xanthus 克桑图斯将领）228
Artemis 阿尔特弥斯, cult and temples of ~崇拜及神庙 230, 507; Ephesian 以弗所的 ~ 554, 789, 801, 869, 871
Artemisia 阿尔特弥西娅, satrap of Caria 卡利亚总督 57 – 58, 59, 228, 231, 308, 658
Artemisium, battle of 阿泰米西翁战役 1 *Cc*, 307
Artemon of Clazomenae 克拉佐麦奈的

阿泰蒙（military engineer 军事工程师）682
Artillery 弩炮, *see* catapults 见投石器
Artoxares 阿托萨莱斯（Artahsharu 阿塔布萨鲁）237, 246, 251
Artumpara 阿同帕拉（Lycian dynast 吕西亚统治者）85
Arybbas 阿吕巴斯, *see under* Molossia 见摩罗西亚
Asander 阿桑戴, satrap of Caria 卡利亚总督 223
Asander son of Philotas 菲罗塔斯之子阿桑戴, satrap of Lydia 吕底亚总督 860
Asaph 亚萨（singer in Temple at Jerusalem 耶路撒冷神庙中的歌者）295
Asara 阿萨拉, Thrace 色雷斯的 457, 475
Asclepiades of Trogilus 特罗吉鲁斯的阿斯克莱皮亚戴斯（writer 作家）602
Asclepiodorus 阿斯克莱皮奥多鲁斯（Macedonial commander 马其顿将领）861
Asclepiodorus 阿斯克勒皮奥多鲁斯（painter 画家）656
Asclepius 阿斯克莱皮乌斯, cult of ~崇拜 372, 648; temple at Epidaurus 位于埃庇道鲁斯的神庙 638 - 639, 649 - 650, 653, 654, 885
Ashdod 亚实突 8 *Bd*, 288n54
Ashkelon 阿什凯隆 8 *Bd*, 321
Ashtart 阿斯塔特, cult of ~崇拜 304, 323, 325, 334
Asia Minor 小亚细亚 209 - 233; agriculture 农业 211; arbitration 仲裁 214; architecture 建筑 213, 231; art 艺术 231, 232; assembly pay 公民大会津贴 227; Celtic raids 凯尔特人的入侵 420, 421; class struggle 阶级斗争 227, 228 - 229; coastal shipping 沿海船运 514; cult of Alexander 对亚历山大的崇拜 875; cultural fusion native/Greek/Persian 原住民、希腊人和波斯人的文化融合 211, 213, 214 - 215, 229 - 233; enfeoffment of cities 城市的采邑化 211, 213; 4th cent. Revival 公元前 4 世纪的复兴 224; languages 语言 215; native element 原住民的因素 214 - 215, 216, 219, 223, 225 - 226, 228, 229 - 230, 231; *peraiai* 边地 80, 118, 220; poetry 诗歌 231; population 人口 222, 225; satrapies 总督区 215 - 222; sculpture 雕刻 231; settlement patterns 居住类型 222 - 226; society 社会 7, 211 - 215; taxation 税收 213, 226; *see also individual cities, regions and wars, and under autonomy* 也见各具体城市, 地区和战争, 以及自治
Asidates 阿斯达泰斯（ruler of Mysia or Troad 米西亚或特罗德地区的统治者）220
Asine 阿西奈 192
Asoka 阿育王, Maurya king of India 印度孔雀帝国国王, 215
Aspendus 阿斯彭杜斯 4 *Dc*, 5 *Dd*, 20 *Dc*, 76, 114 - 115, 232n147, 803, 870, 880

Assaceni 阿萨凯尼 20 *Md*, 22 *Cb*, 827
Assus 阿苏斯 5 *Bc*, 85, 94, 226, 620 – 621, 770
Assyrians 亚述人 267, 271, 286 – 287, 323, 512
Astacus 阿斯塔库斯 1 *Bc*, 492
Astarte 阿斯塔特, cult of ～崇拜 303 – 304, 305, 306, 368
Astaspes 阿斯塔斯佩斯, satrap of Carmania 卡曼尼亚总督 837, 864
Astrology 占星术, Babylonian 巴比伦人的 257, 843
Astronomy 天文学: Babylonian 巴比伦人的 235, 237, 256 – 257; Greek 希腊人的 597, 607, 608, 609, 615, 617
Atarneus 阿塔尔纽斯 5 *Bc*, 43, 80, 224; Aristotle in 亚里士多德在～ 82, 213, 220, 620 – 621, 770; Hermias and Macedon 赫尔米亚斯和马其顿 94 – 95, 220, 621, 770 – 771; Hermias' arrest and death 赫尔米亚斯的被捕和处死 94, 621, 774, 894
Athamanes 阿塔马奈斯 13 *Bc*, 101, 430
Athanis 阿塔尼斯（historian 历史学家）694, 695, 706
Atheas 阿泰亚斯, king of Scythians 西徐亚人国王 471, 473, 474 – 475, 495, 501, 777, 896
Athena 雅典娜, temples of ～神庙: Delphi 德尔斐的 654; Priene 普利埃奈的 869; Tegea 泰盖亚的 650 – 651, 654, 895; Vouni 沃尼的 304
Athenaeus of Cyzicus 库吉科斯的阿特纳奥斯（mathematician 数学家）614
Athenaeus of Naucratis 瑙克拉提斯的阿特纳奥斯; *Deipnosophistai*《哲人宴享》613
Athenagoras 阿特纳哥拉斯（Syracusan demagogue 叙拉古人民领袖）125
Athenaion Politeia《雅典政制》（*attr. Aristotle* 归于亚里士多德的）23, 29 – 30, 33
Athenian Confederacy 雅典同盟 Second 第二～ 587; origins 起源 458; foundation 建立 15, 82 – 83, 166 – 167, 551, 599, 884; growth 发展 168, 170 – 171, 177, 438, 441, 464, 884; and Thebes ～底比斯与～ 188 – 189; and Peace of Philocrates 与菲洛克拉特斯和约 754, 755; dissolution 解体 782
Constitution 政体 167, 169 – 170, 171 – 172; finance 财政 171 – 172, 546 – 547, 551; sources on 有关～的资料 5 – 6, 23; *see also* Aristoteles, decree of 也见阿利斯托特莱斯命令; Social War 同盟战争
Athenocles 阿泰诺克勒斯（colonist of Amisus 阿米苏斯的殖民者）492
Athens 雅典 1 *Cd*, 2 *Cb*, 20 *Bc*, in Peloponnesian War 在伯罗奔尼撒战争中 49, 65, 127 – 128, 131, 216, 363, 383, 387, 398, 456; effect of War 战争的影响 527 – 528, 567, 589, 590; Spartan treatment after War 战后斯巴达的处置 27, 28 – 29, 37, 39, 97; demolition of Long Walls 长墙的拆除 24, 30; rule of Thirty 三十

僭主的统治 30，32－35，37，603，882；rule of Ten 十人团的统治 36；Agis' intervention 阿吉斯的干涉 36－37，882；democracy restored 民主政治的恢复 14，37－39，39－40，97，553，567，882；trials of Andocides and Socrates 对安多奇戴斯和苏格拉底的审判 39－40；Conon's command of Persian fleet 科农指挥波斯舰队 39，67，98，320，882；relations with Persia 与波斯的关系 46，61，65，68，70，73，75，76－77，98；and Corinthian War 与科林斯战争 65，68，98－99，100；financial problems 财政问题 14，114，115；land campaign（395/4）395/4 年的陆上战争 101，882；rebuilding of Long Walls 长墙的重建 101，104，109，882；battle of Nemea 尼米亚战役 102，882；Pharnabazus and Conon's joint naval operations after Cnidus 尼多斯战役后法那巴祖斯和科农的海上联合行动 73－74，76，103－104，216，532，882；Conon's return 科农归来 76，104－105，107，556，882；revival of imperial ambitions 帝国野心的复活 13，40，73，75－76，100，101，104－105，108，115；and abortive peace negotiations（392/1）392/1 年～与流产的和谈 13，75－76，107，108－109；Persian perception of threat from 波斯对雅典威胁的看法 76－77，106－107，112，113，116，557；war on land（391/88）391－前 388 年的陆上战争 109－112；and Evagoras ～与埃瓦戈拉斯，*see under* Evagoras I 见“埃瓦戈拉斯一世”；Thrasybulus' expedition to Asia Minor 特拉叙布鲁斯对小亚细亚的远征 14，76－77，113－115，458，884；fighting on Ageina 在埃吉那的战争 115－116，884；alliance with Egypt ～与埃及结盟 66，76，77，80，116，164，347，557，681；and King's Peace ～与“大王和约”，*see separate entry* 见各有关条目；relations with Persia（380－74）380－374 年间与波斯的关系 82－83，83－84；resurgence after Peace “大王和约”后的复兴 163－176；and northern Aegean ～与北爱琴海 158，163－164，884；and liberation of Cadmea ～与卡德麦亚的解放 165，166；founds Second Athenian Confederacy 建立雅典第二同盟 82－83，884；Sphodrias' raid on Piraeus 斯佛德利亚斯对比雷埃夫斯的袭击 166，167－168，174，884；war against Sparta 对斯巴达的战争 168，170，172，173，174，463，884，886；alliance with Thebes 与底比斯结盟 168，170，579，884；decree of Aristoteles 阿利斯托特莱斯法令，*see separate entry* 见各相关条目；and renewal of King's Peace（375）～与 375 年“大王和约”的重新订立 12，175，176，886；interest in northern Greece 对北希腊的兴趣 176，177，179－180，188，195，196，464－465，886；campaigns in north-west Greece and Laconia 在西北希腊和拉科尼亚的战事 179 – 180; reaction to Theban activities 对底比斯活动的反应 178 – 179, 180, 184, 185 – 186; and renewal of King's Peace (371) ~与371 年"大王和约"的再度订立 180, 181, 182, 185 – 186, 886; Spartan alliance 斯巴达的盟友 11, 150, 188, 190, 191, 195, 533, 577, 579, 886; campaigns against Theban alliance 对底比斯同盟的战争 191, 194; expedition to northern Greece 对北希腊的远征 195, 196, 727; and abortive peace proposal ~与和平建议的流产 87, 88, 196 – 197, 886; help to Ariobarzanes 帮助阿利奥巴扎奈斯 85, 200 – 201, 888; Samian cleruchy 对萨摩斯的军事移民 80, 85, 87, 88, 201, 888; Thebes counters influence in northern Greece 底比斯对抗其在北希腊的影响 198 – 199, 201 – 202, 203, 888; alliance with Arcadia ~与阿卡狄亚结盟 199, 203, 888; and Satraps' Revolt ~与"总督大暴动" 87, 88 – 89; alliances against Thebes 结盟反对底比斯 204, 207, 529, 888; alliance with Thessalian League ~与色萨利联盟的结盟 203, 208, 529, 888; and succession of Philip Ⅱ in Macedon ~与腓力二世在马其顿的继位 727; treaty with Philip ~与腓力的和约 731, 732, 888; alliance with Odrysian rulers ~与奥德里西亚统治者结盟 465, 466, 736, 743, 890; war against Macedon 对马其顿的战争 465, 466, 467, 736, 738, 742, 743, 890; Social War 同盟战争, *see separate entry* 见各相关条目; assists Artabazus 帮助阿塔巴祖斯 738 – 739, 890; and Third Sacred War ~与第三次神圣战争 739, 741, 745, 746, 890; recaptures Sestus 重占塞斯图斯 467, 743, 890; and siege of Olynthus ~与奥林图斯的围困 620, 743, 748 – 749, 750, 892; Euboean campaigns 优卑亚战事 749, 768, 890, 892; Philip offers peace 腓力请和 750, 751 – 752; fails to raise general alliance against Macedon 无力组织反马其顿的大同盟 750 – 751, 892; fortifications in Thrace 设防色雷斯 752 – 753, 769, 892; Peace of Philocrates "菲洛克拉特斯和约", *see separate entry* 见各相关条目; refuses Philip's request for troops (346) 346 年拒绝腓力的请兵 757, 892; and settlement of Third Sacred War ~与第三次神圣战争后的安排 758, 759, 760, 761, 894; failure of Delian appeal against 提洛岛申诉反对~的失败 763; countering Macedonian influence in Peloponnese 在伯罗奔尼撒对抗马其顿的影响 765, 894; Macedonian attempts to make peace 马其顿企图缔和 766 – 767, 769 – 770, 894; and Persian reconquest of Egypt (343/2) ~与343/2 年波斯的重新征服埃及 92, 93, 767, 894; impeachment and flight of Philocrates (343) 343 年菲洛克拉特斯的被控告和逃亡 767 - 768, 894; trial of Aeschines (343) 343 年对埃斯奇奈斯的审判 768 - 769, 894; activities in north 在北方的活动 768, 769, 770, 773 - 774, 894; Peloponnesian alliance 伯罗奔尼撒同盟 770, 894; alliance with Chalcis, campaign on Euboea ~与哈尔基斯结盟, 优卑亚战事 774, 775, 894, 896; raises support against Macedon 寻求支持对抗马其顿 93, 774, 775, 776, 896; Philip captures corn-fleet 腓力俘获其粮船 776 - 777, 896; war against Macedon 对马其顿的战争 777 - 781, 896, 898; defeat at Chaeronea 在喀罗尼亚的失败 781, 896; settlement 安排 95, 577, 782, 898, 790; reaction to Philip's death 对腓力之死的反应 573, 692, 790, 847; renews alliance with Macedon ~与马其顿重新结盟 577, 848; and Theban revolt ~与底比斯起义 848 - 849; under Alexander 亚历山大治下 579, 631, 800, 811, 848 - 849, 850 - 852, 854, 719, 898; Lycurgus' administration 吕库古的管理 563, 573, 577, 850 - 852, 898; and Exiles' Decree ~与"流亡者敕令" 856, 858; reception of Harpalus 对哈帕鲁斯的接纳 842, 856 - 858, 900; founds colony in Adriatic (324) 324 年在亚得里亚海建立殖民地 850, 900; unrest on death of Alexander 亚历山大之死引起的骚动 579, 631, 900; Lamian War 拉米亚战争 858 - 859, 900; Antipater abolishes democracy 安提帕特废止民主政治 536, 611, 900

Acropolis, dedications on 卫城上的献纳 554, 623, 630, 800, 852; Agora 广场 782; agriculture 农业 40; altar to Eirene 和平女神祭坛 176; Areopagus 战神山议事会 34, 572, 573, 763, 857, 858; army 军队 557; artistic diaspora 艺术的传播 231, 232, 649; Assembly 公民大会 547, 560, 565, 567, 572, 576, (*see also under* pay, political 也见政治津贴); cavalry 骑兵 681, 682; Ceramicus cemetery 陶工区墓地 222n68; citizenship 公民权 15, 38, 531, 536, 537, 567, 578, (for foreign leaders 授予外国领袖) 150, 561, 782, 852; coinage 币制 175, 527 - 528, 555; colonization, 5th cent. 5 世纪的殖民 534, 850, 900, (*see also* cleruchies 也见军事移民); corn supply 粮食供应 14, 59, 173, 528, 560 - 562, 719, 736, 739, (Black Sea 黑海地区) 76, 79, 116 - 117, 176, 222n68, 489, 493, 499 - 500, 753 - 754, (Cyprus 塞浦路斯) 313, 314, (Egypt 埃及) 489, (Sicily 西西里) 489, 719; Council 议事会 171 - 172, 565 - 566, 576; cult of Asclepius 阿斯克莱皮乌斯崇拜 638; elections 选举 576 - 577; Eleven commissioners of police 十一人警务委员会 37; Erechtheum 埃莱克泰乌斯庙

653; festivals 节日 16, 140n84, 150－151, 544, 548, 569, 611; finance 财政 35, 528, 541－542, 543－551, 850－852, (army fund 军队基金) 569, 573, 850, (in Corinthian War 科林斯战争中) 14, 114, 115, (Eubulus and 欧布鲁斯与～) 542, 544, 569, 570n17, 573, 577, 579, (Lycurgus' administration 吕库古的管理) 563, 573, 577, 850－852, 898, (mercenaries raise 招募雇佣兵) 83, 84, 738－739, 774, (organization 组织) 61, 568－570, (Persian support 波斯的支持) 577, (Social War and 同盟战争与～) 738－739, 544, 546, 547, 550, 551, 561, (in 370s 4世纪70年代) 174, 175, 180, (Theoric Fund 观剧基金) 544, 569, 572, 573, 577, 850, 851, 854, 857－858, (treasurer *epi tei dioikesei* 保管) 569－570, 572, 573, 577; fleet 舰队 12, 16, 516－517, 538, 540, 684, 692, 851; fortifications 要塞 573, 692; generals 将军 534, 566, 570, 573, 576; government machinery 政府机构 565－572; Hippodrome 希波德罗麦 671; imperialism 帝国主义 13, 40, 73, 75－76, 100, 101, 104－105, 108, 115, 169－170, 551, 599; lease inscriptions 租地铭文 662n5, 664, 667; liturgies 公益捐献 16, 48, 548－549, 574; Lyceum 吕凯翁学园 622, 851; markets 市场 116－117, 562; mercenaries 雇佣兵 80, 83, 84, 534, 540－541, 570, 573, 680, 738－739, 774, (*see also individual generals* 也见各将军条目); metics 外侨 531, 536, 537, 538, 548, 566－567, 672, 850, (taxation 税收) 538, 544, 567, 611, 851; Monument of Lysicrates 吕西克拉泰斯纪念亭 899; panhellenism 泛希腊主义 93; phratries 胞族 15; Plataean community 普拉提亚人共同体 15n53, 178, 180; Pnyx 皮尼克斯 851; political groupings 政治集团 39, 577－579; political organization 政治组织 565－579; *proedroi* 主席团 568, 572; property qualifications 财产资格 565; *prytaneis* 主席团 568; scrutiny of public officials 公职人员审查 574; shipbuilding 船舶制造 553, 558; slaves 奴隶 536, 567; sources 资料 5－6, 11, 12, 14－15, 16; Stoa of Zeus Eleutheiros 自由之神宙斯柱廊 656, 659; taxation 税收 40, 114, 544－548, 567, 850－851, (metics 外侨) 538, 544, 567, 611, 851; temple treasuries 神庙财库 554, 555; territory 领土 536; theatre of Dionysus 狄奥尼修斯剧场 851; *thetes* 日庸等级 33, 540, 678; Three Thousand 三千人政体 35; trade 贸易 116－117, 543, 561, 562, 785, 850－851, (foreign traders resident in ～ 雅典的外国贸易商) 317, 335, 561, 850, (judicial procedures 司法程序) 562, 571, 769; tribes 部落 570, 577; tribute 贡金 61, 213, 516, 541,

552，（lists 清单）222，223，492；trierarchy 三列桨战舰舰长 548；wealth 财富 549，550 - 551，573 - 574，852；women 妇女 16；*see also* Athenian Confederacy，Second 也见雅典第二同盟；cleruchies 军事移民；Delian League 提洛同盟；*ephebeia* 青年团；law，Athenian 雅典法律；*and under* democracy 以及民主政治；justice 司法；mercenaries 雇佣兵；military service 军役；pay，political 政治津贴；population 人口；pottery 陶器；schools 学校；stelae 墓碑；*for relations with other states*，*see under those states* ~与其他国家的关系，见相关国家

Athos，Mt 阿托斯山 1 *Db*；canal 运河 319

Atintanes 阿廷塔奈斯 13 *Bc*，426，427，430 - 431，437，442

Atizyes 阿提宰斯，satrap of Hellespontine Phrygia 赫勒斯滂的弗里吉亚总督 78，800，803

Atropates 阿特罗帕泰斯，satrap of Media 米底总督 842，863，864

Attalus 阿塔鲁斯（Macedonian general 马其顿将军）96，785，786，787，794，795

Atthidographers 阿提卡史家 12，13，33

Attica 阿提卡 1 *Cc - d*，2 *Ca*，19 *Dc - Ec*；agriculture 农业 115，663，664，665，669，670 - 671，675；Dema wall 戴马长城 679；histories 历史 12，13，33；inscriptions 铭文 23；settlement pattern 居住类型 671；temple moneylending 神庙借贷 554；*see also individual places*，*and under* Athens；pottery；stelae 也见有关各地区，以及雅典、陶器、墓碑

Audata 奥达塔，queen of Macedon 马其顿王后 438，731，734，785

Augustus 奥古斯都，emperor of Rome 罗马皇帝 19

Aulis 奥利斯 19 *Ec*，44，68，69，97 - 98，519

Austanes 奥斯塔奈斯（Bactrian rebel 巴克特利亚反叛者）825

Austria；Celts 凯尔特人的奥地利 409，413

Autariatae 奥塔利亚泰人，Autarieis 奥塔利埃人 16 *Ba*，423，440，785

Autocles 奥托克莱斯（Athenian general 雅典将军）180，195，196，577，579n55

Automedon 奥托麦东（Eretrian politician 埃莱特利亚政治家）772

Autonomy 自治：Alexander and 亚历山大和~ 859，869 - 870，870，871；in Asia Minor 在小亚细亚 71 - 72，74，103，117，209，216；Athens as champion 雅典作为倡议者 169，185，200，201；Sparta and 斯巴达和~ 28，41，71 - 72，161，162，163，180，182，186；in King's Peace“大王和约”中的~ 117，118，162，164；Persia and local 波斯和地方自治 51 - 52，320，332，335；Theban violation 底比斯的侵犯 178，186

Autophradates 奥托弗拉达特斯，satrap of Lydia 吕底亚总督 53，79，85，

86, 330
Axiothea of Phlius 弗利乌斯的阿克西奥泰（member of Academy 学园成员）604, 613
Axius valley 阿克西奥斯河谷 1 *Cb*, 13 *Bb* – *Cb*, 16 *Ca*, 732
Ayia Irini 圣伊利尼, Cyprus 塞浦路斯 7 *Aa*, 303, 306
Ayios Philon 圣菲隆, Cyprus 塞浦路斯 303

Baal 巴尔, king of Tyre 推罗国王 323
Baal 巴尔, cult of 对它的崇拜 323
Ba' al Hammon 巴尔哈蒙, cult of ~崇拜 361, 371, 372, 375 – 376, 379; see also *topbets* 也见托菲特
Baalat 巴拉特, cult of ~崇拜 323, 325
Baalmelek Ⅰ巴尔麦莱克一世, king of Citium 基蒂翁国王 310
Babylon 巴比伦 6 *Bc*, 20 *Fd*, 267; under Alexander 亚历山大治下 815, 842, 843, 844, 862, 865, 866, 874, 898; Bel-Murduk cult 贝尔–马都克崇拜 815; coinage 币制 866, 874; conurbation 集合性城市 243 – 244; Elamite inscriptions 埃兰语铭文 259 – 260; Esagila temple complex 埃萨吉拉神庙群 235, 240, 815, 843; harbour 港口 839, 844; Ishtar gate 伊丝塔尔门 259; Kasr mound 卡斯山丘 249, 252n68, 259; palaces 宫殿 259 – 260; road to Larsa 通向拉尔萨的道路 512; urban life 城市生活 244, 259 – 260
Babylonia 巴比伦尼亚 6 *Bc* – *Cd*; see *also* Mesopotamia 也见美索不达米亚
Babylonian language 巴比伦语言 263
Bactra 巴克特拉 20 *Lc*, 21 *Db*, 821, 825 – 826
Bactria 巴克特利亚 20 *Lc*, 21 *Db*; under Persia 波斯统治下 63 – 64, 86, 812, 813, 815; Alexander's conquest 亚历山大的征服 64, 817 – 818, 819, 821 – 822, 825, 898; revolt and settlement 起义和安排 821, 823, 863, 867; cavalry 骑兵 688, 805, 812, 813, 815, 829
Bagadates 巴伽达泰斯（*archon at* Amyzon 阿米宗执政官）229
Bagaeus 巴伽欧斯（Persian cavalry leader 波斯骑兵统帅）57
Bagoas 巴戈阿斯（Persian Grand Vizier 波斯大维齐尔）344, 787, 788, 797, 896, 898
Bagohi 巴戈伊, governor of Judah 犹大总督 285, 286
Bahrain 巴林（Tylus 图鲁斯）20 *He*, 22, 843
Bajkaj 巴卡耶, Epirus 伊庇鲁斯 433
Balacrus 巴拉克鲁斯, satrap of Cilicia 奇里乞亚总督 861, 866
Banking 银钱业 544, 562
Barbarian 蛮族, concept of ~观念 46
Barca 巴卡 346n46
Bardylis 巴狄利斯, *see under* Dardanii 见达达尼
Bargylia 巴古利亚 224
Barley 大麦 663, 665, 668, 669, 677
Barsaentes 巴萨恩泰斯, satrap of Ara-

chosia 阿拉科西亚总督 818, 819
Bassae 巴塞; temple of Apollo 阿波罗神庙 653, 885
Basse-Yutz 巴塞 - 宇兹; flagons 酒罐 419
Batis 巴提斯, commander of Gaza 加沙指挥官 809
battering-rams 撞城锥 682, 691, 801, 809
Bazira 巴吉拉 827
bazis 巴吉斯 (Persian tribute 波斯贡金) 59 - 60
Beas, river 比亚斯河, *see* Hyphasis 见叙法西斯河
Bed 床, Greek-type 希腊型, in Thracian burial 在色雷斯墓葬中 456
Beekeeping 养蜂业 669 - 670
Beersheba 贝尔谢巴 8 *Bd*, 291
Behbet et-Hagar 比拜特 - 哈格 9 *Ba*, 342, 353
Behistun inscription 贝希斯敦铭文 54, 56, 290
Belesys 贝莱叙斯, governor of Syria 叙利亚总督 (fl. 344 盛年为公元前344年) 91, 241 - 242
Belesys 贝莱叙斯, governor of Syria 叙利亚总督 (fl. 401 盛年为公元前401年) 238 - 239, 249, 252, 253
Belgium 比利时, Celts in 凯尔特人在 ~ 410, 415
Bel-Murduk 贝尔 - 马都克, cult of ~ 崇拜 815
Belš 贝尔斯 430
belt fittings 皮带扣, Celtic 凯尔特人的 411, 419
Berat 贝拉特 440
Bergaios 贝盖奥斯 (possible Thracian ruler 可能为色雷斯统治者) 459
Berisades 贝利萨戴斯, king of Odrysians 奥德里西亚人国王 460, 465, 466, 736, 890
Beroea 贝罗亚 1 *Cb*, 14 *Cb*, 16 *Ca*, 470, 726, 773
Berossus 贝罗苏斯 (historian 历史学家) 258
Berytus 贝吕图斯 8 *Bc*, 324
Bessi 贝西 14 *Ca*, 449
Bessus 比索斯, satrap of Bactria 巴克特利亚总督 812, 813, 815, 817 - 818; revolt against Alexander 反抗亚历山大的起义 819, 820 - 821, 862 - 863, 867
Binae 比奈 470
Bisalti 比萨尔提人 1 *Cb*, 14 *Bb*, 452, 453, 723
Bithynia 比提尼亚 4 *Ca* - *Da*, 5 *Cb*, 20 *Db*, 228, 497, 673
Black Sea 黑海 1 *Fb* - *Gb*, 17 *Da* - *b*; Athenian interest 雅典人的兴趣 488, 489 - 493; colonization 殖民 481 - 488, 492; legends 传说 482, 508; under Macedon 马其顿治下 503 - 504; pirates 海盗 502; trade 贸易 114, 477, 479, 493, 504, (*see also under* corn supply 也见粮食供应); *see also* Bosporan kingdom *and individual places* 也见博斯普鲁斯王国和各有关地区
Blaundus 布劳杜斯 213
Bodashtart 波达斯塔特, king of Sidon

西顿国王 323, 325

Boeotia 彼奥提亚 1 *Cc*, 2 *Ba* – *Ca*, 19 *Dc*; and Peloponnesian War ~与伯罗奔尼撒战争 32, 527, 537; and Athenian democratic revival ~与雅典民主政治的恢复 36 – 37; and peace proposals ~与和平建议 108, 110, 582; in Corinthian War 科林斯战争中 101, 110, 111; end of Theban control 底比斯控制的结束 118, 156, 159, 582; Thebes reasserts hegemony 底比斯重新取得霸权 165, 167 – 168, 170, 173, 175, 176, 582; Spartan invasions 斯巴达的入侵 168, 172, 173, 884; expansion of Theban control 底比斯控制区的扩张 177 – 179, 182, 188, 190, 582, 886; intervenes in Thessaly 对色萨利的干涉 585; Peloponnesian alliances 伯罗奔尼撒的盟友 203, 204, 205 – 206; and Sacred War ~与神圣战争 89, 553, 557, 741, 751; restoration after Chaeronea 喀罗尼亚战役后的恢复 783; Cassander's invasion 卡桑德的入侵 855; cavalry 骑兵 681; livestock 畜牧业 669; Theban destruction of cities 底比斯对诸城市的摧毁 756, 783; *see also* Boeotian Confederacy 也见彼奥提亚同盟; Thebes 底比斯

Boeotian Confederacy 彼奥提亚同盟: boeotarchs 彼奥提亚同盟长官 44, 68, 69, 97 – 98, 164 – 165, 582; citizenship 公民权 537; constitution 政体 10, 581 – 582; dissolution 解体 159, 582; finances 财政 552, 553; revival 复兴 5, 177 – 178, 582, 783

Boiotios, treaty of 波伊奥提斯条约 49, 65, 66 – 67, 69

Bomilcar 波米尔卡 (Carthaginian politician 迦太基政治家) 375, 379 – 380

Bon, Cap 伯恩海角 10 *Db*, 369, 514, 522 – 523

Booty 战利品 90, 116, 557 – 558, 713, 714, 719, 751, 881

Borovo 波罗沃, Rousse 鲁瑟; silver hoard 窖银 461

Borsh 波什 443

Borsippa 波尔希帕 6 *Bc*, 243 – 244, 249; archives 档案 234n1, 235n3, 256

Borysthenes, river 波吕斯泰奈斯河 20 *Da*, 513 – 514

Bosporan kingdom 博斯普鲁斯王国 476 – 511; colonization 殖民 481 – 488; unification 统一 486, 488, 510 – 511; Athenian interest 雅典的兴趣 489, 491 – 492, 493; under Archaeanactidae 阿凯亚那克斯家族的统治 490; under early Spartocids 斯帕托库斯家族早期的统治 490 – 502; Spartocus Ⅰ 斯帕托库斯一世 490 – 491; Satyrus Ⅰ 萨提鲁斯一世 116, 492, 493 – 494, 495, 497 – 498; Leucon 琉孔 477, 479, 493, 495, 496, 497, 498; Spartocus Ⅱ and Paerisades Ⅰ 斯帕托库斯二世和帕瑞萨德斯一世 9 – 10, 495, 496, 497, 501; war of succession 继承战争 480, 495, 501 – 502; Eumelus 欧麦鲁斯 495, 501 –

502; Spartocus Ⅲ 斯帕托库斯三世 495, 497, 500, 501; later Spartocids 斯帕托库斯家族后期 502 - 506; Paerisades V abdicates to Mithridates Ⅵ of Pontus 帕瑞萨德斯五世禅位于本都的米特里达特六世 480, 503, 505 - 506, client of Rome 罗马附庸 511

Agriculture 农业 476, 477, 484, 499 - 500, 506; architecture 建筑 507 - 508; and Athens ~与雅典 479 - 480, 489, 491 - 492, 493, 495 - 496, 499 - 500, 561; burial customs 葬俗 481, 508; coinage 币制 480 - 481, 486, 490, 491, 494, 498 - 499, 502 - 503; corn 粮食 116, 477, 499 - 500, 506, 558, 561, 665; defences across isthmus 横过地峡的防御工事 481, 486, 487, 488, 506, 510; ethnic composition 种族构成 506, 510, 876; fish exports 鱼类出口 477, 484, 499, 504, 506; foreign attitude to 外人对它的态度 479 - 480, 495 - 496, 506; and Heraclea Pontica ~与本都的赫拉克里亚 222, 489, 498, 500; joint kingships 联合王权 495, 497; kings' titles 国王的称号 137n75, 476, 496, 497, 876; land

Bosporan kingdom 博斯普鲁斯王国 (*cont* 续.)

Division 土地分配 670, 670n31; and Maeotians ~与麦奥提斯人 501, 506; metalwork 金属工艺 482, 508, 509, 510; and Miletus ~与米利都 484, 485, 488, 490; Odrysian connexions ~与奥德里西亚的联系 491, 506; *paradynastae* 亲王 (统治者家族的成员) 493, 496, 497; and Persia ~与波斯 488; population 人口 476 - 477, 506, 510; pottery 陶器 508; and Sarmatians ~与萨尔马提亚人 495, 501, 504 - 505, 506; sculpture 雕刻 506, 507; and Scythians ~与西徐亚人 477, 480, 492, 495, 501, 502, 504 - 505, 506, 508; and Sindi ~与辛狄人 497, 506; sources 资料 479 - 481; topography 历史地理 476 - 479; town planning 城市规划 481; trade 贸易 477, 500, 503 - 504, (*see also* corn *and* fish *above* 也见前文粮食、鱼类)

Bosporus 博斯普鲁斯海峡; current 洋流 516, 521, 522

Bottiaei 波提埃亚人 1 *Cb*, 16 *Ba* - *Ca*, 723

Bou Arada 布阿拉达 379

Boubares 布巴莱斯 (husband of Macedonian princess 马其顿驸马) 213

bow and arrow case 弓箭盒, Bosporan gold 博斯普鲁斯的金~ 508, 509

Brahmin ascetics 婆罗门苦行者 834

Branchidae 布兰奇戴家族, Miletus 米利都; shrine of Apollo 阿波罗圣地 480, 504

Branchidae of Sogdiana 索格狄亚那的布兰奇戴家族 868n59

Branichevo 布拉尼凯沃 14 *Da*, 461

Brasidas 布拉西达斯 (Spartan general

斯巴达将领）25，29，455，539，682
Braubach type bowls 布劳巴赫型盘 419
Brazanes' revolt in Parthyaea 布拉扎奈斯在帕提亚伊的起义 821
Brea 布莱亚 453
Brettii 布莱提人 397n60
Bribery 贿赂 574，768－769，857－858
Britain 不列颠，Celts in 凯尔特人在～ 417－418
Brittany 布列塔尼，Celts in 凯尔特人在～ 415－417，418
bronze vessels 青铜器皿 407，409，419，434，436
brooches 饰针 411，413，419
Bruttians 布鲁提人 11 *Dc*，387，391，393，843
Bryaxis 布吕西斯（sculptor 雕刻家）231，658
Bubastis 布巴提斯 9 *Ba*，93，354
Bucephala 布凯法拉 20 *Md*，831，833，868
Buchetium 布凯提翁 13 *Bc*，433，
439
Bucket 套，Campanian bronze 坎帕尼亚青铜～ 419
Building 建筑物：harbour facilities 港口设施 524－525
Mesopotamian 美索不达米亚的 235n2；rural 农村的 669，671；transport for 用于运输 513；*see also* architecture 也见建筑
Bulgaria 保加利亚 14，447；*see also* Thrace 也见色雷斯
Buner 布奈 22 *Cb*，827
burial customs 葬俗：death-masks 死者面罩 425，426，427
mummification 干尸 325；tumuli 古墓，*see under* Celts 也见凯尔特人；Getae 盖塔人；Illyrians 伊利里亚人；north-west Greeks 西北希腊人；Odrysian kingdom 奥德里西亚王国；Thrace 色雷斯；Triballi 特里巴利人；underground chambers 地下墓室 472；vaulted chambers 穹顶型墓室 470－471，473，475，508；vehicle burials 车葬 407，408，412，413，415；*see also* sarcophagi 也见石棺；stelae 墓碑；tombs 坟墓；*tophets*；托菲特；*and under individual states and peoples* 各城市和民族的具体条目
Buthrotum 布特罗同 13 *Bc*，442，443，437
Buxentum 布克森同 396n55
Byblus 毕布罗斯 8 *Bb*，321，324，325，866；under Persians 波斯人统治下 297，319，330；surrenders to Alexander 向亚历山大投降 330－301，808；Antigonus and 安提柯与～ 334
Bylany culture 比拉尼文化 414
Bylliones 比利奥奈斯人 13 *Ab*－*Bb*，423
Byzacene 比扎凯奈 370
Byzantium 拜占庭 5 *Cb*，17 *Db*，20 *Cb*；in 5th cent. 在5世纪 40－41，451，488，490－491；Clearchus' tyranny 克莱亚尔库斯的僭主政治 41；Thrasybulus establishes democracy 特拉叙布鲁斯建立民主政治 76，114；and King's Peace ～与“大王和约”163；joins Second Athenian Confederation

加入雅典第二同盟 166; Thebes detaches from alliance with Athens 底比斯让～脱离与雅典的同盟 201–202; in Social War 在同盟战争中 89, 736, 739; in Macedonian alliance against Cersobleptes ～与马其顿结盟对抗凯索布莱泰斯 467, 468–469, 746, 754, 890; war against Macedon 对马其顿的战争 774, 775, 776; siege 围困 95–96, 474, 689, 690, 776, 777, 896; Philip renegotiates alliance 腓力重新与之订立盟约 778
amphorae 酒罐 504; and Bosporan kingdom ～与博斯普鲁斯王国 502, 504; customs duties 关税 114, 544

Cabala, 卡巴拉 battle of ～战役 149
Cabyle 卡比莱 14 *Da*, 17 *Ca*, 470, 475
Cadusians 卡杜奇人 20 *Gc*, 50, 64, 81
Caere 卡雷 10 *Da*, 148, 368
Calas 卡拉斯, satrap of Hellespontine Phrygia 赫勒斯滂的弗里吉亚总督 859–860
Calauria 卡劳利亚 177, 714
Calendar 历法 257, 615
Callatis 卡拉提斯 471, 474, 502
Callias 卡利亚斯 (5th cent. Athenian politician 5 世纪雅典政治家) 546
Callias 卡利亚斯 (Athenian nobleman, c. 450–370) 雅典贵族, 约 450—370 年 110–111, 180, 577
Callias 卡利亚斯 (Phocian general 福基斯将领) 751
Callias of Chalcis 哈尔基斯的卡利亚斯 772, 774, 775, 894, 896
Callicratidas 卡利克拉提达斯 (Spartan admiral 斯巴达海军统帅) 6, 27
Callimachus 卡利马库斯 (poet 诗人) 658
Caltimedon 卡提麦东 (Athenian politician 雅典政治家) 852
Callipolis 卡利波利斯 469
Callippus 卡利普斯, tyrant of Syracuse 叙拉古僭主 613n96, 704–705, 708, 713n17, 891
Callippus of Cyzicus 库吉科斯的卡利普斯 (astronomer 天文学家) 615, 617
Callisthenes of Olynthus 奥林图斯的卡利斯泰奈斯 (historian 历史学家) 10–11, 20, 21, 621, 622, 630–631, 879; and Alexander ～与亚历山大 20, 626–627, 810, 872, 873; death 处死 20, 626–627, 825–826, 898
Callistratus of Aphidna 阿菲德那的卡利斯特拉图斯 (Athenian politician 雅典政治家) 109, 545, 573; and war against Sparta 与对斯巴达的战争 168, 176, 177, 179; and rapprochement with Sparta ～与和斯巴达和解 180, 181, 577, 579
Caltafaraci 卡尔塔法拉奇, Mt ～山 3 *Bb*, 153
Calydon 卡吕东 111, 197
Camarina 卡马利那 3 *Cc*; and Carthaginian wars ～与迦太基战争 131, 134, 135, 140, 142; under Timoleon's settlement 在提摩莱昂的安排中 717, 718, 720
Camasarye 卡马萨耶, queen of Cimme-

rian Bosporus 辛梅里安人的博斯普鲁斯的王后 503, 504
Cambyses 冈比西斯, king of Persia 波斯国王 262, 264, 810
Camisares 卡米萨莱斯, father of Datames 达塔麦斯之父 219
Campania 坎帕尼亚 11 *Cb*, 386, 388, 391, 395n53, 419; mercenaries 雇佣兵 398, 681, (in Sicily 在西西里) 129, 131, 140, 153, 709, 710, 715, 716, 719
Campochiaro 坎波奇亚罗 398
Canals 运河 242, 243, 319, 753 – 754
Canusium 卡努西翁 397n57
Cappadocia 卡帕多西亚 4 *Fb* – *Gb*, 20 *Ec*, 21, 79, 85, 220 – 221, 504; Alexander and 亚历山大与 ~ 805, 808, 860
Capua 卡普亚 11 *Cb*, 386, 389, 398, 402
'Caranus' 卡拉努斯 (fictive son of Philip Ⅱ腓力二世的冒名儿子) 787
caravan routes 商道 324
Cardaces 卡达凯人 807
Cardia 卡狄亚 1 *Eb*, 5 *Bb*, 17 *Cb*, 464, 510, 769, 773
Carduchi (正文为 Cardouchi——译者注) 卡杜奇人 56, 58, 64
Caria 卡利亚 1 *Ed*, 4 *Cc*, 5 *Bd* – *Cd*, 20 *Cc*; sattapy established 总督区的建立 77; under Hecatomnids 赫卡同尼家族治下 57 – 58, 59, 95 – 96, 209, 215 – 216, 226 – 227; expansion 扩张 66, 79, 82, 218, 219; Halicarnassus as capital 以哈利卡纳苏斯为都城 83, 217, 223, 225; under Alexander 亚历山大治下 228, 860, 865
Architecture 建筑 231, (*see also* Mausoleum 也见陵墓); ethnic policies 族群政策 223, 224n82, 225 – 226, 228, 229 – 230, 231; extent 疆域 226 – 227; fleet 舰队 60, 66; Greek influence 希腊的影响 82, 83, 230 – 231; joint satrapies 联合总督区 57 – 58, 59; *koina* 联盟 226; religion 宗教 229 – 230; settlement pattern 居住类型 223, 564; strategic location 战略位置 66; taxation 税收 62; women satraps 女总督, *see* Ada 见阿达; Artemisia 阿特弥西娅; *see also* Halicarnassus *and individual rulers* 也见哈利卡纳苏斯及相关各统治者
Carian League 卡利亚联盟 214, 226
Carmania 卡曼尼亚 20 *Je*, 834, 837 – 838, 864, 900
Carne 卡奈 321
Carthage 迦太基 10 *Db*, 361 – 380; in 6th cent. 在 6 世纪 365, 367 – 368; under Magonids 马戈家族治下 365 – 371, 373, 374; wars in Sicily 在西西里的战争, *see under* Sicily 见西西里; under Hanno the Great 大汉诺治下 371, 373 – 374, 375; aristocratic government 贵族政体 361, 371 – 372, 374 – 375; and Alexander ~与亚历山大 331, 839, 843; Agathocles of Syracuse attacks 叙拉古的阿伽托克勒斯的进攻 375, 379
Administration 管理 370; agriculture 农

业 369－370；architecture 建筑 377，378；army 军队 129，131，368－369，378，713－714；Borj Jedid hill 波尔耶狄德山 376－377；cemeteries 墓地 364，369；coinage 币制 378，543；constitution 政体 361，363，366，367，370，371－372，374－375，379；crisis of *polis* 城邦危机 378－380；cultural syncretism 文化融合 377；dress 服装 377－378；economy 经济 369；empire 帝国 361，364－365，367，385；and Etruria ～与埃特鲁利亚 365，368，373，377；fortifications 要塞 378；harbour 港口 378；housing 居住 378；jewellery 珠宝业 378；justice 司法 367，370，375；kingship 王权 365－367，370，375；language 语言 370，374；and Libya ～与利比亚 129，144，368，(Libyan peasants in 迦太基的利比亚农民) 370，373，379；mercenaries 雇佣兵 378；and Persia ～与波斯 368；and Phoenicia ～与腓尼基 331，368，377，378；razors 剃刀 377，378；religion 宗教 372，375－377，379，(role of *basileus* 王的地位) 366－367，370－371，373，376，(*see also* Ba' al Hammon 也见巴尔哈蒙；Demeter 德墨特尔；Kore 科莱；Tanit 塔尼特)；and Rome ～与罗马 368，373；sacrifice, human 人牺 364，366－367，368，371；sarcophagi 石棺 374，377－378；serfs 农奴 370，373，379；sources 资料 361－365；and Spain ～与西班牙 364－365，368；stelae 墓碑 372，375，376，377，379；suffetes 苏菲特 128n40；tombs 坟墓 364，369；*topbet* of Salammbo 萨兰波的托菲特 363，364，371，372，375，376，377；trade 贸易 369，370，378

Carthalo 卡塔罗（Carthaginian 迦太基人）368

Caryae 卡吕埃 2 *Bb*，192

Caryatids at Limyra 利米拉的女像柱 231

Carystus 卡吕斯图斯 1 *Dc*，189，749，772

Caspian Gates 里海关口 20 *Hc*，817

Caspian Sea 里海 21 *Aa*－*Ab*，844

Cassander 卡桑德（son of Antipater, regent of Macedon 安提帕特之子，马其顿摄政）333，582，842，855

Cassope 卡索佩 13 *Bc*，432，437，439－440，441，442，769

Castabulum 卡斯塔布鲁姆 806

Castollus, plain of 卡斯托鲁斯平原 53，56

Catana 卡塔那 3 *Db* 126，140，143，145；and Timoleon ～与提摩莱昂 710，711，715

Catanes 卡塔奈斯（Bactrian rebel 巴克特利亚暴动者）825

Cataphracts 重装骑兵（mailed cavalry 重装骑兵）812

Catapults 弩炮 683，684，692，743；Macedonian 马其顿人的 690，775，801，823；Syracusan 叙拉古的 141，143，683

Cattle 牛群 669，725

Caulonia 考罗尼亚 11 *Dc*, 146 - 147, 386, 387

Caunus 考努斯 5 *Cd*, 67, 219n42, 229, 314

Cavalry 骑兵 537, 681; armour 甲胄 682, 687; Athenian lead tablets 雅典铅版文献 681, 682; cost of maintenance 维持它的费用 676, 681; mailed 重装的 812; pursuits 追击 439, 440, 817

Celaenae 凯莱奈 4 *Dc*, 5 *Dd*, 20 *Dc*, 217, 803, 860

Celtiberians 凯尔特—伊比利亚人 411 - 412

Celts 凯尔特人 404 - 421; archaeological record 考古记录 404, 413; art 艺术 412, 418 - 420; burials 墓葬 412, 420, (non-princely 非王子的) 407 - 408, 420, (tumulus 古墓) 407 - 408, 409, 410, 412, 413 - 414, 414 - 415, 416 - 417, 420, (vehicle 交通工具) - 407, 408, 412, 413, 415; classification and chronology 分类和年代学 404; and Etruscans ~ 与埃特鲁利亚人 408, 410, 412, 413; exchange 交换 414; fortified sites 设防要塞 404, 407, 409 - 410, 418, 420; Hallstatt-La Tene transition 哈尔斯塔特—拉登的转变期 412 - 413; iron working 铁加工 404 - 405, 408, 411, 412 - 413, 414; linguistic evidence 语言学证据 405, 407, 417, 418; metalwork 金属加工 413, 418 - 419, 420; migrations 迁移 405, 407, 420 - 421; salt 盐 409; settlement patterns 居住类型 412; social and economic change 社会经济变革 420 - 421; sources 资料 404, 413; in Syracusan army 叙拉古军队中的 150; Thracian 色雷斯的 796; trade 贸易 408, 409, 410, 412, 413, 420, 421; Urnfield Culture 翁菲尔德文化 404, 407, 410, 411

Census 人口统计 281, 536

Centuripa 肯图利帕 3 *Cb*, 715

Ceos 凯阿 1 *Dd*, 173, 202

Cephallenia 凯法莱尼亚 1 *Bc*, 42, 174, 179, 783

Cephalus 凯法鲁斯 (Athenian politician 雅典政客) 165

Cephalus 凯法鲁斯 (Corinthian politician 科林斯政客) 717

Cephisodorus 凯菲索多鲁斯 (philosopher 哲学家) 619, 620

Cephisodotus 凯菲索多图斯 (sculptor 雕刻家) 658, 887

Cephisus, river 凯菲苏斯河 2 *Ca*, 36, 781, 896

Cepi 凯皮 476, 481, 484, 487, 506, 507; in Bosporan kingdom 在博斯普鲁斯王国 486, 497; given to Athens 被移交雅典 492, 493

Cepune 塞普尼 433

Cerasus 凯拉苏斯 4 *Ha*, 221, 489

Cercinitis 凯奇尼提斯 15 *Cc*, 483

Cereals 谷物: experimentation with strains 生存试验 665 - 666, 668; Greek growing of 在希腊的生长 663, 665 - 666, 668, 677; Mesopotamian cultivation 美索不达米亚的种植

243; preparation and storage 准备和储藏 669; *see also* barley; wheat 也见大麦、小麦
Cersobleptes 凯索布莱泰斯, *see under* Odrysian kingdom 见奥德里西亚王国
Cerynia 凯吕尼亚 7 *Ba*, 334 (即刻吕涅亚)
Cetriporis 凯特利波利斯, king of Odrysians 奥德里西亚人国王 438, 463, 466, 467, 737 – 738, 890
Chabrias 卡布利亚斯 (Athenian mercenary leader 雅典雇佣兵将领) 12, 179, 534, 553, 613, 680; in Corinthian War 在科林斯战争中 111, 116; supports Evagoras 支持埃瓦戈拉斯 315, 884; in Egypt 在埃及 80, 164; recalled 被召回 83, 164, 348; defence of Thebes 保卫底比斯 166, 168; in Euboea and Cyclades 在优卑亚和基克拉泽斯群岛 172, 173, 557, 884, 886; in Thrace 在色雷斯 84, 174, 463, 886; and Satraps' Revolt ~与"总督大暴动" 88, 93, 343, 349
Chabum 卡邦 505
Chaereas 凯莱亚斯 (Theban commander 底比斯将领) 182
Chaeron 凯隆, ruler of Pellene 佩莱奈统治者 613n96, 846
Chaeronea 喀罗尼亚 19 *Cb*, 102, 182, 742; battle of (338) 338 年的战役 96, 537, 541, 577, 591, 781, 786, 896
Chalcedon 卡尔凯东 5 *Cb*, 17 *Db*, 114, 500
Chalcidians of Sicily 西西里的哈尔季狄基人 129
Chalcidice 哈尔季狄基, Chalcidic League 哈尔季狄基同盟 1 *Cb*, 16 *Ca*; and Sparta ~与斯巴达 101, 195, 455; Chalcidian state dissolved 哈尔季狄基人国家的解体 162; and Athens ~与雅典 201, 732, 737; alliance with Grabaei 与格拉拜伊人的同盟 438; Philip Ⅱ's campaigns 腓力二世的战事 730 – 731, 747, 748, 749 – 750, 762, 890, 892; League 同盟 429, 537, 726
Chalcis 哈尔基斯 1 *Cc*, 2 *Ca*, 19 *Eb*, 170, 774, 775, 783n9, 894; Aristotle in 亚里士多德在~ 625, 631
Chaldaean visitor to Academy 加勒底人在学园的访问者 615
Champagne 香槟, Celts at 凯尔特人在~ 415
Chaones 考尼亚人 13 *Ab* – *Bb* 423, 428, 430 – 431, 442, 443; society 社会 432, 434, 437, 443
Charente 卡兰泰 12 *Bb*; Celtic helmet 凯尔特人头盔 415, 416
Chares 卡莱斯 (Athenian general 雅典将军) 89, 194, 573, 576 – 577, 578, 680; supports Artabazus 支持阿塔巴祖斯 89, 93, 738 – 739, 890; in northern Greece 在北希腊 467, 468, 742, 745, 766, 890; in war against Macedon 在与马其顿的战争中 577, 776, 777, 896
Chares of Lindus 林杜斯的卡莱斯

(sculptor 雕刻家) 660
Chares of Mytilene 密提林的卡莱斯 (chamberlain 总管) 21, 873
Charias 卡利亚斯 (military engineer 军事工程师) 689, 690
Charicles 卡利克莱斯 (Athenian politician 雅典政客) 34n41, 858
Charidemus of Oreus 奥琉斯的卡利戴穆斯 (mercenary general 雇佣兵将领) 464, 749, 805 注 20, 848 – 849
Chariots 战车, Persian scythed 波斯的刀轮式 ~ 812, 813 – 814
Charitimides 卡利提米戴斯 (Athenian naval commander 雅典海军统帅) 308
Charmantides 卡尔曼提戴斯 (wealthy Athenian 雅典富翁) 600n39
Charmides 卡尔米戴斯 (Athenian oligarch 雅典寡头分子) 603
Charon 卡隆 (Theban nationalist 底比斯民族主义者) 164, 165
Chatsworth Apollo 查茨沃思的阿波罗 305
Cheirisophus 奇利索弗斯 (Xe-nophon's companion 色诺芬的同伴) 51
Chelidonii 凯利多尼亚人 13 *Aa* – *Ba*, 423, 427
Chersonese 赫尔索尼斯, Thracian 色雷斯的 1 *Eb*, 17 *Cb*; 6th cent. State 6 世纪的国家 488, 510 – 511; Athenian control 雅典人的控制 451, 453, 510; rivalries over 对 ~ 的争夺 43, 176, 188, 457; Odrysian control 奥德里西亚人的控制 464; Athens captures Sestus 雅典占领塞斯图斯 743; Cersobleptes and Athenians fortify 凯索布莱泰斯和雅典人的设防 468, 752 – 753, 766, 892; and Peace of Philocrates ~ 与 "菲洛克拉特斯和约" 753 – 754; Athenian cleruchs' dispute with Cardia 雅典军事移民与卡狄亚的争端 768, 769, 773, 894
Coin hoards 铸币窖藏 455; defences across isthmus 横穿地峡的防御工事 488, 510, 753 – 754; taxes 税收 545
Chersonesus 凯索奈苏斯, Crimea 克里米亚的 15 *Cc*, 486, 489, 498, 500, 502, 505; agriculture 农业 670, 671 – 672
Chertomlyk 凯同吕克; gold gorytus 金质弓箭袋 508, 509
Chion of Heraclea 赫拉克里亚的奇翁 (tyrannicide 弑僭主者) 613 注 97
Chios 希俄斯 1 *Dc* – *Ec*, 5 *Ac* – *Bc*, 20 *Cc*; *stasis* (409) 409 年的冲突 533; Spartans expelled after Cnidus 尼多斯战役后斯巴达人被逐 103; alliance with Athens ~ 与雅典结盟 76, 114, 163 – 164, 884; in Second Athenian Confederacy 在雅典第二同盟中 83, 166, 201; in Social War 同盟战争中 88, 89, 739; war against Macedon 对马其顿的战争 95, 774, 775, 777, 778; and Macedonian expedition ~ 与马其顿的远征 96, 789, 804, 847
Carian influence 卡利亚的影响 88, 89, 227; and Miletus ~ 与米利都 485; *peraia* 属土 80, 94, 96, 220; trade 贸易 475, 500, 504
Choaspes, river 科亚斯佩斯河 20

Gd, 815
Choes, river 科伊斯河 20 *Mc*, 827
Chorasmia 科拉斯米亚 20 *Kb*, 21 *Ba* – *Ca*, 824, 869
Choregia 歌队资助 548
Chorienes of Paracetae 帕拉凯泰的科利奈斯（Iranian dynast 伊朗人王朝）863
Chronicles, book of 历代志 261, 270, 282, 292 – 293
Chrysippus 克吕西普斯（Stoic philosopher 斯多葛派哲学家）480
Chrysopolis 克吕索波利斯 493
Cilicia 奇里乞亚 4 *Ec* – *Fc*, 20 *Dc*; under Persia 波斯治下 219 – 220, 308, 316; under Alexander 亚历山大治下 332, 805, 839, 860 – 861, 866, 898; coinage 币制 225, 866
Cilician Gates 奇里乞亚关口 20 *Cc*, 55, 805, 808
Cillicyrioi 西里库利奥斯人（indigenous Sicilians 西西里原住民）124, 136
Cimmerian Bosporus 辛梅里安人的博斯普鲁斯, *see* Bosporan kingdom 见博斯普鲁斯王国; Cimmerians 辛梅里安人
Cimmerians 辛梅里安人 476, 483, 485, 486, 506
Cimmericum 辛梅利孔 476, 484, 485, 486, 487
Cimmeris 辛梅利斯 484 – 485, 486, 487, 501
Cimon 客蒙（Athenian general 雅典将军）308 – 309
Cinadon affair 基那冬事件 4, 7, 43 – 44, 74, 882
Cinamak cemetery 奇那马克墓地 427
Cithaeron, Mount 奇泰隆山 2 *Ca*, 166, 173
Citium 基蒂翁 7 *Bb*, 8 *Ab*; foundation 建立 305, 319; under Persians 波斯治下 297; Athenian siege 雅典的围困 309; joins Cypriot revolt 加入塞浦路斯起义 311; expansion 扩张 305, 310, 311, 327; and Evagoras' revolt ~与埃瓦戈拉斯起义 314, 316; under Alexander 亚历山大治下 332 – 333; under Successors 继业者治下 334
Coinage 铸币 332; housing 房屋建筑 303; Phoenician culture 腓尼基文化 305, 336; temples 神庙 303 – 304, 334; trade 贸易 302, 305, 335
Citizenship 公民权 533, 536 – 537, 581, 632; federal 联邦的 436, 537; *see also under individual states* 也见各有关国家
Cività di Tricarico 奇维塔狄特利卡利科 397n60
Clarus 克拉鲁斯 5 *Bc*, 229
class warfare 阶级斗争 529, 531; *see also under* Asia Minor 也见小亚细亚; Syracuse 叙拉古
Claudius 克劳狄乌斯, Ap. 402
Clazomenae 克拉佐麦奈 5 *Bc*, 76 – 7, 79 – 80, 114, 117, 559
Cleander 克莱安德（Macedonian general 马其顿将军）838, 864
Cleandridas 克莱安德利达斯（Spartan general 斯巴达将军）386n13

Clearchus 克莱亚尔库斯（Spartan general 斯巴达将军）41，42
Clearchus 克莱亚尔库斯，tyrant of Heraclea Pontica 本都的赫拉克里亚僭主 222，541，613n97
Clearchus of Soli 索利的克莱亚尔库斯（writer 作家）300
Cleigenes 克雷盖尼斯（Acanthian ambassador 阿坎图斯使节）158－159
Cleinias of Cos 科斯的克雷尼亚斯（mercenary general 雇佣兵将领）92，93
Cleitarchus of Alexandria 亚历山大里亚的克雷塔库斯（historian 历史学家）20－21
Cleitus 克雷图斯，king of Dardani 达尔达尼人国王 439，440，796
Cleitus the Black 黑子克雷图斯（Macedonian general 马其顿将领）800，820，824－825，863，872，898
Cleocritus 克莱奥克利图斯（Eleusinian herald 埃琉西斯传令官）36
Cleombrotus 克莱翁布罗图斯，king of Sparta 斯巴达国王 167；campaigns against Thebes 对底比斯的战争 165－166，173，175，180，182－183，184，884，886
Cleomenes Ⅱ克莱奥麦奈斯二世，king of Sparta 斯巴达国王 583，852－853，855
Cleomenes of Naucratis 瑙克拉提斯的克莱奥麦奈斯，satrap of Egypt 埃及总督 559，861－862，865，874
Cleonymus 克莱奥尼穆斯，king of Sparta 斯巴达国王 390，392
Cleopatra 克利奥帕特拉，queen of Macedon 马其顿王后（wife of Philip Ⅱ腓力二世之妻）786－787，794，898
Cleopatra 克利奥帕特拉，queen of Molossians 摩罗西亚人王后，440，441，785，786，789，842，850
Cleophon 克莱奥丰（Athenian demagogue 雅典人民领袖）30
Cleruchies 军事移民，Athenian 雅典的 164，453，510，551，676；*see also under* Chersonese，Thracian 也见色雷斯的赫尔索尼斯；Samos 萨摩斯
Climate 气候 661，665，668，677
Clitarchus 克利塔库斯（Eretrian politician 埃莱特利亚政治家）772
Clitarchus 克利塔库斯（Cyrenaic philosopher 昔兰尼哲学家）624
Clytus of Miletus 米利都的克吕图斯（member of Peripatos 逍遥派成员）623
Cnidus 尼多斯 5 *Bd* 113，224，504，613，651；Aphrodite of ～的阿芙洛狄特（Praxiteles' statue 普拉西特列斯的雕像）652，891；naval battle ～海战 60，67，68，72－73，103，104－105，314，499，882
Cnossus 克诺索斯 59，853
Coenus 科伊努斯（Macedonian general 马其顿将领）820，825，831，832，833
Coinage 币制 401，542－543；Corinthian standard 科林斯标准 439；forgery 伪币 36n60；mercenary pay 雇佣兵薪饷 60，142，352－353，378，401，543，

719；portraiture 肖像 459；as source 作为资料 23，19；spread 传播 401，542 – 543

Abdera 阿布戴拉的 455；Acanthus 阿坎图斯的 455；Aradus 阿拉杜斯的 321；Atintanes 阿廷塔奈斯人的 426，427；Bisalti 比萨尔提人的 452；Byblus 毕布罗斯的 321；Cassope 卡索佩的 440，441；Colchis 科尔奇斯的 503；Edoni 埃多尼人的 452；Eleaei 埃莱亚的 440，441；Epidamnus 埃庇丹努斯的 430；Epirus 伊庇鲁斯的 439，441；Himera 希麦拉的 130；Ionian 'alliance' 伊奥尼亚"同盟"的 74，104；Italiote League 意大利特人联盟的 388；Laeaei 莱亚伊的 452；Lapethus 拉佩图斯的 310；Larissa 拉利萨的 765；Locri 罗克利的 402；Lycia 吕西亚的 218，231 – 232；Motya 摩提亚的 378；Neapolis 奈阿波利斯（Thrace 色雷斯）的 452；Olynthus 奥林图斯的 454；Paeonia 派奥尼亚的 452；Palermo 巴勒莫的 378；Pamphylia 潘菲利亚的 225；Panormus 帕诺穆斯的 130；Pelagonia 佩拉戈尼亚的 438；Philippi 腓力比的 737；Segesta 塞盖斯塔的 130；Side 希德的 84 – 85；Sindi 辛狄人的 481，494；Sinope 西诺佩的 489；Successors 继业者的 881；Thesproti 特斯普罗提人的 441；Tyre 推罗的 321

See also hoards *and under* Aegae 也见窖藏和埃盖；Arcadia 阿卡狄亚；Athens 雅典；Babylon 巴比伦；Bosporan kingdom 博斯普鲁斯王国；Carthage 迦太基；Cilicia 奇里乞亚；Citium 基蒂翁；Corinth 科林斯；Cyprus 塞浦路斯；Cyzicus 库吉科斯；Damastium 达玛斯提翁；Derrones 戴罗奈斯人；Egypt 埃及；Ichnae 伊科奈；Illyrians 伊利里亚人；Judah 犹大；Letaei 莱泰伊人；Lysimachus 吕西马库斯；Macedon 马其顿；Mantinea 曼提奈亚；Maronea 马罗奈亚；Miletus 米利都；Molossia 摩罗西亚；Nymphaeum 宁法伊翁；Odrysian kingdom 奥德里西亚王国；Orescii 奥莱斯提斯人；Panticapaeum 潘提卡派翁；Paphos 帕福斯；Persia 波斯；Phanagoria 法那戈利亚；Pheneus 菲奈乌斯；Phoenicia 腓尼基；Salamis 萨拉米斯；Samaria 撒玛利亚；Scythians 西徐亚人；Selinus 塞利努斯；Sicily 西西里；Sidon 西顿；Stymphalus 斯廷法鲁斯；Syracuse 叙拉古；Tarsus 塔苏斯；Thasos 塔索斯；Theodosia 泰奥多西亚；Thessaly 色萨利；Thrace 色雷斯；'Tyntenoi' "廷泰诺伊人；Zaeelii 扎伊利人

Colchis 科尔奇斯 483，489，503

Colonies 殖民地：Seleucid 塞琉古王朝 868；*see also* cleruchies *and under individual states* 也见军事移民和各相关国家

Colophon 科洛丰 5 *Bc*，500，869

Comedy 喜剧 22；Old 旧喜剧 885，897；Middle 中喜剧 22；New 新喜剧 82，637，648，901

common peace（s）共同和平，*see*

peace 见和平，common，共同～

communications 交通，Mediterranean 地中海的 512 –526；land 陆地的 512 –513，525 –526；*see also* messages；shipping 也见信息、船运

Comosarye 科摩萨耶，queen of Cimmerian Bosporus 辛梅里安人的博斯普鲁斯王后 496

Companions 王友，Macedonian 马其顿的 586，687，688，728，733，735；in battle 在战斗中 786，799 –800，807，813，814，829；orientalization 东方化 819，840

Competitiveness 竞争性：in medicine 在医学上 636 –637，641 –643，646；Spartan 斯巴达的 538

Concord 和谐，see *Homonoia* 见 Homonoia

confiscation of property 没收财产 528，545，550，703，851

connoisseurship 行家 657，658

Conon 科农（Athenian general 雅典将军）12，103 –104，534，553，554，680；at Aegospotami 在羊河 516 –517；and Evagoras ～与埃瓦戈拉斯 67，75，105，139，313 –314，600n39；command of Persian fleet 指挥波斯舰队 39，67，98，314，320，882；Tithraustes subsidizes 提特劳斯泰斯的资助 60；and battle of Cnidus ～与尼多斯战役 72 –73；operations with Pharnabazus ～与法那巴祖斯一起行动 73 –74，76，103 –104，216，532，882；return to Athens 回归雅典 76，104 –105，107，556，882；arrest 被捕 107，113，882；escape and death 逃亡和死亡 107 –108

Cophen river 科芬河 20 *Ld* – *Md*，868

Copper 铜 306，327，333，438，558，725

Corcyra 科西拉 1 *Ac*，13 *Ac*，392，437，443，559，783；Spartan and Athenian campaigns 斯巴达和雅典的战斗 73，150，170，174，176 –177，179，886；*stasis* 冲突 529，532，533，427

Corcyra Nigra 黑科西拉 666，676

Corinth 科林斯 1 *Cd*，2 *Bd*，20 *Bc*；in Peloponnesian War 在伯罗奔尼撒战争中 451；dissatisfaction after war 战后的不满 29，36 –37，97，98；and outbreak of Corinthian War ～与科林斯战争的爆发 65，97，98，100；campaigns in war 战争中的战事 101，102，103，105，556，（Argive occupation 阿哥斯的占领）105 –106，107，108，109，111，530，587，882；and King's Peace ～与“大王和约”118，530；alliance with Sparta ～与斯巴达结盟 118，168，587；supports Dionysius Ⅰ 支持狄奥尼修斯一世 135；and renewal of King's Peace 与重订“大王和约”176，205；supports Sparta against Thebes 支持斯巴达对抗底比斯 184；possible revolt 可能发生的起义 189；anti-Spartan alliance attacks 反斯巴达同盟进攻～ 191 –192；and abortive peace proposal（367/6）～与 367/6 年流产的和平建议 197；Timophanes' tyranny 提摩法奈斯的僭主政治 199, 530, 580 – 1n58, 709; and general peace (365) ~与 365 年的全面和平 200, 888; and Sacred War ~与神圣战争 741; and Syracuse ~与叙拉古 696, 703, 704, 708 – 709, 711, 712, 716, 717; support to Ambracia against Molossia 支持安布拉奇亚对抗摩罗西亚 440; opposition to Philip 反对腓力 781; settlement after Chaeronea 喀罗尼亚战役后的安排 783; coinage 币制 439

Corinth, League of 科林斯同盟: and common peace ~与共同和平 589, 846, 848, 849; establishment 建立 783 – 785, 870, 879, 898; Macedonian domination 马其顿人的支配地位 589, 795, 846 – 855, 859; and Persian expedition ~与远征波斯 687, 784 – 785, 795, 813, 818, 846, 848, 849; settlement after Agis' revolt 阿吉斯起义后的安排 854; Sparta remains outside 斯巴达仍不加入 852; treaty clauses 和约条款 560, 800, 846, (against constitutional subversion 反对颠覆政体) 528 – 529, 531, 533, 784, 846

Corinthian War 科林斯战争 97 – 119, 882 – 884; causes and outbreak 原因和爆发 31, 65, 67 – 68, 97 – 100, 882; Agesilaus recalled 阿盖西劳斯被召回 72, 101 – 102, 103, 882; land campaigns (395 – 4) 395 – 394 年陆上战事 100 – 103; return of Conon 科农的回归 103 – 106; naval activity (394/3) 394/3 年的海上行动 103 – 105; peace negotiations (392/1) 392/1 年的和谈 106 – 109, 882; land campaigns (391/88) 391 – 388年的陆上战事 109 – 112; naval war in Aegean (391/86) 391 – 386 年爱琴海中的海上战事 112 – 117; *see also individual battles and participants*, *and* King's Peace 也见各次战役和参与者，以及“大王和约”

Coriscus of Scepsis 斯凯普西斯的科利斯库斯 (philosopher 哲学家) 620, 770

corn supply 粮食供应 558 – 562, 665; Black Sea 黑海 222, 477, 489, 493, 499 – 500, 504, 506, 558, (*see also under* Athens 也见雅典); Carthage 迦太基 370; Cyprus 塞浦路斯 313, 314; Egypt 埃及 489, 503 – 504, 522, 558, 559, 862; funding of imports 进口资助 676, 677; Greek cultivation 希腊人的培育 663, 665 – 666, 668, 677; Italy 意大利 385; sea transport 海运 513, 521, 521 – 522, 559 – 560, 753 – 754; shortages 短缺 559, 851, 862, 898; Sicily 西西里 489, 522, 558, 719; storage 储藏 669; Theban supplies 底比斯的供应 173; Thessaly 色萨利 558, 559, 670; *see also* cereals *and under* Athens 也见谷物和雅典

Cornelius Nepos 科奈利乌斯·奈波斯 (historian 历史学家) 12, 694, 695, 707

Corocondame 科罗孔达麦 476, 487
Coronea 科罗奈亚 2 *Ba*, 182, 745; battle of ~战役 103, 541, 882
Corrhagus 科尔哈古斯 (Macedonian general 马其顿将领) 854
Corruption 腐败 545
Corsica 科西嘉 10 *Ca*, 365, 368
Cortes de Navarra 科尔特斯—德纳瓦拉 12 *Bc*, 411
Corycus 科吕库斯 220n52
Cos 科斯 1 *Ed*, 5 *Bd*, 20 *Cc*, 103, 563, 739; Carian influence 卡利亚的影响 82, 88, 227; in Macedonian wars 在马其顿战争中 95, 96, 777, 802; medicine 医学 638, 642; wine exports 葡萄酒出口 475, 504
Cossaei 科萨伊人 20 *Gc* - *d*, 842 - 843, 868
Cothelas 科泰拉斯, king of Getae 盖塔人国王 472 - 473, 474, 773
Cottyphus 科提弗斯 (Thessalian general 色萨利将军) 778 - 779
Cotyora 科提奥拉 4 *Ga*, 221, 489
Cotys I科提斯一世, king of Odrysians 奥德里西亚人国王 459 - 462, 463 - 465, 613, 727, 731
Court-St-Etienne 科特 - 圣 - 埃蒂安 12 *Ca*, 410
Crannon 克拉农 18 *Bb*, 5, 194, 900
Crater 墓坑, Vix 维 410
Craterus 克拉特鲁斯 (Macedonian general 马其顿将领) 820; in east 在东方 816, 818, 831, 833; return to west 返回西部 20 *Le-Je*, 834, 837, 840, 841, 842
Craterus Monument 克拉特鲁斯纪念碑, Delphi 德尔斐 659 - 660
Cremni 克兰尼 477, 479
Crenides 克莱尼德斯, *see* Philippi 见腓力比
Cresilas 克莱西拉斯 (sculptor 雕刻家) 654
Crestonia 克莱斯托尼亚 14 *Bb*, 16 *Ca*, 723
Crete 克里特 227, 512, 524, 673, 766, 857; resistance to Alexander 对亚历山大的抵抗 808, 811, 853
Creusis 克琉西斯 19 *Dc*, 183
Crimea 克里米亚, *see* Bosporan kingdom *and under* Scythia 见博斯普鲁斯王国和西徐亚
Crimisus, river 克里米苏斯河 3 *Ab*; battle of ~战役 379, 719, 721, 879
Crithote 克里托泰 201, 464, 510
Critias 克利提亚斯 (Athenian politician 雅典政客) 32, 34, 35, 36, 40, 603
Critobulus of Cos 科斯的克利托布鲁斯 (surgeon 外科医生) 834
Critobulus of Lampsacus 兰普萨库斯的克利托布鲁斯 (Thracian envoy 色雷斯使节) 468
Croccia Cagnato 克罗奇亚卡那托 397 n60
Crocodeilon 克罗科狄隆 321
Crocus Field 克罗库斯原野, battle of ~战役 18 *Bb*, 745, 746, 890
Croesus 克罗伊苏斯, King of Lydia 吕底亚国王 485
Crommyon 克隆米翁 2 *Cb*, 106, 111

Cromna 克隆那，Pontus 本都 483
Cromnus 克隆努斯，Arcadia 阿卡狄亚 203
Cronium 克罗尼翁，battle of ~ 战役 149
cross-bows 弩 683
Croton 克罗同 11 *Dc* 384n5，385 – 386，402n78；in Italiote League 在意大利特人联盟中 146，386，388，885；Syracuse takes 叙拉古的占领 149，387
Ctesias of Cnidus 尼多斯的克泰西亚斯 11，47，314
Ctesicles 克泰西克莱斯（Athenian naval commander 雅典海军将领）177，179，886
Ctesilochus 克泰西罗库斯（painter 画家）652
Ctesiphon 克泰西丰（Athenian general 雅典将军）575 – 576，750，755，774，896
Cumae 库麦 11 *Cb*，400
Cunaxa 库那克萨，battle of ~ 战役 49，52，64，882
Curium 库利翁 7 *Ab*，8 *Ab*，297，311
Curius 库利乌斯，M'. 402
Curtius Rufus 库提乌斯・鲁弗斯（historian 历史学家）20，63，244，260
customs duties 关税，*see under* taxation 见税收
Cutha 库塔 6 *Bc*，243 – 244，249，287
Cybele 库贝莱，sculpture of ~ 雕刻 230
Cyclades 基克拉泽斯群岛 172，177，203，804，849，884；*see also individual islands* 见各有关岛屿
Cydnus，river 库德努斯河 805
Cyme 库麦 5 *Bc*，136
Cynic Philosophy 犬儒派哲学 594，648
Cynna*or* Cynnane 库娜或库娜奈，princess of Macedon 马其顿公主 785，786
Cyprothemis 库普罗泰米斯（Persian officer 波斯军官）81
Cyprus 塞浦路斯 4 *Ed* – *Fd*，7，20 *Dc* – *d*，297 – 317；history 历史，(495 – 411) 306 – 312，(411 – 374/3) 312 – 317，(373 – 311) 326 – 336；Athens attempts to gain naval base 雅典企图在那里获得海军基地 271，306，308 – 309，311，320；rebellion against Persia 反波斯的起义 306，311；and Ionian Revolt ~ 与伊奥尼亚起义 307，309，311；Persian rule 波斯的统治 54，59，297，308，311，313；Evagoras' revolt 埃瓦戈拉斯起义，*see* Evagoras Ⅰ 见埃瓦戈拉斯一世；and King's Peace ~ 与"大王和约"66 – 67，79，117，315 – 316，326；under Nicocles 在尼科克莱斯治下 300，317，327 – 328，598，608；revolts against Persia 反波斯的起义 91，328，329 – 330，330 – 331，349，787；defection to Alexander 投靠亚历山大 331，332 – 333，687，808，809；under Successors 在继业者时代 333 – 335，880
Agriculture 农业 559；architecture 建筑 300，301，303 – 304；art 艺术 304 – 305；burial customs 葬俗 302；coinage 币制 299，305，310，317，332，

333, 335, 866; economic structure 经济结构 302; and Egypt ~与埃及 302; fleet 舰队 299, 307, 308, 311, 808; fortifications 要塞 303 - 304, 311, 312; Hellenization 希腊化 297, 304, 306, 304 - 305, 317, 328, 335 - 336; housing 房屋建筑 303; Isocrates' influence 伊索克拉底的影响 598, 619; jewellery 珠宝业 305; kingdoms 诸王国 297 - 306; *kolakes* 密探 300, 301 - 302; languages 语言 305, 317; and Phoenicia 腓尼基 303, 305 - 306, 319, 320, 324; Phoenician-Greek antagonism hypothesis 假设的腓尼基 - 希腊人的对抗 299, 306, 310 - 311; political organization 政治组织 299 - 302; pottery 陶器 304, 305; religion 宗教 304, 305 - 306; sarcophagi 石棺 302; scripts 文书 305, 317; sculpture 雕刻 302, 304 - 305, 307, 317, 324; shipbuilding 造船 314, 330, 331, 333, 684; social and economic structure 社会和经济结构 302; sources 资料 299 - 300; temples 神庙 304; terracottas 赤陶 304, 305; tombs 墓葬 302; trade 贸易 304 - 305; *see also individual cities* 也见各有关城市

Cyrenaic school 昔兰尼学派 624

Cyrenaica 昔兰尼地区 20 *Bd*, 857, 869

Cyrene 昔兰尼 20 *Bd*, 334, 603, 810, 869, 898

Cyrus the Great 居鲁士大帝, *see under* Persia 见波斯

Cyrus the Younger 小居鲁士: Lysander's diplomacy 吕桑德的外交 25, 28, 42; rivalry with Tissaphernes ~与提萨菲奈斯的争斗 42, 52, 57; revolt 暴动 49, 52 - 53, 64, 80 - 81, 216, 238, 260, 346 - 347, 882; death 死亡 64; retreat of Ten Thousand "万人军" 的撤退 42, 44, 540, 878; power base 权力基础 52 - 53, 57, 217; Spartan support 斯巴达的支持 42, 64 - 65, 66, 75, 117, 216

Cytaea 库泰亚 476, 484, 487

Cythera 基西拉 1 *Cd*, 2 *Bc* - *Cc*, 74, 104

Cytinium 库提尼翁 19 *Bb*, 779, 781, 896

Cytorus 库托鲁斯, Pontus 本都 483

Cyzicus 库吉科斯 1 *Eb*, 4 *Ba*, 5 *Bb*, 17 *Cb*, 483, 500, 798; battle of ~战役 126; coinage 币制 60, 501; Eudoxus' school 欧多克苏斯的学校 608, 614, 617

Daedalus of Sicyon 西库翁的戴达鲁斯 (sculptor 雕刻家) 655

Daggers 匕首, iron antenna 铁质吊穗 411

Damascus 大马士革 8 *Cc*, 20 *Ed*, 91

Damastium 达玛斯提翁 13 *Bb*; coinage 币制 429, 439; silver mines 银矿 422, 426, 430, 438, 737

Dameas of Cleitor 克雷托尔的达麦亚斯 (sculptor 雕刻家) 655

Dandarii 丹达利人 476, 496

Daniel, book of 但以理书 263, 293
Daochidae 道奇戴家族, dynasty of Pharsalus 法萨卢斯的王朝 764
Daorsi 道尔西 423
Daparria 达帕利亚, Illyria 伊利里亚 429
Daphnaeus 达弗那欧斯（Syracusan general 叙拉古将军）131, 132, 134
Dardanelles 达达尼尔海峡; current 洋流 516, 521
Dardanii 达尔达尼人 13 *Ba*, 423, 427; under Bardylis 巴狄利斯治下 158, 428 – 429, 430, 432, 434, 726 – 727, 731, 888,（Philip Ⅱ defeats 为腓力二世击败）436, 465, 732 – 733, 734, 888; Philip defeats 为腓力击败, under Cleitus 克雷图斯治下 438 – 439, 440; Alexander conquers 亚历山大的征服 796
Darius Ⅰ, Ⅱ *and* Ⅲ 大流士一世、二世、三世, *see under* Persia 见波斯
Darius painter 大流士画家 891
Dascyleum 达斯库勒翁 4 *Ba*, 5 *Bb*, 209, 217, 232, 800
Dassaretis 达萨莱提斯 13 *Bb*, 423
Dātabara 达塔巴拉（'law-officer', Mesopotamian 美索不达米亚法律方面的官员）255
Datames 达塔麦斯, ruler of northern Cappadocia 卡帕多西亚北部统治者 219 – 220, 220 – 221; in Egypt 在埃及 83, 84; in Satraps' Revolt 在"总督大暴动"中 84 – 85, 86, 87; naval activities in Aegean 海军在爱琴海上的活动 804; death 死亡 888; Nepos' life of 奈波斯有关他的传记 12 – 13
Dataphernes 达塔弗奈斯（Sogdian leader 索格狄亚那领袖）821, 823
date cultivation 椰枣种植 243, 249
Daton silver mines 达同银矿 452, 465, 466
Daunia 道尼亚 11 *Cb*, 394, 397n57, 397n60, 402
Daunian language 道尼亚语言 394
David 大卫, House of ～家族 263, 264, 277, 286, 292
Dealaiah 第莱雅, son of Sanballat 参巴拉之子 278, 288
Debt 债务 248 – 249, 280, 284, 547; cancellation 取消 528, 533, 784
Decarchies 十人团, Lysander's 吕桑德的 29, 31, 40, 532, 882
Decelea 戴凯莱亚 2 *Ca*, 5, 25, 40, 527
Dedmotis 戴摩提斯（Scythian princess 西徐亚人公主）505
defences across isthmus 横穿地峡的防御: Bosporan kingdom 博斯普鲁斯王国 481, 486, 487, 488, 506, 510; southern Italy 南意大利 147; Thracian Chersonese 色雷斯的赫尔索尼斯 488, 510, 753 – 754
Deinostratus of Alopeconessus 阿劳佩科奈苏斯的狄诺斯特拉图斯（mathematician 数学家）614
Delian League 提洛同盟 455, 528, 541, 580, 587, 588
Delius（*or* Dias）of Ephesus 以弗所的戴琉斯（或狄亚斯）（member of A-

cademy 学园成员）613

Delos 提洛岛 1 *Dd*；Athenian control 雅典人的控制 105，173，763，782；Bosporan dedications 博斯普鲁斯王国的捐献 480，504；and Cyprus ～与塞浦路斯 335；harbour 港口 524；inscription of ～铭文

Delos 提洛岛（*cont* 续．）

Demaratus 德马拉托斯 213；Jews on 犹太人在～ 289；sanctuary estates 圣所的地产 662 注 5，663，671；temple money －

Lending 神庙借贷 554－5；Tyrian dedication 推罗人的捐献 335－336

Delphi 德尔斐 1 *Cc*，2 *Ba*，19 *Cb*；Aetolian *promantera* 埃托利亚人的优先权 584；in Amphictyony 在近邻同盟中 554，758；dedications 献纳 202，230，480，504，554，621，631，655，659－660；livestock 牲口 669；Philiscus' mission 菲利斯库斯的使命 85，192；Syracuse and 叙拉古与～ 136，139，150；temples 神庙（Apollo 阿波罗）139，150，893，（Athena Pronaea 雅典娜－普罗奈亚的）654；temple treasury 神庙宝库 553，554，555，556；in Third Sacred War 在第三次神圣战争中 89，739，741，（Phocian use of treasures 福基斯对财宝的使用）89，556，741，748，751，756，758；*see also* Pythian games 也见皮提亚运动会；Sacred War，Third 第三次神圣战争

Delphic Amphictyony 德尔斐的近邻同盟，*see* Amphictyonic League 见近邻同盟

Delphion 戴尔菲翁（Phliasian leader 弗利乌斯人领袖）162

Demades 德马得斯（Athenian politician 雅典政客）573，574，577，579，782，854，858，875

Demaenetus 德马奈图斯（Athenian naval officer 雅典海军军官）98

demagogoi 人民领袖（politicians 政治家）573

Demaratids 德马拉托斯家族（rulers in Aeolid 埃奥利亚地区统治者）82，213，220

Demarchus 德马库斯（Syracusan general 叙拉古将军）134

Demeter 德墨特尔：Carthaginian cult 迦太基的崇拜 361，372，375，376－377；cult at Eleusis 在埃琉西斯的崇拜 546，661，676；statue 雕像 891

Demetrius of Alopece 阿劳佩凯的德米特琉斯（sculptor 雕刻家）655

Demetrius the bodyguard 卫兵德米特琉斯（Macedonian 马其顿人）819

Demetrius of Callatis 卡拉提斯的德米特琉斯（writer 作家）480

Demetrius of Phalerum 法列隆的德米特琉斯（Athenian politician 雅典政客）536，611，623，630，651

Demetrius Ⅰ Poliorcetes 围城者德米特里乌斯一世，king of Macedon 马其顿国王 657，877 注 2

Democracy 民主政治：Alexander installs 亚历山大建立～ 50，801，898；Arcadian League promotes 阿卡

狄亚同盟推进～206；Argive *skytalismos* 阿哥斯的极端民主运动 189；Athenian 雅典的 38，538，565－572，576－577，（abolition 废止）536，611，900；Athens as champion 雅典支持民主政治 532，533，579－80；/oligarchy distinction ～与寡头政治的区别 227，580；Syracusan 叙拉古的 125，717－718；Thebes as champion 底比斯支持～533；*see also* pay，political 也见政治津贴

Demonology 鬼神学 612

Demophilus 戴摩菲鲁斯（Athenian，accuser of Aristotle 雅典人，亚里士多德的控告者）631

Demophilus 戴摩菲鲁斯，son of Ephorus（historian）历史学家埃弗鲁斯之子 18，601

Demophon 戴摩丰（Athenian general 雅典将军）165

Demosthenes 德摩斯梯尼（orator 演说家）：proposes standing army 建议组建常备军 557；and Olynthian War ～与奥林图斯战争 620，749，892；defends Philocrates 为菲洛克拉特斯辩护 750；on Council 任职议事会 576，752，892；and Peace of Philocrates ～与菲洛克拉特斯条约 172，468，577，753，754，755，756，757，760，761，894；impeachment of Aeschines 对埃斯奇奈斯的控告 757，768；absence from embassy to Amphictyony 缺席前往近邻同盟的使团 758；opposes further rapprochement with Macedon 反对与马其顿进一步修好 760，761，894；embassy to Peloponnese 前往伯罗奔尼撒的使节 765，894；and trial of Philocrates ～与菲洛克拉特斯的审判 768；trial of Aeschines 埃斯奇奈斯的审判 574，579，768－769，894；seeks allies against Macedon 寻求对抗马其顿的盟友 93，774，775，896；and war against Macedon ～与反马其顿战争 778，779，781，896；after Chaeronea 喀罗尼亚战役之后 782；absence from embassy to Alexander 缺席前往亚历山大处的使团 577，848；and Theban revolt 与底比斯起义 848；overtures to Hephaestion 讨好赫费斯提昂 852；and Agis' revolt～与阿吉斯起义 854；*Crown* trial 关于金冠的审判 17，575－576，896；and Harpalus ～与哈帕鲁斯 572，857－858；exile 流亡 858，900

and Alexander's divine pretensions ～与亚历山大神化自己的企图 872，875；and Areopagus ～与战神山议事会 572；financial measures 财政措施 542，550，569，573，579，857－858；and Odrysian kingdom～与奥德里西亚王国 17，460，468；political supporters 政治支持者 578；portrait by Polyeuctus 波吕欧克图斯雕刻的肖像 654；public offices 公职 573，857－858；as source 作为资料 13，16－18，19，467，468，723

Demotic Chronicle《世俗体编年史》337，340，345，350

Dendera 登德拉 9 *Cc*，353

Deportations 驱逐，*see* population 见人口（movement 迁移）
Dercyllidas 德库里达斯（Spartan general 斯巴达将军）41n77，43，65，66，72，104，115，882
Derdas 戴达斯（northern Greek king 北希腊国王）161
Derrones 戴罗奈斯人；coinage 币制 452
Deuteronomy，book of《申命记》276，284
Dexari 德克萨利人 423
Dexileos gravestone 戴克西莱奥斯墓碑，Athens 雅典 883
Dexippus 戴克西普斯（Spartan mercenary commander 斯巴达雇佣兵统帅）131，132，133
Dexippus of Cos 科斯的戴克西普斯（physician 医生）231
Diades 狄亚戴斯（military engineer 军事工程师）689，690，691
Dicaea 狄凯亚 464
Dicaearchus of Messene 美塞尼的狄凯亚库斯（philosopher 哲学家）613，623，624
Dido 狄多，queen of Carthage 迦太基女王 366，367
Didyma 狄狄马 5 *Bd*，229 – 230，555，872
Didymus 狄狄穆斯（commentator 注释家）13
Dii 狄人 14 *Cb*，447，449，456
Dilbat 狄尔巴特 6 *Bc*，243n37
Dimale*or* Dimallum 狄马莱或狄马隆 13 *Ab*，440
Dinarchus 狄那库斯（orator 演说家）13，19，858
Dinocrates 狄诺克拉泰斯（Phocian general 福基斯将军）751
Dinon of Colophon 科罗丰的狄农（historian 历史学家）11，12，47，84
Diocles 狄奥克莱斯（Syracusan demagogue 叙拉古人民领袖）125，129，130
Diodorus Siculus 西西里的狄奥多鲁斯（historian 历史学家）8 – 10；chronology 年代学 9 – 10，13，73，360，390；on Macedon 论马其顿 723；on Sicily 论西西里 120 – 121，123 – 124，694 – 695，706，707；sources 资料来源 9 – 10，11，18 – 19，20，21，601，663，（chronographic 年代记的）9 – 10，13，73，695，（on Sicily 论西西里）121，123，390，694，695，707
Diogenes Laertius 第欧根尼 – 拉尔修 613
Diogenes of Sinope 西诺佩的狄奥根尼（Cynic philosopher 犬儒派哲学家）648
Dion of Cos 科斯的狄翁 62，63
Dion of Syracuse 叙拉古的狄翁：Dionysius I's adviser 狄奥尼修斯一世的顾问 152；exile in Greece 流亡希腊 696 – 698，889；association with Plato and Academy ～与柏拉图和学园的联系 603，611，613，617 – 618，696，698，704，705，（support expedition 支持远征）611，617 – 618，693，695，698，700，703；expedition

to Syracuse 对叙拉古的讨伐, *see under Syracuse* 见叙拉古

Character 性格 699, 702, 704, 705 - 706, 722; divine honours 神圣的荣誉 877n1; motives suspect 动机可疑 696, 698, 699, 704, 721 - 722; sources on 有关～资料 13, 693 - 694; Spartan citizenship 斯巴达公民权 696, 702; wealth 财富 136

Dionysia 酒神节（festival 节日）611, 885, 897

Dionysius of Chalcis 哈尔基斯的狄奥尼修斯 480

Dionysius 狄奥尼修斯（Corinthian politician 科林斯政客）717

Dionysius 狄奥尼修斯, dynast of Heraclea Pontica 本都的赫拉克里亚的统治者 222, 500

Dionysius Ⅰ狄奥尼修斯一世, tyrant of Syracuse 叙拉古僭主: rise to power 爬上权力高位 123 - 124, 132 - 134, 883; rule 统治, *see under* Syracuse 也见叙拉古; death 死亡 151, 887

Athenian honours 雅典授予荣誉 104, 105, 137, 149, 150, 600n39, 883; character 性格 151, 153 - 155, 705n11, 876; and Delphi ～与德尔斐 139, 150; Isocrates approaches 伊索克拉底的诉求 599 - 600; marriages 婚姻 134, 141, 142, 144 - 145; nature of rule 统治性质 120, 138 - 140, 222, 705 注 11, 876; and Olympic games ～与奥林匹亚赛会 139 - 140, 152, 155; and Plato ～与柏拉图 16, 120, 154 - 155, 222, 603, 885; poetry 诗歌 139n79, 140, 150 - 151; title 称号 136 - 138; tomb 陵墓 703

Dionysius Ⅱ狄奥尼修斯二世, tyrant of Syracuse 叙拉古僭主 152, 391; character 性格 695, 696, 697, 705n11; rule 统治, *see under* Syracuse 见叙拉古; sources on 有关～的资料 693, 694

Dionysodorus of Chios 希俄斯的狄奥尼索多鲁斯（sophist 智者）592

Dionysus 狄奥尼修斯, cult of ～崇拜 372, 399, 449, 826, 873

Diopeithes 狄奥佩泰斯（Athenian general 雅典将军）468, 469, 474, 752, 768, 775

Diophantus 狄奥凡图斯（Athenian politician 雅典政客）570n17

Diophantus 狄奥凡图斯（Pontic general 本都将军）505 - 506

Diphilus 狄菲鲁斯（wealthy Athenian 雅典富翁）852

Diphridas 狄弗利达斯（Spartan general 斯巴达将军）113

Diplomacy 外交 58 - 59, 563, 588; *see also* inter-state relations 也见邦际关系; peace, common 共同和平; *and individual treaties and politicians* 及各条约和政治家

Dithagoea 狄塔戈雅, cult of ～崇拜 505

Dium 狄翁 16 *Ca*, 20 *Bb*; Granicus Monument 格拉尼库斯纪念碑 659 - 660

Divination 神化 257

Diyala, river 迪亚拉河 6 *Bb*, 244

Diyllus 狄鲁斯（historian 历史学家）18－19，706
Dobrina 多布利那 473
Dobrudja 多布罗加 471，472
Dodona 多多那 13 *Bc*，426，432，434；Molossian control 摩罗西亚人控制 430，441，443；votive bronzes 还愿青铜器 434，435
Dokimasia 任职审查（scrutiny of officials 对官员的考核）574，575
Doloaspis 多罗斯皮斯（Macedonian *nomarch* in Egypt 马其顿驻埃及诸姆长官）861
Dolonci 多隆基人 14 *Db*，488，510
Dolopia 多罗皮亚 18 *Ab*，758，779
Dor 多尔 8 *Bc*，288n54，321
Dorieus 多利欧斯（Rhodian exile in Thurii 图利伊的罗德斯人流亡者）98，126
Doris 多利斯 1 *Cc*，19 *Bb*，741，
779
Doriscus 多利斯库斯 468
Doschi 多斯奇人 496
Doxandrus 多克桑德鲁斯，king of Marium 马利翁国王 310
Drabescus 德拉贝斯库斯，battle of ~ 战役 452
battle of Laian Draco 莱安德拉科战役 387n19
Drama 戏剧 399，628；*see also* comedy 也见喜剧；tragedy 悲剧
Drangiana 德兰吉安那 20 *Kd*，819，837
Dream of Nectanebo《涅克塔涅波斯之梦》，*Tale of the*《~ 的故事》358，359
Dreams 梦，diagnosis by 据 ~ 诊断 643
drinking-horn mount 角状杯，Weiskirchen 维斯基兴的 419
Droaphernes 德罗菲奈斯（sub-satrap of Lydia 吕底亚副总督）230
Drongylium 德隆古利翁 469
Drugs 药物 637－638，639，640，643，644，645
Drypetis 德吕佩提丝，Persian princess 波斯公主 840
Drysanis the Paphlagonian 帕夫拉戈尼亚人德吕萨尼斯 506
Duchcov 杜奇科夫 12 *Ea*，414
Dukat 杜卡特 433
Dulboki 杜波奇 14 *Ca*，456
Duris of Samos 萨摩斯的杜利斯 871
Durrnberg 杜恩贝格 12 *Eb*，413
Duvanli 杜万利 14 *Ca*，448，450，456
Dyme 狄麦 2 *Aa*，197
Dynastic Prophecy 宫廷预言师（Mesopotamian 美索不达米亚的）241 注 24
Dynasts 诸王朝，Asia Minor 小亚细亚 49，214，218－219
Dysoron 狄索隆，Mount ~ 山 16 *Ca*，452，466

Ea-ilūtābāni/Ilī-bāni family archive 埃－伊鲁塔巴尼 或 伊利－巴尼家族档案 235n3
Earthquakes 地震 21，112
Ebabbar 埃巴巴尔（Babylonian temple 巴比伦尼亚神庙）244
Ecbatana 埃克巴塔那 6 *Db*，20 *Gd*，

269, 820, 821, 842, 865
Ecclesiastes, book of 传道书 294 – 295
Ecclesiasticus, book of 传道书 285
Ecdicus 埃克狄库斯 (Spartan naval commander 斯巴达海军将领) 113, 532, 884
Echetimus 埃凯提穆斯, king of Paphos 帕福斯国王 302
Eclipses 日蚀 67, 812
Edfu 埃德弗 9 *Cd*, 342 – 343, 354, 359
Edom 伊东 8 *Bd*, 295
Edoni 埃多尼人 14 *Bb* – *Cb*, 427, 452, 455
Education 教育 11; eristics 幸福之师 595 – 596; fees for 费用 592, 593, 594, 595, 596, 642; Macedonian royal 马其顿王室的 728, 729; medicine 医学 635, 641 – 642; painting 绘画 657; Persian political 波斯政治的 215; rhetoric 修辞学的 592, 593, 602, 618; *see also* schools 也见学校
Egibi 埃吉比 (Mesopotamian contractors 美索不达米亚承包人) 235, 249
Egypt 埃及 337 – 360
Under Persians 波斯治下 63, 262, 308 – 309, 337
Amyrtaeus 阿米泰乌斯 49, 337, 344, 346 – 347, 356, 358, 882
Nepherites Ⅰ 涅菲利特斯一世 340, 353, 356 – 357, 358, 882; foreign relations 对外关系 66 – 67, 346, 347, 396, 882
Psammuthis 普萨穆提斯 340, 353, 354, 356 – 357, 358
Achoris 阿科利斯 340, 346, 356 – 357, 358, 882, 884; Athenian support 雅典的支持 66, 76, 77, 80, 116, 164, 347, 557, 681; and Evagoras ~与埃瓦戈拉斯 66 – 67, 76, 315, 316, 347, 348, 884; and Glos ~与格罗斯 348; Persian expedition (385/3) 385 – 383 年波斯的远征 66 – 67, 80, 316, 346, 347, 884; temple building 神庙建筑 353, 354
Nepherites 涅菲利特斯二世 Ⅱ 340, 356 – 357, 359
Egypt 埃及 (*cont* 续.)
Nectanebo Ⅰ 涅克塔涅波斯一世 340 – 343, 353, 354, 357 – 358, 884; Persian expedition (374/3) 374 – 373 年波斯的远征 83, 177, 239, 346, 348, 886; and Satraps' Revolt ~与总督大暴动 84, 328, 348 – 349
Tachos 塔科斯 341, 342, 343, 344, 357, 358, 888; civil war against Nectanebo Ⅱ 反对涅克塔涅波斯二世的内战 191, 200, 341; and Satraps' Revolt ~与总督大暴动 85 注 144, 86, 328, 346; abortive expedition against Persia 波斯远征的流产 87, 88, 341, 342, 348 – 349
Nectanebo Ⅱ 涅克塔涅波斯二世 341, 344, 346, 349, 358, 359; secures power 获得权力 341, 342, 349, 888; Persian expeditions 波斯的远征 342, (354 年) 346, 890, (351/0 年) 89 – 90, 91, 329, 346, 890; supports Cypro-Phoenician revolt 支持塞浦路斯—腓尼基起义 90, 91,

329, 349, Egyptian conquest (343/2) 343 - 342 年埃及人的征服 50, 92 - 93, 93 - 94, 330, 344, 346, 349, 359 - 360, 767, 774, 894; foreign policy 对外政策 346, 349; temple building 神庙建筑 342, 353, 354
under Persians 波斯人治下 93, 344 - 345, 359 - 360, 787, 797, 808
Alexander's conquest 亚历山大的征服 344, 590, 810 - 811, 878, 898; Cleomenes' power 克莱奥麦奈斯的权力 559, 861 - 862, 865, 874
Ptolemaic era 托勒密时代 62, 503 - 504, 845, 862, 881
Administration 行政管理 343, 351; architecture 建筑 342, 354 - 355; astronomy 天文学 257; and Athens ~与雅典 93, 347, (*see also under* Achoris *above* 也见上文阿科利斯); and Bosporan kingdom ~与博斯普鲁斯王国 504; and Carthage ~与迦太基 377, 378; cemeteries 墓葬 351, 352 - 353; chronology 年代学 355 - 360; coinage 币制 352, 353, 543; corn 粮食 489, 503 - 504, 522, 558, 559, 862; and Cyprus ~与塞浦路斯 302, 349, (*see also under* Achoris *above* 也见前文阿科利斯); Egyptian population 埃及人口 337, 341 - 342, 354; fortifications 要塞 351, 353; kingship 王权 350; literacy 识字水平 351; literature 文学 294, 295; *Macbimoi* 马奇摩伊 337, 341 - 342; marriage 婚姻 351 - 352; mathematics 数学 257; medicine 医学 640, 641; mercenaries 雇佣兵 337, 341, 348, 352 - 353, 541, 681; and Persia ~与波斯 46 - 47, 48, 52, 62, 63, 346 - 349, 878, (*see also under individual reigns above* 也见上文各有关统治者); and Phoenicia ~与腓尼基 319, 324, 325, 326, 347n50; religion 宗教 325, 337, 340, 342 - 343, 344, 350, 351, 352 - 353, 353 - 355; sculpture 雕刻 355; shipping 船运 514, 524; society 社会 350 - 352; and Sparta ~与斯巴达 66, 346, 347, 348 - 349, 882; taxation 税收 343; town planning 城市规划 351; trade 贸易 343, 352; XXVIth Dynasty as ideal 作为理想的第二十六王朝 337, 340, 349, 350, 355
Eion 埃翁 1 *Cb*, 16 *Ca*, 451, 553
Eisphora 战争税 (tax 税) 543, 546 - 548, 551
Elaeus 埃拉欧斯 1 *Eb*, 488, 510, 798
Elam 埃兰 265, 288
Elamite language 埃兰语 256, 259 - 260
Elatea 埃拉泰亚 19 *Cb*, 767, 779, 896
Elatria 埃拉提亚 13 *Bc*, 433, 439
Elea 埃莱亚 (Velia 维利亚) 11 *Cb*, 387
Eleaei*or* Eleatae 埃莱亚人 440
elements, theory of 多因论 636, 637
Elephantine 埃勒芬汀 9 *Cd*, 20 *Df*, 261, 337, 351, 354; Jews of ~的犹太人 63, 285, 286, 288, 337
Elephants 大象 21, 829, 831

Eleporus 埃莱波鲁斯, battle of ~战役 146, 885
Eleusis 埃琉西斯 2 *Ca*, 36, 37, 38, 61, 513, 882; cult of Demeter 德墨特尔崇拜 546, 661, 676
Eliashib 以利亚实, High Priest of Judah 犹大大祭司 279, 282, 288
Elimea 埃利麦亚, Elimiotis 埃利米奥提斯 13 *Bb* – *Cb*, 16 *Ba* – *Ca*, 430, 437 – 438, 723, 725
Elis 埃利斯 1 *Bd*, 2 *Ab*; after Peoplonnesian War 伯罗奔尼撒战争后 527; war against Sparta 对斯巴达的战争 29, 41 – 42, 97, 98, 882; in Spartan alliance 在斯巴达同盟中 168; territorial claims 领土要求 186, 187, 190; war against Sparta 对斯巴达的战争 190, 191, 192, 886; territorial dispute with Arcadia ~与阿卡狄亚的领土纠纷 193 – 194, 197, 199; and abortive peace proposal ~与和平倡议的流产 196, 197, 199; war against Arcadia 对阿卡狄亚的战争 200, 203 – 204, 888; internal conflicts (370 – 365) 370 – 365 年的内部冲突 205, 206; in Athenian alliance 加入雅典同盟 207, 529, 888; *stasis* (343) 343 年的冲突 768, 894; under Macedonial settlements 在马其顿获胜后 783, 848, 854; Phaedo's school 斐多的学校 594; *see also* Olympia 也见奥林匹亚
Elizavetovskoye 埃利扎维托斯科耶 479, 501
Elmali 埃马利 4 *Dc*, 5 *Dd*, 219
Elymia 埃吕米亚 3 *Ab* – *Ab*, 135, 733
Emathia 埃马提亚 738
Eminakos 埃米那科斯 (agent of Scythian king 西徐亚国王代表) 488
Empiricism 注重经验: in medicine 在医学中 635 – 636, 639, 640 – 641, 645, 646; *see also under* Aristotle 也见亚里士多德
Emporia 商港 477, 479, 525
Emporion 恩波利翁 (Black Sea 黑海的) 479
Emporion 恩波利翁 (Mediterranean 地中海的) 410
Encheleae 恩凯莱亚 13 *Bb*, 423, 426 – 427, 433
Engyum 恩古翁 712 – 713
Enhydra 恩叙德拉 321
enktesis, grant of 授予一块地产 623
Enna 恩那 3 *Cb*, 140
Enneahodoi 恩奈奥多伊, *see* Amphipolis 见安菲波利斯
Ennius 恩尼乌斯 403
Entella 恩泰拉 3 *Bb*, 143, 153, 709
Eordaea 埃奥戴亚人 13 *Bb* – *Cb*, 16 *Ba*, 723, 796
Epaminondas 埃帕米农达 (Theban general 底比斯将军) 11, 13, 204 – 205, 680, 686; at Mantinea 在曼提奈亚 157; and liberation of Cadmea ~与卡德麦亚的解放 164; and peace negotiations ~与和平谈判 176, 181; Leuctra campaign 留克特拉战役 182, 183 – 184, 680 – 681; Peloponnesian campaigns 伯罗奔尼撒战事 89, 190 – 191, 191 – 192,

886; and foundation of Megalopolis ~与麦伽罗波利斯的建立 193; in Thessaly 在色萨利 195 - 196, 886; Peloponnesian campaign 伯罗奔尼撒战事 197 - 198, 888; and Achaean oligarchies ~与阿凯亚寡头分子 197 - 198, 206, 888; naval expedition to Aegean 对爱琴海的海上远征 201 - 202, 888; death at Mantinea 在曼提奈亚阵亡 204, 888

Eparitoi 国家卫队 (Arcadian troops 阿卡狄亚军队) 204, 679

Ephesia 埃菲西亚 (Ionian festival 伊奥尼亚节日) 214

Ephesus 以弗所 1 *Ed*, 4 *Bc*, 5 *Bd*, 20 *Cc*, 29 注 21, 103, 126, 112 - 113, 789, 801, 869, 870 - 871; sanctuary of Artemis 阿尔特弥斯圣所 554, 789, 801, 869, 871; sculpture 雕刻 29, 95, 789, 871; tribute to Athens 给雅典的贡金 223

Ephialtes 埃菲阿尔特斯 (Athenian mercenary commander 雅典雇佣兵将领) 802

Ephialtes 埃菲阿尔特斯 (Athenian politician 雅典政治家) 34

Ephorus of Cyme 库麦的埃弗鲁斯 (historian 历史学家) 9, 10 - 12, 18, 21, 601 - 602, 723; on Sicily 论西西里 694, 695, 706

Epicrates 埃庇克拉特斯 (Athenian envoy 雅典使节) 104

Epicrates 埃庇克拉特斯 (comic poet 喜剧诗人) 612

Epicureanism 伊壁鸠鲁主义 628, 895

Epidamnus 埃庇丹努斯 4 *Ab*, 13 *Ab*, 423, 425, 429 - 430, 435

Epidaurus 埃庇道鲁斯 1 *Cd*, 191, 192, 200, 741, 888; inscriptions 铭文 437, 698n8; temple of Asclepius 阿斯克莱皮乌斯神庙 638 - 639, 649 - 450, 653, 654, 885; theatre 剧场 889; *tholos* 议事厅 654

epidoseis (public benefactions 公共慈善) 549 - 550

Epieicea 埃皮埃塞亚 106

Epigoni 继承者 (Iranians in Macedonian army 马其顿军队中的伊朗人) 688, 840 - 841

Epilepsy 癫痫症 636

Epipolae 埃皮波莱 699

Epirote Alliance 伊庇鲁斯同盟 434, 436, 441 - 442, 442 - 443, 436

Epirus 伊庇鲁斯 16 *Ba - b*, 20 *Bb - c*, 147, 426, 432 - 433, 439, 669; and Macedon ~与马其顿 439 - 440, 734, 743, 747 - 748, 769 - 770, 849, 890, 894; *see also* Epirote Alliance 也见伊庇鲁斯同盟; Molossia 摩罗西亚; north-west Greeks 西北希腊人

Erastus of Scepsis 斯凯普西斯的埃拉斯图斯 (philosopher 哲学家) 620, 770

Eratosthenes 埃拉托斯泰奈斯 (Athenian oligarch 雅典寡头分子) 37 注 62

Eratosthenes of Cyrene 昔兰尼的埃拉托斯泰奈斯 (historian 历史学家) 21 - 22

Eresus 埃莱苏斯 5 *Ac*, 95, 114, 789,

847, 871
Eretria 埃莱特利亚 1 *Cc*, 2 *Ca*, 101, 198, 749, 768, 772, 774
Ergiske 埃吉斯凯 468
Ergocles 埃尔戈克莱斯（Athenian naval officer 雅典海军军官）115
Erība 埃利巴，'governor of Babylon' "巴比伦总督" 252n68
Erigyius 埃利古优斯（Macedonian general 马其顿将领）818, 821
Eristics 幸福之师（philosophers 哲学家）595 – 596
Erstfeld 埃斯特菲尔德 12 *Db*, 419
Erythrae 埃吕特莱 1 *Ec*, 5 *Bc*, 50n33, 224 – 225; expels Spartan garrison 驱逐斯巴达驻军 103; aligned with Athens ~与雅典结盟 117, 216; under Hecatomnids 赫卡同尼家族治下 226, 227 – 228; Timotheus at 提摩泰乌斯在~ 81; and Hermias of Atarneus ~与阿塔尔纽斯的赫尔米亚斯 94, 220, 224; and Alexander ~与亚历山大 789, 869, 875
Eryx 埃吕克斯 3 *Aa*, 11 *Bc*, 130, 131, 143
Esagila 埃萨吉拉, *see under* Babylon 见巴比伦
Esarhaddon 阿萨尔哈东, king of Assyria 亚述国王 267, 323
Eshmounadon 埃施蒙拉东, son of Eshmounadon 埃施蒙拉东之子（Tyrian 推罗人）319
Eshmun, cult of 埃施蒙崇拜 323, 325, 372
Eshmunazar Ⅰ 埃斯蒙那扎一世, king of Sidon 西顿国王 323
Eshmunazar Ⅱ 埃斯蒙纳扎二世, king of Sidon 西顿国王 321, 323, 325
Eshmuniaton 埃斯蒙尼亚同（Carthaginian politician 迦太基政治家）373 – 374
Este 以斯帖 408
Esther, book of 以斯帖记 275, 293
Eteocypriot language 埃泰奥塞浦路斯语言 305
Eteonicus 埃泰奥尼库斯（Spartan naval commander 斯巴达海军将领）115, 116
Ethan 以探（singer in Temple at Jerusalem 耶路撒冷圣殿中的歌者）295
Ethiopia 埃塞俄比亚 93, 345
Ethnicity 族群 218n36, 232, 254, 354, 394; states organized on basis of 以之为基础的国家组织 584, 586, 590, 679, 880 – 801; *see also* indigenous populations *and under* Bosporan kingdom; Caria; Mesopotamia 也见原住民人口、博斯普鲁斯王国、卡利亚、美索不达米亚
Etna 埃特那 3 *Cb* – *Db*, 134, 140, 143
Etruscans 埃特鲁利亚人 383, 395n53, 843; Carthaginian alliance 迦太基盟友 365, 368, 373, 377; trade with Celts ~与凯尔特人的贸易 408, 410, 412, 413; *see also* Caere; Pyrgi 也见卡雷、皮尔吉
Euagon of Lampsacus 兰普萨库斯的欧亚贡（philosopher 哲学家）613n96
Euboea 优卑亚 1 *Cc*, 18, *Cc*, 19 *Db* – *Eb*, 101, 102, 170, 188 – 189, 768; Athenian intervention 雅典的干涉

172, 749, 768, 884, 890, 892; and Peace of Philocrates ~与《菲洛克拉特斯和约》745, 760; Macedonian intervention 马其顿的干涉 771 - 772, 894; *see also individual cities* 也见各具体城市

Euboean League 优卑亚同盟 774, 775, 782 - 783, 894, 896

Eubulides 欧布利戴斯（Athenian demarch 雅典德莫长官）578

Eubulus 欧布鲁斯（Althenian politician 雅典政治家）578, 579, 752, 755; financial measures 财政措施 542, 544, 569, 570n17, 573, 577, 579

Eubulus 欧布鲁斯（comic poet 喜剧诗人）22

Eucleides of Megara 麦加拉的欧克雷戴斯（philosopher 哲学家）594, 603

Euclid 欧几里得（mathematician 数学家）596n19

Eucrates 欧克拉特斯（Athenian politician 雅典政治人物）, law of ~法令, 846 - 847

Euctemon 欧克泰蒙（astronomer 天文学家）615

Eudamidas 欧达米达斯, king of Sparta 斯巴达国王 855

Eudamidas 欧达米达斯（Spartan general 斯巴达将军）159

Eudamus 欧达穆斯（Macedonian officer 马其顿军官）864

Eudemus ofCyprus 塞浦路斯的欧德摩斯（member of Academy 学园成员）617 - 618

Eudemus of Rhodes 罗德斯的欧德摩斯（philosopher 哲学家）614, 623, 624, 625

Eudoxus ofCnidus 尼多斯的欧多克苏斯（philosopher 哲学家）231, 604 - 605, 608 - 609, 613, 614, 615, 617, 887

Eukieia 欧克伊亚（Corinthian festival 科林斯节日）106

Eumelus 欧麦鲁斯, king of Cimmerian Bosporus 辛梅里安人的博斯普鲁斯国王 495, 501 - 502

Eumenes of Cardia 卡狄亚的欧迈尼斯（general 将军）8, 333, 884, 860

Eumolpias 欧摩尔皮亚斯（Philippopolis 腓力城）469 - 470

Eunomus 欧诺穆斯（Athenian general 雅典将军）116, 600n39

Euphraeus of Oreus 奥琉斯的欧弗莱乌斯（member of Academy 学园成员）613 注 96

Euphranor 欧弗拉诺（painter 画家）656, 659

Euphrates, river 幼发拉底河 6 *Bd*, 241, 844

Euphron 欧弗隆, tyrant of Sicyon 西库翁僭主 192, 198, 530, 541, 556, 580n58, 877n1, 886, 888

Eupolemus 欧波莱穆斯, Pseudo - 伪 ~ 290

Euripides 欧里庇得斯（tragic poet 悲剧诗人）140n83

Euripus 欧利普斯 1 *Cc*, 516

Europe 欧罗巴, princess of Macedon 马其顿公主 787, 789, 794

Eurycles 欧吕克莱斯（Syracusan dema-

gogue 叙拉古人民领袖）125
Eurylochus 欧吕劳库斯（Macedonian general 马其顿将军）772
Eurymedon 欧吕麦东（Athenian hierophant 雅典密仪祭司）631
Eurymedon, river 欧吕麦东河 5 *Dd*; battle of ~战役 308
Eurymenae 欧吕麦奈 13 *Bc*, 431, 443
Eurysilaus 欧吕西劳斯（oligarch of Eresus 埃莱苏斯寡头分子）847
Eusebius of Caesarea 凯撒里亚的尤西比乌斯（scholar 学者）10
Eustathius 欧斯塔提乌斯（scholar 学者）300, 301 – 302
Euthydemus of Chios 希俄斯的欧提戴穆斯（sophist 智者）592
Euxitheus 欧克西泰乌斯（Athenian 雅典人）578
Evagoras Ⅰ 埃瓦戈拉斯一世, king of Salamis 萨拉米斯国王 302, 311, 312 – 317, 326, 886; and Orontes ~与奥隆特斯 54, 59, 80, 316; and Conon ~与科农 67, 75, 139, 313 – 314; Athenian honours 雅典人授予荣誉 75, 76, 105, 137n73, 313, 314, 600n39; revolt 起义 58, 66 – 67, 78, 80, 91, 163, 314 – 316, 884, (Athenian support 雅典的支持) 76, 113, 116, 315, 347, 557, 884, (Egyptian support 埃及的支持) 66 – 67, 316, 348, 884, (Hecatomnus' secret help 赫卡同努斯的秘密援助) 69, 80, 314, 315, (and Phoenicia ~与腓尼基) 316, 320, 326, 884; murdered 被谋杀 316, 886; Isocrates and ~ 伊索克拉底与~ 16, 316, 317, 598, 600, 871
Evagoras Ⅱ 埃瓦戈拉斯二世, king of Salamis 萨拉米斯国王 329, 330
Exchange 交换 352, 401, 414; *see also* gifts 也见礼物
exiles, political 政治流放 16, 533 – 534, 677, 678; Alexander's decree 亚历山大的敕令 534, 843, 849, 852, 855 – 859, 875
Ezekiel, prophet 先知以西结 323
Ezion-Geber 埃吉翁 – 格贝尔 324
Ezra, son of Seraiah 以斯拉, 西莱雅之子 272 – 276, 282 – 283, 288, 293
Ezra-Nehemiah, book of《以斯拉 – 尼希米记》46, 261, 287, 291, 292, 293

Faience 彩陶 324
Falaika 法莱卡（Icarus 伊卡鲁斯）22, 843, 844
Falernum 法莱农 402
federal organizations 联邦组织 563, 581 – 586; *see also individual organizations and under* Italy, south 也见各政治组织以及南意大利
festivals 节日, *see individual names and under* Athens 见各具体名称和雅典
feudalism 封建主义 47, 54 – 55, 56 – 57, 61
figs 无花果 667, 668
finance 财政 541 – 551; administration of ~管理 541 – 542; Alexander's 亚历山大的~ 865 – 866; in Corinthian War 科林斯战争中的~ 14, 76, 81,

83, 114, 115, 541; external sources 外部来源 551 – 558, (*see also* booty; confiscation 也见战利品、没收); mercenaries raise public 雇佣兵获得公共收入 83, 84, 200, 738 – 739, 774; monetization 货币化 401, 542 – 543; temple wealth 神庙财富 553 – 556, (*see also under* Delphi; Olympia 也见德尔斐、奥林匹亚); works on 论 ~ 的著作 542; *see also* coinage; liturgies; loans; pay, political; taxation; wealth; 也见币制、捐献、贷款、政治津贴、税收、财富 *and under individual rulers and states* 以及各个统治者和国家

fisheries 渔业 426, 477, 484, 499, 504, 506

Fish Eaters 食鱼者 (primitive people 原始民族) 838

Flagons 大肚酒罐 413, 419

food supply 食品供应 661, 676, 719, 851, 862; *see also* corn supply 也见粮食供应

fortifications 要塞 684, 685, 686, 692; Dema wall 戴马长城 679; *see also* defences across isthmus *and under* Carthage; Celts; Cyprus; Egypt; Italy, south; Macedon; Mantinea; Paphos; Phoenicia; Thebes; Thrace 也见横过地峡的防御, 迦太基、凯尔特人、塞浦路斯、埃及、南意大利、马其顿、曼提奈亚、帕福斯、腓尼基、底比斯、色雷斯

France 法国, Celts in 凯尔特人在 ~ 407, 410 – 411, 415 – 417, 418

fruit growing 果树栽植 667, 668, 674

Fürstensitze (Celtic fortified sites 凯尔特人要塞) 409 – 410

Gadatas 伽达泰斯, letter of Darius Ⅰ to 大流士一世致 ~ 的书信 54, 63

Gaelic language 盖尔语, Scottish 苏格兰的 418

Gaesylus 盖叙鲁斯 (Spartan envoy to Sicily 斯巴达前往西西里的使节) 702

Galatians 伽拉太人 501

Galen 盖伦 (medical writer 医学作家) 636, 676

Galepsus 伽莱普苏斯 1 *Db*, 17 *Ab*, 738

Galilee 加利利 326

Galleys 船: merchant 商 ~ 517, 526; war 战 ~ 516 – 517, 525, 526, 684, 851; *see also* quinqueremes 也见四列桨战船

Gandhara 犍陀罗 826 – 827, 829

Ganus 伽努斯 468

Garescus 加莱斯库斯 469

Gargaza 加戈扎 502

Gaugamela 高伽美拉, battle of ~ 战役 6 *Aa*, 20 *Fc*, 50, 52, 240 – 241, 812 – 815, 898; Persian levies 波斯的征调 53, 56, 826

Gaumata 高马塔 (Smerdis 斯麦尔狄斯), king of Persia 波斯国王 265

Gaza 加沙 8 *Bd*, 9 *Da*, 20 *Dd*, 344; Alexander's siege 亚历山大的围困 52, 690, 809, 866, 898

Gedrosia 盖德罗西亚 20 *Ke*, 24 *Bb*, 835, 837, 900

Gela 杰拉 3 *Cb*；Carthaginian capture 迦太基的占领 129，131，132，134，135，883；refugees 难民 140；in war against Carthage ~在与迦太基的战争中 142；Timoleon's settlement 提摩莱昂的安排 717，718，720
Gelon 盖隆，tyrant of Syracuse 叙拉古僭主 124，133，136，137，144，368
gem-carving 宝石雕刻 658
geography 地理学 608，823，844
geometry 几何学 597，607，657
Gergino 盖尔吉诺伊（secret police of Salamis 萨拉米斯的密探）300
Gerizim 基利沁山，Mount ~山 8 *Bc*，289－290
Germany 德国，Celts in 凯尔特人在~407，409－410，412－413，418，419
Geshem the 'Arab' 阿拉伯人基善，king of Qedarites 奎达利特人国王 279
Getae 盖塔人 14 *Da*，15 *Ac*，17 *Ca*，20 *Cb*，447，448，450，472－473，474，795
Gibralta r 直布罗陀，straits of ~海峡 516
Gifts 礼物：Greek dedications 希腊人的捐助 500，554；Odrysian 奥德里西亚人的 450，461；Persian 波斯人的 54，55，61，63；Scythian 西徐亚人的 486，499
Giscon 吉斯孔，son of Hamilcar of Himera 希麦拉的哈米尔卡之子 367
Gitana 吉塔那 13 *Bc*，437，442
Glasinac culture 格拉西那文化 427
Glass 玻璃 324
Glaucias 格劳奇亚斯，king of Talauntii（原文疑有误，最后一个单词应为 Taulantii）陶兰提亚人国王 440
Glausae 格劳塞 24 *Fb*，832
Glos 格罗斯（Persian admiral 波斯海军将领）81，82，163，316，348，884
Goats 山羊 669，725
Gobryas 戈布吕亚斯（Gubāru 古布鲁），governor of Babylon 巴比伦总督 54，252，253
gold objects 金器：Bosporan 博斯普鲁斯的 508，509，510；crowns 冠冕 500，554；Illyrian death-masks 伊利里亚的死者面罩 425，426，427；Phoenician 腓尼基的 92，148；Thracian 色雷斯的 448，460－461；Scythian 西徐亚人的 482，508，509；vessels of Temple in Jerusalem 耶路撒冷圣殿的器物 263
gold resources 黄金资源 158，426，499，543，725
Golgi 戈尔吉 303
Gongylus of Eretria 埃莱特利亚的贡古鲁斯 213，220，868n59
Gonni 贡尼 1 *Cc*，18 *Bb*，746
Gordium 戈尔狄翁 4 *Eb*，20 *Dc*，803－804，880－881
Gordius，wagon of 戈尔狄乌斯的马车 804
Gorgias of Leontini 莱昂蒂尼的高尔吉亚（sophist 智者）592，594，595，596，598
Gorgidas 戈尔吉达斯（boeotarch 彼奥提亚联盟长官）164，165，167
Gorgion 戈尔吉翁（descendant of

Gongylus 贡古鲁斯的后代）213
Gorgippia 戈尔吉皮亚 476，484–485，487，496，497，500，507
Gorgippus 戈尔吉普斯，prince of Cimmerian Bosporus 辛梅里安人的博斯普鲁斯王子 493，496，497
Gorgopas 戈尔戈帕斯（Spartan naval officer 斯巴达海军军官）115，116
Gorgus 戈尔古斯（Iasian magnate 亚苏斯巨子）856，869
Gorgus 戈尔古斯，king of Salamis 萨拉米斯国王 307，309
Gortys 戈提斯 684，692
*gorytus*cover，Scythian gold 西徐亚人金质弓箭袋盖片 508，509
Goumani 古马尼（Gitana 吉塔那）437，442
Grabaei 格拉拜伊人 427，438，466
Grabus 格拉布斯（Illyrian king 伊利里亚国王）438，466，737，738，747，890
Grafenbuhl 格拉芬布 407
Granicus 格拉尼库斯，battle of river ~ 河战役 5 *Bb*，20 *Cb*，52，53，57，799–800，852，898
Granicus Monument 格拉尼库斯纪念碑 659–660
graphe paranomon 违法提案起诉（legal action 法律行动）574
Gravia Pass 格拉维斯隘口 19 *Bb*，781，896
Greek language 希腊语 215，317，423，433–434，437，475
Grosseibstadt 格罗塞布斯塔特 407
Gryneum 格吕奈翁 868
Guatas estate 瓜塔斯地产，Sicily 西西里 136
Gudila 古狄拉，*see* Cothelas 见科泰拉斯
guest-friendship 客–友关系 69–70，72，79，82，85，116，553，616
Gyes 古埃斯，king of Paphlagonia 帕夫拉戈尼亚国王 221
Gygaea 古盖娅，queen of Macedon 马其顿王后 730，731
Gyges 古盖斯，king of Lydia 吕底亚国王 485
Gylon 古农，governor of Nymphaeum 宁法伊翁总督 492，493，496，497
gymnosophists 裸体智者，Indian 印度的 627
Gytheum 古泰翁 2 *Bc*，191

Habron*or* Habrondas 哈布隆或哈布隆达斯（colonist of Sinope 西诺佩殖民者）482–483
Hadrumentum 哈德鲁麦同 10 *Db*，364，371
Haggai 哈该，prophet 先知 264，265，266，268，274，291，296
Hagnon 哈格农（Athenian general 雅典将军）877n1
Haliartus 哈利亚图斯 19 *Dc*；battle of ~战役 5，32，44，100，882
Halicarnassus 哈利卡纳苏斯 4 *Bc*，5 *Bd*，20 *Cc*，82，692；Thrasybulus' exactions 特拉叙布鲁斯的勒索 14，76，114；synoecism 统一，becomes capital 变成都城 83，217，223，225；Alexander's siege 亚历山大的围

困 52, 223, 690, 692, 801 - 802, 898
Culture 文化 231, 614, 658; Mausoleum 毛索鲁斯陵墓 231, 649 - 650, 651, 658, 891
Hallstatt 哈斯塔特 12 *Eb*, 404, 409, 413; chronology 年代学 404, 405, 407, 408, 409
Halonnesus 哈隆奈苏斯 1 *Dc*, 766, 769, 894
Halus 哈鲁斯 18 *Bb*, 753, 755
Hamath 哈马特 287
Hamilcar of Himera 希麦拉的哈米尔卡, king of Carthage 迦太基国王 365, 366 - 367, 368
Hananiah 哈那尼亚（Jew 犹太人）285
Hannibal 汉尼拔, king of Carthage 迦太基国王 128, 129, 131, 366, 367, 369, 373
Hannibalic Wars 汉尼拔战争 401
Hanno 汉诺, *Periplus* of《~周航记》361, 363, 367, 368
Hanno the Great 大汉诺（5th cent. Magonid5 世纪马戈家族的）369
Hanno the Great 大汉诺（4th cent. 4 世纪的）371, 373 - 374, 375
harbour installations 港口设施 524 - 525; Babylon 巴比伦 839, 844; Carthage 迦太基 378; Theodosia 泰奥多西亚 479, 498
harbour taxes 港口税 544, 545, 850 - 851
Harmoze 哈摩泽 20 *Je*, 838
Harpalus 哈帕鲁斯（Macedonian treasurer 马其顿财务官）805, 838, 857, 865 - 866, 870; in Athens 在雅典 572, 842, 852, 856 - 858
Harran 哈兰 278
Harsiese 哈尔西塞（Egyptian vizier 埃及维齐尔）343
Hasdrubal 哈斯德鲁巴, king of Carthage 迦太基国王（6th cent. 公元前 6 世纪）368
hatrus 哈特鲁（Mesopotamian units 美索不达米亚计量单位）61, 245 - 246, 253
Hebrew language 希伯来语 290, 291
Hebryzelmis 赫布吕泽米斯, king of Odrysians 奥德里西亚人国王 163, 458, 460, 463
Hecataeus 赫卡泰俄斯, king of Sindi 辛狄人国王 497
Hecataeus of Abdera 阿布戴拉的赫卡泰俄斯（historian 历史学家）286
Hecataeus son of Hegesandrus 赫盖桑德鲁斯之子赫卡泰俄斯, of Miletus 米利都的 555
Hecatomnids 赫卡同尼家族, *see under* Caria 见卡利亚
Hecatomnus 赫卡同努斯, satrap of Caria 卡利亚总督 69, 80, 314, 315
Hecatompylus 赫卡同皮鲁斯 20 *Hc*, 818
Hectoridas 赫克托利达斯（sculptor 雕刻家）650
Hegelochus 赫格罗库斯（Macedonian naval commander 马其顿海军统帅）808

Hegemon 赫格蒙, Athenian law of 雅典的~法令 569, 850
Hegesias 赫格夏斯（Macedonian partisan in Ephesus 以弗所的马其顿派）870
Hegesippus 赫格西普斯（Athenian politician 雅典政治家）767, 894
Heidelberg Epitome 海德堡摘要 877n2
Hektemorage 六一汉制 55
Helena Painter 海伦画家 652
Helice 赫利凯, earthquake at ~ 的地震 21
Helicon of Cyzicus 库吉科斯的赫利孔（philosopher 哲学家）614
Heliopolis 赫利奥波利斯 9 *Ba*, 20 *Dd*, 354
Hellenic League 希腊同盟, *see* Corinth League of ~ 见科林斯同盟
Hellenization 希腊化 23, 232 – 233
Helleporus 赫勒波鲁斯, river ~河 11 *Dc*; battle of ~战役 387
Hellespont 赫勒斯滂 17 *Cb*, 488, 451, 453, 457, 560; Conon wins over 科农争取到~ 104; Thrasybulus' expedition 特拉叙布鲁斯的远征 114, 884; Spartan control leads to King's Peace 斯巴达的控制导致"大王和约" 76, 79, 115, 116 – 117, 149, 560; subsequent campaigns 随后的战事 174, 191, 201, 886; *see also* Chersonese, Thracian; Phrygia (Hellespontine) 也见色雷斯的赫尔索尼斯，弗里吉亚（赫勒斯滂地区）
helmet 头盔, Celtic 凯尔特人的 415, 416
Heloris 赫劳利斯（Syracusan in Rhegium 莱吉翁的叙拉古人）145, 146, 151
Helots 黑劳士 4, 7, 28, 43, 74; status 地位 539 – 540, 589, 673; see also *neodamodeis* 也见新公民
Heman 希幔（singer in Temple at Jerusalem 耶路撒冷圣殿中的歌者）295
hemerodromoi（runners 职业跑手）513
Henet 海奈特 343
Hephaestion 赫费斯提昂（Macedonian general 马其顿将军）771, 820, 852; in east 在东方 331, 820, 826, 827, 833, 839, 840; death 死亡 842, 843, 900; cult 崇拜 842, 844, 862, 874 – 875
Heraclea on Latmus 拉特穆斯河上的赫拉克里亚 5 *Bd*, 224
Heraclea in Lucania 鲁卡尼亚的赫拉克里亚 11 *Db*, 387, 388, 662n5, 671
Heraclea Lyncestis 林凯斯提斯的赫拉克里亚 16 *Ba*, 733
Heraclea Minoa 小赫拉克里亚 3 *Bb*, 699, 720
Heraclea Pontica 本都的赫拉克里亚 4 *Da*, 20 *Db*; and Athens ~与雅典 489, 492, 500; and Bosporan kingdom ~与博斯普鲁斯王国 222, 489, 498, 500; colony at Chersonesus 在凯索奈苏斯的殖民地 489, 498; and Exiles' Decree ~与《流亡者敕令》855; Mariandyni 迈利安狄尼人 673; trade 贸易 222, 475, 500, 504; tyranny 僭主政治 222, 498,

541, 580, 613n97
Heraclea Sintica 辛提人的赫拉克里亚 469
Heraclea Trachinia 特拉奇斯的赫拉克里亚 18 *Bc*, 19 *Bb*, 31, 32, 97, 101, 185, 188 – 189
Heracles 赫拉克勒斯 304, 398, 482, 727, 808; Lysippus' colossal statue 吕西普斯制作的巨型雕像 660; Macedonian connexions ~与马其顿的联系 727, 808, 810, 827, 872
Heraclides 赫拉克利德斯（Syracusan politician 叙拉古政治家）694, 695, 697, 698 –699, 700 –702, 703, 704
Heraclides of Aenus 埃努斯的赫拉克利德斯（Cotys' assassin 科提斯的刺杀者）464, 613
Heraclides of Argos 阿哥斯的赫拉克利德斯（mariner 水手）844
Heraclides of Cyme 库麦的赫拉克利德斯（historian 历史学家）47, 56
Heraclides of Pontus 本都的赫拉克利德斯（philosopher 哲学家）21, 608, 609, 611, 889
Heraclides of Samos 萨摩斯的赫拉克利德斯（Athenian metic 雅典外侨）851
Heraclitus 赫拉克利图斯（husband of Scythian Dedmotis 西徐亚人戴摩提斯之夫）505
Heraea 赫莱亚 2 *Ab*, 190
Heraeum 赫拉圣地（Heraion Teichos 特科斯的赫拉圣地）110, 468, 746, 890
Herbita 赫尔比塔 3 *Ca*, 140
Herippidas 赫利皮达斯（Spartan naval commander 斯巴达海军将领）109 –110
Hermae 赫尔墨斯像, mutilation of ~被毁 39, 577
Hermes 赫尔墨斯; Praxiteles' statue at Olympia 普拉西特列斯在奥林匹亚（制作的）雕像 652
Hermias 赫尔米亚斯, tyrant of Atarneus 阿塔尔纽斯僭主 80, 94 –95, 220, 224; and Aristotle ~与亚里士多德 220, 620, 621 – 622, 623, 631, 770, 774; and Macedon ~与马其顿 94 –95, 220, 621, 770 –771; 波斯人处决~ 94 –95, 621, 774, 894
Hermisium 赫米西翁 476
Hermocrates 赫摩克拉特斯（Syracusan statesman 叙拉古政治家）125, 133, 133, 134; campaigns 战斗 124, 126, 127, 130, 883
Hermodorus of Syracuse 叙拉古的赫摩多鲁斯（mathematician 数学家）613
Hermolaus son of Sopolis 索波利斯的赫摩劳斯（conspirator 阴谋家）825
Hermonassa 赫摩那萨 476, 484, 486, 487, 507
Hermopolis Magna 大埃尔摩波利斯 9 *Bc*, 340 –341, 343, 354, 355
Hermopolis Parva 小埃尔摩波利斯 9 *Ba*, 354
Hermotimus of Colophon 科罗丰的赫摩提穆斯（mathematician 数学家）614
hero cults 英雄崇拜 29, 654, 842, 844, 862, 871 –875
hero portraits of rulers 统治者呈现为英

雄的肖像 659, 660
Herodes Atticus 阿提卡的海罗德斯（sophist 智者）31 –32
Herodas the Syracusan 叙拉古人赫罗达斯 67
Herodotus 希罗多德（historian 历史学家）46, 55
Hesiod 希西俄德（poet 诗人）514
Hestiaea 赫斯提亚伊 1 *Cc*, 170, 172 –173
hetaireiai（political associations 政治盟友）577 –578
Heuneburg 霍伊奈堡 12 *Db*, 409
Hezekiah 希西家, king of Judah 犹大国王 293
Hicetas 希凯塔斯（mercenary general 雇佣兵将领）708, 709 –710, 711, 712, 713, 721; Timoleon defeats 被提摩莱昂击败 714, 715, 897
Hierax 希拉克斯（Spartan naval commander 斯巴达海军统帅）115
Hieron 希埃隆, tyrant of Syracuse 叙拉古僭主 136
Hieron Oros 希耶隆奥罗斯 468
Hieron of Soli 索利的希埃隆（Macedonian admiral 马其顿海军统帅）332, 843
Hieronymus of Cardia 卡狄亚的希埃罗尼穆斯（historian 历史学家）479, 855, 881
Himarrë 希玛莱 443
Himera 希麦拉 3 *Bb*, 10 *Db*, 11 *Bd*, 130, 142; 5th cent. battle of 5 世纪的战役 366 –367, 390; destruction (409) 409 年被毁 129, 135, 366, 369, 373, 883
Himeraeus 希麦莱乌斯（Athenian politician）雅典政治家 630
Himilco 希米尔科, king of Carthage 迦太基王 132, 367; 战役 131, 134, 142, 143 –144, 368, 373, 883; 赎罪与自杀 144, 366 –367, 373, 376, 883
Hipparchus 希帕库斯（Eretrian politician 埃莱特利亚政客）772
Hipparinus 希帕利努斯, tyrant of Syracuse 叙拉古僭主 133, 136, 151, 708, 891
Hippias of Elis 埃利斯的希皮亚斯（sophist 智者）592 –593
Hippocrates 希波克拉底（physician 医生）634 –635, 642
Hippocratic Corpus 希波克拉底文献 634 –637, 639, 640 –641, 642, 643, 644, 645
Hippodamus of Miletus 米利都的希波达姆斯（architect 建筑师）679
Hippon 希彭（Syracusan democrat 叙拉古民主人士）700
Hippon 希彭, tyrant of Messene 美塞尼僭主 714, 715, 716
Hipponax 希波纳克斯（philosopher 哲学家）479
Hipponicus 希波尼库斯（mercenary general 雇佣兵将领）772
Hipponium 希波尼翁 11 *Dc*, 147, 149, 386, 387, 391, 393; succeeded by Veipo and Vibo 为维波和维波继承 396n55, 399n69; Orphic tablet 奥尔菲斯教文献 399n72

Hirschlanden 希斯兰登 12 *Db*, 407
Histiaeus 希斯提埃乌斯, tyrant of Miletus 米利都僭主 489
histiokopoi （merchant galleys 商船）517
Histria 希斯特利亚 15 *Ac*, 20 *Cb*, 471, 473, 474
Hoards 窖藏, coin and metal 铸币和金属: Borovo 波罗沃 461; Cyzicene staters in 库吉科斯 ~ 的斯塔特尔 501; Duchcov 杜奇科夫 414; Egyptian, Greek coins in 希腊铸币在埃及 352n71; Rhizon 利宗 439; Rogozen 罗戈曾 461 – 462, 463; Tell el-Mashkuta 马施库塔丘 352n71; Votonosi 沃托诺斯 434
Hochdorf burial 霍赫多夫墓葬 12 *Db*, 407, 408, 410
Hochwald-Nahe region 霍赫瓦尔德 – 奈地区 413
Hohenasperg hillfort 霍恩阿斯佩格山顶要塞 412
Hohmichele 霍米凯莱 12 *Db*, 407
Hoiran 霍伊兰 5 *Cd*, 219
Homer 荷马; *Odyssey*《奥德赛》524
homonoia （concord 和谐）70, 82, 96, 530, 599, 841
homosexuality 同性恋 630
honey 蜂蜜 504, 669 – 670
hoplites 重装步兵 537, 678, 680, 687, 714, 751
hōrīm 自由人（Judaean social group 犹太社会集团）281
horse gear 马勒 404 – 405, 407, 463, 508, 509
horses 马: mounted relay services 驿站换马服务 513, 525; rearing 饲养 669, 676, 725; *see also* cavalry 也见骑兵
housing 建筑房屋 303, 351, 378, 669, 671 – 672
Hradenin 赫拉德宁 12 *Fa*, 407
Humours 幽默, theory of ~ 理论 636, 637, 644
Hungary 匈牙利, Celts in 凯尔特人在 ~ 420
Hunsrück-Eifel region 洪斯吕克—埃菲尔地区, Celts in 凯尔特人在 ~ 412 – 413
Hunting 狩猎, Macedonian 马其顿的 728, 729
Hursagkalama 胡萨卡拉马 6 *Bc*, 234 注 1, 243 – 244, 249
Hyacinthia 叙亚琴提亚（festival 节日）110
Hydaspes 叙达斯佩斯, river ~ 河 20 *Md*, 833; battle of ~ 战役 829, 831 – 832, 898
Hydraotes 叙德劳泰斯, river ~ 河 20 *Md-Nd*, 832, 833
Hydriae 叙德利亚, Athenian ceremonial 雅典节日 37n62
Hygiainon 叙吉埃农, ruler of Cimmerian Bosporus 辛梅里安人的博斯普鲁斯统治者 502, 503
Hygieia, statue of 叙吉埃亚的雕像 650
Hyperbolus 叙佩伯鲁斯（Athenian politician 雅典政治家）576
Hyperboreans 叙佩波莱安人（极北地区的人）482
Hyperides 叙佩利德斯（Athenian orator

雅典演说家）13，19，901；and Delian appeal against Athens 提洛岛控告雅典的申诉 763；impeaches Philocrates 控告菲洛克拉特斯 767－768，894；embassy to Chios and Rhodes 出使希俄斯和罗德斯 96，774；and Harpalus affair ～与哈帕鲁斯事件 858

and citizenship policy ～与公民权政策 537；*Funeral Oration*《葬礼演说》901；and Hepaestion cult ～与赫费斯提昂崇拜 874；Isocrates' pupil 伊索克拉底门生 601n42；on *nomos eisangeltikos* 论《起诉违法行为的法律》575

Hypermenes 叙佩麦奈斯（Spartan naval officer 斯巴达海军军官）179

Hyphasis，river 叙法西斯河 20 *Md*，23 *Inset*；mutiny 叛乱 832－833，898

hypomeiones（Spartan social class 斯巴达社会阶层）43

Hyrcania 叙卡尼亚 20 *Hc*，21 *Ab*，818

Hyssollos 叙索罗斯（*archon* at Lagina 拉吉纳执政官）228－229

Iapygians 亚皮吉亚人 385n8，387n21，393

Iasus 亚苏斯 5 *Bd*，227，228，229，856，869

Iberians 伊比利亚人 129，150，411

Ibiza 伊比扎 10 *Bb*，364－365

Icarus 伊卡鲁斯，island of～岛 22，843

Ichnae；coinage 伊科奈币制 426

Ictinus 伊克提努斯（architect 建筑师）653

Idalium 伊达利翁 7 *Ba*，297，302，303，305，310，311

Idrieus 伊德利欧斯，satrap of Caria 卡利亚总督 58，91，94，224－225，227，230，329－330

Ilissus Stela 伊利苏斯墓碑 651

Ilium 伊利昂 798，869

illegitimacy in Sparta 斯巴达的非法观 4

Illyrians 伊利里亚人 16 *Ba*，422－430，436－443；under Bardylis 巴狄利斯治下 158，428－429，430，432，434，726－727，731，888；Syracuse supports 叙拉古的支持 148，149，428；Macedonian annexation 并入马其顿 436－437，438－439，465，732－733，734，738，743，747，762－763，785，789，888，890，894，898；Alexander subdues revolt 亚历山大镇压其起义 790，796，888

Aristocracies 贵族政治 423，425－426，439；army 军队 428－429；burial customs 葬俗 423，425－426，427－428，440；coinage 币制 426，427，429，430；mercenaries 雇佣兵 428，678，687；and Messapians 与麦萨皮亚人 395；and north-west Greeks 与西北的希腊人 434，439；pastoralism 游牧风俗 428，429；settlement pattern 居住类型 440；silver mines 银矿 422，426，430，438；sources 资料 422；and Syracuse 与叙拉古 148，149，428；trade 贸易 429，430，439；tribes 部落 422－428；*see also individual tribes* 也见各部落

Ilyicheva 伊吕切瓦 gold dress plaque 金片 509
Imbros 因布罗斯 1 *Db*, 17 *Bb*, 107, 108, 117, 456, 782
Impeachment 控告 575, 577 – 578
Inarus 伊那鲁斯（Egyptian rebel 埃及反叛者）308, 337
incense trade 香料贸易 324
incubation 孵化 22, 638
India 印度 *Maps* 20 – 24; Alexander's campaign 亚历山大的征战 826 – 834, 878, 898; Alexander's administration 亚历山大的管理 863 – 864; cult of Dionysus 狄奥尼修斯崇拜 826; gymnosophists 裸体智者 627; mathematics 数学 257; Persian rule 波斯的统治 63; sources 资料 21
indigenous populations 原住民人口 228, 673; *see also* helots; Mariandynoi; *penestai*; Sicels; *and under* Caria; Egypt; Italy, south; Macedon; Thessaly 也见黑劳士、马利安狄诺伊人、佩奈斯泰、西凯尔人、卡利亚、埃及、南意大利、马其顿、色萨利
individualism 个人主义 647, 648
Indus, river 印度河 20 *Md*, 22 *Cb*, 23 *Db*, 332, 826, 829, 898
Infanticide 杀婴 535, 676
Informers 告密者 547, 676
inheritance law 继承法 15, 238, 538
inscriptions 铭文 1, 14, 19, 23, 46; lead cavalry tablets 铅质骑兵文书 681, 682; on medicine 关于医学的 634, 638 – 639; multilingual 多语言的 230, 232, (*see also under* Xanthus 也见克桑图斯); *see also* Athens 也见雅典（tribute lists 贡金表）; lease inscriptions *and under* Babylon 出租铭文及巴比伦; Behistun 贝希斯敦; Epidaurus 埃庇道鲁斯; Paphos 帕福斯; Perepolis 波斯波利斯; Pyrgi 皮尔吉
intelligence service 情报服务, Macedonian 马其顿的 689
interest rates 利率 521, 555, 561
inter-state relations 邦际关系: arbitration 仲裁 214, 846; aristocratic contacts 贵族间的联系 384 – 385, 396 – 397, 402; federations 邦联 563, 581 – 586; leagues of allies 诸同盟的联盟 528, 587 – 588; *see also* diplomacy; gifts; guest-friendship; peace, common; 也见外交、礼物、客—友关系、共同和平 *and under individual states and federations* 以及各国家和联盟
Io 伊娥, legend of ~的传说 482
Ionia 伊奥尼亚: under Alexander 亚历山大治下 869, 880; architecture 建筑 213; autonomy 自治, *see under* Asia Minor 也见小亚细亚; Ionian League 伊奥尼亚联盟 21, 214, 587, 875; in King's Peace "大王和约"中 117; satrapy 总督区 74, 77 – 78, 216; settlement pattern 居住类型 213 – 214, 223
Ionian Revolt 伊奥尼亚起义 211, 307, 309, 311, 555
Iphicrates 伊菲克拉特斯（Athenian

general 雅典将军）12，82，553，680；in Corinthian War 科林斯战争中 105，106，110，111，115，540，681，884；in north 在北方 458，464；service with Persians 为波斯服务 83，84，93，164，177，348，681，886；and trial of Timotheus ～与提摩泰乌斯审判 177；campaigns against Sparta 对斯巴达的战事 73，150，179－180，191，886；expedition to Macedon 远征马其顿 195，196；finances 财政 179，180，534；light-armed troops 轻装兵 540，681

Iphigenia 伊菲盖尼亚，legend of ～的传说 482

Iran 伊朗，eastern 东部，Alexander and 亚历山大与～ 818－821，864

Iranians 伊朗人 247，254－255，258，688，840－841

Ireland 爱尔兰，Celts in 凯尔特人在～ 417－418

Irmaj 伊马耶 440

Iron 铁：Celtic working 凯尔特人的工艺 404－405，408，411，412－413，414；Illyrian working 伊利里亚工艺 438；Macedonian resources 马其顿的资源 725；trade in 铁的贸易 558

Irrigation 灌溉：Greek 希腊的 665，667；Mesopotamian 美索不达米亚的 242，243，244，247，248

Isaeus 伊塞乌斯（orator 演说家）13，15，566n4，601n42

Isaiah，book of《以赛亚书》46，262，267，268

Isin 伊新 6 *Bd*，243

Isis 伊西丝，cult of ～崇拜 353－354

Ismenias 伊斯麦尼亚斯（Theban general 底比斯将军）99，101，159，161，195，886

Isocrates 伊索克拉底（orator 演说家）594－602，632，885，897；and Academy ～与学园 614，618；and Antisthenes ～与安提斯泰奈斯 594；on Athens' decline 论雅典的衰落 590－591；on Athens' imperialism 论雅典帝国主义 15，551；calls for Greek crusade against Persia 号召希腊人发动对波斯的圣战 15－16，588，598，599－600，761－762，878；and Cyprus ～与塞浦路斯 16，300，327－328，598，600，619；educational theories 教育理论 16；and King's Peace ～与“大王和约”164，599；on mercenaries 论雇佣兵 534，678－679；moral philosophy 道德哲学 605；performance of civic duties 对公民义务的履行 549－550；on Persian government 论波斯政体 52，53，67；and Philip Ⅱ ～与腓力二世 15－16，438，588，600，761－762，（letters 书信）598，763，895，897；Plato's opposition 柏拉图对他的敌视 16，605，607；*politikoi logoi* 政治论辩 16，597，602，605；pupils 门生 600－602；as source 作为资料 11，13，15－16；on *stasis* 论冲突 529；and tyranny ～与僭主政治 599－600；and written word ～与书面语言 602，607

Works 作品 15－16；*Areopagiticus*《战

神山议事会颂辞》572, 599, 891; *Evagoras*《埃瓦戈拉斯》16, 316, 317, 598, 871; *Nicocles*《尼科克莱斯》16, 327 - 328; *Panathenaicus*《泛雅典娜节集会辞》598, 897; *Panegyricus*《泛希腊演说辞》15, 164, 347, 529, 598 - 599, 885; *Philippus*《致腓力》15 - 16, 747, 761 - 762, 788 - 789, 893; *Plataicus*《普拉提亚人》15, 178, 887

Israel 以色列, kingdom of ~王国 292 - 293

Issa 伊萨 148

Issus 伊苏斯, battle of ~战役 20 *Ec*, 50, 53, 688, 806 - 808, 898; aftermath 后果 853, 860, 878

Isthmia 伊斯特米亚赛会 (festival 节日) 110

Istria 伊斯特利亚 483, 489

Istrus 伊斯特鲁斯 777

Italiote League 意大利特人联盟 145, 146, 149, 386 - 387, 388, 883, 885

Italy, south 南意大利 381 - 403; architecture 建筑 397 - 398; aristocracies 贵族政治 384 - 385, 388, 396 - 397, 398, (funerary ideology 葬礼意识) 398, (military ethos 军事目标) 381, 396 - 397, 398 - 399, 400, 402, (relations between states through 邦际关系) 384 - 385, 396 - 397, 402; and Athens ~与雅典 385, 398; burial customs 葬俗 398; Celtic raids 凯尔特人入侵 420, 421; corn 粮食 385; cultural homogenization 文化趋同化 383 - 384, 384 - 385, 392, 393 - 394, 395, 396 - 397, 399 - 400, 401 - 403; declining prosperity 繁荣的衰落 401 - 402; drama 戏剧 399; economy 经济 400 - 402; federalism 联邦主义 386 - 387, 390 - 391, 402; fortifications 要塞 397; Greek-Italic wars 希腊 - 意大利克人战争 381, 383, 398; Hannibalic Wars 汉尼拔战争 401; indigenous populations 原住民的认可 381, 383, 395, 398, 673; land-division 土地分配 401, 402; language 语言 394 - 395; manpower 人力资源 385, 387, 400, 673; mercenary ethos 雇佣兵的目标 381, 390, 391 - 393, 396 - 397, 398 - 399, 400, 402; naval powers 海权 385; Phoenicians in 腓尼基人在南意大利 365, 368; pottery 陶器 399 - 400, 891, 901; production 生产 400 - 401; Pyrrhic War 皮洛士战争 401; religions 宗教 399; Roman ascendancy 罗马的崛起 393, 395, 402 - 403; settlement patterns 居住类型 395 - 396, 397, 401; slavery 奴隶制 401; social change 社会变革 400 - 402; sources 资料 22; and Sparta ~与斯巴达 387; and Syracuse ~与叙拉古 131, 134, 143, 146, 147, 387, 587, 885, (*see also under* Rhegium 也见莱吉翁); timber resources 木材资源 385; topography 历史地理 396, 397; trade 贸易 439; *truphe* 胜利纪念碑 389; urban life 城市生活 400; *see also individual cities, states and tribes, and Italiote* League; Pythagoreanism 也见各有关城市、国家和部落，以及意大利特人联盟，毕达哥拉斯主义

Jacobsthal, P. P. 雅各布斯塔尔 418, 419
Jaddua 雅杜, High Priest of Judah 犹大大祭司 286
Jaffa 雅法 8 *Bc*, 321, 334
Jason 亚松, tyrant of Pherae 菲莱僭主, *see under* Pherae 见菲莱
Jeduthun 耶杜顿 (singer in Temple at Jerusalem 耶路撒冷圣殿中的歌者) 295
Jehoiachin 约雅斤 (Babylonian Jew 巴比伦尼亚的犹太人) 263
Jehoshaphat 约沙法, Valley of ~谷 295
Jeremiah 耶利米, prophet 先知 267 -269
Jeroboam 耶罗波安, king of Samaria 撒玛利亚国王 289 -290
Jerusalem 耶路撒冷 8 *Bd*, 20 *Ed*, 269 -270, 271 -272, 278 -279, 280 -281, 286, 861
Temple 圣殿 292, 295; construction 修建 262, 263 - 264, 264 - 270; finance 财政 273, 281 - 282, 284, 296; Nehemiah's intervention 尼希米的干预 281 -283; Samaritans and 撒玛利亚人和 ~ 287 -288, 289 -290
Jewellery 珠宝业, *see* gold objects; metalwork; silver objects 见金器、金属工艺、银器
Jews 犹太人: Delian 提洛岛的 289; of Elephantine 埃勒芬汀的 63, 285, 286, 288, 337; Sabbath observance 守安息日 282, 284; separatism 分离主义 274 - 276, 282 - 283, 284, 288, 293; *yĕhūdīm* 犹大的前任总督 281; *see also* Judah; Law of Moses *and under* Mesopotamia 也见犹大、摩西律法和美索不达米亚
Job, book of《约伯记》294
Joel, prophecies of 约珥的预言 295 -296
Jogassien culture 约加森文化 410
Jonah, book of 约拿书 293 -294
Joseph son of Tobiah 多比雅之子约瑟 278
Josephus 约瑟弗斯 (historian 历史学家) 261
Joshua son ofJehozadak the High Priest 约撒答之子大祭司约书亚 264 -265
Josiah 约西亚, king of Judah 犹大之王 284, 293
Judah 犹大 8, 261 -296; Edict of Cyrus 居鲁士敕令 262, 263 -264; return under Sheshbazzar 在设巴撒领导下的归返 263 -264, 269; Temple rebuilt 重建圣殿 263, 264 - 270; from Zerubbabel to Ezra 从所罗巴别到以斯拉 270 - 272; Artaxerxes I halts rebuilding of walls of Jerusalem 阿塔薛西斯一世阻止重建耶路撒冷城墙 270, 271 -272
under Ezra 以斯拉时代 272 -276; separatism 分离主义 274 -276, 282 -283, 288, 293
under Nehemiah 尼希米时代 272, 276

- 285; and Covenant ~与约法 284 - 285; refortifies and repopulates Jerusalem 耶路撒冷的重新设防和充实人口 278 - 279, 280 - 281; and Samaria ~与撒玛利亚 266, 288; separatism 分离主义 282, 293; social and economic reforms 社会和经济改革 270, 280 - 281; and temple ~与圣殿 281 - 283

Nehemiah's successors 尼希米的继承者 285 - 286; Samaritan separation from Judah 撒玛利亚与犹大分离 286 - 290; under Alexander 亚历山大时 286, 861; revolt against Rome (AD 68) 68 年反罗马的起义 270

Census 人口统计 281; coinage 币制 261, 285, 286; conversion of gentiles 异教徒的皈依 275; debts 债务 280, 284; economy 经济 266 - 267, 270, 280 - 281; elders 长老 270, 286; eschatology 末世论 295; *hōrīm* 犹大的 281; languages 语言 283, 290 - 291; literature 文学 290 - 296, (historical novellas 历史故事) 293 - 294, (historiography 史学) 292 - 293, (prophecy 预言) 295 - 296, (psalms 诗篇) 295, (pseudepigraphy 作者冒伪) 293, 294, (vernacular 俗语) 290 - 291, (wisdom literature 智慧文学) 294 - 295; Levites 利未人 270, 273, 274, 281, 282, 283; messianic hopes 对弥赛亚的希望 286; mixed marriages 混合婚姻 276, 282 - 283, 284; 'people of the land'"这地的百姓" 266, 274 - 275; priesthood 祭司 270, 273, 274, 280, 281, 282, 285 - 286, (High Priests 大祭司) 270, 279, 282, 286, 288 - 289, 293; prophecy 预言 267 - 269, 292, 295 - 296, (*see also individual prophets* 见有关各先知); Sabbath observance 守安息日 282, 284; and Samaria ~与撒玛利亚 278, 287 - 288, 288 - 289; Satan, concept of 撒旦的概念 294; Scriptural canon 文献正典化 296; *sĕgānīm* 281; separatism 分离主义 274 - 276, 282 - 283, 288, 293; slavery 奴隶制 280; sources 资料 261; taxation 税收 280, 281 - 282, 284, 296; *see also* Jerusalem; Jews; Law of Moses 也见耶路撒冷、犹太人、摩西律法

Judith, book of 尤迪书 293

Justice 司法

Athenian 雅典的; agricultural cases 农业案例 661, 670; arbitration 仲裁 571, 572; commercial 商业的 562, 571, 769; *dikastai kata demous* 陪审法庭 566, 570 - 571; *dokimasia rhetoron* 演说家审查 575; *graphe paranomon* 违法提案诉讼 574; juries 陪审员 566, 571 - 572, 574; oratory 演说术 595, 642 - 643; political trials 政治审判 574 - 576; private cases 私人案件 566, 570 - 572; public cases 公共案件 566, 575n43; *rhetorike graphe* 演说家审查 575

Carthage 迦太基 367, 370, 375; Mesopotamia 美索不达米亚 238, 253, 254, 255, 257 - 258; Phoenicia 腓尼

基 323; *see also* confiscation; law, Athenian; Law of Moses 也见没收、雅典法律、摩西律法
Justin 优斯廷, *see* Pompeius Trogus 见庞培·特罗古斯
Jüz Oba tombs 优兹奥巴墓地 508

Kabul valley 喀布尔河流域 22 *Bb*, 826, 863, 864
Kafizin 卡菲津 7 *Ba*, 305
Kalivo 卡利沃 443
Kaloyanovo 卡罗亚诺沃 14 *Da*, 475
Kandahar 坎大哈, *see* Alexandria in Arachosia 见阿拉科西亚的亚历山大里亚
Kanine 卡尼奈 443
Kara-Ali-Bey 卡拉—阿利—贝 443
Karlovo 卡罗沃 456
Kasossos 卡索索斯 229
Kasr archive 卡斯档案 249, 252n68
Kastrion 卡斯特利翁 (Argos Hippaton 阿哥斯希帕同) 442
Kemara 凯马拉 13 *Ab*, 443
Këneta burials 凯奈塔墓葬 427
Kerch peninsula 刻赤半岛 476, 486, 487, 505, 506
'Kerch' vases 克赤陶瓶 482, 508, 647-648, 652, 891
Kerkouane 凯科瓦内 10 *Db*, 364, 369, 378, 379
Kermenshik (正文为 Kermen-chik——译者注) 凯门施克 505
Khababash 卡巴巴斯 (rebel pharaoh 暴动的法老) 344-345, 787, 797
Khonsu 弘苏, temple of, Thebes 底比斯神庙 353
King's Peace 大王和约 6, 49, 69-70, 79-80, 117-119; Athens' acceptance 雅典的接受 76, 79-82, 116-117, 149, 156, 163, 560; Athens' observance 雅典遵守 167, 174, 182, 185, 200, 201; autonomy clause 自治条款 117, 118, 158-159, 162, 164, 178, 180, 185, 582; Cypriot War and ~与塞浦路斯战争 66-67, 315-316; Egyptian revolt and 埃及起义与~ 66-67, 83, 347; and Greeks of Asia Minor ~与小亚细亚的希腊人 77, 211; implications 暗示意义 80-82, 118-119; Isocrates' opposition 伊索克拉底的反对 164, 599; on *peraiai* 关于属地 118, 220; renewal (375) 375 年的重新签订 83, 175-176, 886, (371) 371 年的重申 180-181, 182, 185-186, 582, 886, (abortive attempt, 367/6) 367/6 年尝试的流产 196-197, 888; Sparta and 斯巴达与~ 118-119, 156, 161, 162, 163, 180, 182, 186; terms 条款 74, 79-80, 117-118, 173; Thebes and 底比斯和~ 178, 186
Kings, book of 《列王记》293
Kingship treatises 论王权 7, 16
Kinship 亲属关系 (*syngeneia*) 880
Kish 基什, *see* Hursagkalama 见胡萨卡拉马
klarotai 克拉罗泰 (Cretan dependent labour 克里特依附劳动者) 673
Klein Aspergle 小阿斯佩格 12 *Db*, 412

Koarendeis 科兰戴斯（Carian community 卡利亚共同体）226
koine eirene，共同和平 *see* peace，common 见共同和平
kolakes 密探（secret police 秘密警察）300，301－302
kolakretai，财务官（Athenian officials 雅典官员）568
komarch，科马克，Armenian 亚美尼亚的 51－52
Korah 可拉，sons of ～之子（singers in Temple at Jerusalem 耶路撒冷圣殿中的歌者）295
Kore 科莱，Carthaginian cult of 迦太基的～崇拜 361，372，377
Kosovo 科索沃 13 *Ba*，423，426，427
Koutsokrano 库特索克拉诺 433
Kovalevka 科瓦列夫卡；gold dress plaque 金衣片 509
Krakra hillfort 克拉克拉山顶要塞，Pernik 佩尼克的 470
Kralevo burial 克拉莱沃墓葬，Turgovishte 图戈维斯特 475
Kratovo 克拉托沃 426
Krishna 克里希那（Indian deity 印度神灵）827
Krotine 克罗提奈 440
Krume burials 克鲁麦墓葬 427
Ksudrakas 克舒德拉加人（Oxydracae 奥克苏德拉卡人）833，834
Kuban，river 库班河 15 *Fc*，479，487
Kuçizi 库奇吉 433
Kul Oba tomb 库奥巴墓 508
Kypsela 库普塞拉 457，458，460
La Gorge-Meillet chariot burial 拉戈奇－梅勒战车墓 415
La Tène 拉登 12 *Db*，404，414
Labeatae 拉巴泰 427
Labraunda 拉布隆达 4 *Bc*，5 *Bd*，62，226，228，229
Laches 拉凯斯（Athenian naval commander 雅典海军将领）201
Lachish 拉吉 8 *Bd*，288 注 54
Laconia 拉科尼亚 2 *Bb*，111，179－180，190－191，783，852，886；agriculture 农业 559，670；*see also individual places* 也见各具体地区
Lacrates 拉克拉泰斯（Theban commander 底比斯将军）92，93
Lacritus 拉克利图斯（Athenian 雅典人）601
Lade 拉戴 801；battle of ～战役 223，307
Laeaei 莱埃人 447，452
Lagina 拉吉那 62，226，228－229
Lamachus 拉马库斯（Athenian general 雅典将军）221，491，492
Lamian War 拉米亚战争 855，858－859，875，900
Lampsacus 兰普萨库斯 1 *Eb*，5 *Bb*，213
Lamyrias，拉米利亚斯 battle of river ～河战役 715
Lanassa 拉那萨，princess of Syracuse 叙拉古公主 393
Land 土地：agricultural 农业 661，662－664，670，675；Athenians barred from acquiring allies' 雅典人不得获取盟邦土地 551；citizenship based

on 公民权以～为基础 533；confiscation 没收 135－136；conveyance，Hellenistic 希腊化时代的转让 62；*enktesis* 地产 623；pasture 牧场 669；public 公共的 545，674；redistribution 再分配 528，529，533，677，700，701，784；sacred 神圣的 545，554，555，670，671，674；*see also under* Italy，south；Mesopotamia 也见南意大利、美索不达米亚

Landowners 土地所有者 671，672，673－674

Langarus 兰加鲁斯，king of Agrianians 阿格利安人国王 796

Languages 语言：of Asia Minor 小亚细亚的～ 215；of Celtic Europe 凯尔特人欧洲的～ 405，407，417，418；of Judah 犹大的～ 290－291；of Persian Empire 波斯帝国的～ 258，（*see also* Aramaic；Elamite 也见阿拉米语、埃兰语）；of south Italy 南意大利的～ 394－395；*see also individual languages* 也见各具体语言

Laodice 劳迪克，mother of Seleucus I 塞琉古一世之母 872

Laomedon 拉俄墨冬 332

Lapethus 拉佩图斯 7 *Ba*，297，306，310，311，334，336

Larak 拉拉克 6 *Cc*，243

Larissa 拉利萨 1 *Cc*，18 *Bb*，31－32，101，194，765；Aleuadae 阿琉阿斯家族 585，733－734，763，764，888；war against Pherae 对菲莱的战争 438，733－734，888；Simus' attempted tyranny 西穆斯企图建立僭主政治 763－764；and Exiles' Decree ～与《流亡者敕令》859

Larsa 拉尔萨 6 *Cd*，242，512

Las Bela 拉斯贝拉 24 *Eb*，835

Lasion 拉西翁 2 *Ab*，193－194，203

Lassois 拉索伊斯，Mt ～山；hillfort 山顶要塞 409，410

Lastheneia of Mantinea 曼提奈亚的拉斯泰内亚（member of Academy 学园成员）604，613

Latychidas 拉提奇达斯，son of Agis of Sparta 斯巴达的阿吉斯之子 42

Laurium silver mines 劳里昂银矿 8，527，545－546，547，851

Laus 劳斯 11 *Cc*，387n18，396n55，397n62，402n78

Law 法律，Athenian 雅典的：commercial 商业的 562，571，850；of Eucrates 欧克拉特斯法 846－847；*graphe paranomon* 违法提案起诉 574；of Hegemon 赫格蒙～，financial 财政的 569，850；impeachment 起诉 575，577－578；inheritance 继承 15；judicial controls on politicians 司法对政治家的控制 574－576；*nomoi/psephismata* distinction 诺莫斯与普色菲斯玛的区别 567－568，572；*nomon me epitedeion theinai* 颁布不恰当的法令 574；recodification 二次法典化 30，34－35，38，567，568，577－578；*rhetorike graphe* 演说家审查 575；*see also* justice；Solon 也见司法、梭伦

Law of Moses 摩西律法 283－284，284－285，291，296

Lawrence 劳伦斯，T. E. 91
Le Grand Bassin Ⅱ cemetery 莱戈兰巴森二世墓地 410
Le Moulin 莱穆林 410
Leagrus 莱亚格鲁斯（Athenian general 雅典将军）452
Learning 学术，*see* scholarship; schools 见学术、学校；*and individual subjects* 及有关主题
lease inscriptions 租地铭文 662，663，664，667，674
leather documents 皮革文献，Mesopotamian 美索不达米亚的 255 – 256
Lebanon 黎巴嫩 324
Lechaeum 莱凯翁 2 *Bb*; Spartan occupation 斯巴达的占领 106，109，111，882，884；defeat of Spartan *mora* 斯巴达支队的被击败 110 – 111，117，538，540，681，882
Lectures 讲座 629，635
Lecythus 莱库图斯，siege of 对 ~ 的围困 682
Leda and the Swan《勒达与天鹅》，sculpture of 雕刻 ~ 650
Lelegians 勒勒吉人 223，224 注 82，225，228
Lemons 利姆诺斯 1 *Dc*，16 *Da*，107，108，117，456，782
Lenaea 莱奈亚（festival 节日）140n84，150 – 151
Leochares 莱奥卡莱斯（sculptor 雕刻家）231，651，658，899
Leodamas 莱奥达马斯（Athenian politician 雅典政治家）600 – 601
Leon 莱昂（Athenian general）雅典将军 35n53
Leonides of Heraclea 赫拉克里亚的莱奥尼戴斯（tyrannicide 弑僭主者）613n97
Leonnatus 莱昂那图斯（Macedonian bodyguard 马其顿卫兵）835
Leontiades 莱昂提亚戴斯（Theban general 底比斯将军）159，164
Leontini 莱昂蒂尼 3 *Cb*，133，135，140，143，700 – 701，708；Hicetas in 希凯塔斯在 ~ 708，712，713，715，897；population movements 人口迁移 124，131 – 132，134
Leosthenes 莱奥斯泰尼斯（mercenary commander 雇佣兵将领）579n55，838，857，858 – 859，900
Lepreum 莱普琉姆 2 *Ab*，196，197
Leptines 莱普提奈斯（brother of Dionysius Ⅰ 狄奥尼修斯一世之弟）142，143，146，149，151 – 152
Leptines 莱普提奈斯，tyrant of Engyum and Apollonia 恩古翁和阿波罗尼亚僭主 712 – 713
Lesbos 莱斯沃斯 1 *Ec*，5 *Ac* – *Bc*，95，114，484，789，804；*see also* Mytilene 也见密提林
Letaei 莱泰伊人；coinage 币制 452
Letnitsa 莱尼特萨 14 *Ca*，463
Letopolis 莱托波利斯 9 *Ba*，340
Leucas 琉卡斯 1 *Bc*，101，179，783
Leucon Ⅰ 琉孔一世，king of Cimmerian Bosporus 辛梅里安人的博斯普鲁斯国王 137n75，477，479，493，495，496，497，498
Leucon Ⅱ 琉孔二世，king of Cimmerian

Bosporus 辛梅里安人的博斯普鲁斯国王 503
Leuctra 留克特拉，battle of ~战役 19 *Dc*，5，7，181－185，541，680－681，886；effect 影响 530，532－533，538，540，542，560，563，580，589
Libraries 图书馆；Aristotle's organization 亚里士多德的组织 628
Libya 利比亚 345，346，843；*see also under* Carthage 也见迦太基
Libyphoenicians 利比亚—腓尼基人 379
Libys 利比斯（Spartan admiral 斯巴达海军统帅）36
Lichas 利卡斯（wealthy Spartan 斯巴达富翁）41
light infantry 轻装步兵（peltasts 轻盾兵）456，534，537，540，681，687，763
Lilaea 利奈亚 19 *Cb*，781
Lilybaeum 利吕拜翁 10 *Db*，11 *Bd*，364，713
Limassol 利马索尔 7 *Bb*，306
Limyra 利米拉 4 *Dc*，5 *Db*，215，219，231
Lipari Islands 利帕利群岛 3 *Ca*，11 *Cc*，387n17
Lissus 利苏斯（Lesh 莱斯）148
Liturgies 公益捐献 14－15，16，48，548－549，550－551，574
Livestock 牲口 664，669－670，676，725；*see also* pastoralism 也见游牧
Loans 贷款 15，16，521，554－555，561－562
Locri Epizephyrii 埃皮泽菲利的罗克利 11 *Dc*，388，391，397n62，399，402；and Dionysius Ⅰ ~与狄奥尼修斯一世 141，144－145，146，151，387，885；and Dionysius Ⅱ ~与狄奥尼修斯二世 391，708
Locris 罗克利，East 东~（Epicnemidian and Hypocnemidian 埃皮克奈米狄的和叙波克奈米狄的）1 *Cc*，19 *Bb-Db*，102，168，173，188－189，741，779，882
Locris 罗克利，West 西~（Ozolian 奥佐利亚的）1 *Bc-Cc*，2 *Ba*，19 *Bc*，99，188－189，585
logographoi（speech-writers 演说辞作家）13，17，566n4
lot 抽签，appointments by ~任命 576
Loukuvit 鲁库维特 14 *Ca*，463
Lovech 罗维奇 14 *Ca*，471
Lucanians 鲁卡尼亚人 11 *Cb*－*Db*，146，386，387，391，715，843
Luceria 鲁凯利亚 11 *Cb*，402
Luxury 奢侈 389，501
Lycaonia 吕考尼亚 219
Lychnidus 吕尼杜斯 13 *Bb*，429
Lychnitis L. 吕克尼提斯（Ochrid 奥赫里德湖），13 *bb*，16 *Ba*，422，425，426
Lycia 吕西亚 1 *Fd*－*Gd*，4 *Cc*－*Dc*，5 *Cd*－*Dd*，20 *Cc*－*Dc*，82，209，214，218－219，231－232，682；Persian rule 波斯的统治 79，218－219，264；Alexander and 亚历山大和~ 802，804，860，898；tomb 墓葬 219，440

Lycian language 吕西亚语言 55，215，219，229
Lycomedes 吕科麦戴斯（Arcadian leader 阿卡狄亚领导人）197，199
Lycomedes of Mantinea 曼提奈亚的吕科麦戴斯（politician 政治家）583
Lycophron 吕科弗隆，tyrant of Pherae 菲莱僭主 32，585，742 – 743，745 – 746
Lycurgus son of Lycophron 吕科弗隆之子吕库古（Athenian politician 雅典政治家）13，19，579，600，848，875，898；and *ephebeia* ~与青年军 678；financial administration 财政管理 563，573，577，850 – 852，898
Lydia 吕底亚 5 *Bc*，20 *Cc*，209，217，230；Persian satrapy 波斯总督区 55，57，77，79，217 – 218；under Alexander 亚历山大治下 800，860，865，868 – 869
Lydian language 吕底亚语，inscriptions in ~铭文 218，230
Lyginus 吕吉努斯，battle of river ~河战役 795
Lyncestae 林凯斯提斯人 430，431，723
Lyncus 林库斯 13 *Bb*，16 *Ba*，436 – 437，725
Lyppeius 吕佩乌斯，king of Paeonians 派奥尼亚人国王 438，466，738，747，890
Lysander 吕桑德（Spartan admiral 斯巴达海军统帅）12，30 – 31，43，44，97，98，554；in Peloponnesian War 在伯罗奔尼撒战争中 24，25；and Cyrus ~与居鲁士 25，28，42；Aegean operations 爱琴海上的行动 29，493，882；installs Thirty in Athens 在雅典建立三十僭主 29 – 30，882；establishes decarchies 建立十人团 29，31，40，532，882；temporary eclipse 暂时的退隐 36，40 – 41，97，882；in Syracuse 在叙拉古 41，135n66；supports Agesilaus 支持阿盖西劳斯 42 – 43，44；return to prominence 重新显赫 98；Haliartus campaign 哈利亚图斯战役，death 阵亡于~32，44，99 – 100；divine honours 神圣荣誉 871，877
Lysandreia 吕桑德雷亚（Samian festival 萨摩斯节日）871
Lysias 吕西阿斯（Athenian orator 雅典演说家）13 – 15，33，38，109，140；and democratic restoration ~与民主政治的恢复 537，553
Works 作品 13 – 15：*Epitaphios*《葬礼演说》109；*Olympiacus*《奥林匹亚节颂辞》598，885；XII 33 – 34，35n52，37n62；XXII 116 – 117；XXVIII，XXIX 115
Lysicrates，Monument of，Athens 雅典的吕西克拉泰斯纪念亭 899
Lysimachus 吕西马库斯（Macedonian general 马其顿将领）225，333；coinage 币制 503，874
Lysippus of Sicyon 西库翁的吕西普斯（sculptor 雕刻家）654，657，658，659 – 660，889，899，901
Lysitheides 吕西提戴斯（Athenian trierarch 雅典三列桨战舰舰

长）600n39
Lyttus 吕图斯 853

Macalla 马卡拉 402n78
Macartatus 马卡塔图斯；Demosthenes' case 德摩斯梯尼的案件 676 注 48
Macedon 马其顿 13 *Bb* – *Cb*, 16, 18 *Aa* – *Ba*, 723 – 759
Alexander Ⅰ亚历山大一世 194 – 195, 430, 452, 487, 723, 725
Perdiccas Ⅱ佩狄卡斯二世 451, 454, 455, 723, 725
Archelaus 阿凯劳斯 725, 726; Orestes 奥莱斯泰斯 726
Amyntas Ⅲ阿明塔斯三世 726 – 727; expelled, Argaeus Ⅱ rules 被逐后阿盖乌斯二世统治 158, 726, 727, 748; Amyntas restored 阿明塔斯复位 464; and Olynthian War ~与奥林图斯的战争 158 – 159, 161 – 163, 177, 884; unrest after death 死后的不稳定 188
Alexander Ⅱ亚历山大二世 727
Ptolemy's regency 托勒密的摄政 194 – 196, 201, 208, 727, 886
Perdiccas Ⅲ佩狄卡斯三世 195, 201, 727, 730, 888; Bardylis' domination 巴狄利斯的统治 428 – 429, 727, 731
Philip Ⅱ腓力二世 730 – 790; accession 登基 727, 730, 888; neutralizes northern powers 让北方强国中立 436 – 437, 437 – 440, 439, 730 – 701, 732 – 733, 734, 888, 890; defeat of Bardylis 击败巴狄利斯 436, 439, 440, 465, 731, 732 – 733, 734, 888; unification of Macedon, military reorganization 统一马其顿，对军事的改组 731 – 732, 733, 734 – 736, 888; defeats Argaeus 击败阿盖乌斯 727, 730, 732, 888; alliance with Athens ~与雅典结盟 177, 731, 732, 888; supports Larissa against Pherae 支持拉利萨对抗菲莱 585, 733 – 734, 888; and Social War ~与同盟战争 465, 736 – 739, 890; repels Cersobleptes from Crenides, creates Philippi 从克莱尼德斯驱逐凯索布莱泰斯，创建腓力比 465, 466, 737; and Third Sacred War ~与第三次神圣战争 585 – 586, 739 – 742; Thracian campaigns 色雷斯战事 467, 742, 890; Artabazus takes refuge in 阿塔巴祖斯（在腓力处）避难 90, 95, 751; campaigns in Thessaly 色萨利的战事 585 – 586, 742 – 743, 745 – 746,
Macedon 马其顿（*cont.* 续）
747, 890; Thracian campaigns 色雷斯的战事 467, 468 – 469, 742, 746 – 747, 754, 890, 892; warning to Olynthus 对奥林图斯的警告 747, 748, 890; Epirote campaign 伊庇鲁斯的战事 439 – 440, 743, 747 – 748, 890; campaign against Chalcidic League 对哈尔季狄基同盟的战争 730 – 731, 748, 892; re-expels tyrants of Pherae 再度驱逐菲莱僭主 749, 892; siege of Olynthus 围困奥林图斯 620, 690, 748 – 750, 892; seeks treaty with Athens 寻求与雅典

缔和 750 – 751，751 – 752，892；interest in settlement of Sacred War 对解决神圣战争的兴趣 752，753，754，756，782；Thracian campaign 色雷斯战争 468 – 469，753，754，773，892；and Peace of Philocrates 菲洛克拉特斯和约 468，577，753，754 – 755，752 – 755，755 – 757，892；Athens refuses troops to 雅典拒绝派出援兵 754，757，892；and settlement of Third Sacred War 第三次神圣战争后的条约 588，758，759，760，761，894；intentions towards Persia 对波斯的意图 94 – 96，761 – 762；reorganization of Macedonia 重组马其顿 762，894；Illyrian campaign 伊利里亚战争 748，762 – 763，894；Thessalian campaign 色萨利战争 763 – 765，894；and Peloponnese ~与伯罗奔尼撒 765 – 766；attempts to make treaty with Athens 尝试与雅典缔和 95，766 – 767，769 – 770，894；Epirote campaign 伊庇鲁斯战争 438 – 439，440，769 – 770，894；alliance with Hermias of Atarneus ~与阿塔尔纽斯的赫尔米亚斯结盟 94 – 95，220，770 – 771；intervenes in Euboea 干涉优卑亚 771 – 772，894；Thracian campaign 色雷斯战争 461，467，468，469，771，773 – 777，778，894，896；settlement of Thrace 对色雷斯的安排 95，439，469 – 471，766，769；plans for expedition to Asia Minor 远征小亚细亚的计划 94 – 96，771，774，894；Athens raises alliance against 雅典组建同盟反对 93，775，896；siege of Perinthus 围困佩林图斯 95，689，690，775 – 776，777 – 778，896；'Philip's Letter' to Athens "腓力致雅典的书信" 776，896；siege of Byzantium 围困拜占庭 95 – 96，689，690，776，777，896；captures Athenian corn fleet 俘获雅典粮船 776 – 777，896；war against Athens 对雅典的战争 777 – 781，896，898；campaigns on Black Sea coast 黑海沿岸的战争 472 – 473，774，896；Scythian campaign 西徐亚战争 474 – 475，501，777，778，896；and Fourth Sacred War ~与第四次神圣战争 779，781，896，898；victory at Chaeronea 在喀罗尼亚的胜利 781，896；settlement of Greece 对希腊的安排 577，781，782，783，852，879，898；establishes League of Corinth 建立科林斯同盟 589，783 – 785，879，898；declares war on Persia 向波斯宣战 784 – 785，898；Illyrian campaign 伊利里亚战争 785，789，898；Philip's marriage to Cleopatra 腓力与克利奥帕特拉的婚姻 440，786 – 787，898；advance force to Asia Minor 先头部队前往小亚细亚 96，787，784 – 785，788 – 789，797，898；Philip's death 腓力之死 96，788，789 – 790，794 – 795，847，898；*see also* Philip Ⅱ 也见腓力二世

Alexander Ⅲ 亚历山大三世 791 – 881；accession 继位 790，791 – 797，898；

and Greece ~与希腊 846 - 859; initial settlement 最初的安排 563, 577, 795, 847 - 848, 879, 898; destruction of Thebes 底比斯的毁灭 93, 582, 692, 796 - 797, 848, 898; and Corinthian Legue ~与科林斯同盟 846, 847, 848, 849, 855, 859; Sparta under ~时代的斯巴达 332, 800, 849, 852 - 853; *see also under* Athens; Illyrians; Thessaly; Thrace 也见雅典、伊利里亚人、色萨利、色雷斯

Alexander's eastern expedition 亚历山大对东方的远征 *Maps* 地图 20 - 24; inherits plans for 继承远征计划 876, 878; in Asia Minor 在小亚细亚 797 - 804, 805, 898; battle of Granicus 格拉尼库斯河战役 52, 53, 57, 799 - 800, 852, 898; siege of Miletus 对米利都的围困 330, 801, 804, 868, 898; siege of Halicarnassus 围攻哈利卡纳苏斯 52, 223, 690, 692, 801 - 802, 898; naval war against Persia 对波斯的海战, *see under* Aegean Sea 见爱琴海; settlement of Asia Minor 对小亚细亚的安排 50, 61 - 62, 225, 228, 859 - 860, 868 - 871, 880; battle of Issus 伊苏斯战役 50, 53, 688, 806 - 808, 878, 898; in Phoenicia 在腓尼基, *see under* Phoenicia 见腓尼基; Cyprus submits 塞浦路斯的屈服 331, 332, 808, 809; Amyntas recruits in Macedon 阿明塔斯在马其顿征兵 809, 815, 853; conquest of Egypt 征服埃及 344, 590, 810 - 811, 878, 898; Cyrene submits 昔兰尼归降 810, 869, 898; visits Siwah 访问西瓦 810 - 811, 844, 845, 872, 874; conquest of Samaria 征服撒玛利亚 286, 290; and Agis' revolt ~与阿吉斯起义 332, 815, 852 - 855, 898; campaign against Darius 对大流士作战, conquest of Mesopotamia 征服美索不达米亚 46, 240 - 241, 259, 260, 332, 811 - 818, 898; conquest of eastern Iran 征服东伊朗 818 - 821; deaths of Parmenion and associates 帕尔美尼昂及其同伙的死亡 819 - 820; conquest of Bactria 巴克特利亚的征服 64, 817 - 818, 819, 821 - 822, 825, 862 - 863, 898; conquest of Sogdiana 征服索格狄亚那 64, 823 - 825, 863, 898; death of Cleitus the Black 黑子克雷图斯之死 824 - 825, 898; *proskynesis* experiment 跪拜礼试验 626, 825, 872 - 874; Pages' Conspiracy 侍从阴谋 825 - 826, 898; Indian campaign 印度战役 826 - 834, 898; Nearchus' naval expedition 奈亚库斯的海上远征 332, 833, 834, 835, 838, 839, 898; last years 末年 834 - 845, 898, 900; suppression of insubordinate satraps and generals 镇压不驯的总督和将军 837 - 838, 900; plans for further expeditions 进一步远征的计划 839, 843 - 844, 868, 900; mutiny at Opis 奥庇斯叛乱 841, 856, 872, 900; Antipater's supersession planned 取代

安提帕特的计划 841 – 842; flight of Harpalus 哈帕鲁斯的逃亡 842, 900; Exiles' Decree《流亡者敕令》534, 843, 849, 852, 855 – 859, 875; death of Hephaestion 赫费斯提昂之死 842, 843, 900; Alexander's death 亚历山大的去世 579, 631, 842, 844 – 845, 875, 900; context of reign 统治环境 876 – 878; *see also* Alexander Ⅲ也见亚历山大三世

Agriculture 农业 664, 729; Antipater's powers as regent 安提帕特作为摄政的权力 849; Argive connexions ~与阿哥斯的联系 880; Aristotle and 亚里士多德和~ 563, 622 – 623, 626, 630 – 631, 729, 771; army 军队, 686 – 690, (cavalry 骑兵) 687, 439, 440, 726, 735, (composition 构成) 62, 686 – 689, 729, 763, (Philip's innovations 腓力的变革) 686 – 690, 731, 733, 734 – 736, (tactics 战术) 439, 440, 686 – 688, 689, 733; ceremonial centre 仪式中心, *see* Aegae 见埃盖; chronology 年代学 9; coinage 币制 332, 439, 452, 586, 737, 831, 832, 866, 874; colonies and city foundations 殖民地和城市的建立 590, 746, 777, 825, 843, 866 – 868, 876, 896, (*see also individual names* 也见各具体城市); Companions 王友, *see separate entry* 见各具体条目; constitution 政体 586, 728, (*see also* kingship *below* 也见下文王权); divine honours rulers 统治者的神圣荣誉 871 – 872, 876; engineering, military 军事工程 763; ethnic organization 族群组织 880 – 881; financial administration 财政管理 61 – 62, 862, 865 – 866, 868 – 869; fleet 舰队 332, 692, 742, 777, 839, 896; fortresses 要塞 470, 732, 726; foundation of Gordium 戈尔狄翁的建立 880 – 881; Greek culture 希腊文化 729 – 730; Heracles legend 赫拉克勒斯的传说 727; hunting 狩猎 728, 729; indigenous populations 原住民人口 729; kingship 王权 580, 586, 688, 726, 727 – 728, 729, 735 – 736; language 语言 730n4; livestock 牲口 725; manpower 人力资源 687 – 689, 729, 809, 815, 825, 853; nationalism 民族主义 733; population 人口 735, 880 – 881, (movements 迁移) 733, 762, 894; religion 宗教 726, 729; resources 资源 452, 499, 553, 725; roads 道路 726; Royal Pages 王家侍从 728, 729, 733, 771; shipbuilding 造船 553; siege warfare 攻城战 53, 689 – 692, 736, 763, 775, 801, 802, 809, 823, 825, 827; society 社会 586, 727 – 730; sources 资料 18 – 19, 19 – 22, 723; topography 历史地理 723, 725; tribal organization 部落组织 431, 586; Upper/Lower Macedonian conflicts 上下马其顿的冲突 725 – 726; urbanization 564 城市化, 586

Machimoi 马奇摩伊 (Egyptian warrior class 埃及武士阶层) 337, 341 – 342

Machinery 机械: agricultural 农业的 669; *see also* siege engines 也见攻城器械

Madytus 马狄图斯 510

Maeander valley 迈安德河谷 1 *Ec*, 4 *Cb* – *c*, 5 *Cd*, 66, 113

Maedi 麦狄人 14 *Ba* – *b*, 449, 469, 777, 866, 896

Maenad Dancing 酒神女舞蹈 (Scopas 斯科帕斯) 651

Maeotae 麦奥提斯人 15 *Ec* – *Fc*, 497, 501, 506

Maesades 麦萨戴斯 (Odrysian prince 奥德里西亚王子) 455

Magdalenenburg 麦德林堡 12 *Db*, 407

Magdalenska Gora 马格德林山 12 *Fb*, 408

Magi 马古斯 627

Magic 魔术 638, 641, 643

Magnesia 马格尼西亚 1 *Cc*, 18 *Bb*, 746, 749, 763, 764

Magnesia on the Maeander 迈安德河上的马格尼西亚 4 *Bc*, 5 *Bd*, 96, 213, 217, 224

Mago 马戈 (agronomist 农学家) 369 – 370

Mago 马戈, king of Carthage 迦太基国王 (6th cent. 6 世纪) 365, 368

Mago 马戈, king of Carthage 迦太基国王 (4th cent. 4 世纪) 143, 145, 149, 373, 883

Magonid 马戈家族 dynasty of Carthage 迦太基统治者 365 – 371, 373, 374

Mailhac 马伊阿 12 *Cc*, 410

Makran coast 莫克兰海岸 24 *Cc* – *Dc*, 834 – 835, 837

Mal Tepe 马特佩, near Mezek 麦泽克附近 448

Malachi 玛拉基, prophet 先知 296

Malchus 马尔库斯 367 – 368

Malik 马利克, L. 13 *Bb*, 422

Malis 马利斯 1 *Cc*, 18 *Bc*, 102, 188 – 189

Malli 马利人 (Malavas 摩腊婆人) 20 *Md*, 24 *Ec*, 833 – 834, 898

Mallus 马鲁斯 20 *Ec*, 806

Mamercus 马麦库斯, tyrant of Catana 卡塔那僭主 710, 711, 714, 715, 716

Mamertini 马麦提人 398

mammisi (Egyptian birth temples 埃及求子庙) 353

Manasseh 玛拿西, High Priest of Samaria 撒玛利亚大祭司 289

Mandonium 曼多尼翁, battle of ~ 战役 897

Manduria 曼杜利亚 11 *Db*, 391

Manetho 马涅托, king-list of ~ 的王表 345, 356

Mania 马尼亚 (woman satrap in Aeolid 埃奥利亚地区的女总督) 228

Manpower 人力资源, *see* workforce *and under* warfare 见劳动力和战争

Mantias 曼提亚斯 (Athenian commander 雅典指挥官) 732

Mantinea 曼提奈亚 2 *Bb*; synoecism 统一 583; in Corinthian War 在科林斯战争中 102, 111; Spartan attack 斯巴达的进攻 156 – 157, 163, 884; dioecism 散居 157, 163, 583, 884;

in Spartan alliance 在斯巴达同盟中 184; refounded as democracy 作为民主国家重建 187, 189 - 190, 193, 206, 563, 583, 886; intervention in Tegea 对泰盖亚的干涉 190; and Arcadian affairs 与阿卡狄亚事务 204, 207; alliance with Athens 与雅典结盟 207, 888; battle of ~战役 203, 204, 207 - 208, 541, 656, 888; war against Macedon 对马其顿的战争 770, 894

Agriculture 农业 671, 676; in Arcadian League 在阿卡狄亚同盟中 583 - 584; coinage 币制 583n71; demagogues 人民领袖 4; fortifications 要塞 684, 685; settlement pattern 居住类型 583, 671

Maracanda 马拉坎达 20 *Lc*, 21 *Db*, 823, 824, 825

Marad 马拉德 6 *Bc*, 243

Marathon 马拉松 2 *Ca*; battle of ~战役 52

Marbalus 马巴鲁斯, king of Aradus 阿拉杜斯国王 322

Mardi (of Hyrcania) 叙卡尼亚的马狄人 20 *Hc*, 818

Mardi (of Zagros) 扎格罗斯山的马狄人 20 *He*, 816

Marduk 马都克, cult of ~崇拜 235, 240, 267, 269

Margana 马尔贾那 186, 190

Mariamme 马利安麦 321

Mariandynoi 马利安狄诺伊人 228, 673

Maritsa valley 马利萨河谷 17 *Cb*, 445

Marium 马利翁 7 *Aa*, 297, 309, 310, 311, 334

Markets 市场 116 - 117, 544, 562; see also *emporia* 也见商港

Marne valley 马恩河谷 12 *Cb*, 410, 415

Maronea 马罗奈亚 1 *Db*, 14 *Cb*, 17 *Bb*, 454, 458, 463, 464, 467, 742; coinage 币制 454, 455

marriage 婚姻 8; Egyptian 埃及的~ 351 - 352; Jews and mixed 犹太人的及其混合~ 276, 282 - 283, 284

Marsya 马苏亚 321

Marsyas Painter 马苏亚斯画家 652

masks 面罩, gold death - 死者的金~ 425, 426, 427

Massaga 马萨伽 20 *Md*, 22 *Cb*, 690, 827

Massilia 马赛利亚 12 *Dc*, 361, 368, 370, 409, 410

Masteira 马斯泰拉 469

Mathematics 数学 231, 597, 604, 607, 608, 614, 617; Babylonian 巴比伦的 257; Pythagorean 毕达哥拉斯派的 610, 612

Mati valley 马提河谷 13 *Ab*, 427

Mattam 马坦, king of Tyre 推罗国王 322

Mausoleum at Halicarnassus 哈利卡纳苏斯的陵墓 231, 649 - 650, 651, 658, 891

Mausoleum at Limyra 利米拉的陵墓 215

Mausolus 毛索鲁斯, satrap of Caria 卡利亚总督 57 - 58, 89, 219, 876; moves capital to Halicarnassus 迁都哈利卡纳苏斯 83, 217, 223, 225; and

Satraps' Revolt ~与总督大暴动 85, 87, 88; and Greeks ~与希腊人 58, 59, 69, 79, 85, 88, 89, 94, 227; and culture ~与文化 231, 614, 658; urbanization 城市化 225, 564

Mazaces 马扎凯斯, satrap of Egypt 埃及总督 810

Mazaeus 马扎欧斯 (Persian satrap 波斯总督): Cilician command 奇里乞亚指挥官 91, 220, 862, 866; at Gaugamela 在高伽美拉 812, 814; in Babylon 在巴比伦 241, 815, 862

Mecyberna 麦库贝那 16 *Ca*, 749

Meda 麦达 (Medopa 麦多帕), queen of Macedon 马其顿王后 472, 473, 474, 773, 786

Medates 麦达泰斯, governor of Uxii 乌克西总督 816

meddikia 麦狄基亚 (Italic institution 意大利克人的一种制度) 397

Media 米底 6 *Cb* – *Db*, 20 *Gc* – *Hc*, 805, 815, 837 – 838, 862 – 863, 864

Medicine 医学 634 – 646; aphorisms 格言 636, 645; Babylonian 巴比伦的 640, 641; competitiveness 竞争特性 636 – 637, 641 – 643, 646; drugs 药 639, 640, 643, 644, 645; education in 医学教育 635, 641 – 642; Egyptian 埃及的 640, 641; empiricism 注重经验的 635 – 636, 640 – 641, 645, 646; epidemics 传染病 635, 639, 640 – 641; gynaecology 妇科 635, 638, 639, 640, 645; humours 幽默 636, 637, 644; and magic ~与巫术 638, 641, 643; opposites 反对者 636, 637, 644, 645; and philosophy ~与哲学 642, 644; popular 民间的 637 – 638, 639 – 640, 641, 646; regimen, control of 对养生的控制 635, 645; and religion ~与宗教 636, 638 – 639; residues 药渣 637, 640; rituals 仪式 638; sources 资料 634 – 640; surgery 外科 635, 639, 644 – 645, 834; temple medicine 神庙医学 22, 638 – 639, 643, 646; treatments 治疗 644 – 645; *see also* Hippocratic Corpus 也见希波克拉底文献

Medinat Habu 哈布城 353

Medism 亲波斯 5, 6, 50, 93, 209; *see also* Alexander Ⅲ (orientalism) 也见亚历山大三世 (东方主义)

Mediterranean Sea 地中海; sailing conditions 航运条件 519 – 523

Medius of Larissa 拉利萨的麦迪乌斯 (Thessalian nobleman 色萨利贵族) 101, 844

Medma 麦德马 11 *Cc*, 144, 402n78

Medocus 麦多库斯, *see* Amadocus Ⅰ见阿马多库斯一世

Medopa 麦多帕, *see* Meda 见麦达

Mefitis 麦菲提斯, *temenos* of ~的封地, Rossano di Vaglio 罗萨诺狄瓦格利奥 398

Megacles 麦伽克莱斯 (Syracusan politician 叙拉古政治家) 133, 699

Megalopolis 麦伽罗波利斯 1 *Cd*, 2 *Bb*, 20 *Bc*; foundation 建立 193, 563, 583, 886; wins territory from Sparta 从斯巴达赢得领土 194; in Theban

alliance ~与底比斯结盟 204, 207; abortive secession 退出失败 193, 207, 208, 583-584, 888; excluded from Amphictyony 被排除在近邻同盟之外 765, 894; war against Macedon 对马其顿的战争 70, 783, 894; Agis' siege 阿吉斯的围困 854, 855, 898; fortifications 要塞 684
Megapanos 麦伽帕诺斯, governor of Babylon 巴比伦总督 252
Megara 麦加拉 1 *Cc*, 2 *Ca*, 485, 488; in Spartan alliance 斯巴达盟友 168; civil unrest 国内的不安定 176, 189, 205; in Sacred War 神圣战争中 741; *stasis* (343) 343 年的冲突 768, 894; war against Macedon 对马其顿的战争 775, 783, 781; and Exiles' Decree ~与《流亡者敕令》858; school 学校 594, 603, 624
Megara Hyblaea 麦加拉—叙布奈亚 3 *Db*, 720
Megasthenes 麦加斯梯尼 (historian 历史学家) 21
Meidias 美狄亚斯 (Athenian politician 雅典政客) 578
Melanditae 麦兰狄泰 14 *Da-b*, 455
Melanthius 麦兰提乌斯 (painter 画家) 656
Meletus 麦莱图斯 (prosecutor of Socrates 苏格拉底的控告者) 39
Melfese region 麦尔菲地区 397n57, 397n60
Meliboea 麦利波伊亚 18 *Bb*, 195
Melon 麦隆 (boeotarch 彼奥提亚同盟长官) 164, 165
Melos 米洛斯 1 *Dd*, 563
Melqart 麦尔卡特, cult of ~崇拜 305, 306, 325, 334, 808-809, 811
Memnon 门农 (historian of Heraclea Pontica 本都的赫拉克里亚的历史学家) 222
Memnon of Rhodes 罗德斯的门农 498, 751, 774, 894; against Alexander 对抗亚历山大 96, 797-798, 802, 804
Memphis 孟菲斯 9 *Bb*, 20 *De*, 93, 324, 343, 351, 352; Alexander and 亚历山大与~ 810, 811, 845, 875
Menaechmus of Alopeconnesus 阿罗佩孔奈苏斯的麦奈克穆斯 (mathematician 数学家) 614
Menander 米南德 (comic poet 喜剧诗人) 648, 664, 672, 895, 901
Mende 门德 1 *Cc*, 16 *Ca*, 504, 513-514
Mendes 门德斯 9 *Ba*, 340, 341, 342, 354
Menecleidas 麦奈克莱达斯 (Theban politician 底比斯政客) 205
Menedemus of Pyrrha 皮尔哈的麦奈戴穆斯 (philosopher 哲学家) 611
Menelaus 麦奈劳斯, brother of Ptolemy 托勒密之弟 (Macedonian general 马其顿将军) 334
Menelaus 麦奈劳斯, prince of Macedon 马其顿王子 730-731, 748
Menes of Pella 培拉的麦奈斯 (Macedonian *hyparch* 马其顿骑兵长官) 332, 861
Meno 麦诺 (medical historian 医学史

家）634，637

Menon of Pharsalus 法萨卢斯的麦农（Thessalian magnate 色萨利巨子）553

Menon 麦农，satrap of Arachosia 阿拉科西亚总督 863

Menon 麦农，son of Cerdimmas 凯丁马斯之子（Macedonian commander in Syria 叙利亚的马其顿统帅）861

Menostanes 麦诺斯塔奈斯（Manushtānu 马努斯塔努，Persian nobleman 波斯贵族）237，246

Mentor 门托（Rhodian mercenary commander 罗德斯雇佣兵统帅）90，91，92，94，774，894

Mercenaries 雇佣兵 540－541，678－679；Alexander disbands satraps' 亚历山大对总督雇佣兵的解散 838，900；ambiguous political position 模糊的政治地位 680；coinage struck to pay 为支付其薪水铸造货币 60，142，352－353，378，401，543，719；extort money from shipping 从航船掠取报酬 557，560，774；financial contribution to state 对国家财政的贡献 83，84，200，738－739，774；financing of 对～的财政支持 541，543，556，557，560，680，774，（*see also* coinage *above*，*and* booty 也见前文币制及战利品）；floating population 流动人口 169，534，591，676；mutinies 叛乱 697，713，715；rehiring，changes of side 再雇佣，易帜 89，90，92，129，131；settlements 安置 136，141，144，153，395，534，708，719，867；social disruption 社会骚乱 82，337，341，699，708；in Social War 同盟战争中 89；spread 流散 678－679；Taenarum depot 泰那隆兵站 838，856，857；tyrannies' use of 僭主对它的使用 534，541，678；*see also individual leaders and under individual cities and states* 也见各位领袖、城市和国家

Mermera 麦美拉（Maibozani 麦波扎尼）218

Mesopotamia 美索不达米亚 234－260；Sennacherib destroys Babylon 辛那赫利布摧毁巴比伦 267；Neo-Babylonian era 新巴比伦时代 241，243，251，257，259，263，324，369；under Cyrus the Great 居鲁士大帝治下 241；rebellion against Darius Ⅰ 反对大流士一世的起义 264，265；revolts against Xerxes 反薛西斯起义 234－235；return of Jews from 犹太人由～归返 262－264；Darius Ⅱ's accession 大流士二世登基 237－238；Darius Ⅲ puts down revolts 大流士三世镇压起义 797；Alexander's annexation and settlement 亚历山大的吞并和安排 241，332，811－818，898

Administration 管理 61，245－246，247，255－256，257－258；agriculture 农业 242，243，244，247－249，251，254，259，（*see also* irrigation *below* 也见下文灌溉）；archives 档案 234，235，242，243，244，245，249

-250, 255-256, 257-258, (literary 文献的) 242n24, 245, (*see also* Murashû archive 也见穆拉舒档案); aristocracy 贵族政治 246-247, 251-252, 255; astrology 占星术 257, 843; astronomy 天文学 235, 237, 256-257; Babylon as metropolis 作为大都市的巴比伦 259-260; building construction 建筑 235n2; calendar 历法 257; documentation, settlement and landscape 文献、居住与风景 241-245; ethnic composition 种族构成 239, 247, 253-256, 258, (*see also* Jews *below* 也见下文犹太人); finance 财政 61, 238, 245, 248-249; gentry 乡绅 247, 251; *hatrus* 哈特鲁 245-246, 253; Iranians 伊朗人 254-255, 258; irrigation 灌溉 242, 243, 244, 247, 248; Jews 犹太人 255, 262-264, 273-274, 275, 276, 282, 284, 293; justice 司法 238, 253, 254, 255, 257-258; land tenure 土地制度 238, 242, 243, 245-247, 248, 249, 250, 251, 258; literacy 文化水平 256; literature 文学 242 注 24, 245, 294, 295; medicine 医学 640, 641; military service 军役 238, 245, 251; military units resettled in 军士的再安置 253; political history 政治史 234-242; religion 宗教 256, 258, 815; roads 道路 512; scholarship 学术 256-257; scripts 文字作品 255-256, 257; seals 印章 217, 257-258; slaves 奴隶 254, 258, 259; society and culture 社会与文化 253-260; taxation 税收 245, 248, 251, 258, 259, 865; temples 神庙 241, 243, 246, 247, 249-250, 250-251, 254; urban life 城市生活 243-244, 259-260; *see also* Babylon 也见巴比伦

messages 信息, conveyance of ~的传递 513, 516-517, 519, 525, 526, 820

Messapians 麦萨皮亚人 11 *Db-Eb*, 387n21, 390, 394, 395, 399, 895

Messene 美塞尼 (Peloponnese 伯罗奔尼撒的) 1 *Bd*, 2 *Ab*, 563, 684, 765, 766, 770, 886, 894

Messene 美塞尼 (Sicily 西西里) 3 *Da*, 11 *Cc*, 126, 141; and Carthaginian invasions ~与迦太基的入侵 131, 135, 143, 145, 883; Heraclides in 赫拉克利德斯在~ 701, 702; Timoleon's war against 提摩莱昂对它的战争 712, 714, 715

Messenia 美塞尼亚 1 *Bd-Cd*, 2 *Ab-c*, 587, 670; Theban liberation 底比斯对它的解放 89, 187, 191, 886; foundation of Messene 美塞尼的建立 563, 886; Spartan hostility 斯巴达的敌视 88, 192-193, 886; alliance with Arcadia ~与阿卡狄亚结盟 203, 204, 205; in common peace 在共同和平中 207; settlement after Chaeronea 喀罗尼亚战役之后的安排 783, 852; *see also* Messene 也见美塞尼 (Peloponnese 伯罗奔尼撒的)

Messenian exiles 美塞尼亚流亡者 28, 42, 140n85
Metalwork 金属工艺: Carthaginian 迦太基的 378; Celts 凯尔特人的 418 - 419, 420; Cimmerian Bosporus 辛梅里安人的博斯普鲁斯 481, 482, 508, 509, 510; Phoenician 腓尼基的 92, 148, 322, 324; Scythian 西徐亚的 471, 482, 508, 509; Thracian 色雷斯的 448, 449, 450, 456, 457, 460 - 461, 462 - 463, 475; *see also* bronze vessels; gold objects; hoards; silver objects 也见青铜器皿、金器、窖藏、银器
Metapontum 麦塔彭同 11 *Db*, 387, 388, 392n42, 399, 670n31, 710
Methone 麦托奈 2 *Ac*, 16 *Ca*, 201, 499, 726, 742, 890
Methymna 麦提姆那 114, 167
Metics 外侨, *see under* Athens 见雅典
Metohija-Kosovo 麦托希亚 - 科索沃 13 *Aa* - *Ba*, 423, 426, 427, 429
Meton 麦同 (astronomer 天文学家) 257, 615
Metrodorus 麦特罗多鲁斯, prince of Cimmerian Bosporus 辛梅里安人的博斯普鲁斯王子 493, 496
Mezek 麦泽克 14 *Db*, 445, 448, 457
Miccalus of Clazomenae 克拉佐麦奈的米卡鲁斯 (Macedonian officer 马其顿军官) 844
midrash halakhah ('interpretation of the Law' "对律法加以解释") 284 - 285
Mieza 米扎 16 *Ca*, 621, 771
Migrations 移民: Celtic 凯尔特人的 405, 407, 420 - 421; *see also* population 也见人口 (movement 迁移)
Miletus 米利都 1 *Ed*, 4 *Bc*, 5 *Bd*, 20 *Cc*; 6th cent. Prosperity 6 世纪的繁荣 485; 5th cent. Decline 5 世纪的衰落 211, 488, 490; in Peloponnesian War 在伯罗奔尼撒战争中 126; Alexander's siege 亚历山大的围困 330, 801, 804, 868, 898
Agriculture 农业 211, 668; and Bosporan kingdom 与博斯普鲁斯王国 484, 485, 488, 490; coinage 币制 217, 486; colonization 殖民 482 - 483, 484, 485; satrapal control 总督的控制 214, 217, 230; *see also* Didyma 也见狄狄马
Milkyaton 米尔库亚同, king of Citium 基蒂翁国王 315n33, 332n73
Millet 粟 663, 666, 669
Miltiades the Elder 老米泰亚德 (Athenian general 雅典将军) 488, 510
Miltiades the Younger 小米泰亚德 (Athenian general 雅典将军) 510
Miltocythes 米尔托库泰斯 (Thracian usurper 色雷斯篡位者) 464
Mining 矿业 (mineral extraction 矿石提炼), *see individual metals* 见各种金属
mining, siege 围困中的坑道作业 690 - 691, 775, 809
Minnion 明尼翁 (magnate of Iasus 亚苏斯巨子) 856, 869
Mirditë 米狄泰 438
Mithras 米特拉斯, cult of ~崇拜 49
Mithrenes 米特莱奈斯 (Persian com-

mander of Sardis 波斯驻萨狄斯指挥官）800
Mithridates Ⅵ米特里达特六世，king of Pontus 本都国王 480，503，505－506
Mithrobouzanes 米特罗布扎奈斯，satrap of south Cappadocia 南卡帕多西亚总督 221
Mnaseas 姆那塞亚斯（Phocian general 福基斯将军）748
Mnaseas son of Artemon 阿泰蒙之子姆那塞亚斯（sculptor 雕刻家）232
Mnasippus 姆纳西普斯（Spartan commander 斯巴达指挥官）73，179，886
Mnesimachus conveyance 麦西马库斯转让文件 218
Moab 摩押 8 *Bd*－*Cd*，276
Moio della Civitella 摩伊奥—德拉—奇维特拉 396 注 55
moles 防波堤，harbour 港口的～ 524，809
Molossia 摩罗西亚 1 *Bb*－*c*，13 *Bb*－*c*；in Archidamian War 阿希达穆斯战争中 430－431；Sparta helps against Illyrians 斯巴达帮助其对抗伊利里亚人 148，149；in Athenian Confederacy 雅典同盟中 174，438，439，441
under Arybbas 阿吕巴斯治下 428，432，437，438，439，440－441；alliance with Macedon ～与马其顿结盟 438，734，747，890；Macedonian campaigns 马其顿人的战争 439，743，747－748，769，890，894
under Alexander of Epirus 伊庇鲁斯的亚历山大治下 439，440－441，442；south Italian expedition 对南意大利的远征 22，390，391－392，440－441，849，898
Alexander's connexions ～与亚历山大的联系 798；area hegemony 地区霸权 438，440－441；citadels 城堡 443；coinage 币制 438，441；Dodona under 治下的多多那 430，443；Greek-speaking 说希腊语 433－434；internal organization 内部组织 431－432，441，580
Monounios 摩诺尼奥斯（Odrysian prince 奥德里西亚王子）466
Morocco 摩洛哥 363，365，367，368
Mosaics 马赛克：Alexander，Pompeii 庞贝的亚历山大，688，807n25；Punic design 布匿式的，at Selinus 在塞利努斯 364
Motya 摩提亚 3 *Ab*，10 *Db*，127，130，131，364，378；Syracusan siege 叙拉古的围攻 142－143，364，373，683－684，883；*tophet* 托菲特 364，371，372
mummification of dead 尸体的木乃伊化处理，Phoenician 腓尼基人的 325
Münsingen 明辛根 12 *Db*，414
Murashû archive 穆拉舒档案 234，237，238，242，245，247－248，252，273
Murge di Strongoli 穆吉狄斯特隆盖利 402 注 78
Muro Lucano 摩若卢卡诺 11 *Cb*，397
musical theory 音乐理论 607，624
Musicanus 穆西卡努斯（Indian king 印度国王）20 *Le*，834

Mygdonia 米格多尼亚 14 *Bb*, 16 *Ca*, 723
Mylae 米莱 3 *Da*, 145, 715, 720
Mylasa 米拉萨 4 *Bc*, 5 *Bd*, 83, 87, 217, 223, 224
Myndus 明杜斯 5 *Bd*, 223, 692
Mycrini 米克利尼 455
Myriandrus 米利安德鲁斯 866
Myrmecium 米麦奇翁 476, 484, 485, 486, 487
Myrtenum 米特努姆 468
Mysia 米西亚 4 *Bb*, 5 *Bc*, 79, 220
Mytilene 密提林 1 *Ec*, 20 *Cc* 103, 484, 493, 499, 517, 804; Aristotle in 亚里士多德在 ~ 621, 770; Athenian alliance 雅典盟友 76, 114, 163, 167, 171; *peraia* 边地 80, 94
Myus 米乌斯 214

Nabarzanes 纳巴扎奈斯（Persian chiliarch 波斯千夫长）817, 818
Nablus hoard 那布鲁斯窖藏 290n60
*naiskos*from Thuburbo Maius 大图布波小庙 377
Nandas 南达斯 832
Nannas son of Bakivas 巴奇瓦斯之子南纳斯（Lydian 吕底亚人）230
natural history 自然史 622, 628, 770
Naucratis 瑙克拉提斯 9 *Ba*, 343
Naucydes of Argos 阿哥斯的瑙库戴斯（sculptor 雕刻家）655
Naulochum 瑙罗孔 870
Naupactus 瑙帕克图斯 2 *Aa*, 42, 112, 140n85, 197, 770, 896
Nausicles 瑙西克莱斯（Athenian politician）578
Nausicydes 瑙西库戴斯（Athenian miller 雅典磨坊主）669 注 26
Nautaca 瑙塔卡 20 *Lc*, 21 *Db*, 690, 825
Navigation 航海 514
Naxos 纳克索斯 1 *Dd*, 3 *Db*, 140, 145; battle of ~ 战役 173, 175, 557, 886
Nea Paphos 新帕福斯 303, 334
Neapolis 奈阿波利斯（Campania 坎帕尼亚）398, 386, 387, 388 – 389, 399, 400, 402
Neapolis 奈阿波利斯（Cimmerian Bosporus 辛梅里安人的博斯普鲁斯）502, 505
Neapolis 奈阿波利斯（Thrace 色雷斯的）1 *Db*, 16 *Da*, 17 *Bb*, 452, 738
Nearchus the Creatan 克里特人奈亚库斯（Alexander's admiral 亚历山大的海军统帅）21, 803, 839, 840, 860; Indus expedition 对印度河的探险 332, 833, 834, 835, 838, 839, 898, 900
Nebesheh 奈贝塞 9 *Ba*, 351
Nebuchadnezzar Ⅱ 尼布甲尼撒二世, king of Babylon 巴比伦国王 263, 369
Nectanebo Ⅰ *and* Ⅱ 涅克塔涅波斯一世和二世, kings of Egypt 埃及国王, *see under* Egypt 见埃及
Nedvigovka 奈德维戈夫卡 479, 501
Nehemiah 尼希米（Judaean leader 犹大领袖）272, 276, 277, 276 – 278, 291; *see also* Ezra-Nehemiah, book of

and under Judah 也见犹太条下之以斯拉－尼希米记
Neith, Saite temple of 奈特的赛斯王朝神庙 343
Nekyomanteion 奈库奥曼泰翁 13 *Bc*, 432
Nemea 尼米亚 2 *Bb*; battle ～战役 102, 541, 882; temple of Zeus 宙斯神庙 654
Neoclassicism 新古典主义 647
Neodamodeis 新公民（liberated helots 被解放的黑劳士）4, 24, 43, 44, 539
Neogenes 奈奥盖尼斯, tyrant of Hestiaea 赫斯提埃亚僭主 172
Neon 奈昂, battle of ～战役 741, 890
Neoplatonism 新柏拉图主义 612
Neoptolemus Ⅰ 尼奥托莱穆斯, king of Molossians 摩罗西亚人国王 174, 431
Nepherites Ⅰ *and* Ⅱ 涅菲里特斯一世和二世, *see under* Egypt 见埃及
Nicaea 尼凯亚（Greece 希腊）19 *Cb*, 753, 761, 779
Nicaea 尼凯亚（Indus 印度）20 *Md*, 831, 833, 868
Nicanor, son of Parmenion 帕尔美尼昂之子尼卡诺（Macedonian commander 马其顿指挥官）819
Nicanor of Stagira 斯塔吉拉的尼卡诺（Macedonian officer 马其顿军官）617 注 106, 625, 626, 855, 857
Niceratus 尼凯拉图斯, son of Nicias 尼西亚斯之子（Athenian nobleman 雅典贵族）35 注 53
Nicesipolis 尼凯西波利斯, queen of Macedon 马其顿王后 745, 785－786
Nicholochus 尼科罗库斯（Spartan naval commander 斯巴达海军指挥官）116, 174
Nicias 尼西亚斯（Athenian general 雅典将军）576; family of ～家族 35n53, 37
Nicias 尼西亚斯（Macedonian official 马其顿官员）865
Nicocles 尼科克莱斯, king of Paphos 帕福斯国王 305, 333
Nicocles 尼科克莱斯, king of Salamis 萨拉米斯国王 300, 317, 327－328, 598, 600
Nicocles 尼科克莱斯, son of Pasicrates of Soli 索利的帕西克拉泰斯之子 332
Nicocreon 尼科克莱翁, king of Salamis 萨拉米斯国王 332, 333, 334, 880
Nicodemus 尼科戴穆斯, tyrant of Centuripa 肯图利帕僭主 715
Nicomachus 尼科马库斯（Ari-stotle's father, physician 亚里士多德之父, 医生）616, 770
Nicomachus 尼科马库斯（Aristotle's son 亚里士多德之子）626
Nicophemus 尼科菲穆斯（Athenian commander 雅典指挥官）104
Nicostratus of Argos 阿哥斯的尼科斯特拉图斯（mercenary leader 雇佣军首领）92
Nidin-Bēl 尼丁－贝尔, *or* Nidin-Ishtar 或尼丁－伊丝塔尔, *or* Nidinti 或尼丁提（possible Babylonian usurper 巴

比伦可能的篡位者）240
Nine Ways 九路，*see* Amphipolis 见安菲波利斯
Nippur 尼普尔 6 *Bc*, 242 – 243, 251, 512; archives 档案 234n1, 245, 256, (*see also* Murashû archive 也见穆拉舒档案）
Nisyros 尼叙罗斯 103
Nithaphon 尼塔丰，son of Pnytagoras of Salamis 萨拉米斯的普尼塔戈拉斯之子 332
Nomadism 游牧风俗，*see* pastoralism 见游牧
Nora 诺拉 10 *Cb*, 364
north-west Greeks 西北希腊人 430 – 436, 436 – 443; Molossian hegemony 摩罗西亚的霸权 438, 440 – 441; Epirote Alliance 伊庇鲁斯人同盟 434, 441 – 442, 442 – 443; after death of Alexander Ⅲ 亚历山大三世死后 442, 443, 839
bronze vesels 青铜器 434, 436; burials 墓葬 432 – 433, 434, 436; coinage 币制 441; Greek-speaking 说希腊语 433 – 434, 437; pastoralis 牧场 430, 442; pottery 陶器 434; settlement pattern 居住类型 431 – 432, 442 – 443; trade 贸易 439; tribal organization 部落组织 431 – 432; *see also individual tribes* 也见各部落
Notium 诺提翁 5 *Bc*, 29n21
Novius Fannius 诺维乌斯·范尼乌斯（Samnite warrior 萨莫奈人武士）383
Novo Mesto 诺沃麦斯托 408
Nubia 努比亚 346, 349
Nuceria 努凯利亚 11 *Cb*, 386
Nummelos 努麦罗斯（Italic leader 意大利人领袖）397
Nurhagic culture of Sardinia 撒丁尼亚的努拉吉文化 364
Nymphaeum 宁法伊翁 15 *Ec*, 476, 484, 487, 492, 493, 496, 504; coinage 币制 481, 492, 493, 494
Nymphius 宁菲乌斯（Neapolitan leader 奈阿波利斯领袖）399
Nymphodorus 宁弗多鲁斯（wealthy Abderitan 阿布戴拉富翁）451
Nypsius 尼普西乌斯（mercenary leader 雇佣军首领）701, 891
Nysaeus 尼萨欧斯，tyrant of Syracuse 叙拉古僭主 708, 891

Obadiah 俄巴底亚，prophecies of ~ 书 295
Obrokas 奥布罗卡斯（*archo* at Lagina 拉吉那执政）228 – 229
Ocellus 奥凯鲁斯（Pythagorean 毕达哥拉斯派）399
Ochrid, L. 奥赫里德湖（Lychnitis 吕奇尼提斯湖），13 *Bb*, 16 *Ba*, 422, 425, 426
Octamasades 奥克塔马萨德斯（Scythian leader 西徐亚人领袖）445
Odessus 奥德苏斯 472, 473
Odomanti 奥多曼提人 14 *Cb*, 16 *Ca* – *Da*, 451, 452, 455, 456
Odrin 奥德林 457
Odrysian kingdom 奥德里西亚王国 14 *Cb* – *Db*, 17 *Cb*; Teres 特莱斯 444 – 445; Sitalces 西塔尔凯斯 445, 449,

450 – 451，（expansion 扩张）429，447，448，449，463，466；Seuthes Ⅰ修泰斯一世 454 – 455；Amadocus Ⅰ阿马多库斯一世 458 – 459，460；Seuthes Ⅱ修泰斯二世 114，444，451，458；Hebryzelmis 赫布吕泽米斯 458，460，463；Cotys Ⅰ科提斯一世 459 – 462，463 – 465，613，727，731；tripartite division 三分国家 459 – 460，463，732，736，（*see also* Amadocus Ⅱ；Berisades；Cetriporis；Teres Ⅱ也见阿马多库斯二世、贝利萨戴斯、凯特利波利斯、泰莱斯二世）；Macedonian conquest 马其顿的征服 462，465 – 471；Athenian alliance against Macedon ~与雅典结盟对抗马其顿 114，465，466，736，743，890；Macedon repulses Cersobleptes from Crenides 马其顿人从克莱尼德斯击退凯索布莱泰斯 465，466，737；resistance to Macedon 对马其顿的抵抗 465，466，467，736 – 737，742；Cersobleptes and Athens 凯索布莱泰斯与雅典 464，466 – 467，743，（fortify Thracian towns 色雷斯城镇设防）468，474，752 – 753，766，892；Macedonian reduction 马其顿的征服 467，468，742，743，746，754，890；Cersobleptes as insubordinate vassal of Macedon 凯索布莱泰斯：马其顿不驯服的封臣 468，474，752 – 753，754，755，766，892，（deposed 被废黜）773，892；reorganization under Macedon 马其顿治下的改组 470 – 471；rebellion against Alexander 亚历山大时的暴动 843

Architecture 建筑 456；aristocracy 贵族政治 444，450，456 – 457；and Athens ~与雅典 114，445，450 – 451，458，464，467，（*see also* alliances *above* 也见上文同盟）；autonomy of south-west 西南部的自治 466；burial customs 葬俗 445，448，456 – 457；coinage 币制 454，458 – 459，460，461，463，467；gift exchange 礼物交换 450，461；jewellery 珠宝业 448，456；and Scythians ~与西徐亚人 445，488；settlement sites 居住点遗址 456 – 457；silver vessels 银器 461 – 462；territory 领土 429，445 – 450，459，464，466；tribal structure 部落结构 459；tribute 贡金 455，462

Oeniadae 奥尼亚戴 2 *Aa*，112，856，858

oenochoe 酒罐，bronze，from Vitsa 维察的青铜~ 434，436

Oenoe 奥伊诺伊 110，111

Oesyme 奥伊叙麦 17 *Bb*，738

Oetaea 奥伊泰亚 18 *Bc*，779

Olbia/Borysthenes 奥尔比亚/波吕斯泰奈斯 10 *Ca*，15 *Bb*，20 *Da*，477，483，489，500 – 501，508

Oligarchy 寡头政治 4，50，227，532，580；Achaean 阿凯亚的 197 – 198，205，206，888

olives and olive oil 橄榄和橄榄油 127，370，504，513；Greek cultivation 希腊人的培植 663，666，668，669

Olympia 奥林匹亚 1 *Bd*，2 *Ab*，652，

857；dedications 献纳物 29，136，150，682；Philippeum 腓力庙 654，658；temple treasury 庙产 204，206，555，556，888；*see also* Olympic games 也见奥林匹亚赛会

Olympia 奥林匹亚（Macedonian festival 马其顿节日）789－790

Olympias 奥林匹娅丝，queen of Macedon 马其顿王后：marriage 婚姻 438，734，785，786，787，890；as queen mother 太后 794，842，850，857

Olympic games 奥林匹亚赛会 41，439，598，628，698，738；Athenian delegations 雅典代表团 513，517；Dionysius I and 狄奥尼修斯一世和～ 139－140，152，155；truce violations 对休战的破坏 203，750

Olynthus 奥林图斯 1 *Cb*，16 *Ca*，454，463，542，563；war against Macedon and Sparta 对马其顿和斯巴达的战争 158－159，161－163，164，553，884；in Spartan alliance 斯巴达同盟中 168；controls Macedon through Argaeus Ⅱ通过阿盖乌斯二世控制马其顿 726，727，748；Macedonian princes flee to 马其顿王子逃亡至～ 730－731，748；seeks alliances 寻找盟友 732，737，743，748，890；Philip's warning campaign 腓力的警告性战争 747，748，890；Macedonian siege 马其顿的围攻 620，690，748－749，750，892；issue of Athenian prisoners 雅典俘虏问题 750，753，754，756，757，760；Macedon acquires 马其顿获得～ 762

Omens 征兆 112，183，366，804，812，833

Omphis 翁菲斯（Ambhi，Taxiles 塔克西拉的安比），prince of Taxila 塔克西拉王子 826，829，863，864

Onasilus 奥那西鲁斯（Cypriot physician 塞浦路斯医生）302

Onchestus 翁凯斯图斯 582n65，796

Onesicritus of Cos 科斯的奥奈斯克利图斯（Macedonian helmsman 马其顿舵手）833

Onetor 奥内托（pupil of Isocrates 伊索克拉底门生）600 注 39

Onomarchus 奥诺马库斯（Phocial general 福基斯将领）741－742，742－743，745，890

Ophryneum 奥弗吕奈翁 75

Opis 奥庇斯 6 *Bc*，20 *Fd*，837；mutiny 叛乱 841，856，872，900

Oppido Lucano 奥皮多路卡诺 11 *Cb*，397 注 62

Ora 奥拉 827

Oracles 神谕 112，351；*see also* Delphi；Didyma；Dodona；Siwah Oasis 也见德尔斐、狄狄马、多多那、西瓦绿洲

Orators 演说家 13－18，120，479，573，574－576；*see also individual names* 也见各有关人物

Orchomenus 奥尔霍迈诺斯（Arcadia 阿卡狄亚）2 *Bb*，190

Orchomenus 奥尔霍迈诺斯（Boeotia 彼奥提亚）1 *Cc*，2 *Ba*，19 *Cb*；in Corinthian War 在科林斯战争中 99，103，108，581；and Theban wars ～

与底比斯的战争 173 – 174，188；destroyed 被毁 5，189，205，563；in Third Sacred War 在第三次神圣战争中 741 – 742；Alexander refounds 亚历山大重建 563
Oreitis 奥雷提斯 24 *Eb* – *c*，835，868
Orescii 奥莱斯提斯人；coinage 币制 452，453
Orestes 奥莱斯泰斯，king of Macedon 马其顿国王 726
Orestis 奥莱斯提斯人，Orestae 奥莱斯提斯人 1 *Bb*，13 *Bb*，16 *Ba*，430 – 431，434，436，437，439，734
Oreus 奥琉斯（Hestiaea 希斯提埃亚）1 *Cc*，768，772，774，894，896
Oricum 奥利孔 13 *Ab*，433，442
Orontas 奥隆塔斯（Persian 波斯人）55，57
Orontes 奥隆特斯，satrap of Armenia 亚美尼亚总督 55，57，63 – 64，86，88，220；and Evagoras ～与埃瓦戈拉斯 54，59，80，316；and Satraps' Revolt ～与总督大暴动 86，87，90
Orontobates 奥隆托巴特斯（Persian satrap 波斯总督）57
Oropus 奥罗普斯 2 *Ca*，176，189，198 – 199，754，760，782，888
Orphic tablet 奥尔菲斯文献，Hipponium 希波尼翁的 399n72
Orthopolis 奥托波利斯 469
Orxines 奥克西奈斯，satrap of Persis 波西斯总督 839，864
Oscan language 奥斯坎语 394，397n59
Oscan people 奥斯坎民族 386，388，395，399，400 – 401
Oss 奥斯 12 *Da*，410
Ostraca 陶片，Palestinian 巴勒斯坦的 261，291
Ōtakoustai 奥塔库斯泰（Persian secret police 波斯密探）53，301，320
Oxus，river 奥克苏斯（阿姆河）20 *Kb*，21 *Ca* – *Db*，824
Oxyartes 奥克叙亚泰斯（Bactrian noble 巴克特利亚贵族）825
Oxycanus 奥克叙卡努斯（Indian leader 印度人领袖）834
Oxydracae 奥克苏德拉卡人（Ksudrakas 克舒德拉加人）833，834
Oxyrhynchus Historian 奥克西林库斯历史学家 7，10，47，70
Ozbaal 奥兹巴尔，king of Byblus 毕布罗斯国王 323
Ozbaal 奥兹巴尔，king of Citium 基蒂翁国王 310

Pactye 帕克图耶 510
Padruteres 帕德鲁特莱斯（possible Thracian ruler 可能为色雷斯统治者）461
Paeonia 派奥尼亚 14 *Ba*，16 *Ba* – *Ca*，449，452，487，799；Macedonian campaigns 对马其顿的战争 465，466，723，727，731，732，738，743，747，888，890
Paerisades Ⅰ帕瑞萨德斯一世，king of Bosporus 博斯普鲁斯国王 137n75，495，496，497，501
Paerisades Ⅱ帕瑞萨德斯二世，king of Bosporus 博斯普鲁斯国王 503，504
Paerisades Ⅲ帕瑞萨德斯三世，king of

Bosporus 博斯普鲁斯国王 503
Paerisades Ⅳ帕瑞萨德斯四世，king of Bosporus 博斯普鲁斯国王 503
Paerisades Ⅴ帕瑞萨德斯五世，king of Bosporus 博斯普鲁斯国王 480，503
Paerisades 帕瑞萨德斯，son of Satyrus Ⅱ of Bosporus 博斯普鲁斯国王萨提鲁斯二世之子 502
Paestum 派斯同（Posidonia 波西多尼亚）11 *Cb*，391，394，398，400，402n78
Pagasae 帕加塞 18 *Bb*，173，745，749，763，772
Painting 绘画 647－648，652，656，659，688，891；education in ～教育 657；Esquiline tomb 埃斯奎林墓地 384，402；portraiture 肖像 655－656；school of Sicyon 西库翁学派 657；*see also* vase-painting *and individual painters* 也见瓶画和各画家
Palacium 帕拉奇翁 505
Palermo 帕勒莫 10 *Db*，364，378
Pammenes 潘麦奈斯（Theban commander 底比斯将领）：Megalopolis campaign 麦伽罗波利斯的战斗 193，207，208，888；and Satraps' Revolt ～与总督大暴动 89，467，741，742，751，890
Pamphilus 潘菲鲁斯（Athenian commander 雅典将领）115
Pamphilus 潘菲鲁斯（painter 画家）656，657
Pamphylia 潘菲利亚 4 *Dc*－*Ec*，20 *Dc*，79，219，225，226，803，860，898
Panathenaia 泛雅典娜节（festival 节日）548
Pandosia 潘多西亚 11 *Db*，13 *Bc*，391，433，437，439
Pangaeum 潘盖翁，Mt ～山 1 *Db*，16 *Ca*－*Da*，17 *Ab*－*Bb*，158，466，510，737，738
Panhellenism 泛希腊主义 6－7，15，27，93，615，632，761－762
Panionium 帕尼奥尼翁 5 *Bd*；league based on 以其为基础的联盟 214，587
Panormus 帕诺穆斯 3 *ba*，11 *Bc*，127，130，131，143，442
Panticapaeum 潘提卡派翁 15 *Ec*，476，477，484，486，487，505；coinage 币制 480－481，490，491，494，498－499；public buildings 公共建筑 490，507－508；trade 贸易 479，500
Paphlagonia 帕夫拉戈尼亚 4 *Ea*－*Fa*，20 *Db*，221，805，808，860
Paphos 帕福斯 7 *Ab*，297，308，333；Aphrodite cult 阿芙洛狄特崇拜 302，304，310；buildings 建筑物 301，303，304；coinage 币制 310，332，333；fortifications 要塞 303；inscriptions 铭文 305，310；kings 国王 300，302；Nea Paphos 新帕福斯 303，334；sculpture 雕刻 305，307
Papyri 纸草 23；Anonymus Londinensis 佚名伦敦纸草 634，637；Brooklyn Aramaic 布鲁克林阿拉米语的 340；Carlsberg 卡尔斯堡的 640；Edwin Smith 埃德温·史密斯的 641；Egyptian medical 埃及医学的 641；Elephantine 埃勒芬汀的 261，337；

North Saqqara 北萨卡拉的 351 – 352; Wadi Daliyeh 达利耶干河的 261, 289n55, 291; *see also* Murashû archive 也见穆拉舒档案
papyrus cordage for ships 造船用纸草索具 66, 93, 347
paradeisoi 王家花园 91, 147n122, 324, 329
Paraetonium 帕莱托尼翁 20 *Cd*, 810, 811
Paralos 帕拉罗斯号（Athenian trireme 雅典三列桨战舰）516 – 517
Parapamisadae 帕拉帕米萨戴 20 *Lc* – *d*, 821n57, 826
Parapotamii 帕拉波达米 19 *Cb*, 781
Parauaea 帕劳埃亚人, Parauaei 帕劳埃亚人 13 *Bb*, 430 – 431, 439
Parchment 羊皮纸 255 – 256
Parium 帕利翁 148, 455
Parks 王家花园（*paradeisoi*）91, 147n122, 324, 329
Parmenion 帕尔美尼昂（Macedonian general 马其顿将军）: Greek campaigns 希腊的战事 469, 738, 751, 772, 781, 890, 896; expedition to Asia Minor 对小亚细亚的远征 96, 787, 790, 797 – 798, 799, 802, 803, 868, 898; in east 在东方 789, 809, 812, 814, 817; murder 被谋杀 819 – 820; and Attalus ~与阿塔鲁斯 785, 794, 795
Parnes Mt 帕尔奈斯山 2 *Ca*, 679
Parorbelia 帕罗贝利亚 469
Paros 帕罗斯 1 *Dd*, 104, 485
Parsberg brooch 帕斯堡饰针 419
Parthenium 帕泰尼翁 487
Parthini 帕提尼 13 *Ab* – *Bb*, 423, 438
Parthyaea 帕提亚伊 20 *Jc*, 821, 825, 862 – 863
Parysatis 帕吕萨提斯, queen of Persia 波斯王后 57, 237, 246, 251
Pasargadae 帕萨伽戴 20 *Hd*, 839 – 840
Pasicrates 帕西克拉泰斯, king of Curium 基蒂翁国王 331
Pasicrates 帕西克拉泰斯, king of Soli 索利国王 332, 333
Pasicyprus 帕西库浦鲁斯, king of Tamassus 塔马苏斯国王 327
Pasimelus 帕西麦鲁斯（Corinthian politician 科林斯政客）106
Pasiphernes 帕西菲奈斯（Persian general 波斯将军）78
Pastoralism 游牧风俗 428, 429, 430, 442, 472, 843
Patala 帕塔拉 20 *Le*, 834, 835, 900
'Patinioti' burial "帕提尼奥提"墓葬 508
Patrasus 帕特拉苏斯 476, 487
Paul, St 圣保罗 515
Pausanias 保萨尼阿斯（assassin of Philip Ⅱ 腓力二世的刺杀者）790, 898
Pausanias 保萨尼阿斯（Macedonian pretender 马其顿冒名者）195, 730, 731
Pausanias 保萨尼阿斯（Spartan admiral 斯巴达海军统帅）25, 308, 488
Pausanias 保萨尼阿斯, king of Sparta 斯巴达国王 36 – 37, 41, 100,

156, 157

Pausias of Sicyon 西库翁的保西亚斯（painter 画家）652

pay, political 政治津贴 126, 227; Athens 雅典 38 – 39, 541, 544, 566, 568, 572, 580

Peace of Callias 卡利亚斯和约 48, 65

Peace of Philocrates 菲洛克拉特斯和约 560, 600, 750, 752, 760, 892; Athenian embassies 雅典使团 577, 753 – 754, 755 – 757, 892; Cersobleptes excluded 凯索布莱泰斯被排除 468, 755; naval allies' amendment overruled 海军同盟修正条款被推翻 172, 755

peace, common 共同和平（*koine eirene*）6, 588, 589; proposals 建议（346/4）755, 766, 894; League of Corinth 科林斯同盟 783 – 785, 846, 848, 849, 855, 859, 898

Pedasa 佩达萨 211

Pedieis 佩狄伊斯人（indigenes of Priene 普利埃奈原住民）228

Peiales 佩亚莱斯（Molossian royal tribe 摩罗西亚王室部落）431, 433

Peisander 佩桑德（Spartan admiral 斯巴达海军统帅）72

Peitholaus 佩托劳斯, tyrant of Pherae 菲莱僭主 749, 892

Peithon 佩同, satrap of Sind 信德总督 834, 863 – 864

Pelagonia 佩拉戈尼亚 13 *Bb*, 16 *Ba*, 430, 436, 437, 438

Pelekos 佩莱科斯, Group of ~集团 226

Pelium 佩利翁 13 *Bb*, 16 *Cb*, 429

Pella 培拉 1 *Cb*, 14 *Bb*, 16 *Ca*, 20 *Bb*, 158, 726, 866

Pellene 佩莱奈 2 *Ba*, 191, 192, 193, 203, 205, 846, 854

Pelopidas 佩罗皮达斯（Theban general 底比斯将领）5, 13, 202, 204 – 205, 764; campaigns in central Greece 在中希腊的战争 157, 164, 165, 167, 173 – 174, 184, 886; in Thessaly and Macedon 在色萨利和马其顿 194 – 195, 886; embassy to Persia 前往波斯的使节 5, 196 – 197; death in Thessaly 死于色萨利 202, 888; and Philip Ⅱ of Macedon ~与马其顿的腓力二世 686, 730

Peloponness 伯罗奔尼撒 1 *Bd* – *Cd*; unrest（375）375 年的不安定 176,（371）371 年的不安定 530; Theban activities（360s） 4 世纪 60 年代底比斯的活动 187, 189 – 194, 197 – 200, 203 – 204, 205 – 206, 886; and Philip of Macedon ~与马其顿的腓力 765 – 766, 781, 783, 847, 898; under Alexander 亚历山大治下 811, 849, 853; *see also* Peloponnesian League *and individual cities and states* 也见伯罗奔尼撒同盟及各城市和国家

Peloponnesian Legue 伯罗奔尼撒同盟: Arcadian cities in 阿卡狄亚城市加入 583; Athens in 雅典加入 36 – 37, 39; constitutions 政体 4, 40 – 41, 580; in Corinthian War 科林斯战争中 101, 103; demise 灭亡 191, 200, 580; finances 财政 31n30, 159, 551

– 552, 555; reorganization by districts 根据地区改组 168, 552; Spartan leadership 斯巴达的领导权 587

Peloponnesian War 伯罗奔尼撒战争 49, 97, 383, 493, 546, 556, 560; aftermath 后果 24 – 44, 97, 527 – 528, 538 – 539, 559, 567; *see also under participating states* 也见各参战国家

Peltasts 轻盾兵, *see* light infantry 见轻装步兵

Pelusium 佩鲁西翁 9 *Ca*, 20 *Dd*, 93, 810

Penestai 佩奈斯泰（thessalian indigenes 色萨利原住民）585, 673, 764

Pentele quarries 潘泰莱采石场 513

Penthylus 潘提鲁斯（Paphian general 帕福斯将军）307

Peparethos 佩帕莱托斯 1 *Cc*, 18 *Cb*, 172, 203

Peraiai 属地, Asia Minor 小亚细亚 80, 118, 220; *see also under* Chios; Rhodes; Samos; Tenedos 也见希俄斯、罗德斯、萨摩斯、泰奈多斯

Perdiccas Ⅱ *and* Ⅲ 佩狄卡斯二世和三世, *see under* Macedon 见马其顿

Perdiccas 佩狄卡斯（Macedonian general 马其顿将领）333, 820, 826, 827, 845, 862

Peresadyes 佩莱萨狄斯 427

Periander 佩利安戴（Athenian politician 雅典政客）550

Pericles 伯里克利（Athenian general 雅典将军）490 – 491, 491 – 492, 555, 560, 570n17, 682

Pericles 伯里克利, dynast of Limyra 利米拉的统治者 214, 226, 231

Perinthus 佩林图斯 5 *Bb*, 17 *Cb*, 464, 467, 468, 746, 754, 890; Macedonian siege 马其顿的围困 95, 689, 690, 775 – 776, 777 – 778, 896

Perioeci 边民 43, 539, 540, 585, 589

Peripatos 逍遥学派 616 – 631, 648; achievements 成就 627 – 631, 632; Aristotle and 亚里士多德与 ~ 612, 622 – 625, 648; founding 建立 612, 622 – 623; organization 组织 623 – 625; under Theophrastus 泰奥弗拉斯图斯治下 623, 624 – 625, 634

Periplus 周航记: anonymous, 佚名的; on Bosporus 有关博斯普鲁斯的 479; Hanno's 汉诺的 361, 363, 367, 368; versified, 1st cent. 公元 1 世纪韵文体的 480

Pernik 佩尼克 470, 475

Pernitai 佩尼泰人（Lycian native people 吕西亚原住民）226

Perrhaebia 佩海比亚 18 *Ab* – *Bb*, 423, 746, 758, 763, 764

Persepolis 波斯波利斯 20 *He*, 63, 46, 816 – 817, 818, 898; inscriptions 铭文 211, 213, 256, (Fortification Tablets 要塞文书) 46, 47, 56, 60

Perseus, 佩尔修斯 legend of ~的传说 872, 879 – 880

Persia 波斯 45 – 96

Cyrus the Great 居鲁士大帝 211, 213, 241, 251; Alexander and 亚历山大与 ~ 835, 837, 876; and Jews ~与犹太人 262, 263 – 264, 268 – 269;

tomb 墓地 839
Cambyses 冈比西斯 262, 264, 810; Smerdis 斯麦尔狄斯 265
Darius Ⅰ大流士一世 264, 265 – 266; administrative reforms 行政管理改革 268, 320; Babylonian revolt 巴比伦起义 264, 265; Behistun inscription 贝希斯敦铭文 54, 56, 290; Cypriot revolt 塞浦路斯起义 306, 311; and India ~与印度 826; and Jews ~与犹太人 269; letter to Gadatas 致伽达塔斯书信 54, 63; and Macedon ~与马其顿 487; and Scythia ~与西徐亚 486 – 487; *see also* Persian Wars 也见希波战争
Xerxes Ⅰ薛西斯一世 234 – 235, 270, 308, 320; death of Xerxes 薛西斯之死 48, 235, 237, 271; *see also* Persian Wars 也见希波战争
Artaxerxes Ⅰ 阿塔薛西斯一世 48 – 49, 237, 271, 451; and Jews ~与犹太人 271 – 272, 272 – 273, 276, 277, 278, 288
Xerxes Ⅱ and Sogdianus 薛西斯二世与索格底亚努斯 237
Darius Ⅱ大流士二世 49, 63; accession 登基 237 – 238, 246, 260; revolt of Amorges 阿摩尔盖斯起义 49, 65, 216; and Peloponnesian War ~与伯罗奔尼撒战争 24, 27 – 28, 49, 65; death of Darius 大流士之死 28, 238, 882
Artaxerxes Ⅱ阿塔薛西斯二世; accession 继位 42, 49, 238, 882; Amyrtaeus Ⅱ's revolt 阿米泰乌斯二世的暴动 337, 882; and Asia Minor ~与小亚细亚 24, 28, 49, 52; Cyrus' revolt 居鲁士暴动, *see* Cyrus the Younger 见小居鲁士; Spartan expeditions under Thibron, Dercyllidas and Agesilaus 斯巴达人在提布隆、戴库利达斯和阿盖西劳斯统率下的远征, *see under* Sparta 见斯巴达; rearmament 重新武装 44, 66 – 67;
Persia 波斯 (*cont* 续.)
Conon appointed to command fleet 命科农指挥舰队 39, 67, 98, 314, 320, 882; victory at Cnidus 在尼多斯的胜利, *see under* Cnidus 见科农; Pharnabazus and Conon's operations in Aegean 法那巴祖斯和科农在爱琴海的行动 73 – 74, 76, 103 – 104, 216, 532, 882; abortive peace negotiations (392/1) 392/1 年和谈的流产 74 – 76, 106 – 108, 110, 882; Spartan expedition against 斯巴达对~的远征 112 – 113, 884; and Thrasybulus' expedition ~与特拉叙布鲁斯的远征 113, 114, 115, 884; switch of alliance from Athens to Sparta 从与雅典转向与斯巴达结盟 73, 75, 76 – 77, 106 – 107, 112, 116, 884; King's Peace 大王和约, *see separate entry* 见各相关条目; war with Egypt 与埃及的战争 66 – 67, 80, 316, 346, 347, 884; revolt in Cyprus 塞浦路斯起义, *see under* Evagoras 见埃瓦戈拉斯; Cadusian crisis 卡杜奇人危机 50, 81; intervention in Aegean 在爱琴海的介入 81 – 82; Second A-

thenian Confederacy and 雅典第二同盟与 ~ 82 – 83, 170; and renewal of King's Peace (375) ~与375年大王和约的再订 83, 175, 176, 886; abortive expedition against Egypt 对埃及远征的流产 83, 177, 239, 346, 348, 886; relations with Athens (380 – 374) 380 – 374年 ~ 与雅典的关系 83 – 84; Satraps' Revolt 总督大暴动, *see separate entry* 见各相关条目; and abortive peace negotiations (367/6) ~与367/6年和谈的流产 87, 88, 196 – 197, 199, 886, 888; and Theban naval expedition ~与底比斯海上远征的流产 222; abortive Egyptian/Spartan expedition against 埃及和斯巴达远征 ~ 的流产 87, 88, 341, 342, 348 – 349; death of Artaxerxes 阿塔薛西斯之死 239, 888; Artaxerxes' character 阿塔薛西斯的性格 48, 66, 75, 117, 216, 238; religious policy 宗教政策 49, 258

Artaxerxes Ⅲ Ochus 阿塔薛西斯三世(奥库斯) 49 – 50; accession 登基 89, 328 – 329, 239 – 240, 359 – 360, 888; and Social War ~与同盟战争 88, 89; revolt of Artabazus 阿塔巴祖斯暴动 49, 84, 89 – 90, 890; expeditions to Egypt (354/42) 354 – 342 年对埃及的远征, *see under* Egypt 见埃及; suppresses Cypro-Phoenician rebellion 镇压塞浦路斯 – 腓尼基起义 91 – 92, 239 – 240, 894; Hermias of Atarneus suppressed 阿塔尔纽斯的赫尔米亚斯被镇压 94 – 95, 621, 774, 894; Athens approaches 雅典的接近 70, 93, 774, 777; Macedonian expedition 马其顿人的远征, *see under* Macedon 见马其顿; death of Artaxerxes 阿塔薛西斯之死 240, 787, 896

Artaxerxes Ⅳ 阿塔薛西斯四世 (Arses 阿塞斯) 50, 240, 787, 788, 896, 898

Darius Ⅲ 大流士三世 50, 53, 240 – 241, 788, 797, 898; Alexander's campaigns 亚历山大的战争, *see under* Macedon 见马其顿; Darius assassinated 大流士被刺 817 – 818, 898

administration and finance 管理和财政 46, 47, 60 – 61, 84, 253, (*see also* tribute and taxation *below*, *and* satraps and satrapies 也见下文贡金和税收、以及总督和总督区); architecture 建筑 301, 324 – 325; aristocracy 贵族政治 239, 251 – 252, 253, 255; and Bosporan kingdom ~与博斯普鲁斯王国 488; calls for Greek conquest and settlement 号召希腊人征服和居住 15 – 16, 535, 588, 598, 599 – 600, 761 – 762, 878; and Carthage ~与迦太基 368; and Celtic Europe ~与凯尔特人的欧洲 419; and Cilicia ~与奇里乞亚 308; citizenship 公民权 52; coinage 币制 59, 60, 86, 219 – 210, 543, 862, 866; communications 交通 51, 52, 56, 512, 513, 525; corveé labour 强迫劳役 270, 279; cultural exchanges 文化交

流 96, 230, 257; decadence, alleged 所谓的衰落 47 – 48; economy 经济 48, (importance of Egypt 埃及的重要性) 48, 63, 878; education 教育 215; feudalism 封建主义 54 – 55, 56 – 57, 61; finance 财政 542, 556 – 557; fleet 舰队 56, 65, 67, (Conon's command 科农指挥) 39, 67, 98, 314, 882, (Cypro-Phoenician contingents 塞浦路斯 – 腓尼基分遣队) 299, 307, 308, 319 – 320, 322, 808; gift-giving 礼物赠与 54, 55, 61, 63; guest-friendships with Greeks ~与希腊人的客 – 友关系 69 – 70, 82; and Jews ~与犹太人, *see under* Judah, Mesopotamia 见犹大、美索不达米亚; King's Eye, King's Ear 王之耳目 53, 301, 320; kings' titles 国王称号 235; land tenure 土地制度 251; legal documents 法律文书 290; and Lycia ~与吕西亚 264; mercenaries 雇佣兵 45, 48, 52, 80 – 81, 89 – 90, 534, 541, 678, (against Alexander 对抗亚历山大) 794, 799, 800, 805, 812, 818, 846, 853, (in Egypt 在埃及) 80, 83, 92 – 93, 337, 341, 348, 352 – 353, (satraps' use 对总督的使用) 49, 55 – 56, 60, 85, 86, 89, 541, 678, 838, 900, (social effect 社会影响) 82, 337, 341; military capabilities 军事能力 42, 44, 53, 55 – 57, 70, 751; military obligations 军事义务 56, 61, 62, 245; nature of rule 统治性质 50 – 64, 91; religion 宗教 49, 258; roads 道路 55, 512; sculpture 雕刻 46; sources on 关于~的资料 4, 6, 11 – 12, 13, 47, 45 – 48, 234 – 241; trade 贸易 82; tribute and taxation 贡金和税收 51 – 52, 59 – 60, 62, 91, 213, 226, 245, 270, 273, 313, (Macedonian perpetuation 马其顿的永久性政策) 773, 860, 862, 865, 868 – 869; *see also individual regions*, satraps and satrapies, *and under* Cyprus; Egypt; Phoenicia 也见各具体地区、总督和总督区以及塞浦路斯、埃及和腓尼基

Persian Gates 波斯关 20 *Hd*, 816

Persian Gulf 波斯湾 6 *Cd* – *De*, 20 *He*, 839, 843 – 844, 868, 900

Persian Wars 希波战争: Cyprus and 塞浦路斯与~ 306, 307 – 308; emotional legacy 情感遗产 784 – 785, 879; Greek alliance 希腊人同盟 588; hoplite superiority 重装步兵的优势 678; medism 亲波斯 209, 213; Phoenicia and 腓尼基与~ 319 – 320

Persica《波斯志》11, 47

Persis 佩西斯 20 *He*, 59 – 60, 805; under Alexander 见亚历山大 815 – 817, 839 – 840, 844, 862, 864

Petelia 佩泰利亚 402n78

Petisis 佩提西斯 (Macedonian officer 马其顿官员) 861

Peuce 佩乌凯, island of ~岛 795

Peucelaotis 佩乌凯劳提斯 20 *Md*, 22 *Bb*, 827, 863

Peucestas 佩乌凯斯塔斯, satrap of Persis 佩西斯总督 833, 839 – 840, 864

Peucestas son of Macartatus 马卡塔图斯之子佩乌凯斯塔斯 23
Peucetians 佩乌凯提安人 11 *Db*, 393, 394
Phaedo of Elis 埃利斯的斐多（philosopher 哲学家）594
Phaenias of Eresus 埃莱苏斯的法伊尼亚斯（philosopher 哲学家）623
Phalaecus 法莱库斯（Phocian general 福基斯将军）748, 751, 753, 756, 757, 758, 892, 894
Phalerum 法莱隆 2 *Cb*, 525
Phanagoria 法那戈利亚 476, 481, 484, 487, 493, 494, 507; coinage 币制 481, 494 – 495; trade 贸易 479, 500
Pharacidas 法拉奇达斯（Spartan officer 斯巴达军官）142n94, 143, 144
Pharasmanes 法拉斯马奈斯, king of Chorasmia 科拉斯米亚国王 824
Pharax 法拉克斯（Spartan admiral 斯巴达海军统帅）66, 67, 142n94
Pharax 法拉克斯（Spartan envoy to Sicily 斯巴达前往西西里的使节）701 – 702
Pharmaces, sons of 法马凯斯之子（Persian satraps 波斯总督）57
Pharnabazus 法那巴祖斯（nephew of Memnon 门农侄）804
Pharnabazus 法那巴祖斯, satrap of Hellespontine Phrygia 赫勒斯滂的弗里吉亚总督 55, 57, 58; and Alcibiades ~与亚西比德 35; supports Her-mocrates 支持赫摩克拉特斯 130; and naval rearmament 重整海军 67, 68, 314; Agesilaus invites to secede 阿盖西劳斯请~叛离 69, 72; naval operations in Aegean 在爱琴海的海军行动 72 – 73, 73 – 74, 76, 103 – 104, 216, 532, 882; recalled 被召回 114, 116; expeditions to Egypt 远征埃及 80, 83, 164, 177, 347n50, 348, 886; coinage 币制 60, 219 – 220
Pharos 法罗斯 148
Pharsalus 法萨卢斯 1 *Cc*, 18 *Bb*, 764, 765; Sparta garrisons 斯巴达驻军 32, 97; in Corinthian War 在科林斯战争中 5, 101; and Pherae ~与菲莱 175, 195; dispute with Halus ~与哈鲁斯争吵 753; and Lamian War ~与拉米亚战争 859
Phaselis 法塞利斯 1 *Gd*, 5 *Dd*, 20 *Dc*, 59, 79, 82, 226, 802
Phayllus 法伊鲁斯（Phocian general 福基斯将军）743, 746, 748
Pheneus 菲奈乌斯 2 *Bb*; coinage 币制 583 注 71
Pherae 菲莱 1 *Cc*, 18 *Bb*; under Lycophron 吕科弗隆治下 32, 585, 742 – 743, 745 – 746; under Jason 亚松治下 172, 174, 175, 177, 184 – 185, 585, 764,（murder of Jason 亚松被谋杀）188, 189, 886; under Alexander 亚历山大治下 189, 195, 600n36, 617,（war against Thebes 对底比斯的战争）195, 202 – 203, 886,（Athens and Thessaly allied against 雅典和色萨利结盟反对~）203, 208, 529, 888; under Lycophron 吕科弗隆治下 733 – 734,

741, 742 –743, 745 –746, 888; under Macedon 马其顿统治下 749, 756, 763, 764, 859, 892; finances 财政 542, 552, 556; mercenaries 雇佣军 540, 541, 557, 678

Pherendates 菲兰达泰斯, satrap of Egypt 埃及总督 94, 344

Phialae, Thracian silver 色雷斯小银瓶 461 –463

Phigalea 菲伽莱亚 2 *Ab*, 189, 205

Phila 菲拉, queen of Macedon 马其顿王后 437 –438, 733, 734

Philae 菲莱 9 *Cd*, 353

Philaon 菲拉翁, prince of Salamis 萨拉米斯王子 307

Philemon 菲莱蒙 (comic poet 喜剧诗人) 899

Philexenus 菲莱克塞努斯 (Macedonian official in Asia Minor 马其顿驻小亚细亚官员) 865

Philinna 菲琳娜, queen of Macedon 马其顿王后 438, 734, 786

Philip Ⅱ 腓力二世, king of Macedon 马其顿国王 730 – 790; accession 继位 727, 730, 888; Athenian honours 雅典授予 ~ 荣誉 782, 790; divine honours 神一般的荣誉 871 – 872, 876; hostage in Thebes in youth 青年时在底比斯为人质 195, 686, 730; illnesses and wounds 病与伤 468, 742, 746, 763, 773, 778, 890, 896; Isocrates calls to lead Greek alliance against Persians 伊索克拉底要求其领导反波斯的希腊同盟 588, 598, 600, 761 –762, 895, 897; marriages 婚姻 437 – 438, 731, 733, 734, 745, 785 – 787, 890, 898; military innovations 军事改革 689, 690, 731, 733, 734 –736; Olympic victory 奥林匹亚赛会上的胜利 738; sources on 关于 ~ 的资料 18 – 19; tomb 陵墓 899; *for events of reign, see under* Macedon 有关其统治期间的事件，见马其顿

Philip of Opus 奥普斯的腓力 (Plato's pupil and secretary 柏拉图门生和秘书) 609, 614

Philip 腓力, son of Machatas 马卡塔斯之子 (Macedonian satrap 马其顿总督) 834, 863, 864

Philippi 腓力比 (Crenides 克莱尼德斯) 1 *Db*, 14 *Cb*, 16 *Da*, 17 *Bb*, 465 –466, 468, 737

Philippopolis 腓力城 (Eumolpias 欧摩尔皮亚斯) 17 *Ba*, 20 *Bb*, 457, 465 –466, 469 –470, 475, 773

Philippus 菲利普斯 (military engineer 军事工程师) 690

Philiscus of Abydus 阿拜多斯的菲利斯库斯 81, 84, 85, 192

Philistides 菲利斯提戴斯 (artist 艺术家) 232

Philistus 菲利斯图斯 (Syracusan politician and historian 叙拉古政客和历史学家): historical works 历史作品 9, 123, 683, 693; political life 政治生活 132, 137n70, 151 – 152, 695 – 696, 699

Phillidas 菲利达斯 (Theban politician 底比斯政客) 164

Philochorus 菲罗科鲁斯（historian 历史学家）6，12，67，109，723
Philocles 菲罗克莱斯（Athenian politician 雅典政客）858
Philocartes 菲罗卡泰斯（Athenian naval commander 雅典海军将领）113
Philocrates 菲洛克拉特斯（Athenian politician 雅典政客）767 – 768，894；*see also* Peace of Philocrates 也见“菲洛克拉特斯和约”
Philocrates 菲洛克拉特斯（*tamias* of Ergocles 埃戈克莱斯的塔米亚斯）115
Philodemus 菲罗德穆（Epicurean philosopher 伊壁鸠鲁派哲学家）612 – 613
Philolaus 菲罗劳斯（Pythagorean philosopher 毕达哥拉斯派哲学家）637
Philomelus 菲罗麦鲁斯（Phocian general 福基斯将军）741，890
Philosophy 哲学 592 – 633；Alexander and 亚历山大与 ~ 626 – 627；Cynics 犬儒派 594，648；Cyrenaic school 昔兰尼学派 624；*episteme* 认识论 595，596，597，605；eristics 幸福之师 595 – 596；Indian gymnosophists 印度裸体智者 627；and medicine ~与医学 642，644；pleasure as Good 快乐为善 609，610，617；Presocratics 前苏格拉底哲学家 642，644；Socratics 苏格拉底派 594；written word 书面语言 594，602，607 – 608，633；*see also* schools 也见学校；sophists 智者；*and individual philosophers* 及各哲学家
Philotas 菲罗塔斯，son of Parmenion 帕尔美尼昂之子 801，819 – 820
Philoxenus of Eretria 埃莱特利亚的菲罗克塞努斯（painter 画家）688
Philoxenus 菲罗克塞鲁斯，satrap of Caria 卡利亚总督 857，870 – 871
Phlius 弗利乌斯 2 *Bb*；in Corinthian War 科林斯战争中 110，111，112；Sparta restores exiles 斯巴达送回流亡者 157 – 158，884；Spartan siege 斯巴达对 ~ 的围困 161 – 162，884；in Spartan alliance 在斯巴达同盟中 168，184，553；internal conflict 内部冲突 176，189，205；Argive and Arcadian attacks 阿哥斯和阿卡狄亚的进攻 192，193，194，206；in peace of 365 公元前 365 年的和约 200，888；in Athenian alliance 在雅典同盟中 207，529，888；agriculture 农业 559，671，676；population 人口 536
Phocaea 佛凯亚 1 *Ec*，4 *Bb*，5 *Bc*，365，368；pottery 陶器 409，410
Phocion 弗奇翁（Athenian general 雅典将军）573，576，578，613，852；in Persian service 为波斯服务 91，92，93，330；in Euboea 在优卑亚 749，774，896；in war against Macedon 对马其顿的战争中 777，896；diplomacy with Macedon 对马其顿的外交 577，782，848，852
Phocis 福基斯 1 *Cc*，19 *Cc*；and Corinthian War 科林斯战争中 99，101，103；in Spartan alliance 斯巴达同盟中 168；Theban invasions 底比斯的入侵 174 – 175，180，886；alliance

with Thebes 与底比斯结盟 188－189; and outbreak of Third Sacred War 与第三次神圣战争的爆发 739, 741, 890; in War 战时 89, 741－742, 890, (alliance with Pherae ～与菲莱结盟) 585, 742－743, 749, (attack on Boeotia 进攻彼奥提亚) 743, 745, 890, (Athenian alliance 雅典的盟友) 745, 746, 753, 758, 890, (Phalaecus' role 法莱库斯的作用) 751, 753, 892, (use of Delphic treasures 使用德尔斐的库藏) 89, 556, 741, 748, 751, 756, 758, (negotiations with Macedon ～与马其顿和谈) 755－756, 757, (surrender 投降) 758, 894; settlement 安排 746, 754, 758－759, 767, 769, 781, 783; artillery 弩炮 743

Phoebia 佛伊比亚 (foermerly Rhegium 旧称莱吉翁) 147n122, 399n69

Phoebidas 佛伊比达斯 (Spartan general 斯巴达将领) 159－160, 168, 884

Phoenice 佛伊尼凯 13 *Bc*, 442, 443

Phoenicia 腓尼基 317－326, 328－333; in Persian Wars 希波战争中 319－320; Evagoras' hegemony 埃瓦戈拉斯的霸权 316, 320, 326, 884; disaffection from Persia 叛离波斯 87－88, 328, 349; Cypro-Phoenician revolt 塞浦路斯－腓尼基起义 90－91, 92, 239－240, 323, 329, 349, 894; disaffection under Arses 阿塞斯时代的背叛 787; Alex-ander's conquest 亚历山大的征服 323, 330－331, 808－809, 898; Alexander's rule 亚历山大的统治 331－333, 687, 839, 861, 865; under Successors 继业者治下 333－334, 335

Architecture 建筑 303, 321, 324－325; art 艺术 324, 325, 335; burial customs 葬俗 325－326; and Carthage ～与迦太基 377, 378; city states 城邦 317－326; coinage 币制 320, 321, 322, 328, 330, 866; colonies 殖民 364－365, 368; council at Tripolis 设于特里波利斯的议事会 322; and Cyprus ～与塞浦路斯 303, 305－306, 319, 320, 324; dress 服装 323, 376; Egyptian influence 埃及的影响 324, 325, 326, 347n50; fortifications 要塞 324; Hellenization 希腊化 297, 324, 325, 326, 328, 335; justice 司法 323; kings 国王 319, 320, 323, 861; mercenaries 雇佣军 91, 92, 323; and Persia ～与波斯 319－320, 320－321, 324, 325, (naval obligation 海军义务) 308, 319－320, 322, 323, 330, 808; political system 政治制度 322－323; pottery 陶器 364; religion 宗教 305－306, 323, 325, 375; sarcophagi 石棺 302, 325－326, (*see also under* Sidon 也见西顿); shipbuilding 造船 319, 333－334, 684, 839; siege warfare 围城战 323, 324, 331; sources 资料 319; and Spain ～与西班牙 364, 368; trade 贸易 82, 322, 324, 365, 368, 378; *see also* Aradus; Byblus; Tyre; Sidon 也见阿拉杜斯、毕布罗斯、推罗、西顿

Phormio 弗尔米奥（member of Academy 学园成员）613
Phormisius 弗米西乌斯（Athenian politician 雅典政客）37 –38，104
Photius' epitome of Theopompus 福提乌斯的泰奥彭普斯摘要 219
Phrada/Prophthasia 弗拉达/普罗弗塔西亚 20 *Kd*，819 –820
Phrasaortes 弗拉萨奥泰斯，satrap of Persis 佩西斯总督 839
Phrataphernes 弗拉塔菲奈斯，satrap of Hyrcania 叙卡尼亚总督 818
Phrataphernes 弗拉塔菲奈斯，satrap of Parthyaea 帕提亚伊总督 863
Phrygia 弗里吉亚 4 *Db* – *Eb*，5 *Dc*，20 *Dc*，801，802，803，860，865，882；Greater，satrapy of 大 ~ 总督区 78 –79，86 – 87，217，223，860；Hellespontine，satrapy of 赫勒斯滂的 ~ 总督区 5 *Bb*，79，217，221，859 –860，（*see also* Dascyleum 也见达斯库莱翁）
Phryne 弗吕奈（Praxiteles' mistress 普拉西特列斯的情人）652
Phrynon 弗吕农（Athenian trader 雅典商人）750
Phylarchus 菲拉库斯（historian 历史学家）479
Phyle 菲莱 2 *Ca*，14，36，109
Physics 物理学 609
Phyton 菲同（general of Rhegium 莱吉翁将军）147
Pichvnari 皮克那利 483，489
Pielus 皮鲁斯（ancestor of Molossians 摩罗西亚人祖先）431
Pieria 皮厄里亚 1 *Cb*，13 *Cb*，16 *Ca*，452，723
Pietrabbondante 皮特拉邦丹泰 11 *Cb*，398
Pinara 皮那拉 214
Pindar 品达（poet 诗人）136 –137，871
Piracy 海盗 502，559 – 560，750，769，851
Piraeum 皮莱翁 110，884
Piraeus 比雷埃夫斯 2 *Cb*；demolition of Long Walls 长墙的拆除 24，30；in democratic revival 在民主政治的恢复中 36，37 –38，97；restoration of fortifications 要塞的恢复 101，104，882；Teleutias' raid 泰琉提亚斯的劫掠 116，557，884；King's Peace and 大王和约与 ~ 80；Sphodrias' raid 斯佛德利亚斯的袭击 167 –168，174，884；gates built 城门的建造 6，168；Alexander of Pherae raids 菲莱的亚历山大的袭击 203；harbour facilities 港口设施 525；trade 贸易 525，543，544 –545，562
Piraeus/Amisus 皮莱乌斯/阿米苏斯 492，500
Pisander 皮桑德尔（Athenian oligarch 雅典寡头分子）577
Pisatis 皮萨提斯 2 *Ab*，204，205
Pisidia 皮西狄亚 4 *Dc*，5 *Dd*，20 *Dc*，52，79，219，225，226，347；Alexander's conquest 亚历山大的征服 803，898
Pisistratus 庇西特拉图，tyrant of Athens 雅典僭主 510

Piskovë 皮斯科维 433

Pissouthnes 皮苏特奈斯, satrap of Lydia 吕底亚总督 56, 216

Pistiros 皮斯提罗斯（possibly Vetree 可能是维特莱）463

Pitane 皮塔奈 798

Pithon 皮同（Macedonian satrap 马其顿总督）868

Pixodarus 皮克索达鲁斯（Carian dynast 卡利亚统治者）57, 215, 226, 786, 898

Plague 瘟疫 123, 131, 134, 141, 144

plaques, Scythian dress – 西徐亚服装上的金泊 508, 509

Plataea 普拉提亚 2 *Ca*, 19 *Dc*; stays outside Boeotian Federation 留在彼奥提亚联盟之外 581; in Persian Wars 希波战争中 513, 879; destruction (427) 427 年被毁 563, 581, 682; refounded (386) 386 年重建 156, 159, 563, 884; and liberation of Cadmea ~与卡德麦亚的解放 165; destruction (373) 373 年被毁 178, 182, 563, 886; and Peace of Philocrates ~与菲洛克拉特斯和约 754, 760, 879; Alexander refounds 亚历山大重建 563, 783, 879; agriculture 农业 671; exiles in Athens 在雅典的流亡者 15n53, 178, 180

Plataseis 普拉塔塞斯（Carian community 卡利亚人共同体）62, 63, 226

Plato 柏拉图: and Academy ~与学园 596, 602, 603 – 604, 605 – 610, 617, 648, 885; and Archytas of Taras ~与塔林顿的阿尔库塔斯 389, 390; and Aristotle ~与亚里士多德 618; and Dion ~与狄翁 603, 697, 698, 704, 705; early life 早年生活 602 – 603; and Eudoxus of Cnidus ~与尼多斯的欧多克苏斯 604 – 605, 608 – 609; Forms 形式 605, 606 – 607, 608 – 609, 610, 619; and Isocrates ~与伊索克拉底 605, 607; on medicine 论医学 634, 635, 637, 639; in Megara 在麦加拉 594; political views 政治观点 16, 222, 529, 531, 578, 603 – 604, 679; portrait by Silanion 希拉尼翁制作的雕像 655; and Pythagoreanism ~与毕达哥拉斯主义 603; and rhetoric ~与修辞学 605; in Sicily 在西西里 693, (388) 在 388 年, 16, 120, 154 – 155, 222, 603, 885, (367/6) 在 367/6 年 605, 608 – 609, 695 – 696, 617, 887, (361/0) 在 361/0 年 697 – 698, 608, 609, 611, 889; Socrates' influence 苏格拉底的影响 603, 605

Works 作品 605 – 610, 633; *Epistles*《书信》120, (Ⅵ) 第 6 封, 620, (Ⅶ) 第 7 封, 155, 603, 693, 704, (Ⅷ) 第 8 封, 693, 704; *Laws*《法律篇》529, 536, 609, 610; *Republic*《理想国》529, 606 – 607, 885; *Timaeus*《蒂迈欧篇》609, 635

Pleuratus 普琉拉图斯, king of Ardiaei 阿尔戴亚人国王 763, 894

Pleurias 普琉利亚斯（Illyrian chief 伊利里亚人首领）439, 785, 898

Pliny the Elder 老普林尼 22
Plistoanax 普利斯托亚那克斯, king of Sparta 斯巴达国王 25 – 26
Plocë 普罗凯 443
Plutarch 普鲁塔克 (historian 历史学家) 9, 10, 12 – 13, 21, 48, 723; *Dion*《狄翁传》9, 13, 693, 694, 698; *Timoleon*《提摩莱昂传》9, 13, 706, 707
Plutarch 普鲁塔克, tyrant of Eretria 埃莱特利亚僭主 749, 768, 892
Pluto 普鲁托; cult at Carthage 迦太基的崇拜 377
Pnytagoras 普尼塔戈拉斯, king of Salamis 萨拉米斯国王 316, 329, 330, 331, 333, 335
Podanemus 波达奈穆斯 (Spartan naval commander 斯巴达海军指挥官) 105
Poetry 诗歌 136 – 137, 231, 597; *see also individual poets* 也见各位诗人
Pogradec 波格拉德 428, 440
Polemarchus 波莱马库斯 (Athenian metic 雅典外侨) 35n52
Polemo of Ilium 伊利昂的波莱摩 480
Polemon of Athens 雅典的波莱蒙 (philosopher 哲学家) 611
police 警察, secret 秘密 ~ 53, 300, 301 – 302, 320
polis 城邦 563 – 564, 565 – 591, 648; alternatives to 非 ~ 道路 563, 579 – 589, 880 – 881; as ideal 作为理想 558, 581, 589 – 590; continuity 连续性 589 – 591, 648, 867; machinery of government 政府运作 565 – 572; political life 政治生活 16, 24, 39, 573 – 579; schools and 学校与 ~ 632, 648; size 面积 536; *see also* citizenship 也见公民权
politicians, new 新政治家 570, 573, 574 – 576, 576 – 577
Pollis 波利斯 (Spartan naval commander 斯巴达海军指挥官) 105, 173
Polyaenus 波吕埃努斯 (writer on stratagems 战略论作家) 84
Polybiades 波吕比亚戴斯 (Spartan general 斯巴达将领) 161, 162, 884
Polybius 波里比阿 (historian 历史学家) 11, 18, 363, 707
Polyclitus 波吕克利图斯 (sculptor 雕刻家) 655
Polyclitus the Younger 小波吕克利图斯 (architect 建筑师) 654
Polycrates 波吕克拉泰斯, tyrant of Samos 萨摩斯僭主 524
Polydamas of Pharsalus 法萨卢斯的波吕达马斯 54, 175
Polydorus 波吕多鲁斯 (brother of Jason of Pherae 菲莱的亚松之弟) 189
Polyeuctus 波吕欧克图斯 (sculptor 雕刻家) 654
Polyidus 波吕杜斯 (military engineer 军事工程师) 689, 690, 691, 692, 775
Polyperchon 波吕佩孔 (Macedonian nobleman 马其顿贵族) 855
Polyphron 波吕弗隆 (brother of Jason of Pherae 菲莱的亚松之弟) 189
Polyxenus 波吕克塞努斯 (Syracusan noble 叙拉古贵族) 143, 149, 151 – 152

Polyxenus 波吕克塞努斯（philosopher 哲学家）614

Pompeii 庞贝；Alexander mosaic 亚历山大的马赛克画 688，807n25

Pompeius Trogus 庞培·特罗古斯，Justin's epitome of 优斯廷的摘要 18，84，120，363 – 364，480，694，723，762

Pontecagnano 彭泰卡那诺 11 *Cb*，402n78

Pontius Herennus 彭提乌斯·海兰努斯，C. 399

Population 人口 535 – 537；Asia Minor 小亚细亚 222，225；Athens 雅典 33，536，566 – 567；floating，of exiles and mercenaries 流动的～、流亡者和雇佣兵 15，169，533 – 534，535，591，676，678；Macedon 马其顿 735；movement 迁移，（Alexander's 亚历山大的）809，824，866 – 868，（Assyrian and Babylonian 亚述和巴比伦的）286 – 287，（Philip Ⅱ's 腓力二世的）733，762，894，（Roman 罗马的）402，（in Sicily 西西里）124，125，131 – 132，134，385，387，400，563 – 564，719，（*see also* cleruchies；colonies 也见军事移民、殖民）

Porthmieus 波特米欧斯 476，487

Porthmus 波特穆斯 2 *Da*，772

Portraiture 肖像 355，459，654 – 656，659，660，874

Ports 港口 524 – 525

Porus 波鲁斯（Indian prince 印度国王）23 *Eb*，829，831，832，863，864

Posidonia 波西多尼亚，*see* Paestum 见派斯同

Posidonius 波西多纽斯（military engineer 军事工程师）690

Potentino 波坦提诺 402n78

Potidaea 波提戴亚 1 *Cb*，16 *Ca*，158，159，161，201，426，737；Macedon takes 马其顿人攻陷～ 737，738，890

Pottery 陶器：Alexandrian 亚历山大里亚的 504；Attic 阿提卡的 304，305，326，335，413，（black-figure 黑画的）217，410，456，508，（red-figure 红画的）217，415，456，482，508，647 – 648，652，891；Celtic 凯尔特人的 407，417，419；Cypriot local 塞浦路斯当地的 305；Italic 意大利的 399 – 400，415，891，901；Phocaean 佛凯亚的 409，410；Phoenician red-varnished 腓尼基红釉的 364；*pithoi* 669；pseudo-Ionian native 仿伊奥尼亚原住民的 410 – 411；Scythian 西徐亚人的 471；Thracian 色雷斯的 475；*see also* vase-painting 也见瓶画

Poverty 贫穷 534，537，551

Praeneste bowl 普莱奈斯特盘 365

Praxippus 普拉克西普斯，king of Lapethus 拉佩图斯国王 310，334

Praxitas 普拉克西塔斯（Spartan polemarch 斯巴达军官）106

Praxiteles 普拉西特列斯（sculptor 雕刻家）651 – 652，656，891

Presocratic philosophers 前苏格拉底哲学家 642，644

Prespa L. 普莱斯帕湖，13 *Bb*，16 *Ba*，422
Priene 普利埃奈 1 *Ed*，5 *Bd*，61 – 62，225，228，692，869 – 870
prisoners of war 战俘 557，750，797，867，868
Proaemus 普罗埃穆斯（Rhium garrison commander 利翁驻军指挥官）110
Proclus 普罗克鲁斯（Philosopher 哲学家）613 – 614
Prodicus of Ceos 凯阿的普罗狄库斯（sophist 智者）592，593，595
proeisphora（liturgy 公益捐献）548
Promalanges 普罗马兰盖斯（secret police of Salamis 萨拉米斯的密探）300
Pronnoi 普罗诺伊 174
Property 财产 533，581；see also *antidosis*；confiscation；wealth 也见财产交换、没收、财富
Prophecy 预言 267 – 268，269，292，295 – 296
Prophthasia 普罗弗塔西亚，*see* Phrada 见弗拉达
Prosopitis 普罗索皮提斯，battle of ~战役 320
Protagoras of Abdera 阿布戴拉的普罗塔戈拉斯（sophist 智者）592，593，596
Proteas 普罗特亚斯（Greek naval commander 希腊海军将领）849
Protesilaus 普罗泰西劳斯，shrine of，at Elaeus 在埃莱乌斯的圣地 798
Prothous 普罗图斯（Spartan politician 斯巴达政客）182，553，554
Protogenes 普罗托盖奈斯（painter 画家）656，657
Proverbs 谚语 620
Proverbs，book of《箴言》294
Proverbs of Ahiqar《阿卡的箴言》290
Proxenus 普罗克塞努斯（Athenian general 雅典将军）753，896
Proxenus 普罗克塞努斯（brother of Hermocrates of Syracuse 叙拉古的赫摩克拉特斯之弟）130
Proxenus of Atarneus 阿塔尔纽斯的普罗克塞努斯（Aristotle's guardian 亚里士多德的监护人）616，617，620
Proxeny 代理 69，852
Prytanis 普吕塔尼斯，king of Bosporus 博斯普鲁斯国王 495，497，501 – 502
Psalms，book of《诗篇》295
Psammetichus 普萨麦提库斯（possibly rival of Amyrtaeus 可能为阿米泰乌斯的对手）347n48
Psammuthis 普萨穆提斯，king of Egypt 埃及国王 340，353，354，356 – 357，358
psephismata（decrees 法令）567 – 568，572，574，575
Psessi 普塞西 476，496
Psoa 普苏亚 502
Ptolemy Ⅰ 托勒密一世，king of Egypt 埃及国王 20，771，860，862，881；and Cyprus ~与塞浦路斯 333，334 – 335；and Alexander's body ~与亚历山大的尸体 845，881
Ptolemy Ⅱ Philadelphus 托勒密二世（菲拉德尔弗斯），king of Egypt 埃及国王 504
Ptolemy 托勒密，regent of Macedon 马

其顿摄政, *see* Macedon 见马其顿
Ptolemy son of Lagus 拉古斯之子托勒密, bodyguard 卫兵 820
Publishing 发表 17
Pumiathon 普米亚同, king of Citium 基蒂翁国王 310, 327, 332n73, 334
Pura 普拉 20 *Ke*, 24 *Bb*, 837
Puteoli 普提奥利 11 *Cb*, 388
Pydna 皮德纳 1 *Cb*, 16 *Ca*, 201, 726, 736, 890
Pylos 皮洛斯, Elis 埃利斯的 2 *Ab*, 203
Pylos 皮洛斯, Messenia 美塞尼亚的 2 *Ac*, 28
Pyrgi 皮尔吉 11 *Aa*, 148, 365, 368, 387n17; inscribed gold tablets 金板文书 148, 365, 367
Pyrgoteles 皮戈泰莱斯（gem-carver 宝石雕刻匠）658
Pyrrhic War 皮洛士战争 401
Pyrrho of Elis 埃利斯的皮浪（philosopher 哲学家）627
Pyrrhus 皮洛士, king of Epirus 伊庇鲁斯国王 390, 393, 401
Pythagoreanism 毕达哥拉斯主义 603, 610, 612, 615, 619, 624, 680; in south Italy 在南意大利 384, 389, 390, 399, 402, 603
Pytharchus of Cyzicus 库吉科斯的皮塔库斯 211, 213
Pytheas 皮泰亚斯（Athenian politician 雅典政客）852
Pytheus 皮特欧斯（architect 建筑师）231, 656 – 657
Pythian games 皮提亚赛会 439, 622, 630 – 631, 759, 760 – 761, 772, 894
Pythias 皮提娅（Aristotle's daughter 亚里士多德之女）617n106, 625, 626
Pythias 皮提娅（Aristotle's wife 亚里士多德之妻）622
Pythocles 皮托克莱斯（Athenian politician 雅典政客）579
Python 皮同（envoy of Philip Ⅱ 腓力二世使者）766, 894
Python of Aenus 埃努斯的皮同（tyrannicide 刺杀僭主者）464, 613
Python of Byzantium 拜占庭的皮同（philosopher 哲学家）601
Pyxus 皮克苏斯 396n55

Qedarites 奎达利特人 279
Quarries 采石场 369, 513
Querns 手磨, beehive rotary 蜂窝型 418
Quinqueremes 四列桨战船 330, 331, 332, 684

Race 种族, *see* ethnicity 见族性
Radolishte burials 拉多利施人墓葬 425, 426 – 427
Radyuvene 拉杜维奈（now Stoyanovo 今斯托雅诺沃）463
Rainer Papyrus 莱奈纸草 84, 89
'ram-tortoise' 龟塔（siege engine 攻城器械）691
Raphanea 拉法奈亚 321
Ravna 拉那 473
Razaunda 拉扎翁达, Media 米底的 239
Razgrad 拉兹格拉德 473
razors 剃刀, Punic bronze 布匿青铜 ~ 377, 378
Rehum 利宏（Samaritan official 撒玛利

亚官员）271，288
Religion 宗教：and agriculture ～与农业 546，661，668，675，676；and Andocides' trial ～与安多奇戴斯审判 39；associations of cities 城市结社 587；education independent of 独立于～的教育 632－633；finance 财政 555－556；liturgies 公益捐献 548；mystery cults 密仪崇拜 399，546，661，676；personal aspect 个人的方面 648，653；sources on 关于～的资料 1，5，23；and warfare ～与战争 5，106，112，144，156，366，710，750；*see also individual cults*，hero cults；ruler cults；sacrifice；sacrilege；tithes；*and under individual states and* medicine 也见各有关崇拜，英雄崇拜，统治者崇拜，献祭，渎神，什一税，以及各国家和医学
Reshef 莱塞弗，cult of ～崇拜 305，323
Rhaecelus 莱凯鲁斯 510
Rhambaceia 兰巴奇亚 24 *Eb*，835，868
Rhamonous 拉摩努斯；temple of Nemesis 复仇女神神庙 61
Rhegium 莱吉翁 3 *Da*，11 *Cc*，141，368，386，387，398－398；Syracusan war 叙拉古战争 139n82，144－145，146－147，387，885；revolt（352）352 年的起义 391；refounded as Phoebia 作为佛伊比亚重建 147n122，399 注 69；helps Timoleon 帮助提摩莱昂 710；navigation 航海 515
Rheomithres 莱奥米特瑞斯（Persian 波斯人，associate of Orontes 奥隆特斯的同谋）87
Rhetoric 修辞学 16，592，593，602，605，618－619；*see also* orators 也见演说家
Rhinon 利农（Athenian oligarch 雅典寡头分子）37n62
Rhium 利翁 2 *Aa*，110，112
Rhizon hoard 利宗窖藏 439
Rhodes 罗德斯 1 *Ed*－*Fd*，4 *Bc*－*Cc*，5 *Bd*－*Cd*，20 *Cc*；synoecism 统一 563；revolt from Sparta 反斯巴达的起义 67，68，76，98；Sparta restores oligarchy 斯巴达恢复～的寡头制 76，79，113，114，115，532，884；and King's Peace ～与大王和约 76，79，80；in Athenian Confederacy 雅典第二同盟成员 83，167；Hecatomnid domination 赫卡同尼家族的统治 88，89，96，218，227；Theban approach 底比斯的接近 201；in Social War 同盟战争中 89，739；and war against Macedon ～与对马其顿的战争 95，96，774，775，777，778，870
Colossus 巨像 660；Ptolemaion 托莱麦翁 218；*peraia* 属土 66，80，96，220；sea routes 海路 76，79，500，503－504，514，520－521；wine exports 葡萄酒出口 475，504
Rhodope mountains 罗多佩山 1 *Cb*－*Db*，16 *Ca*－*Da*，17 *Da*－*b*，449，469，773
Rhosaces 罗萨凯斯，satrap of Ionia and Lydia 伊奥尼亚和吕底亚总督

92, 216
Rhoxane 罗克珊娜, queen of Macedon 马其顿王后 825, 845
Rhoxolani 罗克索拉尼 505
rhyton, silver gilt 镀银雷顿瓶 461
rings 钏: arm - 臂 ~ 419; finger - 指环 378, 460 - 461
roads 道路 55, 512 - 513, 525 - 526, 726, 803
Rocca d' Entella 罗卡丹泰拉 713n19
Roccagloriosa 罗卡格罗利奥萨 11 *Cb*, 395 - 396
Rodenbach 罗丹巴克; armring 武装 419
Rogozen hoard 罗戈曾窖藏 461 - 462, 463
romances, historical 历史小说 505
Rome 罗马 10 *Da*, 11 *Bb*, 391, 392, 400; and Carthage ~与迦太基 368, 373; and Alexander ~与亚历山大 843n98; and south Italy ~与南意大利 393, 395, 400, 402 - 403; tomb of *gens Fabia* 法比乌斯家族墓地 384, 402
Rossano di Vaglio 罗萨诺狄瓦格利奥 11 *Dc*, 397 注 60, 398, 402 注 78
Rousse 罗塞 14 *Ca*, 461, 473
ruler cults 统治者崇拜 871 - 875, 876 - 877
Ruth, book of《路得记》276n29
Ruvo 鲁沃 11 *Db*, 397n62

Saadersi 萨戴西, near Vasil Levsky 瓦西勒夫斯基附近 456
Sacae 萨迦人 20 *Ka*, 812, 813, 823, 829
Sacred Bands 圣队: Carthaginian 迦太基的 713 - 714; Theban 底比斯的 173 - 174, 184, 679, 886
Sacred War 神圣战争, Third 第三次 18, 585 - 586, 739 - 742, 746, 751, 752, 756, 758, 890; Boeotian finances 彼奥提亚财政 89, 553, 557; settlement 安排 746, 752, 754, 758, 759, 760, 761, 782, 894; use of Delphic treasures 对德尔斐财库的使用, *see under* Phocis; *see also under participating states* 见福基斯及各参战国家
Sacred War, Fourth 第四次神圣战争 779, 781, 896, 898
Sacrifice 献祭 269 - 270, 668, 675, 729, 798, 811; *see also under* Agesilaus; Carthage 也见阿盖西劳斯、迦太基
Sacrilege 渎神 556, 784 - 785, 855
Sadocus 萨多库斯 (Odrysian prince 奥德里西亚王子) 451, 454, 462
Sadyattes 萨狄亚特斯, king of Lydia 吕底亚国王 485
Saft el-Henna 萨弗埃亨那 9 *Ba*, 354
Sagalassus 萨迦拉苏斯 20 *Dc*, 803
Salaminia 萨拉米尼亚号 (Athenian trireme 雅典三列桨战船) 516
Salamis 萨拉米斯, Cyprus 塞浦路斯的 7 *Ba*, 297, 308, 309 - 310, 311, 312; under Evagoras 埃瓦戈拉斯治下, *see* Evagoras I 见埃瓦戈拉斯一世; under Nicocles 尼科克莱斯治下 300, 317, 327 - 328, 598, 600; un-

der Nicocreon 尼科克莱翁治下 332, 333, 334, 880; under Alexander 亚历山大统治下 332 – 333; and Successors ~与继业者 333, 334
Coinage 币制 305, 317, 332, 335; fortifications 要塞 312; inscriptions 铭文 305; *kolakes* 密探 300, 301 – 302; Phoenicians 腓尼基人 306; scripts 文字 305; trade 贸易 305, 317, 335
Salamis 萨拉米斯, Saronic Gulf 萨罗尼克湾的 1 *Cd*, 2 *Cb*; battle of ~战役 56, 307 – 308, 320, 390
Salammbo 萨兰波, *tophet* of 363, 364
Sallentino 萨兰提诺 395
Salt 盐 324, 409, 413, 477
Samaria 撒玛利亚 8 *Bc*; Assyrian deportation 亚述人驱逐居民 287; accuse Jews to Artaxerxes 向阿塔薛西斯控告犹太人 271, 288; and Nehemiah ~与尼希米 266, 270, 287 – 288; and Temple in Jerusalem ~与耶路撒冷圣殿 287 – 289; rift with Judah 与犹大分裂289 – 290; under Alexander 亚历山大统治下 286, 290, 811, 861
Attic pottery in 在~的阿提卡陶器 326; coinage 币制 289 – 290; Samarian Pentateuch 撒玛利亚的摩西五经 290; *see also* Wadi Daliyeh papyri 达利耶干河纸草
Sambus 萨布斯 (Indian king 印度人国王) 20 *Le*, 834
Samnites 萨莫奈人 11 *Cb*, 383, 386, 392, 397 注 57, 398
Samos 萨摩斯 1 *Ed*, 5 *Bd*, 504, 524, 871; 5th cent. 5 世纪 490 – 491, 533; and Spartan ~与斯巴达 29, 36n60, 113, 882; in King's Peace 在 "大王和约" 中 80, 81, 220; Athenian siege and cleruchy 雅典人的围困和军事移民 80, 81 – 82, 85, 87, 88, 201, 684, 888; after Chaeronea 喀罗尼亚之后 782; and Exiles' Decree ~与流亡者敕令 855, 856, 858, 875; *peraia* 属地 80, 94, 220
Samothrace 萨摩色雷斯 1 *Db*, 16 *Da*, 17 *Bb*, 76, 114
Sanballat Ⅲ 参巴拉三世, governor of Samaria 撒玛利亚总督 282, 288, 289, 861
Sangaeus 桑盖乌斯, hyparch of Peucelaotis 佩乌凯劳提斯骑兵长官 863
Sangala 桑伽拉 20 *Md*, 832
S. Maria d' Anglona 圣玛利亚丹格罗那 (ancient Pandosia 古代的潘多西亚) 391
Saqqara 萨卡拉 (Serapeum 塞拉皮斯圣地) 9 *Bb*, 351 – 352, 354
Saratocus 萨拉托库斯 (Thracian ruler 色雷斯统治者) 459
Sarcophagi 石棺: of Apis bull 阿皮斯神牛的 345; Carthaginian 迦太基的 374, 377 – 378; Cypriot 塞浦路斯的 302; Phoenician 腓尼基的 302, 319, 325 – 326; Sidonian 西顿的 321, 326, 335, (Alexander 亚历山大的) 219, 326
Sardinia 撒丁尼亚 10 *Ca* – *b*, 364
Sardis 萨尔狄斯 1 *Fc*, 4 *Cb*, 5 *Bc*, 20 *Cc*, 10, 55, 70 – 71, 800, 860,

882; bilingual inscription 双语铭文 230; Mnesimachus conveyance 麦西马库斯的转让文件 62, 218; mounted relay service 驿站换马服务 513, 525; palatial centre 宫廷中心 55, 217; Persian rule 波斯的统治 57, 62, 216, 218; Pyramid Tomb 金字塔形墓 218; statue of Anaitis 阿奈提斯雕像 49; stelae 墓碑 218

Sarepta 萨莱普塔 8 *Bc*, 375

Sarissa 萨莱萨 (Macedonian pike 马其顿长矛) 686–687, 800

Sarmatians 萨尔马提亚人 15 *Fb*, 482, 495, 501, 502, 504–505, 506

Saros Canon 萨罗斯经卷 240

Sasmas 萨斯马斯, king of Marium 马利翁国王 310

Satibarzanes 萨提巴扎奈斯, satrap of Areia 阿雷亚总督 818, 819, 820–821, 863

satraps and satrapies 总督和总督区 50–64, 215–222, 251–253; administrative organization 行政组织 251–253; Alexander's 亚历山大的 ~ 800, 803, 837–838, 859–864, 900; appeal to King bypassing 向路过的国王申诉 278; Artaxerxes Ⅲ and 阿塔薛西斯三世与 ~ 49, 89; coinage 币制 59, 60, 86, 219–220, 543, 862, 866; diplomacy 外交 58–59; dispositions 倾向 77–79, 215–217; finance 财政 59–62; Greek hopes for disaffection from King 希腊人希望它叛离国王 58; and imperial aristocracy ~ 与帝国贵族 251–252; mercenary forces 雇佣军 49, 55–56, 60, 85, 86, 89, 541, 678, 838, 900; Mesopotamian organization 美索不达米亚的组织 252–253; military competence 军事能力 55–57; non-territorial 无领土的 77–78, 216; powers 权力 50–64; women 妇女 58, 216, 228

Satraps' Revolt 总督大暴动 49, 59, 84–90, 738–739, 741, 742, 888, 890; Egypt benefits 埃及获益 328, 348–349; Greek involvement 希腊人卷入 81, 84, 85, 86, 87–89, 192, 197, 200–201, 888; Phoenicians and 腓尼基人与 ~ 321; sources on 关于 ~ 的资料 4, 6, 11–12, 47, 73, 84, 86, 239

Satri 萨特利 449, 452

Satyrus 萨提鲁斯 (architect 建筑师) 231

Satyrus Ⅰ *and* Ⅱ 萨提鲁斯一世和二世, *see under* Bosporan kingdom 见博斯普鲁斯王国

Satyrus 萨提鲁斯, ruler of Heraclea Pontica 本都的赫拉克里亚统治者 222

Saudaratae 萨乌达拉泰人 501

Saumacus 萨乌马库斯 (Bosporan pretender 博斯普鲁斯冒名者) 480, 505

Sboryanovo 斯波吕诺沃, Razgrad 拉兹格拉德 473

Scholarship 学术: and art ~ 与艺术 658–659, 660; Babylonian 巴比伦的 256–257; co-operative work 合作工作 627, 628; scientific method 科学方法 628, 642, 674–675; systemat-

ic works 系统性著作 610, 612, 619 – 620, 627, 628; *see also* empiricism; schools 也见注重经验、学校
Schools 学校 592 – 633; antecedents 先驱者 592 – 594; Antisthenes' 安提斯泰奈斯的 ~ 594, 596, 883; artistic 艺术 ~ 657; and citizenship ~与公民权 632; Isocrates' 伊索克拉底的 ~ 16, 595 – 602, 885; medical 医学 ~ 642; panhellenism 泛希腊主义 615, 632; and polis ~与城邦 632, 648; secular nature 世俗性 632 – 633; Socratics 苏格拉底派的 ~ 594, 595, 596; *see also* Academy; Peripatos 也见学园、逍遥派
Schwarzenbach 斯瓦曾巴克 12 *Db*, 418
Sciathos 斯奇亚托斯 1 *Cc*, 18 *Cb*, 172
Scillus 斯奇鲁斯 2 *Ab*, 4, 186
Scilurus 斯奇鲁鲁斯, king of Scythians 西徐亚人国王 505
Scione 斯奇奥奈 1 *Cc*, 16 *Cb*, 563
Scirians 斯奇利亚人 501
Sciritis 斯基利提斯 2 *Bb*, 194
Scodra 斯科德拉 13 *Aa*, 427
Scopas of Paros 帕罗斯的斯科帕斯 (sculptor 雕刻家) 231, 650 – 651, 654, 658, 895
Scostocus 斯科斯托库斯 (Odrysian prince 奥德里西亚王子) 466
Scotland 苏格兰, Celts in 凯尔特人在 ~ 418
Scotussa 斯科图萨 18 *Bb*, 195
Sculpture 雕刻 647, 649 – 653, 654 – 655, 659 – 660; Archaic 古风的 307, 324; Bosporan 博斯普鲁斯的 506, 507; Carthaginian terracotta 迦太基赤陶 377; Celtic 凯尔特人的 407; colossal 巨像 660; Cyprus 塞浦路斯的 304 – 305, 307, 324; Egyptian 埃及的 355; emotion expressed in ~中表达的感情 650, 651; at Epidaurus 在埃庇道鲁斯 649 – 650, 653, 654; Lycian and Pamphylian 吕西亚的和潘菲利亚的 214 – 215, 219, 231, 232, 885; of Mausoleum at Halicarnassus 哈利卡纳苏斯的毛索鲁斯陵墓的 ~ 231, 649 – 650, 651, 685; neoclassicism 新古典主义 647; Persian 波斯的 46; portraiture 肖像 654 – 655, 659; religious imagery 宗教偶像 653; social position of artists 艺术家的社会地位 656; at Tegea 在泰盖亚 650 – 651; treatises 论著 657; votive reliefs 还愿浮雕 647, 653; *see also individual sculptors, and* sarcophagi; stelae; statuettes; 也见各雕刻家，石棺，墓碑，雕像 *and under* Apollo 以及阿波罗
Scydrothemis 斯库德罗泰米斯, king of Scythians 西徐亚人国王 221n66
Scyles 斯库莱斯, king of Scythians 西徐亚人国王 445, 508
Scyros 斯库罗斯 1 *Dc*, 107, 108, 117, 782
Scythia 西徐亚 15, 471 – 475; 6th cent. 6 世纪 484, 485 – 486, 486 – 488; and Odrysian kingdom ~与奥德里西亚王国 445, 488; under Atheas 阿泰亚斯治下 471, 473, 474 – 475, 495, 501, 777, 896; Sarmatian pres-

sure 萨尔马提亚人的压力 502, 504 - 505; Philip Ⅱ defeats 腓力二世击败 ~ 473, 474 - 475, 778, 896; and Alexander 亚历山大治下 688, 843; Diophantus drives back 狄奥凡图斯反击 505
Art 艺术 419, 482, (Animal Style 动物风格的) 471, 508, 509; and Bosporan kingdom ~ 与博斯普鲁斯王国 477, 480, 492, 495, 501, 502, 504 - 505, 506, 508; burials 墓葬 472, 492, 508; coinage 币制 471, 475; of Crimea 克里米亚的 ~ 476, 480, 502, 504 - 505; 'gifts' from subjects 臣民的"礼物" 486, 499; gold sources 黄金资源 499; legends about 关于 ~ 的传说 482; Nomad 游牧的 ~ 15 *Cb* - *Dc*, 472; pottery 陶器 471; religion 宗教 505; Royal 王家 ~ 15 *Db* - *Eb*, 477, 486, 501; settlement patterns 居住类型 472; and Sindi ~ 与辛狄 486; and Thracian Chersonese ~ 与色雷斯的赫尔索尼斯 510 - 511; trade 贸易 477; and Triballi ~ 与特里巴利人 471
Seals 印章 217, 257 - 258, 261, 277, 291
Sebennytus 塞本尼图斯 9 *Ba*, 340, 355
Segesta 塞盖斯塔 126, 127, 128, 130, 143
Seleucids 塞琉古家族 22, 62, 844
Seleucus 塞琉古 (unsubstantiated ruler of Bosporus 未得证实的博斯普鲁斯统治者) 493
Seleucus Ⅰ 塞琉古一世, king of Syria 叙利亚国王 334, 840, 868, 872
Selinus 塞利努斯 3 *Ab*, 10 *Db*; war against Segesta 对塞盖斯塔的战争 126, 128; in Carthaginian invasions 在迦太基入侵时 126 - 127, 129, 130, 135, 142, 149, 369, 373, 883
Carthaginian influence 迦太基的影响 127, 153, 364; coinage 币制 130; Tanit mosaic 塔尼特的马赛克画 364; temples 神庙 128, 129
Sellasia 塞拉西亚 2 *Bb*, 194, 203
Selymbria 塞林布利亚 17 *Db*, 559, 775, 776, 896
Semiramis 塞米拉米斯 (Babylonian queen 巴比伦女王) 826, 835, 837, 900
Semites 闪米特人, West 西方的 255 - 256
Sennacherib 辛那赫里布, king of Assyria 亚述国王 267
Sentinum 森提努姆, battle of ~ 战役 392n41
Sepharvaim 西法瓦因 287
sepīru 塞皮鲁 (Mesopotamian scribe 美索不达米亚书吏) 255
Serapeum 塞拉皮斯圣地 (Saqqara 萨卡拉) 9 *Bb*, 351 - 352, 354
Serradel Carpine di Cacellara 卡皮尼卡塞拉拉山 397n60
Serra di Vaglio 瓦格利奥山 397
Serrheium 塞尔黑翁 468
Sesamus 塞萨穆斯 483
Sestus 塞斯图斯 1 *Eb*, 5 *Bb*, 17 *Cb*, 20 *Cb*, 201, 226, 464, 467, 510, 743, 890

Seuthes Ⅰ, Ⅱ *and* Ⅲ 修泰斯一世、二世和三世, *see under* Odrysian kingdom 见奥德里西亚王国
Seuthopolis 修托波利斯 14 *Ca*, 475
Seven Brothers burial mound 七兄弟坟 487
Shadrapa, cult of 沙德拉帕崇拜 372
Shamanism 萨满教 482
Shatir 沙提尔 242n34, 252n68
Sheep 绵羊 669, 725
Shelemiah 示利米雅, son of Sanballat 参巴拉之子 278, 288
Shenazzar son of Jehoiachin 约雅敬之子示拿萨 263
Shenazzar ' the prince of Judah' "犹大王子" 示拿萨 263 – 264, 269
Shimshai the scribe 书吏示筛 (Samaritan 撒玛利亚人) 271, 288
ship-building 造船: Alexander's collapsible warships 亚历山大的可拆卸战船 839; Athens lacks materials 雅典缺乏 ~ 材料 553, 558; Dionysius Ⅰ 狄奥尼修斯一世 684; papyrus cordage 纸草索具 66, 93, 347; timber 木材 319, 333, 385, 553, 558, 725; *see also under* Cyprus; Macedon; Phoenicia 也见塞浦路斯、马其顿、腓尼基
shipping 船运 513 – 525; cargo 货物 513 – 514, 517 – 518, 521 – 522, 526; coastal 沿海的 517; currents 洋流 516, 521, 522, 523; freedom of the seas 海洋自由 560; limited season 受限制的季节 513, 514, 521, 526, 809; loans 借贷 16, 521, 561 – 562; Mediterranean sailing conditions 地中海的航行条件 519 – 523; messages conveyed by 船只传送信息 516 – 517, 519, 526; military extortion 军事需索 557, 560, 774; navigation 航行 514, 518 – 519; passengers 乘客 516, 518 – 519, 526; ports 港口 524 – 525; sailing ships 帆船 514, 515, 516, 518, 519, 526; speed 航速 519, 520, 526; winds 风 514, 515, 516, 519 – 520, 521 – 522, 523, 525, 526; wrecks 船难 481; *see also* canals; galleys; piracy; ship-building; *and under* warfare 也见运河、船、海盗、造船, 以及战争
Shkumbi valley 斯库比山谷 13 *Bb*, 423
Sicans 西坎人 3 *Ab* – *Bb*, 129, 135
Sicels 西凯尔人 3 *Bb* – *Cb*, 124 – 125; and Carthaginians ~ 与迦太基人 129, 135, 143; and Dionysius Ⅰ ~ 与狄奥尼修斯一世 140, 145; campaign against Tauromenium 陶罗麦尼翁的战争 144 – 145, 146 – 147, 885
Sicily 西西里 3, 120 – 155, 693 – 722; under Gelon 盖隆治下 124, 133, 136, 137, 368; in Peloponnesian War 伯罗奔尼撒战争中 126 – 127, 383, 387, 456, 576; Carthaginian invasion (409) 公元前 409 年迦太基人入侵 127 – 130, 131 – 132, 135, 366, 369, 373, 883; return of Hermocrates 赫摩克拉特斯的回归 130, 883; second Carthaginian invasion (406) 406 年迦太基第二次入侵 131 – 132, 134 – 135, 883; Dionysius I's

tyranny 狄奥尼修斯一世的僭主政治, *see under* Syracuse 见叙拉古; Carthaginian war (397 – 392) 397 – 392 年的迦太基战争 142 – 144, 145 – 146, 364, 373, 883; war between Syracuse and Rhegium 叙拉古和莱吉翁的战争 144 – 145, 146 – 147, 387, 587, 885; Syracusan-Carthaginian war (c. 383 – 378) 约383 – 378年的叙拉古 – 迦太基战争 142, 148 – 149, 153, 885; Dionysius Ⅱ, Dion and Timoleon 狄奥尼修斯二世、狄翁和提摩莱昂, *see under* Syracuse 见叙拉古; Carthaginian war (344) 344 年的迦太基战争 379, 708, 709, 711 – 712, 713 – 714, 879, 895, (peace 和平) 714, 715, 718, 897; eradication of tyrants 僭主的消灭 563 – 564, 710, 712 – 713, 714 – 716, 720, 721, 895, 897; Timoleon's settlement 提摩莱昂的安排 563 – 564, 712, 716 – 720, 895

Agriculture 农业 719; Carthaginian influence 迦太基的影响 364, 378; citizenship 公民资格 537; coinage 币制 130, 142, 153, 231 – 232, 378, 719; corn 谷物 522, 558, 665; economy 经济 124 – 125, 719 – 720; ethnicity 族群 124 – 125, 153, 673; (*see also* Sicans; Sicels 也见西坎人、西凯尔人); Greek *koine* 希腊共同语 439; mercenary settlements 雇佣兵的安置 136, 141, 144, 153, 395, 534, 708, 719; Phoenician influence 腓尼基的影响 364; population movements 人口迁移 124, 125, 385, 387, 563 – 564, 716 – 717; shipping lanes 航道 514, 522 – 523; society 社会 124 – 125; sources on 关于 ~ 的资料 9, 13, 22, 120 – 124, 390, 693 – 695, 706 – 707; and south Italy ~ 与南意大利 386, 398, 439; tyrant families 僭主的家庭 587, 713n17; *see also individual cities and peoples* 也见各城市和民族

Sicyon 西库翁 1 *Cc*, 2 *Bb*; in Corinthian War 科林斯战争中 102, 103, 106, 109; in Spartan alliance 斯巴达同盟中 168, 184; *stasis* 内讧 176, 189; joins anti-Spartan alliance 加入反斯巴达同盟 191; Euphron's tyranny 欧弗隆的僭主政治 192, 193, 197, 198, 530, 541, 556, 580n58, 886, 888; alliances 同盟 204, 205, 206; and Sacred War ~ 与神圣战争 741; art 657, 660

Side 希德 4 *Dc*, 5 *Dd*, 84 – 85, 232

Sidon 西顿 8 *Bc*, 20 *Ed*, 319, 321, 322; Persian vassal 波斯封臣 264, 297, 319 – 320, 330; alliance with Athens 与雅典结盟 87 – 88; Tennes' revolt 藤内斯起义 91, 92, 239, 323, 329, 894; under Evagoras Ⅱ 埃瓦戈拉斯二世治下 330; under Alexander 亚历山大统治下 330 – 331, 808, 861, 866; Antigonus in 安提柯在 ~ 334

Coinage 币制 321, 322, 328, 330, 866; palace and park 宫殿和园林 324 – 325, 329; sarcophagi 石棺

321, 326, 335, (Alexander 亚历山大的) 219, 326; temples 神庙 325; wealth 财富 92, 322, 335
Sidus 西杜斯 2 *Cb*, 106, 11
siege warfare 围城战 679 – 680, 682 – 686, 689 – 692; defensive measures 防御措施 683 – 684, 691 – 692, 802; engines 机械 682, 683 – 684, 689 – 690, 691, 692, 801, 809, (*see also* catapults 也见弩炮); light-armed troops 轻装兵 681; mole 围墙 809; ramps 土堆 682, 690, 827; treachery 叛卖 680, 686, 689; *see also* fortifications; mining 也见要塞、坑道; *and under* Carthage; Macedon; Phoenicia; Syracuse 以及迦太基、马其顿、腓尼基、叙拉古
Sigeum 西盖翁 1 *Ec*, 488
Silanion 西拉尼翁 (sculptor 雕刻家) 655, 657
Sillyum 西吕翁 5 *Dd*, 803
silver objects 银器: Athenian processional hydriae 雅典仪式用水瓶 37n62; Bosporan 博斯普鲁斯的 508, 509, 510; of Jewish Temple 犹太圣殿的 ~ 263; Sidonian 西顿的 92; Tell el-Maskhuta bowl 马斯库塔丘发现的银潘 279 注 38; Thracian 色雷斯的 456, 461, 462 – 463, 475
silver resources 银的来源 127, 352, 543; *see also* Laurium *and under* Illyrians; Thrace 也见劳里昂、伊利里亚、色雷斯
Simeon the Righteous 公正者西缅, High Priest of Judah 犹大大祭司 286
Simmias of Syracuse 叙拉古的西米亚斯 (philosopher 哲学家) 624
Simus' attempted tyranny in Larissa 西穆斯企图在拉利萨建立僭主政治 763 – 764
Simyra 西米拉 321
Sin, cult of 辛神崇拜 250, 278
Sind 信德 834, 863 – 864, 868
Sindi 辛狄人 476, 481, 486, 494, 496, 497, 506
Sindos 辛多斯 13 *Cb*, 427
Sinope 西诺佩 4 *Fa*, 221, 475, 492 – 493, 500, 502, 504; foundation legend 建城传说 482 – 483; 5th cent. 在 5 世纪 489, 491, 492; Datames' revolt 达塔麦斯暴动 85; Cappadocia/Pontus attacks 卡帕多西亚/本都的进攻 504
Sintii 辛提人 14 *Bb*, 449
Sinuri 西努利 62, 229, 230
Siphnos 西弗诺斯 1 *Dd*, 20 *Bc*, 104, 548, 804, 853
Sippar 西帕尔 6 *Bc*, 241, 244, 247n49, 249
Sirach, book of 便西拉智训 285
Siraci 西拉奇 501
Sirai, Mt 西莱山 10 *Cb*, 364
Sisicottus 西西科图斯, hyparch of Aornus 奥努斯骑兵长官 826, 863
Sisimithres 西斯米特莱斯, ruler of Nautaca 瑙塔卡统治者 825
Sisines 西西奈斯 (Persian emissary 波斯使节) 803
Sisygambis 西苏甘比丝, queen of Persia 波斯王后 808

Sitalces 西塔尔凯斯（king 国王）*see under Odrysian kingdom* 见奥德里西亚王国
Sitalces 西塔尔凯斯（Macedonian general 马其顿将领）838，864
sitophylakes 粮食监督 562
situlae 西图拉，Celtic bronze 凯尔特人青铜～409，413
Siwah Oasis 西瓦绿洲 8 *Bc*－*Cc*，9 *Aa*，20 *Ce*；oracle of Ammon 阿蒙神谕 346n46，810－811，844，845，872，874
Skapte Hyle silver mine 斯卡普泰叙莱银矿 452
skytalismos 棍棒党（'cudgelling' 棍棒党，by extreme Argive democrats 阿哥斯极端民主派）189
slaves 奴隶：agricultural 农业的 401，672－673；Black Sea trade 黑海地区的贸易 504；debate on 有关～的争论 532；at Laurium 在劳里昂 545；League of Corinth treaty on 科林斯同盟条约关于～的条款 528，531，784；metics sold as 外侨被卖为～611；military enlistment 被征为军人 538，796；prisoners of war sold as 战俘被卖为～557，750，797，868；runaways，in wartime 战时的逃亡 532；and *stasis* ～与冲突 531－532；*see also under individual states* 也见各国家
Sliven 斯利文 475
Slovenia 斯洛文尼亚，Celts in 凯尔特人在～408－409
Smerdis 斯麦尔狄斯（Gaumata 高马塔），king of Persia 波斯国王 265
Smugglers 走私者 525
Smyrna 士麦那 4 *Bb*，5 *Bc*，225
Sochi 索契 805，806
Social War 同盟战争 15，56，528，736－739，741，890；effect on Athens 对雅典的影响 465，533，544，546，547，550，551，561；Persian role 波斯的作用 58，88，89
society and economy 社会与经济 527－564；*see also individual aspects* 也见各具体方面
Socrates 苏格拉底 14，35 注 53，39－40，883；philosophy 哲学 593－594，596n19，603，605，633
Socratic school 苏格拉底派学校 594，595，596
Sogdiana 索格狄亚那 20 *Lc*－*Mc*，21 *Db*，812，821，868 注 59；Alexander's conquest 亚历山大的征服 64，823－825，863，898；Alexander's settlement 亚历山大的安排 688，863，867
Sogdianus 索格狄亚努斯，king of Persia 波斯国王 237
Soli 索利，Cilicia 奇里乞亚的 4 *Fc*，312，806
Soli 索利，Cyprus 塞浦路斯的 7 *Aa*，297，301，308，314，333
Soloeis 索罗伊斯（Soluntum 索伦同）3 *Ba*，10 *Db*，127，364
Solon 梭伦，laws of ～法 34，546，595，663n7，676
Soluntum 索伦同 3 *Ba*，10 *Db*，127，364

Somme-Bionne 松姆 – 比翁 12 *Cb*, 415
Somtutefnakht 松图泰那克特（Egyptian official 埃及官员）343, 344
Song of songs 雅歌 294
Sopeus 索佩乌斯（Bosporan general 博斯普鲁斯将领）497, 499
Sophanes 索法奈斯（Athenian general 雅典将军）452
Sophanes 索法奈斯（Phocian general 福基斯将领）751
Sophists 智者 19, 592 – 593, 595, 614, 632
Sophocles 索福克勒斯（tragic poet 悲剧诗人）451, 883
Sources 资料 1 – 23, 73; *see also under individual swbjects* 也见各主题
souterrains 地下洞穴, Celtic 凯尔特人的 ~ 417
Spain 西班牙 127, 364 – 365, 368, 411 – 412
Sparadocus 斯帕拉多库斯（Odrysian prince 奥德里西亚王子）454, 463, 491
Sparta 斯巴达 1*Cd*, 2 *Bb*, 20 *Bc*, 24 – 44; and Arcadia ~与阿卡狄亚（6th cent. 在 6 世纪）587; Peloponnesian War 伯罗奔尼撒战争 25, 28, 40, 454 – 455, 559, 682,（force on Sphacteria 斯法克特利亚岛上的军队）538, 667,（Persian alliance 波斯盟友）49, 451, 556,（victory dedication 胜利后的献纳）655,（problems of victory 胜利后的问题）527, 538 – 539; as leader of Greece 希腊领袖 24 – 32; treatment of Athens 对雅典的处置 27, 28 – 29, 36 – 37, 39, 97; and northern Greece ~与北希腊 28, 29, 31 – 32, 97, 882, internal dissension 内部分歧 36, 40 – 41; restores allies' ancestral constitutions 恢复盟邦的先祖政体 40 – 41, 563; war against Elis 对埃利斯的战争 29, 41 – 42, 97, 98, 882; and Messenian exiles ~与美塞尼亚流亡者 42; support to Cyrus' revolt 支持居鲁士暴动 42, 64 – 65, 66, 75, 117, 216; Agesilaus becomes king 阿盖西劳斯成为国王 42 – 43; declares war on Tissaphernes 向提萨菲奈斯宣战 43, 56, 65, 70, 882; Cinadon conspiracy 基那冬阴谋 4, 7, 43 – 44, 74, 882; Lysander's alleged aspiration to kingship 所谓的吕桑德夺取王权的野心 44; Thibron's and Dercyllidas' expeditions to Asia 提布隆和戴库利达斯对亚洲的远征 41n77, 43, 56, 65 – 66, 70, 72, 98, 882; Persian reaction 波斯的反应 44, 66 – 67; Agesilaus' expedition to Asia 阿盖西劳斯对亚洲的远征 10, 44, 53, 56, 67, 68 – 69, 70 – 72, 97, 98, 101 – 102, 103, 347, 557, 882,（Egyptian support 埃及给予支持）346, 347, 348 – 349, 396, 882; Rhodian revolt 罗德斯的起义 67, 68, 76, 98; and Corinthian War ~与科林斯战争,（and outbreak 与科林斯战争的爆发）97 – 98, 99 – 100,（recall for Agesilaus 召回阿盖西劳斯）72, 101 – 102, 882,（cam-

paigns）（395/4）395/4 年的战事 102，103，882，（*see also under* Cnidus 也见尼多斯），（loses control of Aegean 失去对爱琴海的控制）73－74，76，103－104，216，532，882，（takes Lechaeum 占领莱凯翁）106，882，（and abortive peace negotiations ～与和谈的流产）74－76，106－108，582，882，（campaigns on land（391－88）391－388 年的陆上战事）109－112，（defeat of *mora* from Lechaeum 支队在莱凯翁被击败）110－111，117，538，540，681，882，（war in Aegean 爱琴海上的战争）75，112－117，315，884，（Syracusan support 叙拉古给予支持）105，116，149，150，179，885，（controls Rhodes and Hellespont 控制罗德斯和赫勒斯滂）76，79，113，114，115，116－117，149，532，884，（Persian alliance 波斯的盟友）73，75，76－77，106－107，112，116，884；and King's Peace ～与"大王和约"，*see separate entry* 见各条目；supremacy after King's Peace "大王和约"后的霸权 156－163；alliance with Thebes 与底比斯结盟 156，159，884；attack on Mantinea 进攻曼提奈亚 156－157，583，884；refounds Platace 重建普拉提亚 563；restores exiles to Phlius 送流亡者回菲利乌斯 157－158，884；Olynthian War 奥林图斯战争 158－159，161－163，884；seizure of Cadmea 袭取卡德麦亚 5，159－160，533－534，582，884，（and liberation ～与解放）164－166，582，884；siege of Phlius 围困弗利乌斯 161－162，884；supports Glos' revolt 支持格罗斯的暴动 81，82，163，348，884；invasion of Boeotia（379/8）379/8 年入侵彼奥提亚 165－166，884；embassy to Athens 前往雅典的使团 167；Sphodrias' raid on Piraeus 斯佛德利亚斯对比雷埃夫斯的袭击 166，167－168，174，884；Athens declares war 雅典对～宣战 168，579，884；military reorganization of allies 对同盟军事的重组 168，552；campaigns against Boeotia 对彼奥提亚的战争 168，172－173，884；naval defeat at Naxos 海军在纳克索斯的失败 173，884；battle of Tegyra 泰古拉战役 173－174，886；naval defeat at Alyzia 海军在阿吕吉亚的失败 174，886；drives Thebans out of Phocis（375）375 年将底比斯逐出福基斯 175，886；and renewal of King's Peace（375）375 年～与"大王和约"的重新订立 175－176，886；expedition to Corcyra 远征科西拉 150，177，179，886，887；opposes Theban invasion of Phocis 反对底比斯入侵福基斯 180，886；and renewal of King's Peace（371）～与 371 年大王和约的再订 180－181，182，186，187，886；Leuctra campaign against Thebes 对底比斯的留克特拉战役 5，7，181－185，886；consequences of defeat 失败的后果 532－

533, 538, 540, 560, 563, 580, 589; alliance with Athens 与雅典结盟 11, 150, 188, 190, 191, 195, 533, 577, 579, 886; objects to resynoecism of Mantinea 反对曼提奈亚再度统一 189－190, 583; Theban/Peloponnesian invasion of Laconia, liberation of Messenia 底比斯和伯罗奔尼撒人入侵拉科尼亚，解放美塞尼亚 89, 187, 190－191, 886; Syracusan assistance 叙拉古的援助 5, 192, 195, 887; and Ariobarzanes ～与阿利奥巴扎奈斯 5, 6, 85, 88, 192, 197, 200－201; campaigns against Arcadia and allies 对阿卡狄亚及其盟友的战争 192－193, 194, 196, 197, 198, 199, 200, 203, 886; and abortive peace negotiations (367/6) ～与 367/6 年和谈的流产 87, 88, 196－197, 886; Sicyon gives harbour to 西库翁给予～港口 198; peace of 365 ends Peloponnesian League 365 年的和约宣告伯罗奔尼撒同盟终结 200; Syracuse sends mercenaries 叙拉古派来雇佣军 203, 695n6, 889; alliance with Elis, Achaea and Mantinea 与埃利斯、阿凯亚和曼提奈亚结盟 203, 204, 206, 888; excluded from common peace after Mantinea 曼提奈亚之后被排除在共同和平之外 207; permanently weakened by wars of 360s 因 4 世纪 60 年代的战争永久被削弱 208; abortive expedition against Persia (360) 360 年对波斯远征的流产 87, 88, 341, 342, 348－349; intervention in Syracuse 对叙拉古的干涉 701－702; and Third Sacred War ～与第三次神圣战争 739, 741, 746, 753, 755－756; relationship with Macedon 与马其顿的关系 757, 759; refuses mercenaries to Persia (343/2) 343/2 年拒绝向波斯提供雇佣兵 92; Archidamus in south Italy 阿希达穆斯在南意大利 390, 391, 766, 852, 895, 897; settlement after Chaeronea 喀罗尼亚战役之后的安排 783; under Alexander 亚历山大统治下 332, 800, 849, 852－855; revolt of Agis Ⅲ 阿吉斯三世的起义 557, 808, 852－855, 898

Agriculture 农业 670, 673; Alcibiades' *proxenia* 亚西比德为～代办 69; chronology 年代学 9; citizenship 公民权 537, 538; and coinage 币制 542－543; competitiveness 竞争特性 538; cult of Lysander 崇拜吕桑德 877; diplomacy 外交 25, 27; empire 帝国 542, 543, 580, 599; ephors 监察官 26－27, 36, 40, 41, 42, 580; and federal constitutions ～与各联邦国家 537, 582; finance 财政 28, 200, 542－543, 546, 551－552, 553, 556, 557; fleet 舰队 28, 42, 44, 66, 539, 556; *gerousia* 长老会 26－27, 580; *Homoioi* 平等者 24, 43, 538, 580, 678; institutions 制度 4, 24－28, 548; kingship 王权 25－27, 580; outside League of Corinth 自外于科林斯同盟 784, 800, 852; mercenaries 雇佣兵 28, 92, 200,

539, 540, 678, (foreign rulers provide 外国统治者提供) 192, 195, 197, 203, 387, 885, 887; military manpower 军事人力资源 24, 28, 44, 538 – 540, 678; and oligarchies ~与寡头政治 4, 532, 580; perioeci 庇里阿西人 24, 539; piracy 海盗 559 – 560; property and inheritance 财产和继承 538; taxation 税收 543, 546; territory 领土 536, 542, 587; Xenophon and 色诺芬和 ~ 4 – 5, 5 – 6, 10, 11; *see also* helots; *neodamodeis*; Peloponnesian League 也见黑劳士、新公民、伯罗奔尼撒同盟

Spartocus Ⅰ, Ⅱ *and* Ⅲ 斯帕托库斯一世、二世和三世, *see under* Bosporan kingdom 见博斯普鲁斯王国

Spartocus Ⅳ *and* Ⅴ 斯帕托库斯四世和五世, kings of Bosporus 博斯普鲁斯国王 503

Spartolus 斯帕托鲁斯 1 *Cb*, 161

Spasinou Charax 斯帕西努卡拉克斯 20 *Gd*, 841

speech-writers 演说辞作家 (*logo-graphoi*) 13, 17, 566n4

Speusippus 斯佩乌西普斯 (philosopher 哲学家) 605, 610 – 611, 613, 619, 621, 697n7, 897; head of Academy 学园园长 605, 610, 625, 770, 893; *Letter of* ~书信 93

Sphacteria 斯法克特利亚 2 *Ac*, 456, 538, 667

Sphinxes 斯芬克斯 412, 419

Sphodrias 斯佛德利亚斯 (Spartan officer 斯巴达军官) 166, 167 – 168, 174, 884

spice trade 香料贸易 324

Spitamenes 斯皮塔麦奈斯 (Sogdian leader 索格狄亚那领袖) 821, 823, 825, 878

Spithridates 斯皮特利达泰斯; Agesilaus' friendship with sons 阿盖西劳斯与~儿子的友谊 72

Spithrobates 斯皮特罗巴泰斯, satrap of Ionia 伊奥尼亚总督 57, 216

Sroios 斯罗伊奥斯 (possibly Odrysian king 可能为奥德里西亚国王) 461

Stagira 斯塔吉拉 16 *Ca*, 613, 616, 621

Stara Zagora 旧扎戈拉 14 *Ca*, 457

Stasanor of Courium 库利翁的斯塔萨诺 311

Stasanor of Soli 索利的斯塔萨诺, satrap of Areia 阿雷亚总督 332, 821, 863

Stasicyprus 斯塔西库普鲁斯, king of Idalium 伊达里翁国王 302, 310

Stasioecus Ⅰ 斯塔西奥伊库斯一世, king of Marium 马利翁国王 310

Stasioecus Ⅱ 斯塔西奥伊库斯二世 king of Marium 马利翁国王 334

Stasis 冲突 528 – 535, 559

Statira 斯塔提拉, queen of Persia 波斯王后 48, 808

Statuettes 雕像: bronze votive, Dodona 多多那的青铜还愿 ~ 434, 435; marble 'temple boys', Phoenician 腓尼基的大理石"庙童" 325; terracotta 赤陶 304, 305, 335

Stelae 墓碑: Attic 阿提卡的 647, 651, 659, 883, 901; Bosporan funerary 博

斯普鲁斯葬礼的 506，507；Carthaginian funerary 迦太基葬礼的 372，375，376，377，379；Celtic 凯尔特人的 407，417；Egyptian 埃及的 340－341，343；Greco-Persian 希腊－波斯的 217，218，232；Satrap 总督的 345；of Yehawmilk 耶哈米克的 325

Sticna 斯提那 12 *Fb*，408

Stilpo 斯提尔波（philosopher 哲学家）624

Stojanovo 斯托亚诺沃 14 *Ca*，463

Strabo 斯特拉波 11，21，22，477，479

Stratocles 斯特拉托克莱斯（Bosporan governor 博斯普鲁斯总督）497

Stratoclia 斯特拉托克利亚 476，497

Straton Ⅰ 斯特拉同一世，king of Sidon 西顿国王 87－88，328

Straton Ⅱ 斯特拉同二世，king of Sidon 西顿国王 329，330，331

Stratonicus 斯特拉托尼库斯（harpist 竖琴手）300

Strouthas 斯特罗塔斯，Struthas *or* Strouses，又名斯特鲁塔斯或斯特鲁塞斯 satrap of Ionia 伊奥尼亚总督 75，77，78，112－113，214，216，884

Strymon valley 斯特里蒙河谷 1 *Cb*，452，453

Stymphalus 斯廷法鲁斯 2 *Bc*；coinage 币制 583 注 71

Successors 继业者 333－335，589，692，875，881；*see also individual names* 也见各人物名

Sulcis 苏尔奇斯 10 *Cb*，364

Suniaton 苏尼亚同（Eshmuniaton 埃斯穆尼亚同，Carthaginian politician 迦太基政客）373－374

Susa 苏萨 6 *Dc*，20 *Gd*，63，87，88，513，525；under Alexander 亚历山大统治下 815，840，862，864，898，900

Susia 苏西亚 20 *Jc*，818

Susiana 苏西亚那 20 *Gd*－*Hd*，864

Switzerland 瑞士，Celts in 凯尔特人在～413－414，420

Syangela 叙安盖拉 225

Sybaris 叙巴利斯 386，389，396n56，485

Sycophants 告密者 34

Syennesis 叙恩奈西斯，house of ～家族 219

Symaethus basin 叙麦图斯盆地 3 *Cb*，717，718

Symmachus of Achaean Pellene 阿凯亚的佩莱奈的叙马库斯 214，231

Symmories 组（tax-paying units 纳税团体）548

syngeneia（kinship 血缘关系）880

synoecism 统一 281，563；*see also individual instances* 也见各例证

syntaxeis（tribute 贡金）552，870

Syracuse 叙拉古 3 *Db*；in Peloponnesian War 伯罗奔尼撒战争中 97，126－127，130，883；Lysander's mission 吕桑德出使 41；and Carthaginian invasions ～与迦太基的入侵 373，（409）409 年的入侵 127－130，883，（406）406 年的入侵 131，883

under Dionysius Ⅰ 狄奥尼修斯一世统

治下：Dionysius comes to power 狄奥尼修斯爬上权力之位 123 – 124，132 – 134，883；treaty with Carthage 与迦太基签订条约 134 – 135，883；tyranny established 僭主政治建立 135 – 140，883；alliance with Athens 与雅典结盟 136，139；Conon proposes marriage alliance with Evagoras of Cyprus 科农建议与塞浦路斯的埃瓦戈拉斯缔结婚姻同盟 105，139，314，600n39；internal policies 国内政策 140，151 – 153；extension of control in eastern Sicily 向西西里东部地区的扩张 140 – 141；double marriage，alliance with Locri 与罗克利以双重婚姻结盟 141，142，144 – 145；preparations for war 战争准备 123，138 – 139，141 – 142，682 – 683；war against Carthage（397 – 392）397 – 392 年对迦太基的战争 142 – 144，145 – 146，364，373，883；war in south Italy 在南意大利的战争 144 – 145，146 – 147，387，587，885；assists Sparta 援助斯巴达 105，116，149，150，179，885；crisis at court 宫廷中的危机 140，152，885；Adriatic venture 在亚得里亚海的冒险 147 – 148，428，429，885；Carthaginian war（*c.* 383 – 378）约 383 – 378 年对迦太基的战争 142，148 – 149，153，885；assists Sparta（369/7）369 – 367 年援助斯巴达 5，192，195，887；Athenian rapprochement 与雅典恢复友谊 150 – 151，887；death of Dionysius Ⅰ 狄奥尼修斯一世的去世 151，887；Athenian relationship 与雅典的关系 104，105，137，139，149，150 – 151，314，600n39，883；finances 财政 141 – 142，143，148，149，153，555 – 556；military reforms 军事改革 133；nature of Dionysius' rule 狄奥尼修斯统治的性质 120，138 – 140，222，705n11；Plato's visit 柏拉图的访问，*see under* Plato 见柏拉图；Spartan alliance 斯巴达的盟友 139，149，150，179，192，195；*see also* Dionysius Ⅰ 也见狄奥尼修斯一世

under Dionysius Ⅱ 狄奥尼修斯二世统治下 695 – 698，889；

Syracuse 叙拉古（*cont* 续.）

conflict between Philistus and Dion 菲利斯图斯与狄翁的冲突 695 – 696；peace with Carthage 与迦太基的和约 696，889；Dion's exile 狄翁的被流放 696 – 698，889；assists Sparta（365）365 年援助斯巴达 203，695 注 6，889；mercenary mutiny 雇佣兵叛乱 697；Plato's visits 柏拉图的访问，*see under* Plato 见柏拉图；refounds Rhegium as Phoebia 将莱吉翁以佛伊比亚之名重建 147n122，391，399n69；*see also* Dionysius Ⅱ 也见狄奥尼修斯二世

under Dion 狄翁治下 698 – 706；Dionysius Ⅱ deposed 狄奥尼修斯二世被废黜 133，698 – 702，891，（Academy supports Dion 学园支持狄翁）611，617 – 618，693，695，698，700，703，（Dionysius exiled 狄奥尼

修斯被流放）700，708；rift between Dion and Heraclides 狄翁和赫拉克利德斯的分裂 697，698－699，700－702，703，704；Spartan intervention 斯巴达的干涉 701－702；constitutional measures 宪政措施 703－704，705；fall of Dion 狄翁的垮台 702－706，891；under Callippus 卡利普斯统治下 704，708，891；under Hipparinus and Nisaeus 希帕利努斯和尼塞欧斯统治下 708，891；Dionysius regains Syracuse 狄奥尼修斯重夺叙拉古 708，893；turbulence（354/45）354－345 年的动荡 708－710，895；Syracusan appeal to Timoleon 叙拉古求助于提摩莱昂 391，708－709，895；Timoleon's liberation of Syracuse 提摩莱昂解放叙拉古 709，710－712，720；Dionysius' abdication 狄奥尼修斯逊位 136，710－711，895；*see also* Dion of Syracuse 也见叙拉古的狄翁

under Timoleon 提摩莱昂治下 712－722；campaigns against Carthaginians 对迦太基的战争 379，708，709，711－712，713－714，879，895，（peace 和平）714，715，718，897；eradication of tyrants in Sicily 消灭西西里僭主 563－564，710，712－713，714－716，720，721，895，897；repopulation 再移民 563－564，716－717；social and political reconstruction 社会和政治重构 712，716－718，895；economic recovery 经济的复兴 719－720；Timoleon resigns command 提摩莱昂辞去指挥权 720，899；Timoleon's achievement 提摩莱昂的成就 720－722

under Agathocles 阿伽托克勒斯统治下 375，379，390，392－393，399，717，718，901

army 军队 124，133，134，138；and Bosporan kingdom ～与博斯普鲁斯王国 500；and Carthage ～与迦太基 371，372，373（*see also individual wars above* 也见前文各次战争）；citizenship 公民权 127，136，147，385；class warfare 阶级斗争 700，701，702，703，704，717，718；coinage 币制 142，153，231－232；constitution 政体 125－126，133，136－140，142，703－704，705，717－718；deportations 强迫居民迁移 385，387，400，719；economy 经济 124－125，719－720；fleet 舰队 141，146，684；fortification 要塞 123，138－139，141；land distribution 土地分配 135－136，717；mercenaries 雇佣兵 142，541，678，（Dion's 狄翁的）698，699，703，（mutinies 叛乱）697，713，715，（provided for Spartans 为斯巴达人提供的）195，（settlements 安置）136，144，153，534，708，（Timoleon's 提摩莱昂的）713，714，719，721；population 人口 140n85，（*see also* deportations *above* 也见上文"强迫居民迁移"）；resources 资源 153；siege warfare 围城战 140，141，143，682－684；society 社会 124－125；and Sparta ～与

斯巴达 41，97，116，131，135，149，150，195，203，387，885，887；*strategoi* 将军 125－126，133，883；taxation 税收 138；and Taras ~ 与塔林顿 387－388；territory 领土 536，587
Syria 叙利亚 4 *Gc*，20 *Ed*，220，332，809，861
Syriscus of Chersonesus 凯索奈苏斯的叙利斯库斯（historian 历史学家）480
Syrmus 叙尔穆斯，king of Triballi 特利巴利国王 795－796
syssitia（public meals 公餐）373，375
Tabai，plain of 塔拜平原 230
Tabari 塔巴利（Arab historian 阿拉伯历史学家）57
Tabnit 塔布尼特，king of Sidon 西顿国王 323
Tachos 塔科斯，king of Egypt 埃及国王，*see under* Egypt 见埃及
Taenarum 泰纳隆 1 *Cd*，2 *Bc*，838，856，857
Taganrog 塔甘罗 477，479
Tamam peninsula 塔曼半岛 487，506，507
Tamassus 塔马苏斯 7 *Ba*，297，304，305，306，327，333
Tamos 塔摩斯，governor of Ionia 伊奥尼亚总督 346－347
Tanagra 塔那格拉 172，173，177，886
Tanais，river 塔奈斯河 15 *Fb*，479，484－485，501
Tanit 塔尼特（Phoenician goddess 腓尼基女神）361，364，372，375－376；Sign of ~的标志 364，371，372
Taras 塔拉斯（Tarentum 塔林顿）11 *Bd*，386，387－388，389－394，399，400，603；agriculture 农业 668；intervention of foreign mercenaries 外国雇佣军的干涉 390，391－393，766，895；Lysippus' sculptures 吕西普斯的雕刻 660；and Rome ~ 与罗马 402n81；tombs 墓地 398
Tarquinii 塔昆尼家族 383
Tarsus 塔苏斯 4 *Fc*，8 *Ba*，20 *Dc*，805；coinage 币制 84－85，219－220，886
Tartessians 塔泰苏斯人 416
Tattannu archive 塔坦努档案 249
Tattenai（Persian governor）达乃（波斯总督）265，266，268－269
Taulantii 陶兰提亚人 13 *Ab*，423，427，429－430，433，438，440，796
Tauri 陶利人 15 *Dc*，505
Tauromenium 陶罗麦尼翁 3 *Db*，144－145，146－147，153，710，885
Taxation 税收 544－548；contractors 承包人 544－545；*eisphora* 战争税 543，546－548，551；*epidoseis* 捐助 549－550；harbour 港口 544，545，850－851；import and export 进出口 40，114，343，493，544；metics 外侨 538，544，567，611，851；*see also* liturgies *and under individual states* 也见公益捐献和各国家
Taxila 塔克西拉 20 *Md*，23 *Eb*，826，829
Taxiles 塔克西莱斯（Omphis 翁菲斯，Indian ruler 印度人统治者）826，

829, 863, 864
Tazza Farnese 法奈斯的金杯 658
Tearless Battle “无泪之战” 150, 192 –193, 886
Tegea 泰盖亚 1 *Cd*, 2 *Bb*, 100, 451; Spartan alliance 斯巴达盟友 102, 184; *stasis* 冲突 190, 193, 205, 534; Theban alliance 底比斯盟友 204, 207; in Arcadian League 在阿卡狄亚同盟中 583 –584; after Chaeronea 喀罗尼亚战役之后 783; and Exiles' Decree ~与《流亡者敕令》856; temple of Athena Alea 庇护者雅典娜的神庙 650 –651, 654, 895
Tegyra 泰古拉, battle of ~战役 5, 10, 173 –174, 175, 886
Teichioussa 泰奇乌萨 138
Teisias 提西亚斯（sophist 智者）595
Teleutias 泰琉提亚斯（Spartan naval commander 斯巴达海军将领）6, 109, 113, 115, 116, 161, 557, 884
Tell el-Maskhuta 马斯库塔丘 9 *Ba*, 279n38, 352n71
Telmessus 泰麦苏斯 5 *Cd*, 20 *Cc*, 214, 226, 440
Telos 泰罗斯 103
Temir Gora burial mound 铁米尔山墓冢 487
Temnos 坦诺斯 5 *Bc*, 209
Temples 神庙: architecture 建筑 648, 653 – 654; land 土地 545, 554, 555, 670, 671, 674; medicine 医学 22, 638 –639, 643, 646; privileges 特权 270, 273; on promontories 位于突角上 514; prophecies on 关于神庙的预言 267 – 268; sacred harbours 神圣港口 525; treasuries 财库 553 – 556; *see also under individual gods, cities and states* 也见各神灵、城市和国家
Ten Thousand “万人军”（Arcadian assembly 阿卡狄亚公民大会）583
Ten Thousand “万人军”（Cyrus' force 居鲁士军队）42, 44, 540, 878
Tenedos 泰奈多斯 5 *Bc*, 80, 93, 220, 789, 804
Tennes 藤内斯, king of Sidon 西顿国王 91, 92, 239, 323, 329, 894
Tenos 泰诺斯 1 *Dd*, 203
Teos 泰奥斯 1 *Ec*, 5 *Bc*, 223, 484, 494
Teramnestus 泰兰奈斯图斯, king of Sidon 西顿国王 322
Teres Ⅰ 泰莱斯一世, king of Odrysians 奥德里西亚人国王 444 –445
Teres Ⅱ 泰莱斯二世, king of Odrysians 奥德里西亚人国王 459, 467, 754, 773, 892
Teres 泰莱斯（possibly son of Sitalces 可能为西塔尔凯斯之子）455 –456
Termessus 泰麦苏斯 5 *Dd*, 20 *Dc*, 803
Tertillus of Agrigentum 阿格利根同的泰提鲁斯 368
Testudos 攻城塔（siege engines 攻城器械）682, 691
Teteven 泰泰文 14 *Ca*, 463
Tetovo 泰托沃 13 *Bb*, 438
Tetrachoritae 泰特拉科利泰人 469, 795
Tetramnestus 泰特兰奈斯图斯, king of

Sidon 西顿国王 320
Thais 泰丝（Athenian courtesan 雅典妓女）817
Thales of Miletus 米利都的泰利斯（philosopher 哲学家）587
Thapsacus 塔普萨库斯 20 *Ec*, 805, 812
Thasos 塔索斯 1 *Db*, 16 *Da*, 17 *Bb*, 29n23, 76, 114, 163, 674, 875; coinage 币制 452 – 453, 455; Thracian mining interests 在色雷斯矿山的利益 452, 465, 466, 738; wine exports 葡萄酒出口 475, 504
Thatei 塔提人 496, 501
Theaetetus of Sunium 苏尼翁的泰埃泰图斯（mathematician 数学家）608, 614
Theagenes 泰亚盖奈斯, tyrant of Megara 麦加拉僭主 485
Theagenes 泰亚盖奈斯, tyrant of Thasos 塔索斯僭主 877n1
Theangela 泰安盖拉 225, 232
Thearidas 泰亚利达斯（Syracusan admiral 叙拉古海军统帅）140, 146, 152
Thebans 底比斯人, Lysippus' statues of 吕西普斯的～雕像 889
Thebes 底比斯, Boeotia 彼奥提亚的 1 *Cc*, 2 *Ca*, 19 *Dc*, 20 *Bc*, 176 – 208; and destruction of Plataea ～与普拉提亚的被摧毁 563, 581 – 582; impact of Peloponnesian War 伯罗奔尼撒战争的影响 5, 32, 97, 98, 527; and Athenian democratic revival ～与雅典民主政治的恢复 36 – 37, 97; and Corinthian War ～与科林斯战争 31, 65, 97, 98, 99 – 100, 101, 103, 882,（Athenian alliance 雅典盟友）100, 104, 111; and proposed peace（392/1）与 392/1 年的和平倡议 107, 108; and King's Peace 与"大王和约" 117, 118, 156, 159; enforced Spartan alliance 斯巴达不情愿的盟友 156, 157, 159, 533 – 534, 582, 884; negotiations with Olynthus 与奥林图斯的谈判 158, 159; Spartans seize Cadmea 斯巴达夺取卡德麦亚 5, 159 – 160, 533 – 534, 582, 884,（liberation 解放）164 – 166, 582, 884; asserts claim to rule Boeotia 声称有权统治彼奥提亚 165, 167 – 168, 170, 173, 175, 176; war against Sparta 对斯巴达的战争 168, 170, 171, 172 – 175, 579, 884, 886; and renewal of King's Peace（375）与 375 年"大王和约"的重订 175, 176; ascendancy after peace 和约后的崛起 176 – 186, 886; control of Boeotia 对彼奥提亚的控制 177 – 179, 582, 886; invades Phocis 入侵福基斯 180, 886; Athenian disquiet over 雅典对～的不安 15, 178 – 179, 180, 182, 184, 185 – 186, 579; and peace negotiations（372/1）～与 372/1 年的和谈 180, 181, 186, 582; Spartan invasion, Theban victory 斯巴达的入侵和底比斯的胜利, *see* Leuctra, battle of 见留克特拉战役; strength in central Greece 在中希腊的力量 188 –

189, 193, 206, 587 -588, 886; Peloponnesian campaigns 伯罗奔尼撒的战事 11, 89, 187, 190 - 192, 206, 886; and northern Greece ~与北希腊 194 - 196, 585, 886; aboritive peace proposal (367/6) 与 367/6 年和平倡议的流产 87, 88, 196 - 197, 886, 888; Peloponnesian campaign 伯罗奔尼撒的战事 197 -198, 205, 206, 888; takes Oropus 夺取奥罗普斯 198 - 199, 888; in peace of 365 365 年的和约 200, 888; naval expedition in Aegean 在爱琴海上海军的行动 201 - 202, 222, 556, 557, 888; campaign in Thessaly 在色萨利的战事 202 - 203, 888; destruction of Orchomenus 奥尔霍迈诺斯被摧毁 5, 189, 205, 563; internal politics (360s) 4 世纪 60 年代的国内政治 204 -205; defeat at Mantinea 在曼提奈亚的失败 204, 203, 207 - 208, 888; and attempted secession in Megalopolis ~与麦伽罗波利斯退盟的企图 207, 208, 583 - 584, 888; in Third Sacred War 第三次神圣战争中 89, 739 -742, 745, 748, 749, 751, 752, 754, 890, (and settlement ~与安排) 754, 755 -756, 757, 758 - 759, 767, 894; support to Artabazus 支持阿塔巴祖斯 89, 741, 742, 751, 890; and Peace of Philocrates ~与《菲洛克拉特斯和约》754, 760; helps Persian reconquest of Egypt 帮助波斯重新征服埃及 89 - 90, 92, 93, 767; Fourth Sacred War ~与第四次神圣战争 752, 778, 779, 781, 896, 898; defeat at Chaeronea 在喀罗尼亚的失败 781, 896; Macedonian settlement 马其顿的安排 782, 898; revolt on death of Philip Ⅱ 腓力二世死时的起义 790, 847; revolt and destruction (335) 335 年的起义与被摧毁 93, 582, 692, 796 - 797, 848, 898; refounded by Cassander 为卡桑德重建 582

Agesilaus and 阿盖西劳斯与 ~ 181; and Boeotian Federation ~与彼奥提亚同盟 552, 581, 582, 756; and central Greece in 360s 与 4 世纪 60 年代的中希腊 5, 188 - 189, 197 - 200, 205, 206, 888; corn supply 粮食供应 173, 559; fleet 舰队 540, 556, 557; fortifications 要塞 692, 797; mercenaries 雇佣兵 89 - 90, 92, 93, 540; and northern Greece in 360s 与 4 世纪 60 年代的北希腊 5, 10, 188, 194 - 196, 200 -203, 208, 222, 886; and Peloponnese in 360s 与 4 世纪 360 年代的伯罗奔尼撒 187, 189 - 194, 197 - 200, 203 -204, 205 - 206, 888, (campaigns in Laconia 拉科尼亚的战事) 11, 190 - 191, 191 - 192, 197 - 198, 886, (relations with Arcadia 与阿卡狄亚的关系) 193, 194, 199, 204, 207, 208, 583 - 584; and Persia 与波斯 5, 93, 98, 201, 222, 556, 557, (helps in Egypt 援助埃及) 89 -90, 92, 93; Philip of Macedon as hostage in 马其顿的腓力在 ~

为人质 195, 686, 730; Sacred Band 圣队 173－174, 184, 679, 886; sources on 关于～的资料 5, 10－11, 15, 21, 187; unpopularity 不受欢迎 93; *see also* Boeotia; Boeotian Confederacy 也见彼奥提亚、彼奥提亚同盟

Thebes 底比斯, Egypt 埃及的 20 *De*, 353

Thefarie Veliunas 泰发利·维琉那斯, ruler of Caere 卡雷统治者 365, 367, 368

Themis, cult of 泰米斯崇拜 437

Themison 泰米松, king of Cerynia 凯吕尼亚国王 334, 619

Themison 泰米松, tyrant of Eretria 埃莱特利亚僭主 198

Themistius 泰米斯提乌斯（orator 演说家）613n98

Themistocles 泰米斯托克利（Athenian general 雅典将军）213, 525,

879

Theodectes of Phaselis 法塞利斯的泰奥戴克泰斯（philosopher, rhetorician and tragedian 哲学家、修辞学家和悲剧作家）231, 602, 614－615

Theodicy 神义论 267

Theodorus 泰奥多鲁斯（Athenian artist at Tlos 特罗斯的雅典艺术家）232

Theodorus of Cyrene 昔兰尼的泰奥多鲁斯（mathematician 数学家）603

Theodorus of Phocaea 佛凯亚的泰奥多鲁斯（architect 建筑师）654

Theodosia 泰奥多西亚 15 *Dc*, 476, 477, 479, 483, 490, 497－498, 505; coinage 币制 481, 494, 498

Theophrastus of Eresus 埃莱苏斯的泰奥弗拉斯图斯（philosopher 哲学家）22, 300, 621, 627, 770; on agriculture 论农业 662, 663, 665, 674－675, 676; and Aristotle ～与亚里士多德 624－625, 626; on drugs 论药物 637－638, 639; empiricism 注重经验 611, 622, 674－675; Peripatos under 主持下的逍遥派 623, 624－625, 631

Theopompus of Chios 希俄斯的泰奥彭普斯（historian 历史学家）18, 19, 219, 601－602, 613

Theramenes 泰拉麦奈斯（sophist 智者）14, 30, 32－35, 595

Therme 泰尔麦 451

Thermopylae 温泉关 18 *Bc*, 19 *Cb*, 746, 753, 756－758, 761, 890, 892

Thermum 泰尔蒙 584

Theron of Agrigentum 阿格利根同的泰隆 131, 368

Thespiae 塞斯皮埃 19 *Dc*; under Sparta 斯巴达治下 165, 166, 168, 172; Theban destruction 被底比斯摧毁 177, 178, 182, 886; in Leuctra campaign 在留克特拉战役中 183; Peace of Philocrates《菲洛克拉特斯和约》754, 760; Alexander refounds 亚历山大重建 563; sculptures 雕刻 659

Thesproti 泰斯普罗提人 13 *Bc*, 430－431, 432, 434, 437, 441, 442

Thessalian League 色萨利联盟 585－586, 764; wars 战争 208, 529, 733－734, 741, 859, 888

Thessalonice 泰萨罗尼凯，princess of Macedon 马其顿公主 745，785 – 786

Thessaly 色萨利 1 *Bc* – *Cc*，13 *Bc* – *Cc*，16 *Bb* – *Cb*；Spartan interest 斯巴达的利益 31 – 32，97；war between Pherae and Larissa 菲莱和拉利萨的战争 32；and Corinthian War 与科林斯战争 101，102；dynastic strife（371 – 369）371 – 369 年统治者之间的纠纷 188，189；Theban operations 底比斯的活动 5，10，194 – 196，202 – 203，208，886，888；wars of Thessalian League against Pherae 色萨利同盟对菲莱的战争 208，529，733 – 734，741，859，888；Macedonian intervention 马其顿的干涉 742 – 743，745，749，755 – 756，763 – 764，779，890，892，894；Philip Ⅱ reconstructs tetrarchic government 腓力二世重组四区政府 764 – 765，894；revolt on death of Philip 腓力死时的起义 790；under Alexander 亚历山大统治下 586，848，849，859；and Lamian War 与拉米亚战争 859；Roman administration 罗马的管理 51

Agriculture 农业 558，559，664，665，670；cavalry 骑兵 681；coinage 币制 585n77，765；finances 财政 542；*penestai* 佩奈斯泰 585，673，764；perioeci 庇里阿西人 540，585；urbanization 城市化 585；*see also* Thessalian League *and individual states* 也见色萨利同盟和各有关国家

Theudius of Magnesia 马格尼西亚的泰狄乌斯（mathematician 数学家）614

Thibron 提布隆（Harpalus' lieutenant 哈帕鲁斯的助手）857

Thibron 提布隆（Spartan general 斯巴达将军）43，44 注 86，65，75，98，224，882，884

Thisbe 提斯贝 19 *Cc*，183

tholoi（circular temples 圆形神庙）654

Thorax 托拉克斯（Spartan harmost in Samos 斯巴达驻萨摩斯军队长官）29，36n60

Thrace 色雷斯，Thraceward area 色雷斯地区 1 *Cb* – *Eb*，16 *Da*，444 – 471；6th cent. state of Chersonese 6 世纪赫尔索尼斯的状况 488，510 – 511；Darius I's satrapy 大流士一世的总督区 487；after Persian Wars 希波战争后 114，168，451 – 453；in Peloponnesian War 伯罗奔尼撒战争中 451，452，453 – 455，510，539；Athenian and Spartan activities 雅典和斯巴达的活动 114，158，168，174，177，884，886；ascendancy of Triballi 特里巴利人的崛起 463；Macedonian campaigns 马其顿人的战争 461，462，465 – 471，736 – 739，890，（353）（353 年）467，742，890，（352）（352 年）467，746 – 747，754，890，（346）（346 年）468 – 469，754，892，（final conquest 最后征服，342 – 339）461，467，468，469，771，773 – 777，778，894，896，（settlement 安排）95，439，469 – 471，766，769；under Alexander 亚历山大治下 790，795 – 796，813，

843, 849, 853, 854, 898; under Lysimachus 吕西马库斯治下 503 – 504
Architecture 建筑 456, 475; aristocracies 贵族政治 444, 450, 456 – 457, 471, 475; burial customs 葬俗 427, 445, 448, 456 – 457, 461, 475; coinage 币制 452 – 453, 454, 455, 456, 457, 475, (Thraco-Macedonian 色雷斯 – 马其顿人) 426, 427, 452 – 453, 737, 866; Dionysiac cult 狄奥尼修斯崇拜 449; Etesian winds 埃特西安风 521 – 522, 738; Getae in 盖塔人在 ~ 472 – 473; gift exchange 礼物交换 450, 461; Greek language 希腊语 475; gold resources 黄金资源 499; mercenaries 雇佣兵 451, 456, 678, 681, 687; metalwork 金属产品 427, 448, 449, 450, 455, 456, 457, 475; pottery 陶器 475; settlement sites 居住点遗址 456 – 457, 475; silver mines 银矿 452, 453, 465, 499, 725, 737, 766; tribes 部落 444 – 450, 459; *see also* Chalcidice; Chersonese, Thracian; Odrysian kingdom; Triballi; *and individual towns* 也见哈尔季狄基、色雷斯的赫尔索尼斯、奥德里西亚王国、特里巴利人，以及各城镇

Thrasybulus 特拉叙布鲁斯, tyrant of Miletus 米利都僭主 485

Thrasybulus Collyteus 科利泰乌斯的特拉叙布鲁斯 (Athenian politician 雅典政治家) 36n55, 116, 163

Thrasybulus of Steiria 斯提利亚的特拉叙布鲁斯 (Athenian general 雅典将军) 12, 35n, 39; leads democratic revival 领导恢复民主政治 36, 38, 537; and Corinthian War 与科林斯战争 98, 100, 102, 108 – 109; Aegean expedition 爱琴海上的远征 14, 76 – 77, 113 – 115, 458, 884

Thrasybulus of Syracuse 叙拉古的特拉叙布鲁斯 137n70

Thrasydaeus 特拉叙戴乌斯 (Thessalian tetrarch 色萨利四区长官) 764

Thrasydaeus of Elis 埃利斯的特拉叙戴乌斯 (Lysias' guest-friend 吕西阿斯之客人和朋友) 553

Thrasymachus of Chalcedon 卡尔凯东的特拉叙马库斯 (sophist 智者) 592

Thria 特利亚 167

Thronium 特罗尼翁 13 *Ab*, 19 *Cb*, 433, 741, 753

Thuburbo 图布波 10 *Cb*, 377

Thucydides 修昔底德 (historian 历史学家) 1, 4, 124, 125

Thurii 图利伊 11 *Dc*, 126, 146, 152, 387, 534, 885

Thybarna 提巴那 56n53, 70

Thymbrara 提布拉拉 56

Thymondas 提蒙达斯 (nephew of Memnon 门农侄儿) 804

Thyni 提尼人 14 *Db*, 444, 455

Thysamatae 提萨马泰人 501

Tigranes the hyparch 骑兵长官提格拉奈斯 81, 88

Tilataei 提拉泰伊人 447

Tilphosaeum 提弗萨翁 19 *Dc*, 745

Timaeus of Cyzicus 库吉科斯的提麦奥斯 (member of Academy 学园成

员）613n96
Timaeus of Tauromenium 陶罗麦尼翁的提麦奥斯（historian 历史学家）9，22，121，123，379－380，694，695，706－707
Timagoras 提马戈拉斯（Athenian envoy 雅典使节）196，197
Timarchus 提马库斯（Athenian politician 雅典政治家）575，757，760，768，894
Timber 木材 284，319，333，385，553，558，725，776
Timesileos 提麦西莱奥斯，tyrant of Sinope 西诺佩僭主 221，491，492
Timocharis 提摩卡利斯，king of Marium 马利翁国王 310
Timocharis 提摩卡利斯，king of Paphos 帕福斯国王 302
Timocrates 提摩克拉特斯（Corinthian politician 科林斯政客）530
Timocrates 提摩克拉特斯（Rhodian envoy 罗德斯使节）68，98，556，882
Timolaus 提摩劳斯（Corinthian leader 科林斯人领袖）102
Timoleon 提摩莱昂，ruler of Syracuse 叙拉古统治者 13，581n58，709，710－722；expedition to Syracuse and rule 对叙拉古的远征和统治，*see under* Syracuse 见叙拉古
Timonax 提摩纳克斯，son of Timagoras 提马戈拉斯之子（Cypriot king 塞浦路斯人国王）307
Timonides of Leucas 琉卡斯的提摩尼德斯（member of Academy 学园成员）617－618，693－694，698，701
Timophanes 提摩法奈斯，tyrant of Corinth 科林斯僭主 199，530，580－1n58，709
Timotheus 提摩泰乌斯（sculptor 雕刻家）231，649－650，658
Timotheus 提摩泰乌斯，son of Conon 科农之子（Athenian admiral 雅典海军统帅）12，15，553，558，600，680；campaigns against Sparta 对斯巴达的战争 168，174，176，177，886；disgraced 遭挫折 177，178－179，886；in Egypt 在埃及 83，84，177，886；supports Ariobarzanes 支持阿利奥巴扎奈斯 85，200－201，888；imposes cleruchy on Samos 在萨摩斯强行安置军事移民 81，85，88；in Macedon 在马其顿 195，464
Timotheus 提摩泰乌斯，ruler of Heraclea Pontica 本都的赫拉克里亚的统治者 222
Tirgatao 蒂，queen of Sindi 辛狄王后 497
Tiribazus 提里巴祖斯，Persian satrap 波斯总督 55，57，77，78，79；and peace negotiations（392/1）与 392/1 年的和谈 74，75，104，107－108；imprisons Conon 监禁科农 76，104；superseded 被取代 75，76，112，884；reinstated 复出 77，116，884；negotiates King's Peace “大王和约”的谈判 116，882；command against Cyprus 对塞浦路斯战争的指挥官 78，80，219－220，316，884
Tissaphernes 提萨菲奈斯，satrap of Lydia 吕底亚总督 57，65，126，

217, 313; rivalry with Cyrus 与居鲁士竞争 42, 52, 57; war with Sparta 与斯巴达的战争 43, 56, 65, 70, 882; fall and death 倒台与死亡 57, 71, 78

Tithes 什一税, religious 宗教的 5, 97, 555; Jewish 犹太人的 281 - 282, 284, 296

Tithraustes 提特劳斯泰斯, chiliarch 千夫长 57, 60, 71 - 72, 77, 78, 80, 347n50

Tithraustes 提特劳斯泰斯, commander in Hellespontine Phrygia 赫勒斯滂的弗里吉亚的指挥官 78, 89, 220

Tius 提乌斯 483

Tja-hap-imu 加哈普伊姆 (Egyptian prince 埃及王子) 341

Tlepolemus 特莱波莱穆斯, satrap of Carmania 卡马尼亚总督 864

Tlos 特罗斯 214, 232

Tobiah the Ammonite 亚扪人多比雅 278 - 279, 281, 282

Tobit, book of 托比书 293

Tombs 坟墓: Athenian ban on sculptured 雅典对雕刻型 ~ 的禁止 901; of Cyrus Ⅰ居鲁士一世的 ~ 839; Illyrian rock-cut facaded 伊利里亚石窟 440; Italian 意大利的 398, (Esquiline, of *gens Fabia* 埃斯奎林的法比乌斯家族 ~) 384, 402; Lycian 吕西亚的 219, 440; 'pyramid' 金字塔式的, Sardis 萨狄斯的 218; Ptolemaion 托莱麦翁, Rhodes 罗德斯的 218; tholos and dromos 圆顶墓 445, 448, 508; Vergina 维尔吉纳的 440, 475, 687, 794n3, 899; *see also* burial customs; Mausoleum 也见葬俗、毛索鲁斯的

tophets 托菲特 (places of sacrifice to Ba' al Hammon 向巴尔哈蒙献祭处) 363, 364, 371, 372; stelae 墓碑 372, 375, 376, 377, 379

torcs 项圈 419, 420

Toreci 托莱奇 476, 496

Torone 托罗奈 1 *Cb*, 16 *Cb*, 17 *Ab*, 161, 201, 749

Torretta di Pietragalla 托莱塔狄皮特拉伽拉 397 注 60

Towers 塔: grain storage 储粮 669, 671; mobile siege - 移动攻城 ~ 683 - 684, 690, 809

town planning 城市规划 351, 481

trade 贸易: absence of protective tariffs 保护性关税的缺位 544; agricultural surpluses 农产品剩余 677, 719; Athens as centre of 雅典作为 ~ 中心 543, 562, 571, 615, 785, 850 - 851; caravan routes 商道 324; commercial lawsuits 商业诉讼 562, 571, 769; cultural exchange through 文化借 ~ 交流 615; customs duties 关税, *see under* taxation 见税收; international nature 国际性 544, 561; King's Peace and "大王和约" 与 ~ 82; Philip Ⅱ improves prospects 腓力二世改进 ~ 前景 790; *see also under individual cities, regions and commodities, and* shipping 也见各城市、地区和商品, 以及船运

tragedy 悲剧 46, 150 - 151, 231, 885

Tralles 特拉莱斯 5 *Bd*, 79
Tranipsae 特拉尼普塞人 14 *Da*, 455
Trapezus 特拉佩祖斯 4 *Ha*, 221, 489
Treason 叛国 680, 686, 689, 728
Trebenishte 特莱贝尼斯特 13 *Bb*, 425 – 426
Treres 特莱莱斯 14 *Ba*, 447, 795
Triballi 特里巴利人 14 *Ba* – *Ca*, 17 *Ba*; independence 独立 447, 448, 462, 463; Sitalces' campaign 西塔尔凯斯的战争 449, 463; Athens expels from Abdera 雅典被从阿布戴拉逐出 174; attack Scythians 进攻西徐亚人 471; steal Macedonian booty 偷取马其顿战利品 473, 475, 778, 896; Macedon subjugates 被马其顿征服 439, 795 – 796, 898; culture 文化 463, 471
Tribe 部落 (*ethnos*), organization by 按~组织 584, 586, 590, 679, 880 – 881
tribus Falerna 法莱那部落 402
tribute 贡金, *see under* Athens; Odrysian kingdom; Peloponnesian League; Persia 见雅典、奥德里西亚王国、伯罗奔尼撒同盟、波斯
trierarchy 三列桨战船船长 548, 550, 570
Triphylia 特里菲利亚 1 *Bd*, 2 *Ab*, 186, 187, 190, 193 – 194, 199
Tripod 三角架, Etruscan bronze 埃特鲁利亚青铜的 ~ 408
Tripolis 特里波利斯, Phoenicia 腓尼基的 8 *Bb*, 20 *Ed*, 333 – 334
Trisparadisus 特里斯帕拉狄苏斯, conference ~会议 of 333
Tritantaichmes 特利坦泰克麦斯, governor of Babylon 巴比伦总督 252
Troad 特罗德 5 *Bc*, 220, 222, 225, 798, 859
Troezen 特罗伊曾 1 *Cd*, 2 *Cb*, 191, 783, 858
Trogus 特罗古斯, *see* Pompeius Trogus 见庞培 · 特罗古斯
Trophies 胜利纪念碑, dedication of ~的献纳 383, 398
trophimoi, Spartan 胜利纪念碑, 斯巴达的 4
truces 休战协定, sacred 神圣的 156, 750
truphe (luxurious excess 豪奢) 389, 400
Tsukursky burial mound 特苏库斯库的墓群 487
Tumuli 古坟, *see under* burial customs 见葬俗
Turbat 图尔巴特 24 *Cc*, 837
Turgovishte 图尔戈维斯特 14 *Da*, 475
Tyana 提亚那 805
Tychon the Taurian 陶利斯人的提孔 (resident of Cimmerian Bosporus 辛梅里安人的博斯普鲁斯的居民) 506
Tylos 提罗斯, island of ~岛 20 *He*, 22, 843
Tymnes 廷奈斯, agent of Scythian king 西徐亚国王代表 488
Tymphaea 廷法伊亚 13 *Bb*, 16 *Ba* – *b*, 439
Tyndaris 廷达利斯 3 *Da*, 144n106, 153, 710
'Tyntenoi' "廷泰诺斯人的", silver

coinage of ~的银币 426
Tyrambe 提兰贝 476，487
Tyranny 僭主政治 537，580－581，587，590，599－600，876；Academy opposed to 学园对~的反对 613，617－618；*see also individual instances and under* mercenaries 也见各具体例证和雇佣兵
Tyre 推罗 8 *Bc*，20 *Ed*，321，322；Nebuchadnezzar's siege 尼布甲尼撒的围困 369；vassal of Persia 波斯封臣 264，297，319，330；Evagoras occupies 埃瓦戈拉斯占领之 316，326，884；Alexander's siege 亚历山大的围困 52，323，331，690，691－692，808－809，866，898；under Alexander 亚历山大治下 811，861，866；Antigonus takes 安提柯占领 334
colonizes Citium 殖民基蒂翁 305，319；dedication at Delos 在提洛岛的献纳 335－336；fortifications 要塞 324；Isaiah's burden of 以赛亚的负担 267；Melqart cult 麦尔卡特崇拜 325，808－809，811；trade 贸易 324
Tyritace 提利塔凯 476，484，485，486，487
Tyrrhenian Sea 第勒尼安海 10 *Db*，514

Ugarit 乌加里特 524
Unity 统一，Greek 希腊人的，*see under* Isocrates 见伊索克拉底
Ur 乌尔 6 *Cd*，234n1，235，241－242，247n52，250，512
urban life 城市生活 259－260，351，400
urbanization 城市化 564，584－585，586；*see also* synoecism 见统一
Urnfield Culture 翁菲尔德文化 404，407，410，411
Uruk 乌鲁克 6 *Bd*，242，247n49，249，258；archives 档案 234n1，240，242，256
Uštanu 乌斯塔努（Persian governor 波斯总督）268
Utiani 乌提亚尼 397 注 60
Utica 乌提卡 10 *Cb*，364
Uxii 乌克西人 20 *Gd*－*Hd*，64，815－816

Vajzë 瓦泽 433
Varyenikovskaya 瓦吕尼科夫斯卡娅 487
vase-painting 瓶画：Attic black-figure 阿提卡黑画陶的 217，410，456，508；Attic red-figure 阿提卡红画陶的 217，415，456，508，901，（'Kerch' vases "克赤" 花瓶）482，508，647－648，652，891；Italian red-figure 意大利红画陶的 891，901，（Darius painter 大流士画家）891
Veipo 维波 396n55
Velia 维利亚 11 *Cb*，397n62
Venusia 维努西亚 11 *Cb*，402
Vergina 维尔吉纳，*see* Aegae，见埃盖
Vetren 韦特伦 14 *Ca*，455，459，460，463，470－471，475
Veyne，Paul 保罗·韦纳 47
Via Appia 阿皮亚大道 402
Via Egnatia 埃格那提亚大道 422，

433, 457
Vibo 维波 396n55, 399n69
Viticulture 园艺业 370, 666 – 667, 668, 669, 672, 676; *see also* wine 也见葡萄酒
Vitsa 维察 13 *Bc*, 432, 434, 436
Vix 维 12 *Cb*, 407, 409, 410
Vltava region 塔瓦地区 414
Vodhinë 沃狄奈 433
votive reliefs 还愿浮雕 647, 653
Votonosi bronze hoard 沃托诺西青铜窖藏 434
Vouni 乌尼 7 *Aa*, 300, 301, 304, 326 – 327
Vratsa 弗拉察 14 *Ba*, 461, 463, 471

Wadi Daliyeh papyri 达利耶干河纸草 261, 289 注 55, 291
Waldalgesheim 瓦达格舍姆 12 *Db*, 419, 420
Walls 城墙, *see* defences; fortifications 见防御、要塞
Warfare 战争 534, 678 – 692; citizen-soldier ideal 公民 – 士兵理想 678; elephants 战象 829, 831; elite citizen troops 公民兵的精英 679, 713 – 714, (*see also* Sacred Bands 也见圣队); funding 资金支持 541, 543, 546 – 548, 551 – 558, 560; Macedonian innovations 马其顿的改革 686 – 690, 731, 733, 734 – 736; manpower 人力资源 537 – 541, (lower classes 下层阶级) 24, 44, 539 – 540, 551, 678, (metics 外侨) 538, 567, (*see also* mercenaries, *and under individual states* 也见雇佣兵和各有关国家); naval support 海军的支持 514, 742; naval tactics 海军战略 684, 809; professionalism 职业化 534, 570, 573, 679, 680; stratagems, collections of 谋略集 479 – 480; social and economic effect 社会和经济影响 527 – 528, 532, 559, 666, (of mercenary presence 论雇佣兵的出现) 82, 337, 341, 699, 708; sources 资料 679 – 680; specialized forces 职业军队 534, 679, 689; tactics 战略 129, 131, 439, 440, 680 – 681, 686 – 688, 689, 733; training 训练 680, 689; treatises 论著 679 – 680; *see also* armour; booty; cavalry; chariots; galleys; hoplites; light infantry; mercenaries; siege warfare; *and under* religion 也见武器、战利品、骑兵、战车、战船、重装步兵、轻装步兵、雇佣兵、围城战、以及宗教
Wax 蜂蜡, Black Sea trade in 黑海地区的 ~ 贸易 504
Wealth 财富: Athenian attitudes to 雅典人对 ~ 的态度 549, 550 – 551; land as preferred form 土地受青睐 677; and public office ~ 与公职 573 – 574; redistribution of 重分 ~ 529, 677; *see also* confiscation 也见没收
Weapons 武器 407, 683, 686 – 687, 800; *see also* armour; siege warfare (engines) 也见武装、围城战（机械）
Weiskirchen 魏斯基兴 12 *Db*, 419
Wheat 小麦, emmer 二粒小麦 352

Winds 风 668; *see also under* shipping 也见船运
wine trade 葡萄酒贸易 91, 127, 504, 513 – 514; *see also* amphorae 也见酒罐; viticulture 园艺
wisdom literature 智慧文学 294 – 295
women 妇女: in Academy 在学园 604, 613; Aristotle's views on 亚里士多德关于 ~ 的观点 630; Athenian population 雅典人口 566 – 567; camp-followers 军营随从 689; exposure of unwanted daughters 不愿抚养的女儿被弃 535; gynaecology 妇科学 635, 638, 639, 640, 645; metics 外侨 544; nude, in art 艺术中的裸体 ~ 652; Spartan inheritance 斯巴达的继承法 538; satraps 总督 58, 216, 228; social position 社会地位 8, 14, 16
workforce 劳动力: agricultural 农业的 401, 667, 672 – 674; indigenous populations 原住民 673, 729, 867; Persian corveés 波斯依附劳动者 270, 279; prisoners-of-war 战俘 867; *see also* slaves; warfare (manpower) 也见奴隶、战争（人力资源）
wreath 桂冠, Armento 阿门托 394n50, 395n54

Xanthus 克桑图斯 4 *Cc*, 5 *Cd*, 20 *Cc*, 214 – 215, 226, 228; Nereid Monument 海中女神纪念碑 214 – 215, 231, 885; trilingual inscription 三语铭文 55, 215, 219, 229
xenia, *see*guest-friendship 见客 – 友关系
Xenocles of Sphettus 斯菲图斯的克塞诺克莱斯（Athenian official 雅典官员）850
Xenocrates 克塞诺克拉特斯（sculptor 雕刻家）657
Xenocrates of Chalcedon 卡尔凯东的克塞诺克拉特斯（philosopher 哲学家）609, 611 – 612, 613, 619, 621, 624, 627, 897
Xenophius the Pythagorean 毕达哥拉斯派克塞诺菲乌斯 624
Xenophon 色诺芬（mercenary commander and writer 雇佣兵将领和作家）1, 4, 458, 671, 878
Works 作品 1, 4 – 8, 11, 51 – 52, 53, 73, 679; on agriculture 论农业 8, 53, 662, 663, 674; bias and omissions 偏见和省略（on Persia 有关波斯的）4, 6, 10, 13, 46, 48, 54, 70, 84,（on Sparta 有关斯巴达的）4 – 5, 5 – 6, 10, 11,（on Thebes 有关底比斯的）5, 187; on finance 论财政 8, 542, 543 – 544, 891
Xerxes Ⅰ *and* Ⅱ 薛西斯一世和二世, *see under* Persia 见波斯

Yehawmilk 耶哈米克, king of Byblus 毕布罗斯国王 323, 325
Yehizkiyah 耶伊奇雅, governor of Judah 犹大总督 285
Yohanan the priest 祭司约哈难, leader of Judah 犹大领袖 286

Zadracarta 扎德拉卡塔 20 *Hc*, 818

Zadrime plain 扎德利麦平原; burials 墓葬 427
Zaeelii 扎伊利; coinage 币制 452, 453
Zakynthos 扎金索斯 1 *Bd*, 176 - 177, 441, 699, 705, 886
Zavadskoya 扎瓦德斯科雅; gold dress plaque 金衣片 509
Zavist hillfort 扎维斯特山顶要塞 414
Zechariah 撒迦利亚 264 - 265, 274 - 275, 291, 294, 296
Zeira 泽拉 748
Zelea 泽利亚 20 *Cb*, 798
Zerubbabel son of Shealtiel 撒拉铁的儿子所罗巴别 263, 264 - 266
Zeus 宙斯: Alexander and 亚历山大与 ~ 810, 811, 824, 871, 872, 874; Ammon 阿蒙, *see* Siwah 见西瓦; Areios 阿瑞奥斯 431; bronze votive figurine 青铜还愿像 *435*; Idrieus 伊德利欧斯 229; Kaunios 考尼奥斯 229; Lysippus' colossal statue 吕西普斯（制作）的巨像 660; Nemean temple 尼米亚神庙 654; Philippios 菲利皮奥斯 789, 847, 871; Plataean cult of the Liberator 普拉提亚对解放者 ~ 的崇拜 879
Zeuxis 泽乌克西斯（painter 画家）883
Ziphoetes 吉波伊泰斯（正文拼写有异，为 Zipoetes，这里从正文——译者注），king of Bithynia 比提尼亚国王 497
Zodiac 黄道带 257
Zoology 动物学 622, 625, 770
Zopyrion 佐皮利翁（Macedonian general 马其顿将领）843
Zopyrus 佐皮鲁斯, governor of Babylon 巴比伦总督 252
Zoroastrianism 琐罗亚斯德教 230

（晏绍祥译　李永斌、崔丽娜校）